ENSINO FUNDAMENTAL

DICIONÁRIO
DIDÁTICO

DICIONÁRIOS SM
DIDÁTICOS POR DEFINIÇÃO

Projeto editorial e direção	Concha Maldonado González e Vicente Martínez Martínez
Supervisão técnica e editorial	Nieves Almarza Acedo
Coordenação editorial	Vicente Martínez Martínez
Assessoria linguística	Heidi Strecker, Laiz Carvalho, Thereza Pozzoli
Equipe de redação	Carlos Eduardo Oliveira, Christie Mendes, Chrystal Caratta M. P. Silveira, Fernanda Gimenes Romero Fernandes, Henrique Zanardi de Sá, Isadora Pileggi Perassollo, Janaina de Souza Simões, Marina Sandron Lupinetti, Paulo Roberto Ribeiro, Patrícia Satie Tomita
Revisão linguística	Alexandre Agnolon, Alípio Correia de Franca Neto, Gisele Rego, Janete Siqueira, Laiz Carvalho, Raquel Maygton Vicentini, Rita Narciso, Rodrigo Petronio Ribeiro, Rodrigo Vilela
Revisão científica	Aurélio Akira Mello Matsui, Antonio de Pádua Fernandes Bueno, Carolina Blázquez, Erika Amano, Eusiel Rego, Flávia Moreno Abreu, Inês Calixto, Leandro Silva Galvão de Carvalho, Marcelo Teixeira Cesar de Oliveira, Moira Helena Maxwell Penna Lopes, Rafael de Sales Azevedo, Yuri Ortin Elste Bileski
Projeto gráfico	Signorini Produção Gráfica e Equipe SM
Capa	Alysson Ribeiro e Samuel Oliveira
Edição de arte	Aline Frederico
Editoração eletrônica	Signorini Produção Gráfica
Ilustrações	Cecília Iwashita, Hiroe Sasaki, Ingeborg Asbach e Open the Door
Gestão da base de dados e suporte técnico	Ana María Castro Martín, Antonio del Saz, Rafael García Díez
Impressão	Gráfica Silvamarts

Dados Internacionais de Catalogação na Publicação (CIP)
(Câmara Brasileira do Livro, SP, Brasil)

Dicionário didático 3.ed. – São Paulo : Edições SM, 2009
  Vários colaboradores.
  Bibliografia.
  ISBN 978-85-7675-456-5
  1. Português - Dicionários.

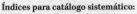

CDD-469.3

Índices para catálogo sistemático:
1. Dicionários: Português 469.3

3ª edição, 2009
9ª impressão, 2016

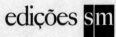

Todos os direitos reservados
Edições SM Ltda.
Rua Tenente Lycurgo Lopes da Cruz, 55
Água Branca 05036-120 São Paulo SP Brasil
Tel. 11 2111 7400
edicoessm@grupo-sm.com
www.edicoessm.com.br

Apresentação

A Edições SM apresenta o primeiro dicionário didático do Brasil, pensado para atender às necessidades linguísticas específicas de crianças e jovens. Este dicionário ajudará os estudantes do Ensino Fundamental em seus estudos e lhes esclarecerá alguns conceitos de forma prática e simples.

- Com cerca de 50.000 definições, exemplos e notas, o *Dicionário Didático* proporciona ao usuário a solução de suas dúvidas de ortografia, morfologia, sintaxe e semântica.

- Contém **definições** claras e precisas; **exemplos** de uso para termos difíceis; inúmeras **notas** gramaticais e os principais **sinônimos** do português.

- Essa informação é complementada por **apêndices** que trazem informações claras, simples e didáticas sobre **ortografia** (acentuação, pontuação, separação silábica, uso de maiúsculas, abreviaturas e símbolos, siglas e acrônimos, toponímia, etc.), e **gramática** (fonética e fonologia, modelos de conjugação verbal, sintaxe, etc.).

Este dicionário oferece ao estudante recursos para que ele realize seus trabalhos diários de forma satisfatória, compreenda os textos escritos com que se depare e seja capaz de expressar seus conhecimentos de forma correta.

Edições SM

Nota do editor

Visando acompanhar a constante evolução da nossa língua, a Edições SM lança esta nova edição do *Dicionário Didático* já adequada às normas estabelecidas pelo Acordo Ortográfico firmado entre os países lusófonos e à 5ª edição do Vocabulário Ortográfico da Língua Portuguesa (VOLP), publicado pela Academia Brasileira de Letras. Além da adaptação de todo o conteúdo, incluiu-se nos Apêndices um capítulo dedicado às principais mudanças definidas por eles.

Características do dicionário

Ordem alfabética

- As entradas deste dicionário respeitam a **ordem alfabética**.
- O espaço em branco e outros signos não alfabéticos, como o hífen, não são considerados na ordenação (*hot dog* fica entre *hostilizar* e *hotel*).
- As **entradas sem acento** sempre aparecem antes daquelas que são acentuadas (*maça* antecede *maçã*, por exemplo).
- Se uma palavra tiver **formas diferentes**, pode-se procurar por qualquer uma delas, como nos casos de *toucinho/toicinho* e de *infarto/enfarte*. A palavra menos usual (*toicinho* e *enfarte*) sempre remete à mais usual (*toucinho* e *infarto*).
- As **locuções** são incluídas no verbete da primeira palavra com significado marcante, de acordo com a seguinte ordem de prioridade: substantivo, verbo, adjetivo, pronome e advérbio. Assim, por exemplo, a locução *dar com a língua nos dentes* aparece definida no verbete *língua* e não em *dar*. Se o termo principal não for usado de forma independente, a locução será dada logo abaixo da entrada formada por tal palavra; é o caso de *de cócoras*, que se encontra no verbete *cócoras*.
- As locuções aparecem no **fim** do verbete e em **ordem alfabética**.
  Nos casos de locuções latinas, elas são incluídas em ordem alfabética e a entrada da acepção é formada pela locução inteira, ordenada de acordo com a primeira palavra. A locução *a priori* vem entre as entradas *aprimorar* e *aprisco*.

Seleção do corpus

- Foram incluídas as palavras mais usuais do **léxico do português atual**, sendo que termos em desuso ou mais antiquados foram descartados. Este dicionário contém inúmeros **neologismos** constantemente usados na linguagem diária e nos meios de comunicação (*blogueiro, ficante, bullying, wi-fi,* etc.).
- São consideradas locuções as combinações fixas de palavras que formam um só elemento oracional e cujo

significado nem sempre é a soma dos significados de seus membros (*de mãos atadas, torcer o nariz, não pregar os olhos*, etc.).

As locuções não são classificadas gramaticalmente, pois já pela definição é possível perceber se são usadas como verbos, substantivos, adjetivos, etc.

- Inclui as siglas mais comuns do português (*DVD, ONG, APM, MP3, HIV*, etc.).
- Provérbios não fazem parte do corpus desta obra.

Classe gramatical

- Nos verbetes em que há acepções com diferentes classes gramaticais, seguiu-se uma ordem fixa que facilita a busca das diferentes acepções. A **ordem das acepções** foi estabelecida de acordo com os seguintes critérios gramaticais:
  - adjetivos (de dois gêneros, de dois números)
  - numeral
  - artigo (definido, indefinido)
  - pronome (demonstrativo, indefinido, interrogativo, exclamativo, numeral, pessoal)
  - adjetivo/substantivo
  - substantivo (de dois gêneros, de dois números, masculino, masculino plural, feminino, feminino plural)
  - verbo (transitivo direto, transitivo indireto, transitivo direto e indireto, predicativo, intransitivo, pronominal)
  - advérbio
  - conjunção
  - preposição
  - interjeição

  Dentro de cada uma dessas classes gramaticais, seguiu-se o critério de frequência de uso (com exceção dos vulgarismos, sempre colocados no fim do verbete).

- As **palavras homônimas** foram incluídas como acepções diferentes dentro de um mesmo verbete. Na entrada *colar*, há tanto a acepção de "joia" como a de "unir por meio de uma substância", mesmo que elas tenham origens diferentes.

- Os **adjetivos e substantivos femininos** (*gata*) são encontrados na sua forma correspondente em masculino e feminino (*gato, ta*).

- Caso um substantivo (*matemático, ca*) tenha uma acepção exclusiva de sua **forma feminina** (*matemática*), esta virá em um **verbete separado**.

Registros de uso

- Com os **registros de uso** foi possível delimitar e concretizar a utilização das palavras que têm um determinado valor. Assim, os valores *informal, formal, literário, vulgar, pejorativo* e *eufemismo* aparecem nas acepções cujo uso é restrito.

Definições

- São **claras e precisas** o suficiente para facilitar a compreensão das palavras, evitando remissões desnecessárias.

- Foram redigidas de acordo com **modelos pré-estabelecidos**, o que confere grande coerência interna ao corpo do dicionário (vide, por exemplo, as unidades de medida, os instrumentos musicais, etc.).

Remissões

- As remissões de um verbete a outro limitaram-se basicamente aos termos que apresentam formas gráficas semelhantes e ao caso dos vulgarismos. No primeiro caso, a remissão é feita do verbete com a forma menos usual ao mais usual; no segundo, o termo vulgar remete a sua forma neutra.

Sinônimos

- Foram incluídos os principais sinônimos do português, apresentados ao final da acepção a que correspondem.

Exemplos

- Há exemplos de uso para contextualizar palavras que possam apresentar alguma dificuldade.

Notas

- A inclusão de notas de gramática, origem, ortografia e uso complementam a informação que, de forma implícita, está impregnada em todo o dicionário. Assim, por exemplo, as notas de **origem** explicam a procedência de uma palavra sempre que ela for de origem tupi ou africana; as notas de **ortografia** chamam a atenção para a existência de palavras homófonas ou para as particularidades ortográficas de um verbete; as de **gramática dão informações** sobre as flexões verbais e nominais, regenciais verbais e sobre as relações que os verbos mantêm com alguns nomes ou outros verbos; por fim, as de **uso** informam sobre possíveis confusões e matizações diferenciadoras do significado, e esclarecem diversas questões relativas aos enfoques prescritivo e descritivo do tratamento da linguagem.

Apêndices

- Os apêndices explicam, de forma clara e esquemática, questões que costumam gerar dúvidas durante as expressões oral e escrita:

- **Apêndice de ortografia:** traz as regras necessárias para grafar adequadamente. Inclui regras de acentuação, pontuação, separação silábica, uso de maiúsculas, etc.

- **Apêndice de gramática:** é um resumo que esclarece os principais conceitos gramaticais de forma simples e descritiva. Explica os tipos de morfemas, as classes de palavras, as funções que elas podem desempenhar, etc. Inclui também modelos de conjugação dos verbos regulares e irregulares.

Exemplos de uso

Entrada — **blogue** ⟨blo.gue⟩ s.m. Página pessoal na internet, semelhante a um diário, geralmente com fotos, comentários e recados, e em que são feitas atualizações periódicas: *Em seu blogue, gosta de postar receitas de cozinha.* ▫ ORTOGRAFIA Escreve-se também *blog*.

> Neologismos e estrangeirismos.

sushi *(palavra japonesa)* (Pron. [suchí]) s.m. Prato de origem japonesa, feito com arroz e pedaços de peixe cru enrolados em algas.

> A língua de origem dos estrangeirismos é indicada por extenso.

marreteiro, ra ⟨mar.re.tei.ro, ra⟩ *(São Paulo)* s. *informal* Vendedor ambulante.

> Regionalismos. O local de onde o regionalismo provém é dado por extenso.

Flexão do feminino — **bonito, ta** ⟨bo.ni.to, ta⟩ ▌ adj. **1** Que resulta agradável aos sentidos: *uma mulher bonita.* **2** Em relação a uma atitude ou a um gesto, que são nobres ou generosos: *Em um gesto bonito, abraçou seu adversário após derrotá-lo.* ▌ s.m. **3** Peixe de água salgada, comestível, azul-escuro na parte superior e prateado na inferior. ▫ GRAMÁTICA Na acepção 3, é um substantivo epiceno: *o bonito (macho/fêmea).* [👁 **peixes (água salgada)** p. XXX]

> A flexão do feminino é dada sempre que ela existir.

Plural — **cachecol** ⟨ca.che.col⟩ (pl. *cachecóis*) s.m. Peça do vestuário mais comprida que larga, que se coloca ao redor do pescoço para protegê-lo do frio.

> Os plurais irregulares são dados por extenso.

guarda-sol ⟨guar.da-sol⟩ (pl. *guarda-sóis*) s.m. Utensílio semelhante a um guarda-chuva, só que de proporções maiores, que se utiliza para se proteger do sol, geralmente em uma praia.

> O plurais das palavras compostas são indicados.

Pronúncia

mister ⟨mis.ter⟩ (Pron. [mistér]) s.m. Ocupação, trabalho ou profissão: *o mister de educar.* ‖ **ser mister** Ser necessário: *É mister a preservação do meio ambiente para construirmos um mundo melhor.*

> As pronúncias que podem causar dúvida são dadas por extenso.

outdoor *(palavra inglesa)* (Pron. [autidór]) s.m. Cartaz grande de propaganda colocado nas ruas, geralmente sobre estruturas altas como muros e prédios.

ideia ⟨i.dei.a⟩ (Pron. [idéia]) s.f. **1** Conhecimento abstrato de algo: *Gosta de levar suas ideias à prática.* (...) **6** Crença ou convicção. ‖ **fazer ideia** *informal* Ter conhecimento. ▫ USO Na acepção 6, usa-se geralmente a forma plural *ideias*.

linguiça ⟨lin.gui.ça⟩ (Pron. [lingüiça]) s.f. Embutido geralmente feito à base de carne de porco picada, com formato comprido e alongado.

chuvoso, sa ⟨chu.vo.so, sa⟩ (Pron. [chuvôso], [chuvósa], [chuvósos], [chuvósas]) adj. Com chuvas frequentes.

> As mudanças na flexão do plural ou do feminino são indicadas.

caderneta ⟨ca.der.ne.ta⟩ (Pron. [cadernêta]) s.f. Caderno pequeno que se utiliza geralmente para fazer anotações. ‖ **(caderneta de) poupança** Aquela expedida por uma entidade bancária ao titular de uma conta de poupança.

> O *e* ou o *o* fechados em sílabas tônicas são identificados.

Classe Gramatical

caseiro, ra ⟨ca.sei.ro, ra⟩ ▪ adj. **1** Que se faz ou que se cria em casa, ou que pertence a ela: *uma comida caseira; um vídeo caseiro.* **2** Que gosta muito de ficar em casa. ▪ s. **3** Pessoa que cuida de uma casa e vive nela quando o dono está ausente.

> As mudanças de classe gramatical são indicadas.

Definição

coeficiente ⟨co.e.fi.ci.en.te⟩ s.m. **1** Em matemática, fator que multiplica uma expressão algébrica ou alguns de seus termos. **2** Em física e em química, expressão numérica de uma propriedade, de uma relação ou de uma característica.

> Traz pistas que ajudam a encontrar com rapidez o significado que se procura.

datar ⟨da.tar⟩ ▪ v.t.d. **1** Colocar data em (um documento): *Datou o cheque e assinou.* ▪ v.t.i. **2** Existir a partir [de uma data]: *O casario de Ouro Preto data do século XVIII.*

> Para definições mais claras dos verbos, os objetos direto e indireto são especificados entre parênteses e colchetes, respectivamente.

Definição

jazer ⟨ja.zer⟩ v.pred./v.int. **1** Estar deitado {de determinada forma}. **2** Estar enterrado. ☐ GRAMÁTICA É um verbo irregular →JAZER.

Já os predicativos do sujeito ou complementos predicativos são dados entre chaves.

Exemplos

reciclar ⟨re.ci.clar⟩ ▌v.t.d. **1** Submeter (materiais usados) a um processo que os torna novamente utilizáveis: *As pessoas devem separar, em suas residências, vidros, plásticos e papéis para reciclá-los.* ▌v.t.d./v.prnl. **2** Atualizar(-se) (um profissional) e colocar em dia em sua capacitação técnica ou em seus conhecimentos: *Quem deseja uma boa colocação no mercado de trabalho precisa se reciclar constantemente.*

Os exemplos mostram a palavra em seu contexto de uso e facilitam sua compreensão.

romantismo ⟨ro.man.tis.mo⟩ s.m. **1** Movimento cultural que surgiu durante a primeira metade do século XIX e que se caracterizou pela defesa do individualismo e da liberdade e pelo predomínio dos aspectos emocionais e sentimentais: *No Brasil, o Romantismo buscou defender, essencialmente, valores nacionalistas e indianistas.* **2** Período histórico durante o qual esse movimento se desenvolveu: *O Romantismo brasileiro vigorou entre o ano de 1836 e a década de 1880.* **3** Sentimentalismo ou tendência a ser guiado pelas emoções e pelos sentimentos. ☐ ORTOGRAFIA Nas acepções 1 e 2, usa-se geralmente com inicial maiúscula por ser também um nome próprio.

Quando pertinente, também são fornecidas informações enciclopédicas de interesse do aluno.

Registros de uso

ficante ⟨fi.can.te⟩ s.2g. *informal* Pessoa com quem se mantém um relacionamento amoroso passageiro.

alvor ⟨al.vor⟩ (Pron. [alvôr]) s.m. **1** *literário* Começo ou princípio de algo: *O navio partiu no alvor do dia.* **2** *literário* Brancura perfeita: *o alvor de uma flor.* ☐ ORTOGRAFIA Escreve-se também *albor*.

O valor subjetivo de uma palavra é dado por extenso: informal, formal, literário, etc.

Sinônimos

acordo ⟨a.cor.do⟩ (Pron. [acôrdo]) s.m. **1** Decisão tomada em conjunto: *Felizmente as duas partes entraram em acordo.* ☐ SIN. **acerto**. **2** Correspondência ou conformidade entre vários elementos. ☐ SIN. **concordância**.

O sinônimo de uma palavra é dado no final da acepção correspondente.

Variantes ortográficas ou morfológicas

toicinho ⟨toi.ci.nho⟩ s.m. →toucinho

toucinho ⟨tou.ci.nho⟩ s.m. Capa de gordura de alguns mamíferos, especialmente a do porco. ☐ ORTOGRAFIA Escreve-se também *toicinho*.

A remissão acontece do verbete com a forma menos usual àquele que tem a forma mais usual.

Locuções

bobeira ⟨bo.bei.ra⟩ s.f. *informal* Comportamento de pessoa boba. ‖ **de bobeira** *informal* À toa ou sem ocupação: *Ficou a tarde toda de bobeira, assistindo à televisão.* ‖ **marcar bobeira** *informal* Distrair-se: *Marcou bobeira e perdeu o prazo de inscrição.*

> São dadas ao final do verbete e em ordem alfabética.

aquecimento ⟨a.que.ci.men.to⟩ s.m. **1** Ato ou efeito de aquecer(-se). **2** Série de exercícios leves que se realizam para alongar: *Antes de começarem a jogar sempre fazer um aquecimento.* **3** Aumento da intensidade, da atividade ou da força: *o aquecimento da economia.* ‖ **aquecimento global** Aumento da temperatura da superfície terrestre.

Notas gramaticais e de uso

genro ⟨gen.ro⟩ s.m. Em relação a uma pessoa, marido de sua filha: *Meu pai é o genro de meus avós maternos.* ☐ **GRAMÁTICA** Seu feminino é *nora*.

> As notas acrescentam aos verbetes informações:

teclar ⟨te.clar⟩ ▌v.int. **1** Mover ou pressionar as teclas de um instrumento musical, de um equipamento ou de um computador. ▌v.t.i. **2** Comunicar-se [com outra pessoa] por meio de um computador: *Adora teclar com as amigas pela internet.* ☐ **GRAMÁTICA** Na acepção 2, usa-se a construção *teclar* COM *alguém*.

> De gramática.

começar ⟨co.me.çar⟩ ▌v.t.d. **1** Dar início a: *A cantora esperou o público se acomodar para começar a apresentação.* ☐ **SIN.** iniciar. ▌v.int. **2** Ter início: *Minhas aulas começam geralmente em fevereiro.* ☐ **SIN.** iniciar. ▌v.int. **3** Tentar ou experimentar pela primeira vez: *Começou jogando no time do bairro.* ☐ **ORTOGRAFIA** Antes de e, o ç muda para c →COMEÇAR. ☐ **GRAMÁTICA** Funciona como verbo auxiliar na construção *começar + (a/por) + verbo no infinitivo*, que indica o início da ação expressa por esse infinitivo: *Começou a estudar logo cedo.*

apelidar ⟨a.pe.li.dar⟩ v.t.d./v.prnl. Dar(-se) ou atribuir(-se) um apelido: *Seu nome era Roberto, mas apelidaram-no Beto. O lutador apelidou-se Furacão.* ☐ **SIN.** alcunhar, apodar, cognominar. ☐ **GRAMÁTICA** O objeto pode vir acompanhado de um complemento que o qualifica: *Seu nome era Roberto, mas apelidaram-no Beto; O lutador apelidou-se Furacão.*

supor ⟨su.por⟩ v.t.d. Considerar certo, possível ou verdadeiro: *Pelo horário, suponho que ele já tenha chegado.* ☐ **GRAMÁTICA** É um verbo irregular →PÔR.

> Com indicação do modelo de conjugação verbal.

Notas gramaticais e de uso

pipoca ⟨pi.po.ca⟩ s.f. Grão de milho que, ao ser levado ao fogo ou ao calor, estoura aumentando de tamanho e se tornando branco e macio. ▫ ORIGEM É uma palavra de origem tupi.

→ De origem.

acarajé ⟨a.ca.ra.jé⟩ s.m. Bolinho feito à base de massa de feijão-fradinho, frito em azeite de dendê e acompanhado por camarão seco e molho de pimenta. ▫ ORIGEM É uma palavra de origem africana.

isopor ⟨i.so.por⟩ (Pron. [isopôr]) s.m. Material produzido com poliestireno e usado na fabricação de embalagens ou como isolante térmico. ▫ ORIGEM É a extensão de uma marca comercial.

emagrecer ⟨e.ma.gre.cer⟩ ▌ v.t.d. **1** Diminuir o peso ou a gordura de (alguém): *A nova rotina de exercícios a emagreceu.* ▌ v.int. **2** Diminuir o peso ou a gordura: *Começou uma dieta para emagrecer.* ▫ ORTOGRAFIA Antes de *a* ou *o*, o *c* muda para *ç* →CONHECER.

→ De ortografia.

calda ⟨cal.da⟩ s.f. Líquido doce que se obtém cozinhando água com açúcar até que adquira consistência de xarope: *Pêssegos em calda são sua sobremesa favorita.* ▫ ORTOGRAFIA É diferente de *cauda*.

asterisco ⟨as.te.ris.co⟩ s.m. Em ortografia, sinal gráfico utilizado como chamada para nota de indicação de grafia incorreta ou para outros usos convencionais. ▫ USO É inadequada a forma *asterístico*, ainda que esteja difundida na linguagem coloquial.

→ De uso.

metrô ⟨me.trô⟩ s.m. Trem elétrico, geralmente subterrâneo, usado como meio de transporte coletivo nas grandes cidades. ▫ USO É a forma reduzida e mais usual de *metropolitano*.

Abreviaturas e símbolos

Abreviaturas

a.C.	antes de Cristo	pron.indef.	pronome indefinido
adj.	adjetivo	pron.interrog.	pronome interrogativo
adj.2g.	adjetivo invariável em gênero	pron.numer.	pronome numeral
adj.2n.	adjetivo invariável em número	pron.pess.	pronome pessoal
adj.2g.2n.	adjetivo invariável em gênero e em número	pron.poss.	pronome possessivo
adj./s.	adjetivo/substantivo	Pron.	pronúncia
adv.	advérbio	rel.	relativo
art.def.	artigo definido	s.	substantivo
art.indef.	artigo indefinido	s.2g.	substantivo invariável em gênero
conj.	conjunção	s.2n.	substantivo invariável em número
d.C.	depois de Cristo	s.f.	substantivo feminino
demons.	demonstrativo	s.f.2n.	substantivo feminino invariável em número
exclam.	exclamativo	s.f.pl.	substantivo feminino plural
f.	feminino	sin.	sinônimo
indef.	indefinido	s.m.	substantivo masculino
interj.	interjeição	s.m.2n.	substantivo masculino invariável em número
interrog.	interrogativo	s.m.pl.	substantivo masculino plural
m.	masculino	v.t.d.	verbo transitivo direto
numer.	numeral	v.t.i.	verbo transitivo indireto
p.	página	v.t.d.i.	verbo transitivo direto e indireto
pess.	pessoal	v. pred.	verbo predicativo
pl.	plural	v. int.	verbo intransitivo
poss.	possessivo	v.prnl.	verbo pronominal
prep.	preposição		
prnl.	pronominal		
pron.demons.	pronome demonstrativo		
pron.exclam.	pronome exclamativo		

Símbolos

→ Remissão a outra palavra ou a um modelo de conjugação verbal.

👁 Remissão a uma ilustração.

☐ Notas (Origem, Ortografia, Gramática e Uso).

☐ Sinônimo.

▮ Separação das diferentes classes gramaticais em um mesmo verbete do dicionário.

‖ Locução.

[ ] Pronúncia.

* Incorreção.

(carteira de) identidade — Nas locuções, pode-se dispensar o que está entre parênteses sem que seu significado seja alterado.

carteira {de trabalho/ profissional} — Nas locuções, pode-se usar indistintamente qualquer um dos elementos entre as chaves sem que seu significado seja alterado.

Índice de ilustrações

Açaí, *21*
Árvores, *79*
Aves, *92*
Babaçu, *95*
Baralho, *102*
Bromélia, *126*
Cágado, *136*
Calango, *137*
Calçados, *138*
Cereais, *165*
Dentição, *243*
Eletrodomésticos, *292*
Equipagem, *317*
Esqueleto, *334*
Estádio de atletismo, *337*
Fases da lua, *363*

Folha, *379*
Habitação, *420*
Insetos, *456*
Instrumentos de corda, *215*
Instrumentos de percussão, *614*
Instrumentos de sopro, *747*
Jabuti, *469*
Jangada, *471*
Livro, *499*
Metamorfose, *534*
Peixes (água doce), *608*
Peixes (água salgada), *609*
Tamanduá-bandeira, *761*
Tatu, *765*
Xadrez, *827*

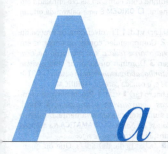

a ▮s.m. **1** Primeira letra do alfabeto. ▮adj.2g.2n. **2** Em relação a uma classe social, que ocupa a posição mais alta. ▮numer. **3** Em uma sequência, que ocupa o primeiro lugar: *Sentamos na fileira a.* ▮art.def. **4** Usa-se antes de um nome para indicar que o ser a que se refere é conhecido pelo falante ou pelo ouvinte: *Nós compramos a casa no ano passado.* ▮pron.demons. **5** Usa-se para situar um ser em um espaço ou um tempo, correspondendo a *aquela*, *essa* ou *esta.* ▮pron.pess. **6** Forma da terceira pessoa do feminino que corresponde à função de complemento do verbo sem preposição. ▮prep. **7** Indica a direção de algo ou o destino para o qual se encaminha: *Irei a Salvador nas próximas férias.* **8** Indica o lugar ou o tempo em que algo acontece: *A que horas você chegou ontem?* **9** Indica o intervalo de espaço ou de tempo que há entre duas coisas: *Atravessei o rio de uma margem a outra.* **10** Indica o modo como se faz algo: *Deixou o carro em casa e foi a pé para o trabalho.* ❏ GRAMÁTICA **1.** Na acepção 1, é invariável em gênero. **2.** Nas acepções 4, 5 e 6, seu masculino é *o.* **3.** Na acepção 1, o plural também pode ser *aa.* ❏ USO Na acepção 6, usa-se a forma *na* quando estiver precedido por uma forma verbal terminada em som nasal (*chamaram-na*) e a forma *la* quando estiver precedido por uma forma verbal terminada em som vocálico (*comprá-la*).

a- **1** Prefixo que indica proximidade: *abeirar.* **2** Prefixo que indica distanciamento: *aversão.* **3** Prefixo que indica negação ou privação: *assimétrico.* ❏ USO Na acepção 1, usa-se também a forma *ad-* (*adjunto*); na acepção 2, *ab-* (*abdicar*) ou *abs-* (*abstrair*); na acepção 3, *an-* (*anaeróbico*).

à Contração da preposição *a* com o artigo definido *a* ou com o pronome demonstrativo *a.*

ab- →a-

aba ⟨a̲.ba⟩ s.f. **1** Prolongamento ou saliência de alguns objetos: *a aba de um chapéu.* **2** Em uma montanha, terreno que se situa na base. ❏ SIN. **falda, fralda, sopé.**

abacate ⟨a.ba.ca̲.te⟩ s.m. Fruto do abacateiro, comestível, de casca verde, com polpa carnosa rica em óleo, e com um único caroço grande.

abacateiro ⟨a.ba.ca.tei̲.ro⟩ s.m. Árvore com grandes folhas elípticas, alternas, lisas e sempre verdes, com pequenas flores brancas e amareladas agrupadas em cachos, e cujo fruto é o abacate.

abacaxi ⟨a.ba.ca.xi̲⟩ s.m. **1** Planta com folhas duras, pontiagudas e de margem espinhosa, e cuja infrutescência, de formato oval, polpa amarelada, doce e carnosa, e com uma coroa de folhas na extremidade superior, é comestível. ❏ SIN. **ananás. 2** Essa infrutescência. ❏ SIN. **ananás. 3** *informal* Problema: *Ficarei até mais tarde para resolver uns abacaxis.* ❏ ORIGEM É uma palavra de origem tupi.

abacial ⟨a.ba.ci.al̲⟩ (pl. *abaciais*) adj.2g. Do abade, da abadia ou relacionado a eles.

ábaco ⟨á̲.ba.co⟩ s.m. Instrumento formado por um quadro atravessado por cordas ou arames paralelos, onde se encaixam contas e que serve para realizar cálculos.

abadá ⟨a.ba.dá̲⟩ s.m. **1** Peça do vestuário comprida e larga, com mangas curtas, usada por muçulmanos. **2** Blusa semelhante a essa peça, usada no Carnaval para identificar os integrantes de um bloco. ❏ ORIGEM É uma palavra de origem africana.

abade ⟨a.ba̲.de⟩ s.m. Pessoa que exerce cargo de superior em uma abadia. ❏ GRAMÁTICA Seu feminino é *abadessa.*

abadessa ⟨a.ba.des̲.sa⟩ (Pron. [abadêssa]) Substantivo feminino de abade.

abadia ⟨a.ba.di̲.a⟩ s.f. **1** Convento ou mosteiro dirigidos por um abade ou uma abadessa. **2** Território sob jurisdição desse abade ou abadessa.

abaetetubense ⟨a.ba.e.te.tu.ben.se⟩ adj.2g./s.2g. De Abaetetuba ou relacionado a essa cidade do estado brasileiro do Pará.

abafadiço, ça ⟨a.ba.fa.di.ço, ça⟩ adj. Em relação ao tempo atmosférico ou a um ambiente fechado, muito quentes e sufocantes: *um quarto abafadiço*. ▫ SIN. abafado, abafante.

abafado, da ⟨a.ba.fa.do, da⟩ adj. Em relação ao tempo atmosférico ou a um ambiente fechado, muito quentes e sufocantes: *uma sala abafada*. ▫ SIN. abafadiço, abafante.

abafador, -a ⟨a.ba.fa.dor, do.ra⟩ (Pron. [abafadôr], [abafadôra]) ▪ adj. **1** Que abafa. ▪ s.m. **2** Aparelho utilizado para apagar chamas. **3** Em um instrumento musical, objeto que modifica as vibrações sonoras, alterando a intensidade e o timbre, antes que elas sejam transmitidas à caixa ou ao pavilhão de ressonância.

abafamento ⟨a.ba.fa.men.to⟩ s.m. Ato ou efeito de abafar.

abafante ⟨a.ba.fan.te⟩ adj.2g. Em relação ao tempo atmosférico ou a um ambiente fechado, muito quentes e sufocantes. ▫ SIN. abafadiço, abafado.

abafar ⟨a.ba.far⟩ v.t.d. **1** Cobrir ou fechar (um alimento quente ou um recipiente) para manter a temperatura: *abafar um bule*. **2** Extinguir (o fogo). **3** Neutralizar (uma revolta) impedindo sua continuação: *O Exército abafou a rebelião*. **4** Ocultar ou impedir a divulgação de (um fato), especialmente se for comprometedor: *Tentaram abafar o escândalo envolvendo desvio de verbas*. **5** Diminuir ou tornar mais suave (a intensidade de um som): *Seu quarto era forrado com espumas para abafar o som da bateria*.

abaixar ⟨a.bai.xar⟩ ▪ v.t.d. **1** Colocar em lugar ou posição inferiores: *Abaixou o vidro da janela do carro*. **2** Estender para baixo: *Abaixe o telão para começarmos a apresentação*. ▫ SIN. descer. **3** Inclinar para baixo: *Abaixou a cabeça e dormiu*. ▪ v.t.d./v.int. **4** Diminuir em valor, quantidade ou intensidade: *As lojas abaixaram os preços. Durante o dia, a febre abaixou*. ▫ SIN. descer. ▪ v.t.d. **5** Em música, tornar mais grave (uma nota, um som). ▪ v.prnl. **6** Curvar-se ou inclinar-se: *O goleiro se abaixou para pegar a bola*. ▫ ORTOGRAFIA Exceto na acepção 6, escreve-se também *baixar*.

abaixo ⟨a.bai.xo⟩ ▪ adv. **1** Em direção a um lugar inferior: *A canoa ia rio abaixo*. **2** Em uma posição, em uma parte ou em um lugar mais baixos ou inferiores: *O texto traz uma citação importante logo abaixo*. ▪ interj. **3** Expressão usada para manifestar protesto e desaprovação: *Abaixo a censura!, gritavam os manifestantes*.

abaixo-assinado ⟨a.bai.xo-as.si.na.do⟩ (pl. *abaixo-assinados*) s.m. Documento que expressa uma reivindicação coletiva por meio da assinatura de um número expressivo de pessoas: *Estavam coletando assinaturas para um abaixo-assinado contra o aumento da tarifa de ônibus*.

abajur ⟨a.ba.jur⟩ s.m. Utensílio que serve de suporte a uma lâmpada e que tem uma peça translúcida para atenuar sua claridade ou direcioná-la. ▫ SIN. quebra-luz.

abalar ⟨a.ba.lar⟩ ▪ v.t.d./v.prnl. **1** Fazer tremer, tremer ou estremecer: *O tremor abalou os alicerces da casa*. ▪ v.t.d. **2** Alterar, comover ou afligir: *Aquele comentário desagradável o abalou*. ▫ SIN. perturbar.

abalizado, da ⟨a.ba.li.za.do, da⟩ adj. De grande confiança ou competência.

abalo ⟨a.ba.lo⟩ s.m. Vibração ou agitação com sacudidas breves, rápidas e frequentes.

abalroar ⟨a.bal.ro.ar⟩ v.t.d./v.int./v.prnl. Bater com força contra (um corpo ou objeto) ou trombar: *A embarcação abalrou um banco de corais*. ▫ SIN. chocar, colidir.

abanar ⟨a.ba.nar⟩ ▪ v.t.d./v.prnl. **1** Refrescar(-se) agitando o ar com um abano ou outro objeto: *Abanava o rosto.* *Abanava-se por causa do calor*. ▪ v.t.d./v.int. **2** Mover(-se) de um lado para outro: *Ao ser indagado, abanou a cabeça em sinal de negação*.

abancar-se ⟨a.ban.car-se⟩ v.prnl. Acomodar-se em um assento: *Abanque-se e fique à vontade*.

abandonar ⟨a.ban.do.nar⟩ ▪ v.t.d. **1** Deixar sem amparo ou sem atenção: *Naquele momento difícil, a amiga não o abandonou*. ▫ SIN. desamparar. **2** Deixar ou desistir da realização de (algo que havia começado): *Abandonou as aulas de desenho, pois não tinha tempo*. **3** Deixar ou afastar-se de (um lugar): *Abandonou a cidade natal aos dezoito anos*. ▪ v.prnl. **4** Desanimar ou render-se: *Desde o falecimento da esposa, abandonou-se ao desespero*.

abandono ⟨a.ban.do.no⟩ (Pron. [abandôno]) s.m. **1** Desamparo ou falta de atenção. **2** Partida de um lugar: *o abandono do lar*. **3** Relaxamento físico ou mental: *um momento de abandono*.

abano ⟨a.ba.no⟩ s.m. Objeto que produz vento ao ser agitado. ▫ SIN. leque.

abará ⟨a.ba.rá⟩ s.m. Bolinho cozido feito à base de massa de feijão-fradinho com camarão seco e enrolado em folha de bananeira. ▫ ORIGEM É uma palavra de origem africana.

abarcar ⟨a.bar.car⟩ v.t.d. **1** Envolver com os braços ou com as mãos. **2** Compreender, conter ou encerrar em si: *Esta antologia abarca toda a sua produção poética*. ▫ SIN. abranger. **3** Dominar ou alcançar com a vista: *Do alto da montanha, abarcávamos todo o vale*. ▫ ORTOGRAFIA Antes de *e*, o *c* muda para *qu* →BRINCAR.

abarrotar ⟨a.bar.ro.tar⟩ ▪ v.t.d. **1** Preencher por completo: *As caixas abarrotavam o armazém*. ▪ v.prnl. **2** Fartar-se ou alimentar-se excessivamente: *Durante o jantar, abarrotou-se de doces*. ▫ GRAMÁTICA Na acepção 2, usa-se a construção *abarrotar-se DE algo*.

abastado, da ⟨a.bas.ta.do, da⟩ adj./s. Que ou quem possui muitos bens ou posses.

abastança ⟨a.bas.tan.ça⟩ s.f. **1** Grande quantidade. ▫ SIN. abundância. **2** Prosperidade e boa situação econômica. ▫ SIN. abundância.

abastardar ⟨a.bas.tar.dar⟩ v.t.d./v.prnl. **1** Alterar o estado original de ou corromper(-se). **2** Corromper, viciar ou prejudicar-se moralmente: *Dizia que as novas modas abastardavam os costumes*.

abastecer ⟨a.bas.te.cer⟩ ▪ v.t.d./v.t.d.i./v.prnl. **1** Fornecer para ou prover(-se) de: *O mercado municipal abastece todo o bairro*. ▪ v.t.d. **2** Colocar combustível em (um veículo automotor): *Estamos ficando sem gasolina, precisamos abastecer o carro*. **3** Colocar combustível em um veículo automotor: *Paramos para abastecer*. ▫ ORTOGRAFIA Antes de *a* ou *o*, o *c* muda para *ç* →CONHECER.

abastecimento ⟨a.bas.te.ci.men.to⟩ s.m. Ato ou efeito de abastecer(-se).

abate ⟨a.ba.te⟩ s.m. **1** Matança de animais, especialmente se for para o consumo humano. ▫ SIN. abatimento, sangria. **2** Corte de árvores pela base do tronco.

abatedoiro ⟨a.ba.te.doi.ro⟩ s.m. →**abatedouro**

abatedouro ⟨a.ba.te.dou.ro⟩ s.m. Lugar no qual se matam animais para o consumo humano. ▫ SIN. matadouro. ▫ ORTOGRAFIA Escreve-se também *abatedoiro*.

abater ⟨a.ba.ter⟩ ▪ v.t.d. **1** Matar (um animal destinado ao consumo humano). **2** Derrubar ou fazer vir ao chão: *abater uma árvore*. **3** Diminuir ou reduzir (um preço ou um valor): *Com a bolsa, pôde abater 10% da mensalidade*. ▪ v.t.d./v.prnl. **4** Fazer perder ou perder o ânimo: *Ele é muito otimista e nada o abate. Apesar das inúmeras dificuldades, ela nunca se abatera*.

abatimento ⟨a.ba.ti.men.to⟩ s.m. **1** Matança de animais, especialmente se for para o consumo humano.

ablação

□ SIN. abate, sangria. 2 Diminuição ou redução de um valor ou preço. 3 Desânimo ou estado de tristeza: *A causa daquele abatimento era um problema familiar.*

abaular ⟨a.bau.lar⟩ v.t.d./v.prnl. Curvar(-se) para fora ou dando forma convexa: *A porta do guarda-roupa se abaulou com a umidade.*

abdicar ⟨ab.di.car⟩ ▌v.t.d./v.t.i./v.t.d.i. 1 Ceder ou desistir de (um cargo ou uma função) [em favor de alguém]: *O rei abdicou o trono. Ele abdicou do trono. O rei abdicou o trono em seu filho.* ▌v.int. 2 Renunciar a um cargo ou a uma função: *O monarca abdicou.* □ ORTOGRAFIA Antes de e, o c muda para *qu* →BRINCAR.

abdome ⟨ab.do.me⟩ (Pron. [abdôme]) s.m. No corpo humano ou no de outros mamíferos, parte do tronco entre o tórax e a pelve, separada dele pelo diafragma, em que fica a maioria dos órgãos dos sistemas digestório e urinário. □ SIN. barriga, ventre. □ ORTOGRAFIA Escreve-se também *abdômen*.

abdômen ⟨ab.dô.men⟩ (pl. *abdômenes* ou *abdomens*) s.m. →abdome

abdominal ⟨ab.do.mi.nal⟩ (pl. *abdominais*) ▌adj.2g. 1 Do abdome ou relacionado a essa parte do corpo. ▌s. 2 Exercício físico executado para fortalecer os músculos do abdome: *Durante a aula de Educação Física, fizemos trinta abdominais.* □ GRAMÁTICA Na acepção 2, é uma palavra usada tanto como substantivo masculino quanto como substantivo feminino: *um abdominal, uma abdominal.*

abduzir ⟨ab.du.zir⟩ v.t.d. 1 Distanciar, deixar afastado ou mais afastado. 2 Sequestrar ou raptar: *Há quem acredite que alienígenas já abduziram humanos.* □ GRAMÁTICA É um verbo regular, mas perde o e final na terceira pessoa do singular do presente do indicativo →PRODUZIR.

abeberar ⟨a.be.be.rar⟩ v.t.d. Dar de beber a (o gado).

abecê ⟨a.be.cê⟩ s.m. 1 Série ordenada das letras de um idioma. □ SIN. abecedário, alfabeto. 2 Princípios elementares de uma ciência ou de um ofício: *Este livro ensina o abecê da informática.*

abecedário ⟨a.be.ce.dá.rio⟩ s.m. Série ordenada das letras de um idioma. □ SIN. abecê, alfabeto.

abelha ⟨a.be.lha⟩ (Pron. [abêlha]) s.f. Inseto com o corpo coberto de pelos, listrado de preto e amarelo, que vive em colônias e que produz principalmente cera, mel e própolis. □ GRAMÁTICA Usa-se o substantivo masculino *zangão* para designar o macho.

abelha-mestra ⟨a.be.lha-mes.tra⟩ (pl. *abelhas-mestras*) s.f. Em uma colmeia, fêmea fértil cujas funções são a reprodução e o comando da sociedade das abelhas: *A abelha-mestra é fecundada pelo zangão.*

abelhudo, da ⟨a.be.lhu.do, da⟩ adj./s. *informal pejorativo* Que ou quem tem por costume bisbilhotar propriedades ou assuntos alheios.

abençoar ⟨a.ben.ço.ar⟩ v.t.d. 1 Em algumas religiões, pedir ou invocar proteção divina para (alguém), geralmente fazendo um gesto com as mãos: *O padre abençoou os noivos.* □ SIN. bendizer, benzer. 2 Na Igreja Católica, consagrar (algo material) mediante cerimônia: *A nova capela foi abençoada pelo bispo.* □ SIN. bendizer, benzer. 3 Desejar prosperidade e felicidade a (alguém): *abençoar um filho.* □ SIN. bendizer. 4 Conceder uma dádiva, um dom ou proteção a (alguém): *Foi abençoado com o dom da música.*

aberração ⟨a.ber.ra.ção⟩ (pl. *aberrações*) s.f. 1 Ação ou comportamento gravemente imorais ou ilícitos. 2 Aquilo que é incoerente ou que não apresenta lógica. 3 Aquilo que é feio, monstruoso ou abominável: *Esta escultura é uma aberração!*

aberrar ⟨a.ber.rar⟩ v.t.i./v.prnl. Destoar ou afastar-se [do que se considera comum ou natural]: *Seus trajes extravagantes aberravam daqueles dos outros convidados.* □ GRAMÁTICA Usa-se a construção *aberrar(-se) DE algo.*

aberto, ta ⟨a.ber.to, ta⟩ ▌1 Particípio irregular de *abrir*. ▌adj. 2 Em relação a um espaço, sem obstáculos que impeçam a visão ou a passagem. 3 Evidente, claro ou que não apresenta nenhuma dúvida: *Os concorrentes travaram uma guerra aberta pelo mercado.* 4 Que é sincero ou franco. 5 Que é compreensivo, tolerante ou disposto a acolher novas ideias. 6 Em relação ao céu, que está límpido ou sem nuvens. 7 Em relação a um som, que é pronunciado com abertura acentuada dos órgãos articulatórios: *Em* café, *o* e *tem som aberto.*

abertura ⟨a.ber.tu.ra⟩ s.f. 1 Ato ou efeito de abrir(-se). 2 Afastamento das partes que cobrem ou fecham algo. 3 Em uma superfície, fenda ou espaço livre que não chegam a dividi-la em dois. 4 Em fonética, distância entre a língua e o céu da boca que define o timbre de uma vogal: *Em português, a vogal de maior abertura é a* a. 5 Em um telescópio, em uma objetiva ou em outro aparelho óptico, diâmetro que determina a passagem de um facho de luz. 6 Começo ou inauguração de um processo, de uma atividade ou de um prazo. 7 Ato que marca esse começo ou essa inauguração: *Autoridades e artistas foram convidados para a abertura do festival.*

abeto ⟨a.be.to⟩ (Pron. [abêto]) s.m. 1 Árvore de grande porte com copa cônica e ramos horizontais, com folhas pequenas em formato de agulhas, estruturas de reprodução em forma de pinha, e cuja madeira é muito usada na fabricação de instrumentos musicais. 2 Essa madeira.

abieiro ⟨a.bi.ei.ro⟩ s.m. Árvore de grande porte, tronco áspero e copa densa, com folhas escuras e brilhantes, flores brancas ou esverdeadas, e cujo fruto é o abio. □ SIN. abio.

abio ⟨a.bi.o⟩ s.m. 1 Árvore de grande porte, tronco áspero e copa densa, com folhas escuras e brilhantes, flores brancas ou esverdeadas, e cujo fruto é oval, de casca lisa e amarela, e com polpa comestível, branca ou amarelada, e adocicada. □ SIN. abieiro. 2 Esse fruto. □ ORIGEM É uma palavra de origem tupi.

abismar ⟨a.bis.mar⟩ ▌v.t.d./v.prnl. 1 Projetar ou precipitar-se em um abismo. ▌v.t.d. 2 Causar espanto ou surpresa: *A notícia me abismou.*

abismo ⟨a.bis.mo⟩ s.m. 1 Abertura ou cavidade muito profundas em algum terreno. □ SIN. despenhadeiro, precipício. 2 Distância ou diferença muito grandes entre duas coisas: *Entre nossas ideias políticas, há um abismo.* 3 Situação caótica ou desesperada: *A economia mundial está à beira do abismo nestes momentos.*

abissal ⟨a.bis.sal⟩ (pl. *abissais*) adj.2g. 1 Em relação a uma região do fundo do mar, que é fria, escura e que está entre dois mil e seis mil metros de profundidade. 2 Dessa região marinha. 3 De um abismo ou relacionado a ele: *uma vala abissal.*

abjeção ⟨ab.je.ção⟩ (pl. *abjeções*) s.f. Ato desprezível ou degradação.

abjeto, ta ⟨ab.je.to, ta⟩ adj. Rasteiro, vil ou desprezível.

abjurar ⟨ab.ju.rar⟩ ▌v.t.d. 1 Renegar ou abandonar (uma crença ou compromisso): *Abjurou a própria fé e converteu-se à religião da esposa.* ▌v.int. 2 Renegar ou desistir de uma crença ou de um compromisso: *Durante a Inquisição, os judeus foram forçados a abjurar.* ▌v.t.d. 3 Retirar ou retratar-se de (aquilo que foi dito ou feito): *abjurar uma opinião.*

ablação ⟨a.bla.ção⟩ (pl. *ablações*) s.f. Operação cirúrgica para retirar um órgão ou uma parte dele: *a ablação de um seio.* □ USO É diferente de *ablução* (lavagem total ou parcial do corpo).

ablução

a

ablução ⟨a.blu.ção⟩ (pl. *abluções*) s.f. **1** Lavagem total ou parcial do corpo. **2** Em algumas religiões, ritual de purificação pela lavagem do corpo ou de parte dele com água. ◻ USO É diferente de *ablação* (operação cirúrgica para retirar um órgão ou uma parte dele).
abnegação ⟨ab.ne.ga.ção⟩ (pl. *abnegações*) s.f. Ato ou efeito de abnegar(-se).
abnegado, da ⟨ab.ne.ga.do, da⟩ adj. Que tem ou manifesta abnegação.
abnegar ⟨ab.ne.gar⟩ v.t.d./v.prnl. Renunciar a ou desistir de (um desejo, vontade ou interesse) ou sacrificar-se em benefício de uma causa ou de um princípio: *Abnegou o conforto de sua vida para ajudar os pobres. Abnegou-se, apostando em resultados futuros.* ◻ ORTOGRAFIA Antes de *e*, o *g* muda para *gu* →CHEGAR. ◻ GRAMÁTICA Usa-se a construção *abnegar(-se) DE algo*.
abóbada ⟨a.bó.ba.da⟩ s.f. Em arquitetura, construção ou estrutura arqueadas com as quais se cobre um espaço compreendido entre dois muros ou entre vários pilares ou colunas. ‖ **abóbada celeste** Espaço que, visto da Terra, parece formar uma cobertura arqueada sobre ela. ◻ SIN. céu, firmamento, páramo. ‖ **abóbada palatina** Na boca, parte interior e superior que separa as fossas nasais e a cavidade bucal. ◻ SIN. céu da boca.
abobado, da ⟨a.bo.ba.do, da⟩ adj. *pejorativo* Que parece bobo.
abobalhado, da ⟨a.bo.ba.lha.do, da⟩ adj. *pejorativo* Que parece bobo.
abóbora ⟨a.bó.bo.ra⟩ ▌ adj.2g.2n./s.m. **1** De cor entre o laranja e o vermelho, como a deste fruto. ▌ s.f. **2** Fruto da aboboreira, comestível, geralmente grande e arredondado, levemente achatado, com casca dura, polpa suculenta e carnosa, e muitas sementes secas. ◻ SIN. jerimum.
abóbora-moranga ⟨a.bó.bo.ra-mo.ran.ga⟩ (pl. *abóboras-morangas*) s.f. →moranga
aboboreira ⟨a.bo.bo.rei.ra⟩ s.f. Planta herbácea de caules rasteiros compridos e ocos, com vincos longitudinais, cobertos por pelos ásperos, com folhas largas, flores amarelas e cujo fruto é a abóbora. ◻ ORTOGRAFIA Escreve-se também *aboboreira*.
abobreira ⟨a.bo.brei.ra⟩ s.f. →**aboboreira**
abobrinha ⟨a.bo.bri.nha⟩ s.f. **1** Variedade de abóbora comestível, cilíndrica e alongada, com casca lisa verde-escura, polpa branca esverdeada ou amarela, e muitas sementes achatadas e de formato oval. **2** *informal* Bobagem.
abocanhar ⟨a.bo.ca.nhar⟩ v.t.d. **1** Morder ou apanhar com a boca: *O cachorro abocanhou o osso.* **2** Alcançar, obter ou ganhar (o que se pretende ou se deseja), especialmente se for de forma ilícita: *Por meio de alguns conchavos, abocanhou um cargo importante.*
aboio ⟨a.boi.o⟩ s.m. Entoação melódica com a qual os vaqueiros tangem o gado.
aboletar-se ⟨a.bo.le.tar-se⟩ v.prnl. Instalar-se ou hospedar-se: *A gatinha aboletou-se no meu colo.*
abolição ⟨a.bo.li.ção⟩ (pl. *abolições*) s.f. Ato ou efeito de abolir.
abolicionismo ⟨a.bo.li.cio.nis.mo⟩ s.m. Doutrina que defende a abolição do regime escravocrata.
abolicionista ⟨a.bo.li.cio.nis.ta⟩ ▌ adj.2g. **1** Do abolicionismo ou relacionado a ele. ▌ s.2g. **2** Partidário do abolicionismo: *Um dos abolicionistas mais ativos no Brasil foi Joaquim Nabuco, fundador da Sociedade Antiescravidão.*
abolir ⟨a.bo.lir⟩ v.t.d. Anular ou suspender (uma lei ou um costume) mediante uma disposição legal: *Em 1888,*

o Brasil aboliu oficialmente a escravidão. ◻ GRAMÁTICA É um verbo defectivo, pois não apresenta conjugação completa →BANIR.
abomaso ⟨a.bo.ma.so⟩ s.m. Em um mamífero ruminante, quarto estômago.
abominar ⟨a.bo.mi.nar⟩ v.t.d./v.prnl. Detestar, repudiar ou odiar-se: *Abomina insetos de qualquer tipo. Abominavam-se até poucos meses atrás, hoje namoram.*
abominável ⟨a.bo.mi.ná.vel⟩ (pl. *abomináveis*) adj.2g. Que produz horror ou que é digno de ser abominado: *um crime abominável.*
abonado, da ⟨a.bo.na.do, da⟩ adj. Que está em boa situação financeira.
abonar ⟨a.bo.nar⟩ v.t.d. **1** Considerar bom, válido ou verdadeiro: *O diretor abonou nosso projeto.* **2** Responsabilizar-se por (uma dívida ou um pagamento): *O banco abonou o empréstimo que solicitei.* ◻ SIN. afiançar. **3** Perdoar (uma falta no trabalho) não efetuando descontos no salário: *Para abonar suas faltas, o gerente pediu atestado.*
abono ⟨a.bo.no⟩ (Pron. [abôno]) s.m. **1** Garantia sobre algo: *Preciso do seu abono como fiador para alugar a casa.* **2** Quantia de dinheiro extra que complementa um salário. **3** Remissão de uma falta no trabalho, não efetuando descontos no salário.
abordagem ⟨a.bor.da.gem⟩ (pl. *abordagens*) s.f. **1** Ato ou efeito de abordar. **2** Aproximação que uma embarcação faz de um cais ou de outra embarcação. **3** Tratamento que se dá a um assunto ou a um tema: *No estudo, o autor realiza uma nova abordagem do tema.*
abordar ⟨a.bor.dar⟩ ▌ v.t.d. **1** Atingir ou alcançar (uma embarcação): *Um barco ecologista abordou o pesqueiro em protesto contra a pesca predatória.* ▌ v.int. **2** Atingir um cais, uma costa ou outra margem (uma embarcação): *O navio abordou ao fim da tarde.* ▌ v.t.d. **3** Aproximar-se de (uma beira ou uma margem): *Sentiu vertigem ao abordar o precipício.* **4** Aproximar-se de (alguém) com algum propósito: *Fazia suas pesquisas abordando pessoas na rua.* **5** Tratar ou discorrer sobre (um assunto ou um tema): *Nesta palestra, abordaremos a questão do saneamento básico.*
aborígene ⟨a.bo.rí.ge.ne⟩ adj.2g./s.2g. →**aborígine**
aborígine ⟨a.bo.rí.gi.ne⟩ adj.2g./s.2g. Que ou quem é habitante do lugar em que vive. ◻ ORTOGRAFIA Escreve-se também *aborígene*.
aborrecer ⟨a.bor.re.cer⟩ v.t.d./v.prnl. **1** Causar a (alguém) um sentimento de desagrado ou de contrariedade ou desagradar-se: *Sua vaidade me aborrece. Os funcionários se aborreceram com o atraso dos salários.* **2** Causar a (alguém) cansaço ou tédio pela falta de entretenimento, de diversão ou de estímulo ou entediar-se: *O filme era monótono e nos aborreceu.* ◻ ORTOGRAFIA Antes de *a* ou *o*, o *c* muda para *ç* →CONHECER.
aborrecimento ⟨a.bor.re.ci.men.to⟩ s.m. Ato ou efeito de aborrecer(-se).
abortar ⟨a.bor.tar⟩ ▌ v.int. **1** Expulsar o feto antes que ele possa viver fora do corpo da mãe. ▌ v.t.d. **2** Interromper ou fazer fracassar (um empreendimento ou um projeto): *O Exército abortou o golpe de Estado.* **3** Em informática, interromper a execução de (um programa).
abortivo, va ⟨a.bor.ti.vo, va⟩ adj./s.m. Que pode fazer abortar.
aborto ⟨a.bor.to⟩ (Pron. [abôrto]) s.m. **1** Interrupção espontânea ou provocada da gravidez. **2** *pejorativo* Pessoa disforme ou monstruosa.
abotoadura ⟨a.bo.to.a.du.ra⟩ s.f. **1** Ato ou efeito de abotoar(-se). **2** Adorno composto por duas peças

abrir

removíveis, geralmente usado para fechar o punho de uma camisa. **3** Jogo de botões usado em uma peça do vestuário.
abotoar ⟨a.bo.to.ar⟩ ▮ v.t.d./v.int. **1** Fechar(-se) com botões (uma peça do vestuário): *abotoar uma camisa*. ▮ v.prnl. **2** Fechar os botões da própria roupa: *Abotoou-se e saiu rapidamente*.
abracadabra ⟨a.bra.ca.da.bra⟩ s.m. Palavra ou expressão às quais são atribuídos poderes mágicos.
abraçar ⟨a.bra.çar⟩ ▮ v.t.d./v.prnl. **1** Envolver(-se) com os braços como saudação ou como sinal de carinho: *Abraçou emocionado seu pai. Na despedida, abraçaram-se.* ▮ v.t.d. **2** Rodear ou envolver: *A enseada abraça um mar de ondas fortes.* **3** Assumir ou aderir a (uma ideia, uma tarefa ou uma doutrina): *Abraçou o budismo.* ◻ ORTOGRAFIA Antes de e, o ç muda para c →COMEÇAR.
abraço ⟨a.bra.ço⟩ s.m. Ato de envolver com os braços, em expressão de afeto ou amizade.
abrandamento ⟨a.bran.da.men.to⟩ s.m. Ato ou efeito de abrandar(-se).
abrandar ⟨a.bran.dar⟩ ▮ v.t.d./v.prnl. **1** Tornar(-se) brando: *Costuma usar vinagre para abrandar a carne.* **2** Reduzir a intensidade ou enfraquecer(-se): *Com a chuva, o calor abrandou-se.* ▮ v.t.d./v.int./v.prnl. **3** Fazer ficar ou ficar (uma pessoa ou um sentimento) mais serenos ou mais suaves: *O tempo abrandou seu caráter*.
abrangente ⟨a.bran.gen.te⟩ adj.2g. Que abrange: *O livro oferece uma visão abrangente da política mundial*.
abranger ⟨a.bran.ger⟩ v.t.d. **1** Compreender, conter ou encerrar em si: *A Federação Brasileira abrange vinte e seis estados e o Distrito Federal. O curso abrangerá os conceitos básicos de informática.* ◻ SIN. abarcar. **2** Alcançar ou percorrer: *O mau tempo abrangeu todo o litoral.* ◻ ORTOGRAFIA Antes de *a* e *o*, o *g* muda para *j* →ELEGER.
abrasador, -a ⟨a.bra.sa.dor, do.ra⟩ (Pron. [abrasadôr], [abrasadôra]) adj. **1** Que abrasa: *um calor abrasador*. **2** Que causa furor, exaltação ou excitação: *uma paixão abrasadora*.
abrasão ⟨a.bra.são⟩ (pl. *abrasões*) s.f. **1** Desgaste causado pelo atrito ou por fricção. **2** Em medicina, lesão superficial ou irritação da pele ou das mucosas causadas por uma queimadura ou por um traumatismo.
abrasar ⟨a.bra.sar⟩ ▮ v.t.d./v.int./v.prnl. **1** Tornar(-se) muito quente: *O sol forte abrasava o asfalto.* **2** Queimar até reduzir a brasas: *O incêndio abrasou os barracos.* ▮ v.t.d./v.prnl. **3** Produzir ou sentir sensações intensas e vivas: *Eles se abrasaram com a ideia daquela viagem*.
abrasileirar ⟨a.bra.si.lei.rar⟩ v.t.d./v.prnl. Dar ou adquirir características consideradas próprias daquilo que é brasileiro ou do brasileiro: *A palavra inglesa knockout foi abrasileirada para nocaute*.
abrasivo, va ⟨a.bra.si.vo, va⟩ adj./s.m. Da abrasão ou relacionado a ela.
abreugrafia ⟨a.breu.gra.fi.a⟩ s.f. Exame que consiste em uma radiografia do pulmão, registrada em máquina fotográfica desenvolvida para esse fim.
abreviação ⟨a.bre.vi.a.ção⟩ (pl. *abreviações*) s.f. **1** Ato ou efeito de abreviar. **2** Forma reduzida de uma palavra por meio da supressão de algumas de suas letras ou sílabas, de acordo com as convenções da língua: *A palavra moto é a abreviação de motocicleta.* ◻ USO É diferente de *abreviatura* (representação de uma palavra na escrita com apenas alguma de suas letras, geralmente as primeiras, seguidas de um ponto).
abreviar ⟨a.bre.vi.ar⟩ v.t.d. **1** Reduzir ou tornar mais curto: *Por causa do trabalho, teve que abreviar suas férias.* **2** Suprimir algumas das letras ou sílabas de (uma palavra), de acordo com as convenções da língua: *Abreviou seu nome para caber no espaço disponível no formulário.*
abreviatura ⟨a.bre.vi.a.tu.ra⟩ s.f. **1** Ato ou efeito de abreviar. **2** Representação de uma palavra na escrita com apenas algumas de suas letras, geralmente as primeiras, seguidas de um ponto. ◻ USO É diferente de *abreviação* (forma reduzida de uma palavra por meio da supressão de algumas de suas letras ou sílabas, de acordo com as convenções da língua).
abricó ⟨a.bri.có⟩ s.m. Fruto do abricoteiro, menor e mais ácido que um pêssego, redondo e com uma fenda, amarelo-alaranjado, com casca aveludada, polpa suculenta e carnosa, e caroço liso. ◻ SIN. damasco.
abricoteiro ⟨a.bri.co.tei.ro⟩ s.m. Árvore com galhos lisos, folhas verde-escuras em formato de coração e com a margem serrilhada, com flores brancas ou rosadas, e cujo fruto é o abricó. ◻ SIN. damasqueiro.
abrideira ⟨a.bri.dei.ra⟩ s.f. Máquina utilizada para desfiar fardos de algodão.
abridor, -a ⟨a.bri.dor, do.ra⟩ (Pron. [abridôr], [abridôra]) ▮ adj. **1** Que abre. ▮ s.m. **2** Utensílio de metal usado para abrir latas de conservas ou para retirar tampas de garrafas.
abrigar ⟨a.bri.gar⟩ ▮ v.t.d./v.prnl. **1** Dar ou tomar alojamento, geralmente de forma provisória: *Busco uma pensão que abrigue estudantes.* ◻ SIN. acomodar, alojar, hospedar. ▮ v.t.d./v.t.d.i./v.prnl. **2** Proteger, ajudar ou amparar-se: *É uma instituição que abriga pessoas carentes. Procurou uma cobertura para abrigar-se da chuva.* ▮ v.t.d. **3** Ser capaz de conter (uma quantidade): *Aquela sala abriga até trinta alunos.* ◻ ORTOGRAFIA Antes de *e*, o *g* muda para *gu* →CHEGAR.
abrigo ⟨a.bri.go⟩ s.m. **1** Lugar a que se recorre para livrar-se de um perigo ou de uma ameaça. ◻ SIN. guarida, refúgio. **2** Casaco grande que se coloca sobre outras peças do vestuário e que serve para proteger do frio. **3** Lugar que dá assistência a pessoas desamparadas: *Os funcionários da prefeitura levaram os moradores de rua para um abrigo*.
abril ⟨a.bril⟩ (pl. *abris*) s.m. Quarto mês do ano, entre março e maio.
abrilhantar ⟨a.bri.lhan.tar⟩ v.t.d./v.prnl. Realçar ou destacar-se: *A presença da atriz abrilhantou o evento*.
abrir ⟨a.brir⟩ ▮ v.t.d./v.int./v.prnl. **1** Separar as folhas de ou separar-se do batente (uma porta, uma janela ou algo com portas), de maneira que deixe descoberto o vão e permita a passagem: *Alguém pode abrir a porta?* ▮ v.t.d. **2** Acionar (um trinco ou outro mecanismo de tranca) de modo que deixe de segurar algo: *Não consigo abrir o cadeado.* **3** Afastar as partes que fecham ou que cobrem (um recipiente ou um objeto): *Não consigo abrir esta mala!* **4** Fazer (uma abertura ou um buraco): *As chuvas abriram uma vala no asfalto.* **5** Partir, rasgar ou dividir: *O feirante abriu a melancia.* **6** Romper por alguma parte (uma carta ou um envelope) de maneira que se possa retirar seu conteúdo: *Você não deveria abrir uma correspondência alheia.* **7** Separar parte das folhas do resto de (um livro ou um objeto semelhante) de maneira que suas páginas possam ser vistas: *Abram o livro na página 32.* **8** Estender, desdobrar ou separar as partes de (algo recolhido, fechado ou dobrado): *O dentista me pediu para abrir bem a boca.* **9** Escrever (alguns sinais de pontuação) diante do enunciado que delimitam: *Abriu aspas para fazer uma citação.* **10** Posicionar (a chave ou o dispositivo que regula a passagem de um fluido por um duto) de modo que permita a saída ou a circulação: *abrir uma torneira.* ▮ v.t.d./v.int. **11** Iniciar as

abrolho

a

atividades de ou começar o expediente (um local onde se desenvolve uma atividade): *Vão abrir uma padaria aqui perto. A academia abre às nove da manhã.* ▪ v.t.d./v.int./v.prnl. **12** Iniciar ou começar (o prazo de uma convocação ou de um concurso): *Amanhã, abrem-se as inscrições para o vestibular.* ▪ v.t.d. **13** Realizar os trâmites necessários para poder dispor de (uma conta bancária ou um crediário): *Ao completar dezoito anos, abriu uma caderneta de poupança.* **14** Estimular (o apetite): *A caminhada abriu nosso apetite.* **15** Começar, inaugurar ou dar por iniciado: *A Presidenta abriu a feira de negócios com um discurso.* **16** Permitir ou facilitar a passagem por (um caminho): *A Prefeitura abriu o viaduto para o tráfego.* ▪ v.t.d./v.prnl. **17** Aumentar ou ampliar-se: *Aquele curso abriu seus horizontes profissionais.* ▪ v.int. **18** Serenar ou começar a clarear (o céu ou o tempo atmosférico): *O tempo abriu e pudemos sair.* ▪ v.t.d. **19** Fazer (uma curva) tendendo mais para o lado externo: *Não abra a curva tanto assim.* ▪ v.int. **20** Fazer uma curva tendendo mais para o lado externo: *O carro abriu muito e capotou.* ▪ v.prnl. **21** Expressar-se ou desabafar: *Abriu-se com o amigo e contou seus problemas.*

abrolho ⟨a.bro.lho⟩ (Pron. [abrôlho], [abrólhos]) s.m. Recife de coral com formato de um grande cogumelo, encontrado próximo à superfície da água, e que constitui grande perigo para a navegação.

abrupto, ta ⟨a.brup.to, ta⟩ adj. **1** Que não se espera ou que não está previsto. □ SIN. repentino. **2** Áspero, rude ou sem educação: *uma resposta abrupta.* **3** Em relação especialmente a um terreno, que é escarpado, de difícil acesso ou de grande inclinação.

abrutalhado, da ⟨a.bru.ta.lha.do, da⟩ adj./s. Com brutalidade ou que a demonstra: *um gesto abrutalhado; uma pessoa abrutalhada.*

abs- →a-

ABS s.m. Sistema de freio de um veículo que impede que as rodas travem. □ ORIGEM É a sigla inglesa de *Anti-lock Braking System* (sistema de freio antibloqueio).

abscesso ⟨abs.ces.so⟩ s.m. Acúmulo localizado de pus em um tecido orgânico.

abscissa ⟨abs.cis.sa⟩ s.f. Em matemática, em um sistema de coordenadas, linha ou eixo horizontais.

absíntio ⟨ab.sín.tio⟩ s.m. →**absinto**

absinto ⟨ab.sin.to⟩ s.m. **1** Planta perene de ramos abundantes, com flores pequenas e amarelas, e folhas com a margem irregular, de cor verde-clara a verde-acinzentada, que tem propriedades medicinais e da qual se pode extrair um óleo volátil tóxico. □ SIN. losna. **2** Bebida alcoólica elaborada com essa planta e com outras ervas aromáticas. □ ORTOGRAFIA Escreve-se também *absíntio*.

absolutismo ⟨ab.so.lu.tis.mo⟩ s.m. **1** Sistema de governo caracterizado pela convergência de todos os poderes em uma só pessoa ou em um grupo de pessoas. **2** Qualquer exercício irrestrito de poder.

absoluto, ta ⟨ab.so.lu.to, ta⟩ adj. **1** Que não tem limite ou que não tem restrições. **2** Total ou completo: *Eu tenho absoluta confiança em você.* **3** Que não admite relação ou comparação: *O adjetivo prontíssimo é um exemplo do chamado superlativo absoluto, que expressa o grau máximo de uma qualidade.* || **em absoluto** De modo algum: *Não queria, em absoluto, te magoar.*

absolver ⟨ab.sol.ver⟩ v.t.d./v.t.d.i. **1** Declarar isento de culpa (o acusado de um delito): *absolver um réu.* **2** No catolicismo, no sacramento da penitência, perdoar as faltas ou os erros de (alguém).

absolvição ⟨ab.sol.vi.ção⟩ (pl. *absolvições*) s.f. **1** Declaração que torna um acusado isento de culpa. **2** No catolicismo, perdão das faltas ou dos erros de uma pessoa no sacramento da penitência.

absorção ⟨ab.sor.ção⟩ (pl. *absorções*) s.f. **1** Ato ou efeito de absorver(-se): *Precisamos instalar um sistema de absorção da fumaça em nossa cozinha.* **2** Captação e fixação de uma substância pelo organismo: *A vitamina D estimula a absorção de cálcio.*

absorto, ta ⟨ab.sor.to, ta⟩ (Pron. [absôrto]) adj. Concentrado em uma atividade, especialmente se for na leitura ou no estudo.

absorvente ⟨ab.sor.ven.te⟩ adj.2g. **1** Que absorve. **2** Que atrai ou que prende a atenção: *uma leitura absorvente.* || **absorvente (higiênico)** Produto descartável, de celulose ou de outro material similar, de uso externo, que serve para conter o fluxo menstrual. || **absorvente (interno)** Produto pequeno e de formato cilíndrico, que se introduz no canal vaginal e que serve para conter o fluxo menstrual. □ SIN. tampão.

absorver ⟨ab.sor.ver⟩ ▪ v.t.d. **1** Atrair ou reter (um corpo líquido ou gasoso): *O aspirador novo absorve bem o pó.* □ SIN. chupar. **2** Consumir, gastar ou deteriorar: *A preparação do trabalho absorveu todas as minhas energias.* **3** Em física, captar (a radiação): *Esse aparelho mede a dose de radiação que um corpo absorve.* ▪ v.t.d./v.prnl. **4** Prender toda a atenção de (alguém) ou colocar toda a atenção em algo: *O projeto em que está envolvido o absorve por completo. Absorveu-se no estudo da reprodução vegetal.*

abstêmio, mia ⟨abs.tê.mio, mia⟩ adj./s. Que ou quem não toma bebidas alcoólicas.

abstenção ⟨abs.ten.ção⟩ (pl. *abstenções*) s.f. Renúncia voluntária a fazer algo: *A votação teve um baixo índice de abstenção.*

abster-se ⟨abs.ter-se⟩ v.prnl. **1** Não fazer algo ou não intervir: *Abstive-me de entrar na discussão.* **2** Privar-se de algo: *Por ordens médicas, tive que me abster de fumar.* □ GRAMÁTICA É um verbo irregular →TER.

abstinência ⟨abs.ti.nên.cia⟩ s.f. **1** Ato de abster-se. **2** Renúncia a satisfazer um desejo.

abstração ⟨abs.tra.ção⟩ (pl. *abstrações*) s.f. **1** Ato ou efeito de abstrair(-se): *A matemática requer uma grande capacidade de abstração.* **2** Ideia ou conceito que derivam desse ato: *A teoria marxista é uma abstração da realidade.*

abstrair ⟨abs.tra.ir⟩ ▪ v.t.d./v.t.d.i. **1** Separar (as qualidades essenciais) [de algo] por meio de uma operação intelectual para considerá-las isoladamente: *Para realizar o trabalho, abstraiu do livro suas ideias principais.* ▪ v.prnl. **2** Isolar-se ou afastar-se de algo: *Abstraiu-se das tarefas para descansar.* **3** Concentrar-se ou focar-se em um raciocínio: *Durante o concerto, abstraiu-se na melodia da orquestra.* □ GRAMÁTICA 1. É um verbo irregular →CAIR. 2. Na acepção 2, usa-se a construção *abstrair-se DE algo*.

abstrato, ta ⟨abs.tra.to, ta⟩ adj. **1** Que resulta da separação das qualidades essenciais de algo por meio de uma operação intelectual para poder considerá-las isoladamente. **2** Em relação a uma forma de arte, que não busca representar com fidelidade coisas concretas, mas sim ressaltar algumas de suas características ou de suas qualidades essenciais: *uma pintura abstrata.* **3** Que segue ou que pratica essa forma de arte: *um pintor abstrato.*

absurdo, da ⟨ab.sur.do, da⟩ ▪ adj. **1** Contrário ou oposto à razão, ou sem sentido: *Ele deu um motivo absurdo para justificar a sua ausência na prova.* **2** *informal* Muito grande: *Estava com uma vontade absurda de comer chocolate!* ▪ s.m. **3** *informal* Aquilo que se diz ou se faz de forma irracional, sem sentido ou sem propósito: *Isso é um absurdo!*

abulia ⟨a.bu.li.a⟩ s.f. Falta ou perda de vontade.

abundância ⟨a.bun.dân.cia⟩ s.f. Grande quantidade.
□ SIN. abastança.
abundante ⟨a.bun.dan.te⟩ adj.2g. **1** Que abunda em algo. **2** Volumoso ou de grande abundância: *uma colheita abundante*. **3** Em relação a um verbo, que apresenta duas ou mais formas equivalentes, especialmente se for o particípio: *O verbo enxugar é abundante, pois tem duas formas para o particípio*: enxuto e enxugado.
abundar ⟨a.bun.dar⟩ v.t.i./v.int. Ter grande quantidade [de algo] ou sobrar: *A fauna da região abunda em espécies ainda não catalogadas. No livro, abundavam exemplos de provérbios populares*.
aburguesar ⟨a.bur.gue.sar⟩ v.t.d./v.prnl. Dar ou adquirir as características que se consideram próprias da burguesia: *O tempo acabou aburguesando aqueles que um dia foram tão inconformados*.
abusado, da ⟨a.bu.sa.do, da⟩ adj./s. **1** Que ou quem ultrapassa ou transgride os limites estabelecidos. **2** Que ou quem tende a se intrometer em assuntos alheios. □ SIN. enxerido, intrometido.
abusão ⟨a.bu.são⟩ (pl. *abusões*) s.f. Crença em sinais, agouros ou presságios. □ SIN. superstição.
abusar ⟨a.bu.sar⟩ v.t.i. **1** Usar [de algo] de forma excessiva ou indevida: *Abusou de sua autoridade ao impor um castigo tão severo*. **2** Manter relação sexual [com alguém] contra sua vontade: *Abusar de alguém é crime*.
□ GRAMÁTICA Na acepção 1, usa-se a construção *abusar* DE *algo*; na acepção 2, *abusar* DE *alguém*.
abusivo, va ⟨a.bu.si.vo, va⟩ adj. Que é indevido, injusto ou excessivo.
abuso ⟨a.bu.so⟩ s.m. **1** Uso excessivo de algo: *O abuso de álcool faz mal para a saúde*. **2** Uso indevido de algo, geralmente do poder: *abuso de poder*. ‖ **abuso (sexual)** Qualquer tipo de prática sexual imposta a uma pessoa contra a sua vontade.
abutre ⟨a.bu.tre⟩ s.m. **1** Ave de rapina de grande porte, com cabeça e pescoço sem penas, asas muito grandes, cauda curta, que se alimenta de animais mortos e que habita escarpas e árvores de difícil acesso. **2** *pejorativo* Pessoa muito ambiciosa que procura conseguir benefícios sem se importar com os meios usados. □ GRAMÁTICA **1**. Na acepção 1, é um substantivo epiceno: *o abutre (macho/fêmea)*. **2**. Na acepção 2, usa-se tanto para o masculino quanto para o feminino: *(ele/ela) é um abutre*.
AC É a sigla do estado brasileiro do Acre.
-aça Sufixo que indica tamanho maior: *barcaça*.
acabado, da ⟨a.ca.ba.do, da⟩ adj. **1** *informal* Envelhecido, enfraquecido ou cansado. **2** *informal* Gasto ou em más condições: *um carro acabado*.
acabamento ⟨a.ca.ba.men.to⟩ s.m. Ato ou efeito de acabar(-se).
acabar ⟨a.ca.bar⟩ ❙ v.int./v.prnl. **1** Chegar ao fim ou alcançar o ponto final: *A palestra parecia não acabar nunca!* ❙ v.t.d./v.t.i. **2** Terminar (algo) ou dar fim [a algo]: *Acabe com esse suspense e conte tudo!* **3** Gastar (algo) ou fazer consumo [dele] até o fim: *Acabe logo esse lanche, pois temos que ir*. ❙ v.t.i./v.prnl. **4** *informal* Causar esgotamento [a alguém] ou cansar-se muito: *Fazer faxina acaba comigo! Acabou-se de tanto dançar*. □ GRAMÁTICA Funciona como verbo auxiliar na construção *acabar + de + verbo no infinitivo*, que indica que a ação expressa por esse infinitivo ocorreu pouco antes do momento da fala: *Sua tia acabou de ligar*.
acaboclado, da ⟨a.ca.bo.cla.do, da⟩ adj. Com as características do caboclo.
acabrunhar ⟨a.ca.bru.nhar⟩ v.t.d./v.prnl. Desanimar, causar ou sentir grande sofrimento: *A distância da família o acabrunhava*.

açaí

acácia ⟨a.cá.cia⟩ s.f. **1** Árvore ou arbusto de ramos espinhosos, com folhas compostas, frutos em vagem com muitas sementes, e flores aromáticas em formato de pompom que variam de brancas e amarelas a avermelhadas. **2** Flor dessa árvore.
academia ⟨a.ca.de.mi.a⟩ s.f. **1** Sociedade de caráter científico, artístico ou literário formada por pessoas muito destacadas nessas atividades: *A Academia Brasileira de Letras foi fundada por Machado de Assis*. **2** Lugar no qual essas pessoas se reúnem. **3** Estabelecimento que oferece aulas de ginástica, dança ou de qualquer outra atividade esportiva: *uma academia de judô*.
acadêmico, ca ⟨a.ca.dê.mi.co, ca⟩ ❙ adj. **1** De uma academia, relacionado a ela, ou com suas características. **2** De um estabelecimento de Ensino Superior ou relacionado a ele. **3** Em relação a uma obra de arte ou ao seu autor, que observam as normas clássicas ou convencionais: *Seu estilo é acadêmico, distante das novas tendências*. ❙ s. **4** Pessoa que faz parte de uma academia: *Machado de Assis e Guimarães Rosa foram acadêmicos ilustres*.
acafajestado, da ⟨a.ca.fa.jes.ta.do, da⟩ adj./s. *pejorativo* Com as características de um cafajeste.
açafrão ⟨a.ça.frão⟩ (pl. *açafrões*) s.m. **1** Planta herbácea de caule subterrâneo em formato de tubérculo, com folhas finas, flores lilases que se abrem em forma de estrela, e de cujo estigma, de cor vermelho-alaranjada, dividido em três fios pendurados, extrai-se um pó utilizado como condimento. **2** Esse condimento.
açaí ⟨a.ça.í⟩ s.m. **1** Palmeira de tronco fino e comprido, com miolo branco e comestível, e cujo fruto é arredondado e de cor escura. □ SIN. açaizeiro. **2** Esse fruto. **3** Suco extraído desse fruto. □ ORIGEM É uma palavra de origem tupi.

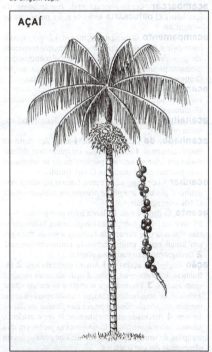

AÇAÍ

21

açailandense ⟨a.ça.i.lan.den.se⟩ adj.2g./s.2g. De Açailândia ou relacionado a essa cidade do estado brasileiro do Maranhão.

açaizeiro ⟨a.ça.i.zei.ro⟩ s.m. Palmeira de tronco fino e comprido, com miolo branco e comestível, e cujo fruto é o açaí. ▪ SIN. açaí.

acaju ⟨a.ca.ju⟩ ▪ adj.2g.2n./s.m. **1** De cor avermelhada, como a da madeira desta árvore. ▪ s.m. **2** Árvore de tronco reto e grosso, com folhas compostas, flores pequenas e brancas que nascem de um eixo comum, e cuja madeira, de cor pardo-avermelhada, é muito apreciada em marcenaria. ▢ SIN. mogno. **3** Essa madeira. ▢ SIN. mogno. ▢ ORIGEM É uma palavra de origem tupi.

acalantar ⟨a.ca.lan.tar⟩ v.t.d./v.prnl. →**acalentar**

acalentar ⟨a.ca.len.tar⟩ ▪ v.t.d./v.prnl. **1** Fazer adormecer ou cair no sono (um bebê) por meio de uma canção ou pelo sussurro de palavras carinhosas. ▪ v.t.d. **2** Alimentar ou nutrir: *Acalentava o sonho de se tornar piloto de avião.* ▢ ORTOGRAFIA Escreve-se também *acalantar*.

acalento ⟨a.ca.len.to⟩ s.m. Canção suave para fazer um bebê dormir.

acalmar ⟨a.cal.mar⟩ v.t.d./v.int./v.prnl. **1** Sossegar, fazer ficar ou ficar sem movimento ou ruído: *Suas palavras me acalmaram.* **2** Aliviar ou reduzir-se (a dor ou a intensidade de algo): *Tomou uma aspirina para acalmar a dor de cabeça.*

acalorado, da ⟨a.ca.lo.ra.do, da⟩ adj. **1** Com temperatura elevada. **2** Que tem vivacidade e expressividade nas ações, nas palavras ou nos movimentos: *uma conversa acalorada.* ▢ SIN. animado.

acamar ⟨a.ca.mar⟩ v.t.d./v.prnl. Fazer ficar ou ficar (alguém) em uma cama, especialmente se for por doença.

acamaradar ⟨a.ca.ma.ra.dar⟩ v.int./v.prnl. Tornar-se camarada, companheiro ou parceiro.

açambarcar ⟨a.çam.bar.car⟩ v.t.d. Tomar posse de (um bem). ▢ ORTOGRAFIA Antes de *e*, o *c* muda para *qu* →BRINCAR.

acampamento ⟨a.cam.pa.men.to⟩ s.m. **1** Lugar ou conjunto de instalações, geralmente ao ar livre, que servem de abrigo ou de albergue provisórios. **2** Estabelecimento que, mediante pagamento, disponibiliza espaço para acampar. ▢ SIN. *camping*. **3** Grupo de pessoas acampadas.

acampar ⟨a.cam.par⟩ v.int. Ficar em um lugar ao ar livre, geralmente alojando-se em barracas ou em *trailers*: *Gostamos de acampar na serra.*

acanalhar ⟨a.ca.na.lhar⟩ v.t.d./v.prnl. Tornar(-se) canalha ou vil.

acanhado, da ⟨a.ca.nha.do, da⟩ ▪ adj. **1** Apertado ou pouco espaçoso. ▪ adj./s. **2** Que ou quem tem dificuldades em falar ou agir em público, ou de se relacionar com pessoas desconhecidas. ▢ SIN. tímido.

acanhar ⟨a.ca.nhar⟩ v.t.d./v.prnl. Causar ou sentir vergonha: *É tímido e sempre se acanha em eventos sociais.* ▢ SIN. envergonhar.

acanto ⟨a.can.to⟩ s.m. **1** Planta herbácea perene, com folhas com lobos, compridas e espinhosas, inflorescências vistosas que variam de brancas a roxas, fixas em um longo ramo, muito cultivada como ornamental. **2** Ornamento feito com essa planta.

ação ⟨a.ção⟩ (pl. *ações*) s.f. **1** Ato ou efeito de agir. **2** Influência, impressão ou efeito: *A ação do vento esculpiu essas rochas.* **3** Em uma obra dramática ou em um relato, sucessão de acontecimentos que constituem seu argumento: *A ação do filme se passa nas favelas do Rio de Janeiro.* **4** Atividade ou movimento: *Ao ver o acidente, ficamos todos sem ação.* **5** Cada uma das partes em que o capital de uma empresa se divide: *Comprou ações da companhia em que trabalha.*

acará-bandeira ⟨a.ca.rá-ban.dei.ra⟩ (pl. *acarás-bandeira* ou *acarás-bandeiras*) s.m. Peixe de água doce de pequeno porte, com formato triangular e coloração variada, geralmente com listras pretas e muito apreciado como ornamental. ▢ GRAMÁTICA É um substantivo epiceno: *o acará-bandeira (macho/fêmea).* [☞ **peixes (água doce)** p. 608]

acará-disco ⟨a.ca.rá-dis.co⟩ (pl. *acarás-disco* ou *acarás-discos*) s.m. Peixe de água doce de pequeno porte, de corpo arredondado, geralmente marrom com linhas verticais escuras e linhas horizontais azuis. ▢ GRAMÁTICA É um substantivo epiceno: *o acará-disco (macho/fêmea).* [☞ **peixes (água doce)** p. 608]

acarajé ⟨a.ca.ra.jé⟩ s.m. Bolinho feito à base de massa de feijão-fradinho, frito em azeite de dendê e acompanhado por camarão seco e molho de pimenta. ▢ ORIGEM É uma palavra de origem africana.

acarear ⟨a.ca.re.ar⟩ v.t.d./v.t.d.i. Colocar frente a frente e interrogar (duas ou mais pessoas) a fim de averiguar a verdade sobre um fato: *acarear testemunhas; acarear uma testemunha com outra.* ▢ ORTOGRAFIA O *e* muda para *ei* quando a sílaba tônica estiver na raiz do verbo →NOMEAR.

acariciar ⟨a.ca.ri.ci.ar⟩ ▪ v.t.d./v.prnl. **1** Roçar ou tocar-se suavemente com as mãos: *Acariciava o gato enquanto assistia à televisão.* ▢ SIN. afagar. ▪ v.t.d. **2** Tocar ou encostar-se levemente em: *O vento acariciava seu rosto.*

acarinhar ⟨a.ca.ri.nhar⟩ v.t.d. Tratar com carinho ou atenção: *acarinhar um filho.*

ácaro ⟨á.ca.ro⟩ s.m. Aracnídeo que não tem separação perceptível entre o cefalotórax e o abdome, e que geralmente vive como parasita de outro animal ou de um vegetal. ▢ GRAMÁTICA É um substantivo epiceno: *o ácaro (macho/fêmea).*

acarretar ⟨a.car.re.tar⟩ ▪ v.t.d. **1** Transportar ou levar de um lugar a outro, especialmente se for em um carro ou em uma carreta. ▪ v.t.d./v.t.d.i. **2** Significar ou ter (algo) como consequência [a alguém]: *Cursar uma universidade acarreta muita dedicação.* ▢ SIN. implicar.

acasalamento ⟨a.ca.sa.la.men.to⟩ s.m. Ato ou efeito de acasalar(-se).

acasalar ⟨a.ca.sa.lar⟩ v.t.d./v.int./v.prnl. Unir(-se) (um animal) com outro de diferente sexo para a reprodução.

acaso ⟨a.ca.so⟩ ▪ s.m. **1** Combinação de circunstâncias imprevistas e inevitáveis: *Foi obra do acaso tê-la encontrado naquela festa.* ▢ SIN. casualidade. ▪ adv. **2** Eventual ou casualmente: *Acaso não lembra de mim?* ‖ **ao acaso** À toa ou a esmo: *Gostava de andar pelas ruas da cidade ao acaso.* ‖ **por acaso** De maneira casual, imprevista ou não programada: *Encontrei aquela foto antiga por acaso.*

acastanhado, da ⟨a.cas.ta.nha.do, da⟩ adj. De cor semelhante ao castanho ou com tonalidades castanhas.

acatar ⟨a.ca.tar⟩ v.t.d. Aceitar ou obedecer a (uma ordem ou uma determinação): *O funcionário acatou a decisão da gerente.*

acautelar ⟨a.cau.te.lar⟩ v.t.d./v.t.d.i./v.int./v.prnl. Informar ou prevenir(-se) [sobre uma ameaça ou um perigo].

ace *(palavra inglesa)* (Pron. [êici]) s.m. Em alguns esportes, saque não defendido que vale ponto.

acebolado, da ⟨a.ce.bo.la.do, da⟩ adj. Em relação a um alimento, que é preparado com cebola.

aceder ⟨a.ce.der⟩ ▪ v.t.i. **1** Aceitar ou mostrar-se favorável [a um pedido ou a um desejo]: *Os pais acederam às súplicas do filho.* ▢ SIN. assentir, consentir. ▪ v.int. **2** Aceitar um pedido ou mostrar-se favorável a ele. ▢ SIN. assentir, consentir.

acefalia ⟨a.ce.fa.li.a⟩ s.f. **1** Condição de acéfalo. **2** Falta de gerenciamento ou de liderança.

acéfalo, la ⟨a.cé.fa.lo, la⟩ adj. Sem gerenciamento ou sem liderança.

aceiro ⟨a.cei.ro⟩ s.m. Em um terreno, área limpa ao seu redor para protegê-lo de incêndios.

aceitação ⟨a.cei.ta.cão⟩ (pl. *aceitações*) s.f. **1** Ato ou efeito de aceitar. **2** Aprovação ou acolhimento de algo como bom ou aceitável: *A aceitação do novo produto foi positiva no mercado.*

aceitante ⟨a.cei.tan.te⟩ s.2g. Pessoa que assume o pagamento de uma dívida, especialmente se for por meio da assinatura de um documento.

aceitar ⟨a.cei.tar⟩ v.t.d. **1** Receber voluntariamente (algo que se oferece ou que se atribui): *Aceite este presente em sinal de agradecimento. Aceitou o cargo de ministro.* **2** Aprovar ou reconhecer: *Todos aceitaram os argumentos do colega.* ☐ SIN. admitir. **3** Suportar ou admitir com tolerância: *O ator aceitou as críticas com humildade.* ☐ GRAMÁTICA É um verbo abundante, pois apresenta três particípios: *aceitado, aceito e aceite.*

aceitável ⟨a.cei.tá.vel⟩ (pl. *aceitáveis*) adj.2g. Digno de ser aceito: *uma proposta aceitável.*

aceite ⟨a.cei.te⟩ ▌**1** Particípio irregular de **aceitar**. ▌ s.m. **2** Reconhecimento de uma dívida, especialmente se for por meio da assinatura de um documento.

aceleração ⟨a.ce.le.ra.cão⟩ (pl. *acelerações*) s.f. **1** Ato ou efeito de acelerar. **2** Em física, incremento ou aumento da velocidade em relação à unidade de tempo.

acelerador, -a ⟨a.ce.le.ra.dor, do.ra⟩ (Pron. [acelera-dôr], [acelerados]) ▌ adj. **1** Que acelera. ▌ s.m. **2** Em alguns veículos, mecanismo que regula a entrada do combustível na câmara de explosão e que permite acelerar mais ou menos o número de rotações do motor.

acelerar ⟨a.ce.le.rar⟩ ▌ v.t.d. **1** Acionar (o acelerador de um veículo) para que se mova com maior velocidade: *acelerar um carro.* ▌ v.int. **2** Acionar o acelerador de um veículo para que se mova com maior velocidade: *Acelere, pois temos pressa!*

acelga ⟨a.cel.ga⟩ s.f. Planta herbácea com folhas grandes, largas e lisas, com nervura central branca, muito desenvolvida, de textura carnosa, usada na alimentação.

acém ⟨a.cém⟩ (pl. *acéns*) s.m. Em uma rês de corte, carne que se estende de ambos lados da coluna vertebral, na região das costelas.

acenar ⟨a.ce.nar⟩ v.t.d./v.t.i./v.int./v.prnl. Fazer (sinais) ou gesticular [para alguém], especialmente se for com as mãos ou com a cabeça: *Acenou para o ônibus parar.*

acendedor, -a ⟨a.cen.de.dor, do.ra⟩ (Pron. [acende-dôr], [acendedora]) ▌ adj. **1** Que acende. ▌ s.m. **2** Aparelho usado para acender uma matéria combustível.

acender ⟨a.cen.der⟩ v.t.d./v.int./v.prnl. **1** Ligar ou entrar em funcionamento (um dispositivo elétrico): *Acenda a luz, por favor.* **2** Fazer queimar ou queimar, geralmente para fornecer luz ou calor: *Sem eletricidade, tivemos que acender velas.* ☐ GRAMÁTICA É um verbo abundante, pois apresenta dois particípios: *acendido e aceso.*

aceno ⟨a.ce.no⟩ (Pron. [acêno]) s.m. Sinal ou gesto feitos geralmente com as mãos ou com a cabeça.

acento ⟨a.cen.to⟩ s.m. **1** Pronúncia destacada de uma sílaba ou de uma palavra, distinguindo-a das outras por sua maior intensidade, por sua duração ou por seu tom mais alto: *O acento da palavra* cantar *é na sua última sílaba.* **2** Sinal ortográfico com o qual se marca a vogal tônica, de acordo com as regras de acentuação da língua: *A palavra* acarajé *tem acento por ser oxítona terminada em* e. ǁ **acento agudo** Aquele que tem a forma de um traço oblíquo que sobe da esquerda para a direita, e se coloca sobre as vogais para indicar um som aberto ou uma vogal tônica: *As palavras* chá, pá *e* até *têm acento agudo.* ǁ **(acento) circunflexo** Aquele que tem a forma de dois traços oblíquos opostos unidos na extremidade superior, que se coloca sobre vogais para indicar um som fechado: *As palavras* avô, bangalô *e* econômico *têm acento circunflexo.* ǁ **acento grave** Aquele que tem a forma de um traço oblíquo que desce da esquerda para a direita e que indica a contração de duas letras *a*: *Na oração* fui à feira, *o acento grave em* à *indica crase.* ☐ ORTOGRAFIA É diferente de *assento.*

acentuação ⟨a.cen.tu.a.cão⟩ (pl. *acentuações*) s.f. **1** Na emissão de uma palavra, ênfase na pronúncia de uma de suas sílabas. **2** Emprego de acentos ortográficos: *No português, é obrigatória a acentuação de todas as palavras proparoxítonas, como em* lâmpada *ou* elétrico. **3** Crescimento em tamanho, em quantidade, em qualidade ou em intensidade: *Com a acentuação da crise entre os dois países, as relações comerciais ficaram ameaçadas.*

acentuado, da ⟨a.cen.tu.a.do, da⟩ adj. **1** Em relação a uma palavra, que é escrita com acento ortográfico. **2** Que se sobressai ou se destaca: *uma curva acentuada.* **3** Que se percebe claramente: *Ela tem um talento acentuado para as artes.*

acentuar ⟨a.cen.tu.ar⟩ v.t.d. **1** Pronunciar (uma sílaba ou uma palavra) com ênfase ou com destaque: *Quando disse que não iria, acentuou bem o* não. **2** Empregar acentos ortográficos em (uma palavra): *Acentuamos a palavra* crachá *por ser uma oxítona terminada em* a. **3** Enfatizar ou destacar: *A maquiagem acentua seus traços.*

-áceo, -ácea 1 Sufixo que indica pertencimento: *galináceo.* **2** Sufixo que indica semelhança: *rosáceo, saponáceo.*

acepção ⟨a.cep.cão⟩ (pl. *acepções*) s.f. Cada um dos sentidos ou um dos significados que uma palavra ou uma frase podem ter segundo o contexto.

acepipe ⟨a.ce.pi.pe⟩ s.m. Porção de alimento que agrada o paladar. ☐ SIN. petisco, quitute.

acerar ⟨a.ce.rar⟩ v.t.d. **1** Transformar em aço ou cobrir com ele. **2** Incentivar ou instigar: *Tanta injustiça acerou sua revolta.* ☐ SIN. aguçar, estimular.

acerbo, ba ⟨a.cer.bo, ba⟩ (Pron. [acêrbo]) adj. Ácido, cruel ou duro.

acerca ⟨a.cer.ca⟩ (Pron. [acêrca]) ǁ **acerca de** algo Sobre ou a respeito dele: *Ninguém me falou acerca disso.*

acercar ⟨a.cer.car⟩ v.t.d.i./v.prnl. Aproximar(-se) ou colocar (uma coisa) mais perto [de outra]: *Aquela experiência conjunta nos acercou. No momento difícil, acercou-se dos amigos.* ☐ ORTOGRAFIA Antes de *e*, o *c* muda para *qu* →BRINCAR.

acerola ⟨a.ce.ro.la⟩ s.f. **1** Arbusto com folhas verde-escuras, flores rosadas, e cujo fruto é pequeno e avermelhado. **2** Esse fruto.

acérrimo, ma ⟨a.cér.ri.mo, ma⟩ Superlativo irregular de **acre**.

acertado, da ⟨a.cer.ta.do, da⟩ adj. Que é adequado ou conveniente: *Sua decisão de retomar os estudos é acertada.*

acertar ⟨a.cer.tar⟩ ▌ v.t.d. **1** Resolver, solucionar ou responder corretamente a: *Na prova, acertou seis questões.* ▌ v.t.i. **2** Fazer ou ser bem sucedido [em aquilo que é mais adequado]: *Acertou em escolher a carreira de arquitetura.* ▌ v.t.d. **3** Deixar certo, ajustar ou consertar: *Esta noite, lembre de acertar o relógio para o horário de verão.*

acerto ⟨a.cer.to⟩ (Pron. [acêrto]) s.m. **1** Aquilo em que se obtém êxito ou resultados favoráveis: *De um total de dez questões no exame, ele obteve cinco acertos.* **2** Decisão tomada em conjunto: *Os dirigentes dos dois clubes*

a

fizeram um acerto a respeito do jogador. ◻ SIN. acordo. **3** Habilidade ou correção naquilo que é feito ou dito: *Soube argumentar sua escolha com acerto.* **4** Ajuste, regulagem ou conserto: *Seu trabalho precisa de uns acertos.* ‖ **acerto de contas** Revide ou vingança. ◻ ORTOGRAFIA É diferente de *asserto*.

acervo ⟨a.cer.vo⟩ (Pron. [acêrvo]) s.m. Conjunto de bens, valores ou obras de arte: *O acervo do museu inclui pinturas e gravuras de artistas brasileiros.*

aceso, sa ⟨a.ce.so, sa⟩ (Pron. [acêso]) ▌**1** Particípio irregular de acender. ▌adj. **2** Que tem energia ou vigor. ▌s.m. **3** Momento de maior intensidade.

acessar ⟨a.ces.sar⟩ v.t.d. **1** Ter acesso a (um lugar): *Precisa de um crachá para acessar o prédio.* **2** Estabelecer contato com (alguém): *Os eleitores podem acessar o gabinete do vereador para obter mais informações.* **3** Conectar-se a (um computador, um banco de dados ou um arquivo): *Para acessar o site, é necessária uma senha pessoal.*

acessível ⟨a.ces.sí.vel⟩ (pl. *acessíveis*) adj.2g. **1** Que permite acesso ou entrada. **2** De acesso ou de tratamento fáceis: *uma pessoa acessível.* **3** De fácil compreensão ou que pode ser entendido: *um texto acessível.* **4** De preço moderado: *um produto acessível.*

acesso ⟨a.ces.so⟩ s.m. **1** Passagem ou espaço pelos quais se entra em um lugar ou se sai dele: *O acesso de carros é proibido naquele bairro.* **2** Possibilidade de estabelecer contato: *A internet permite às pessoas um maior acesso à cultura.* **3** Manifestação repentina e muito forte de um estado físico ou emocional: *um acesso de tosse.* ◻ SIN. surto.

acessório, ria ⟨a.ces.só.rio, ria⟩ ▌adj. **1** Secundário ou que depende de algo principal. ▌s.m. **2** Aquilo que serve como complemento, utensílio ou adorno.

acetato ⟨a.ce.ta.to⟩ s.m. Sal formado por ácido acético e uma base.

acético, ca ⟨a.cé.ti.co, ca⟩ adj. **1** Do vinagre, de seus derivados, ou relacionado a eles. **2** Em relação a um ácido, que se produz pela oxidação do álcool. ◻ ORTOGRAFIA É diferente de *ascético*.

acetileno ⟨a.ce.ti.le.no⟩ (Pron. [acetilêno]) s.m. Gás incolor, inflamável e tóxico, produzido pela ação da água sobre carboneto de cálcio.

acetinar ⟨a.ce.ti.nar⟩ v.t.d. Tornar liso, macio ou brilhante como o cetim: *Este creme promete acetinar a pele.*

acetona ⟨a.ce.to.na⟩ (Pron. [acetôna]) s.f. Líquido incolor e inflamável, usado na indústria como solvente.

acha ⟨a.cha⟩ s.f. Lasca de madeira utilizada como lenha.

achacar ⟨a.cha.car⟩ v.t.d. Acusar ou atacar: *Os jornais achacaram o programa de governo do candidato.* ◻ ORTOGRAFIA Antes de e, o c muda para qu →BRINCAR.

achado ⟨a.cha.do⟩ s.m. Aquilo que é raro, valioso ou difícil de encontrar: *Este livro foi um verdadeiro achado!*

achaque ⟨a.cha.que⟩ s.m. Mal-estar ou incômodo de pouca gravidade.

achar ⟨a.char⟩ ▌v.t.d. **1** Localizar (algo que se procura): *Não achei o livro em nenhuma livraria.* ◻ SIN. encontrar. ▌v.t.d./v.prnl. **2** Julgar(-se) ou estimar(-se): *Acho que não tem razão. Achei a peça ótima! Acha-se uma sábia e quer dar lições a todos.* ◻ SIN. considerar. ▌v.prnl. **3** Estar na circunstância ou no lugar que se indica: *A cidade acha-se bem acima do nível do mar.* ◻ SIN. encontrar. ◻ GRAMÁTICA Na acepção 2, o objeto pode vir acompanhado de um complemento que o qualifica: *Achei a peça ótima; Acha-se uma sábia e quer dar lições a todos.*

achatado, da ⟨a.cha.ta.do, da⟩ adj. Em relação a algo curvo ou saliente, que é mais plano ou se sobressai menos que o comum: *um nariz achatado.* ◻ SIN. chato.

achatar ⟨a.cha.tar⟩ v.t.d./v.prnl. Tornar(-se) chato ou fazer com que seja mais plano ou se sobressaia menos que o comum: *Achatava a massa com as mãos e colocava os bolinhos na assadeira.*

achega ⟨a.che.ga⟩ (Pron. [achêga]) s.f. **1** Aquilo que ajuda na realização de uma atividade ou de uma obra. **2** Em um dicionário, informação que se adiciona à definição de uma palavra. **3** Rendimento ou contribuição: *Os comerciantes da cidade disponibilizaram uma achega para a reforma da escola.*

achegar ⟨a.che.gar⟩ ▌v.t.d./v.t.d.i./v.prnl. **1** Acercar(-se), encostar(-se) ou colocar(-se) mais perto [de algo]: *Achegue uma cadeira e sente-se conosco. Achegou-se à janela para ver o desfile na rua.* ◻ SIN. aproximar. ▌v.t.d./v.prnl. **2** Juntar(-se), relacionar(-se) ou unir(-se): *As dificuldades nos achegaram ainda mais. Achegaram-se para arrecadar dinheiro para a quermesse.* ◻ SIN. aproximar. ◻ ORTOGRAFIA Antes de e, o g muda para gu →CHEGAR.

achego ⟨a.che.go⟩ (Pron. [achêgo]) s.m. **1** Colocação em uma posição mais próxima. ◻ SIN. aproximação. **2** Aquilo que serve para ajudar: *A campanha do agasalho é um achego para a população de rua.*

achincalhar ⟨a.chin.ca.lhar⟩ v.t.d. Ridicularizar ou zombar de (alguém): *Achincalhou o amigo pela derrota no jogo.* ◻ SIN. troçar.

-acho Sufixo que indica diminuição: *riacho*.

achocolatado, da ⟨a.cho.co.la.ta.do, da⟩ adj./s.m. Com a cor ou o sabor do chocolate.

acicatar ⟨a.ci.ca.tar⟩ v.t.d. **1** Picar (um animal de montaria) com o acicate para que ande ou obedeça: *acicatar um cavalo.* ◻ SIN. esporear. **2** Estimular ou encorajar: *O ato de censura acicatou uma revolta da população.* ◻ SIN. esporear.

acicate ⟨a.ci.ca.te⟩ s.m. **1** Espora de ponta única. **2** Estímulo ou aquilo que serve para encorajar: *O aumento de salário foi um acicate para que voltasse a estudar.* ◻ SIN. espora.

acidentado, da ⟨a.ci.den.ta.do, da⟩ ▌adj. **1** Em relação a uma área ou a um terreno, que são irregulares ou desiguais. **2** Com incidentes, dificuldades ou obstáculos: *um jogo acidentado.* ▌adj./s. **3** Que ou quem foi vítima de um acidente.

acidental ⟨a.ci.den.tal⟩ (pl. *acidentais*) adj.2g. Que ocorre por casualidade. ◻ SIN. casual, ocasional.

acidentar ⟨a.ci.den.tar⟩ ▌v.t.d./v.prnl. **1** Tornar(-se) acidentado, irregular ou desigual (uma área ou um terreno): *As chuvas acidentaram a estrada de terra.* ▌v.t.d. **2** Em um acidente, causar dano ou ferimento a (alguém): *O choque acidentou os dois passageiros.* ▌v.prnl. **3** Em um acidente, sofrer dano ou ferimento (alguém): *Com o choque do ônibus, trinta pessoas se acidentaram.*

acidente ⟨a.ci.den.te⟩ s.m. **1** Acontecimento ou fato inesperados que causam um dano. **2** Imprevisto que altera a ordem natural das coisas. **3** Em geografia, elemento que configura o relevo de uma área ou de um terreno. ‖ **por acidente** De forma não planejada: *Encontraram-se lá por acidente.* ◻ USO É diferente de *incidente* (acontecimento que repercute no transcurso de um assunto do qual não faz parte).

acidez ⟨a.ci.dez⟩ (Pron. [acidêz]) s.f. **1** Qualidade ou estado do que é ácido. **2** Sabor azedo ou ácido: *a acidez do limão.* ◻ SIN. azedume.

ácido, da ⟨á.ci.do, da⟩ ▌adj. **1** De sabor amargo, semelhante ao do limão. **2** Desagradável, áspero ou irônico: *uma crítica ácida.* **3** Em química, em relação a uma substância, que tem as propriedades de um ácido.

acomodação

❙ s.m. **4** Substância química que pode formar sais ao ser combinada com algum óxido metálico ou com outra base de tipo diferente. ‖ **ácido desoxirribonucleico** Molécula que se encontra fundamentalmente no núcleo das células, que contém o código genético delas e de muitos vírus, e informações hereditárias que podem ser copiadas e transmitidas de uma célula para outra. ▫ SIN. DNA. ‖ **ácido ribonucleico** Material genético formado a partir do DNA, que se encontra fundamentalmente no citoplasma das células e que orienta a síntese de proteína. ▫ SIN. RNA.

acima ⟨a.ci.ma⟩ adv. **1** Em direção a um lugar ou a uma parte superiores. **2** Em uma posição, em uma parte ou em um lugar mais altos ou superiores: *No parágrafo acima, há um exemplo que ilustra o que estou falando*.

acinte ⟨a.cin.te⟩ s.m. Aquilo que é dito ou feito para irritar ou provocar: *Aquele comentário gratuito foi um acinte*.

acinzentado, da ⟨a.cin.zen.ta.do, da⟩ adj. De cor semelhante ao cinza ou com tonalidade cinza: *O céu acinzentado prometia chuva*.

acinzentar ⟨a.cin.zen.tar⟩ v.t.d./v.int./v.prnl. Tornar(-se) cinza ou com tonalidade cinza.

acionar ⟨a.cio.nar⟩ v.t.d. **1** Colocar em funcionamento: *Para acionar o computador, pressione esse botão*. **2** Dar entrada em uma ação judicial contra (uma pessoa ou uma entidade): *O funcionário acionou a empresa depois da demissão*.

acionista ⟨a.cio.nis.ta⟩ s.2g. Pessoa ou entidade que possuem ações de uma sociedade anônima.

acirrar ⟨a.cir.rar⟩ v.t.d./v.prnl. Incentivar, aguçar ou intensificar-se (um sentimento): *Os novos dados sobre o caso acirraram a curiosidade da imprensa*.

aclamação ⟨a.cla.ma.ção⟩ (pl. *aclamações*) s.f. Ato ou efeito de aclamar(-se).

aclamar ⟨a.cla.mar⟩ ❙ v.t.d. **1** Aprovar com sinais de entusiasmo, especialmente se for com aplausos: *A plateia aclamou o elenco da peça*. **2** Reconhecer o mérito de (alguém): *A crítica aclamou a atriz como a grande revelação do ano*. ❙ v.t.d./v.prnl. **3** Outorgar a ou assumir (alguém) um cargo ou uma honra: *Foi aclamado presidente*. ▫ SIN. proclamar. ▫ GRAMÁTICA Nas acepções 2 e 3, o objeto pode vir acompanhado de um complemento que o qualifica: *A crítica aclamou a atriz como a grande revelação do ano*; *Foi aclamado presidente*.

aclarar ⟨a.cla.rar⟩ ❙ v.t.d./v.int./v.prnl. **1** Iluminar(-se) ou tornar(-se) mais claro. ▫ SIN. clarear. ❙ v.t.d./v.prnl. **2** Facilitar a compreensão ou o conhecimento de ou esclarecer-se: *Esse exemplo aclara sua explicação. Meus pensamentos se aclararam depois que te ouvi*. ▫ SIN. clarear.

aclive ⟨a.cli.ve⟩ s.m. Terreno inclinado e ascendente, considerado de baixo para cima.

acne ⟨ac.ne⟩ s.f. Doença da pele caracterizada pela inflamação das glândulas sebáceas e pelo aparecimento de espinhas, geralmente no rosto e nas costas.

-aco, -aca **1** Sufixo que indica origem ou pátria: *austríaco*. **2** Sufixo que indica relação: *cardíaco*. **3** Sufixo que tem valor pejorativo: *velhaco*.

-aço Sufixo que indica tamanho maior: *inchaço*.

-aço, -aça Sufixo que indica tamanho maior: *ricaço*.

aço ⟨a.ço⟩ s.m. Liga de ferro, carbono e uma pequena proporção de outros elementos, caracterizada pela rigidez e pela resistência à corrosão.

acobertar ⟨a.co.ber.tar⟩ ❙ v.t.d./v.prnl. **1** Cobrir(-se), proteger(-se) ou resguardar(-se) de um perigo, de uma censura ou de uma ameaça: *O gato acobertou-se sob o carro*. ❙ v.t.d. **2** Disfarçar ou esconder (uma situação ou uma atitude): *A imprensa acobertou o escândalo*. **3** Esconder ou dar abrigo a (um malfeitor): *Foi acusado de acobertar os autores do assalto*. ▫ SIN. acoitar. ❙ v.t.d./v.prnl. **4** Cobrir(-se) com uma coberta.

acobreado, da ⟨a.co.bre.a.do, da⟩ adj. De cor semelhante à do cobre.

acocorar ⟨a.co.co.rar⟩ ❙ v.t.d./v.prnl. **1** Colocar(-se) de cócoras ou de forma que as nádegas fiquem perto do chão ou dos calcanhares. ❙ v.prnl. **2** Humilhar-se ou rebaixar-se.

acoimar ⟨a.coi.mar⟩ v.t.d./v.prnl. Taxar(-se) ou qualificar(-se), geralmente de maneira negativa: *Injustamente, acoimaram-no de mentiroso*.

acoitar ⟨a.coi.tar⟩ ❙ v.t.d./v.prnl. **1** Hospedar(-se) ou tomar alojamento: *Acoitaram as vítimas das enchentes em albergues*. ❙ v.t.d. **2** Esconder ou dar abrigo a (um malfeitor). ▫ SIN. acobertar.

açoitar ⟨a.çoi.tar⟩ ❙ v.t.d./v.prnl. **1** Golpear(-se) com um açoite ou com algo semelhante. ▫ SIN. flagelar, zurzir. ❙ v.t.d. **2** Destruir, danificar ou arruinar: *Na Idade Média, a peste açoitou a Europa*.

açoite ⟨a.çoi.te⟩ s.m. **1** Instrumento formado por uma vara em cuja extremidade há tiras de couro ou uma corrente, usado para açoitar animais ou, antigamente, pessoas. ▫ SIN. chibata, chicote, flagelo, vergalho, vergasta. **2** Golpe dado com esse instrumento.

acolá ⟨a.co.lá⟩ adv. Em um lugar afastado da pessoa que fala.

acolchoado ⟨a.col.cho.a.do⟩ s.m. **1** Tecido com um material macio em seu interior. **2** Revestimento feito com esse tecido. **3** Colcha ou cobertor de cama cheios de algodão, de plumas de ave ou de outros materiais. ▫ SIN. edredom.

acolchoar ⟨a.col.cho.ar⟩ v.t.d. **1** Colocar um material macio como algodão ou espuma em (um espaço entre dois tecidos): *acolchoar uma almofada*. **2** Revestir com tecido e com material macios (um objeto): *acolchoar uma poltrona*. ▫ SIN. estofar.

acolhedor, -a ⟨a.co.lhe.dor, do.ra⟩ adj. Que acolhe.

acolher ⟨a.co.lher⟩ v.t.d. **1** Receber e cuidar de: *Acolheu os familiares em sua casa*. **2** Amparar, abrigar ou proteger: *Esta instituição acolhe moradores de rua*. **3** Admitir, aceitar ou receber: *Os estudantes acolheram a proposta com entusiasmo*.

acolhida ⟨a.co.lhi.da⟩ s.f. **1** Recepção dispensada a alguém. ▫ SIN. acolhimento. **2** Aceitação ou aprovação de algo: *A peça teve uma ótima acolhida do público*. ▫ SIN. acolhimento.

acolhimento ⟨a.co.lhi.men.to⟩ s.m. **1** Recepção dispensada a alguém. ▫ SIN. acolhida. **2** Aceitação ou aprovação de algo. ▫ SIN. acolhida.

acólito, ta ⟨a.có.li.to, ta⟩ s. **1** Pessoa que acompanha ou que auxilia outra. **2** Na Igreja Católica, pessoa que ajuda o sacerdote durante a liturgia.

acometer ⟨a.co.me.ter⟩ ❙ v.t.d. **1** Atingir ou contaminar: *Uma gripe acometeu toda a família*. **2** Atacar (alguém) com intensidade ou com veemência: *acometer um inimigo*. ❙ v.int./v.prnl. **3** Atacar alguém ou lançar-se sobre ele com intensidade ou com veemência. ❙ v.t.d. **4** Em relação a um veículo, colidir com ou contra (algo): *Um caminhão acometeu um carro de passeio*.

acomodação ⟨a.co.mo.da.ção⟩ (pl. *acomodações*) s.f. **1** Hospedagem ou alojamento em um lugar de forma temporária. **2** Em um hotel ou em uma pousada, cada um dos espaços ou quartos em que estão divididos: *A pousada oferecia um ótimo preço e boas acomodações*. **3** Adaptação ou adequação: *Vai precisar de um período de acomodação às novas responsabilidades*.

acomodado

acomodado, da ⟨a.co.mo.da.do, da⟩ adj./s. Conformado ou satisfeito com uma situação.
acomodar ⟨a.co.mo.dar⟩ ▮ v.t.d./v.prnl. **1** Dar ou tomar alojamento, geralmente de forma provisória: *Acomodaram os convidados em sua casa durante o fim de semana. Quando foi ao Rio, acomodou-se na casa de uma tia.* □ SIN. abrigar, alojar, hospedar. ▮ v.t.d. **2** Ter capacidade para alojar (uma quantidade): *O elevador acomoda até oito pessoas.* ▮ v.t.d./v.prnl. **3** Colocar(-se) na ordem ou no lugar correspondentes: *Os alunos se acomodaram pelas carteiras.* ▮ v.t.d./v.prnl. **4** Conciliar(-se) ou harmonizar(-se): *Suas ideias não se acomodam com as nossas.* ▮ v.t.d.i. **5** Conciliar ou harmonizar (uma coisa) [com outra]. ▮ v.prnl. **6** Conformar-se ou satisfazer-se com algo: *Acabou se acomodando com o salário e não buscou algo melhor.*
acomodatício, cia ⟨a.co.mo.da.tí.cio, cia⟩ adj. Que se acomoda com facilidade.
acompanhamento ⟨a.com.pa.nha.men.to⟩ s.m. **1** Ato ou efeito de acompanhar. **2** Conjunto de pessoas que acompanham algo ou alguém. □ SIN. comitiva. **3** Conjunto de alimentos que complementam o prato principal: *Pediu um bife e, como acompanhamento, arroz e fritas.* **4** Em uma composição musical, estrutura sonora, normalmente em segundo plano, arranjada e executada por instrumentos ou por vozes, que dá apoio à ideia sonora principal: *Um músico cantava enquanto o outro fazia o acompanhamento com a guitarra.*
acompanhante ⟨a.com.pa.nhan.te⟩ ▮ adj.2g./s.2g. **1** Que ou quem acompanha. ▮ s.2g. **2** Pessoa que se dedica profissionalmente a acompanhar e a prestar assistência a outra, especialmente se esta for idosa ou doente.
acompanhar ⟨a.com.pa.nhar⟩ v.t.d. **1** Ir com ou estar em companhia de (alguém): *Acompanhou a namorada ao cinema.* **2** Participar de ou observar o desenvolvimento de (um processo ou um percurso): *Com tanto trabalho, não estou acompanhando o campeonato este ano.* **3** Ser partidário de (uma ideia ou uma opinião): *Entrei para essa ONG porque acompanho seus ideais.* **4** Seguir a direção de (um caminho ou um curso d'água): *O muro acompanha a calçada.* **5** Compreender (uma explicação ou um raciocínio): *Sem concentração, é difícil acompanhar a aula.* **6** Em música, oferecer apoio sonoro de instrumentos ou de vozes a (execução de uma ideia sonora principal): *Um pianista acompanha a cantora em seu show.*
aconchegante ⟨a.con.che.gan.te⟩ adj.2g. Que causa sensação de conforto ou de bem-estar: *uma casa aconchegante.*
aconchegar ⟨a.con.che.gar⟩ v.t.d./v.t.d.i./v.prnl. Colocar(-se) ou acomodar(-se) confortavelmente [em um lugar]: *Aconchegaram-se no sofá.* □ ORTOGRAFIA Antes de e, o g muda para gu →CHEGAR.
aconchego ⟨a.con.che.go⟩ (Pron. [aconchêgo]) s.m. Conforto ou estímulo para fazer ou para enfrentar algo.
acondicionar ⟨a.con.di.cio.nar⟩ ▮ v.t.d./v.t.d.i. **1** Guardar (um alimento) [em um lugar com as condições de temperatura, umidade do ar ou pressão adequadas]: *Acondicionou os alimentos na geladeira.* ▮ v.t.d. **2** Empacotar ou colocar (um objeto) dentro de embalagens para protegê-lo durante seu transporte. □ SIN. embalar.
aconselhar ⟨a.con.se.lhar⟩ ▮ v.t.d./v.t.d.i. **1** Orientar (alguém) [a fazer algo]: *Sua irmã sempre a aconselha.* **2** Recomendar ou propor (algo) [a alguém]: *Ela sempre aconselha a sinceridade.* ▮ v.prnl. **3** Pedir conselho: *Sempre me aconselho com meus pais.*
aconselhável ⟨a.con.se.lhá.vel⟩ (pl. *aconselháveis*) adj.2g. Que se pode aconselhar.

acontecer ⟨a.con.te.cer⟩ v.t.i./v.int. Sobrevir ou ocorrer [a alguém]: *Ninguém sabe o que aconteceu entre eles.* □ SIN. suceder. □ ORTOGRAFIA Antes de a ou o, o c muda para ç →CONHECER.
acontecimento ⟨a.con.te.ci.men.to⟩ s.m. Fato ou evento, com alguma relevância.
acoplamento ⟨a.co.pla.men.to⟩ s.m. Ato ou efeito de acoplar(-se).
acoplar ⟨a.co.plar⟩ v.t.d./v.t.d.i./v.prnl. **1** Unir(-se) e ajustar(-se) (uma peça) [a outra]: *O fotógrafo acoplou o flash à câmera.* **2** Unir(-se) ou estabelecer uma ligação entre (coisas distintas): *Acoplaram os esforços para vencer a competição.*
acórdão ⟨a.cór.dão⟩ (pl. *acórdãos*) s.m. Em um processo judicial, decisão final tomada por um tribunal.
acordar ⟨a.cor.dar⟩ ▮ v.t.d./v.int. **1** Interromper o descanso de (um animal ou uma pessoa) ou sair do sono: *O barulho da rua me acordou.* □ SIN. despertar. ▮ v.t.i./v.t.d.i. **2** Fazer (alguém) voltar ou voltar à consciência depois [de um sonho ou de um estado de inconsciência]: *O amigo a acordou do desmaio. Acordei do pesadelo.* □ SIN. despertar. ▮ v.t.d./v.t.d.i./v.prnl. **3** Chegar a um comum acordo de (um assunto ou decisão) [com alguém] ou conciliar-se: *Acordaram que o melhor seria a separação.* ▮ v.t.i. **4** Entrar em acordo [em um assunto ou decisão]: *Vendedor e comprador acordaram no preço da venda.* ▮ v.t.d./v.t.d.i. **5** Trazer à tona (um sentimento ou uma sensação) [em alguém]: *As ofensas acordaram nele uma mágoa profunda.*
acorde ⟨a.cor.de⟩ ▮ adj.2g. **1** Em relação a uma coisa ou a uma pessoa, que coincidem ou que estão de acordo com outras. □ SIN. concorde. ▮ s.m. **2** Em música, emissão simultânea de no mínimo três notas de diferentes frequências ou nomes: *Começou a aprender violão ontem e já sabe tocar diversos acordes.*
acordeão ⟨a.cor.de.ão⟩ (pl. *acordeões*) s.m. Instrumento musical cujo som é produzido pela vibração do ar, com o auxílio de um fole formado por duas caixas contendo um conjunto de botões, de um lado, e um teclado, do outro. □ ORTOGRAFIA Escreve-se também *acordeom*. [◐ instrumentos de sopro p. 747]
acordeom ⟨a.cor.de.om⟩ (pl. *acordeons*) s.m. →acordeão
acordo ⟨a.cor.do⟩ (Pron. [acôrdo]) s.m. **1** Decisão tomada em conjunto: *Felizmente as duas partes entraram em acordo.* □ SIN. acerto. **2** Correspondência ou conformidade entre vários elementos. □ SIN. concordância.
açoriano, na ⟨a.ço.ri.a.no, na⟩ adj./s. Dos Açores ou relacionado a esse conjunto de ilhas do oceano Atlântico.
acorçoar ⟨a.co.ro.ço.ar⟩ v.t.d./v.t.d.i./v.prnl. Animar(-se), estimular(-se) ou encorajar(-se) [a algo].
acorrentar ⟨a.cor.ren.tar⟩ v.t.d./v.t.d.i./v.prnl. **1** Atar(-se) ou prender(-se) com correntes [a algo]: *Acorrente o portão quando entrar, por favor. Acorrentou a bicicleta ao poste.* **2** Fazer depender [de uma condição] ou sujeitar(-se) [a algo]: *A gerente acorrentou a promoção do funcionário ao seu desempenho.* □ SIN. condicionar.
acorrer ⟨a.cor.rer⟩ v.t.i. Dirigir-se às pressas [a um lugar]: *Acorreram à loja assim que souberam da liquidação.*
acossar ⟨a.cos.sar⟩ v.t.d. Perseguir sem trégua: *Os fãs acossavam a banda por onde ela fosse.*
acostamento ⟨a.cos.ta.men.to⟩ s.m. Em uma estrada, cada uma das faixas laterais reservadas especialmente a paradas de emergência dos veículos.
acostar ⟨a.cos.tar⟩ v.t.d./v.t.i./v.prnl. Aportar(-se) ou aproximar(-se) da costa (uma embarcação): *Acostaram o navio ao cais. Os pesqueiros acostam ao cair da noite.*
acostumar ⟨a.cos.tu.mar⟩ ▮ v.t.d./v.prnl. **1** Fazer adquirir ou adquirir o costume ou o hábito [de realizar

uma ação]: *Acostumou seu cachorro a não subir no sofá. Acostumou-se a acordar cedo.* ▮ v.t.i./v.prnl. **2** Adaptar(-se) [a uma nova situação]: *Já acostumei com a casa nova. Ele não se acostumou a viver na cidade grande.*
acotovelar ⟨a.co.to.ve.lar⟩ ▮ v.t.d./v.prnl. **1** Golpear(-se) com o cotovelo. ▮ v.prnl. **2** Empurrar-se de forma tumultuada ou violenta, especialmente se for com cotoveladas: *Os paparazzi se acotovelavam no hall do hotel, esperando a chegada da atriz.*
açougue ⟨a.çou.gue⟩ s.m. Estabelecimento comercial em que se vende carne.
açougueiro, ra ⟨a.çou.guei.ro, ra⟩ s. Pessoa que se dedica profissionalmente ao corte e à venda de carne. ▯ SIN. carniceiro.
acovardar ⟨a.co.var.dar⟩ v.t.d./v.prnl. **1** Tornar(-se) covarde ou amedrontar(-se): *Não se acovardou diante das ameaças.* **2** Causar desânimo em ou sentir desânimo (alguém): *O volume de trabalho não o acovardou.*
acre ⟨a.cre⟩ ▮ adj.2g. **1** Que é ácido ou azedo: *um sabor acre.* ▮ s.m. **2** No sistema anglo-saxão, unidade de superfície equivalente a aproximadamente 40,47 ares. ▯ GRAMÁTICA Seu superlativo é *acérrimo*.
acreditar ⟨a.cre.di.tar⟩ ▮ v.t.d./v.t.i. **1** Ter como certo ou ter confiança [em algo ou alguém]: *Acredito na sinceridade das suas palavras.* ▯ SIN. crer. ▮ v.t.i. **2** Ter ou depositar confiança [em alguém]: *Não acredito em quem vive fazendo promessas.* **3** Confiar [em algo] como provável ou como possível: *Sempre acreditamos no sucesso do projeto.* ▮ v.t.d./v.t.d.i. **4** Conferir autoridade para representar uma nação ou uma empresa (alguém) [perante outra nação ou outra empresa]: *acreditar um diplomata.* ▯ GRAMÁTICA Na acepção 2, usa-se a construção *acreditar* EM *alguém*; na acepção 3, *acreditar* EM *algo*.
acrescentar ⟨a.cres.cen.tar⟩ v.t.d./v.t.d.i./v.prnl. Unir(-se) ou incorporar(-se) (uma coisa) [a outra] para completá-la: *Ao final da reunião, acrescentou que esperava o máximo dos participantes. Acrescentaram algumas perguntas ao questionário.* ▯ SIN. acrescer.
acrescer ⟨a.cres.cer⟩ ▮ v.t.d./v.t.d.i./v.prnl. **1** Unir(-se) ou incorporar(-se) (uma coisa) [a outra] para completá-la. ▯ SIN. acrescentar. ▮ v.int. **2** Ocorrer ou contribuir como acréscimo a um fato principal: *Havia poucas pessoas no enterro; acresce que chovia.* ▯ ORTOGRAFIA Antes de *a* ou *o*, o *c* muda para *ç* →CONHECER.
acréscimo ⟨a.crés.ci.mo⟩ s.m. Ato ou efeito de acrescer(-se). ▯ SIN. aumento, incremento.
acriano, na ⟨a.cri.a.no, na⟩ adj./s. Do Acre ou relacionado a esse estado brasileiro.
acridoce ⟨a.cri.do.ce⟩ (Pron. [acridôce]) adj.2g./s.m. →agridoce
acrílico, ca ⟨a.crí.li.co, ca⟩ adj./s.m. Em relação a uma fibra ou a um material plástico, que se obtém por meio da reação química de um ácido proveniente da glicerina ou de seus derivados.
acrimônia ⟨a.cri.mô.nia⟩ s.f. **1** Qualidade ou estado do que é acre. **2** Grosseria, mau humor ou rispidez na forma de falar ou de agir.
acrisolar ⟨a.cri.so.lar⟩ v.t.d. Purificar (um metal) com fogo em um crisol.
acrobacia ⟨a.cro.ba.ci.a⟩ s.f. **1** Cada um dos exercícios difíceis ou arriscados que um acrobata apresenta ao público. **2** Demonstração de audácia, habilidade ou agilidade. **3** Manobra espetacular realizada por um avião ou qualquer outro veículo.
acrobata ⟨a.cro.ba.ta⟩ s.2g. Pessoa que se dedica profissionalmente a realizar acrobacias. ▯ ORTOGRAFIA Escreve-se também *acróbata*.
acróbata ⟨a.cró.ba.ta⟩ s.2g. →acrobata

acrobático, ca ⟨a.cro.bá.ti.co, ca⟩ adj. Da acrobacia, da acrobata, ou relacionado a eles: *a ginástica acrobática.*
acrofobia ⟨a.cro.fo.bi.a⟩ s.f. Medo mórbido de altura.
acromegalia ⟨a.cro.me.ga.li.a⟩ s.f. Em medicina, doença causada por uma alteração na glândula hipófise e que se caracteriza fundamentalmente pelo desenvolvimento excessivo das extremidades.
acrônimo ⟨a.crô.ni.mo⟩ s.m. Palavra formada a partir de uma sigla que foi lexicalizada e que adquiriu categoria gramatical: Ibope *é o acrônimo de* Instituto Brasileiro de Opinião Pública e Estatística.
acrópole ⟨a.cró.po.le⟩ s.f. Região mais alta e fortificada das antigas cidades gregas.
acróstico ⟨a.crós.ti.co⟩ s.m. Composição literária cujos versos têm letras iniciais que, lidas na vertical, formam uma palavra ou uma frase.
actinídeo ⟨ac.ti.ní.deo⟩ ▮ adj./s.m. **1** Em relação a um elemento químico, que tem número atômico compreendido entre o 89 e o 103, ambos inclusive. ▮ s.m.pl. **2** Grupo formado por esses elementos químicos.
actínio ⟨ac.tí.nio⟩ s.m. Elemento químico da família dos metais, de número atômico 89, sólido, de cor prateada, radioativo e escasso. ▯ ORTOGRAFIA Seu símbolo químico é Ac, sem ponto.
acuar ⟨a.cu.ar⟩ ▮ v.t.d. **1** Cercar para que não fujam (uma pessoa ou um animal): *Os policiais acuaram os sequestradores.* ▯ SIN. encurralar. ▮ v.int. **2** Colocar-se sobre as patas traseiras (um animal), geralmente para atacar: *O tigre acuou ameaçadoramente.*
açúcar ⟨a.çú.car⟩ s.m. **1** Substância de sabor muito doce e que se extrai da cana-de-açúcar, da beterraba ou de outros vegetais. ▯ SIN. sacarose. **2** Hidrato de carbono simples, cristalizável e solúvel em água, que se transforma em glicose durante a digestão. ‖ **(açúcar) mascavo** Aquele que não foi refinado.
açucarar ⟨a.çu.ca.rar⟩ ▮ v.t.d./v.int./v.prnl. **1** Adoçar ou cobrir com açúcar ou adquirir sua consistência: *Não costuma açucarar o café.* ▮ v.t.d./v.prnl. **2** Tornar(-se) mais suave ou agradável: *Para falar com ela, açucarou a voz.*
açúcar-cande ⟨a.çú.car-can.de⟩ (pl. *açúcares-cande* ou *açúcares-candes*) s.m. Açúcar formado pela cristalização da sacarose.
açucareiro, ra ⟨a.çu.ca.rei.ro, ra⟩ ▮ adj. **1** Do açúcar ou relacionado a essa substância. ▮ s.m. **2** Recipiente usado para guardar ou para servir açúcar.
açucena ⟨a.çu.ce.na⟩ (Pron. [açucêna]) s.f. **1** Planta herbácea de caules subterrâneos, com folhas estreitas que saem da base, flores em formato de sino, solitárias, grandes e de cores vistosas, e que é muito cultivada como ornamental. ▯ SIN. lírio, lis, rabo-de-galo. **2** Flor dessa planta. ▯ SIN. lírio, lis.
açude ⟨a.çu.de⟩ s.m. **1** Construção destinada a conter ou a regular um curso d'água. ▯ SIN. barragem, dique, represa. **2** Lugar que retém as águas, natural ou artificialmente. ▯ SIN. represa.
acudir ⟨a.cu.dir⟩ ▮ v.t.d./v.t.i./v.int. **1** Prestar ajuda ou auxílio [a alguém]: *Os médicos acudiram os feridos. Acudam, ela desmaiou!* ▯ SIN. socorrer. ▮ v.t.i. **2** Cumprir ou atender [a uma ordem ou um pedido]: *Acudiu à solicitação de comparecer à diretoria.* **3** Aparecer ou vir [a imaginação ou memória]: *Não lhe acudia prontamente o nome do livro.* **4** Valer-se da ajuda ou recorrer [a alguém] para alguma finalidade: *Acudiu à irmã para resolver aquele problema.* ▯ GRAMÁTICA 1. É um verbo irregular →ACUDIR. 2. Na acepção 4, usa-se a construção *acudir* A *alguém*.
açuense ⟨a.çu.en.se⟩ adj.2g./s.2g. De Açu ou relacionado a essa cidade do estado brasileiro do Rio Grande do Norte.

acuidade ⟨a.cui.da.de⟩ s.f. Qualidade de agudo: *Os exames oftalmológicos confirmaram sua acuidade visual.*

açular ⟨a.çu.lar⟩ v.t.d./v.t.d.i. **1** Incitar ou estimular (um cão) a morder ou a lançar-se [contra alguém]. ▫ SIN. filar. **2** Provocar ou estimular (um sentimento) [em alguém]: *açular os ânimos.*

acúleo ⟨a.cú.leo⟩ s.m. **1** Em algumas plantas, estrutura dura, pontiaguda e superficial, semelhante a um espinho, e que pode ser arrancada com facilidade. **2** Nas nadadeiras de alguns peixes, estrutura dura e em formato de espinho.

aculturação ⟨a.cul.tu.ra.ção⟩ (pl. *aculturações*) s.f. Adoção ou assimilação dos elementos culturais de outro grupo humano: *Durante a colonização, os povos indígenas passaram por um processo de aculturação.*

acumulação ⟨a.cu.mu.la.ção⟩ (pl. *acumulações*) s.f. Ato ou efeito de acumular(-se). ▫ SIN. acúmulo.

acumulada ⟨a.cu.mu.la.da⟩ s.f. Em um jogo ou em um sistema de apostas, sorteio em que valores de apostas anteriores se acumulam.

acumulador, -a ⟨a.cu.mu.la.dor, do.ra⟩ (Pron. [acumuladôr], [acumuladôra]) ▌adj./s. **1** Que ou quem acumula. ▌s.m. **2** Dispositivo capaz de converter energia elétrica em energia química, armazená-la e convertê-la novamente em energia elétrica.

acumular ⟨a.cu.mu.lar⟩ ▌v.t.d./v.prnl. **1** Juntar(-se) ou amontoar(-se), especialmente se for em grande quantidade: *Ao longo dos anos, acumularam uma grande riqueza. O trabalho atrasado se acumulava sobre a mesa.* ▫ SIN. armazenar. ▌v.t.d. **2** Praticar ou desempenhar ao mesmo tempo (duas ou mais funções ou atividades). ▌v.t.d. **3** Combinar (uma função ou atividade) [com outra], de modo a praticá-las ao mesmo tempo: *Acumula o cargo de professora com o de deputada.* ▫ ORTOGRAFIA Escreve-se também *cumular*.

acúmulo ⟨a.cú.mu.lo⟩ s.m. Ato ou efeito de acumular(-se). ▫ SIN. acumulação.

acupuntura ⟨a.cu.pun.tu.ra⟩ s.f. Técnica terapêutica de origem oriental que consiste em cravar uma ou várias agulhas muito finas em determinados pontos do corpo.

acurar ⟨a.cu.rar⟩ v.t.d./v.prnl. Aperfeiçoar(-se) ou apurar(-se) (um sentido ou a uma habilidade): *Ao longo do tempo, acurou o paladar para temperos.*

acusação ⟨a.cu.sa.ção⟩ (pl. *acusações*) s.f. **1** Ato ou efeito de acusar(-se). **2** Em direito, atividade destinada a demonstrar a culpa de uma pessoa: *Ele foi uma testemunha da acusação.* **3** Pessoa ou grupo de pessoas encarregadas dessa atividade.

acusador, -a ⟨a.cu.sa.dor, do.ra⟩ (Pron. [acusadôr], [acusadôra]) ▌adj./s. **1** Que ou quem acusa. ▌s. **2** Em um processo judicial, pessoa responsável pela acusação.

acusar ⟨a.cu.sar⟩ ▌v.t.d./v.t.d.i. **1** Culpar (alguém) [de uma falta]: *O promotor o acusou de assassinato.* ▌v.prnl. **2** Responsabilizarem-se mutuamente por uma culpa ou falta (duas ou mais pessoas). ▌v.t.d.i. **3** Dirigir acusações a (alguém) [de uma qualificação, geralmente negativa]: *A torcida acusou-o de traidor.* ▌v.t.d. **4** Mostrar ou tornar evidente: *A umidade acusava um vazamento.* **5** Informar ou confirmar (um acontecimento): *O extrato bancário acusava um débito.*

acústica ⟨a.cús.ti.ca⟩ s.f. **1** Parte da física que estuda a produção, a propagação, a recepção e o controle do som. **2** Conjunto das características e das condições sonoras de um ambiente: *A acústica deste teatro é fantástica.*

acústico, ca ⟨a.cús.ti.co, ca⟩ adj. **1** Do órgão do ouvido ou relacionado a ele. **2** Da acústica ou relacionado a essa parte da física. **3** Que favorece a produção ou a propagação do som: *uma caixa acústica.*

acutilar ⟨a.cu.ti.lar⟩ v.t.d./v.prnl. Golpear(-se) com um cutelo ou com uma arma branca.

acutíssimo, ma ⟨a.cu.tís.si.mo, ma⟩ Superlativo irregular de *agudo*.

ad- →a-

-ada 1 Sufixo que indica golpe: *pancada, pedrada.* **2** Sufixo que indica conjunto: *criançada.* **3** Sufixo que indica produto alimentício: *macarronada, feijoada.* **4** Sufixo que indica ação: *caminhada, chegada.* **5** Sufixo que indica conteúdo: *colherada.*

adaga ⟨a.da.ga⟩ s.f. Arma branca maior que um punhal, de folha larga e curta, geralmente provida de uma guarnição para proteger a mão.

adágio ⟨a.dá.gio⟩ s.m. **1** Em música, andamento vagaroso com que se executam uma composição musical ou um determinado trecho de música. **2** Em música, composição ou movimento executados com esse andamento. **3** Frase breve que expressa um princípio moral ou um ensinamento: *A mentira tem perna curta é um adágio.* ▫ SIN. anexim, ditado, máxima, provérbio, rifão.

adamantino, na ⟨a.da.man.ti.no, na⟩ adj. →diamantino, na

adamascado, da ⟨a.da.mas.ca.do, da⟩ ▌adj. **1** Da cor do damasco ou com suas características. ▌adj./s.m. **2** Em relação a um tecido, que é fosco e que tem bordados da mesma cor feitos com fios brilhantes.

adaptação ⟨a.dap.ta.ção⟩ (pl. *adaptações*) s.f. **1** Ato ou efeito de adaptar(-se): *A adaptação ao novo colégio foi fácil para ela.* **2** Resultado do processo de seleção natural que promove a eficiência de interação de um organismo com o ambiente: *Algumas espécies foram extintas porque não conseguiram a adaptação às mudanças do meio ambiente.* **3** Modificação de uma criação intelectual, especialmente se for de uma obra científica, literária ou musical, para que adquira um formato diferente do original.

adaptar ⟨a.dap.tar⟩ ▌v.t.d./v.t.d.i. **1** Tornar apto (um objeto ou um lugar) [para que desempenhe funções diferentes daquelas para as quais era destinado]: *Adaptaram o quarto para receber hóspedes.* **2** Modificar (uma obra científica, literária ou musical) [para que adquira um formato diferente do original]: *O escritor adaptou seu livro para o cinema.* ▌v.prnl. **3** Acostumar-se ou adequar-se a situações diferentes: *Adaptou-se rápido à vida na cidade.* ▫ GRAMÁTICA Na acepção 3, usa-se a construção *adaptar-se* A *algo*.

adega ⟨a.de.ga⟩ s.f. **1** Lugar em que são feitos e armazenados vinho e outras bebidas alcoólicas. **2** Estabelecimento comercial em que se vendem essas bebidas. **3** Compartimento ou móvel próprios à conservação do vinho, especialmente se forem em uma residência.

adejar ⟨a.de.jar⟩ ▌v.int. **1** Agitar ou mover as asas repetidamente (uma ave): *Os bem te vis adejavam em volta das flores.* ▌v.t.d./v.int. **2** Movimentar(-se) ou mover(-se) à semelhança das asas de uma ave: *As velas do barco adejavam com o vento.*

adelgaçar ⟨a.del.ga.çar⟩ v.t.d./v.int./v.prnl. Tornar(-se) fino ou delgado. ▫ ORTOGRAFIA Antes de *e*, *o ç* muda para *c* →COMEÇAR.

ademais ⟨a.de.mais⟩ adv. Além disso ou além do mais. ▫ SIN. demais.

ademane ⟨a.de.ma.ne⟩ s.m. **1** Gesto ou sinal feitos com as mãos. **2** Movimento afetado ou trejeito: *Seus ademanes na peça impressionaram a plateia.* ▫ USO Na acepção 2, usa-se geralmente a forma plural *ademanes*.

adendo ⟨a.den.do⟩ s.m. Em um texto escrito, aquilo que se acrescenta para complementá-lo.

adivinhar

adenite ⟨a.de.ni.te⟩ s.f. Inflamação dos linfonodos. ☐ SIN. bubão.

adenoide ⟨a.de.noi.de⟩ (Pron. [adenóide]) ▌ adj.2g. **1** Que tem forma de glândula ou que se assemelha a ela. ▌ s.f. **2** Massa ou tecido que formam os gânglios. **3** Inflamação ou aumento exagerado dessa massa ou desse tecido. ☐ USO Nas acepções 2 e 3, usa-se geralmente a forma plural *adenoides*.

adensar ⟨a.den.sar⟩ v.t.d./v.int./v.prnl. Tornar(-se) denso ou espesso: *Coloque um pouco de farinha para adensar o molho.*

adentrar ⟨a.den.trar⟩ v.t.d./v.int./v.prnl. Fazer entrar ou entrar: *Conversou com o segurança e conseguiu adentrar no show.*

adentro ⟨a.den.tro⟩ adv. **1** Para a parte de dentro ou para o interior. **2** Por um período de tempo contínuo.

adepto, ta ⟨a.dep.to, ta⟩ adj./s. Partidário ou seguidor de um princípio ou de uma ideia.

adequação ⟨a.de.qua.ção⟩ (pl. *adequações*) s.f. Ato ou efeito de adequar(-se).

adequado, da ⟨a.de.qua.do, da⟩ adj. Que é adaptado ou acomodado àquilo que tem como objetivo.

adequar ⟨a.de.quar⟩ v.t.d.i./v.prnl. Adaptar(-se) ou acomodar(-se) (uma coisa) [a outra]: *As leis se adequaram às mudanças sociais ocorridas nos últimos anos.*

adereçar ⟨a.de.re.çar⟩ v.t.d./v.prnl. Enfeitar(-se) com adereço: *O estilista adereçou o vestido.* ☐ ORTOGRAFIA Antes de e, o ç muda para c →COMEÇAR.

adereço ⟨a.de.re.ço⟩ (Pron. [adereço]) s.m. **1** Aquilo que se coloca para embelezar. ☐ SIN. adorno, enfeite. **2** Em uma escola de samba ou em um bloco de Carnaval, acessório vistoso, geralmente levado na mão pelos foliões, e que faz parte da fantasia.

aderência ⟨a.de.rên.cia⟩ s.f. **1** Ato ou efeito de aderir. **2** Qualidade de aderente.

aderente ⟨a.de.ren.te⟩ adj.2g./s.2g. **1** Que ou quem adere. **2** Que ou quem adere a uma ideia, a uma causa ou a uma crença, que as defende ou que é partidário delas.

aderir ⟨a.de.rir⟩ ▌ v.t.i./v.t.d.i. **1** Colar ou juntar (algo) [a um lugar]: *Aderiu o selo à carta. A roupa molhada aderia ao corpo.* ▌ SIN. pegar. ▌ v.t.i. **2** Defender ou tornar-se adepto [a uma causa ou teoria]: *Aderiu ao partido por convicções políticas.* ☐ GRAMÁTICA **1.** É um verbo irregular →SERVIR. **2.**Na acepção 2, usa-se a construção *aderir A algo.*

adernar ⟨a.der.nar⟩ v.t.d./v.int. Inclinar(-se) sobre um dos bordos (uma embarcação): *As ondas adernavam o veleiro.*

adesão ⟨a.de.são⟩ (pl. *adesões*) s.f. **1** União ou ligação de duas superfícies. **2** Defesa de uma causa ou de uma teoria: *a adesão a um partido político.*

adesismo ⟨a.de.sis.mo⟩ s.m. *pejorativo* Em política, tendência a aderir a ideias e situações que podem trazer algum benefício.

adesivo, va ⟨a.de.si.vo, va⟩ ▌ adj. **1** Que adere ou que cola. ▌ s.m. **2** Material, geralmente de plástico, que pode aderir a uma superfície por possuir uma face colante.

adestrar ⟨a.des.trar⟩ v.t.d./v.prnl. Ensinar ou preparar-se para desempenhar uma determinada atividade, especialmente se for física: *adestrar um cachorro.*

adeus ⟨a.deus⟩ ▌ s.m. **1** Despedida: *A hora do adeus foi muito triste.* ▌ interj. **2** Expressão usada como sinal de despedida: *Partiu dizendo:* Adeus! Sentirei saudade!

ad hoc (*expressão latina*) (Pron. [adóc]) Adequado ou próprio para um fim: *As hipóteses* ad hoc *são criadas para explicar fatos que parecem contrariar determinada teoria.*

adiamento ⟨a.di.a.men.to⟩ s.m. Ato ou efeito de adiar.

adiantado ⟨a.di.an.ta.do⟩ adv. Antecipadamente ou antes que algo aconteça.

adiantado, da ⟨a.di.an.ta.do, da⟩ ▌ adj. **1** Que se destaca por seu talento em alguma atividade. ▌ s.m. **2** Avanço ou tardança.

adiantar ⟨a.di.an.tar⟩ ▌ v.t.d./v.prnl. **1** Mover(-se) ou guiar(-se) para adiante: *Adiantamos o relógio por causa do horário de verão.* ▌ v.t.d. **2** Fazer com que ocorra antes do esperado ou do previsto (algo que ainda não aconteceu): *Os médicos resolveram adiantar a data da cirurgia.* ☐ SIN. antecipar. ▌ v.t.d./v.t.d.i. **3** Dar antes do previsto (uma notícia) [a alguém]: *A rádio adiantou as informações sobre o vencedor das eleições.* ☐ SIN. antecipar. **4** Pagar antecipadamente (um valor) [a alguém]: *Será que você pode me adiantar cem reais?* ☐ SIN. antecipar. ▌ v.int. **5** Valer ou ser de utilidade para um determinado fim: *Agora não adianta mais chorar.* ▌ v.prnl. **6** Agir com antecipação ou executar uma ação antes de alguém: *Adiantou-se aos demais alunos na entrega do trabalho.* ☐ SIN. anteceder, antecipar. ☐ GRAMÁTICA Na acepção 6, usa-se a construção *adiantar-se A algo.*

adiante ⟨a.di.an.te⟩ ▌ adv. **1** Mais para frente no tempo ou no espaço: *Apesar das dificuldades, seguiram adiante sem desanimar.* ▌ interj. **2** Expressão usada para indicar estímulo ou incentivo: *Na última volta da corrida, o treinador gritava:* Adiante! Força!

adiar ⟨a.di.ar⟩ v.t.d. Atrasar ou deixar para mais tarde (uma ação ou a realização de algo): *Adiaram o prazo de inscrição para a bolsa de estudos.* ☐ SIN. diferir, postergar, prorrogar, protelar.

adição ⟨a.di.ção⟩ (pl. *adições*) s.f. **1** Ato ou efeito de adicionar: *A adição de fermento à massa a faz crescer.* **2** Em matemática, operação em que se unem várias quantidades em uma única.

adicional ⟨a.di.ci.o.nal⟩ (pl. *adicionais*) adj.2g./s.m. Que se adiciona.

adicionar ⟨a.di.ci.o.nar⟩ ▌ v.t.d./v.t.d.i. **1** Incluir ou acrescentar (uma coisa) [a outra]: *Adicione sal ao arroz.* ▌ v.t.d. **2** Somar ou acrescentar (valores um ao outro): *Adicionando dois e dois, obtemos quatro.*

adido, da ⟨a.di.do, da⟩ s. Pessoa encarregada de prestar auxílio, em sua especialidade, a um quadro de funcionários do qual não faz parte.

adiposo, sa ⟨a.di.po.so, sa⟩ (Pron. [adipôso], [adipósa], [adipôsos], [adipósas]) adj. Em relação a uma célula ou a um tecido orgânico, que contêm gordura ou que são formados por ela.

adir ⟨a.dir⟩ v.t.d./v.t.d.i./v.prnl. Acrescentar(-se) ou incorporar(-se) [a algo]. ☐ GRAMÁTICA É um verbo defectivo, pois não apresenta conjugação completa →FALIR.

aditamento ⟨a.di.ta.men.to⟩ s.m. Ato ou efeito de aditar.

aditar ⟨a.di.tar⟩ v.t.d./v.t.d.i. Alterar (um texto) ou acrescentar (algo) [a ele]: *As partes aditaram uma cláusula ao contrato.*

aditivo, va ⟨a.di.ti.vo, va⟩ ▌ adj. **1** Que acrescenta ou que adiciona. ▌ s.m. **2** Substância que se acrescenta a outra para dar-lhe certas propriedades ou para melhorar as propriedades que tem. **3** Em relação a uma lei ou a um contrato, aquilo que foi acrescentado.

adivinha ⟨a.di.vi.nha⟩ s.f. Jogo que consiste em adivinhar a resposta de um enigma ou o sentido oculto de uma oração. ☐ SIN. adivinhação.

adivinhação ⟨a.di.vi.nha.ção⟩ (pl. *adivinhações*) s.f. **1** Ato ou efeito de adivinhar. **2** Jogo que consiste em adivinhar a resposta de um enigma ou o sentido oculto de uma oração. ☐ SIN. adivinha.

adivinhar ⟨a.di.vi.nhar⟩ v.t.d. **1** Descobrir usando a intuição (o futuro ou algo oculto): *Algumas pessoas têm,*

adivinho

supostamente, o dom de adivinhar o futuro. É uma pessoa muito discreta e é difícil adivinhar o que pensa. **2** Decifrar ou descobrir a resposta de (um enigma): *Na mitologia grega, Édipo foi capaz de adivinhar o enigma da Esfinge e tornou-se rei de Tebas.*

adivinho, nha ⟨a.di.vi.nho, nha⟩ s. Pessoa que adivinha ou que prediz o futuro, geralmente por meio da intuição.

adjacência ⟨ad.ja.cên.cia⟩ s.f. Condição de adjacente.

adjacente ⟨ad.ja.cen.te⟩ adj.2g. **1** Contíguo ou situado nas proximidades. **2** Em geometria, em relação a uma figura, que está imediatamente ao lado de outra.

adjetivar ⟨ad.je.ti.var⟩ v.t.d. **1** Qualificar com adjetivos. **2** Em linguística, dar função ou valor de adjetivo a (uma palavra ou uma parte da oração): *No sintagma um menino gato, adjetivou-se o substantivo gato.*

adjetivo, va ⟨ad.je.ti.vo, va⟩ ▌ adj. **1** Em linguística, que tem a função de um adjetivo. ▌ s.m. **2** Em linguística, parte da oração que qualifica ou que determina o substantivo, concordando com ele em gênero e em número.

adjudicar ⟨ad.ju.di.car⟩ v.t.d./v.t.d.i. Conceder (posse de algo) [a alguém] por decisão judicial ou por processo administrativo: *O juiz adjudicou os bens aos herdeiros.* ▢ ORTOGRAFIA Antes de e, o c muda para qu →BRINCAR.

adjunto, ta ⟨ad.jun.to, ta⟩ ▌ adj. **1** Que está perto ou próximo. ▌ adj./s. **2** Que ou quem auxilia ou colabora em uma função. ▌ s.m. **3** Em linguística, palavra que funciona como complemento de outra, mesmo sem haver um conectivo entre elas.

adjutório ⟨ad.ju.tó.rio⟩ s.m. Ajuda, socorro ou assistência. ▢ SIN. auxílio.

administração ⟨ad.mi.nis.tra.ção⟩ ⟨pl. *administrações*⟩ s.f. **1** Governo, direção ou organização: *A administração do antigo presidente foi elogiada pelo seu sucessor.* **2** Cargo ou função de administrador: *Assumiu a administração da empresa aos trinta anos.* **3** Tempo durante o qual um administrador exerce seu cargo: *Na administração dele, a empresa cresceu muito.* **4** Conjunto de administradores ou de pessoas que administram: *A administração pediu a colaboração de todos para sair daquela situação.* **5** Lugar onde se administra: *Para mais informações, dirija-se à administração.* **6** Aplicação de um medicamento: *Não é aconselhável a administração de remédios sem orientação médica.* **7** Ato pelo qual se confere um sacramento: *a administração do batismo.*

administrador, -a ⟨ad.mi.nis.tra.dor, do.ra⟩ (Pron. [administradôr], [administradôra]) ▌ adj./s. **1** Que ou quem administra. ▌ s. **2** Pessoa que se dedica a administrar bens alheios, especialmente como profissão. **3** Pessoa que tem o título acadêmico do curso de administração.

administrar ⟨ad.mi.nis.trar⟩ ▌ v.t.d. **1** Governar, dirigir ou organizar: *A Prefeita administra o município com pulso firme.* ▌ v.t.d./v.t.d.i. **2** Aplicar ou dar (um medicamento) [a alguém]: *O enfermeiro administrou um antitérmico à paciente.* **3** Dar ou conferir (um sacramento) [a alguém]: *O padre é quem administra os batismos em nossa igreja.* ▌ v.t.d. **4** Controlar ou manter sob seu domínio (uma situação): *A diretora soube administrar o conflito entre os gerentes.*

administrativo, va ⟨ad.mi.nis.tra.ti.vo, va⟩ adj. Da administração ou relacionado a ela.

admiração ⟨ad.mi.ra.ção⟩ ⟨pl. *admirações*⟩ s.f. **1** Sentimento de grande consideração e respeito: *Seu talento despertou a nossa admiração. Sinto admiração por meus pais.* **2** Surpresa ou espanto: *Para a admiração de todos, ela desistiu no último momento.*

admirador, -a ⟨ad.mi.ra.dor, do.ra⟩ (Pron. [admiradôr], [admiradôra]) adj./s. Que ou quem admira, sente grande consideração ou valoriza muito: *Ele é um admirador da banda desde o seu início.*

admirar ⟨ad.mi.rar⟩ ▌ v.t.d. **1** Considerar ou respeitar: *Admiramos muito sua luta por causas sociais.* ▌ v.t.d./v.prnl. **2** Contemplar(-se) com prazer: *Passou horas admirando o mar. Admirava-se diante do espelho.* ▌ v.t.d./v.t.i./v.int./v.prnl. **3** Surpreender (alguém), causar surpresa [a alguém] ou espantar-se: *Sua hipocrisia me admira.*

admirável ⟨ad.mi.rá.vel⟩ ⟨pl. *admiráveis*⟩ adj.2g. Que causa admiração ou surpresa.

admissão ⟨ad.mis.são⟩ ⟨pl. *admissões*⟩ s.f. **1** Aprovação ou aceitação de algo. **2** Recebimento ou permissão de entrada. **3** Contratação como funcionário.

admissível ⟨ad.mis.si.vel⟩ ⟨pl. *admissíveis*⟩ adj.2g. Que pode ser admitido ou aceito.

admitir ⟨ad.mi.tir⟩ v.t.d. **1** Aprovar ou reconhecer: *Não teve problema em admitir seus erros.* ▢ SIN. aceitar. **2** Permitir, aceitar ou tolerar: *Não admito que falem comigo nesse tom!* **3** Contratar (alguém) como funcionário: *Estão admitindo uma secretária bilíngue.*

admoestar ⟨ad.mo.es.tar⟩ ▌ v.t.d. **1** Repreender sobre uma falta cometida: *O policial admoestou o motorista pelo excesso de velocidade.* ▌ v.t.d./v.t.d.i. **2** Aconselhar com sutileza (alguém) [a algo]: *Os pais a admoestaram para que fosse menos agressiva com os irmãos.*

adnominal ⟨ad.no.mi.nal⟩ ⟨pl. *adnominais*⟩ adj.2g. Em linguística, em relação a um termo adjunto, que complementa um substantivo.

-ado¹ Sufixo que indica lugar: *condado.* **2** Sufixo que indica titulação ou dignidade: *bacharelado, papado.*

-ado, -ada¹ **1** Sufixo que indica posse: *barbado, afortunado.* **2** Sufixo que indica semelhança: *esverdeada.*

adobe ⟨a.do.be⟩ (Pron. [adôbe]) s.m. Tijolo feito com barro e palha, moldado e seco ao sol.

adoçante ⟨a.do.çan.te⟩ adj.2g./s.m. Em relação a uma substância, que adoça outra, especialmente um alimento.

adoção ⟨a.do.ção⟩ ⟨pl. *adoções*⟩ s.f. **1** Ato ou efeito de adotar: *a adoção de medidas; a adoção de filhotes.* **2** Reconhecimento legal de uma pessoa como filha, sem que seja filha biológica.

adoçar ⟨a.do.çar⟩ ▌ v.t.d. **1** Tornar doce ou acrescentar açúcar ou outra substância semelhante a (um alimento): *Gosta de adoçar um pouco o café.* ▌ v.t.d./v.prnl. **2** Acalmar(-se) ou tornar(-se) dócil: *Adoçou-se com as excelentes novidades.* ▢ ORTOGRAFIA Antes de e, o ç muda para c →COMEÇAR.

adocicar ⟨a.do.ci.car⟩ v.t.d. Atenuar ou tornar mais brando: *adocicar a voz.* ▢ ORTOGRAFIA Antes de e, o c muda para qu →BRINCAR.

adoecer ⟨a.do.e.cer⟩ v.t.d./v.int. Tornar ou ficar doente: *Estava fraco e adoeceu.* ▢ ORTOGRAFIA Antes de a ou o, o c muda para ç →CONHECER.

adoentado, da ⟨a.do.en.ta.do, da⟩ adj. Que se encontra levemente doente.

adoidado, da ⟨a.doi.da.do, da⟩ adj. Que é insensato ou precipitado.

adolescência ⟨a.do.les.cên.cia⟩ s.f. Período da vida de uma pessoa que vai da puberdade até o início da vida adulta.

adolescente ⟨a.do.les.cen.te⟩ ▌ adj.2g. **1** Da adolescência ou relacionado a esse período da vida de uma pessoa. ▌ adj.2g./s.2g. **2** Que ou quem está na adolescência.

adoração ⟨a.do.ra.ção⟩ ⟨pl. *adorações*⟩ s.f. **1** Ato ou efeito de adorar. **2** Culto a uma divindade ou àquilo que é

considerado divino. **3** Amor muito intenso por alguém, gosto exagerado por algo ou idolatria.
adorar ⟨a.do.rar⟩ ▌v.t.d. **1** Cultuar (uma divindade): *Os antigos gregos adoravam vários deuses.* ☐ **SIN.** reverenciar. ▌v.t.d./v.prnl. **2** Amar(-se) de maneira intensa: *Adora seus pais. Eles se adoram.* ▌v.t.d. **3** *informal* Gostar muito de: *Adoro chocolate!*
adorável ⟨a.do.rá.vel⟩ (pl. *adoráveis*) adj.2g. Que inspira adoração, simpatia ou carinho.
adormecer ⟨a.dor.me.cer⟩ v.t.d./v.int. **1** Fazer dormir ou dormir: *Depois do almoço, adormecemos no sofá.* **2** Fazer diminuir a intensidade ou o efeito ou acalmar: *A anestesia adormeceu a dor.* ☐ **ORTOGRAFIA** Antes de *a* ou *o*, o *c* muda para *ç* →CONHECER.
adornar ⟨a.dor.nar⟩ v.t.d./v.prnl. Colocar(-se) adornos ou enfeites, geralmente para embelezar(-se): *adornar uma sala; adornar-se para uma festa.* ☐ **SIN.** ornamentar, ornar.
adorno ⟨a.dor.no⟩ (Pron. [adôrno]) s.m. Aquilo que se coloca para embelezar. ☐ **SIN.** adereço, enfeite.
adotar ⟨a.do.tar⟩ v.t.d. **1** Reconhecer legalmente (alguém) como filha sem que haja ligação biológica: *O casal quer adotar uma criança.* **2** Tornar-se dono de (um animal de estimação): *Adotamos um gato abandonado.* **3** Assumir ou optar por (uma ideia ou uma posição): *O jornal adotou uma postura crítica em relação à nova lei.* **4** Tomar (uma decisão) depois de uma discussão: *A diretoria adotou duras medidas.*
adotivo, va ⟨a.do.ti.vo, va⟩ adj. Da adoção ou relacionado a ela.
adquirir ⟨ad.qui.rir⟩ v.t.d. **1** Tornar-se dono de (algo que não é próprio) em troca de dinheiro: *Finalmente adquiriu a casa de seus sonhos.* **2** Alcançar, conseguir ou passar a ter: *Com a promoção, ela adquiriu novo status na empresa.*
adrede ⟨a.dre.de⟩ (Pron. [adréde] ou [adrêde]) adv. De propósito ou intencionalmente.
adrenalina ⟨a.dre.na.li.na⟩ s.f. **1** Hormônio secretado pelas glândulas suprarrenais, que aumenta a taxa metabólica e estimula a atividade do sistema nervoso central. **2** *informal* Excitação.
adro ⟨a.dro⟩ s.m. Em um templo, espaço exterior e descoberto que o rodeia. ☐ **SIN.** átrio.
adstringente ⟨ads.trin.gen.te⟩ adj.2g./s.m. Que adstringe ou contrai os tecidos orgânicos.
adstringir ⟨ads.trin.gir⟩ v.t.d. Contrair (um tecido orgânico): *uma loção para adstringir os poros.* ☐ **ORTOGRAFIA** Antes de *a* ou *o*, o *g* muda para *j* →FUGIR.
aduana ⟨a.du.a.na⟩ s.f. Órgão público encarregado de controlar as mercadorias que entram e saem de um país. ☐ **SIN.** alfândega.
aduaneiro, ra ⟨a.du.a.nei.ro, ra⟩ ▌adj. **1** Da aduana ou relacionado a ela. ☐ **SIN.** alfandegário. ▌s. **2** Pessoa que trabalha em uma aduana.
adubar ⟨a.du.bar⟩ v.t.d. Colocar matéria fertilizante ou fertilizar (a terra) para que se torne mais produtiva: *Aduba sua horta com cascas de verduras e de legumes.* ☐ **SIN.** estrumar.
adubo ⟨a.du.bo⟩ s.m. Substância orgânica ou química que torna a terra mais fértil ou produtiva. ☐ **SIN.** fertilizante.
aduela ⟨a.du.e.la⟩ s.f. **1** Tábua de madeira curva usada para montar um tonel ou um barril. **2** Em uma porta ou em uma janela, peça de madeira que a protege.
adulação ⟨a.du.la.ção⟩ (pl. *adulações*) s.f. Ato ou efeito de adular. ☐ **SIN.** bajulação, lisonja, rapapé.
adulador, -a ⟨a.du.la.dor, do.ra⟩ (Pron. [adulador], [aduladôra]) adj./s. Que ou quem adula.

adular ⟨a.du.lar⟩ v.t.d. Tentar agradar (alguém), geralmente para conseguir vantagens: *Adulando o chefe, só vai conseguir irritá-lo.* ☐ **SIN.** bajular, lisonjear.
adulterar ⟨a.dul.te.rar⟩ v.t.d./v.prnl. Mudar(-se) ou alterar(-se) (a composição ou as características de uma coisa): *O posto foi lacrado por adulterar a gasolina. Os medicamentos se adulteram com o tempo.*
adultério ⟨a.dul.té.rio⟩ s.m. Relação sexual mantida com uma pessoa diferente daquela com a qual se está legalmente casado.
adúltero, ra ⟨a.dúl.te.ro, ra⟩ ▌adj. **1** Do adultério ou relacionado a essa relação. ▌adj./s. **2** Que ou quem mantém uma relação de adultério.
adulto, ta ⟨a.dul.to, ta⟩ ▌adj. **1** Que alcançou ou demonstra certo grau de maturidade ou de experiência. **2** Em relação a um animal, que alcançou a plena capacidade de reprodução. ▌adj./s. **3** Que ou quem alcançou seu maior grau de crescimento e desenvolvimento, tanto físico quanto psicológico.
adunco, ca ⟨a.dun.co, ca⟩ adj. Que é curvo ou que tem forma de gancho.
adutor, -a ⟨a.du.tor, to.ra⟩ (Pron. [adutôr], [adutôra]) adj./s.m. Que conduz ou que transporta.
adutora ⟨a.du.to.ra⟩ (Pron. [adutôra]) s.f. Canal ou galeria formados por canos, através dos quais se conduz água de um manancial até um reservatório.
aduzir ⟨a.du.zir⟩ v.t.d./v.t.d.i. Apresentar (uma prova ou um argumento) [a alguém]: *Para justificar sua ausência, aduziu que estava doente.* ☐ **GRAMÁTICA** É um verbo regular, mas perde o *e* final na terceira pessoa do singular do presente do indicativo →PRODUZIR.
adventismo ⟨ad.ven.tis.mo⟩ s.m. Doutrina religiosa protestante, segundo a qual Jesus Cristo (o filho de Deus para os cristãos) voltará para a Terra e reinará sobre ela.
adventista ⟨ad.ven.tis.ta⟩ ▌adj.2g. **1** Do adventismo ou relacionado a essa doutrina religiosa. ▌s.2g. **2** Membro da comunidade religiosa que defende ou que segue o adventismo.
advento ⟨ad.ven.to⟩ s.m. **1** Chegada ou aparecimento: *O advento de uma nova era.* **2** No cristianismo, período que compreende as quatro semanas que precedem o dia de Natal. ☐ **ORTOGRAFIA** Na acepção 2, usa-se geralmente com inicial maiúscula por ser também um nome próprio.
adverbial ⟨ad.ver.bi.al⟩ (pl. *adverbiais*) adj.2g. **1** Do advérbio ou relacionado a ele. **2** Que funciona como advérbio: *uma locução adverbial.*
advérbio ⟨ad.vér.bio⟩ s.m. Em linguística, palavra invariável cuja função consiste em modificar o significado de uma oração, de um verbo, de um adjetivo, de outro advérbio ou da própria oração.
adversário, ria ⟨ad.ver.sá.rio, ria⟩ adj./s. Que ou quem se opõe ou é inimigo.
adversativo, va ⟨ad.ver.sa.ti.vo, va⟩ adj. Em linguística, que implica ou que expressa oposição ou sentido contrário.
adversidade ⟨ad.ver.si.da.de⟩ s.f. Qualidade ou estado de adverso: *Seu otimismo lhe ajudou a superar a adversidade.*
adverso, sa ⟨ad.ver.so, sa⟩ adj. Que é contrário, desfavorável ou ruim.
advertência ⟨ad.ver.tên.cia⟩ s.f. **1** Ato ou efeito de advertir. **2** Aviso, informação ou repreensão.
advertir ⟨ad.ver.tir⟩ v.t.d./v.t.d.i. **1** Tornar ciente, avisar ou informar (alguém) [sobre algo]: *O banco advertiu os clientes da nova tarifa.* **2** Repreender ou censurar (alguém) [por algo]. **3** Aconselhar ou prevenir (alguém)

31

a

advir [sobre algo]: *O bombeiro advertiu os moradores sobre o uso de material inflamável.* ☐ GRAMÁTICA É um verbo irregular →SERVIR.
advir ⟨ad.vir⟩ v.t.i./v.int. Surgir ou acontecer [como consequência de outra coisa]: *A dúvida advém da falta de conhecimento.* ☐ GRAMÁTICA É um verbo irregular →VIR.
advocacia ⟨ad.vo.ca.ci.a⟩ s.f. Profissão de advogado.
advogado, da ⟨ad.vo.ga.do, da⟩ s. 1 Pessoa legalmente habilitada a defender seus clientes ou aconselhá-los sobre questões legais. 2 Pessoa que realiza algum tipo de mediação: *Orlando Villas-Boas se firmou como advogado das causas indígenas.* ‖ **advogado do diabo** Pessoa que levanta objeções a uma tese, dificultando sua defesa.
advogar ⟨ad.vo.gar⟩ ▌v.t.i. 1 Interceder, mediar ou falar [em favor de alguém]: *No momento difícil, o amigo advogou por ele.* ▌v.int. 2 Exercer a profissão de advogado. ☐ ORTOGRAFIA Antes de e, o g muda para *gu* →CHEGAR.
aeração ⟨a.e.ra.ção⟩ (pl. *aerações*) s.f. Ventilação ou exposição à ação do ar.
aéreo, rea ⟨a.é.reo, rea⟩ adj. 1 Do ar, com suas características ou relacionado a ele. 2 Que se realiza ou se desenvolve no ar, do ar ou através dele: *uma vista aérea.* 3 Da aviação ou relacionado a ela: *a indústria aérea.* 4 Em relação a um organismo vivo ou a uma de suas partes, que vivem em contato direto com o ar. 5 *informal* Distraído ou desatento.
aeróbica ⟨a.e.ró.bi.ca⟩ s.f. Tipo de ginástica com movimentos dinâmicos, acompanhamento musical, e baseada no controle da respiração.
aeróbico, ca ⟨a.e.ró.bi.co, ca⟩ ▌adj. 1 Da aeróbica ou relacionado a esse tipo de ginástica. ▌adj./s.m. 2 Em biologia, em relação a um organismo, que depende do oxigênio para seu processo metabólico. ☐ ORTOGRAFIA Escreve-se também *aeróbio*.
aeróbio, bia ⟨a.e.ró.bio, bia⟩ adj./s.m. →**aeróbico, ca**
aeroclube ⟨a.e.ro.clu.be⟩ s.m. 1 Centro de formação de pilotos civis. 2 Lugar em que se praticam voos amadores.
aerodinâmica ⟨a.e.ro.di.nâ.mi.ca⟩ s.f. Parte da física que estuda as propriedades e o comportamento do ar e de outros gases em movimento.
aerodinâmico, ca ⟨a.e.ro.di.nâ.mi.co, ca⟩ adj. 1 Da aerodinâmica ou relacionado a essa parte da física. 2 Que tem formato adequado para reduzir a resistência do ar: *um capacete aerodinâmico.*
aeródromo ⟨a.e.ró.dro.mo⟩ s.m. Área destinada ao pouso e decolagem de aeronaves.
aeroespacial ⟨a.e.ro.es.pa.ci.al⟩ (pl. *aeroespaciais*) adj.2g. Da aviação ou relacionado a ela.
aerofagia ⟨a.e.ro.fa.gi.a⟩ s.f. Em medicina, ingestão de ar de maneira espasmódica ou por contrações musculares involuntárias, e que costuma ser sintoma de transtornos nervosos.
aerograma ⟨a.e.ro.gra.ma⟩ s.m. Carta em um papel especial que se dobra em forma de envelope, sem selo, e que se envia por correio.
aeromoço, ça ⟨a.e.ro.mo.ço, ça⟩ (Pron. [aeromôço]⟩ s. Pessoa que se dedica profissionalmente a atender os passageiros de um avião. ☐ SIN. **comissário de bordo**.
aeromodelismo ⟨a.e.ro.mo.de.lis.mo⟩ s.m. Construção, com fins esportivos ou comerciais, de modelos de aviões em escala reduzida e capazes de voar.
aeromodelo ⟨a.e.ro.mo.de.lo⟩ (Pron. [aeromodêlo]⟩ s.m. Avião em escala reduzida, construído para fazer voos esportivos ou experimentais.
aeronauta ⟨a.e.ro.nau.ta⟩ s.2g. Piloto ou tripulante de uma aeronave.
aeronáutica ⟨a.e.ro.náu.ti.ca⟩ s.f. 1 Ciência da navegação aérea. ☐ SIN. **aeronavegação**. 2 Conjunto de meios destinados à defesa e ao transporte aéreos militares de um país. ☐ ORTOGRAFIA Na acepção 2, usa-se geralmente com inicial maiúscula por ser também um nome próprio.
aeronáutico, ca ⟨a.e.ro.náu.ti.co, ca⟩ adj. Da aeronáutica ou relacionado a essa ciência.
aeronave ⟨a.e.ro.na.ve⟩ s.f. Veículo capaz de navegar pelo ar.
aeronavegação ⟨a.e.ro.na.ve.ga.ção⟩ (pl. *aeronavegações*) s.f. Ciência da navegação aérea. ☐ SIN. **aeronáutica**.
aeroplano ⟨a.e.ro.pla.no⟩ s.m. Veículo aéreo propulsionado por um ou mais motores, e mantido no ar por meio de asas. ☐ SIN. **avião**.
aeroporto ⟨a.e.ro.por.to⟩ (Pron. [aeropôrto], [aeropórtos]⟩ s.m. Aeródromo com instalações próprias para o tráfego e manutenção das aeronaves, carga e descarga de mercadorias e embarque e desembarque de passageiros.
aerossol ⟨a.e.ros.sol⟩ (pl. *aerossóis*) s.m. 1 Suspensão de partículas microscópicas, líquidas ou sólidas, em um gás. 2 Recipiente que contém essa suspensão, e que permite que ela seja pulverizada no ar.
aerostática ⟨a.e.ros.tá.ti.ca⟩ s.f. Parte da física mecânica que estuda o equilíbrio dos gases e dos corpos neles submersos, quando submetidos exclusivamente à ação da gravidade.
aerostático, ca ⟨a.e.ros.tá.ti.co, ca⟩ adj. Da aerostática ou relacionado a essa parte da física mecânica.
aeróstato ⟨a.e.rós.ta.to⟩ s.m. Aeronave composta por uma grande bolsa, mais ou menos esférica, cheia de um gás de menor densidade que o ar atmosférico, e que carrega um cesto no qual viajam os passageiros e a carga. ☐ SIN. **balão aerostático**.
aerovia ⟨a.e.ro.vi.a⟩ s.f. Rota estabelecida para a navegação aérea.
aeroviário, ria ⟨a.e.ro.vi.á.rio, ria⟩ ▌adj. 1 Da aerovia ou relacionado a ela. ▌s. 2 Pessoa que se dedica à navegação aérea, especialmente como profissão.
afã ⟨a.fã⟩ s.m. 1 Desejo, interesse ou grande empenho. 2 Afobação ou pressa excessivas: *No afã de terminar a prova a tempo, cometeu várias falhas de concentração.*
afabilidade ⟨a.fa.bi.li.da.de⟩ s.f. Qualidade de afável.
afadigar ⟨a.fa.di.gar⟩ v.t.d./v.prnl. Esgotar(-se) ou cansar(-se) muito. ☐ SIN. **fatigar**. ☐ ORTOGRAFIA Antes de e, o g muda para *gu* →CHEGAR.
afagar ⟨a.fa.gar⟩ ▌v.t.d./v.prnl. 1 Roçar ou tocar-se suavemente com as mãos: *Afagou o pelo do cachorro.* ☐ SIN. **acariciar**. ▌v.t.d. 2 Alentar ou acalentar: *Afagava o sonho de se tornar cantora.* ☐ ORTOGRAFIA Antes de e, o g muda para *gu* →CHEGAR.
afago ⟨a.fa.go⟩ s.m. 1 Demonstração de carinho que consiste em passar a mão suavemente em um corpo ou uma superfície. ☐ SIN. **agrado**, **carícia**. 2 Demonstração de carinho ou de afeto.
afamado, da ⟨a.fa.ma.do, da⟩ adj. Famoso ou muito conhecido.
afanar ⟨a.fa.nar⟩ v.t.d. *informal* Roubar, especialmente se for com astúcia e sem violência: *Afanaram minha carteira em um descuido.*
afasia ⟨a.fa.si.a⟩ s.f. Perda total ou parcial da capacidade de falar ou de compreender a linguagem.
afastado, da ⟨a.fas.ta.do, da⟩ adj. 1 Que está separado ou distante. 2 Em relação a um grau de parentesco, que se estabelece por laços indiretos: *parentes afastados.*
afastamento ⟨a.fas.ta.men.to⟩ s.m. Ato ou efeito de afastar(-se).
afastar ⟨a.fas.tar⟩ v.t.d./v.t.d.i./v.prnl. 1 Deixar afastado ou mais afastado ou distanciar(-se) [de algo ou alguém]: *A polícia afastou os curiosos do local do acidente.*

afirmativo

Seu comportamento egoísta afastou os amigos. **2** Fazer sair ou sair (um funcionário) [de uma empresa ou de uma função]: *O presidente afastou o ministro do cargo. Ela se afastou nos últimos meses da gravidez.*
afável ⟨a.fá.vel⟩ (pl. *afáveis*) adj.2g. Agradável ou cordial na forma de tratar os outros.
afazeres ⟨a.fa.ze.res⟩ (Pron. [afazêres]) s.m.pl. Ocupações ou tarefas a serem feitas.
afecção ⟨a.fec.ção⟩ (pl. *afecções*) s.f. Doença ou alteração patológica: *uma afecção pulmonar.*
afeição ⟨a.fei.ção⟩ (pl. *afeições*) s.f. **1** Sentimento de afeto. ◻ **SIN.** carinho. **2** Inclinação ou interesse que se têm por algo.
afeiçoar ⟨a.fei.ço.ar⟩ v.t.d./v.prnl. Produzir ou sentir afeição: *Afeiçoou-se do cãozinho e decidiu adotá-lo.*
afeito, ta ⟨a.fei.to, ta⟩ adj. Que está acostumado ou habituado a algo.
afélio ⟨a.fé.lio⟩ s.m. Ponto da órbita em que um planeta ou um astro encontram-se mais distantes do Sol.
afeminado, da ⟨a.fe.mi.na.do, da⟩ adj./s.m. →efeminado, da
aférese ⟨a.fé.re.se⟩ s.f. Supressão de um ou de vários sons ao início de uma palavra.
aferir ⟨a.fe.rir⟩ v.t.d./v.t.d.i. Contrastar (um valor) [com um padrão determinado]. ◻ **GRAMÁTICA** É um verbo irregular →SERVIR.
aferrar ⟨a.fer.rar⟩ v.t.d. **1** Prender com ferro ou com algo semelhante, especialmente se forem cabos ou correntes. **l** v.prnl. **2** Agarrar-se firmemente a uma opinião ou a um propósito: *Ela se aferrou ao sonho de criar uma instituição de caridade.* ◻ **GRAMÁTICA** Na acepção 2, usa-se a construção *aferrar-se* A *algo.*
aferrolhar ⟨a.fer.ro.lhar⟩ v.t.d. **1** Prender com um ferrolho: *aferrolhar uma porta.* **2** Guardar ou trancar com muita segurança.
aferventar ⟨a.fer.ven.tar⟩ v.t.d. Submeter a uma fervura rápida (um líquido): *aferventar o leite.*
afervorar ⟨a.fer.vo.rar⟩ v.t.d./v.prnl. Produzir ou sentir grande fervor ou entusiasmo: *Seu discurso vibrante afervorou os ouvintes.*
afetação ⟨a.fe.ta.ção⟩ (pl. *afetações*) s.f. **1** Ato ou efeito de afetar(-se). **2** Falta de naturalidade ou espontaneidade: *Havia muita afetação no seu jeito de falar.* **3** Exagero, dissimulação ou fingimento. **4** Comportamento presunçoso ou pedante.
afetado, da ⟨a.fe.ta.do, da⟩ adj. Que tem afetação ou que não demonstra naturalidade.
afetar ⟨a.fe.tar⟩ v.t.d. **1** Tentar demonstrar ou simular (algo que não é verdadeiro): *Afetava tranquilidade, mas estava morto de medo.* ◻ **SIN.** aparentar. **2** Prejudicar ou danificar: *O câncer afetou os pulmões do paciente. A crise do petróleo afetou a economia do país.* **3** Alcançar ou atingir: *A medida afeta todos os funcionários.*
afetividade ⟨a.fe.ti.vi.da.de⟩ s.f. **1** Qualidade de afetivo. **2** Conjunto de emoções e de afetos de uma pessoa.
afetivo, va ⟨a.fe.ti.vo, va⟩ adj. **1** Do afeto ou relacionado a esse sentimento. **2** Amável e carinhoso na forma de lidar com os outros. ◻ **SIN.** afetuoso.
afeto ⟨a.fe.to⟩ s.m. Sentimento de amor, de carinho e de consideração.
afetuoso, sa ⟨a.fe.tu.o.so, sa⟩ (Pron. [afetuóso], [afetuósa], [afetuósos], [afetuósas]) adj. Amável e carinhoso na forma de lidar com os outros. ◻ **SIN.** afetivo.
afiado, da ⟨a.fi.a.do, da⟩ adj. **1** Em relação a um objeto, com ponta ou com fio cortantes: *uma faca afiada.* **2** Agudo, engenhoso ou penetrante: *uma resposta afiada.* **3** *informal* Preparado ou seguro na execução de algo: *um profissional afiado.*

afiançar ⟨a.fi.an.çar⟩ **l** v.t.d. **1** Responsabilizar-se por (uma dívida ou um pagamento). ◻ **SIN.** abonar. **2** Pagar a fiança de (um crime ou um delito). **l** v.t.d./v.t.d.i. **3** Garantir ou assegurar (algo que se diz ou se faz) [a alguém]: *Ela afiançou que sabia o que estava dizendo.* ◻ **ORTOGRAFIA** Antes de e, o ç muda para c →COMEÇAR.
afiar ⟨a.fi.ar⟩ v.t.d. **1** Tornar aguçado ou cortante (um objeto). **2** Tornar mordaz ou satírico (aquilo que se diz). **3** Aperfeiçoar ou aprimorar (um sentido ou uma habilidade).
aficionado, da ⟨a.fi.ci.o.na.do, da⟩ adj./s. Que ou quem ama uma determinada atividade.
afigurar ⟨a.fi.gu.rar⟩ **l** v.t.d. **1** Assemelhar-se ou ter aspecto ou aparência de (algo ou alguém). **l** v.t.d./v.prnl. **2** Representar(-se) na mente. ◻ **SIN.** imaginar.
afilado, da ⟨a.fi.la.do, da⟩ adj. Em relação especialmente a uma parte do corpo, que é fina ou delicada.
afilhado, da ⟨a.fi.lha.do, da⟩ s. **1** Aquilo que uma pessoa é em relação a seus padrinhos. **2** Pessoa que recebe favores ou proteção de outra.
afim ⟨a.fim⟩ (pl. *afins*) **l** adj.2g. **1** Próximo ou com algo em comum. **l** adj.2g./s.2g. **2** Que ou quem é considerado da família por sua proximidade ou pelo casamento.
afinação ⟨a.fi.na.ção⟩ (pl. *afinações*) s.f. Em relação a um instrumento musical ou a uma voz, ajuste das suas alturas, tendo um outro som ou uma outra nota como referências.
afinal ⟨a.fi.nal⟩ adv. **1** Enfim ou por fim: *Afinal, depois de tantos obstáculos, chegamos ao nosso destino.* **2** No final ou como conclusão: *Afinal, valeu a pena tanto esforço para alcançar nossos objetivos.*
afinar ⟨a.fi.nar⟩ **l** v.t.d./v.t.d.i. **1** Tornar(-se) fino ou delgado: *afinar as sobrancelhas; afinar a cintura.* **l** v.t.d. **2** Aperfeiçoar ou aprimorar (um sentido ou uma habilidade): *Os anos afinaram seu ouvido para a música.* **l** v.t.i./v.prnl. **3** Estar em conformidade [com algo] ou harmonizar-se: *As opiniões dos sócios se afinavam.* **l** v.t.d. **4** Ajustar a altura de (um instrumento musical ou uma voz), tendo um outro som ou uma outra nota como referências: *O diapasão é uma referência para afinar os mais diversos instrumentos.* **l** v.int. **5** *informal* Deixar de fazer algo por medo: *Prometeu revidar, mas na hora H afinou.*
afinco ⟨a.fin.co⟩ s.m. Empenho para fazer algo: *Ele estudou para esta prova com afinco.*
afinidade ⟨a.fi.ni.da.de⟩ s.f. **1** Proximidade ou semelhança. **2** Semelhança na forma de ser, de pensar ou de agir. **3** Em uma família, vínculo de parentesco que se estabelece entre duas famílias após o casamento de dois de seus membros.
afirmação ⟨a.fir.ma.ção⟩ (pl. *afirmações*) s.f. **1** Ato ou efeito de afirmar. **2** Aquilo que se declara ou se defende como sendo verdadeiro. ◻ **SIN.** afirmativa, assertiva, asserto.
afirmar ⟨a.fir.mar⟩ **l** v.t.d./v.t.d.i. **1** Assegurar ou dizer (que algo é verdadeiro) [a alguém]: *Ela afirmou tê-lo visto.* **l** v.prnl. **2** Conseguir segurança ou estabelecer a identidade: *Com os anos, aquele jovem inseguro foi se afirmando.*
afirmativa ⟨a.fir.ma.ti.va⟩ s.f. **1** Declaração de que algo é verdade. ◻ **SIN.** afirmação, assertiva, asserto. **2** Sentença sem negação, especialmente uma resposta.
afirmativo, va ⟨a.fir.ma.ti.vo, va⟩ adj. **1** Que contém ou que expressa uma afirmação ou que dá algo como certo. ◻ **SIN.** assertivo. **2** Em relação a uma frase ou a um elemento dela, que não contém elementos negativos.

33

afivelar

afivelar ⟨a.fi.ve.lar⟩ v.t.d. **1** Colocar fivela em (um acessório): *afivelar a pulseira de um relógio.* **2** Prender ou fechar com fivela (algo dotado dela): *afivelar um cinto.*
afixar ⟨a.fi.xar⟩ (Pron. [aficsar]) v.t.d./v.t.d.i./v.prnl. →**fixar**
afixo ⟨a.fi.xo⟩ (Pron. [aficso]) s.m. Em linguística, morfema que se une a uma palavra ou a uma raiz para formar derivados ou palavras compostas.
aflição ⟨a.fli.ção⟩ (pl. *aflições*) s.f. **1** Tristeza ou sofrimento. **2** Inquietação ou angústia.
afligir ⟨a.fli.gir⟩ ▌ v.t.d./v.prnl. **1** Produzir ou sentir tristeza ou sofrimento: *Aquela perda os afligiu profundamente. Ela se afligiu ao saber de sua partida.* ▌ v.t.d./v.int. **2** Atormentar (algo ou alguém) ou produzir inquietação ou angústia: *A perspectiva de desemprego o afligia.* □ SIN. pungir. ▌ v.t.d. **3** Destruir ou devastar: *Chuvas fortes afligiram a região.* □ ORTOGRAFIA Antes de a ou o, o g muda para j →FUGIR
aflitivo, va ⟨a.fli.ti.vo, va⟩ adj. Que aflige.
aflito, ta ⟨a.fli.to, ta⟩ adj./s. Que ou quem está inquieto ou angustiado.
aflorar ⟨a.flo.rar⟩ v.int. **1** Assomar à superfície de um terreno (uma massa mineral ou um líquido). **2** Surgir, aparecer ou manifestar-se: *Seu gosto pela música aflorou quando ele ainda era criança.*
afluência ⟨a.flu.ên.cia⟩ s.f. **1** Ato ou efeito de afluir. **2** Concorrência ou movimento de pessoas em direção a um determinado lugar. □ SIN. afluxo. **3** Corrente abundante de água.
afluente ⟨a.flu.en.te⟩ ▌ adj.2g. **1** Que aflui. ▌ adj.2g./s.m. **2** Em relação a um arroio ou a um rio, que desembocam em outro maior.
afluir ⟨a.flu.ir⟩ v.t.i. Concorrer em grande quantidade [a um determinado lugar]: *Com o anúncio de liquidação, muitas pessoas afluíram à loja.* □ ORTOGRAFIA Usa-se *i* em vez do e comum na conjugação do presente do indicativo e do imperativo afirmativo →ATRIBUIR. □ GRAMÁTICA Usa-se a construção *afluir A algo.*
afluxo ⟨a.flu.xo⟩ (Pron. [aflucso]) s.m. **1** Ato ou efeito de afluir. **2** Concorrência ou movimento de pessoas em direção a um determinado lugar. □ SIN. afluência. **3** Em medicina, chegada abundante ou repentina de um líquido a uma determinada região do organismo ou de um órgão.
afobação ⟨a.fo.ba.ção⟩ (pl. *afobações*) s.f. Ansiedade, pressa ou agitação: *Com tanta afobação para sair, acabou esquecendo a carteira.*
afobado, da ⟨a.fo.ba.do, da⟩ adj. Que tem afobação.
afobar ⟨a.fo.bar⟩ v.t.d./v.prnl. Causar ou sentir ansiedade, pressa ou agitação: *A proximidade da prova o afobava. Afobaram-se com a organização do evento.*
afofar ⟨a.fo.far⟩ v.t.d./v.int./v.prnl. Tornar ou ficar fofo, mole ou com pouca consistência.
afogadilho ⟨a.fo.ga.di.lho⟩ ‖ **de afogadilho** Com muita pressa ou precipitadamente: *Não tinha muito tempo e fez as tarefas de afogadilho.*
afogador ⟨a.fo.ga.dor⟩ (Pron. [afogadôr]) s.m. Em alguns veículos, dispositivo usado para ajudar a dar a partida no motor frio.
afogar ⟨a.fo.gar⟩ ▌ v.t.d. **1** Matar (uma pessoa ou um animal) tirando-lhe o ar. ▌ v.prnl. **2** Morrer por falta de ar. ▌ v.t.d. **3** Reprimir, extinguir, apagar ou evitar o desenvolvimento normal de: *Rápido ele percebeu que afogar as tristezas no álcool não era uma boa solução.* ▌ v.t.d./v.int. **4** Fazer inundar ou inundar-se com excesso de combustível (o carburador de alguns veículos ou seu motor): *O carro afogou e ninguém consegue fazê-lo pegar.* □ ORTOGRAFIA Antes de e, o g muda para gu →CHEGAR.

afoguear ⟨a.fo.gue.ar⟩ ▌ v.t.d./v.prnl. **1** Tornar(-se) vermelho ou com tonalidades vermelhas, especialmente se for por vergonha: *Seu rosto afogueou-se ao encarar o auditório.* □ SIN. avermelhar, corar, enrubescer, ruborizar. ▌ v.t.d. **2** Esquentar ou aquecer: *Acendeu a lareira para afoguear a sala.* □ ORTOGRAFIA O e muda para *ei* quando a sílaba tônica estiver na raiz do verbo →NOMEAR.
afoito, ta ⟨a.foi.to, ta⟩ adj. **1** Que é precipitado ou ansioso. **2** Que tem coragem ou valentia.
afonia ⟨a.fo.ni.a⟩ s.f. Falta ou perda da voz por um problema nas pregas vocais.
afora ⟨a.fo.ra⟩ ▌ adv. **1** Para a parte exterior ou no exterior: *Nervoso, saiu porta afora.* **2** Em toda a extensão: *A fila se estendia pela rua afora.* ▌ prep. **3** Indica exceção: *Afora os lançamentos, todas as mercadorias estão em promoção.* **4** Indica adição ou a existência de mais algo: *Afora roupas de festa, vendem também sapatos e acessórios.*
aforismo ⟨a.fo.ris.mo⟩ s.m. Sentença que resume em poucas palavras alguma regra, um princípio, um conceito moral ou uma reflexão filosófica.
afortunado, da ⟨a.for.tu.na.do, da⟩ adj. Que é feliz ou que tem boa sorte. □ SIN. bem-aventurado.
afoxé ⟨a.fo.xé⟩ s.m. No Carnaval, grupo que desfila cantando, acompanhado por percussão. □ ORIGEM É uma palavra de origem africana.
afresco ⟨a.fres.co⟩ (Pron. [afrêsco]) s.m. **1** Técnica de fazer pinturas em paredes e tetos com cores dissolvidas em água de cal e passadas sobre uma camada de estuque fresco. **2** Pintura feita com essa técnica.
africano, na ⟨a.fri.ca.no, na⟩ adj./s. Da África (um dos cinco continentes) ou relacionado a ela.
afro ⟨a.fro⟩ ▌ adj.2g.2n. **1** Dos usos e costumes de origem africana ou com características deles: *um penteado afro.* ▌ adj./s.m. **2** Dos afros ou relacionado a esse antigo povo que habitou o continente africano e ao qual deu o nome.
afro-americano, na ⟨a.fro-a.me.ri.ca.no, na⟩ (pl. *afro-americanos*) adj./s. Dos americanos descendentes do continente africano ou relacionado a eles.
afro-brasileiro, ra ⟨a.fro-bra.si.lei.ro, ra⟩ (pl. *afro-brasileiros*) adj./s. Dos brasileiros descendentes do continente africano ou relacionado a eles.
afrodisíaco, ca ⟨a.fro.di.sí.a.co, ca⟩ adj./s.m. Que excita ou provoca o desejo sexual.
afronta ⟨a.fron.ta⟩ s.f. Ofensa, humilhação ou vexame.
afrontar ⟨a.fron.tar⟩ ▌ v.t.d./v.prnl. **1** Encarar de frente ou defrontar-se: *A melhor forma de resolver os problemas é afrontá-los.* □ SIN. arrostar, enfrentar. ▌ v.t.d. **2** Ofender, humilhar ou vexar.
afrontoso, sa ⟨a.fron.to.so, sa⟩ (Pron. [afrontôso], [afrontósa], [afrontósos], [afrontósas]) adj. Que causa afronta.
afrouxar ⟨a.frou.xar⟩ ▌ v.t.d./v.prnl. **1** Diminuir a tensão, a pressão ou a rigidez de (algo), ou tornar-se frouxo: *Ao sair do escritório, afrouxou o nó da gravata.* ▌ v.t.d. **2** Diminuir a força ou a intensidade de (algo): *Depois de caminhar por mais de uma hora, afrouxou o passo.*
afta ⟨af.ta⟩ s.f. Ferida pequena e esbranquiçada que geralmente se forma na boca.
afugentar ⟨a.fu.gen.tar⟩ v.t.d. **1** Afastar ou impedir a aproximação de (uma pessoa ou um animal): *O frio afugentou os banhistas.* □ SIN. espantar. **2** Diminuir ou fazer desaparecer: *Não conseguia afugentar aquelas lembranças da cabeça.*
afundamento ⟨a.fun.da.men.to⟩ s.m. **1** Ato ou efeito de afundar(-se). **2** Em uma superfície, depressão ou deformação. **3** Na superfície terrestre, depressão causada pelo movimento das placas tectônicas.

afundar ⟨a.fun.dar⟩ ❙ v.t.d./v.t.d.i./v.int./v.prnl. **1** Introduzir(-se) [em um líquido ou em outra matéria] até que fique coberto ou até que chegue ao fundo: *Afundou a enxada na terra. As rodas do carro afundaram-se no barro.* ❙ v.t.d./v.int./v.prnl. **2** Fazer ir ao fundo ou submergir (uma embarcação): *Durante a tempestade, o pesqueiro afundou.* ☐ SIN. **naufragar.** ❙ v.t.d./v.int. **3** Formar uma depressão em (uma superfície) ou deformar(-se): *Subiram no carro e afundaram o capô.* ❙ v.t.d./v.int./v.prnl. **4** Fazer fracassar ou arruinar-se: *Temiam que a crise econômica afundasse o país.*

afunilar ⟨a.fu.ni.lar⟩ v.t.d./v.prnl. Dar ou tomar formato de funil.

agá ⟨a.gá⟩ s.m. Nome da letra *h*.

agachar ⟨a.ga.char⟩ v.t.d./v.prnl. Encolher(-se) (o corpo) dobrando a cintura ou as pernas para baixo: *Agachou-se para pegar a caneta.*

agadanhar ⟨a.ga.da.nhar⟩ v.t.d. Segurar ou prender com as garras ou com as unhas: *agadanhar uma presa.*

ágape ⟨á.ga.pe⟩ s. **1** Refeição que reúne muitas pessoas para comemorar algum acontecimento. **2** Refeição dos primitivos cristãos, especialmente para celebrar a eucaristia. ☐ GRAMÁTICA É uma palavra usada tanto como substantivo masculino quanto como substantivo feminino: *um ágape, uma ágape.*

agarrar ⟨a.gar.rar⟩ ❙ v.t.d./v.t.i./v.prnl. **1** Pegar, segurar ou prender-se fortemente [a algo], especialmente se for com as mãos: *O goleiro agarrou a bola. Agarrou-se no corrimão para não escorregar.* ❙ v.t.d. **2** Prender ou pegar desprevenido: *A polícia agarrou os suspeitos do assalto.* ❙ v.prnl. **3** Recorrer a algo ou alguém em caso de necessidade: *Agarrou-se ao contrato para reclamar o que considerava seu.* ☐ GRAMÁTICA Na acepção 3, usa-se a construção *agarrar-se A {algo/alguém}.*

agasalhar ⟨a.ga.sa.lhar⟩ ❙ v.t.d./v.prnl. **1** Proteger(-se) ou resguardar(-se) do frio, especialmente se for com um agasalho: *Eu me agasalhei bem antes de sair.* **2** Hospedar(-se) ou tomar alojamento: *Nós a agasalhamos em casa por um tempo.* ❙ v.t.d. **3** Ajudar ou amparar: *Agasalharam-no naquele momento de dificuldade.*

agasalho ⟨a.ga.sa.lho⟩ s.m. **1** Peça do vestuário usada para proteger do frio, especialmente se for uma blusa ou um conjunto de blusa e calça. **2** Ajuda ou proteção.

agastar ⟨a.gas.tar⟩ v.t.d./v.prnl. Produzir ou sentir irritação ou zanga: *Tantas reclamações infundadas agastam qualquer um!*

ágata ⟨á.ga.ta⟩ s.f. **1** Variedade de quartzo, dura, translúcida e com franjas ou capas de várias cores. **2** →**ágate**

agatanhar ⟨a.ga.ta.nhar⟩ v.t.d./v.prnl. Arranhar(-se) ou ferir(-se) com as unhas.

ágate ⟨á.ga.te⟩ s.m. Ferro com cobertura de esmalte: *um bule de ágate.* ☐ ORTOGRAFIA Escreve-se também *ágata.*

-agem 1 Sufixo que indica ação e efeito: *aterrissagem.* **2** Sufixo que indica conjunto: *folhagem.*

agência ⟨a.gên.cia⟩ s.f. **1** Empresa especializada em prestar serviços, geralmente atuando como intermediária: *uma agência de viagens.* **2** Sucursal ou filial de banco, repartição pública, firma ou escritório comercial: *uma agência bancária.*

agenciar ⟨a.gen.ci.ar⟩ v.t.d. **1** Gerir (assuntos ou negócios alheios). **2** Tentar providenciar.

agenda ⟨a.gen.da⟩ s.f. **1** Caderno, livro ou aparelho eletrônico onde são anotados ou registrados os compromissos ou atividades diárias de uma pessoa: *Anotei seu endereço em minha agenda.* **2** Conjunto de compromissos diários: *Hoje minha agenda está corrida.* **3** Cronograma ou lista de questões ou assuntos a serem tratados em um evento, uma reunião ou um empreendimento: *A agenda do evento foi revelada na última reunião.*

agendar ⟨a.gen.dar⟩ v.t.d. **1** Marcar ou programar (um compromisso ou um evento): *Preciso agendar uma consulta com o dentista.* **2** Anotar ou escrever na agenda: *Já agendei todos os compromissos da semana que vem.*

agente ⟨a.gen.te⟩ ❙ adj.2g./s.2g. **1** Que ou quem realiza ou executa uma ação. ❙ s.2g. **2** Pessoa que tem sob sua responsabilidade uma agência ou uma empresa destinadas a gerir assuntos alheios ou a prestar determinados serviços: *uma agente de viagens.* **3** Pessoa que se dedica profissionalmente a velar pela segurança pública ou pelo cumprimento das leis ou ordens: *uma agente de polícia.* ❙ s.m. **4** Aquilo ou aquele que causa um efeito: *A erosão foi provocada por agentes naturais.* ‖ **agente secreto** Aquele que aparentemente não trabalha como tal.

agigantar ⟨a.gi.gan.tar⟩ v.t.d./v.prnl. Tornar(-se) gigantesco.

ágil ⟨á.gil⟩ (pl. *ágeis*) adj.2g. **1** Que se movimenta com rapidez e desembaraço. ☐ SIN. **leve. 2** Que tem soltura ou vivacidade.

agilidade ⟨a.gi.li.da.de⟩ s.f. **1** Qualidade de ágil. **2** Capacidade para realizar algo com flexibilidade e vivacidade: *Tem muita agilidade nos negócios.*

agilizar ⟨a.gi.li.zar⟩ v.t.d./v.prnl. Tornar(-se) mais ágil ou atribuir(-se) maior rapidez a (o desenvolvimento de um processo): *Precisamos agilizar o ritmo de trabalho para cumprir os prazos.*

ágio ⟨á.gio⟩ s.m. **1** Benefício financeiro que se obtém ao especular com a moeda. **2** Juro abusivo cobrado por um empréstimo.

agiota ⟨a.gi.o.ta⟩ adj.2g./s.2g. Que ou quem pratica agiotagem ou empréstimo em que se cobram juros abusivos.

agiotagem ⟨a.gi.o.ta.gem⟩ (pl. *agiotagens*) s.f. **1** Especulação que se realiza com as oscilações dos preços das moedas, dos títulos de crédito ou dos valores da bolsa. **2** Empréstimo em que se cobram juros abusivos. ☐ SIN. **usura.**

agir ⟨a.gir⟩ ❙ v.int. **1** Comportar-se de um determinado modo: *Ela agiu com sensatez quando soube do ocorrido.* ☐ SIN. **atuar. 2** Realizar atos próprios de um determinado cargo ou uma determinada profissão: *Os médicos agiram com rapidez para salvar sua vida.* ☐ SIN. **atuar.** ❙ v.t.i. **3** Produzir um determinado efeito [sobre algo]: *Essa doença age no organismo anulando suas defesas. O remédio agiu rapidamente.* ☐ SIN. **atuar.** ☐ ORTOGRAFIA Antes de *a* ou *o*, o *g* muda para *j* →FUGIR.

agitação ⟨a.gi.ta.ção⟩ (pl. *agitações*) s.f. **1** Ato ou efeito de agitar(-se). **2** Inquietação ou desassossego. **3** Inquietação social ou política.

agitado, da ⟨a.gi.ta.do, da⟩ ❙ adj. **1** Com movimentos fortes e repetidos: *Como o mar estava agitado, os marinheiros ficaram em terra.* ❙ adj./s. **2** Inquieto ou desassossegado: *Sem notícias dos filhos, os pais estavam muito agitados.*

agitador, -a ⟨a.gi.ta.dor, do.ra⟩ (Pron. [agitadôr], [agitadôra]) ❙ adj./s. **1** Que ou quem agita. ❙ s. **2** Pessoa que agita os ânimos ou que provoca conflitos de caráter social ou político.

agitar ⟨a.gi.tar⟩ ❙ v.t.d./v.prnl. **1** Mover(-se) repetida e vigorosamente: *Agite o frasco antes de abri-lo.* ☐ SIN. **sacudir. 2** Inquietar ou desassossegar-se: *A notícia do acidente agitou a família.* ❙ v.t.d. **3** Provocar inquietação social ou política em (uma pessoa ou um grupo): *A ameaça de demissões agitou o ânimo dos funcionários.*

agito ⟨a.gi.to⟩ s.m. *informal* Agitação causada por algum acontecimento, geralmente com aglomeração de pessoas: *Há quem não goste do agito do Carnaval.*

aglomeração

aglomeração ⟨a.glo.me.ra.ção⟩ (pl. *aglomerações*) s.f. Ato ou efeito de aglomerar(-se). ◻ SIN. aglomerado, ajuntamento.

aglomerado ⟨a.glo.me.ra.do⟩ s.m. **1** Ato ou efeito de aglomerar(-se). ◻ SIN. aglomeração, ajuntamento. **2** Material compacto elaborado a partir de fragmentos de determinadas substâncias, prensados ou unidos.

aglomerar ⟨a.glo.me.rar⟩ v.t.d./v.prnl. Reunir(-se) ou acumular(-se), geralmente de forma abundante ou desordenada: *Os torcedores se aglomeravam nos portões do estádio.*

aglutinação ⟨a.glu.ti.na.ção⟩ (pl. *aglutinações*) s.f. **1** Ato ou efeito de aglutinar(-se). **2** Processo de formação de palavras em que dois vocábulos distintos se unem, havendo perda de fonemas: *A palavra* planalto *foi formada pela aglutinação das palavras* plano *e* alto.

aglutinante ⟨a.glu.ti.nan.te⟩ ▌adj.2g. **1** Que aglutina. ▌s.m. **2** Substância que liga e fixa as partículas de outros materiais.

aglutinar ⟨a.glu.ti.nar⟩ v.t.d./v.prnl. Unir(-se) ou juntar(-se) para formar uma unidade: *O partido aglutinou forças para arrecadar o máximo de votos.*

agnosticismo ⟨ag.nos.ti.cis.mo⟩ s.m. Doutrina filosófica que declara inacessível à razão humana o conhecimento do absoluto e de tudo aquilo que não pode ser alcançado pela experiência.

agnóstico, ca ⟨ag.nós.ti.co, ca⟩ ▌adj. **1** Do agnosticismo ou relacionado a essa doutrina filosófica. ▌adj./s. **2** Que ou quem é partidário ou defensor do agnosticismo.

agogô ⟨a.go.gô⟩ s.m. Instrumento musical de percussão usado no samba e em ritmos afro-brasileiros, composto por duas campânulas de metal unidas por uma barra de ferro e que se toca com uma vareta de metal ou de madeira. ◻ ORIGEM É uma palavra de origem africana. [◉ instrumentos de percussão p. 614]

agoirar ⟨a.goi.rar⟩ v.t.d./v.int. →agourar

agoireiro, ra ⟨a.goi.rei.ro, ra⟩ adj./s. →agoureiro, ra

agoirento, ta ⟨a.goi.ren.to, ta⟩ adj./s. →agourento, ta

agoiro ⟨a.goi.ro⟩ s.m. →agouro

agonia ⟨a.go.ni.a⟩ s.f. **1** Angústia ou sofrimento. **2** Estado imediatamente anterior à morte.

agoniado, da ⟨a.go.ni.a.do, da⟩ adj. Que tem ou que sente agonia.

agoniar ⟨a.go.ni.ar⟩ v.t.d./v.prnl. Produzir ou sentir agonia, angústia ou irritação: *O atraso agoniou as famílias dos passageiros.*

agonizar ⟨a.go.ni.zar⟩ v.int. **1** Estar nos momentos finais da vida: *Nos escombros, os bombeiros encontraram uma pessoa agonizando.* **2** Estar a ponto de acabar ou de se extinguir: *As brasas agonizavam na lareira.*

agora ⟨a.go.ra⟩ ▌adv. **1** Neste momento ou imediatamente: *Abram o livro agora.* ◻ SIN. já. **2** Em um momento anterior, mas muito próximo ao presente: *Ele almoçou agora há pouco.* **3** Em um momento futuro, mas muito próximo ao presente: *Agora começarão a chamar os candidatos.* ▌conj. **4** Conectivo gramatical coordenativo (que une elementos do mesmo nível sintático), podendo expressar oposição ou adversidade: *Criticar todos sabem, agora ajudar ninguém quer.*
‖ **agora mesmo** Neste exato momento ou em um momento muito próximo ao presente: *Agora mesmo ligaram da escola.*

ágora ⟨á.go.ra⟩ s.f. Praça pública das antigas cidades gregas.

agorafobia ⟨a.go.ra.fo.bi.a⟩ s.f. Medo anormal e angustiante de lugares abertos.

agosto ⟨a.gos.to⟩ (Pron. [agôsto]) s.m. Oitavo mês do ano, entre julho e setembro.

agourar ⟨a.gou.rar⟩ ▌v.t.d. **1** Prever ou ser sinal de (futuros males ou desgraças): *Há quem acredite que um gato preto agoura má sorte.* ▌v.int. **2** Prever ou ser sinal de futuros males ou desgraças. ▌v.t.d. **3** Adivinhar ou prever: *Os economistas agouraram melhorias na economia para este ano.* ◻ ORTOGRAFIA Escreve-se também *agoirar*.

agoureiro, ra ⟨a.gou.rei.ro, ra⟩ ▌adj. **1** Que prenuncia um mal ou um infortúnio. ▌adj./s. **2** Que ou quem acredita em agouros. ◻ SIN. agourento. ◻ ORTOGRAFIA Escreve-se também *agoireiro*.

agourento, ta ⟨a.gou.ren.to, ta⟩ ▌adj. **1** Que prenuncia um mal ou um infortúnio. ◻ SIN. sinistro. ▌adj./s. **2** Que ou quem acredita em agouros. ◻ SIN. agoureiro. ◻ ORTOGRAFIA Escreve-se também *agoirento*.

agouro ⟨a.gou.ro⟩ s.m. **1** Aquilo que é visto como sinal ou anúncio de algo futuro. ◻ SIN. augúrio, auspício. **2** Aquilo que prenuncia um mal ou um infortúnio. ◻ ORTOGRAFIA Escreve-se também *agoiro*.

agraciar ⟨a.gra.ci.ar⟩ v.t.d./v.t.d.i. Premiar ou honrar (alguém) [com uma graça, um favor ou condecorações]: *Vários funcionários foram agraciados com uma bonificação de fim de ano.*

agradar ⟨a.gra.dar⟩ v.t.d./v.t.i. Comprazer (alguém) ou causar agrado [a alguém]: *A recepção nos agradou muito.*

agradável ⟨a.gra.dá.vel⟩ (pl. *agradáveis*) adj.2g. Que causa agrado ou satisfação.

agradecer ⟨a.gra.de.cer⟩ ▌v.t.d./v.t.i./v.t.d.i. **1** Mostrar gratidão por (um favor ou benefício recebidos) [a alguém] ou dar graças [por receber algo]: *Agradeceu a ajuda com um presente. Agradeci a gentileza a ela. Agradeço por ter comparecido à minha festa.* ▌v.t.d.i./v.int. **2** Mostrar gratidão a (alguém) [por um favor ou benefício recebidos] ou dar graças [por receber algo]: *Agradecemos a ele pela carona. Receberam os aplausos e agradeceram.* ◻ ORTOGRAFIA Antes de *a* ou *o*, o *c* muda para *ç* →CONHECER.

agradecimento ⟨a.gra.de.ci.men.to⟩ s.m. Ato ou efeito de agradecer.

agrado ⟨a.gra.do⟩ s.m. **1** Ato ou efeito de agradar. **2** Prazer, satisfação ou contentamento. **3** Demonstração de carinho que consiste em passar a mão suavemente em um corpo ou uma superfície: *Fez um agrado na barriga do cão.* ◻ SIN. afago, carícia. **4** *informal* Presente: *Comprei um agrado pelo seu aniversário.*

agrário, ria ⟨a.grá.rio, ria⟩ adj. Da terra ou relacionado a ela. ◻ SIN. fundiário.

agravante ⟨a.gra.van.te⟩ ▌adj.2g. **1** Que agrava a intensidade de algo ou que lhe aumenta a gravidade. ▌s.2g. **2** Em direito, em um processo judicial, parte que entra com um agravo contra determinada decisão tomada por um juiz ou por um tribunal.

agravar ⟨a.gra.var⟩ v.t.d./v.prnl. Aumentar ou sofrer aumento de gravidade ou importância: *Não ter se desculpado agrava a falta que cometeu. A doença se agravou com a idade.*

agravo ⟨a.gra.vo⟩ s.m. **1** Ofensa ou afronta graves. **2** Piora de uma doença ou de um mal.

agredir ⟨a.gre.dir⟩ v.t.d. **1** Cometer uma agressão contra (uma pessoa, um animal ou uma coisa): *O jogador foi expulso por agredir um adversário.* **2** Importunar ou causar incômodo a: *Aquele som estridente agredia os ouvidos.* ◻ GRAMÁTICA É um verbo irregular →PROGREDIR.

agregado, da ⟨a.gre.ga.do, da⟩ s. **1** Pessoa que vive com uma família como se fosse membro dela. **2** Pessoa do campo que vive na propriedade na qual trabalha.

agregar ⟨a.gre.gar⟩ v.t.d./v.t.d.i./v.prnl. Unir(-se) ou somar(-se) [a um todo]: *Para que a massa fique macia,*

agregue um pouco de leite. Ao saber da situação, agrega-mo-nos ao protesto. ☐ ORTOGRAFIA Antes de e, o g muda para gu →CHEGAR.
agremiação ⟨a.gre.mi.a.ção⟩ (pl. *agremiações*) s.f. Associação ou grupo de pessoas que geralmente têm uma mesma profissão ou que seguem regras comuns.
agremiar ⟨a.gre.mi.ar⟩ v.t.d./v.prnl. Reunir (duas ou mais pessoas) em um grêmio ou associar-se: *Os trabalhadores se agremiaram para defender seus direitos.*
agressão ⟨a.gres.são⟩ (pl. *agressões*) s.f. 1 Ataque físico violento: *Já foi condenado duas vezes por agressão.* 2 Provocação, insulta ou ofensa: *O jogador foi expulso por agressão verbal ao juiz.*
agressividade ⟨a.gres.si.vi.da.de⟩ s.f. Tendência a agir de maneira violenta ou hostil.
agressivo, va ⟨a.gres.si.vo, va⟩ adj. 1 Que age ou que tende a agir com agressividade. 2 Que age com decisão e dinamismo: *uma campanha publicitária agressiva*. 3 Que danifica ou prejudica: *um produto agressivo ao meio ambiente.*
agressor, -a ⟨a.gres.sor, so.ra⟩ (Pron. [agressôr], [agressôra]) adj./s. Que ou quem comete uma agressão.
agreste ⟨a.gres.te⟩ I adj.2g./s.m. 1 Do campo ou relacionado a ele: *uma região agreste*. 2 Em relação especialmente a um comportamento, que é áspero ou rústico. I s.m. 3 Terreno que se caracteriza por ter o solo pedregoso e por apresentar plantas escassas, comum no Nordeste brasileiro.
agrião ⟨a.gri.ão⟩ (pl. *agriões*) s.m. Planta herbácea de caule rasteiro e oco, com folhas verdes, macias, arredondadas e comestíveis, e flores brancas e pequenas, que cresce em terrenos com muita água e que é muito usada na alimentação.
agrícola ⟨a.grí.co.la⟩ adj.2g. Da agricultura ou relacionado a essa atividade.
agricultor, -a ⟨a.gri.cul.tor, to.ra⟩ (Pron. [agricultôr], [agricultôra]) s. Pessoa que se dedica à agricultura.
agricultura ⟨a.gri.cul.tu.ra⟩ s.f. 1 Atividade que consiste em transformar o solo para produzir alimentos, energia e matéria-prima. 2 Arte ou técnica utilizadas nessa atividade.
agridoce ⟨a.gri.do.ce⟩ (Pron. [agridôce]) adj.2g./s.m. Que tem mistura de sabor acre e doce. ☐ ORTOGRAFIA Escreve-se também *acridoce*.
agrilhoar ⟨a.gri.lho.ar⟩ v.t.d. 1 Atar ou prender com grilhões. 2 Reprimir ou conter (um impulso ou um sentimento).
agrimensor, -a ⟨a.gri.men.sor, so.ra⟩ (Pron. [agrimensôr], [agrimensôra]) s. Pessoa especializada e habilitada, legal ou profissionalmente, na medição de terras.
agrimensura ⟨a.gri.men.su.ra⟩ s.f. Arte ou técnica de medir terras.
agroindústria ⟨a.gro.in.dús.tria⟩ s.f. Indústria derivada de atividades agrárias.
agronomia ⟨a.gro.no.mi.a⟩ s.f. Conjunto de conhecimentos relacionados à produção agrícola.
agrônomo, ma ⟨a.grô.no.mo, ma⟩ adj./s. Que ou quem é especializado em agronomia ou a pratica.
agropecuária, ria ⟨a.gro.pe.cu.á.rio, ria⟩ adj. Da agricultura ou da criação de gado, ou relacionado a elas.
agrotóxico ⟨a.gro.tó.xi.co⟩ (Pron. [agrotócsico]) s.m. Produto químico usado na lavoura para combater pragas e insetos.
agrupamento ⟨a.gru.pa.men.to⟩ s.m. Ato ou efeito de agrupar(-se).
agrupar ⟨a.gru.par⟩ v.t.d./v.prnl. Reunir(-se) ou juntar(-se) em grupos: *O festival agrupou as melhores bandas do país. Os jogadores se agruparam ao redor do treinador.*

aguardar

agrura ⟨a.gru.ra⟩ s.f. 1 Sabor acre ou ácido: *a agrura de uma fruta*. 2 Obstáculo ou situação difícil: *Enfrentou com dignidade as agruras da vida.* ☐ USO Na acepção 2, usa-se geralmente a forma plural *agruras*.
água ⟨á.gua⟩ I s.f. 1 Substância líquida, insípida, inodora e incolor que faz parte dos organismos vivos e que é o componente mais abundante da superfície terrestre. 2 Chuva ou precipitações de um determinado período: *Tom Jobim fala das águas de março numa de suas músicas mais famosas*. 3 Vertente de um telhado: *um telhado de duas águas*. I s.f.pl. 4 Manancial ou nascente mineral. 5 Região marinha mais ou menos próxima a uma costa: *O pesqueiro foi encontrado em águas argentinas*. ‖ **água doce** Aquela que provém de rios, lagos ou nascentes e que não contém cloreto de sódio. ‖ **água mineral** Aquela que tem substâncias minerais dissolvidas. ‖ **água oxigenada** Composto químico líquido, incolor, solúvel em água e em álcool, que tem propriedades desinfetantes. ‖ **água salgada** Aquela que provém dos mares e oceanos e que contém cloreto de sódio. ‖ **(água) tônica** Bebida gaseificada de sabor amargo, e que contém quinina. ‖ **ser águas passadas** Não ter mais importância: *Aquelas brigas são águas passadas e já foram esquecidas*. ‖ **tirar água do joelho** *eufemismo* Urinar. ☐ USO Na acepção 2, usa-se geralmente a forma plural *águas*.
aguaceiro ⟨a.gua.cei.ro⟩ s.m. Chuva repentina, forte e de curta duração: *No verão, os aguaceiros ocorrem com frequência.* ☐ SIN. pé-d'água.
aguada ⟨a.gua.da⟩ s.f. 1 Abastecimento de água potável, especialmente para uma viagem. 2 Lugar onde se faz esse abastecimento.
água de cheiro ⟨á.gua de chei.ro⟩ (pl. *águas de cheiro*) s.f. *informal* Água-de-colônia.
água de coco ⟨á.gua de co.co⟩ (Pron. [água de côco]) (pl. *águas de coco*) s.f. Líquido que se encontra dentro do coco ainda verde, e que é rico em vitaminas e sais minerais.
água-de-colônia ⟨á.gua-de-co.lô.nia⟩ (pl. *águas-de-colônia*) s.f. Perfume composto por água, álcool e substâncias aromáticas.
aguado, da ⟨a.gua.do, da⟩ adj. Misturado com água ou com mais água do que o necessário.
água-forte ⟨á.gua-for.te⟩ (pl. *águas-fortes*) s.f. Técnica de gravura baseada na ação do ácido nítrico sobre as partes de uma placa metálica que não foram previamente tratadas com verniz.
água-furtada ⟨á.gua-fur.ta.da⟩ (pl. *águas-furtadas*) s.f. Sótão em que as janelas abrem sobre o telhado. ☐ SIN. mansarda.
água-marinha ⟨á.gua-ma.ri.nha⟩ (pl. *águas-marinhas*) s.f. Mineral muito duro, transparente, de cor semelhante à água do mar, e muito usado em joalheria.
aguapé ⟨a.gua.pé⟩ s.m. 1 Planta herbácea aquática e flutuante, com folhas redondas e numerosas, e flores brancas ou roxas dispostas ao redor de um eixo. 2 Emaranhado de plantas aquáticas que forma uma cobertura sobre a superfície de rios e lagos. ☐ ORIGEM É uma palavra de origem tupi.
aguar ⟨a.guar⟩ v.t.d. 1 Espalhar água sobre (uma superfície ou uma planta): *O jardineiro aguou os canteiros todos os dias.* ☐ SIN. regar. 2 Misturar (uma bebida ou um líquido) com água, especialmente se for de forma indevida: *aguar o vinho*. 3 Interromper (uma situação alegre): *Sua atitude negativa acabou aguando o jantar.*
aguardar ⟨a.guar.dar⟩ v.t.d. 1 Esperar a chegada ou a realização de (aquilo ou aquele que estão por vir): *Vou aguardá-lo na entrada*. 2 Acatar ou respeitar (algo

aguardente

estabelecido): *Todos os participantes devem aguardar o regulamento da competição.*
aguardente ⟨a.guar.den.te⟩ s.f. Bebida alcoólica obtida pela destilação de frutas ou de outras substâncias de origem vegetal.
aguardo ⟨a.guar.do⟩ s.m. Espera pela chegada ou pela realização de algo: *Estamos no aguardo de novas instruções.*
aquarela ⟨a.gua.re.la⟩ s.f. →aquarela
aquarelista ⟨a.gua.re.lis.ta⟩ s.2g. →aquarelista
aguarrás ⟨a.guar.rás⟩ s.f. Óleo obtido de resina e muito usado como solvente.
água-viva ⟨á.gua.vi.va⟩ (pl. *águas-vivas*) s.f. Animal marinho de corpo gelatinoso e translúcido, de tamanho e forma variados, e que, em algumas espécies, possui células urticantes que provocam queimaduras na pele dos banhistas.
aguçar ⟨a.gu.car⟩ v.t.d. **1** Aumentar a capacidade de percepção de (um sentido): *Agucei os ouvidos para escutar a conversa.* **2** Incentivar ou instigar: *Tantos elogios ao filme aguçaram minha curiosidade.* ☐ **SIN.** acerar, estimular. **3** Dar gume ou ponta a ou tornar mais fino ou mais agudo (um objeto): *Precisamos aguçar as facas da cozinha, pois já não cortam bem.* ☐ **ORTOGRAFIA** Antes de e, o ç muda para c →COMEÇAR.
agudez ⟨a.gu.dez⟩ (Pron. [agudêz]) s.f. →**agudeza**
agudeza ⟨a.gu.de.za⟩ (Pron. [agudêza]) s.f. **1** Qualidade daquilo que é agudo ou pontiagudo. **2** Inteligência e perspicácia, ou grande capacidade de entendimento. ☐ **ORTOGRAFIA** Escreve-se também *agudez.*
agudo, da ⟨a.gu.do, da⟩ adj. **1** Que termina em uma ponta afiada. **2** Em relação a uma sensação, especialmente a uma dor, que é muito intensa e penetrante: *uma dor aguda.* **3** Em relação a um sentido, que tem grande capacidade de percepção: *Os cães costumam ter o olfato agudo.* **4** Perspicaz, esperto ou ligeiro: *Ele é bastante agudo em suas análises.* **5** Em relação a uma doença, que é grave ou de curta duração: *uma pneumonia aguda.* **6** Em relação a um ângulo, que tem abertura menor que noventa graus: *Um triângulo equilátero tem três ângulos agudos.* ▌ adj./s.m. **7** Em relação ao som produzido por um instrumento musical ou a uma voz, que têm grande velocidade na frequência de suas vibrações. ☐ **GRAMÁTICA 1.** Seus superlativos são *acutíssimo* e *agudíssimo.* **2.** Na acepção 7, o sinônimo do adjetivo é *fino.*
aguentar ⟨a.guen.tar⟩ (Pron. [agüentar]) ▌ v.t.d. **1** Sustentar ou apoiar: *Estas vigas aguentam o peso de todo o edifício.* **2** Suportar ou tolerar (algo incômodo ou desagradável): *Não aguento mais suas reclamações!* ▌ v.prnl. **3** Permanecer ou manter-se em uma situação: *Aguentou-se na presidência do país por oito anos.*
aguerrido, da ⟨a.guer.ri.do, da⟩ adj. **1** Em relação a um soldado, acostumado à guerra. **2** Valente ou corajoso: *um espírito aguerrido.*
aguerrir ⟨a.guer.rir⟩ v.t.d./v.prnl. **1** Acostumar(-se) à guerra (um soldado). **2** Acostumar(-se) ao trabalho ou a uma rotina difícil (alguém): *As dificuldades da vida o aguerriram.* ☐ **GRAMÁTICA** É um verbo defectivo, pois não apresenta conjugação completa →FALIR.
águia ⟨á.guia⟩ ▌ s.f. **1** Ave de rapina diurna e veloz, com bico forte e curvo na ponta, visão aguçada, músculos fortes e garras muito desenvolvidas. ▌ s.2g. **2** Pessoa de muita vivacidade, capacidade e rapidez de raciocínio ou inteligência: *Ele é uma águia para os negócios.* ☐ **GRAMÁTICA** É um substantivo epiceno: *a águia (macho/fêmea).*
aguilhão ⟨a.gui.lhão⟩ (pl. *aguilhões*) s.m. **1** Em um escorpião e em alguns insetos, parte do ferrão que inocula veneno. **2** *informal* Em alguns animais, extremidade pontiaguda usada para atacar uma presa e para ino-

cular veneno. **3** Em um ferro, extremidade pontiaguda. ☐ **SIN.** ferrão.
aguilhoada ⟨a.gui.lho.a.da⟩ s.f. **1** Picada ou pontada dadas com um aguilhão: *a aguilhoada de um inseto.* ☐ **SIN.** ferroada. **2** Dor aguda, repentina e passageira, que costuma repetir-se de vez em quando: *Foi ao médico, pois sentiu uma aguilhoada no peito.* ☐ **SIN.** agulhada, pontada. **3** Aquilo que estimula ou incita a fazer algo: *As críticas do técnico foram uma aguilhoada para que o jogador treinasse mais.*
aguilhoar ⟨a.gui.lho.ar⟩ v.t.d. **1** Picar com um aguilhão: *As abelhas morrem logo depois de aguilhoar sua vítima.* **2** Incitar ou atormentar: *A cobiça o aguilhoava.*
agulha ⟨a.gu.lha⟩ s.f. **1** Haste, geralmente metálica, com uma extremidade terminada em uma ponta e outra dotada de um orifício por onde passa uma linha usada para costurar. **2** Tubo metálico pequeno que tem uma extremidade cortada na diagonal e outra com um bucal adaptado a uma seringa, e que serve para injetar substâncias no organismo. **3** Em um relógio ou em outro instrumento de precisão, vareta fina e comprida que marca uma medida: *Às seis horas, as agulhas do relógio formam uma linha vertical.* ☐ **SIN.** ponteiro. **4** Em uma vitrola, espécie de pua ou ponta que percorre os sulcos dos discos e reproduz as vibrações inscritas neles. **5** Em uma via férrea, cada um dos trilhos móveis que servem para que os trens e bondes mudem de uma linha para outra que se une a ela. **6** Em uma torre ou no teto de uma igreja, remate estreito e alto, com formato de pirâmide: *As agulhas da Catedral da Sé, em São Paulo, remetem à arquitetura gótica.* **7** Em uma montanha, pico ou elevação pontiagudas.
agulhada ⟨a.gu.lha.da⟩ s.f. **1** Picada dada com uma agulha. **2** Dor aguda, repentina e passageira, que costuma repetir-se de vez em quando. ☐ **SIN.** aguilhoada, pontada.
agulhar ⟨a.gu.lhar⟩ v.t.d. Picar ou ferir com uma agulha.
agulheiro, ra ⟨a.gu.lhei.ro, ra⟩ ▌ s. **1** Pessoa que se dedica a movimentar as agulhas de uma estrada de ferro. ▌ s.m. **2** Caixa ou pequeno estojo onde se guardam agulhas.
ah interj. Expressão usada para indicar algum sentimento, especialmente se for pena, admiração ou surpresa: *Ah, que filme maravilhoso!*
ai interj. Expressão usada para indicar dor, lamento ou queixa: *Ai! Doeu!*
aí ⟨a.í⟩ adv. **1** Nessa posição ou nesse lugar, ou a essa posição e a esse lugar: *A caneta está aí, perto de você.* **2** Nesse ponto ou nessa questão: *É aí que está a solução para nosso problema!* **3** Nesse período ou nesse momento: *Foi aí que ele descobriu a verdade.* ▌ interj. **4** *informal* Expressão usada para indicar aprovação ou incentivo: *Aí! Assim mesmo que se faz!* ‖ **por aí** Em algum lugar distante ou indeterminado: *Ela deve estar por aí, brincando com os amigos.*
aia ⟨ai.a⟩ s.f. Antigamente, mulher que servia e acompanhava uma dama. ☐ **SIN.** dama de companhia.
aiatolá ⟨ai.a.to.lá⟩ s.m. Autoridade religiosa xiita.
-aico, -aica Sufixo que indica relação ou origem: *farisaico, judaica.*
aidético, ca ⟨ai.dé.ti.co, ca⟩ adj./s. *informal pejorativo* Que ou quem é portador do HIV ou tem aids.
aids s.f.2n. Doença infecciosa caracterizada pela destruição dos mecanismos de defesa do organismo, causada por um vírus e transmitida especialmente pelo contato sexual ou sanguíneo. ☐ **ORIGEM** É um acrônimo que vem da sigla inglesa de *acquired immune deficiency syndrome* (síndrome de imunodeficiência adquirida). ☐ **USO** O termo *sida* é próprio do português de Portugal.

38

álamo

ainda ⟨a.in.da⟩ adv. **1** Até o momento em que se fala: *Ele ainda não voltou.* **2** Indica maior quantidade, qualidade ou intensidade de algo: *A sequência do filme é ainda melhor do que a primeira parte.* **3** Conectivo gramatical com valor concessivo: *Se você fosse uma criança, ainda poderia entender sua atitude.* ‖ **ainda agora** Neste momento ou há pouco: *Ainda agora estavam aqui.* ‖ **ainda bem** *informal* Expressão usada para indicar alívio: *Ainda bem que chegaram a tempo!* ‖ **ainda que** Conectivo gramatical subordinativo (que une elementos entre os quais há uma relação de dependência) que expressa concessão: *Ainda que indisposto, veio para nos ajudar.*
aipim ⟨ai.pim⟩ (pl. *aipins*) s.m. **1** Planta de caule com sulcos, com folhas de margem bastante ondulada e com vários lobos, de flores pendentes, brancas e amarelas ou violáceas, e cuja raiz, grossa e rica em amido, é geralmente usada para fazer farinha. ◻ SIN. **macaxeira**, **mandioca**. **2** Essa raiz. ◻ SIN. **macaxeira**, **mandioca**. ◻ ORIGEM É uma palavra de origem tupi.
aipo ⟨ai.po⟩ s.m. Planta herbácea verde esbranquiçada, de talo comestível, achatado, liso de um lado e com vincos de outro, e com folhas também comestíveis, compostas e recortadas. ◻ SIN. **salsão**.
airbag (*palavra inglesa*) (Pron. [erbég]) s.m. Em um automóvel, bolsa de ar inflável que se enche em caso de colisão, protegendo os ocupantes do veículo.
airoso, sa ⟨ai.ro.so, sa⟩ (Pron. [airôso], [airósa], [airósos], [airósas]) adj. Elegante ou gracioso.
ajantarado, da ⟨a.jan.ta.ra.do, da⟩ ▌adj. **1** Em relação a uma refeição, que se parece com um jantar: *um almoço ajantarado.* ▌s.m. **2** Refeição farta típica dos finais de semana, feita entre o horário do almoço e do jantar, e que pode substituir a ambos.
ajardinar ⟨a.jar.di.nar⟩ v.t.d. Converter em jardins (um terreno ou uma região): *A Prefeitura vai ajardinar a região central da cidade.*
ajeitar ⟨a.jei.tar⟩ ▌v.t.d./v.prnl. **1** Dispor(-se) ou arrumar(-se) de forma conveniente: *Ajeitou os cabelos antes da reunião.* ▌v.t.d. **2** Organizar para um determinado uso (algo de que se precisa): *Já ajeitei tudo na mala.* ▌v.prnl. **3** Ter bom relacionamento: *Logo se vê que os dois já se ajeitaram.*
ajoelhar ⟨a.jo.e.lhar⟩ v.t.d./v.int./v.prnl. Pôr(-se) ou colocar(-se) de joelhos: *Ajoelhou-se para rezar.*
ajuda ⟨a.ju.da⟩ s.f. Ato ou efeito de ajudar(-se).
ajudante ⟨a.ju.dan.te⟩ ▌adj.2g. **1** Que ajuda. ▌adj.2g./s.2g. **2** Que ou quem auxilia alguém em uma atividade profissional. ◻ SIN. **assistente**, **auxiliar**.
ajudar ⟨a.ju.dar⟩ v.t.d./v.prnl.**1**Prestar socorro a (alguém que precise de amparo ou de auxílio) ou socorrer(-se): *Pode me ajudar, por favor? Precisaram se ajudar ao entrar na cachoeira.* ▌v.t.d. **2** Auxiliar (alguém) [a fazer algo]: *Ele me ajudou a encontrar as chaves.* ▌v.t.d. **3** Tornar mais fácil: *O otimismo ajuda a vencer as dificuldades.* ◻ SIN. **facilitar**.
ajuizado, da ⟨a.ju.i.za.do, da⟩ adj./s. Com juízo ou sensatez.
ajuizar ⟨a.ju.i.zar⟩ ▌v.t.d. **1** Avaliar ou examinar (uma questão). **2** Em direito, submeter (alguém) a juízo: *Foi ajuizado por sonegação de impostos.* ▌v.prnl. **3** Ter juízo: *Com a idade, foi se ajuizando.*
ajuntamento ⟨a.jun.ta.men.to⟩ s.m. Ato ou efeito de ajuntar(-se). ◻ SIN. **aglomeração**, **aglomerado**.
ajuntar ⟨a.jun.tar⟩ v.t.d./v.t.d.i./v.int./v.prnl. →**juntar**
ajuramentar ⟨a.ju.ra.men.tar⟩ ▌v.t.d.**1**Tomar juramento de (alguém): *Em solenidade no Palácio, o Presidente ajuramentou os novos ministros.* ▌v.prnl. **2** Comprometer-se ou obrigar-se a fazer algo mediante juramento. ◻ ORTOGRAFIA Escreve-se também *juramentar*.
ajustamento ⟨a.jus.ta.men.to⟩ s.m. Ato ou efeito de ajustar(-se). ◻ SIN. **ajuste**.
ajustar ⟨a.jus.tar⟩ ▌v.t.d. **1** Fazer com que fique justa (uma peça do vestuário): *O alfaiate ajustou a cintura da calça com alfinetes.*▌v.t.d./v.t.d.i./v.prnl. **2** Acomodar(-se) (uma situação ou ideia) [a outra] até eliminar ou minimizar as discrepâncias: *Ambas as partes tiveram que ajustar suas propostas. É fácil conviver com ele, pois se ajusta a tudo.* ▌v.t.d./v.t.d.i. **3** Estabelecer ou acordar (o preço de algo) [com alguém]: *Precisamos ajustar o orçamento da reforma com o arquiteto.* ▌v.t.d. **4** Pagar ou quitar (uma conta ou um valor que se deve): *Meus pais ajustaram as prestações da casa que faltavam.* ▌v.prnl. **5** Encaixar-se de forma precisa: *Esta tampa não se ajusta ao pote.*
ajuste ⟨a.jus.te⟩ s.m. Ato ou efeito de ajustar(-se). ◻ SIN. **ajustamento**. ‖ **ajuste de contas 1** Ato pelo qual uma pessoa faz justiça com as próprias mãos ou se vinga de alguém. **2** Pagamento ou quitação de uma dívida ou de um dever.
-al 1 Sufixo que indica relação: *anual*, *individual*. **2** Sufixo que indica conjunto: *cafezal*, *areal*.
AL É a sigla do estado brasileiro de Alagoas.
ala ⟨a.la⟩ s.f. **1** Em um grupo, cada uma de suas partes ou subdivisões: *Ela desfilou na ala das baianas de uma conhecida escola de samba.* **2** Em uma construção, parte lateral. ▌s.2g. **3** Em alguns esportes de equipe, jogador que atua pelas laterais.
alabarda ⟨a.la.bar.da⟩ s.f. Arma antiga formada por uma haste longa terminada em uma ponta de ferro, atravessada por uma lâmina em forma de meia-lua.
alabastro ⟨a.la.bas.tro⟩ s.m. Pedra calcária semelhante ao mármore, usada na fabricação de objetos de arte ou em elementos de decoração arquitetônica.
álacre ⟨á.la.cre⟩ adj.2g. Alegre, com vivacidade ou ânimo.
alado, da ⟨a.la.do, da⟩ adj. Que tem asas.
alagadiço, ça ⟨a.la.ga.di.ço, ça⟩ ▌adj. **1** Que tende a alagar-se ou a inundar-se: *um terreno alagadiço.* ▌s.m. **2** Terreno ou solo úmidos.
alagado ⟨a.la.ga.do⟩ s.m. Acúmulo de água das chuvas.
alagamento ⟨a.la.ga.men.to⟩ s.m. Ato ou efeito de alagar(-se). ◻ SIN. **inundação**.
alagar ⟨a.la.gar⟩ v.t.d./v.int./v.prnl. Cobrir(-se) com água: *As fortes chuvas alagaram o gramado.* ◻ SIN. **inundar**. ◻ ORTOGRAFIA Antes de e, o g muda para *gu* →CHEGAR.
alagoano, na ⟨a.la.go.a.no, na⟩ adj./s. De Alagoas ou relacionado a esse estado brasileiro.
alagoinhense ⟨a.la.go.i.nhen.se⟩ adj.2g./s.2g. De Alagoinhas ou relacionado a essa cidade do estado brasileiro da Bahia.
alambicado, da ⟨a.lam.bi.ca.do, da⟩ adj. *pejorativo* Afetado, pretensioso ou sem naturalidade.
alambique ⟨a.lam.bi.que⟩ s.m. **1** Aparelho usado para destilar líquidos. **2** Lugar onde se realiza essa destilação.
alambrado, da ⟨a.lam.bra.do, da⟩ ▌adj. **1** Rodeado ou cercado com arame. ▌s.m. **2** Cerca feita com arame. **3** Terreno delimitado com essa cerca.
alambre ⟨a.lam.bre⟩ s.m. Fio de metal fino e flexível: *uma cerca de alambre.* ◻ SIN. **arame**.
alameda ⟨a.la.me.da⟩ (Pron. [alamêda]) s.f. Caminho contornado por árvores enfileiradas, por onde se passeia. ◻ SIN. **aleia**.
álamo ⟨á.la.mo⟩ s.m. Árvore própria de lugares úmidos, de crescimento bastante rápido, com folhas largas com pecíolos longos que caem uma vez por ano, e cuja madeira é muito apreciada por sua resistência à água.

alar ⟨a.lar⟩ ❚ adj.2g. **1** Que tem formato de asa. ❚ v.t.d. **2** Organizar em alas (os componentes de um grupo). ❚ v.prnl. **3** Criar asas. ☐ GRAMÁTICA Na acepção 3, é um verbo unipessoal: só se usa nas terceiras pessoas do singular e do plural, no particípio, no gerúndio e no infinitivo →MIAR.

alaranjado, da ⟨a.la.ran.ja.do, da⟩ adj./s.m. De cor entre o amarelo e o vermelho, como a da laranja. ☐ SIN. laranja.

alarde ⟨a.lar.de⟩ s.m. Ostentação ou atitude exibicionista.

alardear ⟨a.lar.de.ar⟩ v.t.d. Ostentar ou apresentar de forma chamativa ou presunçosa: *Não gosta de alardear seus sucessos.* ☐ ORTOGRAFIA O e muda para ei quando a sílaba tônica estiver na raiz do verbo →NOMEAR.

alargamento ⟨a.lar.ga.men.to⟩ s.m. Ato ou efeito de alargar(-se).

alargar ⟨a.lar.gar⟩ v.t.d./v.int./v.prnl. Tornar(-se) mais largo ou mais amplo: *alargar uma roupa.* ☐ ORTOGRAFIA Antes de e, o g muda para gu →CHEGAR.

alarido ⟨a.la.ri.do⟩ s.m. Conjunto de gritos ou de vozes altas e confusas. ☐ SIN. gritaria.

alarma ⟨a.lar.ma⟩ s.2g. →alarme

alarmante ⟨a.lar.man.te⟩ adj.2g. Que alarma.

alarmar ⟨a.lar.mar⟩ v.t.d./v.prnl. Assustar(-se), sobressaltar(-se) ou fazer perder ou perder a tranquilidade: *A notícia alarmou a população.*

alarme ⟨a.lar.me⟩ s.m. **1** Aviso ou sinal que advertem sobre algum perigo: *O vizinho deu o alarme de que havia ouvido ruídos suspeitos no quintal.* **2** Qualquer dispositivo ou mecanismo de segurança que alertam sobre tentativas de roubo, invasão ou sobre algum outro perigo eminente: *o alarme de um despertador; o alarme de um carro.* **3** Confusão, comoção ou desassossego: *A onda de assaltos deixou o bairro em estado de alarme.* ☐ ORTOGRAFIA Escreve-se também alarma.

alarmismo ⟨a.lar.mis.mo⟩ s.m. Propagação de notícias alarmantes.

alarmista ⟨a.lar.mis.ta⟩ adj.2g./s.2g. Que ou quem tende a espalhar notícias alarmantes, sejam reais ou imaginárias.

alastrar ⟨a.las.trar⟩ ❚ v.t.d./v.prnl. **1** Estender(-se) ou espalhar(-se) gradualmente: *O vento alastrava o fogo.* **2** Divulgar ou difundir(-se) (uma notícia): *Os rumores sobre o ocorrido se alastraram rapidamente.* ❚ v.prnl. **3** Atingir um maior número de pessoas das que já atingiu (uma doença): *As autoridades sanitárias tomaram medidas urgentes para que a epidemia não se alastrasse.*

alaúde ⟨a.la.ú.de⟩ s.m. Instrumento musical antigo, geralmente com cinco cordas duplas e uma simples, cuja caixa de ressonância tem a forma de meia pera, com a parte traseira convexa ou abaulada e o tampo plano. [👁 **instrumentos de corda** p. 215]

alavanca ⟨a.la.van.ca⟩ s.f. **1** Barra rígida que se apoia em um ponto para transmitir a força aplicada em uma de suas extremidades com o objetivo de mover ou levantar um corpo situado na extremidade oposta. **2** Aquilo ou aquele que é usado para alcançar um fim ou um objetivo: *Os investimentos estrangeiros foram uma alavanca para o desenvolvimento do país.*

alazão, zã ⟨a.la.zão, zã⟩ (pl. *alazães* ou *alazões*) adj./s. Em relação a um cavalo, com pelagem cor de canela.

albanês, -a ⟨al.ba.nês, ne.sa⟩ (Pron. [albanês], [albanêsa]) ❚ adj./s. **1** Da Albânia ou relacionado a esse país europeu. ❚ s.m. **2** Língua desse e de outros países.

albarda ⟨al.bar.da⟩ s.f. Aparelho formado por duas peças semelhantes a almofadas estofadas e que se coloca sobre o lombo dos animais de montaria.

albatroz ⟨al.ba.troz⟩ s.m. Ave marinha de grande porte, com asas pretas muito compridas e estreitas, plumagem branca e bico forte. ☐ GRAMÁTICA É um substantivo epiceno: *o albatroz (macho/fêmea).*

albergar ⟨al.ber.gar⟩ v.t.d./v.prnl. Dar ou receber albergue, abrigo ou hospedagem: *A cidade vai albergar milhares de atletas para os jogos. Albergou-se na casa de parentes.* ☐ ORTOGRAFIA Antes de e, o g muda para gu →CHEGAR.

albergue ⟨al.ber.gue⟩ s.m. **1** Estabelecimento comercial que oferece pernoite mediante pagamento. ☐ SIN. estalagem, hospedagem, hospedaria. **2** Estabelecimento em que se alojam provisoriamente pessoas necessitadas.

albinismo ⟨al.bi.nis.mo⟩ s.m. Ausência congênita e hereditária de pigmentação na pele, nos pelos ou nos olhos.

albino, na ⟨al.bi.no, na⟩ adj./s. Em relação especialmente a uma pessoa ou a um animal, que têm ausência de pigmentação na pele, nos pelos ou nos olhos.

albor ⟨al.bor⟩ (Pron. [albôr]) s.m. alvor.

albornoz ⟨al.bor.noz⟩ s.m. Peça da vestimenta na forma de uma capa comprida e com capuz, geralmente usada pelos árabes.

álbum ⟨ál.bum⟩ (pl. *álbuns*) s.m. **1** Livro, revista ou caderno onde se guardam fotografias, textos, selos ou outros objetos semelhantes: *De vez em quando gosto de rever os álbuns de família.* **2** Trabalho musical em formato de CD ou disco de vinil: *Este é o segundo álbum do cantor.*

albume ⟨al.bu.me⟩ s.m. **1** Clara de ovo. **2** Tecido que envolve o embrião nas sementes. ☐ ORTOGRAFIA Escreve-se também albúmen.

albúmen ⟨al.bú.men⟩ (pl. *albúmenes* ou *albumens*) s.m. →albume

albumina ⟨al.bu.mi.na⟩ s.f. Proteína solúvel em água e coagulável por aquecimento.

alça ⟨al.ça⟩ s.f. **1** Em alguns objetos ou recipientes, parte curva sobressalente que serve para segurá-los. **2** Em uma peça do vestuário, faixa ou tira que se apoiam nos ombros.

alcachofra ⟨al.ca.cho.fra⟩ (Pron. [alcachôfra]) s.f. **1** Planta perene de caule estriado e abundante em galhos, com folhas que podem ser espinhosas, e cujas inflorescências, rosa ou roxas e em formato semelhante a uma pinha, são comestíveis. **2** Inflorescência dessa planta.

alcaçuz ⟨al.ca.cuz⟩ s.m. **1** Planta herbácea de tronco pouco lenhoso, com folhas pontiagudas, flores pequenas e azuladas, que costuma crescer na margem dos rios, e cuja raiz produz um suco adocicado usado na culinária e na medicina. **2** Suco dessa planta.

alçada ⟨al.ça.da⟩ s.f. **1** Limite de autoridade ou de poder para fazer cumprir as normas legais. **2** Alcance ou competência: *Infelizmente, isso não é da minha alçada e não posso te ajudar.*

alcaguetar ⟨al.ca.gue.tar⟩ v.t.d./v.t.d.i. *informal* Delatar (uma pessoa) [a outra].

alcaguete ⟨al.ca.gue.te⟩ (Pron. [alcaguête]) s.2g. **1** *informal* Espião. **2** *informal* Pessoa que denuncia ou acusa.

alcaide ⟨al.cai.de⟩ s.m. **1** Antigamente, pessoa que governava um castelo ou uma província. **2** Antigamente, pessoa que exercia as funções de um oficial de justiça. **3** Na Espanha, autoridade cujas funções correspondem às de um prefeito aqui no Brasil. ☐ GRAMÁTICA Seu feminino é alcaidessa.

alcaidessa ⟨al.cai.des.sa⟩ (Pron. [alcaidêssa]) Substantivo feminino de alcaide.

álcali ⟨ál.ca.li⟩ s.m. Hidróxido metálico que, por ser muito solúvel em água, pode agir como base energética.

alcalino, na ⟨al.ca.li.no, na⟩ ❚ adj. **1** Do álcali ou que contém um hidróxido metálico. **2** Em relação a um

alegoria

composto químico, que forma um sal e água quando combinado com um ácido. ◻ SIN. básico. ▮s.m. 3 Metal pertencente ao primeiro grupo da tabela periódica.
alcaloide ⟨al.ca.loi.de⟩ (Pron. [alcalóide]) s.m. Composto orgânico, geralmente de origem vegetal, que pode produzir efeitos tóxicos e que é usado na medicina ou como droga.
alcançar ⟨al.can.çar⟩ v.t.d. 1 Chegar até (um lugar): *Apesar de seu esforço, não conseguiu alcançar o ônibus.* ◻ SIN. atingir. 2 Obter, conseguir ou chegar a ter: *Alcançou um alto cargo na empresa. Por fim, alcançou a estabilidade econômica.* ◻ SIN. atingir. 3 Pegar (um objeto) estendendo o braço: *Pode alcançar esse livro pra mim?* 4 Entender ou compreender: *Não alcancei suas razões.* ◻ ORTOGRAFIA Antes de e, o ç muda para c →COMEÇAR.
alcance ⟨al.can.ce⟩ s.m. 1 Distância que permite tocar uma coisa: *Os medicamentos devem ser mantidos fora do alcance das crianças.* 2 Capacidade para conseguir ou obter algo: *Decidir sobre isso está fora do meu alcance.* 3 Valor, importância ou relevância: *Esse projeto teve grande alcance social.* 4 Repercussão adquirida por um fato: *A campanha contra o tráfico teve grande alcance.*
alcantil ⟨al.can.til⟩ (pl. *alcantis*) s.m. Tipo de rocha talhada a prumo.
alcantilado, da ⟨al.can.ti.la.do, da⟩ adj. Com formato de alcantil.
alçapão ⟨al.ça.pão⟩ (pl. *alçapões*) s.m. 1 Porta ou passagem de acesso a um porão ou sótão. 2 Dispositivo ou armadilha para caçar passarinhos.
alcaparra ⟨al.ca.par.ra⟩ s.f. 1 Arbusto de caule espinhoso e com muitos galhos, com folhas em formato oval, flores grandes e brancas com estames roxos, e cujo botão floral é geralmente usado como condimento. ◻ SIN. alcaparreira. 2 Esse botão floral.
alcaparreira ⟨al.ca.par.rei.ra⟩ s.f. Arbusto de caule espinhoso e com muitos galhos, com folhas em formato oval, flores grandes e brancas com estames roxos, e cujo botão floral é a alcaparra. ◻ SIN. alcaparra.
alçar ⟨al.çar⟩ ▮v.t.d./v.prnl. 1 Erguer(-se) ou levantar(-se): *A ave alçou voo.* ▮ v.prnl. 2 Alcançar ou chegar a um posto ou a um cargo de destaque: *Em pouco tempo, alçou-se a gerente.* ◻ ORTOGRAFIA Antes de e, o ç muda para c →COMEÇAR. ◻ GRAMÁTICA Na acepção 2, usa-se a construção *alçar-se A algo*.
alcateia ⟨al.ca.tei.a⟩ (Pron. [alcatéia]) s.f. 1 Bando de lobos. 2 Quadrilha ou conjunto de criminosos.
alcatifa ⟨al.ca.ti.fa⟩ s.f. Tapete muito espesso e macio. ◻ SIN. alfombra.
alcatra ⟨al.ca.tra⟩ s.f. Em um animal bovino, carne da parte superior da anca.
alcatrão ⟨al.ca.trão⟩ (pl. *alcatroes*) s.m. Produto viscoso de cor preta, que se obtém pela destilação do petróleo, da madeira, do carvão ou de outros materiais orgânicos.
alcatraz ⟨al.ca.traz⟩ s.m. Ave marinha de bico comprido, com plumagem preta, asas apontadas para cima, papo e peito brancos, e cujo macho fica com o papo vermelho na época da reprodução. ◻ SIN. fragata.
◻ GRAMÁTICA É um substantivo epiceno: *o alcatraz (macho/fêmea)*.
alce ⟨al.ce⟩ s.m. Mamífero ruminante semelhante a um cervo, mas de maior tamanho, de pescoço curto, cabeça e focinho grandes, pelagem escura e cujos cornos são bastante desenvolvidos, em formato de pá e com as bordas recortadas. ◻ GRAMÁTICA É um substantivo epiceno: *o alce (macho/fêmea)*.
álcool ⟨ál.co.ol⟩ (pl. *álcoois*) s.m. 1 Composto orgânico derivado de um hidrocarboneto pela substituição de um ou de vários de seus átomos de hidrogênio por um grupo OH. 2 Bebida que contém álcool etílico. ‖ **álcool (etílico)** Hidrocarboneto líquido, incolor e solúvel em água, usado como solvente e que é componente fundamental das bebidas alcoólicas. ◻ SIN. etanol. ‖ **álcool metílico** Hidrocarboneto líquido, incolor, solúvel em água, muito tóxico, e usado para dissolver óleos e como aditivo para combustíveis líquidos. ◻ SIN. metanol.
alcoólatra ⟨al.co.ó.la.tra⟩ adj.2g./s.2g. Que ou quem sofre de alcoolismo. ◻ SIN. alcoólico.
alcoólico, ca ⟨al.co.ó.li.co, ca⟩ ▮ adj. 1 Do álcool, que o contém ou que é produzido com ele. ▮ adj./s. 2 Que ou quem sofre de alcoolismo. ◻ SIN. alcoólatra.
alcoolismo ⟨al.co.o.lis.mo⟩ s.m. Doença ou dependência causadas pelo consumo excessivo de bebidas alcoólicas.
alcova ⟨al.co.va⟩ (Pron. [alcôva]) s.f. Aposento próprio para dormir.
alcovitar ⟨al.co.vi.tar⟩ ▮ v.int. 1 Intrometer-se em assuntos alheios: *Tinha o mau hábito de alcovitar.* ▮ v.t.d./v.t.d.i. 2 Atuar como intermediário em um assunto amoroso ou sexual, arrumando um parceiro para (alguém) ou unindo (uma pessoa) [a outra].
alcoviteiro, ra ⟨al.co.vi.tei.ro, ra⟩ s. 1 *pejorativo* Pessoa que se intromete em assuntos alheios. 2 Pessoa que atua como intermediária em um assunto amoroso ou sexual.
alcunha ⟨al.cu.nha⟩ s.f. Nome dado a uma pessoa em substituição a seu verdadeiro nome, geralmente por alusão a alguma característica sua: *Por ser loiro, ganhou a alcunha de Alemão.* ◻ SIN. apelido, apodo, cognome.
alcunhar ⟨al.cu.nhar⟩ v.t.d. Dar uma alcunha a (alguém): *Alcunharam-no Leão por sua cabeleira comprida.* ◻ SIN. apelidar, apodar, cognominar. ◻ GRAMÁTICA O objeto pode vir acompanhado de um complemento que o qualifica: *Alcunharam-no Leão por sua cabeleira comprida.*
aldeamento ⟨al.de.a.men.to⟩ s.m. Conjunto de aldeias.
aldeão, ã ⟨al.de.ão, ã⟩ (pl. *aldeães, aldeãos* ou *aldeões*) adj./s. De uma aldeia ou relacionado a ela.
aldear ⟨al.de.ar⟩ v.t.d. Organizar em aldeias. ◻ ORTOGRAFIA O m muda para *oi* quando a sílaba tônica estiver na raiz do verbo →NOMEAR.
aldeia ⟨al.dei.a⟩ s.f. 1 Pequeno povoado, inferior em tamanho e população a uma vila. 2 Povoado indígena.
aldraba ⟨al.dra.ba⟩ s.f. 1 Em uma porta ou janela, tranca de metal. 2 Em uma porta ou janela, argola com que se bate para chamar quem está dentro. ◻ ORTOGRAFIA Escreve-se também *aldrava*.
aldrava ⟨al.dra.va⟩ s.f. →**aldraba**
álea ⟨á.lea⟩ s.f. →**aleia**
aleatório, ria ⟨a.le.a.tó.rio, ria⟩ adj. Que depende de fatores incertos.
alecrim ⟨a.le.crim⟩ (pl. *alecrins*) s.m. 1 Arbusto com folhas pequenas, pontiagudas e duras, com flores roxas ou azuladas, de odor agradável, e geralmente usada na medicina e na alimentação. 2 Folha desse arbusto. 3 Flor desse arbusto.
alegação ⟨a.le.ga.ção⟩ (pl. *alegações*) s.f. Apresentação de argumento, motivo ou justificativa: *Suas alegações não convenceram ninguém.*
alegar ⟨a.le.gar⟩ v.t.d./v.t.d.i. Apresentar (algo) como argumento, motivo ou justificativa [a alguém] para defender uma causa: *No julgamento, o réu alegou legítima defesa.* ◻ ORTOGRAFIA Antes de e, o g muda para *gu* →CHEGAR.
alegoria ⟨a.le.go.ri.a⟩ s.f. 1 Representação de uma ideia ou de um conceito por meio de uma pintura ou de uma

alegórico

escultura. **2** Em uma escola de samba, carro ou figuras que representam um enredo.
alegórico, ca ⟨a.le.gó.ri.co, ca⟩ adj. Da alegoria, com alegoria ou relacionado a ela: *uma pintura alegórica*.
alegrar ⟨a.le.grar⟩ v.t.d./v.prnl. Causar ou sentir alegria: *Seu sucesso nos alegrou muito. Alegrei-me ao vê-la*.
alegre ⟨a.le.gre⟩ adj.2g. **1** Que causa, mostra ou sente alegria. **2** Em relação a uma cor, que é viva: *Amarelo, vermelho e laranja são cores alegres*.
alegria ⟨a.le.gri.a⟩ s.f. Sentimento de grande felicidade ou satisfação.
alegro ⟨a.le.gro⟩ s.m. **1** Em música, andamento alegre e animado com que se executam uma composição musical ou um determinado trecho de música. **2** Em música, composição ou movimento executados com esse andamento.
aleia ⟨a.lei.a⟩ (Pron. [aléia]) s.f. Caminho contornado por árvores enfileiradas, por onde se passeia. ❑ SIN. alameda. ❑ ORTOGRAFIA Escreve-se também *álea*.
aleijado, da ⟨a.lei.ja.do, da⟩ adj./s. *informal pejorativo* Que ou quem é portador de uma deformidade física, especialmente se for nos membros inferiores ou superiores.
aleijar ⟨a.lei.jar⟩ v.t.d./v.prnl. Causar ou sofrer uma lesão ou deformidade física, especialmente se forem permanentes.
aleitar ⟨a.lei.tar⟩ v.t.d. Em relação às fêmeas dos mamíferos, dar de mamar a (seus filhos ou filhotes): *A cadela estava aleitando os filhotes*. ❑ SIN. amamentar.
aleivosia ⟨a.lei.vo.si.a⟩ s.f. **1** Traição ou deslealdade no cometimento de um crime. **2** Calúnia ou perfídia.
aleluia ⟨a.le.lui.a⟩ s.f. **1** Na liturgia católica, canto religioso que expressa alegria, especialmente na época da Páscoa. **2** Na Igreja Católica, em uma missa, momento anterior ao da leitura do Evangelho. **3** Na Igreja Católica, sábado anterior ao domingo de Páscoa. ▌interj. **4** Expressão usada para indicar alegria: *Aleluia! Encontrei minhas chaves!*
além ⟨a.lém⟩ ▌s.m. **1** Vida após a morte no mundo diferente daquele em que estão os seres vivos. ❑ SIN. além-túmulo. ▌adv. **2** Mais adiante ou mais longe: *Ali é a escola; minha casa fica mais além.* ‖ **além de 1** Sem contar ou sem levar em consideração: *Além dos familiares, convidou alguns amigos*. ❑ SIN. fora. **2** Mais do que: *Comprou comida além do necessário*. ❑ GRAMÁTICA Na acepção 1, o plural é *aléns*.
alemão, mã ⟨a.le.mão, mã⟩ (pl. *alemães*) ▌adj./s. **1** Da Alemanha ou relacionado a esse país europeu. ❑ SIN. germânico, germano, teutônico. ▌s.m. **2** Língua desse e de outros países.
além-mar ⟨a.lém-mar⟩ adj.2g.2n./s.m. Em relação a um lugar, que fica do outro lado do mar. ❑ SIN. ultramar. ❑ GRAMÁTICA O plural do substantivo é *além-mares*.
além-túmulo ⟨a.lém-tú.mu.lo⟩ (pl. *além-túmulos*) s.m. Vida após a morte no mundo diferente daquele em que estão os seres vivos. ❑ SIN. além.
alentar ⟨a.len.tar⟩ v.t.d. Dar ânimo ou infundir alento a (alguém): *A perspectiva de uma promoção o alentava*.
alento ⟨a.len.to⟩ s.m. **1** Inspiração, estímulo ou apoio: *O prêmio de segundo lugar lhe serviu de alento para continuar se esforçando*. **2** Vigor, energia ou força interior: *Estão trabalhando com muito alento*.
alergia ⟨a.ler.gi.a⟩ s.f. **1** Conjunto de fenômenos de caráter respiratório ou nervoso que podem se manifestar na pele ou nas vias respiratórias superiores: *Sofro muito com minhas alergias*. **2** *informal* Aversão ou antipatia exageradas por algo: *Tenho alergia a mentiras*.
alérgico, ca ⟨a.lér.gi.co, ca⟩ ▌adj. **1** Da alergia, com alergia ou relacionado a ela. ▌adj./s. **2** Que ou quem sofre de alergia.

alerta ⟨a.ler.ta⟩ ▌adj.2g. **1** Atento ou vigilante: *O cão ficou alerta a noite toda*. ▌s.m. **2** Situação de vigilância ou de atenção: *Esta sirene serve para indicar o alerta geral*. **3** Aquilo que sinaliza ou mostra a necessidade de se colocar nesse estado: *O Governo fez um alerta à população sobre o risco de epidemia*. ▌interj. **4** Expressão usada para indicar perigo: *Alerta! Há fogo no prédio!*
alertar ⟨a.ler.tar⟩ v.t.d./v.t.d.i./v.int./v.prnl. Pôr(-se) (alguém) alerta [sobre algo] ou avisar de uma ameaça ou de um perigo: *O Ministério da Saúde não deixa de alertar sobre os riscos de fumar*.
aletria ⟨a.le.tri.a⟩ s.f. Massa alimentícia em forma de fios muito finos, feita com farinha de trigo: *uma sopa de aletria*.
alexandrino, na ⟨a.le.xan.dri.no, na⟩ ▌adj. **1** De Alexandre Magno (imperador macedônio do século IV a.C.). ▌adj./s. **2** De Alexandria (cidade egípcia) ou relacionado a ela. ▌s.m. **3** Verso com doze sílabas dividido em dois hemistíquios.
alfa ⟨al.fa⟩ s.m. Primeira letra do alfabeto grego.
alfabético, ca ⟨al.fa.bé.ti.co, ca⟩ adj. Do alfabeto ou relacionado a ele.
alfabetização ⟨al.fa.be.ti.za.ção⟩ (pl. *alfabetizações*) s.f. Ato ou efeito de alfabetizar(-se).
alfabetizado, da ⟨al.fa.be.ti.za.do, da⟩ adj./s. Que ou quem sabe ler e escrever.
alfabetizar ⟨al.fa.be.ti.zar⟩ v.t.d./v.prnl. Ensinar ou aprender a ler e a escrever: *Há programas do Governo para alfabetizar pessoas adultas*.
alfabeto ⟨al.fa.be.to⟩ s.m. **1** Série ordenada das letras de um idioma. ❑ SIN. abecê, abecedário. **2** Conjunto de signos ou sinais empregados em um sistema de comunicação para representar fonemas, letras ou palavras: *No alfabeto dos surdo-mudos, cada letra vem representada por uma determinada posição dos dedos e da mão*.
alface ⟨al.fa.ce⟩ s.f. Planta herbácea de folhas verdes e macias que se costuma comer em saladas.
alfafa ⟨al.fa.fa⟩ s.f. Planta herbácea leguminosa, com folhas pequenas e flores roxas, que se cultiva para alimentação.
alfaia ⟨al.fai.a⟩ s.f. **1** Em uma casa, móvel ou objeto que servem como enfeites. **2** Em uma igreja, objeto que se cultua e que serve como enfeite. **3** Enfeite ou joia.
alfaiataria ⟨al.fai.a.ta.ri.a⟩ s.f. **1** Lugar em que são feitas, arrumadas ou vendidas roupas, especialmente masculinas. **2** Criação de modelos de roupas masculinas.
alfaiate, ta ⟨al.fai.a.te, ta⟩ s. Pessoa que se dedica profissionalmente ao corte e à costura de roupas, geralmente masculinas.
alfândega ⟨al.fân.de.ga⟩ s.f. Órgão público encarregado de controlar as mercadorias que entram e saem de um país. ❑ SIN. aduana.
alfandegário, ria ⟨al.fan.de.gá.rio, ria⟩ adj. Da alfândega ou relacionado a ela. ❑ SIN. aduaneiro.
alfanje ⟨al.fan.je⟩ s.m. Arma branca semelhante ao sabre, porém mais larga e com formato curvo, com fio apenas em um lado, exceto na ponta, onde tem fio duplo.
alfarrábio ⟨al.far.rá.bio⟩ s.m. Livro velho ou usado.
alfarrabista ⟨al.far.ra.bis.ta⟩ s.2g. Pessoa que coleciona alfarrábios ou que trabalha com eles.
alfavaca ⟨al.fa.va.ca⟩ s.f. Planta herbácea muito aromática, com folhas verdes e flores brancas, que se cultiva em jardins e se usa como tempero.
alfazema ⟨al.fa.ze.ma⟩ (Pron. [alfazêma]) s.f. **1** Arbusto de caule lenhoso, com folhas estreitas e cinzentas, flores pequenas e azuis dispostas em cachos, usadas como aromáticas e para a extração de óleo para a

indústria de cosméticos. □ SIN. lavanda. **2** Óleo extraído desse arbusto. □ SIN. lavanda.
alfenim ⟨al.fe.nim⟩ (pl. *alfenins*) s.m. Em culinária, massa branca à base de açúcar e ovo.
alferes ⟨al.fe.res⟩ s.m.2n. Antigamente, no Exército, pessoa que exercia as funções de um segundo-tenente.
alfinetada ⟨al.fi.ne.ta.da⟩ s.f. **1** Espetada provocada por um alfinete. **2** *informal* Aquilo que se diz de forma aguda e irônica: *Este comentário maldoso foi uma alfinetada.*
alfinetar ⟨al.fi.ne.tar⟩ v.t.d. **1** Espetar, prender ou ferir com um alfinete. **2** *informal* Dizer algo de forma aguda e irônica a (alguém).
alfinete ⟨al.fi.ne.te⟩ (Pron. [alfinête]) s.m. **1** Haste metálica pequena e fina, com uma extremidade terminada em ponta e outra dotada de uma cabeça arredondada. **2** Enfeite com esse formato que se prende na roupa. ‖ **alfinete de fralda** Aquele que é dobrado e que se fecha colocando uma das suas extremidades em um gancho ou em um fecho, usado para prender as fraldas dos bebês. ‖ **alfinete de segurança** Aquele que é dobrado e que se fecha colocando uma das suas extremidades em um gancho ou em um fecho para que não se abra facilmente.
alfombra ⟨al.fom.bra⟩ s.f. Tapete muito espesso e macio. □ SIN. alcatifa.
alforje ⟨al.for.je⟩ s.f. Tira de tecido resistente ou de outro material terminada em uma bolsa em cada uma de suas extremidades e que serve para levar coisas no ombro ou no lombo das cavalarias.
alforria ⟨al.for.ri.a⟩ s.f. No período colonial brasileiro, concessão de liberdade a um escravo.
alforriar ⟨al.for.ri.ar⟩ ▌v.t.d. **1** No período colonial brasileiro, dar alforria a (um escravo). □ SIN. forrar. ▌v.prnl. **2** Receber qualquer forma de liberdade ou libertar-se. □ GRAMÁTICA Na acepção 2, usa-se a construção *alforriar-se de algo.*
alga ⟨al.ga⟩ s.f. Planta de estrutura simples, que não tem raiz, caule nem folhas bem desenvolvidas, geralmente provida de clorofila, e que vive e se desenvolve na água.
algaravia ⟨al.ga.ra.vi.a⟩ s.f. Confusão de vozes.
algaraviada ⟨al.ga.ra.vi.a.da⟩ s.f. Gritaria confusa e incômoda produzida por pessoas que falam ao mesmo tempo.
algarismo ⟨al.ga.ris.mo⟩ s.m. Sinal com o qual se representa um número. ‖ **algarismo arábico** Cada um dos sinais gráficos entre zero e nove que são usados para representar números: 0, 1, 2, 3, 4, 5, 6, 7, 8 e 9 *são os algarismos arábicos.* ‖ **algarismo romano** Cada um dos sinais gráficos usados para representar números de acordo com o sistema romano: I, X e L *são algarismos romanos.*
algazarra ⟨al.ga.zar.ra⟩ s.f. Vozerio ou gritaria.
álgebra ⟨ál.ge.bra⟩ s.f. Parte da matemática que estuda as operações generalizadas por meio de números, letras e sinais.
algébrico, ca ⟨al.gé.bri.co, ca⟩ adj. Da álgebra ou relacionado a essa parte da matemática.
algema ⟨al.ge.ma⟩ (Pron. [algêma]) s.f. Par de aros de metal unidos por uma corrente, utilizado para prender detentos pelos pulsos. □ USO Usa-se geralmente na forma plural *algemas.*
algemar ⟨al.ge.mar⟩ v.t.d. Colocar algemas em (um detento): *Foi algemado pelos policiais.*
algibeira ⟨al.gi.bei.ra⟩ s.f. Pequeno bolso que se costura em uma peça de vestuário, geralmente pelo lado de dentro.

algo ⟨al.go⟩ ▌pron.indef. **1** Designa uma coisa, sem dizer exatamente o que é: *Algo está acontecendo com ele.* ▌adv. **2** Um pouco, não completamente ou em pequena quantidade ou medida: *Ela parecia algo inquieta.*
algodão ⟨al.go.dão⟩ (pl. *algodões*) s.m. **1** Planta arbustiva com folhas alternas de cinco lóbulos, flores amarelas com manchas encarnadas, e cujo fruto contém as sementes envoltas em uma penugem comprida e branca. □ SIN. algodoeiro. **2** Essa penugem. **3** Tecido feito com essa penugem: *uma blusa de algodão.*
algodão-doce ⟨al.go.dão-do.ce⟩ (pl. *algodões-doces*) s.m. Doce feito à base de açúcar, de aparência semelhante à do algodão.
algodoal ⟨al.go.do.al⟩ (pl. *algodoais*) s.m. Plantação de algodão.
algodoeiro, ra ⟨al.go.do.ei.ro, ra⟩ ▌adj./s. **1** Que ou quem produz algodão. ▌s.m. **2** Planta arbustiva com folhas alternas de cinco lóbulos, flores amarelas com manchas encarnadas, e cujo fruto contém as sementes envoltas em uma penugem comprida e branca. □ SIN. algodão.
algoritmo ⟨al.go.rit.mo⟩ s.m. **1** Conjunto ordenado de operações sistemáticas que permitem chegar à solução de um problema. **2** Método e sistema de sinais que servem para expressar conceitos matemáticos.
algoz ⟨al.goz⟩ s.m. Pessoa encarregada de executar a pena de morte. □ SIN. carrasco, executor, verdugo. □ GRAMÁTICA Usa-se tanto para o masculino quanto para o feminino: *(ele/ela) é um algoz.*
alguém ⟨al.guém⟩ pron.indef. **1** Designa uma ou várias pessoas, sem dizer exatamente quem são: *Alguém sabe o que aconteceu? Precisa que alguém ajude?* **2** Pessoa de certa importância: *Ela lutou muito para ser alguém na vida.*
algum, -a ⟨al.gum, gu.ma⟩ (pl. *alguns*) pron.indef. **1** Indica que a pessoa ou a coisa designadas são uma qualquer e indeterminada entre várias: *Algum de vocês pode me ajudar?* **2** Indica uma medida indeterminada: *Você tem alguma experiência na área? Já visitamos essa cidade algumas vezes.* □ USO Em frases negativas, posposto a um substantivo, tem o mesmo significado de *nenhum* anteposto: *Não há chance alguma de ela voltar.*
algures ⟨al.gu.res⟩ adv. Em algum lugar.
-alha Sufixo que indica quantidade, geralmente com carga pejorativa: *gentalha, parentalha.*
alhear ⟨a.lhe.ar⟩ ▌v.t.d. **1** Transmitir para outra pessoa (o domínio ou o direito que se têm sobre algo). □ SIN. alienar. ▌v.t.d./v.t.d.i./v.prnl. **2** Afastar(-se) ou distanciar(-se) [de algo]: *As ditaduras alheiam o povo da sua liberdade.* ▌v.prnl. **3** Tornar-se alheio ou distrair-se: *É importante que os pais não se alheiem da educação dos filhos.* □ ORTOGRAFIA O *e* muda para *ei* quando a sílaba tônica estiver na raiz do verbo →NOMEAR. □ GRAMÁTICA Na acepção 3, usa-se a construção *alhear-se de algo.*
alheio, a ⟨a.lhei.o, a⟩ adj. **1** Que pertence ou que corresponde a outro. **2** Impróprio ou estranho: *Arrumar confusão é algo alheio ao seu temperamento.* **3** Distante, longe ou afastado de algo: *Nunca ficava alheia aos problemas da família.*
alho ⟨a.lho⟩ s.m. **1** Planta com folhas estreitas e compridas, flores pequenas, brancas ou roxas, reunidas no ápice de um ramo central, e cujo bulbo, branco, redondo, suculento, dividido em gomos e de cheiro forte, é usado com fins medicinais e como condimento. **2** Cada um dos dentes ou partes em que é dividido o bulbo dessa planta.
alhures ⟨a.lhu.res⟩ adv. Em outro lugar.

43

ali ⟨a.li⟩ adv. **1** Naquele lugar ou naquela posição: *Vou ali, ao lado da padaria. Ela estava ali desde a manhã.* **2** Então ou em um período de tempo passado: *Até ali, ele se mostrava interessado.*

aliado, da ⟨a.li.a.do, da⟩ adj./s. **1** Em relação a um país, a um grupo ou a uma pessoa, que estabelecem uma aliança com outros para alcançar um objetivo comum. ▮ s. **2** Em uma associação ou em um grupo, membro ou indivíduo que fazem parte dela.

aliança ⟨a.li.an.ça⟩ s.f. **1** Ato ou efeito de aliar(-se). **2** União, pacto ou acordo para alcançar um objetivo: *O Mercosul é uma aliança econômica entre os países do Cone Sul.* □ SIN. **coligação**. **3** Anel, geralmente de casamento ou de noivado: *Ficamos noivos, e eu lhe dei uma aliança de brilhantes.*

aliar ⟨a.li.ar⟩ v.t.d./v.t.d.i./v.prnl. **1** Unir(-se) (países, grupos ou pessoas) [com outros] para alcançar um objetivo comum: *A defesa da democracia alia a maioria dos países do mundo.* **2** Associar(-se), unir(-se) ou combinar(-se) (uma coisa) [com outra]: *Este carro alia o conforto à elegância.*

aliás ⟨a.li.ás⟩ adv. **1** Expressão usada para indicar adição ou acréscimo de uma informação: *Ela fala bem inglês, aliás, morou na Inglaterra.* **2** Expressão usada para corrigir algo que foi dito anteriormente: *São cinco horas, aliás seis.*

álibi ⟨á.li.bi⟩ s.m. Prova com a qual um acusado demonstra que estava ausente do local de um delito quando este foi cometido.

alicate ⟨a.li.ca.te⟩ s.m. Ferramenta de metal formada por duas barras metálicas que se cruzam e que serve para segurar, prender ou cortar certos objetos.

alicerçar ⟨a.li.cer.çar⟩ v.t.d. **1** Fazer os alicerces de (uma construção): *alicerçar uma ponte.* **2** Basear ou fundamentar: *Ela alicerçou sua opinião no que tinha lido na imprensa.* □ ORTOGRAFIA Antes de e, o ç muda para c →COMEÇAR.

alicerce ⟨a.li.cer.ce⟩ s.m. **1** Em uma construção, parte que fica abaixo da superfície edificada e que é responsável por sua sustentação: *os alicerces de uma casa.* □ SIN. **base, fundação**. **2** Aquilo que constitui a base ou o início de algo: *As provas apresentadas foram o alicerce para a decisão do juiz.*

aliciar ⟨a.li.ci.ar⟩ v.t.d. Seduzir, envolver ou atrair com habilidade e promessas: *Não se deixe aliciar por promessas de dinheiro fácil!*

alienação ⟨a.li.e.na.ção⟩ (pl. *alienações*) s.f. **1** Transferência do domínio ou do direito que se têm sobre algo. **2** Perturbação das faculdades mentais. **3** Indiferença em relação à realidade exterior, especialmente em relação aos fatos sociais e políticos.

alienado, da ⟨a.li.e.na.do, da⟩ adj./s. **1** Com as faculdades mentais perturbadas. **2** Que ou quem é indiferente ou alheio a um assunto.

alienar ⟨a.li.e.nar⟩ ▮ v.t.d. **1** Transmitir para outra pessoa (o domínio ou o direito que se tem sobre algo). □ SIN. **alhear**. ▮ v.prnl. **2** Ficar indiferente ou alheio: *Os jovens não devem se alienar dos problemas sociais.* □ GRAMÁTICA Como verbo pronominal, usa-se a construção *alienar-se DE algo.*

alienígena ⟨a.li.e.ní.ge.na⟩ adj.2g./s.2g. **1** Que vem de outro planeta. □ SIN. **extraterreno, extraterrestre**. **2** De uma nação que não é a sua. □ SIN. **estrangeiro, forasteiro**.

alienista ⟨a.li.e.nis.ta⟩ s.2g. Psiquiatra ou médico especializados em doenças mentais.

aligeirar ⟨a.li.gei.rar⟩ v.t.d./v.prnl. **1** Acelerar(-se) ou aumentar a velocidade de (uma ação ou um processo): *Aligeire o passo, que vai chover.* **2** Tornar(-se) mais leve ou suave: *O artista aligeirou os traços do desenho.*

alijar ⟨a.li.jar⟩ ▮ v.t.d./v.t.d.i. **1** Atirar (uma carga) [ao mar] para tirar o peso do navio ▮ v.prnl. **2** Livrar-se ou distanciar-se: *Alijou-se de todo compromisso.*

alimária ⟨a.li.má.ria⟩ s.f. Animal, especialmente se for quadrúpede: *Burros e cavalos são alimárias.*

alimentação ⟨a.li.men.ta.ção⟩ (pl. *alimentações*) s.f. **1** Provisão de alimentos destinados a um ser vivo. **2** Conjunto daquilo que serve como alimento. **3** Provisão daquilo que é necessário para que algo funcione: *a alimentação de uma bateria.*

alimentar ⟨a.li.men.tar⟩ ▮ adj.2g. **1** Do alimento ou relacionado a ele. ▮ v.t.d./v.prnl. **2** Prover(-se) de alimentos (um ser vivo): *alimentar um bebê.* ▮ v.t.d. **3** Incentivar ou estimular: *A ambiguidade dela alimentou suas esperanças.* **4** Manter ou fazer funcionar: *Essa rede elétrica ali menta toda a cidade.*

alimentício, cia ⟨a.li.men.tí.cio, cia⟩ adj. Da alimentação ou relacionado a ela.

alimento ⟨a.li.men.to⟩ s.m. **1** Aquilo de que os seres vivos se alimentam. □ SIN. **comida**. **2** Incentivo ou estímulo: *Para ele, a poesia é um alimento para a alma.*

alínea ⟨a.lí.nea⟩ s.f. **1** Linha que inicia um parágrafo. **2** Em uma cláusula de um contrato ou em um artigo de lei, cada subdivisão.

alinhado, da ⟨a.li.nha.do, da⟩ adj. **1** Arrumado, enfeitado ou bem vestido. **2** Íntegro e honesto na forma de agir.

alinhamento ⟨a.li.nha.men.to⟩ s.m. **1** Ato ou efeito de alinhar(-se). **2** União ou adesão a uma tendência política ou ideológica.

alinhar ⟨a.li.nhar⟩ ▮ v.t.d./v.prnl. **1** Colocar(-se) ou dispor(-se) em linha reta. **2** Arrumar(-se) ou enfeitar(-se): *Alinhou-se para ir à entrevista.* ▮ v.prnl. **3** Relacionar-se ou associar-se, especialmente se for com uma tendência política ou ideológica.

alinhavar ⟨a.li.nha.var⟩ v.t.d. **1** Costurar (um tecido) com alinhavos para preparar sua costura definitiva: *alinhavar uma camisa.* □ SIN. **fuxicar**. **2** Esboçar ou estabelecer os primeiros passos de: *Alinhavou um plano de negócios para sua empresa.* **3** Fazer com pressa ou sem capricho: *É um aluno dedicado e não costuma alinhavar seus trabalhos.*

alinhavo ⟨a.li.nha.vo⟩ s.m. **1** Costura provisória de pontos largos, com a qual se unem e se preparam tecidos para sua costura final. **2** Cada um desses pontos. **3** Esboço ou traços iniciais de algo: *o alinhavo de um texto.*

alíquota ⟨a.lí.quo.ta⟩ (Pron. [alícota] ou [alíquota]) s.f. **1** Percentual que será aplicado sobre um valor total tributável. **2** Em matemática, parte de um todo que está contida nele um número exato de vezes.

alisar ⟨a.li.sar⟩ v.t.d. **1** Deixar liso: *alisar uma camisa.* **2** Deixar (o cabelo) liso passando o pente, as mãos ou produtos químicos: *Alisou o cabelo, pintou-se e saiu.* **3** Roçar com as mãos, especialmente se for com delicadeza: *Alisou a cabeça do filho para fazê-lo dormir.*

alísio ⟨a.lí.sio⟩ s.m. Vento regular ou constante que sopra das áreas de altas pressões subtropicais para as regiões equatoriais.

alistamento ⟨a.lis.ta.men.to⟩ s.m. Recrutamento de pessoas a fim de treiná-las para o serviço militar. □ SIN. **conscrição**.

alistar ⟨a.lis.tar⟩ v.t.d./v.prnl. Anotar(-se) ou inscrever(-se) em uma lista (alguém).

aliteração ⟨a.li.te.ra.ção⟩ (pl. *aliterações*) s.f. Figura de linguagem que consiste na repetição de uma série de sons semelhantes em palavras próximas, frases ou

alópata

versos: *O rato roeu a roupa do rei de Roma é um exemplo célebre de aliteração.*

aliviar ⟨a.li.vi.ar⟩ ▌ v.t.d. **1** Tornar mais leve: *Tirou alguns livros para aliviar o peso da mochila.* ▌ v.t.d./v.int./v.prnl. **2** Enfraquecer(-se) ou diminuir (uma dor ou um sofrimento): *Tomou um medicamento para aliviar a dor de cabeça.*

alívio ⟨a.lí.vio⟩ s.m. **1** Diminuição da intensidade de uma dor ou de um sofrimento. **2** Diminuição de uma preocupação ou de uma angústia: *É um alívio saber que eles chegaram sem problemas.*

alma ⟨al.ma⟩ s.f. **1** Segundo algumas crenças, parte espiritual de uma pessoa, separada do corpo e imortal. **2** Entusiasmo ou energia: *Colocou sua alma no trabalho.* **3** Aquilo ou aquele que é parte essencial de algo ou que lhe serve como fonte de inspiração: *O cantor é a alma da banda.* **4** Pessoa ou indivíduo: *A essa hora da madrugada, já não tinha uma alma na rua.* **5** Espírito ou fantasma.

almaço ⟨al.ma.ço⟩ s.m. →**papel almaço**

almanaque ⟨al.ma.na.que⟩ s.m. **1** Calendário impresso com informações úteis e trechos literários, científicos ou humorísticos. **2** Edição especial de uma publicação.

almeirão ⟨al.mei.rão⟩ (pl. *almeirões*) s.m. Planta herbácea com folhas alternas, recortadas, com pelos, comestíveis e amargas, com flores azuladas e raiz espessa. □ SIN. chicória.

almejar ⟨al.me.jar⟩ v.t.d./v.t.i. Desejar intensamente ou aguardar com ansiedade [por algo]: *Os pais almejavam sua felicidade.* □ SIN. ansiar.

almirantado ⟨al.mi.ran.ta.do⟩ s.m. **1** Na Marinha, emprego, cargo ou dignidade de almirante. **2** Conjunto de almirantes.

almirante ⟨al.mi.ran.te⟩ s.2g. Na Marinha, pessoa cujo posto é superior ao de almirante de esquadra.

almirante de esquadra ⟨al.mi.ran.te de es.qua.dra⟩ (pl. *almirantes de esquadra*) s.2g. Na Marinha, pessoa cujo posto é superior ao de vice-almirante e inferior ao de almirante.

almíscar ⟨al.mís.car⟩ s.m. **1** Substância gordurosa e com odor intenso secretada por alguns mamíferos. **2** Essência dessa substância ou que tem esse odor.

almiscarar ⟨al.mis.ca.rar⟩ v.t.d./v.prnl. Perfumar(-se) com almíscar.

almoçar ⟨al.mo.çar⟩ v.t.d./v.int. Comer como almoço ou comer o almoço: *Almocei feijoada. Tinha tanto trabalho que não teve tempo de almoçar.* □ ORTOGRAFIA Antes de e, o ç muda para c →COMEÇAR.

almoço ⟨al.mo.ço⟩ (Pron. [almôço]) s.m. **1** Refeição principal do dia, geralmente feita por volta do meio-dia. **2** Comida que se serve nessa refeição.

almocreve ⟨al.mo.cre.ve⟩ s.m. Antigamente, pessoa que se dedicava a conduzir animais de carga.

almofada ⟨al.mo.fa.da⟩ s.f. **1** Objeto de tecido cheio de um material fofo, usado como apoio para a cabeça. **2** Em uma porta ou em um móvel, parte saliente ou ressaltada por uma moldura. **3** Caixa pequena com substância fofa e impregnada de tinta, em que se molham carimbos.

almofadão ⟨al.mo.fa.dão⟩ (pl. *almofadões*) s.m. Almofada grande, usada geralmente como assento ou como encosto.

almofadinha ⟨al.mo.fa.di.nha⟩ s.m. *informal pejorativo* Homem que se veste com esmero exagerado.

almofariz ⟨al.mo.fa.riz⟩ s.m. Recipiente semelhante a um copo, no qual se moem ou se trituram algumas substâncias.

almôndega ⟨al.môn.de.ga⟩ s.f. Bolinho à base de carne picada misturada com farinha de rosca ou com farinha de trigo, ovos e condimentos, e que se come frito, ensopado ou refogado com algum tipo de molho.

almotolia ⟨al.mo.to.li.a⟩ s.f. **1** Recipiente com formato de cone usado para guardar azeite ou outras substâncias oleosas. **2** Objeto com formato de vasilha, com bico, usado para aplicar óleo em máquinas de pequeno porte.

almoxarifado ⟨al.mo.xa.ri.fa.do⟩ s.m. Em um estabelecimento, depósito ou local destinados à acomodação de mercadorias ou de materiais.

almoxarife ⟨al.mo.xa.ri.fe⟩ s.m. Pessoa que se dedica a cuidar de um almoxarifado e que é responsável por ele. □ GRAMÁTICA Usa-se tanto para o masculino quanto para o feminino: *(ele/ela) é um almoxarife.*

almuadem ⟨al.mu.a.dem⟩ (pl. *almuadens*) s.m. No islamismo, pessoa que, na hora das orações diárias, convoca os fiéis, em voz alta, do alto do minarete. □ SIN. muezim.

alô ⟨a.lô⟩ ▌ s.m. **1** Cumprimento ou saudação feitos com esta expressão. **2** Comunicado ou aviso: *Quando souber do evento, me dê um alô.* ▌ interj. **3** Expressão de saudação usada ao atender uma ligação telefônica para indicar que se está preparado para ouvir. □ SIN. pronto. **4** Expressão usada para chamar a atenção de uma ou de mais pessoas.

alocar ⟨a.lo.car⟩ v.t.d. **1** Colocar ou situar em uma nova posição: *Os funcionários vão ser alocados no novo prédio da empresa.* **2** Destinar para um fim ou uma função (uma quantia de dinheiro): *O lucro da festa será alocado para uma instituição de caridade.* □ ORTOGRAFIA Antes de e, o c muda para qu →BRINCAR.

alocução ⟨a.lo.cu.ção⟩ (pl. *alocuções*) s.f. Discurso breve, geralmente pronunciado em ocasião solene. □ USO É diferente de *locução* (modo de falar).

aloé ⟨a.lo.é⟩ s.m. **1** Planta com folhas longas, lisas, carnosas e de margem espinhosa, que nascem na base do caule curto e das quais se extrai um sumo espesso e amargo, usado em medicina e em cosmética. □ SIN. babosa. **2** Esse sumo. □ SIN. babosa. □ USO Usa-se também a forma plural *aloés.*

aloés ⟨a.lo.és⟩ s.m.2n. →**aloé**

aloirar ⟨a.loi.rar⟩ v.t.d./v.int./v.prnl. Tornar(-se) loiro ou com tonalidades loiras: *aloirar os cabelos.*

alojamento ⟨a.lo.ja.men.to⟩ s.m. **1** Ato ou efeito de alojar(-se). **2** Local habitado temporariamente por uma pessoa. **3** Edifício onde são alojadas tropas militares.

alojar ⟨a.lo.jar⟩ ▌ v.t.d./v.prnl. **1** Dar ou tomar alojamento, geralmente de forma provisória: *A organização alojou os atletas na Vila Olímpica.* □ SIN. abrigar, acomodar, hospedar. ▌ v.prnl. **2** Entrar ou introduzir-se: *A bala alojou-se no ombro da vítima.*

alongado, da ⟨a.lon.ga.do, da⟩ adj. Que tem formato mais comprido do que largo: *um rosto alongado.*

alongamento ⟨a.lon.ga.men.to⟩ s.m. **1** Aumento do comprimento, da extensão ou da duração de algo: *Os alunos pediram o alongamento do prazo de entrega do trabalho.* **2** Exercício físico destinado a alongar ou aquecer os músculos: *Fazer exercícios de alongamento antes de praticar esportes ajuda a prevenir lesões.*

alongar ⟨a.lon.gar⟩ v.t.d./v.prnl. **1** Tornar(-se) mais longo: *Colocou um aplique para alongar os cabelos.* **2** Fazer durar mais tempo ou prolongar(-se): *Alongamos nossa jornada de trabalho para terminar o projeto no prazo.* **3** Movimentar(-se) (o corpo ou uma parte dele) para aumentar a flexibilidade de seus músculos: *Vamos alongar as pernas antes de correr.* □ ORTOGRAFIA Antes de e, o g muda para gu →CHEGAR.

alopata ⟨a.lo.pa.ta⟩ adj.2g. Da alopatia ou relacionado a esse método de tratamento. □ ORTOGRAFIA Escreve-se também *alópata.*

alópata ⟨a.ló.pa.ta⟩ adj.2g./s.2g. →**alopata**

45

alopatia ⟨a.lo.pa.ti.a⟩ s.f. Sistema terapêutico que consiste em administrar ao doente substâncias que, em um indivíduo, causam efeitos contrários aos da doença que se tenta curar. ◻ USO É diferente de *homeopatia* (sistema terapêutico que consiste em prescrever a um doente uma pequena quantidade de substâncias que, tomadas em maiores quantidades, produziriam em qualquer pessoa sã efeitos semelhantes aos que se pretende combater).

alopecia ⟨a.lo.pe.ci.a⟩ s.f. Doença que causa perda de parte dos pelos do corpo, especialmente dos cabelos. ◻ ORTOGRAFIA Escreve-se também *alopécia*.

alopécia ⟨a.lo.pé.cia⟩ s.f. →alopecia

alpaca ⟨al.pa.ca⟩ s.f. **1** Liga de cor, brilho e rigidez semelhantes aos da prata, que geralmente se obtém misturando zinco, cobre e níquel. **2** Mamífero ruminante semelhante à lhama, mas de menor tamanho, e que se cria para aproveitar sua carne e seu pelo. **3** Pelo desse animal. **4** Pano ou tecido feitos com esse pelo. ◻ GRAMÁTICA Na acepção 2, é um substantivo epiceno: *a alpaca (macho/fêmea)*.

alpargata ⟨al.par.ga.ta⟩ s.f. Calçado sem salto, cuja sola é presa ao pé por meio de tiras de couro, borracha ou pano. ◻ SIN. alpercata.

alpendre ⟨al.pen.dre⟩ s.m. **1** Na entrada de um edifício, cobertura que sobressai de uma parede, e que serve como abrigo. **2** Em uma construção, varanda coberta. ◻ SIN. avarandado.

alpercata ⟨al.per.ca.ta⟩ s.f. Calçado sem salto, cuja sola é presa ao pé por meio de tiras de couro, borracha ou pano. ◻ SIN. alpargata.

alpestre ⟨al.pes.tre⟩ ▍ adj.2g. **1** Em relação a uma planta ou a um animal, que vivem em regiões montanhosas. ◻ SIN. alpino. ▍ adj.2g./s.2g. **2** Dos Alpes ou relacionado a essa cordilheira europeia. ◻ SIN. alpino.

alpinismo ⟨al.pi.nis.mo⟩ s.m. Esporte que consiste em escalar montanhas ou rochas. ◻ SIN. montanhismo.

alpinista ⟨al.pi.nis.ta⟩ ▍ adj.2g. **1** Do alpinismo, do montanhismo ou relacionado a eles. ◻ SIN. montanhista. ▍ s.2g. **2** Pessoa que pratica o alpinismo, o montanhismo ou que é aficionado a eles. ◻ SIN. montanhista.

alpino, na ⟨al.pi.no, na⟩ adj./s. **1** Dos Alpes ou relacionado a essa cordilheira europeia. ◻ SIN. alpestre. **2** Em relação a uma planta ou a um animal, que vivem em regiões montanhosas. ◻ GRAMÁTICA Na acepção 2, o sinônimo do adjetivo é *alpestre*.

alpista ⟨al.pis.ta⟩ s.f. →alpiste

alpiste ⟨al.pis.te⟩ s.m. **1** Cereal com folhas longas e pontiagudas, usadas geralmente como forragem ou como alimento para o gado, com inflorescência com três flores e sementes miúdas, e cujo grão se usa como alimento de pássaros. **2** Esse grão. ◻ ORTOGRAFIA Escreve-se também *alpista*.

alquebrar ⟨al.que.brar⟩ v.t.d. Abater ou enfraquecer física ou moralmente. ◻ SIN. prostrar.

alqueire ⟨al.quei.re⟩ s.m. **1** Antiga medida de capacidade para secos e líquidos, variável de lugar para lugar. **2** Medida de superfície variável. **3** Terreno semeado dessa medida.

alquimia ⟨al.qui.mi.a⟩ s.f. Na Idade Média, conjunto de doutrinas e de experimentos relacionados às propriedades e transformações da matéria, geralmente de caráter oculto e secreto.

alquimista ⟨al.qui.mis.ta⟩ adj.2g./s.2g. Que ou quem praticava a alquimia.

alta ⟨al.ta⟩ s.f. **1** Aumento do valor: *a alta dos preços*. **2** Declaração pela qual um médico libera um paciente de uma internação ou o reconhece oficialmente curado: *Depois de três semanas internado, ele recebeu alta hoje*.

alta-costura ⟨al.ta-cos.tu.ra⟩ (pl. *altas-costuras*) s.f. Moda feita com exclusividade para cada cliente e geralmente desenhada por um estilista de prestígio: *um desfile de alta-costura*.

alta-fidelidade ⟨al.ta-fi.de.li.da.de⟩ (pl. *altas-fidelidades*) s.f. Sistema de gravação ou de reprodução de sons com alto nível de perfeição.

alta-florestense ⟨al.ta-flo.res.ten.se⟩ (pl. *alta-florestenses*) adj.2g./s.2g. De Alta Floresta ou relacionado a essa cidade do estado brasileiro de Mato Grosso.

altaneiro, ra ⟨al.ta.nei.ro, ra⟩ adj. **1** Em relação a uma ave, que sobe ou voa muito alto. **2** Orgulhoso ou que se considera superior aos demais. ◻ SIN. arrogante, soberbo, sobranceiro.

altar ⟨al.tar⟩ s.m. **1** No catolicismo, mesa sagrada na qual o sacerdote celebra a Eucaristia. **2** Conjunto formado por essa mesa, pela base em que ela está e por tudo o que há nela. **3** Lugar elevado em que se celebram ritos religiosos, como sacrifícios ou oferendas.

altar-mor ⟨al.tar-mor⟩ (pl. *altares-mores*) s.m. Em uma igreja, altar principal, geralmente localizado de frente para a porta principal.

alta-roda ⟨al.ta-ro.da⟩ (pl. *altas-rodas*) s.f. Grupo formado pelas elites cultural e econômica da sociedade.

altear ⟨al.te.ar⟩ v.t.d./v.prnl. Subir, elevar(-se) ou tornar(-se) mais alto: *altear a voz*. ◻ ORTOGRAFIA O e muda para ei quando a sílaba tônica estiver na raiz do verbo →NOMEAR.

alteração ⟨al.te.ra.ção⟩ (pl. *alterações*) s.f. Ato ou efeito de alterar(-se).

alterar ⟨al.te.rar⟩ ▍ v.t.d./v.prnl. **1** Mudar a essência ou a forma de (algo) ou modificar(-se): *A tempestade alterou nossos planos de viagem*. **2** Fazer perder a calma ou perturbar(-se): *Nada me altera mais do que a falta de pontualidade*. ▍ v.t.d. **3** Danificar ou decompor (uma substância): *O calor altera os alimentos*.

alterável ⟨al.te.rá.vel⟩ (pl. *alteráveis*) adj.2g. Que se pode alterar.

altercar ⟨al.ter.car⟩ v.t.i./v.int. Discutir ou disputar com obstinação, paixão e teimosia [com alguém]: *Alterquei com ela por uma bobagem*. ◻ ORTOGRAFIA Antes de e, o c muda para qu →BRINCAR.

alternado, da ⟨al.ter.na.do⟩ adj. Revezado no espaço ou no tempo.

alternador, -a ⟨al.ter.na.dor, do.ra⟩ (Pron. [alternadôr], [alternadôra]) ▍ adj./s. **1** Que ou quem alterna. ▍ s.m. **2** Máquina geradora de corrente elétrica alternada.

alternância ⟨al.ter.nân.cia⟩ s.f. **1** Ato ou efeito de alternar(-se). **2** Repetição, sucessiva e alternada, de dois ou mais objetos. ◻ SIN. revezamento.

alternar ⟨al.ter.nar⟩ v.t.d./v.int./v.prnl. Revezar(-se) no espaço ou no tempo de forma recíproca e repetida: *Os vendedores alternam seus turnos nos fins de semana. Duas equipes irão se alternar na organização do evento*.

alternativa ⟨al.ter.na.ti.va⟩ s.f. Opção ou escolha entre duas ou mais possibilidades.

alternativo, va ⟨al.ter.na.ti.vo, va⟩ adj. **1** Que pode substituir algo com a mesma função. **2** Que se oferece como outra opção, geralmente diferente dos valores tradicionais: *cinema alternativo*. **3** Que ocorre com alternância.

alterno, na ⟨al.ter.no⟩ adj. Em relação às folhas ou flores de uma planta, que nascem em lados opostos do caule, mas nunca no mesmo ponto.

alteroso, sa ⟨al.te.ro.so, sa⟩ (Pron. [alterôso], [alterósa], [alterósos], [alterósas]) adj. Que é imponente ou mais elevado que o normal.

alteza ⟨al.te.za⟩ (Pron. [altêza]) s.f. **1** Tratamento honorífico antigamente reservado aos reis, e atualmente usado apenas para príncipes e duques. **2** Elevação moral ou nobreza. ◻ USO Na acepção 1, usa-se geralmente a forma *(Sua/Vossa) Alteza*.
altímetro ⟨al.tí.me.tro⟩ s.m. Instrumento usado para medir a altitude.
altiplano ⟨al.ti.pla.no⟩ s.m. Superfície de altura elevada e com grande extensão plana. ◻ SIN. chapada, planalto, planura, platô.
altitude ⟨al.ti.tu.de⟩ s.f. Distância vertical de um ponto da superfície terrestre em relação ao nível do mar.
altivez ⟨al.ti.vez⟩ (Pron. [altivêz]) s.f. **1** Qualidade de altivo. **2** Sentimento de dignidade ou de brio. **3** Arrogância ou atitude de soberba: *Sua altivez afastou os colegas.*
altivo, va ⟨al.ti.vo, va⟩ adj. **1** Que tem ou que mostra dignidade ou brio. **2** Arrogante ou soberbo: *uma atitude altiva.* **3** Com porte esguio: *Uma fileira de palmeiras altivas ladeava a entrada da mansão.*
alto ⟨al.to⟩ adv. **1** Em um lugar ou em uma posição elevados ou superiores: *O avião voava alto e parecia um pequeno ponto.* **2** Em tom de voz forte ou sonoro: *Não fale alto, pois há gente dormindo.*
alto, ta ⟨al.to, ta⟩ ▌adj. **1** Que tem uma altura grande ou superior à média: *Ele é mais alto que eu.* **2** Que tem um valor, grau, medida ou intensidade superiores ao normal: *Estava com pressão alta e foi levada ao hospital.* **3** Que está em um lugar ou em uma posição superiores: *Ela ocupa um alto cargo dentro da empresa.* **4** Em relação ao mar, distante ou afastado da costa: *Lançaram-se em mar alto para mais uma jornada de pesca.* **5** Em relação a uma época ou a um período histórico, remotos ou afastados: *a Alta Idade Média.* **6** Em relação a um som, que é articulado com a língua em posição elevada, no interior da boca: *uma nota alta.* ▌s.m. **7** Ponto mais elevado de algo: *Fazia muito frio lá no alto da montanha.* **8** Espaço situado em uma grande altitude, geralmente no céu: *Observe aquele ponto lá no alto, como brilha.* **9** Entidade, instituição ou autoridade superiores: *Esta decisão veio do alto.*
alto-alegrense ⟨al.to-a.le.gren.se⟩ (pl. *alto-alegrenses*) adj.2g./s.2g. De Alto Alegre ou relacionado a essa cidade do estado brasileiro de Roraima.
alto-astral ⟨al.to-as.tral⟩ ▌adj.2g./s.2g. **1** Que ou quem é animado, bem-humorado e alegre. ▌s.m. **2** Situação ou estado favoráveis, atribuídos à boa sorte. ◻ GRAMÁTICA O plural do adjetivo é *alto-astrais* e o do substantivo é *altos-astrais*.
altoense ⟨al.to.en.se⟩ adj.2g./s.2g. De Altos ou relacionado a essa cidade do estado brasileiro do Piauí.
alto-falante ⟨al.to-fa.lan.te⟩ (pl. *alto-falantes*) s.m. **1** Aparelho que serve para amplificar o som. **2** Aparelho com formato semelhante a um cone que serve para amplificar o volume de um som. ◻ SIN. megafone.
alto-forno ⟨al.to-for.no⟩ (Pron. [alto-fôrno], [altos-fórnos]) (pl. *altos-fornos*) s.m. Em metalurgia, forno usado para fundir minerais de ferro.
alto-mar ⟨al.to-mar⟩ (pl. *altos-mares*) s.m. Parte do mar que fica afastada da costa, de onde não se avista a terra. ◻ SIN. mar alto, pélago.
alto-relevo ⟨al.to-re.le.vo⟩(Pron.[alto-relêvo])(pl.*altos-relevos*) s.m. Escultura em relevo em que boa parte do seu volume sobressai do plano.
altruísmo ⟨al.tru.ís.mo⟩ s.m. Amor ao próximo.
altruísta ⟨al.tru.ís.ta⟩ adj.2g./s.2g. Que ou quem tem ou manifesta altruísmo.
altura ⟨al.tu.ra⟩ s.f. **1** Elevação ou distância de um corpo em relação à terra ou a outra superfície de referência: *Qual é a sua altura?* **2** Em um corpo, dimensão perpendicular à sua base e considerada por cima dela, desde a parte inferior até a superior: *A altura do prédio é de quarenta metros.* **3** Em geometria, em relação a uma figura plana ou a um corpo, segmento de reta que representa a distância entre uma base escolhida de maneira arbitrária e o ponto que se encontra mais distante dessa base. **4** Lugar ou posto elevados: *Daquela altura, podia-se ver toda a cidade.* **5** Propriedade do som que depende da frequência ou do número de vibrações por segundo, e que permite classificá-lo entre grave e agudo. **6** Ponto determinado no espaço: *Na altura do quilômetro 70, há um posto de gasolina.* **7** Momento determinado no tempo, geralmente já avançado: *Naquela altura, já havia poucas pessoas na festa.*
aluá ⟨a.lu.á⟩ s.m. Bebida refrescante feita à base de casca de frutas, suco de limão, farinha de arroz e açúcar. ◻ ORIGEM É uma palavra de origem africana.
aluado, da ⟨a.lu.a.do, da⟩ adj. Que é distraído, avoado ou lunático.
alucinação ⟨a.lu.ci.na.ção⟩ (pl. *alucinações*) s.f. Visão ou sensação imaginárias.
alucinado, da ⟨a.lu.ci.na.do, da⟩ adj. Transtornado ou perturbado.
alucinar ⟨a.lu.ci.nar⟩ ▌v.t.d./v.int./v.prnl. **1** Causar alucinações a (alguém), perder a razão ou desvairar-se. ▌v.t.d./v.int. **2** Impressionar, surpreender ou deslumbrar: *A beleza da paisagem alucina.*
alucinógeno, na ⟨a.lu.ci.nó.ge.no, na⟩ adj./s.m. Em relação especialmente a uma droga, que causa alucinações.
alude ⟨a.lu.de⟩ s.m. Grande massa de neve ou de gelo que se desprende do alto de uma montanha. ◻ SIN. avalanche.
aludir ⟨a.lu.dir⟩ v.t.i. Fazer referência [a algo]: *No poema, a escritora alude a um amor da juventude.*
alugar ⟨a.lu.gar⟩ ▌v.t.d.i. **1** Ceder (algo) temporariamente em troca de pagamento [a alguém]: *Vendi o carro e aluguei minha garagem ao vizinho.* ◻ SIN. locar. ▌v.t.d. **2** Tomar ou usar (algo) temporariamente em troca de pagamento: *Alugamos um carro para a viagem.* ◻ ORTOGRAFIA Antes de *e*, o *g* muda para *gu* →CHEGAR.
aluguel ⟨a.lu.guel⟩ (pl. *aluguéis*) s.m. **1** Cessão ou uso temporários de algo em troca de pagamento: *Ele ainda não nos pagou nada pelo aluguel do carro.* ◻ SIN. locação. **2** Preço que se paga ou se recebe por isso: *Precisamos pagar o aluguel do apartamento.*
alumbramento ⟨a.lum.bra.men.to⟩ s.m. Ato ou efeito de alumbrar(-se).
alumbrar ⟨a.lum.brar⟩ v.t.d./v.prnl. **1** Encher(-se) de luz e de claridade: *Lampiões alumbravam o jardim.* **2** Produzir ou sentir encantamento, fascínio ou inspiração: *A beleza do espetáculo alumbrou os espectadores.*
alumiar ⟨a.lu.mi.ar⟩ v.t.d./v.int./v.prnl. Clarear(-se) ou encher(-se) de luz: *O luar alumiava o caminho.* ◻ SIN. iluminar.
alumínio ⟨a.lu.mí.nio⟩ s.m. Elemento químico da família dos semimetais, de número atômico 13, sólido, de brilho prateado, leve, facilmente deformável, bom condutor de calor e de eletricidade e inoxidável. ◻ ORTOGRAFIA Seu símbolo químico é *Al*, sem ponto.
alunissar ⟨a.lu.nis.sar⟩ v.int. Pousar na superfície da Lua. ◻ ORTOGRAFIA Escreve-se também *alunizar*.
alunizar ⟨a.lu.ni.zar⟩ v.int. →alunissar
aluno, na ⟨a.lu.no, na⟩ s. Pessoa que recebe educação ou instrução de outra.
alusão ⟨a.lu.são⟩ (pl. *alusões*) s.f. Referência feita a algo ou alguém: *Não fez nenhuma alusão ao que havia acontecido na noite anterior.*

alusivo

alusivo, va ⟨a.lu.si.vo, va⟩ adj. Que alude ou que faz referência ou menção.
aluvião ⟨a.lu.vi.ão⟩ (pl. *aluviões*) s.m. Sedimento ou depósito de materiais arrastados pelas chuvas ou pelas correntes: *Minerais valiosos são encontrados em aluviões*.
alva ⟨al.va⟩ s.f. **1** Peça da vestimenta branca, comprida até os pés, usada pelos sacerdotes católicos em algumas cerimônias. **2** Primeira luz do dia, antes de o Sol sair.
alvacento, ta ⟨al.va.cen.to, ta⟩ adj. De cor semelhante ao branco ou com tonalidades brancas. ◻ SIN. esbranquiçado.
alvaiade ⟨al.vai.a.de⟩ s.m. Colorante sólido, branco, feito com chumbo e muito usado na pintura.
alvará ⟨al.va.rá⟩ s.m. **1** Licença ou permissão legais para fazer algo. **2** Documento em que consta essa licença ou essa permissão.
alvedrio ⟨al.ve.dri.o⟩ s.m. Capacidade de decisão baseada na vontade e na liberdade de escolha: *A renovação do aluguel ficou ao alvedrio do proprietário*.
alvejante ⟨al.ve.jan.te⟩ adj.2g./s.m. Em relação a uma substância, que alveja ou que torna branco.
alvejar ⟨al.ve.jar⟩ ▌v.t.d./v.int. **1** Tornar(-se) branco: *A água sanitária é usada para alvejar roupas*. ◻ SIN. branquear, branquejar, embranquecer. ▌v.t.d. **2** Acertar ou atingir (um alvo): *O arqueiro alvejou a maçã*.
alvenaria ⟨al.ve.na.ri.a⟩ s.f. **1** Arte ou ofício de pedreiro. **2** Construção feita de pedras, tijolos e outros materiais de construção, unidos por algum material ligante, como cimento ou argamassa.
álveo ⟨ál.veo⟩ s.m. Leito de um rio.
alveolar ⟨al.ve.o.lar⟩ ▌adj.2g. **1** Dos alvéolos ou relacionado a essas cavidades orgânicas. ▌adj.2g./s.f. **2** Em linguística, em relação a um som, que se pronuncia apoiando a ponta da língua na protuberância dos alvéolos dos dentes incisivos superiores.
alvéolo ⟨al.vé.o.lo⟩ s.m. **1** Cavidade pequena. **2** Em um favo de abelhas, casinha ou orifício com formato hexagonal. **3** No sistema digestório, cavidade na mandíbula ou na maxila em que cada dente se aloja. **4** No sistema respiratório, cavidade semiesférica na qual cada uma das ramificações dos brônquios terminam.
alvião ⟨al.vi.ão⟩ (pl. *alviões*) s.m. Ferramenta semelhante a uma enxada, porém com o cabo mais comprido e curvo, geralmente usada para cavar terras muito duras ou para cortar raízes finas.
alvissareiro, ra ⟨al.vis.sa.rei.ro, ra⟩ adj. Que traz esperanças de algo positivo. ◻ SIN. promissor.
alvitrar ⟨al.vi.trar⟩ v.t.d./v.t.d.i. Apresentar ou sugerir (uma ideia) [a alguém].
alvitre ⟨al.vi.tre⟩ s.m. Sugestão, proposta ou conselho: *Seria de bom alvitre convocar todos para a reunião*.
alvo, va ⟨al.vo, va⟩ ▌adj./s. **1** *literário* Branco: *uma pele alva*. ▌s.m. **2** Objeto colocado a certa distância e usado para praticar o tiro e a pontaria: *O arqueiro usou uma maçã como alvo*. **3** Objetivo de uma ação, de um desejo ou de um pensamento: *Fixar o produto é o alvo da campanha*.
alvor ⟨al.vor⟩ (Pron. [alvôr]) s.m. **1** *literário* Começo ou princípio de algo: *O navio partiu no alvor do dia*. **2** *literário* Brancura perfeita: *o alvor de uma flor*. ◻ ORTOGRAFIA Escreve-se também *albor*.
alvorada ⟨al.vo.ra.da⟩ s.f. **1** Primeira claridade do dia, que precede o nascimento do Sol. **2** Toque que serve para anunciar aos soldados a chegada da manhã.
alvoradense ⟨al.vo.ra.den.se⟩ adj.2g./s.2g. De Alvorada ou relacionado a essa cidade do estado brasileiro do Rio Grande do Sul.

alvorecer ⟨al.vo.re.cer⟩ ▌s.m. **1** Momento em que surge a alvorada ou a primeira claridade do dia. ◻ SIN. amanhecer. ▌v.int. **2** Surgir a primeira luz do dia no horizonte: *Assim que alvoreceu, eles partiram*. ◻ SIN. amanhecer. **3** *formal* Aparecer: *No Brasil, o rádio alvoreceu na década de 1920*. ◻ ORTOGRAFIA Antes de a ou o, o c muda para ç →CONHECER. ◻ GRAMÁTICA É um verbo impessoal: só se usa na terceira pessoa do singular, no particípio, no gerúndio e no infinitivo →CHOVER.
alvoroçar ⟨al.vo.ro.çar⟩ v.t.d./v.prnl. **1** Causar tumulto e agitação ou inquietar-se: *O escândalo de doping alvoroçou o mundo esportivo. Os fãs se alvoroçaram com a aparição da cantora*. **2** Desordenar ou sair da ordem normal: *Um golpe de vento alvoroçou os papéis sobre a mesa*. ◻ ORTOGRAFIA Antes de e, o ç muda para c →COMEÇAR.
alvoroço ⟨al.vo.ro.ço⟩ (Pron. [alvorôço]) s.m. **1** Inquietação, tumulto ou agitação. **2** Gritaria ou balbúrdia.
alvura ⟨al.vu.ra⟩ s.f. **1** Qualidade ou estado de alvo. **2** Brancura perfeita. **3** Inocência ou pureza.
AM 1 É a sigla do estado brasileiro do Amazonas. s.f. **2** Em telecomunicações, estratégia de transmissão na qual uma onda eletromagnética que carrega uma informação tem sua amplitude alterada de acordo com essa informação: *Aquela emissora só emite em AM*. **3** Em um aparelho de rádio, possibilidade de captar essa onda: *Comprei um rádio com AM e FM*. ◻ ORIGEM É a sigla inglesa de *Amplitude Modulation* (modulação de amplitude).
-ama Sufixo que indica conjunto: *dinheirama*.
ama ⟨a.ma⟩ s.f. **1** Feminino de *amo*. **2** →ama de leite
amabilidade ⟨a.ma.bi.li.da.de⟩ s.f. **1** Qualidade de amável. **2** Palavra ou gesto amáveis. ◻ USO Na acepção 2, usa-se geralmente a forma plural *amabilidades*.
amabilíssimo, ma ⟨a.ma.bi.lís.si.mo, ma⟩ Superlativo irregular de **amável**.
amaciante ⟨a.ma.ci.an.te⟩ adj.2g./s.m. Em relação a uma substância ou a um produto, que amaciam, especialmente se for um tecido ou o cabelo.
amaciar ⟨a.ma.ci.ar⟩ ▌v.t.d. **1** Tornar macio ou menos duro: *um produto para amaciar as roupas*. **2** Fazer (um mecanismo) alcançar o ponto de funcionamento ideal: *amaciar um motor; amaciar um veículo*. ▌v.t.d./v.int./v.prnl. **3** *informal* Abrandar(-se), acalmar(-se) ou ceder em uma postura intransigente: *Apesar de sua oposição inicial, acabou amaciando diante dos argumentos do amigo*.
ama de leite ⟨a.ma de lei.te⟩ (pl. *amas de leite*) s.f. Mulher que amamenta uma criança. ◻ SIN. nutriz. ◻ USO Usa-se também a forma reduzida *ama*.
amado, da ⟨a.ma.do, da⟩ adj./s. Que ou quem tem o amor ou o carinho de alguém.
amador, -a ⟨a.ma.dor, do.ra⟩ (Pron. [amadôr], [amadô-ra]) adj./s. **1** Que ou quem ama. ◻ SIN. amante. **2** Que ou quem realiza uma atividade por prazer e não como profissão. **3** Inexperiente ou sem prática na realização de uma atividade.
amadorismo ⟨a.ma.do.ris.mo⟩ s.m. **1** Condição de amador. **2** Realização de uma atividade por prazer e não como profissão. **3** Inexperiência ou falta de prática em uma atividade.
amadurecer ⟨a.ma.du.re.cer⟩ ▌v.t.d./v.int./v.prnl. **1** Tornar(-se) maduro ou fazer atingir o desenvolvimento completo (um fruto): *As bananas já amadureceram*. ◻ SIN. madurar, maturar, sazonar. ▌v.t.d./v.int. **2** Fazer com que (alguém) se desenvolva ou desenvolver-se física, intelectual e emocionalmente: *Amadureceu com os anos*. ◻ SIN. madurar, maturar. ▌v.t.d. **3** Elaborar ou aperfeiçoar (uma ideia): *Tenho que amadurecer a trama antes de*

48

escrever o roteiro. ▫ SIN. madurar, maturar. ▫ ORTOGRAFIA Antes de *a* ou *o*, o *c* muda para *ç* →CONHECER.
amadurecimento ⟨a.ma.du.re.ci.men.to⟩ s.m. Ato ou efeito de amadurecer(-se). ▫ SIN. maturação.
âmago ⟨â.ma.go⟩ s.m. 1 Aquilo que está na parte central de algo. 2 Em um todo, parte primordial ou essencial. ▫ SIN. bojo, cerne.
amainar ⟨a.mai.nar⟩ v.t.d./v.int./v.prnl. 1 Fazer perder ou perder a força ou a intensidade: *O navio partiu quando os ventos amainaram.* 2 Tranquilizar ou acalmar-se: *O tempo amainou sua raiva.*
amaldiçoado, da ⟨a.mal.di.ço.a.do, da⟩ adj./s. Malvado ou perverso.
amaldiçoar ⟨a.mal.di.ço.ar⟩ v.t.d. Condenar a maldições. ▫ SIN. maldizer.
amálgama ⟨a.mál.ga.ma⟩ s. 1 União ou mistura de elementos diferentes: *O Brasil é uma amálgama de diversas culturas.* 2 Em química, liga em que um dos elementos é o mercúrio: *Os dentistas usam amálgama nas obturações.* ▫ GRAMÁTICA É uma palavra usada tanto como substantivo masculino como substantivo feminino: *um amálgama, uma amálgama.*
amalgamar ⟨a.mal.ga.mar⟩ ▌ v.t.d./v.t.d.i./v.prnl. 1 Unir(-se) ou misturar(-se) (um elemento) [com outros diferentes]: *Diferentes etnias se amalgamaram na formação do povo brasileiro.* ▌ v.t.d. 2 Fazer liga com (o mercúrio e um outro elemento químico).
amalucado, da ⟨a.ma.lu.ca.do, da⟩ adj. *informal* Louco.
amamentação ⟨a.ma.men.ta.ção⟩ (pl. *amamentações*) s.f. Ato ou efeito de amamentar. ▫ SIN. lactação.
amamentar ⟨a.ma.men.tar⟩ v.t.d. Em relação às fêmeas dos mamíferos, dar de mamar a (seus filhos ou filhotes): *amamentar um bebê.* ▫ SIN. aleitar.
amanhã ⟨a.ma.nhã⟩ ▌ adv. 1 No dia imediatamente seguinte ao de hoje: *Como hoje é sábado, amanhã será domingo.* ▌ s.m. 2 Tempo futuro: *Ninguém sabe o que o amanhã nos reserva.*
amanhar ⟨a.ma.nhar⟩ v.t.d. Arranjar ou preparar (o solo): *Amanharam o terreno para semeá-lo.*
amanhecer ⟨a.ma.nhe.cer⟩ ▌ s.m. 1 Momento em que surge a alvorada ou a primeira claridade do dia. ▫ SIN. alvorecer. ▌ v.int. 2 Surgir a primeira luz do dia no horizonte: *Quando amanheceu, ainda estávamos acordados.* ▫ SIN. alvorecer. ▌ v.t.i. 3 Chegar ou estar [em um lugar] quando o luz do dia surge: *Amanheceu no sofá.* ▌ v.pred. 4 Encontrar-se {em determinado estado ou condição} quando o luz do dia surge: *O bebê amanheceu chorando.* ▫ ORTOGRAFIA Antes de *o*, o *c* muda para *ç* →CONHECER. ▫ GRAMÁTICA Na acepção 2, é um verbo impessoal: só se usa na terceira pessoa do singular, no particípio, no gerúndio e no infinitivo →CHOVER.
amanho ⟨a.ma.nho⟩ s.m. Lavoura ou cultivo.
amansar ⟨a.man.sar⟩ v.t.d./v.int./v.prnl. Domesticar(-se) (um animal) ou tornar-se manso: *amansar um cavalo.*
amante ⟨a.man.te⟩ ▌ s.2g. 1 Que ou quem ama. ▫ SIN. amador. ▌ s.2g. 2 Pessoa que mantém uma relação amorosa com outra.
amanteigado, da ⟨a.man.tei.ga.do, da⟩ adj. 1 Que tem o sabor ou a cor da manteiga. 2 Em relação a um alimento, que é preparado com manteiga em abundância.
amanuense ⟨a.ma.nu.en.se⟩ s.2g. 1 Pessoa que se dedica profissionalmente a copiar ou transcrever, à mão, o que outra pessoa escreveu ou ditou. 2 Antigo funcionário de repartição pública responsável por copiar e registrar documentos, e cuidar da correspondência.
amapaense ⟨a.ma.pa.en.se⟩ adj.2g./s.2g. 1 Do Amapá ou relacionado a esse estado brasileiro. 2 Do Amapá ou relacionado a essa cidade do estado brasileiro do Amapá.

amarrado

amar ⟨a.mar⟩ ▌ v.t.d. 1 Sentir amor por (alguém): *Os pais amam seus filhos.* ▌ v.prnl. 2 Sentirem amor uma pela outra (duas ou mais pessoas): *Eles se amam muito.* ▌ v.t.d. 3 Gostar muito de (algo ou alguém): *Amo praticar surfe!*
amaranto ⟨a.ma.ran.to⟩ s.m. Planta herbácea de tronco ramificado, com folhas compridas, flores pequenas, brancas, amarelas ou vermelhas dispostas em espiga, e cujos frutos têm muitas sementes escuras e brilhantes.
amarelado, da ⟨a.ma.re.la.do, da⟩ adj./s.m. De cor semelhante ao amarelo ou com tonalidades amarelas.
amarelão ⟨a.ma.re.lão⟩ (pl. *amarelões*) s.m. *informal* Ancilostomíase.
amarelar ⟨a.ma.re.lar⟩ ▌ v.t.d./v.int./v.prnl. 1 Tornar(-se) amarelo ou com tonalidades amarelas: *O tempo amarelou as fotos.* ▌ v.int. 2 *informal* Perder a coragem ou sentir medo: *Quando percebeu que o deixaram só, amarelou.*
amarelinha ⟨a.ma.re.li.nha⟩ s.f. Jogo infantil que consiste em pular com um pé só sobre casas numeradas desenhadas no chão.
amarelo, la ⟨a.ma.re.lo, la⟩ adj./s.m. 1 Da cor do Sol, da gema do ovo ou do ouro: *A cor amarela da bandeira brasileira representa as riquezas minerais da Nação.* 2 Que ou quem pertence aos povos caracterizados por terem olhos puxados e pele amarelada. 3 Que ou quem tem aparência pálida.
amarfanhar ⟨a.mar.fa.nhar⟩ v.t.d./v.prnl. Deixar(-se) (algo liso) com marcas, dobras ou vincos: *Com pressa, amarfanhou as roupas e as colocou na mala.* ▫ SIN. amarrotar, amassar.
amargar ⟨a.mar.gar⟩ ▌ v.t.d./v.int. 1 Tornar ou ficar amargo: *A parte queimada amargou o bolo. Se não for bebida imediatamente, a limonada pode amargar.* ▌ v.t.d. 2 Causar ou sentir (tristeza ou desgosto). 3 Sofrer ou suportar: *O partido amargou uma grande derrota na eleição.* ‖ **de amargar** *informal* Intolerável ou desagradável: *Esse barulho é de amargar!* ▫ ORTOGRAFIA Antes de *e*, o *g* muda para *gu* →CHEGAR.
amargo, ga ⟨a.mar.go, ga⟩ adj. 1 De sabor forte e geralmente desagradável ao paladar, como a bílis ou o jiló. 2 Que não contém açúcar: *um café amargo.* 3 Que mostra tristeza ou desgosto: *palavras amargas.*
amargor ⟨a.mar.gor⟩ (Pron. [amargôr]) s.m. 1 Sabor amargo. ▫ SIN. amargura. 2 Tristeza, desgosto ou mágoa. ▫ SIN. amargura.
amargura ⟨a.mar.gu.ra⟩ s.f. 1 Sabor amargo. ▫ SIN. amargor. 2 Tristeza, desgosto ou mágoa: *Aquele fracasso lhe causou uma grande amargura.* ▫ SIN. amargor.
amargurar ⟨a.mar.gu.rar⟩ v.t.d./v.prnl. Produzir ou sentir amargura: *A perda do emprego o amargurou.*
amarílis ⟨a.ma.rí.lis⟩ s.f.2n. 1 Planta herbácea em formato de bulbo, com flores rosadas ou vermelhas e muito cultivada como ornamental. 2 Flor dessa planta.
amarra ⟨a.mar.ra⟩ s.f. 1 Corrente ou corda grossa que servem para prender uma embarcação à sua âncora. 2 Corda, corrente ou cabo que servem para prender ou amarrar alguma coisa pesada. 3 Aquilo que limita ou que prende: *Rompeu as amarras com o passado e iniciou uma nova vida.*
amarração ⟨a.mar.ra.ção⟩ (pl. *amarrações*) s.f. 1 Assentamento, especialmente se for de tijolos. 2 Ritual ou feitiço feitos com objetivos amorosos e que geralmente causam males.
amarrado, da ⟨a.mar.ra.do, da⟩ adj. 1 *informal* Que está apaixonado. 2 *informal* Que é compromissado ou casado. ‖ **nem amarrado** *informal* De jeito nenhum: *Não quero ir a essa festa nem amarrado!*

amarrar

amarrar ⟨a.mar.rar⟩ ▮ v.t.d./v.t.d.i./v.prnl. **1** Atar(-se), unir(-se) ou prender(-se) [a algo], especialmente se for com uma corda, com uma corrente ou com outro meio semelhante: *Amarrou a bicicleta com uma corrente.* ▮ v.t.d. **2** Reter ou parar: *A falta de verba amarrou o andamento da obra.* ▮ v.t.d.i./v.prnl. **3** Envolver (uma coisa ou uma pessoa) [a outras], especialmente se for por laços sentimentais, ou prender-se: *O saudosismo o amarrava ao passado.* ▮ v.t.d. **4** Tornar séria (a expressão facial): *Ao receber a nota da prova, amarrou a cara.* ▮ v.prnl. **5** *informal* Comprometer-se ou casar-se: *Amarraram-se no ano passado.* ‖ **amarrar-se em** {algo/alguém} *informal* Apaixonar-se por ele: *Ele se amarrou nela assim que a viu.*
amarrotar ⟨a.mar.ro.tar⟩ v.t.d./v.prnl. Deixar(-se) (algo liso) com marcas, dobras ou vincos: *amarrotar um vestido.* □ SIN. amarfanhar, amassar.
ama-seca ⟨a.ma-se.ca⟩ (Pron. [ama-sêca]) (pl. *amas-secas*) s.f. Mulher que se dedica profissionalmente a cuidar de crianças em uma casa de família. □ SIN. babá.
amásio, sia ⟨a.má.sio, sia⟩ s. Pessoa que mantém um relacionamento amoroso com outra, sem estar casada com ela.
amassadoiro ⟨a.mas.sa.doi.ro⟩ s.m. →amassadouro
amassadouro ⟨a.mas.sa.dou.ro⟩ s.m. Recipiente ou tabuleiro próprios para amassar algo. □ ORTOGRAFIA Escreve-se também *amassadoiro.*
amassar ⟨a.mas.sar⟩ ▮ v.t.d. **1** Misturar (uma substância) com outros elementos para formar uma massa. ▮ v.t.d./v.int./v.prnl. **2** Deixar(-se) (algo liso) com marcas, dobras ou vincos. □ SIN. amarfanhar, amarrotar.
amasso ⟨a.mas.so⟩ s.m. *informal* Agarramento ou esfregação com intenções sexuais.
amável ⟨a.má.vel⟩ (pl. *amáveis*) adj.2g. **1** Digno de ser amado. **2** Agradável e afetuoso no trato com os outros. □ GRAMÁTICA Seu superlativo é *amabilíssimo.*
amazona ⟨a.ma.zo.na⟩ (Pron. [amazôna]) s.f. **1** Mulher que monta a cavalo, especialmente como profissão. **2** Na mitologia grega, mulher guerreira. **3** Mulher corajosa. □ GRAMÁTICA Na acepção 1, seu masculino é *cavaleiro.*
amazonense ⟨a.ma.zo.nen.se⟩ adj.2g./s.2g. Do Amazonas ou relacionado a esse estado brasileiro.
amazônico, ca ⟨a.ma.zô.ni.co, ca⟩ adj. Da Amazônia ou relacionado a ela.
âmbar ⟨âm.bar⟩ ▮ adj.2g./s.m. **1** De cor amarelo-alaranjada, como a desta resina fóssil. ▮ s.m. **2** Resina fóssil de cor amarela, leve, dura e que desprende um cheiro agradável, usada na fabricação de alguns objetos, entre eles, joias.
ambição ⟨am.bi.ção⟩ (pl. *ambições*) s.f. Desejo intenso de alcançar algo.
ambicionar ⟨am.bi.ci.o.nar⟩ v.t.d. Desejar com intensidade: *Ela ambiciona um futuro melhor para seu país.*
ambicioso, sa ⟨am.bi.ci.o.so, sa⟩ (Pron. [ambiciôso], [ambiciósa]; [ambiciósos], [ambiciósas]) adj./s. Que ou quem tem ou mostra ambição.
ambidestro, tra ⟨am.bi.des.tro, tra⟩ (Pron. [ambidéstro], [ambidéstro]) adj./s. Que ou quem usa a mão direita e a esquerda com a mesma habilidade.
ambiência ⟨am.bi.en.cia⟩ s.f. Conjunto de circunstâncias ou de condições criadas pelo homem para garantir a um ser vivo seu melhor desenvolvimento.
ambiental ⟨am.bi.en.tal⟩ (pl. *ambientais*) adj.2g. Do ambiente ou relacionado a ele: *a proteção ambiental.*
ambientar ⟨am.bi.en.tar⟩ v.t.d./v.prnl. Adaptar(-se) ou acostumar(-se) a um meio ou a uma situação novos: *Os irmãos ambientaram-se bem na nova escola.*

ambiente ⟨am.bi.en.te⟩ ▮ adj.2g. **1** Que cerca, envolve ou faz parte do meio em que se encontra: *Este medicamento deve ser conservado à temperatura ambiente.* ▮ s.m. **2** Conjunto de condições ou de circunstâncias que caracterizam um lugar ou uma situação: *Gosta de trabalhar num ambiente silencioso.* **3** Área, recinto ou espaço compreendido em certos limites e com características diferenciadas: *O restaurante é dividido em dois ambientes.* **4** Em um computador, conjunto, incluindo *hardware* e *software*, em que os programas são executados.
ambiguidade ⟨am.bi.gui.da.de⟩ (Pron. [ambigüidade]) s.f. **1** Condição de ambíguo. **2** Incerteza, dúvida ou indefinição entre duas ou mais possibilidades. **3** Obscuridade ou falta de clareza.
ambíguo, gua ⟨am.bí.guo, gua⟩ adj. **1** Que se pode entender ou interpretar de várias formas. **2** Incerto, duvidoso ou com atitudes ou opiniões indefinidas: *Tinha uma sensação ambígua de alegria e de tristeza.*
âmbito ⟨âm.bi.to⟩ s.m. **1** Recinto ou espaço delimitado. **2** Campo ou área de atuação: *Ela tem grande renome no âmbito da física.*
ambivalência ⟨am.bi.va.len.cia⟩ s.f. **1** Condição de ambivalente. **2** Possibilidade de interpretar de formas opostas. **3** Estado de espírito em que sentimentos opostos convivem.
ambivalente ⟨am.bi.va.len.te⟩ adj.2g. **1** Que pode ser interpretado de formas opostas. **2** Em que sentimentos opostos existem.
ambos, bas ⟨am.bos, bas⟩ numer. Um e outro, ou os dois: *Ambos os alunos foram aprovados no teste. Pedi que ambos comparecessem à reunião.*
ambrosia ⟨am.bro.si.a⟩ s.f. **1** Na mitologia greco-romana, alimento dos deuses, responsável pela sua imortalidade. **2** Comida ou bebida deliciosas. **3** Doce feito à base de ovos cozidos no leite, com açúcar e baunilha.
ambulância ⟨am.bu.lân.cia⟩ s.f. Veículo com sirene destinado ao transporte de pessoas doentes ou feridas.
ambulante ⟨am.bu.lan.te⟩ ▮ adj.2g. **1** Que vai de um lugar para outro. ▮ adj.2g./s.2g. **2** Que ou quem se dedica à venda de produtos na rua, sem ter um ponto de venda fixo.
ambulatório ⟨am.bu.la.tó.rio⟩ s.m. Estabelecimento em que são prestadas assistência médica e farmacêutica a pessoas que não precisam ficar internadas.
ameaça ⟨a.me.a.ça⟩ s.f. **1** Promessa de agressão, castigo ou malefício. **2** Ação, gesto ou palavra de intimidação. **3** Aquilo que pode chegar a prejudicar: *O aquecimento global parece ser uma das maiores ameaças deste século.*
ameaçador, -a ⟨a.me.a.ça.dor, do.ra⟩ (Pron. [ameaçadôr], [ameaçadôra]) ▮ adj. **1** Que anuncia mau tempo ou tempestade: *trovões ameaçadores; nuvens ameaçadoras.* ▮ adj./s. **2** Que ou quem ameaça: *um olhar ameaçador; palavras ameaçadoras.*
ameaçar ⟨a.me.a.çar⟩ ▮ v.t.d. **1** Provocar medo em (alguém): *Nervosos, os ladrões a ameaçavam.* ▮ v.t.d./v.t.d.i. **2** Avisar ou prevenir (alguém) [de suas intenções de prejudicá-lo]: *Ameaçaram-no de morte.* ▮ v.t.d./v.int. **3** Dar indício de que (algo ruim ou desagradável) irá acontecer em um futuro próximo ou anunciar-se: *As nuvens negras ameaçam chuva.* ▮ v.t.d. **4** Colocar em perigo: *A intolerância religiosa ameaça a paz do mundo.* □ ORTOGRAFIA Antes de *e*, o *ç* muda para *c* →COMEÇAR.
amealhar ⟨a.me.a.lhar⟩ v.t.d./v.int. Guardar para o futuro (uma quantia de dinheiro): *Amealhou o suficiente para comprar uma casa.*
ameba ⟨a.me.ba⟩ s.f. Protozoário microscópico unicelular que se reproduz mediante cisão celular.

50

amebíase ⟨a.me.bí.a.se⟩ s.f. Doença caracterizada por diarreia acompanhada de perda de sangue, causada pela ingestão de água ou de alimentos contaminados por amebas.

amedrontador, -a ⟨a.me.dron.ta.dor, do.ra⟩ (Pron. [amedrontadôr], [amedrontadôra]) adj./s. Que ou quem amedronta: *palavras amedrontadoras.*

amedrontar ⟨a.me.dron.tar⟩ v.t.d./v.prnl. Causar ou sentir medo: *As ameaças não a amedrontaram.*

ameia ⟨a.mei.a⟩ s.f. Em uma construção, especialmente em uma fortaleza, cada uma das partes, separadas por um dos pequenos espaços, que servem para finalizar seus muros.

ameixa ⟨a.mei.xa⟩ s.f. Fruto comestível da ameixeira, com formato arredondado, de cor amarela, vermelha ou roxa, com casca lisa, polpa carnosa e doce, levemente ácida e com um único caroço.

ameixeira ⟨a.mei.xei.ra⟩ s.f. Árvore de tronco liso e brilhante, com folhas simples, em formato de lança e com margem dentada, com flores brancas e cujo fruto é a ameixa.

amém ⟨a.mém⟩ interj. No cristianismo, expressão usada ao final de orações e que significa *assim seja.*

amêndoa ⟨a.mên.doa⟩ s.f. **1** Fruto da amendoeira, com formato ovalado e com uma casca dura que envolve uma semente comestível e saborosa, da qual também se extrai óleo. **2** Essa semente.

amendoado, da ⟨a.men.do.a.do, da⟩ adj. Com formato semelhante ao de uma amêndoa.

amendoeira ⟨a.men.do.ei.ra⟩ s.f. Árvore de casca escura e com fendas, com flores brancas ou rosa, de madeira muito dura, e cujo fruto é a amêndoa.

amendoim ⟨a.men.do.im⟩ (pl. *amendoins*) s.m. **1** Planta herbácea de caule rasteiro, com folhas alternas e flores amarelas que, quando fecundadas, inclinam-se e entram no solo para que o fruto, de casca dura e com várias sementes comestíveis, se desenvolva. **2** Fruto dessa planta.

amenidade ⟨a.me.ni.da.de⟩ ▌s.f. **1** Qualidade ou estado de ameno. ▌s.f.pl. **2** Banalidades ou futilidades: *Passaram a tarde falando de amenidades.*

amenizar ⟨a.me.ni.zar⟩ v.t.d./v.int./v.prnl. Tornar(-se) ameno: *Ele amenizou o clima fazendo algumas brincadeiras. Depois da chuva, o calor amenizou um pouco.*

ameno, na ⟨a.me.no, na⟩ (Pron. [amêno]) adj. **1** Agradável ou que entretém. **2** Suave ou delicado: *uma pessoa amena.*

amenorreia ⟨a.me.nor.rei.a⟩ (Pron. [amenorréia]) s.f. Suspensão da menstruação.

americanismo ⟨a.me.ri.ca.nis.mo⟩ s.m. Admiração ou simpatia pela cultura estadunidense.

americanizar ⟨a.me.ri.ca.ni.zar⟩ v.t.d./v.prnl. Dar ou adquirir características consideradas próprias dos estadunidenses: *A influência de Hollywood americanizou o comportamento de muitos jovens no mundo.*

americano, na ⟨a.me.ri.ca.no, na⟩ adj./s. **1** Da América (um dos cinco continentes) ou relacionado a ela. **2** Dos Estados Unidos da América ou relacionado a esse país norte-americano. ▫ SIN. estadunidense, norte-americano.

amerício ⟨a.me.rí.cio⟩ s.m. Elemento químico artificial da família dos metais, de número atômico 95, de cor branca e que pertence ao grupo dos terras raras. ▫ ORTOGRAFIA Seu símbolo químico é *Am*, sem ponto.

ameríndio, dia ⟨a.me.rín.dio, dia⟩ adj./s. Dos índios americanos ou relacionado a eles.

amesquinhar ⟨a.mes.qui.nhar⟩ v.t.d./v.prnl. Tornar(-se) mesquinho, avarento ou sovina: *A cobiça por bens materiais o amesquinhou.*

amestrar ⟨a.mes.trar⟩ v.t.d. Domar e ensinar (um animal) a fazer certos movimentos e a ter certas atitudes: *amestrar um cachorro.*

ametista ⟨a.me.tis.ta⟩ s.f. Quartzo transparente, de cor lilás, usado em joalheria como pedra preciosa.

amianto ⟨a.mi.an.to⟩ s.m. Mineral formado por fibras finas e flexíveis, refratário e resistente ao fogo.

amídala ⟨a.mí.da.la⟩ s.f. →**amígdala**

amidalite ⟨a.mi.da.li.te⟩ s.f. →**amigdalite**

amido ⟨a.mi.do⟩ s.m. Carboidrato que se encontra em abundância nos vegetais.

amigar ⟨a.mi.gar⟩ ▌v.t.d./v.prnl. **1** Unir(-se) por amizade. ▌v.prnl. **2** Passarem a viver juntas (duas pessoas), sem estarem casadas entre si. ▫ ORTOGRAFIA Antes de *e*, *o* *g* muda para *gu* →CHEGAR.

amigável ⟨a.mi.gá.vel⟩ (pl. *amigáveis*) adj.2g. **1** Que manifesta amizade. **2** Que ocorre sem problemas ou de modo conciliador: *um acordo amigável; uma separação amigável.*

amígdala ⟨a.míg.da.la⟩ s.f. Cada uma das massas de tecido linfático localizadas em ambos os lados da garganta. ▫ ORTOGRAFIA Escreve-se também *amídala*. ▫ USO É a antiga denominação de *tonsila*.

amigdalite ⟨a.mig.da.li.te⟩ s.f. Em medicina, inflamação das amígdalas. ▫ ORTOGRAFIA Escreve-se também *amidalite*.

amigo, ga ⟨a.mi.go, ga⟩ ▌adj. **1** Que demonstra afeição ou inclinação por algo. ▌adj./s. **2** Que ou quem mantém uma relação de amizade ou companheirismo com outra pessoa. ▌s. **3** *col.* Amante.

amimar ⟨a.mi.mar⟩ v.t.d. →**mimar**

aminoácido ⟨a.mi.no.á.ci.do⟩ s.m. Composto químico orgânico, componente das proteínas.

amistoso, sa ⟨a.mis.to.so, sa⟩ (Pron. [amistôso], [amistósa], [amistósos], [amistósas]) ▌adj. **1** Da amizade ou com suas características. ▌adj./s.m. **2** Em relação a uma competição esportiva, que não está incluída em nenhum campeonato.

amiudar ⟨a.mi.u.dar⟩ ▌v.t.d./v.int./v.prnl. **1** Tornar(-se) menor ou miúdo: *As lentes grossas dos óculos amiudavam os seus olhos.* ▌v.t.d. **2** Analisar ou examinar minuciosamente: *Quis amiudar a história para saber certos detalhes.* **3** Fazer amiúde (uma ação): *Por precaução, resolveram amiudar as consultas.* ▌v.int./v.prnl. **4** Ocorrer ou suceder-se com frequência: *No verão, as tempestades amiúdam.*

amiúde ⟨a.mi.ú.de⟩ adv. Com frequência.

amizade ⟨a.mi.za.de⟩ s.f. **1** Sentimento de carinho ou solidariedade entre pessoas. **2** Pessoa pela qual se tem esse sentimento: *Todas as minhas amizades estavam presentes naquele dia.*

amnesia ⟨am.ne.si.a⟩ s.f. →**amnésia**

amnésia ⟨am.né.sia⟩ s.f. Perda parcial ou total da memória. ▫ ORTOGRAFIA Escreve-se também *amnesia*.

amo, ma ⟨a.mo⟩ s. **1** Dono de uma casa. **2** Pessoa que tem um ou mais criados ou subordinados a seu serviço.

amofinar ⟨a.mo.fi.nar⟩ v.t.d./v.prnl. Causar ou sentir desgosto ou tristeza: *A dor da separação o amofinava.*

amolador, -a ⟨a.mo.la.dor, do.ra⟩ (Pron. [amoladôr], [amoladôra]) ▌adj./s. **1** Que ou quem amola. ▌s.m. **2** Aparelho usado para amolar instrumentos cortantes.

amolar ⟨a.mo.lar⟩ ▌v.t.d. **1** Tornar afiado (um objeto cortante): *amolar uma tesoura.* ▌v.t.d./v.int./v.prnl. **2** Entediar(-se) ou aborrecer(-se): *Não me amole com a mesma conversa de sempre!*

amoldar ⟨a.mol.dar⟩ ▌v.t.d./v.t.d.i./v.prnl. **1** Ajustar(-se) ou adaptar(-se) (um objeto) [a um molde]: *Estas luvas amoldam-se perfeitamente às mãos.* ▌v.t.d.i./v.prnl.

amolecer

2 Adaptar(-se) [a um fim, a uma circunstância ou a uma norma]: *É inteligente e se amolda bem às novas situações.*
amolecer ⟨a.mo.le.cer⟩ ▌v.t.d./v.int. **1** Tornar(-se) mole ou flexível: *A terra amoleceu depois da chuva.* **2** Fazer abandonar ou abandonar uma postura intransigente ou comover(-se): *O sorriso da criança amoleceu o coração da avó.* ▌v.int. **3** *informal* Ceder ou deixar de se opor: *Apesar das súplicas, ela não amoleceu.* ◻ ORTOGRAFIA Antes de *a* ou *o*, *c* muda para *ç* →CONHECER.
amolgar ⟨a.mol.gar⟩ ▌v.t.d. **1** Amassar ou achatar. ▌v.int./v.prnl. **2** Sujeitar-se ou subordinar-se. ◻ ORTOGRAFIA Antes de *e*, *o g* muda para *gu* →CHEGAR.
amônia ⟨a.mô.nia⟩ s.f. Composto químico formado por amoníaco dissolvido em água e muito usado em artigos de limpeza e em adubos.
amoníaco ⟨a.mo.ní.a.co⟩ s.m. Gás incolor composto de nitrogênio e hidrogênio, de cheiro penetrante e desagradável, muito solúvel em água.
amontoado ⟨a.mon.to.a.do⟩ s.m. *informal* Conjunto de coisas colocadas umas sobre as outras, geralmente sem ordem.
amontoar ⟨a.mon.to.ar⟩ ▌v.t.d. **1** Pôr em monte ou juntar de forma desordenada: *A Prefeitura multou os moradores por amontoarem o lixo na frente do prédio.* ▌v.t.d./v.prnl. **2** Acumular(-se) ou juntar(-se), especialmente em grande quantidade: *A tempestade fez as folhas e os galhos se amontoarem nas estradas. Amontoavam-se acusações de corrupção contra alguns membros do Governo.*
amor ⟨a.mor⟩ (Pron. [amôr]) s.m. **1** Sentimento de afeição, carinho e solidariedade que uma pessoa sente por outra. **2** Sentimento forte de afeição e ternura, unido ao desejo sexual. **3** Envolvimento ou relação amorosos: *Seus amores eram intensos, mas duravam pouco.* **4** Pessoa amada ou relação amorosa: *Ela foi seu único amor.* **5** Interesse ou inclinação vivos por algo: *Tem um profundo amor pela vida.* **6** Esmero, zelo ou cuidado: *Preparou um jantar com muito amor.* ‖ **amor platônico** Aquele em que não existe qualquer contato sexual. ‖ **fazer amor** Manter relações sexuais.
amora ⟨a.mo.ra⟩ s.f. **1** Árvore com folhas divididas em lobos, ásperas, muito verdes e de margem serrilhada, com flores brancas, pequenas e aglomeradas, e cujo fruto, branco ou vermelho-escuro, é comestível. ◻ SIN. amoreira. **2** Esse fruto.
amoral ⟨a.mo.ral⟩ (pl. *amorais*) adj.2g./s.2g. Sem sentido nem propósito moral. ◻ USO É diferente de *imoral* (que se opõe à moral ou àquilo que se consideram ser bons costumes).
amordaçar ⟨a.mor.da.çar⟩ v.t.d. **1** Pôr uma mordaça ou um objeto para tapar a boca em: *Amordaçaram o animal para que não mordesse o veterinário na aplicação da vacina.* **2** Coagir ou impedir de falar livremente: *Tentaram amordaçar a testemunha oferecendo-lhe dinheiro.* ◻ ORTOGRAFIA Antes de *e*, *o ç* muda para *c* →COMEÇAR.
amoreira ⟨a.mo.rei.ra⟩ s.f. Árvore com folhas divididas em lobos, ásperas, muito verdes e de margem serrilhada, com flores brancas, pequenas e aglomeradas, e cujo fruto é a amora. ◻ SIN. amora.
amorfo, fa ⟨a.mor.fo, fa⟩ adj. **1** Que não tem uma forma própria. **2** Que aparenta não ter personalidade nem caráter: *Criatura amorfa, não sabe tomar suas próprias decisões?*
amornar ⟨a.mor.nar⟩ v.t.d./v.int. **1** Tornar(-se) morno: *Esperou a água amornar antes de entrar na banheira.* **2** Moderar(-se) ou suavizar(-se) (um sentimento): *O tempo amornou seu amor.*

amoroso, sa ⟨a.mo.ro.so, sa⟩ (Pron. [amorôso], [amorósa], [amorósos], [amorósas]) ▌adj. **1** Do amor ou relacionado a ele. **2** Que manifesta ou que produz um sentimento afetuoso, carinhoso, doce ou amável: *um olhar amoroso.* ▌adj./s. **3** Que ou quem sente amor ou o manifesta.
amor-perfeito ⟨a.mor-per.fei.to⟩ (pl. *amores-perfeitos*) s.m. Planta herbácea com folhas ovais, flores amarelas, roxas ou brancas, que geralmente possuem duas pétalas de uma cor e três de outra, muito cultivada como ornamental.
amor-próprio ⟨a.mor-pró.prio⟩ (pl. *amores-próprios*) s.m. Sentimento de respeito, amor ou dignidade que se tem por si mesmo.
amortalhar ⟨a.mor.ta.lhar⟩ v.t.d. Pôr a mortalha ou vestimenta em (um cadáver): *Amortalharam o defunto.*
amortecedor, a ⟨a.mor.te.ce.dor, do.ra⟩ (Pron. [amortecedôr], [amortecedôra]) ▌adj. **1** Que amortece. ▌s.m. **2** Em um veículo ou em uma máquina, mecanismo ou dispositivo destinados a amortecer choques, vibrações ou trepidações.
amortecer ⟨a.mor.te.cer⟩ v.t.d./v.int./v.prnl. **1** Moderar, diminuir ou tornar(-se) mais suave (a força, a intensidade ou a violência de algo): *A cama elástica amorteceu a queda do trapezista.* **2** Adormecer ou entorpecer(-se) (uma parte do corpo): *O frio amortecia suas pernas.* **3** Suavizar(-se) ou diminuir a intensidade de (algo que se considera excessivo): *Sua raiva se amorteceu depois daquela conversa.* ◻ ORTOGRAFIA Antes de *a* ou *o*, *o c* muda para *ç* →CONHECER.
amortecimento ⟨a.mor.te.ci.men.to⟩ s.m. Ato ou efeito de amortecer(-se).
amortizar ⟨a.mor.ti.zar⟩ v.t.d. Pagar aos poucos ou em prestações (uma dívida).
amostra ⟨a.mos.tra⟩ s.f. **1** Porção ou quantidade pequenas de um produto, geralmente apresentadas a um comprador potencial, para que conheça suas características. ◻ SIN. prova. **2** Parte extraída de um conjunto para ser analisada ou examinada. ◻ SIN. prova. **3** Em estatística, parte de um conjunto que é analisada e sobre a qual são extraídas conclusões a respeito do todo. **4** Modelo a ser copiado ou seguido: *O bordado dos lençóis foi retirado de uma amostra.* ◻ USO Nas acepções 1 e 2, usa-se também a forma *mostra*.
amostragem ⟨a.mos.tra.gem⟩ (pl. *amostragens*) s.f. Em estatística, seleção representativa de um conjunto que permite extrair conclusões válidas sobre ele.
amostrar ⟨a.mos.trar⟩ v.t.d./v.t.d.i./v.prnl. →**mostrar**
amotinar ⟨a.mo.ti.nar⟩ v.t.d./v.prnl. Envolver(-se) em um motim, causar uma revolta ou revoltar-se contra uma autoridade estabelecida: *Os presos se amotinaram contra as condições da prisão.* ◻ SIN. sublevar.
amparar ⟨am.pa.rar⟩ v.t.d./v.t.d.i./v.prnl. **1** Apoiar(-se) ou dar apoio ou sustentação a: *Os enfermeiros ampararam o paciente. Amparou-se no neto para descer do carro.* **2** Ajudar ou apoiar (alguém) ou resguardar(-se) de um perigo ou de um prejuízo: *Amparou o amigo naquele momento difícil.*
amparo ⟨am.pa.ro⟩ s.m. Ajuda, apoio ou proteção: *O amparo dos irmãos tem sido muito importante para ela.*
amperagem ⟨am.pe.ra.gem⟩ (pl. *amperagens*) s.f. Intensidade de uma corrente elétrica medida em amperes.
ampere ⟨am.pe.re⟩ s.m. Unidade de intensidade de corrente elétrica. ◻ ORTOGRAFIA Seu símbolo é A, sem ponto.
amplexo ⟨am.ple.xo⟩ (Pron. [amplecso]) s.m. *formal* Abraço.
ampliação ⟨am.pli.a.ção⟩ (pl. *ampliações*) s.f. **1** Ato ou efeito de ampliar(-se). **2** Fotografia em tamanho grande.

análise

ampliar ⟨am.pli.ar⟩ v.t.d./v.prnl. Aumentar, estender(-se) ou tornar(-se) maior: *Ampliaram o prazo de matrícula. Vou ampliar esta foto, pois ficou linda!* □ SIN. amplificar.

amplidão ⟨am.pli.dão⟩ (pl. *amplidões*) s.f. **1** Grande extensão ou largueza. □ SIN. amplitude. **2** Céu ou espaço indefinido: *Ficou deitado, olhando para a amplidão.*

amplificador, -a ⟨am.pli.fi.ca.dor, do.ra⟩ (Pron. [amplificadôr], [amplificadôra]) ▌adj. **1** Que amplifica. ▌s.m. **2** Aparelho que reproduz e amplifica um sinal, geralmente de áudio ou vídeo.

amplificar ⟨am.pli.fi.car⟩ v.t.d. **1** Aumentar, estender ou tornar maior: *A internet amplificou a comunicação entre as pessoas.* □ SIN. ampliar. **2** Aumentar por procedimentos técnicos (a intensidade de um fenômeno físico, especialmente se for o som): *Esse aparelho amplifica o som.* □ ORTOGRAFIA Antes de e, o c muda para qu →BRINCAR.

amplitude ⟨am.pli.tu.de⟩ s.f. **1** Qualidade de amplo. **2** Grande extensão ou largueza. □ SIN. amplidão. **3** Importância ou significação: *Colabora em um projeto social de grande amplitude.* □ SIN. envergadura.

amplo, pla ⟨am.plo, pla⟩ adj. **1** Extenso ou com bastante espaço livre. **2** Folgado ou largo: *um vestido amplo.* **3** Sincero, claro ou que não oferece dúvidas: *um sorriso amplo.* **4** Que abarca muitos assuntos ou áreas: *um projeto amplo.* **5** Irrestrito ou ilimitado: *O diretor deu ampla autoridade para o gerente.*

ampola ⟨am.po.la⟩ (Pron. [ampôla]) s.f. **1** Tubo comprido de cristal ou de vidro, fechado hermeticamente, e que costumam conter um medicamento líquido. **2** →empola

ampulheta ⟨am.pu.lhe.ta⟩ (Pron. [ampulhêta]) s.f. Objeto formado por dois tubos cônicos de vidro unidos, e que mede o tempo pela quantidade de areia que passa de um a outro.

amputação ⟨am.pu.ta.ção⟩ (pl. *amputações*) s.f. Ato ou efeito de amputar.

amputar ⟨am.pu.tar⟩ v.t.d. **1** Cortar e remover inteiramente (um membro do corpo), geralmente por meio de uma operação cirúrgica: *Depois do acidente, tiveram que amputar-lhe uma perna.* **2** Cortar ou tirar alguma parte de (um todo): *Tivemos que amputar o texto, pois estava muito extenso.*

amuado, da ⟨a.mu.a.do, da⟩ adj. Contrariado, irritado ou com mau humor.

amuar ⟨a.mu.ar⟩ v.t.d./v.int./v.prnl. Contrariar(-se), irritar(-se), deixar ou ficar de mau humor.

amuleto ⟨a.mu.le.to⟩ (Pron. [amulêto]) s.m. Objeto a que se atribuem poderes mágicos.

amuo ⟨a.mu.o⟩ s.m. Contrariedade, irritação ou mau humor passageiros, manifestados por uma expressão ou um gesto. □ SIN. arrufo.

amurada ⟨a.mu.ra.da⟩ s.f. Em uma embarcação, prolongamento do costado acima do convés.

amuralhar ⟨a.mu.ra.lhar⟩ v.t.d. Rodear com um muro ou com uma muralha. □ SIN. murar.

amurar ⟨a.mu.rar⟩ v.t.d. →murar

an- ⟨a-⟩

ana- **1** Prefixo que indica inversão: *anagrama, anacrônico.* **2** Prefixo que indica repetição: *anafilaxia.*

anabólico, ca ⟨a.na.bó.li.co, ca⟩ adj. Do anabolismo ou relacionado a esse conjunto de processos metabólicos.

anabolismo ⟨a.na.bo.lis.mo⟩ s.m. Em biologia, conjunto de processos metabólicos a partir dos quais as reações biossintéticas levam à formação de moléculas complexas, partindo de outras mais simples e utilizando a energia armazenada na célula. □ SIN. assimilação.

anabolizante ⟨a.na.bo.li.zan.te⟩ adj.2g./s.m. Em relação a uma substância química, que é utilizada para aumentar a intensidade dos processos anabólicos do organismo.

anacoluto ⟨a.na.co.lu.to⟩ s.m. Figura de linguagem que consiste em uma ruptura ou inversão na ordem das palavras dentro da frase.

anacoreta ⟨a.na.co.re.ta⟩ (Pron. [anacorêta]) s.2g. **1** Religioso ou penitente que vivem na solidão, entregues à vida contemplativa. **2** Pessoa que vive afastada do convívio social.

anacrônico, ca ⟨a.na.crô.ni.co, ca⟩ adj. **1** Que atribui erroneamente a uma época o que corresponde a outra. **2** Que pertence a uma época passada: *Com os computadores, as máquinas de escrever já se tornaram objetos anacrônicos.*

anacronismo ⟨a.na.cro.nis.mo⟩ s.m. **1** Erro que consiste em atribuir a uma época características que correspondem a outra. **2** Aquilo que é próprio de uma época passada: *O telefone de manivela é um anacronismo hoje em dia.*

anaeróbico, ca ⟨a.na.e.ró.bi.co, ca⟩ ▌adj. **1** Em biologia, em relação especialmente a um micro-organismo, que não depende de oxigênio para seu processo metabólico. ▌adj./s.m. **2** Desse organismo ou relacionado a ele. □ ORTOGRAFIA Na acepção 1, escreve-se também *anaeróbio*.

anaeróbio, bia ⟨a.na.e.ró.bio, bia⟩ adj./s.m. →anaeróbico, ca

anafilático, ca ⟨a.na.fi.lá.ti.co, ca⟩ adj. Da anafilaxia ou relacionado a ela.

anafilaxia ⟨a.na.fi.la.xi.a⟩ (Pron. [anafilacsia]) s.f. Sensibilidade do organismo de natureza alérgica, de intensidade variável, causada geralmente por substâncias orgânicas injetadas ou ingeridas e que pode ser fatal.

anagrama ⟨a.na.gra.ma⟩ s.m. Palavra ou sentença formadas a partir da transposição das letras de outra palavra ou sentença: *Iracema é um anagrama de América.*

anágua ⟨a.ná.gua⟩ s.f. Peça íntima feminina semelhante a uma saia e usada embaixo desta.

anais ⟨a.nais⟩ s.m.pl. **1** Publicação periódica que reúne notícias e artigos de qualquer área da cultura ou da ciência: *Já estão disponíveis os anais do último congresso de Linguística.* **2** Registro histórico de um povo ou de um lugar: *Esse evento ficará nos anais da história da cidade.*

anal ⟨a.nal⟩ (pl. *anais*) adj.2g. Do ânus ou relacionado a ele.

analfabetismo ⟨a.nal.fa.be.tis.mo⟩ s.m. Condição de analfabeto.

analfabeto, ta ⟨a.nal.fa.be.to, ta⟩ adj./s. **1** Que ou quem não sabe ler nem escrever. □ SIN. iletrado. **2** *informal* Que ou quem desconhece uma matéria ou um assunto.

analgesia ⟨a.nal.ge.si.a⟩ s.f. Falta ou diminuição de toda sensação dolorosa.

analgésico, ca ⟨a.nal.gé.si.co, ca⟩ adj./s.m. Em relação a um medicamento, que alivia ou tira a dor.

analisar ⟨a.na.li.sar⟩ v.t.d. Fazer uma análise ou um exame das partes de (algo que se quer conhecer com exatidão): *É preciso analisar o problema a fundo antes de tentar solucioná-lo.*

análise ⟨a.ná.li.se⟩ s.m. **1** Divisão ou separação das partes que formam um todo a fim de conhecer seus princípios ou elementos: *A análise da água comprovou a existência de substâncias nocivas.* **2** Exame feito de uma obra, de um escrito, ou de qualquer outro objeto de estudo intelectual: *A palestrante fez uma análise precisa da situação política do país.* **3** →psicanálise ‖ **análise (clínica)** Exame qualitativo e quantitativo de certos componentes ou substâncias do organismo, seguindo métodos especializados, para se chegar a um diagnóstico.

analista

analista ⟨a.na.lis.ta⟩ s.2g. Pessoa que faz análise: *um analista político, um analista de mercado.*

analítico, ca ⟨a.na.lí.ti.co, ca⟩ adj. **1** Da análise ou relacionado a ela. **2** Que utiliza a análise como método: *um estudo analítico; um espírito analítico.*

analogia ⟨a.na.lo.gi.a⟩ s.f. Relação de semelhança entre duas ou mais coisas distintas: *Ele fez uma analogia entre as duas situações.*

analógico, ca ⟨a.na.ló.gi.co, ca⟩ adj. **1** Que faz uso de analogia. **2** Em relação a uma informação, que é representada por meio de valores quaisquer em uma escala numérica contínua. **3** Em relação a um sistema ou a um aparelho, que utilizam ou que contêm esse tipo de informação: *um relógio analógico.*

análogo, ga ⟨a.ná.lo.go, ga⟩ adj. Que tem analogia ou semelhança com algo.

ananás ⟨a.na.nás⟩ (pl. *ananases*) s.m. **1** Planta com folhas duras, pontiagudas e de margem espinhosa, e cuja infrutescência, de formato oval, polpa amarelada, doce e carnosa, e com uma coroa de folhas na extremidade superior, é comestível. ☐ **SIN. abacaxi. 2** Essa infrutescência. ☐ **SIN. abacaxi.** ☐ **ORIGEM** É uma palavra de origem tupi.

ananindeuense ⟨a.na.nin.deu.en.se⟩ adj.2g./s.2g. De Ananindeua ou relacionado a essa cidade do estado brasileiro do Pará.

anão, nã ⟨a.não, nã⟩ (pl. *anãos* ou *anões*) ▌ adj. **1** Diminuto em sua classe ou em sua espécie: *uma árvore anã.* ▌ s. **2** Pessoa de estatura muito baixa, especialmente se sofrer de nanismo.

anapolino, na ⟨a.na.po.li.no, na⟩ adj./s. De Anápolis ou relacionado a essa cidade do estado brasileiro de Goiás.

anarquia ⟨a.nar.qui.a⟩ s.f. **1** Ausência de toda forma de governo ou de autoridade. **2** Desordem ou desorganização causadas pela falta de autoridade.

anárquico, ca ⟨a.nár.qui.co, ca⟩ adj. **1** Da anarquia, que a implica ou que está relacionado a ela. **2** Que é desconcertante, desorganizado ou incoerente: *um jeito anárquico de trabalhar.*

anarquismo ⟨a.nar.quis.mo⟩ s.m. Doutrina que se baseia na organização da sociedade sem qualquer forma de governo ou autoridade estabelecidos e na exaltação da liberdade individual.

anarquista ⟨a.nar.quis.ta⟩ ▌ adj.2g. **1** Da anarquia, do anarquismo ou relacionado a essas doutrinas. ☐ **SIN.** libertário. ▌ adj.2g./s.2g. **2** Partidário ou defensor do anarquismo ou da anarquia.

anarquizar ⟨a.nar.qui.zar⟩ v.t.d. **1** Perturbar ou desfazer (uma ordem) promovendo a anarquia. **2** Desmoralizar ou criticar violentamente: *A imprensa anarquizou o filme.*

anátema ⟨a.ná.te.ma⟩ ▌ adj.2g./s.2g. **1** Excomungado ou amaldiçoado. ▌ s.m. **2** Na Igreja Católica, exclusão à qual um fiel é submetido, sendo excluído de sua comunidade e do direito de receber os sacramentos. ☐ **SIN.** excomunhão.

anatematizar ⟨a.na.te.ma.ti.zar⟩ v.t.d. Na Igreja Católica, impor o anátema ou a excomunhão a (alguém).

anatomia ⟨a.na.to.mi.a⟩ s.f. **1** Ciência que estuda a forma, a estrutura e as relações entre as diferentes partes de um ser vivo. **2** Morfologia interna ou externa de um ser vivo ou de seus órgãos: *a anatomia de uma célula; a anatomia de um besouro.* **3** Análise ou estudo detalhado: *a anatomia de um romance.* **4** Aparência física: *Tinha a anatomia de uma ginasta.*

anatômico, ca ⟨a.na.tô.mi.co, ca⟩ adj. **1** Da anatomia ou relacionado a essa ciência ou ao seu objeto de estudo: *um estudo anatômico.* **2** Em relação a um objeto, que foi construído para adaptar-se perfeitamente ao corpo humano ou a alguma de suas partes: *um assento anatômico; um colchão anatômico.*

anavalhar ⟨a.na.va.lhar⟩ v.t.d./v.prnl. Golpear(-se) ou ferir(-se) com uma navalha.

-ança Sufixo que indica ação e efeito: *andança, cobrança.*

anca ⟨an.ca⟩ s.f. **1** No corpo humano, parte lateral, que vai da cintura até a região das coxas. ☐ **SIN.** quadril. **2** Cada uma das duas metades laterais da parte posterior do corpo de alguns animais: *as ancas de um cavalo.* ☐ **USO** Usa-se geralmente a forma plural *ancas.*

ancestral ⟨an.ces.tral⟩ (pl. *ancestrais*) ▌ adj.2g. **1** Dos antepassados ou relacionado a eles. **2** De origem remota ou muito antiga: *costumes ancestrais.* ▌ s.2g. **3** Pessoa da qual se descende: *Meus ancestrais eram portugueses.* ☐ **SIN.** antepassado.

anchova ⟨an.cho.va⟩ (Pron. [anchôva]) s.f. Peixe de água salgada, comestível, de corpo esguio com dorso esverdeado ou azulado e ventre prateado, que se pesca em grandes quantidades e que é muito consumido fresco ou salgado. ☐ **GRAMÁTICA** É um substantivo epiceno: *a anchova (macho/fêmea).* ▌ [☞ **peixes (água salgada)** p. 609]

-ância Sufixo que indica ação e efeito: *ignorância, abundância.*

ancião, ã ⟨an.ci.ão, ã⟩ (pl. *anciães, anciãos* ou *anciões*) adj./s. Que ou quem tem muitos anos. ☐ **SIN.** idoso.

ancilostomíase ⟨an.ci.los.to.mí.a.se⟩ s.f. Doença infecciosa causada por um verme, caracterizada por grave anemia e que atinge o homem e outros mamíferos.

ancinho ⟨an.ci.nho⟩ s.m. Instrumento formado por um cabo comprido com uma travessa de pontas dentadas em uma de suas extremidades, que serve para recolher erva, palha, folhas e outros materiais. ☐ **SIN.** gadanho.

âncora ⟨ân.co.ra⟩ ▌ s.f. **1** Objeto de ferro em formato de arpão ou de anzol com dois ganchos que, preso a uma corrente ou a um cabo, é lançado ao fundo do mar para ancorar uma embarcação. **2** Em um *shopping center*, loja de grande porte que serve para atrair o público para o consumo em outras lojas. **3** Aquilo ou aquele que fornece ajuda e proteção: *Muito jovem, passou a ser a âncora da casa.* ▌ s.2g. **4** Em um jornal televisivo, apresentador principal que participa da redação ou da seleção das notícias.

ancoradoiro ⟨an.co.ra.doi.ro⟩ s.m. →ancoradouro

ancoradouro ⟨an.co.ra.dou.ro⟩ s.m. Lugar com profundidade suficiente para que uma embarcação possa ancorar nele. ☐ **ORTOGRAFIA** Escreve-se também *ancoradoiro.*

ancorar ⟨an.co.rar⟩ ▌ v.t.d. **1** Interromper a navegação (de uma embarcação) lançando suas âncoras ao fundo do mar: *Os pescadores ancoraram seus barcos no porto.* ☐ **SIN.** fundear. ▌ v.int. **2** Lançar suas âncoras ao fundo do mar (uma embarcação): *O navio ancorou.* ☐ **SIN.** fundear. ▌ v.t.i./v.t.d.i./v.prnl. **3** Apoiar(-se) [em uma base ou um fundamento]: *Ela ancorou suas ideias em teorias amplamente aceitas. Os últimos avanços científicos ancoraram-se nas pesquisas sobre o genoma.* ▌ v.t.d. **4** Apresentar na condição de âncora (um jornal televisivo): *Esta jornalista ancorou o principal jornal da emissora durante anos.*

andador ⟨an.da.dor⟩ (Pron. [andadôr]) s.m. Aparelho usado como apoio para ensinar ou para ajudar a andar.

andadura ⟨an.da.du.ra⟩ s.f. Maneira de andar, especialmente se for a de um animal de montaria.

andaime ⟨an.dai.me⟩ s.m. Armação metálica ou de madeira usada em uma obra em construção ou em reforma.

andamento ⟨an.da.men.to⟩ s.m. **1** Ato ou efeito de andar. **2** Desenvolvimento, evolução ou duração de algo.

3 Em música, velocidade de execução: *Aquela sinfonia tem um andamento muito lento*.

andança ⟨an.dan.ça⟩ s.f. **1** Ato ou efeito de andar. **2** Caminhada ou passeio. **3** Viagem ou aventura.

andante ⟨an.dan.te⟩ ▌adj.2g./s.2g. **1** Que ou quem anda: *O cavaleiro andante é uma personagem muito comum nas histórias medievais*. ▌s.m. **2** Em música, andamento tranquilo com que se executam uma composição ou um determinado trecho de música. **3** Em música, composição ou movimento executados com esse andamento.

andar ⟨an.dar⟩ ▌s.m. **1** Porção sobreposta a outra ou a outras com as quais forma um todo: *um bolo de três andares*. **2** Em um edifício, cada um dos diferentes blocos que se sobrepõem e formam sua altura: *um prédio de quinze andares*. ☐ SIN. piso. ▌v.int. **3** Ir de um lugar a outro a pé: *Gosta de andar pelas ruas do centro*. ☐ SIN. caminhar. ▌v.t.d. **4** Percorrer (uma distância) a pé: *Anda dois quilômetros pela manhã*. ▌v.int. **5** Mover-se de um lugar a outro: *Os veículos mais lentos andam pela faixa da direita*. **6** Funcionar ou trabalhar (um mecanismo): *Este relógio não anda mais*. ▌v.pred. **7** Estar ou encontrar-se {em uma determinada situação}: *Liguei para saber como andavam. Dizem que anda sem dinheiro*. **8** Proceder ou comportar-se {de um determinado modo}: *Ele anda estranho ultimamente*. ▌v.int. **9** Passar ou correr (o tempo): *As horas de descanso andavam rápido*. ▌v.t.i. **10** Ser transportado ou levado [por um meio de transporte]: *Nunca andamos de avião*. ☐ GRAMÁTICA Funciona como verbo auxiliar nas construções *andar + a + verbo no infinitivo* e *andar + verbo no gerúndio*, que indicam a continuidade da ação expressa por essas formas verbais: *Anda a questionar os métodos de trabalho; Ela anda comendo demais*.

andarilho, lha ⟨an.da.ri.lho, lha⟩ ▌adj./s. **1** Que ou quem anda muito, geralmente sem rumo. ▌s.m. **2** Pássaro com asa e cauda curtas, plumagem castanha e peito marrom-claro. ☐ GRAMÁTICA Na acepção 2, é um substantivo epiceno: *o andarilho {macho/fêmea}*.

andejo, ja ⟨an.de.jo, ja⟩ (Pron. [andêjo]) adj./s. **1** Que ou quem anda muito. **2** Que ou quem não consegue parar em nenhum lugar.

andino, na ⟨an.di.no, na⟩ adj./s. Dos Andes ou relacionado a essa cordilheira sul-americana.

andor ⟨an.dor⟩ (Pron. [andôr]) s.m. Padiola que serve para transportar imagens religiosas nas procissões. ☐ SIN. charola.

andorinha ⟨an.do.ri.nha⟩ s.f. Ave com corpo preto na parte superior e branco na inferior, asas compridas e pontiagudas, cauda curta e bico pequeno e preto. ☐ GRAMÁTICA É um substantivo epiceno: *a andorinha {macho/fêmea}*.

andorrano, na ⟨an.dor.ra.no, na⟩ adj./s. De Andorra ou relacionado a esse país europeu.

andreense ⟨an.dre.en.se⟩ adj.2g./s.2g. De Santo André ou relacionado a essa cidade do estado brasileiro de São Paulo.

androceu ⟨an.dro.ceu⟩ s.m. Em uma flor, conjunto de estames que compõem a parte masculina.

andrógino, na ⟨an.dró.gi.no, na⟩ adj./s. **1** Que ou quem apresenta os órgãos reprodutores feminino e masculino em um organismo. ☐ SIN. hermafrodita, monoico. **2** Que ou quem tem traços físicos indefinidos entre masculinos e femininos.

androide ⟨an.droi.de⟩ (Pron. [andróide]) s.2g. Robô com figura humana.

andropausa ⟨an.dro.pau.sa⟩ s.f. Período da vida do homem em que podem ocorrer diminuição da produção hormonal e outros sintomas ligados ao envelhecimento.

anedota ⟨a.ne.do.ta⟩ s.f. **1** História curiosa ou pouco conhecida, geralmente engraçada. **2** Frase ou história breve que fazem rir: *Seu avô era um exímio contador de anedotas*. ☐ SIN. piada.

anedotário ⟨a.ne.do.tá.rio⟩ s.m. Conjunto de anedotas.

anel ⟨a.nel⟩ (pl. *anéis*) s.m. **1** Aro pequeno, especialmente o que se coloca nos dedos da mão: *um anel de noivado*. **2** Aquilo que tem a forma desse aro: *anéis de fumaça*. **3** Em astronomia, formação celeste de aspecto circular que rodeia alguns planetas: *os anéis de Saturno*.

anelar ⟨a.ne.lar⟩ ▌adj.2g. **1** Do anel, com forma de anel ou relacionado a ele. ▌v.t.d./v.t.i. **2** Desejar intensamente ou ansiar [por algo]: *Naquele momento, o que mais anelava era rever a família. Anelavam por tempos melhores*. ▌s.m. **3** →**dedo anelar** ☐ USO Na acepção 1, usa-se também a forma *anular*.

anelídeo ⟨a.ne.lí.deo⟩ ▌adj./s.m. **1** Em relação a um animal, que tem o corpo comprido e quase cilíndrico, formado por segmentos em forma de anéis, e que costuma viver na água ou em locais úmidos. ▌s.m.pl. **2** Em zoologia, classe desses animais, pertencente ao reino dos metazoários.

anelo ⟨a.ne.lo⟩ s.m. Aspiração ou desejo intensos.

anemia ⟨a.ne.mi.a⟩ s.f. Diminuição do número de glóbulos vermelhos ou da quantidade de hemoglobina.

anêmico, ca ⟨a.nê.mi.co, ca⟩ ▌adj. **1** Da anemia ou relacionado a ela. **2** Sem força ou sem energia. ▌adj./s. **3** Que ou quem sofre de anemia.

anemômetro ⟨a.ne.mô.me.tro⟩ s.m. Instrumento que serve para medir a força ou a velocidade do vento.

anêmona ⟨a.nê.mo.na⟩ s.f. Planta herbácea de caule subterrâneo em formato de rizoma, com poucas folhas recortadas e com lobos, com flores vistosas dispostas na extremidade dos ramos, que possui vários estames ao redor de uma estrutura central globular e que é cultivada como ornamental.

-âneo, -ânea Sufixo que indica relação: *instantâneo, cutânea*.

anestesia ⟨a.nes.te.si.a⟩ s.f. Privação temporária da sensibilidade, total ou parcial, geralmente induzida por meio de uma substância anestésica.

anestesiar ⟨a.nes.te.si.ar⟩ v.t.d. **1** Privar total ou parcialmente da sensibilidade de forma temporária por meio da anestesia: *O dentista me anestesiou para que eu não sentisse mais dor*. **2** Tornar insensível, frio ou duro: *Os sofrimentos a anestesiaram*.

anestésico, ca ⟨a.nes.té.si.co, ca⟩ ▌adj. **1** Da anestesia ou relacionado a ela. ▌adj./s.m. **2** Que produz ou causa anestesia.

anestesiologia ⟨a.nes.te.si.o.lo.gi.a⟩ s.f. Parte da medicina que estuda a anestesia e a manutenção dos sinais vitais durante a operação cirúrgica.

anestesiologista ⟨a.nes.te.si.o.lo.gis.ta⟩ adj.2g./s.2g. Em relação a um médico, que é especializado em anestesiologia.

anestesista ⟨a.nes.te.sis.ta⟩ adj.2g./s.2g. Em relação a um médico, que é especialista em anestesia.

aneurisma ⟨a.neu.ris.ma⟩ s.m. Em medicina, dilatação anormal de uma parte do sistema vascular.

anexar ⟨a.ne.xar⟩ (Pron. [anecsar]) v.t.d./v.t.d.i. **1** Incorporar ou unir (uma coisa) [a outra considerada principal]: *anexar um território; anexar uma cláusula a um contrato*. **2** Em informática, vincular (um arquivo) [a uma mensagem de correio eletrônico]: *Enviou o e-mail, mas esqueceu de anexar a planilha*.

anexim ⟨a.ne.xim⟩ (pl. *anexins*) s.m. Frase breve que expressa um princípio moral ou um ensinamento. ☐ SIN. adágio, ditado, máxima, provérbio, rifão.

anexo

anexo, xa ⟨a.ne.xo, xa⟩ (Pron. [anecso]) adj./s.m. Que está unido ou acompanha outra coisa. ☐ USO É inadequado o uso de *em anexo, ainda que esteja difundido na linguagem coloquial.

anfetamina ⟨an.fe.ta.mi.na⟩ s.f. Substância que estimula o sistema nervoso central e que aumenta o rendimento físico e intelectual.

anfi- 1 Prefixo que indica duplicidade: *anfíbio*. 2 Prefixo que significa *ao redor*: *anfiteatro*.

anfíbio, bia ⟨an.fi.bio, bia⟩ adj. 1 Em relação a um veículo, que pode deslizar tanto na água como na terra: *um carro anfíbio*. ▌adj./s. 2 Em relação a um animal ou a uma planta, que podem viver tanto na água como na terra. ▌adj./s.m. 3 Em relação a um vertebrado, que é adaptado à vida na terra e na água, das quais sua reprodução depende, que tem o sangue frio, corpo sem pelos nem plumas, e cujos ovos não têm casca calcária. ▌s.m.pl. 4 Em zoologia, classe desses vertebrados, pertencente ao filo dos cordados.

anfiteatro ⟨an.fi.te.a.tro⟩ s.m. Auditório, geralmente de forma semicircular e com arquibancadas, em que se costumam realizar espetáculos teatrais ou atividades docentes.

anfitrião, ã ⟨an.fi.tri.ão, ã⟩ (pl. *anfitriões*) s. Pessoa que recebe convidados para um evento, como uma festa, um banquete ou uma recepção. ☐ GRAMÁTICA Seu feminino também pode ser *anfitrioa*.

anfitrioa ⟨an.fi.tri.o.a⟩ (Pron. [anfitriôa]) s.f. →**anfitrião, ã**

ânfora ⟨ân.fo.ra⟩ s.f. Vaso grande, de forma oval, gargalo estreito e com duas asas laterais e simétricas, usado por alguns povos antigos para transportar líquidos e cereais: *uma ânfora grega*.

anfractuosidade ⟨an.frac.tu.o.si.da.de⟩ s.f. Irregularidade de uma superfície.

angariar ⟨an.ga.ri.ar⟩ v.t.d. 1 Conseguir ou alcançar, geralmente por meio de pedidos: *O deputado angariou votos em passeatas e comícios*. 2 Reunir para um fim determinado: *O projeto angariou novos adeptos*.

angélica ⟨an.gé.li.ca⟩ s.f. Planta herbácea de caule reto, com numerosas flores brancas e pequenas dispostas na extremidade dos ramos, frutos ovais com pequenas sementes das quais se extrai um óleo, e cultivada como ornamental ou usada na medicina e na fabricação de perfumes e licores.

angelical ⟨an.ge.li.cal⟩ (pl. *angelicais*) adj.2g. 1 Dos anjos ou relacionado a esses espíritos celestiais. 2 Que é extremamente belo ou delicado: *um sorriso angelical*.

angico ⟨an.gi.co⟩ s.m. Árvore de casca rugosa, com folhas compostas por várias folhas menores, com flores brancas e pequenas, frutos compridos com formato de vagem, e cuja madeira é empregada em construções e na fabricação de móveis e outros artigos.

angina ⟨an.gi.na⟩ s.f. 1 Dor intensa. 2 Inflamação das amígdalas e das regiões próximas. ‖ **angina do peito** Conjunto de sintomas causados por uma falha na circulação das artérias coronárias, que se caracteriza por uma dor muito forte no peito e no braço esquerdo, e por uma forte sensação de sufocação.

angiologia ⟨an.gi.o.lo.gi.a⟩ s.f. Parte da medicina que estuda o sistema circulatório e suas doenças.

angiospermo, ma ⟨an.gi.os.per.mo, ma⟩ ▌adj./s.f. 1 Em relação a uma planta, que tem flores e cujas sementes estão protegidas no interior de um fruto. ▌s.f.pl. 2 Em botânica, divisão dessas plantas.

anglicanismo ⟨an.gli.ca.nis.mo⟩ s.m. Religião oficial da Inglaterra (região britânica).

anglicano, na ⟨an.gli.ca.no, na⟩ ▌adj. 1 Do anglicanismo ou relacionado a esse conjunto de doutrinas religiosas. ▌adj./s. 2 Que ou quem professa o anglicanismo.

anglicismo ⟨an.gli.cis.mo⟩ s.m. 1 Em linguística, palavra, expressão ou construção sintática próprias da língua inglesa empregadas em outra língua: *A palavra baby-sitter é um anglicismo*. 2 Admiração ou simpatia pela cultura dos povos de língua inglesa.

anglo-saxão, xã ⟨an.glo-sa.xão, xã⟩ (Pron. [anglo--sacsão]) (pl. *anglo-saxões*) ▌adj./s. 1 Dos povos germânicos que, no século v, invadiram a Inglaterra (região britânica), ou relacionado a eles. 2 De origem inglesa ou que fala essa língua. ▌s.m. 3 Antiga língua falada pelos povos germânicos e da qual se originou o inglês. ☐ USO Usa-se também a forma reduzida *saxão*.

angolano, na ⟨an.go.la.no, na⟩ adj./s. De Angola ou relacionado a esse país africano.

angorá ⟨an.go.rá⟩ adj.2g./s.2g. 1 Em relação a um gato, a um coelho ou a uma cabra, da raça que se caracteriza por ter o pelo longo, abundante e macio. 2 Lã que se obtém a partir do pelo desses animais, especialmente dos originários de Angora (antigo nome de Ancara, a atual capital turca).

angra ⟨an.gra⟩ s.f. Entrada do mar na costa, menor que uma baía. ☐ SIN. enseada, saco.

angu ⟨an.gu⟩ s.m. 1 Alimento feito geralmente à base de fubá e água, acrescido de sal ou açúcar. 2 *informal* Desordem ou confusão. ☐ ORIGEM É uma palavra de origem africana.

angular ⟨an.gu.lar⟩ adj.2g. 1 Do ângulo ou relacionado a ele. 2 Em forma de ângulo: *Todas as esquinas têm forma angular*.

ângulo ⟨ân.gu.lo⟩ s.m. 1 Figura geométrica formada em um plano por duas semirretas que partem de um mesmo ponto: *Todo triângulo possui três ângulos internos*. 2 Espaço formado pelo encontro de duas linhas ou de duas superfícies: *Ele bateu o braço bem no ângulo da mesa*. 3 Ponto de vista ou opinião a partir dos quais se pode considerar algo: *Para analisar o problema, precisamos observá-lo de diversos ângulos*. ‖ **ângulo agudo** Aquele que mede menos de 90°. ‖ **ângulo obtuso** Aquele que mede mais de 90° e menos de 180°. ‖ **ângulo reto** Aquele que mede 90°. ‖ **ângulo suplementar** Aquele que falta a outro para completar 180°.

anguloso, sa ⟨an.gu.lo.so, sa⟩ (Pron. [angulôso], [angulósa], [angulósos], [angulósas]) adj. Que tem ângulos ou arestas muito marcados.

angústia ⟨an.gús.tia⟩ s.f. 1 Estado de ansiedade, inquietude ou sofrimento intensos. 2 Estreiteza, aperto ou limitação de espaço.

angustiante ⟨an.gus.ti.an.te⟩ adj.2g. Que produz angústia: *uma situação angustiante*.

angustiar ⟨an.gus.ti.ar⟩ v.t.d./v.prnl. Causar ou sentir angústia ou sentimento de intranquilidade ou sofrimento: *Pensar na morte o angustiava. Não se angustie por essa bobagem*.

anho, nha ⟨a.nho, nha⟩ s. Filhote de ovelha que tem menos de um ano. ☐ SIN. borrego, cordeiro.

aniagem ⟨a.ni.a.gem⟩ (pl. *aniagens*) s.f. Tecido grosseiro, geralmente de juta ou material semelhante, utilizado para a fabricação de sacos ou para embalar mercadorias.

anidrido ⟨a.ni.dri.do⟩ s.m. Composto químico formado pela combinação de oxigênio com um elemento metálico e que, ao reagir com a água, produz um ácido. ☐ ORTOGRAFIA Escreve-se também *anídrido*.

anídrido ⟨a.ní.dri.do⟩ s.m. →**anidrido**

anil ⟨a.nil⟩ adj.2g.2n. 1 De cor azul, como a dessa substância. ☐ SIN. índigo. ▌s.m. 2 Substância de cor azul-intensa com tonalidades violeta, obtida das folhas e do caule de algumas plantas, e que é muito usada como corante. ☐ SIN. índigo. ☐ GRAMÁTICA O plural do substantivo é *anis*.

anilina ⟨a.ni.li.na⟩ s.f. Substância líquida com textura semelhante à do azeite, muito tóxica, obtida a partir do benzeno e muito utilizada na indústria.

animação ⟨a.ni.ma.ção⟩ (pl. *animações*) s.f. **1** Entusiasmo, vigor ou energia. **2** Atividade, agitação ou movimento: *Nos dias de feira, há sempre muita animação na praça*. **3** Técnica cinematográfica que permite simular o movimento de desenhos ou imagens através de recursos mecânicos, ópticos ou eletrônicos: *um filme de animação*.

animado, da ⟨a.ni.ma.do, da⟩ adj. **1** Que tem vida: *um ser animado*. **2** Alegre ou divertido: *uma festa animada*. **3** Movimentado ou com muita gente: *No Carnaval, a cidade fica muito animada*. **4** Que tem vivacidade e expressividade nas ações, nas palavras ou nos movimentos: *Fez um discurso animado sobre a importância da ética na política*. ☐ SIN. acalorado.

animador, -a ⟨a.ni.ma.dor, do.ra⟩ (Pron. [animadôr], [animadôra]) ▌adj. **1** Que anima: *palavras animadoras*. ▌s. **2** Pessoa que apresenta ou entretém um programa ou um espetáculo.

animal ⟨a.ni.mal⟩ (pl. *animais*) ▌adj.2g. **1** Do animal ou relacionado a ele. **2** Da parte sensível de um ser vivo ou relacionado a ela: *A parte animal do ser humano se contrapõe à sua parte racional*. **3** *informal* Excelente ou muito bom: *Você devia ter ido, porque o show foi animal!* ▌adj.2g/s.2g. **4** *pejorativo* Que ou quem não tem educação ou é ignorante. **5** *pejorativo* Pessoa cruel, bárbara ou desumana. ▌s.m. **6** Qualquer ser vivo capaz de se movimentar.

animalesco, ca ⟨a.ni.ma.les.co, ca⟩ (Pron. [animalêsco]) adj. Do animal ou relacionado a ele.

animalidade ⟨a.ni.ma.li.da.de⟩ s.f. Condição do que é animal.

animar ⟨a.ni.mar⟩ ▌v.t.d./v.prnl. **1** Dar(-se) vigor ou energia moral: *Os torcedores animavam o time. Animei-me ao vê-la chegar*. ▌v.t.d.i./v.prnl. **2** Levar(-se) ou convencer(-se) (alguém) [a fazer algo]: *Animou o irmão a aceitar aquela oferta de trabalho. Animou-se a vir conosco*. ▌v.t.d./v.prnl. **3** Aumentar(-se) a atividade, a intensidade ou o movimento: *Um mágico animou a festa de aniversário. A reunião se animou bastante quando começaram a falar de política*. ☐ GRAMÁTICA Na acepção 2, usa-se a construção *animar(-se) A algo*.

animê ⟨a.ni.mê⟩ s.m. Gênero de filme de animação cuja origem está nas histórias em quadrinhos japoneses.

anímico, ca ⟨a.ní.mi.co, ca⟩ adj. Da alma ou dos sentimentos e dos afetos de uma pessoa.

animismo ⟨a.ni.mis.mo⟩ s.m. Crença segundo a qual todos os seres vivos, objetos inanimados e fenômenos da natureza têm uma alma.

ânimo ⟨â.ni.mo⟩ ▌s.m. **1** Parte espiritual do ser humano que constitui o cerne da sua personalidade ou natureza: *É uma pessoa de ânimo firme*. **2** Energia, disposição ou vontade: *Não tinha ânimo nem para sair de casa*. **3** Energia para fazer ou para enfrentar algo: *Com os bons resultados obtidos, ela está com mais ânimo para estudar*. ▌interj. **4** Expressão usada para estimular uma pessoa ou para inspirar-lhe alento ou vigor: *Ânimo, falta pouco para terminarmos!*

animosidade ⟨a.ni.mo.si.da.de⟩ s.f. Hostilidade, antipatia ou aversão: *um clima de animosidade*.

aninhar ⟨a.ni.nhar⟩ v.t.d./v.prnl. **1** Colocar(-se) ou recolher(-se) em um ninho: *aninhar um filhote*. **2** Aconchegar(-se) ou acomodar(-se): *O pai aninhou o bebê nos braços*.

ânion ⟨â.ni.on⟩ (pl. *ânions* ou *ânions*) s.m. Íon com carga elétrica negativa.

aniquilar ⟨a.ni.qui.lar⟩ ▌v.t.d./v.t.i. **1** Destruir ou matar (um oponente) ou acabar [com ele]: *As tropas aniquilaram o exército inimigo*. **2** Reduzir (algo) a nada ou causar a deterioração ou a destruição [de algo]: *O excesso de álcool aniquila a saúde das pessoas. Aplicaram um pesticida para que os insetos não aniquilassem com a plantação*. ▌v.t.d./v.prnl. **3** Desalentar, desanimar(-se) ou abater(-se): *Essa derrota me aniquilou*.

anis ⟨a.nis⟩ s.m. **1** Planta de ramos abundantes, com flores brancas e pequenas, e fruto com duas sementes pequenas e aromáticas, usadas como condimento ou como fonte de óleo medicinal. **2** Semente dessa planta. **3** Licor fabricado com essa semente, aguardente e açúcar. ☐ SIN. anisete.

anisete ⟨a.ni.se.te⟩ s.m. Licor fabricado com anis, aguardente e açúcar. ☐ SIN. anis.

anistia ⟨a.nis.ti.a⟩ s.f. Ato do poder público que declara não puníveis delitos praticados até determinada data, especialmente se forem de natureza política.

anistiar ⟨a.nis.ti.ar⟩ v.t.d. Conceder anistia a (alguém): *O novo governo anistiou os presos políticos*.

aniversariante ⟨a.ni.ver.sa.ri.an.te⟩ adj.2g./s.2g. Que ou quem faz aniversário.

aniversariar ⟨a.ni.ver.sa.ri.ar⟩ v.int. Completar anos: *Minha mãe aniversaria em janeiro*.

aniversário ⟨a.ni.ver.sá.rio⟩ s.m. Dia em que se completam um ou mais anos de um acontecimento.

anjo ⟨an.jo⟩ s.m. **1** Em algumas religiões, espírito celestial que serve de mensageiro entre Deus e os homens. **2** Em uma procissão ou em outras cerimônias católicas, criança que representa esse espírito. **3** Pessoa bondosa ou com as características que se consideram próprias desses espíritos.

-ano Em química, sufixo que significa *hidrocarboneto saturado*: *metano, propano*.

-ano, -ana **1** Sufixo que indica origem ou pátria: *africano, boliviana*. **2** Sufixo que indica relação: *anglicano*.

ano ⟨a.no⟩ s.m. **1** Período de doze meses, contados a partir do dia 1º de janeiro ou de um dia qualquer. **2** Tempo que a Terra demora para percorrer sua órbita ao redor do Sol: *O ano terrestre dura aproximadamente 365 dias*. ‖ **ano bissexto** Aquele que, a cada quatro anos, tem um dia a mais no mês de fevereiro. ‖ **ano civil** Aquele contado do dia 1º de janeiro ao dia 31 de dezembro. ‖ **ano letivo** Aquele destinado às atividades escolares.

anódino, na ⟨a.nó.di.no, na⟩ adj. **1** Em relação especialmente a um medicamento, que alivia, suaviza ou atenua a dor. **2** Insignificante, que tem pouca importância ou que não apresenta nenhum interesse: *uma vida anódina*.

ânodo ⟨â.no.do⟩ s.m. Eletrodo positivo.

anoitecer ⟨a.noi.te.cer⟩ ▌s.m. **1** Transição entre o entardecer e a noite. ▌v.int. **2** Começar a faltar a luz do dia: *No inverno, anoitece mais cedo que no verão*. ▌v.t.i. **3** Chegar ou estar [em um lugar ou em uma situação] ao começar a noite: *Saindo agora da cidade, vamos anoitecer na praia*. ☐ ORTOGRAFIA Antes de *a* ou *o*, o *c* muda para *ç* →CONHECER. ☐ GRAMÁTICA Na acepção 2, é um verbo impessoal: só se usa na terceira pessoa do singular, no particípio, no gerúndio e no infinitivo →CHOVER.

ano-luz ⟨a.no-luz⟩ (pl. *anos-luz*) s.m. Distância que a luz percorre no vácuo durante um período equivalente a um ano no planeta Terra.

anomalia ⟨a.no.ma.li.a⟩ s.f. Aquilo que se desvia do que se considera normal ou regular: *uma anomalia genética*.

anômalo, la ⟨a.nô.ma.lo, la⟩ adj. **1** Irregular, estranho ou que se desvia do que se considera normal. **2** Em gramática, em relação a um verbo, que tem seu radical substituído por outro quando conjugado.

anonimato

anonimato ⟨a.no.ni.ma.to⟩ s.m. Condição de anônimo.

anônimo, ma ⟨a.nô.ni.mo, ma⟩ ❚ adj. **1** Sem nome ou sem o nome de seu autor. ❚ adj/s. **2** Que ou quem não é conhecido nem famoso.

ano-novo ⟨a.no-no.vo⟩ (Pron. [ano-nôvo], [anos-nóvos]) (pl. *anos-novos*) s.m. Ano que está para começar ou que acaba de começar.

anorexia ⟨a.no.re.xi.a⟩ (Pron. [anorecsia]) s.f. Perda do apetite, que pode ser causada por fatores psíquicos ou fisiológicos. ‖ **anorexia nervosa** Transtorno alimentar caracterizado pela recusa em ingerir alimentos, devido a uma obsessão pela magreza.

anoréxico, ca ⟨a.no.ré.xi.co, ca⟩ (Pron. [anorécsico]) adj./s. Que ou quem sofre de anorexia ou perda do apetite.

anormal ⟨a.nor.mal⟩ (pl. *anormais*) ❚ adj.2g. **1** Que é diferente do habitual ou que acidentalmente se encontra fora de seu estado natural. ❚ adj.2g./s.2g. **2** *pejorativo* Que ou quem sofre de uma deficiência mental.

anotação ⟨a.no.ta.ção⟩ (pl. *anotações*) s.f. **1** Ato ou efeito de anotar. **2** Em um escrito, nota colocada para esclarecer ou precisar um dado.

anotar ⟨a.no.tar⟩ v.t.d. **1** Tomar nota de (um dado) por escrito: *Anotou o endereço na agenda*. **2** Acrescentar um apontamento, uma nota, uma explicação ou um comentário a (um texto escrito): *Uma especialista foi encarregada de anotar a obra*.

anseio ⟨an.sei.o⟩ s.m. Desejo intenso. ☐ SIN. ânsia.

ânsia ⟨ân.sia⟩ ❚ s.f. **1** Angústia ou inquietação. **2** Desejo intenso: *A ânsia de conhecer novas culturas levou-o a viajar pelo mundo inteiro*. ☐ SIN. anseio. ❚ s.f.pl. **3** Mal-estar que se sente no estômago quando se quer vomitar: *Quando ficou grávida, ela sentia ânsia todo dia pela manhã*. ☐ SIN. enjoo, náusea.

ansiar ⟨an.si.ar⟩ v.t.d./v.t.i. Desejar intensamente ou aguardar com ansiedade [por algo]: *A atriz ansiava ganhar aquele papel*. ☐ SIN. almejar. ☐ GRAMÁTICA É um verbo irregular. →MEDIAR.

ansiedade ⟨an.si.e.da.de⟩ s.f. **1** Estado de agitação ou inquietude: *Andar de avião lhe causa muita ansiedade*. **2** Desejo intenso de que algo aconteça: *Aguardavam com ansiedade o nascimento do filho*. **3** Sensação de medo ou de apreensão sem uma causa determinada.

ansioso, sa ⟨an.si.o.so, sa⟩ (Pron. [ansiôso], [ansiósa], [ansiósos], [ansiósas]) adj. Que sente ansiedade.

anta ⟨an.ta⟩ s.f. Mamífero herbívoro de médio porte, de focinho dotado de uma tromba curta e flexível, com pelagem marrom-escura e patas com três dedos. ☐ SIN. tapir. ☐ GRAMÁTICA É um substantivo epiceno: *a anta (macho/fêmea)*.

antagônico, ca ⟨an.ta.gô.ni.co, ca⟩ adj. Que tem ou manifesta antagonismo, oposição ou rivalidade, geralmente em relação a ideias ou opiniões.

antagonismo ⟨an.ta.go.nis.mo⟩ s.m. Oposição ou rivalidade, geralmente em relação a ideias ou opiniões.

antagonista ⟨an.ta.go.nis.ta⟩ adj.2g./s.2g. Que ou quem se opõe a algo ou age em sentido contrário.

antanho ⟨an.ta.nho⟩ adv. Em um tempo passado: *um costume de antanho*.

antártico, ca ⟨an.tár.ti.co, ca⟩ adj. Do polo Sul, das regiões que o rodeiam ou relacionado a eles.

ante ⟨an.te⟩ prep. Em presença de: *Ante uma situação tão difícil, ficamos sem saber o que fazer*.

antebraço ⟨an.te.bra.ço⟩ s.m. Parte do braço que fica entre o cotovelo e o punho.

antecâmara ⟨an.te.câ.ma.ra⟩ s.f. **1** Aposento que antecede a sala principal de uma casa ou um aposento onde visitas são recebidas. ☐ SIN. antessala. **2** Aposento que antecede a câmara ou o quarto onde se dormem.

antecedência ⟨an.te.ce.dên.cia⟩ s.f. **1** Ato ou efeito de anteceder(-se). **2** Adiantamento no tempo ou no espaço: *Gosto de chegar com antecedência a meus compromissos*.

antecedente ⟨an.te.ce.den.te⟩ ❚ adj.2g. **1** Que antecede. ❚ s.m. **2** Aquilo que ocorreu antes e pode condicionar o que ocorre depois: *os antecedentes criminais de uma pessoa*.

anteceder ⟨an.te.ce.der⟩ ❚ v.t.d./v.t.i. **1** Vir antes de (algo) ou antecipar-se [a algo] no tempo ou no espaço: *Uma grande ventania antecedeu a chuva*. *Na ordem alfabética, a letra* h *antecede a letra* i. ☐ SIN. preceder. ❚ v.prnl. **2** Agir com antecipação ou executar uma ação antes de alguém: *Antecedeu-se aos colegas e entregou o relatório antes do prazo*. ☐ SIN. adiantar, antecipar. ☐ GRAMÁTICA Na acepção 2, usa-se a construção *anteceder-se A alguém*.

antecessor, -a ⟨an.te.ces.sor, so.ra⟩ (Pron. [antecessôr], [antecessôra]) adj./s. Que ou quem exerceu um cargo ou uma função antes de quem os exerce agora. ☐ SIN. predecessor.

antecipação ⟨an.te.ci.pa.ção⟩ (pl. *antecipações*) s.f. Ato ou efeito de antecipar(-se): *A oposição pediu a antecipação das eleições*.

antecipar ⟨an.te.ci.par⟩ ❚ v.t.d./v.prnl. **1** Fazer com que ocorra ou ocorrer antes do esperado ou do previsto (algo que ainda não aconteceu): *Anteciparam a data da prova*. ☐ SIN. adiantar. ❚ v.t.d./v.t.d.i. **2** Dar antes do previsto (uma notícia) [a alguém]: *O jornal antecipou o resultado da eleição*. ☐ SIN. adiantar. **3** Pagar antecipadamente (um valor) [a alguém]: *O funcionário pediu à empresa que lhe antecipassem o salário*. ☐ SIN. adiantar. ❚ v.prnl. **4** Agir com antecipação ou executar uma ação antes de alguém: *Na jogada do gol, o atacante antecipou-se muito bem ao zagueiro*. ☐ SIN. adiantar, anteceder. ☐ GRAMÁTICA Na acepção 4, usa-se a construção *antecipar-se A alguém*.

antediluviano, na ⟨an.te.di.lu.vi.a.no, na⟩ adj. Anterior ao dilúvio universal.

antegozar ⟨an.te.go.zar⟩ v.t.d. Desfrutar ou gozar (algo positivo) antecipadamente: *Antes da última rodada, o time já antegozava o sabor do triunfo*.

antegozo ⟨an.te.go.zo⟩ (Pron. [antegôzo]) s.m. Prazer, gozo ou deleite antecipados.

antemão ⟨an.te.mão⟩ ‖ **de antemão** Com antecipação ou com antecedência: *Avisei de antemão que não poderia comparecer*.

antena ⟨an.te.na⟩ s.f. **1** Dispositivo pelo qual se recebem ou emitem ondas eletromagnéticas: *uma antena de televisão*. **2** Em um artrópode ou em alguns moluscos, cada um dos pares de apêndices afinados que se localizam no alto da cabeça: *Os insetos têm um par de antenas*. ‖ **(antena) parabólica** Aquela que permite captar emissoras situadas a grande distância.

antenado, da ⟨an.te.na.do, da⟩ adj. *informal* Atento e bem informado.

anteontem ⟨an.te.on.tem⟩ adv. No dia imediatamente anterior ao de ontem.

anteparo ⟨an.te.pa.ro⟩ s.m. Objeto que serve para resguardar ou abrigar: *O tapume e o biombo são anteparos*.

antepassado, da ⟨an.te.pas.sa.do, da⟩ s. Pessoa da qual se descende. ☐ SIN. ancestral.

antepasto ⟨an.te.pas.to⟩ s.m. Alimento leve que se come antes das refeições.

antepenúltimo, ma ⟨an.te.pe.núl.ti.mo, ma⟩ adj./s. Imediatamente anterior ao penúltimo.

58

antipático

antepor ⟨an.te.por⟩ ▌v.t.d.i./v.prnl. **1** Colocar(-se) antes [de algo]: *Em português, podemos antepor os adjetivos aos substantivos, como em* bela paisagem *ou* ótimo resultado. ▌v.t.d.i. **2** Valorizar, estimar mais ou preferir (uma coisa) [a outra]: *Sempre antepõe suas obrigações às suas vontades.* ☐ GRAMÁTICA É um verbo irregular →PÔR.
anteprojeto ⟨an.te.pro.je.to⟩ s.m. Esboço de um projeto: *um anteprojeto de lei.*
antera ⟨an.te.ra⟩ s.f. Em uma flor, parte superior do estame, geralmente dilatada e em cujo interior está o pólen.
anterior ⟨an.te.ri.or⟩ (Pron. [anteriôr]) adj.2g. Que está antes no espaço ou no tempo.
anterioridade ⟨an.te.ri.o.ri.da.de⟩ s.f. Condição de anterior.
antes ⟨an.tes⟩ adv. **1** Em um lugar ou em um tempo anteriores: *A loja fica antes da esquina. Chegou antes de todos.* **2** De preferência: *Antes ir ao teatro do que ao cinema.* **3** Ao contrário ou ao invés disso: *Não era uma pessoa ignorante, antes era bastante culta.*
antessala ⟨an.tes.sa.la⟩ s.f. Aposento que antecede a sala principal de uma casa ou um aposento onde visitas são recebidas: *Os pacientes eram levados a uma antessala, antes da consulta.* ☐ SIN. antecâmara.
antever ⟨an.te.ver⟩ v.t.d. Ver com antecedência (o futuro): *A economista anteviu a queda da bolsa de valores.* ☐ GRAMÁTICA É um verbo irregular →VER.
antevéspera ⟨an.te.vés.pe.ra⟩ s.f. Dia anterior à véspera de algo: *Dia 23 de dezembro é a antevéspera do Natal.*
antiácido, da ⟨an.ti.á.ci.do, da⟩ adj./s.m. Em relação a uma substância, que neutraliza, elimina ou enfraquece a acidez gástrica ou do estômago.
antiaderente ⟨an.ti.a.de.ren.te⟩ adj.2g. Que impede a aderência: *uma panela antiaderente.*
antiaéreo, rea ⟨an.ti.a.é.reo, rea⟩ adj. Que defende contra aviões militares.
antialérgico, ca ⟨an.ti.a.lér.gi.co, ca⟩ adj./s.m. Que previne a alergia ou que a combate.
antibiótico, ca ⟨an.ti.bi.ó.ti.co, ca⟩ adj./s.m. Em relação a uma substância química, que é capaz de impedir o desenvolvimento de certos micro-organismos causadores de doenças, ou de causar a morte deles.
anticiclone ⟨an.ti.ci.clo.ne⟩ (Pron. [anticiclône]) s.m. Zona de alta pressão atmosférica, que costuma provocar um tempo aberto.
anticoagulante ⟨an.ti.co.a.gu.lan.te⟩ adj.2g./s.m. Que previne ou que combate a coagulação.
anticoncepção ⟨an.ti.con.cep.ção⟩ (pl. *anticoncepções*) s.f. Conjunto de métodos utilizados para impedir a gravidez. ☐ SIN. contracepção.
anticoncepcional ⟨an.ti.con.cep.ci.o.nal⟩ (pl. *anticoncepcionais*) adj.2g./s.m. Que impede a gravidez. ☐ SIN. contraceptivo.
anticonstitucional ⟨an.ti.cons.ti.tu.ci.o.nal⟩ (pl. *anticonstitucionais*) adj.2g. Que é contrário à Constituição de um Estado. ☐ USO É diferente de *inconstitucional* (lei ou norma que não estão de acordo com ou que não se ajustam à Constituição ou às leis fundamentais do Estado).
anticorpo ⟨an.ti.cor.po⟩ (Pron. [anticôrpo], [anticórpos]) s.m. Em um organismo animal, substância que algumas células elaboram como reação ante um antígeno que não seja reconhecido como integrante da composição química desse organismo: *As vacinas ativam a produção de anticorpos, que protegem o organismo contra doenças.*
anticristo ⟨an.ti.cris.to⟩ s.m. No cristianismo, ser maligno que virá antes do fim do mundo, espalhando o crime e destruindo a fé, para afinal ser vencido por Jesus Cristo (o filho de Deus para os cristãos).

antidepressivo, va ⟨an.ti.de.pres.si.vo, va⟩ adj./s.m. Em relação a um medicamento, que previne ou que combate a depressão.
antiderrapante ⟨an.ti.der.ra.pan.te⟩ adj.2g. Que evita que algo derrape ou deslize.
antídoto ⟨an.tí.do.to⟩ s.m. Medicamento que anula a ação de um veneno: *Depois que ele foi picado pela cobra, tivemos que encontrar um antídoto.* ☐ SIN. contraveneno.
antiético, ca ⟨an.ti.é.ti.co, ca⟩ adj. Que é contrário à ética.
antífona ⟨an.tí.fo.na⟩ s.f. Texto breve cantado ou rezado antes e depois dos salmos e dos cânticos nas horas canônicas.
antígeno ⟨an.tí.ge.no⟩ s.m. Substância que, ao ser introduzida em um organismo, provoca nele a formação de anticorpo.
antigo, ga ⟨an.ti.go, ga⟩ ▌adj. **1** Que existe há muito tempo: *São Vicente é a cidade mais antiga do Brasil.* **2** Que existiu e ficou no passado: *Fui visitar meu antigo bairro.* ☐ SIN. primevo. **3** Que está há muito tempo em um mesmo emprego, em uma mesma profissão ou em uma mesma atividade: *Ela é a professora mais antiga da escola.* ▌s.m.pl. **4** Pessoas que viveram no passado: *Os antigos acreditavam que o Sol girava em torno da Terra.* ☐ GRAMÁTICA Seus superlativos são *antiquíssimo* e *antiguíssimo*.
antiguidade ⟨an.ti.gui.da.de⟩ (Pron. [antigüidade]) s.f. **1** Condição de antigo: *Esses objetos são valiosos por sua antiguidade.* **2** Período histórico que se inicia com as mais antigas civilizações e termina com a queda do Império Romano do Ocidente: *A arte da Antiguidade clássica serviu de modelo aos artistas do Renascimento.* **3** Objeto artístico antigo ou de épocas passadas: *uma loja de antiguidades.* ☐ ORTOGRAFIA Na acepção 2, usa-se geralmente com inicial maiúscula por ser também um nome próprio.
anti-higiênico, ca ⟨an.ti-hi.gi.ê.ni.co, ca⟩ (pl. *anti-higiênicos*) adj. Que é contrário às normas da higiene.
anti-horário, ria ⟨an.ti-ho.rá.rio, ria⟩ (pl. *anti-horários*) adj. Em relação a um sentido, que é contrário ao dos ponteiros do relógio.
anti-inflamatório, ria ⟨an.ti-in.fla.ma.tó.rio, ria⟩ (pl. *anti-inflamatórios*) adj./s.m. Que elimina ou diminui a inflamação de alguma parte do organismo.
antílope ⟨an.tí.lo.pe⟩ s.m. Denominação comum para várias espécies de animais ruminantes que têm cornos longos e pontiagudos, pelagem castanha, patas altas e delgadas, que são velozes e vivem em rebanhos.
antimônio ⟨an.ti.mô.nio⟩ s.m. Elemento químico da família dos semimetais, de número atômico 51, sólido, duro, de cor branco-azulada e brilhante, muito frágil e facilmente conversível em pó. ☐ ORTOGRAFIA Seu símbolo químico é *Sb*, sem ponto.
antinomia ⟨an.ti.no.mi.a⟩ s.f. Contradição ou oposição entre dois princípios racionais.
antinuclear ⟨an.ti.nu.cle.ar⟩ adj.2g. **1** Que se opõe ao uso da energia nuclear. **2** Que protege das armas nucleares: *um refúgio antinuclear.*
antiofídico, ca ⟨an.ti.o.fí.di.co, ca⟩ adj./s.m. Em relação a uma substância, que combate o efeito do veneno da cobra.
antioxidante ⟨an.ti.o.xi.dan.te⟩ (Pron. [antiocsidante]) adj.2g./s.m. **1** Que evita a formação de óxidos. **2** Em relação a uma substância, que impede a oxidação.
antipatia ⟨an.ti.pa.ti.a⟩ s.f. Sentimento de desagrado ou aversão: *Tenho muita antipatia por ele.*
antipático, ca ⟨an.ti.pá.ti.co, ca⟩ adj./s. Que ou quem provoca um sentimento de antipatia ou desagrado.

antipatizar

antipatizar ⟨an.ti.pa.ti.zar⟩ v.t.i. Sentir antipatia [por algo ou alguém]. □ GRAMÁTICA Usa-se a construção *antipatizar* COM *(algo/alguém)*.
antipedagógico, ca ⟨an.ti.pe.da.gó.gi.co, ca⟩ adj. Que é contrário à pedagogia.
antipessoal ⟨an.ti.pes.so.al⟩ (pl. *antipessoais*) adj.2g. Em relação a um artefato explosivo, que é usado contra pessoas.
antipirético, ca ⟨an.ti.pi.ré.ti.co, ca⟩ adj./s.m. Em relação a um medicamento, que combate a febre. □ SIN. antitérmico.
antípoda ⟨an.tí.po.da⟩ ▌ adj.2g./s.2g. **1** Que ou quem se contrapõe totalmente a algo: *ideologias antípodas*. ▌ s.2g. **2** Em relação a um habitante da Terra, outro que reside em um ponto oposto: *Os japoneses são os antípodas dos brasileiros*.
antiquado, da ⟨an.ti.quá.do, da⟩ adj. Que está em desuso há muito tempo, fora de moda ou que é próprio de outra época.
antiquário, ria ⟨an.ti.quá.rio, ria⟩ ▌ s. **1** Pessoa que coleciona ou comercializa objetos antigos de valor. ▌ s.m. **2** Lugar onde se vendem antiguidades.
antiquíssimo, ma ⟨an.ti.quís.si.mo, ma⟩ (Pron. [antiqüíssimo]) Superlativo irregular de antigo.
antirrábico, ca ⟨an.tir.rá.bi.co, ca⟩ adj./s.m. Em relação a um medicamento, que combate a doença da raiva.
antissemita ⟨an.tis.se.mi.ta⟩ adj.2g./s.2g. Que ou quem segue ou defende o antissemitismo.
antissemitismo ⟨an.tis.se.mi.tis.mo⟩ s.m. Aversão aos judeus e a tudo o que se relaciona a eles ou à sua cultura.
antisséptico, ca ⟨an.tis.sép.ti.co, ca⟩ adj./s.m. Que previne ou combate as infecções, destruindo os micróbios que as causam.
antissocial ⟨an.tis.so.ci.al⟩ (pl. *antissociais*) adj.2g./s.2g. Contrário à sociedade ou à ordem social estabelecida.
antitérmico, ca ⟨an.ti.tér.mi.co, ca⟩ adj./s.m. **1** Que isola do calor: *uma proteção antitérmica*. **2** Em relação a um medicamento, que combate a febre. □ SIN. antipirético.
antítese ⟨an.tí.te.se⟩ s.f. **1** Oposição ou contraste muito fortes: *As suas ideias são a antítese das minhas*. **2** Figura de linguagem onde, em uma mesma frase, são expressas duas ou mais palavras ou ideias de sentidos contrários: *O verso de Fernando Pessoa O mito é o nada que é tudo encerra uma antítese*.
antitetânico, ca ⟨an.ti.te.tâ.ni.co, ca⟩ adj./s.m. Que previne ou cura a doença do tétano.
antitóxico, ca ⟨an.ti.tó.xi.co, ca⟩ (Pron. [antitócsico]) adj./s.m. Em relação a um medicamento ou a uma substância, que anulam a ação de um veneno.
antivírus ⟨an.ti.ví.rus⟩ adj.2g.2n./s.m.2n. Em relação a um programa de informática, que detecta a presença de vírus e os anula.
antolhos ⟨an.to.lhos⟩ s.m.pl. Peça, geralmente de couro, usada sobre os olhos de um animal de montaria para limitar o seu campo de visão.
antologia ⟨an.to.lo.gi.a⟩ s.f. **1** Coleção de textos ou trechos de textos de um ou mais autores, selecionados de acordo com algum critério: *uma antologia poética*. □ SIN. seleta. **2** Estudo das flores. **3** Coleção de flores.
antônimo, ma ⟨an.tô.ni.mo, ma⟩ adj./s.m. Em relação a uma palavra, de significado oposto ao de outra. □ SIN. contrário.
antro ⟨an.tro⟩ s.m. **1** Caverna ou gruta profundas e escuras. **2** Local, lugar ou habitação sujos, pobres ou em más condições. **3** Estabelecimento de mau aspecto ou reputação.

antropocêntrico, ca ⟨an.tro.po.cên.tri.co, ca⟩ adj. Do antropocentrismo ou relacionado a essa doutrina filosófica.
antropocentrismo ⟨an.tro.po.cen.tris.mo⟩ s.m. Doutrina ou concepção característica de alguns sistemas filosóficos que consideram o ser humano como o centro do universo, a qual todas as outras coisas estão subordinadas.
antropofagia ⟨an.tro.po.fa.gi.a⟩ s.f. Condição ou ato de antropófago.
antropófago, ga ⟨an.tro.pó.fa.go, ga⟩ adj./s. Que ou quem come carne humana. □ SIN. canibal.
antropoide ⟨an.tro.poi.de⟩ (Pron. [antropóide]) ▌ adj.2g. **1** Que é semelhante ao homem: *um robô antropoide*. ▌ adj.2g./s.2g. **2** Em relação geralmente a um macaco, que tem forma parecida com a do ser humano. ▌ s.m.pl. **3** Suborudem dos primatas desprovidos de cauda, com cabeça grande e cérebro desenvolvido.
antropologia ⟨an.tro.po.lo.gi.a⟩ s.f. Ciência ou conjunto de ciências que estudam o ser humano nos seus aspectos biológicos, sociais e culturais.
antropológico, ca ⟨an.tro.po.ló.gi.co, ca⟩ adj. Da antropologia ou relacionado a essa ciência: *um estudo antropológico*.
antropólogo, ga ⟨an.tro.pó.lo.go, ga⟩ s. Pessoa que se dedica profissionalmente à antropologia ou que é especializada nessa ciência.
antropomorfismo ⟨an.tro.po.mor.fis.mo⟩ s.m. **1** Tendência a atribuir pensamentos, comportamentos e qualidades humanas às divindades ou aos seres sobrenaturais. **2** Tendência ou conceito que atribuem a objetos inanimados ou a seres irracionais comportamentos e características típicas do ser humano.
antropomorfo, fa ⟨an.tro.po.mor.fo, fa⟩ adj. Que tem forma humana.
antropônimo ⟨an.tro.pô.ni.mo⟩ s.m. Nome próprio de pessoa.
antropozoico, ca ⟨an.tro.po.zoi.co, ca⟩ (Pron. [antropozóico]) adj. Em geologia, da era quaternária, a quinta da história da Terra, ou relacionado a ela. □ SIN. neozoico, quaternário.
antúrio ⟨an.tú.rio⟩ s.m. Planta herbácea, com folhas geralmente grandes e em formato de coração, com flores pequenas localizadas em um ramo central em forma de espiga e envolvido por uma grande folha branca ou vermelha, e muito cultivada como ornamental.
anu ⟨a.nu⟩ s.m. Ave de corpo fino e plumagem preta, de bico forte e cauda longa, que se alimenta de insetos e vive em bandos. □ ORIGEM É uma palavra de origem tupi. □ ORTOGRAFIA Escreve-se também *anum*. □ GRAMÁTICA É um substantivo epiceno: *o anu {macho/fêmea}*.
anual ⟨a.nu.al⟩ (pl. *anuais*) adj.2g. **1** Que ocorre ou se repete a cada ano. **2** Que dura um ano: *um curso anual*.
anuência ⟨a.nu.ên.cia⟩ s.f. **1** Ato ou efeito de anuir. **2** Permissão para fazer algo: *A passeata foi realizada com a anuência das autoridades*.
anuidade ⟨a.nu.i.da.de⟩ s.f. Quantia de dinheiro paga regularmente a cada ano.
anuir ⟨a.nu.ir⟩ ▌ v.t.i. **1** Permitir ou estar de acordo [com algo]: *O diretor anuiu à solicitação dos funcionários*. ▌ v.int. **2** Aprovar ou consentir algo: *O sorriso demonstrava que havia anuído*. □ ORTOGRAFIA Usa-se *i* em vez do *e* comum na conjugação do presente do indicativo e do imperativo afirmativo →ATRIBUIR.
anulação ⟨a.nu.la.ção⟩ (pl. *anulações*) s.f. Ato ou efeito de anular(-se): *a anulação de um contrato; a anulação de um casamento*.

anular ⟨a.nu.lar⟩ ▮ adj.2g. **1** →**anelar** ▮ v.t.d./v.prnl. **2** Tornar(-se) nulo, inválido ou sem efeito: *O juiz anulou o gol*. **3** Incapacitar, desautorizar (alguém) ou perder seu valor ou poder: *A forte defesa do time adversário anulou todos os nossos ataques. É corajoso e não se anula diante dos demais*. ▮ s.m. **4** →**dedo anular**

anum ⟨a.num⟩ (pl. *anuns*) s.m. →**anu**

anunciação ⟨a.nun.ci.a.ção⟩ (pl. *anunciações*) s.f. **1** Ato ou efeito de anunciar(-se). **2** Na Igreja Católica, anúncio feito pelo anjo Gabriel à Virgem Maria de que ela seria a mãe de Jesus Cristo (o filho de Deus para os cristãos), sem deixar de ser virgem. **3** Festa católica que comemora esse anúncio.

anunciante ⟨a.nun.ci.an.te⟩ adj.2g./s.2g. Em relação geralmente a uma empresa, que usa uma publicidade para anunciar um produto ou serviço.

anunciar ⟨a.nun.ci.ar⟩ ▮ v.t.d./v.t.d.i. **1** Publicar (uma notícia ou informação) ou tornar (uma notícia ou informação) conhecida [de alguém]: *Já anunciaram os vencedores do concurso*. ▮ v.t.d. **2** Fazer publicidade de (um produto) com fins comerciais: *A editora anunciou o lançamento do livro*. ▮ v.t.d./v.t.d.i./v.prnl. **3** Prenunciar(-se) ou dar sinal ou indício de (algo que ocorrerá no futuro) [a alguém]: *As nuvens carregadas anunciavam chuva*. **4** Comunicar ou fazer saber (o nome de alguém) ou apresentar-se: *O mordomo ia anunciando os convidados ao dono da casa. Entrou na sala de reunião sem se anunciar*.

anúncio ⟨a.nún.cio⟩ s.m. **1** Aviso, proclamação ou publicação: *Ele surpreendeu a todos com o anúncio do fim de sua carreira*. **2** Mensagem de propaganda para dar a conhecer um produto, um serviço ou qualquer outra coisa: *Há anúncios demais na programação desta rádio*. **3** Sinal ou indício de que algo ocorrerá no futuro: *Essa febre parece ser anúncio de gripe*.

anuro, ra ⟨a.nu.ro, ra⟩ ▮ adj./s.m. **1** Em relação a um anfíbio, que carece de cauda e que na idade adulta possui quatro extremidades, sendo as duas posteriores adaptadas para o salto. ▮ s.m.pl. **2** Em zoologia, ordem desses anfíbios.

ânus ⟨â.nus⟩ s.m. Orifício onde termina o tubo digestivo de muitos animais, o pelo qual se expulsam os excrementos.

anuviar ⟨a.nu.vi.ar⟩ v.t.d./v.prnl. **1** Cobrir(-se) de nuvens. **2** Tornar(-se) triste ou melancólico: *Sua expressão anuviou-se ao ouvir a notícia*.

anverso ⟨an.ver.so⟩ s.m. **1** Parte frontal de um objeto: *Preencha o anverso da folha com seus dados*. **2** Em uma moeda ou em uma medalha, lado ou superfície principais. □ SIN. rosto.

anzol ⟨an.zol⟩ (pl. *anzóis*) s.m. Gancho curvo, geralmente pequeno e metálico, com uma ponta muito afiada, que serve para pescar.

-ão Sufixo que indica ação e efeito: *empurrão, construção*.

-ão, -ã Sufixo que indica origem ou pátria: *aldeão, alemã*.

-ão, -ona **1** Sufixo que indica tamanho maior: *salão, casona*. **2** Sufixo que indica idade: *quarentão, cinquentona*.

ao Contração da preposição *a* com o artigo definido *o* ou com o pronome demonstrativo *o*.

aonde ⟨a.on.de⟩ adv. Para que lugar: *Aonde vocês vão?* □ USO É diferente de *onde* (em que lugar).

AP É a sigla do estado brasileiro do Amapá.

apache ⟨a.pa.che⟩ ▮ adj./s. **1** Do grupo indígena americano, nômade, que habitava o sul do atual território estadunidense, ou relacionado a ele. ▮ s.m. **2** Língua desse grupo.

apadrinhar ⟨a.pa.dri.nhar⟩ v.t.d. **1** Tornar-se padrinho de (alguém): *No batizado, os avós maternos apadrinharam o neto*. **2** Patrocinar, defender ou favorecer (uma pessoa ou uma iniciativa): *Uma fundação apadrinhou nosso projeto*.

apagador, -a ⟨a.pa.ga.dor, do.ra⟩ (Pron. [apagadôr], [apagadôra]) ▮ adj. **1** Que apaga ou serve para apagar. ▮ s.m. **2** Objeto usado para apagar o que foi escrito em um quadro.

apagão ⟨a.pa.gão⟩ (pl. *apagões*) s.m. *informal* Interrupção na prestação de um serviço ou no fornecimento de um produto, especialmente se for de energia elétrica.

apagar ⟨a.pa.gar⟩ ▮ v.t.d./v.int./v.prnl. **1** Fazer com que acabe, acabar ou extinguir(-se) (o fogo ou a luz): *Quando sair, apague a luz, por favor! A vela se apagou com o vento*. ▮ v.t.d. **2** Fazer desaparecer (um sentimento ou uma lembrança): *Apague essas recordações!* ▮ v.t.d./v.int. **3** Suavizar(-se) ou desbotar(-se) (o tom de uma cor viva): *O vermelho das paredes apagou com o passar dos anos*. ▮ v.t.d. **4** Fazer desaparecer da superfície na qual está registrado (um escrito ou um trabalho gráfico): *O menino apagou as respostas erradas do caderno*. ▮ v.int. **5** *informal* Adormecer rapidamente: *Deitou-se no sofá e apagou diante da televisão*. **6** *informal* Desmaiar: *Levou um susto tão forte que apagou no meio da sala*. ▮ v.t.d. **7** *informal* Matar. □ ORTOGRAFIA Antes de *e*, o *g* muda para *gu* →CHEGAR.

apaiari ⟨a.pai.a.ri⟩ s.m. Peixe de corpo listrado e com uma mancha arredondada e escura na cauda, que se assemelha a um olho. □ ORIGEM É uma palavra de origem tupi. □ GRAMÁTICA É um substantivo epiceno: *o apaiari (macho/fêmea)*.

apaixonado, da ⟨a.pai.xo.na.do, da⟩ adj./s. **1** Possuído por uma paixão. **2** Partidário ou seguidor de algo: *Ela é apaixonada por ópera*.

apaixonante ⟨a.pai.xo.nan.te⟩ adj.2g. Que capta muito a atenção ou que é muito interessante: *uma história apaixonante*.

apaixonar ⟨a.pai.xo.nar⟩ v.t.d./v.prnl. **1** Despertar o sentir paixão: *Ela me apaixona. Apaixonaram-se assim que se conheceram*. **2** Causar ou sentir entusiasmo, admiração ou real interesse: *A ópera nos apaixona. Apaixonou-se pelo cinema italiano*. □ GRAMÁTICA Na acepção 2, como verbo pronominal, usa-se a construção *apaixonar-se POR algo*.

apalpar ⟨a.pal.par⟩ ▮ v.t.d./v.prnl. **1** Tocar(-se) com as mãos para perceber ou reconhecer por meio do tato: *O médico apalpou o ventre da paciente*. ▮ v.t.d. **2** Tocar com intenção sexual.

apanágio ⟨a.pa.ná.gio⟩ s.m. **1** Atributo ou característica próprios de algo, especialmente se considerados positivos: *A experiência é o apanágio da maturidade*. **2** Vantagem, privilégio ou direito especial: *Desfrutar de uma boa educação não deveria ser apanágio de poucos*.

apanhado ⟨a.pa.nha.do⟩ s.m. Exposição abreviada a respeito de um assunto.

apanhar ⟨a.pa.nhar⟩ ▮ v.t.d. **1** Recolher, colher ou pegar: *Antes que comece a chover, vou apanhar a roupa no varal*. ▮ v.int. **2** Sofrer agressão física: *Nunca apanhou dos pais*. ▮ v.t.d. **3** Subir em (um meio de transporte): *Correu para apanhar o ônibus*. **4** Capturar, prender ou aprisionar: *A polícia conseguiu apanhar o fugitivo*. **5** Contrair ou adquirir (uma doença): *Apanhei um resfriado*. **6** Surpreender ou encontrar desprevenido: *Apanharam-no colando na prova*. ▮ v.int. **7** *informal* Em alguns esportes, ser derrotado (em um jogo): *O time apanhou feio do adversário*. **8** *informal* Experimentar, viver ou sentir um dano moral ou físico com intensidade: *Apanhou muito da vida, mas também desfrutou*. □ GRAMÁTICA Nas acepções 2 e 7, usa-se a construção *apanhar DE (algo/alguém)*.

apaniguado

apaniguado, da ⟨a.pa.ni.gua.do, da⟩ adj./s. **1** Que ou quem é protegido ou favorecido por alguém. **2** Que ou quem é defensor ou seguidor de uma ideia, de uma pessoa ou de um movimento.

apara ⟨a.pa.ra⟩ s.f. Pedaço ou sobra de objetos cortados ou aparados. ☐ USO Usa-se geralmente a forma plural *aparas*.

aparador ⟨a.pa.ra.dor⟩ (Pron. [aparadôr]) s.m. Móvel usado geralmente em salas de jantar, onde são guardados os objetos necessários para se montar uma mesa. ☐ SIN. bufê.

aparafusar ⟨a.pa.ra.fu.sar⟩ v.t.d. →parafusar

aparar ⟨a.pa.rar⟩ v.t.d. **1** Sustentar ou segurar, especialmente se for com as mãos: *O goleiro aparou a bola.* **2** Recortar com um instrumento cortante, dando a forma adequada: *Todos os dias, apara a barba e o bigode.* **3** Deixar (um objeto) afiado, mais fino ou agudo: *Aparou a faca, pois já estava quase cega.* **4** Melhorar, tornar perfeito ou dar o maior grau de perfeição: *Com o tempo, a escritora aparou seu estilo.*

aparato ⟨a.pa.ra.to⟩ s.m. **1** Pompa ou ostentação: *A cerimônia foi realizada com grande aparato.* **2** Conjunto de instrumentos, peças, equipamentos ou elementos necessários à realização de algum fim específico: *A emissora mobilizou todo o seu aparato para transmitir o campeonato daquele ano.*

aparecer ⟨a.pa.re.cer⟩ v.int. **1** Manifestar-se, surgir ou deixar-se ver: *Depois de vários dias ausente, apareceu em casa.* **2** Apresentar-se no lugar combinado: *O jogo foi cancelado, pois um dos times não apareceu.* ☐ SIN. comparecer. **3** Ser encontrado (algo perdido): *Suas chaves apareceram.* **4** *informal* Chamar a atenção: *No Carnaval, muitos gostam de aparecer.* ☐ ORTOGRAFIA Antes de *e* ou *o*, o *c* muda para *ç* →CONHECER.

aparecidense ⟨a.pa.re.ci.den.se⟩ adj.2g./s.2g. De Aparecida ou relacionado a essa cidade do estado brasileiro de São Paulo.

aparecimento ⟨a.pa.re.ci.men.to⟩ s.m. **1** Ato ou efeito de aparecer. ☐ SIN. aparição. **2** Princípio, nascimento ou primeiro momento da existência.

aparelhagem ⟨a.pa.re.lha.gem⟩ (pl. *aparelhagens*) s.f. **1** Ato ou efeito de aparelhar(-se). **2** Conjunto de elementos que formam um equipamento: *a aparelhagem de som.*

aparelhar ⟨a.pa.re.lhar⟩ ▌ v.t.d./v.prnl. **1** Fornecer ou equipar-se com o que é necessário: *A Secretaria da Saúde aparelhou vários hospitais.* ▌ v.t.d. **2** Colocar em (um animal de montaria) os arreios ou os aparelhos necessários para montá-lo ou para colocar carga sobre ele: *aparelhar uma mula.*

aparelho ⟨a.pa.re.lho⟩ (Pron. [aparêlho]) s.m. **1** Conjunto de peças ou elementos projetados para funcionar conjuntamente com uma finalidade: *um aparelho de ar condicionado.* **2** Em biologia, conjunto de órgãos que se relacionam para desempenhar uma mesma função: *o aparelho circulatório.* ☐ SIN. sistema. ‖ **aparelho ({dentário/ortodôntico})** Aquele que se coloca nos dentes para alinhá-los.

aparência ⟨a.pa.rên.cia⟩ s.f. **1** Aspecto externo: *Ele estava com uma aparência saudável.* **2** Aquilo que parece algo que não é: *Sua bondade é pura aparência.*

aparentado, da ⟨a.pa.ren.ta.do, da⟩ adj. Que tem parentesco.

aparentar ⟨a.pa.ren.tar⟩ v.t.d. Tentar demonstrar ou simular (algo que não é verdadeiro): *Queria aparentar coragem, mas no fundo estava apavorado.* ☐ SIN. afetar.

aparente ⟨a.pa.ren.te⟩ adj.2g. **1** Que está exposto à vista. **2** Que parece real ou verdadeiro, mas que não é: *Sua tristeza é apenas aparente.*

aparição ⟨a.pa.ri.ção⟩ (pl. *aparições*) s.f. **1** Ato ou efeito de aparecer: *Foi a primeira aparição dela em público depois do escândalo.* ☐ SIN. aparecimento. **2** Surgimento ou início de algo: *Estamos presenciando a aparição de um novo astro de futebol.* **3** Aparecimento ou visão de um fantasma, espírito ou entidade sobrenatural: *Saiu correndo, achando ter visto uma aparição.*

apartamento ⟨a.par.ta.men.to⟩ s.m. Em um edifício, cada uma das unidades habitacionais que o compõem.

apartar ⟨a.par.tar⟩ ▌ v.t.d./v.t.d.i./v.prnl. **1** Colocar (uma coisa ou uma pessoa) em lugar separado ou mais distante [de outras], ou separar(-se). ▌ v.t.d. **2** Separar (duas ou mais pessoas em uma briga ou discussão): *Os amigos os apartaram antes que a coisa piorasse.* ▌ v.prnl. **3** Afastar-se ou desviar-se: *Apartou-se da família ao mudar de cidade.* ☐ GRAMÁTICA Na acepção 3, usa-se a construção *apartar-se* DE *(algo/alguém).*

aparte ⟨a.par.te⟩ s.m. Intervenção feita durante a fala ou o discurso de uma pessoa: *Ele pediu um aparte ao mediador do debate.*

apartear ⟨a.par.te.ar⟩ v.t.d./v.int. Interromper com apartes (a fala ou o discurso de alguém): *Aparteavam o orador duas vezes durante a exposição.* ☐ ORTOGRAFIA O *e* muda para *ei* quando a sílaba tônica estiver na raiz do verbo →NOMEAR.

apartheid *(palavra inglesa)* (Pron. [apartáidi]) s.m. Sistema político de segregação racial promovido pela minoria branca que atingia a maioria negra na África do Sul (país africano): *Nelson Mandela lutou contra o apartheid.*

aparvalhar ⟨a.par.va.lhar⟩ v.t.d./v.prnl. **1** Tornar(-se) parvo ou tolo. **2** Fazer perder a orientação ou confundir-se: *Os rojões aparvalharam os animais.*

apascentar ⟨a.pas.cen.tar⟩ v.t.d. Levar ao pasto (um gado): *apascentar um rebanho.*

apassivar ⟨a.pas.si.var⟩ v.t.d. **1** Tornar passivo, sem entusiasmo ou sem ânimo. **2** Colocar na voz passiva (uma oração).

apatia ⟨a.pa.ti.a⟩ s.f. **1** Indiferença, falta de interesse ou de entusiasmo: *Nada lhe conseguia tirar daquela apatia.* **2** Falta de energia ou de ânimo.

apático, ca ⟨a.pá.ti.co, ca⟩ adj. Que sente ou que demonstra apatia ou falta de interesse ou de entusiasmo.

apátrida ⟨a.pá.tri.da⟩ adj.2g./s.2g. Que ou quem não tem nacionalidade.

apavorar ⟨a.pa.vo.rar⟩ v.t.d./v.int./v.prnl. Causar ou sentir medo ou pavor: *Os filmes de terror me apavoram.*

apaziguar ⟨a.pa.zi.guar⟩ v.t.d./v.prnl. Deixar em paz, sossegar, aquietar-se ou restabelecer a calma: *A intervenção do árbitro conseguiu apaziguar os dois times. Passada a irritação inicial, foi se apaziguando.*

apear ⟨a.pe.ar⟩ v.t.d./v.int. Fazer descer ou descer de um meio de transporte ou de um animal de montaria: *O pai apeou o filho do cavalo.* ☐ ORTOGRAFIA O *e* muda para *ei* quando a sílaba tônica estiver na raiz do verbo →NOMEAR.

apedrejar ⟨a.pe.dre.jar⟩ v.t.d. **1** Atirar ou arremessar pedras (em algo ou alguém): *Uns desconhecidos apedrejaram a loja.* **2** Injuriar ou insultar.

apegar ⟨a.pe.gar⟩ ▌ v.t.d.i./v.prnl. **1** Fazer sentir ou sentir apego ou afeição [por algo ou alguém]: *Ele se apegou rápido ao cachorro.* ▌ v.prnl. **2** Ligar-se ou obstinar-se: *Ultimamente, apegou-se à ideia de escrever um livro.* **3** Aderir-se ou colar-se. **4** Ligar-se a uma crença ou cercar-se de sua proteção ou de sua ajuda: *Muitas pessoas se apegam à fé nas horas difíceis.* ☐ ORTOGRAFIA Antes de *e*, o *g* muda para *gu* →CHEGAR. ☐ GRAMÁTICA Usa-se a construção *apegar(-se)* A *(algo/alguém).*

apego ⟨a.pe.go⟩ (Pron. [apêgo]) s.m. **1** Carinho, afeto ou estima por algo: *Tem muito apego à família.* **2** Ligação

ou relação obstinadas com algo: *Nunca teve apego por coisas materiais.*
apelação ⟨a.pe.la.**cão**⟩ (pl. *apelações*) s.f. Em direito, apresentação de uma petição perante um juiz ou um tribunal de justiça para que se modifique ou se anule uma sentença previamente ditada por um juiz ou por um tribunal de categoria inferior: *Eles estão contestando o resultado do julgamento, e vão entrar com uma apelação.*
apelar ⟨a.pe.**lar**⟩ ▌v.t.i. **1** Em direito, pedir a modificação ou anulação [de uma sentença geralmente ditada por um juiz ou por um tribunal de categoria inferior] diante de um juiz ou de um tribunal por meio de uma petição: *O acusado apelou da sentença da juíza.* ▌v.int. **2** Em direito, apresentar perante um juiz ou um tribunal uma petição para que se modifique ou se anule uma sentença previamente ditada geralmente por um juiz ou por um tribunal de categoria inferior. ▌v.t.i. **3** Recorrer [a algo ou a alguém em cuja autoridade ou critério se confia] para solucionar um assunto: *Antes da partida, as autoridades apelaram para o bom senso das torcidas.* ▌v.t.i./v.int. **4** *informal* Lançar mão [de algo ou de alguém] para superar um obstáculo ou para enganar alguém: *Como não tinha mais argumentos, apelou para os insultos.* ☐ GRAMÁTICA Na acepção 1, usa-se a construção apelar DE algo; nas acepções 3 e 4, apelar PARA algo/alguém).
apelidar ⟨a.pe.li.**dar**⟩ v.t.d./v.prnl. Dar(-se) ou atribuir(-se) um apelido: *Seu nome era Roberto, mas apelidaram-no Beto. O lutador apelidou-se Furacão.* ☐ SIN. alcunhar, apodar, cognominar. ☐ GRAMÁTICA O objeto pode vir acompanhado de um complemento que o qualifica: *Seu nome era Roberto, mas apelidaram-no* Beto; *O lutador apelidou-se* Furacão.
apelido ⟨a.pe.**li**.do⟩ s.m. Nome dado a uma pessoa em substituição a seu verdadeiro nome, geralmente por alusão a alguma característica sua: *Como sou loiro, recebi o apelido de Alemão.* ☐ SIN. alcunha, apodo, cognome.
apelo ⟨a.**pe**.lo⟩ (Pron. [apêlo]) s.m. Convocação, petição ou incitação: *fazer um apelo.*
apenas ⟨a.pe.nas⟩ ▌adv. **1** Unicamente ou somente: *Tivemos apenas uma hora de descanso entre as duas provas.* ▌conj. **2** Conectivo gramatical subordinativo (que une elementos entre os quais há uma relação de dependência), que expressa tempo: *Apenas me viu, o cachorro já começou a brincar.*
apêndice ⟨a.**pên**.di.ce⟩ s.m. **1** Coisa acessória que se junta ou se adiciona a outra: *O livro de história traz uma cronologia no apêndice final.* **2** Em anatomia, parte menor de um órgão que se liga a outro anexo.
apendicite ⟨a.pen.di.**ci**.te⟩ s.f. Inflamação do apêndice que fica no começo do intestino grosso.
apensar ⟨a.pen.**sar**⟩ v.t.d.i. Incorpor ou juntar (um documento) [a outro principal].
apenso ⟨a.**pen**.so⟩ s.m. Aquilo que se apensa.
apequenar ⟨a.pe.que.**nar**⟩ v.t.d./v.prnl. Tornar(-se) pequeno: *As lentes grossas dos óculos apequenam seus olhos. Tentou, sem sucesso, apequenar o mérito dos colegas.*
aperceber ⟨a.per.ce.**ber**⟩ v.t.d./v.prnl. Perceber, notar ou dar(-se) conta: *Ainda não se aperceberam da situação.*
aperfeiçoamento ⟨a.per.fei.ço.a.**men**.to⟩ s.m. Ato ou efeito de aperfeiçoar(-se). ☐ SIN. aprimoramento.
aperfeiçoar ⟨a.per.fei.ço.**ar**⟩ v.t.d./v.prnl. Melhorar, deixar com o maior grau de perfeição ou tornar-se perfeito: *Está fazendo um curso para aperfeiçoar seu francês.* ☐ SIN. aprimorar.
aperitivo ⟨a.pe.ri.**ti**.vo⟩ s.m. Bebida ou comida leve, geralmente consumidas antes das refeições.
aperrear ⟨a.per.re.**ar**⟩ v.t.d./v.prnl. Aborrecer(-se) ou irritar(-se), geralmente por coisas sem muita impor-tância: *Não se aperreie por bobagens!* ☐ ORTOGRAFIA O e muda para *ei* quando a sílaba tônica estiver na raiz do verbo →NOMEAR.
apertado, da ⟨a.per.**ta**.do, da⟩ adj. Ajustado, igualado ou com pouca margem de diferença.
apertar ⟨a.per.**tar**⟩ ▌v.t.d. **1** Oprimir ou exercer pressão sobre (algo): *Apertou a fruta com os dedos para ver se estava madura.* ☐ SIN. premer. ▌v.t.d./v.prnl. **2** Estreitar(-se), comprimir(-se) ou juntar(-se): *Aperte bem a roupa na mala para que caiba tudo. Se nos apertarmos um pouco, caberá mais uma pessoa à mesa.* ▌v.t.d.i./v.prnl. **3** Rodear ou envolver(-se) (alguém) [em uma parte do corpo]: *Apertou o irmão entre os braços quando o viu.* ▌v.t.d. **4** Exercer pressão ou força sobre (um objeto): *Aperte o botão para ligar o computador.* **5** Enroscar (algo que tem rosca) com força até o topo: *Apertaram bem os parafusos?* **6** Deixar mais justa (uma peça do vestuário): *A costureira apertou a cintura da calça.* ▌v.t.d./v.prnl. **7** Angustiar(-se) ou atormentar(-se): *Seu coração apertou-se quando recebeu a notícia.* ▌v.prnl. **8** Ficar em dificuldades financeiras: *Acabou se apertando com tantas despesas.*
aperto ⟨a.**per**.to⟩ (Pron. [apêrto]) s.m. **1** Pressão forte e rápida que se exerce sobre algo: *Cumprimentaram-se com um aperto de mãos.* **2** Força ou violência física, psíquica ou moral que se exercem sobre alguém para obrigá-lo a realizar algo: *Precisaram lhe dar um aperto para que reagisse.* **3** Falta de espaço causada pelo excesso de pessoas ou de objetos: *O ladrão aproveitou o aperto dentro do ônibus para assaltar os passageiros.* **4** Angústia ou tormento: *Senti um aperto no coração ao vê-la ali.* **5** Apuro ou situação difícil de resolver: *Passei um grande aperto quando achei que tinha perdido a carteira.* ☐ SIN. arrocho.
apesar ⟨a.pe.**sar**⟩ ‖ **apesar de** algo: Contra a dificuldade ou a resistência que isso traz: *Foi trabalhar apesar de doente.* ‖ **apesar de que** Ainda que ou embora: *Conseguiu chegar a tempo, apesar de que o trem tenha atrasado.*
apetecer ⟨a.pe.te.**cer**⟩ ▌v.t.i. **1** Despertar o apetite [de alguém]: *O cheiro da sopa lhe apeteceu.* ▌v.t.d. **2** Desejar ou ter apetite de (algo): *Para o almoço apetecíamos uma feijoada. Apetecia um novo emprego.* ▌v.t.i. **3** Agradar ou causar interesse [a alguém]: *A decoração não apeteceu aos convidados.* ☐ ORTOGRAFIA Antes de *a* ou *o*, o *c* muda para ç →CONHECER.
apetência ⟨a.pe.**tên**.cia⟩ s.f. Vontade de comer. ☐ SIN. apetite.
apetite ⟨a.pe.**ti**.te⟩ s.m. **1** Vontade de comer. ☐ SIN. apetência. **2** Disposição ou ânimo: *Ficou sem apetite para sair de casa.*
apetitoso, sa ⟨a.pe.ti.**to**.so, sa⟩ (Pron. [apetitôso], [apetitósa], [apetitósos], [apetitósas]) adj. **1** Que tem bom sabor. **2** Que estimula o apetite ou o desejo: *uma proposta apetitosa.*
apetrechar ⟨a.pe.tre.**char**⟩ v.t.d./v.prnl. Abastecer(-se) daquilo que é necessário.
apetrecho ⟨a.pe.**tre**.cho⟩ (Pron. [apetrêcho]) s.m. →petrechos.
apiário, ria ⟨a.pi.**á**.rio, ria⟩ ▌adj. **1** Da abelha ou relacionado a ela. ▌s.m. **2** Lugar onde se criam abelhas para a fabricação do mel e da cera.
ápice ⟨**á**.pi.ce⟩ s.m. **1** Ponto ou extremidade superiores de algo: *o ápice de uma montanha.* **2** Momento de maior elevação ou de maior intensidade: *Este foi o ápice de sua carreira.* ☐ SIN. apogeu, auge, culminância.
apicultor, -a ⟨a.pi.cul.**tor**, **to**.ra⟩ (Pron. [apicultôr], [apicultôra]) s. Pessoa que se dedica à apicultura.
apicultura ⟨a.pi.cul.**tu**.ra⟩ s.f. Arte ou técnica de criar abelhas e aproveitar os seus produtos, como o mel e a cera.

apimentar

apimentar ⟨a.pi.men.tar⟩ v.t.d. **1** Condimentar ou temperar com pimenta: *Gosta de apimentar bastante a comida.* **2** Tornar (um assunto) mais interessante, geralmente de forma maliciosa: *Sempre apimentava as conversas com anedotas curiosas.*

apinhar ⟨a.pi.nhar⟩ v.t.d./v.prnl. Juntar(-se) ou aglomerar(-se): *Os torcedores se apinhavam na entrada do estádio.*

apitar ⟨a.pi.tar⟩ ▌v.int. **1** Tocar apito: *O guarda de trânsito apitou para que parássemos o carro.* ▌v.t.d. **2** Arbitrar (uma competição esportiva): *Ainda não sabemos quem apitará o jogo.* ▌v.int. **3** *informal* Intrometer-se em um assunto alheio: *Vive apitando onde não é chamado.*

apito ⟨a.pi.to⟩ s.m. **1** Instrumento pequeno e oco que produz um som agudo quando se sopra nele. **2** Em uma locomotiva, em uma fábrica ou em uma embarcação, instrumento metálico que, ao receber uma corrente de ar, produz um som potente que pode ser ouvido a distância. **3** Som produzido por esses instrumentos.

aplacar ⟨a.pla.car⟩ v.t.d./v.int./v.prnl. Amansar(-se) ou tornar(-se) mais sereno ou suave: *As explicações do diretor não aplacaram os ânimos dos grevistas.* ☐ ORTOGRAFIA Antes de e, o c muda para *qu* →BRINCAR.

aplainar ⟨a.plai.nar⟩ v.t.d. **1** Alisar (uma madeira) usando uma plaina. **2** →aplanar

aplanar ⟨a.pla.nar⟩ v.t.d./v.prnl. **1** Tornar(-se) plana (uma superfície). **2** Tornar(-se) mais suave (um obstáculo ou uma dificuldade): *Conversamos muito até aplanar nossas divergências.* ☐ ORTOGRAFIA Escreve-se também *aplainar*.

aplaudir ⟨a.plau.dir⟩ ▌v.t.d. **1** Juntar repetidamente as palmas das mãos para aprovar ou mostrar entusiasmo por (uma pessoa ou uma apresentação): *A plateia aplaudiu o cantor.* ☐ SIN. palmear. ▌v.int. **2** Juntar repetidamente as palmas das mãos para que ressoem em sinal de aprovação ou de entusiasmo. ☐ SIN. palmear. ▌v.t.d./v.prnl. **3** Aprovar ou elogiar-se com palavras: *Todos aplaudiram sua decisão.*

aplauso ⟨a.plau.so⟩ s.m. **1** Demonstração de aprovação ou de alegria que consistem em bater repetidamente as palmas das mãos. **2** Demonstração de louvor, elogio ou reconhecimento: *Sua atuação mereceu o aplauso unânime da crítica.*

aplicação ⟨a.pli.ca.ção⟩ (pl. *aplicações*) s.f. **1** Ato ou efeito de aplicar(-se). **2** Utilização prática com um determinado objetivo: *Este produto tem várias aplicações na limpeza doméstica.* **3** Administração de um medicamento com fins terapêuticos: *A aplicação da pomada sobre a ferida evitou a infecção.* **4** Emprego de uma quantia de dinheiro com a intenção de obter benefícios. **5** Esforço ou interesse que se empregam na realização de algo: *Estuda com muita aplicação.*

aplicado, da ⟨a.pli.ca.do, da⟩ adj. Que é dedicado ou interessado naquilo que faz.

aplicar ⟨a.pli.car⟩ ▌v.t.d.i. **1** Colocar (uma coisa) [sobre outra ou em contato com ela]: *Aplicaram mais uma camada de tinta na parede.* ▌v.t.d./v.t.d.i. **2** Pôr (algo) em prática [para um determinado fim]: *Aplica seus conhecimentos de informática para desenvolver novos programas.* **3** Impor ou infligir (uma pena ou um castigo) [a alguém]: *O guarda aplicou-lhe uma multa pela infração no trânsito.* **4** Administrar ou introduzir(-se) (um medicamento) [em alguém] com fins terapêuticos: *O enfermeiro aplicou-lhe uma injeção para aliviar as dores.* ▌v.t.d./v.t.d.i. **5** Empregar (uma quantia de dinheiro) [em um investimento] com a intenção de obter benefícios: *Aplicou parte de seu dinheiro em ações.* ▌v.prnl. **6** Colocar muito interesse na realização de algo ou dedicar-se: *Se não se aplicar mais, não passará de ano.* ☐ ORTOGRAFIA Antes de e, o c muda para *qu* →BRINCAR.

aplicativo ⟨a.pli.ca.ti.vo⟩ s.m. Em informática, programa de computador usado para um fim específico.

APM (pl. *APMs*) s.f. Associação de pais e de professores dos alunos de uma escola. ☐ ORIGEM É a sigla de Associação de Pais e Mestres.

apocalipse ⟨a.po.ca.lip.se⟩ s.m. Desastre ou catástrofe de grandes proporções.

apocalíptico, ca ⟨a.po.ca.líp.ti.co, ca⟩ adj. **1** Do Apocalipse (livro bíblico que relata os acontecimentos que ocorreriam no fim do mundo) ou relacionado a ele. **2** Desastroso ou catastrófico: *O cenário deixado pelo terremoto era apocalíptico.*

apócope ⟨a.pó.co.pe⟩ s.f. Supressão ou eliminação de um ou vários sons finais de uma palavra.

apócrifo, fa ⟨a.pó.cri.fo, fa⟩ adj./s.m. **1** Em relação a um texto ou a uma obra, que têm autoria desconhecida ou não comprovada. **2** Em relação a um livro de matéria sagrada, que se atribui a um autor sagrado, mas que não está incluído nos livros reconhecidos pela Igreja como inspirados.

apodar ⟨a.po.dar⟩ v.t.d./v.prnl. **1** Dar(-se) ou atribuir(-se) um apodo: *Por causa do penteado, apodaram-no Topete.* ☐ SIN. alcunhar, apelidar, cognominar. ▌v.t.d. **2** Zombar ou ridicularizar. ☐ GRAMÁTICA Na acepção 1, o objeto pode vir acompanhado de um complemento que o qualifica: *Por causa do penteado, apodaram-no Topete.*

apoderar-se ⟨a.po.de.rar-se⟩ v.prnl. **1** Apropriar-se de algo, geralmente por meio da força ou de forma ilegal. ☐ SIN. apossar-se. **2** Em relação a um sentimento, invadir ou dominar: *Uma grande alegria apoderou-se dela quando soube do resultado da prova.* ☐ SIN. apossar-se. ☐ GRAMÁTICA Na acepção 1, usa-se a construção *apoderar-se* DE *algo*; na acepção 2, *apoderar-se* DE *alguém*.

apodo ⟨a.po.do⟩ (Pron. [apôdo]) s.m. **1** Nome dado a uma pessoa em substituição a seu verdadeiro nome, geralmente por alusão a alguma característica sua. ☐ SIN. alcunha, apelido, cognome. **2** Aquilo que é dito ou feito de maneira a ridicularizar algo ou alguém. ☐ SIN. deboche, gracejo, zombaria.

apodrecer ⟨a.po.dre.cer⟩ ▌v.t.d./v.int. **1** Fazer com que se decomponha (uma matéria orgânica) ou estragar-se: *Alguns fungos e bactérias apodrecem os alimentos em determinadas condições. Se deixarmos a madeira na chuva, ela apodrecerá.* ▌v.t.d./v.int./v.prnl. **2** Consumir, causar o mal ou deteriorar-se. ☐ ORTOGRAFIA Antes de a ou o, o c muda para ç →CONHECER.

apodrecimento ⟨a.po.dre.ci.men.to⟩ s.m. Alteração ou decomposição de uma matéria. ☐ SIN. putrefação.

apófise ⟨a.pó.fi.se⟩ s.f. Em anatomia, parte saliente de um osso que serve para formar sua articulação com outro osso ou para a inserção de um músculo.

apogeu ⟨a.po.geu⟩ s.m. **1** Momento de maior elevação ou de maior intensidade. ☐ SIN. ápice, auge, culminância. **2** Ponto no qual o Sol, a Lua, um astro ou um satélite artificial encontram-se mais distantes da Terra.

apoiar ⟨a.poi.ar⟩ ▌v.t.d.i./v.prnl. **1** Fazer descansar ou descansar (uma coisa) [sobre outra]: *Apoiou a bicicleta na parede. Cansado, apoiou-se no amigo.* ▌v.t.d. **2** Favorecer, patrocinar ou ajudar a conseguir o que se propõe (uma pessoa ou uma tarefa): *Meus pais me apoiam em tudo o que faço.* ▌v.prnl. **3** Ajudarem-se mutuamente (duas ou mais pessoas): *Apoiaram-se para superar o momento difícil.* ▌v.t.d. **4** Basear ou fundamentar (uma opinião ou doutrina) [em dados ou razões que as justifiquem]: *Apoiou suas pesquisas em dados concretos.* ▌v.prnl.

5 Basear-se em dados ou razões para justificar uma opinião ou uma doutrina: *Em que se apoia para dizer isso?* ❙ v.t.d. **6** Confirmar ou reforçar (uma opinião ou uma doutrina): *O que acabou de dizer apoia minha teoria.*

apoio ⟨a.poi.o⟩ s.m. **1** Aquilo que serve para apoiar, sustentar ou firmar algo: *Estes pilares são o apoio de todo o edifício.* **2** Favorecimento, patrocínio ou ajuda: *Sempre teve o apoio da família.* **3** Aprovação ou consentimento: *A nova proposta conta com o apoio de todos os parlamentares.*

apólice ⟨a.pó.li.ce⟩ s.f. Documento que comprova uma transação comercial ou financeira, geralmente uma dívida ou um crédito. ❙❙ **apólice de seguro** Documento credencial de um contrato ou de uma operação financeira no qual se recorrem as condições ou cláusulas dos mesmos.

apolítico, ca ⟨a.po.lí.ti.co, ca⟩ adj. Que não participa da política nem mostra interesse por ela.

apologia ⟨a.po.lo.gi.a⟩ s.f. Discurso ou texto que defendem ou que louvam algo: *Na entrevista coletiva, fez uma apologia de sua política de governo.*

apólogo ⟨a.pó.lo.go⟩ s.m. Narração literária breve que pretende transmitir um ensinamento ou uma lição através de elementos simbólicos e alegóricos, geralmente a personificação de seres inanimados. ☐ USO É diferente de *fábula* (cujos personagens são geralmente animais).

apontador, -a ⟨a.pon.ta.dor, do.ra⟩ (Pron. [apontadôr], [apontadôra]) ❙ adj./s. **1** Em uma empresa, que ou quem se encarrega de registrar o ponto dos funcionários. **2** No teatro, que ou quem permanece oculto dos espectadores e que, em voz baixa, recorda se atores das falas que devem dizer em cena. ❙ adj./s.m. **3** Que aponta ou serve para apontar.

apontamento ⟨a.pon.ta.men.to⟩ s.m. Nota ou registro escrito de um dado: *O secretário fez os apontamentos da reunião.* ☐ USO Usa-se geralmente a forma plural *apontamentos*.

apontar ⟨a.pon.tar⟩ ❙ v.t.i. **1** Assinalar ou estar voltado [para um lugar determinado]: *A bússola aponta para o norte.* ❙ v.t.d./v.t.d.i. **2** Direcionar ou dirigir (um objeto, especialmente se for uma arma) [para um ponto ou para um alvo]: *A caça fugiu quando o caçador apontou a arma. Apontou o telescópio para o céu.* v.t.d. **3** Assinalar ou indicar: *A professora apontou as principais características do Romantismo.* **4** Fazer ponta em (um lápis, uma estaca ou outro objeto semelhante): *Apontou o lápis antes de começar a desenhar.* **5** Tomar nota por escrito de (um dado): *A recepcionista apontou todos os recados.* **6** Nomear ou citar ao falar ou escrever: *Em seu depoimento, a testemunha apontou todos os suspeitos do crime.* **7** Colocar sinais distintivos para reconhecer, destacar ou diferenciar: *Ele apontou as alternativas corretas no gabarito.*

apopléctico, ca ⟨a.po.pléc.ti.co, ca⟩ adj./s. →**apoplético, ca**

apoplético, ca ⟨a.po.plé.ti.co, ca⟩ ❙ adj. **1** Da apoplexia ou relacionado a ela. ❙ adj./s. **2** Que ou quem sofre de apoplexia. ☐ ORTOGRAFIA Escreve-se também *apopléctico*.

apoplexia ⟨a.po.ple.xi.a⟩ (Pron. [apoplecsia]) s.f. Parada brusca da atividade cerebral que causa paralisia, mas que não afeta a respiração nem a circulação do sangue.

apoquentar ⟨a.po.quen.tar⟩ v.t.d./v.prnl. Irritar(-se) com coisas sem importância: *Não se apoquente por tão pouca coisa!*

apor ⟨a.por⟩ v.t.d.i. **1** Unir ou acrescentar (uma coisa) [a outra]. **2** Aplicar ou acrescentar (uma assinatura) [a um documento]: *Leu o contrato e lhe apôs sua assinatura.*

aporrinhar ⟨a.por.ri.nhar⟩ v.t.d./v.prnl. *informal* Importunar ou incomodar-se: *Não me aporrinhe, pois estou sem paciência hoje!*

aportar ⟨a.por.tar⟩ ❙ v.t.i./v.int. **1** Chegar, entrar ou ancorar [em um porto]: *Ansioso para desembarcar, esperou o navio aportar.* ❙ v.t.d.i. **2** Conduzir (uma embarcação) [ao porto].

aportuguesar ⟨a.por.tu.gue.sar⟩ v.t.d./v.prnl. Dar ou adquirir as características que se consideram próprias do português.

após ⟨a.pós⟩ ❙ prep. **1** Em seguida ou depois de, no tempo e no espaço: *Gosta de fazer sesta após o almoço.* ❙ adv. **2** Em um lugar ou em um tempo posteriores: *Seguindo por esta rua, o banco fica logo após a farmácia. Logo após sua partida, começou a chover.*

aposentado, da ⟨a.po.sen.ta.do, da⟩ adj./s. Que ou quem está afastado definitivamente do trabalho, geralmente por haver cumprido a idade ou o tempo de serviço determinados pela lei ou por sofrer uma incapacidade física.

aposentadoria ⟨a.po.sen.ta.do.ri.a⟩ s.f. **1** Ato ou efeito de aposentar(-se). **2** Afastamento de um trabalho, geralmente por haver cumprido a idade ou o tempo de serviço determinados por lei ou por invalidez. **3** Quantia de dinheiro recebida mensalmente por um aposentado.

aposentar ⟨a.po.sen.tar⟩ ❙ v.t.d./v.prnl. **1** Afastar(-se) (alguém) definitivamente de seu trabalho, geralmente por haver cumprido a idade ou o tempo de serviço determinados por lei, ou por sofrer uma incapacidade física, dando ou adquirindo uma pensão mensal: *Aposentaram os funcionários mais antigos da empresa. Aposentou-se com 65 anos.* ❙ v.t.d. **2** *informal* Descartar ou inutilizar (um aparelho): *Aposentou a geladeira, pois já não funcionava.*

aposento ⟨a.po.sen.to⟩ s.m. Em uma casa, cada um dos cômodos em que está dividida, especialmente se for o quarto de dormir. ☐ USO Usa-se geralmente a forma plural *aposentos*.

apossar ⟨a.pos.sar⟩ ❙ v.prnl. **1** Apropriar-se de algo, geralmente por meio da força ou de forma ilegal: *Depois que o avô morreu, os netos apossaram-se de sua herança.* ☐ SIN. apoderar-se. ❙ v.t.d./v.prnl. **2** Em relação a um sentimento, invadir ou dominar: *Não permitiu que a emoção se apossasse dele.* ☐ SIN. apoderar-se. ☐ GRAMÁTICA Na acepção 1, usa-se a construção *apossar-se DE algo*; na acepção 2, *apossar(-se) DE alguém*.

aposta ⟨a.pos.ta⟩ s.f. **1** Acordo entre duas ou mais pessoas segundo o qual a pessoa que acerta um palpite recebe um prêmio combinado: *Perdeu a aposta e pagou um chocolate ao amigo.* **2** Aquilo que se aposta: *Ganhou o jogo e recebeu o dobro de sua aposta.*

apostar ⟨a.pos.tar⟩ ❙ v.t.d./v.t.i./v.t.d.i./v.int. **1** Arriscar ou jogar (algo de valor) [em uma aposta] ou fazer apostas ou jogos: *Apostou uma pequena quantia na loteria. Parou de apostar quando perdeu tudo que tinha.* ❙ v.t.i. **2** Depositar confiança [em algo ou alguém, especialmente em situações delicadas ou que envolvam riscos]: *A empresa apostou nela para ocupar o cargo.* ❙ v.t.d. **3** Participar de (uma competição), com o intuito de ganhar algo: *Vamos apostar uma corrida?* **4** Afirmar a certeza de (algo que se diz): *Aposto que choverá no fim de semana.* ☐ GRAMÁTICA Na acepção 2, usa-se a construção *apostar EM (algo/alguém)*.

apostasia ⟨a.pos.ta.si.a⟩ s.f. Abandono ou renúncia a uma determinada religião ou fé religiosa: *Em alguns países do mundo a apostasia é punida com a pena de morte.*

apóstata ⟨a.pós.ta.ta⟩ adj.2g./s.2g. Que ou quem renega suas ideias ou suas crenças, ou as nega expressamente.

apostatar ⟨a.pos.ta.tar⟩ ❙ v.t.i. **1** Desistir [de ideias ou crenças]. ❙ v.int. **2** Renegar ideias ou crenças ou negá-las expressamente.

a posteriori

a posteriori *(palavra latina)* (Pron. [a posterióri]) Uma vez examinado o assunto do qual se trata.
apostila 〈a.pos.ti.la〉 s.f. **1** Em um curso ou em uma disciplina, material que agrupa uma coletânea de textos estudados em aula, geralmente em forma de brochura. **2** Anotação ou comentário que explicam ou completam um texto. ☐ ORTOGRAFIA Escreve-se também *apostilha*.
apostilha 〈a.pos.ti.lha〉 s.f. →**apostila**
aposto 〈a.pos.to〉 (Pron. [apôsto], [apóstos]) s.m. Em linguística, construção na qual um sintagma fica justaposto a outro de mesma classe gramatical, em relação ao qual exerce uma função explicativa ou de delimitação.
apostolado 〈a.pos.to.la.do〉 s.m. **1** No cristianismo, conjunto formado pelos doze apóstolos de Jesus Cristo (o filho de Deus para os cristãos). **2** Missão ou dever que cumpriam os apóstolos. **3** Defesa e divulgação de uma ideia ou crença, ou daquilo que se considera justo: *O bispo destacou-se por seu apostolado em favor da paz e da justiça social.*
apostólico, ca 〈a.pos.tó.li.co, ca〉 adj. **1** Dos apóstolos ou relacionado a eles. **2** Que procede do papa ou de sua autoridade. **3** Em relação à Igreja, que procede dos apóstolos quanto à sua origem e sua doutrina.
apóstolo 〈a.pós.to.lo〉 s.m. **1** Cada um dos doze discípulos que Jesus Cristo (o filho de Deus para os cristãos) elegeu para pregar e propagar o Evangelho: *São Pedro e São Paulo foram apóstolos*. **2** Pessoa que defende, ensina e propaga ideias ou crenças: *Gandhi foi um apóstolo da não violência.*
apóstrofe 〈a.pós.tro.fe〉 s.f. Figura de retórica na qual o orador ou escritor interrompem subitamente o seu discurso para se dirigir diretamente a algo ou alguém, real ou fictício. ☐ USO É diferente de *apóstrofo* (sinal gráfico que se emprega para indicar a elisão de uma letra ou de um som).
apóstrofo 〈a.pós.tro.fo〉 s.m. Em ortografia, sinal gráfico que se emprega para indicar a elisão de uma letra ou de um som. ☐ USO É diferente de *apóstrofe* (figura de retórica na qual o orador ou escritor interrompem subitamente o seu discurso para se dirigir diretamente a algo ou alguém).
apoteose 〈a.po.te.o.se〉 s.f. Momento culminante de um acontecimento ou de um processo: *O recebimento do prêmio foi a apoteose de sua carreira.*
apoteótico, ca 〈a.po.te.ó.ti.co, ca〉 adj. Da apoteose ou relacionado a ela.
aprazar 〈a.pra.zar〉 v.t.d. **1** Fixar ou marcar (uma data): *A professora ainda não aprazou o dia da prova*. **2** Delimitar ou estabelecer (um período de tempo): *Aprazaram um mês para o término do projeto.*
aprazer 〈a.pra.zer〉 v.t.i./v.int./v.prnl. Causar prazer [a alguém] ou contentar-se: *Apraz-lhe ouvir música clássica. Apraz-se em viajar sempre que possível.* ☐ GRAMÁTICA 1. Escreve-se também *prazer*. 2. É um verbo irregular e unipessoal: só se usa nas terceiras pessoas do singular e do plural, no particípio, gerúndio e infinitivo →PRAZER.
aprazível 〈a.pra.zí.vel〉 (pl. *aprazíveis*) adj.2g. **1** Que causa deleite ou prazer. **2** Em relação a um lugar, que é tranquilo e que tem um clima agradável.
apreçar 〈a.pre.çar〉 v.t.d./v.t.d.i. Avaliar o preço de (um produto) [em determinado valor]: *Apreçou o relógio em mil reais.* ☐ ORTOGRAFIA **1**. Antes de e, o ç muda para c →COMEÇAR. **2**. É diferente de *apressar*.
apreciação 〈a.pre.ci.a.ção〉 (pl. *apreciações*) s.f. **1** Ato ou efeito de apreciar. **2** Avaliação ou julgamento.
apreciar 〈a.pre.ci.ar〉 v.t.d. **1** Reconhecer e avaliar positivamente: *Aprecio a sinceridade dele. Apreciamos muito um bom jantar com os amigos*. **2** Captar pelo sentido ou pela inteligência: *Apreciei certa acidez em seu comentário.*

apreciável 〈a.pre.ci.á.vel〉 (pl. *apreciáveis*) adj. Que merece ser apreciado e estimado.
apreço 〈a.pre.ço〉 (Pron. [aprêço]) s.m. **1** Carinho, estima ou consideração. **2** Reconhecimento do mérito ou da importância de algo.
apreender 〈a.pre.en.der〉 v.t.d. **1** Capturar ou apropriar-se de (uma mercadoria ilegal ou outro produto): *A polícia apreendeu um lote de quadros falsificados*. **2** Assimilar ou compreender (uma ideia ou um conhecimento): *Não conseguiu apreender aquela explicação obscura*. ☐ ORTOGRAFIA É diferente de *aprender*.
apreensão 〈a.pre.en.são〉 (pl. *apreensões*) s.f. **1** Captura ou apropriação de uma mercadoria, geralmente ilegal. **2** Percepção, assimilação ou compreensão de uma ideia ou de um conceito. **3** Receio, preocupação ou temor: *Sentiu grande apreensão antes de saber o resultado da prova.*
apreensivo, va 〈a.pre.en.si.vo, va〉 adj. Que demonstra temor ou falta de confiança.
apregoar 〈a.pre.go.ar〉 v.t.d. **1** Divulgar ou anunciar (uma mercadoria que se quer vender): *O camelô apregoava seus produtos na rua*. **2** Tornar conhecido publicamente: *O médico apregoou as virtudes do novo medicamento.*
aprender 〈a.pren.der〉 v.t.d./v.int. Adquirir (um conhecimento) por meio do estudo ou da experiência ou instruir-se: *Aprendeu japonês quando criança*. ☐ ORTOGRAFIA É diferente de *apreender*.
aprendiz, -a 〈a.pren.diz, di.za〉 s. **1** Pessoa que aprende uma arte ou um ofício: *um aprendiz de carpinteiro*. **2** Pessoa que é novata em uma atividade ou que tem pouca experiência nela: *Em assuntos de amor, sentia-se apenas um aprendiz.*
aprendizado 〈a.pren.di.za.do〉 s.m. **1** Ato ou efeito de aprender. ☐ SIN. aprendizagem. **2** Aquisição de conhecimentos. ☐ SIN. aprendizagem. **3** Tempo que dura essa aquisição. ☐ SIN. aprendizagem.
aprendizagem 〈a.pren.di.za.gem〉 (pl. *aprendizagens*) s.f. **1** Ato ou efeito de aprender. ☐ SIN. aprendizado. **2** Aquisição de conhecimentos. ☐ SIN. aprendizado. **3** Tempo que dura essa aquisição. ☐ SIN. aprendizado.
apresentação 〈a.pre.sen.ta.ção〉 (pl. *apresentações*) s.f. **1** Ato ou efeito de apresentar(-se): *O segurança exigia a apresentação do crachá para a entrada no prédio*. **2** Ato de fazer com que uma pessoa conheça outra: *O anfitrião fez as apresentações de praxe*. **3** Aspecto ou aparência exteriores: *Trabalhava com o público e tinha sempre uma boa apresentação*. **4** Condução de um programa ou de um espetáculo: *Foi contratado para a apresentação de um programa educativo*. **5** Representação ou execução de uma obra artística: *Assistimos a uma apresentação da orquestra sinfônica no teatro municipal*. **6** Em algumas obras, trecho que aparece antes da parte principal e que geralmente fornece informações sobre seu tema, seus autores ou sobre seus personagens. ☐ SIN. preâmbulo, prefácio, prólogo. **7** Em um filme ou em uma obra audiovisual, trecho que exibe os nomes das pessoas que participaram de sua elaboração.
apresentador, -a 〈a.pre.sen.ta.dor, do.ra〉 (Pron. [apresentadôr], [apresentadôra]) s. Pessoa que se dedica profissionalmente à apresentação de espetáculos ou de programas de rádio ou de televisão.
apresentar 〈a.pre.sen.tar〉 ▌ v.t.d./v.t.d.i. **1** Manifestar, expor ou exibir (algo) [a alguém]: *Apresentaram um pretexto estranho para recusar o convite. A aluna apresentou um trabalho brilhante*. **2** Pôr em contato ou dar a conhecer (uma pessoa) [a outra]: *Minha irmã apresentou seu namorado à família.* ▌ v.t.d./v.t.d.i./v.prnl. **3** Mostrar(-se)

(um espetáculo, uma apresentação ou uma obra artística) [ao público]: *O grupo apresentará sua nova peça no fim do mês. Com o encerramento da carreira, a cantora não se apresentará mais.* ▍v.t.d. **4** Mostrar (uma característica ou uma qualidade): *Ele apresentou um belo bronzeado depois das férias.* **5** Conduzir (um programa ou um espetáculo): *Contrataram um mestre de cerimônias para apresentar o evento.* ▍v.prnl. **6** Oferecer-se voluntariamente para um fim: *Estavam procurando voluntários para organizar o evento, mas ninguém se apresentou.* **7** Comparecer a um lugar, a um ato ou perante uma autoridade: *A jovem se apresentou para o casting do filme.*
apresentável ⟨a.pre.sen.tá.vel⟩ (pl. *apresentáveis*) adj.2g. Com bom aspecto ou em condições de ser visto.
apressado, da ⟨a.pres.sa.do, da⟩ adj. **1** Que mostra ou que tem pressa. **2** Que é feito com muita pressa: *uma decisão apressada*.
apressar ⟨a.pres.sar⟩ ▍v.t.d./v.prnl **1** Dar maior velocidade ou aumentar a velocidade: *Apressou o passo para não tomar chuva. Apressou-se para não perder o trem.* ▍v.t.d. **2** Fazer com que (algo que ainda não ocorreu) ocorra antes do tempo determinado ou previsto: *Os protestos do povo apressaram a votação da nova lei.* ▢ ORTOGRAFIA É diferente de *apreçar.*
aprestar ⟨a.pres.tar⟩ v.t.d./v.prnl. Dispor ou preparar-se com o necessário: *Aprestaram-se para o jantar de gala.*
aprimoramento ⟨a.pri.mo.ra.men.to⟩ s.m. Ato ou efeito de aprimorar(-se). ▢ SIN. aperfeiçoamento.
aprimorar ⟨a.pri.mo.rar⟩ v.t.d./v.prnl. Melhorar, deixar com o maior grau de perfeição ou tornar-se perfeito: *Para o cargo, precisa aprimorar seus conhecimentos de inglês. Farei um curso para me aprimorar em informática.* ▢ SIN. aperfeiçoar.
a priori (*palavra latina*) (Pron. [a prióri]) Antes de examinar o assunto do qual se trata.
aprisco ⟨a.pris.co⟩ s.m. Lugar onde os pastores recolhem o rebanho para resguardá-lo do frio e do mau tempo. ▢ SIN. redil.
aprisionamento ⟨a.pri.si.o.na.men.to⟩ s.m. Ato ou efeito de aprisionar.
aprisionar ⟨a.pri.si.o.nar⟩ v.t.d. Encarcerar ou colocar em uma prisão: *Aprisionaram o suspeito depois de meses de investigação.*
aproar ⟨a.pro.ar⟩ v.t.d. Dirigir para um determinado lugar a proa de (uma embarcação).
aprofundar ⟨a.pro.fun.dar⟩ ▍v.t.d./v.prnl. **1** Tornar(-se) mais profundo: *Tivemos que aprofundar o buraco para plantar a árvore.* ▍v.t.d. **2** Ir adiante no exame ou no estudo de (um assunto): *Fez uma especialização para aprofundar seus conhecimentos na matéria.* ▍v.prnl. **3** Ir adiante no exame ou no estudo de um assunto: *Para escrever o livro, aprofundou-se em arte moderna.* ▢ GRAMÁTICA Na acepção 3, usa-se a construção *aprofundar-se EM algo.*
aprontar ⟨a.pron.tar⟩ ▍v.t.d./v.prnl. **1** Preparar(-se) com rapidez: *Apronte sua mala, que vamos para a praia! O elenco se aprontou para entrar no palco.* **2** Vestir, arrumar ou enfeitar-se: *O pai aprontou os filhos para a festa. Aprontou-se para assistir à conferência.* ▍v.t.d. **3** Preparar ou dispor do necessário: *Aprontou a mesa para receber os convidados.* ▍v.t.d. **4** *informal* Causar confusão ou fazer o que não deve ser feito: *Ficou de castigo por aprontar durante a aula.*
apropriação ⟨a.pro.pri.a.ção⟩ (pl. *apropriações*) s.f. Ato ou efeito de apropriar(-se).
apropriado, da ⟨a.pro.pri.a.do, da⟩ adj. Que possui as características adequadas para o fim a que se destina.
apropriar ⟨a.pro.pri.ar⟩ ▍v.t.d./v.t.d.i./v.prnl. **1** Tornar(-se) próprio ou adequado [a algo ou alguém]. ▍v.t.d.i./v.prnl.

2 Tomar como próprio (algo) [de alguém] ou apoderar-se: *É crime apropriar-se de um bem alheio.*
aprovação ⟨a.pro.va.ção⟩ (pl. *aprovações*) s.f. **1** Consentimento ou reconhecimento: *Ela só poderia viajar com a aprovação dos pais.* **2** Obtenção de uma certificação ou de uma qualificação: *As férias dependiam de sua aprovação nos exames.*
aprovado, da ⟨a.pro.va.do, da⟩ adj. Que foi aceito ou autorizado.
aprovar ⟨a.pro.var⟩ v.t.d. **1** Considerar válido, bom ou suficiente: *O gerente aprovou sua proposta.* **2** Considerar habilitado para obter uma certificação ou considerar possuidor dos conhecimentos mínimos exigidos em um exame: *Depois de muito esforço, o vestibular o aprovou.*
aproveitamento ⟨a.pro.vei.ta.men.to⟩ s.m. Ato ou efeito de aproveitar(-se).
aproveitar ⟨a.pro.vei.tar⟩ ▍v.t.d. **1** Tornar proveitoso ou útil: *Aproveitaram as sobras da galinha para fazer uma canja. Ela soube aproveitar as oportunidades para crescer profissionalmente.* ▢ SIN. utilizar. ▍v.prnl. **2** Valer-se, servir-se ou tirar proveito de uma pessoa ou uma situação: *Não se aproveite da minha generosidade!* ▢ SIN. prevalecer-se. ▢ GRAMÁTICA Na acepção 2, usa-se a construção *aproveitar-se DE (algo/alguém).*
aprovisionar ⟨a.pro.vi.si.o.nar⟩ v.t.d./v.prnl. Abastecer(-se) ou prover(-se) de alimentos.
aproximação ⟨a.pro.xi.ma.ção⟩ (Pron. [aprossimação]) (pl. *aproximações*) s.f. **1** Ato ou efeito de aproximar(-se): *O casamento provocou a aproximação entre as duas famílias.* **2** Exame ou observação de dois ou mais elementos para avaliar ou descobrir suas semelhanças ou diferenças: *Fazendo a aproximação dos textos, descobriu semelhanças entre os autores.* ▢ SIN. colação, comparação, conferência, cotejo.
aproximado, da ⟨a.pro.xi.ma.do, da⟩ (Pron. [aprossimado]) adj. Que se aproxima ou que se acerca mais ou menos do exato. ▢ SIN. aproximativo.
aproximar ⟨a.pro.xi.mar⟩ (Pron. [aprossimar]) ▍v.t.d./v.t.d.i./v.prnl. **1** Acercar(-se), encostar(-se) ou colocar(-se) mais perto [de algo]: *Aproxime sua cadeira, por favor. Aproximou-se do quadro para apreciá-lo melhor.* ▢ SIN. achegar. ▍v.t.d./v.prnl. **2** Juntar(-se), relacionar(-se) ou unir(-se): *A convivência os aproximou. Os irmãos se aproximaram depois de anos separados.* ▢ SIN. achegar.
aproximativo, va ⟨a.pro.xi.ma.ti.vo, va⟩ (Pron. [aprossimativo]) adj. Que se aproxima ou que se acerca mais ou menos do exato. ▢ SIN. aproximado.
aprumar ⟨a.pru.mar⟩ ▍v.t.d./v.prnl. **1** Colocar(-se) reto (algo torcido ou inclinado): *Aprumou o quadro na parede, pois estava desalinhado.* ▍v.prnl. **2** Mudar de maneira positiva: *A economia se aprumou depois de meses em crise. O seu pai se aprumou rápido depois da doença.*
aprumo ⟨a.pru.mo⟩ s.m. **1** Elegância ou bom gosto para vestir-se. **2** Mudança positiva nas condições de algo: *O aprumo nos negócios o incentivou a continuar investindo.* **3** Direção ou posição verticais: *O engenheiro verificou o aprumo e o nivelamento das pilastras.*
aptidão ⟨ap.ti.dão⟩ (pl. *aptidões*) s.f. Capacidade para realizar uma tarefa ou uma função determinadas. ▢ SIN. jeito.
apto, ta ⟨ap.to, ta⟩ adj. **1** Que tem habilidade ou aptidão para algo. **2** Que é apropriado ou adequado para um determinado fim: *um filme apto para maiores de catorze anos.*
apud (*palavra latina*) (Pron. [apúd]) prep. Na obra de, ou no livro de: *A expressão apud Gilberto Freire quer dizer na obra de Gilberto Freire.*

apunhalar

apunhalar ⟨a.pu.nha.lar⟩ ❚ v.t.d./v.prnl. **1** Dar(-se) punhaladas. ❚ v.t.d. **2** Ofender, trair ou magoar: *Não esperava que você me apunhalasse dessa forma!*

apupar ⟨a.pu.par⟩ ❚ v.t.d. **1** Reprovar por meio de murmúrios, ruídos ou gritos: *O público apupou o candidato no meio do discurso.* ☐ SIN. vaiar. ❚ v.int. **2** Produzir murmúrios, ruídos ou gritos como sinal de reprovação. ☐ SIN. vaiar.

apupo ⟨a.pu.po⟩ s.m. Reprovação por meio de murmúrios, ruídos ou gritos. ☐ SIN. vaia.

apurar ⟨a.pu.rar⟩ ❚ v.t.d./v.int./v.prnl. **1** Melhorar, deixar ou ficar com um maior grau de perfeição: *Passou algum tempo no fogão apurando o molho.* ❚ v.t.d. **2** Aguçar ou aumentar a capacidade de percepção de (um órgão do sentido): *Apurou os ouvidos para ouvir o que diziam.* **3** Contar ou calcular: *A essa hora, as mesas eleitorais estão apurando os últimos votos.*

apuro ⟨a.pu.ro⟩ s.m. **1** Esmero, habilidade ou delicadeza. **2** Conflito, aperto ou situação difícil: *Só me liga quando está em apuros.* **3** Correção ou pequena alteração feitas em uma obra para terminá-la, melhorá-la ou eliminar suas falhas e imperfeições. ☐ USO Na acepção 2, usa-se geralmente a forma plural *apuros*.

aquarela ⟨a.qua.re.la⟩ s.f. **1** Massa disponível em diversas cores que, quando diluída em água, transforma-se em tinta. **2** Tinta obtida através desse processo de diluição. **3** Substância com a qual se realiza essa pintura. ☐ ORTOGRAFIA Escreve-se também *aguarela*.

aquarelista ⟨a.qua.re.lis.ta⟩ s.2g. Pessoa que pinta aquarelas. ☐ ORTOGRAFIA Escreve-se também *aguarelista*.

aquariano, na ⟨a.qua.ri.a.no, na⟩ adj./s. Em astrologia, que ou quem nasceu entre 21 de janeiro e 19 de fevereiro. ☐ SIN. aquário.

aquário ⟨a.quá.rio⟩ ❚ s.m. **1** Recipiente adaptado para manter plantas ou animais aquáticos vivos. **2** Lugar onde são expostos animais aquáticos vivos. ❚ adj.2g.2n./s.2g.2n. **3** Em astrologia, que ou quem nasceu entre 21 de janeiro e 19 de fevereiro. ☐ SIN. aquariano.

aquartelar ⟨a.quar.te.lar⟩ v.t.d./v.prnl. Reunir(-se) ou permanecerem no quartel preparados para intervir em caso de necessidade (militares).

aquático, ca ⟨a.quá.ti.co, ca⟩ adj. **1** Da água ou relacionado a essa substância líquida. **2** Que vive na água: *uma ave aquática.*

aquecedor, -a ⟨a.que.ce.dor, do.ra⟩ (Pron. [aquecedôr], [aquecedôra]) adj.s.m. Em relação a um eletrodoméstico ou a um aparelho, que servem para aquecer a água ou um ambiente.

aquecer ⟨a.que.cer⟩ ❚ v.t.d./v.int./v.prnl. **1** Transmitir calor a ou tornar(-se) quente: *As meias de lã aqueciam seus pés. Nós nos aquecemos perto da lareira.* ☐ SIN. esquentar. ❚ v.t.d./v.prnl. **2** Animar(-se), excitar(-se) ou exaltar(-se) ou: *A música aquecia a plateia.* ☐ SIN. esquentar. ❚ v.t.d./v.prnl. **3** Em esporte, alongar(-se) com exercícios leves: *É recomendável aquecer-se antes de praticar esportes.* ❚ v.t.d. **4** Em economia, fazer com que se desenvolva (uma atividade): *As exportações aqueceram a indústria automotiva.* ☐ ORTOGRAFIA Antes de *a* ou *o*, o *c* muda para *ç* →CONHECER.

aquecimento ⟨a.que.ci.men.to⟩ s.m. **1** Ato ou efeito de aquecer(-se). **2** Série de exercícios leves que se realizam para alongar: *Antes de começarem a jogar sempre fazer um aquecimento.* **3** Aumento da intensidade, da atividade ou da força: *o aquecimento da economia.* ‖ **aquecimento global** Aumento da temperatura da superfície terrestre.

aqueduto ⟨a.que.du.to⟩ s.m. Estrutura que serve para captar e conduzir água para abastecimento.

àquela ⟨à.que.la⟩ Contração da preposição *a* com o pronome demonstrativo *aquela*: *Quero ir àquela praia.*

aquele, la ⟨a.que.le, la⟩ (Pron. [aquêle], [aquéla], [aqueles], [aquélas]) pron.demons. **1** Designa o que está mais longe, no espaço ou no tempo, da pessoa que fala e da pessoa que escuta. **2** Representa ou assinala, entre dois elementos, o primeiro que foi mencionado: *O abacate e o morango têm cores características: este é vermelho e aquele, verde.*

àquele ⟨à.que.le⟩ Contração da preposição *a* com o pronome demonstrativo *aquele*.

aquém ⟨a.quém⟩ ‖ **aquém de 1** Do lado de cá: *O colégio fica aquém do parque.* **2** Em menor valor, quantidade ou qualidade: *Infelizmente, os resultados foram aquém do esperado.*

aqui ⟨a.qui⟩ adv. **1** Nesta posição ou lugar, ou esta posição ou lugar: *Minha escola fica aqui.* **2** Até esta posição ou lugar: *Vim de casa aqui só para te encontrar.* **3** Neste ponto ou neste momento: *Vamos ficar por aqui, depois conversamos mais.*

aquidauanense ⟨a.qui.dau.a.nen.se⟩ adj.2g./s.2g. De Aquidauana ou relacionado a essa cidade do estado brasileiro de Mato Grosso do Sul.

aquiescer ⟨a.qui.es.cer⟩ v.t.i./v.int. Aceitar o que foi proposto ou dar consentimento [a algo]: *Não aquiesceu ao pedido do filho.* ☐ ORTOGRAFIA Antes de *a* ou *o*, o *c* muda para *ç* →CONHECER. ☐ GRAMÁTICA Usa-se a construção *aquiescer A algo.*

aquietar ⟨a.qui.e.tar⟩ v.t.d./v.int./v.prnl. Tranquilizar(-se) ou sossegar(-se): *Aquelas palavras o aquietaram.* ☐ ORTOGRAFIA Escreve-se também *quietar*.

aquilatar ⟨a.qui.la.tar⟩ v.t.d. Avaliar ou calcular o valor de: *Os técnicos aquilataram o impacto ambiental na construção da estrada.*

aquilino, na ⟨a.qui.li.no, na⟩ adj. Da águia ou com alguma das características que se consideram próprias desse animal.

aquilo ⟨a.qui.lo⟩ pron.demons. Designa o que está mais longe, no espaço ou no tempo, da pessoa que fala e da pessoa que escuta. ☐ GRAMÁTICA É invariável em gênero e em número.

àquilo ⟨à.qui.lo⟩ Contração da preposição *a* com o pronome demonstrativo *aquilo*.

aquinhoar ⟨a.qui.nho.ar⟩ v.t.d. **1** Repartir em quinhões ou partes. ❚ v.t.d.i. **2** Favorecer ou dotar (alguém) [de algo]: *O destino aquinhoou-o com um grande talento.*

aquisição ⟨a.qui.si.ção⟩ (pl. *aquisições*) s.f. **1** Ato ou efeito de adquirir. **2** Aquilo que se adquire: *Esta casa foi uma boa aquisição.*

aquisitivo, va ⟨a.qui.si.ti.vo, va⟩ adj. Que serve para adquirir.

aquoso, sa ⟨a.quo.so, sa⟩ (Pron. [aquôso], [aquósa], [aquósos], [aquósas]) adj. **1** Da água ou relacionado a ela. **2** Que contém água.

-ar Sufixo que indica relação: *escolar, familiar.*

ar s.m. **1** Gás presente na atmosfera terrestre, composto de nitrogênio, oxigênio, gás carbônico e outras substâncias, usado na respiração de muitos seres vivos. **2** Vento, brisa ou aragem: *O ar frio indicava a aproximação de chuva.* **3** Conjunto de características ou estilo particular: *Ele tem um ar misterioso.* ‖ **ao ar livre** Fora de um local coberto: *Adoro fazer esportes ao ar livre.* ‖ **ir ao ar** Ser transmitido pela televisão ou pelo rádio: *O filme foi ao ar depois do noticiário.*

árabe ⟨á.ra.be⟩ adj.2g./s.2g. **1** Da Arábia ou relacionado a essa península do sudoeste asiático. **2** Dos povos de língua árabe ou relacionado a eles. ❚ s.m. **3** Língua semítica desses povos. ☐ USO Nas acepções 1 e 2, é diferente

árbitro

de *islâmico* (do islã ou relacionado a essa religião) e de *muçulmano* (de Maomé ou relacionado a sua religião).
arabesco ⟨a.ra.bes.co⟩ (Pron. [arabêsco]) s.m. **1** Adorno pintado ou trabalhado, característico da arquitetura árabe, composto de figuras geométricas e de motivos vegetais entrelaçados. **2** Rabisco ou traço irregular.
arábico, ca ⟨a.rá.bi.co, ca⟩ adj. Da Arábia ou relacionado a essa península do Sudoeste asiático.
arabismo ⟨a.ra.bis.mo⟩ s.m. **1** Em linguística, palavra, expressão ou construção sintática próprias da língua árabe empregadas em outra língua. **2** Admiração ou simpatia pela cultura árabe.
arabista ⟨a.ra.bis.ta⟩ adj.2g./s.2g. Que ou quem é especializado no estudo da língua e da cultura árabes.
araçá ⟨a.ra.çá⟩ s.m. **1** Planta de tronco com manchas e casca fina, com flores branco-esverdeadas, e cujo fruto, semelhante a uma goiaba, tem polpa doce e branca com muitas sementes. ☐ SIN. araçazeiro. **2** Esse fruto.
☐ ORIGEM É uma palavra de origem tupi.
aracajuano, na ⟨a.ra.ca.ju.a.no, na⟩ adj./s. De Aracaju ou relacionado à capital do estado brasileiro de Sergipe.
araçazeiro ⟨a.ra.ça.zei.ro⟩ s.m. Planta de tronco com manchas e casca fina, com flores branco-esverdeadas, e cujo fruto é o araçá. ☐ SIN. araçá.
aracnídeo ⟨a.rac.ní.deo⟩ ▌adj./s.m. **1** Em relação a um animal invertebrado, que se caracteriza por ter quatro pares de patas, um par de quelíceras, o corpo dividido em cefalotórax e abdome, e por não ter antenas.
▌s.m.pl. **2** Em zoologia, classe desses animais, pertencente ao filo dos artrópodes.
aracruzense ⟨a.ra.cru.zen.se⟩ adj.2g./s.2g. De Aracruz ou relacionado a essa cidade do estado brasileiro do Espírito Santo.
arado ⟨a.ra.do⟩ s.m. Instrumento utilizado na agricultura para lavrar a terra.
aragem ⟨a.ra.gem⟩ (pl. *aragens*) s.f. Vento suave.
araguaianense ⟨a.ra.guai.a.nen.se⟩ adj.2g./s.2g. De Araguaiana ou relacionado a essa cidade do estado brasileiro do Mato Grosso.
araguainense ⟨a.ra.gua.i.nen.se⟩ adj.2g./s.2g. De Araguaína ou relacionado a essa cidade do estado brasileiro do Tocantins.
araguatinense ⟨a.ra.gua.ti.nen.se⟩ adj.2g./s.2g. De Araguatins ou relacionado a essa cidade do estado brasileiro do Tocantins.
aramado, da ⟨a.ra.ma.do, da⟩ ▌adj. **1** Que é feito de arame. ▌s.m. **2** Cerca ou tela de arame: *Colocaram um aramado em volta do galinheiro.*
aramaico ⟨a.ra.mai.co⟩ s.m. Língua falada na antiga Síria e na Mesopotâmia.
arame ⟨a.ra.me⟩ s.m. Fio de metal fino e flexível, *uma cerca de arame.* ☐ SIN. alambre. ‖ **arame farpado** Aquele formado por dois fios de metal torcidos, com pontas agudas e afiadas em algumas partes, usado para construir cercas.
arandela ⟨a.ran.de.la⟩ s.f. **1** Peça que se prende à parede e que serve de suporte especialmente para lâmpadas ou velas. **2** Peça circular usada num castiçal para aparar os pingos de uma vela.
aranha ⟨a.ra.nha⟩ s.f. **1** Animal invertebrado com quatro pares de patas, corpo dividido em cefalotórax e abdome, com um par de quelíceras e alguns órgãos na parte posterior do corpo com os quais produz a substância usada para construir teias ou aprisionar presas.
2 *vulgarismo* →vulva ☐ GRAMÁTICA Na acepção 1, é um substantivo epiceno: *a aranha (macho/fêmea).*
aranha-caranguejeira ⟨a.ra.nha-ca.ran.gue.jei.ra⟩ (pl. *aranhas-caranguejeira* ou *aranhas-caranguejeiras*) s.f.
→**caranguejeira** ☐ GRAMÁTICA É um substantivo epiceno: *a aranha-caranguejeira (macho/fêmea).*
arapiraquense ⟨a.ra.pi.ra.quen.se⟩ adj.2g./s.2g. De Arapiraca ou relacionado a essa cidade do estado brasileiro de Alagoas.
araponga ⟨a.ra.pon.ga⟩ ▌s.f. **1** Ave de plumagem branca, com a garganta e face esverdeadas, com canto semelhante às batidas de um martelo em uma bigorna, e cuja fêmea apresenta dorso esverdeado e cabeça e face cinza. ☐ SIN. ferreiro. ▌s.2g. **2** *informal* Espião. ☐ ORIGEM É uma palavra de origem tupi. ☐ GRAMÁTICA Na acepção 1, é um substantivo epiceno: *a araponga (macho/fêmea).*
arapuca ⟨a.ra.pu.ca⟩ s.f. **1** Armadilha para caçar pássaros, com um dispositivo que se fecha quando é acionado. **2** Situação preparada de antemão em que se surpreende uma pessoa ou uma caça: *Armaram uma arapuca para prendê-lo.* ☐ ORIGEM É uma palavra de origem tupi.
arar ⟨a.rar⟩ v.t.d. Fazer sulcos em (a terra) para depois semeá-la: *Antes de plantar as sementes, precisamos arar o terreno.*
arara ⟨a.ra.ra⟩ s.f. **1** Ave semelhante a um papagaio, mas de tamanho maior, de bico curvado para baixo, cauda muito vistosa, e com plumagem de cores vivas e variadas. [◉ aves p. 92] **2** Objeto de metal ou de madeira com dois suportes laterais e uma haste horizontal que serve para pendurar cabides com roupas. ‖ **ficar uma arara** *informal* Ficar bravo ou zangado: *Ficou uma arara quando soube que havia sido reprovada.* ☐ ORIGEM É uma palavra de origem tupi. ☐ GRAMÁTICA Na acepção 1, é um substantivo epiceno: *a arara (macho/fêmea).*
araruta ⟨a.ra.ru.ta⟩ s.f. **1** Planta herbácea com folhas ovaladas, flores pequenas e esbranquiçadas, e de cujo caule subterrâneo se obtém uma farinha usada na medicina e na culinária. **2** Essa farinha.
araucária ⟨a.rau.cá.ria⟩ s.f. Árvore de tronco reto e copa em formato de candelabro, com folhas rígidas e verdes, e cuja semente é o pinhão. ☐ SIN. pinheiro-do--paraná. [◉ árvores p. 79]
arauto ⟨a.rau.to⟩ s.m. **1** Nas monarquias medievais, oficial encarregado de missões secretas, das proclamações solenes e do anúncio de guerra ou de paz. **2** Mensageiro ou porta-voz.
arbitragem ⟨ar.bi.tra.gem⟩ (pl. *arbitragens*) s.f. **1** Ato ou efeito de arbitrar. **2** Atuação de um árbitro em uma competição esportiva, fazendo com que o regulamento seja cumprido. **3** Julgamento ou decisão obtida por um árbitro ou perito em algo.
arbitrar ⟨ar.bi.trar⟩ ▌v.t.d. **1** Atuar como árbitro em (uma competição esportiva), cuidando para que se cumpra o regulamento: *Quem vai arbitrar a partida?*
▌v.t.d.i. **2** Em um processo judicial ou em uma arbitragem, designar (direitos e deveres) [a alguém] para resolver um conflito entre partes.
arbitrariedade ⟨ar.bi.tra.ri.e.da.de⟩ s.f. **1** Qualidade de arbitrário: *Agiu com arbitrariedade ao favorecer o amigo.*
2 Procedimento abusivo ou autoritário.
arbitrário, ria ⟨ar.bi.trá.rio, ria⟩ adj. **1** Que age baseando-se na vontade e não segue os princípios ditados pela razão. **2** Que é, de alguma forma, determinado por convenção e não por sua natureza.
arbítrio ⟨ar.bí.trio⟩ s.m. **1** Decisão que obedece à vontade e não à razão. **2** Capacidade ou faculdade de decisão ou de tomar uma resolução.
árbitro, tra ⟨ár.bi.tro, tra⟩ s. **1** Pessoa à qual é atribuída a função de avaliar e sentenciar. ☐ SIN. juiz. **2** Em uma competição esportiva, pessoa que possui a máxima autoridade e que verifica o cumprimento das regras preestabelecidas. ☐ SIN. juiz.

arbóreo

arbóreo, rea ⟨ar.bó.reo, rea⟩ adj. Da árvore, com suas características ou relacionado a ela.
arborização ⟨ar.bo.ri.za.ção⟩ (pl. *arborizações*) s.f. Plantação de árvores em um lugar.
arborizar ⟨ar.bo.ri.zar⟩ v.t.d. Plantar árvores em (um lugar).
arbustivo, va ⟨ar.bus.ti.vo, va⟩ adj. Do arbusto, com suas características ou relacionado a ele.
arbusto ⟨ar.bus.to⟩ s.m. Planta perene de caule lenhoso e geralmente com muitos galhos que se ramificam desde o solo.
arca ⟨ar.ca⟩ s.f. Caixa ou móvel geralmente de madeira, fechados com uma tampa e destinados a guardar roupas e outros objetos.
arcaboiço ⟨ar.ca.boi.ço⟩ s.m. →arcabouço
arcabouço ⟨ar.ca.bou.ço⟩ s.m. **1** Estrutura ou armação que sustentam o corpo humano ou de qualquer animal. **2** Estrutura ou armação que sustentam algo. □ ORTOGRAFIA Escreve-se também *arcaboiço*.
arcabuz ⟨ar.ca.buz⟩ s.m. Antiga arma de fogo semelhante a um fuzil.
arcada ⟨ar.ca.da⟩ s.f. **1** Conjunto de arcos de uma construção. **2** Em um instrumento de cordas, ataque e direção do movimento feito com o arco.
arcadismo ⟨ar.ca.dis.mo⟩ s.m. Estilo artístico que vigorou na segunda metade do século XVIII e que se caracteriza pela recuperação dos modelos e padrões da Antiguidade greco-romana. □ SIN. neoclassicismo.
arcaico, ca ⟨ar.cai.co, ca⟩ adj. **1** Muito antigo ou ultrapassado: *um costume arcaico*. **2** Em geologia, da primeira era da história da Terra ou relacionado a ela.
arcaísmo ⟨ar.ca.ís.mo⟩ s.m. Em linguística, palavra, construção ou elemento linguístico que, por sua forma ou por seu significado, tornam-se antiquados em um momento determinado.
arcanjo ⟨ar.can.jo⟩ s.m. Em algumas religiões, anjo de categoria superior aos demais.
arcano ⟨ar.ca.no⟩ s.m. Mistério ou segredo: *Somente os sacerdotes conheciam os arcanos da doutrina*.
arcar ⟨ar.car⟩ ▍ v.t.i. **1** Assumir ou responsabilizar-se [por uma obrigação ou uma consequência]: *Não estou disposta a arcar com toda a culpa sozinha!* **2** Lutar corpo a corpo [com alguém]. ▍ v.t.d./v.int./v.prnl. **3** Dar(-se) forma de arco ou curvar(-se): *Surpreso, arcou as sobrancelhas*. □ ORTOGRAFIA Antes de *e*, o *c* muda para *qu* →BRINCAR. □ GRAMÁTICA Nas acepções 1 e 2, usa-se a construção *arcar com {algo/alguém}*.
arcebispado ⟨ar.ce.bis.pa.do⟩ s.m. **1** Cargo de arcebispo. **2** Período de tempo do exercício desse cargo. **3** Território eclesiástico sob a jurisdição de um arcebispo. □ SIN. bispado, diocese.
arcebispo ⟨ar.ce.bis.po⟩ s.m. Bispo de uma arquidiocese.
archote ⟨ar.cho.te⟩ s.f. Pedaço de madeira ou de outro material inflamável, em cuja extremidade se acende o fogo, e que é levado na mão e usado para iluminar. □ SIN. facho.
arco ⟨ar.co⟩ s.m. **1** Arma composta por uma vara, em cujas extremidades se prende uma corda muito esticada, que serve para disparar flechas. **2** Em geometria, porção contínua de uma curva. **3** Aquilo que tem essa forma: *o arco do pé*. **4** Em arquitetura, construção curva que se apoia em dois pilares ou colunas e que cobre o vão ou o oco que ficam entre eles. **5** Peça de madeira composta por uma vara flexível cujas extremidades são ligadas por crinas de cavalo ou náilon, usada para friccionar as cordas de alguns instrumentos musicais. **6** Em um esporte, especialmente no futebol, espaço retangular limitado por dois postes e uma trave por onde deve entrar a bola. □ SIN. gol.

arco-íris ⟨ar.co-í.ris⟩ s.m.2n. Porção de cores com forma de arco que aparece no céu quando a luz do Sol se decompõe ao atravessar gotas de água presentes na atmosfera.
ar-condicionado ⟨ar-con.di.ci.o.na.do⟩ (pl. *ares-condicionados*) s.m. Instalação ou aparelho que permitem regular a temperatura de um local fechado. □ SIN. condicionador de ar. [👁 eletrodomésticos p. 292]
ardência ⟨ar.dên.cia⟩ s.f. **1** Qualidade ou estado de ardente. **2** Calor, queimação ou sensação de ardor: *Sentiu uma ardência no estômago depois de jantar*. **3** Sensação de ardor causada por um sabor picante.
ardente ⟨ar.den.te⟩ adj.2g. **1** Que produz uma sensação picante ou queimação. **2** Impetuoso, apaixonado ou que manifesta muito entusiasmo: *É uma defensora ardente dos direitos humanos*.
arder ⟨ar.der⟩ v.int. **1** Queimar ou estar em chamas: *Quando eles chegaram, todo o barracão ardia*. **2** Produzir ardor, uma sensação picante ou queimação: *Esta pimenta arde*. **3** Ficar ruborizado (alguém): *Seu rosto ardeu ao ser tão elogiada*.
ardido, da ⟨ar.di.do, da⟩ adj. Que produz uma sensação picante ou queimação.
ardil ⟨ar.dil⟩ (pl. *ardis*) s.m. Aquilo que é feito para conseguir algo, geralmente mediante engano. □ SIN. artimanha, falcatrua.
ardiloso, sa ⟨ar.di.lo.so, sa⟩ (Pron. [ardilôso], [ardilósa], [ardilósos], [ardilósas]) adj. Com habilidade e astúcia para conseguir algo: *um plano ardiloso*.
ardor ⟨ar.dor⟩ (Pron. [ardôr]) s.m. **1** Ardência, queimação ou calor intensos: *Assim que mordeu a pimenta, sentiu um intenso ardor em sua boca*. **2** Grande energia ou entusiasmo: *Defendeu-se com ardor das acusações*. **3** Ânsia, paixão ou desejo intensos: *Esperava com ardor a sua chegada*.
ardósia ⟨ar.dó.sia⟩ s.f. Rocha metamórfica, de grânulos muito finos, geralmente de cor cinza-escura, que se divide com facilidade em folhas planas e finas e que se utiliza para recobrir pisos e paredes.
árduo, dua ⟨ár.duo, dua⟩ adj. Muito penoso ou difícil de suportar.
are ⟨a.re⟩ s.m. Unidade de superfície equivalente a 100 m².
área ⟨á.rea⟩ s.f. **1** Território compreendido entre alguns limites: *O condomínio possui uma ampla área para lazer*. **2** Em geometria, superfície compreendida dentro de um perímetro. **3** Em geometria, medida dessa superfície. **4** Campo ou esfera de ação: *Trabalhou toda sua vida na área de comunicação*.
areal ⟨a.re.al⟩ (pl. *areais*) s.m. Terreno coberto por areia.
arear ⟨a.re.ar⟩ ▍ v.t.d./v.prnl. **1** Cobrir(-se) de areia. ▍ v.t.d. **2** Esfregar ou limpar (uma superfície) com areia ou outra substância: *arear uma panela*. □ ORTOGRAFIA O *e* muda para *ei* quando a sílaba tônica estiver na raiz do verbo →NOMEAR.
areento, ta ⟨a.re.en.to, ta⟩ adj. Que tem areia ou alguma de suas características.
areia ⟨a.rei.a⟩ ▍ adj.2g.2n./s.m. **1** De cor bege, como a deste conjunto de partículas. ▍ s.f. **2** Conjunto de partículas formadas pela decomposição e erosão das rochas, e que se acumulam nas praias, desertos e leitos de rios e mares. ‖ **areia movediça** Aquela úmida e pouco consistente que não oferece resistência ao peso ou à pressão de algo ou alguém: *No filme, o protagonista morre afogado na areia movediça*.
arejar ⟨a.re.jar⟩ ▍ v.t.d./v.prnl. **1** Ventilar ou deixar o ar entrar: *Abriu a janela para arejar o quarto*. ▍ v.t.d. **2** Renovar ou fazer (algo) entrar em contato com coisas novas: *Arejou suas ideias ao conhecer uma nova cultura*. ▍ v.int./v.prnl. **3** Distrair-se ou proporcionar-se momentos

ariete

de descontração: *Exercitou-se para arejar um pouco. Caminhou no calçadão para arejar.* ▮ v.t.d. **4** Tornar (uma composição ou um trabalho gráfico) visualmente mais harmoniosos introduzindo espaços em branco entre seus elementos: *O livro traz ilustrações para arejar o texto.*

arena ⟨a.re.na⟩ (Pron. [arêna]) s.f. **1** Na Antiga Roma, construção oval ou circular, com arquibancada para o público, e destinada a determinados espetáculos, geralmente combates de gladiadores ou de feras. **2** Em um circo, espaço no qual atuam os artistas. **3** Lugar onde há corridas de touros. **4** Lugar onde se desenvolvem luta de boxe ou outros combates. **5** Lugar de debate ou campo de discussão: *a arena política.*

arenga ⟨a.ren.ga⟩ s.f. **1** Discurso ou conversa longos, repetitivos ou enfadonhos: *Subiu à tribuna e iniciou uma arenga interminável.* **2** Intriga ou boato: *Essas arengas faziam parte do seu dia a dia.* **3** Briga ou discussão entre pessoas que mantêm seu ponto de vista de forma obstinada.

arenito ⟨a.re.ni.to⟩ s.m. Rocha sedimentar formada por areia de quartzo, cujos grãos estão unidos por um cimento ou massa mineral.

arenoso, sa ⟨a.re.no.so, sa⟩ (Pron. [arenôso], [arenósa], [arenósos], [arenósas]) adj. Que tem areia ou alguma de suas características.

arenque ⟨a.ren.que⟩ s.m. Peixe de água salgada, comestível, semelhante à sardinha, de corpo comprimido, boca pequena, com o dorso azulado, ventre prateado, e que vive em águas frias. ☐ GRAMÁTICA É um substantivo epiceno: *o arenque (macho/fêmea).* [◉ **peixes (água salgada)** p. 609]

aréola ⟨a.ré.o.la⟩ s.f. **1** Área avermelhada ao redor de uma ferida ou de uma região inflamada. **2** Área de cor mais escura ao redor do mamilo.

areópago ⟨a.re.ó.pa.go⟩ s.m. **1** Na antiga Atenas, tribunal superior. **2** Tribunal ou assembleia que se distinguem pela retidão de julgamento.

aresta ⟨a.res.ta⟩ s.f. **1** Linha resultante da intersecção ou encontro de duas superfícies: *Um cubo tem doze arestas.* **2** Dificuldade que algo apresenta: *É impossível que cheguem a um acordo sem antes resolver todas as arestas.*

-aréu Sufixo que indica tamanho maior: *povaréu, mundaréu.*

arfar ⟨ar.far⟩ v.int. **1** Respirar com dificuldade, geralmente por causa de um esforço ou do cansaço: *Ficou arfando após subir os degraus.* **2** Balançar ou mover-se de um lado para outro: *As árvores arfavam com a brisa da tarde.*

argamassa ⟨ar.ga.mas.sa⟩ s.f. Massa formada por cal, areia e água, usada em obras de alvenaria.

argelino, na ⟨ar.ge.li.no, na⟩ adj./s. **1** Da Argélia ou relacionado a esse país africano. ▮ s.m. **2** Língua desse país.

argentar ⟨ar.gen.tar⟩ v.t.d. **1** Cobrir com um banho de prata. **2** *literário* Dar a cor da prata a: *A luz da Lua argentava o mar.*

argentário, ria ⟨ar.gen.tá.rio, ria⟩ adj./s. Que ou quem é milionário ou muito rico.

argênteo, tea ⟨ar.gên.teo, tea⟩ adj. Da prata ou com alguma de suas características.

argentino, na ⟨ar.gen.ti.no, na⟩ adj./s. Da Argentina ou relacionado a esse país sul-americano.

argila ⟨ar.gi.la⟩ s.f. Rocha formada a partir de grãos finos, composta basicamente por silicato de alumínio e que é muito utilizada na fabricação de cerâmica.

argiloso, sa ⟨ar.gi.lo.so, sa⟩ (Pron. [argilôso], [argilósa], [argilósos], [argilósas]) adj. Da argila, que a contém ou relacionado a ela.

argola ⟨ar.go.la⟩ s.f. **1** Aro, geralmente de metal, que serve para prender algo. **2** Objeto que tem o formato desse aro.

argonauta ⟨ar.go.nau.ta⟩ ▮ s.2g. **1** Navegante audaz. ▮ s.m. **2** Na mitologia grega, cada um dos heróis que viajaram a bordo do navio Argos, em busca do velocino de ouro, comandados pelo herói Jasão.

argônio ⟨ar.gô.nio⟩ s.m. Elemento químico da família dos não metais, de número atômico 18, gasoso, encontrado no ar e nos gases vulcânicos, e que é mau condutor de calor. ☐ ORTOGRAFIA Seu símbolo químico é Ar, sem ponto.

argúcia ⟨ar.gú.cia⟩ s.f. Sutileza ou habilidade de argumentação e de raciocínio.

argueiro ⟨ar.guei.ro⟩ s.m. Cisco ou partícula pequena que se desprendeu de algo.

arguição ⟨ar.gui.ção⟩ (Pron. [argüição]) (pl. *arguições*) s.f. **1** Questionamento das provas apresentadas em um processo judicial. **2** *formal* Prova oral.

arguir ⟨ar.guir⟩ (Pron. [argüir]) ▮ v.t.d./v.int. **1** Avaliar (alguém) por meio de perguntas para determinar o seu conhecimento ou examinar questionando: *O professor arguiu o mestrando durante a defesa de sua tese.* ▮ v.t.d. **2** Demonstrar ou provar: *Nada foi arguido contra sua conduta.* ☐ ORTOGRAFIA Usa-se *i* em vez do *e* comum na conjugação do presente do indicativo e do imperativo afirmativo →ATRIBUIR.

argumentação ⟨ar.gu.men.ta.ção⟩ (pl. *argumentações*) s.f. **1** Ato ou efeito de argumentar. **2** Conjunto de argumentos. **3** Discussão em que se debatem ou se confrontam ideias contrárias.

argumentar ⟨ar.gu.men.tar⟩ ▮ v.t.d./v.int. **1** Alegar (algo) para comprovar uma afirmação ou apresentar argumentos para defender uma ideia. ▮ v.t.i./v.int. **2** Discutir [com alguém], especialmente para debater ou confrontar ideias contrárias: *Os funcionários argumentaram com o diretor sobre o aumento de salário.*

argumento ⟨ar.gu.men.to⟩ s.m. **1** Raciocínio para provar ou para demonstrar algo: *Seus argumentos sensatos convenceram os pais.* **2** Assunto ou matéria sobre os quais trata uma obra de ficção: *O argumento do filme é a relação entre irmãos.*

arguto, ta ⟨ar.gu.to, ta⟩ adj. Perspicaz, sutil ou engenhoso.

-aria Sufixo que indica estabelecimento comercial: *confeitaria, borracharia.* **2** Sufixo que indica conjunto: *cavalaria.* **3** Sufixo que indica ação de uma pessoa: *pirataria.*

ária ⟨á.ria⟩ ▮ adj.2g./s.2g. **1** Que ou quem pertence a um povo de origem nórdica habitante da região asiática central. ☐ SIN. ariano. ▮ s.f. **2** Composição musical clássica, de caráter melódico marcante, geralmente para uma ou mais vozes.

ariano, na ⟨a.ri.a.no, na⟩ adj./s. **1** Que ou quem pertence a um povo de origem nórdica habitante da região asiática central. ☐ SIN. ária. **2** Em astrologia, que ou quem nasceu entre 21 de março e 20 de abril. ☐ SIN. áries.

aridez ⟨a.ri.dez⟩ (Pron. [aridêz]) s.f. **1** Qualidade ou estado de árido: *a aridez de um terreno.* **2** Complexidade ou dificuldade para ser entendido: *a aridez de uma teoria.*

árido, da ⟨á.ri.do, da⟩ adj. **1** Que é seco ou que tem pouca umidade. **2** Que é estéril ou improdutivo: *um solo árido.* **3** Complexo ou difícil de entender: *um texto árido; uma matéria árida.*

áries ⟨á.ries⟩ adj.2g.2n./s.2g.2n Em astrologia, que ou quem nasceu entre 21 de março e 20 de abril. ☐ SIN. ariano.

ariete ⟨a.ri.e.te⟩ s.m. Antiga máquina de guerra que se utilizava para derrubar portas e muralhas.

arilo ⟨a.ri.lo⟩ s.m. Em algumas sementes, camada carnuda que as envolve parcial ou totalmente.

arimética ⟨a.ri.mé.ti.ca⟩ s.f. →aritmética

arimético, ca ⟨a.ri.mé.ti.co, ca⟩ adj. →aritmético, ca

-ário Sufixo que indica lugar: *vestiário, berçário*.

-ário, -ária 1 Sufixo que indica relação: *diário, revolucionária*. 2 Sufixo que indica profissão: *empresário, bancária*.

ariquemense ⟨a.ri.que.men.se⟩ adj.2g./s.2g. De Ariquemes ou relacionado a essa cidade do estado brasileiro de Rondônia.

ariranha ⟨a.ri.ra.nha⟩ s.f. Mamífero carnívoro de grande porte, semelhante a uma lontra, com corpo marrom e cauda achatada, e que vive próximo às margens dos rios. ☐ ORIGEM É uma palavra de origem tupi. ☐ GRAMÁTICA É um substantivo epiceno: *a ariranha (macho/fêmea)*.

arisco, ca ⟨a.ris.co, ca⟩ adj. 1 Arredio ou de difícil trato. 2 Em relação a um animal, que é difícil de ser domesticado.

aristocracia ⟨a.ris.to.cra.ci.a⟩ s.f. 1 Sistema de governo em que um pequeno grupo de pessoas, geralmente com título de nobreza, exerce o poder. 2 Grupo social formado por essas pessoas.

aristocrata ⟨a.ris.to.cra.ta⟩ adj.2g./s.2g. Que ou quem é membro da aristocracia ou é partidário dela.

aristotélico, ca ⟨a.ris.to.té.li.co, ca⟩ adj. De Aristóteles (filósofo grego do século IV a.C.) ou relacionado a ele.

aritmética ⟨a.rit.mé.ti.ca⟩ s.f. 1 Parte da matemática que estuda os números e as operações feitas com eles. 2 Livro ou material que tratam dessa parte da matemática. ☐ ORTOGRAFIA Escreve-se também *arimética*.

aritmético, ca ⟨a.rit.mé.ti.co, ca⟩ adj. Da aritmética ou relacionado a ela. ☐ ORTOGRAFIA Escreve-se também *arimético*.

arlequim ⟨ar.le.quim⟩ (pl. *arlequins*) s.m. 1 Personagem cômica de teatro, originária da antiga *Commedia dell'Arte* italiana, que usa uma máscara preta e um traje de quadrados ou de losangos de cores variadas. 2 Traje usado por essa personagem.

arma ⟨ar.ma⟩ s.f. 1 Instrumento ou máquina que servem para o ataque ou para a defesa. 2 Aquilo que serve para conseguir algo: *A paciência foi sua melhor arma para vencer a partida de xadrez.* 3 Cada uma das três forças armadas de um país. ‖ **arma branca** Aquela que tem uma lâmina metálica e que fere pelo fio ou pela ponta: *A espada, a faca e o canivete são armas brancas.* ‖ **arma de fogo** Aquela que utiliza uma matéria explosiva para fazer disparos: *A metralhadora, a pistola e a espingarda são armas de fogo.*

armação ⟨ar.ma.ção⟩ (pl. *armações*) s.f. 1 Peça ou conjunto de peças unidas que servem como base para algo que será montado sobre elas: *O telhado foi construído sobre uma armação de madeira.* 2 *informal* Armadilha: *Aquela história foi só uma armação para desviar dinheiro.*

armada ⟨ar.ma.da⟩ s.f. 1 Conjunto das forças navais de um país. 2 Conjunto dos navios de guerra que participam de uma determinada missão sob um mesmo comando. ☐ SIN. **esquadra**.

armadilha ⟨ar.ma.di.lha⟩ s.f. 1 Dispositivo para caçar animais provido de um mecanismo que se fecha e aprisiona o animal quando esse o toca. 2 Aquilo que é feito de maneira habilidosa ou astuciosa com a intenção de enganar ou ludibriar alguém. ☐ SIN. **cilada, emboscada**.

armador, -a ⟨ar.ma.dor, do.ra⟩ (Pron. [armadôr], [armadôra]) ▌ adj./s. 1 Que ou quem arma. ▌ s. 2 Pessoa que se dedica a equipar, manter e explorar comercialmente uma embarcação mercante. 3 Em alguns esportes, jogador cuja função principal é organizar o jogo da equipe.

armadura ⟨ar.ma.du.ra⟩ s.f. 1 Vestimenta de metal usada antigamente por guerreiros em combates e guerras. 2 Qualquer objeto ou estrutura que sirvam para defesa ou para proteção de algo: *O casco da tartaruga serve como uma armadura contra predadores.*

armamentismo ⟨ar.ma.men.tis.mo⟩ s.m. Doutrina ou atitude que defendem o incremento progressivo do número e da qualidade das armas de um país.

armamento ⟨ar.ma.men.to⟩ s.m. 1 Conjunto do material e das armas que estão ao serviço de um soldado, de um corpo militar ou de um exército. 2 Preparação e provisão de todo o necessário para a guerra.

armar ⟨ar.mar⟩ ▌ v.t.d./v.t.d.i./v.prnl. 1 Prover(-se) (alguém) [de armas]: *armar um exército; armar-se para um combate.* ▌ v.t.d. 2 Juntar as peças de (um móvel) e ajustá-las entre si: *Comprei um guarda-roupa, mas ainda preciso armá-lo.* 3 Planejar ou tramar (um plano ou uma ideia): *O técnico armou uma estratégia para a partida.* 4 *informal* Causar ou provocar: *Beberam demais e armaram uma confusão na festa.* ▌ v.t.d./v.prnl. 5 Munir(-se) do que é necessário ou prover(-se): *Armou-se de coragem para dar a má notícia aos pais.* ☐ GRAMÁTICA Na acepção 5, usa-se a construção *armar(-se) de algo*.

armaria ⟨ar.ma.ri.a⟩ s.f. 1 Conjunto de armas. 2 Arte ou ciência que criam, explicam ou descrevem os escudos e os brasões. ☐ SIN. **heráldica**.

armarinho ⟨ar.ma.ri.nho⟩ s.m. 1 Armário pequeno. 2 Estabelecimento comercial em que se vendem artigos para costura e outros objetos pequenos, como botões, fitas e enfeites em geral.

armário ⟨ar.má.rio⟩ s.m. Móvel com portas e divisões internas como gavetas e prateleiras, e que serve para guardar roupas e outros objetos.

armazém ⟨ar.ma.zém⟩ (pl. *armazéns*) s.m. 1 Lugar onde mercadorias são armazenadas. ☐ SIN. **entreposto**. 2 Lugar ou estabelecimento onde mercadorias são vendidas, geralmente por atacado.

armazenagem ⟨ar.ma.ze.na.gem⟩ (pl. *armazenagens*) s.f. →**armazenamento**

armazenamento ⟨ar.ma.ze.na.men.to⟩ s.m. 1 Ato ou efeito de armazenar(-se). 2 Em informática, conservação de dados ou informações no disco de um computador ou em outra mídia. ☐ ORTOGRAFIA Na acepção 1, escreve-se também *armazenagem*.

armazenar ⟨ar.ma.ze.nar⟩ ▌ v.t.d. 1 Guardar ou pôr em um armazém: *Armazenaram os produtos no subsolo da loja.* ▌ v.t.d./v.prnl. 2 Juntar(-se) ou amontoar(-se), especialmente se for em grande quantidade: *Um capacitor é um dispositivo para armazenar energia.* ☐ SIN. **acumular**. ▌ v.t.d. 3 Em informática, introduzir (um conjunto de dados) no disco de um computador, na sua memória ou em outro dispositivo de armazenamento.

armeiro, ra ⟨ar.mei.ro, ra⟩ s. Pessoa que se dedica à fabricação, à venda ou ao conserto de armas.

armênio, nia ⟨ar.mê.nio, nia⟩ ▌ adj./s. 1 Da Armênia ou relacionado a esse país asiático. ▌ s.m. 2 Grupo de línguas indo-europeias desse e de outros países.

arminho ⟨ar.mi.nho⟩ s.m. 1 Mamífero carnívoro de corpo cilíndrico e pelo suave, parda no verão e branca no inverno. 2 Pele desse animal. ☐ GRAMÁTICA Na acepção 1, é um substantivo epiceno: *o arminho (macho/fêmea)*.

armistício ⟨ar.mis.tí.cio⟩ s.m. Suspensão da luta armada, estabelecida entre as partes de um conflito.

armorial ⟨ar.mo.ri.al⟩ (pl. *armoriais*) ▌ adj.2g. 1 Da armaria ou relacionado a essa arte de criar, explicar e descrever os escudos e os brasões. ▌ s.m. 2 Livro em que são registrados os brasões.

arnica ⟨ar.ni.ca⟩ s.f. **1** Planta herbácea com flores semelhantes a margaridas, amarelas e aromáticas, e usada na medicina. **2** Tintura ou substância que se obtêm da flor e da raiz dessa planta.
aro ⟨a.ro⟩ s.m. **1** Peça em forma de círculo feita de metal ou outro material. **2** Em uma roda pneumática, armação exterior circular, geralmente metálica, sobre a qual se montam os pneus. **3** Em uma luneta, em uma lente ou nos óculos, armação. **4** Em uma janela ou em uma porta, peça usada como moldura ou acabamento.
aroeira ⟨a.ro.ei.ra⟩ s.f. Árvore com folhas compostas, flores pequenas e vermelhas reunidas em ramos terminais, e cuja madeira, resistente e de cor avermelhada, é muito usada em vias férreas e em postes.
aroma ⟨a.ro.ma⟩ s.m. **1** Perfume ou odor agradável. **2** Substância artificial que se acrescenta a algo para dar-lhe cheiro ou sabor: *um bolo com aroma de baunilha*.
aromático, ca ⟨a.ro.má.ti.co, ca⟩ adj. Que tem aroma ou odor agradáveis.
aromatizante ⟨a.ro.ma.ti.zan.te⟩ adj.2g./s.m. Que dá aroma ou odor agradáveis.
aromatizar ⟨a.ro.ma.ti.zar⟩ v.t.d./v.int./v.prnl. Dar ou adquirir aroma ou odor agradáveis: *Aromatizou a casa com incenso de flores*.
arpão ⟨ar.pão⟩ (pl. *arpões*) s.m. Instrumento de pesca formado por uma ponta de ferro fixada a um cabo comprido de madeira.
arpejar ⟨ar.pe.jar⟩ v.int. Executar as notas de um acorde ou de um intervalo sucessiva e rapidamente em valores iguais, como se tocasse uma harpa.
arpejo ⟨ar.pe.jo⟩ (Pron. [arpêjo]) s.m. Execução sucessiva e rápida das notas de um acorde ou de um intervalo em valores iguais, como ao tocar uma harpa.
arpéu ⟨ar.péu⟩ s.m. Arpão pequeno.
arpoar ⟨ar.po.ar⟩ v.t.d./v.int. Caçar ou pescar com arpão.
arquear ⟨ar.que.ar⟩ v.t.d./v.prnl. Dar ou adquirir forma de arco. ▢ ORTOGRAFIA **1.** O *e* muda para *ei* quando a sílaba tônica estiver na raiz do verbo →NOMEAR. **2.** Escreve-se também *arquejar*.
arqueiro, ra ⟨ar.quei.ro, ra⟩ ▌ s. **1** Pessoa que pratica o esporte de tiro com arco. **2** Pessoa que fabrica ou que vende arcos ou arcas. **3** Em futebol, goleiro. ▌ s.m. **4** Antigamente, soldado que lutava armado com arco e flecha.
arquejar ⟨ar.que.jar⟩ ▌ v.int. **1** Respirar com esforço ou dificuldade: *Subia a escada arquejando*. ▢ SIN. ofegar. ▌ v.t.d./v.prnl. **2** →**arquear**
arquejo ⟨ar.que.jo⟩ (Pron. [arquêjo]) s.m. Respiração que se realiza com esforço ou com dificuldade.
arqueologia ⟨ar.que.o.lo.gi.a⟩ s.f. Ciência que estuda a história, a cultura e os costumes das civilizações antigas, através dos vestígios materiais deixados por elas.
arqueológico, ca ⟨ar.que.o.ló.gi.co, ca⟩ adj. Da arqueologia ou relacionado a essa ciência.
arqueólogo, ga ⟨ar.que.ó.lo.go, ga⟩ s. Pessoa que se dedica profissionalmente à arqueologia ou que é especializada nessa ciência.
arquétipo ⟨ar.qué.ti.po⟩ s.m. Modelo ou padrão de algo: *Os deuses da Grécia Antiga serviam de arquétipos para os cidadãos gregos*.
arquibancada ⟨ar.qui.ban.ca.da⟩ s.f. **1** Assento coletivo em forma de escadaria, especialmente se for o de um estádio. **2** Conjunto de pessoas que ocupam esse tipo de assento: *A arquibancada levantou em peso com o último gol*.
arquidiocese ⟨ar.qui.di.o.ce.se⟩ s.f. Diocese principal do conjunto que forma uma província eclesiástica e que é dirigida por um arcebispo.

arraigar

arquiduque ⟨ar.qui.du.que⟩ s.m. Príncipe da casa de Áustria e de Baviera (antigas dinastias nobiliárias). ▢ GRAMÁTICA Seu feminino é *arquiduquesa*.
arquiduquesa ⟨ar.qui.du.que.sa⟩ (Pron. [arquiduquêsa]) Substantivo feminino de **arquiduque**.
arquiepiscopal ⟨ar.qui.e.pis.co.pal⟩ (pl. *arquiepiscopais*) adj.2g. Do arcebispo ou relacionado a ele.
arqui-inimigo, ga ⟨ar.qui-i.ni.mi.go, ga⟩ (pl. *arqui-inimigos*) adj./s. Que ou quem é o maior inimigo ou rival de alguém.
arquipélago ⟨ar.qui.pé.la.go⟩ s.m. Conjunto de ilhas próximas entre si.
arquitetar ⟨ar.qui.te.tar⟩ v.t.d. **1** Fazer ou realizar (um projeto arquitetônico): *Arquitetou a própria casa*. **2** Idear ou planejar: *Arquitetamos um plano para terminar o projeto dentro do prazo*.
arquiteto, ta ⟨ar.qui.te.to, ta⟩ s. Pessoa que se dedica profissionalmente à realização de projetos de edifícios e à construção deles.
arquitetônico, ca ⟨ar.qui.te.tô.ni.co, ca⟩ adj. Da arquitetura ou relacionado a essa arte.
arquitetura ⟨ar.qui.te.tu.ra⟩ s.f. **1** Arte ou técnica de desenhar, projetar e construir edifícios. **2** Conjunto de edifícios com uma característica comum: *Ouro Preto é conhecida por sua arquitetura barroca*.
arquitrave ⟨ar.qui.tra.ve⟩ s.m. Em arquitetura, parte mais baixa do entablamento, sobre a qual assentam ou se apoiam diretamente os capitéis das colunas.
arquivar ⟨ar.qui.var⟩ v.t.d. **1** Guardar em um arquivo: *Arquivamos os cadastros por ordem alfabética*. **2** Interromper o andamento de (um processo jurídico ou um inquérito): *O tribunal arquivou o caso por falta de provas*. **3** Fixar na memória: *Ao longo de sua vida, as pessoas vão arquivando suas lembranças*.
arquivista ⟨ar.qui.vis.ta⟩ s.2g. Pessoa encarregada da manutenção e da organização de um arquivo.
arquivo ⟨ar.qui.vo⟩ s.m. **1** Conjunto de documentos que se produzem no exercício de uma atividade ou de uma função: *um arquivo fotográfico*. **2** Lugar em que se guardam de forma ordenada esses documentos: *No Arquivo do Estado, há muitos documentos antigos que servem como fonte de pesquisa*. **3** Em informática, conjunto de informações gravadas como uma só unidade de armazenamento que pode se manusear em bloco.
arrabalde ⟨ar.ra.bal.de⟩ s.m. Bairro ou área que estão fora do centro de uma cidade ou povoação: *os arrabaldes de uma cidade*.
arraia ⟨ar.rai.a⟩ s.f. **1** Peixe de água doce e salgada, de corpo achatado, com cauda comprida e fina, pequenas barbatanas dorsais situadas na cauda, e uma fileira longitudinal de espinhos. [◉ *peixes (água salgada)* p. 609] **2** Brinquedo formado por uma armação leve de varetas coberta por uma folha de papel ou por um plástico, que se solta para que o vento o leve e para que se mantenha suspenso no ar, preso por uma linha ou por um barbante. ▢ SIN. **pandorga, papagaio, pipa.** ▢ ORTOGRAFIA Escreve-se também *raia*. ▢ GRAMÁTICA Na acepção 1, é um substantivo epiceno: *a arraia (macho/fêmea)*.
arraial ⟨ar.rai.al⟩ (pl. *arraiais*) s.m. **1** Acampamento ou local provisório ou temporário: *um arraial militar*. **2** Aldeia pequena: *um arraial de pescadores*. **3** Local em que se realiza uma festa junina: *No dia de Santo Antônio, todos fomos a um grande arraial no interior*.
arraia-miúda ⟨ar.rai.a-mi.ú.da⟩ (pl. *arraias-miúdas*) s.f. *pejorativo* Populacho ou plebe.
arraigar ⟨ar.rai.gar⟩ v.t.d./v.int./prnl. **1** Fixar(-se) pela criação de raízes (uma planta). **2** Fortalecer(-se) ou consolidar(-se) (um sentimento ou um costume): *Uma*

arrais

a das tarefas da escola é arraigar hábitos de leitura. □ ORTOGRAFIA Antes de *e*, o *g* muda para *gu* →CHEGAR.
arrais ⟨ar.ra͟is⟩ s.m.2n. Em uma embarcação pequena, mestre ou comandante.
arrancada ⟨ar.ran.c͟a.da⟩ s.f. **1** Movimento brusco ou saída repentina. **2** Começo do movimento de uma máquina, especialmente se for um veículo: *Depois de uma súbita arrancada, o carro saiu em alta velocidade.* □ SIN. arranque.
arrancar ⟨ar.ran.ca͟r⟩ ▮ v.t.d./v.t.d.i. **1** Extrair (algo) com violência ou com força [de um lugar]: *Arrancamos todo o mato do jardim.* **2** Causar, provocar ou obter (um sentimento ou uma manifestação) [de alguém]: *A atuação do humorista arrancou risos do público.* ▮ v.t.i./v.int. **3** Em relação a um veículo, iniciar seu movimento [contra algo ou alguém]: *Os carros de corrida arrancaram quando a luz verde acendeu.* □ ORTOGRAFIA Antes de *e*, o *c* muda para *qu* →BRINCAR.
arranca-rabo ⟨ar.ran.ca-r͟a.bo⟩ (pl. *arranca-rabos*) s.m. *informal* Alvoroço, briga ou discussão violenta.
arranchar ⟨ar.ran.cha͟r⟩ v.t.d./v.prnl. Dar ou tomar alojamento, especialmente se for de caráter temporário: *Já arranchamos duas vezes nessa pousada.*
arranco ⟨ar.ra͟n.co⟩ s.m. →arranque
arranha-céu ⟨ar.ra.nha-c͟éu⟩ (pl. *arranha-céus*) s.m. Edifício de altura muito elevada e com muitos andares.
arranhadura ⟨ar.ra.nha.d͟u.ra⟩ s.f. **1** Ferida superficial feita na pele com as unhas ou com um objeto cortante. □ SIN. **arranhão**. **2** Fenda ou risca comprida e superficial feita em um material liso e duro. □ SIN. **arranhão**.
arranhão ⟨ar.ra.nh͟ão⟩ (pl. *arranhões*) s.m. **1** Ferida superficial feita na pele com as unhas ou com um objeto cortante. □ SIN. **arranhadura**. **2** Fenda ou risca comprida e superficial feita em um material liso e duro. □ SIN. **arranhadura**.
arranhar ⟨ar.ra.nha͟r⟩ ▮ v.t.d./v.int./v.prnl. **1** Ferir(-se) superficialmente (a pele ou outra superfície) ou rasgar algo com as unhas ou com algo cortante: *O gato arranhou a minha perna. Arranhou-se ao podar as roseiras do jardim.* ▮ v.t.d. **2** Riscar ou produzir traços em (uma superfície lisa e dura): *Arranhou o visor do relógio.* ▮ v.t.d./v.int. **3** Produzir uma sensação desagradável em (alguém) ou incomodar: *Essa música arranha os ouvidos!* ▮ v.t.d. **4** *informal* Não ter domínio ou executar com dificuldade e de maneira incorreta (uma língua, uma atividade ou outro tipo de conhecimento): *Arranha o inglês, mas ainda não pode manter uma conversação fluente.*
arranjado, da ⟨ar.ran.j͟a.do, da⟩ adj. *informal* Que não é rico nem pobre.
arranjar ⟨ar.ran.ja͟r⟩ ▮ v.t.d. **1** Pôr no lugar apropriado ou arrumar de modo conveniente: *Arranjaram toda a mercadoria nas vitrines.* **2** Consertar ou colocar em bom estado (algo quebrado, danificado ou em mau estado): *Teve de arranjar a televisão.* □ SIN. **reparar**. **3** Pôr adornos ou enfeites para embelezar: *Arranjou toda a casa para receber os amigos.* **4** Alcançar, obter ou conseguir: *Arranjou a bolsa de estudos que tanto desejava.* **5** Adaptar (uma composição musical) para que seja interpretada por vozes ou por instrumentos para os quais não foi escrita originalmente. ▮ v.prnl. **6** Encontrar o modo de solucionar um problema ou de sair de uma dificuldade: *Mesmo perdendo o ônibus, conseguiu se arranjar para chegar ao trabalho.*
arranjo ⟨ar.ra͟n.jo⟩ s.m. **1** Colocação, com determinado critério de organização, no lugar apropriado: *O decorador pensou em um novo arranjo dos móveis para a sala de jantar.* **2** Conjunto de adornos ou enfeites para embelezar: *Puseram vários arranjos de flores no salão.* **3** Adaptação de uma composição musical para ser interpretada por vozes ou por instrumentos para os quais não foi escrita originalmente: *Ele fez um lindo arranjo daquela canção, para instrumentos de cordas.* **4** Armação ou artifício para realizar ou para conseguir algo. ▮ s.m.pl. **5** Preparativos: *os arranjos para um casamento.*
arranque ⟨ar.ra͟n.que⟩ s.m. **1** Começo do movimento de uma máquina, especialmente se for um veículo. □ SIN. **arrancada**. **2** Dispositivo que causa esse movimento: *o arranque de um motor.* □ ORTOGRAFIA Na acepção 1, escreve-se também *arranco*.
arrasar ⟨ar.ra.sa͟r⟩ ▮ v.t.d./v.t.i. **1** Destruir por completo ou acabar [com algo ou alguém]: *A tempestade arrasou a plantação. A bebida arrasou com sua saúde.* ▮ v.t.d./ v.prnl. **2** Debilitar(-se), tirar ou perder as forças ou o ânimo: *Arrasou-se com o fim do relacionamento.* ▮ v.int. **3** *informal* Sobressair-se ou triunfar: *O cantor arrasou em sua estreia.*
arrastão ⟨ar.ras.t͟ão⟩ (pl. *arrastões*) s.m. **1** Puxada ou recolhimento de uma rede de pesca. **2** Essa rede de pesca. **3** *informal* Assalto cometido em grupo contra um grande número de pessoas, especialmente se for em um local público.
arrasta-pé ⟨ar.ras.ta-p͟é⟩ (pl. *arrasta-pés*) s.m. Festa em que há músicas e danças tipicamente nordestinas. □ SIN. **forró**.
arrastar ⟨ar.ras.ta͟r⟩ ▮ v.t.d. **1** Puxar (um objeto) pelo chão: *Causou um ruído desagradável ao arrastar a cadeira.* **2** Em um computador, mover (arquivos, ícones ou textos) com o cursor do *mouse*: *Arraste o arquivo para a pasta.* ▮ v.prnl. **3** Deslizar-se por uma superfície: *As cobras se arrastam pelo chão.* **4** Escoar-se ou passar lentamente (o tempo): *Naqueles dias quentes de verão, as horas se arrastavam.*
arrazoado ⟨ar.ra.zo.a͟.do⟩ s.m. Argumento, discurso ou raciocínio a favor de algo ou contra ele: *O parlamentar teceu um longo arrazoado para justificar a votação do projeto.*
arrazoar ⟨ar.ra.zo.a͟r⟩ ▮ v.t.d. **1** Dar razões ou argumentos a favor ou contra (uma causa ou um assunto): *O advogado arrazoou a defesa de seu cliente.* ▮ v.t.i. **2** Discorrer ou falar [sobre um assunto]: *Em seu novo ensaio, arrazoou sobre as questões sociais.*
arre ⟨a͟r.re⟩ interj. **1** Expressão usada para fazer com que um animal de carga comece a andar, ou para que o faça com mais rapidez. **2** Expressão usada para indicar incômodo, aborrecimento ou enfado.
arrear ⟨ar.re.a͟r⟩ v.t.d. Colocar em (um animal de montaria) os arreios ou os elementos necessários para poder montá-lo ou carregá-lo: *arrear um cavalo.* □ ORTOGRAFIA O *e* muda para *ei* quando a sílaba tônica estiver na raiz do verbo →NOMEAR.
arrebanhar ⟨ar.re.ba.nha͟r⟩ v.t.d. **1** Ajuntar (um rebanho). **2** Reunir(-se), juntar(-se) ou congregar(-se): *Tentaram arrebanhar patrocinadores para a nova campanha de doações.*
arrebatado, da ⟨ar.re.ba.t͟a.do, da⟩ adj. **1** Precipitado ou impetuoso. **2** Extasiado ou comovido.
arrebatamento ⟨ar.re.ba.ta.m͟en.to⟩ s.m. Ato ou efeito de arrebatar.
arrebatar ⟨ar.re.ba.ta͟r⟩ v.t.d./v.t.d.i. **1** Tirar (algo) com violência, com força ou com rapidez [de alguém]: *Um ladrão lhe arrebatou a mochila.* **2** Comover intensamente ou despertar admiração (sentimento de êxtase) [em alguém]: *O talento da soprano arrebatou a plateia.*
arrebentação ⟨ar.re.ben.ta.ç͟ão⟩ (pl. *arrebentações*) s.f. No mar, transformação das ondas em espuma, especialmente ao se chocarem com as rochas. □ ORTOGRAFIA Escreve-se também *rebentação*.

arrebentar ⟨ar.re.ben.tar⟩ ▌v.t.d./v.prnl. **1** Quebrar(-se), fazer ficar ou ficar em pedaços: *As crianças arrebentaram a janela com a bola. O vaso se arrebentou ao cair no chão.* ▌v.t.d./v.int. **2** Romper ou estourar de maneira repentina e violenta: *A pressão da água arrebentou o cano.* ▌v.t.d. **3** *informal* Cansar muito ou deixar exausto: *A excursão nos arrebentou.* ▌v.int. **4** *informal* Ter êxito ou sucesso: *Depois de dois anos de maus resultados, o time arrebentou este ano.* ▢ ORTOGRAFIA Escreve-se também *rebentar*.

arrebitar ⟨ar.re.bi.tar⟩ ▌v.t.d./v.int./v.prnl. **1** Levantar(-se) ou virar(-se) para cima: *Assustado, o cão arrebitou as orelhas.* ▌v.prnl. **2** Alterar-se ou ficar irritado. **3** Tornar-se presunçoso ou arrogante.

arrebol ⟨ar.re.bol⟩ (pl. *arrebóis*) s.m. *literário* Cor vermelha que se vê nas nuvens ao amanhecer ou ao anoitecer por efeito dos raios solares.

arrecadação ⟨ar.re.ca.da.ção⟩ (pl. *arrecadações*) s.f. **1** Ato ou efeito de arrecadar: *O Ministério da Fazenda é responsável pela arrecadação de impostos.* **2** Quantidade obtida da cobrança ou do recolhimento de uma quantia de dinheiro ou de outros bens.

arrecadar ⟨ar.re.ca.dar⟩ ▌v.t.d. **1** Cobrar ou receber (uma quantia de dinheiro) [de alguém]: *A associação do bairro arrecadou fundos para a construção de uma creche.* ▢ SIN. recolher. **2** Juntar ou reunir: *Arrecadamos prendas para as festas juninas.*

arrecife ⟨ar.re.ci.fe⟩ s.m. →**recife**

arredar ⟨ar.re.dar⟩ ▌v.t.d./v.int./v.prnl. **1** Fazer recuar ou ir para trás: *A polícia arredou a multidão da área do acidente.* **2** Separar(-se) ou afastar(-se): *Não nos arredamos do hospital até termos notícias dela.* ▌v.t.d.i./v.prnl. **3** Dissuadir(-se), demover(-se) ou fazer (alguém) mudar [de opinião]: *Nunca se arredou de suas convicções.*

arredio, a ⟨ar.re.di.o, a⟩ adj. Que evita ou que estranha as atenções, as demonstrações de afeto ou o convívio social. ▢ SIN. esquivo.

arredondado, da ⟨ar.re.don.da.do, da⟩ adj. Com formato mais ou menos redondo.

arredondar ⟨ar.re.don.dar⟩ ▌v.t.d./v.prnl. **1** Dar ou adquirir formato redondo. ▌v.t.d./v.int. **2** Acrescentar ou retirar de (uma cifra) o valor necessário para que expresse uma quantia aproximada mediante unidades completas de certa ordem: *O taxista arredondou a corrida de R$ 10,15 para R$ 10,00.* ▌v.int. **3** Deixar uma cifra em seu valor inteiro ou em unidades completas, sem números fracionados: *Para arredondar, o lojista deu um desconto de quatro reais no valor do brinquedo.*

arredor ⟨ar.re.dor⟩ s.m. Território que fica em lugar ou uma região: *Estão construindo várias casas nos arredores do lago.* ▢ USO Usa-se geralmente a forma plural *arredores*.

arrefecer ⟨ar.re.fe.cer⟩ v.t.d./v.int./v.prnl. **1** Diminuir a temperatura (de um corpo ou ambiente) ou ficar mais frio: *O vento arrefeceu o calor do ambiente. As cinzas da fogueira arrefeciam-se com a chegada da madrugada.* ▢ SIN. esfriar, resfriar. **2** Diminuir a intensidade ou a força de (um sentimento ou um estado) ou desanimar-se: *A distância não arrefeceu sua amizade. A paixão inicial arrefeceu-se com o passar do tempo.* ▢ SIN. esfriar. ▢ ORTOGRAFIA Antes de a ou o, o c muda para ç →CONHECER.

arregaçar ⟨ar.re.ga.çar⟩ v.t.d. Dobrar para cima (uma parte da roupa): *Arregace as mangas para lavar as mãos.* ▢ ORTOGRAFIA Antes de e, o ç muda para c →COMEÇAR.

arregalar ⟨ar.re.ga.lar⟩ v.t.d. Abrir (os olhos) mais que o normal: *Aterrorizada, arregalou os olhos diante do que estava vendo.* ▢ SIN. esbugalhar.

arreganhar ⟨ar.re.ga.nhar⟩ v.t.d. **1** Abrir mais que o normal (a boca ou os olhos): *Arreganhou a boca para que o médico olhasse sua garganta.* **2** Abrir completamente (algo fechado): *Arreganharam todas as janelas para arejar a casa.* **3** Expor à vista ou deixar ver: *O cão arreganhou os dentes para o transeunte.*

arregimentar ⟨ar.re.gi.men.tar⟩ ▌v.t.d. **1** Reunir (soldados) em um regimento. ▌v.t.d./v.prnl. **2** Reunir(-se) em um grupo.

arreio ⟨ar.rei.o⟩ s.m. Conjunto de correias e de adornos dos animais de montaria. ▢ USO Usa-se geralmente a forma plural *arreios*.

arrematar ⟨ar.re.ma.tar⟩ ▌v.t.d./v.int./v.prnl. **1** Dar fim, concluir ou terminar: *Arrematou o discurso agradecendo a presença de todos.* ▌v.t.d. **2** Dar ou fazer o acabamento de (uma peça do vestuário ou uma peça de costura). **3** Em um leilão, comprar dando o último lance: *Arrematou o quadro por um valor altíssimo.* ▢ ORTOGRAFIA Escreve-se também *rematar*.

arremate ⟨ar.re.ma.te⟩ s.m. **1** Conclusão ou término: *Estamos dando os últimos arremates na decoração da festa.* **2** Acabamento que se dá a uma peça do vestuário ou a uma costura. ▢ ORTOGRAFIA Escreve-se também *remate*.

arremedar ⟨ar.re.me.dar⟩ v.t.d. Imitar de forma grosseira: *Os atores arremedaram alguns políticos da atualidade.* ▢ ORTOGRAFIA Escreve-se também *remedar*.

arremedo ⟨ar.re.me.do⟩ (Pron. [arremêdo]) s.m. Imitação grosseira: *O botequim servia um arremedo de café.* ▢ ORTOGRAFIA Escreve-se também *remedo*.

arremessar ⟨ar.re.mes.sar⟩ ▌v.t.d./v.t.d.i. **1** Impulsionar (algo) com força [em uma direção ou para alguém]: *Arremessou o dardo e acertou o alvo.* ▢ SIN. arrojar, jogar, lançar. **2** No basquete, lançar (a bola) [na cesta] ou tentar acertá-la para marcar um ponto: *Arremessou de fora do garrafão e fez uma cesta de três pontos.* ▌v.prnl. **3** Jogar-se contra algo, especialmente se for de maneira rápida e violenta: *O leão arremessou-se contra a presa.* ▢ SIN. atirar-se, lançar-se. **4** Lançar-se imprudentemente a fazer algo: *Arremessaram-se em um negócio suspeito.*

arremesso ⟨ar.re.mes.so⟩ (Pron. [arremêsso]) s.m. **1** Impulso que se dá a um objeto de modo que se lance com força em uma direção. **2** No basquete, lançamento da bola em direção à cesta para marcar um ponto. [⚫ estádio de atletismo p. 337]

arremeter ⟨ar.re.me.ter⟩ ▌v.t.i./v.int. **1** Investir ou atacar com ímpeto, força ou violência [contra alguém]: *Furioso, arremeteu contra o inimigo.* ▌v.t.d./v.int. **2** Fazer subir ou subir novamente por não ter condições de pousar (uma aeronave): *Para evitar um acidente, o avião arremeteu.*

arremetida ⟨ar.re.me.ti.da⟩ s.f. Investida ou ataque impetuosos, fortes ou violentos.

arrendador, -a ⟨ar.ren.da.dor, do.ra⟩ (Pron. [arrendadôr], [arrendadôra]) adj./s. Que ou quem dá algo em arrendamento.

arrendamento ⟨ar.ren.da.men.to⟩ s.m. **1** Ato ou efeito de arrendar. **2** Documento que assegura essa cessão ou essa aquisição.

arrendar ⟨ar.ren.dar⟩ v.t.d./v.t.d.i. **1** Ceder (uma propriedade, especialmente um imóvel) [a alguém] por um tempo determinado e em troca de um pagamento: *Arrendou parte de suas terras ao irmão.* **2** Adquirir ou tomar (uma propriedade, especialmente um imóvel) [de alguém] por um tempo determinado e em troca de um pagamento: *Arrendaram a fazenda para cultivá-la durante cinco anos.*

arrendatário, ria ⟨ar.ren.da.tá.rio, ria⟩ adj./s. Que ou quem recebe algo em arrendamento.

arrepender ⟨ar.re.pen.der⟩ ▌v.int./v.prnl. **1** Culpar-se por ter feito algo ruim ou por ter deixado de fazer algo:

arrependimento

Agora se arrepende de não ter estudado mais. ❚ v.prnl. **2** Mudar de opinião ou não cumprir com um compromisso: *Falei que iria à festa, mas me arrependi e fiquei em casa.* ☐ GRAMÁTICA Na acepção 1, usa-se a construção arrepender-se DE algo.

arrependimento ⟨ar.re.pen.di.men.to⟩ s.m. **1** Ato ou efeito de arrepender(-se). **2** Remorso ou pesar que se sentem por ter feito algo ruim ou por ter deixado de fazer algo.

arrepiar ⟨ar.re.pi.ar⟩ v.t.d./v.int./v.prnl. **1** Eriçar(-se) ou encrespar (os pelos ou os cabelos): *Costuma arrepiar os cabelos com gel.* **2** Produzir ou sentir arrepios causados pelo medo: *Arrepiaram-se com a notícia do acidente.*

arrepio ⟨ar.re.pi.o⟩ s.m. Tremor repentino e involuntário, causado pela febre, pelo frio ou pelo medo. ☐ SIN. calafrio.

arresto ⟨ar.res.to⟩ s.m. Em direito, retenção ou imobilização de um bem por ordem de uma autoridade judicial ou administrativa. ☐ SIN. embargo.

arrevesado, da ⟨ar.re.ve.sa.do, da⟩ adj. Confuso ou difícil de entender.

arrevesar ⟨ar.re.ve.sar⟩ v.t.d. **1** Pôr ao avesso. **2** Interpretar de forma contrária ou errônea: *O político acusou o jornalista de ter arrevesado suas palavras.*

arriar ⟨ar.ri.ar⟩ ❚ v.t.d. **1** Abaixar (algo suspenso ou levantado): *arriar as velas de um barco.* **2** Deixar ou colocar (algo pesado) sobre uma superfície: *O moço, após muito esforço, arriou o pacote no chão.* ❚ v.int. **3** Cair, desviar ou inclinar por causa do peso: *O armário arriou com tantas coisas dentro.* **4** Perder o ânimo ou a força: *Apesar do cansaço, a equipe não arriou e foi até o final do projeto.* **5** Ficar sem carga: *As baterias do carro arriaram.*

arribar ⟨ar.ri.bar⟩ ❚ v.t.i./v.int. **1** Em relação a uma embarcação, chegar [a um porto] ou aportar. ❚ v.int. **2** Migrar ou mudar de local ou de região (uma ave). ❚ v.t.i./v.int. **3** Recuperar-se [de uma doença] ou melhorar de saúde.

arrieiro, ra ⟨ar.ri.ei.ro, ra⟩ s. Pessoa que conduz animais de carga de um lugar a outro.

arrimar ⟨ar.ri.mar⟩ v.t.d./v.t.i./v.prnl. Dar(-se) suporte a (algo ou alguém), apoiar (algo ou alguém) [em um lugar] ou amparar-se: *Arrimou uma escada na árvore para pegar frutas. Arrimava-se no cajado para caminhar.*

arrimo ⟨ar.ri.mo⟩ s.m. Aquilo que serve de apoio ou de sustentação para que algo não caia: *Coloque um arrimo para sustentar os ramos dessa planta.* ☐ SIN. escora, espeque, esteio. ‖ **arrimo de família** Pessoa que provê o sustento de seus familiares. ☐ GRAMÁTICA *Arrimo de família* é usado tanto para o masculino quanto para o feminino: *(ele/ela) é um arrimo de família.*

arriscado, da ⟨ar.ris.ca.do, da⟩ adj. **1** Que é perigoso ou que expõe a um risco. **2** Que se expõe ao risco.

arriscar ⟨ar.ris.car⟩ ❚ v.t.d. **1** Pôr em perigo ou expor a um risco: *O bombeiro arriscou sua vida no salvamento das vítimas. Arriscou-se muito ao não estudar para a prova.* ❚ v.int./v.prnl. **2** Aventurar-se ou expor-se à sorte: *Decidiu se arriscar em novos negócios.* ☐ ORTOGRAFIA Antes de *e*, o *c* muda para *qu* →BRINCAR.

arritmia ⟨ar.rit.mi.a⟩ s.f. Falta de ritmo ou de regularidade. ‖ **arritmia (cardíaca)** Falta de ritmo ou de regularidade nas contrações do coração.

arrivista ⟨ar.ri.vis.ta⟩ s.2g. Pessoa que aspira alcançar uma posição social mais elevada a qualquer custo.

arrizotônico, ca ⟨ar.ri.zo.tô.ni.co, ca⟩ adj. Em relação a um vocábulo, que tem o acento tônico em uma sílaba fora do radical.

arroba ⟨ar.ro.ba⟩ (Pron. [arrôba]) s.f. **1** Unidade de peso equivalente a 15 quilogramas. **2** Em internet, símbolo que faz parte do endereço de correio eletrônico de um usuário: *O sinal @ é a arroba.*

arrochar ⟨ar.ro.char⟩ v.t.d./v.prnl. Comprimir(-se), apertar(-se) muito ou exercer pressão sobre: *arrochar um parafuso.*

arrocho ⟨ar.ro.cho⟩ (Pron. [arrôcho]) s.m. Apuro ou situação difícil de resolver. ☐ SIN. aperto.

arrogância ⟨ar.ro.gân.cia⟩ s.f. Atitude da pessoa que se considera superior às demais. ☐ SIN. soberba.

arrogante ⟨ar.ro.gan.te⟩ adj.2g./s.2g. Orgulhoso ou que se considera superior aos demais. ☐ SIN. altaneiro, soberbo, sobranceiro.

arrogar ⟨ar.ro.gar⟩ v.t.d./v.t.d.i./v.prnl. Atribuir (uma função ou um poder) [a alguém ou a si próprio] ou atribuir-se uma responsabilidade: *Arrogou-se o direito de decidir por todos nós sem ao menos nos consultar.* ☐ SIN. avocar. ☐ ORTOGRAFIA Antes de *e*, o *g* muda para *gu* →CHEGAR.

arroio ⟨ar.roi.o⟩ s.m. Pequeno curso d'água.

arrojado, da ⟨ar.ro.ja.do, da⟩ ❚ adj. **1** Que é ousado, inovador ou atrevido. ❚ adj./s. **2** Que ou quem é decidido ou valente.

arrojar ⟨ar.ro.jar⟩ ❚ v.t.d./v.t.d.i./v.prnl. **1** Impulsionar(-se) (algo) com força [em uma direção ou para alguém]: *arrojar uma pedra.* ☐ SIN. arremessar, jogar, lançar. ❚ v.prnl. **2** Atrever-se ou aventurar-se: *O sertanejo arrojou-se pela mata.*

arrojo ⟨ar.ro.jo⟩ (Pron. [arrôjo]) s.m. Ousadia, atrevimento ou coragem.

arrolamento ⟨ar.ro.la.men.to⟩ s.m. **1** Ato ou efeito de arrolar(-se). **2** Relação simples e ordenada de bens.

arrolar ⟨ar.ro.lar⟩ ❚ v.t.d. **1** Colocar em um rol ou em uma lista: *Arrolamos todas as despesas da casa para este mês.* ❚ v.t.d./v.prnl. **2** Inscrever(-se) ou alistar(-se) em um grupo: *A Prefeitura arrolou voluntários para trabalhar na biblioteca.*

arrolhar ⟨ar.ro.lhar⟩ v.t.d. Tapar com uma rolha.

arromba ⟨ar.rom.ba⟩ s.f. Composição musical agitada, tocada na viola. ‖ **de arromba** *informal* Sensacional ou excelente: *uma festa de arromba.*

arrombar ⟨ar.rom.bar⟩ v.t.d. Abrir (algo fechado) com violência: *Os policiais arrombaram a porta para entrar na casa.*

arrostar ⟨ar.ros.tar⟩ v.t.d./v.t.i./v.prnl. Encarar de frente ou defrontar-se [com algo ou alguém]: *No romance, o herói arrosta todos os perigos pelo amor da amada.* ☐ SIN. afrontar, enfrentar.

arrotar ⟨ar.ro.tar⟩ v.int. Expulsar ruidosamente os gases do estômago pela boca: *Na nossa cultura, arrotar em público é considerado uma falta de educação.*

arroto ⟨ar.ro.to⟩ (Pron. [arrôto]) s.m. Expulsão ruidosa dos gases do estômago pela boca.

arroubo ⟨ar.rou.bo⟩ s.m. Estado da pessoa cativada por sensações extremamente belas, agradáveis ou prazerosas. ☐ SIN. enlevo.

arroz ⟨ar.roz⟩ (Pron. [arrôz]) s.m. **1** Planta herbácea que cresce em lugares úmidos, com folhas lineares, flores pequenas dispostas em espiga, e que produz um grão comestível, de formato oval e rico em amido, usado mundialmente na alimentação humana. **2** Esse grão. [👁 cereais p. 165] ‖ **o arroz e feijão de** algo: Aquilo que constitui a parte central ou básica dele: *Correr atrás da notícia é o arroz e feijão de um bom jornalista.*

arrozal ⟨ar.ro.zal⟩ (pl. *arrozais*) s.m. Plantação de arroz.

arroz-doce ⟨ar.roz-do.ce⟩ (pl. *arrozes-doces*) s.m. Doce feito à base de arroz cozido em leite e açúcar, no qual geralmente se polvilha canela.

arruaça ⟨ar.ru.a.ça⟩ s.f. Tumulto, inquietude ou agitação: *Houve uma arruaça na entrada do cinema.*

arruda ⟨ar.ru.da⟩ s.f. Planta herbácea ramificada, com folhas azuladas, pequenas e aromáticas, flores amarelas de quatro pétalas dispostas em ramo, e cujo fruto tem formato de cápsula arredondada.

arruela ⟨ar.ru.e.la⟩ s.f. Peça com um buraco cilíndrico, geralmente de metal, que se coloca entre a porca e o parafuso. ☐ ORTOGRAFIA Escreve-se também *ruela*.

arrufar ⟨ar.ru.far⟩ v.t.d./v.int./v.prnl. **1** Causar ou sentir irritação. **2** Encrespar(-se), arrepiar(-se) ou eriçar(-se): *arrufar as penas*.

arrufo ⟨ar.ru.fo⟩ s.m. Contrariedade, irritação ou mau humor passageiros, manifestados por uma expressão ou um gesto. ☐ SIN. amuo.

arruinar ⟨ar.ru.i.nar⟩ ▌v.t.d. **1** Causar ruína, dano ou destruir: *O tabaco e o álcool arruinaram sua saúde*. ▌v.int/v.prnl. **2** Ser destruído, estragar-se ou deteriorar-se (produtos orgânicos): *A plantação se arruinou com a falta de chuvas*. ▌v.int. **3** Infeccionar ou inflamar (uma ferida aberta): *Se não cuidar desse machucado, ele vai arruinar*. ▌v.t.d./v.prnl. **4** Tornar(-se) pobre ou ficar sem dinheiro: *Por conta dos maus negócios, acabou se arruinando*.

arrulhar ⟨ar.ru.lhar⟩ v.int. Dar arrulhos (um pombo ou uma rola). ☐ GRAMÁTICA É um verbo unipessoal: só se usa nas terceiras pessoas do singular e do plural, no particípio, no gerúndio e no infinitivo →MIAR.

arrulho ⟨ar.ru.lho⟩ s.m. Voz característica do pombo ou da rola.

arrumação ⟨ar.ru.ma.ção⟩ (pl. *arrumações*) s.f. **1** Ato ou efeito de arrumar. **2** Aquilo que é feito para que se alcance uma boa ordem ou uma boa disposição: *a arrumação da casa*.

arrumadeira ⟨ar.ru.ma.dei.ra⟩ s.f. Mulher encarregada da limpeza e da arrumação, especialmente se for em uma casa ou em um hotel.

arrumar ⟨ar.ru.mar⟩ ▌v.t.d. **1** Ordenar ou dispor de forma organizada: *Costuma arrumar a cama assim que se levanta*. **2** Dar rumo ou direção a (uma embarcação). **3** Consertar ou fazer funcionar (algo quebrado ou que não funciona bem): *O mecânico arrumou o motor do carro*. **4** Causar ou provocar: *Evitou arrumar discussão*. **5** Alcançar, obter ou conseguir: *Depois de terminar a faculdade, logo arrumou um emprego*. **6** Conceber ou inventar: *Arrumou uma desculpa para não ir ao jantar*. ▌v.prnl. **7** Encontrar o modo de solucionar um problema ou de sair de uma dificuldade: *Soube se arrumar sozinho e não precisou da ajuda de ninguém*. **8** Aprontar-se ou ajeitar-se: *Arrumou-se para receber seus convidados*.

arsenal ⟨ar.se.nal⟩ (pl. *arsenais*) s.m. Lugar em que se guardam, fabricam ou vendem armas.

arsênico, ca ⟨ar.sê.ni.co, ca⟩ ▌adj. **1** Do arsênio ou relacionado a esse elemento químico. ▌adj./s.m. **2** Em relação a um ácido, que é um composto de arsênio.

arsênio ⟨ar.sê.nio⟩ s.m. Elemento químico da família dos semimetais, de número atômico 33, sólido, de cor cinza ou amarela, cujos ácidos são muito venenosos. ☐ ORTOGRAFIA Seu símbolo químico é As, sem ponto.

arte ⟨ar.te⟩ s.f. **1** Atividade de criação com finalidade estética, mediante o uso da imaginação ou pela imitação da realidade. **2** Conjunto dessas atividades que se manifestam em determinada época, período ou região: *Di Cavalcanti é um dos maiores representantes da arte moderna brasileira*. **3** Conjunto de conhecimentos, princípios ou regras para se fazer bem algo: *a arte militar*. **4** Atividade ou ofício realizados com esse conjunto de conhecimentos ou de regras: *a arte de escrever*. **5** Habilidade, disposição ou esmero na criação ou realização de algo: *Tem muita arte para falar em público*. ‖ **artes gráficas** Aquelas cujas obras se realizam sobre papel ou sobre uma superfície plana: *O desenho, a fotografia e a imprensa são artes gráficas*. ‖ **artes marciais** Conjunto de antigas técnicas de luta orientais que se praticam como esporte. ‖ **artes plásticas** Aquelas cujas obras são captadas fundamentalmente pela visão: *A arquitetura, a pintura e a escultura são as três artes plásticas*. ‖ **fazer arte** *informal* Fazer travessura.

artefacto ⟨ar.te.fac.to⟩ s.m. →**artefato**

artefato ⟨ar.te.fa.to⟩ s.m. Qualquer objeto manufaturado ou produzido através de trabalho mecânico. ☐ ORTOGRAFIA Escreve-se também *artefacto*.

arteiro, ra ⟨ar.tei.ro, ra⟩ adj. *informal* Em relação especialmente a uma criança, que é travessa.

artelho ⟨ar.te.lho⟩ s.m. Em um vertebrado, especialmente nos mamíferos tetrápodes, tornozelo ou articulação entre a perna e o pé. ☐ USO É a antiga denominação de *pododáctilo*.

artéria ⟨ar.té.ria⟩ s.f. No sistema circulatório, cada um dos vasos que se originam no coração, se ramificam e levam o sangue a todas as partes do corpo.

arterial ⟨ar.te.ri.al⟩ (pl. *arteriais*) adj.2g. Das artérias ou relacionado a esses vasos sanguíneos.

arteriosclerose ⟨ar.te.ri.os.cle.ro.se⟩ s.f. Aumento da grossura e endurecimento das paredes arteriais.

artesanal ⟨ar.te.sa.nal⟩ (pl. *artesanais*) adj.2g. **1** Do artesanato ou dos artesãos, ou relacionado a eles. **2** Que é rústico ou que não possui sofisticação: *uma roupa artesanal*.

artesanato ⟨ar.te.sa.na.to⟩ s.m. **1** Arte ou técnica que consistem na fabricação de objetos à mão ou sem ajuda de máquinas industriais. **2** Aquilo que se fabrica seguindo essa arte ou essa técnica: *Visitamos uma feira de artesanato popular nordestino*.

artesão, sã ⟨ar.te.são, sã⟩ (pl. *artesãos*) s. Pessoa que exerce um ofício manual.

artesiano, na ⟨ar.te.si.a.no, na⟩ adj. Em relação a um lençol de água subterrâneo, que é escoado para um poço cavado no solo, geralmente profundo.

ártico, ca ⟨ár.ti.co, ca⟩ adj. Do polo Norte, dos terrenos que o rodeiam, ou relacionado a eles.

articulação ⟨ar.ti.cu.la.ção⟩ (pl. *articulações*) s.f. **1** União entre duas peças rígidas de modo a permitir certo movimento entre elas. **2** No sistema esquelético, região entre os ossos, formada por tecidos diversos e que permite a movimentação deles. **3** Em fonética, posição e movimentos dos órgãos da voz para poder pronunciar um som. ☐ SIN. junta.

articulado, da ⟨ar.ti.cu.la.do, da⟩ ▌adj. **1** Que tem articulações. **2** Em relação a um todo, que apresenta harmonia entre suas partes: *um texto articulado*. ▌adj./s.m. **3** Em relação a um animal, que possui um esqueleto externo formado por partes que se articulam umas com as outras.

articular ⟨ar.ti.cu.lar⟩ ▌adj.2g. **1** Das articulações ósseas ou relacionado a elas. ▌v.t.d./v.prnl. **2** Unir(-se) (duas ou mais peças) de forma que mantenham certa liberdade de movimento. **3** Pronunciar(-se) (um som) dispondo os órgãos da voz corretamente: *Para articular bem o som /p/ é necessário fechar os lábios*. ▌v.t.d. **4** Organizar ou estruturar as partes de (um texto).

articulatório, ria ⟨ar.ti.cu.la.tó.rio, ria⟩ adj. Da articulação ou relacionado a ela.

articulista ⟨ar.ti.cu.lis.ta⟩ s.2g. Pessoa que escreve artigos para jornais ou para publicações semelhantes: *um articulista político*.

artífice ⟨ar.tí.fi.ce⟩ s.2g. **1** Trabalhador ou artesão que realizam algum ofício: *um artífice especializado em carpintaria*. **2** Autor ou aquele que é responsável por algo: *O atacante foi um dos artífices da vitória do time*.

artificial

artificial ⟨ar.ti.fi.ci.al⟩ (pl. *artificiais*) adj.2g. **1** Que é produzido pelo homem e não tem causas naturais. **2** Falso ou não natural: *A cor de seu cabelo ficou um tanto artificial.*

artifício ⟨ar.ti.fí.cio⟩ s.m. **1** Recurso engenhoso. **2** Ardil ou dissimulação: *Seu choro não passava de um artifício.*

artigo ⟨ar.ti.go⟩ s.m. **1** Mercadoria com a qual se realiza uma transação comercial: *Esta loja vende artigos de Natal.* **2** Em linguística, palavra que se antepõe ao nome e que limita a extensão de seu significado: *O artigo concorda em gênero e em número com o substantivo que acompanha.* **3** Em uma publicação, especialmente em um jornal, texto que expõe ou analisa um tema: *No artigo, o autor alerta sobre o aquecimento global.* **4** Em um tratado, em uma lei, em um regulamento ou em algo semelhante, cada uma das suas disposições: *Temos que fazer um trabalho sobre alguns artigos da Constituição.* ‖ **(artigo) definido** Aquele que se antepõe ao nome para indicar que o objeto ou o ser aos quais se refere já são conhecidos pelo falante e pelo ouvinte: *O, a, os e as são artigos definidos.* ‖ **(artigo) indefinido** Aquele que se antepõe a um nome para indicar que o objeto ou o ser aos quais se refere não são conhecidos pelo falante: *Um, uma, uns e umas são artigos indefinidos.*

artilharia ⟨ar.ti.lha.ri.a⟩ s.f. **1** Arte ou técnica de usar as armas, as máquinas e as munições de guerra. **2** Conjunto de canhões, morteiros e outras máquinas de guerra. **3** No Exército, corpo encarregado de manejar essas máquinas. **4** Em alguns esportes, especialmente no futebol, conjunto de jogadores que formam o ataque da equipe.

artilheiro, ra ⟨ar.ti.lhei.ro, ra⟩ adj./s. **1** Que ou quem pertence à artilharia. **2** Em alguns esportes, especialmente no futebol, que ou quem costuma marcar muitos gols. ◻ SIN. goleador. **3** Em alguns esportes, especialmente no futebol, que ou quem marcou o maior número de gols durante um campeonato ou em uma parte dele. ◻ SIN. goleador.

artimanha ⟨ar.ti.ma.nha⟩ s.f. Aquilo que é feito para conseguir algo, geralmente mediante engano. ◻ SIN. ardil, falcatrua.

artista ⟨ar.tis.ta⟩ s.2g. **1** Pessoa que se dedica às belas-artes ou a alguma atividade artística: *O pintor espanhol Pablo Picasso foi um dos maiores artistas do século passado.* **2** Pessoa que representa um papel no teatro, no cinema, na rádio ou na televisão: *Gosto de prestigiar meus artistas favoritos no teatro.* ◻ SIN. ator.

artístico, ca ⟨ar.tís.ti.co, ca⟩ adj. **1** Das artes, especialmente das belas-artes, ou relacionado a elas. **2** Que foi feito com arte: *um penteado artístico.*

artrite ⟨ar.tri.te⟩ s.f. Inflamação das articulações dos ossos. ◻ USO É diferente de *artrose* (alteração das articulações dos ossos, de caráter degenerativo e não inflamatório).

artrópode ⟨ar.tró.po.de⟩ ▮ adj.2g./s.m. **1** Em relação a um animal, que é invertebrado e tem o corpo segmentado e provido de apêndices articulados. ▮ s.m.pl. **2** Em zoologia, família desses animais, pertencente ao reino dos metazoários.

artrose ⟨ar.tro.se⟩ s.f. Alteração das articulações dos ossos, de caráter degenerativo e não inflamatório. ◻ USO É diferente de *artrite* (inflamação das articulações dos ossos).

arvorar ⟨ar.vo.rar⟩ ▮ v.t.d. **1** Erguer ou colocar para cima: *Durante o jogo, os torcedores arvoraram bandeiras do seu time.* ▮ v.t.i./v.prnl. **2** Encarregar-se voluntariamente [de um encargo, um papel ou um ofício]: *Arvorou-se representante da sala junto ao grêmio escolar.*

árvore ⟨ár.vo.re⟩ s.f. Planta de tronco lenhoso e elevado que se divide em galhos a certa altura do solo, e cujos ramos e folhas formam uma copa de aspecto característico para cada espécie. ‖ **árvore genealógica** Esquema ou quadro que mostram as relações de parentesco entre diferentes gerações de uma mesma família.

arvoredo ⟨ar.vo.re.do⟩ (Pron. [arvorêdo]) s.m. Aglomeração de árvores.

ás s.m. **1** Em um baralho, carta com letra A e que é marcada com apenas um ponto. **2** Pessoa que se sobressai em uma atividade: *É um ás do automobilismo.* ◻ GRAMÁTICA Na acepção 2, usa-se tanto para o masculino quanto para o feminino: *{ele/ela} é um ás.*

asa ⟨a.sa⟩ s.f. **1** No corpo de alguns animais, especialmente das aves e dos insetos, cada um dos órgãos ou apêndices pares que utilizam para voar: *as asas de um pássaro.* **2** Em um avião, cada uma das partes planas que se estendem nas laterais do aparelho e que servem para sustentá-lo no ar: *as asas de um aeronave.* **3** Em alguns objetos, especialmente em alguns recipientes, parte curva que sobressai e que serve para segurá-los: *a asa de uma xícara.*

asa-delta ⟨a.sa-del.ta⟩ (pl. *asas-delta* ou *asas-deltas*) s.f. Aparelho composto por um pedaço de tela especial e uma armação triangular de metal e madeira, que permite voar planando no ar depois de ter se jogado de um lugar alto.

asbesto ⟨as.bes.to⟩ s.m. Mineral semelhante ao amianto, que tem estrutura fibrosa e é inalterável sob o fogo.

ascendência ⟨as.cen.dên.cia⟩ s.f. **1** Ato de ascender(-se). **2** Série de gerações das quais uma pessoa descende por linha direta. ◻ SIN. progênie. **3** Poder ou influência: *Os ritmos africanos tiveram uma forte ascendência sobre a música brasileira.* ◻ USO Na acepção 1, é diferente de *descendência* (conjunto de pessoas que descendem de outra por linha direta).

ascendente ⟨as.cen.den.te⟩ ▮ adj.2g. **1** Que passa a um lugar, a um ponto ou a um grau superiores ou mais altos: *O foguete decolou, e seguiu uma trajetória ascendente.* ▮ s.2g. **2** Em relação a uma pessoa, pai, mãe ou avós dos quais descende: *Muitos brasileiros têm ascendentes africanos, europeus ou orientais.* ▮ s.m. **3** Astro que se encontra no horizonte no nascimento de uma pessoa e que serve para fazer predições: *Sou Capricórnio, com ascendente em Sagitário.*

ascender ⟨as.cen.der⟩ ▮ v.int./v.prnl. **1** Passar a um lugar, a um ponto ou a um grau superiores ou mais altos: *Os alpinistas pretendem ascender até o pico dessa montanha.* ▮ v.t.i. **2** Promover-se [a um cargo ou a uma categoria superiores]: *Depois de muitos anos, ascendeu ao cargo de coordenador.*

ascensão ⟨as.cen.são⟩ (pl. *ascensões*) s.f. **1** Passagem a um lugar, a um ponto ou a um grau superiores ou mais altos: *A ascensão de D. Pedro II ao trono do Brasil ocorreu em 1841.* **2** Promoção a um cargo ou a uma categoria superiores: *uma ascensão profissional.*

ascensor ⟨as.cen.sor⟩ (Pron. [ascensôr]) s.m. Mecanismo que transporta pessoas ou mercadorias de um lugar mais baixo para outro mais alto e vice-versa. ◻ SIN. elevador.

ascensorista ⟨as.cen.so.ris.ta⟩ s.2g. Pessoa que maneja o elevador.

ascese ⟨as.ce.se⟩ s.f. Conjunto de práticas destinadas à liberação do espírito e à realização da virtude.

asceta ⟨as.ce.ta⟩ s.2g. Pessoa que leva uma vida ascética.

ascético, ca ⟨as.cé.ti.co, ca⟩ adj./s. **1** Que ou quem se dedica fundamentalmente à prática e ao exercício da perfeição espiritual. **2** Dessa prática e exercício ou relacionado a eles: *uma vida ascética.* ◻ ORTOGRAFIA É diferente de *acético.*

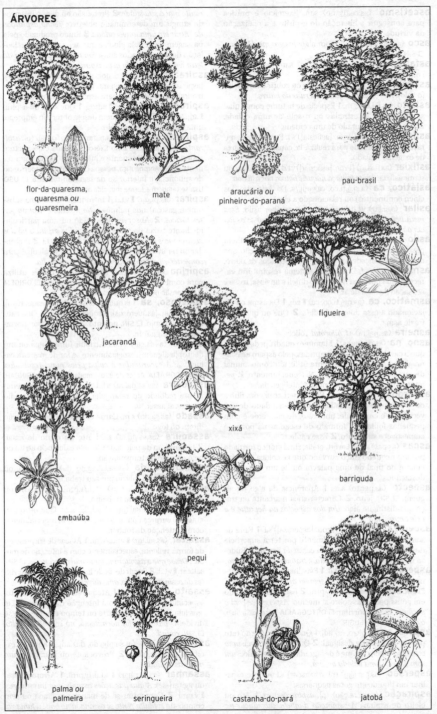

ascetismo ⟨as.ce.tis.mo⟩ s.m. Exercício e prática para conseguir a liberação do espírito e a realização da virtude.

asco ⟨as.co⟩ s.m. Repulsa por algo: *Insetos me dão asco.* □ SIN. nojo.

asfaltamento ⟨as.fal.ta.men.to⟩ s.m. Revestimento com asfalto.

asfaltar ⟨as.fal.tar⟩ v.t.d. Revestir ou cobrir com asfalto (o solo): *A Prefeitura asfaltou as ruas do bairro.*

asfalto ⟨as.fal.to⟩ s.m. **1** Espécie de betume com o qual se pavimenta as estradas ou o solo de uma cidade. **2** Espaço pavimentado de uma cidade.

asfixia ⟨as.fi.xi.a⟩ (Pron. [asficsia]) s.f. Parada da respiração ou dificuldade para realizá-la, causada pela baixa de oxigênio inalado.

asfixiar ⟨as.fi.xi.ar⟩ (Pron. [asficsiar]) v.t.d./v.int. Causar ou sentir asfixia: *Tanta fumaça naquele boteco nos asfixiou.*

asiático, ca ⟨a.si.á.ti.co, ca⟩ adj./s. Da Ásia (um dos cinco continentes) ou relacionado a ela.

asilar ⟨a.si.lar⟩ v.t.d./v.prnl. Dar ou receber asilo: *Essa instituição asila os mais necessitados. Seu avô se asilou em outro país durante a ditadura.*

asilo ⟨a.si.lo⟩ s.m. Estabelecimento onde se acolhem pessoas necessitadas. ‖ **asilo (político)** Proteção que um Estado concede aos perseguidos políticos de outro.

asma ⟨as.ma⟩ s.f. Doença do sistema respiratório caracterizada por uma respiração difícil e ansiosa, tosse e sensação de falta de ar.

asmático, ca ⟨as.má.ti.co, ca⟩ adj. **1** Da asma ou relacionado a essa doença. ▌adj./s. **2** Que ou quem sofre de asma.

asneira ⟨as.nei.ra⟩ s.f. *informal* Tolice.

asno, na ⟨as.no, na⟩ s. **1** Mamífero quadrúpede menor que o cavalo, de orelhas compridas, pelo áspero acastanhado ou grisalho, geralmente utilizado como animal de carga ou de montaria. □ SIN. jegue, jumento. **2** *pejorativo* Pessoa rude ou de pouca inteligência.

aspargo ⟨as.par.go⟩ s.m. **1** Planta herbácea com flores de cor branco-esverdeada, fruto arredondado de cor vermelha, e cujo caule, fino, reto, de cor verde e com pequenas folhas em formato de escamas na ponta, é comestível e suculento. **2** Esse caule.

aspas ⟨as.pas⟩ s.f.pl. Em ortografia, sinal gráfico formado por um pequeno traço curvado que se coloca no princípio e no final de uma palavra ou de um texto para destacá-los.

aspecto ⟨as.pec.to⟩ s.m. **1** Aparência de algo ou alguém. □ SIN. jeito. **2** Característica marcante ou traço que distingue algo: *Um dos aspectos da hepatite é a pele amarelada.*

aspereza ⟨as.pe.re.za⟩ (Pron. [asperêza]) s.f. **1** Falta de suavidade ao tato, especialmente por ter a superfície desigual: *Sentiu a aspereza da casca da árvore.* **2** Rudeza no trato: *Ele estava irritado, e tratou-a com aspereza.*

aspergir ⟨as.per.gir⟩ ▌v.t.d. **1** Espalhar em gotas pequenas (um líquido): *O padre aspergiu água benta nos fiéis.* □ SIN. borrifar, espargir. ▌v.prnl. **2** Espalhar um líquido em gotas pequenas sobre si mesmo: *Aspergiu-se com o perfume.* □ SIN. borrifar. □ ORTOGRAFIA Antes de *a* ou *o*, o *g* muda para *j* →FUGIR.

áspero, ra ⟨ás.pe.ro, ra⟩ adj. **1** Que não é suave ao tato por ter a superfície desigual. **2** Que não é amável: *uma conversa áspera.* **3** Que é desagradável aos sentidos: *um som áspero; uma bebida áspera.*

aspersão ⟨as.per.são⟩ (pl. *aspersões*) s.f. Ato de espalhar um líquido em gotas pequenas.

aspiração ⟨as.pi.ra.ção⟩ (pl. *aspirações*) s.f. **1** Ato ou efeito de aspirar: *A aspiração daquela substância fez muito mal à sua saúde.* **2** Pretensão ou desejo intensos de atingir um determinado objetivo: *Tenho aspiração de entrar em uma universidade.* **3** Ruído produzido pela passagem de ar pela glote, e que acompanha a articulação de determinados sons: *Em inglês, a pronúncia da letra* h *é caracterizada pela aspiração.*

aspirador, -a ⟨as.pi.ra.dor, do.ra⟩ (Pron. [aspiradôr], [aspiradôra]) adj. Que aspira. ‖ **aspirador (de pó)** Eletrodoméstico utilizado para aspirar sujeira ou pó.

aspirante ⟨as.pi.ran.te⟩ ▌adj.2g. **1** Que suga ou aspira. ▌adj.2g./s.2g. **2** Que ou quem deseja obter um emprego, uma distinção ou um título.

aspirante-a-oficial ⟨as.pi.ran.te-a-o.fi.ci.al⟩ (pl. *aspirantes-a-oficial*) s.2g. **1** No Exército, pessoa cujo posto é superior ao de subtenente e inferior ao de segundo-tenente. **2** Na Aeronáutica, pessoa cujo posto é superior ao de suboficial e inferior ao de segundo-tenente. □ USO Usa-se também a forma reduzida *aspirante*.

aspirar ⟨as.pi.rar⟩ ▌v.t.d. **1** Introduzir (ar ou uma substância gasosa) nos pulmões: *No incêndio, aspirou gases tóxicos.* **2** Absorver (um fluido ou uma partícula) mediante baixa pressão: *Este aparelho aspira o pó dos lugares mais difíceis.* □ SIN. sugar. ▌v.t.d./v.t.i. **3** Pretender ou ter intenção [de conseguir alcançar algo]: *Aspira converter-se em uma pessoa melhor a cada dia.*

aspirina ⟨as.pi.ri.na⟩ s.f. Medicamento que se utiliza para combater a febre, a dor e a inflamação. □ ORIGEM É a extensão de uma marca comercial.

asqueroso, sa ⟨as.que.ro.so, sa⟩ (Pron. [asquerôso], [asquerósa], [asquerósos], [asquerósas]) adj. **1** Que causa asco ou nojo. □ SIN. nojento. **2** Que tem comportamento repugnante.

assacar ⟨as.sa.car⟩ v.t.d.i. Atribuir (uma culpa ou um delito) [a alguém], especialmente se for de maneira caluniosa: *Assacaram-lhe a culpa pelos maus resultados.* □ ORTOGRAFIA Antes de *e*, o *c* muda para *qu* →BRINCAR.

assadeira ⟨as.sa.dei.ra⟩ s.f. Utensílio refratário, geralmente redondo ou retangular, em que se põe aquilo que se vai assar.

assado ⟨as.sa.do⟩ s.m. Carne cozida por meio de ação direta do fogo.

assadura ⟨as.sa.du.ra⟩ s.f. **1** Ato ou efeito de assar. **2** Inflamação da pele causada pelo calor, pelo atrito ou pelo excesso de transpiração.

assalariado, da ⟨as.sa.la.ri.a.do, da⟩ adj./s. Que ou quem recebe um salário por seu trabalho.

assalariar ⟨as.sa.la.ri.ar⟩ v.t.d./v.prnl. Dar salário ou empregar(-se) por um trabalho.

assaltante ⟨as.sal.tan.te⟩ adj.2g./s.2g. Que ou quem ataca de surpresa ou de forma violenta, especialmente com a intenção de roubar.

assaltar ⟨as.sal.tar⟩ v.t.d./v.int. **1** Atacar de surpresa ou de forma violenta, especialmente com a intenção de roubar: *Desde que o assaltaram, toma mais precauções.* □ SIN. saltear. ▌v.t.d. **2** Surgir de modo inesperado na mente: *Antes de assinar o contrato, uma dúvida me assaltou.*

assalto ⟨as.sal.to⟩ s.m. **1** Ataque surpresa ou violento, especialmente se for com a intenção de roubar. **2** Em uma luta esportiva, cada parte ou tempo em que essa se divide: *O boxeador foi nocauteado no segundo assalto.* □ SIN. round.

assanhado, da ⟨as.sa.nha.do, da⟩ adj. **1** Agitado, excitado ou irrequieto. **2** Provocante ou libidinoso: *um moço assanhado.*

assanhar ⟨as.sa.nhar⟩ ▌v.t.d./v.prnl. **1** Alvoroçar(-se) ou agitar(-se): *A alta das ações assanhou os investidores.* ▌v.prnl. **2** Comportar-se de maneira exaltada ou sem compostura: *Muita gente se assanhou no baile da fantasia.*

assar ⟨as.sar⟩ v.t.d./v.int. **1** Cozinhar por meio do calor do fogo ou do forno (um alimento): *Vou assar um peixe para o almoço.* **2** Causar ou sofrer assadura: *A fralda assou a pele do bebê.* **3** *informal* Fazer sentir ou sentir muito calor ou ardor: *Que calor! Estamos assando nesta sala!*
assassinar ⟨as.sas.si.nar⟩ ▮ v.t.d./v.int. **1** Tirar a vida de (uma pessoa ou um animal) ou matar: *No filme, ela o assassina.* ▮ v.t.d. **2** Falar ou executar mal (uma língua ou uma apresentação artística): *Cada vez que fala, assassina o português.*
assassinato ⟨as.sas.si.na.to⟩ s.m. Morte de uma pessoa causada por outra. □ SIN. homicídio.
assassino, na ⟨as.sas.si.no, na⟩ ▮ adj. **1** Que pode causar a morte, ou um dano físico ou moral. ▮ s. **2** Pessoa que tira a vida de outra. □ SIN. homicida. ‖ **assassino em série** Aquele que comete homicídios sequenciais, geralmente da mesma natureza. □ SIN. *serial killer.*
assaz ⟨as.saz⟩ adv. *formal* Bastante ou suficiente.
assear ⟨as.se.ar⟩ v.t.d./v.prnl. Adornar(-se) ou arrumar(-se) com cuidado e limpeza: *Asseou a sala para o jantar. Assearam-se para ir ao cinema.* □ ORTOGRAFIA O *e* muda para *ei* quando a sílaba tônica estiver na raiz do verbo →NOMEAR.
assecla ⟨as.se.cla⟩ s.2g. Partidário ou seguidor de uma pessoa, de uma ideia ou de um movimento.
assediar ⟨as.se.di.ar⟩ v.t.d. **1** Incomodar, importunar ou perseguir: *Os jornalistas assediaram a banda em sua chegada.* **2** Cercar (um lugar fortificado) para impedir que os de dentro saiam ou recebam socorro: *O exército inimigo assediou a cidade durante meses.*
assédio ⟨as.sé.dio⟩ s.m. **1** Incômodo, insistência ou perseguição constantes: *A atriz se queixava do assédio da imprensa.* **2** Cerco que se põe a um lugar fortificado. □ SIN. sítio.
assegurar ⟨as.se.gu.rar⟩ ▮ v.t.d./v.t.d.i. **1** Tornar seguro ou dar garantia de (algo) [a alguém]: *Os jogos entre ambos os times sempre asseguram um ótimo espetáculo.* □ SIN. garantir, segurar. **2** Afirmar (algo) com certeza [a alguém]: *Assegurou-lhe que não tinha nada a ver com aquele assunto.* □ SIN. garantir. ▮ v.prnl. **3** Certificar-se de algo: *Antes de sair de casa, assegurou-se que tinha fechado o gás da cozinha.*
asseio ⟨as.sei.o⟩ s.m. Limpeza ou esmero: *o asseio pessoal.*
assembleia ⟨as.sem.blei.a⟩ (Pron. [assembléia]) s.f. **1** Reunião de pessoas convocadas para um determinado fim: *Os trabalhadores da empresa realizaram uma assembleia.* **2** Lugar onde acontece essa reunião.
assemelhar ⟨as.se.me.lhar⟩ v.t.d./v.t.d.i./v.prnl. Tornar(-se) ou ser semelhante [a algo ou alguém]: *O filho mais novo se assemelha à mãe.* □ ORTOGRAFIA Escreve-se também *semelhar.*
assentamento ⟨as.sen.ta.men.to⟩ s.m. **1** Ato ou efeito de assentar(-se). **2** Apontamento ou anotação feitos para registrar algo: *Cada mês ela faz um pequeno assentamento de suas despesas.* **3** Estabelecimento de um povo ou de uma população em um lugar: *Aqui foram encontrados os primeiros assentamentos daquele povo na região.* **4** Povoamento formado por camponeses ou trabalhadores rurais.
assentar ⟨as.sen.tar⟩ ▮ v.t.d./v.t.i./v.prnl. **1** Dispor(-se) de modo firme e seguro [sobre algo] ou apoiar(-se): *O pedreiro assentava os tijolos com argamassa.* ▮ v.t.d./v.prnl. **2** Acomodar(-se) ou colocar em um assento. ▮ v.t.i./v.int. **3** Baixar ou pousar [sobre uma superfície]: *A poeira assentou.* ▮ v.t.d./v.prnl. **4** Conceder a (uma pessoa ou um grupo) uma pequena extensão de terra ou estabelecer-se em um lugar: *O Governo assentou alguns boias-frias em áreas desapropriadas.* ▮ v.t.i./v.int. **5** Ficar adequado ou conveniente [em algo ou alguém]: *A calça assentou bem no quadril. Seu cabelo só assenta com creme.* ▮ v.t.d. **6** Ordenar ou organizar (ideias, pensamentos ou sentimentos): *Depois que se casou, assentou as ideias.* ▮ v.t.d.i. **7** Apoiar ou justificar (uma tese ou uma ideia) [em uma base ou em um fundamento]: *Assenta suas teorias em muita pesquisa.*
assentir ⟨as.sen.tir⟩ ▮ v.t.i. **1** Aceitar ou mostrar-se favorável [em um pedido ou um desejo]: *Assentiram em ir conosco.* □ SIN. aceder, consentir. ▮ v.int. **2** Aceitar um pedido ou mostrar-se favorável a ele: *Perguntaram-lhe se queria ir ao cinema e ele assentiu com a cabeça.* □ SIN. aceder, consentir. □ GRAMÁTICA É um verbo irregular →SERVIR.
assento ⟨as.sen.to⟩ s.m. **1** Objeto ou lugar utilizados para sentar. **2** *informal* Nádegas. □ ORTOGRAFIA É diferente de *acento.*
assepsia ⟨as.sep.si.a⟩ s.f. Ausência de germes que possam causar infecções ou doenças.
asséptico, ca ⟨as.sép.ti.co, ca⟩ adj. Da assepsia ou relacionado a ela.
asserção ⟨as.ser.ção⟩ (pl. *asserções*) s.f. Afirmação ou declaração.
assertiva ⟨as.ser.ti.va⟩ s.f. Declaração de que algo é verdade. □ SIN. afirmação, afirmativa, asserto.
assertivo, va ⟨as.ser.ti.vo, va⟩ adj. Que contém ou que expressa uma afirmação ou que dá algo como certo. □ SIN. afirmativo.
asserto ⟨as.ser.to⟩ (Pron. [assêrto]) s.m. Declaração de que algo é verdade. □ SIN. afirmação, afirmativa, assertiva. □ ORTOGRAFIA É diferente de *acerto.*
assessor, -a ⟨as.ses.sor, so.ra⟩ (Pron. [assessôr], [assessôra]) adj./s. Que ou quem assessora, ou tem entre suas funções a de instruir ou aconselhar.
assessorar ⟨as.ses.so.rar⟩ v.t.d. Servir de assessor a (uma pessoa ou uma instituição): *Um economista assessora a empresa nos investimentos.*
assessoria ⟨as.ses.so.ri.a⟩ s.f. **1** Cargo de assessor. **2** Lugar em que um assessor trabalha.
assestar ⟨as.ses.tar⟩ v.t.d.i. Apontar ou direcionar (uma arma de fogo) [para um ponto determinado]: *Os policiais assestaram as armas para o bandido.*
asseverar ⟨as.se.ve.rar⟩ v.t.d./v.t.d.i. Afirmar ou assegurar (algo) [a alguém]: *Os expertos asseveram que a água potável é um recurso natural finito.*
assexuado, da ⟨as.se.xu.a.do, da⟩ (Pron. [assecsuado]) adj. **1** Que não tem sexo nem características sexuais bem definidas. **2** Que não demonstra interesse sexual.
assiduidade ⟨as.si.du.i.da.de⟩ s.f. Condição de assíduo.
assíduo, dua ⟨as.sí.duo, dua⟩ adj. Frequente ou constante.
assim ⟨as.sim⟩ ▮ adv. **1** Desta ou dessa maneira: *Sou assim e não vou mudar.* **2** De tamanho ou de quantidade semelhantes aos indicados: *Meu filho já está grande assim!* ▮ conj. **3** Conectivo gramatical coordenativo (que une elementos do mesmo nível sintático), que expressa consequência: *Tem duas provas amanhã, assim deve estudar bastante.* ‖ **assim, assim** Nem bem nem mal: *Hoje estou me sentindo assim, assim.* ‖ **assim como** Conectivo gramatical subordinativo (que une elementos entre os quais há uma relação de dependência), que expressa adição: *Vou sempre ao cinema, assim como ao perco uma estreia de teatro.* ‖ **assim mesmo** Apesar disso: *Pedimos que ficasse calado, assim mesmo continuou falando.* ‖ **assim que** Quando ou no momento que: *Assim que saiu, começou a chover.*
assimetria ⟨as.si.me.tri.a⟩ s.f. Falta de simetria.

assimilação

assimilação ⟨as.si.mi.la.ção⟩ (pl. *assimilações*) s.f. **1** Ato ou efeito de assimilar(-se). **2** Adaptação ou aceitação de algo: *Nos primeiros meses, a assimilação dos costumes europeus não foi fácil para ele.* **3** Em biologia, conjunto de processos metabólicos a partir dos quais as reações biossintéticas levam à formação de moléculas complexas, partindo de outras mais simples e utilizando a energia armazenada na célula. ☐ SIN. anabolismo.

assimilar ⟨as.si.mi.lar⟩ ❚ v.t.d. **1** Compreender ou apreender (uma informação ou um conhecimento novos): *Assimila os conceitos matemáticos rapidamente.* ❚ v.t.d./v.prnl. **2** Em biologia, transformar (uma substância alimentícia) em substância própria do organismo ou transformar-se em outra substância: *Seu organismo não assimila corretamente alguns nutrientes dos alimentos.*

assinalar ⟨as.si.na.lar⟩ ❚ v.t.d. **1** Marcar com um sinal: *No teste, tínhamos que assinalar a alternativa verdadeira.* **2** Apontar, mostrar ou indicar: *As marcas no chão assinalavam o local do acidente.* ❚ v.t.d./v.prnl. **3** Destacar(-se) ou evidenciar(-se): *Suas perguntas assinalam seu interesse na matéria.*

assinante ⟨as.si.nan.te⟩ s.2g. Pessoa que recebe uma publicação ou um serviço periodicamente por meio de um contrato e pagamento.

assinar ⟨as.si.nar⟩ v.t.d. **1** Colocar ou apor a assinatura: *Já assinamos o contrato de compra do imóvel.* **2** Pagar pelo recebimento periódico de (uma publicação ou serviço): *Minha mãe assina um jornal de economia.* ☐ SIN. subscrever.

assinatura ⟨as.si.na.tu.ra⟩ s.f. **1** Ato ou efeito de assinar. **2** Nome e sobrenome de uma pessoa colocados em um documento, geralmente a mão. ☐ SIN. firma. **3** Contrato por meio do qual uma pessoa paga para receber uma publicação ou um serviço periodicamente. ☐ SIN. subscrição.

assírio, ria ⟨as.sí.rio, ria⟩ ❚ adj./s. **1** Da antiga Assíria ou relacionado a ela. ❚ s.m. **2** Antiga língua dessa região.

assistência ⟨as.sis.tên.cia⟩ s.f. **1** Ato ou efeito de assistir. **2** Ajuda, cooperação ou socorro: *Recebeu assistência médica no próprio local do acidente.* **3** Conjunto de pessoas que formam a plateia de um ato ou espetáculo: *O recital contou com uma seleta assistência.* ☐ SIN. público. **4** Em alguns esportes de equipe, passe de bola de um jogador a outro da mesma equipe que está em posição de marcar ou fazer ponto: *Ele fez duas assistências brilhantes, deixando seus companheiros na cara do gol.* **5** Carro de ambulância.

assistente ⟨as.sis.ten.te⟩ adj.2g./s.2g. **1** Que ou quem auxilia alguém em uma atividade profissional. ☐ SIN. ajudante, auxiliar. **2** Que ou quem assiste a um fato, especialmente se for um evento ou uma cerimônia, ou o presencia. ☐ SIN. espectador.

assistir ⟨as.sis.tir⟩ ❚ v.t.i. **1** Ver, testemunhar ou estar presente [a um acontecimento]: *Assistimos a um filme de aventura.* **2** Estar presente ou comparecer [a um lugar]: *Assiste a aulas de Inglês duas vezes por semana.* **3** Servir, atender ou prestar auxílio [a alguém]: *Uma recepcionista nos assistiu em nossa chegada ao hotel.* ❚ v.t.d./v.t.i. **4** Cuidar de (um doente) ou prestar socorro [a um doente]: *A enfermeira assistiu o enfermo no pronto-socorro.* ❚ v.t.i. **5** Caber ou competir [a alguém]: *Estudar é um direito que assiste a todos nós.* ☐ GRAMÁTICA Nas acepções 1 e 2, usa-se a construção *assistir* A *algo*.

assoalhar ⟨as.so.a.lhar⟩ v.t.d. **1** Cobrir (o solo) com piso de madeira. **2** Divulgar ou propagar: *assoalhar uma notícia.* ☐ ORTOGRAFIA Escreve-se também soalhar.

assoalho ⟨as.so.a.lho⟩ s.m. Piso de madeira cujos pedaços, encaixados ou unidos de determinada maneira, formam figuras geométricas. ☐ ORTOGRAFIA Escreve-se também soalho.

assoar ⟨as.so.ar⟩ v.t.d./v.prnl. Limpar (o nariz) de mucos ou expulsar secreções com uma expiração forte: *Por causa da gripe, assoava o nariz o tempo todo.*

assoberbar ⟨as.so.ber.bar⟩ ❚ v.t.d./v.prnl. **1** Tornar(-se) soberbo ou orgulhoso. ❚ v.t.d./v.t.d.i. **2** Sobrecarregar (alguém) [de trabalho].

assobiar ⟨as.so.bi.ar⟩ v.int. Dar ou produzir assobios ou sons semelhantes. ☐ ORTOGRAFIA Escreve-se também *assoviar*.

assobio ⟨as.so.bi.o⟩ s.m. **1** Som agudo produzido pelo ar que sai através dos lábios: *Ele deu um longo assobio, para chamar a atenção do amigo.* **2** Zunido ou som agudo: *o assobio do vento.* ☐ ORTOGRAFIA Escreve-se também *assovio*.

associação ⟨as.so.ci.a.ção⟩ (pl. *associações*) s.f. **1** Ato ou efeito de associar(-se). **2** União de pessoas para uma determinada finalidade: *A associação de vizinhos conseguiu diversas melhorias para o bairro.*

associado, da ⟨as.so.ci.a.do, da⟩ s. Pessoa que faz parte de uma associação ou companhia.

associar ⟨as.so.ci.ar⟩ ❚ v.t.d./v.t.d.i./v.prnl. **1** Unir(-se) (uma coisa) [a outra]: *Este produto associa vitaminas a substâncias antioxidantes.* ❚ v.prnl. **2** Tornar-se sócio ou membro de um grupo: *Associei-me a um clube de campo.* ❚ v.t.d.i. **3** Relacionar ou estabelecer correspondência de (uma coisa) [com outra]: *Associo o cheiro do algodão-doce à minha infância.*

assolar ⟨as.so.lar⟩ v.t.d. **1** Arruinar, arrasar ou destruir por completo: *Um tsunami assolou aquele país há poucos anos.* **2** Afligir ou agoniar: *Há anos a seca assola a região.*

assomar ⟨as.so.mar⟩ ❚ v.t.i. **1** Subir [a um lugar ou a uma posição mais altos]. ❚ v.t.i./v.int./v.prnl. **2** Aparecer ou deixar-se ver [de um lugar elevado]: *O cantor assomou-se à janela e saudou os fãs.* ❚ v.t.i. **3** Surgir ou começar a manifestar-se [em alguém]: *De repente, as lágrimas assomaram aos seus olhos.*

assombração ⟨as.som.bra.ção⟩ (pl. *assombrações*) s.f. **1** Fantasma ou aparição que causam medo. **2** Medo grande ou terror.

assombrar ⟨as.som.brar⟩ ❚ v.t.d./v.int./v.prnl. **1** Produzir ou sentir admiração ou surpresa: *Sua facilidade em lidar com números assombrou os colegas. Assombrou-me sua capacidade de concentração.* ❚ v.t.d./v.prnl. **2** Amedrontar(-se) ou aterrorizar(-se): *Aquelas histórias de terror assombraram as crianças.*

assombro ⟨as.som.bro⟩ s.m. **1** Grande admiração ou surpresa: *Para assombro de todos, começou a discursar em alemão.* **2** Sentimento de medo ou de espanto.

assombroso, sa ⟨as.som.bro.so, sa⟩ (Pron. [assombrôso], [assombrósa], [assombrósos], [assombrósas]) adj. Que causa assombro.

assomo ⟨as.so.mo⟩ (Pron. [assômo]) s.m. **1** Indício ou sinal de algo: *Em suas palavras havia um assomo de ironia.* **2** Manifestação súbita de um sentimento, geralmente irritação ou raiva: *Bateu a porta com força em um assomo de ódio.*

assoprar ⟨as.so.prar⟩ v.t.d./v.t.d.i./v.int. →**soprar**

assoviar ⟨as.so.vi.ar⟩ v.int. →**assobiar**

assovio ⟨as.so.vi.o⟩ s.m. →**assobio**

assumir ⟨as.su.mir⟩ v.t.d. **1** Aceitar ou ter consciência de (algo próprio): *Não tem problema em assumir seus erros.* **2** Tomar para si (uma responsabilidade): *Quando o capitão foi expulso, outro jogador assumiu a liderança*

atacar

do time. ▌v.t.d./v.int. **3** Tomar posse de (um cargo) ou iniciar no exercício de uma função: *Dizem que ele poderia assumir o Ministério da Educação.* ▌v.t.d. **4** Apresentar ou adquirir (uma determinada característica): *Com o tempo, assumiu um tom sério e recatado.*

assunção ⟨as.sun.ção⟩ (pl. *assunções*) s.f. **1** Ato ou efeito de assumir. **2** Elevação a um cargo ou função de importância. **3** Na Igreja Católica, subida da Virgem Maria (mãe de Jesus Cristo) aos céus. **4** Celebração desse acontecimento.

assuntar ⟨as.sun.tar⟩ ▌v.t.d. **1** Examinar, observar ou contemplar com atenção: *Assuntamos o que estava acontecendo na rua.* ▌v.t.i./v.int. **2** Pensar devagar [em um assunto] ou considerar algo com atenção: *Sentou na poltrona e ficou assuntando na questão.*

assunto ⟨as.sun.to⟩ s.m. **1** Matéria de que se trata: *Qual é o assunto da reunião de hoje?* **2** Tema ou argumento de uma obra de criação: *O assunto do filme é a violência nas grandes cidades.* **3** Negócio, ocupação ou tarefa: *Reprovou-o por se envolver em assuntos tão íntimos.*

assustador, -a ⟨as.sus.ta.dor, do.ra⟩ (Pron. [assustadôr], [assustadôra]) adj. Que assusta.

assustar ⟨as.sus.tar⟩ v.t.d./v.int./v.prnl. Causar ou sentir susto, temor ou medo: *Os trovões assustaram as crianças.*

astatínio ⟨as.ta.tí.nio⟩ s.m. Elemento químico da família dos semimetais, de número atômico 85, sólido, artificial, radioativo, bastante volátil e solúvel em água. ☐ ORTOGRAFIA Seu símbolo químico é *At*, sem ponto.

asteca ⟨as.te.ca⟩ ▌adj.2g./s.2g. **1** Do antigo grupo indígena que dominou cultural e economicamente o atual território mexicano entre os séculos XV e primeiro quarto do XVI. ▌s.m. **2** Língua desse grupo.

astenia ⟨as.te.ni.a⟩ s.f. Em medicina, fraqueza ou diminuição das forças.

asterisco ⟨as.te.ris.co⟩ s.m. Em ortografia, sinal gráfico utilizado como chamada para nota de indicação de grafia incorreta ou para outros usos convencionais. ☐ USO É inadequada a forma **asterístico*, ainda que esteja difundida na linguagem coloquial.

asteroide ⟨as.te.roi.de⟩ (Pron. [asteróide]) s.m. Cada um dos pequenos corpos rochosos cujas órbitas se acham entre as de Marte e Júpiter. ☐ SIN. planetoide.

astigmatismo ⟨as.tig.ma.tis.mo⟩ s.m. Defeito da visão causado por uma curvatura irregular do cristalino.

astrágalo ⟨as.trá.ga.lo⟩ s.m. No sistema esquelético, osso do tarso, que se articula com a tíbia e com a fíbula. ☐ USO É a antiga denominação de *tálus*.

astral ⟨as.tral⟩ (pl. *astrais*) ▌adj.2g. **1** Dos astros ou relacionado a eles. ▌s.m. **2** Em astrologia, plano intermediário entre o mundo físico e o mundo espiritual. **3** *informal* Estado de espírito ou humor, geralmente associados à influência dos astros: *Seu astral hoje não está dos melhores.*

astro ⟨as.tro⟩ s.m. **1** Corpo que está no espaço: *Ele comprou um telescópio para poder observar os astros.* **2** Pessoa que se sobressai em sua profissão ou que é muito popular, especialmente em relação a um artista ou a um esportista: *um astro do futebol, um astro do cinema.*

astrofísica ⟨as.tro.fí.si.ca⟩ s.f. Parte da astronomia que estuda as propriedades, a origem e a evolução dos corpos celestes.

astrofísico, ca ⟨as.tro.fí.si.co, ca⟩ ▌adj. **1** Da astrofísica ou relacionado a essa parte da astronomia. ▌s. **2** Pessoa que se dedica profissionalmente à astrofísica ou que é especializada nessa ciência.

astrolábio ⟨as.tro.lá.bio⟩ s.m. Instrumento que serve para orientar a navegação, com base na posição dos astros.

astrologia ⟨as.tro.lo.gi.a⟩ s.f. Estudo da influência dos astros sobre as pessoas. ☐ USO É diferente de *astronomia* (ciência que estuda tudo aquilo que é relacionado aos astros, especialmente as leis de seus movimentos, a distribuição e a interação da matéria e a energia no Universo).

astrólogo, ga ⟨as.tró.lo.go, ga⟩ s. Pessoa que se dedica à astrologia, especialmente como profissão. ☐ USO É diferente de *astrônomo* (pessoa que se dedica profissionalmente à astronomia ou que é especialista nessa ciência).

astronauta ⟨as.tro.nau.ta⟩ s.2g. Pessoa que trabalha em uma nave espacial. ☐ SIN. cosmonauta.

astronáutica ⟨as.tro.náu.ti.ca⟩ s.f. Ciência ou técnica de navegar além da atmosfera terrestre. ☐ SIN. cosmonáutica.

astronave ⟨as.tro.na.ve⟩ s.f. Veículo capaz de viajar além da atmosfera terrestre. ☐ SIN. cosmonave, espaçonave, nave espacial.

astronomia ⟨as.tro.no.mi.a⟩ s.f. Ciência que estuda tudo aquilo que é relacionado aos astros, especialmente as leis de seus movimentos, a distribuição e a interação da matéria e a energia no Universo. ☐ USO É diferente de *astrologia* (estudo da influência dos astros sobre as pessoas).

astronômico, ca ⟨as.tro.nô.mi.co, ca⟩ adj. **1** Da astronomia ou relacionado a essa ciência. **2** Em relação especialmente a uma quantidade, que se considera demasiadamente grande: *Pagou um valor astronômico por esse quadro.*

astrônomo, ma ⟨as.trô.no.mo, ma⟩ s. Pessoa que se dedica profissionalmente à astronomia ou que é especializada nessa ciência. ☐ USO É diferente de *astrólogo* (pessoa que se dedica à astrologia).

astúcia ⟨as.tú.cia⟩ s.f. **1** Habilidade para enganar alguém: *O choro não passava de astúcia para que lhe comprassem o presente.* **2** Habilidade em não se deixar enganar ou surpreender: *Resolveu aquela situação com astúcia.*

astucioso, sa ⟨as.tu.ci.o.so, sa⟩ (Pron. [astuciôso], [astuciósa], [astuciósos], [astuciósas]) adj. Que tem ou mostra astúcia ou habilidade. ☐ SIN. astuto.

astuto, ta ⟨as.tu.to, ta⟩ adj. Que tem ou mostra astúcia ou habilidade. ☐ SIN. astucioso.

ata ⟨a.ta⟩ s.f. **1** Relação escrita do ocorrido, tratado ou decidido em uma reunião ou em uma junta: *Já foi publicada a primeira ata do congresso.* **2** Fruto da pinheira, comestível, de casca verde e com muitas sementes grandes e pretas em seu interior, envoltas por uma polpa branca, suculenta e doce. ☐ SIN. fruta-de-conde, pinha.

atabalhoar ⟨a.ta.ba.lho.ar⟩ v.t.d./v.prnl. **1** Confundir(-se) ou atrapalhar(-se): *Os nervos atabalhoavam sua fala.* **2** Fazer mal e às pressas.

atabaque ⟨a.ta.ba.que⟩ s.m. Instrumento musical de percussão feito de madeira, de formato cilíndrico ou cônico, com um dos lados coberto por uma membrana de couro, e que pode ser tocado com as mãos ou com baquetas. [◉ **instrumentos de percussão** p. 614]

atacadista ⟨a.ta.ca.dis.ta⟩ adj.2g./s.2g. Que ou quem compra ou vende por atacado.

atacado, da ⟨a.ta.ca.do, da⟩ ▌adj. **1** *informal* Que está nervoso ou irritado: *Ele está atacado porque o deixaram horas esperando lá.* ▌s.m. **2** Estabelecimento comercial que vende mercadorias em grande quantidade a um intermediário e não ao consumidor final: *Compro os produtos no atacado para vender a varejo.*

atacante ⟨a.ta.can.te⟩ adj.2g./s.2g. Que ou quem ataca.

atacar ⟨a.ta.car⟩ ▌v.t.d./v.prnl. **1** Investir com ímpeto ou violência contra (algo ou alguém) ou agredir(-se):

atadura

a

De repente, o leão atacou sua presa. ❙ v.t.d. **2** Combater, contradizer ou opor-se a (uma pessoa ou uma ideia): *Atacou minhas teorias dizendo que eram infundadas.* **3** Em relação a uma doença, atingir ou contaminar (uma pessoa, um animal ou uma parte do corpo): *A epidemia de gripe atacou os moradores da casa.* **4** Irritar, prejudicar ou afetar de forma que cause dano: *O excesso de bebida alcoólica atacou-lhe o fígado. A ferrugem ataca os metais e os corrói.* ❙ v.int. **5** Em alguns esportes, levar ou tomar a iniciativa no jogo: *Atacamos desde o primeiro minuto do jogo.* ❙ v.t.d. **6** *informal* Devorar ou comer com grande voracidade: *Os meninos atacaram a comida em poucos minutos.* ▫ ORTOGRAFIA Antes de e, o c muda para qu →BRINCAR.

atadura ⟨a.ta.du.ra⟩ s.f. **1** Ato ou efeito de atar. **2** Tira ou pedaço de tecido próprios para cobrir ferimentos.

atafulhar ⟨a.ta.fu.lhar⟩ v.t.d. Encher em excesso: *Atafulharam a gaveta com papéis e documentos, e agora não consigo abri-la.*

atalaia ⟨a.ta.lai.a⟩ ❙ s.2g. **1** Pessoa encarregada de velar ou de cuidar com a máxima atenção. ▫ SIN. **sentinela, vigia, vigilante.** ❙ s.f. **2** Torre ou lugar elevado de onde se vigia uma determinada extensão de terra ou de mar para poder dar aviso sobre o que se descobre.

atalhar ⟨a.ta.lhar⟩ v.t.d./v.int. Abreviar ou encurtar (um caminho), ou tomar um atalho: *Atalhamos o caminho indo pela mata.*

atalho ⟨a.ta.lho⟩ s.m. Trilha ou lugar por onde se abrevia um caminho: *Eu conhecia um atalho, e por isso chegamos logo.* ▫ SIN. **vereda.**

atapetar ⟨a.ta.pe.tar⟩ v.t.d. Cobrir com tapete.

ataque ⟨a.ta.que⟩ s.m. **1** Ação violenta ou impetuosa contra algo: *O exército conseguiu repelir o ataque inimigo.* **2** Acesso repentino ocasionado por uma doença ou por um sentimento extremo: *um ataque de tosse; um ataque de angústia.* **3** Ação ou fala que supõem uma crítica: *Os ataques da imprensa não afetaram o jogador.* **4** Em alguns esportes, posse ou tomada da iniciativa no jogo.

atar ⟨a.tar⟩ v.t.d./v.t.d.i. **1** Unir ou amarrar (uma coisa) com um nó ou com um laço [em outra]: *Atou o cavalo à cerca. Atou a fita nos cabelos.* **2** Juntar, unir ou ligar (uma coisa) [a outra]: *Ataram as mãos durante a missa em sinal de união.*

atarantar ⟨a.ta.ran.tar⟩ v.t.d./v.prnl. Confundir(-se) ou fazer perder a orientação ou o raciocínio.

atarefado, da ⟨a.ta.re.fa.do, da⟩ adj. Que está sempre ocupado ou cheio de trabalhos ou obrigações.

atarefar ⟨a.ta.re.far⟩ v.t.d. **1** Encarregar de uma tarefa. **2** Sobrecarregar de trabalho.

atarraxar ⟨a.tar.ra.xar⟩ v.t.d. Apertar ou rosquear: *atarraxar um parafuso; atarraxar uma lâmpada.*

ataúde ⟨a.ta.ú.de⟩ s.m. Caixa em que se coloca um cadáver para ser enterrado. ▫ SIN. **caixão, esquife, féretro.**

atávico, ca ⟨a.tá.vi.co, ca⟩ adj. Transmitido ou adquirido por atavismo.

atavio ⟨a.ta.vi.o⟩ s.m. Adorno ou enfeite, geralmente vistosos e requintados.

atavismo ⟨a.ta.vis.mo⟩ s.m. **1** Em biologia, em relação a um ser vivo, reaparecimento de características próprias de seus ascendentes mais ou menos remotos. **2** Inclinação a imitar ou manter formas de vida ou costumes arcaicos.

atazanar ⟨a.ta.za.nar⟩ v.t.d. **1** Incomodar ou importunar de maneira insistente: *Os moleques atazanaram os vizinhos com todo o tipo de brincadeiras.* **2** Causar dor ou sofrimento a (alguém): *A lembrança de tempos difíceis o atazanava.*

até ⟨a.té⟩ ❙ adv. **1** Também, inclusive ou mesmo: *Todos estavam brincando, até os adultos.* **2** Em todo caso: *Não sei andar de patins, mas até posso tentar.* ❙ prep. **3** Indica o limite ou o final de lugares, ações, quantidades e tempo: *Estudei até achar que estava preparado para a prova.*

atear ⟨a.te.ar⟩ v.t.d.i. Provocar ou botar (fogo) [em um corpo ou em uma superfície]. ▫ ORTOGRAFIA O e muda para ei quando a sílaba tônica estiver na raiz do verbo →NOMEAR.

ateia ⟨a.tei.a⟩ (Pron. [atéia]) Feminino de **ateu.**

ateísmo ⟨a.te.ís.mo⟩ s.m. Negação da existência de Deus.

ateliê ⟨a.te.li.ê⟩ s.m. Lugar de trabalho, especialmente se for de um artesão ou de um artista. ▫ SIN. **estúdio.**

atemorizar ⟨a.te.mo.ri.zar⟩ v.t.d./v.int./v.prnl. Causar temor ou medo ou assustar-se: *Atemorizou as crianças contando-lhes histórias de fantasmas.*

atenção ⟨a.ten.ção⟩ (pl. *atenções*) ❙ s.f. **1** Interesse e aplicação voluntária do entendimento: *Preste atenção às explicações.* **2** Cuidado ou aplicação de algo: *Assim que chegou ao hospital, recebeu atenção imediata.* **3** Demonstração de respeito ou de cortesia: *Tiveram muita atenção com todos os convidados.* ❙ interj. **4** Expressão usada para advertir ou para avisar alguém de um fato: *Atenção! Cuidado com o carro!* ‖ **chamar a atenção de** alguém: Adverti-lo ou repreendê-lo: *A professora chamou a atenção do aluno que estava desatento.* ‖ **chamar atenção** Provocar ou despertar interesse, curiosidade ou surpresa: *Colocou uma camiseta colorida que chamava atenção.* ‖ **em atenção a** alguém: Por consideração a ele: *Em atenção ao palestrante, ninguém se levantou até o final da exposição.*

atencioso, sa ⟨a.ten.ci.o.so, sa⟩ (Pron. [atenciôso], [atenciósa], [atenciósos], [atenciósas]) adj. **1** Com a atenção fixa em algo. **2** Amável, cortês e bem-educado: *Sempre foi muito atencioso com os demais.*

atendente ⟨a.ten.den.te⟩ s.2g. **1** Pessoa que se dedica profissionalmente a prestar serviços auxiliares de enfermagem. **2** Pessoa encarregada de atender o público na recepção de um estabelecimento. ▫ SIN. **recepcionista.**

atender ⟨a.ten.der⟩ ❙ v.t.d./v.t.i. **1** Dar ou prestar atenção [a algo ou alguém]: *Atendeu às recomendações do médico.* **2** Acolher favoravelmente ou satisfazer [a um desejo ou a uma solicitação]: *A professora atendeu aos nossos pedidos.* ❙ v.t.d./v.t.i./v.int. **3** Receber para dar uma consulta ou prestar atendimento [a alguém]: *Minha dentista atende das 12 às 16 horas.* ❙ v.t.d./v.t.i. **4** Responder [a um chamado]: *Antes de sair, atendi o telefone.*

atendimento ⟨a.ten.di.men.to⟩ s.m. **1** Ato ou efeito de atender. **2** Em um estabelecimento, local onde se atendem as pessoas.

ateneu ⟨a.te.neu⟩ s.m. **1** Associação cultural, geralmente científica, literária e artística. **2** Local que funciona como sede dessa associação.

ateniense ⟨a.te.ni.en.se⟩ adj.2g./s.2g. De Atenas ou relacionado à capital grega.

atentado ⟨a.ten.ta.do⟩ s.m. **1** Agressão violenta ou tentativa de agressão, geralmente em nome de uma causa, contra pessoas, instituições ou ideias: *Houve um atentado hoje no centro da cidade: explodiram uma bomba em frente ao Fórum.* **2** Ofensa às leis, à moral ou aos valores vigentes.

atentar ⟨a.ten.tar⟩ ❙ v.t.i. **1** Cometer um atentado [contra alguém ou algum lugar]: *Terroristas atentaram contra a vida de um militar.* ❙ v.t.d./v.t.i. **2** Observar com cuidado ou dar atenção [a alguém ou para algo]: *Um bom jornalista sempre deve atentar para o que acontece ao seu redor.* ❙ v.t.d./v.t.i./v.int. **3** Refletir ou ponderar com atenção [sobre algo]: *Para melhorar em Matemática, atentou sobre as próprias dificuldades.*

ativo

□ GRAMÁTICA Na acepção 1, usa-se a construção *atentar* CONTRA *(algo/alguém)*.

atento, ta ⟨a.ten.to, ta⟩ adj. **1** Com a atenção fixa em algo. **2** Cuidadoso, aplicado ou meticuloso: *Ela é muito atenta em seu trabalho*.

atenuante ⟨a.te.nu.an.te⟩ adj.2g. Que atenua.

atenuar ⟨a.te.nu.ar⟩ v.t.d./v.prnl. Diminuir(-se) em força ou em intensidade: *Os analgésicos atenuam a dor.*

aterrador, -a ⟨a.ter.ra.dor, do.ra⟩ (Pron. [aterradôr], [aterradôra]) adj. Que causa terror. □ SIN. aterrorizador.

aterragem ⟨a.ter.ra.gem⟩ (pl. *aterragens*) s.f. **1** Pouso em terra firme. □ SIN. aterrissagem. **2** Em relação a uma embarcação, chegada em terra firme.

aterrar ⟨a.ter.rar⟩ ▮ v.t.d./v.prnl. **1** Causar ou sentir terror: *A onda de violência está aterrando a cidade.* □ SIN. aterrorizar. ▮ v.t.d. **2** Encher ou cobrir com terra. ▮ v.int. **3** Pousar em terra firme: *O paraquedista aterrou sem problemas.* □ SIN. aterrissar.

aterrissagem ⟨a.ter.ris.sa.gem⟩ (pl. *aterrissagens*) s.f. Pouso em terra firme. □ SIN. aterragem.

aterrissar ⟨a.ter.ris.sar⟩ v.int. Pousar em terra firme: *O avião aterrissou na hora prevista.* □ SIN. aterrar. □ ORTOGRAFIA Escreve-se também *aterrizar*.

aterrizar ⟨a.ter.ri.zar⟩ v.int. →aterrissar

aterro ⟨a.ter.ro⟩ (Pron. [atêrro]) s.m. **1** Terra ou entulho usados para nivelar ou aplanar um terreno. **2** Esse terreno nivelado ou aplanado.

aterrorizador, -a ⟨a.ter.ro.ri.za.dor, do.ra⟩ (Pron. [aterrorizadôr], [aterrorizadôra]) adj. Que causa terror. □ SIN. aterrador.

aterrorizar ⟨a.ter.ro.ri.zar⟩ v.t.d./v.prnl. Causar ou sentir terror: *A escuridão o aterrorizava.* □ SIN. aterrar.

ater-se ⟨a.ter-se⟩ v.prnl. Restringir-se, prender-se ou não ir além de: *Atenha-se às instruções, por favor.* □ SIN. cingir-se, limitar-se. □ GRAMÁTICA **1.** É um verbo irregular →TER. **2.** Usa-se a construção *ater-se* A *algo*.

atestado ⟨a.tes.ta.do⟩ s.m. Documento oficial em que se faz constar algo: *um atestado médico.*

atestar ⟨a.tes.tar⟩ ▮ v.t.d. **1** Afirmar ou assegurar oficialmente ou por escrito: *O médico atestou a sua doença.* ▮ v.t.d./v.t.d.i. **2** Confirmar, comprovar ou demonstrar (algo) [a alguém]: *Seus resultados atestam que ela é uma ótima aluna.*

ateu ⟨a.teu⟩ adj./s.m. Que ou quem segue ou defende o ateísmo. □ GRAMÁTICA Seu feminino é *ateia*.

atiçar ⟨a.ti.çar⟩ v.t.d. **1** Fazer aumentar ou acrescentar combustível a (o fogo): *Atice o fogo da lareira antes que apague.* **2** Avivar ou tornar mais intenso (uma sensação, uma vontade ou outro sentimento): *A ideia da viagem atiçava os ânimos do grupo.* □ ORTOGRAFIA Antes de e, o ç muda para c →COMEÇAR.

atilado, da ⟨a.ti.la.do, da⟩ adj. **1** Que é astuto ou inteligente. **2** Que cumpre seus deveres. **3** Que é sensato ou prudente.

atilho ⟨a.ti.lho⟩ s.m. **1** Fio, barbante ou fita usados para atar ou amarrar. **2** Conjunto de espigas de milho atadas.

átimo ⟨á.ti.mo⟩ s.m. Período de tempo muito curto: *Levou um átimo para resolver a equação.* □ SIN. instante, momento.

atinar ⟨a.ti.nar⟩ ▮ v.t.d./v.t.i. **1** Acertar ou adivinhar (algo) seguindo um raciocínio lógico ou fazer a descoberta [de algo] por meio de algum indício: *Ele não atinou a resposta e foi eliminado do concurso.* ▮ v.t.i. **2** Reparar ou dar-se conta [de algo]: *Não atinou com o sono do irmão e aumentou o som da televisão.* **3** Lembrar ou recordar [de algo ou alguém]: *Não atinamos em trazer um mapa com o itinerário.*

atinente ⟨a.ti.nen.te⟩ adj.2g. Que concerne.

atingir ⟨a.tin.gir⟩ ▮ v.t.d. **1** Chegar até (um lugar): *A expedição atingiu o topo da montanha.* □ SIN. alcançar. **2** Obter, conseguir ou chegar a ter: *Atingiu seus objetivos com muito esforço.* □ SIN. alcançar. **3** Afetar ou concernir: *Os problemas do país atingem todos nós.* ▮ v.t.d./v.t.i. **4** Compreender, assimilar ou captar a razão [de algo]: *Explique melhor, por favor, não consigo atingir seu raciocínio.* ▮ v.t.d. **5** Chegar a (um alvo): *A bala atingiu a perna do bandido.* □ ORTOGRAFIA Antes de a ou o, o g muda para j →FUGIR.

atípico, ca ⟨a.tí.pi.co, ca⟩ adj. Que sai do normal, do conhecido ou do habitual.

atiradeira ⟨a.ti.ra.dei.ra⟩ s.f. Forquilha que possui uma tira de borracha ou de elástico presa aos seus dois extremos, e que serve para lançar pedras ou outros objetos. □ SIN. bodoque, estilingue.

atirador, -a ⟨a.ti.ra.dor, do.ra⟩ (Pron. [atiradôr], [atiradôra]) adj./s. Que ou quem atira ou dispara uma arma de fogo, especialmente se for com destreza e habilidade.

atirar ⟨a.ti.rar⟩ ▮ v.t.d./v.t.d.i./v.prnl. **1** Lançar(-se) com força [contra algo ou em algum lugar]: *Fora de si, atirou o vaso na parede.* ▮ v.t.d./v.t.i./v.t.d.i./v.int. **2** Descarregar (balas, projéteis ou outros objetos que sirvam de munição) [em algo ou alguém] ou disparar arma de fogo: *O caçador preparou a arma e atirou.* ▮ v.t.d./v.prnl. **3** Jogar(-se) (uma coisa) [contra outra], especialmente se for de maneira rápida e violenta: *Dois seguranças se atiraram sobre o ladrão e o imobilizaram.* □ SIN. arremessar-se, lançar-se. ▮ v.prnl. **4** Dedicar-se com ânimo, força ou intensidade: *Por causa das provas finais, atirou-se aos estudos.* □ GRAMÁTICA Na acepção 4, usa-se a construção *atirar-se* A *algo*.

atitude ⟨a.ti.tu.de⟩ s.f. **1** Comportamento ou maneira de agir: *Sua atitude diante do problema foi de muita compreensão.* **2** Postura física ou gesto do corpo: *O cão rosnou em atitude ameaçadora.*

ativa ⟨a.ti.va⟩ s.f. **1** Realização de uma atividade: *Muitas pessoas continuam na ativa, mesmo depois de aposentadas.* **2** Em relação a um funcionário público, período de tempo trabalhado. **3** →voz ativa

ativar ⟨a.ti.var⟩ ▮ v.t.d./v.prnl. **1** Intensificar(-se), impulsionar(-se) ou aumentar a velocidade de algo: *A proximidade do Natal ativou as vendas. O projeto se ativou com as novas contratações.* ▮ v.t.d. **2** Colocar em funcionamento: *A nova ala do hospital já foi ativada.*

atividade ⟨a.ti.vi.da.de⟩ s.f. **1** Qualquer ação, função ou trabalho: *Uma atividade física moderada faz bem à saúde. A publicidade é a principal atividade da empresa.* **2** Profissão ou meio de vida: *Entre suas atividades estão a pesca e o cultivo de ostras.* ‖ **em atividade** Em ação ou em funcionamento: *A biblioteca entrará em atividade no próximo mês.*

ativismo ⟨a.ti.vis.mo⟩ s.m. Atitude que defende a importância da ação, especialmente em política, frente à discussão teórica.

ativista ⟨a.ti.vis.ta⟩ ▮ adj.2g. **1** Do ativismo ou relacionado a ele. ▮ s.2g. **2** Membro que intervém ativamente em uma associação ou em um partido: *um ativista político.*

ativo, va ⟨a.ti.vo, va⟩ ▮ adj. **1** Que tem capacidade de ação: *Ele sempre foi muito ativo na comunidade.* □ SIN. atuante. **2** Que exerce influência: *Ela tem uma participação ativa na aula.* **3** Eficaz ou que produz resultados positivos: *o princípio ativo de um medicamento.* **4** Em relação a um vulcão, que pode entrar em erupção. **5** Em relação a uma substância, que tem capacidade para emitir energia ou para provocar uma ação física ou química. ▮ s.m. **6** Conjunto de bens que uma pessoa, empresa ou instituição possuem.

atlântico

atlântico, ca ⟨a.tlân.ti.co, ca⟩ adj. Do oceano Atlântico (situado entre as costas americana, europeia e africana) ou relacionado a ele.
atlas ⟨a.tlas⟩ s.m.2n. **1** Livro formado por uma coleção de mapas, geralmente geográficos. **2** Livro baseado em uma coleção de imagens ou gráficos descritivos, geralmente explicados, que tratam sobre um tema concreto: *um atlas histórico*. **3** No sistema esquelético, primeira das vértebras cervicais.
atleta ⟨a.tle.ta⟩ s.2g. **1** Pessoa que pratica algum esporte. **2** Esportista que pratica o atletismo. **3** Pessoa forte, robusta e musculosa.
atlético, ca ⟨a.tlé.ti.co, ca⟩ adj. Do atletismo, dos atletas ou relacionado a eles.
atletismo ⟨a.tle.tis.mo⟩ s.m. **1** Esporte ou conjunto de práticas baseadas na corrida, nos saltos e nos lançamentos. **2** Prática desse esporte.
atmosfera ⟨at.mos.fe.ra⟩ s.f. **1** Camada de ar que envolve a Terra e que fornece oxigênio para a respiração: *A atmosfera terrestre é formada principalmente por nitrogênio e oxigênio.* **2** Ambiente que rodeia as pessoas e as coisas: *Depois de sua expulsão, a atmosfera na aula ficou pesada.* ‖ **atmosfera (física)** Unidade de pressão aproximadamente igual à pressão ao nível do mar na Terra e igual a 101325 pascals.
atmosférico, ca ⟨at.mos.fé.ri.co, ca⟩ adj. Da atmosfera ou relacionado a ela.
-ato **1** Sufixo que indica instituição: *sindicato, orfanato*. **2** Sufixo que indica ação ou efeito: *assassinato*. **3** Em química, sufixo que significa *ânion* ou que indica um sal desse ânion: *acetato, sulfato*.
ato ⟨a.to⟩ s.m. **1** Feito ou ação: *Cada um é responsável pelos seus atos.* **2** Cerimônia ou acontecimento públicos: *Todas as autoridades compareceram ao ato de posse do presidente eleito.* **3** Em uma obra teatral, cada uma das partes em que se divide: *uma peça em três atos.*
atoalhado ⟨a.to.a.lha.do, da⟩ adj. **1** Semelhante a uma toalha ou com suas características. ▌s.m. **2** Pano ou toalha próprios para cobrir uma mesa.
atoalhar ⟨a.to.a.lhar⟩ v.t.d. **1** Cobrir com uma toalha. **2** Dar ou atribuir características próprias de uma toalha a (algo).
atochar ⟨a.to.char⟩ ▌v.t.d. **1** Introduzir (algo) à força [em um lugar]. ▌v.t.d./v.t.d.i. **2** Encher em excesso [com algo]: *atochar uma gaveta.* □ SIN. entulhar.
atol ⟨a.tol⟩ (pl. *atóis*) s.m. Recife de corais que forma em seu centro uma laguna de águas rasas.
atolar ⟨a.to.lar⟩ ▌v.t.d./v.int./v.prnl. **1** Meter(-se) ou ficar em um atoleiro ou em um terreno inundado pela lama ou pelo lodo: *Alguns carros atolaram na estrada por causa das chuvas.* ▌v.t.d.i./v.prnl. **2** Saturar(-se) ou sobrecarregar(-se) (algo ou alguém) [com tarefas ou obrigações]: *Os clientes atolaram a loja com pedidos de entrega.* ▌v.prnl. **3** Meter-se ou envolver-se em uma situação difícil: *Procurou não gastar muito no final do ano para não se atolar em dívidas.*
atoleiro ⟨a.to.lei.ro⟩ s.m. **1** Terreno inundado pela lama ou pelo lodo. **2** *informal* Situação difícil ou embaraçosa.
atômico, ca ⟨a.tô.mi.co, ca⟩ adj. **1** Do átomo ou relacionado a ele. **2** Que utiliza a energia armazenada nos núcleos dos átomos. □ SIN. nuclear.
átomo ⟨á.to.mo⟩ s.m. Quantidade mínima de um elemento químico.
atônito, ta ⟨a.tô.ni.to, ta⟩ adj. Muito surpreso, espantado ou confuso. □ SIN. perplexo.
átono, na ⟨á.to.no, na⟩ adj. Em relação a uma vogal, a uma sílaba ou a uma palavra, que se pronunciam sem acento de intensidade.

atopetar ⟨a.to.pe.tar⟩ v.t.d. Encher em excesso: *Vive atopetando o armário de roupas.*
ator ⟨a.tor⟩ (Pron. [atôr]) s.m. Pessoa que representa um papel no teatro, no cinema, na rádio ou na televisão. □ SIN. artista. □ GRAMÁTICA Seu feminino é *atriz*.
atordoar ⟨a.tor.do.ar⟩ ▌v.t.d./v.prnl. **1** Desorientar(-se) ou perturbar(-se) os sentidos de (alguém), especialmente se for com um golpe, uma bebida ou uma emoção: *O golpe o atordoou.* □ SIN. aturdir. ▌v.t.d. **2** Maravilhar, impressionar ou surpreender: *O espetáculo de flamenco atordoou os espectadores.* □ SIN. aturdir.
atormentar ⟨a.tor.men.tar⟩ ▌v.t.d./v.int. **1** Causar tormento ou torturar: *As enxaquecas o atormentam há anos.* ▌v.t.d./v.prnl. **2** Afligir(-se) ou perturbar(-se): *Os erros do passado a atormentavam.*
atracadoiro ⟨a.tra.ca.doi.ro⟩ s.m. →atracadouro
atracadouro ⟨a.tra.ca.dou.ro⟩ s.m. Lugar em que uma embarcação pode atracar ou ser amarrada. □ ORTOGRAFIA Escreve-se também *atracadoiro*.
atração ⟨a.tra.ção⟩ (pl. *atrações*) s.f. **1** Força para atrair, puxar ou trazer algo para si: *Damos o nome de gravidade à atração que a Terra exerce sobre os corpos.* **2** Interesse, inclinação ou fascínio: *Não sentia a menor atração por ele.* **3** Aquilo ou aquele que desperta esse interesse: *Seu discurso foi a atração da cerimônia.* **4** Espetáculo ou diversão: *Assistimos a todas as atrações do circo.*
atracar ⟨a.tra.car⟩ ▌v.t.d. **1** Amarrar ou prender (uma embarcação) [a outra ou a terra]. ▌v.prnl. **2** Lutar ou agredir fisicamente: *Os dois se atracaram no meio da rua.* **3** *informal* Agarrar-se ou abraçar-se com força: *Os namorados se atracaram e não se soltaram a noite toda.* □ ORTOGRAFIA Antes de *e*, o *c* muda para *qu* →BRINCAR.
atraente ⟨a.tra.en.te⟩ adj.2g. Que atrai ou que desperta o interesse.
atraiçoar ⟨a.trai.ço.ar⟩ v.t.d. **1** Enganar quebrando a confiança ou a lealdade: *Nunca imaginei que você me atraiçoaria!* □ SIN. trair. **2** Revelar ou denunciar: *A gagueira atraiçoava seu nervosismo.* □ SIN. trair.
atrair ⟨a.tra.ir⟩ ▌v.t.d./v.t.d.i. **1** Trazer (algo) [para si]: *Seu carisma atrai as pessoas que o rodeiam.* ▌v.t.d. **2** Fazer aproximar-se (um corpo) em função de suas propriedades físicas: *O ímã atrai os objetos de ferro.* **3** Despertar interesse: *Não me atraem os esportes radicais.* ▌v.t.d.i. **4** Fazer (alguém) aderir-se [a uma ideia, uma instituição ou um partido]: *A mensagem de amor de Jesus Cristo atrai muitas pessoas.* □ GRAMÁTICA É um verbo irregular →CAIR.
atrapalhar ⟨a.tra.pa.lhar⟩ ▌v.t.d. **1** Perturbar, prejudicar ou impedir: *A chuva atrapalhou nosso passeio.* ▌v.prnl. **2** Confundir-se ou complicar-se: *Ele se atrapalhou durante a apresentação.* □ SIN. embaralhar-se.
atrás ⟨a.trás⟩ adv. **1** Em uma posição ou em um lugar posteriores: *Atrás da casa há um jardim.* □ SIN. detrás. **2** Em um tempo anterior ou passado: *Dias atrás fomos ao cinema.* □ ORTOGRAFIA Escreve-se também *trás*.
atrasado, da ⟨a.tra.sa.do, da⟩ adj. **1** Que não alcançou o desenvolvimento completo ou esperado. ▌adj./s. **2** Que ou quem não tem o desenvolvimento mental considerado normal. **3** Em relação a um aluno, que obtém rendimento escolar abaixo da média de sua classe.
atrasar ⟨a.tra.sar⟩ ▌v.t.d. **1** Fazer ir para trás ou recuar: *Esta noite, com o fim do horário de verão, precisamos atrasar o relógio em uma hora.* **2** Provocar atraso ou demora (uma atividade ou um acontecimento): *A tempestade atrasou o início da partida.* ▌v.int./v.prnl. **3** Chegar após o horário previsto: *O ônibus atrasou.* ▌v.t.d. **4** Prejudicar ou atrapalhar: *As diferenças entre as partes atrasaram as negociações.* **5** Retardar no

tempo (uma ação): *A Prefeitura atrasou a inauguração da biblioteca.* ❚ v.int./v.prnl. **6** Progredir em um ritmo inferior ao previsto: *A construção do viaduto atrasou.*

atraso ⟨a.tra.so⟩ s.m. **1** Demora ou falta de pontualidade: *O voo chegou com muito atraso.* **2** Falta de desenvolvimento: *A falta de saneamento básico comprova o atraso daquele município.*

atrativo, va ⟨a.tra.ti.vo, va⟩ ❚ adj. **1** Que atrai ou que desperta interesse: *O surfe é um esporte atrativo para muitos jovens.* ❚ s.m. **2** Conjunto de qualidades que atraem o interesse: *A cidade apresenta diversos atrativos para os turistas.*

atravancar ⟨a.tra.van.car⟩ v.t.d. **1** Impedir ou fechar a passagem por (um lugar ou um caminho): *O acidente atravancou o túnel.* **2** Dificultar ou impossibilitar (uma ação): *Sua intransigência atravancou as negociações.* **3** Encher por completo ou em excesso: *Atravancaram a gaveta com tantos documentos.* ▢ ORTOGRAFIA Antes de *e*, o *c* muda para *qu* →BRINCAR.

através ⟨a.tra.vés⟩ ‖ **através de** algo: 1 De um lado a outro dele: *A luz passa através da janela.* 2 Por entre ele: *O sol se filtrava através dos galhos das árvores.* 3 Por meio ou por intermédio dele: *Algumas doenças se transmitem através do sangue.*

atravessador, -a ⟨a.tra.ves.sa.dor, do.ra⟩ (Pron. [atravessadôr], [atravessadôra]) s. Pessoa que se dedica a comprar produtos a preço baixo para poder revendê-los por um preço muito maior.

atravessar ⟨a.tra.ves.sar⟩ v.t.d. **1** Ir de uma parte a outra de (um lugar): *Olhe bem para os lados antes de atravessar a rua.* ▢ SIN. cruzar. **2** Cruzar ou furar de um lado a outro (um corpo): *A bala atravessou a porta do carro.* ▢ SIN. varar, vazar. **3** Passar por (uma situação complicada): *Atravessa uma fase de dificuldade financeira.* **4** Comprar (um produto) a preço baixo para poder revendê-lo por um preço muito maior.

atrelar ⟨a.tre.lar⟩ ❚ v.t.d. **1** Prender (um animal) com uma trela: *atrelar um boi.* ❚ v.t.d.i. **2** Sujeitar ou submeter (algo) [a uma condição]: *A empresa atrelou o reajuste salarial ao aumento da produção.* ❚ v.prnl. **3** Ligar-se ou unir-se: *Nunca se atrelou a nenhum movimento político.* ▢ GRAMÁTICA Na acepção 3, usa-se a construção *atrelar-se A algo*.

atrever-se ⟨a.tre.ver-se⟩ v.prnl. Decidir-se a fazer ou a dizer algo que pode apresentar risco: *Não se atreveu a dizer o que pensava.* ▢ SIN. ousar. ▢ GRAMÁTICA Usa-se a construção *atrever-se A algo*.

atrevido, da ⟨a.tre.vi.do, da⟩ adj./s. **1** Que ou quem demonstra falta de respeito. ▢ SIN. irreverente. **2** Que ou quem tem ou mostra ousadia ou coragem: *um debute atrevido.*

atrevimento ⟨a.tre.vi.men.to⟩ s.m. **1** Falta de respeito: *Falou ao diretor com certo atrevimento.* ▢ SIN. irreverência. **2** Ousadia ou coragem: *Depois do que fez, ainda teve o atrevimento de pedir um aumento de salário.*

atribuição ⟨a.tri.bu.i.ção⟩ (pl. *atribuições*) s.f. **1** Ato ou efeito de atribuir(-se). **2** Competência própria de um cargo ou de uma função: *Como gerente, uma de suas atribuições é tomar decisões.*

atribuir ⟨a.tri.bu.ir⟩ v.t.d.i. **1** Aplicar a autoria de (um fato) ou a posse de (uma característica) [a alguém]: *A imprensa atribuiu-lhe um caso com a atriz.* **2** Conferir ou conceder (algo) [a alguém]: *O professor atribuiu nota dez ao trabalho.* ❚ v.prnl. **3** Reivindicar ou tomar para si: *É tão arrogante que se atribui todo o sucesso do projeto.* ▢ ORTOGRAFIA Usa-se *i* em vez de *e* comum na conjugação do presente do indicativo e do imperativo afirmativo →ATRIBUIR.

atribulação ⟨a.tri.bu.la.ção⟩ (pl. *atribulações*) s.f. **1** Adversidade, contrariedade ou situação desfavorável: *Passou por um período de grandes atribulações.* **2** Aflição ou sofrimento moral. ▢ ORTOGRAFIA Escreve-se também *tribulação.*

atribular ⟨a.tri.bu.lar⟩ v.t.d./v.prnl. Causar ou sofrer atribulações, penas ou adversidades: *Aqueles pensamentos atribulavam seus dias.*

atributivo, va ⟨a.tri.bu.ti.vo, va⟩ adj. Em linguística, que funciona como atributo, que o inclui, ou que serve para construí-lo.

atributo ⟨a.tri.bu.to⟩ s.m. **1** Cada uma das propriedades ou qualidades de algo: *Ela tem todos os atributos necessários para ocupar a vaga.* **2** Características físicas consideradas positivas ou atraentes: *Era uma cantora mais conhecida pelos seus atributos físicos do que pela sua voz.*

átrio ⟨á.trio⟩ s.m. **1** Em algumas construções, espaço descoberto que há em seu interior: *No átrio do edifício havia um jardim com uma fonte.* ▢ SIN. pátio. **2** Em um templo, espaço exterior e descoberto que o rodeia. ▢ SIN. adro. **3** No sistema cardiovascular de alguns animais, cada uma das duas cavidades da parte anterior ou superior do coração que recebem o sangue das veias e o bombeia para os ventrículos. ▢ SIN. aurícula.

atritar ⟨a.tri.tar⟩ ❚ v.t.d./v.t.d.i. **1** Esfregar (um objeto ou uma superfície) repetidas vezes [em outros objetos ou outras superfícies]. ▢ SIN. friccionar. ❚ v.prnl. **2** Discutir ou desentender-se: *Os irmãos vivem atritando-se, mas sempre acabam fazendo as pazes.*

atrito ⟨a.tri.to⟩ s.m. **1** Pressão leve entre duas superfícies ao deslizar-se uma sobre a outra ou estar em contato: *O chão está todo riscado, devido ao atrito com a cadeira.* **2** Discussão ou desentendimento: *Apesar de alguns atritos, continuamos amigos.*

atriz ⟨a.triz⟩ Substantivo feminino de *ator.*

atroar ⟨a.tro.ar⟩ ❚ v.t.d. **1** Perturbar ou estremecer com um ruído forte. ❚ v.int. **2** Causar estrondo: *No meio da noite ouviram canhões atroarem.*

atrocidade ⟨a.tro.ci.da.de⟩ s.f. **1** Condição de atroz. **2** Ato de extrema crueldade: *Os nazistas cometeram muitas atrocidades.*

atrocíssimo, ma ⟨a.tro.cís.si.mo, ma⟩ Superlativo irregular de *atroz.*

atrofia ⟨a.tro.fi.a⟩ s.f. Em medicina, diminuição do tamanho de um órgão ou de um tecido orgânico que estava completamente desenvolvido e com um tamanho normal, causada por erro nutricional, por velhice, por ferimento ou por doença.

atrofiar ⟨a.tro.fi.ar⟩ v.t.d./v.int./v.prnl. Causar ou sofrer atrofia ou não (se) desenvolver: *A convalescença atrofiou suas pernas.*

atropelamento ⟨a.tro.pe.la.men.to⟩ s.m. Ato ou efeito de atropelar(-se).

atropelar ⟨a.tro.pe.lar⟩ ❚ v.t.d. **1** Derrubar por meio de choque violento: *Apressado, atropelou os que estavam no caminho.* **2** Fazer com pressa ou sem capricho: *Como queria sair com os amigos, atropelou o trabalho.* ❚ v.t.d./v.prnl. **3** Expressar(-se) de forma confusa ou apressada: *Com o nervosismo, atropelou as palavras durante o discurso.*

atropelo ⟨a.tro.pe.lo⟩ (Pron. [atropêlo]) s.m. Confusão, desordem ou tumulto. ‖ **aos atropelos** De forma apressada ou sem capricho: *Deixou tudo para o último dia e acabou fazendo suas tarefas aos atropelos.*

atroz ⟨a.troz⟩ adj.2g. **1** Cruel ou desumano. **2** Enorme ou desmedido: *Tem um medo atroz do escuro.* ▢ GRAMÁTICA Seu superlativo é *atrocíssimo.*

atuação ⟨a.tu.a.ção⟩ (pl. *atuações*) s.f. **1** Desempenho em determinada atividade: *Foi promovido graças a sua atuação no trabalho.* **2** Interpretação de um papel no teatro ou no cinema: *Os críticos elogiaram muito a atuação daquela atriz.*

atual ⟨a.tu.al⟩ (pl. *atuais*) adj.2g. Que existe, que acontece ou se usa no momento em que se fala.

atualidade ⟨a.tu.a.li.da.de⟩ s.f. **1** Condição de atual. **2** Momento ou época atuais: *Ele é um dos políticos mais famosos da atualidade.*

atualização ⟨a.tu.a.li.za.ção⟩ (pl. *atualizações*) s.f. Ato ou efeito de atualizar(-se).

atualizar ⟨a.tu.a.li.zar⟩ v.t.d./v.prnl. **1** Tornar(-se) atual ou colocar(-se) em dia: *Precisamos atualizar estes dados, pois são de dez anos atrás.* ▌v.t.d./v.int./v.prnl. **2** Informar(-se) em relação às últimas tendências ou técnicas: *Promoveram um curso para atualizar os professores.*

atuante ⟨a.tu.an.te⟩ adj.2g. **1** Que tem grande capacidade de ação. ☐ SIN. **ativo**. **2** Que tem participação ou que não se omite.

atuar ⟨a.tu.ar⟩ ▌v.int. **1** Comportar-se de um determinado modo: *Costuma atuar com prudência.* ☐ SIN. **agir**. **2** Realizar atos próprios de um determinado cargo ou uma determinada profissão: *Os bombeiros atuaram com muita coragem durante o incêndio.* ☐ SIN. **agir**. **3** Interpretar um papel, especialmente em uma obra teatral ou cinematográfica. ▌v.t.i. **4** Produzir um determinado efeito [sobre algo]: *Este remédio atua nas células danificadas do organismo.* ☐ SIN. **agir**.

atulhar ⟨a.tu.lhar⟩ v.t.d./v.t.d.i./v.prnl. →**entulhar**

atum ⟨a.tum⟩ (pl. *atuns*) s.m. Peixe de água salgada, comestível, azul na parte de cima e prateado na de baixo, e de carne muito apreciada, geralmente consumida em conserva. ☐ GRAMÁTICA É um substantivo epiceno: *o atum (macho/fêmea).* (⬥ **peixes (água salgada)** p. 609]

aturar ⟨a.tu.rar⟩ v.t.d. Suportar, tolerar ou aguentar com paciência: *Não aturo mais sua insolência!*

aturdir ⟨a.tur.dir⟩ ▌v.t.d./v.int./v.prnl. **1** Desorientar(-se) ou perturbar(-se) os sentidos de (alguém), especialmente se for com um golpe, uma bebida ou uma emoção: *A bolada aturdiu o goleiro.* ☐ SIN. **atordoar**. ▌v.t.d. **2** Maravilhar, impressionar ou surpreender: *A beleza da paisagem aturdia os turistas.* ☐ SIN. **atordoar**.

audácia ⟨au.dá.cia⟩ s.f. **1** Impulso que leva a realizar ações difíceis, ousadas ou arriscadas. **2** Falta de respeito, de consideração ou de bom senso.

audacioso, sa ⟨au.da.ci.o.so, sa⟩ (Pron. [audaciôso], [audaciósa], [audaciósos], [audaciósas]) adj. Que tem audácia ou valentia. ☐ SIN. **audaz**.

audacíssimo, ma ⟨au.da.cís.si.mo, ma⟩ Superlativo irregular de **audaz**.

audaz ⟨au.daz⟩ adj. Que tem audácia ou valentia. ☐ SIN. **audacioso**. ☐ GRAMÁTICA Seu superlativo é *audacíssimo*.

audição ⟨au.di.ção⟩ (pl. *audições*) s.f. **1** Ato de ouvir. ☐ SIN. **audiência**. **2** Sentido que permite perceber os sons: *O cão tem a audição muito mais aguçada que os humanos.* ☐ SIN. **ouvido**. **3** Representação de uma obra musical ou teatral: *Fomos à audição daquele famoso artista.*

audiência ⟨au.di.ên.cia⟩ s.f. **1** Ato de ouvir. ☐ SIN. **audição**. **2** Recepção oficial em que uma autoridade recebe aquelas pessoas que querem expor algo para ela: *Temos uma audiência com o embaixador da França.* **3** Conjunto de espectadores ou ouvintes que assistem a um programa de rádio ou televisão: *A audiência do programa aumentou com a participação do convidado especial.*

áudio ⟨áu.dio⟩ s.m. **1** Som reproduzido eletronicamente: *O áudio desta gravação está muito ruim.* **2** Conjunto de técnicas relacionadas à gravação, à transmissão e à reprodução de sons: *o áudio de um filme.*

audiovisual ⟨au.di.o.vi.su.al⟩ (pl. *audiovisuais*) ▌adj.2g. **1** Que está relacionado à audição e à visão conjuntamente: *um equipamento audiovisual; um método de ensino audiovisual.* ▌s.m. **2** Produção que associa simultaneamente, e de maneira sincronizada, sons e imagens.

auditivo, va ⟨au.di.ti.vo, va⟩ adj. Do ouvido ou relacionado a ele.

auditor, -a ⟨au.di.tor, to.ra⟩ (Pron. [auditôr], [auditôra]) s. **1** Pessoa que se dedica profissionalmente a realizar auditorias em uma empresa. **2** Magistrado com exercício na justiça militar.

auditoria ⟨au.di.to.ri.a⟩ s.f. **1** Exame rigoroso da contabilidade de uma empresa ou de uma instituição realizado por especialistas externos. **2** Cargo de auditor. **3** Lugar em que um auditor trabalha.

auditório ⟨au.di.tó.rio⟩ s.m. **1** Grupo de pessoas que assistem a um evento: *O auditório aplaudiu calorosamente o palestrante.* **2** Sala própria para a realização de eventos: *A palestra será no auditório da empresa.*

audível ⟨au.dí.vel⟩ (pl. *audíveis*) adj.2g. Que se pode ouvir.

auferir ⟨au.fe.rir⟩ v.t.d./v.t.d.i. Conseguir ou obter (uma coisa) [de outra]: *Auferimos lucros dessa venda.* ☐ GRAMÁTICA É um verbo irregular →**SERVIR**.

auge ⟨au.ge⟩ s.m. Momento de maior elevação ou de maior intensidade: *Aquele livro marcou o auge de sua carreira.* ☐ SIN. **ápice, apogeu, culminância**.

augurar ⟨au.gu.rar⟩ ▌v.t.d./v.t.d.i. **1** Pressagiar (algo futuro) [a alguém]: *Os videntes afirmam que podem augurar acontecimentos.* ▌v.t.i./v.int. **2** Fazer previsões futuras [de algo]: *Recém contratada, augurava bem de seu cargo na empresa.* ▌v.t.d./v.t.d.i. **3** Desejar (algo positivo) [a alguém]: *Antes da prova, a banca augurou sorte a todos os candidatos.*

augúrio ⟨au.gú.rio⟩ s.m. Aquilo que é visto como sinal ou anúncio de algo futuro: *um bom augúrio.* ☐ SIN. **agouro, auspício**.

augusto, ta ⟨au.gus.to, ta⟩ adj. **1** Que causa respeito e veneração. **2** Imponente ou majestoso: *um augusto templo.*

aula ⟨au.la⟩ s.f. **1** Conjunto de conhecimentos teóricos ou práticos que um professor ministra para seus alunos. ☐ SIN. **ensinamento, lição**. **2** Em uma instituição de ensino, cada uma das disciplinas às quais se destina determinado tempo separadamente para a transmissão desses conhecimentos. **3** Sala em que essas disciplinas são ministradas.

aumentar ⟨au.men.tar⟩ v.t.d./v.int. Tornar(-se) maior em tamanho, em quantidade ou em intensidade: *As campanhas publicitárias visam aumentar as vendas dos produtos. Como a febre aumentou, foi ao médico.*

aumentativo, va ⟨au.men.ta.ti.vo, va⟩ ▌adj. **1** Que aumenta ou que indica aumento. ▌s.m. **2** Em linguística, palavra formada por um sufixo que indica aumento.

aumento ⟨au.men.to⟩ s.m. Ato ou efeito de aumentar. ☐ SIN. **acréscimo, incremento**.

aura ⟨au.ra⟩ s.f. **1** Irradiação luminosa que algumas pessoas acreditam ver ao redor dos corpos vivos: *Perguntou ao médium se ele conseguia enxergar a sua aura.* **2** Sensação ou impressão que emanam de alguém: *Os óculos e os cabelos brancos dão-lhe uma aura de sabedoria.* **3** Sensações que antecedem uma crise epiléptica. **4** *literário* Vento suave e brando.

áureo, rea ⟨áu.reo, rea⟩ adj. **1** Do ouro ou com alguma de suas características. **2** Em relação a um período histórico, que é o mais importante: *Os anos 1960 marcaram a época áurea da bossa nova.*

auréola ⟨au.ré.o.la⟩ s.f. Círculo luminoso que envolve a cabeça dos santos. ☐ SIN. halo, nimbo, resplendor.

aurícula ⟨au.rí.cu.la⟩ s.f. **1** Em uma orelha, parte externa e cartilaginosa. **2** No sistema cardiovascular de alguns animais, cada uma das duas cavidades da parte anterior ou superior do coração que recebem o sangue das veias e o bombeiam para os ventrículos. ☐ SIN. átrio.

aurífero, ra ⟨au.rí.fe.ro, ra⟩ adj. Que contém ou que produz ouro.

auriverde ⟨au.ri.ver.de⟩ (Pron. [aurivêrde]) adj.2g. De cor dourada e verde.

aurora ⟨au.ro.ra⟩ s.f. **1** Luz rosada e difusa que precede o surgimento do sol: *Saímos muito cedo, antes da aurora*. **2** Princípio de algo, especialmente se for da vida: *Conheceram-se na aurora de suas vidas e são amigos até hoje*. ‖ **aurora austral** Fenômeno luminoso que ocorre no hemisfério Sul e que se atribui a descargas de partículas com carga elétrica do Sol. ‖ **aurora boreal** Fenômeno luminoso que ocorre no hemisfério Norte e que se atribui a descargas de partículas com carga elétrica do Sol.

auscultar ⟨aus.cul.tar⟩ v.t.d. **1** Em medicina, escutar, geralmente com a ajuda de instrumentos adequados, os sons produzidos em (órgãos situados na cavidade do peito e do abdome): *O médico auscultou o peito do paciente*. **2** Investigar ou tentar saber: *Ele auscultou a opinião de todos antes de tomar uma decisão*.

ausência ⟨au.sên.cia⟩ s.f. **1** Não presença de uma pessoa em um lugar: *Sua ausência me fez sentir saudades*. **2** Falta ou privação de algo: *O processo foi anulado devido à ausência de provas*. **3** Falta temporária de memória ou de consciência: *No meio do discurso, o orador teve uma ausência*.

ausentar ⟨au.sen.tar⟩ v.t.d./v.prnl. Partir ou afastar(-se) de um lugar temporariamente: *Teve que se ausentar do trabalho para ir ao dentista*.

ausente ⟨au.sen.te⟩ ▌ adj.2g. **1** Distraído ou distante. ▌ adj.2g./s.2g. **2** Que ou quem não está presente em um lugar. **3** Que ou quem teve seu desaparecimento reconhecido por uma autoridade judicial.

auspício ⟨aus.pí.cio⟩ s.m. **1** Aquilo que é visto como sinal ou anúncio de algo futuro; bons auspícios. ☐ SIN. agouro, augúrio. **2** Proteção ou patrocínio: *O evento foi organizado sob os auspícios de várias empresas*.

auspicioso, sa ⟨aus.pi.ci.o.so, sa⟩ (Pron. [auspicióso], [auspiciósa], [auspiciósos], [auspiciósas]) adj. Que é favorável ou promissor.

austeridade ⟨aus.te.ri.da.de⟩ s.f. **1** Qualidade de austero. **2** Sobriedade, simplicidade ou moderação: *Os monges franciscanos vivem com austeridade*.

austero, ra ⟨aus.te.ro, ra⟩ adj. **1** Severo no cumprimento das normas morais. **2** Sóbrio, simples ou moderado.

austral ⟨aus.tral⟩ (pl. *australes*) adj.2g. Em astronomia e em geografia, do Sul ou relacionado a ele. ☐ SIN. meridional.

australiano, na ⟨aus.tra.li.a.no, na⟩ adj./s. Da Austrália ou relacionado a esse país da Oceania.

austríaco, ca ⟨aus.trí.a.co, ca⟩ adj./s. Da Áustria ou relacionado a esse país europeu.

autarquia ⟨au.tar.qui.a⟩ s.f. **1** Entidade da administração pública que possui autonomia econômica, técnica e administrativa. **2** Forma de governo em que um indivíduo ou um grupo têm poder absoluto. **3** Política do Estado que pretende manter-se com recursos próprios e evitar as importações.

autenticar ⟨au.ten.ti.car⟩ v.t.d. **1** Certificar a autenticidade de (uma firma ou um documento): *Autenticou uma cópia da certidão de nascimento*. ☐ SIN. legalizar,

legitimar. **2** Reconhecer como autêntica (uma obra de arte). ☐ ORTOGRAFIA Antes de *e*, o *c* muda para *qu* →BRINCAR.

autenticidade ⟨au.ten.ti.ci.da.de⟩ s.f. **1** Qualidade de autêntico. **2** Autorização ou conformidade com a lei: *a autenticidade de um contrato*. **3** Legitimidade ou garantia de ser original: *a autenticidade de um quadro*.

autêntico, ca ⟨au.tên.ti.co, ca⟩ adj. **1** Que é considerado espontâneo e verdadeiro. **2** Autorizado ou legalizado: *um documento autêntico; uma assinatura autêntica*. **3** Original ou genuíno: *uma joia autêntica*. **4** Que se apresenta como realmente é: *uma pessoa autêntica*.

autismo ⟨au.tis.mo⟩ s.m. Doença que se caracteriza pelo recolhimento de uma pessoa a seu mundo interior, com perda do contato real com a realidade exterior.

autista ⟨au.tis.ta⟩ adj.2g./s.2g. Que ou quem sofre de autismo.

auto ⟨au.to⟩ s.m. **1** Em direito, resolução judicial que decide questões secundárias ou parciais para as quais não se requer sentença. **2** Em literatura, breve composição dramática, geralmente de tema religioso, em que personagens bíblicos ou alegóricos costumam intervir. **3** →automóvel

auto- **1** Prefixo que significa *próprio*: *autobiografia*. **2** Prefixo que significa *automóvel*: *autopista*.

autoafirmação ⟨au.to.a.fir.ma.ção⟩ (pl. *autoafirmações*) s.f. Em psicologia, necessidade de demonstrar a própria personalidade.

autobiografia ⟨au.to.bi.o.gra.fi.a⟩ s.f. Biografia de uma pessoa escrita por ela própria.

autoclave ⟨au.to.cla.ve⟩ s.f. Aparelho hermeticamente fechado e em cujo interior são alcançadas altas pressões e temperaturas.

autoconfiança ⟨au.to.con.fi.an.ça⟩ s.f. Confiança em si mesmo.

autocontrole ⟨au.to.con.tro.le⟩ (Pron. [autocontrôle]) s.m. Capacidade de controle sobre si mesmo: *Seu autocontrole é admirável, poucas vezes se altera*.

autocracia ⟨au.to.cra.ci.a⟩ s.f. Sistema de governo em que uma só pessoa exerce o poder de maneira absoluta.

autocrata ⟨au.to.gra.ta⟩ adj.2g./s.2g. Em relação a uma pessoa ou a um sistema de governo, que exercem o poder de maneira absoluta.

autocrítica ⟨au.to.crí.ti.ca⟩ s.f. Julgamento crítico que uma pessoa faz sobre seus próprios atos ou condutas.

autóctone ⟨au.tóc.to.ne⟩ adj.2g./s.2g. Que ou quem nasceu ou se originou no mesmo lugar em que vive ou em que está.

autodeterminação ⟨au.to.de.ter.mi.na.ção⟩ (pl. *autodeterminações*) s.f. **1** Capacidade de decidir por si mesmo. **2** Livre decisão dos habitantes de um território sobre seus rumos políticos.

autodidata ⟨au.to.di.da.ta⟩ adj.2g./s.2g. Que ou quem se instrui por si mesmo, sem ajuda de professor.

autódromo ⟨au.tó.dro.mo⟩ s.m. Pista em que acontecem treinos e corridas de automóveis.

autoescola ⟨au.to.es.co.la⟩ s.f. Escola onde as pessoas aprendem a conduzir automóveis e outros veículos automotivos.

autoestima ⟨au.to.es.ti.ma⟩ s.f. Afeto, valorização ou consideração por si próprio: *Ter feito um excelente trabalho melhorou a minha autoestima*.

autoestrada ⟨au.to.es.tra.da⟩ s.f. Estrada de circulação rápida, com várias faixas para cada sentido. ☐ SIN. autopista.

autógeno, na ⟨au.tó.ge.no, na⟩ adj. Que se produz ou que se gera por si só e sem influência externa.

autogestão ⟨au.to.ges.tão⟩ (pl. *autogestões*) s.f. Sistema de organização de uma empresa em que os trabalhadores participam de forma ativa no seu funcionamento.

autografar ⟨au.to.gra.far⟩ v.t.d. Assinar ou colocar um autógrafo em (algo): *A escritora autografou os exemplares de alguns leitores.*

autógrafo ⟨au.tó.gra.fo⟩ s.m. Assinatura de uma pessoa importante ou famosa: *Ele coleciona autógrafos de diversos artistas.*

automação ⟨au.to.ma.ção⟩ (pl. *automações*) s.f. Sistema pelo qual máquinas ou procedimentos automáticos são usados para executar determinadas tarefas sem intervenção humana: *A automação tem substituído o trabalho humano em diversas áreas.* □ SIN. automatização.

automático, ca ⟨au.to.má.ti.co, ca⟩ adj. **1** Que se faz sem pensar ou de forma involuntária. **2** Que ocorre ou se produz necessariamente quando se dão determinadas circunstâncias: *Caso não paguem a conta, o cancelamento do serviço será automático.* **3** Que funciona ou que se desenvolve por si só: *um portão automático; uma lavadora automática.*

automatismo ⟨au.to.ma.tis.mo⟩ s.m. **1** Funcionamento de um mecanismo ou um aparelho de maneira automática. **2** Movimento ou ato involuntários: *Os movimentos da respiração respondem a um automatismo inconsciente.*

automatização ⟨au.to.ma.ti.za.ção⟩ (pl. *automatizações*) s.f. Sistema pelo qual máquinas ou procedimentos automáticos são usados para executar determinadas tarefas sem intervenção humana. □ SIN. **automação**.

automatizar ⟨au.to.ma.ti.zar⟩ ▌ v.t.d. **1** Aplicar máquinas ou procedimentos automáticos em (um processo ou uma indústria): *Ao automatizar o processo de fabricação, a empresa aumentou sua produtividade.* ▌ v.t.d./v.prnl. **2** Tornar(-se) (um movimento corporal ou uma atividade intelectual) automáticos ou involuntários: *A ginasta treinava para automatizar todos os seus movimentos.*

autômato ⟨au.tô.ma.to⟩ s.m. **1** Máquina ou aparelho com aparência semelhante à do ser humano ou de algum outro ser animado, e que imita os movimentos deles. **2** Pessoa que age como uma máquina ou um robô. □ GRAMÁTICA Na acepção 2, usa-se tanto para o masculino quanto para o feminino: *(ele/ela) é um autômato.*

automobilismo ⟨au.to.mo.bi.lis.mo⟩ s.m. **1** Conjunto de conhecimentos teóricos e práticos relacionados à construção, ao funcionamento e à condução de automóveis. **2** Esporte que se pratica com automóveis e em que os participantes competem em velocidade, em habilidade ou em resistência.

automobilista ⟨au.to.mo.bi.lis.ta⟩ s.2g. Pessoa que se dedica ao automobilismo.

automobilístico, ca ⟨au.to.mo.bi.lís.ti.co, ca⟩ adj. Do automobilismo ou relacionado a ele.

automotor, -a ⟨au.to.mo.tor, to.ra⟩ (Pron. [automotôr], [automotôra]) adj. Que se move sem a intervenção de uma tração externa. □ GRAMÁTICA Seu feminino também pode ser *automotriz*.

automotriz ⟨au.to.mo.triz⟩ ▌ adj. **1** →**automotor, -a** ▌ s.f. **2** Trem que se move por si mesmo, sem a intervenção direta de uma tração externa.

automóvel ⟨au.to.mó.vel⟩ (pl. *automóveis*) ▌ adj.2g. **1** Que se move por si mesmo. ▌ s.m. **2** Veículo movido sobre rodas através de um motor, geralmente a explosão, e que circula por terra. □ SIN. **carro**. ‖ **(automóvel) conversível** Aquele que possui uma capota retrátil. □ SIN. **carro conversível**. □ USO Na acepção 2, usa-se também a forma reduzida *auto*.

autonomia ⟨au.to.no.mi.a⟩ s.f. **1** Estado ou situação da pessoa ou do grupo que gozam de independência em algum aspecto: *Cada departamento da empresa tem um certo grau de autonomia para desenvolver projetos próprios.* **2** Capacidade que uma máquina tem para funcionar sem recarregar o combustível ou a energia que utiliza: *A bateria do meu celular tem cem horas de autonomia.*

autônomo, ma ⟨au.tô.no.mo, ma⟩ ▌ adj. **1** Que goza de autonomia. ▌ adj./s. **2** Que ou quem trabalha por conta própria.

autopeça ⟨au.to.pe.ça⟩ s.f. **1** Estabelecimento comercial em que se vendem peças e acessórios para automóveis. **2** Essa peça ou esse acessório.

autopista ⟨au.to.pis.ta⟩ s.f. Estrada de circulação rápida, com várias faixas para cada sentido. □ SIN. **autoestrada**.

autópsia ⟨au.tóp.sia⟩ s.f. Exame médico realizado em um cadáver para determinar a causa e o momento da morte. □ SIN. **necropsia**.

autor, -a ⟨au.tor, to.ra⟩ (Pron. [autôr], [autôra]) s. **1** Pessoa que causa ou que realiza algo: *Os autores destes atos de vandalismo serão punidos sumariamente.* **2** Pessoa que compõe uma obra artística: *um autor de teatro.* **3** Em direito, pessoa que comete um delito.

autoral ⟨au.to.ral⟩ (pl. *autorais*) adj.2g. Do autor ou relacionado a ele.

autorama ⟨au.to.ra.ma⟩ s.m. Jogo em que carros em miniatura, controlados a distância, correm em pistas com curvas, pontes e elevações.

autoria ⟨au.to.ri.a⟩ s.f. Condição de autor.

autoridade ⟨au.to.ri.da.de⟩ s.f. **1** Direito, poder ou prerrogativa para governar, tomar decisões ou dar ordens: *Ele não tinha autoridade para fazer isso.* **2** Pessoa ou instituição que têm esse direito: *As autoridades sanitárias alertam constantemente sobre os riscos de fumar.* **3** Prestígio ou relevância em uma determinada matéria: *Seus estudos na área da física gozam de uma autoridade indiscutível.* **4** Pessoa que tem esse prestígio ou relevância: *Ela é uma autoridade em questões políticas.*

autoritário, ria ⟨au.to.ri.tá.rio, ria⟩ adj. Que se apoia exclusivamente na autoridade ou que abusa dela.

autoritarismo ⟨au.to.ri.ta.ris.mo⟩ s.m. Maneira de agir ou de governar que se baseiam ou se sustentam no abuso de autoridade.

autorização ⟨au.to.ri.za.ção⟩ (pl. *autorizações*) s.f. Ato ou efeito de autorizar.

autorizar ⟨au.to.ri.zar⟩ v.t.d./v.t.d.i. Permitir (algo) ou dar autoridade ou direito a (alguém) [para fazer algo]: *A loja não autoriza a entrada de animais. A empresa autorizou os funcionários a participarem da manifestação.*

autorretrato ⟨au.tor.re.tra.to⟩ s.m. Retrato de uma pessoa feito por ela mesma.

autossuficiente ⟨au.tos.su.fi.ci.en.te⟩ adj.2g. Independente ou que se mantém por si só.

autossugestão ⟨au.tos.su.ges.tão⟩ (pl. *autossugestões*) s.f. Sugestão ou influência que se exercem sobre si mesmo.

autuar ⟨au.tu.ar⟩ v.t.d. Apresentar um auto de infração a (uma pessoa, uma empresa ou uma instituição): *O fiscal o autuou por não pagar impostos.*

auxiliar ⟨au.xi.li.ar⟩ (Pron. [aussiliar]) ▌ adj.2g./s.2g. **1** Que ou quem auxilia alguém em uma atividade profissional. □ SIN. **ajudante, assistente**. ▌ s.m. **2** →**verbo auxiliar** ▌ v.t.d./v.t.d.i. **3** Dar ou prestar auxílio ou ajuda a (alguém) [em uma atividade ou situação]: *Ela auxiliou o amigo quando ele mais precisava.* ▌ v.t.d./v.t.i. **4** Dar apoio a (alguém) ou ajudar [em uma atividade ou situação]:

Os últimos avanços tecnológicos auxiliaram na descoberta de uma nova vacina. ▌v.t.d. **5** Ajudar (alguém) em um trabalho, especialmente se esta tiver uma posição superior: *Ele auxilia a coordenadora pedagógica.*
auxílio ⟨au.xí.lio⟩ (Pron. [aussílio]) s.m. Ajuda, socorro ou assistência. ◻ SIN. adjutório.
avacalhar ⟨a.va.ca.lhar⟩ v.t.d./v.prnl. *informal* Atrapalhar ou ridicularizar(-se): *Os colegas chegaram e avacalharam o jogo.*
aval ⟨a.val⟩ (pl. *avais*) s.m. **1** Documento ou assinatura pelos quais uma pessoa ou uma entidade respondem pelo pagamento de uma dívida ou pelo cumprimento de uma obrigação: *A compra do terreno só foi possível com o aval do banco.* **2** Aprovação ou apoio: *Recebeu o aval dos pais para se casar.*
avalancha ⟨a.va.lan.cha⟩ s.f. →**avalanche**
avalanche ⟨a.va.lan.che⟩ s.f. **1** Grande massa de neve ou de gelo que se desprendem do alto de uma montanha: *Os esquiadores foram soterrados após uma imensa avalanche.* ◻ SIN. alude. **2** Grande quantidade: *O casamento deles trouxe uma avalanche de notícias em todos os jornais.* ◻ ORTOGRAFIA Escreve-se também **avalancha**.
avaliação ⟨a.va.li.a.ção⟩ (pl. *avaliações*) s.f. **1** Ato ou efeito de avaliar: *uma avaliação de desempenho; uma avaliação oral.* **2** Determinação do preço ou do valor de algo: *uma avaliação de um imóvel.*
avaliar ⟨a.va.li.ar⟩ ▌v.t.d. **1** Determinar os conhecimentos, o rendimento, a qualidade ou a quantidade de (algo ou alguém): *Uma prova serve para avaliar o conhecimento de uma matéria que o aluno tem.* ▌v.t.d./v.t.d.i. **2** Determinar o preço de (algo material) [em um determinado valor]: *O perito da seguradora avaliou o veículo.*
avalista ⟨a.va.lis.ta⟩ s.2g. Pessoa que, com sua assinatura, garante o cumprimento de uma obrigação contraída por outra pessoa.
avalizar ⟨a.va.li.zar⟩ v.t.d. **1** Garantir por meio de um aval: *O banco avalizou a compra do apartamento.* **2** Apoiar, incentivar ou aprovar: *A junta de diretores avalizou o plano de expansão da empresa.*
avançado, da ⟨a.van.ça.do, da⟩ adj. **1** Que se distingue por sua audácia ou por seu caráter de novidade. **2** Que alcançou um alto grau de desenvolvimento ou de progresso: *Na medicina moderna são usadas tecnologias muito avançadas.*
avançar ⟨a.van.çar⟩ ▌v.t.d. **1** Mover, colocar ou ir para a frente: *O enxadrista avançou a torre.* ▌v.t.d./v.t.i./v.int. **2** Fazer (algo ou alguém) passar para um estado melhor ou progredir [em um aspecto]: *As obras do metrô avançaram muito nas últimas semanas. Esta fila não avança!* ▌v.t.d. **3** Ultrapassar ou exceder (um limite ou um sinal): *O motorista avançou o sinal vermelho.* ▌v.t.i./v.prnl. **4** Atacar(-se) ou investir com ímpeto [contra algo ou alguém]: *Inesperadamente, o leão avançou contra o domador.* ▌v.t.i./v.int. **5** Expandir(-se) ou aumentar(-se) [por um lugar ou em outras direções]: *Em algumas regiões do mundo, a desertificação avançou.* ▌v.int. **6** Transcorrer ou passar (o tempo): *As horas avançavam vagarosamente.* ◻ ORTOGRAFIA Antes de *e*, o *ç* muda para *c* →COMEÇAR.
avanço ⟨a.van.ço⟩ s.m. **1** Movimento ou ida para a frente: *o avanço das tropas.* **2** Progresso ou passagem para um estado melhor: *O avanço da medicina fez com que a expectativa de vida das pessoas aumentasse.*
avantajado, da ⟨a.van.ta.ja.do, da⟩ adj. Que se sobressai ou que é maior que o comum.
avante ⟨a.van.te⟩ ▌adv. **1** Mais à frente no tempo ou no espaço: *Avante encontraremos uma clareira.* ▌interj. **2** Expressão usada para estimular ou para animar a fazer algo: *Avante, aos exercícios!*

avental

avarandado, da ⟨a.va.ran.da.do, da⟩ ▌adj. **1** Que tem varanda: *um quarto avarandado.* ▌s.m. **2** Em uma construção, varanda coberta: *Ficamos conversando por horas no avarandado de sua casa.* ◻ SIN. alpendre.
avarento, ta ⟨a.va.ren.to, ta⟩ adj./s. Que ou quem evita gastar por ser muito apegado ao dinheiro. ◻ SIN. avaro, sovina.
avareza ⟨a.va.re.za⟩ (Pron. [avarêza]) s.f. Vontade excessiva de possuir ou de adquirir riquezas. ◻ SIN. usura.
avaria ⟨a.va.ri.a⟩ s.f. Dano, falha ou ruptura de um mecanismo, de um aparelho ou de um veículo.
avariar ⟨a.va.ri.ar⟩ v.t.d./v.prnl. Danificar(-se) ou causar dano, falha ou ruptura de um mecanismo, de um aparelho ou de um veículo: *A tempestade avariou o capô do carro.*
avaro, ra ⟨a.va.ro, ra⟩ adj./s. Que ou quem evita gastar por ser muito apegado ao dinheiro. ◻ SIN. avarento, sovina.
avassalador, -a ⟨a.vas.sa.la.dor, do.ra⟩ (Pron. [avassaladôr], [avassaladôra]) adj./s. Que ou quem avassala.
avassalar ⟨a.vas.sa.lar⟩ ▌v.t.d./v.prnl. **1** Tornar(-se) vassalo. ▌v.t.d. **2** Destruir ou devastar: *Uma enchente avassalou toda a região.*
avatar ⟨a.va.tar⟩ s.m. **1** No hinduísmo, encarnação de uma divindade. **2** Transformação ou transfiguração. **3** Em um ambiente virtual, como um *chat*, um fórum ou um jogo, representação digital de quem o está visitando: *Criei um avatar para jogar com meus amigos.*
ave ⟨a.ve⟩ ▌s.f. **1** Animal vertebrado ovíparo, de respiração pulmonar e sangue quente de temperatura constante, que tem bico, corpo coberto de plumas, e duas patas e duas asas que geralmente lhe permitem voar. ▌s.f.pl. **2** Em zoologia, classe desses animais, pertencente aos tetrápodes. ‖ **ave de rapina** Aquela que é predadora carnívora, com bico e unhas fortes, curvados e pontiagudos. [◉ aves p. 92]
aveia ⟨a.vei.a⟩ s.f. **1** Planta herbácea de caule fino, com folhas lineares, inflorescências formadas por várias flores agrupadas em espigas, e cujo grão é altamente nutritivo e muito usado na alimentação humana. **2** Esse grão. [◉ cereais p. 165]
avelã ⟨a.ve.lã⟩ s.f. **1** Árvore com muitos galhos, folhas largas, aveludadas e serrilhadas, e cujo fruto, pequeno e de formato quase esférico, com uma casca dura, fina e de cor marrom, é comestível. ◻ SIN. aveleira. **2** Esse fruto.
aveleira ⟨a.ve.lei.ra⟩ s.f. Árvore com muitos galhos, folhas largas, aveludadas e serrilhadas, e cujo fruto é a avelã. ◻ SIN. avelã.
aveludado, da ⟨a.ve.lu.da.do, da⟩ adj. **1** Semelhante ao veludo ou com suas características. **2** Macio ou suave: *uma voz aveludada.*
aveludar ⟨a.ve.lu.dar⟩ v.t.d./v.prnl. **1** Dar ou adquirir características próprias do veludo. **2** Tornar(-se) macio, suave ou tenro: *aveludar a voz.*
ave-maria ⟨a.ve-ma.ri.a⟩ (pl. *ave-marias*) s.f. **1** No catolicismo, oração composta pelas palavras com as quais o arcanjo são Gabriel saudou a Virgem Maria (mãe de Jesus Cristo), pelas que Santa Isabel disse à Virgem quando esta foi visitá-la e por algumas outras que a Igreja Católica acrescentou. **2** Em rosário, cada uma das contas pequenas em que se reza essa oração.
avenca ⟨a.ven.ca⟩ s.f. Planta com folhas pequenas e muito delicadas, que não forma frutos nem flores e que vive em ambientes úmidos e com sombra. ◻ SIN. capilária.
avenida ⟨a.ve.ni.da⟩ s.f. Via urbana maior que uma rua.
avental ⟨a.ven.tal⟩ (pl. *aventais*) s.m. Peça que se coloca sobre a roupa para protegê-la.

AVES

aventar ⟨a.ven.tar⟩ ▮ v.t.d. **1** Expor ao vento: *aventar cereais*. **2** Sugerir ou propor: *Aventamos a ida a um restaurante*. ▮ v.t.i. **3** Em relação a uma ideia, vir à mente ou ocorrer [a alguém]: *Aventou-lhe a ideia de mudar de vida*.
aventura ⟨a.ven.tu.ra⟩ s.f. **1** Situação ou acontecimento que envolvem risco, perigo ou emoções fortes: *Gosto muito de filmes de aventura*. **2** Aquilo que envolve riscos e tem desfecho incerto: *Investir em uma empresa quase falida foi uma aventura*. **3** Relacionamento amoroso ou sexual passageiros.
aventurar ⟨a.ven.tu.rar⟩ v.t.d./v.t.d.i./v.prnl. Arriscar(-se) ou colocar (algo ou alguém) [em uma situação insegura ou perigosa]: *Aventurou o patrimônio da família em investimentos de risco. Aventurou-se em uma viagem pelos Andes*.
aventureiro, ra ⟨a.ven.tu.rei.ro, ra⟩ ▮ adj. **1** Que se expõe a riscos ou que é imprudente. ▮ adj./s. **2** Que ou quem é aficionado por aventura.
averbação ⟨a.ver.ba.ção⟩ (pl. *averbações*) s.f. **1** Registro escrito. ▢ SIN. averbamento. **2** Declaração ou informação anotadas às margens de um documento ou de um registro escrito. ▢ SIN. averbamento.
averbamento ⟨a.ver.ba.men.to⟩ s.m. **1** Registro escrito. ▢ SIN. averbação. **2** Declaração ou informação anotadas às margens de um documento ou de um registro escrito. ▢ SIN. averbação.
averbar ⟨a.ver.bar⟩ v.t.d. **1** Registrar por escrito. **2** Anotar declarações ou informações nas margens de (um documento ou um registro escrito).
averiguação ⟨a.ve.ri.gua.ção⟩ (pl. *averiguações*) s.f. Ato ou efeito de averiguar.
averiguar ⟨a.ve.ri.guar⟩ v.t.d. Apurar ou verificar (um fato) para descobrir a verdade: *A polícia ainda não averiguou as causas do acidente*.
avermelhado, da ⟨a.ver.me.lha.do, da⟩ adj. De cor semelhante ao vermelho ou com tonalidades vermelhas.
avermelhar ⟨a.ver.me.lhar⟩ v.t.d./v.int./v.prnl. Tornar(-se) vermelho ou com tonalidades vermelhas, especialmente se for por vergonha. ▢ SIN. afoguear, corar, enrubescer, ruborizar.
aversão ⟨a.ver.são⟩ (pl. *aversões*) s.f. **1** Antipatia ou ódio. **2** Repugnância ou repulsa.
avessas ⟨a.ves.sas⟩ ∥ **às avessas** Ao contrário ou invertendo a ordem normal: *Colocou as cuecas às avessas*.
avesso, sa ⟨a.ves.so, sa⟩ (Pron. [avêsso]) ▮ adj. **1** Que é contrário, oposto ou inverso: *Sou avesso a qualquer tipo de violência*. ▮ s.m. **2** Aquilo que é o oposto ou que está do lado contrário de algo: *Sem perceber, vestiu a meia pelo avesso*.
avestruz ⟨a.ves.truz⟩ s.m. Ave corredora com o pescoço comprido, quase sem penas, de patas longas e fortes, e com plumagem solta e flexível, preta no macho e branca na fêmea. ▢ GRAMÁTICA É um substantivo epiceno: *o avestruz (macho/fêmea)*.
aviação ⟨a.vi.a.ção⟩ (pl. *aviações*) s.f. **1** Sistema aéreo de deslocamento e de transporte por meio de aviões. **2** Conjunto de pessoas, de meios ou de empresas que operam esse sistema. **3** Corpo militar que utiliza esse sistema de deslocamento.
aviador, -a ⟨a.vi.a.dor, do.ra⟩ (Pron. [aviadôr], [aviadôra]) s. Pessoa que pilota um avião.
aviamento ⟨a.vi.a.men.to⟩ s.m. **1** Ato ou efeito de aviar(-se). **2** Em costura ou em bordado, conjunto do material necessário para seu acabamento: *Os botões e a linha são aviamentos de costura*. ▢ USO Na acepção 2, usa-se geralmente a forma plural *aviamentos*.
avião ⟨a.vi.ão⟩ (pl. *aviões*) s.m. Veículo aéreo propulsionado por um ou mais motores, e mantido no ar por meio de asas. ▢ SIN. aeroplano.

aviar ⟨a.vi.ar⟩ ▮ v.t.d. **1** Preparar ou elaborar (o que foi prescrito em uma receita médica). **2** Enviar ou despachar (uma encomenda ou um pedido, especialmente): *Os entregadores aviaram os pedidos*. ▮ v.int./v.prnl. **3** Agir com rapidez ou apressar-se: *Aviaram-se para chegar a tempo à estação*.
aviário, ria ⟨a.vi.á.rio, ria⟩ ▮ adj. **1** Da avicultura ou relacionado a essa técnica de criar aves: *uma granja aviária*. ▢ SIN. avícola. ▮ s.m. **2** Estabelecimento comercial em que se criam e se vendem ovos e aves destinados ao consumo.
avícola ⟨a.ví.co.la⟩ adj.2g. Da avicultura ou relacionado a essa técnica de criar aves. ▢ SIN. aviário.
avicultor, -a ⟨a.vi.cul.tor, to.ra⟩ (Pron. [avicultôr], [avicultôra]) s. Pessoa que se dedica à avicultura ou que cria aves.
avicultura ⟨a.vi.cul.tu.ra⟩ s.f. Arte ou técnica de criar aves.
avidez ⟨a.vi.dez⟩ (Pron. [avidêz]) s.f. **1** Qualidade de ávido. **2** Estado de ansiedade ou sofreguidão provocados por uma espera ou uma expectativa.
ávido, da ⟨á.vi.do, da⟩ adj. Que sente ânsia ou desejo fortes e intensos.
aviltar ⟨a.vil.tar⟩ ▮ v.t.d./v.int./v.prnl. **1** Depreciar(-se) ou tornar(-se) vil. ▮ v.t.d./v.prnl. **2** Humilhar(-se) ou privar(-se) da dignidade ou da honra: *No debate, aviltou o adversário*. ▢ SIN. degradar. ▮ v.t.d. **3** Baratear ou diminuir o preço de (um produto): *No final do dia, os feirantes aviltaram as verduras*.
avinhado, da ⟨a.vi.nha.do, da⟩ ▮ adj. **1** Do vinho, com vinho ou com suas características: *um hálito avinhado*. ▮ s.m. **2** Pássaro canoro de pequeno porte, pardo quando jovem e cujo macho, quando adulto, tem plumagem preta com peito castanho-avermelhado. ▢ SIN. curió. ▢ GRAMÁTICA Na acepção 2, é um substantivo epiceno: *o avinhado (macho/fêmea)*.
avisado, da ⟨a.vi.sa.do, da⟩ adj. Prudente, sensato ou que reflete antes de agir.
avisar ⟨a.vi.sar⟩ ▮ v.t.d./v.t.d.i./v.prnl. **1** Comunicar(-se) ou dar informações ou avisos sobre (um assunto) [a alguém]: *Avisaram os alunos com antecedência sobre os exames*. ▮ v.t.d./v.t.d.i. **2** Advertir ou prevenir (alguém) [sobre uma ameaça ou perigo]: *As autoridades avisaram sobre o risco de incêndios na região*.
aviso ⟨a.vi.so⟩ s.m. **1** Informação ou notícia que se dão a alguém: *um aviso de recebimento; um aviso de cobrança*. **2** Papel escrito ou impresso que contém essa informação ou notícia: *um aviso de despejo*.
avistar ⟨a.vis.tar⟩ v.t.d. **1** Ver de longe: *Do alto da torre, avistava-se toda a baía*. **2** Perceber ou pressentir: *Sua intuição lhe permite avistar os problemas de longe*. ▮ v.prnl. **3** Encontrar-se por acaso (duas pessoas): *Os dois avistaram-se no centro*.
avitaminose ⟨a.vi.ta.mi.no.se⟩ s.f. Carência ou falta de vitaminas.
avivar ⟨a.vi.var⟩ v.t.d./v.prnl. Animar(-se) ou tornar(-se) mais vivo ou intenso: *A entrada do atacante no campo avivou o jogo*.
avizinhar ⟨a.vi.zi.nhar⟩ v.t.d./v.t.d.i./v.prnl. Acercar(-se) ou aproximar(-se) (uma coisa ou uma pessoa) [de outras]: *Algumas formas de lazer avizinham o homem da natureza. As férias de verão se avizinham*.
avo ⟨a.vo⟩ s.m. Em matemática, número de partes iguais em que uma unidade é dividida. ▢ USO Usa-se geralmente a forma plural *avos*.
avô, vó ⟨a.vô, vó⟩ s. Em relação a uma pessoa, pai ou mãe de um de seus pais.
avoado, da ⟨a.vo.a.do, da⟩ adj. Que é muito distraído ou desatento.

avocar ⟨a.vo.car⟩ ▌v.t.d. **1** Fazer vir ou atrair para si: *O novo partido avocou os votos dos descontentes.* ▌v.t.d.i./v.prnl. **2** Atribuir (uma função ou um poder) [a alguém ou a si próprio] ou atribuir-se uma responsabilidade: *Avocaram-se tarefas que não lhes correspondiam.* ☐ SIN. arrogar. ☐ ORTOGRAFIA Antes de *e, o c* muda para *qu* →BRINCAR.

avoengo, ga ⟨a.vo.en.go, ga⟩ ▌adj. **1** Dos avós ou relacionado a eles. ▌s.m.pl. **2** Antepassados, especialmente se forem os avós.

avolumar ⟨a.vo.lu.mar⟩ v.t.d./v.int./v.prnl. Tornar(-se) maior em tamanho, em volume, em quantidade ou em intensidade.

avós ⟨a.vós⟩ s.m.pl. Em relação a uma pessoa, pais de seu pai ou de sua mãe.

avulso, sa ⟨a.vul.so, sa⟩ adj. Que não faz parte de um conjunto ou que está separado dele.

avultar ⟨a.vul.tar⟩ v.t.d./v.int./v.prnl. Aumentar(-se) em quantidade, intensidade ou grau.

axadrezado, da ⟨a.xa.dre.za.do, da⟩ adj. Que forma quadrados de cores alternadas, como os de um tabuleiro de xadrez.

axila ⟨a.xi.la⟩ (Pron. [acsila]) s.f. Região formada pela parte inferior da articulação do braço com o corpo.

axioma ⟨a.xi.o.ma⟩ (Pron. [acsiôma]) s.m. Proposição ou enunciado básicos tão claros e evidentes que se aceitam sem necessidade de demonstração.

-az 1 Sufixo que indica qualidade: *capaz, eficaz.* **2** Sufixo que indica tamanho maior: *cartaz.*

azado, da ⟨a.za.do, da⟩ adj. Que é oportuno ou conveniente.

azáfama ⟨a.zá.fa.ma⟩ s.f. Pressa ou grande agitação: *O resgate foi executado em meio à azáfama geral.*

azagaia ⟨a.za.gai.a⟩ s.f. Lança curta usada para arremesso.

azar ⟨a.zar⟩ s.m. Má sorte ou infortúnio: *Dizem que quem tem sorte no jogo tem azar no amor.*

azaração ⟨a.za.ra.ção⟩ (pl. *azarações*) s.f. *informal* Ato ou efeito de azarar.

azarado, da ⟨a.za.ra.do, da⟩ adj./s. Que ou quem não tem sorte.

azarão ⟨a.za.rão⟩ (pl. *azarões*) s.m. **1** Em uma corrida de cavalos, aquele que tem poucas possibilidades de vencer. **2** Em uma competição esportiva, resultado inesperado ou imprevisto.

azarar ⟨a.za.rar⟩ v.t.d. **1** Dar má sorte. **2** *informal* Tentar estabelecer relação amorosa ou sexual com (alguém), especialmente se forem superficiais e passageiras.

azarento, ta ⟨a.za.ren.to, ta⟩ adj. Que tem ou que dá má sorte.

azedar ⟨a.ze.dar⟩ v.t.d./v.int. **1** Tornar(-se) azedo, especialmente se for pelo efeito da fermentação: *O calor azedou a comida. Os laticínios azedaram.* **2** *informal* Irritar(-se): *As brincadeiras dos amigos o azedaram.*

azedo, da ⟨a.ze.do, da⟩ (Pron. [azêdo]) ▌adj. **1** Que causa uma sensação de acidez ao olfato ou ao paladar: *um cheiro azedo.* **2** Que azedou, especialmente se for pelo efeito da fermentação: *um leite azedo.* **3** *informal* Irritado. ▌s.m. **4** Sabor azedo.

azedume ⟨a.ze.du.me⟩ s.m. **1** Qualidade ou estado do que é azedo. **2** Sabor azedo ou ácido. ☐ SIN. **acidez.**

azeitar ⟨a.zei.tar⟩ v.t.d. **1** Untar ou temperar com azeite: *azeitar uma salada.* **2** Lubrificar ou untar com óleo: *azeitar uma engrenagem.*

azeite ⟨a.zei.te⟩ s.m. **1** Óleo extraído da azeitona. **2** Óleo extraído de alguns vegetais ou da gordura de alguns animais, usado na alimentação ou em processos industriais.

azeite de dendê ⟨a.zei.te de den.dê⟩ (pl. *azeites de dendê*) s.m. Óleo de cor avermelhada, extraído do dendê e muito usado na culinária baiana.

azeitona ⟨a.zei.to.na⟩ (Pron. [azeitôna]) s.f. Fruto da oliveira, comestível, ovalado, de cor verde, com caroço grande, e do qual se extrai o azeite. ☐ SIN. **oliva.**

azerbaijano, na ⟨a.zer.bai.ja.no, na⟩ ▌adj./s. **1** Do Azerbaijão ou relacionado a esse país asiático. ▌s.m. **2** Língua desse e de outros países.

azeviche ⟨a.ze.vi.che⟩ s.m. **1** Variedade de carvão mineral de cor preta brilhante, dura e compacta, que se pode polir e que é muito usada em joalheria. **2** Cor preta desse carvão.

azia ⟨a.zi.a⟩ s.f. Sensação de ardor ou de queimação que sobe desde o estômago até a faringe e que pode vir acompanhada de arroto ou de regurgitação. ☐ SIN. **pirose.**

aziago, ga ⟨a.zi.a.go, ga⟩ adj. Em relação a um período de tempo ou a um acontecimento, que são de mau agouro, infelizes ou que trazem má sorte.

ázimo, ma ⟨á.zi.mo, ma⟩ adj./s. Em relação especialmente a um pão, que não tem fermento nem levedura.

azinhavre ⟨a.zi.nha.vre⟩ s.m. Substância venenosa, de cor esverdeada ou azulada, que se forma em um objeto de cobre. ☐ SIN. **zinabre.**

azoto ⟨a.zo.to⟩ (Pron. [azóto]) s.m. →**nitrogênio**

azougue ⟨a.zou.gue⟩ s.m. Mercúrio.

azucrinar ⟨a.zu.cri.nar⟩ v.t.d./v.prnl. *informal* Causar ou sentir incômodo ou aborrecimento: *O chefe azucrinou os funcionários.*

azul ⟨a.zul⟩ (pl. *azuis*) adj.2g./s.m. Da cor do céu quando está limpo.

azulado, da ⟨a.zu.la.do, da⟩ adj. De cor próxima do azul ou com tonalidades azuis.

azulão ⟨a.zu.lão⟩ (pl. *azulões*) s.m. **1** Cor azul forte ou intensa. **2** Ave canora de pequeno porte, de plumagem azulada, com as asas e a cauda pretas, e cuja fêmea é parda. ☐ GRAMÁTICA Na acepção 2, é um substantivo epiceno: *o azulão (macho/fêmea).*

azular ⟨a.zu.lar⟩ v.t.d./v.int./v.prnl. Tornar(-se) azul ou com tonalidades azuis.

azul-celeste ⟨a.zul-ce.les.te⟩ adj.2g.2n./s.m. Da cor azul-clara como a do céu. ☐ GRAMÁTICA O plural do substantivo é *azul-celestes* ou *azuis-celestes.* ☐ USO Usa-se também a forma reduzida *celeste.*

azulejar ⟨a.zu.le.jar⟩ v.t.d. Revestir ou cobrir com azulejos: *azulejar uma parede.*

azulejo ⟨a.zu.le.jo⟩ (Pron. [azulêjo]) s.m. Peça de cerâmica cozida, de pouca grossura e com uma camada esmaltada, que se utiliza para revestir superfícies como decoração ou como revestimento impermeável: *A casa tinha um lindo piso de azulejos.*

azul-marinho ⟨a.zul-ma.ri.nho⟩ adj.2g.2n./s.m. Da cor azul-escura, próximo do preto. ☐ GRAMÁTICA O plural do substantivo é *azuis-marinhos.* ☐ USO Usa-se também a forma reduzida *marinho.*

azul-turquesa ⟨a.zul-tur.que.sa⟩ (Pron. [azul-turquêsa]) adj.2g.2n./s.m. Da cor azul ou esverdeada como a da turquesa. ☐ GRAMÁTICA O plural do substantivo é *azuis-turquesa* ou *azuis-turquesas.* ☐ USO Usa-se também a forma reduzida *turquesa.*

b ❙ s.m. **1** Segunda letra do alfabeto. ❙ adj.2g.2n. **2** Que é considerado de má qualidade: *um filme b.* **3** Em relação a uma classe social, que ocupa a posição imediatamente inferior à classe mais alta: *Aquela campanha publicitária visava a classe b.* ❙ numer. **4** Em uma sequência, que ocupa o segundo lugar: *Sentamos na fileira b.* ◻ GRAMÁTICA Na acepção 1, o plural é *bb*.

BA É a sigla do estado brasileiro da Bahia.

baamês, -a ⟨ba.a.mês, me.sa⟩ (Pron. [baamês], [baamêsa]) adj./s. De Bahamas ou relacionado a esse país caribenho.

baba ⟨ba.ba⟩ ❙ adj.2g. **1** *informal* Que é fácil ou simples: *Essa prova foi baba.* ❙ s.f. **2** Saliva secretada pela boca das pessoas e de outros mamíferos. **3** *informal* Secreção viscosa produzida por alguns animais invertebrados ou por alguns vegetais: *O caracol deixa um fio de baba ao se locomover.*

babá ⟨ba.bá⟩ s.f. Mulher que se dedica profissionalmente a cuidar de crianças em uma casa de família. ◻ SIN. ama-seca.

babaçu ⟨ba.ba.cu⟩ s.m. **1** Palmeira com folhas grandes, longas e em formato de pena, flores brancas e amarelas reunidas em cachos longos, e cujo fruto, oval e alongado, possui de três a quatro sementes comestíveis ricas em óleo. **2** Esse fruto. ◻ ORIGEM É uma palavra de origem tupi.

BABAÇU

babado ⟨ba.ba.do⟩ s.m. **1** Faixa, geralmente de tecido franzido, que se prega como adorno em roupas e em peças de cama, mesa e banho. **2** *informal* Intriga ou boato.

babador ⟨ba.ba.dor⟩ (Pron. [babadôr]) s.m. Peça de tecido ou de outro material que se coloca sobre o peito, geralmente de crianças, para não sujar a roupa.

babalorixá ⟨ba.ba.lo.ri.xá⟩ s.m. Em algumas religiões de origem africana, chefe de um terreiro ou de um centro

babar

espírita. □ SIN. pai de santo. □ ORIGEM É uma palavra de origem africana.

babar ⟨ba.bar⟩ ▌v.t.d./v.int./v.prnl. **1** Expelir ou molhar(-se) com baba: *O nenê babou o travesseiro.* ▌v.t.i./v.int./v.prnl. **2** *informal* Satisfazer(-se) ao ver ou ouvir algo ou encantar(-se) [por algo ou alguém]: *O avô baba pelos seus netos.*

babel ⟨ba.bel⟩ (pl. *babéis*) s.f. Grande desordem e confusão, especialmente aquelas em que muitas pessoas falam ao mesmo tempo.

babilônico, ca ⟨ba.bi.lô.ni.co, ca⟩ adj. Muito grande ou majestoso. □ ORTOGRAFIA Escreve-se também *babilônio*.

babilônio, nia ⟨ba.bi.lô.nio, nia⟩ ▌adj. **1** →**babilônico, ca** ▌adj./s. **2** Da Babilônia ou relacionado a esse antigo país asiático.

babosa ⟨ba.bo.sa⟩ s.f. **1** Planta com folhas longas, lisas, carnosas e de margem espinhosa, que nascem na base do caule curto e das quais se extrai um sumo espesso e amargo, usado em medicina e em cosmética. □ SIN. aloé. **2** Esse sumo. □ SIN. aloé.

baboseira ⟨ba.bo.sei.ra⟩ s.f. *informal* Bobagem ou coisa irrelevante.

baby-sitter *(palavra inglesa)* (Pron. [bêibi-síter]) s.2g. Pessoa que cuida de crianças durante curtos períodos de ausência dos pais, em troca de uma remuneração.

bacabalense ⟨ba.ca.ba.len.se⟩ adj.2g./s.2g. De Bacabal ou relacionado a essa cidade do estado brasileiro do Maranhão.

bacalhau ⟨ba.ca.lhau⟩ s.m. Peixe de água salgada, comestível, de corpo alongado e cabeça muito grande. □ GRAMÁTICA É um substantivo epiceno: *o bacalhau (macho/fêmea)*. [👁 **peixes (água salgada)** p. 609]

bacalhoada ⟨ba.ca.lho.a.da⟩ s.f. Prato feito com bacalhau, batata, azeite e outros ingredientes.

bacamarte ⟨ba.ca.mar.te⟩ s.m. Arma de fogo de porte e calibre maior que uma escopeta. □ SIN. trabuco.

bacana ⟨ba.ca.na⟩ ▌adj.2g. **1** *informal* Muito bom: *um filme bacana*. ▌s.2g. **2** *informal* Pessoa rica: *Essas são as casas dos bacanas.*

bacanal ⟨ba.ca.nal⟩ (pl. *bacanais*) s.f. **1** Festa caracterizada pelos excessos alimentares e sexuais. **2** Na Roma Antiga, festa em homenagem a Baco (deus do vinho).

bacante ⟨ba.can.te⟩ s.f. Na Roma Antiga, sacerdotisa que se dedicava ao culto de Baco (deus do vinho) ou mulher que participava das festas celebradas em homenagem a ele.

bacará ⟨ba.ca.rá⟩ s.m. **1** Jogo de baralho entre um banqueiro e outros participantes, e cujo ganhador é aquele que, com duas cartas, mais se aproxima de nove pontos. **2** Carta de número dez desse jogo.

bacelo ⟨ba.ce.lo⟩ (Pron. [bacélo]) s.m. Muda de videira usada para reprodução. □ SIN. vide.

bacharel ⟨ba.cha.rel⟩ (pl. *bacharéis*) s.2g. **1** Pessoa que tem o título acadêmico do bacharelado: *um bacharel em física*. **2** Pessoa que tem o título acadêmico do curso de Direito. □ GRAMÁTICA Seu feminino também pode ser *bacharela*.

bacharela ⟨ba.cha.re.la⟩ s.f. Feminino de **bacharel**.

bacharelado ⟨ba.cha.re.la.do⟩ s.m. **1** Curso universitário que habilita uma pessoa a exercer determinada profissão. **2** Título que se obtém com esse curso. □ ORTOGRAFIA Escreve-se também *bacharelato*. □ USO É diferente de *licenciatura* (curso universitário que habilita uma pessoa a ministrar aulas no segundo ciclo do Ensino Fundamental e no Ensino Médio).

bacharelato ⟨ba.cha.re.la.to⟩ s.m. →**bacharelado**

bacia ⟨ba.ci.a⟩ s.f. **1** Recipiente côncavo de grande diâmetro e pouca profundidade, usado para colocar líquidos: *Deixe a camisa de molho, dentro de uma bacia,* *antes de lavá-la.* **2** Parte do relevo deprimido entre montanhas: *A bacia do rio Amazonas é a maior do mundo.* **3** *informal* Pelve.

bacilo ⟨ba.ci.lo⟩ s.m. Bactéria em forma de bastão: *A tuberculose é causada pelo bacilo de Koch.*

background *(palavra inglesa)* (Pron. [bequigráund]) s.m. **1** Em televisão, em rádio, em cinema ou em teatro, segundo plano: *O diretor apareceu em seu próprio filme, no background de uma das cenas.* **2** Formação, preparação ou conhecimento sobre determinado assunto: *Faltava-lhe um pouco mais de background para ser admitido na empresa.*

backstage *(palavra inglesa)* (Pron. [bequistêid]) s.m. Espaço que fica atrás de um cenário e que geralmente não pode ser visto pelo público. □ SIN. bastidor.

backup *(palavra inglesa)* (Pron. [becáp]) s.m. Em informática, cópia de segurança: *Para maior segurança, faça sempre o backup de seus arquivos mais importantes.*

baço ⟨ba.ço⟩ s.m. No sistema linfático de um vertebrado, órgão vermelho-arroxeado, situado abaixo dos pulmões, que produz certos tipos de glóbulos brancos e destrói os glóbulos vermelhos velhos.

bacon *(palavra inglesa)* (Pron. [bêicon]) s.m. Toucinho defumado.

bácoro, ra ⟨bá.co.ro, ra⟩ s. Filhote de porca.

bactéria ⟨bac.té.ria⟩ s.f. Organismo microscópico formado por uma única célula sem núcleo definido e que se multiplica por divisão simples.

bactericida ⟨bac.te.ri.ci.da⟩ adj.2g./s.m. Que mata as bactérias.

bacteriologia ⟨bac.te.ri.o.lo.gi.a⟩ s.f. Ramo da biologia que analisa ou descreve as bactérias.

báculo ⟨bá.cu.lo⟩ s.m. **1** Bastão que possui a extremidade superior curva e que serve de apoio para as pessoas caminharem. **2** Bastão usado por alguns religiosos como símbolo de autoridade.

bacuri ⟨ba.cu.ri⟩ s.m. **1** Árvore de grande porte, com folhas duras e em formato de lança, flores brancas ou rosadas, e cujo fruto, arredondado e de casca rígida, possui uma polpa branca adocicada e comestível, muito usada na culinária e na indústria alimentícia. □ SIN. bacurizeiro. **2** Esse fruto. □ ORIGEM Nas acepções 1 e 2, é uma palavra de origem tupi.

bacurizeiro ⟨ba.cu.ri.zei.ro⟩ s.m. Árvore de grande porte, com folhas duras e em formato de lança, flores brancas ou rosadas, e cujo fruto é o bacuri. □ SIN. bacuri.

badalação ⟨ba.da.la.ção⟩ (pl. *badalações*) s.f. *informal* Diversão ou movimentação de pessoas: *Ele é avesso à badalação, prefere ficar em casa.*

badalada ⟨ba.da.la.da⟩ s.f. **1** Batida dada em um sino. **2** Som produzido por essa batida.

badalado, da ⟨ba.da.la.do, da⟩ adj. **1** *informal* Que é muito comentado ou elogiado. **2** *informal* Em relação a um lugar, que está na moda: *Foram para a praia mais badalada do litoral.*

badalar ⟨ba.da.lar⟩ ▌v.t.d./v.int. **1** Fazer soar ou soar badaladas (um sino): *O sacristão badalou o sino três vezes.* ▌v.int. **2** *informal* Ir a um lugar muito movimentado ou frequentado, geralmente para se divertir: *Os amigos badalaram muito no fim da semana.*

badalo ⟨ba.da.lo⟩ s.m. Em um sino, peça móvel pendurada em seu interior que, ao tocar suas bordas, faz com que se produza um som.

badejo ⟨ba.de.jo⟩ (Pron. [badéjo] ou [badêjo]) s.m. Peixe de água salgada, comestível, robusto, com cabeça muito grande e com escamas, e que vive em recifes e rochas. □ GRAMÁTICA É um substantivo epiceno: *o badejo (macho/fêmea)*. [👁 **peixes (água salgada)** p. 609]

baderna ⟨ba.der.na⟩ s.f. *informal* Perturbação, transtorno ou confusão: *Não conseguiu dormir, tamanha era a baderna na rua.*

bafafá ⟨ba.fa.fá⟩ s.m. *informal* Tumulto ou confusão: *A votação de ontem virou um bafafá.*

bafejar ⟨ba.fe.jar⟩ ▪ v.int. **1** Emanar ar pela boca. ▪ v.t.d. **2** Soprar ar quente sobre (algo): *Bafejou as mãos para aquecê-las.* **3** Proteger ou beneficiar: *A sorte o bafejou quando mais precisava.*

bafejo ⟨ba.fe.jo⟩ (Pron. [bafêjo]) s.m. **1** Sopro feito pela boca. **2** Proteção ou benefício: *o bafejo da sorte.*

bafio ⟨ba.fi.o⟩ s.m. Odor característico de um lugar úmido ou com mofo.

bafo ⟨ba.fo⟩ s.m. **1** Ar que sai pela boca ao respirar. □ SIN. respiração. **2** Odor liberado pela boca, especialmente se for provocado por algum alimento: *um bafo de cebola.* **3** Sopro ou lufada: *Sentimos um bafo de ar quente saindo da cozinha.*

bafômetro ⟨ba.fô.me.tro⟩ s.m. *informal* Etilômetro.

baforada ⟨ba.fo.ra.da⟩ s.f. Fumaça expelida pela boca, especialmente se for de cigarro ou de cachimbo.

baga ⟨ba.ga⟩ s.f. **1** Fruto carnoso e com muitas sementes, geralmente comestível: *O tomate e a goiaba são tipos de baga.* **2** Gotas pequenas: *bagas de suor.* □ USO Na acepção 1, é diferente de *bago* (fruto carnoso sem sementes ou com pequenas sementes rodeadas de polpa).

bagaceira ⟨ba.ga.cei.ra⟩ s.f. **1** Lugar onde se colocam os resíduos de cana ou de uva. **2** Aguardente que se elabora a partir da cana ou do bagaço da uva.

bagaço ⟨ba.ga.ço⟩ s.m. Resíduo que sobra após espremer, moer ou prensar frutos, plantas ou outras substâncias.

bagageiro, ra ⟨ba.ga.gei.ro, ra⟩ adj./s. **1** Que ou quem carrega bagagens. ▪ s.m. **2** Em um veículo, espaço ou estrutura metálica reservados para guardar bagagem.

bagagem ⟨ba.ga.gem⟩ (pl. *bagagens*) s.f. **1** Conjunto que se leva em uma viagem: *Sempre que viajo levo muita bagagem.* □ SIN. equipagem. **2** Em relação a uma pessoa, conjunto de conhecimentos ou experiências: *Ele possui a bagagem cultural necessária para ser monitor no museu.*

bagatela ⟨ba.ga.te.la⟩ s.f. Aquilo que não tem importância ou não tem valor. □ SIN. filigrana, ninharia, nonada, ridicularia.

bago ⟨ba.go⟩ s.m. **1** Fruto carnoso sem semente ou com pequenas sementes rodeadas de polpa: *As uvas e as amoras são bagos.* **2** Cada uma das uvas que formam um cacho. **3** *vulgarismo* →testículo □ USO Na acepção 1, é diferente de *baga* (fruto carnoso com muitas sementes).

bagre ⟨ba.gre⟩ s.m. Peixe de água doce ou salgada, comestível, de pele lisa e sem escamas, com barbatanas de raios moles e flexíveis, barbilhões alongados na mandíbula inferior, e com poucas espinhas. □ GRAMÁTICA É um substantivo epiceno: *o bagre (macho/fêmea).* [◉ peixes (água doce) p. 608]

baguete ⟨ba.gue.te⟩ s.f. Pão de origem francesa, comprido e fino.

bagulho ⟨ba.gu.lho⟩ s.m. **1** *informal* Objeto qualquer. **2** *pejorativo* Pessoa envelhecida ou de má aparência. **3** *informal* Maconha. □ GRAMÁTICA Na acepção 2, usa-se tanto para o masculino quanto para o feminino: *(ele/ela) é um bagulho.*

bagunça ⟨ba.gun.ça⟩ s.f. *informal* Desordem ou confusão.

bagunçar ⟨ba.gun.çar⟩ v.t.d./v.int. *informal* Desarrumar: *Durante a festa, eles bagunçaram a casa toda.* □ ORTOGRAFIA Antes de *e*, o *ç* muda para *c* →COMEÇAR.

bagunceiro, ra ⟨ba.gun.cei.ro, ra⟩ adj./s. *informal* Que ou quem faz bagunça.

baia ⟨bai.a⟩ s.f. **1** Em uma cocheira ou em um estábulo, compartimento individual para cada animal. **2** *informal* Em um terminal de ônibus, espaço reservado para embarque e desembarque de passageiros. **3** *informal* Em uma empresa, espaço delimitado por divisórias e que é utilizado como sala.

baía ⟨ba.í.a⟩ s.f. Entrada do mar na costa, maior que a enseada e geralmente menor que o golfo.

baiacu ⟨bai.a.cu⟩ s.m. Peixe de água doce e salgada, comestível, geralmente com espinhas, e que infla o corpo ao se sentir ameaçado. □ ORIGEM É uma palavra de origem tupi. □ GRAMÁTICA É um substantivo epiceno: *o baiacu (macho/fêmea).* [◉ peixes (água salgada) p. 609]

baiana ⟨bai.a.na⟩ s.f. **1** Mulher que vende pratos típicos baianos em barracas na rua, vestindo-se com traje composto de turbante, bata e saia longa e rodada, geralmente brancos e rendados, e acessórios. **2** Em uma escola de samba, figura tradicional que se veste com esse traje: *a ala das baianas.* ‖ **rodar a baiana** *informal* Reagir de forma intempestiva, dizendo tudo que vem à cabeça.

baiano, na ⟨bai.a.no, na⟩ adj./s. Da Bahia ou relacionado a esse estado brasileiro.

baião ⟨bai.ão⟩ (pl. *baiões*) s.m. **1** Composição musical de origem nordestina, de ritmo binário e acentuado, que é acompanhada de acordeão, rabeca, viola e instrumentos de percussão, e que sofreu influência de ritmos africanos. **2** Dança que acompanha essa composição.

baila ⟨bai.la⟩ ‖ **trazer à baila** Retomar de maneira oportuna: *Durante a conversa, trouxe à baila aquele assunto que o preocupava.* ‖ **vir à baila** Ser mencionado: *O assunto veio à baila durante a reunião.*

bailado ⟨bai.la.do⟩ s.m. **1** Conjunto de movimentos executados ao ritmo de uma música. □ SIN. dança. **2** Série de movimentos que se executam seguindo uma técnica e um ritmo musical estabelecidos. □ SIN. dança.

bailar ⟨bai.lar⟩ ▪ v.t.d./v.int. **1** Mover o corpo ao ritmo de (uma música) ou fazer movimentos ritmados de uma dança. □ SIN. dançar. ▪ v.int. **2** Oscilar de um lado para o outro: *As flores bailavam suavemente no jardim.*

bailarino, na ⟨bai.la.ri.no, na⟩ s. Pessoa que dança profissionalmente, especialmente se for o balé.

baile ⟨bai.le⟩ s.m. Festa em que muitas pessoas se reúnem com a finalidade de dançar.

bainha ⟨ba.i.nha⟩ s.f. **1** Em um tecido, prega costurada que se faz dobrando a borda para dentro. **2** Estojo no qual se guardam uma arma branca ou outro instrumento cortante. **3** Em anatomia, tecido orgânico que reveste um órgão e outras cavidades do corpo. **4** Estrutura da base de uma folha que recobre um ramo ou o caule parcial ou totalmente.

baio, a ⟨bai.o, a⟩ adj./s. Em relação a um cavalo, que é de cor acastanhada.

baioneta ⟨bai.o.ne.ta⟩ (Pron. [baionêta]) s.f. Arma branca em forma de faca e com corte duplo, que se ajusta ao cano de um fuzil.

bairro ⟨bair.ro⟩ s.m. Cada uma das áreas nas quais se divide uma cidade.

baita ⟨bai.ta⟩ adj.2g. **1** *informal* Muito grande. **2** *informal* Muito bom: *uma baita festa.*

baitola ⟨bai.to.la⟩ (Pron. [baitóla] ou [baitôla]) s.m. *informal pejorativo* Homossexual masculino.

baiuca ⟨bai.u.ca⟩ (Pron. [baiúca]) s.f. **1** *informal* Boteco modesto. **2** *pejorativo* Casa pequena e humilde. **3** *pejorativo* Local sujo ou pouco recomendável.

baixa ⟨bai.xa⟩ s.f. **1** Diminuição do preço ou do valor de algo: *a baixa dos juros.* **2** Depressão ou declínio de um terreno.

baixada

baixada ⟨bai.xa.da⟩ s.f. Terreno baixo, plano e geralmente próximo a montanhas.

baixa-mar ⟨bai.xa-mar⟩ (pl. *baixa-mares* ou *baixas-mares*) s.f. Nível mais baixo da maré. ◻ SIN. maré baixa.

baixar ⟨bai.xar⟩ ▌ v.t.d./v.int. **1** →**abaixar** ▌ v.t.d./v.t.d.i. **2** Colocar por escrito ou oficializar com as formalidades habituais (um documento) [a quem ele diz respeito]: *O Governo baixou mais um decreto-lei.* ▌ v.int. **3** *informal* Chegar inesperadamente: *Meus amigos baixaram na minha casa ontem à noite.* ▌ v.t.d. **4** Em informática, transferir para um computador (uma informação ou um conteúdo de um servidor da internet): *Por dois reais, você pode baixar músicas desse site.* ◻ SIN. descarregar, fazer um *download*. ▌ v.t.i. **5** Em relação a uma entidade espiritual, manifestar-se de maneira sobrenatural [no corpo de uma pessoa]. ◻ SIN. incorporar.

baixaria ⟨bai.xa.ri.a⟩ s.f. *informal* Atitude baixa, grosseira ou que fere a moral.

baixela ⟨bai.xe.la⟩ s.f. Conjunto de pratos, travessas, copos, talheres e outros objetos para o serviço de mesa.

baixeza ⟨bai.xe.za⟩ (Pron. [baixêza]) s.f. Atitude desrespeitosa e prejudicial que não leva em conta a moral ou a ética: *Trair seu amigo foi uma verdadeira baixeza da sua parte.* ◻ SIN. vileza.

baixio ⟨bai.xi.o⟩ s.m. Em um mar ou em um rio, banco de areia em lugares de pouca profundidade.

baixista ⟨bai.xis.ta⟩ s.2g. Músico que toca o contrabaixo. ◻ USO É a forma reduzida e mais usual de *contrabaixista*.

baixo ⟨bai.xo⟩ adv. **1** A pouca altura do solo: *O avião voava muito baixo.* **2** Em tom de voz suave: *Fale baixo, pois podem nos ouvir.*

baixo, xa ⟨bai.xo, xa⟩ ▌ adj. **1** Que tem estatura menor que a considerada normal: *Minha irmã é mais baixa que eu.* **2** Que tem um valor ou uma intensidade inferiores ao normal: *O exame revelou que estava com baixo nível de ferro no organismo.* **3** Em relação a um terreno, que está a pouca altura em relação ao nível do mar: *As regiões baixas inundam com facilidade.* **4** Em relação a uma época ou a um período histórico, que são mais próximos do tempo atual: *A Baixa Idade Média vai até o Renascimento.* ▌ adj.2g. **5** Em relação a um instrumento musical, que tem o registro mais grave: *uma flauta baixo.* ▌ s.m. **6** Instrumento musical acústico ou elétrico que, em uma orquestra ou em uma banda, é o mais grave da família das cordas, e que pode ser tocado com arco ou com os dedos: *Sabia tocar o baixo como ninguém.* [👁 **instrumentos de corda** p. 215] **7** Em música, voz masculina mais grave: *As vozes masculinas principais são tenor e baixo.* **8** Cantor que tem essa voz: *Ele foi um dos maiores baixos da história da ópera.* ◻ GRAMÁTICA Seus superlativos são *ínfimo* e *baixíssimo*. ◻ USO Na acepção 6, é a forma reduzida e mais usual de *contrabaixo*.

baixo-astral ⟨bai.xo-as.tral⟩ ▌ adj.2g./s.2g. **1** *informal* Que ou quem está triste, pessimista ou mal-humorado: *Ficou baixo-astral quando recebeu a triste notícia.* ▌ s.m. **2** *informal* Desânimo ou tristeza. ◻ GRAMÁTICA O plural do adjetivo é *baixo-astrais* e o do substantivo é *baixos-astrais*.

baixo-relevo ⟨bai.xo-re.le.vo⟩ (Pron. [baixo-relêvo]) (pl. *baixos-relevos*) s.m. Escultura em relevo cujas figuras sobressaem um pouco do plano de fundo.

baixote ⟨bai.xo.te⟩ adj.2g./s.2g. *informal pejorativo* Que ou quem é muito baixo.

baixo-ventre ⟨bai.xo-ven.tre⟩ (pl. *baixos-ventres*) s.m. Em anatomia, região entre o abdome e a pelve.

bajulação ⟨ba.ju.la.ção⟩ (pl. *bajulações*) s.f. Ato ou efeito de bajular: *Não tente conquistar os outros com bajulações.* ◻ SIN. adulação, lisonja, rapapé.

bajulador, -a ⟨ba.ju.la.dor, do.ra⟩ (Pron. [bajuladôr], [bajuladôra]) adj./s. Que ou quem tenta agradar alguém, geralmente para conseguir vantagens dele.

bajular ⟨ba.ju.lar⟩ v.t.d. Tentar agradar (alguém), geralmente para conseguir vantagens: *Bajulei a minha tia até convencê-la a me levar em sua viagem.* ◻ SIN. adular, lisonjear.

bala ⟨ba.la⟩ s.f. **1** Projétil para arma de fogo, geralmente cilíndrico, achatado em uma extremidade e pontiagudo na outra, e feito de chumbo ou de ferro. **2** Guloseima, geralmente em forma de pastilha, feita de açúcar fundido e endurecido, e aromatizada com essências ou outros ingredientes. ▌ **bala perdida** Projétil de arma de fogo que atinge algo ou alguém acidentalmente. ▌ **mandar bala** *informal* Realizar uma tarefa ou uma ação com rapidez e eficiência.

balaço ⟨ba.la.ço⟩ s.m. Bala grande.

balacobaco ⟨ba.la.co.ba.co⟩ ▌ **do balacobaco** *informal* Excelente ou fora do comum: *uma festa do balacobaco.*

balada ⟨ba.la.da⟩ s.f. **1** Em literatura, poema folclórico popular ou tradicional, que se pode cantar com acompanhamento musical. **2** Em música, composição de ritmo lento e tema intimista, geralmente amoroso. **3** *informal* Festa ou diversão, geralmente noturnas.

balaio ⟨ba.lai.o⟩ s.m. Cesto, geralmente de palha, utilizado para guardar ou transportar objetos.

balalaica ⟨ba.la.lai.ca⟩ s.f. Instrumento musical com três cordas simples, de origem russa, de corpo triangular, timbre brilhante e agudo, semelhante ao do bandolim, e que atua geralmente como solista. [👁 **instrumentos de corda** p. 215]

balança ⟨ba.lan.ça⟩ s.f. Instrumento para medir massas ou pesos: *Colocou as frutas na balança para conferir seu peso.*

balançar ⟨ba.lan.çar⟩ ▌ v.t.d./v.int./v.prnl. **1** Mover(-se) de um lado para outro de forma alternada e repetida: *O pai balançava o berço para que o bebê não chorasse.* ▌ v.t.d.i./v.prnl. **2** Colocar(-se) em equilíbrio ou compensar (uma coisa) [com outra]: *O equilibrista balançava o peso do corpo com uma barra.* ▌ v.t.d. **3** Sensibilizar ou afetar (alguém) emocionalmente: *Aquela cena triste me balançou de verdade.* ▌ v.t.i. **4** Hesitar ou duvidar [entre duas opções]: *Indeciso, balançava entre as duas propostas.* ◻ ORTOGRAFIA **1.** Antes de *e*, o *ç* muda para *c* →COMEÇAR. **2.** Na acepção 1, escreve-se também *balouçar*; na acepção 2, escreve-se também *balancear*.

balanceado, da ⟨ba.lan.ce.a.do, da⟩ adj. Em relação a uma alimentação, que é equilibrada, nutritiva e saudável.

balanceamento ⟨ba.lan.ce.a.men.to⟩ s.m. Ato ou efeito de balancear.

balancear ⟨ba.lan.ce.ar⟩ ▌ v.t.d.i./v.prnl. **1** →**balançar** ▌ v.t.d. **2** Em um automóvel, ajustar (as rodas) de modo a garantir a estabilidade da direção. ◻ ORTOGRAFIA O *e* muda para *ei* quando a sílaba tônica estiver na raiz do verbo →NOMEAR.

balancete ⟨ba.lan.ce.te⟩ (Pron. [balancête]) s.m. Balanço parcial, geralmente periódico, das contas de uma sociedade ou de um negócio.

balanço ⟨ba.lan.ço⟩ s.m. **1** Movimento alternado e repetido de um lado para outro: *Ficou olhando o barco no mar, que se movia com o balanço das ondas.* **2** Assento suspenso, preso por cordas, correntes ou barras em que, por meio de impulsos, é possível se balançar: *A criança brincava no balanço.* **3** Revisão das despesas, dos lucros e do patrimônio de uma sociedade ou de um negócio: *Anualmente, a empresa faz o balanço para avaliar o seu desempenho.*

balangandã ⟨ba.lan.gan.dã⟩ s.m. Adorno que se coloca em um colar, pulseira ou qualquer outra peça de joalheria ou bijuteria.

balão ⟨ba.lão⟩ (pl. *balões*) s.m. **1** Bolsa feita de material flexível, que se enche de ar ou de um gás leve e que é usada geralmente para enfeitar um lugar ou para brincar: *Passei a tarde enchendo balões para a festa de meu filho.* □ SIN. bexiga. **2** Objeto geralmente feito com papel de seda e armação de arame, de formato variado, aquecido por uma tocha central e que flutuam no ar: *O balão que eles haviam soltado caiu sobre uma casa e provocou um grave incêndio.* **3** Em um desenho, espaço em que fica o texto que expressa o que diz ou o que pensa a personagem a que se refere. **4** Em uma estrada, local de formato circular que serve para fazer o retorno: *Para retornar a São Paulo deve fazer o balão depois da terceira saída à direita.* ‖ **balão (aerostático)** Aeronave composta por uma grande bolsa, mais ou menos esférica, cheia de um gás de menor densidade que o ar atmosférico, e que carrega um cesto no qual viajam os passageiros e a carga: *Depois que o balão subiu pudemos apreciar uma vista incrível.* □ SIN. aeróstato.

balão de ensaio ⟨ba.lão de en.sai.o⟩ (pl. *balões de ensaio*) s.m. **1** Recipiente de vidro com base esférica e com a extremidade superior alongada e cilíndrica, utilizado em análises químicas. **2** Boato ou notícia lançados para verificar algo, geralmente a reação da opinião pública.

balaustrada ⟨ba.la.us.tra.da⟩ s.f. **1** Parapeito ou grade formados por uma série de balaústres ou colunas: *Muitas casas antigas têm balaustradas de pedra nas varandas.* **2** Qualquer parapeito ou corrimão.

balaústre ⟨ba.la.ús.tre⟩ s.m. **1** Coluna pequena que, unida a outras por um corrimão, forma um parapeito ou uma balaustrada. **2** Em alguns veículos, suporte de metal que auxilia os passageiros no embarque e desembarque.

balbuciar ⟨bal.bu.ci.ar⟩ v.t.d./v.int. **1** Falar de forma entrecortada e insegura: *Nervoso, balbuciou uma desculpa pouco crível.* **2** Falar (algo) de forma confusa ou pronunciar sons incompreensíveis (um bebê): *Meu irmão menor ainda não fala, só balbucia.*

balbucio ⟨bal.bu.ci.o⟩ s.m. **1** Fala entrecortada, insegura ou hesitante. **2** Som ou fala que não se conseguem compreender, especialmente se forem os de um bebê.

balbúrdia ⟨bal.búr.dia⟩ s.f. **1** Barulho ou ruído causados por muitas vozes. **2** Tumulto ou situação confusa.

balcão ⟨bal.cão⟩ (pl. *balcões*) s.m. **1** Em uma construção, varanda normalmente protegida por uma grade ou por um parapeito. **2** Em um estabelecimento comercial, mesa ou móvel similar, geralmente compridos e fechados do lado externo, sobre os quais se mostram ou se entregam as mercadorias. **3** Em um teatro ou em uma casa de *shows*, setor elevado e de bom campo visual.

balconista ⟨bal.co.nis.ta⟩ s.2g. Pessoa que se dedica profissionalmente a atender aos clientes em um estabelecimento comercial.

baldar ⟨bal.dar⟩ v.t.d./v.prnl. Tornar(-se) inútil ou frustrar(-se).

balde ⟨bal.de⟩ s.m. **1** Recipiente de forma cônica, com a boca mais larga que o fundo e com uma alça na borda superior, geralmente destinado ao uso doméstico: *um balde de água.* **2** Qualquer recipiente com esse formato: *um balde de gelo.* ‖ **chutar o balde** *informal* Agir de forma impulsiva ou exagerada.

baldeação ⟨bal.de.a.ção⟩ (pl. *baldeações*) s.f. Em uma viagem, mudança de veículo. □ SIN. transbordo.

baldear ⟨bal.de.ar⟩ ▌v.t.d./v.t.d.i./v.int./v.prnl. **1** Mudar (bagagens ou passageiros) [para outro veículo] ou transferir-se: *Os passageiros baldearam de um trem para o outro.* ▌v.t.d. **2** Jogar baldes de água para lavar: *Os marinheiros baldearam o convés.* **3** Tirar (algo) com um balde: *A chuva inundou a casa e tivemos que baldear a água por horas.* □ ORTOGRAFIA O e muda para ei quando a sílaba tônica estiver na raiz do verbo →NOMEAR.

baldio, a ⟨bal.di.o, a⟩ ▌adj. **1** Sem utilidade. ▌adj./s.m. **2** Em relação a um terreno, que não se cultiva ou que não dá nenhum fruto.

balé ⟨ba.lé⟩ s.m. **1** Composição musical, geralmente orquestral, destinada a uma representação coreográfica. **2** Dança com a qual se encena uma história ao compasso dessa composição musical. **3** Apresentação dessa dança. **4** Corpo ou conjunto de bailarinos que interpretam essa dança: *Ela faz parte do balé municipal.*

balear ⟨ba.le.ar⟩ v.t.d. Ferir ou matar com uma bala. □ ORTOGRAFIA O e muda para ei quando a sílaba tônica estiver na raiz do verbo →NOMEAR.

baleeira ⟨ba.le.ei.ra⟩ s.f. Embarcação pequena, geralmente a remo, estreita, com a proa e a popa elevadas e terminadas em ponta, utilizada na atividade pesqueira.

baleeiro, ra ⟨ba.le.ei.ro, ra⟩ ▌adj. **1** Da baleia ou relacionado a ela. ▌s. **2** Pessoa que se dedica profissionalmente a pescar ou a capturar baleias. ▌s.m. **3** Barco de grande porte preparado para a pesca ou captura de baleias. □ USO Na acepção 3, é a forma reduzida e mais usual de *navio-baleeiro*.

baleia ⟨ba.lei.a⟩ s.f. **1** Mamífero marinho de grande porte, de corpo liso, com duas grandes nadadeiras laterais e uma caudal horizontal. **2** *pejorativo* Pessoa muito gorda. □ GRAMÁTICA 1. Na acepção 1, é um substantivo epiceno: *a baleia (macho/fêmea).* 2. Na acepção 2, usa-se tanto para o masculino quanto para o feminino: *(ele/ela) é uma baleia.*

baleiro, ra ⟨ba.lei.ro, ra⟩ ▌s. **1** Pessoa que se dedica a fazer ou vender balas e outras guloseimas, especialmente como profissão. ▌s.m. **2** Recipiente geralmente decorado no qual se guardam balas e outras guloseimas.

balela ⟨ba.le.la⟩ s.f. *informal* Mentira ou boato.

balido ⟨ba.li.do⟩ s.m. Voz característica da ovelha e de outros animais.

balir ⟨ba.lir⟩ v.int. Dar balidos (uma ovelha, um cordeiro ou um animal semelhante). □ GRAMÁTICA É um verbo unipessoal: só se usa nas terceiras pessoas do singular e do plural, no particípio, no gerúndio e no infinitivo →LATIR.

balística ⟨ba.lís.ti.ca⟩ s.f. Ciência que estuda a trajetória, o alcance e os efeitos dos projéteis, especialmente dos que são disparados por armas de fogo.

baliza ⟨ba.li.za⟩ ▌s.f. **1** Sinal fixo ou flutuante, visual ou sonoro, que é colocado em uma região terrena ou marítima para demarcar seus limites ou para advertir alguém de um perigo: *Na prova de direção teve que estacionar o carro entre duas balizas.* ▌s.2g. **2** Em um desfile, pessoa que abre a apresentação, fazendo acrobacias com um bastão.

balizar ⟨ba.li.zar⟩ v.t.d. **1** Marcar (um lugar) com balizas ou sinais indicadores: *O salva-vidas balizou as áreas de risco para a segurança dos banhistas.* **2** Medir a dimensão ou o valor: *balizar um terreno; balizar um patrimônio.*

balneário ⟨bal.ne.á.rio⟩ s.m. Lugar público onde se pode tomar banhos com fins medicinais ou recreativos.

balofo, fa ⟨ba.lo.fo, fa⟩ (Pron. [balófo]) ▌adj. **1** *informal* Excessivamente volumoso em relação ao peso. **2** *informal* Fofo ou sem consistência. ▌adj./s. **3** *pejorativo* Que ou quem é gordo.

balouçar ⟨ba.lou.çar⟩ v.t.d./v.int./v.prnl. →**balançar** □ ORTOGRAFIA Antes de e, o ç muda para c →COMEÇAR.

balsa

balsa ⟨bal.sa⟩ s.f. **1** Embarcação feita de toras de madeira unidas entre si. **2** Embarcação que faz o percurso entre dois pontos, navegando nos dois sentidos, e que é utilizada para transportar passageiros e veículos.

balsâmico, ca ⟨bal.sâ.mi.co, ca⟩ adj. **1** Com bálsamo ou com as suas propriedades aromáticas ou curativas. **2** Que tem aroma ou odor agradáveis: *uma loção balsâmica*. **3** Que proporciona alívio ou bem-estar: *um banho balsâmico*.

bálsamo ⟨bál.sa.mo⟩ s.m. **1** Medicamento elaborado a partir de substâncias aromáticas e analgésicas, que se aplica sobre a pele para aliviar dores. **2** Aquilo que consola ou alivia um sofrimento: *O apoio dos amigos foi um bálsamo naquele momento tão triste*. **3** Aroma ou odor agradáveis.

baluarte ⟨ba.lu.ar.te⟩ s.m. **1** Em uma fortificação, parte avançada destinada à defesa e à vigia do lado externo. ❑ SIN. bastião. **2** Lugar considerado extremamente seguro. **3** Apoio ou base.

bamba ⟨bam.ba⟩ adj.2g./s.2g. **1** *informal* Que ou quem é valentão. **2** *informal* Que ou quem domina um assunto: *Ela é bamba em desenho*. ❑ ORIGEM É uma palavra de origem africana.

bambear ⟨bam.be.ar⟩ ▪ v.t.d./v.int. **1** Tornar(-se) bambo ou pouco firme: *Ao vê-la depois de tanto tempo, suas pernas bambearam*. ▪ v.int. **2** Hesitar ou ficar indeciso: *Diante daquela pergunta inesperada, ele bambeou antes de responder*. ❑ ORTOGRAFIA O e muda para *ei* quando a sílaba tônica estiver na raiz do verbo →NOMEAR.

bambo, ba ⟨bam.bo, ba⟩ adj. **1** Que está frouxo ou que não está esticado. **2** Sem firmeza.

bambolê ⟨bam.bo.lê⟩ s.m. Aro que gira ao redor do corpo ao se fazer movimentos circulares.

bambolear ⟨bam.bo.le.ar⟩ v.t.d./v.int./v.prnl. Balançar(-se) ou mover(-se) remexendo (os quadris). ❑ ORTOGRAFIA O e muda para *ei* quando a sílaba tônica estiver na raiz do verbo →NOMEAR.

bamboleio ⟨bam.bo.lei.o⟩ s.m. Balanço de um corpo de um lado para outro.

bambu ⟨bam.bu⟩ s.m. Planta tropical com caules compridos e ocos como canos, com nós bastante visíveis, resistentes e flexíveis, que se ramificam e dos quais brotam folhas verdes, alongadas, pontiagudas e com flores na extremidade superior. ❑ SIN. taboca, taquara.

banal ⟨ba.nal⟩ (pl. *banais*) adj.2g. Que é comum, insignificante ou sem importância.

banalidade ⟨ba.na.li.da.de⟩ s.f. Condição de banal: *Vive falando banalidades*.

banalizar ⟨ba.na.li.zar⟩ v.t.d./v.prnl. Tornar(-se) banal ou comum: *Não podemos banalizar a educação*.

banana ⟨ba.na.na⟩ ▪ s.f. **1** Fruto da bananeira, reunido em cachos, comestível, com formato alongado e curvo, com casca verde que fica amarela quando amadurece e que possui polpa carnosa, amarela e adocicada. **2** *informal* Gesto vulgar e ofensivo que se faz dobrando um dos braços para cima. ▪ adj.2g./s.2g. **3** *informal pejorativo* Que ou quem não tem iniciativa.

bananada ⟨ba.na.na.da⟩ s.f. Doce feito com a polpa da banana.

bananal ⟨ba.na.nal⟩ (pl. *bananais*) s.m. Plantação de banana.

bananeira ⟨ba.na.nei.ra⟩ s.f. Planta tropical, com formato de palmeira, composta pela base de folhas enroladas umas sobre as outras formando um falso caule, com grandes folhas verdes, e cujo fruto é a banana.
‖ **plantar bananeira** Ficar com o corpo reto, de cabeça para baixo e pernas para cima, apoiando-se sobre as mãos.

banca ⟨ban.ca⟩ s.f. **1** Mesa grande e rústica, geralmente usada por feirantes para expor mercadorias. **2** Conjunto de pessoas autorizadas para examinar algo e emitir um juízo sobre ele: *A banca examinará o currículo do candidato*. **3** Em economia, sistema bancário formado por banqueiros, bancos e seus funcionários. **4** Em alguns jogos de azar, soma das apostas feitas pelos jogadores, e que será ganha pelo vencedor. **5** Escritório de advocacia. ‖ **{botar/pôr} banca** *informal* Contar vantagem ou vangloriar-se. ‖ **banca (de jornal)** Estabelecimento comercial, geralmente situado na rua, no qual se vendem jornais e revistas.

bancada ⟨ban.ca.da⟩ s.f. **1** Mesa retangular utilizada para trabalhos manuais, geralmente em laboratórios, oficinas e outros estabelecimentos. **2** Conjunto formado por pessoas com ideias ou interesses em comum, especialmente se forem de ordem política.

bancar ⟨ban.car⟩ ▪ v.t.d. **1** Financiar ou pagar os custos de (uma atividade): *Ele bancou a viagem de todos*. ▪ v.pred. **2** Fingir ser ou fazer-se de {alguma coisa}: *Não queira bancar o engraçadinho, por favor!* ❑ ORTOGRAFIA Antes de *e*, o *c* muda para *qu* →BRINCAR.

bancário, ria ⟨ban.cá.rio, ria⟩ ▪ adj. **1** Do banco, dos bancos, ou relacionado a eles: *uma conta bancária*. ▪ s. **2** Pessoa que trabalha em um banco ou em uma entidade bancária: *Ele trabalha há cinco anos como bancário*. ❑ USO Na acepção 2, é diferente de *banqueiro* (proprietário ou alto executivo de um banco ou de uma entidade bancária).

bancarrota ⟨ban.car.ro.ta⟩ (Pron. [bancarrôta]) s.f. Em economia, interrupção da atividade comercial motivada por uma impossibilidade de fazer frente às dívidas ou às obrigações contraídas: *Esta crise mundial levou diversas empresas à bancarrota*. ❑ SIN. falência, quebra.

banco ⟨ban.co⟩ s.m. **1** Objeto que é usado para sentar. **2** Assento comprido e estreito, geralmente para mais de uma pessoa: *Costumava tomar sol em um banco no parque*. **3** Sociedade na qual se realizam transações financeiras, geralmente depósitos ou empréstimos, mediante a cobrança de juros: *Fui ao banco para abrir uma conta*. **4** Lugar em que se conservam órgãos ou outros componentes do corpo humano para sua posterior utilização em transplantes ou em operações médicas: *um banco de sangue*. ‖ **banco central** Órgão do Estado que emite a moeda do país e fiscaliza todo o sistema bancário: *O Banco Central do Brasil foi fundado em 1964*. ‖ **banco de areia** Em águas navegáveis, elevação prolongada do fundo que impede ou dificulta a navegação. ‖ **banco de dados** **1** Em informática, conjunto de dados armazenados de forma tabular sobre um determinado tema. ❑ SIN. base de dados. **2** Sistema que administra esse conjunto de dados. ‖ **banco de gelo** No mar, grande extensão de água congelada de origem polar que flutua na superfície. ‖ **banco (de reservas)** **1** Em um esporte, lugar situado fora da área de jogo e no qual ficam os jogadores reservas e outros membros da equipe durante a partida. **2** Conjunto desses jogadores.

banda ⟨ban.da⟩ s.f. **1** Conjunto musical com diversos instrumentos: *A banda era formada por um cantor, um guitarrista, um baixista e um baterista*. **2** Tira comprida ou estreita de material fino e flexível que prende algo: *Amarrou as cartas com uma banda de seda*. ❑ SIN. faixa. **3** Faixa ou cinta que se cruzam sobre o peito, desde um ombro até o lado oposto da cintura, como insígnia representativa de altos cargos ou de distinções: *Os oficiais estavam elegantemente trajados, vestindo uma banda distintiva azul*. **4** Lado ou região lateral: *Pulou de uma banda para outra*. **5** Lugar ou região: *Visitamos*

aquelas bandas durante o verão. **6** Rasteira dada de pé: *Deu uma banda no adversário.* ‖ **banda larga** Em telecomunicações, tipo de comunicação em que a transmissão de dados acontece em alta velocidade: *Contrataram o serviço de banda larga para a empresa.*
bandagem ⟨ban.da.gem⟩ (pl. *bandagens*) s.f. **1** Faixa colocada ao redor de uma parte do corpo para protegê-la ou imobilizá-la. **2** Tecido de algodão com a trama aberta, do qual se faz essa faixa.
band-aid *(palavra inglesa)* (Pron. [bandêid]) s.m. Pequena tira de esparadrapo ou de outro material adesivo, que tem em seu centro uma gaze com substâncias desinfetantes, e que é usado para cobrir e proteger pequenos ferimentos na pele. ◻ ORIGEM É a extensão de uma marca comercial.
bandalheira ⟨ban.da.lhei.ra⟩ s.f. *informal pejorativo* Ação indigna, ilegal ou desonesta.
bandalho ⟨ban.da.lho⟩ s.m. *pejorativo* Homem sem dignidade.
bandana ⟨ban.da.na⟩ s.f. Lenço que é colocado ao redor da testa ou da cabeça, e que serve como adorno.
bandarilha ⟨ban.da.ri.lha⟩ s.f. Peça de madeira, fina e adornada, com uma ponta ou lâmina de ferro em uma de suas extremidades, que os toureiros cravam na nuca do touro durante a tourada.
bandear ⟨ban.de.ar⟩ ▮ v.t.i. **1** Mudar [para uma ideia, uma opinião ou um partido diferentes]: *Ele bandeou para outro partido por divergências ideológicas.* ▮ v.int./v.prnl. **2** Mudar de ideia, de opinião ou de partido. ▮ v.t.i. **3** Ficar indeciso ou hesitante [entre duas ideias ou opiniões antagônicas]: *Bandeava entre as duas opções, sem saber muito bem qual escolher.* ◻ ORTOGRAFIA O e muda para *ei* quando a sílaba tônica estiver na raiz do verbo →NOMEAR.
bandeira ⟨ban.dei.ra⟩ s.f. **1** Objeto de tecido com cores ou desenhos simbólicos, geralmente de forma retangular, que se prende a uma haste ou corda e que representa uma coletividade, especialmente uma nação ou uma região: *a bandeira brasileira.* **2** Objeto de tecido ou de outro material semelhante, geralmente chamativo ou facilmente visível, que se prende a uma haste por um de seus lados e que se utiliza como adorno, como marca indicadora ou para fazer sinais. **3** Causa ou ideologia defendidas por uma pessoa e com as quais ela se identifica ou se compromete: *Durante toda a sua vida ele levantou a bandeira do pacifismo.* **4** No período colonial brasileiro, expedição organizada por particulares chamados bandeirantes, que partia do planalto para o interior do território nacional com o objetivo de aprisionar índios e de encontrar recursos naturais: *As bandeiras tiveram imensa importância na história do Brasil.* ‖ **bandeira {branca/da paz}** Em um confronto armado, aquela de cor branca, que se mostra no alto como sinal de rendição ou para pedir uma trégua ou negociações. ◻ USO Na acepção 4, usa-se geralmente a forma plural *bandeiras*.
bandeirada ⟨ban.dei.ra.da⟩ s.f. **1** Movimento feito com uma bandeira. **2** Valor fixo cobrado em uma corrida de táxi.
bandeirante ⟨ban.dei.ran.te⟩ ▮ adj.2g./s.m. **1** Das bandeiras ou relacionado a essas expedições. ▮ adj.2g./s.f. **2** Do bandeirantismo ou relacionado a esse movimento juvenil feminino.
bandeirantismo ⟨ban.dei.ran.tis.mo⟩ s.m. Movimento juvenil feminino semelhante ao escotismo, que visa à atitude responsável e ética.
bandeirinha ⟨ban.dei.ri.nha⟩ ▮ s.2g. **1** No futebol, auxiliar do árbitro principal, encarregado de controlar o jogo de fora da linha do campo: *O bandeirinha marcou o impedimento e anulou o gol.* ▮ s.f. **2** Bandeira pequena. ◻ SIN. bandeirola.
bandeirola ⟨ban.dei.ro.la⟩ s.f. Bandeira pequena. ◻ SIN. bandeirinha.
bandeja ⟨ban.de.ja⟩ (Pron. [bandêja]) s.f. Peça plana, geralmente com borda, que se utiliza para carregar ou servir algo: *Os garçons iam e vinham com bandejas cheias de comida.*
bandejão ⟨ban.de.jão⟩ (pl. *bandejões*) s.m. *informal* Em um estabelecimento, especialmente se for uma universidade ou uma fábrica, restaurante ou cantina em que se servem refeições em bandejas, geralmente com divisões para os alimentos.
bandido, da ⟨ban.di.do, da⟩ ▮ adj. **1** Dos bandidos ou relacionado a eles. ▮ s. **2** *informal* Criminoso. **3** *pejorativo* Pessoa malvada ou sem caráter. **4** Pessoa que assalta, rouba ou comete outros crimes.
banditismo ⟨ban.di.tis.mo⟩ s.m. **1** Modo de vida dos bandidos. **2** Incidência de crimes em uma determinada região.
bando ⟨ban.do⟩ s.m. **1** Grupo de pessoas que possuem características comuns e são partidárias das mesmas opiniões e ideias. **2** Conjunto de animais da mesma espécie que vivem e se deslocam juntos: *Ao som do trovão, um bando de pássaros saiu voando.* **3** Grupo organizado de criminosos: *A casa foi assaltada por um bando armado.*
bandoleira ⟨ban.do.lei.ra⟩ s.f. Correia ou cinta que se colocam ao redor do corpo, especialmente aquela que é usada para carregar uma arma de fogo.
bandoleiro, ra ⟨ban.do.lei.ro, ra⟩ s. Salteador ou ladrão que roubam em caminhos ou em lugares desertos e que geralmente faz parte de um bando.
bandolim ⟨ban.do.lim⟩ (pl. *bandolins*) s.m. Instrumento musical de quatro cordas, semelhante ao alaúde, de corpo ovalado, com a parte traseira abaulada, em forma de meia pera, e a da frente com tampo plano, que se toca com uma palheta, e cuja afinação é idêntica à do violino. [◉ **instrumentos de corda** p. 215]
bangalô ⟨ban.ga.lô⟩ s.m. Casa de campo ou praia, avarandada, geralmente de um só andar e de estrutura arquitetônica simples.
banguê ⟨ban.guê⟩ (Pron. [bangüê]) s.m. **1** Tabuleiro para transporte de diversos materiais. **2** No período colonial brasileiro, tabuleiro usado para o transporte de escravos mortos. **3** Engenho de açúcar primitivo. ◻ ORIGEM É uma palavra de origem africana.
bangue-bangue ⟨ban.gue-ban.gue⟩ (pl. *bangue-bangues*) s.m. **1** Filme que se passa durante o período de conquista e colonização do Oeste estadunidense. ◻ SIN. faroeste, *western*. **2** Gênero cinematográfico ao qual pertence esse filme. ◻ SIN. faroeste, *western*.
banguela ⟨ban.gue.la⟩ adj.2g./s.2g. *informal* Que ou quem não tem dentes.
banha ⟨ba.nha⟩ s.f. **1** Gordura de alguns animais, especialmente a do porco. **2** Gordura acumulada em alguma parte do corpo, especialmente se for na barriga.
banhado ⟨ba.nha.do⟩ s.m. Pântano coberto de vegetação.
banhar ⟨ba.nhar⟩ ▮ v.t.d./v.prnl. **1** Dar ou tomar banho, por higiene ou por lazer, ou lavar(-se): *Adora se banhar no mar.* ▮ v.t.d. **2** Em relação especialmente a um rio ou ao mar, cercar ou percorrer (um terreno): *Estes campos são férteis, pois um rio os banha.*
banheira ⟨ba.nhei.ra⟩ s.f. **1** Bacia grande dentro da qual uma pessoa se lava ou se banha. **2** *informal* Carro grande e velho. **3** *informal* Em futebol, permanência de um ou mais jogadores de um time dentro da área adversária.

banheiro

banheiro ⟨ba.nhei.ro⟩ s.m. Lugar destinado ao asseio corporal e que geralmente tem pia, vaso sanitário, chuveiro e outros itens. ◻ SIN. sanitário.

banhista ⟨ba.nhis.ta⟩ s.2g. Pessoa que se banha em um lugar, especialmente em uma praia ou piscina.

banho ⟨ba.nho⟩ s.m. **1** Imersão de um corpo ou de parte dele em um líquido ou em outra substância, por higiene ou por lazer: *um banho de mar*. **2** Líquido no qual se imerge ou se introduz um corpo: *um banho de espuma*. **3** Revestimento de uma superfície com uma camada de outra substância: *Aplicou um banho de creme no cabelo*. **4** Submissão de um corpo a uma ação prolongada ou intensa de um agente físico: *um banho de sol*.

banho-maria ⟨ba.nho-ma.ri.a⟩ (pl. *banhos-maria* ou *banhos-marias*) s.m. Processo de cozinhar um alimento colocando o em um recipiente que é mergulhado em outro que contém água fervente.

banimento ⟨ba.ni.men.to⟩ s.m. Ato ou efeito de banir. ◻ SIN. desterro.

banir ⟨ba.nir⟩ v.t.d. **1** Expulsar de um território por ordem judicial ou por decisão governamental. **2** Eliminar ou suprimir (algo considerado negativo): *É necessário banir a violência dos estádios de futebol*. ◻ GRAMÁTICA É um verbo defectivo, pois não apresenta conjugação completa →BANIR.

banjo ⟨ban.jo⟩ s.m. Instrumento musical de quatro, cinco ou seis cordas simples, geralmente solista, com braço semelhante ao do violão e corpo circular. [👁 **instrumentos de corda** p. 215]

banqueiro, ra ⟨ban.quei.ro, ra⟩ s. **1** Proprietário ou alto executivo de um banco ou de uma entidade bancária. **2** Pessoa que controla uma banca de jogo. ◻ USO Na acepção 1, é diferente de *bancário* (pessoa que trabalha em um banco ou em uma entidade bancária).

banqueta ⟨ban.que.ta⟩ (Pron. [banquêta]) s.f. **1** Assento pequeno e baixo, sem braços e sem encosto. **2** Mesa pequena e rústica.

banquete ⟨ban.que.te⟩ (Pron. [banquête]) s.m. **1** Refeição oferecida a muitas pessoas e na qual se comemora um acontecimento considerado importante: *um banquete de casamento*. **2** Comida farta, bem preparada e muito saborosa: *Ele nos convidou para um verdadeiro banquete*.

banquetear ⟨ban.que.te.ar⟩ v.t.d./v.prnl. Dar banquetes ou participar deles. ◻ ORTOGRAFIA O *e* muda para *ei* quando a sílaba tônica estiver na raiz do verbo →NOMEAR.

banto, ta ⟨ban.to, ta⟩ **I** adj./s. **1** De um conjunto de povos que habitam ao sul do continente africano ou relacionados a eles. **II** s.m. **2** Grupo de línguas africanas que possuem uma série de traços linguísticos comuns e que são faladas por esse conjunto de povos.

banzé ⟨ban.zé⟩ s.m. *informal* Briga, desordem ou confusão. ◻ ORIGEM É uma palavra de origem africana.

banzo ⟨ban.zo⟩ s.m. **1** Sentimento de nostalgia profunda manifestado pelos africanos trazidos ao Brasil no período da escravidão. **2** Melancolia ou tristeza. ◻ ORIGEM É uma palavra de origem africana.

baobá ⟨ba.o.bá⟩ s.m. Árvore de tronco reto e grosso, de madeira mole, que armazena água, com ramos compridos e horizontais, folhas compostas, flores grandes e brancas, e cujo fruto, carnoso e de sabor levemente ácido, apresenta-se em formato de cápsula bastante rígida.

baque ⟨ba.que⟩ s.m. **1** Barulho de um corpo ao cair ou bater em outro: *De longe ouvimos o baque dos carros se chocando*. **2** Queda ou choque, especialmente se forem barulhentos: *Foi um baque feio quando rolou escada abaixo*. **3** Susto ou abalo emocional súbito: *Aquela revelação foi um baque para todos nós*.

baquear ⟨ba.que.ar⟩ **I** v.int. **1** Cair repentinamente, especialmente se produzir um barulho: *Ficou tonto e baqueou no meio da sala*. **II** v.t.d./v.int. **2** Fazer perder ou perder o ânimo ou a força: *Depois daquela notícia triste, ele baqueou*. ◻ ORTOGRAFIA O *e* muda para *ei* quando a sílaba tônica estiver na raiz do verbo →NOMEAR.

baqueta ⟨ba.que.ta⟩ (Pron. [baquêta]) s.f. Haste fina e comprida que é usada para tocar um instrumento de percussão, geralmente a bateria.

bar s.m. **1** Estabelecimento comercial onde se vendem bebidas, lanches e aperitivos. **2** Móvel no qual se armazenam e se servem bebidas: *Compramos um bar novo para a nossa sala de estar*.

barafunda ⟨ba.ra.fun.da⟩ s.f. Desordem, ruído ou confusão muito grandes: *Depois da festa, a casa estava uma barafunda*.

baralho ⟨ba.ra.lho⟩ s.m. Conjunto de cartas utilizado em alguns jogos de azar e geralmente composto por quatro naipes.

barão ⟨ba.rão⟩ (pl. *barões*) s.m. **1** Homem cujo título de nobreza é imediatamente abaixo ao do visconde. **2** *informal* Homem com poder e influência: *um barão das finanças*. ◻ GRAMÁTICA Na acepção 1, seu feminino é *baronesa*.

barata ⟨ba.ra.ta⟩ s.f. Inseto com corpo oval e achatado, de cor marrom-escura na parte de cima e marrom--clara na de baixo, e com aparelho bucal mastigador. [👁 **insetos** p. 456] ‖ **barata tonta** *informal* Pessoa sem rumo ou desorientada. ◻ GRAMÁTICA **1.** Na acepção 1, é um substantivo epiceno: *a barata (macho/fêmea)*. **2.** *Barata tonta* é usado tanto para masculino quanto para o feminino: *(ele/ela) é uma barata tonta*.

baratear ⟨ba.ra.te.ar⟩ **I** v.t.d. **1** Vender por um preço mais baixo que o habitual. **II** v.int. **2** Ficar com um preço mais baixo que o habitual. **III** v.t.d. **3** Discutir a diminuição do preço de (um produto). ◻ SIN. pechinchar, regatear. ◻ ORTOGRAFIA O *e* muda para *ei* quando a sílaba tônica estiver na raiz do verbo →NOMEAR.

BARALHO

 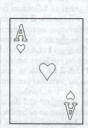 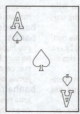 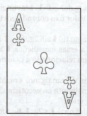 

barateiro, ra ⟨ba.ra.tei.ro, ra⟩ adj. Que vende por um preço baixo ou inferior ao habitual.

barato ⟨ba.ra.to⟩ adv. Por pouco dinheiro: *Nesse restaurante, come-se bem e barato.*

barato, ta ⟨ba.ra.to, ta⟩ ❙ adj. **1** Que tem um preço baixo ou inferior ao habitual: *Os móveis estavam muito baratos naquela loja.* **2** *pejorativo* Que não tem qualidade: *uma música barata.* ❙ s.m. **3** *informal* Sensação de prazer, especialmente se for causada pelo uso de drogas. **4** *informal* Aquilo ou aquele que se considera bom ou divertido: *Aquele jantar foi um barato!* ☐ GRAMÁTICA Na acepção 4, usa-se tanto para o masculino quanto para o feminino: *(ele/ela) é um barato.*

barba ⟨bar.ba⟩ s.f. **1** No rosto de uma pessoa, pelo que nasce no queixo e nas bochechas. **2** Em alguns animais, pelo que nasce no focinho ou na base do bico. **3** Em alguns cetáceos, especialmente se for na baleia, cada uma das barbatanas enraizadas na porção superior da boca, e que tem a função de filtrar a água e obter o alimento. ‖ **nas barbas de** alguém *informal* Em presença dele: *Roubaram a bicicleta nas suas barbas.*

barba-azul ⟨bar.ba-a.zul⟩ (pl. *barbas-azuis*) s.m. **1** Homem que enviuvou várias vezes. **2** Homem que gosta de seduzir mulheres.

barbada ⟨bar.ba.da⟩ s.f. **1** Em um cavalo, papada inferior. **2** Em uma corrida de cavalos, animal favorito para vencê-la. **3** *informal* Competição que se considera fácil de vencer.

barbadense ⟨bar.ba.den.se⟩ adj.2g./s.2g. De Barbados ou relacionado a esse país centro-americano. ☐ SIN. barbadiano.

barbadiano, na ⟨bar.ba.di.a.no, na⟩ adj./s. De Barbados ou relacionado a esse país centro-americano. ☐ SIN. barbadense.

barbado, da ⟨bar.ba.do, da⟩ adj./s. **1** Que ou quem tem barba. **2** Que ou quem está com a barba por fazer.

barbante ⟨bar.ban.te⟩ s.m. Cordão fino.

barbaridade ⟨bar.ba.ri.da.de⟩ ❙ s.f. **1** Aquilo que é dito ou feito de maneira absurda. **2** Atitude ou conjunto de ações violentas ou cruéis. ☐ SIN. barbárie. ❙ interj. **3** Expressão usada para indicar espanto ou susto: *Barbaridade! Como foi acontecer esse acidente tão horrível?*

barbárie ⟨bar.bá.rie⟩ s.f. **1** Atitude ou conjunto de ações violentas ou cruéis. ☐ SIN. barbaridade. **2** Estado daquilo ou daquele que é bárbaro ou que não parece próprio da natureza humana por sua crueldade ou violência. ☐ SIN. barbarismo.

barbarismo ⟨bar.ba.ris.mo⟩ s.m. **1** Em linguística, incorreção ou inadequação linguística que consistem na alteração da forma escrita ou falada de um vocábulo ou no uso de vocábulos impróprios. **2** Estado daquilo ou daquele que é bárbaro ou que não parece próprio da natureza humana por sua crueldade ou violência. ☐ SIN. barbárie.

bárbaro, ra ⟨bár.ba.ro, ra⟩ ❙ adj. **1** Que não parece próprio da natureza humana por sua crueldade ou violência. **2** *informal* Que é admirável. ❙ adj./s. **3** Dos povos de origem germânica que invadiram e derrubaram o Império Romano no século v, sem compartilhar os hábitos e costumes do povo invadido, e que se espalharam por grande parte do continente. **4** *pejorativo* Que ou quem tem pouca cultura ou pouca educação.

barbatana ⟨bar.ba.ta.na⟩ s.f. **1** Em um animal vertebrado aquático, cada um dos apêndices que ele usa para se impulsionar, para nadar ou para mudar de direção na água. ☐ SIN. nadadeira. **2** Tira ou haste flexíveis usadas na armação de algumas peças do vestuário.

barbeador ⟨bar.be.a.dor⟩ (Pron. [barbeadôr]) s.m. Aparelho elétrico usado para fazer a barba sem espuma ou sabão.

barbear ⟨bar.be.ar⟩ v.t.d./v.prnl. Cortar os pelos da barba ou do bigode de (alguém) ou fazer a própria barba: *Meu pai barbeia-se pelas manhãs.* ☐ ORTOGRAFIA O e muda para *ei* quando a sílaba tônica estiver na raiz do verbo →NOMEAR.

barbearia ⟨bar.be.a.ri.a⟩ s.f. Lugar em que um barbeiro trabalha, cortando e arrumando o cabelo, a barba e o bigode de seus clientes. ☐ SIN. barbeiro.

barbeiragem ⟨bar.bei.ra.gem⟩ (pl. *barbeiragens*) s.f. *informal* Erro, descuido ou falta de habilidade de quem dirige um veículo ou de quem exerce mal seu trabalho.

barbeiro, ra ⟨bar.bei.ro, ra⟩ ❙ adj./s. **1** *informal pejorativo* Que ou quem não tem habilidade para dirigir. ❙ s.m. **2** Homem que se dedica profissionalmente a cortar e arrumar o cabelo, a barba e o bigode de seus clientes. **3** Lugar em que esse homem trabalha. ☐ SIN. barbearia. **4** Inseto de hábitos noturnos que se alimenta de sangue, possui aparelho bucal sugador e transmite a doença de Chagas. ☐ GRAMÁTICA Na acepção 4, é um substantivo epiceno: *o barbeiro (macho/fêmea)*. (◉ insetos p. 456)

barbela ⟨bar.be.la⟩ s.f. Em alguns animais, prega de pele larga e pendente que começa na parte inferior do pescoço e se estende até o peito.

barbicha ⟨bar.bi.cha⟩ s.f. **1** Barba curta e rala. **2** Em alguns animais, especialmente no gado caprino, mecha de pelos da mandíbula inferior.

barbilhão ⟨bar.bi.lhão⟩ (pl. *barbilhões*) s.m. Filamento carnoso que sobressai do maxilar ou da boca de alguns peixes.

barbitúrico ⟨bar.bi.tú.ri.co⟩ s.m. Substância com propriedades hipnóticas e sedativas, derivada de um ácido orgânico cristalino.

barbudo, da ⟨bar.bu.do, da⟩ adj./s. Que ou quem tem muita barba.

barca ⟨bar.ca⟩ s.f. Embarcação pequena e larga, usada geralmente em rios para navegar, pescar ou transportar passageiros ou mercadorias.

barcaça ⟨bar.ca.ça⟩ s.f. Embarcação grande, usada para carga e descarga de navios em um porto.

barcarola ⟨bar.ca.ro.la⟩ s.f. Composição musical instrumental ou vocal, de caráter nostálgico e moderado, geralmente escrita em compasso seis por oito ou doze por oito.

barco ⟨bar.co⟩ s.m. Embarcação côncava que flutua e desliza pela água, usada como meio de transporte: *um barco a vapor; um barco a vela.*

bardo ⟨bar.do⟩ s.m. **1** Poeta heroico ou lírico que cantava os feitos de seu povo, especialmente se for dos antigos celtas. **2** Qualquer poeta ou trovador.

bareinita ⟨ba.rei.ni.ta⟩ adj.2g./s.2g. Do Barein ou relacionado a esse país asiático.

barganha ⟨bar.ga.nha⟩ s.f. **1** *informal* Negociação entre um comprador e um vendedor para diminuir o preço de um produto. **2** *informal* Troca de objetos, geralmente de pouco valor, entre seus donos.

bário ⟨bá.rio⟩ s.m. Elemento químico da família dos metais, de número atômico 56, sólido, de cor branco-amarelada, maleável e difícil de fundir. ☐ ORTOGRAFIA Seu símbolo químico é *Ba*, sem ponto.

barítono ⟨ba.rí.to.no⟩ ❙ adj.2g. **1** Em relação a um instrumento musical, que tem o registro mais grave que o tenor e mais agudo que o baixo: *um saxofone barítono.* ❙ s.m. **2** Em música, voz masculina mais grave que a do tenor e mais aguda que a do baixo. **3** Cantor que tem essa voz: *Em sua juventude foi um barítono muito famoso.*

barlavento

barlavento ⟨bar.la.ven.to⟩ s.m. Lado ou direção de onde o vento vem. ☐ USO É diferente de *sotavento* (lado ou direção opostos ao lado de onde o vento vem).

barômetro ⟨ba.rô.me.tro⟩ s.m. Instrumento que mede a pressão atmosférica.

baronesa ⟨ba.ro.ne.sa⟩ (Pron. [baronêsa]) Substantivo feminino de *barão*.

barqueiro, ra ⟨bar.quei.ro, ra⟩ s. Pessoa que conduz ou guia um barco.

barra ⟨bar.ra⟩ s.f. **1** Peça rígida, cilíndrica e mais comprida que larga: *uma barra de ferro*. **2** Alimento em forma retangular: *uma barra de chocolate*. **3** Na costa ou na desembocadura de um rio, acúmulo comprido e estreito de areia no fundo: *Essa barra pode ser perigosa para a navegação*. **4** Entrada de uma baía: *Tirou uma foto da barra da baía de Guanabara*. **5** Em uma peça do vestuário, acabamento inferior. **6** Em uma peça do vestuário, tira, geralmente de tecido, colocada como acabamento ou enfeite. **7** Em um texto escrito, sinal gráfico formado por uma linha vertical ou oblíqua, usada para separar caracteres ou palavras: *Na data 21/4/2011, as barras separam o dia, o mês e o ano*. **8** Em ginástica ou balé, aparelho formado por um travessão fixo, comprido, circular e estreito, com o qual os ginastas ou bailarinos realizam exercícios: *O ginasta se saiu muito bem nas provas de barra fixa*. **9** *informal* Situação geralmente complicada ou difícil de ser resolvida: *Aquela fase foi uma barra, hein?*

barraca ⟨bar.ra.ca⟩ s.f. **1** Tenda portátil e fácil de ser montada, que é usada como abrigo, geralmente em acampamentos: *Assim que chegamos tratamos de montar a nossa barraca*. [👁 habitação p. 420] **2** Tenda fácil de ser montada e que é usada como loja provisória: *uma barraca de camelô*. **3** Guarda-sol em formato de tenda aberta nas laterais, geralmente utilizado na praia ou na piscina.

barracão ⟨bar.ra.cão⟩ (pl. *barracões*) s.m. Edifício geralmente retangular, de um só andar e sem separações internas, usado especialmente como depósito, abrigo ou oficina.

barraco ⟨bar.ra.co⟩ s.m. **1** Casa pequena e rústica, construída com materiais leves ou precários: *Os habitantes mais pobres daquela cidade vivem em barracos sem eletricidade nem encanamento*. [👁 habitação p. 420] **2** *informal* Confusão ou escândalo: *Depois da festa eles armaram um tremendo barraco*.

barracuda ⟨bar.ra.cu.da⟩ s.f. Peixe de água salgada, predador, carnívoro, de focinho pontiagudo e mandíbula proeminente com dentes afiados. ☐ GRAMÁTICA É um substantivo epiceno: *a barracuda (macho/fêmea)*. [👁 peixes (água salgada) p. 609]

barrado, da ⟨bar.ra.do, da⟩ ▌adj. **1** Em relação a um tecido, que tem barra em seu acabamento: *uma toalha barrada*. **2** Que está coberto de barro. ▌s.m. **3** Em um tecido, barra colocada em seu acabamento: *o barrado da colcha*.

barra-garcense ⟨bar.ra-gar.cen.se⟩ (pl. *barra-garcenses*) adj.2g./s.2g. De Barra do Garças ou relacionado a essa cidade do estado brasileiro de Mato Grosso.

barragem ⟨bar.ra.gem⟩ (pl. *barragens*) s.f. Construção destinada a conter ou a regular um curso d'água. ☐ SIN. açude, dique, represa.

barranco ⟨bar.ran.co⟩ s.m. **1** Depressão de terreno profunda, especialmente se tiver declive íngreme: *Ele escorregou e por muito pouco não caiu no barranco*. ☐ SIN. barroca. **2** Em um rio ou em uma estrada, margem alta e íngreme. ∥ **aos trancos e barrancos** *informal* Com dificuldade, superando obstáculos ou de forma não contínua.

barrar ⟨bar.rar⟩ v.t.d. Impedir ou proibir: *Barraram a entrada de latas e garrafas no show*.

barreira ⟨bar.rei.ra⟩ s.f. **1** Em um lugar, cerca ou obstáculo colocados à sua volta para impedir ou dificultar a passagem: *Colocou diversas barreiras em seu terreno para impedir a entrada de estranhos*. **2** Fato ou circunstância que dificultam a realização de algo: *A sua inexperiência não foi barreira para conseguir o emprego*. **3** Na margem de um rio ou de uma estrada, lugar íngreme e sem vegetação. **4** Em uma estrada ou via, deslizamento de terra. **5** Posto fiscal para controle do tráfego de cargas ou veículos. **6** Lugar de onde se extrai barro. ∥ **barreira do som** Ponto no qual a velocidade do foco emissor de um som se iguala à velocidade do som propagado. ☐ ORTOGRAFIA Na acepção 6, escreve-se também *barreiro*.

barreiro ⟨bar.rei.ro⟩ s.m. **1** Lugar rico em sais minerais e muito procurado por animais. **2** → barreira

barrela ⟨bar.re.la⟩ s.f. Substância líquida que é usada para clarear roupas.

barrense ⟨bar.ren.se⟩ adj.2g./s.2g. De Barras ou relacionado a essa cidade do estado brasileiro do Piauí.

barrento, ta ⟨bar.ren.to, ta⟩ adj. **1** Cheio de barro. **2** Da cor do barro.

barrete ⟨bar.re.te⟩ (Pron. [barrête]) s.m. **1** Chapéu em formato quadrangular e com uma borla presa à parte superior, usado por clérigos, especialmente se forem cardeais. **2** Acessório de pano, semelhante a uma touca, que se ajusta facilmente à cabeça. ☐ SIN. gorro. **3** Em um mamífero ruminante, segundo estômago. ☐ SIN. retículo.

barretense ⟨bar.re.ten.se⟩ adj.2g./s.2g. De Barretos ou relacionado a essa cidade do estado brasileiro de São Paulo.

barrica ⟨bar.ri.ca⟩ s.f. Tonel de médio porte usado para transportar e armazenar líquidos.

barricada ⟨bar.ri.ca.da⟩ s.f. Barreira provisória feita para se defender em um combate ou para bloquear uma passagem.

barriga ⟨bar.ri.ga⟩ s.f. **1** No corpo humano ou no de outros mamíferos, parte do tronco entre o tórax e a pelve, separada pelo diafragma, em que fica a maioria dos órgãos dos sistemas digestório e urinário. ☐ SIN. abdome, ventre. **2** Em uma pessoa, protuberância que se forma nessa parte do corpo, geralmente por acúmulo de gordura: *Se continuar comendo tanto doce, ficará com barriga*. **3** Parte ressaltada de qualquer coisa. ∥ **chorar de barriga cheia** *informal* Reclamar sem motivo.

barrigada ⟨bar.ri.ga.da⟩ s.f. **1** Golpe dado com a barriga. **2** Na fêmea de um animal, gestação: *Essa é a terceira barrigada da minha gata*. **3** Conjunto de órgãos internos do abdome de um animal abatido.

barriga-verde ⟨bar.ri.ga-ver.de⟩ (pl. *barrigas-verdes*) adj.2g./s.2g. *informal* Catarinense.

barriguda ⟨bar.ri.gu.da⟩ s.f. Árvore de grande porte, de tronco grosso com reserva de água, com flores grandes, brancas ou vermelhas, e que é comum em regiões de clima seco. [👁 árvores p. 79]

barrigudo, da ⟨bar.ri.gu.do, da⟩ adj./s. Que ou quem tem barriga grande.

barril ⟨bar.ril⟩ (pl. *barris*) s.m. Recipiente em formato cilíndrico que serve para armazenar e transportar líquidos: *um barril de chope*.

barro ⟨bar.ro⟩ s.m. **1** Mistura de terra e água que resulta em uma massa pastosa: *Ele caiu no chão molhado e ficou todo sujo de barro*. ☐ SIN. lama, lodo. **2** Objeto feito dessa mistura.

barroca ⟨bar.ro.ca⟩ s.f. Depressão de terreno profunda, especialmente se seu declive for íngreme. ☐ SIN. barranco.

barroco, ca ⟨bar.ro.co, ca⟩ (Pron. [barrôco]) ▌adj. **1** Do Barroco ou com características deste estilo: *a arquitetura barroca*. ▌s.m. **2** Estilo europeu do século XVII que se caracteriza por complicação formal e exuberância ornamental: *Aleijadinho foi um dos grandes nomes do Barroco brasileiro*. **3** Período histórico em que se desenvolveu esse estilo: *No Brasil, Gregório de Matos foi o autor que mais se consagrou durante o Barroco*. ◻ ORTOGRAFIA Nas acepções 2 e 3, usa-se geralmente com inicial maiúscula por ser também um nome próprio.

barrote ⟨bar.ro.te⟩ s.m. Peça de madeira plana, grossa e com as duas faces paralelas, usada para fixar tábuas de pisos e de tetos.

barulheira ⟨ba.ru.lhei.ra⟩ s.f. Grande barulho.

barulhento, ta ⟨ba.ru.lhen.to, ta⟩ adj. Que faz ou que tem muito barulho.

barulho ⟨ba.ru.lho⟩ s.m. **1** Som confuso ou forte, especialmente se for desagradável ou incômodo: *O barulho dos vizinhos nos incomodou bastante*. **2** Tumulto ou discórdia: *A votação acabou em barulho*.

basalto ⟨ba.sal.to⟩ s.m. Rocha magmática com granulação fina, formada a partir do refinamento da lava.

basbaque ⟨bas.ba.que⟩ adj.2g./s.2g. **1** Que ou quem fica admirado com facilidade. **2** *pejorativo* Que ou quem é tolo.

basculante ⟨bas.cu.lan.te⟩ s.m. Janela com vidraças e folhas que se abrem sobre um eixo.

base ⟨ba.se⟩ s.f. **1** Em uma construção, parte que fica abaixo da superfície edificada e que é responsável por sua sustentação: *as bases de um prédio*. ◻ SIN. alicerce, fundação. **2** Apoio ou fundamento com que algo se sustenta: *A base do seu sucesso foi o trabalho*. **3** Lugar especialmente preparado para uma determinada atividade: *uma base aérea*. **4** Em um acabamento, a primeira camada a ser recoberta. **5** Em uma mistura, substância que é a principal e que prevalece: *A base dessa receita é o coco*. **6** Em química, composto geralmente formado por um metal e por oxigênio e hidrogênio e que, quando combinado com um ácido, forma um sal e água. **7** Em uma figura geométrica, segmento de reta ou superfície sobre a qual ela se apoia, e que é usado como referência para definições, cálculos e desenvolvimentos lógicos sobre ela: *Para calcular a área de um retângulo, multiplica-se sua base por sua altura*. ║ **base de dados** Em informática, conjunto de dados armazenados de forma tabular sobre um determinado tema: *A empresa tem uma base de dados com informações sobre todos os clientes*. ◻ SIN. banco de dados. ║ **base espacial** Lugar destinado ao apoio às naves espaciais.

baseado ⟨ba.se.a.do⟩ s.m. *informal* Cigarro de maconha.

basear ⟨ba.se.ar⟩ ▌v.t.d.i./v.prnl. **1** Apoiar(-se) ou fundamentar(-se) (algo) [em uma base]: *Basearam o filme em uma história verdadeira*. ▌v.t.d. **2** Ser a base de (algo): *A honra deve basear nossas ações*. ◻ ORTOGRAFIA O e muda para ei quando a sílaba tônica estiver na raiz do verbo →NOMEAR. ◻ GRAMÁTICA Na acepção 1, usa-se a construção *basear(-se) em algo*.

básico, ca ⟨bá.si.co, ca⟩ adj. **1** Da base ou do fundamento de algo. **2** Indispensável ou essencial: *o saneamento básico*. **3** Em relação a um composto químico, que forma um sal e água quando combinado com um ácido. ◻ SIN. alcalino.

basilar ⟨ba.si.lar⟩ adj.2g. **1** *formal* Básico. **2** Que é parte da base.

basílica ⟨ba.sí.li.ca⟩ s.f. Igreja que goza de certos privilégios.

basquete ⟨bas.que.te⟩ s.m. Esporte que se pratica entre duas equipes de cinco jogadores cada, em que se tenta introduzir uma bola na cesta da equipe adversária somente com o auxílio das mãos. ◻ SIN. bola ao cesto. ◻ USO É a forma reduzida e mais usual de *basquetebol*.

basquetebol ⟨bas.que.te.bol⟩ (pl. *basquetebóis*) s.m. →basquete

basta ⟨bas.ta⟩ interj. Expressão usada para pôr fim a uma ação ou a um discurso: *Basta! Não queiro mais ouvir!* ║ **dar um basta em** algo *informal* Pôr fim nele: *Irritado, deu um basta na conversa*.

bastante ⟨bas.tan.te⟩ ▌pron.indef. **1** Em número suficiente ou muitos: *Há bastantes pessoas aqui*. ▌adv. **2** Em quantidade indefinida, mas suficiente: *Gostei bastante do livro*. **3** Mais que o necessário ou que o normal: *Está chovendo bastante*.

bastão ⟨bas.tão⟩ (pl. *bastões*) s.m. **1** Peça cilíndrica e comprida, de madeira, metal, ou outro material rígido, usada geralmente como apoio para caminhar. **2** Distintivo simbólico que confere autoridade a quem ocupa um elevado posto na hierarquia militar. **3** Forma cilíndrica sob a qual alguns produtos se apresentam: *cola em bastão*.

bastar ⟨bas.tar⟩ v.t.i./v.int. Ser suficiente ou ser o bastante [para algo ou alguém]: *Esse dinheiro basta para as compras*.

bastardo, da ⟨bas.tar.do, da⟩ adj./s. Que ou quem nasceu fora do matrimônio.

bastião ⟨bas.ti.ão⟩ (pl. *bastiães, bastiãos ou bastiões*) s.m. Em uma fortificação, parte avançada destinada à defesa e à vigia do lado externo. ◻ SIN. baluarte.

bastidor ⟨bas.ti.dor⟩ (Pron. [bastidôr]) ▌s.m. **1** Armação retangular ou em forma de aro, que tem um espaço vazio em seu interior e que serve para fixar ou montar algo, geralmente tecidos: *Minha avó borda com um bastidor de madeira*. ▌s.m.pl. **2** Espaço que fica atrás de um cenário e que geralmente não pode ser visto pelo público: *Depois da peça fomos aos bastidores parabenizar os atores*. ◻ SIN. backstage.

basto, ta ⟨bas.to, ta⟩ adj. **1** Que é denso ou espesso. **2** Abundante ou numeroso.

bastonada ⟨bas.to.na.da⟩ s.f. Golpe dado com um bastão.

bastonete ⟨bas.to.ne.te⟩ (Pron. [bastonête]) s.m. **1** Bastão pequeno. **2** Em biologia, célula localizada na retina, altamente sensível à luz e insensível à cor.

bata ⟨ba.ta⟩ s.f. **1** Peça do vestuário folgada e confortável, que cobre o tronco até o quadril ou até as pernas. **2** Peça do vestuário confortável e leve, que se coloca sobre a roupa para protegê-la ou como medida de higiene: *Os funcionários do hospital usam batas brancas*.

batalha ⟨ba.ta.lha⟩ s.f. **1** Combate entre duas forças militares: *uma batalha aérea*. **2** Confronto de ideias ou enfrentamento entre duas ou mais pessoas: *A batalha entre os dois candidatos promete ser árdua*. **3** Luta ou empenho: *A batalha contra a fome no mundo é responsabilidade de todos*.

batalhador, -a ⟨ba.ta.lha.dor, do.ra⟩ (Pron. [batalhadôr], [batalhadôra]) adj./s. **1** Que ou quem luta com alguém ou o enfrenta. **2** Que ou quem luta ou se empenha para conseguir algo.

batalhão ⟨ba.ta.lhão⟩ (pl. *batalhões*) s.m. **1** No Exército, especialmente na infantaria, unidade tática com o mesmo tipo de armas e que é composta por várias companhias: *Os dois serviram no mesmo batalhão durante aquela guerra*. **2** Grupo muito numeroso de pessoas: *Um batalhão de jornalistas aguardava a saída da atriz*.

batalhar ⟨ba.ta.lhar⟩ ▌v.t.d./v.int. **1** Combater ou lutar usando armas. ▌v.t.d./v.t.i. **2** Lutar por (um objetivo) ou empenhar-se [para conseguir algo]: *Ela batalhou muito para alcançar seus sonhos*.

batata

batata 〈ba.ta.ta〉 s.f. **1** Planta herbácea com flores roxas, brancas ou lilases em formato de sino, e cujo tubérculo, amarelado, arredondado e suculento, é comestível. ☐ SIN. batata-inglesa. **2** Esse tubérculo. ☐ SIN. batata-inglesa.

batata-doce 〈ba.ta.ta-do.ce〉 (Pron. [batata-dôce]) (pl. *batatas-doces*) s.f. **1** Planta herbácea com folhas em formato de coração, flores vermelhas, brancas, rosa ou roxas, e cuja raiz, espessa, de casca roxa ou marrom e de sabor adocicado, é comestível. **2** Essa raiz.

batata-inglesa 〈ba.ta.ta-in.gle.sa〉 (Pron. [batata-inglêsa]) (pl. *batatas-inglesas*) s.f. **1** Planta herbácea com flores roxas, brancas ou lilases em formato de sino, e cujo tubérculo, amarelado, arredondado e suculento, é comestível. ☐ SIN. batata. **2** Esse tubérculo. ☐ SIN. batata.

bate-boca 〈ba.te-bo.ca〉 (Pron. [bate-bôca]) (pl. *bate-bocas*) s.m. *informal* Discussão exaltada.

bate-bola 〈ba.te-bo.la〉 (pl. *bate-bolas*) s.m. **1** Em futebol, aquecimento em que os jogadores fazem troca de passes. **2** *informal* Partida de futebol informal, geralmente entre amigos.

batedeira 〈ba.te.dei.ra〉 s.f. Eletrodoméstico que serve para triturar ou bater produtos alimentícios, por meio de hélices ou colheres em movimento. [◉ eletrodomésticos p. 292]

batedor, -a 〈ba.te.dor, do.ra〉 (Pron. [batedôr], [batedôra]) adj./s. **1** Que ou quem bate. **2** Que ou quem se adianta a um grupo ou a alguém para reconhecer terreno ou abrir caminho.

bátega 〈bá.te.ga〉 s.f. Chuva forte e violenta. ☐ USO Usa-se geralmente a forma plural *bátegas*.

bateia 〈ba.tei.a〉 (Pron. [batêia] ou [batéia]) s.f. Bacia redonda com grande diâmetro e pouca profundidade, usada para lavar cascalho ou areia, em busca de metais e pedras preciosas.

batel 〈ba.tel〉 (pl. *batéis*) s.m. Embarcação pequena, atravessada por tábuas que servem de assento, muito utilizada em pequenas pescarias.

batelada 〈ba.te.la.da〉 s.f. **1** Carga levada em um batel. **2** *informal* Grande quantidade: *Tenho uma batelada de coisas para fazer.*

batelão 〈ba.te.lão〉 (pl. *batelões*) s.m. Embarcação usada para transportar carga pesada.

batente 〈ba.ten.te〉 s.m. **1** Em uma porta ou janela, conjunto da parte superior horizontal e das duas peças laterais que as suspende. **2** *informal* Trabalho diário.

bate-papo 〈ba.te-pa.po〉 (pl. *bate-papos*) s.m. **1** *informal* Conversa informal. **2** Na internet, conversa informal, em tempo real, entre usuários. ☐ SIN. chat.

bater 〈ba.ter〉 ❙ v.t.d./v.t.i./v.int. **1** Golpear (algo) ou dar pancadas [em alguém]: *Ele bateu no colega e levou uma suspensão.* **2** Chocar(-se) violentamente (um corpo) ou provocar colisão [de algo]: *Bateu o carro em uma árvore, mas saiu ileso. Bati com o braço na quina da mesa.* ❙ v.t.d. **3** Mover de forma vigorosa: *O beija-flor chega a bater as asas mais de setenta vezes por segundo.* ❙ v.t.i. **4** Em relação ao sol, ao ar e à água, recair diretamente [em algum lugar]: *Pelas manhãs, o sol bate no meu quarto.* ❙ v.t.d. **5** Misturar ou agitar (uma substância, especialmente se for líquida) até que fique densa ou se dissolva: *Para fazer o bolo, comece batendo as claras em neve.* ❙ v.t.d./v.t.i. **6** Fechar (algo aberto, especialmente se for uma porta) ou bloquear uma passagem [com uma porta]: *Por favor, bata a porta depois de sair.* ❙ v.t.i./v.int. **7** Ser igual ou ter correspondência [com algo]: *Vamos refazer as contas, pois os números não estão batendo.* ❙ v.t.d. **8** Tirar (uma fotografia): *Vamos bater uma foto todos juntos?* ❙ v.t.d./v.int. **9** Fazer soar ou soar (um objeto sonoro): *O sacristão bateu o sino antes da missa.* ❙ v.t.d. **10** Vencer ou derrotar (um adversário): *Ainda não conseguimos bater esse time.* **11** Superar (um recorde): *O nadador bateu o recorde sul-americano de nado borboleta.* **12** Realizar (uma jogada): *O goleiro pediu para bater o pênalti.* **13** Explorar ou examinar minuciosamente (um terreno): *A polícia bateu a região em busca do fugitivo.* **14** Digitar (um texto escrito): *Já tenho a ideia do texto, só falta batê-lo.* ❙ v.int. **15** Dar batidas (o coração, as veias ou outra parte que pulsa). ❙ v.t.i./v.int./v.prnl. **16** *informal* Simpatizar(-se) ou ter afinidades [com alguém]: *Batemos desde o primeiro minuto.* ❙ v.t.d. **17** *informal* Comer: *Batemos uma feijoada toda quarta-feira.* ☐ GRAMÁTICA Na acepção 4, usa-se a construção *bater* EM *algo*.

bateria 〈ba.te.ri.a〉 s.f. **1** Conjunto de peças montadas em uma mesma estrutura, pertencente à família dos instrumentos de percussão, muito usado no *jazz*, no *rock* e na música *pop*: *Para o desgosto dos vizinhos, decidiu aprender a tocar bateria.* [◉ instrumentos de percussão p. 614] **2** Em uma escola de samba, ala rítmica composta por pessoas que tocam os instrumentos de percussão: *A bateria do Salgueiro esteve impecável no desfile deste ano.* **3** Em um exército, conjunto de peças de artilharia dispostas para abrir fogo: *uma bateria antiaérea.* **4** Em um exército, unidade de tiro composta por quatro ou seis peças de artilharia, o veículo que as move e os comandantes e artilheiros que as dirigem e disparam. **5** Série ou conjunto numeroso de algo: *Depois de ter desmaiado, submeteu-se a uma bateria de exames.* **6** Conjunto dos utensílios usados na cozinha. **7** Em física, aparelho formado por uma ou várias pilhas, que permite o acúmulo de energia elétrica e seu posterior uso: *Deixamos os faróis do carro acesos e a bateria descarregou.* **8** Em uma competição, cada uma de suas etapas: *Aquele atleta terminou a primeira bateria em último lugar.*

baterista 〈ba.te.ris.ta〉 s.2g. Músico que toca bateria.

batida 〈ba.ti.da〉 s.f. **1** Choque violento entre dois corpos: *Vi uma batida de carros nesta manhã.* **2** Barulho causado por esse choque: *Assim que ouviram a batida, saíram correndo para ver o que acontecera.* **3** Cada ciclo de contrações e dilatações musculares do coração ou das artérias: *Quando corremos, a batida do coração fica mais acelerada.* ☐ SIN. batimento. **4** Bebida que se prepara misturando diversos ingredientes, geralmente cachaça e frutas: *uma batida de maracujá.* **5** Em música, pulso, unidade ou ritmo que se repetem regularmente no tempo: *a batida do rap.* **6** Registro ou reconhecimento minucioso de um lugar ou grupo de pessoas: *A polícia encontrou narcóticos ao fazer uma batida naquele galpão.*

batido 〈ba.ti.do〉 adv. *informal* Rapidamente: *Saíram batido para não chegar tarde.*

batido, da 〈ba.ti.do, da〉 adj. **1** *informal* Usado ou gasto. **2** *informal* Comum: *O argumento desse filme é muito batido.*

batimento 〈ba.ti.men.to〉 s.m. Cada ciclo de contrações e dilatações musculares do coração ou das artérias: *os batimentos cardíacos.* ☐ SIN. batida.

batina 〈ba.ti.na〉 s.f. Vestimenta que vai do pescoço até os pés, e que geralmente é usada por padres.

batismo 〈ba.tis.mo〉 s.m. **1** Em algumas religiões, ritual de conversão ou de profissão de fé: *Para ser católico é necessário receber o batismo.* ☐ SIN. batizado. **2** Administração desse ritual e cerimônia ou festa de comemoração: *Fomos convidados para o batismo da filha deles.*

□ SIN. batizado. **3** Celebração em que se benze e se atribui nome a um aparelho, a um veículo ou a um objeto: *o batismo de um navio.*
batista ⟨ba.tis.ta⟩ adj.2g./s.2g. De uma doutrina protestante que tem como princípio o batismo por imersão ministrado a pessoas adultas, ou relacionado a ela.
batistério ⟨ba.tis.té.rio⟩ s.m. **1** Lugar em que se encontra a pia que se utiliza em batismos, geralmente localizada à entrada de uma igreja. **2** Construção próxima a um templo, onde se ministra o sacramento do batismo.
batizado ⟨ba.ti.za.do⟩ s.m. **1** Em algumas religiões, ritual de conversão ou de profissão de fé. □ SIN. batismo. **2** Administração desse ritual e cerimônia ou festa de comemoração. □ SIN. batismo.
batizar ⟨ba.ti.zar⟩ v.t.d. **1** Em algumas religiões, dar o batismo a (alguém): *Batizaram o filho poucos dias após o nascimento.* **2** No cristianismo, apadrinhar (alguém): *Minha tia me batizou.* **3** Atribuir nome para distinguir ou individualizar: *Ela batizou o cachorro de Totó.* **4** *informal* Acrescentar água a (um líquido, especialmente se for a gasolina), com objetivo de adulterá-lo: *Batizar a gasolina e vendê-la é crime.* □ GRAMÁTICA Na acepção 3, o objeto pode vir acompanhado de um complemento que o qualifica: *Ela batizou o cachorro de Totó.*
batom ⟨ba.tom⟩ (pl. *batons*) s.m. Cosmético que serve para pintar os lábios, geralmente em formato de barra.
batoque ⟨ba.to.que⟩ s.m. →botoque
batota ⟨ba.to.ta⟩ s.f. **1** Casa de jogo. **2** Trapaça, especialmente se for em um jogo.
batráquio, quia ⟨ba.trá.quio, quia⟩ ▌adj./s.m. **1** Em relação a um vertebrado, que tem o sangue frio, com corpo sem pelo nem pluma, que necessita de um meio aquático ou muito úmido para nascer e viver e que, quando larva, tem características muito diferentes das do adulto. ▌s.m.pl. **2** Em zoologia, ordem desses vertebrados.
batucada ⟨ba.tu.ca.da⟩ s.f. **1** Evento musical popular, geralmente festivo, que reúne pessoas que tocam ritmos variados com instrumentos de percussão. **2** Ritmo feito por instrumentos de percussão. □ SIN. batuque.
batucar ⟨ba.tu.car⟩ ▌v.t.d./v.int. **1** Fazer (um som ou um barulho) com batucadas ou produzir batidas ritmadas: *Alguns moços batucavam na praça.* ▌v.int. **2** Dançar ou cantar um batuque. □ ORTOGRAFIA Antes de e, o c muda para qu →BRINCAR.
batuque ⟨ba.tu.que⟩ s.m. **1** Dança de origem afro-brasileira, geralmente acompanhada por instrumentos de percussão e por canto. **2** Ritmo feito por instrumentos de percussão. □ SIN. batucada. □ ORIGEM É uma palavra de origem africana.
batuta ⟨ba.tu.ta⟩ ▌adj.2g. **1** *informal* Bom ou positivo: *uma pessoa batuta.* ▌adj.2g./s.2g. **2** *informal* Que ou quem é habilidoso ou capaz: *Ela é batuta em química.* ▌s.f. **3** Em música, vareta pequena e leve feita de madeira ou de fibra, usada pelo maestro para reger uma orquestra ou uma banda: *O maestro deixou cair a sua batuta no meio do concerto.*
baú ⟨ba.ú⟩ s.m. **1** Caixa grande, que possui uma tampa arqueada geralmente presa por dobradiças: *Guardamos as fotografias antigas neste baú.* **2** Em um caminhão, parte traseira fechada e destinada ao transporte de carga.
baunilha ⟨bau.ni.lha⟩ s.f. **1** Planta trepadeira de caule grosso e verde, com muitos nós, folhas inteiriças, flores grandes e esverdeadas, e cujo fruto tem formato de vagem. **2** Esse fruto. **3** Substância extraída desse fruto.
bauru ⟨bau.ru⟩ s.m. Sanduíche quente, geralmente feito à base de rosbife ou presunto, queijo e tomate.
bauruense ⟨bau.ru.en.se⟩ adj.2g./s.2g. De Bauru ou relacionado a essa cidade do estado brasileiro de São Paulo.

bauxita ⟨bau.xi.ta⟩ s.f. Mineral mole de cor esbranquiçada, acinzentada ou avermelhada, constituído por hidróxidos e óxidos de alumínio hidratados, e por uma série de impurezas como silicato e hidróxido de ferro.
bávaro, ra ⟨bá.va.ro, ra⟩ adj./s. Da Baviera ou relacionado a essa região alemã.
bayeusense ⟨bay.eu.sen.se⟩ adj.2g./s.2g. De Bayeux ou relacionado a essa cidade do estado brasileiro de Paraíba.
bazar ⟨ba.zar⟩ s.m. **1** Loja em que se vendem objetos diversos e variados. **2** Venda desses objetos com fins beneficentes.
bazófia ⟨ba.zó.fia⟩ s.f. Vaidade ou presunção excessivas.
bazofiar ⟨ba.zo.fi.ar⟩ v.t.d./v.t.i./v.int. Envaidecer (uma qualidade) ou vangloriar(-se) [das próprias ações]: *Costumava bazofiar seu sucesso.*
bazuca ⟨ba.zu.ca⟩ s.f. Arma portátil, formada por um tubo aberto em um dos lados, e que se apoia no ombro para lançar projéteis.
bê s.m. Nome da letra *b.*
bê-á-bá ⟨bê-á-bá⟩ (pl. *bê-á-bás*) s.m. **1** Alfabeto: *aprender o bê-á-bá.* **2** Princípios elementares de uma ciência ou de um ofício: *Este livro ensina o bê-á-bá da química.*
beata ⟨be.a.ta⟩ s.f. Mulher que vive em um convento e usa hábito religioso, mas que não pertence à ordem.
beatice ⟨be.a.ti.ce⟩ s.f. *pejorativo* Devoção religiosa ou virtude exageradas ou falsas.
beatificação ⟨be.a.ti.fi.ca.ção⟩ (pl. *beatificações*) s.f. Ato ou efeito de beatificar.
beatificar ⟨be.a.ti.fi.car⟩ v.t.d. Na Igreja Católica, declarar (alguém) oficialmente como modelo de vida cristã e digna de ser cultuada. □ ORTOGRAFIA Antes de e, o c muda para qu →BRINCAR.
beatitude ⟨be.a.ti.tu.de⟩ s.f. **1** Na Igreja Católica, satisfação plena dos que estão no céu. □ SIN. bem-aventurança. **2** Serenidade ou felicidade intensas.
beato, ta ⟨be.a.to, ta⟩ adj./s. **1** Na Igreja Católica, que ou quem, segundo a ordem do papa, foi declarado modelo de vida cristã e digno de ser cultuado. **2** Que ou quem é muito devoto às práticas religiosas. **3** Que ou quem tem serenidade ou felicidade grandes. **4** *pejorativo* Que ou quem mostra devoção religiosa ou virtude exageradas.
bêbado, da ⟨bê.ba.do, da⟩ ▌adj. **1** Tonto ou zonzo. ▌adj./s. **2** Que ou quem tem as capacidades físicas ou mentais temporariamente diminuídas por causa do consumo excessivo de bebidas alcoólicas. **3** Que ou quem se embobeda habitualmente. □ ORTOGRAFIA Escreve-se também *bêbedo.*
bebê ⟨be.bê⟩ s.2g. →**bebê**
bebê ⟨be.bê⟩ s.2g. Pessoa recém-nascida ou de poucos meses, que ainda não anda. ‖ **bebê de proveta** Aquele que é concebido por meio de fecundação *in vitro*, ou seja, por meio da fecundação do óvulo fora do útero. □ ORTOGRAFIA Escreve-se também *bebé.*
bebedeira ⟨be.be.dei.ra⟩ s.f. Estado de limitação das capacidades físicas ou mentais que resulta da ingestão excessiva de bebidas alcoólicas. □ SIN. embriaguez.
bêbedo, da ⟨bê.be.do, da⟩ adj./s. →**bêbado, da**
bebedoiro ⟨be.be.doi.ro⟩ s.m. →**bebedouro**
bebedouro ⟨be.be.dou.ro⟩ s.m. **1** Lugar de onde se pode tirar água potável. **2** Lugar onde o gado bebe água. □ ORTOGRAFIA Escreve-se também *bebedoiro.*
beber ⟨be.ber⟩ ▌v.t.d./v.int. **1** Tomar ou ingerir (um líquido): *Beber água é fundamental para o nosso organismo.* ▌v.int. **2** Consumir bebidas alcoólicas: *Beber muito faz mal à saúde.* ▌v.t.d. **3** Absorver (um líquido): *A planta bebeu toda a água do vaso.* **4** Obter ou aprender (conhecimentos, ideias ou algo semelhante) de algo ou alguém: *Lendo seu romance, percebe-se que o autor bebeu das fontes*

beberagem

clássicas. **5** *informal* Em um veículo, consumir em excesso (combustível): *O carro é bom, mas bebe muita gasolina.*
beberagem ⟨be.be.ra.gem⟩ (pl. *beberagens*) s.f. **1** Infusão caseira à base de ervas medicinais. **2** Bebida de sabor estranho ou desagradável.
bebericar ⟨be.be.ri.car⟩ v.t.d. Beber aos poucos e em pequenos goles. ▫ ORTOGRAFIA 1. Escreve-se também *beberricar*. **2.** Antes de *e*, o *c* muda para *qu* →BRINCAR.
beberrão ⟨be.ber.rão⟩ (pl. *beberrões*) adj./s.m. Em relação a uma pessoa, que exagera no consumo de bebidas alcoólicas. ▫ GRAMÁTICA Seu feminino é *beberrona.*
beberricar ⟨be.ber.ri.car⟩ v.t.d. →**bebericar** ▫ ORTOGRAFIA Antes de *e*, o *c* muda para *qu* →BRINCAR.
beberrona ⟨be.ber.ro.na⟩ (Pron. [beberrôna]) Feminino de *beberrão*.
bebida ⟨be.bi.da⟩ s.f. **1** Líquido que pode ser ingerido: *Sua bebida favorita é o suco de laranja.* **2** Líquido alcoólico que pode ser ingerido: *A polícia apreendeu bebida contrabandeada do Paraguai.* **3** Consumo habitual e excessivo desse líquido alcoólico: *Ele estava se afundando na bebida.*
bebum ⟨be.bum⟩ (pl. *bebuns*) adj.2g./s.2g. *informal* Beberrão.
beca ⟨be.ca⟩ s.f. Traje largo, comprido, usado por cima da roupa habitual e em ocasiões específicas, especialmente se for por pessoas do âmbitos judiciário ou universitário. ▫ SIN. toga.
beça ⟨be.ça⟩ ‖ **à beça** *informal* Em grande quantidade: *Havia comida à beça na festa.*
bécher ⟨bé.cher⟩ (Pron. [béquer]) s.m. Recipiente de vidro, com formato cilíndrico e usado em laboratórios químicos. ▫ ORTOGRAFIA Escreve-se também *béquer.*
beco ⟨be.co⟩ (Pron. [bêco]) s.m. Rua estreita ou pequena. ▫ SIN. ruela, viela. ‖ **beco sem saída** *informal* Assunto ou problema difíceis de resolver: *Endividou-se muito e agora está em um beco sem saída.*
bedel ⟨be.del⟩ (pl. *bedéis*) s.m. Em uma instituição de ensino, pessoa que se dedica profissionalmente a dar informações, manter a ordem, administrar os materiais, entre outras atividades. ▫ GRAMÁTICA Usa-se tanto para o masculino quanto para o feminino: *(ele/ela) é um bedel.*
bedelho ⟨be.de.lho⟩ (Pron. [bedêlho]) s.m. Em uma porta, tranca corrediça. ‖ **meter o bedelho** *informal* Intrometer-se: *Não gosto quando metem o bedelho em minhas conversas.*
beduíno, na ⟨be.du.i.no, na⟩ adj./s. Dos árabes nômades dos desertos norte-africanos ou relacionado a eles.
bege ⟨be.ge⟩ adj.2g./2n./s.m. De cor marrom muito clara.
begônia ⟨be.gô.nia⟩ s.f. **1** Planta herbácea de caule carnoso, com folhas grandes e dentadas em formato de coração, verdes por cima e avermelhadas por baixo, e com flores pequenas, brancas, vermelhas ou rosadas. **2** Flor dessa planta.
beiço ⟨bei.ço⟩ s.m. **1** *informal* Lábio. **2** Em um objeto, sua borda retorcida: *o beiço de um jarro.* ‖ **lamber os beiços** *informal* Ficar contente ou demonstrar satisfação: *Lambeu os beiços ao receber a notícia.*
beiçola ⟨bei.ço.la⟩ ▪ s.f. **1** *informal* Lábio grande ou carnudo. ▪ s.m. **2** *informal pejorativo* Pessoa que tem esse lábio.
beiçudo, da ⟨bei.çu.do, da⟩ adj./s. *informal pejorativo* Que ou quem tem lábio grande ou carnudo.
beija-flor ⟨bei.ja-flor⟩ (Pron. [beija-flôr]) (pl. *beija-flores*) s.m. Pássaro de bico comprido e fino, e com plumagem de cores vivas. ▫ SIN. colibri. ▫ GRAMÁTICA É um substantivo epiceno: *o beija-flor (macho/fêmea).* [👁 *aves* p. 92]
beija-mão ⟨bei.ja-mão⟩ (pl. *beija-mãos*) s.m. Forma de cumprimentar uma pessoa, beijando-lhe a mão direita ou fingindo fazer esse gesto.

beijar ⟨bei.jar⟩ v.t.d./v.prnl. Apertar ou tocar (algo) com os lábios com uma pequena aspiração ou dar(-se) beijos.
beijo ⟨bei.jo⟩ s.m. **1** Toque ou pressão feitos com os lábios com uma pequena aspiração: *Deu-me um beijo antes de sair.* **2** Gesto que se faz beijando o ar para cumprimentar alguém: *Do trem, mandou um último beijo para a namorada.* **3** Expressão usada para se despedir: *Tchau, um beijo!*
beijoca ⟨bei.jo.ca⟩ s.f. Beijo leve ou acompanhado por um estalo.
beijoqueiro, ra ⟨bei.jo.quei.ro, ra⟩ adj./s. *informal* Que ou quem dá muitos beijos.
beira ⟨bei.ra⟩ s.f. Linha ou região limite que mostra a separação entre duas coisas ou o fim de uma delas: *Não deixe o copo na beira da mesa, ele pode cair.* ▫ SIN. beirada. ‖ **à beira de** Muito próximo de: *Dizia que estava à beira de um ataque de nervos.*
beirada ⟨bei.ra.da⟩ s.f. **1** Linha ou região limite que mostra a separação entre duas coisas ou o fim de uma delas: *Ficamos sentados na beirada da cama, conversando.* ▫ SIN. beira. **2** Região vizinha ou muito próxima. **3** *informal* Pequena parte: *Quero só uma beirada da torta.*
beiral ⟨bei.ral⟩ (pl. *beirais*) s.m. Em um telhado, parte inferior que sobressai à parede e serve para desviar as águas da chuva.
beira-mar ⟨bei.ra-mar⟩ (pl. *beira-mares*) s.f. Em uma orla marítima, extensão mais ou menos plana de areia. ‖ **à beira-mar** Em frente ao mar.
beirar ⟨bei.rar⟩ v.t.d. Aproximar-se ou estar próximo de (algo): *Sua casa de praia beira o mar.*
beisebol ⟨bei.se.bol⟩ (pl. *beisebóis*) s.m. Esporte que se joga entre duas equipes com nove jogadores cada, os quais tentam percorrer o maior número de vezes os quatro postos ou bases do terreno de jogo no intervalo de tempo em que a bola rebatida chega a uma das bases, na mão do defensor.
bel (pl. *bels*) s.m. Unidade básica de nível de intensidade sonora. ▫ ORTOGRAFIA Seu símbolo é *B*, sem ponto.
beladona ⟨be.la.do.na⟩ (Pron. [beladôna]) s.f. Planta herbácea venenosa, com folhas largas, simples e alternas, flores vermelho-arroxeadas em formato de sino, e fruto redondo e carnoso. ▫ ORIGEM É uma palavra que vem do italiano *belladonna* (mulher bela), pelo suposto uso dessa planta como base para cosméticos.
belas-artes ⟨be.las-ar.tes⟩ s.f.pl. Manifestação artística que tem como objetivo expressar a beleza: *Era um estudioso das belas-artes, em especial da pintura e da escultura.*
belchior ⟨bel.chi.or⟩ s.m. Estabelecimento comercial no qual se vendem objetos usados, geralmente roupas. ▫ SIN. brechó, bricabraque.
beldade ⟨bel.da.de⟩ s.f. **1** *literário* Beleza ou formosura, especialmente se forem as de uma mulher. **2** Mulher de beleza excepcional.
belenense ⟨be.le.nen.se⟩ adj.2g./s.2g. De Belém ou relacionado à capital do estado brasileiro do Pará.
beleza ⟨be.le.za⟩ ▪ s.f. **1** Conjunto de qualidades que se percebem pela visão ou pela audição e que causam prazer: *uma paisagem de grande beleza.* **2** Aquilo ou alguém que se destaca por sua formosura: *Aquele carro é uma beleza.* ▪ interj. **3** *informal* Muito bem: *E aí? Tudo bem? Beleza!*
belford-roxense ⟨bel.ford-ro.xen.se⟩ (pl. *belford-roxenses*) adj.2g./s.2g. De Belford Roxo ou relacionado a essa cidade do estado brasileiro do Rio de Janeiro.
belga ⟨bel.ga⟩ adj.2g./s.2g. Da Bélgica ou relacionado a esse país europeu.

beliche ⟨be.li.che⟩ s.m. **1** Móvel formado por duas ou mais camas sobrepostas. **2** Cada uma das camas, geralmente estreita e simples, que forma esse móvel. ☐ USO Na acepção 1, é diferente de *bicama* (móvel formado por duas camas encaixadas uma na outra).

bélico, ca ⟨bé.li.co, ca⟩ adj. Da guerra ou relacionado a ela.

belicoso, sa ⟨be.li.co.so, sa⟩ (Pron. [belicôso], [belicósa], [belicósos], [belicósas]) adj. **1** Que é guerreiro ou que tem inclinação à guerra. **2** Que é agressivo ou inclinado a discussões e brigas.

beligerante ⟨be.li.ge.ran.te⟩ adj.2g./s.2g. Em relação geralmente a um país, que participa de uma guerra ou de um confronto.

beliscão ⟨be.lis.cão⟩ (pl. *beliscões*) s.m. Pressão forte feita com os dedos ou com as unhas em uma pequena porção de pele e carne.

beliscar ⟨be.lis.car⟩ ▌ v.int./v.prnl. **1** Pressionar fortemente com os dedos ou com as unhas uma pequena porção de pele e carne: *Ele se beliscou para ver se estava sonhando*. ▌ v.t.d. **2** Pressionar fortemente com os dedos ou com as unhas (uma pequena porção de pele e carne): *Beliscou seu braço para que parasse de falar*. **3** Machucar levemente: *Ela beliscou o dedo ao fechar a janela*. ▌ v.t.d./v.int. **4** Pegar uma pequena quantidade de (algo) ou petiscar: *Posso beliscar um pouquinho do seu bolo?* ☐ ORTOGRAFIA Antes de *e*, o *c* muda para *qu* →BRINCAR.

belizenho, nha ⟨be.li.ze.nho, nha⟩ (Pron. [belizênho]) adj./s. De Belize ou relacionado a esse país centro-americano.

belo, la ⟨be.lo, la⟩ ▌ adj. **1** Que causa prazer ao ter suas qualidades percebidas pela visão ou pela audição: *um belo pôr do sol*. **2** Que tem qualidades que são consideradas positivas: *uma bela mulher*. **3** Que é vantajoso: *Ele me fez uma bela proposta*. **4** Numeroso ou abundante: *O avô lhes deixou uma bela fortuna*. ▌ s.m. **5** *literário* Beleza: *A arte é uma expressão do belo*.

belo-horizontino, na ⟨be.lo-ho.ri.zon.ti.no, na⟩ (pl. *belo-horizontinos*) adj./s. De Belo Horizonte ou relacionado à capital do estado brasileiro de Minas Gerais.

belonave ⟨be.lo.na.ve⟩ s.f. Navio de guerra.

bel-prazer ⟨bel-pra.zer⟩ (Pron. [bel-prazèr]) (pl. *bel-prazeres*) s.m. Vontade pessoal. ▌ **a (seu) bel-prazer** Seguindo a própria vontade: *Ela faz tudo a seu bel-prazer, ignorando os demais*.

beltrano, na ⟨bel.tra.no, na⟩ s. *informal* Pessoa qualquer. ☐ USO Usa-se na expressão *fulano, beltrano e sicrano*.

bem ▌ s.m. **1** Aquilo ou aquele que é útil ou conveniente, ou que proporciona bem-estar ou felicidade: *Os pais sempre procuram o bem dos filhos*. **2** Em filosofia, aquilo que se considera a perfeição absoluta ou que reúne em si mesmo tudo o que é moralmente bom e perfeito: *Procurou sempre praticar o bem em seus atos*. **3** Posse ou riqueza: *Entre seus bens estavam apartamentos e carros de luxo*. ▌ adv. **4** Com saúde ou com aspecto saudável: *Estava doente, mas agora já está bem*. **5** Sem dificuldade ou de maneira correta, acertada ou conveniente: *Ela trabalha muito bem*. **6** Conforme o previsto ou desejado: *Tudo acabou bem*. **7** Com gosto ou de boa vontade: *Eu bem que iria com vocês se tivesse tempo*. **8** Anteposto a um adjetivo, muito ou bastante: *Chegou bem cansado da viagem*. ▌ interj. **9** Expressão usada para indicar conformidade ou entendimento: *Bem, concordamos com sua proposta*. ▌ **bem que** Indica um desejo ou uma vontade: *Bem que o tempo podia melhorar!* ▌ **bens de consumo** Aqueles que se destinam a satisfazer as necessidades de quem os adquire: *Houve um aumento nos preços de alimentos, roupas e outros bens de consumo*. ▌ **de bem** Que age de modo correto ou honrado, especialmente em seu trato com os demais: *Eles são pessoas de bem em que podemos confiar*. ▌ **nem bem** Conectivo gramatical subordinativo (que une elementos entre os quais há uma relação de dependência) que expressa uma circunstância temporal: *Nem bem chegou em casa, já saiu de novo*. ▌ **se bem que** Conectivo gramatical coordenativo (que une elementos do mesmo nível sintático) que expressa adversidade: *Resolveu ir à festa, se bem que lhe faltava ânimo*. ☐ GRAMÁTICA Nas acepções 1, 2 e 3, o plural é *bens*. ☐ USO Na acepção 3, usa-se geralmente a forma plural *bens*.

bem-acabado, da ⟨bem-a.ca.ba.do, da⟩ (pl. *bem-acabados*) adj. Que foi realizado com capricho ou cuidado.

bem-amado, da ⟨bem-a.ma.do, da⟩ (pl. *bem-amados*) adj./s. Que ou quem é estimado pelos demais.

bem-apessoado, da ⟨bem-a.pes.so.a.do, da⟩ (pl. *bem-apessoados*) adj. Que ou quem possui boa aparência.

bem-aventurado, da ⟨bem-a.ven.tu.ra.do, da⟩ (pl. *bem-aventurados*) adj./s. **1** Que ou quem é feliz ou tem boa sorte. ☐ SIN. afortunado. **2** Na Igreja Católica, em relação a um morto ou a sua alma, que estão no céu e gozam da felicidade eterna.

bem-aventurança ⟨bem-a.ven.tu.ran.ça⟩ (pl. *bem-aventuranças*) s.f. Na Igreja Católica, satisfação plena dos que estão no céu. ☐ SIN. beatitude.

bem-comportado, da ⟨bem-com.por.ta.do, da⟩ (pl. *bem-comportados*) adj. Que tem bom comportamento.

bem-educado, da ⟨bem-e.du.ca.do, da⟩ (pl. *bem-educados*) adj. Que tem boa educação.

bem-estar ⟨bem-es.tar⟩ (pl. *bem-estares*) s.m. Estado de uma pessoa quando passa por bons momentos ou por boas condições físicas e psicológicas.

bem-falante ⟨bem-fa.lan.te⟩ (pl. *bem-falantes*) adj.2g./s.2g. Que ou quem fala corretamente ou com boa fluência.

bem-humorado, da ⟨bem-hu.mo.ra.do, da⟩ (pl. *bem-humorados*) adj./s. Com bom humor ou contente.

bem-intencionado, da ⟨bem-in.ten.ci.o.na.do, da⟩ (pl. *bem-intencionados*) adj./s. Que ou quem tem boa intenção: *um conselho bem-intencionado*.

bem-me-quer ⟨bem-me-quer⟩ (pl. *bem-me-queres*) s.m. Planta herbácea ornamental com folhas de base larga e ponta aguda, com um conjunto de flores na região superior que parece ser uma única flor, com um disco central e várias pétalas ao redor, geralmente brancas ou amarelas. ☐ SIN. malmequer, margarida.

bemol ⟨be.mol⟩ (pl. *bemóis*) ▌ adj.2g./s.m. **1** Em música, em relação a uma nota ou a uma tonalidade, que estão alteradas em um semitom mais grave. ▌ s.m. **2** Em música, sinal gráfico que, colocado à esquerda de uma nota, altera o som em um semitom mais grave.

bem-querer ⟨bem-que.rer⟩ (Pron. [bem-querèr]) ▌ s.m. **1** Sentimento de carinho, afeição ou estima por uma pessoa. ▌ v.t.i./v.prnl. **2** Desejar(-se) o bem ou devotar(-se) estima e afeição [a alguém]. ☐ ORTOGRAFIA Escreve-se também *benquerer*. ☐ GRAMÁTICA **1.** Na acepção 1, o plural é *bem-quereres*. **2.** Na acepção 2, é um verbo irregular →QUERER. **3.** Na acepção 2, usa-se a construção *bem-querer A (algo/alguém)*.

bem-sucedido, da ⟨bem-su.ce.di.do, da⟩ (pl. *bem-sucedidos*) adj. Que tem sucesso ou êxito.

bem-te-vi ⟨bem-te-vi⟩ (pl. *bem-te-vis*)s.m. Ave com cabeça preta e branca, de bico longo e peito amarelo-claro. ☐ GRAMÁTICA É um substantivo epiceno: *o bem-te-vi (macho/fêmea)*. [👁 **aves** p. 92]

bem-vindo

bem-vindo, da ⟨bem-vin.do, da⟩ (pl. *bem-vindos*) adj. Que é recebido com agrado ou chega em um momento oportuno. ☐ USO Usa-se geralmente em expressões com valor de interjeição para cumprimentar uma pessoa e manifestar satisfação com a sua chegada: *Bem-vinda à nossa escola!*

bem-visto, ta ⟨bem-vis.to, ta⟩ (pl. *bem-vistos*) adj./s. Respeitado ou bem conceituado.

bênção ⟨bên.ção⟩ (pl. *bênçãos*) s.f. **1** Ato ou efeito de abençoar ou de benzer. **2** Na Igreja Católica, consagração de algo material para o culto divino mediante uma cerimônia. **3** Desejo de prosperidade e felicidade a uma pessoa. **4** Em religião, especialmente no cristianismo, proteção ou ajuda divinas. ☐ SIN. louvação, louvor. ‖ **ser uma bênção (de Deus)** Ser muito bom: *Conseguir aquela bolsa de estudos foi uma bênção.*

bendito, ta ⟨ben.di.to, ta⟩ ▌adj. **1** Oportuno ou feliz. ▌adj./s. **2** Que ou quem tem muita bondade ou é incapaz de causar dano.

bendizer ⟨ben.di.zer⟩ v.t.d. **1** Elogiar ou reconhecer: *Todos bendisseram a iniciativa.* **2** Em algumas religiões, pedir ou invocar proteção divina para (alguém), geralmente fazendo um gesto com as mãos. ☐ SIN. abençoar, benzer. **3** Na Igreja Católica, consagrar (algo material) mediante cerimônia. ☐ SIN. abençoar, benzer. **4** Desejar prosperidade e felicidade a (alguém). ☐ SIN. abençoar. ☐ GRAMÁTICA É um verbo irregular →DIZER.

beneditino, na ⟨be.ne.di.ti.no, na⟩ adj./s. Da ordem de São Benedito (monge italiano que fundou essa ordem no início do século VI), ou relacionado a ela.

beneficência ⟨be.ne.fi.cên.cia⟩ s.f. **1** Ato ou disposição para fazer o bem ou ajudar alguém: *Parte dos lucros serão destinados à beneficência.* **2** Instituição ou organização que se dedicam a essa atividade: *a beneficência municipal.*

beneficente ⟨be.ne.fi.cen.te⟩ adj.2g./s.2g. Da beneficência ou relacionado a ela. ☐ USO É inadequada a forma *beneficiente*, ainda que esteja difundida na linguagem coloquial.

beneficentíssimo, ma ⟨be.ne.fi.cen.tís.si.mo, ma⟩ Superlativo irregular de **benéfico**.

beneficiar ⟨be.ne.fi.ci.ar⟩ v.t.d./v.prnl. Favorecer(-se) ou oferecer benefício a (algo ou alguém): *As exportações beneficiam a economia de um país. O ciclista beneficiou-se da queda do adversário para vencer.* ☐ GRAMÁTICA Usa-se a construção *beneficiar-se de algo*.

beneficiário, ria ⟨be.ne.fi.ci.á.rio, ria⟩ adj./s. Que ou quem obtém ou recebe um benefício.

benefício ⟨be.ne.fí.cio⟩ s.m. Proveito ou auxílio: *O acesso à biblioteca é apenas um dos benefícios oferecidos aos alunos da universidade.*

benéfico, ca ⟨be.né.fi.co, ca⟩ adj. Que faz bem. ☐ GRAMÁTICA Seu superlativo é *beneficentíssimo*.

benemerência ⟨be.ne.me.rên.cia⟩ s.f. **1** Qualidade ou ato de benemérito. **2** Aquilo que é digno de grande estima pelos serviços prestados.

benemérito, ta ⟨be.ne.mé.ri.to, ta⟩ adj./s. Que ou quem é digno de grande estima pelos serviços prestados.

beneplácito ⟨be.ne.plá.ci.to⟩ s.m. Aprovação clara ou consentimento livre de dúvidas: *A proposta teve o beneplácito da diretoria.*

benesse ⟨be.nes.se⟩ s.f. Lucro obtido sem esforço.

benevolência ⟨be.ne.vo.lên.cia⟩ s.f. **1** Qualidade de benévolo. **2** Compreensão, boa vontade ou simpatia que se sentem por alguém.

benevolente ⟨be.ne.vo.len.te⟩ adj.2g./s.2g. Em relação a uma pessoa ou a seu comportamento, que demonstram compreensão, boa vontade e simpatia em relação a alguém. ☐ SIN. benévolo.

benevolentíssimo, ma ⟨be.ne.vo.len.tís.si.mo, ma⟩ Superlativo irregular de **benévolo**.

benévolo, la ⟨be.né.vo.lo, la⟩ adj./s. Em relação a uma pessoa ou a seu comportamento, que demonstram compreensão, boa vontade e simpatia em relação a alguém. ☐ SIN. benevolente. ☐ GRAMÁTICA Seu superlativo é *benevolentíssimo*.

benfazejo, ja ⟨ben.fa.ze.jo, ja⟩ (Pron. [benfazêjo]) adj./s. Que ou quem pratica o bem.

benfeito ⟨ben.fei.to⟩ interj. Expressão usada para indicar satisfação diante da pena ou do castigo que alguém sofre por ter agido mal ou de forma imprudente.

benfeito, ta ⟨ben.fei.to, ta⟩ adj. Que foi desenvolvido ou concluído de maneira correta ou harmoniosa.

benfeitor, -a ⟨ben.fei.tor, to.ra⟩ (Pron. [benfeitôr] [benfeitôra]) adj./s. Que ou quem beneficia ou ajuda.

benfeitoria ⟨ben.fei.to.ri.a⟩ s.f. Obra ou reforma que trazem melhorias ou benefícios.

benga ⟨ben.ga⟩ s.f. *vulgarismo* →**pênis**

bengala ⟨ben.ga.la⟩ s.f. **1** Vara que serve de apoio para caminhar. **2** Fogo de artifício formado por uma vareta com pólvora em uma de suas extremidades que, ao pegar fogo, libera faíscas coloridas e uma luz muito viva. **3** Pão de formato alongado. ☐ SIN. filão.

bengalês, -a ⟨ben.ga.lês, le.sa⟩ (Pron. [bengalês], [bengalêsa]) adj./s. De Bangladesh ou relacionado a esse país asiático. ☐ SIN. bengali.

bengali ⟨ben.ga.li⟩ ▌adj.2g./s.2g. **1** De Bangladesh ou relacionado a esse país asiático. ☐ SIN. bengalês. **2** De Bengala ou relacionado a essa região entre a Índia e Bangladesh. ▌s.m. **3** Língua desse país e dessa e de outras regiões.

benigno, na ⟨be.nig.no, na⟩ adj. Em relação a uma doença ou a um tumor, que não possuem gravidade ou que não são de caráter maligno.

beninense ⟨be.ni.nen.se⟩ adj.2g./s.2g. De Benim ou relacionado a esse país africano.

benjoim ⟨ben.jo.im⟩ (pl. *benjoins*) s.m. Bálsamo aromático que se obtém da casca de algumas árvores tropicais.

benquerença ⟨ben.que.ren.ça⟩ s.f. Sentimento de carinho e de bons desejos.

benquerer ⟨ben.que.rer⟩ (Pron. [benquerêr]) s.m./v.t.i./v.prnl. →**bem-querer** ☐ GRAMÁTICA É um verbo irregular →QUERER.

benquisto, ta ⟨ben.quis.to, ta⟩ adj. Que é estimado ou que goza de boa reputação entre os demais.

bento, ta ⟨ben.to, ta⟩ ▌**1** Particípio irregular de **benzer**. ▌adj. **2** Da benzedura ou relacionado a ela.

benzedeiro, ra ⟨ben.ze.dei.ro, ra⟩ s. Pessoa que utiliza procedimentos religiosos ou mágicos para curar uma pessoa ou para afastá-la de um mal. ☐ SIN. rezador.

benzedura ⟨ben.ze.du.ra⟩ s.f. **1** Ato de benzer(-se). **2** Reza feita com o objetivo de proteger ou de curar.

benzeno ⟨ben.ze.no⟩ (Pron. [benzêno]) s.m. Em química, hidrocarboneto líquido, incolor, tóxico e inflamável, que se obtém pela destilação do alcatrão e é utilizado como solvente.

benzer ⟨ben.zer⟩ ▌v.t.d. **1** Em algumas religiões, pedir ou invocar proteção divina para (alguém), geralmente fazendo um gesto com as mãos. ☐ SIN. abençoar, bendizer. **2** Na Igreja Católica, consagrar (algo material) mediante cerimônia. ☐ SIN. abençoar, bendizer. ▌v.t.d./v.t.d.i./v.int./v.prnl. **3** Fazer uma benzedura em (algo ou alguém) ou submeter(-se) a benzedura [contra um mal]. ☐ SIN. rezar. ☐ GRAMÁTICA É um verbo abundante, pois apresenta dois particípios: *benzido* e *bento*.

benzina ⟨ben.zi.na⟩ s.f. Em química, hidrocarboneto líquido, incolor, que deriva do petróleo e é utilizado como solvente.

beócio, cia ⟨be.ó.cio, cia⟩ ▌ adj./s. **1** Da Beócia ou relacionado a essa região grega. ▌ s. **2** *pejorativo* Pessoa considerada ignorante ou de pouca inteligência. ▌ s.m. **3** Língua dessa região grega.

bequadro ⟨be.qua.dro⟩ s.m. Em música, sinal gráfico que, colocado à esquerda de uma nota, anula a alteração provocada por um bemol ou por um sustenido.

beque ⟨be.que⟩ s.2g. Em alguns esportes de equipe, jogador que tem a missão de impedir a ação do adversário. □ SIN. zagueiro.

béquer ⟨bé.quer⟩ s.m. →*bécher*

berçário ⟨ber.cá.rio⟩ s.m. **1** Em um hospital, lugar onde os recém-nascidos ficam. **2** Centro escolar para crianças pequenas, onde elas são cuidadas e têm atividades adequadas ao seu desenvolvimento.

berço ⟨ber.ço⟩ (Pron. [bêrço]) s.m. **1** Cama para bebês ou para crianças muito pequenas: *Com muito cuidado, colocou a criança para dormir no seu berço.* **2** Pátria ou terra natal de uma pessoa: *Itabira é o berço do escritor Carlos Drummond de Andrade.* **3** Lugar de origem: *O Brasil é o berço do samba.* ‖ **nascer em berço de ouro** Descender de uma família com muito dinheiro: *Ela sempre se esforçou muito pelo que quis, apesar de ter nascido em berço de ouro.*

bergamota ⟨ber.ga.mo.ta⟩ s.f. **1** Árvore com folhas lisas e verde-escuras, flores aromáticas, e cujo fruto, comestível, geralmente com casca fina, lisa e amarela, tem polpa dividida em gomos com suco em seu interior. □ SIN. mexerica, tangerina, tangerineira. **2** Esse fruto. □ SIN. mexerica, tangerina.

bergantim ⟨ber.gan.tim⟩ (pl. *bergantins*) s.m. Embarcação a vela com dois mastros, leve e ágil.

beribéri ⟨be.ri.bé.ri⟩ s.m. Doença causada pela falta de vitamina B e caracterizada por problemas cardíacos, rigidez dolorida dos músculos e debilidade geral.

berílio ⟨be.rí.lio⟩ s.m. Elemento químico da família dos metais, de número atômico 4, sólido, de cor branca, facilmente deformável e pouco abundante na natureza. □ ORTOGRAFIA Seu símbolo químico é *Be*, sem ponto.

berilo ⟨be.ri.lo⟩ s.m. Mineral muito duro, leve e translúcido, de cor azul, rosa, verde ou amarela, que se cristaliza no sistema hexagonal.

berimbau ⟨be.rim.bau⟩ s.m. Instrumento musical de origem africana, formado por uma haste de madeira arqueada por uma corda esticada, com meia cabaça presa à extremidade inferior do arco, servindo como caixa de ressonância. □ ORIGEM É uma palavra de origem africana. (⇒ instrumentos de percussão p. 614)

beringela ⟨be.rin.ge.la⟩ s.f. →*berinjela*

berinjela ⟨be.rin.je.la⟩ s.f. **1** Planta herbácea de caule forte e ereto, com folhas grandes, ovaladas e cobertas por pelos, flores roxas, e cujo fruto, arredondado, com casca escura e arroxeada, polpa carnosa, branco-esverdeada e com muitas sementes pequenas, é comestível. **2** Esse fruto. □ ORTOGRAFIA Escreve-se também *beringela* ou *brinjela*.

berkélio ⟨ber.ké.lio⟩ s.m. Elemento químico da família dos metais, de número atômico 97, artificial, radioativo, e da família dos actinídeos. □ ORTOGRAFIA Seu símbolo químico é *Bk*, sem ponto.

berlinda ⟨ber.lin.da⟩ s.f. **1** Antigo carro puxado por cavalos, fechado, com quatro rodas e com dois ou quatro assentos. **2** Automóvel utilitário, de quatro ou seis assentos, com quatro janelas e quatro portas laterais. **3** Pequeno santuário envidraçado, geralmente utilizado para guardar uma imagem religiosa. **4** Jogo infantil em que um participante é escolhido para ser alvo dos comentários anônimos de outras pessoas.

berlinense ⟨ber.li.nen.se⟩ adj.2g./s.2g. De Berlim ou relacionado à capital alemã.

berloque ⟨ber.lo.que⟩ s.m. Enfeite que se pendura em uma peça de joalheria ou bijuteria, geralmente em um colar ou em uma pulseira.

bermuda ⟨ber.mu.da⟩ s.f. Calça curta que chega até os joelhos.

berne ⟨ber.ne⟩ s.f. **1** Larva de uma mosca. **2** Inflamação causada por essa larva.

berrante ⟨ber.ran.te⟩ ▌ adj.2g. **1** Que berra ou grita de forma desmedida. **2** Em relação a uma cor, que é muito viva. ▌ s.m. **3** Instrumento sonoro feito de chifre e utilizado pelos boiadeiros para conduzir o gado bovino.

berrar ⟨ber.rar⟩ ▌ v.int. **1** Dar berros (um animal). **2** Chorar aos gritos (uma criança, especialmente): *O nenê caiu e começou a berrar.* ▌ v.t.d./v.t.i./v.t.d.i./v.int. **3** Falar (algo) aos gritos [a alguém] ou gritar: *Pare de berrar, por favor!*

berreiro ⟨ber.rei.ro⟩ s.m. **1** Choro forte e aos gritos: *Depois de tropeçar e cair no chão, a criança abriu o berreiro.* **2** Gritaria contínua: *O berreiro no corredor alertou os vizinhos.*

berro ⟨ber.ro⟩ s.m. **1** Voz característica de alguns animais. **2** Grito desmedido ou voz forte.

berruga ⟨ber.ru.ga⟩ s.f. *informal* Verruga.

besoiro ⟨be.soi.ro⟩ s.m. →*besouro* □ GRAMÁTICA É um substantivo epiceno: *o besoiro (macho/fêmea)*.

besouro ⟨be.sou.ro⟩ s.m. Inseto com aparelho bucal variado, carapaça muito resistente, e com um par de élitros que cobrem duas asas membranosas e dobradas. □ ORTOGRAFIA Escreve-se também *besoiro*. □ GRAMÁTICA É um substantivo epiceno: *o besouro (macho/fêmea)*.

besta ⟨bes.ta⟩ (Pron. [bêsta]) ▌ adj.2g. **1** *informal* Banal: *um filme besta.* ▌ adj.2g./s.2g. **2** *pejorativo* Que ou quem é ou se comporta de maneira rude. **3** *pejorativo* Que ou quem é pouco inteligente. ▌ s.f. **4** Mamífero quadrúpede semelhante ao cavalo: *O burro e a mula são bestas.* ‖ **{estar/ficar} besta** *informal* Estar ou ficar surpreendido: *Ficamos bestas quando anunciou sua partida.* ‖ **fazer** alguém **de besta** *informal* Enganá-lo: *Não tente me fazer de besta, porque não sou bobo!* ‖ **fazer-se de besta** *informal* Fingir ignorar ou desconhecer: *Não se faça de besta, sabe perfeitamente do que estou falando!* ‖ **metido a besta** *pejorativo* Pretensioso ou arrogante.

besteira ⟨bes.tei.ra⟩ s.f. Aquilo que é dito ou feito sem fundamento ou lógica. □ SIN. bobagem, tolice, tonteira, tontice.

bestial ⟨bes.ti.al⟩ (pl. *bestiais*) adj.2g. **1** Da besta ou relacionado a ela. **2** Violento ou cruel. □ SIN. brutal.

bestializar ⟨bes.ti.a.li.zar⟩ v.t.d./v.prnl. Tornar(-se) semelhante a uma besta. □ SIN. bestificar.

bestificar ⟨bes.ti.fi.car⟩ v.t.d./v.prnl. **1** Tornar(-se) semelhante a uma besta. □ SIN. bestializar. **2** *informal* Impressionar(-se) ou pasmar(-se). □ ORTOGRAFIA Antes de *e*, o *c* muda para *qu* →BRINCAR.

best-seller *(palavra inglesa)* (Pron. [best-séler]) s.m. Obra literária considerada um sucesso por sua grande quantidade de vendas.

besuntar ⟨be.sun.tar⟩ v.t.d./v.prnl. Passar(-se) uma substância oleosa em (uma superfície): *Besuntou a torrada com manteiga. Besuntou-se de protetor solar.* □ SIN. untar.

beta ⟨be.ta⟩ s.m. **1** Segunda letra do alfabeto grego. **2** Sistema de gravação e reprodução de imagens para vídeo doméstico em que se utilizam fitas de um tamanho específico e diferente ao do sistema VHS.

betara

betara ⟨be.ta.ra⟩ s.f. Peixe de água salgada de médio porte, com dorso acinzentado com manchas escuras, ventre esbranquiçado, e um filamento duro no queixo. ▫ GRAMÁTICA É um substantivo epiceno: *a betara (macho/fêmea)*.
beterraba ⟨be.ter.ra.ba⟩ s.f. **1** Planta herbácea com folhas grandes e de talos arroxeados, com flores pequenas e esverdeadas, e cuja raiz, grossa, arredondada, suculenta, com muita reserva de açúcar e de cor avermelhada ou branca, é comestível. **2** Essa raiz.
betinense ⟨be.ti.nen.se⟩ adj.2g./s.2g. De Betim ou relacionado a essa cidade do estado brasileiro de Minas Gerais.
betoneira ⟨be.to.nei.ra⟩ s.f. Máquina que se utiliza para misturar os materiais com os quais se fabrica o concreto.
bétula ⟨bé.tu.la⟩ s.f. **1** Árvore ornamental de tronco esbranquiçado, com folhas ovaladas, flores rosa dispostas em cachos, e cuja seiva é usada na fabricação de açúcar e bebida alcoólica. **2** Madeira dessa árvore.
betume ⟨be.tu.me⟩ s.m. **1** Produto viscoso de cor preta, que se obtém por destilação do petróleo, da madeira, do carbono ou de outros materiais orgânicos. **2** Em vidraçaria, massa usada para vedar a entrada de água.
bexiga ⟨be.xi.ga⟩ s.f. **1** No sistema excretor de muitos vertebrados, órgão muscular e membranoso, semelhante a uma bolsa, que armazena a urina produzida nos rins. **2** Bolsa feita de material flexível, que se enche de ar ou de um gás leve e que é usada geralmente para enfeitar um lugar ou para brincar. ▫ SIN. balão.
bexiguento, ta ⟨be.xi.guen.to, ta⟩ adj./s. *informal* Que ou quem tem varíola ou suas marcas.
bezerro, ra ⟨be.zer.ro, ra⟩ (Pron. [bezêrro]) s. Filhote de vaca, ainda em fase de amamentação. ▫ SIN. novilho, terneiro, vitelo.
bi- Prefixo que significa *dois*: bicolor, bicampeão. ▫ USO Usa-se também a forma *bis-* (bisneto).
bibelô ⟨bi.be.lô⟩ s.m. Objeto de adorno.
bíblia ⟨bí.blia⟩ s.f. Livro ou conjunto de ideias fundamentais de uma religião, especialmente se forem a cristã ou a judaica.
bíblico, ca ⟨bí.bli.co, ca⟩ adj. Da Bíblia (Escrituras Sagradas ou livro sagrado dos cristãos e judeus) ou relacionado a ela.
bibliófilo, la ⟨bi.bli.ó.fi.lo, la⟩ s. Pessoa aficionada aos livros, especialmente àqueles que são raros, e que geralmente os coleciona e os estuda.
bibliografia ⟨bi.bli.o.gra.fi.a⟩ s.f. **1** Relação ou catálogo de obras que são reunidas e ordenadas de acordo com um determinado critério: *A bibliografia consultada para a elaboração do trabalho incluiu jornais, revistas e livros.* **2** Relação ordenada das publicações de um mesmo autor: *Sua bibliografia inclui contos e romances.* ▫ USO É diferente de *biografia* (história da vida de uma pessoa).
bibliográfico, ca ⟨bi.bli.o.grá.fi.co, ca⟩ adj. Da bibliografia ou relacionado a ela.
biblioteca ⟨bi.bli.o.te.ca⟩ s.f. **1** Lugar que disponibiliza livros ou outro tipo de acervo para serem consultados: *Ele adora ler, passa os dias em sua biblioteca.* **2** Coleção particular de livros, especialmente se for numerosa: *É um leitor ávido e possui uma vasta biblioteca.*
bibliotecário, ria ⟨bi.bli.o.te.cá.rio, ria⟩ s. Pessoa que se dedica ao cuidado técnico e à organização de uma biblioteca ou de um dos seus serviços ou seções.
biblioteconomia ⟨bi.bli.o.te.co.no.mi.a⟩ s.f. Estudo da organização e administração de uma biblioteca.
biboca ⟨bi.bo.ca⟩ s.f. **1** *informal* Lugar de difícil acesso. **2** Casa pequena e humilde.

bica ⟨bi.ca⟩ s.f. **1** Abertura pela qual a água é escoada: *A bica que escoa a água do telhado está quebrada.* **2** Fonte de água potável: *Todos ajoelharam-se em volta da bica e beberam sua água cristalina.* ∥ **suar em bica** *informal* Suar de maneira excessiva: *Antes da prova, ele suava em bica.*
bicada ⟨bi.ca.da⟩ s.f. Golpe ou ferida causados pelo bico de certas aves.
bicama ⟨bi.ca.ma⟩ s.f. Móvel formado por duas camas encaixadas uma na outra. ▫ USO É diferente de *beliche* (móvel formado por duas ou mais camas sobrepostas).
bicampeão, ã ⟨bi.cam.pe.ão, ã⟩ (pl. *bicampeões*) adj./s. Em relação a uma pessoa ou a uma equipe, que foram campeãs de duas edições de uma mesma competição.
bicar ⟨bi.car⟩ ▪ v.t.d./v.int./v.prnl. **1** Morder(-se) ou ferir(-se) com o bico. ▪ v.t.d. **2** Pegar com o bico (algo, especialmente se for comida). **3** Provar (um alimento ou uma bebida). ∥ **não se bicar** *informal* Não se dar bem (duas pessoas): *Depois daquela discussão, os dois não se bicam de jeito nenhum.* ▫ ORTOGRAFIA Antes de *e*, o *c* muda para *qu* →BRINCAR.
bicarbonato ⟨bi.car.bo.na.to⟩ s.m. Em química, sal obtido a partir do ácido carbônico. ∥ **bicarbonato (de sódio)** Aquele de cor branca, solúvel em água, muito utilizado pela medicina e na fabricação de bebidas efervescentes ou de alguns alimentos.
bicentenário, ria ⟨bi.cen.te.ná.rio, ria⟩ ▪ adj. **1** Que tem duzentos anos ou mais: *uma igreja bicentenária.* ▪ s.m. **2** Segundo centenário: *Esta noite passará um programa em homenagem ao bicentenário da morte do poeta.*
bíceps ⟨bí.ceps⟩ s.m.2n. Músculo único composto por dois grupos musculares.
bicha ⟨bi.cha⟩ s.f. *informal pejorativo* Homem afeminado.
bichano ⟨bi.cha.no⟩ s.m. *informal* Gato.
bichar ⟨bi.char⟩ v.int. Criar bicho: *A fruta ficou tanto tempo na despensa que bichou.*
bicharada ⟨bi.cha.ra.da⟩ s.f. Conjunto de quaisquer animais.
bicheira ⟨bi.chei.ra⟩ s.f. **1** *informal* Míase. **2** Larva de determinadas moscas que infesta essa ferida.
bicheiro, ra ⟨bi.chei.ro, ra⟩ s. Pessoa que se dedica profissionalmente ao jogo do bicho.
bichete ⟨bi.che.te⟩ Substantivo feminino de *bicho*.
bicho ⟨bi.cho⟩ s.m. **1** Animal, especialmente aquele de pequeno porte e nome desconhecido: *Ficou com nojo ao ver um bicho em sua salada.* **2** Animal doméstico: *Ela adora bichos, e tem um gato e um cachorro.* **3** Em alguns esportes, após uma vitória, quantia extra de dinheiro que um jogador recebe como prêmio ou gratificação: *O presidente do clube prometeu um bicho generoso se ganhassem do rival.* **4** *informal* Calouro. **5** →**jogo do bicho** ▫ GRAMÁTICA Na acepção 4, seu feminino é *bichete*.
bicho-carpinteiro ⟨bi.cho-car.pin.tei.ro⟩ (pl. *bichos-carpinteiros*) s.m. Inseto coleóptero com apêndices na cabeça semelhantes a chifres. ▫ SIN. escaravelho. ▫ GRAMÁTICA É um substantivo epiceno: *o bicho carpinteiro (macho/fêmea)*.
bicho-da-seda ⟨bi.cho-da-se.da⟩ (Pron. [bicho-da-sêda]) (pl. *bichos-da-seda*) s.m. Lagarta que forma um casulo a partir da seda que produz. ▫ GRAMÁTICA É um substantivo epiceno: *o bicho-da-seda (macho/fêmea)*.
bicho-de-pé ⟨bi.cho-de-pé⟩ (pl. *bichos-de-pé*) s.m. Inseto muito pequeno, de pernas curtas, corpo achatado, e cuja fêmea fecundada penetra na pele de uma pessoa ou de um animal para completar o processo de amadurecimento dos ovos e liberá-los no exterior. ▫ ORTOGRAFIA Escreve-se também *bicho-dopé*. ▫ GRAMÁTICA É um substantivo epiceno: *o bicho-de-pé (macho/fêmea)*.
bicho de sete cabeças ⟨bi.cho de se.te ca.be.ças⟩ (Pron. [bicho de sete cabêças]) (pl. *bichos de sete cabeças*)

112

bicho do mato s.m. *informal* Aquilo que é complicado ou de difícil solução: *Com sua timidez, falar em público é um bicho de sete cabeças.* □ GRAMÁTICA Usa-se tanto para o masculino quanto para o feminino: *{ele/ela} é um bicho de sete cabeças.*
bicho do mato ⟨bi.cho do ma.to⟩ (pl. *bichos do mato*) s.m. **1** *informal* Animal selvagem. **2** *informal pejorativo* Pessoa tímida, arisca ou que se afasta do convívio social. □ GRAMÁTICA Usa-se tanto para o masculino quanto para o feminino: *{ele/ela} é um bicho do mato.*
bicho-do-pé ⟨bi.cho-do-pé⟩ (pl. *bichos-do-pé*) s.m. →bicho-de-pé □ GRAMÁTICA É um substantivo epiceno: *o bicho-do-pé {macho/fêmea}.*
bicicleta ⟨bi.ci.cle.ta⟩ s.f. **1** Veículo, geralmente com duas rodas, com um guidão e dois pedais, os quais são acionados para transmitir força à roda traseira e impulsionar um movimento. **2** Em futebol, chute para trás e para cima, em que a bola passa por cima da cabeça do jogador que a lançou: *um gol de bicicleta.*
bico ⟨bi.co⟩ s.m. **1** Em uma ave, parte saliente da cabeça, composta por duas peças córneas que recobrem os ossos da mandíbula e da maxila, e que lhe permite, principalmente, pegar os alimentos. **2** Extremidade ou parte final de algo, especialmente se sobressai-se e tem forma mais ou menos angular: *o bico do sapato.* **3** *informal* Atividade profissional realizada ocasionalmente e sem vínculo empregatício: *O dinheiro que ganhei fazendo bicos me ajudou a comprar os presentes de natal.* ‖ **{estar/ficar} de bico** *informal* Estar ou ficar de mau humor: *Posso saber por que você está de bico?* ‖ **bico de Bunsen** Instrumento usado em laboratório, conectado à instalação do gás, e no qual se pode variar a intensidade da chama regulando a entrada de ar. ‖ **de bico** Em futebol, com a ponta do pé: *chutar de bico.*
bico de papagaio ⟨bi.co de pa.pa.gai.o⟩ (pl. *bicos de papagaio*) s.m. **1** Doença causada por deformação óssea na coluna vertebral. **2** Nariz em forma de gancho.
bico-de-papagaio ⟨bi.co-de-pa.pa.gai.o⟩ (pl. *bicos-de-papagaio*) s.m. Arbusto de tronco claro, com flores pequenas rodeadas de folhas amarelas ou vermelhas semelhantes a pétalas, e cujo fruto é verde com três partes arredondadas e salientes.
bicolor ⟨bi.co.lor⟩ (Pron. [bicolôr]) adj.2g. De duas cores.
bicuda ⟨bi.cu.da⟩ s.f. Peixe de água doce, de médio porte, de corpo prateado com dorso azulado, ventre claro e boca pontuda e dura. □ GRAMÁTICA É um substantivo epiceno: *a bicuda {macho/fêmea}.* [👁 **peixes (água doce)** p. 608]
bicudo, da ⟨bi.cu.do, da⟩ adj. Com bico ou com formato dele.
bicúspide ⟨bi.cús.pi.de⟩ adj.2g. **1** Que tem duas pontas.
bidê ⟨bi.dê⟩ s.m. Bacia baixa e ovalada localizada no banheiro, e sobre a qual uma pessoa se senta para fazer sua higiene pessoal.
bidimensional ⟨bi.di.men.sio.nal⟩ (pl. *bidimensionais*) adj.2g. Com duas dimensões espaciais, de altura e de comprimento.
biela ⟨bi.e.la⟩ s.f. Em uma máquina, barra feita de um material resistente e que une duas peças móveis para transformar o movimento de vaivém em um movimento de rotação, ou vice-versa.
bielo-russo, sa ⟨bi.e.lo-rus.so, sa⟩ (pl. *bielo-russos*) ∎ adj./s. **1** Da Bielo-Rússia ou relacionado a esse país europeu. ∎ s.m. **2** Língua eslava falada nesse país.
bienal ⟨bi.e.nal⟩ (pl. *bienais*) ∎ adj.2g. **1** Que dura dois anos. **2** Que ocorre a cada dois anos: *um festival bienal.* ∎ s.f. **3** Exposição ou manifestação cultural que ocorrem a cada dois anos: *a Bienal do livro.* □ USO Nas acepções 1 e 2, é diferente de *biênio* (período de dois anos seguidos).

bilhar

biênio ⟨bi.ê.nio⟩ s.m. Período de tempo de dois anos seguidos. □ USO É diferente de *bienal* (que dura dois anos ou que ocorre a cada dois anos).
bife ⟨bi.fe⟩ s.m. **1** Fatia ou peça de carne, especialmente se forem bovinas: *Ela prepara um bife à milanesa espetacular.* **2** *informal* Corte na pele ou pedaço dela levantado de forma acidental: *A manicure arrancou um bife do meu dedo sem querer.*
bifocal ⟨bi.fo.cal⟩ (pl. *bifocais*) adj.2g. Em óptica, em relação especialmente a uma lente, que tem dois focos ou que permite focar duas distâncias distintas.
biforme ⟨bi.for.me⟩ adj.2g. Com duas formas.
bifurcação ⟨bi.fur.ca.ção⟩ (pl. *bifurcações*) s.f. **1** Separação de um caminho ou de um ramo em duas direções. **2** Ponto em que ocorre essa separação.
bifurcar ⟨bi.fur.car⟩ v.t.d./v.prnl. Dividir(-se) em dois caminhos ou em dois ramos separados: *Ao chegar a essa cidade, a estrada se bifurca.* □ ORTOGRAFIA Antes de e, o c muda para qu →BRINCAR.
biga ⟨bi.ga⟩ s.f. Na Roma Antiga, carro de duas rodas puxado por dois cavalos.
bigamia ⟨bi.ga.mi.a⟩ s.f. Condição de quem está casado com duas pessoas ao mesmo tempo.
bígamo, ma ⟨bí.ga.mo, ma⟩ adj./s. Que ou quem se casa de novo embora seu casamento anterior ainda tenha vigência legal.
bigode ⟨bi.go.de⟩ s.m. **1** No rosto de uma pessoa ou na cara de alguns animais, conjunto de pelos que nascem sobre o lábio superior. **2** No rosto de uma pessoa ou na cara de alguns animais, mancha que fica sobre o lábio superior depois de beber algo: *um bigode de leite.*
bigodeira ⟨bi.go.dei.ra⟩ s.f. Bigode grande e chamativo.
bigorna ⟨bi.gor.na⟩ s.f. **1** Instrumento de ferro, revestido de aço, sobre o qual se trabalham metais. **2** Em anatomia, osso da orelha média que se articula com o martelo e com o estribo.
biguá ⟨bi.guá⟩ s.m. Ave aquática de corpo preto, bico estreito e comprido, e com pescoço e cauda longos. □ ORIGEM É uma palavra de origem tupi.
biju ⟨bi.ju⟩ s.m. Bolo feito com massa de mandioca ou de tapioca. □ ORIGEM É uma palavra de origem tupi.
bijuteria ⟨bi.ju.te.ri.a⟩ s.f. **1** Material que não é constituído por metais ou pedras preciosas, mas que geralmente as imita: *um anel de bijuteria.* **2** Adorno feito desse material.
bilabial ⟨bi.la.bi.al⟩ (pl. *bilabiais*) adj.2g. Em linguística, em relação a um som consonantal, que se articula juntando o lábio inferior com o superior.
bilateral ⟨bi.la.te.ral⟩ (pl. *bilaterais*) adj.2g. **1** Que tem dois lados. **2** Em relação a algo com dois lados ou com duas partes, com a intervenção de ambos ou que afeta a ambos: *um acordo bilateral.*
bilboquê ⟨bil.bo.quê⟩ s.m. Brinquedo constituído por uma bola de madeira com um furo no qual se encaixa um bastão pequeno e pontiagudo.
bile ⟨bi.le⟩ s.2g. →**bílis**
bilha ⟨bi.lha⟩ s.f. Jarro grande, de barro ou de metal, com gargalo estreito, bojo largo e, geralmente, com uma ou duas asas.
bilhão ⟨bi.lhão⟩ (pl. *bilhões*) ∎ numer. **1** Número 1.000.000.000. ∎ s.m. **2** Signo que representa esse número. **3** *informal* Grande quantidade: *Fiz um bilhão de coisas hoje.* □ GRAMÁTICA **1.** Usam-se as construções *um bilhão DE* diante do nome daquilo que se numera (*um bilhão de reais*) e *um bilhão* diante de um ou mais numerais (*um bilhão e cem mil reais*).
bilhar ⟨bi.lhar⟩ s.m. **1** Jogo de salão praticado sobre uma mesa retangular forrada com tecido e rodeada com

bilhete

faixas elásticas, que consiste em empurrar uma bola de marfim com a ponta de um taco para que ela bata em outras duas, marcando pontos. **2** Local ou estabelecimento em que se praticam esse e outros tipos de jogos.‖ **bilhar** *(inglês)* Jogo de salão no qual se usam oito bolas sobre uma mesa retangular com seis caçapas ou buracos, e que consiste em empurrar algumas bolas com ponta de um taco para encaçapá-las. □ SIN. sinuca

bilhete ⟨bi.lhe.te⟩ (Pron. [bilhête]) s.m. **1** Carta ou mensagem breves e simples: *Quando saí deixei um bilhete avisando onde eu estaria.* **2** Em um espetáculo ou em serviços públicos, cartão ou papel impressos que se compram para ter acesso a eles: *um bilhete aéreo.* **3** Em jogo de loteria, pedaço de papel que registra a aposta.

bilheteiro, ra ⟨bi.lhe.tei.ro, ra⟩ s. Pessoa que se dedica à venda de bilhetes, especialmente como profissão.

bilheteria ⟨bi.lhe.te.ri.a⟩ s.f. Lugar onde se vendem bilhetes, especialmente os de um espetáculo ou de um serviço público.

bilíngue ⟨bi.lín.gue⟩ (Pron. [bilíngüe]) adj.2g. **1** Em relação a um falante ou a uma comunidade de falantes, que usam duas línguas com fluência. **2** Em relação a um texto, que está escrito em dois idiomas: *Para traduzir o texto, ela utiliza um dicionário bilíngue português/inglês.*

bilionário, ria ⟨bi.li.o.ná.rio, ria⟩ ❚ adj. **1** Em relação a uma quantia de dinheiro, que corresponde a um ou mais bilhões. ❚ adj./s. **2** *informal* Que ou quem é muito rico.

bilioso, sa ⟨bi.li.o.so, sa⟩ (Pron. [bilióso], [biliósa], [biliósos], [biliósas]) adj. **1** Que contém bílis. **2** Que é irritável ou mal-humorado.

bílis ⟨bí.lis⟩ s.f.2n. **1** No sistema digestório de alguns vertebrados, líquido viscoso de cor esverdeada ou amarelada, produzido pelo fígado e que atua na digestão de gorduras: *A bílis age na digestão dos alimentos quando eles já estão no intestino.* **2** *literário* Sentimento de irritação ou de amargura. □ ORTOGRAFIA Escreve-se também *bile.*

bilro ⟨bil.ro⟩ s.m. Utensílio de madeira ou metal, pequeno e arredondado, usado para fazer rendas e trabalhos artesanais.

biltre ⟨bil.tre⟩ adj.2g./s.2g. *pejorativo* Que ou quem é desprezível ou indigno.

bimensal ⟨bi.men.sal⟩ (pl. *bimensais*) adj.2g. Que ocorre duas vezes ao mês. □ USO É diferente de *bimestral* (que ocorre a cada dois meses ou que dura dois meses).

bimestral ⟨bi.mes.tral⟩ (pl. *bimestrais*) adj.2g. **1** Que ocorre a cada dois meses. **2** Que dura dois meses: *um curso bimestral.* □ USO É diferente de *bimensal* (que ocorre duas vezes ao mês).

bimestre ⟨bi.mes.tre⟩ s.m. Período de tempo de dois meses seguidos: *Estudei lá apenas durante um bimestre.*

bimotor, -a ⟨bi.mo.tor, to.ra⟩ (Pron. [bimotôr], [bimotôra]) adj./s.m. Em relação especialmente a um avião, que possui dois motores.

binário, ria ⟨bi.ná.rio, ria⟩ adj. Que se compõe de dois elementos ou que é composto de duas partes.

bingo ⟨bin.go⟩ ❚ s.m. **1** Jogo de azar em que cada jogador marca em sua cartela os números que vão sendo sorteados, e cujo ganhador é aquele que consegue marcar primeiro todos os números de sua cartela ou uma sequência deles. **2** Estabelecimento comercial em que se organizam partidas desse jogo. ❚ interj. **3** Expressão usada para indicar que se acertou algo: *Bingo! Encontrei a resposta!*

binóculo ⟨bi.nó.cu.lo⟩ s.m. Instrumento óptico formado por dois tubos providos de lentes e que é usado para enxergar um objeto à distância.

binômio ⟨bi.nô.mio⟩ s.m. **1** Em matemática, expressão algébrica composta de dois termos unidos pelo sinal da adição ou da subtração. **2** Associação de dois elementos.

bio- **1** Prefixo que significa *vida*: *biografia, biologia.* **2** Prefixo que indica relação com a vida e com os seres vivos: *biosfera.* □ USO É usado para indicar intervenção ou utilização de agentes naturais: *bioquímica, biomedicina.*

biocenose ⟨bi.o.ce.no.se⟩ s.f. Em biologia, conjunto de populações de diferentes espécies que coexistem em determinada região. □ SIN. biota, comunidade.

biodegradável ⟨bi.o.de.gra.dá.vel⟩ (pl. *biodegradáveis*) adj.2g. Em relação a uma substância, que pode degradar-se ou decompor-se de maneira natural, pela ação de agentes biológicos.

biodiesel ⟨bi.o.die.sel⟩ (pl. *biodieseis*) s.m. Combustível biodegradável, produzido a partir de matérias-primas renováveis, como a mamona, o girassol e o dendê, entre outras.

biodiversidade ⟨bi.o.di.ver.si.da.de⟩ s.f. Diversidade ou variedade de espécies vegetais e animais de uma determinada região.

biogênese ⟨bi.o.gê.ne.se⟩ s.f. Origem e desenvolvimento da vida.

biografar ⟨bi.o.gra.far⟩ v.t.d./v.prnl. Fazer a biografia de (alguém) ou fazer a própria biografia: *Especializou-se em biografar a vida de pintores.*

biografia ⟨bi.o.gra.fi.a⟩ s.f. **1** História da vida de uma pessoa: *Ele tem uma biografia muito bonita, é um exemplo de vida para muita gente.* **2** Livro que contém essa história: *Gosta de ler biografias de grandes artistas.* □ USO É diferente de *bibliografia* (relação ou catálogo de obras reunidas e ordenadas de acordo com um determinado critério).

biográfico, ca ⟨bi.o.grá.fi.co, ca⟩ adj. Da biografia ou relacionado a ela.

biógrafo, fa ⟨bi.ó.gra.fo, fa⟩ s. Pessoa que se dedica a escrever biografias.

biologia ⟨bi.o.lo.gi.a⟩ s.f. Ciência que estuda os seres vivos e os fenômenos vitais em todos os seus aspectos.

biológico, ca ⟨bi.o.ló.gi.co, ca⟩ adj. Da biologia ou relacionado a essa ciência.

biólogo, ga ⟨bi.ó.lo.go, ga⟩ s. Pessoa que se dedica profissionalmente à biologia ou que é especializada nessa ciência.

bioma ⟨bi.o.ma⟩ (Pron. [biôma]) s.m. Em biologia, comunidade de seres vivos limitada por fatores climáticos e geológicos, com vegetação e fauna característicos: *Pretendo estudar o Pantanal e outros biomas brasileiros.*

biomassa ⟨bi.o.mas.sa⟩ s.f. **1** Em biologia, soma total da matéria dos seres que vivem em um lugar determinado, expressa geralmente em unidades de superfície ou de volume. **2** Matéria de origem vegetal, tomada como fonte de energia.

biombo ⟨bi.om.bo⟩ s.m. Divisória composta por várias partes retangulares dispostas lado a lado e unidas por dobradiças.

biometria ⟨bi.o.me.tri.a⟩ s.f. Aplicação da estatística e dos modelos matemáticos ao estudo dos fenômenos biológicos.

biônica ⟨bi.ô.ni.ca⟩ s.f. Em engenharia, aplicação tecnológica do estudo das funções e estruturas biológicas para a criação de sistemas eletrônicos.

biônico, ca ⟨bi.ô.ni.co, ca⟩ adj. Da biônica ou relacionado a esse ramo da engenharia.

bioquímica ⟨bi.o.quí.mi.ca⟩ s.f. Parte da química que estuda a constituição e as transformações químicas dos seres vivos.

bioquímico, ca ⟨bi.o.quí.mi.co, ca⟩ ❚ adj. **1** Da bioquímica ou relacionado a essa parte da química. ❚ s. **2** Pessoa que se dedica aos estudos bioquímicos.

biosfera ⟨bi.os.fe.ra⟩ s.f. Região terrestre em que existe vida, constituída pela parte inferior da atmosfera, pela hidrosfera e pela parte superior da litosfera.

biossíntese ⟨bi.os.sín.te.se⟩ s.f. Em biologia, formação de substâncias no interior de um ser vivo.

biossintético, ca ⟨bi.os.sin.té.ti.co, ca⟩ adj. Da biossíntese ou relacionado a ela.

biota ⟨bi.o.ta⟩ s.f. Em biologia, conjunto de populações de diferentes espécies que coexistem em determinada região. ☐ SIN. **biocenose, comunidade**.

biotecnologia ⟨bi.o.tec.no.lo.gi.a⟩ s.f. Aplicação de conhecimentos e avanços biológicos a processos tecnológicos ou de interesse industrial.

biotipo ⟨bi.o.ti.po⟩ s.m. **1** Em biologia, variedade genética de alguns organismos de uma determinada espécie. **2** Em biologia, constituição física ou conjunto de características morfológicas corporais de um indivíduo. **3** Em medicina, conjunto de características físicas determinadas geneticamente. ☐ ORTOGRAFIA Escreve-se também *biótipo*.

biótipo ⟨bi.ó.ti.po⟩ s.m. →**biotipo**

bipartidarismo ⟨bi.par.ti.da.ris.mo⟩ s.m. Existência de apenas dois partidos na vida política de um país.

bipartir ⟨bi.par.tir⟩ v.t.d./v.prnl. Dividir(-se) em duas partes.

bípede ⟨bí.pe.de⟩ adj.2g./s.2g. Em relação a um animal, que se locomove usando duas patas ou dois pés.

bipolar ⟨bi.po.lar⟩ adj.2g. Que tem dois polos ou duas extremidades opostos.

biqueira ⟨bi.quei.ra⟩ s.f. Ponta ou parte final de algo, especialmente se sobressaem e têm uma forma mais ou menos angular: *a biqueira de um sapato*.

biquíni ⟨bi.quí.ni⟩ s.m. Traje de banho feminino, formado por duas peças que se assemelham a uma calcinha e a um sutiã.

biriba ⟨bi.ri.ba⟩ s.f. **1** Em alguns jogos de canastra, conjunto de onze cartas que deve ser utilizado pelo jogador que se desfizar das suas primeiro. **2** Esse jogo de canastra. **3** Pequeno explosivo, geralmente usado em festejos juninos. ☐ ORIGEM É uma palavra de origem tupi.

birita ⟨bi.ri.ta⟩ s.f. *informal* Qualquer bebida alcoólica.

birmanês, -a ⟨bir.ma.nês, ne.sa⟩ (Pron. [birmanês], [birmanêsa]) ❙ adj.2g./s.2g. **1** Da Birmânia ou relacionado a esse antigo país asiático (atualmente denominado *Mianmá*). ❙ s.m. **2** Língua desse e de outros países. ☐ SIN. **mianmarense**.

birosca ⟨bi.ros.ca⟩ s.f. *informal* Boteco.

birra ⟨bir.ra⟩ s.f. *informal* Teimosia ou implicância: *Depois da briga ficou com birra do vizinho.* ❙❙ **fazer birra** *informal* Em relação a uma criança, agir com desobediência, geralmente chorando ou esperneando: *Não queria ir para a escola e ficou fazendo birra.*

biruta ⟨bi.ru.ta⟩ ❙ adj.2g./s.2g. **1** *informal* Que ou quem é amalucado. ❙ s.f. **2** Cone de pano ou de outro material, que indica a direção ou a intensidade do vento.

bis ❙ s.m.2n. **1** Em uma apresentação artística, repetição de um fragmento ou de uma peça fora do programa, a pedido do público: *O pianista voltou ao palco e executou o bis.* ❙ interj. **2** Expressão usada para indicar esse pedido: *Todos gritavam:* Bis! Bis!*.*

bis- →**bi-**

bisão ⟨bi.são⟩ (pl. *bisões*) s.m. Mamífero bovídeo ruminante, de corpo grande e robusto, com uma corcova, chifres pequenos e separados, barba, e com a cabeça e o pescoço cobertos por uma juba comprida. ☐ GRAMÁTICA É um substantivo epiceno: *o bisão (macho/fêmea)*.

bisar ⟨bi.sar⟩ v.t.d. Em uma apresentação artística, repetir (um fragmento ou uma peça) fora do programa, a pedido do público: *O saxofonista bisou a última música*.

bisavô, vó ⟨bi.sa.vô, vó⟩ s. Em relação a uma pessoa, pai ou mãe de seu avô ou de sua avó.

bisavós ⟨bi.sa.vós⟩ s.m.pl. Em relação a uma pessoa, pais de seu avô ou de sua avó.

bisbilhotar ⟨bis.bi.lho.tar⟩ v.t.d./v.int. **1** Falar sobre (assuntos alheios) para promover intrigas ou fofocas, ou fazer mexericos: *Deixe já de bisbilhotar a vida dos outros!* ☐ SIN. **mexericar**. **2** *informal* Investigar com curiosidade: *Vive bisbilhotando tudo aquilo que encontra*.

bisbilhoteiro, ra ⟨bis.bi.lho.tei.ro, ra⟩ adj./s. Que ou quem bisbilhota ou se intromete em assuntos alheios. ☐ SIN. **mexeriqueiro**.

bisbilhotice ⟨bis.bi.lho.ti.ce⟩ s.f. **1** Ato de bisbilhotar. **2** Intromissão em assunto alheio. ☐ SIN. **mexerico**. **3** Intriga ou boato. ☐ SIN. **mexerico**.

bisca ⟨bis.ca⟩ s.f. **1** Jogo de baralho para duas ou quatro pessoas, em que são usados dois baralhos completos. **2** *pejorativo* Pessoa falsa ou de mau caráter. ☐ GRAMÁTICA Na acepção 2, usa-se tanto para o masculino quanto para o feminino: *ele/ela) é uma bisca*.

biscate ⟨bis.ca.te⟩ s.m. **1** *informal* Trabalho realizado ocasionalmente e sem vínculo empregatício. **2** *pejorativo* Prostituta.

biscatear ⟨bis.ca.te.ar⟩ v.int. Fazer biscate. ☐ ORTOGRAFIA O *e* muda para *ei* quando a sílaba tônica estiver na raiz do verbo →**NOMEAR**.

biscoiteira ⟨bis.coi.tei.ra⟩ s.f. Recipiente usado para guardar biscoitos e bolachas. ☐ ORTOGRAFIA Escreve-se também *biscouteira*.

biscoiteiro, ra ⟨bis.coi.tei.ro, ra⟩ s. Pessoa que se dedica a fazer ou vender biscoitos e bolachas. ☐ ORTOGRAFIA Escreve-se também *biscouteiro*.

biscoito ⟨bis.coi.to⟩ s.m. Massa doce ou salgada, crocante e assada no forno. ☐ ORTOGRAFIA Escreve-se também *biscouto*.

biscouteira ⟨bis.cou.tei.ra⟩ s.f. →**biscoiteira**

biscouteiro, ra ⟨bis.cou.tei.ro, ra⟩ s. →**biscoiteiro, ra**

biscouto ⟨bis.cou.to⟩ s.m. →**biscoito**

bismuto ⟨bis.mu.to⟩ s.m. Elemento químico da família dos metais, de número atômico 83, sólido, de cor cinza-avermelhada brilhante, muito frágil e fácil de fundir. ☐ ORTOGRAFIA Seu símbolo químico é Bi, sem ponto.

bisnaga ⟨bis.na.ga⟩ s.f. **1** Tubo que serve para guardar um creme ou um líquido: *Aperte a bisnaga para ver se ainda há pasta de dente nela*. **2** Pão comprido em forma cilíndrica: *Adoro as bisnagas daquela padaria*.

bisneto, ta ⟨bis.ne.to, ta⟩ s. Em relação a uma pessoa, filho ou filha de seu neto ou de sua neta.

bisonho, nha ⟨bi.so.nho, nha⟩ (Pron. [bisônho]) adj./s. **1** Que ou quem é novo em uma atividade ou tem pouca experiência nela. **2** *informal* Que ou quem é tímido.

bispado ⟨bis.pa.do⟩ s.m. **1** Cargo de bispo. **2** Território eclesiástico sob a jurisdição de um arcebispo. ☐ SIN. **arcebispado, diocese**.

bispo, pa ⟨bis.po, pa⟩ ❙ s. **1** Em algumas confissões cristãs, autoridade superior aos pastores. ❙ s.m. **2** Na Igreja Católica, sacerdote que recebeu a plenitude do sacramento da ordem e que geralmente governa uma diocese ou um distrito eclesiástico. **3** No jogo de xadrez, peça que se move em diagonal no tabuleiro. [👁 **xadrez** p. 827]

bissemanal ⟨bis.se.ma.nal⟩ (pl. *bissemanais*) adj.2g. Que ocorre duas vezes a cada semana.

bissetriz ⟨bis.se.triz⟩ s.f. Em geometria, reta que divide um ângulo em duas partes iguais.

bissexto, ta ⟨bis.sex.to, ta⟩ (Pron. [bissêsto]) ❙ adj./s.m. **1** Em relação a um ano, que, a cada quatro anos, possui um dia a mais no mês de fevereiro. ❙ adj. **2** Em relação geralmente a um artista, que exerce atividade esporádica.

bissexual

bissexual ⟨bis.se.xu.al⟩ (Pron. [bissecsual]) (pl. *bissexuais*) ▌adj.2g. **1** Da bissexualidade ou relacionado a ela. ▌adj.2g./s.2g. **2** Que ou quem sente atração sexual por indivíduos de ambos os sexos.

bissexualidade ⟨bis.se.xu.a.li.da.de⟩ (Pron. [bissecsualidade]) s.f. Atração sexual por indivíduos de ambos os sexos. ◻ SIN. bissexualismo.

bissexualismo ⟨bis.se.xu.a.lis.mo⟩ (Pron. [bissecsualismo]) s.m. **1** Atração sexual por indivíduos de ambos os sexos. ◻ SIN. bissexualidade. **2** Prática de relações sexuais com pessoas de ambos os sexos.

bisturi ⟨bis.tu.ri⟩ s.m. Instrumento cirúrgico formado por uma lâmina afiada e que é usado para fazer cortes precisos.

bit *(palavra inglesa)* (Pron. [bít]) s.m. Em informática, unidade mínima de informação que só pode possuir o valor falso ou verdadeiro. ◻ ORIGEM É um acrônimo que vem da sigla inglesa de *Binary Digit* (dígito binário). ◻ USO É diferente de *byte* (informação constituída por oito *bits*).

bitola ⟨bi.to.la⟩ s.f. **1** Medida ou modelo usados como padrão. **2** Em uma via férrea, distância entre as faces interiores dos dois trilhos.

bitolado, da ⟨bi.to.la.do, da⟩ adj. *informal pejorativo* Que possui visão ou capacidade de entendimento limitadas.

bitolar ⟨bi.to.lar⟩ v.t.d./v.prnl. Tornar(-se) bitolado ou limitado.

bitransitivo, va ⟨bi.tran.si.ti.vo, va⟩ adj. Em linguística, em relação especialmente a um verbo, que se constrói com dois complementos, sendo um direto e outro indireto.

bivalve ⟨bi.val.ve⟩ ▌adj.2g./s.m. **1** Em relação a um animal, que possui duas valvas ou peças duras e móveis que se encaixam uma na outra e o protegem. ▌s.m.pl. **2** Em zoologia, ordem desses animais.

bizantino, na ⟨bi.zan.ti.no, na⟩ ▌adj. **1** Inútil ou sem interesse prático. ▌adj./s. **2** De Bizâncio (antiga colônia grega e Império Romano do Oriente) ou relacionado a ele.

bizarro, ra ⟨bi.zar.ro, ra⟩ adj. Que é extravagante ou esquisito.

blasfemar ⟨blas.fe.mar⟩ v.int. Dizer blasfêmias ou maldizer.

blasfêmia ⟨blas.fê.mia⟩ s.f. Palavra ou expressão ofensivas contra o que se considera sagrado, especialmente se for contra uma divindade.

blasfemo, ma ⟨blas.fe.mo, ma⟩ (Pron. [blasfêmo]) ▌adj. **1** Que contém blasfêmia. ▌adj./s. **2** Que ou quem diz blasfêmias.

blasonar ⟨bla.so.nar⟩ v.t.d./v.t.i./v.int./v.prnl. Expressar(-se) com orgulho e vaidade ou fazer ostentação [de algo].

blecaute ⟨ble.cau.te⟩ s.m. Interrupção completa da iluminação, geralmente durante a noite.

blefar ⟨ble.far⟩ ▌v.int. **1** Em um jogo de baralho, fingir ter boas cartas, com o intuito de iludir o adversário. ▌v.t.d./v.int. **2** Fingir ou tentar enganar: *Blefou o tempo todo dizendo que estava doente*.

blefe ⟨ble.fe⟩ (Pron. [bléfe] ou [blêfe]) s.m. Fingimento com o intuito de iludir alguém, especialmente se for em um jogo de baralho.

blenorragia ⟨ble.nor.ra.gi.a⟩ s.f. Doença infecciosa sexualmente transmissível, que consiste na inflamação das vias urinárias e genitais, o que provoca um fluxo excessivo de secreção genital. ◻ SIN. gonorreia.

blindado, da ⟨blin.da.do, da⟩ adj. Da blindagem ou relacionado a ela.

blindagem ⟨blin.da.gem⟩ (pl. *blindagens*) s.f. **1** Ato ou efeito de blindar. **2** Conjunto de materiais usados para proteger exteriormente um lugar, um objeto ou o que há em seu interior.

blindar ⟨blin.dar⟩ v.t.d. Cobrir (um veículo ou uma porta) com placas metálicas ou com outro material de difícil penetração para protegê-los ou para proteger o que há em seu interior: *blindar um carro*.

blitz *(palavra alemã)* (Pron. [blíts]) s.f. Batida policial, geralmente realizada de surpresa: *Foram parados em uma blitz na estrada*.

bloco ⟨blo.co⟩ s.m. **1** Pedaço de pedra ou de outro material, com grandes dimensões e sem lapidação. **2** Peça com formato de paralelepípedo retangular, especialmente se for composta por uma matéria dura: *um bloco de tijolo*. **3** Edifício grande que possui várias residências ou conjuntos comerciais com características semelhantes: *um bloco de apartamentos*. **4** Conjunto de folhas de papel sobrepostas, especialmente se constituem um caderno: *um bloco de anotações*. **5** Conjunto compacto ou coerente de países ou coisas com alguma característica comum: *Depois da Segunda Guerra Mundial, o mundo se dividiu em dois grandes blocos*.

blog *(palavra inglesa)* (Pron. [blóg]) s.m. →**blogue**

blogosfera ⟨blo.gos.fe.ra⟩ s.f. Comunidade virtual formada pela conexão de blogues e que permite a interação de blogueiros ou o trânsito de ideias entre seus componentes.

blogue ⟨blo.gue⟩ s.m. Página pessoal na internet, semelhante a um diário, geralmente com fotos, comentários e recados, e em que são feitas atualizações periódicas: *Em seu blogue, gosta de postar receitas de cozinha*. ◻ ORTOGRAFIA Escreve-se também *blog*.

blogueiro, ra ⟨blo.guei.ro, ra⟩ s. Pessoa que tem um blogue ou que escreve nele.

bloquear ⟨blo.que.ar⟩ ▌v.t.d. **1** Obstruir ou impedir a passagem ou o movimento por (um lugar): *A enxurrada bloqueou a rua principal*. ▌v.t.d./v.int. **2** Interromper a trajetória de (algo que se move) para impedir que chegue a seu destino ou causar obstrução: *O jogador bloqueou o ataque adversário*. ▌v.t.d. **3** Travar ou impedir o funcionamento de (um mecanismo). ▌v.t.d./v.prnl. **4** Paralisar a capacidade de atuação ou a capacidade mental de (alguém) ou sofrer bloqueio emocional: *O nervosismo o bloqueou quando ia começar a falar*. ◻ ORTOGRAFIA O *e* muda para *ei* quando a sílaba tônica estiver na raiz do verbo →NOMEAR.

bloqueio ⟨blo.quei.o⟩ s.m. **1** Em um lugar, obstrução ou impedimento da passagem ou do movimento por ele: *o bloqueio de uma estrada*. **2** Interrupção do movimento de algo impedindo que ele chegue a seu destino: *A seleção marcou sete pontos de bloqueio*. **3** Obstrução do funcionamento de um mecanismo: *Em caso de tentativa de roubo, o dispositivo eletrônico provoca o bloqueio do veículo*. **4** Cerco que impede a entrada e a saída de um lugar. **5** Interrupção da capacidade de agir ou de raciocinar: *um bloqueio de memória*.

blumenauense ⟨blu.me.nau.en.se⟩ adj.2g./s.2g. De Blumenau ou relacionado a essa cidade do estado brasileiro de Santa Catarina.

blusa ⟨blu.sa⟩ s.f. Peça do vestuário que se estende desde os ombros até a cintura, cobrindo todo o tronco e que geralmente possui mangas.

blusão ⟨blu.são⟩ (pl. *blusões*) s.m. Blusa comprida e com mangas, muito solta.

boa ⟨bo.a⟩ (Pron. [bôa]) ▌adj. **1** Feminino de bom. **2** *informal* Em relação a uma mulher, que é atraente. ▌s.f. **3** *informal* Situação difícil ou embaraçosa: *Essa é boa!* **4** Crítica ou censura: *Fez malcriações e teve de ouvir umas boas dos pais*. **5** Serpente não venenosa de grande porte, de corpo amarelado ou cinzento, com manchas arredondadas e escuras no dorso e nos flancos, e que se alimenta de pequenos animais. ‖ **numa boa** *informal* De maneira tranquila ou prazerosa: *Gosta de passar as tardes de domingo numa boa.* ◻ GRAMÁTICA Na acepção 5, é um substantivo epiceno: *a boa (macho/fêmea)*. ◻ USO Na acepção 4, usa-se geralmente a forma plural *boas*.

boa-fé ⟨bo.a-fé⟩ (pl. *boas-fés*) s.f. Boa intenção: *Não tenho motivos para duvidar de sua boa-fé.*

boa-noite ⟨bo.a-noi.te⟩ (pl. *boas-noites*) s.m. Manifestação com a qual se deseja que alguém passe uma noite boa ou agradável: *Despedi-me com um boa-noite a todos.* ◻ ORTOGRAFIA Escreve-se também *boa-noute*.

boa-noute ⟨bo.a-nou.te⟩ (pl. *boas-noutes*) s.m. →**boa-noite**

boas-vindas ⟨bo.as-vin.das⟩ s.f.pl. Manifestação com a qual se dá a entender a alguém a satisfação que sua chegada causa: *O anfitrião deu as boas-vindas aos convidados.*

boa-tarde ⟨bo.a-tar.de⟩ (pl. *boas-tardes*) s.m. Manifestação com a qual se deseja que alguém passe uma tarde boa ou agradável: *Ao chegar, deu um boa-tarde entusiasmado a todos os presentes.*

boate ⟨bo.a.te⟩ s.f. Estabelecimento comercial em que se costuma escutar música, dançar e consumir bebidas. ◻ SIN. casa noturna, danceteria, discoteca.

boateiro, ra ⟨bo.a.tei.ro, ra⟩ adj./s. *pejorativo* Que ou quem espalha boatos.

boato ⟨bo.a.to⟩ s.m. Notícia falsa que se difunde com algum fim, geralmente negativo.

boa-vida ⟨bo.a-vi.da⟩ (pl. *boas-vidas*) adj.2g./s.2g. *informal pejorativo* Que ou quem trabalha pouco ou vive tranquila e despreocupadamente.

boa-vistense ⟨bo.a-vis.ten.se⟩ (pl. *boa-vistenses*) adj.2g./s.2g. De Boa Vista ou relacionado à capital do estado brasileiro de Roraima.

bobagem ⟨bo.ba.gem⟩ (pl. *bobagens*) s.f. **1** Aquilo que é dito ou feito sem fundamento nem lógica: *Não sabe o que aconteceu e fica dizendo bobagens.* ◻ SIN. besteira, tolice, tonteira, tontice. **2** Aquilo que é considerado sem importância ou de pouco valor: *Vocês não deviam brigar por bobagens!* **3** *informal* Alimento de pouco valor nutritivo: *Pare de comer bobagens!*

bobe ⟨bo.be⟩ s.m. Pequena peça cilíndrica na qual se enrolam mechas de cabelo para que fiquem encaracoladas.

bobear ⟨bo.be.ar⟩ v.int. **1** Fazer ou dizer bobagens. **2** *informal* Distrair-se: *Bobeou e perdeu o ônibus.* ◻ ORTOGRAFIA O e muda para *ei* quando a sílaba tônica estiver na raiz do verbo →NOMEAR.

bobeira ⟨bo.bei.ra⟩ s.f. *informal* Comportamento de pessoa boba. ‖ **de bobeira** *informal* À toa ou sem ocupação. ‖ **marcar bobeira** *informal* Distrair-se: *Marcou bobeira e perdeu o prazo de inscrição.*

bobina ⟨bo.bi.na⟩ s.f. Objeto cilíndrico usado para enrolar fios, arames ou outros materiais flexíveis.

bobo, ba ⟨bo.bo, ba⟩ (Pron. [bôbo]) **I** adj. **1** *informal* Que não desperta interesse. **I** adj./s. **2** *informal pejorativo* Que ou quem tem pouca inteligência ou pouco entendimento.

bobó ⟨bo.bó⟩ s.m. Prato de origem africana que consiste em um creme feito à base de inhame ou aipim cozidos e amassados, azeite de dendê, pimenta e sal: *um bobó de camarão.*

boboca ⟨bo.bo.ca⟩ adj.2g./s.2g. **1** *informal pejorativo* Tolo ou ingênuo. **2** *informal pejorativo* Insignificante ou irrelevante.

boca ⟨bo.ca⟩ (Pron. [bôca]) s.f. **1** Em uma pessoa ou em um animal, entrada do aparelho digestório, geralmente situada na parte inferior e frontal da cabeça, formada por partes como os lábios, os dentes, a língua e a faringe: *O dentista pediu que abrisse a boca.* **2** No rosto de uma pessoa, conjunto dos dois lábios: *Em meio à confusão, levou um soco na boca.* **3** Em um lugar ou em um objeto, abertura ou entrada, especialmente se formarem uma comunicação entre o interior e o exterior: *a boca de um pote.* ‖ **abrir a boca** *informal* Falar: *Não abriu a boca o dia todo.* ‖ **{andar/correr/passar} de boca em boca** *informal* Ser conhecido publicamente ou ser tema da conversa entre as pessoas: *A notícia passou de boca em boca.* ‖ **de boca aberta** *informal* Em relação a uma pessoa, surpresa ou admirada: *Ficou de boca aberta ao descobrir o que havia ocorrido.*

boca de sino ⟨bo.ca de si.no⟩ adj.2g.2n./s.f. Em relação a uma peça do vestuário, que tem as extremidades em forma de sino, ou mais largas: *uma calça boca-de-sino.* ◻ GRAMÁTICA O plural do substantivo é *bocas de sino*.

bocado ⟨bo.ca.do⟩ s.m. **1** Quantidade de comida que cabe na boca e se coloca de uma vez. **2** *informal* Quantidade pequena: *No mercado, compramos um bocado de tudo.* **3** *informal* Quantidade grande: *Tenho um bocado de coisas para fazer hoje!*

bocaina ⟨bo.cai.na⟩ s.f. Em uma serra, vale ou depressão.

bocal ⟨bo.cal⟩ (pl. *bocais*) s.m. **1** Em um recipiente, abertura ou entrada: *o bocal de uma garrafa.* **2** Em um instrumento musical de sopro, peça em forma de taça, acoplada ao tubo, usada para apoiar os lábios e direcionar o sopro do executante.

boçal ⟨bo.çal⟩ (pl. *boçais*) adj.2g./s.2g. *pejorativo* Que ou quem é rude ou grosseiro na forma de agir.

boca-livre ⟨bo.ca-li.vre⟩ (pl. *bocas-livres*) s.f. *informal* Evento social em que se servem comidas e bebidas.

bocejar ⟨bo.ce.jar⟩ v.int. Abrir a boca de forma involuntária, inspirando e expirando lenta e profundamente, por causa de sono, cansaço, fome ou aborrecimento.

bocejo ⟨bo.ce.jo⟩ (Pron. [bocêjo]) s.m. Abertura involuntária da boca para respirar lenta e profundamente, causada por sono, cansaço, fome ou aborrecimento.

boceta ⟨bo.ce.ta⟩ (Pron. [bocêta]) s.f. **1** Pequena caixa oval, usada especialmente para guardar tabaco em pó. **2** *vulgarismo* →**vulva**

bocha ⟨bo.cha⟩ (Pron. [bótcha]) s.f. Jogo em que, em uma cancha, cada parceiro lança bolas de madeira na tentativa de aproximá-las de uma bola menor.

bochecha ⟨bo.che.cha⟩ (Pron. [bochêcha]) s.f. Em uma pessoa, cada uma das duas partes carnosas e salientes da face, abaixo dos olhos.

bochechar ⟨bo.che.char⟩ **I** v.t.d. **1** Agitar (um líquido) dentro da boca repetidamente, enchendo e esvaziando as bochechas: *O dentista recomendou que bochechasse água com flúor.* **I** v.int. **2** Agitar um líquido dentro da boca repetidamente, enchendo e esvaziando as bochechas: *É recomendável bochechar após escovar os dentes.*

bochecho ⟨bo.che.cho⟩ (Pron. [bochêcho]) s.m. **1** Agitação repetida de um líquido dentro da boca: *O dentista lhe recomendou bochechos diários.* **2** Quantidade desse líquido que se põe na boca e que se cospe em seguida. ◻ USO Na acepção 1, é diferente de *gargarejo* (ação de manter um líquido na garganta, expulsando-o ar para movimentá-lo).

bochechudo, da ⟨bo.che.chu.do, da⟩ adj./s. Que ou quem possui bochechas grandes ou salientes.

bochicho ⟨bo.chi.cho⟩ s.m. **1** Ruído, rumor ou agitação. ◻ SIN. bulício, burburinho. **2** *informal* Boato: *Ouvi bochichos de que ele deixará a empresa.*

bócio ⟨bó.cio⟩ s.m. Em medicina, aumento da glândula tireoide, que causa inchaço da parte anterior e superior do pescoço.

bocó

bocó ⟨bo.có⟩ adj.2g./s.2g. **1** *pejorativo* Tolo ou ingênuo. **2** *pejorativo* Insignificante ou irrelevante.

boda ⟨bo.da⟩ (Pron. [bôda]) s.f. **1** Cerimônia ou ato em que se oficializa a união conjugal entre duas pessoas. □ SIN. casamento, núpcias. **2** Festa com que se celebra essa união. □ USO Usa-se geralmente a forma plural *bodas*.

bode ⟨bo.de⟩ s.m. Mamífero ruminante doméstico, com chifres curvados e virados para trás, e com o corpo coberto por pelagem áspera. ‖ **bode expiatório** Pessoa sobre a qual se faz recair uma culpa compartilhada por várias pessoas: *Segundo a polícia, ele foi apenas um bode expiatório.* ‖ **({estar/ficar}) de bode** *informal* Ficar deprimido ou desanimado: *Ficou de bode quando soube que havia sido reprovado.* □ GRAMÁTICA **1.** Na acepção 1, usa-se o substantivo feminino *cabra* para designar a fêmea. **2.** *Bode expiatório* é usado tanto para o masculino quanto para o feminino: *(ele/ela) é um bode expiatório.*

bodega ⟨bo.de.ga⟩ s.f. **1** Lugar onde se servem refeições baratas. **2** Estabelecimento comercial em que se vendem secos e molhados. **3** *informal* Coisa ruim ou de má qualidade.

bodegueiro, ra ⟨bo.de.guei.ro, ra⟩ s. Pessoa que tem uma bodega ou que se dedica a ela.

bodoque ⟨bo.do.que⟩ s.m. Forquilha que possui uma tira de borracha ou de elástico presa aos seus dois extremos, e que serve para lançar pedras ou outros objetos. □ SIN. atiradeira, estilingue.

bodum ⟨bo.dum⟩ (pl. *boduns*) s.m. **1** Mau cheiro exalado pelo bode não castrado. **2** *pejorativo* Mau cheiro que emana de uma pessoa ou de um animal.

body boarding *(palavra inglesa)* (Pron. [bóri bórdin]) s.m. Esporte náutico praticado em uma prancha pequena, deslizando sobre as ondas do mar e usando nadadeiras para executar manobras.

body piercing *(palavra inglesa)* (Pron. [bóri pírcin]) s.m.2n. Prática que consiste em fazer perfurações em qualquer parte do corpo para aplicar brincos ou outros enfeites.

boemia ⟨bo.e.mi.a⟩ s.f. →**boêmia**

boêmia ⟨bo.ê.mia⟩ s.f. Vida desregrada ou que não se ajusta às convenções sociais. □ ORTOGRAFIA Escreve-se também *boemia*.

boêmio, mia ⟨bo.ê.mio, mia⟩ ▌adj./s. **1** Da Boêmia ou relacionado a essa região ocidental da República Tcheca. **2** Que ou quem leva uma vida desregrada ou não se ajusta às convenções sociais. ▌s.m. **3** Dialeto tcheco da região da Boêmia.

bóer ⟨bó.er⟩ adj.2g./s.2g. →**bôer**

bôer ⟨bô.er⟩ adj.2g./s.2g. Dos descendentes dos colonos holandeses do século XVII que habitaram o sul africano ou relacionado a eles. □ ORTOGRAFIA Escreve-se também *bóer*.

bofe ⟨bo.fe⟩ ▌s.m. **1** *informal* Pulmão. **2** *informal pejorativo* Pessoa feia. **3** *informal* Homem heterossexual. ▌s.m.pl. **4** Vísceras animais para o consumo humano. □ GRAMÁTICA Na acepção 2, seu feminino é *bofélia*. □ USO Na acepção 1, usa-se geralmente a forma plural *bofes*.

bofélia ⟨bo.fé.lia⟩ *pejorativo* Substantivo feminino de *bofe*.

bofetada ⟨bo.fe.ta.da⟩ s.f. Tapa que se dá no rosto com a mão: *Seu rival aproveitou-se do descuido e deu-lhe uma bofetada em cheio.*

bofetão ⟨bo.fe.tão⟩ (pl. *bofetões*) s.m. Bofetada forte.

boi s.m. Mamífero quadrúpede ruminante, castrado, com cabeça grande, pelagem curta e cauda comprida, muito usado como meio de tração animal no campo e como fonte de extração de carne, de ossos e de couro. □ GRAMÁTICA Usa-se o substantivo feminino *vaca* para designar a fêmea.

boia ⟨boi.a⟩ (Pron. [bóia]) s.f. **1** Objeto flutuante que se coloca no corpo de uma pessoa para evitar que ela afunde. **2** Peça de material flutuante colocada na superfície de um líquido para indicar seu nível ou para controlar seu escoamento. **3** *informal* Refeição ou comida.

boiada ⟨boi.a.da⟩ s.f. Rebanho de bois.

boiadeiro, ra ⟨boi.a.dei.ro, ra⟩ adj./s. Que ou quem conduz ou possui uma boiada.

boia-fria ⟨boi.a-fri.a⟩ (Pron. [bóia-fria]) (pl. *boias-frias*) adj.2g./s.2g. Que ou quem trabalha na agricultura em diversas lavouras, mas que não possui terra própria.

boiar ⟨boi.ar⟩ v.int. **1** Manter-se na superfície de um líquido (um corpo). □ SIN. flutuar, nadar. **2** *informal* Não entender: *Boiei enquanto a professora explicava.*

boi-bumbá ⟨boi-bum.bá⟩ (pl. *bois-bumbá* ou *bois-bumbás*) s.m. Encenação folclórica brasileira de caráter dramático e religioso. □ SIN. bumba meu boi.

boicotar ⟨boi.co.tar⟩ v.t.d. Interromper ou impedir a realização de (um ato ou um acontecimento) como forma de pressão para conseguir algo: *Alguns expectadores boicotaram a peça de teatro e começaram a gritar no meio da apresentação.*

boicote ⟨boi.co.te⟩ s.m. Interrupção ou impedimento de algo, geralmente de um ato ou de um acontecimento, como forma de pressão para conseguir algo.

boina ⟨boi.na⟩ s.f. Gorro redondo e sem aba, geralmente feito de lã.

boiola ⟨boi.o.la⟩ s.m. *informal pejorativo* Homossexual masculino.

bojo ⟨bo.jo⟩ (Pron. [bôjo]) s.m. **1** Saliência arredondada, especialmente a do ventre. **2** Em um recipiente ou vasilhame, parte mais larga de seu interior. **3** Em um todo, parte primordial ou essencial: *Retomaram o bojo da questão para esclarecer o assunto.* □ SIN. âmago, cerne.

bojudo, da ⟨bo.ju.do, da⟩ adj. Que possui uma parte saliente e arredondada.

bola ⟨bo.la⟩ s.f. **1** Objeto esférico feito de qualquer material: *uma bola de basquete.* **2** Jogo que se executa com esse objeto, especialmente se for o futebol: *Gosto de jogar bola na praia.* **3** *informal/pejorativo* Pessoa gorda: *Ele sempre foi uma bola.* **4** Comprimido, geralmente calmante, usado como entorpecente. **5** *vulgarismo* →**testículo** ‖ **bola de gude** Aquela que é pequena e de vidro, usada em jogos infantis. ‖ **dar bola** *informal* Dar atenção: *Quando há jogo na TV, ele não dá bola para ninguém.* ‖ **estar com a bola toda 1** *informal* Ter autoridade ou controle sobre uma situação. **2** *informal* Em relação a uma pessoa ou a um assunto, ser popular. ‖ **passar a bola para** alguém *informal* Recusar uma responsabilidade e passá-la a outra pessoa: *Como não sabia a resposta, passou a bola para mim.* ‖ **pisar na bola** *informal* Cometer erro: *Pisou na bola falando o que não devia.* ‖ **trocar as bolas** *informal* Confundir as coisas: *Quando não entende do assunto, troca as bolas sem perceber.* □ GRAMÁTICA Na acepção 3, usa-se tanto para o masculino quanto para o feminino: *(ele/ela) é uma bola.*

bola ao cesto ⟨bo.la ao ces.to⟩ (Pron. [bola ao cêsto]) (pl. *bolas ao cesto*) s.m. Esporte que se pratica entre duas equipes de cinco jogadores cada, em que se tenta introduzir uma bola na cesta da equipe adversária somente com o auxílio das mãos. □ SIN. basquete.

bolacha ⟨bo.la.cha⟩ s.f. **1** Biscoito achatado, à base de farinha, ovos e outros ingredientes, assado no forno e que pode ser doce ou salgado. **2** *informal* Bofetada.

bolada ⟨bo.la.da⟩ s.f. **1** Pancada ou golpe dados com uma bola: *Levou uma bolada enquanto passava ao lado da quadra.* **2** *informal* Quantia grande de dinheiro: *Jogou na loteria e ganhou uma bolada.*

bolar ⟨bo.lar⟩ v.t.d. *informal* Criar ou planejar algo mentalmente: *Bolamos um plano de viagem fantástico!*

boldo ⟨bol.do⟩ (Pron. [bóldo]) s.m. Planta com folhas resistentes, aromáticas, de margem ondulada e cobertas por muitos pelos, flores brancas dispostas em pequenos cachos, e com propriedades medicinais.

boldrié ⟨bol.dri.é⟩ s.m. Cinturão ou correia, geralmente de couro, ajustados a tiracolo para servir de apoio especialmente a uma espada.

boleadeiras ⟨bo.le.a.dei.ras⟩ s.f.pl. Instrumento formado por duas ou três bolas de material pesado, forradas com couro e presas fortemente a cordas unidas em uma das extremidades.

bolear ⟨bo.le.ar⟩ v.t.d./v.prnl. **1** Tornar(-se) arredondado ou dar forma de bola. **2** Laçar (um animal) com boleadeiras: *Boleou o touro nas patas traseiras.* ☐ ORTOGRAFIA O e muda para *ei* quando a sílaba tônica estiver na raiz do verbo →NOMEAR.

boleia ⟨bo.lei.a⟩ (Pron. [boléia]) s.f. **1** Em um caminhão, cabine onde fica o motorista. **2** Em uma carruagem, assento do cocheiro.

bolero ⟨bo.le.ro⟩ s.m. **1** Composição musical de origem espanhola, geralmente acompanhada por castanholas, muito popular no final do século XVIII e durante o século XIX. **2** Dança que acompanha essa composição. **3** Composição musical popular, de origem latino-americana, lenta e geralmente com tema sentimental. **4** Dança que acompanha essa composição. **5** Peça do vestuário em forma de casaco curto, usada geralmente por cima de uma blusa, camiseta ou camisa.

boletim ⟨bo.le.tim⟩ (pl. *boletins*) s.m. **1** Publicação periódica que traz informações sobre assuntos específicos: *um boletim médico.* **2** Em rádio e televisão, notícias breves e concisas que são publicadas em horários regulares entre um programa e outro: *o boletim da tarde.* **3** Relatório periódico de notas ou das qualificações de um estudante: *um boletim de notas.*

boleto ⟨bo.le.to⟩ (Pron. [bolêto]) s.m. **1** Papel impresso, geralmente emitido por um banco ou por uma instituição, usado para efetuar o pagamento do valor expresso nele em um determinado prazo. **2** No turfe, bilhete de aposta.

bolha ⟨bo.lha⟩ (Pron. [bólha]) s.f. **1** Em um líquido, bola cheia de ar ou de gás que se forma em seu interior e que sobe à superfície, onde estoura. ☐ SIN. borbulha. **2** Na pele, levantamento da epiderme que forma uma espécie de bolsa cheia de uma substância aquosa. ☐ SIN. borbulha, empola, vesícula.

boliche ⟨bo.li.che⟩ s.m. **1** Jogo que consiste em arremessar uma bola pesada ao longo de uma pista lisa e estreita, com o objetivo de derrubar dez pinos situados em sua extremidade oposta. **2** Lugar onde se pratica esse jogo.

bolinação ⟨bo.li.na.ção⟩ (pl. *bolinações*) s.f. *vulgarismo* Toque ou carícia com intenções sexuais.

bolinar ⟨bo.li.nar⟩ ▮ v.t.d. **1** Conduzir (uma embarcação) de modo que a proa forme o menor ângulo possível com a direção do vento. ▮ v.t.d./v.int./v.prnl. **2** *vulgarismo* Passar a mão em (alguém) ou apalpar(-se) com intenção sexual, especialmente se for em lugares públicos.

boliviano, na ⟨bo.li.vi.a.no, na⟩ ▮ adj./s. **1** Da Bolívia ou relacionado a esse país sul-americano. ▮ s.m. **2** Unidade monetária desse país.

bolo ⟨bo.lo⟩ (Pron. [bôlo]) s.m. **1** Massa à base de farinha, ovos e manteiga, assada no forno, e que geralmente é recheada com creme doce, frutas ou outros ingredientes: *um bolo de chocolate.* **2** Em uma mesa de jogo, quantia de dinheiro. **3** *informal* Desordem ou bagunça: *No meio do bolo de livros, achei meu caderno.* ‖ **bolo alimentar** Porção de alimento mastigado que se forma na boca antes de ser engolida. ‖ **bolo fecal** Porção de alimento totalmente digerido e que se elimina pelo ânus. ‖ **dar o bolo** *informal* Faltar a um encontro ou a um compromisso: *Ela falou que viria, mas nos deu o bolo.*

bolor ⟨bo.lor⟩ (Pron. [bolôr]) s.m. Colônia de fungos filamentosos e multicelulares, que se desenvolve sobre uma matéria orgânica e que a decompõe. ☐ SIN. mofo.

bolorento, ta ⟨bo.lo.ren.to, ta⟩ adj. Que está coberto de bolor.

bolota ⟨bo.lo.ta⟩ s.f. **1** Pequena bola. **2** Fruto do carvalho com uma semente de formato redondo e base recoberta que, em algumas espécies, possui propriedades medicinais. ☐ SIN. glande. **3** *informal* Caroço.

bolsa ⟨bol.sa⟩ (Pron. [bôlsa]) s.f. **1** Sacola ou saco geralmente providos de fecho e usados para transportar dinheiro ou outros objetos. [☞ **equipagem** p. 317] **2** Bolha causada geralmente por alguma enfermidade. **3** Em anatomia, cavidade do corpo em forma de saco: *a bolsa escrotal.* ‖ **bolsa (de estudos)** Ajuda econômica temporária que se concede a uma pessoa para que complete seus estudos ou para que realize uma pesquisa ou uma obra.

bolsista ⟨bol.sis.ta⟩ adj.2g./s.2g. Que ou quem recebe uma bolsa de estudos ou a desfruta.

bolso ⟨bol.so⟩ (Pron. [bôlso]) s.m. **1** Em uma roupa, peça de tecido, geralmente com formato de bolsa ou de saco, que se costura sobreposta ou em sua parte interior e que serve para guardar objetos pequenos e usuais: *Costuma levar suas chaves no bolso da calça.* **2** Quantia de dinheiro de uma pessoa: *Pagou as despesas do próprio bolso.* ‖ **de bolso** Portátil ou fácil de transportar: *um livro de bolso.*

bom (pl. *bons*) adj. **1** Que possui as qualidades próprias de sua natureza ou de sua função. **2** Que é como convém ou como se gosta: *Achei o filme muito bom.* **3** Benéfico, conveniente ou útil: *Beber muito álcool não é bom para a saúde.* **4** Que ou quem possui qualidades consideradas positivas: *É um bom filho e sempre pensa nos pais.* **5** Com boa saúde: *Estava doente, mas já ficou bom.* ☐ SIN. sadio, são. **6** Em relação a um alimento, que não está estragado e que se pode comer: *Esta fruta ainda está boa.* **7** Que supera o normal em tamanho, quantidade ou intensidade: *Aquele trabalho me rendeu bons trocados.* ☐ GRAMÁTICA **1.** Seu feminino é *boa.* **2.** O comparativo de superioridade é *melhor.* **3.** Seus superlativos são *ótimo* e *boníssimo.*

bomba ⟨bom.ba⟩ s.f. **1** Artefato provido de um mecanismo que o faz explodir no momento conveniente: *Uma bomba explodiu no centro da cidade ontem.* **2** Máquina usada para elevar um fluido e impulsioná-lo em uma determinada direção: *uma bomba d'água.* **3** Notícia inesperada e surpreendente: *A transferência do jogador para esse time foi uma bomba.* **4** Em um posto de gasolina, tanque com combustível. **5** Doce de massa cozida, recheado com creme e coberto geralmente com chocolate. **6** Artefato usado para extrair ou para comprimir ar: *Vou precisar de uma bomba para encher os pneus da bicicleta.* ‖ **bomba atômica** Aquela que se baseia no grande poder explosivo da energia liberada subitamente pela separação dos nêutrons nos núcleos de um material atômico como o plutônio ou o urânio: *Em 1945, uma bomba atômica destruiu a cidade japonesa de Hiroshima.* ‖ **{levar/tomar} bomba** *informal* Ser reprovado em um curso ou em um exame: *Como faltou muito às aulas, levou bomba.*

bombachas ⟨bom.ba.chas⟩ s.f.pl. Calça larga nas pernas e justa nos tornozelos.

bombar ⟨bom.bar⟩ v.int. *informal* Ser reprovado em um curso ou em um exame.

bombardão

bombardão ⟨bom.bar.dão⟩ (pl. *bombardões*) s.m. Instrumento musical de sopro, geralmente usado em bandas sinfônicas, militares e orquestras, com três ou quatro pistões. ☐ SIN. tuba. [☞ **instrumentos de sopro** p. 747]

bombardear ⟨bom.bar.de.ar⟩ v.t.d. **1** Lançar bombas contra (um alvo), especialmente se for de um avião. **2** *informal* Assediar com perguntas: *Os jornalistas bombardearam-no com perguntas sobre seu envolvimento no caso.* **3** Em física, submeter (um corpo) à ação de certas radiações ou partículas: *bombardear um átomo.* ☐ ORTOGRAFIA O e muda para ei quando a sílaba tônica estiver na raiz do verbo →NOMEAR.

bombardeio ⟨bom.bar.dei.o⟩ s.m. **1** Lançamento de bombas contra um alvo, especialmente se for de um avião. **2** Em física, submissão de um corpo à ação de certas radiações ou partículas.

bombardeiro ⟨bom.bar.dei.ro⟩ s.m. Avião militar destinado à ação ofensiva mediante o lançamento de bombas ou de outros projéteis contra um alvo terrestre ou naval.

bombardino ⟨bom.bar.di.no⟩ ▮ s.m. **1** Instrumento musical de sopro, geralmente usado em bandas sinfônicas, militares e orquestras, com som mais agudo que o do bombardão. ▮ s.2g. **2** Músico que toca esse instrumento. [☞ **instrumentos de sopro** p. 747]

bombástico, ca ⟨bom.bás.ti.co, ca⟩ adj. Que tem efeito devastador.

bombear ⟨bom.be.ar⟩ v.t.d. Elevar ou impulsionar (um fluido) em uma direção determinada. ☐ ORTOGRAFIA O e muda para ei quando a sílaba tônica estiver na raiz do verbo →NOMEAR.

bombeiro, ra ⟨bom.bei.ro, ra⟩ s. Pessoa que se dedica profissionalmente à extinção de incêndios e que presta ajuda em casos de acidente ou de desastre. ‖ **bombeiro (hidráulico)** Pessoa que se dedica profissionalmente à colocação, à manutenção e ao conserto de encanamentos de água e de instalações de esgoto.

bombilha ⟨bom.bi.lha⟩ s.f. Canudo fino que é usado para beber mate, com um filtro em uma de suas extremidades para evitar a passagem da erva.

bom-bocado ⟨bom-bo.ca.do⟩ (pl. *bons-bocados*) s.m. Doce à base de farinha, gema de ovo, açúcar e coco ralado.

bombom ⟨bom.bom⟩ (pl. *bombons*) s.m. Doce pequeno feito de chocolate, geralmente recheado.

bombordo ⟨bom.bor.do⟩ s.m. Em uma embarcação, lado esquerdo, olhando-se da popa para a proa. ☐ USO É diferente de *estibordo* (lado direito da embarcação, olhando-se da popa para a proa).

bom-dia ⟨bom-di.a⟩ (pl. *bons-dias*) s.m. Manifestação com a qual se deseja que alguém passe uma manhã boa ou agradável: *Ele é tão rude que nem nos dá bom-dia.*

bonachão ⟨bo.na.chão⟩ (pl. *bonachões*) adj./s.m. Simples, cordial e sem formalismo nem cerimônia no trato ou no comportamento. ☐ GRAMÁTICA Seu feminino é *bonachona*.

bonachona ⟨bo.na.cho.na⟩ (Pron. [bonachôna]) Feminino de *bonachão*.

bonança ⟨bo.nan.ça⟩ s.f. Tempo tranquilo ou sereno, especialmente no mar: *Após uma madrugada de tempestade em alto-mar, veio a bonança pela manhã.*

bondade ⟨bon.da.de⟩ s.f. **1** Qualidade de bom. **2** Em uma pessoa, inclinação natural para fazer o bem ou ajudar os outros: *Ela é uma mulher de extrema bondade.* **3** Amabilidade, cortesia ou generosidade: *Ele teve a bondade de retribuir a visita.*

bonde ⟨bon.de⟩ s.m. Veículo para o transporte urbano de passageiros, que trafega por trilhos e obtém energia elétrica por uma rede de cabos suspensos.

bondinho ⟨bon.di.nho⟩ s.m. **1** Bonde pequeno. **2** *informal* Teleférico: *Para subir no Pão de Açúcar, tivemos que pegar o bondinho.*

bondoso, sa ⟨bon.do.so, sa⟩ (Pron. [bondôso], [bondósa], [bondósos], [bondósas]) adj. Que tem bondade.

boné ⟨bo.né⟩ s.m. Peça do vestuário usada para cobrir a cabeça, sem abas e geralmente com viseira.

boneca ⟨bo.ne.ca⟩ s.f. **1** Feminino de **boneco**. **2** *informal* Mulher atraente. **3** *pejorativo* Pessoa do sexo masculino que é afeminada. **4** *informal* Homossexual masculino que se veste com roupas próprias do sexo feminino. **5** Projeto gráfico experimental de uma publicação. **6** Saco de pano pequeno, usado para colocar temperos ou outras substâncias de uso doméstico, de forma que fiquem isolados de um contato direto durante uma tarefa.

boneco, ca ⟨bo.ne.co, ca⟩ ▮ s. **1** Reprodução da figura humana que se utiliza geralmente como brinquedo. **2** *informal* Criança ou jovem bonitos. ▮ s.m. **3** *pejorativo* Pessoa que se deixa influenciar facilmente pelos demais. ☐ GRAMÁTICA Na acepção 3, usa-se tanto para o masculino quanto para o feminino: *(ele/ela) é um boneco.*

bonfinense ⟨bon.fi.nen.se⟩ adj.2g./s.2g. De Bonfim ou relacionado a essa cidade do estado brasileiro de Roraima.

bongô ⟨bon.gô⟩ s.m. Instrumento musical de percussão que consiste em um tubo de madeira coberto em sua parte superior por uma pele de cabra e descoberto em sua parte inferior, e que se toca com os dedos ou com as palmas das mãos. ☐ ORIGEM É uma palavra de origem africana.

bonificação ⟨bo.ni.fi.ca.ção⟩ (pl. *bonificações*) s.f. Gratificação ou recompensa: *Todos os funcionários receberão uma bonificação de natal.*

bonificar ⟨bo.ni.fi.car⟩ v.t.d. Gratificar ou recompensar: *Bonificaram-nos com 10% de desconto na compra do DVD.* ☐ ORTOGRAFIA Antes de e, o c muda para qu →BRINCAR.

bonifrate ⟨bo.ni.fra.te⟩ s.m. **1** Boneco de pano, com formato de saco, que se manipula colocando a mão por dentro dele. ☐ SIN. fantoche, mamulengo. **2** *pejorativo* Pessoa que se deixa influenciar facilmente pelas demais. **3** *pejorativo* Pessoa de aparência considerada ridícula ou grotesca. ☐ GRAMÁTICA Nas acepções 2 e 3, usa-se tanto para o masculino quanto para o feminino: *(ele/ela) é um bonifrate.*

bonito, ta ⟨bo.ni.to, ta⟩ ▮ adj. **1** Que resulta agradável aos sentidos: *uma mulher bonita.* **2** Em relação a uma atitude ou a um gesto, que são nobres ou generosos: *Em um gesto bonito, abraçou seu adversário após derrotá-lo.* ▮ s.m. **3** Peixe de água salgada, comestível, azul-escuro na parte superior e prateado na inferior. ☐ GRAMÁTICA Na acepção 3, é um substantivo epiceno: *o bonito (macho/fêmea).* [☞ **peixes (água salgada)** p. 609]

bonomia ⟨bo.no.mi.a⟩ s.f. Em uma pessoa, tendência um pouco ingênua a fazer o bem, a ser simples ou ingênua.

bônus ⟨bô.nus⟩ s.m.2n. **1** Bonificação ou gratificação, seja com um desconto em algum pagamento ou com um acréscimo no valor recebido: *Na última compra, ganhou um bônus de 10%.* **2** Em um trabalho, bonificação ou gratificação paga a um funcionário por seu empregador. **3** Em economia, título de dívida pública ou privada.

bonzo ⟨bon.zo⟩ s.m. Monge budista.

boot *(palavra inglesa)* (Pron. [but]) s.m. Em informática, procedimento pelo qual se inicia o funcionamento de um computador.

boqueirão ⟨bo.quei.rão⟩ (pl. *boqueirões*) s.m. Passagem estreita que dá acesso a uma baía.

boquete ⟨bo.que.te⟩ s.m. *vulgarismo* →felação

boquiaberto, ta ⟨bo.qui.a.ber.to, ta⟩ adj. **1** Com a boca aberta. **2** Espantado ou surpreso por algum acontecimento: *Ficou boquiaberto ao saber da notícia.*

boquilha ⟨bo.qui.lha⟩ s.f. **1** Tubo pequeno, geralmente provido de um filtro, em que se coloca, em uma das extremidades, um cigarro para fumá-lo. ☐ SIN. **piteira, ponteira**. **2** Em um instrumento musical de sopro, peça acoplada ao tubo, geralmente em instrumentos de madeira, usada para apoiar os lábios e para direcionar o sopro do executante.

boquinha ⟨bo.qui.nha⟩ ‖ **fazer uma boquinha** *informal* Fazer uma refeição rápida: *Acordou no meio da noite e resolveu fazer uma boquinha.*

borboleta ⟨bor.bo.le.ta⟩ (Pron. [borbolêta]) s.f. **1** Adulto de inseto lepidóptero que se caracteriza pela presença de dois pares de asas membranosas, geralmente de cores vistosas, e duas longas antenas. [◉ **insetos** p. 456] **2** Mecanismo que se coloca na entrada ou na saída de um local, estabelecimento ou veículo para que as pessoas passem uma de cada vez. ☐ SIN. **catraca, molinete, roleta, torniquete**. **3** Parafuso com duas asas laterais que possibilitam enroscá-lo e desenroscá-lo com os dedos, sem a necessidade de usar ferramentas.

borboletear ⟨bor.bo.le.te.ar⟩ v.int. **1** *informal* Voar fazendo giros ou movimentos rápidos: *Vários insetos borboleteavam ao redor da lâmpada.* **2** *informal* Mover-se continuamente de um lugar para outro ou em torno de alguém: *As crianças borboleteavam pela casa.* **3** *pejorativo* Atuar ou comportar-se de forma afeminada. ☐ ORTOGRAFIA O e muda para ei quando a sílaba tônica estiver na raiz do verbo →NOMEAR.

borbotão ⟨bor.bo.tão⟩ (pl. *borbotões*) s.m. Em um líquido, borbulha que se forma em seu interior e que sobe até sua superfície quando este brota com força de um lugar ou quando ferve. ‖ **aos borbotões** *informal* De forma acelerada ou apressada: *falar aos borbotões.*

borbulha ⟨bor.bu.lha⟩ s.f. **1** Em um líquido, bola cheia de ar ou de gás que se forma em seu interior e que sobe à superfície, onde estoura. ☐ SIN. **bolha**. **2** Na pele, levantamento da epiderme que forma uma espécie de bolsa cheia de uma substância aquosa. ☐ SIN. **bolha, empola, vesícula**.

borbulhante ⟨bor.bu.lhan.te⟩ adj.2g. Em relação a um líquido, que forma borbulhas.

borbulhar ⟨bor.bu.lhar⟩ v.int. **1** Formar borbulhas (um líquido): *O refrigerante borbulhava no copo.* **2** *informal* Ter ou surgir em abundância: *Borbulharam ideias para o novo projeto.*

borco ⟨bor.co⟩ (Pron. [bôrco]) ‖ **de borco 1** De bruços. **2** Com a abertura para baixo.

borda ⟨bor.da⟩ s.f. **1** Linha ou zona limites que indicam a separação entre duas coisas ou o fim de uma delas: *a borda de um penhasco.* **2** Em uma página, espaço em branco entre o limite da folha e a parte escrita ou impressa: *Como não havia mais espaço, passou a escrever nas bordas do caderno.* ☐ SIN. **margem**.

bordadeira ⟨bor.da.dei.ra⟩ Substantivo feminino de *bordador*.

bordado ⟨bor.da.do⟩ s.m. **1** Arte ou técnica de adornar um tecido ou outro material com fios em relevo. **2** Adorno em relevo feito com agulha e fio sobre uma superfície.

bordador ⟨bor.da.dor⟩ (Pron. [bordadôr]) s.m. Pessoa que se dedica a bordar, especialmente como profissão. ☐ GRAMÁTICA Seu feminino é *bordadeira*.

bordão ⟨bor.dão⟩ (pl. *bordões*) s.m. **1** Bastão comprido usado como apoio ao caminhar: *Depois de velho ele passou a andar com a ajuda de um bordão.* ☐ SIN. **cajado**. **2** Frase usada de forma recorrente na fala ou na escrita: *Os bordões daquele comediante são sua marca registrada.* **3** Em música, nota prolongada na região grave dos instrumentos musicais. **4** Corda mais grave de um violão.

bordar ⟨bor.dar⟩ ▌v.t.d./v.int. **1** Adornar com bordados (um tecido). ▌v.t.d. **2** Costurar a forma em relevo de (uma figura): *Bordou um sol na blusa da filha.*

bordejar ⟨bor.de.jar⟩ ▌v.int. **1** Navegar de um lado para o outro, sem rumo definido. ▌v.t.d. **2** Dar voltas ao redor de (um lugar). **3** Ir pela borda de (uma superfície) ou próximo a ela.

bordel ⟨bor.del⟩ (pl. *bordéis*) s.m. Estabelecimento voltado à prostituição. ☐ SIN. **lupanar, prostíbulo**.

borderô ⟨bor.de.rô⟩ s.m. Em uma operação bancária ou comercial, extrato detalhado sobre movimentações financeiras de débitos e créditos.

bordo ⟨bor.do⟩ s.m. **1** Limite ou extremidade de uma superfície. **2** Em uma embarcação, cada um dos seus lados. ‖ **a bordo** Em relação a uma embarcação ou a uma aeronave, dentro delas: *Todos os passageiros já estão a bordo.*

bordô ⟨bor.dô⟩ adj.2g./s.m. De cor vermelho-escura.

bordoada ⟨bor.do.a.da⟩ s.f. Golpe dado com um bordão ou um cajado.

boré ⟨bo.ré⟩ s.m. Na cultura indígena, instrumento de sopro utilizado na guerra, feito de casca de pau ou de couro de jacaré. ☐ ORIGEM É uma palavra de origem tupi.

boreal ⟨bo.re.al⟩ (pl. *boreais*) adj.2g. **1** Do lado norte da Terra ou relacionado a ele. **2** Em astronomia e em geografia, do Norte ou relacionado a ele. ☐ SIN. **setentrional**.

bórico, ca ⟨bó.ri.co, ca⟩ adj. **1** Do boro ou relacionado a esse elemento químico. **2** Em relação a um ácido, que é composto por boro, de uso medicinal, e que se cristaliza em forma de pequenas partes brancas.

borla ⟨bor.la⟩ s.f. **1** Conjunto de fios ou de cordões reunidos e presos somente em um de seus extremos, usado como adorno. ☐ SIN. **pompom**. **2** Bola para passar pó no rosto, feita de material suave. ☐ SIN. **pompom**.

bornal ⟨bor.nal⟩ (pl. *bornais*) s.m. →**embornal**

boro ⟨bo.ro⟩ s.m. Elemento químico da família dos semimetais, de número atômico 5, sólido, de cor pardo-escura e que, na natureza, só se encontra combinado a outros elementos. ☐ ORTOGRAFIA Seu símbolo químico é B, sem ponto.

bororo ⟨bo.ro.ro⟩ (Pron. [borôro]) ▌adj.2g./s.2g. **1** Do grupo indígena que habita o leste do estado brasileiro de Mato Grosso ou relacionado a ele. ▌s.m. **2** Língua desse grupo. ☐ ORTOGRAFIA Escreve-se também *bororó*.

bororó ⟨bo.ro.ró⟩ adj.2g./s. →**bororo**

borra ⟨bor.ra⟩ (Pron. [bôrra]) s.f. Resto de um líquido que fica depositado no fundo de um recipiente: *a borra do café.*

borra-botas ⟨bor.ra-bo.tas⟩ s.2g.2n. *pejorativo* Pessoa considerada de pouca importância, a quem não se reconhece nenhum valor.

borracha ⟨bor.ra.cha⟩ s.f. **1** Substância viscosa que se extrai de algumas árvores e que, depois de seca, é solúvel em água e insolúvel em álcool e éter. **2** Objeto produzido com essa substância e que é usado para apagar textos ou desenhos a tinta ou a lápis, especialmente em um papel. ‖ **passar a borracha** *informal* Esquecer ou perdoar: *Preferiu passar a borracha no que tinha acontecido.*

borracharia ⟨bor.ra.cha.ri.a⟩ s.f. Estabelecimento comercial ou oficina onde se consertam ou se vendem pneus. ☐ SIN. **borracheiro**.

borracheiro

borracheiro, ra ⟨bor.ra.chei.ro, ra⟩ ▌s. **1** Pessoa que se dedica profissionalmente à venda ou ao conserto de pneus. ▌s.m. **2** Estabelecimento comercial ou oficina onde essa pessoa trabalha. ◻ SIN. borracharia.

borrachudo, da ⟨bor.ra.chu.do, da⟩ ▌adj. **1** *informal* Com consistência de borracha: *uma carne borrachuda.* ▌adj./s.m. **2** *informal* Em relação a um cheque, que não tem fundos. ▌s.m. **3** Inseto menor que uma mosca, com duas asas transparentes, patas compridas e finas, de aparelho bucal sugador, e que se alimenta de sangue. [◉ insetos p. 456]

borrador, -a ⟨bor.ra.dor, do.ra⟩ (Pron. [borradôr], [borradôra]) ▌adj./s. **1** Que ou quem borra. ▌s.m. **2** Esquema provisório de um texto em que são feitas as adições, as supressões ou as correções necessárias antes de se redigir a cópia definitiva. ◻ SIN. borrão. **3** Em operações comerciais, livro de registro de pagamentos e de recebimentos.

borralheiro, ra ⟨bor.ra.lhei.ro, ra⟩ ▌adj. **1** Que gosta de ficar junto ao borralho. **2** Que está sujo ou coberto por cinzas. ▌s.f. **3** Em um fogão a lenha, lugar onde fica a cinza.

borralho ⟨bor.ra.lho⟩ s.m. Braseiro coberto de cinzas que ainda não se apagaram completamente.

borrão ⟨bor.rão⟩ (pl. *borrões*) s.m. **1** Em um papel, mancha de tinta. **2** Esquema provisório de um texto em que são feitas as adições, as supressões ou as correções necessárias antes de se redigir a cópia definitiva. ◻ SIN. borrador. **3** Ação ou acontecimento indignos que prejudicam a reputação de uma pessoa ou a boa opinião que se tem sobre ela.

borrar ⟨bor.rar⟩ ▌v.t.d./v.int./v.prnl. **1** Manchar(-se) ou sujar(-se) com um borrão: *Borrou o livro com café.* ▌v.t.d./v.prnl. **2** *vulgarismo* Sujar(-se) com fezes. ▌v.prnl. **3** *pejorativo* Sentir medo ou apavorar-se: *Borrou-se todo ao ouvir aquele ruído.*

borrasca ⟨bor.ras.ca⟩ s.f. Perturbação atmosférica caracterizada por ventos fortes, chuvas abundantes e queda da pressão atmosférica. ◻ SIN. temporal.

borrego, ga ⟨bor.re.go, ga⟩ (Pron. [borrêgo]) s. Filhote de ovelha que tem menos de um ano. ◻ SIN. anho, cordeiro.

borrifar ⟨bor.ri.far⟩ ▌v.t.d. **1** Espalhar em gotas pequenas (um líquido): *Antes de sair, borrifou-se com o perfume.* ◻ SIN. aspergir, espargir. ▌v.prnl. **2** Espalhar um líquido em gotas pequenas sobre si mesmo: *Borrifou-se com o perfume.* ◻ SIN. aspergir. ▌v.t.d. **3** Espalhar ou dispersar em forma de borrifos: *Para clarear a pintura, borrifou um pouco de tinta branca.*

borrifo ⟨bor.ri.fo⟩ s.m. Difusão de gotas muito pequenas.

borzeguim ⟨bor.ze.guim⟩ (pl. *borzeguins*) s.m. Antigo calçado aberto na frente, que chegava até acima do tornozelo e que se ajustava à perna com cadarços.

bósnio, nia ⟨bós.nio, nia⟩ adj./s. Da Bósnia-Herzegóvina ou relacionado a esse país europeu.

bosque ⟨bos.que⟩ s.m. Mata com abundância de árvores e de arbustos.

bosquejar ⟨bos.que.jar⟩ v.t.d. Traçar de modo geral ou impreciso (um plano ou uma ideia). ◻ SIN. esboçar.

bosquejo ⟨bos.que.jo⟩ (Pron. [bosquêjo]) s.m. Traçado geral ou impreciso de um plano ou de uma ideia: *Os bosquejos de suas pinturas mostram algumas etapas do processo de criação.* ◻ SIN. esboço.

bossa ⟨bos.sa⟩ s.f. **1** Elevação natural do dorso de alguns animais. ◻ SIN. corcova, corcunda. **2** Curvatura anômala exagerada nas costas, nos ombros ou no peito. ◻ SIN. cacunda, corcunda, giba. ‖ **bossa nova** Composição musical de origem brasileira que surgiu a partir do samba, de ritmo pausado e sincopado e que geralmente é acompanhada de violão.

bosta ⟨bos.ta⟩ ▌s.m. **1** *pejorativo* Pessoa desprezível. ▌s.f. **2** *vulgarismo* →fezes ▌interj. **3** *vulgarismo* Expressão usada para indicar aborrecimento ou desagrado: *Bosta! Perdi as chaves!* ◻ GRAMÁTICA Na acepção 1, usa-se tanto para o masculino quanto para o feminino: ⟨ele/ela⟩ é um bosta.

bota ⟨bo.ta⟩ s.f. Calçado fechado que cobre todo o pé e parte da perna. [◉ calçados p. 138]

bota-fora ⟨bo.ta-fo.ra⟩ s.m.2n. Cerimônia ou festa de despedida: *Organizaram um bota-fora antes de sua viagem.*

botânica ⟨bo.tâ.ni.ca⟩ s.f. Ciência que estuda os organismos vegetais.

botânico, ca ⟨bo.tâ.ni.co, ca⟩ ▌adj. **1** Da botânica ou relacionado a essa ciência. ▌s. **2** Pessoa que se dedica profissionalmente à botânica ou que é especialista nessa ciência.

botão ⟨bo.tão⟩ (pl. *botões*) s.m. **1** Em uma peça do vestuário, objeto geralmente pequeno e duro, que serve para fechá-la ou adorná-la: *Perdi um dos botões de minha camisa.* **2** Em uma planta, broto de aspecto escamoso, constituído por folhas envoltas umas sobre as outras e que dá origem a uma flor a novos ramos: *Não posso acreditar que daquele pequeno botão nasceu esta linda flor.* **3** Em um aparelho mecânico ou elétrico, peça que desliga ou que põe em funcionamento algum de seus mecanismos: *Esse botão vermelho aciona o alarme.*

botar ⟨bo.tar⟩ ▌v.t.d.i. **1** Colocar ou deixar (algo) [em um lugar seguro ou em uma determinada posição]: *Botamos parte do dinheiro no banco. Botei a chave em cima da televisão.* ▌v.t.d. **2** *informal* Vestir ou calçar: *Sempre bota calça preta.* ▌v.t.d.i. **3** Expulsar ou fazer sair (algo ou alguém) [de um lugar], especialmente se for de maneira violenta: *A polícia botou na rua os invasores do prédio.* ▌v.t.d./v.t.d.i. **4** Expelir (algo) do organismo [por uma parte do corpo]: *De repente, começou a botar sangue pelo nariz.* ▌v.t.d. **5** *informal* Preparar ou arrumar: *Já botaram a mesa para o café.* ▌v.t.d.i. **6** Acrescentar ou juntar (uma coisa) [a outra]: *Para ralear o caldo, bote mais água.* **7** *informal* Estender (algo) [em um lugar]: *Botou a esteira na areia para tomar sol.* ▌v.t.d.i./v.prnl. **8** Deixar(-se) ou fazer (alguém) ficar [em determinada situação ou em determinado estado de espírito]: *Botou-se em má situação ao não aceitar aquele trabalho.* ▌v.t.d.i. **9** *informal* Atribuir (algo negativo) [a alguém]: *Não bote a culpa em mim, pois não tenho nada a ver com isso!* ▌v.t.d./v.int. **10** *informal* Em relação a uma ave ou a um réptil, pôr (ovos) ou desovar: *Algumas aves botam apenas uma vez por ano.* ‖ **botar-se** a fazer algo: Seguido de um verbo no infinitivo, começar a realizar a ação expressa por ele: *Quando caiu, a criança botou-se a chorar.*

bote ⟨bo.te⟩ s.m. **1** Embarcação pequena, geralmente movida a remos, sem cobertura e com tábuas atravessadas usadas para sentar: *um bote inflável.* **2** Ataque súbito de um animal peçonhento: *o bote de uma cobra.* **3** Investida súbita: *Aproveitando sua distração, deu o bote na vítima roubando-lhe a bolsa.* ‖ **bote salva-vidas** Aquele que fica de reserva em uma embarcação maior para ser usado em caso de emergência.

boteco ⟨bo.te.co⟩ s.m. Estabelecimento comercial onde se vendem bebidas, lanches e aperitivos. ◻ SIN. botequim.

botequim ⟨bo.te.quim⟩ (pl. *botequins*) s.m. Estabelecimento comercial onde se vendem bebidas, lanches e aperitivos. ◻ SIN. boteco.

botica ⟨bo.ti.ca⟩ s.f. Lugar onde medicamentos são elaborados ou comercializados. ◻ SIN. drogaria, farmácia.

boticão ⟨bo.ti.cão⟩ (pl. *boticões*) s.m. Alicate usado pelos dentistas para extrair dentes.
boticário, ria ⟨bo.ti.cá.rio, ria⟩ s. Pessoa geralmente licenciada em farmácia que tem sob sua responsabilidade uma botica e possui conhecimentos sobre a preparação de medicamentos e sobre as propriedades das substâncias que se empregam neles.
botija ⟨bo.ti.ja⟩ s.f. Recipiente de barro, redondo e com o pescoço curto e estreito, usado para guardar um líquido.
botijão ⟨bo.ti.jão⟩ (pl. *botijões*) s.m. Recipiente metálico muito resistente, com formato cilíndrico e válvula hermética, usado para armazenar líquidos muito voláteis ou gases sob pressão: *um botijão de gás de cozinha*. ☐ SIN. bujão.
botina ⟨bo.ti.na⟩ s.f. Bota de cano baixo, geralmente sem salto. [👉 calçados p. 130]
boto, ta ⟨bo.to, ta⟩ (Pron. [bôto]) ▌adj. **1** Em relação a um objeto, que perdeu a ponta ou o fio. **2** *pejorativo* Que possui pouca inteligência, pouco talento ou pouco conhecimento. ▌s.m. **3** Mamífero aquático de médio porte, semelhante ao golfinho. ☐ GRAMÁTICA Na acepção 3, é um substantivo epiceno: *o boto (macho/fêmea)*.
botocudo, da ⟨bo.to.cu.do, da⟩ adj./s. Dos botocudos ou relacionado a esses índios que usam botoque.
botoeira ⟨bo.to.ei.ra⟩ s.f. Em uma peça do vestuário, abertura pequena, alargada e reforçada com linha em suas bordas, feita para passar um botão por ela e abotoar. ☐ SIN. casa.
botoeiro, ra ⟨bo.to.ei.ro, ra⟩ s. Pessoa que se dedica profissionalmente a fabricar ou a vender botões.
botoque ⟨bo.to.que⟩ s.m. **1** Ornamento indígena feito de madeira, com formato arredondado e que se introduz nas orelhas e no lábio inferior. **2** Em um barril, orifício por onde o líquido sai. **3** Em um barril, rolha que fecha esse orifício. ☐ ORTOGRAFIA Escreve-se também *batoque*.
botsuanês, -a ⟨bot.su.a.nês, ne.sa⟩ (Pron. [botsuanês], [botsuanêsa]) adj./s. De Botsuana ou relacionado a esse país africano.
botulismo ⟨bo.tu.lis.mo⟩ s.m. Intoxicação causada pela toxina de um bacilo presente em alimentos mal-conservados.
bouba ⟨bou.ba⟩ s.f. **1** Doença tropical contagiosa que se caracteriza pelo aparecimento de pequenas feridas sobre a pele. **2** Tumor pequeno de origem venérea, geralmente doloroso e com pus.
bovídeo, dea ⟨bo.ví.deo, dea⟩ ▌adj./s. **1** Em relação a um mamífero, que é ruminante e possui chifres e cascos fendidos. ▌s.m.pl. **2** Em zoologia, família desses mamíferos.
bovino, na ⟨bo.vi.no, na⟩ ▌adj./s. **1** Do boi, da vaca, ou relacionado a eles. ▌adj./s. **2** Em relação a um ruminante, que tem o corpo grande e robusto, com ou sem chifres lisos e curvados para cima, com focinho largo e sem pelos, e cauda comprida com uma mecha na ponta.
box *(palavra inglesa)* (Pron. [bócs]) s.m. →**boxe**
boxe ⟨bo.xe⟩ (Pron. [bocse]) s.m. **1** Esporte em que duas pessoas lutam apenas com as mãos protegidas por luvas especiais: *Ele é um dos maiores lutadores de boxe que já vi lutar*. ☐ SIN. pugilismo. **2** Em uma quadra ou em um hipódromo, compartimento individual para cada cavalo: *Os cavalos estavam irrequietos dentro dos boxes*. **3** Em um circuito de automobilismo, área na qual se instalam os serviços mecânicos de manutenção: *A equipe aguardava a entrada do carro no boxe para trocar os pneus*. **4** Em um banheiro, compartimento destinado ao banho: *O boxe do meu banheiro se estilhaçou todinho*. ☐ USO Nas acepções 2, 3 e 4, usa-se também a forma *box*.

brado

boxeador, -a ⟨bo.xe.a.dor, do.ra⟩ (Pron. [bocseadôr], [bocseadôra]) s. Pessoa que pratica o boxe, especialmente como profissão.
boy *(palavra inglesa)* (Pron. [bói]) s.m. Pessoa que se dedica profissionalmente a executar serviços internos ou externos de entrega de correspondências ou de mercadorias, pagamento de contas e outras atividades de suporte à rotina de um escritório. ☐ SIN. contínuo. ☐ USO É a forma reduzida e mais usual de *office-boy*.
brabeza ⟨bra.be.za⟩ (Pron. [brabêza]) s.f. →**braveza**
brabo, ba ⟨bra.bo, ba⟩ adj. →**bravo, va**
braça ⟨bra.ça⟩ s.f. No sistema anglo-saxão, unidade de longitude que equivale aproximadamente a 1,8 m.
braçada ⟨bra.ca.da⟩ s.f. **1** Movimento de braços que consiste em estendê-los e recolhê-los, geralmente para impulsionar o corpo na água: *Chegou à margem do rio em poucas braçadas*. **2** Quantidade que se pode abarcar de uma vez com braços: *uma braçada de lenha*.
braçadeira ⟨bra.ça.dei.ra⟩ s.f. **1** Peça, geralmente de metal, que serve para prender ou para envolver algo: *O mecânico fixou a mangueira do radiador com uma braçadeira*. **2** Tira de tecido que se ajusta ao braço esquerdo por cima da roupa e serve de distintivo: *O capitão do time usa uma braçadeira branca*. ☐ SIN. braçal. **3** Em um escudo, alça pela qual se coloca o braço esquerdo para segurá-lo. ☐ SIN. braçal.
braçal ⟨bra.cal⟩ (pl. *braçais*) ▌adj.2g. **1** Em anatomia, do braço ou relacionado a essa parte do corpo. ☐ SIN. braquial. **2** Em relação a uma atividade, que exige esforço físico: *um trabalho braçal*. ▌s.m. **3** Tira de tecido que se ajusta ao braço esquerdo por cima da roupa e serve de distintivo. ☐ SIN. braçadeira. **4** Em um escudo, alça pela qual se coloca o braço esquerdo para segurá-lo. ☐ SIN. braçadeira.
bracejar ⟨bra.ce.jar⟩ ▌v.t.d./v.int. **1** Mover (os braços) repetidamente ou gesticular movendo os braços: *O náufrago bracejava para ser visto do barco*. ▌v.int. **2** Estender-se ou ramificar-se: *Daquela árvore bracejam longos ramos*.
bracelete ⟨bra.ce.le.te⟩ (Pron. [bracelête]) s.m. **1** Peça em forma de aro usada no braço como adorno. **2** Em uma armadura, peça que cobre o braço.
braço ⟨bra.ço⟩ s.m. **1** No corpo de uma pessoa, extremidade superior situada em cada lado do tronco e que se estende desde o ombro até a mão. **2** Na extremidade superior de uma pessoa, parte que vai desde o ombro até o cotovelo. **3** Força, poder ou autoridade: *o braço da lei*. **4** Em um animal quadrúpede, pata dianteira. **5** Em um assento, peça comprida situada em cada um de seus lados e que serve para apoiar o cotovelo ou o antebraço. **6** Em uma cruz, cada uma das duas metades da haste menor. **7** Porção estreita de água de um mar ou de um rio, que avança pela terra. ☐ SIN. estuário. **8** Em um instrumento musical de corda, parte onde está a escala e sobre a qual ficam estendidas as cordas. ‖ **braço direito** Pessoa de maior confiança ou colaborador mais importante. ‖ **de braços abertos** Em relação ao modo de receber alguém, com agrado e carinho. ‖ **de braços cruzados** Sem fazer nada ou sem tomar iniciativa. ‖ **não dar o braço a torcer** Manter-se firme em uma opinião ou em uma decisão. ☐ GRAMÁTICA *Braço direito* é usado tanto para o masculino quanto para o feminino: *(ele/ela) é um braço direito*.
bradar ⟨bra.dar⟩ ▌v.t.d./v.t.d.i. **1** Dizer (algo) aos brados ou aos gritos [a alguém]. ▌v.t.i. **2** Fazer exigência em voz alta e com veemência [por algo]: *A multidão bradava por justiça*. ☐ SIN. clamar.
brado ⟨bra.do⟩ s.m. **1** Grito ou voz proferidos com força, especialmente se forem os de uma multidão: *um brado*

bragantino

retumbante. □ SIN. **clamor**. **2** Exigência, súplica ou pedido feitos em voz alta e com veemência. □ SIN. **clamor**.
bragantino, na ⟨bra.gan.ti.no, na⟩ adj./s. De Bragança ou relacionado a essa cidade do estado brasileiro do Pará.
braguilha ⟨bra.gui.lha⟩ s.f. Em uma calça, uma bermuda ou um calção, abertura dianteira.
braile ⟨brai.le⟩ s.m. →**braille**
braille ⟨brai.lle⟩ s.m. Sistema de representação de letras pela combinação de pontos em relevo, que possibilita a leitura e a escrita de deficientes visuais. □ ORTOGRAFIA Escreve-se também *braile*.
brainstorming *(palavra inglesa)* (Pron. [brein-istórmin]) s.m. Reunião de pessoas com o objetivo de gerar o maior número de ideias originais no menor tempo possível: *Os brainstormings são comuns em agências de publicidade para criar novos anúncios.*
brâmane ⟨brâ.ma.ne⟩ ▌adj.2g. **1** Do bramanismo ou relacionado a ele: *a filosofia brâmane.* ▌s.2g. **2** Na sociedade indiana, membro da casta mais elevada e que se dedica fundamentalmente ao sacerdócio e ao estudo dos textos sagrados.
bramanismo ⟨bra.ma.nis.mo⟩ s.m. Sistema religioso e social da Índia (país asiático), baseado na concepção panteísta da realidade, na existência do deus supremo, Brahma, como princípio único de tudo, e caracterizado pela hegemonia religiosa da casta sacerdotal dos brâmanes.
bramar ⟨bra.mar⟩ v.int. **1** Dar bramidos (certos mamíferos). **2** Fazer muito ruído por estar agitado (o mar ou o vento). □ SIN. **urrar**. **3** Gritar ou falar com irritação, fúria, dor ou alegria. □ SIN. **urrar**. □ ORTOGRAFIA Escreve-se também *bramir*. □ GRAMÁTICA Na acepção 1, é um verbo unipessoal: só se usa nas terceiras pessoas do singular e do plural, no particípio, no gerúndio e no infinitivo →MIAR.
bramido ⟨bra.mi.do⟩ s.m. **1** Voz característica de alguns mamíferos. **2** Ruído estrondoso produzido pelo mar ou pelo vento quando estão agitados. □ SIN. **urro**. **3** Expressão verbal de irritação, fúria, dor ou alegria. □ SIN. **urro**.
bramir ⟨bra.mir⟩ v.int. →**bramar** □ GRAMÁTICA É um verbo defectivo, pois não apresenta conjugação completa →BANIR.
branco, ca ⟨bran.co, ca⟩ ▌adj. **1** De cor mais clara em relação a algo da mesma espécie ou da mesma classe. ▌adj./s. **2** Que ou quem pertence ao grupo étnico caracterizado pela cor pálida de sua pele. ▌adj./s.m. **3** Da cor da neve ou do leite. ‖ **dar (um) branco** *informal* Esquecer-se momentaneamente de algo: *Dominava o assunto, mas na hora deu branco.* ‖ **em branco 1** Em relação a um papel, sem escrever, sem imprimir ou sem marcar: *uma folha em branco.* **2** Em relação a um cheque, que foi assinado pelo titular da conta bancária da qual deve ser debitado, porém, sem mencionar a quantia de dinheiro correspondente.
brancura ⟨bran.cu.ra⟩ s.f. Qualidade de branco.
brandir ⟨bran.dir⟩ v.t.d. Mover ou agitar (uma arma ou outro objeto) de forma ameaçadora. □ GRAMÁTICA É um verbo defectivo, pois não apresenta conjugação completa →BANIR.
brando, da ⟨bran.do, da⟩ adj. **1** Tranquilo, suave e calmo. **2** Que é ou mostra excessivamente benévolo. **3** Em relação a um alimento, que está macio e que se corta com facilidade: *uma carne branda.*
brandura ⟨bran.du.ra⟩ s.f. Qualidade de brando.
branquear ⟨bran.que.ar⟩ ▌v.t.d./v.int./v.prnl. **1** Tornar(-se) branco. □ SIN. **alvejar, branquejar, embranquecer**. **2** Clarear(-se) de forma a aproximar do branco: *Esse creme dental branqueia os dentes.* □ SIN. **branquejar,**

embranquecer. ▌v.t.d. **3** Aplicar uma ou várias camadas de cal ou de algum outro pó de cor branca em (uma parede ou outra superfície). □ SIN. **branquejar, caiar, embranquecer**. □ ORTOGRAFIA O *e* muda para *ei* quando a sílaba tônica estiver na raiz do verbo →NOMEAR.
branquejar ⟨bran.que.jar⟩ ▌v.t.d./v.int. **1** Tornar(-se) branco: *O tempo branquejou seus cabelos.* □ SIN. **alvejar, branquear, embranquecer**. **2** Clarear(-se) de forma a aproximar do branco. □ SIN. **branquear, embranquecer**. ▌v.t.d. **3** Aplicar uma ou várias camadas de cal ou de algum outro pó de cor branca em (uma parede ou outra superfície). □ SIN. **branquear, caiar, embranquecer**.
brânquia ⟨brân.quia⟩ s.f. Em alguns animais, especialmente se forem aquáticos, órgão respiratório formado por lâminas ou filamentos e que pode ser externo ou interno, de acordo com as fases de desenvolvimento ou com as espécies. □ SIN. **guelra**.
branquial ⟨bran.qui.al⟩ (pl. *branquiais*) adj.2g. Das brânquias ou relacionado a elas. □ USO É diferente de *braquial* (do braço).
braquial ⟨bra.qui.al⟩ (pl. *braquiais*) adj.2g. Em anatomia, do braço ou relacionado a essa parte do corpo. □ SIN. **braçal**. □ USO É diferente de *branquial* (das brânquias).
brasa ⟨bra.sa⟩ s.f. Parte incandescente e vermelha de uma matéria sólida que está queimando, especialmente se for a lenha ou o carvão. ‖ **na brasa** Em relação a um alimento, que se assa sobre pedaços incandescentes de lenha ou de carvão.
brasão ⟨bra.são⟩ (pl. *brasões*) s.m. Em heráldica, superfície ou objeto em forma de escudo defensivo nos quais se pintam as figuras ou as peças distintivas de um reino, de uma cidade, de uma linhagem ou de uma pessoa.
braseiro ⟨bra.sei.ro⟩ s.m. **1** Conjunto de brasas acumuladas. **2** Fogão compacto e leve, geralmente de uma boca, usado para o aquecimento de algo e que funciona com brasas.
brasileense ⟨bra.si.le.en.se⟩ adj.2g./s.2g. De Brasileia ou relacionado a essa cidade do estado brasileiro do Acre.
brasileirismo ⟨bra.si.lei.ris.mo⟩ s.m. **1** Em linguística, palavra, expressão ou construção sintática próprias da língua falada no Brasil empregadas em outra língua. **2** Admiração ou simpatia pela cultura brasileira.
brasileiro, ra ⟨bra.si.lei.ro, ra⟩ adj./s. Do Brasil ou relacionado a esse país sul-americano.
brasiliana ⟨bra.si.li.a.na⟩ s.f. Coleção de estudos, livros ou objetos de arte cujo tema é o Brasil.
brasilianista ⟨bra.si.li.a.nis.ta⟩ s.2g. Pessoa estrangeira que se dedica ao estudo dos temas da cultura brasileira, especialmente como profissão.
brasilidade ⟨bra.si.li.da.de⟩ s.f. **1** Condição ou conjunto dos traços culturais distintivos do povo brasileiro: *A diversidade étnica é uma marca da brasilidade.* **2** Amor pelo Brasil: *Nas datas cívicas, o povo expressa toda a sua brasilidade.*
brasiliense ⟨bra.si.li.en.se⟩ adj.2g./s.2g. De Brasília ou relacionado à capital do Distrito Federal brasileiro.
bravata ⟨bra.va.ta⟩ s.f. Ameaça feita com arrogância.
bravatear ⟨bra.va.te.ar⟩ v.t.d./v.t.d.i./v.int. Dirigir (ameaças ou palavras insolentes) [a alguém] ou intimidar com insultos. □ ORTOGRAFIA O *e* muda para *ei* quando a sílaba tônica estiver na raiz do verbo →NOMEAR.
braveza ⟨bra.ve.za⟩ (Pron. [bravêza]) s.f. **1** Qualidade de bravo: *um gesto de braveza.* □ SIN. **bravura**. **2** Condição ou estado de um animal, especialmente se for quadrúpede, que é feroz e agressivo devido à sua falta de doma: *Pelo urro do animal pudemos perceber a sua braveza.* □ SIN. **bravura**. □ ORTOGRAFIA Escreve-se também *brabeza*.

bravio, a ⟨bra.vi.o, a⟩ adj. →**bravo, va**

bravo ⟨bra.vo⟩ interj. Expressão usada para indicar entusiasmo, aprovação ou aplauso: *Bravo! Você passou na prova!*

bravo, va ⟨bra.vo, va⟩ adj. **1** Que é valente ou capaz de realizar atos difíceis ou perigosos. **2** Que está enfurecido ou irritado: *Quando soube que mentiram para ele, ficou bravo.* **3** Em relação a um animal, que é selvagem, que não está domado ou que é difícil de domar: *um touro bravo.* **4** Em relação ao mar, que está revolto ou agitado. ☐ ORTOGRAFIA 1. Exceto na acepção 1, escreve-se também *brabo.* 2. Nas acepções 3 e 4, escreve-se também *bravio.*

bravura ⟨bra.vu.ra⟩ s.f. **1** Qualidade de bravo: *um ato de bravura.* ☐ SIN. braveza. **2** Condição ou estado de um animal, especialmente se for quadrúpede, que é feroz e agressivo devido à sua falta de doma. ☐ SIN. braveza.

brecada ⟨bre.ca.da⟩ s.f. Moderação ou parada de um veículo por meio do breque.

brecar ⟨bre.car⟩ ▮ v.t.d./v.int. **1** Moderar a marcha de (um veículo) ou pará-lo com o breque: *Brecou subitamente ao ver o cachorro a sua frente.* ☐ SIN. frear. ▮ v.t.d. **2** Moderar, conter ou deter (o comportamento ou o sentimento de alguém): *Tive que brecá-lo, pois já queria começar uma briga.* ☐ SIN. frear. ☐ ORTOGRAFIA Antes de e, o c muda para *qu* →BRINCAR.

brecha ⟨bre.cha⟩ s.f. **1** Em uma superfície, rompimento ou abertura irregulares: *Minha chave caiu dentro daquela brecha no piso.* **2** Pequeno espaço livre: *Descobri uma brecha no meio da multidão e saí de lá.* **3** Intervalo de tempo sem ocupação: *Tenho uma brecha na minha agenda nessa tarde.*

brechó ⟨bre.chó⟩ s.m. Estabelecimento comercial no qual se vendem objetos usados, geralmente roupas. ☐ SIN. belchior, bricabraque.

brega ⟨bre.ga⟩ ▮ adj.2g **1** *pejorativo* Que se considera deselegante e de mau gosto. ▮ s.m. **2** Canção de caráter popularesco e de consumo.

brejeiro, ra ⟨bre.jei.ro, ra⟩ adj./s. **1** Do brejo ou relacionado a esse tipo de terreno. **2** Malicioso ou insinuante.

brejo ⟨bre.jo⟩ s.m. Lugar profundamente encharcado e que raramente fica seco.

brenha ⟨bre.nha⟩ (Pron. [brênha]) s.f. Terreno repleto de mato, através do qual a passagem é muito dificultosa.

breque ⟨bre.que⟩ s.m. Em uma máquina ou em um veículo, dispositivo que diminui gradativamente seu movimento ou funcionamento. ☐ SIN. freio.

bretão, tã ⟨bre.tão, tã⟩ (pl. *bretões*) ▮ adj./s. **1** Da antiga Britânia (nome dado à Inglaterra pelos romanos) ou relacionado a ela. **2** Da Bretanha ou relacionado a essa região do noroeste francês. ▮ s.m. **3** Língua céltica dessa região.

breu s.m. **1** Substância viscosa, inflamável, preta e que se obtém pela destilação do petróleo, da madeira, do carvão ou de outros materiais orgânicos. **2** *informal* Escuridão intensa: *Dentro da caverna, era um breu.*

breve ⟨bre.ve⟩ adj.2g. De pouca duração no tempo ou de curta extensão.

brevê ⟨bre.vê⟩ s.m. Certificado necessário para realizar certas atividades: *um brevê de piloto.*

breviário ⟨bre.vi.á.rio⟩ s.m. **1** Livro que contém as rezas eclesiásticas diárias. **2** Resumo ou síntese.

brevidade ⟨bre.vi.da.de⟩ s.f. **1** Qualidade de breve: *O poeta romano Ovídio se lamentava da brevidade da vida.* **2** Capacidade de expressar algo em poucas palavras: *O tema foi tratado com a brevidade necessária.* ☐ SIN. concisão. **3** Biscoito à base de polvilho doce, ovos e açúcar.

bricabraque ⟨bri.ca.bra.que⟩ s.m. **1** Estabelecimento comercial no qual se vendem objetos usados, geralmente roupas. ☐ SIN. belchior, brechó. **2** Conjunto de objetos usados ou antigos.

brida ⟨bri.da⟩ s.f. **1** Em montaria, conjunto formado pelo freio, pelas correias e pelas rédeas colocados no animal. **2** Formação fibrosa que surge especialmente após uma intervenção cirúrgica.

bridge (palavra inglesa) (Pron. [bridj]) s.m. Jogo de baralho com o baralho francês, praticado entre duas duplas e que se baseia na aposta de vazas, caso os jogadores considerem a existência delas.

briga ⟨bri.ga⟩ s.f. **1** Combate físico entre duas ou mais pessoas: *Após a discussão, deram início a uma briga.* ☐ SIN. luta. **2** Oposição, desavença ou enfrentamento: *É uma pessoa pacífica, que não gosta de briga.* **3** Trabalho ou esforço para conseguir algo: *Foi uma briga convencê-lo a viajar!* ☐ SIN. luta. **4** Rompimento de uma relação entre duas ou mais pessoas: *Separaram-se e ninguém sabe o motivo da briga.*

brigada ⟨bri.ga.da⟩ s.f. **1** Nas Forças Armadas, grande unidade formada pela união de regimentos ou de batalhões. **2** Grupo de pessoas reunidas para realizar um trabalho determinado: *uma brigada de incêndio.*

brigadeiro ⟨bri.ga.dei.ro⟩ ▮ s.m. **1** Doce feito com leite condensado e chocolate. ▮ s.2g. **2** Na Aeronáutica, classe que engloba os postos de brigadeiro, de major-brigadeiro e de tenente-brigadeiro. **3** Na Aeronáutica, pessoa cujo posto é superior ao de coronel e inferior ao de major-brigadeiro.

brigadeiro do ar ⟨bri.ga.dei.ro do ar⟩ (pl. *brigadeiros do ar*) s.2g. Na Aeronáutica, pessoa cujo posto é de brigadeiro e que pertence à arma da Aviação.

brigão ⟨bri.gão⟩ (pl. *brigões*) adj./s.m. Em relação a uma pessoa, que tende a se envolver em brigas. ☐ SIN. briguento. ☐ GRAMÁTICA Seu feminino é *brigona*.

brigar ⟨bri.gar⟩ ▮ v.t.i./v.int. **1** Travar um combate físico [com alguém]: *Os amigos os separaram antes que começassem a brigar.* **2** Discutir ou desentender-se [com alguém]: *Não gosta de brigar por bobagem.* ▮ v.t.i. **3** Trabalhar muito ou esforçar-se [por algo]: *Briguei por esse diploma durante quatro anos.* ▮ v.t.i./v.int. **4** Romper a relação existente [entre duas ou mais pessoas]: *A empresa fechou, pois os sócios brigaram.* ☐ ORTOGRAFIA Antes de e, o g muda para *gu* →CHEGAR.

brigona ⟨bri.go.na⟩ (Pron. [brigôna]) Feminino de **brigão**.

brigue ⟨bri.gue⟩ s.m. Antiga embarcação de guerra.

briguento, ta ⟨bri.guen.to, ta⟩ adj./s. Que ou quem tende a se envolver em brigas.

brilhante ⟨bri.lhan.te⟩ ▮ adj.2g. **1** Que brilha. **2** Que ou quem é admirável pelo valor ou pela qualidade de suas características: *uma atuação brilhante.* ▮ s.m. **3** Diamante de faces lapidadas: *um anel de brilhantes.*

brilhantina ⟨bri.lhan.ti.na⟩ s.f. Produto cosmético usado para dar brilho aos cabelos.

brilhantismo ⟨bri.lhan.tis.mo⟩ s.m. Excelência, capacidade ou talento: *Retornou aos palcos com o mesmo brilhantismo de sempre.* ☐ SIN. brilho.

brilhar ⟨bri.lhar⟩ v.int. **1** Emitir raios de luz própria ou refletida: *A joia brilhava em seu pescoço.* **2** Sobressair-se ou destacar-se perceptivelmente: *Apesar do nervosismo inicial, ela brilhou em sua apresentação.*

brilho ⟨bri.lho⟩ s.m. **1** Luz própria ou refletida por algo: *o brilho das estrelas.* **2** Excelência, capacidade ou talento: *O time venceu a final com brilho.* ☐ SIN. brilhantismo.

brilhoso, sa ⟨bri.lho.so, sa⟩ (Pron. [brilhôso], [brilhósa], [brilhôsos], [brilhósas]) adj. Em relação especialmente a um objeto, brilhante ou lustroso: *sapatos brilhosos.*

brim

brim (pl. *brins*) s.m. Tecido resistente, mais ou menos espesso, feito de linho, de algodão ou de fibra sintética: *uma calça de brim*.

brincadeira ⟨brin.ca.dei.ra⟩ s.f. **1** Jogo de entretenimento: *Nossa brincadeira preferida é o pega-pega*. **2** Aquilo que é dito ou feito de maneira bem-humorada, com o qual alguém tenta divertir: *Suas brincadeiras divertem muito a família*. ◻ SIN. galhofa. **3** *informal* Algo de fácil solução.

brincalhão ⟨brin.ca.lhão⟩ (pl. *brincalhões*) adj./s.m. Que ou quem gosta de brincar. ◻ GRAMÁTICA Seu feminino é *brincalhona*.

brincalhona ⟨brin.ca.lho.na⟩ (Pron. [brincalhôna]) Feminino de *brincalhão*.

brincante ⟨brin.can.te⟩ s.2g. Em festas ou danças populares, pessoa que participa das apresentações.

brincar ⟨brin.car⟩ ▌ v.t.i./v.int. **1** Distrair-se [com um brinquedo] ou entreter-se por meio de jogos ou de atividades de recreação: *As crianças passaram o dia brincando*. ▌ v.t.d./v.t.i./v.int. **2** Falar ou fazer (algo) de maneira bem-humorada e sem seriedade ou fazer brincadeiras [com alguém]: *Ganhamos na loteria? Você só pode estar brincando!* ◻ ORTOGRAFIA Antes de *e*, o *c* muda para *qu* →BRINCAR.

brinco ⟨brin.co⟩ s.m. **1** Adorno usado geralmente no lóbulo da orelha: *Ela usa brincos grandes, de argolas douradas*. **2** *informal* Algo bem executado, organizado ou conservado: *O trabalho de Ciências ficou um brinco!*

brindar ⟨brin.dar⟩ ▌ v.t.d./v.t.i./v.int. **1** Celebrar (algo) levantando taças ou outros recipientes com bebida, dedicar um brinde [a algo ou alguém] ou comemorar um acontecimento: *Brindemos à felicidade dos noivos!* ▌ v.t.d.i. **2** Presentear (alguém) [com uma cortesia]: *O vendedor brindou-me com uma amostra grátis*.

brinde ⟨brin.de⟩ s.m. **1** Pequeno presente oferecido como cortesia: *Todos os participantes da corrida ganharam um boné de brinde*. **2** Gesto de levantar uma taça ou outro recipiente com bebida para manifestar um desejo ou comemorar algo: *Que tal fazermos um brinde?* **3** Aquilo que se diz ao brindar: *Seu brinde foi muito comovente*.

brinjela ⟨brin.je.la⟩ s.f. →berinjela

brinquedo ⟨brin.que.do⟩ (Pron. [brinquêdo]) s.m. Objeto que serve para brincar ou jogar.

brio s.m. **1** Sentimento ou consciência que se têm sobre a própria dignidade: *Aquela acusação mexeu com os seus brios*. ◻ SIN. honra. **2** Energia, firmeza e assertividade nas decisões: *Defendeu-se das acusações com brio*.

brioche ⟨bri.o.che⟩ s.m. Pão à base de farinha de trigo, fermento, leite, manteiga, ovos, sal e açúcar.

brioso, sa ⟨bri.o.so, sa⟩ (Pron. [briôso], [briósa], [briósos], [briósas]) adj. Que tem brio.

brisa ⟨bri.sa⟩ s.f. Vento suave e fresco. ◻ SIN. sopro.

britadeira ⟨bri.ta.dei.ra⟩ s.f. Máquina utilizada para quebrar pedras, concreto ou asfalto.

britânico, ca ⟨bri.tâ.ni.co, ca⟩ adj./s. Do Reino Unido da Grã-Bretanha e Irlanda do Norte ou relacionado a eles.

britar ⟨bri.tar⟩ v.t.d. Quebrar ou triturar (pedras ou outro material duro).

broa ⟨bro.a⟩ (Pron. [brôa]) s.f. Pão à base de fubá, leite, manteiga e açúcar.

broca ⟨bro.ca⟩ s.f. Instrumento pontiagudo com que se produzem furos. ◻ SIN. pua.

brocado ⟨bro.ca.do⟩ s.m. **1** Tecido bordado em ouro ou prata. **2** Tecido com bordados ou com estampas que imitam ouro ou prata.

brocardo ⟨bro.car.do⟩ s.m. Em direito, frase breve que expressa um princípio moral ou um ensinamento.

brocha ⟨bro.cha⟩ ▌ adj./s.m. **1** *pejorativo* Em relação a um homem, que ou quem é impotente sexual. ▌ adj.2g./s.2g. **2** *informal* Que ou quem perdeu o vigor ou o entusiasmo. ▌ s.f. **3** Prego pequeno, de cabeça larga e achatada. **4** Ferramenta formada por um conjunto de cerdas presas a uma das extremidades de seu cabo: *O pintor utiliza-se da brocha para espalhar as tintas com mais facilidade*. ◻ ORTOGRAFIA Escreve-se também *broxa*.

brochar ⟨bro.char⟩ ▌ v.t.d. **1** Encadernar em brochura: *brochar um livro*. **2** Realizar (uma pintura) utilizando uma brocha como ferramenta. ▌ v.int. **3** *informal* Perder a potência sexual de forma provisória ou permanente (um homem). **4** *informal* Perder o estímulo, especialmente se for o sexual. ◻ ORTOGRAFIA Escreve-se também *broxar*.

broche ⟨bro.che⟩ s.m. Joia, bijuteria ou botão presos à roupa ou a um acessório como adorno.

brochura ⟨bro.chu.ra⟩ s.f. **1** Em um livro, parte exterior que o cobre e protege. **2** Livro coberto com esse material.

bromélia ⟨bro.mé.lia⟩ s.f. **1** Planta herbácea com folhas duras, alongadas e que podem ter espinhos na margem, e cuja flor, de cores variadas, é cultivada como ornamental. **2** Essa flor.

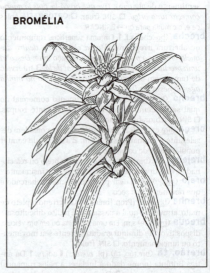

BROMÉLIA

bromo ⟨bro.mo⟩ (Pron. [brômo]) s.m. Elemento químico da família dos não metais, de número atômico 35, líquido, de cor avermelhada e de odor forte e desagradável. ◻ ORIGEM É uma palavra que vem do grego *brômos* (fedor), por causa do mau cheiro que esse elemento desprende. ◻ ORTOGRAFIA Seu símbolo químico é *Br*, sem ponto.

bronca ⟨bron.ca⟩ s.f. **1** *informal* Repreensão severa ou desaprovação de algo que foi dito ou feito por alguém: *Levou uma bronca de seus pais por ter mentido*. **2** *informal* Sentimento de antipatia ou de implicância: *Desde aquela discussão que tiveram, ela tem bronca dele*.

bronco, ca ⟨bron.co, ca⟩ adj./s. *pejorativo* Que ou quem é rude ou grosseiro.

brônquio ⟨brôn.quio⟩ s.m. No sistema respiratório pulmonar, cada uma das cavidades que se formam a partir da traqueia e suas sucessivas ramificações nos pulmões. ◻ USO Usa-se geralmente a forma plural *brônquios*.

bronquite ⟨bron.qui.te⟩ s.f. Inflamação da mucosa que reveste internamente os brônquios pulmonares.
bronze ⟨bron.ze⟩ ▌adj.2g./s.m. **1** De cor amarelo-avermelhada, como a desta liga metálica. ▌s.m. **2** Liga metálica que se obtém por meio da união do cobre com o estanho, de cor amarelo-avermelhada e muito resistente: *uma espada de bronze*. **3** Objeto artístico feito com esse material: *O museu tem uma extensa coleção de bronzes romanos*. **4** Em uma competição esportiva, medalha feita com esse material, que se entrega ao terceiro classificado: *O atleta brasileiro obteve o bronze na prova de 100 metros com barreiras*. **5** *informal* Bronzeado: *Foi à praia tomar um bronze*.
bronzeado, da ⟨bron.ze.a.do, da⟩ ▌adj. **1** Da cor do bronze. ▌s.m. **2** Coloração morena da pele que se adquire pela ação dos raios solares ou de um agente artificial.
bronzeador, -a ⟨bron.ze.a.dor, do.ra⟩ (Pron. [bronzeadôr], [bronzeadôra]) ▌adj. **1** Que bronzeia. ▌s.m. **2** Produto cosmético que se aplica sobre a pele para bronzeá-la. ▢ USO Na acepção 2, é diferente de *protetor solar* (produto dermatológico que se aplica sobre a pele para protegê-la da ação do sol).
bronzear ⟨bron.ze.ar⟩ ▌v.t.d./v.int./v.prnl. **1** Tornar(-se) moreno: *Para evitar riscos, é recomendável se bronzear nas primeiras horas da manhã e nas últimas da tarde.* ▌v.t.d./v.int. **2** Revestir com bronze. ▢ ORTOGRAFIA O e muda para ei quando a sílaba tônica estiver na raiz do verbo →NOMEAR.
brotar ⟨bro.tar⟩ ▌v.t.d. **1** Em relação a uma planta, gerar ou dar origem a (novas folhas, novos ramos ou novas flores): *A roseira brotou muitas flores.* ▢ SIN. **pulular.** ▌v.t.i. **2** Originar-se ou nascer [de uma planta]: *Vários ramos brotaram da árvore.* ▌v.int. **3** Gerar ou dar origem a novas folhas, novos ramos ou novas flores (uma planta): *As flores costumam brotar durante a primavera.* **4** Começar a nascer ou a surgir: *Um sorriso tímido brotou no rosto da menina.* ▌v.t.i./v.int. **5** Em relação a um líquido, manar ou jorrar por uma abertura [de um lugar]: *A água brotava por entre as pedras.* ▌v.int. **6** Nascer ou começar a manifestar-se: *Na reunião, brotaram ideias brilhantes*.
brotinho ⟨bro.ti.nho⟩ ▌adj./s.f. **1** Em relação a uma *pizza*, que é de tamanho individual: *uma brotinho de muçarela.* ▌s.m. **2** *informal* Pessoa geralmente jovem e bonita. ▢ GRAMÁTICA Na acepção 2, usa-se tanto para o masculino quanto para o feminino: *{ele/ela} é um brotinho.*
broto ⟨bro.to⟩ (Pron. [brôto]) s.m. **1** Em uma planta, folha, flor ou ramo novos, ou, ainda, uma nova planta formada a partir dela. ▢ SIN. **gomo, grelo, olho, rebento.** **2** *informal* Pessoa geralmente jovem e bonita. **3** *informal* Namorado: *Hoje vou com meu broto ao cinema.* ▢ GRAMÁTICA Nas acepções 2 e 3, usa-se tanto para o masculino quanto para o feminino: *{ele/ela} é um broto.*
brotoeja ⟨bro.to.e.ja⟩ (Pron. [brotôeja]) s.f. Pequeno caroço que surge na pele por causa de uma irritação e que geralmente provoca coceira.
browser ⟨*palavra inglesa*⟩ (Pron. [bráuzer]) s.m. Em informática, aplicativo que permite se deslocar pelas páginas da internet. ▢ SIN. **navegador.**
broxa ⟨bro.xa⟩ adj./s. →**brocha**
broxar ⟨bro.xar⟩ v.t.d./v.int. →**brochar**
bruaca ⟨bru.a.ca⟩ s.f. **1** Saco de couro colocado sobre os animais e utilizado para transportar alimentos ou objetos. **2** *pejorativo* Mulher feia, especialmente se for velha.
bruços ⟨bru.ços⟩ ‖ **de bruços** Com o abdome voltado para baixo: *Costuma dormir de bruços.*
bruma ⟨bru.ma⟩ s.f. Névoa pouco densa que dificulta a visibilidade, especialmente se for a que se forma no mar.

brumoso, sa ⟨bru.mo.so, sa⟩ (Pron. [brumôso], [brumósa], [brumôsos], [brumósas]) adj. **1** Com bruma. **2** Confuso ou difícil de entender.
brunir ⟨bru.nir⟩ v.t.d. Dar brilho a (uma superfície de metal ou de pedra). ▢ GRAMÁTICA É um verbo defectivo, pois não apresenta conjugação completa →BANIR.
brusco, ca ⟨brus.co, ca⟩ adj. **1** De caráter pouco amável ou sem suavidade. **2** Em relação a um movimento, repentino e rápido: *uma freada brusca.*
brutal ⟨bru.tal⟩ (pl. *brutais*) adj.2g. **1** Violento ou cruel. ▢ SIN. **bestial.** **2** *informal* De tamanho, quantidade ou qualidade maiores que o normal.
brutalidade ⟨bru.ta.li.da.de⟩ s.f. **1** Condição de bruto. **2** Aquilo que é dito ou feito de forma grosseira ou mal-educada.
brutalizar ⟨bru.ta.li.zar⟩ v.t.d. **1** Tratar com brutalidade. ▌v.t.d./v.int./v.prnl. **2** Tornar(-se) bruto ou rude. ▢ SIN. **embrutecer.**
brutamontes ⟨bru.ta.mon.tes⟩ s.2g.2n. **1** Pessoa muito bruta ou de modos rudes. **2** Pessoa muito grande e forte.
bruto, ta ⟨bru.to, ta⟩ ▌adj. **1** Que é tosco ou não foi refinado. **2** Em relação a uma quantia de dinheiro, que não sofreu nenhum desconto: *O valor bruto do meu salário parece alto, mas, com os impostos, ele fica menor.* **3** Em relação ao peso de um objeto, que inclui o seu próprio peso e o de seu conteúdo: *O peso bruto desse vaso é 600 gramas, mas seu peso líquido é 450 gramas.* ▌adj./s. **4** Grosseiro ou mal-educado.
bruxa ⟨bru.xa⟩ s.f. **1** *pejorativo* Mulher feia e velha ou de aspecto repugnante. **2** *pejorativo* Mulher de mau-caráter ou com más intenções.
bruxaria ⟨bru.xa.ri.a⟩ s.f. **1** Aquilo que se faz com o objetivo de controlar acontecimentos ou desejos utilizando conhecimentos ou poderes supostamente mágicos ou sobrenaturais. ▢ SIN. **encantamento, encanto, feitiçaria, feitiço.** **2** Conjunto desses conhecimentos ou poderes. ▢ SIN. **feitiçaria.**
bruxo, xa ⟨bru.xo, xa⟩ adj./s. Que ou quem utiliza conhecimentos e poderes supostamente sobrenaturais para controlar os acontecimentos e os desejos dos demais. ▢ SIN. **feiticeiro.**
bruxulear ⟨bru.xu.le.ar⟩ v.int. Emitir brilho trêmulo, instável ou de baixa intensidade: *A chama da vela bruxuleava no quarto escuro.* ▢ ORTOGRAFIA O e muda para ei quando a sílaba tônica estiver na raiz do verbo →NOMEAR.
bubão ⟨bu.bão⟩ (pl. *bubões*) s.m. Inflamação dos linfonodos. ▢ SIN. **adenite.**
bucal ⟨bu.cal⟩ (pl. *bucais*) adj.2g. Da boca ou relacionado a ela.
bucha ⟨bu.cha⟩ s.f. **1** Planta trepadeira de caule comprido e galho extenso, com folhas ásperas, flores amarelas e verdes, e cujos frutos, compridos e fibrosos, são usados como esponja quando secos. **2** Fibra extraída dessa planta, muito usada como esponja vegetal. **3** Utensílio feito de tecido ou de material geralmente ásperos e que se utiliza para esfregar. **4** Revestimento plástico utilizado para fixar um parafuso em um furo de parede. **5** Em uma arma, especialmente em um canhão, material utilizado para acomodar e para pressionar a carga. **6** Em um balão de festas juninas, espécie de tocha, que o aquece e o faz flutuar.
buchada ⟨bu.cha.da⟩ s.f. Cozido feito de vísceras de bode ou de carneiro.
bucho ⟨bu.cho⟩ s.m. **1** Nos mamíferos e nos peixes, o estômago. **2** *informal* Em uma pessoa, estômago ou barriga: *encher o bucho.*

buço

buço ⟨bu.ço⟩ s.m. No rosto de uma pessoa, conjunto de pelos que nascem sobre o lábio superior, especialmente se forem finos e escassos.

bucólico, ca ⟨bu.có.li.co, ca⟩ ▌ adj. **1** Em relação a um gênero textual, especialmente à poesia, que idealiza a natureza e a vida pastoril. ▌ adj./s. **2** Que pertence a esse gênero textual ou que possui suas características.

bucolismo ⟨bu.co.lis.mo⟩ s.m. **1** Forma de expressão com traços próprios do gênero bucólico. **2** Idealização ou exaltação da natureza ou da vida pastoril.

budismo ⟨bu.dis.mo⟩ s.m. Sistema religioso e filosófico baseado na doutrina de Buda (reformador religioso indiano do século VI a. C.), que considera que o caminho para o estado de felicidade plena, o Nirvana, deve passar pelo conhecimento e pela superação das causas do próprio sofrimento.

budista ⟨bu.dis.ta⟩ ▌ adj.2g. **1** Do budismo ou relacionado a essa filosofia e religião. ▌ adj.2g./s.2g. **2** Que ou quem tem o budismo como filosofia e como religião.

bueiro ⟨bu.ei.ro⟩ s.m. **1** Canal artificial subterrâneo construído para escoar a água da chuva ou o esgoto de uma cidade. **2** Abertura externa desse canal.

búfalo, la ⟨bú.fa.lo, la⟩ s. Mamífero quadrúpede ruminante, de corpo preto e robusto, chifres compridos e grossos dispostos na parte posterior do crânio, com testa volumosa e pelagem escassa.

bufão ⟨bu.fão⟩ (pl. *bufões*) adj./s.m. Em uma comédia, em relação a uma personagem, que age de maneira cômica ou ridícula para fazer rir. ▢ GRAMÁTICA Seu feminino é *bufona*.

bufar ⟨bu.far⟩ v.int. **1** Ofegar com furor (um animal). **2** *informal* Manifestar grande irritação ou raiva (alguém): *Fora de si, saiu da sala bufando.*

bufê ⟨bu.fê⟩ s.m. **1** Conjunto de pratos dispostos de forma que as pessoas possam se servir durante uma refeição: *um bufê de saladas*. **2** Empresa que se dedica a servir refeições em festas e eventos. **3** Móvel usado geralmente em salas de jantar, onde são guardados os objetos necessários para se montar uma mesa: *Os pratos e talheres estão no bufê.* ▢ SIN. aparador.

bufo, fa ⟨bu.fo, fa⟩ adj. Em relação a uma representação teatral, geralmente a uma ópera, de caráter cômico e burlesco.

bufona ⟨bu.fo.na⟩ (Pron. [bufôna]) Feminino de bufão.

bugalho ⟨bu.ga.lho⟩ s.m. Em algumas árvores, especialmente nos carvalhos, nódulo arredondado formado pela ação de insetos.

buganvília ⟨bu.gan.ví.lia⟩ s.f. Planta trepadeira de galhos compridos, com folhas perenes, alguns espinhos, e flores abundantes, vermelhas e roxas, reunidas em grupos de três.

bugiganga ⟨bu.gi.gan.ga⟩ s.f. Objeto de pouca utilidade ou sem valor: *Ela comprou diversas bugigangas durante a viagem.*

bugio ⟨bu.gi.o⟩ s.m. Macaco herbívoro de pequeno porte, com pelagem preta ou marrom-avermelhada, com cauda preênsil usada para se segurar nos galhos, e que emite sons graves, potentes e característicos. ▢ SIN. guariba. ▢ GRAMÁTICA É um substantivo epiceno: *o bugio (macho/fêmea)*.

bugre, gra ⟨bu.gre, gra⟩ ▌ adj./s. **1** *pejorativo* Em relação a um antigo indígena, que não era civilizado nem cristão. **2** *pejorativo* Que ou quem não tem educação. ▌ adj.2g./s.2g. **3** Do grupo indígena que habita o sul do Brasil ou relacionado a ele.

bujão ⟨bu.jão⟩ (pl. *bujões*) s.m. **1** Peça que se introduz em um orifício para tapá-lo e impedir a saída de um líquido. **2** Recipiente metálico muito resistente, com formato cilíndrico e válvula hermética, usado para armazenar líquidos muito voláteis ou gases sob pressão: *um bujão de gás.* ▢ SIN. botijão.

bula ⟨bu.la⟩ s.f. **1** Impresso que acompanha os medicamentos e no qual se informa sobre sua composição, utilidade, modo de uso e outros dados de interesse: *Recomenda-se que leia a bula antes de tomar qualquer remédio.* **2** No catolicismo, documento autorizado e assinado pelo papa que trata de assuntos de fé ou de interesse geral: *uma bula papal.*

bulbo ⟨bul.bo⟩ s.m. **1** Em uma planta, caule subterrâneo reduzido, com formato arredondado, composto por uma gema ou por um broto, e em cujas folhas, carnosas e suculentas, acumula-se uma reserva de substâncias nutritivas: *A cebola e o alho são bulbos.* **2** No sistema nervoso central, parte alargada da medula espinhal, que se encontra na região inferior e posterior do crânio. **3** Em anatomia, estrutura com formato arredondado: *o bulbo capilar.* **4** Em uma lâmpada, revestimento externo. ▌ **bulbo do olho** Em anatomia, o olho, sem levar em consideração os músculos e os outros tecidos que o rodeiam. ▢ USO *Bulbo do olho* é a nova denominação de *globo ocular.*

buldogue ⟨bul.do.gue⟩ adj.2g./s.2g. Em relação a um cachorro, da raça que se caracteriza por ter cabeça grande, corpo robusto, patas curtas, focinho achatado e o lábio superior caído.

bule ⟨bu.le⟩ s.m. Recipiente semelhante a uma jarra, de bico comprido, alça e tampa, usado geralmente para preparar café.

bulevar ⟨bu.le.var⟩ s.m. Avenida ou rua largas, geralmente arborizadas.

búlgaro, ra ⟨búl.ga.ro, ra⟩ ▌ adj./s. **1** Da Bulgária ou relacionado a esse país europeu. ▌ s.m. **2** Língua eslava desse país e de outras regiões.

bulha ⟨bu.lha⟩ s.f. Confusão de vozes ou de gritos.

bulhufas ⟨bu.lhu.fas⟩ pron.indef. *informal* Nada: *Não entendi bulhufas do que me explicou!*

bulício ⟨bu.lí.cio⟩ s.m. Ruído, rumor ou agitação: *o bulício de uma cidade.* ▢ SIN. bochicho, burburinho.

buliçoso, sa ⟨bu.li.ço.so, sa⟩ (Pron. [buliçôso], [buliçósa], [buliçósos], [buliçósas]) adj. Que provoca bulício.

bulimia ⟨bu.li.mi.a⟩ s.f. Em medicina, apetite patológico excessivo e insaciável seguido de vômitos provocados.

bulímico, ca ⟨bu.lí.mi.co, ca⟩ ▌ adj. **1** Em medicina, da bulimia ou relacionado a ela. ▌ adj./s. **2** Que ou quem sofre de bulimia.

bulir ⟨bu.lir⟩ v.t.i. **1** Provocar, incomodar ou mexer [com alguém]: *Pare de bulir com seu primo!* **2** Desarrumar, tirar do lugar ou mexer [em um objeto]: *Não deixe as crianças bulirem na louça.* ▢ GRAMÁTICA **1.** É um verbo irregular →ACUDIR. **2.** Na acepção 1, usa-se a construção *bulir [com] alguém*; na acepção 2, *bulir EM algo*.

bullying *(palavra inglesa)* (Pron. [bulin]) s.m. Assédio físico ou psicológico realizado por um ou vários alunos em relação a outro de forma contínua: *A melhor forma de acabar com o bullying é falar com os pais e com os professores.*

bumba ⟨bum.ba⟩ ▌ s.f. **1** *informal* Ônibus. ▌ interj. **2** Expressão usada para imitar uma batida, uma pancada ou uma queda: *Saiu do boteco cambaleando e, bumba!, desabou no chão!*

bumba meu boi ⟨bum.ba meu boi⟩ s.m.2n. Encenação folclórica brasileira de caracteres dramático e religioso. ▢ SIN. boi-bumbá.

bumbo ⟨bum.bo⟩ s.m. Instrumento musical de percussão, sem altura definida, de som grave e que se toca geralmente com uma baqueta sobre uma membrana esticada em um tubo ou em uma caixa de ressonância. [◉ **instrumentos de percussão** p. 614]

bumbum ⟨bum.bum⟩ (pl. *bumbuns*) s.m. *informal* Nádegas.

bumerangue ⟨bu.me.ran.gue⟩ s.m. Objeto de arremesso, especialmente se for de madeira, com formato curvado e que retorna ao lugar de partida quando não encontra um alvo.

bunda ⟨bun.da⟩ s.f. *informal* Nádegas. ◻ ORIGEM É uma palavra de origem africana.

bunda-mole ⟨bun.da-mo.le⟩ (pl. *bundas-moles*) adj.2g./s.2g. *pejorativo* Que ou quem é covarde ou medroso.

bundão ⟨bun.dão⟩ (pl. *bundões*) ▌ adj./s.m. **1** *pejorativo* Que ou quem é covarde ou medroso. ▌ s.m. **2** *informal* Nádegas grandes. ◻ GRAMÁTICA Na acepção 1, seu feminino é *bundona*.

bundona ⟨bun.do.na⟩ (Pron. [bundôna]) Feminino de **bundão**.

buquê ⟨bu.quê⟩ s.m. **1** Ramo pequeno de flores: *um buquê de rosas*. ◻ SIN. ramalhete. **2** Em um vinho de qualidade, seu aroma: *Antes de sorver o primeiro gole do vinho, ele fez questão de sentir o seu buquê.*

buraco ⟨bu.ra.co⟩ s.m. **1** Em uma superfície, abertura mais ou menos arredondada: *um buraco na camisa*. ◻ SIN. furo. **2** Em uma superfície, especialmente no solo, cavidade natural ou artificial: *os buracos do asfalto*. **3** Jogo em que se usam dois baralhos e cujo objetivo é montar sequências de cartas, tornando-se vencedor o jogador ou a dupla de jogadores que acumularem mais pontos com essas sequências. ‖ **buraco negro** Corpo celeste invisível de grande massa que, segundo a teoria da relatividade, absorve por completo qualquer matéria ou energia capturadas pelo seu campo gravitacional.

buraqueira ⟨bu.ra.quei.ra⟩ s.f. **1** Acúmulo ou conjunto de buracos. **2** Coruja pequena de hábitos diurnos, de olhos amarelos, com plumagem marrom e que faz seu ninho em buracos escavados no chão. ◻ GRAMÁTICA Na acepção 2, é um substantivo epiceno: *a buraqueira {macho/fêmea}*.

burburinho ⟨bur.bu.ri.nho⟩ s.m. **1** Ruído, rumor ou agitação: *Tiveram dificuldades para dormir com o burburinho da rua sob suas janelas*. ◻ SIN. bochicho, bulício. **2** Ruído constante produzido pelo movimento da água ou do vento: *Relaxaram ouvindo o burburinho das ondas do mar*. ◻ SIN. murmúrio.

burel ⟨bu.rel⟩ (pl. *buréis*) s.m. **1** Tecido rústico de lã. **2** Peça do vestuário de frade ou de freira feitas com esse tecido.

bureta ⟨bu.re.ta⟩ (Pron. [burêta]) s.f. Instrumento de laboratório que consiste em um tubo de vidro alongado e graduado, aberto em sua extremidade superior e provido de uma chave na parte inferior que permite controlar a saída de líquido.

burgo ⟨bur.go⟩ s.m. Na Idade Média europeia, cidade pequena.

burguês, -a ⟨bur.guês, gue.sa⟩ (Pron. [burguês], [burguêsa]) adj./s. **1** Da burguesia ou relacionado a ela. **2** Na Idade Média, do burgo ou relacionado a ele.

burguesia ⟨bur.gue.si.a⟩ s.f. **1** Na sociedade medieval europeia, classe social formada por pessoas que viviam nas cidades, ou burgos, e que geralmente exerciam profissões liberais ou ligadas ao comércio. **2** Grupo de pessoas que formam as classes média ou alta, caracterizadas por um nível socioeconômico abastado.

buril ⟨bu.ril⟩ (pl. *buris*) s.m. **1** Instrumento pontiagudo e de aço, usado para fazer gravações geralmente em metais. ◻ SIN. punção. **2** Técnica artística realizada com esse instrumento.

burilar ⟨bu.ri.lar⟩ v.t.d. Executar (um trabalho de gravação) utilizando um buril.

buriti ⟨bu.ri.ti⟩ s.m. **1** Palmeira de grande porte, com folhas largas em formato de leque, flores amarelas dispostas em cachos longos, e cujo fruto, de casca avermelhada, brilhante e escamosa, possui uma polpa alaranjada e comestível, usada na fabricação de óleos, doces e bebidas. ◻ SIN. buritizeiro. **2** Esse fruto. ◻ ORIGEM É uma palavra de origem tupi.

buritisense ⟨bu.ri.ti.sen.se⟩ adj.2g./s.2g. De Buritis ou relacionado a essa cidade do estado brasileiro de Rondônia.

buritizeiro ⟨bu.ri.ti.zei.ro⟩ s.m. Palmeira de grande porte, com folhas largas em formato de leque, flores amarelas dispostas em cachos longos, e cujo fruto é o buriti. ◻ SIN. buriti.

burla ⟨bur.la⟩ s.f. Fraude ou trapaça.

burlar ⟨bur.lar⟩ v.t.d. **1** Desrespeitar ou fraudar (uma lei ou um regulamento): *Burlou as regras da empresa e foi advertido*. **2** Enganar ou iludir: *Era um vendedor desonesto e burlava seus clientes*.

burlesco, ca ⟨bur.les.co, ca⟩ (Pron. [burlêsco]) adj. Que é cômico ou ridículo. ◻ SIN. picaresco, pícaro.

burocracia ⟨bu.ro.cra.ci.a⟩ s.f. **1** Atividade administrativa, especialmente se for aquela realizada nos órgãos públicos. **2** Conjunto dos funcionários desses órgãos. **3** *informal* Excesso de procedimentos, normas ou papéis que dificultam ou atrasam a resolução de um assunto: *Seria uma tarefa rápida, mas a burocracia a torna lenta*.

burocrata ⟨bu.ro.cra.ta⟩ s.2g. Pessoa que se dedica profissionalmente à realização de tarefas administrativas, especialmente se for em órgãos públicos.

burocrático, ca ⟨bu.ro.crá.ti.co, ca⟩ adj. Da burocracia, dos burocratas ou relacionado a eles.

burocratizar ⟨bu.ro.cra.ti.zar⟩ v.t.d. Tornar burocrático, especialmente se for em excesso.

burquinense ⟨bur.qui.nen.se⟩ adj.2g./s.2g. De Burquina Faso ou relacionado a esse país africano.

burra ⟨bur.ra⟩ s.f. Caixa, geralmente de madeira, usada para guardar objetos de valor.

burrada ⟨bur.ra.da⟩ s.f. **1** Manada de burros. **2** *informal* Aquilo que é dito ou feito de forma estúpida. **3** *informal* Erro cometido, especialmente se for por falta de atenção.

burrice ⟨bur.ri.ce⟩ s.f. **1** Falta de raciocínio ou de inteligência. **2** *informal* Erro cometido, especialmente se for por falta de atenção.

burrico, ca ⟨bur.ri.co, ca⟩ s. Burro pequeno.

burrinho ⟨bur.ri.nho⟩ s.m. **1** Especialmente em automóveis, bomba que aciona o freio hidráulico. **2** Bomba aspiradora de líquidos.

burro, ra ⟨bur.ro, ra⟩ ▌ adj./s. **1** *pejorativo* Que ou quem é rude ou tem pouca inteligência. ▌ s. **2** Animal híbrido, estéril, nascido do cruzamento do jumento, asno ou jegue com a égua, e que, por sua força e resistência, é utilizado como animal de carga. ◻ SIN. mulo. ‖ **burro de carga** *informal pejorativo* Pessoa que trabalha de forma exaustiva, especialmente se fizer esforço braçal. ‖ **pra burro** *informal* Muito: *Comi pra burro*. ◻ GRAMÁTICA *Burro de carga* é usado tanto para o masculino quanto para o feminino: *(ele/ela) é um burro de carga*.

burundinês, -a ⟨bu.run.di.nês, ne.sa⟩ (Pron. [burundinês], [burundinêsa]) adj./s. De Burundi ou relacionado a esse país africano.

busão ⟨bu.são⟩ (pl. *busões*) s.m. *informal* Ônibus.

busca ⟨bus.ca⟩ s.f. **1** Ato ou efeito de buscar. **2** Conjunto de procedimentos e investigações que levam ao

busca-pé

encontro de algo ou alguém: *Os bombeiros encerraram as buscas por sobreviventes na região.*

busca-pé ⟨bus.ca-pé⟩ (pl. *busca-pés*) s.m. Fogo de artifício que, ao ser aceso, percorre um trecho em ziguezague, rente ao solo, antes do estouro final.

buscar ⟨bus.car⟩ v.t.d. **1** Tentar encontrar. **2** Retirar ou levar de volta ao lugar de origem: *Vamos buscar meu irmão na natação.* ☐ SIN. pegar. ☐ ORTOGRAFIA Antes de e, o c muda para qu →BRINCAR.

busílis ⟨bu.sí.lis⟩ s.m.2n. Em um assunto, ponto no qual se encontra a sua dificuldade: *O busílis do caso está na falta de provas.*

bússola ⟨bús.so.la⟩ s.f. Instrumento circular e plano, composto por uma agulha imantada, a qual gira livremente sobre um eixo e aponta sempre ao norte para orientar a posição de alguém sobre a superfície terrestre.

bustiê ⟨bus.ti.ê⟩ s.m. Peça do vestuário feminino junta sem mangas e sem tiras, e que cobre o corpo das axilas até a cintura.

busto ⟨bus.to⟩ s.m. **1** Em arte, representação da cabeça e da parte superior do corpo de uma pessoa: *o busto de um presidente.* **2** No corpo humano, parte compreendida entre o pescoço e a cintura. **3** Em uma mulher, seios.

butanês, -a ⟨bu.ta.nês, ne.sa⟩ (Pron. [butanês], [butanêsa]) adj./s. De Butão ou relacionado a esse país asiático.

butano ⟨bu.ta.no⟩ s.m. Gás incolor, fácil de transformar em líquido, e usado como combustível doméstico e industrial.

butique ⟨bu.ti.que⟩ s.f. Estabelecimento comercial especializado na venda de artigos da moda, especialmente se forem roupas de grife.

buxo ⟨bu.xo⟩ s.m. **1** Arbusto de caule reto e galhos abundantes, com folhas perenes, pequenas e brilhantes, flores pequenas, esbranquiçadas e aromáticas, fruto em formato de cápsula com sementes pretas, e cuja madeira é amarelada, dura e compacta. **2** Essa madeira.

buzina ⟨bu.zi.na⟩ s.f. **1** Dispositivo elétrico de som potente, utilizado como sinalizador sonoro, especialmente em um veículo. **2** Instrumento que serve como sinalizador sonoro.

buzinar ⟨bu.zi.nar⟩ ▌v.int. **1** Acionar a buzina. ▌v.t.d./ v.t.d.i. **2** *Informal* Repetir (algo) exaustiva ou insistentemente [a alguém]: *Ficou buzinando a mesma história sem cessar.*

búzio ⟨bú.zio⟩ s.m. Concha pequena de formatos oval ou espiral.

byte (palavra inglesa) (Pron. [báit]) s.m. Em informática, informação constituída por oito *bits*. ☐ USO É diferente de *bit* (unidade mínima de informação que só pode possuir o valor falso ou verdadeiro).

c ▎s.m. **1** Terceira letra do alfabeto. ▎adj.2g.2n. **2** Em relação a uma classe social, que ocupa a posição imediatamente inferior à classe B: *Este produto é destinado às pessoas da classe C.* ▎numer. **3** Em uma sequência, que ocupa o terceiro lugar: *Sentamos na fileira c.* ▢ GRAMÁTICA Na acepção 1, o plural é cc.

cá ▎s.m. **1** Nome da letra *k*. ▎adv. **2** Nesta posição ou neste lugar, ou a esta posição ou a este lugar: *Venha cá, por favor!*

cã s.f. Cabelo branco: *Meu pai já tem cãs.* ▢ USO Usa-se geralmente a forma plural cãs.

caatinga ⟨ca.a.tin.ga⟩ s.f. Vegetação adaptada ao clima semiárido, caracterizada por arbustos e árvores com espinhos que sobrevivem durante a seca: *Aqueles animais estão adaptados às condições duras da caatinga.* ▢ ORIGEM É uma palavra de origem tupi. ▢ ORTOGRAFIA É diferente de *catinga*.

cabaça ⟨ca.ba.ça⟩ s.f. **1** Planta herbácea de caule rasteiro, com folhas grandes e cujo fruto, oco, branco ou amarelado e de casca dura, é usado na fabricação de instrumentos musicais e de outros objetos. ▢ SIN. porongo. **2** Esse fruto. ▢ SIN. porongo. **3** Cuia feita com esse fruto cortado ao meio. ▢ SIN. porongo.

cabaço ⟨ca.ba.ço⟩ s.m. **1** *vulgarismo* Hímen. **2** *vulgarismo* Pessoa virgem. **3** *vulgarismo* Pessoa ignorante. ▢ GRAMÁTICA Nas acepções 2 e 3, usa-se tanto para o masculino quanto para o feminino: *(ele/ela) é um cabaço*.

cabal ⟨ca.bal⟩ (pl. *cabais*) adj.2g. Exato ou completo em sua medida.

cabala ⟨ca.ba.la⟩ s.f. **1** No judaísmo, conjunto de doutrinas que possibilitam uma interpretação mística do Antigo Testamento. **2** Ação que se executa com astúcia e de forma oculta.

cabalístico, ca ⟨ca.ba.lís.ti.co, ca⟩ adj. Da cabala ou relacionado a esse conjunto de doutrinas.

cabana ⟨ca.ba.na⟩ s.f. Casa pequena e tosca feita em um lugar afastado, geralmente no campo. [◉ habitação p. 420]

cabaré ⟨ca.ba.ré⟩ s.m. Estabelecimento noturno que oferece espetáculos de variedades e onde se pode dançar.

cabeça ⟨ca.be.ça⟩ (Pron. [cabéça]) ▎s.f. **1** Em uma pessoa e em alguns animais, parte superior ou anterior do corpo em que se encontram alguns órgãos dos sentidos. **2** Em uma pessoa e em alguns mamíferos, parte que compreende desde a testa até a nuca: *Hoje chegou à aula com a cabeça raspada.* **3** Pensamento, imaginação ou capacidade intelectual humana: *Quando o vi, lembranças antigas me vieram à cabeça.* **4** Animal quadrúpede de certas espécies domésticas ou selvagens: *A fazenda possui mil cabeças de boi.* **5** Em alguns objetos, começo ou extremidade: *a cabeça de um prego.* ▎s.2g. **6** Em uma coletividade, pessoa que a dirige, preside ou lidera: *Por sua capacidade de liderança, tornou-se o cabeça do bando.* ‖ **abaixar a cabeça** *informal* Calar-se ou obedecer sem replicar. ‖ **de cabeça 1** Com essa parte do corpo: *A jogadora marcou um gol de cabeça.* **2** Com decisão e sem vacilar: *Apaixonado, entrou de cabeça no relacionamento.* **3** Utilizando exclusivamente a memória, sem apoio do raciocínio: *Sabia as fórmulas matemáticas de cabeça.* ▢ SIN. de cor, de memória. ‖ **perder a cabeça** *informal* Perder a calma ou a razão. ‖ **quebrar a cabeça** *informal* Pensar ou refletir muito. ‖ **subir à cabeça** *informal* Causar orgulho ou vaidade excessivos. ‖ **ter a cabeça no lugar** Ser sensato.

cabeçada ⟨ca.be.ça.da⟩ s.f. **1** Golpe dado com a cabeça: *No meio da briga foi surpreendido por uma cabeçada em seu rosto.* **2** Em alguns esportes, geralmente no futebol, golpe dado na bola com a cabeça: *Ele é um atacante muito*

cabeça de negro

alto, especialista em cabeçadas. **3** Conjunto de correias que se põe na cabeça das montarias e que serve para segurar o freio. **4** *informal* Erro ou tolice: *Enfim aprendeu alguma coisa, depois de tantas cabeçadas*.

cabeça de negro ⟨ca.be.ça de ne.gro⟩ (pl. *cabeças de negro*) s.f. **1** Bomba pequena usada em festas, que produz grande estrondo.

cabeça-de-negro ⟨ca.be.ça-de-ne.gro⟩ (pl. *cabeças-de-negro*) s.f. **1** Árvore com folhas ovaladas, duras e lisas, flores amarelas, de frutos do tipo pinha, grandes e comestíveis, cujas sementes são usadas contra a diarreia.

cabeça-dura ⟨ca.be.ça-du.ra⟩ (pl. *cabeças-duras*) s.2g. **1** *informal pejorativo* Pessoa lerda ou com dificuldade para entender as coisas. **2** *informal* Pessoa teimosa.

cabeçalho ⟨ca.be.ça.lho⟩ s.m. **1** Em um texto, parte inicial em que se costuma incluir os dados gerais relacionados a ele: *Preenchi o cabeçalho da prova com meu nome e número*. **2** Em um carro de boi, parte dianteira onde se prende a canga.

cabecear ⟨ca.be.ce.ar⟩ ▌v.int. **1** Mover a cabeça de um lado para outro ou de cima para baixo: *Respondeu cabeceando em sinal de aprovação*. **2** Dar cabeçadas por efeito do sono: *Cabeceou durante o filme inteiro, pois estava exausto*. **3** Em futebol, golpear a bola com a cabeça: *O atacante cabeceou para o gol*. ▌v.t.d. **4** Em futebol, golpear (a bola) com a cabeça. ▢ ORTOGRAFIA O *e* muda para *ei* quando a sílaba tônica estiver na raiz do verbo →NOMEAR.

cabeceira ⟨ca.be.cei.ra⟩ s.f. **1** Em uma cama, extremidade em que se põem os travesseiros ou em que se repousa a cabeça ao dormir. **2** Especialmente em uma mesa, parte principal ou assento de honra: *Minha avó se senta na cabeceira da mesa*. **3** Ponto em que por um rio nasce: *A cabeceira do rio Tietê fica na serra do Mar*.

cabeçote ⟨ca.be.ço.te⟩ s.m. **1** Em um gravador, peça que serve para gravar, reproduzir ou apagar o que foi gravado em uma fita. **2** Em um motor, peça metálica que se ajusta ao seu bloco e que fecha o corpo dos cilindros.

cabeçudo, da ⟨ca.be.çu.do, da⟩ adj./s. **1** *informal pejorativo* Que ou quem tem a cabeça grande. **2** *pejorativo* Que ou quem é teimoso ou insiste em uma atitude ou ideia.

cabedal ⟨ca.be.dal⟩ (pl. *cabedais*) s.m. **1** Conjunto de bens que se possuem, especialmente em dinheiro ou em valores. **2** Conjunto de conhecimentos intelectuais ou morais.

cabedelense ⟨ca.be.de.len.se⟩ adj.2g./s.2g. De Cabedelo ou relacionado a essa cidade do estado brasileiro da Paraíba.

cabeleira ⟨ca.be.lei.ra⟩ s.f. **1** Conjunto de cabelos, especialmente se forem compridos. **2** Em um cometa, rastro luminoso que rodeia o núcleo. ▢ SIN. coma.

cabeleireiro, ra ⟨ca.be.lei.rei.ro, ra⟩ ▌s. **1** Pessoa que se dedica profissionalmente a pentear, cortar e arrumar o cabelo. ▌s.m. **2** Lugar em que essa pessoa trabalha. ▢ USO São inadequadas as formas **cabelereiro* e **cabeleleiro*, ainda que estejam difundidas na linguagem coloquial.

cabelo ⟨ca.be.lo⟩ (Pron. [cabêlo]) s.m. **1** Em uma pessoa, cada um dos fios que nascem na cabeça. **2** Conjunto desses fios. **3** Em um relógio, mola fina e metálica que regula seu mecanismo em intervalos iguais de tempo.

cabeludo, da ⟨ca.be.lu.do, da⟩ ▌adj. **1** Que tem muito pelo. **2** *informal* Complicado e difícil de entender ou de resolver: *um problema cabeludo*. **3** *informal* Indecente, obsceno ou que ofende ao pudor: *uma piada cabeluda*. ▌adj./s. **4** Que ou quem tem o cabelo comprido ou volumoso.

caber ⟨ca.ber⟩ ▌v.t.i. **1** Em relação a um objeto, poder conter-se [em outro]: *Essa quantidade de roupas não cabe na gaveta*. **2** Poder entrar [em algo ou em um lugar]: *O armário é tão grande que não cabe no vão da porta*. ▌v.int. **3** Convir ou ter cabimento: *Não cabe a menor dúvida de que é um funcionário comprometido*. ▌v.t.i. **4** Ser obrigação, corresponder ou caber [a alguém]: *Coube a nós organizar a festa*. ▢ SIN. competir. **5** Ser adequado ou oportuno [a algo ou alguém]: *Esse comportamento imaturo não cabe a uma pessoa adulta*. ▢ GRAMÁTICA 1. É um verbo irregular →CABER. 2. Nas acepções 4 e 5, usa-se a construção *caber A alguém*.

cabide ⟨ca.bi.de⟩ s.m. **1** Utensílio formado por um suporte com um gancho na parte superior, que se suspende em algum lugar e que serve para pendurar algo nele, geralmente roupa. **2** Móvel com ganchos nos quais se pendura algo, geralmente roupa.

cabidela ⟨ca.bi.de.la⟩ s.f. Prato preparado com miúdos e o sangue de uma ave, geralmente uma galinha.

cabimento ⟨ca.bi.men.to⟩ s.m. Aquilo que é conveniente ou apropriado: *Essa reivindicação não tem o menor cabimento*.

cabina ⟨ca.bi.na⟩ s.f. →**cabine**

cabine ⟨ca.bi.ne⟩ s.f. **1** Compartimento pequeno e isolado onde se encontram os comandos de um aparelho ou de uma máquina: *a cabine de um avião*. **2** Compartimento de pequenas dimensões em que há um telefone público: *Em Londres, as cabines telefônicas são vermelhas*. **3** Em uma embarcação ou um trem, quarto com uma ou mais camas. ▢ SIN. camarote. **4** Em uma loja, recinto pequeno usado para que um cliente experimente uma peça do vestuário antes de comprá-la. ▢ SIN. provador. **5** Posto, quarto ou guarita que servem de abrigo ou de proteção a vigias. ▢ ORTOGRAFIA Escreve-se também *cabina*.

cabisbaixo, xa ⟨ca.bis.bai.xo, xa⟩ adj. Com a cabeça inclinada para baixo por causa de tristeza, preocupação ou vergonha.

cabível ⟨ca.bí.vel⟩ (pl. *cabíveis*) adj.2g. Que é apropriado ou conveniente.

cabo ⟨ca.bo⟩ ▌s.2g. **1** No Exército, pessoa cuja graduação é superior à de taifeiro de primeira classe e inferior à de taifeiro-mor. **2** Na Marinha, pessoa cuja graduação é superior à de marinheiro e inferior à de terceiro-sargento. **3** Na Aeronáutica, pessoa cuja graduação é superior à de taifeiro-mor e inferior à de terceiro-sargento. ▌s.m. **4** Em um objeto, extremidade ou ponta pelas quais ele é segurado ou manipulado. **5** Trançado de cordas ou fios metálicos capaz de suportar grandes tensões ou pesos: *um cabo de aço*. **6** Condutor elétrico ou conjunto deles, geralmente recoberto por um material isolante: *o cabo de um telefone*. **7** Porção de terra que avança sobre o mar. ▢ SIN. ponta. ‖ **de cabo a rabo** *informal* Do início ao fim ou sem excluir nada. ‖ **levar a cabo** Fazê-lo ou concluí-lo: *Levou a cabo sua pesquisa*.

caboclo, cla ⟨ca.bo.clo, cla⟩ (Pron. [cabôclo]) ▌adj. **1** De cor avermelhada, como a do cobre. ▌adj./s. **2** Que ou quem possui ancestrais brancos e índios, especialmente se forem seus pais. ▌s. **3** Pessoa sertaneja ou caipira.

cabograma ⟨ca.bo.gra.ma⟩ s.m. Telegrama ou mensagem escrita transmitidos por um condutor elétrico submarino.

cabotagem ⟨ca.bo.ta.gem⟩ (pl. *cabotagens*) s.f. Navegação ou tráfego marítimo entre as águas costeiras de um mesmo país.

cabotinismo ⟨ca.bo.ti.nis.mo⟩ s.m. Vaidade, presunção ou exaltação das próprias qualidades.

cabotino, na ⟨ca.bo.ti.no, na⟩ adj. Que é vaidoso, presunçoso ou que exalta as próprias qualidades.

cabo-verdiano, na ⟨ca.bo-ver.di.a.no, na⟩ (pl. *cabo-verdianos*) ▪ adj./s. **1** De Cabo Verde ou relacionado a esse país africano. ▪ s.m. **2** Língua crioula com base portuguesa desse e de outros países.

cabra ⟨ca.bra⟩ ▪ s.f. **1** Fêmea do bode. ▪ s.m. **2** *informal* Indivíduo: *Não conheço esse cabra.* **3** *informal* Pessoa que se coloca a serviço de alguém em troca de pagamento: *Para se defender, contratou alguns cabras.*

cabra-cega ⟨ca.bra-ce.ga⟩ (pl. *cabras-cegas*) s.f. Brincadeira infantil em que uma pessoa, com os olhos vendados, tenta encontrar alguém e adivinhar quem é.

cabreiro, ra ⟨ca.brei.ro, ra⟩ ▪ adj. **1** *informal* Que é astuto ou desconfiado. ▪ s. **2** Pastor de cabras.

cabresto ⟨ca.bres.to⟩ (Pron. [cabrêsto]) s.m. Arreio que se coloca em animais de montaria para guiá-los ou para prendê-los.

cabriola ⟨ca.bri.o.la⟩ s.f. **1** Cambalhota ou pirueta no ar. **2** Salto, especialmente se feito por aquele em que o cavalo dá um coice no ar. **3** Em dança, salto que o bailarino dá cruzando os pés várias vezes no ar e batendo os calcanhares um no outro.

cabriolé ⟨ca.bri.o.lé⟩ s.m. **1** Carro de cavalos descoberto, com duas ou quatro rodas. **2** Automóvel com carroceria conversível.

cabrito, ta ⟨ca.bri.to, ta⟩ s. Filhote de cabra até quando deixa de mamar.

cabrocha ⟨ca.bro.cha⟩ ▪ s.2g. **1** *informal* Jovem mulato. ▪ s.f. **2** *informal* Mulher, geralmente mulata, que dança o samba em desfiles de carnaval.

cabular ⟨ca.bu.lar⟩ ▪ v.t.d. **1** Não comparecer a (uma aula). ▪ v.int. **2** Não comparecer a uma aula.

caca ⟨ca.ca⟩ s.f. **1** *informal eufemismo* Fezes ou sujeira. **2** *informal* Coisa ruim ou malfeita: *O bolo ficou uma caca.*

caça ⟨ca.ça⟩ s.f. **1** Perseguição de um animal para prendê-lo ou matá-lo. **2** Conjunto de animais selvagens, antes ou depois de caçados: *Estes coelhos foram a caça de hoje.* **3** Busca ou perseguição: *A caça aos bandidos durou a noite toda.* ◻ ORTOGRAFIA É diferente de *cassa*.

caçada ⟨ca.ça.da⟩ s.f. Expedição ou excursão para caçar.

caçador, -a ⟨ca.ça.dor, do.ra⟩ (Pron. [caçadôr], [caçadôra]) adj./s. **1** Em relação a alguns animais, que caçam outros. **2** Que ou quem é aficionado à caça ou se dedica a essa atividade.

caçamba ⟨ca.çam.ba⟩ s.f. **1** Recipiente metálico grande, geralmente usado para depósito de entulho ou de lixo: *uma caçamba de cimento; uma caçamba de lixo.* **2** Em um veículo, especialmente em um caminhão, parte em que se deposita a carga. **3** Em uma betoneira, parte em que se prepara o cimento. **4** Balde preso a uma corda e que é usado para retirar a água de um poço. ◻ ORIGEM É uma palavra de origem africana.

caça-minas ⟨ca.ça-mi.nas⟩ s.m.2n. Barco preparado para desativar minas submersas no mar.

caça-níqueis ⟨ca.ça-ní.queis⟩ (pl. *caça-níqueis*) s.m.2n. Máquina de jogo de azar em que há a possibilidade de conseguir um prêmio em troca de uma moeda. ◻ USO Usa-se geralmente a forma plural.

cação ⟨ca.ção⟩ (pl. *cações*) s.m. Peixe de água salgada, semelhante ao tubarão, mas de tamanho menor. ◻ GRAMÁTICA É um substantivo epiceno: *o cação (macho/fêmea)*. [👁 **peixes (água salgada)** p. 609]

caçapa ⟨ca.ça.pa⟩ s.f. Em uma mesa de bilhar, buraco ou abertura onde as bolas caem.

caçar ⟨ca.çar⟩ ▪ v.t.d. **1** Buscar ou perseguir (um animal) para prendê-lo ou matá-lo: *Os nossos antepassados caçavam animais para se alimentar.* ▪ v.int. **2** Buscar ou perseguir um animal para prendê-lo ou matá-lo.

▪ v.t.d. **3** Buscar ou perseguir: *Caçaram os sequestradores até achá-los.* ◻ ORTOGRAFIA **1**. Antes de *e*, o *ç* muda para *c* →COMEÇAR. **2**. É diferente de *cassar*.

cacareco ⟨ca.ca.re.co⟩ s.m. *informal* Traste ou objeto em desuso, velho ou inútil.

cacarejar ⟨ca.ca.re.jar⟩ v.int. Dar cacarejos (o galo ou a galinha): *O galo cacareja ao amanhecer.* ◻ GRAMÁTICA É um verbo unipessoal: só se usa nas terceiras pessoas do singular e do plural, no particípio, no gerúndio e no infinitivo →MIAR.

cacarejo ⟨ca.ca.re.jo⟩ (Pron. [cacarêjo]) s.m. Voz característica do galo ou da galinha.

caçarola ⟨ca.ça.ro.la⟩ s.f. Recipiente de metal, cilíndrico, mais largo que fundo, com duas asas, que é usado para cozinhar.

cacatua ⟨ca.ca.tu.a⟩ s.f. Ave arbórea de bico largo, curto, dentado nas bordas e com a parte superior curvada, de plumagem branca com ornamentos amarelos ou vermelhos, com um penacho de plumas na cabeça que pode se abrir como um leque, que pode aprender a emitir algumas palavras. ◻ GRAMÁTICA É um substantivo epiceno: *a cacatua (macho/fêmea)*.

cacau ⟨ca.cau⟩ s.m. **1** Fruto do cacaueiro, alongado, com casca rígida e amarelada quando maduro, com polpa branca e comestível, cujas sementes são usadas como principal ingrediente na fabricação de chocolate. **2** Semente desse fruto. **3** Pó solúvel feito com essas sementes torradas, que dá cor e sabor ao chocolate.

cacaueiro ⟨ca.cau.ei.ro⟩ s.m. Árvore de raiz muito desenvolvida, com folhas geralmente grandes e lisas, e flores brancas ou amarelas ligadas ao caule.

cacauicultura ⟨ca.cau.i.cul.tu.ra⟩ s.f. Cultivo do cacau: *A cacauicultura é um dos pilares da economia baiana.*

cacerense ⟨ca.ce.ren.se⟩ adj.2g./s.2g. De Cáceres ou relacionado a essa cidade do estado brasileiro de Mato Grosso.

cacetada ⟨ca.ce.ta.da⟩ s.f. **1** Golpe dado com um cacete. **2** *informal* Aquilo que causa aborrecimento, preocupação ou incômodo. **3** *informal* Grande quantidade: *Tinha uma cacetada de gente no shopping.*

cacete ⟨ca.ce.te⟩ (Pron. [cacête]) ▪ adj.2g./s.2g. **1** Que ou quem aborrece, preocupa ou incomoda: *É um livro muito cacete.* ▪ s.m. **2** Bastão ou pau usados como apoio ao caminhar ou como arma para golpear uma pessoa ou um animal. ◻ SIN. porrete. **3** *vulgarismo* →**pênis** ▪ interj. **4** *vulgarismo* Expressão usada para indicar espanto, surpresa, desagrado ou aborrecimento: *Cacete! Perdi a carteira!* ◻ ORTOGRAFIA É diferente de *cassete*.

caceteação ⟨ca.ce.te.a.ção⟩ (pl. *caceteações*) s.f. Aborrecimento, preocupação ou incômodo.

cacetear ⟨ca.ce.te.ar⟩ v.t.d./v.prnl. Aborrecer(-se), preocupar(-se) ou incomodar(-se). ◻ ORTOGRAFIA O *e* muda para *ei* quando a sílaba tônica estiver na raiz do verbo →NOMEAR.

cachaça ⟨ca.cha.ça⟩ s.f. **1** Aguardente feita com o melaço da cana-de-açúcar. ◻ SIN. pinga. **2** *informal* Qualquer bebida alcoólica.

cachaceiro, ra ⟨ca.cha.cei.ro, ra⟩ adj./s. **1** *informal pejorativo* Alcoólatra. ▪ s.m. **2** Árvore de casca acinzentada com odor de cachaça, com folhas simples e grandes, flores pequenas e amareladas com a base avermelhada, e madeira branco-amarelada.

cachaço ⟨ca.cha.ço⟩ s.m. **1** *informal* Nuca. **2** Golpe dado nessa parte do corpo.

cachalote ⟨ca.cha.lo.te⟩ s.m. Mamífero marinho de grande porte, com cabeça grande, boca dentada, nadadeira caudal horizontal e que vive em mares temperados e tropicais.

cachê ⟨ca.chê⟩ s.m. Soma em dinheiro que um artista recebe por seu trabalho: *Seu cachê subiu muito depois que ganhou aquele prêmio*.

cacheado, da ⟨ca.che.a.do, da⟩ adj. Em relação ao cabelo, que tem cachos.

cachear ⟨ca.che.ar⟩ ▪ v.t.d. **1** Fazer cachos em (o cabelo): *Cacheou os cabelos para mudar o visual*. ▪ v.int. **2** Ficar com cachos (o cabelo). **3** Produzir cachos (uma planta). □ ORTOGRAFIA O *e* muda para *ei* quando a sílaba tônica estiver na raiz do verbo →NOMEAR.

cachecol ⟨ca.che.col⟩ (pl. *cachecóis*) s.m. Peça do vestuário mais comprida que larga, que se coloca ao redor do pescoço para protegê-lo do frio.

cachimbada ⟨ca.chim.ba.da⟩ s.f. Tragada que se dá ao fumar um cachimbo.

cachimbar ⟨ca.chim.bar⟩ v.int. Fumar cachimbo.

cachimbo ⟨ca.chim.bo⟩ s.m. Utensílio para fumar, composto por um tubo terminado em um recipiente onde se coloca tabaco picado. □ SIN. pito. □ ORIGEM É uma palavra de origem africana.

cacho ⟨ca.cho⟩ s.m. **1** Em botânica, conjunto de flores ou de frutos unidos por um ramo comum: *um cacho de uvas.* **2** Mecha de cabelo em forma de anel ou de caracol: *Um cacho pendia diante de sua testa*.

cachoeira ⟨ca.cho.ei.ra⟩ s.f. Queda de uma corrente de água causada por um desnível no relevo. □ SIN. **queda-d'água, salto, tombo**.

cachoeirense ⟨ca.cho.ei.ren.se⟩ adj.2g./s.2g. De Cachoeiro do Itapemirim ou relacionado a essa cidade do estado brasileiro do Espírito Santo.

cachola ⟨ca.cho.la⟩ s.f. *informal* Cabeça humana.

cacholeta ⟨ca.cho.le.ta⟩ (Pron. [cacholêta]) s.f. Golpe dado na cabeça com o dorso da mão.

cachorrada ⟨ca.chor.ra.da⟩ s.f. **1** Conjunto de cachorros ou de cães: *Mal chegava na fazenda e era recebido pela cachorrada*. **2** *informal* Aquilo que é dito ou feito de forma mal-intencionada e que prejudica alguém: *Foi uma cachorrada aquilo que fizeram com ela*.

cachorro, ra ⟨ca.chor.ro, ra⟩ (Pron. [cachôrro]) s. **1** Mamífero quadrúpede doméstico, com o olfato muito apurado, que costuma ser animal de estimação, de vigilância ou de caça. □ SIN. cão. **2** *informal pejorativo* Pessoa desprezível, miserável ou indigna.

cachorro-quente ⟨ca.chor.ro-quen.te⟩ (pl. *cachorros-quentes*) s.m. Sanduíche feito com pão macio e comprido com uma salsicha dentro, e em que geralmente se acrescentam mostarda, *ketchup*, molho de tomate ou outros ingredientes. □ SIN. *hot dog*.

cacife ⟨ca.ci.fe⟩ s.m. **1** Em um jogo de aposta, quantia mínima com a qual se pode participar. **2** *informal* Conjunto de recursos ou de condições necessários para a realização de algo: *Ele não tem cacife para comprar esta casa*.

cacimba ⟨ca.cim.ba⟩ s.f. Poço profundo cavado para extrair água do subsolo.

cacique ⟨ca.ci.que⟩ s.2g. **1** Chefe de um grupo indígena. **2** *informal pejorativo* Em uma coletividade, pessoa que exerce autoridade ou poder abusivos.

caco ⟨ca.co⟩ s.m. **1** Em um todo, parte que fica separada após uma queda ou quebra: *um caco de vidro*. **2** *informal* Pessoa em más condições físicas ou psíquicas: *Estou um caco hoje*. **3** Em uma representação dramática, frase que um ator improvisa: *Suas apresentações são repletas de cacos*. □ GRAMÁTICA Na acepção 2, usa-se tanto para o masculino quanto para o feminino: *{ele/ela} é um caco*.

caçoada ⟨ca.ço.a.da⟩ s.f. Zombaria ou ridicularização.

cacoalense ⟨ca.co.a.len.se⟩ adj.2g./s.2g. De Cacoal ou relacionado a essa cidade do estado brasileiro de Rondônia.

caçoar ⟨ca.ço.ar⟩ v.t.d./v.t.i. Ridicularizar (alguém) ou zombar [de alguém]: *Não gosta de caçoar de ninguém*.

cacoete ⟨ca.co.e.te⟩ (Pron. [cacoête]) s.m. **1** Movimento inconsciente que se repete com frequência e que é causado pela contração involuntária de um ou vários músculos. □ SIN. **tique**. **2** Hábito ou mania. □ SIN. **tique**.

cacófato ⟨ca.có.fa.to⟩ s.m. Efeito acústico desagradável que resulta da má combinação dos sons das palavras. □ SIN. cacofonia.

cacofonia ⟨ca.co.fo.ni.a⟩ s.f. Efeito acústico desagradável que resulta da má combinação dos sons das palavras. □ SIN. cacófato. □ USO É diferente de *eufonia* (efeito acústico agradável).

cacto ⟨cac.to⟩ s.m. Planta de regiões áridas ou secas, de caule geralmente grosso, carnoso, com espinhos e com grande capacidade de armazenar água, e flores grandes, vistosas, de diversas cores e com muitas pétalas.

caçula ⟨ca.çu.la⟩ adj.2g./s.2g. Em uma família, em relação a um filho, que é o mais novo. □ ORIGEM É uma palavra de origem africana.

cacunda ⟨ca.cun.da⟩ ▪ adj.2g./s.2g. **1** Que ou quem apresenta uma curvatura anômala exagerada nas costas, nos ombros ou no peito. □ SIN. **corcunda, giboso**. ▪ s.f. **2** Essa curvatura. □ SIN. **bossa, corcunda, giba**.

cada ⟨ca.da⟩ pron.indef. **1** Estabelece uma correspondência distributiva entre os membros numeráveis de uma série: *Cada participante da palestra recebeu um fôlder*. **2** Designa um elemento de uma série, individualizando-o: *Vai ao teatro a cada domingo*.

cadafalso ⟨ca.da.fal.so⟩ s.m. Palanque montado a céu aberto, em que eram executados os condenados à pena capital. □ SIN. patíbulo.

cadarço ⟨ca.dar.ço⟩ s.m. Cordão geralmente cilíndrico e feito com tecidos finos: *o cadarço do tênis*.

cadastrar ⟨ca.das.trar⟩ v.t.d./v.prnl. Registrar(-se) em um cadastro: *Cadastraram os alunos para a distribuição de uniforme. Cadastrei-me na biblioteca da escola*.

cadastro ⟨ca.das.tro⟩ s.m. **1** Registro de dados: *Para alugar filmes na locadora é preciso antes fazer o cadastro*. **2** Documento que contém esses dados: *Aguarde apenas um minuto enquanto localizamos o seu cadastro*.

cadáver ⟨ca.dá.ver⟩ s.m. Corpo sem vida, especialmente se for o de uma pessoa.

cadavérico, ca ⟨ca.da.vé.ri.co, ca⟩ adj. Do cadáver, relacionado a ele, ou com suas características.

cadê ⟨ca.dê⟩ adv. Forma reduzida da expressão interrogativa *onde está*: *Cadê meu livro?* □ USO É uma palavra muito comum na linguagem coloquial.

cadeado ⟨ca.de.a.do⟩ s.m. Fechadura portátil composta por um gancho em forma de U que se trava em uma caixa metálica, e que é usada para unir ou para trancar portas, janelas, entre outros objetos semelhantes.

cadeia ⟨ca.dei.a⟩ s.f. **1** Sequência de argolas ou aros conectados entre si: *Os pés dos prisioneiros estavam atados por cadeias*. □ SIN. **corrente**. **2** Sucessão de fenômenos, de acontecimentos ou de elementos relacionados entre si: *uma cadeia de eventos*. **3** Lugar em que se encerram e se colocam sob custódia os condenados a uma pena de privação de liberdade ou os supostos culpados de um delito: *Os assaltantes foram presos e levados para a cadeia*. □ SIN. **cárcere, prisão**. **4** Conjunto de estabelecimentos ou de instalações pertencentes a uma só empresa: *uma cadeia de restaurantes*. **5** Conjunto de emissoras que difundem uma mesma programação radiofônica ou televisiva. ‖ **cadeia alimentar** Em ecologia, conjunto de relações alimentares específicas entre organismos vivos em que há transferência de nutrientes e de energia de uns aos outros. ‖ **em cadeia** Em série ou em sequência: *uma reação em cadeia.*

cadeira ⟨ca.dei.ra⟩ s.f. **1** Assento para uma só pessoa, com encosto e, geralmente, com quatro pernas: *Não tinham onde sentar, pois as cadeiras estavam todas quebradas.* **2** Disciplina ou matéria ensinadas por um catedrático: *Na universidade, ocupa a cadeira de Medicina.* **3** *informal* Quadril. **4** Em uma apresentação artística ou esportiva, lugar ou assento individuais, geralmente mais confortáveis que os demais: *Comprou duas cadeiras para o show de amanhã.* ‖ **cadeira de rodas** Aquela que dispõe de duas rodas laterais grandes e que permite o deslocamento de uma pessoa que não pode andar. ‖ **cadeira elétrica** Aquela que é usada para executar os condenados à morte mediante uma descarga elétrica. ‖ **cadeira preguiçosa** →**preguiçosa** ☐ USO Na acepção 3, usa-se geralmente a forma plural *cadeiras.*

cadeirante ⟨ca.dei.ran.te⟩ adj.2g./s.2g. Que ou quem se locomove por meio de cadeira de rodas, por impossibilidade permanente ou provisória de caminhar: *Todo estabelecimento público deve ter acesso adaptado a cadeirantes.*

cadela ⟨ca.de.la⟩ s.f. Fêmea do cão.

cadência ⟨ca.dên.cia⟩ s.f. Pontuação na frase ou na sentença musical que transmitem ao ouvinte a sensação de repouso, de suspensão, de dúvida ou de conclusão.

cadenciar ⟨ca.den.ci.ar⟩ v.t.d. Dar cadência ou movimento a.

cadente ⟨ca.den.te⟩ adj.2g. **1** Que cai ou que está caindo. **2** Com cadência.

caderneta ⟨ca.der.ne.ta⟩ (Pron. [cadêrnêta]) s.f. Caderno pequeno que se utiliza geralmente para fazer anotações. ‖ **(caderneta de) poupança** Aquela expedida por uma entidade bancária ao titular de uma conta de poupança.

caderno ⟨ca.der.no⟩ s.m. **1** Conjunto de folhas de papel unidas e dispostas em forma de livro: *Sempre atento, anotava tudo em seu caderno.* **2** Em uma publicação, geralmente em um jornal ou uma revista, suplemento ou espaço reservados para um determinado tema ou assunto: *Sempre começa a ler o jornal pelo caderno de esportes.*

cadete ⟨ca.de.te⟩ (Pron. [cadête]) s.2g. Aluno de uma academia militar.

cadinho ⟨ca.di.nho⟩ s.m. Recipiente usado para fundir materiais e que suporta temperaturas muito elevadas. ☐ SIN. crisol.

cádmio ⟨cád.mio⟩ s.m. Elemento químico da família dos metais, de número atômico 48, sólido, de cor branco-azulada, brilhante e facilmente maleável. ☐ ORTOGRAFIA Seu símbolo químico é Cd, sem ponto.

caducar ⟨ca.du.car⟩ v.int. **1** Perder a validade, especialmente se for devido à passagem do tempo: *A multa caducou e não precisa mais ser paga.* ☐ SIN. prescrever. **2** Terminar ou acabar (um prazo): *As inscrições caducaram ontem.* **3** Ter as faculdades mentais debilitadas por causa da idade: *Está caducando e não se lembra mais das coisas.* ☐ ORTOGRAFIA Antes de e, o c muda para qu →BRINCAR.

caduco, ca ⟨ca.du.co, ca⟩ ▌adj. **1** Que cai ou que pode cair. **2** Que perdeu a validade: *um contrato caduco.* ▌adj./s. **3** *informal pejorativo* Que tem suas faculdades mentais debilitadas por causa da idade.

cafajeste ⟨ca.fa.jes.te⟩ adj.2g./s.2g. **1** *pejorativo* Que ou quem é mau-caráter. **2** *pejorativo* Que ou quem age de modo desordeiro ou estúpido.

café ⟨ca.fé⟩ ▌adj.2g.2n./s.m. **1** De cor marrom-escura, como a desta bebida. ▌s.m. **2** Arbusto tropical com folhas opostas, perenes e muito verdes, flores brancas e aromáticas, cujo fruto é vermelho e tem formato de baga. ☐ SIN. cafeeiro. **3** Esse fruto. **4** Semente desse fruto: *Comprou café torrado.* **5** Bebida de cor escura e sabor amargo, preparada com essas sementes torradas e moídas: *De manhã costumo tomar café com leite.* **6** Estabelecimento comercial em que se servem essa e outras bebidas: *Passaram a tarde toda sentados num café.*

café-concerto ⟨ca.fé-con.cer.to⟩ (Pron. [café-concêrto]) (pl. *cafés-concerto* ou *cafés-concertos*) s.m. Local onde café é servido e em que são feitas apresentações musicais.

café da manhã ⟨ca.fé da ma.nhã⟩ (pl. *cafés da manhã*) s.m. **1** Primeira refeição do dia, feita pela manhã. ☐ SIN. desjejum. **2** Alimento que se toma nessa refeição. ☐ SIN. desjejum.

cafeeiro, ra ⟨ca.fe.ei.ro, ra⟩ ▌adj. **1** Do café ou relacionado a ele: *A indústria cafeeira é muito importante para a economia brasileira.* ▌s.m. **2** Arbusto tropical com folhas opostas, perenes e muito verdes, flores brancas e aromáticas, e cujo fruto é o café. ☐ SIN. café.

cafeicultura ⟨ca.fei.cul.tu.ra⟩ s.f. Cultivo do café.

cafeína ⟨ca.fe.í.na⟩ s.f. Substância de origem vegetal com propriedades estimulantes que se obtém das sementes do café e das folhas de plantas como o mate.

cafetão ⟨ca.fe.tão⟩ (pl. *cafetões*) s.m. Pessoa que negocia o trabalho de prostitutas e que vive de seus ganhos. ☐ SIN. cáften, proxeneta, rufião. ☐ GRAMÁTICA Seus femininos são *cafetina* ou *caftina.*

cafeteira ⟨ca.fe.tei.ra⟩ s.f. **1** Máquina usada para fazer café. **2** Recipiente usado para manter o calor do café ou servi-lo depois de pronto. [☞ **eletrodomésticos** p. 292]

cafetina ⟨ca.fe.ti.na⟩ Substantivo feminino de **cafetão** e de **cáften**. ☐ ORTOGRAFIA Escreve-se também *caftina.*

cafezal ⟨ca.fe.zal⟩ (pl. *cafezais*) s.m. Plantação de café.

cafezinho ⟨ca.fe.zi.nho⟩ s.m. Café servido em xícaras pequenas.

cáfila ⟨cá.fi.la⟩ s.f. **1** No deserto, caravana para transportar mercadorias. **2** Na África e na Ásia, caravana de mercadores.

cafona ⟨ca.fo.na⟩ (Pron. [cafôna]) adj.2g./s.2g. *pejorativo* Que ou quem não tem refinamento nem bom gosto.

cafonice ⟨ca.fo.ni.ce⟩ s.f. Condição de cafona.

cáften ⟨cáf.ten⟩ (pl. *caftens*) s.m. Pessoa que negocia o trabalho de prostitutas e que vive de seus ganhos. ☐ SIN. cafetão, proxeneta, rufião. ☐ GRAMÁTICA Seus femininos são *cafetina* ou *caftina.*

caftina ⟨caf.ti.na⟩ s.f. →**cafetina**

cafua ⟨ca.fu.a⟩ s.f. **1** Antro, cova ou esconderijo. **2** Habitação suja, pobre ou em más condições. **3** Antigamente, em uma escola, quarto onde os alunos eram deixados de castigo. ☐ ORIGEM É uma palavra de origem africana.

cafundó ⟨ca.fun.dó⟩ s.m. **1** Passagem estreita entre duas encostas altas e íngremes. **2** *informal* Local distante, afastado ou pouco habitado. ☐ USO Na acepção 2, usa-se geralmente a forma plural *cafundós.*

cafuné ⟨ca.fu.né⟩ s.m. Carícia feita na cabeça de alguém, especialmente se for para fazê-la adormecer.

cafuzo, za ⟨ca.fu.zo, za⟩ s. **1** Pessoa cujos ancestrais são negros e índios, especialmente se forem seus pais. **2** Pessoa de pele escura e cabelos negros, lisos e cheios.

cagada ⟨ca.ga.da⟩ s.f. *vulgarismo* Erro, ação ou coisa malfeitas.

cágado ⟨cá.ga.do⟩ s.m. Réptil terrestre e aquático com o corpo coberto por uma carapaça óssea, geralmente achatada, de patas com membranas interdigitais e que geralmente se alimenta de peixes. [☞ **cágado** p. 136]

caganeira ⟨ca.ga.nei.ra⟩ s.f. **1** *vulgarismo* →**diarreia 2** *vulgarismo* →**medo**

cagar ⟨ca.gar⟩ ▌v.int. **1** *vulgarismo* →**defecar** ▌v.t.d./v.int./v.prnl. **2** *vulgarismo* →**estragar** ▌v.prnl. **3** *vulgarismo*

caguetar

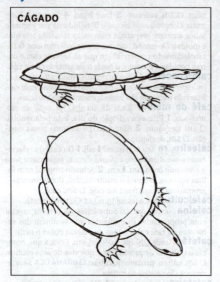

CÁGADO

Temer ou sentir muito medo. ▌v.t.i. **4** *vulgarismo* Não dar importância [para algo]. □ ORTOGRAFIA Antes de *e*, o *g* muda para *gu* →CHEGAR.

caguetar ⟨ca.gue.tar⟩ (Pron. [cagüetar]) v.t.d./v.t.d.i. *informal* Delatar (uma pessoa) [a outra]: *Mesmo chateado com eles, não caguetou os amigos.*

caguete ⟨ca.gue.te⟩ (Pron. [cagüete]) s.2g. **1** *informal* Espião. **2** *informal pejorativo* Pessoa que delata ou acusa.

caiapó ⟨cai.a.pó⟩ ▌adj.2g./s.2g. **1** Do grupo indígena que habita os estados brasileiros do Mato Grosso e Pará ou relacionado a ele. ▌s.m. **2** Língua desse grupo. □ ORIGEM É uma palavra de origem tupi.

caiaque ⟨cai.a.que⟩ s.m. Embarcação rápida formada por uma armação de madeira coberta de tecido impermeável feito com pele de animal, comprida, estreita e quase fechada, com uma abertura para o tripulante.

caiar ⟨cai.ar⟩ v.t.d. **1** Aplicar uma ou várias camadas de cal ou de algum outro pó de cor branca em (uma parede ou outra superfície). □ SIN. **branquear, branquejar, embranquecer. 2** Pintar (uma parede ou outra superfície).

cãibra ⟨cãi.bra⟩ s.f. Contração brusca, involuntária e dolorosa de um músculo.

caibro ⟨cai.bro⟩ s.m. Em um telhado, madeira que sustenta as tábuas sobre as quais se colocam as telhas.

caiçara ⟨cai.ça.ra⟩ ▌s.2g. **1** Pessoa que vive em regiões praianas e que geralmente se dedica à pesca ou a atividades semelhantes. ▌s.f. **2** Cerca feita de varas ou de galhos, geralmente precária, que impede a passagem do gado. □ ORIGEM É uma palavra de origem tupi.

caicoense ⟨cai.co.en.se⟩ adj.2g./s.2g. De Caicó ou relacionado a essa cidade do estado brasileiro do Rio Grande do Norte.

caído, da ⟨ca.í.do, da⟩ adj. Sem forças ou desanimado.

caieira ⟨cai.ei.ra⟩ s.f. **1** Pedreira da qual se tira pedra calcária para fazer cal. **2** Forno em que se cozinha essa pedra. **3** Fábrica de cal.

caimento ⟨cai.men.to⟩ s.m. **1** Declive ou inclinação de algo. **2** Em relação a uma peça do vestuário, modo ou forma que ela assume quando vestida por uma pessoa: *Esta saia tem um ótimo caimento.*

caipira ⟨cai.pi.ra⟩ ▌adj.2g. **1** Das festas juninas ou relacionado a elas. ▌adj.2g./s.2g. **2** Do interior, especialmente se for da roça, ou relacionado a ele. □ SIN. **matuto. 3** *informal pejorativo* Rústico ou sem refinamento. **4** *pejorativo* Que ou quem é tímido ou acanhado.

caipirinha ⟨cai.pi.ri.nha⟩ s.f. Bebida à base de cachaça, açúcar, gelo e uma fruta, geralmente o limão.

caipora ⟨cai.po.ra⟩ ▌adj.2g./s.2g. **1** Que ou quem tem má sorte ou azar. ▌s.f. **2** Má sorte ou azar. □ ORIGEM É uma palavra de origem tupi.

caiporismo ⟨cai.po.ris.mo⟩ s.m. Condição de caipora.

cair ⟨ca.ir⟩ ▌v.int. **1** Ir de cima para baixo pela ação do próprio peso: *A chuva caiu a noite toda.* **2** Perder o equilíbrio até chegar ao chão ou a algo firme que o detenha: *Torceu o pé e caiu.* **3** Desprender-se ou separar-se do lugar ou do objeto aos quais se estava unido: *No outono, as folhas das árvores costumam cair.* ▌v.t.i./v.int. **4** Encontrar-se inesperada e repentinamente [em uma situação ruim] ou ser enganado: *O protagonista do filme caiu na emboscada do inimigo.* ▌v.t.i. **5** Cometer ou incidir [em um erro ou uma falha]: *Caímos na imprudência de falar demais.* **6** Chegar inesperadamente ou ir parar [em um lugar ou em uma situação diferentes daqueles previstos]: *Perdemo-nos e caímos em uma rua sem saída.* ▌v.int. **7** Perder a posição, o cargo ou o poder: *O presidente caiu após o impeachment.* **8** Deixar de existir ou perder a validade (uma regra, uma norma ou uma lei): *A utilização do trema caiu após a unificação da ortografia nos países de língua portuguesa.* **9** Diminuir ou baixar muito: *Com a chegada do inverno, a temperatura caiu.* □ SIN. **decair.** ▌v.t.i. **10** Entrar [em um estado ou uma situação]: *Caiu em depressão.* ▌v.int. **11** Dar lugar à noite (o sol, o dia ou a tarde): *Voltou do parque quando a tarde já caía.* **12** Começar ou ter início (a noite): *Levantaram acampamento quando caiu a noite.* **13** Ocorrer ou incidir: *A prova cairá na véspera do feriado.* ‖ **cair bem** *informal* Agradar ou ser bem aceito. ‖ **cair em si** *informal* Reconhecer os próprios erros. ‖ **cair fora** *informal* Sair ou fugir. □ GRAMÁTICA **1.** É um verbo irregular →CAIR. **2.** Nas acepções 4, 5, 6, 10 e 13, usa-se a construção *cair em algo*. □ USO Funciona como verbo-suporte quando acompanha determinados substantivos e forma com eles uma unidade de sentido completa: *cair no choro* = chorar; *cair na gargalhada* = gargalhar.

cais s.m.2n. Em um porto, construção feita junto à água para facilitar o embarque e o desembarque de pessoas ou de mercadorias.

caititu ⟨cai.ti.tu⟩ s.m. Mamífero herbívoro semelhante ao javali, de cabeça pontuda e focinho alongado, de pelagem acinzentada com uma faixa branca ao redor do pescoço, sem rabo, e com uma glândula no alto do lombo pela qual secreta um odor desagradável. □ SIN. **cateto, porco-do-mato.** □ ORIGEM É uma palavra de origem tupi. □ GRAMÁTICA É um substantivo epiceno: *o caititu (macho/fêmea).*

caixa ⟨cai.xa⟩ ▌s.f. **1** Recipiente de distintas formas e materiais, geralmente com tampa, que serve para guardar ou para transportar coisas: *Guarda suas correspondências numa caixa de sapatos.* **2** Conteúdo desse recipiente: *Comeu sozinho uma caixa de bombons.* ▌s.2g. **3** Pessoa que se dedica profissionalmente ao controle do caixa de um estabelecimento comercial ou de um banco: *Seu primeiro emprego foi como caixa naquele banco.* ▌s.m. **4** Em um estabelecimento, lugar onde se realizam pagamentos, cobranças e entregas de dinheiro ou outros valores: *Há um caixa especial para idosos logo ali.* **5** Fluxo de entrada e de saída de dinheiro: *Contrataram um contador para controlar o caixa da empresa.*

6 Registro desse fluxo: *Anotou as despesas do mês no livro de caixa.* ‖ **caixa craniana** Conjunto de ossos que formam a caixa na qual está contido o encéfalo. ◻ SIN. crânio. [◉ esqueleto p. 334] ‖ **caixa de ressonância** Corpo dos instrumentos musicais de corda, geralmente de madeira, que propaga a vibração das cordas, ajustando e distribuindo suas ressonâncias. ‖ **caixa (eletrônico)** Máquina informatizada que, por meio de uma senha pessoal, permite efetuar operações bancárias de forma imediata e automática: *Preciso ir a um caixa eletrônico sacar dinheiro.* ‖ **caixa postal** Em uma agência de correio, aquela que é particular e numerada, normalmente alugada para o recebimento de correspondências. ‖ **(caixa) registradora** Aquela que é usada em um estabelecimento comercial para registrar o valor das vendas. ‖ **caixa torácica** Aquela que forma o tórax, composta por ossos, cartilagens, vértebras e pelo osso esterno, e dentro da qual estão o coração e os pulmões.

caixa-alta ⟨cai.xa-al.ta⟩ (pl. *caixas-altas*) s.f. Letra maiúscula: *O título do trabalho está escrito em caixa-alta.*

caixa-baixa ⟨cai.xa-bai.xa⟩ (pl. *caixas-baixas*) s.f. Letra minúscula: *Tem o costume de escrever tudo em caixa-baixa.*

caixa-d'água ⟨cai.xa-dá.gua⟩ (pl. *caixas-d'água*) s.f. Reservatório de água, especialmente aquele usado para abastecer uma residência ou um edifício.

caixão ⟨cai.xão⟩ (pl. *caixões*) s.m. **1** Caixa grande. **2** Caixa em que se coloca um cadáver para ser enterrado. ◻ SIN. ataúde, esquife, féretro.

caixa-preta ⟨cai.xa-pre.ta⟩ (Pron. [caixa-prêta]) (pl. *caixas-pretas*) s.f. Em um avião, aparelho que registra todos os dados e incidências de um voo.

caixeiro, ra ⟨cai.xei.ro, ra⟩ s. Pessoa que se dedica profissionalmente a atender os clientes em um estabelecimento comercial.

caixilho ⟨cai.xi.lho⟩ s.m. Em uma janela ou em uma porta, armação de metal ou de madeira na qual se encaixa geralmente o vidro.

caixote ⟨cai.xo.te⟩ s.m. Caixa pequena.

cajá ⟨ca.já⟩ s.m. **1** Árvore com folhas compostas, flores brancas, pequenas e agrupadas em inflorescências, cujo fruto, arredondado, aromático, de polpa amarelada e de sabor azedo, é comestível. ◻ SIN. cajazeira, taperebá. **2** Esse fruto. ◻ SIN. taperebá. ◻ ORIGEM É uma palavra de origem tupi.

cajado ⟨ca.ja.do⟩ s.m. Bastão comprido usado como apoio ao caminhar. ◻ SIN. bordão.

cajazeira ⟨ca.ja.zei.ra⟩ s.f. Árvore com folhas compostas, flores brancas, pequenas e agrupadas em inflorescências, cujo fruto é o cajá. ◻ SIN. cajá, taperebá. ◻ ORTOGRAFIA Escreve-se também *cajazeira*.

cajazeirense ⟨ca.ja.zei.ren.se⟩ adj.2g./s.2g. De Cajazeiras ou relacionado a essa cidade do estado brasileiro da Paraíba.

cajazeiro ⟨ca.ja.zei.ro⟩ s.m. →cajazeira

caju ⟨ca.ju⟩ s.m. Pedúnculo desenvolvido do fruto do cajueiro, que consiste no cabo que sustentava a flor, comestível, de cor amarela ou alaranjada, suculento, e muito usado na fabricação de bebidas e de doces. ◻ ORIGEM É uma palavra de origem tupi.

cajueiro ⟨ca.ju.ei.ro⟩ s.m. Árvore tropical de tronco tortuoso com casca grossa e rugosa, folhas grandes, flores pequenas e avermelhadas, cujo fruto é o caju.

cal (pl. *cais* ou *cales*) s.f. Substância de óxido de cálcio, de cor branca, que ao contato com a água se hidrata e libera calor, usada principalmente na fabricação de cimentos.

calaboiço ⟨ca.la.boi.ço⟩ s.m. →calabouço

calabouço ⟨ca.la.bou.ço⟩ s.m. Lugar subterrâneo, geralmente escuro e de difícil acesso, onde se mantêm pessoas presas. ◻ ORTOGRAFIA Escreve-se também *calaboiço*.

calada ⟨ca.la.da⟩ s.f. Silêncio absoluto: *O preso fugiu na calada da noite.*

calado, da ⟨ca.la.do, da⟩ ❚ adj. **1** Que é reservado e fala pouco: *Ele é muito calado.* ❚ s.m. **2** Em uma embarcação, distância entre o ponto submerso mais baixo e a superfície da água: *um navio de grande calado.*

calafetar ⟨ca.la.fe.tar⟩ v.t.d. Tapar ou vedar os orifícios de (uma superfície) para que não entrem líquidos nem ar através dela: *calafetar o casco de um navio.*

calafrio ⟨ca.la.fri.o⟩ s.m. Tremor repentino e involuntário, causado pela febre, pelo frio ou pelo medo. ◻ SIN. arrepio.

calamar ⟨ca.la.mar⟩ s.m. Molusco marinho com dois tentáculos preênseis e oito braços providos de ventosas ao redor da cabeça, sem concha externa e com uma interna, com o corpo em forma de ponta de flecha provido de duas barbatanas na parte superior, que nada por meio de um jato de água e que secreta um líquido negro com o qual turva a água para se defender de possíveis ataques. ◻ SIN. lula.

calamidade ⟨ca.la.mi.da.de⟩ s.f. Desgraça, infortúnio ou sofrimento que atingem uma área ou uma grande quantidade de pessoas: *As enchentes naquela região foram uma grande calamidade.* ◻ SIN. flagelo.

calamitoso, sa ⟨ca.la.mi.to.so, sa⟩ (Pron. [calamitóso], [calamitósa], [calamitósos], [calamitósas]) adj. De uma calamidade ou relacionado a ela.

calandra ⟨ca.lan.dra⟩ s.f. Máquina formada por cilindros giratórios que serve para prensar e acetinar tecidos ou papel.

calango ⟨ca.lan.go⟩ s.m. Réptil terrestre de pequeno porte, com quatro patas curtas, de cauda e corpo compridos, pele esverdeada coberta de escamas, que vive geralmente no solo ou em áreas pedregosas. ◻ ORIGEM É uma palavra de origem africana. ◻ GRAMÁTICA É um substantivo epiceno: *o calango {macho/fêmea}.*

CALANGO

calão ⟨ca.lão⟩ (pl. *calões*) s.m. Linguagem grosseira. ‖ **de baixo calão** Ofensivo, indecente ou grosseiro: *palavras de baixo calão.*

calar ⟨ca.lar⟩ ❚ v.t.d./v.int./v.prnl. **1** Fazer parar de falar, silenciar ou apaziguar(-se): *O gol dos visitantes calou a torcida da casa. Todos calaram para ouvir o palestrante. Cale-se, por favor!* ❚ v.t.d. **2** Não manifestar (aquilo que se sabe ou se sente). ❚ v.int./v.prnl. **3** Não manifestar aquilo que se sabe ou se sente: *Preferiu calar e evitar, assim, uma maior confusão.*

calça ⟨cal.ça⟩ s.f. Peça do vestuário que se ajusta à cintura e que chega geralmente até os tornozelos, cobrindo as duas pernas separadamente.

calçada

calçada ⟨cal.ça.da⟩ s.f. Em uma via pública, cada uma das faixas pavimentadas que ficam à margem da pista de rolamento, geralmente mais elevadas que esta, e que são destinadas à passagem dos pedestres. ☐ **SIN.** passeio.

calçadão ⟨cal.ça.dão⟩ (pl. *calçadões*) s.m. Calçada ou passeio largos e extensos, geralmente adornados com árvores e plantas ou outros elementos paisagísticos.

calçadeira ⟨cal.ça.dei.ra⟩ s.f. Utensílio duro e envergado, que ajuda a colocar o pé no calçado.

calçado ⟨cal.ça.do⟩ s.m. Peça do vestuário que cobre o pé e, às vezes, parte da perna: *Meu tio era dono de uma loja de calçados*.

calçamento ⟨cal.ça.men.to⟩ s.m. Revestimento de um solo com pedras, louças, ladrilhos ou outro material semelhante. ☐ **SIN. pavimentação.**

calcâneo, nea ⟨cal.câ.neo, nea⟩ ❚ adj. **1** Do calcanhar ou relacionado a ele. ❚ s.m. **2** Osso do tarso e que, na espécie humana, forma o calcanhar.

calcanhar ⟨cal.ca.nhar⟩ s.m. **1** No pé humano, parte posterior e com formato arredondado. **2** Parte do calçado ou da meia que cobrem essa parte do pé.

calção ⟨cal.ção⟩ (pl. *calções*) s.m. **1** Traje de banho masculino. ☐ **SIN. sunga. 2** Calça que chega até uma altura variável das coxas, geralmente usada por homens.

calcar ⟨cal.car⟩ ❚ v.t.d. **1** Comprimir com o pé (uma superfície). **2** Apertar e comprimir com força: *Não calque tanto o lápis para escrever*. ❚ v.t.d.i. **3** Basear ou fundamentar (em algo): *A análise do poema foi calcada em estudos linguísticos*. ☐ **ORTOGRAFIA** Antes de e, o c muda para qu →BRINCAR.

calçar ⟨cal.çar⟩ ❚ v.t.d. **1** Colocar ou usar (um calçado ou uma peça do vestuário): *Calçou chinelos para ir à praia. O boxeador calçou luvas antes de entrar no ringue*. ❚ v.prnl. **2** Colocar um calçado ou uma peça do vestuário: *Calçou-se com a ajuda da mãe*. ❚ v.t.d. **3** Colocar um calço em (uma roda ou um móvel) para evitar que se movam ou que balancem: *Calçamos a mesa, pois estava manca*. **4** Revestir com pedras, ladrilhos ou outro material semelhante (uma superfície): *A Prefeitura irá calçar as ruas do centro*. ☐ **ORTOGRAFIA** Antes de e, o ç muda para c →COMEÇAR.

calcário, ria ⟨cal.cá.rio, ria⟩ ❚ adj. **1** Que tem cal ou cálcio: *rochas calcárias*. ❚ s.m. **2** Rocha sedimentar com-

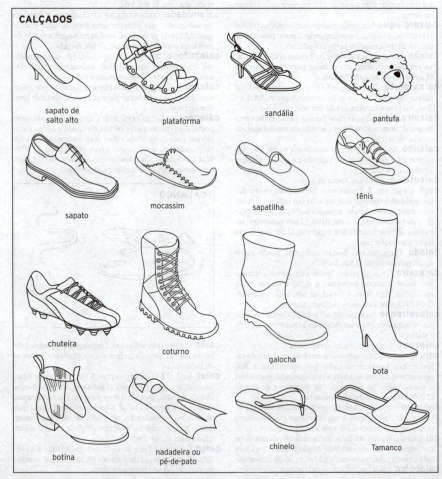

CALÇADOS: sapato de salto alto, plataforma, sandália, pantufa, sapato, mocassim, sapatilha, tênis, chuteira, coturno, galocha, bota, botina, nadadeira *ou* pé-de-pato, chinelo, Tamanco

posta principalmente por carbonato de cálcio, de cor branca e da qual se obtém a cal.

calcificação ⟨cal.ci.fi.ca.ção⟩ (pl. *calcificações*) s.f. **1** Processo natural de deposição de cálcio nos ossos e nos dentes. **2** Modificação ou degeneração patológica de um tecido orgânico pela assimilação ou pelo acúmulo de sais de cálcio. **3** Processo natural de formação do solo por concentração de carbonato de cálcio.

calcificar ⟨cal.ci.fi.car⟩ ▮ v.t.d. **1** Fazer (um tecido orgânico) assimilar e acumular sais de cálcio. ▮ v.int./v.prnl. **2** Assimilar e acumular sais de cálcio (um tecido orgânico). ☐ ORTOGRAFIA Antes de *e*, o *c* muda para *qu* →BRINCAR.

calcinar ⟨cal.ci.nar⟩ ▮ v.t.d. **1** Submeter (um mineral ou outra matéria) a altas temperaturas para reduzi-lo a carvão ou a cinzas: *Ao calcinar a madeira, forma-se o carvão vegetal*. ▮ v.t.d./v.int. **2** Abrasar(-se) ou aquecer(-se) muito: *O sol calcinava os cactos da caatinga*.

calcinha ⟨cal.ci.nha⟩ s.f. Peça íntima feminina que geralmente cobre da cintura até a virilha. ☐ USO Usa-se geralmente a forma plural *calcinhas*.

cálcio ⟨cál.cio⟩ s.m. Elemento químico da família dos metais, de número atômico 20, sólido, de cor branca, que se altera facilmente ao contato com o ar ou com a água e é muito abundante na natureza. ☐ ORTOGRAFIA Seu símbolo químico é *Ca*, sem ponto.

calço ⟨cal.ço⟩ s.m. Peça que se coloca entre o solo e uma roda para evitar que esta se mova, ou debaixo de um móvel para evitar que fique bambo.

calçoenense ⟨cal.ço.e.nen.se⟩ adj.2g./s.2g. De Calçoene ou relacionado a essa cidade do estado brasileiro do Amapá.

calculadora ⟨cal.cu.la.do.ra⟩ (Pron. [calculadôra]) s.f. Aparelho ou máquina que realiza operações matemáticas automaticamente.

calcular ⟨cal.cu.lar⟩ ▮ v.t.d./v.int. **1** Determinar mediante cálculos matemáticos ou fazer cálculos: *Calculou quanto dinheiro seria necessário para comprar o computador*. ▮ v.t.d. **2** Considerar ou refletir com cuidado e atenção: *Antes de se lançar nesse negócio, é preciso calcular os riscos*.

calculista ⟨cal.cu.lis.ta⟩ adj.2g./s.2g. **1** Que ou quem calcula ou faz cálculos. **2** Que ou quem costuma agir pensando em seus interesses.

cálculo ⟨cál.cu.lo⟩ s.m. **1** Conjunto de operações matemáticas feitas para determinar um resultado ou um valor. **2** Parte da matemática que estuda esse conjunto de operações. **3** Consideração ou reflexão: *Pelos meus cálculos, preciso de mais uma semana para terminar o trabalho*. **4** Em um canal ou em um órgão, acúmulo anormal de sais e de minerais. ☐ SIN. pedra.

calda ⟨cal.da⟩ s.f. Líquido doce que se obtém cozinhando água com açúcar até que adquira consistência de xarope: *Pêssegos em calda são sua sobremesa favorita*. ☐ ORTOGRAFIA É diferente de *cauda*.

caldear ⟨cal.de.ar⟩ ▮ v.t.d. **1** Tornar incandescente ou muito quente. **2** Mergulhar em água (um metal incandescente) para que adquira determinada consistência. ▮ v.t.d./v.prnl. **3** Unir(-se) ou misturar(-se) (elementos de naturezas distintas). ▮ v.t.d.i. **4** Unir ou misturar (um elemento) [com outro de natureza distinta]. ☐ ORTOGRAFIA O *e* muda para *ei* quando a sílaba tônica estiver na raiz do verbo →NOMEAR.

caldeia ⟨cal.dei.a⟩ (Pron. [caldéia]) Feminino de **caldeu**.

caldeira ⟨cal.dei.ra⟩ s.f. Recipiente metálico onde se esquenta ou se ferve água, e geralmente empregado em sistemas de calefação: *a caldeira de um barco*.

caldeirão ⟨cal.dei.rão⟩ (pl. *caldeirões*) s.m. Caldeira grande, geralmente com alças.

caldeireiro, ra ⟨cal.dei.rei.ro, ra⟩ s. Pessoa que se dedica profissionalmente a construir caldeiras e outros recipientes semelhantes.

caldeu ⟨cal.deu⟩ ▮ adj./s. **1** Da Caldeia (antiga região asiática), ou relacionado a ela. ▮ s.m. **2** Antiga língua semítica dessa região. ☐ GRAMÁTICA Seu feminino é *caldeia*.

caldo ⟨cal.do⟩ s.m. **1** Líquido que se obtém ao cozinhar um alimento em água: *o caldo de um ensopado*. **2** Suco que se extrai diretamente de um fruto ou de um vegetal: *o caldo de uma laranja*.

calefação ⟨ca.le.fa.ção⟩ (pl. *calefações*) s.f. Conjunto de aparelhos destinado a aquecer um lugar: *Em nossa casa temos calefação elétrica*.

caleidoscópio ⟨ca.lei.dos.có.pio⟩ s.m. Objeto formado por um tubo com um jogo de espelhos em seu interior e através do qual podem-se ver imagens coloridas que mudam quando ele é girado. ☐ ORTOGRAFIA Escreve-se também *calidoscópio*.

calejar ⟨ca.le.jar⟩ ▮ v.t.d. **1** Endurecer ou criar calos em (a pele ou uma parte do corpo). ▮ v.int./v.prnl. **2** Endurecer-se ou criar calos (a pele ou uma parte do corpo): *As mãos se calejaram com o trabalho na roça*. ▮ v.t.d./v.int./v.prnl. **3** Endurecer(-se) ou tornar(-se) insensível: *Tantas decepções calejaram seu coração*.

calendário ⟨ca.len.dá.rio⟩ s.m. **1** Sistema de divisão do tempo em anos, meses e dias: *O calendário gregoriano é o mais utilizado hoje em dia*. **2** Tabela que contém o registro dos dias do ano distribuídos em meses e semanas, com indicações sobre as festividades e outras informações: *Marcou no calendário os aniversários dos filhos*. **3** Conjunto de datas marcadas para a realização de determinadas atividades ao longo de um ano: *o calendário escolar*.

calha ⟨ca.lha⟩ s.f. Canal que recolhe a água que cai sobre os telhados e a despeja na rua ou em um bueiro.

calhamaço ⟨ca.lha.ma.ço⟩ s.m. *informal* Livro volumoso e geralmente antigo.

calhambeque ⟨ca.lham.be.que⟩ s.m. Automóvel velho.

calhar ⟨ca.lhar⟩ v.int. **1** Ser adequado, oportuno ou útil: *Para a formatura, este vestido longo calha bem*. **2** *informal* Ocorrer ao mesmo tempo (duas ou mais coisas): *Calhou irmos nós dois à mesma loja*.

calhau ⟨ca.lhau⟩ s.m. Resíduo ou fragmento de rocha dura.

calhorda ⟨ca.lhor.da⟩ adj.2g./s.2g. *pejorativo* Que ou quem é desprezível.

calibrador, -a ⟨ca.li.bra.dor, do.ra⟩ (Pron. [calibradôr], [calibradôra]) ▮ adj. **1** Que se usa para calibrar. ▮ s.m. **2** Aparelho usado para medir o calibre.

calibrar ⟨ca.li.brar⟩ v.t.d. Medir ou reconhecer o calibre de (uma arma de fogo, um projétil ou um corpo cilíndrico), ou dar a (um cabo) o calibre conveniente: *calibrar uma pistola; calibrar um pneu*.

calibre ⟨ca.li.bre⟩ s.m. **1** Em uma arma de fogo, diâmetro da parte interior do cano: *É uma arma de pequeno calibre*. **2** Em um tubo, diâmetro da parte interior. **3** Diâmetro de um projétil: *O calibre da bala é de trinta e oito milímetros*. **4** Importância, peso ou valor: *uma cientista de grande calibre*.

caliça ⟨ca.li.ça⟩ s.f. Material que sobra de uma obra de alvenaria ou da demolição de uma construção.

cálice ⟨cá.li.ce⟩ s.m. **1** Taça pequena, geralmente usada para beber licores. **2** Líquido que cabe nessa taça. **3** Em uma flor, parte externa formada por várias folhas modificadas, geralmente verdes, cuja função é proteger o botão.

cálido, da ⟨cá.li.do, da⟩ adj. **1** Que dá calor. **2** Afetuoso ou acolhedor: *um abraço cálido*.

calidoscópio

calidoscópio ⟨ca.li.dos.có.pio⟩ s.m. →**caleidoscópio**
califa ⟨ca.li.fa⟩ s.m. Príncipe muçulmano que exercia o poder civil e religioso.
califórnio ⟨ca.li.fór.nio⟩ s.m. Elemento químico da família dos metais, de número atômico 98, artificial, radioativo, e que se obtém bombardeando o cúrio com partículas alfa. ▫ ORTOGRAFIA Seu símbolo químico é *Cf*, sem ponto.
caligrafia ⟨ca.li.gra.fi.a⟩ s.f. **1** Arte ou técnica de escrever à mão, com traços harmônicos e elegantes. **2** Forma de escrever de uma pessoa: *Pela caligrafia reconheceu o autor da carta*. ▫ SIN. letra.
calígrafo, fa ⟨ca.lí.gra.fo, fa⟩ s. Especialista em caligrafia.
calista ⟨ca.lis.ta⟩ s.2g. Pessoa que se dedica profissionalmente ao tratamento de problemas dos pés, especialmente de calos. ▫ SIN. pedicuro.
call center *(palavra inglesa)* (Pron. [cól center]) ▪ s.m. **1** Em uma empresa ou organização, departamento responsável pela comunicação com o público por meio do telefone, geralmente para fornecer informações, receber reclamações, captar clientes ou oferecer produtos: *Ele ligou para o call center para reclamar do produto defeituoso.*
calma ⟨cal.ma⟩ s.f. **1** Ausência de agitação, de movimento ou de ruído: *Gosto da calma do interior*. **2** Serenidade ou tranquilidade na forma de agir: *Ela é tranquila e dificilmente perde a calma*.
calmante ⟨cal.man.te⟩ ▪ adj.2g. **1** Que acalma. ▪ s.m. **2** Medicamento que faz a dor ou a excitação nervosa desaparecerem ou diminuírem.
calmaria ⟨cal.ma.ri.a⟩ s.f. **1** Especialmente no mar, ausência de ventos ou de ondas. **2** Calor intenso com ausência de ventos.
calmo, ma ⟨cal.mo, ma⟩ adj. **1** Sem agitação, sem movimento ou sem ruído. **2** Que age com serenidade e tranquilidade.
calmoso, sa ⟨cal.mo.so, sa⟩ (Pron. [calmôso], [calmósa], [calmósos], [calmósas]) adj. Que está quente e geralmente sem vento.
calo ⟨ca.lo⟩ s.m. Endurecimento que, por pressão ou atrito, se forma em algumas partes do corpo, especialmente nos pés e nas mãos: *Ficou com calos nas mãos de tanto usar a enxada*. ▫ SIN. calosidade.
caloiro, ra ⟨ca.loi.ro, ra⟩ s. →**calouro, ra**
calombo ⟨ca.lom.bo⟩ s.m. **1** Inchaço arredondado causado por um golpe ou por uma pancada. **2** Em uma superfície, proeminência ou parte mais elevada.
calor ⟨ca.lor⟩ (Pron. [calôr]) s.m. **1** Sensação que o corpo experimenta com um aumento da temperatura: *Estou com muito calor*. **2** Temperatura ambiente elevada: *Faz muito calor nesta sala!* **3** Em física, energia que passa de um corpo a outro, daquele com temperatura mais elevada para aquele com temperatura mais baixa, até que ambas se equilibrem. **4** Carinho ou cordialidade: *O calor da recepção o comoveu*. **5** Entusiasmo ou arrebatamento: *No calor do debate acabou revelando informações que não devia*.
calorento, ta ⟨ca.lo.ren.to, ta⟩ adj. **1** Quente ou em que há calor. **2** Que é sensível ao calor.
caloria ⟨ca.lo.ri.a⟩ s.f. Unidade de energia calorífica que equivale à quantidade de calor necessária para elevar a temperatura de um grama de água em um grau centígrado. ▫ ORTOGRAFIA Seu símbolo é *cal*, sem ponto.
calórico, ca ⟨ca.ló.ri.co, ca⟩ adj. **1** Do calor, da caloria, ou relacionado a eles. **2** Que tem muita caloria.
calorífero, ra ⟨ca.lo.rí.fe.ro, ra⟩ adj. Que tem ou transmite calor.
calorífico, ca ⟨ca.lo.rí.fi.co, ca⟩ adj. Que pode trocar energia sob forma de calor.

caloroso, sa ⟨ca.lo.ro.so, sa⟩ (Pron. [calorôso], [calorósa], [calorósos], [calorósas]) adj. Afetuoso ou cordial.
calosidade ⟨ca.lo.si.da.de⟩ s.f. Endurecimento que, por pressão ou atrito, se forma em algumas partes do corpo, especialmente nos pés e nas mãos. ▫ SIN. calo.
calota ⟨ca.lo.ta⟩ s.f. **1** Em uma roda, peça metálica externa que a protege. **2** Cobertura esférica ou curva. ‖ **calota (polar)** Região coberta de gelo que se estende ao redor dos polos.
calote ⟨ca.lo.te⟩ s.m. *informal* Não pagamento de uma dívida.
calotear ⟨ca.lo.te.ar⟩ ▪ v.t.d. **1** Não pagar (uma dívida ou uma pessoa a quem se deve). ▪ v.int. **2** Não pagar uma dívida ou uma pessoa a quem se deve. ▫ ORTOGRAFIA O *e* muda para *ei* quando a sílaba tônica estiver na raiz do verbo →NOMEAR.
caloteiro, ra ⟨ca.lo.tei.ro, ra⟩ adj./s. *informal* Que ou quem dá ou passa calote.
calouro, ra ⟨ca.lou.ro, ra⟩ s. Pessoa novata em uma atividade: *Organizou-se uma festa de boas-vindas aos calouros*. ▫ ORTOGRAFIA Escreve-se também *caloiro*.
calunga ⟨ca.lun.ga⟩ s.2g. **1** Boneco pequeno. **2** Qualquer objeto de tamanho reduzido. **3** Em um bloco de maracatu, imagem de divindade africana levada à frente. ▫ ORIGEM É uma palavra de origem africana.
calúnia ⟨ca.lú.nia⟩ s.f. Acusação falsa contra uma pessoa para tentar prejudicá-la: *Ao longo de sua carreira teve que se defender de diversas calúnias*.
caluniar ⟨ca.lu.ni.ar⟩ v.t.d. Acusar falsamente (alguém) para tentar prejudicá-lo: *Durante a campanha, foi caluniado pelos adversários*.
calunioso, sa ⟨ca.lu.ni.o.so, sa⟩ (Pron. [caluniôso], [caluniósa], [caluniósos], [caluniósas]) adj. Que contém calúnia.
calva ⟨cal.va⟩ s.f. Na cabeça, parte que ficou sem cabelo.
calvário ⟨cal.vá.rio⟩ s.m. Sofrimento prolongado: *A doença dele tem sido um verdadeiro calvário para a sua família*. ▫ SIN. martírio.
calvície ⟨cal.ví.cie⟩ s.f. Ausência de cabelos na cabeça ou em parte dela.
calvinismo ⟨cal.vi.nis.mo⟩ s.m. Doutrina religiosa protestante baseada nas ideias de João Calvino (reformador religioso francês do século XVI).
calvo, va ⟨cal.vo, va⟩ adj./s. Que ou quem ficou sem cabelos na cabeça.
cama ⟨ca.ma⟩ s.f. **1** Móvel sobre o qual se colocam um colchão, travesseiros, lençóis e cobertas, e que serve para dormir ou descansar. **2** Em uma superfície, camada de material suave, macio ou fofo: *uma cama de serragem*. ‖ **de cama** Em relação a um doente, que está em repouso: *Devido a uma gripe forte, passou dias de cama*.
camaçariense ⟨ca.ma.ça.ri.en.se⟩ adj.2g./s.2g. De Camaçari ou relacionado a essa cidade do estado brasileiro da Bahia.
camada ⟨ca.ma.da⟩ s.f. **1** Porção de um material ou de uma substância que cobre uma superfície ou que se estende por ela uniformemente: *Passou mais uma camada de tinta no portão*. **2** Porção sobreposta a outra ou a outras com as quais forma um todo: *O pavê tem duas camadas de biscoito e uma de recheio*. **3** Grupo ou estrato social: *As camadas sociais mais baixas nem sempre têm acesso à educação superior*.
cama de gato ⟨ca.ma de ga.to⟩ (pl. *camas de gato*) s.f. Brincadeira que consiste em enlaçar um barbante nos dedos, formando figuras, e passá-lo a outra pessoa para que ela forme novas figuras com este mesmo barbante entre os dedos.

camafeu ⟨ca.ma.feu⟩ s.m. Pedra semipreciosa talhada com uma figura em relevo.

camaleão, oa ⟨ca.ma.le.ão, o.a⟩ (Pron. [camaleão], [camaleôa]) (pl. *camaleões*) s. **1** Réptil com quatro patas curtas, corpo comprido e cauda preênsil, olhos grandes com movimento independente, língua comprida e pegajosa com a qual caça insetos, e cuja pele muda de cor conforme o meio em que se encontra. **2** Pessoa que muda de atitude ou de opinião facilmente e segundo lhe convém.

câmara ⟨câ.ma.ra⟩ ▌s.f. **1** Em uma casa, aposento, especialmente se for um dormitório. ◻ SIN. **alcova**. **2** Em um sistema político representativo, grupo encarregado de legislar: *Ele foi eleito para a Câmara dos Deputados.* **3** Lugar onde esse grupo se reúne: *Os manifestantes tentaram invadir a Câmara de Vereadores.* **4** Corporação ou organismo que cuidam dos assuntos próprios de uma profissão ou de uma atividade: *a Câmara de Comércio.* **5** Aparelho que registra imagens estáticas ou em movimento: *uma câmara fotográfica; uma câmara de filmar.* ▌s.2g. **6** Pessoa que opera profissionalmente esse aparelho: *Estavam ali presentes para a entrevista um repórter e dois câmaras.* ◻ ORTOGRAFIA Nas acepções 1 e 4, escreve-se também *câmera.* ◻ USO Na acepção 6, é a forma reduzida e mais usual de *cameraman.*

camarada ⟨ca.ma.ra.da⟩ ▌adj.2g. **1** Que demonstra companheirismo ou amizade: *um gesto camarada.* **2** Conveniente ou propício: *Fez um preço camarada para o amigo.* ▌s.2g. **3** Pessoa com quem se tem uma relação amistosa, especialmente essa relação tiver nascido de uma atividade comum: *Lembrava com nostalgia de seus camaradas do exército.* **4** *informal* Qualquer indivíduo.

camaradagem ⟨ca.ma.ra.da.gem⟩ (pl. *camaradagens*) s.f. **1** Relação amistosa entre duas ou mais pessoas, especialmente se tiver nascido de uma atividade comum. ◻ SIN. **colegismo**. **2** Aquilo que é dito ou feito entre camaradas, amigos ou companheiros.

camaragibense ⟨ca.ma.ra.gi.ben.se⟩ adj.2g./s.2g. De Camaragibe ou relacionado a essa cidade do estado brasileiro de Pernambuco.

camarão ⟨ca.ma.rão⟩ (pl. *camarões*) s.m. Crustáceo marinho comestível que tem o abdome longo e em formato de cauda, com cinco pares de patas e antenas muito compridas. ◻ GRAMÁTICA É um substantivo epiceno: *o camarão (macho/fêmea).*

camareira ⟨ca.ma.rei.ra⟩ s.f. **1** Feminino de *camareiro.* **2** Antigamente, mulher que ajudava e servia ao rei ou aos nobres.

camareiro, ra ⟨ca.ma.rei.ro, ra⟩ s. **1** Em um hotel, pessoa que se dedica geralmente ao serviço de quarto. **2** Em teatro ou televisão, pessoa que ajuda os atores a vestirem os figurinos, especialmente como profissão.

camarilha ⟨ca.ma.ri.lha⟩ s.f. *pejorativo* Grupo de pessoas influentes que intervém extraoficialmente nas decisões de uma autoridade.

camarim ⟨ca.ma.rim⟩ (pl. *camarins*) s.m. Em teatro ou televisão, quarto em que os atores se vestem e se maquiam antes de entrar em cena.

camarinha ⟨ca.ma.ri.nha⟩ s.f. **1** Quarto ou aposento pessoal. **2** Gota muito pequena dispersa em uma superfície.

camaronês, -a ⟨ca.ma.ro.nês, ne.sa⟩ (Pron. [camaronês], [camaronesa]) adj./s. De Camarões ou relacionado a esse país africano.

camarote ⟨ca.ma.ro.te⟩ s.m. **1** Em um espetáculo, espaço isolado da plateia e reservado a alguns espectadores: *Assistiram à ópera do camarote presidencial.* **2** Em uma embarcação ou em um trem, quarto com uma ou várias camas: *Nosso camarote era próximo ao vagão-restaurante.* ◻ SIN. **cabine**.

cambada ⟨cam.ba.da⟩ s.f. **1** *informal pejorativo* Grupo de pessoas: *uma cambada de delinquentes.* **2** Conjunto ou molho de chaves. **3** Conjunto de objetos sem utilidade: *uma cambada de papéis velhos.*

cambaio, a ⟨cam.bai.o, a⟩ adj./s. Que ou quem tem as pernas tortas de forma que, estando os pés juntos, os joelhos ficam separados.

cambalacho ⟨cam.ba.la.cho⟩ s.m. *informal pejorativo* Negociação feita com manha e astúcia.

cambaleante ⟨cam.ba.le.an.te⟩ adj.2g. Que cambaleia.

cambalear ⟨cam.ba.le.ar⟩ v.int. Pender para os lados por falta de equilíbrio: *Bêbado, saiu do boteco cambaleando.* ◻ ORTOGRAFIA O *e* muda para *ei* quando a sílaba tônica estiver na raiz do verbo →NOMEAR.

cambalhota ⟨cam.ba.lho.ta⟩ s.f. Volta que uma pessoa dá no ar ou sobre uma superfície. ◻ SIN. **reviravolta**, **viravolta**.

cambial ⟨cam.bi.al⟩ (pl. *cambiais*) adj.2g. Do câmbio ou relacionado a ele.

cambiante ⟨cam.bi.an.te⟩ adj.2g. Que muda, especialmente se assumir diferentes aspectos sucessivamente.

cambiar ⟨cam.bi.ar⟩ ▌v.t.d./v.t.d.i./v.int. **1** Trocar (valores ou moedas) [por outros equivalentes] ou praticar o câmbio. ▌v.t.i./v.prnl. **2** Transformar(-se) ou converter(-se) [em algo distinto]. ◻ SIN. **mudar**.

câmbio ⟨câm.bio⟩ s.m. **1** Troca de valores ou de moedas de um país por seus equivalentes: *uma casa de câmbio.* **2** Em um veículo com motor, mecanismo formado por um sistema de engrenagens que permite passar de uma marcha a outra: *Meu carro está com problemas no câmbio.*

cambista ⟨cam.bis.ta⟩ adj.2g./s.2g. **1** Que ou quem se dedica profissionalmente ao câmbio de valores ou de moedas. **2** Que ou quem se dedica à revenda ilegal de ingressos de espetáculos.

cambojano, na ⟨cam.bo.ja.no, na⟩ adj./s. De Camboja ou relacionado a esse país asiático. ◻ ORTOGRAFIA Escreve-se também *cambojiano.*

cambojiano, na ⟨cam.bo.ji.a.no, na⟩ adj./s. →**cambojano, na**

cambraia ⟨cam.brai.a⟩ s.f. Tecido fino de algodão.

cambucá ⟨cam.bu.cá⟩ s.m. **1** Árvore de tronco liso, com folhas simples e flores brancas, pequenas e unidas ao caule, cujo fruto, comestível e de polpa amarelada, é redondo e tem aroma semelhante ao da jabuticaba. **2** Esse fruto. ◻ ORIGEM É uma palavra de origem tupi.

camélia ⟨ca.mé.lia⟩ s.f. **1** Arbusto com folhas perenes, duras, brilhantes e de margem serrilhada, com flores solitárias de cor branca, vermelha ou rosa, com um leve aroma, que podem apresentar muitas pétalas, geralmente cultivado como ornamental ou como fonte de chá. **2** Flor desse arbusto.

camelo, la ⟨ca.me.lo, la⟩ (Pron. [camêlo]) s. Mamífero ruminante de corpo volumoso, com duas corcovas, pescoço comprido e arqueado, cabeça pequena, patas longas e magras, e adaptado à vida em regiões áridas. ◻ USO É diferente de *dromedário* (ruminante com uma corcova).

camelô ⟨ca.me.lô⟩ s.2g. Pessoa que vende produtos e mercadorias na rua, geralmente em barracas sobre as calçadas.

câmera ⟨câ.me.ra⟩ s.f. →**câmara**

cameraman *(palavra inglesa)* (Pron. [cameramén]) s.m. →**câmara** ◻ GRAMÁTICA Seu feminino é *camerawoman.*

camerawoman *(palavra inglesa)* (Pron. [cameraúman]) Substantivo feminino de *cameraman.*

cametaense ⟨ca.me.ta.en.se⟩ adj.2g./s.2g. De Cametá ou relacionado a essa cidade do estado brasileiro do Pará.

caminhada ⟨ca.mi.nha.da⟩ s.f. **1** Passeio ou caminho feitos a pé: *Fizemos uma caminhada pelo parque.* **2** Con-

caminhante

centração pública de um grupo numeroso de pessoas para expressar uma opinião ou reivindicar algo: *uma caminhada pela paz.* ☐ SIN. passeata.

caminhante ⟨ca.mi.nhan.te⟩ adj.2g./s.2g. Que ou quem caminha. ☐ SIN. caminheiro.

caminhão ⟨ca.mi.nhão⟩ (pl. *caminhões*) s.m. Veículo grande com quatro ou mais rodas e que serve para transportar cargas pesadas.

caminhar ⟨ca.mi.nhar⟩ ▌ v.t.d./v.t.i./v.int. **1** Percorrer (um lugar), seguir [por um caminho] ou ir de um lugar a outro a pé: *Gosta de caminhar no parque.* ☐ SIN. andar. ▌ v.int. **2** Progredir ou avançar: *Depois da crise, a economia está caminhando bem.*

caminheiro, ra ⟨ca.mi.nhei.ro, ra⟩ adj./s. Que ou quem caminha. ☐ SIN. caminhante.

caminho ⟨ca.mi.nho⟩ s.m. **1** Via por onde se transita habitualmente. **2** Trajeto ou itinerário seguidos para ir de um lugar a outro: *O caminho até a escola é curto.* **3** Direção ou tendência: *Os dois irmãos seguiram caminhos diferentes na vida.* **4** Meio para atingir um objetivo: *Não poluir os rios é um dos caminhos para a preservação do meio ambiente.*

caminhoneiro, ra ⟨ca.mi.nho.nei.ro, ra⟩ s. Pessoa que se dedica profissionalmente ao transporte de mercadorias em um caminhão.

caminhonete ⟨ca.mi.nho.ne.te⟩ s.f. Veículo menor que o caminhão, usado geralmente para transportar pessoas ou pequenas cargas. ☐ SIN. picape.

camisa ⟨ca.mi.sa⟩ s.f. Peça do vestuário que cobre o tronco, geralmente com colarinho e abotoada na frente de cima até embaixo.

camisa de força ⟨ca.mi.sa de for.ça⟩ (Pron. [camisa de fôrça]) (pl. *camisas de força*) s.f. Peça de tecido forte, abotoada por trás, com as mangas fechadas na ponta para poder imobilizar os braços da pessoa na qual é colocada.

camisaria ⟨ca.mi.sa.ri.a⟩ s.f. Estabelecimento comercial em que se fabricam ou se vendem camisas ou outras peças do vestuário.

camiseiro, ra ⟨ca.mi.sei.ro, ra⟩ ▌ s. **1** Pessoa que se dedica exclusivamente à confecção ou à venda de camisas. ▌ s.m. **2** Móvel que serve para guardar camisas.

camiseta ⟨ca.mi.se.ta⟩ (Pron. [camisêta]) s.f. Peça do vestuário que cobre o tronco, geralmente sem colarinho e com mangas curtas.

camisinha ⟨ca.mi.si.nha⟩ s.f. *informal* Preservativo.

camisola ⟨ca.mi.so.la⟩ s.f. **1** Peça do vestuário feminino usada para dormir, que cobre o corpo desde o pescoço até uma altura variável das pernas. **2** Vestido largo e comprido.

camomila ⟨ca.mo.mi.la⟩ s.f. Planta herbácea com flores aromáticas, de cor branca com o centro amarelo, que é muito usada como infusão e em produtos estéticos por suas propriedades medicinais.

camoniano, na ⟨ca.mo.ni.a.no, na⟩ ▌ adj. **1** De Luís Vaz de Camões (escritor português do século XVI) ou com características de sua obra. ▌ adj./s. **2** Que ou quem estuda a obra desse escritor.

camorra ⟨ca.mor.ra⟩ (Pron. [camôrra]) s.f. Organização de pessoas malfeitoras.

campa ⟨cam.pa⟩ s.f. **1** Em uma sepultura, laje que a cobre. **2** Sino pequeno.

campainha ⟨cam.pa.i.nha⟩ s.f. **1** Dispositivo, geralmente elétrico, que emite um som que serve de chamada ou de aviso: *Os convidados chegaram e tocaram a campainha.* **2** Sino pequeno e manual. **3** *informal* Úvula.

campal ⟨cam.pal⟩ (pl. *campais*) adj.2g. Que ocorre em campo aberto.

campana ⟨cam.pa.na⟩ s.f. Instrumento metálico, geralmente em forma de copa invertida, que soa ao ser golpeado por um martelo ou por um badalo pendurado em seu interior. ☐ SIN. sino.

campanário ⟨cam.pa.ná.rio⟩ s.m. Em uma igreja, lugar onde ficam os sinos.

campanha ⟨cam.pa.nha⟩ s.f. **1** Conjunto de atividades ou de esforços dirigidos a um fim: *uma campanha eleitoral; uma campanha beneficente.* **2** Conjunto de operações militares desenvolvidas com continuidade no tempo e em um mesmo território: *uma campanha militar.* **3** Terreno plano de origem sedimentar, de grande extensão e geralmente de baixa altitude. ☐ SIN. planície, planura.

campânula ⟨cam.pâ.nu.la⟩ s.f. **1** Qualquer objeto em formato de campana. **2** Redoma usada para proteger ou isolar algo, geralmente alimentos.

campeão, ã ⟨cam.pe.ão, ã⟩ (pl. *campeões*) ▌ adj./s. **1** Em relação a uma pessoa ou a uma equipe, que vencem uma competição: *um time campeão.* ▌ s. **2** Pessoa que se sobressai ou supera as outras em uma atividade: *Ela foi a campeã de vendas entre todos os funcionários da loja.*

campear ⟨cam.pe.ar⟩ ▌ v.t.d. **1** Andar ou cavalgar pelo campo a procura de (o gado). ▌ v.int. **2** Dominar, ter superioridade ou vantagem: *A corrupção voltou a campear no setor público.* ☐ ORTOGRAFIA O *e* muda para *ei* quando a sílaba tônica estiver na raiz do verbo →NOMEAR.

campeiro, ra ⟨cam.pei.ro, ra⟩ adj./s. Que ou quem trabalha ou vive no campo.

campeonato ⟨cam.pe.o.na.to⟩ s.m. **1** Competição na qual se disputa um prêmio: *um campeonato de xadrez.* **2** Vitória ou êxito alcançados nessa competição: *O time conquistou o campeonato na última rodada.*

campesino, na ⟨cam.pe.si.no, na⟩ adj. Do campo ou relacionado a ele. ☐ SIN. campestre, camponês.

campestre ⟨cam.pes.tre⟩ adj.2g. Do campo ou relacionado a ele. ☐ SIN. campesino, camponês.

campina ⟨cam.pi.na⟩ s.f. Campo extenso, plano e sem árvores.

campinense ⟨cam.pi.nen.se⟩ adj.2g./s.2g. De Campina Grande ou relacionado a essa cidade do estado brasileiro da Paraíba.

camping (*palavra inglesa*) (Pron. [câmpin]) s.m. Estabelecimento que, mediante pagamento, disponibiliza espaço para acampar. ☐ SIN. acampamento.

campo ⟨cam.po⟩ s.m. **1** Zona afastada de uma cidade onde predomina a atividade agrícola: *Ele prefere a tranquilidade do campo à agitação da cidade.* **2** Terra cultivável ou conjunto de terrenos cultivados: *um campo de trigo.* **3** Lugar destinado à prática de alguns esportes: *um campo de futebol.* **4** Área do conhecimento: *Trata-se de uma especialista no campo da economia.* ‖ **campo de concentração** Lugar em que são mantidos prisioneiros, geralmente presos políticos ou de guerra. ‖ **campo de refugiados** Lugar destinado a acolher temporariamente pessoas que fugiram de seu país por razões políticas.

campo-alegrense ⟨cam.po-a.le.gren.se⟩ (pl. *campo-alegrenses*) adj.2g./s.2g. De Campo Alegre ou relacionado a essa cidade do estado brasileiro de Alagoas.

campo-grandense ⟨cam.po-gran.den.se⟩ (pl. *campo-grandenses*) adj.2g./s.2g. De Campo Grande ou relacionado à capital do estado brasileiro de Mato Grosso do Sul.

campo-maiorense ⟨cam.po-mai.o.ren.se⟩ (pl. *campo-maiorenses*) adj.2g./s.2g. De Campo Maior ou relacionado a essa cidade do estado brasileiro do Piauí.

camponês, -a ⟨cam.po.nês, ne.sa⟩ (Pron. [camponês], [camponêsa]) ▌ adj. **1** Do campo ou relacionado a ele: *uma vila camponesa.* ☐ SIN. campesino, campestre. ▌ s. **2** Pessoa que vive ou que trabalha no campo: *Naquela*

candeia

época muitos camponeses migraram para as cidades. □ SIN. campônio.

campônio, nia ⟨cam.pô.nio, nia⟩ s. Pessoa que vive ou que trabalha no campo. □ SIN. camponês.

campus (palavra latina) (Pron. [câmpus]) (pl. campí) s.m. Terreno e complexo de instalações de uma universidade.

camuflar ⟨ca.mu.flar⟩ v.t.d./v.prnl. 1 No Exército, disfarçar(-se) (uma tropa ou material bélico) dando ou assumindo uma aparência enganosa que o faça passar despercebido pelo inimigo. 2 Disfarçar(-se) ou ocultar(-se) dando ou assumindo uma aparência enganosa: *Alguns animais se camuflam tão bem que parecem plantas ou pedras.*

camundongo ⟨ca.mun.don.go⟩ s.m. Mamífero roedor menor que o rato, de pelagem cinza ou branca, muito fértil e ágil, que geralmente vive nas casas ou no campo. □ ORIGEM É uma palavra de origem africana. □ GRAMÁTICA É um substantivo epiceno: *o camundongo (macho/fêmea)*.

camurça ⟨ca.mur.ça⟩ s.f. 1 Mamífero ruminante do tamanho de uma cabra, com chifres negros, lisos e pontiagudos, patas compridas, que tem grande agilidade para os saltos e habita áreas de rochas escarpadas. 2 Pele curtida desse animal: *um sapato de camurça*. 3 Tecido ou pano de aspecto semelhante a essa pele. □ GRAMÁTICA Na acepção 1, é um substantivo epiceno: *a camurça (macho/fêmea)*.

cana ⟨ca.na⟩ s.f. 1 Caule de algumas plantas gramíneas, geralmente oco e nodoso: *Eram móveis fabricados com canas de bambu.* 2 →cana-de-açúcar 3 *informal* Cachaça.

cana-de-açúcar ⟨ca.na-de-a.çú.car⟩ (pl. *canas-de-açúcar*) s.f. Planta com folhas compridas, flores purpúreas e caule cheio de um tecido esponjoso do qual se extrai um suco doce que pode ser consumido ou usado para a produção de açúcar, álcool ou aguardente. □ USO Usa-se também a forma reduzida *cana*.

canadense ⟨ca.na.den.se⟩ adj.2g./s.2g. Do Canadá ou relacionado a esse país norte-americano.

canal ⟨ca.nal⟩ (pl. *canais*) s.m. 1 Via pela qual líquidos ou gases circulam: *um canal de água; um canal de esgoto.* □ SIN. conduto. 2 No mar ou em um rio, estreito natural ou artificial, relativamente longo, e que os liga até outra corrente de água: *O canal do Panamá comunica o Atlântico com o Pacífico.* 3 Empresa que produz e transmite programas de rádio ou de televisão. □ SIN. emissora. 4 Em anatomia, duto geralmente cilíndrico que liga um órgão a outro ou que transporta substâncias através deles. 5 Em um equipamento eletrônico, via de entrada, saída ou memória de uma imagem ou de um som. 6 Procedimento ou meio com o qual se transmite uma mensagem: *A voz humana é um tipo de canal que permite a comunicação entre um emissor e um receptor.* 7 Leito de um rio.

canalha ⟨ca.na.lha⟩ adj.2g./s.2g. *informal* Que ou quem é desprezível.

canalhice ⟨ca.na.lhi.ce⟩ s.f. Atitude própria de um canalha: *Acusar sua própria amiga foi uma grande canalhice.*

canalização ⟨ca.na.li.za.ção⟩ (pl. *canalizações*) s.f. 1 Ato ou efeito de canalizar. 2 Conjunto de canos ou canais de um lugar.

canalizar ⟨ca.na.li.zar⟩ ∎ v.t.d. 1 Dotar de rede de água e esgoto (uma região): *A Prefeitura vai canalizar nosso bairro.* 2 Regularizar ou reforçar o curso de (uma corrente de água), geralmente para dar-lhe um caminho determinado: *Canalizaram o rio para evitar que transborde.* ∎ v.t.d.i. 3 Orientar, dirigir ou conduzir (algo) [em uma direção]: *Canalizaram esforços para o projeto.*

canapé ⟨ca.na.pé⟩ s.m. 1 Aperitivo feito com uma pequena torrada ou outra base semelhante, sobre as quais se coloca um alimento: *um canapé de camarão*. 2 Espécie de sofá com assento e encosto acolchoados.

canário, ria ⟨ca.ná.rio, ria⟩ s. Pássaro de plumagem geralmente amarela ou esverdeada, canto melodioso, que é criado como ave doméstica.

canastra ⟨ca.nas.tra⟩ s.f. 1 Cesta de boca larga, de vime ou de tiras de madeira, com ou sem tampa. 2 Caixa pequena, revestida de couro e usada para guardar miudezas.

canastrão ⟨ca.nas.trão⟩ (pl. *canastrões*) s.m. *informal* Ator ruim. □ GRAMÁTICA Seu feminino é *canastrona*.

canastrona ⟨ca.nas.tro.na⟩ (Pron. [canastrôna]) Substantivo feminino de **canastrão**.

canavial ⟨ca.na.vi.al⟩ (pl. *canaviais*) s.m. Plantação de cana-de-açúcar.

canção ⟨can.ção⟩ (pl. *canções*) s.f. Composição musical com letra ou texto poéticos própria para ser cantada: *O grupo interpretou canções tradicionais nordestinas.*

cancela ⟨can.ce.la⟩ s.f. 1 Porta gradeada, geralmente de pouca altura. 2 Barreira móvel, geralmente metálica, que sobe e desce para abrir ou fechar uma passagem.

cancelamento ⟨can.ce.la.men.to⟩ s.m. Ato ou efeito de cancelar.

cancelar ⟨can.ce.lar⟩ v.t.d. 1 Anular ou deixar sem validade (um documento ou uma obrigação legal): *Cancelei minha conta de celular.* 2 Deixar sem efeito ou suspender a realização de (um compromisso ou algo planejado): *Mudamos de planos e cancelamos as reservas no hotel.*

câncer ⟨cân.cer⟩ ∎ s.m. 1 Tumor maligno que invade e destrói tecidos orgânicos humanos ou animais. ∎ adj.2g.2n./s.2g.2n. 2 Em astrologia, que ou quem nasceu entre 21 de junho e 21 de julho. □ SIN. canceriano.

canceriano, na ⟨can.ce.ri.a.no, na⟩ adj./s. Em astrologia, que ou quem nasceu entre 21 de junho e 21 de julho. □ SIN. câncer.

cancerígeno, na ⟨can.ce.rí.ge.no, na⟩ adj. Em relação a uma substância, que causa câncer ou que favorece sua aparição. □ USO É diferente de *canceroso* (com câncer ou com suas características).

canceroso, sa ⟨can.ce.ro.so, sa⟩ (Pron. [canceroso], [cancerosa], [cancerósos], [cancerósas]) ∎ adj. 1 Com câncer ou com suas características: *O tumor parecia canceroso.* ∎ s. 2 Pessoa que sofre de câncer. □ USO Na acepção 1, é diferente de *cancerígeno* (que causa câncer ou favorece sua aparição).

cancha ⟨can.cha⟩ s.f. Local destinado à prática de determinados esportes.

cancioneiro ⟨can.cio.nei.ro⟩ s.m. Coleção de canções ou de poemas, geralmente de diferentes autores e com uma característica comum. □ SIN. romanceiro.

cançoneta ⟨can.ço.ne.ta⟩ (Pron. [cançonêta]) s.f. Canção breve, com tema leve e de caráter satírico ou humorístico.

cancro ⟨can.cro⟩ s.m. Ferida ou chaga de caráter infeccioso, geralmente causadas pela sífilis ou por outra doença de transmissão sexual.

candango ⟨can.dan.go⟩ s.m. 1 Operário que trabalhou na construção de Brasília (capital federal do Brasil). 2 Qualquer um dos primeiros habitantes dessa cidade. 3 *informal* Português. □ ORIGEM É uma palavra de origem africana.

candeeiro ⟨can.de.ei.ro⟩ s.m. Lâmpada a óleo cuja chama é protegida por um tubo de cristal.

candeia ⟨can.dei.a⟩ s.f. Lâmpada formada por um recipiente de azeite, com um bico na borda pelo qual se acende a mecha, e uma asa ou um gancho na ponta oposta para pendurá-la.

candelabro

candelabro ⟨can.de.la.bro⟩ s.m. Objeto de dois ou mais braços que serve para sustentar várias velas.
candente ⟨can.den.te⟩ adj.2g. Em relação a um corpo, especialmente se for metálico, que está em brasa pela ação do calor. ◻ SIN. incandescente.
candidatar-se ⟨can.di.da.tar-se⟩ v.prnl. Apresentar-se ou propor-se como candidato: *Candidatou-se duas vezes, mas nunca foi eleito.*
candidato, ta ⟨can.di.da.to, ta⟩ s. Pessoa que se apresenta ou é indicada para um cargo, uma vaga ou uma distinção: *Existem cinco candidatos disputando cada vaga.*
candidatura ⟨can.di.da.tu.ra⟩ s.f. Apresentação ou indicação de um candidato para um cargo, uma vaga ou uma distinção: *Sua candidatura ao senado foi aprovada pelo partido.*
candidíase ⟨can.di.dí.a.se⟩ s.f. Infecção da pele ou das mucosas causada por um fungo da espécie *Candida*.
cândido, da ⟨cân.di.do, da⟩ adj. 1 De cor branca ou clara. 2 *literário* Puro ou inocente: *um olhar cândido*.
candomblé ⟨can.dom.blé⟩ s.m. 1 Religião brasileira, com base em diversas tradições de origem africana, na qual predomina o culto aos orixás. 2 Local onde essa religião é praticada. ◻ ORIGEM É uma palavra de origem africana.
candura ⟨can.du.ra⟩ s.f. 1 Qualidade de cândido. 2 Ausência de malícia ou de hipocrisia: *a candura da infância*.
caneca ⟨ca.ne.ca⟩ s.f. Recipiente semelhante a um copo com uma asa, usado para tomar líquidos: *uma caneca de leite*.
caneco ⟨ca.ne.co⟩ s.m. 1 Recipiente mais alto e estreito que uma caneca. 2 *informal* Troféu.
canela ⟨ca.ne.la⟩ ▍ adj.2g.2n./s.m. 1 De cor marrom-avermelhada, como a deste condimento. ▍ s.f. 2 Árvore de tronco liso, com folhas verdes semelhantes às do louro e flores aromáticas, de cor branca ou esverdeada. 3 Segunda casca dos ramos dessa árvore, de cor marrom-avermelhada, usada como condimento. 4 Parte dianteira da tíbia, entre o joelho e o tornozelo. ‖ **esticar as canelas** *informal* Morrer.
canelada ⟨ca.ne.la.da⟩ s.f. Golpe dado com a canela da perna.
caneleira ⟨ca.ne.lei.ra⟩ s.f. Em alguns esportes, especialmente no futebol, peça que protege a perna desde o joelho até o tornozelo.
caneta ⟨ca.ne.ta⟩ (Pron. [canêta]) s.f. Instrumento de escrita em que se utiliza tinta líquida, formado geralmente por uma ponta e por um cabo. ‖ **caneta (esferográfica)** Aquela que tem em seu interior um tubo de tinta com a qual se impregna uma pequena esfera de aço que gira na ponta.
caneta-tinteiro ⟨ca.ne.ta-tin.tei.ro⟩ (pl. *canetas-tinteiro* ou *canetas-tinteiros*) s.f. Caneta com um depósito recarregável de tinta.
cânfora ⟨cân.fo.ra⟩ s.f. Substância sólida e branca obtida da canforeira, com odor penetrante, de fácil evaporação, e que tem aplicações médicas e industriais.
canforeira ⟨can.fo.rei.ra⟩ s.f. Árvore com folhas ovaladas, flores pequenas, fruto em baga, de cujos ramos e raízes se extrai, por destilação, a cânfora.
canga ⟨can.ga⟩ s.f. 1 Peça do vestuário feminino composta de um corte retangular de tecido e usada na praia ou na piscina sobre a roupa de banho. 2 Instrumento de madeira que serve para prender os animais de tração pela cabeça ou pelo pescoço, no carro ou no arado. ◻ SIN. jugo.
cangaceiro, ra ⟨can.ga.cei.ro, ra⟩ s. Bandido do interior nordestino.
cangaço ⟨can.ga.ço⟩ s.m. Bagaço da uva após a extração do sumo.

cangalha ⟨can.ga.lha⟩ s.f. Estrutura de madeira ou de ferro usada para equilibrar a carga no lombo de uma besta.
cangote ⟨can.go.te⟩ s.m. *informal* Nuca. ◻ ORTOGRAFIA Escreve-se também *cogote*.
canguru ⟨can.gu.ru⟩ s.m. Mamífero marsupial herbívoro que, graças ao movimento de suas patas posteriores, se desloca com grandes saltos, e cuja fêmea possui uma bolsa ou marsúpio no ventre, onde carrega os filhotes. ◻ GRAMÁTICA É um substantivo epiceno: *o canguru (macho/fêmea)*.
cânhamo ⟨câ.nha.mo⟩ s.m. 1 Planta herbácea de caule reto e oco, com ramos abundantes dos quais se extraem fibras para a fabricação de tecidos e cordas, com folhas bastante recortadas, com vários lobos e margem dentada, cujas flores e folhas produzem um efeito narcótico. 2 Fibra dessa planta. 3 Tecido ou corda fabricados com essa fibra.
canhão ⟨ca.nhão⟩ (pl. *canhões*) s.m. 1 Peça de artilharia formada por um tubo de grande diâmetro, e que serve para lançar projéteis. 2 *informal pejorativo* Pessoa feia. ◻ GRAMÁTICA Na acepção 2, usa-se tanto para o masculino quanto para o feminino: *ele/ela) é um canhão*.
canhestro, tra ⟨ca.nhes.tro, tra⟩ (Pron. [canhêstro]) adj. Desajeitado ou acanhado.
canhonear ⟨ca.nho.ne.ar⟩ v.t.d. Disparar tiros de canhão contra (algo ou alguém). ◻ ORTOGRAFIA O *e* muda para *ei* quando a sílaba tônica estiver na raiz do verbo →NOMEAR.
canhota ⟨ca.nho.ta⟩ s.f. *informal* Perna ou mão esquerdas.
canhoto, ta ⟨ca.nho.to, ta⟩ (Pron. [canhôto]) ▍ adj./s. 1 Que ou quem tem mais habilidade com a mão ou a perna esquerdas. ▍ s.m. 2 Em um talonário, parte que fica encadernada depois de se destacarem as folhas ou os recibos que o compõem.
canibal ⟨ca.ni.bal⟩ (pl. *canibais*) adj.2g./s.2g. 1 Em relação a um animal, que come outro da mesma espécie. 2 Que ou quem come carne humana. ◻ SIN. antropófago.
canibalesco, ca ⟨ca.ni.ba.les.co, ca⟩ (Pron. [canibalêsco]) adj. Do canibalismo, do canibal ou relacionado a eles.
canibalismo ⟨ca.ni.ba.lis.mo⟩ s.m. Ato de comer a carne de seres da mesma espécie.
caniço ⟨ca.ni.ço⟩ s.m. 1 Cana fina e comprida. 2 Vara de pescar feita com essa cana.
canícula ⟨ca.ní.cu.la⟩ s.f. Calor intenso.
canicular ⟨ca.ni.cu.lar⟩ adj.2g. Da canícula ou relacionado a ela.
canicultura ⟨ca.ni.cul.tu.ra⟩ s.f. Criação de cães.
canil ⟨ca.nil⟩ (pl. *canis*) s.m. Local onde se abrigam ou criam cães.
caninha ⟨ca.ni.nha⟩ s.f. Cana pequena.
canino, na ⟨ca.ni.no, na⟩ ▍ adj. 1 Do cão ou com características desse animal. 2 Do canino ou relacionado a esse dente. ▍ s.m. 3 →**dente canino**
canivete ⟨ca.ni.ve.te⟩ s.m. Faca cuja lâmina pode ser dobrada para que o fio de corte fique guardado no cabo.
canja ⟨can.ja⟩ s.f. 1 Prato feito à base de arroz, galinha e outros ingredientes cozidos e com caldo. 2 *informal* Aquilo que é fácil de fazer: *Para ele, a matemática é canja*. 3 *informal* Apresentação artística, especialmente se tiver caráter improvisado: *A cantora deu uma canja no programa de televisão*.
canjica ⟨can.ji.ca⟩ s.f. 1 Alimento cremoso feito à base de milho branco, leite e coco. 2 Alimento cremoso feito à base de milho verde ralado, cozido com açúcar e leite. ◻ ORIGEM É uma palavra de origem africana.
cano ⟨ca.no⟩ s.m. 1 Tubo curto, especialmente aquele que forma, junto com outros, os encanamentos: *um cano de água; um cano de gás*. 2 Tubo pelo qual sai um jorro de água ou de outro líquido: *uma fonte com quatro*

canos. **3** Em uma arma de fogo, tubo oco por onde a bala é disparada. **4** Em um calçado, especialmente em uma bota ou em um tênis, parte que fica acima do tornozelo: *Comprou um tênis de cano longo.*

canoa ⟨ca.no.a⟩ (Pron. [canôa]) s.f. Embarcação pequena, leve e estreita, sem motor e com a proa e a popa terminadas em ponta.

canoeiro, ra ⟨ca.no.ei.ro, ra⟩ s. Pessoa que conduz uma canoa.

canoense ⟨ca.no.en.se⟩ adj.2g./s.2g. De Canoas ou relacionado a essa cidade do estado brasileiro do Rio Grande do Sul.

cânon ⟨câ.non⟩ s.m. →**cânone**

cânone ⟨câ.no.ne⟩ ▌s.m. **1** Norma, regra ou preceito: *O autor rompeu com os cânones literários de seu tempo.* ▌s.m.pl. **2** Na Igreja Católica, conjunto de regras ou disposições estabelecidas. ▢ ORTOGRAFIA Na acepção 1, escreve-se também *cânon.*

canônico, ca ⟨ca.nô.ni.co, ca⟩ adj. **1** Na Igreja Católica, que está de acordo com os cânones, com as regras ou com as disposições estabelecidas. **2** Normativo ou que estabelece um conjunto de regras ou preceitos: *uma obra canônica.* **3** Na Igreja Católica, em relação a um livro ou a um texto, que estão entre os considerados autenticamente sagrados.

canonização ⟨ca.no.ni.za.ção⟩ (pl. *canonizações*) s.f. Ato ou efeito de canonizar. ▢ SIN. santificação.

canonizar ⟨ca.no.ni.zar⟩ v.t.d. Na Igreja Católica, em relação ao papa, declarar oficialmente como santo (um beato): *Em 2007, o papa Bento XVI canonizou o brasileiro frei Galvão.* ▢ SIN. santificar.

canoro, ra ⟨ca.no.ro, ra⟩ adj. Em relação a uma ave, que tem um canto melodioso e agradável ao ouvido.

cansaço ⟨can.sa.ço⟩ s.m. Sensação de debilidade ou falta de energia: *Depois de tanto trabalho vieram o cansaço e o sono.* ▢ SIN. canseira.

cansar ⟨can.sar⟩ v.t.d./v.int./v.prnl. **1** Causar ou sentir falta de forças e sensação de mal-estar ou de debilidade: *Subir tantas escadas cansa qualquer um!* **2** Molestar(-se), aborrecer(-se) ou entediar(-se): *Cansou-se de tanto esperar na fila.*

cansativo, va ⟨can.sa.ti.vo, va⟩ adj. **1** Que causa cansaço, tédio, fastio ou sensação de aborrecimento. **2** Que molesta, aborrece ou entedia: *um discurso cansativo.*

canseira ⟨can.sei.ra⟩ s.f. Sensação de debilidade ou falta de energia. ▢ SIN. cansaço.

cantada ⟨can.ta.da⟩ s.f. *informal* Conversa com a qual se bajula, elogia ou galanteia.

cantador, -a ⟨can.ta.dor, do.ra⟩ (Pron. [cantadôr], [cantadôra]) ▌adj. **1** Que canta. ▌s. **2** Pessoa que se dedica ao canto de versos ou de canções populares.

cantão ⟨can.tão⟩ (pl. *cantões*) s.m. Em alguns países, divisão territorial e administrativa, caracterizada por seu importante grau de autonomia política: *A Suíça é formada por diversos cantões.*

cantar ⟨can.tar⟩ ▌v.t.d. **1** Formar com a voz (sons melodiosos ou que seguem uma melodia musical): *cantar uma música.* ▌v.int. **2** Formar com a voz sons melodiosos ou que seguem uma melodia musical: *Ela canta muito bem.* **3** Emitir sons harmoniosos (um animal, especialmente uma ave): *Todas as manhãs, ouve um bem-te-vi cantar no quintal.* **4** Produzir sons estridentes fazendo vibrar determinadas partes do corpo (um inseto): *Acordou ouvindo as cigarras cantarem.* ▌v.t.d. **5** Celebrar ou exaltar em verso e canto: *Na obra Os Lusíadas, Camões cantou os feitos heroicos dos navegantes portugueses.* ▢ SIN. decantar. **6** *informal* Tentar seduzir (alguém).

cantaria ⟨can.ta.ri.a⟩ s.f. Pedra lavrada usada na construção.

cântaro ⟨cân.ta.ro⟩ s.m. Vaso grande de barro ou de metal, estreito na boca e na base, largo no bojo e geralmente com uma ou com duas asas. ▐▐ **a cântaros** Em abundância ou em grande quantidade: *Está chovendo a cântaros!*

cantarolar ⟨can.ta.ro.lar⟩ v.t.d./v.int. Cantar em voz baixa: *Costuma cantarolar enquanto toma banho.*

cantata ⟨can.ta.ta⟩ s.f. **1** Poema lírico para ser cantado. **2** Composição musical extensa, escrita para uma ou mais vozes, geralmente com texto literário sobre tema religioso e com acompanhamento orquestral.

canteiro, ra ⟨can.tei.ro, ra⟩ ▌s. **1** Pessoa que se dedica a lavrar a pedra de cantaria, especialmente como profissão. ▌s.m. **2** Em um terreno, porção de terra delimitada e destinada ao cultivo de plantas ou de hortaliças.

cântico ⟨cân.ti.co⟩ s.m. Composição poética, geralmente de louvor ou de enaltecimento.

cantiga ⟨can.ti.ga⟩ s.f. **1** Composição poética medieval destinada ao canto: *uma cantiga de amor; uma cantiga de amigo.* **2** Gênero textual da esfera literária ao qual pertencem essas composições. **3** Composição musical popular: *uma cantiga de roda.*

cantil ⟨can.til⟩ (pl. *cantis*) s.m. Recipiente achatado que é usado para carregar água ou outra bebida em viagens e excursões.

cantilena ⟨can.ti.le.na⟩ (Pron. [cantilêna]) s.f. **1** Composição musical ou poema, geralmente breves e simples. **2** *informal* Aquilo que se repete com uma insistência incômoda ou inoportuna: *Lá vem ele com a mesma cantilena de sempre.*

cantina ⟨can.ti.na⟩ s.f. **1** Estabelecimento geralmente situado em escolas ou em lugares semelhantes, onde se vendem bebidas e alimentos para consumo rápido. **2** Restaurante de comida italiana.

canto ⟨can.to⟩ s.m. **1** Ângulo formado pelo encontro de duas paredes ou de duas superfícies: *Machuquei meu braço ao batê-lo contra o canto da mesa.* **2** Lugar afastado: *Vive num canto qualquer do interior do estado.* **3** Emissão vocal de sons, com ou sem texto, articulados pela voz humana: *Ela tem talento para o canto.* **4** Emissão de sons, especialmente se forem harmoniosos ou rítmicos, por parte de um animal: *o canto dos pássaros.* **5** Arte ou técnica de usar a voz como instrumento: *Ela estuda canto no conservatório.* **6** Composição poética, especialmente se for de tom elevado ou solene: *um canto fúnebre.* ▐▐ **canto do cisne** Última obra ou atuação de alguém. ▐▐ **canto gregoriano** Aquele que é adotado tradicionalmente pela Igreja Católica para entoar, em latim, seus textos litúrgicos. ▢ SIN. cantochão. ▐▐ **(em/por) todo canto** Em todo lugar.

cantochão ⟨can.to.chão⟩ (pl. *cantochãos*) s.m. Canto adotado tradicionalmente pela Igreja Católica para entoar, em latim, seus textos litúrgicos. ▢ SIN. canto gregoriano.

cantoneira ⟨can.to.nei.ra⟩ s.f. **1** Móvel que se coloca em um canto de uma parede. **2** Em uma pasta ou em uma obra de encadernação, peça metálica de formato triangular, usada como reforço nos cantos ou como adorno. **3** Triângulo de papel usado para fixar fotografias ou retratos pelos cantos.

cantor, -a ⟨can.tor, to.ra⟩ (Pron. [cantôr], [cantôra]) ▌adj. **1** Em relação a uma ave, que emite sons melodiosos e variados. ▌s. **2** Pessoa que sabe cantar ou que se dedica profissionalmente ao canto.

cantoria ⟨can.to.ri.a⟩ s.f. **1** Ato ou efeito de cantar. **2** Cantilena ou lamúria na qual participam cantadores. **3** No Nordeste brasileiro, desafio entre cantores.

canudo

canudo ⟨ca.nu.do⟩ s.m. **1** Tubo de comprimento e grossura geralmente pequenos e aberto nas duas extremidades. **2** *informal* Diploma universitário.
canzoada ⟨can.zo.a.da⟩ s.f. Grupo ou conjunto de cães.
cão (pl. *cães*) s.m. **1** Mamífero quadrúpede doméstico, com o olfato muito apurado, que costuma ser animal de estimação, de vigilância ou de caça. ◻ SIN. **cachorro**. **2** Em uma arma de fogo, peça que percute a cápsula da bala. **3** *pejorativo* Pessoa desprezível, malvada ou miserável. **4** *informal* Diabo. ◻ GRAMÁTICA **1.** Na acepção 1, usa-se o substantivo feminino *cadela* para designar a fêmea. **2.** Nas acepções 3 e 4, usa-se tanto para o masculino quanto para o feminino: *(ele/ela) é um cão*.
cão-guia ⟨cão-gui.a⟩ (pl. *cães-guias* ou *cães-guia*) s.m. Cão treinado para guiar deficientes visuais e ajudá-los a se locomover.
caolho, lha ⟨ca.o.lho, lha⟩ (Pron. [caôlho]) adj./s. **1** *pejorativo* Que ou quem sofre de estrabismo e tem os olhos desviados em relação à sua posição normal. **2** *informal* Que ou quem é cego de um olho.
caos ⟨ca.os⟩ s.m.2n. **1** Ausência absoluta de ordem, hierarquia ou organização: *Devido ao acidente, o trânsito na região ficou um caos*. **2** Segundo algumas teorias, desordem original em que se encontrava a matéria antes de adquirir sua configuração atual.
caótico, ca ⟨ca.ó.ti.co, ca⟩ adj. Do caos ou relacionado a ele.
capa ⟨ca.pa⟩ ▪ s.m. **1** Décima letra do alfabeto grego. ▪ s.f. **2** Peça do vestuário comprida e solta, geralmente aberta pela frente, que se coloca sobre a roupa: *O mágico vestia uma capa preta*. **3** Aquilo que cobre ou que banha algo: *uma capa de verniz*. **4** Em um livro ou em outra publicação impressa, cada uma das duas partes externas que os protegem. [◉ livro p. 499] ‖ **capa (de chuva)** Peça do vestuário impermeável, geralmente com capuz, que é usada como proteção contra a chuva.
capacete ⟨ca.pa.ce.te⟩ (Pron. [capacête]) s.m. Peça que cobre e protege a cabeça: *Os motociclistas devem sempre usar o capacete*.
capacho ⟨ca.pa.cho⟩ s.m. **1** Tapete de fibras que se costuma colocar na entrada das casas para que as pessoas limpem os pés antes de entrar. **2** *informal pejorativo* Pessoa bajuladora ou servil. ◻ GRAMÁTICA Na acepção 2, usa-se tanto para o masculino quanto para o feminino: *(ele/ela) é um capacho*.
capacidade ⟨ca.pa.ci.da.de⟩ s.f. **1** Quantidade de matéria que pode estar contida dentro de um espaço delimitado: *A garrafa tem capacidade para dois litros. O auditório tem capacidade para duzentas pessoas.* **2** Conjunto de condições que possibilitam a realização de algo: *Todos elogiam sua capacidade de raciocínio. O novo sistema de trabalho aumentará a capacidade de produção da empresa.*
capacitação ⟨ca.pa.ci.ta.ção⟩ (pl. *capacitações*) s.f. Treinamento ou formação: *um curso de capacitação*.
capacitar ⟨ca.pa.ci.tar⟩ v.t.d.i./v.prnl. Tornar(-se) capaz, apto ou adequado [para algo]: *O mestrado a capacitou a lecionar em universidades*. ◻ SIN. **habilitar**.
capacitor ⟨ca.pa.ci.tor⟩ (Pron. [capacitôr]) s.m. Dispositivo elétrico formado por dois condutores, geralmente de grande superfície, separados por uma lâmina isolante, que armazenam carga elétrica. ◻ SIN. **condensador**.
capanga ⟨ca.pan.ga⟩ ▪ s.m. **1** Homem que presta serviços como guarda-costas. ◻ SIN. **jagunço**. ▪ s.f. **2** Bolsa pequena de tecido, couro ou plástico. ◻ ORIGEM É uma palavra de origem africana.
capão ⟨ca.pão⟩ (pl. *capões*) s.m. **1** Frango capado destinado à engorda. **2** Cavalo castrado. **3** Vegetação isolada no meio de um campo.

capar ⟨ca.par⟩ v.t.d. *informal* Castrar.
capataz ⟨ca.pa.taz⟩ s.m. **1** Pessoa que comanda um grupo de trabalhadores braçais. **2** Pessoa encarregada de administrar uma fazenda ou uma propriedade agrícola.
capaz ⟨ca.paz⟩ adj.2g. **1** Que tem qualidades ou aptidão para algo. **2** Em relação especialmente a um lugar ou a um recipiente, que têm capacidade para conter algo. ◻ GRAMÁTICA Seu superlativo é *capacíssimo*.
capcioso, sa ⟨cap.ci.o.so, sa⟩ (Pron. [capciôso], [capciósa], [capciósos], [capciósas]) adj. **1** Que engana ou que induz ao erro. **2** Em relação a uma pergunta, que é feita para obter do interlocutor uma resposta que possa comprometê-lo, ou que favoreça a quem a formulou.
capear ⟨ca.pe.ar⟩ v.t.d. **1** Revestir com uma capa: *capear um livro*. ◻ SIN. **encapar**. **2** Recobrir com revestimento. ◻ ORTOGRAFIA O *e* muda para *ei* quando a sílaba tônica estiver na raiz do verbo →NOMEAR.
capela ⟨ca.pe.la⟩ s.f. **1** Local pequeno destinado ao culto cristão. **2** Em uma igreja, parte com altar em que se venera uma imagem. **3** Coroa feita com flores, folhas e outros objetos entrelaçados.
capelão ⟨ca.pe.lão⟩ (pl. *capelães*) s.m. Sacerdote encarregado das funções religiosas em uma instituição religiosa, secular ou militar.
capelo ⟨ca.pe.lo⟩ (Pron. [capêlo]) s.m. **1** Chapéu usado pelos cardeais ou pelos frades. **2** Em um ato acadêmico, capa pequena usada por quem tem o título de doutor.
capenga ⟨ca.pen.ga⟩ ▪ adj.2g. **1** *informal* Malfeito. ▪ adj.2g./s.2g. **2** *informal* Manco ou coxo.
capengar ⟨ca.pen.gar⟩ v.int. *informal* Mancar: *Está capengando porque machucou o pé*. ◻ ORTOGRAFIA Antes de *e*, o *g* muda para *gu* →CHEGAR.
capeta ⟨ca.pe.ta⟩ (Pron. [capêta]) s.m. *informal* Diabo. ◻ GRAMÁTICA Usa-se tanto para o masculino quanto para o feminino: *(ele/ela) é um capeta*.
capiau ⟨ca.pi.au⟩ adj./s.m. Que ou quem vive na roça ou no campo. ◻ ORIGEM É uma palavra de origem tupi. ◻ GRAMÁTICA Seu feminino é *capioa*.
capilar ⟨ca.pi.lar⟩ ▪ adj.2g. **1** Do cabelo ou relacionado a ele: *uma loção capilar*. ▪ s.m. **2** No sistema circulatório, cada um dos vasos muito finos e permeáveis que, em forma de rede, enlaçam a terminação do sistema arterial e o começo do sistema venoso.
capilária ⟨ca.pi.lá.ria⟩ s.f. Planta com folhas pequenas e muito delicadas, que não forma frutos nem flores e que vive em ambientes úmidos e com sombra. ◻ SIN. **avenca**.
capilé ⟨ca.pi.lé⟩ s.m. Xarope feito com o suco da capilária.
capim ⟨ca.pim⟩ (pl. *capins*) s.m. Planta herbácea com folhas alongadas, estreitas e espessas.
capina ⟨ca.pi.na⟩ s.f. Eliminação do capim ou das folhas secas de um terreno.
capinar ⟨ca.pi.nar⟩ v.t.d. Eliminar o capim ou as folhas secas (de um terreno).
capinzal ⟨ca.pin.zal⟩ (pl. *capinzais*) s.m. Conjunto de capins que cobrem uma área.
capioa ⟨ca.pi.o.a⟩ (Pron. [capiôa]) Feminino de **capiau**.
capital ⟨ca.pi.tal⟩ (pl. *capitais*) ▪ adj.2g. **1** Principal, muito grande ou muito importante: *um assunto capital*. ▪ s.m. **2** Conjunto de bens que uma pessoa ou uma sociedade possuem, especialmente se for dinheiro ou valores: *Graças aos seus investimentos, possui um importante capital*. **3** Em economia, elemento ou fator da produção constituídos por tudo o que se destina em caráter permanente à obtenção de um produto. ▪ s.f. **4** Cidade principal de um país, de uma região autônoma, de uma província ou de um distrito em que costumam estar os órgãos administrativos da área:

cápsula

Brasília é a capital do Brasil. **5** Região que tem uma posição importante ou destacada em algum aspecto ou em alguma atividade: *Paris é considerada a capital da moda.*

capitalismo ⟨ca.pi.ta.lis.mo⟩ s.m. **1** Sistema econômico baseado na doutrina do liberalismo e que se fundamenta na importância do capital como elemento de produção e de geração de riqueza. **2** Conjunto dos partidários desse sistema.

capitalista ⟨ca.pi.ta.lis.ta⟩ ▌adj.2g. **1** Do capital, do capitalismo ou relacionado a eles. ▌adj.2g./s.2g. **2** Que ou quem coopera com seu capital com um ou mais negócios.

capitalizar ⟨ca.pi.ta.li.zar⟩ ▌v.t.d. **1** Converter ou transformar em capital. **2** Acumular ou juntar (riquezas). ▌v.int. **3** Acumular ou juntar riquezas.

capitanear ⟨ca.pi.ta.ne.ar⟩ ▌v.t.d. **1** Comandar, dirigir ou conduzir (um grupo de pessoas): *capitanear um time.* ▌v.t.d./v.int. **2** Dirigir como capitão (um grupo de pessoas): *capitanear um exército.* ◻ ORTOGRAFIA O e muda para *ei* quando a sílaba tônica estiver na raiz do verbo →NOMEAR.

capitania ⟨ca.pi.ta.ni.a⟩ s.f. **1** Em um porto, sede administrativa. **2** Comando ou chefia: *O desembarque dos primeiros portugueses no Brasil ocorreu em 1500, sob a capitania de Pedro Álvares Cabral.* ∥ **capitania dos portos** Na Marinha, órgão que orienta, coordena e controla as atividades relativas à segurança da navegação, defesa nacional, salvaguarda da vida humana e prevenção da poluição hídrica. ∥ **capitania hereditária** No período do colonial brasileiro, cada uma das divisões do território brasileiro sob comando de um capitão-mor.

capitânia ⟨ca.pi.tâ.nia⟩ s.f. Em uma esquadra, embarcação principal que geralmente leva o comandante.

capitão, tã ⟨ca.pi.tão, tã⟩ (pl. *capitães*) s. **1** Pessoa que comanda, dirige ou conduz um grupo de pessoas, especialmente se for uma equipe esportiva. **2** No Exército e na Aeronáutica, pessoa cujo posto é superior ao de primeiro-tenente e inferior ao de major.

capitão de corveta ⟨ca.pi.tão de cor.ve.ta⟩ (Pron. [capitão de corvêta] (pl. *capitães de corveta*) s.2g. Na Marinha, pessoa cujo posto é superior ao de capitão-tenente e inferior ao de capitão de fragata.

capitão de fragata ⟨ca.pi.tão de fra.ga.ta⟩ (pl. *capitães de fragata*) s.2g. Na Marinha, pessoa cujo posto é superior ao de capitão de corveta e inferior ao de capitão de mar e guerra.

capitão de mar e guerra ⟨ca.pi.tão de mar e guer.ra⟩ (pl. *capitães de mar e guerra*) s.2g. Na Marinha, pessoa cujo posto é superior ao de capitão de fragata e inferior ao de contra-almirante.

capitão-tenente ⟨ca.pi.tão-te.nen.te⟩ (pl. *capitães-tenentes*) s.2g. Na Marinha, pessoa cujo posto é superior ao de primeiro-tenente e inferior ao de capitão de corveta.

capitel ⟨ca.pi.tel⟩ (pl. *capitéis*) s.m. Em arquitetura, parte superior de uma coluna, de um pilar ou de uma pilastra.

capitular ⟨ca.pi.tu.lar⟩ ▌adj.2g. **1** Do capítulo ou relacionado a essa assembleia religiosa: *uma sala capitular.* ▌s.f. **2** Em uma publicação, letra que inicia um capítulo e que se destaca do restante do texto. ▌v.int. **3** Ceder ou entregar-se: *Em 1945, o Japão capitulou, marcando o fim da Segunda Guerra Mundial.*

capítulo ⟨ca.pí.tu.lo⟩ s.m. **1** Em um texto, cada uma das partes em que se divide, geralmente dotadas de certa unidade de conteúdo: *Os primeiros capítulos narram a infância da protagonista.* **2** Em uma sequência de acontecimentos, cada um dos episódios: *O jornal de hoje publicou mais um capítulo da crise diplomática.* **3** Assunto, matéria ou tema: *O reajuste salarial é um capítulo importante da negociação.* **4** Assembleia, especialmente a de uma ordem religiosa. **5** Em botânica, inflorescência formada por um conjunto de flores pequenas, dispostas em uma base plana, que pode ter flores diferentes na margem: *A flor da margarida é um capítulo.*

capivara ⟨ca.pi.va.ra⟩ s.f. Mamífero roedor herbívoro de pelagem espessa e marrom, com cabeça grande, orelhas pequenas e patas curtas com três dedos nas dianteiras e quatro nas traseiras, que vive em bandos próximo a rios, cujo macho geralmente apresenta uma saliência sobre o nariz: *A capivara é o maior dos roedores.* ◻ ORIGEM É uma palavra de origem tupi. ◻ GRAMÁTICA É um substantivo epiceno: *a capivara (macho/fêmea).*

capixaba ⟨ca.pi.xa.ba⟩ adj.2g./s.2g. Do Espírito Santo ou relacionado a esse estado brasileiro. ◻ SIN. espírito-santense. ◻ ORIGEM É uma palavra de origem tupi.

capô ⟨ca.pô⟩ s.m. Em um automóvel, cobertura metálica que protege o motor.

capoeira ⟨ca.po.ei.ra⟩ ▌s.2g. **1** Pessoa que pratica esta luta. ◻ SIN. capoeirista. ▌s.f. **2** Luta, ou conjunto de movimentos acrobáticos de origem africana, praticados com acompanhamento musical. **3** Terreno desmatado, queimado ou roçado para o cultivo ou para outra atividade. **4** Vegetação que cresce nesse terreno após um desses processos. ◻ ORIGEM Nas acepções 3 e 4, é uma palavra de origem tupi.

capoeirista ⟨ca.po.ei.ris.ta⟩ s.2g. Pessoa que pratica capoeira. ◻ SIN. capoeira.

capota ⟨ca.po.ta⟩ s.f. Cobertura de tecido que alguns veículos têm.

capotar ⟨ca.po.tar⟩ v.int. **1** Tombar de forma que fique em posição invertida (um automóvel): *O carro capotou por fazer uma curva em alta velocidade.* **2** *informal* Adormecer de forma rápida, geralmente devido ao cansaço: *Estava tão cansado que capotou assim que deitou.*

capote ⟨ca.po.te⟩ s.m. **1** Peça do vestuário parecida com uma capa, larga, comprida e com mangas. **2** *informal* Queda ou tombo.

cappuccino *(palavra italiana)* (Pron. [caputchíno]) s.m. Bebida feita à base de café e leite cremoso, geralmente acompanhada de canela em pó e chantili.

caprichar ⟨ca.pri.char⟩ v.t.i. Empregar capricho [na realização de uma obra ou um trabalho]: *Capricharam na decoração da festa.* ◻ GRAMÁTICA Usa-se a construção *caprichar EM algo.*

capricho ⟨ca.pri.cho⟩ s.m. **1** Apuro, esmero ou primor, geralmente na realização de uma obra ou de um trabalho: *Fez a redação com bastante capricho.* **2** Desejo baseado em uma vontade passageira: *Insistiu na questão por puro capricho.*

caprichoso, sa ⟨ca.pri.cho.so, sa⟩ (Pron. [caprichôso], [caprichósa], [caprichósos], [caprichósas]) adj. **1** Que costuma fazer as coisas com capricho. **2** Que obedece ao capricho e não à lógica: *um comportamento caprichoso.*

capricorniano, na ⟨ca.pri.cor.ni.a.no, na⟩ adj./s. Em astrologia, que ou quem nasceu entre 22 de dezembro e 20 de janeiro. ◻ SIN. capricórnio.

capricórnio ⟨ca.pri.cór.nio⟩ adj.2g.2n./s.2g.2n. Em astrologia, que ou quem nasceu entre 22 de dezembro e 20 de janeiro. ◻ SIN. capricorniano.

caprino, na ⟨ca.pri.no, na⟩ adj. Da cabra ou relacionado a esse mamífero.

cápsula ⟨cáp.su.la⟩ s.f. **1** Membrana gelatinosa que recobre alguns medicamentos: *Este remédio está disponível em comprimidos ou cápsulas.* **2** Conjunto formado por essa membrana e pelo medicamento nela contida:

captação

cápsulas para enjoo. **3** Em uma nave espacial, parte em que os tripulantes viajam: *Dentro da cápsula, os astronautas aguardavam pela decolagem.*

captação ⟨cap.ta.ção⟩ (pl. *captações*) s.f. Ato ou efeito de captar.

captar ⟨cap.tar⟩ v.t.d. **1** Perceber por meio dos sentidos ou da inteligência: *Captou de imediato o significado daquelas palavras.* **2** Receber ou percorrer (ondas de rádio ou de televisão): *Meu aparelho não capta bem algumas rádios.* **3** Atrair ou conseguir a adesão, a atenção ou o afeto de (alguém): *A campanha publicitária visa a captar novos clientes.*

captor, -a ⟨cap.tor, to.ra⟩ (Pron. [captôr], [captôra]) ▌ adj. **1** Que capta. ▌ adj./s. **2** Que ou quem captura.

captura ⟨cap.tu.ra⟩ s.f. Ato ou efeito de capturar.

capturar ⟨cap.tu.rar⟩ v.t.d. Prender ou aprisionar: *A polícia capturou o fugitivo.*

capuchinho, nha ⟨ca.pu.chi.nho, nha⟩ ▌ adj. **1** Da ordem religiosa que reformou a fundada por São Francisco (religioso italiano dos séculos XII e XIII) ou relacionado a ela. ▌ adj./s. **2** Em relação a um religioso, que pertence a essa ordem: *um monge capuchinho.* ▌ s.m. **3** Capuz pequeno.

capulho ⟨ca.pu.lho⟩ s.m. **1** Flor cujas pétalas ainda não se abriram. **2** Conjunto de folhas que envolvem essa flor. **3** Em um algodoeiro, cápsula dentro da qual o algodão se forma.

capuz ⟨ca.puz⟩ s.m. Em algumas peças do vestuário, parte terminada em ponta, que serve para cobrir a cabeça.

caquético, ca ⟨ca.qué.ti.co, ca⟩ adj. Da caquexia ou relacionado a esse estado de extrema desnutrição.

caquexia ⟨ca.que.xi.a⟩ (Pron. [caquecsia]) s.f. Em medicina, estado de extrema desnutrição causado por algumas doenças.

caqui ⟨ca.qui⟩ s.m. Fruto do caquizeiro, comestível, com casca fina, de cor avermelhada ou alaranjada, com polpa carnuda e doce, e com poucas sementes carnudas e duras.

cáqui ⟨cá.qui⟩ ▌ adj.2g./s.m. **1** De cor marrom-amarelada, como a do barro. ▌ s.m. **2** Tecido de algodão ou de lã dessa cor.

caquizeiro ⟨ca.qui.zei.ro⟩ s.m. Árvore com folhas simples e caducas, flores amarelas, cujo fruto é o caqui.

cara ⟨ca.ra⟩ ▌ s.m. **1** *informal* Homem cuja identidade se desconhece ou não se quer revelar: *Quem era aquele cara?* ▌ s.f. **2** *informal* Rosto: *Não sei se o reconheço, não me lembro de sua cara.* **3** Na cabeça dos animais, parte anterior de que vai desde a testa até o queixo. **4** Expressão, semblante ou fisionomia: *Ela tem cara de anjo.* **5** Fachada ou parte frontal: *A porta da garagem fica na cara do prédio.* **6** Em uma moeda, lado ou superfície principais. ‖ **encher a cara** *informal* Embriagar-se. ‖ **estar na cara** *informal* Estar evidente ou claro.

cará ⟨ca.rá⟩ s.m. **1** Planta herbácea trepadeira, com folhas grandes em formato de coração, flores pequenas, esverdeadas ou amareladas, cuja raiz, grossa, alongada e de casca escura, é comestível. **2** Essa raiz. □ ORIGEM É uma palavra de origem tupi.

carabina ⟨ca.ra.bi.na⟩ s.f. Arma de fogo parecida com um fuzil, porém com menor potência.

caracará ⟨ca.ra.ca.rá⟩ s.m. →**carcará** □ ORIGEM É uma palavra de origem tupi. □ GRAMÁTICA É um substantivo epiceno: *o caracará (macho/fêmea).*

caracaraiense ⟨ca.ra.ca.ra.i.en.se⟩ adj.2g./s.2g. De Caracaraí ou relacionado a essa cidade do estado brasileiro de Roraima.

caracol ⟨ca.ra.col⟩ (pl. *caracóis*) s.m. **1** Molusco terrestre que possui uma concha em espiral. **2** Cacho de cabelo. □ GRAMÁTICA Na acepção 1, é um substantivo epiceno: *o caracol (macho/fêmea).*

caractere ⟨ca.rac.te.re⟩ s.m. **1** Símbolo, letra ou figura usados na escrita. **2** Em informática, símbolo, letra ou algarismo armazenados e manipulados por computadores: *A letra* m, *o símbolo* @ *e o algarismo* 7 *são caracteres.* □ USO Na acepção 1, usa-se também a forma *caráter.*

característica ⟨ca.rac.te.rís.ti.ca⟩ s.f. **1** Em relação a algo, qualidade que o distingue: *Uma de suas características marcantes é o bom humor.* **2** Em matemática, conjunto de cifras que indicam a parte inteira de um número real: *A característica do número 3,1416 é 3.* □ ORTOGRAFIA Escreve-se também *caraterística.*

característico, ca ⟨ca.rac.te.rís.ti.co, ca⟩ adj. Em relação a uma qualidade, que é própria de algo e que serve para distingui-lo dos demais. □ ORTOGRAFIA Escreve-se também *caraterístico.*

caracterização ⟨ca.rac.te.ri.za.ção⟩ (pl. *caracterizações*) s.f. **1** Ato ou efeito de caracterizar(-se): *A caracterização das personagens foi muito benfeita nesta obra.* **2** Maquiagem ou vestimenta de um ator para a representação de uma personagem: *Sua caracterização como mendigo ficou impressionante.* □ ORTOGRAFIA Escreve-se também *caraterização.*

caracterizar ⟨ca.rac.te.ri.zar⟩ v.t.d./v.prnl. **1** Distinguir(-se) ou diferenciar(-se) pelos traços característicos ao próprios: *Seu estilo o caracteriza como um dos melhores escritores de sua geração.* **2** Maquiar(-se) ou vestir(-se) para representar um determinado personagem (um ator, especialmente): *Para representar seu personagem, caracterizou-se de monge.* □ ORTOGRAFIA Escreve-se também *caraterizar.*

caracu ⟨ca.ra.cu⟩ adj.2g./s.m. Em relação a um bovino, que tem pelo curto, liso e ruivo.

cara de pau ⟨ca.ra de pau⟩ (pl. *caras de pau*) ▌ adj.2g./s.2g. **1** *informal pejorativo* Que ou quem tem grande descaramento ou pouca vergonha. ▌ s.f. **2** *informal pejorativo* Descaramento ou pouca vergonha.

caradura ⟨ca.ra.du.ra⟩ ▌ adj.2g./s.2g. **1** *informal pejorativo* Que ou quem tem grande descaramento ou pouca vergonha. ▌ s.f. **2** *informal pejorativo* Descaramento ou pouca vergonha.

caralho ⟨ca.ra.lho⟩ s.m. *vulgarismo* →**pênis** ‖ **pra caralho** *vulgarismo* Muito: *Está chovendo pra caralho!* ‖ **ser do caralho** *vulgarismo* Ser muito bom ou muito ruim: *O show foi do caralho!*

caramanchão ⟨ca.ra.man.chão⟩ (pl. *caramanchões*) s.m. Em um jardim, espaço, geralmente circular, cercado e coberto com plantas trepadeiras, destinado a atividades de lazer ou descanso.

caramba ⟨ca.ram.ba⟩ interj. *informal* Expressão usada para indicar estranheza, surpresa, admiração ou descontentamento: *Caramba, que corrida emocionante!*

carambola ⟨ca.ram.bo.la⟩ s.f. **1** Fruto da caramboleira, comestível, em formato de baga, verde e amarelo, doce, levemente ácido e com cinco gomos que, quando cortados ao meio, apresentam formato semelhante ao de uma estrela de cinco pontas. **2** No bilhar, bola vermelha. **3** No bilhar, jogada em que a bola impulsionada toca outras duas sucessivamente.

caramboleira ⟨ca.ram.bo.lei.ra⟩ s.f. Árvore ornamental de tronco tortuoso e casca lisa, com folhas compostas e brilhantes, flores pequenas, rosa ou roxas, cujo fruto é a carambola.

caramelo ⟨ca.ra.me.lo⟩ ▌ adj.2g2n./s.m. **1** De cor marrom-clara: *Ela comprou uma bolsa caramelo.* ▌ s.m. **2** Calda de açúcar queimado: *Cobriu o sorvete com caramelo.* **3** Guloseima feita com essa calda: *Comprou-lhe um saco de caramelos.*

cara-metade ⟨ca.ra-me.ta.de⟩ (pl. *caras-metades*) s.f. Em relação a uma pessoa, outra que a completa perfeitamente em questões afetivas: *Ela nos apresentou sua cara-metade*. ☐ GRAMÁTICA Usa-se tanto para o masculino quanto para o feminino: *(ele/ela) é uma cara-metade*.

caramujo ⟨ca.ra.mu.jo⟩ s.m. Molusco aquático que possui uma concha em espiral. ☐ GRAMÁTICA É um substantivo epiceno: *o caramujo (macho/fêmea)*.

carancho ⟨ca.ran.cho⟩ s.m. Ave de rapina diurna, semelhante a um gavião, com asas arredondadas e patas amarelas, de cauda comprida, com plumagem cinza-azulada e parda, que se alimenta de pequenos mamíferos e anfíbios. ☐ SIN. carcará. ☐ ORIGEM É uma palavra de origem tupi. ☐ GRAMÁTICA É um substantivo epiceno: *o carancho (macho/fêmea)*.

caranguejeira ⟨ca.ran.gue.jei.ra⟩ s.f. Aranha de grande porte e de corpo peludo, que não tece teia, que se alimenta de pequenos animais de sangue frio e que vive em galerias do solo ou em fendas de árvores. ☐ GRAMÁTICA É um substantivo epiceno: *a caranguejeira (macho/fêmea)*. ☐ USO É a forma reduzida e mais usual de *aranha-caranguejeira*.

caranguejo ⟨ca.ran.gue.jo⟩ (Pron. [caranguêjo]) s.m. Crustáceo de água salgada ou doce, com carapaça arredondada ou achatada, abdome reduzido encaixado embaixo do cefalotórax, com quatro pares de patas locomotoras e com um par de pinças. ☐ GRAMÁTICA É um substantivo epiceno: *o caranguejo (macho/fêmea)*.

caranguejola ⟨ca.ran.gue.jo.la⟩ s.f. Estrutura ou armação de madeira pouco sólida.

carão ⟨ca.rão⟩ (pl. *carões*) s.m. **1** Cara muito grande ou feia. **2** *informal* Advertência ou repreensão fortes. **3** *informal* Vergonha ou constrangimento: *Passou um carão na frente de todos os convidados.* ☐ USO Na acepção 1, tem um valor pejorativo.

carapaça ⟨ca.ra.pa.ça⟩ s.f. Cobertura dura que protege o corpo de alguns animais: *a carapaça de uma tartaruga*. ☐ SIN. casco.

carapanã ⟨ca.ra.pa.nã⟩ s.m. Mosquito de aparelho bucal picador e sugador, cuja fêmea precisa de sangue para o desenvolvimento de seus ovos na época da reprodução. ☐ SIN. muriçoca, pernilongo. ☐ ORIGEM É uma palavra de origem tupi. ☐ ORTOGRAFIA Escreve-se também *carapanã*. [☞ insetos p. 456]

carapanã ⟨ca.ra.pa.nã⟩ s.m. →**carapanã**

carapau ⟨ca.ra.pau⟩ s.m. Peixe de água salgada, comestível, de corpo branco-metálico, esguio, escamado e com uma linha lateral coberta por escamas maiores. ☐ GRAMÁTICA É um substantivo epiceno: *o carapau (macho/fêmea)*. [☞ peixes (água salgada) p. 609]

carapinha ⟨ca.ra.pi.nha⟩ s.f. Cabelo crespo e revolto. ☐ SIN. pixaim.

carapuça ⟨ca.ra.pu.ça⟩ s.f. Gorro terminado em ponta: *Os carrascos vestiam carapuças.* ‖ **vestir a carapuça** Sentir-se ofendido por algo dito de maneira impessoal.

caratê ⟨ca.ra.tê⟩ s.m. Arte marcial de origem japonesa em que dois oponentes se enfrentam usando as mãos, os cotovelos ou os pés.

caráter ⟨ca.rá.ter⟩ (pl. *caracteres*) s.m. **1** Símbolo, letra ou figura usada na escrita. **2** Modo de ser: *um caráter afável*. ☐ SIN. jeito. **3** Conjunto de características ou qualidades próprias e distintivas: *A novela tem um caráter intimista*. **4** Integridade ou honestidade: *Nunca duvidei de seu caráter*. ☐ USO Na acepção 1, usa-se também a forma *caractere*.

caraterística ⟨ca.ra.te.rís.ti.ca⟩ s.f. →**característica**

caraterístico, ca ⟨ca.ra.te.rís.ti.co, ca⟩ adj. →**característico, ca**

caraterização ⟨ca.ra.te.ri.za.ção⟩ (pl. *caraterizações*) s.f. →**caracterização**

caraterizar ⟨ca.ra.te.ri.zar⟩ v.t.d./v.prnl. →**caracterizar**

caravana ⟨ca.ra.va.na⟩ s.f. **1** Grupo de viajantes que atravessam o deserto. **2** Grupo de pessoas que viajam juntas.

caravaneiro, ra ⟨ca.ra.va.nei.ro, ra⟩ ▌adj. **1** Da caravana ou relacionado a ela. ▌s. **2** Pessoa que guia ou que conduz uma caravana.

caravela ⟨ca.ra.ve.la⟩ s.f. **1** Antiga embarcação leve, comprida e estreita, com quatro mastros e uma só cobertura: *As caravelas eram usadas, antigamente, para se navegar longas distâncias*. **2** Cnidário flutuante colonial, de corpo translúcido, com grandes tentáculos, que vive nos oceanos arrastado pelos ventos e pelas correntes, cujas células urticantes provocam queimaduras na pele humana: *Cuidado ao entrar na água, o mar está cheio de caravelas*.

carboidrato ⟨car.bo.i.dra.to⟩ s.m. Composto orgânico formado por carbono, hidrogênio e oxigênio, no qual há o dobro de hidrogênio em relação ao oxigênio.

carbonato ⟨car.bo.na.to⟩ s.m. Em química, sal derivado do ácido carbônico.

carboneto ⟨car.bo.ne.to⟩ (Pron. [carbonêto]) s.m. Combinação de carbono com outros elementos, geralmente metálicos.

carbônico, ca ⟨car.bô.ni.co, ca⟩ adj. Que contém carbono.

carbonífero, ra ⟨car.bo.ní.fe.ro, ra⟩ ▌adj. **1** Em geologia, do quinto período da era primária ou paleozoica, ou relacionado a ele. ▌adj./s.m. **2** Em geologia, em relação a um período, que é o quinto da era primária ou paleozoica.

carbonizar ⟨car.bo.ni.zar⟩ v.t.d./v.prnl. Reduzir(-se) a carvão (um corpo orgânico).

carbono ⟨car.bo.no⟩ s.m. **1** Elemento químico da família dos não metais, de número atômico 6, sólido, muito abundante na natureza como componente principal de todas as substâncias orgânicas: *O diamante e o grafite são compostos de carbono.* **2** Papel com uma substância de cor escura em um de seus lados que é usado para a obtenção de cópias. ☐ ORTOGRAFIA Na acepção 1, seu símbolo químico é *C*, sem ponto. ☐ USO Na acepção 2, é a forma reduzida e mais usual de *papel-carbono*.

carburação ⟨car.bu.ra.ção⟩ (pl. *carburações*) s.f. Mistura de gases ou de ar da atmosfera com carburantes gasosos ou com vapores de carburantes líquidos, para torná-los combustíveis ou detonantes.

carburador, -a ⟨car.bu.ra.dor, do.ra⟩ (Pron. [carburadôr], [carburadôra]) ▌adj. **1** Que carbura ou queima. ▌s.m. **2** Em um motor a explosão, dispositivo onde o combustível se mistura com o ar.

carburante ⟨car.bu.ran.te⟩ ▌adj.2g. **1** Que carbura ou queima. ▌s.m. **2** Mistura de hidrocarbonetos usada em motores a explosão e de combustão interna: *A gasolina é um carburante*.

carburar ⟨car.bu.rar⟩ v.t.d. Misturar (os gases ou o ar atmosférico) com carburantes gasosos ou com vapores de carburantes líquidos, para torná-los combustíveis ou detonantes.

carcaça ⟨car.ca.ça⟩ s.f. **1** Armação ou estrutura: *a carcaça de um carro*. **2** Esqueleto ou ossada de um animal. **3** Casco velho e inutilizado de um navio.

carcará ⟨car.ca.rá⟩ s.m. Ave de rapina diurna, semelhante a um gavião, com asas arredondadas e patas amarelas, de cauda comprida, com plumagem cinza-azulada e parda, que se alimenta de pequenos mamíferos e anfíbios. ☐ SIN. carancho. ☐ ORTOGRAFIA Escreve-se também *caracará*. ☐ GRAMÁTICA É um substantivo epiceno: *o carcará (macho/fêmea)*.

carceragem

carceragem ⟨car.ce.ra.gem⟩ (pl. *carceragens*) s.f. **1** Aprisionamento em um cárcere. **2** Em uma prisão, despesa que se tem com a manutenção dos presos. **3** Em uma prisão, cela em que se encerram os presos.

carcerário, ria ⟨car.ce.rá.rio, ria⟩ adj. Do cárcere ou relacionado a ele.

cárcere ⟨cár.ce.re⟩ s.m. **1** Lugar em que se encerram e se colocam sob custódia os condenados a uma pena de privação de liberdade ou os supostos culpados de um delito. ◻ SIN. **cadeia, prisão**. **2** Em uma prisão, cela em que se encerram os presos.

carcereiro, ra ⟨car.ce.rei.ro, ra⟩ s. Em uma prisão, pessoa encarregada de vigiar os presos.

carcinoma ⟨car.ci.no.ma⟩ (Pron. [carcinôma]) s.m. Em medicina, tumor maligno formado a partir das células do epitélio.

carcomer ⟨car.co.mer⟩ v.t.d. **1** Corroer (a madeira) até reduzi-la a pó: *O cupim carcomeu os armários*. **2** Consumir pouco a pouco: *O ácido sulfúrico carcomeu o encanamento*.

carda ⟨car.da⟩ s.f. Utensílio, ferramenta ou máquina usados para cardar.

cardápio ⟨car.dá.pio⟩ s.m. **1** Em um restaurante, lista de comidas e bebidas que podem ser consumidas, geralmente com seu respectivo preço: *Garçom, traga-nos por favor os cardápios*. ◻ SIN. **carta, menu**. **2** Conjunto de pratos que constituem uma refeição: *O cardápio era composto de entrada, prato principal e sobremesa*. ◻ SIN. **menu**.

cardar ⟨car.dar⟩ v.t.d. Desembaraçar, pentear ou preparar para o fiado (uma matéria têxtil): *cardar a lã*.

cardeal ⟨car.de.al⟩ (pl. *cardeais*) ▌adj.2g. **1** Principal ou fundamental: *O acesso à educação é uma questão cardeal para o desenvolvimento de um país*. ◻ SIN. **cardinal**. ▌s.m. **2** Na Igreja Católica, prelado ou superior eclesiástico de categoria imediatamente inferior à do papa, e conselheiro deste nos assuntos graves da Igreja: *Os cardeais reuniram-se para decidir o nome do novo papa*. **3** Ave com cabeça e topete vermelhos, parte ventral branca e dorso acinzentado. ◻ GRAMÁTICA Na acepção 3, é um substantivo epiceno: *o cardeal (macho/fêmea)*.

cárdia ⟨cár.dia⟩ s.f. No sistema digestório, orifício do estômago que se comunica com o esôfago. ◻ SIN. **óstio cárdico**.

cardíaco, ca ⟨car.dí.a.co, ca⟩ adj. **1** Do coração ou relacionado a esse órgão. ▌adj./s. **2** Que ou quem sofre de um problema no coração. ◻ GRAMÁTICA O sinônimo do substantivo é *cardiopata*.

cardinal ⟨car.di.nal⟩ (pl. *cardinais*) ▌adj.2g. **1** Que expressa a ideia de quantidade ou de número: *um algarismo cardinal*. **2** Principal ou fundamental: *um conceito cardinal*. ◻ SIN. **cardeal**. ▌s.m. **3** →**numeral cardinal**

cardinalato ⟨car.di.na.la.to⟩ s.m. Cargo de cardeal.

cardinalício, cia ⟨car.di.na.lí.cio, cia⟩ adj. Do cardeal ou relacionado a esse superior eclesiástico.

cardiografia ⟨car.di.o.gra.fi.a⟩ s.f. Registro do estado e do funcionamento do coração.

cardiograma ⟨car.di.o.gra.ma⟩ s.m. Gráfico que representa o registro do funcionamento do coração.

cardiologia ⟨car.di.o.lo.gi.a⟩ s.f. Ramo da medicina que estuda o coração, suas funções e as doenças relacionadas a ele.

cardiologista ⟨car.di.o.lo.gis.ta⟩ adj.2g./s.2g. Em relação a um médico, que é especializado em cardiologia.

cardiopata ⟨car.di.o.pa.ta⟩ s.2g. Pessoa que sofre de um problema no coração. ◻ SIN. **cardíaco**.

cardiopatia ⟨car.di.o.pa.ti.a⟩ s.f. Doença do coração.

cardiovascular ⟨car.di.o.vas.cu.lar⟩ adj.2g. Do coração e dos vasos sanguíneos ou relacionado a eles.

cardo ⟨car.do⟩ s.m. Planta herbácea com folhas espinhosas, inflorescências vistosas rosa ou levemente roxas, cujos ramos, folhas e flores são comestíveis.

cardume ⟨car.du.me⟩ s.m. Conjunto numeroso de peixes que nadam juntos, especialmente se forem da mesma espécie.

careca ⟨ca.re.ca⟩ ▌adj.2g. **1** Em relação a um pneu, que está muito gasto e é inadequado ao uso. ▌adj.2g./s.2g. **2** *informal* Calvo. ▌s.f. **3** *informal* Na cabeça, parte que ficou sem cabelo.

carecer ⟨ca.re.cer⟩ v.t.i. Ser ou estar carente [de algo necessário]: *Mesmo humildes, não carecem do essencial para viver*. ◻ ORTOGRAFIA Antes de *a* ou *o*, o *c* muda para *ç* →CONHECER. ◻ GRAMÁTICA Usa-se a construção *carecer de algo*.

careiro, ra ⟨ca.rei.ro, ra⟩ adj. *informal* Que costuma vender ou cobrar caro.

carência ⟨ca.rên.cia⟩ s.f. **1** Ausência, falta ou privação de algo: *uma carência vitamínica*. **2** Em um seguro, período de tempo que precisa ser cumprido antes de começar a utilizá-lo: *A carência do seu plano de saúde é de 30 dias*.

carente ⟨ca.ren.te⟩ adj.2g. Que carece de algo ou que não o tem.

carestia ⟨ca.res.ti.a⟩ s.f. **1** Pobreza ou escassez do necessário para viver. **2** Elevação do custo de vida.

careta ⟨ca.re.ta⟩ (Pron. [carêta]) ▌adj.2g./s.2g. **1** *informal* Antiquado, retrógrado ou conservador: *uma pessoa careta; uma roupa careta*. **2** *informal* Que ou quem não usa drogas. ▌s.f. **3** Gesto ou contração do rosto, especialmente se forem engraçados ou expressivos: *Fez uma careta quando provou a laranja azeda*. ◻ SIN. **garatuja, visagem**.

caretice ⟨ca.re.ti.ce⟩ s.f. *informal* Condição de careta.

carga ⟨car.ga⟩ s.f. **1** Ato ou efeito de carregar. ◻ SIN. **carregamento**. **2** Aquilo que se carrega. ◻ SIN. **carregamento**. **3** Quantidade de substância explosiva usada para disparar uma arma de fogo ou causar uma explosão. **4** Quantidade de energia elétrica acumulada em um corpo.

cargo ⟨car.go⟩ s.m. **1** Função, emprego ou ofício: *Foi-lhe oferecido o cargo de ministro*. **2** Cuidado, custódia ou direção de algo: *As correspondências estão a seu cargo*.

cargueiro, ra ⟨car.guei.ro, ra⟩ ▌adj./s. **1** Que ou quem carrega ou transporta carga: *um navio cargueiro*. ▌s.m. **2** Animal usado para carregar carga. **3** Pessoa que conduz esse animal.

cariaciquense ⟨ca.ri.a.ci.quen.se⟩ adj.2g./s.2g. De Cariacica ou relacionado a essa cidade do estado brasileiro do Espírito Santo.

cariar ⟨ca.ri.ar⟩ v.t.d./v.int. Corroer(-se) com cáries (um dente): *A falta de higiene bucal acaba cariando os dentes. Escove bem os dentes para que não cariem*.

caribenho, nha ⟨ca.ri.be.nho, nha⟩ (Pron. [caribênho]) adj./s. Do Caribe ou relacionado a essa região do continente americano.

caricato, ta ⟨ca.ri.ca.to, ta⟩ adj. **1** Que se assemelha a uma caricatura. **2** Que é cômico ou divertido: *um ator caricato*.

caricatura ⟨ca.ri.ca.tu.ra⟩ s.f. **1** Representação ou retrato nos quais os traços mais característicos de algo ou alguém são deformados ou exagerados, geralmente com intenção humorística ou paródica: *Não gostou da caricatura, pois aumentaram-lhe o nariz*. **2** Pessoa que se comporta de forma cômica ou ridícula.

caricatural ⟨ca.ri.ca.tu.ral⟩ (pl. *caricaturais*) adj.2g. De caricatura ou com alguma de suas características.

caricaturar ⟨ca.ri.ca.tu.rar⟩ v.t.d. Representar por meio de uma caricatura: *Caricaturaram o atleta desenhando-o com dentes exagerados*.

caricaturista ⟨ca.ri.ca.tu.ris.ta⟩ s.2g. Pessoa que desenha caricaturas.

carícia ⟨ca.rí.cia⟩ s.f. 1 Demonstração de carinho que consiste em passar a mão suavemente em um corpo ou uma superfície: *Fez algumas carícias em seu cabelo.* ☐ SIN. afago, agrado. 2 Toque suave que causa uma sensação agradável: *Sentia a carícia da brisa no seu rosto.*

caridade ⟨ca.ri.da.de⟩ s.f. 1 Benevolência, compaixão ou solidariedade com quem sofre. 2 Esmola ou auxílio dados aos necessitados.

caridoso, sa ⟨ca.ri.do.so, sa⟩ (Pron. [caridôso], [caridósa], [caridôsos], [caridósas]) adj. Que demonstra ou tem caridade pelos outros.

cárie ⟨cá.rie⟩ s.f. Destruição localizada de um tecido duro, geralmente um dente: *Para evitar cáries, é importante escovar bem os dentes.*

carijó ⟨ca.ri.jó⟩ adj.2g./s.2g. 1 Do antigo grupo indígena que habitava o litoral sul e sudeste do Brasil ou relacionado a ele. 2 Em relação a um galo ou a uma galinha, que possuem penas brancas e pretas. ☐ ORIGEM É uma palavra de origem tupi.

caril ⟨ca.ril⟩ (pl. *caris*) s.m. 1 Condimento de origem indiana, preparado com diferentes especiarias, como o gengibre, o cravo e o açafrão. 2 Molho feito com esse condimento.

carimbar ⟨ca.rim.bar⟩ v.t.d. Marcar com um carimbo: *carimbar um documento.*

carimbo ⟨ca.rim.bo⟩ s.m. 1 Objeto que permite marcar sobre um papel ou outra superfície a inscrição ou o desenho que tem gravados. 2 Marca feita com esse objeto.

carinho ⟨ca.ri.nho⟩ s.m. 1 Sentimento de afeto: *Tem um carinho especial pelo Brasil, pois mora há muitos anos aqui.* ☐ SIN. afeição. 2 Manifestação desse sentimento, geralmente por meio de contato físico: *Sempre está fazendo carinho nos netos.*

carinhoso, sa ⟨ca.ri.nho.so, sa⟩ (Pron. [carinhôso], [carinhósa], [carinhôsos], [carinhósas]) adj. Afetuoso, amoroso ou que manifesta carinho.

carioca ⟨ca.ri.o.ca⟩ adj.2g./s.2g. Do Rio de Janeiro ou relacionado à capital do estado brasileiro do Rio de Janeiro. ☐ ORIGEM É uma palavra de origem tupi. ☐ USO É diferente de *fluminense* (do estado do Rio de Janeiro).

carisma ⟨ca.ris.ma⟩ s.m. 1 Dom ou qualidade para atrair ou seduzir outras pessoas. 2 No cristianismo, dom concedido por Deus a algumas pessoas para que trabalhem em benefício da comunidade.

carismático, ca ⟨ca.ris.má.ti.co, ca⟩ adj. Do carisma, com carisma ou relacionado a esse dom.

caritativo, va ⟨ca.ri.ta.ti.vo, va⟩ adj. Da caridade, com caridade, ou relacionado a ela.

carlinga ⟨car.lin.ga⟩ s.f. Em um avião, espaço interno destinado ao piloto e à tripulação.

carma ⟨car.ma⟩ s.m. No hinduísmo, crença segundo a qual os atos que um ser realiza em uma vida influirão em suas vidas sucessivas.

carmelita ⟨car.me.li.ta⟩ ▌adj.2g. 1 De Nossa Senhora do Carmo ou do Monte Carmelo, ou relacionado a essa ordem religiosa. ▌adj.2g./s.2g. 2 Que ou quem pertence à ordem de Nossa Senhora do Carmo ou do Monte Carmelo.

carmesim ⟨car.me.sim⟩ (pl. *carmesins*) ▌adj.2g. 1 Da cor deste corante. ☐ SIN. carmim. ▌s.m. 2 Corante de cor vermelho-intensa. ☐ SIN. carmim. 3 Essa cor. ☐ SIN. carmim.

carmim ⟨car.mim⟩ ▌adj.2g.2n. 1 Da cor deste corante: *sapatos carmim.* ☐ SIN. carmesim. ▌s.m. 2 Corante de cor vermelho-intensa. ☐ SIN. carmesim. 3 Essa cor. ☐ SIN. carmesim. ☐ GRAMÁTICA Nas acepções 2 e 3, o plural é *carmins*.

carnação ⟨car.na.ção⟩ (pl. *carnações*) s.f. 1 Cor natural da carne ou da pele humanas. 2 Representação do corpo humano com sua cor natural.

carnadura ⟨car.na.du.ra⟩ s.f. 1 Aspecto externo do corpo humano. 2 Em um corpo humano, parte mais carnosa ou musculosa.

carnal ⟨car.nal⟩ (pl. *carnais*) adj.2g. 1 Do corpo e de seus instintos, ou relacionado a eles. 2 Em relação a um parentesco, que se tem por consanguinidade: *Filhos de irmãos são primos carnais.*

carnaúba ⟨car.na.ú.ba⟩ s.f. 1 Palmeira de grande porte, de raízes com propriedades medicinais, com fruto comestível e com folhas largas, em formato de leque e que produzem uma cera que evita a perda de umidade. ☐ SIN. carnaubeira. 2 Cera dessa palmeira. ☐ ORIGEM É uma palavra de origem tupi.

carnaubeira ⟨car.na.u.bei.ra⟩ s.f. Palmeira de grande porte, de raízes com propriedades medicinais, com fruto comestível e com folhas largas, em formato de leque e que produzem uma cera que evita a perda de umidade. ☐ SIN. carnaúba.

carnaval ⟨car.na.val⟩ (pl. *carnavais*) s.m. 1 Período de três dias que precede a Quaresma: *O Carnaval ocorre antes da quarta-feira de cinzas.* 2 Festa popular celebrada com bailes, desfiles e festas de rua e que ocorre geralmente nesses dias: *Ele costuma frequentar diversos carnavais fora de época.* ☐ ORIGEM É uma palavra que vem do latim *carnem levare* (abster-se da carne), por ser o começo do jejum da Quaresma.

carnavalesco, ca ⟨car.na.va.les.co, ca⟩ (Pron. [carnavalésco]) ▌adj. 1 Do Carnaval ou relacionado a ele. 2 Que é ridículo ou grotesco. ▌s. 3 No Carnaval, pessoa que participa dos festejos. 4 Pessoa que se dedica profissionalmente a organizar um desfile de escola de samba e a produzir seu enredo.

carne ⟨car.ne⟩ s.f. 1 Parte macia do corpo dos animais formada pelos músculos. 2 Parte comestível do corpo dos animais: *carne de frango; carne de porco.* 3 Em oposição ao espírito, corpo humano e seus instintos, especialmente os sensuais: *as tentações da carne.* 4 Em um fruta, parte macia que fica debaixo de sua casca: *a carne do caju.*

carnê ⟨car.nê⟩ s.m. Talão de pagamento para compras feitas a prazo e que contém uma folha com o valor e a data de vencimento para cada prestação.

carnear ⟨car.ne.ar⟩ ▌v.t.d. 1 Matar ou fazer o corte de (um animal de rebanho) para o consumo humano. ▌v.int. 2 Matar ou fazer o corte de um animal de rebanho para o consumo humano. ☐ ORTOGRAFIA O *e* muda para *ei* quando a sílaba tônica estiver na raiz do verbo →NOMEAR.

carne de sol ⟨car.ne de sol⟩ (pl. *carnes de sol*) s.f. Carne bovina, típica do Nordeste brasileiro, ligeiramente temperada com sal e seca ao sol.

carneirada ⟨car.nei.ra.da⟩ s.f. Rebanho de carneiros.

carneiro ⟨car.nei.ro⟩ s.m. 1 Mamífero ruminante, de chifres estriados e enrolados em espiral, que fornece lã e carne. 2 Em um cemitério, urna ou gaveta onde se enterram os cadáveres. ☐ GRAMÁTICA Na acepção 1, usa-se o substantivo feminino *ovelha* para designar a fêmea.

carne-seca ⟨car.ne-se.ca⟩ (Pron. [carne-sêca]) (pl. *carnes-secas*) s.f. Carne bovina curtida, temperada com sal e seca ao sol. ☐ SIN. charque, jabá.

carniça ⟨car.ni.ça⟩ s.f. 1 Carne de um animal em decomposição: *Abutres e urubus se alimentam de carniça.* 2 Brincadeira infantil na qual as crianças ficam dispostas em filas e devem pular nas costas daquela que estiver na sua frente.

carniceiro

carniceiro, ra ⟨car.ni.cei.ro, ra⟩ ▌adj. **1** Em relação a um animal, que mata outros para comê-los: *O leão e o tigre são animais carniceiros.* ▌adj./s. **2** Que ou quem é cruel, sanguinário ou desumano: *Aquele vilão do filme que vimos era um carniceiro.* ▌s. **3** Pessoa que se dedica profissionalmente ao corte e à venda de carne. □ SIN. açougueiro.

carnificina ⟨car.ni.fi.ci.na⟩ s.f. Matança ou grande mortandade de pessoas ou de animais, causadas geralmente por uma guerra ou por uma catástrofe. □ SIN. hecatombe.

carnívoro, ra ⟨car.ní.vo.ro, ra⟩ ▌adj. **1** Em relação a um animal, que se alimenta somente de carne ou preferencialmente dela: *A onça e o leopardo são animais carnívoros.* **2** Em relação a uma planta, que captura insetos e os digere com a ajuda de um suco digestivo. ▌adj./s. **3** Em relação a um mamífero, que se alimenta principalmente de carne, e que tem dentição adaptada ao consumo desse tipo de alimento, com caninos fortes, molares cortantes e mandíbula e maxila potentes. ▌s.m.pl. **4** Em zoologia, ordem desses mamíferos.

carnosidade ⟨car.no.si.da.de⟩ s.f. Massa irregular tenra que aparece em alguma parte do corpo: *Fez uma cirurgia para retirar uma carnosidade do nariz.*

carnoso, sa ⟨car.no.so, sa⟩ (Pron. [carnôso], [carnósa], [carnósos], [carnósas]) adj. **1** De carne de animal. **2** Que tem a consistência da carne. **3** Em relação a um órgão vegetal, que é formado por tecidos moles e rugosos.

carnudo, da ⟨car.nu.do, da⟩ adj. **1** Que tem muita carne. **2** Que tem os músculos muito desenvolvidos: *coxas carnudas.*

caro ⟨ca.ro⟩ adv. Por muito dinheiro ou a um preço elevado: *Nesta oficina, cobra-se caro pela mão de obra. Ele pagou caro pelo erro cometido.*

caro, ra ⟨ca.ro, ra⟩ adj. **1** Em relação a uma mercadoria, de preço elevado ou superior ao que se espera. **2** Amado, querido ou estimado: *Seja bem-vindo, meu caro amigo!*

caroço ⟨ca.ro.ço⟩ (Pron. [carôço], [caróços]) s.m. **1** Em alguns frutos, parte interna, dura e lenhosa, dentro da qual se encontra a semente: *o caroço do pêssego.* **2** Semente de alguns frutos, com a parte externa mais rígida e que contém o embrião de uma futura planta: *um caroço de melancia.* **3** Em uma massa líquida, parte que se coagula ou se torna mais endurecida: *Esqueci de colocar leite e o mingau ficou cheio de caroços.* **4** Em uma parte do corpo, saliência arredondada, geralmente aquela ocasionada por uma picada ou alergia: *Ficou cheio de caroços por causa das picadas dos mosquitos.* **5** Em medicina, acúmulo de células que forma um volume de pequeno tamanho: *O autoexame de mama é importante para detectar caroços.*

carola ⟨ca.ro.la⟩ adj.2g./s.2g. *informal pejorativo* Que ou quem é muito devoto às práticas religiosas e frequentador assíduo de seus cultos.

carona ⟨ca.ro.na⟩ (Pron. [carôna]) ▌s.2g. **1** Pessoa que é levada de graça por um motorista. **2** Motorista que leva alguém de graça. ▌s.f. **3** Transporte gratuito que um motorista dá a alguém. ▌s.f. **4** Em um animal de montaria, pedaço de tecido de couro colocado sob a sela para não machucar seu dorso.

carpa ⟨car.pa⟩ s.f. Peixe de água doce, comestível, de cores variadas, de boca pequena, sem dentes e muito apreciado como ornamental. □ GRAMÁTICA É um substantivo epiceno: *a carpa {macho/fêmea}.* [👁 **peixes (água salgada)** p. 609]

carpal ⟨car.pal⟩ (pl. *carpais*) adj.2g. Do carpo ou relacionado a essa parte do esqueleto.

carpe diem *(expressão latina)* (Pron. [cárpe díem]) s.m. Máxima de origem latina que incentiva a desfrutar o momento presente: *O carpe diem foi formulado nas odes do poeta latino Horácio.*

carpete ⟨car.pe.te⟩ s.m. Tapete fixo usado para forrar pisos.

carpideira ⟨car.pi.dei.ra⟩ s.f. **1** Mulher que chora ou se lastima muito. **2** Mulher à qual se paga para assistir a um enterro e chorar pelo morto.

carpintaria ⟨car.pin.ta.ri.a⟩ s.f. **1** Lugar em que um carpinteiro trabalha. **2** Arte ou técnica de trabalhar a madeira e de fazer objetos com ela. **3** Obra ou trabalho feitos segundo essa técnica.

carpinteiro, ra ⟨car.pin.tei.ro, ra⟩ s. Pessoa que se dedica profissionalmente a trabalhar a madeira de modo artesanal para construir objetos.

carpir ⟨car.pir⟩ ▌v.t.d. **1** Arrancar o capim, as ramas ou as folhas secas de (um terreno): *carpir um jardim.* ▌v.int./v.prnl. **2** Lamuriar ou queixar-se. □ GRAMÁTICA É um verbo defectivo, pois não apresenta conjugação completa →BANIR.

carpo ⟨car.po⟩ s.m. **1** Em alguns vertebrados, conjunto dos ossos que formam parte do esqueleto da mão. **2** Em botânica, fruto. [👁 **esqueleto** p. 334]

carqueja ⟨car.que.ja⟩ (Pron. [carquêja]) s.f. Planta de caule verde, com flores pequenas e brancas, muito usada por suas propriedades medicinais.

carquilha ⟨car.qui.lha⟩ s.f. Prega que se forma na pele, geralmente em consequência da idade. □ SIN. ruga, sulco.

carrada ⟨car.ra.da⟩ ‖ **às carradas** Em grande quantidade: *Ganhou dinheiro às carradas naquele negócio.*

carranca ⟨car.ran.ca⟩ s.f. **1** Expressão de aborrecimento ou mau humor: *Estava com uma carranca horrível, e não quis conversar com ninguém.* **2** Objeto, semelhante a uma cara ou a uma cabeça grandes, usado como enfeite.

carrancudo, da ⟨car.ran.cu.do, da⟩ adj. *informal* Que tem aspecto aborrecido ou mal-humorado.

carrapateira ⟨car.ra.pa.tei.ra⟩ s.f. Planta de caule ereto, com galhos grossos e ocos, folhas grandes com cinco a oito lobos, flores amarelas e pequenas dispostas ao longo de um ramo, cujo fruto é a mamona. □ SIN. mamona, mamoneira.

carrapaticida ⟨car.ra.pa.ti.ci.da⟩ adj.2g./s.m. Que serve para matar carrapatos.

carrapato ⟨car.ra.pa.to⟩ s.m. Artrópode pequeno, de formato oval e com oito patas com as quais, junto com seu aparelho bucal sugador, gruda no corpo de certos mamíferos ou aves, vivendo como parasita e sugando seu sangue. □ GRAMÁTICA É um substantivo epiceno: *o carrapato {macho/fêmea}.*

carrapicho ⟨car.ra.pi.cho⟩ s.m. **1** Planta com folhas compostas, flores rosadas ou roxas, cujo fruto é coberto por pequenos pelos ou por espinhos que aderem a roupas ou a pelos de animais. **2** Esse fruto.

carrasco, ca ⟨car.ras.co, ca⟩ ▌s. **1** Pessoa encarregada de executar a pena de morte. □ SIN. algoz, executor, verdugo. **2** Pessoa cruel. ▌s.m. **3** No Nordeste brasileiro, mata densa com plantas que apresentam caule e ramos duros. **4** Terreno com essa mata.

carreata ⟨car.re.a.ta⟩ s.f. Desfile de veículos, geralmente com fins comemorativos ou como manifestação política.

carregador, -a ⟨car.re.ga.dor, do.ra⟩ (Pron. [carregadôr], [carregadôra]) ▌adj./s. **1** Que ou quem carrega ou transporta algo: *um carregador de malas.* ▌s.m. **2** Em uma arma de fogo, peça que contém as munições: *o*

cartão

carregador de uma pistola. **3** Aparelho usado para carregar baterias: *o carregador de um celular.*
carregamento ⟨car.re.ga.men.to⟩ s.m. **1** Ato ou efeito de carregar. □ SIN. carga. **2** Aquilo que se carrega: *um carregamento de madeiras.* □ SIN. carga.
carregar ⟨car.re.gar⟩ ▌ v.t.d. **1** Transportar ou levar junto: *Sempre carrega um livro para onde quer que vá.* **2** Encher de bagagens ou de mercadorias (um veículo): *Carregou tanto o carro que não pôde subir a ladeira.* **3** Encher ou saturar: *Carregou a mochila com mantimentos para a viagem.* **4** Introduzir a carga ou o cartucho em (uma arma de fogo): *Carregou o revólver com uma só bala.* **5** Prover do necessário para funcionar (um utensílio ou um aparelho): *Esqueceu de carregar a bateria do celular.* **6** Manter ou suportar sobre si (um peso ou uma obrigação): *Ela carrega toda a responsabilidade do departamento.* **7** Em informática, em relação a um computador, gravar ou executar (um programa): *O computador demorou muito para carregar o programa.* ▌ v.t.i. **8** Exagerar ou exceder-se [na adição de algo]: *Carregou no tempero e a carne ficou salgada.* □ ORTOGRAFIA Antes de e, o *g* muda para *gu* →CHEGAR.
carreira ⟨car.rei.ra⟩ s.f. **1** Profissão pela qual se recebe um salário e que oferece oportunidades de crescimento: *Ele pretende seguir a carreira de jornalista.* **2** Corrida rápida, curta e a pé: *Deu uma carreira para pegar o ônibus.* **3** Conjunto de elementos colocados em linha: *Plantou uma carreira de flores seguindo o muro.* ‖ **às carreiras** Com pressa ou a uma grande velocidade: *Saiu às carreiras de casa para não se atrasar.*
carreiro, ra ⟨car.rei.ro, ra⟩ ▌ s. **1** Pessoa que conduz um carro de boi. ▌ s.m. **2** Caminho estreito.
carreta ⟨car.re.ta⟩ (Pron. [carrêta]) s.f. **1** Caminhão usado geralmente para o transporte de cargas pesadas. □ SIN. jamanta. **2** Carro pequeno de madeira, com duas rodas e uma tábua à qual se amarra um animal, geralmente um boi ou um cavalo. □ SIN. carroça.
carreteiro, ra ⟨car.re.tei.ro, ra⟩ s. Pessoa que se dedica profissionalmente a conduzir uma carreta.
carretel ⟨car.re.tel⟩ (pl. *carretéis*) s.m. Cilindro que tem geralmente o eixo oco, com bordas em suas bases, que serve para enovelar ou enrolar algo flexível: *um carretel de linha.*
carretilha ⟨car.re.ti.lha⟩ s.f. Objeto com um cabo em uma das extremidades e com uma peça circular dentada, geralmente de metal, na outra, usado para cortar massas e outros alimentos.
carreto ⟨car.re.to⟩ (Pron. [carrêto]) s.m. **1** Serviço de transporte de objetos: *um carreto de mudança.* **2** Quantia que se paga por esse serviço.
carril ⟨car.ril⟩ (pl. *carris*) s.m. **1** Marca deixada no chão pelas rodas de um veículo. **2** Em uma ferrovia, barra de aço paralela a outra, presa a peças de madeira e sobre a qual um veículo ferroviário desliza.
carrilhão ⟨car.ri.lhão⟩ (pl. *carrilhões*) s.m. **1** Conjunto de sinos que produzem uma sequência musical: *o carrilhão da igreja.* **2** Relógio que marca as horas com essa sequência musical.
carrinho ⟨car.ri.nho⟩ s.m. **1** Carro pequeno. **2** Veículo pequeno com quatro rodas, empurrado por uma pessoa e que serve para transportar um bebê. **3** Carro de brinquedo. ‖ **carrinho de mão** Carro pequeno formado geralmente por uma só roda, um recipiente no qual se leva a carga, dois cabos que servem para guiá-lo e dois pés sobre os quais descansa.
carro ⟨car.ro⟩ s.m. **1** Veículo movido sobre rodas através de um motor, geralmente a explosão, e que circula por terra. □ SIN. automóvel. **2** Vagão de trem, especialmente aquele dedicado ao transporte de passageiros. ‖ **carro alegórico** Veículo adornado com enfeites e figuras simbólicas, utilizado em desfiles de carnaval. ‖ **(carro) conversível** Aquele que possui uma capota retrátil. □ SIN. automóvel conversível.
carro-bomba ⟨car.ro-bom.ba⟩ (pl. *carros-bomba* ou *carros-bombas*) s.m. Veículo equipado com explosivos, usado em atentados terroristas.
carroça ⟨car.ro.ça⟩ s.f. **1** Carro pequeno de madeira, com duas rodas e uma tábua à qual se amarra um animal, geralmente um boi ou um cavalo. □ SIN. carreta. **2** *informal* Carro muito velho.
carroção ⟨car.ro.ção⟩ (pl. *carroções*) s.m. Antigamente, carroça grande e com cobertura, levada por bois e que servia para transportar pessoas.
carroceiro, ra ⟨car.ro.cei.ro, ra⟩ s. Pessoa que conduz uma carroça, especialmente como profissão.
carroceria ⟨car.ro.ce.ri.a⟩ s.f. **1** Em um automóvel, estrutura metálica que protege o motor e outros elementos, e em cujo interior se instalam os passageiros e a carga. **2** Em caminhões e outros veículos, parte traseira que comporta a carga.
carro-chefe ⟨car.ro-che.fe⟩ (pl. *carros-chefe* ou *carros-chefes*) s.m. Em um conjunto, aquilo que se considera o mais importante ou o mais interessante: *Esta música é o carro-chefe do seu disco.*
carrocinha ⟨car.ro.ci.nha⟩ s.f. **1** Carroça pequena. **2** Veículo que recolhe e transporta cães e gatos de rua.
carro de combate ⟨car.ro de com.ba.te⟩ (pl. *carros de combate*) s.m. Tanque de guerra.
carro-forte ⟨car.ro-for.te⟩ (pl. *carros-fortes*) s.m. Veículo blindado, utilizado para o transporte de grandes valores.
carro-pipa ⟨car.ro-pi.pa⟩ (pl. *carros-pipa* ou *carros-pipas*) s.m. Caminhão equipado com um grande tanque e usado para o transporte de água.
carrossel ⟨car.ros.sel⟩ (pl. *carrosséis*) s.m. Em um parque de diversões, brinquedo formado por uma plataforma giratória sobre a qual são fixados assentos em forma de animais ou veículos em miniatura.
carruagem ⟨car.ru.a.gem⟩ (pl. *carruagens*) s.f. Veículo formado por uma armação de madeira ou de ferro colocada sobre rodas e que geralmente é puxado por cavalos.
carta ⟨car.ta⟩ s.f. **1** Comunicação escrita, geralmente colocada em um envelope, que se envia a uma ou várias pessoas: *Recebemos uma carta de nossos primos que moram no exterior.* **2** Cada um dos cartões retangulares que constituem um baralho e que possuem, em um dos lados, uma figura ou um número determinado de objetos. **3** Em um restaurante, lista de comidas e bebidas que podem ser consumidas, geralmente com seu respectivo preço: *uma carta de vinhos.* □ SIN. cardápio, menu. **4** Representação gráfica em um plano, de acordo com uma escala, da superfície terrestre ou de parte dela: *uma carta de navegação.* □ SIN. mapa. ‖ **carta branca** Permissão que se dá a alguém para que faça algo: *A diretora lhe deu carta branca para fechar o negócio.* ‖ **{colocar/pôr} as cartas na mesa** Revelar intenções, opiniões ou fatos que se mantinham ocultos: *Colocaram as cartas na mesa e acabaram chegando a um acordo.* ‖ **dar as cartas** 1 Em um jogo de baralho, fazer a distribuição das cartas. 2 Controlar ou assumir a responsabilidade de uma situação: *Ainda que oficialmente não seja a chefe, é ela quem dá as cartas na equipe.*
cartada ⟨car.ta.da⟩ s.f. **1** Em um jogo de baralho, lance feito por um jogador. **2** Ação arriscada: *Investir naquele negócio será a minha última cartada.*
cartão ⟨car.tão⟩ (pl. *cartões*) s.m. **1** Folha grossa feita com várias folhas de papel superpostas: *Com aquele*

cartão-postal

cartão fez uma caixa para guardar os presentes. **2** Pedaço de papel de pequeno tamanho, geralmente retangular, e que traz algo impresso ou escrito: *Ela recebeu flores com o cartão de um admirador*. ‖ **cartão (de crédito)** Aquele que permite pagar a crédito e sem dinheiro em espécie ou sacar dinheiro em um caixa eletrônico. ‖ **cartão (de débito)** Aquele que permite pagar sem dinheiro em espécie, debitando imediatamente o valor da conta, ou sacar dinheiro em um caixa eletrônico.
cartão-postal ⟨car.tão-pos.tal⟩ (pl. *cartões-postais*) s.m. Cartão que se envia pelo correio e que tem uma imagem, geralmente uma foto, em um dos lados, e um espaço em branco para escrever do outro. ▫ USO Usa-se também a forma reduzida *postal*.
cartaz ⟨car.taz⟩ s.m. **1** Folha, geralmente de papel, com inscrições ou figuras e que se coloca em um lugar público, especialmente com fins publicitários ou informativos: *O cartaz informava que não haveria aula no dia seguinte*. **2** Fama ou reputação: *Por seu profissionalismo, tem muito cartaz entre seus companheiros de trabalho*.
cartear ⟨car.te.ar⟩ ▪ v.t.d. **1** Jogar (um jogo de baralho): *Seu avô gostava de cartear truco com os amigos*. ▪ v.int. **2** Jogar um jogo de baralho. **3** Em um jogo de baralho, distribuir as cartas aos jogadores. ▫ ORTOGRAFIA O *e* muda para *ei* quando a sílaba tônica estiver na raiz do verbo →NOMEAR.
carteira ⟨car.tei.ra⟩ s.f. **1** Bolsa retangular que serve para guardar dinheiro e documentos. **2** Mesa com uma tampa plana ou inclinada usada para escrever ou desenhar: *Chegava antes que seus colegas de classe, pois gostava de se sentar na mesma carteira*. ‖ **(carteira de) identidade** Documento oficial de identificação de uma pessoa. ▫ SIN. cédula de identidade, RG. ‖ **carteira {de motorista/nacional de habilitação}** Documento oficial que autoriza uma pessoa a dirigir um veículo. ‖ **carteira {de trabalho/profissional}** Aquela em que se registram dados referentes às funções profissionais exercidas por uma pessoa. ▫ USO Na locução *carteira profissional*, usa-se também a forma reduzida *profissional*.
carteiro, ra ⟨car.tei.ro, ra⟩ s. Pessoa que se dedica profissionalmente à distribuição de cartas ou de telegramas e ao envio de correspondências. ▫ SIN. estafeta.
cartel ⟨car.tel⟩ (pl. *cartéis*) s.m. Acordo entre empresas para regular a produção, a venda e o preço de um produto, evitando a concorrência entre elas: *um cartel petroleiro*.
cartela ⟨car.te.la⟩ s.f. **1** Embalagem para vários produtos pequenos, formada por um suporte de cartão ou cartolina sobre os quais se coloca uma lâmina de plástico transparente com cavidades nas quais se alojam diferentes artigos: *uma cartela de comprimidos*. **2** Conjunto de amostras de mercadorias: *uma cartela de cosméticos*. **3** Em alguns jogos, peça de papel ou de outro material que se utiliza para marcar ou preencher números: *uma cartela de bingo*.
cárter ⟨cár.ter⟩ s.m. Em um automóvel, depósito de lubrificante do motor.
cartesiano, na ⟨car.te.si.a.no, na⟩ adj./s. Que ou quem é rigoroso, metódico ou racional.
cartilagem ⟨car.ti.la.gem⟩ (pl. *cartilagens*) s.f. Tecido de sustentação, resistente e flexível, com propriedades intermediárias entre o tecido ósseo e o conjuntivo.
cartilaginoso, sa ⟨car.ti.la.gi.no.so, sa⟩ (Pron. [cartilaginôso], [cartilaginósa], [cartilaginósos], [cartilaginósas]) adj. Da cartilagem ou relacionado a ela.
cartilha ⟨car.ti.lha⟩ s.f. Livro para aprender algo, geralmente a ler: *uma cartilha de música; uma cartilha de leitura*.
cartografia ⟨car.to.gra.fi.a⟩ s.f. Arte ou técnica de elaborar cartas geográficas ou mapas.

cartola ⟨car.to.la⟩ ▪ s.f. **1** Chapéu masculino de aba estreita e copa alta, quase cilíndrica e plana por cima, geralmente forrado de felpa de seda preta: *O mágico tirou um coelho de dentro da sua cartola*. ▪ s.2g. **2** *informal pejorativo* Dirigente de um clube esportivo.
cartolina ⟨car.to.li.na⟩ s.f. Cartão fino e geralmente liso.
cartomancia ⟨car.to.man.ci.a⟩ s.f. Adivinhação pela interpretação de cartas.
cartomante ⟨car.to.man.te⟩ ▪ adj.2g. **1** Da cartomancia ou relacionado a essa forma de adivinhação. ▪ s.2g. **2** Pessoa que pratica a cartomancia.
cartonado, da ⟨car.to.na.do, da⟩ adj. Em relação a um livro, que é encadernado com capa de cartão forrada de papel.
cartonagem ⟨car.to.na.gem⟩ (pl. *cartonagens*) s.f. **1** Produção de materiais de cartão. **2** Encadernação em capa dura feita com cartão ou papelão, colocada na parte interna dos livros para lhes dar maior resistência.
cartório ⟨car.tó.rio⟩ s.m. **1** Estabelecimento em que se encontram tabelionatos, registros públicos e ofícios de notas, onde documentos importantes são arquivados: *Registrou a abertura da empresa no cartório*. **2** Repartição onde se autenticam e se emitem documentos, certidões ou registros: *Fomos ao cartório para fazer a certidão de nascimento de meu filho*.
cartucheira ⟨car.tu.chei.ra⟩ s.f. Cinturão preparado para levar cartuchos.
cartucho ⟨car.tu.cho⟩ s.m. **1** Cilindro, geralmente metálico, que contém a carga de munição necessária para disparar um projétil: *A perícia encontrou diversos cartuchos de revólver na cena do crime*. **2** Peça removível com tinta para impressora: *um cartucho de tinta*. **3** Folha, geralmente de papel ou de cartão, enrolada de forma cônica, que serve para conter objetos pequenos: *um cartucho de cartolina*.
cartum ⟨car.tum⟩ (pl. *cartuns*) s.m. **1** Desenho caricatural com intenção humorística: *Nos jornais de hoje há cartuns satirizando o político por suas declarações*. **2** Livro ou revista que contêm uma sucessão ou série de vinhetas com desenvolvimento narrativo: *Gosto de cartuns de super-heróis*. **3** Filme cinematográfico feito com fotografia de desenhos que representam fases sucessivas de um movimento.
cartunista ⟨car.tu.nis.ta⟩ adj.2g./s.2g. Que ou quem se dedica profissionalmente ao cartum.
caruaruense ⟨ca.ru.a.ru.en.se⟩ adj.2g./s.2g. De Caruaru ou relacionado a essa cidade do estado brasileiro de Pernambuco.
carunchar ⟨ca.run.char⟩ v.int. Ficar cheio de carunchos: *A madeira carunchou e o móvel ruiu*.
caruncho ⟨ca.run.cho⟩ s.m. **1** Inseto coleóptero pequeno, de cor escura, cabeça alongada e pontiaguda, e que é praga de alguns alimentos, especialmente se for do arroz, feijão e derivados de trigo. ▫ SIN. gorgulho. [👁 insetos p. 456] **2** Vestígio deixado por esse inseto. ▫ GRAMÁTICA Na acepção 1, é um substantivo epiceno: *o caruncho (macho/fêmea)*.
caruru ⟨ca.ru.ru⟩ s.m. **1** Planta herbácea com folhas simples, alternas, ovais e comestíveis, com flores pequenas dispostas em longos cachos, cujo fruto tem formato de cápsula. **2** Prato típico brasileiro, elaborado com essa planta ou quiabo, peixe, camarão, castanha de caju ou amendoim e azeite de dendê. ▫ ORIGEM É uma palavra de origem africana.
carvalho ⟨car.va.lho⟩ s.m. Árvore de grande porte, tronco grosso, madeira dura e bastante resistente, com galhos retorcidos, folhas em lóbulos, flores verde-amareladas, e cujo fruto é a bolota.

carvão ⟨car.vão⟩ (pl. *carvões*) s.m. **1** Matéria sólida, leve, preta e combustível, que se obtém pela destilação ou combustão incompleta da lenha ou de outros corpos orgânicos: *Usou carvão para acender a churrasqueira.* **2** Matéria carbonizada. **3** Lápis ou barra de madeira carbonizada que servem para desenhar: *Este desenhista usa carvão em seus esboços.*

carvoaria ⟨car.vo.a.ri.a⟩ s.f. Lugar onde se fabrica e se guarda carvão.

carvoeiro, ra ⟨car.vo.ei.ro, ra⟩ adj. **1** Do carvão ou relacionado a essa matéria. ∎ s. **2** Pessoa que faz ou vende carvão.

casa ⟨ca.sa⟩ s.f. **1** Prédio ou parte dele onde uma pessoa ou uma família moram: *Estamos nos mudando para uma casa nova.* **2** Família ou grupo de pessoas que vivem juntas em um mesmo lugar: *Em minha casa, costumamos jantar cedo.* **3** Estabelecimento comercial: *Nesta casa, quem manda é o cliente.* **4** Em um tabuleiro de jogo, cada uma das divisões: *Joguei o dado e andei duas casas.* **5** Em uma peça do vestuário, abertura pequena, alargada e reforçada com linha em suas bordas, feita para passar um botão por ela e abotoar: *as casas de uma camisa.* **6** Em um número, lugar ocupado por cada algarismo: *2,14 é um número que tem duas casas decimais.* ‖ **casa da moeda** Estabelecimento destinado a fundir, fabricar e cunhar moedas e cédulas. ‖ **(casa de) detenção** Prisão onde ficam os detentos à espera do julgamento. ‖ **casa de penhor** Estabelecimento comercial em que se empresta dinheiro em troca da entrega de um objeto deixado como garantia de pagamento. ‖ **casa noturna** Estabelecimento comercial em que se costuma escutar música, dançar e consumir bebidas. □ SIN. boate, danceteria, discoteca. ‖ **ser de casa** *informal* Ser próximo, como se fosse da família: *Entre e fique à vontade, pois você é de casa.* [➤ habitação p. 420]

casaca ⟨ca.sa.ca⟩ s.f. Espécie de jaqueta de gala, curta na frente e que atrás chega até a altura do joelho.

casaco ⟨ca.sa.co⟩ s.m. Peça do vestuário, com mangas, aberta na frente, geralmente com botões, e que chega até abaixo da cintura: *um casaco de lã.*

casado, da ⟨ca.sa.do, da⟩ adj./s. Que ou quem contraiu matrimônio.

casadoiro, ra ⟨ca.sa.doi.ro, ra⟩ adj. →**casadouro, ra**

casadouro, ra ⟨ca.sa.dou.ro, ra⟩ adj. **1** Que está em idade de casar-se. **2** Que quer ou pretende casar-se.
□ ORTOGRAFIA Escreve-se também *casadoiro*.

casa-grande ⟨ca.sa-gran.de⟩ (pl. *casas-grandes*) s.f. No período colonial brasileiro, casa de fazenda de grande extensão.

casal ⟨ca.sal⟩ (pl. *casais*) s.m. **1** Par em que há uma relação amorosa. **2** Par de animais de sexos diferentes.

casamenteiro, ra ⟨ca.sa.men.tei.ro, ra⟩ adj./s. Que ou quem se interessa a propor ou a combinar casamentos.

casamento ⟨ca.sa.men.to⟩ s.m. **1** Cerimônia ou ato em que se oficializa a união conjugal entre duas pessoas. □ SIN. boda, núpcias. **2** União civil entre duas pessoas, legitimada por um contrato. □ SIN. consórcio.

casar ⟨ca.sar⟩ ∎ v.t.i./v.int./v.prnl. **1** Contrair matrimônio [com alguém]: *Ele casou com a namorada de longa data. Meus pais casaram há quinze anos. Eles se casaram muito jovens.* ∎ v.t.d. **2** Em relação a um sacerdote ou a uma autoridade civil, unir em matrimônio (duas pessoas): *Quem os casou foi o juiz de paz.* ∎ v.t.d./v.t.i./v.t.d.i./v.int./v.prnl. **3** Fazer corresponder ou corresponder (um elemento) [com outro], ou combinar entre si: *Seus atos não casam com suas palavras. Nossas ideias não se casam.* ∎ v.t.d./v.prnl. **4** Ordenar (dois ou mais elementos) de modo que formem um jogo ou guardem correspondência entre si, ou dispor(-se) em conjunto: *A roupa de cama casava os lençóis, as fronhas e a colcha.*

casarão ⟨ca.sa.rão⟩ (pl. *casarões*) s.m. **1** Casa grande. **2** Casa rica ou luxuosa.

casario ⟨ca.sa.ri.o⟩ s.m. Conjunto de casas dispostas em série.

casca ⟨cas.ca⟩ s.f. Cobertura ou camada duras, especialmente se for de um ovo ou de algumas frutas, que protegem a parte de dentro.

cascalho ⟨cas.ca.lho⟩ s.m. **1** Pedra britada usada para cobrir e aplanar o solo ou para fazer concreto. **2** Conjunto de fragmentos, geralmente conchas e pedras, que ficam sobre a areia. **3** *informal* Dinheiro.

cascão ⟨cas.cão⟩ (pl. *cascões*) s.m. **1** Casca grossa: *o cascão de uma árvore.* **2** Crosta que se endurece ou se seca sobre algo úmido ou mole: *O doce de leite cristalizou e criou um cascão na superfície.* **3** Crosta de sujeira ou de ferida.

cascata ⟨cas.ca.ta⟩ s.f. **1** Queda pequena de uma corrente de água de certa altura, causada por um ligeiro desnível do leito: *Depois de horas andando pela mata, chegamos a uma pequena cascata.* **2** *informal* Mentira ou fingimento com o intuito de enganar alguém: *Não acredite, pois isso tudo é cascata.*

cascateiro, ra ⟨cas.ca.tei.ro, ra⟩ adj./s. *informal pejorativo* Que ou quem mente ou finge.

cascavel ⟨cas.ca.vel⟩ (pl. *cascavéis*) s. **1** Serpente venenosa, de coloração variada e que possui um chocalho na ponta da cauda. **2** *informal pejorativo* Pessoa má, falsa ou desleal.

cascavelense ⟨cas.ca.ve.len.se⟩ adj.2g./s.2g. De Cascavel ou relacionado a essa cidade do estado brasileiro do Paraná.

casco ⟨cas.co⟩ s.m. **1** Em alguns animais, especialmente nos equinos e paquidermes, estojo córneo com o qual eles se apoiam no solo, e cuja função é proteger as extremidades anteriores e posteriores: *Aquele cavalo está mancando, pois está machucado num dos cascos.* **2** Corpo de uma embarcação, sem o aparelho nem as máquinas: *Depois da colisão com o iceberg, o casco do navio ficou muito danificado.* **3** Cobertura dura que protege o corpo de alguns animais: *o casco de uma tartaruga.* □ SIN. carapaça. **4** Garrafa de vidro vazia: *Fui à padaria devolver os cascos de cerveja.*

cascudo ⟨cas.cu.do⟩ s.m. Golpe dado na cabeça com os nós dos dedos da mão fechada. □ SIN. cocorote, coque.

casear ⟨ca.se.ar⟩ v.t.d. Fazer uma casa em (uma peça do vestuário) para passar um botão: *casear uma camisa.* □ ORTOGRAFIA O e muda para *ei* quando a sílaba tônica estiver na raiz do verbo →NOMEAR.

casebre ⟨ca.se.bre⟩ s.m. Habitação pequena e humilde. □ SIN. casinhola.

caseína ⟨ca.se.í.na⟩ s.f. Proteína do leite que constitui um dos seus elementos principais.

caseiro, ra ⟨ca.sei.ro, ra⟩ ∎ adj. **1** Que se faz ou que se cria em casa, ou que pertence a ela: *uma comida caseira; um vídeo caseiro.* **2** Que gosta muito de ficar em casa. ∎ s. **3** Pessoa que cuida de uma casa e vive nela quando o dono está ausente.

caserna ⟨ca.ser.na⟩ s.f. Em um quartel ou forte, lugar onde os soldados se alojam.

casimira ⟨ca.si.mi.ra⟩ s.f. Tecido leve feito de lã de carneiro ou de cabra: *um pulôver de casimira.*

casinhola ⟨ca.si.nho.la⟩ s.f. Habitação pequena e humilde. □ SIN. casebre.

casmurro

casmurro, ra ⟨cas.mur.ro, ra⟩ adj./s. Que ou quem é introvertido ou calado.
caso ⟨ca.so⟩ s.m. **1** Acontecimento, fato ou ocorrência: *O desaparecimento do prefeito foi um caso insólito.* **2** Eventualidade ou combinação de circunstâncias que não podem ser previstas nem evitadas: *Em caso de neblina, acenda os faróis do carro.* **3** Relato de um fato: *Seu avô adora contar os casos de sua infância.* **4** Assunto ou questão: *Já levamos o caso à diretoria.* **5** Em linguística, em uma língua com declinação, forma que uma palavra de caráter nominal adota segundo a função que desempenha em uma oração: *Eu, me e comigo são vestígios de casos do pronome de primeira pessoa do singular.* **6** *informal* Envolvimento amoroso, geralmente passageiro, ilegítimo ou secreto.
casório ⟨ca.só.rio⟩ s.m. *informal* Casamento.
caspa ⟨cas.pa⟩ s.f. Conjunto de escamas que se soltam do couro cabeludo.
caspento, ta ⟨cas.pen.to, ta⟩ adj. Que tem muita caspa.
casquento, ta ⟨cas.quen.to, ta⟩ adj. Que tem muita casca, especialmente se for grossa.
casquete ⟨cas.que.te⟩ s.m. Peça do vestuário, geralmente com viseira e sem abas, usada para cobrir a cabeça.
casquinada ⟨cas.qui.na.da⟩ s.f. Risada forte e ruidosa, especialmente se for sarcástica.
casquinha ⟨cas.qui.nha⟩ s.f. **1** Casca pequena e fina que se forma ao cicatrizar uma ferida. **2** Massa fina, crocante e de formato cônico na qual se coloca sorvete. **3** Sorvete servido dentro dessa massa.
cassa ⟨cas.sa⟩ s.f. Tecido fino, leve e transparente, feito de algodão ou de linho. ◻ ORTOGRAFIA É diferente de *caça*.
cassar ⟨cas.sar⟩ v.t.d. **1** Deixar sem efeito (uma norma ou um mandato, especialmente). **2** Privar (alguém) de seus direitos políticos. ◻ ORTOGRAFIA É diferente de *caçar*.
cassete ⟨cas.se.te⟩ (Pron. [casséte]) s.m. **1** Recipiente plástico que contém uma fita magnética em que se registram sons ou informações que podem ser reproduzidos posteriormente. **2** Gravador que utiliza essa caixa de plástico. ◻ ORTOGRAFIA É diferente de *cacete*.
cassetete ⟨cas.se.te.te⟩ (Pron. [cassetéte]) s.m. Instrumento com formato cilíndrico e comprido, usado como arma, geralmente pela polícia.
cassino ⟨cas.si.no⟩ s.m. Estabelecimento comercial no qual se aposta em jogos de azar e que apresenta espetáculos e outras atrações.
cassiterita ⟨cas.si.te.ri.ta⟩ s.f. Mineral de cor parda, do qual se extrai principalmente o estanho.
casta ⟨cas.ta⟩ s.f. **1** Na Índia (país asiático), cada um dos grupos sociais hereditários e fechados nos quais a população se divide. **2** Espécie, classe ou condição: *Os vinhos desta casta são de excelente qualidade.* **3** Linhagem, ascendência ou família.
castanha ⟨cas.ta.nha⟩ s.f. **1** Semente rica em óleo. **2** →**castanha-do-pará** ‖ **castanha (de caju)** Fruto do cajueiro, com casca dura e marrom, que contém uma semente comestível e oleaginosa, geralmente consumida assada e salgada.
castanha-do-pará ⟨cas.ta.nha-do-pa.rá⟩ (pl. *castanhas-do-pará*) s.f. Semente da castanheira-do-pará, coberta por uma casca dura e áspera, com o interior formado por uma massa comestível, carnosa e branca. ◻ USO Usa-se também a forma reduzida *castanha*. [◉ árvores p. 79]
castanhalense ⟨cas.ta.nha.len.se⟩ adj.2g./s.2g. De Castanhal ou relacionado a essa cidade do estado brasileiro do Pará.
castanheira ⟨cas.ta.nhei.ra⟩ s.f. Árvore com sementes ricas em óleo usadas na alimentação. ◻ ORTOGRAFIA Escreve-se também *castanheiro*.
castanheira-do-pará ⟨cas.ta.nhei.ra-do-pa.rá⟩ (pl. *castanheiras-do-pará*) s.f. Árvore de grande porte e tronco reto, com folhas simples, alternas e lisas, flores brancas ou amareladas dispostas em cachos, cujo fruto é uma cápsula arredondada, grande e seca, com uma casca grossa, áspera, marrom e com cerca de vinte sementes. ◻ USO Usa-se também a forma reduzida *castanheira*.
castanheiro ⟨cas.ta.nhei.ro⟩ s.m. →**castanheira**
castanho, nha ⟨cas.ta.nho, nha⟩ adj./s.m. Da cor da casca da castanha.
castanholas ⟨cas.ta.nho.las⟩ s.f.pl. Instrumento musical de percussão, de origem espanhola, formado por duas peças côncavas em forma de pequenos pratos, geralmente de madeira dura, unidas por um cordão. [◉ **instrumentos de percussão** p. 614]
castão ⟨cas.tão⟩ (pl. *castões*) s.m. Enfeite ou acabamento colocados na extremidade superior de uma bengala ou de um bastão.
castelão, lã ⟨cas.te.lão, lã⟩ (pl. *castelães, castelãos* ou *castelões*) s. **1** Castelo grande. **2** Pessoa proprietária de um castelo. ◻ GRAMÁTICA Seu feminino também pode ser *castelona*.
castelhano ⟨cas.te.lha.no⟩ s.m. Língua espanhola: *O castelhano é falado na Espanha e na maioria dos países da América do Sul e da América Central.* ◻ SIN. espanhol.
castelo ⟨cas.te.lo⟩ s.m. **1** Edifício ou conjunto de fortificações, cercados com muralhas, fossos e baluartes, e construídos geralmente para a proteção de uma região: *Quando viajamos pela Europa pudemos ver muitos castelos.* **2** Casa grande e muito luxuosa destinada à residência de grandes personalidades, geralmente reis, príncipes ou nobres. [◉ **habitação** p. 420]
castelona ⟨cas.te.lo.na⟩ (Pron. [castelôna]) s.f. →**castelão, lã**
castiçal ⟨cas.ti.çal⟩ (pl. *castiçais*) s.m. Utensílio formado por um cilindro oco unido a uma base, que serve de suporte para manter uma vela em pé.
castiço, ça ⟨cas.ti.ço, ça⟩ adj. **1** Em relação à linguagem, que é pura ou sem mistura de gírias e palavras estranhas à própria língua. **2** Que é puro ou genuíno.
castidade ⟨cas.ti.da.de⟩ s.f. **1** Qualidade de casto: *um voto de castidade.* ◻ SIN. continência. **2** Pureza ou inocência.
castigar ⟨cas.ti.gar⟩ ▌v.t.d./v.prnl. **1** Aplicar(-se) uma pena ou um castigo por uma falta ou por um delito: *Os culpados do crime serão castigados.* ▌v.t.d. **2** Repreender duramente ou aplicar uma sanção a: *Ela prefere dialogar com a filha a castigá-la.* **3** Causar sofrimento ou prejuízo a: *A crise econômica castigou o país.* **4** Exigir ou cobrar em demasia de: *Hoje a técnica nos castigou durante o treino!* ◻ ORTOGRAFIA Antes de *e*, o *g* muda para *gu* →CHEGAR.
castigo ⟨cas.ti.go⟩ s.m. **1** Pena ou punição aplicadas a quem cometeu uma falta ou um delito. ◻ SIN. flagelo. **2** Repreensão dura ou sanção. **3** Aquilo que causa sofrimento ou prejuízo: *Ouvir seu sermão foi um verdadeiro castigo.*
casting (palavra inglesa) (Pron. [quéstin]) s.m. Processo de seleção para participar em um espetáculo: *o casting de um filme.*
casto, ta ⟨cas.to, ta⟩ adj. **1** Que renuncia ou se abstém do prazer sexual. ◻ SIN. continente. **2** Puro ou inocente: *um olhar casto.*
castor ⟨cas.tor⟩ (Pron. [castôr]) ▌adj.2g./s.m. **1** Da cor da pele deste animal. ▌s.m. **2** Mamífero roedor adaptado à vida aquática, de corpo grosso, patas curtas, pés com cinco dedos largos e palmados, cauda aplanada e

escamosa que serve para impulsioná-lo na água, e pele suave e resistente. **3** Pele desse animal. ☐ GRAMÁTICA Na acepção 2, é um substantivo epiceno: *o castor (macho/fêmea)*.

castrar ⟨cas.trar⟩ v.t.d./v.prnl. Extirpar ou inutilizar os órgãos genitais de (um ser vivo) ou emascular-se: *Castrou a cadela para que não engravidasse*.

casual ⟨ca.su.al⟩ (pl. *casuais*) adj.2g. **1** Que ocorre por casualidade. ☐ SIN. **acidental, ocasional. 2** Em relação ao vestuário, que é apropriado para usar em ocasiões informais: *um traje casual*.

casualidade ⟨ca.su.a.li.da.de⟩ s.f. Combinação de circunstâncias imprevistas e inevitáveis: *Nós nos encontramos no aeroporto por casualidade*. ☐ SIN. **acaso**. ☐ USO É diferente de *causalidade* (lei em virtude da qual as causas produzem efeitos).

casulo ⟨ca.su.lo⟩ s.m. **1** Invólucro de formato oval no qual a larva de alguns insetos se encerra para se transformar em adulta: *o casulo do bicho-da-seda*. **2** Invólucro que envolve algumas sementes: *o casulo do algodão*.

cata ⟨ca.ta⟩ s.f. **1** Busca ou procura de algo. **2** Procura de pedras preciosas, especialmente se for realizada por garimpeiros.

cata- Prefixo que significa *embaixo* ou *para baixo*: *catacumba, catarata*.

catabólico, ca ⟨ca.ta.bó.li.co, ca⟩ adj. Em biologia, do catabolismo ou relacionado a esse conjunto de processos metabólicos.

catabolismo ⟨ca.ta.bo.lis.mo⟩ s.m. Em biologia, conjunto de processos metabólicos de degradação de moléculas grandes, que formam substâncias mais simples e pelo qual se obtém energia.

catacumba ⟨ca.ta.cum.ba⟩ s.f. Galeria subterrânea secreta na qual os primeiros cristãos enterravam seus mortos, praticavam as cerimônias do culto e se refugiavam de perseguições.

catadura ⟨ca.ta.du.ra⟩ s.f. Aspecto, atitude ou semblante: *um indivíduo de má catadura*.

catalepsia ⟨ca.ta.lep.si.a⟩ s.f. Em medicina, transtorno nervoso repentino caracterizado pela perda da sensibilidade e completa imobilidade do corpo, que permanece na postura em que se colocou.

cataléptico, ca ⟨ca.ta.lép.ti.co, ca⟩ ▌adj. **1** Da catalepsia ou com as características desse transtorno nervoso. ▌adj./s. **2** Que ou quem sofre de catalepsia.

catalisador, -a ⟨ca.ta.li.sa.dor, do.ra⟩ (Pron. [catalisadôr], [catalisadôra]) adj./s.m. **1** Que incentiva ou instiga. **2** Em química, em relação a uma substância, que acelera ou retarda a velocidade de uma reação sem participar diretamente dela.

catálise ⟨ca.tá.li.se⟩ s.f. Transformação química causada por compostos que, ao final de uma reação, ficam inalterados.

catalogação ⟨ca.ta.lo.ga.ção⟩ (pl. *catalogações*) s.f. Ato ou efeito de catalogar.

catalogar ⟨ca.ta.lo.gar⟩ v.t.d. Registrar ou descrever de forma ordenada e seguindo certas normas (um documento ou objeto de valor, especialmente): *A bibliotecária catalogou os livros colocando uma ficha na parte interna da capa*. ☐ ORTOGRAFIA Antes de e, o *g* muda para *gu* →CHEGAR.

catálogo ⟨ca.tá.lo.go⟩ s.m. **1** Relação ordenada de pessoas ou coisas que têm algo em comum: *um catálogo telefônico*. **2** Folheto de propaganda no qual uma empresa ou estabelecimento apresentam seus produtos: *um catálogo de cosméticos*.

catamarã ⟨ca.ta.ma.rã⟩ s.m. Embarcação esportiva com uma plataforma e dois cascos compridos posicionados em sua lateral, impulsionada por vela ou motor.

catecismo

catão ⟨ca.tão⟩ (pl. *catões*) adj./s. Que ou quem é muito rígido ou conservador. ☐ GRAMÁTICA Seu feminino é *catona*.

cataplasma ⟨ca.ta.plas.ma⟩ s.2g. Medicamento de uso externo, de consistência pastosa, que se aplica quente ou frio a uma parte do corpo com fins calmantes ou curativos.

catapora ⟨ca.ta.po.ra⟩ s.f. *informal* Varicela. ☐ ORIGEM É uma palavra de origem tupi.

catapulta ⟨ca.ta.pul.ta⟩ s.f. **1** Antigamente, máquina de guerra usada para jogar pedras ou outras armas de arremesso. **2** Em um navio de guerra, especialmente em um navio-aeródromo, aparelho composto por um trilho por onde os aviões passam e por um dispositivo que dá o impulso inicial ao voo.

catar ⟨ca.tar⟩ v.t.d. **1** Recolher ou juntar (objetos espalhados): *As crianças cataram os brinquedos e guardaram no cesto*. **2** Procurar ou tentar encontrar: *O garimpeiro catava ouro no leito do rio*. **3** Procurar e capturar (parasitas dos pelos de alguns animais): *catar piolhos*. **4** Tomar dentre outros: *O cozinheiro catava o feijão, retirando os estragados*.

catarata ⟨ca.ta.ra.ta⟩ s.f. **1** Queda de uma corrente de água causada por um desnível no relevo de um rio caudaloso: *As cataratas do Iguaçu são um dos principais pontos turísticos brasileiros*. **2** Opacidade ou falta de transparência do cristalino do olho ou de sua cápsula, causada pelo acúmulo de substâncias que impedem a passagem dos raios de luz: *Ela tem sofrido muito com a catarata*.

catarinense ⟨ca.ta.ri.nen.se⟩ adj.2g./s.2g. De Santa Catarina ou relacionado a esse estado brasileiro.

catarro ⟨ca.tar.ro⟩ s.m. Secreção proveniente da inflamação das membranas mucosas.

catarse ⟨ca.tar.se⟩ s.f. Em psicologia, eliminação de pensamentos, lembranças ou sentimentos perturbadores.

catártico, ca ⟨ca.tár.ti.co, ca⟩ adj. Da catarse ou relacionado a ela.

catástrofe ⟨ca.tás.tro.fe⟩ s.f. **1** Desastre ou acontecimento que causam desgraça ou destruição. **2** Aquilo que não dá certo: *A festa foi uma catástrofe, deu tudo errado!*

catastrófico, ca ⟨ca.tas.tró.fi.co, ca⟩ adj. **1** De uma catástrofe ou com suas características. **2** Desastroso ou muito ruim: *Devido ao mau tempo, foi um ano catastrófico para a agricultura*.

catatau ⟨ca.ta.tau⟩ s.m. **1** *informal* Objeto grande ou volumoso: *Duvido que você consiga ler este catatau até amanhã*. **2** *informal* Pessoa de baixa estatura. ☐ GRAMÁTICA Na acepção 2, usa-se tanto para o masculino quanto para o feminino: *(ele/ela) é um catatau*.

catatonia ⟨ca.ta.to.ni.a⟩ s.f. Tipo de esquizofrenia que se caracteriza pela imobilidade e pela falta de vontade.

catatônico, ca ⟨ca.ta.tô.ni.co, ca⟩ adj./s. Em medicina, em relação a um estado, que se caracteriza pela imobilidade e pela falta de vontade, e que é próprio de algumas doenças psiquiátricas.

cata-vento ⟨ca.ta-ven.to⟩ (pl. *cata-ventos*) s.m. **1** Peça de metal, geralmente em forma de flecha, que gira ao redor de um eixo e serve para sinalizar a direção do vento. **2** Aparelho colocado no alto de uma torre metálica e que aproveita a força dos ventos para puxar água de um poço ou de outros reservatórios. **3** Brinquedo composto de uma varinha, em cuja extremidade prende-se uma figura com formato de um moinho, feita com material leve e que gira com o vento. ☐ SIN. **corrupio**.

catecismo ⟨ca.te.cis.mo⟩ s.m. **1** Conjunto de preceitos elementares de uma religião, especialmente a católica. **2** Livro que contém esses preceitos. **3** Reunião em que esses preceitos são ministrados.

catecúmeno

catecúmeno, na ⟨ca.te.cú.me.no, na⟩ s. Pessoa que se instrui na fé católica para receber o batismo.

cátedra ⟨cá.te.dra⟩ s.f. **1** Em uma universidade, cargo mais alto que um professor pode alcançar. **2** Assento do pontífice, geralmente elevado e adornado.

catedral ⟨ca.te.dral⟩ (pl. *catedrais*) s.f. Igreja sede de uma diocese, geralmente de grandes dimensões: *A Catedral da Sé, no centro de São Paulo, é uma das maiores igrejas góticas do mundo*.

catedrático, ca ⟨ca.te.drá.ti.co, ca⟩ ∎ adj. **1** Da cátedra ou relacionado a ela. ∎ s. **2** Em uma universidade, professor que detém a categoria mais elevada. **3** Pessoa que possui grande conhecimento em uma área determinada: *um catedrático de história*.

categoria ⟨ca.te.go.ri.a⟩ s.f. **1** Gênero, classe ou tipo: *Este álbum entra na categoria de música popular*. **2** Cada uma das hierarquias estabelecidas em um ramo ou em uma atividade: *um hotel de primeira categoria*. **3** Importância, valor ou boa qualidade: *uma edição de categoria*.

categórico, ca ⟨ca.te.gó.ri.co, ca⟩ adj. **1** Da categoria ou relacionado a ela. **2** Que afirma ou nega de forma absoluta, sem vacilação nem possibilidade de alternativa: *uma afirmação categórica*.

catequese ⟨ca.te.que.se⟩ s.f. **1** Ensino sistemático da doutrina católica dado a crianças, jovens e adultos com o objetivo de iniciá-los na vida religiosa. **2** Ensino dos princípios de uma doutrina ou de uma ideologia, para tentar inculcar determinadas ideias ou crenças.

catequista ⟨ca.te.quis.ta⟩ adj./s.2g. Que ou quem ensina os princípios e dogmas pertencentes à religião.

catequizar ⟨ca.te.qui.zar⟩ v.t.d. Ensinar os preceitos elementares de uma religião, especialmente a católica, a (alguém): *Muitos jesuítas portugueses vieram ao Brasil na época do descobrimento para catequizar os indígenas*.

cateretê ⟨ca.te.re.tê⟩ s.m. Dança rural brasileira de origem africana, com integrantes divididos em uma fileira de homens e outra de mulheres, que acompanham a música com palmas e sapateados: *Queriam todos dançar o cateretê*. ⬜ SIN. catira.

cateter ⟨ca.te.ter⟩ (Pron. [catetér]) s.m. Em medicina, instrumento comprido, fino, cilíndrico e oco, geralmente usado para explorar ou dilatar cavidades e canais naturais, para introduzir substâncias no organismo ou extraí-las dele. ⬜ SIN. sonda.

cateterismo ⟨ca.te.te.ris.mo⟩ s.m. Em medicina, operação que consiste na introdução de um cateter em um canal ou cavidade do corpo.

cateto ⟨ca.te.to⟩ (Pron. [catêto]) s.m. **1** Em um triângulo retângulo, cada um dos dois lados que formam o ângulo reto: *O teorema de Pitágoras estabelece a relação matemática entre os dois catetos de um triângulo e a sua hipotenusa*. **2** Mamífero herbívoro semelhante ao javali, de cabeça pontuda e focinho alongado, de pelagem acinzentada com uma faixa branca ao redor do pescoço, sem rabo, e com uma glândula no alto do lombo pela qual secreta um odor desagradável: *Você já provou carne de cateto?* ⬜ SIN. caititu, porco-do-mato. ⬜ GRAMÁTICA Na acepção 2, é um substantivo epiceno: *o cateto (macho/fêmea)*.

catinga ⟨ca.tin.ga⟩ s.f. *informal* Odor desagradável: *Em meio a tantos atletas suados, o vestiário ficou com uma catinga horrível depois do jogo*. ⬜ ORTOGRAFIA É diferente de *caatinga*.

catinguento, ta ⟨ca.tin.guen.to, ta⟩ adj. *informal* Que tem odor desagradável.

cátion ⟨cá.tion⟩ (pl. *cátiones* ou *cátions*) s.m. Íon com carga elétrica positiva.

catira ⟨ca.ti.ra⟩ s.2g. Dança rural brasileira de origem africana, com integrantes divididos em uma fileira de homens e outra de mulheres, que acompanham a música com palmas e sapateados. ⬜ SIN. cateretê.

cativante ⟨ca.ti.van.te⟩ adj.2g. Que cativa.

cativar ⟨ca.ti.var⟩ v.t.d. **1** Atrair física ou moralmente (alguém): *Seu sorriso me cativou desde o primeiro dia*. **2** Em uma guerra, aprisionar e privar da liberdade (um inimigo): *Na exploração do interior brasileiro, os bandeirantes cativaram índios para o trabalho forçado*.

cativeiro ⟨ca.ti.vei.ro⟩ s.m. **1** Aprisionamento ou privação de liberdade. **2** Lugar onde se mantém uma pessoa presa. **3** Estado ou lugar nos quais animais silvestres ficam aprisionados: *A reprodução em cativeiro é um recurso utilizado para evitar a extinção de espécies ameaçadas*.

cativo, va ⟨ca.ti.vo, va⟩ adj./s. Em uma guerra, que ou quem está privado de liberdade.

catolicismo ⟨ca.to.li.cis.mo⟩ s.m. **1** Religião cristã que reconhece o papa, bispo de Roma, como autoridade suprema. **2** Comunidade ou conjunto das pessoas que praticam essa religião.

católico, ca ⟨ca.tó.li.co, ca⟩ ∎ adj. **1** Do catolicismo ou relacionado a essa religião. ∎ adj./s. **2** Que ou quem tem como religião o catolicismo.

catona ⟨ca.to.na⟩ (Pron. [catôna]) Feminino de *catão*.

catorze ⟨ca.tor.ze⟩ (Pron. [catôrze]) ∎ numer. **1** Número 14. ∎ s.m. **2** Signo que representa esse número. ⬜ ORTOGRAFIA Escreve-se também *quatorze*. ⬜ GRAMÁTICA Na acepção 1, é invariável em gênero e número.

catraca ⟨ca.tra.ca⟩ s.f. Mecanismo que se coloca na entrada ou na saída de um local, estabelecimento ou veículo para que as pessoas passem uma de cada vez. ⬜ SIN. borboleta, molinete, roleta, torniquete.

catraia ⟨ca.trai.a⟩ s.f. Embarcação pequena, sem cobertura e movida a remo.

catraieiro, ra ⟨ca.trai.ei.ro, ra⟩ s. Pessoa que conduz uma catraia.

catre ⟨ca.tre⟩ s.m. **1** Cama individual, estreita e simples: *Os presos dormem em catres*. **2** Cama feita de lona, dobrável e muito usada em viagens.

catuaba ⟨ca.tu.a.ba⟩ s.f. Árvore com folhas divididas em grupos de três folhas pequenas, flores grandes e amarelas, e cujo caule possui uma casca usada como medicinal. ⬜ ORIGEM É uma palavra de origem tupi.

catucão ⟨ca.tu.cão⟩ (pl. *catucões*) s.m. **1** *informal* Toque leve com a ponta dos dedos ou com o cotovelo feitos em uma pessoa ou em uma parte de seu corpo, geralmente para chamar a atenção. **2** *informal* Golpe dado com um objeto que corta.

catucar ⟨ca.tu.car⟩ v.t.d. **1** *informal* Tocar levemente com a ponta dos dedos ou com o cotovelo (uma pessoa ou uma parte de seu corpo), geralmente para chamar a atenção. **2** *informal* Colocar o dedo ou algum objeto com ponta em (uma cavidade). ⬜ ORTOGRAFIA Antes de *e*, o *c* muda para *qu* →BRINCAR.

catupiry ⟨ca.tu.pi.ry⟩ s.m. Queijo fresco feito à base de requeijão, de massa branca e manteigosa. ⬜ ORIGEM É uma extensão de uma marca comercial.

caturra ⟨ca.tur.ra⟩ adj./s.2g. Que ou quem se obstina em uma atitude ou em uma opinião, sem admitir contestação.

caucaense ⟨cau.ca.en.se⟩ adj.2g./s.2g. →caucaiense

caucaiense ⟨cau.cai.en.se⟩ adj.2g./s.2g. De Caucaia ou relacionado a essa cidade do estado brasileiro do Ceará. ⬜ ORTOGRAFIA Escreve-se também *caucaense*.

caução ⟨cau.ção⟩ (pl. *cauções*) s.f. **1** Garantia, fiança ou meio com os quais se asseguram o cumprimento

cavalete

uma obrigação, de um pacto ou de algo semelhante: *Deixou um cheque como caução do aluguel*. **2** Precaução ou cautela: *Durante a cirurgia devem ser tomadas as devidas cauções*.

caucho ⟨cau.cho⟩ s.m. **1** Árvore de grande porte com folhas elípticas, de tronco liso e lenhoso, fruto pequeno com sementes envoltas em uma polpa mole e de cuja casca se extrai um látex para a fabricação de borracha de qualidade inferior. **2** Látex extraído dessa árvore.

caucionar ⟨cau.ci.o.nar⟩ v.t.d. Dar como caução ou garantia de algo (uma quantia de dinheiro, geralmente): *Milhares de reais foram caucionados para o financiamento do projeto*.

cauda ⟨cau.da⟩ s.f. **1** Em alguns animais, prolongamento posterior do corpo e da coluna vertebral: *O cão cismava em perseguir sua própria cauda*. ◻ SIN. rabo. **2** Em uma ave, conjunto de plumas fortes e mais ou menos compridas, que fica no rabo ou na extremidade posterior de seu corpo. **3** Parte posterior ou final de algo: *a cauda de um avião*. ◻ ORTOGRAFIA É diferente de *calda*.

caudal ⟨cau.dal⟩ (pl. *caudais*) ▌adj.2g. **1** Da cauda ou relacionado a essa parte dos animais. ▌s. **2** Torrente ou grande volume de água. ◻ GRAMÁTICA Na acepção 2, é uma palavra usada tanto como substantivo masculino quanto como substantivo feminino: *um caudal*, *uma caudal*.

caudaloso, sa ⟨cau.da.lo.so, sa⟩ (Pron. [caudalôso], [caudalósa], [caudalósos], [caudalósas]) adj. Em relação a uma corrente de água, que tem grande torrente ou volume.

caudatário, ria ⟨cau.da.tá.rio, ria⟩ s. Em uma cerimônia solene, pessoa encarregada de segurar a cauda da roupa de um membro eclesiástico ou de uma autoridade.

caudilho ⟨cau.di.lho⟩ s.m. Homem que guia ou comanda um grupo de pessoas, especialmente se forem soldados ou pessoas armadas.

cauim ⟨cau.im⟩ (pl. *cauins*) s.m. Bebida preparada com mandioca cozida e fermentada. ◻ ORIGEM É uma palavra de origem tupi.

caule ⟨cau.le⟩ s.m. Em uma planta, órgão que cresce em sentido contrário ao da raiz, que serve para sustentar ramos, folhas, flores e frutos, e para conduzir água e sais minerais das raízes para a parte aérea, e seiva, no sentido contrário. ◻ SIN. talo.

caulim ⟨cau.lim⟩ (pl. *caulins*) s.m. Argila branca e muito pura que é usada geralmente para a fabricação de porcelanas e elaboração de papel.

causa ⟨cau.sa⟩ s.f. **1** Aquilo que se considera a origem ou o fundamento de um efeito: *O excesso de poluentes na atmosfera é uma das causas do efeito estufa*. **2** Motivo ou razão de ser: *Mas qual foi a causa da discussão?* **3** Projeto ou ideal que se defendem ou pelos quais se toma partido: *Dedicou sua vida a grandes causas*. **4** Questão ou disputa em juízo: *A advogada defendeu uma causa complicada*.

causador, -a ⟨cau.sa.dor, do.ra⟩ (Pron. [causadôr], [causadôra]) adj./s. Que ou quem é a causa de algo.

causal ⟨cau.sal⟩ (pl. *causais*) adj.2g. **1** Da causa ou relacionado a ela. **2** Que expressa ou que indica causa: *Em* Vou ao médico porque estou passando mal, porque estou passando mal *é uma oração subordinada adverbial causal*.

causalidade ⟨cau.sa.li.da.de⟩ s.f. Em filosofia, lei em virtude da qual as causas produzem os efeitos: *um princípio de causalidade*. ◻ USO É diferente de *casualidade* (combinação de circunstâncias imprevistas que não podem ser evitadas).

causar ⟨cau.sar⟩ ▌v.t.d. **1** Produzir ou ser a origem de (um efeito): *A umidade causa a corrosão dos metais*. ▌v.t.d.i. **2** Provocar ou ser a origem de (um efeito) [sobre algo ou alguém]: *Sua postura causou problemas a todos*.

causticar ⟨caus.ti.car⟩ v.t.d. **1** Aplicar um cáustico ou uma substância cáustica em (uma superfície). **2** Queimar ou abrasar parcial ou completamente. ◻ ORTOGRAFIA Antes de e, o c muda para *qu* →BRINCAR.

cáustico, ca ⟨cáus.ti.co, ca⟩ ▌adj. **1** Mordaz e agressivo. ▌adj./s.m. **2** Em relação a uma substância, que queima e destrói os tecidos animais.

cautela ⟨cau.te.la⟩ s.f. **1** Cuidado ao realizar uma atividade. **2** Em uma casa de penhor, documento dado como recibo ao cliente que pediu empréstimo e deixou algo como garantia.

cauteloso, sa ⟨cau.te.lo.so, sa⟩ (Pron. [cautelôso], [cautelósa], [cautelósos], [cautelósas]) adj. Com cautela.

cauterizar ⟨cau.te.ri.zar⟩ v.t.d. Em medicina, tratar (uma ferida) queimando ou destruindo os tecidos afetados: *Cauterizam a ferida para estancar a hemorragia*.

cauto, ta ⟨cau.to, ta⟩ adj. Cauteloso ou precavido.

cava ⟨ca.va⟩ s.f. **1** Em uma superfície, cavidade que se forma pela remoção de seu material. **2** Escavação profunda e larga feita ao redor de uma fortaleza. ◻ SIN. fosso. **3** Em uma peça do vestuário, cada uma das cavidades pelas quais passam a cabeça e os braços.

cavação ⟨ca.va.ção⟩ (pl. *cavações*) s.f. Ato ou efeito de cavar.

cavaco ⟨ca.va.co⟩ s.m. **1** Pedaço fino ou farpa de madeira. **2** *informal* Cavaquinho.

cavado, da ⟨ca.va.do, da⟩ adj. Em relação a uma peça do vestuário, que possui cavas muito abertas ou acentuadas: *uma blusa cavada*.

cavador, -a ⟨ca.va.dor, do.ra⟩ (Pron. [cavadôr], [cavadôra]) adj./s. **1** Que ou quem cava. **2** *informal* Que ou quem é esforçado e firme em seus propósitos.

cavala ⟨ca.va.la⟩ s.f. Peixe de água salgada, comestível, com cabeça afinada, e de cor azul-metálica, com dorso e ventre prateados. ◻ GRAMÁTICA É um substantivo epiceno: *a cavala {macho/fêmea}*. [◉ **peixes (água salgada)** p. 609]

cavalar ⟨ca.va.lar⟩ adj.2g. **1** Do cavalo ou relacionado a ele. **2** *informal* Desproporcional ou excessivo: *Tomou uma dose cavalar do remédio e passou mal*.

cavalaria ⟨ca.va.la.ri.a⟩ s.f. **1** Conjunto de cavalos. **2** Arma do Exército formada por soldados montados a cavalo ou em veículos motorizados. **3** Na Idade Média, instituição feudal de caráter militar cujos membros lutavam para defender seu senhor e seus domínios.

cavalariano, na ⟨ca.va.la.ri.a.no, na⟩ s. No Exército, pessoa que pertence a uma ordem da cavalaria. ◻ SIN. cavaleiro.

cavalariça ⟨ca.va.la.ri.ça⟩ s.f. Instalação ou lugar coberto para alojar cavalos.

cavalariço, ça ⟨ca.va.la.ri.ço, ça⟩ s. Pessoa encarregada do cuidado dos cavalos e da manutenção das quadras.

cavaleiro, ra ⟨ca.va.lei.ro, ra⟩ ▌s.m. **1** Homem que monta a cavalo, especialmente como profissão. **2** Na Idade Média, homem que pertencia a uma ordem de cavalaria ou à nobreza. ▌s. **3** No Exército, pessoa que pertence a uma ordem da cavalaria. ◻ SIN. cavalariano. ‖ **cavaleiro andante** Herói dos livros de cavalaria que viajava pelo mundo em busca de aventuras para defender seus ideais de justiça e lealdade. ◻ GRAMÁTICA Na acepção 1, seu feminino é *amazona*.

cavalete ⟨ca.va.le.te⟩ (Pron. [cavalête]) s.m. **1** Suporte com três pontos de apoio e que serve para colocar algo em posição vertical ou ligeiramente inclinado para trás: *A pintora colocou o quadro no cavalete*. **2** Armação formada por uma peça horizontal sustentada por pés, que serve para apoiar objetos de trabalho de profissionais como carpinteiros, marceneiros ou mecânicos.

cavalgada

cavalgada ⟨ca.val.ga.da⟩ s.f. **1** Conjunto de pessoas montadas a cavalo. **2** Marcha dessas pessoas.

cavalgadura ⟨ca.val.ga.du.ra⟩ s.f. Animal sobre o qual se pode montar ou levar cargas. ◻ SIN. **montaria**.

cavalgar ⟨ca.val.gar⟩ v.t.i./v.int. Locomover-se [em um animal, especialmente se for o cavalo] ou andar sobre um animal de montaria. ◻ SIN. **montar**. ◻ ORTOGRAFIA Antes de *e*, o *g* muda para *gu* →CHEGAR.

cavalhada ⟨ca.va.lha.da⟩ s.f. **1** Conjunto de cavalos. **2** Festa folclórica semelhante às medievais, na qual se encenam lutas com homens cobertos de ornamentos e enfeites, montados a cavalo e armados com lanças.

cavalheiresco, ca ⟨ca.va.lhei.res.co, ca⟩ (Pron. [cavalheirêsco]) adj. **1** Característico de um cavalheiro por sua cortesia e nobreza. **2** Da cavalaria medieval ou relacionado a ela.

cavalheirismo ⟨ca.va.lhei.ris.mo⟩ s.m. Comportamento ou caráter considerados próprios de um cavalheiro.

cavalheiro, ra ⟨ca.va.lhei.ro, ra⟩ ▍adj. **1** Cortês, generoso ou nobre: *uma atitude cavalheira*. ▍s.m. **2** Homem polido e de boa educação. **3** Homem adulto: *Acompanhe os cavalheiros até a recepção, por favor*. **4** Homem que dança com uma mulher. ◻ GRAMÁTICA Nas acepções 2, 3 e 4 seu feminino é *dama*.

cavalo ⟨ca.va.lo⟩ s.m. **1** Mamífero herbívoro, quadrúpede, com pescoço comprido e arqueado, cauda e crina de pelos longos e abundantes, e utilizado como meio de transporte, de tração e de carga. **2** No jogo de xadrez, peça que corresponde a esse animal e que se movimenta em *L*. [⦿ **xadrez** p. 827] **3** Em ginástica olímpica, aparelho formado por quatro pés e uma parte superior alongada, em que os ginastas apoiam as mãos para saltar. **4** *pejorativo* Pessoa rude. ▍ **tirar o cavalo da chuva** *informal* Desistir ou abandonar uma ideia ou um projeto: *Pode tirar o cavalo da chuva, pois não empresto meu carro a ninguém*. ◻ GRAMÁTICA **1**. Na acepção 1, usa-se o substantivo feminino *égua* para designar a fêmea. **2**. Na acepção 4, usa-se tanto para o masculino quanto para o feminino: *ele/ela é um cavalo*. ◻ USO Na locução, usa-se também a forma *tirar o cavalinho da chuva*.

cavalo-marinho ⟨ca.va.lo-ma.ri.nho⟩ (pl. *cavalos-marinhos*) s.m. Peixe de água salgada que nada em posição vertical, que tem a cabeça semelhante à de um cavalo, cujos ovos são incubados pelo macho. ◻ GRAMÁTICA É um substantivo epiceno: *o cavalo-marinho {macho/fêmea}*. [⦿ **peixes (água salgada)** p. 609]

cavalo-vapor ⟨ca.va.lo-va.por⟩ (Pron. [cavalo-vapór]) (pl. *cavalos-vapor*) s.m. Unidade de potência que equivale aproximadamente a 735,5 watts.

cavanhaque ⟨ca.va.nha.que⟩ s.m. Barba que se deixa crescer no queixo.

cavaquinho ⟨ca.va.qui.nho⟩ s.m. Instrumento musical de corda de origem portuguesa, semelhante a um violão pequeno, porém com quatro cordas: *Gostava muito de tocar samba no seu cavaquinho*. [⦿ **instrumentos de corda** p. 215]

cavar ⟨ca.var⟩ v.t.d. **1** Levantar ou remover (terra) com as mãos ou com uma ferramenta: *O jardineiro cavou o terreno para colocar as sementes*. **2** Abrir por meio de uma escavação. ◻ SIN. **furar, perfurar**. **3** Abrir uma cava por onde passam a cabeça e os braços em (uma peça do vestuário): *A costureira cavou o decote do vestido*. **4** Esforçar-se para alcançar (um objetivo): *Fez de tudo para cavar um teste para o filme*.

caveira ⟨ca.vei.ra⟩ s.f. **1** Conjunto de ossos que formam a cabeça. **2** Conjunto completo de ossos e cartilagens, geralmente unidos ou articulados entre si, que dão sustentação e resistência ao corpo dos animais e do ser humano. ◻ SIN. **esqueleto**.

caverna ⟨ca.ver.na⟩ s.f. Em uma rocha, abertura ou cavidade naturais de pouca profundidade. ◻ SIN. **furna, gruta, lapa**.

cavername ⟨ca.ver.na.me⟩ s.m. Em uma embarcação, conjunto de peças que dão forma ao seu casco.

cavernoso, sa ⟨ca.ver.no.so, sa⟩ (Pron. [cavernôso], [cavernósa], [cavernósos], [cavernósas]) adj. **1** De uma caverna ou relacionado a ela. **2** Em relação a um local, que tem muitas cavernas. **3** Em relação a um som, que é rouco e áspero: *uma voz cavernosa*.

caviar ⟨ca.vi.ar⟩ s.m. Prato que consiste em ovas de esturjão frescas, prensadas e levemente salgadas.

cavidade ⟨ca.vi.da.de⟩ s.f. Espaço oco dentro de um corpo sólido: *a cavidade bucal*. ▍ **cavidade nasal** No corpo humano ou no de alguns animais, aquela que fica no nariz e permite a entrada de ar. ◻ USO *Cavidade nasal* é a nova denominação de *fossa nasal*.

cavilação ⟨ca.vi.la.ção⟩ (pl. *cavilações*) s.f. Astúcia ou artimanha.

cavilha ⟨ca.vi.lha⟩ s.f. Peça metálica ou de madeira, com uma cabeça em uma das extremidades e que serve para fixar objetos ou para fechar orifícios.

cavo, va ⟨ca.vo, va⟩ adj. **1** Que apresenta cavidade ou curva. **2** Em relação a um som, que é surdo e áspero.

cavoucar ⟨ca.vou.car⟩ v.t.d. **1** Fazer uma cavidade em (uma superfície): *cavoucar a terra*. **2** Revolver ou remexer: *Pare de cavoucar o nariz!* ◻ ORTOGRAFIA Antes de *e*, o *c* muda para *qu* →BRINCAR.

cavouco ⟨ca.vou.co⟩ s.m. Cavidade ou buraco feitos na terra.

caxambu ⟨ca.xam.bu⟩ s.m. **1** Tambor grande de origem africana que acompanha algumas danças e cerimoniais tradicionais afro-brasileiros. **2** Dança de origem afro-brasileira acompanhada pelo batuque desse tambor. ◻ ORIGEM É uma palavra de origem africana.

caxias ⟨ca.xi.as⟩ adj.2g.2n./s.2g.2n. *informal* Que ou quem faz ou cumpre seus deveres com escrúpulo excessivo.

caxiense ⟨ca.xi.en.se⟩ adj.2g./s.2g. **1** De Duque de Caxias ou relacionado a essa cidade do estado brasileiro do Rio de Janeiro. **2** De Caxias do Sul ou relacionado a essa cidade do estado brasileiro do Rio Grande do Sul. **3** De Caxias ou relacionado a essa cidade do estado brasileiro do Maranhão.

caxinguelê ⟨ca.xin.gue.lê⟩ s.m. Esquilo de pequeno porte, com corpo marrom-escuro e de cauda longa e alaranjada. ◻ SIN. **serelepe**. ◻ ORIGEM É uma palavra de origem africana. ◻ GRAMÁTICA É um substantivo epiceno: *o caxinguelê {macho/fêmea}*.

caxumba ⟨ca.xum.ba⟩ s.f. *informal* Parotidite epidêmica.

cazaque ⟨ca.za.que⟩ ▍adj.2g./s.2g. **1** Do Cazaquistão ou relacionado a esse país asiático. ▍s.m. **2** Língua desse e de outros países.

CD *(palavra inglesa)* (Pron. [cedê]) s.m. Disco em que se gravam dados e que se reproduz por meio de um raio *laser*. ◻ ORIGEM É a sigla inglesa de *Compact Disc* (disco compacto).

CDR *(palavra inglesa)* (Pron. [cedê-érre]) s.m. *CD* em que as informações gravadas ocupam um espaço que não pode ser reaproveitado. ◻ ORIGEM É um acrônimo que vem da sigla de *Compact Disc Recordable* (disco compacto gravável).

CD-ROM *(palavra inglesa)* (Pron. [cedê-rum]) s.m. *CD* de grande capacidade cuja informação pode ser lida por um computador usando um método óptico de leitura. ◻ ORIGEM É um acrônimo que vem da sigla inglesa de *Compact Disc-Read Only Memory* (disco compacto apenas de leitura).

CDRW *(palavra inglesa)* (Pron. [cedê-erredábliu]) s.m. *CD* em que as informações gravadas ocupam um espaço que pode ser reaproveitado após sua remoção. ◻ ORIGEM É a sigla inglesa de *Compact Disc Rewritable* (disco compacto regravável).

cê s.m. Nome da letra *c*.

CE É a sigla do estado brasileiro do Ceará.

cear ⟨ce.ar⟩ v.t.d./v.int. Comer como ceia ou fazer a ceia: *No Natal, toda a família se reúne para cear.* ◻ ORTOGRAFIA O *e* muda para *ei* quando a sílaba tônica estiver na raiz do verbo →NOMEAR.

ceará-mirinense ⟨ce.a.rá-mi.ri.nen.se⟩ (pl. *ceará-mirinenses*) adj.2g./s.2g. De Ceará-Mirim ou relacionado a essa cidade do estado brasileiro do Rio Grande do Norte.

cearense ⟨ce.a.ren.se⟩ adj.2g./s.2g. Do Ceará ou relacionado a esse estado brasileiro.

cebola ⟨ce.bo.la⟩ (Pron. [cebôla]) s.f. **1** Planta herbácea com folhas circulares, finas, ocas, alongadas e compridas, flores pequenas e brancas dispostas na extremidade de uma haste, cujo caule é subterrâneo, formado por folhas superpostas, carnosas, suculentas e comestíveis, e de odor e sabor adocicados, fortes e picantes. **2** Esse caule.

cebolinha ⟨ce.bo.li.nha⟩ s.f. Planta herbácea com folhas verde-escuras, finas e ocas como um canudo, e com um bulbo comestível formado por folhas sobrepostas, carnosas e de odor e sabor doces, fortes e picantes.

cecear ⟨ce.ce.ar⟩ v.int. Pronunciar o *s* ou o *z* com a ponta da língua entre os dentes: *Como tem a língua presa, fala cecear.* ◻ ORTOGRAFIA O *e* muda para *ei* quando a sílaba tônica estiver na raiz do verbo →NOMEAR.

cê-cedilha ⟨cê-ce.di.lha⟩ (pl. *cês-cedilhas*) s.m. Nome da letra *c* acompanhada pela cedilha.

cedente ⟨ce.den.te⟩ adj.2g./s.2g. Que ou quem cede ou renuncia um bem em favor de outra pessoa.

ceder ⟨ce.der⟩ ▮ v.t.d./v.t.d.i. **1** Dar ou transferir (algo) [a alguém], geralmente de maneira voluntária: *Cedeu gentilmente seu assento no ônibus.* **2** Entregar ou dar provisoriamente (algo próprio) [a alguém], com a condição de que seja devolvido: *Enquanto estava estudando no exterior, cedeu seu carro ao irmão.* ▮ v.t.i./v.int. **3** Render-se, submeter-se ou deixar de fazer objeção [a algo]: *O Governo não cedeu às ameaças dos grevistas.* ▮ v.int. **4** Ter a resistência diminuída ou abalar-se: *Com o tempo, as molas do colchão cederam.* **5** Aplacar-se ou extinguir-se (algo que se manifesta com força): *Não sairemos daqui até que a tempestade ceda.* **6** Diminuir a tensão ou afrouxar-se (algo tenso): *Mesmo com o uso, o sapato não cede.*

cediço, ça ⟨ce.di.ço, ça⟩ adj. **1** Em relação a um assunto, que é do conhecimento de todos. **2** Que é antiquado ou que está fora de moda.

cedilha ⟨ce.di.lha⟩ s.f. Sinal gráfico em forma de vírgula curvada que forma a parte inferior da letra cê-cedilha: *Sempre se esquecia de colocar a cedilha em maçã.*

cedo ⟨ce.do⟩ (Pron. [cêdo]) adv. **1** Rapidamente ou antes do tempo previsto: *Chegaremos cedo ao acampamento.* **2** No começo do dia ou ao princípio de um período de tempo: *Costuma acordar cedo.*

cedro ⟨ce.dro⟩ s.m. **1** Árvore de grande porte e tronco grosso, com folhas perenes, pequenas e em formato de agulha, e estrutura de reprodução em forma de pinha. **2** Árvore de grande porte, de casca grossa com fendas longitudinais, com folhas compostas e lisas, flores pequenas dispostas em cachos, cuja madeira é de boa qualidade e muito usada na construção civil. **3** Madeira dessas árvores.

cédula ⟨cé.du.la⟩ s.f. **1** Documento pessoal, de caráter oficial e obrigatório, que contém dados de identificação: *uma cédula hipotecária.* **2** Papel emitido geralmente pelo Banco Central de um país e que circula efetivamente como dinheiro legal: *uma cédula de cinquenta reais.* ◻ SIN. nota. ǁ **(cédula de) identidade** Documento oficial de identificação de uma pessoa. ◻ SIN. carteira de identidade, RG. ǁ **cédula eleitoral** Em uma eleição, documento impresso mediante o qual o eleitor encaminha o seu voto.

cefaleia ⟨ce.fa.lei.a⟩ (Pron. [cefaléia]) s.f. Em medicina, dor de cabeça muito intensa e persistente.

cefalotórax ⟨ce.fa.lo.tó.rax⟩ (Pron. [cefalótoracs]) (pl. *cefalotóraces*) s.m. Em um crustáceo ou em um aracnídeo, parte anterior de seu corpo, formada pela cabeça e pelo tórax.

cegar ⟨ce.gar⟩ ▮ v.t.d./v.int./v.prnl. **1** Deixar cego ou perder a vista. ▮ v.t.d./v.prnl. **2** Fazer perder ou perder a razão ou o entendimento: *A ambição o cega.* ▮ v.t.d./v.int. **3** Deixar ou ficar sem gume afiado (um objeto cortante): *A faca cegou com o uso.* ◻ SIN. embotar. ◻ ORTOGRAFIA **1.** Antes de *e*, o *g* muda para *gu* →CHEGAR. **2.** É diferente de *segar*.

cego, ga ⟨ce.go, ga⟩ ▮ adj. **1** Que não tem limites ou que extrapola a razão. **2** Dominado ou tomado por um sentimento forte: *Ficou cego de raiva quando descobriu a mentira.* **3** Em relação a um objeto cortante, sem o gume afiado. **4** Em relação a um laço ou a um nó, que são difíceis de desatar ou de soltar. ▮ adj./s. **5** Quem ou quem é privado da visão.

cegonha ⟨ce.go.nha⟩ (Pron. [cegônha]) s.f. **1** Ave de grande porte, de costumes migratórios, com patas e bico vermelhos, pescoço e bico compridos, corpo branco com as pontas das asas pretas, que constrói seus ninhos geralmente em árvores ou lugares elevados. **2** Caminhão grande utilizado especialmente para o transporte de automóveis. **3** Aparelho dotado de uma alavanca e utilizado para retirar água de um poço. ǁ **esperar a cegonha** *informal* Em relação a uma mulher, estar grávida. ◻ GRAMÁTICA Na acepção 1, é um substantivo epiceno: *a cegonha (macho/fêmea)*.

cegueira ⟨ce.guei.ra⟩ s.f. **1** Falta ou privação da visão: *Sofria de uma cegueira congênita.* **2** Falta de lucidez ou de entendimento: *Sua cegueira o impedia de ver os defeitos da namorada.*

ceia ⟨cei.a⟩ s.f. Última refeição do dia, geralmente leve, feita após o jantar.

ceifa ⟨cei.fa⟩ s.f. **1** Corte ou colheita de cereal maduro ou de erva: *a ceifa do trigo.* **2** Destruição, devastação ou mortandade: *A epidemia foi responsável pela ceifa de muitas vidas.*

ceifadeira ⟨cei.fa.dei.ra⟩ s.f. Máquina usada para ceifar. ◻ SIN. segadeira.

ceifar ⟨cei.far⟩ ▮ v.t.d. **1** Cortar (uma erva ou um cereal maduro) com uma foice, um alfanje ou uma máquina apropriada. ◻ SIN. segar. ▮ v.int. **2** Cortar uma erva ou um cereal maduro com a foice, o alfanje ou uma máquina apropriada. ◻ SIN. segar. **3** Matar, eliminar ou destruir: *Em muitas regiões do planeta, a fome ainda ceifa a vida de milhões de pessoas.*

cela ⟨ce.la⟩ s.f. **1** Em uma prisão, quarto no qual se encerram os presos. ◻ SIN. célula. **2** Em um convento, em um colégio ou em outro estabelecimento com internato, habitação ou quarto individuais. ◻ ORTOGRAFIA É diferente de *sela*.

celebérrimo, ma ⟨ce.le.bér.ri.mo, ma⟩ Superlativo irregular de *célebre*. ◻ USO É inadequada a forma *celebríssimo, que está difundida na linguagem coloquial.

celebração ⟨ce.le.bra.ção⟩ (pl. *celebrações*) s.f. Ato ou efeito de celebrar: *O dia 7 de setembro marca a celebração do dia da Independência.*

celebrar ⟨ce.le.brar⟩ ▮ v.t.d. **1** Festejar (um acontecimento ou uma data importantes): *Celebrou seu aniversário com os amigos.* ◻ SIN. comemorar. **2** Firmar com

célebre

solenidade (um contrato ou um acordo): *Os dois países celebraram um acordo de paz.* ▌v.int. **4** Na Igreja Católica, rezar uma missa.

célebre ⟨cé.le.bre⟩ adj.2g. Que tem fama ou é muito conhecido. ☐ GRAMÁTICA Seu superlativo é *celebérrimo*.

celebridade ⟨ce.le.bri.dá.de⟩ s.f. **1** Fama, popularidade ou reconhecimento público: *Aquele filme lhe trouxe muita celebridade.* **2** Pessoa que tem essa condição. ☐ GRAMÁTICA Na acepção 2, usa-se tanto para o masculino quanto para o feminino: *(ele/ela) é uma celebridade*.

celebrizar ⟨ce.le.bri.zar⟩ v.t.d./v.prnl. Tornar(-se) célebre ou notável, geralmente por algo positivo: *A teoria da relatividade celebrizou Albert Einstein.* ☐ SIN. notabilizar.

celeiro ⟨ce.lei.ro⟩ s.m. **1** Lugar em que se armazenam grãos ou sementes. ☐ SIN. tulha. **2** Aquilo que fornece algo em grande quantidade: *O Brasil é um grande celeiro musical.* ☐ ORTOGRAFIA É diferente de *seleiro*.

celenterado ⟨ce.len.te.ra.do⟩ ▌adj./s.m. **1** Em relação a um animal, que é aquático, geralmente marinho, de corpo gelatinoso, provido de tentáculos, com uma única cavidade digestiva e que se comunica com o exterior por um orifício que lhe serve de boca e de ânus. ☐ SIN. cnidário. ▌s.m.pl. **2** Em zoologia, filo desses animais, pertencentes ao reino dos metazoários. ☐ SIN. cnidário.

celerado, da ⟨ce.le.ra.do, da⟩ adj./s. Que ou quem é cruel, perverso ou criminoso.

célere ⟨cé.le.re⟩ adj.2g. Ligeiro, ágil ou que se move, age ou discorre com grande rapidez.

celeste ⟨ce.les.te⟩ ▌adj.2g. **1** Do céu. **2** Divino, sobrenatural ou que excede os limites e as leis da natureza. **3** Extraordinário ou com qualidades fora do comum. ▌adj.2g./s.m. **4** →azul-celeste ☐ ORTOGRAFIA Escreve-se também *celestial*.

celestial ⟨ce.les.ti.al⟩ (pl. *celestiais*) adj.2g. →celeste

celeuma ⟨ce.leu.ma⟩ s.f. Discussão ou tumulto: *A cassação do mandato daquele deputado causou grande celeuma na Câmara.*

celibatário, ria ⟨ce.li.ba.tá.rio, ria⟩ adj./s. Que ou quem não se casou. ☐ USO Usa-se especialmente para pessoas que não se casaram por impedimento de seus votos religiosos.

celibato ⟨ce.li.ba.to⟩ s.m. Estado da pessoa que não se casou. ☐ USO Usa-se especialmente para o estado de pessoas que não se casaram por impedimento de seus votos religiosos.

celofane ⟨ce.lo.fa.ne⟩ s.m. →papel celofane

célsius ⟨cél.sius⟩ adj.2g.2n./s.m.2n. Em relação a uma escala para medir temperatura, que tem cem divisões equivalentes, cada uma a um grau Celsius, e que pode medir um intervalo de temperaturas compreendidas entre a da fusão do gelo e a da ebulição da água. ☐ USO *Célsius* substituiu a antiga denominação *centígrado*.

celso, sa ⟨cel.so, sa⟩ adj. **1** Que se sobressai pela altura ou pela elevação. **2** Admirável, extremamente bom ou extraordinário.

célula ⟨cé.lu.la⟩ s.f. **1** Em biologia, unidade estrutural e funcional de todos os seres vivos, geralmente visível apenas ao microscópio: *Neste microscópio podemos ver diversas células do corpo humano.* **2** Em uma prisão, quarto no qual se encerram os presos. ☐ SIN. cela. **3** Em uma organização, grupo ou unidade capazes de atuar de forma independente: *uma célula de pesquisa.* ‖ **célula fotoelétrica** Dispositivo capaz de converter energia luminosa em elétrica.

célula-ovo ⟨cé.lu.la-o.vo⟩ (Pron. [célula-ôvo], [células-óvos]) (pl. *células-ovo* ou *células-ovos*) s.f. Em biologia, célula resultante da união de um espermatozoide com um óvulo no processo de reprodução sexuada. ☐ SIN. ovo, zigoto.

celular ⟨ce.lu.lar⟩ ▌adj.2g. **1** Da célula ou relacionado a ela: *o tecido celular.* ▌s.m. **2** Telefone pessoal sem fios e de tamanho reduzido. ☐ USO Na acepção 2, é a forma reduzida e mais usual de *telefone celular*.

célula-tronco ⟨cé.lu.la-tron.co⟩ (pl. *células-tronco* ou *células-troncos*) s.f. Célula que pode fazer cópias exatas de si mesma indefinidamente e que tem a capacidade de produzir células especializadas em várias funções: *Cientistas acreditam que as pesquisas com células-tronco podem trazer avanços à medicina.*

celulite ⟨ce.lu.li.te⟩ s.f. Inflamação do tecido celular situado abaixo da pele: *A celulite costuma aparecer nas nádegas e nas coxas.*

celuloide ⟨ce.lu.loi.de⟩ (Pron. [celulóide]) s.m. Material utilizado na indústria fotográfica para a fabricação de filmes e para outras aplicações industriais.

celulose ⟨ce.lu.lo.se⟩ s.f. Substância composta de hidratos de carbono, que forma a membrana externa das células vegetais, e que se emprega na fabricação de papel e de outros materiais semelhantes.

cem ▌numer. **1** Número 100. **2** Quantidade indeterminada: *Já ligamos umas cem vezes, mas ninguém atende!* ▌s.m. **3** Signo que representa esse número. ☐ GRAMÁTICA Na acepção 1, é invariável em gênero e em número. ☐ USO Na acepção 1, usa-se *cento* antes de dezenas e unidades para formar os números cardinais entre cem e duzentos.

cemento ⟨ce.men.to⟩ s.m. Tecido conjuntivo que recobre a raiz dos dentes.

cemitério ⟨ce.mi.té.rio⟩ s.m. **1** Lugar onde cadáveres são enterrados. **2** *informal* Lugar onde materiais ou produtos sem utilidade são armazenados ou acumulados: *um cemitério de automóveis.*

cena ⟨ce.na⟩ (Pron. [cêna]) s.f. **1** Em uma obra teatral, cada uma das partes nas quais se divide um ato: *O protagonista da peça não aparece até a terceira cena do primeiro ato.* **2** Em um teatro, parte na qual se representa um espetáculo, especialmente se for uma peça teatral: *Estava nervoso antes de entrar em cena.* ☐ SIN. palco. **3** Em um filme, parte da ação que tem unidade em si mesma. **4** Atuação teatral ou fingida: *Ficou fazendo cena para tentar convencer os pais.* **5** Escândalo ou tumulto: *Armou uma cena por nada.*

cenáculo ⟨ce.ná.cu.lo⟩ s.m. **1** Lugar em que se realizou a última ceia de Jesus Cristo (o filho de Deus para os cristãos) com seus apóstolos. **2** Lugar de reunião de pessoas unidas por interesses comuns.

cenário ⟨ce.ná.rio⟩ s.m. **1** Em um local de espetáculo, lugar onde a ação se desenvolve: *O cenário da peça representa uma antiga vila italiana.* **2** Lugar ou tempo nos quais um fato ou uma cena ocorrem ou se desenvolvem: *O século XX foi o cenário de mudanças vertiginosas na história da humanidade.* **3** Ambiente ou conjunto de circunstâncias que rodeiam uma pessoa ou um acontecimento: *Após os escândalos de corrupção, o cenário era de revolta.*

cenarista ⟨ce.na.ris.ta⟩ s.2g. Pessoa que se dedica profissionalmente à cenografia. ☐ SIN. cenógrafo.

cenho ⟨ce.nho⟩ (Pron. [cênho]) s.m. Semblante ou expressão facial: *Franziu o cenho ao ouvir a explicação do advogado.*

cênico, ca ⟨cê.ni.co, ca⟩ adj. Da cena ou relacionado a ela.

cenografia ⟨ce.no.gra.fi.a⟩ s.f. Arte de projetar cenários para representações cênicas.

cenógrafo, fa ⟨ce.nó.gra.fo, fa⟩ s. Pessoa que se dedica profissionalmente à cenografia. ☐ SIN. cenarista.

cenotáfio ⟨ce.no.tá.fio⟩ s.m. Monumento funerário dedicado a uma pessoa, mas que não contém seu cadáver. ☐ SIN. **essa**.

cenoura ⟨ce.nou.ra⟩ s.f. **1** Planta herbácea com folhas muito divididas, flores pequenas e brancas reunidas no ápice de um ramo, de fruto seco e comprimido, e cuja raiz é grossa, comestível, de cor laranja e rica em açúcar. **2** Essa raiz.

cenozoico, ca ⟨ce.no.zoi.co, ca⟩ (Pron. [cenozóico]) adj. Em geologia, da era terciária, a quarta da história da Terra, ou relacionado a ela. ☐ SIN. **terciário**.

censo ⟨cen.so⟩ s.m. Conjunto dos dados estatísticos dos habitantes de um lugar. ☐ SIN. **recenseamento**. ☐ ORTOGRAFIA É diferente de *senso*.

censor, -a ⟨cen.sor, so.ra⟩ (Pron. [censôr], [censôra]) ▌adj./s. **1** Que ou quem censura ou tem inclinação a censurar e criticar os demais: *palavras censoras*. ▌s. **2** Pessoa encarregada por uma autoridade governamental ou competente de revisar publicações e outras obras destinadas ao público, e de submetê-las a alterações, cortes ou proibições convenientes de forma que se ajustem ao que é permitido por tal autoridade: *Todas as matérias do jornal tinham que ser aprovadas pelo censor*. ☐ ORTOGRAFIA É diferente de *sensor*.

censório, ria ⟨cen.só.rio, ria⟩ adj. Do censor, da censura ou relacionado a eles. ☐ ORTOGRAFIA É diferente de *sensório*.

censura ⟨cen.su.ra⟩ s.f. **1** Desaprovação ou condenação de algo: *Não se importava com a censura que outros faziam de seu modo de vida*. **2** Sujeição a alterações, cortes ou proibições de uma obra destinada ao público: *O filme sofreu censura por conter alguns trechos violentos*. **3** Órgão oficial responsável por esse trabalho: *Na ditadura militar a censura não permitia qualquer tipo de crítica ao Governo*.

censurar ⟨cen.su.rar⟩ v.t.d. **1** Desaprovar ou condenar: *A imprensa foi unânime ao censurar a atuação dele*. **2** Submeter (uma obra destinada ao público) a alterações, cortes ou proibições: *Pelo conteúdo violento, a letra dessa música foi censurada*.

centauro ⟨cen.tau.ro⟩ s.m. Ser fabuloso com cabeça e tronco humanos e o resto do corpo igual ao de um cavalo.

centavo ⟨cen.ta.vo⟩ s.m. **1** Em alguns sistemas monetários, a centésima parte da unidade: *Um real equivale a cem centavos*. **2** Moeda que tem esse valor: *Tinha apenas alguns centavos no bolso*.

centeio ⟨cen.tei.o⟩ s.m. Gramínea semelhante ao trigo, mas com a espiga mais fina e com penugem, com folhas finas e ásperas, e que é muito usada na alimentação e na fabricação de farinha e de bebidas. [👁 **cereais** p. 165]

centelha ⟨cen.te.lha⟩ (Pron. [centêlha]) s.f. **1** Partícula acesa que se desprende de uma matéria em combustão ou do atrito de dois objetos: *Da lareira saíam algumas centelhas*. ☐ SIN. **chispa, fagulha, faísca**. **2** Descarga luminosa entre dois corpos, especialmente se estiverem carregados com diferente potencial elétrico. **3** Manifestação breve ou momentânea de algo: *Havia uma centelha de esperança em seu olhar*.

centena ⟨cen.te.na⟩ (Pron. [centêna]) s.f. Conjunto de cem unidades: *Uma centena de pessoas se reuniu para protestar diante do Parlamento*. ☐ SIN. **cento, centúria**.

centenário, ria ⟨cen.te.ná.rio, ria⟩ ▌adj./s. **1** Que ou quem tem cerca de cem anos: *uma igreja centenária*. ▌s.m. **2** Período de tempo de cem anos seguidos. ☐ SIN. **centúria, século**. **3** Data na qual se completam uma ou várias centenas de anos de um acontecimento: *No ano 2000, comemorou-se o quinto centenário do descobrimento do Brasil*.

centésimo, ma ⟨cen.té.si.mo, ma⟩ ▌numer. **1** Em uma série, que ocupa o lugar de número cem. **2** Em relação a uma parte, que compõe um todo se somada com outras 99 iguais a ela. ▌s.m. **3** Em alguns sistemas monetários, moeda cujo valor é cem vezes menor que o da unidade.

centi- Prefixo que significa *centésima parte*: *centímetro, centilitro*.

centiare ⟨cen.ti.a.re⟩ s.m. Unidade de superfície equivalente à centésima parte de um are: *Um centiare equivale a um metro quadrado*. ☐ ORTOGRAFIA Seu símbolo é *ca*, sem ponto.

centígrado, da ⟨cen.tí.gra.do, da⟩ adj./s.m. →**célsius**

centigrama ⟨cen.ti.gra.ma⟩ s.m. Unidade de massa equivalente à centésima parte de um grama. ☐ ORTOGRAFIA Seu símbolo é *cg*, sem ponto.

centilitro ⟨cen.ti.li.tro⟩ s.m. Unidade de volume equivalente à centésima parte de um litro. ☐ ORTOGRAFIA Seu símbolo é *cl*, sem ponto.

centímetro ⟨cen.tí.me.tro⟩ s.m. Unidade de comprimento equivalente à centésima parte de um metro. ☐ ORTOGRAFIA Seu símbolo é *cm*, sem ponto.

cento ⟨cen.to⟩ ▌numer. **1** →**cem** ▌s.m. **2** Conjunto de cem unidades: *Quanto custa o cento disto?* ☐ SIN. **centena, centúria**. ‖ **por cento** Após um numeral cardinal, indica porcentagem: *Dez por cento de vinte são dois*. ☐ USO Na acepção 1, usa-se somente antes de dezenas e unidades para formar os números cardinais entre cem e duzentos: *cento e dois, cento e cinquenta*.

centopeia ⟨cen.to.pei.a⟩ (Pron. [centopéia]) s.f. Artrópode que tem um par de antenas grandes e o corpo cilíndrico, achatado, dividido em segmentos e com dezenas de patas ao longo dele. ☐ SIN. **lacraia**. ☐ GRAMÁTICA É um substantivo epiceno: *a centopeia (macho/fêmea)*.

central ⟨cen.tral⟩ (pl. *centrais*) ▌adj.2g. **1** Do centro ou relacionado a ele. **2** Que exerce sua ação sobre a totalidade de um conjunto: *O Governo central do Brasil fica sediado em Brasília*. **3** Que é o principal ou o mais importante: *O ponto central do debate foi a Educação*. ▌s.f. **4** Instalação ou organização onde estão reunidos ou centralizados vários serviços de um mesmo tipo: *uma central de distribuição*. **5** Instalação onde se produz energia elétrica a partir de outras formas de energia: *uma central nuclear*.

centralizar ⟨cen.tra.li.zar⟩ ▌v.t.d. **1** Em relação a um poder central, assumir (atribuições ou funções políticas ou administrativas): *O Governo Federal centraliza as áreas de Saúde e Educação*. ▌v.t.d./v.prnl. **2** Reunir(-se) ou agrupar(-se) em um lugar (um conjunto ou uma variedade de coisas distintas): *A empresa centraliza todo o sistema de telefonia da cidade. A emissora de televisão centraliza-se neste bairro*.

centrar ⟨cen.trar⟩ ▌v.t.d. **1** Dispor no centro: *Centrou o quadro na parede*. ▌v.t.d./v.prnl. **2** Dirigir(-se), fazer convergir ou convergir para um ponto ou um objetivo: *Centrou seus esforços na preparação da viagem*.

centrifugação ⟨cen.tri.fu.ga.ção⟩ (pl. *centrifugações*) s.f. Ato ou efeito de centrifugar.

centrifugar ⟨cen.tri.fu.gar⟩ v.t.d. Submeter (uma substância ou uma matéria) a uma força centrífuga, especialmente se for para obter um efeito seco ou para a separação de componentes unidos ou misturados: *Se você centrifugar a roupa, ela secará mais rápido*.

centrífugo, ga ⟨cen.trí.fu.go, ga⟩ adj. Em relação geralmente a uma força, que se afasta do centro.

centrípeto, ta ⟨cen.trí.pe.to, ta⟩ adj. Em relação geralmente a uma força, que atrai ou impulsiona para o centro.

centro ⟨cen.tro⟩ s.m. **1** Aquilo que está no meio ou que está mais distante do exterior ou dos limites de algo:

centro-africano

Esse móvel fica melhor no centro da sala. **2** Lugar ou ponto de onde as coisas partem ou para onde elas se dirigem: *Ultimamente, passar no vestibular tem sido o centro de suas preocupações.* **3** Em uma cidade, região com maior atividade comercial, financeira ou administrativa: *A maioria das lojas fica no centro.* **4** Lugar onde se concentra ou onde se desenvolve com maior dinamismo uma atividade: *São Paulo é o centro econômico do país.* **5** Lugar ou estabelecimento onde se realizam determinadas atividades: *Meus primos estudam em um centro de educação religiosa.* **6** Em política, conjunto dos partidários e grupos políticos cuja tendência é moderada e foge dos extremos: *Embora fosse considerado um político de esquerda, mudou-se para um partido de centro.*

centro-africano, na ⟨cen.tro-a.fri.ca.no, na⟩ (pl. *centro-africanos*) adj./s. **1** Da região central do continente africano ou relacionado a ela. **2** Da República Centro-Africana ou relacionado a esse país africano.

centro-americano, na ⟨cen.tro-a.me.ri.ca.no, na⟩ (pl. *centro-americanos*) adj./s. Da América Central ou relacionado a essa parte do continente americano.

centroavante ⟨cen.tro.a.van.te⟩ s.2g. No futebol, jogador cuja função principal é marcar gols.

centro-oeste ⟨cen.tro-o.es.te⟩(pl.*centro-oestes*)▌adj.2g. **1** Que está situado nessa região ou relacionado a ela. ▌s.m. **2** Em uma área geográfica, região situada entre a parte central e a ocidental: *O Centro-Oeste brasileiro abrange os estados do Mato Grosso, do Mato Grosso do Sul, de Goiás e o Distrito Federal.*

centuplicar ⟨cen.tu.pli.car⟩ v.t.d./v.prnl. **1** Multiplicar(-se) por cem ou tornar(-se) cem vezes maior: *Este microscópio centuplica o tamanho real das bactérias.* **2** Aumentar muito em tamanho, quantidade, qualidade ou intensidade: *O novo formato centuplicou as vendas do jornal. Sua riqueza se centuplicou em pouco tempo.* ▢ ORTOGRAFIA Antes de e, o c muda para qu →BRINCAR.

cêntuplo, pla ⟨cên.tu.plo, pla⟩ ▌numer. **1** Que consta de cem ou é adequado para cem. ▌adj./s.m. **2** Em relação a uma quantidade, que é cem vezes maior.

centúria ⟨cen.tú.ria⟩ s.f. **1** Conjunto de cem unidades. ▢ SIN. **centena, cento**. **2** Período de tempo de cem anos seguidos. ▢ SIN. **centenário, século**. **3** No exército da Roma Antiga, companhia de cem soldados.

CEP (pl. *CEPs*) s.m. Código usado para a identificação de cidades, de bairros e de ruas. ▢ ORIGEM É a sigla de *Código de Endereçamento Postal*.

cepa ⟨ce.pa⟩ (Pron. [cêpa]) s.f. **1** Tronco da videira. **2** Conjunto de seres de uma mesma espécie: *uma cepa de bactérias*. **3** Categoria, condição ou linhagem. ‖ **de boa cepa** De origem ou de qualidade consideradas boas.

cepo ⟨ce.po⟩ (Pron. [cêpo]) s.m. **1** Pedaço de tronco de árvore cortado de forma transversal. **2** Pedaço de madeira grossa.

cepticismo ⟨cep.ti.cis.mo⟩ s.m. →**ceticismo**

céptico, ca ⟨cép.ti.co, ca⟩ adj./s. →**cético, ca**

cera ⟨ce.ra⟩ (Pron. [cêra]) s.f. **1** Substância sólida e amarelada, secretada por abelhas e por outros insetos, que pode ser fundida: *Dentro da colmeia abandonada ainda se podia ver a cera.* **2** Substância vegetal, animal ou artificial, com a consistência ou com outras características semelhantes às daquela secretada por abelhas e por outros insetos: *Muitas mulheres se depilam com cera quente.* **3** Substância amarelada secretada pelas glândulas sebáceas da orelha externa: *O acúmulo de cera no ouvido pode prejudicar a audição.* ▢ SIN. **cerume**. **4** Produto de limpeza usado para dar brilho: *Passou uma camada de cera no carro novo.*

‖ **fazer cera** *informal* Atrasar a realização de uma tarefa ou fazê-la vagarosamente: *O goleiro ficou fazendo cera para cobrar o tiro de meta, já que seu time estava ganhando o jogo.*

cerâmica ⟨ce.râ.mi.ca⟩ s.f. **1** Arte de fabricar vasilhas ou outros objetos de argila cozida. **2** Objeto ou conjunto de objetos fabricados segundo essa arte. **3** Material utilizado para fazer esses objetos. **4** Local onde se fabricam ou se vendem esses objetos.

ceramista ⟨ce.ra.mis.ta⟩ adj.2g./s.2g. Que ou quem se dedica à fabricação de objetos de cerâmica, especialmente como profissão.

cerca¹ ⟨cer.ca⟩ (Pron. [cêrca]) s.f. Construção feita ao redor de um lugar para delimitá-lo ou para resguardá-lo. ‖ **cerca viva** Aquela que é feita de plantas ou arbustos.

cerca² ⟨cer.ca⟩ (Pron. [cêrca]) ‖ **cerca de** Combinado com uma quantidade, quase ou aproximadamente: *Este livro custa cerca de trinta reais.*

cercado ⟨cer.ca.do⟩ s.m. Terreno rodeado por uma cerca.

cercadura ⟨cer.ca.du.ra⟩ s.f. Aquilo que limita ou contorna uma figura ou um objeto.

cercar ⟨cer.car⟩ ▌v.t.d. **1** Rodear com uma cerca: *Cercaram o jardim com grades.* **2** Impedir a passagem de: *Os policiais cercaram o ladrão para que não escapasse.* **3** Rodear ou fazer um cerco em (uma área inimiga) com um exército. **4** Rodear formando um cerco: *Os seguranças cercaram a banda para impedir o assédio dos fãs.* **5** Importunar ou perseguir com insistência: *Os paparazzi viviam cercando a cantora.* ▌v.prnl. **6** Rodear-se ou acompanhar-se: *Cercou-se de bons amigos para comemorar o aniversário.* ▢ ORTOGRAFIA Antes de e, o c muda para qu →BRINCAR. ▢ GRAMÁTICA Na acepção 6, usa-se a construção *cercar-se* DE *(algo/alguém)*.

cercear ⟨cer.ce.ar⟩ v.t.d. **1** Aparar ou cortar muito curto. **2** Submeter ou reduzir a limites menores. ▢ ORTOGRAFIA O e muda para ei quando a sílaba tônica estiver na raiz do verbo →NOMEAR.

cerco ⟨cer.co⟩ (Pron. [cêrco]) s.m. **1** Ato ou efeito de cercar. **2** Faixa ou roda em torno de algo: *um cerco de flores.* **3** Bloqueio de uma área inimiga: *A polícia fez o cerco ao esconderijo dos terroristas.*

cerda ⟨cer.da⟩ s.f. **1** Pelo grosso, duro e geralmente comprido que alguns animais têm na cauda ou na crina: *as cerdas do javali.* **2** Pelo ou filamento de escova: *Esta escova de dentes tem cerdas macias.*

cereal ⟨ce.re.al⟩ (pl. *cereais*) s.m. **1** Planta que produz grãos destinados à alimentação: *O homem sempre cultivou cereais, como o trigo e a cevada.* **2** Grão dessa planta. **3** Alimento elaborado com esse grão e geralmente enriquecido com vitaminas e outras substâncias nutritivas: *Como cereais com leite todo dia pela manhã.*

cerebelo ⟨ce.re.be.lo⟩ (Pron. [cerebêlo]) s.m. No sistema nervoso de um vertebrado, parte do encéfalo situada na região posterior e inferior do crânio, encarregada da coordenação muscular, da manutenção do equilíbrio do corpo, da postura e de outras funções involuntárias.

cerebral ⟨ce.re.bral⟩ (pl. *cerebrais*) adj.2g. **1** Do cérebro ou relacionado a essa parte do encéfalo. **2** Que se guia pela inteligência e pela razão, e não se deixa levar pelos sentimentos: *uma análise cerebral.*

cérebro ⟨cé.re.bro⟩ s.m. No sistema nervoso de um vertebrado, parte situada na região anterior e superior do encéfalo e que constitui o centro fundamental desse sistema.

cereja ⟨ce.re.ja⟩ (Pron. [cerêja]) ▌adj.2g.2n./s.m. **1** De cor vermelha, como a deste fruto. ▌s.f. **2** Fruto da cerejeira, comestível, pequeno e arredondado, de pele lisa e vermelha, polpa doce e suculenta com uma semente em seu interior.

certo

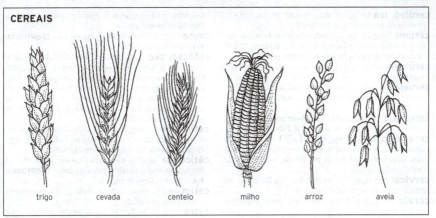

CEREAIS: trigo, cevada, centeio, milho, arroz, aveia

cerejeira ⟨ce.re.jei.ra⟩ s.f. **1** Árvore de tronco liso e acinzentado, galhos abundantes e copa ampla, folhas simples em formato de ponta de lança e margem serrilhada, flores brancas, e cujo fruto é a cereja. **2** Madeira de uma árvore brasileira de grande porte, com folhas compostas, frutos secos de cor marrom-escura, e bastante empregada na fabricação de móveis.

cerífero, ra ⟨ce.rí.fe.ro, ra⟩ adj. Que produz cera.

cerimônia ⟨ce.ri.mô.nia⟩ s.f. **1** Ato solene celebrado de acordo com regras estabelecidas: *A cerimônia de abertura do curso foi presidida pelo reitor da universidade.* **2** Solenidade ou formalidade na forma de agir: *Foi entrando e se acomodando, sem qualquer cerimônia.*

cerimonial ⟨ce.ri.mo.ni.al⟩ (pl. *cerimoniais*) ▌ adj.2g. **1** Da cerimônia ou relacionado a ela. ▌ s.m. **2** Conjunto de regras e formalidades próprias da celebração de uma cerimônia. ☐ SIN. ritual.

cerimonioso, sa ⟨ce.ri.mo.ni.o.so, sa⟩ (Pron. [cerimoniôso], [cerimoniósa], [cerimoniósos], [cerimoniósas]) adj. Que segue as cerimônias e se atém a suas regras e formalidades.

cério ⟨cé.rio⟩ s.m. Elemento químico da família dos metais, de número atômico 58, sólido, pertencente ao grupo dos lantanídeos, de cor acinzentada, mole e deformável, e que se oxida em água fervente. ☐ ORTOGRAFIA Seu símbolo químico é Ce, sem ponto.

cerne ⟨cer.ne⟩ s.m. **1** Em um todo, parte primordial ou essencial. *A pergunta do estudante foi ao cerne da questão.* ☐ SIN. âmago, bojo. **2** Em botânica, parte mais interna do tronco ou dos galhos grossos de uma árvore, geralmente de cor mais escura.

ceroila ⟨ce.roi.la⟩ s.f. →**ceroula**

ceroula ⟨ce.rou.la⟩ s.f. Antigamente, peça íntima masculina usada por baixo das calças e que ia da cintura até os tornozelos. ☐ ORTOGRAFIA Escreve-se também ceroila. ☐ USO Usa-se geralmente a forma plural *ceroulas*.

cerração ⟨cer.ra.ção⟩ (pl. *cerrações*) s.f. **1** Névoa densa e baixa, cuja origem está relacionada à formação de nuvens junto à superfície. ☐ SIN. neblina, nevoeiro. **2** Falta de luz ou de claridade.

cerrado ⟨cer.ra.do⟩ s.m. Mata muito extensa própria de algumas regiões brasileiras de clima quente, que se caracteriza pela presença de árvores de pequeno ou médio portes, retorcidas e espaçadas, e grande biodiversidade vegetal e animal: *O cerrado é uma paisagem natural de grande beleza.*

cerrar ⟨cer.rar⟩ v.t.d./v.prnl. **1** Fechar(-se), unir(-se) ou encostar(-se): *cerrar as cortinas.* **2** Apertar(-se) ou unir(-se) com força: *cerrar os punhos; cerrar os lábios.* ☐ ORTOGRAFIA É diferente de serrar.

cerro ⟨cer.ro⟩ (Pron. [cêrro]) s.m. Elevação isolada de terreno com altura menor que a de um monte.

certa ⟨cer.ta⟩ ‖ **{na/pela} certa** Sem dúvida ou com certeza: *Na certa, esse projeto será um sucesso.*

certame ⟨cer.ta.me⟩ s.m. Evento ou competição nos quais geralmente se concorre a um prêmio. ☐ ORTOGRAFIA Escreve-se também certâmen.

certâmen ⟨cer.tâ.men⟩ (pl. *certâmenes* ou *certamens*) s.m. →**certame**

certeiro, ra ⟨cer.tei.ro, ra⟩ adj. Acertado, exato ou preciso.

certeza ⟨cer.te.za⟩ (Pron. [certêza]) s.f. **1** Conhecimento seguro sobre algo: *Não tenho certeza se este é o número dele.* **2** Segurança ou convicção em algo: *Tinha certeza de que ela venceria.*

certidão ⟨cer.ti.dão⟩ (pl. *certidões*) s.f. Documento ou escritura emitidos por um órgão público nos quais se atesta ou assegura algo oficialmente: *uma certidão de nascimento.*

certificação ⟨cer.ti.fi.ca.ção⟩ (pl. *certificações*) s.f. Afirmação da autenticidade de algo, especialmente se for por meio de documento ou escritura oficiais.

certificado ⟨cer.ti.fi.ca.do⟩ s.m. Documento que certifica ou que assegura a validade de algo.

certificar ⟨cer.ti.fi.car⟩ ▌ v.t.d./v.t.d.i. **1** Afirmar ou assegurar (algo) [a alguém]: *Posso certificar que esse livro é ótimo!* ▌ v.t.d. **2** Dar por certo ou autêntico, especialmente se for por meio de documento ou escritura oficiais: *Precisou certificar a escritura da casa no cartório.* ▌ v.t.d.i./v.prnl. **3** Deixar ou ficar seguro [da realidade ou da certeza de algo]: *Certificou-se de que não tinha deixado o gás ligado.* ☐ ORTOGRAFIA Antes de e, o c muda para qu →BRINCAR.

certo ⟨cer.to⟩ adv. De maneira correta: *Respondeu certo e passou para a fase seguinte.*

certo, ta ⟨cer.to, ta⟩ ▌ adj. **1** Verdadeiro, seguro ou que não se pode pôr em dúvida: *Não há nada certo ainda a respeito da reunião.* **2** Livre de erro ou de defeito: *Assinale a alternativa certa.* **3** Adequado, definido ou exato: *Encontraram a casa certa para montar o negócio.* ▌ pron. indef. **4** Anteposto a um substantivo, indica algo que não é específico: *Certo dia, disse o que pensava.* ☐ SIN. determinado. ▌ s.m. **5** Aquilo que é correto: *Se não fizer o certo agora, mais tarde você se arrependerá.*

cerúleo

cerúleo, lea ⟨ce.rú.leo, lea⟩ adj./s.m. De cor azulada, como a do céu limpo e sem nuvens.

cerume ⟨ce.ru.me⟩ s.m. Substância amarelada secretada pelas glândulas sebáceas da orelha externa. ☐ SIN. cera. ☐ ORTOGRAFIA Escreve-se também cerúmen.

cerúmen ⟨ce.rú.men⟩ (pl. cerúmenes ou cerumens) s.m. →cerume

cerveja ⟨cer.ve.ja⟩ (Pron. [cervêja]) s.f. Bebida alcoólica à base de cereais fermentados com água e aromatizada com lúpulo.

cervejaria ⟨cer.ve.ja.ri.a⟩ s.f. 1 Estabelecimento comercial onde se vende ou se toma cerveja. 2 Fábrica de cerveja.

cervejeiro, ra ⟨cer.ve.jei.ro, ra⟩ ▌adj. 1 Da cerveja ou relacionado a essa bebida. ▌s. 2 Pessoa que se dedica à fabricação ou à venda de cerveja, especialmente como profissão.

cervical ⟨cer.vi.cal⟩ (pl. cervicais) adj.2g. Da cerviz ou relacionado a essa parte do pescoço.

cerviz ⟨cer.viz⟩ s.f. Em um mamífero, parte posterior do pescoço.

cervo, va ⟨cer.vo, va⟩ (Pron. [cêrvo]) s. Mamífero ruminante, de cor pardo-avermelhada ou cinza, corpo esbelto, patas largas e focinho pontudo, cujo macho, maior que a fêmea, apresenta grandes chifres ramificados que se regeneram a cada ano. ☐ ORTOGRAFIA É diferente de servo.

cerzideira ⟨cer.zi.dei.ra⟩ s.f. 1 Mulher que se dedica profissionalmente a cerzir. 2 Agulha utilizada para cerzir.

cerzir ⟨cer.zir⟩ v.t.d. Costurar sem que se notem os pontos (um tecido, especialmente): cerzir uma meia. ☐ GRAMÁTICA É um verbo irregular →PROGREDIR.

cesariana ⟨ce.sa.ri.a.na⟩ s.f. Operação cirúrgica que consiste em retirar a criança pelo abdome da mãe.

césio ⟨cé.sio⟩ s.m. Elemento químico da família dos metais, de número atômico 55, líquido, de cor branco-prateada, leve, mole e que se inflama em contato com o ar. ☐ ORTOGRAFIA Seu símbolo químico é Cs, sem ponto.

cessão ⟨ce.são⟩ (pl. cessões) s.f. 1 Transferência, geralmente por meio de um contrato, feita a outra pessoa de uma posse, de um crédito ou de um direito: Assinaram o contrato de cessão dos direitos autorais. 2 Entrega de algo provisoriamente com a condição de que seja devolvido. ☐ ORTOGRAFIA É diferente de seção e de sessão.

cessar ⟨ces.sar⟩ ▌v.t.d./v.prnl. 1 Acabar(-se), fazer chegar ou chegar ao fim: A música cessou depois da meia-noite. ▌v.t.d. 2 Interromper (aquilo que se estava fazendo) ou deixar de fazê-lo: Quando chegaram a um acordo, os trabalhadores cessaram a greve.

cessar-fogo ⟨ces.sar-fo.go⟩(Pron.[cessar-fôgo])s.m.2n. Suspensão momentânea ou definitiva das ações militares em um conflito bélico.

cessionário, ria ⟨ces.si.o.ná.rio, ria⟩ s. Pessoa que recebe uma cessão de bens ou de direitos.

cesta ⟨ces.ta⟩ (Pron. [cêsta]) s.f. 1 Recipiente fundo de vime ou outro material semelhante, de boca arredondada e larga, geralmente provido de uma alça. 2 No basquete, aro com uma rede pendurada e sem fundo, através do qual se tenta passar a bola para marcar pontos. 3 No basquete, ponto marcado ao fazer a bola passar através desse aro. ‖ **cesta básica** Conjunto de alimentos que uma família necessita mensalmente para sua subsistência. ☐ USO Nas acepções 1 e 2, usa-se também a forma cesto.

cestaria ⟨ces.ta.ri.a⟩ s.f. Arte ou técnica de fazer cestas ou outros objetos com vime ou com outro material semelhante.

cesteiro, ra ⟨ces.tei.ro, ra⟩ ▌adj. 1 Da cestaria ou relacionado a ela. ▌s. 2 Pessoa que se dedica profissionalmente à fabricação ou à venda de cestas ou outros objetos de cestaria.

cesto ⟨ces.to⟩ (Pron. [cêsto]) s.m. →**cesta** ☐ ORTOGRAFIA É diferente de sexto.

cetáceo, cea ⟨ce.tá.ceo, cea⟩ ▌adj./s.m. 1 Em relação a um mamífero, que é de vida marinha ou fluvial, com aberturas respiratórias no alto da cabeça, extremidades anteriores convertidas em nadadeiras e sem extremidades posteriores: Ele se especializou no estudo dos cetáceos, como golfinhos e baleias. ▌s.m.pl. 2 Em zoologia, ordem desses mamíferos.

ceticismo ⟨ce.ti.cis.mo⟩ s.m. Incredulidade, desconfiança ou dúvida sobre a verdade ou a eficácia de algo. ☐ ORTOGRAFIA Escreve-se também cepticismo.

cético, ca ⟨cé.ti.co, ca⟩ adj./s. Que ou quem não crê em determinadas coisas ou duvida delas. ☐ ORTOGRAFIA Escreve-se também céptico.

cetim ⟨ce.tim⟩ (pl. cetins) s.m. Tecido brilhante feito de seda de boa qualidade.

cetro ⟨ce.tro⟩ s.m. Bastão usado geralmente por reis e imperadores como símbolo de seu poder.

céu s.m. 1 Espaço que, visto da Terra, parece formar uma cobertura arqueada sobre ela: A noite está perfeita para se observar o céu. ☐ SIN. abóbada celeste, firmamento, páramo. 2 Na tradição cristã, lugar no qual Deus está. 3 Aquilo ou aquele considerado muito bom: Chegar em casa depois do trabalho foi o céu. ‖ **a céu aberto** Ao ar livre ou sem cobertura: O esgoto corre a céu aberto naquela favela. ‖ **cair do céu** Acontecer no momento ou no lugar oportunos ou mais convenientes: Aquele trabalho caiu do céu, pois estava desempregado há tempos. ‖ **céu da boca** Na boca, parte interior e superior que separa as cavidades nasal e bucal. ☐ SIN. abóbada palatina. ‖ **céu de brigadeiro** Conjunto de condições favoráveis para um voo.

ceva ⟨ce.va⟩ s.f. 1 Engorda de animais, especialmente aquela feita para que a carne deles se destine à alimentação humana. 2 Local onde se colocam animais destinados à engorda.

cevada ⟨ce.va.da⟩ s.f. 1 Cereal semelhante ao trigo, de menor altura, folhas mais largas e grãos mais compridos e pontiagudos, muito usado na alimentação do gado e na fabricação de diversas bebidas: Diversos produtos são feitos a partir da cevada, como a cerveja. 2 Grão desse cereal. [◉ cereais p. 165]

cevado, da ⟨ce.va.do, da⟩ adj./s. Em relação a um animal, que se cevou.

cevar ⟨ce.var⟩ ▌v.t.d. 1 Engordar (um animal), geralmente para destinar sua carne ao consumo humano. 2 Colocar uma isca em (um anzol ou uma armadilha). ▌v.t.d./v.prnl. 3 Fartar(-se) ou saciar(-se).

CFC (pl. CFCs) s.m. 1 Conjunto de gases usados na produção de alguns aerossóis e em equipamentos de refrigeração, e que, ao serem liberados na atmosfera, destroem a camada de ozônio. 2 Escola onde se obtêm conhecimentos teóricos e práticos para aquisição da carteira nacional de habilitação. ☐ ORIGEM Na acepção 1, é a sigla de clorofluorcarboneto; na acepção 2, de Centro de Formação de Condutores.

chá s.m. 1 Arbusto com flores solitárias brancas, vermelhas ou rosa, folhas perenes, duras, brilhantes, de margem serrilhada, que, quando secas e tostadas, são usadas para fazer infusão. 2 Folha desse arbusto. 3 Infusão que se prepara com essa e outras folhas, com propriedades estimulantes e digestivas, entre outras: uma xícara de chá. 4 Reunião social ou refeição com comidas leves acompanhadas por essa infusão: um chá beneficente. ☐ ORTOGRAFIA É diferente de xá.

chã ▎adj. **1** Feminino de chão. ▎s.f. **2** Terreno plano de grande extensão. **3** Parte interna da coxa bovina, destinada ao consumo humano.

chacal ⟨cha.cal⟩ (pl. *chacais*) s.m. Mamífero carnívoro semelhante a um lobo, mas de tamanho menor e com cauda mais comprida, que vive só e que costuma se alimentar de carniça. ▫ GRAMÁTICA É um substantivo epiceno: *o chacal (macho/fêmea)*.

chácara ⟨chá.ca.ra⟩ s.f. Casa no campo para descanso ou lazer. ▫ ORTOGRAFIA É diferente de *xácara*.

chacareiro, ra ⟨cha.ca.rei.ro, ra⟩ s. Pessoa que é proprietária ou administradora de uma chácara.

chacina ⟨cha.ci.na⟩ s.f. Matança ou grande mortandade de pessoas ou animais.

chacinar ⟨cha.ci.nar⟩ v.t.d. Matar (uma grande quantidade de pessoas ou de animais).

chacoalhar ⟨cha.co.a.lhar⟩ ▎v.t.d./v.int./v.prnl. **1** Agitar(-se) repetidamente de um lado para o outro: *Chacoalhou a garrafa para misturar a bebida.* ▎v.t.d. **2** *informal* Fazer (alguém) tomar consciência de algo: *Disse palavras duras para tentar chacoalhar o amigo desajuizado.*

chacota ⟨cha.co.ta⟩ s.f. Brincadeira, zombaria ou riso.

chafariz ⟨cha.fa.riz⟩ s.m. Fonte com uma ou mais bicas.

chafurdar ⟨cha.fur.dar⟩ ▎v.t.i./v.int./v.prnl. **1** Atolar(-se) ou remexer(-se) [na lama, especialmente]: *Os porcos chafurdam no chiqueiro.* ▎v.t.i./v.prnl. **2** Envolver-se [em algum vício]: *Ele acabou chafurdando no alcoolismo.* ▫ GRAMÁTICA Usa-se a construção *chafurdar(-se) em algo*.

chaga ⟨cha.ga⟩ s.f. No corpo de uma pessoa ou de um animal, ferida aberta ou cicatriz.

chagar ⟨cha.gar⟩ v.t.d. Causar chagas em. ▫ ORTOGRAFIA Antes de *e*, o *g* muda para *gu* →CHEGAR.

chalaça ⟨cha.la.ça⟩ s.f. **1** Aquilo que é dito de forma engraçada ou debochada. **2** Brincadeira ou comentário sem graça ou indelicados.

chalana ⟨cha.la.na⟩ s.f. Embarcação pequena de fundo plano, proa aguda e popa quadrada, com assentos em encostos verticais, usada para o transporte em águas pouco profundas, geralmente fluviais.

chalé ⟨cha.lé⟩ s.m. Casa em estilo rústico ou campestre, geralmente de madeira. [⊙ **habitação** p. 420]

chaleira ⟨cha.lei.ra⟩ ▎adj.2g./s.2g. **1** *pejorativo* Que ou aquele que é adulador e servil. ▎s.f. **2** Recipiente de metal com tampa, asa e um bico mais ou menos comprido, usado para ferver água na preparação de chá e de outras bebidas.

chalrar ⟨chal.rar⟩ v.int. **1** Imitar a fala humana (uma ave). **2** Falar com animação e sem constrangimento (uma ou mais pessoas). **3** Falar muito e ininterruptamente (alguém).

chama ⟨cha.ma⟩ s.f. **1** Massa gasosa que arde e se eleva, desprendendo luz e calor: *De longe podíamos ver as chamas do incêndio.* ▫ SIN. **flama. 2** Ardor ou intensidade: *Apesar da distância, mantinham viva a chama do seu amor.* ▫ SIN. **flama.**

chamada ⟨cha.ma.da⟩ s.f. **1** Ligação ou tentativa de estabelecer uma comunicação telefônica: *Acabei de receber uma chamada dele.* **2** Verificação de presença que se faz chamando o nome das pessoas ou seu número de identificação: *A professora fez a chamada no fim da aula.* **3** Advertência para corrigir ou desaprovar a conduta de alguém: *Recebeu uma chamada por sua falta de responsabilidade.* **4** No rádio ou na televisão, exposição de uma notícia de forma resumida no início da programação: *Quero ver pelo menos a chamada do telejornal.* **5** Resumo ou anúncio de um artigo ou de uma notícia na parte inicial de uma publicação: *Li as chamadas na capa do jornal para saber quais eram as principais notícias do dia.*

chamado ⟨cha.ma.do⟩ s.m. Convocação, convite ou pedido. ▫ SIN. **chamamento.**

chamalote ⟨cha.ma.lo.te⟩ s.m. Tecido grosso, geralmente de lã, cuja trama apresenta textura ondulada.

chamamento ⟨cha.ma.men.to⟩ s.m. Convocação, convite ou pedido. ▫ SIN. **chamado.**

chamar ⟨cha.mar⟩ ▎v.t.d./v.t.i. **1** Dirigir-se por meio da voz ou de gestos [a uma pessoa ou a um animal], para captar sua atenção ou para estabelecer uma comunicação: *Chamou o amigo ao vê-lo na rua.* ▎v.t.d. **2** Convocar, convidar ou pedir a presença de (alguém): *Chamaram-na para que fosse a diretora da empresa.* ▎v.t.d./v.prnl. **3** Nomear, dar nome ou tê-lo: *A mãe o chama pelo segundo nome.* ▎v.prnl. **4** Ser designado com uma palavra: *Como isto se chama em sua língua? A cidade onde mora chama-se Uberlândia.* ▎v.t.d./v.t.i. **5** Pedir ajuda [a alguém]: *Para chamar a enfermeira, aperte a campainha.* ▎v.t.d. **6** Despertar ou interromper o sono de (alguém): *Seu pai a chamou às 7 da manhã.* ▎v.int. **7** Produzir ruído ou som (um telefone): *O telefone chamava, mas ninguém atendia.* ▎v.t.d. **8** Contatar ou comunicar-se com (alguém), especialmente por meio do telefone: *Ele ficou de me chamar mais tarde.* ▫ GRAMÁTICA Nas acepções 3 e 4, o objeto vem acompanhado de um complemento que o qualifica: *A mãe o chama pelo segundo nome; A cidade onde mora chama-se Uberlândia*.

chamariz ⟨cha.ma.riz⟩ s.m. **1** Pássaro, geralmente preso, usado como isca para atrair outro. **2** Aquilo que serve para atrair, especialmente se forem consumidores, clientes ou fregueses: *um chamariz de vendas*.

chamativo, va ⟨cha.ma.ti.vo, va⟩ adj. Que chama muito a atenção.

chambre ⟨cham.bre⟩ s.m. Peça do vestuário comprida, aberta na frente e com um cinto, geralmente feita de tecido atoalhado, que é usada sobre a roupa de dormir ou sobre a roupa íntima. ▫ SIN. **robe, roupão.**

chamego ⟨cha.me.go⟩ (Pron. [chaměgo]) s.m. **1** *informal* Carinho, afeto ou estima. **2** *informal* Relação amorosa.

chamejar ⟨cha.me.jar⟩ v.int. **1** Lançar chamas ou brilhar. **2** Submeter à ação de uma chama: *Chamejou a tesoura para desinfetá-la.*

chaminé ⟨cha.mi.né⟩ s.f. Conduto pelo qual sai a fumaça resultante da combustão em uma caldeira, em uma cozinha ou em um forno.

champanhe ⟨cham.pa.nhe⟩ s. **1** Vinho branco espumante, original da região francesa de Champagne. **2** Qualquer vinho semelhante a esse. ▫ GRAMÁTICA É uma palavra usada tanto como substantivo masculino como substantivo feminino: *um champanhe, uma champanhe*.

chamuscar ⟨cha.mus.car⟩ ▎v.t.d./v.prnl. **1** Queimar(-se) na parte exterior ou de maneira superficial: *Chamuscou-se ao tentar pular a fogueira.* ▎v.t.d. **2** *figurado* Comprometer ou afetar a reputação de (algo): *O escândalo do deputado chamuscou o partido.* ▫ ORTOGRAFIA Antes de *e*, o *c* muda para *qu* →BRINCAR.

chance ⟨chan.ce⟩ s.f. **1** Oportunidade ou ocasião: *É a sua última chance, portanto recomendo que a aproveite.* **2** Possibilidade de que algo ocorra: *As chances de ganhar na loteria são remotas.*

chancela ⟨chan.ce.la⟩ s.f. **1** Impressão, selo ou carimbo que se colocam em um documento oficial: *Todas as notas de real têm a chancela do Banco Central.* **2** Aprovação ou sanção que se dá a algo: *O projeto recebeu a chancela do secretário-geral.*

chancelaria ⟨chan.ce.la.ri.a⟩ s.f. **1** Repartição onde se colocam chancelas em documentos. **2** Em alguns países, ministério das Relações Exteriores. **3** Cargo ou função do chanceler.

chanceler

chanceler ⟨chan.ce.ler⟩ s.2g. **1** Em alguns países europeus, chefe ou presidente do Governo: *A chanceler alemã encontrou-se com o presidente da França.* **2** Em alguns países, ministro das Relações Exteriores.

chanchada ⟨chan.cha.da⟩ s.f. Peça ou filme musicais e cômicos de caráter popular: *Ele adorava as chanchadas do antigo cinema brasileiro.*

chanfradura ⟨chan.fra.du.ra⟩ s.f. **1** Processo de cortar a extremidade de uma superfície de forma inclinada. **2** Face, geralmente comprida e estreita, que une duas superfícies planas que formam um ângulo, e que substitui a ponta que ambas formariam. ◻ SIN. chanfro.

chanfrar ⟨chan.frar⟩ v.t.d. Cortar de forma inclinada (a extremidade de uma superfície).

chanfro ⟨chan.fro⟩ s.f. Face, geralmente comprida e estreita, que une duas superfícies planas que formam um ângulo, e que substitui a ponta que ambas formariam. ◻ SIN. chanfradura.

chantagear ⟨chan.ta.ge.ar⟩ v.t.d./v.int. Submeter a chantagem: *Chantagearam o ator com fotos comprometedoras.* ◻ ORTOGRAFIA O e muda para ei quando a sílaba tônica estiver na raiz do verbo →NOMEAR.

chantagem ⟨chan.ta.gem⟩ (pl. *chantagens*) s.f. Pressão exercida sobre alguém, mediante ameaças ou outros meios, para extorquir-lhe dinheiro ou obter outras vantagens.

chantagista ⟨chan.ta.gis.ta⟩ adj.2g./s.2g. Que ou quem faz chantagens.

chantili ⟨chan.ti.li⟩ s.m. Creme leve feito à base de leite batido e açúcar.

chão (pl. *chãos*) ❚ adj. **1** Em relação a uma superfície, que não apresenta desigualdades, desníveis nem asperezas: *um caminho chão.* **2** Que tem pouca altura ou está próximo ao solo: *um arbusto chão.* **3** Sossegado, quieto ou sereno: *um riacho chão.* **4** Que é composto por poucos elementos: *um estilo arquitetônico chão.* **5** Que é considerado impróprio de uma pessoa culta e educada: *um linguajar chão.* ❚ s.m. **6** Superfície da terra. **7** Superfície sobre a qual se pisa: *Não entre na cozinha, pois limpamos o chão.* ◻ GRAMÁTICA Exceto nas acepções 6 e 7, seu feminino é *chã*.

chapa ⟨cha.pa⟩ ❚ s.f. **1** Lâmina de material duro: *É uma fábrica que produz chapas de alumínio.* **2** *informal* Radiografia: *O médico pediu uma chapa do pulmão.* **3** Placa usada para assar, fritar ou tostar alguns alimentos: *Colocou o filé na chapa para preparar o sanduíche.* **4** Conjunto de todos os candidatos de uma agremiação ou partido: *A chapa vencedora do grêmio era composta por dez estudantes.* **5** Placa de um veículo: *Depois da batida, anotamos a chapa do carro.* ❚ s.2g. **6** *informal* Amigo: *Ele é meu chapa desde que éramos crianças.*

chapada ⟨cha.pa.da⟩ s.f. Superfície de altura elevada e com grande extensão plana. ◻ SIN. altiplano, planalto, planura, platô.

chapadão ⟨cha.pa.dão⟩ (pl. *chapadões*) s.m. **1** Chapada extensa. **2** Conjunto de chapadas.

chapado, da ⟨cha.pa.do, da⟩ adj. **1** *informal* Que está sob efeito de drogas ou de álcool. **2** *informal* Que está cansado.

chapar ⟨cha.par⟩ ❚ v.t.d. **1** →chapear **2** Dizer de maneira direta ou abrupta: *chapar uma resposta.* **3** Cunhar (uma moeda). ❚ v.int. **4** *informal* Ficar sob efeitos de drogas ou de álcool.

chapear ⟨cha.pe.ar⟩ v.t.d. Cobrir, revestir ou adornar com chapa ou lâmina de metal. ◻ ORTOGRAFIA O e muda para ei quando a sílaba tônica estiver na raiz do verbo →NOMEAR. ◻ USO Usa-se também a forma *chapar*.

chapecoense ⟨cha.pe.co.en.se⟩ adj.2g./s.2g. De Chapecó ou relacionado a essa cidade do estado brasileiro de Santa Catarina.

chapelaria ⟨cha.pe.la.ri.a⟩ s.f. **1** Oficina ou loja onde se fabricam ou se vendem chapéus. **2** Em um estabelecimento público, especialmente se for em uma casa noturna, lugar em que se guardam os pertences dos frequentadores.

chapeleira ⟨cha.pe.lei.ra⟩ s.f. **1** Suporte para chapéus ou para objetos semelhantes. **2** Caixa que serve para guardar e transportar um chapéu. [◉ **equipagem** p. 317]

chapeleiro, ra ⟨cha.pe.lei.ro, ra⟩ s. Pessoa que faz ou que vende chapéus.

chapéu ⟨cha.péu⟩ s.m. Peça do vestuário que cobre a cabeça e que geralmente é composta por copa e aba: *Removeu o chapéu ao entrar na igreja.*

chapéu-panamá ⟨cha.péu-pa.na.má⟩ (pl. *chapéus-panamá*) s.m. →panamá

chapinhar ⟨cha.pi.nhar⟩ ❚ v.t.d. **1** Agitar com as mãos ou com os pés (a água ou o barro). ❚ v.int. **2** Agitar a água ou o barro com as mãos ou com os pés.

charada ⟨cha.ra.da⟩ s.f. **1** Jogo cujo objetivo é adivinhar uma palavra a partir de algumas pistas sobre o seu significado e o significado de palavras derivadas, usando uma ou várias de suas sílabas. **2** Questão difícil de decifrar ou compreender. ◻ SIN. enigma.

charadista ⟨cha.ra.dis.ta⟩ adj.2g./s.2g. Que ou quem cria ou decifra charadas.

charanga ⟨cha.ran.ga⟩ s.f. Banda musical de caráter jocoso ou popularesco, formada por instrumentos de sopro.

charco ⟨char.co⟩ s.m. Água estagnada e geralmente suja sobre uma superfície.

charge (palavra francesa) (Pron. [chárge]) s.f. Em uma publicação, desenho geralmente de caráter humorístico e acompanhado, às vezes, de um texto breve.

charlar ⟨char.lar⟩ v.int. Conversar e falar como passatempo, sem um objetivo específico.

charlatão ⟨char.la.tão⟩ (pl. *charlatães* ou *charlatões*) s.m. **1** Homem que pretende enganar, geralmente fazendo-se passar por quem não é: *Ele é um charlatão, vive de aplicar golpes em idosas.* **2** *pejorativo* Homem que pratica a medicina sem estar habilitado para isso. **3** *pejorativo* Médico incompetente ou sem escrúpulos. ◻ GRAMÁTICA Seu feminino é *charlatona*.

charlatona ⟨char.la.to.na⟩ (Pron. [charlatôna]) Substantivo feminino de **charlatão**.

charme ⟨char.me⟩ s.m. Aquilo ou aquele que cativa os sentidos ou que causa admiração: *Seu charme é o sorriso.*

charmoso, sa ⟨char.mo.so, sa⟩ (Pron. [charmôso], [charmósa], [charmósos], [charmósas]) adj. Que tem charme.

charneca ⟨char.ne.ca⟩ s.f. Região em que há acúmulo natural de água e que favorece o desenvolvimento de vegetação. ◻ SIN. pântano, paul, tremedal.

charola ⟨cha.ro.la⟩ s.f. Padiola que serve para transportar imagens religiosas nas procissões. ◻ SIN. andor.

charque ⟨char.que⟩ s.m. Carne bovina curtida, temperada com sal e exposta ao sol. ◻ SIN. carne-seca, jabá.

charqueada ⟨char.que.a.da⟩ s.f. Lugar onde se prepara charque.

charquear ⟨char.que.ar⟩ v.t.d. Salgar e secar (a carne) para preparar o charque. ◻ ORTOGRAFIA O e muda para ei quando a sílaba tônica estiver na raiz do verbo →NOMEAR.

charrete ⟨char.re.te⟩ s.f. Veículo leve e com duas rodas, para duas ou três pessoas, puxado por cavalos.

charrua ⟨char.ru.a⟩ s.f. **1** Em agricultura, instrumento maior que o arado, usado para lavrar a terra, abrindo-lhe fendas. **2** Lavoura ou cultivo da terra.

charutaria ⟨cha.ru.ta.ri.a⟩ s.f. Estabelecimento comercial onde se vendem tabaco e produtos similares. ☐ SIN. tabacaria.

charuteira ⟨cha.ru.tei.ra⟩ s.f. Caixa ou estojo em que se guardam ou se expõem charutos.

charuteiro, ra ⟨cha.ru.tei.ro, ra⟩ ▌ adj. **1** Do charuto ou relacionado a ele. ▌ s. **2** Pessoa que se dedica à fabricação ou à venda de charutos. **3** Proprietário de uma charutaria.

charuto ⟨cha.ru.to⟩ s.m. Rolo feito com tabaco e enrolado em papel de fumo, que se acende por uma ponta e se fuma pela outra.

chassi ⟨chas.si⟩ s.m. Em um automóvel, armação que sustenta a carroceria.

chat *(palavra inglesa)* (Pron. [chát]) s.m. Na internet, conversa informal, em tempo real, entre usuários. ☐ SIN. bate-papo.

chata ⟨cha.ta⟩ s.f. Embarcação com o fundo achatado, em formato quadrangular, usada especialmente para o transporte de carga.

chatear ⟨cha.te.ar⟩ v.t.d./v.prnl. *informal* Aborrecer(-se), molestar(-se) ou irritar(-se): *Essa brincadeira tola me chateou. Chateou-se ao saber que a viagem foi cancelada.* ☐ ORTOGRAFIA O e muda para ei quando a sílaba tônica estiver na raiz do verbo →NOMEAR.

chatice ⟨cha.ti.ce⟩ s.f. *informal* Condição de chato.

chato, ta ⟨cha.to, ta⟩ ▌ adj. **1** Em relação a algo curvo ou saliente, que é mais plano ou se sobressai menos que o comum: *pés chatos.* ☐ SIN. achatado. ▌ adj./s. **2** *informal pejorativo* Que ou quem não desperta interesse: *uma pessoa chata.* **3** *informal* Maçante: *uma tarefa chata.* ▌ s.m. **4** Inseto chupador, sem asas, de pequeno porte que vive como parasita na região pubiana. ☐ GRAMÁTICA Na acepção 4, é um substantivo epiceno: *o chato (macho/fêmea).*

chauvinismo ⟨chau.vi.nis.mo⟩ (Pron. [chovinismo]) s.m. Valorização exagerada do que é nacional em detrimento do que é estrangeiro. ☐ ORTOGRAFIA Antes de e, o c muda para qu →BRINCAR.

chauvinista ⟨chau.vi.nis.ta⟩ (Pron. [chovinista]) adj.2g./s.2g. Que ou quem valoriza de forma exagerada tudo aquilo que é nacional e deprecia aquilo que é estrangeiro.

chavão ⟨cha.vão⟩ (pl. *chavões*) s.m. **1** Chave grande. **2** Ideia, expressão ou atitude banalizadas por sua repetição excessiva: *Rimar amor com flor pode ser um chavão.* ☐ SIN. clichê.

chave ⟨cha.ve⟩ s.f. **1** Utensílio, geralmente metálico e com formato comprido, usado para abrir ou trancar uma fechadura: *Não consigo achar a chave do meu carro.* **2** Utensílio usado para dar corda em um mecanismo: *a chave de uma caixa de música.* **3** Mecanismo que serve para facilitar ou para impedir a passagem de um fluido ou da eletricidade: *Antes de tirar a lâmpada, abaixe a chave de luz para cortar a eletricidade.* **4** Em um instrumento musical de sopro, peça que abre ou fecha a passagem do ar para produzir sons de diferentes alturas. **5** Em algumas artes marciais, movimento com o qual se consegue imobilizar ou derrubar um adversário: *O judoca venceu a luta com uma chave de perna.* **6** Em um texto escrito, sinal gráfico que tem a forma de um parêntese com uma ponta no meio, e que se coloca no início e, em posição invertida, no fim de um texto: *Os sinais { } são chaves.* **7** Meio para conseguir algo: *A dedicação é a chave para o sucesso.* **8** Em uma competição, grupo em que os participantes são divididos e que determina as partidas e a ordem em que devem ser jogadas: *O primeiro colocado da chave A jogará contra o segundo da chave B.* ‖ **a sete chaves** Fechado, oculto ou em segredo: *Mantinha o segredo a sete chaves.* ‖ **chave de contato** Aquela que põe em funcionamento um mecanismo, especialmente um veículo. ‖ **chave de fenda** Ferramenta usada para apertar ou afrouxar porcas ou parafusos. ‖ **chave inglesa** Ferramenta com um dispositivo que permite adaptá-la a porcas de diferentes tamanhos. ‖ **chave mestra** Aquela que serve para diferentes fechaduras. ‖ **fechar algo com chave de ouro** Finalizá-lo com perfeição: *Ganhando o último jogo, o time fechou o campeonato com chave de ouro.*

chaveiro, ra ⟨cha.vei.ro, ra⟩ ▌ s. **1** Pessoa que se dedica profissionalmente à fabricação ou ao reparo de chaves ou de fechaduras. **2** Local onde essa pessoa trabalha. **3** Utensílio em que se guardam e se carregam as chaves. ☐ SIN. porta-chaves.

chávena ⟨chá.ve.na⟩ s.f. Pequeno recipiente provido de uma asa e usado geralmente para tomar líquidos. ☐ SIN. xícara.

chaveta ⟨cha.ve.ta⟩ (Pron. [chavêta]) s.f. **1** Chave pequena. **2** Em uma roda, peça usada para prendê-la em um eixo. **3** Em uma dobradiça, peça usada para prender suas duas folhas.

checar ⟨che.car⟩ ▌ v.t.d. **1** Examinar, verificar ou analisar: *Cheque a lista, para ver se não esquecemos nenhum item.* ▌ v.t.d.i. **2** Confrontar (uma coisa) [com outra] para observar suas diferenças e semelhanças: *Ela já checou a nota com a mercadoria entregue.* ☐ ORTOGRAFIA Antes de e, o c muda para qu →BRINCAR.

check-up *(palavra inglesa)* (Pron. [checáp]) s.m. **1** Exame médico geral e completo. **2** Revisão, diagnóstico ou análise minuciosos: *o check-up de um veículo.*

checo, ca ⟨che.co, ca⟩ adj./s. →**tcheco, ca**

checoslovaco, ca ⟨che.cos.lo.va.co, ca⟩ adj./s. →**tchecoslovaco, ca**

cheddar *(palavra inglesa)* (Pron. [chédar]) s.m. Queijo feito à base de leite de vaca, de massa consistente e cor alaranjada.

cheeseburger *(palavra inglesa)* (Pron. [chisbúrguer]) s.m. Sanduíche no pão redondo, com recheio de hambúrguer e queijo, e que geralmente se tempera com *ketchup*, mostarda ou maionese.

chefa ⟨che.fa⟩ s.f. *informal* Chefe.

chefatura ⟨che.fa.tu.ra⟩ s.f. **1** Cargo de chefe. ☐ SIN. chefia. **2** Lugar no qual trabalham os chefes de alguns órgãos oficiais, especialmente se forem da polícia.

chefe ⟨che.fe⟩ s.2g. Pessoa que lidera, orienta ou representa um grupo: *um chefe de departamento.* ‖ **chefe de Estado** Autoridade superior de um país: *No Brasil, o chefe de Estado é o presidente da República.*

chefia ⟨che.fi.a⟩ s.f. **1** Cargo de chefe. ☐ SIN. chefatura. **2** Função e tarefa exercidas por quem ocupa esse cargo. **3** Período de tempo de exercício desse cargo. **4** *informal* Chefe ou conjunto de chefes.

chefiar ⟨che.fi.ar⟩ v.t.d./v.int. Dirigir como chefe (um grupo de pessoas): *A nova coordenadora chefiará a equipe a partir deste mês.*

chegada ⟨che.ga.da⟩ s.f. **1** Ato de chegar: *uma chegada triunfal.* **2** Começo ou início: *a chegada do inverno.* **3** Ponto em que uma corrida termina: *a linha de chegada.* [◉ **estádio de atletismo** p. 337]

chegado, da ⟨che.ga.do, da⟩ adj. **1** Que tem com alguém uma relação próxima de parentesco, amizade ou confiança. **2** Que tem inclinação ou gosto por um assunto ou por uma atividade: *Ele é chegado em informática.*

chegança ⟨che.gan.ça⟩ s.f. No Nordeste, festa ou comemoração típicas do Natal, com música e encenações: *Cenas marítimas são apresentadas nas cheganças.*

chegar

chegar ⟨che.gar⟩ ▮ v.t.i./v.int. **1** Passar a estar ou aparecer [em um lugar]: *Chegamos cedo à festa. A noiva demorou para chegar.* **2** Aproximar-se [de um determinado ponto] ou alcançar o fim de um trajeto: *Demorou para chegar à escola. O ônibus chegou no horário previsto.* ▮ v.t.i. **3** Aproximar-se no tempo [de um momento determinado]: *Chegaram até a madrugada jogando video game.* ▮ v.int. **4** Começar, acontecer ou ter lugar: *Chegou sua vez de jogar.* ▮ v.t.i. **5** Alçar-se ou elevar-se [à conquista de um objetivo]: *Chegou à presidência após várias tentativas.* **6** Bastar ou ser suficiente [de algo]: *Chega de bobagem!* ◻ ORTOGRAFIA Antes de *e*, o *g* muda para *gu* →CHEGAR. ◻ GRAMÁTICA Funciona como verbo auxiliar na construção *chegar + a + verbo no infinitivo*, que indica que a ação expressa por esse infinitivo ocorreu ou quase ocorreu: *Chega a dormir mais de doze horas seguidas.*

cheia ⟨chei.a⟩ s.f. **1** Aumento do caudal de um rio ou de um arroio. **2** Inundação ou alagamento causados por esse aumento.

cheio, a ⟨chei.o, a⟩ adj. **1** Ocupado total ou parcialmente, ou com abundância de algo. **2** Em relação a um corpo, que não é oco no interior. ◻ SIN. maciço, sólido. **3** Em relação a um espaço, que não está disponível para uso ou que está ocupado: *Não poderemos nos hospedar, pois os quartos estão cheios.* **4** Satisfeito ou farto de comida ou de bebida. **5** *informal* Farto, cansado ou aborrecido. ‖ **{de/em} cheio** Inteira ou totalmente: *A bolada o acertou em cheio.*

cheirar ⟨chei.rar⟩ ▮ v.t.d. **1** Perceber o odor de (algo): *Quando meu nariz está entupido, não consigo cheirar nada.* ▮ v.int. **2** Produzir ou desprender odor: *As rosas cheiram bem.* ▮ v.t.i. **3** Produzir ou desprender odor [de algo ou que se assemelhe a um outro odor]: *Esqueci o bolo no forno e a cozinha ficou cheirando a queimado.* ‖ **cheirar a** algo *informal* Parecer com ele ou dar essa impressão: *Tanto agrado cheira a falsidade.*

cheiro ⟨chei.ro⟩ s.m. **1** Emanação que os corpos produzem e que se percebe através do olfato: *A casa tinha um cheiro de mofo.* ◻ SIN. odor. **2** Substância aromática preparada artificialmente. ◻ SIN. perfume.

cheiroso, sa ⟨chei.ro.so, sa⟩ (Pron. [cheirôso], [cheirósa], [cheirósos], [cheirósas]) adj. Que desprende cheiro agradável.

cheiro-verde ⟨chei.ro-ver.de⟩ (Pron. [cheiro-vêrde]) (pl. *cheiros-verdes*) s.m. Ramo de diferentes ervas verdes e aromáticas usadas como tempero na culinária.

cheque ⟨che.que⟩ s.m. Documento que autoriza o pagamento de uma quantia de dinheiro ao beneficiário indicado ou ao portador: *um talão de cheques.* ◻ ORTOGRAFIA É diferente de *xeque*.

chiado, da ⟨chi.a.do, da⟩ ▮ adj. **1** Que chia. ▮ s.m. **2** Ruído agudo, contínuo e desagradável: *Sintonize melhor a estação, ainda está com muito chiado.* ◻ SIN. chio. **3** Voz característica de alguns animais: *Os macacos, os ratos e as andorinhas fazem chiados.*

chiar ⟨chi.ar⟩ v.int. **1** Produzir som semelhante ao de uma fritura (uma substância): *O bife chiava na chapa quente.* **2** Produzir um som desagradável (um objeto) ao ter atrito com outro: *Coloque óleo nas dobradiças para que a porta pare de chiar.* ◻ SIN. ranger. **3** Dar chiados (alguns animais): *A cigarra, o coelho e a lebre são animais que chiam.* **4** *informal* Protestar.

chibata ⟨chi.ba.ta⟩ s.f. **1** Instrumento flexível formado por uma vara e usado para bater. **2** Instrumento formado por uma vara em cuja extremidade há tiras de couro ou uma corrente, usado para açoitar animais ou, antigamente, pessoas. ◻ SIN. açoite, chicote, flagelo, vergalho, vergasta.

chibatada ⟨chi.ba.ta.da⟩ s.f. Golpe dado com uma chibata.

chicana ⟨chi.ca.na⟩ s.f. Astúcia ou trapaça.

chicaneiro, ra ⟨chi.ca.nei.ro, ra⟩ adj./s. Que ou quem faz chicana.

chiclete ⟨chi.cle.te⟩ s.m. *informal* Goma de mascar. ◻ ORIGEM É a extensão de uma marca comercial.

chicória ⟨chi.có.ria⟩ s.f. Planta herbácea com folhas alternas, recortadas, com pelos, comestíveis e amargas, com flores azuladas e raiz espessa. ◻ SIN. almeirão.

chicotada ⟨chi.co.ta.da⟩ s.f. Golpe dado com um chicote.

chicote ⟨chi.co.te⟩ s.m. Instrumento formado por uma vara em cuja extremidade há tiras de couro ou uma corrente, usado para açoitar animais ou, antigamente, pessoas. ◻ SIN. açoite, chibata, flagelo, vergalho, vergasta.

chicotear ⟨chi.co.te.ar⟩ v.t.d. Bater com um chicote em (um animal ou uma pessoa), especialmente se for para açoitá-los ou puni-los. ◻ ORTOGRAFIA O *e* muda se em *ei* quando a sílaba tônica estiver na raiz do verbo →NOMEAR.

chifrada ⟨chi.fra.da⟩ s.f. Golpe ou ferida causados por um animal com a ponta de seus chifres.

chifrar ⟨chi.frar⟩ v.t.d. **1** Em relação a um animal com chifres, dar chifradas em (algo ou alguém). **2** *informal* Trair (um parceiro amoroso).

chifre ⟨chi.fre⟩ s.m. Em alguns animais, peça óssea, geralmente pontiaguda e um pouco curva, que nasce na região frontal da cabeça. ◻ SIN. corno, ponta.

chifrudo, da ⟨chi.fru.do, da⟩ ▮ adj. **1** Que tem chifres. ▮ adj./s. **2** *informal* Que ou quem foi traído por seu parceiro amoroso. ▮ s.m. **3** *informal* Diabo.

chileno, na ⟨chi.le.no, na⟩ (Pron. [chilêno], [chilêna]) adj./s. Do Chile ou relacionado a esse país sul-americano.

chilique ⟨chi.li.que⟩ s.m. *informal* Mal-estar com indisposição repentinos e passageiros: *Foi levada para casa, depois de ter um chilique.*

chimarrão ⟨chi.mar.rão⟩ (pl. *chimarrões*) s.m. Infusão que se prepara com as folhas secas da erva-mate.

chimpanzé ⟨chim.pan.zé⟩ s.m. Macaco de braços compridos, com a cabeça grande, barba e sobrancelhas proeminentes, focinho achatado, corpo coberto de pelagem parda enegrecida e que vive preferencialmente em árvores. ◻ GRAMÁTICA É um substantivo epiceno: *o chimpanzé {macho/fêmea}.*

chinchila ⟨chin.chi.la⟩ s.f. **1** Mamífero roedor semelhante ao esquilo, mas de porte um pouco maior e de pelagem cinza, fina e suave, mais clara no ventre do que no lombo. **2** Pele desse animal. ◻ GRAMÁTICA Na acepção 1, é um substantivo epiceno: *a chinchila {macho/fêmea}.*

chinela ⟨chi.ne.la⟩ s.f. →chinelo

chinelada ⟨chi.ne.la.da⟩ s.f. Golpe dado com um chinelo.

chinelo ⟨chi.ne.lo⟩ s.m. Calçado formado por uma sola e uma ou várias tiras na parte dianteira. ◻ ORTOGRAFIA Escreve-se também *chinela*. [◉ calçados p. 138]

chinês, -a ⟨chi.nês, ne.sa⟩ (Pron. [chinês], [chinêsa]) ▮ adj./s. **1** Da China ou relacionado a esse país asiático: *O Kunfu é uma arte marcial chinesa.* ▮ s.m. **2** Língua asiática desse e de outros países: *Gostaria de um dia aprender o chinês.*

chinfrim ⟨chin.frim⟩ (pl. *chinfrins*) adj.2g. *informal pejorativo* Descuidado, sujo ou de baixa qualidade.

chio ⟨chi.o⟩ s.m. Ruído agudo, contínuo e desagradável. ◻ SIN. chiado.

chip *(palavra inglesa)* (Pron. [chíp]) s.m. Em um circuito eletrônico, componente que contém um outro circuito eletrônico em miniatura, montado sobre um material semicondutor, geralmente de silício, e envolto em uma cápsula de material plástico. ◻ SIN. circuito integrado. ◻ ORTOGRAFIA É a forma reduzida e mais usual de *microchip*.

chique ⟨chi.que⟩ adj.2g. Elegante, distinto ou que está na moda.

chiqueiro ⟨chi.quei.ro⟩ s.m. **1** Estábulo ou curral onde se criam porcos. □ SIN. pocilga, porqueira. **2** *informal pejorativo* Lugar sujo, desordenado ou com mau cheiro.

chispa ⟨chis.pa⟩ s.f. **1** Partícula acesa que se desprende de uma matéria em combustão ou do atrito de dois objetos. □ SIN. centelha, fagulha, faísca. **2** Centelha ou lampejo: *uma chispa de esperança*.

chispada ⟨chis.pa.da⟩ s.f. *informal* Disparada.

chispar ⟨chis.par⟩ v.int. **1** Soltar ou produzir chispas: *A madeira chispava no meio da fogueira*. **2** *informal* Correr em disparada: *As crianças chisparam para a cama quando os pais chegaram*.

chiste ⟨chis.te⟩ s.m. Frase ou anedota que fazem rir. □ SIN. gracejo.

chita ⟨chi.ta⟩ s.f. Tecido estampado, colorido, rústico e feito de algodão.

choça ⟨cho.ça⟩ s.f. Habitação pequena e tosca, feita de madeira e coberta com ramos de palha, usada geralmente por pastores e moradores do campo. [👁 habitação p. 420]

chocadeira ⟨cho.ca.dei.ra⟩ s.f. Máquina ou lugar preparados especialmente para incubar ovos de maneira artificial. □ SIN. incubadora.

chocalhar ⟨cho.ca.lhar⟩ v.t.d. **1** Agitar ou fazer soar como um chocalho (um objeto). **2** Agitar ou mexer continua e repetidamente (o conteúdo de um recipiente, especialmente se for líquido).

chocalho ⟨cho.ca.lho⟩ s.m. **1** Campainha pequena e cilíndrica, geralmente tosca, feita com uma chapa de ferro ou de cobre, e colocada no pescoço das reses para localizá-las mais facilmente. **2** Brinquedo para bebês que faz barulho quando é agitado. **3** Instrumento musical de percussão, oco, de formatos e materiais variados, geralmente com pequenas pedras ou sementes, e que produz som ao ser agitado. [👁 instrumentos de percussão p. 614]

chocante ⟨cho.can.te⟩ adj.2g. Que choca.

chocar ⟨cho.car⟩ ▌ v.t.i./v.prnl. **1** Bater com força [contra um corpo ou objeto] ou trombar: *Um carro se chocou com um ônibus no cruzamento*. □ SIN. abalroar, colidir. ▌ v.prnl. **2** Desacordar-se ou ser contrário: *Sobre esse assunto, nossos pontos de vista se chocam*. ▌ v.t.d./v.int./v.prnl. **3** Surpreender ou escandalizar-se: *Seu palavreado chocou a plateia*. ▌ v.t.d./v.int. **4** Aquecer (os ovos postos por um animal ovíparo) durante o tempo necessário para que o embrião se desenvolva, ou incubar: *As aves cobrem seus ovos com o corpo para chocá-los*. □ ORTOGRAFIA Antes de e, o c muda para qu →BRINCAR.

chocho, cha ⟨cho.cho, cha⟩ (Pron. [chôcho]) adj. **1** Em relação a um fruto ou a um grão, que estão secos ou ocos. **2** *informal* Que não é interessante ou que tem um conteúdo insuficiente: *um trabalho chocho*. **3** Que não tem animação nem alegria: *uma festa chocha*.

choco, ca ⟨cho.co, ca⟩ (Pron. [chôco], [chóca], [chócos], [chócas]) adj./s. **1** Em relação a uma ave, geralmente uma galinha, que está sobre os ovos para chocá-los. **2** Em relação a um alimento ou a uma bebida, que estão estragados: *um ovo choco*.

chocolate ⟨cho.co.la.te⟩ ▌ adj.2g.2n./s.m. **1** De cor marrom como a desta substância. ▌ s.m. **2** Produto alimentício preparado com cacau e açúcar moídos: *uma barra de chocolate*. **3** Bebida que se prepara com essa substância diluída em água ou em leite: *um chocolate quente*.

chocolateira ⟨cho.co.la.tei.ra⟩ s.f. Recipiente em que se prepara ou em que se serve o chocolate.

chofer ⟨cho.fer⟩ s.m. Pessoa que se dedica a dirigir automóveis, especialmente como profissão. □ GRAMÁTICA Usa-se tanto para o masculino quanto para o feminino: *{ele/ela}* é um chofer.

chofre ⟨cho.fre⟩ ‖ **de chofre 1** Repentinamente ou sem ser esperado: *A notícia de sua demissão foi dada de chofre*. **2** Em cheio ou frontalmente: *Bateram-se de chofre, pois vinham rapidamente e em direções opostas*.

chope ⟨cho.pe⟩ (Pron. [chôpe]) s.m. Cerveja armazenada em barril e servida no copo sob pressão por meio de um mecanismo.

choque ⟨cho.que⟩ s.m. **1** Encontro violento entre dois ou mais corpos: *Por sorte, o choque entre os veículos não deixou feridos*. **2** Oposição de vários elementos ou desacordo entre eles: *O choque de gerações sempre existiu*. **3** Comoção ou impressão fortes: *Saber que a filha ficaria longe foi um choque para os pais*. **4** Estado de profunda depressão nervosa e circulatória, sem perda de consciência, causada após intensas emoções ou após uma forte impressão de caráter físico ou psíquico: *Ela está em estado de choque*.

choradeira ⟨cho.ra.dei.ra⟩ s.f. **1** *informal* Pranto forte e persistente. **2** *informal* Lamentação.

choramigas ⟨cho.ra.mi.gas⟩ s.2g.2n. →choramingas

choramingar ⟨cho.ra.min.gar⟩ ▌ v.int. **1** Simular um choro: *Depois da bronca que levou, ficou choramingando*. ▌ v.t.d./v.t.d.i./v.int. **2** *informal* Lamentar ou falar (algo) com voz chorosa [a alguém]: *Deixe já de choramingar e tome uma atitude!* □ ORTOGRAFIA Antes de e, o g muda para gu →CHEGAR.

choramingas ⟨cho.ra.min.gas⟩ s.2g.2n. Pessoa que chora com frequência e por qualquer motivo. □ ORTOGRAFIA Escreve-se também *choramigas*.

chorão ⟨cho.rão⟩ (pl. *chorões*) ▌ adj./s.m. **1** Que ou quem chora com frequência e por qualquer motivo. **2** Em relação a um músico, que toca choro. ▌ s.m. **3** Árvore de tronco grosso e reto, com galhos abundantes e ramos pendurados, muito compridos e flexíveis, com folhas alongadas e pequenas, que costuma ser cultivada como ornamental. □ SIN. salgueiro. □ GRAMÁTICA Nas acepções 1 e 2, seu feminino é *chorona*.

chorar ⟨cho.rar⟩ ▌ v.t.i./v.int. **1** Derramar lágrimas [por um motivo]: *O bebê chorava de dor. Quando cortada, a cebola libera uma substância que nos faz chorar*. ▌ v.t.d. **2** Lamentar ou sentir profundamente (um acontecimento trágico ou doloroso): *Toda a cidade chorou a morte do piloto*. ▌ v.int. **3** *informal* Pechinchar: *Para fazer bons negócios, às vezes é necessário chorar*.

chorinho ⟨cho.ri.nho⟩ s.m. Composição musical popular de origem brasileira, geralmente instrumental, de ritmo sincopado, caracterizado por certo grau de improviso e pelo uso de violão de seis ou sete cordas, pandeiro, flauta e cavaquinho: *Seu estilo musical predileto é o chorinho*. □ SIN. choro.

choro ⟨cho.ro⟩ (Pron. [chôro]) s.m. **1** Derramamento de lágrimas, geralmente acompanhado de lamentos ou soluços. □ SIN. pranto. **2** Lamento ou sentimento triste e profundo motivado por um acontecimento ruim. **3** Composição musical popular de origem brasileira, geralmente instrumental, de ritmo sincopado, caracterizado por certo grau de improviso e pelo uso de violão de seis ou sete cordas, pandeiro, flauta e cavaquinho. □ SIN. chorinho.

chorona ⟨cho.ro.na⟩ (Pron. [chorôna]) Feminino de chorão.

chororó ⟨cho.ro.ró⟩ s.m. Ave campestre de pequeno porte, com o corpo arredondado e coberto por grande quantidade de penas escuras, e cuja cauda é alongada. □ ORIGEM É uma palavra de origem tupi. □ ORTOGRAFIA Escreve-se também *xororó*.

choroso

choroso, sa ⟨cho.ro.so, sa⟩ (Pron. [chorôso], [chorósa], [chorósos], [chorósas]) adj. **1** Com sinais de ter chorado ou de estar a ponto de chorar. **2** Que indica tristeza, mágoa ou dor: *uma voz chorosa*.

choupana ⟨chou.pa.na⟩ s.f. Habitação pobre. ▫ SIN. rancho.

chouriço ⟨chou.ri.ço⟩ s.m. Embutido de carne de porco picada, gordura e temperos, e curada ao fumeiro.

chove não molha ⟨cho.ve não mo.lha⟩ s.m.2n. *informal* Situação que não progride nem regride: *Enquanto eles não tomarem uma decisão, ficaremos nesse chove não molha*.

chover ⟨cho.ver⟩ v.int. **1** Cair água das nuvens, em forma de gotas. **2** Cair ou surgir em abundância: *Depois daquele filme, choveram propostas para a atriz*. ▫ GRAMÁTICA Na acepção 1, é um verbo impessoal: só se usa na terceira pessoa do singular, no particípio, no gerúndio e no infinitivo →CHOVER.

chuchu ⟨chu.chu⟩ s.m. **1** Planta trepadeira de tronco coberto por pelos ásperos, ramos modificados em molas, com folhas grandes com três a cinco lobos, flores amarelas e alaranjadas, e cujo fruto, comestível, verde, de polpa suculenta e semente única, costuma ter espinhos. **2** Esse fruto. **3** *informal* Pessoa ou coisa bonitas: *Dizia que o namorado era um chuchu*. ▫ GRAMÁTICA Na acepção 3, usa-se tanto para o masculino quanto para o feminino: *(ele/ela) é um chuchu*.

chucrute ⟨chu.cru.te⟩ s.m. Repolho fermentado com sal e vinho, vinagre ou aguardente, de sabor ácido, que se costuma comer acompanhado de outros alimentos e que se conserva durante meses.

chula ⟨chu.la⟩ s.f. Dança de origem portuguesa que acompanha uma música com voz e instrumentos de percussão.

chulé ⟨chu.lé⟩ s.m. **1** Odor ruim que emana dos pés. **2** Suor ou sujeira que causam esse odor.

chulear ⟨chu.le.ar⟩ v.t.d. Costurar (a borda de um tecido) para que não desfie: *chulear uma toalha*. ▫ ORTOGRAFIA O e muda para ei quando a sílaba tônica estiver na raiz do verbo →NOMEAR.

chulo, la ⟨chu.lo, la⟩ adj. **1** Que não é cortês ou que não demonstra educação nem delicadeza. **2** Que se considera baixo, grosseiro ou de mau gosto: *uma linguagem chula*.

chumaço ⟨chu.ma.ço⟩ s.m. Porção de uma substância, geralmente de algodão, usada principalmente em um curativo ou enchimento.

chumbada ⟨chum.ba.da⟩ s.f. **1** Tiro de chumbo. **2** Ferida causada por esse tiro. **3** Peça ou pedaço de chumbo que se colocam nas redes ou linhas de pesca para dar-lhes peso.

chumbar ⟨chum.bar⟩ v.t.d. **1** Fixar com chumbo, concreto ou outro material: *chumbar os pés de um banco*. **2** Colocar uma peça ou um pedaço de chumbo em (uma rede ou linha de pesca) para dar-lhe peso: *Os pescadores chumbam as redes antes de atirá-las ao mar*. **3** *informal* Ferir com um tiro.

chumbo ⟨chum.bo⟩ ▌adj.2g.2n./s.m. **1** De cor entre o cinza e o azul, como a deste elemento químico. ▌s.m. **2** Elemento químico da família dos metais, de número atômico 82, sólido, mole, facilmente maleável, de cor cinza-azulada, que pode se estender em lâminas finas. **3** Peça ou pedaço desse metal usados para dar peso. **4** Carga ou projétil de uma arma de fogo. ▫ ORTOGRAFIA Na acepção 2, seu símbolo químico é *Pb*, sem ponto.

chupada ⟨chu.pa.da⟩ s.f. Sucção feita com os lábios e a língua.

chupão ⟨chu.pão⟩ (pl. *chupões*) s.m. **1** *informal* Beijo com sucção exagerada. **2** *informal* Marca deixada por esse beijo.

chupar ⟨chu.par⟩ v.t.d. **1** Tirar ou extrair (o suco ou a substância de algo) com os lábios e com a língua: *O morcego-vampiro chupa o sangue de outros animais*. **2** Lamber, sugar ou umedecer com a boca e com a língua: *Bebês chupam chupeta*. **3** Absorver a água ou umidade de (uma superfície): *A planta estava tão seca que, quando regada, chupou a água imediatamente*. **4** Atrair ou reter (um corpo líquido ou gasoso): *A esponja chupou a água do balde*. ▫ SIN. absorver.

chupeta ⟨chu.pe.ta⟩ (Pron. [chupêta]) s.f. **1** Objeto com uma parte de borracha em forma de bico, dado aos bebês para que o chupem: *Nunca conseguia dormir sem a sua chupeta*. **2** *informal* Em um automóvel com a bateria descarregada, conexão provisória com a bateria de outro veículo para absorver sua energia e voltar a funcionar. **3** *vulgarismo* →felação.

chupim ⟨chu.pim⟩ (pl. *chupins*) s.m. **1** Ave de pequeno porte com plumagem muito escura, cujos ovos são colocados nos ninhos de outras aves que criam seus filhotes. **2** *informal pejorativo* Pessoa que vive à custa de outra ou que se aproveita dela. ▫ ORIGEM É uma palavra de origem tupi. ▫ GRAMÁTICA 1. Na acepção 1, é um substantivo epiceno: o *chupim (macho/fêmea)*. 2. Na acepção 2, usa-se tanto para o masculino quanto para o feminino: *(ele/ela) é um chupim*.

churrascaria ⟨chur.ras.ca.ri.a⟩ s.f. Restaurante em que a especialidade é carne assada, servida geralmente em espetos ou grelhas.

churrasco ⟨chur.ras.co⟩ s.m. **1** Carne assada na brasa, em grelhas ou espetos. **2** Evento festivo em que pessoas se reúnem e no qual essa carne é o prato principal.

churrasqueira ⟨chur.ras.quei.ra⟩ s.f. **1** Grelha usada para assar alimentos, geralmente ao ar livre. **2** Lugar preparado para fazer churrasco.

churro ⟨chur.ro⟩ s.m. Massa frita feita à base de farinha e água, em formato cilíndrico, geralmente recheada e passada em açúcar e canela moída.

chusma ⟨chus.ma⟩ s.f. Grande quantidade de pessoas ou coisas.

chutar ⟨chu.tar⟩ ▌v.t.d. **1** Lançar ou bater com o pé em (uma bola, geralmente). ▌v.int. **2** Lançar ou bater com o pé em uma bola: *No pênalti, chutou forte e marcou o gol*. ▌v.t.d./v.int. **3** *informal* Tentar adivinhar: *Chutou algumas questões que não sabia*. ▌v.t.d. **4** *informal* Abandonar (um parceiro amoroso): *Ninguém sabe por que ela o chutou de um dia para o outro*.

chute ⟨chu.te⟩ s.m. **1** Golpe dado com o pé: *Ajeitou a bola e deu-lhe um chute com toda a sua força*. ▫ SIN. pontapé. **2** *informal* Tentativa de adivinhação de uma resposta: *Como não estudou, respondeu às questões no chute*.

chuteira ⟨chu.tei.ra⟩ s.f. Calçado esportivo geralmente usado em esportes praticados no gramado: *Muitos jogadores usam chuteiras com cores extravagantes*. ‖ **pendurar as chuteiras** *informal* Em relação geralmente a um esportista, encerrar sua carreira: *Depois daquele último triunfo, decidiu pendurar as chuteiras*. [👁 calçados p. 138]

chuva ⟨chu.va⟩ s.f. **1** Queda ou precipitação de gotas de água das nuvens: *Parece que hoje teremos ainda mais chuva*. **2** *informal* Grande quantidade ou abundância: *Foi recebido com uma chuva de aplausos*. ‖ **chuva ácida** Aquela que apresenta um alto conteúdo de substâncias contaminadoras como consequência das emanações produzidas por alguns processos industriais.

chuveiro ⟨chu.vei.ro⟩ s.m. **1** Chuva passageira abundante, geralmente acompanhada de muito vento. **2** Aparelho

ciência

ou instalação usados para aplicar água em forma de chuva ou de jorro. **3** Local em que há esse aparelho. **4** Anel em que há uma pedra preciosa no meio de um círculo de brilhantes, em alto-relevo: *Ao completar quinze anos, ganhou um chuveiro dos padrinhos.*

chuviscar (chu.vis.car) v.int. Chover de forma suave e em gotas finas. ☐ SIN. gotejar. ☐ ORTOGRAFIA Antes de e, o c muda para qu →BRINCAR. ☐ GRAMÁTICA É um verbo impessoal: só se usa na terceira pessoa do singular, no particípio, no gerúndio e no infinitivo →VENTAR.

chuvisco (chu.vis.co) s.m. **1** Chuva muito fina e suave. ☐ SIN. chuvisqueiro. **2** Doce com formato de uma gota, feito à base de ovos e açúcar.

chuvisqueiro (chu.vis.quei.ro) s.m. Chuva muito fina e suave. ☐ SIN. chuvisco. ☐ USO É uma palavra muito comum na região Sul e Centro-Oeste do Brasil.

chuvoso, sa (chu.vo.so, sa) (Pron. [chuvôso], [chuvósa], [chuvósos], [chuvósas]) adj. Com chuvas frequentes.

cianose (ci.a.no.se) s.f. Coloração azulada ou enegrecida da pele causada por uma alteração circulatória ou por uma deficiência na oxigenação do sangue.

ciática (ci.á.ti.ca) s.f. Dor aguda provocada pela compressão, inflamação ou irritação do nervo ciático.

ciático, ca (ci.á.ti.co, ca) ▌adj. **1** Do quadril ou relacionado a ele. **2** Do ciático ou relacionado a este nervo: *uma dor ciática.* ▌s.m. **3** →nervo ciático

cibercafé (ci.ber.ca.fé) s.m. →*cybercafé*

cibercrime (ci.ber.cri.me) s.m. Em direito, ação ilegal praticada por meio da internet.

ciberespaço (ci.be.res.pa.ço) s.m. Espaço artificial ou virtual criado por uma rede de computadores: *Participa de bate-papos no ciberespaço, conversando com pessoas de todo o mundo.*

cibernética (ci.ber.né.ti.ca) s.f. Ciência que estuda os mecanismos de comunicação e de regulação automática dos seres vivos e suas aplicações a sistemas mecânicos, eletrônicos ou de informática.

cibernético, ca (ci.ber.né.ti.co, ca) adj. Da cibernética ou relacionado a essa ciência.

cibório (ci.bó.rio) s.m. Em uma igreja, recipiente com formato de vaso usado para colocar hóstias.

cicatriz (ci.ca.triz) s.f. **1** No tecido de um ser vivo, marca que fica depois que uma ferida sara. **2** Marca ou impressão profunda deixadas por algo doloroso.

cicatrização (ci.ca.tri.za.ção) (pl. *cicatrizações*) s.f. Ato ou efeito de cicatrizar(-se). ☐ SIN. síntese.

cicatrizar (ci.ca.tri.zar) v.t.d./v.int./v.prnl. Fechar(-se) ou curar(-se) (uma ferida).

cicerone (ci.ce.ro.ne) (Pron. [cicerône]) s.2g. Pessoa que guia outros por um lugar, geralmente durante uma visita turística, e narra aquilo que é interessante sobre o local.

ciceronear (ci.ce.ro.ne.ar) v.t.d. Guiar (uma pessoa ou um grupo), geralmente durante uma visita turística. ☐ ORTOGRAFIA O e muda para ei quando a sílaba tônica estiver na raiz do verbo →NOMEAR.

ciciar (ci.ci.ar) ▌v.t.d./v.int. **1** Falar em voz muito baixa. ▌v.int. **2** Produzir um ruído baixo e contínuo: *Não consegui dormir já que os mosquitos ciciaram a noite toda.*

cicio (ci.ci.o) s.m. **1** Aquilo que é dito em voz muito baixa. **2** Rumor brando e contínuo.

cíclico, ca (cí.cli.co, ca) adj. **1** Do ciclo ou relacionado a ele. **2** Que acontece ou que se repete regularmente e em espaços de tempo determinados.

ciclismo (ci.clis.mo) s.m. Esporte praticado com uma bicicleta.

ciclista (ci.clis.ta) ▌adj.2g **1** Do ciclismo ou relacionado a esse esporte. ☐ SIN. ciclístico. ▌adj.2g./s.2g. **2** Que ou quem anda de bicicleta. **3** Que ou quem pratica o ciclismo.

ciclístico, ca (ci.clís.ti.co, ca) adj. Do ciclismo ou relacionado a esse esporte: *um passeio ciclístico.* ☐ SIN. ciclista.

ciclo (ci.clo) s.m. **1** Período de tempo em que uma atividade ou um fenômeno ocorrem: *A economia do Brasil viveu diversos ciclos, como o do café e o da cana-de-açúcar.* **2** Série de fenômenos ou de operações que se repetem ordenadamente: *o ciclo dos dias e das noites.* **3** Série de atos culturais relacionados entre si: *Assistimos a um ciclo de palestras sobre arquitetura brasileira.* ǁ **ciclo vital** Em biologia, aquele que compreende as fases da vida de um ser vivo, desde seu nascimento até sua morte.

ciclone (ci.clo.ne) (Pron. [ciclône]) s.m. Vento muito forte que gira em grandes círculos, como um redemoinho. ☐ SIN. furacão.

ciclope (ci.clo.pe) s.m. Na mitologia grega, gigante com um olho no meio da testa.

ciclovia (ci.clo.vi.a) s.f. Caminho público, geralmente pavimentado, destinado exclusivamente ao trânsito de bicicletas: *Não é permitido que motos ou pedestres trafeguem pela ciclovia.*

cicuta (ci.cu.ta) s.f. **1** Planta herbácea de caule oco, com manchas vermelhas em sua base e muito ramificada na parte superior, com folhas verde-escuras com dois a três lobos e de margem serrilhada, flores pequenas e brancas agrupadas em formato de umbela, de cujo sumo se faz um veneno muito potente. **2** Esse veneno.

cidadania (ci.da.da.ni.a) s.f. **1** Condição e direito de cidadão: *Apesar de ser brasileiro, tem direito à cidadania italiana, pois seus pais são nascidos lá.* **2** Comportamento de um cidadão exemplar: *Não jogar lixo na rua é um exemplo de cidadania.*

cidadão, dã (ci.da.dão, dã) (pl. *cidadãos*) ▌adj. **1** De uma cidade, de seus naturais, de seus habitantes ou relacionado a eles. ☐ SIN. civil. ▌adj./s. **2** Que ou quem nasceu em uma cidade ou em um estado ou os habita: *um cidadão maranhense; uma cidadã carioca.* ▌s. **3** Pessoa que faz parte da comunidade de um estado e que tem direitos e deveres civis e políticos: *Ele se orgulha por votar e exercer seu papel como cidadão.* ☐ GRAMÁTICA Seu feminino também pode ser *cidadoa*.

cidade (ci.da.de) s.f. **1** Espaço geográfico habitado por uma população que se dedica principalmente a atividades empresariais, comerciais ou administrativas. **2** Nesse espaço geográfico, região com maior atividade comercial, administrativa ou cultural: *Gosta de ir a exposições na cidade.* **3** Conjunto de pessoas que habitam esse espaço geográfico: *A cidade inteira se manifestou para pedir mais segurança nas ruas.* **4** Conjunto de prédios e instalações destinados a uma atividade específica: *uma cidade universitária.*

cidadela (ci.da.de.la) s.f. Fortificação que protege uma cidade, e que serve como último refúgio em tempo de guerra.

cidade-satélite (ci.da.de-sa.té.li.te) (pl. *cidades-satélite* ou *cidades-satélites*) s.f. Cidade que está vinculada de algum modo a uma outra maior ou mais importante.

cidadoa (ci.da.do.a) (Pron. [cidadôa]) s.f. →**cidadão, dã**

cidra (ci.dra) s.f. Fruto da cidreira, semelhante à laranja, porém maior e menos doce, geralmente arredondado, e usado para fazer doces. ☐ ORTOGRAFIA É diferente de *sidra*.

cidreira (ci.drei.ra) s.f. Arbusto de tronco liso e com ramos, com folhas alternas, lisas, com o ápice avermelhado, com glândulas de óleo que exalam um odor agradável, cujo fruto é a cidra.

ciência (ci.ên.cia) ▌s.f. **1** Conhecimento daquilo que existe, de seus princípios e de suas causas, especialmente se obtido pela experiência ou pelo estudo: *A ciência*

ciente

explica e racionaliza os fenômenos da natureza. **2** Conjunto de conhecimentos e teorias organizados a partir de um método, que constituem uma área do saber: *A filologia é uma ciência que estuda as línguas e as literaturas*. **3** Consciência, conhecimento ou notícia: *Ninguém tinha ciência de que ela estava descontente no trabalho*. ∎ s.f.pl. **4** Conjunto de disciplinas e de conhecimentos relacionados com a matemática, a física, a química, a biologia e a geologia: *Ele sempre teve facilidade para ciências*.

ciente ⟨ci.en.te⟩ ∎ adj.2g. **1** Que tem conhecimento de algo: *Você está ciente da gravidade da situação*. □ SIN. **consciente, cônscio**. ∎ s.m. **2** Em um documento, assinatura que alguém coloca nele para certificar que foi informado de seu conteúdo.

cientificar ⟨ci.en.ti.fi.car⟩ v.t.d.i./v.prnl. Informar(-se) ou comunicar (algo) [a alguém]: *Cientificou-se das regras do concurso*. □ ORTOGRAFIA Antes de e, o c muda para qu →BRINCAR.

científico, ca ⟨ci.en.tí.fi.co, ca⟩ adj. **1** Da ciência ou relacionado a ela. **2** Com rigor e precisão: *As experiências nos deram resultados científicos*.

cientista ⟨ci.en.tis.ta⟩ adj.2g./s.2g. Que ou quem se dedica ao estudo de uma ou de várias ciências, especialmente como profissão.

cifra ⟨ci.fra⟩ s.f. **1** Signo representado pelo algarismo zero, que confere valores aos números que acompanha. **2** Soma ou valor total: *A cifra arrecadada será doada a centros de caridade*. □ SIN. **monta, montante**. **3** Código ou conjunto de sinais que servem para formular e para compreender mensagens, especialmente se forem secretas. **4** Em música, sistema de notação que expressa com letras, números e símbolos o tipo de acorde e sua estrutura.

cifrão ⟨ci.frão⟩ (pl. *cifrões*) s.m. Sinal que representa uma unidade monetária.

cifrar ⟨ci.frar⟩ ∎ v.t.d. **1** Escrever (uma mensagem) em cifras ou de forma que só possa ser interpretada se o código for conhecido: *cifrar um documento confidencial*. ∎ v.t.d./v.t.d.i. **2** Resumir ou reduzir [a uma medida]: *Cifrou a apresentação em apenas uma página*.

cigano, na ⟨ci.ga.no, na⟩ ∎ adj. **1** Dos ciganos, com suas características ou relacionado a eles. ∎ adj./s. **2** De uma etnia ou povo de origens hindus que se espalharam por grandes regiões europeias e africanas e que mantêm em grande parte seu nomadismo, conservando seus traços físicos e culturais característicos.

cigarra ⟨ci.gar.ra⟩ s.f. Inseto com cabeça grande, olhos salientes, asas curtas e membranosas e abdome em forma de cone, em cuja base os machos têm membranas que, ao vibrarem, produzem um ruído estridente e contínuo. □ GRAMÁTICA É um substantivo epiceno: *a cigarra (macho/fêmea)*.

cigarreira ⟨ci.gar.rei.ra⟩ (Pron. [cigarrêira]) s.f. Caixa ou pequeno móvel onde se guardam cigarros.

cigarrilha ⟨ci.gar.ri.lha⟩ s.f. Cigarro enrolado com a folha do tabaco.

cigarro ⟨ci.gar.ro⟩ s.m. Cilindro de papel preenchido com tabaco fino e picado que se acende por uma ponta e se fuma pela outra: *Fumar cigarro é prejudicial à saúde*.

cilada ⟨ci.la.da⟩ s.f. Aquilo que é feito de maneira habilidosa ou astuciosa com a intenção de enganar ou ludibriar alguém. □ SIN. **armadilha, emboscada**.

cilha ⟨ci.lha⟩ s.f. Faixa ou tira de tecido ou de couro, fechadas por baixo da barriga de um animal de montaria e com as quais se prende a sela ao animal.

ciliar ⟨ci.li.ar⟩ adj.2g. Dos cílios ou relacionado a eles.

cilício ⟨ci.lí.cio⟩ s.m. Cinturão ou faixa com cerdas ou com pontas de ferro, usados muito justos ao corpo como penitência ou como sacrifício. □ ORTOGRAFIA É diferente de *silício*.

cilindrada ⟨ci.lin.dra.da⟩ s.f. Capacidade que um conjunto de cilindros de um motor a explosão tem para conter carburante, e que se expressa em centímetros cúbicos.

cilíndrico, ca ⟨ci.lín.dri.co, ca⟩ adj. Com formato de cilindro.

cilindro ⟨ci.lin.dro⟩ s.m. **1** Corpo geométrico limitado por uma superfície lateral não plana, cuja planificação é um retângulo, e por duas bases iguais e paralelas. **2** Em um motor, tubo em cujo interior se movem o êmbolo ou o pistão.

cílio ⟨cí.lio⟩ s.m. **1** Cada um dos pelos que nascem ao redor das pálpebras. **2** Em alguns protozoários e em algumas células, estrutura filamentosa fina e curta, que forma um conjunto ao longo de sua membrana e que serve para sua locomoção ou para outros fins.

cima ⟨ci.ma⟩ ‖ **dar em cima de** alguém *informal* Tentar se aproximar dele para namorá-lo ou estabelecer um contato amoroso com ele. ‖ **de cima** Do alto ou do topo: *Tiramos uma foto de cima da montanha*. ‖ **em cima 1** Em posição ou parte superiores, ou em altura mais elevada: *O prato está em cima da mesa*. **2** *informal* Muito perto ou muito próximo: *A prova já está em cima e ainda tenho muito que estudar*. **3** Após ou em seguida: *Ouvimos reclamações em cima de reclamações*. ‖ **para cima e para baixo** *informal* Por toda parte ou de um lado para o outro: *Desesperados, corriam para cima e para baixo sem saber o que fazer*. ‖ **por cima 1** Em condição superior ou mais vantajosa: *Apósvencer a concorrência, nossa empresa ficou por cima*. **2** *informal* Rápida e superficialmente: *Li o trabalho por cima, mas ainda não comecei a revisá-lo*.

cimalha ⟨ci.ma.lha⟩ s.f. Em uma construção, moldura que arremata a fachada.

címbalo ⟨cím.ba.lo⟩ s.m. Instrumento musical de percussão em formato de disco, feito com liga de metais como bronze, prata ou cobre, e que se toca com baquetas ou vassouras de metal, ou golpeando-o contra outro igual. □ SIN. **prato**. [◉ instrumentos de percussão p. 614]

cimentar ⟨ci.men.tar⟩ v.t.d. **1** Unir ou ligar com cimento. **2** Pavimentar com cimento (uma superfície).

cimento ⟨ci.men.to⟩ s.m. Material em pó formado por substâncias calcárias e argilosas, que se endurece e fica sólido ao ser misturado com água, e que se emprega em construções para aderir superfícies, preencher buracos nas paredes e como componente aglutinante para concretos.

cimitarra ⟨ci.mi.tar.ra⟩ s.f. Arma branca semelhante a um sabre, com lâmina curva que vai se alargando conforme se distancia do punho, e com um só fio no lado convexo.

cimo ⟨ci.mo⟩ s.m. Na elevação de um terreno ou em algo elevado, parte mais alta: *o cimo de uma montanha*. □ SIN. **coroa, topo**.

cinamomo ⟨ci.na.mo.mo⟩ (Pron. [cinamômo]) s.m. Árvore de tronco reto e galhos irregulares, com madeira dura e aromática, flores lilases dispostas em ramos, fruto pequeno e ovalado, e de cujas folhas e casca se extraem um óleo usado na medicina e aromatizantes usados na indústria.

cinco ⟨cin.co⟩ ∎ numer. **1** Número 5. ∎ s.m. **2** Signo que representa esse número. □ GRAMÁTICA Na acepção 1, é invariável em gênero e em número.

cindir ⟨cin.dir⟩ ∎ v.t.d./v.prnl. **1** Separar(-se) ou dividir(-se): *As desavenças cindiram a equipe*. ∎ v.t.d. **2** Produzir sulcos ou fendas em (uma superfície). □ SIN. **sulcar**. **3** Anular ou deixar sem efeito: *cindir um contrato*. **4** Navegar ou atravessar (a água ou um espaço): *O veleiro cindia os mares em busca de novas terras*. □ SIN. **fender, sulcar**.

cine ⟨ci.ne⟩ s.m. →**cinema**

cineasta ⟨ci.ne.as.ta⟩ s.2g. Pessoa que se dedica profissionalmente ao cinema, especialmente como diretor.

cineclube ⟨ci.ne.clu.be⟩ s.m. Associação criada para a difusão do cinema e da cultura cinematográfica.

cinegrafista ⟨ci.ne.gra.fis.ta⟩ s.2g. Pessoa que se dedica a operar uma câmera para a gravação de filmes cinematográficos, especialmente como profissão.

cinema ⟨ci.ne.ma⟩ (Pron. [cinêma]) s.m. **1** Arte, técnica e indústria da cinematografia. **2** Sala em que se exibem os filmes feitos segundo essa arte. ▢ USO Usa-se também a forma reduzida *cine*.

cinemateca ⟨ci.ne.ma.te.ca⟩ s.f. **1** Lugar onde se conservam coleções de filmes e outros materiais relacionados ao cinema. ▢ SIN. filmoteca. **2** Sala em que se exibem esses filmes. **3** Coleção de filmes cinematográficos. ▢ SIN. filmoteca.

cinemática ⟨ci.ne.má.ti.ca⟩ s.f. Parte da física mecânica que estuda os aspectos de velocidade, posição e aceleração do movimento sem relacioná-lo com suas causas. ▢ USO É diferente de *cinética* (parte da física que estuda o movimento relacionando-o com suas causas).

cinemático, ca ⟨ci.ne.má.ti.co, ca⟩ adj. Da cinemática ou relacionado a ela.

cinematografia ⟨ci.ne.ma.to.gra.fi.a⟩ s.f. Arte de reproduzir com grande velocidade uma sequência de imagens fotografadas e gravadas em uma película, causando a sensação de movimento.

cinematográfico, ca ⟨ci.ne.ma.to.grá.fi.co, ca⟩ adj. **1** Do cinema, da cinematografia ou relacionado a eles. **2** Que se assemelha a algo visto no cinema ou que remete a ele: *um beijo cinematográfico*.

cinematógrafo ⟨ci.ne.ma.tó.gra.fo⟩ s.m. Aparelho que permite produzir imagens em movimento mediante a técnica da cinematografia.

cinerário, ria ⟨ci.ne.rá.rio, ria⟩ ▮ adj. **1** Das cinzas de um cadáver ou relacionado a elas. ▮ s.m. **2** Urna ou local em que se depositam as cinzas de um cadáver.

cinéreo, rea ⟨ci.né.reo, rea⟩ adj. *formal* Cinzento.

cinética ⟨ci.né.ti.ca⟩ s.f. Parte da física que estuda o movimento relacionando-o com suas causas. ▢ USO É diferente de *cinemática* (parte da física mecânica que estuda os aspectos de velocidade, posição e aceleração do movimento sem relacioná-lo com suas causas).

cingalês, -a ⟨cin.ga.lês, le.sa⟩ (Pron. [cingalês], [cingalêsa]) ▮ adj./s. **1** Do Sri Lanka ou relacionado a ele. ▮ s.m. **2** Língua indo-europeia desse país.

cingapuriano, na ⟨cin.ga.pu.ri.a.no, na⟩ adj./s. De Cingapura ou relacionado a esse país asiático. ▢ ORTOGRAFIA Escreve-se também *singapuriano*.

cingir ⟨cin.gir⟩ ▮ v.t.d./v.prnl. **1** Envolver ou cobrir: *Cingiu o rosto com uma grinalda*. ▮ v.t.d./v.t.d.i. **2** Prender (algo) [a uma parte do corpo]: *Cingiu uma túnica de algodão à cabeça*. ▮ v.prnl. **3** Restringir-se, prender-se ou não ir além de: *O jurista cingiu-se a seguir o processo, sem intervir em nenhum momento*. ▢ SIN. ater-se, limitar-se. ▢ ORTOGRAFIA Antes de *a* ou *o*, o *g* muda para *j* →FUGIR.

cíngulo ⟨cín.gu.lo⟩ ‖ **cíngulo do membro inferior** No sistema esquelético de um mamífero, estrutura que liga o tronco e os membros inferiores. ▢ USO *Cíngulo do membro inferior* é a nova denominação de *cintura pélvica*.

cínico, ca ⟨cí.ni.co, ca⟩ adj. Que mostra cinismo.

cinismo ⟨ci.nis.mo⟩ s.m. Ironia ao tratar sobre assuntos sérios ou falta de vergonha ao fazer algo digno de ser reprovado.

cinquenta ⟨cin.quen.ta⟩ (Pron. [cinqüenta]) ▮ numer. **1** Número 50. ▮ s.m. **2** Signo que representa esse número.

cinquentão ⟨cin.quen.tão⟩ (Pron. [cinqüentão]) (pl. *cinquentões*) adj./s.m. *informal* Que ou quem tem mais de cinquenta anos e ainda não completou sessenta. ▢ GRAMÁTICA Seu feminino é *cinquentona*.

cinquentenário ⟨cin.quen.te.ná.rio⟩ (Pron. [cinqüentenário]) s.m. Data em que se completam cinquenta anos de um acontecimento.

cinquentona ⟨cin.quen.to.na⟩ (Pron. [cinqüentôna]) Feminino de **cinquentão**.

cinta ⟨cin.ta⟩ s.f. **1** Peça íntima feita de material elástico, usada para comprimir uma parte do corpo, geralmente o abdome: *uma cinta modeladora*. **2** Peça de tecido, usada ao redor da cintura: *uma cinta de couro*.

cintilar ⟨cin.ti.lar⟩ v.int. **1** Desprender raios de luz com intensidade alternada: *O diamante cintilava em seu colar*. **2** Brilhar intensamente. ▢ SIN. flamejar.

cinto ⟨cin.to⟩ s.m. Tira ou faixa, geralmente de couro, usadas ao redor da cintura e ajustadas ou presas com uma fivela ou com um mecanismo similar: *Ele usa cintos com fivelas grandes e chamativas*. ‖ **cinto (de segurança)** Em um veículo, aquele que prende o motorista ou o passageiro ao assento: *O uso do cinto de segurança é obrigatório*.

cintura ⟨cin.tu.ra⟩ s.f. **1** No corpo humano, parte mais estreita, acima dos quadris: *A costureira mediu sua cintura, para fazer a saia*. **2** Em uma peça do vestuário, parte que cobre essa região do corpo. ‖ **cintura pélvica** No sistema esquelético de um mamífero, aquela que liga o tronco e os membros inferiores. ▢ USO *Cintura pélvica* é a antiga denominação de *cíngulo do membro inferior*.

cinturão ⟨cin.tu.rão⟩ (pl. *cinturões*) s.m. Peça igual a um cinto, porém mais larga: *O boxeador vencedor recebeu o cinturão de campeão*. ‖ **cinturão verde** Área com parques, jardins ou vegetação que cerca uma cidade.

cinza ⟨cin.za⟩ ▮ adj.2g.2n./s.m. **1** Da cor que resulta ao misturar o branco com o preto. ▢ SIN. cinzento. ▮ s.f. **2** Pó dessa cor que resulta da queima de algo: *a cinza de um cigarro*. ▮ s.f.pl. **3** Resíduos de um cadáver depois de incinerado: *Pediu que jogassem suas cinzas ao mar*. ▢ USO Na acepção 2, usa-se geralmente a forma plural *cinzas*.

cinzeiro ⟨cin.zei.ro⟩ s.m. Recipiente onde se depositam as cinzas e os resíduos de cigarro.

cinzel ⟨cin.zel⟩ (pl. *cinzéis*) s.m. Ferramenta formada por uma barra comprida, fina e com uma ponta afiada, usada para entalhar ou para esculpir metais ou outros materiais.

cinzelado ⟨cin.ze.la.do⟩ s.m. Em uma pedra ou em um metal, trabalho ou detalhe feitos com um cinzel.

cinzelar ⟨cin.ze.lar⟩ v.t.d. **1** Trabalhar ou gravar com um cinzel: *cinzelar o bronze*. **2** Aperfeiçoar ou revisar, corrigindo falhas ou erros: *cinzelar um verso*.

cinzento, ta ⟨cin.zen.to, ta⟩ adj./s.m. Da cor que resulta ao se misturar o branco com o preto. ▢ SIN. cinza.

cio ⟨ci.o⟩ s.m. **1** Em algumas espécies animais, período durante o qual a fêmea está fértil, mais receptiva aos machos e preparada para o acasalamento e para a reprodução: *O cio das cadelas costuma ocorrer de seis em seis meses*. ▢ SIN. estro. **2** Estado de um animal durante esse período.

cioso, sa ⟨ci.o.so, sa⟩ (Pron. [ciôso], [ciósa], [ciósos], [ciósas]) adj. **1** Que tem ou sente ciúme. ▢ SIN. ciumento, enciumado. **2** Que tem ou mostra zelo ou cuidado.

cipó ⟨ci.pó⟩ s.m. Planta trepadeira de tronco comprido, fino e flexível, que sobe nas árvores por meio de modificações estruturais de ramos ou de folhas em molas ou ganchos, até pontos altos, onde se ramifica e forma folhas. ▢ SIN. liana.

cipoal ⟨ci.po.al⟩ (pl. *cipoais*) s.m. Mata de difícil acesso ou passagem devido ao grande número de cipós.

cipreste ⟨ci.pres.te⟩ s.m. **1** Árvore de tronco reto, copa em formato de cone, galhos abundantes e eretos, e com folhas pequenas e persistentes. **2** Madeira dessa árvore.

cipriota ⟨ci.pri.o.ta⟩ adj.2g./s.2g. Do Chipre ou relacionado a esse país europeu.

ciranda ⟨ci.ran.da⟩ s.f. Dança de roda de origem portuguesa na qual os participantes, de mãos dadas, giram ao som de trovas ou de uma canção. □ SIN. **cirandinha**.

cirandar ⟨ci.ran.dar⟩ v.int. Dançar em roda, de mãos dadas e ao som de trovas ou de uma canção.

cirandinha ⟨ci.ran.di.nha⟩ s.f. Dança de roda de origem portuguesa na qual os participantes, de mãos dadas, giram ao som de trovas ou de uma canção. □ SIN. **ciranda**.

circense ⟨cir.cen.se⟩ adj.2g. Do circo ou relacionado a ele.

circo ⟨cir.co⟩ s.m. **1** Grupo de pessoas e de animais que viajam de cidade em cidade fazendo apresentações habilidosas ou divertidas para entreter o público. **2** Essa apresentação. **3** Lugar ou instalação em que essa apresentação ocorre.

circuito ⟨cir.cui.to⟩ s.m. Percurso previamente fixado, que costuma terminar no ponto de partida: *um circuito automobilístico*. ‖ **circuito integrado** Em um circuito eletrônico, componente que contém um outro circuito eletrônico em miniatura, montado sobre um material semicondutor, geralmente de silício, e envolto em uma cápsula de material plástico: *A água danificou todos os circuitos integrados do seu computador*. □ SIN. **chip**.

circulação ⟨cir.cu.la.ção⟩ (pl. *circulações*) s.f. **1** Ato ou efeito de circular: *A circulação pela cidade fica lenta nos horários de pico*. **2** Movimentação contínua por um circuito fechado, voltando ao lugar de partida: *a circulação sanguínea*.

circular ⟨cir.cu.lar⟩ ▮ adj.2g. **1** Do círculo ou relacionado a essa forma geométrica. **2** Com formato de círculo. □ SIN. **orbicular**. **3** Que termina no mesmo ponto em que começou: *um trajeto circular*. ▮ s.f. **4** Carta ou aviso entregues a várias pessoas para que fiquem cientes de algo: *Recebemos uma circular comunicando as mudanças*. ▮ v.t.d. **5** Fazer um círculo ao redor de (algo): *O exercício pedia para circular as palavras terminada em ditongo*. ▮ v.int. **6** Realizar um circuito que termina no mesmo ponto em que começou: *O sangue circula pelo corpo e leva oxigênio às células*. **7** Andar ou mover-se: *A essa hora, poucos carros circulam nas ruas do centro*. ▮ v.t.d./v.int. **8** Mover-se em torno de (um ponto) ou girar: *As crianças circulavam as cadeiras enquanto a música tocava*. ▮ v.int. **9** Correr ou passar de uma pessoa a outra: *Circulam boatos de que ela será promovida*.

circulatório, ria ⟨cir.cu.la.tó.rio, ria⟩ adj. Da circulação ou relacionado a ela.

círculo ⟨cír.cu.lo⟩ s.m. **1** Em geometria, área ou superfície delimitadas por uma circunferência. **2** Curva plana e fechada cujos pontos estão à mesma distância do seu centro: *Os paraquedistas formaram um círculo no ar*. **3** Clube ou sociedade de pessoas com interesses comuns: *um círculo literário*. **4** Objeto com formato de arco fechado: *um círculo de metal*. ‖ **círculo vicioso** Situação ou raciocínio nos quais o problema e a solução se remetem de um para o outro: *É um círculo vicioso: ele não vem à aula, pois não entende nada, e não entende nada, pois não vem à aula*.

circun- Prefixo que significa *ao redor*: *circunvizinhança*.

circunavegar ⟨cir.cu.na.ve.gar⟩ v.t.d. Navegar ao redor de (um lugar). □ ORTOGRAFIA Antes de *e*, o *g* muda para *gu* →CHEGAR.

circuncidado ⟨cir.cun.ci.da.do⟩ adj./s.m. Em relação a um homem, que sofreu uma circuncisão. □ SIN. **circunciso**.

circuncidar ⟨cir.cun.ci.dar⟩ v.t.d. Retirar uma parte do prepúcio de (alguém do sexo masculino): *No judaísmo, é tradição circuncidar os homens quando crianças*. □ USO É diferente de *circundar* (cercar ou rodear dando uma volta completa).

circuncisão ⟨cir.cun.ci.são⟩ (pl. *circuncisões*) s.f. **1** Retirada de uma parte da pele móvel que cobre o pênis por razões médicas ou religiosas. **2** Em algumas religiões, cerimônia em que é feito esse corte.

circunciso ⟨cir.cun.ci.so⟩ adj./s.m. Em relação a um homem, que sofreu uma circuncisão. □ SIN. **circuncidado**.

circundar ⟨cir.cun.dar⟩ v.t.d. Cercar ou rodear dando uma volta completa: *A área que circunda o museu é totalmente arborizada*. □ USO É diferente de *circuncidar* (retirar uma parte do prepúcio).

circunferência ⟨cir.cun.fe.rên.cia⟩ s.f. **1** Em geometria, curva plana e fechada, cujos pontos equidistam de outro, chamado centro: *Traçou uma circunferência com o seu compasso*. **2** Contorno de uma superfície ou de um lugar: *A circunferência do tronco desta árvore é tão grande que nem consigo abraçá-la*.

circunflexo, xa ⟨cir.cun.fle.xo, xa⟩ (Pron. [circunflecso]) ▮ adj. **1** Que tem o formato de um arco. ▮ s.m. **2** →**acento circunflexo**

circunlóquio ⟨cir.cun.ló.quio⟩ s.m. **1** Figura de linguagem que consiste em expressar, por meio de um rodeio de palavras, aquilo que poderia ser dito de forma mais enxuta, geralmente para conseguir um efeito estético ou uma expressividade maiores: *Seja mais sucinto, não abuse de circunlóquios*. □ SIN. **perífrase**. **2** Rodeio de palavras com as quais se quer expressar algo que podia ser dito de forma mais curta.

circunscrever ⟨cir.cuns.cre.ver⟩ ▮ v.t.d./v.t.d.i. **1** Reduzir (algo) [a um limite ou a um alcance determinados]. ▮ v.t.d. **2** Formar uma figura de modo que cerque (outra). ▮ v.prnl. **3** Limitar-se ou ater-se a algo: *Cada membro deverá se circunscrever à sua função dentro da equipe*.

circunscrição ⟨cir.cuns.cri.ção⟩ (pl. *circunscrições*) s.f. Divisão administrativa, militar, eleitoral ou eclesiástica de um território.

circunscrito, ta ⟨cir.cuns.cri.to, ta⟩ ▮ **1** Particípio irregular de **circunscrever**. ▮ adj. **2** Que tem limites bem definidos. **3** Que é restrito ou reduzido: *O debate não pode ficar circunscrito aos políticos*.

circunspeção ⟨cir.cuns.pe.ção⟩ (pl. *circunspeções*) s.f. →**circunspecção**

circunspecção ⟨cir.cuns.pec.ção⟩ (pl. *circunspecções*) s.f. Seriedade, decoro e prudência nas falas ou nas atitudes: *O exercício do cargo exigia grande circunspecção*. □ ORTOGRAFIA Escreve-se também *circunspeção*.

circunspecto, ta ⟨cir.cuns.pec.to, ta⟩ adj. Que age com circunspecção ou que a demonstra. □ ORTOGRAFIA Escreve-se também *circunspeto*.

circunstância ⟨cir.cuns.tân.cia⟩ s.f. **1** Situação ou conjunto de coisas ao redor de algo ou alguém: *As circunstâncias forçaram-lhe a mudar seus planos*. **2** Qualidade ou requisito: *Só irei com vocês em determinadas circunstâncias*.

circunstancial ⟨cir.cuns.tan.ci.al⟩ (pl. *circunstanciais*) adj.2g. **1** Que implica alguma circunstância ou que depende dela. **2** Em direito, em relação a uma prova, que depende de deduções e não de fatos concretos.

circunstante ⟨cir.cuns.tan.te⟩ ▮ adj.2g. **1** Que está ao redor ou à volta. ▮ adj.2g./s.2g. **2** Que ou quem presencia ou participa de um ato.

ciumento

circunvizinhança ⟨cir.cun.vi.zi.nhan.ça⟩ s.f. **1** Região vizinha ou próxima a um lugar. **2** Conjunto de pessoas que moram nessa região.

circunvizinho, nha ⟨cir.cun.vi.zi.nho, nha⟩ adj. Em relação a um lugar ou a um grupo de pessoas, que são vizinhos ou que ficam próximos a outro ou a outros.

circunvolução ⟨cir.cun.vo.lu.ção⟩ (pl. *circunvoluções*) s.f. Volta ao redor de um centro: *a circunvolução da Lua em torno da Terra*.

círio ⟨cí.rio⟩ s.m. **1** Vela de cera comprida e grossa. **2** Procissão em que os participantes levam essa vela. ▫ ORTOGRAFIA É diferente de *sírio*.

cirro ⟨cir.ro⟩ s.m. **1** Nuvem alta e branca formada por cristais de gelo. **2** Respiração dificultosa e ruidosa da pessoa que agoniza.

cirrose ⟨cir.ro.se⟩ s.f. Doença do fígado que consiste na destruição das células hepáticas e em sua substituição pelo tecido conjuntivo.

cirurgia ⟨ci.rur.gi.a⟩ s.f. **1** Parte da medicina que trata as doenças por meio de operações. **2** Operação cirúrgica: *uma cirurgia no joelho*. ‖ **(cirurgia) plástica 1** Especialidade cirúrgica que tem como objetivo melhorar, embelezar ou restabelecer a forma de um corpo. **2** Intervenção cirúrgica realizada com esse fim estético.

cirurgião, ã ⟨ci.rur.gi.ão, ã⟩ (pl. *cirurgiões*) s. Médico especializado em cirurgia.

cirúrgico, ca ⟨ci.rúr.gi.co, ca⟩ adj. Da cirurgia ou relacionado a ela: *um centro cirúrgico; uma intervenção cirúrgica*.

cis- Prefixo que indica posição aquém: *cisandino, cisalpino*.

cisalpino, na ⟨ci.sal.pi.no, na⟩ adj. Que está situado entre os Alpes (cordilheira europeia) e Roma (capital italiana).

cisandino, na ⟨ci.san.di.no, na⟩ adj. Que está situado ao leste dos Andes (cordilheira sul-americana).

cisão ⟨ci.são⟩ (pl. *cisões*) s.f. Separação ou divisão: *Profundas divergências causaram uma cisão dentro do partido*. ▫ SIN. fissão. ‖ **cisão nuclear** Aquela do núcleo de um átomo em dois ou mais fragmentos, acompanhada da liberação de uma grande quantidade de energia. ▫ SIN. fissão nuclear.

ciscar ⟨cis.car⟩ ▮ v.t.d. **1** Em relação a uma ave, revolver (o solo) para procurar alimento: *Os pombos ciscavam o chão do parque*. ▮ v.int. **2** Revolver o solo para procurar alimento (uma ave): *A galinha usa o bico e os pés para ciscar*. ▮ v.t.d./v.int. **3** Recolher (ciscos, folhas ou objetos semelhantes) ou limpar: *ciscar o quintal*. ▫ ORTOGRAFIA Antes de e, o c muda para qu →BRINCAR.

cisco ⟨cis.co⟩ s.m. Partícula muito pequena, geralmente de poeira.

cisma ⟨cis.ma⟩ ▮ s.m. **1** Divisão, dissidência ou separação no seio de uma religião. ▮ s.f. **2** Pensamento fixo e intenso: *Tinha uma cisma de que algo ruim estava para acontecer*. **3** Falta de confiança ou suspeita: *Para não ficar com cisma, perguntou-lhe a verdade*. **4** Antipatia por algo ou por alguém: *Minha avó tem uma cisma com aquela sua vizinha*.

cismado, da ⟨cis.ma.do, da⟩ adj. Que tem ou que demonstra cisma.

cismador, -a ⟨cis.ma.dor, do.ra⟩ (Pron. [cismadôr], [cismadôra]) adj./s. Que ou quem causa cisma.

cismar ⟨cis.mar⟩ ▮ v.t.d./v.t.i. **1** Pensar fixa ou intensamente [em algo]: *Cismou em casar neste ano, pois já estavam juntos há um bom tempo*. ▮ v.t.i. **2** Insistir com intensidade [em um posicionamento ou uma decisão, especialmente]: *Embora soubesse que estava errado, cismou em continuar a discussão*. **3** Criar ou sentir antipatia [por alguém]: *Cismei com o jeito de ela falar*.

▫ GRAMÁTICA Na acepção 1, como transitivo indireto, e na acepção 2, usa-se a construção *cismar* EM *algo*; na acepção 3, *cismar* COM *{algo/alguém}*.

cisne ⟨cis.ne⟩ s.m. Ave aquática, geralmente com plumagem branca, de pescoço comprido e flexível, com cabeça pequena e com as patas curtas e palmadas. ▫ GRAMÁTICA É um substantivo epiceno: *o cisne {macho/fêmea}*.

cisplatino, na ⟨cis.pla.ti.no, na⟩ adj. Que está situado ao leste do rio da Prata (situado no sul da América do Sul).

cisterna ⟨cis.ter.na⟩ s.f. **1** Reservatório geralmente subterrâneo onde se acumulam as águas das chuvas, de um rio ou de um manancial. **2** Em uma construção, reservatório de água potável situado no subterrâneo.

cístico, ca ⟨cís.ti.co, ca⟩ adj. Do cisto ou relacionado a ele.

cistite ⟨cis.ti.te⟩ s.f. Inflamação da bexiga.

cisto ⟨cis.to⟩ s.m. Nódulo dilatado e cheio de secreção, que pode se desenvolver em diferentes partes do corpo, exercer pressão e causar dor local. ▫ ORTOGRAFIA Escreve-se também *quisto*.

citação ⟨ci.ta.ção⟩ (pl. *citações*) s.f. **1** Referência feita a um texto, a uma autoridade ou a uma ideia como prova daquilo que se declara: *Na sua tese há várias citações de Freud*. **2** Em direito, convocação de uma pessoa para que compareça a um lugar em uma determinada data, especialmente se for para participar de um julgamento ou de um tribunal: *uma citação judicial*.

citadino, na ⟨ci.ta.di.no, na⟩ adj./s. De uma cidade, de seus habitantes ou relacionado a eles.

citar ⟨ci.tar⟩ v.t.d. **1** Nomear ou fazer menção a (um texto, uma autoridade ou uma ideia): *Ao falar sobre a guerra de Troia, a professora citou um trecho da Ilíada, de Homero*. **2** Em direito, em relação a um juiz, convocar (alguém) ante sua presença: *A juíza citou as testemunhas para depor no julgamento*.

cítara ⟨cí.ta.ra⟩ s.f. Instrumento musical de corda pinçada, cuja caixa de ressonância tem diversos formatos, com orifício para saída do som ou com uma cabaça acoplada para aumentar a reverberação, que se toca com os dedos ou com uma palheta. [◉ **instrumentos de percussão** p. 614]

citologia ⟨ci.to.lo.gi.a⟩ s.f. Parte da biologia que estuda a célula.

citoplasma ⟨ci.to.plas.ma⟩ s.m. Em uma célula, parte limitada pela membrana celular, que contém estruturas celulares e que envolve o núcleo.

cítrico, ca ⟨cí.tri.co, ca⟩ adj./s.m. De uma planta que produz frutas ácidas ou agridoces ou relacionado a ela.

citricultura ⟨ci.tri.cul.tu.ra⟩ s.f. Cultivo de cítricos.

citrino, na ⟨ci.tri.no, na⟩ ▮ adj.2g./s.m. **1** De cor entre o amarelo e o verde, como a do limão. ▮ s.m. **2** Pedra fina, transparente, de cor amarelada e muito parecida com o topázio.

ciúme ⟨ci.ú.me⟩ s.m. **1** Sentimento causado pelo medo ou pela suspeita de rivalidade no amor ou na amizade. **2** Inveja causada pelo êxito ou pela sorte de outra pessoa: *Nunca teve ciúmes do sucesso do irmão*. **3** Zelo ou medo de perder algo: *Tem ciúmes de suas coisas e nunca as empresta*.

ciumeira ⟨ci.u.mei.ra⟩ s.f. **1** *informal* Ciúme intenso ou exagerado. **2** *informal* Situação em que há demonstração de ciúme, especialmente se for de forma escandalosa ou pública.

ciumento, ta ⟨ci.u.men.to, ta⟩ adj. Que tem ou sente ciúme. ▫ SIN. cioso, enciumado.

cível ⟨cí.vel⟩ (pl. *cíveis*) adj.2g. Do direito civil ou relacionado a ele. ☐ ORTOGRAFIA Escreve-se também *civil*.

cívico, ca ⟨cí.vi.co, ca⟩ adj. **1** Do civismo, do comportamento próprio de um bom cidadão ou relacionado a eles. **2** Que tem ou que demonstra amor pela pátria.

civil ⟨ci.vil⟩ (pl. *civis*) ▮ adj.2g. **1** De uma cidade, de seus naturais, de seus habitantes ou relacionado a eles. ☐ SIN. cidadão. **2** →**cível** ▮ adj.2g./s.2g. **3** Que ou quem não é militar nem eclesiástico.

civilidade ⟨ci.vi.li.da.de⟩ s.f. Correção, educação e bons modos no comportamento e na forma de tratar as pessoas. ☐ SIN. cortesia.

civilismo ⟨ci.vi.lis.mo⟩ s.m. Doutrina que defende o exercício do poder por civis.

civilista ⟨ci.vi.lis.ta⟩ ▮ adj.2g. **1** Do civilismo ou relacionado a essa doutrina. ▮ adj.2g./s.2g. **2** Que ou quem defende ou segue o civilismo.

civilização ⟨ci.vi.li.za.cão⟩ (pl. *civilizações*) s.f. **1** Conjunto de crenças, conhecimentos e tradições próprios de um grupo social: *A civilização grega clássica nos deixou um grande legado humanístico e cultural.* **2** Desenvolvimento contínuo e geral desse conjunto de elementos: *Com a civilização, a comunicação entre os povos melhorou.*

civilizar ⟨ci.vi.li.zar⟩ v.t.d./v.prnl. **1** Tirar ou sair do estado selvagem ou primitivo (um povo), proporcionando-lhe ou incorporando os conhecimentos e as formas de vida de outro mais desenvolvido. **2** Tornar(-se) civil, cortês ou educado.

civismo ⟨ci.vis.mo⟩ s.m. Comportamento do cidadão que cumpre com seus deveres e suas responsabilidades: *Manter as calçadas limpas é uma prova de civismo.*

cizânia ⟨ci.zâ.nia⟩ s.f. **1** Discórdia ou inimizade: *Em vez de procurar a paz, você prefere instigar a cizânia entre eles.* **2** Gramínea que cresce principalmente nas plantações de trigo, por ter características semelhantes às dele, cujos frutos são tóxicos e prejudiciais às pessoas. ☐ SIN. joio.

clã s.m. Grupo de pessoas unidas por laços de parentesco e sob a liderança de um mesmo chefe.

clamar ⟨cla.mar⟩ ▮ v.t.d./v.int. **1** Bradar ou exclamar: *O réu clamava sua inocência.* ▮ v.t.i./v.int. **2** Fazer exigência em voz alta e com veemência [por algo]: *Durante a passeata, o povo clamava por mudanças.* ☐ SIN. bradar.

clamor ⟨cla.mor⟩ (Pron. [clamôr]) s.m. **1** Grito ou vos proferidos com força, especialmente se forem os de uma multidão. ☐ SIN. brado. **2** Exigência, súplica ou pedido feitos em voz alta e com veemência. ☐ SIN. brado.

clamoroso, sa ⟨cla.mo.ro.so, sa⟩ (Pron. [clamorôso], [clamorósa], [clamorósos]) adj. **1** Que é acompanhado de clamor e de entusiasmo. **2** De tamanho, quantidade ou qualidade grandes: *um erro clamoroso.*

clandestino, na ⟨clan.des.ti.no, na⟩ adj./s. Que ou quem é secreto ou se esconde, especialmente por ser ilegal.

clangor ⟨clan.gor⟩ (Pron. [clangôr]) s.m. Som forte e estridente, especialmente aquele produzido por instrumentos musicais de sopro, como a trombeta ou a trompa.

claque ⟨cla.que⟩ s.f. **1** Em uma apresentação, especialmente se for teatral ou televisiva, grupo de espectadores pagos para aplaudir ou para vaiar. **2** Grupo de admiradores de um artista ou de uma pessoa célebre.

clara ⟨cla.ra⟩ s.f. Em um ovo, matéria esbranquiçada, fluida e transparente que fica ao redor da gema: *Nesta receita é necessário separar a clara e a gema em recipientes diferentes.* ‖ **às claras** *informal* Abertamente ou em público: *Diga-me às claras o que está acontecendo.*

claraboia ⟨cla.ra.boi.a⟩ (Pron. [claraboia]) s.f. Janela pequena, circular ou oval, que fica geralmente no teto ou na parte alta de uma parede. ☐ SIN. vigia.

clarão ⟨cla.rão⟩ (pl. *clarões*) s.m. **1** Luz intensa ou instantânea: *Ao longe, podíamos avistar um clarão.* **2** Manifestação breve ou momentânea, especialmente se for de uma faculdade mental: *Apesar da doença, ainda tinha alguns clarões de lucidez.*

clarear ⟨cla.re.ar⟩ ▮ v.int. **1** Começar a amanhecer. ▮ v.t.d./v.int. **2** Iluminar(-se) ou tornar(-se) mais claro: *A atriz clareou os cabelos.* ☐ SIN. aclarar. **3** Facilitar a compreensão ou o conhecimento de ou esclarecer-se. ☐ SIN. aclarar. ☐ ORTOGRAFIA O *e* muda para *ei* quando a sílaba tônica estiver na raiz do verbo →NOMEAR.

clareira ⟨cla.rei.ra⟩ s.f. Espaço vazio no meio de algo, especialmente se for em um bosque ou em uma mata.

clareza ⟨cla.re.za⟩ (Pron. [clarêza]) s.f. **1** Característica daquilo que é claro, preciso ou fácil de entender: *A clareza da sua explicação facilitou a nossa compreensão.* **2** Ordem ou precisão, especialmente se forem das ideias: *Para fazer uma boa redação, precisa argumentar com clareza.*

claridade ⟨cla.ri.da.de⟩ s.f. **1** Qualidade do que é claro: *Aquele canto da casa tinha sempre muita claridade.* **2** Efeito causado pela luz ao iluminar um espaço: *A claridade da vela não lhe era suficiente para a leitura.*

clarificar ⟨cla.ri.fi.car⟩ ▮ v.t.d./v.prnl. **1** Clarear(-se) ou tornar(-se) menos denso ou espesso. ▮ v.t.d. **2** Elucidar ou tornar claro: *A explicação da professora clarificou a matéria nova.* ☐ SIN. esclarecer. ☐ ORTOGRAFIA Antes de *e*, o *c* muda para *qu* →BRINCAR.

clarim ⟨cla.rim⟩ (pl. *clarins*) s.m. Instrumento musical de sopro, metálico, semelhante a um trompete, mas menor e com sons mais agudos. [👁 **instrumentos de sopro** p. 747]

clarinada ⟨cla.ri.na.da⟩ s.f. Toque de clarim, geralmente em cerimônias e solenidades militares.

clarinete ⟨cla.ri.ne.te⟩ (Pron. [clarinête]) s.m. Instrumento musical de sopro, de timbre aveludado, pertencente à família das madeiras, composto por uma boquilha e por um cilindro prolongado que termina em uma campana. [👁 **instrumentos de sopro** p. 747]

clarinetista ⟨cla.ri.ne.tis.ta⟩ s.2g. Músico que toca clarinete.

clarividência ⟨cla.ri.vi.dên.cia⟩ s.f. **1** Capacidade para compreender ou distinguir claramente: *Mostrou clarividência em sua análise.* **2** Suposta habilidade sobrenatural para perceber ou adivinhar aquilo que ainda não aconteceu.

clarividente ⟨cla.ri.vi.den.te⟩ adj.2g./s.2g. Que ou quem possui ou mostra clarividência.

claro ⟨cla.ro⟩ adv. **1** Com clareza: *Ela falou tudo muito claro.* **2** Certamente ou sem dúvida: *Quer comer conosco? Claro!*

claro, ra ⟨cla.ro, ra⟩ ▮ adj. **1** Que tem luz ou muita luz: *uma sala clara; um dia claro.* **2** Que é fácil de distinguir ou de compreender: *um texto claro.* **3** Em relação especialmente a uma cor, que não é muito forte nem escura: *Nas manhãs de verão, o céu é azul e claro.* **4** Transparente ou límpido: *as águas claras de um rio.* **5** Que se expressa com clareza: *Foi claro ao apontar o que lhe incomodava.* **6** Limpo ou sem nuvens: *uma noite clara.* ▮ s.m. **7** Espaço vazio em meio a um conjunto ou no interior de algo: *Acamparam num claro no bosque.*

claro-escuro ⟨cla.ro-es.cu.ro⟩ (pl. *claro-escuros* ou *claros-escuros*) s.m. Em uma pintura, distribuição adequada e conveniente das sombras e da luz.

classe ⟨clas.se⟩ s.f. **1** Em um todo, cada uma das categorias ou dos conjuntos que o compõem: *Ela é dessa classe de pessoas que transmitem alegria.* **2** Grupo de estudantes de um mesmo conjunto que recebem as aulas e explicações juntos: *Nós três fomos colegas de classe.* □ SIN. **turma. 3** Em uma instituição de ensino, sala em que se ministram aulas: *Os alunos enfeitaram suas classes para o Natal.* **4** Conjunto de pessoas com profissões ou interesses econômicos iguais ou semelhantes: *a classe operária.* **5** Distinção ou qualidade: *As passagens da primeira classe são mais caras que as da econômica.* **6** Em biologia, na classificação dos seres vivos, categoria superior à ordem e inferior à de filo. **7** *informal* Educação ou bons modos: *uma pessoa de classe.* ‖ **classe alta** Aquela formada por pessoas de condições econômica e social elevadas. ‖ **classe baixa** Aquela formada por pessoas de condições econômica e social inferiores. ‖ **classe média** Aquela formada por pessoas de condições econômica e social intermediárias.

classicismo ⟨clas.si.cis.mo⟩ s.m. **1** Doutrina literária ou artística baseada no respeito à tradição clássica e aos modelos da Antiguidade grega e latina. **2** Característica ou qualidade daquilo que é clássico. □ ORTOGRAFIA Na acepção 1, quando se refere ao sistema literário ou artístico, usa-se geralmente com inicial maiúscula por ser também um nome próprio.

clássico, ca ⟨clás.si.co, ca⟩ ▮ adj. **1** Que se ajusta àquilo que é estabelecido pela tradição ou pelo uso. **2** Em relação a uma arte, especialmente à música, que é de caráter culto e que segue ou respeita os princípios estéticos estabelecidos: *Estudou peças clássicas no conservatório.* ▮ adj./s. **3** Da literatura ou da arte greco-romana, ou de seus seguidores. ▮ adj./s.m. **4** Em relação a um autor ou a uma de suas obras, que são tidos como modelos por sua importância ou por sua qualidade.

classificação ⟨clas.si.fi.ca.ção⟩ (pl. *classificações*) s.f. **1** Separação ou colocação em classes: *a classificação do reino animal.* **2** Em uma competição, obtenção de um resultado que permite seguir competindo: *Com esta vitória, a equipe garantiu a sua classificação.*

classificado ⟨clas.si.fi.ca.do⟩ adj./s.m. Em relação a um anúncio, que é breve e que se publica na imprensa.

classificar ⟨clas.si.fi.car⟩ ▮ v.t.d. **1** Ordenar ou colocar em classes: *O bibliotecário classificou as fichas por ordem alfabética.* ▮ v.t.d./v.prnl. **2** Em uma competição, proporcionar a (alguém) ou obter determinado resultado para continuar nela: *A vitória nos classificou para as semifinais.* □ ORTOGRAFIA Antes de *e*, o *c* muda para *qu* →BRINCAR.

claudicar ⟨clau.di.car⟩ v.int. **1** Andar movendo-se de um lado para o outro, como se estivesse mancando: *Está com uma lesão no quadril e, por isso, claudica um pouco.* **2** Não funcionar perfeitamente: *Estava extremamente cansado e o raciocínio começava a claudicar.* □ ORTOGRAFIA Antes de *e*, o *c* muda para *qu* →BRINCAR.

claustro ⟨claus.tro⟩ s.m. **1** Em um edifício, galeria coberta que rodeia o pátio principal: *o claustro de um mosteiro.* **2** Convento ou mosteiro: *Desde que decidiu tornar-se um monge, vive num claustro.*

claustrofobia ⟨claus.tro.fo.bi.a⟩ s.f. Medo anormal e angustiante de lugares fechados: *Minha tia não gosta de andar de elevador, pois sofre de claustrofobia.*

cláusula ⟨cláu.su.la⟩ s.f. Cada uma das disposições de um documento público ou privado, geralmente um contrato ou testamento.

clausura ⟨clau.su.ra⟩ s.f. **1** Em um convento religioso, recinto fechado em que não podem entrar pessoas alheias sem uma ordem ou sem uma permissão. **2** Obrigação que os membros de algumas comunidades religiosas têm de não sair dos recintos em que vivem. **3** Vida que segue essa obrigação.

clava ⟨cla.va⟩ s.f. Antiga arma feita de madeira, com uma das extremidades mais larga que a outra. □ SIN. **maça.**

clave ⟨cla.ve⟩ s.f. Em música, sinal colocado no início do pentagrama, que determina a altura e o nome das notas.

clavícula ⟨cla.ví.cu.la⟩ s.f. Cada um dos dois ossos situados na parte superior do peito e que se articulam por sua parte interna com o esterno e por sua parte externa com a escápula. [👁 **esqueleto** p. 334]

clemência ⟨cle.mên.cia⟩ s.f. Compaixão ou moderação ao julgar ou ao castigar: *O juiz não teve clemência com o acusado.*

clemente ⟨cle.men.te⟩ adj.2g. Que tem ou que manifesta clemência.

cleptomania ⟨clep.to.ma.ni.a⟩ s.f. Inclinação patológica ao furto.

cleptomaníaco, ca ⟨clep.to.ma.ní.a.co, ca⟩ adj./s. Que ou quem sofre de uma inclinação doentia ao furto.

clérigo ⟨clé.ri.go⟩ s.m. Homem que recebeu as ordens sagradas. □ SIN. **tonsurado.**

clero ⟨cle.ro⟩ s.m. Grupo social formado pelos clérigos ou homens que receberam as ordens sagradas: *Estavam ali bispos, cardeais, e outros membros importantes do clero.*

clicar ⟨cli.car⟩ ▮ v.int. **1** *informal* Acionar o botão do *mouse* de um computador. ▮ v.t.i. **2** Acionar o botão do *mouse* de um computador [sobre um ponto na tela], para executar um comando: *Para abrir esse arquivo, basta clicar nele duas vezes com o botão esquerdo do* mouse. ▮ v.t.d. **3** *informal* Fotografar: *Clicou modelos para o novo catálogo.* □ ORTOGRAFIA Antes de *e*, o *c* muda para *qu* →BRINCAR.

clichê ⟨cli.chê⟩ s.m. **1** Ideia, expressão ou atitude banalizadas por sua repetição excessiva: *Não gostei do filme, tinha muitos clichês.* □ SIN. **chavão. 2** Em imprensa, suporte material em que se reproduzem uma composição tipográfica ou uma gravação para suas posteriores reproduções.

cliente ⟨cli.en.te⟩ s.2g. **1** Pessoa que utiliza habitualmente os serviços de um profissional ou de uma empresa. **2** Pessoa que compra em um estabelecimento ou que utiliza habitualmente seus serviços.

clientela ⟨cli.en.te.la⟩ s.f. Conjunto dos clientes de uma pessoa ou de um estabelecimento: *Um bom atendimento ajuda a conquistar uma clientela fiel.* □ SIN. **freguesia.**

clima ⟨cli.ma⟩ s.m. **1** Conjunto de condições atmosféricas de um lugar: *O clima em diversas partes do Brasil é tropical.* **2** Ambiente ou contexto: *Ela precisa de um clima tranquilo para trabalhar.* **3** *informal* Conjunto de condições propícias a um encontro amoroso: *Havia um clima entre eles dois durante a viagem.*

climático, ca ⟨cli.má.ti.co, ca⟩ adj. Do clima ou relacionado a ele.

clímax ⟨clí.max⟩ (Pron. [clímacs]) s.m. Ponto mais alto ou intenso de um processo ou uma situação: *O clímax do jogo foi a decisão por pênaltis.*

clínica ⟨clí.ni.ca⟩ s.f. **1** Estabelecimento em que se aplicam determinados cuidados, especialmente se forem médicos: *uma clínica pediátrica.* **2** Prática ou exercício da medicina: *A clínica implica o contato direto com os pacientes.* ‖ **clínica geral** Aquela em que o tratamento não implica intervenção cirúrgica.

clinicar ⟨cli.ni.car⟩ v.int. Praticar ou exercer a clínica ou a medicina: *Para clinicar, é necessário estar formado.*

clínico, ca ⟨clí.ni.co, ca⟩ adj. Da clínica ou relacionado à prática ou ao exercício da medicina. ‖ **clínico (geral)** Médico que se dedica à clínica ou à medicina geral.

clipe ⟨cli.pe⟩ s.m. **1** Utensílio feito com uma haste de metal ou de plástico dobrada sobre si mesma, geralmente usado para prender papéis: *Você poderia me emprestar um clipe?* **2** Sistema de fechamento a pressão semelhante ao funcionamento de uma pinça: *brincos*

clique

de clipe. **3** Gravação breve de um vídeo ou do fragmento de um filme, geralmente musical: *Este é o mais novo clipe da minha banda favorita*. ☐ USO Na acepção 3, é a forma reduzida e mais usual de *videoclipe*.

clique ⟨cli.que⟩ s.m. **1** Pressão ou golpe pequenos: *Com alguns cliques no mouse é possível copiar este arquivo*. **2** Som breve e semelhante ao estalo produzido ao apertar um botão ou um interruptor: *Para tirar a foto, aperte o botão até ouvir um clique*.

clíster ⟨clis.ter⟩ s.m. Introdução de um líquido no reto através do ânus, geralmente com fins terapêuticos ou laxantes, ou para facilitar um diagnóstico. ☐ SIN. **lavagem intestinal**.

clitóris ⟨cli.tó.ris⟩ s.m.2n. No sistema genital feminino, estrutura externa, pequena e carnuda, situada acima do orifício vaginal.

cloaca ⟨clo.a.ca⟩ s.f. **1** Conduto pelo qual as águas sujas e os detritos de uma população passam. **2** Recipiente conectado a uma tubulação e a um sistema de água e usado para evacuar os excrementos. ☐ SIN. **privada, retrete, vaso sanitário**. **3** Em aves, anfíbios, répteis e tubarões, duto único onde desembocam as vias reprodutora, urinária e digestiva, que se abre no ânus.

clonagem ⟨clo.na.gem⟩ (pl. *clonagens*) s.f. **1** Técnica genética que permite a obtenção de um clone a partir de uma célula. **2** Produção ilícita de cópias de um produto, objeto ou material: *A clonagem de cartões causou muitos prejuízos aos bancos*.

clonar ⟨clo.nar⟩ v.t.d. **1** Produzir clones de (um organismo ou parte dele) a partir de uma única célula: *A tecnologia já possibilita clonar células vegetais para melhorar o cultivo de algumas espécies*. **2** *informal* Produzir ilicitamente a cópia de (algo): *Clonar uma linha telefônica é crime*.

clone ⟨clo.ne⟩ (Pron. [clône]) s.m. **1** Ser originado a partir de outro e que possui o mesmo patrimônio genético deste: *O primeiro clone de um mamífero adulto apresentado à imprensa foi uma ovelha*. **2** Cópia idêntica ou muito parecida: *Estes dois computadores são clones*.

clorar ⟨clo.rar⟩ v.t.d. Adicionar cloro a (a água): *É preciso clorar a água das piscinas para desinfetá-las*.

cloreto ⟨clo.re.to⟩ (Pron. [clorêto]) s.m. Sal derivado do ácido clorídrico. ‖ **cloreto de sódio** Substância cristalina, muito solúvel em água, geralmente branca, usada para temperar alimentos, conservar carnes e na indústria química. ☐ SIN. **sal de cozinha**.

cloridrato ⟨clo.ri.dra.to⟩ s.m. Em química, sal derivado do ácido clorídrico.

clorídrico, ca ⟨clo.rí.dri.co, ca⟩ adj. **1** Das combinações do cloro com o hidrogênio ou relacionado a elas. **2** Em relação a um ácido, que é gasoso, incolor, muito corrosivo e usado diluído em água. ☐ USO *Clorídrico* substituiu a antiga denominação *muriático*.

cloro ⟨clo.ro⟩ s.m. Elemento químico da família dos não metais, de número atômico 17, gasoso, de cor amarelo-esverdeada, cheiro forte e sufocante, muito oxidante, tóxico e bastante reativo. ☐ ORTOGRAFIA Seu símbolo químico é *Cl*, sem ponto.

clorofila ⟨clo.ro.fi.la⟩ s.f. Pigmento verde presente nas plantas e em numerosas algas, que capta a energia da luz solar para o processo químico da fotossíntese.

clorofórmio ⟨clo.ro.fór.mio⟩ s.m. Líquido incolor e de cheiro agradável, usado na medicina como anestésico.

clorose ⟨clo.ro.se⟩ s.f. Anemia própria da mulher causada pela falta de ferro no organismo.

clube ⟨clu.be⟩ s.m. **1** Associação formada por pessoas com interesses comuns: *um clube de basquete; um clube de bocha*. **2** Lugar em que os membros dessa associação se reúnem.

cnidário ⟨cni.dá.rio⟩ ▌adj./s.m. **1** Em relação a um animal, que é aquático, geralmente marinho, de corpo gelatinoso, provido de tentáculos, com uma única cavidade digestiva e que se comunica com o exterior por um orifício que lhe serve de boca e de ânus. ☐ SIN. **celenterado**. ▌s.m.pl. **2** Em zoologia, filo desses animais, pertencentes ao reino dos metazoários. ☐ SIN. **celenterado**.

co- **1** Prefixo que indica cooperação: *coautor*. **2** Prefixo que indica companhia: *coabitar*. **3** Prefixo que indica proximidade: *cosseno*. ☐ USO Usam-se também as formas *com-* (*comensal*), *con-* (*consanguíneo*) ou *cor-* (*correlação*).

coabitar ⟨co.a.bi.tar⟩ ▌v.t.d./v.int. **1** Em relação a duas ou mais pessoas, viver juntas em (uma moradia) ou dividir uma habitação: *Coabitar uma casa. Eles coabitam há dois anos*. ▌v.t.i. **2** Em relação a uma pessoa, dividir a moradia [com outras]: *Coabita com os pais e a irmã*. ▌v.t.i. **3** Em relação a uma pessoa, viver [com outra] com a qual mantém um relacionamento amoroso. ▌v.int. **4** Viver junto e mantendo um relacionamento amoroso (duas ou mais pessoas): *Esse casal coabita já há alguns anos*.

coação ⟨co.a.ção⟩ (pl. *coações*) s.f. Ato ou efeito de coagir. ☐ SIN. **coerção**.

coadjutor, -a ⟨co.ad.ju.tor, to.ra⟩ (Pron. [coadjutôr], [coadjutôra]) adj./s.m. Em relação geralmente a um eclesiástico, que ajuda e que acompanha outro, geralmente um pároco, em determinados assuntos e funções.

coadjuvante ⟨co.ad.ju.van.te⟩ adj.2g./s.2g. **1** Que ou quem coadjuva ou contribui para que se consiga algo: *O exercício físico e uma dieta balanceada são fatores coadjuvantes para a perda de peso*. **2** Em relação a um ator, que tem papel secundário.

coadjuvar ⟨co.ad.ju.var⟩ ▌v.t.d. **1** Ajudar ou contribuir para (a realização de algo): *Poupar é um dos fatores que coadjuva a recuperação financeira*. ▌v.prnl. **2** Ajudar-se ou contribuir mutuamente. ▌v.int. **3** Fazer um papel secundário (um ator, especialmente): *Essa jovem atriz coadjuvou na nova novela*.

coador ⟨co.a.dor⟩ (Pron. [coadôr]) s.m. Utensílio formado por um tecido de tela aberta ou de papel poroso, com o qual se côa um líquido: *um coador de café*.

coadunar ⟨co.a.du.nar⟩ ▌v.t.d./v.int. **1** Combinar(-se) ou harmonizar(-se): *Conseguimos coadunar nossos pontos de vista*. ▌v.t.d. **2** Combinar ou harmonizar (uma coisa) [com outra]: *Não conseguiu coadunar a cor da gravata com a camisa*. ▌v.prnl. **3** Estar em conformidade com algo: *Seu temperamento rebelde não se coaduna com as normas sociais*.

coagir ⟨co.a.gir⟩ v.t.d./v.t.d.i. Exercer violência física, psíquica ou moral sobre (alguém) [para que realize uma ação]: *Coagiram-na a mentir no tribunal*. ☐ ORTOGRAFIA Antes de *a* ou *o*, o *g* muda para *j* →FUGIR.

coagulação ⟨co.a.gu.la.ção⟩ (pl. *coagulações*) s.f. Transformação de um líquido, geralmente o sangue ou o leite, em uma massa sólida ou pastosa: *A coagulação do sangue permite a cicatrização das feridas*.

coagular ⟨co.a.gu.lar⟩ v.t.d./v.int./v.prnl. Converter(-se) (uma substância líquida, geralmente o sangue ou o leite) em uma massa sólida ou pastosa: *O leite se coagula quando entra em contato com o suco do limão*. ☐ SIN. **coalhar**.

coágulo ⟨co.á.gu.lo⟩ s.m. Massa sólida ou pastosa formada pela aglomeração de partículas de um líquido: *um coágulo sanguíneo*. ☐ SIN. **coalho**.

coala ⟨co.a.la⟩ s.m. Mamífero de pequeno porte, sem rabo, de orelhas grandes e focinho largo, curto e de cor escura, de pelagem cinza avermelhada, cuja fêmea tem uma espécie de bolsa no ventre, onde transporta seus filhotes nos oito primeiros meses de vida, que vive nas florestas de eucaliptos. ☐ GRAMÁTICA É um substantivo epiceno: *o coala (macho/fêmea)*.

coalhada ⟨co.a.lha.da⟩ s.f. Parte gordurosa do leite que se separa do soro por ação do calor ou do coalho dos ácidos, e que serve de alimento: *coalhada com mel*.

coalhado, da ⟨co.a.lha.do, da⟩ adj. Que coalhou.

coalhar ⟨co.a.lhar⟩ v.t.d./v.int./v.prnl. Converter(-se) (uma substância líquida, geralmente o sangue ou o leite) em uma massa sólida ou pastosa: *Para fazer um queijo, é necessário coalhar o leite*. ☐ SIN. **coagular**.

coalho ⟨co.a.lho⟩ s.m. **1** Massa sólida ou pastosa formada pela aglomeração de partículas de um líquido. ☐ SIN. **coágulo**. **2** Líquido eliminado pelas vísceras de um ruminante, usado para coalhar o leite na fabricação de queijo.

coalizão ⟨co.a.li.zão⟩ (pl. *coalizões*) s.f. União e apoio mútuo entre pessoas ou grupos para atingir um objetivo comum.

coar ⟨co.ar⟩ v.t.d. Colocar (um líquido) em um coador para clareá-lo ou para separá-lo de partes mais grossas: *Coei o suco para tirar as sementes*.

coariense ⟨co.a.ri.en.se⟩ adj.2g./s.2g. De Coari ou relacionado a essa cidade do estado brasileiro do Amazonas.

coautor, -a ⟨co.au.tor, to.ra⟩ (Pron. [coautôr], [coautôra]) s. Pessoa que participa da realização ou da criação de algo junto com outra ou com outras: *o coautor de um crime; a coautora de um livro*.

coaxar ⟨co.a.xar⟩ v.int. Dar coaxos (um sapo ou uma rã). ☐ GRAMÁTICA É um verbo unipessoal: só se usa nas terceiras pessoas do singular e do plural, no particípio, no gerúndio e no infinitivo →MIAR.

coaxo ⟨co.a.xo⟩ s.m. Voz característica do sapo ou da rã.

cobaia ⟨co.bai.a⟩ s.f. **1** Mamífero roedor, herbívoro, menor que o coelho, de orelhas curtas e rabo pequeno, muito usado em laboratórios como animal para experiências e como animal de estimação: *Em alguns lugares da América do Sul, come-se carne de cobaia*. ☐ SIN. **porquinho-da-índia, preá**. **2** Pessoa ou animal submetidos à observação ou a um experimento para demonstrar algo: *uma cobaia humana*. ☐ GRAMÁTICA 1. Na acepção 1, é um substantivo epiceno: *a cobaia (macho/fêmea)*. 2. Na acepção 2, usa-se tanto para o masculino quanto para o feminino: *(ele/ela) é uma cobaia*.

cobalto ⟨co.bal.to⟩ ❙ adj.2g.2n./s.m. **1** De cor azul-escura. ❙ s.m. **2** Elemento químico da família dos metais, de número atômico 27, sólido, de cor branco-prateada, muito duro, que é usado, combinado ao oxigênio, para formar a base azul de pinturas e esmaltes. ☐ ORIGEM Na acepção 2, é uma palavra que vem do alemão *kobold* (duende), pois, segundo a lenda, os mineradores que procuravam prata acreditavam que um duende a roubava e colocava cobalto em seu lugar. ☐ ORTOGRAFIA Na acepção 2, seu símbolo químico é *Co*, sem ponto.

coberta ⟨co.ber.ta⟩ s.f. Aquilo que serve para cobrir e aquecer, especialmente se fizer parte da roupa de cama. ☐ SIN. **cobertor**.

cobertor ⟨co.ber.tor⟩ (Pron. [cobertôr]) s.m. Aquilo que serve para cobrir e aquecer, especialmente se fizer parte da roupa de cama. ☐ SIN. **coberta**.

cobertura ⟨co.ber.tu.ra⟩ s.f. **1** Ato ou efeito de cobrir(-se). **2** Aquilo que serve para cobrir, ocultar ou tapar algo. **3** Revestimento ou camada externa: *O bolo tinha uma linda cobertura de chocolate*. **4** Defesa ou proteção, especialmente se tomar contra um perigo: *O atacante recuou para dar cobertura ao zagueiro*. **5** Transmissão de informações ou de notícias sobre um acontecimento: *O campeonato terá cobertura exclusiva dessa emissora*. **6** Território que um serviço de telecomunicação abrange: *A cobertura dessa empresa de telefonia celular ainda é restrita*. **7** Quitação ou liquidação de um pagamento ou de uma dívida. **8** Em um edifício, apartamento situado no último andar e geralmente mais amplo e mais valorizado que os outros: *Estes meus amigos moram numa cobertura luxuosíssima*.

cobiça ⟨co.bi.ça⟩ s.f. Desejo intenso e desmedido para obter algo, geralmente dinheiro e bens materiais: *Na tradição cristã, a cobiça é um dos sete pecados capitais*.

cobiçar ⟨co.bi.çar⟩ v.t.d. Desejar com afã excessivo (um bem alheio): *Cobiçava o cargo do colega*. ☐ ORTOGRAFIA Antes de *e*, o *ç* muda para *c* →COMEÇAR.

cobiçoso, sa ⟨co.bi.ço.so, sa⟩ (Pron. [cobiçôso], [cobiçósa], [cobiçósos], [cobiçósas]) adj./s. Que ou quem tem cobiça.

cobra ⟨co.bra⟩ ❙ s.f. **1** Réptil de corpo cilíndrico, escamoso e muito comprido, que não tem pés e que vive na terra ou na água. **2** *informal pejorativo* Pessoa maldosa ou muito geniosa. **3** *vulgarismo* →**pênis** ❙ adj.2g./s.m. **4** *informal* Que ou quem é muito bom naquilo que faz. ☐ GRAMÁTICA 1. Na acepção 1, é um substantivo epiceno: *a cobra (macho/fêmea)*. Na acepção 2, usa-se tanto para o masculino quanto para o feminino: *(ele/ela) é uma cobra*; na acepção 4: *(ele/ela) é um cobra*.

cobra-coral-falsa ⟨co.bra-co.ral-fal.sa⟩ (pl. *cobras-corais-falsas*) s.f. →**coral**

cobra-coral-venenosa ⟨co.bra-co.ral-ve.ne.no.sa⟩ (pl. *cobras-corais-venenosas*) s.f. →**coral**

cobrador, -a ⟨co.bra.dor, do.ra⟩ (Pron. [cobradôr], [cobradôra]) s. **1** Pessoa que se dedica profissionalmente a cobrar ou a recolher o dinheiro que se deve. **2** Pessoa que se dedica a cobrar o dinheiro dos passageiros de um ônibus, especialmente como profissão. ☐ SIN. **trocador**.

cobrança ⟨co.bran.ça⟩ s.f. **1** Ato ou efeito de cobrar. **2** Em esporte, execução de uma jogada: *uma cobrança de pênalti*.

cobrar ⟨co.brar⟩ v.t.d./v.t.d.i. **1** Pedir ou exigir (aquilo a que se tem ou a que se julga ter direito) [de alguém]: *O cliente ligou para cobrar a entrega do pacote*. ❙ v.t.d. **2** Em alguns esportes, executar (uma jogada): *O lateral cobrou o escanteio e fez um gol olímpico*.

cobre ⟨co.bre⟩ s.m. **1** Elemento químico da família dos metais, de número atômico 29, sólido, de cor avermelhada, facilmente deformável e bom condutor de eletricidade e de calor. **2** *informal* Dinheiro. ☐ ORIGEM Na acepção 1, é uma palavra que vem do grego *Kýpros* (Chipre), pois nesta ilha havia esse elemento químico em abundância. ☐ ORTOGRAFIA Na acepção 1, seu símbolo químico é *Cu*, sem ponto.

cobrir ⟨co.brir⟩ ❙ v.t.d. **1** Ocultar ou tapar: *As nuvens cobriam o sol*. ❙ v.t.d./v.prnl. **2** Vestir(-se) ou agasalhar(-se): *Por causa do frio, cobriu o filho com uma manta*. ❙ v.t.d. **3** Colocar cobertura ou revestimento em (um espaço ou uma superfície): *Cobriu a garagem para fazer um churrasco*. ❙ v.t.d./v.prnl. **4** Defender(-se) ou proteger(-se), especialmente se for de um perigo: *Cobriu o rosto para não ser atingido pela bola*. ❙ v.t.d. **5** Em relação a um serviço de telecomunicação, abranger (um determinado território): *Essa operadora cobre toda a Grande São Paulo*. ❙ v.t.d./v.t.d.i. **6** Encher ou ocupar (uma cavidade) [de algo]: *Depois de plantar as sementes, cobriram o buraco de adubo e terra*. ❙ v.t.d. **7** Transmitir informações ou notícias sobre (um acontecimento): *Um grande número de jornalistas cobriu a visita do presidente argentino ao Brasil*. ❙ v.t.d.i./v.prnl. **8** Encher ou regalar (alguém) [de algo, em grande quantidade]: *Quando ele voltou de viagem, os pais o cobriram de beijos*. ❙ v.t.d. **9** Alastrar-se ou estender-se sobre (uma superfície): *Na primavera, as flores cobrem o jardim*.

coca

10 Quitar ou liquidar (um pagamento ou uma dívida): *Cobriu o saldo devedor com a bonificação que recebeu.* **11** Percorrer (uma distância): *A atleta cobriu o percurso em tempo recorde.* **12** Em relação a um animal macho, unir-se sexualmente a (a fêmea) para fecundá-la: *O cavalo cobriu a égua.* ☐ GRAMÁTICA É um verbo irregular →COBRIR.

coca ⟨co.ca⟩ s.f. **1** Arbusto com flores brancas a amarelas, frutos em formato de drupas vermelhas, de cujas folhas esbranquiçadas se extrai a cocaína. **2** Folha desse arbusto. **3** *informal* Cocaína. **4** Refrigerante gaseificado e de cor marrom-escura. ☐ ORIGEM Na acepção 4, é a extensão de uma marca comercial.

coça ⟨co.ça⟩ s.f. *informal* Surra.

cocada ⟨co.ca.da⟩ s.f. Doce feito à base de coco e açúcar.

cocaína ⟨co.ca.í.na⟩ s.f. Substância tóxica obtida das folhas da coca.

cocar ⟨co.car⟩ s.m. **1** Enfeite indígena, geralmente feito com plumas coloridas, com o formato parecido ao de uma coroa, que se coloca na cabeça. **2** Enfeite feito com plumas ou fitas, usado geralmente em chapéus.

coçar ⟨co.çar⟩ ▌v.t.d. **1** Roçar os dedos ou as unhas em (uma parte do corpo) para aliviar uma coceira: *Pare de coçar as pernas, senão ficará todo arranhado!* ▌v.prnl. **2** Roçar-se com os dedos ou as unhas para aliviar uma coceira. ▌v.int. **3** Causar sensação desagradável ou irritação: *Como está cicatrizando, a ferida coça muito.* ☐ ORTOGRAFIA Antes de e, o ç muda para c →COMEÇAR.

cocção ⟨coc.ção⟩ (pl. *cocções*) s.f. Ato ou efeito de cozer ou de cozinhar. ☐ SIN. cozedura, cozimento.

cóccix ⟨cóc.cix⟩ (Pron. [cóquis]) s.m.2n. Osso achatado e triangular que constitui a parte terminal da coluna vertebral e que se articula com a porção inferior do sacro. [👁 esqueleto p. 334]

cócega ⟨có.ce.ga⟩ s.f. Sensação nervosa que se produz ao roçar suavemente a pele e que geralmente causa riso involuntário. ☐ USO Usa-se geralmente a forma plural *cócegas*.

coceira ⟨co.cei.ra⟩ s.f. Sensação desagradável ou irritação no corpo que dão vontade de coçar.

coche ⟨co.che⟩ (Pron. [côche]) s.m. Carruagem grande e fechada.

cocheira ⟨co.chei.ra⟩ s.f. Instalação ou lugar coberto que servem para manter cavalos e outras cavalarias.

cocheiro, ra ⟨co.chei.ro, ra⟩ s. Pessoa que se dedica profissionalmente a conduzir um carro puxado por cavalos.

cochichar ⟨co.chi.char⟩ v.t.d./v.t.i./v.int. Falar (algo) em voz baixa [com alguém]: *Foi visto cochichando com o colega durante a prova.*

cochicho ⟨co.chi.cho⟩ s.m. Conversa em voz baixa.

cochilar ⟨co.chi.lar⟩ v.int. **1** Dormir levemente por um período curto de tempo. ☐ SIN. dormitar. **2** *informal* Distrair-se ou descuidar-se: *Cochilou e perdeu a vez.* ☐ ORIGEM É uma palavra de origem africana.

cochilo ⟨co.chi.lo⟩ s.m. **1** Sono leve por um período curto de tempo: *Estou precisando de um cochilo.* **2** *informal* Distração ou descuido: *Esse erro foi um cochilo meu.*

cocho ⟨co.cho⟩ (Pron. [côcho]) s.m. **1** Recipiente com formato de um tronco comprido, em que se colocam a comida e a água para o gado. **2** Esse tronco. ☐ ORTOGRAFIA É diferente de *coxo*.

cociente ⟨co.ci.en.te⟩ s.m. →quociente

coco ⟨co.co⟩ s.m. **1** Palmeira de tronco alto, com folhas grandes e largas, que podem ser em formato de pena ou de leque, cujo fruto, geralmente, é verde e arredondado, formado por duas cascas, a primeira fibrosa e a mais interna, dura, com uma polpa comestível, branca e carnuda, e com um líquido doce em seu interior. ☐ SIN. coqueiro. **2** Esse fruto. **3** Fruto de algumas palmeiras, um pouco menor que esse fruto. **4** Ritmo e dança de origem brasileira, em que os participantes dançam e cantam em roda, acompanhados por instrumentos de percussão. **5** Bactéria com formato esférico. ☐ USO Nas acepções 1, 2, 3 e 4, a pronúncia é côco; na acepção 5, cóco.

cocô ⟨co.cô⟩ s.m. *informal* Fezes.

cócoras ⟨có.co.ras⟩ ‖ **de cócoras** Com o corpo dobrado de forma que as nádegas fiquem perto do chão ou dos calcanhares.

cocoricar ⟨co.co.ri.car⟩ v.int. Dar cacarejos (um galo). ☐ ORTOGRAFIA Antes de e, o c muda para qu →BRINCAR. ☐ GRAMÁTICA É um verbo unipessoal: só se usa nas terceiras pessoas do singular e do plural, no particípio, no gerúndio e no infinitivo →MIAR.

cocorote ⟨co.co.ro.te⟩ s.m. Golpe dado na cabeça com os nós dos dedos da mão fechada. ☐ SIN. cascudo, coque.

cocuruto ⟨co.cu.ru.to⟩ s.m. **1** *informal* Parte superior da cabeça humana: *Bati o cocuruto no armário.* **2** Parte mais alta: *o cocuruto de uma montanha.*

côdea ⟨cô.dea⟩ s.f. Camada externa e dura de algo: *a côdea de um pão.* ☐ SIN. crosta.

códice ⟨có.di.ce⟩ s.m. Conjunto de manuscritos antigos e de importância histórica ou literária, dispostos em forma de livro, especialmente se forem anteriores à data da invenção da imprensa.

codificação ⟨co.di.fi.ca.ção⟩ (pl. *codificações*) s.f. Ato ou efeito de codificar: *A codificação dos dados ajuda a aumentar a segurança na internet.*

codificar ⟨co.di.fi.car⟩ v.t.d. **1** Transformar (uma mensagem) com a utilização de um código: *codificar uma página HTML.* **2** Reunir ou compilar (textos ou documentos) em uma única obra. ☐ ORTOGRAFIA Antes de e, o c muda para qu →BRINCAR.

código ⟨có.di.go⟩ s.m. **1** Conjunto de leis dispostas de forma sistemática e ordenada: *o código nacional de trânsito.* **2** Sistema de signos e de regras que servem para formular e compreender uma mensagem: *No mar, os barcos se comunicam usando um código de sinais.* **3** Conjunto de sinais que servem para formular e compreender mensagens, especialmente se forem secretas: *um código numérico.* ‖ **código de barras** Aquele formado por uma série de linhas e de números associados, e que se coloca em produtos de consumo. ‖ **(código) Morse** Aquele formado pela combinação de traços e pontos: *O código Morse é usado em comunicações telegráficas.*

codoense ⟨co.do.en.se⟩ adj.2g./s.2g. De Codó ou relacionado a essa cidade do estado brasileiro do Maranhão.

codorna ⟨co.dor.na⟩ s.f. Ave de solo, com a parte superior do corpo de cor parda com listras escuras, e a inferior de cor cinza-amarelada, de bico escuro, com a cauda muito curta, cujos ovos e carne são fontes de alimento. ☐ GRAMÁTICA É um substantivo epiceno: *a codorna (macho/fêmea).* [👁 aves p. 92]

coedição ⟨co.e.di.ção⟩ (pl. *coedições*) s.f. Edição feita mediante convênio entre dois ou mais editores.

coeficiente ⟨co.e.fi.ci.en.te⟩ s.m. **1** Em matemática, fator que multiplica uma expressão algébrica ou alguns de seus termos. **2** Em física e em química, expressão numérica de uma propriedade, de uma relação ou de uma característica.

coelheira ⟨co.e.lhei.ra⟩ s.f. Local destinado à criação de coelhos.

coelho, lha ⟨co.e.lho, lha⟩ (Pron. [coêlho]) s. Mamífero de orelhas longas e cauda curta, pelagem baixa e espessa, com as extremidades posteriores mais compridas que as anteriores, que vive em tocas.

coentro ⟨co.en.tro⟩ s.m. Planta herbácea muito aromática, de caule fino e verde com algumas estrias e pouco

ramificado, com folhas dentadas e finamente divididas, flores pequenas, brancas ou róseas e em formato de umbela, usada na medicina ou como condimento.
coerção ⟨co.er.ção⟩ (pl. *coerções*) s.f. Ato ou efeito de coagir. ◻ SIN. coação.
coercitivo, va ⟨co.er.ci.ti.vo, va⟩ adj. →**coercivo, va**
coercivo, va ⟨co.er.ci.vo, va⟩ adj. Que exerce coerção ou que reprime. ◻ ORTOGRAFIA Escreve-se também *coercitivo*.
coerência ⟨co.e.rên.cia⟩ s.f. Harmonia, uniformidade ou relação lógica entre duas coisas: *Não há muita coerência entre o que ela fala e o que faz.*
coerente ⟨co.e.ren.te⟩ adj.2g. Que tem coerência.
coesão ⟨co.e.são⟩ (pl. *coesões*) s.f. **1** União, conexão ou relação de uma coisa com outra: *A redação ficou confusa, pois não havia coesão entre as ideias expostas.* **2** União recíproca das moléculas de um corpo homogêneo por causa das forças intermoleculares de atração: *A coesão das moléculas dos gases é menor que a dos sólidos.*
coeso, sa ⟨co.e.so, sa⟩ (Pron. [coêso]) adj. **1** Que tem coesão ou unidade. **2** Que tem coerência ou lógica: *uma argumentação coesa.*
coetâneo, nea ⟨co.e.tâ.neo, nea⟩ adj./s. **1** Que ou quem tem a mesma idade ou é da mesma época. ◻ SIN. coevo. **2** Que ou quem existe ou existiu no mesmo período. ◻ SIN. contemporâneo.
coevo, va ⟨co.e.vo, va⟩ (Pron. [coêvo]) adj./s. Que ou quem tem a mesma idade ou é da mesma época. ◻ SIN. coetâneo.
coexistência ⟨co.e.xis.tên.cia⟩ (Pron. [coezistência]) s.f. Existência de duas ou mais pessoas ou coisas ao mesmo tempo.
coexistente ⟨co.e.xis.ten.te⟩ (Pron. [coezistente]) adj.2g. Que coexiste.
coexistir ⟨co.e.xis.tir⟩ (Pron. [coezistir]) v.int. **1** Existir ou ser ao mesmo tempo (duas ou mais pessoas ou coisas): *No Brasil, diferentes religiões e culturas coexistem pacificamente.* v.t.i. **2** Em relação a uma pessoa ou a uma coisa, existir ou ser ao mesmo tempo [que outra].
cofiar ⟨co.fi.ar⟩ v.t.d. Acariciar ou alisar com as mãos (o cabelo, a barba ou o bigode).
cofre ⟨co.fre⟩ s.m. Caixa resistente com fechadura, geralmente usada para guardar objetos de valor.
cogitar ⟨co.gi.tar⟩ v.t.d./v.t.i. **1** Refletir [sobre um assunto] para compreendê-lo, planejá-lo ou resolvê-lo: *Estava cogitando uma mudança de emprego.* v.int. **2** Refletir ou meditar: *Decidiu-se depois de muito cogitar.*
cognato, ta ⟨cog.na.to, ta⟩ adj./s. **1** Que ou quem tem a mesma origem ou descende da mesma família que alguém. **2** Em relação a uma palavra, que tem a mesma raiz que outra: *Pedra e pedreiro são palavras cognatas.*
cognição ⟨cog.ni.ção⟩ (pl. *cognições*) s.f. **1** Conhecimento, percepção ou entendimento. **2** Capacidade para adquirir esse conhecimento.
cognitivo, va ⟨cog.ni.ti.vo, va⟩ adj. Da cognição, do conhecimento, ou relacionado a eles.
cognome ⟨cog.no.me⟩ s.m. Nome dado a uma pessoa em substituição a seu verdadeiro nome, geralmente por alusão a alguma característica sua: *Recebeu o cognome de Soneca, pois estava sempre com sono.* ◻ SIN. alcunha, apelido, apodo.
cognominar ⟨cog.no.mi.nar⟩ v.t.d./v.prnl. Dar(-se) ou atribuir(-se) um cognome: *A fama de Lampião cognominou-o de Rei do Cangaço.* ◻ SIN. alcunhar, apelidar, apodar. ◻ GRAMÁTICA O objeto pode vir acompanhado de um complemento que o qualifica: *A fama de Lampião cognominou-o de Rei do Cangaço.*
cognoscível ⟨cog.nos.cí.vel⟩ (pl. *cognoscíveis*) adj.2g. *formal* Conhecível.

cogote ⟨co.go.te⟩ s.m. →**cangote**
cogumelo ⟨co.gu.me.lo⟩ s.m. Fungo com formato de um guarda-chuva, comestível ou venenoso.
coibir ⟨co.i.bir⟩ v.t.d./v.t.d.i. **1** Refrear ou reprimir (algo) ou impedir (alguém) [de fazer algo]: *Em uma democracia, não se pode coibir uma pessoa de manifestar sua opinião.* v.prnl. **2** Conter-se ou reprimir-se. ◻ GRAMÁTICA Na acepção 2, usa-se a construção *coibir-se de algo*.
coice ⟨coi.ce⟩ s.m. **1** Movimento violento que um animal quadrúpede, geralmente um cavalo ou um burro, faz com as patas. **2** Golpe dado com esse movimento. **3** Recuo de uma arma de fogo quando disparada. ◻ ORTOGRAFIA Escreve-se também *couce*.
coifa ⟨coi.fa⟩ s.f. Eletrodoméstico que aspira a fumaça de uma cozinha ou chaminé.
coima ⟨coi.ma⟩ s.f. Multa imposta por uma infração.
coincidência ⟨co.in.ci.dên.cia⟩ s.f. **1** Ocorrência de fatos em um mesmo tempo ou espaço: *A coincidência das datas me impediu de ir ao seu aniversário.* **2** Correspondência ou semelhança: *A coincidência de nossos objetivos nos tornou bons parceiros.*
coincidir ⟨co.in.ci.dir⟩ v.t.i. **1** Em relação a uma coisa, ocorrer ao mesmo tempo ou no mesmo espaço [que outra]: *Meu curso coincide com suas aulas de dança.* v.int. **2** Ocorrer ao mesmo tempo ou no mesmo espaço (duas coisas): *Os horários coincidem e não poderei ir às duas festas.* v.t.i. **3** Em relação a uma coisa, ser conforme ou semelhante [a outra]. v.int. **4** Ser conformes ou semelhantes (duas coisas): *Saem juntos, pois seus interesses coincidem.*
coiote ⟨coi.o.te⟩ s.m. Mamífero carnívoro semelhante ao lobo, mas de menor porte, de cor cinza-amarelada, que geralmente vive solitário. ◻ GRAMÁTICA É um substantivo epiceno: *o coiote (macho/fêmea).*
coirmão, mã ⟨co.ir.mão, mã⟩ (pl. *coirmãos*) adj./s. Que ou quem é primo de primeiro grau de alguém.
coisa ⟨coi.sa⟩ s.f. **1** Tudo o que existe, seja real ou imaginário: *Tenho diversas coisas para fazer hoje.* **2** Objeto inanimado: *Os vegetais são seres vivos, não coisas.* **3** Aquilo de que se trata: *Eu o respeito, mas nunca faria uma coisa assim.* **4** *informal* Aquilo que não se sabe nem se conhece: *Acho que tem coisa a mais nessa história.* **5** *informal* Mal-estar ou indisposição: *Ele sentiu uma coisa e foi direto ao hospital.* ‖ **coisa fina** *informal* Com muita qualidade ou muito bom: *A festa foi coisa fina!* ‖ **não dizer coisa com coisa** *informal* Falar de forma incoerente ou sem sentido. ‖ **ser cheio de coisa** **1** *informal* Ser formal ou excessivamente delicado: *Não gosto de ir à casa deles, pois lá tudo é cheio de coisa.* **2** *informal* Ofender-se com facilidade: *Não faça esse tipo de brincadeira com ele, pois é cheio de coisa.* ‖ **ser coisa pouca** *informal* Ser pouco importante: *Não se preocupe, essa dorzinha é coisa pouca.*
coitado, da ⟨coi.ta.do, da⟩ adj./s. Que ou quem é infeliz, sem sorte ou que inspira carinho ou compaixão.
coiteiro, ra ⟨coi.tei.ro, ra⟩ s. Pessoa que dá abrigo ou proteção a bandidos.
coito ⟨coi.to⟩ s.m. União sexual do macho e da fêmea. ◻ SIN. cópula.
coivara ⟨coi.va.ra⟩ s.f. Em um terreno, conjunto de ramos amontoados em que se põe fogo para que o terreno fique limpo e que as cinzas o adubem. ◻ ORIGEM É uma palavra de origem tupi.
cola ⟨co.la⟩ s.f. **1** Pasta viscosa usada para colar: *Os papéis não ficaram grudados, pois eu havia aplicado pouca cola sobre eles.* **2** *informal* Em uma prova, texto que se consulta dissimuladamente: *A professora descobriu sua cola embaixo da carteira.* **3** Em uma prova, resposta que se

dá ou que se pede dissimuladamente: *Nunca estudava, e acabava pedindo cola para seus colegas durante as provas.* **4** Sinal ou marca deixados por algo: *O ferido deixou uma cola de sangue por onde passou.* **5** Semente branca ou rósea de uma árvore equatorial, que contém substâncias empregadas como estimulante do sistema nervoso e também contra problemas das funções digestivas.

colaboração ⟨co.la.bo.ra.ção⟩ (pl. *colaborações*) s.f. **1** Realização de um trabalho ou de uma tarefa em conjunto com várias pessoas. **2** Ajuda ou cooperação: *A colaboração entre pais e professores é fundamental para a educação das crianças.* **3** Texto ou artigo que um colaborador escreve para um jornal ou para uma revista.

colaborador, -a ⟨co.la.bo.ra.dor, do.ra⟩ (Pron. [colaboradôr], [colaboradôra]) ▌ adj./s. **1** Que ou quem colabora. ▌ s. **2** Pessoa que colabora na realização de um trabalho ou de uma atividade.

colaborar ⟨co.la.bo.rar⟩ ▌ v.t.i./v.int. **1** Trabalhar com outras pessoas [em uma tarefa comum]: *Pediu que todos colaborassem para conseguir entregar o trabalho no prazo marcado.* ▌ v.t.i. **2** Trabalhar habitualmente [para uma empresa], sem fazer parte de seu quadro fixo de funcionários: *Este desenhista colabora com o jornal enviando charges.* ▌ v.t.i. **3** Fazer voluntariamente uma doação [a uma pessoa ou a uma instituição]: *Colabora há anos com essa ONG.* ☐ SIN. contribuir.

colação ⟨co.la.ção⟩ (pl. *colações*) s.f. **1** Exame ou observação de dois ou mais elementos para avaliar ou descobrir suas semelhanças ou diferenças. ☐ SIN. aproximação, comparação, conferência, cotejo. **2** Refeição leve. ‖ **colação (de grau)** Concessão de um título, especialmente se for acadêmico.

colagem ⟨co.la.gem⟩ (pl. *colagens*) s.f. **1** Ato ou efeito de colar. **2** Técnica ou procedimento artístico que consiste em colar sobre uma superfície diferentes materiais, geralmente recortes de papel. **3** Obra feita a partir dessa técnica.

colágeno ⟨co.lá.ge.no⟩ s.m. Proteína encontrada em tecidos conjuntivos, ósseos e cartilaginosos, que se transforma em gelatina por cozimento.

colante ⟨co.lan.te⟩ adj.2g. **1** Que cola ou que gruda: *uma figurinha colante.* **2** Em relação a uma peça do vestuário, que fica justa e apertada ao corpo: *uma calça colante.*

colapso ⟨co.lap.so⟩ s.m. **1** Em medicina, estado de debilitação extrema, grande depressão e circulação sanguínea insuficiente: *O corpo dele está entrando em colapso rapidamente.* **2** Situação anormal ou crise: *A tempestade causou um colapso na rede elétrica.* ‖ **colapso (nervoso)** Depressão ou alteração psicológica intensas.

colar ⟨co.lar⟩ ▌ s.m. **1** Adorno usado ao redor do pescoço como enfeite ou com valor simbólico: *um colar de pérolas.* ▌ v.t.d./v.t.d.i./v.int. **2** Unir(-se) (uma coisa) [a outra] por meio de uma substância que impeça sua separação: *Colamos as figuras no álbum.* ☐ SIN. grudar. ▌ v.t.d. **3** *informal* Em uma prova, consultar dissimuladamente uma folha para tentar obter (uma resposta). ▌ v.int. **4** *informal* Em uma prova, consultar dissimuladamente uma folha para tentar obter as respostas: *Sua prova foi anulada, pois o pegaram colando.* ▌ v.t.d. **5** *informal* Em uma prova, dar ou pedir dissimuladamente (uma resposta): *Colei a questão cinco.* ▌ v.t.i./v.t.d.i./v.prnl. **6** Aproximar(-se) ou colocar(-se) mais perto [de algo]: *Para ouvir a conversa, colou o ouvido à porta.* ▌ v.int. **7** *informal* Ser aceito como verdadeiro: *Esqueça, essa mentira não vai colar.*

colarinho ⟨co.la.ri.nho⟩ s.m. **1** Em uma peça do vestuário, tira presa à parte superior que envolve o pescoço. **2** *informal* Em um chope, espuma que fica na superfície.

colarinho-branco ⟨co.la.ri.nho-bran.co⟩ (pl. *colarinhos-brancos*) s.m. Profissional graduado, geralmente um executivo, que se caracteriza pelo uso de terno e gravata.

colateral ⟨co.la.te.ral⟩ (pl. *colaterais*) ▌ adj.2g. **1** Que vem ou que deriva de outra coisa principal. **2** Que está situado ao lado. ▌ adj.2g./s.2g. **3** Que ou quem é parente de alguém por um ascendente comum, mas não pela linha direta de pais a filhos.

colatinense ⟨co.la.ti.nen.se⟩ adj.2g./s.2g. De Colatina ou relacionado a essa cidade do estado brasileiro do Espírito Santo.

colcha ⟨col.cha⟩ (Pron. [côlcha]) s.f. Coberta de cama usada como adorno.

colchão ⟨col.chão⟩ (pl. *colchões*) s.m. Peça geralmente retangular, estofada com material macio ou elástico sobre a qual se deita para dormir.

colcheia ⟨col.chei.a⟩ s.f. **1** Em música, nota cuja duração equivale a um oitavo de uma semibreve. **2** Símbolo dessa nota.

colchete ⟨col.che.te⟩ (Pron. [colchête]) s.m. **1** Fecho composto por duas peças que se encaixam; uma em forma de gancho e outra em forma de argola. **2** Sinal gráfico semelhante a um parêntese quadrado, colocado ao início e ao fim de uma série de algarismos, palavras ou linhas: *Neste dicionário, a pronúncia das palavras é indicada entre colchetes.*

colchoaria ⟨col.cho.a.ri.a⟩ s.f. Estabelecimento comercial em que se fabricam ou se vendem colchões, almofadas e outros objetos semelhantes.

colchonete ⟨col.cho.ne.te⟩ s.m. Colchão fino.

coldre ⟨col.dre⟩ s.m. Especialmente em um cinto, estojo no qual se guarda uma arma.

colear ⟨co.le.ar⟩ v.int./v.prnl. Mover-se ou avançar com movimento semelhante ao de uma serpente. ☐ ORTOGRAFIA O *e* muda para *ei* quando a sílaba tônica estiver na raiz do verbo →NOMEAR.

coleção ⟨co.le.ção⟩ (pl. *coleções*) s.f. **1** Conjunto de elementos de uma mesma classe ou com características comuns: *uma coleção de discos.* **2** Conjunto de peças de vestuário criadas por um estilista para uma temporada: *Sua nova coleção é uma homenagem aos anos de ouro da bossa nova.*

colecionador, -a ⟨co.le.ci.o.na.dor, do.ra⟩ (Pron. [colecionadôr], [colecionadôra]) s. Pessoa que coleciona algo: *um colecionador de selos.*

colecionar ⟨co.le.ci.o.nar⟩ v.t.d. Formar uma coleção com (elementos de uma mesma classe ou com algo em comum): *Há anos coleciona moedas antigas.*

colega ⟨co.le.ga⟩ s.2g. **1** Em relação a uma pessoa, outra que tem a mesma profissão ou ocupação que ela: *Além de colegas de trabalho, são grandes amigos.* **2** *informal* Amigo ou companheiro: *Vou ao cinema com um colega meu.*

colegial ⟨co.le.gi.al⟩ (pl. *colegiais*) adj.2g./s.2g. Do colégio ou relacionado a ele.

colégio ⟨co.lé.gio⟩ s.m. **1** Instituição de Ensino Fundamental ou Médio. **2** Associação de pessoas que desenvolvem a mesma atividade ou exercem a mesma profissão: *o colégio de arquitetos.* ‖ **colégio eleitoral** Conjunto dos eleitores de um lugar ou de uma coletividade.

coleguismo ⟨co.le.guis.mo⟩ s.m. Relação amistosa entre duas ou mais pessoas, especialmente se tiver nascido de uma atividade comum. ☐ SIN. camaradagem.

coleira ⟨co.lei.ra⟩ s.f. Aro ou corrente colocados ao redor do pescoço dos cães ou de outros animais domésticos para prendê-los ou para enfeitá-los.

coleóptero, ra ⟨co.le.óp.te.ro, ra⟩ ▌ adj./s.m. **1** Em relação a um inseto, que tem boca mastigadora, carapaça resistente, e um par de asas anteriores e grossas que cobrem

colocação

duas asas membranosas. ▌s.m.pl. **2** Em zoologia, ordem desses insetos, pertencente ao filo dos artrópodes.
cólera ⟨có.le.ra⟩ ▌s.f. **1** Ira, repugnância ou aborrecimento violentos: *Nestes momentos não devemos nos deixar levar pela cólera.* ▌s.2g. **2** Doença infecciosa de origem viral que se caracteriza por vômitos repetidos, dores abdominais e diarreia, e que leva à desidratação: *Uma epidemia de cólera assolou o país em 1991.*
colérico, ca ⟨co.lé.ri.co, ca⟩ adj. **1** Da cólera ou relacionado a esse estado de espírito. **2** Da cólera ou relacionado a essa doença.
colesterol ⟨co.les.te.rol⟩ (pl. *colesteróis*) s.m. Composto da família dos lipídios, sintetizado pelo fígado, que está presente nos tecidos dos animais e das pessoas em diferentes estruturas orgânicas, e que é necessário para a síntese de substâncias, sobretudo as do tipo hormonal.
coleta ⟨co.le.ta⟩ s.f. **1** Arrecadação de donativos voluntários com fins beneficentes: *Foi feita uma coleta para arrecadar dinheiro para a creche.* **2** Arrecadação de impostos pelo poder público: *Cada município tem um sistema de coleta de impostos.* **3** Levantamento ou recolhimento: *A coleta de sangue para o exame deverá ser feita em jejum de doze horas.*
coletânea ⟨co.le.tâ.nea⟩ s.f. Conjunto de obras de um ou vários artistas: *Ganhei uma coletânea com as melhores músicas do Chico Buarque.*
coletar ⟨co.le.tar⟩ v.t.d. **1** Arrecadar (dinheiro ou donativos), especialmente se for com fins beneficentes: *Todo Natal, nossa escola coleta brinquedos para crianças carentes.* **2** Levantar ou recolher: *Ainda precisamos coletar uma série de dados para o nosso trabalho.*
colete ⟨co.le.te⟩ (Pron. [colête]) s.m. Peça do vestuário sem mangas, que cobre o tronco e que se costuma usar sobre a camisa.
coletividade ⟨co.le.ti.vi.da.de⟩ s.f. Conjunto de pessoas relacionadas entre si ou reunidas em volta de interesse ou objetivos comuns.
coletivismo ⟨co.le.ti.vis.mo⟩ s.m. Doutrina que tende à transferência da propriedade particular à coletividade, e que confia ao Estado a distribuição da riqueza.
coletivo, va ⟨co.le.ti.vo, va⟩ ▌adj. **1** De um grupo de pessoas ou relacionado a ele: *um esforço coletivo; um banheiro coletivo.* ▌adj./s.m. **2** Em relação a um substantivo, que indica ou nomeia um conjunto: *Alcateia é o coletivo de lobo* ▌s.m. **3** Veículo para transporte público, geralmente um ônibus.
coletor, -a ⟨co.le.tor, to.ra⟩ (Pron. [coletôr], [coletôra]) adj./s. **1** Que ou quem coleta ou recolhe. **2** Em física, em relação a um eletrodo, que coleta ou que reúne elétrons.
coletoria ⟨co.le.to.ri.a⟩ s.f. Cargo ou função de coletor.
colheita ⟨co.lhei.ta⟩ s.f. **1** Conjunto de frutos ou produtos colhidos anualmente: *Este ano a colheita foi especialmente boa.* □ SIN. safra. **2** Atividade que consiste em recolher esses frutos: *Trabalhei na colheita do café.*
colher ⟨co.lher⟩ ▌s.f. **1** Utensílio formado por um cabo e uma parte côncava, que serve para mexer os alimentos ou levá-los até a boca: *Entre os seus talheres estavam lindas colheres de prata.* **2** Quantidade que cabe nesse talher: *Quero apenas uma colher de açúcar, por favor.* □ SIN. colherada. ▌v.t.d. **3** Tirar ou recolher (produtos do campo ou de uma plantação), especialmente se estiverem maduros: *Colhemos amoras para fazer geleia.* **4** Conseguir (algo que se deseja) depois de se empenhar ou de trabalhar por ele: *Depois de muito estudar, acabou colhendo bons resultados.* **5** Trabalhar ou dar o necessário a (a terra ou as plantas) para que produzam frutos: *No Brasil se colhe café.* □ SIN. cultivar. ‖ **dar uma colher de chá {a/para}** alguém *informal* Ajudá-lo na

realização de algo. ‖ **de colher** *informal* Em relação a um problema ou a uma questão, que são fáceis de se resolver. ‖ **meter a colher** *informal* Intrometer-se ou tentar interferir [em uma situação ou em um assunto alheio]. □ USO Nas acepções 1 e 2, a pronúncia é *colhér*; nas acepções 3, 4 e 5, *colhêr*.
colherada ⟨co.lhe.ra.da⟩ s.f. Quantidade que cabe em uma colher: *Tem o hábito de tomar seu café sempre com uma colherada de açúcar.* □ SIN. colher.
colibri ⟨co.li.bri⟩ s.m. Pássaro de bico comprido e fino, e com plumagem de cores vivas. □ SIN. beija-flor. □ GRAMÁTICA É um substantivo epiceno: *o colibri (macho/fêmea).* [👁 aves p. 92]
cólica ⟨có.li.ca⟩ s.f. Transtorno do intestino ou de outro órgão abdominal que produz fortes dores e que pode vir acompanhado de vômito.
colidir ⟨co.li.dir⟩ v.t.i./v.t.d.i./v.int. **1** Bater com força (um corpo ou objeto) [contra outro] ou trombar: *Dois carros colidiram no cruzamento.* □ SIN. abalroar, chocar. **2** Ser oposto ou contrário: *Às vezes, é bom que nossas opiniões colidam com as dos amigos.*
coligação ⟨co.li.ga.ção⟩ (pl. *coligações*) s.f. União, pacto ou acordo para alcançar um objetivo. □ SIN. aliança.
coligar ⟨co.li.gar⟩ v.t.d./v.prnl. Unir(-se) para alcançar um objetivo: *Os dois partidos se coligaram para aumentar a base eleitoral.* □ ORTOGRAFIA Antes de *e*, o *g* muda para *gu* →CHEGAR.
coligir ⟨co.li.gir⟩ v.t.d. Juntar ou reunir as partes de (algo disperso), geralmente para formar uma coleção: *Coligiu lendas folclóricas para sua pesquisa.* □ ORTOGRAFIA Antes de *a* ou *o*, o *g* muda para *j* →FUGIR.
colina ⟨co.li.na⟩ s.f. Elevação pouco pronunciada de um terreno, geralmente com formato arredondado.
colinense ⟨co.li.nen.se⟩ adj.2g./s.2g. De Colinas do Tocantins ou relacionado a essa cidade do estado brasileiro de Tocantins.
colírio ⟨co.li.rio⟩ s.m. **1** Medicamento líquido que se pinga nos olhos para aliviar um desconforto ou para curar uma doença. **2** *informal* Pessoa de grande beleza. □ GRAMÁTICA Na acepção 2, usa-se tanto para o masculino quanto para o feminino: *(ele/ela) é um colírio.*
colisão ⟨co.li.são⟩ (pl. *colisões*) s.f. **1** Batida forte entre dois ou mais corpos: *A colisão dos veículos provocou a interdição da rodovia.* **2** Oposição ou contrariedade: *uma colisão de interesses.*
colite ⟨co.li.te⟩ s.f. Inflamação no intestino grosso.
colmeia ⟨col.mei.a⟩ (Pron. [colméia]) s.f. **1** Habitação natural ou artificial em que as abelhas vivem e armazenam a cera e o mel que produzem. **2** Lugar onde há muitas pessoas ou coisas juntas: *Viviam em uma verdadeira colmeia.*
colmo ⟨col.mo⟩ (Pron. [côlmo]) s.m. **1** Em algumas plantas, especialmente em uma gramínea, caule cilíndrico e bem demarcado na região do nó. **2** Palha que se extrai de algumas plantas.
colo ⟨co.lo⟩ s.m. **1** Em uma pessoa e em alguns animais vertebrados, pescoço ou parte acima do peito. **2** Em uma pessoa sentada, parte que vai desde a cintura até os joelhos: *O pai acomodou o bebê em seu colo.* □ SIN. regaço. **3** Em um objeto, parte mais estreita e alongada. **4** →cólon ‖ **colo do útero** No aparelho genital feminino, canal estreito da parte inferior do útero e que desemboca na vagina.
colocação ⟨co.lo.ca.ção⟩ (pl. *colocações*) s.f. **1** Ato ou efeito de colocar(-se). **2** Posição que algo ocupa: *Ao final do campeonato, conseguimos a terceira colocação.* **3** Posto de trabalho, emprego ou função: *Depois de dois anos, ele conseguiu uma boa colocação dentro da empresa.*

185

colocar

colocar ⟨co.lo.car⟩ ▌ v.t.d.i. **1** Dispor [no lugar preciso ou de forma adequada ou ordenada]: *Coloque os sapatos no armário, por favor.* ▌ v.t.d.i./v.prnl. **2** Empregar(-se) (alguém) [em um posto ou um trabalho]: *Em pouco tempo, colocaram-na em um cargo de responsabilidade.* ▌ v.t.d.i. **3** Aplicar (uma quantia de dinheiro) [em um investimento] com a intenção de obter benefícios: *Colocou parte de suas economias em um fundo de investimentos.* **4** Deixar (alguém) [em determinada situação]: *Com essa piada de mau gosto, colocou-me em uma posição desconfortável.* ▌ v.t.d. **5** Trazer à tona ou expor (um assunto): *Na reunião, colocou os desafios da equipe para o ano seguinte.* ◻ ORTOGRAFIA Antes de e, o c muda para qu →BRINCAR.

coloidal ⟨co.loi.dal⟩ (pl. *coloidais*) adj.2g. Dos coloides ou relacionado a essas substâncias. ◻ SIN. coloide.

coloide ⟨co.loi.de⟩ (Pron. [colóide]) ▌ adj.2g. **1** Dessa mistura de substâncias ou relacionado a elas. ▌ s.m. **2** Mistura de substâncias em estados diferentes na qual as partículas de uma dessas substâncias são suficientemente pequenas para dar aparência homogênea a essa mistura.

colombense ⟨co.lom.ben.se⟩ adj.2g./s.2g. De Colombo ou relacionado a essa cidade do estado brasileiro do Paraná.

colombiano, na ⟨co.lom.bi.a.no, na⟩ adj./s. Da Colômbia ou relacionado a esse país sul-americano.

cólon ⟨có.lon⟩ (pl. *cólones* ou *cólons*) s.m. No sistema digestório de uma pessoa ou de alguns animais, parte do intestino grosso entre o íleo e o reto. ◻ ORTOGRAFIA Escreve-se também *colo*.

colônia ⟨co.lô.nia⟩ s.f. **1** Conjunto de pessoas procedentes de um lugar que vão a outro para explorá-lo ou para estabelecer-se nele: *Durante a Antiguidade existiam diversas colônias gregas ao redor do mar Mediterrâneo.* **2** Território ou lugar onde essas pessoas se estabelecem: *O Brasil foi colônia portuguesa de 1500 a 1822.* **3** Em biologia, grupo de animais ou de organismos de uma mesma espécie que vivem em um território delimitado ou com uma organização característica: *uma colônia de bactérias.*

colonial ⟨co.lo.ni.al⟩ (pl. *coloniais*) adj.2g. Das colônias, de sua época ou relacionado a elas.

colonialismo ⟨co.lo.ni.a.lis.mo⟩ s.m. Sistema político caracterizado pela ocupação e exploração de um território por um Estado que se encontra fora dele.

colonização ⟨co.lo.ni.za.ção⟩ (pl. *colonizações*) s.f. Ato ou efeito de colonizar: *A colonização da maioria dos países da América Latina foi espanhola.*

colonizar ⟨co.lo.ni.zar⟩ v.t.d. **1** Estabelecer colônia em (um território): *As nações europeias colonizaram muitas áreas da Ásia, da África e da América.* **2** Povoar com colonos ou imigrantes: *Os portugueses colonizaram o Brasil no século XVI.*

colono, na ⟨co.lo.no, na⟩ (Pron. [colôno]) s. Pessoa que coloniza ou que se estabelece em uma colônia.

coloquial ⟨co.lo.qui.al⟩ (pl. *coloquiais*) adj.2g. **1** Que é característico da conversação e da linguagem usadas no cotidiano, especialmente em relação a palavras ou expressões. **2** Do colóquio ou relacionado a ele.

colóquio ⟨co.ló.quio⟩ s.m. **1** Conversação, geralmente animada e longa, entre duas ou mais pessoas. **2** Debate ou discussão organizados para trocar informações, ideias ou opiniões sobre um assunto determinado: *Depois da conferência, iniciou-se um colóquio entre o público e a conferencista.*

coloração ⟨co.lo.ra.ção⟩ (pl. *colorações*) s.f. **1** Ato ou efeito de colorir(-se): *Nesta etapa, as folhas passam por um processo de coloração.* **2** Disposição e grau de intensidade das cores e tonalidades de algo: *O rabo do pavão possui uma coloração admirável.* ◻ SIN. colorido, cor.

colorante ⟨co.lo.ran.te⟩ adj.2g./s.m. Em relação a uma substância, que dá cor ou tinge. ◻ SIN. corante.

colorau ⟨co.lo.rau⟩ s.m. Pó obtido do pimentão ou do urucum e usado na culinária como condimento ou corante.

colorido, da ⟨co.lo.ri.do, da⟩ ▌ adj. **1** Que tem várias cores ou que é de cor viva e exuberante: *uma fantasia colorida.* ▌ s.m. **2** Conjunto, disposição e grau de intensidade das cores e tonalidades de algo: *o colorido da parede.* ◻ SIN. coloração, cor. **3** Caráter peculiar ou nota distintiva: *A banda deu um colorido especial à festa.*

colorir ⟨co.lo.rir⟩ v.t.d./v.prnl. **1** Dar ou adquirir cores ou pintar(-se): *Durante as festas, a queima de fogos coloria o céu da cidade.* **2** Dar ou adquirir vivacidade ou expressividade: *Seus exemplos coloriram a argumentação.* ◻ GRAMÁTICA É um verbo defectivo, pois não apresenta a conjugação completa →BANIR.

colossal ⟨co.los.sal⟩ (pl. *colossais*) adj.2g. **1** Do colosso ou relacionado a essa estátua. **2** De tamanho, de quantidade ou de qualidade superiores àquilo que é usual ou comum: *um esforço colossal; uma força colossal.* ◻ SIN. extraordinário, formidável.

colosso ⟨co.los.so⟩ (Pron. [colôsso]) s.m. **1** Estátua de dimensões muito maiores que o habitual: *O Colosso de Rodes era uma das maravilhas do mundo antigo.* **2** Aquilo ou aquele que se destaca ou se sobressai por possuir alguma qualidade em grau muito alto: *Machado de Assis foi um colosso das letras nacionais.*

colostro ⟨co.los.tro⟩ (Pron. [colôstro]) s.m. Líquido amarelado e nutritivo secretado pelas glândulas mamárias logo após o parto, até que se produza o leite.

coluna ⟨co.lu.na⟩ s.f. **1** Elemento arquitetônico vertical, mais alto que largo e geralmente de formato cilíndrico, usado como adorno ou como apoio para telhados, arcos ou outras partes de uma construção: *O prédio tinha uma fachada clássica, composta por diversas colunas.* **2** Aquilo que tem o formato desse elemento: *uma coluna de fumaça.* **3** Em uma página impressa ou manuscrita, seção vertical separada de outras por um espaço em branco ou por uma linha: *As páginas deste dicionário têm o texto distribuído em duas colunas.* [👁 livro p. 499] **4** Em uma publicação periódica, seção ou espaço fixo reservado para os artigos de um colunista: *Escreve diariamente uma coluna de política.* **5** Conjunto de pessoas ou de veículos colocados em formação linear, especialmente no âmbito militar. ‖ **coluna (vertebral)** Em uma pessoa ou em um animal vertebrado, eixo do esqueleto situado nas costas e formado por uma série de vértebras ou por pequenos ossos articulados entre si.

colunata ⟨co.lu.na.ta⟩ s.f. Conjunto de colunas dispostas em uma ou várias filas.

colunista ⟨co.lu.nis.ta⟩ s.2g. Jornalista ou colaborador de uma publicação periódica para a qual escreve artigos regularmente.

com prep. **1** Indica companhia, colaboração ou união: *Trabalho com ele. Fomos ao cinema com meus pais.* **2** Indica comparação: *Sua blusa é muito parecida com a minha.* **3** Indica ações ou processos simultâneos: *Ele ficou mais sereno com o passar dos anos.* **4** Indica objetivo: *Partiu com a ideia de viajar e aprender um novo idioma.* **5** Indica o instrumento, o meio ou o modo de fazer algo: *O tênis é jogado com raquetes. Ele trabalha com afinco.*

com- →co-

coma ⟨co.ma⟩ (Pron. [côma]) ▌ s.m. **1** Estado patológico caracterizado pela perda da consciência, da sensibilidade e da capacidade de movimento, e que ocorre geralmente devido a algumas doenças ou por lesões cerebrais: *Ele está em coma desde que sofreu o acidente, há dois anos.* ▍s.f. **2** Em um animal, conjunto de penas ou pelos: *A coma de um leão é sua juba, e a de um galo a sua crina.* **3** Em uma pessoa, cabelo comprido e farto. **4** Em uma árvore, copa grande e larga. **5** Em um cometa, rastro luminoso que rodeia o núcleo. ◻ SIN. **cabeleira. 6** Em uma partitura, sinal semelhante a uma vírgula que indica uma breve respiração na frase, sem estabelecer uma pausa. **7** Em música, intervalo menor que o semitom, que equivale a um nono de um tom inteiro.

comadre ⟨co.<u>ma</u>.dre⟩ s.f. **1** Em relação a uma pessoa, madrinha de batismo de seu filho. **2** Em relação a uma pessoa, mãe do seu afilhado de batismo. **3** *informal* Em relação a uma pessoa, amiga íntima. **4** *informal* Tipo de urinol de pouca altura, com formato adequado para ser usado por quem não pode sair da cama. ◻ GRAMÁTICA Nas acepções 1, 2 e 3, seu masculino é *compadre*.

comanche ⟨co.<u>man</u>.che⟩ ▍adj.2g./s.2g. **1** Do grupo indígena que vivia a leste das montanhas Rochosas (situadas no leste norte-americano), ou relacionado a ele. ▍s.m. **2** Língua desse grupo.

comandante ⟨co.man.<u>dan</u>.te⟩ ▍adj.2g./s.2g. **1** Que ou quem comanda. ▍s.2g. **2** Nas Forças Armadas, militar que exerce o comando de uma organização militar independentemente de seu posto.

comandar ⟨co.man.<u>dar</u>⟩ ▍v.t.d. **1** Mandar em ou exercer o comando militar sobre (uma tropa ou um lugar). ▍v.t.d./v.int. **2** Governar, dirigir ou coordenar: *Comanda o partido com mãos de ferro.* ▍v.t.d. **3** Ter controle sobre: *O piloto comandava a aeronave com segurança.*

comando ⟨co.<u>man</u>.do⟩ s.m. **1** Cargo ou atividade de comandante: *Recebeu o comando das tropas no Iraque.* **2** Domínio exercido sobre algo: *A gerente falou que aquele caso fugia de seu comando.* **3** Grupo pequeno de soldados treinados para realizar operações especiais, geralmente de caráter ofensivo e arriscado: *O exército americano já enviou alguns comandos para a região.* **4** Em informática, ordem dada a um sistema para que realize determinada ação: *Com alguns poucos comandos o técnico destravou o programa do meu computador.*

comarca ⟨co.<u>mar</u>.ca⟩ s.f. Área sob a jurisdição de um juiz de direito.

combalir ⟨com.ba.<u>lir</u>⟩ v.t.d./v.prnl. **1** Debilitar(-se) ou tornar(-se) fraco: *A febre o combaliu. Com o forte resfriado, combaliu-se rapidamente.* **2** Produzir ou sentir uma perturbação ou um abalo emocional: *A morte do piloto combaliu o país.* ◻ GRAMÁTICA É um verbo defectivo, pois não apresenta conjugação completa →FALIR.

combate ⟨com.<u>ba</u>.te⟩ s.m. Choque entre pessoas ou grupos adversários, especialmente se for militar e armado.

combatente ⟨com.ba.<u>ten</u>.te⟩ adj.2g./s.2g. **1** Que ou quem combate. **2** Em relação a um soldado, que faz parte de um exército.

combater ⟨com.ba.<u>ter</u>⟩ ▍v.t.d. **1** Enfrentar com força, brigar ou lutar contra: *Combateremos a ameaça juntos.* ▍v.t.i./v.int. **2** Brigar ou lutar [por algo ou contra alguém]: *combater por uma causa; combater contra o inimigo.* ▍v.t.d. **3** Opor-se a ou agir a fim de eliminar (algo considerado errado ou prejudicial): *Lançaram uma campanha para combater o consumo de drogas.*

combativo, va ⟨com.ba.<u>ti</u>.vo, va⟩ adj. **1** Que tende à luta ou à polêmica. **2** Que persiste no esforço e não desiste facilmente: *um caráter combativo.*

combinação ⟨com.bi.na.<u>ção</u>⟩ (pl. *combinações*) s.f. **1** Ato ou efeito de combinar(-se): *A capoeira é uma combinação de luta e dança.* **2** Código formado por números ou sinais ordenados entre si e que servem para abrir uma fechadura ou para fazer um mecanismo funcionar: *Para abrir o cofre é necessário saber a combinação de sua fechadura.* **3** Peça íntima feminina, semelhante a um vestido, usada sob ele ou sob uma saia.

combinado ⟨com.bi.<u>na</u>.do⟩ s.m. Em esportes, equipe formada por jogadores de vários times para disputar uma partida ou um campeonato: *A seleção de futebol de um país deve ser um combinado dos melhores jogadores deste país.*

combinar ⟨com.bi.<u>nar</u>⟩ ▍v.t.d./v.int./v.prnl. **1** Unir(-se) ou misturar(-se) de modo que formem um conjunto (pessoas ou elementos): *Na hora de se vestir, gosta de combinar o preto e o vermelho.* ▍v.t.d. **2** Unir ou misturar (um elemento) [com outro]. ▍v.t.d./v.t.d.i. **3** Acertar ou entrar em acordo sobre (algo) [com alguém]: *Combinamos o encontro por telefone.*

comboio ⟨com.<u>boi</u>.o⟩ s.m. **1** Conjunto de veículos que se dirigem a um mesmo lugar: *Os carros formaram um comboio, que acompanhou o carro funerário até o cemitério.* **2** Em um trem, conjunto de vagões engrenados entre si e puxados por uma locomotiva.

comburente ⟨com.bu.<u>ren</u>.te⟩ adj.2g./s.m. Que queima ou que causa combustão.

combustão ⟨com.bus.<u>tão</u>⟩ (pl. *combustões*) s.f. **1** Queima de um material pela ação do fogo. **2** Reação química que gera calor ou energia através da combinação de um material combustível com o oxigênio.

combustível ⟨com.bus.<u>tí</u>.vel⟩ (pl. *combustíveis*) ▍adj.2g. **1** Que pode queimar ou que queima com facilidade: *A palha seca é muito combustível.* ▍s.m. **2** Substância ou matéria capazes de se combinar com o oxigênio e entrar em combustão produzindo calor ou energia: *Meu carro ficou parado na estrada, por falta de combustível.*

começar ⟨co.me.<u>çar</u>⟩ ▍v.t.d. **1** Dar início a: *A cantora esperou o público se acomodar para começar a apresentação.* ◻ SIN. **iniciar. 2** Ter início: *Minhas aulas começam geralmente em fevereiro.* ◻ SIN. **iniciar.** ▍v.int. **3** Tentar ou experimentar pela primeira vez: *Começou jogando no time do bairro.* ◻ ORTOGRAFIA Antes de *e*, o *ç* muda para *c* →COMEÇAR. ◻ GRAMÁTICA Como verbo auxiliar na construção começar + *(a/por)* + verbo no infinitivo, que indica o início da ação expressa por esse infinitivo: *Começou a estudar logo cedo.*

começo ⟨co.<u>me</u>.ço⟩ (Pron. [começo]) s.m. Princípio ou origem de algo: *Chegamos tarde e perdemos o começo do filme.*

comédia ⟨co.<u>mé</u>.dia⟩ ▍s.f. **1** Obra ficcional apresentada no teatro, no cinema ou na televisão e em que predominam os aspectos agradáveis, alegres ou humorísticos: *Adorava ir ao teatro, especialmente para ver comédias.* ▍s.2g. **2** *informal* Pessoa engraçada: *Aquele sujeito é um comédia!*

comediante ⟨co.me.di.<u>an</u>.te⟩ s.2g. Ator que participa de comédias.

comedimento ⟨co.me.di.<u>men</u>.to⟩ s.m. Moderação ou prudência na forma de agir: *Um político deve sempre ter muito comedimento em seus atos.*

comediógrafo, fa ⟨co.me.di.<u>ó</u>.gra.fo, fa⟩ s. Pessoa que escreve comédias, especialmente como profissão.

comedir ⟨co.me.<u>dir</u>⟩ v.t.d./v.prnl. Conter(-se) por moderação ou prudência (o comportamento de uma pessoa): *Com o tempo aprendeu a comedir seus impulsos.* ◻ GRAMÁTICA É um verbo defectivo, pois não apresenta conjugação completa →BANIR.

comedor, -a ⟨co.me.<u>dor</u>, <u>do</u>.ra⟩ (Pron. [comedôr], [comedôra]) ▍adj./s. **1** Que ou quem come muito ou com muita vontade. ▍s.m. **2** Em uma casa ou em um estabelecimento, sala destinada às refeições.

comemoração ⟨co.me.mo.ra.<u>ção</u>⟩ (pl. *comemorações*) s.f. **1** Ato ou efeito de comemorar: *A comemoração pela vitória do candidato durou a noite toda.* **2** Recordação

comemorar

de um acontecimento ou homenagem a uma pessoa: *Em 2006 foi cunhada uma moeda de prata em comemoração ao centenário do primeiro voo de Santos-Dumont.*
comemorar ⟨co.me.mo.rar⟩ v.t.d. **1** Festejar (um acontecimento ou uma data importantes). □ SIN. celebrar. **2** Recordar, especialmente se for por meio de uma cerimônia: *No dia 22 de abril comemoramos o descobrimento do Brasil.*
comemorativo, va ⟨co.me.mo.ra.ti.vo, va⟩ adj. Que comemora um acontecimento.
comenda ⟨co.men.da⟩ s.f. **1** Distinção que se concede para homenagear uma pessoa: *Recebeu uma comenda pela sua coragem no salvamento das vítimas das inundações.* **2** Antigamente, benefício, geralmente financeiro, concedido a eclesiásticos e militares.
comendadeira ⟨co.men.da.dei.ra⟩ s.f. →**comendador, -a**
comendador, -a ⟨co.men.da.dor, do.ra⟩ (Pron. [comendadôr], [comendadôra]) s. Pessoa que recebeu uma comenda. □ GRAMÁTICA Seu feminino também pode ser *comendadeira*.
comensal ⟨co.men.sal⟩ (pl. *comensais*) ▌adj.2g./s.2g. **1** Em biologia, em relação a um ser, que se beneficia de outro sem prejudicá-lo. ▌s.2g. **2** Pessoa que come com outras, especialmente se for à mesma mesa.
comensurável ⟨co.men.su.rá.vel⟩ (pl. *comensuráveis*) adj.2g. Que pode ser medido.
comentar ⟨co.men.tar⟩ ▌v.t.d./v.t.d.i. **1** Fazer comentários ou expressar uma opinião sobre (algo) [com alguém]: *O público saiu do teatro comentando a peça.* ▌v.t.d. **2** Explicar, interpretar ou criticar (uma obra literária) para facilitar sua compreensão e sua valorização: *A professora comentou um poema de Manuel Bandeira.*
comentário ⟨co.men.tá.rio⟩ s.m. **1** Observação ou consideração sobre algo: *Seus comentários são sempre pertinentes.* **2** Apontamento feito com o intuito de esclarecer ou criticar uma obra literária ou um acontecimento: *Esta é uma edição especial da obra, com os comentários de estudiosos.*
comentarista ⟨co.men.ta.ris.ta⟩ s.2g. Pessoa que faz comentários em um meio de comunicação: *um comentarista esportivo.*
comer ⟨co.mer⟩ ▌v.t.d. **1** Mastigar e engolir (alimentos sólidos): *Assim que nasceram os dentes, começou a comer frutas.* ▌v.t.d./v.int. **2** Ter como alimento ou alimentar-se: *Estou com vontade de comer.* ▌v.t.d. **3** Em um jogo de tabuleiro, eliminar (uma peça do adversário): *Comeu a torre e deixou a rainha desprotegida.* **4** Gastar, consumir ou corroer: *A ferrugem comeu parte do portão.* **5** Omitir (uma parte de um escrito ou discurso), especialmente se for por descuido: *Não é possível entender a frase, pois quem a escreveu comeu uma palavra importante.*
comercial ⟨co.mer.ci.al⟩ (pl. *comerciais*) ▌adj.2g. **1** Do comércio ou relacionado a ele: *um centro comercial.* **2** Que pode ser vendido facilmente por ser atraente: *uma música comercial.* ▌s.m. **3** Anúncio de televisão ou rádio: *um comercial de carros.*
comercialização ⟨co.mer.ci.a.li.za.ção⟩ (pl. *comercializações*) s.f. **1** Ato ou efeito de comercializar. **2** Conjunto de recursos e ações que possibilitam a venda de um produto.
comercializar ⟨co.mer.ci.a.li.zar⟩ v.t.d. **1** Colocar (um produto) à venda: *A montadora comercializará os novos modelos a partir do início do ano.* **2** Dar condições e estrutura comerciais para a venda de (um produto): *O departamento comercial de uma empresa é o encarregado de comercializar seus produtos.*
comerciante ⟨co.mer.ci.an.te⟩ adj.2g./s.2g. Que ou quem se dedica profissionalmente ao comércio.

comerciar ⟨co.mer.ci.ar⟩ ▌v.t.i. **1** Comprar, vender ou trocar mercadorias ou valores [com uma pessoa ou organização] para obter benefícios: *O Brasil comercia soja com a China.* ▌v.int. **2** Comprar, vender ou trocar mercadorias ou valores para obter benefícios: *Antes do surgimento das moedas e cédulas, todos comerciavam à base da troca de produtos.*
comerciário, ria ⟨co.mer.ci.á.rio, ria⟩ adj./s. Que ou quem trabalha em um estabelecimento comercial.
comércio ⟨co.mér.cio⟩ s.m. **1** Atividade econômica que consiste na compra, venda ou troca de produtos ou valores com o intuito de se obter lucro. **2** Estabelecimento destinado à compra ou à venda de produtos: *O comércio abrirá no próximo domingo.* **3** Conjunto de comerciantes e estabelecimentos comerciais: *Esta nova medida do governo deverá afetar o comércio.*
comestível ⟨co.mes.tí.vel⟩ (pl. *comestíveis*) ▌adj.2g. **1** Que pode ser comido sem ser prejudicial: *Nem todos os cogumelos são comestíveis.* □ SIN. comível. ▌s.m.pl. **2** Produtos alimentícios: *uma loja de comestíveis.*
cometa ⟨co.me.ta⟩ (Pron. [comêta]) s.m. Astro com órbita elíptica, geralmente formado por um núcleo pouco denso cercado por uma esfera luminosa de gases.
cometer ⟨co.me.ter⟩ v.t.d. Realizar (uma falta ou um delito): *Sabe que cometeu um erro e por isso se desculpou.*
cometimento ⟨co.me.ti.men.to⟩ s.m. **1** Ato ou efeito de cometer. **2** Tarefa arriscada ou difícil.
comezinho, nha ⟨co.me.zi.nho, nha⟩ adj. **1** Sem dificuldade nem complicação. **2** Que é rotineiro, comum e frequente: *uma atividade comezinha.*
comichão ⟨co.mi.chão⟩ (pl. *comichões*) s.f. **1** *informal* Coceira. **2** *informal* Vontade incontrolável de fazer algo: *Sentia comichão de falar com ela, mas se conteve.*
comichar ⟨co.mi.char⟩ v.t.d./v.int. Causar ou sentir comichão: *A alergia comichou sua pele.*
comício ⟨co.mí.cio⟩ s.m. Ato público, geralmente ao ar livre, em que um ou vários oradores pronunciam discursos sobre questões políticas ou sociais.
cômico, ca ⟨cô.mi.co, ca⟩ ▌adj. **1** Da comédia ou relacionado a ela. **2** Que diverte e faz rir: *uma situação cômica.* ▌adj./s. **3** Que ou quem faz comédias ou representa papéis engraçados. □ SIN. humorista.
comida ⟨co.mi.da⟩ s.f. **1** Aquilo de que os seres vivos se alimentam. □ SIN. alimento. **2** Ação de comer, geralmente em horários fixos: *Vou estudar até a hora da comida.* □ SIN. refeição. **3** Conjunto de pratos típicos ou forma de cozinhar próprios de um lugar: *Para mim, o melhor da comida baiana é o acarajé.* □ SIN. cozinha, culinária.
comigo ⟨co.mi.go⟩ pron.pess. Forma da primeira pessoa do singular quando combinada com a preposição *com*.
comilança ⟨co.mi.lan.ça⟩ s.f. *informal* Ato de comer em excesso ou com muita variedade.
comilão ⟨co.mi.lão⟩ (pl. *comilões*) adj./s.m. *informal* Que ou quem come muito ou gosta muito de comer. □ GRAMÁTICA Seu feminino é *comilona*.
comilona ⟨co.mi.lo.na⟩ (Pron. [comilôna]) Feminino de comilão.
cominho ⟨co.mi.nho⟩ s.m. **1** Planta herbácea de ramos abundantes, com folhas muito finas, flores geralmente brancas ou rosadas e agrupadas na extremidade dos ramos, fruto com pelos, e cujas sementes, em formato de grãos unidos de dois em dois, são geralmente usadas como condimento. **2** Semente dessa planta.
comiseração ⟨co.mi.se.ra.ção⟩ (pl. *comiserações*) s.f. Empatia com a tristeza, com a desgraça ou com o sofrimento alheios. □ SIN. compaixão.

comissão ⟨co.mis.são⟩ (pl. *comissões*) s.f. **1** Grupo de pessoas encarregadas de representar uma coletividade: *uma comissão de formatura*. ☐ SIN. comitê. **2** Em uma operação comercial, quantia percentual, geralmente monetária, sobre o valor de uma venda realizada em nome de outra pessoa: *Por cada peça vendida, a vendedora recebe uma comissão*.

comissariado ⟨co.mis.sa.ri.a.do⟩ s.m. **1** Cargo de comissário. **2** Lugar em que um comissário trabalha ou conjunto dos lugares sob sua responsabilidade.

comissário, ria ⟨co.mis.sá.rio, ria⟩ s. Pessoa com autoridade e autonomia para ocupar um cargo ou realizar uma tarefa. ☐ SIN. delegado. ‖ **comissário (de bordo)** Pessoa que se dedica profissionalmente a atender os passageiros de um avião. ☐ SIN. aeromoço.

comissionar ⟨co.mis.si.o.nar⟩ v.t.d. Encarregar (alguém) de uma tarefa ou de um papel: *Comissionaram-me para representar os alunos*.

comissura ⟨co.mis.su.ra⟩ s.f. Ponto de união das partes de uma mesma abertura, especialmente se for dos lábios ou das pálpebras: *a comissura labial*.

comitê ⟨co.mi.tê⟩ s.m. **1** Grupo de pessoas encarregadas de representar uma coletividade. ☐ SIN. comissão. **2** Lugar onde esse grupo se reúne.

comitiva ⟨co.mi.ti.va⟩ s.f. Conjunto de pessoas que acompanham algo ou alguém. ☐ SIN. acompanhamento.

comível ⟨co.mí.vel⟩ (pl. *comíveis*) adj.2g. **1** Que pode ser comido sem ser prejudicial. ☐ SIN. comestível. **2** *pejorativo* Que não é muito bom, mas que pode ser comido.

como ⟨co.mo⟩ (Pron. [cômo]) ▌adv. **1** Indica o modo como se realiza uma ação: *Não gostei da forma como falou comigo*. **2** Indica semelhança, igualdade ou equivalência: *Sua irmã é alta como você*. **3** Indica conformidade, correspondência ou modo: *Instalei o programa como pediam as instruções*. ▌conj. **4** Conectivo gramatical subordinativo (que une elementos entre os quais há uma relação de dependência) que expressa causa: *Como trabalhou bem, foi premiado*. **5** Conectivo gramatical subordinativo (que une elementos entre os quais há uma relação de dependência), que expressa comparação: *Tornou-se advogada como a mãe*.

comoção ⟨co.mo.ção⟩ (pl. *comoções*) s.f. **1** Emoção intensa causada geralmente por um acontecimento inesperado: *A sua morte foi uma comoção para todos da empresa*. **2** Alteração da ordem pública: *Os escândalos políticos provocaram uma comoção popular*.

cômoda ⟨cô.mo.da⟩ s.f. Móvel de altura mediana, com gavetas e um tampo horizontal na parte superior, geralmente usado para guardar roupas.

comodidade ⟨co.mo.di.da.de⟩ s.f. **1** Estado ou situação de quem está satisfeito. *Tudo no hotel visa garantir a comodidade dos hóspedes*. ☐ SIN. conforto. **2** Ausência de dificuldades ou de problemas: *A herança recebida lhe permitirá enfrentar o futuro com comodidade*.

comodismo ⟨co.mo.dis.mo⟩ s.m. *pejorativo* Comportamento de quem privilegia sua própria comodidade.

cômodo, da ⟨cô.mo.do, da⟩ ▌adj. **1** Que é adequado para os fins aos quais se propõe. **2** Que causa sensação de comodidade. ▌s.m. **3** Em uma moradia, cada um dos espaços ou áreas em que se divide: *Moramos numa casa de três cômodos*.

comorense ⟨co.mo.ren.se⟩ adj.2g./s.2g. De Comores ou relacionado a esse país africano.

comovente ⟨co.mo.ven.te⟩ adj.2g. Que comove.

comover ⟨co.mo.ver⟩ ▌v.t.d. **1** Emocionar ou causar compaixão a (alguém): *Seu gesto me comoveu*. ▌v.int./v.prnl. **2** Emocionar(-se), causar ou sentir compaixão: *O discurso do orador comoveu. Comoveu-se com o gesto do amigo*. ▌v.t.d. **3** Mover repetida e violentamente.

compactação ⟨com.pac.ta.ção⟩ (pl. *compactações*) s.f. Ato ou efeito de compactar.

compactar ⟨com.pac.tar⟩ v.t.d. **1** Juntar ou tornar compacto: *Esta máquina serve para compactar material reciclável*. **2** Em informática, submeter (um arquivo) a determinado método que o torne menor para que ocupe menos espaço de armazenamento do computador, seja mais manejável, e seu envio através de uma rede seja mais rápido: *Compactamos os arquivos para enviá-los por e-mail*. ☐ SIN. comprimir.

compacto, ta ⟨com.pac.to, ta⟩ ▌adj. **1** Em relação a uma matéria ou a um corpo sólido, que são pequenos ou que têm estrutura densa e com poucos poros: *O cimento é mais compacto que o gesso*. ▌s.m. **2** Programa de televisão ou de rádio que transmitem apenas os melhores momentos de um evento: *Como não pude ver o jogo do meu time ao vivo, agora assisto o compacto na televisão*. **3** Disco de vinil pequeno, geralmente com duas músicas de cada lado: *Antigamente as músicas eram lançadas em compactos, antes do lançamento dos álbuns*.

compadecer ⟨com.pa.de.cer⟩ ▌v.t.d. **1** Causar compaixão ou lástima em (alguém): *As imagens do terremoto compadeceram o país*. ☐ SIN. condoer. **2** Sentir compaixão ou lástima por (a desgraça ou o sofrimento alheios): *Compadecia o luto da amiga*. ▌v.prnl. **3** Sentir compaixão ou lástima pela a desgraça ou pelo sofrimento alheios: *Ao saber das dificuldades que enfrentavam, compadeceu-se*. ☐ SIN. condoer. ☐ ORTOGRAFIA Antes de *a* ou *o*, o *c* muda para *ç* →CONHECER.

compadre ⟨com.pa.dre⟩ s.m. **1** Em relação a uma pessoa, padrinho de batismo de seu filho. **2** Em relação a uma pessoa, pai do seu afilhado de batismo. **3** *informal* Em relação a uma pessoa, amigo íntimo. ☐ GRAMÁTICA Seu feminino é *comadre*.

compadrio ⟨com.pa.dri.o⟩ s.m. **1** Relação estabelecida entre os pais e os padrinhos de batismo de uma pessoa. **2** *informal* Amizade íntima.

compaixão ⟨com.pai.xão⟩ (pl. *compaixões*) s.f. Empatia com a tristeza, com a desgraça ou com o sofrimento alheios. ☐ SIN. comiseração.

companheirismo ⟨com.pa.nhei.ris.mo⟩ s.m. Vínculo ou relação solidária, sincera e leal existente entre duas pessoas.

companheiro, ra ⟨com.pa.nhei.ro, ra⟩ ▌adj./s. **1** Que ou quem acompanha ou faz companhia: *O cachorro é um dos animais mais companheiros*. ▌s. **2** Pessoa que realiza a mesma atividade ou que pertence ao mesmo grupo que outra: *uma companheira de trabalho*. **3** Pessoa que mantém uma relação de afeto ou de amizade com outra: *Sempre fomos companheiros para as horas difíceis*. **4** Pessoa que mantém uma relação amorosa ou convive com outra: *Quero lhe apresentar minha companheira*. ☐ SIN. parceiro.

companhia ⟨com.pa.nhi.a⟩ s.f. **1** Aquilo ou aquele que acompanha alguém: *Não ande com más companhias!* **2** Proximidade de alguém ou estado de quem está acompanhado: *Teve a companhia da sua irmã naquele momento difícil*. **3** Empresa de grande porte cujo objetivo principal é a obtenção de lucros, geralmente para dividir entre seus acionistas: *uma companhia telefônica*. **4** Conjunto de pessoas que se agrupam para apresentar uma obra artística: *uma companhia de dança*. **5** Em um exército, unidade ou grupo de soldados, geralmente sob o comando de um capitão, que fazem parte de um batalhão: *A quinta companhia do exército russo encontrou dificuldades para derrotar o inimigo*.

comparação

comparação ⟨com.pa.ra.ção⟩ (pl. *comparações*) s.f. **1** Ato ou efeito de comparar. ▫ SIN. aproximação, colação, conferência, cotejo. **2** Figura de linguagem em que se estabelece expressamente uma semelhança entre dois ou mais termos: *Você é bonita como uma flor é uma comparação*. ▫ USO Na acepção 2, é diferente de *metáfora* (figura em que se designa um ser por outro nome, para indicar uma qualidade que não aparece, mas pode ser subentendida).

comparar ⟨com.pa.rar⟩ ▪ v.t.d./v.t.d.i. **1** Examinar (duas ou mais coisas) ou confrontar (uma coisa) [com outra] para avaliar ou descobrir suas semelhanças ou suas diferenças: *A caixa comparou as cédulas para identificar qual era falsa*. ▫ SIN. cotejar. **2** Examinar (dois ou mais textos) ou confrontar (um texto) [com outro] para observar suas relações, semelhanças ou diferenças. *Comparando os dois textos percebe-se a evolução no pensamento do autor*. ▫ SIN. cotejar. ▪ v.t.d.i. **3** Estabelecer relação de semelhança ou de equivalência de (uma coisa) [com outra]: *Não me compare com ele, somos como água e vinho!* ▪ v.prnl. **4** Em relação a uma pessoa ou a uma coisa, atingir relação de semelhança ou de equivalência com outra: *Sua obra já se compara às dos grandes escritores*.

comparativo, va ⟨com.pa.ra.ti.vo, va⟩ adj. Que compara duas ou mais coisas ou que expressa uma comparação.

comparecer ⟨com.pa.re.cer⟩ ▪ v.t.i. **1** Apresentar-se ou chegar [ao lugar combinado]: *Ele não compareceu à reunião*. ▪ v.int. **2** Apresentar-se no lugar combinado: *A testemunha não compareceu ao tribunal*. ▫ SIN. aparecer. ▫ ORTOGRAFIA Antes de *a* ou *o*, o *c* muda para *ç* →CONHECER.

comparsa ⟨com.par.sa⟩ s.2g. Pessoa que coopera com outra na execução de um delito: *A polícia prendeu um dos bandidos, porém seu comparsa conseguiu escapar*. ▫ SIN. cúmplice.

compartilhar ⟨com.par.ti.lhar⟩ ▪ v.t.d.i. **1** Dividir e distribuir as partes de (um todo) [entre os interessados]: *Compartilharei o lucro com todos aqueles que me ajudaram no trabalho*. ▫ SIN. compartir, partilhar. ▪ v.t.d./v.t.d.i. **2** Dividir (um todo) [com duas ou mais pessoas]: *Os irmãos compartilharam a herança*. ▫ SIN. partilhar. ▪ v.t.i. **3** Dividir ou participar [de ideias ou sentimentos]: *Não compartilho de sua opinião*.

compartimento ⟨com.par.ti.men.to⟩ s.m. Em um espaço, cada parte delimitada que o compõe: *Os compartimentos de um trem*.

compartir ⟨com.par.tir⟩ ▪ v.t.d./v.t.d.i. **1** Dividir e distribuir as partes de (um todo) [entre os interessados]: *Após a separação, tiveram que compartir os livros*. ▫ SIN. compartilhar, partilhar. ▪ v.t.d. **2** Dividir (um todo) em partes ou compartimentos: *Compartiram a jaula para evitar a briga entre os animais*.

compassar ⟨com.pas.sar⟩ v.t.d. **1** Em música, adequar o ritmo de (um instrumento): *O percussionista não conseguia compassar o pandeiro*. **2** Tornar (uma ação) mais lenta ou pausada: *Compassou a marcha para que corressem lado a lado*.

compassivo, va ⟨com.pas.si.vo, va⟩ adj. Que tem ou que demonstra compaixão.

compasso ⟨com.pas.so⟩ s.m. **1** Instrumento formado por dois braços articulados em uma de suas extremidades, usado para traçar curvas e medir distâncias. **2** Em uma composição musical, cada um dos períodos regulares de tempo, separados por barras verticais.

compatibilidade ⟨com.pa.ti.bi.li.da.de⟩ s.f. Qualidade ou condição de compatível.

compatibilizar ⟨com.pa.ti.bi.li.zar⟩ v.t.d.i./v.prnl. Tornar(-se) compatível (uma pessoa ou uma coisa) [com outra]: *O programa não se compatibiliza com a configuração do computador e por isso não funciona*.

compatível ⟨com.pa.tí.vel⟩ (pl. *compatíveis*) adj.2g. Em relação a uma coisa, que pode existir, acontecer ou ser feita conjuntamente com outra.

compatriota ⟨com.pa.tri.o.ta⟩ adj.2g./s.2g. Que ou quem é da mesma pátria ou nação que alguém. ▫ SIN. conterrâneo, patrício.

compelir ⟨com.pe.lir⟩ v.t.d.i. Obrigar (alguém) [a fazer algo que não quer], usando a força ou a autoridade que se tem: *Foi compelido a prestar serviços sociais como pena por seu delito*. ▫ GRAMÁTICA É um verbo irregular →SERVIR.

compendiar ⟨com.pen.di.ar⟩ v.t.d. **1** Sintetizar ou resumir (um texto ou um discurso): *Para estudar, compendiou suas anotações*. **2** Reunir em uma obra única (diversos textos): *Essa editora compendiou as peças de Shakespeare*.

compêndio ⟨com.pên.dio⟩ s.m. Resumo em que são compiladas e apresentadas as informações essenciais sobre um assunto: *um compêndio de filosofia*.

compenetrar ⟨com.pe.ne.trar⟩ v.t.d.i./v.prnl. Convencer(-se) ou persuadir(-se) (alguém) [de algo]: *Compenetrou-se da importância de estudar*.

compensação ⟨com.pen.sa.ção⟩ (pl. *compensações*) s.f. **1** Ato ou efeito de compensar. **2** Indenização para reparar um dano ou um prejuízo: *Como compensação pelo atraso na entrega, a loja nos deu um desconto*. **3** Em um banco, acerto ou validação de um cheque ou de uma conta paga.

compensado ⟨com.pen.sa.do⟩ s.m. Prancha formada por finas camadas de madeira compactadas.

compensar ⟨com.pen.sar⟩ ▪ v.t.d./v.t.d.i. **1** Neutralizar ou igualar (uma coisa) [com seu oposto]: *Compensava sua falta de talento com o esforço*. ▫ SIN. contrabalançar. ▪ v.t.d. **2** Retribuir (um dano ou prejuízo) [com uma indenização]: *Compensou o atraso com um presente*. ▪ v.t.d./v.int. **3** Validar(-se) (um cheque ou uma conta paga em um banco): *compensar um depósito*. ▪ v.int. **4** Valer a pena ou dar retorno: *Estudar pesado compensou: tirei um dez!*

competência ⟨com.pe.tên.cia⟩ s.f. **1** Capacidade para realizar uma atividade de forma eficiente: *um profissional de grande competência*. **2** Função ou obrigação de uma pessoa ou de uma entidade: *A segurança pública é competência do Estado*.

competente ⟨com.pe.ten.te⟩ adj.2g. **1** Que tem capacidade ou aptidão para realizar algo de forma eficaz. **2** Em relação especialmente a uma pessoa ou a uma entidade, que têm a função ou a obrigação de fazer algo: *autoridade competente*.

competição ⟨com.pe.ti.ção⟩ (pl. *competições*) s.f. **1** Ato ou efeito de competir. ▫ SIN. concorrência. **2** Prova esportiva em que dois adversários disputam a vitória.

competidor, -a ⟨com.pe.ti.dor, do.ra⟩ (Pron. [competidôr], [competidôra]) adj./s. Que ou quem compete.

competir ⟨com.pe.tir⟩ ▪ v.t.i./v.int. **1** Lutar ou disputar por um mesmo objetivo [com uma pessoa ou uma empresa]: *Vou competir no próximo torneio de natação*. ▫ SIN. concorrer. ▪ v.t.i. **2** Ser obrigação, corresponder ou caber [a alguém]: *Cuidar do cachorro compete a mim*. ▫ SIN. caber. ▫ GRAMÁTICA É um verbo irregular →SERVIR.

competitivo, va ⟨com.pe.ti.ti.vo, va⟩ adj. **1** Da competição ou relacionado a ela. **2** Capaz de competir, de igualar ou de superar os outros: *uma empresa competitiva*.

compilação ⟨com.pi.la.ção⟩ (pl. *compilações*) s.f. Ato ou efeito de compilar.
compilar ⟨com.pi.lar⟩ v.t.d. **1** Reunir em uma única obra (vários textos ou documentos). **2** Em informática, gerar (um programa) por meio de uma conversão de uma descrição facilmente legível por um programador para um formato que o computador consiga ler e executar.
complacência ⟨com.pla.cên.cia⟩ s.f. **1** Disposição para satisfazer ou atender aos desejos de alguém, com o intuito de ser agradável ou demonstrar-lhe atenção. **2** Satisfação, agrado ou prazer que uma pessoa sente ao fazer algo: *O avô olhou com complacência para a neta*.
complacente ⟨com.pla.cen.te⟩ adj.2g. Que procura agradar ou atender desejos e pedidos.
compleição ⟨com.plei.ção⟩ (pl. *compleições*) s.f. **1** Constituição física de uma pessoa: *É um jogador de uma tremenda compleição atlética*. **2** Caráter ou jeito de ser de uma pessoa.
complementar ⟨com.ple.men.tar⟩ ▎ adj.2g. **1** Que serve para completar, melhorar ou aperfeiçoar algo. ▎ v.t.d./v.prnl. **2** Tornar(-se) completo, acrescentando ou recebendo complemento: *Complementa seu estudo com leituras extras*.
complemento ⟨com.ple.men.to⟩ s.m. **1** Aquilo que se acrescenta para completar, melhorar ou aperfeiçoar: *um complemento vitamínico*. **2** Em linguística, parte da oração que completa o significado de um ou de vários de seus elementos. ǁ **complemento nominal** Aquele que completa o significado de um substantivo: *Na oração Minha mãe tem loucura por arte moderna, o complemento nominal é por arte moderna*. ǁ **complemento verbal** Aquele que completa o significado de um verbo: *Na oração Comprei um livro, o complemento verbal é um livro*.
completar ⟨com.ple.tar⟩ ▎ v.t.d./v.prnl. **1** Terminar(-se) ou aperfeiçoar(-se) (algo incompleto): *Completou a apresentação com recursos visuais*. ▎ v.t.d. **2** Atingir (uma quantidade expressa em número): *Completará dez anos no próximo mês*.
completo, ta ⟨com.ple.to, ta⟩ adj. **1** Cheio ou com tudo o seu espaço ocupado. **2** Acabado ou perfeito: *um completo mentiroso; uma profissional completa*. **3** Inteiro ou com todas as suas partes: *a obra completa de Carlos Drummond de Andrade*.
complexidade ⟨com.ple.xi.da.de⟩ (Pron. [complecsidade]) s.f. **1** Condição do que é complexo. **2** Conjunto de características daquilo que é formado por diversos elementos: *A física tenta nos explicar a complexidade do Universo*. **3** Presença de um obstáculo ou exigência de esforço ou de dedicação para a realização de algo: *A complexidade do chinês torna árduo o seu aprendizado*. □ SIN. dificuldade.
complexo, xa ⟨com.ple.xo, xa⟩ (Pron. [complecso]) ▎ adj. **1** Que é formado por diversos elementos: *um aparelho complexo*. **2** Que é difícil de compreender ou de resolver: *um problema complexo*. □ SIN. complicado. ▎ s.m. **3** Conjunto ou união de várias coisas: *um complexo vitamínico*. **4** Conjunto de estabelecimentos destinados a um determinado fim ou situados em um mesmo lugar: *um complexo esportivo*. **5** Em psicologia, combinação de ideias, tendências e emoções que influenciam a personalidade e determinam a conduta de uma pessoa: *o complexo de Édipo*.
complicação ⟨com.pli.ca.ção⟩ (pl. *complicações*) s.f. **1** Ato ou efeito de complicar(-se): *O novo sistema de pagamento só trouxe complicações aos usuários*. **2** Problema ou dificuldade que derivam para algo: *uma complicação cirúrgica*.

complicado, da ⟨com.pli.ca.do, da⟩ adj. Que é difícil de compreender ou de resolver. □ SIN. complexo.
complicar ⟨com.pli.car⟩ v.t.d./v.prnl. **1** Tornar(-se) difícil ou mais difícil do que era: *O acidente complicou o trânsito*. **2** Agravar(-se) ou piorar (um estado ou uma situação): *A rejeição ao medicamento complicou o tratamento*. **3** Comprometer(-se) ou envolver(-se) em uma situação embaraçosa. □ ORTOGRAFIA Antes de e, o c muda para qu →BRINCAR.
complô ⟨com.plô⟩ s.m. Plano secreto entre um grupo de pessoas com o objetivo de prejudicar algo ou alguém.
componente ⟨com.po.nen.te⟩ adj.2g./s.2g. **1** Que ou quem faz parte de um grupo. **2** Em relação a um elemento, que compõe ou faz parte da composição de algo: *O hidrogênio e o oxigênio são os dois componentes da água*.
compor ⟨com.por⟩ ▎ v.t.d./v.prnl. **1** Formar(-se) ou constituir(-se) (um todo), juntando ou ordenando seus componentes: *Vinte e seis estados e um Distrito Federal compõem o Brasil*. ▎ v.t.d. **2** Produzir (uma obra científica ou artística): *Gosta de compor canções nas horas vagas*. ▎ v.t.d. **3** Arrumar ou melhorar a aparência de (algo ou alguém). ▎ v.prnl. **4** Arrumar ou melhorar a própria aparência: *Toda a família se compôs para a foto*. □ GRAMÁTICA É um verbo irregular →PÔR.
comporta ⟨com.por.ta⟩ s.f. Em uma represa ou em um canal, prancha móvel usada para interromper ou regular a passagem de água.
comportado, da ⟨com.por.ta.do, da⟩ adj. Que tem bom comportamento.
comportamento ⟨com.por.ta.men.to⟩ s.m. Forma como uma pessoa ou um animal se comportam. □ SIN. conduta.
comportar ⟨com.por.tar⟩ ▎ v.t.d. **1** Admitir, suportar ou tolerar: *Um veículo tão antigo não comportava uma viagem tão longa*. **2** Conter ou ter capacidade para conter: *O estádio comporta trinta mil espectadores*. **3** Precisar, requerer ou exigir: *Manter uma casa comporta muitos gastos*. ▎ v.prnl. **4** Conduzir-se ou agir: *Comigo, sempre se comportou como um cavalheiro*. □ SIN. portar-se.
composição ⟨com.po.si.ção⟩ (pl. *composições*) s.f. **1** Conjunto dos elementos que compõem um todo: *a composição de um medicamento*. **2** Produção científica, literária ou musical: *O samba é uma composição musical típica do Brasil*. **3** Formação ou constituição de um todo, juntando, ordenando ou classificando suas partes: *O Presidente anunciou hoje a composição da nova equipe ministerial*. **4** Na escola, exercício que consiste em redigir um texto para exercitar o uso da linguagem escrita: *Façam para amanhã uma composição sobre a visita ao museu*. **5** Decisão a que duas ou mais partes chegam: *Após meses conversando, chegaram a uma composição final*. **6** Nas artes plásticas, técnica e arte de agrupar figuras e outros elementos para conseguir o efeito desejado: *O colorido do quadro é harmonioso, mas a composição não é boa*. **7** Em um trem, grupo de compartimentos. **8** Em linguística, processo de formação de palavras que consiste em agrupar palavras formando uma unidade de sentido própria: *Girassol é uma palavra formada por composição*. **9** Em tipografia, estruturação dos caracteres.
compositor, -a ⟨com.po.si.tor, to.ra⟩ (Pron. [compositôr], [compositôra]) s. Pessoa que compõe obras musicais.
composto, ta ⟨com.pos.to, ta⟩ (Pron. [compósto], [compósta], [compóstos], [compóstas]) ▎ **1** Particípio irregular de **compor**. ▎ adj. **2** Que é formado por várias partes. ▎ s.m. **3** Em química, substância ou corpo formados pela combinação de dois ou mais elementos.

compostura

compostura ⟨com.pos.tu.ra⟩ s.f. Moderação ou boa educação: *Apesar de toda a sua irritação, soube manter a compostura.*

compota ⟨com.po.ta⟩ s.f. Doce feito com frutas ou legumes cozidos em uma calda de açúcar.

compoteira ⟨com.po.tei.ra⟩ s.f. Recipiente, geralmente de vidro, usado para guardar compotas.

compra ⟨com.pra⟩ s.f. **1** Aquisição de algo em troca de dinheiro: *A compra de uma casa é um investimento importante.* **2** Aquilo que é comprado ou adquirido a troco de dinheiro: *Guarde as compras na geladeira.*

comprador, -a ⟨com.pra.dor, do.ra⟩ (Pron. [compradôr], [compradôra]) adj./s. Que ou quem compra.

comprar ⟨com.prar⟩ v.t.d. **1** Passar a possuir em troca de dinheiro: *Comprei tênis novos.* **2** *informal* Subornar: *Suspeitam que o árbitro foi comprado.* **3** Em um jogo de baralho, pegar do monte (uma carta): *Comprei um ás e bati.*

comprazer ⟨com.pra.zer⟩ ▮ v.t.i./v.int. **1** Causar agrado, satisfação ou prazer [a alguém]: *Comprove à namorada com um par de brincos.* ▮ v.t.i. **2** Atender ou satisfazer [a um pedido ou desejo]. ▮ v.prnl. **3** Sentir satisfação: *A direção do hotel se compraz em recebê-los.* ☐ GRAMÁTICA É um verbo irregular →COMPRAZER.

compreender ⟨com.pre.en.der⟩ v.t.d. **1** Saber o significado ou alcance de (algo que é dito ou feito): *Compreendi tudo o que disse. Ela não compreende a gravidade da situação.* **2** Conter ou abranger: *O bairro compreende vários quarteirões.*

compreensão ⟨com.pre.en.são⟩ (pl. *compreensões*) s.f. **1** Assimilação do significado de algo: *Os desenhos e esquemas ajudam na compreensão do texto.* **2** Respeito ou tolerância: *Mostrou grande compreensão com um ponto de vista diferente do seu.*

compreensível ⟨com.pre.en.sí.vel⟩ (pl. *compreensíveis*) adj.2g. Que pode ser compreendido.

compreensivo, va ⟨com.pre.en.si.vo, va⟩ adj. Que compreende, entende ou tolera.

compressa ⟨com.pres.sa⟩ s.f. Gaze ou tecido dobrados várias vezes, geralmente esterilizados, que podem ser usados em temperaturas fria ou quente para cobrir feridas, conter hemorragias ou aplicar algum medicamento.

compressão ⟨com.pres.são⟩ (pl. *compressões*) s.f. Redução a um volume menor.

compressor, -a ⟨com.pres.sor, so.ra⟩ (Pron. [compressôr], [compressôra]) adj./s. Que ou quem comprime.

comprido, da ⟨com.pri.do, da⟩ adj. **1** Que possui grande comprimento. ☐ SIN. **longo**. **2** Que é extenso ou duradouro: *um filme comprido.* ☐ SIN. **longo**.

comprimento ⟨com.pri.men.to⟩ s.m. Em uma figura geométrica, a maior dimensão: *Esta piscina mede 25 metros de comprimento por 15 de largura.* ☐ ORTOGRAFIA É diferente de *cumprimento*.

comprimido ⟨com.pri.mi.do⟩ s.m. Porção de substâncias medicinais que foram comprimidas em uma massa dura após terem sido reduzidas a pó.

comprimir ⟨com.pri.mir⟩ ▮ v.t.d./v.prnl. **1** Apertar(-se) ou reduzir(-se) a um volume menor: *Para estancar o sangue, a enfermeira comprimiu a ferida.* ▮ v.t.d. **2** Em informática, submeter (um arquivo) a determinado método que o torne menor para que ocupe menos espaço de armazenamento do computador, seja mais manejável, e seu envio através de uma rede seja mais rápido. ☐ SIN. **compactar**.

comprobatório, ria ⟨com.pro.ba.tó.rio, ria⟩ adj. Que comprova. ☐ SIN. **comprovante**.

comprometedor, -a ⟨com.pro.me.te.dor, do.ra⟩ (Pron. [comprometedôr], [comprometedôra]) adj. Que compromete.

comprometer ⟨com.pro.me.ter⟩ ▮ v.t.d./v.prnl. **1** Expor(-se) a um risco: *Sua indisciplina compromete seu desempenho.* ▮ v.t.d. **2** Oferecer como garantia: *Se acha que não conseguirá, não comprometa sua palavra.* ▮ v.prnl. **3** Contrair um compromisso ou assumir a obrigação de uma tarefa: *Eu me comprometo a entregar o trabalho amanhã.* **4** Dar palavra de casamento: *Comprometeram-se após um ano de namoro.* ☐ GRAMÁTICA Na acepção **3**, usa-se a construção *comprometer-se A algo*.

comprometimento ⟨com.pro.me.ti.men.to⟩ s.m. **1** Ato ou efeito de comprometer(-se). **2** Exposição a um risco.

compromisso ⟨com.pro.mis.so⟩ s.m. Obrigação que se assume por meio de um acordo ou de uma promessa, geralmente formais: *Não posso ir ao jantar, pois já tenho um compromisso no mesmo horário.*

comprovação ⟨com.pro.va.ção⟩ (pl. *comprovações*) s.f. Ato ou efeito de comprovar.

comprovante ⟨com.pro.van.te⟩ ▮ adj.2g. **1** Que comprova. ☐ SIN. **comprobatório**. ▮ s.m. **2** Documento ou recibo que confirmam um fato ou um dado ou a presença deles: *o comprovante de um pagamento.* ☐ SIN. **demonstrativo**.

comprovar ⟨com.pro.var⟩ ▮ v.t.d./v.t.d.i. **1** Verificar ou confirmar a veracidade ou a exatidão de (um fato ou um dado) [para alguém]: *As investigações comprovaram sua inocência.* ▮ v.t.d. **2** Tornar evidente, clara ou manifesta (uma característica): *O último prêmio só comprova seu enorme talento.*

compulsão ⟨com.pul.são⟩ (pl. *compulsões*) s.f. Vontade persistente e irresistível que leva a um determinado comportamento. ☐ USO É diferente de *convulsão* (movimento brusco, involuntário e alternado de contração e estiramento dos músculos do corpo, causado geralmente por uma doença neurológica).

compulsar ⟨com.pul.sar⟩ v.t.d. Ler rápida e superficialmente ou passar pelas folhas de (um livro, especialmente): *Compulsou o livro, tentando encontrar a passagem sobre a Grécia Antiga.*

compulsivo, va ⟨com.pul.si.vo, va⟩ adj. **1** Que tem ou mostra compulsão. **2** Que obriga a fazer algo: *uma fome compulsiva.*

compulsória ⟨com.pul.só.ria⟩ s.f. Aposentadoria obrigatória aos servidores públicos que atingem determinada idade: *No Brasil, a compulsória é imposta a todos que completam setenta anos de idade.*

compulsório, ria ⟨com.pul.só.rio, ria⟩ adj. Que tem de ser feito, cumprido ou obedecido.

computação ⟨com.pu.ta.ção⟩ (pl. *computações*) s.f. **1** Estudo e conhecimento da tecnologia, da programação e do uso de computadores: *Desde cedo ele é um apaixonado pela computação.* **2** Ato ou efeito de computar: *Assim que os colégios eleitorais foram fechados, iniciou-se a computação dos votos.* ☐ SIN. **cômputo**.

computador, -a ⟨com.pu.ta.dor, do.ra⟩ (Pron. [computadôr], [computadôra]) ▮ adj./s. **1** Que ou quem computa ou calcula. ▮ s.m. **2** Máquina capaz de processar informações automaticamente, realizando operações aritméticas e lógicas com grande rapidez e obedecendo ao controle de um programa previamente instalado.

computar ⟨com.pu.tar⟩ v.t.d. **1** Calcular ou fazer contagem de: *O ponto computa as horas que cada funcionário trabalha diariamente.* **2** Processar (um dado) em um computador ou usando o mesmo método aplicado por ele: *As informações foram computadas no banco de dados.*

cômputo ⟨côm.pu.to⟩ s.m. Ato ou efeito de computar: *Somente após o cômputo final é que saberemos quem venceu a prova de ginástica.* ☐ SIN. **computação**.

comum ⟨co.mum⟩ (pl. *comuns*) ▮ adj.2g. **1** Que pertence ou que se estende a várias coisas ou pessoas, sem

concentração

ser privativo de nenhuma nem de ninguém: *A piscina é de uso comum a todo o condomínio.* **2** Frequente, corriqueiro ou usual: *Estes pássaros são comuns nesta região.* **3** Que é geral ou da maioria: *A decisão foi tomada em comum acordo.* **4** Normal, simples ou não seleto: *A mesa foi feita com madeiras comuns.* ▌s.m. **5** Aquilo que é habitual e do cotidiano: *É comum a criança chorar quando quer a mãe.* ‖ **em comum** Conjuntamente entre duas ou mais pessoas: *Depois das apresentações individuais, o grupo fará uma apresentação em comum.*

comungar ⟨co.mun.gar⟩ ▌v.t.d./v.int./v.prnl. **1** Na Igreja Católica, dar ou tomar o sacramento da Eucaristia: *O padre comungou aqueles que compareceram à missa. Comungou-se assim que a hóstia foi consagrada.* ▌v.t.i. **2** Compartilhar ou concordar [com os princípios e as ideias de alguém]: *Sempre discutimos pois não comungo das suas opiniões.* ▫ ORTOGRAFIA Antes de e, o g muda para gu → CHEGAR.

comunhão ⟨co.mu.nhão⟩ (pl. *comunhões*) s.f. **1** Na Igreja Católica, sacramento da Eucaristia. **2** Na Igreja Católica, momento em uma cerimônia religiosa em que se celebra esse sacramento. ▫ SIN. eucaristia. **3** União ou participação no que é comum: *Casaram em comunhão de bens.* **4** Coincidência de ideias, sentimentos ou atitudes.

comunicação ⟨co.mu.ni.ca.ção⟩ (pl. *comunicações*) ▌s.f. **1** Transmissão de informação por meio de um código: *O e-mail é um meio de comunicação muito popular atualmente.* **2** Essa informação: *Havia interferências e a comunicação não ficou muito clara.* **3** União ou passagem entre lugares: *A nova estrada facilitará a comunicação entre as duas cidades.* **4** Pequena palestra, apresentação ou exposição sobre determinado assunto. ▌s.f.pl. **5** *informal* Telecomunicação: *O avanço nas comunicações parece ter encurtado as distâncias geográficas.* **6** Meios de transporte terrestres, marítimos ou aéreos: *A queda da barragem impossibilitou a passagem das comunicações terrestres.*

comunicado ⟨co.mu.ni.ca.do⟩ s.m. Nota ou declaração que se comunicam para seu conhecimento público.

comunicador, -a ⟨co.mu.ni.ca.dor, do.ra⟩ (Pron. [comunicadôr], [comunicadôra]) ▌adj. **1** Que comunica ou serve para comunicar. ▌adj./s. **2** Que ou quem se dedica à comunicação, especialmente como profissão.

comunicar ⟨co.mu.ni.car⟩ ▌v.t.d./v.t.d.i. **1** Manifestar, fazer saber ou dar a conhecer (uma informação ou uma opinião) [a alguém]: *A empresa comunicou a nomeação da nova diretora.* ▌v.t.d./v.t.d.i./v.prnl. **2** Estabelecer via de acesso entre (dois ou mais lugares) ou ligar(-se) [a outro]: *Uma passagem comunica esses dois ambientes.* ▌v.t.d.i./v.prnl. **3** Transmitir(-se) (uma força ou energia) [a algo]: *Esta peça comunica movimento a toda a máquina.* ▌v.prnl. **4** Colocar-se em contato com alguém: *Comunica-se com ela por e-mail todas as semanas.* ▌v.prnl. **5** Ter bom relacionamento entre si (duas ou mais pessoas): *As pessoas do grupo se comunicam muito bem.* ▫ ORTOGRAFIA Antes de e, o c muda para qu → BRINCAR.

comunicativo, va ⟨co.mu.ni.ca.ti.vo, va⟩ adj. **1** Que é extrovertido e tem facilidade no relacionamento com as pessoas. **2** Da comunicação ou relacionado a ela.

comunidade ⟨co.mu.ni.da.de⟩ s.f. **1** Qualidade ou estado do que é comum. **2** Grupo de pessoas que vivem em um mesmo lugar, sob certas regras ou que têm características ou interesses em comum: *uma comunidade religiosa.* **3** Em biologia, conjunto de populações de diferentes espécies que coexistem em determinada região. ▫ SIN. biota, biocenose. ‖ **comunidade virtual** Aquela que promove a inter-relação de pessoas com interesses comuns em um espaço virtual e por meio de internet.

comunismo ⟨co.mu.nis.mo⟩ s.m. Doutrina e sistema político, social e econômico que defendem uma organização social baseada na abolição da propriedade privada dos meios de produção, e na qual os bens são de propriedade comum.

comunista ⟨co.mu.nis.ta⟩ ▌adj.2g. **1** Do comunismo ou relacionado a ele. ▌adj.2g./s.2g. **2** Que ou quem defende ou segue o comunismo.

comunitário, ria ⟨co.mu.ni.tá.rio, ria⟩ adj. Da comunidade ou relacionado a ela.

comutação ⟨co.mu.ta.ção⟩ (pl. *comutações*) s.f. Ato ou efeito de comutar.

comutador, -a ⟨co.mu.ta.dor, do.ra⟩ (Pron. [comutadôr], [comutadôra]) ▌adj. **1** Que comuta ou troca. ▌s.m. **2** Em eletrônica, aparelho ou dispositivo que permitem trocar a direção de uma corrente elétrica ou interrompê-la: *A chave que liga e desliga a luz é um comutador.*

comutar ⟨co.mu.tar⟩ ▌v.t.d. **1** Intercambiar ou trocar: *Na multiplicação, comutar a ordem dos fatores não altera o produto.* ▌v.t.d.i. **2** Intercambiar ou trocar (uma coisa) [por outra]. ▌v.t.d./v.t.d.i. **3** Substituir (uma pena) [por outra mais branda].

con- → co-

concatenar ⟨con.ca.te.nar⟩ v.t.d./v.prnl. Unir(-se) ou entrelaçar(-se) (fatos ou ideias): *Passadas as dúvidas iniciais, consegui concatenar suas ideias.*

concavidade ⟨con.ca.vi.da.de⟩ s.f. Espaço oco em um corpo ou em uma superfície. ▫ SIN. côncavo.

côncavo, va ⟨côn.ca.vo, va⟩ ▌adj. **1** Em relação a uma linha ou a uma superfície, que são curvas ou que têm sua parte central mais aprofundada: *um espelho côncavo.* ▫ SIN. covo. ▌s.m. **2** Espaço oco em um corpo ou em uma superfície. ▫ SIN. concavidade.

conceber ⟨con.ce.ber⟩ ▌v.t.d./v.int. **1** Gerar (um filho) ou engravidar. ▌v.t.d. **2** Idealizar ou estimular (uma ideia ou um projeto): *Essa cientista concebeu um novo método para aproveitar a energia solar.* **3** Compreender ou achar possível: *Não concebo como você pode ter feito isso!*

conceder ⟨con.ce.der⟩ v.t.d./v.t.d.i. Dar ou conferir (algo) [a alguém]: *A faculdade concedeu-lhe o título de bacharel.*

conceição ⟨con.cei.ção⟩ (pl. *conceições*) s.f. Na Igreja Católica, afirmação da concepção sem pecados da Virgem Maria (mãe de Jesus Cristo). ▫ ORTOGRAFIA Usa-se geralmente com inicial maiúscula por ser também um nome próprio.

conceito ⟨con.cei.to⟩ s.m. **1** Ideia ou representação mental: *A compreensão de muitos conceitos da psicanálise é complicada para leigos.* **2** Opinião sobre uma pessoa ou sobre uma situação conhecidas: *Tínhamos um conceito errado a seu respeito.* **3** Reputação ou fama: *Seu conceito entre os colegas não é dos melhores.* **4** Em uma atividade escolar, qualificação recebida. *Com um conceito C, serei aprovado em Matemática.*

conceituado, da ⟨con.cei.tu.a.do, da⟩ adj. Que é famoso ou que tem boa reputação.

conceituar ⟨con.cei.tu.ar⟩ v.t.d. Qualificar ou formar conceito sobre (alguém): *A crítica conceituou a ilustradora como a melhor da literatura infantil.*

concentração ⟨con.cen.tra.ção⟩ (pl. *concentrações*) s.f. **1** Ato ou efeito de concentrar(-se): *Preciso de muita concentração para estudar este assunto.* **2** Reunião de algo disperso em um lugar ou ponto: *Uma grande concentração de torcedores esperava o time no aeroporto.* **3** Em uma dissolução, relação que existe entre a quantidade de substância dissolvida e a quantidade de substância que a dissolve: *Quanto maior a concentração de sal na água, mais fácil é para os corpos boiarem nela.* **4** Isolamento de esportistas antes de um jogo ou de uma competição:

concentrado

O treinador escolheu um sítio no interior do estado para fazer a concentração do time antes da final. **5** Lugar onde esse isolamento acontece: *Nem os familiares dos jogadores puderam entrar na concentração.*

concentrado ⟨con.cen.tra.do⟩ s.m. **1** Substância condensada que deve ser misturada com água ou com outro líquido para seu consumo: *um concentrado de tomate.* **2** Produto mineral obtido por um processo de separação e que tem os melhores componentes da solução utilizada nesse processo.

concentrar ⟨con.cen.trar⟩ ▮ v.t.d.i./v.prnl. **1** Atrair ou fixar (a atenção de alguém) [em algo] ou dedicar-se com profunda atenção: *A cena concentrou a atenção dos pedestres. Concentrou-se bastante antes de responder as questões.* ▮ v.t.d./v.t.d.i./v.prnl. **2** Reunir(-se) (algo ou alguém) [em um lugar ou em um ponto]: *A manifestação concentrou milhares de pessoas.* ▮ v.t.d. **3** Tornar maior a concentração de (uma dissolução), aumentando a proporção de substância dissolvida em relação ao líquido que a dissolve: *Se submetermos uma dissolução salina à evaporação, iremos concentrá-la.* ▮ v.prnl. **4** Tornar-se mais concentrada (uma dissolução), sofrendo aumento na proporção de substância dissolvida em relação ao líquido que a dissolve: *Quanto mais tempo ficar no fogo, mais a sopa se concentrará.* ▮ v.t.d. **5** Apresentar em abundância: *O livro concentra personagens demais.* ▮ v.t.d./v.prnl. **6** Isolar(-se) antes de competir (um esportista ou uma equipe de esportistas): *A treinadora concentrou o time dois dias antes do jogo.*

concêntrico, ca ⟨con.cên.tri.co, ca⟩ adj. Em geometria, em relação a duas ou mais figuras, que têm o mesmo centro.

concepção ⟨con.cep.ção⟩ (pl. *concepções*) s.f. **1** Criação mental de uma ideia ou de um projeto. **2** Geração de um filho em consequência da fecundação. **3** Conjunto de ideias que se tem sobre algo: *Apesar das afinidades, os dois tem concepções de mundo bem diferentes.*

concernir ⟨con.cer.nir⟩ v.t.i. **1** Em relação a uma função ou a uma responsabilidade, estar a cargo [de alguém] ou corresponder [a alguém]: *A educação dos filhos concerne tanto ao pai quanto à mãe.* **2** Em relação a um assunto, ser interessante ou importante [para alguém]: *Não me conte seus problemas, pois eles não concernem a mim.* ☐ GRAMÁTICA **1.** É um verbo unipessoal: só se usa nas terceiras pessoas do singular e do plural, no particípio, no gerúndio e no infinitivo →LATIR. **2.** Usa-se a construção *concernir a alguém*.

concertar ⟨con.cer.tar⟩ ▮ v.t.d./v.prnl. **1** Coordenar(-se) ou harmonizar(-se) (duas ou mais pessoas ou coisas). ▮ v.t.i. **2** Em relação a uma ou mais pessoas ou coisas, coordenar-se ou harmonizar-se [com outras]: *O projeto fracassou, pois as possibilidades não concertaram com as necessidades.* ▮ v.t.d. **3** Acordar ou decidir de comum acordo (um assunto): *A empresa e os funcionários concertaram o aumento salarial.* ▮ v.t.d./v.int./v.prnl. **4** Fazer com que soem ou soar em harmonia e equilíbrio (vozes ou instrumentos). ☐ ORTOGRAFIA É diferente de *consertar*.

concertina ⟨con.cer.ti.na⟩ s.f. Instrumento musical semelhante ao acordeão, de palhetas livres, fole, dois teclados e caixa hexagonal.

concertista ⟨con.cer.tis.ta⟩ s.2g. Músico que participa de um concerto como solista.

concerto ⟨con.cer.to⟩ (Pron. [concêrto]) s.m. **1** Composição musical em que um ou vários instrumentos desempenham uma parte especial. **2** Composição musical escrita para um ou mais instrumentos solistas, geralmente acompanhados de orquestra: *Este é o primeiro concerto para piano de Chopin.* **3** Apresentação musical em que essa composição é executada: *No concerto tocaram sinfonias de Beethoven e Mozart.* ☐ ORTOGRAFIA É diferente de *conserto*.

concessão ⟨con.ces.são⟩ (pl. *concessões*) s.f. **1** Permissão ou autorização, especialmente se forem legais, para fazer algo: *Não tenho concessão para dirigir um carro, pois sou menor de idade.* ☐ SIN. licença. **2** Doação ou entrega de algo: *A prefeitura da cidade também participou do projeto, através da concessão do terreno.* **3** Permissão outorgada pelo Governo ou por uma empresa para que um particular ou outra empresa construam, explorem ou administrem um serviço: *Aquela empresa tem a concessão da administração do pedágio da rodovia.*

concessionária ⟨con.ces.si.o.ná.ria⟩ s.f. Empresa ou conjunto de empresas que têm concessão para comercializar ou administrar produtos ou serviços: *uma concessionária de carros; a concessionária de uma estrada.*

concessionário, ria ⟨con.ces.si.o.ná.rio, ria⟩ adj./s. Que ou quem tem a concessão de um serviço.

concessivo, va ⟨con.ces.si.vo, va⟩ adj. Da concessão ou que implica concessão.

concha ⟨con.cha⟩ s.f. **1** Em alguns animais, cobertura que protege seu corpo mole: *As ostras vivem dentro de conchas.* **2** Colher grande, funda e com cabo longo, usada para servir sopas, alimentos pastosos ou com caldo: *Reparou que as conchas dentro da travessa eram de prata.*

conchavar ⟨con.cha.var⟩ v.int./v.prnl. Unir-se para alcançar um fim (duas ou mais pessoas), especialmente se for considerado ilícito: *Conchavaram para prejudicar sua imagem.*

conchavo ⟨con.cha.vo⟩ s.f. União de duas ou mais pessoas para alcançar um fim, especialmente se for ilícito. ☐ SIN. conluio.

concidadão, dã ⟨con.ci.da.dão, dã⟩ (pl. *concidadãos*) s. Em relação a uma pessoa, outra que nasceu na mesma cidade ou no mesmo país que ela.

conciliábulo ⟨con.ci.li.á.bu.lo⟩ s.m. Reunião secreta para tratar de assuntos escusos ou maléficos.

conciliação ⟨con.ci.li.a.ção⟩ (pl. *conciliações*) s.f. Ato ou efeito de conciliar(-se): *um ato de conciliação.*

conciliador, -a ⟨con.ci.li.a.dor, do.ra⟩ (Pron. [conciliadôr], [conciliadôra]) adj./s. Que ou quem concilia.

conciliar ⟨con.ci.li.ar⟩ ▮ adj.2g. **1** Do concílio ou relacionado a essa assembleia católica. ▮ v.t.d./v.t.d.i./v.prnl. **2** Ajustar(-se) (duas ou mais ideias que parecem contrárias) ou concordar (uma ideia) [com outra oposta]: *O sindicato tentava conciliar as reivindicações dos trabalhadores e aquilo que a diretoria oferecia.* **3** Fazer com que se entendam ou entenderem-se (duas ou mais pessoas) ou harmonizar (uma pessoa) [com outra]: *Tentava conciliar os filhos brigados.*

concílio ⟨con.cí.lio⟩ s.m. Na Igreja Católica, assembleia ou congresso de bispos ou de outros eclesiásticos para decidir sobre assuntos de fé e sobre costumes.

concisão ⟨con.ci.são⟩ (pl. *concisões*) s.f. Capacidade de expressar algo em poucas palavras: *O tema foi tratado com a concisão necessária.* ☐ SIN. brevidade.

conciso, sa ⟨con.ci.so, sa⟩ adj. Que se expressa com brevidade e exatidão.

conclamar ⟨con.cla.mar⟩ v.t.d./v.t.d.i. Chamar ou convocar (uma pessoa ou um grupo) [para algo]: *Os torcedores conclamavam o time campeão para voltar ao campo.*

conclave ⟨con.cla.ve⟩ s.m. **1** Na Igreja Católica, junta ou reunião dos cardeais para eleger um papa. **2** Lugar onde essa junta ou essa reunião acontece.

concludente ⟨con.clu.den.te⟩ adj.2g. Que é capaz de provar de maneira incontestável.

concluir ⟨con.clu.ir⟩ v.t.d. **1** Acabar ou fazer chegar ao fim: *Precisamos concluir o trabalho para amanhã*. **2** Determinar e resolver (aquilo que foi tratado): *Depois de longas negociações, as entidades concluíram o acordo*. **3** Deduzir a partir de algo que se admite, se demonstra ou se pressupõe: *Não é possível concluir nada, pois as informações ainda são vagas*. ☐ ORTOGRAFIA Usa-se *i* em vez do *e* comum na conjugação do presente do indicativo e do imperativo afirmativo →ATRIBUIR.

conclusão ⟨con.clu.são⟩ (pl. *conclusões*) s.f. **1** Fim ou término de algo: *A conclusão da obra está prevista para o mês que vem*. **2** Resultado ao qual se chega por dedução a partir daquilo que foi admitido, demonstrado ou pressuposto: *A partir das pistas e das investigações, a polícia chegou a uma conclusão*. **3** Decisão a que se chega sobre um assunto depois de se refletir sobre ele: *Vocês chegaram a uma conclusão sobre a proposta que lhes fiz?*

conclusivo, va ⟨con.clu.si.vo, va⟩ adj. Que expressa ou que indica conclusão.

concomitante ⟨con.co.mi.tan.te⟩ adj.2g. Em relação a uma atividade, que acontece ao mesmo tempo que outra. ☐ SIN. simultâneo.

concordância ⟨con.cor.dân.cia⟩ s.f. **1** Ato ou efeito de concordar. **2** Correspondência ou conformidade entre vários elementos: *Ele é coerente, e suas atitudes estão em concordância com suas ideias*. ☐ SIN. acordo. **3** Em linguística, correspondência entre as flexões de duas ou mais palavras variáveis: *Na oração* O menino é alto *há concordância de gênero e de número entre as palavras* menino *e* alto.

concordar ⟨con.cor.dar⟩ ▌ v.t.i. **1** Estar de acordo [com algo]: *Não concordo com sua postura*. **2** Em linguística, em relação a uma palavra variável, ter as mesmas flexões gramaticais [de outra]: *Em uma oração, o sujeito deve concordar com o verbo em número e pessoa*. ▌ v.t.d.i. **3** Em linguística, fazer (uma palavra variável) ter as mesmas flexões gramaticais [de outra]: *Concordei o substantivo* árvore *com o adjetivo* alta*, pois o gênero das duas palavras é feminino*. ▌ v.t.i. **4** Consentir ou assentir [em um acordo], comprometendo-se a cumpri-lo: *Concordaram em jogar uma partida de vôlei no domingo*.

concordata ⟨con.cor.da.ta⟩ s.f. Acordo firmado entre uma empresa devedora e seu credor, que permite a continuidade de suas atividades e prevê o adiamento dos prazos de pagamentos.

concorde ⟨con.cor.de⟩ adj.2g. Em relação a uma coisa ou a uma pessoa, que coincidem ou que estão de acordo com outras. ☐ SIN. acorde.

concórdia ⟨con.cór.dia⟩ s.f. Conformidade, paz ou relacionamento harmonioso.

concorrência ⟨con.cor.rên.cia⟩ s.f. **1** Ato ou efeito de concorrer: *Há muitas lojas na mesma rua, e a concorrência entre elas é enorme*. ☐ SIN. competição. **2** Pessoa ou empresa que concorrem ou competem com outra ou com outras: *Precisamos de novos projetos para enfrentar a concorrência*. **3** Aparição, presença ou acontecimento concomitantes no tempo e no espaço: *A concorrência de pequenas falhas foi a causa final do acidente*.

concorrente ⟨con.cor.ren.te⟩ adj.2g./s.2g. Que ou quem concorre.

concorrer ⟨con.cor.rer⟩ ▌ v.t.i./v.int. **1** Lutar ou disputar por um mesmo objetivo [com uma pessoa ou uma empresa]: *Se entrar neste mercado, vai concorrer com as melhores empresas do país*. ☐ SIN. competir. **2** Lutar ou disputar [por um cargo ou uma posição]: *Ela está concorrendo ao prêmio de melhor atriz coadjuvante*. ▌ v.t.i. **3** Produzir-se no mesmo tempo ou coincidir [com um evento ou um acontecimento]: *A Copa do Mundo de futebol nunca concorre com as Olimpíadas*. **4** Ir para um mesmo destino ou chegar junto [a um lugar]: *Os torcedores concorreram ao estádio para ver a final do campeonato*.

concorrido, da ⟨con.cor.ri.do, da⟩ adj. Que é muito disputado ou frequentado.

concreção ⟨con.cre.ção⟩ (pl. *concreções*) s.f. **1** Conversão em algo concreto: *Tenho certeza que os especialistas sabem, com mais concreção que eu, da inviabilidade do projeto*. **2** Acúmulo de partículas que formam uma massa: *As estalagmites são concreções de sais calcários e silícicos*.

concretismo ⟨con.cre.tis.mo⟩ s.m. Movimento artístico vanguardista do século XX, que apresenta ideias por meio de materiais concretos, geralmente visuais ou táteis, como cores e formas geométricas: *Os irmãos Haroldo e Augusto de Campos são figuras importantes do concretismo brasileiro*.

concretizar ⟨con.cre.ti.zar⟩ v.t.d./v.prnl. Tornar(-se) concreto: *Aprenda a concretizar suas ideias*.

concreto, ta ⟨con.cre.to, ta⟩ ▌ adj. **1** Que existe no mundo material: *Por enquanto não temos nada concreto, apenas ideias*. **2** Em relação a um substantivo, que nomeia aquilo que é percebido pelos sentidos: Mesa *é um substantivo concreto*. **3** Do concretismo ou relacionado a esse movimento artístico: *um poema concreto*. ▌ s.m. **4** Massa compacta dura e resistente, usada na construção e composta por um aglomerado de cascalho, pedras pequenas, areia, água e cimento ou cal: *Os romanos foram a primeira civilização a utilizar o concreto em suas construções*.

concubinato ⟨con.cu.bi.na.to⟩ s.m. União estável entre um homem e uma mulher que não são casados.

concubino, na ⟨con.cu.bi.no, na⟩ s.f. Pessoa que divide uma vida conjugal com outra sem estar casada com ela.

concunhado, da ⟨con.cu.nha.do, da⟩ s. Em relação a uma pessoa, cônjuge de seu cunhado: *Os maridos de duas irmãs são concunhados*.

concupiscência ⟨con.cu.pis.cên.cia⟩ s.f. Desejo intenso e desregrado por bens materiais ou prazeres carnais.

concursado, da ⟨con.cur.sa.do, da⟩ adj. Que ou quem ocupa um cargo após ter sido aprovado em um concurso.

concurso ⟨con.cur.so⟩ s.m. **1** Competição ou prova entre vários candidatos para conseguir um prêmio ou outro benefício: *Sua irmã ganhou uma bicicleta num concurso de televisão*. **2** Processo de seleção para um cargo ou posto: *Participou de um concurso para a vaga de professora universitária*. **3** Assistência, participação ou colaboração: *Com o concurso dos patrocinadores, o evento foi um sucesso*.

concussão ⟨con.cus.são⟩ (pl. *concussões*) s.f. **1** Crime de cobrança de uma multa ou de um imposto feita por um funcionário em seu próprio proveito. **2** Choque ou batida violentos.

condado ⟨con.da.do⟩ s.m. **1** Título nobre de conde. **2** Antigamente, território que estava sob o domínio de um conde.

condão ⟨con.dão⟩ (pl. *condões*) s.m. Poder extraordinário ou mágico: *uma varinha de condão*.

conde ⟨con.de⟩ s.m. Pessoa que tem um título de nobreza entre o de marquês e o de visconde. ☐ GRAMÁTICA Seu feminino é *condessa*.

condecoração ⟨con.de.co.ra.ção⟩ (pl. *condecorações*) s.f. Ato ou efeito de condecorar: *A condecoração do bombeiro foi um reconhecimento ao seu heroísmo*.

condecorar ⟨con.de.co.rar⟩ v.t.d. Conceder ou dar uma distinção a (alguém): *Condecoraram-na por sua trajetória artística*.

condenação ⟨con.de.na.ção⟩ (pl. *condenações*) s.f. **1** Pena ou castigo impostos por uma autoridade competente:

condenado

O réu desesperou-se ao ouvir o juiz ler a sua condenação. **2** Desaprovação de algo por considerá-lo ruim ou nocivo: *O atentado recebeu a condenação de todos os chefes de Estado do continente.*

condenado, da ‹con.de.na.do, da› adj. Que corre algum risco ou perigo.

condenar ‹con.de.nar› **❚** v.t.d./v.prnl. **1** Atribuir culpa a (alguém) ou admitir a própria culpa: *O júri condenou o acusado. Condena-se por não tê-lo ajudado.* **❚** v.t.d. **2** Submeter (alguém) [a uma pena ou um castigo específicos]: *O juiz condenou o réu a três anos de prisão.* **❚** v.t.d. **3** Reprovar ou desaprovar (algo ruim): *Condenou o comportamento agressivo do amigo.* **4** Considerar incurável (um doente): *Os médicos condenaram a paciente devido ao estado avançado da doença.*

condensação ‹con.den.sa.ção› (pl. *condensações*) s.f. Ato ou efeito de condensar(-se).

condensador, -a ‹con.den.sa.dor, do.ra› (Pron. [condensadôr], [condensadôra]) **❚** adj./s. **1** Que ou quem condensa. **❚** s.m. **2** Dispositivo elétrico formado por dois condutores, geralmente de grande superfície, separados por uma lâmina isolante e que armazenam carga elétrica. ▫ SIN. **capacitor**.

condensar ‹con.den.sar› **❚** v.t.d./v.prnl. **1** Converter(-se) em líquido (um corpo gasoso): *O vapor de água se condensa na atmosfera e forma as gotas de chuva.* **2** Reduzir(-se) ao menor volume (uma substância) ou, se líquida, dar-lhe ou obter mais consistência: *Para condensar o leite, parte de sua água é retirada.* **❚** v.t.d. **3** Resumir ou sintetizar: *Pediu-me para condensar as ideias do texto.*

condescendência ‹con.des.cen.dên.cia› s.f. Anuência benevolente ao gosto ou à vontade de outra pessoa.

condescendente ‹con.des.cen.den.te› adj.2g. Que se acomoda ou se adapta ao gosto ou à vontade de outro.

condescender ‹con.des.cen.der› **❚** v.t.i. **1** Em relação a uma pessoa, acomodar-se, adaptar-se ou ceder [ao gosto ou à vontade de alguém]: *Finalmente, a diretoria condescendeu em negociar com os funcionários.* **❚** v.int. **2** Acomodar-se, adaptar-se ou ceder ao gosto ou à vontade de alguém: *Depois de muito reclamar, condescendeu.*

condessa ‹con.des.sa› (Pron. [condêssa]) Substantivo feminino de **conde**.

condição ‹con.di.ção› (pl. *condições*) s.f. **1** Natureza, característica ou propriedade das coisas: *A condição deste solo o torna adequado para a agricultura.* **2** Estado, situação ou circunstância que concorrem na vida de uma pessoa: *Mesmo vivendo em condições difíceis, é batalhador e otimista.* **3** Aquilo que é indispensável para que algo exista ou aconteça: *Uma das condições para o cargo é que a pessoa seja formada.*

condicionador, -a ‹con.di.ci.o.na.dor, do.ra› (Pron. [condicionadôr], [condicionadôra]) **❚** adj. **1** Que condiciona ou põe nas condições adequadas. **❚** s.m. **2** Cosmético para o cabelo, usado durante o banho para amaciá-lo e desembaraçá-lo, facilitando o penteado. ‖ **condicionador de ar** Instalação ou aparelho que permitem regular a temperatura de um local fechado. ▫ SIN. **ar-condicionado**. [● eletrodomésticos p. 292]

condicional ‹con.di.ci.o.nal› (pl. *condicionais*) **❚** adj.2g. **1** Que inclui e implica uma condição ou um requisito: *O relatório foi aprovado por meio de uma decisão condicional.* **❚** s.f. **2** → **liberdade condicional**

condicionar ‹con.di.ci.o.nar› **❚** v.t.d.i. **1** Sujeitar (algo) [a uma condição]: *A loja condicionou a entrega do equipamento ao pagamento das parcelas em atraso.* ▫ SIN. **acorrentar**. **❚** v.t.d. **2** Ser a condição de (algo): *Uma alimentação equilibrada condiciona uma vida saudá-* *vel.* **❚** v.t.d.i. **3** Influenciar (alguém) [a tomar uma determinada atitude ou a seguir determinado caminho]: *Gostaria de me exercitar todos os dias, mas a falta de tempo me condiciona a correr apenas nos fins de semana.* **❚** v.t.d./v.t.d.i./v.prnl. **4** Acostumar(-se) ou moldar(-se) [a uma situação ou comportamento]: *Condicionou o cachorro a fazer xixi sempre no mesmo lugar.*

condigno, na ‹con.dig.no, na› adj. Proporcional ao mérito que possui.

condimentar ‹con.di.men.tar› **❚** adj.2g. **1** Do condimento ou relacionado a ele. **❚** v.t.d. **2** Acrescentar condimentos a (um alimento) para dar-lhe mais sabor: *Gosta de condimentar seus pratos com diversas especiarias.*

condimento ‹con.di.men.to› s.m. Aquilo que serve para temperar ou dar mais sabor à comida: *Exagerou nos condimentos, e o prato acabou não ficando tão bom.* ▫ SIN. **tempero**.

condiscípulo ‹con.dis.cí.pu.lo› s.m. Pessoa que estuda com outra. ▫ GRAMÁTICA Usa-se tanto para o masculino quanto para o feminino: *{ele/ela} é um condiscípulo.*

condizente ‹con.di.zen.te› adj.2g. Que condiz.

condizer ‹con.di.zer› v.t.i./v.int. **1** Combinar ou harmonizar [com algo]: *Essa mesa não condiz com a decoração da sala.* **2** Corresponder de forma proporcional [a algo]: *Suas atitudes não condizem com as ideias que defende.* ▫ GRAMÁTICA 1. É um verbo irregular →DIZER. 2. Usa-se a construção *condizer com algo*.

condoer ‹con.do.er› **❚** v.t.d. **1** Causar compaixão ou lástima em (alguém): *O sofrimento do colega o condoeu.* ▫ SIN. **compadecer**. **❚** v.prnl. **2** Sentir compaixão ou lástima pela a desgraça ou pelo sofrimento alheios: *Condoeram-se quando souberam do acidente.* ▫ SIN. **compadecer**. ▫ GRAMÁTICA É um verbo unipessoal: só se usa nas terceiras pessoas do singular e do plural, no particípio, no gerúndio e no infinitivo →DOER.

condolência ‹con.do.lên.cia› **❚** s.f. **1** Sentimento de empatia pela dor e pelo pesar alheios: *O criminoso se entregou, alegando uma condolência insuportável pelo sofrimento das famílias das vítimas.* **❚** s.f.pl. **2** Expressão usada para exteriorizar essa empatia: *Por favor, aceitem minhas condolências.* ▫ SIN. **pêsame**.

condomínio ‹con.do.mí.nio› s.m. **1** Propriedade conjunta de algo. **2** Conjunto de casas ou de prédios cujos moradores dividem serviços e obrigações comuns: *Nós dois moramos por anos no mesmo condomínio.* **3** Administração desse conjunto de casas ou de prédios: *O condomínio estabeleceu um novo horário de silêncio.* **4** Quantia paga mensalmente por esse serviço de administração: *O condomínio destina-se principalmente aos gastos com segurança e manutenção.*

condômino, na ‹con.dô.mi.no, na› s. Pessoa que possui uma casa ou um apartamento em um condomínio ou que mora nele: *Será necessária uma reunião com todos os condôminos, para eleger um novo síndico do prédio.*

condor ‹con.dor› (Pron. [condôr]) s.m. Ave de rapina diurna, de grande porte, com a cabeça e o pescoço nus, plumagem preta e plumas brancas no dorso e na parte dorsal das asas: *O condor é uma das maiores aves de rapina do mundo.* ▫ GRAMÁTICA É um substantivo epiceno: *o condor (macho/fêmea).*

condoreirismo ‹con.do.rei.ris.mo› s.m. No Romantismo, corrente literária que defendia ideias igualitárias e libertárias: *Castro Alves é um famoso representante do condoreirismo.*

condoreiro, ra ‹con.do.rei.ro, ra› adj./s. Do condoreirismo ou relacionado a ele.

condução ‹con.du.ção› (pl. *conduções*) s.f. **1** Direção para um lugar ou para um fim: *Foi muito elogiado pela* *sua condução do debate.* **2** Meio de transporte coletivo: *A falta de condução é um dos problemas mais graves entre a população mais carente da cidade.* **3** Manobra ou direção de um veículo: *Fez um curso de condução defensiva.* **4** Transporte de algo: *Essa tubulação é para a condução da água.*

conducente ⟨con.du.cen.te⟩ adj.2g. Que conduz a algo.

conduta ⟨con.du.ta⟩ s.f. Forma como uma pessoa ou um animal se comportam: *uma pessoa de boa conduta.* ☐ SIN. comportamento.

condutividade ⟨con.du.ti.vi.da.de⟩ s.f. Propriedade dos corpos que consiste em transmitir facilmente o calor ou a eletricidade.

conduto ⟨con.du.to⟩ s.m. **1** Via pela qual líquidos ou gases circulam: *um conduto de água.* ☐ SIN. canal. **2** Em anatomia, duto geralmente cilíndrico que liga um órgão a outro ou que transporta substâncias através deles: *os condutos auditivos.* ☐ SIN. ducto.

condutor, -a ⟨con.du.tor, to.ra⟩ (Pron. [condutôr], [condutôra]) ▌ adj./s. **1** Que ou quem conduz: *Alguns materiais, como o cobre, são bons condutores de energia elétrica.* ▌ s. **2** Pessoa que se dedica profissionalmente a conduzir veículos do transporte público: *Pede-se aos passageiros que não falem com o condutor durante a viagem.* **3** Pessoa que se dedica profissionalmente a cobrar e receber passagens em transportes públicos.

conduzir ⟨con.du.zir⟩ ▌ v.t.d./v.t.d.i. **1** Guiar ou dirigir (alguém) [para um lugar ou para uma determinada situação]: *A anfitriã conduziu os convidados. O guia da cidade nos conduziu aos pontos turísticos mais procurados.* ▌ v.t.d. **2** Guiar ou dirigir (um veículo): *Quando estiver em baixa velocidade, conduza seu carro pela pista da direita.* **3** Guiar ou dirigir (um negócio ou uma coletividade): *A treinadora soube conduzir bem a equipe no campeonato.* **4** Transmitir ou ser o condutor de (uma energia, especialmente): *A fita isolante impediu o fio de conduzir a descarga elétrica.* ▌ v.t.i. **5** Levar [a um lugar, um objetivo ou uma consequência]: *Este caminho conduz à praia.* ▌ v.prnl. **6** Portar-se ou agir de forma determinada: *Diante de situações tensas, ela se conduz com calma e coragem.* ☐ GRAMÁTICA É um verbo regular, mas perde o *e* final na terceira pessoa do singular do presente do indicativo →PRODUZIR.

cone ⟨co.ne⟩ (Pron. [cône]) s.m. **1** Corpo geométrico formado por uma base circular, por um ponto fora do plano da base, chamado vértice, e por todos os segmentos de reta que ligam a base ao vértice: *A casquinha dos sorvetes tem o formato de um cone.* **2** Em biologia, célula localizada na retina, sensível à luz e à cor.

conectar ⟨co.nec.tar⟩ v.t.d./v.t.d.i./v.prnl. **1** Ligar(-se) (um aparelho) [a outro]: *Conectou os cabos para ligar o telefone.* **2** Comunicar(-se) (um aparelho, um sistema ou uma rede de computadores) [com outro]: *Conectou-se à internet para fazer algumas pesquisas.*

conectivo, va ⟨co.nec.ti.vo, va⟩ ▌ adj. **1** Que conecta ou une duas partes: *O tecido nervoso é conectivo.* ▌ s.m. **2** Em linguística, palavra que une outras palavras ou orações: *Conjunções e preposições são conectivos.*

conector, -a ⟨co.nec.tor, to.ra⟩ (Pron. [conectôr], [conectôra]) adj./s.m. Que conecta.

cônego ⟨cô.ne.go⟩ s.m. Na Igreja Católica, sacerdote que faz parte da comunidade de uma catedral e que tem votos nela.

conexão ⟨co.ne.xão⟩ (Pron. [conecsão]) (pl. *conexões*) s.f. **1** Relação lógica entre duas ou mais coisas: *O médico logo fez a conexão entre a brusca perda de peso do paciente e a sua depressão.* **2** Ligação ou contato de uma coisa com outra: *A conexão da televisão com a antena é feita por um cabo.* **3** Ponto em que se realiza a ligação entre aparelhos, sistemas elétricos ou tubulações: *As conexões queimaram e a batedeira não funciona.*

conexo, xa ⟨co.ne.xo, xa⟩ (Pron. [conecso]) adj. Em relação a uma coisa, que está conectada ou relacionada a outra.

confabulação ⟨con.fa.bu.la.ção⟩ (pl. *confabulações*) s.f. Ato ou efeito de confabular.

confabular ⟨con.fa.bu.lar⟩ ▌ v.t.i. **1** Combinar [com alguém] a realização de algo, especialmente se for ilícito. ▌ v.int. **2** Planejar fazer algo, especialmente se for ilícito. ▌ v.t.i./v.int. **3** *informal* Conversar ou falar por passatempo e de maneira despreocupada [com alguém]: *Sentia falta de confabular com a amiga. Confabularam ao telefone por horas.*

confecção ⟨con.fec.ção⟩ (pl. *confecções*) s.f. **1** Ato ou efeito de confeccionar. **2** Pequeno estabelecimento onde peças do vestuário são fabricadas.

confeccionar ⟨con.fec.ci.o.nar⟩ v.t.d. Fabricar ou preparar (algo material, especialmente se for composto): *confeccionar um vestido.*

confederação ⟨con.fe.de.ra.ção⟩ (pl. *confederações*) s.f. Conjunto de pessoas, entidades ou Estados com interesses comuns e dependentes administrativamente entre si: *O nome oficial da Suíça é Confederação Suíça.*

confeitar ⟨con.fei.tar⟩ v.t.d. Cobrir com açúcar, calda de açúcar ou com confeitos (um doce): *Na aula de culinária, confeitaram um bolo de aniversário.*

confeitaria ⟨con.fei.ta.ri.a⟩ s.f. **1** Estabelecimento comercial onde se fazem ou se vendem doces. **2** Arte ou técnica de fazer doces.

confeiteiro, ra ⟨con.fei.tei.ro, ra⟩ s. Pessoa que se dedica profissionalmente ao preparo ou à venda de doces.

confeito ⟨con.fei.to⟩ s.m. **1** Doce, geralmente em forma de bolinhas, feito com açúcar e outros ingredientes. **2** Semente ou amendoim cobertos com açúcar. **3** Guloseima, geralmente em forma de pastilha, feita à base de açúcar fundido e endurecido, e aromatizada com essências ou outros ingredientes.

conferência ⟨con.fe.rên.cia⟩ s.f. **1** Ato ou efeito de conferir. **2** Exposição ou discurso públicos sobre um tema: *Assistimos a uma conferência sobre os efeitos nocivos do cigarro.* **3** Exame ou observação de dois ou mais elementos para avaliar ou descobrir suas semelhanças ou diferenças. ☐ SIN. aproximação, colação, comparação, cotejo.

conferenciar ⟨con.fe.ren.ci.ar⟩ v.t.i./v.int. **1** Apresentar uma conferência [sobre um assunto]: *Minha mãe está se preparando para conferenciar sobre medicina veterinária.* **2** Conversar [com uma ou mais pessoas], geralmente para tratar de um assunto: *A diretora conferenciou com os professores sobre os problemas na escola.*

conferencista ⟨con.fe.ren.cis.ta⟩ s.2g. Pessoa que expõe um tema em público. ☐ SIN. palestrante.

conferir ⟨con.fe.rir⟩ ▌ v.t.d. **1** Examinar ou confrontar (duas ou mais coisas) para observar suas relações, semelhanças e diferenças. ▌ v.t.d.i. **2** Examinar ou confrontar (uma coisa) [com outra] para observar suas relações, semelhanças e diferenças: *Na entrada do exame, conferiram minha ficha com meus documentos.* ▌ v.t.d./v.t.d.i. **3** Conceder ou atribuir (um cargo ou poder) [a alguém]: *A diretora lhe conferiu plenos poderes para eleger seus colaboradores.* **4** Atribuir (uma qualidade) [a algo ou alguém]: *Nossa chefa trabalha com a segurança que lhe conferem os anos de experiência.* ▌ v.t.d. **5** Verificar se está correto ou se tem exatidão (um cálculo, especialmente): *Conferindo os resultados, percebemos que estávamos errados.* ▌ v.t.i./v.int. **6** Estar de acordo ou em conformidade [com o esperado]: *O*

confessar

número não confere com o que você me passou. ☐ GRAMÁTICA É um verbo irregular →SERVIR.

confessar ⟨con.fes.sar⟩ ▌v.t.d./v.t.d.i. **1** Expressar ou assumir (um ato, uma ideia ou um sentimento) [a alguém]: *Confesso que, a princípio, não pretendia seguir essa carreira.* ▌v.t.d./v.t.d.i./v.prnl./v.int. **2** Reconhecer(-se) ou declarar(-se) por obrigação (algo que não se deseja declarar ou reconhecer) [a alguém]: *Nem sob ameaça ele confessou aquele segredo. Confessou-se culpado.* ▌v.t.d./v.t.d.i. **3** Na Igreja Católica, declarar (os pecados cometidos) [ao confessor] pelo sacramento da penitência: *confessar um pecado ao padre.* ▌v.prnl. **4** Na Igreja Católica, declarar-se ao confessor pelo sacramento da penitência, relatando-lhe os pecados cometidos: *Foi à igreja e confessou-se com o pároco.* ▌v.t.d. **5** Na Igreja Católica, em relação ao confessor, ouvir (o penitente) no sacramento da penitência: *confessar um fiel.*

confessionário ⟨con.fes.si.o.ná.rio⟩ s.m. Em uma igreja, lugar fechado onde um padre pode ouvir confissões.

confesso, sa ⟨con.fes.so, sa⟩ adj./s. **1** Que ou quem confessou seu delito ou sua culpa. **2** Que ou quem se converteu ao cristianismo.

confessor ⟨con.fes.sor⟩ (Pron. [confessôr]) s.m. Na Igreja Católica, sacerdote que ouve as confissões dos fiéis e os absolve do pecado, concedendo-lhes penitências.

confete ⟨con.fe.te⟩ s.m. **1** Pedaço pequeno de papel colorido, que as pessoas, por diversão, costumam atirar umas nas outras em algumas festas: *Voltou da festa de carnaval todo coberto por confete e serpentina.* **2** *informal* Elogio.

confiança ⟨con.fi.an.ça⟩ s.f. **1** Segurança que se tem em algo ou em alguém: *Tenho confiança nela, pois nunca me desapontou.* **2** Ânimo ou vontade para fazer algo com a certeza de que dará certo: *Mesmo nos piores momentos, você não deve perder a confiança em si próprio.* **3** *informal* Atrevimento ou ousadia: *Ela não gostava das atitudes do rapaz, cheias de confiança.* ‖ **ser de confiança** Ser digno dela: *Pode falar abertamente, porque ele é de confiança.*

confiante ⟨con.fi.an.te⟩ adj.2g. Que confia ou acredita em alguém, em si mesmo ou em algo.

confiar ⟨con.fi.ar⟩ ▌v.t.d.i. **1** Encarregar ou colocar (algo ou alguém) [aos cuidados de outra pessoa]: *Quando têm de viajar, meus pais confiam minha irmã à minha avó.* **2** Contar ou revelar (um segredo) [a alguém]: *Ela é minha amiga, e me confia tudo o que pensa.* ☐ SIN. **confidenciar.** ▌v.t.i./v.int. **3** Ter confiança [em algo ou alguém]: *Confio nele porque nunca me traiu.*

confiável ⟨con.fi.á.vel⟩ (pl. *confiáveis*) adj.2g. **1** Que é digno de confiança. **2** Que oferece segurança.

confidência ⟨con.fi.dên.cia⟩ s.f. Revelação ou declaração secretas: *Jamais revelarei as confidências que ela me fez.* ☐ SIN. **confissão.**

confidencial ⟨con.fi.den.ci.al⟩ (pl. *confidenciais*) adj.2g. Que é dito ou feito em confiança ou em segredo.

confidenciar ⟨con.fi.den.ci.ar⟩ v.t.d./v.t.d.i. Contar ou revelar (um segredo) [a alguém]: *Confidenciou seus sentimentos ao amigo.* ☐ SIN. **confiar.**

confidente ⟨con.fi.den.te⟩ adj.2g./s.2g. Que ou quem é de confiança e a quem se pode confiar aquilo que é secreto ou reservado.

configuração ⟨con.fi.gu.ra.ção⟩ (pl. *configurações*) s.f. **1** Disposição dos elementos que formam um todo: *A configuração do terreno permite a construção de uma casa com piscina.* ☐ SIN. **conformação.** **2** Em relação a um computador ou a um programa de informática, alteração do seu funcionamento por meio da edição dos parâmetros usados por eles: *Ainda não foi feita a configuração do software.*

configurar ⟨con.fi.gu.rar⟩ ▌v.t.d. **1** Alterar a composição de (um computador ou um programa de informática): *Configurou o editor de texto para trabalhar com mais conforto.* **2** Alterar o funcionamento de (um computador ou um programa de informática) por meio dos parâmetros usados por ele. **3** Representar ou ser indício de: *As nuvens negras configuram chuva.* ▌v.t.d./v.prnl. **4** Conferir ou assumir (determinada forma ou aspecto): *Tamanha reincidência configura epidemia na região.*

confinamento ⟨con.fi.na.men.to⟩ s.m. Aprisionamento dentro de certos limites.

confinar ⟨con.fi.nar⟩ ▌v.t.d./v.t.d.i./v.prnl. **1** Aprisionar(-se) [em um lugar ou dentro de certos limites]: *Confinou-se no quarto, pois precisava estudar.* ▌v.t.i. **2** Em relação a um terreno ou a uma área, fazer fronteira [com outro]: *O bosque confinava com um riacho.* ▌v.t.d. **3** Marcar ou fixar os limites de (um território): *Cada filho que herdou as terras confinou a sua parte.*

confirmação ⟨con.fir.ma.ção⟩ (pl. *confirmações*) s.f. **1** Ato ou efeito de confirmar(-se): *O exame de sangue deu-lhe a confirmação da suspeita de gravidez. Esperamos a confirmação do horário da viagem.* **2** Na Igreja Católica, sacramento pelo qual uma pessoa batizada confirma sua fé. ☐ SIN. **crisma. 3** Na Igreja Católica, administração desse sacramento. ☐ SIN. **crisma.**

confirmar ⟨con.fir.mar⟩ ▌v.t.d./v.prnl. **1** Reafirmar a veracidade de (algo que não se sabe com certeza) ou comprovar(-se): *O resultado do jogo confirmou a superioridade da nossa equipe. As suspeitas de corrupção se confirmaram depois da investigação.* ▌v.t.d. **2** Ratificar (algo que já estava aprovado): *Tenho que telefonar para o consultório e confirmar a consulta.* ▌v.t.d./v.prnl. **3** Administrar a (alguém) ou receber o sacramento da confirmação: *O bispo confirmou os jovens da comunidade.*

confiscar ⟨con.fis.car⟩ v.t.d. Apropriar-se de (bens): *A alfândega confiscou produtos contrabandeados.* ☐ ORTOGRAFIA Antes de e, o c muda para qu →BRINCAR.

confisco ⟨con.fis.co⟩ s.m. Apropriação dos bens de uma pessoa, especialmente se for por parte do Estado.

confissão ⟨con.fis.são⟩ (pl. *confissões*) s.f. **1** Declaração que alguém faz de uma culpa ou daquilo que sabe, sente ou pensa, voluntariamente ou por obrigação: *O juiz escutou a confissão do acusado.* **2** Revelação ou declaração secretas: *Tivemos que ouvir todas as suas confissões sobre o seu caso amoroso.* ☐ SIN. **confidência. 3** Na Igreja Católica, sacramento pelo qual o sacerdote perdoa os pecados de alguém em nome de Jesus Cristo (o filho de Deus para os cristãos). ☐ SIN. **penitência. 4** Nesse sacramento, declaração que o penitente faz ao confessor sobre seus pecados: *Passou alguns minutos fazendo sua confissão ao padre.*

conflagração ⟨con.fla.gra.ção⟩ (pl. *conflagrações*) s.f. **1** Incêndio de grande extensão. **2** Conflito bélico entre povos, nações ou países: *Durante a Guerra Fria, temia-se uma conflagração nuclear mundial.*

conflagrar ⟨con.fla.grar⟩ v.t.d. Agitar, convulsionar ou iniciar uma luta ou guerra: *Diferenças políticas conflagraram as duas regiões.*

conflitante ⟨con.fli.tan.te⟩ adj.2g. Contrário, oposto ou incompatível.

conflitar ⟨con.fli.tar⟩ v.t.i./v.int. Em relação a um elemento, ser contrário ou estar em desacordo [com outro]: *O que está me dizendo conflita com o que vi.*

conflito ⟨con.fli.to⟩ s.m. **1** Combate ou enfrentamento, geralmente violentos ou armados: *Os países voltaram a ter laços diplomáticos, décadas depois do conflito.* **2** Contrariedade ou desacordo entre duas ou mais partes: *um conflito de ideias; um conflito de gerações.*

congênere

conflituoso, sa ⟨con.fli.tu.o.so, sa⟩ (Pron. [conflituôso], [conflituósa], [conflituósos], [conflituósas]) adj. **1** Que gera conflito. **2** Em relação a uma situação ou a uma circunstância, que apresentam conflito.

confluência ⟨con.flu.ên.cia⟩ s.f. **1** Convergência em um mesmo ponto: *a confluência de dois rios*. **2** Lugar onde essa convergência acontece.

confluir ⟨con.flu.ir⟩ ❙ v.t.i./v.int. **1** Juntar-se [em um lugar ou em um lugar]: *As ruas centrais desta cidade confluem para a praça*. ❙ v.t.i. **2** Em relação a uma coisa, estar de acordo [com outra]: *A disponibilidade da professora conflui com as necessidades da escola*. ❙ v.int. **3** Estarem de acordo (duas ou mais coisas): *Assim que as opiniões confluíram, prosseguimos com a pauta da reunião.* ▢ ORTOGRAFIA Usa-se *i* em vez do *e* comum na conjugação do presente do indicativo e do imperativo afirmativo →ATRIBUIR.

conformação ⟨con.for.ma.ção⟩ (pl. *conformações*) s.f. **1** Ato ou efeito de conformar(-se). **2** Disposição dos elementos que formam um todo. ▢ SIN. **configuração**.

conformar ⟨con.for.mar⟩ ❙ v.t.d./v.prnl. **1** Adaptar(-se) (uma coisa) [a outra]: *Deve conformar seus gastos às suas possibilidades financeiras*. ❙ v.prnl. **2** Concordar voluntariamente com algo, especialmente se for desagradável: *Não se conformou com a solução e entrou na justiça*.

conforme ⟨con.for.me⟩ ❙ adj.2g. **1** Que é feito de maneira correta. **2** Que é adequado ou que está nas devidas proporções: *O trabalho está conforme ao que foi solicitado*. **3** Que está de acordo com algo: *Não estou conforme com o que ele disse*. ❙ adv. **4** Com conformidade, com correspondência ou do modo indicado: *Fiz o bolo conforme a receita*. ❙ conj. **5** No mesmo momento em que ou assim que: *Conforme chegou, foi correndo abraçar os pais*. **6** À proporção que ou à medida que: *Reporemos o estoque conforme for esvaziando*. ❙ prep. **7** Segundo ou de acordo com: *O serviço foi prestado conforme previsto no contrato*.

conformidade ⟨con.for.mi.da.de⟩ s.f. **1** Aprovação, consentimento ou aval: *Deu sua conformidade para que se iniciasse o projeto*. **2** Atitude resignada ou tolerante frente a adversidades: *Sua conformidade diante da má notícia era admirável*. **3** Correspondência, relação ou harmonia: *É uma pessoa coerente e seus atos estão em conformidade com suas ideias*.

conformismo ⟨con.for.mis.mo⟩ s.m. Aceitação de circunstâncias desfavoráveis: *Ela sempre lutou contra o conformismo na sociedade em que vive*.

confortar ⟨con.for.tar⟩ v.t.d./v.prnl. Encorajar(-se) ou consolar(-se) (alguém aflito): *Suas palavras me confortaram naquele momento difícil*.

confortável ⟨con.for.tá.vel⟩ (pl. *confortáveis*) adj.2g. Que causa sensação de conforto.

conforto ⟨con.for.to⟩ (Pron. [confôrto]) s.m. **1** Consolo, ânimo ou vigor: *Sempre que está chateado, encontra conforto nos ombros da amiga*. **2** Estado ou situação de quem está satisfeito: *Depois do trabalho, não via a hora de chegar no conforto de seu lar*. ▢ SIN. **comodidade**.

confrade, da ⟨con.fra.de, da⟩ s. Pessoa que pertence a uma confraria. ▢ GRAMÁTICA Seu feminino também pode ser confreira.

confranger ⟨con.fran.ger⟩ v.t.d./v.prnl. Oprimir(-se), afligir(-se) ou angustiar(-se). ▢ ORTOGRAFIA Antes de *a* e *o*, o *g* muda para *j* →ELEGER.

confraria ⟨con.fra.ri.a⟩ s.f. **1** Associação que alguns devotos formam com finalidades religiosas. **2** Grêmio, companhia ou união entre pessoas com determinada finalidade e com interesses em comum: *uma confraria de escritores*.

confraternizar ⟨con.fra.ter.ni.zar⟩ ❙ v.t.d. **1** Unir de forma harmoniosa e fraternal. ▢ SIN. **fraternizar**. ❙ v.t.i./v.int. **2** Ter bom relacionamento ou se entender [com alguém].

confreira ⟨con.frei.ra⟩ s.f. →**confrade, da**

confrontar ⟨con.fron.tar⟩ ❙ v.t.d./v.t.d.i./v.prnl. **1** Colocar(-se) frente a frente (duas ou mais pessoas) ou pôr frente a frente (uma pessoa) [com outra]: *Confrontaram as testemunhas para descobrir como foi o acidente*. ❙ v.t.d./v.t.d.i. **2** Comparar (coisas diferentes) ou cotejar (uma coisa) [com outra diferente]: *O professor confrontou os dois exames para ver se os alunos haviam colado*.

confronto ⟨con.fron.to⟩ s.m. **1** Comparação ou cotejo, geralmente de um texto com outro: *O confronto das duas obras evidenciou o plágio*. **2** Oposição ou disputa entre pessoas, entidades, interesses, sentimentos ou ideias: *O confronto entre os dois candidatos perdurou por toda a campanha*. **3** Em alguns esportes, partida ou disputa: *Os dois confrontos entre as equipes terminaram empatados*.

confundir ⟨con.fun.dir⟩ ❙ v.t.d./v.prnl. **1** Misturar(-se) de forma que fique difícil reconhecer ou distinguir: *Confundiu os presentes, pois tinham o mesmo embrulho*. ▢ SIN. **embaralhar**. ❙ v.t.d./v.t.d.i./v.prnl. **2** Tomar(-se) (uma pessoa ou uma coisa) [por outra] de forma equivocada: *Sempre confundo esses cantores, pois suas vozes são parecidas*. ❙ v.t.d./v.prnl. **3** Perturbar(-se), desconcentrar(-se) ou tornar(-se) inseguro: *Ele fala tanto que me confunde*. ❙ v.prnl. **4** Equivocar-se, enganar-se ou complicar-se: *Meu tio se confundiu na hora de preencher o formulário*.

confusão ⟨con.fu.são⟩ (pl. *confusões*) s.f. **1** Mistura desordenada de elementos diversos: *Como todos falavam ao mesmo tempo, havia uma grande confusão de ideias*. **2** Alvoroço ou desordem: *Durante a greve, fez-se uma grande confusão na porta da fábrica*.

confuso, sa ⟨con.fu.so, sa⟩ adj. Pouco claro ou difícil de compreender.

congada ⟨con.ga.da⟩ s.f. Dança de origem afro-brasileira na qual os participantes representam a coroação dos reis do Congo (país africano).

congelado ⟨con.ge.la.do⟩ s.m. Produto alimentício conservado sob temperaturas muito baixas.

congelador, -a ⟨con.ge.la.dor, do.ra⟩ (Pron. [congeladôr], [congeladôra]) ❙ adj. **1** Que congela. ❙ s.m. **2** Parte da geladeira, geralmente localizada no topo, utilizada para congelar alimentos ou água.

congelamento ⟨con.ge.la.men.to⟩ s.m. **1** Ato ou efeito de congelar(-se). **2** Imobilização ou bloqueio, especialmente se forem de preços ou valores: *Uma das medidas econômicas do governo para combater a crise foi o congelamento de preços*. **3** Detenção do curso ou do desenvolvimento de um processo: *O Governo decretou o congelamento da reforma educativa*.

congelar ⟨con.ge.lar⟩ ❙ v.t.d./v.int./v.prnl. **1** Converter(-se) (um líquido) em sólido por efeito do frio. ▢ SIN. **gelar**. **2** Solidificar(-se) ou submeter (um alimento) a temperaturas baixas o suficiente para solidificar sua parte líquida: *Esqueci os refrigerantes no freezer e eles congelaram*. ▢ SIN. **gelar**. ❙ v.t.d./v.int. **3** Esfriar de forma intensa: *Aquele ar frio da serra nos congelou!* ▢ SIN. **gelar**. **4** Imobilizar(-se) ou bloquear: *A emissora congelou a imagem para confirmar se a bola realmente tinha entrado no gol*. ❙ v.t.d. **5** Deter o curso ou o desenvolvimento normal de (um processo): *O Congresso congelou a promulgação da lei até a próxima assembleia*.

congênere ⟨con.gê.ne.re⟩ adj.2g./s.2g. Que ou quem é do mesmo gênero, da mesma origem ou da mesma classe que outro.

congênito

congênito, ta ⟨con.gê.ni.to, ta⟩ adj. **1** Que se tem desde o nascimento ou desde o período de gestação. **2** Em relação especialmente a uma qualidade, que não é aprendida e se tem desde o nascimento. ☐ **SIN. inato. 3** Que é apropriado ou tem características propícias àquilo que se destina.

congestão ⟨con.ges.tão⟩ (pl. *congestões*) s.f. Acúmulo anormal e excessivo de um fluido em uma parte do corpo. ☐ **SIN. congestionamento.**

congestionamento ⟨con.ges.ti.o.na.men.to⟩ s.m. **1** Acúmulo anormal e excessivo de um fluido em uma parte do corpo. ☐ **SIN. congestão. 2** Grande quantidade de veículos que dificulta o trânsito. ☐ **SIN. engarrafamento.**

congestionar ⟨con.ges.ti.o.nar⟩ ▌ v.t.d. **1** Acumular uma quantidade excessiva de fluido em (uma parte do corpo): *A sinusite lhe congestionou o nariz.* ▌ v.prnl. **2** Sofrer acúmulo de uma quantidade excessiva de fluido (uma parte do corpo). ▌ v.t.d./v.int./v.prnl. **3** Obstruir(-se) ou bloquear(-se) (uma área), impedindo o movimento por ela: *No horário de pico, as ruas da cidade se congestionam com o trânsito.*

congestivo, va ⟨con.ges.ti.vo, va⟩ adj. Da congestão ou relacionado a ela.

conglomerado ⟨con.glo.me.ra.do⟩ s.m. **1** Conjunto ou acúmulo formados a partir de uma diversidade. **2** Conjunto ou agrupamento de empresas. **3** Em geologia, massa rochosa formada por fragmentos arredondados de diversas rochas ou substâncias minerais unidos entre si por um cimento.

conglomerar ⟨con.glo.me.rar⟩ v.t.d./v.prnl. Unir(-se) formando uma massa compacta.

congolense ⟨con.go.len.se⟩ adj.2g./s.2g. **1** Da República do Congo ou relacionado a esse país africano. ☐ **SIN. congolês, conguês. 2** Da República Democrática do Congo ou relacionado a esse país africano. ☐ **SIN. congolês.**

congolês, -a ⟨con.go.lês, le.sa⟩ (Pron. [congolês], [congolêsa]) adj./s. **1** Da República do Congo ou relacionado a esse país africano. ☐ **SIN. congolense, conguês. 2** Da República Democrática do Congo ou relacionado a esse país africano. ☐ **SIN. congolense. 3** Língua desse e de outros países.

congonha ⟨con.go.nha⟩ (Pron. [congônha]) s.f. Arbusto de caule ramificado, semelhante à erva-mate, com flores brancas em grupos que saem do encontro da folha com o caule, e cujas folhas são usadas na preparação do mate. ☐ **ORIGEM** É uma palavra de origem tupi.

congraçar ⟨con.gra.çar⟩ ▌ v.t.d. **1** Restabelecer a amizade, a harmonia ou a paz entre (duas ou mais pessoas): *A dificuldade que enfrentaram juntos acabou congraçando-os.* ▌ v.t.d.i. **2** Restabelecer a amizade, a harmonia ou a paz de (uma pessoa) [com outra]. ▌ v.prnl. **3** Restabelecer a amizade, a harmonia ou a paz. ☐ **ORTOGRAFIA** Antes de e, o ç muda para c →COMEÇAR.

congratulação ⟨con.gra.tu.la.ção⟩ (pl. *congratulações*) ▌ s.f. **1** Ato ou efeito de congratular(-se). ☐ **SIN. parabenização.** ▌ s.f.pl. **2** Manifestação do sentimento de satisfação que se tem por algum acontecimento feliz ocorrido a outra pessoa: *Leve minhas congratulações aos noivos.* ☐ **SIN. felicidade, felicitação, parabéns.** ☐ **USO** Usa-se geralmente a forma plural *congratulações.*

congratular ⟨con.gra.tu.lar⟩ ▌ v.t.d. **1** Parabenizar, saudar ou cumprimentar por um êxito ou por uma conquista: *O presidente congratulou a atleta pela vitória.* ☐ **SIN. felicitar.** ▌ v.prnl. **2** Alegrar-se ou manifestar satisfação por um acontecimento.

congregação ⟨con.gre.ga.ção⟩ (pl. *congregações*) s.f. **1** Comunidade de pessoas religiosas, que estão sujeitas às mesmas regras e se dedicam às mesmas atividades: *A congregação dos maristas dedica-se ao ensino.* **2** Associação de pessoas que realizam obras religiosas ou de caridade.

congregar ⟨con.gre.gar⟩ v.t.d./v.prnl. Reunir(-se) ou juntar(-se) (pessoas ou um grupo): *O comício congregou eleitores de diferentes partidos.* ☐ **ORTOGRAFIA** Antes de e, o g muda para gu →CHEGAR.

congressista ⟨con.gres.sis.ta⟩ ▌ adj.2g. **1** Do congresso ou que é próprio dele. ▌ s.2g. **2** Membro de um congresso ou que é participante dele.

congresso ⟨con.gres.so⟩ s.m. **1** Encontro no qual participantes com uma formação ou interesses em comum expõem ou debatem ideias sobre um determinado tema: *um congresso de medicina.* **2** Em alguns países, assembleia legislativa: *No Brasil, o Congresso é composto pela Câmara dos Deputados e pelo Senado Federal.*

congruência ⟨con.gru.ên.cia⟩ s.f. Coerência, conformidade, correspondência ou relação lógica: *Não havia congruência no depoimento da testemunha.*

congruente ⟨con.gru.en.te⟩ adj.2g. Com congruência, com lógica ou com coerência.

conguês, -a ⟨con.guês, gue.sa⟩ (Pron. [conguês], [conguêsa]) adj./s. Da República do Congo ou relacionado a esse país. ☐ **SIN. congolense, congolês.**

conhaque ⟨co.nha.que⟩ s.m. Bebida alcoólica de graduação elevada, originária de Cognac (região da França).

conhecer ⟨co.nhe.cer⟩ ▌ v.t.d. **1** Descobrir por meio da razão ou da experiência: *Viajar à Europa foi uma oportunidade de conhecer culturas diferentes.* ▌ v.t.d./v.prnl. **2** Manter um relacionamento com (alguém) ou iniciar um contato: *Conhecemo-nos desde crianças.* ▌ v.t.d. **3** Ter fluência ou desenvoltura sobre (um assunto ou uma área do conhecimento), especialmente se adquiridos por meio do estudo: *Conhece bastante a história do Brasil, principalmente o período colonial.* ☐ **SIN. saber. 4** Experimentar, sentir ou saber por experiência própria: *Quem não conhece o amor não entende o que é estar apaixonado.* ▌ v.prnl. **5** Ter consciência das próprias características: *Ela se conhece bem e por isso sabe o que é bom para si.* ☐ **ORTOGRAFIA** Antes de a ou o, o c muda para ç →CONHECER.

conhecido, da ⟨co.nhe.ci.do, da⟩ ▌ adj. **1** Ilustre, famoso ou que é do conhecimento das pessoas: *um ator conhecido.* ▌ s. **2** Pessoa com a qual se tem um relacionamento que não chega a ser amizade: *Como viaja muito, tem diversos conhecidos ao redor do mundo.*

conhecimento ⟨co.nhe.ci.men.to⟩ ▌ s.m. **1** Domínio de um assunto adquirido por meio da razão ou da experiência: *O conhecimento de idiomas pode ajudar a conseguir um bom emprego.* **2** Inteligência ou capacidade para raciocinar: *Amadureceu muito e agora age com mais conhecimento.* ▌ s.m.pl. **3** Conjunto daquilo que se aprendeu sobre um assunto ou sobre uma disciplina: *Seus conhecimentos de física são básicos.*

conhecível ⟨co.nhe.cí.vel⟩ (pl. *conhecíveis*) adj.2g. Que se pode conhecer.

cônico, ca ⟨cô.ni.co, ca⟩ adj. Do cone ou com o formato desse corpo geométrico.

conífero, ra ⟨co.ní.fe.ro, ra⟩ ▌ adj./s.f. **1** Em relação a uma planta, que é arbórea, com folhas perenes e em forma de escamas ou de agulhas, e frutos geralmente em forma de cone ou de pinha. ▌ s.f.pl. **2** Em botânica, classe dessas plantas.

conivência ⟨co.ni.vên.cia⟩ s.f. **1** Atitude de apoio ou proteção a um mal causado por alguém: *Por sua conivência com o acusado, omitiu dados importantes durante o depoimento.* **2** Confabulação ou acordo feitos para realizar

um plano ilícito: *A polícia suspeita que o roubo tenha sido realizado com a conivência dos seguranças da empresa.*
conivente ⟨co.ni.ven.te⟩ adj.2g. Com conivência ou com tolerância em relação a faltas e infrações.
conjectura ⟨con.jec.tu.ra⟩ s.f. Juízo ou ideia formados a partir de dados parciais, incompletos ou incomprovados: *Todos faziam conjecturas sobre os motivos do crime.* □ ORTOGRAFIA Escreve-se também *conjetura*.
conjecturar ⟨con.jec.tu.rar⟩ ▎v.t.d. **1** Formar a partir de indícios ou de dados não completos ou não comprovados (um juízo ou uma ideia). ▎v.int. **2** Formar um juízo ou uma ideia a partir de indícios ou de dados não completos ou não comprovados: *Não adianta conjecturar sem provas.* □ ORTOGRAFIA Escreve-se também *conjeturar*.
conjeturar ⟨con.je.tu.rar⟩ v.t.d./v.int. →**conjecturar**
conjugação ⟨con.ju.ga.ção⟩ (pl. *conjugações*) s.f. **1** Ato ou efeito de conjugar(-se): *O sucesso deles foi resultado da conjugação de talento e muito esforço.* **2** Em linguística, enunciação ordenada das formas que um verbo apresenta para cada modo, tempo, número e pessoa: *Um verbo defectivo não apresenta conjugação completa.* **3** Em linguística, cada um dos grupos que servem como paradigma para essa derivação: *Os verbos terminados em -ar pertencem à primeira conjugação.*
conjugado ⟨con.ju.ga.do⟩ s.m. Apartamento de pequenas dimensões, com quarto e sala reunidos em um só ambiente, além de banheiro e cozinha.
conjugal ⟨con.ju.gal⟩ (pl. *conjugais*) adj.2g. Dos cônjuges, do casamento ou relacionado a eles.
conjugar ⟨con.ju.gar⟩ ▎v.t.d./v.t.d.i./v.prnl. **1** Reunir(-se) ou combinar(-se) (duas ou mais coisas) ou colocar em acordo (uma coisa) [com outra]: *É a candidata ideal para a vaga de diretora, pois conjuga experiência e dinamismo. É uma construção em que se conjugam tradição e modernidade.* ▎v.t.d. **2** Em linguística, enunciar (um verbo) nas formas adequadas a cada modo, tempo, número e pessoa. □ ORTOGRAFIA Antes de *e*, o *g* muda para *gu* →CHEGAR.
cônjuge ⟨côn.ju.ge⟩ s.2g. Em relação a uma pessoa, seu esposo ou sua esposa: *Os funcionários puderam levar seus cônjuges à festa da empresa.* □ SIN. consorte.
conjunção ⟨con.jun.ção⟩ (pl. *conjunções*) s.f. **1** Em linguística, parte invariável da oração cuja função é fazer a conexão entre duas orações ou entre dois membros de uma delas. **2** União, reunião ou convergência de várias coisas: *O sucesso do projeto foi fruto da conjunção de muitos esforços.* **3** Em astronomia, alinhamento de dois corpos do Sistema Solar.
conjuntiva ⟨con.jun.ti.va⟩ s.f. **1** Em anatomia, membrana mucosa que recobre o interior da pálpebra e a parte anterior do globo ocular dos vertebrados. **2** Em anatomia, membrana de tecido conjuntivo que recobre diversos órgãos, feixes ou outras estruturas.
conjuntivite ⟨con.jun.ti.vi.te⟩ s.f. Inflamação da conjuntiva.
conjuntivo, va ⟨con.jun.ti.vo, va⟩ adj. **1** Que junta e une uma coisa com outra. **2** Em linguística, da conjunção, com valor de conjunção, ou relacionado a ela: *A expressão ainda que é uma locução conjuntiva que equivale a embora.*
conjunto, ta ⟨con.jun.to, ta⟩ ▎adj. **1** Que é feito como unidade ou juntamente com outra coisa: *Terminamos o projeto graças ao esforço conjunto dos envolvidos.* ▎s.m. **2** Grupo musical formado por um número reduzido de integrantes. **3** Em matemática, reunião de elementos escolhidos arbitrariamente ou por meio de uma propriedade em comum: *O conjunto dos números primos se caracteriza por elementos divisíveis por eles mesmos ou por um.*

consagração

conjuntura ⟨con.jun.tu.ra⟩ s.f. **1** Conjunto e combinação das circunstâncias que caracterizam uma situação: *A atual conjuntura econômica não é favorável a grandes investimentos.* **2** Ocasião ou oportunidade para algo: *Esta não é uma conjuntura adequada para se pedir favores.*
conjuração ⟨con.ju.ra.ção⟩ (pl. *conjurações*) s.f. **1** Associação de pessoas para determinado fim, geralmente por meio de um juramento: *A Inconfidência Mineira é descrita por alguns como uma conjuração, liderada por Tiradentes.* **2** Exorcização de um espírito maligno através da enunciação de uma fórmula: *Antes de darem início ao ritual, os magos entoaram suas conjurações.* □ SIN. conjuro, esconjuro.
conjurar ⟨con.ju.rar⟩ ▎v.t.d. **1** Preparar ou tramar (um plano) ocultamente: *Conjuraram a deposição do ministro.* □ SIN. maquinar. **2** Afugentar ou afastar (um mal): *Bater três vezes na madeira é uma superstição para conjurar o azar.* ▎v.t.d./v.t.d.i./v.prnl. **3** Associar(-se) (um grupo de pessoas) [contra algo ou alguém], para um fim determinado e geralmente por meio de um juramento.
conjuro ⟨con.ju.ro⟩ s.m. **1** Exorcização de um espírito maligno através da enunciação de uma fórmula. □ SIN. conjuração, esconjuro. **2** Aquilo que é dito durante essa exorcização. □ SIN. esconjuro.
conluio ⟨con.lui.o⟩ s.m. União de duas ou mais pessoas para alcançar um fim, especialmente se for ilícito. □ SIN. conchavo.
conosco ⟨co.nos.co⟩ (Pron. [conôsco]) pron.pess. Forma da primeira pessoa do plural combinada com a preposição *com*.
conotação ⟨co.no.ta.ção⟩ (pl. *conotações*) s.f. Em linguística, significação secundária e subjetiva que uma palavra ou uma unidade léxica têm por associação: *A palavra cobra pode ter uma conotação pejorativa, se for aplicada a uma pessoa que se considera malvada.* □ USO É diferente de *denotação* (significação básica e sem traços subjetivos de uma palavra ou de uma unidade léxica).
conotar ⟨co.no.tar⟩ v.t.d. Em linguística, em relação a uma palavra, representar (um significado secundário e subjetivo): *Para o poeta Álvares de Azevedo, a palavra morte conotava fuga.* □ USO É diferente de *denotar* (representar um significado básico e sem traços subjetivos).
conquanto ⟨con.quan.to⟩ conj. Conectivo gramatical subordinativo (que une elementos entre os quais há uma relação de dependência) que expressa concessão: *Conquanto tenha se dedicado, não passou no teste.* □ SIN. embora.
conquista ⟨con.quis.ta⟩ s.f. **1** Vitória ou sucesso importantes, geralmente conseguidos com esforço: *Passar no vestibular foi a maior conquista de sua vida estudantil.* **2** Aquilo ou aquele que foi conquistado: *Neste mapa podemos ver as principais conquistas do Império Persa.*
conquistador, -a ⟨con.quis.ta.dor, do.ra⟩ (Pron. [conquistadôr], [conquistadóra]) adj./s. Que ou quem conquista.
conquistar ⟨con.quis.tar⟩ v.t.d. **1** Ganhar ou obter com esforço, com habilidade ou superando dificuldades: *Conquistou o que queria depois de lutar muito.* **2** Ganhar o amor de (alguém): *Conquistou-o com seu senso de humor.* **3** Tomar ou dominar (um terreno, especialmente): *O Império Romano conquistou muitas terras no continente europeu.*
conquistense ⟨con.quis.ten.se⟩ adj.2g./s.2g. **1** De Vitória da Conquista ou relacionado a essa cidade do estado brasileiro da Bahia. **2** De Conquista ou relacionado a essa cidade do estado brasileiro de Minas Gerais.
consagração ⟨con.sa.gra.ção⟩ (pl. *consagrações*) s.f. **1** Ato ou efeito de consagrar(-se): *Depois de seu último*

consagrar

romance conseguiu finalmente a consagração como escritora. **2** Dedicação ou oferecimento a Deus: *a consagração de um bispo; a consagração de uma igreja.* **3** Em um ritual católico, emissão por parte do sacerdote das palavras necessárias para que as substâncias do pão e do vinho sejam convertidas no corpo e no sangue de Jesus Cristo (o filho de Deus para os cristãos).

consagrar ⟨con.sa.grar⟩ ▌v.t.d./v.t.d.i./v.prnl. **1** Dedicar(-se) ou oferecer(-se) (algo ou alguém) [a Deus]. □ **SIN. sagrar.** ▌v.t.d. **2** Em um ritual católico, converter (o pão e o vinho) no corpo e no sangue de Jesus Cristo (o filho de Deus para os cristãos). ▌v.t.d./v.prnl. **3** Dar ou ter fama ou prestígio em uma atividade: *Seus últimos projetos a consagraram como uma das grandes arquitetas do momento. Com aquela reportagem, consagrou-se como jornalista.* ▌v.t.d.i./v.prnl. **4** Dedicar(-se) [a um determinado fim], especialmente se for com ardor ou entusiasmo: *Consagra parte de seu tempo a ajudar os mais necessitados.* □ **SIN. sagrar.** □ **GRAMÁTICA** Na acepção 3, o objeto pode vir acompanhado de um complemento que o qualifica: *Seus últimos projetos a consagraram como <u>uma das grandes arquitetas do momento</u>; Com aquela reportagem, consagrou-se <u>como jornalista</u>.*

consanguíneo, nea ⟨con.san.guí.neo, nea⟩ (Pron. [consangüíneo]) adj. **1** Que tem relação de consanguinidade com alguém. **2** Em relação a um casamento, que acontece entre pessoas da mesma família.

consanguinidade ⟨con.san.gui.ni.da.de⟩ (Pron. [consangüinidade]) s.f. Parentesco natural entre pessoas com antepassados comuns.

consciência ⟨cons.ci.ên.cia⟩ s.f. **1** Faculdade de uma pessoa para perceber e compreender o mundo que a cerca e o seu mundo interior: *Após desmaiar, demorou alguns minutos para recobrar a consciência.* **2** Conhecimento ou faculdade que permite julgar moralmente as ações: *A consciência lhe impedia trair o amigo.* **3** Conhecimento e cumprimento dos próprios deveres e obrigações: *É uma pessoa aplicada e faz seu trabalho com consciência.*

consciencioso, sa ⟨cons.ci.en.ci.o.so, sa⟩ (Pron. [conscienciôso], [conscienciósa], [conscienciósos], [consciencióssas]) adj. **1** Que age com honestidade e responsabilidade. **2** Em relação a um trabalho, que é feito com consciência, rigor e empenho. □ **SIN. cônscio.**

consciente ⟨cons.ci.en.te⟩ ▌adj.2g. **1** Que tem conhecimento de algo: *Eles não pareciam estar conscientes da gravidade da situação.* □ **SIN. ciente, cônscio. 2** Com uso pleno de seus sentidos e faculdades: *Apesar da queda, o motociclista esteve consciente todo o tempo.* ▌s.m. **3** Em psicologia, conjunto de processos do indivíduo dos quais se tem consciência.

cônscio, cia ⟨côns.cio, cia⟩ adj. **1** Que tem conhecimento de algo. □ **SIN. ciente, consciente. 2** Em relação a um trabalho, que é feito com consciência, rigor e empenho. □ **SIN. consciencioso.**

conscrição ⟨cons.cri.ção⟩ (pl. *conscrições*) s.f. Recrutamento de pessoas a fim de treiná-las para o serviço militar. □ **SIN. alistamento.**

consecução ⟨con.se.cu.ção⟩ (pl. *consecuções*) s.f. Ato ou efeito de conseguir: *a consecução de uma meta.*

consecutivo, va ⟨con.se.cu.ti.vo, va⟩ adj. **1** Que segue ou que é subsequente. □ **SIN. conseguinte, seguinte, sucessivo. 2** Que expressa consequência.

conseguinte ⟨con.se.guin.te⟩ adj.2g. Que segue ou que é subsequente. □ **SIN. consecutivo, seguinte, sucessivo.** ‖ **por conseguinte** Conectivo gramatical coordenativo (que une elementos do mesmo nível sintático), que expressa conclusão ou consequência: *Subiu o preço do combustível e, por conseguinte, a passagem de ônibus.*

conseguir ⟨con.se.guir⟩ v.t.d./v.t.d.i. Alcançar, obter ou ganhar (algo que se deseja) [de alguém]: *Não consigo me concentrar com tanto barulho!* □ **ORTOGRAFIA** Antes de *a* e *o*, o *gu* muda para *g* →DISTINGUIR. □ **GRAMÁTICA** É um verbo irregular →SERVIR.

conselheiro, ra ⟨con.se.lhei.ro, ra⟩ ▌adj./s. **1** Que ou quem aconselha: *Meu avô é meu melhor conselheiro.* ▌s. **2** No período colonial brasileiro, título honorífico concedido a algumas pessoas. **3** No período colonial brasileiro, pessoa que possuía esse título. **4** Membro de um conselho ou de uma assessoria: *Foi eleita conselheira de um importante banco.*

conselho ⟨con.se.lho⟩ (Pron. [consêlho]) s.m. **1** Opinião sobre como agir em uma determinada situação: *Ela sempre me dava bons conselhos.* **2** Em uma empresa, grupo de pessoas cuja função é aconselhar ou administrar: *O conselho de classe decidirá sobre a aprovação dos alunos.*

consenso ⟨con.sen.so⟩ s.m. Ausência de ideias ou opiniões divergentes em relação a um assunto: *Os membros da diretoria ainda não chegaram a um consenso sobre esta questão.*

consentâneo, nea ⟨con.sen.tâ.neo, nea⟩ adj. Que é adequado ou congruente a algo. □ **SIN. consequente.**

consentimento ⟨con.sen.ti.men.to⟩ s.m. **1** Ato ou efeito de consentir. □ **SIN. permissão. 2** Aprovação ou tolerância: *Quando anunciou a viagem, teve o consentimento do chefe.*

consentir ⟨con.sen.tir⟩ ▌v.t.d./v.t.i./v.int. **1** Autorizar, concordar [em algo] ou não se opor a algo. ▌v.t.d.i. **2** Aceitar (um pedido) ou mostrar-se favorável [a um desejo]. □ **SIN. aceder, assentir.** ▌v.int. **3** Aceitar um pedido ou mostrar-se favorável a ele. □ **SIN. aceder, assentir.** ▌v.t.d./v.t.i. **4** Aprovar ou ser tolerante [com atitudes alheias]: *Não vamos consentir com tamanha injustiça.* □ **GRAMÁTICA** É um verbo irregular →SERVIR.

consequência ⟨con.se.quên.cia⟩ (Pron. [consequência]) s.f. **1** Aquilo que resulta ou que deriva de algo: *O sucesso do projeto é consequência de um trabalho benfeito.* **2** Conclusão ou resultado lógicos alcançados a partir de um raciocínio: *Finalizou a palestra apresentando a consequência dos argumentos lógicos que haviam sido expostos.* **3** Importância, repercussão ou alcance: *Esta descoberta trará importantes consequências para o mundo da ciência.* ‖ **por consequência** Conectivo gramatical coordenativo (que une elementos do mesmo nível sintático) que expressa conclusão ou resultado: *Atrasei-me e, por consequência, perdi o ônibus.*

consequente ⟨con.se.quen.te⟩ (Pron. [consequënte]) ▌adj.2g. **1** Que expressa consequência: *A polícia realizou a apreensão das drogas e a consequente prisão do suspeito.* **2** Que é adequado ou congruente a algo. □ **SIN. consentâneo. 3** Que foi obtido a partir de um raciocínio lógico. ▌s.m. **4** Em uma razão, denominador. **5** Em uma sequência, termo que se segue a outro: *O consequente inteiro de 3 é 4.*

consertar ⟨con.ser.tar⟩ v.t.d. **1** Colocar em ordem ou fazer com que volte a funcionar (algo que está quebrado ou em mau estado): *É preciso consertar a televisão quebrada.* **2** Corrigir ou resolver (um erro ou as más consequências de um fato): *Tentarei consertar o mal-entendido.* □ **ORTOGRAFIA** É diferente de *concertar.*

conserto ⟨con.ser.to⟩ (Pron. [consêrto]) s.m. **1** Reparo de algo quebrado ou em mau estado para que volte a funcionar: *Quanto custou o conserto da bicicleta?* **2** Correção de erros ou das más consequências de um fato. □ **ORTOGRAFIA** É diferente de *concerto.*

conserva ⟨con.ser.va⟩ s.f. Alimento preparado de maneira a se conservar por longo prazo.

conservação ⟨con.ser.va.ção⟩ (pl. *conservações*) s.f. **1** Ato ou efeito de conservar(-se). **2** Em biologia, prática cujo objetivo é o uso de recursos naturais de maneira sustentável.

conservador, -a ⟨con.ser.va.dor, do.ra⟩ (Pron. [conservadôr], [conservadôra]) adj./s. **1** Que ou quem conserva. **2** Que ou quem defende os valores tradicionais, combate as reformas e se opõe às mudanças bruscas.

conservadorismo ⟨con.ser.va.do.ris.mo⟩ s.m. Doutrina ou atitude que defende os valores tradicionais e que se opõe às mudanças.

conservante ⟨con.ser.van.te⟩ adj.2g./s.m. Que é acrescentado aos alimentos para que conservem suas qualidades.

conservar ⟨con.ser.var⟩ v.t.d./v.prnl. **1** Manter a preservação de (algo) ou preservar-se: *Encape seus livros para conservá-los. Os alimentos frescos se conservam mais tempo na geladeira. Tente conservar os arquivos em ordem.* **2** Dar continuidade a (um costume ou uma virtude) ou manter-se: *Apesar de sua vasta cultura, ainda conserva o interesse por muitas coisas. Mesmo depois do sucesso, conservou-se o mesmo.* **3** Manter(-se) em um lugar ou em um estado: *Durante toda a conversa, conservou as mãos no bolso.* ☐ GRAMÁTICA Nas acepções 1 e 3, o objeto pode vir acompanhado de um complemento que o qualifica: *Tente conservar os arquivos em ordem; Durante toda a conversa, conservou as mãos no bolso*.

conservatório ⟨con.ser.va.tó.rio⟩ s.m. Instituição dedicada ao ensino de música e de outras artes relacionadas a ela.

consideração ⟨con.si.de.ra.ção⟩ (pl. *considerações*) s.f. **1** Atenção e respeito. **2** Opinião ou juízo que se emitem sobre um fato após analisá-lo. ‖ **levar em consideração** Em relação àquilo que é dito ou feito, pensar ou refletir com atenção e cuidado sobre ele.

considerar ⟨con.si.de.rar⟩ ▮ v.t.d./v.t.i. **1** Pensar (algo) ou meditar ou refletir [sobre algo] com atenção e cuidado: *Considere bem a proposta antes de aceitá-la.* ▮ v.t.d. **2** Decidir após pensar, meditar ou refletir com atenção e cuidado: *Consideramos mudar de casa somente no próximo ano.* ▮ v.t.d./v.prnl. **3** Julgar(-se) ou estimar(-se): *Considero esta atitude errada.* ☐ SIN. **achar.** ▮ v.t.d. **4** Ter ou mostrar respeito por: *Sempre considerei seus pais.* ☐ GRAMÁTICA Na acepção 3, o objeto pode vir acompanhado de um complemento que o qualifica: *Considero esta atitude errada*.

considerável ⟨con.si.de.rá.vel⟩ (pl. *consideráveis*) adj.2g. **1** Que merece consideração. **2** Grande, importante ou em grande quantidade.

consignar ⟨con.sig.nar⟩ ▮ v.t.d. **1** Registrar por escrito (uma opinião, um voto ou um dado): *Os valores foram consignados na planilha de custo.* ▮ v.t.d./v.t.d.i. **2** Manifestar ou levar ao conhecimento [de alguém]: *O réu consignou sua culpa.* **3** Entregar (um produto) [a outra pessoa ou uma empresa] para que o venda: *A editora consignou alguns exemplares à livraria.*

consignatário, ria ⟨con.sig.na.tá.rio, ria⟩ s. Empresa ou pessoa às quais um produto é destinado para que seja vendido.

consigo ⟨con.si.go⟩ pron.pess. Forma da terceira pessoa do singular e do plural combinadas com a preposição *com*.

consistência ⟨con.sis.tên.cia⟩ s.f. Coesão entre as moléculas que compõem uma substância ou entre os elementos de um conjunto.

consistente ⟨con.sis.ten.te⟩ adj.2g. Que tem consistência.

consistir ⟨con.sis.tir⟩ v.t.i. **1** Ser formado ou composto [por aquilo que se expressa]: *O prêmio consiste em livros.* **2** Estar baseado ou fundamentado [em algo]: *Seu êxito consiste em sua determinação.* ☐ GRAMÁTICA Usa-se a construção *consistir EM algo*.

consistório ⟨con.sis.tó.rio⟩ s.m. Na Igreja Católica, junta ou assembleia de cardeais presidida pelo papa.

consoada ⟨con.so.a.da⟩ s.f. **1** Refeição leve, feita na noite de um dia de jejum. **2** Refeição feita nas noites de Natal ou Ano-Novo.

consoante ⟨con.so.an.te⟩ ▮ adj.2g. **1** Que tem relação de igualdade ou de conformidade com algo. **2** Em relação a sons musicais, que têm harmonia ou concordância. ▮ adj.2g./s.f. **3** Em relação a um som, que é produzido por um movimento de fechamento total ou parcial dos órgãos da articulação, de forma que a passagem de ar através deles seja interrompida ou dificultada, e seguido de outro movimento de abertura. **4** Em relação a uma letra, que representa esse som: *A palavra* credo *tem três consoantes.* ▮ conj. **5** Conectivo gramatical subordinativo (que une elementos entre os quais há uma relação de dependência) que expressa conformidade: *Fez tudo consoante com o que seus pais disseram.* ▮ prep. **6** Com conformidade ou de acordo com: *Vou agir consoante a situação.*

consolação ⟨con.so.la.ção⟩ (pl. *consolações*) s.f. Aquilo que alivia ou conforta a dor de uma pessoa. ☐ SIN. **consolo.**

consolar ⟨con.so.lar⟩ v.t.d./v.t.d.i./v.prnl. Aliviar(-se) (alguém) [de uma pena ou de uma dor]: *Suas palavras de carinho me consolaram. Consolou-a da frustração que sentia. Consolou-se contando seus problemas aos amigos.*

console ⟨con.so.le⟩ s.m. **1** Mesa feita para ficar encostada a uma parede e cujo fim é principalmente decorativo. **2** Painel de comandos e de indicadores que servem para que um usuário ou um operador controlem o funcionamento de uma máquina ou de um sistema. **3** Em um carro, espaço entre os bancos da frente utilizado para colocar objetos. ☐ USO Na acepção 1, usa-se também a forma **consolo**.

consolidação ⟨con.so.li.da.ção⟩ (pl. *consolidações*) s.f. **1** Ato ou efeito de consolidar(-se). **2** Junção ou compilação de leis em uma única norma jurídica.

consolidar ⟨con.so.li.dar⟩ v.t.d./v.int./v.prnl. Tornar(-se) firme, forte ou sólido: *Aquela experiência consolidou os laços entre eles.*

consolo ⟨con.so.lo⟩ (Pron. [consôlo]) s.m. **1** Aquilo que alivia ou conforta a dor de uma pessoa: *Mesmo tendo perdido a competição, foi um consolo estar entre os melhores.* ☐ SIN. **consolação. 2** →**console**

consonância ⟨con.so.nân.cia⟩ s.f. **1** Relação de identidade ou de conformidade entre elementos: *Nossos pensamentos estavam em perfeita consonância.* **2** Harmonia em uma sequência de notas musicais. **3** Em métrica, repetição de uma sequência de sons na terminação de duas ou mais palavras, especialmente se estiverem no final dos versos: *Lento e movimento são rimas que apresentam consonância.*

consonantal ⟨con.so.nan.tal⟩ (pl. *consonantais*) adj.2g. Das consoantes ou relacionado a elas. ☐ SIN. **consonântico.**

consonante ⟨con.so.nan.te⟩ adj.2g. →**consoante**

consonântico, ca ⟨con.so.nân.ti.co, ca⟩ adj. Das consoantes ou relacionado a elas. ☐ SIN. **consonantal.**

consorciar ⟨con.sor.ci.ar⟩ ▮ v.t.d. **1** Unir ou associar (pessoas ou elementos que apresentam interesses em comum ou que tendem a um mesmo fim). ▮ v.t.d.i./v.prnl. **2** Unir(-se) ou associar(-se) (uma pessoa ou um elemento) [a outro que apresenta interesses em comum ou que tende a um mesmo fim]: *Ambas as empresas se consorciaram para conseguir maior lucratividade.*

consórcio

▌v.t.d./v.prnl. **3** Unir(-se) em matrimônio: *Consorciaram-se depois de seis anos de namoro.*
consórcio ⟨con.sór.cio⟩ s.m. **1** União ou associação de pessoas ou elementos que apresentam interesses em comum ou que tendem a um mesmo fim. **2** União civil entre duas pessoas, legitimada por um contrato. ☐ **SIN.** casamento. **3** Regime de financiamento de bens duráveis, baseado na formação de grupos cujos participantes contribuem com uma cota, geralmente mensal, que lhes dá direito a adquirir esses bens por meio de sorteio, lances ou ao final do pagamento dessas cotas.
consorte ⟨con.sor.te⟩ s.2g. Em relação a uma pessoa, seu esposo ou sua esposa. ☐ **SIN.** cônjuge.
conspícuo, cua ⟨cons.pí.cuo, cua⟩ adj. **1** Que é ilustre, notável ou que se destaca. **2** Que é claramente visível ou muito perceptível. **3** Que é sério ou grave: *uma fisionomia conspícua.*
conspiração ⟨cons.pi.ra.ção⟩ (pl. *conspirações*) s.f. Ato ou efeito de conspirar.
conspirar ⟨cons.pi.rar⟩ ▌v.t.i./v.int. **1** Unir-se secretamente para preparar uma ação negativa [contra algo ou alguém, especialmente se for uma autoridade]: *Foram acusados de conspirar contra o Governo.* ▌v.t.i. **2** Ser prejudicial ou desfavorável [para algo ou alguém]: *Precisamos terminar logo a tarefa, pois os imprevistos conspiram contra nós.*
conspurcar ⟨cons.pur.car⟩ ▌v.t.d. **1** Sujar com manchas: *conspurcar uma roupa.* ☐ **SIN.** manchar. ▌v.t.d./v.prnl. **2** Corromper(-se) ou perverter(-se): *Conspurcaram-se cometendo atos ilícitos.* ☐ **ORTOGRAFIA** Antes de e, o c muda para *qu* →BRINCAR.
constância ⟨cons.tân.cia⟩ s.f. Persistência no desempenho de uma atividade ou na vontade de alcançar um objetivo: *É uma mulher firme, que sempre demonstrou muita constância.*
constante ⟨cons.tan.te⟩ ▌adj.2g. **1** Que tem constância: *Seu esforços constantes lhe trouxeram ótimos resultados.* **2** Que consta ou que está incluído em algo: *Os textos constantes neste livro são dos modernistas do século XX.* **3** Que persiste, que dura ou que não tem interrupção: *Não conseguia se concentrar com aquele barulho constante.* ☐ **SIN.** contínuo. ▌s.f. **4** Em matemática, número fixo utilizado recorrentemente ou que representa uma relação sempre válida: *Este valor é sempre uma constante.*
constar ⟨cons.tar⟩ ▌v.t.i./v.int. **1** Ser do conhecimento [de alguém] ou ser conhecido: *Consta que ela é uma profissional experiente e eficiente.* ▌v.t.i. **2** Fazer parte [de algo] ou estar incluído [nele]: *O seu nome não consta da lista de convidados.* **3** Estar formado [por partes ou elementos determinados]: *A peça consta de três atos.*
constatação ⟨cons.ta.ta.ção⟩ (pl. *constatações*) s.f. Ato ou efeito de constatar.
constatar ⟨cons.ta.tar⟩ v.t.d. Comprovar, observar ou estabelecer a veracidade de (um fato): *Há hipóteses sobre a causa do acidente, mas ainda é preciso constatá-las.*
constelação ⟨cons.te.la.ção⟩ (pl. *constelações*) s.f. **1** Conjunto de estrelas agrupadas para efeito de mapeamento dos astros: *A constelação da Ursa Maior é composta por seis estrelas visíveis.* **2** Conjunto de pessoas famosas ou notáveis: *O filme reuniu uma constelação de atores.*
consternar ⟨cons.ter.nar⟩ v.t.d./v.prnl. Causar ou sentir perturbação, tristeza, inquietação ou alteração do ânimo: *Sua morte repentina nos consternou. Consternou-se ao ouvir tantas críticas.*
constipação ⟨cons.ti.pa.ção⟩ (pl. *constipações*) s.f. **1** Mal-estar físico causado geralmente por mudanças bruscas de temperatura, e cujos sintomas são febre e coriza. ☐ **SIN.** resfriado, resfriamento. **2** Retenção dos excrementos e dificuldade para eliminá-los.
constipar ⟨cons.ti.par⟩ v.t.d./v.prnl. **1** Provocar resfriado em (alguém) ou ficar resfriado: *As bruscas quedas de temperatura constipam muita gente. Constipei-me porque tomei banho frio logo após praticar esportes.* **2** Provocar ou sofrer retenção dos excrementos e dificuldade para eliminá-los: *O arroz costuma constipá-lo.*
constitucional ⟨cons.ti.tu.ci.o.nal⟩ (pl. *constitucionais*) adj.2g. **1** Da constituição (lei fundamental de um Estado) ou relacionado a ela. **2** Da constituição de uma pessoa ou o que é próprio dela.
constitucionalismo ⟨cons.ti.tu.ci.o.na.lis.mo⟩ s.m. **1** Doutrina que defende a constituição (lei fundamental de um Estado) como fundamento para o regime político. **2** Esse regime político.
constitucionalista ⟨cons.ti.tu.ci.o.na.lis.ta⟩ adj.2g./s.2g. Que ou quem defende a Constituição (lei fundamental de um Estado) ou é especialista em seu estudo.
constituição ⟨cons.ti.tu.i.ção⟩ (pl. *constituições*) s.f. **1** Conjunto de normas jurídicas fundamentais que regem o funcionamento de um Estado: *A Constituição Federal da República Federativa do Brasil foi outorgada em 1988.* **2** Conjunto de regras ou princípios que regem uma entidade ou uma coletividade: *A constituição da minha escola não permite fumar em suas dependências.* **3** Maneira como algo está constituído: *A constituição da banca examinadora reunia mestres e doutores.* **4** Aspecto físico de uma pessoa: *Tem a mesma constituição robusta de seu pai.*
constituinte ⟨cons.ti.tu.in.te⟩ ▌adj.2g. **1** Que constitui algo ou faz parte dele: *A sensibilidade artística é um constituinte importante de sua personalidade.* **2** Em relação especialmente a uma assembleia ou a um congresso, que foram convocados para elaborar ou atualizar a constituição de um Estado: *uma assembleia constituinte.* ▌s.2g. **3** Membro de uma assembleia constituinte. **4** Pessoa que designa outra como sua procuradora.
constituir ⟨cons.ti.tu.ir⟩ v.t.d./v.prnl. **1** Formar ou compor (algo) ou formar-se ou compor-se de algo: *Brasil, Argentina, Paraguai, Uruguai e Venezuela são os países que constituem o Mercosul.* ▌v.t.d. **2** Designar ou atribuir uma posição ou uma condição a (alguém): *A diretora a constituiu chefe da seção.* ☐ **ORTOGRAFIA** Usa-se *i* em vez do e comum na conjugação do presente do indicativo e do imperativo afirmativo →ATRIBUIR. ☐ **GRAMÁTICA** Na acepção 2, o objeto vem acompanhado de um complemento que o qualifica: *A diretora a constituiu chefe da seção.*
constitutivo, va ⟨cons.ti.tu.ti.vo, va⟩ adj. Que constitui.
constrangedor, -a ⟨cons.tran.ge.dor, do.ra⟩ (Pron. [constrangedôr], [constrangedôra]) adj. Que constrange.
constranger ⟨cons.tran.ger⟩ v.t.d./v.prnl. **1** Causar ou sentir constrangimento ou vergonha: *O modo como ele agiu nos constrangeu. Constrangeu-se ao ser surpreendido naquela situação.* ▌v.t.d.i. **2** Obrigar (alguém) [a fazer algo]: *A Justiça o constrangeu a pagar todas as suas dívidas.* ▌v.t.d. **3** Dificultar, apertar ou comprimir: *As ataduras constrangiam seus movimentos.* ☐ **ORTOGRAFIA** Antes de a e o, o g muda para *j* →ELEGER.
constrangimento ⟨cons.tran.gi.men.to⟩ s.m. **1** Ato ou efeito de constranger(-se). **2** Obrigação que leva uma pessoa a fazer algo, geralmente pela força: *Só revelou o que sabia sob constrangimento.*
constrição ⟨cons.tri.ção⟩ (pl. *constrições*) s.f. Pressão que diminui o diâmetro de algo: *a constrição dos vasos sanguíneos.*
constringir ⟨cons.trin.gir⟩ v.t.d./v.prnl. **1** Apertar(-se), fazer ou sofrer pressão: *Um tumor pode constringir uma*

artéria e impedir a irrigação cerebral. **2** Fazer diminuir ou diminuir de volume (um músculo): *Os músculos se constringem devido à ação de impulsos nervosos emitidos pelo cérebro.* ☐ ORTOGRAFIA Antes de *a* ou *o*, o *g* muda para *j* →FUGIR.

construção ⟨cons.tru.ção⟩ (pl. *construções*) s.f. **1** Fabricação ou realização de algo: *A construção do estádio levou dois anos.* **2** Obra construída: *O palácio é uma construção barroca.* **3** Em linguística, ordenação ou disposição gramaticais de palavras para formar uma unidade de sentido.

construir ⟨cons.tru.ir⟩ v.t.d. **1** Fabricar ou realizar (uma obra de alvenaria, geralmente), empregando os elementos necessários: *Estamos construindo uma casa e nos mudaremos assim que ficar pronta.* **2** Conceber ou idealizar (algo imaterial): *Os cientistas constroem hipóteses a partir do que observam.* ☐ ORTOGRAFIA Usa-se *i* em vez do *e* comum na conjugação do presente do indicativo e do imperativo afirmativo →ATRIBUIR. ☐ GRAMÁTICA É um verbo irregular →CONSTRUIR.

construtivo, va ⟨cons.tru.ti.vo, va⟩ adj. **1** Que constrói ou que serve para construir. **2** Que estimula a capacidade de criação: *uma atividade construtiva.* **3** Que tem como propósito a melhoria de algo: *uma crítica construtiva.*

construtor, -a ⟨cons.tru.tor, to.ra⟩ (Pron. [construtôr], [construtôra]) adj./s. Que ou quem se dedica profissionalmente à construção civil.

consubstanciar ⟨con.subs.tan.ci.ar⟩ v.t.d./v.prnl. Tornar(-se) concreto, materializar(-se) ou reunir(-se): *As reivindicações consubstanciaram-se em um novo estatuto.*

consuetudinário, ria ⟨con.su.e.tu.di.ná.rio, ria⟩ adj. Que está relacionado ao costume ou estabelecido por ele.

cônsul ⟨côn.sul⟩ (pl. *cônsules*) s.m. Membro do corpo diplomático de um Estado que, em um país estrangeiro, é encarregado de assuntos relacionados aos compatriotas residentes nele. ☐ GRAMÁTICA Seu feminino é *consulesa*.

consulado ⟨con.su.la.do⟩ s.m. **1** Cargo ou dignidade de cônsul. **2** Tempo durante o qual um cônsul exerce seu cargo. **3** Local onde um cônsul trabalha ou reside.

consulente ⟨con.su.len.te⟩ adj.2g/s.2g. Que ou quem faz consultas em locais ou em publicações destinados a esse fim.

consulesa ⟨con.su.le.sa⟩ (Pron. [consulêsa]) Substantivo feminino de *cônsul*.

consulta ⟨con.sul.ta⟩ s.f. **1** Atendimento agendado que um profissional da saúde presta a seus pacientes: *Meu dentista só marca consultas pela manhã.* **2** Solicitação de uma opinião, de uma orientação ou de um conselho: *Antes de começar a reforma decidimos fazer uma consulta com uma arquiteta.* **3** Essa opinião, essa orientação ou esse conselho: *Ele não cobrou pela consulta.* **4** Busca ou pesquisa em uma fonte de informações: *Fez uma consulta na internet para recolher informações.*

consultar ⟨con.sul.tar⟩ **I** v.t.d./v.t.d.i./v.prnl. **1** Submeter-se a consulta com (um especialista) [sobre um assunto]: *consultar um médico.* **2** Pedir a (alguém) ou obter uma opinião, uma orientação ou um conselho [sobre um assunto]: *Consultei-me com minha mãe antes de decidir onde faria o curso.* **I** v.t.d. **3** Buscar ou investigar em (uma fonte de informação): *Para meu trabalho, consultei vários livros.*

consultivo, va ⟨con.sul.ti.vo, va⟩ adj. **1** Da consulta ou relacionado a ela. **2** Em relação a uma junta ou a um organismo, que dão conselhos, pareceres ou sugestões, mas que não têm o direito de tomar decisões.

consultor, -a ⟨con.sul.tor, to.ra⟩ (Pron. [consultôr], [consultôra]) adj./s. Que ou quem aconselha ou dá informações, especialmente se for sobre assuntos legais, econômicos ou profissionais em geral.

consultório ⟨con.sul.tó.rio⟩ s.m. Local onde consultas são feitas: *um consultório médico.*

consumação ⟨con.su.ma.ção⟩ (pl. *consumações*) s.f. **1** Ato ou efeito de consumar(-se). **2** Aquilo que se consome em um bar ou um restaurante: *Além de sua própria, teve de pagar a consumação da amiga.*

consumado, da ⟨con.su.ma.do, da⟩ adj. Que é excelente em uma atividade ou que a domina.

consumar ⟨con.su.mar⟩ v.t.d./v.prnl. Fazer por completo ou concluir(-se): *A polícia evitou que o crime fosse consumado. O rompimento entre os países se consumou por questões econômicas.*

consumidor, -a ⟨con.su.mi.dor, do.ra⟩ (Pron. [consumidôr], [consumidôra]) **I** adj. **1** Que consome. **I** s. **2** Pessoa que compra ou que consome bens ou produtos.

consumir ⟨con.su.mir⟩ **I** v.t.d. **1** Ingerir ou tomar (um alimento) para satisfazer as necessidades: *É vegetariano e não consome carne.* **I** v.t.d./v.int. **2** Gastar (o dinheiro): *Todo mês consome mais do que pode. Na época de Natal, as pessoas consomem muito.* **I** v.t.d. **3** Utilizar ou gastar (a energia ou o produto que a originou): *Compramos um carro que consome pouca gasolina.* **I** v.t.d./v.prnl. **4** Destruir(-se) ou extinguir(-se): *O fogo consumiu a lenha.* **5** Causar ou sofrer tristeza ou sofrimento: *Tanta injustiça o consumia.* **6** Debilitar(-se), fazer perder ou perder a força, a energia ou a resistência: *Trabalhar sem folga o consumia.* ☐ GRAMÁTICA É um verbo irregular →ACUDIR.

consumismo ⟨con.su.mis.mo⟩ s.m. Tendência ao consumo excessivo de bens desnecessários ou supérfluos.

consumo ⟨con.su.mo⟩ s.m. **1** Venda ou compra de bens ou serviços: *O consumo nas grandes cidades aumenta no fim do ano.* **2** Gasto ou despesa: *Nosso consumo de eletricidade foi muito elevado no mês passado.* **3** Utilização ou gasto de riquezas e materiais: *O consumo excessivo de água pode levar ao racionamento.* **4** Ingestão de alimentos, medicamentos ou outras substâncias: *Estas carnes estão estragadas, não são próprias para o consumo.*

conta ⟨con.ta⟩ s.f. **1** Cálculo ou operação aritmética: *Faça a conta do que você me deve.* **2** Fatura ou nota escrita que contabilizam as despesas que uma pessoa deve pagar: *uma conta de luz.* **3** Em uma entidade bancária, registro que permite a seu portador usar os serviços disponíveis: *Abriu uma conta para depositar seu salário.* **4** Bola pequena e perfurada, usada geralmente para fazer colares ou rosários. **5** Consideração ou atenção: *Não leve em conta o que ele disse, pois estava irritado.* **6** →**conta-corrente** ‖ **afinal de contas** Em conclusão ou afinal: *Afinal de contas, quem virá para o jantar: seu pai ou sua mãe?* ‖ **fazer de conta** *informal* Fingir: *A menina fazia de conta que estava dormindo.* ‖ **pedir as contas** *informal* Pedir demissão: *Não lhe restou alternativa senão pedir as contas, pois morava muito longe do trabalho.* ‖ **por conta própria** Por si só ou sem depender de ninguém: *Trabalham por conta própria desde cedo.*

contábil ⟨con.tá.bil⟩ (pl. *contábeis*) adj.2g. Da contabilidade ou relacionado a ela.

contabilidade ⟨con.ta.bi.li.da.de⟩ s.f. **1** Registro metódico das transações financeiras de uma empresa ou organização. **2** Conjunto desses registros: *Todo mês atualizam a contabilidade do restaurante.*

contabilista ⟨con.ta.bi.lis.ta⟩ adj.2g./s.2g. Que ou quem é encarregado da contabilidade de uma empresa, especialmente como profissão. ☐ SIN. *contador*.

contabilizar ⟨con.ta.bi.li.zar⟩ v.t.d. **1** Registrar em um livro contábil (uma operação financeira): *Contabilizou os*

conta-corrente

gastos com táxi como despesas extras. **2** *informal* Contar ou fazer a conta de: *Contabilizei dez erros na prova.*

conta-corrente ⟨con.ta-cor.ren.te⟩ (pl. *contas-correntes*) s.f. Conta em uma entidade bancária que permite fazer depósitos, efetuar pagamentos ou dispor de dinheiro de maneira imediata. ☐ USO Usa-se também a forma reduzida *conta*.

contactar ⟨con.tac.tar⟩ v.t.d./v.t.i./v.int. →**contatar**

contacto ⟨con.tac.to⟩ s.m. →**contato**

contador, -a ⟨con.ta.dor, do.ra⟩ (Pron. [contadôr], [contadôra]) ▌ adj./s. **1** Que ou quem conta. **2** Que ou quem é encarregado da contabilidade de uma empresa, especialmente como profissão. ☐ SIN. contabilista. ▌ s.m. **3** Aparelho usado para medir o consumo de água, de gás ou de eletricidade. ☐ SIN. medidor, registro, relógio.

contadoria ⟨con.ta.do.ri.a⟩ s.f. Repartição onde é feita a contabilidade de uma instituição ou de uma organização.

contagem ⟨con.ta.gem⟩ (pl. *contagens*) s.f. **1** Comprovação do número de pessoas ou de objetos que formam um grupo: *O professor fez a contagem dos alunos presentes.* **2** Soma ou resultado obtidos após essa comprovação: *Percebemos rapidamente que a contagem dos votos estava errada.*

contagense ⟨con.ta.gen.se⟩ adj.2g./s.2g. De Contagem ou relacionado a essa cidade do estado brasileiro de Minas Gerais.

contagiante ⟨con.ta.gi.an.te⟩ adj.2g. Que contagia.

contagiar ⟨con.ta.gi.ar⟩ ▌ v.t.d./v.prnl. **1** Transmitir uma doença a (alguém) ou infectar-se: *Fui à praia e me contagiei com micose.* ☐ SIN. contaminar. ▌ v.t.d.i. **2** Infectar (alguém) [com uma doença]: *Seu primo o contagiou com sarampo.* ☐ SIN. contaminar. ▌ v.t.d./v.prnl. **3** Influenciar(-se) ou inspirar(-se) (alguém) com uma ideia ou um estado de espírito: *O otimismo de nossa capitã nos contagiou.* ☐ SIN. contaminar.

contágio ⟨con.tá.gio⟩ s.m. Ato ou efeito de contagiar(-se): *O contágio dessa doença se dá pelas vias respiratórias.* ☐ SIN. contaminação.

contagioso, sa ⟨con.ta.gi.o.so, sa⟩ (Pron. [contagiôso], [contagiôsa], [contagiósos], [contagiósas]) adj. Que contagia.

conta-gotas ⟨con.ta-go.tas⟩ (Pron. [conta-gôtas]) s.m.2n. Utensílio formado geralmente por um tubo de vidro e por uma borracha, utilizado para verter um líquido gota a gota.

contaminação ⟨con.ta.mi.na.ção⟩ (pl. *contaminações*) s.f. Ato ou efeito de contaminar(-se): *Os instrumentos do dentista são sempre esterilizados, para evitar contaminações. A contaminação do ar pode causar problemas respiratórios.* ☐ SIN. contágio.

contaminar ⟨con.ta.mi.nar⟩ ▌ v.t.d./v.prnl. **1** Transmitir uma doença a (alguém) ou infectar-se: *Não queria contaminar o filho e preferiu ficar longe dele. Contaminou-se ao entrar em contato com pessoas gripadas.* ☐ SIN. contagiar. ▌ v.t.d.i. **2** Infectar (alguém) [com uma doença]: *O colega a contaminou com uma forte gripe.* ☐ SIN. contagiar. ▌ v.t.d./v.prnl. **3** Alterar a pureza ou o estado original de ou poluir(-se) (algo limpo ou natural): *A fumaça das fábricas contamina o ar. O rio se contaminou com os resíduos despejados nele.* **4** Influenciar(-se) ou inspirar(-se) (alguém) com uma ideia ou um estado de espírito: *Seu bom humor sempre contamina quem está a sua volta.* ☐ SIN. contagiar.

contar ⟨con.tar⟩ ▌ v.t.d./v.t.i./v.t.d.i. **1** Narrar (uma história) [a alguém] ou discorrer [sobre um assunto]: *Meu pai costumava contar histórias para me fazer dormir. Ele contou sobre sua viagem.* ▌ v.t.d./v.t.d.i. **2** Divulgar (um acontecimento ou um segredo) [a alguém]: *Não se esqueça de me contar o que aconteceu na reunião.* ▌ v.t.d. **3** Numerar ou computar (os elementos de um conjunto), considerando-os como unidades homogêneas: *Conte os convidados para saber quantos pratos serão necessários.* ▌ v.int. **4** Enunciar os números de maneira ordenada: *É pequena, mas já sabe contar.* ▌ v.t.d. **5** Considerar ou ter em conta: *Muitos amigos compareceram, sem contar os familiares.* ▌ v.t.i. **6** Ter expectativa ou previsão [de algo]: *Contamos com a sua visita no fim de semana.* ▌ v.int. **7** Ter importância: *Muitas vezes, o esforço conta mais do que o talento.* ‖ **contar com** {algo/alguém} **1** Confiar nele para algum fim. **2** Dispor de: *Contamos com muitos livros nesta biblioteca.*

contatar ⟨con.ta.tar⟩ v.t.d./v.t.i./v.int. Estabelecer contato ou comunicação [com algo ou alguém]: *Contatou uma pessoa para solucionar o problema.* ☐ ORTOGRAFIA Escreve-se também *contactar*.

contato ⟨con.ta.to⟩ s.m. **1** Situação em que duas ou mais coisas se tocam: *A espaçonave se incendiou assim que entrou em contato com a atmosfera da Terra.* **2** Interação ou convivência: *O contato com outros povos e outras culturas nos enriquece.* **3** Pessoa que age como intermediária de outras: *Um contato da polícia favoreceu a descoberta de novos dados sobre o assalto.* ☐ ORTOGRAFIA Escreve-se também *contacto*. ☐ GRAMÁTICA Na acepção 3, usa-se tanto para o masculino quanto para o feminino: *(ele/ela) é um contato.*

contêiner ⟨con.têi.ner⟩ s.m. Recipiente de grandes proporções usado no transporte de mercadorias por longas distâncias, especialmente em navios, trens e aviões.

contemplação ⟨con.tem.pla.ção⟩ (pl. *contemplações*) s.f. **1** Ato ou efeito de contemplar(-se). **2** Reflexão intensa, especialmente se for sobre questões divinas.

contemplar ⟨con.tem.plar⟩ ▌ v.t.d./v.prnl. **1** Olhar(-se) ou admirar(-se) com atenção: *Do alto da montanha, contemplava o vale.* ▌ v.t.d. **2** Considerar, julgar ou levar em conta. ▌ v.t.d./v.t.d.i. **3** Homenagear ou beneficiar (alguém) [com um prêmio, especialmente]: *No sorteio, a loja contemplará o vencedor com um carro.*

contemplativo, va ⟨con.tem.pla.ti.vo, va⟩ adj. **1** Da contemplação, com contemplação ou relacionado a ela. **2** Que costuma meditar intensamente.

contemporâneo, nea ⟨con.tem.po.râ.neo, nea⟩ ▌ adj. **1** Do tempo ou da época atuais, ou relacionado a eles. ▌ adj./s. **2** Que ou quem existe ou existiu no mesmo período. ☐ SIN. coetâneo.

contemporizar ⟨con.tem.po.ri.zar⟩ ▌ v.t.i./v.int. **1** Adaptar-se ou acomodar-se [às opiniões ou os gostos alheios]: *É uma pessoa tranquila, que prefere contemporizar a brigar.* ▌ v.t.d./v.int. **2** Entreter (alguém) ou desconversar, para desviar-se de uma questão ou de uma decisão: *Pediu um aumento, mas o chefe contemporizou e não deu resposta.*

contenção ⟨con.ten.ção⟩ (pl. *contenções*) s.f. Ato ou efeito de conter(-se): *a contenção de despesas; um muro de contenção.* ☐ ORTOGRAFIA Escreve-se também *contensão*.

contencioso, sa ⟨con.ten.ci.o.so, sa⟩ (Pron. [contenciôso], [contenciôsa], [contenciósos], [contenciósas]) ▌ adj. **1** Em que há litígio ou discussão: *um assunto contencioso.* ▌ s.m. **2** Repartição de uma empresa pública ou privada que trata dos assuntos judiciais.

contenda ⟨con.ten.da⟩ s.f. **1** Batalha, disputa ou luta, geralmente armadas: *Os filmes de gladiadores mostram contendas emocionantes.* **2** Discussão ou rixa entre várias pessoas: *Afastou-se ao ver o nível da contenda.* **3** Disputa que acontece por meios legais: *Entraram em contenda pela guarda do filho.*

contender ⟨con.ten.der⟩ ▮ v.t.i. **1** Entrar em contenda [com alguém ou sobre algo]: *Evitou contender sobre uma questão tão trivial como aquela.* ▮ v.int. **2** Entrar em contenda.

contensão ⟨con.ten.são⟩ (pl. *contensões*) s.f. →contenção

contentamento ⟨con.ten.ta.men.to⟩ s.m. Alegria ou satisfação: *Sua chegada causou grande contentamento.* ◻ SIN. contento.

contentar ⟨con.ten.tar⟩ v.t.d./v.prnl. Tornar(-se) contente: *Para contentar a criança, levaram-na ao cinema.*

contente ⟨con.ten.te⟩ adj.2g. Que está alegre ou satisfeito.

contento ⟨con.ten.to⟩ s.m. Alegria ou satisfação. ◻ SIN. contentamento. ‖ **a contento** De maneira satisfatória: *O trabalho foi feito a contento.*

conter ⟨con.ter⟩ ▮ v.t.d. **1** Moderar (um sentimento): *Estava tão triste que não conseguia conter suas lágrimas.* ▮ v.t.d./v.prnl. **2** Moderar(-se) ou refrear(-se) (alguém): *Os seguranças do músico contiveram os fãs. Conteve-se para evitar uma discussão.* ▮ v.t.d. **3** Em relação a uma coisa, incluir ou ser constituída de (outra): *A coleção contém as principais obras do autor.* **4** Controlar ou manter dentro de certos limites: *Neste mês, precisamos conter os gastos.* ◻ GRAMÁTICA É um verbo irregular →TER.

conterrâneo, nea ⟨con.ter.râ.neo, nea⟩ adj./s. Que ou quem é da mesma pátria ou nação que alguém. ◻ SIN. compatriota, patrício.

contestação ⟨con.tes.ta.ção⟩ (pl. *contestações*) s.f. Ato de contestar: *Ouviu diversas contestações às suas afirmações polêmicas.*

contestar ⟨con.tes.tar⟩ ▮ v.t.d. **1** Contradizer ou invalidar (um argumento ou uma razão): *Contestou as palavras da testemunha com provas.* **2** Discutir ou colocar em dúvida: *Não confio no que você diz; por isso o contesto.* ▮ v.t.i. **3** Responder [a algo que se pergunta, se fala ou se escreve]: *Não contestou a nenhuma de minhas críticas.*

conteste ⟨con.tes.te⟩ adj.2g. **1** Em relação a uma coisa, que contém as mesmas informações ou afirmações que outra. **2** Que afirma a mesma coisa que alguém: *testemunhas contestes.*

conteúdo ⟨con.te.ú.do⟩ s.m. **1** Aquilo que está contido em algo ou que está em seu interior: *O rótulo da garrafa traz informações sobre seu conteúdo.* **2** Tema ou assunto, geralmente de um livro ou de uma conversa: *O conteúdo da discussão vazou à imprensa.* **3** Importância ou significação: *Perdemos a tarde inteira em conversas sem conteúdo.*

contexto ⟨con.tex.to⟩ (Pron. [contêsto]) s.m. **1** Situação, circunstância ou ambiente que acompanham um fato. **2** Em linguística, conjunto de elementos do qual dependem o sentido e o valor de uma palavra, de uma frase ou do fragmento de um texto: *Ainda que eu não conhecesse a palavra, pude deduzi-la pelo contexto.*

contextura ⟨con.tex.tu.ra⟩ (Pron. [contestura]) s.f. Disposição, correspondência e união entre as partes que compõem um todo: *a contextura de um poema.*

contigo ⟨con.ti.go⟩ pron.pess. Forma da segunda pessoa do singular quando combinada com a preposição *com*.

contiguidade ⟨con.ti.gui.da.de⟩ (Pron. [contigüidade]) s.f. Condição de contíguo.

contíguo, gua ⟨con.tí.guo, gua⟩ adj. **1** Em relação a uma coisa, que está em contato com outra. **2** Em relação a uma coisa, que está próxima de outra no tempo ou em relação ao sentido: *ideias contíguas.*

continência ⟨con.ti.nên.cia⟩ s.f. **1** Qualidade de continente. ◻ SIN. castidade. **2** Cumprimento ou saudação entre militares: *Ao chegar no quartel, bateu continência aos seus superiores.* **3** Contensão ou moderação nos sentimentos, nos gestos ou nas palavras: *a continência das paixões.*

continental ⟨con.ti.nen.tal⟩ (pl. *continentais*) adj.2g. Do continente, dos países que o formam, ou relacionado a eles.

continente ⟨con.ti.nen.te⟩ ▮ adj.2g. **1** Que controla seus sentimentos e suas ações. **2** Que renuncia ou se abstém do prazer sexual. ◻ SIN. casto. ▮ adj.2g./s.m. **3** Em relação a um objeto, que contém algo. ▮ s.m. **4** Grande extensão de terra limitada por mares e oceanos, e cujo tamanho ultrapassa o de uma ilha: *O Brasil se localiza no continente americano.*

contingência ⟨con.tin.gên.cia⟩ s.f. Caráter do que é contingente.

contingente ⟨con.tin.gen.te⟩ ▮ adj.2g. **1** Que tem a possibilidade de acontecer: *Chover durante a excursão é um fato contingente.* **2** Que não é esperado ou que não é previsto: *Causas contingentes atrasaram o projeto.* ▮ s.m. **3** Conjunto das forças militares de que um comando dispõe: *Um contingente de tropas foi enviado para apaziguar a região.* **4** Número ou quantidade: *Um grande contingente de torcedores esperava o início da partida.*

continuação ⟨con.ti.nu.a.ção⟩ (pl. *continuações*) s.f. **1** Ato ou efeito de continuar: *Demos continuação ao processo que já vinha sendo realizado.* **2** Aquilo que se segue a algo que já começou: *a continuação de um filme de sucesso.*

continuar ⟨con.ti.nu.ar⟩ ▮ v.t.d./v.t.i. **1** Prosseguir [com algo já iniciado ou que foi interrompido]: *Vai continuar lendo ou quer assistir televisão? Continuaram com a discussão.* ▮ v.pred./v.int. **2** Durar, permanecer ou manter-se por certo tempo (em uma determinada situação): *Você continua morando na mesma casa? O tempo ruim continuará até a próxima semana.* ◻ GRAMÁTICA Funciona como verbo auxiliar nas construções *continuar + a + verbo no infinitivo* e *continuar + gerúndio*, que indicam a continuidade da ação expressa por essas formas verbais: *Mesmo satisfeito, continuou a comer; Apoentou-se, mas continuou trabalhando.*

continuidade ⟨con.ti.nu.i.da.de⟩ s.f. **1** Condição de contínuo: *Na reunião, falou-se de sua continuidade na empresa.* **2** Relação que as partes de um todo têm entre si: *Falta continuidade aos capítulos daquele livro.*

contínuo, nua ⟨con.tí.nuo, nua⟩ ▮ adj. **1** Que persiste, que dura ou que não tem interrupção: *Ela parece viver numa alegria contínua.* ◻ SIN. constante. **2** Que se repete de maneira constante ou com interrupções breves: *Seu hábito contínuo de me interromper quando estou falando me incomoda.* ▮ s.m. **3** Pessoa que se dedica profissionalmente a executar serviços internos ou externos de entrega de correspondências ou de mercadorias, pagamento de contas e outras atividades de suporte à rotina de um escritório: *Trabalhou durante anos naquele escritório como contínuo.* ◻ SIN. boy.

contista ⟨con.tis.ta⟩ adj.2g./s.2g. Que ou quem escreve contos.

conto ⟨con.to⟩ s.m. **1** Narração curta de acontecimentos fictícios, que apresenta poucos personagens e apenas um conflito. **2** Gênero textual da esfera literária ao qual pertencem essas narrações.

contorção ⟨con.tor.ção⟩ (pl. *contorções*) s.f. Ato ou efeito de contorcer(-se).

contorcer ⟨con.tor.cer⟩ v.t.d./v.prnl. Mover(-se) de maneira irregular (o corpo ou uma parte dele), gerando uma postura forçada e, às vezes, grotesca: *Quando fazia imitações, contorcia a boca de modo engraçado. Contorceu-se devido a fortes dores no estômago.* ◻ ORTOGRAFIA Antes de *a* ou *o*, o *c* muda para *ç* →CONHECER.

contorcionista ⟨con.tor.ci.o.nis.ta⟩ adj.2g./s.2g. Em relação geralmente a um artista de circo, que se apresenta fazendo contorções difíceis.

contornar

contornar ⟨con.tor.nar⟩ v.t.d. **1** Dar voltas ao redor de (um lugar). **2** Estar ao redor de (um lugar): *O rio contornava a fazenda.* **3** Desenhar os contornos de (uma figura): *Primeiro contornou o rosto e depois desenhou a boca e os olhos.* **4** Resolver (um problema): *Consegui contornar a situação com a ajuda da esposa.*

contorno ⟨con.tor.no⟩ (Pron. [contôrno], [contórnos] ou [contórnos]) s.m. **1** Volta que se dá ao redor de algo. **2** Conjunto de linhas ou de traços que delimitam e dão forma a uma figura.

contra ⟨con.tra⟩ ▌ s.m. **1** Dificuldade ou inconveniência que um assunto apresenta. **2** Razão que se apresenta como contestação em relação a algo que foi dito anteriormente. ▫ SIN. objeção. ▌ adv. **3** Em oposição ou de maneira desfavorável: *Todos foram contra o aumento de impostos.* ▌ prep. **4** Indica contato ou apoio: *Coloque a escada contra a parede.* **5** Indica direção oposta. **6** Indica encontro ou choque: *Não consegui frear e o carro se chocou contra o muro.* **7** Indica posição de frente para algo: *Pode ser prejudicial olhar contra o Sol sem óculos escuros.* ‖ **ser do contra** *informal* Estar frequentemente em oposição aos planos, ideias ou sugestões dos outros. ▫ USO Na acepção 1, usa-se geralmente a forma plural *contras*.

contra- **1** Prefixo que indica oposição: *contrabalançar.* **2** Prefixo que significa *em segundo lugar*: *contramestre.*

contra-almirante ⟨con.tra-al.mi.ran.te⟩ (pl. *contra-almirantes*) s.2g. Na Marinha, pessoa cujo posto é superior ao de capitão de mar e guerra e inferior ao de vice-almirante.

contra-ataque ⟨con.tra-a.ta.que⟩ (pl. *contra-ataques*) s.m. **1** Reação ofensiva diante do avanço ou do ataque de um inimigo ou de um rival. **2** Em esportes, jogada que consiste no domínio da bola em seu campo de defesa, seguido do ataque, sem que o time adversário arme sua defesa.

contrabaixista ⟨con.tra.bai.xis.ta⟩ s.2g. →**baixista**

contrabaixo ⟨con.tra.bai.xo⟩ s.m. →**baixo**

contrabalançar ⟨con.tra.ba.lan.çar⟩ ▌ v.t.d. **1** Ser igual a (um peso): *Uma tonelada contrabalança 1.000 quilos.* ▌ v.t.d./v.t.d.i. **2** Neutralizar ou igualar (uma coisa) [com seu oposto]: *As arrecadações da festa contrabalançaram os gastos.* ▫ SIN. compensar. ▫ ORTOGRAFIA Antes de *e*, o *ç* muda para *c* →COMEÇAR.

contrabandear ⟨con.tra.ban.de.ar⟩ v.t.d. Fazer contrabando de (uma mercadoria): *Foram presos por contrabandear aparelhos eletrônicos.* ▫ ORTOGRAFIA O *e* muda para *ei* quando a sílaba tônica estiver na raiz do verbo →NOMEAR.

contrabandista ⟨con.tra.ban.dis.ta⟩ adj.2g./s.2g. Que ou quem contrabandeia.

contrabando ⟨con.tra.ban.do⟩ s.m. **1** Introdução de produtos estrangeiros sem pagar os deveres aduaneiros aos quais estão submetidos legalmente. **2** Mercadoria, bens ou aquilo que é produzido ou importado de maneira fraudulenta.

contração ⟨con.tra.ção⟩ (pl. *contrações*) s.f. **1** Ato ou efeito de contrair(-se): *uma contração muscular.* **2** Em linguística, união de duas palavras, formando uma só: *Dele é a contração da preposição de com o pronome ele.* **3** Em linguística, união de duas ou mais vogais: *À é a contração da preposição a com o artigo a.*

contracapa ⟨con.tra.ca.pa⟩ s.f. Em um livro impresso ou em uma revista, parte interna de cada uma das capas. [👁 livro p. 499]

contracenar ⟨con.tra.ce.nar⟩ ▌ v.t.i. **1** Em relação a um ator, atuar ou dialogar [com outro] em uma cena: *Foi uma honra para ele contracenar com aquela atriz.* ▌ v.int. **2** Atuar ou dialogar juntos em uma cena (dois ou mais atores): *Contracenaram no último filme desse diretor.* **3** Em cinema, teatro ou televisão, participar de uma cena que não é a principal, fingindo dialogar com alguém. ▫ GRAMÁTICA Na acepção 1, usa-se a construção *contracenar COM alguém*.

contracepção ⟨con.tra.cep.ção⟩ (pl. *contracepções*) s.f. Conjunto de métodos utilizados para impedir a gravidez. ▫ SIN. anticoncepção.

contraceptivo, va ⟨con.tra.cep.ti.vo, va⟩ adj./s.m. Que impede a gravidez. ▫ SIN. anticoncepcional.

contracheque ⟨con.tra.che.que⟩ s.m. Documento fornecido mensalmente por uma empresa a seus funcionários, em que consta o valor a ser recebido por eles. ▫ SIN. holerite.

contráctil ⟨con.trác.til⟩ (pl. *contrácteis*) adj.2g. →**contrátil**

contradança ⟨con.tra.dan.ça⟩ s.f. **1** Dança em que os pares atuam ao mesmo tempo, em fileiras, frente a frente e com movimentos contrários: *Convidou-a para a contradança.* **2** Música que acompanha essa dança: *A orquestra tocava uma contradança.* **3** *informal* Mudança frequente: *A contradança de professores prejudicou o andamento do ano letivo.*

contradição ⟨con.tra.di.ção⟩ (pl. *contradições*) s.f. **1** Oposição firmada entre duas coisas que deveriam ser iguais ou coerentes: *É uma contradição se dizer vegetariano e comer carne.* **2** Falta de coerência: *Durante o julgamento, a testemunha caiu em contradição.* ▫ SIN. incoerência.

contradita ⟨con.tra.di.ta⟩ s.f. **1** Contradição ou invalidação de um argumento ou de uma razão. **2** Em um tribunal, conjunto de alegações que uma parte faz contra outra.

contraditar ⟨con.tra.di.tar⟩ v.t.d. **1** Invalidar ou afirmar o contrário de (alguém, seus argumentos ou suas razões): *Seus atos contraditam suas palavras.* ▫ SIN. contradizer. **2** Questionar ou colocar em dúvida.

contraditório, ria ⟨con.tra.di.tó.rio, ria⟩ adj. Que está em contradição com outra coisa.

contradizer ⟨con.tra.di.zer⟩ ▌ v.t.d. **1** Invalidar ou afirmar o contrário de (alguém, seus argumentos ou suas razões): *Pare de contradizer tudo o que eu falo!* ▫ SIN. contraditar. ▌ v.prnl. **2** Invalidar ou afirmar o contrário dos próprios argumentos ou razões apresentadas anteriormente: *Com essa afirmação, você se contradiz.* ▫ GRAMÁTICA É um verbo irregular →DIZER.

contraente ⟨con.tra.en.te⟩ adj.2g./s.2g. Que ou quem assume uma obrigação ou um compromisso, ou passa a ter responsabilidade por eles. ▫ SIN. contratante.

contrafação ⟨con.tra.fa.ção⟩ (pl. *contrafações*) s.f. **1** Ato ou efeito de contrafazer: *a contrafação de um documento.* ▫ SIN. falsificação. **2** Imitação de algo com a intenção de provocar risos e zombaria: *Fazia contrafações de todos os seus amigos e conhecidos.* **3** Disfarce de algo para que pareça diferente ou para que não seja visto: *Esse seu ar triste era pura contrafação.*

contrafazer ⟨con.tra.fa.zer⟩ v.t.d. **1** Elaborar ou copiar de forma artificial ou fraudulenta: *contrafazer uma assinatura.* ▫ SIN. falsear, falsificar, forjar. **2** Imitar com a intenção de provocar risos ou zombaria: *É um ótimo artista e sempre contrafaz personagens engraçadas.* ▫ GRAMÁTICA É um verbo irregular →FAZER.

contraforte ⟨con.tra.for.te⟩ s.m. **1** Em um calçado, peça de couro com a qual se reforça o calcanhar. **2** Em arquitetura, pilar maciço encostado em um muro e que o reforça nos pontos de maior pressão. **3** Cadeia de montanhas que se destaca da cadeia principal.

contragolpe ⟨con.tra.gol.pe⟩ s.m. Golpe ou movimento de defesa dados em resposta a um golpe adversário.

contragosto ⟨con.tra.gos.to⟩ (Pron. [contragôsto]) s.m. Aquilo que vai contra a vontade ou contra o gosto de alguém: *Acordar cedo é um contragosto para mim.* ‖ **a contragosto** Contra a vontade ou contra o gosto de alguém: *Já que você insiste irei à festa, mas a contragosto.*

contraindicação ⟨con.tra.in.di.ca.ção⟩ (pl. *contraindicações*) s.f. Condição ou situação em que um medicamento, um alimento ou uma ação não são recomendáveis por apresentarem efeitos prejudiciais: *Esse complexo vitamínico não tem contraindicações.*

contrair ⟨con.tra.ir⟩ ▪ v.t.d./v.prnl. **1** Encolher(-se), diminuir o tamanho de (algo) ou diminuir de tamanho: *Contraía o corpo de frio. O coração é um músculo que se contrai e se dilata.* ▪ v.t.d. **2** Adquirir (uma doença ou um hábito): *Aos quatro meses, contraiu sarampo.* **3** Assumir ou passar a ter responsabilidade por (uma obrigação ou um compromisso): *Contraíram matrimônio após um ano de noivado.* ☐ GRAMÁTICA É um verbo irregular →CAIR.

contralto ⟨con.tral.to⟩ ▪ adj.2g. **1** Em relação a um instrumento musical, que tem o registro mais grave que o soprano e mais agudo que o tenor. ▪ s.m. **2** Em música, voz feminina mais grave. ▪ s.2g. **3** Cantor ou cantora que tem essa voz.

contramão ⟨con.tra.mão⟩ ▪ adj.2g.2n. **1** Que está na direção contrária à estabelecida ou ao fluxo: *Não podemos virar à esquerda, pois esta rua é contramão.* **2** Em relação a um lugar, que é de difícil acesso: *Não fui à festa porque o local era contramão para mim.* ▪ s.f. **3** Em uma via pública, sentido proibido para o tráfego de veículos: *O carro entrou em alta velocidade na contramão, causando o acidente.* **4** Posicionamento contrário a ideias ou situações já estabelecidas: *Suas ideias estavam na contramão das crenças do partido e por isso acabou saindo.* ☐ GRAMÁTICA O plural do substantivo é *contramãos*.

contramarcha ⟨con.tra.mar.cha⟩ s.f. Marcha em direção contrária à anterior.

contramestre ⟨con.tra.mes.tre⟩ s.m. **1** Em algumas fábricas, pessoa encarregada dos operários. **2** Na Marinha, suboficial que dirige a marinhagem sob as ordens de um oficial.

contraofensiva ⟨con.tra.o.fen.si.va⟩ s.f. Ofensiva realizada para se opor à do inimigo, fazendo com que ele passe para a defensiva.

contraordem ⟨con.tra.or.dem⟩ (pl. *contraordens*) s.f. Ordem que anula o efeito ou o valor de outra anterior.

contraparte ⟨con.tra.par.te⟩ s.f. Em música, parte que se contrapõe a outra, geralmente em duetos.

contrapeso ⟨con.tra.pe.so⟩ (Pron. [contrapêso]) s.m. Aquilo que serve para igualar ou equilibrar as diferentes forças exercidas em algo. *O feirante usa contrapesos na balança.*

contraponto ⟨con.tra.pon.to⟩ s.m. **1** Em música, técnica e estilo de composição da música ocidental, que consiste em sobrepor e contrapor melodias: *Johann Sebastian Bach foi um dos grandes mestres do contraponto.* **2** Composição musical ou parte de uma composição nas quais foi empregada essa técnica. **3** Contraste entre duas ou mais coisas, especialmente se forem simultâneas: *O professor fez um contraponto com o momento histórico que vivemos, para que o contexto ficasse mais claro.*

contrapor ⟨con.tra.por⟩ ▪ v.t.d./v.t.d.i. **1** Comparar (duas ou mais coisas) ou confrontar (uma coisa) [com outra]: *contrapor duas informações.* **2** Apresentar (um argumento) em oposição [a outro]: *contrapor um ponto de vista a outro.* ☐ SIN. opor. ▪ v.prnl. **3** Em relação a uma coisa, ser contrária a outra: *O bem se contrapõe ao mal.* ☐ SIN. opor-se. **4** Manifestar ou expressar oposição, geralmente colocando obstáculos a um propósito: *Contrapuseram-se ao meu plano.* ☐ SIN. opor-se. ☐ GRAMÁTICA É um verbo irregular →PÔR.

contraposição ⟨con.tra.po.si.ção⟩ (pl. *contraposições*) s.f. **1** Ato ou efeito de contrapor(-se). **2** Oposição, divergência ou discrepância.

contraproducente ⟨con.tra.pro.du.cen.te⟩ adj.2g. Em relação a uma ação, que tem efeitos contrários aos previstos.

contrapropaganda ⟨con.tra.pro.pa.gan.da⟩ s.f. Em publicidade, propaganda cujo objetivo é se opor a uma outra ou anular seus efeitos.

contraproposta ⟨con.tra.pro.pos.ta⟩ s.f. Em uma negociação, proposta apresentada como alternativa a uma primeira que não foi aceita.

contraprova ⟨con.tra.pro.va⟩ s.f. Em direito, prova com a qual se anula uma outra apresentada anteriormente.

contrariar ⟨con.tra.ri.ar⟩ ▪ v.t.d. **1** Falar ou agir de forma contrária a (algo estabelecido): *Sua conduta contrariou as normas da empresa.* ▪ v.t.d./v.prnl. **2** Desgostar(-se) ou incomodar(-se): *Faz esse tipo de brincadeira só para contrariar o irmão.*

contrariedade ⟨con.tra.ri.e.da.de⟩ s.f. **1** Ato ou efeito de contrariar(-se). **2** Aborrecimento ou desgosto: *Sentiu grande contrariedade com a partida da filha.* **3** Oposição que existe entre duas coisas: *Há uma contrariedade entre o que disse e o que fez.*

contrário, ria ⟨con.trá.rio, ria⟩ ▪ adj. **1** Que causa dano ou que prejudica. ▪ adj./s. **2** Que ou quem está em relação de oposição. ▪ adj./s.m. **3** Em relação a uma palavra, de significado oposto à de outra. ☐ SIN. antônimo. ‖ **{ao/pelo} contrário 1** Ao avesso. **2** De modo oposto: *Esperava-se que aceitasse a proposta, mas pelo contrário, recusou.*

contrarregra ⟨con.trar.re.gra⟩ ▪ s.f. **1** Em cinema, teatro ou televisão, controle da entrada ou da saída de objetos ou de atores em cada cena. ▪ s.2g. **2** Pessoa que se dedica a essa atividade, especialmente como profissão. **3** Pessoa que se dedica à sonoplastia, especialmente como profissão. ☐ SIN. sonoplasta.

contrarrevolução ⟨con.trar.re.vo.lu.ção⟩ (pl. *contrarrevoluções*) s.f. Revolução em oposição a outra.

contrassenso ⟨con.tras.sen.so⟩ s.m. Aquilo que não tem sentido ou lógica e que se torna contraditório: *Ser um vegetariano e comer carne é um contrassenso.*

contrastar ⟨con.tras.tar⟩ ▪ v.t.d./v.t.d.i. **1** Examinar (duas ou mais coisas) ou confrontar (uma coisa) [com outra] para avaliar ou descobrir suas diferenças: *Antes de publicar o artigo, o jornalista contrastou os dados.* ▪ v.t.d./v.t.i. **2** Mostrar grande diferença ou oposição [a algo ou alguém]: *Seu sorriso contrastava com o mau humor dos demais.*

contraste ⟨con.tras.te⟩ s.m. **1** Diferença ou oposição entre o que se compara: *Há um grande contraste entre os prédios luxuosos e as favelas da cidade.* **3** Em fotografia ou em um meio audiovisual, intensidade dos tons claros e escuros: *Ele mexeu no contraste da televisão e a imagem ficou melhor.* **4** Substância que se introduz no organismo para examinar órgãos que de outra forma não poderiam ser vistos: *Para fazer aquele exame foi necessária a injeção de contraste.*

contratação ⟨con.tra.ta.ção⟩ (pl. *contratações*) s.f. Ato ou efeito de contratar: *Sua contratação dependerá da última entrevista.*

contratante ⟨con.tra.tan.te⟩ adj.2g./s.2g. Que ou quem assume uma obrigação ou um compromisso, ou passa a ter responsabilidade por eles. ☐ SIN. contraente.

contratar ⟨con.tra.tar⟩ v.t.d. Fazer um contrato ou chegar a um acordo com (alguém), para que faça algo em

contratempo

troca de dinheiro ou de outra compensação: *Contratou um advogado para que lhe ajudasse na compra da casa.*

contratempo ⟨con.tra.tem.po⟩ s.m. Situação inesperada que impede ou dificulta a realização de algo: *superar um contratempo.*

contratenor ⟨con.tra.te.nor⟩ (Pron. [contratenôr]) s.m. **1** Em música, voz masculina que ultrapassa em altura a extensão do tenor, e que geralmente é entoada em falsete. **2** Cantor que tem essa voz.

contrátil ⟨con.trá.til⟩ (pl. *contráteis*) adj.2g. Que pode contrair-se ou encolher-se com facilidade. ☐ ORTOGRAFIA Escreve-se também *contráctil*.

contrato ⟨con.tra.to⟩ s.m. **1** Acordo, geralmente escrito, entre duas partes, pelo qual são estabelecidos direitos e deveres entre elas: *Encontrei-me com o locador do apartamento para assinarmos juntos o contrato.* **2** Documento escrito que oficializa esse acordo e que obriga as partes envolvidas a cumpri-lo: *um contrato de aluguel.*

contravenção ⟨con.tra.ven.ção⟩ (pl. *contravenções*) s.f. Transgressão a uma norma, uma lei ou uma ordem: *Pichar prédios públicos é uma contravenção.*

contraveneno ⟨con.tra.ve.ne.no⟩ (Pron. [contravenêno]) s.m. Medicamento que anula a ação de um veneno. ☐ SIN. antídoto.

contraventor, -a ⟨con.tra.ven.tor, to.ra⟩ (Pron. [contraventôr], [contraventôra]) adj./s. Que ou quem infringe algo, especialmente uma lei.

contribuição ⟨con.tri.bu.i.ção⟩ (pl. *contribuições*) s.f. **1** Ato ou efeito de contribuir. **2** Quantia de dinheiro que se paga por um imposto. **3** Aquilo que se oferece ou se faz para ajudar em algo: *Doou agasalhos como contribuição para o orfanato.*

contribuinte ⟨con.tri.bu.in.te⟩ ▌adj.2g. **1** Que contribui. ▌adj.2g./s.2g. **2** Que ou quem contribui legalmente com o pagamento de impostos ao Estado.

contribuir ⟨con.tri.bu.ir⟩ ▌v.t.i./v.int. **1** Pagar ou cooperar [com a quantia correspondente a um imposto ou a um encargo]: *Cada morador deverá contribuir com um valor extra para a instalação da antena coletiva.* ▌v.t.i. **2** Fazer voluntariamente uma doação [a uma pessoa ou a uma instituição]: *Contribuo mensalmente com uma instituição de caridade.* ☐ SIN. colaborar. **3** Ajudar [na realização de algo]: *Os amigos contribuíram para a realização do trabalho.* ☐ ORTOGRAFIA Usa-se *i* em vez do *e* comum na conjugação do presente do indicativo e do imperativo afirmativo →ATRIBUIR.

contrição ⟨con.tri.ção⟩ (pl. *contrições*) s.f. **1** No catolicismo, dor ou arrependimento por uma culpa, especialmente por ter ofendido a Deus. **2** No catolicismo, oração que simboliza essa dor ou esse arrependimento.

contristar ⟨con.tris.tar⟩ v.t.d./v.prnl. Afligir(-se) ou tornar(-se) triste.

contrito, ta ⟨con.tri.to, ta⟩ adj. Que sente contrição ou dor, especialmente por ter ofendido a Deus.

controlar ⟨con.tro.lar⟩ ▌v.t.d. **1** Inspecionar, fiscalizar ou comprovar atentamente: *Os seguranças controlavam a entrada dos espectadores no show.* ▌v.t.d./v.prnl. **2** Exercer comando sobre (algo) ou dominar(-se): *Um batalhão de choque controlou a rebelião de presos. Apesar do nervosismo, controlou-se bem.* ▌v.t.d. **3** Regular (um sistema) de forma manual ou automática: *Um computador controla os efeitos de luz do espetáculo.*

controle ⟨con.tro.le⟩ (Pron. [contrôle]) s.m. **1** Inspeção ou fiscalização de algo. **2** Domínio, autoridade ou poder exercidos sobre algo: *Distraiu-se e quase perdeu controle do veículo.* **3** Regulagem ou operação, manual ou automática, de um sistema: *Ele se encarregou do con-*trole do som durante a peça. ‖ **controle (remoto)** Dispositivo capaz de regular a distância as funções de um aparelho, de um mecanismo ou de um sistema.

controvérsia ⟨con.tro.vér.sia⟩ s.f. Polêmica ou debate intenso em relação a um assunto: *A manipulação genética levanta muita controvérsia em todo o mundo.*

controverso, sa ⟨con.tro.ver.so, sa⟩ adj. Que causa controvérsia ou polêmica. ☐ SIN. controvertido.

controverter ⟨con.tro.ver.ter⟩ v.t.d. Rebater ou colocar em dúvida (uma informação): *Copérnico controverteu o pensamento de sua época quando afirmou que os planetas giravam em torno do Sol.*

controvertido, da ⟨con.tro.ver.ti.do, da⟩ adj. Que causa controvérsia ou polêmica. ☐ SIN. controverso.

contudo ⟨con.tu.do⟩ conj. Conectivo gramatical coordenativo (que une elementos do mesmo nível sintático) que pode expressar oposição ou adversidade: *Queriam brincar na rua, contudo não saíram de casa.* ☐ SIN. entretanto, mas, no entanto, porém, todavia.

contumácia ⟨con.tu.má.cia⟩ s.f. **1** Teimosia ou obstinação na realização de algo. **2** Falta no cumprimento de uma ordem judicial.

contumaz ⟨con.tu.maz⟩ adj.2g./s.2g. Que ou quem realiza algo de forma repetida ou obstinada.

contundente ⟨con.tun.den.te⟩ adj.2g. **1** Em relação geralmente a um instrumento ou a uma ação, que produz contusão ou dano. **2** Que convence por ser claro, decisivo ou evidente: *uma resposta contundente.*

contundir ⟨con.tun.dir⟩ ▌v.t.d. **1** Causar dano a (uma parte do corpo) ao comprimi-la ou golpeá-la violentamente, mas sem que haja corte da pele: *O jogador contundiu o joelho ao disputar a posse de bola.* ▌v.prnl. **2** Sofrer dano em uma parte do corpo ao comprimi-la ou golpeá-la violentamente, mas sem que haja corte da pele: *Contundiram-se durante o jogo.*

conturbar ⟨con.tur.bar⟩ v.t.d./v.prnl. Alterar(-se) ou inquietar(-se): *A onda de assaltos conturbou o dia a dia da população.*

contusão ⟨con.tu.são⟩ (pl. *contusões*) s.f. Dano ou lesão causados por um golpe ou um choque. ☐ SIN. pisadura.

conúbio ⟨co.nú.bio⟩ s.m. *literário* Matrimônio.

convalescença ⟨con.va.les.cen.ça⟩ s.f. Recuperação das forças perdidas, geralmente com uma doença.

convalescer ⟨con.va.les.cer⟩ ▌v.t.d. **1** Recuperar (alguém) de uma doença ou de um estado de prostração: *Os cuidados e o apoio da família o convalesceram.* ▌v.t.i./v.int. **2** Recuperar-se [de uma doença ou de um estado de prostração]: *Convalesceu da gripe em poucos dias. Após a cirurgia, o paciente poderá convalescer em casa.* ☐ ORTOGRAFIA Antes de *a* ou *o*, o *c* muda para *ç* →CONHECER.

convenção ⟨con.ven.ção⟩ (pl. *convenções*) s.f. **1** Norma ou prática admitidas de forma geral por um acordo ou pela tradição: *as convenções sociais.* **2** Assembleia de representantes ou dos membros de uma associação: *a convenção de um partido político.*

convencer ⟨con.ven.cer⟩ ▌v.t.d./v.t.d.i. **1** Persuadir (alguém) [a mudar de opinião ou de comportamento]: *Os argumentos do advogado convenceram o júri. Nós o convencemos a ir conosco.* ▌v.prnl. **2** Passar a ter outra opinião ou comportamento: *Finalmente convenceu-se de que aquela seria a solução.* ☐ ORTOGRAFIA Antes de *a* ou *o*, o *c* muda para *ç* →CONHECER.

convencido, da ⟨con.ven.ci.do, da⟩ adj. Que é arrogante ou que se apresenta com ar de superioridade perante os demais.

convencional ⟨con.ven.cio.nal⟩ (pl. *convencionais*) adj.2g. **1** Que se estabelece por uma convenção, por um acordo

geral ou por um costume. **2** Que é pouco original ou que não supõe nenhuma novidade. **3** Em relação a um armamento, que não utiliza energia nuclear.
convencionar ⟨con.ven.cio.nar⟩ v.t.d. Estabelecer ou decidir por meio de uma convenção, de um acordo geral ou de um costume: *A equipe convencionou que haverá uma avaliação mensal do projeto.*
conveniência ⟨con.ve.ni.ên.cia⟩ s.f. **1** Adequação de algo a um determinado fim: *Colocamos um armário no quarto para a sua conveniência.* **2** Aquilo que é útil ou adequado: *Há muita conveniência em se morar ao lado do trabalho.*
conveniente ⟨con.ve.ni.en.te⟩ ∎ adj.2g. **1** Que é adequado, oportuno ou que pode servir para algo. ∎ adj.2g./s.2g. **2** Que ou quem faz parte de um convênio.
convênio ⟨con.vê.nio⟩ s.m. Acordo ou contrato que estabelece apoio mútuo entre pessoas ou instituições.
convento ⟨con.ven.to⟩ s.m. **1** Construção na qual vivem em comunidade os membros de uma ordem religiosa que não estão obrigados a uma vida contemplativa. **2** Comunidade que vive nessa construção.
convergência ⟨con.ver.gên.cia⟩ s.f. União em um mesmo ponto: *Um largo geralmente se localiza no ponto de convergência de várias ruas.*
convergente ⟨con.ver.gen.te⟩ adj.2g. Que converge.
convergir ⟨con.ver.gir⟩ v.t.i. **1** Em relação a duas ou mais linhas, unirem-se [em um ponto]: *Essas avenidas convergem para uma praça.* **2** Dirigir-se [para um ponto comum]: *Todos os olhares convergiam para o vencedor.* □ ORTOGRAFIA Antes de *a* ou *o*, o *g* muda para *j* →FUGIR.
conversa ⟨con.ver.sa⟩ s.f. **1** Comunicação por meio de palavras: *uma conversa longa.* □ SIN. conversação. **2** Tema dessa comunicação: *uma conversa agradável.* **3** *informal* Lábia ou facilidade em persuadir: *Ele enganou a todos com sua conversa.* **4** *informal* Mentira ou algo fantasioso: *Isso aí é conversa!* ‖ **conversa fiada 1** *informal* Aquela que é desprestigiosa ou à toa: *Às vezes, gosta de uma conversa fiada com os amigos.* **2** *informal* Aquilo que foi dito, mas que traz indícios de que não será cumprido: *Disse que viria, mas acho que era só conversa fiada.* ‖ **conversa mole** Aquela que se estende por demais e que causa tédio: *Aborreceu-nos a todos com sua conversa mole de sempre.*
conversação ⟨con.ver.sa.ção⟩ (pl. *conversações*) s.f. **1** Comunicação por meio de palavras. □ SIN. conversa. **2** Arte de expressar-se oralmente, especialmente se for em uma língua estrangeira: *Antes de ir à Inglaterra, fez um curso intensivo de conversação.*
conversão ⟨con.ver.são⟩ (pl. *conversões*) s.f. **1** Transformação ou mudança. **2** Mudança de crença, ideologia ou opinião: *a conversão a uma religião.* **3** Cálculo do valor da moeda de um país em relação com a de outro: *a conversão do dólar em real.*
conversar ⟨con.ver.sar⟩ ∎ v.t.i./v.int. **1** Manter uma conversa [sobre um assunto]: *Conversaram durante muito tempo.* ∎ v.t.d. **2** Exprimir uma ideia ou uma impressão sobre (um assunto): *Adoro conversar assuntos políticos e religiosos.* □ SIN. falar. ∎ v.t.i./v.int. **3** Dirigir a palavra e manter a comunicação [com alguém]: *Voltou a conversar com ele após o pedido de desculpas.* □ SIN. falar.
conversível ⟨con.ver.sí.vel⟩ (pl. *conversíveis*) ∎ adj.2g. **1** Que se pode converter: *uma moeda conversível.* **2** Em relação geralmente a um veículo, que possui uma capota retrátil: *uma lancha conversível.* ∎ s.m. **3** →{automóvel/carro} conversível
converso, sa ⟨con.ver.so, sa⟩ s. No catolicismo, pessoa que assumiu votos, mas que não é ordenada. □ SIN. professo.
converter ⟨con.ver.ter⟩ ∎ v.t.d./v.prnl. **1** Transformar(-se) [em algo ou alguém diferente]: *O filme a converteu em uma estrela. Com o tempo, converteu-se em uma pessoa mais tolerante.* ∎ v.t.d./v.t.d.i./v.prnl. **2** Tornar(-se) adepto [de uma religião, uma crença ou uma ideologia]: *Converteu-se ao judaísmo.* ∎ v.t.d.i. **3** Trocar ou calcular os valores de (a moeda de um país) [pela de outro]: *Quando fomos aos Estados Unidos, precisamos converter reais em dólares.* ∎ v.t.d. **4** Alterar o sentido ou a direção de: *Converteram a mão daquela rua e já não posso entrar nela.* ∎ v.int. **5** Em alguns esportes, marcar um ponto: *O jogador soube aproveitar o lance e converteu para a sua equipe.*
convés ⟨con.vés⟩ s.m. Em um barco, cada um dos andares, especialmente o superior.
convescote ⟨con.ves.co.te⟩ s.m. Refeição ou lanche realizados no campo ou ao ar livre. □ SIN. piquenique.
convexidade ⟨con.ve.xi.da.de⟩ (Pron. [convecsidade]) s.f. Qualidade de convexo.
convexo, xa ⟨con.ve.xo, xa⟩ (Pron. [convecso]) adj. Em relação a uma linha ou a uma superfície, que são curvas e têm sua parte central saliente.
convicção ⟨con.vic.ção⟩ (pl. *convicções*) s.f. **1** Certeza ou segurança muito grandes sobre algo: *Tenho a convicção de que poderemos vencer o torneio.* **2** Opinião ou crença firmes sobre assuntos religiosos, éticos ou políticos: *Suas convicções a impedem de agir de forma desleal.* □ USO Na acepção 2, usa-se geralmente a forma plural.
convicto, ta ⟨con.vic.to, ta⟩ adj. **1** Que tem convicção. **2** Em direito, em relação a um réu, cuja culpa foi provada legalmente ainda que não tenha confessado.
convidado, da ⟨con.vi.da.do, da⟩ s. Pessoa que recebe um convite.
convidar ⟨con.vi.dar⟩ ∎ v.t.d./v.t.d.i. **1** Chamar (alguém) [para que participe de uma celebração ou de um acontecimento]: *A diretoria convidou os funcionários para uma festa de confraternização.* ∎ v.t.i./v.t.d.i./v.int. **2** Animar ou estimular (alguém) [a realizar uma ação]: *Este dia de sol nos convida a ir à praia.* ∎ v.prnl. **3** Comparecer a uma comemoração sem ter sido convidado.
convidativo, va ⟨con.vi.da.ti.vo, va⟩ adj. Que estimula ou incita a realizar algo.
convincente ⟨con.vin.cen.te⟩ adj.2g. Capaz de produzir uma mudança de opinião ou de comportamento.
convir ⟨con.vir⟩ ∎ v.t.i./v.int. **1** Ser oportuno ou útil [para alguém]: *Convém estudarmos para a prova.* ∎ v.t.i. **2** Concordar [com uma ideia ou um posicionamento]: *Depois de ver os resultados, você convirá comigo que foi o procedimento mais adequado.* **3** Condizer ou estar de acordo [com algo ou alguém]: *Esse comportamento não convém a uma pessoa como você.* □ GRAMÁTICA É um verbo irregular →VIR.
convite ⟨con.vi.te⟩ s.m. **1** Comunicado ou solicitação para participar de uma celebração ou de um acontecimento: *Aceitou o convite dela para ir ao teatro.* **2** Impresso ou escrito com os quais se convida: *Recebi hoje pelo correio o convite de seu casamento.* **3** Incitação a fazer algo: *A obra poética do autor é um convite à reflexão.*
conviva ⟨con.vi.va⟩ s.2g. Pessoa convidada para um evento, geralmente um jantar.
convivência ⟨con.vi.vên.cia⟩ s.f. Vida em companhia de outro ou de outros e relacionamento que decorre dela: *O respeito é a base de toda convivência.* □ SIN. convívio.
conviver ⟨con.vi.ver⟩ v.t.i./v.int. Viver em companhia [de outro ou de outros]: *Nas cidades pequenas, é possível conviver mais com os vizinhos.*
convívio ⟨con.ví.vio⟩ s.m. Vida em companhia de outro ou de outros e relacionamento que decorre dela. □ SIN. convivência.
convocação ⟨con.vo.ca.ção⟩ (pl. *convocações*) s.f. Ato ou efeito de convocar.

convocar

convocar ⟨con.vo.car⟩ v.t.d./v.t.d.i. Chamar ou citar (alguém) [a comparecer a um lugar ou um evento determinados]: *A diretora convocou todos os pais de alunos para a reunião semestral.* ☐ ORTOGRAFIA Antes de e, o c muda para *qu* →BRINCAR.

convosco ⟨con.vos.co⟩ (Pron. [convôsco]) pron.pess. Forma da segunda pessoa do plural quando combinada com a preposição *com*.

convulsão ⟨con.vul.são⟩ (pl. *convulsões*) s.f. **1** Movimento brusco, involuntário e alternado de contração e estiramento dos músculos do corpo, causado geralmente por uma doença neurológica. **2** Agitação que transtorna a normalidade da vida coletiva: *A queda da bolsa provocou uma enorme convulsão no mercado financeiro.* ☐ USO É diferente de *compulsão* (vontade persistente e irresistível que leva a um determinado comportamento).

convulsionar ⟨con.vul.si.o.nar⟩ ▎ v.int./v.prnl. **1** Sofrer convulsão: *Por causa da febre alta, começou a convulsionar.* ▎ v.t.d./v.prnl. **2** Produzir ou sofrer agitação: *A crise política convulsionou a economia.*

convulsivo, va ⟨con.vul.si.vo, va⟩ adj. Da convulsão ou com suas características.

convulso, sa ⟨con.vul.so, sa⟩ adj. Com convulsões.

cooperação ⟨co.o.pe.ra.ção⟩ (pl. *cooperações*) s.f. Ato ou efeito de cooperar.

cooperar ⟨co.o.pe.rar⟩ v.t.i./v.int. Trabalhar conjuntamente [em algo] para alcançar um mesmo objetivo: *Os voluntários cooperaram na arrecadação de agasalhos.*

cooperativa ⟨co.o.pe.ra.ti.va⟩ s.f. Sociedade ou empresa formada por produtores, vendedores ou consumidores para o benefício comum de seus sócios.

cooperativismo ⟨co.o.pe.ra.ti.vis.mo⟩ s.m. Sistema econômico que defende a posição das cooperativas na base da produção e da distribuição de riquezas.

cooperativo, va ⟨co.o.pe.ra.ti.vo, va⟩ adj. Que coopera ou que pode cooperar.

coordenação ⟨co.or.de.na.ção⟩ (pl. *coordenações*) s.f. **1** Ato ou efeito de coordenar: *Ela ficou encarregada da coordenação do projeto.* **2** Relação gramatical estabelecida entre dois elementos sintáticos do mesmo nível ou com a mesma função, mas independentes entre si: *O período Não veio, mas telefonou é composto por coordenação.*

coordenada ⟨co.or.de.na.da⟩ s.f. **1** Em matemática, elemento de um conjunto que determina a posição de um ponto no espaço: *Não pôde localizar a ilha no mapa sem as coordenadas exatas.* **2** Informação que serve como guia ou modelo para uma ação: *Preciso das coordenadas do voo para saber quando ele chega.* ☐ GRAMÁTICA Na acepção 2, usa-se geralmente a forma plural *coordenadas*.

coordenado, da ⟨co.or.de.na.do, da⟩ adj. Em matemática, em relação a uma linha, a um eixo ou a um plano, que servem para determinar a posição de um ponto.

coordenar ⟨co.or.de.nar⟩ ▎ v.t.d. **1** Combinar ou unir para conseguir uma ação comum: *Ela vai coordenar a implantação do novo sistema.* **2** Dispor de forma metódica ou ordenada: *Para dançar, é preciso coordenar os passos.* **3** Em linguística, unir sintaticamente (dois elementos do mesmo nível ou com a mesma função): *A conjunção e coordena palavras e orações.* ▎ v.t.d.i. **4** Em linguística, unir sintaticamente (um elemento) [a outro de mesmo nível ou função].

coordenativo, va ⟨co.or.de.na.ti.vo, va⟩ adj. **1** Que coordena. **2** Em relação a uma conjunção, que estabelece relação entre palavras ou entre orações de mesmo nível sintático: *As conjunções coordenativas podem ser aditivas, adversativas, alternativas, conclusivas e explicativas.*

copa ⟨co.pa⟩ ▎ s.f. **1** Em uma árvore, conjunto de ramos e folhas que forma sua parte superior: *a copa de um jato-* *bá.* **2** Em uma casa, cômodo geralmente próximo à cozinha onde há móveis para as refeições: *Deixei as roupas para secar, penduradas na copa.* **3** Em uma empresa, lugar onde é possível preparar algumas refeições: *Os funcionários reuniam-se para tomar café na copa.* **4** Em algumas competições esportivas, prêmio que se concede ao vencedor: *Meu time conquistou finalmente a Copa do Brasil.* ☐ SIN. taça. **5** Competição esportiva na qual se participa para ganhar esse prêmio: *Trinta e dois times participam da Copa do Mundo, a cada quatro anos.* ▎ s.f.pl. **6** Em um baralho, um dos quatro naipes, representado pelo desenho de um coração vermelho: *um ás de copas.*

copado, da ⟨co.pa.do, da⟩ adj. Que tem copa ou o seu formato: *uma árvore copada.*

copázio ⟨co.pá.zio⟩ s.m. Copo muito grande.

copeiro, ra ⟨co.pei.ro, ra⟩ s. Pessoa que se dedica profissionalmente a serviços de copa ou cozinha.

copeque ⟨co.pe.que⟩ s.m. Moeda russa equivalente à centésima parte de um rublo.

cópia ⟨có.pia⟩ s.f. **1** Reprodução de um original ou de um modelo: *a cópia de um contrato; a cópia de uma chave.* **2** Imitação de um estilo ou de uma obra artística original. **3** Aquilo que é feito à imagem e semelhança de outro: *Este garoto é a cópia do pai!*

copiador, -a ⟨co.pi.a.dor, do.ra⟩ (Pron. [copiadôr], [copiadôra]) s. **1** Pessoa que se dedica a copiar escritos alheios. ☐ SIN. copista. **2** Pessoa que se dedica profissionalmente a operar máquinas fotocopiadoras.

copiadora ⟨co.pi.a.do.ra⟩ (Pron. [copiadôra]) s.f. Máquina que serve para fazer fotocópias. ☐ USO É a forma reduzida e mais usual de *fotocopiadora.*

copiar ⟨co.pi.ar⟩ ▎ v.t.d. **1** Reproduzir ou representar (um original ou um modelo): *Copiem o que está escrito na lousa.* ▎ v.t.d./v.t.d.i. **2** Imitar ou plagiar (uma ideia ou uma ação) ou realizá-las de forma semelhante [à ideia ou ação de alguém]: *Copia o irmão mais velho em tudo. Copiou do estilista concorrente um vestido.*

copidesque ⟨co.pi.des.que⟩ ▎ s.m. **1** Em jornalismo, revisão de um texto visando a sua publicação de acordo com as convenções editoriais. **2** Setor ou departamento onde é realizada essa revisão. ▎ s.2g. **3** Pessoa que executa essa revisão.

copiloto ⟨co.pi.lo.to⟩ (Pron. [copilôto]) s.2g. Piloto auxiliar ou pessoa que ajuda um piloto.

copioso, sa ⟨co.pi.o.so, sa⟩ (Pron. [copiôso], [copiósa], [copiósos], [copiósas]) adj. Abundante ou em grande quantidade.

copista ⟨co.pis.ta⟩ s.2g. **1** Pessoa que se dedica a copiar escritos alheios. ☐ SIN. copiador. **2** *pejorativo* Pessoa que imita uma obra ou uma ideia alheias ou que se apropria delas.

copo ⟨co.po⟩ s.m. **1** Recipiente, geralmente de vidro e de formato cilíndrico, usado para beber: *Compramos copos descartáveis para a festa.* **2** Quantidade de líquido que cabe nesse recipiente: *Sempre bebe um copo de leite antes de ir dormir.* **3** Dose de bebida alcoólica: *tomar uns copos.*

copo-de-leite ⟨co.po-de-lei.te⟩ (pl. *copos-de-leite*) s.m. **1** Planta herbácea de caule subterrâneo, com folhas vistosas, brilhantes e em formato de coração, flores pequenas e amarelas reunidas em espiga e envoltas por uma grande folha modificada branca ou amarela, e que é cultivada como ornamental. **2** Flor dessa planta.

cópula ⟨có.pu.la⟩ s.f. **1** União sexual do macho e da fêmea. ☐ SIN. coito. **2** Relação sexual entre duas pessoas. **3** Em linguística, palavra que serve para unir dois termos ou duas frases: *Em Querer é poder, o verbo é é uma cópula.*

copular ⟨co.pu.lar⟩ v.t.i./v.int. Unir-se sexualmente [com outro ser].

copyright *(palavra inglesa)* (Pron. [copirráit]) s.m. Direito autoral ou de propriedade intelectual. □ ORTOGRAFIA Seu símbolo é (c).

coque ⟨co.que⟩ s.m. **1** No cabelo de uma pessoa, penteado que geralmente se faz enrolando-o sobre si mesmo e prendendo com grampos. **2** Combustível sólido, leve e poroso que se obtém ao calcinar ou submeter a altas temperaturas certas classes de carbono, especialmente o carvão mineral. **3** Golpe dado na cabeça com os nós dos dedos da mão fechada. □ SIN. cascudo, cocorote.

coqueiral ⟨co.quei.ral⟩ (pl. *coqueirais*) s.m. Conjunto de coqueiros que cobrem uma área.

coqueiro ⟨co.quei.ro⟩ s.m. Palmeira de tronco alto, com folhas grandes e largas, que podem ser em formato de pena ou de leque, e cujo fruto é o coco. □ SIN. coco.

coqueluche ⟨co.que.lu.che⟩ s.f. Doença infecciosa que afeta as vias respiratórias e que se caracteriza por causar uma tosse muito violenta e intensa.

coquete ⟨co.que.te⟩ adj.2g./s.2g. **1** Que ou quem trata de agradar ou atrair por mera vaidade e com meios premeditados. **2** Que ou quem é muito vaidoso ou preocupado com a aparência.

coquetel ⟨co.que.tel⟩ (pl. *coquetéis*) s.m. **1** Drinque preparado com bebidas misturadas, às quais se adiciona geralmente outro tipo de ingredientes não alcoólicos: *O barman daquele lugar sabe preparar coquetéis excelentes.* **2** Reunião ou festa na qual são servidos aperitivos e bebidas: *Fomos convidados ao coquetel de lançamento de sua grife.* **3** Em um tratamento médico, combinação de medicamentos que visa um determinado efeito: *um coquetel antiviral.* ‖ **coquetel molotov** Explosivo de fabricação caseira, geralmente aquele feito com uma garrafa cheia de líquido inflamável e provido de uma mecha: *Os manifestantes atacaram a polícia com coquetéis molotov e bombas de fabricação caseira.*

cor- →co-

cor[1] (Pron. [côr]) s.f. **1** Impressão captada pela visão e que é produzida pelos raios de luz que um corpo reflete: *O vermelho e o amarelo são as suas cores favoritas.* **2** Em uma pessoa, tonalidade natural de sua pele: *O povo brasileiro é formado por indivíduos de todas as cores.* **3** Conjunto, disposição e grau de intensidade das cores e tonalidades de algo: *A cor da paisagem varia de acordo com a luz.* □ SIN. coloração, colorido. **4** Aquilo que constitui o símbolo ou a característica distintiva de algo: *O verde é a cor do meu time.* ‖ **{a/em} cores** Com variedade de cores e não somente em preto e branco: *uma televisão a cores.*

cor[2] (Pron. [cór]) ‖ **de cor** Utilizando exclusivamente a memória, sem apoio do raciocínio: *Sabe de cor muitos poemas de Castro Alves.* □ SIN. de cabeça, de memória.

coração ⟨co.ra.ção⟩ (pl. *corações*) s.m. **1** Órgão muscular do sistema cardiovascular encarregado de recolher o sangue e bombeá-lo ao resto do corpo: *O coração e o cérebro são os órgãos mais importantes do corpo humano.* **2** Parte externa do corpo próxima a esse órgão: *Ao iniciar o Hino Nacional, colocou a mão no coração.* **3** Figura que representa esse órgão: *No baralho, o naipe de copas é representado por um coração.* **4** Sentimento ou vontade: *Quando jovem, se deixava levar mais pelo coração do que pela razão.* **5** Amor ou afeto. **6** Parte central ou mais importante de algo: *São Paulo é considerada o coração financeiro do Brasil.* ‖ **com o coração na mão** Em um estado de preocupação ou de ansiedade: *Sem notícias do sobrinho, ficaram com o coração na mão.* ‖ **de coração** De verdade, com segurança ou com afeto:

Desejo de coração que tudo dê certo para você. ‖ **ter um coração de ouro** Ser muito generoso ou benevolente.

coradouro ⟨co.ra.dou.ro⟩ s.m. Lugar onde se colocam roupas para corar expondo-as ao sol.

coragem ⟨co.ra.gem⟩ (pl. *coragens*) ■ s.f. **1** Valor ou força para fazer ou para enfrentar algo: *Teve a coragem necessária para dizer o que pensava.* ■ s.f. **2** Ousadia ou audácia na forma de agir: *Ele teve a coragem de negar o que havia afirmado no dia anterior.* ■ interj. **3** Expressão usada para dar ânimo ou encorajar: *Coragem! Eu sei que você é capaz!*

corajoso, sa ⟨co.ra.jo.so, sa⟩ (Pron. [corajôso], [corajósa], [corajósos], [corajósas]) adj./s. Que ou quem tem coragem ou valentia.

coral ⟨co.ral⟩ ■ adj.2g. **1** Do coro ou relacionado a ele: *uma sinfonia coral.* ■ adj.2g.2n./s.m. **2** De cor avermelhada como a coloração de algumas espécies deste animal marinho: *uma blusa coral.* □ SIN. coralino. ■ s.m. **3** Animal invertebrado marinho, que vive em colônias e que forma uma massa calcária secretada por suas células: *Em nosso mergulho pudemos ver diversos tipos de corais.* **4** Massa de natureza calcárea secretada por esse animal que, depois de polida, é empregada em joalheria: *uma gargantilha de coral.* **5** Agrupamento musical de pessoas que cantam geralmente ao mesmo tempo, com ou sem acompanhamento instrumental: *um coral escolar.* □ SIN. coro. ■ s.f. **6** Serpente não venenosa, com olhos grandes e com o corpo coberto por escamas vermelhas, amareladas e pretas. **7** Serpente venenosa, de tamanho variado, cabeça e cauda pequenas, e com o corpo coberto de escamas vermelhas, amareladas e pretas: *O veneno da coral é um dos mais potentes entre todas as cobras.* □ GRAMÁTICA Exceto na acepção 2, o plural é *corais*. □ USO Na acepção 6, é a forma reduzida e mais usual de cobra-coral-falsa; na acepção 7, de cobra-coral-venenosa.

coralino, na ⟨co.ra.li.no, na⟩ adj. **1** Do coral ou relacionado a ele. **2** De cor avermelhada como a coloração de algumas espécies de coral. □ SIN. coral.

corante ⟨co.ran.te⟩ adj.2g./s.m. Em relação a uma substância, que dá cor ou que tinge. □ SIN. colorante.

corar ⟨co.rar⟩ v.t.d./v.int. **1** Dar cor ou tingir: *corar um tecido.* **2** Tornar(-se) vermelho ou com tonalidades vermelhas, especialmente se for por vergonha: *Seu rosto corou ao ser elogiada.* □ SIN. avermelhar, enrubescer, ruborizar. **3** Clarear (uma roupa) mediante a exposição ao sol ou desencardir-se: *A lavadeira levou as roupas para corar.* □ SIN. quarar. **4** Dourar (um alimento), geralmente no forno, ou tostar-se: *corar as batatas.*

corbelha ⟨cor.be.lha⟩ (Pron. [corbélha]) s.f. Cesta pequena usada geralmente para arranjos de flores ou frutas.

corcel ⟨cor.cel⟩ (pl. *corcéis*) s.m. *literário* Cavalo muito ágil e veloz ou de raça.

corço, ça ⟨cor.ço, ça⟩ (Pron. [côrço], [côrça], [côrços], [côrças]) s. **1** Mamífero ruminante semelhante ao veado, porém menor, de pelagem cinza-avermelhada e chifres curtos. **2** *informal* Veado de pequeno porte.

corcova ⟨cor.co.va⟩ s.f. Elevação natural do dorso de alguns animais. □ SIN. bossa, corcunda.

corcovado, da ⟨cor.co.va.do, da⟩ adj. Que tem corcova.

corcovear ⟨cor.co.ve.ar⟩ v.int./v.prnl. **1** Dar saltos ou coices curvando o dorso (um cavalo ou um animal semelhante). **2** Mover-se fazendo uma sequência de curvas. □ ORTOGRAFIA O e muda para *ei* quando a sílaba tônica estiver na raiz do verbo →NOMEAR.

corcovo ⟨cor.co.vo⟩ (Pron. [corcôvo], [corcóvos]) s.m. Salto, especialmente aquele dado por um cavalo curvando o dorso.

corcunda ⟨cor.cun.da⟩ ❚ adj.2g./s.2g. **1** Que ou quem apresenta uma curvatura anômala exagerada nas costas, nos ombros ou no peito: *uma pessoa corcunda*. ▢ SIN. cacunda, giboso. ❚ s.f. **2** Essa curvatura: *Deve andar ereto, se não quiser ter uma corcunda quando for mais velho.* ▢ SIN. bossa, cacunda, giba. **3** Elevação natural do dorso de alguns animais: *O camelo tem duas corcundas.* ▢ SIN. bossa, corcova.

corda ⟨cor.da⟩ ❚ s.f. **1** Conjunto de fios que, retorcidos, formam um só corpo cilíndrico, comprido, flexível e mais ou menos grosso: *Segurando-se firme à corda, continuaram a atravessar a ponte.* **2** Em um instrumento musical, fio de tripa, aço ou náilon, que emite sons como resultado de um golpe que o coloca em vibração: *as cordas de um violino.* **3** Em alguns mecanismos, especialmente em um relógio, mola ou dispositivo que os coloca em funcionamento: *O relógio parou, pois estava sem corda.* **4** Em geometria, linha reta que une dois pontos de um arco ou porção de curva. ❚ s.f.pl. **5** Em música, conjunto dos instrumentos que se tocam friccionando, tangendo ou percutindo e fazendo vibrar esses fios: *Sua parte favorita da sinfonia era aquela em que entram as cordas.* [👁 instrumentos de corda p. 215] ‖ **corda bamba** Cabo ou arame com pouca tensão sobre o qual os funâmbulos fazem suas exibições. ‖ **cordas vocais** Membranas situadas na laringe que, por maior ou menor tensão de seus movimentos musculares, produzem o som da voz ao vibrar com a passagem do ar. ‖ **dar corda em** algo Tensionar a mola ou o dispositivo que faz funcionar seu mecanismo: *Para que o relógio funcione, você precisa dar corda nele.* ‖ **na corda bamba** *informal* Em uma situação instável, conflituosa ou perigosa: *A última derrota deixou o time na corda bamba.* ▢ USO *Cordas vocais* é a antiga denominação de *pregas vocais*.

cordado, da ⟨cor.da.do, da⟩ ❚ adj./s.m. **1** Em relação a um animal, que tem, durante toda a sua vida ou em determinadas fases de seu desenvolvimento, um cordão de tecido conjuntivo que dá origem ao esqueleto do embrião, e que poderá substituir a coluna vertebral. ❚ s.m.pl. **2** Em zoologia, filo desses animais, pertencente ao reino dos metazoários.

cordão ⟨cor.dão⟩ (pl. *cordões*) s.m. **1** Corda geralmente cilíndrica e feita com materiais finos: *Os praticantes de capoeira usam cordões coloridos na cintura, para diferenciar os níveis de aprendizado.* **2** Aquilo que tem o formato dessa corda. **3** Corrente usada como adorno no pescoço: *um cordão de ouro.* **4** Conjunto de pessoas ou de coisas que se apresentam de forma alinhada: *um cordão carnavalesco.* ‖ **cordão umbilical** Conjunto de vasos que unem a placenta da mãe com o ventre do feto.

cordato, ta ⟨cor.da.to, ta⟩ adj./s. **1** Que ou quem se coloca de acordo com uma regra ou com uma convenção. **2** Que ou quem é prudente ou reflete antes de agir.

cordeiro, ra ⟨cor.dei.ro, ra⟩ ❚ s. **1** Filhote de ovelha que tem menos de um ano. ▢ SIN. anho, borrego. **2** Pessoa excessivamente dócil ou servil. ❚ s.m. **3** Carne do filhote da ovelha.

cordel ⟨cor.del⟩ (pl. *cordéis*) s.m. **1** Corda de espessura fina. **2** →literatura de cordel **3** →livro de cordel

cor-de-rosa ⟨cor-de-ro.sa⟩ ❚ adj.2g.2n./s.m. **1** Da cor resultante da mistura de vermelho e branco. ▢ SIN. rosa. ❚ adj.2g.2n. **2** Próspero e sem adversidades.

cordial ⟨cor.di.al⟩ (pl. *cordiais*) adj.2g. Amável ou que transmite afeto.

cordialidade ⟨cor.di.a.li.da.de⟩ s.f. Qualidade de cordial.

cordilheira ⟨cor.di.lhei.ra⟩ s.f. Série de montanhas altas unidas entre si e com características comuns.

cordoaria ⟨cor.do.a.ri.a⟩ s.f. Lugar onde se fabricam cordas.

cordovão ⟨cor.do.vão⟩ (pl. *cordovões*) s.m. Pele de cabra curtida utilizada geralmente na fabricação de calçados.

coreano, na ⟨co.re.a.no, na⟩ ❚ adj./s. **1** Da Coreia (península Asiática e cada um dos países ali estabelecidos), ou relacionado a ela. ❚ s.m. **2** Língua asiática dessa península.

coreografia ⟨co.re.o.gra.fi.a⟩ s.f. **1** Arte de compor e dirigir balés e danças. **2** Conjunto de passos ou de movimentos que compõem um balé ou uma dança. **3** Qualquer conjunto de movimentos que lembrem um balé ou uma dança: *a coreografia dos golfinhos.*

coreógrafo, fa ⟨co.re.ó.gra.fo, fa⟩ s. Pessoa que se dedica profissionalmente a criar coreografias para espetáculos de balés ou danças.

coreto ⟨co.re.to⟩ (Pron. [corêto]) s.m. Construção em formato de palanque, aberta dos lados, instalada em praças ou em outros lugares públicos, e geralmente utilizada para apresentações musicais.

coriscar ⟨co.ris.car⟩ v.int. **1** Produzirem-se coriscos: *O céu se encheu de nuvens e logo começou a coriscar.* **2** Brilhar ou resplandecer como um corisco: *O diamante coriscava na mão do garimpeiro.* ▢ ORTOGRAFIA Antes de e, o c muda para *qu* →BRINCAR. ▢ GRAMÁTICA **1.** Na acepção 1, é um verbo impessoal: só se usa na terceira pessoa do singular, no particípio, no gerúndio e no infinitivo →VENTAR. **2.** Na acepção 2, é um verbo unipessoal: só se usa nas terceiras pessoas do singular e do plural, no particípio, no gerúndio e no infinitivo →MIAR.

corisco ⟨co.ris.co⟩ s.m. *informal* Relâmpago de pouca intensidade.

corista ⟨co.ris.ta⟩ s.2g. **1** Pessoa que faz parte de um coro. **2** No teatro de revista ou em outros espetáculos musicais, mulher que faz parte do coro.

coriza ⟨co.ri.za⟩ s.f. Catarro ou inflamação da mucosa nasal acompanhada de corrimento mucoso.

corja ⟨cor.ja⟩ s.f. *pejorativo* Grupo de pessoas mal-intencionadas ou desprezíveis.

córnea ⟨cór.nea⟩ s.f. No olho, membrana transparente situada na parte frontal, fixada na abertura anterior da esclerótica.

córneo, nea ⟨cór.neo, nea⟩ adj. Dos cornos ou com as suas características.

córner ⟨cór.ner⟩ s.m. **1** Em um campo de futebol ou em uma quadra, cada um dos quatro cantos. ▢ SIN. escanteio. **2** Em futebol ou em outros esportes, jogada defensiva que consiste em um jogador enviar a bola para fora do campo, cruzando a linha ao fundo do seu gol. ▢ SIN. escanteio. **3** Em futebol ou em outros esportes, lançamento que um jogador faz de um dos cantos do campo, como cobrança dessa jogada. ▢ SIN. escanteio.

corneta ⟨cor.ne.ta⟩ (Pron. [cornêta]) s.f. Instrumento musical de sopro, da família dos metais, geralmente sem pistões, formado por um tubo metálico cônico, enrolado e terminado em uma abertura semelhante à boca de um sino. ▢ SIN. trombeta. [👁 instrumentos de sopro p. 747]

cornija ⟨cor.ni.ja⟩ s.f. Moldura ou saliência que enfeita a parte superior de algo, geralmente uma porta ou um móvel.

corno, na ⟨cor.no, na⟩ (Pron. [côrno], [córnos]) ❚ s. **1** *informal pejorativo* Pessoa traída por seu parceiro amoroso. ❚ s.m. **2** Em alguns animais, peça óssea, geralmente pontiaguda e um pouco curva, que nasce na região frontal da cabeça: *Os cornos do boi são pontiagudos e resistentes.* ▢ SIN. chifre, ponta. **3** Em um inseto, antena ou apêndice que fica em sua cabeça ou seu tentáculo:

INSTRUMENTOS DE CORDA

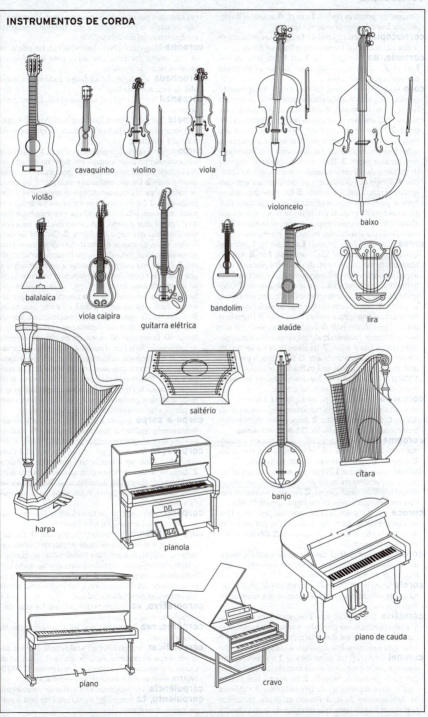

Os caracóis possuem cornos. ▌s.m.pl. **4** *informal* Rosto: *Acabou levando uma bolada nos cornos.*

cornucópia ‹cor.nu.có.pia› s.f. Recipiente em forma de ponta curva do qual transbordam frutas e flores.

cornudo, da ‹cor.nu.do, da› ▌adj. **1** Que tem cornos. ▌adj./s. **2** *informal pejorativo* Que ou quem foi traído por seu parceiro amoroso.

coro ‹co.ro› (Pron. [côro], [córos]) s.m. **1** Agrupamento musical de pessoas que cantam geralmente ao mesmo tempo, com ou sem acompanhamento instrumental: *Fazia parte de um coro, que cantava música religiosa.* ☐ SIN. **coral. 2** No teatro greco-romano, conjunto de atores que recitam a parte lírica do texto destinada a comentar a ação: *O dramaturgo grego Ésquilo usava com maestria o coro em suas peças.* **3** Texto recitado por esse conjunto de atores: *Sabia de cor e salteado o coro da peça* As Troianas. **4** Grupo de eclesiásticos ou de religiosos que cantam ou rezam os ofícios divinos. **5** Em um templo, recinto onde se junta o clero para cantar os ofícios divinos: *Dirigiu-se ao coro da igreja.* **6** Conjunto de vozes ou sons que são ouvidos ao mesmo tempo: *um coro de protestos.* ∥ **em coro** De forma simultânea: *recitar um poema em coro.*

coroa ‹co.ro.a› (Pron. [corôa]) ▌adj.2g./s.2g. **1** *informal* Que ou quem é de meia-idade ou idoso. ▌s.f. **2** Aro, geralmente de ramos, flores ou de um metal precioso, com o qual se cinge a cabeça como adorno ou como símbolo honorífico ou de autoridade: *a coroa de um rei.* **3** Conjunto de flores e folhas dispostas em círculo: *uma coroa de louros.* **4** Reino ou estado que tem como forma de governo uma monarquia: *o herdeiro da Coroa.* **5** Dignidade real: *a Coroa de um país.* **6** Fenômeno atmosférico que às vezes aparece rodeando alguns corpos celestes, especialmente a Lua e o Sol. **7** Na elevação de um terreno ou em algo elevado, parte mais alta. ☐ SIN. **cimo, topo. 8** Em uma moeda, face na qual está indicado o seu valor. ☐ ORTOGRAFIA Nas acepções 4 e 5, usa-se geralmente com inicial maiúscula por ser também um nome próprio.

coroação ‹co.ro.a.ção› (pl. *coroações*) s.f. **1** Ato ou cerimônia nos quais se coroa um soberano: *a coroação de um rei.* ☐ SIN. **coroamento. 2** Auge ou arremate perfeito: *a coroação de um trabalho.* ☐ SIN. **coroamento.**

coroamento ‹co.ro.a.men.to› s.m. **1** Ato ou cerimônia nos quais se coroa um soberano. ☐ SIN. **coroação. 2** Auge ou arremate perfeito. ☐ SIN. **coroação.**

coroar ‹co.ro.ar› v.t.d. **1** Pôr uma coroa na cabeça de (alguém), especialmente se for no início de um reinado ou de um império: *coroar um rei.* **2** Rematar ou completar: *Esse novo romance coroou uma longa carreira literária.*

coroca ‹co.ro.ca› adj.2g./s.2g. *informal pejorativo* Que ou quem é de idade muito avançada e, por isso, tem suas faculdades mentais diminuídas. ☐ ORIGEM É uma palavra de origem tupi.

coroinha ‹co.ro.i.nha› s.m. Na Igreja Católica, menino ou jovem que ajuda o sacerdote durante a celebração da missa.

corola ‹co.ro.la› s.f. Em uma flor, conjunto de pétalas, geralmente delicadas e de cores vistosas, que rodeiam os órgãos sexuais.

corolário ‹co.ro.lá.rio› s.m. Proposição ou afirmação que não precisam ser provadas por serem consequência lógica do que foi demonstrado antes: *O acesso à educação é um corolário do direito à cidadania.*

coronel ‹co.ro.nel› (pl. *coronéis*) s.2g. **1** No Exército, pessoa cujo posto é superior ao de tenente-coronel e inferior ao de general de brigada. **2** Na Aeronáutica, pessoa cujo posto é superior ao de tenente-coronel e inferior ao de brigadeiro do ar. **3** Pessoa influente, geralmente proprietária de terra, que interfere de forma abusiva em assuntos políticos ou administrativos: *No romance* São Bernardo *o personagem Paulo Honório representa um típico coronel nordestino.*

coronha ‹co.ro.nha› (Pron. [corônha]) s.f. Em uma arma de fogo, parte posterior que serve para segurá-la ou apoiá-la antes de disparar.

coronhada ‹co.ro.nha.da› s.f. Golpe dado com a coronha de uma arma de fogo.

corpanzil ‹cor.pan.zil› (pl. *corpanzis*) s.m. Corpo grande ou forte.

corpete ‹cor.pe.te› (Pron. [corpête]) s.m. Peça do vestuário feminino, muito justa e sem mangas, que cobre do peito até a cintura.

corpo ‹cor.po› (Pron. [côrpo], [córpos]) s.m. **1** Aquilo que tem extensão limitada e ocupa um lugar no espaço: *Todos os corpos estão sujeitos à lei da gravidade. O ar é um corpo gasoso.* **2** Em uma pessoa ou em um animal, conjunto de todas as partes que constituem o organismo: *o corpo humano.* **3** Em uma pessoa ou em um animal, tronco ou parte compreendida entre a cabeça e os membros: *Sentia dores por todo o corpo.* **4** Aspecto físico de uma pessoa: *Ela tinha um corpo escultural.* **5** Cadáver de uma pessoa. **6** Em geometria, objeto de três dimensões: *Uma pirâmide quadrangular é um corpo limitado por cinco faces.* **7** Cada uma das partes unidas a outra principal e que podem ser consideradas independentemente: *o corpo central de uma igreja.* **8** Conjunto de pessoas que formam uma comunidade, uma associação, ou que desempenham uma mesma profissão: *o corpo de jurados.* **9** Conjunto de informações, conhecimentos, leis ou princípios: *Na conferência, expôs o corpo principal de sua teoria.* **10** Densidade ou espessura de algo, geralmente de um líquido: *Bata bem a massa do bolo para que ganhe corpo.* **11** Em tipografia, tamanho do tipo de letra: *O documento está impresso com uma letra de corpo 12.* ∥ **de corpo e alma** Totalmente ou por completo: *Dedica-se de corpo e alma a seu trabalho.* ∥ **ganhar corpo** Começar a realizar-se ou a ganhar importância: *O projeto de construção de uma nova estrada está ganhando corpo.*

corpo a corpo ‹cor.po a cor.po› s.m.2n. Luta ou enfrentamento realizados mediante o contato físico direto entre dois adversários.

corporação ‹cor.po.ra.ção› (pl. *corporações*) s.f. **1** Conjunto de órgãos que administram um serviço público. **2** Associação de indivíduos com interesses comuns ou atividades profissionais semelhantes. **3** Empresa ou companhia de grande porte, especialmente se agrupada a outras.

corporal ‹cor.po.ral› (pl. *corporais*) adj.2g. Do corpo, especialmente o humano, ou relacionado a ele.

corporativismo ‹cor.po.ra.ti.vis.mo› s.m. **1** Doutrina política e social que defende a intervenção do Estado na solução dos conflitos trabalhistas, mediante a criação de corporações profissionais que agrupem trabalhadores e empresários. **2** Tendência a defender os interesses de um determinado setor profissional acima dos interesses gerais da sociedade.

corporativo, va ‹cor.po.ra.ti.vo, va› adj. De uma corporação ou relacionado a ela.

corpóreo, rea ‹cor.pó.reo, rea› adj. Que tem corpo ou consistência.

corporificar ‹cor.po.ri.fi.car› v.t.d./v.prnl. Dar ou adquirir corpo ou matéria: *Para os católicos, o sangue de Cristo corporifica-se no vinho durante a missa.* ☐ ORTOGRAFIA Antes de *e*, o *c* muda para *qu* →BRINCAR.

corpulência ‹cor.pu.lên.cia› s.f. Caráter de corpulento.

corpulento, ta ‹cor.pu.len.to, ta› adj. Que tem o corpo grande e robusto.

corpus *(palavra latina)* (Pron. [córpus]) (pl. *corpora*) s.m. Conjunto de dados ou textos que servem como base para uma investigação: *Os linguistas usaram como corpus da pesquisa as redações do vestibular.*

corpúsculo ⟨cor.pús.cu.lo⟩ s.m. Corpo muito pequeno, célula, molécula, partícula ou elemento.

correção ⟨cor.re.ção⟩ (pl. *correções*) s.f. **1** Ato ou efeito de corrigir: *A professora está ocupada com a correção das provas.* **2** Ausência de erros ou de defeitos: *Ela fala com muita correção.* **3** Respeito às normas de trato social: *Sempre nos tratou com muita correção.*

corre-corre ⟨cor.re-cor.re⟩ (pl. *corre-corres* ou *corres-corres*) s.m. *informal* Correria.

corredeira ⟨cor.re.dei.ra⟩ s.f. Em um rio, corrente violenta devido ao estreitamento e à inclinação do leito.

corrediço, ça ⟨cor.re.di.ço, ça⟩ adj. Que corre ou desliza com facilidade.

corredor, -a ⟨cor.re.dor, do.ra⟩ (Pron. [corredôr], [corredôra]) ▮ adj./s. **1** Que ou quem corre muito: *A lebre é um animal corredor.* ▮ s. **2** Esportista que participa de algum tipo de competição de corrida: *Seu sonho era ser um corredor profissional e disputar uma Olimpíada.* ▮ s.m. **3** Em uma construção, área de passagem comprida e estreita que dá acesso a outras áreas ou cômodos: *A cozinha fica ao fim do corredor, à esquerda.*

corregedor, -a ⟨cor.re.ge.dor, do.ra⟩ (Pron. [corregedôr], [corregedôra]) s.m. Membro de uma corporação pública que tem o poder de fiscalizar a atuação dos outros membros dessa corporação.

córrego ⟨cór.re.go⟩ s.m. **1** Rio pequeno e de pouca correnteza. ◻ SIN. regato, riacho, ribeira, ribeiro, veio. **2** Passagem estreita entre montanhas. ◻ SIN. estreito.

correia ⟨cor.rei.a⟩ s.f. Tira estreita de couro ou de outro material flexível e resistente, geralmente usada para atar ou para apertar: *uma correia de sela.*

correição ⟨cor.rei.ção⟩ (pl. *correições*) s.f. **1** Cargo ou ofício de corregedor. **2** Área sob a jurisdição de um corregedor. **3** Marcha alinhada de formigas.

correio ⟨cor.rei.o⟩ s.m. **1** Serviço público que se encarrega de transportar correspondências oficiais ou privadas. **2** Prédio ocupado pela agência de correio. ‖ **correio eletrônico** Em informática, sistema de troca de mensagens entre computadores. ◻ SIN. *e-mail.*

correlação ⟨cor.re.la.ção⟩ (pl. *correlações*) s.f. Relação ou correspondência recíprocas estabelecidas entre duas ou mais coisas: *Há uma correlação entre a emissão de gases poluentes e o aquecimento global.*

correlacionar ⟨cor.re.la.ci.o.nar⟩ ▮ v.t.d. **1** Estabelecer relação ou correspondência (uma coisa) [com outra]: *O relatório correlaciona os acidentes de trânsito com a imprudência ao dirigir.* ▮ v.prnl. **2** Manter relação ou correspondência entre si (duas ou mais coisas).

correligionário, ria ⟨cor.re.li.gi.o.ná.rio, ria⟩ adj./s. Em política, que ou quem compartilha as mesmas ideias ou está no mesmo partido ou no mesmo sindicato que alguém.

corrente ⟨cor.ren.te⟩ ▮ adj.2g. **1** Que é comum ou que ocorre com frequência: *Acidentes de trânsito são correntes nesta cidade.* **2** Em relação geralmente a um fluido, que corre de uma parte a outra. **3** Em relação a um período de tempo, que é o atual ou que está transcorrendo: *Tenho que entregar este trabalho ainda no mês corrente.* ▮ s.f. **4** Sequência de argolas ou aros conectados entre si: *O portão externo era fechado por uma corrente e um cadeado.* ◻ SIN. cadeia. **5** Movimento continuado de um fluido em uma direção determinada: *No período de desova, alguns peixes nadam contra a corrente do rio.* **6** Massa de fluido que tem esse movimento: *Durante a inundação, a corrente de água arrastou os carros.* **7** Movimento ou tendência nos quais há sentimentos ou ideias comuns: *O sunismo e o xiismo são duas correntes do islamismo.* ‖ **corrente (elétrica)** Movimento de cargas elétricas através de um material condutor. ‖ **corrente sanguínea** Movimento de transporte do sangue pelo corpo.

correnteza ⟨cor.ren.te.za⟩ (Pron. [correntêza]) s.f. Corrente veloz e intensa de água.

correntio, a ⟨cor.ren.ti.o, a⟩ adj. Que é corrente ou usual.

correntista ⟨cor.ren.tis.ta⟩ adj.2g./s.2g. Em relação a uma pessoa ou a uma empresa, que têm uma conta-corrente.

correr ⟨cor.rer⟩ ▮ v.int. **1** Ir depressa: *Correu para pegar o ônibus.* **2** Andar rapidamente de forma que, entre um passo e o seguinte, os pés fiquem no ar durante um momento. **3** Agir com excesso ou com rapidez: *É melhor não correr e fazer as coisas benfeitas.* **4** Passar ou ter curso (o tempo): *As horas corriam, enquanto esperávamos.* ◻ SIN. decorrer, transcorrer. **5** Mover-se progressivamente de uma parte a outra (um fluido): *As águas do riacho corriam sobre as pedras.* **6** Passar ou estender-se por um território (um caminho ou um rio): *Esta trilha corre serra abaixo.* ▮ v.t.d. **7** Percorrer ou conhecer (uma área geográfica) durante uma viagem: *Nas últimas férias, correu todas as cidades históricas de Minas Gerais.* ▮ v.int. **8** Circular ou difundir-se (uma notícia ou um rumor): *O boato correu rapidamente por toda a escola.* ▮ v.t.d. **9** Procurar informação em (algo escrito): *Correu a lista tentando encontrar seu nome.* ◻ SIN. percorrer. ▮ v.t.i. **10** Ser responsável [por um dever] ou arcar [com uma obrigação]: *Corri com todas as despesas da viagem.* **11** Procurar ou recorrer [a alguém] em caso de necessidade: *Sempre corre para a mãe que o ajuda.* ▮ v.int. **12** Participar de uma corrida: *Nesta modalidade, correm dois grandes competidores.* ▮ v.t.d. **13** Fechar ou estender (uma cortina): *Corra a cortina um pouco, pois está batendo muito sol na sala.* **14** Estar exposto a ou passar por (uma circunstância): *Dirigindo nessa velocidade, você corre muito perigo.*

correria ⟨cor.re.ri.a⟩ s.f. **1** Ato ou efeito de correr. **2** Corrida desordenada ou confusa: *Assim que ouviram o estampido, todos saíram numa correria desenfreada.* ‖ **{ser/estar} uma correria** *informal* Haver um excesso de atividades devido a um acúmulo de tarefas.

correspondência ⟨cor.res.pon.dên.cia⟩ s.f. **1** Ato ou efeito de corresponder(-se). **2** Comunicação estabelecida entre pessoas, geralmente por escrito: *Mesmo afastados, mantinham uma correspondência intensa.* **3** Conjunto de cartas enviadas ou recebidas: *Aproveita o fim de semana para ler a correspondência.* **4** Relação ou proporção entre uma coisa e outra: *Não consigo ver qualquer correspondência entre os dois fatos.* **5** Em matemática, relação que se estabelece entre os elementos de duas séries ou conjuntos distintos: *Todos os números inteiros têm correspondência com outro número inteiro com o sinal invertido, assim como 1 e -1.*

correspondente ⟨cor.res.pon.den.te⟩ ▮ adj.2g. **1** Que está em relação ou em proporção com outra coisa: *Estacionem os carros nas vagas correspondentes. Sua altura é correspondente ao seu peso.* ▮ s.2g. **2** Pessoa que mantém correspondência escrita com outra: *Ela trocava cartas com um correspondente do outro lado do mundo.* **3** Jornalista que cobre eventos e encaminha matérias a um meio de comunicação de uma outra região, especialmente do exterior: *Foi correspondente do jornal em diversas capitais europeias.*

corresponder ⟨cor.res.pon.der⟩ ▮ v.t.i./v.prnl. **1** Responder na mesma proporção [a algo que se recebe] ou compensar-se: *Correspondeu ao elogio com um sorriso.* ▎v.t.i. **2** Em relação a uma coisa, ter relação ou proporção [com outra]: *Seu gasto com aluguel corresponde a 20% de seu salário.* **3** Em relação a um elemento de um conjunto ou de uma série, ter relação ou proporção [com outro elemento de outro conjunto ou de outra série]. ▎v.prnl. **4** Comunicar-se com outras pessoas, geralmente por escrito.

corretagem ⟨cor.re.ta.gem⟩ (pl. *corretagens*) s.f. **1** Em uma operação comercial de compra e venda, mediação realizada por um corretor ou por um agente para efetuá-la. **2** Comissão recebida por essa mediação.

corretivo, va ⟨cor.re.ti.vo, va⟩ ▎adj. **1** Com as características que possibilitam a correção ou o reparo de uma imperfeição ou de uma falha: *uma manutenção corretiva.* ▎s.m. **2** Penalidade ou castigo impostos para reparar uma falha cometida. **3** Líquido branco utilizado para corrigir as falhas de um texto.

correto, ta ⟨cor.re.to, ta⟩ adj. **1** Livre de erros ou de defeitos. **2** Que é adequado a um determinado fim ou circunstância. **3** Que tem uma conduta direita e impecável. ‖ **politicamente correto** Em relação a uma pessoa ou às suas atitudes, que cumprem uma série de normas socialmente aceitas e livres de preconceito: *Em uma linguagem politicamente correta não se costuma usar a expressão* países subdesenvolvidos *e sim* países em desenvolvimento.

corretor, -a ⟨cor.re.tor, to.ra⟩ (Pron. [corretôr], [corretôra]) ▎adj./s.m. **1** Que corrige. ▎s. **2** Pessoa que se dedica profissionalmente a corrigir textos. **3** Pessoa que se dedica profissionalmente a intermediar operações comerciais de compra e venda: *um corretor de imóveis.*

corretora ⟨cor.re.to.ra⟩ (Pron. [corretôra]) s.f. Empresa que atua no mercado de títulos e que realiza atividades financeiras relacionadas a ele.

corrida ⟨cor.ri.da⟩ s.f. **1** Marcha rápida a pé de uma pessoa ou de um animal, na qual entrem um passo e o seguinte os pés ficam durante um momento no ar. **2** Competição de velocidade entre várias pessoas ou entre animais. **3** Serviço ou trajeto que um veículo de lotação faz, transportando passageiros a um lugar determinado e de acordo com uma tarifa estabelecida: *uma corrida de táxi.*

corrigenda ⟨cor.ri.gen.da⟩ s.f. Listagem que apresenta os erros materiais cometidos na escrita ou na impressão de um texto. □ SIN. **errata**.

corrigir ⟨cor.ri.gir⟩ ▎v.t.d./v.prnl. **1** Diminuir, modificar(-se), fazer desaparecer ou desaparecer (um defeito ou uma imperfeição): *Os óculos corrigem os problemas da visão.* ▎v.t.d. **2** Assinalar ou remover erros ou faltas de (algo): *O professor está corrigindo as nossas provas.* □ ORTOGRAFIA Antes de *a* ou *o*, o *g* muda para *j* →FUGIR.

corrimão ⟨cor.ri.mão⟩ (pl. *corrimãos* ou *corrimões*) s.m. Em uma escada ou em uma rampa, barra lateral que serve para apoiar as mãos.

corrimento ⟨cor.ri.men.to⟩ s.m. Secreção expelida por um órgão do corpo devido a uma doença.

corriola ⟨cor.ri.o.la⟩ s.f. **1** Brincadeira infantil na qual varetas são presas nas voltas de uma fita e verificando quais delas permanecem presas após a fita ser desenrolada. **2** Essa fita.

corriqueiro, ra ⟨cor.ri.quei.ro, ra⟩ adj. Que é comum ou que não apresenta nenhuma novidade.

corroborar ⟨cor.ro.bo.rar⟩ v.t.d. Confirmar com novos dados ou argumentos (algo já dito): *O que aconteceu corrobora minha teoria.*

corroer ⟨cor.ro.er⟩ v.t.d./v.prnl. **1** Desgastar(-se) lentamente: *O ácido corroeu o ferro.* **2** Causar ou sentir angústia e mal-estar: *O ciúme o corroía.* □ GRAMÁTICA Apesar de ser um verbo regular, muitas de suas terminações são diferentes do paradigma da 2ª conjugação (correr) → ROER.

corromper ⟨cor.rom.per⟩ ▎v.t.d./v.prnl. **1** Estragar(-se) ou deteriorar(-se) (uma matéria orgânica). ▎v.t.d. **2** Subornar (alguém) com presentes ou com outros favores: *Tentaram corrompê-lo, sem sucesso.* ▎v.t.d./v.prn. **3** Fazer adquirir ou adquirir comportamentos negativos, especialmente se forem de caráter sexual. □ SIN. **depravar**.

corrosão ⟨cor.ro.são⟩ (pl. *corrosões*) s.f. Desgaste lento e gradual resultante de um processo químico ou físico: *Certos agentes químicos podem acelerar a corrosão de um metal.*

corrosivo, va ⟨cor.ro.si.vo, va⟩ adj./s.m. Que corrói.

corrução ⟨cor.ru.ção⟩ (pl. *corruções*) s.f. →**corrupção**

corrupção ⟨cor.rup.ção⟩ (pl. *corrupções*) s.f. **1** Oferta ou aceitação de dinheiro ou favores em troca de algo ilícito: *Muitos países sofrem hoje em dia com o problema da corrupção de autoridades públicas.* **2** Perversão ou vício que prejudicam moralmente: *A corrupção de menores é crime.* **3** Em uma matéria orgânica, estrago ou deterioração. □ ORTOGRAFIA Escreve-se também *corrução.*

corrupião ⟨cor.ru.pi.ão⟩ (pl. *corrupiões*) s.m. Ave de pequeno porte, de áreas abertas, com plumagem preta e alaranjada e que é capaz de imitar sons. □ GRAMÁTICA É um substantivo epiceno: *o corrupião (macho/fêmea).*

corrupiar ⟨cor.ru.pi.ar⟩ v.t.d./v.int. Fazer girar, girar ou dar várias voltas consecutivas. □ SIN. **rodopiar**.

corrupio ⟨cor.ru.pi.o⟩ s.m. **1** Brincadeira infantil na qual duas crianças giram de mãos dadas. **2** Brinquedo composto de uma varinha, em cuja extremidade prende-se uma figura com formato de um moinho, feita com material leve e que gira com o vento. □ SIN. **cata-vento**.

corruptela ⟨cor.rup.te.la⟩ s.f. Em linguística, palavra, significado ou construção sintática distantes da norma culta da língua.

corruptível ⟨cor.rup.tí.vel⟩ (pl. *corruptíveis*) adj.2g. Que pode ser corrompido. □ ORTOGRAFIA Escreve-se também *corrutível.*

corrupto, ta ⟨cor.rup.to, ta⟩ adj./s. **1** Que ou quem se deixa ou se deixou corromper ou subornar. **2** Que ou quem está pervertido ou viciado, geralmente por falta de moral. □ ORTOGRAFIA Escreve-se também *corruto.*

corruptor, -a ⟨cor.rup.tor, to.ra⟩ (Pron. [corruptôr], [corruptôra]) adj./s. Que ou quem corrompe. □ ORTOGRAFIA Escreve-se também *corrutor.*

corrutível ⟨cor.ru.tí.vel⟩ (pl. *corrutíveis*) adj.2g. →**corruptível**

corruto, ta ⟨cor.ru.to, ta⟩ adj./s. →**corrupto, ta**

corrutor, -a ⟨cor.ru.tor, to.ra⟩ (Pron. [corrutôr], [corrutôra]) adj./s. →**corruptor, -a**

corsário, ria ⟨cor.sá.rio, ria⟩ ▎adj./s. **1** Em relação a um navio ou a sua tripulação, que, com autorização de sua nação, perseguiam os piratas ou as embarcações inimigas. ▎s.m. **2** Pessoa que navega sem licença, assaltando e roubando barcos no mar ou em regiões costeiras. □ SIN. **pirata**. □ GRAMÁTICA Na acepção 2, usa-se tanto para o masculino quanto para o feminino: *(ele/ela) é um corsário.*

corso, sa ⟨cor.so, sa⟩ (Pron. [côrso]) ▎adj./s. **1** Da Córsega ou relacionado a essa ilha mediterrânea francesa. ▎s.m. **2** Operação marítima de guerra com o objetivo de surpreender o inimigo. **3** Antigamente, durante o Carnaval, desfile de carros.

cortador, -a ⟨cor.ta.dor, do.ra⟩ (Pron. [cortadôr], [cortadôra]) ▎adj./s. **1** Que ou quem corta: *uma máquina cortadora.* ▎s. **2** Pessoa que se dedica profissionalmente ao corte de peças, especialmente de tecido ou de couro, para confeccionar determinados objetos.

cortante ⟨cor.tan.te⟩ adj.2g. **1** Que corta. **2** Em relação ao ar ou ao frio, que são muito intensos. **3** Em relação a um som, que é muito agudo ou estridente.

cortar ⟨cor.tar⟩ ▌v.t.d./v.prnl. **1** Fazer um corte em (algo) ou ferir(-se): *Cortei o pé em um caco de vidro.* ▌v.t.d. **2** Dividir ou separar em partes: *O rio Sena corta a cidade de Paris.* **3** Recortar ou aparar com um instrumento cortante, dando o formato adequado: *O alfaiate cortou o tecido de acordo com o molde.* ▌v.t.d.i. **4** Interromper, suspender ou suprimir total ou parcialmente (uma parte considerada ruim) [de um todo]: *Na ditadura militar, a censura costumava cortar dos filmes as cenas consideradas subversivas.* ▌v.t.d. **5** Dividir ou separar as partes que formam (um todo): *Cortou o pão com as mãos.* **6** Atravessar ou cruzar: *Uma águia cortava o céu.* ▌v.t.d./v.int. **7** Em um jogo de baralho, dividir (uma pilha de cartas) ou formar montes separando o baralho: *Vou embaralhar as cartas, depois você corta o monte.* ▌v.t.d. **8** Deter ou interromper o curso de (algo em andamento): *Tome este remédio para cortar a gripe.* ▌v.t.d./v.prnl. **9** Em matemática, em relação a uma linha, a uma superfície ou a um corpo, atravessar(-se) (outros): *Duas retas que se cortam têm um ponto em comum.* ▌v.t.d. **10** Em relação a uma via, cruzar (outra): *Sabe me informar se esta alameda corta a avenida principal?* **11** Em relação ao ar ou ao frio, serem tão intensos a ponto de induzir uma sensação de corte em (uma parte do corpo): *Durante a noite, parecia que o frio cortava seu corpo.* **12** Pegar o caminho mais curto ou encurtar (uma distância): *Para chegar antes, corte o caminho pela vila.* **13** No trânsito, em relação a um veículo, tomar a frente de (outro): *Saiu em alta velocidade, cortando vários carros de uma só vez.* ▌v.int. **14** Ser ou estar afiado: *Esta tesoura não corta.*

corte ⟨cor.te⟩ ▌s.m. **1** Fio de um instrumento cortante: *o corte de uma navalha.* **2** Rompimento de um tecido causado por esse tipo de instrumento ou por algum choque: *Fez um corte na mão enquanto afiava a faca.* **3** Arte ou técnica de moldar pedaços de tecido para confeccionar uma roupa: *um curso de corte e costura.* **4** Pedaço de tecido com o qual se pode confeccionar uma peça do vestuário: *Este corte de algodão não é suficiente para fazer o vestido.* **5** Parte obtida ao cortar uma peça de carne: *A picanha é um dos meus cortes favoritos.* **6** Interrupção ou suspensão parciais ou totais de um processo: *A tempestade provocou um corte no fornecimento de energia.* **7** Diminuição ou redução da quantidade ou do tamanho de algo: *A empresa anunciou um corte de despesas.* **8** Em um jogo de baralho, divisão ou separação aleatórias de uma pilha de cartas em duas partes: *Eu fiz o corte e ele escolheu as cartas do segundo monte.* ▌s.f. **9** Residência de um rei: *Muitos iam todo dia à corte, beijar a mão de Sua Majestade.* **10** Lugar onde se situa essa residência: *Por diversas vezes saíram de sua cidadezinha e foram à corte.* **11** Conjunto de pessoas relacionadas a esse rei: *Ele recebeu a condecoração diante do rei e de toda a corte.* **12** Séquito, comitiva ou acompanhamento: *Chegou o ator rodeado de toda a sua corte.* **13** Tribunal de Justiça. ‖ **fazer a corte a** alguém: Cortejá-lo ou galanteá-lo: *Antigamente os homens faziam demoradas cortes às suas amadas.* □ USO Nas acepções de 1 a 8, a pronúncia é *córte*; nas acepções de 9 a 13, *côrte*.

cortejar ⟨cor.te.jar⟩ v.t.d. **1** Tratar (alguém) de forma amável ou cortês, geralmente com intenção de seduzi-la. □ SIN. galantear. **2** *pejorativo* Adular ou dizer coisas que agradem (alguém), com a intenção de obter vantagens: *Corteja a sua chefe para conseguir uma promoção.*

cortejo ⟨cor.te.jo⟩ (Pron. [cortêjo]) s.m. **1** Conjunto de pessoas que acompanham uma comitiva, geralmente com o objetivo de prestar homenagens a outra: *um cortejo fúnebre.* **2** Tratamento amável ou cortês dado a uma pessoa, geralmente com intenção de seduzi-la. □ SIN. galanteio.

cortês ⟨cor.tês⟩ adj.2g. Que respeita as normas estabelecidas no convívio social.

cortesã ⟨cor.te.sã⟩ s.f. Prostituta refinada e culta.

cortesão, sã ⟨cor.te.são, sã⟩ (pl. *cortesãos* ou *cortesões*) ▌adj. **1** Da corte ou relacionado a ela. ▌s. **2** Na corte, pessoa que servia ao rei.

cortesia ⟨cor.te.si.a⟩ s.f. **1** Correção, educação e bons modos na forma de tratar as pessoas: *A sua cortesia sempre causava uma boa impressão.* □ SIN. civilidade. **2** Aquilo que é dado voluntariamente, sem custo e como agrado: *Como cortesia, os primeiros clientes receberão um brinde.*

córtex ⟨cór.tex⟩ (Pron. [córtecs]) (pl. *córtices*) s.m. Parte externa de um órgão animal ou vegetal: *o córtex cerebral.*

cortiça ⟨cor.ti.ça⟩ s.f. **1** Tecido vegetal impermeável encontrado na região periférica do tronco, dos galhos e das raízes, que constitui a parte morta da casca e que é usado como isolante térmico e acústico. **2** Lâmina ou objeto desse tecido vegetal: *uma tela de cortiça.*

cortiço ⟨cor.ti.ço⟩ s.m. **1** Lugar ou construção, geralmente de alvenaria e em mau estado de conservação, onde vivem muitas pessoas. **2** Recipiente de madeira ou cortiça usado a fim de abrigar abelhas para que elas produzam mel.

cortina ⟨cor.ti.na⟩ s.f. **1** Peça geralmente de tecido que serve para isolar dois espaços ou diminuir a luminosidade em um local: *Feche a cortina, a luz do Sol está muito forte.* **2** Aquilo que impede que uma coisa seja vista com clareza: *Uma cortina de névoa dificultava o trânsito.*

cortinado ⟨cor.ti.na.do⟩ s.m. Tela disposta como uma cortina, geralmente em volta de uma cama, e utilizada para se proteger de insetos. □ SIN. mosquiteiro.

cortisona ⟨cor.ti.so.na⟩ (Pron. [cortisôna]) s.f. Composto químico com ação hormonal presente nas glândulas situadas junto ao rim, que tem uma eficaz ação anti-inflamatória.

coruja ⟨co.ru.ja⟩ s.f. Ave de rapina geralmente noturna, de plumagem parda, cabeça redonda, olhos grandes e bico curto e curvo. □ GRAMÁTICA É um substantivo epiceno: *a coruja (macho/fêmea).* [👁 **aves** p. 92]

corumbaense ⟨co.rum.ba.en.se⟩ adj.2g./s.2g. De Corumbá ou relacionado a essa cidade do estado brasileiro de Mato Grosso do Sul.

corvejar ⟨cor.ve.jar⟩ v.int. Dar grasnadas (um corvo). □ GRAMÁTICA É um verbo unipessoal: só se usa nas terceiras pessoas do singular e do plural, no particípio, no gerúndio e no infinitivo →MIAR.

corveta ⟨cor.ve.ta⟩ (Pron. [corveta]) s.f. Barco leve de guerra, menor que a fragata, geralmente destinado à escolta de navios mercantes.

corvina ⟨cor.vi.na⟩ s.f. Peixe de água salgada, de cor parda com linhas pretas no dorso e ventre prateado, com muitos dentes e barbatana com espinhos rígidos. □ GRAMÁTICA É um substantivo epiceno: *a corvina (macho/fêmea).* [👁 **peixes (água salgada)** p. 609]

corvo, va ⟨cor.vo, va⟩ (Pron. [côrvo], [côrva], [córvos], [córvas]) s. Pássaro onívoro de plumagem preta, bico cônico, grosso e mais comprido que sua cabeça, com cauda de contorno arredondado e asas de mais de um metro de envergadura.

cós s.m.2n. Em uma peça do vestuário, tira reforçada de tecido, utilizado para arrematar a cintura.

coser ⟨co.ser⟩ ▌v.t.d. **1** Confeccionar com linha e agulha (uma peça do vestuário): *Ela própria coseu o vestido.* □ SIN. costurar. ▌v.int. **2** Confeccionar peças do vestuário

cosmética

com linha e agulha, especialmente como profissão. ◻ SIN. costurar. ▌v.t.d. **3** Unir com qualquer tipo de fio, geralmente transpassado em uma agulha: *Não sei como coser este rasgo.* ◻ SIN. costurar. ◻ ORTOGRAFIA É diferente de *cozer*.

cosmética ⟨cos.mé.ti.ca⟩ s.f. Arte ou técnica de cuidar da aparência física de uma pessoa utilizando determinados produtos.

cosmético, ca ⟨cos.mé.ti.co, ca⟩ adj./s.m. Em relação a um produto, que é utilizado para a higiene ou para a beleza física.

cósmico, ca ⟨cós.mi.co, ca⟩ adj. Do cosmo ou relacionado a ele.

cosmo ⟨cos.mo⟩ s.m. **1** Conjunto de tudo aquilo que foi criado ou de tudo aquilo que existe: *Para muitos teóricos, uma grande explosão deu origem ao cosmo.* ◻ SIN. criação, mundo, orbe, universo. **2** Espaço exterior à Terra. **3** Totalidade de coisas ordenadas segundo suas próprias leis ou princípios: *Personagens de um livro fazem parte de um cosmo literário.* ◻ SIN. mundo, criação. ◻ ORTOGRAFIA Escreve-se também *cosmos*.

cosmogonia ⟨cos.mo.go.ni.a⟩ s.f. Conjunto de doutrinas que explicam a origem e a evolução do universo.

cosmologia ⟨cos.mo.lo.gi.a⟩ s.f. Parte da astronomia que trata das leis gerais, da origem e da evolução do universo.

cosmólogo, ga ⟨cos.mó.lo.go, ga⟩ s. Pessoa que é especializada em cosmologia.

cosmonauta ⟨cos.mo.nau.ta⟩ s.2g. Pessoa que trabalha em uma nave espacial. ◻ SIN. astronauta.

cosmonáutica ⟨cos.mo.náu.ti.ca⟩ s.f. Ciência ou técnica de navegar além da atmosfera terrestre. ◻ SIN. astronáutica.

cosmonave ⟨cos.mo.na.ve⟩ s.f. Veículo capaz de viajar além da atmosfera terrestre. ◻ SIN. astronave, espaçonave, nave espacial.

cosmopolita ⟨cos.mo.po.li.ta⟩ ▌adj.2g. **1** Em relação a um lugar ou a uma sociedade, que são formados por residentes e atividades de procedências culturais ou étnicas diversas. ▌adj.2g./s.2g. **2** Que ou quem viajou muito e conhece muitos países e costumes.

cosmopolitismo ⟨cos.mo.po.li.tis.mo⟩ s.m. **1** Qualidade de cosmopolita. **2** Interesse ou admiração por tudo o que está relacionado com as grandes cidades.

cosmos ⟨cos.mos⟩ s.m.2n. →cosmo

cossaco, ca ⟨cos.sa.co, ca⟩ ▌adj./s. **1** De um antigo povo que se estabeleceu nas estepes russas do sul ou relacionado a ele. ▌s.m. **2** Soldado russo de cavalaria.

cosseno ⟨cos.se.no⟩ (Pron. [cossêno]) s.m. Em trigonometria, em um triângulo retângulo, razão entre o cateto adjacente de um ângulo e a hipotenusa.

costa ⟨cos.ta⟩ s.f. **1** Parte litorânea de uma extensão de terra, especialmente de um continente: *A costa brasileira é uma das mais extensas da América do Sul.* **2** Região que está próxima da orla: *Os barcos ancoraram bem próximo à costa.*

costado ⟨cos.ta.do⟩ s.m. **1** Parte ou região lateral de algo: *os costados de uma embarcação.* **2** Encosta ou terreno inclinado: *Subiram o costado, em direção ao mirante.*

costa-marfinense ⟨cos.ta-mar.fi.nen.se⟩ (pl. *costa-marfinenses*) adj.2g./s.2g. Da Costa do Marfim ou relacionado a esse país africano. ◻ SIN. ebúrneo, marfinense.

costa-riquenho, nha ⟨cos.ta-ri.que.nho, nha⟩ (Pron. [costa-riquenho]) (pl. *costa-riquenhos*) adj./s. Da Costa Rica ou relacionado a esse país centro-americano.

costas ⟨cos.tas⟩ s.f.pl. **1** Em uma pessoa, parte posterior do corpo, que fica entre os ombros e a cintura: *Depois de velho passou a sofrer com as dores nas costas.* ◻ SIN. dorso. **2** Em uma peça do vestuário, parte que corresponde a essa parte do corpo: *as costas da camisa.* **3** Em um assento, parte na qual se recostam as costas: *as costas da cadeira.* ‖ **dar as costas a** alguém Abandoná-lo ou deixar de dar-lhe apoio: *Deu as costas ao amigo quando ele mais precisava.* ‖ **pelas costas (de** alguém**)** Em sua ausência ou sem o seu conhecimento: *Falar dos outros pelas costas é um mau hábito.*

costear ⟨cos.te.ar⟩ ▌v.t.d./v.int. **1** Percorrer (uma costa) ou navegar ao longo de um litoral: *O barco veio costeando o litoral.* ▌v.t.d. **2** Contornar (um lugar) seguindo suas margens ou encostas: *costear um morro.* ◻ SIN. perlongar. ◻ ORTOGRAFIA O e muda para ei quando a sílaba tônica estiver na raiz do verbo →NOMEAR.

costeiro, ra ⟨cos.tei.ro, ra⟩ adj. Da costa ou relacionado a ela.

costela ⟨cos.te.la⟩ s.f. **1** Cada um dos ossos compridos e arqueados que se articulam com a coluna vertebral nas costas e com o osso esterno na frente, e que formam a caixa torácica. [◉ esqueleto p. 334] **2** Peça de carne de alguns animais, especialmente do boi, extraída da região desses ossos e destinada ao consumo. **3** Prato feito com essa peça.

costeleta ⟨cos.te.le.ta⟩ (Pron. [costelêta]) s.f. **1** Porção de barba ou de cabelo que se deixa crescer na frente das orelhas. **2** Peça de carne de alguns animais, especialmente do porco, extraída da região da costela e destinada ao consumo. **3** Prato feito com essa peça.

costumar ⟨cos.tu.mar⟩ ▌v.t.d. **1** Ter por costume: *Nos finais de semana, costumo jogar bola.* ◻ SIN. soer, usar. ▌v.int. **2** Ser frequente ou habitual: *Na nossa cultura, costumam dar um aperto de mão ao conhecer alguém.* ◻ SIN. soer. ◻ GRAMÁTICA Na acepção 2, é um verbo impessoal: só se usa na terceira pessoa do singular, no particípio, no gerúndio e no infinitivo →VENTAR.

costume ⟨cos.tu.me⟩ s.m. **1** Modo de agir adquirido pela prática frequente de uma ação: *Ela tem o costume de ler antes de dormir.* ◻ SIN. hábito. **2** Traje social masculino que consta de calça, paletó e às vezes colete, feitos da mesma cor e do mesmo tecido. **3** Conjunto de tendências e de usos que formam o caráter distintivo de uma época ou de um grupo: *Foi um cartunista célebre por satirizar os costumes de seu tempo.*

costumeiro, ra ⟨cos.tu.mei.ro, ra⟩ adj. Que se faz por hábito ou costume ou que é frequente, ordinário ou usual. ◻ SIN. habitual.

costura ⟨cos.tu.ra⟩ s.f. **1** União de duas partes passando um fio, geralmente com uma agulha, por elas: *Estas roupas precisam de uma costura.* **2** Peça de tecido que está sendo feita e ainda está inacabada: *Até o fim da semana ela precisa terminar três costuras.* **3** Sequência de pontos que dá acabamento a uma peça de tecido ou que une duas delas: *A toalha é azul com uma costura amarela.* **4** Arte ou técnica de unir cortes de panos criando peças de roupa: *um curso de costura.*

costurar ⟨cos.tu.rar⟩ ▌v.t.d. **1** Confeccionar com linha e agulha (uma peça do vestuário): *costurar uma saia.* ◻ SIN. coser. ▌v.int. **2** Confeccionar peças do vestuário com linha e agulha, especialmente como profissão: *Seu pai era alfaiate e o ensinou a costurar.* ◻ SIN. coser. ▌v.t.d. **3** Unir com qualquer tipo de fio, geralmente transpassado em uma agulha: *Preciso costurar o rasgo da camisa.* ◻ SIN. coser. ▌v.int. **4** *informal* Avançar (um veículo ou o seu condutor) ziguezagueando entre os demais: *O carro saiu costurando em alta velocidade e acabou batendo em um poste.*

costureiro, ra ⟨cos.tu.rei.ro, ra⟩ s. Pessoa que se dedica à costura, especialmente como profissão.

cota ⟨co.ta⟩ s.f. **1** Parte ou porção fixas e proporcionais de algo: *O governo destinou uma cota do novo imposto a projetos educacionais*. ◻ **SIN**. quinhão. **2** Fração do capital de uma empresa. **3** Em rádio ou em televisão, parcela de tempo reservada a um anunciante. ◻ **ORTOGRAFIA** Escreve-se também *quota*.

cotação ⟨co.ta.ção⟩ (pl. *cotações*) s.f. **1** Ato ou efeito de cotar. **2** Na bolsa de valores, valor de uma mercadoria ou de um título segundo a determinação do mercado: *O boato de quebra da empresa fez com que a cotação das suas ações despencasse*. **3** Prestígio, valor ou importância: *Sua cotação como jogador de futebol cresce a cada partida*.

cotar ⟨co.tar⟩ ▌v.t.d./v.t.d.i. **1** Fixar o seu valor de (um produto ou um serviço) [em determinada quantia]: *Esta pintura está cotada em trinta mil reais*. ▌v.t.d. **2** Pesquisar e comparar o valor no mercado de (um produto ou um serviço): *Cotou o automóvel em várias lojas antes de comprá-lo*.

cotejar ⟨co.te.jar⟩ v.t.d./v.t.d.i. **1** Examinar (duas ou mais coisas) ou confrontar (uma coisa) [com outra] para avaliar ou descobrir suas semelhanças ou suas diferenças: *Vamos cotejar sua proposta com a do outro fornecedor*. ◻ **SIN**. comparar. **2** Examinar (dois ou mais textos) ou confrontar (um texto) [com outro] para observar suas relações, semelhanças ou diferenças: *Cotejando os dois poemas, é fácil reconhecer o estilo do autor*. ◻ **SIN**. comparar.

cotejo ⟨co.te.jo⟩ (Pron. [cotêjo]) s.m. Ato ou efeito de cotejar. ◻ **SIN**. aproximação, colação, comparação, conferência.

cotidiano, na ⟨co.ti.di.a.no, na⟩ ▌adj. **1** Que acontece ou se repete diariamente: *Para ele, a leitura de jornais é um hábito cotidiano*. ◻ **SIN**. diário. **2** Que acontece habitualmente: *As brigas tornaram-se cotidianas entre eles*. ▌s.m. **3** Aquilo que é feito ou que acontece diariamente: *O cotidiano de uma redação de jornal pode ser muito agitado*. ◻ **SIN**. dia a dia, rotina. ◻ **ORTOGRAFIA** Escreve-se também *quotidiano*.

cotilédone ⟨co.ti.lé.do.ne⟩ s.m. No embrião das plantas, primeira folha, que, em algumas espécies, armazena substâncias de reserva.

cotizar ⟨co.ti.zar⟩ ▌v.t.d. **1** Dividir (uma despesa) em cotas: *Os moradores do prédio cotizaram a instalação da antena coletiva*. ▌v.prnl. **2** Associar-se para contribuir a uma realização comum: *Os alunos se cotizaram e alugaram um ônibus para a excursão*. ◻ **ORTOGRAFIA** Escreve-se também *quotizar*.

coto ⟨co.to⟩ s.m. **1** Parte que resta junto ao corpo após a amputação de um membro, especialmente se for de um braço ou de uma perna. **2** Em relação a um objeto, parte que sobra depois de parcialmente consumido: *um coto de giz*. ◻ **SIN**. toco. **3** Instrumento musical de origem japonesa, semelhante a uma grande cítara, feito de madeira oca e geralmente com treze cordas, e executado com palhetas, especialmente por mulheres. ◻ **USO** Nas acepções 1 e 2, a pronúncia é côto; na acepção 3, cóto.

cotó ⟨co.tó⟩ adj.2g./s.2g. **1** *informal* Que ou quem teve um membro amputado, geralmente um braço ou uma perna. **2** *informal* Em relação a um cachorro, que teve a cauda cortada.

cotonete ⟨co.to.ne.te⟩ s.m. Haste de plástico com algodão nas extremidades, usada na higiene pessoal.

cotonicultura ⟨co.to.ni.cul.tu.ra⟩ s.f. Cultivo de algodão.

cotovelada ⟨co.to.ve.la.da⟩ s.f. Golpe dado com o cotovelo.

cotovelo ⟨co.to.ve.lo⟩ (Pron. [cotovêlo]) s.m. **1** Articulação do braço com o antebraço, que liga o úmero ao rádio e à ulna: *Gostava de inclinar-se no chão, apoiado pelos seus cotovelos*. **2** Em uma peça do vestuário, parte que cobre essa região: *O cotovelo de uma camisa*. **3** Em um caminho ou em um curso d'água, curva acentuada. **4** Peça dobrada em ângulo ou em arco, que serve para alterar a direção de uma tubulação: *A pia entupiu, devido ao excesso de detritos no cotovelo do encanamento*. ‖ **falar pelos cotovelos** *informal* Falar muito: *Eles dois falam pelos cotovelos*.

cotovia ⟨co.to.vi.a⟩ s.f. Pássaro de pequeno porte, de plumagem geralmente parda ou marrom, com um penacho na cabeça e que tem canto melodioso. ◻ **GRAMÁTICA** É um substantivo epiceno: *a cotovia (macho/fêmea)*.

coturno ⟨co.tur.no⟩ s.m. Calçado, geralmente de uso militar, que cobre o pé e parte da perna. [◉ **calçados** p. 138]

couce ⟨cou.ce⟩ s.m. →**coice**

coulomb ⟨cou.lomb⟩ s.m. Unidade da carga elétrica equivalente à quantidade de eletricidade transportada em um segundo pela corrente de um ampere. ◻ **ORTOGRAFIA** Seu símbolo é *C*, sem ponto.

couraça ⟨cou.ra.ça⟩ s.f. **1** Armadura de ferro ou de aço que protege o peito e as costas. **2** Proteção ou defesa. **3** Em alguns répteis, estrutura que protege seu corpo, com aberturas para a cabeça, para as patas e para o rabo. **4** Em um navio de guerra, revestimento grosso e resistente.

couraçado ⟨cou.ra.ça.do⟩ s.m. Navio de guerra blindado e de grande porte. ◻ **SIN**. encouraçado.

couraçar ⟨cou.ra.çar⟩ v.t.d. Proteger com uma armadura de ferro ou de aço. ◻ **SIN**. encouraçar. ◻ **ORTOGRAFIA** Antes de *e*, o *ç* muda para *c* →COMEÇAR.

couro ⟨cou.ro⟩ s.m. **1** Pele firme e resistente que reveste o corpo de alguns animais: *o couro de um jacaré*. **2** Essa pele, curtida e preparada para uso industrial: *uma bolsa de couro*. ‖ **{arrancar/tirar} o couro de** alguém **1** Cobrar-lhe abusivamente por um produto ou por um serviço. **2** Falar mal dele. **3** Bater nele ou espancá-lo. ‖ **couro cabeludo** Pele que cobre a cabeça dos seres humanos, na qual nascem os cabelos.

couve ⟨cou.ve⟩ s.f. Planta herbácea comestível, com um miolo formado por folhas tenras, largas, verdes e com a nervura principal grossa, e com pequenas flores brancas ou amarelas.

couve-flor ⟨cou.ve-flor⟩ (Pron. [couve-flôr]) (pl. *couves-flor* ou *couves-flores*) s.f. Variedade de couve de caule curto, com folhas largas, geralmente verde-escuras, e uma grande massa arredondada, branca e granulada, composta por ramos grossos e suculentos, e flores pequenas que não se desenvolvem.

cova ⟨co.va⟩ s.f. **1** Abertura na terra, que pode ser natural ou construída. **2** Buraco feito na terra para colocar um cadáver.

covalente ⟨co.va.len.te⟩ adj.2g. Em relação a uma ligação entre dois átomos, que compartilha um ou mais pares de elétrons.

covarde ⟨co.var.de⟩ adj.2g./s.2g. Com covardia.

covardia ⟨co.var.di.a⟩ s.f. **1** Falta de coragem ou de ânimo para enfrentar uma situação. **2** Traição, deslealdade ou crueldade.

coveiro, ra ⟨co.vei.ro, ra⟩ s. Pessoa que se dedica profissionalmente a abrir covas ou a sepultar cadáveres.

coveitiano, na ⟨co.vei.ti.a.no, na⟩ adj./s. Do Kuwait ou relacionado a esse país asiático. ◻ **SIN**. kuwaitiano.

covil ⟨co.vil⟩ (pl. *covis*) s.m. **1** Cova que serve de refúgio para animais, especialmente se forem selvagens. **2** Lugar frequentado por pessoas de má índole.

covo, va ⟨co.vo, va⟩ (Pron. [côvo]) ▌adj./s.m. **1** Em relação a uma linha ou a uma superfície, que são curvas ou que

coxa

têm sua parte central mais aprofundada: *uma vasilha cova*. □ SIN. côncavo. ∎ s.m. **2** Armadilha, semelhante a um cesto, utilizada para capturar peixes.

coxa ⟨co.xa⟩ (Pron. [côxa]) s.f. **1** Em uma pessoa, parte superior da perna que vai desde a virilha até o joelho e na qual se localiza o fêmur. **2** Em uma ave, parte mais carnosa da pata, na qual se localiza o fêmur.

coxear ⟨co.xe.ar⟩ v.t.i./v.int. Andar puxando [de uma perna] ou caminhar com dificuldade apoiando-se menos em uma delas, por causa de uma lesão ou de uma deficiência. □ SIN. mancar, manquejar. □ ORTOGRAFIA O e muda para *ei* quando a sílaba tônica estiver na raiz do verbo →NOMEAR.

coxia ⟨co.xi.a⟩ s.f. **1** Em um teatro, espaço que contorna o palco e que os espectadores não podem ver. **2** Em uma plateia, lugar a mais. **3** Em uma estrebaria, lugar para cada cavalo. □ USO Na acepção 1, usa-se geralmente a forma plural *coxias*.

coxilha ⟨co.xi.lha⟩ s.f. Terreno extenso e com suaves ondulações, aproveitado geralmente para a pecuária.

coxim ⟨co.xim⟩ (pl. *coxins*) s.m. **1** Leito comprido e acolchoado, geralmente sem encosto nem braços, no qual uma pessoa pode se deitar. □ SIN. divã. **2** Em uma sela, parte que serve de assento.

coxinense ⟨co.xi.nen.se⟩ adj.2g./s.2g. De Coxim ou relacionado a essa cidade do estado brasileiro de Mato Grosso do Sul.

coxinha ⟨co.xi.nha⟩ s.f. Bolinho feito de massa recheada com frango desfiado, frito e com formato redondo em sua base e pontiagudo em sua extremidade superior.

coxo, xa ⟨co.xo, xa⟩ (Pron. [côxo]) adj./s. Em relação a uma pessoa ou a um animal, que coxeiam ou que andam mancando. □ ORTOGRAFIA É diferente de *cocho*.

cozedura ⟨co.ze.du.ra⟩ s.f. Ato ou efeito de cozer ou de cozinhar. □ SIN. cocção, cozimento.

cozer ⟨co.zer⟩ ∎ v.t.d. **1** Submeter à ação do calor: *Os índios marajoaras coziam seus utensílios cerâmicos há mais de mil anos.* □ SIN. cozinhar. **2** Preparar (um alimento) para a refeição, submetendo-o à ação do fogo ou da água em ebulição: *Cozeu batatas para fazer o purê.* □ SIN. cozinhar. ∎ v.int. **3** Preparar um alimento para a refeição, submetendo-o à ação do fogo ou da água em ebulição. □ SIN. cozinhar. □ ORTOGRAFIA É diferente de *coser*.

cozido ⟨co.zi.do⟩ s.m. Prato preparado à base de carne cozida, geralmente acompanhada de legumes.

cozimento ⟨co.zi.men.to⟩ s.m. Ato ou efeito de cozer ou de cozinhar: *O cozimento destas batatas deve ser feito em água com sal. Para fazer essa vasilha, o barro teve de passar por um processo de cozimento.* □ SIN. cocção, cozedura.

cozinha ⟨co.zi.nha⟩ s.f. **1** Lugar no qual se prepara a comida: *A cozinha deste restaurante é uma das mais equipadas do país.* **2** Arte ou técnica de cozinhar: *Seu forte nunca foi a cozinha.* □ SIN. culinária. **3** Conjunto de pratos típicos ou forma de cozinhar próprios de um lugar: *A cozinha japonesa é muito popular no nosso país.* □ SIN. comida, culinária.

cozinhar ⟨co.zi.nhar⟩ ∎ v.t.d. **1** Submeter à ação do calor: *Desde o período neolítico, o homem cozinha o barro para preparar seus utensílios.* □ SIN. cozer. **2** Preparar (um alimento) para a refeição, submetendo-o à ação do fogo ou da água em ebulição: *Cozinhou as batatas para fazer um purê.* □ SIN. cozer. ∎ v.int. **3** Preparar um alimento para a refeição, submetendo-o à ação do fogo ou da água em ebulição. □ SIN. cozer.

cozinheiro, ra ⟨co.zi.nhei.ro, ra⟩ s. Pessoa que cozinha, especialmente como profissão.

CPF (pl. *CPFs*) s.m. Documento identificador de pessoa física, de caráter oficial e obrigatório, que permite realizar atividades econômicas, comerciais e judiciais. □ ORIGEM É a sigla de *Cadastro de Pessoa Física*.

CPI (pl. *CPIs*) s.f. Conjunto de parlamentares encarregados de fazer um inquérito público. □ ORIGEM É a sigla de *Comissão Parlamentar de Inquérito*.

CPU (pl. *CPUs*) s.f. **1** Em um computador pessoal, parte principal cuja finalidade é processar os dados. □ SIN. unidade central de processamento. **2** *informal* Gabinete de um computador: *Na CPU costumam ficar as unidades de CD-ROM e de disco flexível.* □ ORIGEM É a sigla inglesa de *Central Processing Unit* (unidade central de processamento).

craca ⟨cra.ca⟩ s.f. Conjunto de crustáceos marinhos que vivem incrustados em corais, rochas ou no casco de embarcações.

crachá ⟨cra.chá⟩ s.m. Cartão ou peça semelhante usados para identificar uma pessoa ou para contabilizar seu tempo de trabalho.

craniano, na ⟨cra.ni.a.no, na⟩ adj. Do crânio ou relacionado a ele.

crânio ⟨crâ.nio⟩ s.m. **1** Conjunto de ossos que formam a caixa na qual está contido o encéfalo: *Recuperou-se milagrosamente de uma fratura no crânio.* □ SIN. caixa craniana. [👁 esqueleto p. 334] **2** *informal* Inteligência: *Em vez de me perguntar, use o crânio para achar a resposta.* **3** *informal* Pessoa muito inteligente: *Seu sucesso não me surpreende: sempre foi um crânio.* □ GRAMÁTICA Na acepção 3, usa-se tanto para o masculino quanto para o feminino: *(ele/ela) é um crânio*.

crápula ⟨crá.pu.la⟩ ∎ adj.2g./s.2g. **1** *pejorativo* Que ou quem tem uma vida desregrada ou devassa. **2** *pejorativo* Que ou quem tem atitudes reprováveis. ∎ s.f. **3** Vida desregrada ou devassa.

craque ⟨cra.que⟩ s.2g. **1** Em alguns esportes, jogador de qualidade ou habilidade extraordinárias: *Rivelino e Gérson foram dois craques da seleção brasileira.* **2** *informal* Pessoa que se destaca em uma atividade: *Ele é craque em Geografia.*

crase ⟨cra.se⟩ s.f. **1** Contração da preposição *a* com o artigo definido *a* ou com pronomes demonstrativos que comecem com a letra *a*. **2** Em ortografia, sinal gráfico que indica essa contração: *Em* à vista, *o a leva crase*.

crasso, sa ⟨cras.so, sa⟩ adj. Em relação a um erro, que é grave.

cratense ⟨cra.ten.se⟩ adj.2g./s.2g. De Crato ou relacionado a essa cidade do estado brasileiro do Ceará.

cratera ⟨cra.te.ra⟩ s.f. **1** Em um vulcão, abertura circular situada em sua parte superior, através da qual são expelidos a lava e outros materiais quando entra em atividade: *Ao longe, podia-se observar a cratera do Vesúvio, expelindo fumaça.* **2** Em um planeta ou em um astro, depressão causada pelo impacto de um meteorito ou por uma erupção vulcânica: *as crateras da Lua.* **3** Buraco grande: *A explosão deixou uma cratera no asfalto.*

cravar ⟨cra.var⟩ ∎ v.t.d./v.t.d.i./v.prnl. **1** Introduzir(-se) (um objeto pontiagudo) [em um corpo ou em uma superfície], especialmente se for por pressão ou com golpes: *As garras do felino cravaram-se na presa.* □ SIN. cravejar. ∎ v.t.d./v.t.d.i. **2** Introduzir (pedras, metais ou madeiras) [em uma superfície lisa e dura] para adorná-la: *Para enfeitar a caixa, cravaram pedaços de madrepérola na tampa.* □ SIN. cravejar. ∎ v.t.d.i./v.prnl. **3** *informal* Fixar(-se) (os olhos) [em um ponto]: *Assim que a viu, cravou os olhos nela.*

craveiro, ra ⟨cra.vei.ro, ra⟩ ∎ s. **1** Pessoa que faz cravos para ferraduras, especialmente como profissão.

▌s.m. **2** Planta herbácea com folhas opostas, compridas, estreitas e pontiagudas, flores aromáticas de diversas cores e margem serrilhada, e muito cultivada como ornamental.

cravejar ⟨cra.ve.jar⟩ v.t.d./v.t.d.i. **1** Introduzir (um objeto pontiagudo) [em um corpo ou em uma superfície], especialmente se for por pressão ou com golpes. ▢ SIN. cravar. **2** Introduzir (pedras, metais ou madeiras) [em uma superfície lisa e dura] para adorná-la: *Mandou cravejar um brilhante no anel.* ▢ SIN. cravar.

cravelha ⟨cra.ve.lha⟩ (Pron. [cravêlha]) s.f. Em um instrumento musical de corda, peça de metal ou de madeira que serve para enrolar, tensionar e afinar as cordas.

cravo ⟨cra.vo⟩ s.m. **1** Peça metálica comprida e fina com uma extremidade pontiaguda e outra achatada. **2** Calo que se forma normalmente sobre os dedos dos pés. **3** Nos poros da pele, obstrução causada geralmente por acúmulo de gordura. **4** Flor do craveiro. **5** Botão seco da flor de uma espécie arbórea de origem asiática, usado como tempero tanto para pratos doces como salgados, devido ao seu sabor picante. ▢ SIN. cravo-da-índia. **6** Instrumento musical de corda pinçada e teclado, semelhante ao piano de cauda, com uma caixa onde se assenta um tampo de madeira, sobre o qual se estendem vários jogos de cordas. [◉ **instrumentos de corda** p. 215]

cravo-da-índia ⟨cra.vo-da-ín.dia⟩ (pl. *cravos-da-índia*) s.m. Botão seco da flor de uma espécie arbórea de origem asiática, usado como tempero tanto para pratos doces como salgados, devido ao seu sabor picante. ▢ SIN. cravo.

creche ⟨cre.che⟩ s.f. Centro em que se cuida de crianças que não atingiram a idade escolar, enquanto seus pais trabalham.

credencial ⟨cre.den.ci.al⟩ (pl. *credenciais*) ▌adj.2g. **1** Que concede crédito. ▌s.f. **2** Documento que concede autorização para participar de algo ou para exercer uma função: *Para ter acesso à entrevista coletiva, todos precisavam apresentar as suas credenciais de jornalista.*

crediário ⟨cre.di.á.rio⟩ s.m. Tipo de compra e venda a prazo.

credibilidade ⟨cre.di.bi.li.da.de⟩ s.f. Qualidade do que é crível: *Depois do escândalo, perdeu toda a sua credibilidade.*

creditar ⟨cre.di.tar⟩ ▌v.t.d.i. **1** Atribuir a causa ou a autoria de (uma realização) [a algo ou a alguém]: *O atleta creditou a vitória à sua preparação física.* ▌v.t.d./v.t.d.i. **2** Depositar (uma quantia) [em uma conta bancária]: *Cada mês a empresa credita seu salário.*

crédito ⟨cré.di.to⟩ s.m. **1** Credibilidade que se dá a algo ou alguém: *Ninguém deu crédito àquela notícia absurda.* **2** Reputação, fama ou bom nome: *Esta doutora tem muito crédito no meio acadêmico.* **3** Empréstimo ou quantia de dinheiro que se pede emprestada a um banco ou a uma entidade semelhante: *O governo instituiu um programa de crédito educativo para universitários.* **4** Indicação dos nomes das pessoas que participam de um trabalho: *Nos créditos deste dicionário, aparecem os nomes de todos os que participaram dele.* **5** Nos estudos universitários, unidade de valor de uma matéria ou de uma disciplina: *Ainda não consegui os créditos necessários para se formar.*

credo ⟨cre.do⟩ ▌s.m. **1** No catolicismo, oração que contém os principais artigos da fé ensinada pelos apóstolos: *O credo era a única oração que sabia de cor.* **2** Parte da missa em que se reza essa oração: *Ficaram na igreja até o início do credo.* **3** Conjunto de doutrinas comuns de uma coletividade: *O credo destas pessoas é o trabalho constante.* ▌interj. **4** Expressão usada para demonstrar repulsa, divergência ou assombro: *Credo! Você não deveria falar assim com sua mãe!*

credor, -a ⟨cre.dor, do.ra⟩ (Pron. [credôr], [credôra]) adj./s. Que ou quem tem direito de receber o pagamento de uma dívida.

crédulo, la ⟨cré.du.lo, la⟩ adj./s. Que ou quem crê em algo com muita facilidade.

creiom ⟨crei.om⟩ (pl. *creions*) s.m. **1** Lápis de cera usado especialmente para desenhar. **2** Desenho feito com esse lápis.

cremação ⟨cre.ma.ção⟩ (pl. *cremações*) s.f. Ato ou efeito de cremar.

cremalheira ⟨cre.ma.lhei.ra⟩ s.f. **1** Peça dentada que permite o movimento em diversas engrenagens. **2** Em algumas vias férreas, trilho suplementar que é colocado em caminhos muito inclinados e que serve de engrenagem às rodas dentadas de uma locomotiva.

cremar ⟨cre.mar⟩ v.t.d. Queimar (um cadáver) até reduzi-lo a cinzas.

crematório, ria ⟨cre.ma.tó.rio, ria⟩ ▌adj. **1** Da cremação dos cadáveres ou relacionado a ela: *um forno crematório.* ▌s.m. **2** Lugar em que se cremam cadáveres: *Depois do velório, seu corpo foi levado ao crematório.*

creme ⟨cre.me⟩ (Pron. [crême]) ▌adj.2g.2n./s.m. **1** De cor entre o amarelo e o bege: *uma blusa creme.* ▌s.m. **2** Pasta feita à base de ovos, açúcar e outros ingredientes, usada em confeitaria. **3** Produto cosmético com consistência pastosa, que se aplica sobre a pele: *um creme hidratante.* **4** Parte gordurosa e amarelada do leite: *Prefiro beber leite desnatado porque tem menos creme.* ▢ SIN. nata. ‖ **creme de leite** Substância derivada do leite, industrializada e de consistência pastosa e empregada no preparo de doces e salgados. ‖ **creme dental** Produto cremoso que se utiliza para a limpeza dos dentes. ▢ SIN. pasta de dentes.

cremoso, sa ⟨cre.mo.so, sa⟩ (Pron. [cremôso], [cremósa], [cremósos], [cremósas]) adj. **1** Que tem o aspecto ou a textura de um creme. **2** Com muito creme.

crença ⟨cren.ça⟩ s.f. **1** Convicção sem base racional que se tem sobre algo: *Ele tinha a crença de que um dia seria famoso.* **2** Religião ou seita: *Segundo algumas crenças, a alma é imortal.* **3** Conjunto de ideias sobre algo: *São amigos apesar de terem crenças políticas opostas.*

crendice ⟨cren.di.ce⟩ s.f. Crença estranha à fé religiosa e contrária à razão ou ao conhecimento, que levam à prática de obrigações e deveres sem fundamento racional e ao temor das coisas fantásticas. ▢ SIN. superstição.

crente ⟨cren.te⟩ adj.2g./s.2g. **1** Que ou quem crê. **2** Que ou quem segue uma religião. **3** *informal* Protestante.

creolina ⟨cre.o.li.na⟩ s.f. Substância química de cheiro forte e propriedades antissépticas usada como desinfetante.

crepe ⟨cre.pe⟩ s.m. **1** Prato feito à base de massa de farinha frita, leite e ovos batidos, recheada com ingredientes doces ou salgados. **2** Tecido fino, transparente e leve. **3** Tecido preto usado em sinal de luto.

crepitar ⟨cre.pi.tar⟩ v.int. Produzir estalidos (algo que queima, especialmente uma madeira): *A lenha crepitava na lareira.*

crepom ⟨cre.pom⟩ (pl. *crepons*) s.m. **1** Tecido fino, crespo e ondulado. **2** →**papel crepom**

crepúsculo ⟨cre.pús.cu.lo⟩ s.m. **1** Claridade fraca que se percebe quando a noite está virando dia ou quando o dia está virando noite. ▢ SIN. lusco-fusco. **2** Tempo que dura essa claridade. **3** *literário* Decadência.

crer ▌v.t.d./v.t.i. **1** Ter como certo ou ter confiança [em algo ou alguém]: *Não creio em nada do que está me dizendo.* ▢ SIN. acreditar. ▌v.t.d./v.prnl. **2** Considerar, estimar ou julgar-se: *Crê-se a pessoa mais preparada do mundo.* ▫ GRAMÁTICA **1.** É um verbo irregular →LER. **2.** Na acepção 2, o objeto vem acompanhado de um complemento que o qualifica: *Crê-se a pessoa mais preparada do mundo.*

crescendo ⟨cres.cen.do⟩ s.m. **1** Em música, aumento gradual da intensidade ou do volume de um som ou de uma frase: *O crescendo é um recurso muito utilizado para transmitir dramaticidade a uma peça musical.* **2** Em música, passagem em que se executa um aumento de intensidade ou de volume de um som ou de uma frase: *No segundo movimento do concerto há um crescendo vibrante.*

crescente ⟨cres.cen.te⟩ ▌adj.2g. **1** Que cresce: *Veja a Lua crescente lá no céu!* ▌s.m. **2** Aquilo que tem formato semelhante ao da Lua em suas fases crescente ou minguante: *O crescente é um símbolo utilizado por diversos países islâmicos.* ▫ SIN. meia-lua.

crescer ⟨cres.cer⟩ v.int. **1** Aumentar de tamanho ou desenvolver-se de forma natural (um ser vivo): *O bebê cresceu muito nos últimos meses.* **2** Aumentar de tamanho, especialmente por aquisição de nova matéria: *O poder aquisitivo da população cresce com o desenvolvimento econômico do país.* **3** Amadurecer ou ficar mais experiente (alguém): *Aqueles anos no exterior o ajudaram a crescer.* ▫ ORTOGRAFIA Antes de a ou o, o c muda para ç →CONHECER.

crescimento ⟨cres.ci.men.to⟩ s.m. **1** Aumento e desenvolvimento naturais de um ser vivo. **2** Aumento de um tamanho, de uma quantidade ou de um valor, geralmente como resultado de uma evolução: *Quando a economia está em crescimento, todas as camadas sociais saem beneficiadas.*

crespo, pa ⟨cres.po, pa⟩ (Pron. [crêspo]) adj. **1** Que tem superfície com rugas, fendas ou desníveis pequenos. **2** Em relação ao cabelo, que é ondulado.

crestar ⟨cres.tar⟩ v.t.d./v.prnl. **1** Queimar(-se) de maneira leve ou superficial: *Bobeou e acabou crestando o arroz.* **2** Ressecar(-se) devido ao excesso de frio ou de calor: *O frio crestou os meus lábios.*

cretino, na ⟨cre.ti.no, na⟩ adj./s. *pejorativo* Estúpido ou ignorante.

cretone ⟨cre.to.ne⟩ (Pron. [cretône]) s.m. Tecido grosso, geralmente de algodão, usado na tapeçaria e na confecção de colchas e cortinas.

cria ⟨cri.a⟩ s.f. **1** Animal que acabou de nascer ou que ainda está sendo amamentado: *A cadela amamentava suas seis crias.* ▫ SIN. filhote. **2** *informal* Criança. ∥ **dar cria** Em relação a um animal, parir: *A gata deu cria.* ▫ GRAMÁTICA Usa-se tanto para o masculino quanto para o feminino: *(ele/ela) é uma cria.*

criação ⟨cri.a.ção⟩ (pl. *criações*) s.f. **1** Ato ou efeito de criar: *a criação de uma planta.* **2** Conjunto de tudo aquilo que foi criado ou de tudo aquilo que existe: *Acreditava que a inteligência humana era uma das maiores obras da criação.* ▫ SIN. cosmo, mundo, orbe, universo. **3** Estabelecimento ou invenção de algo: *Com a criação do prêmio, pretende-se incentivar a literatura juvenil.* **4** Obra humana que exige muito esforço, engenho ou criatividade em sua realização: *A Muralha da China é uma das maiores criações arquitetônicas do homem.* **5** Desenvolvimento ou aperfeiçoamento das faculdades intelectuais e morais de uma pessoa: *A criação de um filho exige enormes responsabilidades.* ▫ SIN. educação. **6** Alimentação e cuidados, especialmente se forem de animais: *Fabricou um aquário para se dedicar à criação de peixes ornamentais.*

criadagem ⟨cri.a.da.gem⟩ (pl. *criadagens*) s.f. Conjunto de criados de uma casa.

criado, da ⟨cri.a.do, da⟩ s. Pessoa que serve outra em troca de um salário, especialmente se for no serviço doméstico.

criado-mudo ⟨cri.a.do-mu.do⟩ (pl. *criados-mudos*) s.m. Móvel pequeno, geralmente com uma ou duas gavetas, que se coloca próximo da cabeceira da cama.

criador, -a ⟨cri.a.dor, do.ra⟩ (Pron. [criadôr], [criadôra]) adj./s. Que ou quem cria.

criança ⟨cri.an.ça⟩ s.f. Pessoa que está na infância. ▫ GRAMÁTICA Usa-se tanto para o masculino quanto para o feminino: *(ele/ela) é uma criança.*

criançada ⟨cri.an.ça.da⟩ s.f. **1** Conjunto de crianças. **2** Dito ou feito que parecem próprios de uma criança, por sua falta de maturidade. ▫ SIN. criancice.

criancice ⟨cri.an.ci.ce⟩ s.f. Dito ou feito que parecem próprios de uma criança, por sua falta de maturidade: *Resolveu sair de casa sem permissão por pura criancice.* ▫ SIN. criançada.

criançola ⟨cri.an.ço.la⟩ s.2g. Adolescente ou adulto que se comportam como criança.

criar ⟨cri.ar⟩ ▌v.t.d. **1** Produzir, desenvolver ou originar: *Se não colocar as frutas na geladeira, elas vão criar mofo.* **2** Inventar ou fundar: *A Prefeitura criou uma biblioteca infantil.* **3** Instruir ou educar (alguém): *Criaram os filhos em um ambiente de respeito e tolerância.* **4** Cultivar (uma planta ou um vegetal): *Começou a criar cebolinha em sua horta.* **5** Alimentar, tratar ou cuidar de (aves ou outros animais): *Sua família cria porcos.* ▌v.t.d./v.t.d.i. **6** Provocar ou causar (uma situação ou uma consequência) [a alguém]: *Suas palavras criaram uma confusão na sala. Sem querer, acabou criando problemas para o amigo.* ▌v.t.d. **7** Passar a ter (algo que não se tinha): *O mágico criou fama com suas apresentações.* ▌v.t.d./v.t.d.i. **8** Produzir ou alimentar (um sentimento) [por alguém]: *Não crie esperanças só porque ele o convidou para dançar.* ▌v.prnl. **9** Crescer ou desenvolver-se (alguém): *Nasci em Curitiba, mas me criei em Porto Alegre.*

criatividade ⟨cri.a.ti.vi.da.de⟩ s.f. Faculdade ou capacidade para criar, inventar ou inovar: *As aulas de pintura permitem ao aluno desenvolver toda sua criatividade.*

criativo, va ⟨cri.a.ti.vo, va⟩ adj. Que possui ou que estimula a capacidade de criar ou de inventar.

criatura ⟨cri.a.tu.ra⟩ s.f. **1** Ser vivo ou indivíduo: *O mar está cheio de criaturas pouco conhecidas.* **2** Em teologia, aquilo ou aquele que foi criado do nada: *O encontro entre Adão e Deus foi o encontro entre criatura e criador.* **3** Ser imaginário com alguma característica humana desfigurada: *uma criatura da noite.*

criciumense ⟨cri.ci.u.men.se⟩ adj.2g./s.2g. De Criciúma ou relacionado a essa cidade do estado brasileiro de Santa Catarina.

cricri ⟨cri.cri⟩ ▌adj.2g./s.2g. **1** *informal* Que ou quem é chato ou irritante: *Pare de ser cricri e deixe as crianças brincarem!* ▌s.m. **2** Som que imita a voz do grilo.

crime ⟨cri.me⟩ s.m. Em direito, ação ilegal: *Para todo crime existe uma punição prevista em lei.* ▫ SIN. delito.

criminal ⟨cri.mi.nal⟩ (pl. *criminais*) adj.2g. Do crime ou relacionado a ele.

criminalidade ⟨cri.mi.na.li.da.de⟩ s.f. Total de crimes cometidos em uma região durante um determinado período de tempo: *A criminalidade vem aumentando na cidade nos últimos tempos.*

criminalista ⟨cri.mi.na.lis.ta⟩ adj.2g./s.2g. Em relação a um advogado, que se dedica profissionalmente ao direito penal ou que é especializado nele.

criminoso, sa ⟨cri.mi.no.so, sa⟩ (Pron. [criminôso], [criminôsa], [criminósos], [criminósas]) ▌adj. **1** Do crime ou relacionado a ele. ▌adj./s. **2** Que ou quem comete crimes.

crina ⟨cri.na⟩ s.f. **1** Conjunto de cerdas ou pelos grossos que alguns animais têm na parte superior do pescoço: *a crina de um cavalo.* **2** Filamentos flexíveis e elásticos que se obtêm de uma fibra vegetal cozida e umedecida.

crioulo, la ⟨cri.ou.lo, la⟩ adj./s. **1** Que ou quem é negro e nascido no continente americano. **2** Em relação a uma língua, que é formada por elementos de línguas diferentes e que surgiu pela convivência de duas ou mais comunidades distintas.

cripta ⟨crip.ta⟩ s.f. Em uma igreja, galeria subterrânea destinada ao sepultamento.

criptônio ⟨crip.tô.nio⟩ s.m. Elemento químico da família dos não metais, de número atômico 36, gasoso, inerte, incolor, e que se encontra em pequena proporção no ar. ▫ ORTOGRAFIA Seu símbolo químico é *Kr*, sem ponto.

crisálida ⟨cri.sá.li.da⟩ s.f. Em zoologia, inseto lepidóptero que está em uma fase de desenvolvimento posterior à larva e anterior à forma adulta: *Antes de se tornarem borboletas, as crisálidas ficam dentro de um casulo, que as protege.*

crisântemo ⟨cri.sân.te.mo⟩ s.m. **1** Planta herbácea perene, com folhas recortadas e alternas, mais escuras na frente que no verso, com flores abundantes, vistosas, de cores variadas e geralmente com muitas pétalas, e cultivada como ornamental. ▫ SIN. monsenhor. **2** Flor dessa planta. ▫ SIN. monsenhor.

crise ⟨cri.se⟩ s. **1** Mudança repentina e violenta no estado físico ou mental de uma pessoa: *Sofreu uma crise nervosa, devido ao estresse.* **2** Situação política, econômica ou social complicadas: *A crise política teve efeitos negativos na economia.* **3** Manifestação repentina e violenta de um sentimento ou de uma emoção: *Teve uma crise de riso no meio da aula.* **4** Escassez ou carência: *A crise do petróleo provocou o aumento do preço da gasolina.*

crisma ⟨cris.ma⟩ ▮ s. **1** Na Igreja Católica, sacramento pelo qual uma pessoa batizada confirma sua fé. ▫ SIN. confirmação. **2** Na Igreja Católica, administração desse sacramento. ▫ SIN. confirmação. ▮ s.m. **3** Na Igreja Católica, óleo bento usado nesse sacramento. ▫ GRAMÁTICA Nas acepções 1 e 2, é uma palavra usada tanto como substantivo masculino quanto como substantivo feminino: *o crisma, a crisma.*

crismar ⟨cris.mar⟩ v.t.d./v.prnl. Na Igreja Católica, administrar a (alguém) ou receber o sacramento de confirmação da fé: *O padre crismou os jovens na missa de domingo.*

crisol ⟨cri.sol⟩ (pl. *crisóis*) s.m. Recipiente usado para fundir materiais e que suporta temperaturas muito elevadas. ▫ SIN. cadinho.

crispar ⟨cris.par⟩ v.t.d./v.prnl. **1** Encrespar(-se) ou enrugar(-se): *O vento crispava as águas da lagoa.* **2** Causar ou sofrer uma contração repentina no passageiro: *Ao sentir um cisco no olho, crispou as pálpebras.*

crista ⟨cris.ta⟩ s.f. **1** No galo e em outras aves, carnosidade vermelha localizada sobre a cabeça. **2** Conjunto de plumas que algumas aves têm na parte superior da cabeça. ▫ SIN. poupa. **3** Em alguns animais, parte mais elevada da cabeça ou do dorso. **4** Parte mais elevada de algo. ‖ **baixar a crista** *informal* Tornar-se humilde, acovardar-se ou calar-se.

cristal ⟨cris.tal⟩ (pl. *cristais*) s.m. **1** Vidro incolor e transparente que se fabrica a partir da mistura de três partes de sílica, duas de óxido de chumbo e uma de potássio. **2** Peça de vidro ou de outra substância semelhante, em formato de lâmina e usada para tapar buracos, especialmente em janelas ou portas. **3** Em mineralogia, substância sólida cuja estrutura atômica é ordenada e se repete periodicamente nas três direções do espaço. ‖ **cristal líquido** Substância formada por um conjunto de moléculas alinhadas com certa regularidade, que se encontra em um estado da matéria entre o líquido e o sólido, e usada na fabricação de telas de monitores e em outros equipamentos eletrônicos.

cristaleira ⟨cris.ta.lei.ra⟩ s.f. Armário envidraçado, usado especialmente para guardar copos e cristais.

cristalino, na ⟨cris.ta.li.no, na⟩ ▮ adj. **1** Do cristal ou com suas características: *águas cristalinas.* ▮ s.m. **2** No bulbo do olho, estrutura transparente, situada atrás da íris e cuja função é direcionar os raios de luz para um determinado ponto na retina. ▫ USO Na acepção 2, é a antiga denominação de *lente*.

cristalização ⟨cris.ta.li.za.ção⟩ (pl. *cristalizações*) s.f. Ato ou efeito de cristalizar(-se).

cristalizar ⟨cris.ta.li.zar⟩ ▮ v.t.d./v.int./v.prnl. **1** Tornar(-se) cristal: *Se o mel cristalizar, deve-se aquecê-lo em banho-maria.* ▮ v.int./v.prnl. **2** Fixar-se ou consolidar-se: *Seus conhecimentos acabaram se cristalizando em uma prática pedagógica.*

cristandade ⟨cris.tan.da.de⟩ s.f. Conjunto de pessoas ou de comunidades que professam a religião cristã.

cristã-nova ⟨cris.tã-no.va⟩ (pl. *cristãs-novas*) Substantivo feminino de *cristão-novo*.

cristão, tã ⟨cris.tão, tã⟩ (pl. *cristãos*) ▮ adj. **1** Do cristianismo ou relacionado a essa religião: *a fé cristã.* ▮ adj./s. **2** Que ou quem segue ou pratica o cristianismo: *uma comunidade de cristãos.* ▮ s.m. **3** *informal* Qualquer pessoa ou indivíduo da espécie humana: *Não havia um cristão disposto a viajar comigo.* ▫ GRAMÁTICA **1.** Na acepção 3, usa-se tanto para o masculino quanto para o feminino: *{ele/ela} é um cristão.* **2.** Seu superlativo é *cristianíssimo*.

cristão-novo ⟨cris.tão-no.vo⟩ (Pron. [cristão-nôvo], [cristãos-nóvos]) (pl. *cristãos-novos*) s.m. **1** Antigamente, em relação a um judeu, que se converteu ao cristianismo. **2** Pessoa que se converteu ao cristianismo. ▫ GRAMÁTICA Seu feminino é *cristã-nova*.

cristianismo ⟨cris.ti.a.nis.mo⟩ s.m. Religião que afirma a existência de um único deus, salvador do mundo, cujos dogmas e preceitos foram predicados por Jesus Cristo (o filho de Deus para os cristãos) e reunidos no texto sagrado dos *Evangelhos*.

cristianíssimo, ma ⟨cris.ti.a.nís.si.mo, ma⟩ Superlativo irregular de *cristão*.

cristianizar ⟨cris.ti.a.ni.zar⟩ v.t.d./v.prnl. Converter(-se) ao cristianismo.

cristo ⟨cris.to⟩ s.m. **1** Imagem do filho de deus cristão crucificado: *Sempre carrega consigo uma corrente com um cristo que ganhou de sua avó.* **2** *informal* Pessoa vítima de injustiças ou de maus-tratos. ▫ GRAMÁTICA Na acepção 2, é usada tanto para o masculino quanto para o feminino: *{ele/ela} é um cristo.*

critério ⟨cri.té.rio⟩ s.m. **1** Norma ou regra estabelecidas para escolher ou para avaliar pessoas ou itens em um concurso, em um sorteio ou em algo semelhante: *Os critérios para avaliação dos candidatos foram a formação acadêmica e a experiência profissional.* **2** Fundamento ou parâmetro que servem de base para tomar uma decisão ou para fazer uma escolha: *Seus critérios são rigorosos, porém justos.* **3** Capacidade ou faculdade que se tem para compreender algo ou formar uma opinião sobre ele: *A médica demonstrou muito critério para chegar a um diagnóstico preciso.*

crítica ⟨crí.ti.ca⟩ s.f. **1** Arte ou técnica para julgar ou avaliar algo seguindo determinados critérios: *Seu pai se dedica à crítica literária.* **2** Conjunto de críticos profissionais de uma determinada matéria: *A crítica elogiou seu último trabalho.* **3** Censura ou opinião negativas

sobre uma pessoa ou seus atos: *Com o lançamento do novo CD, a banda recebeu muitas críticas, especialmente dos fãs mais antigos.*
criticar ⟨cri.ti.car⟩ v.t.d. **1** Fazer uma crítica ou uma análise de (uma obra artística): *O jornalista criticou positivamente a peça.* **2** Censurar ou julgar de forma desfavorável (uma pessoa ou os seus atos): *Não gosta de criticar ninguém.* ☐ ORTOGRAFIA Antes de *e*, o *c* muda para *qu* →BRINCAR.
crítico, ca ⟨crí.ti.co, ca⟩ ▌adj. **1** Da crítica ou relacionado a esse juízo, opinião ou censura. **2** Da crise ou relacionado a ela. **3** Decisivo, que deve atender-se ou aproveitar-se: *Precisamos nos decidir rápido, pois estamos em um momento crítico.* ▌adj./s. **4** Que ou quem faz críticas sobre algo, especialmente for sobre obras artísticas ou literárias.
crivar ⟨cri.var⟩ v.t.d. **1** Perfurar Perfurar(-se) [com objetos pontiagudos ou pontudos]. **2** Cobrir(-se) ou encher(-se) [de algo]: *A catapora crivou o seu corpo de pequenas bolhas.*
crível ⟨crí.vel⟩ (pl. *críveis*) adj.2g. Em que se pode crer.
crivo ⟨cri.vo⟩ s.m. **1** Peneira ou peça usadas para peneirar, coar, filtrar ou borrifar: *O crivo de um chuveiro; o crivo de um regador; o crivo de uma bomba hidráulica.* ☐ SIN. ralo. **2** Exame ou análise minuciosos de algo: *O texto passou pelo crivo de um especialista.* **3** Bordado feito em tecido, que consiste na retirada simultânea de fios verticais e horizontais, formando uma grade.
croata ⟨cro.a.ta⟩ ▌adj.2g./s.2g. **1** Da Croácia ou relacionado a esse país europeu. ▌s.m. **2** Língua eslava desse país.
crocante ⟨cro.can.te⟩ adj.2g. Que faz um ruído característico ao se partir, dobrar, roçar ou apertar: *salgadinhos crocantes.*
crochê ⟨cro.chê⟩ s.m. Trabalho de costura feito com uma agulha de aproximadamente vinte centímetros de comprimento, que tem uma de suas extremidades mais finas e terminada em gancho.
crocitar ⟨cro.ci.tar⟩ v.int. Emitir um som (um corvo, uma coruja, um abutre ou outra ave semelhante). ☐ GRAMÁTICA É um verbo unipessoal: só se usa nas terceiras pessoas do singular e do plural, no particípio, no gerúndio e no infinitivo →MIAR.
crocodilo ⟨cro.co.di.lo⟩ s.m. Réptil de grande porte, de cor esverdeada e escura, escamoso, de pele muito dura, cauda comprida e robusta e boca grande com muitos dentes fortes e afiados, que vive nos grandes rios das regiões intertropicais e que nada com grande velocidade. ☐ GRAMÁTICA É um substantivo epiceno: *o crocodilo (macho/fêmea).*
cromar ⟨cro.mar⟩ v.t.d. Dar um banho de cromo em (um metal ou um objeto metálico) para torná-lo inoxidável.
cromático, ca ⟨cro.má.ti.co, ca⟩ adj. **1** Das cores ou relacionado a elas. **2** Em música, em relação a um intervalo, a uma escala ou a um sistema, que utilizam os semitons.
cromo ⟨cro.mo⟩ (Pron. [crômo]) s.m. **1** Elemento químico da família dos metais, de número atômico 24, sólido, duro, de cor branco-prateada e muito resistente aos agentes atmosféricos. **2** Estampa, papel ou cartão, geralmente pequenos, com um desenho ou uma fotografia impressos, para serem colecionados: *Faltam dois cromos para completar a coleção de animais selvagens.* ☐ SIN. figurinha. **3** Imagem positiva em película transparente, sem inversão de cores. ☐ SIN. diapositivo, slide. **4** Couro macio e resistente utilizado na fabricação de calçados finos. ☐ ORTOGRAFIA Na acepção 1, seu símbolo químico é *Cr*, sem ponto.
cromossomo ⟨cro.mos.so.mo⟩ (Pron. [cromossômo]) s.m. Cada um dos filamentos de material hereditário que fazem parte do núcleo celular e que têm como função conservar, transmitir e expressar a informação genética que eles contêm.

crônica ⟨crô.ni.ca⟩ s.f. **1** História em que se observa a ordem cronológica de fatos históricos: *Estou lendo uma crônica sobre a chegada dos colonizadores à América.* **2** Texto literário de pequena extensão que narra acontecimentos cotidianos: *Rubem Braga escreveu crônicas simples e profundas sobre a vida.* **3** Texto ou discurso apresentados em um meio de comunicação sobre assuntos variados: *Fez uma crônica brilhante sobre a última rodada do campeonato.*
crônico, ca ⟨crô.ni.co, ca⟩ adj. **1** Que acontece há algum tempo ou que se repete de tempos em tempos. **2** Em relação a uma doença, que é muito longa ou habitual.
cronista ⟨cro.nis.ta⟩ s.2g. Escritor de crônicas.
cronograma ⟨cro.no.gra.ma⟩ s.m. Gráfico que contém tarefas e datas previstas para sua execução: *Como o projeto estava atrasado, foi preciso rever o cronograma.*
cronologia ⟨cro.no.lo.gi.a⟩ s.f. **1** Ciência cujo objetivo é determinar a ordem e as datas dos acontecimentos. **2** Sequência de pessoas, de obras ou de acontecimentos ordenados por datas: *A revista publicou uma cronologia dos fatos mais importantes do ano.*
cronológico, ca ⟨cro.no.ló.gi.co, ca⟩ adj. Da cronologia ou relacionado a ela.
cronometrar ⟨cro.no.me.trar⟩ v.t.d. **1** Medir com um cronômetro: *Cronometrou quanto demorou para percorrer um quilômetro.* **2** Delimitar com precisão o tempo para finalizar (algo): *O psicanalista cronometrava a duração de cada sessão.*
cronômetro ⟨cro.nô.me.tro⟩ s.m. Relógio de grande precisão que serve para medir frações de tempo muito pequenas.
croquete ⟨cro.que.te⟩ s.m. Bolinho frito feito à base de carne, bacalhau, queijo, camarão ou outros ingredientes.
croqui ⟨cro.qui⟩ s.m. Desenho rápido e esquemático feito a olho nu e sem instrumentos adequados ou sem precisão nos detalhes.
crosta ⟨cros.ta⟩ (Pron. [crôsta]) s.f. Camada externa e dura de algo. ☐ SIN. códea. ‖ **crostra terrestre** Camada mais externa da litosfera.
cru, -a ⟨cru, cru.a⟩ adj. **1** Em relação a um alimento, que está muito pouco ou nada cozido. **2** Que não foi desenvolvido, trabalhado ou preparado. **3** Sem experiência. **4** Cruel, áspero ou que mostra com realismo aquilo que pode ser desagradável à sensibilidade ou que pode afetá-la: *O noticiário mostrou imagens cruas da guerra.* **5** Da cor natural da fibra.
crucial ⟨cru.ci.al⟩ (pl. *cruciais*) adj.2g. **1** Com formato de cruz. ☐ SIN. cruciforme. **2** Que é decisivo ou muito importante no desenvolvimento de algo.
cruciante ⟨cru.ci.an.te⟩ adj.2g. Decisivo ou muito importante.
cruciar ⟨cru.ci.ar⟩ v.t.d. **1** Colocar ou prender (alguém) em uma cruz. ☐ SIN. crucificar. **2** Causar tormento, dor ou sofrimento a (alguém). ☐ SIN. crucificar.
crucificar ⟨cru.ci.fi.car⟩ v.t.d. **1** Colocar ou prender (alguém) em uma cruz. ☐ SIN. cruciar. **2** Causar tormento, dor ou sofrimento a (alguém). ☐ SIN. cruciar. **3** Criticar com severidade: *A crítica crucificou o livro.* ☐ ORTOGRAFIA Antes de *e*, o *c* muda para *qu* →BRINCAR.
crucifixo ⟨cru.ci.fi.xo⟩ (Pron. [crucificso]) s.m. Representação de Jesus Cristo (o filho de Deus para os cristãos) pregado na cruz.
cruciforme ⟨cru.ci.for.me⟩ adj.2g. Com formato de cruz. ☐ SIN. crucial.

cuco

crudelíssimo, ma ⟨cru.de.lís.si.mo, ma⟩ Superlativo irregular de **cruel**.

cruel ⟨cru.el⟩ (pl. *cruéis*) adj.2g. **1** Em relação a uma pessoa ou ao seu comportamento, que se satisfazem causando sofrimento aos outros ou que não têm compaixão pelo padecimento deles. **2** Difícil de suportar ou excessivamente duro. ☐ GRAMÁTICA Seu superlativo é *crudelíssimo*.

crueldade ⟨cru.el.da.de⟩ s.f. **1** Qualidade do que é cruel. **2** Falta de compaixão pelo sofrimento dos outros ou satisfação em causá-lo.

cruento, ta ⟨cru.en.to, ta⟩ adj. Que causa ou em que há um grande derramamento de sangue. ☐ SIN. **sanguinolento, sangrento**.

crupe ⟨cru.pe⟩ s.m. Fechamento da laringe causado por infecção ou alergia, que acomete geralmente crianças e provoca tosse e rouquidão.

crustáceo ⟨crus.tá.ceo⟩ ▌ adj./s.m. **1** Em relação a um animal, que se caracteriza por ter respiração branquial, dois pares de antenas, corpo coberto por uma carapaça dura ou articulada, tórax segmentado e sexos separados. ▌ s.m.pl. **2** Em zoologia, classe desses animais, pertencentes ao filo dos artrópodes.

cruz s.f. **1** Figura formada por duas linhas que se cortam perpendicularmente. **2** Peça formada por uma madeira vertical que é atravessada perpendicularmente por outra horizontal e mais curta, em que os pés e as mãos dos condenados eram cravados ou pendurados. **3** Representação dessa peça, que se tornou o símbolo do cristianismo: *Usa no pescoço uma cruz de prata.* **4** Dor, sofrimento ou trabalho muito penoso: *Ter de cuidar de uma pessoa tão ingrata é minha cruz!*

cruzada ⟨cru.za.da⟩ s.f. **1** Na Idade Média, expedição militar organizada pelos cristãos para lutar contra os povos considerados infiéis. **2** Conjunto de esforços realizados em prol de uma causa: *uma cruzada contra as drogas*.

cruzado, da ⟨cru.za.do, da⟩ ▌ adj./s. **1** Que ou quem participou de uma cruzada ou de uma expedição militar. ▌ adj./s.m. **2** Em esportes de luta, em relação a um golpe, que é acompanhado pelo giro do corpo do atleta. ▌ s.m. **3** Unidade monetária brasileira até a adoção do cruzado novo. **4** Moeda ou cédula com o valor dessa unidade. ‖ **cruzado novo 1** Unidade monetária brasileira até a adoção da terceira edição do cruzeiro. 2 Moeda ou cédula com o valor dessa unidade.

cruzador, -a ⟨cru.za.dor, do.ra⟩ (Pron. [cruzadôr], [cruzadôra]) ▌ adj. **1** Que cruza. ▌ s.m. **2** Navio de guerra de grande velocidade, equipado com canhões de calibre médio e pesado, destinado ao reconhecimento e à proteção das rotas de navegação.

cruzamento ⟨cru.za.men.to⟩ s.m. **1** Ato ou efeito de cruzar(-se). **2** Junção de um animal com outro para a reprodução: *O mulo é resultado do cruzamento de um jumento com uma égua.* **3** Em futebol, jogada em que um jogador lança a bola da lateral à área do gol adversário: *É um especialista em fazer cruzamentos na pequena área.*

cruzar ⟨cru.zar⟩ ▌ v.t.d. **1** Colocar (duas coisas) uma sobre a outra formando uma cruz: *Segundo as regras de etiqueta, não se deve cruzar os talheres sobre o prato.* **2** Ir de uma parte a outra de (um lugar): *Seguraram a mão da criança ao cruzar a rua.* ☐ SIN. **atravessar**. **3** Percorrer ou passar através de (um lugar): *Durante a viagem, cruzamos várias cidades históricas.* ▌ v.t.i./v.prnl. **4** Encontrar-se [com algo ou alguém] ou passar por um mesmo lugar em direção contrária (duas pessoas, animais ou coisas): *Cruzei com o vizinho na rua. As ruas se cruzam ali na frente.* ▌ v.t.d./v.t.d.i. **5** Unir (dois animais) ou juntar (um animal) [com outro] para reprodução: *cruzar dois cães.* ☐ GRAMÁTICA Na acepção 4, como transitivo indireto, usa-se a construção *cruzar COM {algo/alguém}*.

cruzeirense ⟨cru.zei.ren.se⟩ adj.2g./s.2g. De Cruzeiro do Sul ou relacionado a essa cidade do estado brasileiro do Acre.

cruzeiro ⟨cru.zei.ro⟩ s.m. **1** Viagem de recreação em navio, com escalas diferentes: *Em minhas últimas férias fiz um cruzeiro pelas ilhas gregas.* **2** Em um templo, especialmente em uma igreja, espaço em que o corredor central se cruza com o transversal próximo ao altar. **3** Antiga unidade monetária brasileira: *O cruzeiro acabou sendo muito desvalorizado, e eventualmente foi substituído pelo real.* **4** Moeda ou cédula com o mesmo valor dessa unidade: *Achei mil cruzeiros dentro desta caixa, pena que não valem mais nada.* ‖ **cruzeiro novo 1** Unidade monetária brasileira até a adoção da segunda edição do cruzeiro. 2 Moeda ou cédula com o valor dessa unidade. ‖ **cruzeiro real 1** Unidade monetária brasileira até a adoção do real. 2 Moeda ou cédula com o valor dessa unidade.

cruzes ⟨cru.zes⟩ interj. Expressão usada para indicar medo ou susto: *Cruzes, que acidente horrível!*

CTI (pl. *CTIs*) s.m. Em um hospital, seção com meios técnicos e humanos necessários para controlar rigorosamente a evolução de pacientes. ☐ SIN. **unidade de terapia intensiva, UTI**. ☐ ORIGEM É a sigla de *Centro de Terapia Intensiva*.

cuba ⟨cu.ba⟩ s.f. **1** Recipiente, geralmente de madeira, formado por tábuas curvas unidas e presas por aros de metal e por bases circulares em seus extremos, que é utilizado para conter líquidos: *uma cuba de vinho.* **2** Recipiente grande usado em indústrias para diversas finalidades. **3** Em uma pia, bacia: *A pia da casa era tão velha que acabamos gastando um dinheirão para trocar a cuba.*

cubano, na ⟨cu.ba.no, na⟩ adj./s. De Cuba ou relacionado a esse país centro-americano.

cúbico, ca ⟨cú.bi.co, ca⟩ adj. **1** Com formato de cubo. **2** Do cubo ou relacionado a ele.

cubículo ⟨cu.bí.cu.lo⟩ s.m. Quarto ou recinto pequenos: *Dentro do escritório, os funcionários ficavam distribuídos em cubículos.*

cubismo ⟨cu.bis.mo⟩ s.m. Movimento artístico do início do século XX, caracterizado pela representação da realidade através de formas geométricas em um único plano.

cúbito ⟨cú.bi.to⟩ s.m. Osso mais largo e grosso do antebraço. ☐ USO É a nova denominação de *ulna*.

cubo ⟨cu.bo⟩ s.m. **1** Corpo geométrico limitado por seis polígonos ou faces que são seis quadrados iguais: *Uma pedra em forma de cubo.* **2** Qualquer objeto que tem o mesmo formato desse corpo geométrico: *Os dados são cubos.* **3** Em matemática, resultado obtido ao multiplicar um número por ele mesmo e novamente por ele mesmo: *O cubo de dois é oito.* **4** Potência de expoente 3: *Se elevarmos dois ao cubo, obteremos oito.*

cuca ⟨cu.ca⟩ s.f. **1** *informal* Cabeça. **2** *informal* Inteligência ou mente. **3** Bolo alemão feito à base de açúcar, farinha, manteiga, ovos e fermento, coberto com frutas, geralmente maçã ou banana, e polvilhado com canela.

cuco ⟨cu.co⟩ s.m. **1** Ave de pequeno porte, de cauda preta, com plumagem acinzentada, cujo canto só tem duas notas e cuja fêmea põe seus ovos nos ninhos de outras aves. **2** Relógio que contém um pássaro mecânico que canta de hora em hora produzindo um som semelhante ao dessa ave. ☐ GRAMÁTICA Na acepção 1, é um substantivo epiceno: *o cuco {macho/fêmea}*.

cueca

cueca ⟨cu.e.ca⟩ s.f. Peça íntima masculina usada por baixo das calças.

cueiro ⟨cu.ei.ro⟩ s.m. Pano usado para envolver crianças de colo a fim de protegê-las.

cuia ⟨cui.a⟩ s.f. **1** Fruto da cuieira, ovalado, de casca dura, lenhosa e impermeável, usado na confecção de instrumentos musicais e utensílios domésticos. **2** Recipiente ovalado feito com a casca madura e seca desse fruto. ◻ SIN. cumbuca. **3** Qualquer objeto com o formato desse recipiente: *Levou sua comida numa cuia de plástico.* ◻ SIN. cumbuca. ◻ ORIGEM É uma palavra de origem tupi.

cuiabano, na ⟨cui.a.ba.no, na⟩ adj./s. De Cuiabá ou relacionado à capital do estado brasileiro de Mato Grosso.

cuíca ⟨cu.í.ca⟩ s.f. **1** Instrumento musical de percussão, de origem africana, de formato semelhante ao de um tambor, que tem em seu interior uma vareta fixa no centro de uma membrana esticada, que, em atrito com a mão ou com um pano úmido, produz um som rouco: *Gostaria de aprender a tocar a cuíca.* [👁 **instrumentos de percussão** p. 614] **2** Mamífero marsupial noturno, semelhante ao gambá, de peito e barriga amarelados ou amarronzados, cauda longa, olhos grandes e com manchas acima deles: *Vi algumas cuícas naquela clareira.* ◻ ORIGEM Na acepção 1, é uma palavra de origem africana; na acepção 2, de origem tupi. ◻ GRAMÁTICA Na acepção 2, é um substantivo epiceno: *a cuíca (macho/fêmea).*

cuidado ⟨cui.da.do⟩ ❚ s.m. **1** Dedicação ou atenção especial: *Quando estava doente ficou sob o cuidado dos pais.* **2** Vigilância pelo bem-estar de alguém ou pelo funcionamento de algo: *Trabalha em uma associação dedicada ao cuidado de idosos.* ❚ interj. **3** Expressão usada para indicar advertência: *Cuidado! O piso está escorregado.*

cuidadoso, sa ⟨cui.da.do.so, sa⟩ (Pron. [cuidadôso], [cuidadósa], [cuidadósos], [cuidadósas]) adj. Zeloso ou minucioso na execução de algo.

cuidar ⟨cui.dar⟩ ❚ v.t.i. **1** Dedicar atenção e interesse especiais [a algo ou alguém]: *Cuida dos cachorros com muito carinho. Cuide de seus assuntos mais urgentes antes de se dedicar a coisas novas.* **2** Prestar atenção ou reparar [em algo]: *Como era um aluno aplicado, cuidava em cada palavra que o professor dizia.* ❚ v.t.d./v.t.d.i. **3** Supor ou considerar (algo) [a respeito de algo ou alguém]: *Cuidava que terminaria logo o trabalho, mas não conseguiu.* ❚ v.t.d. **4** Examinar cuidadosamente (uma ideia) para formar uma opinião ou tomar uma decisão a seu respeito: *Antes de continuar por esse caminho, é melhor parar e cuidar o que quer fazer.* ❚ v.prnl. **5** Preocupar-se consigo mesmo e observar seu próprio estado físico: *O médico falou para ele se cuidar porque estava trabalhando em excesso.* ◻ GRAMÁTICA Na acepção 1, usa-se a construção *cuidar* DE *(algo/alguém);* na acepção 2, *cuidar* EM *algo.*

cuieira ⟨cui.ei.ra⟩ s.f. Árvore de tronco tortuoso e duro, com copa ampla, folhas alongadas que podem ser mais estreitas na base, flores grandes, esverdeadas ou amareladas e em formato de sino, e cujo fruto é a cuia.

cujo, ja ⟨cu.jo, ja⟩ ❚ pron.rel. **1** Designa relação de posse: *A banda, cujo último disco acabou de ser lançado, fará uma turnê no Brasil.* ❚ s. **2** →dito-cujo

culatra ⟨cu.la.tra⟩ s.f. Em uma arma de fogo, parte posterior que serve para segurá-la ou para apoiá-la antes do disparo.

culinária ⟨cu.li.ná.ria⟩ s.f. **1** Arte ou técnica de cozinhar. ◻ SIN. cozinha. **2** Conjunto de pratos típicos ou forma de cozinhar próprios de um lugar: *A culinária italiana é famosa por suas massas.* ◻ SIN. comida, cozinha.

culinário, ria ⟨cu.li.ná.rio, ria⟩ adj. Da culinária ou relacionado a ela.

culminância ⟨cul.mi.nân.cia⟩ s.f. Momento de maior elevação ou de maior intensidade: *Sua nomeação como governadora foi a culminância de sua carreira política.* ◻ SIN. ápice, apogeu, auge.

culminante ⟨cul.mi.nan.te⟩ adj.2g. Que culmina.

culminar ⟨cul.mi.nar⟩ ❚ v.t.i. **1** Chegar ao ponto máximo [com a concretização de algo]: *Sua dedicação ao trabalho culminou com a obtenção de uma bolsa de estudos.* ❚ v.int. **2** Chegar ao ponto máximo.

culote ⟨cu.lo.te⟩ s.m. **1** *informal* Excesso de gordura em alguma parte do corpo, especialmente na região dos quadris. **2** Calça mais larga até a altura dos joelhos e mais apertada nas canelas, usada especialmente em montarias e por militares. ◻ USO Na acepção 1, usa-se geralmente a forma plural *culotes.*

culpa ⟨cul.pa⟩ s.f. **1** Falta voluntária ou involuntária: *Não foi culpa sua que as coisas tenham dado errado.* **2** Responsabilidade que ocasiona essa falta: *Seu sentimento de culpa não tinha razão de ser.* **3** Causa de um dano ou de um prejuízo: *Se não vamos viajar é por culpa do mau tempo.*

culpado, da ⟨cul.pa.do, da⟩ adj./s. **1** Que ou quem tem culpa ou a quem ela é atribuída. **2** Responsável por um delito: *o culpado de um crime.* ◻ USO Na acepção 1, é diferente de *culpável* (que é passível de culpa).

culpar ⟨cul.par⟩ ❚ v.t.d./v.t.d.i. **1** Atribuir culpa a (alguém) [por algo]: *Não me culpe por algo que eu não fiz!* ❚ v.prnl. **2** Atribuir-se culpa: *Culpa-se por não ter feito tudo o que podia para solucionar o problema.*

culpável ⟨cul.pá.vel⟩ (pl. *culpáveis*) adj.2g. Que é passível de culpa. ◻ USO É diferente de *culpado* (que tem culpa ou a quem ela é atribuída).

culposo, sa ⟨cul.po.so, sa⟩ (Pron. [culpôso], [culpósa], [culpósos], [culpósas]) adj. **1** Que tem ou que faz gerar ou sentir culpa. **2** Em relação a um ato, que atribui culpa a alguém que não teve a intenção de cometê-lo. ◻ USO Na acepção 2, é diferente de *doloso* (que é feito com intenção e com dolo).

cultivador, -a ⟨cul.ti.va.dor, do.ra⟩ (Pron. [cultivadôr], [cultivadóra]) adj./s. Que ou quem cultiva ou trabalha com a terra. ◻ GRAMÁTICA O sinônimo do substantivo é *cultor.*

cultivar ⟨cul.ti.var⟩ v.t.d. **1** Trabalhar ou dar o necessário a (a terra ou as plantas) para que produzam frutos: *São Paulo é o estado em que mais se cultivam laranjas no Brasil.* ◻ SIN. colher. **2** Fazer com que (um microrganismo) se desenvolva nos meios adequados: *Essa bióloga cultiva bactérias patogênicas e estuda seu desenvolvimento.* **3** Fazer o necessário para manter ou desenvolver (um sentimento ou uma relação): *Se não cultivar suas amizades, você as perderá.* **4** Exercitar (uma capacidade ou a inteligência) para que se aperfeiçoem: *A leitura pode contribuir para cultivar a inteligência.*

cultivável ⟨cul.ti.vá.vel⟩ (pl. *cultiváveis*) adj.2g. Que se pode cultivar.

cultivo ⟨cul.ti.vo⟩ s.m. **1** Trabalho ou cuidado da terra para que ela produza: *O cultivo da videira é um trabalho delicado.* ◻ SIN. cultura. **2** Preparação de um microrganismo para que se desenvolva nos meios adequados: *O biólogo desenvolveu o cultivo de uma bactéria para a realização de testes.*

culto, ta ⟨cul.to, ta⟩ ❚ adj. **1** Que tem características provenientes da cultura ou de uma sólida formação intelectual: *uma pessoa culta.* ❚ s.m. **2** Homenagem de veneração e respeito em relação àquilo ou àquele que se considera sagrado ou divino. **3** Ritual ou cerimônia religiosa em que acontece essa homenagem: *Todos os sábados, participa do culto em sua igreja.* **4** Admiração intensa: *Todos os críticos prestam culto à obra desse escritor.*

cultor, -a ⟨cul.tor,to.ra⟩ (Pron. [cultôr], [cultôra]) s. **1** Pessoa que cultiva ou que trabalha com a terra. ☐ SIN. cultivador. **2** Pessoa que cultua, admira ou reverencia algo: *um cultor da língua portuguesa.*

cultuar ⟨cul.tu.ar⟩ v.t.d. **1** Venerar ou render culto a: *Os antigos egípcios cultuavam o Sol.* **2** Apreciar muito ou dar valor a: *Cada geração cultua seus ídolos.*

cultura ⟨cul.tu.ra⟩ s.f. **1** Conjunto de conhecimentos, costumes e tradições de um povo ou de uma época: *É apaixonado pela cultura clássica.* **2** Conjunto de conhecimentos obtidos por meio do estudo: *As viagens e a leitura o dotaram de uma grande cultura.* **3** Trabalho ou cuidado da terra para que ela produza: *A cultura da orquídea exige muita perícia.* ☐ SIN. cultivo. **4** Criação ou exploração de alguns animais, especialmente se for com fins industriais, econômicos ou científicos: *Investiu todo o seu capital na cultura de abelhas.*

cultural ⟨cul.tu.ral⟩ (pl. *culturais*) adj.2g. Da cultura ou relacionado a ela.

cumbuca ⟨cum.bu.ca⟩ s.f. **1** Recipiente ovalado feito com a casca madura e seca do fruto da cuieira. ☐ SIN. cuia. **2** Qualquer objeto com o formato desse recipiente. ☐ SIN. cuia. **3** Armadilha feita com esse recipiente, usada para capturar macacos. ☐ ORIGEM É uma palavra de origem tupi.

cume ⟨cu.me⟩ s.m. **1** Em uma elevação de terreno, parte mais alta: *o cume de uma montanha.* ☐ SIN. pico. **2** Ponto mais elevado ou último grau que se pode alcançar: *Ser senador foi o cume de sua carreira política.*

cumeada ⟨cu.me.a.da⟩ s.f. Série de cumes de montanhas.

cumeeira ⟨cu.me.ei.ra⟩ s.f. Em um telhado, linha superior da qual partem duas vertentes.

cúmplice ⟨cúm.pli.ce⟩ ▌adj.2g. **1** Que mostra cumplicidade: *um sorriso cúmplice.* ▌s.2g. **2** Pessoa que coopera com outra na execução de um delito: *Seus cúmplices ajudaram-no em sua fuga.* ☐ SIN. comparsa. **3** *informal* Pessoa que colabora com outra na realização de uma atividade.

cumplicidade ⟨cum.pli.ci.da.de⟩ s.f. **1** Solidariedade ou entendimento entre duas ou mais pessoas: *É evidente a cumplicidade entre o casal.* **2** Cooperação na execução de um delito ou de uma falta ou participação neles.

cumprimentar ⟨cum.pri.men.tar⟩ ▌v.t.d./v.prnl. **1** Dirigir palavras ou gestos de cortesia: *Assim que entrou na sala, cumprimentou os conhecidos.* ▌v.t.d.i./v.prnl. **2** Desejar(-se) felicidades ou demonstrar satisfação a (alguém) [por um acontecimento feliz ou por algo bom que se fez]: *Foi ao casamento apenas para cumprimentar os noivos.* ☐ SIN. parabenizar.

cumprimento ⟨cum.pri.men.to⟩ s.m. **1** Ato ou efeito de cumprir. **2** Saudação ou realização de gestos de cortesia ao encontrar uma pessoa ou ao se despedir dela: *Fazia questão de lhe dirigir um cumprimento, sempre que chegava ou saía.* ☐ ORTOGRAFIA É diferente de *comprimento*. ☐ USO Na acepção 2, usa-se geralmente a forma plural *cumprimentos*.

cumprir ⟨cum.prir⟩ v.t.d./v.t.i. **1** Levar a cabo ou executar (uma obrigação) ou comprometer-se [com algo proposto ou combinado]: *Espero que cumpra sua promessa e venha à festa.* ▌v.t.i. **2** Corresponder ou caber [a alguém]: *Cumpria ao funcionário organizar toda a documentação da empresa.* ▌v.t.d./v.prnl. **3** Realizar(-se) ou tornar(-se) realidade: *Prometeu que cumpriria a vontade da mãe.* ▌v.t.d. **4** Obedecer a (uma ordem ou uma norma): *Sempre cumpriu as regras estabelecidas pela treinadora.* **5** Pagar (uma pena): *Cumpriu uma condenação por roubo.* ▌v.t.i./v.int. **6** Ser oportuno ou necessário [para alguém]: *Cumpria ficar em silêncio para não incomodar os pacientes.* ▌v.prnl. **7** Desencadear-se ou suceder-se: *O projeto não se cumpriu como previsto.*

cumular ⟨cu.mu.lar⟩ v.t.d./v.t.d.i./v.prnl. →**acumular**

cumulativo, va ⟨cu.mu.la.ti.vo, va⟩ adj. Que aumenta por acúmulo ou que resulta dele.

cúmulo ⟨cú.mu.lo⟩ s.m. **1** Reunião ou agrupamento de coisas. **2** Momento de maior elevação ou intensidade de um processo ou de um estado: *Deixar o bebê sozinho em casa foi o cúmulo da irresponsabilidade.* **3** Nuvem branca, parecida com algodão, de base plana e pequenos montes arredondados na parte superior.

cuneiforme ⟨cu.nei.for.me⟩ adj.2g. Com formato de cunha.

cunha ⟨cu.nha⟩ s.f. Peça de madeira ou de metal, terminada em ângulo agudo em uma de suas extremidades e que se introduz entre dois elementos ou em uma ranhura.

cunhã ⟨cu.nhã⟩ s.f. Mulher jovem. ☐ ORIGEM É uma palavra de origem tupi. ☐ USO É uma palavra muito comum na região amazônica.

cunhado, da ⟨cu.nha.do, da⟩ s. **1** Em relação a uma pessoa, irmão ou irmã de seu cônjuge. **2** Em relação a uma pessoa, cônjuge de seu irmão ou irmã: *Quando se casar com meu irmão, você será minha cunhada.*

cunhar ⟨cu.nhar⟩ v.t.d. **1** Estampar em (uma moeda ou uma medalha) os relevos por meio de cunho e troquel. **2** Criar ou dar forma a (uma expressão ou um conceito), especialmente quando conseguem difusão: *Cunharam a expressão* Diretas Já *para se referir ao processo de redemocratização do Brasil.* **3** Fabricar (uma moeda).

cunho ⟨cu.nho⟩ s.m. **1** Peça de metal ou molde com os quais se marcam as moedas, as medalhas e outras coisas semelhantes: *O cunho da medalha trazia o desenho de uma coroa de louros.* **2** Marca deixada por essa peça ou molde. **3** Natureza ou traço característico: *Escreve crônicas de cunho satírico.*

cunicultura ⟨cu.ni.cul.tu.ra⟩ s.f. Técnica de criar coelhos.

cupão ⟨cu.pão⟩ (pl. *cupões*) s.m. →**cupom**

cupê ⟨cu.pê⟩ s.m. **1** Carro que tem um assento para duas ou três pessoas e duas portas laterais. **2** Antigamente, carruagem puxada por animais, com duas rodas, assento para duas pessoas e portas laterais.

cupidez ⟨cu.pi.dez⟩ (Pron. [cupidêz]) s.f. Desejo desmedido de obter algo, especialmente bens ou valores materiais.

cupido ⟨cu.pi.do⟩ s.m. Representação do amor em pintura ou escultura, que consiste em um menino desnudo e com asas, geralmente com os olhos vendados e que carrega um arco e uma flecha.

cúpido, da ⟨cú.pi.do, da⟩ adj. **1** Que sente ânsia ou desejo muito fortes e intensos por algo. **2** Que tem ou manifesta ambição, especialmente por dinheiro.

cupim ⟨cu.pim⟩ (pl. *cupins*) s.m. **1** Inseto herbívoro, de coloração pálida, que vive em colônias organizadas por castas, e que se alimenta de madeira e de materiais vegetais. **2** Ninho desse inseto. ☐ SIN. cupinzeiro. **3** Parte de um animal bovino, especialmente se for da raça zebu, situada na região dorsal acima da cabeça. [👁 insetos p. 456] **4** Carne localizada nessa parte do animal. ☐ ORIGEM É uma palavra de origem tupi. ☐ GRAMÁTICA Na acepção 1, é um substantivo epiceno: *o cupim {macho/fêmea}.*

cupincha ⟨cu.pin.cha⟩ s.2g. *informal* Camarada.

cupinzeiro ⟨cu.pin.zei.ro⟩ s.m. Ninho de cupins. □ SIN. cupim.

cupom ⟨cu.pom⟩ (pl. *cupons*) s.m. **1** Papel ou parte destacável de um objeto ou de um documento no qual se assinala um valor ou um uso determinado. **2** Em um título ou em uma apólice, papel destacável que possibilita receber juros ou parte da divisão dos lucros de uma empresa. □ ORTOGRAFIA Escreve-se também *cupão*.

cupuaçu ⟨cu.pu.a.çu⟩ s.m. **1** Árvore semelhante ao cacau, com folhas alongadas, flores vistosas, grandes e vermelhas que surgem junto ao caule, e cujo fruto, com formato de cápsula com casca dura e lisa e polpa branca, é usado na fabricação de alimentos. **2** Esse fruto. □ ORIGEM É uma palavra de origem tupi.

cúpula ⟨cú.pu.la⟩ s.f. **1** Em arquitetura, abóbada em formato de meia esfera, que cobre um edifício ou parte dele: *a cúpula de uma igreja.* **2** Conjunto dos dirigentes máximos de um partido, de um organismo ou de uma empresa: *Toda a cúpula do governo assistiu à cerimônia.*

cura ⟨cu.ra⟩ ▌ s.m. **1** Sacerdote católico. ▌ s.f. **2** Recuperação da saúde: *A cura do paciente foi gradativa.* **3** Solução ou correção: *Essa doença tem cura, mas o tratamento é longo.* **4** Processo de secar alimentos ao sol ou no fogo: *A cura dos queijos é demorada.*

curador, -a ⟨cu.ra.dor, do.ra⟩ (Pron. [curadôr], [curadôra]) adj./s. Em direito, que ou quem é autorizado pela Justiça a cuidar dos bens e dos interesses de quem não é judicialmente capacitado para isso. ‖ **curador (de arte)** Em uma galeria de arte ou em um museu, pessoa que se dedica a organizar exposições.

curadoria ⟨cu.ra.do.ri.a⟩ s.f. **1** Em direito, função do curador. **2** Em uma galeria de artes ou em um museu, função do curador de arte.

curandeiro, ra ⟨cu.ran.dei.ro, ra⟩ s. Pessoa que, sem ser médica, exerce práticas curativas, especialmente se por meio de procedimentos naturais e sobrenaturais.

curar ⟨cu.rar⟩ ▌ v.t.d./v.t.d.i./v.int./v.prnl. **1** Sarar(-se) (uma pessoa ou um animal) [de uma doença]: *A veterinária curou o cachorro. Já me curei do resfriado.* ▌ v.t.d./v.prnl. **2** Eliminar ou sarar-se (uma doença): *Começou um tratamento para curar o câncer.* **3** Abrandar(-se) ou diminuir (uma dor ou um defeito): *Um novo amor curou sua tristeza.* ▌ v.t.d. **4** Secar ou defumar (um queijo, especialmente): *A muçarela de búfala é um queijo comercializado sem curar.* **5** Organizar (uma exposição de arte): *Cura exposições de novos artistas.*

curare ⟨cu.ra.re⟩ s.m. **1** Substância escura, semelhante à resina, amarga e muito tóxica, extraída de várias espécies de plantas, que tem propriedade de paralisar o sistema muscular de animais e de pessoas, e muito usado pelos índios na ponta de flechas. **2** Substância extraída de algumas plantas que serve como relaxante muscular ou anestésico. □ ORIGEM É uma palavra de origem tupi.

curativo, va ⟨cu.ra.ti.vo, va⟩ ▌ adj. **1** Que serve para curar: *um emplastro curativo.* ▌ s.m. **2** Procedimento de limpeza e desinfecção de machucados e ferimentos: *Cortei o dedo e preciso fazer um curativo.* **3** Material utilizado para esse método: *Ela foi à farmácia comprar curativos.*

curau ⟨cu.rau⟩ s.m. Doce feito à base de milho verde cozido, leite e açúcar, geralmente servido com canela.

cureta ⟨cu.re.ta⟩ (Pron. [curêta]) s.f. Instrumento de cirurgia usado para fazer curetagem.

curetagem ⟨cu.re.ta.gem⟩ (pl. *curetagens*) s.f. Operação que consiste em raspar uma área do organismo, especialmente a cavidade uterina ou um osso, para remover substâncias aderidas ou para obter amostras dela.

curetar ⟨cu.re.tar⟩ v.t.d. Em medicina, raspar (uma área do organismo) para remover substâncias aderidas ou para obter amostras dela.

cúria ⟨cú.ria⟩ s.f. Grupo de pessoas que auxiliam o papa ou o bispo na administração da diocese.

curimbatá ⟨cu.rim.ba.tá⟩ s.m. Peixe de água doce, comestível, de cor prateada escura, com escamas ásperas, boca grande e dentes pequenos. □ ORIGEM É uma palavra de origem tupi. □ GRAMÁTICA É um substantivo epiceno: *o curimbatá {macho/fêmea}.*

curinga ⟨cu.rin.ga⟩ s.m. **1** Em alguns jogos de baralho, carta que pode substituir qualquer outra. **2** *informal* Pessoa versátil, capaz de substituir qualquer outra dentre as de sua classe ou função. □ ORIGEM É uma palavra de origem africana. □ GRAMÁTICA Na acepção 2, usa-se tanto para o masculino quanto para o feminino: *{ele/ela} é um curinga.*

curió ⟨cu.ri.ó⟩ s.m. Pássaro canoro de pequeno porte, pardo quando jovem e cujo macho, quando adulto, tem plumagem preta com peito castanho-avermelhado. □ SIN. avinhado. □ ORIGEM É uma palavra de origem tupi. □ GRAMÁTICA É um substantivo epiceno: *o curió {macho/fêmea}.*

cúrio ⟨cú.rio⟩ s.m. Elemento químico da família dos metais, de número atômico 96, artificial, radioativo e que se obtém bombardeando o plutônio com partículas alfa. □ ORTOGRAFIA Seu símbolo químico é Cm, sem ponto.

curiosidade ⟨cu.ri.o.si.da.de⟩ s.f. **1** Desejo de saber ou de conhecer: *Sinto muita curiosidade pela cultura oriental.* **2** Interesse de uma pessoa em saber sobre assuntos que não lhe dizem respeito: *Deixe de curiosidade e pare de ouvir a conversa dos outros.* **3** Informação rara ou interessante: *Gostava de ler sobre curiosidades, especialmente relacionadas aos países.*

curioso, sa ⟨cu.ri.o.so, sa⟩ (Pron. [curiôso], [curiósa], [curiôsos], [curiósas]) ▌ adj. **1** Que inspira a curiosidade, especialmente por sua raridade e estranheza. ▌ adj./s. **2** Que ou quem deseja saber ou conhecer. **3** Que ou quem tem curiosidade ou interesse em saber ou em conhecer o que não deveria ser importante para si.

curitibano, na ⟨cu.ri.ti.ba.no, na⟩ adj./s. De Curitiba ou relacionado à capital do estado brasileiro do Paraná.

curra ⟨cur.ra⟩ s.f. *informal* Estupro, violência ou agressão sexuais, geralmente cometidos por várias pessoas.

currais-novense ⟨cur.rais-no.ven.se⟩ (pl. *currais-novenses*) adj.2g./s.2g. De Currais Novos ou relacionado a essa cidade do estado brasileiro do Rio Grande do Norte.

curral ⟨cur.ral⟩ (pl. *currais*) s.m. **1** Lugar fechado e descoberto em uma casa ou no campo, geralmente usado para guardar animais, especialmente bois e vacas. **2** Armadilha colocada no mar ou no rio para pegar peixes.

currículo ⟨cur.rí.cu.lo⟩ s.m. **1** Plano com matérias que devem ser ensinadas ou aprendidas: *O novo ministro planeja uma ampla reforma no currículo escolar do país.* **2** Conjunto de assuntos e de práticas específicos voltados ao desenvolvimento das capacidades de um aluno: *No currículo de cada matéria constam os objetivos e o conteúdo.* **3** Registro dos dados biográficos, acadêmicos e profissionais de uma pessoa: *Enviou o currículo para uma empresa, pois estão contratando estagiários.* □ USO Na acepção 3, usa-se também a forma latina *curriculum vitae.*

curriculum vitae (expressão latina) (Pron. [currículum vítai]) (pl. *curricula vitae*) s.m. →**currículo**

cursar ⟨cur.sar⟩ v.t.d. **1** Seguir (uma matéria ou um curso) em uma instituição de ensino: *Sua irmã cursou medicina.* **2** Percorrer (um caminho ou um espaço): *Um barquinho cursava o mar no horizonte.*

custódia

cursivo, va ⟨cur.si.vo, va⟩ adj./s.m. Em relação a uma letra ou escrita, que é corrente e manuscrita.

curso ⟨cur.so⟩ s.m. **1** Passagem, desenvolvimento, evolução ou duração de algo: *O andamento das obras segue o curso previsto.* **2** Movimento das águas de um rio: *o curso de um rio.* **3** Conjunto de informações sobre uma determinada matéria que são passadas de uma pessoa para outra: *um curso de informática.* **4** Estabelecimento onde essas informações são passadas: *Meu curso fica perto de casa.*

cursor ⟨cur.sor⟩ (Pron. [cursôr]) s.m. **1** Peça pequena ou marca que se move e que serve para indicar: *Réguas de cálculo costumam apresentar um cursor.* **2** Em informática, marca que se move pela tela e que indica a posição do *mouse*: *Ela se confundia ao tentar colocar o cursor sobre a janela correta.* ☐ SIN. ponteiro.

curta ⟨cur.ta⟩ s.m. Obra cinematográfica que não ultrapassa 30 minutos de duração. ☐ USO É a forma reduzida e mais usual de *curta-metragem*.

curta-metragem ⟨cur.ta-me.tra.gem⟩ (pl. *curtas-metragens*) s.m. →**curta**

curtição ⟨cur.ti.ção⟩ (pl. *curtições*) s.f. *informal* Aquilo de que se gosta ou que traz prazer e diversão.

curtir ⟨cur.tir⟩ v.t.d. **1** Preparar (uma pele, especialmente o couro) colocando-a de molho para amaciá-la. **2** Colocar (um alimento) de molho para conservá-lo para consumo posterior. **3** *informal* Gostar muito de ou divertir-se com (uma pessoa ou uma atividade): *Curto ir à praia e surfar.* **4** Sofrer ou suportar (um sofrimento ou um desgosto): *Curtia sua dor com resignação e silêncio.*

curto, ta ⟨cur.to, ta⟩ ▌adj. **1** Que tem pouca longitude, pouca extensão, ou menos que a normal ou que a necessária: *A calça que ganhei de presente ficou muito curta em mim.* **2** Que tem pouca duração: *O filme era muito curto, tinha pouco mais de uma hora.* **3** Que é escasso ou de pouca quantidade: *Não compraram os televisores, pois a verba arrecadada foi curta.* **4** *informal pejorativo* Que tem pouca inteligência, pouco talento ou poucos conhecimentos. ▌s.m. **5** →**curto-circuito**

curto-circuito ⟨cur.to-cir.cui.to⟩ (pl. *curtos-circuitos*) s.m. Condição na qual dois condutores elétricos estão conectados entre si formando um único condutor. ☐ USO Usa-se também a forma reduzida *curto*.

curtume ⟨cur.tu.me⟩ s.m. **1** Processo de curtição de peles, especialmente do couro. **2** Estabelecimento onde se realiza esse processo.

cururipense ⟨cu.ru.ri.pen.se⟩ adj.2g./s.2g. De Cururipe ou relacionado a essa cidade do estado brasileiro de Alagoas.

cururu ⟨cu.ru.ru⟩ s.m. **1** →**sapo-cururu** **2** Dança de origem brasileira cujos participantes batem palmas e sapateiam. ☐ ORIGEM É uma palavra de origem tupi.

curva ⟨cur.va⟩ s.f. **1** Linha arqueada cujos pontos se afastam de um ponto central comum sem formar ângulos: *A circunferência é uma curva fechada, enquanto o arco é uma curva aberta.* **2** Parte de uma rua ou outra via que seguem esse formato: *Esta estrada é conhecida por suas curvas perigosas.* **3** Representação gráfica de um fenômeno por meio de uma linha cujos pontos se associam aos valores de uma variável: *Essa curva de natalidade mostra como o número de nascimentos tem aumentado na região nos últimos dez anos.*

curvado, da ⟨cur.va.do, da⟩ adj. Com formato de curva: *uma superfície curvada.*

curvar ⟨cur.var⟩ ▌v.t.d./v.int./v.prnl. **1** Dobrar(-se), dando formato de curva: *A prateleira curvou-se com o peso dos livros.* ▌v.t.i./v.prnl. **2** Inclinar(-se) para a frente: *Curvou o corpo na janela para me cumprimentar. Curvou-se diante do rei.* ☐ SIN. debruçar-se. ▌v.prnl. **3** Ceder ou submeter-se: *Nunca se curva às decisões dos outros.*

curvatura ⟨cur.va.tu.ra⟩ s.f. **1** Desvio contínuo em relação a uma linha reta. **2** Inclinação do tronco do corpo de uma pessoa, geralmente em sinal de reverência. ☐ SIN. vênia.

curvilíneo, nea ⟨cur.vi.lí.neo, nea⟩ adj. Com curvas.

curvo, va ⟨cur.vo, va⟩ adj. Que se distancia continuamente da linha reta, sem formar ângulos.

cuscuz ⟨cus.cuz⟩ s.m. **1** Prato de origem árabe feito com sêmola de trigo ou com uma espécie de bolinhas com farinha, cozidas em banho-maria. **2** Bolo feito à base de tapioca e umedecido no leite, geralmente de coco ou de vaca.

cusparada ⟨cus.pa.ra.da⟩ s.f. **1** Saliva em grande quantidade, eliminada pela boca. **2** Eliminação dessa saliva: *Foi punido por dar uma cusparada no seu oponente.*

cuspe ⟨cus.pe⟩ s.m. Substância que se expulsa pela boca, geralmente saliva. ☐ ORTOGRAFIA Escreve-se também *cuspo*.

cuspideira ⟨cus.pi.dei.ra⟩ s.f. Recipiente pequeno em que se cospe ou em que se escarra. ☐ SIN. escarradeira.

cuspir ⟨cus.pir⟩ ▌v.int. **1** Lançar ou jogar o cuspe com a boca: *Cuspir em público é sinal de má-educação.* ▌v.t.i. **2** Lançar ou jogar o cuspe com a boca [em algo]. ▌v.t.d. **3** Expulsar ou expelir (algo) pela boca: *Cuspir sangue pode ser sintoma de algumas doenças.*

custar ⟨cus.tar⟩ ▌v.t.d. **1** Valer ou ser avaliado em (um determinado preço): *Quanto custa este relógio?* ▌v.t.d.i. **2** Ocasionar (um mal ou um prejuízo) [a alguém]: *O atraso no pagamento custou-lhe uma multa.* ▌v.t.d. **3** Causar um prejuízo ou a perda de (algo): *O desentendimento com o gerente custou seu emprego.* ▌v.t.i./v.int. **4** Sentir dificuldade [para fazer algo] ou ser complicado ou difícil: *Às vezes, custa muito aceitar algumas situações.* **5** Ser demorado ou vagaroso [para acontecer]: *Quando estamos em uma fila, o tempo custa a passar.*

custas ⟨cus.tas⟩ s.f.pl. Gastos judiciais: *Perdeu o julgamento e teve de arcar com as custas do processo.* ‖ **às custas de** {algo/alguém} **1** *informal* Graças a ele: *Conseguiu passar de ano às custas de muitas noites estudando.* **2** *informal* Aos gastos dele: *Trabalhava para não viver às custas dos pais.*

custear ⟨cus.te.ar⟩ v.t.d. Pagar os custos ou as despesas (de algo): *Meus pais custearam os meus estudos.* ☐ ORTOGRAFIA O *e* muda para *ei* quando a sílaba tônica estiver na raiz do verbo →NOMEAR.

custeio ⟨cus.tei.o⟩ s.m. Pagamento dos custos ou das despesas de algo: *A empresa será responsável pelo custeio da viagem.*

custo ⟨cus.to⟩ s.m. **1** Quantia dada ou paga por algo: *O custo deste computador é exorbitante.* **2** Complicação ou dificuldade: *Com muito custo, consegui resolver a situação.* ‖ **a todo custo** Sem se importar com o custo, preço ou esforço: *Quero ir nessa festa a todo custo.* ‖ **custo de vida** Quantia gasta, em bens e em serviços, por uma família ou por um indivíduo de uma determinada faixa de renda: *O custo de vida nas grandes capitais é mais elevado que nas cidades do interior.*

custódia ⟨cus.tó.dia⟩ s.f. **1** Guarda ou proteção atenta e vigilante de uma pessoa ou coisa: *Após a separação, a mãe ficou com a custódia dos filhos.* **2** Detenção causada por crime ou infração: *O criminoso encontra-se, neste momento, sob custódia das autoridades policiais.* **3** Peça de ouro, prata ou outro metal na qual se expõe a hóstia para a adoração dos fiéis. ☐ SIN. ostensório.

custodiar

custodiar ⟨cus.to.di.ar⟩ v.t.d. Guardar ou proteger atenta e vigilantemente: *Uma equipe de segurança está custodiando as antiguidades do museu.*

custoso, sa ⟨cus.to.so, sa⟩ (Pron. [custôso], [custósa], [custósos], [custósas]) adj. **1** Que é caro ou dispendioso. **2** Que custa um grande esforço.

cutâneo, nea ⟨cu.tâ.neo, nea⟩ adj. Da pele ou relacionado a ela.

cutelaria ⟨cu.te.la.ri.a⟩ s.f. Estabelecimento comercial onde cutelos ou outros instrumentos cortantes são fabricados ou vendidos.

cuteleiro, ra ⟨cu.te.lei.ro, ra⟩ s. Pessoa que fabrica ou que vende cutelos ou outros instrumentos cortantes.

cutelo ⟨cu.te.lo⟩ s.m. Utensílio cortante formado por um cabo e por uma folha de metal com um só fio.

cutia ⟨cu.ti.a⟩ s.f. Mamífero roedor de pequeno porte, de orelhas pequenas, patas traseiras com três dedos e mais compridas que as dianteiras que têm cinco dedos, de cauda curta e sem pelos, com pelagem marrom-escura, e que se locomove saltando. ◻ ORIGEM É uma palavra de origem tupi. ◻ GRAMÁTICA É um substantivo epiceno: *a cutia (macho/fêmea).*

cutícula ⟨cu.tí.cu.la⟩ s.f. Camada de pele fina e delicada que recobre muitos tecidos ou órgãos do corpo que têm contato com o exterior, especialmente a que rodeia a parte inferior da unha.

cutilada ⟨cu.ti.la.da⟩ s.f. **1** Golpe dado com um cutelo ou com uma arma branca. **2** Corte feito com esse golpe.

cútis ⟨cú.tis⟩ s.f.2n. Pele que cobre o corpo humano, especialmente se for a do rosto.

cutucão ⟨cu.tu.cão⟩ (pl. *cutucões*) s.m. **1** *informal* Toque leve com a ponta dos dedos ou com o cotovelo feitos em uma pessoa ou em uma parte de seu corpo, geralmente para chamar a atenção. **2** *informal* Golpe dado com um objeto que corta.

cutucar ⟨cu.tu.car⟩ v.t.d. **1** *informal* Tocar levemente com a ponta dos dedos ou com o cotovelo (uma pessoa ou uma parte de seu corpo), geralmente para chamar a atenção: *No meio da festa, cutucou-me para mostrar quem havia chegado.* **2** *informal* Colocar o dedo ou algum objeto com ponta em (uma cavidade): *Machucou o ouvido, pois o cutucou com a ponta do lápis.* ◻ ORTOGRAFIA Antes de *e*, o *c* muda para *qu* →BRINCAR.

cyber café ⟨cy.ber ca.fé⟩ s.m. →*cybercafé* (pl. *cyber cafés*)

cybercafé *(palavra inglesa)* (Pron. [saibercafé]) s.m. Lanchonete que possui computadores de os consumidores podem acessar a internet. ◻ ORTOGRAFIA Escreve-se também *cibercafé* ou *cyber café*.

d ▌s.m. **1** Quarta letra do alfabeto. ▌numer. **2** Em uma sequência, que ocupa o quarto lugar. ◻ GRAMÁTICA Na acepção 1, o plural é *dd*.

da Contração da preposição *de* com o artigo definido *a* ou com o pronome demonstrativo *a*.

dáblio ⟨dá.blio⟩ s.m. Nome da letra *w*. ◻ ORTOGRAFIA Escreve-se também *dábliu*.

dábliu ⟨dá.bliu⟩ s.m. →**dáblio**

dactilografar ⟨dac.ti.lo.gra.far⟩ v.t.d./v.int. →**datilografar**

dactilografia ⟨dac.ti.lo.gra.fi.a⟩ s.f. →**datilografia**

dactilógrafo, fa ⟨dac.ti.ló.gra.fo, fa⟩ s. →**datilógrafo, fa**

dactiloscopia ⟨dac.ti.los.co.pi.a⟩ s.f. →**datiloscopia**

-dade Sufixo que indica qualidade: *maldade, modernidade*.

dádiva ⟨dá.di.va⟩ s.f. Aquilo que se dá a alguém como presente ou que se concede como uma graça: *uma dádiva dos céus*.

dadivoso, sa ⟨da.di.vo.so, sa⟩ (Pron. [dadivôso], [dadivósa], [dadivósos], [dadivósas]) adj. Inclinado a oferecer dádivas ou presentes de maneira desinteressada.

dado, da ⟨da.do, da⟩ ▌adj. **1** Afável ou que manifesta carinho no relacionamento com as pessoas: *uma criança dada*. **2** Que está habituado a alguma atividade ou que tem predileção por ela: *Ela nunca foi uma pessoa dada a viagens*. ▌s.m. **3** Informação necessária para chegar a um conhecimento ou a uma conclusão: *Os novos dados permitiram o avanço das investigações*. **4** Em informática, informação codificada que pode ser processada por um computador: *um banco de dados*. **5** Peça geralmente cúbica que traz impressa em suas faces uma quantidade de pontos ou uma figura, e que é utilizada em alguns jogos de azar: *Perdeu toda sua fortuna num jogo de dados*.

daí ⟨da.í⟩ **1** Contração da preposição *de* com o advérbio *aí*, e que indica procedência. **2** Contração da preposição *de* com o advérbio *aí*, e que indica continuidade. **3** Contração da preposição *de* com o advérbio *aí*, e que indica conclusão.

dali ⟨da.li⟩ Contração da preposição *de* com o advérbio *ali*.

dália ⟨dá.lia⟩ s.f. **1** Planta herbácea com folhas verde-escuras, flores grandes de cores variadas e vistosas, e cultivada como ornamental. **2** Flor dessa planta.

daltônico, ca ⟨dal.tô.ni.co, ca⟩ ▌adj. **1** Do daltonismo ou relacionado a esse distúrbio da visão. ▌adj./s. **2** Que ou quem tem daltonismo.

daltonismo ⟨dal.to.nis.mo⟩ s.m. Distúrbio da visão que impede de perceber ou distinguir com clareza determinadas cores.

dama ⟨da.ma⟩ ▌s.f. **1** Designação respeitosa de uma mulher: *Gostaria da atenção das damas e cavalheiros, por favor*. **2** Mulher que se destaca pela educação, pela inteligência ou pelo talento: *Cacilda Becker foi uma grande dama do teatro brasileiro*. **3** Mulher que dança com um homem. **4** Em uma corte real, mulher que acompanhava ou servia à rainha, às princesas ou às infantas. **5** No jogo de damas, peça que consegue alcançar a primeira linha do campo adversário e coroar-se. **6** No jogo de xadrez, a rainha. **7** Em um baralho, carta com a letra Q e que representa uma rainha. ▌s.f.pl. **8** Jogo que se pratica entre dois adversários sobre um tabuleiro de quadros brancos e pretos, com doze peças para cada jogador. ‖ **dama de companhia** Antigamente, mulher que servia e acompanhava uma dama. ◻ SIN. aia. ‖ **dama de honra** Em uma cerimônia de casamento, menina ou jovem que vai à frente dos noivos. ◻ GRAMÁTICA Nas acepções 1, 2 e 3, seu masculino é cavalheiro.

damasco ⟨da.mas.co⟩ s.m. Fruto do damasqueiro, menor e mais ácido que um pêssego, redondo e com uma

damasqueiro

fenda, amarelo-alaranjado, com casca aveludada, polpa suculenta e carnosa, e caroço liso. ☐ SIN. abricó.

damasqueiro ⟨da.mas.quei.ro⟩ s.m. Árvore com galhos lisos, folhas verde-escuras em formato de coração e com a margem serrilhada, com flores brancas ou rosadas, e cujo fruto é o damasco. ☐ SIN. abricoteiro.

danação ⟨da.na.ção⟩ (pl. *danações*) s.f. **1** Em algumas religiões, condenação da alma às penas do inferno. **2** Estado de desgraça ou grande sofrimento: *A vida no exílio era-lhe uma danação sem fim.* **3** Raiva ou irritação intensas: *Ela xingou a todos ali, tamanha era a sua danação.*

danado, da ⟨da.na.do, da⟩ ▌adj. **1** *informal* Muito grande ou intenso. ▌adj./s. **2** *informal* Em relação especialmente a uma criança, travessa, irrequieta ou rebelde. **3** *informal* Que ou quem se sobressai em alguma atividade. **4** Em algumas religiões, que ou quem é maldito ou foi condenado às penas do inferno.

danar ⟨da.nar⟩ v.t.d./v.prnl. **1** Causar dano ou sofrer prejuízo material ou moral: *A tempestade danou as árvores da avenida.* ☐ SIN. danificar. **2** Irritar(-se) ou enraivecer: *Danava-se com a quantidade de impostos.* **3** Condenar(-se) ou amaldiçoar(-se). **4** *informal* Desgraçar(-se) ou dar-se mal: *Danou-se por causa de sua impaciência.*

dança ⟨dan.ça⟩ s.f. **1** Conjunto de movimentos executados ao ritmo de uma música: *Assistimos a um espetáculo de dança contemporânea.* ☐ SIN. bailado. **2** Série de movimentos executados seguindo uma técnica e um ritmo musical determinados: *uma dança ritual.* ☐ SIN. bailado. **3** Movimento harmônico que parece acompanhar uma música: *a dança das andorinhas.* ‖ **entrar na dança** Começar a participar de uma atividade: *Entre na dança você também, e venha brincar conosco.*

dançante ⟨dan.çan.te⟩ ▌adj.2g. **1** Em relação a uma música, que estimula a dançar: *um ritmo dançante.* **2** Em relação a um evento, em que há dança: *um jantar dançante.* ▌adj.2g./s.2g. **3** Que ou quem dança: *Os dançantes ficavam no meio da roda.*

dançar ⟨dan.çar⟩ ▌v.t.d./v.int. **1** Mover o corpo ao ritmo de (uma música) ou fazer movimentos ritmados de uma dança: *Dançaram o samba a tarde toda.* ☐ SIN. bailar. ▌v.int. **2** Oscilar de um lado para o outro: *Quando sentamos na cadeira, ela fica dançando.* ▌v.t.i./v.int. **3** *informal* Encaixar com folga ou ficar largo [em algo ou alguém]: *Esse vestido está dançando em você.* ▌v.t.i. **4** *informal* Dar-se mal ou fracassar [em um evento ou uma ação]: *Como não estudou, dançou no dia da prova.* ☐ ORTOGRAFIA Antes de e, o ç muda para c →COMEÇAR.

dançarino, na ⟨dan.ça.ri.no, na⟩ s. Pessoa que dança, especialmente como profissão.

danceteria ⟨dan.ce.te.ri.a⟩ s.f. Estabelecimento comercial em que se costuma escutar música, dançar e consumir bebidas. ☐ SIN. boate, casa noturna, discoteca.

dândi ⟨dân.di⟩ s.m. **1** Homem que se veste com elegância ou requinte. **2** Homem que se veste ou se comporta de maneira exagerada ou afetada.

danificar ⟨da.ni.fi.car⟩ v.t.d./v.prnl. Causar dano ou sofrer prejuízo material ou moral. ☐ SIN. danar. ☐ ORTOGRAFIA Antes de e, o c muda para qu →BRINCAR.

daninho, nha ⟨da.ni.nho, nha⟩ adj. Que causa dano. ☐ SIN. danoso.

dano ⟨da.no⟩ s.m. Deterioração física ou moral: *A geada trouxe danos às plantações. Aquele fracasso causou danos à sua imagem.*

danoso, sa ⟨da.no.so, sa⟩ (Pron. [danôso], [danósa], [danósos], [danósas]) adj. Que causa dano. ☐ SIN. daninho.

dantes ⟨dan.tes⟩ adv. Em um tempo anterior ou remoto: *Contou coisas nunca dantes reveladas.*

dantesco, ca ⟨dan.tes.co, ca⟩ (Pron. [dantêsco]) adj. **1** De Dante Alighieri ou relacionado a esse poeta italiano ou à sua obra. **2** Em relação a uma situação, que aterroriza ou que causa medo extremo.

daquela ⟨da.que.la⟩ Contração da preposição *de* com o pronome demonstrativo *aquela*: *Não se lembra de nada daquelas festas.*

daquele ⟨da.que.le⟩ (Pron. [daquêle]) Contração da preposição *de* com o pronome demonstrativo *aquele*: *O livro conta a vida daquele ativista político.*

daqui ⟨da.qui⟩ Contração da preposição *de* com o advérbio *aqui*.

daquilo ⟨da.qui.lo⟩ Contração da preposição *de* com o pronome demonstrativo *aquilo*.

dar ▌v.t.d.i. **1** Oferecer ou ceder (algo) de forma espontânea [a alguém]: *Meus primos me deram um CD de presente.* **2** Proporcionar ou prover [a algo ou alguém]: *Estava distraído e não dei atenção a nada do que disse.* **3** Outorgar ou conceder (algo) como um benefício ou como um reconhecimento [a alguém]: *O colégio dará uma bolsa de estudos aos alunos que se destacarem.* ▌v.t.d./v.t.d.i. **4** Produzir ou causar (uma sensação ou um sentimento) [a alguém]: *O balanço do barco me deu enjoo.* **5** Planejar e oferecer (um evento social) [a alguém]: *Deu uma festa para comemorar o seu aniversário.* **6** Transmitir, comunicar ou divulgar (uma informação ou um aviso) [a alguém]: *Não se esqueça de dar o recado a sua mãe.* ▌v.t.d. **7** Emitir (um som): *Deu um assobio para chamar o amigo.* **8** Produzir (um fruto ou um benefício): *A oliveira dá azeitonas. O investimento deu resultados.* ▌v.t.d./v.t.d.i. **9** Transmitir (um ensinamento) [a alguém]: *O professor dará um curso extracurricular sobre o movimento modernista.* ▌v.t.d. **10** Realizar ou executar (uma ação ou um trabalho): *Hoje é dia de dar banho no cachorro.* ▌v.t.d.i. **11** Aplicar ou receitar (um medicamento) [a alguém]: *A mãe deu um xarope para o filho que estava com tosse.* ▌v.t.d./v.t.d.i. **12** Desferir (um golpe) [em algo ou alguém]: *O atacante deu um chute certeiro e marcou.* **13** Oferecer (uma quantia) como pagamento [a alguém]: *Dou cem reais por esse anel.* ▌v.t.i. **14** Encontrar ou chegar [a um destino]: *Seguindo sempre em frente, daremos na praça.* **15** Ser adequado ou suficiente [para algo]: *O dinheiro deu para as compras.* **16** Resultar [em um desfecho]: *A brincadeira deu em confusão.* ▌v.prnl. **17** Ocorrer ou acontecer: *O casamento deu-se em um sítio.* **18** Entrosar-se ou conviver de forma harmoniosa: *Sempre nos demos bem com os vizinhos.* ‖ **dar a entender** Insinuar ou parecer significar: *Ele deu a entender que não voltaria ao país.* ‖ **dar {no mesmo/na mesma}** Não fazer diferença: *Ir por esse caminho ou pelo outro dá no mesmo.* ‖ **dar para** algo: Ser apto para ele: *Desde pequeno dá para a música.* ‖ **dar-se com** algo: Adaptar-se a ele ou reagir bem a ele: *Não se dá bem com o clima seco.* ☐ GRAMÁTICA É um verbo irregular →DAR. ☐ USO Funciona como verbo-suporte quando acompanha determinados substantivos e forma com eles uma unidade de sentido completa: *dar uma notícia* = noticiar; *dar um grito* = gritar.

dardejar ⟨dar.de.jar⟩ ▌v.t.d. **1** Lançar dardos contra (um alvo). ▌v.int. **2** Cintilar ou lançar brilho: *A lua dardejava sobre o mar.*

dardo ⟨dar.do⟩ s.m. Arma no formato de lança fina, que se arremessa com a mão ou com uma zarabatana: *O arremesso de dardo é uma modalidade do atletismo.*

darwinismo ⟨dar.wi.nis.mo⟩ s.m. Teoria biológica formulada por Charles Darwin (naturalista britânico do século XIX), que explica a evolução das espécies como resultado de uma seleção natural, devido à luta pela existência e à transmissão de caracteres hereditários.

data ⟨da.ta⟩ s.f. **1** Tempo no qual se faz algo ou no qual ele ocorre: *A data do meu aniversário é 10 de dezembro.* **2** Indicação do dia, do mês ou do ano, especialmente aquela que se coloca no início ou no final de um texto: *A data da carta era de 3 de março de 2002.*

datado, da ⟨da.ta.do, da⟩ adj. Antiquado, em desuso ou inadequado às circunstâncias atuais: *um filme datado; ideias datadas.* ☐ SIN. obsoleto, ultrapassado.

datar ⟨da.tar⟩ ▮ v.t.d. **1** Colocar data em (um documento): *Datou o cheque e assinou.* ▮ v.t.i. **2** Existir a partir [de uma data]: *O casario de Ouro Preto data do século XVIII.*

datilografar ⟨da.ti.lo.gra.far⟩ v.t.d./v.int. Escrever (algo) à máquina. ☐ ORTOGRAFIA Escreve-se também *dactilografar*.

datilografia ⟨da.ti.lo.gra.fi.a⟩ s.f. Técnica de escrever à máquina. ☐ SIN. mecanografia. ☐ ORTOGRAFIA Escreve-se também *dactilografia*.

datilógrafo, fa ⟨da.ti.ló.gra.fo, fa⟩ s. Pessoa que se dedica profissionalmente a escrever à máquina. ☐ ORTOGRAFIA Escreve-se também *dactilógrafo*.

datiloscopia ⟨da.ti.los.co.pi.a⟩ s.f. Estudo das impressões digitais para identificar uma pessoa. ☐ ORTOGRAFIA Escreve-se também *dactiloscopia*.

DDD (pl. *DDDs*) s.m. Chamada telefônica interurbana: *Fez um DDD de Manaus para Goiânia.* ☐ ORIGEM É a sigla de Discagem Direta a Distância.

DDI (pl. *DDIs*) s.m. Chamada telefônica internacional: *Fez um DDI do Brasil para o Japão.* ☐ ORIGEM É a sigla de Discagem Direta Internacional.

de (Pron. [dê]) prep. **1** Indica o possuidor ou autor de algo: *um poema de Olavo Bilac.* **2** Indica o lugar de origem de algo ou a sua procedência: *vir de casa.* **3** Indica o material de que algo é feito: *um copo de vidro.* **4** Indica o todo do qual um elemento faz parte: *o telhado de uma casa.* **5** Indica o assunto de que se trata: *uma revista de esportes.* **6** Indica uma característica física ou moral: *uma pessoa de cabelo curto.* **7** Indica a categoria a que algo pertence: *uma roupa de inverno.* **8** Indica uma pessoa ou uma coisa às quais é atribuído um valor qualitativo: *Ela é um amor de criança.* **9** Indica o meio pelo qual se realiza uma atividade: *ir de ônibus.* **10** Indica o modo como se faz algo: *nadar de costas.* **11** Indica a causa ou aquilo que desencadeia algo: *vibrar de emoção.* **12** Indica o conteúdo ou aquilo que contém algo: *uma xícara de café.* **13** Indica o tempo em que algo é feito ou realizado: *o jogo de ontem.* **14** Indica a finalidade ou a utilidade de algo: *uma máquina de lavar.* **15** Indica um termo específico que define uma categoria geral: *a cidade de São Paulo.* **16** Indica a dimensão ou o valor de algo: *uma régua de 15 cm.*

de- **1** Prefixo que indica privação: *decapitar, decepar.* **2** Prefixo que indica ação inversa àquela expressa pela raiz: *decrescer, decolar.*

dê s.m. Nome da letra *d*.

debaixo ⟨de.bai.xo⟩ adv. Em uma posição ou parte inferiores: *Ela guarda a caixa de brinquedos debaixo da cama.*

debalde ⟨de.bal.de⟩ adv. Em vão ou de forma inútil: *Debalde pediu seu perdão.*

debandada ⟨de.ban.da.da⟩ s.f. Fuga ou dispersão generalizada: *As aves voaram em debandada.*

debandar ⟨de.ban.dar⟩ v.int. Dispersar-se ou sair em fuga: *As capivaras debandaram para o rio.*

debate ⟨de.ba.te⟩ s.m. **1** Discussão ou troca de ideias em que são expostos argumentos sobre um determinado assunto, e que geralmente visa chegar a uma conclusão: *um debate sobre educação.* **2** Discussão que envolve opiniões opostas sobre um mesmo tema: *um debate eleitoral.*

debutar

debater ⟨de.ba.ter⟩ ▮ v.t.d./v.int. **1** Trocar ou confrontar (ideias ou argumentos) ou discutir: *Os candidatos debateram o tema da educação.* ▮ v.prnl. **2** Agitar-se ou mover-se de forma ansiosa ou desesperada: *O peixe debatia-se fora da água.*

debelar ⟨de.be.lar⟩ v.t.d. **1** Vencer ou ter domínio sobre (um inimigo). **2** Reprimir ou impedir o acontecimento de (uma ação ou um processo). **3** Apagar (o fogo). ☐ SIN. extinguir.

debênture ⟨de.bên.tu.re⟩ s.f. Título de crédito, geralmente ao portador.

débil ⟨dé.bil⟩ (pl. *débeis*) adj.2g. Que é inconsistente, fraco ou que tem pouca resistência física. ‖ **débil (mental)** *informal pejorativo* Tolo ou de raciocínio fraco.

debilidade ⟨de.bi.li.da.de⟩ s.f. **1** Falta de força, de energia ou de vigor físicos. **2** Falta de firmeza na forma de agir e de tomar decisões. **3** Fragilidade ou falta das condições necessárias para algo.

debilitação ⟨de.bi.li.ta.ção⟩ (pl. *debilitações*) s.f. Ato ou efeito de debilitar(-se).

debilitar ⟨de.bi.li.tar⟩ v.t.d./v.prnl. Tirar ou perder a força, a energia ou a resistência: *A doença o debilitou.*

debiloide ⟨de.bi.loi.de⟩ (Pron. [debilóide]) adj.2g./s.2g. *informal pejorativo* Tolo ou de raciocínio fraco.

debitar ⟨de.bi.tar⟩ v.t.d./v.t.d.i. Deduzir ou descontar (uma quantia de dinheiro) [de outra]: *Debitou a despesa de sua mesada.*

débito ⟨dé.bi.to⟩ s.m. **1** Aquilo que se deve a alguém, geralmente dinheiro: *saldar um débito.* ☐ SIN. dívida. **2** Em uma conta bancária, quantia de dinheiro deduzida ou descontada: *Seus débitos estão indicados em vermelho.*

debochado, da ⟨de.bo.cha.do, da⟩ adj. **1** Com deboche ou que expressa deboche. **2** Que costuma fazer comentários irônicos ou zombeteiros.

debochar ⟨de.bo.char⟩ v.t.d./v.t.i. **1** Ironizar ou zombar [de alguém ou de uma situação]: *As charges políticas sempre debocham das medidas do Governo.* **2** Desprezar ou fazer pouco caso [de alguém ou de uma situação]: *Não convém debochar da capacidade de ninguém, pois podemos ser surpreendidos.*

deboche ⟨de.bo.che⟩ s.m. Aquilo que é dito ou feito de maneira a ridicularizar. ☐ SIN. apodo, gracejo, zombaria.

debruar ⟨de.bru.ar⟩ ▮ v.t.d. **1** Adornar ou reforçar (a borda de um tecido) com uma faixa ou com uma tira. ▮ v.t.d./v.t.d.i. **2** Tornar (algo) belo [com adornos ou enfeites].

debruçar ⟨de.bru.çar⟩ ▮ v.t.d./v.prnl. **1** Pôr(-se) de bruços: *Debruçaram o bebê para examinar-lhe as costas.* ▮ v.prnl. **2** Inclinar-se para a frente: *Debruçou-se à janela.* ☐ SIN. curvar-se. ‖ **debruçar-se sobre** algo: Analisá-lo com atenção e dedicação. ☐ ORTOGRAFIA Antes de *e*, *o* e muda para *c*: COMEÇAR.

debrum ⟨de.brum⟩ (pl. *debruns*) s.m. Em uma borda de tecido, faixa ou tira colocada como adorno ou reforço: *o debrum de uma toalha.*

debulhar ⟨de.bu.lhar⟩ ▮ v.t.d. **1** Retirar a casca, as sementes ou os grãos de (um vegetal): *debulhar a cana; debulhar o milho.* ▮ v.prnl. **2** Desfazer-se ou desmanchar-se: *Debulhou-se em lágrimas ao ouvir a notícia.* ☐ GRAMÁTICA Na acepção 2, usa-se a construção *debulhar-se EM algo*.

debutante ⟨de.bu.tan.te⟩ ▮ adj.2g./s.2g. **1** Que ou quem debuta: *um artista debutante.* ▮ s.f. **2** Mulher jovem que participa de um baile de gala para se apresentar à sociedade: *Ontem fomos à um baile de debutantes.*

debutar ⟨de.bu.tar⟩ v.int. **1** Dar início a uma atividade ou começar a desempenhá-la: *Debutou no teatro quando era uma criança.* **2** Participar de um baile de gala de apresentação à sociedade.

deca- Prefixo que significa *dez*: *decaedro, decagrama*.

década ⟨dé.ca.da⟩ s.f. **1** Período de tempo de dez anos seguidos: *Fazia quase uma década que não se viam.* ◻ SIN. **decênio**. **2** Cada um dos períodos de dez anos que formam um século: *a década de 1970*.

decadência ⟨de.ca.dên.cia⟩ s.f. Situação de degradação progressiva: *a decadência de um império*.

decaedro ⟨de.ca.e.dro⟩ s.m. Corpo geométrico limitado por dez polígonos ou lados.

decágono ⟨de.cá.go.no⟩ s.m. Em geometria, polígono que tem dez lados.

decagrama ⟨de.ca.gra.ma⟩ s.m. Unidade de massa equivalente a dez gramas. ◻ ORTOGRAFIA Seu símbolo é *dag*, sem ponto. ◻ USO É diferente de *decigrama* (décima parte de um grama).

decair ⟨de.ca.ir⟩ v.int. **1** Piorar ou regredir: *Parecia estar recuperado, mas sua saúde decaiu subitamente.* ◻ SIN. **declinar**. **2** Diminuir ou baixar muito: *Após o Natal, as vendas decaíram.* ◻ SIN. **cair**. ◻ GRAMÁTICA É um verbo irregular →CAIR.

decalcar ⟨de.cal.car⟩ v.t.d. **1** Transferir (uma figura ou uma estampa) a uma superfície por meio de uma compressão. **2** Copiar ou imitar os traços de (um autor, sua obra ou seu estilo): *Ele é um ótimo escritor, não precisa decalcar o estilo de ninguém.* ◻ ORTOGRAFIA Antes de *e*, o *c* muda para *qu* →BRINCAR.

decalcomania ⟨de.cal.co.ma.ni.a⟩ s.f. **1** Arte ou técnica que consiste em transferir uma figura ou uma estampa a uma superfície mediante compressão. **2** Figura ou estampa transferidas a uma superfície por meio dessa compressão. ◻ SIN. **decalque**.

decalitro ⟨de.ca.li.tro⟩ s.m. Unidade de volume equivalente a dez litros. ◻ ORTOGRAFIA Seu símbolo é *dal*, sem ponto. ◻ USO É diferente de *decilitro* (décima parte de um litro).

decálogo ⟨de.cá.lo.go⟩ s.m. **1** No cristianismo e no judaísmo, os dez mandamentos de Deus entregues a Moisés (profeta israelita). **2** Conjunto de dez princípios ou normas: *No seu decálogo, o trabalho ocupa o primeiro lugar.*

decalque ⟨de.cal.que⟩ s.m. Figura ou estampa transferidas a uma superfície por meio de compressão: *Fez o decalque de uma foto em sua camiseta.* ◻ SIN. **decalcomania**.

decâmetro ⟨de.câ.me.tro⟩ s.m. Unidade de comprimento equivalente a dez metros. ◻ ORTOGRAFIA Seu símbolo é *dam*, sem ponto. ◻ USO É diferente de *decímetro* (décima parte de um metro).

decanado ⟨de.ca.na.do⟩ s.m. →**decanato**

decanato ⟨de.ca.na.to⟩ s.m. **1** Cargo de decano. **2** Tempo durante o qual um decano exerce seu cargo. **3** Cada uma das três divisões, em dez graus, de cada signo do zodíaco. ◻ ORTOGRAFIA Escreve-se também *decanado*.

decano, na ⟨de.ca.no, na⟩ ▪ s. **1** Em uma comunidade, pessoa mais idosa ou membro mais antigo. **2** Em uma universidade, pessoa que ocupa o cargo de sub-reitor. ▪ s.m. **3** Na Igreja Católica, cardeal que preside o colégio dos cardeais de Roma.

decantação ⟨de.can.ta.ção⟩ (pl. *decantações*) s.f. Ato ou efeito de decantar: *a decantação de um vinho*.

decantar ⟨de.can.tar⟩ ▪ v.t.d./v.t.d.i. **1** Separar (um líquido) [de suas impurezas]. ▪ v.t.d. **2** Celebrar ou exaltar em verso e canto: *O poema decantava as façanhas do cavaleiro.* ◻ SIN. **cantar**.

decapitar ⟨de.ca.pi.tar⟩ v.t.d. Cortar a cabeça de (alguém), separando-a do tronco: *Na Revolução Francesa, muitos condenados eram decapitados.*

decápode ⟨de.cá.po.de⟩ ▪ adj.2g./s.m. **1** Em relação a um crustáceo, que tem dez patas ou pés. ▪ s.m.pl. **2** Em zoologia, ordem desses crustáceos.

decassílabo, ba ⟨de.cas.sí.la.bo, ba⟩ adj./s.m. De dez sílabas, especialmente em relação a um verso.

decência ⟨de.cên.cia⟩ s.f. Dignidade ou respeito aos valores morais: *Sua vida sempre foi pautada pela decência e pela honradez.* ◻ SIN. **decoro**.

decênio ⟨de.cê.nio⟩ s.m. Período de tempo de dez anos seguidos: *No último decênio, a pobreza diminuiu em algumas regiões do país.* ◻ SIN. **década**.

decente ⟨de.cen.te⟩ adj.2g. **1** Que é digno ou que respeita os valores morais. **2** Adequado ou que apresenta qualidades condizentes com as expectativas: *uma moradia decente*.

decepar ⟨de.ce.par⟩ v.t.d. Cortar (uma parte do corpo), separando-a dele.

decepção ⟨de.cep.ção⟩ (pl. *decepções*) s.f. Ato ou efeito de decepcionar(-se): *A derrota de seu time foi uma profunda decepção.* ◻ SIN. **desapontamento**.

decepcionar ⟨de.cep.ci.o.nar⟩ v.t.d./v.prnl. Causar ou sentir desilusão ou desgosto por algo que não saiu como o esperado: *Seu comportamento me decepcionou. O público não se decepcionou com o espetáculo.* ◻ SIN. **desapontar**.

decerto ⟨de.cer.to⟩ adv. Com certeza: *O tempo fechou, decerto irá chover.*

deci- Prefixo que significa *décima parte*: *decímetro, decigrama*.

decibel ⟨de.ci.bel⟩ (pl. *decibéis*) s.m. Unidade de ganho de potência em um circuito, bastante usada em telecomunicações e para medir o nível de intensidade sonora perceptível pela audição humana. ◻ ORTOGRAFIA Seu símbolo é *dB*, sem ponto.

decidido, da ⟨de.ci.di.do, da⟩ adj. Que age com determinação ou com firmeza.

decidir ⟨de.ci.dir⟩ ▪ v.t.d./v.t.i. **1** Resolver (uma situação) ou determinar uma resolução [a um assunto]: *O investigador decidiu o caso.* ▪ v.t.d./v.prnl. **2** Escolher (uma opção) entre outras ou resolver-se: *Decidiram viajar.* **3** Deliberar ou apresentar um juízo: *A assembleia decidirá sobre o orçamento.*

decifrar ⟨de.ci.frar⟩ v.t.d. **1** Interpretar (uma mensagem ou um código cifrados): *O serviço de inteligência conseguiu decifrar uma transmissão em código.* **2** Compreender ou achar o significado de (algo difícil de resolver ou de entender): *Esforçava-se para decifrar a letra de seus alunos.*

decigrama ⟨de.ci.gra.ma⟩ s.m. Unidade de massa equivalente à décima parte de um grama. ◻ ORTOGRAFIA Seu símbolo é *dg*, sem ponto. ◻ USO É diferente de *decagrama* (dez gramas).

decilitro ⟨de.ci.li.tro⟩ s.m. Unidade de volume equivalente à décima parte de um litro. ◻ ORTOGRAFIA Seu símbolo é *dl*, sem ponto. ◻ USO É diferente de *decalitro* (dez litros).

decimal ⟨de.ci.mal⟩ (pl. *decimais*) ▪ adj.2g. **1** Que se baseia em estruturas de dez elementos: *o sistema decimal*. ▪ adj.2g./s.m. **2** Em uma expressão numérica, em relação a uma cifra, que está à direita da vírgula: *as casas decimais*. ▪ s.m. **3** →**número decimal**

decímetro ⟨de.cí.me.tro⟩ s.m. Unidade de comprimento equivalente à décima parte de um metro. ‖ **decímetro cúbico** Unidade de volume equivalente à milésima parte de um metro cúbico. ‖ **decímetro quadrado** Unidade de superfície equivalente à centésima parte de um metro quadrado. ◻ ORTOGRAFIA **1**. O símbolo do *decímetro* é *dm*, sem ponto. **2**. O símbolo do *decímetro cúbico* é *dm³*. **3**. O símbolo do *decímetro quadrado* é *dm²*. ◻ USO É diferente de *decâmetro* (dez metros).

décimo, ma ⟨dé.ci.mo, ma⟩ numer. **1** Em uma série, que ocupa o lugar de número dez. **2** Em relação a uma parte, que compõe um todo se somada com outras nove iguais a ela.

decisão ⟨de.ci.são⟩ (pl. *decisões*) s.f. **1** Resolução ou determinação a respeito de algo: *A decisão do juiz não contentou nenhuma das partes.* **2** Escolha de uma opção entre outras: *Escolher entre os dois cursos foi uma decisão difícil.* **3** Firmeza ou segurança na resolução de uma situação ou de um assunto: *É preciso agir com decisão e cortar gastos.* **4** Em uma competição ou em um concurso, última fase ou última disputa, que consagra o campeão: *O principal jogador do time ficou fora da decisão do campeonato.* ☐ SIN. final.

decisivo, va ⟨de.ci.si.vo, va⟩ adj. Que decide ou que gera uma decisão.

declamação ⟨de.cla.ma.ção⟩ (pl. *declamações*) s.f. Ato ou efeito de declamar.

declamar ⟨de.cla.mar⟩ v.t.d./v.int. Recitar em voz alta, com entonação e gestos adequados: *O ator declamava seu texto com paixão.*

declamatório, ria ⟨de.cla.ma.tó.rio, ria⟩ adj. Da declamação, com suas características ou relacionado a ela.

declaração ⟨de.cla.ra.ção⟩ (pl. *declarações*) s.f. Ato ou efeito de declarar(-se): *Em sua declaração, o presidente ressaltou a importância da educação.*

declarar ⟨de.cla.rar⟩ ❚ v.t.d./v.t.d.i./v.prnl. **1** Manifestar(-se) ou revelar(-se) (algo ainda oculto) [a alguém]: *Declarou a sua intenção de mudar de emprego.* **2** Proclamar(-se) ou anunciar(-se) (algo) de forma solene [a alguém]: *Em 13 de dezembro de 1864, o Paraguai declarou guerra ao Brasil.* ❚ v.t.d./v.prnl. **3** Julgar(-se) ou considerar(-se): *A juíza declarou o réu inocente.* ❚ v.t.d./v.t.d.i. **4** Em uma declaração de imposto de renda, informar (os bens e os rendimentos de uma pessoa física ou jurídica) [a um órgão responsável] para o cálculo dos impostos ou dos ressarcimentos correspondentes: *No informe anual à Receita Federal, declarou seu imóvel, seu saldo bancário e outros bens.* ❚ v.prnl. **5** Revelar-se ou manifestar o amor que se sente por alguém: *Após dias de hesitação, declarou-se para ela.* ☐ GRAMÁTICA Na acepção 3, o objeto pode vir acompanhado de um complemento que o qualifica: A juíza declarou o réu *inocente*.

declinação ⟨de.cli.na.ção⟩ (pl. *declinações*) s.f. Em linguística, cada um dos grupos que servem de modelo à flexão de casos de uma palavra.

declinar ⟨de.cli.nar⟩ ❚ v.t.d./v.t.i./v.t.d.i./v.int. **1** Mudar (algo) [de direção] ou desviar-se de um destino: *Em vez de aportar, o barco declinou.* ❚ v.int. **2** Piorar ou regredir: *As faltas fizeram seu aproveitamento escolar declinar.* ☐ SIN. decair. **3** Ruir ou aproximar-se do fim: *Por falta de bons governantes, o império declinou.* ❚ v.t.d./v.t.i. **4** Não aceitar (algo apresentado ou proposto) ou fazer recusa [de uma proposta]; *Declinou do convite para ir ao teatro.* ❚ v.t.d./v.prnl. **5** Em linguística, enunciar (uma palavra) nas formas correspondentes a sua flexão de caso: *Para aprender latim, é importante saber declinar as palavras de acordo com a sua função sintática.*

declínio ⟨de.clí.nio⟩ s.m. **1** Diminuição ou perda de qualidades progressivamente: *No final do jogo, começou a sentir o declínio de suas forças.* **2** Ruína ou aproximação do fim: *o declínio do Império Romano.*

declive ⟨de.cli.ve⟩ s.m. Terreno inclinado e descendente, considerado de cima para baixo: *um declive acidentado.* ☐ SIN. descida.

decolagem ⟨de.co.la.gem⟩ (pl. *decolagens*) s.f. Ato ou efeito de decolar: *a decolagem de um avião.*

decolar ⟨de.co.lar⟩ v.int. **1** Iniciar o voo: *O helicóptero decolou.* **2** Começar a crescer e a apresentar resultados satisfatórios: *Abriu a sua loja no ano passado e ela já decolou.*

decompor ⟨de.com.por⟩ v.t.d./v.prnl. **1** Separar(-se) os elementos ou as partes de (uma substância ou um todo): *Por meio da eletrólise, é possível decompor a água em hidrogênio e oxigênio.* **2** Alterar(-se) ou deteriorar(-se) (uma matéria orgânica) de forma que entre em processo de apodrecimento: *O processo digestivo decompõe os alimentos ingeridos em seus nutrientes essenciais. O lixo orgânico decompõe-se e pode transformar-se em adubo.* ☐ GRAMÁTICA É um verbo irregular →PÔR.

decomposição ⟨de.com.po.si.ção⟩ (pl. *decomposições*) s.f. **1** Ato ou efeito de decompor. **2** Separação dos elementos de uma substância ou das partes que formam um todo: *a decomposição do oxigênio; a decomposição de um soneto.* **3** Apodrecimento ou putrefação de uma matéria orgânica: *Quando o encontraram, o corpo já estava em estado de decomposição.*

decoração ⟨de.co.ra.ção⟩ (pl. *decorações*) s.f. **1** Ato ou efeito de decorar: *Contratamos um profissional para a decoração do escritório.* **2** Arte ou técnica de decorar ou combinar diferentes elementos com o objetivo de embelezar um ambiente: *A decoração era uma de suas grandes paixões.* **3** Arranjo ou ornamento: *Depois da festa de aniversário, arrancaram toda a decoração das paredes.*

decorar ⟨de.co.rar⟩ ❚ v.t.d. **1** Servir de decoração ou de enfeite a (algo): *As bexigas decoraram o salão.* **2** Prover (um ambiente) de móveis e de outros elementos com o objetivo de torná-lo bonito, confortável ou funcional: *decorar um quarto.* ❚ v.t.d./v.int. **3** Guardar na memória (algo lido ou ouvido): *decorar um poema.*

decorativo, va ⟨de.co.ra.ti.vo, va⟩ adj. Da decoração ou relacionado a essa arte ou técnica.

decoreba ⟨de.co.re.ba⟩ s.f. *informal* Memorização de algo, especialmente de um ensinamento, sem apreender seu conteúdo.

decoro ⟨de.co.ro⟩ (Pron. [decôro]) s.m. **1** Dignidade ou respeito aos valores morais. ☐ SIN. decência. **2** Compostura ou recato: *Sempre se portou com decoro.*

decorrer ⟨de.cor.rer⟩ ❚ s.m. **1** Sucessão ou passagem do tempo: *Com o decorrer do tempo, foi suavizando seu caráter.* ☐ SIN. decurso, transcurso. ❚ v.int. **2** Passar ou ter curso (o tempo): *Decorreram anos desde sua última visita.* ☐ SIN. correr, transcorrer. **3** Acontecer ou suceder: *Muitas coisas decorreram durante a sua ausência.* ☐ SIN. ocorrer. ❚ v.t.i. **4** Resultar ou originar-se [em algo]: *O acidente decorreu de uma imprudência.* ☐ GRAMÁTICA Na acepção 4, usa-se a construção decorrer *de* algo.

decotar ⟨de.co.tar⟩ v.t.d. Fazer decote em (uma peça do vestuário): *decotar uma blusa.*

decote ⟨de.co.te⟩ s.m. Em uma peça do vestuário, abertura superior pela qual passa a cabeça, e que geralmente deixa à mostra o pescoço e parte do colo.

decrépito, ta ⟨de.cré.pi.to, ta⟩ adj./s. Que ou quem é muito velho ou debilitado fisicamente.

decrepitude ⟨de.cre.pi.tu.de⟩ s.f. Condição ou estado de decrépito.

decrescente ⟨de.cres.cen.te⟩ adj.2g. Que decresce ou diminui.

decrescer ⟨de.cres.cer⟩ v.t.i./v.int. Diminuir ou enfraquecer gradativamente [em um determinado aspecto]: *O índice de inflação decresceu.* ☐ ORTOGRAFIA Antes de *a* ou *o*, o *c* muda para *ç* →CONHECER.

decretar ⟨de.cre.tar⟩ ❚ v.t.d. **1** Decidir ou determinar por meio de um decreto, de uma lei ou de uma ordem judicial: *A juíza decretou a prisão de todos os envolvidos.* ❚ v.t.d./v.t.d.i./v.int. **2** Exigir a realização de (uma ação) [a alguém], especialmente se for com autoridade, ou dar ordens: *O delegado decretou que todos saíssem da sala.* ☐ SIN. determinar, ordenar.

decreto ⟨de.cre.to⟩ s.m. Decisão ou determinação emitida por um chefe de Estado, por um governador ou por um prefeito.

decreto-lei ⟨de.cre.to-lei⟩ (pl. *decretos-lei* ou *decretos--leis*) s.m. Decreto com força de lei emitido pelo Poder Executivo quando este assume, de forma extraordinária, o papel do Poder Legislativo.

decúbito ⟨de.cú.bi.to⟩ s.m. Posição do corpo de quem está deitado: *o decúbito dorsal; o decúbito ventral.*

décuplo, pla ⟨dé.cu.plo, pla⟩ ❙ numer. **1** Que consta de dez ou é adequado para dez. ❙ adj./s.m. **2** Em relação a uma quantidade, que é dez vezes maior.

decurso ⟨de.cur.so⟩ s.m. Sucessão ou passagem do tempo: *Com o decurso dos dias, seu humor foi melhorando.* ▫ SIN. decorrer, transcurso.

dedada ⟨de.da.da⟩ s.f. Golpe ou batida dados com os dedos.

dedal ⟨de.dal⟩ (pl. *dedais*) s.m. Pequena peça cilíndrica, resistente e geralmente feita de metal, usada para cobrir a ponta do dedo ao costurar, para protegê-lo das agulhas.

dedão ⟨de.dão⟩ (pl. *dedões*) s.m. *informal* Dedo polegar.

dedar ⟨de.dar⟩ v.t.d. *informal* Delatar (alguém) ou revelar algo que o prejudique: *Dedou o companheiro ao diretor.* ▫ SIN. dedurar.

dedicação ⟨de.di.ca.ção⟩ (pl. *dedicações*) s.f. **1** Ato ou efeito de dedicar(-se): *A dedicação de todos será vital para alcançarmos os resultados pretendidos.* **2** Afeição ou devoção extremas: *Cuidou do amigo doente com dedicação.*

dedicado, da ⟨de.di.ca.do, da⟩ adj. Que manifesta ou demonstra dedicação.

dedicar ⟨de.di.car⟩ ❙ v.t.d.i. **1** Oferecer (algo) em forma de homenagem [a alguém]: *O campeão dedicou a vitória aos torcedores.* **2** Colocar (um local sagrado) sob a proteção [de uma divindade ou de um santo]: *Dedicou a capela a São Francisco de Assis.* **3** Destinar (algo) [a um fim ou a um uso determinados]: *Dedicou suas férias à leitura.* ❙ v.prnl. **4** Ter como ocupação ou como profissão: *Dedica-se à botânica.* ▫ ORTOGRAFIA Antes de e, o c muda para qu →BRINCAR. ▫ GRAMÁTICA Na acepção 4, usa-se a construção *dedicar-se a {algo/alguém}*.

dedicatória ⟨de.di.ca.tó.ria⟩ s.f. Aquilo que se escreve de forma carinhosa especialmente em um presente, em um cartão ou em uma lembrança: *Este romance tem uma dedicatória de seu autor.*

dedilhar ⟨de.di.lhar⟩ v.t.d. **1** Tocar (um instrumento musical ou suas cordas) com os dedos: *dedilhar uma harpa; dedilhar as cordas de um violão.* **2** Executar (uma composição musical) em um instrumento de corda: *dedilhar uma canção; dedilhar um acorde.*

dedo ⟨de.do⟩ (Pron. [dêdo]) s.m. **1** Em uma pessoa e em alguns animais, cada uma das extensões articuladas localizadas nas extremidades das mãos e pés: *Sentiu que a luva lhe apertava os dedos.* **2** Quantidade que equivale à largura de um dedo da mão: *Colocou um dedo de café no copo.* **3** Intervenção, atuação ou participação: *Essa decisão teve o dedo do diretor.* ‖ **a dedo** Em relação à forma de realizar uma escolha ou uma seleção, com cuidado ou com atenção: *Escolheu a dedo cada um dos candidatos à vaga.* ‖ **(dedo) {anelar/anular}** Na mão, aquele que ocupa a quarta posição, a partir do polegar, e que está entre o médio e o mínimo. ‖ **(dedo) indicador** Na mão, aquele que ocupa a segunda posição, a partir do polegar, e que está entre o polegar e o médio. ‖ **(dedo) médio** Na mão, aquele que ocupa a terceira posição, a partir do polegar, e que está entre o indicador e o anular. ‖ **(dedo) mínimo** Aquele que ocupa a quinta posição, a partir do polegar, e é o menor, tanto o da mão quanto o do pé. ‖ **(dedo) polegar** Aquele que ocupa a primeira posição, e é o mais largo, tanto o da mão quanto o do pé. ‖ **dois dedos** Pequena quantidade ou um pouco de algo. ‖ **não mover um dedo** Não fazer nada ou não se esforçar.

dedo-duro ⟨de.do-du.ro⟩ (pl. *dedos-duros*) s.2g. *informal pejorativo* Pessoa que delata outra, especialmente se o faz secreta e intencionalmente.

dedução ⟨de.du.ção⟩ (pl. *deduções*) s.f. **1** Ato ou efeito de deduzir. **2** Desconto de uma quantidade. **3** Método de raciocínio que consiste em partir de um princípio geral conhecido e avançar logicamente até alcançar uma conclusão particular desconhecida. ▫ USO Na acepção 3, é diferente de *indução* (método de raciocínio que consiste em partir do estudo e da análise de dados particulares conhecidos e avançar logicamente até alcançar um princípio geral desconhecido).

dedurar ⟨de.du.rar⟩ v.t.d. *informal* Delatar (alguém) ou revelar algo que o prejudique: *Dedurou os colegas ao diretor.* ▫ SIN. dedar.

dedutivo, va ⟨de.du.ti.vo, va⟩ adj. Da dedução ou relacionado a esse método de raciocínio.

deduzir ⟨de.du.zir⟩ ❙ v.t.d./v.t.d.i. **1** Alcançar ou extrair (uma conclusão ou um resultado) por meio de um raciocínio dedutivo [de um acontecimento, pensamento ou processo]: *Pelo desenvolvimento da história, deduziu o seu final.* ▫ SIN. depreender, inferir. ❙ v.t.d.i. **2** Retirar ou descontar (uma parte) [de uma quantidade]: *Deduziram a primeira parcela do empréstimo.* ▫ GRAMÁTICA É um verbo regular, mas perde o e final na terceira pessoa do singular do presente do indicativo →PRODUZIR. ▫ USO Na acepção 1, é diferente de *induzir* (alcançar por meio da indução).

defasagem ⟨de.fa.sa.gem⟩ (pl. *defasagens*) s.f. Ato ou efeito de defasar(-se): *Entre a data programada e a data realizada, houve uma defasagem de uma semana. A defasagem salarial entre homens e mulheres ainda é elevada. O aluno apresentou uma defasagem de aprendizado.*

defasar ⟨de.fa.sar⟩ v.t.d./v.prnl. Provocar o atraso de (algo previsto ou esperado) ou atrasar-se: *A falta de organização defasou a entrega da obra.*

defecar ⟨de.fe.car⟩ v.int. **1** Expelir excrementos: *As aves e os répteis defecam pela cloaca.* ▫ SIN. dejetar. **2** Extrair ou separar as fezes de (um líquido). ▫ ORTOGRAFIA Antes de e, o c muda para qu →BRINCAR.

defectivo, va ⟨de.fec.ti.vo, va⟩ ❙ adj. **1** Que é imperfeito ou que não está completo: *um gene defectivo.* ❙ s.m. **2** →verbo defectivo

defeito ⟨de.fei.to⟩ s.m. **1** Imperfeição ou falta de perfeição: *O ultrassom apontou um defeito congênito no feto.* **2** Falha ou falta moral de caráter leve: *Em vez de olhar sempre para os defeitos dos outros, deveríamos apreciar mais suas qualidades.* ▫ SIN. imperfeição. **3** Em um mecanismo, empecilho ou mau funcionamento: *Ao fazer a revisão no carro detectamos um defeito no motor.* ▫ SIN. enguiço.

defeituoso, sa ⟨de.fei.tu.o.so, sa⟩ (Pron. [defeituôso], [defeituósa], [defeituósos], [defeituósas]) adj. Imperfeito ou com defeito.

defender ⟨de.fen.der⟩ ❙ v.t.d./v.t.d.i./v.prnl. **1** Proteger(-se) ou resguardar (algo ou alguém) [de um perigo ou de um dano]: *O cão defende a casa.* ❙ v.t.d./v.t.d.i. **2** Manter (uma posição ideológica) ou argumentar a favor de (uma ideia) [em oposição a outra]: *Sempre defendeu causas humanitárias.* **3** Argumentar ou intervir em favor de (um acusado) [contra algo negativo]: *O advogado defendeu seu cliente com veemência.* ❙ v.t.d. **4** Em alguns esportes, segurar ou desviar (a bola), impedindo a marcação do ponto: *A goleira defendeu a bola.* **5** Em alguns esportes, impedir (um lance do adversário) de ser convertido em ponto: *O líbero defendeu o saque.* **6** Em alguns esportes, ocupar ou proteger (uma região do campo), impedindo o ataque adversário e a marcação de ponto: *Os zagueiros defendem a área.* ▌v.prnl. **7** Justificar-se ou desculpar-se: *Não teve como defender-se do erro cometido.* ▢ GRAMÁTICA É um verbo abundante, pois apresenta dois particípios: *defendido* e *defeso*.

defensável ⟨de.fen.sá.vel⟩ (pl. *defensáveis*) adj.2g. Que se pode defender.

defensiva ⟨de.fen.si.va⟩ s.f. Conjunto de ações ou de atitudes que têm por objetivo a defesa: *Por mais que ela tivesse razão, continuava na defensiva.*

defensivo, va ⟨de.fen.si.vo, va⟩ adj. Que serve para defender ou para se defender.

defensor, -a ⟨de.fen.sor, so.ra⟩ (Pron. [defensôr], [defensôra]) adj./s. Que ou quem defende.

deferência ⟨de.fe.rên.cia⟩ s.f. Atenção que se dedica a alguém em sinal de respeito ou de consideração: *A anfitriã tratou seus convidados com deferência.*

deferir ⟨de.fe.rir⟩ v.t.d./v.t.i. Aceitar ou atender [a uma solicitação ou a um requerimento]: *A faculdade deferiu seu pedido de bolsa de estudos.* ▢ ORTOGRAFIA É diferente de *diferir*. ▢ GRAMÁTICA É um verbo irregular →SERVIR.

defesa ⟨de.fe.sa⟩ (Pron. [defêsa]) s.f. **1** Proteção ou resguardo de um perigo ou de um dano: *O judô e o caratê são métodos de defesa pessoal.* **2** Argumentação ou intervenção em favor de algo ou de alguém: *A advogada fez uma defesa veemente de sua cliente.* **3** Advogado ou conjunto de advogados que representam um acusado: *A defesa está elaborando sua estratégia para o julgamento.* **4** Em alguns esportes, captura ou desvio da bola, impedindo a marcação de ponto: *O goleiro fez uma defesa espetacular do pênalti.* **5** Em alguns esportes, parte de uma equipe cuja função principal é prevenir os ataques do adversário: *O forte do nosso time é a defesa.*

deficiência ⟨de.fi.ci.ên.cia⟩ s.f. **1** Imperfeição, falha ou carência. **2** Incapacidade de um órgão ou organismo em realizar as funções que lhe são naturais: *uma deficiência mental.*

deficiente ⟨de.fi.ci.en.te⟩ ▌adj.2g. **1** Imperfeito ou falho. ▌adj.2g./s.2g. **2** Que ou quem é portador de deficiência física ou mental.

deficit *(palavra latina)* (Pron. [déficit]) s.m. **1** Carência daquilo que se considera necessário: *Muitas regiões metropolitanas apresentam um deficit de áreas verdes.* **2** Em economia, diferença que existe quando as despesas são maiores que as receitas: *O deficit daquele país já atingiu níveis elevadíssimos.*

deficitário, ria ⟨de.fi.ci.tá.rio, ria⟩ adj. Que apresenta ou gera *deficit*.

definhar ⟨de.fi.nhar⟩ v.t.d./v.prnl. Emagrecer ou debilitar(-se) de forma acentuada: *A doença o definhou.* ▢ SIN. finar-se.

definição ⟨de.fi.ni.ção⟩ (pl. *definições*) s.f. **1** Explicação do significado de uma palavra ou de uma expressão: *Uma boa definição deve ser clara e inteligível.* **2** Explicação ou esclarecimento preciso: *a definição de um teorema.* **3** Caracterização ou determinação da natureza ou dos limites de algo: *a definição da área de um território.* **4** Escolha ou seleção: *Só no momento da partida, o técnico divulgou a definição dos titulares.* **5** Determinação de algo incerto ou duvidoso, geralmente por meio de uma ação decisiva: *O último debate entre os candidatos foi decisivo para a definição da eleição.*

definido ⟨de.fi.ni.do⟩ s.m. →**artigo definido**

definir ⟨de.fi.nir⟩ v.t.d. **1** Explicar ou esclarecer de forma precisa (uma palavra ou um conceito): *Este dicionário define palavras e expressões da língua portuguesa.* **2** Caracterizar ou determinar a natureza ou os limites de (algo): *A Constituição define os direitos e os deveres dos cidadãos.* **3** Escolher (uma opção) entre outras: *O juiz definiu quem ficará com a guarda da criança.* **4** Determinar (algo incerto ou duvidoso) de forma decisiva: *O gol no último minuto definiu a partida.*

definitivo, va ⟨de.fi.ni.ti.vo, va⟩ adj. Decisivo ou que não é passível de mudanças.

deflação ⟨de.fla.ção⟩ (pl. *deflações*) s.f. Em economia, queda do nível geral de preços que produz um aumento do poder aquisitivo. ▢ USO É diferente de *inflação* (aumento do nível geral de preços).

deflagração ⟨de.fla.gra.ção⟩ (pl. *deflagrações*) s.f. Ato ou efeito de deflagrar: *A deflagração do incêndio foi causada pela queda de um balão. A intervenção de outros países evitou a deflagração de uma guerra.*

deflagrar ⟨de.fla.grar⟩ v.t.d./v.int. **1** Queimar de forma rápida, com chama e explosão (uma substância). **2** Fazer surgir ou surgir de forma violenta e repentina.

deflorar ⟨de.flo.rar⟩ v.t.d./v.prnl. **1** Tirar a virgindade de (uma mulher) ou desvirginar-se. **2** Tirar as flores de (uma planta) ou perder as flores.

deformação ⟨de.for.ma.ção⟩ (pl. *deformações*) s.f. **1** Ato ou efeito de deformar(-se): *O impacto provocou uma deformação na lataria do carro.* **2** Corrompimento ou mudança para pior: *Uma boa tradução evita a deformação do sentido original de um texto.*

deformar ⟨de.for.mar⟩ ▌v.t.d./v.prnl. **1** Alterar(-se) a forma natural ou original: *O plástico se deformou com o calor.* ▌v.t.d. **2** Corromper ou envilecer (alguém).

deformidade ⟨de.for.mi.da.de⟩ s.f. **1** Defeito físico: *Este centro médico é especializado no tratamento de deformidades congênitas.* **2** Imperfeição, desproporção ou irregularidade na forma: *A caricatura trabalha com a deformidade e com o exagero.*

defraudar ⟨de.frau.dar⟩ v.t.d. Enganar ou burlar (uma pessoa ou uma instituição), visando o benefício próprio: *Deixar de pagar impostos é uma forma de defraudar a lei.* ▢ SIN. fraudar.

defrontar ⟨de.fron.tar⟩ v.t.i./v.prnl. Deparar-se ou topar-se [com algo ou alguém]: *No final do Ensino Médio, o jovem se defronta com o vestibular.* ▢ GRAMÁTICA Usa-se a construção *defrontar-se com algo*.

defronte ⟨de.fron.te⟩ adv. Em frente ou diante: *A delegacia fica defronte do hospital.*

defumar ⟨de.fu.mar⟩ v.t.d. **1** Purificar ou perfumar (algo, alguém ou um lugar) com a fumaça de produtos aromáticos: *Defumamos a casa com incensos e velas aromáticas.* **2** Submeter (um alimento) à secagem por meio da fumaça, para sua conservação ou para dar-lhe um sabor característico: *Defumar a carne dificulta a ação maléfica de micro-organismos.*

defunto, ta ⟨de.fun.to, ta⟩ adj./s. Que ou quem está morto.

degelar ⟨de.ge.lar⟩ ▌v.t.d./v.int./v.prnl. **1** Derreter(-se) (algo congelado) ou perder a água congelada que contém: *degelar um alimento.* ▢ SIN. descongelar. ▌v.t.d. **2** Fazer (um aparelho refrigerador) perder o gelo que contém. ▢ SIN. descongelar.

degelo ⟨de.ge.lo⟩ (Pron. [degêlo]) s.m. Derretimento ou transformação de algo congelado em líquido: *o degelo de um iceberg.*

degeneração ⟨de.ge.ne.ra.ção⟩ (pl. *degenerações*) s.f. Ato ou efeito de degenerar(-se): *Uma das causas da degeneração do meio ambiente é a emissão de gases tóxicos.* ▢ SIN. degradação.

degenerar ⟨de.ge.ne.rar⟩ v.int./v.prnl. Perder as qualidades ou as características originais: *Na região do garimpo, o solo degenerou.*

degenerativo

degenerativo, va ⟨de.ge.ne.ra.ti.vo, va⟩ adj. Que causa ou que produz degeneração.

deglutição ⟨de.glu.ti.ção⟩ (pl. *deglutições*) s.f. Ato ou efeito de deglutir: *A deglutição dos alimentos não é possível se não os mastigarmos bem.*

deglutir ⟨de.glu.tir⟩ v.t.d./v.int. Passar (um alimento ou uma bebida) da boca ao estômago através da faringe e do esôfago, ou engolir algo.

degolar ⟨de.go.lar⟩ v.t.d. Cortar a cabeça de (uma pessoa ou de um animal) separando-a do tronco.

degradação ⟨de.gra.da.ção⟩ (pl. *degradações*) s.f. Ato ou efeito de degradar(-se): *Aquela parte da cidade apresentava claros sinais de degradação.* ▫ SIN. degeneração.

degradar ⟨de.gra.dar⟩ ▪ v.t.d. **1** Tirar ou perder as características originais e positivas de (algo): *A poluição degrada a qualidade do ar.* ▪ v.t.d./v.prnl. **2** Humilhar(-se) ou privar(-se) da dignidade ou da honra: *Nunca se degradaria em troca de dinheiro.* ▫ SIN. aviltar.

degrau ⟨de.grau⟩ s.m. **1** Em uma escada, cada uma das partes horizontais onde uma pessoa apoia o pé ao subir ou descer por ela. **2** Etapa ou meio pelos quais se avança na conquista de um objetivo: *Aquele estágio foi um degrau importante para a sua contratação.*

degredar ⟨de.gre.dar⟩ v.t.d./v.t.d.i. Expulsar (alguém) de um território [para outro]: *Durante a Inquisição, Portugal degredou judeus para o Brasil.*

degredo ⟨de.gre.do⟩ (Pron. [degrêdo]) s.m. Expulsão de um território, especialmente da pátria.

degringolar ⟨de.grin.go.lar⟩ v.int. **1** Fracassar ou não obter êxito: *O projeto degringolou por falta de verbas.* **2** Tornar-se confuso ou desordenado: *Depois da queda do ministro, a situação política começou a degringolar.*

degustação ⟨de.gus.ta.ção⟩ (pl. *degustações*) s.f. **1** Ato ou efeito de degustar. **2** Ato de provar uma pequena quantidade de alimento ou de bebida por meio do paladar. ▫ SIN. gustação.

degustar ⟨de.gus.tar⟩ v.t.d. Provar ou experimentar com atenção uma pequena quantidade de (um alimento ou uma bebida): *Os clientes foram convidados a degustar vários tipos de queijo.*

deidade ⟨de.i.da.de⟩ s.f. Deus ou ser divino: *uma deidade pagã.* ▫ SIN. divindade.

deitar ⟨dei.tar⟩ ▪ v.t.d./v.t.d.i./v.prnl. **1** Estender(-se) na posição horizontal [em um lugar]: *O pai deitou o filho no berço. Deitou-se para descansar.* ▪ v.int./v.prnl. **2** Dormir ou repousar: *Fui deitar cedo ontem.* ▪ v.t.d./v.prnl. **3** Derrubar(-se) ou fazer cair: *O judoca deitou seu adversário no tatame.* ▪ v.t.d./v.t.d.i. **4** Derramar ou verter (algo) [em um lugar]: *Deitou o leite na vasilha do gato.* ▫ SIN. despejar, entornar.

deixa ⟨dei.xa⟩ s.f. **1** Em uma encenação, aquilo que indica o momento da fala de um ator ou de sua entrada em cena: *O início da música era a deixa para o seu monólogo.* **2** Aquilo que serve de pretexto para uma ação ou para uma reação: *O brinde foi a deixa para que ele se retirasse da reunião.*

deixar ⟨dei.xar⟩ ▪ v.t.d. **1** Abandonar (um lugar ou uma atividade): *Deixou sua cidade para trabalhar na capital. Conseguiu um novo emprego e deixou a empresa.* **2** Permitir, consentir ou autorizar: *Eles deixaram os filhos dormirem fora de casa.* ▪ v.t.d./v.t.d.i. **3** Colocar ou esquecer (um objeto) [em algum lugar]: *Não sei onde deixei as chaves.* ▪ v.t.d.i. **4** Acompanhar ou levar (alguém) [a um lugar]: *Como estava de carro, deixou seu amigo na casa dele.* ▪ v.t.d. **5** Separar-se de (alguém) devido à morte: *O falecido deixa esposa e dois filhos.* ▪ v.t.d.i. **6** Transmitir (algo) como legado ou como consequência da morte [a alguém]: *Deixaram muitos bens à família.* **7** Adiar (uma tarefa ou um compromisso) [para um momento posterior]: *Deixamos a reunião para o dia seguinte.* ▪ v.t.i. **8** Parar ou cessar [de fazer algo ou de ter determinado comportamento]: *Deixe de ser tímida e convide-o para sair!* ▪ v.t.d./v.t.d.i **9** Transferir ou comunicar (algo) [a alguém]: *Ela deixou uma boa imagem na entrevista.* ▪ v.t.d.i. **10** Entregar ou dar provisoriamente (algo que se possui) [a alguém], com a condição de que seja devolvido: *Deixou o livro com o amigo até semana que vem.* **11** Desamparar ou abandonar (algo ou alguém) [em um lugar ou em uma situação ruim]: *Deixaram um filhote de cachorro na praça.* ▪ v.t.d. **12** Provocar (um sentimento ou uma sensação): *Sua partida deixou saudades.* **13** Fazer adquirir um determinado estado ou uma determinada condição: *A notícia a deixou abatida.* ▫ GRAMÁTICA **1.** Na acepção 8, usa-se a construção *deixar de algo*; na acepção 10, *deixar com alguém*. **2.** Na acepção 13, o objeto vem acompanhado de um complemento que o qualifica: *A notícia a deixou abatida.*

dejetar ⟨de.je.tar⟩ v.int. Expelir excrementos. ▫ SIN. defecar.

dejeto ⟨de.je.to⟩ s.m. **1** Conjunto de resíduos alimentares que, após a digestão, o organismo elimina pelo sistema excretor: *Diversos micro-organismos alimentam-se dos dejetos de outros seres vivos.* ▫ SIN. excremento. **2** Sobra ou resíduo, geralmente considerado ao lixo ou ao esgoto: *o tratamento dos dejetos industriais.*

dela ⟨de.la⟩ Contração da preposição *de* com o pronome pessoal *ela*.

delação ⟨de.la.ção⟩ (pl. *delações*) s.f. Ato ou efeito de delatar(-se).

delatar ⟨de.la.tar⟩ v.t.d./v.int./v.prnl. Revelar(-se) ou denunciar(-se) (alguém) como responsável por uma ação, especialmente por ser autor de uma contravenção: *Quando interrogado, o detido delatou os comparsas.* ▫ ORTOGRAFIA É diferente de *dilatar.*

delator, -a ⟨de.la.tor, to.ra⟩ (Pron. [delatôr], [delatôra]) adj./s. Que ou quem delata.

dele ⟨de.le⟩ (Pron. [dêle]) Contração da preposição *de* com o pronome pessoal *ele*.

delegação ⟨de.le.ga.ção⟩ (pl. *delegações*) s.f. **1** Ato ou efeito de delegar: *uma delegação de poderes; uma delegação de competências.* **2** Grupo de pessoas que assume essa atribuição: *O Brasil enviou uma delegação de atletas aos Jogos Olímpicos.*

delegacia ⟨de.le.ga.ci.a⟩ s.f. **1** Cargo de delegado. **2** Lugar em que um delegado trabalha: *Depois do furto, o casal prestou queixa na delegacia.* **3** Área na qual um delegado exerce seu cargo: *Aquelas duas escolas pertencem à mesma delegacia de ensino.*

delegado, da ⟨de.le.ga.do, da⟩ s. **1** Pessoa com autoridade e autonomia para ocupar um cargo ou realizar uma tarefa. ▫ SIN. comissário. **2** Em um distrito policial, autoridade máxima.

delegar ⟨de.le.gar⟩ v.t.d./v.t.d.i. **1** Transferir ou atribuir (uma tarefa ou uma responsabilidade) [a alguém]: *Delegou a entrega dos documentos ao motoboy.* ▪ v.t.d.i. **2** Conferir a (alguém) poder de representação [para determinada atividade ou tarefa]: *O presidente delegou um ministro para representá-lo na conferência.* ▫ ORTOGRAFIA Antes de *e*, o *g* muda para *gu* →CHEGAR.

deleitar ⟨de.lei.tar⟩ v.t.d./v.int./v.prnl. Agradar, causar ou sentir satisfação: *Deleitava-se com a beleza da paisagem.* ▫ SIN. deliciar.

deleite ⟨de.lei.te⟩ s.m. Prazer intenso ou satisfação dos sentidos: *Para deleite da plateia, o cantor voltou para o bis.*

deletar ⟨de.le.tar⟩ v.t.d. Remover ou excluir (um dado ou um conjunto de dados): *Por engano, acabei deletando o arquivo errado.*

deletério, ria ⟨de.le.té.rio, ria⟩ adj. Nocivo ou que corrompe.

delfim ⟨del.fim⟩ (pl. *delfins*) s.m. Mamífero aquático de dorso preto, laterais acinzentadas, ventre esbranquiçado, olhos pequenos, narina no alto da cabeça, e focinho e boca alongados. ❏ SIN. golfinho. ❏ GRAMÁTICA É um substantivo epiceno: *o delfim (macho/fêmea)*.

delgado, da ⟨del.ga.do, da⟩ adj. **1** Magro ou esbelto. **2** Fino ou de pouca grossura.

deliberação ⟨de.li.be.ra.ção⟩ (pl. *deliberações*) s.f. Ato ou efeito de deliberar(-se): *A proposta de aumento de salário ainda está em deliberação. A deliberação do júri foi favorável ao réu*.

deliberar ⟨de.li.be.rar⟩ ▌v.t.i./v.int. **1** Refletir ou meditar [sobre um tema] antes de tomar uma decisão, considerando com atenção os prós e os contras: *A assembleia está deliberando sobre a diminuição dos impostos*. ▌v.t.d./v.prnl. **2** Decidir(-se) mediante análise ou consulta: *Deliberou permanecer na cidade*.

deliberativo, va ⟨de.li.be.ra.ti.vo, va⟩ adj. Da deliberação ou relacionado a ela.

delicadeza ⟨de.li.ca.de.za⟩ (Pron. [delicadêza]) s.f. **1** Fragilidade ou suscetibilidade: *a delicadeza de um recém-nascido*. **2** Leveza ou pouca intensidade: *a delicadeza de um tempero*. **3** Simplicidade ou sutileza: *a delicadeza de um olhar*. **4** Amabilidade e atenção na forma de tratar as pessoas: *Atendeu a todos os convidados com delicadeza*. ❏ SIN. fineza, finura. **5** Dificuldade ou sujeição a contingências e imprevistos: *a delicadeza de uma situação*.

delicado, da ⟨de.li.ca.do, da⟩ adj. **1** Que apresenta fragilidade ou suscetibilidade. **2** Fácil de se quebrar: *uma louça delicada*. **3** Leve ou pouco intenso: *um sabor delicado*. **4** Simples ou sutil: *mãos delicadas*. **5** Amável ou atencioso na forma de tratar as pessoas: *um gesto delicado*. **6** Com características tradicionalmente consideradas femininas. ❏ SIN. efeminado, fresco. **7** Difícil ou sujeito a contingências e imprevistos.

delícia ⟨de.lí.cia⟩ s.f. Aquilo que é muito agradável ou prazeroso: *Este bolo é uma delícia! A piscina estava uma delícia*.

deliciar ⟨de.li.ci.ar⟩ v.t.d./v.prnl. Agradar, causar ou sentir satisfação: *O show deliciou a plateia. Deliciaram-se com a ceia de natal*. ❏ SIN. deleitar.

delicioso, sa ⟨de.li.ci.o.so, sa⟩ (Pron. [delicioso], [deliciósa], [deliciósos], [deliciósas]) adj. Muito agradável ou que provoca delícia ou prazer.

delimitação ⟨de.li.mi.ta.ção⟩ (pl. *delimitações*) s.f. Ato ou efeito de delimitar. ❏ SIN. demarcação.

delimitar ⟨de.li.mi.tar⟩ v.t.d. Determinar ou fixar limites com precisão: *delimitar um tema; delimitar um terreno*. ❏ SIN. demarcar.

delinear ⟨de.li.ne.ar⟩ v.t.d. Conceber ou realizar o esboço de (uma ideia ou um projeto): *delinear um plano*. ❏ ORTOGRAFIA O *e* muda para *ei* quando a sílaba tônica estiver na raiz do verbo →NOMEAR.

delinquência ⟨de.lin.quên.cia⟩ (Pron. [delinqüência]) s.f. **1** Ato ou efeito de delinquir. **2** Desobediência a leis, regulamentos ou normas: *Criaram programas para combater a delinquência entre os jovens*.

delinquente ⟨de.lin.quen.te⟩ (Pron. [delinqüente]) adj.2g./s.2g. Que ou quem comete delitos.

delinquir ⟨de.lin.quir⟩ (Pron. [delinqüir]) v.t.i./v.int. Cometer um delito [contra algo ou alguém]. ❏ GRAMÁTICA É um verbo defectivo, pois não apresenta conjugação completa →BANIR.

delirante ⟨de.li.ran.te⟩ adj.2g. **1** Que delira. **2** Próprio do delírio. **3** Extraordinário ou surpreendente.

demarcar

delirar ⟨de.li.rar⟩ v.int. **1** Dizer loucuras ou perder a razão, geralmente por causa de uma doença. **2** Exaltar-se ou sair de si: *A plateia delirou com o brilhante espetáculo*. **3** *informal* Fazer ou dizer algo tolo ou estúpido: *Se você acha que vou fazer seu trabalho, está delirando!*

delírio ⟨de.lí.rio⟩ s.m. **1** Loucura ou perda da razão, geralmente causadas por velhice ou por uma doença: *A febre alta provocou-lhe suor excessivo e delírios*. **2** Exaltação ou entusiasmo: *A vitória causou o delírio da torcida*. **3** Aquilo que é tolo ou estúpido: *Acreditar que ficará rico tão facilmente não passa de um delírio seu*.

delito ⟨de.li.to⟩ s.m. Em direito, ação ilegal ou não cumprimento da lei penal: *No Brasil, o racismo é um delito inafiançável*. ❏ SIN. crime.

delituoso, sa ⟨de.li.tu.o.so, sa⟩ (Pron. [delituôso], [delituósa], [delituósos], [delituósas]) adj. Que consiste em delito.

delmirense ⟨del.mi.ren.se⟩ adj.2g./s.2g. De Delmiro Gouveia ou relacionado a essa cidade do estado brasileiro de Alagoas.

delonga ⟨de.lon.ga⟩ s.f. Demora ou atraso na realização de uma ação: *Decidiram iniciar as obras da construção, sem maiores delongas*. ❏ SIN. prolação.

delta ⟨del.ta⟩ s.m. **1** Quarta letra do alfabeto grego. **2** Na foz de um rio, área de terra compreendida entre os seus braços e em que há acúmulo de sedimentos: *O delta do rio Parnaíba é o único situado em mar aberto em todo o continente americano*.

demagogia ⟨de.ma.go.gi.a⟩ s.f. Utilização das estratégias necessárias para captar ou para manipular o apoio popular: *As promessas do candidato não passavam de demagogia*.

demagógico, ca ⟨de.ma.gó.gi.co, ca⟩ adj. Da demagogia ou relacionado a ela.

demagogo, ga ⟨de.ma.go.go, ga⟩ (Pron. [demagôgo]) adj./s. Que ou quem é partidário da demagogia.

demais ⟨de.mais⟩ ▌pron.indef. **1** Indica os elementos restantes de uma série ou de uma parte não mencionada de um todo: *Os demais virão de carro*. ▌adv. **2** Muito, intensamente ou em excesso: *Este sorvete é bom demais!* **3** Além disso ou além do mais: *Não quero sair esta noite e, demais, acho que vai chover*. ❏ SIN. ademais.
‖ **por demais** Muito, intensamente ou em excesso: *Ele tem trabalhado por demais*.

demanda ⟨de.man.da⟩ s.f. **1** Em economia, quantidade de mercadorias ou conjunto de serviços que uma coletividade solicita ou que está disposta a comprar: *A demanda por certos artigos costuma aumentar com a chegada do Natal*. ❏ SIN. procura. **2** Necessidade, precisão ou carência: *Devido à saúde frágil, tinha demanda de cuidados especiais*. **3** Em direito, ação judicial que se move contra alguém.

demandar ⟨de.man.dar⟩ ▌v.t.d **1** Exigir, requerer ou precisar de (algo necessário ou útil): *É um problema que demanda raciocínio lógico*. ▌v.t.d./v.int. **2** Mover uma ação judicial contra ou processar (alguém ou alguma instituição).

demão ⟨de.mão⟩ (pl. *demãos*) s.f. Camada de pintura ou de outra substância, que se espalha em uma superfície: *O pintor terá que dar outra demão na parede*. ❏ SIN. mão.

demarcação ⟨de.mar.ca.ção⟩ (pl. *demarcações*) s.f. Ato ou efeito de demarcar. ❏ SIN. delimitação.

demarcar ⟨de.mar.car⟩ v.t.d. **1** Fixar os limites de (um território), geralmente com marcações ou com estacas: *demarcar uma área*. ❏ SIN. marcar. **2** Determinar ou fixar limites com precisão: *demarcar um assunto*. ❏ SIN. delimitar. **3** Caracterizar ou determinar a natureza: *Na Constituição, demarcam-se as obrigações do Governo*. ❏ ORTOGRAFIA Antes de *e*, o *c* muda para *qu* →BRINCAR.

demasia

demasia ⟨de.ma.si.a⟩ s.f. Exagero ou excesso: *A demasia de recursos atravanca o sistema judicial brasileiro*. ‖ **em demasia** Muito ou de forma exagerada: *Treinar em demasia pode provocar contusões*.

demasiado, da ⟨de.ma.si.a.do, da⟩ adj. Que excede ou que vai além do que se considera razoável. □ SIN. exagerado, excessivo.

demência ⟨de.mên.cia⟩ s.f. **1** Loucura ou transtorno mental. **2** Em medicina, estado caracterizado pela debilidade das faculdades mentais, geralmente de caráter progressivo e irreversível.

demente ⟨de.men.te⟩ adj.2g./s.2g. **1** Que ou quem sofre de demência. **2** *informal pejorativo* Insensato ou inconsequente.

demérito, ta ⟨de.mé.ri.to, ta⟩ ▌ adj. **1** Sem mérito ou sem valor: *um profissional demérito*. ▌ s.m. **2** Falta de mérito ou de valor: *Ser humilde não é demérito para ninguém*. □ SIN. desmerecimento.

demissão ⟨de.mis.são⟩ (pl. *demissões*) s.f. Afastamento de uma pessoa de seu emprego: *As ausências injustificadas provocaram sua demissão*. □ SIN. dispensa.

demissionário, ria ⟨de.mis.si.o.ná.rio, ria⟩ adj./s. Que ou quem pediu demissão ou foi demitido.

demitir ⟨de.mi.tir⟩ v.t.d./v.t.d.i./v.prnl. Afastar(-se) ou privar(-se) (alguém) [de sua ocupação ou de seu emprego]: *Por causa da crise, a empresa teve que demitir vários funcionários*. □ SIN. desempregar, despedir, dispensar.

demo ⟨de.mo⟩ (Pron. [dêmo]) ▌ adj.2g.2n./s.2g. **1** Em relação a um material audiovisual ou de informática, que é produzido para demonstração ou divulgação: *um CD demo; fitas demo*. ▌ s.m. **2** *informal* Demônio.

democracia ⟨de.mo.cra.ci.a⟩ s.f. **1** Sistema de governo no qual a autoridade emana do povo e é exercida por ele geralmente por meio de eleições: *No Brasil, a democracia sucedeu à ditadura*. **2** Doutrina que defende essa forma de governo: *A democracia é caracterizada pela participação do povo*.

democrata ⟨de.mo.cra.ta⟩ adj.2g/s.2g. Partidário ou defensor da democracia.

democrático, ca ⟨de.mo.crá.ti.co, ca⟩ adj. **1** Da democracia ou relacionado a essa forma de governo. **2** Que possui um caráter participativo: *uma decisão democrática*.

democratizar ⟨de.mo.cra.ti.zar⟩ v.t.d./v.prnl. **1** Tornar(-se) democrático: *A partir de 1985, as mudanças políticas democratizaram o Brasil*. **2** Tornar(-se) acessível: *Com bolsas de estudo, o Governo pretende democratizar o Ensino Superior*.

demografia ⟨de.mo.gra.fi.a⟩ s.f. Estudo quantitativo das populações humanas, de acordo com suas características em um determinado momento.

demográfico, ca ⟨de.mo.grá.fi.co, ca⟩ adj. Da demografia ou relacionado a ela.

demolição ⟨de.mo.li.ção⟩ (pl. *demolições*) s.f. Ato ou efeito de demolir: *a demolição de um prédio*.

demolidor, -a ⟨de.mo.li.dor, do.ra⟩ (Pron. [demolidôr], [demolidôra]) adj. Que demole: *uma empresa demolidora; uma crítica demolidora*.

demolir ⟨de.mo.lir⟩ v.t.d. Destruir ou derrubar, geralmente uma construção: *demolir uma casa*. □ GRAMÁTICA É um verbo defectivo, pois não apresenta conjugação completa →BANIR.

demoníaco, ca ⟨de.mo.ní.a.co, ca⟩ adj. **1** Do demônio ou relacionado a ele. □ SIN. diabólico. **2** *informal* Muito mau ou muito cruel.

demônio ⟨de.mô.nio⟩ s.m. **1** Em algumas religiões, espírito maligno que se opõe a Deus. □ SIN. diabo. **2** Pessoa perversa ou de má índole. □ SIN. diabo. **3** Criança muito travessa ou inquieta. □ SIN. diabo.

demonstração ⟨de.mons.tra.ção⟩ (pl. *demonstrações*) s.f. **1** Exibição ou apresentação de algo: *Durante a feira, assistimos à demonstração de novos produtos*. **2** Comprovação por meio de um raciocínio ou de um procedimento: *A professora fez a demonstração da fórmula matemática*. **3** Revelação ou manifestação: *Ofereceu um presente como demonstração de carinho*. □ ORTOGRAFIA Escreve-se também *demostração*.

demonstrar ⟨de.mons.trar⟩ v.t.d./v.t.d.i. **1** Expressar ou manifestar (uma vontade ou um sentimento) [a alguém]: *Durante a homenagem, os formandos demonstraram gratidão aos mestres*. **2** Comprovar (algo) por meio de um raciocínio ou de um procedimento [a alguém]: *Isaac Newton demonstrou, no século XVII, que a luz do Sol, ao passar por um prisma, se decompõe em luzes de diferentes cores*. **3** Revelar ou tornar evidente (uma habilidade ou qualidade desconhecidas) [a alguém]: *Na pista, demonstrou suas habilidades de dançarina*. □ ORTOGRAFIA Escreve-se também *demostrar*.

demonstrativo, va ⟨de.mons.tra.ti.vo, va⟩ ▌ adj. **1** Que demonstra: *Maiores informações estão no folheto demonstrativo*. ▌ s.m. **2** Documento ou recibo que confirmam um fato ou um dado ou a presença deles: *um demonstrativo de compra*. □ SIN. comprovante. **3** →*pronome demonstrativo*

demora ⟨de.mo.ra⟩ s.f. **1** Atraso na realização ou no cumprimento de algo: *A transportadora desculpou-se pela demora na entrega das mercadorias*. **2** Duração ou permanência exageradas: *Sua demora no banho inquietou a mãe*.

demorado, da ⟨de.mo.ra.do, da⟩ adj. Que consome bastante tempo: *um processo demorado*.

demorar ⟨de.mo.rar⟩ ▌ v.t.d./v.t.i./v.prnl. **1** Tardar (o desenvolvimento de algo) ou tornar(-se) mais demorado [em uma ação ou um lugar]: *A diretoria está demorando a resposta à sua proposta. Demorou-se na casa do colega*. ▌ v.int. **2** Tardar a acontecer: *Nossa mudança de endereço ainda vai demorar*. ▌ v.t.i./v.prnl. **3** Permanecer por muito tempo ou além do esperado [em um lugar]: *Demorou-se na fila do banco*.

demostração ⟨de.mos.tra.ção⟩ (pl. *demostrações*) s.f. →demonstração

demostrar ⟨de.mos.trar⟩ v.t.d./v.t.d.i. →demonstrar

demover ⟨de.mo.ver⟩ ▌ v.t.d./v.t.d.i. **1** Fazer (alguém) desistir [de uma opinião ou ideia], usando razões ou argumentos: *Conseguiu demover o amigo daquela decisão precipitada*. □ SIN. dissuadir. ▌ v.t.d./v.prnl. **2** Mudar(-se) de lugar ou de posição: *A caixa era tão pesada que não conseguiram demovê-la*. □ SIN. mover, movimentar.

dendê ⟨den.dê⟩ s.m. **1** Palmeira de grande porte, com folhas largas e compridas em formato de pena, flores amareladas dispostas em espigas, e cujo fruto, oval e alaranjado, tem uma amêndoa da qual se extrai um azeite muito usado na culinária baiana. □ SIN. dendezeiro. **2** Esse fruto. □ ORIGEM É uma palavra de origem africana.

dendezeiro ⟨den.de.zei.ro⟩ s.m. Palmeira de grande porte, com folhas largas e compridas em formato de pena, flores amareladas dispostas em espigas, e cujo fruto é o dendê. □ SIN. dendê.

denegar ⟨de.ne.gar⟩ v.t.d. *formal* Negar. □ ORTOGRAFIA Antes de *e*, o *g* muda para *gu* →CHEGAR.

denegrir ⟨de.ne.grir⟩ v.t.d./v.prnl. **1** Desacreditar ou desvalorizar(-se) (a reputação de alguém): *Os escândalos acabaram denegrindo sua imagem*. **2** Tornar(-se) escuro ou preto. □ SIN. enegrecer, pretejar. □ GRAMÁTICA É um verbo irregular →PROGREDIR.

dentina

dengo ⟨den.go⟩ s.m. *informal* Manha ou lamento com os quais se pretende chamar a atenção ou conseguir algo: *A garotinha vivia fazendo dengo para ganhar o que queria.* ☐ ORTOGRAFIA Escreve-se também *dengue*.

dengoso, sa ⟨den.go.so, sa⟩ (Pron. [dengôso], [dengósa], [dengôsos], [dengôsas]) adj./s. Com manha ou lamento para chamar a atenção ou para conseguir algo.

dengue ⟨den.gue⟩ s. **1** Doença transmitida pela picada do mosquito *Aedes aegypti*, e que provoca febre, dores no corpo e sangramentos. **2** *informal* →**dengo** ☐ GRAMÁTICA É uma palavra usada tanto como substantivo masculino quanto como substantivo feminino: *o dengue, a dengue*.

denominação ⟨de.no.mi.na.ção⟩ (pl. *denominações*) s.f. **1** Ato ou efeito de denominar(-se): *Geralmente os cientistas são responsáveis pela denominação das espécies que descobrem.* **2** Nome ou expressão que servem para identificar: *A denominação de diversos produtos alimentícios europeus é regulada por agências governamentais.*

denominador, -a ⟨de.no.mi.na.dor, do.ra⟩ (Pron. [denominadôr], [denominadôra]) ▌ adj./s. **1** Que ou quem denomina. ▌ s.m. **2** Em uma fração matemática, termo que indica o número de partes iguais nas quais se divide o numerador. ‖ **denominador comum 1** Em um conjunto de frações, número que é múltiplo de todos os seus denominadores. **2** Opinião, ponto de vista ou elemento nos quais há uma concordância: *Um dos denominadores comuns entre países ricos é seu alto grau de desenvolvimento tecnológico.*

denominar ⟨de.no.mi.nar⟩ ▌ v.t.d. **1** Atribuir um nome ou uma expressão que serve para identificar: *Alberto Santos-Dumont foi denominado o pai da aviação.* ▌ v.prnl. **2** Considerar-se ou julgar-se: *Denominava-se um grande mágico, mas só fazia truques simples.* ☐ GRAMÁTICA Na acepção 1, o objeto pode vir acompanhado de um complemento que o qualifica: *Alberto Santos-Dumont foi denominado o pai da aviação*. Na acepção 2, o objeto vem acompanhado de um complemento que o qualifica: *Denominava-se um grande mágico, mas só fazia truques simples*.

denotação ⟨de.no.ta.ção⟩ (pl. *denotações*) s.f. Em linguística, significação básica e sem traços subjetivos de uma palavra ou de uma unidade léxica. ☐ USO É diferente de *conotação* (significação secundária e subjetiva que uma palavra ou que uma unidade léxica têm por associação).

denotar ⟨de.no.tar⟩ v.t.d. **1** Significar ou indicar: *O crescimento da empresa denota seu bom funcionamento.* **2** Em linguística, em relação a uma palavra, representar (um significado básico e sem traços subjetivos): *A palavra coração denota um órgão do corpo e conota amor.* ☐ USO Na acepção 2, é diferente de *conotar* (representar um significado secundário e subjetivo).

densidade ⟨den.si.da.de⟩ s.f. **1** Condição do que é denso: *A densidade da neblina o impedia de dirigir.* **2** Em física, relação entre a massa e o volume de uma substância ou de um corpo: *Certas substâncias, como o mel, têm maior densidade que a água.*

denso, sa ⟨den.so, sa⟩ adj. **1** Espesso ou formado por elementos muito concentrados. **2** De conteúdo profundo ou complexo: *um texto denso.*

dentada ⟨den.ta.da⟩ s.f. **1** Pressão feita sobre algo, cravando-lhe os dentes. ☐ SIN. mordedura, mordida. **2** Ferimento ou marca dos dentes que ficam após essa pressão. ☐ SIN. mordedura, mordida.

dentado, da ⟨den.ta.do, da⟩ adj. Com forma de dentes.

dentadura ⟨den.ta.du.ra⟩ s.f. Prótese que substitui a sequência de dentes naturais de uma ou das duas arcadas.

dental ⟨den.tal⟩ (pl. *dentais*) ▌ adj.2g. **1** Dos dentes ou relacionado a eles. ☐ SIN. dentário. ▌ adj.2g. **2** Em linguística, em relação a um som consonantal, que se articula aproximando a língua da parte interior dos dentes incisivos superiores.

dentário, ria ⟨den.tá.rio, ria⟩ adj. **1** Dos dentes ou relacionado a eles. ☐ SIN. dental. **2** Da odontologia ou relacionado a ela. ☐ SIN. odontológico.

dente ⟨den.te⟩ s.m. **1** Em uma pessoa e em alguns animais, cada uma das peças duras e brancas que, encaixadas na mandíbula e na maxila, servem para mastigar ou defender-se: *O ser humano adulto tem 32 dentes.* **2** Em uma superfície, especialmente na de alguns instrumentos ou de algumas ferramentas, cada uma das saliências que aparecem em sua borda: *os dentes de um serrote*. ‖ **(dente) canino** Cada um daqueles que estão situados entre o último incisivo e o primeiro molar, que são fortes e pontiagudos, e cuja função é rasgar os alimentos. ‖ **(dente {de/do}) siso** Cada um daqueles que nascem na idade adulta em cada extremidade da mandíbula. ‖ **dente de leite** Em uma pessoa e nos animais que mudam de dentição ao alcançar certa idade, cada um daqueles que se formam na primeira dentição. ‖ **(dente) incisivo** Cada um daqueles que estão situados na parte mais saliente da mandíbula e que servem para cortar. ‖ **(dente) molar** Cada um daqueles que estão situados na parte posterior da boca depois dos pré-molares, mais largos que estes e cuja função é triturar. ‖ **(dente) pré-molar** Cada um daqueles, de leite ou definitivos, situados depois dos caninos, e cuja raiz é mais simples que a dos outros molares.

dentição ⟨den.ti.ção⟩ (pl. *dentições*) s.f. **1** Formação e nascimento dos dentes. **2** Conjunto dos dentes.

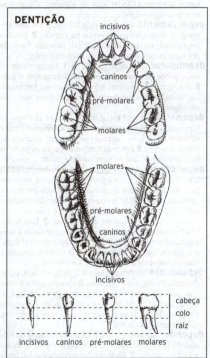

dentina ⟨den.ti.na⟩ s.f. Camada de substância óssea coberta por esmalte que, com a polpa, forma os dentes dos vertebrados.

dentista

dentista ⟨den.tis.ta⟩ s.2g. Pessoa que se dedica profissionalmente ao cuidado da dentição e ao tratamento de doenças associadas a ela.

dentre ⟨den.tre⟩ Contração da preposição *de* com a preposição *entre*.

dentro ⟨den.tro⟩ adv. Na parte interior. ‖ **dentro de** Seguido de uma expressão que indica tempo, durante o transcurso ou uma vez terminado esse período: *Dentro de uma semana, viajaremos.* ‖ **{estar/ficar} por dentro** *informal* Saber ou estar informado.

dentuço, ça ⟨den.tu.ço, ça⟩ adj./s. *informal pejorativo* Que ou quem tem os dentes exageradamente grandes.

denúncia ⟨de.nún.cia⟩ s.f. **1** Em direito, comunicação ou aviso feitos a uma autoridade judicial ou policial de que alguém cometeu uma falta ou um delito: *A polícia recebeu centenas de denúncias sobre os assaltos na região.* **2** Comunicação pública de uma ilegalidade ou de algo que se considera injusto ou intolerável: *Essa reportagem é uma denúncia alarmante sobre os crimes praticados contra a natureza.*

denunciar ⟨de.nun.ci.ar⟩ ▪ v.t.d./v.t.d.i./v.prnl. **1** Dar parte de (uma falta ou um delito) [a uma autoridade] ou acusar-se: *Denunciou o roubo à polícia.* ▪ v.t.d./v.t.d.i. **2** Tornar público ou propagar (uma ilegalidade ou algo que se considera injusto ou intolerável) [a alguém]: *Os jornais denunciaram o caso.* ▪ v.t.d./v.prnl. **3** Tornar(-se) conhecido ou expor à vista: *A falta de investimentos denuncia o descaso das autoridades.*

deparar ⟨de.pa.rar⟩ v.t.d./v.t.i./v.prnl. Encontrar(-se) de forma inesperada [com algo ou alguém]: *Deparou-se com os amigos na festa.*

departamento ⟨de.par.ta.men.to⟩ s.m. **1** Em uma empresa ou instituição, parte, seção ou divisão. **2** Em uma universidade, unidade de ensino e de pesquisa formada por uma ou por várias áreas do conhecimento.

depauperar ⟨de.pau.pe.rar⟩ ▪ v.t.d. **1** Tornar pobre ou mais pobre: *O embargo comercial depauperou o país.* ▪ v.t.d./v.prnl. **2** Debilitar(-se) ou esgotar(-se) fisicamente: *Buscou tratamento depois de se depauperar com o uso de drogas.*

depenar ⟨de.pe.nar⟩ ▪ v.t.d./v.prnl. **1** Tirar as penas de (uma ave) ou perder as penas. ▪ v.t.d. **2** *informal* Tirar o dinheiro ou os bens materiais de (alguém): *O agiota depenou o cliente.* **3** *informal* Roubar as peças ou parte de (um veículo): *Os ladrões depenaram o carro.*

dependência ⟨de.pen.dên.cia⟩ s.f. **1** Subordinação a uma pessoa ou a uma autoridade: *Trabalha para não ficar na dependência da família.* **2** Em uma construção, cada uma das habitações ou dos cômodos destinados a um uso determinado: *O quarto, a sala e o banheiro são algumas das dependências de uma casa.* **3** Subordinação física ou psíquica de uma pessoa e que a leva a fazer uso constante de drogas ou de entorpecentes: *O álcool e o cigarro causam dependência.* ▫ USO Na acepção 2, usa-se geralmente a forma plural *dependências*.

dependente ⟨de.pen.den.te⟩ adj.2g./s.2g. **1** Que ou quem depende de algo ou de alguém. **2** Que ou quem é mantido com os recursos materiais de alguém. **3** Que ou quem tem dependência física ou psíquica de alguma droga ou de algum entorpecente, ocasionada pelo consumo constante destes.

depender ⟨de.pen.der⟩ v.t.i. **1** Estar subordinado ou submetido [a uma pessoa ou a uma autoridade]: *A decisão não depende dele.* **2** Estar condicionado [a algo]: *O andamento do projeto depende de novos investimentos.* ▫ GRAMÁTICA Usa-se a construção *depender DE (algo/alguém)*.

dependurar ⟨de.pen.du.rar⟩ v.t.d./v.t.d.i./v.prnl. Pendurar(-se) ou deixar suspenso [em algo ou em algum lugar]: *Para a quermesse, dependuraram enfeites coloridos na cerca.*

depilar ⟨de.pi.lar⟩ v.t.d./v.prnl. Retirar os pelos de (uma parte do corpo) ou pelar-se: *Depila as pernas com cera quente.*

depilatório, ria ⟨de.pi.la.tó.rio, ria⟩ adj./s.m. Que serve para depilar.

deplorar ⟨de.plo.rar⟩ v.t.d./v.prnl. Lastimar(-se), lamentar(-se) ou manifestar sofrimento por (algo): *O Prefeito deplorou aqueles atos de vandalismo.*

deplorável ⟨de.plo.rá.vel⟩ (pl. *deploráveis*) adj.2g. Que é lamentável, abominável ou detestável.

depoente ⟨de.po.en.te⟩ adj.2g./s.2g. Que ou quem declara, perante um juiz ou outra autoridade, aquilo que sabe a respeito do que lhe é perguntado, geralmente nas condições de testemunha ou de réu.

depoimento ⟨de.poi.men.to⟩ s.m. **1** Ato ou efeito de depor. **2** Declaração que uma testemunha ou um réu fazem perante um juiz ou outra autoridade a respeito daquilo que lhes é perguntado: *A polícia intimou os moradores a prestar depoimento.*

depois ⟨de.pois⟩ adv. **1** Em um lugar ou em um tempo posteriores: *Depois das refeições, sempre escova os dentes.* **2** Além disso: *Estuda e, depois, ainda pratica esportes.*

depor ⟨de.por⟩ ▪ v.t.d. **1** Deixar, largar ou abandonar: *O exército inimigo depôs as armas.* ▪ v.t.d./v.int. **2** Em relação a uma testemunha ou um réu, declarar perante um juiz ou outra autoridade (aquilo que se sabe a respeito de um caso): *As testemunhas estão aqui para depor.* ▪ v.t.d./v.t.d.i. **3** Destituir (alguém) [de uma função ou de um cargo]: *Depuseram o ditador.* ▪ v.prnl. **4** Acumular-se ou ir para o fundo: *As partículas sólidas se depuseram no fundo da bacia.* ▫ GRAMÁTICA É um verbo irregular →PÔR.

deportação ⟨de.por.ta.ção⟩ (pl. *deportações*) s.f. Ato ou efeito de deportar.

deportar ⟨de.por.tar⟩ v.t.d. Expulsar do país por razões políticas ou como punição: *Na Segunda Guerra Mundial, muitos judeus foram deportados para campos de concentração.*

deposição ⟨de.po.si.ção⟩ (pl. *deposições*) s.f. Ato ou efeito de depor(-se): *a deposição de um ministro.*

depositar ⟨de.po.si.tar⟩ ▪ v.t.d.i. **1** Colocar (algo) [em um determinado lugar]: *Depositem os cupons nas urnas.* **2** Deixar (algo de valor) [aos cuidados de uma pessoa ou de uma instituição]: *Ela deposita todo o dinheiro no banco.* **3** Dedicar ou confiar (um sentimento) [a alguém]: *O pai depositou suas esperanças na filha.* ▪ v.prnl. **4** Sedimentar-se ou ir para o fundo (uma matéria suspensa em um líquido): *No processo de decantação, a areia deposita-se no recipiente.*

depósito ⟨de.pó.si.to⟩ s.m. **1** Ato ou efeito de depositar: *É proibido o depósito de lixo neste terreno.* **2** Aquilo que se deposita: *O depósito ainda não caiu na conta de destino.* **3** Lugar onde se deposita algo: *um depósito de mercadorias.* **4** Matéria anteriormente suspensa em um líquido e que se acumulou em seu fundo: *Havia um depósito de cascalho no lago.* ‖ **depósito (bancário)** Quantia de dinheiro que se coloca em uma conta bancária.

depravação ⟨de.pra.va.ção⟩ (pl. *depravações*) s.f. Ato ou efeito de depravar(-se).

depravar ⟨de.pra.var⟩ v.t.d./v.prnl. Fazer adquirir ou adquirir comportamentos negativos, especialmente se forem de caráter sexual. ▫ SIN. corromper.

depreciação ⟨de.pre.ci.a.ção⟩ (pl. *depreciações*) s.f. Ato ou efeito de depreciar(-se): *a depreciação de um imóvel; a depreciação de uma moeda.* ▫ SIN. desvalorização.

depreciar ⟨de.pre.ci.ar⟩ v.t.d./v.prnl. **1** Diminuir o valor ou o preço de (algo valorizado) ou desvalorizar-se: *Este carro depreciou-se com o passar dos anos.* **2** Menosprezar(-se), desdenhar(-se) ou julgar(-se) inferior: *Com suas críticas, depreciou meu trabalho.*

depreciativo, va ⟨de.pre.ci.a.ti.vo, va⟩ adj. Em que há depreciação.

depredação ⟨de.pre.da.ção⟩ (pl. *depredações*) s.f. Ato ou efeito de depredar: *A prefeitura lançou uma campanha contra a depredação de monumentos públicos. Durante a depredação do museu, foram levados alguns quadros.*

depredar ⟨de.pre.dar⟩ ▮ v.t.d. **1** Devastar ou destruir: *Os vândalos depredaram as estações de metrô.* ▮ v.t.d./v.t.d.i. **2** Saquear ou roubar (algo) de forma violenta e destruidora [de alguém ou de um lugar]: *Os assaltantes depredaram a loja.*

depreender ⟨de.pre.en.der⟩ v.t.d./v.t.d.i. Alcançar ou extrair (uma conclusão ou um resultado) por meio de um raciocínio dedutivo [de um acontecimento, pensamento ou processo]: *Observador, depreendeu que havia algo errado acontecendo.* ☐ SIN. deduzir, inferir.

depressa ⟨de.pres.sa⟩ adv. Com muita velocidade. ☐ SIN. rápido.

depressão ⟨de.pres.são⟩ (pl. *depressões*) s.f. **1** Estado psíquico caracterizado por tristeza profunda, perda de interesse e diminuição da atividade do organismo: *Uma pessoa em depressão deve procurar ajuda médica.* **2** Afundamento de uma superfície: *O movimento das placas tectônicas causou uma depressão na região.* **3** Em uma superfície, especialmente em um terreno, concavidade ou parte mais baixa causada por esse afundamento: *O relevo da região é acidentado, com muitas depressões e elevações de terreno.* **4** Período em que há pouca atividade econômica, caracterizada por desemprego em massa e diminuição dos investimentos: *a grande depressão de 1929.* **5** Queda ou empobrecimento de algo: *uma depressão no comércio.*

depressivo, va ⟨de.pres.si.vo, va⟩ ▮ adj. **1** Que deprime ou que causa depressão. ▮ adj./s. **2** Que ou quem tem tendência à depressão.

deprimido, da ⟨de.pri.mi.do, da⟩ adj. Que sofre de depressão ou de tristeza profunda e falta de interesse.

deprimir ⟨de.pri.mir⟩ ▮ v.t.d./v.prnl. **1** Causar ou sentir tristeza profunda e perda de interesse: *A chuva me deprime.* ▮ v.t.d. **2** Causar depressão em (um terreno).

depurar ⟨de.pu.rar⟩ ▮ v.t.d./v.t.d.i./v.prnl. **1** Limpar, purificar(-se) ou livrar(-se) (uma substância) [de impurezas]: *Compramos um filtro para depurar a água.* ▮ v.t.d./v.prnl. **2** Aperfeiçoar(-se) ou tornar(-se) (um estilo ou uma linguagem, especialmente mais eruditos): *Com o tempo, essa autora foi depurando seu estilo.*

depurativo, va ⟨de.pu.ra.ti.vo, va⟩ adj./s.m. Que depura ou que purifica um líquido do organismo, especialmente o sangue.

deputado, da ⟨de.pu.ta.do, da⟩ s. **1** Pessoa eleita como representante na câmara legislativa para um mandato com tempo determinado, de âmbito nacional ou estadual: *O mandato dos deputados federais é de quatro anos.* **2** Pessoa que recebe de outra poder para representá-la: *Um deputado enviado pela embaixada participou da negociação.*

deriva ⟨de.ri.va⟩ s.f. Desvio do rumo. ‖ **à deriva 1** Em relação a uma embarcação, à mercê da correnteza ou do vento, ou sob o domínio deles. **2** Sem rumo ou sem propósito.

derivação ⟨de.ri.va.ção⟩ (pl. *derivações*) s.f. **1** Em linguística, formação de uma palavra a partir de outra ou de uma raiz. **2** Proveniência ou origem de uma coisa a partir de outra.

derivado, da ⟨de.ri.va.do, da⟩ adj./s.m. **1** Em relação a um produto, que vem ou que se origina de outro: *O queijo, a manteiga e o iogurte são derivados do leite.* **2** Em linguística, em relação a uma palavra, que é formada por derivação: *Dormitório, dormente e dormitar são palavras derivadas da raiz dorm-.*

derivar ⟨de.ri.var⟩ ▮ v.t.i./v.prnl. **1** Originar-se ou ser proveniente [de uma coisa ou de parte dela]: *O chocolate deriva do cacau.* **2** Em linguística, em relação a uma palavra, formar-se [a partir de outra ou de uma raiz]: *A palavra amoroso deriva de amor.* ▮ v.t.i./v.t.d.i. **3** Desviar-se [para outro sentido] ou mudar (algo) [para uma nova direção]: *A conversa derivou para uma discussão política.* ☐ GRAMÁTICA Nas acepções 1 e 2, usa-se a construção *derivar(-se)* DE *algo*.

dermatite ⟨der.ma.ti.te⟩ s.f. Inflamação da pele.

dermatologia ⟨der.ma.to.lo.gi.a⟩ s.f. Ramo da medicina que se ocupa da pele e das doenças relacionadas a ela.

dermatológico, ca ⟨der.ma.to.ló.gi.co, ca⟩ adj. Da dermatologia ou relacionado a esse ramo da medicina.

dermatose ⟨der.ma.to.se⟩ s.f. Doença da pele que se caracteriza pela aparição de crostas, manchas, grãos ou outras erupções.

derme ⟨der.me⟩ s.f. Camada intermediária da pele, situada entre a epiderme e a hipoderme.

derradeiro, ra ⟨der.ra.dei.ro, ra⟩ adj. **1** Mais recente no tempo. ☐ SIN. último. **2** Último de uma sequência: *Sua derradeira obra foi a mais apreciada pela crítica.*

derrama ⟨der.ra.ma⟩ s.f. No período colonial brasileiro, imposto ou quantia de dinheiro paga pelos mineradores à corte portuguesa.

derramamento ⟨der.ra.ma.men.to⟩ s.m. Ato ou efeito de derramar(-se).

derramar ⟨der.ra.mar⟩ ▮ v.t.d./v.t.d.i. **1** Espalhar ou espargir (algo) [em um lugar]: *O garçom escorregou e derramou a sopa.* ▮ v.t.d./v.prnl. **2** Estender(-se) ou propagar(-se): *A lua derramava sua luz pelas vielas.* **3** Manifestar(-se) clara e ostensivamente (um sentimento ou um pensamento): *A imprensa se derramou em elogios à jogadora.* ☐ GRAMÁTICA Na acepção 3, como pronominal, usa-se a construção *derramar-se* EM *algo*.

derrame ⟨der.ra.me⟩ s.m. Acúmulo anormal de um líquido orgânico em uma cavidade do corpo.

derrapar ⟨der.ra.par⟩ v.int. Deslizar pelo chão, deslocando-se lateralmente (um veículo): *Com a pista molhada, o carro derrapou na curva.*

derredor ⟨der.re.dor⟩ s.m. Lugar que se pode abranger com o olhar: *Não conseguia avistar uma pessoa sequer naquele derredor.* ‖ **{ao/em} derredor de** Ao redor ou em volta: *O público estava em derredor do picadeiro.*

derreter ⟨der.re.ter⟩ ▮ v.t.d./v.int./v.prnl. **1** Tornar(-se) líquido (algo sólido ou pastoso): *O calor derreteu o sorvete.* ▮ v.t.d./v.prnl. **2** Esbanjar ou gastar(-se) em excesso (dinheiro ou outro bem de valor): *Derreteu toda a herança deixada pelos pais.* **3** Comover(-se) ou emocionar(-se) (alguém): *Ele se derreteu com a homenagem dos netos.*

derretimento ⟨der.re.ti.men.to⟩ s.m. **1** Ato ou efeito de derreter(-se). **2** Encantamento, comoção ou enlevo.

derrocada ⟨der.ro.ca.da⟩ s.f. Em relação a uma pessoa ou a um governo, queda ou expulsão do poder.

derrota ⟨der.ro.ta⟩ s.f. Perda em uma disputa ou em uma batalha.

derrotar ⟨der.ro.tar⟩ v.t.d. Vencer ou ganhar de (um adversário ou um inimigo): *A atleta derrotou todas as adversárias.*

derrotismo ⟨der.ro.tis.mo⟩ s.m. Atitude ou tendência pessimista que só acreditam na derrota ou na impossibilidade de conseguir algo positivo.

derrubar ⟨der.ru.bar⟩ v.t.d. **1** Jogar ou fazer cair no chão: *A tempestade e os ventos derrubaram árvores.* **2** Demolir, destruir ou fazer (uma construção) cair no chão: *Os engenheiros usaram dinamite para derrubar o antigo prédio.* **3** Fazer perder o poder, o cargo ou a autoridade: *O documentário conta como o Exército derrubou o Governo.* **4** *informal* Enfraquecer ou abater: *A gripe o derrubou.*

dervixe ⟨der.vi.xe⟩ s.m. Monge muçulmano que fez voto de pobreza.

des-¹ 1 Prefixo que indica separação: *descascar.* **2** Prefixo que indica negação: *desnortear, descoordenar.* **3** Prefixo que indica reforço: *desinquieto, desferir.*

desabafar ⟨de.sa.ba.far⟩ v.t.d./v.t.i./v.t.d.i./v.prnl. Expressar(-se) ou dividir (um sentimento guardado) [com alguém] para sentir-se aliviado, especialmente se for por meio de palavras: *Desabafou com um amigo.*

desabafo ⟨de.sa.ba.fo⟩ s.m. Alívio de um sofrimento ou de um sentimento guardados, especialmente se for por meio de palavras. ◻ SIN. desafogo.

desabalado, da ⟨de.sa.ba.la.do, da⟩ adj. Desmedido, em excesso ou sem fim.

desabar ⟨de.sa.bar⟩ ▮ v.t.i./v.int. **1** Em relação a uma construção, desmoronar ou cair [de um lugar]: *Dezenas de casas desabaram durante o terremoto.* ▮ v.int. **2** Cair com força ou com violência (a chuva): *A tempestade desabou logo que anoiteceu.* **3** Perder o controle, especialmente sobre um sentimento: *Tentou se manter firme, mas acabou desabando.*

desabitar ⟨de.sa.bi.tar⟩ v.t.d. **1** Deixar de viver em (um lugar): *A decisão judicial os obrigou a desabitar a casa.* **2** Deixar (um lugar) sem habitantes: *Desabitaram o vale diante da ameaça de inundações.*

desabituar ⟨de.sa.bi.tu.ar⟩ v.t.d.i./v.prnl. Fazer perder ou perder o costume ou o hábito (de fazer algo): *O tratamento o desabituou do uso de drogas. Desabituou-se de morar sozinho.* ◻ SIN. desacostumar.

desabonar ⟨de.sa.bo.nar⟩ v.t.d./v.prnl. Fazer perder ou perder a reputação, a credibilidade ou a estima: *Suas mentiras o desabonaram diante dos amigos.* ◻ SIN. desacreditar.

desabotoar ⟨de.sa.bo.to.ar⟩ v.t.d. Abrir (uma peça do vestuário) tirando-lhe os botões das casas: *desabotoar uma camisa.*

desabrido, da ⟨de.sa.bri.do, da⟩ adj. Que é grosseiro, desagradável ou inconveniente.

desabrigar ⟨de.sa.bri.gar⟩ v.t.d. Deixar sem abrigo, sem amparo ou sem proteção: *Os alagamentos desabrigaram muitas pessoas.* ◻ ORTOGRAFIA Antes de e, o g muda para gu →CHEGAR.

desabrochar ⟨de.sa.bro.char⟩ v.t.d./v.int./v.prnl. Abrir(-se) (uma flor): *As rosas do jardim desabrocharam.*

desabusado, da ⟨de.sa.bu.sa.do, da⟩ adj. Que é insolente, atrevido ou inconveniente.

desacatar ⟨de.sa.ca.tar⟩ v.t.d. Faltar com respeito ou desobedecer: *É crime desacatar uma autoridade.*

desacato ⟨de.sa.ca.to⟩ s.m. Falta de respeito ou desobediência: *o desacato a uma autoridade.*

desaceleração ⟨de.sa.ce.le.ra.ção⟩ (pl. *desacelerações*) s.f. Ato ou efeito de desacelerar.

desacelerar ⟨de.sa.ce.le.rar⟩ v.t.d./v.int. Diminuir a rapidez, a velocidade ou perder a aceleração.

desacertar ⟨de.sa.cer.tar⟩ ▮ v.t.d./v.prnl. **1** Tirar(-se) da ordem ou do acerto. ▮ v.int. **2** Agir de maneira equivocada.

desacerto ⟨de.sa.cer.to⟩ (Pron. [desacêrto]) s.m. **1** Equívoco ou erro: *A comissão discutiu os acertos e os desacertos da proposta.* **2** Falta de entendimento ou de compreensão: *O desacerto entre os colegas acabou prejudicando toda a equipe.*

desacomodar ⟨de.sa.co.mo.dar⟩ v.t.d. Tirar (alguém) do lugar em que está: *Para pintar o quarto, tiveram que desacomodar as crianças.*

desacompanhado, da ⟨de.sa.com.pa.nha.do, da⟩ adj. Sozinho ou sem companhia.

desacompanhar ⟨de.sa.com.pa.nhar⟩ v.t.d. Deixar de acompanhar ou de prestar assistência a (alguém): *Não desacompanhou a amiga nos momentos difíceis.*

desaconselhar ⟨de.sa.con.se.lhar⟩ v.t.d./v.t.d.i. Aconselhar (alguém) [a não fazer o que é considerado pouco recomendável]: *O médico a desaconselhou a continuar fumando.*

desacordo ⟨de.sa.cor.do⟩ (Pron. [desacôrdo]) s.m. Falta de acordo, de harmonia ou de entendimento.

desacoroçoar ⟨de.sa.co.ro.ço.ar⟩ v.t.d./v.int. →descoroçoar

desacostumar ⟨de.sa.cos.tu.mar⟩ v.t.d.i./v.prnl. Fazer perder ou perder o costume ou o hábito (de fazer algo): *Desde que começou a trabalhar, desacostumou-se a dormir tarde.* ◻ SIN. desabituar.

desacreditar ⟨de.sa.cre.di.tar⟩ v.t.d./v.t.d.i./v.prnl. Fazer perder ou perder a reputação, a credibilidade ou a estima (com alguém): *Suas falhas o desacreditaram perante os demais.* ◻ SIN. desabonar.

desafeição ⟨de.sa.fei.ção⟩ (pl. *desafeições*) s.f. Falta de afeto ou de amizade.

desafeto, ta ⟨de.sa.fe.to, ta⟩ ▮ adj. **1** Contrário ou hostil: *É uma pessoa desafeta à política.* ▮ s.m. **2** Adversário ou inimigo: *Em sua vida pública, fez muitos desafetos.* **3** Falta de afeição ou de amizade: *Sofria muito com o desafeto dos que o cercavam.* ◻ GRAMÁTICA Na acepção 2, usa-se tanto para o masculino quanto para o feminino: *(ele/ela) é um desafeto.*

desafiar ⟨de.sa.fi.ar⟩ ▮ v.t.d./v.t.d.i. **1** Incitar a um duelo ou chamar (alguém) [para disputa ou para competição]: *Desafiou o adversário para uma revanche.* ▮ v.t.d. **2** Opor-se a (alguém, suas opiniões ou suas ordens): *Os grevistas desafiaram o diretor da empresa.* ▮ v.t.d.i. **3** Incitar ou provocar (alguém) [a fazer algo, especialmente aquilo que se considera difícil]: *Os amigos o desafiaram a saltar de paraquedas.* ▮ v.t.d. **4** Enfrentar ou opor-se a (uma dificuldade ou um perigo): *No filme, o protagonista desafia a morte em várias cenas.*

desafinar ⟨de.sa.fi.nar⟩ v.t.d./v.int./v.prnl. Em música, em relação a uma voz ou um instrumento, desajustar(-se) (a altura entre duas ou mais notas), resultando em um som desagradável e desequilibrado: *Os cantores eram amadores, mas não desafinaram em nenhum momento.*

desafio ⟨de.sa.fi.o⟩ s.m. **1** Incitação ou convite à disputa ou à competição: *Lançou ao oponente o desafio de vencer todas as etapas da competição.* **2** Essa disputa ou competição: *Ficou em segundo lugar no desafio de caratê.* **3** Duelo em que dois cantadores disputam entre si cantando versos, geralmente improvisados: *Consagraram-se como a dupla vencedora do desafio.*

desafivelar ⟨de.sa.fi.ve.lar⟩ v.t.d. Soltar ou desprender a fivela de (alguns acessórios): *desafivelar o cinto.*

desafogar ⟨de.sa.fo.gar⟩ ▮ v.t.d./v.t.d.i. **1** Libertar ou sopримir (uma parte do corpo) [de algo sufocante]: *Tirou a gravata para desafogar o pescoço.* ▮ v.t.d./v.t.d.i./v.prnl. Aliviar(-se) [de um sofrimento ou de um sentimento reprimido]: *Com aquele amigo, podia desafogar seu coração.* ◻ SIN. desanuviar. ▮ v.t.d./v.prnl. **3** Aliviar(-se) de problemas financeiros: *O aumento das vendas desafogou a empresa.* ◻ ORTOGRAFIA Antes de e, o g muda para gu →CHEGAR.

desafogo ⟨de.sa.fo.go⟩ (Pron. [desafôgo]) s.m. Alívio de um sofrimento ou de um sentimento guardados, especialmente se for por meio de palavras. ◻ SIN. desabafo.

desaforado, da ⟨de.sa.fo.ra.do, da⟩ adj./s. Que ou quem ofende ou incomoda pelo desrespeito ou pelo atrevimento. □ SIN. **insolente**.

desaforo ⟨de.sa.fo.ro⟩ (Pron. [desafôro]) s.m. Atrevimento ou insolência.

desafortunado, da ⟨de.sa.for.tu.na.do, da⟩ adj./s. Que ou quem não é feliz ou tem má sorte. □ SIN. **desgraçado, infeliz**.

desafrontar ⟨de.sa.fron.tar⟩ ▎v.t.d./v.t.d.i./v.prnl. **1** Vingar(-se) [de uma afronta ou de uma ofensa]. ▎v.t.d./v.t.d.i. **2** Defender ou livrar (alguém) [de um ataque].

deságio ⟨de.sá.gio⟩ s.m. Redução do valor tabelado de uma mercadoria ou de um título em relação ao preço pago pelo comprador.

desagradar ⟨de.sa.gra.dar⟩ v.t.d./v.t.i./v.prnl. Descontentar(-se), não agradar ou causar desagrado [a alguém]: *Ficar brigando o dia inteiro me desagrada.*

desagradável ⟨de.sa.gra.dá.vel⟩ (pl. *desagradáveis*) adj.2g. Que desagrada ou desgosta.

desagrado ⟨de.sa.gra.do⟩ s.m. Descontentamento, desprazer ou falta de agrado.

desagravar ⟨de.sa.gra.var⟩ v.t.d./v.t.d.i./v.prnl. Reparar(-se) ou retratar(-se) [de uma ofensa ou um insulto]: *Suas desculpas não desagravaram o mal que causou.*

desagravo ⟨de.sa.gra.vo⟩ s.m. Reparação de um agravo ou de uma injúria.

desagregação ⟨de.sa.gre.ga.ção⟩ (pl. *desagregações*) s.f. Ato ou efeito de desagregar(-se).

desagregar ⟨de.sa.gre.gar⟩ v.t.d./v.t.d.i./v.prnl. Separar(-se) ou romper(-se) (um todo) [em partes]: *As desavenças acabaram desagregando o grupo. A equipe se desagregou ao final do projeto.* □ ORTOGRAFIA Antes de e, o g muda para gu →CHEGAR.

desaguadeiro ⟨de.sa.gua.dei.ro⟩ s.m. →**desaguadouro**

desaguadoiro ⟨de.sa.gua.doi.ro⟩ s.m. →**desaguadouro**

desaguadouro ⟨de.sa.gua.dou.ro⟩ s.m. Conduto ou canal por onde se escoa a água. □ ORTOGRAFIA Escreve-se também *desaguadeiro* ou *desaguadoiro*.

desaguar ⟨de.sa.guar⟩ v.t.i./v.prnl. Em relação a um rio, despejar(-se) ou verter sua águas [em um lugar]: *O rio Amazonas deságua no oceano Atlântico.* □ GRAMÁTICA Usa-se a construção *desaguar EM algo*.

desairoso, sa ⟨de.sai.ro.so, sa⟩ (Pron. [desairôso], [desairósa], [desairósos], [desairósas]) adj. **1** Inconveniente ou deselegante. **2** Que depreciam ou que desvaloriza.

desajeitado, da ⟨de.sa.jei.ta.do, da⟩ adj. **1** Que é desorganizado ou desarrumado. **2** Que não tem habilidade, aptidão ou jeito: *um andar desajeitado.* □ SIN. **desastrado**.

desajuizado, da ⟨de.sa.ju.i.za.do, da⟩ adj./s. Que ou quem não tem juízo ou sensatez.

desajustado, da ⟨de.sa.jus.ta.do, da⟩ ▎adj. **1** Que apresenta desordem ou desarranjo: *um lar desajustado.* ▎adj./s. **2** Que ou quem não se ajusta às convenções da sociedade em que vive.

desajustar ⟨de.sa.jus.tar⟩ ▎v.t.d. **1** Desfazer ou desmanchar (um acordo ou um contrato). ▎v.t.d./v.prnl. **2** Fazer perder ou perder o ajuste: *A trepidação desajustou as peças do motor.* **3** Transtornar(-se) ou desequilibrar(-se): *Desajustou-se após a separação.*

desalentado, da ⟨de.sa.len.ta.do, da⟩ adj. Que não tem vigor, energia ou força interior: *um sorriso desalentado.*

desalentar ⟨de.sa.len.tar⟩ v.t.d./v.int./v.prnl. Deixar ou ficar sem vigor, sem energia ou sem ânimo (alguém): *Não se desalentou com a perda do emprego e partiu em busca de novas oportunidades.*

desalento ⟨de.sa.len.to⟩ s.m. Perda do vigor, da energia ou do ânimo.

desaparecer

desalinhar ⟨de.sa.li.nhar⟩ v.t.d./v.prnl. Desfazer a ordem, a organização ou o alinho de (algo organizado) ou sair do alinhamento: *Sentou-se com cuidado para não desalinhar o vestido.*

desalinhavar ⟨de.sa.li.nha.var⟩ v.t.d. Tirar os pontos largos e provisórios de (uma costura).

desalinho ⟨de.sa.li.nho⟩ s.m. Falta de alinho ou de cuidado.

desalmado, da ⟨de.sal.ma.do, da⟩ adj./s. Que ou quem é cruel ou desumano.

desalojar ⟨de.sa.lo.jar⟩ v.t.d./v.int./v.prnl. **1** Retirar(-se) ou extrair (algo ou alguém) [de um lugar]: *Foi preciso uma cirurgia para desalojar a bala do tórax.* **2** Fazer sair ou sair de um alojamento: *As cheias desalojaram as famílias ribeirinhas. A ameaça de desabamento fez muitas famílias se desalojarem.*

desamarrar ⟨de.sa.mar.rar⟩ v.t.d. Soltar ou desprender (algo amarrado): *Desamarrou a fita do presente.*

desamarrotar ⟨de.sa.mar.ro.tar⟩ v.t.d./v.int./v.prnl. Alisar(-se) (algo enrugado ou amassado): *Desamarrotou a carta deixando-a dentro de um livro. A roupa se desamarrotou quando a alisou com as mãos.* □ SIN. **desamassar**.

desamassar ⟨de.sa.mas.sar⟩ ▎v.t.d./v.int./v.prnl. **1** Alisar(-se) (algo enrugado ou amassado): *O mecânico desamassou o capô do carro. A roupa só se desamassou depois de passada.* □ SIN. **desamarrotar**. ▎v.t.d./v.int. **2** Desfazer(-se) (uma massa) para que atrase a sua fermentação.

desambientar ⟨de.sam.bi.en.tar⟩ ▎v.t.d. **1** Tirar (um ser vivo) de seu ambiente natural. ▎v.t.d./v.prnl. **2** Fazer (alguém) se sentir ou sentir-se deslocado ou fora de seu meio social: *A mudança de cidade o desambientou.*

desamor ⟨de.sa.mor⟩ (Pron. [desamôr]) s.m. Falta de amor ou de amizade.

desamparado, da ⟨de.sam.pa.ra.do, da⟩ adj./s. Que ou quem não tem ajuda nem proteção.

desamparar ⟨de.sam.pa.rar⟩ v.t.d. Deixar sem amparo ou sem atenção: *Sua perda o desamparou.* □ SIN. **abandonar**.

desancar ⟨de.san.car⟩ v.t.d. **1** Curvar (um animal) dando-lhe golpes nas ancas. **2** Agredir ou bater em (alguém) de forma violenta. **3** Criticar de forma contundente: *O comentarista desancou o desempenho do time.* □ ORTOGRAFIA Antes de e, o c muda para qu →BRINCAR.

desandar ⟨de.san.dar⟩ ▎v.t.d. **1** Entrar em decadência ou decair: *Com a queda das exportações, os negócios desandaram.* ▎v.t.d./v.int. **2** Mover para trás ou percorrer em sentido contrário. ‖ **desandar a** Seguido de um verbo no infinitivo, começar a realizar a ação expressa por ele.

desanimado, da ⟨de.sa.ni.ma.do, da⟩ adj. Triste e sem vontade de agir: *Estava desanimado com os resultados do exame.*

desanimar ⟨de.sa.ni.mar⟩ v.t.d./v.t.i./v.t.d.i./v.int./v.prnl. Desalentar(-se) ou tirar o ânimo de (alguém) [para fazer algo]: *Mesmo com dificuldades, ele nunca se desanima.*

desânimo ⟨de.sâ.ni.mo⟩ s.m. Falta de ânimo, de energia ou de coragem.

desanuviar ⟨de.sa.nu.vi.ar⟩ ▎v.t.d./v.int./prnl. **1** Limpar(-se) de nuvens: *O sol desanuviou o céu. Esperamos o tempo desanuviar até a praia.* ▎v.t.d./v.t.d.i./v.int./v.prnl. **2** Aliviar(-se) [de um sofrimento ou de um sentimento reprimido]: *Conversou com o amigo para se desanuviar um pouco.* □ SIN. **desafogar**.

desaparafusar ⟨de.sa.pa.ra.fu.sar⟩ v.t.d./v.int./v.prnl. →**desparafusar**

desaparecer ⟨de.sa.pa.re.cer⟩ v.int. **1** Ocultar-se, esconder-se ou deixar de ser perceptível: *O macaco desapareceu entre os galhos.* □ SIN. **sumir**. **2** Deixar de

desaparecimento

existir: *A cicatriz desaparecerá com o tempo.* □ **SIN.** sumir. **3** *eufemismo* Morrer: *Desapareceu em um acidente aéreo.* □ **ORTOGRAFIA** Antes de *a* ou *o*, o *c* muda para *ç* →CONHECER.

desaparecimento ⟨de.sa.pa.re.ci.men.to⟩ s.m. **1** Ato ou efeito de desaparecer: *A polícia está investigando o desaparecimento do prefeito.* **2** Ausência ou deslocamento do lugar em que se deveria estar: *Ainda não entendi o desaparecimento do meu CD.* □ **SIN.** sumiço. **3** Extinção ou término de algo que existia: *A medicação causou o desaparecimento dos sintomas.* □ **SIN.** sumiço. **4** Afastamento ou ausência de um lugar a que se costumava ir: *A causa de nosso desaparecimento foi uma viagem de última hora.* □ **SIN.** sumiço. **5** *eufemismo* Morte.

desapego ⟨de.sa.pe.go⟩ (Pron. [desapêgo]) s.m. Falta de apego ou de interesse: *o desapego aos bens materiais.*

desaperceber ⟨de.sa.per.ce.ber⟩ ▌ v.t.d./v.t.d.i./v.prnl. **1** Deixar ou ficar (algo ou alguém) sem abastecimento [de mantimentos ou munições]. □ **SIN. desguarnecer.** ▌ v.t.d. **2** →**desperceber**

desapertar ⟨de.sa.per.tar⟩ v.t.d./v.prnl. **1** Afrouxar(-se) ou alargar (algo apertado): *desapertar um vestido.* **2** Tirar(-se) de uma situação difícil, especialmente se for um problema financeiro: *O aumento de salário desapertou seu orçamento. Desapertou-se com um empréstimo bancário.*

desapiedado, da ⟨de.sa.pi.e.da.do, da⟩ adj. Cruel, desumano ou sem piedade.

desapontamento ⟨de.sa.pon.ta.men.to⟩ s.m. Ato ou efeito de desapontar(-se): *Seu olhar deixava transparecer seu desapontamento.* □ **SIN.** decepção.

desapontar ⟨de.sa.pon.tar⟩ v.t.d./v.prnl. Causar ou sentir desilusão ou desgosto por algo que não saiu como o esperado: *O deputado prometeu não desapontar os eleitores.* □ **SIN.** decepcionar.

desapreço ⟨de.sa.pre.ço⟩ (Pron. [desaprêço]) s.m. Falta de apreço ou de consideração.

desaprender ⟨de.sa.pren.der⟩ v.t.d./v.t.i./v.int. Esquecer (um aprendizado) ou não lembrar [de algo que se aprendeu]: *Por não praticar, acabou desaprendendo o inglês.*

desapropriar ⟨de.sa.pro.pri.ar⟩ v.t.d. Tirar legalmente (uma propriedade) de seu proprietário devido a um interesse público, geralmente em troca de uma indenização: *O Governo desapropriou algumas casas para a construção do metrô.*

desaprovação ⟨de.sa.pro.va.ção⟩ (pl. *desaprovações*) s.f. Ato ou efeito de desaprovar: *um olhar de desaprovação.*

desaprovar ⟨de.sa.pro.var⟩ v.t.d. Reprovar, censurar ou julgar (algo) de forma negativa: *Todos desaprovaram sua conduta arrogante.*

desarmamento ⟨de.sar.ma.men.to⟩ s.m. Ato ou efeito de desarmar(-se).

desarmar ⟨de.sar.mar⟩ ▌ v.t.d./v.prnl. **1** Livrar(-se) (alguém) de armas ou do armamento: *A campanha visava desarmar a população para diminuir a violência.* ▌ v.t.d. **2** Inutilizar os dispositivos que fariam (um mecanismo explosivo) explodir ou disparar: *desarmar uma bomba.* **3** Desunir ou separar as peças que compõem (um objeto): *desarmar uma barraca.* □ **SIN.** desmontar. **4** Confundir ou deixar (alguém) sem ação: *Seu desamparo desarmou o amigo.*

desarmonia ⟨de.sar.mo.ni.a⟩ s.f. Falta de harmonia: *a desarmonia entre um casal.*

desarmonizar ⟨de.sar.mo.ni.zar⟩ v.t.d. Desfazer a harmonia: *Esse móvel desarmoniza a decoração do quarto.*

desarraigar ⟨de.sar.rai.gar⟩ ▌ v.t.d. **1** Arrancar (uma planta) pela raiz. □ **SIN. desenraizar.** ▌ v.t.d./v.t.d.i./v.prnl. **2** Extirpar(-se) ou destruir(-se) (algo) por completo [de alguém]. □ **ORTOGRAFIA** Antes de *e*, o *g* muda para *gu* →CHEGAR.

desarranjar ⟨de.sar.ran.jar⟩ v.t.d./v.prnl. Desfazer o arranjo de (algo) ou sair da ordem: *A chuva desarranjou seus cabelos.*

desarranjo ⟨de.sar.ran.jo⟩ s.m. **1** Falta de arranjo ou de ordem. **2** *informal* Diarreia: *Teve um desarranjo depois do jantar.*

desarrazoado, da ⟨de.sar.ra.zo.a.do, da⟩ adj. Que não tem razão ou propósito.

desarrumar ⟨de.sar.ru.mar⟩ v.t.d. Desfazer a arrumação de (algo arrumado).

desarticulação ⟨de.sar.ti.cu.la.ção⟩ (pl. *desarticulações*) s.f. **1** Ato ou efeito de desarticular(-se). **2** Amputação de uma parte do corpo em sua articulação.

desarticular ⟨de.sar.ti.cu.lar⟩ ▌ v.t.d./v.prnl. **1** Separar(ou) (algo articulado) da articulação: *O impacto desarticulou seu ombro.* □ **SIN. deslocar.** ▌ v.t.d. **2** Amputar (uma parte do corpo) em sua articulação: *Para salvar a vida do acidentado, foi preciso desarticular sua perna.* ▌ v.t.d./v.prnl. **3** Desfazer a organização de (algo organizado) ou fragmentar-se: *A polícia desarticulou uma quadrilha.*

desarvorar ⟨de.sar.vo.rar⟩ ▌ v.t.d./v.prnl. **1** Desorientar(-se) ou fazer perder o rumo: *A lesão do jogador desarvorou o time.* ▌ v.int. **2** Fugir ou sair correndo: *Os moradores desarvoraram com o incêndio.*

desassociar ⟨de.sas.so.ci.ar⟩ ▌ v.t.d./v.t.d.i./v.prnl. **1** Separar(-se) ou desligar(-se) (algo) [daquilo a que estava associado]: *Sabe, a todo o momento, desassociar o pessoal do profissional.* □ **SIN. dissociar.** ▌ v.prnl. **2** Deixar voluntariamente de ser sócio de uma associação ou de uma coletividade: *Depois de dez anos, desassociou-se da empresa.* □ **GRAMÁTICA** Na acepção 2, usa-se a construção *desassociar-se DE algo*.

desassombro ⟨de.sas.som.bro⟩ s.m. Coragem, sinceridade ou franqueza: *reagir com desassombro.*

desassossegar ⟨de.sas.sos.se.gar⟩ v.t.d./v.prnl. Fazer perder ou perder o sossego ou a tranquilidade. □ **SIN. desinquietar, inquietar.** □ **ORTOGRAFIA** Antes de *e*, o *g* muda para *gu* →CHEGAR.

desassossego ⟨de.sas.sos.se.go⟩ (Pron. [desassossêgo]) s.m. Falta de sossego ou de tranquilidade: *um olhar de desassossego.* □ **SIN. inquietação, inquietude.**

desastrado, da ⟨de.sas.tra.do, da⟩ adj. **1** Que não tem habilidade, aptidão ou jeito. □ **SIN. desajeitado. 2** Que causa ou que é resultado de desastres.

desastre ⟨de.sas.tre⟩ s.m. **1** Acontecimento, geralmente inesperado, que causa grandes danos ou prejuízos: *um desastre aéreo.* **2** Fracasso, insucesso ou fiasco: *Aquele trabalho foi um desastre. Devido a chuva, a competição foi um desastre.*

desastroso, sa ⟨de.sas.tro.so, sa⟩ (Pron. [desastrôso], [desastrósa], [desastrósos], [desastrósas]) adj. Que causa dano ou destruição.

desatar ⟨de.sa.tar⟩ v.t.d. **1** Soltar as ataduras ou desamarrar: *Enquanto saía do trabalho, desatou o nó da gravata.* □ **SIN. desfazer. 2** Resolver ou solucionar (um problema ou uma dificuldade): *O detetive tentava desatar o caso.* □ **GRAMÁTICA** A construção *desatar + a + infinitivo* indica o início da ação expressa por esse infinitivo: *De repente, no meio da aula, desatou a rir.*

desatarraxar ⟨de.sa.tar.ra.xar⟩ v.t.d. Soltar (algo atarraxado) de onde está preso: *desatarraxar uma lâmpada.*

desataviar ⟨de.sa.ta.vi.ar⟩ ▌ v.t.d./v.prnl. **1** Remover os adornos de (uma peça do vestuário, especialmente) ou desfazer-se dos enfeites: *desataviar um vestido.* ▌ v.t.d. **2** Tornar (um texto ou outro fragmento) mais simples e mais direto: *Desataviou o romance retirando seus excessos.*

desatenção ⟨de.sa.ten.ção⟩ (pl. *desatenções*) s.f. **1** Falta de cortesia, de boa educação ou de cuidado: *Surpreendeu-nos a desatenção com que tratou seus convidados.* ◻ SIN. **descaso, indelicadeza**. **2** Distração ou falta de atenção: *Respondeu as perguntas com desatenção.*

desatencioso, sa ⟨de.sa.ten.ci.o.so, sa⟩ (Pron. [desatenciôso], [desatenciósa], [desatenciósos], [desatenciósas]) adj. **1** Que não tem ou não mostra cortesia, boa educação ou cuidado. ◻ SIN. **indelicado**. **2** Que é distraído ou que não tem atenção.

desatender ⟨de.sa.ten.der⟩ v.t.d./v.t.i. **1** Não levar (algo ou alguém) em consideração ou não prestar atenção [em algo ou alguém]: *Desatendeu os conselhos do pai e saiu com os amigos.* **2** Não ajudar ou não dar assistência [a alguém]: *Desatender um ferido é crime.* **3** Não satisfazer (uma obrigação) ou não cumprir [com um dever]: *Desatendeu as regras da escola e foi advertido.*

desatento, ta ⟨de.sa.ten.to, ta⟩ adj. Que não presta a devida atenção.

desatinar ⟨de.sa.ti.nar⟩ v.t.d./v.int. Fazer perder ou perder o tino ou a razão: *A separação dos pais desatinou o filho. Ninguém esperava que ele desatinasse daquele jeito.*

desatino ⟨de.sa.ti.no⟩ s.m. Falta de tino ou de razão.

desativar ⟨de.sa.ti.var⟩ v.t.d. **1** Inutilizar ou impedir (um mecanismo explosivo) de detonar. **2** Tornar inativo ou sem operação (algo que está em atividade): *desativar uma fábrica.*

desatolar ⟨de.sa.to.lar⟩ v.t.d./v.t.d.i./v.prnl. Tirar(-se) (algo atolado) [daquilo que o atola]: *Chamaram um guincho para desatolar o carro.*

desatracar ⟨de.sa.tra.car⟩ v.t.d./v.int. Afastar (uma embarcação) de outra ou do lugar onde está atracada ou levantar âncora. ◻ ORTOGRAFIA Antes de *e*, o *c* muda para *qu* →BRINCAR.

desatravancar ⟨de.sa.tra.van.car⟩ v.t.d. **1** Desocupar (um espaço) ou remover os obstáculos que estão nele: *Desatravancaram a avenida para a passagem do desfile.* **2** Desobstruir ou desimpedir (um processo ou uma atividade): *Finalmente, a Câmara desatravancou os projetos que não saíam do papel.* ◻ ORTOGRAFIA Antes de *e*, o *c* muda para *qu* →BRINCAR.

desatrelar ⟨de.sa.tre.lar⟩ v.t.d./v.prnl. **1** Soltar(-se) (um animal) de uma trela: *desatrelar um boi.* **2** Soltar(-se) (algo engatado ou preso) daquilo que o engata ou que o prende: *Desatrelou o carro do guincho ao chegar na oficina.*

desautorizar ⟨de.sau.to.ri.zar⟩ v.t.d./v.prnl. Tirar(-se) a autoridade, a legitimidade ou o crédito: *Intervindo naquele assunto, o Presidente desautorizou o ministro.*

desavença ⟨de.sa.ven.ça⟩ s.f. Falta de harmonia ou de entendimento: *As desavenças que tiveram no passado já foram esquecidas.*

desaventurado, da ⟨de.sa.ven.tu.ra.do, da⟩ adj./s. →**desventurado, da**

desavergonhado, da ⟨de.sa.ver.go.nha.do, da⟩ adj./s. Que ou quem não tem vergonha.

desavir ⟨de.sa.vir⟩ v.t.d./v.t.d.i./v.prnl. Entrar ou fazer entrar em desavença [com alguém] ou desentender-se: *Ele se desaveio com o sócio.* ◻ GRAMÁTICA É um verbo irregular →VIR.

desavisado, da ⟨de.sa.vi.sa.do, da⟩ adj./s. Que ou quem é imprudente.

desbancar ⟨des.ban.car⟩ v.t.d. **1** Fazer (alguém) perder a posição ou a consideração, geralmente para substituí-la. **2** Em seus jogos de baralho, derrotar (um adversário), ganhando todo o dinheiro da banca. ◻ ORTOGRAFIA Antes de *e*, o *c* muda para *qu* →BRINCAR.

desbaratar ⟨des.ba.ra.tar⟩ ▌ v.t.d./v.t.d.i. **1** Arruinar ou estragar (algo) [em algum lugar ou de alguma forma]: *A chuva desbaratou nosso plano de irmos à praia.* ▌ v.t.d. **2** Vencer ou derrotar.

desbarrancar ⟨des.bar.ran.car⟩ v.t.d. Fazer cair (uma encosta ou um barranco): *Chuvas fortes desbarrancaram o morro.* ◻ ORTOGRAFIA Antes de *e*, o *c* muda para *qu* →BRINCAR.

desbastar ⟨des.bas.tar⟩ ▌ v.t.d. **1** Tornar menos denso ou menos espesso: *desbastar a cabeleira; desbastar a grama do jardim.* ◻ SIN. **podar**. ▌ v.t.d.i. **2** Limpar (um lugar) [daquilo que tem em excesso]. ▌ v.t.d. **3** Tirar a aspereza ou a agudeza de (algo material). **4** Aprimorar ou tirar as falhas ou os erros de (um texto).

desbeiçar ⟨des.bei.çar⟩ v.t.d./v.prnl. Desgastar(-se) a beirada de (um objeto): *Tantas lavagens desbeiçaram a gola da camisa. Os pratos se desbeiçaram com o uso.* ◻ ORTOGRAFIA Antes de *e*, o *ç* muda para *c* →COMEÇAR.

desbloquear ⟨des.blo.que.ar⟩ v.t.d. Liberar ou desfazer o bloqueio de (algo bloqueado). ◻ ORTOGRAFIA O *e* muda para *ei* quando a sílaba tônica estiver na raiz do verbo →NOMEAR.

desbocado, da ⟨des.bo.ca.do, da⟩ adj./s. *informal* Que ou quem fala grosserias ou palavrões.

desbotar ⟨des.bo.tar⟩ v.t.d./v.int./v.prnl. Fazer (algo colorido) perder a cor ou o brilho ou descolorir-se: *O uso do cloro desbotou as roupas.* ◻ SIN. **descorar**.

desbragado, da ⟨des.bra.ga.do, da⟩ adj./s. Impudico ou sem moderação, prudência ou consideração, especialmente nas atitudes ou nas expressões.

desbravar ⟨des.bra.var⟩ v.t.d. **1** Explorar (um lugar desconhecido): *Os bandeirantes desbravaram o interior paulista.* **2** Amansar ou domar (um animal): *desbravar um cavalo selvagem.* **3** Cultivar ou preparar (um terreno) para o plantio.

desburocratizar ⟨des.bu.ro.cra.ti.zar⟩ v.t.d./v.prnl. Eliminar a burocracia de (algo burocrático) ou perder a burocracia.

descabelar ⟨des.ca.be.lar⟩ ▌ v.t.d. **1** Desarrumar o cabelo de (alguém). ▌ v.prnl. **2** Desesperar-se ou ficar excessivamente nervoso: *Descabela-se toda vez que tem prova.*

descabido, da ⟨des.ca.bi.do, da⟩ adj. Que não tem cabimento ou que não é conveniente ou adequado.

descalabro ⟨des.ca.la.bro⟩ s.m. **1** Ruína, grande dano ou derrota. **2** Caos ou desorganização: *A situação econômica do país estava um descalabro.*

descalçar ⟨des.cal.çar⟩ ▌ v.t.d. **1** Tirar (um calçado ou uma peça do vestuário) do corpo: *Assim que chegou em casa, descalçou os sapatos.* ▌ v.t.d./v.prnl. **2** Despir(-se) (alguém) do calçado, das meias ou das luvas: *O ajudante descalçou o médico ao fim da cirurgia. Os muçulmanos devem se descalçar antes de entrar na mesquita.* **3** Tirar o calço que apoia (um objeto): *descalçar um móvel.* ◻ ORTOGRAFIA Antes de *e*, o *ç* muda para *c* →COMEÇAR.

descalço, ça ⟨des.cal.ço, ça⟩ adj. Sem calçados.

descamação ⟨des.ca.ma.ção⟩ (pl. *descamações*) s.f. Ato ou efeito de descamar(-se).

descamar ⟨des.ca.mar⟩ ▌ v.t.d./v.prnl. **1** Tirar as escamas de (um peixe) ou perder as escamas: *Descamamos a merluza e a colocamos na churrasqueira.* ▌ v.t.d./v.int. **2** Soltar ou fazer soltar a camada superficial da pele: *Vou ao médico, pois a planta do meu pé está descamando.* ◻ ORTOGRAFIA Na acepção 1, escreve-se também escamar.

descambar ⟨des.cam.bar⟩ ▌ v.t.i. **1** Mudar uma ação ou uma situação [para um estado pior]: *A discussão descambou para ataques pessoais.* ▌ v.int. **2** Cair, tombar ou tomar direção diferente da prevista: *O caminhão descambou e causou o acidente.*

descaminho ⟨des.ca.mi.nho⟩ s.m. **1** Desvio de um caminho tido como certo ou adequado: *Durante a entre-*

descampado

vista, *o jogador relatou os descaminhos de sua carreira*. **2** Desvio ilícito de dinheiro: *O combate ao descaminho de verbas é uma das prioridades do novo governo*.

descampado, da ⟨des.cam.pa.do, da⟩ ▌adj. **1** Em relação a uma área, que é ampla, desabitada e sem árvores: *um terreno descampado*. ▌s.m. **2** Essa área: *Construirão um clube naquele descampado*.

descansar ⟨des.can.sar⟩ ▌v.t.d./v.t.i./v.t.d.i./v.int. **1** Relaxar (algo ou alguém) [de algo cansativo] ou livrar-se do cansaço: *Farei uma viagem para descansar*. ▌v.t.d./v.t.d.i./v.int. **2** Oferecer descanso e tranquilidade a (alguém), livrar (alguém cansado) [de algo incômodo] ou acalmar-se: *Descansou-me com uma bela massagem*. ▌v.int. **3** Parar uma atividade ou deixar de se dedicar a ela: *Só vai descansar quando os culpados forem presos*. ▌v.t.i./v.t.d.i. **4** Apoiar (uma coisa) [em outra] ou estar apoiado [em algo]: *Descanse a cabeça no travesseiro*. ▌v.t.d./v.int. **5** Deixar repousar para que fermente (uma massa): *Deixe a torta descansar enquanto prepara o recheio*. ▌v.int. **6** Estar enterrado ou sepultado. **7** *eufemismo* Morrer. **8** Estar sem cultivo, geralmente para recuperar a fertilidade (um terreno): *A terra descansou por um ano e agora já está pronta para novo plantio*.

descanso ⟨des.can.so⟩ s.m. **1** Pausa em um trabalho ou em uma atividade. **2** Repouso ou sossego: *Trabalhou muito e precisa de descanso*. **3** Período sem atividade: *Os trabalhadores têm direito ao descanso semanal*. **4** Aquilo que serve para apoiar algo: *um descanso para pratos*.

descaracterizar ⟨des.ca.rac.te.ri.zar⟩ v.t.d./v.int. **1** Fazer perder ou perder as características próprias: *Não descaracterize o projeto. A vila descaracterizou-se com a chegada dos turistas*. **2** Desfazer (a caracterização de alguém ou de uma personagem) ou perder a caracterização própria: *O ator descaracterizou-se no final do espetáculo*.

descarado, da ⟨des.ca.ra.do, da⟩ adj./s. Que ou quem fala ou age com atrevimento e sem respeito nem pudor.

descaramento ⟨des.ca.ra.men.to⟩ s.m. Atrevimento ou falta de respeito, de pudor ou de vergonha: *O que me disse foi um descaramento*. ☐ SIN. desfaçatez.

descarga ⟨des.car.ga⟩ s.f. **1** Em um vaso sanitário, válvula que controla a vazão de água que o limpa: *Não se esqueça de dar a descarga depois de usar o banheiro*. **2** Retirada de uma carga ou esvaziamento de algo que a contém: *Esta vaga é reservada para a carga e descarga de materiais*. **3** Liberação de um peso ou de uma preocupação: *uma descarga emocional*. **4** Disparo de uma arma de fogo: *uma descarga acidental*. **5** Sequência de disparos de uma ou mais armas de fogo. ∥ **descarga (elétrica)** Passagem de eletricidade de um corpo para outro através de um gás.

descarnar ⟨des.car.nar⟩ v.t.d. **1** Tirar os ossos de (um animal abatido). ☐ SIN. desossar. **2** Tirar o caroço de (uma fruta). **3** Tirar a casca ou a pele de (um fruto ou um tubérculo). ☐ SIN. descascar.

descaroçador ⟨des.ca.ro.ça.dor⟩ (Pron. [descaroçadôr]) s.m. Utensílio usado para descaroçar.

descaroçar ⟨des.ca.ro.çar⟩ v.t.d. Tirar o caroço de (um fruto): *descaroçar uma manga*. ☐ ORTOGRAFIA Antes de *e*, o *ç* muda para *c* →COMEÇAR.

descarregar ⟨des.car.re.gar⟩ ▌v.t.d./v.int. **1** Tirar a carga de (aquilo que a continha) ou desfazer-se dela: *O navio descarregou no porto*. ▌v.t.d. **2** Retirar (um carregamento) daquilo que o continha: *Os moços descarregaram a mudança*. ▌v.t.d.i. **3** Disparar (uma arma de fogo ou sua munição) [em algo ou alguém]: *Na cena final, o protagonista descarrega dois tiros no vilão*. ▌v.t.d.i. **4** Expressar ou descontar (aquilo que se pensa ou que se sente) [em alguém]: *Não descarregue sua raiva em mim, não tenho culpa!* ▌v.t.d./v.int. **5** Ficar sem bateria (um dispositivo elétrico ou eletrônico): *Meu celular descarregou*. ▌v.t.d. **6** Em informática, transferir para um computador (uma informação ou um conteúdo de um servidor da internet): *Descarregou um programa para edição de imagens*. ☐ SIN. baixar, fazer um *download*. ☐ ORTOGRAFIA Antes de *e*, o *g* muda para *gu* →CHEGAR.

descarrilar ⟨des.car.ri.lar⟩ v.t.d./v.int. Fazer sair ou sair dos carris (um trem ou um veículo semelhante): *Uma falha na ferrovia descarrilou o trem*. ☐ ORTOGRAFIA Escreve-se também descarrilhar, desencarrilar ou desencarrilhar.

descarrilhar ⟨des.car.ri.lhar⟩ v.t.d./v.int. →**descarrilar**

descartar ⟨des.car.tar⟩ ▌v.t.d./v.int. **1** Em um jogo de baralho, dispensar por não ter serventia (uma carta). ▌v.t.d. **2** Desconsiderar, rejeitar ou não levar em conta: *Como chovia, descartamos a ideia de ir à praia*. **3** Jogar fora (algo usado): *Descartaram os copos de plástico após a festa*.

descartável ⟨des.car.tá.vel⟩ (pl. descartáveis) adj.2g. **1** Que pode ser descartado após o uso: *um prato descartável*. **2** Que não merece ser levado em consideração: *uma ideia descartável*.

descasar ⟨des.ca.sar⟩ ▌v.t.d./v.int./v.prnl. **1** Separar(-se) (duas pessoas casadas): *Descasaram depois de anos de matrimônio*. ▌v.t.d./v.t.d.i. **2** Fazer (um elemento) deixar de coincidir [com outros que combinem ou correspondam entre si].

descascar ⟨des.cas.car⟩ ▌v.t.d. **1** Tirar a casca ou a pele de (um fruto ou um tubérculo): *descascar uma banana*. ☐ SIN. descarnar. ▌v.t.d./v.prnl. **2** Perder ou fazer perder parte da casca que recobre (um objeto): *A pintura da parede está descascando*. ▌v.t.d. **3** *informal* Criticar de forma negativa: *Ela descascou a colega na frente de todos*. ☐ ORTOGRAFIA Antes de *e*, o *c* muda para *qu* →BRINCAR.

descaso ⟨des.ca.so⟩ s.m. Falta de cortesia, de boa educação ou de cuidado. ☐ SIN. desatenção, indelicadeza.

descendência ⟨des.cen.dên.cia⟩ s.f. Conjunto de pessoas que descendem de outra por linha direta: *Deixou toda a sua fortuna para sua descendência*. ☐ USO É diferente de *ascendência* (série de gerações das quais uma pessoa descende por linha direta).

descendente ⟨des.cen.den.te⟩ ▌adj.2g. **1** Que desce. **2** Que decresce ou diminui. ▌adj.2g./s.2g. **3** Que ou quem é filho, neto ou outro membro das gerações anteriores por linha direta.

descender ⟨des.cen.der⟩ v.t.i. **1** Em relação a uma pessoa ou a um animal, proceder por gerações sucessivas [de um antepassado, de uma linhagem ou de um povo]. **2** Provir ou derivar [de uma ideia, de um conceito ou de uma ideologia anterior]: *O português descende do latim*. ☐ GRAMÁTICA Usa-se a construção *descender DE (algo/alguém)*.

descentralizar ⟨des.cen.tra.li.zar⟩ v.t.d. Transferir a competência ou a responsabilidade de (algo centralizado) a organismos ou unidades menores: *Descentralizaram a administração municipal para os bairros*.

descer ⟨des.cer⟩ ▌v.t.d./v.int. **1** Percorrer (um lugar) de cima para baixo ou ir de um lugar mais elevado para outro inferior: *Desceu a rua correndo*. ▌v.t.d. **2** Estender para baixo: *Desceu a persiana para se proteger do sol*. ☐ SIN. abaixar. ▌v.int. **3** Diminuir em valor, quantidade ou intensidade: *A maré desceu e o barco não pode passar*. ☐ SIN. abaixar. ▌v.int. **4** Sair de um meio de transporte: *Precisamos descer no próximo ponto*. ☐ SIN. desembarcar, saltar. ☐ ORTOGRAFIA Antes de *a* ou *o*, o *c* muda para *ç* →CONHECER.

descerrar ⟨des.cer.rar⟩ ▌v.t.d./v.prnl. **1** Abrir(-se) (algo fechado): *Descerraram as cortinas*. ▌v.t.d./v.t.d.i./v.prnl. **2** Revelar(-se) ou descobrir(-se) (algo oculto ou desconhecido) [a alguém]: *descerrar novos horizontes*.

descida ⟨des.ci.da⟩ s.f. **1** Deslocamento para um lugar mais baixo: *O avião iniciou a descida*. **2** Diminuição da intensidade, do volume, da quantidade ou do valor: *A descida dos preços estimulou os consumidores*. **3** Saída ou retirada de pessoas ou mercadorias de um meio de transporte: *Cuidado na descida do trem!* ☐ SIN. **desembarque**. **4** Terreno inclinado e descendente, considerado de cima para baixo: *Moro numa descida*. ☐ SIN. **declive**.

desclassificação ⟨des.clas.si.fi.ca.ção⟩ (pl. *desclassificações*) s.f. Ato ou efeito de desclassificar(-se).

desclassificar ⟨des.clas.si.fi.car⟩ ▌v.t.d. **1** Tirar (algo) da classe a que pertence: *A vigilância sanitária desclassificou este laboratório médico*. **2** Em uma competição, eliminar ou excluir (um participante): *O time que ganhar desclassifica o outro*. ☐ SIN. **desqualificar**. ▌v.t.d./v.prnl. **3** Desmoralizar(-se) ou tirar a credibilidade de (algo ou alguém): *As últimas revelações desclassificaram sua carreira política. Ela se desclassificou com tal atitude*. ☐ ORTOGRAFIA Antes de e, o c muda para qu →BRINCAR.

descoberta ⟨des.co.ber.ta⟩ s.f. **1** Ato ou efeito de descobrir(-se). ☐ SIN. **descobrimento**. **2** Conquista ou exploração de um território oficialmente desconhecido: *a descoberta da América*. ☐ SIN. **descobrimento**. **3** Invenção ou criação: *A descoberta da imprensa, no século XV, é atribuída a Johann Gutenberg*. **4** Achado ou encontro: *A descoberta de pinturas rupestres no Piauí deu origem ao Parque Nacional da Serra da Capivara*.

descobrimento ⟨des.co.bri.men.to⟩ s.m. **1** Ato ou efeito de descobrir(-se). ☐ SIN. **descoberta**. **2** Conquista ou exploração de um território oficialmente desconhecido. ☐ SIN. **descoberta**. s.m.pl. **3** Viagens marítimas realizadas entre os séculos XV e XVI e que tiveram grandes consequências econômicas, sociais e políticas para a história da humanidade: *Muitos historiadores chamam este período de a Era dos Descobrimentos*.

descobrir ⟨des.co.brir⟩ ▌v.t.d. **1** Tirar a cobertura de (algo coberto): *Descobriu a travessa na hora de servir*. **2** Mostrar ou deixar ver: *O vestido descobria-lhe as pernas*. **3** Encontra (algo) pela primeira vez, mediante observação ou pesquisa: *O escocês Alexander Fleming descobriu a penicilina em 1928*. **4** Achar ou encontrar: *A polícia descobriu o autor do crime*. **5** Conquistar ou explorar (um território oficialmente desconhecido): *O português Pedro Álvares Cabral descobriu o Brasil em 1500*. **6** Tomar conhecimento de (algo que não se sabia): *O professor descobriu que alguns alunos estavam colando*. ▌v.t.d./v.prnl. **7** Tirar o chapéu ou aquilo que cobre a cabeça. ☐ GRAMÁTICA É um verbo irregular →COBRIR.

descolado, da ⟨des.co.la.do, da⟩ adj. **1** *informal* Que é bem relacionado e que tem facilidade para se movimentar em determinados círculos sociais. **2** *informal* Arrojado, moderno ou badalado: *uma roupa descolada; uma festa descolada*.

descolar ⟨des.co.lar⟩ ▌v.t.d./v.t.i./v.t.d.i./v.int./v.prnl. **1** Separar(-se) (algo ou alguém) [do que, de quem ou de onde está colado]: *Tentou descolar a figurinha do álbum*. ▌v.t.d./v.t.d.i. **2** *informal* Conseguir ou arranjar (algo) [para alguém ou para um determinado fim]: *Preciso descolar dinheiro para ir à festa*.

descolorir ⟨des.co.lo.rir⟩ v.t.d./v.int./v.prnl. Fazer (algo colorido) perder ou perder a cor ou a coloração: *Descoloriu os cabelos. A roupa descoloriu com o tempo*.

descombinar ⟨des.com.bi.nar⟩ v.t.d./v.t.d.i. Cancelar ou desfazer (algo acordado ou combinado) [com alguém].

descompactar ⟨des.com.pac.tar⟩ v.t.d. Em informática, descompactar ou fazer (um arquivo compactado, especialmente) voltar a ocupar o mesmo espaço que ocupava antes: *descompactar uma pasta*.

descompasso ⟨des.com.pas.so⟩ s.m. **1** Falta de harmonia ou regularidade: *Há um descompasso entre o que ele sente e o que ele pensa*. **2** Falta de moderação, prudência ou consideração, especialmente nas atitudes ou nas expressões: *Ficamos todos assustados com o seu descompasso*. **3** Em música, falta de harmonia rítmica entre vários músicos.

descompor ⟨des.com.por⟩ v.t.d./v.prnl. **1** Desordenar(-se) ou colocar(-se) em desordem: *Seu penteado se descompôs com a chuva*. **2** Fazer perder ou perder a compostura ou a educação: *A bebida o descompôs*. **3** Repreender(-se) ou advertir-se mutuamente: *O professor evitou descompor o aluno na frente da classe. Com o desentendimento, acabaram descompondo-se*. ☐ GRAMÁTICA É um verbo irregular →PÔR.

descompostura ⟨des.com.pos.tu.ra⟩ s.f. **1** Falta de compostura, de asseio ou de cortesia. **2** Censura, advertência ou repreensão.

descomprimir ⟨des.com.pri.mir⟩ v.t.d. Reduzir a pressão a que (um corpo) está submetido.

descomunal ⟨des.co.mu.nal⟩ (pl. *descomunais*) adj.2g. Enorme, gigantesco ou fora do comum.

desconcentrar ⟨des.con.cen.trar⟩ v.t.d./v.prnl. **1** Fazer perder ou perder a concentração: *O barulho me desconcentrou*. **2** Dispersar (algo concentrado) ou tornar(-se) menos denso: *Colocaram água para desconcentrar o suco*.

desconcertante ⟨des.con.cer.tan.te⟩ adj.2g. Que desconcerta ou desorienta.

desconcertar ⟨des.con.cer.tar⟩ ▌v.t.d./v.prnl. **1** Surpreender(-se), desorientar(-se) ou deixar (alguém) sem saber o que fazer: *Aquelas críticas inesperadas desconcertaram a atriz. Desconcertei-me ao ouvir a notícia*. **2** Fazer perder ou perder a ordem ou a harmonia. ▌v.t.d./v.t.i./v.prnl. **3** Fazer entrar ou entrar em desacordo, ou discordar [de algo ou alguém]: *Os candidatos desconcertaram-se ao falar sobre segurança pública*. ▌v.int. **4** Dizer ou fazer coisas sem sentido ou contrárias à razão: *Bebeu um pouco e começou a desconcertar*. ☐ ORTOGRAFIA É diferente de *desconsertar*.

desconcerto ⟨des.con.cer.to⟩ (Pron. [desconcêrto]) s.m. **1** Surpresa, transtorno ou perturbação de uma pessoa, que a deixam sem saber como agir: *O cancelamento do voo causou desconcerto nos passageiros*. **2** Falta de harmonia ou de ordem: *O palestrante identificou um sentimento de desconcerto no mundo atual*. ☐ ORTOGRAFIA É diferente de *desconserto*.

desconectar ⟨des.co.nec.tar⟩ v.t.d./v.prnl. Desfazer a conexão de (algo que está conectado) ou perder a conexão: *Quem desconectou a televisão? Tive que me desconectar da internet para instalar os programas*.

desconexo, xa ⟨des.co.ne.xo, xa⟩ (Pron. [desconecso]) adj. Sem conexão ou sem sentido.

desconfiado, da ⟨des.con.fi.a.do, da⟩ adj. Que desconfia ou que suspeita.

desconfiança ⟨des.con.fi.an.ça⟩ s.f. Falta de confiança ou de segurança.

desconfiar ⟨des.con.fi.ar⟩ ▌v.t.d./v.t.i. **1** Suspeitar (algo) ou fazer suposições [de um assunto]: *Desconfio que a professora não virá hoje*. ▌v.t.i./v.int. **2** Não confiar ou ter pouca segurança [em algo ou alguém]: *Desconfie de tudo o que ele diz*.

desconforto ⟨des.con.for.to⟩ (Pron. [desconfôrto]) s.m. **1** Falta de conforto: *O desconforto da cadeira me deixou com dores nas costas*. **2** Sensação de mal-estar ou de aflição: *um desconforto muscular*.

descongelar

descongelar ⟨des.con.ge.lar⟩ ▮ v.t.d./v.int./v.prnl. **1** Derreter(-se) (algo congelado) ou perder a água congelada que contém: *Descongelou uma torta para o jantar. Deixou a carne em cima da pia para descongelar.* ☐ SIN. degelar. ▮ v.t.d. **2** Fazer (um aparelho refrigerador) perder o gelo que contém: *Descongele o freezer para limpá-lo.* ☐ SIN. degelar. **3** Liberar ou permitir a alteração de (um valor): *O Governo descongelou o preço da gasolina.*

descongestionar ⟨des.con.ges.ti.o.nar⟩ ▮ v.t.d./v.prnl. **1** Fazer eliminar ou eliminar o excesso do fluido que (uma parte do corpo) contém: *Usou um remédio para descongestionar o nariz.* ▮ v.t.d. **2** Desobstruir ou desbloquear, possibilitando a passagem ou a movimentação: *descongestionar uma avenida.*

desconhecer ⟨des.co.nhe.cer⟩ ▮ v.t.d. **1** Não conhecer ou ignorar: *Desconhece quem lhe enviou as flores.* ▮ v.t.d./v.t.d.i. **2** Não reconhecer (alguém) ou não identificar (algo) [em alguém]: *Disfarçou-se tão bem que até a esposa o desconheceu.* ☐ ORTOGRAFIA Antes de *a* ou *o*, o *c* muda para *ç* →CONHECER.

desconhecido, da ⟨des.co.nhe.ci.do, da⟩ adj./s. Que ou quem não é conhecido ou não é famoso.

desconhecimento ⟨des.co.nhe.ci.men.to⟩ s.m. Falta de conhecimento ou de informação.

desconjuntar ⟨des.con.jun.tar⟩ ▮ v.t.d./v.prnl. **1** Fazer sair ou sair das articulações (algo articulado, especialmente se forem os ossos): *Desconjuntou a perna durante o treino.* ▮ v.t.d. **2** Separar (um todo) em partes: *Desconjuntou a bicicleta para limpá-la. A cadeira se desconjuntou quando ele sentou.*

desconsertar ⟨des.con.ser.tar⟩ v.t.d./v.prnl. Estragar(-se) ou parar de funcionar: *O irmão menor desconserta todos os seus brinquedos.* ☐ ORTOGRAFIA É diferente de desconcertar.

desconserto ⟨des.con.ser.to⟩ (Pron. [desconsêrto]) s.m. Estrago ou defeito. ☐ ORTOGRAFIA É diferente de desconcerto.

desconsideração ⟨des.con.si.de.ra.ção⟩ (pl. *desconsiderações*) s.f. Falta de consideração.

desconsiderar ⟨des.con.si.de.rar⟩ ▮ v.t.d. **1** Desprezar ou não levar em consideração: *O professor pediu para desconsiderar as duas últimas questões da prova.* ▮ v.t.d./v.prnl. **2** Tratar (alguém) sem amabilidade nem respeito ou perder a credibilidade: *Jamais desconsiderou um colega de trabalho.*

desconsolar ⟨des.con.so.lar⟩ v.t.d./v.int./v.prnl. Causar ou sentir desconsolo: *Vê-la chorando me desconsolou.*

desconsolo ⟨des.con.so.lo⟩ (Pron. [desconsôlo]) s.m. Grande tristeza ou desolação, especialmente se forem causadas pela perda de algo ou de alguém muito querido: *Acompanhou o funeral com grande desconsolo.*

descontar ⟨des.con.tar⟩ ▮ v.t.d./v.t.d.i. **1** Subtrair (uma quantia) [de outra]: *Descontaram dez por cento do valor da compra.* ▮ v.t.d. **2** Entregar (um documento de crédito) a uma instituição financeira e receber a quantia de dinheiro expressa nele: *descontar um cheque.* **3** Não levar em consideração ou não prestar atenção em (algo): *Desconte metade do que ele disse, pois sabemos que costuma exagerar.* ▮ v.t.d./v.t.d.i. **4** Vingar ou vingar-se (algo) [a alguém]: *Não precisa descontar o empurrão, porque foi sem querer.* ▮ v.t.d.i. **5** Dirigir (um sentimento) [a algo ou a alguém] de maneira injusta: *Descontou sua raiva no amigo.*

descontentamento ⟨des.con.ten.ta.men.to⟩ s.m. Tristeza, insatisfação ou desgosto: *A alta dos preços causou descontentamento na população.*

descontentar ⟨des.con.ten.tar⟩ v.t.d./v.prnl. Causar ou sentir descontentamento: *O aumento de impostos descontentou a população. Descontentou-se ao ver o resultado da prova.*

descontente ⟨des.con.ten.te⟩ adj.2g. Que sente descontentamento, desgosto ou aborrecimento.

descontínuo, nua ⟨des.con.tí.nuo, nua⟩ adj. Que não é contínuo ou que tem interrupções.

desconto ⟨des.con.to⟩ s.m. **1** Redução de um preço: *Recebeu um desconto na compra da calça.* **2** Recebimento, por meio de um banco, da quantia de dinheiro expressa em um documento de crédito. **3** Valor abatido dessa quantia de dinheiro para que esse recebimento ocorra.

descontração ⟨des.con.tra.ção⟩ (pl. *descontrações*) s.f. Ato ou efeito de descontrair(-se).

descontrair ⟨des.con.tra.ir⟩ v.t.d./v.prnl. **1** Fazer perder ou perder a contração (uma parte do corpo, especialmente se for um músculo): *Relaxe os ombros e descontraia o abdome.* **2** Fazer perder ou perder o constrangimento, a tensão ou a formalidade: *O palestrante descontraiu a plateia com piadas. O ambiente descontraiu-se quando a música começou.* ☐ GRAMÁTICA É um verbo irregular →CAIR.

descontrolar ⟨des.con.tro.lar⟩ ▮ v.t.d./v.prnl. **1** Fazer perder ou perder o controle: *A inflação descontrolou os preços dos produtos. O carro se descontrolou e bateu no poste.* ▮ v.t.d./v.prnl. **2** Fazer perder ou perder o domínio de si mesmo: *Descontrolou-se ao ver tamanha injustiça.*

descontrole ⟨des.con.tro.le⟩ (Pron. [descontrôle]) s.m. Falta de controle, de equilíbrio ou de domínio de si mesmo.

desconversar ⟨des.con.ver.sar⟩ v.int. Mudar o assunto de uma conversa ou fingir não tê-lo entendido: *Desconversou quando começaram a falar do seu passado.*

descoordenar ⟨des.co.or.de.nar⟩ v.t.d. Desfazer a coordenação ou a ordem de (algo coordenado): *A saída do jogador descoordenou a defesa do time.*

descorar ⟨des.co.rar⟩ v.t.d./v.int./v.prnl. Fazer (algo colorido) perder a cor ou o brilho ou descolorir-se: *O tempo descorou as paredes. O painel descorou após anos em exposição.* ☐ SIN. desbotar.

descoroçoar ⟨des.co.ro.ço.ar⟩ v.t.d./v.int. Acovardar(-se), desencorajar(-se) ou perder o ânimo ou a determinação: *Mesmo diante da dificuldade, a equipe não descoroçoou.* ☐ ORTOGRAFIA Escreve-se também *desacoroçoar*.

descortês ⟨des.cor.tês⟩ adj.2g. Que não respeita as normas estabelecidas no convívio social.

descortesia ⟨des.cor.te.si.a⟩ s.f. Falta de cortesia, de educação ou de bons modos no comportamento e na forma de tratar as pessoas.

descortinar ⟨des.cor.ti.nar⟩ v.t.d. **1** Ver ou avistar (algo distante): *Do terraço da janela, podia-se descortinar a esplêndida paisagem.* **2** Revelar ou desvendar (algo oculto ou desconhecido): *A internet nos faz descortinar novas possibilidades de aprendizado.*

descortino ⟨des.cor.ti.no⟩ s.m. Facilidade para antever as coisas ou percebê-las com perspicácia.

descoser ⟨des.co.ser⟩ v.t.d./v.int./v.prnl. Desfazer(-se) (uma costura): *Descoseu a bainha da saia. A barra da calça se descoseu.* ☐ SIN. descosturar.

descosturar ⟨des.cos.tu.rar⟩ v.t.d./v.int./v.prnl. Desfazer(-se) (uma costura): *Colocou tanto peso na mochila que ela descosturou.* ☐ SIN. descoser.

descrédito ⟨des.cré.di.to⟩ s.m. Perda ou diminuição da confiança ou da reputação.

descrença ⟨des.cren.ça⟩ s.f. **1** Condição de descrente: *Encarou a promessa com descrença.* ☐ SIN. incredulidade. **2** Ausência de religiosidade ou de fé: *O padre ficou furioso com a descrença do noviço.* ☐ SIN. incredulidade.

descrente ⟨des.cren.te⟩ adj.2g. Incrédulo, sem fé ou sem crenças religiosas.

desembaraço

descrer ⟨des.crer⟩ v.t.d./v.t.i. Não acreditar ou deixar de acreditar [em algo]. ▫ GRAMÁTICA É um verbo irregular →LER.

descrever ⟨des.cre.ver⟩ ▌ v.t.d./v.prnl. **1** Apresentar(-se) (as características de algo ou alguém) por meio da linguagem oral ou escrita: *Vou descrever minha casa. Descreveu-se no bate-papo como moreno e alto.* ▌ v.t.d. **2** Traçar ou percorrer (uma linha), movimentando-se ao longo dela: *A Terra descreve uma órbita elíptica em torno do Sol.*

descrição ⟨des.cri.ção⟩ (pl. *descrições*) s.f. Ato ou efeito de descrever(-se): *a descrição de uma cena; a descrição de um personagem.*

descritivo, va ⟨des.cri.ti.vo, va⟩ adj. Que descreve.

descruzar ⟨des.cru.zar⟩ v.t.d. Tirar (algo colocado em forma de cruz) dessa posição: *descruzar os braços.*

descuidado, da ⟨des.cui.da.do, da⟩ adj./s. Que ou quem não tem cuidado ou cautela.

descuidar ⟨des.cui.dar⟩ ▌ v.t.d./v.t.i./v.prnl. **1** Tratar sem cuidado ou não prestar a atenção necessária [em algo ou alguém]: *Não se descuide de sua saúde.* ▌ v.prnl. **2** Agir com distração ou de maneira desprevenida: *Descuidou-se e perdeu o ônibus.*

descuido ⟨des.cui.do⟩ s.m. **1** Distração ou falta de atenção: *Por descuido, deixou o copo cair.* **2** Negligência ou desmazelo: *Nada justifica seu descuido com a aparência.*

desculpa ⟨des.cul.pa⟩ s.f. **1** Perdão por uma falta cometida: *Pediu desculpa por suas ofensas.* **2** Razão ou pretexto que se dão para justificar, explicar ou se desculpar de uma falta cometida ou para se livrar de uma obrigação: *Não acreditei na desculpa que você arranjou.*

desculpar ⟨des.cul.par⟩ ▌ v.t.d./v.t.d.i./v.prnl. **1** Perdoar(-se) (alguém) [por uma falta cometida]: *Desculpou o amigo pela brincadeira de mau gosto.* ▌ v.t.d./v.prnl. **2** Justificar(-se) ou explicar(-se) (uma falta cometida): *Desculpou sua ausência no evento.* ▌ v.prnl. **3** Pedir desculpa ou perdão: *Reconheceu ter agido mal e se desculpou.*

descumprir ⟨des.cum.prir⟩ v.t.d. Não cumprir (algo acordado): *descumprir as regras de um jogo.*

descurar ⟨des.cu.rar⟩ v.t.d./v.t.i./v.prnl. Tratar (algo) sem cuidado, não prestar a atenção necessária ou descuidar(-se) [de algo]: *Não descurou dos negócios nem quando estava doente.*

desde ⟨des.de⟩ (Pron. [dêsde]) prep. Indica o ponto, no tempo ou no espaço, do qual se continua ou se começa a contar algo: *Moro aqui desde pequeno.* ‖ **desde que** Uma vez que: *Poderia viajar desde que tivesse sido aprovado em todas as matérias.*

desdém ⟨des.dém⟩ (pl. *desdéns*) s.m. **1** Indiferença ou pouco caso em relação a algo ou alguém: *Tratou o pretendente com desdém.* **2** Comportamento arrogante ou grosseiro.

desdenhar ⟨des.de.nhar⟩ ▌ v.t.d./v.t.i. **1** Menosprezar, tratar com desdém ou fazer pouco caso [de alguém]: *Nunca desdenhe o adversário.* ▫ SIN. **desfazer.** ▌ v.t.d./v.t.i./v.prnl. **2** Recusar com desprezo ou fazer pouco caso [de algo que foi oferecido ou ofertado]: *Desdenhou o presente do ex-namorado.*

desdenhoso, sa ⟨des.de.nho.so, sa⟩ (Pron. [desdenhôso], [desdenhósa], [desdenhôsos], [desdenhósas]) adj. Que demonstra ou indiferença.

desdentado, da ⟨des.den.ta.do, da⟩ ▌ adj./s. **1** Que ou quem não tem dentes ou que perdeu alguns deles. **2** Em relação à classe de mamíferos terrestres encontrados no continente americano, que tem dentição reduzida ou estrutura dentária simplificada, com dentes sem revestimento de esmalte, e molares pouco desenvolvidos: *O tamanduá e o tatu são animais desdentados.* ▌ s.m.pl. **3** Em zoologia, ordem desses mamíferos.

desdita ⟨des.di.ta⟩ s.f. Falta de sorte ou infelicidade: *Depois da enchente, lamentava tanta desdita.*

desdizer ⟨des.di.zer⟩ v.t.d./v.int./v.prnl. Negar(-se) ou contradizer(-se): *Mesmo diante das provas, ele teima em desdizê-las.* ▫ GRAMÁTICA É um verbo irregular →DIZER.

desdobramento ⟨des.do.bra.men.to⟩ s.m. Ato ou efeito de desdobrar(-se).

desdobrar ⟨des.do.brar⟩ v.t.d./v.prnl. **1** Estender(-se) ou esticar(-se) (algo dobrado): *Desdobrou a carta para lê-la.* **2** Separar(-se) (um todo) para formar duas ou mais coisas: *Desdobraram a equipe de atendimento, pois o número de clientes aumentou muito.* **3** Desenvolver(-se) (um fato ou um processo): *Os investigadores desdobraram o caso com muito detalhismo.* **4** Esforçar(-se) ou dedicar(-se) muito: *Tivemos que nos desdobrar para acabar o trabalho a tempo.*

deseducar ⟨de.se.du.car⟩ ▌ v.t.d./v.prnl. **1** Fazer perder ou perder a educação: *O cão deseducou-se com a ausência do dono.* ▌ v.t.d. **2** Educar de maneira errada ou dar mau exemplo a (alguém). ▫ ORTOGRAFIA Antes de e, o c muda para qu →BRINCAR.

desejar ⟨de.se.jar⟩ ▌ v.t.d./v.t.d.i./v.int. **1** Ansiar ou aspirar (algo) [de alguém] ou querer muito: *Ganhei a bicicleta que tanto desejava.* ▌ v.t.d./v.t.d.i./v.prnl. **2** Oferecer (um voto) [a alguém] ou estimar-se: *Desejou-me boa sorte na prova.* ▌ v.t.d./v.prnl. **3** Sentir atração sexual por (alguém) ou atrair-se sexualmente (duas pessoas). ‖ **deixar a desejar** Ser inferior ao que era esperado: *O hotel em que ficamos deixa a desejar.*

desejo ⟨de.se.jo⟩ (Pron. [desêjo]) s.m. **1** Cobiça, ambição ou vontade de algo: *Sempre teve o desejo de conhecer a Índia.* **2** Aquilo ou aquele que se deseja: *Saltou de paraquedas e realizou um desejo antigo.* **3** Atração sexual: *Ainda sentia desejo por ela.* **4** *informal* Na gravidez, grande vontade de comer ou de beber algo: *Teve desejo de carambola durante toda a gravidez.*

desejoso, sa ⟨de.se.jo.so, sa⟩ (Pron. [desejôso], [desejósa], [desejôsos], [desejósas]) adj. Que sente desejo.

deselegância ⟨de.se.le.gân.cia⟩ s.f. Falta de elegância.

deselegante ⟨de.se.le.gan.te⟩ adj.2g. Que não tem elegância.

desemaranhar ⟨de.se.ma.ra.nhar⟩ v.t.d./v.prnl. **1** Desfazer o emaranhado de (algo embaraçado) ou desembaraçar-se: *Não consegui desemaranhar o cabelo da boneca. O novelo desemaranhou-se.* **2** Tornar(-se) claro (algo desordenado ou confuso): *O detetive desemaranhou o caso.*

desembaçar ⟨de.sem.ba.çar⟩ v.t.d./v.int./v.prnl. Fazer recuperar ou recuperar o aspecto límpido (algo embaçado): *Desembaçou os óculos com um pano limpo. O vidro desembaçou quando abrimos a janela.* ▫ ORTOGRAFIA Antes de e, o ç muda para c →COMEÇAR.

desembainhar ⟨de.sem.bai.nhar⟩ v.t.d. **1** Tirar (algo) da bainha: *desembainhar uma espada.* **2** Descosturar a bainha de (uma peça do vestuário): *desembainhar uma calça.*

desembaraçar ⟨de.sem.ba.ra.çar⟩ v.t.d./v.prnl. **1** Desemaranhar(-se) ou desfazer o embaraço de (algo): *Desembaraço meu cabelo todos os dias com o uso do condicionador.* ▫ SIN. **desenredar.** **2** Tornar(-se) livre e sem impedimentos ou incômodos: *Tiraram o tronco caído para desembaraçar a passagem.* **3** Fazer perder ou perder a inibição ou a timidez: *Nos primeiros dias de escola, já se desembaraçou.* ▫ ORTOGRAFIA Antes de e, o ç muda para c →COMEÇAR.

desembaraço ⟨de.sem.ba.ra.ço⟩ s.m. **1** Processo que livra de embaraços, de obstáculos ou de impedimentos: *Aguardavam o desembaraço das mercadorias na alfândega.* **2** Facilidade ou agilidade para agir ou para falar:

desembarcadoiro

O anfitrião recebeu seus convidados com desembaraço. ◻ SIN. desenvoltura.

desembarcadoiro ⟨de.sem.bar.ca.doi.ro⟩ s.m. →desembarcadouro

desembarcadouro ⟨de.sem.bar.ca.dou.ro⟩ s.m. Lugar destinado ao desembarque de mercadorias ou de pessoas. ◻ ORTOGRAFIA Escreve-se também *desembarcadoiro*.

desembarcar ⟨de.sem.bar.car⟩ v.t.d./v.int. Fazer sair ou sair de um meio de transporte: *Teve dificuldades para desembarcar as malas no aeroporto. Vamos desembarcar na próxima estação.* ◻ SIN. descer, saltar. ◻ ORTOGRAFIA Antes de *e*, o *c* muda para *qu* →BRINCAR.

desembargador, -a ⟨de.sem.bar.ga.dor, do.ra⟩ (Pron. [desembargadôr], [desembargadôra]) s. Juiz de segunda instância ou de segundo grau.

desembargar ⟨de.sem.bar.gar⟩ v.t.d. Livrar (algo) de um embargo: *Desembargaram a carga, após o pagamento das taxas aduaneiras.* ◻ ORTOGRAFIA Antes de *e*, o *g* muda para *gu* →CHEGAR.

desembarque ⟨de.sem.bar.que⟩ s.m. **1** Saída ou retirada de pessoas ou mercadorias de um meio de transporte. ◻ SIN. descida. **2** Lugar onde acontece essa saída ou essa retirada.

desembestar ⟨de.sem.bes.tar⟩ ▌ v.int. **1** Sair correndo: *Quando abriram a porteira, os bois desembestaram.* ▌ v.t.d. **2** Dizer ou proferir (algo ofensivo): *Desembestou uma série de calúnias sobre mim.* ‖ **desembestar a** algo: Iniciar de repente e de maneira intempestiva: *Com o susto, a criança desembestou a chorar.*

desembocadura ⟨de.sem.bo.ca.du.ra⟩ s.f. Ponto em que um rio deságua. ◻ SIN. foz.

desembocar ⟨de.sem.bo.car⟩ v.t.i. **1** Em relação a um rio ou outro curso d'água, chegar à sua foz ou desaguar [em um lugar]: *O rio Amazonas desemboca no oceano Atlântico.* **2** Em relação a um caminho, acabar ou terminar [em um determinado lugar]: *Essa rua desemboca na avenida principal.* ◻ ORTOGRAFIA Antes de *e*, o *c* muda para *qu* →BRINCAR.

desembolsar ⟨de.sem.bol.sar⟩ ▌ v.t.d. **1** Retirar (algo) do bolso ou da bolsa: *O ladrão desembolsou a arma e anunciou o assalto.* ▌ v.t.d./v.int. **2** Gastar (uma quantia de dinheiro) ou fazer um pagamento: *Desembolsou uma boa quantia no conserto do carro.*

desembolso ⟨de.sem.bol.so⟩ (Pron. [desembôlso]) s.m. **1** Entrega de uma quantia de dinheiro. **2** Quantia de dinheiro desembolsada.

desembrear ⟨de.sem.bre.ar⟩ v.t.d./v.int./v.prnl. Em alguns veículos, desconectar(-se) (as engrenagens que transmitem o movimento) ou soltar a embreagem: *desembrear uma marcha.* ◻ SIN. desengatar. ◻ ORTOGRAFIA O *e* muda para *ei* quando a sílaba tônica estiver na raiz do verbo →NOMEAR.

desembrulhar ⟨de.sem.bru.lhar⟩ v.t.d. Retirar (algo) do embrulho: *desembrulhar um presente.* ◻ SIN. desenrolar.

desembuchar ⟨de.sem.bu.char⟩ v.t.d./v.int. *informal* Dizer (algo que se sente ou se pensa) com franqueza ou desabafar: *Pare de chorar e desembuche de uma vez!*

desempacotar ⟨de.sem.pa.co.tar⟩ v.t.d. Retirar (algo empacotado) do pacote: *desempacotar as compras.*

desemparelhar ⟨de.sem.pa.re.lhar⟩ v.t.d./v.prnl. Separar(-se) (duas ou mais coisas emparelhadas ou em pares).

desempatar ⟨de.sem.pa.tar⟩ v.t.d./v.int. Decidir (uma situação equilibrada) ou desfazer o empate: *No final, nosso time conseguiu desempatar a partida.*

desempate ⟨de.sem.pa.te⟩ s.m. Ato ou efeito de desempatar.

desempenar ⟨de.sem.pe.nar⟩ v.t.d./v.int./v.prnl. Fazer ficar ou ficar reto ou plano: *desempenar uma viga; desempenar a porta do armário.*

desempenhar ⟨de.sem.pe.nhar⟩ ▌ v.t.d. **1** Exercer (uma tarefa) ou realizar as funções próprias dela: *Desempenha seu trabalho com eficiência.* ▌ v.t.d./v.int. **2** Interpretar ou representar (um papel dramático): *A atriz desempenhou seu papel muito bem.* ▌ v.t.d. **3** Recuperar (algo entregue como garantia de um empréstimo) após pagamento da dívida: *Pagou o que devia e desempenhou o colar.*

desempenho ⟨de.sem.pe.nho⟩ (Pron. [desempênho]) s.m. Atuação ou execução: *o desempenho de um aluno.* ◻ SIN. *performance*.

desempeno ⟨de.sem.pe.no⟩ (Pron. [desempêno]) s.m. Alinhamento ou nivelamento de uma superfície para torná-la horizontal.

desemperrar ⟨de.sem.per.rar⟩ v.t.d./v.int./v.prnl. **1** Fazer (algo emperrado) ficar solto ou destravar-se: *desemperrar a janela; desemperrar o zíper.* **2** Fazer (algo emperrado) voltar a funcionar: *O técnico conseguiu desemperrar a máquina de lavar.*

desempregado, da ⟨de.sem.pre.ga.do, da⟩ adj./s. Que ou quem não tem emprego. ◻ SIN. desocupado.

desempregar ⟨de.sem.pre.gar⟩ v.t.d./v.prnl. Afastar(-se) ou privar(-se) (alguém) de sua ocupação ou de seu emprego: *A mecanização das fábricas desempregou muitos operários.* ◻ SIN. demitir, despedir, dispensar. ◻ ORTOGRAFIA Antes de *e*, o *g* muda para *gu* →CHEGAR.

desemprego ⟨de.sem.pre.go⟩ (Pron. [desemprêgo]) s.m. Falta de emprego: *O desemprego é um dos maiores problemas de nossa sociedade.*

desencadear ⟨de.sen.ca.de.ar⟩ ▌ v.t.d./v.prnl. **1** Desfazer o encadeamento de (algo) ou soltar-se: *desencadear os elos de uma corrente.* ▌ v.t.d. **2** Provocar atos em cadeia ou originar (algo): *A nova lei desencadeou uma onda de protestos.* ◻ ORTOGRAFIA O *e* muda para *ei* quando a sílaba tônica estiver na raiz do verbo →NOMEAR.

desencaixar ⟨de.sen.cai.xar⟩ ▌ v.t.d./v.t.d.i./v.prnl. **1** Separar(-se) ou arrancar (algo que tem um encaixe) [de onde está encaixado]: *desencaixar as peças de um quebra-cabeças.* ▌ v.t.d. **2** Tirar de um caixote ou de uma caixa. ◻ SIN. desencaixotar.

desencaixotar ⟨de.sen.cai.xo.tar⟩ v.t.d. Tirar de um caixote ou de uma caixa: *Desencaixotaram os pertences após a mudança.* ◻ SIN. desencaixar.

desencalhar ⟨de.sen.ca.lhar⟩ v.t.d./v.int. **1** Tirar ou sair do encalhe ou fazer navegar (uma embarcação encalhada). **2** Fazer com que (uma mercadoria estocada) seja vendida: *As novas propagandas na televisão desencalharam os estoques de brinquedos.* ▌ v.int. **3** *informal* Casar, geralmente quando se esperava que isso não acontecesse mais.

desencaminhar ⟨de.sen.ca.mi.nhar⟩ v.t.d./v.prnl. Desviar(-se) do caminho certo ou do caminho bom: *O alcoolismo o desencaminhou. Envolveu-se com pessoas desonestas e se desencaminhou.*

desencantamento ⟨de.sen.can.ta.men.to⟩ s.m. Ato ou efeito de desencantar(-se). ◻ SIN. desencanto.

desencantar ⟨de.sen.can.tar⟩ ▌ v.t.d./v.t.d.i./v.prnl. **1** Desenfeitiçar(-se) ou livrar (algo ou alguém) [da magia, do feitiço ou do encanto]: *O príncipe desencantou a donzela com um beijo.* **2** Decepcionar(-se), desiludir(-se) ou fazer (alguém) perder o entusiasmo [de algo]: *Com tantas dificuldades, desencantou-se com a carreira artística.* ▌ v.t.d./v.int./v.prnl. **3** *informal* Fazer reagir ou reagir e voltar a ter um bom desempenho: *Finalmente o time desencantou e se tornou campeão.*

desencanto ⟨de.sen.can.to⟩ s.m. Ato ou efeito de desencantar(-se). ◻ SIN. desencantamento.

desencapar ⟨de.sen.ca.par⟩ v.t.d. Retirar a capa de (algo encapado): *desencapar um livro.*

desencardir ⟨de.sen.car.dir⟩ v.t.d./v.int. Retirar a sujeira ou a cor amarelada (de uma peça do vestuário encardida) ou clarear: *Usou alvejante para desencardir a calça. A camisa ficou de molho e desencardiu.*

desencarnar ⟨de.sen.car.nar⟩ v.int. **1** Em algumas religiões, deixar o corpo e partir para o mundo espiritual (a alma ou o espírito). **2** Deixar de viver.

desencarrilar ⟨de.sen.car.ri.lar⟩ v.t.d./v.int. →**descarrilar**

desencarrilhar ⟨de.sen.car.ri.lhar⟩ v.t.d./v.int. →**descarrilar**

desencasquetar ⟨de.sen.cas.que.tar⟩ v.t.d./v.t.d.i./v.prnl. Livrar(-se) ou fazer desistir [de uma ideia fixa ou de uma teimosia]: *A conversa o desencasquetou de viajar.*

desencavar ⟨de.sen.ca.var⟩ v.t.d. **1** Encontrar (algo que estava perdido): *Revirando seu baú, desencavou antigas cartas.* **2** Recordar (algo esquecido): *Quando se reúnem, desencavam histórias da infância.* ☐ **SIN. desenterrar**.

desencontrar ⟨de.sen.con.trar⟩ v.t.d./v.prnl. Fazer não se encontrar ou seguir em direções contrárias (duas ou mais pessoas): *Chegaram juntas, mas acabaram se desencontrando.*

desencontro ⟨de.sen.con.tro⟩ s.m. Encontro frustrado.

desencorajar ⟨de.sen.co.ra.jar⟩ v.t.d./v.t.d.i./v.prnl. Fazer perder ou perder a coragem ou o ânimo [de fazer algo]: *O mau tempo desencorajou os turistas.*

desencostar ⟨de.sen.cos.tar⟩ v.t.d./v.prnl. Afastar(-se) (algo) [de onde está encostado]: *Desencoste o sofá da parede.*

desencravar ⟨de.sen.cra.var⟩ ❙ v.t.d./v.t.d.i. **1** Arrancar (um cravo ou um objeto pontiagudo) [de onde estão encravados]: *desencravar um prego.* ❙ v.t.d. **2** Tirar um cravo ou um objeto pontiagudo de (algo): *desencravar uma madeira.* **3** Retirar (uma unha) da carne onde está encravada: *Desencravou a unha do pé.*

desencrespar ⟨de.sen.cres.par⟩ v.t.d./v.prnl. Alisar(-se) (um cabelo crespo ou encaracolado): *Comprou um produto para desencrespar o cabelo.*

desencurvar ⟨de.sen.cur.var⟩ v.t.d./v.prnl. Endireitar(-se) ou desfazer a curvatura de (algo): *desencurvar um gancho.*

desenfadar ⟨de.sen.fa.dar⟩ v.t.d./v.t.d.i./v.prnl. Livrar(-se) (alguém) do enfado [de alguma atividade tediosa ou cansativa].

desenfado ⟨de.sen.fa.do⟩ s.m. **1** Alívio do enfado. **2** Divertimento ou recreação: *Provocou-o por desenfado, não por maldade.*

desenfaixar ⟨de.sen.fai.xar⟩ v.t.d./v.prnl. Livrar(-se) (algo ou alguém) das faixas: *desenfaixar uma perna.*

desenfeitiçar ⟨de.sen.fei.ti.çar⟩ v.t.d. Livrar de um feitiço: *Acredita que um curandeiro irá desenfeitiçá-lo.* ☐ **ORTOGRAFIA** Antes de *e* e *i*, o *ç* muda para *c* →COMEÇAR.

desenferrujar ⟨de.sen.fer.ru.jar⟩ ❙ v.t.d. **1** Tirar a ferrugem de (algo enferrujado). ❙ v.t.d./v.prnl. **2** Fazer sair ou sair do estado de inatividade: *Voltou a malhar para desenferrujar os músculos.*

desenfiar ⟨de.sen.fi.ar⟩ v.t.d. Fazer (algo enfiado) sair de onde está: *Desenfiou as contas do colar.*

desenfrear ⟨de.sen.fre.ar⟩ ❙ v.t.d./v.prnl. **1** Soltar(-se) do freio (um animal de montaria). ❙ v.t.d. **2** Libertar ou livrar de empecilhos ou de limitações: *desenfrear a imaginação.* ☐ **ORTOGRAFIA** O *e* muda para *ei* quando a sílaba tônica estiver na raiz do verbo →NOMEAR.

desengajar ⟨de.sen.ga.jar⟩ v.t.d./v.prnl. Desligar(-se) ou deixar de participar de (algo com que se está comprometido): *Por questões pessoais, desengajou-se da equipe.*

desenganar ⟨de.sen.ga.nar⟩ ❙ v.t.d./v.t.d.i./v.prnl. **1** Fazer (alguém) perder a ilusão [de algo que se quer ou se acredita] ou desesperançar-se: *Depois de tantas tentativas frustradas, desenganou-se.* ☐ **SIN. desiludir**. ❙ v.t.d. **2** Tirar a esperança de cura de (um doente): *O resultado do exame desenganou o paciente.*

desenganchar ⟨de.sen.gan.char⟩ v.t.d./v.t.d.i. Soltar ou desprender (algo enganchado) [daquilo que o prende]: *Tentou desenganchar a pulseira da blusa sem arrebentá-la.*

desengano ⟨de.sen.ga.no⟩ s.m. Perda da ilusão ou da esperança depositadas em algo ou em alguém.

desengarrafar ⟨de.sen.gar.ra.far⟩ v.t.d. **1** Retirar (um líquido) do recipiente em que está. **2** Diminuir o engarrafamento ou liberar a passagem de (um lugar com tráfego intenso de veículos): *Os guardas de trânsito desengarrafaram a rua.*

desengasgar ⟨de.sen.gas.gar⟩ v.t.d./v.prnl. Livrar(-se) do engasgo. ☐ **ORTOGRAFIA** Antes de *e*, o *g* muda para *gu* →CHEGAR.

desengatar ⟨de.sen.ga.tar⟩ ❙ v.t.d./v.prnl. **1** Soltar(-se) ou desprender(-se) (algo engatado): *Desengataram o vagão quebrado do trem.* ❙ v.t.d./v.int. **2** Em alguns veículos, desconectar(-se) (as engrenagens que transmitem o movimento) ou soltar a embreagem: *desengatar uma marcha.* ☐ **SIN. desembrear**. **3** Desengatilhar(-se) (uma arma de fogo): *Quando viram os reféns, os policiais desengataram seus revólveres.*

desengatilhar ⟨de.sen.ga.ti.lhar⟩ v.t.d. Disparar (uma arma de fogo ou o seu projétil).

desengonçado, da ⟨de.sen.gon.ça.do, da⟩ adj. **1** Em relação a uma porta ou a uma janela, que saíram do engonço ou da dobradiça. **2** Que é desajeitado ou que não tem elegância nem harmonia.

desengonçar ⟨de.sen.gon.çar⟩ v.t.d./v.prnl. Fazer sair ou sair de um engonço ou de uma dobradiça: *desengonçar um portão; a janela desengonçou-se.* ☐ **ORTOGRAFIA** Antes de *e*, o *ç* muda para *c* →COMEÇAR.

desengordurar ⟨de.sen.gor.du.rar⟩ v.t.d. Limpar ou remover a gordura.

desenhar ⟨de.se.nhar⟩ ❙ v.t.d./v.int. **1** Representar (algo ou alguém) por meio de figuras e traços ou traçar desenhos. ❙ v.t.d. **2** Planejar ou elaborar (um projeto): *O partido desenhou as estratégias para a campanha.* **3** Representar por meios não gráficos: *A música desenhava o som das ondas do mar.* ❙ v.prnl. **4** Mostrar-se ou deixar-se ver: *Em seu olhar, desenhava-se a tristeza que sentia.*

desenhista ⟨de.se.nhis.ta⟩ adj.2g./s.2g. Que ou quem desenha, especialmente como profissão.

desenho ⟨de.se.nho⟩ (Pron. [desênho]) s.m. **1** Arte ou técnica de desenhar: *Desde criança ele tem vocação para o desenho.* **2** Representação ou imagem traçadas seguindo essa arte: *Tem o desenho de um super-herói na capa do caderno.* **3** Contorno ou forma de algo: *o desenho do rosto; o desenho de uma sala.* ❙ **desenho animado** Filme criado por uma sucessão de imagens em movimento, feitas a partir de desenhos.

desenlace ⟨de.sen.la.ce⟩ s.m. Em um acontecimento, em uma narração ou em uma obra dramática, resultado final ou desfecho.

desenovelar ⟨de.se.no.ve.lar⟩ v.t.d./v.prnl. Esclarecer(-se) ou resolver(-se) (algo complicado): *Suas explicações permitiram desenovelar o problema.*

desenquadrar ⟨de.sen.qua.drar⟩ v.t.d./v.prnl. Tirar(-se) (algo) [de um quadro ou de uma moldura]: *Desenquadrou a foto antiga para guardá-la.*

desenraizar ⟨de.sen.ra.i.zar⟩ v.t.d./v.t.d.i./v.prnl. **1** Arrancar(-se) (uma planta) pela raiz [do solo]. ☐ **SIN. desarraigar**. **2** Afastar(-se) (alguém) [das raízes ou das origens]: *A escravidão desenraizou muitos negros africanos.*

desenrascar ⟨de.sen.ras.car⟩ ❙ v.t.d. **1** Desprender ou soltar (algo preso em uma rede). ☐ **SIN. desenredar**.

desenredar

▌v.t.d./v.prnl. **2** Livrar(-se) de dificuldades, de problemas ou de confusão: *Não conseguiu desenrascar-se daquela situação.* ☐ ORTOGRAFIA Antes de e, o c muda para *qu* →BRINCAR.

desenredar ⟨de.sen.re.dar⟩ ▌v.t.d. **1** Desprender ou soltar (algo preso em uma rede). ☐ SIN. **desenrascar**. **2** Desemaranhar ou desfazer o embaraço de (algo): *Desenredou a meada de linha antes de começar a costurar.* ☐ SIN. **desembaraçar**. ▌v.t.d./v.prnl. **3** Colocar em ordem para que (algo complicado ou confuso) possa ser entendido ou desvendar-se: *A polícia ainda não conseguiu desenredar o caso.* ▌v.prnl. **4** Livrar-se de dificuldades, de problemas ou de confusão: *Macunaíma é um personagem que sempre consegue se desenredar das confusões.*

desenrolar ⟨de.sen.ro.lar⟩ ▌v.t.d./v.prnl. **1** Estender(-se) (algo enrolado) ou desfazer sua forma de rolo. ▌v.t.d. **2** Resolver (uma dificuldade): *Finalmente consegui desenrolar o problema com o pagamento.* **3** Retirar (algo) do embrulho: *Pode me ajudar a desenrolar o pacote?* ☐ SIN. **desembrulhar**. ▌v.prnl. **4** Acontecer ou desenvolver-se: *A história se desenrola no século XIX.*

desenroscar ⟨de.sen.ros.car⟩ v.t.d./v.prnl. Destorcer(-se), estender(-se) ou esticar(-se) (algo enroscado ou torcido). ☐ ORTOGRAFIA Antes de e, o c muda para *qu* →BRINCAR.

desenrugar ⟨de.sen.ru.gar⟩ v.t.d./v.prnl. Alisar(-se) ou tirar suas rugas de (algo enrugado). ☐ ORTOGRAFIA Antes de e, o g muda para *gu* →CHEGAR.

desensacar ⟨de.sen.sa.car⟩ v.t.d. Retirar (algo ensacado) do saco ou da saca. ☐ ORTOGRAFIA Antes de e, o c muda para *qu* →BRINCAR.

desentalar ⟨de.sen.ta.lar⟩ ▌v.t.d./v.t.d.i./v.prnl. **1** Liberar(-se) (algo entalado) [de onde está preso]: *Desentalou o pé do buraco.* ▌v.t.d. **2** Livrar (uma parte do corpo imobilizada) da tala e da bandagem que a imobilizam: *Foi ao médico desentalar a perna.* ▌v.t.d./v.prnl. **3** *informal* Desengasgar(-se). ▌v.t.d./v.t.d.i./v.prnl. **4** Livrar(-se) (alguém) [de uma dificuldade]: *O amigo o desentalou da situação. Com o tempo, conseguiu se desentalar das dívidas.*

desentender ⟨de.sen.ten.der⟩ ▌v.t.d. **1** Não entender ou fingir não entender. ▌v.prnl. **2** Brigar, discutir ou entrar em desavença (duas pessoas): *Os jogadores se desentenderam no vestiário.*

desentendimento ⟨de.sen.ten.di.men.to⟩ s.m. Ato ou efeito de desentender(-se).

desenterrar ⟨de.sen.ter.rar⟩ v.t.d. **1** Tirar de debaixo da terra. **2** *informal* Recordar (algo esquecido): *A imprensa desenterrou um crime que nunca fora resolvido.* ☐ SIN. **desencavar**. **3** *informal* Descobrir, encontrar ou achar: *Com muita pesquisa, desenterrou as origens da família.*

desentoar ⟨de.sen.to.ar⟩ v.t.d./v.int. Em música, desafinar ou desviar da entonação correspondente à altura de cada nota.

desentocar ⟨de.sen.to.car⟩ v.t.d./v.prnl. Fazer sair ou sair da toca (um animal): *A fome desentocou o tatu. A cobra desentoca-se para caçar.* ☐ ORTOGRAFIA Antes de e, o c muda para *qu* →BRINCAR.

desentortar ⟨de.sen.tor.tar⟩ v.t.d./v.prnl. Endireitar(-se) (algo torto): *Desentortou o quadro na parede.*

desentranhar ⟨de.sen.tra.nhar⟩ ▌v.t.d. **1** Fazer (um feto) sair das entranhas da mãe. ▌v.t.d./v.prnl. **2** Tirar as entranhas ou as vísceras de (uma pessoa ou um animal). ▌v.t.d./v.t.d.i. **3** Encontrar ou retirar (algo escondido) [de onde está]: *O crítico desentranhou novas interpretações para o poema.*

desentulhar ⟨de.sen.tu.lhar⟩ v.t.d. Desobstruir ou tirar o entulho ou o lixo de (um lugar).

desentupir ⟨de.sen.tu.pir⟩ v.t.d. Desobstruir ou liberar a passagem por (um canal): *O encanador desentupiu o cano.* ☐ GRAMÁTICA É um verbo irregular →ACUDIR.

desenvolto, ta ⟨de.sen.vol.to, ta⟩ (Pron. [desenvôlto]) adj. Que é desembaraçado ou que tem facilidade para falar em público. ☐ SIN. **desinibido**.

desenvoltura ⟨de.sen.vol.tu.ra⟩ s.f. Facilidade ou agilidade para agir ou para falar: *Demonstrou grande desenvoltura ao expor o projeto.* ☐ SIN. **desembaraço**.

desenvolver ⟨de.sen.vol.ver⟩ v.t.d./v.prnl. **1** Fazer crescer ou crescer física, intelectual ou moralmente: *A leitura ajuda a desenvolver o vocabulário. Com a ginástica, seus músculos se desenvolveram.* **2** Fazer progredir ou progredir: *As estratégias econômicas visavam que o país se desenvolvesse.* **3** Apresentar(-se) ou explicar(-se) de maneira detalhada: *O assunto da palestra foi desenvolvido com sucesso.* **4** Elaborar(-se) ou criar(-se) (um projeto, especialmente): *A montadora está desenvolvendo um novo modelo de carro.*

desenvolvimento ⟨de.sen.vol.vi.men.to⟩ s.m. **1** Ato ou efeito de desenvolver(-se). **2** Apresentação ou explicação de um tema, de maneira detalhada: *Após uma brilhante introdução, perdeu-se no desenvolvimento da sua tese.* **3** Elaboração ou produção: *o desenvolvimento de uma nova vacina.* ‖ **desenvolvimento sustentável** Aquele que possibilita o cumprimento dos objetivos de crescimento econômico e, ao mesmo tempo, garante a proteção do meio ambiente.

desenxabido, da ⟨de.sen.xa.bi.do, da⟩ adj. Sem graça ou sem animação.

desequilibrado, da ⟨de.se.qui.li.bra.do, da⟩ adj./s. **1** Que ou quem não tem equilíbrio. **2** Que ou quem sofre perturbações emocionais ou psíquicas.

desequilibrar ⟨de.se.qui.li.brar⟩ ▌v.t.d./v.prnl. **1** Fazer perder ou perder equilíbrio: *A compra do apartamento desequilibrou suas finanças. Desequilibrou-se e quase caiu da escada.* ▌v.t.d. **2** Causar perturbações emocionais ou psíquicas a (alguém).

desequilíbrio ⟨de.se.qui.lí.brio⟩ s.m. **1** Falta de equilíbrio. **2** Perturbação emocional ou psíquica: *um desequilíbrio nervoso.*

deserção ⟨de.ser.ção⟩ (pl. *deserções*) s.f. Ato ou efeito de desertar.

deserdar ⟨de.ser.dar⟩ v.t.d. Fazer (alguém) perder o direito a uma herança.

desertar ⟨de.ser.tar⟩ ▌v.t.d. **1** Tornar deserto (um lugar): *As ameaças de vandalismo desertaram as ruas.* ▌v.t.i./v.int. **2** Abandonar ou sair deliberadamente [do posto que ocupa ou do corpo ao qual pertence] (um militar): *Os oficiais também desertaram da corporação.*

desértico, ca ⟨de.sér.ti.co, ca⟩ adj. **1** Do deserto ou relacionado a ele. **2** Em relação a um lugar, despovoado, vazio ou sem habitantes. ☐ SIN. **deserto**.

desertificação ⟨de.ser.ti.fi.ca.ção⟩ (pl. *desertificações*) s.f. Transformação de uma área em um deserto.

desertificar ⟨de.ser.ti.fi.car⟩ v.t.d./v.prnl. Transformar(-se) (uma área) em um deserto ou atribuir-lhe suas características: *O pastoreio excessivo está desertificando algumas regiões. Muitas áreas da Terra estão se desertificando devido ao desflorestamento.* ☐ ORTOGRAFIA Antes de e, o c muda para *qu* →BRINCAR.

deserto, ta ⟨de.ser.to, ta⟩ ▌adj./s. **1** Em relação a um lugar, despovoado, vazio ou sem habitantes: *uma rua deserta.* ▌s.m. **2** Terreno extenso que se caracteriza pela grande escassez de chuvas, de vegetação ou de fauna: *O Saara é o maior deserto do mundo.* ☐ GRAMÁTICA Na acepção 1, o sinônimo do adjetivo é **desértico**.

desertor, -a ⟨de.ser.tor, to.ra⟩ (Pron. [desertôr], [desertóra]) adj./s. **1** Que ou quem deserta ou abandona uma obrigação, um grupo ou um ideal. **2** Em relação a um militar, que abandona deliberadamente o posto que ocupa ou o corpo ao qual pertence.

desesperado, da ⟨de.ses.pe.ra.do, da⟩ adj./s. Que ou quem mostra ou contém desespero.

desesperança ⟨de.ses.pe.ran.ça⟩ s.f. Estado de espírito de quem não tem ou perdeu as esperanças. ◻ **SIN.** desespero.

desesperar ⟨de.ses.pe.rar⟩ v.t.d./v.t.i./v.t.d.i./v.int./v.prnl. Irritar(-se), perder a paciência ou fazer (alguém) perder a esperança [de algo]: *Sua falta de pontualidade me desespera. As palavras do médico não o desesperou de recuperar-se.*

desespero ⟨de.ses.pe.ro⟩ (Pron. [desespêro]) s.m. **1** Estado de espírito de quem não tem ou perdeu as esperanças: *Seu desespero não é justificável, pois tudo tem solução.* ◻ **SIN.** desesperança. **2** Aflição, angústia ou desalento: *Com a ordem de despejo, a família entrou em desespero.* **3** Irritação ou raiva: *Que desespero ter que esperar nesta fila!* ‖ **em desespero de causa** Como última tentativa ou como último recurso: *Em desespero de causa, pediu um empréstimo ao banco.*

desestabilizar ⟨de.ses.ta.bi.li.zar⟩ v.t.d./v.int. Fazer perder ou perder a estabilidade: *A mudança de cidade o desestabilizou.*

desestruturar ⟨de.ses.tru.tu.rar⟩ v.t.d./v.prnl. Fazer perder ou perder a estrutura ou a organização: *O gol adversário desestruturou o time. A empresa desestruturou-se devido à inadimplência.*

desfaçatez ⟨des.fa.ça.tez⟩ s.f. Atrevimento ou falta de respeito, de pudor ou de vergonha: *agir com desfaçatez.* ◻ **SIN.** descaramento.

desfalcar ⟨des.fal.car⟩ v.t.d./v.t.d.i. **1** Subtrair ou suprimir (uma parte) [de um todo]: *A lesão da atacante desfalcou a equipe.* **2** Roubar (algo ou alguém) apropriando-se de maneira ilícita [de um valor ou de algo alheio]: *Foi pego tentando desfalcar o dinheiro do caixa.* ◻ **ORTOGRAFIA** Antes de e, o c muda para qu →BRINCAR.

desfalecer ⟨des.fa.le.cer⟩ ▌ v.t.d./v.int. **1** Fazer perder ou perder os sentidos momentaneamente: *Por ficar sem comer, acabou desfalecendo.* ◻ **SIN.** desmaiar. ▌ v.t.i./v.int. **2** Enfraquecer ou desanimar [em algo]: *Apesar dos obstáculos, não desfaleceu em seu ânimo.* ◻ **ORTOGRAFIA** Antes de a ou o, o c muda para ç →CONHECER.

desfalecimento ⟨des.fa.le.ci.men.to⟩ s.m. **1** Perda momentânea dos sentidos: *Ao se levantar rapidamente, teve uma sensação de desfalecimento.* ◻ **SIN.** desmaio. **2** Enfraquecimento ou desânimo: *Nada podia ocasionar o desfalecimento de sua fé.*

desfalque ⟨des.fal.que⟩ s.m. **1** Apropriação ilícita de um valor. **2** Em uma partida esportiva, ausência de um jogador.

desfavorável ⟨des.fa.vo.rá.vel⟩ (pl. *desfavoráveis*) adj.2g. Pouco favorável, adverso ou que prejudica.

desfavorecer ⟨des.fa.vo.re.cer⟩ v.t.d. Prejudicar ou deixar de ajudar: *As mudanças nas regras de locação desfavoreceram os antigos inquilinos.* ◻ **ORTOGRAFIA** Antes de a ou o, o c muda para ç →CONHECER.

desfazer ⟨des.fa.zer⟩ ▌ v.t.d./v.prnl. **1** Destruir(-se), despedaçar(-se) ou deformar(-se): *A barra da minha calça se desfez.* **2** Desordenar(-se) ou desarrumar(-se): *O vento desfez seu penteado.* **3** Desamarrar(-se) ou soltar as ataduras: *Não conseguia desfazer o nó do cadarço.* ◻ **SIN.** desatar. **4** Separar(-se) ou dispersar(-se) (um grupo de pessoas ou de animais): *Irritado, o técnico desfez a equipe.* ▌ v.t.d./v.t.d.i./v.prnl. **5** Derreter(-se), dissolver(-se) ou converter (algo sólido) [em líquido]: *Desfez o chocolate no leite.* ▌ v.t.d./v.prnl. **6** Anular(-se) ou tornar (um acordo) sem efeito: *Desfizeram o contrato porque divergiam em alguns pontos.* ▌ v.t.i. **7** Menosprezar, tratar com desdém ou fazer pouco caso [de alguém]: *Nunca desfez de ninguém.* ◻ **SIN.** desdenhar. ▌ v.prnl. **8** Livrar-se ou despojar-se: *Ainda não consegui me desfazer daquela velharia.* **9** Manifestar-se ou expressar-se de maneira exagerada: *Com o filme, o menino se desfez em lágrimas.* ◻ **GRAMÁTICA** 1. É um verbo irregular →FAZER. 2. Na acepção 8, usa-se a construção *desfazer-se de algo*; na acepção 9, *desfazer-se em algo*.

desfechar ⟨des.fe.char⟩ ▌ v.t.d./v.int. **1** Disparar (uma arma de fogo ou um tiro) ou atirar: *Desfechou três tiros para o alto.* ▌ v.t.d. **2** Dar ou aplicar (um golpe). ◻ **SIN.** desferir.

desfecho ⟨des.fe.cho⟩ (Pron. [desfêcho]) s.m. Desenlace, conclusão ou resultado: *o desfecho de um mistério.*

desfeita ⟨des.fei.ta⟩ s.f. Ofensa ou falta de consideração ou cortesia: *Não aceitar o convite seria uma desfeita.*

desferir ⟨des.fe.rir⟩ ▌ v.t.d. **1** Dar ou aplicar (um golpe): *desferir um soco.* ◻ **SIN.** desfechar. ▌ v.t.d./v.t.d.i. **2** Tocar (um instrumento musical de corda) ou produzir (um som) [nele]: *desferir um cavaquinho.* ◻ **GRAMÁTICA** É um verbo irregular →SERVIR.

desfiar ⟨des.fi.ar⟩ ▌ v.t.d./v.prnl. **1** Desfazer(-se) ou desmanchar(-se) em fios: *Desfiei o xale para refazê-lo. Ao passar a unha, sua meia desfiou.* ▌ v.t.d. **2** Desmanchar (uma carne) em tiras. **3** Relatar com detalhes (um acontecimento): *As testemunhas desfiaram tudo o que viram.* **4** Tatear, uma a uma, as contas de (um rosário): *Desfiou o terço durante a reza.*

desfigurar ⟨des.fi.gu.rar⟩ ▌ v.t.d./v.prnl. **1** Transformar ou deformar a aparência de (algo) ou tornar-se feio: *O acidente o desfigurou.* ◻ **SIN.** deturpar. ▌ v.t.d. **2** Modificar, transformar ou alterar: *A construção desse arranha-céu desfigurou a paisagem.*

desfiladeiro ⟨des.fi.la.dei.ro⟩ s.m. Passagem estreita entre montanhas.

desfilar ⟨des.fi.lar⟩ ▌ v.int. **1** Andar em uma passarela, geralmente apresentando peças do vestuário ou acessórios. ▌ v.t.d. **2** Apresentar (peças do vestuário ou acessórios), geralmente andando por uma passarela: *No próximo mês, desfilarão a coleção de inverno.* ▌ v.int. **3** Participar da apresentação pública de uma marcha ou caminhada, em formação ou em ordem: *No dia da Independência, muitos alunos desfilam pelas ruas.* ▌ v.t.d. **4** Mostrar com orgulho ou vaidade: *Saiu pelas ruas desfilando seu carro novo.*

desfile ⟨des.fi.le⟩ s.m. **1** Caminhada por uma passarela, geralmente para apresentar uma peça do vestuário ou um acessório: *um desfile de moda.* **2** Apresentação pública de uma marcha ou uma caminhada, em formação ou em ordem: *um desfile militar; um desfile de escolas de samba.*

desflorestamento ⟨des.flo.res.ta.men.to⟩ s.m. Ato ou efeito de desflorestar. ◻ **SIN.** desmatamento.

desflorestar ⟨des.flo.res.tar⟩ v.t.d./v.int. Tirar as plantas ou a vegetação de (um terreno) ou desarborizar um lugar. ◻ **SIN.** desmatar.

desfolhar ⟨des.fo.lhar⟩ ▌ v.t.d. **1** Arrancar as folhas ou as pétalas de (uma planta ou uma flor): *Os fortes ventos desfolharam as árvores.* ▌ v.prnl. **2** Perder as folhas ou as pétalas (uma planta ou uma flor).

desforra ⟨des.for.ra⟩ s.f. Vingança ou devolução de ofensa ou de dano recebidos.

desfraldar ⟨des.fral.dar⟩ v.t.d. Abrir ou soltar ao vento (uma bandeira ou a vela de um barco).

desfrutar

desfrutar ⟨des.fru.tar⟩ v.t.d./v.t.i. Ter (algo que se considera positivo) ou usufruir ou gozar [dele]: *Sempre desfrutou de boa saúde.*

desfrute ⟨des.fru.te⟩ s.m. Posse, uso ou gozo de algo que se considera positivo: *Todos os alunos têm direito ao desfrute da quadra de esportes.*

desgarrar ⟨des.gar.rar⟩ ▮ v.t.d./v.t.d.i./v.prnl. **1** Afastar(-se) (algo ou alguém) [de um grupo] ou dispersar-se: *O latido dos cachorros desgarrou as ovelhas.* ▮ v.t.d./v.t.i./v.int./v.prnl. **2** Desviar(-se) [do caminho certo ou do caminho bom]. ☐ SIN. desencaminhar.

desgastar ⟨des.gas.tar⟩ v.t.d./v.prnl. **1** Consumir(-se) pouco a pouco pelo uso ou pelo atrito: *O freio da bicicleta se desgastou e tive que trocá-lo.* **2** Fazer perder ou perder a força, o vigor ou o poder: *O treinamento me desgastou, preciso de descanso.*

desgaste ⟨des.gas.te⟩ s.m. Consumo, geralmente por efeito do tempo, do uso ou do atrito: *É necessário trocar os pneus periodicamente porque eles sofrem desgaste.*

desgostar ⟨des.gos.tar⟩ ▮ v.t.d./v.prnl. **1** Causar ou sentir desgosto: *A reprovação no exame o desgostou. Toda a classe se desgostou com a saída da professora.* ▮ v.t.i./v.prnl. **2** Não gostar [de algo] ou descontentar-se: *Não vai bem em Química porque desgosta da matéria.* ☐ GRAMÁTICA Na acepção 1, como pronominal, usa-se a construção *desgostar-se* COM *(algo/alguém)*; na acepção 2, *desgostar* DE *(algo/alguém)*.

desgosto ⟨des.gos.to⟩ (Pron. [desgôsto]) s.m. Sentimento de tristeza, de mágoa ou de desprazer.

desgovernar ⟨des.go.ver.nar⟩ ▮ v.t.d./v.int. **1** Governar ou administrar mal: *desgovernar um país.* ▮ v.t.d./v.prnl. **2** Desviar(-se) do bom caminho. ▮ v.t.d./v.int./v.prnl. **3** Descontrolar(-se) ou perder o domínio de si mesmo.

desgoverno ⟨des.go.ver.no⟩ (Pron. [desgovêrno]) s.m. Desordem, descontrole ou falta de governo.

desgraça ⟨des.gra.ça⟩ s.f. **1** Infortúnio, má sorte ou adversidade: *O livro relatava a desgraça de um povo.* **2** Tragédia, calamidade ou acontecimento que causam dor ou danos muito grandes: *Ninguém esperava por aquela desgraça.* **3** *pejorativo* Pessoa incapaz ou inapta: *Esse jogador é uma desgraça.* **4** *informal* Aquilo que é malfeito ou que tem má qualidade: *O novo filme é uma desgraça.* ☐ GRAMÁTICA Nas acepções 3 e 4, usa-se tanto para o masculino quanto para o feminino: *(ele/ela) é uma desgraça.*

desgraçado, da ⟨des.gra.ça.do, da⟩ ▮ adj. **1** *informal* Que é excessivo ou que vai além do que se considera razoável: *um calor desgraçado.* ▮ adj./s. **2** Que ou quem não é feliz ou tem má sorte. ☐ SIN. desafortunado, infeliz. **3** Miserável ou desafortunado: *uma vida desgraçada.* **4** Que ou quem é digno de desprezo.

desgraçar ⟨des.gra.çar⟩ ▮ v.t.d./v.prnl. **1** Causar(-se) desgraça ou infelicidade. ▮ v.t.d. **2** *informal* Desvirginar. ☐ ORTOGRAFIA Antes de *e*, o *ç* muda para *c* →COMEÇAR.

desgraceira ⟨des.gra.cei.ra⟩ s.f. **1** Sequência de desgraças ou de acontecimentos ruins. **2** *informal* Aquilo que é malfeito ou que tem má qualidade: *O novo asfalto ficou uma desgraceira.*

desgracioso, sa ⟨des.gra.ci.o.so, sa⟩ (Pron. [desgraciôso], [desgraciósa], [desgraciósos], [desgraciósas]) adj. Que não tem ou que não age com graça nem com elegância.

desgrenhar ⟨des.gre.nhar⟩ v.t.d./v.prnl. Desarrumar(-se) ou bagunçar(-se) (o cabelo ou um penteado): *O vento desgrenhou seu topete. Seu cabelo se desgrenhou por causa da chuva.*

desgrudar ⟨des.gru.dar⟩ ▮ v.t.d./v.t.d.i. **1** Separar ou desprender (algo grudado ou muito junto) [de onde está]: *Não consigo desgrudar o chiclete da sola do meu sapato!* ▮ v.int./v.prnl. **2** Afastar-se de algo ou de alguém: *O cachorro não se desgrudava do dono.*

desguarnecer ⟨des.guar.ne.cer⟩ v.t.d./v.t.d.i./v.prnl. Deixar ou ficar (algo ou alguém) sem abastecimento [de mantimentos ou munições]: *Um país não pode desguarnecer suas fronteiras. Durante o inverno, não podia desguarnecer-se de provisões.* ☐ SIN. desaperceber. ☐ ORTOGRAFIA Antes de *a* ou *o*, o *c* muda para *ç* →CONHECER.

desidratação ⟨de.si.dra.ta.ção⟩ (pl. *desidratações*) s.f. **1** Ato ou efeito de desidratar(-se): *Costuma usar creme para evitar a desidratação da pele.* **2** Estado causado pela perda excessiva de um líquido, não reposta adequadamente: *No verão, é bom beber muita água para não ter desidratação.*

desidratar ⟨de.si.dra.tar⟩ v.t.d./v.prnl. Tirar água de (um organismo ou um corpo) ou perder água: *O excesso de sol pode desidratar a pele.*

design *(palavra inglesa)* (Pron. [dizáin]) s.m. Projeto ou desenho de um produto, tanto no que se refere à forma quanto à função.

designação ⟨de.sig.na.ção⟩ (pl. *designações*) s.f. Ato ou efeito de designar: *A designação do novo gerente foi uma surpresa para todos. A designação científica para dor de cabeça é cefaleia.*

designar ⟨de.sig.nar⟩ ▮ v.t.d./v.t.d.i. **1** Indicar (algo ou alguém) [a um determinado fim]: *Designaram-me gerente do projeto. Designou-o para a função.* ▮ v.t.d. **2** Representar, significar ou nomear por meio de uma linguagem: *Na tabela periódica, o H designa o hidrogênio.* ☐ GRAMÁTICA Na acepção 1, o objeto pode vir acompanhado de um complemento que o qualifica: *Designaram-me gerente do projeto.*

designer *(palavra inglesa)* (Pron. [dizáiner]) s.2g. Pessoa que se dedica ao projeto ou ao desenho de um produto, tanto no que se refere à forma quanto à função.

desígnio ⟨de.síg.nio⟩ s.m. Propósito ou intenção de fazer algo: *Ninguém conhece os desígnios divinos.*

desigual ⟨de.si.gual⟩ (pl. *desiguais*) adj.2g. Que não é igual ou em que não há equilíbrio nem proporção.

desigualar ⟨de.si.gua.lar⟩ v.t.d./v.t.i./v.t.d.i./v.prnl. Tornar(-se) (uma coisa) desigual [a outra]: *A expulsão do jogador desigualou os times.*

desigualdade ⟨de.si.gual.da.de⟩ s.f. Falta de igualdade: *Um dos principais desafios do país é combater as enormes desigualdades sociais.*

desiludir ⟨de.si.lu.dir⟩ v.t.d./v.t.d.i./v.prnl. Fazer (alguém) perder a ilusão [de algo que se quer ou se acredita] ou desesperançar-se: *Sua atitude desiludiu os pais. Desiludiu-se ao conhecer a verdade.* ☐ SIN. desenganar.

desilusão ⟨de.si.lu.são⟩ (pl. *desilusões*) s.f. Perda da ilusão: *Depois do fim de seu último namoro, ela não queria mais desilusões.*

desimpedido, da ⟨de.sim.pe.di.do, da⟩ adj. **1** Sem obstáculos. **2** *informal* Solteiro.

desimpedir ⟨de.sim.pe.dir⟩ v.t.d. Desobstruir ou livrar de empecilhos. ☐ GRAMÁTICA É um verbo irregular →PEDIR.

desinchar ⟨de.sin.char⟩ v.t.d./v.int./v.prnl. Tirar o ar ou o inchaço de (algo) ou perder aquilo que incha: *O medicamento desinchou o calombo. Colocou as pernas para cima para que desinchassem.*

desincompatibilizar ⟨de.sin.com.pa.ti.bi.li.zar⟩ v.t.d./v.prnl. Conciliar(-se) ou tornar(-se) compatível.

desincorporar ⟨de.sin.cor.po.rar⟩ ▮ v.t.d./v.t.d.i./v.prnl. **1** Separar(-se) ou desligar(-se) (algo ou alguém) [de um conjunto ou de um todo]. ▮ v.int. **2** Abandonar um corpo (um espírito ou outra entidade sobrenatural): *O orixá desincorporou ao fim do ritual.*

desindexar ⟨de.sin.de.xar⟩ (Pron. [desindecsar]) v.t.d. Livrar (um valor) dos reajustes relacionados às variações econômicas.

desinência ⟨de.si.nên.cia⟩ s.f. Em linguística, morfema que se acrescenta à raiz de um adjetivo, de um substantivo, de um pronome ou de um verbo.

desinfecção ⟨de.sin.fec.ção⟩ (pl. *desinfecções*) s.f. **1** Eliminação dos germes e outros micro-organismos que possam causar infecções. **2** Cura de uma infecção.

desinfetante ⟨de.sin.fe.tan.te⟩ adj.2g./s.m. Em relação especialmente a uma substância, que desinfeta: *O cloro é um desinfetante poderoso*.

desinfetar ⟨de.sin.fe.tar⟩ ❚ v.t.d./v.int. **1** Livrar (algo infectado) da infecção ou daquilo que a causa, ou destruir organismos nocivos e infecciosos: *O enfermeiro desinfetou o corte*. ❚ v.t.i./v.int. **2** *informal* Sair ou retirar-se [de um lugar]: *Desinfete daqui!*

desinflamar ⟨de.sin.fla.mar⟩ v.t.d./v.int./v.prnl. Curar(-se) ou eliminar a inflamação de (algo inflamado).

desinibido, da ⟨de.si.ni.bi.do, da⟩ adj. Que é desembaraçado ou que tem facilidade para falar em público. ☐ SIN. desenvolto.

desinibir ⟨de.si.ni.bir⟩ v.t.d./v.prnl. Fazer perder ou perder a inibição (uma ou mais pessoas): *A palestrante desinibiu os participantes com suas piadas. Com o passar da noite, os convidados se desinibiram.*

desinquietar ⟨de.sin.qui.e.tar⟩ v.t.d./v.prnl. Fazer perder ou perder o sossego ou a tranquilidade. ☐ SIN. desassossegar, inquietar.

desinquieto, ta ⟨de.sin.qui.e.to, ta⟩ adj. Muito inquieto, sem sossego ou sem tranquilidade.

desintegração ⟨de.sin.te.gra.ção⟩ (pl. *desintegrações*) s.f. Ato ou efeito de desintegrar(-se).

desintegrar ⟨de.sin.te.grar⟩ v.t.d./v.prnl. Separar(-se) ou decompor(-se) as partes de (um todo): *A bomba desintegrou tudo o que estava ao seu redor. A banda desintegrou-se no auge da carreira.*

desinteligência ⟨de.sin.te.li.gên.cia⟩ s.f. **1** Falta de entendimento ou de acordo entre diferentes pontos de vista: *Com o tempo, a desinteligência entre os sócios aumentou*. **2** Falta de inteligência. **3** Aversão ou hostilidade. ☐ SIN. malquerença, malquerer.

desinteressado, da ⟨de.sin.te.res.sa.do, da⟩ adj. Sem interesse ou sem benefício próprio.

desinteressante ⟨de.sin.te.res.san.te⟩ adj.2g. Que não desperta interesse.

desinteresse ⟨de.sin.te.res.se⟩ (Pron. [desinterêsse]) s.m. **1** Falta de interesse: *A professora a repreendeu pelo desinteresse na matéria*. **2** Altruísmo ou desapego por recompensas materiais: *Mostrou desinteresse pessoal ao ajudar a comunidade*. ☐ SIN. desprendimento.

desintoxicar ⟨de.sin.to.xi.car⟩ (Pron. [desintocsicar]) v.t.d./v.int./v.prnl. Tratar(-se) (uma pessoa intoxicada) para eliminar a intoxicação e seus efeitos: *O tratamento visa desintoxicar os dependentes químicos. Ele conseguiu se desintoxicar após semanas de internação*. ☐ ORTOGRAFIA Antes de e, o c muda para qu →BRINCAR.

desistir ⟨de.sis.tir⟩ v.t.i./v.int. Abandonar ou interromper o desenvolvimento [de uma atividade ou de um projeto já iniciados], ou renunciar: *Ela desistiu do curso, pois preferiu estudar no exterior. A turma ficou pequena, pois vários alunos desistiram.*

desjejum ⟨des.je.jum⟩ (pl. *desjejuns*) s.m. **1** Primeira refeição do dia, feita pela manhã. ☐ SIN. café da manhã. **2** Alimento que se toma nessa refeição: *Sempre come frutas como desjejum*. ☐ SIN. café da manhã.

desktop *(palavra inglesa)* (Pron. [desquitóp]) s.m. Interface gráfica de alguns sistemas operacionais que representa, por meio de ícones, os diferentes programas e arquivos com os quais o usuário trabalha.

deslocar

deslanchar ⟨des.lan.char⟩ v.t.d./v.int. **1** *informal* Acelerar (um meio de transporte) ou iniciar um movimento, geralmente de forma brusca: *O carro deslanchou na descida*. **2** *informal* Fazer aumentar ou progredir rapidamente: *As vendas de panetone deslancham no fim do ano*.

deslavado, da ⟨des.la.va.do, da⟩ adj. **1** Em relação especialmente a uma peça do vestuário, que é desbotada ou que adquire cor menos intensa com o uso. **2** *informal* Descarado, sem-vergonha ou atrevido.

desleal ⟨des.le.al⟩ (pl. *desleais*) adj.2g./s.2g. Que ou quem não mostra lealdade.

deslealdade ⟨des.le.al.da.de⟩ s.f. Falta de lealdade.

desleixado, da ⟨des.lei.xa.do, da⟩ adj./s. Descuidado ou negligente: *Meu irmão é desleixado e nunca arruma suas roupas*.

desleixar ⟨des.lei.xar⟩ v.t.d./v.prnl. Descuidar(-se) ou negligenciar(-se): *Nunca desleixou os filhos. Ele se desleixou desde o fim do namoro*.

desleixo ⟨des.lei.xo⟩ s.m. Falta de cuidado ou abandono: *O trabalho malfeito é reflexo de seu desleixo*.

desligado, da ⟨des.li.ga.do, da⟩ adj. *informal* Desatento: *uma pessoa desligada*.

desligar ⟨des.li.gar⟩ ❚ v.t.d./v.t.d.i. **1** Interromper o funcionamento de (um aparelho elétrico), desconectando-o [de sua fonte de energia]: *Por favor, desligue o rádio*. ❚ v.t.d./v.int. **2** Interromper o funcionamento de (um telefone) ou desfazer uma comunicação telefônica: *Antes de desligar, diga a ela que eu mandei um abraço*. ❚ v.t.d./v.t.d.i./v.prnl. **3** Separar(-se) ou soltar(-se) (uma coisa ou uma pessoa) [de outras]: *Desligou os conectores da tomada. Não consegue se desligar dos problemas do trabalho*. **4** Demitir(-se) ou destituir(-se) (um funcionário) [do cargo que ocupa]: *Ela foi desligada por fraude*. ❚ v.prnl. **5** Separar-se ou distanciar-se: *As filiais acabaram se desligando da empresa matriz*. **6** Afastar-se ou ficar distante de alguém ou de um grupo: *Depois das brigas, ela se desligou da banda*. ☐ ORTOGRAFIA Antes de e, o g muda para gu →CHEGAR.

deslindar ⟨des.lin.dar⟩ v.t.d. Esclarecer ou investigar (um determinado assunto): *deslindar uma questão; deslindar um enigma*.

deslizamento ⟨des.li.za.men.to⟩ s.m. Ato ou efeito de deslizar(-se).

deslizar ⟨des.li.zar⟩ ❚ v.t.d. **1** Mover (algo material) suavemente sobre uma superfície: *Para abrir a tampa, deslize o fecho para a esquerda*. ❚ v.t.d.i./v.int./v.prnl. **2** Deslocar(-se) ou escorregar(-se) [sobre uma superfície]: *A gota d'água deslizou sobre a folha*. ❚ v.int. **3** Cometer uma falha involuntariamente.

deslize ⟨des.li.ze⟩ s.m. Falha cometida involuntariamente: *Cometeu o deslize de revelar meu segredo*.

deslocado, da ⟨des.lo.ca.do, da⟩ adj. Que não se adapta à situação ou ao local em que está: *Como não conhecia ninguém na festa, sentiu-se deslocado*.

deslocamento ⟨des.lo.ca.men.to⟩ s.m. **1** Ato ou efeito de deslocar(-se). **2** Mudança de cargo ou de função de um trabalhador: *Uma reorganização interna provocou o deslocamento de alguns funcionários*. **3** Separação da articulação de algo: *o deslocamento de um ombro*.

deslocar ⟨des.lo.car⟩ ❚ v.t.d./v.prnl. **1** Mover(-se) ou mudar de lugar: *Perco muito tempo me deslocando de casa à escola*. ❚ v.t.d. **2** Mudar (um trabalhador) de cargo ou de função. ❚ v.t.d./v.prnl. **3** Separar(-se) (algo articulado) da articulação. ☐ SIN. desarticular. ☐ ORTOGRAFIA Antes de e, o c muda para qu →BRINCAR.

deslogar

deslogar ⟨des.lo.gar⟩ v.t.i./v.int./v.prnl. Desconectar(-se) [de um sistema ou de uma rede informática]: *Desloguei da rede da empresa assim que terminei meu trabalho.*

deslumbramento ⟨des.lum.bra.men.to⟩ s.m. Ato ou efeito de deslumbrar(-se).

deslumbrar ⟨des.lum.brar⟩ v.t.d./v.int./v.prnl. Deixar (alguém) impressionado ou seduzido, ou admirar(-se): *A orquestra deslumbrou todos os ouvintes. Nunca se deixou deslumbrar pelo dinheiro.*

desmaiado, da ⟨des.mai.a.do, da⟩ adj. **1** Em relação a uma cor, que é apagada ou sem brilho: *um azul desmaiado.* **2** Pálido, fraco ou sem viço: *uma luz desmaiada; feições desmaiadas.*

desmaiar ⟨des.mai.ar⟩ v.int. **1** Perder os sentidos momentaneamente. ☐ SIN. desfalecer. ▌v.t.d./v.int./v.prnl. **2** Fazer perder ou perder a força ou a intensidade: *Com o amanhecer, o brilho das estrelas desmaiou.*

desmaio ⟨des.mai.o⟩ s.m. Perda momentânea dos sentidos. ☐ SIN. desfalecimento.

desmamar ⟨des.ma.mar⟩ ▌v.t.d. **1** Deixar ou fazer com que (um bebê ou um filhote) deixem de mamar: *O bebê desmamou aos seis meses de vida.* ▌v.t.d./v.int./v.prnl. **2** *informal* Afastar(-se) (alguém) da proteção da família para ser independente: *Apesar de adulto, ainda não desmamou.*

desmanchar ⟨des.man.char⟩ v.t.d./v.prnl. **1** Desfazer a ordem ou a estrutura de (algo) ou desarrumar-se: *O vento desmanchou meu penteado.* **2** Desfazer(-se) ou decompor(-se) (algo material): *Para fazer o doce, cozinhe a abóbora até desmanchar.* **3** Separar(-se) ou desunir(-se) (algo unido): *O noivado se desmanchou dias antes do casamento.*

desmandar ⟨des.man.dar⟩ ▌v.t.d. **1** Revogar (uma ordem dada). ▌v.prnl. **2** Agir sem limites nem comedimento ou exceder-se.

desmando ⟨des.man.do⟩ s.m. **1** Falta de limites ou de comedimento na forma de agir: *Os desmandos de alguns políticos de nosso país são insuportáveis.* **2** Desregramento ou desobediência a ordens e a leis.

desmantelar ⟨des.man.te.lar⟩ v.t.d./v.prnl. **1** Fazer vir ou vir abaixo (uma edificação). **2** Desarticular(-se) ou fazer desaparecer: *desmantelar uma quadrilha.*

desmarcar ⟨des.mar.car⟩ v.t.d. **1** Tirar as marcas de (algo marcado). **2** Desfazer ou adiar (um compromisso): *Desmarcaram o jantar por causa de uma reunião.* ☐ ORTOGRAFIA Antes de e, o c muda para qu →BRINCAR.

desmascarar ⟨des.mas.ca.rar⟩ v.t.d./v.prnl. Mostrar a verdadeira identidade de (alguém) ou revelar-se: *Depois de muito investigar, conseguiram desmascarar o criminoso.*

desmatamento ⟨des.ma.ta.men.to⟩ s.m. Ato ou efeito de desmatar. ☐ SIN. desflorestamento.

desmatar ⟨des.ma.tar⟩ v.t.d./v.int. Tirar as plantas ou a vegetação de (um terreno) ou desarborizar um lugar. ☐ SIN. desflorestar.

desmazelado, da ⟨des.ma.ze.la.do, da⟩ adj./s. Que ou quem é desleixado ou não tem cuidado.

desmazelar-se ⟨des.ma.ze.lar-se⟩ v.prnl. Tornar-se desleixado ou descuidado.

desmazelo ⟨des.ma.ze.lo⟩ (Pron. [desmazêlo]) s.m. Desleixo ou falta de cuidado.

desmedido, da ⟨des.me.di.do, da⟩ adj. Desproporcional ou que excede as medidas ou os limites usuais. ☐ SIN. desmesurado.

desmembrar ⟨des.mem.brar⟩ v.t.d./v.t.d.i./v.prnl. Separar(-se) (algo) [em partes]: *A divergência de opiniões desmembrou o partido.*

desmemoriado, da ⟨des.me.mo.ri.a.do, da⟩ adj. Com pouca memória ou que a conserva apenas por alguns intervalos de tempo.

desmentido ⟨des.men.ti.do⟩ s.m. Declaração com a qual se desmente algo em público.

desmentir ⟨des.men.tir⟩ ▌v.t.d. **1** Afirmar ser falso (algo que alguém disse): *A atriz desmentiu as notícias sobre seu casamento.* ▌v.prnl. **2** Contradizer-se ou dizer o contrário do que foi dito: *Ela se desmentiu na frente de todos.* ☐ GRAMÁTICA É um verbo irregular →SERVIR.

desmerecer ⟨des.me.re.cer⟩ ▌v.t.d. **1** Não merecer ou não ser digno de (algo positivo): *Desmerece o prêmio, pois burlou o regulamento.* ▌v.t.d./v.prnl. **2** Julgar(-se) menos importante ou depreciar(-se): *Não desmereça o trabalho dele, pois fez tudo o que pôde.* ☐ SIN. menosprezar. ☐ ORTOGRAFIA Antes de a ou o, o c muda para ç →CONHECER.

desmerecimento ⟨des.me.re.ci.men.to⟩ s.m. **1** Menosprezo ou desvalorização de uma pessoa ou de suas atitudes. **2** Falta de mérito ou de valor. ☐ SIN. demérito.

desmesura ⟨des.me.su.ra⟩ s.f. Falta de cortesia, de delicadeza ou de civilidade: *Trataram-nos com desmesura.*

desmesurado, da ⟨des.me.su.ra.do, da⟩ adj. Desproporcional ou que excede as medidas ou os limites usuais. ☐ SIN. desmedido.

desmilinguido, da ⟨des.mi.lin.gui.do, da⟩ (Pron. [desmilingüido]) adj. **1** *informal* Em relação a algo material, que se desmanchou ou que se desfez: *uma roupa desmilinguida.* **2** *informal* Que está fraco, abatido ou sem vigor: *Chegou todo desmilinguido depois daquela viagem.*

desmilitarizar ⟨des.mi.li.ta.ri.zar⟩ v.t.d. Privar (um território) de tropas ou tirar dele suas instalações militares.

desmiolado, da ⟨des.mi.o.la.do, da⟩ adj./s. *informal* Irresponsável ou inconsequente.

desmobilizar ⟨des.mo.bi.li.zar⟩ v.t.d./v.prnl. Desmanchar ou desfazer (uma mobilização ou uma coletividade): *O Governo resolveu desmobilizar as tropas. O grupo se desmobilizou por falta de recursos.*

desmontagem ⟨des.mon.ta.gem⟩ (pl. *desmontagens*) s.f. Separação das peças de algo: *a desmontagem de um computador.*

desmontar ⟨des.mon.tar⟩ ▌v.t.d./v.prnl. **1** Desunir ou separar as peças que compõem (um objeto) ou desmembrar-se: *Ele desmontou o móvel para a mudança. Sentei e a cadeira se desmontou.* ☐ SIN. desarmar. ▌v.t.d./v.t.i./v.t.d.i./v.prnl. **2** Descer ou fazer (alguém) descer [de um animal de montaria]. ▌v.t.d. **3** Em uma joia, tirar (uma pedra) do espaço que a prende.

desmoralizar ⟨des.mo.ra.li.zar⟩ v.t.d./v.prnl. **1** Tornar(-se) imoral. ☐ SIN. perverter. **2** Tirar ou perder a boa fama: *Os boatos desmoralizaram sua reputação.* **3** Tirar ou perder o ânimo ou a confiança: *A equipe se desmoralizou depois de tomar o segundo gol.*

desmoronar ⟨des.mo.ro.nar⟩ v.t.d./v.int./v.prnl. Fazer vir ou vir abaixo: *O terremoto desmoronou várias casas. Meus sonhos desmoronaram ao vê-la partir.*

desmotivado, da ⟨des.mo.ti.va.do, da⟩ adj. Sem motivação ou desinteressado: *Com os maus resultados do semestre, a equipe ficou desmotivada.*

desmotivar ⟨des.mo.ti.var⟩ v.t.d./v.prnl. Fazer perder ou perder a motivação ou o interesse por algo: *Os obstáculos nunca o desmotivaram. Desmotivou-se ao saber o resultado.*

desnacionalizar ⟨des.na.ci.o.na.li.zar⟩ v.t.d./v.prnl. Tirar ou perder o caráter nacional: *desnacionalizar uma empresa.*

desnatado, da ⟨des.na.ta.do, da⟩ adj. Em relação a alguns líquidos, especialmente ao leite, que não tem nata: *um leite desnatado.*

desnatar ⟨des.na.tar⟩ v.t.d. Tirar a nata de (alguns líquidos, especialmente o leite).

desnaturado, da ⟨des.na.tu.ra.do, da⟩ adj./s. Que ou quem é desumano, sem sentimentos ou cruel.

desnaturalizar ⟨des.na.tu.ra.li.zar⟩ v.t.d./v.prnl. **1** Fazer (um cidadão) perder ou perder os direitos que tem por ser natural de um país. **I** v.t.d. **2** Adulterar o caráter ou a natureza: *O tradutor deve ter cuidado para não desnaturalizar o texto original.*

desnecessário, ria ⟨des.ne.ces.sá.rio, ria⟩ adj. Que não é necessário.

desnível ⟨des.ní.vel⟩ (pl. *desníveis*) s.m. **1** Diferença de nível ou de altura: *o desnível de um terreno.* **2** Diferença de nível em relação a um determinado parâmetro: *O resultado da corrida evidenciou um desnível de preparo entre os atletas.*

desnivelar ⟨des.ni.ve.lar⟩ v.t.d. Desequilibrar ou desigualar (algo nivelado).

desnortear ⟨des.nor.te.ar⟩ **I** v.t.d./v.prnl. **1** Desviar(-se) (algo em movimento) de sua rota ou da direção norte. **I** v.t.d./v.int./v.prnl. **2** Confundir(-se), atrapalhar(-se) ou perturbar(-se): *A mudança de domicílio o desnorteou.* ☐ SIN. desorientar. ☐ ORTOGRAFIA O e muda para *ei* quando a sílaba tônica estiver na raiz do verbo →NOMEAR.

desnudar ⟨des.nu.dar⟩ **I** v.t.d./v.prnl. **1** Tirar as vestes ou aquilo que cobre (o corpo ou uma parte dele) ou tornar-se nu. ☐ SIN. despir, desvestir. **I** v.t.d. **2** Manifestar ou mostrar (algo oculto ou que não se conhece): *Acabou desnudando suas intenções mais secretas.*

desnudo, da ⟨des.nu.do, da⟩ adj. Sem roupa. ☐ SIN. despido, nu.

desnutrição ⟨des.nu.tri.ção⟩ (pl. *desnutrições*) s.f. Debilitação causada pela insuficiência de alimentos em um organismo.

desnutrir ⟨des.nu.trir⟩ v.t.d./v.prnl. Nutrir(-se) mal ou não nutrir.

desobedecer ⟨de.so.be.de.cer⟩ v.t.i./v.int. Não obedecer [a uma lei ou a um regulamento]: *Desobedeceu às ordens da professora. Levou uma bronca por desobedecer.* ☐ ORTOGRAFIA Antes de *a* ou *o*, o *c* muda para *ç* →CONHECER. ☐ GRAMÁTICA Usa-se a construção *desobedecer a (algo/alguém)*.

desobediência ⟨de.so.be.di.ên.cia⟩ s.f. Falta de obediência ou não cumprimento de uma ordem, de uma lei ou de um regulamento: *Sua desobediência lhe trouxe problemas.*

desobediente ⟨de.so.be.di.en.te⟩ adj.2g./s.2g. Que ou quem desobedece ou costuma desobedecer.

desobrigar ⟨de.so.bri.gar⟩ v.t.d./v.t.d.i./v.prnl. Liberar(-se) ou isentar(-se) (alguém) [de uma obrigação] ou permitir que ela não se cumpra: *Desobrigou-se dos serviços domésticos e saiu.* ☐ SIN. dispensar. ☐ ORTOGRAFIA Antes de *e*, o *g* muda para *gu* →CHEGAR.

desobstruir ⟨de.sobs.tru.ir⟩ v.t.d./v.prnl. Remover(-se) algo ou alguém que obstrui (uma passagem): *desobstruir um encanamento.* ☐ ORTOGRAFIA Usa-se *i* em vez de *e* comum na conjugação do presente do indicativo e do imperativo afirmativo →ATRIBUIR.

desocupação ⟨de.so.cu.pa.ção⟩ (pl. *desocupações*) s.f. Ato ou efeito de desocupar(-se): *a desocupação de um prédio; a desocupação do telefone.*

desocupado, da ⟨de.so.cu.pa.do, da⟩ **I** adj. **1** Que não está ocupado. ☐ SIN. devoluto. **I** adj./s. **2** Que ou quem não tem emprego. ☐ SIN. desempregado. **3** *informal pejorativo* Vagabundo.

desocupar ⟨de.so.cu.par⟩ **I** v.t.d. **1** Deixar (um lugar) livre ou vazio: *Temos até o meio-dia para desocupar o quarto do hotel.* ☐ SIN. vagar. **2** Liberar para ser usado: *Poderia desocupar o telefone? Preciso fazer uma ligação urgente.* **I** v.t.d./v.t.d.i./v.prnl. **3** Deixar(-se) livre [de uma ocupação] ou ficar sem nenhuma atividade para fazer.

desodorante ⟨de.so.do.ran.te⟩ adj.2g./s.m. Em relação a um produto, que elimina ou que previne o mau cheiro.

desodorizar ⟨de.so.do.ri.zar⟩ v.t.d. Eliminar ou neutralizar o odor de (algo ou um lugar) especialmente se for desagradável: *Desodorizamos o quarto com perfume de flores.*

desolação ⟨de.so.la.ção⟩ (pl. *desolações*) s.f. **1** Destruição, ruína ou despovoamento de um lugar: *O furacão deixou a região num estado de desolação.* **2** Tristeza, desamparo ou sofrimento: *a desolação pela perda de um amigo.*

desolado, da ⟨de.so.la.do, da⟩ adj. **1** Em relação a um local, que não tem população. **2** Que está triste ou que está sofrendo.

desolar ⟨de.so.lar⟩ **I** v.t.d./v.prnl. **1** Devastar(-se) ou destruir(-se) por completo: *O furacão desolou toda a região.* **I** v.t.d. **2** Causar tristeza, desamparo ou sofrimento a (alguém): *Desola-me vê-la tão triste.*

desonestidade ⟨de.so.nes.ti.da.de⟩ s.f. Falta de honestidade ou de ética: *O adversário agiu com desonestidade e foi eliminado do jogo.*

desonesto, ta ⟨de.so.nes.to, ta⟩ adj. Que não tem honestidade nem ética.

desonra ⟨de.son.ra⟩ s.f. Perda da honra, do respeito ou da dignidade: *Ser pobre não é desonra alguma.*

desonrar ⟨de.son.rar⟩ v.t.d./v.prnl. **1** Tirar ou perder a honra. **2** *eufemismo* Desvirginar(-se).

desopilar ⟨de.so.pi.lar⟩ v.t.d./v.int./v.prnl. Aliviar(-se) ou fazer esquecer os problemas ou as preocupações.

desoprimir ⟨de.so.pri.mir⟩ v.t.d./v.t.d.i./v.prnl. Livrar(-se) (algo ou alguém) [de uma opressão].

desordeiro, ra ⟨de.sor.dei.ro, ra⟩ adj./s. Que ou quem tende a brigar ou a discutir com frequência.

desordem ⟨de.sor.dem⟩ (pl. *desordens*) s.f. **1** Falta de ordem ou de organização: *Depois da festa, a casa ficou em completa desordem.* ☐ SIN. desorganização. **2** Confusão ou tumulto: *Foram detidos por participar de uma desordem na rua.*

desordenar ⟨de.sor.de.nar⟩ v.t.d./v.prnl. Deixar ou ficar (algo ordenado) sem a ordem que tem: *Meu irmão desordenou todos os meus livros.*

desorganização ⟨de.sor.ga.ni.za.ção⟩ (pl. *desorganizações*) s.f. Falta de ordem ou de organização. ☐ SIN. desordem.

desorganizar ⟨de.sor.ga.ni.zar⟩ v.t.d./v.prnl. Tirar(-se) totalmente da ordem, desfazendo a organização já existente: *Eles sempre desorganizam meus papéis.*

desorientar ⟨de.so.ri.en.tar⟩ v.t.d./v.prnl. **1** Desviar(-se) (algo em movimento) de sua rota ou da direção. **2** Confundir(-se), atrapalhar(-se) ou perturbar(-se): *As contínuas mudanças no projeto desorientavam a equipe.* ☐ SIN. desnortear.

desossar ⟨de.sos.sar⟩ v.t.d. Tirar os ossos de (um animal abatido). ☐ SIN. descarnar.

desova ⟨de.so.va⟩ s.f. Postura de ovos, especialmente se for das fêmeas dos peixes.

desovar ⟨de.so.var⟩ **I** v.int. **1** Botar ovos (a fêmea dos peixes, dos répteis e dos anfíbios): *As tartarugas marinhas desovam nas praias.* **I** v.t.d. **2** *informal* Depositar em um lugar (um cadáver ou um carro roubado, especialmente).

desoxirribonucleico, ca ⟨de.so.xir.ri.bo.nu.clei.co, ca⟩ (Pron. [desocsirribonucleico]) adj. Em relação a um ácido, que constitui o material genético das células e que é encontrado fundamentalmente em seu núcleo.

despachado, da ⟨des.pa.cha.do, da⟩ adj./s.m. Que ou quem é ativo, esperto e rápido na forma de agir.

despachante ⟨des.pa.chan.te⟩ adj.2g./s.2g. **1** Que ou quem se dedica ao despacho de mercadorias. **2** Que ou

despachar

quem se dedica especialmente ao despacho de documentos e ao pagamento de taxas em repartições públicas.
despachar ⟨des.pa.char⟩ ▮ v.t.d./v.t.d.i. **1** Enviar ou expedir (algo) [a alguém]: *despachar mercadorias.* ▮ v.t.d./v.t.d.i./v.int. **2** Decidir ou resolver (uma tarefa ou um assunto) [com alguém], ou deliberar: *Antes de qualquer coisa, preciso despachar os assuntos do escritório.* ▮ v.t.d. **3** Demitir ou dispensar (alguém): *Para reduzir gastos, despacharam duas pessoas.* **4** *informal* Matar. **5** Realizar um despacho ou uma oferenda.
despacho ⟨des.pa.cho⟩ s.m. **1** Envio ou expedição de algo: *O departamento de logística é responsável pelo despacho das mercadorias.* **2** Decisão tomada por uma autoridade em relação a um pedido que lhe foi feito: *o despacho de um juiz.* **3** Em algumas religiões afro-brasileiras, oferenda feita a Exu (entidade maléfica e mensageira dos orixás) para conseguir algo em seu favor: *Encontraram alguns despachos de umbanda dentro do terreno baldio.*
desparafusar ⟨des.pa.ra.fu.sar⟩ v.t.d./v.int./v.prnl. Abrir ou soltar(-se) (algo fechado ou preso): *Desparafusou a roda para trocar o pneu. A caixa se desparafusou com os movimentos do caminhão.* ◻ ORTOGRAFIA Escreve-se também *desaparafusar*.
despautério ⟨des.pau.té.rio⟩ s.m. Dito ou feito absurdos ou sem sentido.
despedaçar ⟨des.pe.da.çar⟩ v.t.d./v.prnl. **1** Quebrar(-se) em pedaços: *Despedaçou o cartão antes de jogá-lo fora. Os pratos se despedaçaram ao caírem no chão.* ◻ SIN. esbagaçar, espatifar. **2** Destruir, maltratar(-se) ou atormentar(-se) (uma pessoa ou algo não material): *As críticas injustas o despedaçaram.* ◻ ORTOGRAFIA **1.** Antes de *e*, o *ç* muda para *c* →COMEÇAR. **2.** Escreve-se também *espedaçar*.
despedida ⟨des.pe.di.da⟩ s.f. **1** Expressão de afeto ou cortesia usada ao se despedir: *um abraço de despedida.* **2** Partida ou separação: *a despedida de um amigo; uma festa de despedida.*
despedir ⟨des.pe.dir⟩ ▮ v.t.d./v.prnl. **1** Afastar(-se) ou privar(-se) (alguém) de sua ocupação ou de seu emprego. ◻ SIN. demitir, desempregar, dispensar. ▮ v.t.d. **2** Separar-se de (alguém): *Recebeu o pacote e despediu o entregador.* ▮ v.prnl. **3** Fazer um gesto ou uma saudação ao retirar-se: *Despediu-se de todos os presentes e saiu.* ◻ GRAMÁTICA É um verbo irregular →PEDIR.
despeitado, da ⟨des.pei.ta.do, da⟩ adj./s. Que ou quem sente mágoa, ressentimento ou rancor por ter sido desprezado ou por não conseguir aquilo que desejava.
despeito ⟨des.pei.to⟩ s.m. Mágoa, ressentimento ou rancor que se sente por ter sido desprezado ou por não conseguir aquilo que se desejava. ‖ **a despeito de** Conectivo gramatical coordenativo (que une elementos do mesmo nível sintático) que expressa adversidade: *A despeito do mau tempo, resolvemos seguir viagem.* ◻ SIN. não obstante, sem embargo.
despejar ⟨des.pe.jar⟩ ▮ v.t.d. **1** Livrar-se de (algo que está ocupando espaço ou atrapalhando) ou depositá-lo em algum lugar: *Despejamos a tranqueira no quarto dos fundos.* ▮ v.t.d./v.t.d.i. **2** Esvaziar ou verter o conteúdo de (um recipiente) [em um lugar]: *Despejou a garrafa na pia.* **3** Entornar (o conteúdo de um recipiente) [em outro lugar]: *Despejaram água quente na bacia.* **4** Derramar ou verter (algo) [em um lugar]: *Despejou muito sal na sopa.* ◻ SIN. deitar, entornar. ▮ v.t.d. **5** Desalojar ou obrigar (alguém) a sair de um lugar, mediante uma ação legal: *O proprietário despejou o inquilino, pois este não pagou o aluguel.* ▮ v.t.d.i. **6** Atribuir ou descarregar (um sentimento) [em alguém]: *Nervosa, despejou suas frustrações nele.*

despejo ⟨des.pe.jo⟩ (Pron. [despêjo]) s.m. **1** Desocupação de um imóvel: *uma ordem de despejo.* **2** Lançamento de algo, especialmente de detritos: *o despejo de esgoto por uma tubulação.* **3** Resíduo ou aquilo que não tem utilidade alguma: *um despejo industrial.*
despencar ⟨des.pen.car⟩ ▮ v.int./v.prnl. **1** Cair de maneira violenta: *O vaso despencou da janela.* ▮ v.t.d./v.int./v.prnl. **2** Fazer cair ou cair do galho ou do cacho (um fruto): *As mangas despencaram, pois já estavam maduras.* ▮ v.int. **3** Sofrer grande queda ou diminuição (um valor): *Os preços despencam com as liquidações.* ▮ v.int./v.prnl. **4** Chegar ou apresentar-se em um lugar de maneira repentina e inesperada: *Sem avisar, despencou lá em casa.* ▮ v.prnl. **5** Sair correndo: *Despencou-se quando viu o ônibus partindo.* ◻ ORTOGRAFIA Antes de *e*, o *c* muda para *qu* →BRINCAR.
despender ⟨des.pen.der⟩ ▮ v.t.d./v.t.d.i./v.int. **1** Gastar ou usar (uma quantia de dinheiro) [em uma compra] ou fazer despesas: *Despendeu uma fortuna em joias.* ▮ v.t.d./v.t.d.i. **2** Consumir ou usar (tempo ou energia) [na realização de algo]: *O ciclista despendeu um grande esforço na subida.*
despenhadeiro ⟨des.pe.nha.dei.ro⟩ s.m. Abertura ou cavidade muito profundas em algum tempo. ◻ SIN. abismo, precipício.
despensa ⟨des.pen.sa⟩ s.f. Em uma casa ou em um estabelecimento, lugar onde se guardam alimentos e outros objetos domésticos. ◻ ORTOGRAFIA É diferente de *dispensa*.
despenseiro, ra ⟨des.pen.sei.ro, ra⟩ s. Pessoa que se dedica profissionalmente à administração de uma despensa.
despentear ⟨des.pen.te.ar⟩ v.t.d./v.int./v.prnl. Desarrumar(-se) o cabelo de (alguém): *O vento me despenteou. Ela se despenteou ao correr.* ◻ ORTOGRAFIA O *e* muda para *ei* quando a sílaba tônica estiver na raiz do verbo →NOMEAR.
desperceber ⟨des.per.ce.ber⟩ v.t.d. Não perceber ou não atentar. ◻ ORTOGRAFIA Escreve-se também *desaperceber*.
desperdiçar ⟨des.per.di.çar⟩ v.t.d. **1** Empregar mal ou não aproveitar devidamente: *Desperdiçou uma grande oportunidade de trabalho.* **2** Gastar muito de uma forma inadequada: *Desperdiçou seu tempo com bobagens.* ◻ ORTOGRAFIA Antes de *e*, o *ç* muda para *c* →COMEÇAR.
desperdício ⟨des.per.dí.cio⟩ s.m. **1** Uso ou gasto excessivos ou inadequados: *O governo lançou uma campanha para combater o desperdício de água.* **2** Perda ou falta de aproveitamento: *Não tirar proveito desse talento para a música é um desperdício.*
despersonalizar ⟨des.per.so.na.li.zar⟩ v.t.d./v.t.d.i. Tirar ou perder as características individuais: *O sucesso comercial não despersonalizou o estilo do autor. A banda despersonalizou-se com a saída do vocalista.*
despertador, -a ⟨des.per.ta.dor, do.ra⟩ (Pron. [despertadôr], [despertadôra]) ▮ adj. **1** Que desperta. ▮ s.m. **2** Relógio que soa em um horário programado.
despertar ⟨des.per.tar⟩ ▮ v.t.d./v.int. **1** Interromper o descanso de (uma pessoa ou um animal) ou sair do sono: *Ela dormia tão profundamente que não conseguimos despertá-la. Meu pai desperta cedo para caminhar.* ◻ SIN. acordar. ▮ v.t.i./v.t.d.i. **2** Fazer (alguém) voltar ou voltar à consciência depois [de um sonho ou de um estado de inconsciência]: *despertar de um pesadelo.* ◻ SIN. acordar. ▮ v.t.d./v.t.d.i. **3** Provocar, incitar ou estimular (algo) [em alguém]: *O cheiro da comida despertou minha fome.* ◻ GRAMÁTICA É um verbo abundante, pois apresenta dois particípios: *despertado* e *desperto*.
desperto, ta ⟨des.per.to, ta⟩ ▮ **1** Particípio irregular de *despertar*. ▮ adj. **2** Que não está adormecido. ◻ SIN. esperto.

despesa ⟨des.pe.sa⟩ (Pron. [despêsa]) s.f. Gasto ou emprego de dinheiro.

despetalar ⟨des.pe.ta.lar⟩ ▌v.t.d. **1** Arrancar as pétalas de (uma flor). ▌v.int./v.prnl. **2** Perder as pétalas (uma flor).

despido, da ⟨des.pi.do, da⟩ adj. **1** Sem roupa. ☐ SIN. desnudo, nu. **2** *literário* Desprovido ou isento.

despir ⟨des.pir⟩ v.t.d./v.prnl. **1** Tirar as vestes ou aquilo que cobre (o corpo ou uma parte dele) ou tornar-se nu. ☐ SIN. desnudar, desvestir. **2** Ignorar ou deixar de lado: *Conhecer novas culturas o fez despir-se de muitos preconceitos.* ☐ GRAMÁTICA É um verbo irregular →SERVIR.

despistar ⟨des.pis.tar⟩ ▌v.t.d./v.prnl. **1** Fazer perder ou perder a pista ou o rastro: *No filme, a protagonista despista seus perseguidores.* ▌v.t.d. **2** Enganar ou ludibriar: *Com provas falsas, conseguiu despistar o investigador.*

desplante ⟨des.plan.te⟩ s.m. Aquilo que é dito ou feito com arrogância ou atrevimento.

despojar ⟨des.po.jar⟩ ▌v.t.d. **1** Roubar ou saquear: *Uma quadrilha despojou os passageiros do ônibus de viagem.* ▌v.t.d./v.prnl. **2** Privar(-se) (alguém) [daquilo que possui]: *Despojaram-na de todos os seus bens.* ▌v.prnl. **3** Abandonar ou deixar de lado: *Despojou-se do medo e finalmente viajou de avião.* ☐ GRAMÁTICA Na acepção 3, usa-se a construção *despojar-se* DE *algo*.

despojo ⟨des.po.jo⟩ (Pron. [despôjo], [despójos]) ▌s.m. **1** Em um combate ou em uma guerra, aquilo que se arrebata do inimigo. ☐ SIN. presa. ▌s.m.pl. **2** Restos ou tudo aquilo que sobra: *Os despojos mortais de Dom Pedro I estão no Museu Paulista, em São Paulo.*

despoluir ⟨des.po.lu.ir⟩ v.t.d./v.prnl. Eliminar ou diminuir os poluentes que contaminam (algo poluído) ou purificar-se: *Há um grande projeto para despoluir o rio que passa pela cidade.* ☐ ORTOGRAFIA Usa-se *i* em vez do *e* comum na conjugação do presente do indicativo e do imperativo afirmativo →ATRIBUIR.

despontar ⟨des.pon.tar⟩ ▌v.t.d./v.prnl. **1** Tirar a ponta de (algo pontudo) ou gastar-se: *Escrevi tanto que despontei o lápis.* ▌v.int. **2** Surgir ou começar a aparecer: *O Sol despontava no horizonte.* ☐ SIN. nascer.

desporte ⟨des.por.te⟩ s.m. →**desporto**

desportista ⟨des.por.tis.ta⟩ adj.2g./s.2g. →**esportista**

desporto ⟨des.por.to⟩ (Pron. [despôrto], [despórtos]) s.m. **1** Diversão, atividade física ou passatempo que costumam se realizar ao ar livre. ☐ SIN. esporte. **2** Atividade física que se pratica como jogo ou como competição, que está sujeita a determinadas regras e que requer treinamento. ☐ SIN. esporte. ☐ ORTOGRAFIA Escreve-se também *desporte*.

desposar ⟨des.po.sar⟩ v.t.d./v.t.d.i./v.prnl. →**esposar**

déspota ⟨dés.po.ta⟩ ▌adj.2g./s.2g. **1** Que ou quem oprime ou age com prepotência ou crueldade. ☐ SIN. tirano. ▌s.2g. **2** Governante que abusa de seu poder e que age com domínio absoluto. ☐ SIN. tirano.

despótico, ca ⟨des.pó.ti.co, ca⟩ adj. Do déspota ou relacionado a ele.

despotismo ⟨des.po.tis.mo⟩ s.m. Poder arbitrário e absoluto de um déspota.

despovoado, da ⟨des.po.vo.a.do, da⟩ adj./s.m. Em relação a um lugar, que não é povoado nem habitado.

despovoamento ⟨des.po.vo.a.men.to⟩ s.m. Ato ou efeito de despovoar(-se).

despovoar ⟨des.po.vo.ar⟩ v.t.d./v.prnl. Reduzir a população de (um lugar) ou tornar(-se) sem habitantes: *A crise despovoou a região. A cidade se despovoou com a emigração.*

desprazer ⟨des.pra.zer⟩ ▌v.t.i./v.int. **1** Desagradar ou causar descontentamento [a alguém]: *Sua atitude nos despraz.* ▌s.m. **2** Desagrado, descontentamento ou falta de prazer: *Foi realmente um desprazer passar por tudo aquilo.*

desqualificar

despregar ⟨des.pre.gar⟩ v.t.d./v.t.d.i./v.prnl. **1** Arrancar(-se) ou soltar(-se) (uma coisa pregada ou presa) [de outra]: *Despregamos o espelho da parede. A prateleira se despregou.* **2** Distanciar(-se) ou tirar (a atenção) [de algo]: *Ansiosa, não despregava os olhos do relógio.* ☐ ORTOGRAFIA Antes de *e*, o *g* muda para *gu* →CHEGAR.

desprender ⟨des.pren.der⟩ v.t.d./v.t.d.i./v.prnl. Soltar(-se) ou separar(-se) (algo preso ou fixo) [daquilo que o prende].

desprendido, da ⟨des.pren.di.do, da⟩ adj. Que mostra altruísmo, desprendimento ou desapego por recompensas materiais.

desprendimento ⟨des.pren.di.men.to⟩ s.m. Altruísmo ou desapego por recompensas materiais: *Ajudou os amigos com desprendimento.* ☐ SIN. desinteresse.

despreocupar ⟨des.pre.o.cu.par⟩ v.t.d./v.t.d.i./v.prnl. Tranquilizar(-se) ou livrar(-se) (algo ou alguém) [de uma preocupação].

despreparo ⟨des.pre.pa.ro⟩ s.m. Falta de preparo: *O despreparo do time foi a causa da derrota.*

desprestigiar ⟨des.pres.ti.gi.ar⟩ v.t.d./v.prnl. Desvalorizar(-se) ou tirar o prestígio: *Os ataques infundados só pretendiam desprestigiá-lo.*

desprestígio ⟨des.pres.tí.gio⟩ s.m. Desvalorização ou falta de prestígio.

despretensioso, sa ⟨des.pre.ten.si.o.so, sa⟩ (Pron. [despretensiôso], [despretensiósa], [despretensiósos], [despretensiósas]) adj. Que não tem pretensão ou que é modesto.

desprevenido, da ⟨des.pre.ve.ni.do, da⟩ adj. Que não é ou que não está prevenido ou atento.

desprevenir ⟨des.pre.ve.nir⟩ v.t.d./v.prnl. Descuidar(-se) ou não (se) prevenir. ☐ GRAMÁTICA É um verbo irregular →PROGREDIR.

desprezar ⟨des.pre.zar⟩ ▌v.t.d./v.prnl. **1** Não considerar (alguém) digno de apreço ou de respeito ou desconsiderar-se. ▌v.t.d. **2** Não considerar importante ou digno de atenção.

desprezível ⟨des.pre.zí.vel⟩ (pl. *desprezíveis*) adj.2g. Digno de desprezo.

desprezo ⟨des.pre.zo⟩ (Pron. [desprêzo]) s.m. Falta de apreço ou de consideração: *Fui tratado com desprezo.*

desproporção ⟨des.pro.por.ção⟩ (pl. *desproporções*) s.f. **1** Falta de proporção ou de equilíbrio: *Há uma clara desproporção entre os dois adversários.* **2** Falta de equilíbrio ou de semelhança com o que se considera adequado: *a desproporção de uma punição.*

desproporcional ⟨des.pro.por.ci.o.nal⟩ (pl. *desproporcionais*) adj.2g. Que não tem o tamanho, o grau ou a intensidade adequados.

despropositado, da ⟨des.pro.po.si.ta.do, da⟩ adj. Sem propósito ou sem pertinência. ☐ SIN. disparatado.

despropósito ⟨des.pro.pó.si.to⟩ s.m. **1** Falta de propósito ou de pertinência: *Ficamos chocados com o despropósito de seu comentário.* ☐ SIN. disparate. **2** *informal* Grande quantidade: *Um despropósito de gente foi ver o show.*

desproteger ⟨des.pro.te.ger⟩ v.t.d. **1** Deixar sem proteção. **2** Em informática, remover a proteção configurada em (um arquivo). ☐ ORTOGRAFIA Antes de *a* e *o*, o *g* muda para *j* →ELEGER.

desprovido, da ⟨des.pro.vi.do, da⟩ adj. Que não tem provisões ou aquilo que se considera necessário: *uma família desprovida.*

despudor ⟨des.pu.dor⟩ (Pron. [despudôr]) s.m. Falta de pudor ou de vergonha.

despudorado, da ⟨des.pu.do.ra.do, da⟩ adj./s. Que ou quem não tem pudor. ☐ SIN. impudente, impudico.

desqualificar ⟨des.qua.li.fi.car⟩ ▌v.t.d. **1** Tirar as boas qualidades: *Essa gafe não desqualifica todo o*

desquitar

seu discurso. ▌v.t.d./v.prnl. **2** Em uma competição, eliminar(-se) ou excluir(-se) (um participante): *Desqualificaram-no por uso anabolizantes.* ☐ SIN. **desclassificar**. **3** Incapacitar(-se) para exercer uma função ou uma atividade: *Suas atitudes despóticas o desqualificam para seguir à frente de seu departamento.* ☐ ORTOGRAFIA Antes de e, o c muda para qu →BRINCAR.

desquitar ⟨des.qui.tar⟩ v.t.d./v.prnl. Separar(-se) (um cônjuge do outro) por desquite.

desquite ⟨des.qui.te⟩ s.m. Separação de dois cônjuges e de seus bens sem que haja quebra do vínculo matrimonial.

desratizar ⟨des.ra.ti.zar⟩ v.t.d. Exterminar os ratos que há em (um lugar).

desregrado, da ⟨des.re.gra.do, da⟩ adj./s. **1** Que ou quem não se enquadra em regras, leis ou normas sociais. **2** Que ou quem gasta em excesso e sem controle.

desregramento ⟨des.re.gra.men.to⟩ s.m. **1** Falta de regra ou de sistematização. **2** Desgoverno ou má administração.

desrespeitar ⟨des.res.pei.tar⟩ v.t.d. **1** Faltar com o devido respeito a (alguém): *Desrespeitou-a com gozações sobre seu trabalho.* **2** Desobedecer ou não seguir (uma lei ou uma ordem): *O lojista desrespeitou o código do consumidor e foi multado.* **3** Atrapalhar ou causar perturbação: *Com esse barulho, você está desrespeitando meu sono.*

desrespeito ⟨des.res.pei.to⟩ s.m. Falta de respeito: *Seria um desrespeito não aceitar seu convite.*

desrespeitoso, sa ⟨des.res.pei.to.so, sa⟩ (Pron. [desrespeitôso], [desrespeitósa], [desrespeitósos], [desrespeitósas]) adj. Que não tem ou que não demonstra respeito.

dessa ⟨des.sa⟩ Contração da preposição *de* com o pronome demonstrativo *essa*.

desse ⟨des.se⟩ (Pron. [dêsse]) Contração da preposição *de* com o pronome demonstrativo *esse*.

desserviço ⟨des.ser.vi.ço⟩ s.m. Mau serviço, transtorno ou prejuízo.

desta ⟨des.ta⟩ Contração da preposição *de* com o pronome demonstrativo *esta*.

destacado, da ⟨des.ta.ca.do, da⟩ adj. Que se distingue entre os demais: *Ela teve um papel destacado na resolução do conflito.*

destacamento ⟨des.ta.ca.men.to⟩ s.m. **1** Ato ou efeito de destacar(-se). **2** No Exército, grupo ou tropa que se separa do corpo principal para realizar uma missão ou uma ação específica.

destacar ⟨des.ta.car⟩ ▌v.t.d./v.int./v.prnl. **1** Realçar(-se) ou colocar(-se) em grande evidência: *O Governo destacou a importância da prevenção na luta contra a dengue.* ▌v.t.d./v.t.d.i./v.prnl. **2** Separar(-se) ou distanciar(-se) (uma parte) [do todo]: *destacar uma folha do caderno.* ▌v.t.d./v.int. **3** No Exército, separar(-se) (um grupo ou uma tropa) do corpo principal para realizar uma ação específica: *destacar um batalhão.* ▌v.prnl. **4** Sobressair-se ou ser mais notável: *Essa aluna se destaca em Matemática.* ☐ ORTOGRAFIA Antes de e, o c muda para qu →BRINCAR.

destampar ⟨des.tam.par⟩ v.t.d./v.prnl. Tirar ou perder a tampa: *Destampou a panela para o arroz esfriar.* ☐ ORTOGRAFIA Escreve-se também destapar.

destapar ⟨des.ta.par⟩ v.t.d./v.prnl. →**destampar**

destaque ⟨des.ta.que⟩ s.m. **1** Realce ou posição de grande evidência: *As propagandas dão destaque aos benefícios dos produtos.* **2** Assunto relevante ou importante: *Uma descoberta científica foi um dos destaques dos jornais de hoje.* **3** Pessoa que se destaca ou que se sobressai: *O goleiro foi o destaque da partida.*

destarte ⟨des.tar.te⟩ adv. Dessa forma ou dessa maneira: *Destarte, não se faz necessária sua presença.*

deste ⟨des.te⟩ (Pron. [dêste]) Contração da preposição *de* com o pronome demonstrativo *este*.

destelhar ⟨des.te.lhar⟩ v.t.d./vprnl. Tirar as telhas de (uma construção) ou perdê-las: *A ventania destelhou a casa.*

destemido, da ⟨des.te.mi.do, da⟩ adj. Que não se detém diante dos perigos ou diante das dificuldades. ☐ SIN. **intrépido**.

destemor ⟨des.te.mor⟩ (Pron. [destemôr]) s.m. Força ou ousadia para não se deter diante dos perigos ou diante das dificuldades. ☐ SIN. **intrepidez**.

destemperar ⟨des.tem.pe.rar⟩ ▌v.t.d. **1** Amenizar ou tornar menos acentuado (o sabor de um alimento): *Para destemperar o bacalhau, deixou-o de molho.* **2** Acrescentar um líquido para diluir (uma tinta): *Adicionou água para destemperar o guache.* ▌v.t.i./v.int./v.prnl. **3** Exaltar-se ou perder a cabeça [com algo ou alguém]: *O réu destemperou-se ao ouvir sua sentença.*

destempero ⟨des.tem.pe.ro⟩ (Pron. [destempêro]) s.m. **1** Aquilo que é dito ou feito de maneira exaltada e sem compostura: *Sempre que era contrariado reagia com destempero.* **2** Exagero ou falta de comedimento: *um destempero verbal.*

desterrar ⟨des.ter.rar⟩ v.t.d./v.prnl. Expulsar de um território por ordem judicial ou por decisão governamental, ou exilar-se.

desterro ⟨des.ter.ro⟩ (Pron. [destêrro]) s.m. **1** Ato ou efeito de desterrar(-se). ☐ SIN. **banimento**. **2** Lugar em que vive uma pessoa que foi desterrada.

destilação ⟨des.ti.la.ção⟩ (pl. *destilações*) s.f. Ato ou efeito de destilar: *a destilação de uma bebida.*

destilado, da ⟨des.ti.la.do, da⟩ adj./s.m. Em relação especialmente a uma bebida, que passou por um processo de destilação: *O uísque e a cachaça são destilados.*

destilar ⟨des.ti.lar⟩ v.t.d. **1** Separar (uma substância volátil) de outra pela ação do calor: *O alambique é usado para destilar o álcool.* **2** Soltar (um líquido) gota a gota: *A seringueira destila o látex com o qual se faz a borracha.* **3** Deixar perceber ou insinuar: *Seu olhar destilava tristeza.*

destilaria ⟨des.ti.la.ri.a⟩ s.f. Local onde são feitas destilações.

destinar ⟨des.ti.nar⟩ ▌v.t.d.i. **1** Determinar ou designar (algo) [para um fim ou para um público específicos]: *O Governo destinou mais verbas para a educação.* ▌v.prnl. **2** Dedicar-se ou consagrar-se: *Os dois irmãos destinaram-se às artes.*

destinatário, ria ⟨des.ti.na.tá.rio, ria⟩ s. Pessoa para quem se endereça ou se destina algo: *Quem é o destinatário dessa carta?*

destino ⟨des.ti.no⟩ s.m. **1** Força desconhecida que rege a vida das pessoas e os acontecimentos: *Algumas pessoas crêem que o destino governa nossas vidas.* ☐ SIN. **fortuna**. **2** Local ou ponto de chegada a que algo ou alguém se dirigem: *Fazemos escala no Rio, mas nosso destino final é Fortaleza.* **3** Uso ou finalidade de algo: *Qual o destino dessa verba?*

destituição ⟨des.ti.tu.i.ção⟩ (pl. *destituições*) s.f. Ato ou efeito de destituir(-se). ☐ SIN. **exoneração**.

destituir ⟨des.ti.tu.ir⟩ ▌v.t.d./v.t.d.i./v.prnl. **1** Afastar(-se) (alguém) [de seu cargo]. ☐ SIN. **exonerar**. ▌v.t.d.i./v.prnl. **2** Privar(-se) (alguém) [de suas posses]: *A Justiça irá destituí-lo de seus bens.* ☐ ORTOGRAFIA Usa-se *i* em vez do *e* comum na conjugação do presente do indicativo e do imperativo afirmativo →ATRIBUIR.

destoar ⟨des.to.ar⟩ ▌v.int. **1** Em música, desafinar ou desviar da entonação correta: *No coral, sua voz destoava.*

2 Não ser agradável ou não soar bem (algo que é dito): *Para mim, naquele momento, sua crítica destoou.* ▌v.t.i. **3** Contrastar desagradavelmente ou não combinar [com algo ou alguém]: *Seus trajes destoavam com os do resto do grupo. Seus trajes destoavam com os do resto do grupo.* **4** Discordar, opor ou não estar de acordo [com algo ou alguém]: *Nessa questão, destoamos de nossos colegas.* ▢ SIN. divergir. ▢ GRAMÁTICA Na acepção 4, usa-se a construção *destoar DE alguém.*

destorcer ⟨des.tor.cer⟩ v.t.d./v.prnl. Endireitar(-se) (algo que está torcido ou fora do eixo) ou colocar(-se) na posição adequada. ▢ ORTOGRAFIA **1.** Antes de *a* ou *o*, o *c* muda para *ç* →CONHECER. **2.** É diferente de *distorcer*.

destrambelhado, da ⟨des.tram.be.lha.do, da⟩ adj./s. *informal* Desorganizado ou atrapalhado.

destrambelhar ⟨des.tram.be.lhar⟩ v.t.d./v.int. *informal* Fazer perder ou perder a lucidez: *Depois dos últimos acontecimentos, destrambelhou de vez.*

destrancar ⟨des.tran.car⟩ v.t.d. Abrir ou tirar as travas de (uma porta ou uma janela fechadas): *Por favor, destranque o portão para o carro passar.* ▢ ORTOGRAFIA Antes de *e*, o *c* muda para *qu* →BRINCAR.

destratar ⟨des.tra.tar⟩ v.t.d. Tratar mal, geralmente com palavras: *Destratar as pessoas é sinal de má educação.* ▢ ORTOGRAFIA É diferente de *distratar*.

destravar ⟨des.tra.var⟩ v.t.d./v.prnl. Soltar(-se) ou liberar(-se) (algo travado): *destravar a porta de um carro.*

destreza ⟨des.tre.za⟩ s.f. Habilidade com movimentos, especialmente se for com as mãos: *Admiramos a destreza do malabarista.*

destrinchar ⟨des.trin.char⟩ v.t.d. **1** Cortar ou separar (algo assado) em partes: *destrinchar um peru.* **2** Desvendar ou explicar detalhada e minuciosamente: *destrinchar um mistério.*

destro, tra ⟨des.tro, tra⟩ (Pron. [déstro] ou [dêstro]) adj./s. **1** Que ou quem tem mais habilidade com a mão ou com a perna direitas. **2** Que ou quem é hábil ou ágil em uma atividade: *Ela era destra no manejo das armas.*

destrocar ⟨des.tro.car⟩ v.t.d. Desfazer a troca de (algo que foi trocado). ▢ ORTOGRAFIA Antes de *e*, o *c* muda para *qu* →BRINCAR.

destroçar ⟨des.tro.çar⟩ v.t.d. **1** Destruir ou extinguir: *O desmatamento já destroçou muitas áreas florestais.* **2** Quebrar ou reduzir a pedaços: *O impacto destroçou o vidro.* ▢ ORTOGRAFIA Antes de *e*, o *ç* muda para *c* →COMEÇAR.

destroços ⟨des.tro.ços⟩ s.m.pl. Restos ou pedaços resultantes de um acidente: *os destroços de um avião.*

destroier ⟨des.troi.er⟩ (Pron. [destróier]) s.m. Na Marinha, navio de guerra veloz, de médio porte, preparado para missões ofensivas e de escolta.

destronar ⟨des.tro.nar⟩ v.t.d. Expulsar ou tirar (um rei ou uma rainha) do trono ou de sua posição.

destroncar ⟨des.tron.car⟩ ▌v.t.d./v.int. **1** Fazer sair ou sair da articulação (uma parte do corpo): *Jogando, destronquei o ombro.* ▌v.t.d. **2** Cortar (um galho ou um ramo) do tronco. ▢ ORTOGRAFIA Antes de *e*, o *c* muda para *qu* →BRINCAR.

destruição ⟨des.tru.i.ção⟩ (pl. *destruições*) s.f. Ato ou efeito de destruir ou destruir-se: *a destruição de uma cidade.*

destruidor, -a ⟨des.tru.i.dor, do.ra⟩ (Pron. [destruidôr], [destruidôra]) adj. Que destrói ou que tem poder para destruir. ▢ SIN. destrutivo.

destruir ⟨des.tru.ir⟩ ▌v.t.d. **1** Desfazer ou eliminar totalmente (algo material): *Os bombeiros impediram que o fogo destruísse a casa.* **2** Estragar ou deteriorar (algo material): *A chuva destruiu a estrada.* **3** Fazer desaparecer (algo não material): *Os ciúmes acabaram destruindo o relacionamento.* ▌v.t.d./v.prnl. **4** Arruinar(-se) ou prejudicar(-se): *A praga destruiu a plantação. Destruiu-se com o uso de drogas.* ▌v.int. **5** *informal* Sair-se muito bem: *Ela destruiu na prova de skate.* ▢ ORTOGRAFIA Usa-se *i* em vez do *e* comum na conjugação do presente do indicativo e do imperativo afirmativo →ATRIBUIR. ▢ GRAMÁTICA É um verbo irregular →ACUDIR.

destrutível ⟨des.tru.tí.vel⟩ (pl. *destrutíveis*) adj.2g. Que pode ser destruído.

destrutivo, va ⟨des.tru.ti.vo, va⟩ adj. Que destrói ou que tem poder para destruir. ▢ SIN. destruidor.

desumanidade ⟨de.su.ma.ni.da.de⟩ s.f. Crueldade ou ausência de características humanas: *a desumanidade de uma guerra.*

desumano, na ⟨de.su.ma.no, na⟩ adj. Que não tem humanidade ou que é cruel.

desunião ⟨de.su.ni.ão⟩ (pl. *desuniões*) s.f. Falta de união.

desunir ⟨de.su.nir⟩ v.t.d./v.prnl. **1** Desmembrar(-se) ou desfazer(-se) a união de (algo uno e coeso): *As brigas internas podem desunir o partido.* **2** Causar desavença entre (duas ou mais pessoas) ou desarmonizar-se: *A briga pela herança acabou desunindo os irmãos.*

desusado, da ⟨de.su.sa.do, da⟩ adj. Que não é usado ou que caiu em desuso.

desusar ⟨de.su.sar⟩ v.t.d./v.prnl. Deixar de usar ou deixar de ser usado.

desuso ⟨de.su.so⟩ s.m. Falta de uso ou de costume: *O uso do pronome vós caiu em desuso na linguagem coloquial.*

desvairado, da ⟨des.vai.ra.do, da⟩ adj. Transtornado ou perturbado. ▢ SIN. alucinado.

desvairar ⟨des.vai.rar⟩ v.t.d./v.int. Enlouquecer, fazer perder ou perder a razão: *Parece que ele desvairou de vez!*

desvalia ⟨des.va.li.a⟩ s.f. **1** Falta de amparo ou de apoio. **2** Falta de valor ou de validade.

desvalido, da ⟨des.va.li.do, da⟩ adj./s. Sem amparo nem apoio.

desvalorização ⟨des.va.lo.ri.za.ção⟩ (pl. *desvalorizações*) s.f. Ato ou efeito de desvalorizar(-se): *a desvalorização de uma moeda.* ▢ SIN. depreciação.

desvalorizar ⟨des.va.lo.ri.zar⟩ v.t.d./v.prnl. Diminuir o valor ou preço de (algo valorizado) ou perder valor: *A má conservação desvalorizou o imóvel.*

desvanecer ⟨des.va.ne.cer⟩ ▌v.int./v.prnl. **1** Desfazer-se ou desaparecer gradativamente: *Suas dores desvaneceram com o tratamento.* ▌v.t.d. **2** Fazer (algo) desaparecer ou perder a intensidade gradativamente: *A chuva desvaneceu a pintura da parede.* ▢ ORTOGRAFIA Antes de *a* ou *o*, o *c* muda para *ç* →CONHECER.

desvantagem ⟨des.van.ta.gem⟩ (pl. *desvantagens*) s.f. **1** Falta de vantagem ou inferioridade: *Após ter um jogador expulso, o time ficou em desvantagem numérica.* **2** Aquilo que é inconveniente ou desfavorável: *Pensou sobre as vantagens e desvantagens daquele negócio.*

desvão ⟨des.vão⟩ (pl. *desvãos*) s.m. **1** Em uma casa, parte inferior ao telhado. ▢ SIN. sótão. **2** Espaço fechado, geralmente embaixo de uma escada, usado como depósito. **3** Lugar escondido ou afastado geralmente usado como esconderijo.

desvario ⟨des.va.ri.o⟩ s.m. **1** Aquilo que é dito ou feito de forma irracional ou sem lógica: *Estava bêbado e só falava desvarios.* **2** *informal* Delírio.

desvelar ⟨des.ve.lar⟩ v.t.d. **1** Desvendar ou tornar público (algo que não se sabe): *Jurou não desvelar o segredo para ninguém.* ▌v.prnl. **2** Empenhar-se ou dedicar-se: *Eles se desvelaram para satisfazer seus convidados.*

desvelo ⟨des.ve.lo⟩ (Pron. [desvêlo]) s.m. Grande cuidado ou atenção: *Cuidava da neta com desvelo.*

desvencilhar

desvencilhar ⟨des.ven.ci.lhar⟩ v.t.d./v.t.d.i./v.prnl. Soltar ou livrar: *Sua cabeça não se desvencilhava dos problemas.* ◻ GRAMÁTICA Usa-se a construção *desvencilhar(-se) de algo.*

desvendar ⟨des.ven.dar⟩ ▌v.t.d. **1** Tirar a venda ou aquilo que cobre os olhos de (alguém): *Assim que terminou a brincadeira, desvendaram-no.* ▌v.t.d./v.t.d.i./v.prnl. **2** Revelar(-se) (algo que não se sabe) [a alguém] ou tornar(-se) público: *Na última cena do filme, a protagonista desvenda seu segredo.*

desventura ⟨des.ven.tu.ra⟩ s.f. Má sorte ou infelicidade: *Juntos passamos por diversas desventuras.*

desventurado, da ⟨des.ven.tu.ra.do, da⟩ adj./s. Que ou quem tem má sorte ou infelicidade. ◻ ORTOGRAFIA Escreve-se também *desaventurado*.

desvestir ⟨des.ves.tir⟩ v.t.d./v.prnl. Tirar as vestes ou aquilo que cobre (o corpo ou uma parte dele) ou tornar-se nu: *desvestir uma pessoa.* ◻ SIN. desnudar, despir. ◻ GRAMÁTICA É um verbo irregular →SERVIR.

desviar ⟨des.vi.ar⟩ ▌v.t.d./v.t.d.i./v.prnl. **1** Mudar(-se) ou tirar (algo) [do caminho ou do trajeto]: *A polícia desviou o trânsito durante a manifestação.* ▌v.t.d.i./v.prnl. **2** Distanciar(-se) ou afastar(-se) [de seus ideais ou do seu objetivo]: *Nenhum obstáculo a desviou da meta que pretendia atingir.* ▌v.t.d./v.t.d.i. **3** Roubar ou tirar (uma quantia de dinheiro) [de seu destino]: *Foram acusados de desviar verba pública.*

desvincular ⟨des.vin.cu.lar⟩ v.t.d./v.t.d.i./v.prnl. Desfazer o vínculo ou separar(-se) (uma coisa) [de outra]: *Ela se desvinculou da empresa para abrir seu próprio negócio.*

desvio ⟨des.vi.o⟩ s.m. **1** Mudança de caminho ou de trajeto: *O acidente provocou um desvio na rota dos ônibus.* **2** Distanciamento de uma ideia ou de um objetivo: *Ele tem um grave desvio de caráter.* **3** Roubo de uma quantia de dinheiro: *O gerente foi acusado de um desvio no caixa.* **4** Em uma via pública, curva ou trecho sinuoso: *No desvio, reduza a velocidade.*

desvirar ⟨des.vi.rar⟩ v.t.d. Colocar na posição original: *Desvire a camisa, ela está do avesso.*

desvirginar ⟨des.vir.gi.nar⟩ v.t.d./v.prnl. Tirar ou perder a virgindade: *Na lenda do Cabeça-de-Cuia, ele só sairia do fundo do rio Parnaíba ao desvirginar sete moças chamadas Maria.*

desvirtuar ⟨des.vir.tu.ar⟩ v.t.d./v.prnl. Alterar(-se), corromper(-se) ou deturpar(-se) (as características de algo): *Eu não falei isso, não desvirtue minhas palavras!*

detalhar ⟨de.ta.lhar⟩ v.t.d. Contar ou tratar de forma minuciosa. ◻ SIN. particularizar.

detalhe ⟨de.ta.lhe⟩ s.m. Particularidade ou minúcia: *Desenhou um peixe com todos os seus detalhes.*

detecção ⟨de.tec.ção⟩ (pl. *detecções*) s.f. Ato ou efeito de detectar.

detectar ⟨de.tec.tar⟩ v.t.d. Perceber ou descobrir (algo que não é facilmente observável): *O exame detectou a existência de substâncias tóxicas na água.*

detector ⟨de.tec.tor⟩ (Pron. [detectôr]) s.m. Aparelho que serve para detectar: *um detector de metais.*

detenção ⟨de.ten.ção⟩ (pl. *detenções*) s.f. **1** Interrupção ou impedimento de uma ação ou de um processo. **2** Pena ou medida de privação provisória de liberdade. **3** Posse ou tomada de algo para si. **4** Posse ilegítima de algo alheio. **5** →casa de detenção

detento, ta ⟨de.ten.to, ta⟩ s. Pessoa mantida em uma prisão. ◻ SIN. detido, preso, prisioneiro.

detentor, -a ⟨de.ten.tor, to.ra⟩ (Pron. [detentôr], [dentôra]) adj./s. Que ou quem detém: *Durante o Absolutismo o rei era detentor do poder absoluto.*

deter ⟨de.ter⟩ ▌v.t.d./v.prnl. **1** Interromper(-se) ou impedir (uma ação ou um processo): *A chegada da polícia deteve a ação dos vândalos.* **2** Reter(-se) ou tornar mais demorado: *A falta de verba deteve o andamento do projeto.* ▌v.t.d. **3** Privar provisoriamente de liberdade: *Os criminosos já foram detidos.* **4** Possuir ou tomar para si: *Após a morte do cantor, seus filhos passaram a deter os direitos autorais.* ▌v.t.d./v.prnl. **5** Controlar(-se) ou conter(-se): *As pessoas detiveram suas lágrimas durante a cerimônia.* ◻ GRAMÁTICA É um verbo irregular →TER.

detergente ⟨de.ter.gen.te⟩ adj.2g./s.m. Em relação a uma substância ou a um produto artificiais, que servem para limpar.

deterioração ⟨de.te.ri.o.ra.ção⟩ (pl. *deteriorações*) s.f. Ato ou efeito de deteriorar(-se): *a deterioração de um imóvel; a deterioração de um relacionamento.*

deteriorar ⟨de.te.ri.o.rar⟩ v.t.d./v.prnl. Estragar(-se) ou deixar(-se) em pior estado ou condição: *A maresia deteriorou o portão. Apesar da distância, a amizade não se deteriorou.*

determinação ⟨de.ter.mi.na.ção⟩ (pl. *determinações*) s.f. **1** Atitude de quem age com decisão ou firmeza e não se detém diante das dificuldades: *Sempre mostrou muita determinação em tudo o que empreendeu.* **2** Fixação ou estabelecimento de limites: *A diretoria foi responsável pela determinação dos critérios de avaliação.* **3** Distinção ou definição das características de algo: *Os peritos trabalhavam na determinação das causas do acidente.* **4** Exigência da realização de algo, especialmente se for com autoridade: *Teve de seguir as determinações do juiz.*

determinado, da ⟨de.ter.mi.na.do, da⟩ ▌adj. **1** Que age com determinação e que não se detém diante dos riscos ou das dificuldades. ▌pron.indef. **2** Anteposto a um substantivo, indica algo que não é específico: *Em determinadas ocasiões, prefere calar a falar.* ◻ SIN. certo.

determinar ⟨de.ter.mi.nar⟩ ▌v.t.d. **1** Fixar ou estabelecer (um limite): *Já determinaram os prazos para a inscrição.* **2** Distinguir ou definir: *Ainda não é possível determinar os efeitos colaterais da crise.* ▌v.t.d./v.t.d.i. **3** Exigir a realização de (uma ação) [a alguém], especialmente se for com autoridade, ou dar ordens: *O juiz determinou que a área fosse desocupada.* ◻ SIN. decretar, ordenar. ▌v.t.d. **4** Originar ou motivar: *O aumento da oferta determinou a queda dos preços.* ▌v.t.d./v.prnl. **5** Tomar a decisão de (concretizar algo) ou decidir-se a realizar uma ação: *Determinou que todos participariam do projeto. Determinou-se a trabalhar mais para o seguinte semestre.* ▌v.t.d.i. **6** Levar ou convencer (alguém) [a realizar uma ação]: *Os planos para a viagem determinaram-na a economizar.*

determinismo ⟨de.ter.mi.nis.mo⟩ s.m. Concepção filosófica em que os acontecimentos estão condicionados às leis de causa e efeito.

detestar ⟨de.tes.tar⟩ ▌v.t.d. **1** Sentir ódio por (alguém) ou abominar-se: *Hoje são amigos, mas se detestavam quando crianças.* ▌v.t.d. **2** Sentir aversão ou repugnância por (algo): *Desde pequena ela detesta jiló.*

detestável ⟨de.tes.tá.vel⟩ (pl. *detestáveis*) adj.2g. Ruim ou digno de ser detestado.

detetive ⟨de.te.ti.ve⟩ s.2g. Pessoa que se dedica profissionalmente à investigação e resolução de crimes.

detido, da ⟨de.ti.do, da⟩ adj./s. Que ou quem está mantido em uma prisão. ◻ SIN. detento, preso, prisioneiro.

detonação ⟨de.to.na.ção⟩ (pl. *detonações*) s.f. Ato ou efeito de detonar: *No meio da noite, ouviu-se uma forte detonação na rua.*

detonante ⟨de.to.nan.te⟩ adj.2g./s.m. Em relação a um agente, que é capaz de produzir uma detonação.

detonar ⟨de.to.nar⟩ ▌v.int. **1** Estalar ou fazer um barulho forte e repentino: *Quando o petardo detonou, levamos* *um susto*. ▌v.t.d./v.int. **2** Fazer disparar ou explodir (uma bomba, dinamite ou outro artefato explosivo): *detonar uma bomba*. ▌v.t.d. **3** Iniciar ou dar origem a (um processo ou uma situação): *As palavras do ministro detonaram uma crise entre os países*. **4** *informal* Comer rapidamente: *Detonou uma pizza*. ▌v.int. **5** *informal* Sair-se bem ou triunfar: *Detonamos na final do campeonato!*

detrás ⟨de.trás⟩ adv. Em uma posição ou em um lugar posteriores: *A bola caiu detrás do sofá*. □ SIN. atrás.

detratar ⟨de.tra.tar⟩ v.t.d. Prejudicar (a reputação de alguém) dizendo coisas ruins a seu respeito. □ SIN. difamar.

detrator, -a ⟨de.tra.tor, to.ra⟩ (Pron. [detratôr], [detratóra]) s. Pessoa que detrata ou que prejudica a reputação de outra: *Seus detratores dizem que ela é uma cantora muito comercial*.

detrimento ⟨de.tri.men.to⟩ s.m. Prejuízo ou dano, tanto moral quanto material: *A má utilização dos protetores de ouvido resultou no detrimento de sua capacidade auditiva*. ‖ **em detrimento de** {algo/alguém}: Em prejuízo dele: *Foi acusado de aprovar leis em detrimento do povo*.

detrito ⟨de.tri.to⟩ s.m. Conjunto de partículas provenientes da decomposição de uma massa sólida.

deturpação ⟨de.tur.pa.ção⟩ (pl. *deturpações*) s.f. Ato ou efeito de deturpar.

deturpar ⟨de.tur.par⟩ v.t.d. **1** Interpretar de maneira distorcida ou errada: *Não deturpe minhas palavras, eu não disse isso!* **2** Transformar ou deformar a aparência de (algo). □ SIN. desfigurar. **3** Ofender ou prejudicar (a honra ou a boa reputação): *Os boatos deturparam sua imagem*. □ SIN. manchar, sujar.

deus s.m. Ser supremo ou sobrenatural que se cultua: *As religiões monoteístas acreditam num único deus. Na Grécia Antiga cultuavam-se vários deuses*. ‖ **Deus e o mundo** Todos ou todas as pessoas: *Deus e o mundo foram à inauguração da exposição*. □ GRAMÁTICA Seu feminino é *deusa*.

deusa ⟨deu.sa⟩ s.f. **1** Feminino de deus: *Ártemis era a deusa da caça, entre os antigos gregos*. **2** Mulher de intensa beleza: *Para ele, a amada era uma deusa*.

deus nos acuda ⟨deus nos a.cu.da⟩ s.m.2n. Confusão ou tumulto.

deutério ⟨deu.té.rio⟩ s.m. Isótopo de hidrogênio que tem o dobro da massa desse e cujo núcleo contém um próton e um nêutron. □ ORTOGRAFIA Seu símbolo químico é *D*, sem ponto.

devagar ⟨de.va.gar⟩ adv. Pouco a pouco ou de forma lenta: *Coma devagar*. □ ORTOGRAFIA É diferente de *divagar*.

devanear ⟨de.va.ne.ar⟩ v.t.i. Imaginar ou pensar [em coisas fantasiosas]: *Devaneava no dia em que encontraria seu amor*. □ ORTOGRAFIA Há acento no *e* quando a sílaba tônica estiver na raiz do verbo →NOMEAR.

devaneio ⟨de.va.nei.o⟩ s.m. Imaginação ou fantasia.

devassa ⟨de.vas.sa⟩ s.f. Em relação a um crime, investigação detalhada, com interrogatórios ou recolhimento de provas.

devassar ⟨de.vas.sar⟩ v.t.d. **1** Invadir ou conseguir informações sobre (algo protegido ou escondido): *Hackers devassaram sua conta de banco*. **2** Investigar ou tentar descobrir: *A imprensa devassou o passado daquele candidato*. **3** Ter vista para (o interior de um local): *Minha janela devassa o apartamento do vizinho*. **4** Apurar ou investigar (um crime) detalhadamente com interrogatórios ou recolhimento de provas: *Os peritos devassaram o roubo dos quadros*.

devassidão ⟨de.vas.si.dão⟩ (pl. *devassidões*) s.f. Transgressão de regras ou de comportamentos morais, especialmente no âmbito sexual. □ SIN. libertinagem, tripúdio.

devasso, sa ⟨de.vas.so, sa⟩ adj./s. *pejorativo* Que ou quem transgride as regras de comportamento moral, especialmente no âmbito sexual.

devastação ⟨de.vas.ta.ção⟩ (pl. *devastações*) s.f. Ato ou efeito de devastar.

devastar ⟨de.vas.tar⟩ v.t.d. Destruir ou exterminar completamente: *O terremoto devastou toda a região*.

devedor, -a ⟨de.ve.dor, do.ra⟩ (Pron. [devedôr], [devedôra]) adj./s. Que ou quem deve.

dever ⟨de.ver⟩ ▌s.m. **1** Obrigação, regra ou norma impostas pela lei, pela moral ou pelos costumes: *Votar é um direito e um dever dos cidadãos*. **2** Trabalho ou atividade que devem ser realizados: *Termine seus deveres antes de sair à rua*. □ SIN. tarefa. ▌v.t.d./v.t.i./v.t.d.i./v.int. **3** Ter de pagar (algo) [a alguém] ou estar obrigado a honrar uma dívida ou um compromisso: *Ainda lhe devo metade do dinheiro que me emprestou*. □ GRAMÁTICA Funciona como verbo auxiliar na construção *dever* + verbo no infinitivo, que indica: 1) a proximidade de uma ação futura expressa por esse infinitivo: *Ela deve chegar amanhã pela manhã*; 2) uma imposição ou uma obrigação, especialmente se for legal ou moral: *Devo estudar para a prova de amanhã*; 3) uma probabilidade: *Pelas previsões, deve chover hoje*.

deveras ⟨de.ve.ras⟩ adv. Realmente ou de fato: *Esforcei-me deveras para cumprir minhas obrigações*.

devoção ⟨de.vo.ção⟩ (pl. *devoções*) s.f. **1** Sentimento intenso, especialmente se for religioso: *Pedia ao santo com devoção*. **2** Sentimento intenso de amor, de afeição ou de veneração: *Os avós têm devoção pelos netos*.

devolução ⟨de.vo.lu.ção⟩ (pl. *devoluções*) s.f. Ato ou efeito de devolver.

devoluto, ta ⟨de.vo.lu.to, ta⟩ adj. Que não está ocupado. □ SIN. desocupado.

devolver ⟨de.vol.ver⟩ ▌v.t.d./v.t.d.i. **1** Entregar de volta (algo dado, emprestado ou vendido) [a alguém]: *Estou devolvendo seu livro, obrigada!* **2** Restituir (algo roubado ou subtraído) [a alguém]: *Já devolveram a carteira a seu dono*. ▌v.t.d. **3** Retribuir ou responder a (algo dito ou feito): *devolver uma ofensa*. **4** Corresponder a (uma atitude ou um sentimento): *Fez questão de devolver seus gestos de carinho*. **5** Recusar ou negar (algo ofertado): *Indignado, devolveu o presente*.

devorar ⟨de.vo.rar⟩ v.t.d. **1** Comer com ânsia e rapidez: *De tanta fome, devoraram o jantar*. **2** Comer um animal (outro animal): *O leão devorou sua presa*. **3** Consumir ou fazer desaparecer por completo: *O fogo devorou a floresta*. **4** Consumir com avidez: *Devora filmes policiais*.

devotar ⟨de.vo.tar⟩ v.t.d.i./v.prnl. Dedicar(-se) (a vida, um sentimento ou algo que se possui) [a um fim ou a um propósito]: *Devota quase todo seu tempo ao trabalho*.

devoto, ta ⟨de.vo.to, ta⟩ adj. Que tem ou sente devoção.

dez ▌numer. **1** Número 10. ▌s.m. **2** Signo que representa esse número. □ GRAMÁTICA Na acepção 1, é invariável em gênero e em número.

dezembro ⟨de.zem.bro⟩ s.m. Décimo segundo e último mês do ano, entre novembro e janeiro.

dezena ⟨de.ze.na⟩ (Pron. [dezêna]) s.f. **1** Conjunto de dez unidades: *O jantar reuniu uma dezena de pessoas*. **2** Período de tempo de dez dias seguidos: *Pague suas contas na primeira dezena de janeiro*.

dezenove ⟨de.ze.no.ve⟩ ▌numer. **1** Número 19. ▌s.m. **2** Signo que representa esse número. □ GRAMÁTICA Na acepção 1, é invariável em gênero e em número.

dezesseis ⟨de.zes.seis⟩ ▌numer. **1** Número 16. ▌s.m. **2** Signo que representa esse número. □ GRAMÁTICA Na acepção 1, é invariável em gênero e em número.

d

dezessete ⟨de.zes.se.te⟩ ▌numer. **1** Número 17. ▌s.m. **2** Signo que representa esse número. ☐ GRAMÁTICA Na acepção 1, é invariável em gênero e em número.

dezoito ⟨de.zoi.to⟩ ▌numer. **1** Número 18. ▌s.m. **2** Signo que representa esse número. ☐ GRAMÁTICA Na acepção 1, é invariável em gênero e em número.

DF É a sigla do Distrito Federal brasileiro.

di- Prefixo que significa *dois* ou *duas vezes*: *difásico*, *dissílabo*.

dia ⟨di.a⟩ s.m. **1** Período de tempo em que há luz do sol: *No verão, os dias são mais longos que no inverno.* **2** Período de tempo com 24 horas seguidas: *Ela ligou três dias depois de conversarmos.* **3** Momento ou ocasião em que algo acontece: *Tudo tem seu dia.* ‖ **de um dia para (o) outro** De repente: *Resolveram viajar de um dia para o outro, sem avisar ninguém.* ‖ **dia D** Aquele que é decisivo, complicado ou arriscado: *No dia D, o time sempre joga bem.* ‖ **dia e noite** Constantemente ou a todo o momento: *Trabalhamos dia e noite para cumprir nosso prazo.* ‖ **dia santo** Aquele que é considerado pela Igreja Católica como reservado para uma comemoração religiosa: *O feriado de Natal é um dia santo.* ‖ **dia útil** Aquele em que se trabalha oficialmente, compreendido entre segunda e sexta-feira, exceto feriados: *Ficamos abertos durante os sábados e dias úteis.* ‖ **em dia** Dentro de um prazo ou atualizado: *Minha pesquisa está em dia com o cronograma.* ‖ **estar com os dias contados** Estar próximo do fim ou da morte: *O gerente está com os dias contados na empresa.* ‖ **mais dia, menos dia** No momento menos esperado: *Mais dia, menos dia ele vai admitir que errou.* ‖ **o dia de amanhã** O futuro ou o que está por vir: *Ninguém sabe o dia de amanhã.* ‖ **todo santo dia** Diariamente ou todos os dias: *Ele acorda cedo todo santo dia.*

dia a dia ⟨di.a.a di.a⟩ (pl. *dia a dias*) s.m. Aquilo que é feito ou que acontece diariamente: *O dia a dia de uma redação de jornal é muito agitado.* ☐ SIN. cotidiano, rotina.

diabetes ⟨di.a.be.tes⟩ s.2g.2n. Doença que se caracteriza pelo alto nível de glicose no sangue.

diabético, ca ⟨di.a.bé.ti.co, ca⟩ ▌adj. **1** Da diabetes ou relacionado a ela. ▌adj./s. **2** Que ou quem tem diabetes.

diabo ⟨di.a.bo⟩ ▌s.m. **1** Em algumas crenças antigas e modernas, entidade ou gênio do mal. **2** Em algumas religiões, espírito maligno que se opõe a Deus: *Algumas religiões satanistas cultuam o Diabo.* ☐ SIN. demônio. **3** Pessoa perversa ou de má índole. ☐ SIN. demônio. **4** Pessoa de aparência física considerada desagradável ou feia: *Ele é feio como o diabo.* **5** Criança muito travessa ou inquieta. ☐ SIN. demônio. **6** Pessoa que age com astúcia e sagacidade. **7** Pessoa sedutora e provocante. ▌interj. **8** Expressão usada para indicar raiva ou impaciência: *Diabo! Ande logo, menino!* ☐ SIN. diacho. ‖ **como o diabo gosta** *informal* Ótimo ou muito bom: *A festa estava como o diabo gosta.* ‖ **estar com o diabo no corpo** *informal* Estar inquieto ou agitado: *Estava com o diabo no corpo e não parava de andar de um lado para o outro.* ‖ **fazer o diabo 1** *informal* Fazer todo o possível: *Fez o diabo para chegar a tempo.* **2** *informal* Fazer tudo aquilo que se deseja: *Sozinhas, as crianças fizeram o diabo no acampamento.* ‖ **o diabo que o carregue** *informal* Expressão usada para indicar raiva. ‖ **que diabo** *informal* Expressão usada para indicar que se desconhece aquilo de que se fala: *Que diabo você quer dizer com isso?* ☐ GRAMÁTICA Nas acepções 3, 4, 5 e 6, usa-se tanto para o masculino quanto para o feminino: *{ele/ela} é um diabo.*

diabólico, ca ⟨di.a.bó.li.co, ca⟩ adj. **1** Do diabo ou relacionado a ele. ☐ SIN. demoníaco. **2** *informal* Muito mau ou muito cruel: *um plano diabólico.*

diabrete ⟨di.a.bre.te⟩ (Pron. [diabrête]) s.m. **1** Diabo pequeno. **2** *informal* Criança travessa ou excessivamente inquieta. ☐ GRAMÁTICA Na acepção 2, usa-se tanto para o masculino quanto para o feminino: *{ele/ela} é um diabrete.*

diabrura ⟨di.a.bru.ra⟩ s.f. Travessura infantil.

diacho ⟨di.a.cho⟩ ▌s.m. **1** Diabo. ▌interj. **2** Expressão usada para indicar raiva ou impaciência: *Diacho! Não aguento mais esperar!* ☐ SIN. diabo. ☐ USO Na acepção 1, tem valor informal ou eufemístico.

diadema ⟨di.a.de.ma⟩ (Pron. [diadêma]) s.f. Enfeite em forma de coroa ou de semicírculo, usada por uma autoridade como adorno ou com valor simbólico.

diáfano, na ⟨di.á.fa.no, na⟩ adj. Em relação a um corpo, que deixa a luz passar. ☐ SIN. transparente.

diafragma ⟨di.a.frag.ma⟩ s.m. **1** Em um mamífero, órgão membranoso em que se apoiam os pulmões e que marca a separação entre o tórax e a cavidade abdominal. **2** Dispositivo contraceptivo feminino, com formato de um anel flexível que se coloca na entrada do útero: *O diafragma, a pílula e o preservativo são métodos para evitar a gravidez.* **3** Em uma câmera fotográfica, dispositivo com o qual se regula a quantidade de luz que se deixa passar. **4** Em física, membrana com a qual se transmite ou com a qual se recebe uma vibração.

diagnosticar ⟨di.ag.nos.ti.car⟩ v.t.d. **1** Identificar (uma doença) pela análise de seus sintomas. **2** Examinar, identificar ou mapear: *O país tem conseguido diagnosticar seus problemas sociais.* ☐ ORTOGRAFIA Antes de e, e c muda para *qu* →BRINCAR.

diagnóstico ⟨di.ag.nós.ti.co⟩ s.m. **1** Identificação de uma doença feita pela análise de seus sintomas: *Pretendo consultar outro médico para obter um segundo diagnóstico.* **2** Exame, identificação ou mapeamento: *A pesquisa apontou um diagnóstico das causas da evasão escolar.*

diagonal ⟨di.a.go.nal⟩ (pl. *diagonais*) adj.2g./s.f. **1** Em um polígono, em relação a uma reta, que liga dois vértices não consecutivos. **2** Em relação a uma reta ou a um trajeto, que são inclinados.

diagrama ⟨di.a.gra.ma⟩ s.f. Representação gráfica das variações de um fenômeno ou das relações entre seus elementos: *O diagrama mostra a variação dos preços do produto nos últimos anos.*

diagramação ⟨di.a.gra.ma.ção⟩ (pl. *diagramações*) s.f. Em relação a um documento ou a uma publicação, distribuição de seu texto ou de suas imagens de acordo com uma programação predeterminada, para melhorar sua visualização.

diagramar ⟨di.a.gra.mar⟩ v.t.d. Distribuir o texto ou as imagens de (um documento ou uma publicação) de acordo com uma programação predeterminada, para melhorar sua visualização.

dialética ⟨di.a.lé.ti.ca⟩ s.f. Forma de raciocínio em que se contrastam posições distintas para chegar à conclusão que mais se aproxima da realidade.

dialético, ca ⟨di.a.lé.ti.co, ca⟩ adj. Da dialética ou relacionado a essa forma de raciocínio.

dialeto ⟨di.a.le.to⟩ s.m. Em linguística, variedade regional de uma língua: *O vêneto é um dialeto italiano.*

dialogar ⟨di.a.lo.gar⟩ v.t.i./v.int. **1** Conversar ou comunicar-se por meio da palavra [com alguém]: *Dialogar implica falar e também escutar.* **2** Discutir com o objetivo de entrar em um acordo [com alguém]: *Os grevistas e os empregadores marcaram uma reunião para dialogar.* ☐ ORTOGRAFIA Antes de e, o *g* muda para *gu* →CHEGAR.

diálogo ⟨di.á.lo.go⟩ s.m. **1** Conversa ou comunicação por meio da palavra: *um diálogo amistoso.* **2** Discussão com o objetivo de entrar em um acordo: *O presidente estabeleceu um diálogo com os prefeitos.*

diferenciação

diamante ⟨di.a.man.te⟩ s.m. **1** Mineral formado por carbono cristalizado, transparente ou levemente colorido, de brilho intenso e de grande dureza, muito valorizado como pedra preciosa. **2** Instrumento formado por uma haste com uma lasca desse mineral em uma de suas extremidades, usado para cortar vidros.

diamantífero, ra ⟨di.a.man.tí.fe.ro, ra⟩ adj. Que contém diamantes.

diamantino, na ⟨di.a.man.ti.no, na⟩ adj. Do diamante ou com as características desse mineral. ☐ ORTOGRAFIA Escreve-se também *adamantino*.

diâmetro ⟨di.â.me.tro⟩ s.m. **1** Em uma circunferência, segmento de reta que passa pelo seu centro e que liga dois de seus pontos opostos. **2** Medida do comprimento desse segmento de reta.

diante ⟨di.an.te⟩ ‖ **diante de 1** Na presença de: *Diante de estranhos, ela sempre fica tímida*. **2** Por causa de ou como resultado de: *Diante da crise, o Governo tomou medidas*. ‖ **{em/para/por} diante** A partir de um determinado momento: *De agora em diante, ela será a diretora do departamento*.

dianteira ⟨di.an.tei.ra⟩ s.f. **1** Frente ou parte anterior de algo: *a dianteira de um automóvel*. **2** Situação de quem está à frente dos outros ou mais avançado do que eles: *Na reta final, o piloto assumiu a dianteira*. ☐ SIN. **liderança**.

dianteiro, ra ⟨di.an.tei.ro, ra⟩ adj. Que está adiante ou à frente.

diapasão ⟨di.a.pa.são⟩ (pl. *diapasões*) s.m. **1** Em música, instrumento pequeno que emite um único som de altura determinada e de frequência padronizada, que serve como referência para afinar outros instrumentos. **2** Padrão ou aquilo que é tomado como exemplo ou como referencial: *O jornal defendeu o governo, e os demais foram no mesmo diapasão*.

diapositivo ⟨di.a.po.si.ti.vo⟩ s.m. Imagem positiva em película transparente, sem inversão de cores. ☐ SIN. **cromo, slide**.

diária ⟨di.á.ria⟩ s.f. **1** Especialmente em hotelaria, quantia de dinheiro referente aos serviços prestados no período de um dia: *a diária de uma pousada*. **2** Quantia de dinheiro com que se retribui um trabalho realizado em um dia: *a diária de um faxineiro*.

diário, ria ⟨di.á.rio, ria⟩ ▌ adj. **1** Que acontece ou que se repete diariamente: *Lavar a louça estava entre suas tarefas diárias*. ☐ SIN. **cotidiano**. ▌ s.m. **2** Caderno ou livro onde se anotam acontecimentos dia a dia: *um diário de bordo; um diário pessoal*. **3** Texto literário escrito em primeira pessoa e em que se registram fatos, sentimentos, impressões e opiniões em ordem cronológica: *Minha irmã mantém um diário desde pequena*. **4** Jornal que se publica todos os dias: *Este é um dos principais diários de toda a região*.

diarista ⟨di.a.ris.ta⟩ ▌ adj.2g./s.2g. **1** Em relação a um trabalhador, cujo salário é calculado e pago por dia trabalhado: *uma empregada diarista*. ▌ s.2g. **2** Pessoa que se dedica à redação de um jornal diário.

diarreia ⟨di.ar.rei.a⟩ (Pron. [diarréia]) s.f. Disfunção intestinal caracterizada pela eliminação de fezes com consistência quase líquida e com mais frequência que o habitual.

diáspora ⟨di.ás.po.ra⟩ s.f. **1** Dispersão de um povo ou de um grupo de pessoas em função de perseguições políticas ou religiosas. **2** Dispersão do povo judeu ao longo dos séculos.

diatônico, ca ⟨di.a.tô.ni.co, ca⟩ adj. Em música, em relação a uma escala ou a um sistema musical, que procede pela alternância de dois tons e um semitom e de três tons e um semitom.

diatribe ⟨di.a.tri.be⟩ s.f. Crítica violenta e ofensiva, oral ou escrita.

dica ⟨di.ca⟩ s.f. Informação ou dado que levam uma pessoa a descobrir ou entender algo: *Não consigo responder à pergunta sem que você me dê uma dica*.

dicção ⟨dic.ção⟩ (pl. *dicções*) s.f. **1** Modo de articular ou pronunciar algo: *Um problema de dicção o impede de pronunciar corretamente algumas letras*. **2** Arte ou técnica de pronunciar algo com clareza e correção: *Era um orador muito admirado pela sua dicção*.

dicionário ⟨di.ci.o.ná.rio⟩ s.m. Compilação em que se recolhem e se definem as palavras de um idioma, geralmente em ordem alfabética. ☐ SIN. **léxico**. ☐ USO É diferente de *glossário* (lista que define ou explica termos específicos de um texto, uma obra ou uma área do conhecimento).

dicionarizar ⟨di.ci.o.na.ri.zar⟩ v.t.d. Incluir (uma palavra ou um de seus significados) em um dicionário: *O dever de um bom dicionário de uso é dicionarizar as palavras que vão surgindo em uma língua*.

dicotiledôneo, nea ⟨di.co.ti.le.dô.neo, nea⟩ ▌ adj./s.f. **1** Em relação a uma planta, que tem uma semente com dois cotilédones. ▌ s.f.pl. **2** Em botânica, classe dessas plantas, pertencentes à divisão das angiospermas.

dicotomia ⟨di.co.to.mi.a⟩ s.f. **1** Divisão de um conceito em duas partes, geralmente contrárias entre si em algum aspecto. **2** Na teologia, princípio que afirma que o ser humano é formado por dois elementos essenciais, o corpo e a alma.

didática ⟨di.dá.ti.ca⟩ s.f. Parte da pedagogia que engloba os métodos e as técnicas de ensino.

didático, ca ⟨di.dá.ti.co, ca⟩ adj. Do ensino ou relacionado a ele.

diesel (palavra inglesa) (Pron. [dízeu]) s.m. **1** Motor a explosão no qual a combustão acontece através da compressão exercida sobre a mistura de óleo e oxigênio, sem necessidade das faíscas das velas de ignição. **2** Combustível utilizado nesse motor. ☐ ORTOGRAFIA Escreve-se também *dísel*.

diet (palavra inglesa) (Pron. [dáit]) adj.2g.2n. Da dieta ou relacionado a ela: *um alimento diet*. ☐ SIN. **dietético**.

dieta ⟨di.e.ta⟩ s.f. **1** Conjunto de alimentos e de bebidas que uma pessoa ingere regularmente: *Uma dieta saudável inclui frutas e verduras*. **2** Alimentação regulada e geralmente prescrita por um médico: *entrar em dieta*. ☐ SIN. **regime**. **3** Conjunto de alimentos que formam essa alimentação regulada. **4** Em alguns países, assembleia política.

dietética ⟨di.e.té.ti.ca⟩ s.f. Ciência que estuda a alimentação mais adequada à saúde.

dietético, ca ⟨di.e.té.ti.co, ca⟩ adj. Da dieta ou relacionado a ela. ☐ SIN. *diet*.

difamação ⟨di.fa.ma.ção⟩ (pl. *difamações*) s.f. Ato ou efeito de difamar(-se).

difamador, -a ⟨di.fa.ma.dor, do.ra⟩ (Pron. [difamadôr], [difamadôra]) adj./s. Que ou quem difama.

difamar ⟨di.fa.mar⟩ v.t.d./v.prnl. Prejudicar (a reputação de alguém) dizendo coisas ruins a seu respeito ou perder a boa fama: *O repórter foi processado por difamar a atriz*. ☐ SIN. **detratar**.

diferença ⟨di.fe.ren.ça⟩ s.f. **1** Característica que faz com que uma pessoa ou uma coisa se distingam de outra: *Há apenas pequenas diferenças entre esses dois modelos de carros*. **2** Oposição ou falta de acordo entre duas ou mais pessoas: *Com muito diálogo, superaram suas diferenças*. **3** Em matemática, resultado de uma subtração: *A diferença entre 10 e 2 é 8*.

diferenciação ⟨di.fe.ren.ci.a.ção⟩ (pl. *diferenciações*) s.f. Ato ou efeito de diferenciar(-se).

diferencial

diferencial ⟨di.fe.ren.ci.al⟩ (pl. *diferenciais*) ▮ adj.2g. **1** Da diferença ou relacionado a ela: *um traço diferencial; um acento diferencial*. ▮ s.m. **2** Em um automóvel, mecanismo que permite que as rodas girem em velocidades diferentes, proporcionando equilíbrio. **3** Aquilo ou aquele que se destaca ou que estabelece a diferença entre dois ou mais elementos ou pessoas: *O diferencial desta empresa é seu compromisso com o meio ambiente.*

diferenciar ⟨di.fe.ren.ci.ar⟩ v.t.d./v.t.d.i./v.prnl. Distinguir(-se) (uma coisa) [de outra] ou perceber as diferenças entre dois ou mais elementos: *Aprendeu a diferenciar a amizade do coleguismo. Diferencia-se dos amigos pelo talento.*

diferente ⟨di.fe.ren.te⟩ adj.2g. Que não é igual ou que não é comum.

diferir ⟨di.fe.rir⟩ ▮ v.t.i./v.int. **1** Ser diferente [de outra coisa]: *Essa empresa difere das concorrentes por seu compromisso social.* ☐ SIN. discordar. **2** Não estar de acordo [com as ideias ou com as opiniões de outra pessoa]: *Eles diferem no gosto musical.* ☐ SIN. discordar. ▮ v.t.d. **3** Atrasar ou deixar para mais tarde (uma ação ou a realização de algo): *Por problemas econômicos teve de diferir o pagamento.* ☐ SIN. adiar, postergar, prorrogar, protelar. ☐ ORTOGRAFIA É diferente de *deferir*. ☐ GRAMÁTICA É um verbo irregular →SERVIR.

difícil ⟨di.fí.cil⟩ (pl. *difíceis*) adj.2g. **1** Que implica muito trabalho ou muita dificuldade. ☐ SIN. dificultoso. **2** Que tem pouca chance de acontecer: *É difícil chover nessa época.* **3** Que é intratável ou tem dificuldade no convívio social. ☐ GRAMÁTICA Seus superlativos são *dificílimo* e *dificilíssimo*.

dificílimo, ma ⟨di.fi.cí.li.mo, ma⟩ Superlativo irregular de *difícil*.

dificuldade ⟨di.fi.cul.da.de⟩ s.f. **1** Inconveniente, obstáculo ou estorvo: *Superou muitas dificuldades em sua vida.* **2** Presença de um obstáculo ou exigência de esforço ou de dedicação para a realização de algo: *A prova tinha dificuldade média.* ☐ SIN. complexidade. **3** Situação em que há problemas, especialmente se forem financeiros: *A família está passando por dificuldades.*

dificultar ⟨di.fi.cul.tar⟩ v.t.d./v.t.d.i./v.prnl. Impor(-se) dificuldades ou obstáculos a (realização de algo) ou tornar(-se) difícil [a alguém]: *Os apagões constantes dificultam nosso trabalho.*

dificultoso, sa ⟨di.fi.cul.to.so, sa⟩ (Pron. [dificultôso], [dificultósa], [dificultósos], [dificultósas]) adj. Que implica muito trabalho ou muita dificuldade. ☐ SIN. difícil.

difteria ⟨dif.te.ri.a⟩ s.f. Em medicina, doença infecciosa caracterizada pela formação de placas ou falsas membranas nas mucosas e que causa dificuldade para respirar e sensação de sufocamento.

difundir ⟨di.fun.dir⟩ v.t.d./v.prnl. **1** Estender(-se), propagar(-se) ou fazer com que ocupe mais espaço: *As flores difundiam um aroma delicioso. Os gases se difundiram pelo laboratório.* **2** Propagar(-se) ou divulgar(-se) (uma informação): *Os jornais difundiram a notícia do acidente. O escândalo se difundiu rapidamente.*

difusão ⟨di.fu.são⟩ (pl. *difusões*) s.f. **1** Extensão, propagação ou aumento do espaço que algo ocupa. **2** Propagação ou divulgação de algo, especialmente se forem de uma informação: *a difusão de um boato.* **3** Transmissão por meio de ondas eletromagnéticas. **4** Em física, dispersão de partículas em um fluido até a sua homogeneização dentro dele.

difuso, sa ⟨di.fu.so, sa⟩ adj. **1** Que é impreciso, indefinido ou pouco claro. **2** Que se espalha em diversas direções.

digerir ⟨di.ge.rir⟩ v.t.d./v.int. **1** No sistema digestório, converter (um alimento) em substâncias que possam ser assimiladas e absorvidas pelo organismo ou realizar a digestão. **2** Assimilar ou absorver mentalmente: *Ainda não digerimos as informações do texto.* ☐ GRAMÁTICA É um verbo irregular →SERVIR.

digestão ⟨di.ges.tão⟩ (pl. *digestões*) s.f. Processo fisiológico completo pelo qual o sistema digestório converte um alimento em substâncias que possam ser absorvidas pelo organismo e eliminadas nas fezes.

digestivo, va ⟨di.ges.ti.vo, va⟩ ▮ adj. **1** Da digestão ou relacionado a ela. ▮ adj./s.m. **2** Que facilita a digestão.

digesto ⟨di.ges.to⟩ s.m. Publicação que contém textos condensados ou resumidos.

digestório, ria ⟨di.ges.tó.rio, ria⟩ adj. Da digestão ou relacionado a ela.

digitação ⟨di.gi.ta.ção⟩ (pl. *digitações*) s.f. Ato ou efeito de digitar.

digital ⟨di.gi.tal⟩ (pl. *digitais*) adj.2g. **1** Dos dedos ou relacionado a eles. **2** Que é representado por uma cadeia de dígitos: *um arquivo digital; uma imagem digital.* **3** Em relação a um equipamento eletrônico, que utiliza ou que contém informação representada por valores discretos de voltagem ou de outra grandeza: *um relógio digital; uma câmera digital.*

digitalizar ⟨di.gi.ta.li.zar⟩ v.t.d. Transformar (qualquer tipo de informação) em uma sucessão de números para sua informatização: *Instalei um software no meu computador para digitalizar imagens.*

digitar ⟨di.gi.tar⟩ v.t.d. **1** Pressionar (as teclas de um teclado) com os dedos, especialmente se forem as de um computador. **2** Introduzir (uma informação ou um dado) em um computador por meio do teclado: *Precisa digitar sua senha para sacar o dinheiro no caixa eletrônico.*

dígito ⟨dí.gi.to⟩ s.m. **1** Em um número, cada um dos algarismos que compõem sua representação: *O número cem tem três dígitos.* **2** *formal* Dedo.

digladiar ⟨di.gla.di.ar⟩ v.int./v.prnl. Combater corpo a corpo ou com uma espada: *Alguns filmes históricos mostram combatentes digladiando.*

dignar-se ⟨dig.nar-se⟩ v.prnl. Fazer um favor ou ter a bondade de: *Embora nos tenha visto, não se dignou a falar conosco.*

dignidade ⟨dig.ni.da.de⟩ s.f. **1** Seriedade ou respeito por si próprio: *Soube perder com dignidade.* **2** Função ou cargo de autoridade: *Foi elevado à dignidade de ministro.*

dignificar ⟨dig.ni.fi.car⟩ v.t.d./v.prnl. **1** Tornar(-se) digno ou fazer com que pareça digno: *O trabalho dignifica o homem.* **2** Elevar(-se) a um cargo ou a uma dignidade: *O Governador dignificou-o com o cargo de reitor.* ☐ ORTOGRAFIA Antes de *e*, o *c* muda para *qu* →BRINCAR.

dignitário, ria ⟨dig.ni.tá.rio, ria⟩ s. Pessoa que tem um cargo elevado ou de autoridade: *O presidente e seus ministros são altos dignitários da República Federativa do Brasil.*

digno, na ⟨dig.no, na⟩ adj. **1** Que é merecedor de algo. **2** Que mostra ou que tem dignidade ou seriedade. **3** Correspondente ou proporcional ao mérito e à condição que se tem: *A bolsa recebida é uma digna recompensa por sua dedicação aos estudos.* **4** Que permite ou que possibilita manter a dignidade: *Recebe um salário digno que lhe permite viver sem passar necessidades.*

dígrafo ⟨dí.gra.fo⟩ s.m. Conjunto de duas letras que representam um só som ou um só fonema: *Na palavra cachorro, o ch e o rr são dígrafos.*

digressão ⟨di.gres.são⟩ (pl. *digressões*) s.f. **1** Ruptura ou desvio em um discurso para tratar de assuntos que não têm relação com aquele de que se tratava anteriormente: *Seu discurso, cheio de digressões, era difícil de acompanhar.* **2** Pretexto, evasiva ou subterfúgio.

dilação ⟨di.la.ção⟩ (pl. *dilações*) s.f. Adiamento, demora ou prorrogação: *Pedimos a dilação do prazo para providenciar a documentação.*

dilacerante ⟨di.la.ce.ran.te⟩ adj.2g. Que dilacera ou que causa tortura ou sofrimento.

dilacerar ⟨di.la.ce.rar⟩ ❙ v.t.d./v.prnl. **1** Ferir(-se) ou machucar(-se) gravemente: *Durante a partida, o jogador dilacerou os ligamentos do joelho.* ❙ v.t.d. **2** Despedaçar ou desgarrar: *A onça dilacerou sua presa.* **3** Destruir ou causar danos: *O escândalo dilacerou a sua reputação.* ▫ ORTOGRAFIA Escreve-se também *lacerar*.

dilapidar ⟨di.la.pi.dar⟩ v.t.d. **1** Esbanjar ou gastar (bens materiais ou algo de valor) em excesso: *Em alguns meses, dilapidou a fortuna da família.* **2** Destruir, estragar ou arruinar (algo material): *Vândalos dilapidaram o monumento da praça.*

dilatação ⟨di.la.ta.ção⟩ (pl. *dilatações*) s.f. Ato ou efeito de dilatar(-se).

dilatar ⟨di.la.tar⟩ v.t.d./v.prnl. **1** Aumentar o volume ou as dimensões de (um corpo), ou distender-se: *O calor dilata os corpos. A pupila se dilata quando há pouca luz.* **2** Estender(-se) no tempo ou fazer durar mais: *Os organizadores dilataram o prazo de inscrição.* ▫ ORTOGRAFIA É diferente de *delatar*.

dilema ⟨di.le.ma⟩ (Pron. [dilêma]) s.m. Situação de dúvida em que se é necessário escolher entre duas opções distintas: *Vivia o dilema entre continuar morando com os pais ou começar a viver sozinho.*

diletante ⟨di.le.tan.te⟩ adj.2g./s.2g. Que ou quem pratica ou cultiva uma arte ou um campo do conhecimento por prazer, e não como profissão.

diletantismo ⟨di.le.tan.tis.mo⟩ s.m. **1** Qualidade de diletante. **2** Interesse ou dedicação a uma arte ou a um ofício exclusivamente pelo prazer que podem proporcionar.

dileto, ta ⟨di.le.to, ta⟩ adj. Que é preferido ou mais querido.

diligência ⟨di.li.gên.cia⟩ s.f. **1** Investigação para esclarecer ou descobrir algo: *uma diligência policial.* **2** Medida ou providência tomadas para se realizar algo: *Realizou as diligências para o consertо do carro.* **3** Cuidado, zelo ou urgência com que algo é feito: *Ele trabalha com diligência.* **4** Antigamente, carruagem puxada por cavalos e que servia para o transporte de passageiros: *Há muitas diligências nos filmes de caubói.*

diligenciar ⟨di.li.gen.ci.ar⟩ v.t.d./v.t.i. Cuidar, fazer esforço ou empenhar-se [por algo]: *Diligenciamos por melhorias nas instalações do prédio.*

diligente ⟨di.li.gen.te⟩ adj.2g. Que age com prontidão ou com rapidez.

diluir ⟨di.lu.ir⟩ v.t.d./v.prnl. **1** Dissolver(-se) (algo sólido) em um líquido: *Diluiu o chocolate no leite quente.* **2** Acrescentar um líquido a (uma solução) para torná-la menos concentrada: *Diluímos a tinta com água.* **3** Enfraquecer(-se) ou perder força: *A falta de preparo diluiu suas chances de ser aprovado. Sua raiva se diluiu depois das explicações.* ▫ ORTOGRAFIA Usa-se *i* em vez de *e* comum na conjugação do presente do indicativo e do imperativo afirmativo →ATRIBUIR.

diluviano, na ⟨di.lu.vi.a.no, na⟩ adj. Do dilúvio universal ou com suas características.

dilúvio ⟨di.lú.vio⟩ s.m. **1** Chuva muito forte: *Diversos textos antigos narram a destruição da terra por gigantescos dilúvios.* **2** Abundância ou excesso: *Recebemos um dilúvio de e-mails respondendo à enquete.*

dimensão ⟨di.men.são⟩ (pl. *dimensões*) s.f. **1** Extensão, tamanho ou importância de algo: *Ninguém sabia que o escândalo alcançaria tamanha dimensão.* **2** Cada uma das grandezas que servem para definir um fenômeno ou um objeto.

dimensional ⟨di.men.si.o.nal⟩ (pl. *dimensionais*) adj.2g. Da dimensão ou relacionado a ela.

dimensionar ⟨di.men.si.o.nar⟩ v.t.d. **1** Medir ou calcular a extensão ou a proporção de (um objeto ou um lugar): *O arquiteto dimensionou a casa.* **2** Avaliar, medir ou estimar: *É importante dimensionar os efeitos das agressões ao meio ambiente.*

diminuendo ⟨di.mi.nu.en.do⟩ s.m. Em uma subtração matemática, quantidade da qual se deve tirar outra chamada *subtraendo* para se obter a diferença ou o resto: *Na subtração 10 - 4 = 6, 10 é o diminuendo.* ▫ ORTOGRAFIA Escreve-se também *minuendo*.

diminuição ⟨di.mi.nu.i.ção⟩ (pl. *diminuições*) s.f. **1** Ato ou efeito de diminuir(-se). **2** Em matemática, operação pela qual se calcula a diferença entre duas quantidades. ▫ SIN. subtração.

diminuir ⟨di.mi.nu.ir⟩ ❙ v.t.d./v.int. **1** Tornar(-se) menor em tamanho, em quantidade, em distância ou em intensidade: *As fábricas de sorvete diminuem a produção no inverno.* ❙ v.t.d./v.prnl. **2** Humilhar(-se) ou perder o valor: *Um bom chefe nunca diminui seus funcionários. Diminuíram-se diante das acusações.* ▫ ORTOGRAFIA Usa-se *i* em vez ao *e* comum na conjugação do presente do indicativo e do imperativo afirmativo →ATRIBUIR.

diminutivo, va ⟨di.mi.nu.ti.vo, va⟩ ❙ adj. **1** Que diminui ou que indica diminuição: *Em português, o sufixo -inho "tem valor linguístico."* ❙ s.m. **2** Em linguística, palavra formada por um sufixo que indica diminuição.

diminuto, ta ⟨di.mi.nu.to, ta⟩ adj. Muito pequeno ou menor que o normal.

dinamarquês, -a ⟨di.na.mar.quês, que.sa⟩ (Pron. [dinamarquês], [dinamarquêsa]) ❙ adj./s. **1** Da Dinamarca ou relacionado a esse país europeu. ❙ s.m. **2** Língua desse país e de outras regiões.

dinâmica ⟨di.nâ.mi.ca⟩ s.f. **1** Parte da física mecânica que estuda o movimento dos corpos em relação às forças que o produzem. **2** Em música, parte da ciência musical que estuda as variações dos níveis de intensidade sonora na execução de uma nota, frase ou peça musical. **3** Em música, conjunto de sinais, abreviaturas ou termos em notação musical, que ajudam o intérprete na execução dos níveis de intensidade de uma partitura.

dinâmico, ca ⟨di.nâ.mi.co, ca⟩ adj. **1** Da dinâmica, da força que produz movimento ou relacionado a elas. **2** Que é muito ativo ou que tem muita energia.

dinamismo ⟨di.na.mis.mo⟩ s.m. **1** Atividade intensa para fazer ou para empreender algo: *Sempre instila dinamismo em tudo aquilo que faz.* **2** Energia ativa que estimula a mudança ou a evolução: *Gosta do dinamismo das grandes cidades.*

dinamitar ⟨di.na.mi.tar⟩ v.t.d. Destruir ou explodir com dinamite: *Dinamitaram o edifício antigo para construir um novo.*

dinamite ⟨di.na.mi.te⟩ s.f. Mistura explosiva de nitroglicerina com um corpo muito poroso ou absorvente.

dinamizar ⟨di.na.mi.zar⟩ v.t.d. Tornar dinâmico ou fazer se desenvolver: *O aumento da produção dinamizou as exportações.*

dínamo ⟨dí.na.mo⟩ s.m. Máquina que transforma energia mecânica em energia elétrica por meio da indução eletromagnética.

dinastia ⟨di.nas.ti.a⟩ s.f. **1** Sucessão ou sequência de soberanos que pertencem a uma mesma família e se sucedem no trono: *A dinastia de Bragança reinou no Brasil entre 1822 e 1889.* **2** Sucessão de pessoas da mesma família ou com alguma afinidade em comum

dinástico

que exercem a mesma função, atividade ou ocupação profissional.

dinástico, ca ‹di.nás.ti.co, ca› adj. Da dinastia ou relacionado a ela.

dinheirada ‹di.nhei.ra.da› s.f. *informal* Quantia grande de dinheiro.

dinheirama ‹di.nhei.ra.ma› s.f. *informal* Quantia grande de dinheiro.

dinheirão ‹di.nhei.rão› (pl. *dinheirões*) s.m. *informal* Quantia grande de dinheiro.

dinheiro ‹di.nhei.ro› s.m. **1** Conjunto de papéis e de moedas correntes ou que têm valor legal: *Nunca carrega dinheiro no bolso.* **2** Em economia, aquilo que uma sociedade geralmente aceita como meio de pagamento: *O papel-moeda, a moeda e o cheque são formas de dinheiro.* **3** Conjunto de bens e de riquezas. ‖ **dinheiro vivo** Dinheiro em papel-moeda ou em moeda metálica.

dinossauro ‹di.nos.sau.ro› s.m. **1** Réptil extinto, carnívoro ou herbívoro, de tamanho variado, que viveu na Terra durante a era mesozoica: *Os dinossauros dominaram a Terra durante muito tempo.* **2** *informal pejorativo* Aquilo que é ultrapassado ou muito antigo: *um dinossauro da música.*

diocese ‹di.o.ce.se› s.f. Território eclesiástico sob a jurisdição de um arcebispo. ☐ SIN. arcebispado, bispado.

dionisíaco, ca ‹di.o.ni.sí.a.co, ca› adj. **1** De Dionísio (deus grego do vinho e da sensualidade) ou relacionado a ele. **2** Espontâneo, alegre ou exuberante.

dióxido ‹di.ó.xi.do› (Pron. [diócsido]) s.m. Em química, óxido cuja molécula contém dois átomos de oxigênio.

diploma ‹di.plo.ma› (Pron. [diplôma]) s.m. **1** Título ou documento expedido por uma instituição de ensino e que confirma a habilitação de uma pessoa em determinado campo do conhecimento: *um diploma de bacharel.* **2** Documento oficial, emitido por uma autoridade, que confere um título ou um cargo.

diplomacia ‹di.plo.ma.ci.a› s.f. **1** Ciência que estuda as relações e os interesses internacionais dos estados: *um curso de Diplomacia.* **2** Conjunto de diplomatas a serviço de um Estado: *Toda a diplomacia brasileira estava empenhada em solucionar a crise.* **3** Delicadeza ou cortesia no trato social: *Rejeitou o convite com muita diplomacia.*

diplomata ‹di.plo.ma.ta› s.2g. Pessoa que se dedica profissionalmente ao serviço de um Estado em suas relações internacionais.

diplomático, ca ‹di.plo.má.ti.co, ca› adj. **1** Da diplomacia ou relacionado a ela. **2** Que demonstra delicadeza ou cortesia.

díptero, ra ‹díp.te.ro, ra› ▌ adj./s. **1** Em relação a um inseto, que se caracteriza pela presença das duas asas anteriores membranosas e as duas posteriores transformadas em apoio, e por ter o aparelho bucal sugador. ▌ s.m.pl. **2** Em zoologia, ordem desses insetos, pertencentes aos artrópodes.

dique ‹di.que› s.m. Construção destinada a conter ou a regular um curso d'água. ☐ SIN. açude, barragem, represa.

direção ‹di.re.ção› (pl. *direções*) s.f. **1** Ato ou efeito de dirigir. **2** Caminho, rumo ou lado para onde algo ou alguém se dirige: *a direção do vento; em direção ao norte.* **3** Normas, orientações ou critérios que regem um trabalho ou uma obra. **4** Pessoa ou conjunto de pessoas que governam ou dirigem outras em uma empresa, em uma associação ou em um grupo: *Este tipo de assunto precisa ser resolvido com a direção do colégio.* ☐ SIN. diretoria, diretório. **5** Cargo de diretor: *Ele agora ocupa a direção da firma.* ☐ SIN. diretoria. **6** Escritório ou lugar em que um diretor trabalha. **7** Em um veículo, mecanismo que serve para guiá-lo ou conduzi-lo: *O volante faz parte da direção de um carro.*

direcionar ‹di.re.ci.o.nar› v.t.d./v.t.d.i. Dar rumo ou organização, ou apontar (algo) [para um lugar]: *Os alunos direcionaram seus esforços para os exames finais. O atirador direcionou a arma para o alvo.*

direita ‹di.rei.ta› s.f. **1** Em ser humano, mão situada do lado oposto ao coração: *Apesar de ser canhoto, sabe escrever com a direita.* **2** Direção ou posição correspondente ao lado direito: *manter-se à direita no trânsito.* **3** Conjunto de pessoas ou de organizações políticas que defendem ideias conservadoras: *um partido de direita.*

direito ‹di.rei.to› adv. Em relação à forma de agir ou de fazer algo, de maneira correta ou adequada: *Gosta de fazer as coisas direito.*

direito, ta ‹di.rei.to, ta› ▌ adj. **1** Em relação a uma parte do corpo, que está situada do lado oposto ao coração: *o braço direito.* **2** Que está situado do lado oposto ao coração do observador: *No Brasil os carros circulam pela faixa direita.* **3** Adequado, correto ou sem erros: *Preciso comprar uma roupa direita para a formatura.* **4** Em relação especialmente à postura, reta, erguida ou que não oscila: *um andar direito.* **5** Que é justo ou honesto: *uma pessoa direita.* **6** Que tem uma conduta considerada impecável, especialmente em seus hábitos sexuais. ▌ s.m. **7** Conjunto de princípios, leis e regras às quais estão submetidas as relações humanas em uma sociedade civil e que todas as pessoas devem cumprir obrigatoriamente: *o Direito proíbe a discriminação nacional.* **8** Ciência que estuda esses princípios e leis. **9** Faculdade de fazer ou de exigir tudo aquilo que a lei ou a autoridade estabelecem em favor de alguém: *o direito à educação; os direitos do trabalhador.* **10** Em um objeto, parte ou lado que se considera principal: *o direito de uma camisa.*

diretivo, va ‹di.re.ti.vo, va› adj. Que tem a faculdade, a qualidade ou o poder de dirigir, conduzir ou orientar.

direto, ta ‹di.re.to, ta› ▌ adj. **1** Sem interrupções ou sem intermediários: *Apesar da distância, os dois ainda mantêm um contato direto.* **2** Que vai de um lugar a outro sem se deter em pontos intermediários: *um voo direto para São Paulo.* **3** Que vai diretamente a um objeto ou a um propósito: *uma ordem direta do governo.* **4** Que é espontâneo ou que fala sem rodeios: *Ele sempre é muito direto em suas declarações.* ▌ s.m. **5** Em uma luta de boxe, golpe dado com a mão, estendendo-se o braço para a frente: *Foi a nocaute depois de receber um direto no queixo.* **6** *informal* Soco forte e certeiro.

diretor, -a ‹di.re.tor, to.ra› (Pron. [diretôr], [diretôra]) ▌ adj. **1** Que conduz, dirige ou orienta: *o plano diretor de uma cidade.* ☐ SIN. dirigente. ▌ s. **2** Pessoa que está a cargo da direção de algo: *o diretor da empresa; a diretora de cinema.* ☐ GRAMÁTICA Na acepção 1, seu feminino também pode ser *diretriz.*

diretoria ‹di.re.to.ri.a› s.f. **1** Pessoa ou conjunto de pessoas que governam ou dirigem outras em uma empresa, em uma associação ou em um grupo: *uma reunião de diretoria.* ☐ SIN. direção, diretório. **2** Cargo de diretor. ☐ SIN. direção.

diretório ‹di.re.tó.rio› s.m. **1** Pessoa ou conjunto de pessoas que governam ou dirigem outras em uma empresa, em uma associação ou em um grupo: *o diretório de um partido.* ☐ SIN. direção, diretoria. **2** Em informática, subdivisão de um disco ou de outro material capaz de armazenar dados, especialmente arquivos e programas: *Deixo meus artigos mais importantes gravados neste diretório.* **3** Lista desses dados.

discrição

diretriz ⟨di.re.triz⟩ ▌adj. **1** →diretor, -a ▌s.f. **2** Linha que determina o traçado de um caminho ou de uma estrada. **3** Instrução ou norma gerais que determinam o rumo a ser tomado em determinada ação, plano, projeto ou negócio: *as diretrizes de uma empresa*.

dirigente ⟨di.ri.gen.te⟩ ▌adj.2g. **1** Que conduz, dirige ou orienta. □ SIN. diretor. ▌s.2g. **2** Pessoa responsável por dirigir ou gerir algo. **3** Pessoa qualificada para reger ou para conduzir os músicos de uma orquestra, de um coral ou de uma banda. □ SIN. maestro.

dirigir ⟨di.ri.gir⟩ ▌v.t.d. **1** Ir ou levar até um lugar determinado: *A monitora dirigiu a turma pela exposição*. ▌v.t.d.i./v.prnl. **2** Encaminhar(-se) ou fazer (uma coisa) seguir em determinada direção [a algo ou alguém]: *Dirigiu a palavra aos convidados. Dirigiram-se elogios durante o reencontro*. ▌v.t.d. **3** Coordenar a realização de (um trabalho ou uma obra): *Ela já dirigiu muitos filmes*. **4** Administrar ou coordenar (um grupo de pessoas, especialmente) orientando seu trabalho ou sua atuação conjunta: *Este gerente dirige uma equipe de 20 vendedores*. ▌v.t.d./v.int. **5** Conduzir (um veículo) ou guiar: *Nunca dirigi um caminhão. Voltou para casa dirigindo*. □ ORTOGRAFIA Antes de *a* ou *o*, o *g* muda para *j* →FUGIR.

dirigível ⟨di.ri.gi.vel⟩ (pl. *dirigíveis*) ▌adj.2g. **1** Que pode ser dirigido ou guiado. ▌s.m. **2** Veículo que se desloca pelo ar, formado por uma grande bolsa de formato oval e cheia de gás quente, com um ou dois cestos, motores e hélices para impulsioná-lo, e um leme para dirigi-lo. □ SIN. zepelim.

dirimir ⟨di.ri.mir⟩ v.t.d. **1** Terminar, concluir ou resolver (uma questão): *O advogado dirimiu todas as suas dúvidas*. **2** Tornar nulo ou fazer perder a validade. **3** Obstruir ou impedir totalmente (uma ação).

dis- **1** Prefixo que indica negação: *discordar*. **2** Prefixo que indica dificuldade: *dispnéia*. **3** Prefixo que indica anomalia: *dislexia*.

discar ⟨dis.car⟩ ▌v.t.d. **1** Acionar (os números de um aparelho telefônico) para fazer uma ligação: *Discamos o número errado*. ▌v.int. **2** Acionar o teclado ou o disco de um telefone para fazer uma ligação: *Discou rapidamente e a ligação caiu em lugar errado*. □ ORTOGRAFIA Antes de *e*, o *c* muda para *qu* →BRINCAR.

discente ⟨dis.cen.te⟩ adj.2g. Do aluno, do estudante, ou relacionado a eles. □ USO É diferente de *docente* (do ensino ou relacionado a essa atividade educativa).

discernimento ⟨dis.cer.ni.men.to⟩ s.m. **1** Capacidade de discernir, perceber ou compreender: *o discernimento entre o bem e o mal*. **2** Conhecimento ou capacidade intelectual: *um intelectual de grande discernimento*.

discernir ⟨dis.cer.nir⟩ ▌v.t.d./v.t.d.i. **1** Distinguir (duas ou mais coisas) [de outras] assinalando suas diferenças: *Sempre procura discernir a emoção da razão*. ▌v.t.d. **2** Compreender ou ser capaz de apreciar. □ GRAMÁTICA É um verbo irregular →SERVIR.

disciplina ⟨dis.ci.pli.na⟩ s.f. **1** Capacidade de seguir normas ou regras próprias de uma profissão, de um grupo ou de uma atividade: *Para estudar, é preciso ter certa disciplina*. **2** Ciência, arte ou técnica que trata de um tema específico: *Matemática, Língua Portuguesa e História são as disciplinas de que mais gosto*.

disciplinar ⟨dis.ci.pli.nar⟩ ▌adj.2g. **1** Da disciplina ou relacionado a ela. **2** Que se faz ou que serve para manter a disciplina ou para punir as faltas contra ela: *uma medida disciplinar*. ▌v.t.d./v.prnl. **3** Fazer (alguém) se comportar de acordo com uma disciplina ou uma norma ou impor-se uma ordem: *A educação religiosa o disciplinou. Disciplinaram-se com o passar dos anos*.

discípulo ⟨dis.cí.pu.lo⟩ s.m. **1** Pessoa que recebe ensinamentos de um mestre: *Os apóstolos eram discípulos de Cristo*. **2** Pessoa que segue ou dá continuidade às ideias ou ao trabalho de alguém: *Aristóteles era discípulo de Platão*. □ GRAMÁTICA Usa-se tanto para o masculino quanto para o feminino: *{ele/ela} é um discípulo*.

disco ⟨dis.co⟩ s.m. **1** Objeto cilíndrico cuja base é muito grande se comparada à altura: *A medalha tinha o formato de um disco*. **2** Placa circular e plana feita de um material plástico, que se emprega na gravação e reprodução fonográficas: *um disco de música clássica*. **3** Em informática, elemento de armazenamento de dados recoberto por um material magnético. ‖ **(disco de) vinil** Aquele musical, com diâmetro de aproximadamente trinta centímetros, feito de vinil e que pode estar gravado em 78, 45, 33 ou 16 rotações por minuto. ‖ **disco flexível** Aquele que é portátil, com capacidade de armazenamento reduzida, que se introduz no computador para sua gravação ou leitura. □ SIN. disquete. ‖ **disco óptico** Placa circular de material plástico, na qual se grava informação sonora, visual ou digital por meio de um feixe de *laser* codificado. ‖ **disco rígido** Em um computador, aquele magnético com grande capacidade de armazenamento, geralmente fixado em seu interior: *Em um disco rígido cabem muitos dados*. □ SIN. HD, winchester. ‖ **disco voador** Objeto voador de origem desconhecida ao qual se atribui geralmente uma procedência extraterrestre. □ SIN. óvni.

discordância ⟨dis.cor.dân.cia⟩ s.f. Ato ou efeito de discordar.

discordar ⟨dis.cor.dar⟩ v.t.i./int. **1** Ser diferente [de outra coisa]. □ SIN. diferir. **2** Não estar de acordo [com as ideias ou com as opiniões de outra pessoa]: *Eu discordo desta sua proposta*. □ SIN. diferir. □ GRAMÁTICA Na acepção 2, usa-se a construção *discordar DE algo*.

discórdia ⟨dis.cór.dia⟩ s.f. **1** Ausência de acordo entre opiniões diferentes: *Apesar das discórdias, namoram há mais de três anos*. **2** Desavença, desentendimento ou desafeto: *uma discórdia entre vizinhos*.

discorrer ⟨dis.cor.rer⟩ v.t.i./v.int. **1** Discursar, pronunciar ou falar [sobre um tema ou assunto]: *Os jornalistas discorreram sobre a eleição*. **2** Pensar, refletir ou meditar [em um tema ou assunto]: *O enfermo discorria em ideias desconexas*. □ GRAMÁTICA Usa-se a construção *discorrer SOBRE algo*.

discoteca ⟨dis.co.te.ca⟩ s.f. **1** Estabelecimento comercial em que se costuma escutar música, dançar e consumir bebidas. □ SIN. boate, casa noturna, danceteria. **2** Coleção de discos fonográficos: *uma discoteca de música clássica*. **3** Local onde se guardam esses discos.

discrepância ⟨dis.cre.pân.cia⟩ s.f. **1** Diferença ou divergência de opiniões ou atitudes: *Havia uma grande discrepância entre a maneira dos dois se portarem em público*. **2** Falta de igualdade, de compatibilidade ou de equivalência: *A tabela mostrava uma discrepância de valores*.

discrepar ⟨dis.cre.par⟩ v.t.i. Não estar de acordo ou ser desigual [a algo ou alguém]: *Os dados discrepam do que você diz*. □ GRAMÁTICA Usa-se a construção *discrepar DE algo*.

discreto, ta ⟨dis.cre.to, ta⟩ adj. **1** Que tem ou mostra discrição. **2** Que se caracteriza pela moderação ou não é exagerado nem extravagante: *um comportamento discreto; uma roupa discreta*.

discrição ⟨dis.cri.ção⟩ (pl. *discrições*) s.f. **1** Moderação e sensatez para fazer ou dizer algo: *Ela costuma agir com discrição*. **2** Atitude de não fazer o que poderia causar

273

discricionário

mal-entendidos ou ir contra os bons modos: *Sua discrição impede-lhe de contar os segredos alheios.*
discricionário, ria ⟨dis.cri.ci.o.ná.rio, ria⟩ adj. Sem limites ou livre de qualquer restrição.
discriminação ⟨dis.cri.mi.na.ção⟩ (pl. *discriminações*) s.f. **1** Ato ou efeito de discriminar. **2** Negação de certos direitos a uma pessoa ou a um grupo social. **3** Julgamento que se faz de uma pessoa considerando-a inferior, por motivos raciais, sociais, religiosos ou políticos: *a discriminação racial; a discriminação sexual.* **4** Distinção ou diferenciação entre duas ou mais coisas: *A discriminação dessas caixas é feita pela sua etiqueta.*
discriminar ⟨dis.cri.mi.nar⟩ ▌v.t.d. **1** Considerar (uma pessoa ou uma coletividade) inferiores por motivos raciais, sociais, religiosos ou políticos, e negar-lhes certos direitos: *No Brasil, discriminar pessoas por motivos raciais é crime.* ▌v.t.d./v.t.d.i. **2** Distinguir ou diferenciar (uma coisa) [de outra]: *Neste quadro, o artista discriminou bem as cores quentes das cores frias.*
discursar ⟨dis.cur.sar⟩ v.t.i. Fazer discurso [sobre um tema, uma ideia ou um assunto]: *O diretor discursou sobre os resultados do projeto.*
discursivo, va ⟨dis.cur.si.vo, va⟩ adj. **1** Do discurso, do raciocínio, ou relacionado a eles. **2** Que é em forma de texto ou por escrito.
discurso ⟨dis.cur.so⟩ s.m. **1** Conjunto de palavras ou de frases com as quais se expressa um pensamento, um sentimento ou um desejo: *um discurso amoroso.* **2** Raciocínio ou exposição sobre um tema ou um assunto determinado que se pronunciam em público: *um discurso sobre ecologia.* **3** Tratado ou escrito pouco extenso em que se reflete sobre um tema ou um assunto para ensinar ou para persuadir: *um discurso literário.* **4** Em uma situação de comunicação, texto ou fala que envolvem um locutor e um interlocutor.
discussão ⟨dis.cus.são⟩ (pl. *discussões*) s.f. **1** Conversação em que se defendem opiniões contrárias ou diferentes a fim de solucionar uma questão ou chegar a um consenso: *uma discussão sobre política.* **2** Disputa, desentendimento ou briga: *uma discussão de família.*
discutir ⟨dis.cu.tir⟩ ▌v.t.d./v.t.i./v.int. **1** Confrontar e defender (ideias ou opiniões opostas) [com alguém ou entre um grupo de pessoas], ou debater um assunto: *O menino discutiu com o irmão.* ▌v.t.d. **2** Analisar (um assunto) com atenção sob diferentes pontos de vista para explicá-lo ou solucioná-lo: *Os candidatos discutiram os prós e os contras da reforma tributária.*
discutível ⟨dis.cu.tí.vel⟩ (pl. *discutíveis*) adj.2g. Que se pode ou que se deve discutir.
disel ⟨dí.sel⟩ (pl. *díseis*) s.m. →**diesel**
disenteria ⟨di.sen.te.ri.a⟩ s.f. Doença infecciosa que consiste na inflamação e na aparição de úlceras no intestino e que se manifesta com dor abdominal, diarreia intensa e fezes com mucosidades e sangue. ☐ USO É inadequada a forma *desinteria, ainda que esteja difundida na linguagem coloquial.
disfarçar ⟨dis.far.çar⟩ ▌v.t.d./v.prnl. **1** Vestir(-se) com um disfarce [de algo ou de alguém]: *Disfarçou-se de palhaço para entrar na festa.* ▌v.t.d. **2** Desfigurar, dissimular ou mudar a aparência ou a forma de (algo que não se quer reconhecer, ver ou sentir): *Disfarçamos o mau cheiro com um aromatizador.* ☐ ORTOGRAFIA Antes de e, o ç muda para c →COMEÇAR.
disfarce ⟨dis.far.ce⟩ s.m. Aquilo que serve para mudar ou para ocultar a aparência: *O detetive usava um disfarce.* ☐ SIN. rebuço, socapa.
disforme ⟨dis.for.me⟩ adj.2g. **1** Desproporcional ou irregular na forma. **2** Que sofreu deformação.

disfunção ⟨dis.fun.ção⟩ (pl. *disfunções*) s.f. Alteração no funcionamento de um órgão ou de um tecido: *uma disfunção renal.*
dislate ⟨dis.la.te⟩ s.m. Aquilo que é dito de maneira tola ou contrária à verdade.
dislexia ⟨dis.le.xi.a⟩ (Pron. [dislecsia]) s.f. Distúrbio da capacidade de ler, que se manifesta pela confusão, pela inversão ou pela omissão de letras, sílabas e palavras.
díspar ⟨dís.par⟩ adj.2g. Desigual ou diferente.
disparada ⟨dis.pa.ra.da⟩ s.f. **1** Corrida desenfreada: *Ela saiu em disparada, deixando todos para trás.* **2** Fuga rápida e impetuosa do gado.
disparar ⟨dis.pa.rar⟩ ▌v.t.d./v.t.d.i./v.int. **1** Fazer (uma arma de fogo) lançar um projétil [em um alvo] ou atirar: *Apertou o gatilho e disparou o revólver. Os policiais não estavam autorizados a disparar.* ▌v.t.d. **2** Lançar ou arremessar com força (um objeto): *disparar uma flecha.* ▌v.t.d./v.int. **3** Fazer entrar ou entrar em funcionamento: *Se você fumar aqui dentro, o alarme contra incêndios vai disparar.* ▌v.int. **4** Correr ou partir de forma rápida: *O ciclista disparou na última subida.* **5** Crescer ou aumentar de forma rápida ou sem moderação: *O preço dos alimentos disparou.*
disparatado, da ⟨dis.pa.ra.ta.do, da⟩ adj. Sem propósito ou sem pertinência. ☐ SIN. despropositado.
disparatar ⟨dis.pa.ra.tar⟩ v.int. Falar ou agir sem propósito ou sem pertinência.
disparate ⟨dis.pa.ra.te⟩ s.m. **1** Falta de propósito ou de pertinência: *O juiz considerou seu depoimento um disparate.* ☐ SIN. despropósito. **2** *informal* Aquilo que extrapola o que é considerado normal, especialmente em quantidade: *Comeu um disparate de doces.*
disparidade ⟨dis.pa.ri.da.de⟩ s.f. Condição do que é díspar: *A discussão foi fruto de uma disparidade de opiniões.*
disparo ⟨dis.pa.ro⟩ s.m. **1** Lançamento de um projétil feito por uma arma de fogo. **2** Barulho causado por esse lançamento.
dispêndio ⟨dis.pên.dio⟩ s.m. **1** Gasto ou despesa. **2** Gasto excessivo e geralmente desnecessário, especialmente se for de tempo ou de dinheiro: *O projeto exigiu um dispêndio de grande capital.*
dispendioso, sa ⟨dis.pen.di.o.so, sa⟩ (Pron. [dispendiôso], [dispendiósa], [dispendiósos], [dispendiósas]) adj. Que consome muito tempo ou dinheiro.
dispensa ⟨dis.pen.sa⟩ s.f. **1** Afastamento de uma pessoa de seu emprego: *Nos últimos anos houve a dispensa de vários funcionários.* ☐ SIN. demissão. **2** Permissão que se concede a uma pessoa, livrando-a do cumprimento de uma obrigação, de uma lei, de uma ordem ou de uma proibição: *uma dispensa do serviço militar; uma dispensa do trabalho.* **3** Documento em que se solicita essa permissão: *Para ser liberado da aula precisava mostrar a dispensa ao professor.* ☐ ORTOGRAFIA É diferente de despensa.
dispensar ⟨dis.pen.sar⟩ ▌v.t.d. **1** Abrir mão ou privar-se de (algo que se considera necessário): *Alguns aparelhos novos dispensam o uso de bateria.* ▌v.t.d./v.t.d.i./v.prnl. **2** Liberar(-se) ou isentar(-se) (alguém) [de uma obrigação] ou permitir que ela não se cumpra: *O professor nos dispensou da prova.* ☐ SIN. desobrigar. ▌v.t.d. **3** Rejeitar ou abandonar (alguém): *O rapaz dispensou a namorada.* **4** Afastar (alguém) de sua ocupação ou de seu emprego: *A empresa dispensou vários funcionários.* ☐ SIN. demitir, desempregar, despedir. ▌v.t.d. **5** Dar, conceder ou distribuir (algo positivo) [a alguém]: *Os espectadores dispensaram calorosos aplausos ao maestro.*
dispensário ⟨dis.pen.sá.rio⟩ s.m. Estabelecimento beneficente em que se dá assistência médica e farmacêutica a pessoas com poucos recursos.

dispensável ⟨dis.pen.sá.vel⟩ (pl. *dispensáveis*) adj.2g. Que não é necessário ou que não faz falta.

dispepsia ⟨dis.pep.si.a⟩ s.f. Em medicina, transtorno gastrointestinal que se caracteriza por uma digestão difícil e incompleta.

dispersão ⟨dis.per.são⟩ (pl. *dispersões*) s.f. **1** Separação ou distribuição em diferentes direções. **2** Falta de concentração ou de atenção: *a dispersão do aluno durante as aulas*.

dispersar ⟨dis.per.sar⟩ ▌ v.t.d./v.int./v.prnl. **1** Separar(-se) ou espalhar(-se) em diferentes direções (os componentes de um conjunto): *A polícia dispersou os desordeiros*. **2** Fazer desaparecer ou desaparecer: *A chuva dispersou o público*. ▌ v.t.d./v.prnl. **3** Fazer perder a concentração ou não prestar atenção: *O barulho na rua dispersava os alunos*. ☐ GRAMÁTICA É um verbo abundante, pois apresenta dois particípios: *dispersado* e *disperso*.

dispersivo, va ⟨dis.per.si.vo, va⟩ adj. Que causa dispersão ou que não se concentra em algo.

displicência ⟨dis.pli.cên.cia⟩ s.f. **1** Falta de interesse, de atenção ou de cuidado. **2** Falta de cuidado no modo de se vestir ou de agir.

displicente ⟨dis.pli.cen.te⟩ adj.2g./s.2g. Que ou quem demonstra falta de interesse, de atenção ou de cuidado.

dispneia ⟨disp.nei.a⟩ (Pron. [dispnéia]) s.f. Dificuldade para respirar, geralmente causada por uma doença cardíaca ou pulmonar.

disponibilidade ⟨dis.po.ni.bi.li.da.de⟩ s.f. **1** Qualidade ou estado de disponível: *A funcionária tem disponibilidade para trabalhar nos fins de semana*. **2** Situação de um funcionário público estável que está temporariamente afastado de suas funções. **3** Situação de quem está desempregado.

disponível ⟨dis.po.ní.vel⟩ (pl. *disponíveis*) adj.2g. Que pode ser utilizado ou que está livre para fazer algo.

dispor ⟨dis.por⟩ (Pron. [dispôr]) ▌ s.m. **1** Disposição para servir ou para fazer algo: *O carro está a nosso dispor*. ▌ v.t.d./v.t.d.i. **2** Arrumar (algo) [em determinada ordem ou no lugar correspondente]: *Vamos dispor os quadros na parede*. ▌ v.t.i. **3** Controlar ou ter domínio [de algo]: *Após o julgamento, a Justiça passou a dispor de seus bens*. **4** Contar com, possuir ou ter disponibilidade [de algo]: *Esta casa dispõe de dois quartos*. ▌ v.prnl. **5** Decidir ou resolver fazer algo: *Depois de ser reprovado, dispôs-se a estudar mais*. ☐ GRAMÁTICA É um verbo irregular →PÔR.

disposição ⟨dis.po.si.ção⟩ (pl. *disposições*) s.f. **1** Distribuição ordenada, arranjo ou arrumação feita segundo determinado critério: *a disposição dos livros na biblioteca*. **2** Estado de saúde, de espírito ou de ânimo para fazer algo: *Sua disposição para o trabalho é ótima*. **3** Tendência, inclinação ou aptidão para algo: *A professora elogiou sua disposição para o desenho*. **4** Determinação ou prescrição legal tomada por uma autoridade em que se define o que e como deve ser feito: *as disposições de uma lei*.

dispositivo, va ⟨dis.po.si.ti.vo, va⟩ ▌ adj. **1** Que contém uma disposição ou uma ordem: *uma norma dispositiva*. ▌ s.m. **2** Regra ou preceito a serem seguidos: *o dispositivo de uma lei*. **3** Mecanismo ou conjunto de meios de que se dispõem para um determinado fim: *um dispositivo de alarme*.

disposto, ta ⟨dis.pos.to, ta⟩ (Pron. [dispôsto], [dispósta], [dispóstos], [dispóstas]) ▌ **1** Particípio irregular de **dispor**. ▌ adj. **2** Com boa disposição ou ânimo para fazer algo: *uma aluna disposta a aprender*. ▌ s.m. **3** Aquilo que está colocado em um regulamento ou em uma lei: *Foi pago conforme o disposto em seu contrato de trabalho*.

dissidente

disprósio ⟨dis.pró.sio⟩ s.m. Elemento químico da família dos metais, de número atômico 66, sólido, e que pertence ao grupo dos lantanídeos. ☐ ORTOGRAFIA Seu símbolo químico é *Dy*, sem ponto.

disputa ⟨dis.pu.ta⟩ s.f. **1** Discussão ou enfrentamento verbal em que duas ou mais pessoas defendem diferentes pontos de vista, geralmente de maneira irredutível: *A disputa foi motivada por razões políticas*. **2** Concorrência, competição ou briga pela posse ou pela defesa de algo, ou por um mesmo objetivo: *a disputa pela guarda de um filho*.

disputar ⟨dis.pu.tar⟩ v.t.d./v.t.d.i. Lutar ou competir por (um objetivo) [com alguém]: *Os atletas disputavam a medalha de ouro com o time de um país asiático*.

disquete ⟨dis.que.te⟩ s.m. Em informática, disco portátil, com capacidade de armazenamento reduzida, que se introduz no computador para sua gravação ou leitura. ☐ SIN. disco flexível.

dissabor ⟨dis.sa.bor⟩ (Pron. [dissabôr]) s.m. Aborrecimento, desgosto ou sentimento de tristeza ou de intranquilidade: *os dissabores da derrota*.

dissecação ⟨dis.se.ca.ção⟩ (pl. *dissecações*) s.f. Ato ou efeito de dissecar: *a dissecação de uma ave; a dissecação de um poema*.

dissecar ⟨dis.se.car⟩ v.t.d. **1** Cortar (um cadáver ou uma planta) em partes para estudar suas estruturas ou seus órgãos: *A bióloga dissecou um coelho*. **2** Analisar ou examinar minuciosamente: *Junto com o professor de Literatura, dissecamos um texto de Guimarães Rosa*. ☐ ORTOGRAFIA Antes de e, o c muda para qu →BRINCAR.

disseminar ⟨dis.se.mi.nar⟩ v.t.d./v.prnl. **1** Espalhar(-se) ou estender(-se) (algo que está junto) a várias partes ou direções: *O clima ajudou a disseminar a gripe*. **2** Tornar(-se) conhecido: *Essa ideia foi bastante disseminada durante a década passada*. ☐ USO É diferente de *inseminar* (introduzir o esperma por meios artificiais no órgão reprodutor feminino).

dissensão ⟨dis.sen.são⟩ (pl. *dissensões*) s.f. **1** Divergência ou desacordo a respeito de algo: *Na reunião, surgiram dissensões entre os membros participantes*. ☐ SIN. dissídio, racha. **2** Desavença, discórdia ou conflito: *As dissensões acabaram com o casamento*. **3** Situação ou característica em que há oposição ou discrepância.

dissentir ⟨dis.sen.tir⟩ v.t.i. Discordar ou divergir [de uma ideia ou de uma opinião]: *Os funcionários dissentiram das novas resoluções da empresa*. ☐ GRAMÁTICA 1. É um verbo irregular →SERVIR. 2. Usa-se a construção *dissentir de algo*.

dissertação ⟨dis.ser.ta.ção⟩ (pl. *dissertações*) s.f. **1** Exposição detalhada e metódica de um assunto: *uma dissertação sobre anatomia; uma dissertação sobre literatura*. **2** Documento escrito que se apresenta a uma instituição de ensino e que deve ser defendido para a obtenção do título de mestre: *O prazo para a entrega das dissertações foi prorrogado até o início do próximo mês*.

dissertar ⟨dis.ser.tar⟩ v.t.i. Expor uma ideia de forma detalhada e metódica [sobre um tema]: *O palestrante dissertou sobre a obra de Graciliano Ramos*. ☐ GRAMÁTICA Usa-se a construção *dissertar sobre algo*.

dissidência ⟨dis.si.dên.cia⟩ s.f. **1** Separação de uma parte de um grupo, motivada por divergências na forma de pensar ou de agir: *uma dissidência política; uma dissidência religiosa*. **2** Essa parte que se separou: *Curiosamente, o clube foi fundado por uma dissidência do seu maior rival*.

dissidente ⟨dis.si.den.te⟩ adj.2g./s.2g. Que ou quem se distancia das ideias, de um partido, de uma doutrina ou de uma conduta comuns.

dissídio ⟨dis.sí.dio⟩ s.m. **1** Divergência ou desacordo a respeito de algo: *um dissídio partidário*. ☐ SIN. **dissensão, racha. 2** Conflito coletivo ou individual submetido à Justiça do Trabalho.

dissílabo, ba ⟨dis.sí.la.bo, ba⟩ adj./s.m. De duas sílabas.

dissimulação ⟨dis.si.mu.la.ção⟩ (pl. *dissimulações*) s.f. Ato ou efeito de dissimular.

dissimulado, da ⟨dis.si.mu.la.do, da⟩ adj./s. Que ou quem tende a fingir o a disfarçar com habilidade suas intenções, atos ou sentimentos.

dissimular ⟨dis.si.mu.lar⟩ v.t.d./v.t.d.i. Fingir, disfarçar ou esconder (as intenções, os atos ou os sentimentos) [de alguém] com habilidade: *Apesar do seu esforço, não conseguiu dissimular sua tristeza*.

dissipação ⟨dis.si.pa.ção⟩ (pl. *dissipações*) s.f. **1** Ato ou efeito de dissipar(-se). **2** Comportamento desregrado ou voltado aos prazeres: *Depois de receber a herança, passou a viver em grande dissipação*.

dissipar ⟨dis.si.par⟩ ▌v.t.d./v.prnl. **1** Espalhar(-se) ou fazer desaparecer: *Nossas dúvidas se dissiparam com a explicação*. ▌v.t.d. **2** Desperdiçar ou não usar devidamente (o dinheiro ou algo de valor): *Sua irresponsabilidade dissipou a herança da família*.

disso ⟨dis.so⟩ Contração da preposição *de* com o pronome demonstrativo *isso*.

dissociar ⟨dis.so.ci.ar⟩ v.t.d./v.t.d.i./v.prnl. Separar(-se) ou desligar(-se) (algo) [daquilo a que estava associado]: *Ele não consegue dissociar o trabalho da vida social*. ☐ SIN. **desassociar**.

dissolução ⟨dis.so.lu.ção⟩ (pl. *dissoluções*) s.f. **1** Ato ou efeito de dissolver(-se). **2** Rompimento ou anulação de um contrato, de laços ou de vínculos existentes entre pessoas: *a dissolução de um casamento*. **3** Comportamento considerado depravado ou pervertido: *uma vida de dissolução*.

dissoluto, ta ⟨dis.so.lu.to, ta⟩ adj. Que tem comportamento considerado depravado ou pervertido.

dissolver ⟨dis.sol.ver⟩ v.t.d./v.prnl. **1** Desunir as partículas de (uma substância) em um líquido, de forma que fiquem incorporadas a ele ou desfazer-se: *O açúcar se dissolveu na água*. ☐ SIN. **solver**. **2** Separar(-se) ou dispersar(-se) (algo que estava unido): *A banda se dissolveu após a última turnê*. **3** Fazer desaparecer, destruir ou eliminar: *Um golpe de Estado dissolveu o Parlamento*.

dissonância ⟨dis.so.nân.cia⟩ s.f. **1** Em música, combinação de sons sucessivos ou simultâneos que não estão em consonância: *A maioria dos compositores eruditos contemporâneos utilizam dissonâncias*. **2** Ausência de igualdade, de correspondência ou de harmonia: *uma dissonância de cores*.

dissonante ⟨dis.so.nan.te⟩ adj.2g. **1** Que destoa. **2** Que causa ou que apresenta dissonância: *uma nota dissonante*.

dissuadir ⟨dis.su.a.dir⟩ v.t.d.i./v.prnl. Fazer (alguém) desistir ou desistir [de uma opinião ou ideia], usando razões ou argumentos: *Dissuadiu o filho de viajar*. ☐ SIN. **demover**.

distância ⟨dis.tân.cia⟩ s.f. **1** Espaço entre duas coisas ou pessoas: *Entre as duas cidades há uma distância de mais de cem quilômetros*. **2** Comprimento de reta que une dois pontos quaisquer no espaço. **3** Intervalo de tempo decorrido entre dois momentos específicos: *Entre o nascimento de meus dois filhos, há uma distância de três anos*. **4** Afastamento ou separação: *Está sendo difícil suportar a distância*.

distanciamento ⟨dis.tan.ci.a.men.to⟩ s.m. Ato ou efeito de distanciar(-se).

distanciar ⟨dis.tan.ci.ar⟩ v.t.d./v.t.d.i./v.prnl. Separar(-se), afastar(-se) ou fazer com que (uma coisa ou uma pessoa) fiquem mais distantes [de outras]: *O tempo distanciou os dois amigos. Um artista não deve se distanciar de seu público*.

distante ⟨dis.tan.te⟩ ▌adj.2g. **1** Afastado no espaço ou no tempo. **2** Frio, reservado ou pouco amistoso ou íntimo no trato: *Apesar de seu ar distante, é uma pessoa amável*. ▌adv. **3** Longe ou a uma grande distância: *A escola fica distante de casa*.

distar ⟨dis.tar⟩ v.t.d.i./v.int. Ser afastado a (uma certa distância) [de algo] no espaço ou no tempo ou estar distante: *A fazenda dista 100 quilômetros da cidade*.

distender ⟨dis.ten.der⟩ v.t.d./v.prnl. **1** Estender(-se) em várias direções: *Distenderam os braços para relaxar*. **2** Afrouxar(-se) (algo esticado ou tenso) ou fazer com que diminua sua tensão: *A mola se distendeu com o uso*. **3** Em medicina, produzir ou sofrer um estiramento violento (um tecido ou uma membrana): *O jogador distendeu a coxa*.

distensão ⟨dis.ten.são⟩ (pl. *distensões*) s.f. **1** Perda da tensão daquilo que está esticado ou tenso. **2** Em medicina, estiramento violento, especialmente de um tecido ou de uma membrana: *a distensão de um músculo*.

dístico ⟨dís.ti.co⟩ s.m. Estrofe composta por dois versos.

distinção ⟨dis.tin.ção⟩ (pl. *distinções*) s.f. **1** Ato ou efeito de distinguir(-se): *Na aula de Literatura de hoje estudamos a distinção entre poesia e prosa*. **2** Elegância, finura ou boa educação: *Vestiu-se com distinção para a ocasião*. **3** Privilégio, prêmio ou honra concedidos a alguém: *O prêmio Nobel é uma das maiores distinções*. **4** Respeito e atenção que se dá a uma pessoa: *Tratou-a com toda a distinção*.

distinguir ⟨dis.tin.guir⟩ ▌v.t.d./v.t.d.i./v.prnl. **1** Diferenciar(-se) [de algo ou alguém] ou reconhecer as características que tornam diferentes (duas ou mais coisas): *O dromedário se distingue do camelo por ter apenas uma corcova*. ▌v.t.d. **2** Ser capaz de ver, ouvir ou perceber nitidamente (uma imagem ou um som): *Enxerga mal e não distingue bem as letras*. **3** Caracterizar (algo ou alguém) por um comportamento ou uma qualidade: *Sua amabilidade o distingue dos demais*. ☐ ORTOGRAFIA Antes de *a* e *o*, o *gu* muda para *g* →DISTINGUIR.

distintivo, va ⟨dis.tin.ti.vo, va⟩ ▌adj. **1** Que distingue ou que permite distinguir ou caracterizar algo: *A presença de arcos é um dos traços distintivos da arquitetura renascentista*. ▌s.m. **2** Sinal, marca ou emblema, especialmente aqueles que indicam a participação em um grupo: *Antes de nos interrogar, o policial nos mostrou seu distintivo*.

distinto, ta ⟨dis.tin.to, ta⟩ adj. **1** Que apresenta diferença em relação a outro. **2** Que se destaca pelas qualidades, pelas boas maneiras ou pela elegância.

disto ⟨dis.to⟩ Contração da preposição *de* com o pronome demonstrativo *isto*.

distorcer ⟨dis.tor.cer⟩ v.t.d. **1** Deformar (uma imagem ou um som): *O espelho côncavo distorcia a imagem. Aquele equipamento distorce os sons*. **2** Interpretar equivocadamente (algo que se viu ou se ouviu) e dar-lhe um significado que não lhe corresponde: *Os jornalistas distorceram o depoimento do ministro*. ☐ ORTOGRAFIA 1. Antes de *a* ou *o*, o *c* muda para *ç* →CONHECER. 2. É diferente de *destorcer*.

distração ⟨dis.tra.ção⟩ (pl. *distrações*) s.f. **1** Falta de atenção: *Sua distração lhe fez perder o ônibus*. **2** Erro ou equívoco causados por essa falta de atenção: *Uma simples distração custou-lhe a vida*. **3** Entretenimento, diversão ou lazer: *Assistir a filmes é uma de suas maiores distrações*.

distrair ⟨dis.tra.ir⟩ ▌v.t.d./v.t.d.i./v.prnl. **1** Fazer (alguém) desviar ou ter desviada a atenção [daquilo que está fazendo ou daquilo que deve fazer]: *Os alunos se distraíram com o barulho da rua.* ▌v.t.d./v.prnl. **2** Entreter(-se) ou proporcionar diversão ou lazer a (alguém): *Distraíram-se ouvindo música.* ▌v.t.d. **3** Afastar, desviar ou distanciar. ☐ GRAMÁTICA É um verbo irregular →CAIR.

distratar ⟨dis.tra.tar⟩ v.t.d. Desfazer ou anular (um contrato ou outro acordo). ☐ ORTOGRAFIA É diferente de *destratar*.

distribuição ⟨dis.tri.bu.i.ção⟩ (pl. *distribuições*) s.f. Ato ou efeito de distribuir.

distribuir ⟨dis.tri.bu.ir⟩ v.t.d./v.t.d.i. **1** Colocar (algo) de modo conveniente ou adequado [em um lugar]: *Distribuiu os talheres sobre a mesa.* **2** Repartir e entregar uma parcela de (algo) [para várias partes ou pessoas]: *Os palhaços distribuíram doces durante a festa.* ☐ ORTOGRAFIA Usa-se *i* em vez do *e* comum na conjugação do presente do indicativo e do imperativo afirmativo →ATRIBUIR.

distributivo, va ⟨dis.tri.bu.ti.vo, va⟩ adj. Que expressa distribuição ou que está relacionado a ela.

distrito ⟨dis.tri.to⟩ s.m. **1** Subdivisão administrativa em que se divide um território ou uma população. **2** Delegacia de polícia.

distúrbio ⟨dis.túr.bio⟩ s.m. **1** Alteração da ordem, da paz ou da tranquilidade: *A polícia teve que intervir para acabar com os distúrbios.* **2** Em medicina, em relação especialmente a um órgão, mau funcionamento: *um distúrbio hormonal.*

dita ⟨di.ta⟩ s.f. Destino ou sorte: *uma triste dita*.

dita-cuja ⟨di.ta-cu.ja⟩ (pl. *ditas-cujas*) Substantivo feminino de **dito-cujo**.

ditado ⟨di.ta.do⟩ s.m. **1** Ação de enunciar um texto em voz alta com as pausas necessárias para que outra pessoa o escreva: *A professora faz dois ditados semanais para que aprendamos ortografia.* **2** Texto que transcreve o que se diz dessa maneira: *Desde que começou a ler mais, seus ditados ficaram bem melhores.* **3** Frase breve que expressa um princípio moral ou um ensinamento: *O ditado popular* a mentira tem perna curta *significa que a verdade sempre vem à tona.* ☐ SIN. adágio, anexim, máxima, provérbio, rifão.

ditador, -a ⟨di.ta.dor, do.ra⟩ (Pron. [ditadôr], [ditadôra]) adj./s. **1** Em relação a um governante, que controla todos os poderes estatais e os exerce sem limitações. **2** Que ou quem abusa de sua autoridade e se impõe aos demais.

ditadura ⟨di.ta.du.ra⟩ s.f. **1** Forma de governo caracterizada pela concentração de poder nas mãos de uma única pessoa ou instituição: *uma ditadura militar.* **2** Nação que tem essa forma de governo: *A União Soviética foi uma ditadura comunista.* **3** Período de tempo em que há essa forma de governo: *Muitos artistas foram perseguidos durante a ditadura.*

ditame ⟨di.ta.me⟩ s.m. Opinião, regra, doutrina ou preceito que se estabelece sobre algo: *os ditames da moda.*

ditar ⟨di.tar⟩ ▌v.t.d./v.t.d.i. **1** Enunciar (um texto) em voz alta [a alguém] com as pausas adequadas para que seja escrito: *O professor ditou as perguntas da prova.* ▌v.t.d.i. **2** Sugerir ou inspirar (uma moda ou uma tendência) [a alguém]: *Milão e Paris são cidades que costumam ditar a moda.* **3** Impor ou determinar (uma lei ou uma norma) [a alguém].

ditatorial ⟨di.ta.to.ri.al⟩ (pl. *ditatoriais*) adj.2g. Do ditador, da ditadura, ou relacionado a eles.

dito, ta ⟨di.to, ta⟩ ▌**1** Particípio irregular de **dizer**. ▌adj. **2** Mencionado ou referido. ▌s.m. **3** Palavra ou conjunto de palavras que expressam um conceito ou uma ideia, especialmente se forem de caráter moral: *Ele sabe uma enorme quantidade de ditos populares.*

divertido

dito-cujo ⟨di.to-cu.jo⟩ (pl. *ditos-cujos*) s.m. *informal* Pessoa de quem já se falou ou de quem não se pode saber o nome nem a identidade: *Peguei o dito-cujo mexendo nas minhas coisas.* ☐ GRAMÁTICA Seu feminino é *dita-cuja*. ☐ USO Usa-se também a forma reduzida *cujo.*

ditongo ⟨di.ton.go⟩ s.m. Conjunto de duas vogais que se pronunciam em uma mesma sílaba.

ditoso, sa ⟨di.to.so, sa⟩ (Pron. [ditôso], [ditósa], [ditósos], [ditósas]) adj. Que é feliz ou venturoso.

DIU (pl. *DIUs*) s.m. Dispositivo contraceptivo que, colocado no interior do útero de uma mulher, evita a gravidez. ☐ ORIGEM É a sigla de *dispositivo intrauterino.*

diurese ⟨di.u.re.se⟩ s.f. Em medicina, secreção de urina. ☐ USO É diferente de *enurese* (capacidade prejudicada de controlar a eliminação de urina).

diurético, ca ⟨di.u.ré.ti.co, ca⟩ adj./s.m. Em relação a uma substância, que aumenta ou que facilita a secreção e a eliminação da urina.

diurno, na ⟨di.ur.no, na⟩ adj. **1** Do dia ou relacionado a ele. **2** Em relação a um animal, que procura o alimento durante o dia. **3** Em relação a uma planta, que tem flores que ficam abertas durante o dia e fechadas à noite.

diuturno, na ⟨di.u.tur.no, na⟩ adj. Que se prolonga ou que é de longa duração.

diva ⟨di.va⟩ s.f. **1** Musa ou inspiração de um artista. **2** Atriz ou cantora que se destaca pelo talento ou pela beleza.

divã ⟨di.vã⟩ s.m. **1** Leito comprido e acolchoado, geralmente sem encosto nem braços, no qual uma pessoa pode se deitar. ☐ SIN. coxim. **2** Consultório de um psicanalista.

divagar ⟨di.va.gar⟩ v.int. **1** Caminhar ou andar sem rumo definido: *Perdido, ele divagava pelas ruas.* **2** Devanear, falar ou pensar distanciando-se do assunto principal: *A testemunha divagava ao tentar explicar o acontecido. Nos botecos, gostavam de divagar sobre a vida.* ☐ ORTOGRAFIA 1. Antes de *e*, o *g* muda para *gu* →CHEGAR. 2. É diferente de *devagar*.

divergência ⟨di.ver.gên.cia⟩ s.f. **1** Afastamento gradual entre duas linhas. **2** Discordância, oposição ou falta de acordo: *uma divergência de opiniões.*

divergente ⟨di.ver.gen.te⟩ adj.2g. Que diverge ou discorda.

divergir ⟨di.ver.gir⟩ ▌v.int. **1** Afastar-se gradualmente (duas ou mais linhas): *No fim do morro, os caminhos divergem.* ▌v.t.i./v.int. **2** Discordar, opor-se ou não estar de acordo [com algo]: *Divergimos do seu ponto de vista, mas o respeitamos.* ☐ ORTOGRAFIA Antes de *a* ou *o*, o *g* muda para *j* →FUGIR.

diversão ⟨di.ver.são⟩ (pl. *diversões*) s.f. **1** Entretenimento ou lazer proporcionados por algo: *No fundo o que eles querem é apenas diversão.* ☐ SIN. divertimento. **2** Aquilo que serve como entretenimento, como lazer ou como passatempo: *O teatro é sua maior diversão.* ☐ SIN. divertimento.

diversidade ⟨di.ver.si.da.de⟩ s.f. **1** Variedade, diferença ou falta de semelhança: *A Amazônia apresenta uma grande diversidade de plantas e animais.* **2** Divergência, falta de acordo ou oposição: *Houve diversidade de opiniões no debate.* **3** Abundância, variedade ou ocorrência de várias coisas diferentes: *O Brasil possui grande diversidade cultural.*

diversificar ⟨di.ver.si.fi.car⟩ v.t.d./v.t.i./v.int. Tornar diverso ou diferente [de algo]: *Para obter mais lucro, a empresa diversificou a produção.* ☐ ORTOGRAFIA Antes de *e*, o *c* muda para *qu* →BRINCAR.

diverso, sa ⟨di.ver.so, sa⟩ adj. De natureza, quantidade ou qualidade distintas.

divertido, da ⟨di.ver.ti.do, da⟩ adj. **1** Que diverte ou que produz diversão. **2** Que é alegre ou tem bom humor.

divertimento ⟨di.ver.ti.men.to⟩ s.m. **1** Entretenimento ou lazer proporcionados por algo: *Precisava encontrar algum divertimento que o distraísse, para esquecer dos problemas.* ▫ SIN. diversão. **2** Aquilo que serve como entretenimento, como lazer ou como passatempo: *Ouvir música é um grande divertimento.* ▫ SIN. diversão.

divertir ⟨di.ver.tir⟩ ▌v.t.d./v.prnl. **1** Entreter(-se) ou proporcionar(-se) alegria, diversão ou lazer: *Divertiram-se muito no baile.* ▌v.t.d.i. **2** Fazer (alguém) esquecer ou distrair-se [de algo]: *O trabalho o divertia da tristeza.* ▫ GRAMÁTICA É um verbo irregular →SERVIR.

dívida ⟨dí.vi.da⟩ s.f. **1** Aquilo que se deve a alguém, geralmente dinheiro: *Com muito trabalho, consegui saldar todas as suas dívidas.* ▫ SIN. débito. **2** Obrigação moral ou dever que se contrai com alguém: *Fiquei em dívida com ela, depois de ter me ajudado com o trabalho de Matemática.*

dividendo ⟨di.vi.den.do⟩ ▌s.m. **1** Em uma divisão matemática, quantidade que se divide por outra. **2** Em economia, parte dos benefícios de uma empresa que se reparte entre os acionistas. ▌s.m.pl. **3** Vantagens ou benefícios que se obtêm de uma ação ou de uma situação: *Sua atuação na prefeitura lhe rendeu muitos dividendos políticos.*

dividir ⟨di.vi.dir⟩ ▌v.t.d./v.t.d.i./v.prnl. **1** Separar(-se) (um todo) [em várias partes]: *A parede central divide a sala em duas partes. O rio divide a cidade.* ▫ SIN. subdividir. ▌v.t.d./v.t.d.i. **2** Repartir ou distribuir (algo) [entre vários]: *A mãe dividiu a herança entre os filhos.* ▌v.t.d./v.prnl. **3** Causar desunião ou discordância entre (duas ou mais pessoas) ou divergir: *A inveja dividiu o time.* **4** Em matemática, realizar a operação aritmética da divisão: *Ao dividirmos 10 por 2, temos 5.*

divinal ⟨di.vi.nal⟩ (pl. *divinais*) adj.2g. Dos deuses ou que está relacionado a eles. ▫ SIN. divino, supremo.

divinatório, ria ⟨di.vi.na.tó.rio, ria⟩ adj. Da adivinhação ou relacionado a ela.

divindade ⟨di.vin.da.de⟩ s.f. **1** Condição ou natureza divina. **2** Deus ou ser divino: *As religiões monoteístas acreditam em uma só divindade.* ▫ SIN. deidade.

divinizar ⟨di.vi.ni.zar⟩ ▌v.t.d./v.prnl. **1** Tornar(-se) ou considerar(-se) divino: *Seus fãs o divinizavam.* ▌v.t.d. **2** Admirar ou dar importância em excesso a (algo ou alguém): *Muitos pais divinizam os filhos.*

divino, na ⟨di.vi.no, na⟩ adj. **1** Dos deuses ou que está relacionado a eles. ▫ SIN. divinal, supremo. **2** Extraordinário ou muito bom: *Este prato tem um sabor divino.*

divisa ⟨di.vi.sa⟩ s.f. **1** Frase que expressa um lema, um princípio ou uma regra de conduta: *A divisa da bandeira do Brasil é ordem e progresso.* **2** Em uma farda, emblema ou sinal que indica a patente militar. ▌s.f.pl. **3** Em economia, conjunto de reservas de um país conversíveis em moeda estrangeira: *O país iniciou o processo de combate à evasão de divisas.*

divisão ⟨di.vi.são⟩ (pl. *divisões*) s.f. **1** Ato ou efeito de dividir(-se). **2** Em matemática, operação mediante a qual se calcula as vezes que uma quantidade, chamada *divisor*, está contida em outra, chamada *dividendo*: *A divisão de 10 por 2 é 5.* **3** Inimizade, desunião ou enfrentamento entre pessoas: *O ciúme provocou a divisão dos irmãos.* **4** Em esporte, grupo em que competem, segundo sua categoria, as equipes ou os esportistas: *um jogador da primeira divisão.* **5** No exército, grande unidade que consta de duas ou mais brigadas ou regimentos: *O inimigo preparou bem a emboscada e conseguiu cercar a divisão de infantaria.* **6** Em biologia, duplicação das células: *a divisão celular.*

divisar ⟨di.vi.sar⟩ v.t.d. **1** Ver ou perceber: *Do alto da montanha se divisa todo o vale.* **2** Avistar, perceber ou descobrir: *Finalmente divisaram uma solução para o problema.*

divisionário, ria ⟨di.vi.si.o.ná.rio, ria⟩ adj. **1** Da divisão militar ou relacionado a ela. **2** Em relação a uma unidade monetária, que corresponde à sua fração.

divisível ⟨di.vi.sí.vel⟩ (pl. *divisíveis*) adj.2g. **1** Que se pode dividir. **2** Em matemática, em relação a um número inteiro, que, ao se dividir por outro número inteiro, tem como resultado um número também inteiro: *50 é divisível por 2, pois o resultado de sua divisão é 25, que é um número inteiro.*

divisor, -a ⟨di.vi.sor, so.ra⟩ (Pron. [divisôr], [divisôra]) ▌adj./s.m. **1** Que divide. ▌s.m. **2** Em uma divisão matemática, quantidade pela qual se divide outra. ║ **divisor de águas 1** Em um rio ou em uma bacia fluvial, linha que separa ou que limita suas águas. **2** Evento ou fato importantes, cujo acontecimento funciona como um marco delimitador: *O descobrimento do continente americano foi um divisor de águas na história da humanidade.*

divisória ⟨di.vi.só.ria⟩ s.f. Linha ou objeto que servem para dividir ou separar: *Instalaram uma divisória entre a sala e a cozinha.*

divisório, ria ⟨di.vi.só.rio, ria⟩ adj. Que serve para dividir ou separar.

divorciar ⟨di.vor.ci.ar⟩ ▌v.t.d./v.prnl. **1** Separar(-se) (duas pessoas casadas) ou dissolver(-se) (um vínculo conjugal) oficialmente: *O juiz divorciou o casal. Por causa das constantes brigas, divorciaram-se.* ▌v.t.d./v.t.d.i./v.prnl. **2** Separar(-se) ou afastar(-se) (uma coisa ou uma pessoa) [de outras]: *Em seus estudos, procura não divorciar a teoria da prática.*

divórcio ⟨di.vór.cio⟩ s.m. **1** Dissolução do matrimônio oficialmente declarada: *um divórcio amigável.* **2** Separação daquilo ou daquela que estavam em uma relação próxima.

divulgar ⟨di.vul.gar⟩ v.t.d. Publicar, tornar conhecido ou colocar ao alcance de muitas pessoas: *A imprensa divulgou o evento. Os advogados divulgaram as provas da fraude.* ▫ ORTOGRAFIA Antes de *e*, o *g* muda para *gu* →CHEGAR.

dizer ⟨di.zer⟩ (Pron. [dizêr]) ▌s.m. **1** Palavra ou expressão: *A placa trazia dizeres incompreensíveis.* ▌v.t.d./v.t.d.i. **2** Pronunciar ou expressar com palavras (uma ideia ou uma informação) [a alguém]: *Quando lhe perguntaram, não quis dizer sua idade.* **3** Afirmar, contar ou informar (algo) [a alguém]: *Não deve acreditar em tudo o que as pessoas dizem.* **4** Determinar ou declarar (algo) [a alguém]: *O contrato diz que não podemos sublocar o imóvel.* ▌v.t.d. **5** Indicar, mostrar ou denunciar: *Seus olhos diziam que estava triste.* ▌v.prnl. **6** Considerar-se ou julgar-se: *Diz-se capaz de superar essa prova.* ▫ GRAMÁTICA É um verbo irregular →DIZER. ▫ USO Na acepção 1, usa-se geralmente a forma plural *dizeres*.

dízima ⟨dí.zi.ma⟩ s.f. Antigamente, imposto que uma pessoa pagava, geralmente a décima parte de seus rendimentos. ║ **dízima (periódica)** Em matemática, representação decimal de um número em que um conjunto de um ou vários algarismos, a partir de uma certa ordem decimal, repete-se de forma indefinida.

dizimar ⟨di.zi.mar⟩ v.t.d. **1** Causar grande número de mortes entre os membros de (uma população). **2** Diminuir em tamanho ou em quantidade: *Seus gastos dizimaram os bens da família.*

dízimo ⟨dí.zi.mo⟩ s.m. Em algumas religiões, parte dos rendimentos paga pelos fiéis como tributo.

DJ *(palavra inglesa)* (Pron. [didjêi]) s.2g. Pessoa que toca e se encarrega do equipamento de som, especialmente em uma discoteca ou em uma festa. □ ORIGEM É a sigla inglesa de *disk jockey*.

djibutiano, na ⟨dji.bu.ti.a.no, na⟩ adj./s. De Djibuti ou relacionado a esse país africano.

DNA (pl. *DNAs*) s.m. Molécula que se encontra fundamentalmente no núcleo das células, que contém o código genético delas e de muitos vírus, e informações hereditárias que podem ser copiadas e transmitidas de uma célula para outra. □ SIN. **ácido desoxirribonucleico**. □ ORIGEM É a sigla inglesa de *Desoxyribonucleic Acid* (ácido desoxirribonucleico).

do (Pron. [dô]) Contração da preposição *de* com o artigo definido *o* ou com o pronome demonstrativo *o*.

dó s.m. **1** Em música, primeira nota da escala de dó. **2** Sentimento de pena, de compaixão ou de tristeza por alguém: *Seu falecimento causou muito dó*. □ USO É inadequada o uso de *dó* como substantivo feminino, ainda que esteja difundido na linguagem coloquial.

doação ⟨do.a.ção⟩ (pl. *doações*) s.f. **1** Ato ou efeito de doar(-se): *A doação de sangue permite salvar vidas*. **2** Aquilo que se doa: *Os jovens ajudaram no recolhimento das doações*.

doador, -a ⟨do.a.dor, do.ra⟩ (Pron. [doadôr], [doadôra]) ▌adj./s. **1** Que ou quem doa: *um doador de fígado*. ▌s. **2** Pessoa que dá sangue para uma transfusão ou que cede algum órgão para um transplante: *Ele está internado, à espera de um doador*.

doar ⟨do.ar⟩ ▌v.t.d. **1** Dar, entregar ou ceder voluntária e gratuitamente (algo que se possui) [a alguém]. ▌v.t.d.i./v.prnl. **2** Dedicar(-se) [a uma causa ou a alguém]: *Doou-se aos filhos durante toda a vida*.

dobra ⟨do.bra⟩ s.f. **1** Em um material flexível, parte que, ao se dobrar, sobrepõe-se a outra: *a dobra de um tecido*. **2** Vinco ou marca que ficam em um material flexível depois de ser dobrado: *O origami utiliza vários tipos de dobras para criar figuras de papel*.

dobradiça ⟨do.bra.di.ça⟩ s.f. Mecanismo de metal com duas peças unidas por um eixo comum, que se fixa em duas superfícies separadas para juntá-las e para permitir que girem uma sobre a outra: *As dobradiças desta porta estão precisando de óleo*. □ SIN. **engonço, mancal**.

dobradinha ⟨do.bra.di.nha⟩ s.f. **1** Prato feito à base de pedaços de estômago de boi e feijão branco cozidos em um caldo. □ SIN. **tripa**. **2** Dupla que anda ou age em parceria, especialmente se for em esportes.

dobrar ⟨do.brar⟩ ▌v.t.d./v.t.d.i. **1** Curvar (um objeto flexível) [em uma determinada forma] de modo que uma parte fique sobreposta à outra: *O menino dobrou o papel para fazer um barquinho*. □ SIN. **virar**. ▌v.t.d./v.int. **2** Multiplicar por dois ou tornar(-se) duas vezes maior: *O preço da gasolina dobrou*. □ SIN. **duplicar**. ▌v.t.d./v.int./v.prnl. **3** Aumentar(-se) muito: *Nosso trabalho dobrou*. □ SIN. **duplicar**. ▌v.t.d./v.prnl. **4** Curvar(-se) ou torcer(-se) (algo que estava reto ou direito): *Dobrou os joelhos para rezar*. ▌v.t.d./v.t.i. **5** Passar por (um lugar), mudando de direção, ou alterar o caminho seguindo [a um determinado sentido]: *Dobraram a esquina para irem à padaria*. ▌v.t.d./v.prnl. **6** Vencer(-se) ou render(-se), devido à força ou à pressão: *O pai se dobrou diante dos motivos da filha*. ▌v.int. **7** Soar (um sino): *Ao meio-dia, os sinos dobraram*.

dobrável ⟨do.brá.vel⟩ (pl. *dobráveis*) adj.2g. Que se pode dobrar.

dobro ⟨do.bro⟩ (Pron. [dôbro]) adj./s.m. Em relação a uma quantidade, que é duas vezes maior. □ SIN. **duplo**.

doca ⟨do.ca⟩ s.f. Em um porto, armazém ou parte coberta para carga e descarga de mercadorias: *Com o novo carregamento as docas ficaram lotadas*.

doentio

doçaria ⟨do.ça.ri.a⟩ s.f. Lugar em que se preparam ou se vendem doces. □ SIN. **doceria**.

doce ⟨do.ce⟩ (Pron. [dôce]) ▌adj.2g. **1** De sabor suave e agradável ao paladar, como o açúcar ou o mel: *uma fruta doce; uma bebida doce*. **2** Que não é azedo, amargo nem salgado: *um vinho doce*. **3** Agradável ou prazeroso: *uma doce canção*. **4** Amável, carinhoso ou afetuoso no trato com os demais: *uma pessoa doce*. ▌s.m. **5** Alimento elaborado com açúcar e em que o sabor deste ingrediente se destaca: *O quindim e o brigadeiro são meus doces preferidos*. □ GRAMÁTICA Seus superlativos são *dulcíssimo* e *docíssimo*.

doceiro, ra ⟨do.cei.ro, ra⟩ s. Pessoa que se dedica profissionalmente ao preparo e à venda de doces.

docência ⟨do.cên.cia⟩ s.f. **1** Profissão de professor □ SIN. **magistério**. **2** Exercício dessa profissão □ SIN. **magistério**.

docente ⟨do.cen.te⟩ ▌adj.2g. **1** Do ensino ou relacionado a essa atividade educativa. ▌adj.2g./s.2g. **2** Que ou quem se dedica ao ensino, especialmente como profissão. □ SIN. **professor**. □ USO Na acepção 1, é diferente de *discente* (do aluno, do estudante, ou relacionado a eles).

doceria ⟨do.ce.ri.a⟩ s.f. Lugar em que se preparam ou se vendem doces. □ SIN. **doçaria**.

dócil ⟨dó.cil⟩ (pl. *dóceis*) adj.2g. **1** Doce e agradável ou fácil de educar. **2** Que obedece ou que cumpre aquilo que lhe é ordenado: *um animal dócil*.

docilidade ⟨do.ci.li.da.de⟩ s.f. Qualidade de dócil.

documentação ⟨do.cu.men.ta.ção⟩ (pl. *documentações*) s.f. Conjunto de documentos que servem como identificação ou como prova de algo: *O policial pediu pela documentação do carro*.

documentar ⟨do.cu.men.tar⟩ v.t.d. Juntar documentos para provar ou demonstrar (algo ou uma questão): *O biólogo documentou a nova espécie de inseto*.

documentário, ria ⟨do.cu.men.tá.rio, ria⟩ ▌adj. **1** Do documento ou relacionado a ele. ▌s.m. **2** Filme que trata de assuntos ou de fatos reais com um fim informativo ou pedagógico: *um documentário sobre animais*.

documento ⟨do.cu.men.to⟩ s.m. **1** Escrito em que constam dados para provar ou validar algo: *A carteira de identidade e a certidão de nascimento são documentos importantes*. **2** Qualquer objeto que tenha valor documentário e que sirva para comprovar, instruir ou ilustrar um fato: *Este filme é um documento da história do país*.

doçura ⟨do.çu.ra⟩ s.f. **1** Sabor suave e agradável, como do açúcar ou do mel: *a doçura de uma fruta*. **2** Caráter apreciável daquilo que é agradável ou prazeroso: *a doçura de uma voz*. **3** Amabilidade ou afeto no trato com os demais: *a doçura de uma pessoa*.

dodecassílabo, ba ⟨do.de.cas.sí.la.bo, ba⟩ adj./s.m. De doze sílabas.

dodói ⟨do.dói⟩ ▌adj.2g. **1** *informal* Que está doente: *uma criança dodói*. ▌s.m. **2** *informal* Machucado, ferida ou doença: *um dodói no dedo*.

doença ⟨do.en.ça⟩ s.f. Em um ser vivo, alteração de sua boa saúde. □ SIN. **enfermidade**. ‖ **doença congênita** Aquela que é adquirida dentro do útero da mãe, podendo ter causa genética ou ter sido transmitida pela mãe. ‖ **doença venérea** Aquela que é transmitida principalmente por via sexual.

doente ⟨do.en.te⟩ adj.2g/s.2g. **1** Em relação a um organismo, que sofre de uma doença ou de um transtorno patológico. □ SIN. **enfermo**. **2** *informal* Que ou quem gosta muito de alguém ou de algo: *Ela é doente por chocolate*.

doentio, a ⟨do.en.ti.o, a⟩ adj. **1** Que tem pouca saúde ou que fica doente com facilidade. **2** Capaz de causar

doer

doenças com suas características. **3** Que é prejudicial, nocivo ou exagerado: *um ciúme doentio*.

doer ⟨do.er⟩ ▌v.int. **1** Causar ou sentir dor física: *Essa injeção dói muito. Minha cabeça dói.* ▌v.t.i./v.int./v.prnl. **2** Causar pena, tristeza ou pesar [a alguém] ou senti-los: *Meu coração dói ao vê-lo nesse estado!* □ **GRAMÁTICA 1.** Exceto como pronominal, é um verbo unipessoal: só se usa nas terceiras pessoas do singular e do plural, no particípio, no gerúndio e no infinitivo →DOER. **2.** Como pronominal, conjuga-se como →ROER.

dogma ⟨dog.ma⟩ s.m. **1** Ponto fundamental de uma doutrina religiosa, considerado verdadeiro e indiscutível: *A Igreja Católica considera seus dogmas como verdades reveladas por Deus.* **2** Fundamento ou conjunto de pontos principais de uma ciência, de um sistema, de uma doutrina ou de uma religião. **3** Qualquer doutrina, teoria ou afirmação que é tida como verdadeira e indiscutível: *Tem a mania de achar que suas ordens são dogmas*.

dogmático, ca ⟨dog.má.ti.co, ca⟩ ▌adj. **1** Do dogma ou relacionado a ele. ▌adj./s. **2** Que ou quem é inflexível em suas opiniões e as mantém como verdades que não admitem dúvida nem contestação.

dogmatismo ⟨dog.ma.tis.mo⟩ s.m. **1** Conjunto de princípios ou de preceitos considerados incontestáveis. **2** Atitude de quem se pauta por estes princípios e preceitos tidos como incontestáveis: *agir com dogmatismo*. **3** Doutrina ou conjunto de afirmações que admitem a existência de verdades irrefutáveis ou princípios inegáveis, que podem servir de base a uma ciência, a uma religião ou a uma doutrina: *Nos últimos anos, tem-se criticado muito o dogmatismo marxista*.

dogueiro, ra ⟨do.guei.ro, ra⟩ s. Pessoa que se dedica profissionalmente à venda de cachorros-quentes em veículos motorizados.

doideira ⟨doi.dei.ra⟩ s.f. **1** *informal* Loucura. **2** *informal* Aquilo que é dito ou feito de forma imprudente ou impensada.

doidice ⟨doi.di.ce⟩ s.f. **1** *informal* Loucura. **2** *informal* Aquilo que é dito ou feito de forma imprudente ou impensada. □ **ORTOGRAFIA** Escreve-se também *doudice*.

doido, da ⟨doi.do, da⟩ ▌adj. **1** *informal* Muito grande ou excessivo. ▌adj./s. **2** *informal* Louco. **3** *informal* Imprudente ou pouco sensato. □ **ORTOGRAFIA** Escreve-se também *doudo*.

doirado, da ⟨doi.ra.do, da⟩ adj./s.m. →dourado, da

dois ▌numer. **1** Número 2. ▌s.m. **2** Signo que representa esse número. □ **ORTOGRAFIA** Escreve-se também *dous*. □ **GRAMÁTICA** Na acepção 1, seu feminino é *duas*.

dois-pontos ⟨dois-pon.tos⟩ s.m.pl. Em ortografia, sinal gráfico de pontuação que indica o fim do sentido gramatical da oração, mas não do sentido lógico, ou que é usado para citar algo.

dólar ⟨dó.lar⟩ s.m. **1** Unidade monetária estadunidense. **2** Nome genérico da unidade monetária de vários países: *o dólar canadense*. **3** Moeda que tem o valor dessa unidade.

dolarização ⟨do.la.ri.za.ção⟩ (pl. *dolarizações*) s.f. Oficialização do uso do dólar norte-americano em um país.

doleiro, ra ⟨do.lei.ro, ra⟩ adj./s. Que ou quem compra ou vende dólares ilegalmente.

dolente ⟨do.len.te⟩ adj.2g. Que sente ou que expressa dor, mágoa ou sofrimento.

dólmã ⟨dól.mã⟩ s.m. Casaco militar, de gola levantada, com ajuste na cintura, abotoado pela frente de cima para baixo.

dolo ⟨do.lo⟩ s.m. **1** Engano, fraude ou erro com os quais se pode prejudicar outra pessoa: *cometer um dolo*. **2** Em direito, consciência e vontade deliberada de cometer um ato criminoso: *O juiz determinou que, apesar da imprudência do réu ter causado o acidente, não houve dolo*.

dolorido, da ⟨do.lo.ri.do, da⟩ adj. Que sente ou que expressa dor física ou moral. □ **SIN.** dorido.

doloroso, sa ⟨do.lo.ro.so, sa⟩ (Pron. [dolorôso], [dolorósa], [dolorósos], [dolorósas]) adj. Que causa ou que implica dor ou sofrimento.

doloso, sa ⟨do.lo.so, sa⟩ (Pron. [dolôso], [dolósa], [dolósos], [dolósas]) adj. Que é feito com intenção e com dolo. □ **USO** É diferente de *culposo* (ato que atribui culpa a alguém que não teve a intenção de realizá-lo).

dom s.m. **1** Tratamento de respeito que se dá a pessoas notáveis: *Dom Pedro II foi o segundo imperador do Brasil*. **2** Qualidade ou habilidade para fazer algo: *o dom da palavra*. **3** Presente, dádiva ou bem: *Sua cura foi considerada um dom divino*. □ **GRAMÁTICA 1.** Exceto na acepção 1, o plural é *dons*. **2.** Na acepção 1, seu feminino é *dona*.

domador, -a ⟨do.ma.dor, do.ra⟩ (Pron. [domadôr], [domadôra]) adj./s. Que ou quem se dedica profissionalmente a domar ou a domesticar animais, especialmente para a exibição em espetáculos públicos.

domar ⟨do.mar⟩ ▌v.t.d. **1** Amansar e tornar (um animal) dócil mediante o exercício de algumas técnicas: *domar um cavalo*. ▌v.t.d./v.prnl. **2** Dominar(-se) ou reprimir(-se) (uma paixão ou um hábito): *Com os anos, domou seu temperamento*. ▌v.t.d. **3** Controlar, subjugar ou submeter a uma autoridade: *O homem não conseguiu domar a natureza completamente*.

doméstica ⟨do.més.ti.ca⟩ s.f. →empregada doméstica

domesticação ⟨do.mes.ti.ca.ção⟩ (pl. *domesticações*) s.f. Ato ou efeito de domesticar(-se).

domesticar ⟨do.mes.ti.car⟩ v.t.d./v.prnl. Amansar(-se) e acostumar(-se) (um animal) à convivência com pessoas. □ **ORTOGRAFIA** Antes de *e*, o *c* muda para *qu* →BRINCAR.

doméstico, ca ⟨do.més.ti.co, ca⟩ ▌adj. **1** Da casa, do lar ou relacionado a eles. **2** Em relação a um animal, que se cria na companhia das pessoas: *O cão e o gato são animais domésticos*. ▌adj./s. **3** Em relação a um empregado, que cuida da casa ou que realiza trabalhos domésticos.

domiciliar ⟨do.mi.ci.li.ar⟩ ▌adj.2g. **1** Que se faz ou que ocorre em domicílio: *um atendimento domiciliar*. ▌v.t.d./v.prnl. **2** Fazer fixar ou fixar residência: *Domiciliou-se na mesma cidade que o irmão*.

domicílio ⟨do.mi.cí.lio⟩ s.m. **1** Lugar que se considera legalmente como residência habitual de uma pessoa: *As passagens serão entregues no seu domicílio*. **2** Lugar ou casa onde se habita de forma fixa e permanente: *Não tem domicílio fixo porque viaja muito*. || **domicílio eleitoral** Aquele que serve de referência para a divisão de um território em zonas eleitorais. || **em domicílio** No lugar onde alguém habita ou trabalha: *Esse restaurante faz entregas em domicílio*. □ **USO** Na locução *em domicílio*, é inadequado o uso de *a domicílio* ainda que esteja difundido na linguagem coloquial.

dominação ⟨do.mi.na.ção⟩ (pl. *dominações*) s.f. Exercício do domínio sobre algo ou sobre alguém: *No período colonial, o Brasil viveu sob a dominação portuguesa*.

dominador, -a ⟨do.mi.na.dor, do.ra⟩ (Pron. [dominadôr], [dominadôra]) ▌adj. **1** Que domina ou que detém o poder. □ **SIN.** dominante. ▌adj./s. **2** Que ou quem exerce grande autoridade ou domínio.

dominante ⟨do.mi.nan.te⟩ ▌adj.2g. **1** Que domina ou que detém o poder: *a classe dominante*. □ **SIN.** dominador. **2** Que predomina ou que prevalece sobre os demais: *Um sentimento dominante*. **3** Em biologia, em relação a um gene, que predomina sobre outro chamado

dormitório

recessivo, impedindo a manifestação da característica hereditária dele: *A cor dos olhos castanhos é dominante sobre os azuis.* ▌ s.f. **4** Em música, na escala diatônica, nota ou acorde que ocupam o quinto grau ascendente ou o quarto grau descendente a partir de uma nota qualquer: *Na escala de dó, a dominante é sol.*

dominar ⟨do.mi.nar⟩ ▌ v.t.d./v.int. **1** Ter domínio sobre (algo) ou exercer grande influência: *Na natureza, os mais fortes dominam os fracos.* ▌ v.t.d./v.prnl. **2** Sujeitar(-se), reprimir(-se) ou conter(-se): *Dominou a raiva para não brigar.* ▌ v.t.d. **3** Conhecer perfeitamente (uma arte, uma ciência ou outro tipo de saber): *Ele domina várias línguas.* ▌ v.t.d./v.int. **4** Predominar em (algo ou algum lugar) ou sobressair-se: *Durante o jogo, as cores do Brasil dominavam o estádio.*

domingo ⟨do.min.go⟩ s.m. Primeiro dia da semana, entre o sábado e a segunda-feira. ∥ **domingo de ramos** No catolicismo, aquele em que termina a Quaresma. ▢ OR-TOGRAFIA Usa-se geralmente *Domingo de Ramos* com iniciais maiúsculas por ser também um nome próprio.

domingueiro, ra ⟨do.min.guei.ro, ra⟩ adj. **1** Do domingo ou relacionado a ele. **2** Que se usa aos domingos ou em dias festivos.

dominical ⟨do.mi.ni.cal⟩ (pl. *dominicais*) adj.2g. Do domingo ou relacionado a ele.

dominicano, na ⟨do.mi.ni.ca.no, na⟩ adj./s. Da República Dominicana ou relacionado a esse país centro-americano. ▢ USO É diferente de *dominiquês* (da Dominica).

domínio ⟨do.mí.nio⟩ s.m. **1** Poder que se exerce sobre algo ou sobre alguém, submetendo-o à própria vontade e controlando-o: *Os romanos exerceram domínio sobre a Europa por muito tempo.* **2** Território sobre o qual alguém, especialmente um Estado, exerce esse poder: *Angola e Moçambique foram domínios portugueses na África.* **3** Conhecimento suficiente de uma arte ou de uma ciência. **4** Âmbito de uma atividade: *O estudo da célula é domínio da biologia.* **5** Conjunto de bens ou de posses. **6** Em informática, conjunto de caracteres que identificam uma organização na internet e que é usado como base para os endereços de correio eletrônico ou de *sites*: *O domínio do governo brasileiro é* brasil.gov.br *e o* e-mail *oficial é* governo@brasil.gov.br.

dominiquês, -a ⟨do.mi.ni.quês, que.sa⟩ (Pron. [dominiquês], [dominiquêsa]) adj./s. Da Dominica ou relacionado a essa ilha caribenha. ▢ USO É diferente de *dominicano* (da República Dominicana).

dominó ⟨do.mi.nó⟩ s.m. **1** Jogo que contém 28 peças retangulares, cada uma dividida em duas partes com até seis pontos cada, e que geralmente é jogado em uma mesa com o objetivo de colocar lado a lado as partes que contenham a mesma quantidade de pontos. **2** O conjunto dessas peças.

dona ⟨do.na⟩ (Pron. [dôna]) s.f. **1** Feminino de dom. **2** Tratamento de respeito que se dá a uma mulher: *Dona Benta é uma célebre personagem de Monteiro Lobato.* **3** *informal* Qualquer mulher. ∥ **dona de casa** Mulher que administra o lar.

donatário, ria ⟨do.na.tá.rio⟩ ▌ adj./s. **1** Que recebe uma doação. ▌ s.m. **2** No período colonial brasileiro, pessoa a quem era concedida, pelo rei de Portugal Dom João III, a administração de uma capitania do território brasileiro. ▢ GRAMÁTICA Na acepção 1, usa-se tanto para o masculino quanto para o feminino: *(ele/ela) é um donatário.*

donativo ⟨do.na.ti.vo⟩ s.m. **1** Aquilo que é doado, oferecido ou presenteado. **2** Contribuição, geralmente em dinheiro e com caráter beneficente, feita a uma pessoa ou a uma instituição: *Esta fundação de combate ao câncer recebeu muitos donativos.*

donde ⟨don.de⟩ **1** Contração da preposição *de* com o advérbio *onde*, e que expressa procedência. **2** Contração da preposição *de* com o advérbio *onde*, e que expressa conclusão ou dedução.

doninha ⟨do.ni.nha⟩ s.f. Mamífero carnívoro, de corpo com formato de fuso, cabeça pequena, patas curtas com unhas afiadas, pelagem parda no lombo e branca no ventre, e que se move com grande agilidade e rapidez. ▢ GRAMÁTICA É um substantivo epiceno: *a doninha (macho/fêmea).*

dono, na ⟨do.no, na⟩ (Pron. [dôno]) s. Pessoa que tem a propriedade ou o domínio de algo: *o dono de uma padaria; a dona de um carro; um cachorro sem dono.*

donzela ⟨don.ze.la⟩ s.f. **1** Antigamente, mulher jovem e nobre que ainda não havia se casado. **2** *eufemismo* Mulher que ainda não teve relações sexuais.

dopar ⟨do.par⟩ ▌ v.t.d. **1** Administrar substâncias estimulantes a (alguém) para conseguir maior rendimento, especialmente em competições esportivas: *Aquele médico foi acusado de dopar os atletas.* ▌ v.t.d./v.prnl. **2** Ministrar ou tomar substâncias entorpecentes: *O exame constatou que ele havia se dopado.*

doping *(palavra inglesa)* (Pron. [dópin]) s.m. Uso ilegal de substâncias químicas que visa o aumento artificial do rendimento ou do desempenho de um atleta em uma prova esportiva: *um teste de* doping.

-dor Sufixo que indica instrumento: *aspirador, bebedor.*

-dor, -dora 1 Sufixo que indica agente: *pecador.* **2** Sufixo que indica profissão: *pescador, jogadora.*

dor (Pron. [dór]) s.f. **1** Sensação desagradável e incômoda que se sente em uma parte do corpo: *uma dor de cabeça.* **2** Sentimento grande de pena, de tristeza ou de compaixão: *A dor pela perda do amigo era imensa.*

doravante ⟨do.ra.van.te⟩ adv. De agora em diante: *Doravante estudaremos mais para tirarmos melhores notas.*

dorido, da ⟨do.ri.do, da⟩ adj. Que sente ou que expressa dor física ou moral. ▢ SIN. dolorido.

dormência ⟨dor.mên.cia⟩ s.f. Em relação a uma parte do corpo, formigamento ou diminuição da sensibilidade: *Ficar tanto tempo sentado provocou-lhe a dormência das pernas.*

dormente ⟨dor.men.te⟩ ▌ adj.2g. **1** Em relação a uma parte do corpo, que está em estado de formigamento ou com a sensibilidade diminuída: *um braço dormente.* **2** Que é muito calmo ou quieto: *uma cidade dormente.* ▌ s.m. **3** Em uma via férrea, peça transversal, de madeira ou de metal, sobre a qual se colocam os trilhos.

dorminhoco, ca ⟨dor.mi.nho.co, ca⟩ (Pron. [dormi nhôco], [dorminhóca], [dorminhócos], [dorminhócas]) adj./s. *informal* Que ou quem dorme muito ou dorme com facilidade.

dormir ⟨dor.mir⟩ ▌ v.int. **1** Repousar ou suspender a atividade consciente. ▌ v.t.i./v.int. **2** Passar a noite [em um lugar], especialmente se for fora do domicílio próprio: *Hoje as crianças vão dormir na casa dos avós.* ▌ v.int. **3** Adormecer ou perder temporariamente a sensibilidade (uma parte do corpo): *De tanto ficar sentado, sua perna dormiu.* **4** Descuidar-se ou distrair-se: *Dormimos e perdemos o ônibus.* ▌ v.t.i./v.int. **5** *informal eufemismo* Ter relações sexuais [com alguém]. ▢ GRAMÁTICA É um verbo irregular. →DORMIR.

dormitar ⟨dor.mi.tar⟩ v.int. Dormir levemente por um período curto de tempo: *Vovó dormitou durante a viagem.* ▢ SIN. cochilar.

dormitório ⟨dor.mi.tó.rio⟩ s.m. **1** Aposento ou quarto destinados a dormir, especialmente se for em uma casa: *Alugou uma casa de três dormitórios.* **2** Conjunto de móveis e outros utensílios colocados nesse aposento ou nesse quarto: *Resolveu trocar todo o dormitório.*

dorsal

dorsal ⟨dor.sal⟩ (pl. *dorsais*) ▮ adj.2g. **1** Do dorso ou das costas, ou relacionado a eles. ▮ adj.2g. **2** Em linguística, em relação a um som, que se articula com o dorso da língua.

dorso ⟨dor.so⟩ (Pron. [dôrso]) s.m. **1** Em uma pessoa ou em um animal, parte posterior do corpo, que fica entre os ombros e a cintura: *Costuma-se usar uma proteção entre a sela e o dorso do cavalo.* ☐ SIN. costas. **2** Parte posterior ou superior de algo ou parte oposta àquela que se considera principal: *o dorso da mão.* **3** Lombada de um livro: *No dorso do romance, em destaque, aparecia o título e o nome do autor.*

dosagem ⟨do.sa.gem⟩ (pl. *dosagens*) s.f. Ato ou efeito de dosar: *a dosagem de um medicamento.*

dosar ⟨do.sar⟩ v.t.d./v.t.d.i. **1** Dividir (uma substância) [em doses]: *O enfermeiro dosou a insulina para administrá-la ao paciente.* **2** Misturar ou combinar (algo) [em uma proporção adequada]: *A médica lhe recomendou dosar o trabalho e o lazer.*

dose ⟨do.se⟩ s.f. **1** Quantidade determinada de uma substância que entra na composição de um medicamento ou de outra combinação química. **2** Quantidade determinada de um medicamento que deve ser tomada de uma só vez: *uma dose de analgésico.* **3** Quantidade ou porção de algo: *uma dose de humor; uma dose de cachaça.*

dossel ⟨dos.sel⟩ (pl. *dosséis*) s.m. Armação ornamental, forrada e franjada, que se coloca a certa altura sobre um altar, um trono, uma cama ou algo semelhante.

dossiê ⟨dos.si.ê⟩ s.m. Conjunto de documentos ou de papéis sobre um assunto ou sobre uma pessoa: *um dossiê sobre o ensino.*

dotação ⟨do.ta.ção⟩ (pl. *dotações*) s.f. Verba ou renda com uma finalidade específica em um orçamento.

dotar ⟨do.tar⟩ ▮ v.t.d./v.t.d.i. **1** Beneficiar ou favorecer (alguém) [de um dom ou de uma qualidade]: *A natureza não o dotou de grande força física, mas de muita inteligência.* ▮ v.t.d.i. **2** Equipar ou prover (um lugar) [com algo ou alguém] a fim de melhorá-lo: *A diretora dotou o colégio de novos computadores.*

dote ⟨do.te⟩ s.m. **1** Dom, qualidade ou capacidade natural de uma pessoa para realizar uma atividade: *Ela tem dotes de escritora.* ☐ SIN. prenda. **2** Quantia de dinheiro ou conjunto de bens que uma pessoa leva ao se casar, especialmente se for uma mulher: *Antigamente o dote era uma tradição importantíssima nos casamentos.* ☐ USO Na acepção 1, usa-se geralmente a forma plural *dotes*.

doudice ⟨dou.di.ce⟩ s.f. →**doidice**

doudo, da ⟨dou.do, da⟩ adj./s. →**doido, da**

douradense ⟨dou.ra.den.se⟩ adj.2g./s.2g. De Dourados ou relacionado a essa cidade do estado brasileiro de Mato Grosso do Sul.

dourado, da ⟨dou.ra.do, da⟩ ▮ adj. **1** Da cor do ouro ou semelhante a ele: *cabelos dourados.* **2** Ornado ou revestido com ouro. **3** Em relação especialmente a um período de tempo, esplendoroso ou feliz: *A década de 1950 é considerada os anos dourados do Brasil.* ▮ s.m. **4** Cor do ouro: *O dourado do palácio resplandecia sob a luz do sol.* **5** Peixe de água salgada, de cabeça arredondada, com dorso cinza-azulado, flancos amarelo-prateados e uma mancha dourada na frente, entre os olhos, e outra na cauda. **6** Peixe de água doce, com dorso acinzentado, ventre alaranjado e cauda laranja e preta. [◉ **peixes (água doce)** p. 608] ☐ ORTOGRAFIA Escreve-se também *doirado.* ☐ GRAMÁTICA Nas acepções 5 e 6, é um substantivo epiceno: *o dourado {macho/fêmea}.*

dourar ⟨dou.rar⟩ v.t.d. **1** Assar ou fritar (um alimento) até que fique dourado: *O cozinheiro dourou o frango.* **2** Cobrir ou revestir com ouro ou dar cor dourada a (algo): *Mandou dourar a pulseira.*

-douro Sufixo que indica lugar: *desembarcadouro, matadouro.*

dous numer./s.m. →**dois**

douto, ta ⟨dou.to, ta⟩ adj./s. Que ou quem tem ou demonstra erudição. ☐ SIN. erudito.

doutor, -a ⟨dou.tor, to.ra⟩ (Pron. [doutôr], [doutôra]) s. **1** Pessoa habilitada a exercer uma profissão, especialmente a medicina: *Chamem logo o doutor, pois ela voltou a se sentir mal.* **2** Pessoa que tem um título universitário de doutorado: *Realizou o seu grande sonho de tornar-se um doutor naquele assunto.* **3** *informal* Pessoa muito sábia ou experiente: *Desde adolescente, é um doutor em matemática.*

doutorado ⟨dou.to.ra.do⟩ s.m. **1** Curso universitário de pós-graduação, mais aprofundado que o mestrado, direcionado à pesquisa científica e com o objetivo de defender uma tese. ☐ SIN. doutoramento. **2** Título que se obtém com esse curso: *O doutorado garantiu-lhe uma oportunidade de trabalho no exterior.* ☐ USO É diferente de *mestrado* (curso universitário de pós-graduação direcionado à pesquisa científica e com o objetivo de defender uma dissertação sobre ela).

doutoral ⟨dou.to.ral⟩ (pl. *doutorais*) adj.2g. **1** Do doutor ou relacionado a ele. **2** *pejorativo* Pedante ou pretensioso.

doutoramento ⟨dou.to.ra.men.to⟩ s.m. Curso universitário de pós-graduação, mais aprofundado que o mestrado, direcionado à pesquisa científica e com o objetivo de defender uma tese. ☐ SIN. doutorado.

doutorando, da ⟨dou.to.ran.do, da⟩ s. Pessoa que está se preparando para a obtenção do título de doutor: *uma doutoranda em biologia.*

doutorar ⟨dou.to.rar⟩ v.t.d./v.prnl. Conceder ou conseguir um título de doutor em uma universidade: *Doutoraram-se em história natural.* ☐ GRAMÁTICA Como pronominal, usa-se a construção *doutorar-se EM algo.*

doutrina ⟨dou.tri.na⟩ s.f. Conjunto de ideias ou princípios defendidos e sustentados por um grupo, geralmente de caráter religioso, político, científico ou filosófico: *a doutrina cristã; a doutrina marxista.*

doutrinal ⟨dou.tri.nal⟩ (pl. *doutrinais*) adj.2g. Da doutrina, relacionado a ela, ou que a contém. ☐ SIN. doutrinário.

doutrinar ⟨dou.tri.nar⟩ ▮ v.t.d./v.int. **1** Transmitir a (alguém) uma doutrina ou uma ideologia, ou ensinar. ▮ v.t.d. **2** Dizer a (alguém) aquilo que se deve fazer ou como deve se comportar: *Há pessoas que tentam doutrinar os outros impondo seus pontos de vista.*

doutrinário, ria ⟨dou.tri.ná.rio, ria⟩ adj. Da doutrina, relacionado a ela, ou que a contém. ☐ SIN. doutrinal.

download *(palavra inglesa)* (Pron. [daunlôud]) s.m. Em informática, obtenção de cópia de um arquivo disponível em um servidor da internet, por meio de um computador: *A canção está disponível na Internet para download.* ‖ **fazer (um) download** Em informática, transferir para um computador (uma informação ou um conteúdo de um servidor da internet): *Fizemos download de várias músicas.* ☐ SIN. baixar, descarregar.

doze ⟨do.ze⟩ (Pron. [dôze]) ▮ numer. **1** Número 12. ▮ s.m. **2** Signo que representa esse número. ☐ GRAMÁTICA Na acepção 1, é invariável em gênero e em número.

dracma ⟨drac.ma⟩ s.f. **1** Unidade monetária grega até a adoção do euro: *O euro substituiu a dracma em fevereiro de 2002.* **2** Antiga moeda grega de prata.

draconiano, na ⟨dra.co.ni.a.no, na⟩ adj. Que é excessivamente severo, drástico ou rigoroso.

draga ⟨dra.ga⟩ s.f. **1** Máquina usada para escavar e limpar o fundo de rios ou canais de águas navegáveis, extraindo deles lama, lodo, pedras ou outros materiais.

2 *informal pejorativo* Pessoa que come excessivamente. ☐ GRAMÁTICA Na acepção 2, usa-se tanto para o masculino quanto para o feminino: *(ele/ela) é uma draga*.

dragão ⟨dra.gão⟩ (pl. *dragões*) s.m. **1** Animal fabuloso, com corpo em forma de serpente muito grande, com patas e asas, e ao qual se atribui grande ferocidade e a capacidade de soltar fogo pela boca: *Segundo a lenda, São Jorge teria derrotado um dragão*. **2** Soldado de cavalaria: *Os Dragões da Independência fizeram a segurança do presidente e dos convidados*. **3** *pejorativo* Pessoa muito feia. ☐ GRAMÁTICA **1.** Na acepção 1, seu feminino é *dragoa*. **2.** Na acepção 3, usa-se tanto para o masculino quanto para o feminino: *(ele/ela) é um dragão*.

dragar ⟨dra.gar⟩ v.t.d. Limpar o fundo de (um rio ou um canal de águas navegáveis) com uma draga, extraindo deles lama, pedras ou outros materiais: *Os funcionários dragaram o porto para evitar o acúmulo de areia*. ☐ ORTOGRAFIA Antes de *e*, o *g* muda para *gu* →CHEGAR.

drágea ⟨drá.gea⟩ s.f. Porção pequena e geralmente redonda de uma substância medicinal, aromatizada com essências ou outros ingredientes.

dragoa ⟨dra.go.a⟩ (Pron. [dragôa]) Substantivo feminino de **dragão**.

dragona ⟨dra.go.na⟩ (Pron. [dragôna]) s.f. Adorno militar de ouro, prata ou outro material, em forma de distintivo, que se pendura no ombro e do qual caem franjas.

drag queen *(palavra inglesa)* (Pron. [drég cuin]) s.f. Homem que se veste com roupas femininas, que se caracteriza pelo excesso de maquiagem e pelo modo extravagante de se apresentar.

drama ⟨dra.ma⟩ s.m. **1** Gênero textual formado por obras literárias escritas para serem representadas no teatro. ☐ SIN. **dramaturgia**. **2** Obra literária escrita para ser representada no teatro. **3** Obra teatral ou cinematográfica que apresenta conflitos ou atritos entre os personagens: *E o vento levou... é um dos maiores dramas da história do cinema*. **4** Acontecimento ou conjunto de acontecimentos complicados, emocionantes ou dolorosos: *Perder a mãe foi um grande drama em sua vida*.

dramalhão ⟨dra.ma.lhão⟩ (pl. *dramalhões*) s.m. *informal pejorativo* Drama de pouca qualidade, que traz exageros a fim de comover o espectador.

dramático, ca ⟨dra.má.ti.co, ca⟩ adj. **1** Do drama, relacionado a ele ou com traços próprios desse gênero textual ou desse tipo de obra. **2** Capaz de interessar, comover ou emocionar.

dramatizar ⟨dra.ma.ti.zar⟩ v.t.d. **1** Dar a forma ou as características de um drama a (uma obra): *Este diretor dramatizou um romance de Clarice Lispector*. **2** *informal pejorativo* Exagerar na representação ou na forma de contar (um acontecimento): *Todos percebemos que ele estava dramatizando as circunstâncias do acidente*.

dramaturgia ⟨dra.ma.tur.gi.a⟩ s.f. **1** Gênero textual formado por obras literárias escritas para serem representadas no teatro: *O autor foi um dos expoentes da dramaturgia nacional*. ☐ SIN. **drama**. **2** Arte de compor e representar essas obras: *um curso de dramaturgia*.

dramaturgo, ga ⟨dra.ma.tur.go, ga⟩ s. Pessoa que escreve obras dramáticas ou teatrais: *Nelson Rodrigues foi um dos maiores dramaturgos brasileiros*. ☐ SIN. **teatrólogo**.

drapear ⟨dra.pe.ar⟩ v.t.d. **1** Colocar ou marcar as pregas de (um tecido ou outro material), especialmente se for para dar-lhe caimento adequado: *drapear uma saia*. **2** Ondular, especialmente por ação do vento. ☐ ORTOGRAFIA **1.** O *e* muda para *ei* quando a sílaba tônica estiver na raiz do verbo →NOMEAR. **2.** Escreve-se também *drapejar*.

drapejar ⟨dra.pe.jar⟩ v.t.d. →**drapear**

drástico, ca ⟨drás.ti.co, ca⟩ **∎** adj. **1** Enérgico, radical, rigoroso ou muito severo. **∎** adj./s.m. **2** Em relação a um purgante, que provoca evacuações intensas.

drenagem ⟨dre.na.gem⟩ (pl. *drenagens*) s.f. **1** Ato ou efeito de drenar: *a drenagem de um terreno*. **2** Em medicina, operação que se realiza para fazer sair os líquidos acumulados de maneira anormal no interior de uma ferida ou de uma cavidade orgânica.

drenar ⟨dre.nar⟩ v.t.d. **1** Fazer escoar ou escoar (o líquido acumulado em um lugar): *O ralo da lavanderia drena toda a água*. **2** Em medicina, retirar ou faz sair (um líquido ou uma secreção acumulados): *Os enfermeiros drenaram o pulmão do paciente. Foi necessário drenar a secreção do ouvido*.

dreno ⟨dre.no⟩ (Pron. [drêno]) s.m. Tubo, canal ou outro instrumento que se utiliza para escoar o líquido acumulado em um lugar.

dríade ⟨drí.a.de⟩ s.f. Na mitologia greco-romana, ninfa ou divindade dos bosques, cuja vida durava o mesmo tempo que a árvore à qual estava vinculada.

driblar ⟨dri.blar⟩ v.t.d. **1** Em alguns esportes de equipe, enganar (um adversário) com um movimento rápido e ágil: *O jogador driblou o goleiro e marcou*. **2** Enganar, esquivar ou conseguir evitar: *Os ladrões driblaram a segurança e entraram no prédio*.

drible ⟨dri.ble⟩ s.m. Em alguns esportes, movimento rápido e ágil que é feito com a intenção de enganar o adversário: *Garrincha era famoso pelos seus dribles desconcertantes*. ☐ SIN. **finta**.

drinque ⟨drin.que⟩ s.m. Bebida ou mistura de bebidas alcoólicas, geralmente servidas como aperitivo.

drive *(palavra inglesa)* (Pron. [dráivi]) s.m. Em informática, equipamento de leitura e de armazenamento de dados: *um drive de CD*.

driver *(palavra inglesa)* (Pron. [dráiver]) s.m. Em informática, programa que controla um equipamento conectado ao computador ou um de seus componentes: *um driver de impressora*.

droga ⟨dro.ga⟩ **∎** s.f. **1** Substância que causa estímulo, depressão, alucinações ou diminuição da sensibilidade ou da consciência, e cujo consumo reiterado pode causar vício ou dependência: *A cocaína e a heroína são drogas que causam dependência*. **2** *informal pejorativo* Coisa ruim ou de má qualidade: *Este celular é uma droga!* **∎** interj. **3** Expressão usada para indicar aborrecimento ou insatisfação: *Droga, perdi o começo do filme!*

drogado, da ⟨dro.ga.do, da⟩ adj./s. Que ou quem tem dependência física ou psíquica de alguma droga, ocasionada pelo consumo constante desta.

drogar ⟨dro.gar⟩ v.t.d./v.prnl. Administrar um medicamento a (alguém) ou fazer uso de uma droga: *Os médicos drogaram o paciente para que não sentisse dor. Quando começou a se drogar, sua vida virou um inferno*. ☐ ORTOGRAFIA Antes de *e*, o *g* muda para *gu* →CHEGAR.

drogaria ⟨dro.ga.ri.a⟩ s.f. Lugar onde medicamentos são elaborados ou comercializados. ☐ SIN. **botica**, **farmácia**.

dromedário ⟨dro.me.dá.rio⟩ s.m. Mamífero ruminante próprio de regiões arábicas e norte-africanas, semelhante ao camelo, mas com uma só corcova, e muito empregado no deserto como animal de carga e como meio de transporte. ☐ GRAMÁTICA É um substantivo epiceno: *o dromedário (macho/fêmea)*. ☐ USO É diferente de *camelo* (ruminante com duas corcovas).

drope ⟨dro.pe⟩ s.m. **1** Guloseima em forma de bala ou de pastilha. **2** Descida de uma onda ou de uma rampa em uma prancha ou em outro objeto. ☐ USO Na acepção 1, usa-se geralmente a forma plural *dropes*.

druida

druida ⟨drui.da⟩ s.m. Sacerdote dos antigos celtas, que atuava como educador e juiz. ☐ GRAMÁTICA Seu feminino é *druidesa*.

druidesa ⟨drui.de.sa⟩ (Pron. [druidêsa]) Substantivo feminino de **druida**.

drupa ⟨dru.pa⟩ s.f. Em botânica, fruto carnoso, com um caroço formado por um endocarpo lenhoso e uma só semente em seu interior: *A manga, o abacate e o pêssego são drupas*.

DST (pl. *DSTs*) s.f. Doença que se transmite principalmente por via sexual: *O uso da camisinha previne contra DSTs*. ☐ ORIGEM É a sigla de *doença sexualmente transmissível*.

dual ⟨du.al⟩ (pl. *duais*) adj.2g. Que reúne ou apresenta dois aspectos, duas partes ou dois fenômenos diferentes.

dualidade ⟨du.a.li.da.de⟩ s.f. Existência de dois aspectos, duas partes ou dois fenômenos diferentes em uma mesma pessoa ou em um mesmo estado de coisas: *A personalidade de um esquizofrênico costuma se caracterizar por sua dualidade*. ☐ SIN. **dualismo**.

dualismo ⟨du.a.lis.mo⟩ s.m. **1** Doutrina filosófica que explica a origem e a natureza do universo pela ação de dois princípios ou forças diferentes e contrários. **2** Existência de dois aspectos, duas partes ou dois fenômenos diferentes em uma mesma pessoa ou em um mesmo estado de coisas. ☐ SIN. **dualidade**.

duas ⟨du.as⟩ Feminino de **dois**.

dúbio, bia ⟨dú.bio, bia⟩ adj. **1** Que é duvidoso ou que pode ser entendido ou interpretado de formas diferentes. **2** Que é impreciso ou que não se pode definir claramente: *uma cor dúbia*.

dublagem ⟨du.bla.gem⟩ (pl. *dublagens*) s.f. **1** Em cinema e em televisão, substituição das vozes originais dos atores por vozes de outros atores, feita posteriormente à gravação e geralmente traduzindo o que é dito para o idioma do lugar onde o filme será exibido. **2** Interpretação em que um ator ou um cantor fingem cantar uma música reproduzida em *playback*, realizando movimentos labiais, mas sem emitir sons.

dublar ⟨du.blar⟩ v.t.d. **1** Em cinema e em televisão, fazer dublagem de (filmes, programas de televisão ou outro tipo de gravação): *Esta agência dubla filmes franceses*. **2** Em cinema e em televisão, substituir (um ator) em cenas em que há algum perigo: *Um especialista dublou o ator no momento da explosão*.

dublê ⟨du.blê⟩ s.2g. **1** Em cinema e em televisão, ator que substitui outro em determinados momentos da filmagem, geralmente em cenas em que há algum perigo. **2** Pessoa tão parecida com outra que pode substituí-la ou se passar por ela sem que se note.

ducado ⟨du.ca.do⟩ s.m. **1** Estado governado por um duque. **2** Título nobre de duque. **3** Antigamente, território sobre o qual um duque exercia sua autoridade. **4** Moeda de ouro antiga de diversos países.

ducal ⟨du.cal⟩ (pl. *ducais*) adj.2g. Do duque ou relacionado a ele.

ducentésimo, ma ⟨du.cen.té.si.mo, ma⟩ numer. **1** Em uma série, que ocupa o lugar de número duzentos. **2** Em relação a uma parte, que compõe um todo se somada com outras 199 iguais a ela.

ducha ⟨du.cha⟩ s.f. **1** Aplicação de água em forma de jato, fazendo-a cair sobre o corpo, para limpá-lo, refrescá-lo ou massageá-lo. **2** Aparelho usado para aplicar água dessa forma. **3** Banho que se toma com esse aparelho.

dúctil ⟨dúc.til⟩ (pl. *dúcteis*) adj.2g. **1** Em relação a um metal, que pode ser submetido a grandes deformações mecânicas, mesmo frio e sem chegar a se quebrar, e que pode ser reduzido a fio. **2** Em relação especialmente a uma pessoa ou ao seu caráter, que são dóceis ou maleáveis.

ducto ⟨duc.to⟩ s.m. →**duto**

duelar ⟨du.e.lar⟩ ▎v.t.i. **1** Travar duelo [contra um adversário]. ▎v.int. **2** Combater em duelo: *Nesta história, dois cavaleiros duelam*.

duelista ⟨du.e.lis.ta⟩ s.2g. Em um combate ou em um duelo, pessoa que enfrenta outra.

duelo ⟨du.e.lo⟩ s.m. **1** Combate entre duas pessoas, geralmente testemunhado por outras e em data preestabelecida: *Os duelos são cenas frequentes nos filmes de faroeste*. **2** Confronto, enfrentamento ou discussão: *Os dois pilotos protagonizaram um apaixonante duelo durante toda a corrida. A conversa se transformou num duelo de ideias*.

duende ⟨du.en.de⟩ s.m. Ser fantástico, pequeno e de orelhas pontiagudas, que habita casas e outros lugares onde causa desordem e faz travessuras.

dueto ⟨du.e.to⟩ (Pron. [duêto]) s.m. **1** Composição musical escrita para dois instrumentos ou para duas vozes. ☐ SIN. **duo**. **2** Conjunto formado por esse número de instrumentos ou de vozes: *um dueto de flauta e violão*. ☐ SIN. **duo**.

dulcificar ⟨dul.ci.fi.car⟩ ▎v.t.d. **1** Tornar (um alimento) mais doce. ▎v.t.d./v.prnl. **2** Tornar(-se) mais suave, mais agradável ou menos rude: *A recepcionista dulcificou a voz ao falar com o cliente*. ☐ ORTOGRAFIA Antes de e, o c muda para *qu* →BRINCAR.

dulcíssimo, ma ⟨dul.cís.si.mo, ma⟩ Superlativo irregular de **doce**.

duna ⟨du.na⟩ s.f. Monte de areia que se forma e que se move por ação do vento.

duo ⟨du.o⟩ s.m. **1** Composição musical escrita para dois instrumentos ou para duas vozes: *um duo de sopranos*. ☐ SIN. **dueto**. **2** Conjunto formado por esse número de instrumentos ou de vozes: *um duo de saxofone e violão*. ☐ SIN. **dueto**.

duodécimo, ma ⟨du.o.dé.ci.mo, ma⟩ numer. **1** Em uma série, que ocupa o lugar de número doze: *Dezembro é o duodécimo mês do ano*. **2** Em relação a uma parte, que compõe um todo se somada com outras onze iguais a ela.

duodeno ⟨du.o.de.no⟩ s.m. Em um mamífero, parte inicial do intestino delgado, que começa no estômago e termina no jejuno.

dupla ⟨du.pla⟩ s.f. **1** Conjunto de dois elementos, especialmente se tiverem uma relação de semelhança: *O jogador tinha uma dupla de ases*. **2** Grupo formado por duas pessoas que realizam uma atividade juntas: *Os dois cantores formam uma dupla muito famosa*.

dúplex ⟨dú.plex⟩ (Pron. [dúplecs]) adj.2g.2n./s.m.2n. Em relação a uma construção, que possui dois pavimentos sobrepostos e que se comunicam entre si por uma escada interior.

duplicação ⟨du.pli.ca.ção⟩ (pl. *duplicações*) s.f. Ato ou efeito de duplicar(-se).

duplicar ⟨du.pli.car⟩ ▎v.t.d./v.int./v.prnl. **1** Multiplicar por dois ou tornar(-se) duas vezes maior: *Os pais duplicaram sua mesada. No último ano, a procura pelo curso duplicou*. ☐ SIN. **dobrar**. ▎v.t.d. **2** Fazer uma cópia de (algo): *A funcionária duplicou os documentos*. ▎v.t.d./v.int. **3** Aumentar muito: *Duplicou os esforços para melhorar em matemática*. ☐ SIN. **dobrar**. ☐ ORTOGRAFIA Antes de e, o c muda para *qu* →BRINCAR.

duplicata ⟨du.pli.ca.ta⟩ s.f. **1** Cópia ou reprodução de algo, mantendo as mesmas características: *a duplicata de um contrato*. **2** Título de crédito emitido por um vendedor e segundo o qual o comprador se compromete a pagar, em determinada data, o valor referente ao produto vendido.

dúplice ⟨dú.pli.ce⟩ ▎adj.2g. **1** Que é falso, dissimulado ou fingido. ▎numer. **2** Que consta de dois ou que é adequado para dois. □ SIN. **duplo**.
duplicidade ⟨du.pli.ci.da.de⟩ s.f. Condição de dúplice: *A duplicidade de suas palavras me magoou.*
duplo, pla ⟨du.plo, pla⟩ ▎adj. **1** Que é ambíguo ou que possui duas características ou dois significados: *uma frase com duplo sentido.* ▎numer. **2** Que consta de dois ou que é adequado para dois: *O caminhão tem cabine dupla.* □ SIN. **dúplice**. ▎adj./s.m. **3** Em relação a uma quantidade, que é duas vezes maior. □ SIN. **dobro**. ▎s.m. **4** No cinema, pessoa muito semelhante a outra: *No filme, a polícia o confunde com seu duplo.*
duque ⟨du.que⟩ s.m. **1** Pessoa que tem um título de nobreza entre o de príncipe e o de marquês. **2** Em alguns jogos, especialmente se for em um baralho ou em um dominó, carta ou pedra que valem dois pontos. □ GRAMÁTICA Na acepção 1, seu feminino é *duquesa*.
duquesa ⟨du.que.sa⟩ (Pron. [duquêsa]) Substantivo feminino de **duque**.
durabilíssimo, ma ⟨du.ra.bi.lís.si.mo, ma⟩ Superlativo irregular de **durável**.
duração ⟨du.ra.ção⟩ (pl. *durações*) s.f. **1** Ato ou efeito de durar. **2** Tempo que transcorre entre o começo e o fim de algo: *a duração de um filme; a duração de uma aula.*
duradoiro, ra ⟨du.ra.doi.ro, ra⟩ adj. →**duradouro, ra**
duradouro, ra ⟨du.ra.dou.ro, ra⟩ adj. Que dura ou que pode durar muito. □ ORTOGRAFIA Escreve-se também *duradoiro*.
duralumínio ⟨du.ra.lu.mí.nio⟩ s.m. Liga de alumínio, cobre, magnésio e manganês, que tem a resistência e a dureza do aço, e a maleabilidade do alumínio.
dura-máter ⟨du.ra-má.ter⟩ (pl. *dura-máteres* ou *duras-máteres*) s.f. Em anatomia, meninge ou membrana mais externa das três que envolvem e que protegem o cérebro e a medula espinhal: *A dura-máter funciona como uma proteção do sistema nervoso.*
durante ⟨du.ran.te⟩ prep. Indica o tempo em que algo dura ou transcorre: *Durante sua ausência, conversamos. Brincaram durante o intervalo das aulas.*
durar ⟨du.rar⟩ v.int. **1** Prolongar-se ou estender-se no tempo: *A viagem durou três horas.* **2** Permanecer, conservar ou manter as próprias qualidades: *Um alimento guardado no freezer dura muito mais tempo.*
durável ⟨du.rá.vel⟩ (pl. *duráveis*) adj.2g. Que dura ou que é resistente. □ GRAMÁTICA Seu superlativo é *durabilíssimo*.
durex ⟨du.rex⟩ (Pron. [durecs]) s.m.2n. Fita plástica, adesiva em um dos seus lados, geralmente transparente, e usada para prender algo. □ ORIGEM É a extensão de uma marca comercial.
dureza ⟨du.re.za⟩ (Pron. [durêza]) s.f. **1** Qualidade daquilo que é duro ou resistente: *O diamante é um mineral de grande dureza.* **2** Aspereza, falta de suavidade ou severidade excessiva: *A dureza de suas palavras era injustificada.* **3** Característica daquilo que causa sofrimento ou que é difícil de suportar ou de lidar: *Em sua autobiografia, o político lembrava a dureza do exílio.* **4** *informal* Falta de dinheiro.
duro, ra ⟨du.ro, ra⟩ adj. **1** Em relação a um material ou objeto, que são resistentes, rígidos ou desconfortáveis. **2** Áspero, sem suavidade ou severo em excesso: *O filme recebeu duras críticas.* **3** Violento, cruel ou sem sensibilidade: *As dificuldades o converteram em um homem duro.* **4** De grande sofrimento ou que é difícil de suportar ou de lidar: *Apesar de levar uma vida dura, ela nunca perdeu a esperança.* **5** *informal* Sem dinheiro: *Este mês não irei ao cinema porque estou dura.*
duto ⟨du.to⟩ s.m. **1** Canal ou conduto. **2** Em anatomia, duto geralmente cilíndrico que liga um órgão a outro ou que transporta substâncias através deles. □ ORTOGRAFIA Escreve-se também *ducto*. □ USO Na acepção 2, é a nova denominação de *canal*.
dúvida ⟨dú.vi.da⟩ s.f. **1** Insegurança ou incerteza diante de diferentes opções ou acontecimentos: *Tenho dúvidas sobre qual carreira seguir.* **2** Desconfiança ou suspeita: *Tinha dúvidas sobre sua honestidade.* **3** Dificuldade de entendimento: *O professor tirou todas as nossas dúvidas.*
duvidar ⟨du.vi.dar⟩ ▎v.t.d./v.t.i. **1** Suspeitar (de algo) ou desconfiar [de algo]: *O juiz duvidou das provas apresentadas.* ▎v.t.d./v.t.i./v.int. **2** Não acreditar [em alguém ou em um fato]: *Duvidaram de sua inocência.*
duvidoso, sa ⟨du.vi.do.so, sa⟩ (Pron. [duvidôso], [duvidósa], [duvidósos], [duvidósas]) adj. **1** Que contém ou que apresenta dúvida, insegurança ou incerteza. **2** Inseguro ou pouco provável. **3** Que é diferente do habitual ou daquilo que se considera adequado: *Tem um gosto duvidoso ao escolher suas roupas.*
duzentos, tas ⟨du.zen.tos, tas⟩ ▎numer. **1** Número 200. ▎s.m. **2** Signo que representa esse número. □ GRAMÁTICA Na acepção 1, é invariável em número.
dúzia ⟨dú.zia⟩ s.f. Conjunto formado por doze unidades: *duas dúzias de ovos.*
DVD *(palavra inglesa)* (Pron. [devedê]) s.m. **1** Disco óptico capaz de armazenar uma grande quantidade de imagens e de sons em formato digital. **2** Aparelho capaz de reproduzir esse disco. □ ORIGEM É a sigla inglesa de *Digital Versatile Disc* (disco digital versátil).

e ❙ s.m. **1** Quinta letra do alfabeto. ❙ numer. **2** Em uma sequência, que ocupa o quinto lugar. ❙ conj. **3** Conectivo gramatical coordenativo (que une elementos do mesmo nível sintático) que expressa adição: *Sua camisa é branca e azul.* **4** Conectivo gramatical coordenativo (que une elementos do mesmo nível sintático) que expressa adversidade: *O sol estava quase saindo e choveu.* ‖ **e comercial** Sinal que representa esse conectivo gramatical coordenativo quando expressa adição: *O símbolo do e comercial é &.* ◻ GRAMÁTICA Na acepção 1, o plural é ee.

e- Prefixo que indica movimento para fora: *emigrar.* ◻ USO Usam-se também as formas es- (escorrer) ou ex- (exportar).

-ear 1 Sufixo que indica repetição: *folhear.* **2** Sufixo que indica transformação: *esverdear.*

ébano ⟨é.ba.no⟩ s.m. **1** Árvore de copa larga e tronco grosso cuja madeira, maciça, pesada, lisa e preta no centro, é muito usada na fabricação de instrumentos musicais. **2** Essa madeira.

ébrio, bria ⟨é.brio, bria⟩ ❙ adj. **1** Cego ou dominado por um sentimento ou por uma paixão fortes. ❙ adj./s. **2** Que ou quem tem as capacidades físicas ou mentais temporariamente diminuídas por causa do consumo excessivo de bebidas alcoólicas.

ebulição ⟨e.bu.li.ção⟩ (pl. *ebulições*) s.f. **1** Movimento agitado e com borbulhas causado em um líquido que está em transição para o estado gasoso, especialmente em consequência do aumento da temperatura. ◻ SIN. fervor, fervura. **2** Agitação ou excitação grandes: *Vivemos um momento de ebulição cultural.*

ebúrneo, nea ⟨e.búr.neo, nea⟩ ❙ adj. **1** *literário* Do marfim ou com suas características. ❙ adj./s. **2** Da Costa do Marfim ou relacionado a esse país africano. ◻ SIN. costa-marfinense, marfinense.

-ecer Sufixo que indica mudança de estado: *entristecer, amadurecer.*

eclesiástico, ca ⟨e.cle.si.ás.ti.co, ca⟩ ❙ adj. **1** Da comunidade cristã que constitui a Igreja Católica, especialmente dos clérigos, ou relacionado a ela. ❙ s.m. **2** Na Igreja Católica, homem que recebeu as ordens sagradas.

eclético, ca ⟨e.clé.ti.co, ca⟩ ❙ adj. **1** Do ecletismo ou relacionado a esse modo de agir ou de pensar. ❙ adj./s. **2** Que ou quem pratica o ecletismo.

ecletismo ⟨e.cle.tis.mo⟩ s.m. **1** Atitude ou modo de pensar que cultiva a tolerância e a moderação, e que evita soluções extremas ou muito rígidas. **2** Atitude ou modo de pensar que seleciona e aplica o melhor entre várias correntes ou opções.

eclipsar ⟨e.clip.sar⟩ ❙ v.t.d. **1** Em relação a um astro, causar o eclipse de (outro): *A Lua eclipsou o Sol.* ❙ v.prnl. **2** Sofrer eclipse (um astro): *O Sol eclipsou-se.* ❙ v.t.d. **3** Ofuscar ou tirar o brilho de: *Seu encanto eclipsa todos ao seu redor.*

eclipse ⟨e.clip.se⟩ s.m. Desaparecimento transitório de um astro da vista de um observador, devido à interposição de outro corpo celeste. ‖ **eclipse lunar** Aquele que ocorre quando a Terra se interpõe entre a Lua e o Sol. ‖ **eclipse solar** Aquele que ocorre quando a Lua se interpõe entre o Sol e a Terra.

eclodir ⟨e.clo.dir⟩ v.int. **1** Em biologia, romper-se (um tecido envoltório) para que o organismo que protegia saia: *Os ovos da galinha eclodiram ao final do período de incubação.* **2** Acontecer inesperadamente ou ocorrer de maneira violenta: *A Guerra dos Farrapos eclodiu em 1835, na então chamada Província do Rio Grande do Sul.* ◻ GRAMÁTICA É um verbo unipessoal: só se usa nas terceiras pessoas do singular e do plural, no particípio, no gerúndio e no infinitivo →LATIR.

eclosão

eclosão ⟨e.clo.são⟩ (pl. *eclosões*) s.f. **1** Em biologia, rompimento de um tecido envoltório para a saída do organismo que protegia: *a eclosão de um ovo*. **2** Manifestação ou aparição repentinas de um fenômeno, especialmente se forem no âmbito social e cultural: *A eclosão dos Beatles, na década de 1960, revolucionou o mundo da música*.

eclusa ⟨e.clu.sa⟩ s.f. Em um canal de navegação, construção entre dois trechos de níveis diferentes, com comportas de entrada e de saída que permitem aumentar ou diminuir o nível da água para facilitar a passagem dos barcos.

e -eco Sufixo que tem valor diminutivo e depreciativo: *livreco, jornaleco*.

eco ⟨e.co⟩ s.m. **1** Repetição de um som produzida quando as ondas sonoras são refletidas por um obstáculo. **2** Repercussão ou propagação: *Anos depois, ainda havia ecos daquele escândalo*. **3** Notícia ou rumor vagos: *Os ecos de golpe de Estado pareciam sem fundamento*.

ecoar ⟨e.co.ar⟩ v.int. **1** Ressoar ou causar eco (um som): *Minha voz ecoava na sala vazia*. **2** Causar repercussão: *O incidente entre os políticos ecoou pelo país*.

ecologia ⟨e.co.lo.gi.a⟩ s.f. Ciência que estuda as relações dos seres vivos, inclusive o homem, entre si e com o meio ambiente: *A ecologia trata do impacto do desenvolvimento industrial na natureza*.

ecológico, ca ⟨e.co.ló.gi.co, ca⟩ adj. **1** Da ecologia ou relacionado a essa ciência. **2** Que respeita o meio ambiente ou que se preocupa com seu equilíbrio: *O uso de energias alternativas, como a solar e a eólica, é uma solução ecológica*.

ecologismo ⟨e.co.lo.gis.mo⟩ s.m. Movimento que defende a proteção do meio ambiente e a conscientização dos homens para que mantenham uma relação harmônica com o espaço em que vivem.

ecologista ⟨e.co.lo.gis.ta⟩ adj.2g./s.2g. **1** Do ecologismo ou relacionado a esse movimento: *Os partidos verdes defendem ideias ecologistas*. **2** Partidário ou seguidor do ecologismo.

economia ⟨e.co.no.mi.a⟩ ▌s.f **1** Ciência que se ocupa da geração e da administração de bens, serviços e recursos, com o intuito de satisfazer as necessidades humanas. **2** Riqueza ou conjunto das atividades econômicas de uma nação ou de uma região geográfica ou política: *O petróleo é um dos pilares da economia brasileira*. **3** Controle, moderação ou uso eficiente daquilo que está disponível: *Mudar hábitos domésticos pode aumentar a economia de energia*. ▌s.f.pl. **4** *informal* Bens ou recursos que foram poupados: *Com minhas economias, comprarei uma bicicleta*.

econômico, ca ⟨e.co.nô.mi.co, ca⟩ adj. **1** Da economia ou relacionado a essa ciência. **2** De menor custo.

economista ⟨e.co.no.mis.ta⟩ adj.2g/s.2g. Que ou quem se dedica profissionalmente à economia ou é especializado nessa ciência.

economizar ⟨e.co.no.mi.zar⟩ ▌v.t.d. **1** Guardar (dinheiro): *Economiza parte do salário para viajar*. ▌v.int. **2** Guardar dinheiro: *Estamos economizando para comprar uma televisão*.

econômo, ma ⟨e.cô.no.mo, ma⟩ s. **1** Pessoa que se dedica profissionalmente à administração de uma casa. **2** Religioso que se dedica a administrar um benefício ou os bens de uma abadia.

ecossistema ⟨e.cos.sis.te.ma⟩ (Pron. [ecossistêma]) s.m. Unidade natural que representa o conjunto de relações mútuas entre todos os organismos de um ambiente e suas interações com o meio físico e químico.

ecstasy *(palavra inglesa)* (Pron. [équistasi]) s.m. Droga sintética de efeito alucinógeno ou estimulante.

ecumênico, ca ⟨e.cu.mê.ni.co, ca⟩ adj. **1** Do ecumenismo ou relacionado a esse movimento religioso. **2** Que engloba pessoas de todas as religiões: *uma cerimônia ecumênica*.

ecumenismo ⟨e.cu.me.nis.mo⟩ s.m. Movimento que tem como objetivo restaurar o diálogo entre todas as religiões.

eczema ⟨ec.ze.ma⟩ (Pron. [eczêma]) s.m. Em medicina, inflamação da pele caracterizada pelo surgimento de escamas, bolhas, manchas vermelhas e coceira, geralmente de natureza alérgica.

edacíssimo, ma ⟨e.da.cís.si.mo, ma⟩ Superlativo irregular de **edaz**.

edaz ⟨e.daz⟩ adj.2g. Que come em excesso ou com voracidade. ☐ SIN. glutão. ☐ GRAMÁTICA Seu superlativo é *edacíssimo*.

edema ⟨e.de.ma⟩ (Pron. [edêma]) s.m. Em medicina, acúmulo ou retenção patológicos de líquido em um órgão ou em um tecido subcutâneo: *um edema pulmonar*.

éden ⟨é.den⟩ s.m. **1** Segundo a Bíblia, paraíso terreno onde viveram Adão e Eva (primeiro homem e primeira mulher) até cometerem o pecado original. **2** Lugar muito ameno e agradável. ☐ ORTOGRAFIA Na acepção 1, usa-se geralmente com inicial maiúscula por ser também um nome próprio.

edição ⟨e.di.ção⟩ (pl. *edições*) s.f. **1** Publicação ou reprodução de uma obra impressa: *a edição de uma revista*. **2** Conjunto dos exemplares dessa obra feitos a partir do mesmo modelo, em uma ou em várias impressões: *O livro teve tanto sucesso que a primeira edição já se esgotou*. **3** Trabalho ou conjunto de atividades desempenhados por um editor. ☐ SIN. editoração. **4** Em produção audiovisual, organização de sons ou imagens selecionados para sua apresentação ao público: *No processo de produção, a edição das imagens é feita depois de sua gravação*. **5** Em rádio ou televisão, cada uma das transmissões diárias de um programa, especialmente de um noticiário: *Nesse canal, o jornal tem duas edições: às 14 e às 20 horas*.

edificação ⟨e.di.fi.ca.ção⟩ (pl. *edificações*) s.f. **1** Obra construída a partir de um projeto: *A Igreja do Bonfim, em Salvador, Bahia, é uma edificação emblemática do Brasil*. **2** Construção dessa obra: *A Prefeitura prevê a edificação de uma creche no bairro*. **3** Aprimoramento que leva à virtude: *A edificação da personalidade se faz ao longo dos anos*.

edificante ⟨e.di.fi.can.te⟩ adj.2g. Que dá exemplo e que inspira sentimentos nobres e virtuosos.

edificar ⟨e.di.fi.car⟩ v.t.d. Fazer ou construir (uma edificação ou um monumento): *Neste terreno, vão edificar um hospital*. ☐ SIN. erguer, levantar. ☐ ORTOGRAFIA Antes de e, o c muda para qu →BRINCAR.

edifício ⟨e.di.fí.cio⟩ s.m. **1** Construção destinada a servir como moradia ou como local para a realização de uma atividade. ☐ SIN. prédio. **2** Construção com diversos andares. ☐ SIN. prédio. [◆ habitação p. 420]

edil ⟨e.dil⟩ (pl. *edis*) s.2g. Em um município, membro do Poder Legislativo. ☐ SIN. vereador.

edital ⟨e.di.tal⟩ (pl. *editais*) s.m. Aviso ou notificação oficiais para o público em geral ou para alguns interessados: *o edital de um concurso público*.

editar ⟨e.di.tar⟩ v.t.d. **1** Difundir (uma obra) por meio de impressão ou de outro procedimento de reprodução: *Editarem três mil exemplares de seu último livro*. ☐ SIN. publicar. **2** Organizar os materiais gravados de (uma produção audiovisual) para sua apresentação ao público: *Editou as imagens para que o programa fosse ao ar*.

edito ⟨e.di.to⟩ s.m. Qualquer ordem ou determinação baseadas na lei. ☐ ORTOGRAFIA É diferente de *édito*.

édito ⟨é.di.to⟩ s.m. Mandato ou decreto publicados por uma autoridade competente em um edital. □ ORTOGRAFIA É diferente de *edito*.

editor, -a ⟨e.di.tor, to.ra⟩ (Pron. [editôr], [editôra]) ▮ adj. **1** Que edita. ▮ s. **2** Pessoa que edita ou que publica livros por meio de procedimentos de reprodução, especialmente como profissão. **3** Pessoa que se dedica à preparação de textos para publicação, segundo critérios filológicos. **4** Pessoa que organiza sons ou imagens para sua apresentação ao público. ‖ **editor de texto** Em informática, programa que permite criar, modificar, visualizar e imprimir textos e imagens.

editora ⟨e.di.to.ra⟩ (Pron. [editôra]) s.f. Empresa que edita ou publica obras, especialmente livros.

editoração ⟨e.di.to.ra.ção⟩ (pl. *editorações*) s.f. Trabalho realizado por um editor. □ SIN. edição. ‖ **editoração eletrônica** Aquela realizada com a utilização de recursos informáticos.

editorial ⟨e.di.to.ri.al⟩ (pl. *editoriais*) ▮ adj.2g. **1** Do editor, da edição ou relacionado a eles: *o mercado editorial*. ▮ s.m. **2** Artigo jornalístico que costuma ser publicado sem assinatura e que reflete a opinião da direção da publicação.

editorialista ⟨e.di.to.ri.a.lis.ta⟩ ▮ adj.2g. **1** Do editorial ou relacionado a ele. ▮ s.2g. **2** Pessoa encarregada de escrever editoriais ou artigos jornalísticos que expressem a opinião do jornal.

-edo Sufixo que indica conjunto: *arvoredo, vinhedo*.

edredão ⟨e.dre.dão⟩ (pl. *edredões*) s.m. →edredom

edredom ⟨e.dre.dom⟩ (pl. *edredons*) s.m. Colcha grossa cheia de um material macio e quente, geralmente algodão ou plumas de ave. □ SIN. acolchoado. □ ORTOGRAFIA Escreve-se também *edredão*.

educação ⟨e.du.ca.ção⟩ (pl. *educações*) s.f. **1** Desenvolvimento ou aperfeiçoamento das capacidades morais e intelectuais de uma pessoa. □ SIN. criação. **2** Ensino ou instrução dados a alguém para obter esse desenvolvimento ou esse aperfeiçoamento: *Recebeu educação religiosa*. **3** Instrução oferecida em escolas, universidades ou instituições semelhantes: *A educação é uma das prioridades do novo governo*. **4** Cortesia ou boas maneiras: *Se tivesse mais educação, não falaria esses palavrões!* ‖ **educação a distância** Aquela realizada por correspondência ou por um meio audiovisual. ‖ **educação especial** Aquela destinada a pessoas com deficiências físicas ou mentais. ‖ **Educação Física** Conjunto de disciplinas e exercícios destinados ao desenvolvimento do corpo e de suas habilidades físicas.

educacional ⟨e.du.ca.ci.o.nal⟩ (pl. *educacionais*) adj.2g. Da educação ou relacionado a ela. □ SIN. educativo.

educado, da ⟨e.du.ca.do, da⟩ adj. Que tem boa educação ou bons modos.

educador, -a ⟨e.du.ca.dor, do.ra⟩ (Pron. [educadôr], [educadôra]) ▮ adj./s. **1** Que ou quem educa. ▮ s. **2** Pessoa que se dedica ao ensino, especialmente como profissão.

educandário ⟨e.du.can.dá.rio⟩ s.m. Estabelecimento em que pessoas são educadas formalmente.

educando, da ⟨e.du.can.do, da⟩ adj./s. Que ou quem está recebendo educação.

educar ⟨e.du.car⟩ v.t.d. **1** Fazer com que (alguém) se desenvolva ou aperfeiçoe suas faculdades intelectuais ou morais, geralmente por meio do ensino: *Educar as crianças não significa conceder-lhes tudo o que pedem*. **2** Domar ou adestrar (um animal): *Educamos nosso cachorro para não latir para as pessoas*. □ ORTOGRAFIA Antes de e, o c muda para qu →BRINCAR.

educativo, va ⟨e.du.ca.ti.vo, va⟩ adj. **1** Da educação ou relacionado a ela. □ SIN. educacional. **2** Que educa ou que serve para educar: *um brinquedo educativo*.

efe ⟨e.fe⟩ s.m. Nome da letra *f*.

efeito ⟨e.fei.to⟩ s.m. **1** Aquilo que é consequência de uma causa: *Desmaiou por efeito do calor*. **2** Impressão causada em uma pessoa: *Seu bom humor tem um efeito contagiante entre os colegas*. **3** Capacidade para fazer ou para produzir o resultado desejado: *Quais são os efeitos deste medicamento?* **4** Em um espetáculo, truque ou artifício utilizados para provocar determinadas impressões nos espectadores. ‖ **com efeito** Efetivamente ou realmente: *Com efeito, tinha toda a razão*. ‖ **efeito estufa** Elevação da temperatura atmosférica causada pelo excesso de dióxido de carbono proveniente principalmente da queima de combustíveis fósseis.

efélide ⟨e.fé.li.de⟩ s.f. Pequena mancha de pele, geralmente causada pela ação do sol. □ SIN. sarda.

efêmero, ra ⟨e.fê.me.ro, ra⟩ adj. Passageiro ou que dura pouco tempo.

efeminado, da ⟨e.fe.mi.na.do, da⟩ adj./s.m. Com características tradicionalmente consideradas femininas. □ SIN. delicado, fresco. □ ORTOGRAFIA Escreve-se também *afeminado*.

efervescência ⟨e.fer.ves.cên.cia⟩ s.f. **1** Liberação de uma substância gasosa, geralmente em forma de bolhas, de dentro de um líquido: *A efervescência dos refrigerantes se deve ao gás carbônico*. **2** Movimento agitado e com borbulhas causado em um líquido ao elevar sua temperatura ou ao submetê-lo à fermentação: *A efervescência da água se dá aos 100 ºC*. **3** Agitação, alvoroço ou excitação: *O país vive um momento de efervescência cultural*.

efervescente ⟨e.fer.ves.cen.te⟩ adj.2g. Que está ou que pode estar em efervescência.

efetivar ⟨e.fe.ti.var⟩ ▮ v.t.d. **1** Realizar ou executar: *Os sócios efetivaram a compra da empresa*. ▮ v.t.d./v.prnl. **2** Tornar(-se) membro fixo de uma coletividade (alguém): *A empresa efetivou vários estagiários*.

efetivo, va ⟨e.fe.ti.vo, va⟩ ▮ adj. **1** Que produz um efeito ou que alcança um objetivo. ▮ adj./s. **2** Que ou quem é membro de uma coletividade: *um funcionário efetivo*. ▮ s.m. **3** Número de policiais ou de membros das forças militares que desempenham uma missão.

efetuar ⟨e.fe.tu.ar⟩ ▮ v.t.d./v.prnl. **1** Realizar(-se) ou executar(-se): *efetuar uma manobra*. ▮ v.t.d. **2** Em matemática, realizar (uma operação aritmética): *efetuar uma multiplicação*.

eficácia ⟨e.fi.cá.cia⟩ s.f. Qualidade de eficaz: *a eficácia de um medicamento*. □ SIN. eficiência.

eficacíssimo, ma ⟨e.fi.ca.cís.si.mo, ma⟩ Superlativo irregular de eficaz.

eficaz ⟨e.fi.caz⟩ adj.2g. Que produz efeito satisfatório ou esperado: *uma medida eficaz*. □ SIN. eficiente. □ GRAMÁTICA Seu superlativo é *eficacíssimo*.

eficiência ⟨e.fi.ci.ên.cia⟩ s.f. Qualidade de eficiente. □ SIN. eficácia.

eficiente ⟨e.fi.ci.en.te⟩ adj.2g. Que produz efeito satisfatório ou esperado: *um remédio eficiente*. □ SIN. eficaz.

efígie ⟨e.fí.gie⟩ s.f. Representação, geralmente em forma de escultura, da figura de um ser humano.

eflorescência ⟨e.flo.res.cên.cia⟩ s.f. Em uma planta, formação e abertura dos botões e surgimento das flores. □ USO É diferente de *inflorescência* (conjunto de flores nascidas sobre o mesmo eixo ou sobre o mesmo receptáculo).

eflúvio ⟨e.flú.vio⟩ s.m. **1** Desprendimento de pequenas partículas ou exalação de vapores de um corpo. **2** *literário* Perfume suave.

efusão ⟨e.fu.são⟩ (pl. *efusões*) s.f. **1** Derramamento de um líquido ou saída de um gás. **2** Manifestação de felicidade ou de afeto de maneira espontânea, intensa e sincera.

efusivo, va ⟨e.fu.si.vo, va⟩ adj. Que sente ou que manifesta efusão.

égide ⟨é.gi.de⟩ s.f. Amparo ou proteção, especialmente a que uma pessoa recebe de outra mais poderosa: *Enquanto estiverem cumprindo pena, os presos estarão sob a égide do Estado.*

egípcio, cia ⟨e.gíp.cio, cia⟩ ▌ adj./s. **1** Do Egito ou relacionado a esse país africano. ▌ s.m. **2** Antiga língua dessa região.

egiptologia ⟨e.gip.to.lo.gi.a⟩ s.f. Estudo da antiga civilização egípcia.

egiptólogo, ga ⟨e.gip.tó.lo.go, ga⟩ s. Pessoa especializada em egiptologia.

-ego, -ega Sufixo que indica origem ou pátria: *grego.*

ego ⟨e.go⟩ s.m. Em psicologia, parte consciente da personalidade humana.

egocêntrico, ca ⟨e.go.cên.tri.co, ca⟩ adj. Que acredita ser o centro das atenções ou das atividades em geral.

egocentrismo ⟨e.go.cen.tris.mo⟩ s.m. Preocupação exclusiva consigo mesmo ou exaltação desmedida da própria importância.

egoísmo ⟨e.go.ís.mo⟩ s.m. Interesse apenas por si mesmo, desprezando as necessidades e os interesses alheios.

egoísta ⟨e.go.ís.ta⟩ ▌ adj.2g. **1** Do egoísmo ou relacionado a esse sentimento. ▌ adj.2g./s.2g. **2** Que ou quem tem ou manifesta egoísmo.

egresso, sa ⟨e.gres.so, sa⟩ adj./s. Que ou quem se afastou ou saiu de um lugar.

égua ⟨é.gua⟩ s.f. Fêmea do **cavalo**.

einstêinio ⟨eins.têi.nio⟩ s.m. Elemento químico da família dos metais, de número atômico 99, artificial, radioativo e que pertence ao grupo dos actinídeos. ☐ ORTOGRAFIA Seu símbolo químico é *Es*, sem ponto.

-eira 1 Sufixo que indica lugar ou recipiente: *chaleira.* **2** Sufixo que indica árvore produtora: *amoreira, bananeira.*

eira ⟨ei.ra⟩ s.f. **1** Espaço de terra limpo e plano, usado para realizar diferentes trabalhos do campo, especialmente se for para debulhar e para moer cereais: *O milho é separado da palha nas eiras.* **2** Em uma salina, lugar onde se deposita o sal.

-eiro 1 Sufixo que indica lugar ou recipiente: *açucareiro.* **2** Sufixo que indica árvore produtora: *limoeiro.* **3** Sufixo que indica coletividade: *cupinzeiro, formigueiro.*

-eiro, -eira 1 Sufixo que indica ofício ou profissão: *livreiro, cabeleireira.* **2** Sufixo que indica origem ou pátria: *brasileiro.* **3** Sufixo que indica relação: *baleeiro, verdadeira.*

eis adv. Aqui está: *Ecologia e economia sustentável – eis a questão que iremos discutir.*

eito ⟨ei.to⟩ s.m. **1** Limpeza de um terreno ou de um roçado. **2** No período colonial brasileiro, esse terreno ou esse roçado, em que trabalhavam os escravos.

eiva ⟨ei.va⟩ s.f. **1** Em um objeto de vidro ou de louça, rachadura, abertura ou fenda. **2** Em um fruto, marca que denota seu apodrecimento.

eivar ⟨ei.var⟩ ▌ v.t.d. **1** Contaminar ou manchar. ▌ v.prnl. **2** Estragar-se ou apodrecer (um fruto): *Os morangos se eivaram fora da geladeira.*

eixo ⟨ei.xo⟩ s.m. **1** Em um corpo giratório, barra ou haste que o atravessa e que sustenta seu movimento: *os eixos de um caminhão.* **2** Em um corpo, linha imaginária que passa por seu centro e o divide em partes de dimensões iguais: *um eixo de rotação.* **3** Ideia central ou ponto principal de algo, em torno dos quais se fundamenta um argumento: *o eixo de uma investigação.* ‖ **entrar nos eixos** *informal* Passar a se comportar segundo as regras convencionais. ‖ **sair dos eixos** *informal* Descontrolar-se ou perder o controle.

ejaculação ⟨e.ja.cu.la.ção⟩ (pl. *ejaculações*) s.f. Expulsão do esperma pelo pênis.

ejacular ⟨e.ja.cu.lar⟩ ▌ v.int. **1** Expulsar esperma pelo pênis: *Ao ejacular, o macho libera grande quantidade de espermatozoides.* ▌ v.t.d. **2** Derramar ou expulsar (um líquido).

ejetar ⟨e.je.tar⟩ v.t.d. Impulsionar com força para fora: *O aparelho ejeta o DVD automaticamente.*

-ejo Sufixo que indica tamanho menor: *lugarejo, vilarejo.*

elaboração ⟨e.la.bo.ra.ção⟩ (pl. *elaborações*) s.f. Ato ou efeito de elaborar.

elaborar ⟨e.la.bo.rar⟩ v.t.d. Traçar ou idealizar (um projeto ou algo semelhante): *O aluno elaborou uma tese excelente.*

elasticidade ⟨e.las.ti.ci.da.de⟩ s.f. **1** Em um corpo sólido, propriedade de recuperar sua forma e sua extensão quando a força que o comprime ou que o estica acaba. **2** Flexibilidade ou capacidade para se dobrar facilmente.

elástico, ca ⟨e.lás.ti.co, ca⟩ ▌ adj. **1** Em relação a um corpo, que é capaz de recuperar sua forma e sua extensão quando a força que o comprime ou que o estica acaba. **2** Que se adequa ou que se adapta facilmente a diferentes situações ou circunstâncias: *um temperamento elástico.* **3** Que admite muitas interpretações ou que é discutível: *uma afirmação elástica.* ▌ s.m. **4** Fita, cordão ou tecido com elasticidade, especialmente se forem aqueles que se colocam em algumas peças de roupa para que se ajustem ao corpo.

eldorado ⟨el.do.ra.do⟩ s.m. Lugar cheio de riqueza e de prosperidade: *A busca por oportunidades o fez ver a cidade grande como um eldorado.*

ele ⟨e.le⟩ s.m. Nome da letra *l*.

ele, la ⟨e.le, la⟩ ⟨Pron. [êle], [éla]⟩ pron.pess. Forma da terceira pessoa do singular que corresponde às funções de sujeito, de predicativo ou de complemento precedido de preposição.

elefante, ta ⟨e.le.fan.te, ta⟩ s. Mamífero de grande porte, de orelhas grandes, nariz e lábio superior unidos e prolongados em formato de uma longa tromba que serve para pegar objetos, com dois grandes dentes salientes e maciços nos machos e pele rugosa.

elefantíase ⟨e.le.fan.tí.a.se⟩ s.f. Aumento desproporcional de algumas partes do corpo, especialmente das extremidades inferiores e dos órgãos genitais externos, devido fundamentalmente a uma obstrução no sistema linfático.

elegância ⟨e.le.gân.cia⟩ s.f. **1** Qualidade de elegante. **2** Graça, simplicidade ou bom gosto. **3** Adequação, delicadeza e comedimento, especialmente na forma de agir: *A autora reagiu às críticas com elegância.*

elegante ⟨e.le.gan.te⟩ adj.2g. **1** Que tem graça, simplicidade ou bom gosto. **2** Que tem proporção adequada ou equilibrada: *um estilo elegante.* **3** Em relação especialmente à forma de agir, que é adequada e comedida.

eleger ⟨e.le.ger⟩ ▌ v.t.d. **1** Escolher ou preferir: *O júri elegeu a redação mais criativa.* ▌ v.t.d./v.prnl. **2** Nomear, designar ou ser escolhido por meio de uma eleição: *Os moradores o elegeram representante do bairro. O candidato elegeu-se prefeito.* ☐ ORTOGRAFIA Antes de a e o, o *g* muda para *j* →ELEGER. ☐ GRAMÁTICA **1.** É um verbo abundante, pois apresenta dois particípios: *elegido* e *eleito*. **2.** Na acepção 2, o objeto pode vir acompanhado de um complemento que o qualifica: *Os moradores o elegeram representante do bairro; O candidato elegeu-se prefeito.*

elegia ⟨e.le.gi.a⟩ s.f. Composição poética lírica na qual se lamenta um fato triste ou um infortúnio.

elegível ⟨e.le.gí.vel⟩ (pl. *elegíveis*) adj.2g. Que pode ser eleito ou escolhido.

eleição ⟨e.lei.cão⟩ (pl. *eleições*) s.f. **1** Processo de escolha por meio de votação: *As pesquisas já preveem quem ganhará a eleição.* **2** Nomeação ou designação de uma pessoa para a ocupação de um cargo ou para a realização de uma atividade, feita por meio desse processo: *Sua eleição como deputado foi uma surpresa.* **3** Escolha feita em função de uma preferência: *Foi difícil a eleição de um bairro para morar.*

eleito, ta ⟨e.lei.to, ta⟩ ▌**1** Particípio irregular de **eleger**. ▌adj./s. **2** Que ou quem foi escolhido para assumir um cargo, mas que ainda não tomou posse.

eleitor, -a ⟨e.lei.tor, to.ra⟩ (Pron. [eleitôr], [eleitôra]) adj./s. Que ou quem tem a capacidade ou o direito de eleger, especialmente se for em eleições políticas.

eleitorado ⟨e.lei.to.ra.do⟩ s.m. Conjunto de pessoas aptas a votar: *O eleitorado brasileiro é composto principalmente por pessoas com idade entre 18 e 70 anos.*

eleitoral ⟨e.lei.to.ral⟩ (pl. *eleitorais*) adj.2g. Dos eleitores, das eleições ou relacionado a eles.

eleitoreiro, ra ⟨e.lei.to.rei.ro, ra⟩ adj. *pejorativo* Que tem a finalidade de propaganda eleitoral.

elementar ⟨e.le.men.tar⟩ adj.2g. **1** Fundamental, básico ou primordial. **2** Que não apresenta complicação nem dificuldade. ▢ **SIN. simples.**

elemento ⟨e.le.men.to⟩ s.m. **1** Parte integrante e constitutiva de um todo. **2** Em química, substância formada por átomos que têm um mesmo número de prótons nucleares, independentemente do número de nêutrons: *a tabela periódica dos elementos químicos.* **3** Meio em que um ser vivo habita e se desenvolve: *O elemento natural dos peixes é a água.* **4** Fundamento ou base de algo: *Não tenho os elementos necessários para dar minha opinião sobre o assunto.* **5** *informal* Pessoa caracterizada positiva ou negativamente: *um mau elemento.* ▢ **GRAMÁTICA** Na acepção 5, usa-se tanto para o masculino quanto para o feminino: *(ele/ela) é um elemento.*

elenco ⟨e.len.co⟩ s.m. **1** Conjunto de artistas, especialmente se forem atores: *o elenco do filme.* **2** Relação ou lista de pessoas, de coisas ou de acontecimentos: *Recebemos um elenco de reclamações.*

eletivo, va ⟨e.le.ti.vo, va⟩ adj. **1** Da eleição ou relacionado a ela. **2** Em relação especialmente a um cargo, que se dá ou que se consegue por meio de uma eleição: *O cargo de presidente da República é eletivo.*

eletricidade ⟨e.le.tri.ci.da.de⟩ s.f. **1** Propriedade física relacionada à carga elétrica negativa dos elétrons e positiva dos prótons. **2** Parte da física que estuda os fenômenos elétricos. **3** *informal* Corrente elétrica.

eletricista ⟨e.le.tri.cis.ta⟩ adj.2g./s.2g. Que ou quem se dedica às aplicações técnicas e mecânicas da eletricidade, especialmente como profissão.

elétrico, ca ⟨e.lé.tri.co, ca⟩ adj. Da eletricidade, com eletricidade ou relacionado a ela.

eletrificar ⟨e.le.tri.fi.car⟩ v.t.d. Dotar ou prover de energia elétrica (um lugar ou um objeto). ▢ **ORTOGRAFIA** Antes de e, o c muda para *qu* →BRINCAR.

eletrizar ⟨e.le.tri.zar⟩ ▌v.t.d. **1** Produzir ou conduzir eletricidade através de (um corpo): *Como experiência, eletrizamos um pente esfregando-o no cabelo.* ▌v.t.d./v.prnl. **2** Impressionar(-se) ou entusiasmar(-se): *As músicas da banda eletrizaram o auditório.*

eletrocardiograma ⟨e.le.tro.car.di.o.gra.ma⟩ s.m. Representação gráfica do funcionamento do coração por meio do registro de sua atividade elétrica.

eletrocutar ⟨e.le.tro.cu.tar⟩ v.t.d. Matar por meio de uma descarga elétrica: *Cabos de alta tensão podem eletrocutar uma pessoa.*

eletrodo ⟨e.le.tro.do⟩ (Pron. [eletrôdo]) s.m. Em física, extremidade de um condutor em contato com um meio, ao qual leva ou do qual recebe uma corrente elétrica.

eletrodoméstico, ca ⟨e.le.tro.do.més.ti.co, ca⟩ ▌adj. **1** Do eletrodoméstico ou relacionado a esse aparelho. ▌s.m. **2** Aparelho movido a energia elétrica e que facilita a realização de tarefas do lar. [◉ **eletrodomésticos** p. 292]

eletroencefalograma ⟨e.le.tro.en.ce.fa.lo.gra.ma⟩ s.m. Gráfico no qual se registram as correntes elétricas produzidas pela atividade do encéfalo.

eletrólise ⟨e.le.tró.li.se⟩ s.f. Reação química que consiste na decomposição de um eletrólito mediante a passagem de uma corrente elétrica por ele.

eletrólito ⟨e.le.tró.li.to⟩ s.m. Em química, substância que, em estado líquido ou em dissolução, conduz a corrente elétrica.

eletromagnético, ca ⟨e.le.tro.mag.né.ti.co, ca⟩ adj. Em relação a um fenômeno, que apresenta campos elétricos e magnéticos relacionados entre si.

eletromagnetismo ⟨e.le.tro.mag.ne.tis.mo⟩ s.m. Parte da física que estuda a interação dos campos elétrico e magnético.

elétron ⟨e.lé.tron⟩ (pl. *elétrones* ou *elétrons*) s.m. Em física, partícula elementar que contém carga elétrica negativa e que é responsável pela corrente elétrica.

eletrônica ⟨e.le.trô.ni.ca⟩ s.f. Parte da física que estuda os fenômenos originados do movimento dos elétrons livres no vácuo, em gases ou em semicondutores, quando tais elétrons são submetidos à ação de campos eletromagnéticos.

eletrônico, ca ⟨e.le.trô.ni.co, ca⟩ adj. **1** Do elétron, da eletrônica ou relacionado a eles. **2** Da internet ou relacionado a ela: *um correio eletrônico.*

eletrostática ⟨e.le.tros.tá.ti.ca⟩ s.f. Parte da física que estuda os fenômenos relacionados à eletricidade estática ou decorrentes de cargas elétricas em repouso.

elevação ⟨e.le.va.cão⟩ (pl. *elevações*) s.f. **1** Ato ou efeito de elevar(-se): *a elevação da temperatura.* **2** Ascensão de uma pessoa a um cargo ou posição superiores: *Sua elevação ao cargo de supervisora foi merecida.* **3** Altura ou área elevadas: *a elevação de um terreno.*

elevado, da ⟨e.le.va.do, da⟩ ▌adj. **1** De categoria ou de elevação moral ou intelectual extraordinárias: *um pensamento elevado.* **2** De tamanho ou de proporção grandes: *uma responsabilidade elevada.* ▌s.m. **3** Via urbana construída acima do nível do solo, usada para transporte rodoviário ou ferroviário.

elevador ⟨e.le.va.dor⟩ (Pron. [elevadôr]) s.m. Mecanismo que transporta pessoas ou mercadorias de um lugar mais baixo para outro mais alto ou vice-versa. ▢ **SIN. ascensor.**

elevar ⟨e.le.var⟩ ▌v.t.d./v.prnl. **1** Levantar(-se), mover(-se) para cima ou colocar(-se) em um nível mais alto: *De longe, elevou os braços e acenou.* **2** Dirigir(-se) para o alto (o olhar ou o espírito, especialmente). **3** Dar ou criar vigor ou incentivo, ou fortalecer(-se) (o ânimo, especialmente): *Os elogios elevaram sua autoestima.* ▢ **SIN. levantar.** **4** Tornar(-se) mais alto ou aumentar (um valor, especialmente): *Os preços se elevaram por causa da inflação.* ▌v.t.d. **5** Aumentar (o volume da voz): *Precisou elevar o tom para que fosse ouvido.*

elevatório, ria ⟨e.le.va.tó.rio, ria⟩ adj. **1** Da elevação ou relacionado a ela. **2** Que eleva, move para cima ou coloca em um nível mais alto.

elidir ⟨e.li.dir⟩ v.t.d. **1** Eliminar, suprimir ou fazer desaparecer. **2** Em linguística, suprimir (uma vogal átona) quando estiver ao final da palavra e a palavra seguinte

eliminação

ELETRODOMÉSTICOS

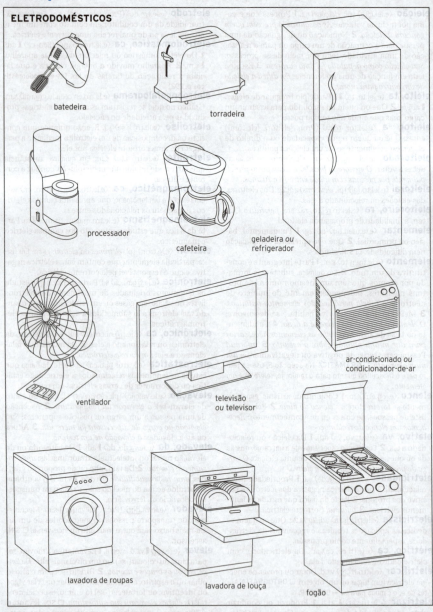

começar por outra vogal: *Na contração d'água, o e da preposição de é elidido.*

eliminação ⟨e.li.mi.na.ção⟩ (pl. *eliminações*) s.f. **1** Ato ou efeito de eliminar. **2** *eufemismo* Morte.

eliminar ⟨e.li.mi.nar⟩ ▌v.t.d./v.t.d.i. **1** Tirar ou fazer desaparecer (algo) [de um todo em que está incluído]: *O revisor eliminou as falhas do texto.* **2** Excluir ou afastar (alguém) [de um grupo ou de um assunto]: *Sua tentativa de eliminar o adversário da corrida eleitoral fracassou.* ▌v.t.d./v.prnl. **3** *eufemismo* Matar(-se): *Este produto elimina germes.* ▌v.t.d. **4** Expulsar ou fazer sair do organismo (uma substância): *Beber água ajuda a eliminar toxinas.*

eliminatória ⟨e.li.mi.na.tó.ria⟩ s.f. Em uma competição ou em um concurso, etapa que seleciona os participantes, excluindo os piores colocados.

eliminatório, ria ⟨e.li.mi.na.tó.rio, ria⟩ adj. Que elimina ou que serve para eliminar.

embaixador

elipse ⟨e.lip.se⟩ s.f. **1** Em um plano geométrico, figura formada a partir de dois pontos, na qual a soma das distâncias entre eles e os pontos que pertencem a essa mesma figura é sempre a mesma: *Uma elipse tem a forma aproximada de um círculo achatado*. **2** Em linguística, supressão de um ou mais termos que podem ser subentendidos ou deduzidos com facilidade pelo contexto: *Na frase Eu comi, mas ele não, há elipse da palavra comeu*.

elíptico, ca ⟨e.líp.ti.co, ca⟩ adj. **1** Da elipse ou com formato semelhante ao desta curva. **2** Em linguística, da elipse ou relacionado a esta supressão de palavras. □ ORTOGRAFIA Escreve-se também *elítico*.

elisão ⟨e.li.são⟩ (pl. *elisões*) s.f. **1** Eliminação ou supressão. **2** Em linguística, supressão de uma vogal quando está ao final da palavra e a palavra seguinte começa com outra vogal: *A contração* dali *se forma pela elisão do* e *da preposição* de.

elite ⟨e.li.te⟩ s.f. Minoria que se destaca e exerce influência ou autoridade em determinada área ou em determinado grupo social: *a elite intelectual*.

elítico, ca ⟨e.lí.ti.co, ca⟩ adj. →**elíptico, ca**

élitro ⟨é.li.tro⟩ s.m. Asa anterior de alguns insetos, especialmente dos coleópteros, grossa e resistente que serve para proteger a asa posterior.

elixir ⟨e.li.xir⟩ s.m. **1** Substância líquida preparada a partir da dissolução de componentes terapêuticos ou aromáticos em álcool: *um elixir antisséptico*. **2** Aquilo que é capaz de causar ou produzir determinado efeito considerado positivo: *o elixir da juventude*.

elmo ⟨el.mo⟩ s.m. Em uma armadura antiga, parte que cobre e que protege a cabeça e o rosto.

-elo, -ela Sufixo que indica tamanho menor: *magrelo, molhadela*.

elo ⟨e.lo⟩ s.m. **1** Cada um dos aros ou das peças que, presos uns aos outros, formam uma corrente. **2** Elemento imprescindível para a união de uma sucessão de coisas, especialmente se forem fatos ou ideias.

elogiar ⟨e.lo.gi.ar⟩ v.t.d. Louvar ou exaltar com elogios: *Sua redação foi muito elogiada pela professora*.

elogio ⟨e.lo.gi.o⟩ s.m. Exaltação das qualidades ou dos méritos.

elogioso, sa ⟨e.lo.gi.o.so, sa⟩ (Pron. [elogiôso], [elogiósa], [elogiósos], [elogiósas]) adj. Que elogia ou que contém elogios: *palavras elogiosas*.

eloquência ⟨e.lo.quên.cia⟩ (Pron. [eloqüência]) s.f. Eficácia para se expressar, convencer ou comover por meio de palavras, de gestos ou de outras ações: *A melhor arma desse político é sua eloquência*.

eloquente ⟨e.lo.quen.te⟩ (Pron. [eloqüente]) adj.2g. Que tem eloquência ou grande facilidade para se expressar.

elucidar ⟨e.lu.ci.dar⟩ v.t.d./v.prnl. Explicar(-se) ou tornar(-se) claro: *O documentário elucidou alguns acontecimentos da época*.

elucubração ⟨e.lu.cu.bra.ção⟩ (pl. *elucubrações*) s.f. Trabalho intelectual, reflexão ou especulação: *Passou o dia fazendo elucubrações sobre as questões da prova*. □ ORTOGRAFIA Escreve-se também *lucubração*.

em prep. **1** Indica o lugar em que se realiza a ação do verbo: *Nascemos em Fortaleza*. **2** Indica o tempo durante o qual se realiza a ação do verbo: *Em setembro, viajaremos*. **3** Indica o modo como se realiza a ação do verbo: *Foi à festa em traje de gala*. **4** Indica o formato de algo: *A música foi escrita em compasso 3 por 4*. **5** Indica o término de um movimento: *Já chegamos em casa?* **6** Sobre ou em cima de: *Colocou dois pratos em cada mesa*. **7** Introduz um complemento do verbo, especialmente se houver referência a um tema: *Formou-se em Medicina*.

ema ⟨e.ma⟩ (Pron. [êma]) s.f. Ave corredora de grande porte, de pescoço e patas compridos, com três dedos em cada pata e com plumagem acinzentada. □ GRAMÁTICA É um substantivo epiceno: *a ema (macho/fêmea)*. [👁 aves p. 92]

emagrecer ⟨e.ma.gre.cer⟩ ▌ v.t.d. **1** Diminuir o peso ou a gordura de (alguém): *A nova rotina de exercícios a emagreceu*. ▌ v.int. **2** Diminuir o peso ou a gordura: *Começou uma dieta para emagrecer*. □ ORTOGRAFIA Antes de a ou o, o c muda para ç →CONHECER.

emagrecimento ⟨e.ma.gre.ci.men.to⟩ s.m. Ato ou efeito de emagrecer.

e-mail *(palavra inglesa)* (Pron. [i-mêil]) s.m. **1** Em informática, sistema de troca de mensagens entre computadores. □ SIN. correio eletrônico. **2** Endereço eletrônico que permite que um usuário receba essas mensagens. □ SIN. endereço (de correio) eletrônico. **3** Mensagem trocada através desse sistema. □ SIN. mensagem (eletrônica). **4** Caixa postal eletrônica na qual são armazenadas essas mensagens.

emanação ⟨e.ma.na.ção⟩ (pl. *emanações*) s.f. Ato ou efeito de emanar: *a emanação de um gás*.

emanar ⟨e.ma.nar⟩ ▌ v.t.i. **1** Proceder, derivar ou advir originariamente [de algo]: *A solidariedade emana do amor ao próximo*. **2** Em relação a uma substância volátil, desprender-se ou sair [de um recipiente ou local]: *O oxigênio emanava do cilindro*. ▌ v.t.d. **3** Emitir ou desprender de si: *A flor emana um perfume suave*.

emancipar ⟨e.man.ci.par⟩ v.t.d./v.t.d.i./v.prnl. Liberar(-se) (alguém) [do pátrio poder, da tutela, da servidão ou de outro tipo de subordinação ou de dependência].

emaranhado ⟨e.ma.ra.nha.do⟩ s.m. Conjunto de elementos embaraçados ou misturados de forma confusa.

emaranhar ⟨e.ma.ra.nhar⟩ v.t.d./v.prnl. Embaraçar(-se) ou misturar(-se) de forma confusa: *O vento emaranhou seus cabelos*.

emascular ⟨e.mas.cu.lar⟩ v.t.d./v.prnl. Castrar(-se), tirando os órgãos sexuais: *emascular um touro*.

embaçar ⟨em.ba.çar⟩ ▌ v.t.d./v.prnl. **1** Tirar ou perder a claridade, o brilho ou o resplendor: *As lágrimas embaçavam sua visão*. ▌ v.t.d. **2** Prejudicar ou diminuir (a fama ou o mérito): *Comentários maldosos embaçaram o sucesso da cantora*. ▌ v.int. **3** *informal* Demorar: *Não fique embaçando, pois estou com pressa!* □ ORTOGRAFIA Antes de e, o ç muda para c →COMEÇAR. ▌ USO Na acepção 1, usa-se também a forma *embaciar*.

embaciar ⟨em.ba.ci.ar⟩ ▌ v.t.d./v.prnl. **1** →**embaçar** ▌ v.t.d. **2** Prejudicar ou ofender (a honra ou a boa reputação): *As mentiras embaciaram seu nome*.

embainhar ⟨em.ba.i.nhar⟩ v.t.d. **1** Guardar ou colocar em sua bainha (uma arma branca). *embainhar uma espada*. **2** Dobrar para dentro e costurar (a borda de um tecido) para encurtá-la ou para lhe dar acabamento: *Embainhou as mangas da blusa, pois estavam longas*.

embaixada ⟨em.bai.xa.da⟩ s.f. **1** Lugar em que um embaixador trabalha ou reside ou onde fica a sede da representação diplomática do Governo de um país em outro estrangeiro. **2** Cargo de embaixador. **3** Grupo de pessoas subordinadas a um embaixador ou que o acompanham. **4** Missão desempenhada por um embaixador. **5** Prática que consiste em não deixar uma bola de futebol cair no chão, chutando-a ou cabeceando-a para cima repetidas vezes.

embaixador, -a ⟨em.bai.xa.dor, do.ra⟩ (Pron. [embaixadôr], [embaixadôra]) s. **1** Diplomata que representa oficialmente o Governo de seu país no exterior. **2** Pessoa encarregada de uma missão. □ USO O feminino é diferente de *embaixatriz* (esposa de embaixador).

embaixatriz

embaixatriz ‹em.bai.xa.triz› s.f. Esposa de embaixador. ☐ USO É diferente de *embaixadora* (diplomata que representa oficialmente o Governo de seu país no exterior).

embaixo ‹em.bai.xo› adv. Em uma posição ou em uma parte inferiores: *Eu moro no quarto andar e ele, embaixo, no terceiro.* ‖ **embaixo de** Sob ou debaixo de: *As crianças encontraram seus presentes embaixo da árvore de natal.*

embalagem ‹em.ba.la.gem› (pl. *embalagens*) s.f. **1** Colocação de um objeto dentro de um invólucro para protegê-lo. **2** Esse invólucro.

embalar ‹em.ba.lar› ▌v.t.d./v.prnl. **1** Mover(-se) suave e ritmicamente, de um lado para o outro, sem mudar de lugar: *Embalou o bebê para que não chorasse.* ▌v.t.d./v.int. **2** Dar maior velocidade ou aumentar a velocidade: *A bicicleta embalou na descida.* ▌v.t.d. **3** Empacotar ou colocar (um objeto) dentro de embalagens para protegê-lo durante seu transporte: *Para fazer a mudança, embalou todos os livros e pertences.* ☐ SIN. acondicionar.

embalo ‹em.ba.lo› s.m. **1** Movimento suave e rítmico, de um lado para o outro, sem que haja mudança de lugar: *O bebê adormeceu com o embalo do berço.* **2** Em um veículo, aceleração ou aumento da velocidade, geralmente de forma brusca: *Aproveitou a descida para pegar embalo.*

embalsamar ‹em.bal.sa.mar› v.t.d. **1** Preparar (um cadáver) com determinadas substâncias para evitar sua decomposição: *No Antigo Egito, os faraós eram embalsamados antes de serem mumificados.* **2** Perfumar ou dar cheiro agradável a: *O aroma das flores embalsamava a sala.*

embandeirar ‹em.ban.dei.rar› v.t.d./v.prnl. Enfeitar(-se) com bandeiras: *Embandeiraram a quadra para a final do campeonato. A escola se embandeirou para os festejos juninos.*

embaraçar ‹em.ba.ra.çar› v.t.d./v.prnl. **1** Misturar(-se) ou converter(-se) em um emaranhado: *O vento embaraçou os seus cabelos.* **2** Tornar(-se) mais confuso ou complicado: *Nervoso, embaraçava as ideias.* **3** Perturbar(-se), transtornar(-se) ou desconcertar(-se): *Embaraçou-se com aquela situação ridícula.* ☐ ORTOGRAFIA Antes de e, o ç muda para c →COMEÇAR.

embaraço ‹em.ba.ra.ço› s.m. **1** Aquilo que dificulta ou que confunde: *Esse problema foi o principal embaraço para a finalização do projeto.* **2** Perturbação, transtorno ou desconcerto: *Assistir àquela cena desagradável lhe causou embaraço.*

embaraçoso, sa ‹em.ba.ra.ço.so, sa› (Pron. [embaraçôso], [embaraçósa], [embaraçósos], [embaraçósas]) adj. Que embaraça, que incomoda ou que perturba.

embarafustar ‹em.ba.ra.fus.tar› v.t.i./v.prnl. Entrar [em um lugar] de forma desordenada ou impetuosa: *Os soldados embarafustaram pela mata à procura de sobreviventes.* ☐ GRAMÁTICA Usa-se a construção *embarafustar(-se)* POR *algo*.

embaralhar ‹em.ba.ra.lhar› ▌v.t.d. **1** Misturar e reordenar várias vezes (as cartas de um baralho). **2** Misturar ou mover em várias direções: *O vento embaralhou os papéis.* ▌v.t.d./v.prnl. **3** Misturar(-se) de forma que fique difícil reconhecer ou distinguir: *Depois de tantos anos, suas recordações se embaralhavam.* ☐ SIN. confundir. ▌v.prnl. **4** Confundir-se ou complicar-se: *Ele se embaralhou todo ao prestar depoimento.* ☐ SIN. atrapalhar-se.

embarcação ‹em.bar.ca.ção› (pl. *embarcações*) s.f. Estrutura construída pelo homem para transportar carga ou passageiros sobre a água.

embarcadoiro ‹em.bar.ca.doi.ro› s.m. →**embarcadouro**

embarcadouro ‹em.bar.ca.dou.ro› s.m. Lugar destinado ao embarque de mercadorias ou de pessoas. ☐ ORTOGRAFIA Escreve-se também *embarcadoiro*.

embarcar ‹em.bar.car› ▌v.t.d./v.t.i./v.int. **1** Colocar ou subir a bordo [em uma embarcação, em um avião, em um ônibus ou em um trem]: *Não conseguimos embarcar todas as malas por excesso de bagagem. Os passageiros embarcaram com atraso devido ao mau tempo.* ▌v.t.i. **2** *informal* Deixar-se levar ou cair [em uma cilada ou uma armação]: *Embarcou naquele negócio sem saber que se tratava de uma fraude.* ☐ ORTOGRAFIA Antes de e, o c muda para qu →BRINCAR.

embargar ‹em.bar.gar› v.t.d. **1** Impedir, dificultar ou impossibilitar (uma ação): *Os seguranças embargaram o acesso ao prédio. A emoção embargava sua voz.* **2** Em direito, reter (um bem) por ordem de uma autoridade judicial ou administrativa, deixando-o sujeito ao resultado de um julgamento ou de um procedimento: *Embargaram a mercadoria, pois os impostos não foram pagos.* ☐ ORTOGRAFIA Antes de e, o g muda para gu →CHEGAR.

embargo ‹em.bar.go› s.m. **1** Proibição do comércio e do transporte de algo, decretada por um governo. **2** Em direito, retenção ou imobilização de um bem por ordem de uma autoridade judicial ou administrativa. ☐ SIN. arresto. ‖ **sem embargo** Conectivo gramatical coordenativo (que une elementos do mesmo nível sintático) que expressa adversidade: *O trabalho não foi brilhante, sem embargo, o professor soube apreciar sua melhora.* ☐ SIN. a despeito de, não obstante.

embarque ‹em.bar.que› s.m. Entrada de pessoas ou mercadorias em um meio de transporte.

embasamento ‹em.ba.sa.men.to› s.m. **1** Em uma coluna, conjunto formado pela base e pelo plinto ou pedestal: *Das colunas do antigo templo, só restou o embasamento.* **2** Princípio ou base sobre os quais se apoia ou afirma algo: *A teoria foi rejeitada pelos especialistas por não ter embasamento científico.*

embasar ‹em.ba.sar› ▌v.t.d. **1** Dotar de uma base (uma construção): *embasar uma coluna.* ▌v.t.d./v.t.d.i./v.prnl. **2** Apoiar(-se) ou fundamentar(-se) (um argumento) [em uma base]: *Embasou seus argumentos em dados concretos.*

embasbacar ‹em.bas.ba.car› v.t.d./v.int./v.prnl. Produzir ou sentir grande admiração ou espanto: *A exuberância do desfile embasbacou os espectadores.* ☐ ORTOGRAFIA Antes de e, o c muda para qu →BRINCAR.

embate ‹em.ba.te› s.m. Choque ou golpe impetuosos ou violentos: *As tropas conseguiram neutralizar os embates do inimigo.*

embater ‹em.ba.ter› v.int./v.prnl. **1** Chocar-se ou golpear-se de forma impetuosa ou violenta: *Os exércitos embateram na fronteira dos países.* **2** Confrontar-se ou opor-se: *Suas ideias se embatem, pois têm visões diferentes.*

embatucar ‹em.ba.tu.car› ▌v.t.d. **1** Fechar ou tapar com um botoque: *embatucar um barril.* ▌v.t.d./v.int. **2** Deixar ou ficar sem fala ou sem ação: *As provas do crime embatucaram o acusado.* ☐ ORTOGRAFIA Antes de e, o c muda para qu →BRINCAR.

embaúba ‹em.ba.ú.ba› s.f. Árvore de tronco reto e oco, com folhas verde-prateadas e com flores pequenas e amarelas dispostas em longas espigas. ☐ ORIGEM É uma palavra de origem tupi. ☐ ORTOGRAFIA Escreve-se também *imbaúba*. [👁 árvores p. 79]

embebedar ‹em.be.be.dar› v.t.d./v.prnl. Tornar(-se) bêbado ou diminuir a capacidade física ou mental de (alguém ou si próprio) devido ao consumo excessivo de bebidas alcoólicas: *O excesso de vinho o embebedou rapidamente. Nunca se embebedaram.* ☐ SIN. embriagar.

embeber ‹em.be.ber› ▌v.t.d./v.prnl. **1** Absorver ou encharcar(-se) de (um líquido): *O algodão embebeu o*

embranquecer

álcool. ∎ v.t.d.i. **2** Umedecer (um objeto) [em água ou outro líquido]: *embeber o pão no café*.

embelezamento ⟨em.be.le.za.**men**.to⟩ s.m. Ato ou efeito de embelezar(-se).

embelezar ⟨em.be.le.**zar**⟩ v.t.d./v.prnl. Tornar(-se) belo: *A maquiagem embelezou ainda mais o seu rosto*.

embevecer ⟨em.be.ve.**cer**⟩ v.t.d./v.prnl. Causar ou sentir grande admiração ou prazer: *A boa música embeveceu a plateia. Embeveceu-se com a atuação da atriz*. ☐ SIN. enlevar, extasiar. ☐ ORTOGRAFIA Antes de *a* ou *o*, o *c* muda para *ç* →CONHECER.

embicar ⟨em.bi.**car**⟩ ∎ v.t.d. **1** Dar forma de bico a: *O peão embicou o chapéu*. ∎ v.t.i./v.prnl. **2** Dirigir-se ou orientar-se [para um lugar ou uma direção]: *Embicou para a esquerda para ultrapassar o ônibus*. ☐ ORTOGRAFIA Antes de *e*, o *c* muda para *qu* →BRINCAR.

embira ⟨em.**bi**.ra⟩ s.f. Árvore de tronco tortuoso, com folhas tóxicas para o gado, de cuja casca se extrai uma fibra muito usada na fabricação de cordas ou de estopa. ☐ ORIGEM É uma palavra de origem tupi.

embirrar ⟨em.bir.**rar**⟩ ∎ v.t.i. **1** Insistir com persistência [em algo]: *Quando embirra em uma ideia, ninguém consegue convencê-lo do contrário*. **2** Sentir antipatia ou desagrado [por algo ou alguém]: *Ela embirrou comigo sem sequer me conhecer*. ∎ v.int. **3** Ficar de mau humor. ☐ GRAMÁTICA Na acepção 1, usa-se a construção *embirrar* EM *algo*; na acepção 2, *embirrar* COM *alguém*.

emblema ⟨em.**ble**.ma⟩ (Pron. [emblêma]) s.m. Imagem que representa simbolicamente uma ideia, um grupo ou uma instituição, geralmente acompanhada de uma frase que sintetiza seu sentido ou seus valores: *Uma bandeira branca é o emblema da paz*.

emboaba ⟨em.bo.**a**.ba⟩ s.2g. No período colonial brasileiro, nome dado pelos paulistas aos portugueses ou aos brasileiros de outras capitanias que buscavam ouro e pedras preciosas na região de Minas Gerais.

embocadura ⟨em.bo.ca.**du**.ra⟩ s.f. **1** Em um rio, porto ou canal, lugar por onde podem entrar embarcações. **2** Em um animal de montaria, peça do freio que entra pela boca. **3** Em música, maneira como os lábios são posicionados sobre a boquilha ou sobre o bocal de um instrumento musical de sopro para tocá-lo.

embocar ⟨em.bo.**car**⟩ ∎ v.t.d. **1** Cobrir a boquilha de (um instrumento de sopro) com os lábios para produzir sons: *embocar uma flauta*. ∎ v.int. **2** Entrar ou penetrar em um lugar: *O artista embocou pela rua para fugir dos fãs*. ☐ ORTOGRAFIA Antes de *e*, o *c* muda para *qu* →BRINCAR.

emboçar ⟨em.bo.**çar**⟩ v.t.d. Aplicar uma camada de cal ou de argamassa em (as paredes de um edifício) antes do reboco. ☐ ORTOGRAFIA Antes de *e*, o *ç* muda para *c* →COMEÇAR.

emboço ⟨em.**bo**.ço⟩ (Pron. [embôço]) s.m. Em uma parede, camada de cal ou de argamassa aplicadas antes do reboco.

embolada ⟨em.bo.**la**.da⟩ s.f. Composição musical e poética, de origem nordestina, com melodias de caráter declamatório em intervalos curtos, andamento rápido e versos satíricos geralmente improvisados: *Os cantadores de embolada atuam em dupla, com pandeiro e ganzá*.

embolar ⟨em.bo.**lar**⟩ ∎ v.int. **1** Cair no chão e rolar como uma bola. ∎ v.int./v.prnl. **2** *informal* Encher-se de erupções cutâneas (uma parte do corpo): *Como era alérgico, suas pernas embolaram com as picadas dos insetos*. ∎ v.t.i./v.int. **3** Lutar no chão [com outra pessoa]: *O garoto se machucou ao embolar com o outro*. ∎ v.t.d./v.int./v.prnl. **4** Amontoar(-se), dar ou tomar forma de bolo ou de rolo: *Pare de embolar a roupa, vai ficar toda amassada!* **5** Tornar(-se) confuso ou desconexo: *Intimidado, embolou as palavras*. ∎ v.t.d. **6** *informal* Causar náusea ou enjoo a: *Durante a gravidez, o cheiro da comida a embolava*. ∎ v.t.d./v.prnl. **7** Enrolar(-se) ou envolver(-se): *Embolou o pão em um papel e o guardou no armário*. ☐ GRAMÁTICA Na acepção 3, usa-se a construção *embolar* COM *alguém*.

embolia ⟨em.bo.**li**.a⟩ s.f. Em medicina, obstrução de um vaso sanguíneo causada por um corpo alojado nele, geralmente um coágulo: *uma embolia cerebral*.

êmbolo ⟨**êm**.bo.lo⟩ s.m. Em um corpo cilíndrico, parte que se ajusta a seu diâmetro e que serve para comprimir ou deslocar o que está dentro dele: *o êmbolo de uma seringa*.

embolorar ⟨em.bo.lo.**rar**⟩ v.t.d./v.int/v.prnl. Cobrir(-se) de mofo: *Por causa da umidade, as roupas que estavam dentro do armário acabaram embolorando*. ☐ SIN. mofar.

embolsar ⟨em.bol.**sar**⟩ v.t.d. **1** Guardar no bolso ou em uma bolsa: *Depois de pagar, embolsou o troco e saiu*. **2** Ganhar ou receber (uma quantia de dinheiro): *Embolsou muito dinheiro ao receber a herança da tia*.

embolso ⟨em.**bol**.so⟩ (Pron. [embôlso]) s.m. Recebimento ou pagamento: *Foi denunciado pelo embolso de propina*.

embonecar ⟨em.bo.ne.**car**⟩ v.t.d./v.prnl. *informal* Enfeitar(-se) com esmero ou em excesso: *Embonecou a filha para a apresentação de balé*. ☐ ORTOGRAFIA Antes de *e*, o *c* muda para *qu* →BRINCAR.

embora ⟨em.**bo**.ra⟩ conj. Conectivo gramatical subordinativo (que une elementos entre os quais há uma relação de dependência) que expressa concessão: *Não passou no concurso, embora tenha estudado muito*. ☐ SIN. conquanto.

emborcar ⟨em.bor.**car**⟩ ∎ v.t.d./v.int. **1** Virar(-se) de borco, deixar ou ficar com a abertura para baixo: *Emborcou a garrafa para esvaziá-la completamente. Com as fortes ondas, a canoa emborcou*. ∎ v.t.d. **2** Beber em grande quantidade ou com sofreguidão (um líquido): *Emborcou o copo de água, pois estava sedento*. ∎ v.int. **3** *informal* Perder o equilíbrio e cair no chão, geralmente de bruços: *Tropeçou na calçada e emborcou no asfalto*. ☐ ORTOGRAFIA Antes de *e*, o *c* muda para *qu* →BRINCAR.

embornal ⟨em.bor.**nal**⟩ (pl. *embornais*) s.m. **1** Saco ou sacola de alça comprida, usados geralmente por caçadores, pastores ou viajantes para carregar alimentos ou roupas. ☐ SIN. surrão. **2** Saco usado para carregar ração e no qual cavalos e outros animais se alimentam diretamente. ☐ ORTOGRAFIA Escreve-se também *bornal*.

emboscada ⟨em.bos.**ca**.da⟩ s.f. **1** Ataque surpresa a um inimigo ou a uma caça. ☐ SIN. tocaia. **2** Aquilo que é feito de maneira habilidosa ou astuciosa com a intenção de enganar ou ludibriar alguém. ☐ SIN. armadilha, cilada.

emboscar ⟨em.bos.**car**⟩ v.t.d. Atacar de surpresa (um inimigo): *A polícia emboscou os criminosos na saída da cidade*. ☐ ORTOGRAFIA Antes de *e*, o *c* muda para *qu* →BRINCAR.

embotar ⟨em.bo.**tar**⟩ v.t.d./v.prnl. **1** Deixar ou ficar sem gume afiado (um objeto cortante): *O uso constante embotou a faca*. ☐ SIN. cegar. **2** Enfraquecer(-se) ou debilitar(-se): *O acidente embotou seus movimentos*.

embranquecer ⟨em.bran.que.**cer**⟩ v.t.d./v.int./v.prnl. **1** Tornar(-se) branco: *O algodão embranquecia a plantação*. ☐ SIN. alvejar, branquear, branquejar. **2** Clarear(-se) de forma a aproximar(-se) do branco: *Esse creme dental embranquece os dentes*. ☐ SIN. branquear, branquejar. ∎ v.t.d. **3** Aplicar uma ou várias camadas de cal ou de algum outro pó de cor branca em (uma parede ou

embravecer

outra superfície): *Na região Nordeste, os brasileiros costumam embranquecer suas casas com cal.* □ SIN. branquear, branquejar, caiar. □ ORTOGRAFIA Antes de *a* ou *o*, o *c* muda para *ç* →CONHECER.

embravecer ⟨em.bra.ve.cer⟩ v.t.d./v.int./v.prnl. 1 Tornar(-se) bravo: *O barulho ensurdecedor o embraveceu.* ❙ v.int./v.prnl. 2 Ficar agitado ou alterado (o mar ou o vento). □ ORTOGRAFIA Antes de *a* ou *o*, o *c* muda para *ç* →CONHECER.

embreagem ⟨em.bre.a.gem⟩ (pl. *embreagens*) s.f. 1 Em alguns veículos, mecanismo disposto para que um eixo participe ou não do mecanismo de outro. 2 Pedal ou peça com os quais se aciona esse mecanismo: *Pise na embreagem para mudar de marcha.*

embrear ⟨em.bre.ar⟩ v.t.d. Em um veículo, engrenar (uma marcha). □ SIN. engatar. □ ORTOGRAFIA O muda para *ei* quando a sílaba tônica estiver na raiz do verbo →NOMEAR.

embrenhar ⟨em.bre.nhar⟩ v.t.d.i./v.prnl. Esconder(-se) (alguém) [em um terreno repleto de mato]: *Quando era criança, gostava de se embrenhar nas plantações de café.*

embriagar ⟨em.bri.a.gar⟩ v.t.d./v.prnl. 1 Tornar(-se) bêbado ou diminuir a capacidade física ou mental de (alguém ou si próprio) devido ao consumo excessivo de bebidas alcoólicas: *Embriagou-se durante a festa e não pôde dirigir.* □ SIN. embebedar. 2 Extasiar(-se), causar ou sentir sensação de prazer intenso. □ ORTOGRAFIA Antes de *e*, o *g* muda para *gu* →CHEGAR.

embriaguez ⟨em.bri.a.guez⟩ (Pron. [embriaguêz]) s.f. 1 Estado de limitação das capacidades físicas ou mentais que resulta da ingestão excessiva de bebidas alcoólicas. □ SIN. bebedeira. 2 Êxtase ou sensação de prazer intenso.

embrião ⟨em.bri.ão⟩ (pl. *embriões*) s.m. 1 Em biologia, primeira fase de desenvolvimento do ovo ou do zigoto: *o embrião de um réptil.* 2 Em botânica, fase inicial do desenvolvimento de uma planta que se encontra dentro de uma semente: *o embrião de um arbusto.* 3 Princípio ou começo de algo: *O grupo criou o embrião do projeto.*

embriologia ⟨em.bri.o.lo.gi.a⟩ s.f. Parte da biologia que estuda a formação e o desenvolvimento dos embriões.

embrionário, ria ⟨em.bri.o.ná.rio, ria⟩ adj. 1 Do embrião ou relacionado a ele. 2 Que está na fase de planejamento.

embromar ⟨em.bro.mar⟩ ❙ v.int. 1 *informal* Atrasar a realização de uma ação: *Pare de embromar e vá tomar banho!* ❙ v.t.d. 2 *informal* Enganar: *Achava que podia embromar a justiça, mas foi preso.*

embrulhada ⟨em.bru.lha.da⟩ s.f. 1 Confusão, complicação ou desorganização: *É prudente e evita meter-se em embrulhadas.* 2 Obstáculo ou dificuldade que impossibilitam a realização de algo: *Apareceu uma embrulhada e não terminamos o trabalho no prazo.*

embrulhar ⟨em.bru.lhar⟩ ❙ v.t.d. 1 Envolver, especialmente se for com papel ou com tecido: *embrulhar um presente.* 2 Indispor, nausear ou enojar: *Aquele perfume embrulhou meu estômago.* ❙ v.t.d./v.prnl. 3 Confundir(-se), complicar(-se) ou desorganizar(-se): *A tensão a fez embrulhar as ideias.* ❙ v.t.d. 4 Enganar ou fazer crer em algo falso de forma premeditada: *Tentou embrulhar o chefe, mas não conseguiu.*

embrulho ⟨em.bru.lho⟩ s.m. 1 Aquilo que está envolvido, especialmente se for por papel ou por tecido. 2 Confusão, complicação ou desorganização: *Não consegue sair do embrulho em que se meteu.*

embrutecer ⟨em.bru.te.cer⟩ v.t.d./v.int./v.prnl. Tornar(-se) bruto ou rude. □ SIN. brutalizar. □ ORTOGRAFIA Antes de *a* ou *o*, o *c* muda para *ç* →CONHECER.

embuço ⟨em.bu.ço⟩ s.m. 1 Em uma capa, parte terminada em ponta, que serve para cobrir o rosto. 2 Aquilo que serve para se disfarçar.

emburrar ⟨em.bur.rar⟩ ❙ v.t.d./v.int. 1 Tornar(-se) burro ou estúpido. □ SIN. emburrecer, estupidificar. ❙ v.int. 2 Ficar de mau humor.

emburrecer ⟨em.bur.re.cer⟩ v.t.d./v.int. Tornar(-se) burro ou estúpido: *Sempre achou que esses programas de TV popularescos emburrecem.* □ SIN. estupidificar, emburrar. □ ORTOGRAFIA Antes de *a* ou *o*, o *c* muda para *ç* →CONHECER.

embuste ⟨em.bus.te⟩ s.m. Aquilo elaborado de forma habilidosa e astuciosa com o objetivo de fazer uma mentira parecer verdade.

embusteiro, ra ⟨em.bus.tei.ro, ra⟩ adj./s. Que ou quem diz embustes.

embutido ⟨em.bu.ti.do⟩ s.m. Alimento feito de carne triturada ou outro recheio colocados dentro da tripa limpa de um animal: *A salsicha, a linguiça e o salame são embutidos.*

embutir ⟨em.bu.tir⟩ ❙ v.t.d. 1 Encaixar em uma parede (um móvel, geralmente). ❙ v.t.d.i. 2 Colocar dentro ou tornar parte [de algo]: *Embutiu o imposto no preço da mercadoria.*

eme ⟨e.me⟩ (Pron. [ême]) s.m. Nome da letra *m*.

emenda ⟨e.men.da⟩ s.f. 1 Correção, melhoria ou conserto: *a emenda de um texto.* 2 Ligação de uma peça em outra: *uma emenda de fios.* 3 Parte em que é feita essa ligação: *A emenda do cano está vazando.*

emendar ⟨e.men.dar⟩ ❙ v.t.d. 1 Corrigir, melhorar ou consertar: *Emendou o texto, pois havia muitos erros gramaticais.* ❙ v.t.d. 2 Ligar (duas ou mais peças): *Emendou os canos para acabar com o vazamento.* ❙ v.t.d.i. 3 Ligar (uma peça) [em outra].

ementa ⟨e.men.ta⟩ s.f. 1 Nota breve que se toma por escrito, especialmente se for para recordar algo. 2 Esquema, resumo ou exposição dos pontos essenciais de algo: *a ementa de uma reunião.*

emergência ⟨e.mer.gên.cia⟩ s.f. 1 Ato ou efeito de emergir. 2 Subida à superfície de um líquido, especialmente da água: *a emergência de um submarino.* 3 Situação grave ou de perigo. □ USO Na acepção 2, é diferente de *imergência* (introdução total em um líquido).

emergencial ⟨e.mer.gen.ci.al⟩ (pl. *emergenciais*) adj.2g. De uma emergência, que a constitui ou relacionado a ela.

emergente ⟨e.mer.gen.te⟩ ❙ adj.2g. 1 Que emerge. ❙ adj.2g./s.2g. 2 Em relação a um país ou à sua economia, que estão em desenvolvimento. 3 *informal* Que ou quem ascendeu do ponto de vista socioeconômico.

emergir ⟨e.mer.gir⟩ ❙ v.t.d./v.int. 1 Fazer subir ou subir à superfície da água ou de outro líquido. □ SIN. surgir. ❙ v.int. 2 Tornar-se evidente, claro ou manifesto: *A verdade sobre o caso finalmente emergiu.* □ ORTOGRAFIA Antes de *a* ou *o*, o *g* muda para *j* →FUGIR. □ GRAMÁTICA 1. É um verbo abundante, pois apresenta dois particípios: *emergido* e *emerso*. 2. É um verbo defectivo, pois não apresenta conjugação completa →BANIR. □ USO Na acepção 1, é diferente de *imergir* (introduzir parcial ou totalmente em um líquido).

emérito, ta ⟨e.mé.ri.to, ta⟩ adj. 1 Sábio ou com muitos conhecimentos. 2 Em relação a um professor universitário, que se aposentou e que é reconhecido por seus méritos.

emersão ⟨e.mer.são⟩ (pl. *emersões*) s.f. Saída de um corpo de um líquido, especialmente da água. □ USO É diferente de *imersão* (introdução de um corpo em um líquido).

emético, ca ⟨e.mé.ti.co, ca⟩ adj./s.m. Em medicina, em relação especialmente a uma substância, que estimula o vômito. □ SIN. vômico, vomitivo, vomitório.

emigração ⟨e.mi.gra.ção⟩ (pl. *emigrações*) s.f. Ato ou efeito de emigrar.
emigrante ⟨e.mi.gran.te⟩ ▮ adj.2g. **1** Que emigra. ▮ s.2g. **2** Pessoa que sai de um lugar para se estabelecer em outro.
emigrar ⟨e.mi.grar⟩ ▮ v.t.i./v.int. **1** Sair [de um lugar para se estabelecer em outro] por um período determinado ou de modo permanente. ▮ v.int. **2** Fazer migrações ou viagens periódicas (um animal). ▭ SIN. migrar. ▭ USO Na acepção 1, é diferente de *imigrar* (chegar a um lugar para se estabelecer nele) e de *migrar* (deslocar-se de um lugar para mudar o domicílio).
eminência ⟨e.mi.nên.cia⟩ s.f. **1** Tratamento de respeito dado aos cardeais católicos. **2** Aquilo ou aquele que se destacam em uma área ou em uma atividade: *Ele é uma eminência em matemática*. ▭ GRAMÁTICA Na acepção 2, usa-se tanto para o masculino quanto para o feminino: *{ele/ela} é uma eminência*. ▭ USO **1.** é diferente de *iminência* (proximidade de um acontecimento). **2.** Na acepção 1, usa-se geralmente a forma *{Sua/Vossa} Eminência*.
eminente ⟨e.mi.nen.te⟩ adj.2g. Que se sobressai ou que se destaca em um campo ou em uma atividade. ▭ USO É diferente de *iminente* (que está perto de acontecer ou a ponto de ocorrer).
emir ⟨e.mir⟩ s.m. **1** No islamismo, descendente de Maomé (profeta árabe). **2** Em uma comunidade árabe, príncipe ou chefe político e militar.
emirado ⟨e.mi.ra.do⟩ s.m. **1** Título ou cargo de emir. **2** Território sobre o qual um emir exerce sua autoridade ou seu governo: *Dubai, Qatar e Kuwait são emirados*.
emissão ⟨e.mis.são⟩ (pl. *emissões*) s.f. **1** Projeção ou lançamento de algo para o exterior: *a emissão de gases*. **2** Processo de fabricar ou de pôr em circulação papel-moeda ou títulos públicos, bancários ou comerciais. **3** Criação e transmissão de ondas eletromagnéticas portadoras de informações: *a emissão de ondas de rádio*. **4** Manifestação de uma opinião ou de um julgamento: *a emissão de uma sentença*.
emissário, ria ⟨e.mis.sá.rio, ria⟩ ▮ adj./s. **1** Que ou quem é enviado como mensageiro para comunicar um fato ou averiguar um assunto. ▮ s.m. **2** Canal que dá vazão às águas do esgoto.
emissor, -a ⟨e.mis.sor, so.ra⟩ (Pron. [emissôr], [emissôra]) ▮ adj./s. **1** Que ou quem emite: *uma estação emissora*. ▮ s. **2** Em linguística, pessoa que enuncia uma mensagem em um ato de comunicação: *O emissor e o receptor se comunicam usando um mesmo código*.
emissora ⟨e.mis.so.ra⟩ (Pron. [emissôra]) s.f. **1** Estação de transmissão ou de difusão de sinais de rádio ou de televisão. **2** Empresa que produz e transmite programas de rádio ou de televisão. ▭ SIN. canal.
emitente ⟨e.mi.ten.te⟩ adj.2g./s.2g. Que ou quem emite.
emitir ⟨e.mi.tir⟩ ▮ v.t.d. **1** Projetar ou lançar: *O canário emite um som melodioso*. ▮ v.t.d. **2** Produzir e colocar em circulação (o papel-moeda ou títulos públicos ou bancários): *O Banco Central de um país é o encarregado de emitir sua moeda*. ▮ v.int. **3** Produzir o papel-moeda ou títulos públicos ou bancários e colocá-los em circulação. ▮ v.t.d. **4** Dar ou manifestar (uma opinião): *Preferiu não emitir seu ponto de vista*. **5** Enviar, remeter ou mandar: *Emitiram os convites de casamento pelo correio*.
emo ⟨e.mo⟩ (Pron. [êmo]) adj.2g./s.2g. Que ou quem é compositor ou cantor de *emocore*, ou é admirador desse gênero musical. ▭ USO É a forma reduzida e mais usual de *emocore*.
emoção ⟨e.mo.ção⟩ (pl. *emoções*) s.f. Alteração de ânimo causada por um fato, um acontecimento ou uma impressão: *Falou de sua infância com muita emoção*.

empanar

emocional ⟨e.mo.ci.o.nal⟩ (pl. *emocionais*) adj.2g. Da emoção ou relacionado a ela.
emocionante ⟨e.mo.ci.o.nan.te⟩ adj.2g. Que emociona.
emocionar ⟨e.mo.ci.o.nar⟩ v.t.d./v.prnl. Causar ou sentir emoção ou comover(-se): *Seu discurso emocionou a todos. Emocionou-se com o espetáculo*.
emocore (*palavra inglesa*) (Pron. [emocór]) ▮ adj.2g./s.2g. **1** →emo ▮ s.m. **2** Composição musical de origem norte-americana, com influências do *punk* e do *rock*, com letras de caráter emotivo e que buscam expressar sentimentos não agressivos.
emoldurar ⟨e.mol.du.rar⟩ v.t.d. **1** Colocar em uma moldura: *Emoldurou o diploma para pendurá-lo na parede*. **2** Enfeitar ou embelezar: *Aquele penteado lhe emoldurava o rosto*.
emoliente ⟨e.mo.li.en.te⟩ adj.2g./s.m. Em relação a um medicamento, que serve para amolecer regiões endurecidas da pele, tumores ou áreas inflamadas.
emolumento ⟨e.mo.lu.men.to⟩ s.m. **1** Ganho ou benefício que se obtém em um assunto, especialmente em um negócio. **2** Remuneração extra por um emprego ou uma função: *Seus emolumentos são muito altos porque é uma advogada prestigiada*.
emotividade ⟨e.mo.ti.vi.da.de⟩ s.f. Qualidade ou estado de emotivo.
emotivo, va ⟨e.mo.ti.vo, va⟩ adj. **1** Da emoção ou relacionado a ela. **2** Sensível às emoções.
empacar ⟨em.pa.car⟩ v.int. **1** Parar ou interromper seu movimento ou sua ação (um animal): *O jumento empacou na entrada da fazenda*. **2** *informal* Parar ou deter-se: *Empacou no exercício de Matemática*. ▭ ORTOGRAFIA Antes de e, o c muda para qu →BRINCAR.
empachar ⟨em.pa.char⟩ ▮ v.t.d./v.t.d.i. **1** Encher por completo (um recipiente ou algo semelhante) [de algo], forçando-lhe a capacidade: *Empachamos o carro de malas*. ▮ v.t.d./v.prnl. **2** Fartar(-se) de comida: *Empachou a barriga no churrasco e agora não se sente bem*. ▭ SIN. empanturrar.
empacotar ⟨em.pa.co.tar⟩ ▮ v.t.d. **1** Envolver em pacotes ou fazer pacotes com (algo): *Empacotaram as compras do mercado*. ▮ v.int. **2** *informal* Morrer.
empada ⟨em.pa.da⟩ s.f. Massa feita à base de farinha de trigo, ovos, banha ou margarina, recheada e fechada, que se leva ao forno para assar.
empáfia ⟨em.pá.fia⟩ s.f. Orgulho, soberba ou atitude da pessoa que acredita ser superior às demais.
empalhar ⟨em.pa.lhar⟩ v.t.d. **1** Encher de palha (um animal morto) para que conserve a aparência que tinha em vida: *Empalharam a onça e a expuseram no museu de zoologia*. **2** Tecer ou cobrir com palha, com vime ou com outro material semelhante: *empalhar uma cadeira*. **3** Cobrir ou envolver com palha: *Empalhou a louça para protegê-la durante a mudança*.
empalidecer ⟨em.pa.li.de.cer⟩ v.t.d./v.int. **1** Tornar(-se) pálido: *A notícia o empalideceu. Empalideceu ao saber o que aconteceu*. **2** Perder ou ter diminuídos a importância ou o esplendor: *Com o tempo, a glória desse ator empalideceu*. ▭ ORTOGRAFIA **1.** Antes de a ou o, o c muda para ç →CONHECER. **2.** Escreve-se também *palidecer*.
empalmar ⟨em.pal.mar⟩ v.t.d. Esconder na palma da mão.
empanar ⟨em.pa.nar⟩ ▮ v.t.d./v.prnl. **1** Manchar(-se) ou desonrar(-se) (a fama ou o mérito, especialmente): *Empanaram sua reputação com mentiras*. **2** Ocultar(-se) ou não deixar(-se) ver: *As árvores altas empanavam a visão da entrada*. ▮ v.t.d. **3** Passar (um alimento) em farinha para fritá-lo: *Empanou os filés antes de fritá-los*.

empanturrar

empanturrar ⟨em.pan.tur.rar⟩ v.t.d./v.t.d.i./v.prnl. Fartar(-se) (alguém) [de comida]: *Durante a festa, empanturrou-se de doces.* □ SIN. empachar.

empapar ⟨em.pa.par⟩ ▌v.t.d./v.prnl. **1** Umedecer(-se) até que fique totalmente molhado: *Gosta de empapar o pão no café.* ▌v.t.d. **2** Dar consistência de papa a: *O excesso de água empapou o arroz.*

empapuçar ⟨em.pa.pu.çar⟩ ▌v.t.d./v.prnl. **1** Encher(-se) ou inchar(-se): *Seus olhos ficaram empapuçados de tanto chorar.* **2** Cobrir(-se) de pregas ou papos. ▌v.prnl. **3** *informal* Fartar-se de comida: *Empapuçou-se com muitos salgadinhos durante a festa.* □ ORTOGRAFIA Antes de e, o ç muda para c →COMEÇAR.

emparedar ⟨em.pa.re.dar⟩ ▌v.t.d. **1** Construir uma parede ao redor de (um lugar aberto): *emparedar um jardim.* **2** Impedir ou interromper a passagem de (algo ou alguém em movimento): *Emparedaram o ladrão quando tentava fugir.* ▌v.t.d./v.prnl. **3** Fechar(-se) (alguém) entre paredes de modo que fique sem comunicação com o exterior.

emparelhar ⟨em.pa.re.lhar⟩ ▌v.t.d./v.int./v.prnl. **1** Juntar(-se) ou unir(-se), formando pares: *Emparelhou as meias e as colocou na gaveta.* ▌v.t.d.i. **2** Juntar ou unir (uma coisa) [a outra], formando um par. ▌v.t.d.i./v.prnl. **3** Tornar(-se) igual [a outra coisa] ou o par [de outra coisa]. ▌v.t.i. **4** Condizer ou concordar [com algo]: *Sua visão do mundo emparelha com a educação que lhe foi dada.* □ GRAMÁTICA Na acepção 4, usa-se a construção *emparelhar com algo*.

empastar ⟨em.pas.tar⟩ v.t.d./v.prnl. **1** Dar a (uma substância) ou adquirir consistência de pasta: *Adicione aveia para empastar o mingau.* **2** Tornar(-se) confusa ou alterada (a fala, especialmente): *A anestesia empastou sua fala.*

empastelar ⟨em.pas.te.lar⟩ v.t.d. **1** Em tipografia, dispor de forma errada (os caracteres), devido a uma falha: *Um defeito na impressora empastelou a notícia do jornal.* **2** Invadir (a redação de um jornal) e inutilizar o trabalho realizado nela: *Durante a ditadura, a polícia empastelava jornais e revistas.*

empatar ⟨em.pa.tar⟩ ▌v.t.d. **1** Em relação a dois ou mais adversários, obter o mesmo número de votos ou de pontos em (uma votação ou em uma disputa): *Basta empatar esse jogo para liderarmos a classificação.* ▌v.t.i./v.int. **2** Obter o mesmo número de votos ou de pontos em uma votação ou em uma disputa, ou igualar-se [com o adversário]: *Meu time empatou com o seu.* ▌v.t.d. **3** Dificultar ou impedir a continuidade de (uma ação ou um propósito): *A chuva forte empatou nossa viagem para a praia.* **4** Preencher ou ocupar (um período de tempo): *A pintura da casa empatou todo o seu sábado.* ▌v.t.d./v.t.d.i. **5** Aplicar (uma quantia de dinheiro) [em um investimento] sem obter lucro imediato.

empate ⟨em.pa.te⟩ s.m. Em uma votação ou em uma disputa, obtenção do mesmo número de votos ou de pontos por parte de dois ou mais adversários.

empatia ⟨em.pa.ti.a⟩ s.f. Sentimento de identificação de uma pessoa com os sentimentos ou com a situação de outra: *Por ter vivido algo semelhante, sentiu empatia por ele naquele momento difícil.*

empecilho ⟨em.pe.ci.lho⟩ s.m. Obstáculo ou dificuldade que impossibilita a realização de algo: *A falta de dinheiro não era empecilho para os estudos.*

empedernido, da ⟨em.pe.der.ni.do, da⟩ adj. Que é muito persistente ou que mantém um vício ou um hábito sem corrigi-los.

empedernir ⟨em.pe.der.nir⟩ ▌v.t.d. **1** Transformar em pedra ou tornar muito duro: *As lavas do vulcão Vesúvio empederniram a cidade de Pompeia.* □ SIN. petrificar. ▌v.t.d./v.prnl. **2** Tornar(-se) insensível, duro ou cruel. □ SIN. empedrar, petrificar. □ GRAMÁTICA É um verbo defectivo, pois não apresenta conjugação completa →FALIR.

empedrar ⟨em.pe.drar⟩ ▌v.t.d. **1** Cobrir (o solo) com pedras que se ajustam entre si. ▌v.t.d./v.prnl. **2** Tornar(-se) duro como pedra: *Colocou um pouco de arroz no saleiro para o sal não empedrar.* **3** Tornar(-se) insensível, duro ou cruel: *As dificuldades sofridas empedraram sua alma.* □ SIN. empedernir, petrificar.

empena ⟨em.pe.na⟩ s.f. **1** Na fachada de um edifício de duas vertentes, parte superior triangular sobre a qual se apoiam o telhado ou a cobertura. **2** Em um edifício, parte inclinada que se estende do cume de um telhado até à sua beirada. **3** Em um edifício, cada uma de suas laterais.

empenar ⟨em.pe.nar⟩ ▌v.t.d./v.prnl. **1** Enfeitar(-se) ou cobrir(-se) com penas: *Os índios empenavam seus cocares.* ▌v.int. **2** Desenvolver penas (uma ave). ▌v.t.d./v.int. **3** Entortar ou alterar a forma de (uma madeira): *A umidade da parede empenou a estante.* ▌v.int. **4** Entortar-se ou ter a forma alterada (uma madeira): *O braço do violão empenou por causa do sol.* □ GRAMÁTICA Na acepção 2, é um verbo unipessoal: só se usa nas terceiras pessoas do singular e do plural, no particípio, no gerúndio e no infinitivo →MIAR.

empenhar ⟨em.pe.nhar⟩ ▌v.t.d.i./v.prnl. **1** Empregar (um esforço) com persistência [na resolução de uma situação] ou aplicar-se: *Empenhou-se para terminar o trabalho.* ▌v.t.d./v.prnl. **2** Utilizar a honra como promessa de (algo) ou comprometer-se: *Empenhou sua palavra para cumprir seus compromissos.* ▌v.t.d. **3** Entregar (um objeto) como garantia de um empréstimo. □ SIN. penhorar.

empenho ⟨em.pe.nho⟩ (Pron. [empênho]) s.m. **1** Esforço ou persistência naquilo que é feito: *Seu empenho nos estudos gerou bons frutos.* **2** Concessão, especialmente se for da própria honra, como garantia do sucesso ou da veracidade da afirmação. **3** Garantia material dada para a obtenção de um empréstimo: *o empenho de joias.*

emperiquitar ⟨em.pe.ri.qui.tar⟩ v.t.d./v.prnl. *informal* Enfeitar(-se) com esmero ou em excesso: *A mulher se emperiquitou toda para a festa.*

emperrar ⟨em.per.rar⟩ ▌v.t.d./v.int./v.prnl. **1** Travar(-se) ou prender(-se) (um mecanismo): *A ferrugem emperrou o trinco da porta.* ▌v.t.d. **2** Impedir ou dificultar (o desenvolvimento de algo): *A falta de consenso na Câmara emperrou a aprovação da lei.*

empertigado, da ⟨em.per.ti.ga.do, da⟩ adj. Em relação a uma pessoa ou ao seu comportamento, que mostram soberba, vaidade ou orgulho.

empertigar ⟨em.per.ti.gar⟩ ▌v.t.d./v.prnl. **1** Erguer(-se), deixar ou ficar ereto (o corpo ou uma parte dele): *Empertigou os ombros ao se dirigir ao diretor.* ▌v.prnl. **2** Portar-se ou encher-se de soberba, de vaidade ou de orgulho: *Ela se empertigava quando falava dos seus êxitos.* □ ORTOGRAFIA Antes de e, o g muda para gu →CHEGAR.

empestar ⟨em.pes.tar⟩ v.t.d./v.prnl. →**empestear**

empestear ⟨em.pes.te.ar⟩ ▌v.t.d./v.prnl. **1** Causar alguma peste ou doença em (algo ou alguém) ou contagiar-se com elas: *Os gafanhotos empestearam a plantação.* ▌v.t.d. **2** Deixar com mau cheiro: *A fumaça do cigarro empesteou a sala.* □ ORTOGRAFIA **1.** O e muda para *ei* quando a sílaba tônica estiver na raiz do verbo →NOMEAR. **2.** Escreve-se também *empestar*.

empilhadeira ⟨em.pi.lha.dei.ra⟩ s.f. Carro pequeno, mecânico ou manual, de duas ou mais rodas, com duas hastes horizontais, e que é utilizado para transportar e empilhar cargas.

empilhar ⟨em.pi.lhar⟩ v.t.d./v.prnl. Amontoar(-se) ou dispor(-se) formando uma pilha ou um monte: *Empilhou a lenha no porão.*

empinar ⟨em.pi.nar⟩ ▌v.t.d./v.prnl. **1** Levantar(-se) ou sustentar(-se) no alto: *empinar uma pipa.* ▌v.int./v.prnl. **2** Colocar-se sobre as patas traseiras e erguer-se (um animal de montaria): *O cavalo se empinou quando ouviu o trovão.*

empipocar ⟨em.pi.po.car⟩ ▌v.t.d. **1** *informal* Formar bolhas ou pústulas em: *A brotoeja empipocou seu corpo.* ▌v.int. **2** *informal* Formar bolhas ou pústulas. ▢ ORTOGRAFIA Antes de e, o c muda para qu →BRINCAR.

empírico, ca ⟨em.pí.ri.co, ca⟩ adj. **1** Da experiência, fundado nela ou relacionado a ela. **2** Que se baseia na experiência.

empirismo ⟨em.pi.ris.mo⟩ s.m. Método ou procedimento que se baseiam na experiência ou na prática.

emplacar ⟨em.pla.car⟩ ▌v.t.d. **1** Colocar placa em (um lugar): *Emplacou o preço dos pratos na entrada do restaurante.* **2** *informal* Atingir ou chegar até (um valor): *A empresa visava emplacar um milhão em vendas.* ▌v.int. **3** *informal* Alcançar êxito ou sucesso: *O filme emplacou já na primeira semana de exibição.* **4** *informal* Efetivar-se ou tornar-se concreto: *Com todas essas burocracias, o projeto não vai emplacar.* ▢ ORTOGRAFIA Antes de e, o c muda para qu →BRINCAR.

emplumar ⟨em.plu.mar⟩ ▌v.t.d./v.prnl. **1** Colocar(-se) ou encher(-se) de plumas: *A passista emplumou sua fantasia. Nessa época, os filhotes das aves se emplumam.* ▌v.prnl. **2** *informal* Enfeitar-se com esmero ou em excesso: *Os dançarinos se emplumaram para a apresentação.*

empoar ⟨em.po.ar⟩ v.t.d./v.prnl. Maquiar com pó de arroz: *Empoou o rosto antes de entrar em cena.*

empobrecer ⟨em.po.bre.cer⟩ v.t.d./v.int./v.prnl. Tornar(-se) pobre ou mais pobre: *O uso contínuo de agrotóxicos empobrece o solo.* ▢ ORTOGRAFIA Antes de a ou o, o c muda para ç →CONHECER.

empobrecimento ⟨em.po.bre.ci.men.to⟩ s.m. Ato ou efeito de empobrecer(-se).

empoçar ⟨em.po.çar⟩ ▌v.t.d./v.prnl. **1** Meter(-se) ou colocar(-se) em um poço ou em uma poça: *Empoçou o caldeirão para pegar água. Seus pés se empoçaram na lama.* ▌v.int. **2** Formar poças ou charcos: *Quando chove, a água empoça nessa rua.* ▢ ORTOGRAFIA Antes de e, o ç muda para c →COMEÇAR.

empoeirar ⟨em.po.ei.rar⟩ v.t.d./v.prnl. Cobrir(-se) de poeira.

empola ⟨em.po.la⟩ (Pron. [empôla]) s.f. Na pele, levantamento da epiderme que forma uma espécie de bolsa cheia de uma substância aquosa. ▢ SIN. bolha, borbulha, vesícula. ▢ ORTOGRAFIA Escreve-se também *ampola*.

empolar ⟨em.po.lar⟩ ▌v.t.d./v.int./v.prnl. **1** Cobrir(-se) de empolas ou de bolhas: *Sua mão se empolou de tanto trabalhar com a enxada.* ▌v.t.d./v.prnl. **2** Tornar(-se) pomposo: *O funcionário empolava a voz sempre que falava com o diretor.*

empoleirar ⟨em.po.lei.rar⟩ ▌v.t.d./v.prnl. **1** Colocar(-se) em um poleiro: *As galinhas se empoleiravam antes de anoitecer.* ▌v.t.d./v.t.d.i./v.prnl. **2** Colocar(-se) [em um local semelhante a um poleiro]: *Empoleirou o papagaio no ombro.*

empolgação ⟨em.pol.ga.ção⟩ (pl. *empolgações*) s.f. Ato ou efeito de empolgar(-se).

empolgante ⟨em.pol.gan.te⟩ adj.2g. Que causa entusiasmo, admiração ou interesse vivo.

empolgar ⟨em.pol.gar⟩ v.t.d./v.prnl. Causar ou sentir entusiasmo, admiração ou interesse vivo: *A torcida se empolgou com o final do jogo.* ▢ ORTOGRAFIA Antes de e, o g muda para gu →CHEGAR.

emporcalhar ⟨em.por.ca.lhar⟩ v.t.d./v.prnl. Tornar(-se) sujo ou imundo: *Emporcalhou a roupa quando caiu na lama.*

empório ⟨em.pó.rio⟩ s.m. **1** Armazém, especialmente se for de secos e molhados. **2** Lugar que constitui um centro de grande atividade, especialmente se for comercial: *Pela localização geográfica entre a Ásia e a Europa, a cidade turca de Istambul foi um verdadeiro empório comercial e cultural.* ▢ SIN. entreposto.

empossar ⟨em.pos.sar⟩ ▌v.t.d./v.t.d.i./v.prnl. **1** Designar, eleger(-se) ou proclamar(-se) (alguém) [para o desempenho de uma função ou para o preenchimento de um cargo]: *O presidente empossou o novo ministro da Fazenda.* ▌v.prnl. **2** Apoderar-se ou apossar-se de algo: *Empossou-se das terras que pertenceram ao avô.*

empostar ⟨em.pos.tar⟩ v.t.d. →**impostar**

empreender ⟨em.pre.en.der⟩ v.t.d. **1** Iniciar a execução de (uma atividade): *O presidente empreendeu uma viagem por vários países europeus.* **2** Propor-se a realizar (uma tarefa difícil): *Empreenderam o desafio de construir a própria casa.*

empreendimento ⟨em.pre.en.di.men.to⟩ s.m. **1** Ato de empreender. **2** Entidade dedicada a atividades industriais, mercantis ou de prestação de serviços, cuja finalidade é a obtenção de lucro. ▢ SIN. empresa, firma.

empregada, da ⟨em.pre.ga.do, da⟩ s. Pessoa que realiza um trabalho em troca de um salário. ▢ SIN. funcionário. ‖ **empregada (doméstica)** Mulher encarregada das tarefas ou dos serviços domésticos de uma residência que não é a sua.

empregador, -a ⟨em.pre.ga.dor, do.ra⟩ (Pron. [empregadôr], [empregadôra]) adj./s. Em relação a uma pessoa ou a uma empresa, que contratam empregados para realizar um trabalho.

empregar ⟨em.pre.gar⟩ ▌v.t.d./v.t.d.i. **1** Usar (algo) [para um fim]: *Empregou todo o seu esforço naquela causa.* ▌v.t.d./v.prnl. **2** Admitir ou ser contratado (alguém) como empregado: *O restaurante emprega dez pessoas a mais no verão.* ▢ ORTOGRAFIA Antes de e, o g muda para gu →CHEGAR.

empregatício, cia ⟨em.pre.ga.tí.cio, cia⟩ adj. Do emprego ou relacionado a ele: *um vínculo empregatício.*

emprego ⟨em.pre.go⟩ (Pron. [emprêgo]) s.m. **1** Utilização de algo para determinado fim: *O emprego do computador trouxe mudanças significativas no mundo do trabalho.* **2** Admissão de uma pessoa como empregada: *O Governo pretende fomentar mais emprego na região.* **3** Lugar em que um empregado exerce suas atividades: *Não compareceu ao emprego, pois estava doente.* **4** Cargo ou posto de trabalho: *Conseguiu seu primeiro emprego assim que terminou a universidade.*

empreitada ⟨em.prei.ta.da⟩ s.f. **1** Execução de um trabalho ou prestação de um serviço em troca de um valor, geralmente predeterminado. ▢ SIN. tarefa. **2** Ação ou tarefa que apresentam dificuldade e cuja execução requer empenho e esforço: *Fazer toda a mudança em um só dia foi uma empreitada.*

empreitar ⟨em.prei.tar⟩ v.t.d. **1** Contratar para realizar uma empreitada: *O engenheiro empreitou cinco novos operários para finalizar a obra.* **2** Realizar por meio de empreitada (uma tarefa): *Os pedreiros empreitaram a reforma da casa em uma semana.*

empreiteira ⟨em.prei.tei.ra⟩ s.f. Entidade que, mediante contrato, se encarrega da execução de uma obra ou da prestação de um serviço.

empreiteiro, ra ⟨em.prei.tei.ro, ra⟩ s. Pessoa que, mediante um contrato, se encarrega da execução de uma obra ou da prestação de um serviço.
emprenhar ⟨em.pre.nhar⟩ v.t.d./v.int. Fecundar(-se), fazer conceber ou conceber (uma fêmea).
empresa ⟨em.pre.sa⟩ (Pron. [emprêsa]) s.f. **1** Entidade dedicada a atividades industriais, mercantis ou de prestação de serviços, cuja finalidade é a obtenção de lucro. ☐ SIN. empreendimento, firma. **2** Tarefa ou atividade que exigem esforço e dedicação. ‖ **(empresa) estatal** Aquela que é controlada por um Estado ou pelo poder público.
empresar ⟨em.pre.sar⟩ v.t.d. Representar ou administrar a carreira de (um profissional do mundo artístico).
empresariado ⟨em.pre.sa.ri.a.do⟩ s.m. Conjunto de empresas ou de pessoas que as administram.
empresarial ⟨em.pre.sa.ri.al⟩ (pl. empresariais) adj.2g. Da empresa, do empresário ou relacionado a eles.
empresário, ria ⟨em.pre.sá.rio, ria⟩ s. **1** Proprietário ou diretor de uma empresa, de uma indústria ou de um negócio. **2** Pessoa que administra ou que representa um profissional, especialmente se for do mundo artístico.
emprestar ⟨em.pres.tar⟩ ▌ v.t.d./v.t.d.i. **1** Entregar ou dar provisoriamente (uma posse) [a alguém], com a condição de que seja devolvida: *Para ajudar, emprestou dinheiro ao amigo*. **2** Fornecer (uma quantia em dinheiro) [a alguém] com a condição de que seja devolvida com juros: *O banco lhe emprestou o valor que faltava para quitar a casa*. ▌ v.t.d.i. **3** Atribuir ou conferir (uma qualidade que não é material) [a algo]: *O trabalho na ONG emprestou um novo sentido à sua vida*.
empréstimo ⟨em.prés.ti.mo⟩ s.m. **1** Entrega de algo provisoriamente, com a condição de que seja devolvido: *o empréstimo de um livro*. **2** Aquilo que se empresta ou que se dá provisoriamente: *um empréstimo bancário*.
emproado, da ⟨em.pro.a.do, da⟩ adj. Que tem soberba, vaidade ou orgulho.
empulhar ⟨em.pu.lhar⟩ v.t.d. Fazer comentários irônicos ou satíricos a (alguém) com intenção de feri-lo ou de ridicularizá-lo.
empunhadura ⟨em.pu.nha.du.ra⟩ s.f. Em alguns objetos, punho ou parte que se segura com a mão: *a empunhadura de uma espada*.
empunhar ⟨em.pu.nhar⟩ v.t.d. Segurar ou pegar (um objeto): *empunhar uma espada espada*.
empurrão ⟨em.pur.rão⟩ (pl. empurrões) s.m. Impulso que se dá com força em algo para afastá-lo ou movê-lo.
empurrar ⟨em.pur.rar⟩ ▌ v.t.d. **1** Impulsionar (algo) com força para afastá-lo ou movê-lo: *Tivemos que empurrar o carro*. ▌ v.t.d.i. **2** Forçar ou obrigar a aceitação ou a compra de (uma mercadoria) [por alguém]: *O vendedor empurrava a mercadoria aos clientes*.
emudecer ⟨e.mu.de.cer⟩ v.t.d. **1** Fazer calar: *O susto o emudeceu*. ▌ v.int. **2** Ficar mudo ou perder a fala: *Emudeceram ao ver o acidente*. ☐ ORTOGRAFIA Antes de *a* ou *o*, o *c* muda para *ç* →CONHECER.
emulação ⟨e.mu.la.ção⟩ (pl. emulações) s.f. Ato ou efeito de emular.
emular ⟨e.mu.lar⟩ v.t.d. Imitar (alguém) em suas ações, tentando igualar-se a ele: *emular o estilo de um poeta*.
êmulo, la ⟨ê.mu.lo, la⟩ adj./s. *literário* Que ou quem compete com alguém ou que tenta rivalizar com ele.
emulsão ⟨e.mul.são⟩ (pl. emulsões) s.f. Preparado composto por dois líquidos que não se misturam, no qual um deles se apresenta em forma de pequenas partículas.
-ena Sufixo que indica coletividade de numerais: *quinzena, sena*.

enaltecer ⟨e.nal.te.cer⟩ v.t.d. Engrandecer ou exaltar: *Sua dedicação ao voluntariado o enaltece*. ☐ ORTOGRAFIA Antes de *a* ou *o*, o *c* muda para *ç* →CONHECER.
enaltecimento ⟨e.nal.te.ci.men.to⟩ s.m. Ato ou efeito de enaltecer.
enamorado, da ⟨e.na.mo.ra.do, da⟩ adj./s. Que ou quem tem ou sente amor.
enamorar ⟨e.na.mo.rar⟩ ▌ v.t.d. **1** Despertar ou inspirar o sentimento do amor em (alguém): *A música clássica o enamora*. ▌ v.prnl. **2** Começar a sentir amor por alguém: *Enamorou-se dele quase sem perceber*. ☐ GRAMÁTICA Na acepção 2, usa-se a construção *enamorar-se DE alguém*.
-ença Sufixo que indica resultado de uma ação: *nascença, benquerença*.
encabeçar ⟨en.ca.be.çar⟩ v.t.d. **1** Iniciar ou abrir (uma lista, especialmente): *O atleta brasileiro encabeça a classificação*. **2** Presidir, dirigir ou posicionar-se à frente de (um movimento ou um protesto): *Os militares que encabeçaram a rebelião foram presos*. ☐ ORTOGRAFIA Antes de *e*, o *ç* muda para *c* →COMEÇAR.
encabulado, da ⟨en.ca.bu.la.do, da⟩ adj./s. Que ou quem se encabula ou se envergonha com facilidade: *uma criança encabulada*.
encabular ⟨en.ca.bu.lar⟩ v.t.d./v.int./v.prnl. Causar ou sentir vergonha ou timidez: *Seu olhar encabulou o rapaz*.
encadeamento ⟨en.ca.de.a.men.to⟩ s.m. **1** Ato ou efeito de encadear(-se). **2** Série de elementos que se sucedem no espaço ou no tempo: *um encadeamento de acordes musicais*.
encadear ⟨en.ca.de.ar⟩ ▌ v.t.d./v.prnl. **1** Conectar(-se) ou ligar(-se) (coisas ou fatos), criando uma relação entre eles: *Ao escrever, deve-se encadear bem os argumentos*. ▌ v.t.d.i. **2** Conectar ou ligar (uma coisa ou fato) [a outro]. ☐ ORTOGRAFIA O *e* muda para *ei* quando a sílaba tônica estiver na raiz do verbo →NOMEAR.
encadernação ⟨en.ca.der.na.ção⟩ (pl. encadernações) s.f. **1** Ato ou efeito de encadernar. **2** Capa colocada nesse processo para guardar e proteger as folhas do livro. **3** Lugar em que se realiza esse tipo de operação.
encadernar ⟨en.ca.der.nar⟩ v.t.d. Costurar ou unir (as folhas que irão compor um livro) e colocar uma capa nelas: *A professora nos pediu para encadernar o trabalho*.
encafifar ⟨en.ca.fi.far⟩ ▌ v.t.d./v.int. **1** *informal* Causar ou sentir vergonha ou timidez. **2** *informal* Intrigar ou cismar: *Aquelas palavras o encafifaram*. ▌ v.t.i. **3** *informal* Insistir ou persistir [em algo]: *Encafifou em passar no vestibular e conseguiu*. ☐ GRAMÁTICA Na acepção 3, usa-se a construção *encafifar EM algo*.
encafuar ⟨en.ca.fu.ar⟩ v.t.d./v.prnl. **1** Colocar ou entrar em uma cova, em uma caverna ou em um esconderijo: *No filme, o pirata encafuou a fuga um tesouro*. **2** Tornar(-se) oculto ou esconder(-se): *O fugitivo se encafuou na mata*.
encaixar ⟨en.cai.xar⟩ ▌ v.t.d. **1** Colocar dentro de uma caixa: *Encaixou os objetos para fazer a mudança*. ▌ v.t.d./v.t.d.i./v.prnl. **2** Colocar de maneira justa (um objeto) [no interior de outro] ou ajustar-se: *A peça é muito larga e não encaixa no buraco. O anel não se encaixava no dedo da noiva*. ▌ v.t.d./v.t.d.i. **3** Incluir (uma coisa) [em outra]: *Antes de finalizar o livro, encaixou mais alguns poemas*. ▌ v.t.d./v.t.d.i./v.prnl. **4** Integrar ou inserir(-se) (uma coisa ou uma pessoa) [em algo] ou tornar(-se) parte dele: *A recepcionista conseguiu encaixá-la em um lugar da plateia*. ▌ v.int./v.prnl. **5** Coincidir, concordar ou ajustar-se: *O ator não se encaixava no perfil da personagem*.
encaixe ⟨en.cai.xe⟩ s.m. **1** Ajuste de dois ou mais objetos, fazendo coincidir suas partes: *o encaixe das peças de um quebra-cabeça*. **2** Parte ou lugar em que se encaixam e se unem dois ou mais objetos: *o encaixe de uma tomada*.

encaixilhar ⟨en.cai.xi.lhar⟩ v.t.d. **1** Colocar em um caixilho ou em uma armação de metal ou de madeira: *Encaixilhou uma pintura para pendurá-la na parede.* **2** Prover de caixilho: *O serralheiro encaixilhou a janela.*

encaixotar ⟨en.cai.xo.tar⟩ v.t.d. Colocar ou guardar dentro de um caixote ou de uma caixa: *Encaixotaram as roupas para a mudança.*

encalacrar ⟨en.ca.la.crar⟩ ▌v.t.d./v.prnl. **1** Colocar(-se) em dificuldades, geralmente financeiras: *A queda na bolsa encalacrou alguns investidores.* ▌v.prnl. **2** Encher-se de dívidas: *Encalacrou-se para pagar o carro.*

encalço ⟨en.cal.ço⟩ s.m. **1** Busca de algo seguindo o rastro ou os sinais deixados por ele: *Durante o encalço do animal, encontraram pegadas na neve.* **2** Sinal, pista ou indício deixados por algo ou por alguém: *O ferido deixou um encalço de sangue pelo caminho.*

encalhar ⟨en.ca.lhar⟩ ▌v.t.d./v.int. **1** Chocar(-se) (uma embarcação) com um obstáculo, geralmente recifes ou bancos de areia, ficando detida neles: *O navio encalhou na costa.* ▌v.int. **2** Fazer uma interrupção ou não prosseguir: *O projeto encalhou devido à falta de verba.* **3** Não ser vendido ou não ter saída (um produto): *Como não teve boas críticas, o livro encalhou nas livrarias.* **4** *informal* Não conseguir casar.

encalhe ⟨en.ca.lhe⟩ s.m. **1** Choque de uma embarcação com um obstáculo, geralmente recifes ou bancos de areia, de forma que fique detida neles. **2** Interrupção ou não prosseguimento de algo: *o encalhe de um programa.* **3** Conjunto de produtos que não foram vendidos ou que não tiveram saída.

encaminhamento ⟨en.ca.mi.nha.men.to⟩ s.m. Ato ou efeito de encaminhar(-se).

encaminhar ⟨en.ca.mi.nhar⟩ ▌v.t.d./v.t.d.i./v.prnl. **1** Dirigir(-se) ou conduzir(-se) (algo ou alguém) [a um determinado ponto]: *A secretária encaminhou o paciente à sala de espera.* ▌v.t.d. **2** Dirigir pelo bom caminho ou pelo rumo que conduz ao acerto: *Ela não media esforços para encaminhar o filho nos estudos.* ▌v.t.d./v.t.d.i. **3** Enviar novamente (algo que foi recebido) [a alguém]: *encaminhar um e-mail.*

encampar ⟨en.cam.par⟩ v.t.d. **1** Em relação ao governo, fazer com que (uma empresa privada) passe para as suas mãos: *O Governo encampou as empresas de telefonia.* **2** Aprovar ou concordar com (uma ideia ou uma opinião alheias): *O professor encampou as propostas de melhoria sugeridas pelos alunos.* **3** Anular ou tornar sem efeito (um contrato de arrendamento).

encanador, -a ⟨en.ca.na.dor, do.ra⟩ (Pron. [encanadôr], [encanadôra]) s. Pessoa que se dedica profissionalmente à colocação, à manutenção e ao conserto de encanamentos.

encanamento ⟨en.ca.na.men.to⟩ s.m. Conjunto de canos e aparelhos necessários para a canalização da água ou do gás ou para a colocação de instalações sanitárias.

encanar ⟨en.ca.nar⟩ ▌v.t.d. **1** Canalizar ou conduzir por um cano (um curso de água), alterando-lhe o fluxo, geralmente para dar-lhe uma direção determinada. **2** *informal* Prender ou colocar em uma prisão. ▌v.t.i./v.int. **3** *informal* Ficar preocupado em excesso [com uma situação ou um problema]: *Não encane com essa bobeira.*

encanecer ⟨en.ca.ne.cer⟩ v.t.d./v.int. Tornar(-se) grisalho ou envelhecer: *A idade o encaneceu.* ▢ ORTOGRAFIA Antes de *a* ou *o*, o *c* muda para *ç* →CONHECER.

encantador, -a ⟨en.can.ta.dor, do.ra⟩ (Pron. [encantadôr], [encantadôra]) ▌adj. **1** Que produz uma impressão agradável ou prazerosa. ▌adj./s. **2** Que ou quem se dedica a fazer encantamentos.

encantamento ⟨en.can.ta.men.to⟩ s.m. **1** Ato ou efeito de encantar(-se). **2** Aquilo que se faz com o objetivo de controlar acontecimentos ou desejos utilizando conhecimentos ou poderes supostamente mágicos ou sobrenaturais. ▢ SIN. bruxaria, encanto, feitiçaria, feitiço.

encantar ⟨en.can.tar⟩ ▌v.t.d. **1** Submeter a poderes mágicos, especialmente para transformar em algo diferente: *A fada encantou o príncipe e o transformou em sapo.* ▌v.t.d. **2** Atrair ou despertar o desejo de (alguém), geralmente por atrativos naturais: *O bailarino encantou o público com sua arte.* ▌v.prnl. **3** Ser atraído ou ter o desejo despertado, geralmente pelos atrativos naturais de algo ou alguém: *Encantei-me com a paisagem do lugar.* ▌v.t.d./v.prnl. **4** Causar ou sentir grande satisfação: *A professora se encantou com os trabalhos dos alunos.*

encanto ⟨en.can.to⟩ s.m. **1** Aquilo que se faz com o objetivo de controlar acontecimentos ou desejos utilizando conhecimentos ou poderes supostamente mágicos ou sobrenaturais. ▢ SIN. bruxaria, encantamento, feitiçaria, feitiço. **2** Aquilo ou aquele que provoca admiração por suas qualidades: *A beleza natural daquelas praias é um encanto para os turistas.* **3** Essa admiração: *Seu encanto pelo rapaz foi imediato.*

encapar ⟨en.ca.par⟩ v.t.d. Revestir com uma capa: *encapar um caderno.* ▢ SIN. capear.

encapelar ⟨en.ca.pe.lar⟩ v.t.d./v.prnl. **1** Agitar(-se) ou levantar as ondas de (o mar): *O vento forte encapelou o mar.* **2** Conferir ou receber o capelo durante uma cerimônia solene (um doutor ou um reitor).

encapetado, da ⟨en.ca.pe.ta.do, da⟩ adj. *informal* Inquieto ou travesso.

encapotar ⟨en.ca.po.tar⟩ v.t.d./v.prnl. **1** Cobrir(-se), geralmente com uma capa: *Encapotou o filho para que não tomasse chuva. Por causa do frio, encapotou-se para sair de casa.* **2** Vestir(-se) com um disfarce: *Encapotou o rosto para não ser reconhecido.*

encapuzar ⟨en.ca.pu.zar⟩ v.t.d./v.prnl. Cobrir(-se) ou tapar(-se) com um capuz: *Encapuzaram o aniversariante para fazer-lhe uma surpresa.*

encaracolado, da ⟨en.ca.ra.co.la.do, da⟩ adj. Que tem forma de caracol: *cabelos encaracolados.*

encaracolar ⟨en.ca.ra.co.lar⟩ v.t.d./v.int./v.prnl. Dar ou assumir forma de caracol ou de espiral: *Encaracolou os cabelos para mudar o visual.*

encarapitar ⟨en.ca.ra.pi.tar⟩ v.t.d./v.prnl. Pôr(-se) em um lugar alto ou de difícil acesso.

encarar ⟨en.ca.rar⟩ v.t.d. **1** Em relação a uma pessoa, pôr-se cara a cara ou frente a frente com (outra): *O lutador encarou o adversário.* **2** Fazer frente a (uma dificuldade): *Sabe encarar seus problemas sem perder a calma.* **3** Examinar ou observar atentamente: *Precisamos encarar esse assunto com seriedade.*

encarceramento ⟨en.car.ce.ra.men.to⟩ s.m. Ato ou efeito de encarcerar(-se).

encarcerar ⟨en.car.ce.rar⟩ ▌v.t.d. **1** Colocar (alguém) no cárcere: *encarcerar um criminoso.* ▌v.t.d./v.prnl. **2** Afastar(-se) da vida social: *Encarcerou-se em um sítio enquanto escrevia a tese de doutorado.*

encardir ⟨en.car.dir⟩ ▌v.t.d. **1** Manchar ou cobrir de sujeira: *A fumaça encardiu o teto.* ▌v.t.d./v.int. **2** Sujar(-se) ou tornar(-se) amarelado ou escuro (um tecido), geralmente devido a uma lavagem malfeita ou ao seu uso prolongado: *As meias encardiram com o uso.*

encarecer ⟨en.ca.re.cer⟩ ▌v.t.d./v.int. **1** Tornar mais caro ou subir de preço: *A entrega em domicílio encareceu o produto.* ▌v.t.d. **2** Enaltecer ou exaltar: *A crítica encareceu a atuação da atriz.* ▢ ORTOGRAFIA Antes de *a* ou *o*, o *c* muda para *ç* →CONHECER.

encargo

encargo ⟨en.car.go⟩ s.m. **1** Função ou obrigação que correspondem a uma pessoa ou a uma entidade, geralmente por seu cargo ou por sua situação: *É encargo das empresas assegurar boas condições de trabalho a seus funcionários.* **2** Cargo, emprego ou ofício: *o encargo de chefe.* **3** Aquilo que é custoso ou difícil de suportar: *Sustentar sozinha a família era um encargo pesado para ela.*

encarnação ⟨en.car.na.ção⟩ (pl. *encarnações*) s.f. **1** Em algumas crenças, manifestação carnal ou material de um espírito. **2** Manifestação ou representação de uma ideia ou de um conceito: *Ele é a encarnação da bondade.* **3** Em um quadro ou em uma escultura, pintura feita para atribuir maior realismo a uma figura humana.

encarnado, da ⟨en.car.na.do, da⟩ ❙ adj./s.m. **1** Da cor do sangue: *um vestido encarnado.* ❙ s.m. **2** Pintura realista, especialmente se for de um santo.

encarnar ⟨en.car.nar⟩ ❙ v.int. **1** Assumir forma material (um ser espiritual). ❙ v.t.i. **2** Em relação a uma ideia ou a um ser espiritual, assumir a forma [de um corpo humano]: *Segundo a mitologia, Júpiter encarnou em um touro para raptar a ninfa Europa.* ❙ v.t.d. **3** Personificar ou representar (um conceito abstrato): *Ela encarna a generosidade.* **4** Representar (uma personagem) em uma obra dramática ou de ficção: *Esse ator encarnou Santos-Dumont em uma série de televisão.*

encaroçar ⟨en.ca.ro.çar⟩ v.int./v.prnl. Encher-se de caroços: *Seus braços encaroçaram por causa da catapora.* ▢ ORTOGRAFIA Antes de e, o ç muda para c →COMEÇAR.

encarquilhar ⟨en.car.qui.lhar⟩ v.t.d./v.prnl. Encher(-se) de rugas ou de pregas: *Os anos encarquilharam suas mãos.*

encarregado, da ⟨en.car.re.ga.do, da⟩ s. Pessoa que tem a seu cargo um estabelecimento, um negócio ou um trabalho, representando o dono.

encarregar ⟨en.car.re.gar⟩ v.t.d.i./v.prnl. Tornar(-se) (alguém) responsável [pela realização de um assunto ou tarefa]: *Encarregou-me de fazer a pintura da casa. O garçom se encarregou de reservar as mesas.* ▢ ORTOGRAFIA Antes de e, o g muda para gu →CHEGAR.

encarreirar ⟨en.car.rei.rar⟩ v.t.d. Colocar (alguém) em um bom caminho: *O professor encarreirou os alunos com seu exemplo.*

encartar ⟨en.car.tar⟩ v.t.d. Intercalar (um suplemento avulso ou especial) em uma publicação: *A revista encartou um guia de férias na edição passada.*

encarte ⟨en.car.te⟩ s.m. **1** Em uma publicação, colocação de um suplemento avulso ou especial em seu interior. **2** Esse suplemento avulso.

encasquetar ⟨en.cas.que.tar⟩ ❙ v.t.d. **1** Ajustar na cabeça (um boné ou barrete). ❙ v.prnl. **2** Ajustar um boné ou barrete na cabeça. ❙ v.t.d. **3** Pensar de forma insistente ou colocar na cabeça (um assunto ou uma ideia): *encasquetar um plano.* ❙ v.t.d.i./v.prnl. **4** Inspirar(-se) ou convencer(-se) (alguém) [a realizar uma ação]: *Foi você que o encasquetou a fazer isso! Encasquetou-se com a possibilidade de conquistá-la.* ▢ GRAMÁTICA Na acepção 4, como pronominal, usa-se a construção *encasquetar-se com algo*.

encastelar ⟨en.cas.te.lar⟩ ❙ v.t.d. **1** Edificar de forma semelhante a um castelo (uma construção). **2** Fortificar como um castelo (um lugar): *Na Idade Média, encastelavam as propriedades para protegê-las dos inimigos.* **3** Juntar ou amontoar, especialmente se for em grande quantidade. ❙ v.prnl. **4** Proteger-se ou refugiar-se em um lugar.

encastoar ⟨en.cas.to.ar⟩ v.t.d. Colocar um castão ou um enfeite em (uma bengala, especialmente): *Os artesãos encastoavam bengalas em prata ou em marfim.*

encavalar ⟨en.ca.va.lar⟩ v.t.d./v.prnl. **1** Colocar ou apoiar sobre algo: *Para construir um telhado, é preciso encavalar as telhas umas sobre as outras.* **2** Montar (animal de montaria) ou cavalgar.

encefalite ⟨en.ce.fa.li.te⟩ s.f. Inflamação do encéfalo.

encéfalo ⟨en.cé.fa.lo⟩ s.m. No sistema nervoso de um vertebrado, conjunto de órgãos da cavidade do crânio.

encenação ⟨en.ce.na.ção⟩ (pl. *encenações*) s.f. **1** Ato ou efeito de encenar. **2** Conjunto de preparativos para essa representação ou para essa montagem: *O diretor caprichou na encenação do espetáculo.*

encenar ⟨en.ce.nar⟩ ❙ v.t.d. **1** Representar ou montar (uma obra dramática): *O grupo encenou* Vestido de Noiva, *de Nelson Rodrigues.* ❙ v.t.d./v.int. **2** Fingir ou simular: *Ao prestar contas, encenou um drama, mas não nos convenceu.*

enceradeira ⟨en.ce.ra.dei.ra⟩ s.f. Máquina elétrica que faz girar uma ou várias escovas sobre uma superfície para passar cera e dar brilho.

encerado ⟨en.ce.ra.do⟩ s.m. Lona ou outro tecido resistente que servem para impermeabilizar: *um casaco de encerado.*

encerar ⟨en.ce.rar⟩ v.t.d. Cobrir ou polir com cera (uma superfície): *Encerou tanto o carro que o deixou brilhando.*

encerramento ⟨en.cer.ra.men.to⟩ s.m. **1** Ato ou efeito de encerrar(-se). **2** Colocação em um lugar, impedindo a saída dele.

encerrar ⟨en.cer.rar⟩ ❙ v.t.d./v.t.d.i./v.prnl. **1** Colocar(-se) (algo ou alguém) [em um lugar], evitando a saída dele: *Encerraram os animais no estábulo.* ❙ v.t.d. **2** Incluir ou conter: *O texto encerra uma análise pessoal daquela obra.* ❙ v.t.d./v.int./v.prnl. **3** Concluir(-se), pôr ou ter um fim: *Encerraram o espetáculo antes do horário previsto.*

encestar ⟨en.ces.tar⟩ v.t.d. **1** Colocar dentro de uma cesta. **2** No basquete, passar (a bola) pelo aro da cesta: *Encestou a bola no primeiro arremesso.*

encetar ⟨en.ce.tar⟩ v.t.d. Iniciar ou principiar.

encharcar ⟨en.char.car⟩ v.t.d./v.prnl. **1** Cobrir(-se) parcialmente de água (um terreno), formando charcos ou pântanos: *A chuva intensa encharcou o quintal.* **2** Molhar(-se) ou encher(-se) de um líquido: *Encharcou o algodão com álcool para desinfetar o ferimento.* ▢ ORTOGRAFIA Antes de e, o c muda para qu →BRINCAR.

enchente ⟨en.chen.te⟩ s.f. **1** Alagamento ou cobertura de um lugar com água. **2** *informal* Grande quantidade: *uma enchente de turistas.*

encher ⟨en.cher⟩ ❙ v.t.d./v.int./.prnl. **1** Ocupar(-se) total ou parcialmente (um espaço ou um recipiente vazio): *Encheu o vaso com flores. Os alunos encheram a assembleia.* ❙ v.t.d./v.prnl. **2** *informal* Fartar(-se) de comida ou de bebida: *Ficou com sono depois de encher a barriga. Ele se encheu no almoço e não conseguiu jantar.* ❙ v.t.d. **3** Ocupar (o tempo): *Enchia o seu tempo livre com exercícios físicos.* **4** Penetrar em ou impregnar (um lugar): *O perfume das flores enchia o ambiente.* ❙ v.t.d./s. **5** Cobrir (alguém) [de mostras de apreço, especialmente]: *Quando chegava em casa, enchia os filhos de carinho.* ❙ v.t.d./v.int./v.prnl. **6** *informal* Aborrecer(-se), cansar(-se) ou irritar(-se): *Encheu-se com o barulho da rua.* **7** Impregnar ou tomar-se (alguém) [de um valor ou de um sentimento]: *O paciente encheu-se de esperança quando fizeram a doação de um rim.* ▢ GRAMÁTICA É um verbo abundante, pois apresenta dois particípios: *enchido* e *cheio.*

enchimento ⟨en.chi.men.to⟩ s.m. **1** Ato ou efeito de encher(-se). **2** Aquilo que enche ou preenche alguma coisa.

enchumaçar ⟨en.chu.ma.çar⟩ v.t.d. Encher com chumaço ou pôr chumaço em: *Enchumaçou as almofadas com algodão.* ▢ ORTOGRAFIA Antes de e, o ç muda para c →COMEÇAR.

-ência Sufixo que indica resultado de uma ação: *aderência, assistência.*

encíclica ⟨en.cí.cli.ca⟩ s.f. Na Igreja Católica, carta solene que o papa dirige a todos os bispos e fiéis para tratar de algum tema relacionado à religião.

enciclopédia ⟨en.ci.clo.pé.dia⟩ s.f. Obra na qual se encontra uma grande quantidade de informações sobre personagens, lugares ou assuntos diversos.

enciclopédico, ca ⟨en.ci.clo.pé.di.co, ca⟩ adj. Da enciclopédia ou relacionado a ela.

encilhar ⟨en.ci.lhar⟩ v.t.d. Colocar uma cilha ou uma tira de tecido ou de couro em (um animal de montaria) ou prendê-lo com ela: *encilhar um cavalo*.

encimar ⟨en.ci.mar⟩ v.t.d. Em relação a uma coisa, estar posicionada acima ou em cima de (outra): *Uma cruz encimava o oratório*.

enciumado, da ⟨en.ci.u.ma.do, da⟩ adj./s. Que ou quem tem ou sente ciúme. ▫ SIN. **cioso, ciumento**.

enciumar ⟨en.ci.u.mar⟩ v.t.d./v.prnl. Causar ou sentir ciúme: *Ela o enciumou ao abraçar o amigo*.

enclausurar ⟨en.clau.su.rar⟩ v.t.d./v.prnl. **1** Colocar(-se) em uma clausura ou em um convento, geralmente como religioso. **2** Distanciar(-se) da vida social, geralmente para ter uma vida mais isolada: *Ele se enclausurou em uma cidade do interior*.

ênclise ⟨ên.cli.se⟩ s.f. Em linguística, colocação do pronome pessoal átono após o verbo a que corresponde: *Em cantá-la, há ênclise*.

encobrimento ⟨en.co.bri.men.to⟩ s.m. Ato ou efeito de encobrir.

encobrir ⟨en.co.brir⟩ ▪ v.t.d. **1** Ocultar ou não manifestar (algo que não se quer mostrar): *Seu sorriso não conseguia encobrir a tristeza que sentia*. ▪ v.int. **2** Cobrir com nuvens: *Não viajaremos mais, pois o céu encobriu*. ▫ SIN. **nublar**. ▫ GRAMÁTICA É um verbo irregular →COBRIR.

encoiraçado, da ⟨en.coi.ra.ça.do, da⟩ adj./s.m. →**encouraçado, da**

encoiraçar ⟨en.coi.ra.çar⟩ v.t.d. →**encouraçar** ▫ ORTOGRAFIA Antes de e, o ç muda para c →COMEÇAR.

encolerizar ⟨en.co.le.ri.zar⟩ v.t.d./v.prnl. Causar ou sentir cólera, irritação ou aborrecimentos violentos: *A falta de comprometimento das pessoas me encoleriza*.

encolher ⟨en.co.lher⟩ ▪ v.int. **1** Diminuir de tamanho: *O vestido encolheu ao ser lavado em água quente*. ▪ v.t.d./v.prnl. **2** Contrair(-se) ou recolher(-se) (o corpo ou uma de suas partes): *Encolheu as pernas para que eu passasse*. ▪ v.prnl. **3** Mostrar-se tímido ou acanhado: *Quanto mais alto ela falava, mais ele se encolhia*.

encolhimento ⟨en.co.lhi.men.to⟩ s.m. **1** Ato ou efeito de encolher(-se). **2** Contração ou recolhimento do corpo ou de uma de suas partes.

encomenda ⟨en.co.men.da⟩ s.f. **1** Pedido para a realização de algo, especialmente de um assunto ou de uma tarefa: *Essa costureira faz vestidos sob encomenda*. **2** Pedido para que algo, especialmente uma compra, seja entregue em um lugar: *As encomendas devem ser feitas no início do mês*. **3** Aquilo que foi pedido: *Minhas encomendas chegarão amanhã*.

encomendar ⟨en.co.men.dar⟩ ▪ v.t.d./v.t.d.i. **1** Pedir a realização de (um assunto ou uma tarefa) [a alguém]: *Ela me encomendou a organização da festa*. ▪ v.t.d. **2** Pedir que seja entregue em um lugar (uma compra, especialmente): *Encomendei um livro pela internet*. **3** Rezar por (a alma ou o corpo de uma pessoa morta) e por sua salvação: *Durante a missa, encomendaram a alma da falecida*.

encômio ⟨en.cô.mio⟩ s.m. Elogio ou louvor entusiasmados: *Seu comportamento gentil é digno de encômios*.

encompridar ⟨en.com.pri.dar⟩ v.t.d. **1** Tornar mais comprido: *Encompridou o cabelo colocando um aplique*. **2** Prolongar ou fazer durar mais tempo: *Para concluir a explicação, o professor encompridou a aula em dez minutos*.

encontradiço, ça ⟨en.con.tra.di.ço, ça⟩ adj. Que se encontra com facilidade.

encontrar ⟨en.con.trar⟩ ▪ v.t.d. **1** Localizar (algo que se procura): *Encontrei o livro na biblioteca. Não encontramos a resposta do exercício*. ▫ SIN. **achar**. **2** Descobrir ou dar com (algo ou alguém que não se procura) inesperadamente: *Encontrei um amigo na rua*. ▪ v.t.d./v.t.i./v.prnl. **3** Reunir(-se) [com alguém] em um mesmo lugar: *Amanhã nos encontraremos na escola*. ▪ v.prnl. **4** Estar na circunstância ou no lugar que se indica: *O Pão de Açúcar se encontra no Rio de Janeiro*. ▫ SIN. **achar**. **5** Realizar-se ou estar plenamente feliz ou satisfeito (alguém).

encontro ⟨en.con.tro⟩ s.m. **1** Coincidência de duas ou mais pessoas ou coisas em um lugar. **2** Reunião ou conferência entre duas ou mais pessoas, geralmente para tratar de um assunto específico. **3** Enfrentamento ou disputa entre duas ou mais pessoas, geralmente no âmbito esportivo. **4** Confluência de rios: *Próximo a Manaus, podemos assistir ao encontro das águas do rio Negro com o rio Amazonas*. ∥ **ao encontro de** {algo/alguém}: Em busca dele ou em sua direção: *Ao avistar os pais, foram ao encontro deles*. ∥ **de encontro a** {algo/alguém}: Contra ou em oposição a ele: *O carro derrapou na pista e foi de encontro a uma árvore*.

encorajar ⟨en.co.ra.jar⟩ ▪ v.t.d./v.t.d.i. **1** Dar vigor ou energia moral a (alguém) [para que realize uma ação]: *Seu apoio me encorajou a continuar na equipe*. ▪ v.prnl. **2** Criar vigor ou energia moral para realizar uma ação: *Encorajou-se a contar todos os fatos*.

encordoamento ⟨en.cor.do.a.men.to⟩ s.m. **1** Ato ou efeito de encordoar. **2** Conjunto dessas cordas: *O encordoamento dos violões pode ser de náilon ou de aço*.

encordoar ⟨en.cor.do.ar⟩ v.t.d. Colocar cordas em (um instrumento musical ou uma raquete): *Encordoou o violão para voltar a tocá-lo*.

encorpado, da ⟨en.cor.pa.do, da⟩ adj. Que tem consistência: *um líquido encorpado*.

encorpar ⟨en.cor.par⟩ ▪ v.int. **1** Desenvolver bem o corpo (uma pessoa ou um animal): *Desde que começou a ir à academia, encorpou bastante*. **2** Dar consistência a ou adquirir consistência (uma substância): *O cozinheiro encorpou o molho com pedaços de tomate*.

encosta ⟨en.cos.ta⟩ s.f. Ladeira em qualquer um dos lados de uma montanha.

encostado, da ⟨en.cos.ta.do, da⟩ adj./s. *informal* Que ou quem não é esforçado ou que vive às custas de alguém.

encostar ⟨en.cos.tar⟩ ▪ v.t.d./v.t.d.i./v.prnl. **1** Apoiar(-se) (algo): *Encostou a cabeça no travesseiro para descansar um pouco*. ▪ v.t.d./v.t.d.i./v.prnl. **2** Colocar(-se) (uma coisa) [em um lugar junto de outra]: *Encostamos a estante à parede*. ▪ v.t.d. **3** Fechar (uma porta ou janela). **4** Deixar de usar (algo de uso frequente): *Como não podiam pagar o conserto da lavadora, resolveram encostá-la por alguns meses*. **5** Parar (um veículo em movimento): *Encostamos o carro para tirar umas fotos*. ▪ v.int./v.prnl. **6** Deitar-se ou ir dormir: *Gosta de se encostar após as refeições*. ▪ v.prnl. **7** Viver às custas de alguém.

encosto ⟨en.cos.to⟩ (Pron. [encôsto]) s.m. **1** Aquilo que serve para apoiar ou para encostar. **2** Em algumas crenças, espírito que supostamente acompanha uma pessoa, geralmente para prejudicá-la.

encouraçado, da ⟨en.cou.ra.ça.do, da⟩ ▪ adj. **1** *informal* Que está fortemente protegido: *um coração encouraçado*. ▪ s.m. **2** Navio de guerra blindado e de grande porte. ▫ SIN. **couraçado**. ▫ ORTOGRAFIA Escreve-se também encoiraçado.

encouraçar

encouraçar ⟨en.cou.ra.çar⟩ v.t.d. Proteger com uma armadura de ferro ou de aço. □ SIN. couraçar. □ ORTOGRAFIA 1. Escreve-se também *encoiraçar*. 2. Antes de e, o ç muda para c →COMEÇAR.

encovado, da ⟨en.co.va.do, da⟩ adj. 1 Em relação a um olho, que é afundado em sua órbita. 2 Em relação ao rosto de uma pessoa, que tem esses olhos ou que aparenta abatimento.

encovar ⟨en.co.var⟩ v.t.d./v.prnl. Tornar(-se) fundo ou encovado: *A doença encovou seus olhos.*

encoxar ⟨en.co.xar⟩ v.t.d. *vulgarismo* Encostar a perna ou a região dos quadris na parte traseira das coxas ou das nádegas de (alguém) com intenções sexuais.

encravar ⟨en.cra.var⟩ v.t.d./v.t.d.i. 1 Introduzir (um cravo ou um objeto pontiagudo) [em um corpo], especialmente se for mediante golpes ou pressão: *Precisou tomar uma vacina contra tétano, pois encravou um prego no pé.* 2 Prender (um objeto) [em uma superfície] usando cravos ou objetos pontiagudos: *Encravou o quadro na parede.* 3 Entrar (uma unha), ao crescer, nas partes macias que a rodeiam, causando uma inflamação: *Irei ao podólogo, pois minha unha encravou.* ∎ v.t.d./v.t.d.i. 4 Em relação a uma pedra preciosa, encaixá-la em uma superfície: *O joalheiro encravou um diamante na aliança.* □ SIN. engastar.

encrenca ⟨en.cren.ca⟩ s.f. 1 *informal* Situação confusa, tumultuada ou embaraçosa. 2 *informal* Mentira ou intriga.

encrencar ⟨en.cren.car⟩ ∎ v.t.d./v.prnl. 1 *informal* Tornar(-se) confusa, tumultuada ou embaraçosa (uma situação): *A situação encrencou-se por causa da falta de colaboração de todos.* 2 *informal* Complicar(-se) ou colocar(-se) em situação embaraçosa: *Encrencou o irmão ao revelar seu segredo.* ∎ v.t.i./v.int. 3 *informal* Em relação a uma pessoa, arrumar conflito [com outra]: *Ela encrencou com minha amiga.* ∎ v.int. 4 *informal* Parar de funcionar (um mecanismo): *O carro encrencou no meio da estrada.* □ ORTOGRAFIA Antes de e, o c muda para qu →BRINCAR.

encrenqueiro, ra ⟨en.cren.quei.ro, ra⟩ adj./s. *informal* Que ou quem tende a arrumar encrenca ou a se envolver nela.

encrespar ⟨en.cres.par⟩ ∎ v.t.d./v.prnl. 1 Ondular(-se) ou encaracolar(-se) (o cabelo, especialmente): *A chuva encrespou seus cabelos.* 2 Agitar(-se) ou aumentar as ondas de (o mar): *O vento forte encrespava o mar.* ∎ v.prnl. 3 Enfurecer-se ou irritar-se: *Ele se encrespou por eu ter chegado tarde.*

encruar ⟨en.cru.ar⟩ ∎ v.t.d./v.int. 1 Deixar ou ficar cru ou não cozinhar completamente (um alimento que estava sendo cozido): *O bolo encruou, porque abriu o forno antes do tempo.* 2 Tornar(-se) cruel e insensível: *A vida dura o encruou.* ∎ v.int. 3 Não progredir ou não crescer: *O trabalho encruou por falta de material.*

encruzilhada ⟨en.cru.zi.lha.da⟩ s.f. 1 Ponto de encontro entre dois ou mais caminhos. 2 Situação em que é difícil tomar uma decisão.

encucado, da ⟨en.cu.ca.do, da⟩ adj. *informal* Preocupado ou cismado.

encurralar ⟨en.cur.ra.lar⟩ ∎ v.t.d. 1 Colocar em um curral (um animal): *Encurralou as vacas para que não fugissem.* 2 Cercar para que não fujam (uma pessoa ou um animal): *A polícia encurralou os bandidos.* □ SIN. acuar. ∎ v.prnl. 3 Entrar em um lugar fechado ou onde não há saída: *Acabamos nos encurralando em um beco.*

encurtamento ⟨en.cur.ta.men.to⟩ s.m. Ato ou efeito de encurtar(-se).

encurtar ⟨en.cur.tar⟩ ∎ v.t.d. 1 Diminuir o comprimento, a duração ou a quantidade de (algo): *A costureira encurtou meu vestido.* ∎ v.int./v.prnl. 2 Diminuir em comprimento, em duração ou em quantidade: *À medida que o inverno se aproxima, os dias se encurtam.* ∎ v.t.d./v.int./v.prnl. 3 Tornar(-se) mais curto: *Pegamos um atalho para encurtar o caminho.*

encurvar ⟨en.cur.var⟩ ∎ v.t.d./v.int./v.prnl. 1 Dobrar(-se), dando ou tomando forma de curva: *A prateleira encurvou pelo excesso de peso.* ∎ v.t.d./v.prnl. 2 Humilhar(-se) ou rebaixar(-se): *Eles não deviam se encurvar por tão pouco!* ∎ v.t.d. 3 Virar com a abertura para baixo (um objeto): *Encurvou a garrafa para que o líquido escorresse.*

endemia ⟨en.de.mi.a⟩ s.f. Doença que afeta uma comunidade de maneira habitual ou em épocas fixas: *Na Amazônia, a febre amarela é uma endemia.* □ USO É diferente de *epidemia* (doença que ataca um grande número de indivíduos de uma população, simultânea e temporalmente).

endêmico, ca ⟨en.dê.mi.co, ca⟩ adj. 1 Em relação a uma doença, que afeta uma comunidade de maneira habitual ou em épocas fixas. 2 Em relação especialmente a um acontecimento ou a um fenômeno, que estão muito difundidos ou que se repetem frequentemente: *As drogas se tornaram um mal endêmico nas sociedades modernas.*

endemoninhado, da ⟨en.de.mo.ni.nha.do, da⟩ adj./s. 1 Que ou quem está possuído pelo demônio. 2 Em relação especialmente a uma criança, que é travessa ou levada. □ SIN. endiabrado.

endereçar ⟨en.de.re.çar⟩ ∎ v.t.d. 1 Colocar endereço em (uma correspondência): *Esqueci de endereçar a carta.* ∎ v.t.d.i. 2 Encaminhar ou enviar (algo) [a uma pessoa ou a um lugar]: *Pedi para que me endereçassem um cartão-postal.* □ ORTOGRAFIA Antes de e, o ç muda para c →COMEÇAR.

endereço ⟨en.de.re.ço⟩ (Pron. [enderêço]) s.m. 1 Rua, número e andar de um estabelecimento ou de uma residência. 2 Domicílio ou lugar em que uma pessoa ou uma família vivem. ‖ **endereço (de correio) eletrônico** Aquele que permite que um usuário receba mensagens eletrônicas. □ SIN. e-mail.

endeusar ⟨en.deu.sar⟩ ∎ v.t.d./v.prnl. 1 Elevar(-se) à categoria de um deus: *Muitos jovens acabam endeusando seus ídolos.* ∎ v.prnl. 2 Mostrar-se orgulhoso, presunçoso, vaidoso ou admirar-se excessivamente: *Apesar do sucesso, nunca se endeusa e se mantém humilde.*

endiabrado, da ⟨en.di.a.bra.do, da⟩ adj. 1 Mal, perverso ou nocivo. 2 Que é enérgico ou extremamente esperto. 3 Em relação especialmente a uma criança, que é travessa ou levada. □ SIN. endemoninhado.

endinheirado, da ⟨en.di.nhei.ra.do, da⟩ adj. Rico ou que tem muito dinheiro.

endireitar ⟨en.di.rei.tar⟩ ∎ v.t.d./v.prnl. 1 Fazer ficar ou ficar reto (algo torto ou inclinado): *Endireite o quadro, por favor.* ∎ v.t.d./v.int. 2 Corrigir(-se) ou colocar(-se) em bom estado: *A nova diretora conseguiu endireitar os rumos da empresa.* ∎ v.t.d./v.prnl. 3 Colocar(-se) no caminho correto: *A rigidez dos pais endireitou a criança. Depois de uma juventude complicada, endireitou-se.*

endividar ⟨en.di.vi.dar⟩ v.t.d./v.prnl. Encher(-se) de dívidas: *Endividou-se para comprar o carro.*

endo- Prefixo que significa *dentro de* ou *para dentro*: *endoscopia, endocárdio.*

endocárdio ⟨en.do.cár.dio⟩ s.m. Em anatomia, tecido que cobre a superfície interna das cavidades do coração.

endocarpo ⟨en.do.car.po⟩ s.m. Em um fruto, parte mais interna do pericarpo: *No abacate, o endocarpo é a camada mais externa do caroço.*

endócrino, na ⟨en.dó.cri.no, na⟩ adj. Dos hormônios, das glândulas que os produzem ou relacionado a eles.

endocrinologia ⟨en.do.cri.no.lo.gi.a⟩ s.f. Parte da medicina que estuda as glândulas endócrinas, a natureza das substâncias que elas secretam e o efeito dessas substâncias no organismo.

endoenças ⟨en.do.en.ças⟩ s.f.pl. Na Igreja Católica, missa da bênção dos óleos realizada na Quinta-Feira Santa para representar a unidade do clero em torno do bispo local.

endógeno, na ⟨en.dó.ge.no, na⟩ adj. **1** Que se origina ou que nasce no interior. **2** Que é produzido por uma causa interna.

endoidar ⟨en.doi.dar⟩ v.t.d./v.int. *informal* Enlouquecer: *Vai endoidar se não parar de pensar nisso.*

endoidecer ⟨en.doi.de.cer⟩ v.t.d./v.int. *informal* Enlouquecer: *O barulho dos vizinhos me endoidece.* ☐ ORTOGRAFIA Antes de a ou o, o c muda para ç →CONHECER.

endoscopia ⟨en.dos.co.pi.a⟩ s.f. Em medicina, exploração visual de uma cavidade do corpo ou de um órgão oco, por meio de um endoscópio.

endoscópio ⟨en.dos.có.pio⟩ s.m. Em medicina, instrumento óptico, geralmente em formato de tubo, dotado de um sistema de iluminação, e que se utiliza para explorar visualmente uma cavidade do corpo ou um órgão oco.

endosperma ⟨en.dos.per.ma⟩ s.m. Em uma semente, tecido que serve de reserva alimentícia, tanto de óleo como de proteína, presente na maioria das angiospermas.

endossar ⟨en.dos.sar⟩ ▌v.t.d. **1** Declarar (um documento de crédito) em favor de alguém, assinando-o no verso: *endossar um cheque.* ▌v.t.d./v.t.d.i. **2** Transferir (um dever, uma tarefa ou uma responsabilidade) [a alguém]: *Sempre me endossam as tarefas mais difíceis!* ▌v.t.d. **3** Apoiar: *Endossamos a opinião dos outros alunos.*

endosso ⟨en.dos.so⟩ (Pron. [endôsso]) s.m. **1** Declaração em favor de alguém feita no verso de um documento de crédito. **2** *informal* Apoio: *Recebemos seu endosso para continuar o projeto.*

endovenoso, sa ⟨en.do.ve.no.so, sa⟩ (Pron. [endovenôso], [endovenósa], [endovenósos], [endovenósas]) adj. Que se localiza, que se aplica ou que ocorre no interior de uma veia. ☐ SIN. intravenoso.

endurecer ⟨en.du.re.cer⟩ ▌v.t.d./v.int. **1** Fazer ficar ou ficar duro ou enrijecido. ▌v.t.d. **2** Fortalecer ou acostumar ao esforço (o corpo ou uma de suas partes): *Andar de bicicleta endurece as pernas.* ▌v.t.d./v.int. **3** Tornar(-se) insensível, rigoroso ou cruel: *A vida o endureceu e já não chora por qualquer coisa.* ☐ ORTOGRAFIA Antes de a ou o, o c muda para ç →CONHECER.

endurecimento ⟨en.du.re.ci.men.to⟩ s.m. Ato ou efeito de endurecer. ☐ SIN. enrijecimento.

ene ⟨e.ne⟩ (Pron. [êne]) s.m. Nome da letra *n*.

eneágono ⟨e.ne.á.go.no⟩ s.m. Em geometria, polígono que tem nove lados.

enegrecer ⟨e.ne.gre.cer⟩ ▌v.t.d./v.int./v.prnl. **1** Tornar(-se) escuro ou preto, ou escurecer. ☐ SIN. denegrir, pretejar. ▌v.t.d. **2** *pejorativo* Desmoralizar ou desacreditar. ☐ ORTOGRAFIA Antes de a ou o, o c muda para ç →CONHECER.

energético, ca ⟨e.ner.gé.ti.co, ca⟩ adj. **1** Da energia ou relacionado a ela. **2** Que produz energia.

energia ⟨e.ner.gi.a⟩ s.f. **1** Em física, entidade capaz de transformar-se em um trabalho mecânico. **2** Força de vontade e vigor para realizar uma tarefa.

enérgico, ca ⟨e.nér.gi.co, ca⟩ adj. Com energia, rigor ou severidade.

energúmeno, na ⟨e.ner.gú.me.no, na⟩ s. **1** *pejorativo* Pessoa ignorante ou desprovida de inteligência. **2** Pessoa endemoninhada ou possuída pelo demônio.

enervante ⟨e.ner.van.te⟩ adj.2g. Que enerva.

enervar ⟨e.ner.var⟩ v.t.d./v.prnl. **1** Deixar ou ficar nervoso: *Sua falta de pontualidade me enerva.* **2** Debilitar, tirar ou perder a força: *A febre alta enervou o doente.*

enfermar

enésimo, ma ⟨e.né.si.mo, ma⟩ numer. **1** Que se repetiu grande e indeterminado número de vezes: *É a enésima vez que me pergunta a mesma coisa!* **2** Em matemática, que ocupa um lugar indeterminado em uma série.

enevoar ⟨e.ne.vo.ar⟩ ▌v.t.d./v.prnl. **1** Cobrir(-se) com névoa. ▌v.t.d. **2** Escurecer, turvar ou embaçar. ☐ GRAMÁTICA Na acepção 1, é um verbo impessoal: só se usa na terceira pessoa do singular, no particípio, no gerúndio e no infinitivo →VENTAR.

enfadar ⟨en.fa.dar⟩ v.t.d./v.prnl. Causar ou sentir enfado: *Sua grosseria acabou nos enfadando.*

enfado ⟨en.fa.do⟩ s.m. Cansaço, irritação ou desgosto: *Sua atitude irresponsável provocou o enfado dos pais.* ☐ ORTOGRAFIA Escreve-se também *enfaro*.

enfadonho, nha ⟨en.fa.do.nho, nha⟩ (Pron. [enfadônho]) adj. Cansativo ou maçante: *uma tarefa enfadonha.*

enfaixar ⟨en.fai.xar⟩ v.t.d. Rodear ou envolver com uma faixa: *O médico enfaixou a perna machucada.*

enfarar ⟨en.fa.rar⟩ v.t.d./v.prnl. Causar ou sentir enfaro ou enfado: *Esperar em fila me enfara.*

enfardar ⟨en.far.dar⟩ v.t.d. Empacotar ou fazer fardos com (mercadorias, especialmente).

enfaro ⟨en.fa.ro⟩ s.m. **1** →enfado **2** Repugnância ou aversão: *Sente enfaro a qualquer sinal de discriminação.*

enfarruscar ⟨en.far.rus.car⟩ v.t.d./v.prnl. Sujar(-se) com carvão, com fuligem ou com algo semelhante. ☐ ORTOGRAFIA Antes de e, o c muda para qu →BRINCAR.

enfartar ⟨en.far.tar⟩ v.t.d./v.int. →infartar

enfarte ⟨en.far.te⟩ s.m. →infarto

enfarto ⟨en.far.to⟩ s.m. →infarto

ênfase ⟨ên.fa.se⟩ s.f. **1** Destaque de um trecho em um enunciado por meio de entonação acentuada ou de realce gráfico: *Dava ênfase às partes mais importantes de seu discurso.* **2** Destaque ou importância dados a algo: *Não dê ênfase a questões tão supérfluas.*

enfastiar ⟨en.fas.ti.ar⟩ v.t.d./v.int./v.prnl. Causar ou sentir fastio, aborrecimento ou repugnância: *Enfastia-me sua permanente indecisão.*

enfático, ca ⟨en.fá.ti.co, ca⟩ adj. Que se expressa com ênfase, que a denota ou que a implica.

enfatizar ⟨en.fa.ti.zar⟩ v.t.d. Destacar ou ressaltar, dando ênfase: *Na entrevista coletiva, o técnico enfatizou a garra do time.*

enfatuar ⟨en.fa.tu.ar⟩ v.t.d./v.prnl. Provocar ou sentir orgulho, vaidade ou presunção: *Tantos elogios o enfatuaram.*

enfear ⟨en.fe.ar⟩ v.t.d./v.prnl. Tornar(-se) feio: *Suas atitudes egoístas a enfeiam.* ☐ ORTOGRAFIA O e muda para ei quando a sílaba tônica estiver na raiz do verbo →NOMEAR.

enfeitar ⟨en.fei.tar⟩ v.t.d./v.prnl. Colocar(-se) enfeites ou embelezar(-se): *Enfeitamos a casa para o Natal. Enfeitou-se antes de sair de casa.* ☐ SIN. matizar.

enfeite ⟨en.fei.te⟩ s.m. Aquilo que se coloca para embelezar. ☐ SIN. adereço, adorno.

enfeitiçar ⟨en.fei.ti.çar⟩ v.t.d. **1** Exercer influência sobrenatural sobre (algo ou alguém), especialmente se for de maneira prejudicial ou maléfica, utilizando poderes mágicos: *A bruxa enfeitiçou a princesa com uma maçã.* **2** Despertar admiração, fascinação ou desejo em (alguém): *A bailarina enfeitiçou o público com sua leveza.* ☐ ORTOGRAFIA Antes de e, o ç muda para c →COMEÇAR.

enfeixar ⟨en.fei.xar⟩ v.t.d. Unir ou prender em um feixe: *enfeixar lenha.*

enfermagem ⟨en.fer.ma.gem⟩ (pl. *enfermagens*) s.f. Conjunto de disciplinas básicas relacionadas à assistência a doentes e a feridos.

enfermar ⟨en.fer.mar⟩ v.t.d./v.int. Deixar ou ficar enfermo: *A má alimentação o enfermou.*

enfermaria ⟨en.fer.ma.ri.a⟩ s.f. Lugar equipado para acomodação e tratamento de pessoas doentes e feridas.

enfermeiro, ra ⟨en.fer.mei.ro, ra⟩ s. Pessoa que se dedica profissionalmente à assistência de doentes e de feridos, especialmente se for aquela que atua como ajudante do médico.

enfermiço, ça ⟨en.fer.mi.ço, ça⟩ adj. Que tem saúde frágil ou que fica doente com frequência.

enfermidade ⟨en.fer.mi.da.de⟩ s.f. Em um ser vivo, alteração de sua boa saúde. ☐ SIN. doença.

enfermo, ma ⟨en.fer.mo, ma⟩ (Pron. [enfêrmo]) adj./s. Em relação a um organismo, que sofre de uma enfermidade ou de um transtorno patológico. ☐ SIN. doente.

enferrujar ⟨en.fer.ru.jar⟩ v.t.d./v.int./v.prnl. **1** Causar ferrugem a ou cobrir(-se) dela: *A maresia enferrujou as grades das janelas. O portão enferrujou.* **2** *informal* Fazer com que deixe de funcionar ou perder seu bom funcionamento (uma parte do corpo): *O sedentarismo enferrujou suas pernas.*

enfestar ⟨en.fes.tar⟩ v.t.d. Dobrar pela metade no sentido da largura (um pano ou um papel). ☐ ORTOGRAFIA É diferente de *infestar*.

enfezado, da ⟨en.fe.za.do, da⟩ adj. **1** Irritado ou aborrecido. **2** Atrofiado ou sem desenvolvimento: *um corpo enfezado.*

enfezar ⟨en.fe.zar⟩ v.t.d./v.int./v.prnl. Causar ou sentir irritação ou aborrecimento: *Sua teimosia enfezou os pais. Enfezou-se com a má-educação do funcionário.*

enfiada ⟨en.fi.a.da⟩ s.f. **1** Série de coisas postas por ordem em um fio, em uma corda ou em algo semelhante: *uma enfiada de miçangas.* ☐ SIN. fieira. **2** Série ou sequência de coisas iguais ou semelhantes: *Disse uma enfiada de tolices.*

enfiar ⟨en.fi.ar⟩ ■ v.t.d./v.t.d.i. **1** Passar (um fio ou uma linha, especialmente) por um orifício: *Para costurar a meia, enfiou a linha na agulha.* ■ v.t.d. **2** Passar (um objeto) por um fio ou por outro filamento: *Enfiaram várias contas no barbante para fazer um colar.* **3** Introduzir em uma cavidade ou em uma abertura: *Enfiamos a chave no cadeado, mas não conseguimos abri-lo.*

enfileirar ⟨en.fi.lei.rar⟩ v.t.d./v.prnl. Pôr(-se) em linha reta: *Os candidatos se enfileiraram na frente da empresa.*

enfim ⟨en.fim⟩ adv. Por fim ou finalmente: *Queria muito esse emprego e, enfim, acabou conseguindo-o.*

enfisema ⟨en.fi.se.ma⟩ (Pron. [enfizêma]) s.m. Infiltração de ar ou de gás nos tecidos pulmonar e celular, ou na pele.

enfocar ⟨en.fo.car⟩ v.t.d. **1** Fazer com que seja vista clara e nitidamente (uma imagem): *Enfocou a paisagem antes de bater a foto.* **2** Estudar ou tratar de (um assunto): *Os educadores enfocaram a questão das drogas para orientar os alunos.* ☐ ORTOGRAFIA Antes de e, o c muda para *qu* →BRINCAR.

enfoque ⟨en.fo.que⟩ s.m. **1** Ajuste do foco e da nitidez de uma imagem. **2** Tratamento ou abordagem de um assunto: *um enfoque político.*

enforcar ⟨en.for.car⟩ ■ v.t.d./v.prnl. **1** Matar(-se) (uma pessoa ou um animal) pendurando o corpo em uma corda que aperta o pescoço e impede a respiração. ■ v.t.d. **2** *informal* Abandonar ou deixar por um curto período de tempo (uma profissão ou uma atividade). ☐ ORTOGRAFIA Antes de e, o c muda para *qu* →BRINCAR.

enfraquecer ⟨en.fra.que.cer⟩ v.t.d./v.int./v.prnl. **1** Tornar(-se) fraco ou mais magro: *A doença o enfraqueceu.* **2** Debilitar(-se), fazer perder ou perder a força: *A saída do artilheiro enfraqueceu o time.* ☐ ORTOGRAFIA Antes de *a* ou *o*, o c muda para ç →CONHECER.

enfraquecimento ⟨en.fra.que.ci.men.to⟩ s.m. Ato ou efeito de enfraquecer(-se).

enfrentar ⟨en.fren.tar⟩ ■ v.t.d./v.int./v.prnl. **1** Colocar(-se) ou estar frente a frente: *Nas paredes do corredor, enfrentavam-se dois quadros.* ■ v.t.d./v.prnl. **2** Disputar, lutar ou combater(-se), geralmente em uma competição esportiva: *É a primeira vez que esses judocas se enfrentam.* ■ v.t.d./v.t.i./v.prnl. **3** Encarar de frente ou defrontar-se [com algo ou alguém]: *Enfrentou os problemas com garra. Os candidatos se enfrentarão em um debate.* ☐ SIN. afrontar, arrostar.

enfronhar ⟨en.fro.nhar⟩ v.t.d. **1** Pôr em uma fronha: *enfronhar um travesseiro.* ■ v.t.d./v.prnl. **2** Informar(-se) ou instruir(-se) (alguém) [em um assunto].

enfumaçar ⟨en.fu.ma.çar⟩ v.t.d./v.prnl. →**esfumaçar** ☐ ORTOGRAFIA Antes de e, o ç muda para c →COMEÇAR.

enfunar ⟨en.fu.nar⟩ v.t.d./v.prnl. **1** Encher(-se) de ar ou inflar(-se): *O vento enfunava as velas do barco.* **2** Encher(-se) de orgulho ou de presunção: *O sucesso não o enfunou.*

enfurecer ⟨en.fu.re.cer⟩ ■ v.t.d./v.int./v.prnl. **1** Tornar(-se) furioso: *Enfureceu-se ao saber que foi reprovado.* ■ v.prnl. **2** Alvoroçar-se ou agitar-se (o mar, especialmente). ☐ ORTOGRAFIA Antes de *a* ou *o*, o c muda para ç →CONHECER.

enfurnar ⟨en.fur.nar⟩ v.t.d./v.prnl. *informal* Isolar(-se) ou afastar(-se) dos demais da mesma espécie: *Enfurnou-se em casa a semana toda.*

engabelar ⟨en.ga.be.lar⟩ v.t.d. *informal* Enganar por meio de bajulações e de mentiras: *Não tente me engabelar, pois já conheço suas artimanhas.* ☐ ORTOGRAFIA Escreve-se também *engambelar*.

engaiolar ⟨en.gai.o.lar⟩ ■ v.t.d. **1** Colocar em uma gaiola: *Engaiolar pássaros silvestres é proibido por lei.* **2** *informal* Encarcerar. ■ v.prnl. **3** *informal* Isolar-se ou afastar-se do convívio com os demais: *Engaiolaram-se em busca de tranquilidade.*

engajamento ⟨en.ga.ja.men.to⟩ s.m. Ato ou efeito de engajar(-se).

engajar ⟨en.ga.jar⟩ ■ v.t.d. **1** Contratar ou comprometer por meio de um contrato: *A empresa engajou vários trabalhadores para o novo projeto.* ■ v.prnl. **2** Alistar-se no serviço militar: *Engajaram-se nas Forças Armadas de seu país.* **3** Dedicar-se com muita intensidade ou atenção a uma atividade: *Engajou-se em um projeto social da comunidade.* ☐ GRAMÁTICA Nas acepções 2 e 3, usa-se a construção *engajar-se EM algo*.

engalanar ⟨en.ga.la.nar⟩ v.t.d./v.prnl. Adornar(-se) ou embelezar(-se), geralmente de forma vistosa e com a intenção de agradar: *Engalanou-se todo para ir ao baile.*

engalfinhar-se ⟨en.gal.fi.nhar-se⟩ v.prnl. Discutir até chegar à agressão física.

engambelar ⟨en.gam.be.lar⟩ v.t.d. →**engabelar**

enganação ⟨en.ga.na.ção⟩ (pl. *enganações*) s.f. Ato ou efeito de enganar(-se): *Suas promessas não passam de pura enganação.*

enganar ⟨en.ga.nar⟩ ■ v.t.d./v.int./v.prnl. **1** Iludir(-se) ou mentir para (alguém) de modo que tome por certo algo que de fato não o é: *O jogador tentou enganar o juiz simulando um pênalti.* ■ v.t.d./v.int. **2** Induzir (alguém) ao erro ou produzir uma falsa impressão: *O teste parece fácil, mas engana e é bastante complicado.* ■ v.t.d. **3** Aplacar ou diminuir (uma necessidade): *Comeu uma fruta para enganar a fome até à hora do almoço.* **4** Ser infiel a (um companheiro sentimental): *Ele jurou que nunca a enganou.* ■ v.prnl. **5** Equivocar-se ou não acertar: *Enganou-se e pegou o ônibus errado.*

enganchar ⟨en.gan.char⟩ v.t.d./v.int./v.prnl. **1** Prender(-se) com um gancho ou com um objeto semelhante, ou pendurar(-se) neles: *Enganchou na parede um quadro pintado pelo namorado.* ▌v.t.d./v.prnl. **2** Segurar(-se) ou agarrar(-se) fortemente: *A pulseira enganchou-se na manga da camisa.*

engano ⟨en.ga.no⟩ s.m. **1** Conceito equivocado ou julgamento falso. ☐ SIN. **erro. 2** Aquilo que faz crer como certo ou real algo que não o é. **3** Falta de verdade em algo. **4** Alívio temporário de uma necessidade: *Os aperitivos são um engano para a fome.*

enganoso, sa ⟨en.ga.no.so, sa⟩ (Pron. [enganôso], [enganósa], [enganôsos], [enganósas]) adj. Que engana.

engarrafamento ⟨en.gar.ra.fa.men.to⟩ s.m. **1** Ato ou efeito de engarrafar. **2** Grande quantidade de veículos que dificulta o trânsito. ☐ SIN. **congestionamento.**

engarrafar ⟨en.gar.ra.far⟩ ▌v.t.d. **1** Colocar em garrafas (um líquido): *engarrafar o vinho.* ▌v.t.d./v.int. **2** Congestionar(-se) por excesso de veículos: *A manifestação sindicalista engarrafou várias ruas.*

engasgar ⟨en.gas.gar⟩ v.t.d./v.int./v.prnl. **1** Causar ou sofrer engasgo: *O pão seco me engasgou.* **2** *informal* Dificultar ou atrapalhar(-se) (a fala de alguém): *O nervosismo o engasgou durante seu discurso.* ☐ ORTOGRAFIA Antes de **e**, o **g** muda para **gu** →CHEGAR.

engasgo ⟨en.gas.go⟩ s.m. **1** Sufocamento causado por algo que fica na garganta. **2** *informal* Dificuldade ou impedimento da fala.

engastar ⟨en.gas.tar⟩ v.t.d./v.t.d.i. **1** Encaixar (uma pedra preciosa) [em uma superfície]: *O joalheiro engastou uma esmeralda no anel.* ☐ SIN. **encravar. 2** Unir para formar uma cadeia (uma coisa) [com outra ou com outras]: *Engastaram contas no cordão para fazer um colar.*

engaste ⟨en.gas.te⟩ s.m. **1** Encaixe ou introdução de um objeto em outro, especialmente se for uma pedra preciosa em uma armação de metal. **2** Armação ou peça de metal que envolve e segura uma pedra preciosa engastada.

engatar ⟨en.ga.tar⟩ ▌v.t.d./v.t.d.i. **1** Prender ou ligar com engates (uma coisa) [a outra]. ▌v.t.d. **2** Em um veículo, engrenar (uma marcha): *Para sair, é preciso engatar a primeira.* ☐ SIN. **embrear.** ▌v.t.d./v.t.d.i. **3** *informal* Realizar (uma ação) [em sequência de outra]: *Para entregá-lo a tempo, engatamos este trabalho ao anterior.*

engate ⟨en.ga.te⟩ s.m. **1** Encaixe feito por meio de um gancho ou de um objeto semelhante. **2** Peça ou mecanismo que servem para engatar.

engatilhar ⟨en.ga.ti.lhar⟩ v.t.d. **1** Preparar (uma arma de fogo) para disparar. **2** *informal* Preparar ou deixar pronto: *Os educadores engatilharam várias atividades para as crianças.*

engatinhar ⟨en.ga.ti.nhar⟩ ▌v.int. **1** Andar como um gato: *Por enquanto, o bebê apenas engatinha.* ▌v.t.i. **2** *informal* Ser principiante [em uma atividade]: *A empresa ainda engatinha no mercado.*

engavetar ⟨en.ga.ve.tar⟩ v.t.d. **1** Colocar ou guardar dentro de uma gaveta. **2** Adiar ou retardar a realização de (um projeto ou uma decisão) até um momento mais oportuno: *Os deputados engavetaram o projeto de lei.*

engendrar ⟨en.gen.drar⟩ v.t.d. **1** Gerar por meio da reprodução (um ser humano ou um animal). **2** Criar ou originar: *As autoridades engendraram um plano para melhorar o trânsito.*

engenhar ⟨en.ge.nhar⟩ v.t.d. Idealizar ou inventar, utilizando a faculdade do intelecto: *Engenhou um novo sistema de reciclagem de lixo.*

engenharia ⟨en.ge.nha.ri.a⟩ s.f. Conjunto de conhecimentos e de técnicas que permitem aplicar o saber científico aos recursos naturais para aproveitá-los em benefício do ser humano. ‖ **engenharia genética** Conjunto de técnicas que permitem a manipulação e alteração do material genético de uma célula.

engenheiro, ra ⟨en.ge.nhei.ro, ra⟩ s. Pessoa que se dedica profissionalmente à engenharia.

engenho ⟨en.ge.nho⟩ (Pron. [engênho]) s.m. **1** Faculdade mental para inventar, criar ou inovar com agilidade: *Graças a seu engenho, solucionou o problema.* **2** Habilidade para realizar algo: *Tinha engenho para falar em público.* **3** Criação ou invento: *O engenho transportava a água do poço para dentro da casa.* **4** Equipamento usado para moer a cana de açúcar. **5** Lugar onde se planta cana para a fabricação de açúcar ou de álcool. ☐ SIN. **usina.**

engenhoca ⟨en.ge.nho.ca⟩ s.f. *informal* Aparelho mecânico precário.

engenhoso, sa ⟨en.ge.nho.so, sa⟩ (Pron. [engenhôso], [engenhósa], [engenhôsos], [engenhósas]) adj. Que tem ou que manifesta engenho.

engessar ⟨en.ges.sar⟩ v.t.d. **1** Cobrir ou tapar com gesso: *engessar uma parede.* **2** Colocar uma bandagem endurecida com gesso ou uma tala em (um membro fraturado ou deslocado) para manter os ossos afetados em posição conveniente: *engessar um braço.*

englobar ⟨en.glo.bar⟩ v.t.d. Incluir ou reunir em uma só (várias coisas): *Este valor engloba todas as despesas.*

-engo, -enga Sufixo que indica relação: *mulherengo, avoengo.*

engodo ⟨en.go.do⟩ (Pron. [engôdo]) s.m. **1** Em caça e em pesca, comida ou algo semelhante que se colocam nas armadilhas para atrair e capturar um animal: *um engodo para peixes.* ☐ SIN. **isca. 2** Aquilo que serve para atrair, geralmente de maneira enganosa e para incitar a fazer algo: *um engodo para as vendas.* ☐ SIN. **isca.**

engolir ⟨en.go.lir⟩ v.t.d. **1** Levar da boca até o estômago (um alimento ou uma bebida): *É recomendável mastigar bem a comida antes de engoli-la.* **2** Tragar com ânsia e sem mastigar: *Faminto, engoliu o almoço em um instante.* **3** Suportar ou tolerar: *Teve que engolir as críticas sem poder se defender.* **4** Acreditar facilmente em (algo que se conta): *Você acha que vou engolir essa história que está me contando?* ☐ GRAMÁTICA É um verbo irregular →DORMIR.

engomadeira ⟨en.go.ma.dei.ra⟩ s.f. **1** →engomador **2** Em uma indústria de tecelagem, máquina usada para engomar roupas.

engomador, -a ⟨en.go.ma.dor, do.ra⟩ (Pron. [engomadôr], [engomadôra]) s. Pessoa que se dedica a engomar roupas, especialmente como profissão. ☐ GRAMÁTICA Seu feminino também pode ser *engomadeira.*

engomar ⟨en.go.mar⟩ v.t.d. Molhar em água com goma para que fique esticada e mais firme (uma roupa): *engomar uma camisa.*

engonço ⟨en.gon.ço⟩ s.m. Mecanismo de metal com duas peças unidas por um eixo comum, que se fixa em duas superfícies separadas para juntá-las e para permitir que girem uma sobre a outra: *o engonço de uma porta.* ☐ SIN. **dobradiça, mancal.**

engorda ⟨en.gor.da⟩ s.f. Alimentação de um animal para engordá-lo.

engordar ⟨en.gor.dar⟩ ▌v.t.d. **1** Dar de comer a ou alimentar para tornar gordo: *engordar um boi.* ▌v.t.d./v.int. **2** Aumentar muito de peso ou tornar(-se) gordo. **3** Aumentar, fazer crescer ou crescer: *A mídia engordou o boato.*

engordurar ⟨en.gor.du.rar⟩ v.t.d./v.prnl. Untar(-se) ou sujar(-se) com gordura, com azeite ou com outra substância oleosa.

engraçado, da ⟨en.gra.ça.do, da⟩ adj. Que tem graça.

engraçar ⟨en.gra.çar⟩ ▌v.prnl. **1** Assediar ou ser inconveniente ou desrespeitoso: *Um passante resolveu se*

engradado

engraçar com ela. ❙ v.t.i. **2** Agradar-se ou simpatizar-se [com alguém]. ▫ ORTOGRAFIA Antes de e, o ç muda para c →COMEÇAR.

engradado ⟨en.gra.da.do⟩ s.m. Caixa em forma de grade, geralmente de plástico, usada para o transporte de vasilhames ou de outros objetos.

engradar ⟨en.gra.dar⟩ v.t.d. **1** Fechar ou cercar com grades ou com algo semelhante. ▫ SIN. gradear. **2** Colocar em um engradado.

engrandecer ⟨en.gran.de.cer⟩ v.t.d./v.prnl. **1** Tornar(-se) grande ou maior: *Os espelhos engrandeciam a sala.* **2** Exaltar(-se) ou elevar(-se) a uma categoria ou a uma dignidade superiores: *Sua capacidade de perdoar o engrandece.* ▫ ORTOGRAFIA Antes de a ou o, o c muda para ç →CONHECER.

engrandecimento ⟨en.gran.de.ci.men.to⟩ s.m. Ato ou efeito de engrandecer(-se).

engravidar ⟨en.gra.vi.dar⟩ ❙ v.t.d./v.int. **1** Fazer ficar ou ficar grávida (uma mulher): *Engravidou a esposa com dois meses de casados. Engravidei aos 27 anos.* ❙ v.t.i. **2** Em relação a uma mulher, ficar grávida [um homem]: *Engravidou do marido meses depois do casamento.*

engraxar ⟨en.gra.xar⟩ v.t.d. Untar (uma superfície) com graxa para dar-lhe brilho ou para lubrificá-la: *Engraxou os sapatos para ir à entrevista.*

engraxate ⟨en.gra.xa.te⟩ s.2g. Pessoa que se dedica profissionalmente a limpar e a dar brilho a botas e sapatos.

engrenagem ⟨en.gre.na.gem⟩ (pl. *engrenagens*) s.f. **1** Encaixe dos dentes de duas ou mais peças dentadas. **2** Conjunto de peças dentadas que se encaixam entre si.

engrenar ⟨en.gre.nar⟩ ❙ v.t.d./v.int. **1** Encaixar(-se) (os dentes de duas ou mais peças dentadas): *O relógio não funciona porque as rodas de seu mecanismo não engrenam bem.* ❙ v.t.d. **2** Unir e relacionar entre si (duas ou mais ideias): *Soube engrenar as ideias de sua exposição de maneira brilhante.* ❙ v.t.d.i. **3** Unir e relacionar (uma ideia) [com outra]. ❙ v.t.d. **4** *informal* Começar ou iniciar: *Engrenaram um novo projeto de trabalho.*

engrolar ⟨en.gro.lar⟩ v.t.d. *informal* Pronunciar (as palavras) de modo confuso ou irregular: *Engrolavam as palavras e ninguém os entendia.*

engrossar ⟨en.gros.sar⟩ ❙ v.t.d./v.int./v.prnl. **1** Aumentar(-se) ou tornar(-se) mais numeroso: *Muitos funcionários engrossaram o abaixo-assinado para a construção da creche.* **2** Tornar(-se) grosso ou mais espesso: *Engrossou o caldo da sopa acrescentando farinha.* **3** Tornar(-se) mais grave (a voz): *Para ser ouvido, engrossou a voz.* ❙ v.t.i./v.int. **4** *informal* Ser grosseiro [com alguém]: *Nervosos, engrossaram com os companheiros do time.*

enguia ⟨en.gui.a⟩ s.f. Peixe comestível, de corpo alongado e cilíndrico, com longas nadadeiras ventrais e dorsais, que vive nos rios e que se reproduz no mar. ▫ GRAMÁTICA É um substantivo epiceno: *a enguia (macho/fêmea).* [➲ peixes (água doce) p. 608]

enguiçar ⟨en.gui.çar⟩ ❙ v.t.d. **1** Fazer funcionar mal ou de maneira irregular, ou interromper o bom funcionamento de (algo): *O combustível de má qualidade enguiçou o nosso carro.* ❙ v.int. **2** Funcionar mal, de maneira irregular ou parar de funcionar: *Meu relógio enguiçou e não consigo ver as horas.* ❙ v.t.i./v.int. **3** Brigar ou discutir [com alguém]. ▫ ORTOGRAFIA Antes de e, o ç muda para c →COMEÇAR.

enguiço ⟨en.gui.ço⟩ s.m. Em um mecanismo, empecilho ou mau funcionamento. ▫ SIN. defeito.

engulhar ⟨en.gu.lhar⟩ ❙ v.t.d./v.int. **1** Causar ou sentir enjoo: *O cheiro forte a engulhou.* ▫ SIN. enjoar. ❙ v.t.d. **2** Causar repugnância ou repulsa a (alguém). ▫ SIN. enjoar. ❙ v.int. **3** Sentir repugnância ou repulsa. ▫ SIN. enjoar.

engulho ⟨en.gu.lho⟩ s.m. **1** Náusea ou desejo de vomitar. **2** Nojo ou repugnância: *A hipocrisia lhe causava engulhos.*

-enho, -enha 1 Sufixo que indica origem ou pátria: *caribenho, hondurenha.* **2** Sufixo que indica semelhança: *ferrenho.*

enigma ⟨e.nig.ma⟩ s.m. **1** Aquilo que é de difícil compreensão ou interpretação: *A existência de vida em outras galáxias continua sendo um enigma.* **2** Questão difícil de decifrar ou compreender: *Na gincana, a equipe campeã será aquela que decifrar o enigma.* ▫ SIN. charada.

enigmático, ca ⟨e.nig.má.ti.co, ca⟩ adj. Que apresenta um enigma ou que é difícil de compreender.

enjaular ⟨en.jau.lar⟩ v.t.d. **1** Pôr dentro de uma jaula: *enjaular uma fera.* **2** *informal* Encarcerar ou prender em cadeia.

enjeitar ⟨en.jei.tar⟩ ❙ v.t.d./v.prnl. **1** Não aceitar ou rejeitar(-se): *Enjeitou o namorado.* ❙ v.t.d. **2** Mostrar oposição ou desprezo a: *Enjeitava os meus argumentos.* **3** Abandonar (um filho, especialmente um recém-nascido): *Enjeitou o filho assim que ele nasceu.*

enjoado, da ⟨en.jo.a.do, da⟩ adj. **1** Que causa ou que sente enjoo. **2** Que causa repugnância ou repulsa.

enjoar ⟨en.jo.ar⟩ ❙ v.t.d./v.int. **1** Causar ou sentir enjoo: *O balanço do barco acabou enjoando os tripulantes.* ▫ SIN. engulhar. ❙ v.t.d. **2** Causar repugnância ou repulsa a (alguém): *A intolerância me enjoa.* ▫ SIN. engulhar. ❙ v.t.i. **3** Sentir repugnância ou repulsa [por algo]: *Enjoamos daquela música melosa.* ▫ SIN. engulhar.

enjoativo, va ⟨en.jo.a.ti.vo, va⟩ adj. **1** Que causa enjoo ou desejo de vomitar. **2** Que causa repugnância, tédio ou desagrado.

enjoo ⟨en.jo.o⟩ (Pron. [enjôo]) s.m. **1** Mal-estar que se sente no estômago quando se quer vomitar. ▫ SIN. ânsia, náusea. **2** Mal-estar que algumas pessoas sentem ao viajar em algum meio de transporte. ▫ SIN. náusea. **3** Repugnância causada por algo: *Seu cinismo nos causa enjoo.* ▫ SIN. náusea.

enlaçar ⟨en.la.çar⟩ ❙ v.t.d./v.prnl. **1** Segurar(-se) ou abraçar(-se): *Os pares se enlaçavam no salão.* ❙ v.t.d. **2** Prender ou aprisionar com um laço (um animal): *O vaqueiro enlaçou o boi com habilidade.* ▫ ORTOGRAFIA Antes de e, o ç muda para c →COMEÇAR.

enlace ⟨en.la.ce⟩ s.m. União, combinação ou ligação. ‖ **enlace (matrimonial)** Aquele feito entre duas pessoas que passam a ser cônjuges.

enlamear ⟨en.la.me.ar⟩ v.t.d./v.prnl. **1** Manchar(-se) ou cobrir(-se) com lama: *A enchente enlameou as ruas. Caíram e se enlamearam da cabeça aos pés.* **2** Cobrir(-se) de desonra (uma pessoa ou a sua reputação, especialmente): *O escândalo enlameou seu nome.* ▫ ORTOGRAFIA O e muda para *ei* quando a sílaba tônica estiver na raiz do verbo →NOMEAR.

enlanguescer ⟨en.lan.gues.cer⟩ v.int./v.prnl. Tornar-se lânguido ou perder as forças. ▫ ORTOGRAFIA Antes de a ou o, o c muda para ç →CONHECER.

enlatar ⟨en.la.tar⟩ v.t.d. Pôr ou envasar em latas: *enlatar um alimento.*

enlear ⟨en.le.ar⟩ v.t.d./v.t.d.i./v.prnl. Envolver(-se) [em um assunto ou com alguém]: *Enleou-se em uma situação complicada.* ▫ ORTOGRAFIA O e muda para *ei* quando a sílaba tônica estiver na raiz do verbo →NOMEAR.

enlevar ⟨en.le.var⟩ v.t.d./v.prnl. Causar ou sentir grande admiração ou prazer: *Com a música, o espírito se enleva.* ▫ SIN. embevecer, extasiar.

enlevo ⟨en.le.vo⟩ (Pron. [enlêvo]) s.m. Estado da pessoa cativada por sensações extremamente belas, agradáveis ou prazerosas: *Observava o amanhecer com enlevo.* □ SIN. arroubo.

enlouquecer ⟨en.lou.que.cer⟩ v.t.d./v.int. Tornar(-se) louco: *Este trânsito enlouquece qualquer um. Quando souberam que seriam pais, enlouqueceram de felicidade.* □ ORTOGRAFIA Antes de *a* ou *o*, o *c* muda para *ç* →CONHECER.

enluarado, da ⟨en.lu.a.ra.do, da⟩ adj. Que é iluminado pela lua.

enlutar ⟨en.lu.tar⟩ v.t.d./v.prnl. 1 Cobrir de luto: *O falecimento do artista enlutou o país.* 2 *literário* Tornar(-se) triste: *Aquela notícia triste enlutou sua face.*

-eno, -ena Sufixo que indica origem ou pátria: *esloveno, chilena.*

enobrecer ⟨en.no.bre.cer⟩ ▌ v.t.d./v.prnl. 1 Tornar(-se) nobre: *Suas atitudes humanitárias o enobrecem.* ▌ v.t.d. 2 Realçar ou transmitir esplendor e distinção a: *Essa roupa elegante enobrece sua imagem.* □ ORTOGRAFIA Antes de *a* ou *o*, o *c* muda para *ç* →CONHECER.

enodoar ⟨en.no.do.ar⟩ ▌ v.t.d. 1 Cobrir de manchas: *A umidade enodoou as fotos.* ▌ v.t.d./v.prnl. 2 Prejudicar(-se) ou abalar(-se) (a honra ou a boa fama, especialmente): *A mentira enodoou sua reputação.*

enojar ⟨en.no.jar⟩ v.t.d./v.prnl. 1 Causar ou sentir nojo: *A hipocrisia me enoja. Enojou-se com o cheiro de peixe.* 2 Causar ou sentir aborrecimento: *A falta de pontualidade me enoja.*

enorme ⟨e.nor.me⟩ adj.2g. Desproporcional, excessivo ou muito maior que o normal.

enovelar ⟨e.no.ve.lar⟩ v.t.d./v.prnl. 1 Colocar(-se) em novelos: *enovelar a lã.* 2 Complicar(-se) ou tornar(-se) mais difícil: *Nos últimos capítulos, o romance se enovelou.*

enquadrar ⟨en.qua.drar⟩ ▌ v.t.d. 1 Pôr em um quadro ou em uma moldura. 2 Incluir ou encaixar dentro de certos limites: *Enquadraram o projeto na lei de incentivos.* 3 Posicionar (uma imagem) buscando sua melhor composição: *enquadrar uma cena.* ▌ v.prnl. 4 Ajustar-se ou estar de acordo: *Os resultados dos exames não se enquadram nos padrões esperados.* ▌ v.t.d. 5 *informal* Indiciar ou deter para averiguação: *Os policiais enquadraram vários suspeitos.*

enquanto ⟨en.quan.to⟩ conj. Conectivo gramatical subordinativo (que une elementos entre os quais há uma relação de dependência) que expressa uma circunstância temporal: *Costuma ler revistas enquanto espera o ônibus.* ‖ **por enquanto** Por agora: *Por enquanto dedica-se somente aos estudos.*

enrabichar ⟨en.ra.bi.char⟩ v.t.d./v.prnl. *informal* Sentir(-se) interessado, afeiçoado ou entusiasmado por (alguém): *Enrabichou-se pela colega de classe.*

enraivecer ⟨en.rai.ve.cer⟩ v.t.d./v.int./v.prnl. Irritar(-se), aborrecer(-se) ou encolerizar(-se): *Os cortes de luz enraiveciam os moradores.* □ ORTOGRAFIA Antes de *a* ou *o*, o *c* muda para *ç* →CONHECER.

enraizar ⟨en.ra.i.zar⟩ v.t.d./v.int./v.prnl. Arraigar(-se), fazer criar ou criar raízes: *A planta precisa de espaço para enraizar.*

enrascada ⟨en.ras.ca.da⟩ s.f. *informal* Complicação ou dificuldade.

enrascar ⟨en.ras.car⟩ ▌ v.t.d./v.prnl. 1 Complicar(-se), comprometer(-se) ou colocar(-se) em dificuldade: *Meteu-se em uma confusão e acabou enrascando o amigo.* ▌ v.t.d. 2 Pescar ou apanhar com uma rede. □ ORTOGRAFIA Antes de *e*, o *c* muda para *qu* →BRINCAR.

enredar ⟨en.re.dar⟩ ▌ v.t.d. 1 Iludir(-se), cativar(-se) ou envolver(-se): *Em As Mil e Uma Noites, Xerazade enreda o sultão com suas histórias.* 2 Prender(-se) em uma rede. ▌ v.t.d./v.t.d.i./v.prnl. 3 Envolver(-se) [em uma situação complicada] ou comprometer-se: *Enredou-se em uma grande confusão.*

enredo ⟨en.re.do⟩ (Pron. [enrêdo]) s.m. 1 Em uma obra narrativa ou dramática, conjunto de acontecimentos interligados que levam ao desfecho. □ SIN. entrecho, trama. 2 Complicação ou situação que exigem esforço para serem resolvidas: *Está metido em um enredo do qual não consegue sair.* 3 Intriga, mentira ou engano que causam problemas e que podem prejudicar alguém: *Os enredos aumentaram a inimizade das famílias.*

enregelar ⟨en.re.ge.lar⟩ v.t.d./v.int./v.prnl. 1 Congelar, provocar ou sofrer frio intenso: *O inverno rigoroso lhe enregelava os ossos.* 2 Causar ou sentir pavor: *Enregelou-se ao sentir o perigo.*

enricar ⟨en.ri.car⟩ v.t.d./v.int./v.prnl. Tornar ou ficar rico: *Enricar era sua ideia fixa.* □ SIN. enriquecer. □ ORTOGRAFIA Antes de *e*, o *c* muda para *qu* →BRINCAR.

enrijecer ⟨en.ri.je.cer⟩ v.t.d./v.int./v.prnl. Tornar(-se) mais forte ou mais resistente: *Exercícios físicos adequados enrijecem os músculos.* □ SIN. robustecer. □ ORTOGRAFIA Antes de *a* ou *o*, o *c* muda para *ç* →CONHECER.

enrijecimento ⟨en.ri.je.ci.men.to⟩ s.m. 1 Ato ou efeito de enrijecer(-se). □ SIN. endurecimento. 2 Aumento da força ou da resistência: *Exercícios físicos contribuem para o enrijecimento dos músculos.*

enriquecer ⟨en.ri.que.cer⟩ v.t.d./v.int./v.prnl. 1 Tornar ou ficar rico: *A exploração de minérios enriqueceu a região. Enriqueceram após anos de trabalho.* □ SIN. enricar. 2 Aumentar as propriedades de (algo) ou melhorar: *A leitura enriqueceu seu vocabulário.* □ ORTOGRAFIA Antes de *a* ou *o*, o *c* muda para *ç* →CONHECER.

enrodilhar ⟨en.ro.di.lhar⟩ v.t.d./v.prnl. Deixar ou ficar em formato de rodilha: *Enrodilhou o pano para amarrá-lo na cabeça.*

enrolamento ⟨en.ro.la.men.to⟩ s.m. Colocação de um material flexível, em formato de rolo, ao redor de uma bobina ou de um carretel.

enrolar ⟨en.ro.lar⟩ ▌ v.t.d./v.prnl. 1 Pôr(-se) ou colocar(-se) em formato de rolo: *Enrolou a fita métrica para guardá-la.* ▌ v.t.d./v.t.d.i./v.prnl. 2 Cobrir(-se) ou envolver(-se) [em algo]: *O enfermeiro lhe enrolou o pé com uma faixa.* ▌ v.t.d. 3 *informal* Enganar ou confundir: *Tentou me enrolar com um negócio suspeito.* ▌ v.t.d./v.prnl. 4 *informal* Atrapalhar(-se) ou complicar(-se): *Não me enrole que estou com pressa! Enrolou-se ao responder a pergunta.* ▌ v.int. 5 *informal* Perder tempo ou atrasar a realização de uma ação: *Se enrolar, não conseguirá entregar o trabalho a tempo.*

enroscar ⟨en.ros.car⟩ ▌ v.t.d./v.prnl. 1 Enrolar ou envolver se dando voltas: *As pipas são perigosas porque podem se enroscar nos fios elétricos.* ▌ v.t.d. 2 Girar (um objeto) em forma de rosca ou espiral: *enroscar um parafuso.* ▌ v.t.d./v.prnl. 3 Enredar, fazer encontrar ou encontrar dificuldade: *O processo enroscou na Justiça.* ▌ v.prnl. 4 Aninhar-se ou envolver-se: *O garoto se enroscou no colo da mãe.* □ ORTOGRAFIA Antes de *e*, o *c* muda para *qu* →BRINCAR.

enroupar ⟨en.rou.par⟩ v.t.d./v.prnl. Cobrir ou abrigar com roupa: *A avó enroupou o neto na cama.*

enrouquecer ⟨en.rou.que.cer⟩ v.t.d./v.int. Deixar ou ficar rouco: *O frio da noite enrouqueceu sua voz. Enrouqueceram de tanto animar o time.* □ ORTOGRAFIA Antes de *a* ou *o*, o *c* muda para *ç* →CONHECER.

enrubescer ⟨en.ru.bes.cer⟩ v.t.d./v.int./v.prnl. Tornar(-se) vermelho ou com tonalidades vermelhas, especialmente se for por vergonha: *Seus rostos enrubesceram ao verem a cena. Enrubesceu-se ao ouvir os elogios pelo trabalho.*

□ SIN. afoguear, avermelhar, corar, ruborizar. □ ORTOGRAFIA Antes de a ou o, o c muda para ç →CONHECER.
enrugar ‹en.ru.gar› v.t.d./v.int./v.prnl. Fazer rugas em (algo) ou adquirir rugas: *As folhas ficaram enrugadas depois de secas. Quando contei o que aconteceu, meu pai enrugou a fronte e saiu.* □ SIN. sulcar. □ ORTOGRAFIA Antes de e, o g muda para gu →CHEGAR.
enrustido, da ‹en.rus.ti.do, da› adj./s. *informal* Em relação a uma pessoa homossexual, que não assume sua sexualidade.
ensaboar ‹en.sa.bo.ar› ▮ v.t.d./v.prnl. 1 Lavar(-se) ou limpar(-se) com sabão e água: *Antes de lavar o cabelo, ensaboou bem o corpo.* ▮ v.t.d. 2 Corrigir ou chamar a atenção de (alguém), desaprovando sua conduta.
ensacar ‹en.sa.car› v.t.d. Pôr em um saco. □ ORTOGRAFIA Antes de e, o c muda para qu →BRINCAR.
ensaiar ‹en.sai.ar› v.t.d. 1 Preparar a montagem e a execução de (um espetáculo) antes de apresentá-lo ao público: *Antes da estreia, ensaiaram a peça durante meses.* 2 Preparar com antecedência (uma atuação): *Ensaiou diante do espelho o que iria dizer na palestra.* 3 Testar ou submeter a um conjunto de provas: *Estão ensaiando um novo medicamento para combater essa doença.* 4 Querer ou tentar realizar (uma ação): *Ensaiou uma volta aos estudos, mas desistiu.*
ensaio ‹en.sai.o› s.m. 1 Execução e prática de um espetáculo a portas fechadas que é feita com o objetivo de prepará-lo para ser apresentado ao público. 2 Preparação anterior a uma atuação: *Fez um ensaio de como deveria ser o seminário.* 3 Texto em prosa, geralmente curto e com propósito didático, em que o autor expõe sua opinião sobre um tema de forma menos extensa e precisa que em um tratado completo sobre o assunto: *um ensaio científico.* 4 Gênero textual constituído por esses textos. 5 Teste ou conjunto de provas: *Realizaram vários ensaios com este medicamento antes de comercializá-lo.* ▮ **ensaio geral** Representação de um espetáculo que conta com todos os elementos que o compõe e que ocorre antes de sua apresentação ao público.
ensaísta ‹en.sa.ís.ta› s.2g. Escritor de ensaios.
ensandecer ‹en.san.de.cer› v.t.d./v.int./v.prnl. Tornar(-se) insano ou insensato. □ ORTOGRAFIA Antes de a ou o, o c muda para ç →CONHECER.
ensanguentar ‹en.san.guen.tar› (Pron. [ensangüentar]) v.t.d./v.prnl. Manchar(-se) ou tingir(-se) de sangue.
ensarilhar ‹en.sa.ri.lhar› v.t.d. Colocar de pé no chão (um conjunto de armas), apoiadas umas nas outras.
-ense Sufixo que indica origem ou pátria: *brasiliense, israelense.*
enseada ‹en.se.a.da› s.f. Entrada do mar na costa, menor que uma baía. □ SIN. angra, saco.
ensebar ‹en.se.bar› ▮ v.t.d./v.prnl. 1 Engordurar ou sujar(-se). ▮ v.int. 2 *informal* Demorar ou tardar: *Se continuar ensebando, vai chegar atrasado!*
ensejar ‹en.se.jar› v.t.d./v.t.d.i. Oferecer, proporcionar ou dar a oportunidade de (algo) [a alguém]: *O acaso ensejou-lhe um encontro com o grande escritor.*
ensejo ‹en.se.jo› (Pron. [ensêjo]) s.m. Oportunidade favorável ou apropriada para fazer ou para conseguir algo: *O curso será um bom ensejo para fazer novos amigos.*
ensilar ‹en.si.lar› v.t.d. Guardar ou armazenar em um silo (grãos ou sementes): *ensilar o trigo.*
ensinamento ‹en.si.na.men.to› s.m. 1 Ato ou efeito de ensinar. 2 Lição, exemplo ou advertência: *Procura tirar um ensinamento dos erros que comete.* 3 Conjunto de conhecimentos teóricos ou práticos que um professor ministra para seus alunos. □ SIN. aula, lição.

ensinar ‹en.si.nar› ▮ v.t.d./v.t.d.i. 1 Transmitir (um conhecimento ou um aprendizado) [a uma pessoa ou a um animal]. 2 Transmitir (uma experiência que sirva de exemplo ou de advertência) [a alguém]: *Este erro lhe ensinará a ser mais cauteloso.* ▮ v.t.d.i. 3 Indicar ou dar sinais precisos de (algo) [a alguém]: *Ensinou o caminho da escola ao rapaz.*
ensino ‹en.si.no› s.m. 1 Transmissão de conhecimentos. 2 Conjunto de meios, de pessoas, de atividades e de métodos destinados à educação. ▮ **(Ensino) Fundamental** Aquele que é elementar e obrigatório, e que compreende os nove primeiros anos da vida escolar. ▮ **Ensino Médio** Aquele que intermedeia o ensino fundamental e o superior, e que compreende três anos escolares. ▮ **Ensino Superior** Aquele que compreende os estudos especializados de cada profissão ou carreira. ▮ **(Ensino) Supletivo** Aquele que se destina às pessoas que não cursaram ou que não concluíram seus estudos regulares na idade apropriada. □ USO 1. *Ensino Fundamental* substituiu a antiga denominação *Primeiro Grau.* 2. *Ensino Médio* substituiu a antiga denominação *Segundo Grau.*
ensolarado, da ‹en.so.la.ra.do, da› adj. 1 Em relação ao tempo atmosférico, com sol e sem nuvens. 2 Em relação a um lugar, exposto ao sol.
ensombrar ‹en.som.brar› v.t.d./v.prnl. 1 Cobrir(-se) de sombra: *As cortinas ensombravam a sala.* 2 Tornar(-se) triste ou melancólico: *A partida do amigo ensombrou seu rosto.*
ensopado, da ‹en.so.pa.do, da› ▮ adj. 1 Muito molhado. ▮ s.m. 2 Prato geralmente à base de pedaços de carne, batatas, verduras ou outros ingredientes, cozidos e com molho.
ensopar ‹en.so.par› v.t.d./v.prnl. Molhar(-se) muito: *Com a chuva, ensoparam toda a roupa. Sua camisa ensopou-se de suor.*
ensurdecer ‹en.sur.de.cer› v.t.d./v.int. 1 Tornar(-se) surdo: *Esse rádio está me ensurdecendo.* 2 Incapacitar(-se) para ouvir momentaneamente: *O ruído dos motores nos ensurdeceu por alguns segundos.* 3 Diminuir a intensidade de ou tornar(-se) menos perceptível (um som ou um ruído): *A parede ensurdecia as vozes da sala.* □ ORTOGRAFIA Antes de a ou o, o c muda para ç →CONHECER.
entablamento ‹en.ta.bla.men.to› s.m. Em arquitetura, conjunto de elementos horizontais que servem como remate de uma estrutura e que são geralmente sustentados por colunas ou pilares.
entabuar ‹en.ta.bu.ar› v.t.d. Cobrir com tábuas: *Na casa nova, entabuou a sala com assoalho.* □ ORTOGRAFIA Escreve-se também *entabular.*
entabular ‹en.ta.bu.lar› v.t.d. 1 →**entabuar** 2 Começar ou dar início a (uma conversa, uma relação ou uma disputa): *No aeroporto, entabulamos uma conversa com um turista japonês. Os dois países entabularam negociações para alcançar a paz.*
entalar ‹en.ta.lar› ▮ v.t.d./v.prnl. 1 Fazer parar ou parar em um lugar apertado ou em uma passagem estreita de forma que não seja possível sair. ▮ v.t.d. 2 Prender ou fixar (um membro fraturado do corpo) com talas e uma bandagem: *Entalaram-lhe o braço quebrado no hospital.* ▮ v.t.d./v.prnl. 3 Colocar(-se) em uma situação complicada ou difícil: *Entalou-se com as dívidas bancárias.*
entalhador, -a ‹en.ta.lha.dor, do.ra› (Pron. [entalhadôr], [entalhadôra]) adj./s. Que ou quem se dedica à talha, especialmente se for da madeira ou de pedras preciosas.
entalhar ‹en.ta.lhar› v.t.d. 1 Cortar ou abrir fenda em (madeira ou outro material). 2 Trabalhar (a madeira

entorpecimento

ou pedras preciosas) para dar-lhes forma: *Entalhou um tronco e fez uma escultura.* ☐ ORTOGRAFIA Escreve-se também *talhar*.

entalhe ⟨en.ta.lhe⟩ s.m. **1** Corte ou fenda, especialmente se forem em madeira. ☐ SIN. **ranhura**. **2** Obra de escultura, especialmente se for realizada em madeira. ☐ SIN. **talho**. ☐ ORTOGRAFIA Escreve-se também *entalho*.

entalho ⟨en.ta.lho⟩ s.m. →**entalhe**

entanto ⟨en.tan.to⟩ adv. Durante o tempo em que algo ocorre ou se realiza: *Ele cozinhava; entanto, eu colocava a mesa.* ‖ **no entanto** Conectivo gramatical coordenativo (que une elementos do mesmo nível sintático) que pode expressar oposição ou adversidade: *Trabalha muito; no entanto, ganha pouco.* ☐ SIN. **contudo, entretanto, mas, porém, todavia**.

então ⟨en.tão⟩ adv. **1** Em um tempo ou em uma ocasião não situados no presente: *Ele resolveu, então, dizer a verdade.* **2** Nesse caso ou sendo assim: *Então nos vemos na próxima aula.*

-entar Sufixo que indica transformação: *acorrentar, esquentar.*

entardecer ⟨en.tar.de.cer⟩ ▌ s.m. **1** Última parte da tarde. ▌ v.int. **2** Começar a cair a tarde. ☐ ORTOGRAFIA Na acepção 2, antes de *a* ou *o*, o *c* muda para *ç* →CONHECER. ☐ GRAMÁTICA Na acepção 2, é um verbo impessoal: só se usa na terceira pessoa do singular, no particípio, no gerúndio e no infinitivo →CHOVER.

ente ⟨en.te⟩ s.m. **1** Aquilo ou aquele que são, que existem ou que podem existir: *Os personagens do romance são entes de ficção.* ☐ SIN. **entidade**. **2** Ser humano ou indivíduo.

enteado, da ⟨en.te.a.do, da⟩ s. Em relação a uma pessoa, filho ou filha que seu cônjuge teve em uma união anterior.

entediar ⟨en.te.di.ar⟩ ▌ v.t.d./v.prnl. **1** Causar ou sentir cansaço ou aborrecimento por falta de entretenimento, de diversão ou de estímulo: *O mesmo tipo de seriados durante anos acabou entediando a audiência. Entediávamo-nos com aquelas palestras.* ▌ v.t.d. **2** Molestar, aborrecer ou causar sensação de saturação, geralmente devido à insistência: *Tanta falação entedia qualquer um!*

entender ⟨en.ten.der⟩ ▌ v.t.d. **1** Compreender ou apreender (o sentido de algo): *Não entendeu bem minhas explicações. Ela entende bem o francês.* ▌ v.prnl. **2** Conhecer-se, comunicar-se ou compreender-se: *Pai e filho se entendem muito bem.* ▌ v.t.d. **3** Perceber por meio da audição (um som): *Das últimas fileiras não se entendia muito bem o que o professor dizia.* **4** Acreditar, opinar ou deduzir: *Entendo que este não é o momento para discussões.* **5** Julgar ou decidir após refletir com atenção e cuidado: *O juiz entendeu que o réu era inocente.* ‖ **no {meu/teu/...} entender** Segundo a opinião ou o modo de pensar da pessoa que se indica: *No meu entender, o assunto se resolveria se você conversasse com ela.*

entendimento ⟨en.ten.di.men.to⟩ s.m. **1** Faculdade humana de conhecer, compreender, avaliar e julgar: *O entendimento distingue as pessoas dos animais.* **2** Razão humana ou sentido comum: *Não deixe que a raiva estrague seu entendimento.* **3** Acordo ou ajuste amistosos entre duas ou mais partes: *Os países chegaram a um entendimento depois de várias reuniões.*

enterite ⟨en.te.ri.te⟩ s.f. Inflamação da mucosa do intestino.

enternecer ⟨en.ter.ne.cer⟩ v.t.d./v.prnl. Causar ou sentir ternura: *O sorriso de um bebê enternece qualquer pessoa.* ☐ ORTOGRAFIA Antes de *a* ou *o*, o *c* muda para *ç* →CONHECER.

enterrar ⟨en.ter.rar⟩ v.t.d. **1** Pôr debaixo da terra: *Os piratas enterraram o tesouro em algum lugar da ilha.* **2** Dar sepultura a (um cadáver): *Morreu ontem e o enterramos hoje.* ☐ SIN. **sepultar**. **3** Esquecer ou deixar no esquecimento: *Enterremos nossas diferenças e tentemos ser amigos.*

enterro ⟨en.ter.ro⟩ (Pron. [entêrro]) s.m. Conjunto de procedimentos solenes ou tradicionais para sepultar um cadáver. ☐ SIN. **funeral**.

entesourar ⟨en.te.sou.rar⟩ v.t.d. Reunir ou guardar (coisas de valor), geralmente em um lugar secreto: *Passou a vida entesourando seus bens.*

entidade ⟨en.ti.da.de⟩ s.f. **1** Aquilo ou aquele que são, que existem ou que podem existir. ☐ SIN. **ente**. **2** Coletividade, organização ou empresa: *uma entidade pública.*

-ento, -enta Sufixo que indica abundância: *barrento, ciumenta.*

entoação ⟨en.to.a.ção⟩ (pl. *entoações*) s.f. **1** Ato ou efeito de entoar. **2** →**entonação**

entoar ⟨en.to.ar⟩ v.t.d. **1** Falar ou declamar em voz alta: *entoar uma poesia.* **2** Cantar ou interpretar conforme as indicações melódicas, da harmonia, do ritmo, do texto e da dinâmica: *entoar uma ária.* **3** Cantar (uma nota) como referência para a afinação dos demais cantores: *Entoou as primeiras notas para afinar o coro.*

entocar ⟨en.to.car⟩ ▌ v.t.d./v.prnl. **1** Esconder(-se) ou ocultar(-se): *Entocou as velharias no quarto dos fundos.* ▌ v.prnl. **2** Ir para dentro da toca (um animal): *O urso se entocou ao se sentir ameaçado.* ☐ ORTOGRAFIA Antes de *e*, o *c* muda para *qu* →BRINCAR.

entomologia ⟨en.to.mo.lo.gi.a⟩ s.f. Parte da zoologia que estuda os insetos.

entomológico, ca ⟨en.to.mo.ló.gi.co, ca⟩ adj. Da entomologia ou relacionado a essa parte da zoologia.

entomólogo, ga ⟨en.to.mó.lo.go, ga⟩ s. Pessoa especializada em entomologia.

entonação ⟨en.to.na.ção⟩ (pl. *entonações*) s.f. **1** Variação do tom da voz segundo o sentido do que se diz, da emoção que expressa e do estilo ou acento com os quais se fala. **2** Em linguística, sequência sonora dos tons com os quais se emite o discurso oral, e que pode contribuir para o seu significado: *As orações interrogativas se pronunciam com entonação ascendente.* ☐ ORTOGRAFIA Escreve-se também *entoação*.

entontecer ⟨en.ton.te.cer⟩ v.t.d./v.int./v.prnl. **1** Causar ou sentir enjoo ou mal-estar, que geralmente se manifestam com vômitos e com perda de equilíbrio: *Ler no carro me entontece.* **2** Tornar(-se) tonto: *A pancada na cabeça o entonteceu.* ☐ ORTOGRAFIA Antes de *a* ou *o*, o *c* muda para *ç* →CONHECER.

entornar ⟨en.tor.nar⟩ ▌ v.t.d. **1** Esvaziar (um recipiente). ▌ v.t.d./v.t.d.i. **2** Derramar ou verter (algo) [em um lugar]: *Entornamos a bebida nas taças.* ☐ SIN. **deitar, despejar**. ▌ v.t.d./v.int. **3** *informal* Ingerir (uma bebida alcoólica) em excesso ou embriagar-se: *Entornou vários copos de cerveja.*

entorpecente ⟨en.tor.pe.cen.te⟩ ▌ adj.2g. **1** Que entorpece. ▌ adj.2g./s.m. **2** Em relação a uma substância, que causa entorpecimento, embriaguez ou perda da sensibilidade e que pode causar dependência física ou psíquica. ☐ SIN. **estupefaciente**.

entorpecer ⟨en.tor.pe.cer⟩ v.t.d./v.int./v.prnl. Causar ou sentir torpor: *O excesso de álcool entorpece.* ☐ ORTOGRAFIA Antes de *a* ou *o*, o *c* muda para *ç* →CONHECER.

entorpecimento ⟨en.tor.pe.ci.men.to⟩ s.m. Em uma parte do corpo, perda de sensibilidade ou de agilidade. ☐ SIN. **estupefação**.

entorse ⟨en.tor.se⟩ s.f. Lesão causada por torção violenta, às vezes com ruptura do ligamento de uma articulação.

entortar ⟨en.tor.tar⟩ ▌v.t.d./v.int./v.prnl. **1** Dobrar(-se) ou torcer(-se) [algo que está reto]: *O excesso de peso entortou as prateleiras*. ▌v.t.d./v.prnl. **2** Desviar ou inclinar-se: *Por causa da má postura, entortou a coluna*. ▌v.int./v.prnl. **3** *informal* Ingerir uma bebida alcoólica em excesso ou embriagar-se.

entrada ⟨en.tra.da⟩ s.f. **1** Passagem para o interior. **2** Espaço pelo qual se entra em um lugar. **3** Em um edifício ou em uma moradia, vestíbulo ou parte próxima à porta principal. **4** Ingresso de uma pessoa em um grupo determinado. **5** Bilhete que dá direito a assistir a um espetáculo ou a visitar um lugar. **6** Conjunto dos primeiros dias de um período de tempo, especialmente se for de uma estação: *Na entrada da primavera, aparecem as primeiras flores*. **7** Em um dicionário ou em uma enciclopédia, termo que encabeça cada verbete e é aquilo que se define: *Nos dicionários, as entradas costumam vir em negrito para sobressaírem à definição*. **8** Na cabeça de uma pessoa, parte lateral e superior que perdeu o cabelo: *Ele já tem as mesmas entradas do pai e talvez fique calvo*. **9** Em uma refeição, prato que se serve antes do principal. **10** Em uma execução musical, momento da intervenção de um instrumentista, vocalista ou conjunto, geralmente indicado por um maestro ou por um músico responsável: *O maestro indicou com um gesto a entrada da flauta*. **11** Quantia de dinheiro que se adianta ou que se entrega ao formalizar uma compra, um aluguel ou uma inscrição: *Pagou o celular com uma entrada e três parcelas*. **12** No período colonial brasileiro, expedição, geralmente oficial, de exploração do interior do território e de seus recursos naturais. ‖ **de entrada** Para começar ou em primeiro lugar: *De entrada, o palestrante abordou a importância da educação para o futuro de um país*. ◻ USO Na acepção 12, usa-se geralmente a forma plural *entradas*.

entranha ⟨en.tra.nha⟩ ▌s.f. **1** Qualquer órgão contido na região abdominal do corpo. ◻ SIN. víscera. **2** O mais íntimo ou essencial: *Os técnicos analisaram o computador até chegarem às entranhas do problema*. ▌s.f.pl. **3** O mais oculto e escondido. ◻ USO Usa-se geralmente a forma plural *entranhas*.

entranhado, da ⟨en.tra.nha.do, da⟩ adj. **1** Muito antigo ou muito apegado ao antigo. **2** Íntimo ou profundo.

entranhar ⟨en.tra.nhar⟩ ▌v.t.d.i./v.prnl. **1** Penetrar(-se) ou introduzir(-se) [em um lugar]: *O grupo se entranhou no sertão*. ▌v.prnl. **2** Dedicar-se com atenção a uma atividade ou concentrar-se nela: *Entranhou-se na leitura do texto*.

entrante ⟨en.tran.te⟩ adj.2g. Que entra ou que começa.

entrar ⟨en.trar⟩ ▌v.t.i./v.int. **1** Passar de fora para dentro [de um lugar]: *Várias pessoas entraram atrasadas no cinema*. ▌v.t.i. **2** Penetrar ou introduzir-se [em algo ou um lugar]: *Fiz força para que a broca entrasse na parede*. **3** Encaixar ou caber [em algo]: *O armário não entrou no elevador e teve que ser carregado pela escada*. **4** Estar incluído, ter lugar ou ser parte integrante [de algo]: *Os passeios não entram no preço da viagem*. **5** Ingressar ou passar a ser membro [de um grupo, de uma experiência ou de uma atividade]: *Não podia entrar no colégio, pois não morava no bairro*. **6** Intervir ou tomar parte [em um assunto alheio]: *Preferimos não entrar nessa discussão*. **7** Em relação a um ator, a um músico ou a um instrumento, iniciar a participação ou a execução [em uma apresentação artística]: *No terceiro compasso, entram os violinos*. ▌v.int. **8** Começar ou ter início (um período de tempo, especialmente se for uma estação): *Quando entra a primavera, os jardins se enchem de flores*. ▌v.t.i./v.int. **9** Em relação especialmente a uma peça do vestuário, ser suficientemente larga para colocar [em uma parte do corpo]: *Se esta saia não entrar, pedirei uma maior. A bota não entra no meu pé*. ▌v.t.i./v.int. **10** Em informática, abrir ou ter acesso [a um *site*, um arquivo ou um programa]: *Entrou no arquivo para fazer as alterações. Para acessar o conteúdo do site, é necessário entrar com seu nome e sua senha*. ◻ GRAMÁTICA Nas acepções 5 e 6, usa-se a construção *entrar EM algo*.

entravar ⟨en.tra.var⟩ v.t.d. Atrapalhar, dificultar ou impossibilitar: *A chuva entravou nossos planos*.

entrave ⟨en.tra.ve⟩ s.m. Aquilo que atrapalha, que dificulta ou que impossibilita: *Neste banco, há muitos entraves para que se consiga um empréstimo*.

entre ⟨en.tre⟩ prep. **1** Indica situação, estado ou ponto intermediários: *Sentei-me à mesa entre meus dois irmãos*. **2** Indica cooperação de duas ou mais pessoas ou coisas: *Entre os dois, conseguimos terminar o trabalho*. **3** Indica que algo pertence a um grupo ou a uma coletividade, ou que faz parte deles: *Entre os membros do time, há muito companheirismo*. **4** Indica presença no interior de algo: *Vivia entre as paredes do convento*. **5** Indica intervalo de uma série ou de uma sequência: *Haverá uma pausa entre o primeiro e o segundo atos da peça*. **6** Indica alternativa ou opção de escolha: *Entre frango e peixe, escolho o segundo*.

entreabrir ⟨en.tre.a.brir⟩ v.t.d./v.prnl. Abrir(-se) parcialmente ou pela metade: *Ele estava dormindo, mas entreabriu os olhos ao me ouvir chegar*.

entreato ⟨en.tre.a.to⟩ s.m. Em um espetáculo, especialmente se for em uma representação dramática, cada uma das pausas ou intervalos realizados entre as partes que o compõem.

entrecerrar ⟨en.tre.cer.rar⟩ v.t.d./v.prnl. Fechar(-se) parcialmente ou pela metade.

entrecho ⟨en.tre.cho⟩ (Pron. [entrêcho]) s.m. Em uma obra narrativa ou dramática, conjunto de acontecimentos interligados que levam ao desfecho. ◻ SIN. enredo, trama.

entrecortar ⟨en.tre.cor.tar⟩ v.t.d. Interromper ou fazer com que seja emitido com intermitências (a voz ou um som): *A timidez entrecortava sua voz*.

entrega ⟨en.tre.ga⟩ s.f. **1** Colocação de algo à disposição ou sob a responsabilidade de uma pessoa: *No filme, os sequestradores exigiam a entrega de um resgate*. **2** Dedicação total e intensa: *Sua entrega ao trabalho era admirável*. **3** Vencimento, derrota ou submissão à vontade de alguém. **4** Denúncia ou revelação de algo oculto.

entregador, -a ⟨en.tre.ga.dor, do.ra⟩ (Pron. [entregadôr], [entregadôra]) adj./s. **1** Que ou quem entrega ou distribui. **2** Que ou quem é traiçoeiro ou desleal.

entregar ⟨en.tre.gar⟩ ▌v.t.d./v.t.d.i. **1** Dar ou colocar (algo) em poder [de alguém]: *O diretor da escola entregou nossos diplomas*. **2** Descobrir ou manifestar (algo ignorado ou secreto) [a alguém]: *Entregaram às autoridades os nomes dos criminosos*. ▌v.t.d.i./v.prnl. **3** Dedicar(-se) inteiramente [a algo ou alguém]: *Nos últimos meses, entregou-se totalmente aos estudos*. ▌v.prnl. **4** Deixar-se dominar por algo, geralmente por um vício ou por um sentimento. **5** Render-se ou declarar-se vencido ou sem forças para continuar: *O exército inimigo acabou se entregando*. **6** Render-se sexualmente ou manter relação sexual com alguém. ◻ ORTOGRAFIA Antes de e, o g muda para gu → CHEGAR. ◻ GRAMÁTICA **1.** É um verbo abundante, pois apresenta dois particípios:

entrelaçamento ⟨en.tre.la.ça.men.to⟩ s.m. Ato ou efeito de entrelaçar(-se).

entrelaçar ⟨en.tre.la.çar⟩ v.t.d./v.t.d.i./v.prnl. Enlaçar(-se) (duas ou mais coisas) [com outras] tornando-as unidas ou cruzadas entre si. ☐ ORTOGRAFIA Antes de e, o ç muda para c →COMEÇAR.

entrelinha ⟨en.tre.li.nha⟩ ▪ s.f. **1** Espaço que fica entre duas linhas escritas ou impressas. **2** Aquilo que está escrito nesse espaço. ▪ s.f.pl. **3** Em uma mensagem escrita ou falada, aquilo que está subentendido: *O texto, aparentemente neutro, continha muitas críticas nas entrelinhas*.

entremear ⟨en.tre.me.ar⟩ v.t.d.i./v.prnl. Colocar(-se) (uma coisa) [entre outras]: *O cantor entremeou as gravações do disco com faixas de shows*. ☐ ORTOGRAFIA O e muda para ei quando a sílaba tônica estiver na raiz do verbo →NOMEAR.

entremeio ⟨en.tre.mei.o⟩ s.m. **1** Espaço que há entre duas ações ou entre dois tempos: *o entremeio de uma apresentação*. **2** Faixa bordada ou de renda que se costura entre dois tecidos.

entremostrar ⟨en.tre.mos.trar⟩ v.t.d./v.t.d.i./v.prnl. Mostrar(-se) parcialmente [a alguém]: *Entremostrou-se na janela antes de abrir a porta*.

entreolhar-se ⟨en.tre.o.lhar-se⟩ v.prnl. Olhar-se reciprocamente (duas ou mais pessoas): *Entreolharam-se ao ouvir um ruído estranho*.

entreouvir ⟨en.tre.ou.vir⟩ v.t.d. Ouvir de maneira pouco precisa: *Apenas entreouviu a notícia, pois estava distraído*.

entreposto ⟨en.tre.pos.to⟩ (Pron. [entrepôsto], [entrepóstos]) s.m. **1** Lugar que constitui um centro de grande atividade, especialmente se for comercial. ☐ SIN. empório. **2** Lugar onde mercadorias são armazenadas. ☐ SIN. armazém.

entressafra ⟨en.tres.sa.fra⟩ s.f. Sistema de cultivo que consiste em arar a terra e deixá-la sem semear periodicamente para que descanse.

entretanto ⟨en.tre.tan.to⟩ ▪ adv. **1** Durante um período de tempo não determinado: *Eles assistiam à televisão; entretanto, eu lia um livro*. ▪ conj. **2** Conectivo gramatical coordenativo (que une elementos do mesmo nível sintático) que pode expressar oposição ou adversidade: *Gosta de ler, entretanto tem um vocabulário pobre*. ☐ SIN. contudo, mas, no entanto, porém, todavia.

entretecer ⟨en.tre.te.cer⟩ ▪ v.t.d. **1** Misturar ou colocar (um fio) em uma tela para fazer um adorno: *Entretecer fios coloridos na colcha para fazer os desenhos*. ▪ v.t.d. **2** Intercalar ou enlaçar (duas coisas): *Entretecia as fibras de juta para fazer uma bolsa*. ▪ v.t.d.i. **3** Intercalar ou enlaçar (uma coisa) [com outra]. ☐ ORTOGRAFIA Antes de a ou o, o c muda para ç →CONHECER.

entretela ⟨en.tre.te.la⟩ s.f. Tecido que se coloca como reforço entre a tela e o forro de algumas partes de uma peça de vestuário.

entretempo ⟨en.tre.tem.po⟩ s.m. Intervalo de tempo que transcorre entre dois fatos.

entretenimento ⟨en.tre.te.ni.men.to⟩ s.m. **1** Ato ou efeito de entreter(-se). **2** Aquilo que serve para proporcionar momentos agradáveis ou divertidos: *um programa de entretenimento*.

entreter ⟨en.tre.ter⟩ ▪ v.t.d./v.prnl. **1** Proporcionar entretenimento a ou divertir(-se): *Entreteve os convidados com alguns truques de mágica*. ▪ v.t.d. **2** Distrair ou reter (alguém), impedindo que faça algo ou que continue seu caminho. ☐ GRAMÁTICA É um verbo irregular →TER.

entrevar ⟨en.tre.var⟩ ▪ v.t.d./v.int./v.prnl. **1** *informal* Paralisar(-se). ▪ v.t.d./v.prnl. **2** Tornar(-se) escuro ou tenebroso: *Essas nuvens entrevaram o dia*.

entrever ⟨en.tre.ver⟩ ▪ v.t.d. **1** Ver de maneira confusa: *De cima da colina, apenas entrevia as árvores*. **2** Adivinhar ou suspeitar de (algo futuro): *Há muito tempo se entrevia o fim daquele relacionamento*. ▪ v.prnl. **3** Ver-se de súbito (duas ou mais pessoas): *Entreviram-se rapidamente no aeroporto*. ☐ GRAMÁTICA É um verbo irregular →VER.

entrevero ⟨en.tre.ve.ro⟩ (Pron. [entrevêro]) s.m. Confusão ou desordem entre pessoas, animais ou objetos.

entrevista ⟨en.tre.vis.ta⟩ s.f. **1** Encontro de duas ou mais pessoas para tratar de um assunto determinado. **2** Conversa com uma pessoa, na qual ela responde a perguntas que têm como objetivo obter informações sobre ela ou manifestar opiniões. **3** Gênero textual da esfera jornalística que registra essa conversa.

entrevistador, -a ⟨en.tre.vis.ta.dor, do.ra⟩ (Pron. [entrevistadôr, entrevistadôra]) s. Pessoa que entrevista outra.

entrevistar ⟨en.tre.vis.tar⟩ ▪ v.t.d. **1** Fazer uma série de perguntas a (alguém), com o objetivo de informar o público sobre ele ou sobre suas opiniões: *Três jornalistas entrevistarão o presidente*. ▪ v.prnl. **2** Reunir-se para manter uma conversação ou para tratar de algum assunto: *A ministra se entrevistará com os seus secretários*.

entrincheirar ⟨en.trin.chei.rar⟩ ▪ v.t.d. **1** Fortificar com trincheiras. ▪ v.prnl. **2** Colocar-se nas trincheiras ou abrigar-se do inimigo.

entristecer ⟨en.tris.te.cer⟩ v.t.d./v.int./v.prnl. **1** Tornar(-se) triste: *Sua partida me entristeceu. Entristeceu-se ao saber que não iria vê-la*. **2** Dar ou assumir um aspecto triste: *A névoa entristeceu o dia*. ☐ ORTOGRAFIA Antes de a ou o, o c muda para ç →CONHECER.

entroncar ⟨en.tron.car⟩ v.t.i. Em relação a um caminho ou a um meio de transporte, juntar-se ou unir-se [com outro]: *Estas estradas entroncam com a estrada que leva até a cidade*. ☐ ORTOGRAFIA Antes de e, o c muda para qu →BRINCAR.

entronizar ⟨en.tro.ni.zar⟩ ▪ v.t.d./v.prnl. **1** Colocar(-se) no trono: *Com a morte do rei, entronizaram seu filho mais velho*. ▪ v.t.d. **2** Elevar ou colocar em uma posição elevada. **3** Colocar (uma imagem) em um altar para adorá-la.

entrosar ⟨en.tro.sar⟩ ▪ v.t.d./v.t.d.i./v.prnl. **1** Adaptar(-se) (a alguém ou a uma situação) ou ambientar-se: *Fizeram uma recepção para entrosar os novos participantes. Entrosou-se facilmente com os colegas de classe*. ▪ v.t.d./v.t.d.i./v.int./v.prnl. **2** Engatar (os dentes da roda de um mecanismo) [a outra parte da engrenagem] ou engrenar-se.

entrouxar ⟨en.trou.xar⟩ v.t.d. Colocar em uma trouxa.

entrudo ⟨en.tru.do⟩ s.m. Antigamente, brincadeira no período do Carnaval em que os participantes jogavam água, farinha, ovos e outros elementos entre si. ☐ ORTOGRAFIA Usa-se geralmente com inicial maiúscula por ser também um nome próprio.

entubação ⟨en.tu.ba.ção⟩ (pl. *entubações*) s.f. Em medicina, colocação ou passagem de um tubo em um orifício do corpo humano: *A entubação foi necessária para manter a respiração do paciente*. ☐ SIN. tubagem.

entulhar ⟨en.tu.lhar⟩ v.t.d./v.t.d.i./v.prnl. Encher(-se) em excesso [com algo]: *Entulhou a gaveta de papéis*. ☐ SIN. atochar. ☐ ORTOGRAFIA Escreve-se também *atulhar*.

entulho ⟨en.tu.lho⟩ s.m. **1** Material que sobra de uma obra de alvenaria ou da demolição de uma construção. **2** Conjunto desse material utilizado para nivelar um terreno. **3** Conjunto de objetos ou de coisas que se consideram sem serventia.

entupimento ⟨en.tu.pi.men.to⟩ s.m. Ato ou efeito de entupir(-se).

entupir

entupir ⟨en.tu.pir⟩ ▌ v.t.d./v.t.d.i./v.int./v.prnl. **1** Obstruir(-se) ou tapar(-se) (uma passagem) [com algo]: *A sujeira entupiu os canos.* ▌ v.t.d./v.t.d.i./v.prnl. **2** *informal* Encher(-se) (um lugar) [de pessoas]: *O local se entupiu de convidados famosos.* ☐ GRAMÁTICA É um verbo irregular →ACUDIR.

entusiasmar ⟨en.tu.si.as.mar⟩ v.t.d./v.prnl. Causar ou sentir entusiasmo, admiração ou real interesse: *A orquestra entusiasmou o público. Entusiasmou-se com o início do espetáculo.*

entusiasmo ⟨en.tu.si.as.mo⟩ s.m. **1** Disposição ou animação provocadas por algo que se admira: *Desde jovem, a música despertou grande entusiasmo nela.* **2** Admiração e interesse que levam à defesa e ao trabalho em favor de uma determinada causa: *Trabalha com muito entusiasmo defendendo as causas ecológicas.*

entusiasta ⟨en.tu.si.as.ta⟩ ▌ adj.2g. **1** Do entusiasmo, com entusiasmo ou relacionado a ele. ☐ SIN. **entusiástico.** ▌ adj.2g./s.2g. **2** Que ou quem sente entusiasmo ou se entusiasma com facilidade.

entusiástico, ca ⟨en.tu.si.ás.ti.co, ca⟩ adj. Do entusiasmo, com entusiasmo ou relacionado a ele. ☐ SIN. entusiasta.

enumeração ⟨e.nu.me.ra.ção⟩ (pl. *enumerações*) s.f. **1** Exposição ou listagem sequenciais dos elementos que formam um todo: *uma enumeração de tarefas.* **2** Cálculo ou soma numérica.

enumerar ⟨e.nu.me.rar⟩ v.t.d. →**numerar**

enunciação ⟨e.nun.ci.a.ção⟩ (pl. *enunciações*) s.f. Ato ou efeito de enunciar: *Começou a enunciação de seu novo programa de governo.*

enunciado ⟨e.nun.ci.a.do⟩ s.m. **1** Apresentação breve e simples de uma ideia. **2** Apresentação de um problema e exposição daquilo que permite sua resolução. **3** Em linguística, sequência de palavras que é emitida em um ato de comunicação.

enunciar ⟨e.nun.ci.ar⟩ v.t.d./v.t.d.i. Expressar ou expor de maneira breve e simples (uma ideia) [a alguém]: *O professor enunciou os fundamentos das leis da física.*

enurese ⟨e.nu.re.se⟩ s.f. Em medicina, capacidade prejudicada de controlar a eliminação de urina. ☐ USO É diferente de *diurese* (secreção de urina).

envaidecer ⟨en.vai.de.cer⟩ v.t.d./v.prnl. Infundir ou sentir vaidade ou orgulho: *Às vezes, o sucesso envaidece as pessoas.* ☐ ORTOGRAFIA Antes de *a* ou *o*, o *c* muda para *ç* →CONHECER.

envasar ⟨en.va.sar⟩ v.t.d. Colocar em uma vasilha, em uma garrafa ou em um tonel (um líquido). ☐ SIN. envasilhar.

envasilhar ⟨en.va.si.lhar⟩ v.t.d. Colocar em uma vasilha, em uma garrafa ou em um tonel (um líquido). ☐ SIN. envasar.

envelhecer ⟨en.ve.lhe.cer⟩ v.t.d./v.int. Tornar(-se) velho: *O excesso de sol envelhece a pele. Os bons filmes não envelhecem nunca.* ☐ ORTOGRAFIA Antes de *a* ou *o*, o *c* muda para *ç* →CONHECER.

envelhecimento ⟨en.ve.lhe.ci.men.to⟩ s.m. Ato ou efeito de envelhecer.

envelopar ⟨en.ve.lo.par⟩ v.t.d. Colocar em um envelope (uma carta, um documento ou outro texto escrito).

envelope ⟨en.ve.lo.pe⟩ s.m. Invólucro, especialmente se for de papel, em que são colocados cartas ou documentos, geralmente para enviá-los por correio ou para entregá-los a outra pessoa. ☐ SIN. sobrecarta.

envenenado, da ⟨en.ve.ne.na.do, da⟩ adj. **1** Que contém veneno. **2** Com intenção de causar dano ou de prejudicar.

envenenamento ⟨en.ve.ne.na.men.to⟩ s.m. Ato ou efeito de envenenar(-se).

envenenar ⟨en.ve.ne.nar⟩ ▌ v.t.d./v.prnl. **1** Administrar a ou aplicar veneno em (uma pessoa ou um produto): *A poluição acabou envenenando a água do rio.* ▌ v.prnl. **2** Administrar-se veneno ou intoxicar-se com ele. ▌ v.t.d./v.prnl. **3** Corromper(-se), estragar(-se), causar ou sofrer dano: *As más companhias o envenenaram. Nossas relações se envenenaram pela falta de confiança.*

enveredar ⟨en.ve.re.dar⟩ v.t.i. Seguir [por um caminho] ou dirigir-se [até um ponto determinado]: *Enveredaram por uma rua escura e se perderam.*

envergadura ⟨en.ver.ga.du.ra⟩ s.f. **1** Em uma ave, distância entre as pontas de suas asas quando estão totalmente abertas. **2** Em um avião, distância entre as pontas de suas asas. **3** Em um barco, maior comprimento da largura de sua vela. **4** Importância ou valor elevado: *um projeto de grande envergadura.* ☐ SIN. amplitude.

envergar ⟨en.ver.gar⟩ v.t.d. Vestir ou trajar: *Os funcionários daquela empresa envergam uniforme azul.* ☐ ORTOGRAFIA Antes de *e*, o *g* muda para *gu* →CHEGAR.

envergonhar ⟨en.ver.go.nhar⟩ v.t.d./v.prnl. Causar ou sentir vergonha: *Seu comportamento escandaloso nos envergonhou. Envergonhou-se de ter mentido para o amigo.* ☐ SIN. acanhar.

envernizar ⟨en.ver.ni.zar⟩ v.t.d. **1** Cobrir com verniz (uma superfície): *envernizar um móvel.* **2** Dar brilho ou lustro a (uma superfície): *envernizar sapatos.*

envesgar ⟨en.ves.gar⟩ ▌ v.t.d. **1** Desviar (os olhos) em relação a sua posição normal: *Fez uma careta, envesgando os dois olhos.* ▌ v.int. **2** Desviar os olhos em relação a sua posição normal. ☐ ORTOGRAFIA Antes de *e*, o *g* muda para *gu* →CHEGAR.

enviado, da ⟨en.vi.a.do, da⟩ s. Pessoa que, por encargo de outra, leva uma mensagem ou um recado. ‖ **enviado especial** Jornalista encarregado de cobrir um evento.

enviar ⟨en.vi.ar⟩ v.t.d.i. Fazer ir ou fazer chegar (algo ou alguém) [a um lugar ou a um destinatário]: *Durante a viagem, enviaram uma carta para os pais.*

envidar ⟨en.vi.dar⟩ v.t.d. Dedicar ou empregar com um determinado fim: *Envidaram esforços na realização das obras na casa.*

envidraçar ⟨en.vi.dra.çar⟩ v.t.d. **1** Colocar vidros em (uma porta ou uma janela). **2** Dar aspecto de vidro a (um material ou um objeto). ☐ ORTOGRAFIA Antes de *e*, o *ç* muda para *c* →COMEÇAR.

enviesar ⟨en.vi.e.sar⟩ ▌ v.t.d. **1** Cortar ou partir de viés ou obliquamente: *enviesar um tecido.* ▌ v.t.d./v.prnl. **2** Torcer(-se) ou dispor(-se) de forma inclinada: *enviesar o corpo.*

envilecer ⟨en.vi.le.cer⟩ v.t.d./v.int./v.prnl. Tornar(-se) vil ou desprezível. ☐ ORTOGRAFIA Antes de *a* ou *o*, o *c* muda para *ç* →CONHECER.

envio ⟨en.vi.o⟩ s.m. **1** Ação de mandar ou de fazer chegar a um lugar específico. **2** Aquilo que se envia: *A empresa de transportes nos comunicou a perda de nossos envios.*

enviuvar ⟨en.vi.u.var⟩ v.t.d./v.int. Tornar(-se) viúvo.

envoltório ⟨en.vol.tó.rio⟩ s.m. Aquilo que envolve ou que cobre algo exteriormente: *Colocou um envoltório para proteger a carga.* ☐ SIN. invólucro.

envolver ⟨en.vol.ver⟩ ▌ v.t.d./v.t.d.i./v.prnl. **1** Cobrir(-se) (algo ou alguém) total ou parcialmente [em um invólucro ou uma cobertura]: *Jogou-se no sofá e envolveu-se em uma manta.* ▌ v.t.d./v.t.d.i./v.prnl. **2** Comprometer(-se) ou fazer (alguém) tomar parte [em um assunto]: *Tentaram envolvê-lo em um negócio ilegal.* ▌ v.t.d. **3** Incluir ou conter (algo): *Suas amáveis palavras envolviam, na verdade, uma ameaça.* **4** Implicar, significar ou ter como consequência: *Estudar Medicina envolve muita dedicação.* **5** Convencer ou confundir (alguém): *Você não*

epidemia

irá conseguir me envolver só com belas palavras. **6** Cativar ou conquistar a admiração de (alguém): *Com sua alegria, envolveu todos que estavam na festa.* ▮ v.prnl. **7** Relacionar-se amorosa ou sexualmente com alguém. ☐ GRAMÁTICA É um verbo abundante, pois apresenta dois particípios: *envolvido* e *envolto*.

envolvimento ⟨en.vol.vi.men.to⟩ s.m. **1** Ato ou efeito de envolver(-se). **2** Relação amorosa ou sexual.

enxada ⟨en.xa.da⟩ s.f. Instrumento formado por uma pá quadrangular com uma extremidade cortante, encaixada em um cabo, que se utiliza para cavar e para remover a terra.

enxadão ⟨en.xa.dão⟩ (pl. *enxadões*) s.m. Instrumento semelhante à enxada, mas com a pá mais curva e mais comprida que larga, que se utiliza geralmente para cavar em solo duro e ressecado ou para cortar raízes finas.

enxadrezar ⟨en.xa.dre.zar⟩ v.t.d. Dividir (uma superfície) em quadrados de duas cores alternadas, como em um tabuleiro de xadrez.

enxadrismo ⟨en.xa.dris.mo⟩ s.m. Arte ou técnica de jogar xadrez.

enxadrista ⟨en.xa.dris.ta⟩ ▮ adj.2g. **1** Do xadrez ou relacionado a esse jogo. ▮ s.2g. **2** Pessoa que joga ou que estuda xadrez, especialmente como profissão.

enxaguar ⟨en.xa.guar⟩ v.t.d. **1** Limpar com água clara e limpa (algo ensaboado): *Enxaguou os pratos e os colocou para escorrer.* **2** Limpar com água ou com outro líquido adequado (a boca): *Depois de escovar os dentes, enxágue a boca.*

enxame ⟨en.xa.me⟩ s.m. **1** Conjunto de abelhas com sua rainha, que juntas abandonam uma colmeia para formar outra nova. **2** Conjunto numeroso de pessoas, de animais ou de coisas que estão juntas: *Um enxame de repórteres esperava a chegada da cantora.*

enxamear ⟨en.xa.me.ar⟩ v.t.d. Encerrar (abelhas) em uma colmeia. ☐ ORTOGRAFIA O e muda para *ei* quando a sílaba tônica estiver na raiz do verbo →NOMEAR.

enxaqueca ⟨en.xa.que.ca⟩ (Pron. [enxaquêca]) s.f. Dor de cabeça intensa que pode afetar somente um dos seus lados e que pode apresentar sintomas como náusea, vômito, aversão à luz, tremores, dor nos membros inferiores e fraqueza.

enxerga ⟨en.xer.ga⟩ (Pron. [enxêrga]) s.f. **1** Colchão rústico, geralmente feito de palha. **2** Cama simples, leve e sem conforto.

enxergar ⟨en.xer.gar⟩ ▮ v.t.d./v.int. **1** Perceber pelo sentido da visão: *É míope e não enxerga bem de longe.* ☐ SIN. ver. ▮ v.t.d. **2** Perceber por meio da reflexão ou do raciocínio: *Não enxergo nada de errado nisso.* ☐ SIN. ver. ☐ ORTOGRAFIA Antes de *e*, o *g* muda para *gu* →CHEGAR.

enxerido, da ⟨en.xe.ri.do, da⟩ adj./s. Que ou quem tende a se intrometer em assuntos alheios. ☐ SIN. abusado, intrometido.

enxertar ⟨en.xer.tar⟩ ▮ v.t.d./v.t.d.i. **1** Fazer enxerto em (um vegetal) ou inserir [em um galho ou tronco] (uma parte de outro vegetal), para que esta se desenvolva: *enxertar uma roseira.* **2** Em medicina, fazer enxerto em (uma parte lesada do corpo) ou implantar (tecido vivo) [em uma parte lesada do corpo]: *enxertar um osso.* ▮ v.t.d.i./v.prnl. **3** Juntar(-se) (uma coisa ou pessoa) [a outras]: *Enxertou várias piadas em seu discurso.*

enxerto ⟨en.xer.to⟩ (Pron. [enxêrto]) s.m. **1** Inserção de uma parte de um vegetal em um galho ou no tronco de outro, para que esta se desenvolva. **2** Planta ou fruto que resultam dessa união: *A nectarina é um enxerto de ameixeira e de pessegueiro.* **3** Fragmento de uma planta provido de brotos ou de gemas, que se une a um galho ou ao tronco de outra para que se desenvolva. **4** Em medicina, implantação de uma porção de tecido vivo em uma parte lesada para que se produza uma união orgânica.

enxó ⟨en.xó⟩ s.f. Ferramenta de carpintaria composta por uma prancha cortante e um cabo curto, com a qual se desbasta ou se rebaixa a madeira.

enxofre ⟨en.xo.fre⟩ (Pron. [enxôfre]) s.m. Elemento químico da família dos não metais, de número atômico 16, sólido, quebradiço, insípido, de cor amarela e cheiro característico, muito usado para a obtenção de ácido sulfúrico, para a fabricação de substâncias plásticas e como inseticida. ☐ ORTOGRAFIA Seu símbolo químico é S, sem ponto.

enxotar ⟨en.xo.tar⟩ v.t.d. **1** Afastar ou afugentar, especialmente se for com gestos, pancadas ou gritos: *enxotar um animal.* **2** Expulsar, despedir ou fazer sair: *A dona do restaurante enxotou os badernerios.*

enxoval ⟨en.xo.val⟩ (pl. *enxovais*) s.m. **1** Conjunto de móveis e de objetos, geralmente roupa de cama, mesa e banho, que os noivos tradicionalmente ganham quando vão se casar. **2** Conjunto de roupas, de móveis e de outros objetos necessários em uma casa. **3** Roupas e acessórios que se destinam ao bebê que vai nascer.

enxovalhar ⟨en.xo.va.lhar⟩ v.t.d./v.prnl. **1** Difamar ou desonrar-se: *Com calúnias, tentaram enxovalhar seu nome.* **2** Manchar ou cobrir-se de sujeira.

enxovia ⟨en.xo.vi.a⟩ s.f. Antigamente, lugar, geralmente escuro e subterrâneo, onde se mantinham os presos.

enxugar ⟨en.xu.gar⟩ ▮ v.t.d./v.int./v.prnl. **1** Tirar a umidade de ou perder a umidade, absorvendo-a com um pano ou com algo semelhante: *Enxugou o chão com uma toalha.* ▮ v.t.d. **2** Tirar de (um texto) aquilo que se considera desnecessário: *Enxuguei a redação para adequá-la ao tamanho necessário.* ☐ ORTOGRAFIA Antes de *e*, o *g* muda para *gu* →CHEGAR. ☐ GRAMÁTICA É um verbo abundante, pois apresenta dois particípios: *enxugado* e *enxuto*.

enxurrada ⟨en.xur.ra.da⟩ s.f. **1** Corrente de água rápida e veloz que se forma pelo excesso de chuvas. **2** Abundância ou grande quantidade: *uma enxurrada de perguntas.*

enxuto, ta ⟨en.xu.to, ta⟩ ▮ **1** Particípio irregular de enxugar. ▮ adj. **2** Em relação a uma pessoa, que é magra. **3** Sem excessos ou adornos supérfluos.

enzima ⟨en.zi.ma⟩ s.f. Molécula de grande tamanho produzida pelas células e que age como catalisadora nas reações químicas do organismo.

-eo, -ea Sufixo que indica relação: *térreo, óssea.*

eólico, ca ⟨e.ó.li.co, ca⟩ adj. Do vento, produzido pelo vento, ou relacionado a ele.

epi- Prefixo que significa *sobre*: *epiderme, epicentro.*

épica ⟨é.pi.ca⟩ s.f. **1** Gênero textual da esfera literária ao qual pertencem as epopéias e a poesia heroica. **2** Poema desse gênero.

epiceno, na ⟨e.pi.ce.no, na⟩ (Pron. [epicêno]) adj./s.m. Em linguística, em relação a um substantivo, que designa seres cuja diferença de sexo se faz mediante a oposição *macho/fêmea*.

epicentro ⟨e.pi.cen.tro⟩ s.m. Em geologia, ponto ou área da superfície terrestre localizados diretamente acima do foco do terremoto. ☐ USO É diferente de *hipocentro* (ponto ou área no interior da crosta terrestre onde se origina um terremoto).

épico, ca ⟨é.pi.co, ca⟩ ▮ adj. **1** Da épica, relacionado a ela ou com traços próprios desse gênero textual. **2** Digno de figurar em uma epopeia: *um esforço épico.* ▮ adj./s. **3** Em relação a um poeta, que cultiva a poesia épica.

epidemia ⟨e.pi.de.mi.a⟩ s.f. **1** Doença que ataca um grande número de indivíduos de uma população, simultânea e temporariamente: *uma epidemia de dengue.* ☐ SIN. surto. **2** Aquilo que se espalha de maneira rápida,

epidêmico

especialmente se for considerado negativo: *O consumo de drogas tornou-se uma epidemia nas sociedades modernas.* ▫ USO Na acepção 1, é diferente de *endemia* (doença que afeta uma comunidade de maneira habitual ou em épocas fixas).

epidêmico, ca ⟨e.pi.dê.mi.co, ca⟩ adj. Da epidemia ou relacionado a ela.

epiderme ⟨e.pi.der.me⟩ s.f. **1** Camada mais externa da pele. **2** Em uma planta, camada de células que a cobrem, e que podem durar toda sua vida.

epifania ⟨e.pi.fa.ni.a⟩ s.f. **1** Em algumas religiões, manifestação ou aparição divina. **2** Na Igreja Católica, tempo litúrgico em que se celebra a festa dos reis magos.

epiglote ⟨e.pi.glo.te⟩ s.f. Em anatomia, cartilagem elástica com formato ovalado, coberta por uma membrana mucosa e suspensa sobre a faringe, que a recobre durante a passagem dos alimentos para o estômago.

epígrafe ⟨e.pí.gra.fe⟩ s.f. **1** Em um texto, título ou enunciado que descreve o seu tema ou o seu propósito. **2** Em um texto, resumo, texto breve ou citação que consta geralmente antes de um capítulo ou parágrafo: *No começo de cada capítulo do romance, há uma citação famosa como epígrafe.* **3** Inscrição de um texto sobre pedra, metal ou outro material semelhante: *Na parte inferior da estátua há uma epígrafe com o nome do artista.*

epigrama ⟨e.pi.gra.ma⟩ s.m. **1** Composição poética breve e de caráter satírico, que aborda um tema de forma precisa e irônica. **2** Dito engenhoso ou satírico.

epilepsia ⟨e.pi.lep.si.a⟩ s.f. Doença do sistema nervoso que se manifesta geralmente por meio de ataques repentinos, com perda de consciência e convulsões.

epiléptico, ca ⟨e.pi.lép.ti.co, ca⟩ adj./s. →**epilético, ca**

epilético, ca ⟨e.pi.lé.ti.co, ca⟩ ▮ adj. **1** Da epilepsia ou relacionado a essa doença. ▮ adj.-s. **2** Que ou quem sofre de epilepsia. ▫ ORTOGRAFIA Escreve-se também *epiléptico*.

epílogo ⟨e.pí.lo.go⟩ s.m. **1** Em algumas obras, parte final que resume, explica ou dá um desfecho para os acontecimentos ou temas nelas desenvolvidos: *No epílogo do romance, conta-se o que aconteceu com o protagonista anos depois dos acontecimentos narrados.* **2** Conclusão ou solução de algo.

episcopado ⟨e.pis.co.pa.do⟩ s.m. **1** Cargo de bispo. **2** Período de tempo durante o qual esse cargo é exercido. **3** Território ou distrito designado a um bispo para exercer suas funções e sua jurisdição. **4** Conjunto ou assembleia de bispos.

episcopal ⟨e.pis.co.pal⟩ (pl. *episcopais*) adj.2g. Do bispo ou relacionado a essa categoria eclesiástico.

episódico, ca ⟨e.pi.só.di.co, ca⟩ adj. **1** Do episódio ou relacionado a ele. **2** Que é passageiro ou que resulta pouco importante.

episódio ⟨e.pi.só.dio⟩ s.m. **1** Em uma obra narrativa ou dramática, cada uma das sequências de acontecimentos relacionados entre si e secundários à ação principal. **2** Em uma narração, especialmente em uma série de rádio ou de televisão, cada uma das partes em que se divide, geralmente dotada de uma unidade de conteúdo. **3** Sequência de acontecimentos relacionados que compõem um fato: *Para ele, aquela relação foi apenas um breve episódio em sua vida.*

epístola ⟨e.pís.to.la⟩ s.f. **1** Texto ou comunicado em forma de carta. **2** Na Bíblia, cada uma das cartas enviadas pelos apóstolos aos fiéis seguidores de Jesus Cristo (o filho de Deus para os cristãos). **3** Texto dessas cartas utilizado nas missas. ▫ ORTOGRAFIA Nas acepções 2 e 3, usa-se geralmente com inicial maiúscula por ser também um nome próprio.

epistolar ⟨e.pis.to.lar⟩ adj.2g. Da epístola ou com suas características.

epitáfio ⟨e.pi.tá.fio⟩ s.m. Texto ou inscrição em homenagem a uma pessoa morta, que geralmente são colocados sobre seu túmulo.

epitélio ⟨e.pi.té.lio⟩ s.m. **1** Em anatomia, tecido que recobre as estruturas e as cavidades do organismo. **2** Em botânica, epiderme que recobre os órgãos vegetais ou algumas estruturas.

epíteto ⟨e.pí.te.to⟩ s.m. **1** Em linguística, adjetivo que expressa uma qualidade característica do nome que o acompanha: *Em neve branca ou noite escura, branca e escura são epítetos.* **2** Apelido ou cognome.

epítome ⟨e.pí.to.me⟩ s.m. **1** Resumo ou compêndio de uma obra extensa. **2** Aquilo ou aquele que serve de modelo ou de exemplo: *Na literatura brasileira, Mário de Andrade é considerado um epítome.*

época ⟨é.po.ca⟩ s.f. **1** Intervalo de tempo que se considera em seu conjunto por estar caracterizado de determinada maneira: *a época da infância.* **2** Período histórico que se distingue por algum acontecimento ou fato histórico importante: *Durante a época colonial, o Brasil era fornecedor de matérias-primas para Portugal.* ▮ **de época** De um tempo passado: *os carros de época.* ▮ **fazer época** Ter muito impacto ou repercussão: *Aquela decisão fez época pela sua dramaticidade.*

epopeia ⟨e.po.pei.a⟩ (Pron. [epopéia]) s.f. **1** Narrativa literária apresentada em forma de versos, geralmente extensa e com elementos fantásticos, na qual um povo ou os seus heróis protagonizam realizações gloriosas. **2** Conjunto de feitos que, por seu caráter heroico e glorioso, servem de tema para essas narrativas: *Os historiadores relatam a epopeia dos bandeirantes.* **3** Aquilo que é realizado com grande esforço ou que exige a superação de muitos obstáculos: *Resgatar todas as vítimas do terremoto foi uma verdadeira epopeia.*

épsilo ⟨ép.si.lo⟩ s.m. Quinta letra do alfabeto grego.

equação ⟨e.qua.ção⟩ (pl. *equações*) s.f. Em matemática, igualdade que contém uma ou mais incógnitas.

equacionar ⟨e.qua.ci.o.nar⟩ v.t.d. Encaminhar para uma solução (um problema): *A empresa tentava equacionar os atrasos na entrega.*

equador ⟨e.qua.dor⟩ (Pron. [equadôr]) s.m. Em geografia, círculo imaginário que está a igual distância dos dois polos terrestres.

equânime ⟨e.quâ.ni.me⟩ adj.2g. Que tem equanimidade ou que se manifesta de maneira equilibrada ou imparcial.

equanimidade ⟨e.qua.ni.mi.da.de⟩ s.f. **1** Serenidade, comedimento ou constância de ânimo. **2** Imparcialidade ao formar uma opinião ou um juízo: *O juiz formulou a sentença com equanimidade.*

equatorial ⟨e.qua.to.ri.al⟩ (pl. *equatoriais*) adj.2g. Do equador ou relacionado a esse círculo imaginário da Terra.

equatoriano, na ⟨e.qua.to.ri.a.no, na⟩ adj./s. Do Equador ou relacionado a esse país sul-americano.

equestre ⟨e.ques.tre⟩ (Pron. [eqüestre]) adj.2g. Do cavalo ou relacionado a ele.

equidade ⟨e.qui.da.de⟩ (Pron. [eqüidade]) s.f. Qualidade daquilo ou daquele que reconhece ou que dá a cada um o que lhe é de direito por seus méritos ou condições.

equídeo, dea ⟨e.quí.deo, dea⟩ (Pron. [eqüídeo]) ▮ adj.-s.m. **1** Em relação a um mamífero, que é herbívoro e que tem as patas compridas terminadas em um só dedo muito desenvolvido e provido de casco: *O cavalo e o jumento são equídeos.* ▮ s.m.pl. **2** Em zoologia, família desses mamíferos.

equidistante ⟨e.qui.dis.tan.te⟩ (Pron. [eqüidistante]) adj.2g. Em relação a um ou mais pontos, que se situam à mesma distância de outro, ou que distam o mesmo entre si.

equidistar ⟨e.qui.dis.tar⟩ ▌v.t.i. **1** Em relação a um ponto, encontrar-se à mesma distância [de dois ou vários pontos]. ▌v.int. **2** Distar o mesmo entre si (três ou mais pontos).
equilátero, ra ⟨e.qui.lá.te.ro, ra⟩ adj. Em geometria, em relação a uma figura geométrica, que tem os lados iguais entre si.
equilibrado, da ⟨e.qui.li.bra.do, da⟩ adj. **1** Imparcial, prudente, sensato. **2** Em relação a uma coisa, que não se inclina para um lado nem para o outro.
equilibrar ⟨e.qui.li.brar⟩ ▌v.t.d./v.prnl. **1** Colocar(-se) em equilíbrio (um corpo): *Se não equilibrar a estante, ela tombará com o peso dos livros.* ▌v.t.d. **2** Dispor (duas ou mais coisas) de modo que uma não exceda nem supere a outra e que se mantenham em uma relação de igualdade. ▌v.t.d.i. **3** Em relação a uma coisa, dispô-la de modo que não exceda nem supere e se mantenha em uma relação de igualdade [com outra].
equilíbrio ⟨e.qui.lí.brio⟩ s.m. **1** Estado de um corpo submetido a duas ou mais forças que se opõem igualmente. **2** Situação de um corpo que se mantém em uma posição sem cair. **3** Harmonia ou proporção equivalente: *Nesta cidade, há um grande equilíbrio entre áreas edificadas e áreas verdes.* **4** Distanciamento, sensatez ou comedimento na forma de agir ou de pensar: *Sabe manter o equilíbrio e a serenidade em situações difíceis.*
equilibrismo ⟨e.qui.li.bris.mo⟩ s.m. Técnica ou atividade que consiste em executar movimentos difíceis sem perder o equilíbrio.
equilibrista ⟨e.qui.li.bris.ta⟩ adj.2g./s.2g. Que ou quem realiza com destreza exercícios de equilibrismo, especialmente como profissão.
equimose ⟨e.qui.mo.se⟩ s.f. Mancha arroxeada ou amarelada que se produz na pele ou nos órgãos internos, especialmente se for por efeito de um golpe ou de uma forte pressão, e que está relacionada a uma hemorragia.
equino, na ⟨e.qui.no, na⟩ (Pron. [eqüíno]) ▌adj. **1** Do cavalo ou relacionado a este animal. ▌s.m. **2** Cavalo ou mamífero que se domesticam facilmente e que se costuma empregar como montaria ou como animais de carga.
equinócio ⟨e.qui.nó.cio⟩ s.m. Época do ano em que o Sol corta o plano do Equador, e por isso a duração dos dias e das noites é a mesma em toda a Terra.
equinodermo ⟨e.qui.no.der.mo⟩ ▌adj./s.m. **1** Em relação a um animal, que é marinho, tem um corpo com simetria radial, a pele grossa formada por placas calcárias às vezes providas de espinhos, e numerosos orifícios ou canais pelos quais circula a água do mar: *A estrela-do-mar é um equinodermo.* ▌s.m.pl. **2** Em zoologia, filo desses animais, pertencentes ao reino dos metazoários.
equipagem ⟨e.qui.pa.gem⟩ (pl. *equipagens*) s.f. **1** Conjunto de pessoas empregadas em um navio ou em um avião. **2** Conjunto que se leva em uma viagem. □ SIN. bagagem.
equipamento ⟨e.qui.pa.men.to⟩ s.m. **1** Fornecimento daquilo que é necessário para uma atividade ou para uma função determinadas. **2** Conjunto de serviços e de instalações necessários para desenvolver uma determinada atividade: *o equipamento hospitalar.*
equipar ⟨e.qui.par⟩ v.t.d./v.prnl. Prover(-se) daquilo que é necessário para uma atividade ou para uma função determinadas: *Equiparam a biblioteca com novos computadores.*
equiparar ⟨e.qui.pa.rar⟩ ▌v.t.d. **1** Considerar iguais ou equivalentes (duas ou mais pessoas ou coisas): *A crítica equiparou a atriz às maiores estrelas do país.* ▌v.t.d.i./v.prnl. **2** Considerar(-se) igual ou equivalente (uma pessoa ou uma coisa) [a outra]: *O vaidoso crê que ninguém pode se equiparar a ele.* ▌v.t.d./v.t.d.i. **3** Conceder a (uma pessoa ou uma coletividade) benefícios ou vantagens iguais [aos que outros já têm]: *A empresa equiparou seu salário ao dos companheiros de trabalho.*
equipe ⟨e.qui.pe⟩ s.f. **1** Conjunto de pessoas organizadas para realizar uma atividade determinada: *uma equipe de pesquisadores.* **2** Em um esporte coletivo, grupo de atletas que disputa uma partida. □ SIN. time.

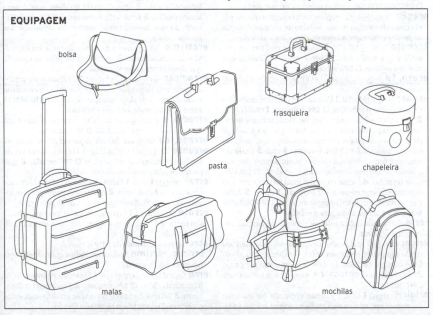

EQUIPAGEM
bolsa
frasqueira
pasta
chapeleira
malas
mochilas

equitação

‖ em equipe Em colaboração ou coordenadamente entre vários: *um trabalho em equipe.*
equitação ⟨e.qui.ta.ção⟩ (pl. *equitações*) s.f. Arte ou técnica de montar a cavalo.
equivalência ⟨e.qui.va.lên.cia⟩ s.f. Condição de equivalente: *Entre 100 centímetros e 1 metro, há equivalência total.*
equivalente ⟨e.qui.va.len.te⟩ adj.2g./s.m. Que é igual em valor ou em efeito.
equivaler ⟨e.qui.va.ler⟩ v.t.i./v.prnl. Ser igual [em estimativa, em valor ou em eficácia] ou igualar-se: *Uma hora equivale a 60 minutos.* ☐ GRAMÁTICA É um verbo irregular →VALER.
equivocar ⟨e.qui.vo.car⟩ v.t.d./v.prnl. Enganar(-se) ou confundir(-se) (uma coisa) [com outra]: *Sempre equivocava uma com a outra, pois eram gêmeas. Pediu desculpas por ter se equivocado.*
equívoco, ca ⟨e.quí.vo.co, ca⟩ ❙ adj. **1** Que se pode entender ou interpretar de várias formas: *uma resposta equívoca.* ❙ s.m. **2** Confusão de uma coisa por outra, devido a um descuido, ao desconhecimento ou a um erro: *Por equívoco, acabei marcando um número errado.*
era ⟨e.ra⟩ s.f. **1** Período histórico extenso, caracterizado por uma grande mudança nas formas de vida e de cultura, e que geralmente é marcado por um acontecimento importante, a partir do qual se contam os anos: *a era cristã.* **2** Em geologia, intervalo de tempo de grande duração na evolução de um planeta, especialmente se for da Terra, e que, por sua vez, se subdivide em períodos: *Desde a origem do mundo até os nossos dias, temos cinco eras geológicas.* ☐ ORTOGRAFIA É diferente de *hera*.
erário ⟨e.rá.rio⟩ s.m. **1** Conjunto de bens e de recursos do Estado. ☐ SIN. *fazenda.* **2** Lugar em que se guardam esses bens ou esses recursos.
érbio ⟨ér.bio⟩ s.m. Elemento químico da família dos metais, de número atômico 68, sólido, que se apresenta em forma de pó de cor cinza escura, pouco abundante na natureza e que pertence ao grupo dos lantanídeos. ☐ ORTOGRAFIA Seu símbolo químico é *Er*, sem ponto.
ereção ⟨e.re.ção⟩ (pl. *ereções*) s.f. Enrijecimento do pênis causado pelo aumento do fluxo de sangue: *A ereção do pênis permite que o homem realize o ato sexual.*
eremita ⟨e.re.mi.ta⟩ s.2g. **1** Pessoa que vive em uma ermida e que cuida dela. ☐ SIN. *ermitão.* **2** Pessoa que vive em solidão. ☐ SIN. *ermitão.*
ereto, ta ⟨e.re.to, ta⟩ adj. Levantado, endireitado ou rígido.
erguer ⟨er.guer⟩ ❙ v.t.d. **1** Colocar em um nível mais alto: *Ergueu o filho nos braços.* ☐ SIN. *levantar.* ❙ v.t.d./v.prnl. **2** Levantar(-se) ou endireitar(-se) verticalmente (a cabeça, o corpo ou uma parte dele): *Erguemos a cabeça para ver o que estava acontecendo. Ergueu-se para receber os convidados.* ☐ SIN. *levantar.* ❙ v.t.d. **3** Fazer ou construir (uma edificação ou um monumento): *Durante a Idade Média, ergueram-se muitas catedrais.* ☐ SIN. *edificar, levantar.* **4** Elevar ou tornar mais forte (a voz): *Não admitia que erguessem a voz para ela.* ❙ v.prnl. **5** Mostrar-se ou surgir: *O Sol se ergue ao leste.* ☐ ORTOGRAFIA Antes de *a* e *o*, o *gu* muda para *g* →ERGUER.
-eria Sufixo que indica estabelecimento comercial: *sorveteria, bilheteria.*
eriçar ⟨e.ri.çar⟩ v.t.d./v.prnl. Levantar(-se) ou tornar(-se) rígido (os pelos, especialmente): *O rapaz eriçou os cabelos com gel. Os pêlos dos braços se eriçaram por causa do frio intenso.* ☐ ORTOGRAFIA Antes de *e*, o *ç* muda para *c* →COMEÇAR.
erigir ⟨e.ri.gir⟩ ❙ v.t.d. **1** Fundar, construir ou instituir: *Foi erigido um monumento em homenagem aos fundadores da cidade.* ❙ v.t.d.i./v.prnl. **2** Elevar(-se) (alguém) [a uma categoria ou a uma condição que antes não se tinha]: *O sindicato erigiu-o em representante geral.* ❙ v.t.d. **3** Colocar na posição vertical ou levantar: *Os marinheiros erigiram o mastro do veleiro.* ☐ ORTOGRAFIA Antes de *a* ou *o*, o *g* muda para *j* →FUGIR. ☐ GRAMÁTICA Na acepção 2, usa-se a construção *erigir(-se) EM algo.*
erisipela ⟨e.ri.si.pe.la⟩ s.f. Infecção da pele que se manifesta por seu avermelhamento e, geralmente, pelo aparecimento de febre.
eritreia ⟨e.ri.trei.a⟩ (Pron. [eritréia]) Feminino de *eritreu.*
eritreu ⟨e.ri.treu⟩ adj./s.m Da Eritreia ou relacionado a esse país africano. ☐ GRAMÁTICA Seu feminino é *eritreia.*
erlenmeyer ⟨er.len.mey.er⟩ (Pron. [erlenmáier]) s.m. Recipiente geralmente esférico e terminado em uma parte mais comprida e estreita, muito utilizado em laboratórios.
ermida ⟨er.mi.da⟩ s.f. Capela ou igreja pequena, situadas geralmente em um lugar despovoado ou fora da cidade.
ermitão, tã ⟨er.mi.tão, tã⟩ (pl. *ermitães, ermitãos* ou *ermitões*) s. **1** Pessoa que vive em uma ermida e que cuida dela. ☐ SIN. *eremita.* **2** Pessoa que vive em solidão. ☐ SIN. *eremita.* ☐ GRAMÁTICA Seu feminino também pode ser *ermitoa.*
ermitoa ⟨er.mi.to.a⟩ (Pron. [ermitôa]) s.f. →**ermitão, tã**
ermo, ma ⟨er.mo, ma⟩ (Pron. [êrmo]) adj./s.m. **1** Em relação a um lugar, que está despovoado ou que não é habitado. **2** Em relação a um terreno, estéril ou sem cultivo.
erodir ⟨e.ro.dir⟩ v.t.d. Causar erosão em: *A força da água erodiu a margem do rio.*
erosão ⟨e.ro.são⟩ (pl. *erosões*) s.f. Em uma superfície, especialmente se for a terrestre, desgaste lento e sucessivo causado pela ação de agentes externos como o vento e a água.
erosivo, va ⟨e.ro.si.vo, va⟩ adj. **1** Da erosão ou relacionado a ela. **2** Em relação a uma substância, que corrói ou desgasta outra.
erótico, ca ⟨e.ró.ti.co, ca⟩ adj. **1** Do erotismo ou relacionado a ele. **2** Que desperta o desejo sexual: *uma dança erótica.* **3** Em relação a uma obra artística, que descreve ou que mostra temas sexuais ou amorosos: *um poema erótico.*
erotismo ⟨e.ro.tis.mo⟩ s.m. **1** Manifestação ou expressão de sensualidade. **2** Qualidade daquilo ou daquele que despertam o desejo sexual.
erradicar ⟨er.ra.di.car⟩ v.t.d./v.t.d.i. Eliminar ou arrancar pela raiz (algo) [de um lugar]: *A nova lei erradicou muitas formas de discriminação social.* ☐ ORTOGRAFIA Antes de *e*, o *c* muda para *qu* →BRINCAR.
erradio, a ⟨er.ra.di.o, a⟩ adj./s. Que ou quem vai de um lugar a outro ou está perdido. ☐ SIN. *errante.*
errado, da ⟨er.ra.do, da⟩ adj. Equivocado ou errôneo.
errante ⟨er.ran.te⟩ adj.2g./s.2g. **1** Que ou quem vai de um lugar a outro ou está perdido. ☐ SIN. *erradio.* **2** Que ou quem não possui residência estabelecida.
errar ⟨er.rar⟩ ❙ v.t.d. **1** Falhar ou não acertar: *O atirador errou o alvo.* ❙ v.t.d./v.int. **2** Andar sem rumo por (um lugar) ou vagar: *Esse mendigo vive errando pelas ruas.*
errata ⟨er.ra.ta⟩ s.f. **1** Erro na escrita ou na impressão de um texto. **2** Listagem que apresenta esses erros. ☐ SIN. *corrigenda.*
erre ⟨er.re⟩ s.m. Nome da letra *r*.
-érrimo, -érrima Sufixo que indica grau superlativo: *paupérrimo, libérrima.*
erro ⟨er.ro⟩ (Pron. [êrro]) s.m. **1** Conceito equivocado ou julgamento falso. ☐ SIN. *engano.* **2** Equívoco ou desacerto. **3** Em uma medida ou em um cálculo, diferença entre o valor real ou exato e o resultado obtido.

escabeche

errôneo, nea ⟨er.rô.neo, nea⟩ adj. Que contém erro ou que é inadequado.

erudição ⟨e.ru.di.ção⟩ (pl. *erudições*) s.f. Conhecimento amplo e profundo que se obtém por meio do estudo.

erudito, ta ⟨e.ru.di.to, ta⟩ adj./s. Que ou quem tem ou demonstra erudição. □ SIN. **douto**.

erupção ⟨e.rup.ção⟩ (pl. *erupções*) s.f. **1** Em medicina, aparecimento e desenvolvimento de espinhas, de manchas ou de outras lesões na pele, geralmente por efeito de uma doença ou como reação do organismo. **2** Conjunto dessas espinhas e lesões da pele. **3** Em geologia, emissão ou saída para a superfície, geralmente de maneira repentina e violenta, de matérias sólidas, líquidas ou gasosas procedentes do interior da Terra: *a erupção de um vulcão*. **4** Rompimento ou saída de algo que estava contido: *a erupção de um dente de leite*.

eruptivo, va ⟨e.rup.ti.vo, va⟩ adj. Da erupção, com erupção ou procedente dela.

erva ⟨er.va⟩ ▌ s.f. **1** Planta anual sem caule lenhoso persistente. **2** Conjunto de plantas que crescem em um terreno. **3** *informal* Maconha. ▌ s.f.pl. **4** Conjunto de ervas usadas como condimento, para fazer infusões ou para a elaboração de alguns produtos. ‖ **erva daninha** Em uma plantação, aquela que não é desejada.

erva-cidreira ⟨er.va-ci.drei.ra⟩ (pl. *ervas-cidreiras*) s.f. Planta herbácea de folhas finas e longas e flores brancas ou rosadas, usada em farmácia por seu efeito calmante.

erva-doce ⟨er.va-do.ce⟩ (Pron. [erva-dôce]) (pl. *ervas-doces*) s.f. **1** Planta herbácea aromática de caule reto e múltiplo, com folhas longas com terminações bastante finas, flores pequenas, amarelas e agrupadas, muito usada como medicinal por suas propriedades digestivas e como condimento, por seu sabor doce, cuja semente, pequena e alongada, é usada para fazer chá. □ SIN. **funcho**. **2** Essa semente.

erva-mate ⟨er.va-ma.te⟩ (pl. *ervas-mate* ou *ervas-mates*) s.f. →**mate**

ervilha ⟨er.vi.lha⟩ s.f. **1** Planta trepadeira com folhas compostas e com terminações em formato de mola que auxiliam em sua fixação, flores brancas ou azuladas, e cuja semente, verde e redonda, fica dentro de uma vagem e é muito apreciada na alimentação humana. **2** Essa semente.

-ês, -esa Sufixo que indica origem ou pátria: *japonês, francesa*.

es- → **e-**

ES É a sigla do estado brasileiro do Espírito Santo.

esbaforido, da ⟨es.ba.fo.ri.do, da⟩ adj. **1** Ofegante ou com a respiração entrecortada. **2** Com pressa.

esbagaçar ⟨es.ba.ga.çar⟩ v.t.d./v.prnl. Quebrar(-se) em pedaços. □ SIN. **despedaçar, esbafar**. □ ORTOGRAFIA Antes de e, o ç muda para c → COMEÇAR.

esbanjador, -a ⟨es.ban.ja.dor, do.ra⟩ (Pron. [esbanjadôr], [esbanjadôra]) adj./s. Que ou quem gasta em excesso, de forma insensata ou sem necessidade. □ SIN. **gastador**.

esbanjar ⟨es.ban.jar⟩ v.t.d. **1** Gastar em excesso, de forma insensata ou sem necessidade: *Esbanjou todo o seu dinheiro com bobagens*. **2** *informal* Ter em grande quantidade (algo positivo ou bom): *É alegre e esbanja vitalidade*.

esbarrão ⟨es.bar.rão⟩ (pl. *esbarrões*) s.m. Choque ou golpe bruscos entre duas coisas ou pessoas.

esbarrar ⟨es.bar.rar⟩ v.t.i. **1** Chocar [em algo]: *Distraído, esbarrou no poste*. **2** Encontrar [com um obstáculo]: *Queria ser físico, mas esbarrou com o vestibular*. **3** *informal* Encontrar [com alguém] casualmente ou de forma inesperada: *Esbarrou com a prima na saída do mercado*.

□ GRAMÁTICA Na acepção 2, usa-se a construção *esbarrar com algo*; na acepção 3, *esbarrar com {algo/alguém}*.

esbater ⟨es.ba.ter⟩ ▌ v.t.d. **1** Suavizar os tons de (uma cor): *No quadro, utilizou o branco para esbater o azul*. ▌ v.prnl. **2** Adquirir cores pálidas ou fracas: *A luz do Sol esbatia-se ao cair da tarde*.

esbelto, ta ⟨es.bel.to, ta⟩ adj. Alto e magro, ou de figura proporcional, graciosa e elegante.

esboçar ⟨es.bo.çar⟩ v.t.d. **1** Traçar de modo geral ou impreciso (um plano ou uma ideia): *Na reunião, esboçaram o projeto*. □ SIN. **bosquejar**. **2** Delinear ou mostrar de maneira sutil: *Quando me viu, esboçou um sorriso*. □ ORTOGRAFIA Antes de e, o ç muda para c → COMEÇAR.

esboço ⟨es.bo.ço⟩ (Pron. [esbôço]) s.m. **1** Traçado geral ou impreciso de um plano ou de uma ideia: *o esboço de um projeto*. □ SIN. **bosquejo**. **2** Insinuação de uma atitude ou de um gesto: *A vítima teve um esboço de reação*.

esbodegar ⟨es.bo.de.gar⟩ ▌ v.t.d. **1** *informal* Maltratar, deteriorar ou deixar em más condições. ▌ v.prnl. **2** *informal* Cansar-se muito ou extenuar-se: *Esbodegaram-se de tanto correr*. □ ORTOGRAFIA Antes de e, o g muda para gu → CHEGAR.

esbofetear ⟨es.bo.fe.te.ar⟩ v.t.d. Dar uma ou mais bofetadas em. □ ORTOGRAFIA O e muda para ei quando a sílaba tônica estiver na raiz do verbo → NOMEAR.

esbordoar ⟨es.bor.do.ar⟩ v.t.d. Golpear com bordoadas.

esbórnia ⟨es.bór.nia⟩ s.f. **1** *informal* Festa ou diversão animada e barulhenta. **2** Festa em que há fartura de comida e de bebida e em que se cometem muitos excessos, especialmente se forem sexuais.

esboroar ⟨es.bo.ro.ar⟩ v.t.d./v.int./v.prnl. Desfazer(-se) ou desmoronar(-se): *A teoria esboroou-se com as novas descobertas da ciência*.

esborrachar ⟨es.bor.ra.char⟩ ▌ v.t.d. **1** Deformar ou destruir (um objeto, especialmente), comprimindo-o ou golpeando-o. ▌ v.prnl. **2** Cair ou levar um tombo: *Esborrachou-se no chão ao sair do carro*.

esbranquiçado, da ⟨es.bran.qui.ça.do, da⟩ adj. **1** De cor semelhante ao branco ou com tonalidades brancas. □ SIN. **alvacento**. **2** De cor pálida ou que perdeu a cor.

esbravejar ⟨es.bra.ve.jar⟩ ▌ v.t.d./v.t.i. **1** Gritar (algo) ou vociferar [contra algo] para manifestar irritação ou raiva. ▌ v.int. **2** Gritar ou vociferar para manifestar irritação ou raiva: *Esbravejou quando soube do extravio de sua bagagem*.

esbugalhado, da ⟨es.bu.ga.lha.do, da⟩ adj. Que se sobressai mais que o normal.

esbugalhar ⟨es.bu.ga.lhar⟩ v.t.d. Abrir (os olhos) mais que o normal: *Esbugalhou os olhos quando me viu*. □ SIN. **arregalar**.

esbulhar ⟨es.bu.lhar⟩ ▌ v.t.d.i. **1** Despossuir ou privar (alguém) [de uma propriedade ou de um direito legítimos], geralmente por meio da violência: *O movimento campesino esbulhou o fazendeiro de suas terras*. ▌ v.t.d. **2** Tomar posse de uma propriedade ou de um direito to que são legítimos de (alguém), geralmente por meio da violência: *Esbulhou o ex-marido após a separação*. □ SIN. **usurpar**.

esbulho ⟨es.bu.lho⟩ s.m. Apropriação violenta de uma propriedade ou de um direito que legitimamente pertencem a outro. □ SIN. **usurpação**.

esburacar ⟨es.bu.ra.car⟩ ▌ v.t.d. **1** Fazer um ou mais buracos em: *A enxurrada esburacou a rua*. ▌ v.prnl. **2** Ficar com um ou mais buracos: *Por causa das chuvas, as estradas de terra se esburacaram*. □ ORTOGRAFIA Antes de e, o c muda para qu → BRINCAR.

escabeche ⟨es.ca.be.che⟩ s.m. Molho feito à base de azeite, alho, folhas de louro, pimenta em grão e vinagre.

escabelo ⟨es.ca.be.lo⟩ (Pron. [escabêlo]) s.m. Banco pequeno que serve de apoio para os pés enquanto se está sentado.

escabiose ⟨es.ca.bi.o.se⟩ s.f. Doença de pele contagiosa, causada por um parasita que se alimenta de células superficiais da pele ou que escava túneis debaixo dela.

escabroso, sa ⟨es.ca.bro.so, sa⟩ (Pron. [escabrôso], [escabrósa], [escabrósos], [escabrósas]) adj. **1** Em relação especialmente a um assunto, que é difícil de lidar ou de resolver, e que requer muito cuidado ao ser tratado. **2** Que está à beira do que se considera inconveniente, imoral ou obsceno.

escachar ⟨es.ca.char⟩ v.t.d. Destruir moralmente.

escada ⟨es.ca.da⟩ s.f. **1** Série de degraus, geralmente de madeira ou de alvenaria, por onde se sobe ou se desce. **2** Armação, geralmente de madeira ou de metal, com travessões paralelos entre si, usada para alcançar lugares altos. ∥ **escada (de) caracol** Aquela em forma de espiral. ∥ **escada rolante** Aquela em que os degraus se movem automaticamente, para cima ou para baixo.

escadaria ⟨es.ca.da.ri.a⟩ s.f. Escada ampla e longa, geralmente de um só lance, construída no exterior ou na entrada de um edifício.

escafandrista ⟨es.ca.fan.dris.ta⟩ s.2g. Pessoa que se dedica a mergulhar ou a realizar atividades debaixo da água, especialmente como profissão.

escafandro ⟨es.ca.fan.dro⟩ s.m. Equipamento de mergulho que se utiliza para permanecer um longo tempo embaixo da água, e que é formado por uma roupa impermeável e um capacete totalmente vedado, com tubos pelos quais se renova o ar dentro dele.

escala ⟨es.ca.la⟩ s.f. **1** Série ordenada de elementos distintos de uma mesma espécie, especialmente se sua ordem obedecer a um critério: *Na escala de salários, o seu ocupa uma posição intermediária.* **2** Gradação ou divisão que alguns instrumentos de medida têm: *A escala deste termômetro vai de 0 a 42 graus.* **3** Em uma representação gráfica ou tridimensional de um objeto, proporção entre as dimensões reais do objeto e as da reprodução: *Se a escala do mapa é de 1/100, cada milímetro representa 100 metros de terreno.* **4** Tamanho ou proporção em que se desenvolve um plano ou uma ideia: *No próximo mês, começará a produção em grande escala.* **5** Lugar em que um barco, um ônibus ou um avião fazem uma parada em seu trajeto. **6** Tempo de duração dessa parada. **7** Em música, série de notas ou de sons ordenados por graus, que se sucedem do grave para o agudo ou vice-versa. **8** Em uma empresa, esquema de horários a que os funcionários devem obedecer. ∥ **escala Celsius** Aquela que mede a temperatura e que é construída com base em dois pontos, 0 e 100 graus, respectivamente o ponto de fusão e de ebulição da água pura em uma pressão igual à do nível do mar. ∥ **escala (de) Richter** Aquela que mede a intensidade de um terremoto. ∥ **escala Fahrenheit** Aquela que mede a temperatura com dois pontos fixos (32, como ponto de fusão da água, e 212, como ponto de ebulição da água) e que é usada em países como a Inglaterra e os Estados Unidos.

escalada ⟨es.ca.la.da⟩ s.f. **1** Subida em direção ao topo de algo com altura elevada: *a escalada de uma montanha.* **2** Aumento progressivo ou rápido de algo: *As estatísticas mostram uma escalada da violência naquela região.*

escalador, -a ⟨es.ca.la.dor, do.ra⟩ (Pron. [escaladôr], [escaladôra]) ▌adj. **1** Que escala. ▌s. **2** Esportista que pratica a escalada.

escalão ⟨es.ca.lão⟩ (pl. *escalões*) s.m. Lista dos indivíduos de uma corporação, classificados segundo um critério, geralmente de acordo com a importância de seu cargo ou com seu tempo de serviço: *um funcionário de alto escalão.*

escalar ⟨es.ca.lar⟩ ▌adj.2g. **1** Que é medido por meio de escala. **2** Em relação a uma magnitude física, que não possui direção ou unidade de medida e que se expressa somente por número. ▌v.t.d. **3** Subir ou trepar por ou até o topo de (algo de grande altura): *Os alpinistas escalaram o pico da Neblina, no norte do Amazonas.* **4** Selecionar ou designar para uma atividade ou tarefa: *O diretor escalou vários atores iniciantes para o espetáculo.*

escaldado ⟨es.cal.da.do⟩ s.m. Prato feito à base de caldo fervente de carne ou peixe e engrossado com farinha.

escalda-pés ⟨es.cal.da-pés⟩ s.m.2n. Imersão dos pés em água quente.

escaldar ⟨es.cal.dar⟩ ▌v.t.d. **1** Lavar com água fervente: *Na granja, escaldam os frangos e os pés para retirar-lhes as penas com facilidade.* ▌v.t.d./v.prnl. **2** Esquentar ou queimar(-se) com fogo ou com algo muito quente: *O sol de verão escaldava o asfalto.* ▌v.t.d. **3** Cozinhar (um alimento) em um molho depois de refogado: *Escaldou os legumes junto com alho e cebola.*

escaleno, na ⟨es.ca.le.no, na⟩ (Pron. [escalêno]) adj./s.m. Em relação a um triângulo, que tem os três lados diferentes entre si.

escaler ⟨es.ca.ler⟩ (Pron. [escalér]) s.m. Embarcação pequena, de proa fina e popa quadrada, movida a remo ou a velas, geralmente usada como meio de resgate em naufrágios ou em reparos de grandes embarcações.

escalonar ⟨es.ca.lo.nar⟩ v.t.d. **1** Distribuir ou repartir ordenadamente: *Escalonaram os soldados para que cobrissem toda a área.* **2** Chegar até (um cargo ou uma posição elevados).

escalpelar ⟨es.cal.pe.lar⟩ v.t.d. **1** Cortar ou dissecar com um escalpelo. **2** Arrancar o couro cabeludo de (uma pessoa ou um animal).

escalpelo ⟨es.cal.pe.lo⟩ (Pron. [escalpêlo]) s.m. Instrumento de cirurgia em formato de faca pequena, de folha estreita e pontiaguda, usado para fazer dissecações e autópsias.

escalpo ⟨es.cal.po⟩ s.m. Porção de cabelo arrancada da cabeça junto com o couro cabeludo.

escalvado, da ⟨es.cal.va.do, da⟩ adj./s. Em relação a um terreno, que não tem vegetação.

escama ⟨es.ca.ma⟩ s.f. Cada uma das pequenas lâminas duras e ovaladas que cobrem o corpo de alguns animais, especialmente o dos peixes e o dos répteis.

escamar ⟨es.ca.mar⟩ v.t.d./v.prnl. →**descamar**

escamoso, sa ⟨es.ca.mo.so, sa⟩ (Pron. [escamôso], [escamósa], [escamósos], [escamósas]) adj. Que tem escamas.

escamotear ⟨es.ca.mo.te.ar⟩ v.t.d. **1** Fazer desaparecer da vista por ilusão ou usando algum artifício: *O ilusionista escamoteou um pombo.* **2** Roubar com agilidade e com astúcia: *Escamotearam minha carteira e eu nem percebi.* **3** Ocultar de maneira intencional ou arbitrária: *Para não preocupar as crianças, escamoteou os fatos.* □ ORTOGRAFIA O e muda para ei quando a sílaba tônica estiver na raiz do verbo →NOMEAR.

escâncara ⟨es.cân.ca.ra⟩ ∥ **às escâncaras** À vista dos outros: *O casal discutia às escâncaras.*

escancarar ⟨es.can.ca.rar⟩ ▌v.t.d./v.prnl. **1** Abrir(-se) o máximo possível: *O dentista pediu que escancarasse a boca. A porta se escancarou com a ventania.* ▌v.t.d. **2** Mostrar ou expor de maneira flagrante: *Escancarou seus pensamentos perante os colegas.*

escandalizar ⟨es.can.da.li.zar⟩ v.t.d./v.prnl. Causar em (alguém) ou sentir indignação ou escândalo: *Vê-lo bêbado nos escandalizou. Muitos se escandalizaram com as cenas do filme.*

escândalo ⟨es.cân.da.lo⟩ s.m. **1** Dito ou feito que causam indignação, desprezo ou polêmica por serem contrários à moral social vigente: *A denúncia de corrupção foi um verdadeiro escândalo.* **2** Alvoroço, ruído ou perturbação da ordem: *Os vizinhos fizeram um escândalo durante a noite.*

escandaloso, sa ⟨es.can.da.lo.so, sa⟩ (Pron. [escandalôso], [escandalósa], [escandalósos], [escandalósas]) adj. Que causa escândalo.

escandinavo, va ⟨es.can.di.na.vo, va⟩ adj./s. Da Escandinávia ou relacionado a essa região do norte europeu.

escândio ⟨es.cân.dio⟩ s.m. Elemento químico da família dos metais, de número atômico 21, sólido, de cor cinza prateada, muito rígido e resistente à corrosão. ☐ ORTOGRAFIA Seu símbolo químico é Sc, sem ponto.

escandir ⟨es.can.dir⟩ v.t.d. **1** Contar as sílabas poéticas de (um verso), identificando as sílabas tônicas: *Ao escandir um verso, vimos que era decassílabo.* ☐ SIN. **medir**. **2** Dizer (uma frase ou uma palavra) pronunciando suas sílabas com ênfase: *Para melhorar a sua dicção, a cantora escandia cada palavra da letra da música.*

escanear ⟨es.ca.ne.ar⟩ v.t.d. Passar por um escâner: *Se escanear a foto, poderá modificá-la no computador.* ☐ ORTOGRAFIA O e muda para *ei* quando a sílaba tônica estiver na raiz do verbo →NOMEAR.

escâner ⟨es.câ.ner⟩ s.m. Aparelho que, conectado a um computador, serve para captar e para analisar imagens ou para explorar o interior de objetos: *Passou a bolsa pelo escâner para provar que não levava objetos perigosos.*

escangalhar ⟨es.can.ga.lhar⟩ ▮ v.t.d. **1** Quebrar ou deixar em más condições: *Escangalhou a bicicleta ao bater no muro.* ▮ v.t.d./v.prnl. **2** Desfazer(-se) ou destruir(-se) totalmente: *O acidente escangalhou o carro. O rádio caiu no chão e se escangalhou.*

escanhoar ⟨es.ca.nho.ar⟩ v.t.d./v.prnl. Barbear(-se) com esmero, passando a lâmina em sentido oposto ao crescimento do pelo: *Depois do banho, escanhoou a face.*

escanifrado, da ⟨es.ca.ni.fra.do, da⟩ adj. Que é muito magro.

escaninho ⟨es.ca.ni.nho⟩ s.m. Cada uma das divisões de um arquivo ou de outros móveis: *Cada condômino recolhia a correspondência em seu escaninho.*

escanteio ⟨es.can.tei.o⟩ s.m. **1** Em um campo de futebol ou em uma quadra, cada um dos quatro cantos. ☐ SIN. **córner**. **2** Em futebol e em outros esportes, jogada defensiva em que um jogador envia a bola para fora do campo, cruzando a linha ao fundo do seu gol. ☐ SIN. **córner**. **3** Em futebol e em outros esportes, lançamento que um jogador faz de um dos cantos do campo, como cobrança dessa jogada. ☐ SIN. **córner**.

escapada ⟨es.ca.pa.da⟩ s.f. **1** Saída às pressas ou às escondidas: *Deu uma escapada do trabalho para ir à farmácia.* ☐ SIN. **escapadela, escapulida, fugida**. **2** Fuga ou saída breves que são feitas como diversão ou para descansar das ocupações habituais: *Às vezes gosta de dar uma escapada com os amigos.* ☐ SIN. **escapadela, escapulida**.

escapadela ⟨es.ca.pa.de.la⟩ s.f. **1** Saída às pressas ou às escondidas. ☐ SIN. **escapada, escapulida, fugida**. **2** Fuga ou saída breves que são feitas como diversão ou para descansar das ocupações habituais. ☐ SIN. **escapada, escapulida**.

escapamento ⟨es.ca.pa.men.to⟩ s.m. **1** Expulsão ou saída de um gás por uma abertura. ☐ SIN. **escape**. **2** Essa abertura. ☐ SIN. **escape**.

escapar ⟨es.ca.par⟩ ▮ v.t.i. **1** Sair ou livrar-se [de uma situação perigosa]: *Escapou da batida por pouco.* **2** Ser ignorado ou passar despercebido [a alguém]: *Nenhum detalhe escapou ao pesquisador.* **3** Ficar fora do domínio, da influência ou do alcance [de alguém]: *O problema escapou ao seu controle.* **4** Fugir à memória ou ao conhecimento [de alguém]: *A resposta agora me escapou.* ▮ v.int. **5** Fugir ou sair às pressas ou às escondidas: *Os ladrões conseguiram escapar.* ☐ SIN. **escapulir**.

escapatória ⟨es.ca.pa.tó.ria⟩ s.f. Forma de evitar uma situação complicada ou perigosa: *Foi pego em flagrante e não teve escapatória.* ☐ SIN. **escape**.

escape ⟨es.ca.pe⟩ s.m. **1** Expulsão ou saída de um gás por uma abertura. ☐ SIN. **escapamento**. **2** Essa abertura: *o escape de um forno.* ☐ SIN. **escapamento**. **3** Forma de evitar uma situação complicada ou perigosa: *Sem escape, os assaltantes se renderam.* ☐ SIN. **escapatória**.

escápula ⟨es.cá.pu.la⟩ s.f. Cada um dos dois ossos largos, quase planos e com formato triangular, situados em um dos lados superiores das costas e que se unem aos úmeros e às clavículas. ☐ USO É a nova denominação de *omoplata.* [👁 **esqueleto** p. 334]

escapulário ⟨es.ca.pu.lá.rio⟩ s.m. Faixa de pano que se pendura no peito e nas costas, e que é usado como distintivo de algumas ordens religiosas.

escapulida ⟨es.ca.pu.li.da⟩ s.f. **1** Saída às pressas ou às escondidas. ☐ SIN. **escapada, escapadela, fugida**. **2** Fuga ou saída breves que são feitas como diversão ou para descansar das ocupações habituais. ☐ SIN. **escapada, escapadela**.

escapulir ⟨es.ca.pu.lir⟩ v.t.i./v.int./v.prnl. Fugir ou sair às pressas [de um lugar] ou às escondidas: *O cachorro escapuliu.* ☐ SIN. **escapar**.

escara ⟨es.ca.ra⟩ s.f. Ferida na pele causada por má circulação, que se manifesta geralmente em áreas do corpo em que há compressão ou apoio.

escarafunchar ⟨es.ca.ra.fun.char⟩ v.t.d. **1** Investigar ou explorar com persistência e afinco (um assunto): *Nunca gostou de escarafunchar o passado.* **2** Remexer para procurar algo: *Um grilo escarafunchava as flores.*

escaramuça ⟨es.ca.ra.mu.ça⟩ s.f. Disputa ou discussão de pouca importância.

escaravelho ⟨es.ca.ra.ve.lho⟩ (Pron. [escaravêlho]) s.m. Inseto coleóptero com apêndices na cabeça semelhantes a chifres. ☐ SIN. **bicho carpinteiro**. ☐ GRAMÁTICA É um substantivo epiceno: *o escaravelho (macho/fêmea).*

escarcéu ⟨es.car.céu⟩ s.m. Tumulto ou confusão, especialmente se acompanhados de gritaria ou de muito barulho.

escarificação ⟨es.ca.ri.fi.ca.ção⟩ (pl. *escarificações*) s.f. **1** Corte superficial que é feito na pele para coletar sangue, pus ou material ósseo. **2** Corte pequeno e sem profundidade que é feito em uma superfície: *Fizeram escarificações no tronco da seringueira para extrair o látex.*

escarificar ⟨es.ca.ri.fi.car⟩ v.t.d. **1** Fazer cortes pequenos ou sem profundidade em (uma superfície): *escarificar a casca de uma árvore.* **2** Revolver de maneira superficial (o solo). ☐ ORTOGRAFIA Antes de *e*, o *c* muda para *qu* →BRINCAR.

escarlate ⟨es.car.la.te⟩ adj.2g/s.m. De cor vermelha viva e intensa.

escarlatina ⟨es.car.la.ti.na⟩ s.f. Doença infecciosa e contagiosa, própria da infância, e cujos sintomas são febre alta, dor de garganta e aparição de manchas de cor vermelho escarlate na pele.

escarmentar ⟨es.car.men.tar⟩ ▮ v.t.d. **1** Castigar ou repreender severamente. ▮ v.prnl. **2** Tirar um ensinamento de erros passados para evitar que sejam repetidos: *Escarmentou-se com as dificuldades por que passou.*

escarnecer ⟨es.car.ne.cer⟩ v.t.d./v.t.i. Ridicularizar (alguém) ou zombar [de alguém]: *É covarde, pois só escarnece*

escarninho

dos fracos. □ ORTOGRAFIA Antes de *a* ou *o*, o *c* muda para *ç* →CONHECER.

escarninho, nha ⟨es.car.ni.nho, nha⟩ adj. Que tem ou que mostra escárnio: *Respondeu-me em um tom escarninho.*

escárnio ⟨es.cár.nio⟩ s.m. Atitude de zombaria, desprezo ou indignação: *Reagiram com escárnio às vaias da plateia.*

escarola ⟨es.ca.ro.la⟩ s.f. Planta herbácea semelhante à alface, com folhas verdes, abundantes, com margem recortada, muito onduladas e originadas em uma base, e que se costuma comer especialmente em saladas.

escarpa ⟨es.car.pa⟩ s.f. Em um terreno, parte íngreme do relevo.

escarpado, da ⟨es.car.pa.do, da⟩ adj. Em relação a um terreno, com um declive bastante íngreme.

escarradeira ⟨es.car.ra.dei.ra⟩ s.f. Recipiente pequeno em que se cospe ou em que se escarra. □ SIN. cuspideira.

escarrapachar ⟨es.car.ra.pa.char⟩ ▌ v.t.d. **1** Abrir excessivamente (as pernas), geralmente ao se sentar: *Ele escarrapachou as pernas no banco, sem deixar espaço para mais ninguém.* ▌ v.prnl. **2** Cair de bruços: *Tropeçou e se escarrapachou na rua.* □ SIN. esparramar. **3** Sentar-se à vontade: *Ao chegar em casa, escarrapachou-se no sofá.*

escarrar ⟨es.car.rar⟩ ▌ v.t.d. **1** Cuspir ou expulsar pela boca (saliva, catarro ou sangue). ▌ v.int. **2** Cuspir ou expulsar saliva, catarro ou sangue pela boca: *Tinha o mau costume de escarrar na frente dos outros.*

escarro ⟨es.car.ro⟩ s.m. Saliva, catarro ou sangue que são cuspidos ou expulsos pela boca de uma só vez.

escassear ⟨es.cas.se.ar⟩ ▌ v.int. **1** Existir em quantidade escassa ou insuficiente: *Sem um consumo consciente, a água potável poderá escassear.* ▌ v.t.d./v.t.i. **2** Dar (algo) na menor quantidade possível [a alguém]: *Nunca escasseou recursos à família.* □ ORTOGRAFIA O *e* muda para *ei* quando a sílaba tônica estiver na raiz do verbo →NOMEAR.

escassez ⟨es.cas.sez⟩ (Pron. [escassêz]) s.f. Condição de escasso: *A escassez de mão de obra levou à contratação de trabalhadores estrangeiros.*

escasso, sa ⟨es.cas.so, sa⟩ adj. **1** Pouco, pequeno ou insuficiente em quantidade ou em número. **2** Que não tem algo ou que é desprovido dele: *uma cidade escassa de áreas verdes.*

escatologia ⟨es.ca.to.lo.gi.a⟩ s.f. **1** Conjunto de expressões ou de manifestações que dizem respeito ao que é excretado pelo corpo humano. **2** Conjunto de crenças e de doutrinas relacionadas ao fim dos tempos.

escavação ⟨es.ca.va.ção⟩ (pl. *escavações*) s.f. **1** Ato ou efeito de escavar(-se). **2** Buraco ou cavidade abertos pelo homem em um terreno: *Visitamos algumas escavações arqueológicas.*

escavadeira ⟨es.ca.va.dei.ra⟩ s.f. Máquina que serve para escavar, composta por uma grande pá mecânica montada sobre um veículo de grande potência.

escavar ⟨es.ca.var⟩ v.t.d./v.prnl. Fazer buraco em (uma superfície) ou formar uma cavidade: *Os arqueólogos escavaram todo o terreno.*

escaveirado, da ⟨es.ca.vei.ra.do, da⟩ adj. Muito magro ou que tem aspecto de caveira.

esclarecer ⟨es.cla.re.cer⟩ ▌ v.t.d. **1** Elucidar ou tornar claro: *esclarecer um mal-entendido.* □ SIN. clarificar. ▌ v.t.d.i. **2** Informar ou prestar esclarecimentos a (alguém) [sobre algo]: *Os relatórios esclareceram os acionistas a respeito da situação da empresa.* ▌ v.t.d./v.prnl. **3** Iluminar(-se) ou ilustrar(-se) (a mente): *O hábito da leitura esclarece o espírito.* □ ORTOGRAFIA Antes de *a* ou *o*, o *c* muda para *ç* →CONHECER.

esclarecido, da ⟨es.cla.re.ci.do, da⟩ adj. Que tem ou que demonstra conhecimento.

esclarecimento ⟨es.cla.re.ci.men.to⟩ s.m. Ato ou efeito de esclarecer(-se).

esclerosar ⟨es.cle.ro.sar⟩ ▌ v.t.d./v.prnl. **1** Provocar esclerose em ou sofrer esclerose (um tecido orgânico ou um órgão): *esclerosar uma artéria.* ▌ v.int./v.prnl. **2** *informal pejorativo* Perder a capacidade mental (um idoso, especialmente): *Agora que esclerosou, não reconhece mais ninguém.*

esclerose ⟨es.cle.ro.se⟩ s.f. Endurecimento patológico de um tecido orgânico ou de um órgão, geralmente por causa de um aumento anormal de tecido conjuntivo.

esclerótica ⟨es.cle.ró.ti.ca⟩ s.f. Membrana dura, opaca e de cor esbranquiçada, que envolve o globo ocular.

esclerótico, ca ⟨es.cle.ró.ti.co, ca⟩ adj. Da esclerose ou relacionado a essa doença.

-esco, -esca **1** Sufixo que indica relação: *animalesco.* **2** Sufixo que indica qualidade: *gigantesca.*

escoadoiro ⟨es.co.a.doi.ro⟩ s.m. →**escoadouro**

escoadouro ⟨es.co.a.dou.ro⟩ s.m. Duto ou canal que dá saída a líquidos. □ ORTOGRAFIA Escreve-se também *escoadoiro.*

escoamento ⟨es.co.a.men.to⟩ s.m. Ato ou efeito de escoar.

escoar ⟨es.co.ar⟩ ▌ v.t.d./v.int. **1** Dar vazão a ou escorrer (um líquido retido): *Depois da chuva, escoamos a água das calhas.* **2** Fazer fluir ou fluir (algo que está parado): *Após o acidente, os guardas tentavam escoar o trânsito.* ▌ v.t.d. **3** Vender (uma mercadoria armazenada) para renovar a oferta de produtos: *Precisamos escoar o estoque de inverno.*

escocês, -a ⟨es.co.cês, ce.sa⟩ (Pron. [escocês], [escocêsa]) ▌ adj./s. **1** Da Escócia ou relacionado a essa região britânica. ▌ s.m. **2** Língua celta dessa região.

escoicear ⟨es.coi.ce.ar⟩ ▌ v.t.d. **1** Dar coices em. ▌ v.int. **2** Dar coices: *O cavalo começou a escoicear quando lhe colocaram o laço.* □ ORTOGRAFIA O *e* muda para *ei* quando a sílaba tônica estiver na raiz do verbo →NOMEAR.

escoimar ⟨es.coi.mar⟩ ▌ v.t.d./v.t.d.i. **1** Limpar(-se) ou depurar(-se) (algo) [de impurezas ou defeitos]: *Escoimou o texto de várias imprecisões.* ▌ v.prnl. **2** Isentar-se de uma falha ou uma culpa: *Não conseguiu escoimar-se de todas as acusações.*

escol ⟨es.col⟩ (pl. *escóis*) s.m. Minoria seleta e destacada em um campo ou em uma atividade.

escola ⟨es.co.la⟩ s.f. **1** Estabelecimento no qual se ministra qualquer tipo de instrução. **2** Conjunto de discípulos ou seguidores de uma corrente de pensamento, de uma arte ou de um estilo: *Graciliano Ramos é um dos escritores mais estudados da escola regionalista.* **3** Aquilo que é capaz de transmitir um ensinamento ou uma lição. ‖ **escola de samba 1** Associação de músicos, cantores, compositores, passistas e de outros componentes, organizada em alas, e que desfila, especialmente durante o Carnaval, seguindo um tema previamente escolhido: *A Estácio de Sá é a mais antiga escola de samba do Brasil.* **2** Sede dessa associação.

escolado, da ⟨es.co.la.do, da⟩ adj./s. *informal* Sabido ou experiente.

escolar ⟨es.co.lar⟩ adj.2g./s.2g. Da escola ou relacionado a ela.

escolaridade ⟨es.co.la.ri.da.de⟩ s.f. Rendimento ou aproveitamento escolar de uma pessoa. ‖ **({grau/nível} de) escolaridade** Formação escolar alcançada por uma pessoa.

escolha ⟨es.co.lha⟩ (Pron. [escôlha]) s.f. **1** Possibilidade ou capacidade de escolher: *Você não tem escolha, pois* *só há um caminho a seguir.* **2** Seleção baseada em uma preferência e que tem um fim determinado: *Fazer faculdade de engenharia, foi a escolha que ele fez.*

escolher ⟨es.co.lher⟩ ▌v.t.d./v.t.d.i. **1** Tomar (uma coisa) [dentre outras]: *Seu irmão escolheu a carreira de arquiteto.* ▌v.t.d. **2** Nomear ou designar mediante eleição: *Ela foi escolhida a líder da turma.*

escolho ⟨es.co.lho⟩ (Pron. [escôlho], [escólhos]) s.m. Rocha ou penhasco pouco visíveis na superfície da água, que apresentam perigo para as embarcações.

escoliose ⟨es.co.li.o.se⟩ s.f. Desvio lateral da coluna vertebral.

escolta ⟨es.col.ta⟩ s.f. **1** Conjunto de pessoas ou de veículos que protegem algo ou alguém durante o seu deslocamento: *Uma escolta armada abriu caminho para a passagem do veículo presidencial.* **2** Serviço de acompanhamento ou de proteção oferecidos por essas pessoas ou veículos: *A polícia realizou a escolta da obra de arte até o museu.*

escoltar ⟨es.col.tar⟩ v.t.d. Acompanhar ou conduzir, especialmente se for para proteger: *Dois policiais escoltavam a principal testemunha.*

escombros ⟨es.com.bros⟩ s.m.pl. Sobras ou entulhos de material de construção ou de demolição.

esconde-esconde ⟨es.con.de-es.con.de⟩ s.m.2n. Brincadeira infantil na qual uma criança deve procurar outras que estão escondidas.

esconder ⟨es.con.der⟩ ▌v.t.d./v.prnl. **1** Colocar(-se) em um lugar oculto ou secreto: *Escondeu-se atrás da porta para assustar o irmão.* ▌v.t.d. **2** Encobrir ou guardar no interior: *Aquela aparência mal-humorada esconde um grande coração.* **3** Ocultar ou não deixar ver: *As árvores escondem a fachada da casa.*

esconderijo ⟨es.con.de.ri.jo⟩ s.m. Lugar que serve para ocultar algo ou alguém.

escondidas ⟨es.con.di.das⟩ ‖ **às escondidas** Sem ser visto ou ocultando-se: *Entrou no prédio às escondidas.*

esconjurar ⟨es.con.ju.rar⟩ ▌v.t.d. **1** Afugentar com um exorcismo (um suposto espírito maligno, especialmente o demônio). **2** Amaldiçoar ou praguejar contra: *Esconjurou aqueles que o perseguiam injustamente.* ▌v.prnl. **3** Lamentar-se ou queixar-se: *Esconjurou-se por perder a data da prova.*

esconjuro ⟨es.con.ju.ro⟩ s.m. **1** Exorcização de um espírito maligno através da enunciação de uma fórmula. ☐ SIN. conjuração, conjuro. **2** Aquilo que é dito durante essa exorcização. ☐ SIN. conjuro.

esconso, sa ⟨es.con.so, sa⟩ adj. *literário* Que não se pode ver ou que está escondido.

escopeta ⟨es.co.pe.ta⟩ (Pron. [escopêta]) s.f. Arma de fogo portátil, com um ou dois canos longos montados sobre uma peça de madeira.

escopo ⟨es.co.po⟩ (Pron. [escôpo]) s.m. **1** Alvo sobre o qual se dispara uma arma de fogo, especialmente se for para o treinamento de tiro. **2** Finalidade ou intenção: *O escopo do projeto é superar as vendas do ano passado.*

escora ⟨es.co.ra⟩ s.f. Aquilo que serve de apoio ou de sustentação para que algo não caia: *As vigas de madeira são as escoras da construção.* ☐ SIN. arrimo, espeque, esteio.

escorar ⟨es.co.rar⟩ ▌v.t.d. **1** Dar apoio ou sustentação a (algo) para que não caia: *Use esse pedaço de madeira para escorar a porta.* ▌v.prnl./v.t.i. **2** Apoiar(-se) [em algo], especialmente se for para conseguir proteção ou para ter segurança: *Sempre se escora nos poderosos.* ☐ GRAMÁTICA Na acepção 2, usa-se a construção *escorar-se em {algo/alguém}*.

escorbuto ⟨es.cor.bu.to⟩ s.m. Doença causada pela carência de certas vitaminas, especialmente se for da vitamina C, e que se caracteriza por debilidade muscular, hemorragia, sangramento das gengivas e manchas roxas na pele.

escorchar ⟨es.cor.char⟩ v.t.d. **1** Retirar a casca de (um fruto). **2** Retirar a pele de (um animal). **3** Explorar, roubar ou despojar: *Com esses impostos, estão escorchando o contribuinte.*

escorço ⟨es.cor.ço⟩ (Pron. [escôrço]) s.m. **1** Representação de uma figura que se estende em sentido perpendicular ou oblíquo ao plano da superfície sobre a qual se pinta, encurtando suas linhas de acordo com as regras da perspectiva: *O escorço transmite uma sensação de profundidade.* **2** Figura ou parte dela representada dessa forma.

escore ⟨es.co.re⟩ s.m. Resultado numérico de uma partida esportiva: *O jogo terminou com um escore de 6 a 4 para os visitantes.*

escória ⟨es.có.ria⟩ s.f. **1** Aquilo ou aquele que se considera pior, mais desprezível ou mais indigno. **2** Substância de aspecto vítreo formada pelas impurezas dos metais, e que flutua quando se funde. **3** Matéria que é desprendida de um ferro incandescente ao ser golpeado por um martelo. **4** Resíduo volumoso que sobra da combustão do carbono. **5** Lava rápida e volumosa dos vulcões.

escoriação ⟨es.co.ri.a.ção⟩ (pl. *escoriações*) s.f. Descamação ou ferimento superficiais da pele.

escoriar ⟨es.co.ri.ar⟩ v.t.d./v.prnl. Machucar(-se) superficialmente (uma região do corpo): *Caiu e escoriou os joelhos.*

escorpiano, na ⟨es.cor.pi.a.no, na⟩ adj./s. Em astrologia, que ou quem nasceu entre 23 de outubro e 21 de novembro. ☐ SIN. escorpião.

escorpião ⟨es.cor.pi.ão⟩ (pl. *escorpiões*) ▌s.m. **1** Aracnídeo de abdome prolongado, cauda dividida em segmentos e terminada em um ferrão venenoso em formato de gancho. ▌adj.2g.2n./s.2g.2n. **2** Em astrologia, que ou quem nasceu entre 23 de outubro e 21 de novembro. ☐ SIN. escorpiano. ☐ GRAMÁTICA Na acepção 1, é um substantivo epiceno: *o escorpião {macho/fêmea}*.

escorraçar ⟨es.cor.ra.çar⟩ v.t.d. Expulsar com menosprezo ou com violência: *Escorraçou o irmão do quarto, mas depois se arrependeu.* ☐ ORTOGRAFIA Antes de e, o ç muda para c →COMEÇAR.

escorredor ⟨es.cor.re.dor⟩ (Pron. [escorredôr]) s.m. **1** Utensílio de cozinha usado para colocar pratos, copos, talheres e outros objetos que foram lavados para que sua água escorra. **2** Utensílio de cozinha usado para escorrer a água de alimentos.

escorregadela ⟨es.cor.re.ga.de.la⟩ s.f. **1** Perda de equilíbrio ligeira e repentina sobre uma superfície lisa; *Deu uma escorregada, mas não chegou a cair.* **2** *informal* Falha ou deslize: *O aluno está indo bem e aquela nota baixa só foi uma escorregadela.*

escorregadio, a ⟨es.cor.re.ga.di.o, a⟩ adj. **1** Que escorrega ou que desliza com facilidade. ☐ SIN. resvaladiço. **2** Que faz escorregar ou deslizar: *Tenha cuidado, o piso está úmido e escorregadio.*

escorregador ⟨es.cor.re.ga.dor⟩ (Pron. [escorregadôr]) s.m. Brinquedo infantil em formato de rampa sobre a qual as crianças se deixam escorregar, geralmente sentadas.

escorregão ⟨es.cor.re.gão⟩ (pl. *escorregões*) s.m. Perda de equilíbrio intensa e repentina sobre uma superfície lisa.

escorregar ⟨es.cor.re.gar⟩ ▌v.int. **1** Perder o equilíbrio sobre uma superfície lisa, repentinamente: *O chão estava encerado e eu escorreguei ao entrar.* **2** Deslizar ou

escorreito

escapar (algo liso): *O peixe escorregou das minhas mãos e caiu no rio.* ❙ v.t.i. **3** Cometer uma falha ou um deslize [na realização de uma ação]: *Ao fazer o exame, escorregou em algumas questões.* ☐ ORTOGRAFIA Antes de e, o g muda para gu →CHEGAR.

escorreito, ta ⟨es.cor.rei.to, ta⟩ adj. Sem falhas nem imperfeições.

escorrer ⟨es.cor.rer⟩ ❙ v.t.d. **1** Tirar o líquido que (algo molhado) contém: *Depois de cozido, é preciso escorrer o macarrão.* **2** Verter (um líquido): *O motor do carro está escorrendo óleo.* ❙ v.int. **3** Pingar ou correr (um líquido): *As lágrimas escorriam de seus olhos.* **4** *informal* Cair ou pender: *Não gostava dos cabelos escorrendo sobre os olhos.*

escoteiro, ra ⟨es.co.tei.ro, ra⟩ ❙ adj. **1** Do escotismo ou relacionado a esse movimento juvenil: *o movimento escoteiro.* ❙ s. **2** Membro desse movimento.

escotilha ⟨es.co.ti.lha⟩ s.f. **1** Em um barco, cada uma das aberturas que há no convés. **2** Em um carro de combate, abertura que permite acessar o seu interior.

escotismo ⟨es.co.tis.mo⟩ s.m. Movimento internacional que visa à formação moral e o desenvolvimento físico de jovens através de atividades realizadas em grupo, geralmente em contato com a natureza: *O escotismo foi criado no início do século XX por um oficial britânico chamado Baden-Powell.*

escova ⟨es.co.va⟩ (Pron. [escôva]) s.f. **1** Utensílio para limpeza formado por uma estrutura na qual são fixadas cerdas do mesmo tamanho. **2** Utensílio para pentear ou para alisar cabelos ou pelos. **3** Penteado que deixa os cabelos lisos e modelados. ‖ **escova de dentes** Utensílio apropriado para a limpeza dos dentes.

escovadela ⟨es.co.va.de.la⟩ s.f. Varredura superficial feita com uma escova.

escovar ⟨es.co.var⟩ v.t.d. **1** Esfregar ou limpar com uma escova (uma superfície): *Ao escovar os dentes, prevenimos as cáries. Escovou o casaco para retirar a poeira.* **2** Pentear ou alisar com uma escova (os cabelos ou os pelos): *Na fazenda, gostava de escovar os cavalos.*

escravagista ⟨es.cra.va.gis.ta⟩ adj.2g./s.2g. Partidário da escravidão. ☐ SIN. escravocrata.

escravatura ⟨es.cra.va.tu.ra⟩ s.f. Organização social baseada na exploração do trabalho escravo. ☐ SIN. escravidão.

escravidão ⟨es.cra.vi.dão⟩ (pl. *escravidões*) s.f. **1** Situação ou condição do escravo. **2** Organização social baseada na exploração do trabalho escravo. ☐ SIN. escravatura. **3** Submissão a algo: *Os viciados mantêm uma relação de escravidão com as drogas.*

escravizar ⟨es.cra.vi.zar⟩ v.t.d. Tornar escravo ou submeter à escravidão: *Durante a colonização da América, foram escravizados povos de diversas etnias africanas.*

escravo, va ⟨es.cra.vo, va⟩ adj./s. **1** Da escravidão ou relacionado a ela. **2** Que ou quem carece de liberdade por estar sob o domínio de alguém.

escravocrata ⟨es.cra.vo.cra.ta⟩ adj.2g./s.2g. Partidário da escravidão. ☐ SIN. escravagista.

escrevente ⟨es.cre.ven.te⟩ s.2g. Pessoa que se dedica profissionalmente à cópia ou à escrita de algo que se dita: *Enquanto o juiz conduzia a audiência, o escrevente redigia os autos.* ☐ SIN. escriturário.

escrever ⟨es.cre.ver⟩ ❙ v.t.d. **1** Representar (os sons da fala) por meio de letras e de outros signos gráficos convencionais: *Escreva seu nome nesta folha.* ❙ v.t.d./v.int. **2** Produzir (um texto ou uma obra musical) ou compor: *Inspirou-se em uma lenda medieval para escrever sua ópera.* **3** Comunicar(-se) por escrito: *Na carta, escreveu as últimas novidades.* ❙ v.t.d.i. **4** Remeter (algo escrito) [a alguém]: *Escreveu uma carta à amiga pedindo desculpas.*

escrevinhar ⟨es.cre.vi.nhar⟩ v.t.d./v.int. **1** Escrever com grafia ruim ou com rabiscos: *Com pressa, escrevinhou coisas ilegíveis.* **2** Escrever ou rabiscar (palavras ou frases sem importância ou sem sentido): *Gosta de escrevinhar aquilo que lhe vem à mente.*

escriba ⟨es.cri.ba⟩ s.m. Em alguns povos da Antiguidade, pessoa que copiava profissionalmente textos ditados ou já escritos.

escrínio ⟨es.crí.nio⟩ s.m. **1** Caixa na qual se guardam joias. **2** Móvel com compartimentos e com uma tábua para escrever e para guardar papéis, e que geralmente se pode fechar.

escrita ⟨es.cri.ta⟩ s.f. **1** Representação de palavras ou de ideias por meio de letras ou de outros signos gráficos convencionais. **2** Sistema utilizado para escrever: *A escrita ideográfica é comum no idioma de alguns povos orientais.* **3** Maneira de escrever: *Com a prática da leitura, aprimorou sua escrita.*

escrito ⟨es.cri.to⟩ ❙ **1** Particípio irregular de **escrever**. ❙ s.m. **2** Carta, documento ou qualquer outro papel que traz uma informação manuscrita ou impressa: *Viajantes do século XV e XVI deixaram escritos sobre o que descobriam no continente americano.* **3** Obra ou composição que são fruto de um trabalho intelectual: *Sagarana é um dos primeiros escritos de Guimarães Rosa.* ‖ **por escrito** Através da escrita: *Se não está de acordo, faça uma reclamação por escrito.*

escritor, -a ⟨es.cri.tor, to.ra⟩ (Pron. [escritôr], [escritôra]) s. Pessoa que se dedica a escrever obras literárias ou científicas, especialmente como profissão.

escritório ⟨es.cri.tó.rio⟩ s.m. **1** Espaço destinado à realização de tarefas administrativas ou burocráticas. **2** Em uma casa, cômodo reservado para a realização de tarefas intelectuais.

escritura ⟨es.cri.tu.ra⟩ s.f. **1** Documento legal no qual constam um acordo ou uma obrigação. **2** *literário* Maneira de escrever: *O ensaio analisava recursos poéticos da escritura de Manuel Bandeira.*

escrituração ⟨es.cri.tu.ra.ção⟩ (pl. *escriturações*) s.f. Registro no qual constam questões e fatos administrativos de uma organização de forma que possam ser consultados quando preciso.

escriturar ⟨es.cri.tu.rar⟩ v.t.d. Em direito, fazer constar mediante escritura pública ou de forma legal: *Precisamos escriturar esse terreno antes de vendê-lo.*

escriturário, ria ⟨es.cri.tu.rá.rio, ria⟩ s. **1** Pessoa que se dedica profissionalmente à execução de tarefas gerais em um escritório. **2** Pessoa que se dedica profissionalmente à cópia ou à escrita de algo que se dita. ☐ SIN. escrevente. **3** Pessoa que se dedica profissionalmente a lavrar escrituras públicas.

escrivaninha ⟨es.cri.va.ni.nha⟩ s.f. Móvel semelhante a uma mesa pequena, geralmente com gavetas, usado como apoio para escrever. ☐ SIN. secretária.

escrivão, vã ⟨es.cri.vão, vã⟩ (pl. *escrivães*) s. Pessoa legalmente habilitada que se dedica profissionalmente a dar fé ou garantia a certos documentos ou autos.

escroque ⟨es.cro.que⟩ s.2g. *pejorativo* Pessoa que se apropria de bens alheios por meio de fraudes.

escroto, ta ⟨es.cro.to, ta⟩ (Pron. [escrôto]) ❙ adj. **1** *pejorativo* Que foi malfeito ou é de má qualidade. ❙ adj./s. **2** *pejorativo* Que ou quem é desagradável, inconveniente ou mau caráter. ❙ s.m. **3** Em anatomia, bolsa de pele onde ficam os testículos. ☐ SIN. saco escrotal.

escrúpulo ⟨es.crú.pu.lo⟩ s.m. Incerteza ou hesitação a respeito de uma ação ser boa, conveniente ou justa-

Não tem escrúpulos ao passar por cima de todos para se beneficiar. ☐ SIN. prurido.

escrupuloso, sa ⟨es.cru.pu.lo.so, sa⟩ (Pron. [escrupulôso], [escrupulósa], [escrupulósos], [escrupulósas]) ▌adj. **1** Com escrúpulo. **2** Que faz ou cumpre seus deveres com exatidão e com cuidado.

escrutar ⟨es.cru.tar⟩ v.t.d. Explorar, indagar ou examinar com muita atenção: *Escrutava seu rosto para descobrir algum segredo*.

escrutinar ⟨es.cru.ti.nar⟩ v.t.d. Reconhecer e contar (os votos de uma eleição): *O vencedor será oficialmente anunciado quando terminarem de escrutinar os votos*.

escrutínio ⟨es.cru.tí.nio⟩ s.m. **1** Eleição na qual os votos são armazenados em urnas. **2** Essa urna.

escudar-se ⟨es.cu.dar-se⟩ v.prnl. Apoiar-se, amparar-se ou basear-se: *O garoto escudava-se na mãe. O juiz escudou-se nas provas para definir a sentença*. ☐ GRAMÁTICA Usa-se a construção *escudar-se* EM *(algo/alguém)*.

escudeiro, ra ⟨es.cu.dei.ro, ra⟩ ▌s. **1** *informal* Pessoa companheira ou protetora: *O irmão mais velho sempre foi seu escudeiro*. ▌s.m. **2** Na Idade Média, pajem ou servo que carregava o escudo e outras armas do cavaleiro.

escuderia ⟨es.cu.de.ri.a⟩ s.f. Em uma competição automobilística, conjunto de veículos, de pilotos e de pessoal técnico que fazem parte de uma mesma equipe.

escudo ⟨es.cu.do⟩ s.m. **1** Arma defensiva usada presa a um dos braços, para cobrir e proteger o corpo. **2** Apoio, defesa ou proteção: *A fé é seu grande escudo*. **3** Unidade monetária de Portugal anterior à adoção do euro. **4** Brasão ou distintivo que indicam filiação ou simpatia a um grupo: *Ela tinha no seu quarto um pôster com o escudo do time de basquete*.

esculachar ⟨es.cu.la.char⟩ v.t.d. *informal* Tratar ou repreender de modo rude ou deselegante: *Ao esculachar a atendente, perdeu a razão*.

esculhambar ⟨es.cu.lham.bar⟩ v.t.d. **1** *informal* Tratar ou repreender de modo rude ou deselegante: *Descontrolou-se e esculhambou seus companheiros*. **2** *informal* Estragar ou danificar: *Ele esculhambou a câmera ao deixá-la cair*.

esculpir ⟨es.cul.pir⟩ ▌v.int. **1** Fazer esculturas: *Rodin foi um mestre na arte de esculpir*. ▌v.t.d. **2** Gravar ou trabalhar (um material) em oco ou em relevo: *esculpir a madeira*. ▌v.t.d.i. **3** Gravar ou trabalhar (uma imagem ou inscrição) em oco ou em relevo [em um material]: *Mandou esculpir na lápide um verso de Carlos Drummond de Andrade*.

escultor, -a ⟨es.cul.tor, to.ra⟩ (Pron. [escultôr], [escultôra]) s. Pessoa que se dedica à arte da escultura, especialmente como profissão.

escultura ⟨es.cul.tu.ra⟩ s.f. **1** Arte ou técnica de trabalhar um material em relevo, moldando-o ou talhando-o. **2** Obra que resulta dessa arte.

escultural ⟨es.cul.tu.ral⟩ (pl. *esculturais*) adj.2g. **1** Com as proporções ou com os traços de beleza próprios de uma escultura. **2** Da escultura ou relacionado a ela.

escuma ⟨es.cu.ma⟩ s.f. *literário* Espuma.

escumadeira ⟨es.cu.ma.dei.ra⟩ s.f. Utensílio de cozinha em formato de espátula vazada e com um cabo comprido. ☐ ORTOGRAFIA Escreve-se também *espumadeira*.

escumilha ⟨es.cu.mi.lha⟩ s.f. Tecido fino e transparente, geralmente de lã ou de seda.

escuna ⟨es.cu.na⟩ s.f. Barco a vela que tem dois mastros.

escurecer ⟨es.cu.re.cer⟩ ▌v.t.d./v.int. **1** Tirar ou perder a luz ou a claridade ou tornar(-se) mais escuro ou turvo: *Para escurecer a tinta, misture-a com preto. A mata escureceu rapidamente com o pôr do sol*. ▌v.t.d. **2** Desorientar ou confundir: *O ódio escurece a razão*. ▌v.int. **3** Anoitecer ou diminuir a luz do sol: *Volte para casa antes que escureça*. ☐ ORTOGRAFIA Antes de a ou o, o c muda para ç →CONHECER.

escuridão ⟨es.cu.ri.dão⟩ (pl. *escuridões*) s.f. **1** Falta de luz ou de claridade: *a escuridão da noite*. **2** Lugar onde não incide luz ou no qual há pouca claridade: *Escondeu-se na escuridão e ninguém a viu*. ☐ SIN. escuro. **3** *literário* Tristeza ou melancolia. **4** *literário* Ignorância: *Sem saber ler ou escrever, viviam na escuridão*.

escuro, ra ⟨es.cu.ro, ra⟩ ▌adj. **1** Que tem pouca luz ou pouca claridade. **2** Em relação a uma cor ou a uma tonalidade, que se aproximam do preto ou que estão mais próximos do preto que de outra de sua mesma gama. **3** *literário* Que é triste ou sombrio: *escuras recordações*. ▌adj./s. **4** Que ou quem é negro ou mulato. ▌s.m. **5** Lugar no qual há pouca ou nenhuma luz. ☐ SIN. escuridão. ∥ **às escuras** Sem luz: *A luz acabou e ficamos às escuras durante toda a tarde*.

escusa ⟨es.cu.sa⟩ s.f. Motivo ou justificativa para o não cumprimento de um dever ou o perdão de uma falta: *Uma viagem de última hora foi a sua escusa para não comparecer à reunião*.

escusado, da ⟨es.cu.sa.do, da⟩ adj. Desnecessário ou dispensável.

escusar ⟨es.cu.sar⟩ ▌v.t.d. **1** Perdoar ou desculpar: *Escusou-o pela falha*. ▌v.prnl. **2** Pedir perdão ou desculpas: *Escusou-se pelo atraso*. **3** Negar-se ou recusar-se: *Escusava-se a falar a verdade*.

escuso, sa ⟨es.cu.so, sa⟩ adj. **1** Que não é revelado ou que não se pode ver. ☐ SIN. oculto. **2** Que é suspeito ou duvidoso.

escuta ⟨es.cu.ta⟩ s.f. Percepção de sons, especialmente se for com atenção. ∥ **escuta telefônica** Gravação das chamadas telefônicas de uma pessoa sem que ela se dê conta disso.

escutar ⟨es.cu.tar⟩ ▌v.t.d. **1** Prestar atenção em (algo que se ouve): *Você me ouviu, mas não quis escutar o que eu disse*. **2** Seguir ou dar atenção a (um conselho, especialmente): *Escute o conselho dele, ou vai se arrepender*. ▌v.t.d./v.int. **3** Aguçar o ouvido para ouvir: *Não escute o que estão falando, pois é uma conversa particular*. ☐ USO Na acepção 1, é diferente de *ouvir* (perceber um som por meio da audição).

esdrúxulo, la ⟨es.drú.xu.lo, la⟩ ▌adj. **1** *informal* Que é extravagante ou esquisito. ▌adj./s. **2** Em relação a uma palavra, cuja antepenúltima sílaba é a tônica. ☐ SIN. **proparoxítono**.

esfacelar ⟨es.fa.ce.lar⟩ ▌v.t.d./v.prnl. **1** Despedaçar(-se) ou desfazer(-se): *Esfacelou o vaso de cristal ao deixá-lo cair*. ▌v.prnl. **2** Deteriorar-se ou corromper-se: *É uma instituição que se esfacelou ao longo dos anos*.

esfaimado, da ⟨es.fai.ma.do, da⟩ adj./s. Que ou quem tem muita fome.

esfalfar ⟨es.fal.far⟩ v.t.d./v.prnl. Causar ou sentir cansaço ou muita fadiga, geralmente devido a um esforço grande: *O time esfalfou-se com a prorrogação da partida*.

esfaquear ⟨es.fa.que.ar⟩ v.t.d./v.prnl. Golpear(-se) com uma faca: *Foi esfaqueado por um desconhecido*. ☐ ORTOGRAFIA O e muda para ei quando a sílaba tônica estiver na raiz do verbo →NOMEAR.

esfarelar ⟨es.fa.re.lar⟩ v.t.d./v.prnl. Desfazer(-se) em farelos (um alimento, especialmente): *Esfarelou o biscoito sobre o sorvete*.

esfarrapado, da ⟨es.far.ra.pa.do, da⟩ ▌adj. **1** Que é pouco lógico ou incoerente. ▌adj./s. **2** Maltrapilho ou vestido com farrapos ou roupas sujas e velhas.

esfarrapar ⟨es.far.ra.par⟩ v.t.d. Rasgar ou desfazer em farrapos (um tecido, especialmente): *Ao se enroscar no arame farpado, esfarrapou a camisa*.

esfera ⟨es.fe.ra⟩ s.f. **1** Corpo geométrico limitado por uma superfície curva cujos pontos estão todos à mesma distância de um ponto interno: *Uma bola de gude tem a forma de uma esfera*. **2** Campo em que se desenvolve uma atividade: *Atuou por anos na esfera do jornalismo*.

esférico, ca ⟨es.fé.ri.co, ca⟩ adj. Da esfera ou com a forma desse corpo geométrico.

esferográfica ⟨es.fe.ro.grá.fi.ca⟩ s.f. →caneta esferográfica

esfiapar ⟨es.fi.a.par⟩ v.t.d./v.int./v.prnl. Desfiar(-se) ou desfazer(-se) em fiapos (um tecido, especialmente): *esfiapar a barra de uma calça*.

esfíncter ⟨es.fínc.ter⟩ s.m. Em anatomia, músculo ou conjunto de músculos que regulam a abertura ou o fechamento de alguns orifícios do corpo.

esfinge ⟨es.fin.ge⟩ s.f. **1** Animal fabuloso com cabeça humana, corpo de leão e geralmente com asas de águia. **2** *literário* Pessoa misteriosa ou enigmática. ◻ GRAMÁTICA Usa-se tanto para o masculino quanto para o feminino: *(ele/ela) é uma esfinge*.

esfirra ⟨es.fir.ra⟩ s.f. Prato de origem árabe, feito com uma massa de farinha de trigo, que pode ser aberta ou fechada, recheada geralmente de carne, de queijo ou de verduras, e assado ao forno.

esfolar ⟨es.fo.lar⟩ v.t.d. **1** Tirar a pele ou o couro de: *Esfolou o joelho jogando futebol*. **2** *informal* Cobrar um valor abusivo de (alguém): *O cambista esfolou os torcedores que ainda não tinham ingressos*.

esfoliar ⟨es.fo.li.ar⟩ v.t.d. Descamar ou retirar as impurezas de (a pele): *Usei um produto para esfoliar o rosto*.

esfomeado, da ⟨es.fo.me.a.do, da⟩ adj./s. Que ou quem tem ou está com fome. ◻ SIN. **faminto**.

esfomear ⟨es.fo.me.ar⟩ v.t.d. Causar fome ou vontade de comer em (uma pessoa ou um animal). ◻ ORTOGRAFIA O e muda para *ei* quando a sílaba tônica estiver na raiz do verbo →NOMEAR.

esforçado, da ⟨es.for.ça.do, da⟩ adj./s. Que ou quem realiza algo com empenho ou com dedicação.

esforçar ⟨es.for.çar⟩ ▌ v.t.d. **1** Colocar força em ou submeter a um esforço: *esforçar a voz*. ▌ v.prnl. **2** Fazer um esforço físico, intelectual ou moral para conseguir algo: *Para terminar o trabalho na data prevista, eles se esforçaram bastante*. ◻ ORTOGRAFIA Antes de *e*, o *ç* muda para *c* →COMEÇAR.

esforço ⟨es.for.ço⟩ (Pron. [esfôrço], [esfórços]) s.m. Uso de força física, intelectual ou moral intensas: *A luta pela paz exige grande esforço das nações*.

esfrega ⟨es.fre.ga⟩ s.f. **1** *informal* Reprimenda ou desaprovação feitas ao comportamento de uma pessoa. **2** *informal* Sova ou castigo físico.

esfregação ⟨es.fre.ga.ção⟩ (pl. *esfregações*) s.f. Ato ou efeito de esfregar(-se).

esfregão ⟨es.fre.gão⟩ (pl. *esfregões*) s.m. Utensílio formado por um cabo comprido com um feixe de tiras de tecido absorvente em uma de suas extremidades, usado para esfregar o chão.

esfregar ⟨es.fre.gar⟩ ▌ v.t.d./v.t.d.i./v.prnl. **1** Atritar(-se) (uma superfície) [sobre outra] repetidas vezes e com força, especialmente se for para limpar: *Esfregue bem as mãos com água e sabão*. ▌ v.prnl. **2** *informal* Roçar-se com intenções sexuais. ◻ ORTOGRAFIA Antes de *e*, o *g* muda para *gu* →CHEGAR.

esfriamento ⟨es.fri.a.men.to⟩ s.m. **1** Ato ou efeito de esfriar(-se). ◻ SIN. **resfriamento**. **2** Diminuição de intensidade, de atividade ou de força: *o esfriamento de uma amizade*.

esfriar ⟨es.fri.ar⟩ v.t.d./v.int./v.prnl. **1** Diminuir a temperatura de (um corpo ou ambiente) ou ficar mais frio: *Não demore, senão a sua comida vai esfriar*. ◻ SIN. **arrefecer, resfriar**. **2** Diminuir a intensidade ou a força de (um sentimento ou um estado) ou desanimar-se: *A distância não esfriou a amizade entre eles*. ◻ SIN. **arrefecer**.

esfumaçar ⟨es.fu.ma.çar⟩ ▌ v.t.d./v.prnl. **1** Encher(-se) de fumaça: *A fritura esfumaçava a cozinha*. ▌ v.t.d. **2** Tornar menos nítido ou espalhar: *esfumaçar a maquiagem*. ◻ ORTOGRAFIA Antes de *e*, o *ç* muda para *c* →COMEÇAR. ◻ USO Na acepção 1, usa-se também a forma *enfumaçar*.

esfumar ⟨es.fu.mar⟩ v.t.d. **1** Em pintura, reduzir a intensidade de (os contornos ou da cor), geralmente com um esfuminho: *esfumar um desenho a carvão*. ▌ v.prnl. **2** Desaparecer pouco a pouco: *Nossas lembranças de infância foram se esfumando*.

esfuminho ⟨es.fu.mi.nho⟩ s.m. Rolo pequeno de papel suave, terminado em ponta, que serve para esfumar.

esfuziante ⟨es.fu.zi.an.te⟩ adj.2g. **1** Que sente e que manifesta grande alegria e contentamento. ◻ SIN. **radiante, radioso**. **2** Barulhento ou ruidoso.

esfuziar ⟨es.fu.zi.ar⟩ v.int. Provocar zumbido ou ruído forte: *O vento esfuziava*.

esganação ⟨es.ga.na.ção⟩ (pl. *esganações*) s.f. **1** Ato ou efeito de esganar(-se). ◻ SIN. **esgoelamento, estrangulamento**. **2** *informal* Avareza ou atitude mesquinha.

esganado, da ⟨es.ga.na.do, da⟩ adj./s. **1** *pejorativo* Avarento ou mesquinho. **2** *pejorativo* Que ou quem come muito ou desordenadamente.

esganar ⟨es.ga.nar⟩ v.t.d./v.prnl. Sufocar(-se), comprimindo o pescoço ou sofrendo compressão nele. ◻ SIN. **esgoelar, estrangular**.

esganiçar ⟨es.ga.ni.çar⟩ ▌ v.t.d. **1** Emitir (som semelhante a um ganido). ▌ v.prnl. **2** Esforçar-se muito ao gritar ou cantar: *No karaokê, esganiçava-se e não conseguia alcançar as notas mais altas*. ◻ ORTOGRAFIA Antes de *e*, o *ç* muda para *c* →COMEÇAR.

esgar ⟨es.gar⟩ s.m. Em um rosto, sinal ou careta de escárnio ou de ironia: *Ninguém percebeu seu esgar de sarcasmo*.

esgarçar ⟨es.gar.çar⟩ ▌ v.t.d./v.int./v.prnl. **1** Rasgar(-se) ou desfiar(-se) (um tecido, especialmente): *Esgarçou a barra da calça de tanto pisar sobre ela*. ▌ v.int./v.prnl. **2** Desaparecer ou desfazer-se. ◻ ORTOGRAFIA Antes de *e*, o *ç* muda para *c* →COMEÇAR.

esgazear ⟨es.ga.ze.ar⟩ v.t.d. Movimentar de forma desvairada (os olhos). ◻ ORTOGRAFIA O *e* muda para *ei* quando a sílaba tônica estiver na raiz do verbo →NOMEAR.

esgoelamento ⟨es.go.e.la.men.to⟩ s.m. Ato ou efeito de esgoelar(-se). ◻ SIN. **esganação, estrangulamento**.

esgoelar ⟨es.go.e.lar⟩ ▌ v.t.d. **1** Sufocar, comprimindo o pescoço. ◻ SIN. **esganar, estrangular**. ▌ v.t.d./v.int./v.prnl. **2** Gritar ou falar muito alto: *O garoto esgoelava, mas ninguém ouvia*.

esgotamento ⟨es.go.ta.men.to⟩ s.m. Ato ou efeito de esgotar(-se).

esgotante ⟨es.go.tan.te⟩ adj.2g. Que esgota ou que cansa: *um trabalho esgotante*.

esgotar ⟨es.go.tar⟩ ▌ v.t.d./v.int./v.prnl. **1** Gastar(-se) ou consumir(-se) completamente: *As reservas de petróleo se esgotaram*. ▌ v.t.d./v.prnl. **2** Cansar(-se) muito ou extenuar(-se): *A caminhada esgotou suas forças*. ▌ v.t.d. **3** Tratar ou abordar em profundidade: *Depois de tantas aulas, a professora esgotou a matéria*.

esgoto ⟨es.go.to⟩ (Pron. [esgôto]) s.m. Tubulação subterrânea pela qual são escoadas as águas sujas ou os resíduos de uma população.

esgrima ⟨es.gri.ma⟩ s.f. Esporte em que duas pessoas combatem manuseando uma espada, um sabre ou um florete, e que se pratica com um traje especial para proteger o corpo e o rosto de possíveis ferimentos.

esgrimir ⟨es.gri.mir⟩ ▮ v.t.d. **1** Em relação especialmente a uma arma branca, portá-la ou empunhá-la com intenção de atacar ou de se defender: *Esgrimiam suas espadas esperando uma oportunidade para avançar.* ▮ v.t.i. **2** Lutar [contra um problema ou uma pessoa]: *esgrimir contra um adversário.* ◻ GRAMÁTICA Na acepção 2, usa-se a construção *esgrimir* CONTRA *(algo/alguém).*

esgrimista ⟨es.gri.mis.ta⟩ s.2g. Pessoa que pratica a esgrima, especialmente como profissão.

esgueirar-se ⟨es.guei.rar-se⟩ v.prnl. Sair ou escapar de um lugar sem ser notado: *O estudante se esgueirou pelo corredor.*

esguelha ⟨es.gue.lha⟩ (Pron. [esguêlha]) ‖ **de esguelha** De lado: *um olhar de esguelha.*

esguichar ⟨es.gui.char⟩ v.t.d./v.int. Fazer sair ou sair em forma de esguicho (um líquido): *Com a mangueira, esguichou água sobre todo o jardim.*

esguicho ⟨es.gui.cho⟩ s.m. **1** Líquido que, com mais ou menos força, sai por um orifício. **2** Especialmente em uma mangueira, peça que regula o jato de água: *Se quiser um jato mais fraco, basta ajustar o esguicho.*

esguio, a ⟨es.gui.o, a⟩ adj. **1** Em relação especialmente a um objeto, que é alongado e fino. **2** Que é alto e magro.

eslavo, va ⟨es.la.vo, va⟩ ▮ adj./s. **1** De um antigo grupo de povos indo-europeus que ocupou o nordeste e o centro europeus, ou relacionado a ele. ▮ adj./s.m. **2** Do grupo de línguas indo-europeias dessa região.

eslovaco, ca ⟨es.lo.va.co, ca⟩ ▮ adj./s. **1** Da Eslováquia ou relacionado a esse país europeu. ▮ s.m. **2** Língua eslava desse país.

esloveno, na ⟨es.lo.ve.no, na⟩ (Pron. [eslovêno]) ▮ adj./s. **1** Da Eslovênia ou relacionado a esse país europeu. ▮ s.m. **2** Língua eslava desse país.

esmaecer ⟨es.ma.e.cer⟩ v.int. Tornar-se desbotado, sem cor ou sem brilho. ◻ ORTOGRAFIA Antes de *a* ou *o*, o *c* muda para *ç* →CONHECER.

esmagar ⟨es.ma.gar⟩ v.t.d. **1** Comprimir ou golpear (um objeto, especialmente) até deformá-lo ou destruí-lo: *Com um golpe, esmagou a barata.* **2** Derrotar ou vencer: *O exército esmagou a rebelião.* ◻ ORTOGRAFIA Antes de *e*, o *g* muda para *gu* →CHEGAR.

esmaltar ⟨es.mal.tar⟩ v.t.d. Cobrir com esmalte: *esmaltar uma porcelana; esmaltar as unhas.*

esmalte ⟨es.mal.te⟩ s.m. **1** Verniz brilhante e duro, que se obtém fundindo pó de vidro colorido com óxidos metálicos, e que se aplica geralmente sobre cerâmica ou sobre metal. **2** Objeto coberto ou adornado com esse verniz: *uma coleção de esmaltes.* **3** Matéria dura que cobre a superfície dos dentes que está fora das gengivas. ‖ **esmalte (de unhas)** Cosmético que serve para dar cor ou brilho às unhas.

esmeralda ⟨es.me.ral.da⟩ ▮ adj.2g./s.m. **1** De cor verde azulada e brilhante. ▮ s.f. **2** Pedra preciosa dessa cor.

esmerar-se ⟨es.me.rar-se⟩ v.prnl. Aperfeiçoar-se ou aplicar-se ao máximo no que é feito, dedicando atenção especial aos detalhes: *Esmerou-se para que tudo saísse perfeito.*

esmeril ⟨es.me.ril⟩ (pl. *esmeris*) s.m. **1** Substância composta por elementos abrasivos que é usada para polir metais ou pedras preciosas. **2** Pedra artificial, áspera e dura, usada para afiar ferramentas metálicas e para desgastar o ferro.

esmero ⟨es.me.ro⟩ (Pron. [esméro] ou [esmêro]) s.m. Apuro ou primor na realização de uma atividade ou na elaboração de uma obra com atenção aos detalhes: *Encadernou o livro com esmero.*

esmigalhar ⟨es.mi.ga.lhar⟩ v.t.d./v.prnl. Desfazer(-se) em migalhas ou em partes muito pequenas (um alimento, especialmente): *Corte o pão com a faca para não esmigalhá-lo.*

esmiuçar ⟨es.mi.u.çar⟩ v.t.d. **1** Dividir (um todo) em partes pequenas: *Esmiuçou o assunto para explicá-lo melhor.* **2** Analisar ou examinar minuciosamente: *Essa tese esmiuça os aspectos mais relevantes da obra da pintora.* ◻ ORTOGRAFIA Antes de *e*, o *ç* muda para *c* →COMEÇAR.

esmo ⟨es.mo⟩ (Pron. [êsmo]) ‖ **a esmo** Ao acaso: *Saiu andando a esmo, sem destino certo.*

esmola ⟨es.mo.la⟩ s.f. Pequena quantia de dinheiro com que se contribui para um determinado fim. ◻ SIN. espórtula, óbolo.

esmolambado, da ⟨es.mo.lam.ba.do, da⟩ ▮ adj. **1** Em relação a uma peça do vestuário, que está em molambos ou muito velha. ▮ adj./s. **2** Que ou quem veste essas peças.

esmolar ⟨es.mo.lar⟩ ▮ v.int. **1** Dar ou pedir esmola: *Alguns mendigos esmolam na porta da igreja.* ▮ v.t.d. **2** Dar esmola a (alguém). ▮ v.t.d.i. **3** Dar (algo como esmola) [a alguém]: *Esmolou alguns alimentos aos que pediam.*

esmoler ⟨es.mo.ler⟩ (Pron. [esmolér]) adj.2g./s.2g. Que ou quem dá ou pede esmola.

esmorecer ⟨es.mo.re.cer⟩ ▮ v.t.d./v.int. **1** Fazer perder ou perder o ânimo ou o entusiasmo para realizar algo. ▮ v.int. **2** Perder o vigor ou a intensidade. **3** Desmaiar ou perder os sentidos momentaneamente. ◻ ORTOGRAFIA Antes de *a* ou *o*, o *c* muda para *ç* →CONHECER.

esmurrar ⟨es.mur.rar⟩ v.t.d. Dar golpes com a mão fechada em (algo): *Esmurrava a porta, mas ninguém atendia.* ◻ SIN. socar.

esnobar ⟨es.no.bar⟩ v.t.d. Depreciar ou dar pouca importância: *Esnobou nosso convite para a festa.*

esnobe ⟨es.no.be⟩ adj.2g./s.2g. Que ou quem segue aquilo que está na moda ou que adota hábitos ou ideias que considera distintas ou ilustres, e que gosta de se exibir publicamente.

esnobismo ⟨es.no.bis.mo⟩ s.m. Exibição exagerada de hábitos e de ideias considerados distintos ou da moda, com ar de superioridade perante os demais.

esôfago ⟨e.sô.fa.go⟩ s.m. No sistema digestório, tubo que vai desde a faringe até o estômago.

esotérico, ca ⟨e.so.té.ri.co, ca⟩ adj. **1** Oculto, secreto ou cujos conhecimentos são transmitidos a pessoas de um grupo reduzido ou fechado. **2** Que é incompreensível ou de difícil acesso à mente. ◻ ORTOGRAFIA É diferente de *exotérico*.

esoterismo ⟨e.so.te.ris.mo⟩ s.m. Atitude de caráter oculto ou secreto, por meio da qual alguns conhecimentos são transmitidos somente a pessoas selecionadas.

espaçar ⟨es.pa.çar⟩ ▮ v.t.d. **1** Separar ou colocar espaço entre (duas ou mais coisas): *Se espaçarmos mais os móveis da sala, caberá a mesa de centro.* ◻ SIN. espacejar. **2** Aumentar o espaço de tempo que transcorre entre (duas ou mais ações): *Espaçou suas visitas e agora vem uma vez por mês.* ▮ v.prnl. **3** Começar a ocorrer com um intervalo maior de tempo (duas ou mais ações): *Depois que começou a trabalhar, suas idas ao cinema espaçaram-se.* ◻ ORTOGRAFIA Antes de *e*, o *ç* muda para *c* →COMEÇAR.

espacejar ⟨es.pa.ce.jar⟩ v.t.d. Separar ou colocar espaço entre (duas ou mais coisas): *É melhor espacejar mais as linhas para facilitar a leitura.* ◻ SIN. espaçar.

espacial ⟨es.pa.ci.al⟩ (pl. *espaciais*) adj.2g. Do espaço ou relacionado a ele.

espaço ⟨es.pa.ço⟩ s.m. **1** Extensão na qual está contida toda a matéria existente: *Não conhecemos os limites do espaço.* **2** Parte dessa extensão situada além dos limites da atmosfera terrestre: *Os astronautas viajam ao*

espaçonave

espaço em naves espaciais. **3** Extensão que ocupa um corpo ou que se situa entre dois corpos: *Este armário ocupa muito espaço.* **4** Porção delimitada dessa extensão. **5** Intervalo ou porção de tempo: *Podemos ocupar a sala por um espaço de duas horas.* **6** Em música, intervalo que há entre as linhas do pentagrama. **7** Em um texto escrito à máquina, separação entre suas linhas ou porção de página correspondente a um toque do teclado. ‖ **espaço aéreo** Parte da atmosfera destinada ao tráfego aéreo e submetida à jurisdição de um Estado.

espaçonave ⟨es.pa.ço.na.ve⟩ s.f. Veículo capaz de viajar além da atmosfera terrestre. ◻ SIN. astronave, cosmonave, nave espacial.

espaçoso, sa ⟨es.pa.ço.so, sa⟩ (Pron. [espaçóso], [espaçósa], [espaçósos], [espaçósas]) adj. Amplo ou de grandes dimensões.

espada ⟨es.pa.da⟩ ▌s.f. **1** Arma branca comprida, fina, reta e afiada. ▌s.f.pl. **2** Em um baralho, um dos quatro naipes, representado pelo desenho de uma ponta de lança preta.

espadachim ⟨es.pa.da.chim⟩ (pl. *espadachins*) s.m. Pessoa capaz de manusear uma espada com habilidade. ◻ GRAMÁTICA Usa-se tanto para o masculino quanto para o feminino: *(ele/ela) é um espadachim.*

espadaúdo, da ⟨es.pa.da.ú.do, da⟩ adj. Que tem os ombros largos.

espádua ⟨es.pá.dua⟩ s.f. Em uma pessoa, parte posterior de seu corpo, formada pelo osso da escápula e pela musculatura que a recobre.

espaguete ⟨es.pa.gue.te⟩ s.m. **1** Massa alimentícia em formato de cilindro comprido e fino, feita à base de farinha de trigo. **2** Prato feito com essa massa.

espairecer ⟨es.pai.re.cer⟩ v.t.d./v.int. Distrair(-se), proporcionar ou ter um momento de descontração: *Interrompeu o trabalho e foi tomar um café para espairecer.* ◻ ORTOGRAFIA Antes de *a* ou *o*, o *c* muda para *ç* →CONHECER.

espaldar ⟨es.pal.dar⟩ s.m. Encosto de um assento.

espalhafato ⟨es.pa.lha.fa.to⟩ s.m. **1** Vozerio ou ruído considerável produzido por uma ou mais pessoas: *Comemoraram a vitória com todo espalhafato a que tinham direito.* **2** Exibição que é feita com orgulho, afetação ou vaidade.

espalhafatoso, sa ⟨es.pa.lha.fa.to.so, sa⟩ (Pron. [espalhafatóso], [espalhafatósa], [espalhafatósos], [espalhafatósas]) adj. **1** Que causa espalhafato. **2** Que chama muito a atenção por ser indiscreto ou extravagante.

espalhar ⟨es.pa.lhar⟩ ▌v.t.d./v.prnl. **1** Separar(-se) e dispersar(-se) (algo que está unido): *Espalhe os feijões para ver se há alguma pedrinha. O açucareiro caiu e o açúcar se espalhou pela mesa.* **2** Propagar(-se) ou tornar(-se) pública (uma notícia): *O boato se espalhou em poucos dias.* **3** Estender(-se) ou propagar(-se): *O Carnaval espalhou alegria pela cidade. A epidemia se espalhou rapidamente.* ▌v.prnl. **4** Pôr-se à vontade e de maneira confortável: *Chegou exausto e se espalhou no sofá.*

espalmar ⟨es.pal.mar⟩ ▌v.t.d. **1** Abrir ou estender: *espalmar a mão.* **2** Em relação ao goleiro de um jogo, interceptar ou desviar (a bola) com a palma da mão: *O goleiro estava atento e espalmou a bola.* ▌v.int. **3** Interceptar ou desviar a bola com a palma da mão (o goleiro de um jogo).

espanador ⟨es.pa.na.dor⟩ (Pron. [espanadór]) s.m. Utensílio doméstico para retirar o pó, formado geralmente por um conjunto de penas presas à extremidade de um cabo.

espanar ⟨es.pa.nar⟩ v.t.d. **1** Retirar o pó de (uma superfície) utilizando um espanador: *Espanava os móveis para evitar o acúmulo de poeira.* **2** Desgastar (uma rosca, especialmente): *espanar um parafuso.*

espancar ⟨es.pan.car⟩ v.t.d. Surrar ou dar pancadas em. ◻ ORTOGRAFIA Antes de *e*, o *c* muda para *qu* →BRINCAR.

espanhol, -a ⟨es.pa.nhol, nho.la⟩ (pl. *espanhóis*) ▌adj./s. **1** Da Espanha ou relacionado a esse país europeu. ◻ SIN. hispânico. ▌s.m. **2** Língua desse e de outros países. ◻ SIN. castelhano.

espanholismo ⟨es.pa.nho.lis.mo⟩ s.m. **1** Em linguística, palavra, expressão ou construção sintática próprias da língua espanhola empregadas em outra língua. **2** Admiração ou simpatia pela cultura espanhola.

espantadiço, ça ⟨es.pan.ta.di.ço, ça⟩ adj. Que se espanta ou que se assusta com facilidade.

espantalho ⟨es.pan.ta.lho⟩ s.m. **1** Boneco, geralmente feito de pano e de palha, que se coloca nas plantações para afugentar os pássaros. **2** *pejorativo* Pessoa com roupas deselegantes ou velhas. **3** *informal pejorativo* Pessoa inútil ou que não coopera em uma atividade. ◻ GRAMÁTICA Nas acepções 2 e 3, usa-se tanto para o masculino quanto para o feminino: *(ele/ela) é um espantalho.*

espantar ⟨es.pan.tar⟩ ▌v.t.d./v.prnl. **1** Causar ou sentir espanto: *Seus gritos espantaram os vizinhos. Espantei-me ao ver o acidente.* ▌v.t.d. **2** Afastar ou impedir a aproximação de (uma pessoa ou um animal): *A chuva espantou os visitantes do parque.* ◻ SIN. afugentar.

espanto ⟨es.pan.to⟩ s.m. Terror, susto ou assombro: *Os trovões causaram espanto nos cachorros.*

espantoso, sa ⟨es.pan.to.so, sa⟩ (Pron. [espantóso], [espantósa], [espantósos], [espantósas]) adj. **1** Que causa espanto. **2** *informal* Muito grande ou admirável. **3** Muito feio ou desagradável.

esparadrapo ⟨es.pa.ra.dra.po⟩ s.m. Fita que possui uma face adesiva, geralmente usada para fixar bandagens ou fazer curativos.

espargir ⟨es.par.gir⟩ ▌v.t.d. **1** Espalhar em gotas pequenas (um líquido): *O jardineiro espargiu água pelo jardim.* ◻ SIN. aspergir, borrifar. ▌v.t.d./v.prnl. **2** Separar(-se) ou espalhar(-se): *Espargiu o feijão para tirar os grãos ruins.* ◻ ORTOGRAFIA Antes de *a* ou *o*, o *g* muda para *j* →FUGIR. ◻ GRAMÁTICA É um verbo abundante, pois apresenta dois particípios: *espargido* e *esparso*.

esparramar ⟨es.par.ra.mar⟩ ▌v.t.d./v.int./v.prnl. **1** Espalhar(-se) ou estender(-se): *As crianças esparramaram os brinquedos pela sala.* ▌v.prnl. **2** Acomodar-se confortavelmente e sem manter a postura: *Cansado, esparramou-se no sofá.* **3** Cair de bruços: *Tropeçou e esparramou-se no gramado.* ◻ SIN. escarrapachar.

esparrela ⟨es.par.re.la⟩ s.f. Em caça, armadilha usada para prender animais.

esparso, sa ⟨es.par.so, sa⟩ ▌**1** Particípio irregular de espargir. ▌adj. **2** Separado ou disperso.

espartano, na ⟨es.par.ta.no, na⟩ adj. **1** Rigoroso, rígido ou severo. **2** De Esparta ou relacionado a essa antiga cidade grega.

espartilho ⟨es.par.ti.lho⟩ s.m. Peça íntima feminina, resistente e usada para modelar o corpo desde o peito até a cintura.

esparto ⟨es.par.to⟩ s.m. Arbusto com folhas de grande resistência usadas na fabricação de esteiras, flores amarelas dispostas em um cacho alongado, sementes muito pequenas, e ao qual são atribuídas propriedades medicinais.

espasmo ⟨es.pas.mo⟩ s.m. Contração brusca e involuntária dos músculos: *um espasmo muscular.*

espasmódico, ca ⟨es.pas.mó.di.co, ca⟩ adj. Do espasmo ou que acompanha esse sintoma.

espatifar ⟨es.pa.ti.far⟩ v.t.d./v.prnl. **1** Quebrar(-se) em pedaços: *A bolada espatifou a vidraça. O prato espatifou-se*

espelho

ao cair da mesa. ◻ SIN. despedaçar, esbagaçar. ▮ v.prnl. **2** *informal* Cair, especialmente se for de forma violenta: *Com o desmaio, espatifou-se no chão.*

espátula ⟨es.pá.tu.la⟩ s.f. **1** Utensílio geralmente utilizado para espalhar substâncias sobre uma superfície, que é dotado de cabo e tem a borda achatada. **2** Instrumento sem corte que se utiliza para abrir papéis, especialmente se forem envelopes.

espaventar ⟨es.pa.ven.tar⟩ v.t.d./v.prnl. Assustar(-se) ou espantar(-se): *Ele espaventou o amigo pregando-lhe uma peça. Espaventou-se ao ouvir o grito dos filhos.*

espavento ⟨es.pa.ven.to⟩ s.m. Ostentação excessiva de algo que se possui: *Mesmo com tantas riquezas, nunca fez espavento do que tinha.*

espavorir ⟨es.pa.vo.rir⟩ v.t.d./v.prnl. Assustar(-se) ou encher(-se) de pavor: *Espavoriu-se com a notícia do acidente.* ◻ GRAMÁTICA É um verbo defectivo, pois não apresenta conjugação completa →FALIR.

especar ⟨es.pe.car⟩ v.t.d./v.t.d.i./v.prnl. Apoiar(-se) ou escorar(-se) [em algo]: *especar uma barraca.* ◻ ORTOGRAFIA Antes de *e*, o *c* muda para *qu* →BRINCAR.

espécia ⟨es.pé.cia⟩ s.f. **1** →especiaria **2** →espécie

especial ⟨es.pe.ci.al⟩ (pl. *especiais*) adj.2g. **1** Particular ou que se diferencia do comum ou do geral. **2** Muito adequado ao próprio para algo: *Comprei um xampu especial para cabelos lisos.* **3** Ótimo ou extremamente bom: *Deu-nos um tratamento especial e sempre voltaremos à sua casa.*

especialidade ⟨es.pe.ci.a.li.da.de⟩ s.f. **1** Particularidade ou aquilo que diferencia algo do comum ou do geral: *A especialidade desse restaurante é a sobremesa.* **2** Ramo de uma ciência, de uma arte ou de uma atividade que se dedica a uma única parte delas, e que tem particularidades ou conhecimentos específicos: *A dermatologia é uma especialidade médica.*

especialista ⟨es.pe.ci.a.lis.ta⟩ adj.2g./s.2g. **1** Que ou quem é especializado em uma arte ou em uma ciência e se sobressai nela. **2** Que ou quem faz algo com habilidade.

especialização ⟨es.pe.ci.a.li.za.ção⟩ (pl. *especializações*) s.f. **1** Ato ou efeito de especializar(-se). **2** Curso universitário de pós-graduação direcionado ao aperfeiçoamento em uma área do conhecimento, que pode ou não exigir uma monografia como conclusão.

especializar ⟨es.pe.ci.a.li.zar⟩ v.t.d./v.t.d.i./v.prnl. Preparar(-se) ou aprofundar(-se) [em determinado ramo de uma ciência, de uma arte ou de uma atividade]: *Muitos advogados se especializam em direito trabalhista.*

especiaria ⟨es.pe.ci.a.ri.a⟩ s.f. Substância vegetal aromática usada principalmente para temperar comidas: *A pimenta e a noz-moscada são especiarias.* ◻ ORTOGRAFIA Escreve-se também *espécia*.

espécie ⟨es.pé.cie⟩ s.f. **1** Exemplo de uma categoria que reúne características comuns: *O carro e a moto são duas espécies de veículos.* ◻ SIN. tipo. **2** Classe, modalidade ou natureza de algo: *Esse brechó vende toda espécie de roupa.* **3** Em biologia, na classificação dos seres vivos, categoria inferior à de gênero: *A maior parte das espécies de aranhas são terrestres e de respiração aérea.* ‖ **em espécie** Em dinheiro: *O senhor vai querer pagar em cheque ou em espécie?* ◻ ORTOGRAFIA Nas acepções 1 a 3, escreve-se também *espécia*.

especificar ⟨es.pe.ci.fi.car⟩ v.t.d. **1** Fixar ou determinar de forma precisa: *Ela não especificou o dia de sua chegada.* **2** Explicar detalhadamente: *O contrato especifica as condições de compra e venda da casa.* **3** Classificar ou incluir em uma espécie. ◻ ORTOGRAFIA Antes de *e*, o *c* muda para *qu* →BRINCAR.

específico, ca ⟨es.pe.cí.fi.co, ca⟩ adj. Que é próprio de algo e que o caracteriza e distingue de outra espécie ou de outro elemento.

espécime ⟨es.pé.ci.me⟩ s.m. Indivíduo ou exemplar de uma classe, de uma série ou de uma espécie: *Para realizar o estudo sobre insetos, os biólogos coletaram vários espécimes.* ◻ ORTOGRAFIA Escreve-se também *espécimen*.

espécimen ⟨es.pé.ci.men⟩ (pl. *espécimenes* ou *espécimens*) s.m. →espécime

especioso, sa ⟨es.pe.ci.o.so, sa⟩ (Pron. [especiôso], [especiósa], [especiósos], [especiósas]) adj. **1** Enganoso, irreal ou que não tem nenhum valor. ◻ SIN. ilusório. **2** Que é belo e atraente.

espectador, -a ⟨es.pec.ta.dor, do.ra⟩ (Pron. [espectadôr], [espectadôra]) adj./s. Que ou quem assiste a um fato, especialmente se for um evento ou uma cerimônia, ou o presencia. ◻ SIN. assistente.

espectro ⟨es.pec.tro⟩ s.m. **1** Fantasma ou imagem assustadora. **2** Imagem passada que vem à mente com insistência: *Vive obcecado por espectros do passado.* **3** Em física, intervalo de frequências. ‖ **espectro solar** Conjunto de cores que resulta da decomposição da luz branca ao atravessar um prisma ou um outro corpo refratário: *No espectro solar aparecem as cores do arco-íris.*

especulação ⟨es.pe.cu.la.ção⟩ (pl. *especulações*) s.f. **1** Ato ou efeito de especular. **2** Em economia, realização de operações comerciais, que geralmente consistem em adquirir bens cujo preço espera-se subir em pouco tempo, no intuito de obter lucro com sua venda no momento em que houver uma valorização: *A especulação em torno do terreno fez com que seu preço disparasse.*

especular ⟨es.pe.cu.lar⟩ ▮ adj.2g. **1** Do espelho ou relacionado a ele. **2** Em óptica, em relação a uma imagem, que está refletida em um espelho. ▮ v.t.i./v.int. **3** Meditar ou refletir [sobre algo]: *Os físicos especulam sobre a origem do universo.* **4** Fazer suposições ou criar hipóteses [sobre algo] sem fundamento real: *Em vez de especular sobre sua decisão, é melhor perguntar diretamente a ele.* ▮ v.t.i./v.int. **5** Em economia, realizar operações de compra [com bens cujo preço espera-se subir em pouco tempo] no intuito de obter lucro com sua venda no momento em que houver uma valorização, ou fazer especulação financeira: *Especulou na bolsa de valores e acabou perdendo dinheiro.*

especulativo, va ⟨es.pe.cu.la.ti.vo, va⟩ adj. **1** Da especulação ou relacionado a ela. **2** Que procede de um conhecimento teórico e que não foi efetuado na prática. **3** Que pensa muito ou que é inclinado à especulação ou à reflexão.

espedaçar ⟨es.pe.da.çar⟩ v.t.d./v.prnl. →despedaçar ◻ ORTOGRAFIA Antes de *e*, o *ç* muda para *c* →COMEÇAR.

espelhar ⟨es.pe.lhar⟩ ▮ v.t.d. **1** Refletir (uma imagem) como um espelho: *O mar espelhava o luar.* ▮ v.prnl. **2** Refletir-se como em um espelho (uma imagem). ▮ v.t.d. **3** Cobrir com espelhos (uma superfície): *Espelharam as paredes do salão de beleza.* ▮ v.prnl. **4** Tomar como exemplo: *Quando dava aulas, espelhava-se em um antigo professor.* ◻ GRAMÁTICA Na acepção 3, usa-se a construção *espelhar-se EM (algo/alguém)*.

espelharia ⟨es.pe.lha.ri.a⟩ s.f. Lugar em que se trabalha o vidro ou em que se vendem objetos de vidro. ◻ SIN. vidraçaria, vidraria.

espelho ⟨es.pe.lho⟩ (Pron. [espêlho]) s.m. **1** Lâmina de vidro coberta de mercúrio na parte posterior, que reflete o que está à sua frente. **2** Aquilo que reproduz algo com exatidão: *O romance realista procura ser um espelho da sociedade.* **3** Aquilo ou aquele que inspira imitação ou que serve de modelo para os demais: *Por suas*

espelunca

conquistas, ela é um espelho para os atletas iniciantes. ‖ **(espelho) retrovisor** Aquele colocado na parte lateral ou interior de um veículo e que possibilita a visão do que se passa atrás dele sem que seja preciso olhar para trás.

espelunca ⟨es.pe.lun.ca⟩ s.f. *informal pejorativo* Estabelecimento sujo e pouco cuidado, especialmente se não tiver boa reputação.

espeque ⟨es.pe.que⟩ s.m. **1** Aquilo que serve de apoio ou de sustentação para que algo não caia: *A velha parede ainda estava apoiada por alguns espeques.* ☐ SIN. arrimo, escora, esteio. **2** Apoio ou amparo.

espera ⟨es.pe.ra⟩ s.f. Permanência em um local enquanto se aguarda um acontecimento ou a chegada de alguém. ‖ **à espera de** algo: Na expectativa ou no aguardo dele: *Estamos à espera dos resultados para saber se a cirurgia será necessária.*

esperança ⟨es.pe.ran.ça⟩ s f **1** Confiança a respeito da concretização ou da conquista de algo desejado: *Ainda tenho esperança de conseguir uma boa colocação.* **2** Aquilo ou aquele que possibilita a realização de um desejo: *Você é minha última esperança.* **3** No catolicismo, virtude teológica pela qual se espera que Deus conceda os bens prometidos: *A fé, a esperança e a caridade são as três virtudes teológicas.*

esperançoso, sa ⟨es.pe.ran.ço.so, sa⟩ (Pron. [esperançôso], [esperançósa], [esperançôsos], [esperançósas]) adj./s. Que ou quem dá ou tem esperança.

esperanto ⟨es.pe.ran.to⟩ s.m. Idioma criado artificialmente no século XIX para servir como língua universal.

esperar ⟨es.pe.rar⟩ **I** v.t.d./v.t.d. **1** Ter esperança de que aconteça (algo que se deseja) ou aguardar conseguir (algo) [de alguém]: *A medicina espera a cura da aids. Espera a compreensão do amigo pelas faltas cometidas.* **I** v.int. **2** Ter fé ou esperança: *Mesmo com as dificuldades, não desistiu de esperar.* **I** v.t.d./v.t.i. **3** Acreditar em (algo) ou torcer [por um acontecimento ou por uma ação]: *Esperava uma reação mais enérgica do time.* **I** v.t.d./v.t.i./v.int. **4** Aguardar a chegada ou pôr-se à espera [de uma pessoa ou de um acontecimento]: *Espero você às duas da tarde no portão principal.* **5** Aguardar sem agir [por um acontecimento provável ou que se tem por certo]: *O motorista do ônibus esperou que todos subissem para arrancar.* **I** v.t.d./v.t.d./v.int. **6** Aguardar que se cumpra o período de gestação de (um filho ou um filhote de mamífero) ou ser gestante: *Minha prima está esperando um bebê.* ‖ **esperar sentado** Perder as expectativas de que algo se realize: *Se acha que ela vai telefonar, pode esperar sentada.*

esperma ⟨es.per.ma⟩ s.m. No sistema genital masculino, fluido orgânico que contém os espermatozoides. ☐ SIN. sêmen.

espermacete ⟨es.per.ma.ce.te⟩ s.m. Substância gordurosa usada para fazer velas.

espermático, ca ⟨es.per.má.ti.co, ca⟩ adj. Do esperma, do espermatozoide ou relacionado a eles.

espermatozoide ⟨es.per.ma.to.zoi.de⟩ (Pron. [espermatozóide]) s.m. Nos animais, célula sexual masculina que é produzida pelos testículos.

espernear ⟨es.per.ne.ar⟩ **I** v.int. **1** Mover as pernas ou os pés de forma rápida e repetida: *Bebês esperneiam.* **I** v.t.i./v.int. **2** Reclamar ou protestar [contra algo de que se discorda]: *Com esse aumento abusivo, os consumidores vão espernear.* ☐ ORTOGRAFIA O e muda para ei quando a sílaba tônica estiver na raiz do verbo →NOMEAR.

espertalhão ⟨es.per.ta.lhão⟩ (pl. *espertalhões*) adj./s.m. *informal* Que ou quem é astuto ou travesso. ☐ GRAMÁTICA Seu feminino é *espertalhona*.

espertalhona ⟨es.per.ta.lho.na⟩ (Pron. [espertalhôna]) Feminino de espertalhão.

esperteza ⟨es.per.te.za⟩ (Pron. [espertêza]) s.f. **1** Agilidade ou clareza de raciocínio ou atenção fixa: *Resolveu o problema com esperteza.* **2** Astúcia para enganar alguém, para evitar um dano ou para alcançar um fim: *Conseguiu entrar na festa com muita esperteza.*

esperto, ta ⟨es.per.to, ta⟩ adj. **1** Que não está adormecido. ☐ SIN. **desperto. 2** De raciocínio ágil e claro ou de atenção fixa: *Ao vê-la trabalhando, percebemos como é esperta.* **3** Que é rápido e eficiente. **4** Que é astuto ou travesso. ☐ ORTOGRAFIA É diferente de *experto*.

espessar ⟨es.pes.sar⟩ v.t.d./v.prnl. Tornar(-se) mais espesso.

espesso, sa ⟨es.pes.so, sa⟩ (Pron. [espêsso]) adj. **1** Em relação a um líquido ou a um gás, que são muito densos ou que estão muito condensados. **2** Grosso, maciço ou muito encorpado. **3** Formado por elementos que estão juntos e apertados: *O esquilo fugiu pelo espesso arvoredo.*

espessura ⟨es.pes.su.ra⟩ s.f. Condição de espesso.

espetacular ⟨es.pe.ta.cu.lar⟩ adj.2g. **1** Com características próprias de um espetáculo. **2** Sensacional, exagerado ou impressionante: *Os motociclistas deram saltos espetaculares.*

espetáculo ⟨es.pe.tá.cu.lo⟩ s.m. **1** Exibição recreativa apresentada para um público: *um espetáculo de marionetes.* **2** Aquilo que se destaca ou que causa a admiração de quem o assiste: *O pôr do sol na praia é um espetáculo.* **3** Escândalo ou situação ridícula: *Ele se embriagou e deu um espetáculo.*

espetaculoso, sa ⟨es.pe.ta.cu.lo.so, sa⟩ (Pron. [espetaculôso], [espetaculósa], [espetaculôsos], [espetaculósas]) adj. **1** Que atrai a atenção e que impressiona quem o presencia. **2** Que demonstra exagero ou extravagância, especialmente se for pelo luxo. **3** Que causa escândalo ou vergonha.

espetada ⟨es.pe.ta.da⟩ s.f. Golpe dado com um espeto ou com um objeto pontudo.

espetado, da ⟨es.pe.ta.do, da⟩ adj. Que é pontudo ou que tem forma de espeto: *um cabelo espetado.*

espetar ⟨es.pe.tar⟩ **I** v.t.d. **1** Introduzir um espeto ou um objeto pontiagudo em (um corpo): *Espetou a carne para fazer o churrasco.* **I** v.t.d.i. **2** Enfiar (um corpo) [em um espeto ou um objeto pontiagudo]: *Espetou as linguiças no espeto.* **I** v.t.d. **3** Prender, picar ou perfurar com um objeto pontiagudo: *Espetei o dedo com uma agulha.* **I** v.int./v.prnl. **4** Levantar ou deixar em pé (os cabelos): *Usou gel para espetar os cabelos.*

espeto ⟨es.pe.to⟩ (Pron. [espêto]) s.m. **1** Haste de ferro ou de madeira, comprida, fina e terminada em ponta, que se utiliza para empurrar, mover ou perfurar algo com sua extremidade: *um espeto de churrasco.* **2** *informal pejorativo* Pessoa alta e muito magra. **3** *informal* Enfado, cansaço ou aborrecimento. ☐ GRAMÁTICA Na acepção 2, usa-se tanto para o masculino quanto para o feminino: *(ele/ela) é um espeto.*

espevitado, da ⟨es.pe.vi.ta.do, da⟩ adj. Que é muito vivo ou agitado.

espevitar ⟨es.pe.vi.tar⟩ **I** v.t.d. **1** Atiçar ou avivar a chama de (uma vela). **I** v.prnl. **2** Sentir alegria, energia ou disposição para fazer algo: *Espevitou-se assim que as visitas chegaram.*

espezinhar ⟨es.pe.zi.nhar⟩ v.t.d. **1** Pisar repetidamente, estragando ou esmagando: *espezinhar as flores do jardim.* **2** Humilhar ou desprezar: *Por mais que ele erre, você não tem o direito de espezinhá-lo.*

espia ⟨es.pi.a⟩ s.f. Cabo firme utilizado para prender uma embarcação a outra de forma que ambas sigam a mesma direção, ou para fixá-la ao cais.

espião, ã ⟨es.pi.ão, ã⟩ (pl. *espiões*) ▪ adj. **1** Que está envolvido com espionagem ou que é próprio para ela: *um submarino espião*. ▪ s. **2** Pessoa que observa ou que escuta com atenção e com dissimulação o que os outros fazem ou dizem para comunicá-lo a quem deseja sabê-lo: *Sabe do próximo lançamento, pois tem espiões na empresa*. **3** Pessoa que trata de obter informação secreta, especialmente se trabalhar a serviço do governo de um país ou de uma organização: *Uma espiã passou a estratégia de ataque ao inimigo*.

espiar ⟨es.pi.ar⟩ ▪ v.t.d./v.int. **1** Observar ou escutar com atenção e dissimulação (aquilo que os outros fazem): *Achou que alguém espiava pelo buraco da fechadura*. □ SIN. espionar, vigiar. ▪ v.t.d **2** Tratar de obter informações secretas sobre (um inimigo ou um adversário e suas atividades). □ SIN. espionar. ▪ v.t.d./v.t.i. **3** Olhar de forma rápida ou breve [para algo]: *Espiou o texto para ver do que se tratava. Espiou para o céu e achou melhor levar o guarda-chuva*. □ ORTOGRAFIA É diferente de *expiar*.

espicaçar ⟨es.pi.ca.çar⟩ v.t.d. **1** Furar repetidas vezes com um objeto pontiagudo. **2** Instigar ou estimular: *espicaçar a curiosidade*. □ ORTOGRAFIA Antes de e, o ç muda para c →COMEÇAR.

espichar ⟨es.pi.char⟩ ▪ v.t.d./v.prnl. **1** Alongar(-se), estirar(-se) ou estender(-se): *O marinheiro espichou a corda para arrumar a vela do barco*. ▪ v.int. **2** *informal* Crescer muito (alguém): *Aquele menino espichou rápido*. ▪ v.t.d. **3** Alisar (um tecido, especialmente): *Espichou a camisa na tábua de passar roupa*. **4** Pentear ou alisar (os pelos ou os cabelos): *Espichou o cabelo para trás com uma escova*.

espiga ⟨es.pi.ga⟩ s.f. **1** Em algumas plantas, especialmente no milho ou no trigo, eixo de formato alongado, composto por muitos frutos com grãos juntos e dispostos ao redor de um ramo. **2** Em botânica, inflorescência formada por um conjunto de flores sem nenhum cabo, dispostas diretamente ao longo de um ramo comum.

espigado, da ⟨es.pi.ga.do, da⟩ adj. **1** Que é alto e magro. **2** Em relação especialmente ao cabelo, que está arrepiado ou levantado.

espigão ⟨es.pi.gão⟩ (pl. *espigões*) s.m. **1** Peça ou objeto compridos e pontiagudos: *um espigão de mangueira*. **2** Em uma elevação de um terreno ou em algo elevado, parte mais alta e destacada: *Um guia experiente nos levará àquele espigão no alto da serra*. **3** Em um telhado, parte formada pelo encontro de seus lados. **4** *informal* Arranha-céu.

espigar ⟨es.pi.gar⟩ v.int. Começar a criar espiga (um cereal): *Este ano, o trigo espigou cedo*. □ ORTOGRAFIA Antes de e, o g muda para gu →CHEGAR.

espinafrar ⟨es.pi.na.frar⟩ v.t.d. **1** *informal* Corrigir ou repreender duramente (alguém). **2** *informal* Criticar com dureza.

espinafre ⟨es.pi.na.fre⟩ s.m. Planta herbácea com folhas verde-escuras, macias, com pelos que lhe conferem textura aveludada, com terminações em formato de ponta, e usada na alimentação humana como fonte de ferro.

espingarda ⟨es.pin.gar.da⟩ s.f. Arma de fogo portátil, com um ou dois canhões compridos montados sobre uma peça de madeira, usada geralmente para caçar. □ SIN. rifle.

espinha ⟨es.pi.nha⟩ s.f. **1** Em um peixe, cada uma das peças ósseas que fazem parte de seu esqueleto, especialmente se forem compridas e pontiagudas. **2** *informal* Erupção de pequeno tamanho que aparece na pele devido à obstrução do canal secretor das glândulas sebáceas. **3** *informal* Dificuldade ou impedimento. ‖ **espinha (dorsal)** Coluna vertebral.

espinhaço ⟨es.pi.nha.ço⟩ s.m. Conjunto de montanhas unidas entre si e com características comuns.

espinhal ⟨es.pi.nhal⟩ (pl. *espinhais*) adj.2g. Da espinha, com suas características ou relacionado a ela.

espinheiro ⟨es.pi.nhei.ro⟩ s.m. Arbusto de casca fina e cinza, troncos e ramos com espinhos, com folhas compostas e sem pelos, flores brancas e cheirosas, madeira dura, e cujo corte é usado em tinturaria.

espinhento, ta ⟨es.pi.nhen.to, ta⟩ adj. **1** Que tem espinhos. **2** Que tem espinhas. **3** Que espeta ou pinica: *Comprou um cobertor espinhento e não consegue usá-lo*.

espinho ⟨es.pi.nho⟩ s.m. **1** Em uma planta ou em seu fruto, projeção com ponta dura formada pela transformação de uma folha ou de um ramo, e que possui um sistema de condução: *Os cactos e as roseiras têm espinhos*. **2** Em alguns animais, cada uma das pontas que cobrem seu corpo: *Os ouriços-do-mar são animais que têm espinhos*. **3** *informal* Aquilo que impede a realização ou o resultado rápido de algo: *Sua viagem foi cheia de espinhos*.

espinhoso, sa ⟨es.pi.nho.so, sa⟩ (Pron. [espinhôso], [espinhósa], [espinhósos], [espinhósas]) adj. **1** Que tem espinhos. **2** Difícil, embaraçoso ou que apresenta grandes dificuldades: *um assunto espinhoso*.

espinotear ⟨es.pi.no.te.ar⟩ v.int. **1** Saltar dando coices (um cavalo): *O cavalo saiu do estábulo espinoteando*. □ SIN. pinotear. **2** Debater-se ou agitar-se de maneira violenta. □ ORTOGRAFIA O e muda *ei* quando a sílaba tônica estiver na raiz do verbo →NOMEAR.

espionagem ⟨es.pi.o.na.gem⟩ (pl. *espionagens*) s.f. **1** Ato ou efeito de espionar. **2** Atividade que visa descobrir informações confidenciais.

espionar ⟨es.pi.o.nar⟩ ▪ v.t.d. **1** Tratar de obter informações secretas sobre (um inimigo ou um adversário e suas atividades). □ SIN. espiar. ▪ v.int. **2** Tratar de obter informações secretas. ▪ v.t.d./v.int. **3** Observar ou escutar com atenção e dissimulação (aquilo que os outros fazem): *É falta de educação espionar a vida alheia*. □ SIN. espiar, vigiar.

espiral ⟨es.pi.ral⟩ (pl. *espirais*) ▪ adj.2g. **1** Da espiral ou relacionado a essa linha curva: *Uma mola tem uma forma espiral*. ▪ s.f. **2** Em geometria, linha curva que gira ao redor de um ponto, distanciando-se dele continuamente à medida em que avança. **3** Cada uma das voltas dessa linha curva. **4** Aquilo que tem a forma dessa linha curva: *a espiral de um caderno*. **5** Processo que aumenta de forma rápida, progressiva e sem controle: *A polícia tenta deter a espiral de violência desencadeada na cidade*.

espiralado, da ⟨es.pi.ra.la.do, da⟩ adj. Que tem forma de espiral.

espiralar ⟨es.pi.ra.lar⟩ v.t.d./v.int./v.prnl. Fazer adquirir ou adquirir forma de espiral: *Ao nascer, o caule da flor se espiralou*.

espírita ⟨es.pí.ri.ta⟩ ▪ adj.2g. **1** Do espiritismo ou relacionado a essa crença. ▪ adj.2g./s.2g. **2** Que ou quem defende e pratica o espiritismo. □ SIN. espiritista.

espiritismo ⟨es.pi.ri.tis.mo⟩ s.m. **1** Doutrina baseada na crença de que o espírito humano continua a existir depois da morte e pode se comunicar com os vivos. □ SIN. kardecismo. **2** Conjunto de práticas que se propõem a possibilitar o contato com os espíritos dos mortos. □ SIN. kardecismo.

espiritista ⟨es.pi.ri.tis.ta⟩ adj.2g./s.2g. Que ou quem defende e pratica o espiritismo. □ SIN. espírita.

espírito ⟨es.pí.ri.to⟩ s.m. **1** Em uma pessoa, parte não material responsável pelos sentimentos e pelas faculdades mentais. **2** Ânimo que determina uma forma de agir: *Desde criança, sempre mostrou seu espírito empreendedor.* **3** Ser sobrenatural, imaterial ou imaginário. **4** Ideia, essência ou característica principal de algo: *O espírito da lei é proteger os cidadãos.* ‖ **espírito de porco** *informal pejorativo* Pessoa inconveniente ou que cria problemas para outras. ◻ GRAMÁTICA *Espírito de porco* é usado tanto para o masculino quanto para o feminino: *(ele/ela) é um espírito de porco.*

espírito-santense ⟨es.pí.ri.to-san.ten.se⟩ (pl. *espírito-santenses*) adj.2g./s.2g. Do Espírito Santo ou relacionado a esse estado brasileiro. ◻ SIN. **capixaba.**

espiritual ⟨es.pi.ri.tu.al⟩ (pl. *espirituais*) adj.2g. Do espírito, com espírito ou relacionado a ele.

espiritualidade ⟨es.pi.ri.tu.a.li.da.de⟩ s.f. **1** Qualidade daquilo que possui características espirituais manifestas. **2** Sensibilidade e inclinação àquilo que não é material, especialmente se relacionado a questões religiosas ou espirituais. **3** Conjunto de crenças e práticas relacionadas àquilo que transcende a existência humana.

espiritualismo ⟨es.pi.ri.tu.a.lis.mo⟩ s.m. **1** Doutrina filosófica que afirma a existência de uma realidade diferente e geralmente superior à material. **2** Corrente filosófica que, frente ao materialismo, defende a essência e a imortalidade da alma.

espiritualizar-se ⟨es.pi.ri.tu.a.li.zar-se⟩ v.prnl. Adquirir características espirituais.

espirituoso, sa ⟨es.pi.ri.tu.o.so, sa⟩ (Pron. [espirituôso], [espirituósa], [espirituôsos], [espirituósas]) adj. Que é inteligente e engraçado.

espirrar ⟨es.pir.rar⟩ ❚ v.int. **1** Expulsar de maneira violenta e ruidosa pelo nariz e pela boca o ar contido nos pulmões: *Estou com alergia e não paro de espirrar.* ❚ v.t.d. **2** Expulsar ou lançar, geralmente com força: *O vulcão em erupção espirrava lavas.* ❚ v.int. **3** Sair ou esguichar, geralmente com força: *O carro passou na poça e a água espirrou em mim.*

espirro ⟨es.pir.ro⟩ s.m. Expulsão violenta e ruidosa pelo nariz e pela boca do ar contido nos pulmões.

esplanada ⟨es.pla.na.da⟩ s.f. Terreno largo e extenso situado diante de um edifício ou de um conjunto arquitetônico.

esplêndido, da ⟨es.plên.di.do, da⟩ adj. **1** Que tem muita luminosidade ou brilho. **2** Magnífico ou maravilhoso: *um dia esplêndido.* **3** Generoso ou desprendido: *um gesto esplêndido; uma pessoa esplêndida.*

esplendor ⟨es.plen.dor⟩ (Pron. [esplendôr]) s.m. **1** Brilho forte ou intenso: *O esplendor da Lua iluminava o lago.* ◻ SIN. **resplendor. 2** Situação daquilo ou daquele que se encontram no ápice de seu desenvolvimento: *Com a construção de Brasília, a arquitetura brasileira alcançou seu máximo esplendor.*

esplendoroso, sa ⟨es.plen.do.ro.so, sa⟩ (Pron. [esplendorôso], [esplendorósa], [esplendorôsos], [esplendorósas]) adj. **1** Que impressiona por sua beleza ou riqueza. **2** Que brilha ou resplandece.

espocar ⟨es.po.car⟩ v.int. Romper-se ou arrebentar repentinamente, especialmente se causar ruídos como uma pipoca: *Espocavam aplausos na plateia.* ◻ SIN. **pipocar.** ◻ ORTOGRAFIA Antes de *e*, o *c* muda para *qu* →BRINCAR.

espoleta ⟨es.po.le.ta⟩ (Pron. [espolêta]) s.f. **1** Em artefato com carga explosiva, dispositivo que se coloca para causar a explosão dessa carga. **2** *informal* Pessoa agitada e inquieta. ◻ GRAMÁTICA Na acepção 2, usa-se tanto para o masculino quanto para o feminino: *(ele/ela) é uma espoleta.*

espoliar ⟨es.po.li.ar⟩ v.t.d./v.t.d.i. Despojar (alguém) [de algo] por fraude ou violência: *O estelionatário espoliou o comerciante de todos os seus bens.*

espólio ⟨es.pó.lio⟩ s.m. **1** Apropriação injusta ou violenta daquilo que pertence a outro. **2** Conjunto de bens, obrigações e direitos de uma pessoa falecida.

esponja ⟨es.pon.ja⟩ s.f. **1** Animal invertebrado filtrador aquático, em forma de saco ou de tubo, com apenas uma abertura e que tem a parede do corpo reforçada por pequenas estruturas ou por fibras cruzadas entre si, e atravessada por numerosos condutos que se abrem ao exterior. **2** Corpo com a mesma elasticidade, a porosidade e a suavidade do esqueleto desses animais, e que se utiliza como utensílio de limpeza. **3** *informal* Pessoa que exagera no consumo de bebidas alcoólicas. ◻ GRAMÁTICA Na acepção 3, usa-se tanto para o masculino quanto para o feminino: *(ele/ela) é uma esponja.*

esponjoso, sa ⟨es.pon.jo.so, sa⟩ (Pron. [esponjôso], [esponjósa], [esponjôsos], [esponjósas]) adj. Em relação a um corpo, que tem propriedades de uma esponja.

espontaneidade ⟨es.pon.ta.nei.da.de⟩ s.f. Qualidade de espontâneo.

espontâneo, nea ⟨es.pon.tâ.neo, nea⟩ adj. **1** Natural, sincero e sem premeditação, especialmente se for na forma de agir. **2** Em relação a uma planta, que cresce sem cultivo e sem cuidado do ser humano.

espora ⟨es.po.ra⟩ s.f. **1** Arco de metal, com uma peça esticada e terminada em uma pequena roda dentada, que se ajusta ao calcanhar do cavaleiro e que é usada para picar o animal. **2** Estímulo ou aquilo que serve para encorajar. ◻ SIN. **acicate.**

esporádico, ca ⟨es.po.rá.di.co, ca⟩ adj. Ocasional ou sem relação com outros casos.

esporão ⟨es.po.rão⟩ (pl. *esporões*) s.m. **1** Em algumas aves, especialmente em um galo, osso saliente que aparece no tarso ou parte mais magra de seus pés ou de suas patas. **2** Muro ou parede de reforço em construções.

esporear ⟨es.po.re.ar⟩ ❚ v.t.d. **1** Picar (um animal de montaria) com o acicate para que ande ou obedeça: *esporear um cavalo.* ◻ SIN. **acicatar.** ❚ v.t.d./v.t.d.i. **2** Estimular ou encorajar [a algo]: *O apoio da torcida esporeou o time. Esporeou-nos a continuar.* ◻ SIN. **acicatar.** ◻ ORTOGRAFIA O *e* muda para *ei* quando a sílaba tônica estiver na raiz do verbo →NOMEAR.

esporro ⟨es.por.ro⟩ (Pron. [espôrro]) s.m. **1** *vulgarismo* Repreensão ou bronca severas. **2** *vulgarismo* Situação confusa, especialmente se for acompanhada de grande alvoroço e tumulto.

esporte ⟨es.por.te⟩ ❚ adj.2g.2n. **1** Em relação a uma peça do vestuário, que é apropriada para usar em ocasiões informais: *um traje esporte.* ❚ s.m. **2** Diversão, atividade física ou passatempo que costumam se realizar ao livre. ◻ SIN. **desporto. 3** Atividade física que se pratica como jogo ou como competição, que está sujeita a determinadas normas e que requer treinamento: *O futebol, o basquete e o vôlei são esportes de equipe.* ◻ SIN. **desporto.** ‖ **por esporte** *informal* Por gosto ou desinteressadamente: *Não recebe pagamento, pois faz aquilo por esporte.*

esportista ⟨es.por.tis.ta⟩ adj.2g./s.2g. Que ou quem pratica algum esporte. ◻ ORTOGRAFIA Escreve-se também *desportista.*

esportivo, va ⟨es.por.ti.vo, va⟩ adj. **1** Do esporte ou relacionado a ele. **2** Que se ajusta às normas de correção que se consideram características da prática de um esporte. **3** Em relação a uma peça do vestuário, que é cômoda ou informal: *Sempre usa roupas esportivas para passear.*

espórtula ⟨es.pór.tu.la⟩ s.f. **1** Pequena quantia de dinheiro com que se contribui para um determinado fim. ◻ SIN. **esmola, óbolo. 2** Gratificação com a qual se recompensa um serviço, especialmente se for aquela

esquemático

que se dá a mais do preço convencional. ☐ **SIN. gorjeta, propina.**

esposar ⟨es.po.sar⟩ ❙ v.t.d./v.t.d.i./v.prnl. **1** Casar(-se) ou unir(-se) em matrimônio [com alguém]: *O padre nos esposou.* ❙ v.t.d. **2** Assumir ou defender (uma causa ou uma ideia, especialmente): *Desde jovem, seu avô esposou o socialismo.* ☐ **USO** Na acepção 1, usa-se também a forma *desposar*.

esposo, sa ⟨es.po.so, sa⟩ (Pron. [espôso]) s. Em relação a uma pessoa, outra que está casada com ela. ☐ **GRAMÁTICA** O sinônimo da forma masculina é *marido* e da feminina, *mulher*.

espraiar ⟨es.prai.ar⟩ v.t.d./v.prnl. Estender(-se), espalhar(-se) ou disseminar(-se).

espreguiçadeira ⟨es.pre.gui.ça.dei.ra⟩ s.f. Cadeira de encosto comprido que se pode inclinar à vontade e que permite ficar deitado sobre ela. ☐ **SIN. preguiçosa.**

espreguiçar ⟨es.pre.gui.çar⟩ v.t.d./v.int./v.prnl. Esticar(-se) (o corpo ou parte dele) para espantar a preguiça: *Espreguiçou-se antes de se levantar.* ☐ **ORTOGRAFIA** Antes de *e*, o *ç* muda para *c* →COMEÇAR.

espreita ⟨es.prei.ta⟩ s.f. Vigilância, observação ou espera cautelosas com algum propósito. ‖ **à espreita** Observando às escondidas e com cuidado.

espreitar ⟨es.prei.tar⟩ v.t.d. **1** *informal* Vigiar ou observar cautelosamente com algum propósito: *Espreitava o que acontecia na sala ao lado.* **2** Esperar às escondidas (uma pessoa ou um animal) com o intuito de atacá-los: *O caçador espreitou a presa antes de jogar a armadilha.*

espremedor, -a ⟨es.pre.me.dor, do.ra⟩ (Pron. [espremedôr], [espremedôra]) ❙ adj. **1** Que espreme. ❙ s.m. **2** Aparelho de cozinha usado para triturar, mediante pressão, substâncias ou alimentos sólidos ou extrair o suco.

espremer ⟨es.pre.mer⟩ ❙ v.t.d. **1** Apertar ou retorcer para tirar-lhe o suco (uma fruta, especialmente): *espremer uma laranja.* **2** Pressionar ou coagir (alguém) para que revele alguma informação: *espremer uma testemunha.* ❙ v.t.d./v.prnl. **3** Apertar(-se) e comprimir(-se) com força: *Espremeu dois tubos de tinta sobre a tela. Espremeram-se dentro do ônibus por causa da multidão.*

espuma ⟨es.pu.ma⟩ s.f. **1** Matéria fluida e geralmente cheia de bolhas formada na superfície de um líquido: *a espuma do mar.* **2** Tecido leve e com textura de esponja: *uma almofada de espuma.* **3** Borracha natural ou sintética caracterizada por sua esponjosidade e elasticidade: *O computador veio envolto em uma espuma protetora.*

espumadeira ⟨es.pu.ma.dei.ra⟩ s.f. →escumadeira

espumante ⟨es.pu.man.te⟩ ❙ adj.2g. **1** Que faz ou que forma espuma. ❙ adj.2g./s.m. **2** Em relação a um vinho, que passa por um segundo processo de fermentação natural e que tem borbulhas.

espumar ⟨es.pu.mar⟩ ❙ v.int. **1** Fazer ou produzir espuma: *Este sabão espuma muito.* ❙ v.t.d. **2** Cobrir com espuma: *Espumou o corpo e depois se enxaguou.* ❙ v.int. **3** Demonstrar raiva ou exaltar-se: *Depois daquela discussão, espumava como louco.*

espumoso, sa ⟨es.pu.mo.so, sa⟩ (Pron. [espumôso], [espumòsa], [espumósos], [espumósas]) adj. Que contém ou que forma espuma.

espúrio, ria ⟨es.pú.rio, ria⟩ adj. **1** Que é falso, adulterado ou não autêntico. **2** Que é ilegítimo ou ilegal.

esquadra ⟨es.qua.dra⟩ s.f. **1** Conjunto dos navios de guerra que participam de uma determinada missão sob um mesmo comando. ☐ **SIN. armada. 2** Em uma companhia de infantaria, grupo de soldados às ordens de um cabo.

esquadrão ⟨es.qua.drão⟩ (pl. *esquadrões*) s.m. **1** Conjunto de aeronaves ou de navios de guerra do mesmo tipo ou da mesma classe. **2** No Exército, unidade de cavalaria, comandada geralmente por um capitão.

esquadria ⟨es.qua.dri.a⟩ s.f. **1** Ângulo reto: *Uma esquadria tem 90 graus.* **2** Instrumento que serve para medir ângulos. **3** Em uma porta ou em uma janela, peça usada para acabamento, geralmente de metal ou de alumínio.

esquadrilha ⟨es.qua.dri.lha⟩ s.f. **1** Conjunto de aviões que realizam um mesmo voo sob um mesmo mando. **2** Esquadra ou conjunto de embarcações de pequeno porte.

esquadrinhar ⟨es.qua.dri.nhar⟩ v.t.d. Examinar ou indagar para averiguar detalhes: *Esquadrinhou o problema até encontrar a solução.*

esquadro ⟨es.qua.dro⟩ s.m. Instrumento em forma de triângulo retângulo ou composto somente por duas retas que formam ângulo reto: *Usa-se o esquadro para traçar linhas perpendiculares.*

esqualidez ⟨es.qua.li.dez⟩ (Pron. [esqualidêz]) s.f. Condição de esquálido.

esquálido, da ⟨es.quá.li.do, da⟩ adj. **1** Fraco, magro ou esquelético. **2** Muito sujo ou desalinhado.

esquartejar ⟨es.quar.te.jar⟩ v.t.d. Dividir em pedaços (um corpo).

esquecer ⟨es.que.cer⟩ ❙ v.t.d./v.t.i./v.prnl. **1** Deixar escapar da memória (uma informação) ou não lembrar(-se) [dela]: *Ele esqueceu o número do celular. Esqueceu-se de trazer o presente.* **2** Perder o amor por (uma pessoa ou um animal) ou deixar de se importar [com eles]: *Ainda não esqueceu a namorada. Ela não se esqueceu dos amigos de infância.* ❙ v.t.d./v.int. **3** Não levar em consideração: *Esqueça que somos irmãos e vamos conversar sério.* ❙ v.t.d. **4** Deixar de ter ou abandonar (um hábito): *Esqueça o cigarro!* ☐ **ORTOGRAFIA** Antes de *a* ou *o*, o *c* muda para *ç* →CONHECER. ☐ **GRAMÁTICA** Nas acepções 1 e 2, como pronominal, usa-se a construção *esquecer-se DE (algo/alguém)*.

esquecido, da ⟨es.que.ci.do, da⟩ adj. Que se esquece das coisas com facilidade.

esquecimento ⟨es.que.ci.men.to⟩ s.m. **1** Ato ou efeito de esquecer(-se). **2** Descuido de algo que se devia fazer ou ter presente: *Não trazer o que pedi foi um esquecimento imperdoável.*

esquelético, ca ⟨es.que.lé.ti.co, ca⟩ adj. **1** Do esqueleto ou relacionado a esse conjunto de ossos. **2** Muito fraco ou muito magro.

esqueleto ⟨es.que.le.to⟩ (Pron. [esquelêto]) s.m. **1** Conjunto completo de ossos e cartilagens, geralmente unidos ou articulados entre si, que dão sustentação e resistência ao corpo dos animais e do ser humano. ☐ **SIN. caveira. 2** Armação que sustenta algo: *O cimento e as vigas são o esqueleto de um edifício.* **3** Plano geral ou projeto, feitos de modo provisório, somente com os elementos essenciais e sem muita precisão: *Escreveu apenas um esqueleto do trabalho.* **4** *pejorativo* Pessoa muito fraca ou muito magra. ☐ **GRAMÁTICA** Na acepção 4, usa-se tanto para masculino quanto para o feminino: *(ele/ela) é um esqueleto.* [◉ **esqueleto** p. 334]

esquema ⟨es.que.ma⟩ (Pron. [esquêma]) s.m. **1** Resumo das ideias ou características mais significativas de algo: *Estuda fazendo esquemas das lições para organizar as ideias.* **2** Representação gráfica ou simbólica de algo: *Este é o esquema de como queremos que seja o novo local.* **3** Plano estrutural sobre o qual algo é constituído: *Nosso esquema de trabalho conta com a cooperação de todos.* **4** *informal* Plano ou ideia: *Organizou um esquema para viajar no sábado.*

esquemático, ca ⟨es.que.má.ti.co, ca⟩ adj. Explicado ou feito de uma maneira simples, com traços gerais e sem entrar em detalhes.

333

e

ESQUELETO

- caixa craniana *ou* crânio
- clavícula
- cervicais
- escápula
- esterno
- úmero
- torácicas
- costela
- ulna
- vértebras
- rádio
- lombares
- sacro
- ílio
- ísquio } pelve
- carpo
- púbis
- metacarpo
- cóccix
- falanges
- fêmur
- patela
- fíbula
- tíbia
- tarso
- metatarso
- falanges

esquematizar ⟨es.que.ma.ti.zar⟩ v.t.d. **1** Representar de forma esquemática ou com traços gerais: *A professora esquematizou o funcionamento do corpo humano.* **2** Traçar ou formar o plano de (uma ação ou uma ideia): *No filme, os presos esquematizaram uma fuga da cadeia.*

esquentado, da ⟨es.quen.ta.do, da⟩ adj. Que se exalta ou que se irrita com facilidade ou com frequência.

esquentar ⟨es.quen.tar⟩ ▌v.t.d./v.int./v.prnl. **1** Transmitir calor a ou tornar(-se) quente: *Esquentou a água para o chá. O leite esquentou muito.* ▢ SIN. aquecer. ▌v.t.d./v.int. **2** Animar(-se), excitar(-se) ou exaltar(-se): *O debate esquentou.* ▢ SIN. aquecer.

esquerda ⟨es.quer.da⟩ (Pron. [esquêrda]) s.f. **1** Mão ou perna que estão situadas no lado do coração. **2** Direção ou situação correspondentes ao lado esquerdo: *O hotel está localizado à esquerda do clube.* **3** Conjunto de pessoas ou de organizações políticas de tendências contrárias às ideias conservadoras: *A esquerda se manifestou contra as reformas do Governo.*

esquerdo, da ⟨es.quer.do, da⟩ (Pron. [esquêrdo]) adj. **1** Em relação a uma parte do corpo, que está situada no lado do coração. **2** Que está situado no mesmo lado do coração do observador. **3** Em relação a um objeto, que, em relação a sua parte dianteira, está situado no mesmo lado que corresponderia ao do coração de uma pessoa. **4** Desajeitado ou mal vestido: *É um rapaz esquerdo e sem modos.* **5** Com antipatia ou com má vontade: *Lançou-nos palavras esquerdas durante a conversa.*

esquete ⟨es.que.te⟩ s.m. Em uma representação ou em um filme, cena curta, geralmente de tom humorístico.

esqui ⟨es.qui⟩ s.m. **1** Espécie de patim formado por uma prancha comprida que serve para deslizar sobre a neve ou sobre a água. **2** Esporte que se pratica deslizando-se sobre a neve ou sobre a água com essas pranchas.

esquiador, -a ⟨es.qui.a.dor, do.ra⟩ (Pron. [esquiadôr], [esquiadôra]) ▌adj./s. **1** Que ou quem esquia. ▌s. **2** Pessoa que pratica o esqui, especialmente como profissão.

esquiar ⟨es.qui.ar⟩ v.int. Deslizar com esquis sobre a neve ou sobre a água.

esquife ⟨es.qui.fe⟩ s.m. Caixa em que se coloca um cadáver para ser enterrado. ▢ SIN. ataúde, caixão, féretro.

esquilo ⟨es.qui.lo⟩ s.m. Mamífero roedor, de cauda grande e peluda, com grande agilidade de movimentos, muito inquieto e que vive em bosques. ▢ GRAMÁTICA É um substantivo comum: *o esquilo {macho/fêmea}*.

esquimó ⟨es.qui.mó⟩ ▌adj.2g./s.2g. **1** De um povo que habita as regiões próximas ao Círculo Polar Ártico, ou relacionado a ele. ▌s.m. **2** Conjunto de línguas faladas por esse povo.

esquina ⟨es.qui.na⟩ s.f. **1** Ângulo formado pelo encontro de duas ruas ou avenidas: *uma casa de esquina.* **2** Ângulo formado pelo encontro de duas superfícies. **3** Qualquer parte ou lugar: *A notícia se espalhou por todas as esquinas.*

esquisitice ⟨es.qui.si.ti.ce⟩ s.f. Condição de esquisito: *Suas manias e esquisitices chamam a atenção dos que não o conhecem bem.*

esquisito, ta ⟨es.qui.si.to, ta⟩ adj. **1** Estranho, pouco comum ou pouco frequente. **2** Com aspecto ruim ou desagradável.

esquistossomose ⟨es.quis.tos.so.mo.se⟩ s.f. Doença causada pela larva de um parasita que se aloja no intestino ou no fígado.

esquiva ⟨es.qui.va⟩ s.f. Movimento do corpo que serve para evitar um golpe.

esquivar ⟨es.qui.var⟩ ▌v.t.d./v.prnl. **1** Evitar ou fugir de (algo), ou livrar-se: *Acho que ele está me esquivando. Esquivou-se das tarefas mais difíceis, deixando-as para seu assistente.* ▌v.prnl. **2** Movimentar-se para evitar um golpe: *O boxeador se esquivava dos golpes do adversário.* ▢ GRAMÁTICA Usa-se a construção *esquivar-se DE algo*.

esquivo, va ⟨es.qui.vo, va⟩ adj. Que evita ou que estranha as atenções, as demonstrações de afeto ou o convívio social. ▢ SIN. arredio.

esquizofrenia ⟨es.qui.zo.fre.ni.a⟩ s.f. Em psiquiatria, doença mental que causa alterações no humor e na forma de agir e que é caracterizada pelo afastamento do indivíduo da realidade.

esquizofrênico, ca ⟨es.qui.zo.frê.ni.co, ca⟩ ▌adj. **1** Da esquizofrenia ou relacionado a essa doença mental. ▌adj./s. **2** Que ou quem sofre de esquizofrenia.

essa ⟨es.sa⟩ ▌pron.demons. **1** Feminino de *esse*. ▌s.f. **2** Túmulo ou armação de madeira que se costuma colocar em um templo para celebrar os funerais de um defunto. **3** Monumento funerário dedicado a uma pessoa, mas que não contém seu cadáver. ▢ SIN. cenotáfio.

esse ⟨es.se⟩ s.m. Nome da letra *s*.

esse, sa ⟨es.se, sa⟩ (Pron. [êsse], [éssa], [êsses], [éssas]) pron.demons. **1** Designa o que está perto, no espaço ou no tempo, da pessoa a quem se fala. **2** Representa ou assinala o que já foi mencionado ou o que está subentendido: *Tenho que assistir a essa peça de teatro.*

essência ⟨es.sên.cia⟩ s.f. **1** Característica principal de algo: *Muitos filósofos tentaram decifrar as essências humana e divina.* **2** Aquilo que determina a forma ou o comportamento: *O respeito é a essência da relação do casal.* **3** Concentrado líquido de uma substância, geralmente aromática: *Colocamos essência de baunilha na torta.*

essencial ⟨es.sen.ci.al⟩ (pl. *essenciais*) ▌adj.2g. **1** Da essência de uma substância, especialmente se for das plantas. ▌adj.2g./s.m. **2** Que faz parte da natureza de algo, ou que é uma de suas características inerentes. **3** Que, de tão importante, acaba sendo imprescindível.

estabanado, da ⟨es.ta.ba.na.do, da⟩ adj. Que é precipitado, desajeitado ou agitado.

estabelecer ⟨es.ta.be.le.cer⟩ ▌v.t.d. **1** Fundar, instituir ou criar, geralmente com propósito de continuidade: *Ambas as nações estabeleceram relações comerciais.* **2** Mandar ou decretar: *O Código de Trânsito Brasileiro estabelece que motoristas e passageiros devem usar cinto de segurança.* **3** Fixar (um término ou um limite, especialmente): *O professor estabeleceu um prazo maior para a entrega dos resumos.* ▌v.t.d./v.prnl. **4** Abrir (um negócio ou um estabelecimento comercial): *A empresa estabeleceu uma filial no interior.* ▌v.prnl. **5** Fixar residência: *Meu pai não nasceu nessa cidade, mas se estabeleceu aqui há anos.* **6** Alcançar estabilidade, especialmente se for em um emprego: *Ela se estabeleceu após passar em um concurso público.* ▢ ORTOGRAFIA Antes de *a* ou *o*, o *c* muda para *ç* →CONHECER.

estabelecimento ⟨es.ta.be.le.ci.men.to⟩ s.m. **1** Ato ou efeito de estabelecer(-se). **2** Lugar em que se realiza uma atividade profissional, comercial ou industrial: *estabelecimento comercial.*

estabilidade ⟨es.ta.bi.li.da.de⟩ s.f. **1** Firmeza, equilíbrio ou segurança em uma posição ou em um deslocamento: *Uma estrutura feita com bons materiais dá estabilidade às construções.* **2** Propriedade de um corpo ou de um sistema de recuperar a sua posição de equilíbrio: *Os amortecedores desse carro garantem boa estabilidade em todo tipo de terreno.* **3** Em um emprego público, garantia que se dá ao funcionário aprovado em concurso: *Ela tem estabilidade como promotora de justiça.*

estabilizar ⟨es.ta.bi.li.zar⟩ v.t.d./v.int./v.prnl. Tornar(-se) estável: *Depois de um período de turbulência, o valor da moeda se estabilizou.*

establishment

establishment *(palavra inglesa)* (Pron. [istáblishment]) s.m. **1** Ordem econômica, política ou social que rege as estruturas ou determina o caráter de uma sociedade ou de um Estado. **2** Conjunto formado pelos grupos dominantes de uma sociedade, os quais formam a elite política, econômica e social de um país. **3** Grupo influente ou com forte poder de persuasão em determinada organização ou atividade.

estábulo ‹es.tá.bu.lo› s.m. Lugar coberto onde se prende ou se abriga o gado.

estaca ‹es.ta.ca› s.f. Peça com formato alongado, geralmente de madeira, terminada em uma ponta e que se crava com diversos objetivos.

estação ‹es.ta.cão› (pl. *estações*) s.f. **1** Cada um dos quatro grandes períodos em que um ano se divide e que são determinados pela posição da Terra em relação ao Sol: *As quatro estações são: primavera, verão, outono e inverno.* □ SIN. **sazão. 2** Ponto de parada de um meio de transporte público, geralmente de um trem ou metrô, para embarque e desembarque de passageiros e mercadorias: *Desceremos na próxima estação.* **3** Lugar em que se encontram vários desses pontos de um único meio de transporte: *uma estação de ônibus.* **4** Conjunto das instalações necessárias para determinada atividade: *uma estação de rádio.* **5** Na via-crúcis, cada uma das catorze cenas que representam a paixão de Jesus Cristo (o filho de Deus para os cristãos). **6** Conjunto de orações que se rezam diante de cada uma dessas cenas.

estacar ‹es.ta.car› ▌v.t.d./v.int. **1** Parar ou interromper(-se) (algo em movimento ou uma ação): *Estacaram o cavalo ao chegar na ponte.* ▌v.t.d. **2** Escorar com estacas: *Estacou a mureta até que o cimento secasse.* □ ORTOGRAFIA Antes de e, o c muda para qu →BRINCAR.

estacaria ‹es.ta.ca.ri.a› s.f. **1** Em uma construção, conjunto de estacas: *A estacaria do edifício ajuda a dar sustentação à obra.* **2** Grande quantidade dessas peças juntas.

estacionamento ‹es.ta.ci.o.na.men.to› s.m. **1** Ato ou efeito de estacionar. **2** Lugar destinado a estacionar veículos.

estacionar ‹es.ta.ci.o.nar› ▌v.t.d./v.int. **1** Parar em um lugar durante certo tempo (um veículo): *Ele estacionou o caminhão na porta da mercearia para descarregá-lo.* ▌v.int. **2** Ficar ou estabilizar-se em uma situação, sem avançar nem retroceder: *A doença estacionou e ele ficará em observação.*

estada ‹es.ta.da› s.f. Permanência em um lugar durante certo tempo: *Durante sua estada no Rio de Janeiro, foi ao Corcovado.* □ ORTOGRAFIA Escreve-se também *estadia*.

estadear ‹es.ta.de.ar› v.t.d. Exibir, mostrar ou tornar (algo) público: *estadear riquezas.* □ SIN. **manifestar.** □ ORTOGRAFIA O e muda para *ei* quando a sílaba tônica estiver na raiz do verbo →NOMEAR.

estadia ‹es.ta.di.a› s.f. **1** Em um porto, período de tempo em que se pode carregar ou descarregar um navio. **2** →estada

estádio ‹es.tá.dio› s.m. Lugar onde se realizam competições esportivas, que conta com arquibancada para o público: *um estádio de futebol.* [➤ estádio de atletismo p. 337]

estadista ‹es.ta.dis.ta› s.2g. **1** Pessoa especializada em assuntos do Estado. **2** Chefe de Estado.

estado ‹es.ta.do› s.m. **1** Situação, circunstância ou condição temporárias de algo: *Após a operação, seu estado de saúde é satisfatório.* **2** Conjunto de órgãos do governo de um país soberano: *O Estado estabelece a grade curricular das escolas públicas e particulares.* **3** Conjunto de terras e de cidadãos de um país. **4** Em um sistema federal, cada uma das divisões administrativas que possuem relativa autonomia legislativa com relação ao governo do país: *O Brasil é formado por 26 estados e um distrito federal.* ▐ **estado civil** Condição de cada pessoa em relação aos direitos e às obrigações civis: *Meu estado civil é solteira.* ▐ **estado de sítio** Aquele estabelecido em tempos de guerra, quando as autoridades civis são substituídas pelas militares e as garantias constitucionais são suspensas. □ ORTOGRAFIA Nas acepções 2 e 3, usa-se geralmente com inicial maiúscula por ser também um nome próprio.

estado-maior ‹es.ta.do-mai.or› (pl. *estados-maiores*) s.m. Nas Forças Armadas, corpo de oficiais encarregados de informar tecnicamente aos chefes superiores, de distribuir suas ordens e de vigiar seu cumprimento.

estadual ‹es.ta.du.al› (pl. *estaduais*) adj.2g. Do estado ou relacionado a essa unidade da federação. □ USO É diferente de *estatal* (do Estado ou relacionado a ele ou a seus órgãos de governo).

estadunidense ‹es.ta.du.ni.den.se› adj.2g./s.2g. Dos Estados Unidos da América ou relacionado a esse país norte-americano. □ SIN. **americano, norte-americano.**

estafa ‹es.ta.fa› s.f. Cansaço, falta de forças ou sensação de mal-estar extremas, tanto físicas quanto mentais, geralmente causadas pela realização de muito esforço.

estafar ‹es.ta.far› v.t.d./v.int./v.prnl. Cansar(-se) ou fatigar(-se): *Ela se estafou de tanto correr.*

estafeta ‹es.ta.fe.ta› (Pron. [estafêta]) s.2g. **1** Pessoa que leva mensagens ou encomendas aos seus destinatários, especialmente como profissão. □ SIN. **mensageiro. 2** Pessoa que se dedica profissionalmente à distribuição de cartas ou de telegramas e ao envio de correspondências. □ SIN. **carteiro.**

estafilococo ‹es.ta.fi.lo.co.co› (Pron. [estafilocóco]) s.m. Bactéria com formato arredondado, que se agrupa em cachos.

estagiar ‹es.ta.gi.ar› v.int. Fazer estágio: *Meu irmão está estagiando em uma multinacional.*

estagiário, ria ‹es.ta.gi.á.rio, ria› s. Pessoa que realiza um exercício, uma prova ou um curso que, sob a coordenação de uma pessoa experiente e por um determinado período de tempo, servem para que adquira habilidade em uma matéria ou em uma profissão: *Antes de ser funcionária, ela foi estagiária dessa empresa.*

estágio ‹es.tá.gio› s.m. **1** Em um processo, cada uma de suas etapas ou fases: *Já estamos no estágio final do projeto.* **2** Exercício, prova ou curso que, sob a coordenação de uma pessoa experiente e por um determinado período de tempo, servem para que uma pessoa adquira habilidade em uma matéria ou em uma profissão: *Fez um estágio no hospital antes de ser contratado como enfermeiro.*

estagnação ‹es.tag.na.ção› (pl. *estagnações*) s.f. Ato ou efeito de estagnar(-se).

estagnar ‹es.tag.nar› ▌v.t.d./v.int./v.prnl. **1** Impedir o curso de ou deter(-se) (um líquido): *Puseram um curativo para estancar o sangramento.* □ SIN. **estancar.** ▌v.t.d./v.prnl. **2** Parar (o progresso ou a continuidade de algo): *A crise estagnou as vendas. A pesquisa se estagnou com o corte de verba.*

estalactite ‹es.ta.lac.ti.te› s.f. Em geologia, formação calcária, geralmente em forma de cone irregular e com a ponta para baixo, que se forma no teto de cavernas naturais. □ USO É diferente de *estalagmite* (formação calcária, geralmente com formato de cone irregular e que tem a ponta para cima, que se forma no solo de cavernas naturais).

estalagem ‹es.ta.la.gem› (pl. *estalagens*) s.f. Estabelecimento comercial que oferece pernoite mediante pagamento. □ SIN. **albergue, hospedagem, hospedaria.**

estancar

ESTÁDIO DE ATLETISMO

1 salto em (comprimento/distância)
2 lançamento de disco e de martelo
3 salto triplo
4 lançamento de dardo
5 arremesso de peso
6 salto com vara
7 salto em altura

corridas
8 largada ou partida
9 largada escalonada
10 chegada
11 raia

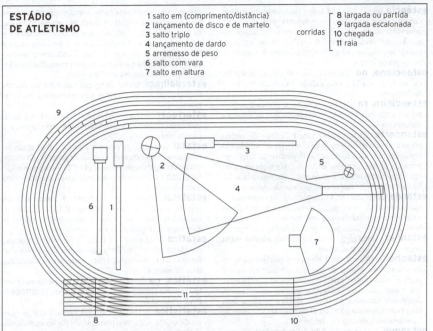

estalagmite ⟨es.ta.lag.mi.te⟩ s.f. Em geologia, formação calcária, geralmente com formato de cone irregular e que tem a ponta para cima, que se forma no solo de cavernas naturais. ▫ USO É diferente de *estalactite* (formação calcária, geralmente em forma de cone irregular e com a ponta para baixo, que se forma no teto de cavernas naturais).

estalajadeiro, ra ⟨es.ta.la.ja.dei.ro, ra⟩ s. Pessoa que possui uma estalagem ou que é responsável por ela.

estalar ⟨es.ta.lar⟩ ▌ v.t.d./v.int. **1** Fazer produzir ou produzir estalido: *Ela tem mania de estalar os dedos.* **2** Quebrar(-se) ou arrebentar(-se) fazendo grande ruído: *A lenha estalava na lareira.* ▌ v.t.d. **3** Fritar (um ovo) inteiro, sem mexê-lo antes: *Estalar um ovo foi a primeira coisa que aprendeu a fazer na cozinha.* ▫ SIN. estrelar. ▌ v.t.i./v.int. **4** Latejar ou palpitar [por causa de uma dor ou de um incômodo]: *Foi se deitar, pois sua cabeça estava estalando de dor.*

estaleiro ⟨es.ta.lei.ro⟩ s.m. Lugar onde se constroem e se consertam barcos.

estalido ⟨es.ta.li.do⟩ s.m. **1** Ruído característico que algumas matérias fazem ao serem partidas, dobradas, roçadas, apertadas ou queimadas: *o estalido da lenha no fogo.* ▫ SIN. estalo. **2** Ruído muito forte e repentino: *Assustei-me com o estalido do trovão.* ▫ SIN. estalo.

estalo ⟨es.ta.lo⟩ s.m. **1** Ruído característico que algumas matérias fazem ao serem partidas, dobradas, roçadas, apertadas ou queimadas: *A cadeira fez um estalo ao quebrar.* ▫ SIN. estalido. **2** Ruído seco e repentino que alguns materiais, especialmente a madeira, fazem ao serem aquecidos e racharem. **3** Ruído muito forte e repentino. ▫ SIN. estalido. **4** *informal* Ideia ou solução repentinas: *Lembrou a senha num estalo.* ‖ **de estalo** *informal* De forma inesperada ou repentina: *De estalo, ela se levantou e saiu da classe.*

estame ⟨es.ta.me⟩ s.m. Em uma flor, órgão reprodutor masculino situado no centro, protegido pelas pétalas, formado por uma antera em que se produz o pólen, e que geralmente é sustentado por um filamento.

estampa ⟨es.tam.pa⟩ s.f. **1** Imagem ou figura de uma publicação. **2** Aspecto ou aparência de uma pessoa ou de um animal: *Aquele rapaz tem uma bela estampa.*

estampado, da ⟨es.tam.pa.do, da⟩ ▌ adj./s.m. **1** Em relação a um tecido, que tem estampas ou desenhos. ▌ s.m. **2** Conjunto de desenhos ou de letras impressos, geralmente em tecido ou em papel. ▫ SIN. estamparia.

estampar ⟨es.tam.par⟩ ▌ v.t.d. **1** Imprimir, geralmente em tecido ou em papel: *Estampou seu rosto em uma camiseta.* **2** Difundir ou tornar conhecido (uma informação ou outro dado): *Com o escândalo, estamparam seu nome em todos os jornais.* ▫ SIN. publicar. ▌ v.t.d./v.t.d.i./v.prnl. **3** Deixar claro ou ficar evidente (uma sensação ou um estado de espírito) [na aparência ou nas atitudes]: *Ele estampou um sorriso ao avistar a companheira. A tristeza estampava-se em seu olhar.*

estamparia ⟨es.tam.pa.ri.a⟩ s.f. **1** Estabelecimento onde se fabricam ou se armazenam estampas. **2** Conjunto de desenhos ou de letras impressos, geralmente em tecido ou em papel. ▫ SIN. estampado.

estampido ⟨es.tam.pi.do⟩ s.m. **1** Ruído forte e seco: *o estampido de um tiro.* **2** Alvoroço ou agitação: *A notícia causou estampido entre os alunos.*

estampilha ⟨es.tam.pi.lha⟩ s.f. Selo fiscal ou de documentos oficiais.

estancar ⟨es.tan.car⟩ ▌ v.t.d./v.int./v.prnl. **1** Impedir o curso de ou deter(-se) (um líquido): *Puseram um curativo para estancar o sangramento.* ▫ SIN. estagnar. **2** Suspender(-se) ou extinguir(-se) (um assunto ou um processo): *A falta de investimentos estancou o crescimento da empresa.* ▌ v.int. **3** Parar repentinamente: *O cavalo estancou ao avistar a cobra.* ▫ ORTOGRAFIA Antes de e, o c muda para *qu* →BRINCAR.

estância

estância ⟨es.tân.cia⟩ s.f. **1** Lugar onde se permanecem durante uma temporada, geralmente para descanso: *uma estância turística*. **2** Fazenda ou propriedade rural. **3** Lugar onde se mora. **4** Estabelecimento comercial onde se armazena e se vende madeira. **5** Estrofe ou conjunto de versos.

estanciano, na ⟨es.tan.ci.a.no, na⟩ adj./s. De Estância ou relacionado a essa cidade do estado brasileiro de Sergipe.

estancieiro, ra ⟨es.tan.ci.ei.ro, ra⟩ s. Pessoa que possui uma fazenda ou uma estância, ou que se dedica a administrá-las.

estandarte ⟨es.tan.dar.te⟩ s.m. **1** Pedaço de tecido preso a uma haste, sobre o qual está representado um emblema, um escudo ou outro distintivo de uma corporação. ◻ SIN. **pendão**. **2** Aquilo que representa ou simboliza um grupo, um movimento ou uma ideia: *Ele foi o estandarte do movimento sindical da época*.

estande ⟨es.tan.de⟩ s.m. **1** Compartimento, posto ou instalação provisórios e desmontáveis, em que se expõem ou se vendem produtos em uma exposição ou em uma feira. **2** Lugar fechado para a prática do tiro ao alvo.

estanhar ⟨es.ta.nhar⟩ v.t.d. Cobrir ou banhar (uma peça de metal) com estanho.

estanho ⟨es.ta.nho⟩ s.m. **1** Elemento químico da família dos metais, sólido, de número atômico 50, de cor branca, mais duro, flexível e brilhante que o chumbo, que range quando é dobrado e que, ao ser esfregado, desprende um odor particular. **2** Liga metálica feita com esse elemento químico. ◻ ORTOGRAFIA Na acepção 1, seu símbolo químico é *Sn*, sem ponto.

estanque ⟨es.tan.que⟩ adj.2g. **1** Em relação a um compartimento, que não permite a passagem de um líquido. **2** Em relação a um curso de água, que está seco ou cuja corrente está parada.

estante ⟨es.tan.te⟩ s.f. **1** Móvel formado por prateleiras em que se guardam objetos, geralmente livros ou papéis. **2** Suporte para colocar partituras musicais.

estapafúrdio, dia ⟨es.ta.pa.fúr.dio, dia⟩ adj. Raro, extravagante ou fora do comum.

estapear ⟨es.ta.pe.ar⟩ v.t.d. Cobrir de tapas. ◻ ORTOGRAFIA O *e* muda para *ei* quando a sílaba tônica estiver na raiz do verbo →NOMEAR.

estaquear ⟨es.ta.que.ar⟩ v.t.d. **1** Sustentar com o auxílio de estacas: *estaquear a muda de uma árvore*. **2** Marcar com estacas (um terreno). ◻ ORTOGRAFIA O *e* muda para *ei* quando a sílaba tônica estiver na raiz do verbo →NOMEAR.

estar ⟨es.tar⟩ **I** v.t.i. **1** Existir ou encontrar-se [em um lugar, em um tempo, em uma situação ou em uma condição]: *Onde está minha carteira? Estamos em segundo lugar no campeonato*. **2** Permanecer ou encontrar-se [em um lugar, em um tempo, em uma situação ou em uma condição]: *Estarei sempre ao seu lado*. **I** v.pred. **3** Ter ou sentir {uma qualidade, uma condição ou uma sensação}: *Estou muito cansado. Ela estava doente*. **I** v.t.i. **4** Consistir, residir ou basear-se [em algo]: *O segredo da receita está no molho*. **5** Fazer visitas ou aparecer [em um lugar]: *Estivemos no Rio de Janeiro a trabalho*. **6** Fazer parte, pertencer ou incluir-se [em algo]: *Viajar não está nos meus planos*. **7** Vestir-se ou trajar-se [de uma peça do vestuário]: *Fica bonita quando está de vermelho*. **I** v.pred. **8** Em relação a uma mercadoria, valer ou custar {uma quantia}: *Quanto vale a banana?* ◻ SIN. **ser**. ‖ **estar com** alguém. Namorá-lo ou sair com ele: *Estou com ela há um ano*. ‖ **estar para** algo *informal* Ter disposição para ele: *Hoje não está para brincadeiras*. ◻ GRAMÁTICA 1. É um verbo irregular →ESTAR. 2. É um verbo impessoal quando se refere a um fenômeno climático: *está frio*; ou à passagem do tempo: *está tarde*; nestes casos, só se usa na terceira pessoa do singular. **3.** Funciona como verbo auxiliar na construção *estar* + *gerúndio*, que indica a continuidade e a recorrência da ação expressa por esse gerúndio: *Agora a banda está ensaiando aos sábados*. ◻ USO Usa-se também como verbo auxiliar para formar tempos compostos (*está imprimindo*) ou voz passiva (*está impresso*).

estardalhaço ⟨es.tar.da.lha.ço⟩ s.m. *informal* Alarde ou barulho: *A turma entrou na classe com grande estardalhaço*.

estarrecer ⟨es.tar.re.cer⟩ v.t.d/v.int./v.prnl. Assustar, causar ou sentir terror. ◻ ORTOGRAFIA Antes de *a* ou *o*, o *c* muda para *ç* →CONHECER.

estatal ⟨es.ta.tal⟩ (pl. *estatais*) **I** adj.2g. **1** Do Estado ou relacionado a ele ou a seus órgãos de governo: *Os ministérios são organizações estatais*. **I** s.f. **2** →**empresa estatal**. ◻ USO É diferente de *estadual* (do estado ou relacionado a essa unidade da federação).

estatelar ⟨es.ta.te.lar⟩ v.t.d./v.prnl. **1** Deixar cair ou cair: *Estatelou-se e quebrou o braço*. **2** Fazer ficar ou ficar imóvel ou atônito: *A notícia que recebeu o estatelou. Estatelaram-se quando viram o assaltante*.

estática ⟨es.tá.ti.ca⟩ s.f. **1** Parte da física mecânica que estuda as leis de equilíbrio dos corpos. **2** Em um aparelho de rádio, ruído causado pela inferência da eletricidade atmosférica.

estático, ca ⟨es.tá.ti.co, ca⟩ adj. Que permanece em um mesmo estado, sem sofrer alterações. ◻ ORTOGRAFIA É diferente de *extático*.

estatística ⟨es.ta.tís.ti.ca⟩ s.f. **1** Ciência que se ocupa da coleta e da interpretação de dados numéricos. **2** Conjunto desses dados: *Segundo as últimas estatísticas, a situação econômica melhorou*.

estatístico, ca ⟨es.ta.tís.ti.co, ca⟩ **I** adj. **1** Da estatística ou relacionado a essa ciência: *um estudo estatístico*. **I** s. **2** Pessoa que se dedica profissionalmente à estatística ou que é especializada nessa ciência.

estatizar ⟨es.ta.ti.zar⟩ v.t.d. Tornar público (um bem ou uma empresa privados). ◻ SIN. **nacionalizar**.

estátua ⟨es.tá.tua⟩ s.f. Escultura em relevo, geralmente talhada em pedra ou em metal, feita para representar um ser ou um conceito.

estatuário, ria ⟨es.ta.tu.á.rio, ria⟩ **I** adj. **1** Da estátua ou relacionado a ela. **I** adj./s. **2** Que ou quem faz estátuas, especialmente como profissão.

estatueta ⟨es.ta.tu.e.ta⟩ (Pron. [estatuêta]) s.f. Estátua pequena.

estatuir ⟨es.ta.tu.ir⟩ v.t.d. **1** Estabelecer ou ordenar (uma norma ou uma lei, especialmente): *O Código Civil estatui algumas normas de convivência*. **2** Demonstrar ou determinar como verdade (uma doutrina ou um feito): *Albert Einstein estatuiu a teoria da relatividade*. ◻ ORTOGRAFIA Usa-se *i* em vez do *e* comum na conjugação do presente do indicativo e do imperativo afirmativo →ATRIBUIR.

estatura ⟨es.ta.tu.ra⟩ s.f. **1** Distância entre os pés e a cabeça de uma pessoa em postura ereta. **2** Valor ou mérito: *É uma pessoa de grande estatura intelectual*.

estatuto ⟨es.ta.tu.to⟩ s.m. Ordem ou conjunto de normas legais que organizam o funcionamento de uma entidade ou de uma coletividade: *o estatuto dos trabalhadores*. ◻ SIN. **regimento, regulamento**.

estável ⟨es.tá.vel⟩ (pl. *estáveis*) adj.2g. **1** Constante, firme, permanente ou duradouro no tempo. **2** Em física, em relação especialmente a um sistema, que é capaz de restaurar o seu próprio equilíbrio após ter sofrido alguma perturbação.

este ⟨es.te⟩ adj.2g./s.m. →**leste**

estiagem

este, ta ⟨es.te, ta⟩ (Pron. [êste], [ésta], [êstes], [éstas]) pron.demons. **1** Designa o que está próximo, no espaço ou no tempo, da pessoa que fala. **2** Representa ou assinala, entre dois elementos, o último que foi mencionado: *O abacate e o morango têm cores características: este é vermelho e aquele, verde.*

esteio ⟨es.tei.o⟩ s.m. **1** Aquilo que serve de apoio ou de sustentação para que algo não caia: *Um esteio foi colocado contra o muro para ampará-lo.* ◻ SIN. arrimo, escora, espeque. **2** Proteção ou amparo: *A família foi seu esteio naquele momento difícil.*

esteira ⟨es.tei.ra⟩ s.f. **1** Tecido grosso feito de esparto, de junco ou de outro material semelhante, e que geralmente se usa para forrar o chão: *uma esteira de praia.* **2** Dispositivo automático formado por um tapete metálico ou de outro material, e que serve para transportar bagagens e mercadorias: *As malas serão levadas pela esteira até o saguão do aeroporto.* **3** Sinal ou rastro que um corpo em movimento na água deixa atrás de si.

estelar ⟨es.te.lar⟩ adj.2g. Das estrelas ou relacionado a elas.

estelionatário, ria ⟨es.te.li.o.na.tá.rio, ria⟩ s. Pessoa que pratica estelionato.

estelionato ⟨es.te.li.o.na.to⟩ s.m. Crime com o qual se engana e se prejudica uma pessoa, para obter vantagem ou lucro.

estêncil ⟨es.tên.cil⟩ (pl. *estênceis*) s.m. Papel perfurado que se fixa em um mimeógrafo para que aquilo que está impresso nele seja copiado: *A professora usou estêncil para fazer as provas.*

estender ⟨es.ten.der⟩ ▌v.t.d./v.prnl. **1** Tornar(-se) maior (o tamanho ou a duração de algo): *A festa vai se estender pela madrugada.* ▌v.t.d. **2** Fazer com que aumente sua superfície ou com que ocupe mais espaço (algo material): *Vamos estender esse tapete na sala de estar.* **3** Alongar (uma parte do corpo): *Estendeu o braço para alcançar o livro na prateleira.* **4** Pendurar no varal para que seque (a roupa molhada): *Assim que a máquina de lavar parar, estenderei as camisetas.* **5** Espalhar (algo que está junto ou amontoado): *Estendeu os mapas e os guias de viagem pelo chão.* ▌v.t.d./v.prnl. **6** Colocar(-se) em posição horizontal: *Estendeu-se em sua cama para descansar.* ▌v.t.d.i./v.prnl. **7** Fazer (algo) valer ou ter validade [para alguém]: *O convite estende-se ao casal.*

estenografar ⟨es.te.no.gra.far⟩ v.t.d./v.int. Escrever utilizando a estenografia: *Estenografou a reunião para depois fazer a ata.*

estenografia ⟨es.te.no.gra.fi.a⟩ s.f. Técnica de escrita que utiliza sinais e abreviações especiais, e que permite escrever com a mesma velocidade da fala. ◻ SIN. taquigrafia.

estepe ⟨es.te.pe⟩ ▌s.m. **1** Em um veículo, pneu reserva. ▌s.f. **2** Grande extensão de terra mais ou menos plana e não cultivada, especialmente se o terreno for seco e se houver pouca vegetação.

éster ⟨és.ter⟩ s.m. Composto químico que resulta da substituição de átomos de hidrogênio de um ácido orgânico ou inorgânico por radicais alcoólicos.

esterco ⟨es.ter.co⟩ (Pron. [estêrco]) s.m. **1** Excremento do gado bovino ou de outros animais. **2** Matéria orgânica que resulta da mistura de excrementos de animais com matérias vegetais em decomposição e que é usada como fertilizante. ◻ SIN. estrume.

estéreo, rea ⟨es.té.reo, rea⟩ ▌adj.1 Da estereofonia ou relacionado a essa técnica de gravação e de reprodução de sons: *um som estéreo.* ▌s.m. **2** Aparelho que utiliza a estereofonia para a reprodução de sons. ◻ USO Na acepção 1, é a forma reduzida e mais usual de *estereofônico*.

estereofonia ⟨es.te.re.o.fo.ni.a⟩ s.f. Técnica de gravação e de reprodução que distribui os sons agudos e graves em dois ou mais canais, a fim de proporcionar ao ouvinte a sensação de relevo acústico.

estereofônico, ca ⟨es.te.re.o.fô.ni.co, ca⟩ adj. →**estéreo, rea**

estereoscópio ⟨es.te.re.os.có.pio⟩ s.m. Instrumento que permite a visualização tridimensional de uma imagem representada em uma superfície plana.

estereotipia ⟨es.te.re.o.ti.pi.a⟩ s.f. **1** Procedimento de reprodução tipográfica que utiliza um molde composto por caracteres móveis, que é usado para a confecção de diferentes chapas de impressão. **2** Essa chapa de impressão.

estereótipo ⟨es.te.re.ó.ti.po⟩ s.m. Imagem ou ideia de caráter fixo e imutável, normalmente aceitas por um grupo ou por uma sociedade.

estéril ⟨es.té.ril⟩ (pl. *estéreis*) ▌adj.2g. **1** Que não dá frutos ou que não produz nada. **2** Livre de germes que podem causar doenças: *uma gaze estéril.* ▌adj.2g./s.2g. **3** Em relação a um ser vivo, que não pode se reproduzir. ◻ USO Na acepção 3, é diferente de *impotente* (homem que não é capaz de realizar o ato sexual completo).

esterilizar ⟨es.te.ri.li.zar⟩ ▌v.t.d./v.prnl. **1** Tornar(-se) infecundo ou estéril: *O veterinário esterilizou a cadela para que não tenha mais filhotes.* ▌v.t.d. **2** Livrar de germes que podem causar doenças: *Nas fábricas leiteiras, esterilizam o leite submetendo-o a uma temperatura elevada.*

esterno ⟨es.ter.no⟩ s.m. Osso plano com forma alongada, que termina em ponta, situado na parte dianteira do peito e com o qual, no ser humano, se articulam os sete primeiros pares de costelas. ◻ ORTOGRAFIA É diferente de *externo*. [◉ **esqueleto** p. 334]

esterqueira ⟨es.ter.quei.ra⟩ s.f. **1** Lugar onde se recolhe e se amontoa o esterco ou o lixo. **2** Lugar muito sujo ou sem limpeza.

estertor ⟨es.ter.tor⟩ (Pron. [estertôr]) s.m. Respiração ofegante, que se realiza com dificuldade e que produz um ruído rouco.

estertorar ⟨es.ter.to.rar⟩ v.int. Agonizar ou respirar de forma ofegante, produzindo um ruído rouco.

esteta ⟨es.te.ta⟩ s.2g. **1** Pessoa que dá mais importância à beleza do que a outros aspectos que caracterizam uma obra artística ou uma faceta da vida. **2** Pessoa especialista na manifestação da beleza nas coisas. ◻ USO Na acepção 1, usa-se geralmente com valor pejorativo.

estética ⟨es.té.ti.ca⟩ s.f. **1** Parte da filosofia que trata da beleza e da teoria fundamental e filosófica da arte. **2** Aparência que algo apresenta, considerando-se sua beleza: *Ela preferiu a estética à praticidade quando escolheu os móveis.* **3** Conjunto de atividades profissionais relacionadas ao cuidado e à beleza do corpo humano: *A manicure, a depilação e o tratamento da pele são partes da estética.*

estético, ca ⟨es.té.ti.co, ca⟩ adj. **1** Da estética, da beleza ou relacionado a elas. **2** Artístico ou de aspecto belo. **3** Dos cuidados ou da beleza do corpo humano ou relacionado a eles.

estetoscópio ⟨es.te.tos.có.pio⟩ s.m. Instrumento médico utilizado para explorar os sons produzidos pelos órgãos situados na cavidade do peito ou em outras partes do corpo.

estiada ⟨es.ti.a.da⟩ s.f. **1** Período prolongado de tempo seco e sem chuvas. ◻ SIN. estiagem, seca. **2** Período breve de tempo seco e sem chuvas.

estiagem ⟨es.ti.a.gem⟩ (pl. *estiagens*) s.f. Período prolongado de tempo seco e sem chuvas. ◻ SIN. estiada, seca.

estiar

estiar ⟨es.ti.ar⟩ v.int. **1** Parar de chover. **2** Secar ou ficar sem umidade (o clima). ◻ GRAMÁTICA É um verbo impessoal: só se usa na terceira pessoa do singular, no particípio, no gerúndio e no infinitivo →VENTAR.

estibordo ⟨es.ti.bor.do⟩ s.m. Em uma embarcação, lado direito, olhando-se da popa para a proa. ◻ USO É diferente de *bombordo* (lado esquerdo da embarcação, olhando-se da popa para a proa).

esticada ⟨es.ti.ca.da⟩ s.f. **1** Prolongamento de uma atividade: *Demos uma esticada e ficamos uma semana a mais na praia.* **2** Alongamento ou estiramento de um corpo ou de uma parte dele. ◻ SIN. estirada. **3** Passada rápida de uma peça de roupa para tirar-lhe as rugas. **4** *informal* Relaxamento ou descanso do corpo, geralmente deitado.

esticar ⟨es.ti.car⟩ ▌ v.t.d. **1** Tornar tenso: *esticar uma corda.* ▌ v.t.d./v.prnl. **2** Alongar(-se) ou estender(-se) (o corpo ou uma parte dele): *Para alcançar a blusa, basta esticar o braço.* ▌ v.t.d. **3** Alongar (um objeto), especialmente se for puxando um de seus extremos com força: *Não estique tanto o elástico, pois pode rebentar.* **4** Alisar rapidamente para tirar as rugas (um tecido, especialmente): *Se não arruma a cama, pelo menos estique o lençol.* ▌ v.t.d./v.prnl. **5** Prolongar(-se), fazer durar ou durar mais tempo: *Ela esticou a reunião para que todos pudessem falar.* ▌ v.int. **6** *informal* Morrer. ▌ v.prnl. **7** Deitar-se ou acomodar-se. ◻ SIN. estirar-se. ◻ ORTOGRAFIA Antes de e, o c muda para qu →BRINCAR.

estigma ⟨es.tig.ma⟩ s.m. **1** Marca ou sinal no corpo. **2** Motivo de desonra ou de má fama. **3** No corpo de alguns santos, mancha ou marca impressa de forma supostamente sobrenatural. **4** Em uma flor, parte superior do pistilo, que recebe o pólen para o processo de fecundação.

estigmatizar ⟨es.tig.ma.ti.zar⟩ v.t.d. **1** Marcar com um estigma. **2** Marcar de forma negativa. **3** Julgar ou tachar negativamente (alguém): *Estigmatizaram-na de injusta.*

estilete ⟨es.ti.le.te⟩ (Pron. [estilête]) s.m. **1** Punhal de folha muito fina e pontuda. **2** Utensílio com lâmina móvel e afiada, usado para cortar: *Cortamos a cartolina com o estilete.* **3** Em uma flor, parte que fica entre o ovário e o estigma e que conduz as células do grão de pólen ao ovário, para a fecundação.

estilhaçar ⟨es.ti.lha.çar⟩ v.t.d./v.int./v.prnl. Quebrar(-se) provocando estilhaços: *O vaso se estilhaçou ao cair no chão.* ◻ ORTOGRAFIA Antes de e, o ç muda para c →COMEÇAR.

estilhaço ⟨es.ti.lha.ço⟩ s.m. Parte irregular que se separa ou que sobra do todo de uma matéria, especialmente do vidro: *Após a batida, o chão ficou cheio de estilhaços.*

estilingue ⟨es.ti.lin.gue⟩ s.m. Forquilha com uma tira de borracha ou de elástico presa aos seus dois extremos, e que serve para lançar pedras ou outros objetos. ◻ SIN. atiradeira, bodoque.

estilista ⟨es.ti.lis.ta⟩ s.2g. **1** Escritor ou orador que se distinguem pelo cuidado e pela elegância de seu estilo: *Guimarães Rosa foi um grande estilista da língua.* **2** Pessoa responsável por tudo que está relacionado ao estilo e à imagem, especialmente se for em revistas de moda e em espetáculos: *Este vestido foi criado por um estilista famoso.*

estilística ⟨es.ti.lís.ti.ca⟩ s.f. Estudo do estilo ou da expressão linguística: *A estilística abrange o estudo dos recursos adotados por um autor durante a criação.*

estilístico, ca ⟨es.ti.lís.ti.co, ca⟩ adj. Do estilo, da estilística ou relacionado a eles.

estilizar ⟨es.ti.li.zar⟩ v.t.d. **1** Representar de forma a obter um efeito estético (um objeto, especialmente): *A coreografia estilizava os movimentos cotidianos.* **2** Representar por meio de um símbolo ou de uma figura.

estilo ⟨es.ti.lo⟩ s.m. **1** Maneira ou forma de fazer algo: *Ele tem um estilo clássico de se vestir.* **2** Caráter próprio de algo: *Eu a reconheci de longe, pois seu estilo é inconfundível.* **3** Conjunto de traços que distinguem e que caracterizam um artista, uma obra ou um período artístico: *Os arcos ogivais são próprios do estilo gótico.* **4** Classe, elegância ou personalidade: *Decorou a casa com muito estilo.* **5** Haste que se usava antigamente para escrever sobre tábuas enceradas.

estiloso, sa ⟨es.ti.lo.so, sa⟩ (Pron. [estilôso], [estilósa], [estilósos], [estilósas]) adj. Com estilo próprio: *uma pessoa estilosa; uma decoração estilosa.*

estima ⟨es.ti.ma⟩ s.f. **1** Sentimento de carinho, de respeito ou de consideração que se tem por algo ou por alguém: *Tenho grande estima pelos meus irmãos.* **2** Cálculo aproximado: *Fizemos uma estima para saber quanto gastaremos na viagem.* ◻ SIN. estimativa.

estimação ⟨es.ti.ma.ção⟩ (pl. *estimações*) ‖ **de estimação** Em relação a um bem ou a um animal, que são os preferidos ou de maior consideração por parte daquele que os possui.

estimar ⟨es.ti.mar⟩ ▌ v.t.d. **1** Calcular aproximadamente: *Eles estimaram os gastos da reforma para ver se poderiam ou não fazê-la.* ▌ v.t.d./v.prnl. **2** Apreciar(-se) ou valorizar(-se): *Todos a estimam no trabalho.* ▌ v.t.d. **3** Sentir afeto, carinho ou consideração por: *Estima cada um de seus colegas.* ▌ v.prnl. **4** Sentir afeto, carinho ou consideração uma pela outra (duas ou mais pessoas): *Estimam-se muito desde crianças.* ▌ v.t.d. **5** Desejar ou fazer votos de: *Diga a seu avô que estimo melhoras.*

estimativa ⟨es.ti.ma.ti.va⟩ s.f. Cálculo aproximado: *Foi feita uma estimativa de quantas aulas teremos até o fim do curso.* ◻ SIN. estima.

estimativo, va ⟨es.ti.ma.ti.vo, va⟩ adj. Que estima, que valoriza ou que considera.

estimável ⟨es.ti.má.vel⟩ (pl. *estimáveis*) adj.2g. **1** Que se pode estimar ou valorar devidamente. **2** Digno de carinho, consideração ou afeto.

estimulante ⟨es.ti.mu.lan.te⟩ adj.2g./s.m. **1** Que estimula. **2** Em relação a uma substância, que excita a atividade do organismo: *O café e o chá são estimulantes.*

estimular ⟨es.ti.mu.lar⟩ v.t.d./v.t.d.i. Incentivar (algo ou alguém) ou instigar (alguém) [a realizar uma ação]. ◻ SIN. acerar, aguçar.

estímulo ⟨es.tí.mu.lo⟩ s.m. **1** Aquilo que estimula ou que incentiva: *Foi bom contar com o estímulo de tantos amigos.* ◻ SIN. fomento. **2** Agente ou que causa uma reação em um organismo ou em parte dele: *um estímulo cerebral.*

estio ⟨es.ti.o⟩ s.m. **1** Estação do ano entre a primavera e o outono que começa no dia 21 de dezembro e termina no dia 21 de março. ◻ SIN. verão. **2** Idade madura. ◻ USO Na acepção 1, no hemisfério Norte, ocorre entre os dias 21 de junho e 21 de setembro.

estiolar ⟨es.ti.o.lar⟩ ▌ v.t.d./v.int./v.prnl. **1** Fazer perder ou perder o viço ou o frescor pela falta de luz ou de ar puro (uma flor, especialmente): *O calor estiolou as flores.* ▌ v.prnl. **2** Perder a intensidade: *Sua animação se estiolou com o passar das horas.*

estipe ⟨es.ti.pe⟩ s.m. Em uma palmeira, caule sem ramificações com uma coroa de folhas em sua extremidade.

estipendiar ⟨es.ti.pen.di.ar⟩ v.t.d. Pagar salário ou estipêndio a.

estipêndio ⟨es.ti.pên.dio⟩ s.m. Quantia que se paga a uma pessoa por um trabalho ou um serviço.

estipular ⟨es.ti.pu.lar⟩ ▌ v.t.d. **1** Ajustar, convir ou decidir: *O contrato estipula os direitos e deveres de cada*

sócio. ▌v.t.d./v.t.d.i. **2** Determinar ou impor (algo) [a alguém]: *A diretoria do colégio estipulou mudanças na grade curricular.*
estirada ⟨es.ti.ra.da⟩ s.f. **1** Caminhada longa. □ SIN. estirão. **2** Distância longa entre dois pontos: *Você deveria tomar um ônibus, pois a estirada não é fácil.* **3** Alongamento ou estiramento de um corpo ou de uma parte dele. □ SIN. esticada.
estiramento ⟨es.ti.ra.men.to⟩ s.m. **1** Ato ou efeito de estirar(-se). **2** Em relação a um órgão ou tecido, deslocamento causado por tensão demasiada.
estirão ⟨es.ti.rão⟩ (pl. *estirões*) s.m. Caminhada longa. □ SIN. estirada.
estirar ⟨es.ti.rar⟩ ▌v.t.d. **1** Esticar ou estender: *estirar os braços; estirar as pernas.* ▌v.prnl. **2** Deitar-se ou acomodar-se: *Pegou um livro e estirou-se na rede.* □ SIN. esticar-se.
estirpe ⟨es.tir.pe⟩ s.f. **1** Tronco familiar ao qual uma pessoa pertence: *Ele é de estirpe nobre.* **2** Origem ou procedência: *Minha família é de estirpe holandesa.* **3** Classe ou categoria: *É um artista de primeira estirpe.*
estiva ⟨es.ti.va⟩ s.f. **1** Distribuição adequada dos pesos ou da carga de um barco. **2** Carga que é colocada em um determinado espaço de um barco, especialmente se for no porão. **3** Conjunto de estivadores.
estivador, -a ⟨es.ti.va.dor, do.ra⟩ (Pron. [estivadôr], [estivadôra]) adj./s. Que ou quem se dedica profissionalmente aos procedimentos adequados de carga, de descarga e de distribuição das mercadorias dos barcos.
estocada ⟨es.to.ca.da⟩ s.f. **1** Golpe dado com um estoque ou com um objeto semelhante. **2** Crítica ou julgamento negativos: *A crítica deu uma estocada no filme.*
estocar ⟨es.to.car⟩ v.t.d. **1** Guardar (mercadorias) em grande quantidade ou colocá-las em um estoque. **2** Golpear usando estoque ou outro objeto cortante. □ ORTOGRAFIA Antes de *e*, o *c* muda para *qu* →BRINCAR.
estofado ⟨es.to.fa.do⟩ s.m. **1** Conjunto de cadeiras e de sofás que tem partes preenchidas com estofo: *O estofado novo chegará amanhã.* **2** Tecido que serve para proteger um objeto: *Os gatos arranharam todo o estofado do sofá.*
estofar ⟨es.to.far⟩ v.t.d. **1** Introduzir o necessário para encher (um espaço): *Meu pai mandou estofar novas almofadas.* **2** Revestir com tecido e com material macios (um objeto): *Estofamos o sofá, pois estava rasgado.* □ SIN. acolchoar.
estofo ⟨es.to.fo⟩ (Pron. [estôfo]) s.m. **1** Material que serve para estofar ou para encher algo: *O estofo do banco do carro está saindo por um corte do tecido.* **2** Tecido usado para cobrir um objeto, especialmente se for com fins decorativos: *O estofo da poltrona é de um tecido muito nobre.*
estoicismo ⟨es.toi.cis.mo⟩ s.m. **1** Força de caráter e domínio dos sentimentos perante as dificuldades: *Ela encara a doença com estoicismo.* **2** Doutrina filosófica que afirma que o bem moral das pessoas consiste em viver de acordo com a natureza.
estoico, ca ⟨es.toi.co, ca⟩ (Pron. [estóico]) adj./s. **1** Que ou quem mostra integridade e domínio dos sentimentos perante as dificuldades. **2** Do estoicismo ou relacionado a essa doutrina filosófica: *um filósofo estoico.*
estojo ⟨es.to.jo⟩ (Pron. [estôjo]) s.m. Caixa ou capa que são usadas para guardar ou para proteger algo: *um estojo de lápis.*
estola ⟨es.to.la⟩ s.f. **1** Peça do vestuário feminino usada como abrigo ou como enfeite, que consiste em uma tira, geralmente de pele, e que se coloca em volta do pescoço e sobre os ombros. **2** Faixa comprida e estreita que os sacerdotes colocam em volta do pescoço, deixando as pontas caídas sobre o peito.
estomacal ⟨es.to.ma.cal⟩ (pl. *estomacais*) adj.2g. Do estômago ou relacionado a ele.
estômago ⟨es.tô.ma.go⟩ s.m. **1** No sistema digestório, órgão em forma de bolsa, situado entre o esôfago e o intestino, no qual os alimentos são digeridos. **2** *informal* No corpo de uma pessoa, parte exterior do corpo que corresponde a esse órgão, especialmente se estiver saliente: *Não beba muita cerveja, pois vai ficar com o estômago alto.* **3** Capacidade ou energia para lidar com coisas desagradáveis ou humilhantes: *Este filme é muito nojento, não tenho estômago para vê-lo.*
estomatite ⟨es.to.ma.ti.te⟩ s.f. Inflamação da mucosa bucal.
estoniano, na ⟨es.to.ni.a.no, na⟩ ▌adj./s. **1** Da Estônia ou relacionado a esse país europeu. ▌s.m. **2** Língua desse país.
estonteante ⟨es.ton.te.an.te⟩ adj.2g. Que estonteia: *um esforço estonteante; um quadro estonteante.*
estontear ⟨es.ton.te.ar⟩ ▌v.t.d./v.int./v.prnl. **1** Deixar ou ficar tonto. ▌v.t.d. **2** Deixar maravilhado. □ ORTOGRAFIA O *e* muda para *ei* quando a sílaba tônica estiver na raiz do verbo →NOMEAR.
estopa ⟨es.to.pa⟩ (Pron. [estôpa]) s.f. **1** Conjunto de fibras mais grossas do linho ou do cânhamo, com o qual se faz cordas e tecidos. **2** Sobra desse produto que é usada para a limpeza de motores de automóveis.
estopim ⟨es.to.pim⟩ (pl. *estopins*) s.m. **1** Acessório que consiste em um cordão umedecido com líquido inflamável e que serve para acionar explosivos. **2** Dito ou feito que desencadeiam uma série de acontecimentos: *A queda nas exportações foi o estopim para a crise.*
estoque ⟨es.to.que⟩ s.m. **1** Conjunto de produtos que ainda não foram usados e que permanecem armazenados para a venda ou para posterior consumo: *Eles têm estoque de comida para uma semana.* **2** Lugar onde esses produtos são armazenados. **3** Espada pequena que fere apenas com sua ponta. **4** Objeto pontiagudo e cortante.
estornar ⟨es.tor.nar⟩ v.t.d. Restituir ou devolver (uma quantia debitada ou creditada indevidamente): *O banco estornou a taxa.*
estorno ⟨es.tor.no⟩ (Pron. [estôrno]) s.m. **1** Devolução de uma quantia de dinheiro debitada indevidamente: *Fizeram um estorno em sua conta porque havia pago uma multa que não era dele.* **2** Essa quantia de dinheiro devolvida.
estorricar ⟨es.tor.ri.car⟩ ▌v.t.d./v.int. **1** Secar(-se) excessivamente a ponto de quase tostar ou queimar: *O sol estorricou as folhas caídas no quintal. A toalha estorricou no varal.* ▌v.t.d. **2** Colocar (um alimento) no forno ou em uma torradeira até tostar muito ou queimar. ▌v.int./v.prnl. **3** Tostar muito ou queimar-se, por ação do calor de um forno ou de uma torradeira (um alimento): *Esquecemos o peixe no forno e ele acabou estorricando.* ▌v.t.d./v.prnl. **4** Deixar ou ficar morena (a pele) por ação do sol: *Ele se estorricou ficando a tarde toda na praia.* □ ORTOGRAFIA 1. Antes de *e*, o *c* muda para *qu* →BRINCAR. 2. Escreve-se também *esturricar.*
estorvar ⟨es.tor.var⟩ v.t.d. **1** Molestar ou incomodar: *A etiqueta da blusa está me estorvando.* **2** Dificultar ou impossibilitar (uma ação).
estorvo ⟨es.tor.vo⟩ (Pron. [estôrvo], [estórvos] ou [estôrvos]) s.m. Aquilo que causa transtorno, dificuldade ou impedimento: *O acidente na estrada foi um estorvo para os motoristas.*

estourado, da ⟨es.tou.ra.do, da⟩ adj./s. **1** Que ou quem tem pouca paciência e briga com facilidade. **2** *informal* Que ou quem está cansado ou exausto.

estourar ⟨es.tou.rar⟩ ▮ v.t.d./v.int. **1** Romper ou arrebentar repentinamente: *A pipoca estourou na panela. O pneu estourou.* **2** Provocar (um acontecimento) ou surgir de forma intensa ou repentina: *Estourou uma rebelião no presídio.* **3** *informal* Ultrapassar (um limite) ou exceder-se: *Sem perceber, estourou a conta bancária. O prazo já estourou.* ▮ v.t.d./v.prnl. **4** *informal* Machucar(-se), causar ou sofrer lesão: *Estourei meu joelho jogando bola.*

estouro ⟨es.tou.ro⟩ s.m. **1** Ruptura ou explosão produzidas repentinamente e com grande ruído: *o estouro de uma bomba.* **2** Sentimento ou manifestação repentinos e violentos de um sentimento: *um estouro de raiva.* **3** Aquilo que surge de forma repentina ou imprevista: *O estouro da greve prejudicou a produção da fábrica.*

estouvado, da ⟨es.tou.va.do, da⟩ adj./s. Que ou quem faz ou diz coisas sem pensar.

estrábico, ca ⟨es.trá.bi.co, ca⟩ adj./s. Que ou quem padece de estrabismo e tem os olhos desviados em relação à sua posição normal. ☐ SIN. **vesgo**.

estrabismo ⟨es.tra.bis.mo⟩ s.m. Desvio de um olho em relação à sua posição normal. ☐ SIN. **vesguice**.

estraçalhar ⟨es.tra.ça.lhar⟩ v.t.d./v.prnl. Dividir(-se) em pedaços de forma desordenada e violenta (um corpo): *A bola estraçalhou a vidraça da casa.*

estrada ⟨es.tra.da⟩ s.f. **1** Caminho público, largo, geralmente pavimentado e preparado para o trânsito de veículos. **2** Direção que se segue para chegar a um lugar ou para conseguir algo: *A melhor estrada para ser aprovado é estudar.* ‖ **estrada de ferro** Conjunto de instalações, veículos e equipamentos que constituem o transporte sobre trilhos. ☐ SIN. **ferrovia**. ‖ **estrada de rodagem** Aquela com pistas para o tráfego de veículos sobre rodas. ☐ SIN. **rodovia**.

estrado ⟨es.tra.do⟩ s.m. **1** Em uma sala onde se realiza um ato, lugar de destaque formado geralmente por um assoalho mais elevado. **2** Em uma cama, suporte sobre o qual se coloca o colchão.

estragar ⟨es.tra.gar⟩ ▮ v.t.d./v.int./v.prnl. **1** Deteriorar(-se) ou degenerar(-se): *O calor estragou a comida.* ▮ v.t.d./v.prnl. **2** Danificar(-se) ou arruinar(-se): *A chuva estragou o telhado. A falta de dinheiro estragou nossos planos.* ▮ v.t.d. **3** Tornar feio ou tirar da qualidade de: *Essa usina, na borda da mata, estraga a paisagem.* **4** Perverter, corromper ou fazer com que (alguém) adquira maus hábitos: *As más companhias estragaram o menino.* ☐ ORTOGRAFIA Antes de e, o **g** muda para **gu** →CHEGAR.

estrago ⟨es.tra.go⟩ s.m. **1** Deterioração ou degeneração: *O conserto do estrago do carro saiu caro.* **2** Aquilo que danifica ou que prejudica: *Os estragos das enchentes afetam grande parte da população.*

estrambótico, ca ⟨es.tram.bó.ti.co, ca⟩ adj. **1** *informal* Extravagante, irregular ou sem ordem. **2** *informal* Que é considerado de mau gosto.

estrangeirismo ⟨es.tran.gei.ris.mo⟩ s.m. Em linguística, palavra, expressão ou construção sintáticas de uma língua empregadas em outra: *Marketing e necessaire são estrangeirismos.*

estrangeiro, ra ⟨es.tran.gei.ro, ra⟩ ▮ adj./s. **1** De uma nação que não é a sua: *Muitos estrangeiros passam o carnaval no Rio de Janeiro.* ☐ SIN. **alienígena, forasteiro**. ▮ s.m. **2** País ou conjunto de países distintos do próprio: *Eles irão para o estrangeiro na lua de mel, talvez para a Argentina ou para o Chile.*

estrangulamento ⟨es.tran.gu.la.men.to⟩ s.m. **1** Ato ou efeito de estrangular(-se). ☐ SIN. **esganação, esgoelamento**. **2** Diminuição da espessura de um canal ou de uma passagem que causa dificuldade na circulação por eles: *O estrangulamento da rua nesse ponto faz com que fiquemos horas no trânsito.* ☐ SIN. **estreitamento**.

estrangular ⟨es.tran.gu.lar⟩ ▮ v.t.d./v.prnl. **1** Sufocar(-se), comprimindo o pescoço ou sofrendo compressão nele: *Neste filme, o assassino tenta estrangular a vítima com as mãos.* ☐ SIN. **esganar, esgoelar**. ▮ v.t.d. **2** Apertar ou fazer pressão sobre: *estrangular uma artéria.* **3** Dissimular ou não deixar transparecer (um sentimento, especialmente): *Estrangulou um grito na garganta.*

estranhar ⟨es.tra.nhar⟩ ▮ v.t.d. **1** Achar estranho, surpreendente ou incomum: *Estranhamos a ausência da diretora.* **2** Não acostumar-se a (algo novo ou diferente do normal): *Nos primeiros dias de viagem, estranharam a comida.* ▮ v.t.d./v.prnl. **3** *informal* Discutir, destratar ou indispor-se: *Eram tão amigas e agora vivem se estranhando!*

estranheza ⟨es.tra.nhe.za⟩ (Pron. [estranhêza]) s.f. **1** Conjunto de características que fazem algo resultar estranho, raro ou anormal: *A estranheza de seu comportamento me assustava.* **2** Surpresa ou admiração: *Mostrou estranheza ao ver toda a família, pois não os esperava.*

estranho, nha ⟨es.tra.nho, nha⟩ ▮ adj. **1** Raro ou diferente do normal. **2** De natureza ou de condição diferentes da natureza ou da condição daquilo de que faz parte. ▮ adj./s. **3** De outra nação, de outra família ou de outra profissão. **4** Que ou quem não é conhecido.

estratagema ⟨es.tra.ta.ge.ma⟩ (Pron. [estratagêma]) s.m. **1** Ação de guerra destinada a atingir um objetivo mediante engano e astúcia. **2** Engano criado com astúcia e com habilidade: *Foi preso pois havia criado um estratagema para não ter que pagar os impostos.* ☐ SIN. **estratégia**.

estratégia ⟨es.tra.té.gia⟩ s.f. **1** Técnica de projetar ou de dirigir operações militares: *Na Segunda Guerra Mundial novas estratégias foram criadas.* **2** Plano ou técnica para dirigir uma questão ou para atingir um objetivo: *Mudaram a estratégia comercial para aumentar as vendas.* **3** Engano criado com astúcia e com habilidade: *Suas estratégias foram descobertas e já não engana mais ninguém.* ☐ SIN. **estratagema**.

estratégico, ca ⟨es.tra.té.gi.co, ca⟩ adj. **1** Da estratégia ou relacionado a ela: *Na academia militar, os alunos recebem formação estratégica.* **2** Em relação especialmente a um lugar, que é chave ou que tem importância decisiva para o desenvolvimento de algo: *No comércio mundial, o canal do Panamá é um ponto geográfico estratégico, pois liga os oceanos Atlântico e Pacífico.*

estrategista ⟨es.tra.te.gis.ta⟩ adj.2g./s.2g. Que ou quem é especializado em estratégia.

estratificar ⟨es.tra.ti.fi.car⟩ ▮ v.t.d./v.prnl. **1** Dispor(-se) em estratos ou em camadas: *As diferenças socioeconômicas estratificam a sociedade.* ▮ v.prnl. **2** Cristalizar-se, sem apresentar alterações: *Suas ideias se estratificaram.* ☐ ORTOGRAFIA Antes de e, o **c** muda para **qu** →BRINCAR.

estrato ⟨es.tra.to⟩ s.m. **1** Cada uma das camadas minerais que compõem os terrenos sedimentares: *Em um terreno, os estratos mais profundos tendem a ser mais antigos do que os superficiais.* **2** Classe ou nível sociais. **3** Conjunto de elementos que, com determinadas características comuns, se integraram com outros conjuntos prévios ou posteriores para formar um produto histórico: *Toda língua passa por distintos estratos históricos durante sua evolução.* **4** Nuvem baixa em forma de largas faixas horizontais, semelhante ao nevoeiro. ☐ ORTOGRAFIA É diferente de *extrato*.

estratosfera ⟨es.tra.tos.fe.ra⟩ s.f. Na atmosfera terrestre, região entre os dez e os cinquenta quilômetros de

estresse

altura aproximadamente, que se situa entre a troposfera e a mesosfera.

-estre Sufixo que indica relação: *terrestre, campestre*.

estreante ⟨es.tre.an.te⟩ adj.2g./s.2g. Que ou quem começa uma atividade pela primeira vez: *um ator estreante*.

estrear ⟨es.tre.ar⟩ ▮ v.t.d. **1** Usar pela primeira vez: *Vou estrear minha blusa no seu aniversário.* ▮ v.int. **2** Iniciar uma atividade pela primeira vez e começar a desempenhá-la: *Hoje estreei como goleira titular.* ▮ v.t.d./v.int. **3** Apresentar(-se) pela primeira vez ao público (om espetáculo): *Hoje estreia um espetáculo de balé no Teatro Municipal*. ☐ ORTOGRAFIA O e muda para ei quando a sílaba tônica estiver na raiz do verbo →NOMEAR.

estrebaria ⟨es.tre.ba.ri.a⟩ s.f. Lugar em que alguns animais domésticos são recolhidos: *Os cavalos estão nas estrebarias*.

estrebuchar ⟨es.tre.bu.char⟩ v.t.d./v.int./v.prnl. Agitar(-se) ou debater(-se): *O paciente estrebuchava, devido a uma convulsão*.

estreia ⟨es.trei.a⟩ (Pron. [estréia]) s.f. **1** Em uma atividade, especialmente se for artística, começo ou primeira atuação: *A estreia profissional daquela atriz foi no Teatro Municipal.* **2** Primeira apresentação ou exibição de um espetáculo em um local: *A estreia do show será gratuita.* **3** Primeira utilização de algo: *A estreia do aparelho de jantar será no Natal*.

estreitamento ⟨es.trei.ta.men.to⟩ s.m. **1** Ato ou efeito de estreitar(-se). **2** Aumento da intensidade ou da intimidade de uma relação. **3** Diminuição da espessura de um canal ou de uma passagem que causa dificuldade na circulação por eles. ☐ SIN. estrangulamento.

estreitar ⟨es.trei.tar⟩ ▮ v.t.d. **1** Reduzir a largura (um objeto ou um lugar): *Ela estreitou a perna da calça, pois estava larga demais.* ▮ v.int./v.prnl. **2** Reduzir-se na largura (um objeto ou um lugar). ▮ v.t.d./v.int./v.prnl. **3** Aumentar a intensidade (uma relação) ou tornar(-se) mais íntima: *Nossa amizade se estreitou naquelas férias.* ▮ v.t.d. **4** Apertar contra si ou abraçar: *A mãe estreitou o bebê contra o peito*.

estreiteza ⟨es.trei.te.za⟩ (Pron. [estreitêza]) s.f. **1** Escassez de largura: *A estreiteza do corredor nos impediu de colocar o sofá na sala.* **2** Falta de amplitude intelectual ou moral: *A estreiteza de visão o impede de aceitar outras opiniões.* **3** Escassez de recursos econômicos ou austeridade de vida: *A falência os deixou na mais absoluta estreiteza.* **4** União ou relação íntimas: *A estreiteza entre o casal se fortaleceu com as dificuldades*.

estreito, ta ⟨es.trei.to, ta⟩ ▮ adj. **1** Que tem pouca largura ou menos do que o normal: *Nesta cidade colonial, todas as ruas são estreitas.* **2** Ajustado ou apertado: *Meu irmão cresceu muito e agora a camisa fica estreita nele.* **3** Rígido ou rigoroso: *Após o crime, a polícia manteve uma estreita vigilância na região.* **4** Em relação especialmente a um relacionamento, que é muito íntimo ou que se baseia em fortes vínculos: *Apesar de morarem entre eles sobreviveu à distância.* ▮ s.m. **5** No mar, extensão de água que interliga partes de um mesmo mar. **6** Passagem estreita entre montanhas. ☐ SIN. córrego.

estrela ⟨es.tre.la⟩ (Pron. [estréla]) s.f. **1** Corpo celeste que brilha com luz própria. **2** Figura que consta de um ponto central do qual partem várias linhas que podem ou não formar pontas entre si: *Um asterisco é uma pequena estrela.* **3** Nas Forças Armadas, insígnia ou emblema com essa forma que indica alta graduação de chefes ou de oficiais: *Sei que ele é marechal, pois tem cinco estrelas em seu uniforme.* **4** Em um estabelecimento hoteleiro, símbolo com essa forma que indica sua categoria: *um hotel cinco estrelas.* **5** Sorte ou destino, especialmente se forem favoráveis: *Nasceu com boa estrela, e tudo está correndo muito bem em sua vida.* **6** Pessoa que sobressai em sua profissão ou que é muito popular, em relação especialmente a um ator de cinema. ∥ **estrela cadente** Aquela que é vista repentinamente no céu e que se move e desaparece com grande velocidade. ☐ GRAMÁTICA Na acepção 6, usa-se tanto para o masculino quanto para o feminino: *(ele/ela) é uma estrela*.

estrelado, da ⟨es.tre.la.do, da⟩ adj. **1** Com estrelas. **2** Com forma de estrela. **3** Em relação a um ovo, que é frito inteiro, sem ser mexido. **4** Em relação a um cavalo ou a um boi, que têm uma mancha na testa.

estrela-do-mar ⟨es.tre.la-do-mar⟩ (pl. *estrelas-do-mar*) s.f. Animal marinho invertebrado com formato de estrela, geralmente com cinco braços, com o corpo achatado e um esqueleto exterior calcário. ☐ GRAMÁTICA É um substantivo epiceno: *a estrela-do-mar (macho/fêmea)*.

estrelar ⟨es.tre.lar⟩ ▮ v.t.d./v.int./v.prnl. **1** Encher(-se) de estrelas (o céu): *Depois que a chuva passou, o céu estrelou.* ▮ v.t.d. **2** Representar com protagonista (uma obra de ficção ou um de seus papéis): *Uma atriz até então desconhecida estrelou o filme.* ▮ v.t.d. **3** Fritar (um ovo) inteiro, sem mexê-lo antes. ☐ SIN. estalar. ☐ GRAMÁTICA Na acepção 1, é um verbo impessoal: só se usa na terceira pessoa do singular, no particípio, no gerúndio e no infinitivo →VENTAR.

estremecer ⟨es.tre.me.cer⟩ v.t.d./v.int. **1** Alterar(-se), fazer tremer ou tremer: *O terremoto estremeceu a cidade.* **2** Abalar(-se), provocar ou sofrer alteração: *Nossa amizade estremeceu depois da briga.* ☐ ORTOGRAFIA Antes de a ou o, o c muda para ç →CONHECER.

estremecido, da ⟨es.tre.me.ci.do, da⟩ adj. Que é muito amado ou querido.

estremecimento ⟨es.tre.me.ci.men.to⟩ s.m. Ato ou efeito de estremecer.

estrepar-se ⟨es.tre.par-se⟩ v.prnl. **1** Ferir-se ou machucar-se com um estrepe ou um espinho. **2** *informal* Sair-se mal ou não ser bem sucedido em uma situação: *Eles se estreparam ao tentar colar na prova*.

estrepe ⟨es.tre.pe⟩ ▮ s.m. **1** Ponta aguda de um objeto: *O estrepe do punhal é muito afiado.* **2** Em uma guerra, armadilha que consiste em fincar uma ponta aguda no solo para impedir que o inimigo avance. **3** *informal* Situação de difícil solução: *Eu me meti em um estrepe e precisei da ajuda dos meus pais.* ▮ s.m.pl. **4** Em um muro, conjunto de objetos pontiagudos, especialmente se forem cacos de vidro, colocados em sua parte superior: *Colocaram estrepes no muro para que ninguém o pule*.

estrepitar ⟨es.tre.pi.tar⟩ v.int. Fazer estrondo ou ruído fortes.

estrépito ⟨es.tré.pi.to⟩ s.m. **1** Ruído ou estrondo muito fortes: *Acordaram assustados com um estrépito.* **2** Ruído causado por várias vozes: *o estrépito de uma festa.* **3** Exibição que é feita com orgulho, com afetação ou com vaidade, especialmente se for de forma ruidosa: *O lançamento do livro foi feito com grande estrépito*.

estrepitoso, sa ⟨es.tre.pi.to.so, sa⟩ (Pron. [estrepitôso], [estrepitósa], [estrepitósos], [estrepitósas]) adj. **1** Que causa estrépito. **2** Muito grande ou espetacular.

estreptococo ⟨es.trep.to.co.co⟩ s.m. Bactéria com formato arredondado que se agrupa em forma de cadeia.

estressante ⟨es.tres.san.te⟩ adj.2g. Que estressa: *uma situação estressante*.

estressar ⟨es.tres.sar⟩ v.t.d./v.prnl. Causar ou sentir estresse: *Esse ruído constante me estressa*.

estresse ⟨es.tres.se⟩ s.m. Estado próximo à doença que um organismo ou uma de suas partes apresentam

estria

por terem sido submetidos a uma exigência de rendimento superior à normal.
estria ⟨es.tri.a⟩ s.f. **1** Em uma superfície, sulco ou fenda: *Os pneus dos carros têm estrias que formam seu desenho.* □ SIN. veio. **2** Na pele, linha que aparece quando o tecido sofreu um estiramento excessivo de forma relativamente rápida: *Por causa da gravidez, tem muitas estrias na barriga.*
estriado, da ⟨es.tri.a.do, da⟩ adj. Com estrias ou veios.
estribar ⟨es.tri.bar⟩ ▮ v.t.d. **1** Apoiar em um estribo (os pés). ▮ v.int./v.prnl. **2** Apoiar-se colocando os pés em um estribo. ▮ v.t.i./v.t.d.i./v.prnl. **3** Fundar(-se) ou apoiar(-se) (uma coisa) [em outra]: *Para fazer sua pesquisa, estribou-se nas teorias mais modernas.*
estribeira ⟨es.tri.bei.ra⟩ s.f. Estribo curto usado em montaria. ‖ **perder as estribeiras** *informal* Perder a paciência ou o domínio de si mesmo: *Mesmo nas brigas, ele nunca perde as estribeiras.*
estribilho ⟨es.tri.bi.lho⟩ s.m. Em algumas composições líricas, verso ou conjunto de versos que se repetem depois de cada estrofe. □ SIN. refrão.
estribo ⟨es.tri.bo⟩ s.m. **1** Em uma sela, cada uma das duas peças que ficam penduradas em ambos os lados e nas quais o cavaleiro apoia os pés. **2** Em alguns veículos, degrau que serve para entrar ou para sair deles. **3** Peça em que se apoiam os pés. **4** Em anatomia, osso da orelha média que se articula com a bigorna.
estridente ⟨es.tri.den.te⟩ adj.2g. Em relação a um som, que é agudo ou desagradável. □ SIN. estrídulo.
estridor ⟨es.tri.dor⟩ (Pron. [estridôr]) s.m. Som estridente.
estridular ⟨es.tri.du.lar⟩ v.int. Produzir sons estridentes. □ SIN. estrilar.
estrídulo, la ⟨es.trí.du.lo, la⟩ adj./s.m. Em relação especialmente a um som, que é agudo ou desagradável. □ SIN. estridente.
estrilar ⟨es.tri.lar⟩ v.int. **1** Produzir sons estridentes. □ SIN. estridular. **2** Falar ou repreender com voz alta e com braveza: *O passageiro estrilou quando o motorista passou do ponto.* **3** Dar estrilos (um grilo). □ GRAMÁTICA Na acepção 3, é um verbo unipessoal: só se usa nas terceiras pessoas do singular e do plural, no particípio, no gerúndio e no infinitivo →MIAR.
estrilo ⟨es.tri.lo⟩ s.m. **1** Grito ruidoso e de protesto: *O estrilo dos manifestantes interrompeu o comício.* **2** Voz característica do grilo.
estripar ⟨es.tri.par⟩ v.t.d. **1** Tirar as tripas de (uma pessoa ou um animal). **2** *informal* Matar violentamente.
estrito, ta ⟨es.tri.to, ta⟩ adj. **1** Rigoroso no que se ajusta completamente à necessidade ou à lei e que não admite outra interpretação. **2** Exato ou preciso.
estro ⟨es.tro⟩ s.m. **1** Estímulo ou influência que favorecem a criação artística: *Está esperando um estro que o ajude a iniciar a obra.* **2** Em algumas espécies animais, período durante o qual a fêmea está fértil, mais receptiva aos machos e preparada para o acasalamento e para a reprodução. □ SIN. cio. **3** Estado de um animal durante esse período.
estroboscópio ⟨es.tro.bos.có.pio⟩ s.m. Instrumento usado para determinar a velocidade de certos objetos em movimento.
estrofe ⟨es.tro.fe⟩ s.f. Em algumas composições poéticas, conjunto de versos dispostos a partir de um esquema preestabelecido, formando uma unidade estrutural.
estroina ⟨es.troi.na⟩ (Pron. [estróina]) adj.2g./s.2g. **1** *informal* Em relação a uma pessoa, que não tem prudência nem sensatez. **2** *informal* Em relação a uma pessoa, que gasta dinheiro de forma imprudente ou impensada.
estrôncio ⟨es.trôn.cio⟩ s.m. Elemento químico da família dos metais, de número atômico 38, sólido, de cor amarela, que se pode deformar facilmente e que se dissolve nos ácidos. □ ORTOGRAFIA Seu símbolo químico é Sr, sem ponto.
estrondo ⟨es.tron.do⟩ s.m. **1** Ruído alto e repentino, geralmente de duração prolongada: *o estrondo do trovão.* □ SIN. fragor. **2** Tumulto, agitação ou confusão entre pessoas. **3** *informal* Luxo ou manifestação exterior de riqueza: *O evento foi um estrondo e ficará marcado na história do clube.*
estrondoso, sa ⟨es.tron.do.so, sa⟩ (Pron. [estrondôso], [estrondósa], [estrondósos], [estrondósas]) adj. **1** Ruidoso ou estrepitoso. □ SIN. tonitruante. **2** Luxuoso ou com manifestação exterior de riqueza.
estropiar ⟨es.tro.pi.ar⟩ v.t.d. **1** *informal* Causar muita fadiga ou muito cansaço a (alguém): *Tanto trabalho me estropiou.* **2** *informal* Estragar ou desfigurar: *Estropiou a canção com sua voz desafinada.*
estropício ⟨es.tro.pí.cio⟩ s.m. Dano ou transtorno materiais ou morais: *Levaremos algum tempo para recuperar o estropício trazido pela tempestade.* □ USO É diferente de *estrupício* (som confuso e mais ou menos forte; situação em que há tumulto, agitação ou confusão entre pessoas).
estrugir ⟨es.tru.gir⟩ v.t.d./v.int. Fazer soar ou voar com estrondo. □ ORTOGRAFIA Antes de a ou o, o g muda para j →FUGIR. □ GRAMÁTICA É um verbo unipessoal: só se usa nas terceiras pessoas do singular e do plural, no particípio, no gerúndio e no infinitivo →LATIR.
estrumar ⟨es.tru.mar⟩ v.t.d. Colocar matéria fertilizante ou fertilizar (a terra) para que se torne mais produtiva. □ SIN. adubar.
estrume ⟨es.tru.me⟩ s.m. Matéria orgânica que resulta da mistura de excrementos de animais com matérias vegetais em decomposição e que é usada como fertilizante. □ SIN. esterco.
estrumeira ⟨es.tru.mei.ra⟩ s.f. Lugar em que se deposita estrume.
estrupício ⟨es.tru.pí.cio⟩ s.m. **1** Som confuso e mais ou menos forte, especialmente se for desagradável ou incômodo: *Aquele estrupício na rua nos impedia de estudar.* **2** Situação em que há tumulto, agitação ou confusão entre pessoas: *A ameaça de bomba causou um estrupício no metrô.* **3** *informal pejorativo* Aquilo que é dito ou feito sem fundamento ou sem lógica: *Dizer que há etnias superiores a outras é um estrupício!* **4** *informal pejorativo* Falta ou escassez de inteligência: *Seu estrupício parece não ter limite, fez tudo errado!* **5** *informal pejorativo* Pessoa considerada esquisita e feia. □ GRAMÁTICA Na acepção 5, usa-se tanto para o masculino quanto para o feminino: *(ele/ela) é um estrupício.* □ USO É diferente de *estropício* (dano ou transtorno material ou moral).
estrutura ⟨es.tru.tu.ra⟩ s.f. **1** Organização ou disposição das partes que compõem um todo: *A estrutura da empresa determina as relações entre os departamentos.* **2** Em uma construção, conjunto de vigas de sustentação que fica preso ao solo: *O terremoto danificou a estrutura do edifício.* **3** *informal* Em uma pessoa, força emocional ou psicológica: *Sei que ele tem estrutura para superar a crise.*
estruturação ⟨es.tru.tu.ra.ção⟩ (pl. *estruturações*) s.f. Ato ou efeito de estruturar(-se).
estrutural ⟨es.tru.tu.ral⟩ (pl. *estruturais*) adj.2g. Da estrutura ou relacionado a ela.
estruturalismo ⟨es.tru.tu.ra.lis.mo⟩ s.m. Método de investigação científica que enxerga seu objeto como um conjunto de estruturas inter-relacionadas.
estruturar ⟨es.tru.tu.rar⟩ ▮ v.t.d. **1** Ordenar ou distribuir as partes de (um todo): *Ela estruturou o discurso para que ficasse mais fácil de ser seguido.* ▮ v.prnl.

2 Atingir estabilidade: *Depois de estruturar-se financeiramente, minha mãe comprará um carro.*

estuário ⟨es.tu.á.rio⟩ s.m. **1** Desembocadura de um rio caudaloso no mar, caracterizada por ter formato de um funil, cujos lados vão se estreitando no sentido da corrente. **2** Porção estreita de água de um mar ou de um rio, que avança pela terra. ◻ SIN. braço.

estucar ⟨es.tu.car⟩ v.t.d. Colocar estuque sobre (uma superfície). ◻ ORTOGRAFIA Antes de *e*, o *c* muda para *qu* →BRINCAR.

estudante ⟨es.tu.dan.te⟩ adj.2g./s.2g. Que ou quem frequenta cursos em uma instituição de ensino.

estudantil ⟨es.tu.dan.til⟩ (pl. *estudantis*) adj.2g. Dos estudantes ou relacionado a eles: *Em maio de 1968, Paris foi cenário de importantes protestos estudantis.*

estudar ⟨es.tu.dar⟩ ❚ v.t.d./v.int. **1** Exercitar a inteligência ou o raciocínio para aprender (algo): *Eles estudaram as apostilas que a professora indicou.* ❚ v.t.d. **2** Frequentar (um curso) em uma instituição de ensino: *Ela estuda engenharia.* ❚ v.int. **3** Frequentar cursos em uma instituição de ensino: *Estudamos em um colégio particular.* ❚ v.t.d. **4** Observar ou examinar: *Ela ainda tem que estudar a proposta que lhe foi feita.* ❚ v.int. **5** Dedicar-se aos estudos: *Não trabalha, apenas estuda.*

estúdio ⟨es.tú.dio⟩ s.m. **1** Lugar de trabalho, especialmente se for de um artesão ou de um artista: *o estúdio de um pintor.* ◻ SIN. ateliê. **2** Lugar ou instalação utilizados para produções cinematográficas ou para a realização de programas ou de gravações audiovisuais: *O novo comercial está sendo gravado em um estúdio próximo daqui.*

estudioso, sa ⟨es.tu.di.o.so, sa⟩ (Pron. [estudiôso], [estudiósa], [estudiósos], [estudiósas]) ❚ adj. **1** Que estuda muito. ❚ s. **2** Pessoa que se dedica ao estudo de algo: *Aquela historiadora é uma estudiosa da arte egípcia.*

estudo ⟨es.tu.do⟩ s.m. **1** Exercício intelectual para compreender ou para aprender algo: *A professora me pediu que dedicasse mais horas aos estudos.* **2** Observação ou exame atentos: *Antes de se construir um prédio, é preciso fazer um estudo minucioso do terreno.* **3** Relato, geralmente escrito, que resulta da investigação de um tema: *Meu tio está lendo um estudo sobre o romance moderno brasileiro.* **4** Esboço feito como preparação ou como ensaio para uma obra definitiva: *Nesse estudo, já se percebem as principais características da obra final.*

estufa ⟨es.tu.fa⟩ s.f. **1** Lugar coberto em que se criam as condições ambientais adequadas ao cultivo de plantas fora de seu ambiente natural. **2** Aparelho usado para esterilizar instrumentos. **3** *informal* Lugar abafado ou muito quente: *Está uma estufa aqui dentro!*

estufado ⟨es.tu.fa.do⟩ s.m. Guisado que se faz cozinhando um alimento, geralmente carne, em fogo lento e com panela tampada, e condimentando-o com azeite, vinho ou vinagre, alho, cebola e diversas especiarias.

estufar ⟨es.tu.far⟩ ❚ v.t.d./v.prnl. **1** Introduzir em (um espaço) aquilo que for necessário para enchê-lo ou preencher(-se): *Estufou o travesseiro com penas.* **2** *informal* Fartar(-se) ou satisfazer(-se): *Não quis jantar, pois o lanche já o havia estufado. Estufou-se de tanto líquido.* ❚ v.t.d. **3** Cozinhar (um alimento, especialmente a carne) em fogo lento e em panela tampada, com azeite, vinho ou vinagre, alho, cebola e diversas especiarias. ❚ v.prnl. **4** *informal* Orgulhar-se: *Estufou-se ao saber que o filho teve boas notas.*

estugar ⟨es.tu.gar⟩ v.t.d. Aumentar a velocidade de (o passo). ◻ ORTOGRAFIA Antes de *e*, o *g* muda para *gu* →CHEGAR.

estulto, ta ⟨es.tul.to, ta⟩ adj./s. *pejorativo* Estúpido ou tolo.

estupefação ⟨es.tu.pe.fa.ção⟩ (pl. *estupefações*) s.f. **1** Sentimento de admiração, surpresa ou estranheza: *Recebemos a notícia de sua morte com estupefação.* **2** Em uma parte do corpo, perda de sensibilidade ou de agilidade. ◻ SIN. entorpecimento.

estupefaciente ⟨es.tu.pe.fa.ci.en.te⟩ adj.2g./s.m. Em relação a uma substância, que causa entorpecimento, embriaguez ou perda da sensibilidade e que pode causar dependência física ou psíquica. ◻ SIN. entorpecente.

estupefato, ta ⟨es.tu.pe.fa.to, ta⟩ adj. **1** Adormecido física ou intelectualmente. **2** Admirado, surpreendido ou assombrado a ponto de não saber como agir.

estupendo, da ⟨es.tu.pen.do, da⟩ adj. Admirável ou extraordinariamente bom.

estupidez ⟨es.tu.pi.dez⟩ (Pron. [estupidêz]) s.f. Condição de estúpido: *Pagar um preço tão alto pelo produto foi uma grande estupidez.*

estupidificar ⟨es.tu.pi.di.fi.car⟩ v.t.d./v.prnl. Tornar(-se) burro ou estúpido. ◻ SIN. emburrar, emburrecer. ◻ ORTOGRAFIA Antes de *e*, o *c* muda para *qu* →BRINCAR.

estúpido, da ⟨es.tú.pi.do, da⟩ adj./s. **1** Com pouca inteligência ou com pouco discernimento. **2** Grosseiro ou indelicado.

estupor ⟨es.tu.por⟩ (Pron. [estupôr]) s.m. **1** Em medicina, inconsciência, imobilidade e falta de reação a estímulos externos. **2** Surpresa ou assombro muito grandes: *A notícia do trágico acontecimento causou-lhe estupor.*

estuporar ⟨es.tu.po.rar⟩ v.t.d./v.prnl. Causar ou sentir estupor.

estuprar ⟨es.tu.prar⟩ v.t.d. Obrigar (alguém) a realizar o ato sexual por meio de violência ou de grave ameaça. ◻ SIN. violar, violentar. ◻ USO É inadequada a forma **estrupar*, ainda que esteja difundida na linguagem coloquial.

estupro ⟨es.tu.pro⟩ s.m. Crime em que se força uma pessoa a manter uma relação sexual.

estuque ⟨es.tu.que⟩ s.m. **1** Mistura de vários materiais usada para revestir paredes interiores, para fazer molduras e reproduções de figuras ou relevos. **2** Essas molduras ou reproduções.

esturjão ⟨es.tur.jão⟩ (pl. *esturjões*) s.m. Peixe de água salgada, comestível, de cor cinza com dorso escuro, esqueleto cartilaginoso, corpo coberto por placas ósseas, cabeça triangular, de cujas ovas se obtém o caviar. ◻ GRAMÁTICA É um substantivo epiceno: *o esturjão (macho/fêmea).* [◉ **peixes (água salgada)** p. 609]

esturricar ⟨es.tur.ri.car⟩ v.t.d./v.int./v.prnl. →estorricar ◻ ORTOGRAFIA Antes de *e*, o *c* muda para *qu* →BRINCAR.

esvair-se ⟨es.va.ir-se⟩ v.prnl. **1** Desvanecer-se ou desaparecer: *O perfume se esvaía pela sala.* **2** Extinguir-se ou chegar ao fim: *Nosso dinheiro se esvaiu antes do fim do mês.* **3** Esgotar-se ou dissipar-se: *Esvaiu-se em sangue.* ◻ GRAMÁTICA Nas acepções 3, usa-se a construção *esvair-se* EM *algo*.

esvaziamento ⟨es.va.zi.a.men.to⟩ s.m. Ato ou efeito de esvaziar(-se).

esvaziar ⟨es.va.zi.ar⟩ ❚ v.t.d. **1** Deixar vazio (um recipiente que contém um líquido): *esvaziar um copo; esvaziar um balde.* ❚ v.t.d./v.prnl. **2** Desocupar (um lugar) ou ficar vazio: *Precisamos esvaziar as gavetas para a mudança. O auditório se esvaziou rapidamente.* **3** Fazer perder ou perder a importância ou o significado: *A saída do presidente esvaziou a reunião.*

esverdeado, da ⟨es.ver.de.a.do, da⟩ adj. De cor semelhante ao verde ou com tonalidades verdes. ◻ SIN. verdoso.

esverdear ⟨es.ver.de.ar⟩ v.t.d./v.int./v.prnl. Tornar(-se) verde ou com tonalidades verdes. ◻ ORTOGRAFIA O *e*

esvoaçar

muda para *ei* quando a sílaba tônica estiver na raiz do verbo →NOMEAR.

esvoaçar ⟨es.vo.a.çar⟩ v.int./v.prnl. **1** Mover as asas repetidamente sem chegar a levantar voo (uma ave): *As borboletas esvoaçavam em volta das flores.* **2** Agitar-se ou movimentar-se (algo exposto ao vento): *Andando de bicicleta, seus cabelos esvoaçavam.* ▫ ORTOGRAFIA Antes de *e*, o *ç* muda para *c* →COMEÇAR.

eta ⟨e.ta⟩ ▮ s.m. **1** Sétima letra do alfabeto grego. ▮ interj. **2** Expressão usada para indicar alegria ou surpresa: *Eta notícia boa!* ▫ USO Na acepção 1, a pronúncia é *éta*; na acepção 2, *êta*.

etanol ⟨e.ta.nol⟩ (pl. *etanóis*) s.m. Hidrocarboneto líquido, incolor e solúvel em água, usado como solvente e que é componente fundamental das bebidas alcoólicas. ▫ SIN. álcool etílico.

etapa ⟨e.ta.pa⟩ s.f. **1** Trecho de um percurso localizado entre dois pontos específicos: *Minha mãe fez a primeira etapa da viagem em seis horas.* **2** Cada um dos estados sucessivos que algo apresenta em seu processo de desenvolvimento ou de evolução: *A infância e a velhice são duas etapas da vida.* ▫ SIN. fase, lance.

etário, ria ⟨e.tá.rio, ria⟩ adj. Da idade de uma pessoa ou relacionado a ela.

et cetera *(expressão latina)* (Pron. [et cétera]) Em uma enumeração, expressão usada para substituir sua parte final e evitar detalhá-la: *Em latim,* et cetera *significa* e as demais coisas. ▫ ORTOGRAFIA Sua abreviatura é *etc.* ou *etc*, sem ponto.

-ete Sufixo que indica tamanho menor: *palacete, lembrete*.

éter ⟨é.ter⟩ s.m. **1** Composto químico orgânico que contém um átomo de oxigênio unido a dois radicais de hidrocarbonetos. **2** Esfera celeste que fica ao redor da Terra.

etéreo, rea ⟨e.té.reo, rea⟩ adj. **1** Sutil, vago ou sublime. **2** Do éter ou relacionado a ele.

eternidade ⟨e.ter.ni.da.de⟩ s.f. **1** Duração ou perpetuação por um período de tempo ilimitado, sem início nem fim: *Nada material dura toda a eternidade.* **2** *informal* Período de tempo muito longo: *Estou esperando há uma eternidade; vou embora!* **3** Em algumas religiões, imortalidade da alma após a morte do corpo.

eternizar ⟨e.ter.ni.zar⟩ v.t.d./v.prnl. **1** Prolongar(-se), fazer durar ou durar muito tempo: *A palestra, prevista para durar meia hora, acabou se eternizando.* **2** Perpetuar(-se), fazer durar ou durar no tempo: *Michelangelo eternizou-se ao pintar o teto da Capela Sistina, no Vaticano.*

eterno, na ⟨e.ter.no, na⟩ adj. **1** Que não tem início nem fim. **2** Permanente ou que dura muito tempo. **3** Que não é nem será esquecido: *Para alguns, Pelé será o eterno rei do futebol.* **4** Que se repete com frequência e insistentemente: *Lá vem ela, com seu eterno bom humor!*

ética ⟨é.ti.ca⟩ s.f. **1** Parte da filosofia que estuda a moral e as obrigações do ser humano. **2** Conjunto de regras morais que regulam a conduta e as relações humanas: *A ética profissional não permite que um psicólogo fale sobre os seus pacientes.*

ético, ca ⟨é.ti.co, ca⟩ adj. Da ética ou relacionado a essa parte da filosofia.

etileno ⟨e.ti.le.no⟩ s.m. Hidrocarboneto gasoso, presente em algumas frutas, incolor, inflamável e de sabor doce, do qual se obtém o etanol.

etílico, ca ⟨e.tí.li.co, ca⟩ adj. Do etanol, de seus efeitos, ou relacionado a esse hidrocarboneto presente nas bebidas alcoólicas.

etilômetro ⟨e.ti.lô.me.tro⟩ s.m. Dispositivo ou aparelho usados para medir a quantidade de álcool presente no ar expirado por uma pessoa.

étimo ⟨é.ti.mo⟩ s.m. Termo a partir do qual se formam outras palavras: *O étimo da palavra* pedra *é o termo latino* petra.

etimologia ⟨e.ti.mo.lo.gi.a⟩ s.f. **1** Origem e desenvolvimento dos significados e das formas das palavras: *A maioria das palavras do português é de etimologia latina.* **2** Parte da linguística que se dedica ao estudo desse aspecto.

etiologia ⟨e.ti.o.lo.gi.a⟩ s.f. **1** Estudo das causas e origens de algo. **2** Motivo ou origem de uma enfermidade.

etíope ⟨e.tí.o.pe⟩ adj.2g./s.2g. Da Etiópia ou relacionado a esse país africano.

etiqueta ⟨e.ti.que.ta⟩ (Pron. [etiquêta]) s.f. **1** Pedaço de papel ou de outro material que se fixa em um objeto para que nele conste determinada informação: *Para identificar o tecido da calça, leia a etiqueta.* **2** Atribuição de uma característica a uma pessoa para identificá-la: *Por estar sempre lendo, colocaram nele a etiqueta de intelectual.* **3** Conjunto de regras de conduta e procedimentos que devem ser respeitados em cerimônias ou atos solenes: *Não me trate com tanta etiqueta, até parece que não nos conhecemos!* ▫ SIN. formalidade. ‖ **de etiqueta** Que é caro ou fino.

etiquetar ⟨e.ti.que.tar⟩ v.t.d. Colocar uma etiqueta em (um produto, especialmente): *Depois de embalada, a mercadoria é etiquetada.*

etnia ⟨et.ni.a⟩ s.f. Grupo de pessoas que pertencem ao mesmo povo ou que compartilham a mesma cultura. ▫ USO É diferente de *raça* (grupo em que algumas espécies de animais se dividem).

étnico, ca ⟨ét.ni.co, ca⟩ adj. De uma nação ou de uma etnia, ou relacionado a elas.

etnografia ⟨et.no.gra.fi.a⟩ s.f. Ciência que estuda e descreve as diferentes etnias ou povos.

-eto **1** Sufixo que indica tamanho menor: *folheto, livreto.* **2** Em química, sufixo que indica sal químico: *brometo, cloreto.*

etrusco, ca ⟨e.trus.co, ca⟩ ▮ adj./s. **1** Da antiga Etrúria (território do noroeste da península italiana) ou relacionado a ela. ▮ s.m. **2** Língua falada por esse povo.

eu ▮ pron.pess. **1** Forma da primeira pessoa do singular que corresponde à função de sujeito ou de predicativo: *Eu prefiro a blusa cinza. Abra a porta, sou eu.* ▮ s.m. **2** Em psicologia, parte consciente da personalidade humana. **3** Em filosofia, sujeito humano enquanto pessoa.

eu- Prefixo que significa *bom* ou *em boas condições*: *eugenia, eufonia.*

eucalipto ⟨eu.ca.lip.to⟩ s.m. **1** Árvore de copa cônica, tronco reto com casca fina que se destaca anualmente, e com folhas estreitas com a ponta aguda, muito cheirosas devido a suas glândulas de óleo. **2** Madeira dessa árvore.

eucaristia ⟨eu.ca.ris.ti.a⟩ s.f. **1** Na Igreja Católica, sacramento em que o pão e o vinho se convertem no corpo e no sangue de Jesus Cristo (o filho de Deus para os cristãos). **2** Na Igreja Católica, momento em uma cerimônia religiosa em que se celebra esse sacramento. ▫ SIN. comunhão. ▫ ORTOGRAFIA Na acepção 1, usa-se geralmente com inicial maiúscula por ser também um nome próprio.

eufemismo ⟨eu.fe.mis.mo⟩ s.m. Palavra ou expressão mais agradáveis com as quais se substitui outra que se considera violenta, grosseira ou pejorativa: *Cheinho é um eufemismo que se usa no lugar de* gordo.

eufonia ⟨eu.fo.ni.a⟩ s.f. Efeito acústico agradável que resulta da combinação dos sons das palavras. ▫ USO É diferente de *cacofonia* (efeito acústico desagradável).

euforia ⟨eu.fo.ri.a⟩ s.f. Sensação intensa de bem-estar ou de alegria: *Passar no concurso me deixou em estado de euforia.*

eufórico, ca ⟨eu.fó.ri.co, ca⟩ adj. Da euforia, com euforia ou relacionado a essa sensação: *Estão eufóricos porque passaram no vestibular.*

eugenia ⟨eu.ge.ni.a⟩ s.f. Estudo das leis biológicas da hereditariedade que podem melhorar ou empobrecer as qualidades da espécie humana das futuras gerações.

eunuco ⟨eu.nu.co⟩ s.m. **1** Homem que teve seus órgãos genitais tirados. **2** Em um harém, homem com os órgãos genitais tirados e que serve de vigia das mulheres.

eurásico, ca ⟨eu.rá.si.co, ca⟩ adj./s. Dos continentes europeu e asiático ou relacionado a eles.

eureca ⟨eu.re.ca⟩ interj. →**heureca**

euro ⟨eu.ro⟩ s.m. **1** Unidade monetária da União Europeia (organização que agrupa países europeus de regime democrático e economia de mercado). **2** Moeda com o valor dessa unidade.

eurodólar ⟨eu.ro.dó.lar⟩ s.m. Dólar investido em um banco ou em uma empresa fora do território estadunidense e negociado no mercado monetário internacional.

europeia ⟨eu.ro.pei.a⟩ (Pron. [eupéia]) Feminino de europeu.

europeu ⟨eu.ro.peu⟩ adj./s.m Da Europa (um dos cinco continentes) ou relacionado a ela. ☐ GRAMÁTICA Seu feminino é *europeia*.

európio ⟨eu.ró.pio⟩ s.m. Elemento químico da família dos metais, de número atômico 63, sólido, cujos sais são de cor rosa-pálido, e que pertence ao grupo dos lantanídeos. ☐ ORTOGRAFIA Seu símbolo químico é *Eu*, sem ponto.

eutanásia ⟨eu.ta.ná.sia⟩ s.f. **1** Encurtamento voluntário da vida de uma pessoa que sofre de uma doença incurável, com o objetivo de pôr fim ao seu sofrimento. **2** Direito que uma pessoa tem de fazer ou de receber esse encurtamento.

evacuação ⟨e.va.cu.a.ção⟩ (pl. *evacuações*) s.f. Ato ou efeito de evacuar.

evacuar ⟨e.va.cu.ar⟩ **I** v.t.d. **1** Desocupar ou esvaziar (um lugar): *As tropas evacuaram o território inimigo.* **2** Desalojar ou fazer sair de um lugar, geralmente para evitar algum dano: *Os bombeiros evacuaram as famílias do edifício, pois havia risco de desabamento.* **I** v.int. **3** Expulsar do organismo (os excrementos ou outras excreções).

evadir-se ⟨e.va.dir.se⟩ v.prnl. **1** Esquivar-se: *Procurou uma forma de se evadir das perguntas dos jornalistas.* **2** Fugir ou escapar.

evangelho ⟨e.van.ge.lho⟩ s.m. **1** História da vida, doutrina e milagres de Jesus Cristo (o filho de Deus para os cristãos) contida nos quatro livros que têm o nome dos quatro evangelistas e que pertencem ao Novo Testamento (segunda parte da Bíblia). **2** Anúncio da mensagem de Jesus Cristo retirada dessa obra. ☐ ORTOGRAFIA Na acepção 1, usa-se geralmente com inicial maiúscula por ser também um nome próprio.

evangélico, ca ⟨e.van.gé.li.co, ca⟩ **I** adj. **1** Do evangelho ou relacionado a ele. **2** Em relação a algumas Igrejas, que surgiram da Reforma do século XVI. **I** adj./s. **3** Que ou quem segue a doutrina de uma dessas Igrejas.

evangelismo ⟨e.van.ge.lis.mo⟩ s.m. Sistema moral ou religioso baseado nos princípios do Evangelho.

evangelista ⟨e.van.ge.lis.ta⟩ **I** adj.2g./s.2g. **1** Que ou quem prega o evangelho e a fé cristã. **I** s.m. **2** Cada um dos quatro discípulos de Jesus Cristo (o filho de Deus para os cristãos), com cujos nomes se designam os quatro Evangelhos.

evangelização ⟨e.van.ge.li.za.ção⟩ (pl. *evangelizações*) s.f. Ensino ou divulgação da fé e da doutrina cristãs.

evangelizar ⟨e.van.ge.li.zar⟩ v.t.d. Pregar ou tornar conhecidos a (alguém) o Evangelho e a fé cristã: *Os jesuítas tinham como missão evangelizar as tribos indígenas.*

evaporação ⟨e.va.po.ra.ção⟩ (pl. *evaporações*) s.f. Ato ou efeito de evaporar(-se): *A evaporação da água pode ser vista quando sai fumaça de uma chaleira.*

evaporar ⟨e.va.po.rar⟩ v.t.d./v.int./v.prnl. **1** Converter (-se) em vapor (um líquido): *O calor evaporou a água dos lagos. O álcool se evaporou.* **2** Fazer sumir ou desaparecer: *O dinheiro evapora antes do fim do mês.*

evasão ⟨e.va.são⟩ (pl. *evasões*) s.f. Fuga ou abandono: *Para ele, a bebida é uma evasão da realidade.*

evasiva ⟨e.va.si.va⟩ s.f. Recurso usado para evitar uma tomada de posição, geralmente uma frase ou resposta de pouca precisão: *Não venha com evasivas, diga logo a verdade.*

evasivo, va ⟨e.va.si.vo, va⟩ adj. Que trata de evitar uma dificuldade, um dano ou um perigo.

evento ⟨e.ven.to⟩ s.m. **1** Acontecimento, especialmente se for imprevisto: *Depois dos últimos eventos, resolvemos conversar com ela.* **2** Conjunto de atos sociais organizados para um determinado fim, especialmente se for uma comemoração ou uma divulgação: *um evento de fim de ano.*

eventual ⟨e.ven.tu.al⟩ (pl. *eventuais*) **I** adj.2g. **1** Que não é seguro nem regular, ou que se realiza de acordo com as circunstâncias. **I** adj.2g./s.2g. **2** Em relação a um trabalhador, que não faz parte do quadro de funcionários de uma empresa e só trabalha para ela temporariamente.

eventualidade ⟨e.ven.tu.a.li.da.de⟩ s.f. **1** Condição de eventual: *A eventualidade de seu emprego o preocupa.* **2** Fato ou circunstância incertos e baseados em suposições: *Houve uma eventualidade e ela se atrasou.* ☐ SIN. hipótese.

evidência ⟨e.vi.dên.cia⟩ s.f. **1** Aquilo que é evidente ou que não admite dúvida ou contestação: *Com a evidência das provas, o acusado se entregou à Justiça.* **2** Aquilo que serve como comprovação da existência ou da veracidade de algo: *As evidências levaram o detetive ao assassino.* ☐ SIN. prova. ‖ **em evidência** Em destaque ou com as atenções voltadas para si: *Ela ficou em evidência após o lançamento de seu livro.*

evidenciar ⟨e.vi.den.ci.ar⟩ v.t.d./v.prnl. Tornar(-se) evidente, claro ou manifesto: *Esse comportamento evidencia sua boa educação.*

evidente ⟨e.vi.den.te⟩ adj.2g. Que se manifesta de forma tão clara e certa que não admite dúvidas.

evitar ⟨e.vi.tar⟩ v.t.d. **1** Afastar, prevenir ou impedir que aconteça (um dano ou uma situação desagradável): *A família fez de tudo para evitar o escândalo.* **2** Esquivar-se de (uma ação, especialmente): *Quando chove, evito sair de casa.* **3** Esquivar-se de ou não estabelecer contato com (alguém): *Desde que discutimos, ela me evita.*

evocar ⟨e.vo.car⟩ v.t.d. Trazer à memória ou à imaginação: *Quando se reuniam, evocavam os tempos de juventude.* ☐ ORTOGRAFIA Antes de *e*, o *c* muda para *qu* →BRINCAR.

evolução ⟨e.vo.lu.ção⟩ (pl. *evoluções*) s.f. **1** Mudança ou desenvolvimento em que se passa de um estado para outro: *Com a evolução da sociedade, a mulher passou a ter maior participação no mundo do trabalho.* **2** Movimento harmonioso que grupos de pessoas fazem para passar de uma formação à outra: *A má evolução da bateria fez com que a escola perdesse três pontos.* **3** Movimento que descreve curvas ou voltas: *O público aplaudiu com entusiasmo as evoluções da bailarina.*

evolucionar ⟨e.vo.lu.ci.o.nar⟩ **I** v.int. **1** Desenvolver-se ou mudar, passando gradativamente de um estado a outro.

evolucionismo

□ SIN. evoluir. ▪ v.t.i. **2** Desenvolver-se ou mudar gradativamente de um estado [para outro]. □ SIN. evoluir.

evolucionismo ⟨e.vo.lu.ci.o.nis.mo⟩ s.m. Teoria que sustenta que os seres vivos evoluem lentamente a partir de ancestrais comuns, por meio de mudanças e transformações de seus hábitos e de seu material genético. □ SIN. transformismo.

evoluir ⟨e.vo.lu.ir⟩ ▪ v.int. **1** Desenvolver-se ou mudar, passando gradativamente de um estado a outro: *A medicina evoluiu muito nos últimos anos.* □ SIN. evolucionar. ▪ v.t.i. **2** Desenvolver-se ou mudar gradativamente de um estado [para outro]. □ SIN. evolucionar. ▪ v.int. **3** Fazer evoluções ou passar de uma formação à outra (um grupo de pessoas ou uma tropa). □ ORTOGRAFIA Usa-se *i* em vez do *e*, comum na conjugação do presente do indicativo e do imperativo afirmativo →ATRIBUIR.

ex- **1** →e- **2** Prefixo que significa que não exerce mais: *ex-marido, ex-presidente.*

exação ⟨e.xa.ção⟩ (Pron. [ezação]) (pl. *exações*) s.f. **1** Exigência de pagamento de uma dívida ou de uma obrigação: *uma exação fiscal.* **2** Perfeição ou exatidão na forma de fazer algo: *A exação com que fez o trabalho é digna de elogios.*

exacerbar ⟨e.xa.cer.bar⟩ (Pron. [ezacerbar]) v.t.d./v.prnl. Agravar(-se) ou tornar(-se) mais intenso (um sentimento ou uma doença): *As humilhações sofridas só exacerbaram seu ressentimento.*

exagerado, da ⟨e.xa.ge.ra.do, da⟩ (Pron. [ezagerado]) adj./s. Que ou quem excede ou vai além do que se considera razoável. □ SIN. demasiado, excessivo.

exagerar ⟨e.xa.ge.rar⟩ (Pron. [ezagerar]) ▪ v.t.d./v.t.i. **1** Aumentar muito ou dar proporções excessivas [a algo]: *A imprensa exagerou na gravidade do acidente.* ▪ v.int. **2** Dizer ou fazer algo aumentando-o muito ou dando-lhe proporções excessivas: *Não exagere, que não é para tanto!*

exagero ⟨e.xa.ge.ro⟩ (Pron. [ezagêro]) s.m. **1** Ato ou efeito de exagerar. **2** Atribuição de proporções excessivas a algo: *Comprar três bolos para cinco pessoas foi um exagero.*

exalação ⟨e.xa.la.ção⟩ (Pron. [ezalação]) (pl. *exalações*) s.f. **1** Ato ou efeito de exalar: *a exalação de um perfume.* **2** Odor ou vapor que se soltam de um corpo: *A exalação que saía da chaleira embaçou a janela.* **3** Manifestação ou expressão de uma queixa ou de um suspiro: *De fora do quarto, ouvimos a exalação do último suspiro do paciente.*

exalar ⟨e.xa.lar⟩ (Pron. [ezalar]) ▪ v.t.d./v.int. **1** Soltar (-se) ou desprender(-se) (um vapor ou um odor): *As rosas exalam um suave perfume.* ▪ v.t.d. **2** Manifestar ou tornar evidente (um sentimento): *Suas palavras exalavam entusiasmo.*

exaltação ⟨e.xal.ta.ção⟩ (Pron. [ezaltação]) (pl. *exaltações*) s.f. Ato ou efeito de exaltar(-se).

exaltado, da ⟨e.xal.ta.do, da⟩ (Pron. [ezaltado]) ▪ adj. **1** Muito agitado ou alterado. ▪ adj./s. **2** Que ou quem se exalta ou se irrita com facilidade ou com frequência.

exaltar ⟨e.xal.tar⟩ (Pron. [ezaltar]) ▪ v.t.d. **1** Realçar ou elogiar: *O treinador exaltou o espírito de equipe do time.* ▪ v.t.d./v.prnl. **2** Alterar(-se) ou excitar(-se) ou entusiasmar(-se): *Exaltaram-se com a discussão.*

exame ⟨e.xa.me⟩ (Pron. [ezame]) s.m. **1** Prova feita para avaliar os conhecimentos de uma pessoa sobre uma matéria ou suas aptidões para realizar uma determinada atividade. **2** Investigação ou estudo minucioso sobre as qualidades e as circunstâncias de algo: *Fizeram um exame da cena do crime para tentar chegar ao culpado.* **3** Análise qualitativa e quantitativa de certos componentes ou de certas substâncias do organismo, seguindo métodos especializados, para chegar a um diagnóstico: *um exame de sangue.* ‖ **exame de consciência** Meditação sobre a própria conduta a fim de valorizá-la: *Ela fez um exame de consciência e viu que podia colaborar mais com os companheiros.*

examinar ⟨e.xa.mi.nar⟩ (Pron. [ezaminar]) v.t.d. **1** Submeter (alguém) a um exame para comprovar seus conhecimentos: *Hoje serão examinados os alunos que faltaram na prova de Inglês.* **2** Investigar ou estudar com minúcia e cuidado: *A advogada examinou o contrato antes de dar sua opinião.* **3** Analisar qualitativa e quantitativamente (certos componentes ou certas substâncias do organismo), seguindo métodos especializados, para chegar a um diagnóstico: *Os biomédicos examinam o sangue dos pacientes e fazem um laudo com os resultados.*

exangue ⟨e.xan.gue⟩ (Pron. [ezangue]) adj.2g. **1** Sem ou com pouco sangue. **2** Sem forças ou debilitado.

exarar ⟨e.xa.rar⟩ (Pron. [ezarar]) v.t.d. Registrar ou lavrar: *exarar uma ata.*

exasperação ⟨e.xas.pe.ra.ção⟩ (Pron. [ezasperação]) (pl. *exasperações*) s.f. **1** Ato ou efeito de exasperar(-se): *A espera causou a exasperação da angústia.* **2** Irritação ou fúria intensas: *A exasperação o fez aumentar o tom de voz.*

exasperar ⟨e.xas.pe.rar⟩ (Pron. [ezasperar]) v.t.d./v.prnl. **1** Dar motivo a (alguém) para grande irritação ou sentir grande irritação: *Sua falta de pontualidade me exaspera.* □ SIN. irritar. **2** Aumentar a intensidade de (um sentimento) ou sofrer aumento de intensidade: *O sequestro exasperou os ânimos da família.*

exatidão ⟨e.xa.ti.dão⟩ (Pron. [ezatidão]) (pl. *exatidões*) s.f. Qualidade daquilo que se ajusta com precisão ou fidelidade a algo.

exato, ta ⟨e.xa.to⟩ (Pron. [ezato]) adj. Preciso, fiel ou perfeitamente ajustado a outra coisa.

exaurir ⟨e.xau.rir⟩ (Pron. [ezaurir]) v.t.d./v.prnl. **1** Gastar ou consumir-se completamente: *O tempo se exauriu sem que eu percebesse.* **2** Tornar exausto ou cansar-se muito: *O trabalho pesado os exauriu.* □ GRAMÁTICA É um verbo defectivo, pois não apresenta conjugação completa →BANIR.

exaustão ⟨e.xaus.tão⟩ (Pron. [ezaustão]) (pl. *exaustões*) s.f. **1** Consumo ou gasto por completo: *A exaustão dos recursos naturais é preocupante.* **2** Cansaço muito grande.

exaustivo, va ⟨e.xaus.ti.vo, va⟩ (Pron. [ezaustivo]) adj. **1** Feito de forma completa ou muito a fundo. **2** Muito cansativo.

exausto, ta ⟨e.xaus.to, ta⟩ (Pron. [ezausto]) adj. Completamente cansado ou esgotado.

exaustor, -a ⟨e.xaus.tor, to.ra⟩ (Pron. [ezaustôr], [ezaustôra]) ▪ adj. **1** Que extrai: *uma ventilação exaustora de poluentes.* ▪ s.m. **2** Aparelho usado para extrair ou para tirar: *um exaustor de ar.*

exceção ⟨ex.ce.ção⟩ (pl. *exceções*) s.f. **1** Desvio de um padrão, de uma generalidade ou de uma regra: *A lei deve se aplicar a todos, sem exceções.* **2** Aquilo ou aquele que sofre esse desvio: *Existem pessoas que não gostam de futebol, mas são uma exceção.*

excedente ⟨ex.ce.den.te⟩ adj.2g./s.m. Que excede ou que sobra.

exceder ⟨ex.ce.der⟩ ▪ v.t.d./v.t.i. **1** Ultrapassar (um limite) ou ser superior [a ele]: *Eles nunca excedem o limite de velocidade.* *O número de visitantes excedeu ao que era previsto.* ▪ v.prnl. **2** Perder a moderação: *Ela se excedeu, pois estava muito nervosa.*

excelência ⟨ex.ce.lên.cia⟩ s.f. **1** Qualidade de excelente: *A excelência de seus versos o tornou famoso.*

2 Tratamento de cortesia empregado para dirigir-se ou referir-se a determinadas pessoas. ‖ **por excelência** Expressão usada para indicar que o nome comum pelo qual se designa uma pessoa ou um objeto corresponde a eles com mais propriedade do que às outras pessoas ou aos outros objetos possíveis: *O Brasil é o país do Carnaval por excelência*. ◻ USO Na acepção 2, usa-se geralmente a forma: *{Sua/Vossa} Excelência*.

excelente ⟨ex.ce.len.te⟩ adj.2g. Que se sobressai por suas características positivas, especialmente se for por sua qualidade ou por seu mérito.

excelentíssimo, ma ⟨ex.ce.len.tís.si.mo, ma⟩ adj. Tratamento de cortesia que, anteposto a *senhor* ou *senhora*, se dá a quem corresponde o tratamento de excelência.

excelso, sa ⟨ex.cel.so, sa⟩ adj. De grande superioridade ou de categoria elevada.

excentricidade ⟨ex.cen.tri.ci.da.de⟩ s.f. Peculiaridade na forma de agir, especialmente se caracterizada por afetação ou extravagância.

excêntrico, ca ⟨ex.cên.tri.co, ca⟩ adj. **1** Em geometria, que está fora do centro ou que tem um centro diferente. **2** Que tem um caráter peculiar, extravagante ou fora do comum.

excepcional ⟨ex.cep.ci.o.nal⟩ (pl. *excepcionais*) ▌ adj.2g. **1** Que se distancia das regras ou das condições gerais. **2** Extraordinário ou muito bom: *um jantar excepcional*. ▌ adj.2g./s.2g. **3** Que ou quem tem alguma deficiência.

excerto ⟨ex.cer.to⟩ s.m. Pedaço ou fragmento: *o excerto de um texto*.

excessivo, va ⟨ex.ces.si.vo, va⟩ adj. Que excede ou que vai além do que se considera razoável. ◻ SIN. demasiado, exagerado.

excesso ⟨ex.ces.so⟩ s.m. **1** Extrapolação de uma quantidade necessária ou de um limite comum: *O excesso de bebida não faz bem à saúde*. **2** Aquilo que sobra ou que ultrapassa esse limite: *O excesso da tinta será usado em outro cômodo*. **3** Abuso ou delito: *Foi punido por seus excessos*. ◻ USO Na acepção 3, usa-se geralmente a forma plural excessos.

exceto ⟨ex.ce.to⟩ prep. Com exceção de: *O teatro fica aberto todos os dias, exceto às segundas-feiras*. ◻ SIN. fora, menos.

excetuar ⟨ex.ce.tu.ar⟩ v.t.d./v.t.d.i./v.prnl. Excluir(-se) ou isentar(-se) [de uma situação ou de um conjunto]: *Excetuaram os gastos pessoais do orçamento apresentado*.

excipiente ⟨ex.ci.pi.en.te⟩ s.m. Substância geralmente inativa que se mistura com os medicamentos para dar-lhes consistência, forma ou outras qualidades convenientes para seu uso.

excitação ⟨ex.ci.ta.ção⟩ (pl. *excitações*) s.f. Ato ou efeito de excitar(-se): *A notícia causou excitação geral*.

excitante ⟨ex.ci.tan.te⟩ adj.2g. Que excita.

excitar ⟨ex.ci.tar⟩ v.t.d./v.prnl. **1** Provocar a intensificação de uma atividade ou de uma sensação em (algo ou alguém) ou estimular(-se): *Os fãs se excitaram com a aparição da cantora*. **2** Provocar ou sentir desejo sexual.

exclamação ⟨ex.cla.ma.ção⟩ (Pron. [esclamação]) (pl. *exclamações*) s.f. **1** Expressão exaltada e veemente de um sentimento ou de uma emoção. **2** →**ponto de exclamação**

exclamar ⟨ex.cla.mar⟩ (Pron. [esclamar]) v.t.d. Dizer ou falar com veemência para expressar a intensidade do que se sente: *Saúde!, exclamaram os convidados ao fazer o brinde*.

exclamativo, va ⟨ex.cla.ma.ti.vo, va⟩ (Pron. [esclamativo]) adj. Que implica, expressa ou permite formular uma exclamação.

excluir ⟨ex.clu.ir⟩ (Pron. [escluir]) ▌ v.t.d./v.prnl. **1** Deixar ou colocar(-se) de fora (algo ou alguém) do lugar que ocupava: *Não me exclua do grupo*. ▌ v.t.d. **2** Descartar ou recusar (uma possibilidade): *O resultado do exame exclui a possibilidade de uma doença grave*. **3** Em relação a uma coisa, ser incompatível com (outra): *A paz exclui a intolerância*. ◻ ORTOGRAFIA Usa-se *i* em vez do *e*, comum na conjugação do presente do indicativo e do imperativo afirmativo → ATRIBUIR.

exclusão ⟨ex.clu.são⟩ (Pron. [esclusão]) (pl. *exclusões*) s.f. Eliminação ou recusa de um elemento que faz parte de um grupo: *A exclusão das pessoas de baixa renda é um problema social*.

exclusive ⟨ex.clu.si.ve⟩ (Pron. [esclusive]) adv. Indica que os limites citados não estão inclusos: *As férias irão do dia 15 ao 30, ambos exclusive, ou seja, teremos aula nos dias 15 e 30*.

exclusividade ⟨ex.clu.si.vi.da.de⟩ (Pron. [esclusividade]) s.f. Condição de exclusivo: *Pagou mais caro pela exclusividade do modelo*.

exclusivismo ⟨ex.clu.si.vis.mo⟩ (Pron. [esclusivismo]) s.m. Atitude ou desejo de excluir determinadas pessoas de um grupo: *O exclusivismo da turma impedirá que você se integre*.

exclusivo, va ⟨ex.clu.si.vo, va⟩ (Pron. [esclusivo]) adj. **1** Único ou sem igual. **2** Que exclui ou que tem capacidade para excluir algo: *Essa promoção é exclusiva para funcionários*.

excomunhão ⟨ex.co.mu.nhão⟩ (Pron. [escomunhão]) (pl. *excomunhões*) s.f. Na Igreja Católica, exclusão à qual um fiel é submetido, sendo excluído de sua comunidade e do direito de receber os sacramentos. ◻ SIN. anátema.

excreção ⟨ex.cre.ção⟩ (Pron. [escreção]) (pl. *excreções*) s.f. Expulsão de excrementos.

excremento ⟨ex.cre.men.to⟩ (Pron. [escremento]) s.m. **1** Conjunto de resíduos alimentares que, após a digestão, o organismo elimina pelo sistema excretor. ◻ SIN. dejeto. **2** *pejorativo* Pessoa considerada desprezível. ◻ GRAMÁTICA Na acepção 2, usa-se tanto para o masculino quanto para o feminino: *{ele/ela} é um excremento*.

excrescência ⟨ex.cres.cên.cia⟩ (Pron. [escrescência]) s.f. **1** Saliência que afeta os tecidos de um organismo animal ou vegetal e que altera a textura normal de sua superfície: *As verrugas são excrescências da pele*. **2** Em uma superfície, parte salientada.

excretar ⟨ex.cre.tar⟩ (Pron. [escretar]) v.t.d. **1** Expulsar (os excrementos). **2** Eliminar do corpo naturalmente (as substâncias produzidas pelas glândulas, especialmente): *Algumas substâncias encontradas nos medicamentos são excretadas no leite materno*.

excretor, -a ⟨ex.cre.tor, to.ra⟩ (Pron. [escretôr], [escretôra]) adj. Em relação a um órgão ou a um conduto, que servem para excretar.

excursão ⟨ex.cur.são⟩ (Pron. [escursão]) (pl. *excursões*) s.f. Passeio realizado por um grupo de pessoas com um objetivo predeterminado, geralmente recreativo, esportivo ou de estudos: *uma excursão ao museu*.

excursionar ⟨ex.cur.si.o.nar⟩ (Pron. [escursionar]) v.int. Realizar uma excursão: *O grupo excursionou pelo centro histórico da cidade*.

excursionista ⟨ex.cur.si.o.nis.ta⟩ (Pron. [escursionista]) s.2g. Pessoa que faz uma excursão: *O Corcovado é um dos pontos mais visitados pelos excursionistas no Rio de Janeiro*.

execração ⟨ex.e.cra.ção⟩ (Pron. [ezecração]) (pl. *execrações*) s.f. Ato ou efeito de execrar(-se): *uma execração pública*.

execrar ‹e.xe.crar› (Pron. [ezecrar]) ▪ v.t.d. **1** Criticar ou reprovar com severidade: *O ambientalista execrou o comportamento dos caçadores.* **2** Sentir aversão ou repugnância por (algo considerado censurável): *Ela execra o materialismo, uma vez que valoriza os bens espirituais.* ▪ v.prnl. **3** Sentir aversão ou repugnância por si próprio: *Execrou-se por ter agido daquela forma.*

execrável ‹e.xe.crá.vel› (Pron. [ezecrável]) (pl. *execráveis*) adj.2g. Digno de duras críticas e de forte reprovação.

execução ‹e.xe.cu.ção› (Pron. [ezecução]) (pl. *execuções*) s.f. **1** Ato ou efeito de executar. **2** Ato de tirar a vida de uma pessoa em cumprimento a uma pena: *a execução de criminosos.* **3** eufemismo Assassinato. **4** Interpretação de uma obra musical: *a execução de um hino nacional.*

executante ‹e.xe.cu.tan.te› (Pron. [ezecutante]) ▪ adj.2g. **1** Que executa. ▪ s.2g. **2** Pessoa que exige o cumprimento da ordem de uma sentença.

executar ‹e.xe.cu.tar› (Pron. [ezecutar]) v.t.d. **1** Fazer ou realizar: *Os operários executam as ordens do capataz.* **2** Matar como cumprimento de uma pena: *No Brasil, a lei não permite executar uma pessoa.* **3** eufemismo Assassinar: *Durante a ditadura, muitos dissidentes foram executados.* **4** Tocar ou interpretar (uma peça musical): *A orquestra executou a sinfonia com perfeição.* **5** Em uma encenação, representar ou interpretar (um papel): *A atriz executou muito bem sua personagem.* **6** Em informática, realizar (as tarefas descritas por um programa).

executivo, va ‹e.xe.cu.ti.vo, va› (Pron. [ezecutivo]) ▪ adj. **1** Que não admite espera e que não permite que a execução de algo seja adiada: *uma ordem executiva.* **2** Em relação especialmente a um organismo, que tem a faculdade ou a missão de executar algo, especialmente se forem tarefas do governo: *O poder executivo é exercido pelo governo de uma nação.* ▪ s. **3** Pessoa que ocupa um cargo de direção em uma empresa. ▪ s.m. **4** Junta diretiva de uma entidade ou de uma comunidade. ▫ USO Na acepção 2, usa-se geralmente como substantivo para se referir ao poder executivo do governo de um país: *O Executivo é favorável ao pagamento da dívida externa.*

executor, -a ‹e.xe.cu.tor, to.ra› (Pron. [ezecutôr], [ezecutôra]) ▪ adj./s. **1** Que ou quem executa. ▪ s. **2** Pessoa encarregada de executar a pena de morte. ▫ SIN. algoz, carrasco, verdugo.

exegese ‹e.xe.ge.se› (Pron. [ezegése]) s.f. Interpretação ou explicação de um texto, especialmente se for bíblico.

exegeta ‹e.xe.ge.ta› (Pron. [ezegeta]) s.2g. Pessoa que explica ou que interpreta um texto.

exemplar ‹e.xem.plar› (Pron. [ezemplar]) ▪ adj.2g. **1** Que é virtuoso ou digno de servir de exemplo: *uma pessoa exemplar.* **2** Que traz em si uma lição ou um ensinamento: *um castigo exemplar.* ▪ s.m. **3** Cada uma das cópias ou reproduções de um mesmo original: *um exemplar de um jornal.* **4** Indivíduo de uma espécie, de uma etnia ou de um gênero: *Essa baleia é um dos poucos exemplares que restam da espécie.*

exemplificar ‹e.xem.pli.fi.car› (Pron. [ezemplificar]) v.t.d. Demonstrar, ilustrar ou respaldar com exemplos: *Exemplificarei a teoria para que fique mais clara.* ▫ ORTOGRAFIA Antes de e, o c muda para qu →BRINCAR.

exemplo ‹e.xem.plo› (Pron. [ezemplo]) s.m. **1** Acontecimento ou atitude que servem de modelo a ser imitado ou a ser evitado, por seu sucesso ou por seu fracasso, respectivamente: *Seu erro deve servir de exemplo para os demais.* **2** Citação feita para ilustrar ou comprovar o que se diz: *Para ilustrar melhor, apresentou exemplos concretos.* ‖ **por exemplo** Expressão usada para introduzir um dado que ilustra ou que comprova aquilo que está sendo dito: *Um lugar para irmos nas férias pode ser, por exemplo, a praia.*

exéquias ‹e.xé.quias› (Pron. [ezéquias]) s.f.pl. Cerimônias fúnebres.

exercer ‹e.xer.cer› (Pron. [ezercer]) v.t.d. **1** Praticar ou desempenhar as funções que são próprias de (uma profissão ou uma arte): *Minha mãe exerce a medicina há dez anos.* ▫ SIN. exercitar. **2** Realizar ou produzir (uma ação ou uma influência, especialmente): *A capitã exerce influência positiva sobre o time.* **3** Praticar ou fazer uso de (um direito): *É importante exercer o direito de voto.* ▫ SIN. exercitar. ▫ ORTOGRAFIA Antes de a ou o, o c muda para ç →CONHECER.

exercício ‹e.xer.cí.cio› (Pron. [ezercício]) s.m. **1** Uso que é feito de uma faculdade ou de um direito: *Ao pedir parte da herança, estava no exercício de seus direitos.* **2** Desempenho ou ocupação em uma profissão, em uma atividade ou em uma arte: *Obteve grande prestígio no exercício de suas funções.* **3** Prática de uma atividade física destinada a conservar a saúde ou a estética: *Se quiser perder peso, terá que fazer exercícios.* **4** Atividade realizada com o objetivo de desenvolver uma faculdade intelectual ou uma habilidade motora: *Tentar decorar um poema é um bom exercício para a memória.* **5** Tarefa prática complementar ao ensino teórico de certas disciplinas, que tem o objetivo de fixar um determinado conhecimento: *Temos que fazer alguns exercícios de Gramática como lição de casa.* **6** Período de tempo, geralmente de um ano, em que se divide a atividade de uma empresa ou de uma instituição: *No último exercício, a empresa teve lucro.*

exercitar ‹e.xer.ci.tar› (Pron. [ezercitar]) ▪ v.t.d. **1** Praticar ou desempenhar as funções que são próprias de (uma profissão ou uma arte): *A artista exercita a pintura em seu ateliê.* ▫ SIN. exercer. **2** Praticar ou fazer uso de (um direito): *Precisamos exercitar nossos direitos de consumidores dizendo não aos aumentos abusivos.* ▫ SIN. exercer. **3** Usar ou exercer (uma habilidade): *A leitura ajuda a exercitar a memória.* ▪ v.t.d./v.prnl. **4** Colocar(-se) em movimento (o corpo ou uma parte dele): *Praticando esportes, exercito meus músculos.*

exército ‹e.xér.ci.to› (Pron. [ezército]) s.m. **1** Conjunto das forças armadas terrestres de uma nação. **2** Grande unidade militar formada por vários corpos agrupados sob as ordens de um comando. **3** Conjunto numeroso de elementos, especialmente se agrupados ou orientados a um determinado fim: *Um exército de fãs aguardava a banda.* ▫ ORTOGRAFIA Na acepção 2, usa-se geralmente com inicial maiúscula por ser também um nome próprio.

exibição ‹e.xi.bi.ção› (Pron. [ezibição]) (pl. *exibições*) s.f. Ato ou efeito de exibir(-se): *a exibição de um filme; a exibição de uma riqueza.*

exibicionismo ‹e.xi.bi.ci.o.nis.mo› (Pron. [ezibicionismo]) s.m. **1** Em psiquiatria, comportamento que consiste em mostrar os órgãos genitais em público. **2** Desejo ou mania de se exibir: *Por exibicionismo, mostrava os troféus a todos os amigos.*

exibido, da ‹e.xi.bi.do, da› (Pron. [ezibido]) adj./s. **1** pejorativo Em relação a uma pessoa ou ao seu comportamento, que expõem aquilo que possuem, especialmente se for com orgulho e com vaidade. **2** Que ou quem pratica o exibicionismo.

exibir ‹e.xi.bir› (Pron. [ezibir]) v.t.d./v.prnl. **1** Ensinar, mostrar(-se) ou apresentar(-se) em público: *Os modelos exibiram a nova coleção de verão.* **2** Expor(-se) ou mostrar(-se) (aquilo que se possui), especialmente se for com orgulho e com vaidade: *Mal pode esperar para*

exibir o vestido novo. Ela adora se exibir com seu carro importado.
exigência ⟨e.xi.gên.cia⟩ (Pron. [ezigência]) s.f. Ato ou efeito de exigir.
exigente ⟨e.xi.gen.te⟩ (Pron. [ezigente]) adj.2g./s.2g. **1** Que ou quem exige. **2** Que ou quem é difícil de satisfazer.
exigir ⟨e.xi.gir⟩ (Pron. [ezigir]) ▌ v.t.d./v.t.d.i. **1** Impor ou pedir com autoridade (algo) [de alguém]: *Ela exige seriedade de seus funcionários.* ▌ v.t.d. **2** Necessitar, precisar ou requerer forçosamente: *Esse trabalho exige concentração.* ◻ ORTOGRAFIA Antes de *a* ou *o*, o *g* muda para *j* →FUGIR.
exíguo, gua ⟨e.xí.guo, gua⟩ (Pron. [ezíguo]) adj. **1** Escasso ou insuficiente. **2** Com pequenas dimensões.
exilado, da ⟨e.xi.la.do, da⟩ (Pron. [ezilado]) adj./s. Que ou quem vive fora de sua pátria, geralmente por motivos políticos.
exilar ⟨e.xi.lar⟩ (Pron. [ezilar]) ▌ v.t.d. **1** Expulsar de um território, geralmente da pátria: *Durante a ditadura militar, muitas pessoas foram exiladas do Brasil.* ▌ v.t.d.i./v.prnl. **2** Manter(-se) (alguém) alheio ou isolado (do convívio ou de uma situação): *Sua timidez o exilou do grupo.* ▌ v.prnl. **3** Abandonar a pátria, geralmente por motivos políticos: *Muitos brasileiros se exilaram na década de 1960.*
exílio ⟨e.xí.lio⟩ (Pron. [ezílio]) s.m. **1** Abandono da pátria, geralmente por razões políticas. **2** Condição ou estado de uma pessoa exilada: *Seu exílio durou anos.* **3** Lugar em que uma pessoa exilada vive: *O presidente Jango morreu no exílio, na Argentina.*
exímio, mia ⟨e.xí.mio, mia⟩ (Pron. [ezímio]) adj. Que é ilustre e que se sobressai por alguma qualidade.
eximir ⟨e.xi.mir⟩ (Pron. [ezimir]) v.t.d./v.t.d.i./v.prnl. Liberar(-se) (uma pessoa ou uma instituição) [de um encargo ou de uma obrigação]: *No Brasil, a lei exime as mulheres do serviço militar.* ◻ SIN. isentar.
existência ⟨e.xis.tên.cia⟩ (Pron. [ezistência]) s.f. **1** Condição ou estado do que existe: *Desconhecia a existência desse parente.* **2** Vida humana, animal ou vegetal: *Só aspirava a uma existência sem preocupações.*
existencialismo ⟨e.xis.ten.ci.a.lis.mo⟩ (Pron. [ezistencialismo]) s.m. Corrente filosófica que trata de estabelecer o conhecimento de toda realidade sobre a experiência imediata da própria existência.
existente ⟨e.xis.ten.te⟩ (Pron. [ezistente]) adj.2g./s.2g. Que ou quem existe.
existir ⟨e.xis.tir⟩ (Pron. [ezistir]) v.int. **1** Ser real ou verdadeiro: *Monstros não existem.* **2** Viver ou estar vivo: *Seus bisavós não existem mais.* **3** Haver, estar ou encontrar-se: *Nessa biblioteca, existem livros muito antigos.*
êxito ⟨ê.xi.to⟩ (Pron. [êzito]) s.m. Resultado bom ou satisfatório: *Teve muito êxito em tudo que empreendeu.* ◻ SIN. sucesso.
exo- Prefixo que indica posição exterior: *exosfera, exoesqueleto.*
êxodo ⟨ê.xo.do⟩ (Pron. [êzodo]) s.m. Emigração de um grupo de pessoas para um lugar diferente daquele em que viviam: *O êxodo rural levou muitas pessoas para as cidades.*
exoesqueleto ⟨e.xo.es.que.le.to⟩ (Pron. [ezoesquelêto]) s.m. Em alguns animais, esqueleto externo que dá sustentação e resistência ao corpo: *Alguns insetos e aranhas possuem exoesqueleto.* ◻ ORTOGRAFIA Escreve-se também exosqueleto.
exógeno, na ⟨e.xó.ge.no, na⟩ (Pron. [ezógeno]) adj. **1** Que se origina ou que nasce no exterior. **2** Que é produzido por uma causa externa: *A erosão dos terrenos acontece por fatores exógenos, como as chuvas e o vento.*

expectativa

exoneração ⟨e.xo.ne.ra.ção⟩ (Pron. [ezoneração]) (pl. *exonerações*) s.f. Ato ou efeito de exonerar(-se). ◻ SIN. destituição.
exonerar ⟨e.xo.ne.rar⟩ (Pron. [ezonerar]) ▌ v.t.d.i./v.prnl. **1** Aliviar(-se) ou livrar(-se) (alguém) [de um peso ou de uma obrigação]. ▌ v.t.d./v.t.d.i./v.prnl. **2** Afastar(-se) (alguém) [de seu cargo]: *A prefeitura exonerou o secretário municipal dos transportes. Exonerou-se, pois conseguiu uma posição melhor.* ◻ SIN. destituir.
exorbitância ⟨e.xor.bi.tân.cia⟩ (Pron. [ezorbitância]) s.f. Condição de exorbitante: *Não pagarei essa exorbitância por um jantar!*
exorbitante ⟨e.xor.bi.tan.te⟩ (Pron. [ezorbitante]) adj.2g. Que é excessivo ou que ultrapassa aquilo que se considera usual.
exorbitar ⟨e.xor.bi.tar⟩ (Pron. [ezorbitar]) v.t.d./v.int. Exagerar ou extrapolar.
exorcismo ⟨e.xor.cis.mo⟩ (Pron. [ezorcismo]) s.m. Expulsão de um espírito maligno por meio de orações ou procedimentos religiosos.
exórdio ⟨e.xór.dio⟩ (Pron. [ezórdio]) s.m. **1** Introdução ou preâmbulo de uma obra literária ou de um discurso. **2** Introdução a um pensamento ou a uma conversa.
exortar ⟨e.xor.tar⟩ (Pron. [ezortar]) v.t.d./v.t.d.i. Incentivar (alguém) com palavras ou com argumentos [a fazer algo]: *Os pais exortavam o filho a se esforçar nos estudos.*
exosqueleto ⟨e.xos.que.le.to⟩ (Pron. [ezosquelêto]) s.m. →exoesqueleto
exotérico, ca ⟨e.xo.té.ri.co, ca⟩ (Pron. [ezotérico]) adj. **1** Comum, conhecido ou acessível. **2** Que é fácil de compreender. ◻ ORTOGRAFIA É diferente de *esotérico*.
exótico, ca ⟨e.xó.ti.co, ca⟩ (Pron. [ezótico]) adj. **1** Estrangeiro, especialmente se for de um país distante e desconhecido. **2** Estranho ou raro.
exotismo ⟨e.xo.tis.mo⟩ (Pron. [ezotismo]) s.m. **1** Qualidade de exótico. **2** Característica daquilo que é estrangeiro ou que não é nativo: *O exotismo da culinária indiana o fascinava.* **3** Extravagância ou excentricidade de algo: *O apresentador chamava atenção pelo exotismo de seus gestos e de suas roupas.*
expandir ⟨ex.pan.dir⟩ (Pron. [espandir]) v.t.d./v.prnl. Estender(-se), difundir(-se) ou dilatar(-se): *Nos séculos XV e XVI, os portugueses expandiram seus territórios.*
expansão ⟨ex.pan.são⟩ (Pron. [espansão]) (pl. *expansões*) s.f. **1** Propagação, difusão ou aumento dos limites de algo: *A expansão da epidemia causou inúmeras mortes.* **2** Manifestação ou expressão de um sentimento ou de um pensamento de forma espontânea e entusiasmada: *Sua expansão de alegria contagiou a família.*
expansionismo ⟨ex.pan.si.o.nis.mo⟩ (Pron. [espansionismo]) s.m. Disposição de um povo ou de um país a anexar territórios estrangeiros ou a estender sua influência política e econômica a outros.
expansivo, va ⟨ex.pan.si.vo, va⟩ (Pron. [espansivo]) adj. **1** Que tende a se estender ou a se dilatar, ocupando maior espaço. **2** Que é comunicativo ou que manifesta facilmente seu pensamento: *uma personalidade expansiva.*
expatriar ⟨ex.pa.tri.ar⟩ (Pron. [espatriar]) v.t.d./v.prnl. Fazer sair da pátria ou abandoná-la: *O Governo expatriou alguns opositores políticos. Ela teve que se expatriar para salvar a vida.*
expectativa ⟨ex.pec.ta.ti.va⟩ (Pron. [espectativa]) s.f. Espera daquele que deseja conseguir algo ou que desconhece os acontecimentos que virão: *Ele está na expectativa de ser aprovado no vestibular.* ◻ ORTOGRAFIA Escreve-se também *expetativa*.

expectorante

expectorante ⟨ex.pec.to.ran.te⟩ (Pron. [espectorante]) adj.2g./s.m. Em relação a uma substância, que faz expectorar. □ ORTOGRAFIA Escreve-se também *expetorante*.

expectorar ⟨ex.pec.to.rar⟩ (Pron. [espectorar]) ❚ v.t.d. **1** Em medicina, expulsar pela boca (o muco e as secreções das vias respiratórias): *Esse xarope o ajudará a expectorar o muco da garganta*. ❚ v.int. **2** Em medicina, expulsar pela boca o muco e as secreções das vias respiratórias.

expedição ⟨ex.pe.di.ção⟩ (Pron. [espedição]) (pl. *expedições*) s.f. **1** Ato ou efeito de expedir. **2** Marcha ou viagem de reconhecimento ou de invasão de um território: *O Brasil começou a ser povoado por portugueses em 1530, com uma expedição comandada por Martim Afonso de Sousa*. **3** Grupo de pessoas que participam dessa marcha: *A expedição teve poucos dias de descanso*.

expedicionário, ria ⟨ex.pe.di.ci.o.ná.rio, ria⟩ (Pron. [espedicionário]) ❚ adj./s. **1** Que ou quem faz parte de uma expedição. ❚ s. **2** Pessoa que faz parte da Força Expedicionária Brasileira.

expediente ⟨ex.pe.di.en.te⟩ (Pron. [espediente]) s.m. **1** Tempo dedicado ao trabalho diário ou semanal. □ SIN. **jornada**. **2** Horário de funcionamento de um estabelecimento: *Nesta loja, o expediente é das 9 às 18 horas*. **3** Aquilo que é usado para superar um obstáculo ou para conseguir algo: *Para que sua oferta não fosse recusada, usou todos os seus expedientes*. **4** Facilidade ou graça na forma de agir ou de falar.

expedir ⟨ex.pe.dir⟩ (Pron. [espedir]) ❚ v.t.d./v.t.d.i. **1** Enviar, remeter ou mandar (algo) [a uma pessoa ou a um lugar]: *Para expedir pacotes pelo correio, é necessário fornecer os dados do destinatário*. ❚ v.t.d. **2** Emitir (um documento, especialmente): *Demoraram cinco dias para expedir meu RG*. □ GRAMÁTICA É um verbo irregular →PEDIR.

expedito, ta ⟨ex.pe.di.to, ta⟩ (Pron. [espedito]) adj. Rápido na forma de agir.

expelir ⟨ex.pe.lir⟩ (Pron. [espelir]) ❚ v.t.d. **1** Fazer sair do organismo: *O médico pediu-me para respirar fundo e expelir o ar pela boca*. ❚ v.t.d./v.t.d.i. **2** Arremessar ou jorrar (algo) [para um lugar], geralmente com força: *Um vulcão em erupção expele cinzas incandescentes*. □ SIN. **golfar**. □ GRAMÁTICA É um verbo irregular →SERVIR.

experiência ⟨ex.pe.ri.ên.cia⟩ (Pron. [esperiência]) s.f. **1** Aprendizado adquirido a partir da execução de tarefas práticas ou da própria vivência. **2** Procedimento ou conjunto de operações para descobrir ou para verificar fenômenos ou princípios, geralmente científicos: *uma experiência química*. □ SIN. **experimento**.

experiente ⟨ex.pe.ri.en.te⟩ (Pron. [esperiente]) adj.2g. Que tem experiência.

experimental ⟨ex.pe.ri.men.tal⟩ (Pron. [esperimental]) (pl. *experimentais*) adj.2g. **1** Que se baseia na experiência ou nos experimentos. **2** Que serve de experimento visando possíveis aperfeiçoamentos ou aplicações e posterior difusão.

experimentar ⟨ex.pe.ri.men.tar⟩ (Pron. [esperimentar]) v.t.d. **1** Provar ou examinar: *Experimente esse doce!* **2** Notar ou sentir (uma sensação): *Ele experimentou uma alegria imensa ao se tornar pai*. **3** Colocar (uma peça do vestuário) para ver se fica bem: *Antes de sair, experimentou três ternos até gostar de um*.

experimento ⟨ex.pe.ri.men.to⟩ (Pron. [esperimento]) s.m. Procedimento ou conjunto de operações para descobrir ou para verificar fenômenos ou princípios, geralmente científicos: *Fizemos um experimento para verificar a existência de clorofila nas folhas*. □ SIN. **experiência**.

experto, ta ⟨ex.per.to, ta⟩ (Pron. [esperto]) adj./s. Que ou quem tem grande experiência ou habilidade em uma matéria ou em uma atividade. □ ORTOGRAFIA É diferente de *esperto*.

expetativa ⟨ex.pe.ta.ti.va⟩ (Pron. [espetativa]) s.f. →expectativa

expetorante ⟨ex.pe.to.ran.te⟩ (Pron. [espetorante]) adj.2g./s.m. →expectorante

expiação ⟨ex.pi.a.ção⟩ (Pron. [espiação]) (pl. *expiações*) s.f. **1** Em algumas religiões, expurgação de uma culpa ou purificação mediante um sacrifício ou uma penitência. **2** Cumprimento de uma pena.

expiar ⟨ex.pi.ar⟩ (Pron. [espiar]) v.t.d. **1** Em algumas religiões, reparar (uma culpa) mediante um sacrifício ou uma penitência. **2** Sofrer ou cumprir uma pena imposta por causa de (um delito ou a algo negativo que se fez): *Ela expiou seu crime passando vinte anos na prisão*. □ ORTOGRAFIA É diferente de *espiar*.

expiatório, ria ⟨ex.pi.a.tó.rio, ria⟩ (Pron. [espiatório]) adj. Que serve para expiar uma culpa.

expiração ⟨ex.pi.ra.ção⟩ (Pron. [espiração]) (pl. *expirações*) s.f. **1** Ato ou efeito de expirar: *Preciso verificar a data de expiração do meu documento*. **2** Expulsão do ar dos pulmões.

expirar ⟨ex.pi.rar⟩ (Pron. [espirar]) ❚ v.int. **1** Deixar de viver: *A paciente expirou no fim da tarde*. **2** Acabar ou terminar (um período de tempo, especialmente): *O prazo para as inscrições expira amanhã*. ❚ v.t.d. **3** Expulsar dos pulmões (o ar): *Quando praticamos esportes, é conveniente expirar o ar pela boca*. **4** Desprender ou exalar (um odor): *As rosas expiram uma suave fragrância*.

explanar ⟨ex.pla.nar⟩ (Pron. [esplanar]) v.t.d. Explicar ou expor de forma minuciosa: *Escreveu um artigo para explanar suas ideias*.

expletivo, va ⟨ex.ple.ti.vo, va⟩ (Pron. [espletivo]) adj./s.m. Em relação a uma palavra ou a uma expressão, que não são necessárias para o sentido da frase, ainda que lhe agreguem valores expressivos.

explicação ⟨ex.pli.ca.ção⟩ (Pron. [esplicação]) (pl. *explicações*) s.f. **1** Exposição sobre algo a fim de torná-lo claro e compreensível. **2** Justificativa oferecida como desculpa por um erro ou uma falta: *Não há explicações para um comportamento tão absurdo*. **3** Aquilo que justifica uma atitude ou um acontecimento: *Como ele não deu explicações, não sei o que aconteceu*.

explicar ⟨ex.pli.car⟩ (Pron. [esplicar]) ❚ v.t.d./v.t.d.i. **1** Expor (algo difícil de compreender) [a alguém] de forma clara para torná-lo compreensível: *Ele explicou a que o autor se referia no texto*. **2** Declarar, manifestar ou tornar conhecido (algo) [a alguém]: *Tente não chorar e explique o que viu*. ❚ v.t.d. **3** Ensinar ou lecionar (uma matéria): *O professor nos explicou aritmética na última aula*. ❚ v.t.d./v.prnl. **4** Justificar(-se) oferecendo uma desculpa: *Ainda estou esperando que ela explique sua ausência*. ❚ v.t.d./v.t.d.i. **5** Deixar claro (o motivo de algo) [a alguém]: *Eles já me explicaram porque não viajarão*. □ ORTOGRAFIA Antes de e, o c muda para qu →BRINCAR.

explicativo, va ⟨ex.pli.ca.ti.vo, va⟩ adj. Que explica ou que introduz uma explicação.

explicitar ⟨ex.pli.ci.tar⟩ (Pron. [esplicitar]) v.t.d. Tornar explícito: *O contrato explicita que esses gastos ficam por conta do inquilino*.

explícito, ta ⟨ex.plí.ci.to, ta⟩ (Pron. [esplícito]) adj. Que está claramente expresso, ou que expressa algo com clareza. □ USO É diferente de *implícito* (que se subentende sem ser expresso claramente).

explodir ⟨ex.plo.dir⟩ (Pron. [esplodir]) ❚ v.int. **1** Causar explosão: *Um botijão de gás explodiu durante a madrugada*. ❚ v.t.i. **2** Manifestar-se violenta ou repentinamente [em uma demonstração de emoção]: *explodir em* *gargalhadas.* ▎v.int. **3** Manifestar-se violenta ou repentinamente: *Explodiu e disse o que sentia.* ☐ GRAMÁTICA É um verbo defectivo, pois não apresenta conjugação completa →BANIR.

exploração ⟨ex.plo.ra.ção⟩ (Pron. [esploração]) (pl. *explorações*) s.f. Ato ou efeito de explorar: *a exploração de minério; a exploração dos trabalhadores.*

explorador, -a ⟨ex.plo.ra.dor, do.ra⟩ (Pron. [explorador], [exploradôra]) ▎adj./s. **1** Que ou quem explora. **2** Pessoa que explora um território distante e pouco conhecido. **3** Pessoa que explora o trabalho de outra de maneira ilegal.

explorar ⟨ex.plo.rar⟩ (Pron. [esplorar]) v.t.d. **1** Tirar proveito de (algo que traz benefícios): *Durante o ciclo de ouro, muitas minas foram exploradas em Minas Gerais.* **2** Usar as qualidades ou os sentimentos de (alguém) em proveito próprio, geralmente de forma abusiva: *A empresa foi denunciada por explorar seus funcionários.* **3** Examinar ou percorrer (um território) para descobrir o que há nele: *Ao explorar a região, encontraram vestígios de animais pré-históricos.* **4** Examinar ou observar (um objeto de estudo): *Essa equipe de cientistas está explorando o DNA humano.*

explosão ⟨ex.plo.são⟩ (Pron. [esplosão]) (pl. *explosões*) s.f. **1** Liberação brusca de grande quantidade de energia contida em um volume relativamente pequeno, que produz um aumento grande e rápido da pressão, com desprendimento de calor, de luz e de gases, e que é acompanhada de barulho e de um rompimento violento do recipiente que a contém: *a explosão de uma bomba.* **2** Dilatação repentina de um gás contido em um dispositivo mecânico a fim de produzir movimento: *um motor de explosão.* **3** Manifestação, desenvolvimento ou aumento repentinos ou consideráveis de algo: *Com a explosão demográfica, a população das cidades cresceu desmedidamente.*

explosivo, va ⟨ex.plo.si.vo, va⟩ (Pron. [esplosivo]) ▎adj. **1** Que causa ou que pode causar explosão. **2** Que impressiona ou que chama a atenção: *um discurso explosivo.* ▎adj./s.m. **3** Em relação a uma substância, que se incendeia com explosão.

expoente ⟨ex.po.en.te⟩ (Pron. [espoente]) s.2g. **1** Pessoa que expõe: *A expoente da palestra é uma professora conhecida.* ▎s.m. **2** Em matemática, número ou expressão algébrica que se coloca na parte superior direita de outro número ou de outra expressão, e que indica quantas vezes eles devem ser multiplicados por eles mesmos. **3** Protótipo ou exemplo representativo de algo: *A Bossa Nova é um dos maiores expoentes da música brasileira.*

exponencial ⟨ex.po.nen.ci.al⟩ (pl. *exponenciais*) adj.2g. **1** Em relação especialmente a um crescimento, que tem um ritmo que aumenta cada vez mais rapidamente. **2** Que é de grande importância ou relevância para seu meio.

expor ⟨ex.por⟩ (Pron. [espôr]) ▎v.t.d./v.t.d.i./v.prnl. **1** Mostrar(-se) ou apresentar(-se) para ser visto (algo) [ao público]: *Essa pintora expõe suas obras em uma galeria.* ▎v.t.d./v.t.d.i. **2** Dizer (algo) [a alguém] para torná-lo conhecido: *Ela expôs o plano de forma detalhada.* ▎v.t.d./v.t.d.i./v.prnl. **3** Colocar(-se) em risco ou sujeitar(-se) (algo ou alguém) [a um perigo]: *Evito sair às ruas durante a madrugada para não me expor.* ▎v.t.d./v.t.d.i. **4** Evidenciar ou deixar nítido (algo) [a alguém]: *Seu olhar expunha a alegria que sentia.* ☐ GRAMÁTICA É um verbo irregular →PÔR.

exportação ⟨ex.por.ta.ção⟩ (Pron. [esportação]) (pl. *exportações*) s.f. **1** Ato ou efeito de exportar. **2** Conjunto de bens exportados.

exportador, -a ⟨ex.por.ta.dor, do.ra⟩ (Pron. [esportador], [esportadôra]) adj./s. Que ou quem exporta.

exportar ⟨ex.por.tar⟩ (Pron. [esportar]) v.t.d. **1** Vender ou enviar a um país estrangeiro (um produto nacional): *O Brasil exporta produtos agrícolas para diversos países.* **2** Em informática, gravar em um formato determinado a informação contida em (uma pasta ou um arquivo) para que possa ser lido por um programa ou por um aplicativo. ☐ USO Na acepção 1, é diferente de *importar* (introduzir um produto estrangeiro em um país).

exposição ⟨ex.po.si.ção⟩ (Pron. [esposição]) (pl. *exposições*) s.f. **1** Ato ou efeito de expor(-se): *O deputado fez uma exposição detalhada de seu projeto. A exposição prolongada ao sol pode provocar insolação e queimaduras.* **2** Conjunto de objetos que se expõem: *uma exposição de quadros.*

expositivo, va ⟨ex.po.si.ti.vo, va⟩ (Pron. [espositivo]) adj. Que expõe, que declara ou que interpreta.

expositor, -a ⟨ex.po.si.tor, to.ra⟩ (Pron. [espositôr], [espositôra]) ▎adj./s. **1** Em relação a uma pessoa ou a uma entidade, que exibem algo em uma exposição. ▎s.m. **2** Móvel em que se coloca aquilo que se expõe.

exposto, ta ⟨ex.pos.to, ta⟩ (Pron. [espôsto], [espósta], [espósto], [espóstas]) ▎▎**1** Particípio irregular de **expor** ▎s. **2** Pessoa recém-nascida que foi abandonada em algum lugar ou entregue em um estabelecimento beneficente.

expressão ⟨ex.pres.são⟩ (Pron. [espressão]) (pl. *expressões*) s.f. **1** Declaração daquilo que se quer deixar conhecer: *Muitas pessoas tímidas têm problemas quanto à expressão de seus sentimentos.* **2** Palavra ou conjunto de palavras: *Em seus livros, utiliza muitas expressões latinas.* **3** Forma ou maneira de se expressar: *a expressão oral.* **4** Vivacidade e exatidão com que se manifestam os sentimentos e as emoções: *É uma pessoa sincera, com muita expressão nos olhos.* **5** Em matemática, conjunto de termos que representam uma quantidade: *Os polinômios são expressões algébricas.* ‖ **expressão idiomática** Sequência de palavras que só fazem sentido quando aparecem juntas em uma determinada ordem: *Pisar na bola é uma expressão idiomática que significa cometer uma falha com alguém.*

expressar ⟨ex.pres.sar⟩ (Pron. [espressar]) ▎v.t.d./v.t.d.i./v.prnl. **1** Demonstrar ou tornar(-se) manifesto [a alguém] (um estado de espírito, especialmente): *Sua tranquilidade se expressa pelo olhar.* ▎v.t.d. **2** Representar ou ser símbolo de (uma qualidade ou uma característica): *As cores escuras do quadro expressam melancolia.* ☐ SIN. **exprimir.** ▎v.prnl. **3** Fazer-se entender por meio de palavras: *Mesmo com três anos, expressa-se muito bem.* ☐ SIN. **exprimir.** ☐ GRAMÁTICA É um verbo abundante, pois apresenta dois particípios: *expressado* e *expresso*.

expressividade ⟨ex.pres.si.vi.da.de⟩ s.f. Condição de expressivo.

expressivo, va ⟨ex.pres.si.vo, va⟩ (Pron. [espressivo]) adj. Que manifesta ou que mostra com vivacidade um pensamento, um sentimento ou uma sensação.

expresso, sa ⟨ex.pres.so, sa⟩ (Pron. [espresso]) ▎▎**1** Particípio irregular de **expressar** e de **exprimir.** ▎adj. **2** Claro, evidente ou especificado. **3** Que não pode ser contrariado: *uma ordem expressa.* **4** Que não demora ou que pretende proporcionar rapidez: *uma via expressa.* ▎adj./s.m. **5** Em relação a um meio de transporte público, especialmente se for um trem ou um ônibus, que circula em grande velocidade e não faz paradas intermediárias, ou que para somente nas principais estações de um trajeto.

exprimir

exprimir ⟨ex.pri.mir⟩ (Pron. [esprimir]) ▌v.t.d./v.t.d.i. **1** Demonstrar ou manifestar (algo) [a alguém] com palavras, olhares, gestos ou desenhos: *Tem dificuldade para exprimir os sentimentos.* ▌v.prnl. **2** Manifestar-se com palavras, olhares, gestos ou desenhos: *Ela se exprime por meio de sua arte.* ▌v.t.d. **3** Representar ou ser símbolo de (uma qualidade ou uma característica): *O ritmo forte do poema exprime o movimento das ondas do mar.* □ SIN. expressar. ▌v.prnl. **4** Fazer-se entender por meio de palavras: *Não consegue se exprimir e por isso tem dificuldades para apresentar suas ideias.* □ SIN. expressar. □ GRAMÁTICA É um verbo abundante, pois apresenta dois particípios: *exprimido* e *expresso*.

expugnar ⟨ex.pug.nar⟩ (Pron. [espugnar]) v.t.d. Conquistar usando armas (uma posição ou uma região militar).

expulsão ⟨ex.pul.são⟩ (Pron. [espulsão]) (pl. *expulsões*) s.f. **1** Ato ou efeito de expulsar. **2** Afastamento não voluntário ou abandono obrigatório de um grupo ou de um local. **3** Saída ou lançamento de algo para fora: *O escapamento de um carro permite a expulsão dos gases da combustão.*

expulsar ⟨ex.pul.sar⟩ (Pron. [espulsar]) v.t.d./v.t.d.i. Obrigar a sair (alguém) [de um lugar ou do interior de algo]: *A segurança do clube expulsou os baderneiros.* □ GRAMÁTICA É um verbo abundante, pois apresenta dois particípios: *expulsado* e *expulso*.

expurgação ⟨ex.pur.ga.ção⟩ (Pron. [espurgação]) (pl. *expurgações*) s.f. Ato ou efeito de expurgar(-se): *a expurgação de um terreno; a expurgação de um texto.* □ SIN. expurgo.

expurgar ⟨ex.pur.gar⟩ (Pron. [espurgar]) ▌v.t.d. **1** Limpar ou purificar (algo): *expurgar um machucado.* ▌v.t.d./v.t.d.i./v.prnl. **2** Corrigir(-se) ou livrar(-se) (algo) [de erros]: *O autor expurgou o texto de imperfeições.* □ ORTOGRAFIA Antes de *e*, o *g* muda para *gu* →CHEGAR.

expurgo ⟨ex.pur.go⟩ (Pron. [espurgo]) s.m. Ato ou efeito de expurgar(-se): *o expurgo da mente; o expurgo de uma prova.* □ SIN. expurgação.

exsudar ⟨ex.su.dar⟩ (Pron. [essudar]) v.t.d./v.int. Secretar(-se) em forma de gotas.

êxtase ⟨êx.ta.se⟩ (Pron. [êstase]) s.m. Estado de plenitude, satisfação e contentamento provocado por uma visão ou uma sensação agradáveis: *Entrou em êxtase com o nascimento da filha.*

extasiar ⟨ex.ta.si.ar⟩ (Pron. [estasiar]) v.t.d./v.prnl. Causar o sentir grande admiração ou prazer: *A beleza do balé nos extasiou.* □ SIN. embevecer, enlevar.

extático, ca ⟨ex.tá.ti.co, ca⟩ (Pron. [estático]) adj. Que está em êxtase. □ ORTOGRAFIA É diferente de *estático*.

extemporâneo, nea ⟨ex.tem.po.râ.neo, nea⟩ (Pron. [estemporâneo]) adj. **1** Que é impróprio para uma determinada época. **2** Inoportuno ou inconveniente.

extensão ⟨ex.ten.são⟩ (Pron. [estensão]) (pl. *extensões*) s.f. **1** Superfície, dimensão ou espaço ocupado. **2** Ampliação ou aumento do espaço que algo ocupa: *Estão trabalhando em uma obra de extensão da rede elétrica.* **3** Tempo de duração: *Qual será a extensão do curso?* **4** Difusão ou propagação de uma notícia ou de algo semelhante: *A extensão daquele rumor atingiu dimensões absurdas.* **5** Aparelho de telefone conectado a outro que tem a mesma linha: *O técnico instalou uma extensão em cada quarto da casa.* **6** Em informática, conjunto de caracteres que identificam o tipo de arquivo. **7** Em música, intervalo ou distância entre a nota mais grave e a mais aguda que uma voz ou um instrumento podem alcançar. ∥ **em toda a extensão da palavra** Em seu sentido mais amplo: *É uma pessoa boa, em toda a extensão da palavra.*

extensivo, va ⟨ex.ten.si.vo, va⟩ (Pron. [estensivo]) adj. Que se pode estender, comunicar ou aplicar a outras coisas.

extenso, sa ⟨ex.ten.so, sa⟩ (Pron. [estenso]) adj. Com grande extensão ou com extensão maior que o normal. ∥ **por extenso** De maneira completa e sem abreviações: *No formulário, não use algarismos e sim números por extenso.*

extenuar ⟨ex.te.nu.ar⟩ (Pron. [estenuar]) v.t.d./v.prnl. Debilitar(-se) ou cansar(-se) ao máximo: *A longa caminhada nos extenuou. Extenuou-se ao subir as escadas correndo.*

exterior ⟨ex.te.ri.or⟩ (Pron. [esteriôr]) ▌adj.2g. **1** Que está fora ou na parte de fora. **2** Que se desenvolve fora de um país ou que se estabelece com outros países: *o comércio exterior.* ▌s.m. **3** Parte de fora de alguma coisa. **4** Em uma pessoa, aspecto ou postura. *Além da beleza interna, seu exterior é belo.* **5** País ou conjunto de países diferentes do próprio: *Estudou um ano no exterior.*

exterioridade ⟨ex.te.ri.o.ri.da.de⟩ (Pron. [esteriorida-de]) s.f. Condição do que é exterior.

exteriorização ⟨ex.te.ri.o.ri.za.ção⟩ (Pron. [esteriorização]) (pl. *exteriorizações*) s.f. **1** Ato ou efeito de exteriorizar(-se). **2** Demonstração ou manifestação de opiniões ou de sentimentos.

exteriorizar ⟨ex.te.ri.o.ri.zar⟩ (Pron. [esteriorizar]) v.t.d./v.prnl. Demonstrar ou tornar(-se) manifesto (um sentimento ou uma opinião): *É muito reservado e não exterioriza suas vontades.* □ SIN. externar.

exterminar ⟨ex.ter.mi.nar⟩ (Pron. [esterminar]) v.t.d. Destruir ou acabar com (algo existente): *Os agricultores usaram inseticidas para exterminar as pragas.*

extermínio ⟨ex.ter.mí.nio⟩ (Pron. [estermínio]) s.m. Desaparecimento ou devastação totais causados por agentes externos: *o extermínio de algumas espécies.*

externa ⟨ex.ter.na⟩ (Pron. [esterna]) s.f. Em uma produção audiovisual, gravação feita fora do estúdio.

externar ⟨ex.ter.nar⟩ (Pron. [esternar]) v.t.d./v.prnl. Demonstrar ou tornar(-se) manifesto (um sentimento ou uma opinião): *Mesmo não sendo solicitado, externou o que pensava.* □ SIN. exteriorizar.

externato ⟨ex.ter.na.to⟩ (Pron. [esternato]) s.m. Centro de formação e de instrução onde estudam alunos externos. □ USO É diferente de *internato* (lugar em que residem pessoas internas, especialmente alunos).

externo, na ⟨ex.ter.no, na⟩ (Pron. [esterno]) ▌adj. **1** Que está, que age, que se manifesta ou que se desenvolve no exterior. ▌adj./s. **2** Em relação especialmente a um aluno, que não vive no lugar onde estuda. □ ORTOGRAFIA É diferente de *esterno*.

extinção ⟨ex.tin.ção⟩ (Pron. [estinção]) (pl. *extinções*) s.f. **1** Estado ou condição daquilo ou daquele que deixou de existir. **2** Desaparecimento total de algo que foi diminuindo aos poucos: *Devido à caça, a baleia é uma espécie ameaçada de extinção.*

extinguir ⟨ex.tin.guir⟩ (Pron. [estinguir]) ▌v.t.d./v.prnl. **1** Apagar(-se) (o fogo): *Com a chuva, o fogo se extinguiu.* □ SIN. debelar. **2** Pôr fim a (algo) ou acabar(-se) totalmente, depois de ter diminuído pouco a pouco: *Apesar da distância, a amizade entre eles não se extinguiu.* ▌v.t.d. **3** Liquidar ou dar por encerrada (uma dívida). □ SIN. saldar. **4** Fazer perder o efeito ou invalidar (algo válido): *O Congresso extinguiu a antiga lei.* ▌v.prnl. **5** Acabar ou perder a vida. □ ORTOGRAFIA Antes de *a* e *o*, o *gu* muda para *g* →DISTINGUIR. □ GRAMÁTICA É um verbo abundante, pois apresenta dois particípios: *extinguido* e *extinto*.

extinto, ta ⟨ex.tin.to, ta⟩ (Pron. [estinto]) ▌**1** Particípio irregular de **extinguir**. ▌adj./s. **2** Que ou quem está morto.

extintor, -a ⟨ex.tin.tor, to.ra⟩ (Pron. [estintôr], [estintôra]) ▌adj. **1** Que extingue. ▌s.m. **2** Instrumento que é usado para apagar fogo e que contém um líquido ou um fluido que dificultam a combustão.

extirpar ⟨ex.tir.par⟩ (Pron. [estirpar]) v.t.d. Arrancar pela raiz ou cortar desde a base: *Os médicos extirparam um cisto do paciente. Uma das prioridades desse governo é extirpar a corrupção.*

extorquir ⟨ex.tor.quir⟩ (Pron. [estorquir]) v.t.d./v.t.d.i. Tomar posse de ou arrancar por força ou por intimidação (algo) [de alguém]: *extorquir dinheiro de alguém.* □ GRAMÁTICA É um verbo defectivo, pois não apresenta conjugação completa →BANIR.

extorsão ⟨ex.tor.são⟩ (Pron. [estorsão]) (pl. *extorsões*) s.f. **1** Imposição feita a alguém, especialmente se for sob ameaça, para obter dinheiro ou outro benefício: *uma vítima de extorsão.* **2** Imposto muito alto ou indevido: *Essas taxas são uma verdadeira extorsão.*

extra ⟨ex.tra⟩ (Pron. [estra]) ▌adj.2g. **1** →**extraordinário** ▌s.2g. **2** Em uma representação teatral, televisiva ou cinematográfica, pessoa que atua como figurante ou que faz parte da apresentação, sem ter uma participação destacada. ▌s.m. **3** Gasto que não estava previsto. □ USO Na acepção 3, usa-se geralmente a forma plural *extras*.

extra- **1** Prefixo que indica posição exterior: *extraterrestre*. **2** Prefixo que indica excesso: *extrafino*.

extração ⟨ex.tra.ção⟩ (Pron. [estração]) (pl. *extrações*) s.f. **1** Ato ou efeito de extrair: *a extração de um dente.* **2** Sorteio dos números ou dos bilhetes de uma loteria: *Na última extração, não houve nenhum ganhador.*

extraconjugal ⟨ex.tra.con.ju.gal⟩ (Pron. [estraconjugal]) (pl. *extraconjugais*) adj.2g. Que acontece fora do casamento.

extraditar ⟨ex.tra.di.tar⟩ (Pron. [estraditar]) v.t.d. Entregar às autoridades de outro país mediante solicitação (um refugiado ou a uma pessoa detida em um país).

extrair ⟨ex.tra.ir⟩ (Pron. [estrair]) ▌v.t.d./v.t.d.i. **1** Retirar (algo) [de onde está inserido ou situado]: *O dentista extraiu o meu dente do siso.* ▌v.t.d. **2** Calcular o valor de (uma raiz matemática): *Extraindo a raiz quadrada de 9, obtemos 3.* □ GRAMÁTICA É um verbo irregular →CAIR.

extrajudicial ⟨ex.tra.ju.di.ci.al⟩ (Pron. [estrajudicial]) (pl. *extrajudiciais*) adj.2g. Que se faz ou que se trata por vias não judiciais.

extranumerário, ria ⟨ex.tra.nu.me.rá.rio, ria⟩ (Pron. [estranumerário]) ▌adj. **1** Distante do número esperado. ▌adj./s. **2** Que ou quem não pertence ao quadro de funcionários efetivos de uma empresa.

extraoficial ⟨ex.tra.o.fi.ci.al⟩ (Pron. [estraoficial]) (pl. *extraoficiais*) adj.2g. **1** Que não é oficial. **2** Que não tem relações com o Estado.

extraordinário, ria ⟨ex.tra.or.di.ná.rio, ria⟩ (Pron. [estraordinário]) adj. **1** Que excede o usual ou o ordinário. **2** De tamanho, de quantidade ou de qualidade superiores àquilo que é usual ou comum: *um trabalho extraordinário.* □ SIN. **colossal, formidável. 3** Que é dado ou feito por acréscimo ou como complemento: *uma taxa extraordinária.* □ USO Na acepção 3, usa-se também a forma reduzida *extra*.

extrapolar ⟨ex.tra.po.lar⟩ (Pron. [estrapolar]) ▌v.t.d. **1** Exceder ou ultrapassar (certo limite): *extrapolar um prazo.* ▌v.int. **2** Exceder-se ou ultrapassar os limites: *Ela extrapolou ao falar conosco daquela forma.* ▌v.t.d. **3** Chegar a uma conclusão por meio de generalizações, ultrapassando os limites de comprovação de (algo) impostos pela insuficiência de dados: *Como não leu o livro até o final, está extrapolando sua interpretação.*

extrassensorial ⟨ex.tras.sen.so.ri.al⟩ (Pron. [estrassensorial]) (pl. *extrassensoriais*) adj.2g. Que se percebe ou que acontece sem a intervenção dos órgãos sensoriais ou que fica fora da esfera desses.

extraterreno, na ⟨ex.tra.ter.re.no, na⟩ (Pron. [estraterrêno]) adj./s. **1** Do espaço exterior à Terra, relacionado a ele ou procedente dele. □ SIN. **extraterrestre. 2** Que vem de outro planeta. □ SIN. **alienígena, extraterrestre.**

extraterrestre ⟨ex.tra.ter.res.tre⟩ (Pron. [estraterrestre]) ▌adj.2g. **1** Do espaço exterior à Terra, relacionado a ele ou procedente dele. □ SIN. **extraterreno.** ▌adj.2g/s.2g. **2** Que vem de outro planeta. □ SIN. **alienígena, extraterreno.**

extrativismo ⟨ex.tra.ti.vis.mo⟩ (Pron. [estrativismo]) s.m. Atividade que consiste na extração de recursos naturais para a venda ou para a atividade industrial: *O extrativismo de madeira na Amazônia já provocou a extinção de muitas espécies.*

extrativo, va ⟨ex.tra.ti.vo, va⟩ (Pron. [estrativo]) adj. Da extração ou relacionado a ela.

extrato ⟨ex.tra.to⟩ (Pron. [estrato]) s.m. **1** Aquilo que foi extraído de algo: *Usam extrato de amêndoas na preparação de essências.* **2** Parte extraída de um texto: *Analisamos um extrato do romance.* **3** Resumo de algo, especialmente se for escrito e se expressar apenas o mais importante: *um extrato bancário.* □ ORTOGRAFIA É diferente de *estrato*.

extravagância ⟨ex.tra.va.gân.cia⟩ (Pron. [estravagância]) s.f. Condição de extravagante: *Passear com um papagaio nos ombros era uma de suas extravagâncias.*

extravagante ⟨ex.tra.va.gan.te⟩ (Pron. [estravagante]) adj.2g./s.2g. **1** Raro e fora do comum por ser excessivamente peculiar ou original. **2** Que ou quem gasta muito dinheiro.

extravasar ⟨ex.tra.va.sar⟩ (Pron. [estravasar]) v.t.d./v.int./v.prnl. Manifestar(-se) (um sentimento), geralmente de maneira impetuosa: *Às vezes gritava só para extravasar sua raiva.*

extraviar ⟨ex.tra.vi.ar⟩ (Pron. [estraviar]) ▌v.t.d./v.prnl. **1** Perder(-se), fazer desaparecer ou desaparecer: *Extraviaram nossa mala no aeroporto.* ▌v.t.d. **2** Desviar de forma ilícita: *Extraviou o dinheiro da conta do sócio.*

extravio ⟨ex.tra.vi.o⟩ (Pron. [estravio]) s.m. **1** Perda ou desaparecimento de algo, de modo que não se consiga encontrá-lo: *o extravio de um documento.* **2** Desvio ou perda do caminho: *O extravio aconteceu a três ruas da empresa.* **3** Desvio ilícito: *O acusado assumiu a responsabilidade pelo extravio do dinheiro.* **4** Corrupção, especialmente se for moral: *Andar com más companhias o levou ao extravio.*

extremar ⟨ex.tre.mar⟩ (Pron. [estremar]) v.t.d./v.prnl. Tornar(-se) máximo ou chegar ao extremo: *Os anfitriões extremaram-se em gentilezas.*

extrema-unção ⟨ex.tre.ma-un.ção⟩ (Pron. [estrema--unção]) (pl. *extrema-unções* ou *extremas-unções*) s.f. Na Igreja Católica, sacramento administrado a fiéis gravemente doentes ou à beira da morte, para consolá-los ou confortá-los.

extremidade ⟨ex.tre.mi.da.de⟩ (Pron. [estremidade]) s.f. **1** Parte que está no princípio ou no fim de algo: *Meu amigo estava na extremidade do corredor.* □ SIN. **extremo. 2** Miséria extrema.

extremismo ⟨ex.tre.mis.mo⟩ (Pron. [estremismo]) s.m. Postura de quem tem ideias ou toma atitudes extremas ou exageradas: *o extremismo político.*

extremista ⟨es.tre.mis.ta⟩ adj.2g./s.2g. Que ou quem adota ideias ou atitudes extremas ou exageradas.

extremo, ma ⟨ex.tre.mo, ma⟩ (Pron. [estrêmo]) ▌adj. **1** Excessivo, enorme ou com o máximo grau de intensidade:

extremoso

um frio extremo. **2** Que se encontra no limite de algo: *um grupo de extrema direita.* ▌s.m **3** Parte que está no princípio ou no fim de algo: *Eles moram no outro extremo da cidade.* ◻ SIN. extremidade. **4** Último ponto ou limite aos quais uma coisa pode chegar: *O bombeiro chegou aos extremos para salvar aquelas vidas.* ▌s.m.pl. **5** Carinhos em abundância: *Sempre está se entregando a extremos com o filho.* ‖ **{ao/em} extremo** Muito ou excessivamente: *No trabalho, era rigoroso ao extremo.*

extremoso, sa ⟨ex.tre.mo.so, sa⟩ (Pron. [estremôso], [estremósa], [estremósos], [estremósas]) adj. Que não se modera e que não tem meios-termos em seus sentimentos ou em suas ações.

extrínseco, ca ⟨ex.trín.se.co, ca⟩ (Pron. [estrínsico]) adj. Que não é próprio nem característico de algo, ou que é externo a ele. ◻ USO É diferente de *intrínseco* (próprio e característico de algo por si mesmo e não por causas exteriores).

extroversão ⟨ex.tro.ver.são⟩ (Pron. [estroversão]) (pl. *extroversões*) s.f. Comportamento de uma pessoa que é sociável, se expressa com facilidade e manifesta seus sentimentos: *Para trabalhar com o público é necessário ter extroversão.*

extrovertido, da ⟨ex.tro.ver.ti.do, da⟩ (Pron. [estrovertido]) adj. Que tem caráter aberto, falante, sociável e que tende a manifestar seus sentimentos.

exuberância ⟨e.xu.be.rân.cia⟩ (Pron. [ezuberância]) s.f. Qualidade de exuberante: *A Amazônia apresenta exuberância em termos de fauna e flora.*

exuberante ⟨e.xu.be.ran.te⟩ (Pron. [ezuberante]) adj.2g. **1** Abundante ou desenvolvido de maneira extraordinária. **2** Que expressa ou manifesta energia, vitalidade ou alegria.

exultação ⟨e.xul.ta.ção⟩ (Pron. [ezultação]) (pl. *exultações*) s.f. Alegria intensa, especialmente se for manifestada com sinais exteriores. ◻ SIN. gáudio, jubilação, júbilo.

exultar ⟨e.xul.tar⟩ (Pron. [ezultar]) v.int. Mostrar grande alegria, satisfação ou ânimo: *A mãe exultou ao rever a filha no aeroporto.*

exumar ⟨e.xu.mar⟩ (Pron. [ezumar]) ▌v.t.d. **1** Desenterrar (um cadáver): *exumar um corpo.* ▌v.t.d./v.t.d.i. **2** Tirar (algo) [do esquecimento]: *exumar o passado.* ◻ USO Na acepção 1, é diferente de *inumar* (enterrar um cadáver).

ex-voto ⟨ex-vo.to⟩ (Pron. [ecs-voto] ou [es-voto]) (pl. *ex-votos*) s.m. Em algumas religiões, homenagem ou oferta dedicadas a uma divindade como forma de agradecimento por uma graça alcançada.

-ez, -eza Sufixo que indica qualidade: *rigidez, polidez, delicadeza, malvadeza.*

f ❙ s.m. **1** Sexta letra do alfabeto. ❙ numer. **2** Em uma sequência, que ocupa o sexto lugar: *Sentamos na fileira f.* ▫ GRAMÁTICA Na acepção 1, o plural é ff.

fá s.m. Em música, quarta nota ascendente ou quinta nota descendente da escala de dó.

fã s.2g. Admirador incondicional: *o fã de uma cantora; um fã de motos.*

fábrica ⟨fá.bri.ca⟩ s.f. Lugar equipado com as instalações necessárias para transformar matéria-prima em produtos: *uma fábrica de carros.* ▫ SIN. **usina.**

fabricação ⟨fa.bri.ca.ção⟩ (pl. *fabricações*) s.f. Ato ou efeito de fabricar. ▫ SIN. **fabrico.**

fabricante ⟨fa.bri.can.te⟩ adj.2g./s.2g. Que ou quem fabrica.

fabricar ⟨fa.bri.car⟩ v.t.d/v.int. **1** Produzir em série (um produto), geralmente por meios mecânicos: *Nesta indústria, fabricam diversos tipos de eletrodomésticos.* **2** Preparar ou produzir (um produto) a partir de uma matéria-prima: *As abelhas fabricam mel.* ▫ ORTOGRAFIA Antes de e, o c muda para *qu* →BRINCAR.

fabrico ⟨fa.bri.co⟩ s.m. Ato ou efeito de fabricar. ▫ SIN. **fabricação.**

fabril ⟨fa.bril⟩ (pl. *fabris*) adj.2g. Das fábricas, da fabricação ou relacionado a elas.

fábula ⟨fá.bu.la⟩ s.f. **1** Narração literária breve e alegórica, cujos personagens são geralmente animais, e que pretende transmitir um ensinamento: *Esopo foi um escritor grego que se celebrizou por suas fábulas.* **2** Relato sem fundamento: *Suas histórias não passam de fábulas.* **3** *informal* Muito dinheiro: *Gastou uma fábula para reformar sua casa.* ▫ USO Na acepção 1, é diferente de *apólogo* (em que acontece a personificação de seres inanimados).

fabulário ⟨fa.bu.lá.rio⟩ s.m. Conjunto de fábulas.

fabulista ⟨fa.bu.lis.ta⟩ s.2g. Pessoa que escreve fábulas.

fabuloso, sa ⟨fa.bu.lo.so, sa⟩ (Pron. [fabulôso], [fabulósa], [fabulósos], [fabulósas]) adj. Maravilhoso, fantástico, extraordinário ou com as características próprias de uma fábula.

faca ⟨fa.ca⟩ s.f. Utensílio cortante formado por um cabo e uma folha de metal. ‖ **entrar na faca** *informal* Submeter-se a uma intervenção cirúrgica.

facada ⟨fa.ca.da⟩ s.f. **1** Golpe dado com uma faca: *Durante a briga foi ferido por uma facada.* **2** Marca deixada por esse golpe: *O cadáver estava coberto de facadas.* **3** Ofensa, agressão ou surpresa dolorosa: *Não esperava tamanha facada de um amigo!* **4** *informal* Preço muito alto ou excessivo.

façanha ⟨fa.ça.nha⟩ s.f. **1** Feito importante ou heroico que requer muito esforço ou dedicação: *O romance narra as façanhas de um cavaleiro medieval.* ▫ SIN. **proeza.** **2** *informal* Aquilo dito ou feito de maneira imprudente ou inadequada: *Quebrar a janela foi uma de suas últimas façanhas.*

facão ⟨fa.cão⟩ (pl. *facões*) s.m. Faca grande e forte, com cabo curto e com lâmina comprida.

facção ⟨fac.ção⟩ (pl. *facções*) s.f. Grupo de pessoas que se separa de um outro ao qual pertencia, geralmente por ter ideias diferentes: *uma facção rebelde.*

faccioso, sa ⟨fac.ci.o.so, sa⟩ (Pron. [faccióso], [facciósa], [facciósos], [facciósas]) adj./s. Que ou quem pertence a uma facção ou tem espírito sectário.

face ⟨fa.ce⟩ s.f. **1** Rosto de uma pessoa: *Ao tomar sol, ficou com a face rosada.* **2** Cada uma das duas partes verticais que se divide o rosto de uma pessoa: *Nas fotos, a atriz só mostra sua face direita.* **3** Aparência, semblante ou fisionomia: *uma face alegre.* **4** Característica ou aspecto de algo ou de alguém: *Quando contrariado, mostra sua face mais agressiva.* **5** Em um objeto, cada um

357

faceiro

de seus lados: *um cobertor dupla face*. **6** Em uma moeda ou em uma medalha, lado ou superfície principais: *Escolha uma das faces: cara ou coroa?* **7** Em um poliedro, superfície plana que o limita.

faceiro, ra ⟨fa.cei.ro, ra⟩ adj. **1** Que gosta de se arrumar ou de se enfeitar. **2** Contente, alegre ou risonho.

faceta ⟨fa.ce.ta⟩ (Pron. [facêta]) s.f. **1** Em relação a um objeto, face ou superfície planas e pequenas: *as facetas de um cubo*. **2** Característica própria de algo ou de alguém: *Os professores sempre o incentivaram a desenvolver sua faceta artística*.

fachada ⟨fa.cha.da⟩ s.f. **1** Em uma construção, muro exterior, geralmente o principal: *a fachada de uma casa*. **2** *informal* Aspecto externo ou aparência: *Seu sorriso não passava de uma fachada para disfarçar o medo*.

facho ⟨fa.cho⟩ s.m. Pedaço de madeira ou de outro material inflamável, em cuja extremidade se acende fogo, e que é levado na mão e usado para iluminar. ☐ SIN. archote. ‖ **abaixar o facho** *informal* Acalmar ou diminuir o entusiasmo ou a excitação.

facial ⟨fa.ci.al⟩ (pl. *faciais*) adj.2g. Da face, do rosto, ou relacionado a eles.

fácil ⟨fá.cil⟩ (pl. *fáceis*) ▌adj.2g. **1** Que se pode fazer sem muito trabalho ou sem muita dificuldade. **2** Que é claro e que se compreende sem complicação. **3** Dócil ou amável. **4** Sem preocupações ou sobressaltos. **5** *informal pejorativo* Que se deixa seduzir sem opor muita resistência. ▌adv. **6** Sem esforço ou com facilidade: *Como sempre presta atenção na aula, aprende fácil*. ☐ GRAMÁTICA Seus superlativos são *facílimo* e *facilíssimo*.

facilidade ⟨fa.ci.li.da.de⟩ s.f. **1** Qualidade de fácil. **2** Capacidade ou aptidão para realizar uma atividade sem muito esforço ou dificuldade: *Sempre teve facilidade para matemática*. ▌s.f.pl. **3** Meios ou circunstâncias que tornam a aquisição de um produto mais fácil ou acessível: *As facilidades de comprar pela internet atraem grande número de consumidores*.

facílimo, ma ⟨fa.cí.li.mo, ma⟩ Superlativo irregular de **fácil**.

facilitar ⟨fa.ci.li.tar⟩ ▌v.t.d./v.t.d.i. **1** Tornar (algo) mais fácil [a alguém]: *A construção de vias públicas facilitará o trânsito pela cidade*. ☐ SIN. ajudar. ▌v.t.d.i. **2** Proporcionar ou entregar (algo) [a alguém]: *Caso queira, posso facilitar-lhe o endereço deles*. ▌v.t.d. **3** Apresentar (um conhecimento ou outra informação) sem as dificuldades que ele possa ter: *A edição do livro para crianças facilita seu vocabulário*. ▌v.int. **4** Expor-se ou ser imprudente: *Foi assaltado porque facilitou, carregando todo aquele dinheiro*.

facínora ⟨fa.cí.no.ra⟩ adj.2g./s.2g. Que ou quem comete crimes com crueldade ou perversidade.

fac-símile ⟨fac-sí.mi.le⟩ (pl. *fac-símiles*) s.m. →**fax**

factível ⟨fac.tí.vel⟩ (pl. *factíveis*) adj.2g. Que se pode fazer ou realizar.

factótum ⟨fac.tó.tum⟩ (pl. *factótuns*) s.m. Pessoa que se encarrega de determinados assuntos e tarefas por delegação de outra. ☐ GRAMÁTICA Usa-se tanto para o masculino quanto para o feminino: *(ele/ela) é um factótum*.

factual ⟨fac.tu.al⟩ (pl. *factuais*) adj.2g. Dos fatos ou relacionado a eles. ☐ ORTOGRAFIA Escreve-se também *fatual*.

faculdade ⟨fa.cul.da.de⟩ s.f. **1** Capacidade ou aptidão físicas ou psíquicas: *Escrever, ler e falar são faculdades próprias ao ser humano*. **2** Poder, direito ou autorização: *Num julgamento os advogados têm a faculdade de representar seus clientes*. **3** Propriedade ou virtude: *Este medicamento tem a faculdade de baixar a febre*. **4** Em uma universidade, instituição que corresponde e se dedica a uma das áreas do conhecimento e na qual se estudam as carreiras correspondentes: *Esta universidade é composta por três faculdades: a de Administração, a de Economia e a de Engenharia*. **5** Prédio que ocupa essas instituições: *Que horas você vai para a faculdade?*

facultar ⟨fa.cul.tar⟩ v.t.d./v.t.d.i. **1** Conceder ou dar faculdade, autorização ou poder [a alguém]: *O diploma de medicina o faculta a exercer a profissão de médico*. **2** Facilitar ou permitir (algo) [a alguém]: *O segurança facultou a nossa entrada*.

facultativo, va ⟨fa.cul.ta.ti.vo, va⟩ adj. **1** Do poder para se fazer algo. **2** Que pode ser escolhido e não é obrigatório. ☐ SIN. opcional.

fada ⟨fa.da⟩ s.f. Ser fantástico do sexo feminino e com poderes mágicos: *um conto de fadas*.

fadar ⟨fa.dar⟩ ▌v.t.d.i. **1** Predizer, profetizar ou anunciar (algo futuro) [a alguém]: *Os professores fadaram-lhe uma bela carreira profissional*. ▌v.t.d./v.t.d.i. **2** Conceder, atribuir ou favorecer (alguém) [com um benefício]: *A vida a fadou com o dom da música*.

fadário ⟨fa.dá.rio⟩ s.m. Destino ou sorte traçados por uma força sobrenatural.

fadiga ⟨fa.di.ga⟩ s.f. Cansaço causado por um esforço físico ou mental: *O excesso de trabalho causou-lhe fadiga*.

fadista ⟨fa.dis.ta⟩ adj.2g./s.2g. Que ou quem compõe, canta ou toca fados.

fado ⟨fa.do⟩ s.m. **1** *literário* Destino ou sorte. **2** Canção popular portuguesa, de tom melancólico, geralmente acompanhada por guitarra portuguesa. **3** Dança que acompanha essa canção.

fagote ⟨fa.go.te⟩ s.m. Instrumento musical de sopro da família das madeiras, formado por uma palheta dupla e por um tubo longo que termina em uma pequena campânula que fica na parte superior do instrumento. [👁 instrumentos de sopro p. 747]

fagotista ⟨fa.go.tis.ta⟩ s.2g. Músico que toca fagote.

fagueiro, ra ⟨fa.guei.ro, ra⟩ adj. Carinhoso, amável ou agradável.

fagulha ⟨fa.gu.lha⟩ s.f. Partícula acesa que se desprende de uma matéria em combustão ou do atrito de dois objetos. ☐ SIN. centelha, chispa, faísca.

faia ⟨fai.a⟩ s.f. Árvore de grande porte, de tronco grosso e liso, com galhos altos que formam uma copa redonda e espessa, e cujas folhas são compridas, de ponta aguda e de margem dentada.

faiança ⟨fai.an.ça⟩ s.f. Louça de barro esmaltada ou vidrada.

faina ⟨fai.na⟩ s.f. Em um navio, conjunto de atividades ou de trabalho que sua tripulação executa.

faisão, sã ⟨fai.são, sã⟩ (pl. *faisães* ou *faisões*) s. Ave de tamanho de um galo, com um penacho de plumas na cabeça e cauda muito comprida, e cujo macho tem a plumagem com cores vistosas. ☐ GRAMÁTICA Seu feminino também pode ser *faisoa*.

faísca ⟨fa.ís.ca⟩ s.f. **1** Partícula acesa que se desprende de uma matéria em combustão ou do atrito de dois objetos: *Acredita-se que os homens pré-históricos friccionavam pedras até obter faíscas*. ☐ SIN. centelha, chispa, fagulha. **2** Descarga luminosa entre dois corpos, especialmente se estiverem carregados com diferentes cargas elétricas: *Saiu uma faísca quando encostei o fio na tomada*.

faiscar ⟨fa.is.car⟩ v.t.d./v.int. **1** Reluzir ou brilhar: *Seus olhos faiscavam de felicidade*. **2** Lançar (fagulhas ou centelhas) ou fazer faíscas. ☐ ORTOGRAFIA Antes de *e*, o *c* muda para *qu* →**BRINCAR**.

faisoa ⟨fai.so.a⟩ (Pron. [faisôa]) s.f. →**faisão, sã**

faixa ⟨fai.xa⟩ s.f. **1** Tira comprida e estreita de material fino e flexível que prende algo: *Prendeu o cabelo com uma* faixa. □ SIN. banda. **2** Tira colocada ao redor de uma parte do corpo para protegê-la ou imobilizá-la: *O médico colocou uma faixa em seu braço fraturado.* **3** Peça comprida e estreita de tecido que se utiliza ao redor de uma parte do corpo, geralmente para adorná-la: *Usava um vestido preto com uma faixa azul.* **4** Em algumas artes marciais, tira comprida de tecido que se coloca ao redor da cintura e indica o nível de habilidade de um lutador por meio de uma cor: *Como passou no exame de caratê, recebeu a faixa preta.* **5** Peça de tecido que se cruza sobre o peito, desde um ombro até a linha da cintura do lado oposto, como insígnia representativa de altos cargos ou de distinções: *a faixa presidencial.* **6** Anúncio ou mensagem escritos sobre tecido ou plástico, geralmente expostos nas ruas: *uma faixa de boas-vindas.* **7** Em um disco, cada uma de suas músicas: *Ele gosta da faixa cinco do álbum.* **8** Intervalo entre dois valores ou limites: *Essa livraria sempre cobra acima da faixa de preços.* **9** Em uma rua, espaço demarcado e destinado a um determinado grupo: *a faixa de pedestres.* **10** Porção ou parte determinadas: *uma faixa de público.*

fajuto, ta ⟨fa.ju.to, ta⟩ adj. **1** *informal* Falso. **2** *informal* De baixa qualidade.

fala ⟨fa.la⟩ s.f. **1** Faculdade ou capacidade de falar ou de se comunicar com palavras: *A fala é um dos meios que as pessoas têm para exteriorizar suas ideias.* **2** Expressão linguística do pensamento ou emissão de palavras: *A escrita nem sempre consegue registrar todas as nuances da fala.* **3** Em linguística, uso individual que os falantes fazem da língua. **4** Em um sistema linguístico, variedade própria de uma comunidade, caracterizada por determinados traços comuns ou diferenciais: *Pela sua fala, percebemos que era de outro estado.* **5** Em uma representação, cada fragmento de texto dito por um ator: *Na estreia da peça, esqueceu-se de algumas falas.*

falação ⟨fa.la.ção⟩ (pl. *falações*) s.f. **1** Fala ou conjunto de palavras ou frases que são usados para se expressar oralmente. **2** Som ou barulho causados por muitas vozes: *A professora pediu que diminuíssemos a falação na sala de aula.* □ SIN. **falatório. 3** *informal* Discurso longo e tedioso ou reclamação.

falácia ⟨fa.lá.cia⟩ s.f. **1** Condição de falaz. **2** Argumento construído com base em dados falsos, incongruentes ou parciais. □ SIN. **sofisma.**

falacioso, sa ⟨fa.la.ci.o.so, sa⟩ (Pron. [falacióso], [falaciósa], [falaciósos], [falaciósas]) adj. Enganoso, fraudulento ou mentiroso.

falacíssimo, ma ⟨fa.la.cís.si.mo, ma⟩ Superlativo irregular de *falaz*.

faladeira ⟨fa.la.dei.ra⟩ adj /s f →**falador, -a**

falado, da ⟨fa.la.do, da⟩ adj. **1** Conhecido ou famoso. **2** De má fama ou de má reputação: *uma pessoa falada.*

falador, -a ⟨fa.la.dor, do.ra⟩ (Pron. [faladôr], [faladôra]) adj./s. **1** Que ou quem fala muito. **2** Que ou quem costuma falar mal dos outros. □ GRAMÁTICA Seu feminino também pode ser *faladeira*.

falange ⟨fa.lan.ge⟩ s.f. Cada um dos ossos dos dedos da mão ou do pé. [👁 esqueleto p. 334]

falante ⟨fa.lan.te⟩ ▌adj.2g. **1** Que fala: *um grilo falante.* ▌s.2g. **2** Pessoa que fala uma determinada língua: *Calcula-se que no mundo haja cerca de 220 milhões de falantes do português.*

falar ⟨fa.lar⟩ ▌s.m. **1** Maneira de pronunciar as palavras: *Ela tem um falar suave e pausado.* **2** Em linguística, modalidade de uma língua em um determinado território: *o falar paulistano; o falar carioca.* ▌v.int. **3** Pronunciar ou dizer palavras para se comunicar: *Apesar de ter só três anos, a garota já fala muito bem.* ▌v.t.d./v.t.i./v.t.d.i./v.int. **4** Dizer (algo) [a alguém] ou exprimir uma ideia ou uma impressão [de algo ou alguém]: *Falei com minha mãe sobre esse assunto.* □ SIN. **conversar.** ▌v.t.i./v.t.d.i./v.prnl. **5** Exprimir(-se) ou comunicar(-se) (algo) [em uma língua diferente da da origem]: *Falam-se em espanhol durante o expediente para treinar a fluência.* ▌v.t.d. **6** Conhecer (uma língua) o suficiente para usá-la: *Fala francês e alemão fluentemente.* ▌v.t.d./v.t.i./v.t.d.i. **7** Combinar ou ajustar (algo) [com alguém], ou entrar em um acordo [sobre um assunto]: *O sindicato e a diretoria falarão sobre os reajustes salariais.* ▌v.t.i. **8** Manifestar ou expressar uma opinião geralmente negativa ou contrária [de alguém]: *Pare de falar dos outros!* ▌v.t.i./v.int. **9** Dirigir a palavra ou manter a comunicação [com alguém]: *Desde que brigaram, não fala mais com ele.* □ SIN. **conversar.** ▌v.int. **10** Comunicar-se por meio de sinais e não por palavras: *Os surdos-mudos falam com as mãos.*

falatório ⟨fa.la.tó.rio⟩ s.m. **1** Som ou barulho causados por muitas vozes. □ SIN. **falação. 2** Comentário mal-intencionado sobre alguém, especialmente se não estiver presente.

falaz ⟨fa.laz⟩ adj.2g. Que engana ou que é falso ou mentiroso. □ GRAMÁTICA Seu superlativo é *falacíssimo*.

falcão ⟨fal.cão⟩ (pl. *falcões*) s.m. Ave de rapina diurna, com bico forte e curvo, asas pontiagudas, e que pode ser domesticada para a caça. □ GRAMÁTICA É um substantivo epiceno: *o falcão (macho/fêmea)*. [👁 aves p. 92]

falcatrua ⟨fal.ca.tru.a⟩ s.f. Aquilo que é feito para conseguir algo, geralmente mediante engano. □ SIN. **ardil, artimanha.**

falda ⟨fal.da⟩ s.f. Em uma montanha, terreno que se situa na base. □ SIN. **aba, fralda, sopé.**

falecer ⟨fa.le.cer⟩ v.int. Deixar de viver. □ SIN. **finar-se, morrer.** □ ORTOGRAFIA Antes de *a* ou *o*, o *c* muda para *ç* →CONHECER.

falecimento ⟨fa.le.ci.men.to⟩ s.m. Fim da vida. □ SIN. **morte.**

falência ⟨fa.lên.cia⟩ s.f. **1** Ato ou efeito de falir. **2** Em economia, interrupção da atividade comercial motivada por uma impossibilidade de fazer frente às dívidas ou às obrigações contraídas: *Se a empresa continuar assim, em pouco tempo irá à falência.* □ SIN. **bancarrota, quebra. 3** Interrupção ou perda das funções de um órgão: *Morreu por falência múltipla dos órgãos.*

falésia ⟨fa.lé.sia⟩ s.f. Penhasco alto e íngreme à beira-mar, que geralmente dificulta a implantação de portos.

falha ⟨fa.lha⟩ s.f. **1** Erro, defeito ou imperfeição física ou moral de algo: *Após a revisão, o texto ficou sem falhas.* **2** Em um terreno, fenda ou rachadura de um estrato causadas por movimentos geológicos que ocasionam o deslocamento de um dos blocos: *uma falha geológica.*

falhar ⟨fa.lhar⟩ ▌v.t.d./v.int. **1** Errar ou não acertar: *O tiro de espingarda falhou.* ▌v.int. **2** Não funcionar ou funcionar de maneira errada: *Chamaram o guincho, pois o carro está falhando.* ▌v.t.i./v.int. **3** Deixar de servir [a alguém] ou não corresponder àquilo que é esperado: *Apesar da idade, sua memória nunca falha.* ▌v.t.i. **4** Faltar [ao cumprimento de uma obrigação ou de uma responsabilidade]: *falhar a uma promessa.*

falho, lha ⟨fa.lho, lha⟩ adj. Que tem falha ou que é imperfeito.

falibilíssimo, ma ⟨fa.li.bi.lís.si.mo, ma⟩ Superlativo irregular de *falível*.

fálico, ca ⟨fá.li.co, ca⟩ adj. Do falo ou relacionado a essa parte dos órgãos sexuais masculinos.

falir ⟨fa.lir⟩ v.int. Ir à falência (um negócio ou uma empresa): *Cheia de dívidas, a empresa acabou falindo.*

falível

□ GRAMÁTICA É um verbo defectivo, pois não apresenta conjugação completa →FALIR.
falível ⟨fa.lí.vel⟩ (pl. *falíveis*) adj.2g. Que falha ou que pode falhar. □ GRAMÁTICA Seu superlativo é *falibilíssimo*.
falo ⟨fa.lo⟩ s.m. **1** Representação simbólica do pênis, geralmente associada à fecundidade da natureza. **2** Em psicologia, pênis.
falsário, ria ⟨fal.sá.rio, ria⟩ s. Pessoa que falsifica, geralmente documentos ou dinheiro.
falsear ⟨fal.se.ar⟩ ▌v.t.d. **1** Elaborar ou copiar de forma artificial ou fraudulenta: *Foi acusado de falsear assinaturas*. □ SIN. contrafazer, falsificar, forjar. **2** Deformar ou adulterar (algo verdadeiro): *A revista falseou os dados da pesquisa*. ▌v.int. **3** Pisar em falso: *Na rua, uma senhora falseou e quase caiu*. □ ORTOGRAFIA O *e* muda para *ei* quando a sílaba tônica estiver na raiz do verbo →NOMEAR.
falsete ⟨fal.se.te⟩ (Pron. [falsête]) s.m. Voz mais aguda que a natural, que se produz ao fazer as pregas vocais superiores da laringe vibrarem.
falsidade ⟨fal.si.da.de⟩ s.f. **1** Condição de falso: *Com a investigação, a falsidade dos documentos foi provada*. **2** Fingimento ou dissimulação, especialmente de sentimentos ou de ideias: *Agiu com muita falsidade, falando uma coisa em minha frente e outra pelas minhas costas*. ‖ **falsidade ideológica** Em direito, crime que consiste em fazer afirmações falsas, especialmente em um documento.
falsificação ⟨fal.si.fi.ca.ção⟩ (pl. *falsificações*) s.f. Ato ou efeito de falsificar. □ SIN. contrafação.
falsificar ⟨fal.si.fi.car⟩ v.t.d. Elaborar ou copiar de forma artificial ou fraudulenta: *falsificar uma assinatura*. □ SIN. contrafazer, falsear, forjar. □ ORTOGRAFIA Antes de *e*, o *c* muda para *qu* →BRINCAR.
falso, sa ⟨fal.so, sa⟩ ▌adj. **1** Enganoso ou sem autenticidade. **2** Que é contrário à verdade. ▌adj./s. **3** Que ou quem costuma mentir, fingir ou simular a verdade. ‖ **em falso** Sem a devida segurança ou resistência.
falso-rosto ⟨fal.so-ros.to⟩ (pl. *falsos-rostos*) s.m. Em um livro impresso, folha que precede a folha de rosto e na qual se costuma colocar apenas o título da obra. [👁 livro p. 499]
falta ⟨fal.ta⟩ s.f. **1** Ausência, carência ou privação: *Sentimos sua falta durante as férias*. **2** Erro, infração ou não cumprimento de uma norma ou de uma regra: *O jogador foi expulso da partida ao cometer três faltas*. ‖ **sem falta** Pontualmente ou com certeza: *Prometo entregar isso amanhã sem falta*.
faltar ⟨fal.tar⟩ ▌v.t.i./v.int. **1** Não haver ou haver menos do que deveria [a alguém]: *Nesta casa, nunca faltou respeito entre as pessoas*. **2** Não estar presente ou não comparecer [a um compromisso]: *Por causa da greve de ônibus, muitos alunos faltaram à aula*. **3** Cometer falhas ou não cumprir [com aquilo que se deve ou se espera ser feito]: *Nunca falta com suas palavras e cumpre o que promete*. **4** Em relação a um número ou a uma quantia, ser essencial ou indispensável [para que algo se realize ou se complete]: *Faltam dez minutos para o fim da partida*. ▌v.int. **5** Restar por fazer ou por realizar (uma ação): *Falta arrumarmos as malas para a viagem*.
falto, ta ⟨fal.to, ta⟩ adj. Carente, desprovido ou necessitado de algo.
faltoso, sa ⟨fal.to.so, sa⟩ (Pron. [faltôso], [faltósa], [faltósos], [faltósas]) adj. Que comete falta ou que falta a um compromisso.
fama ⟨fa.ma⟩ s.f. **1** Condição daquilo ou daquele que é muito conhecido: *Com seu primeiro disco, alcançou a fama*. **2** Ideia ou opinião que um grupo tem sobre algo ou alguém: *Ela tinha fama de ser uma pessoa generosa*.

famélico, ca ⟨fa.mé.li.co, ca⟩ adj. Que tem muita fome.
famigerado, da ⟨fa.mi.ge.ra.do, da⟩ adj. Que tem fama ou que é célebre e notável.
família ⟨fa.mí.lia⟩ s.f. **1** Grupo de pessoas com parentesco entre si e que vivem juntas sob a autoridade de uma delas: *Moro com minha família*. **2** Conjunto de ascendentes, descendentes e demais pessoas com parentesco direto ou indireto entre si: *Eles vêm de uma família de portugueses*. **3** Cônjuge e conjunto de descendentes de uma pessoa: *Ela sempre quis casar e constituir família*. **4** Conjunto de pessoas ou de coisas unidas por uma característica ou por uma condição comuns: *Casa, casarão e casinha são palavras da mesma família, pois possuem a mesma raiz cas-*. **5** Em linguística, conjunto de línguas que possuem uma origem comum: *O armênio, o albanês e o alemão são línguas da família indo-europeia*. **6** Em biologia, na classificação dos seres vivos, categoria superior à de gênero e inferior à de ordem: *Os cães e os lobos pertencem à mesma família*.
familiar ⟨fa.mi.li.ar⟩ ▌adj.2g. **1** Da família ou relacionado a ela. **2** Que se tem por conhecido ou habitual: *um rosto familiar*. **3** Que é simples e sem cerimônia: *um tratamento familiar*. ▌s.2g. **4** Pessoa da mesma família.
familiaridade ⟨fa.mi.li.a.ri.da.de⟩ s.f. **1** Qualidade de familiar. **2** Habilidade, conhecimento ou prática: *Tenho uma certa familiaridade com fórmulas matemáticas*.
familiarizar ⟨fa.mi.li.a.ri.zar⟩ v.t.d.i./v.prnl. Acostumar(-se) ou tornar(-se) familiar ou próximo [de alguém ou de alguma situação]: *Logo se familiarizou com o câmbio automático do carro*.
faminto, ta ⟨fa.min.to, ta⟩ adj./s. **1** Que ou quem tem ou está com fome. □ SIN. esfomeado. **2** Que ou quem sente necessidade ou desejo muito fortes de algo.
famoso, sa ⟨fa.mo.so, sa⟩ (Pron. [famôso], [famósa], [famósos], [famósas]) adj. Que tem fama ou que é muito conhecido.
fanático, ca ⟨fa.ná.ti.co, ca⟩ adj./s. **1** Que ou quem tem grande admiração por algo ou alguém. **2** Que ou quem defende uma crença, ideia ou opinião de forma excessiva e desmedida, especialmente se forem religiosas ou políticas.
fanatismo ⟨fa.na.tis.mo⟩ s.m. Admiração excessiva e desmedida por determinadas crenças ou ideais, especialmente se forem religiosos ou políticos.
fandango ⟨fan.dan.go⟩ s.m. **1** Composição musical em compasso de três por quatro ou de seis por oito, que se acompanha com violão, canto e castanholas. **2** Dança que acompanha essa composição, geralmente executada aos pares. **3** Festa popular brasileira em que se executam cantos acompanhados especialmente de violas, sanfonas e rabecas, com coreografias próprias de cada estado ou região.
fanfarra ⟨fan.far.ra⟩ s.f. **1** Conjunto musical geralmente numeroso, formado por instrumentos de percussão e da família dos metais. **2** Música interpretada por esse conjunto.
fanfarrão ⟨fan.far.rão⟩ (pl. *fanfarrões*) adj./s.m. Que ou quem se gaba ou faz alarde daquilo que não é. □ GRAMÁTICA Seu feminino é *fanfarrona*.
fanfarrona ⟨fan.far.ro.na⟩ (Pron. [fanfarrôna]) Feminino de fanfarrão.
fanho, nha ⟨fa.nho, nha⟩ adj. Que fala com ressonâncias nasais, geralmente como consequência de um defeito das vias respiratórias. □ SIN. fanhoso.
fanhoso, sa ⟨fa.nho.so, sa⟩ (Pron. [fanhôso], [fanhósa], [fanhósos], [fanhósas]) adj. Que fala com ressonâncias nasais, geralmente como consequência de um defeito das vias respiratórias. □ SIN. fanho.

faniquito ⟨fa.ni.qui.to⟩ s.m. *informal* Ataque de nervos passageiro e de pouca importância.

fantasia ⟨fan.ta.si.a⟩ s.f. **1** Capacidade da mente para criar ou imaginar coisas ou situações: *A fantasia de alguns cineastas tem a capacidade de nos transportar para outros mundos ou outras vidas.* **2** Imagem ou ficção criadas a partir dessa capacidade: *Essas suas ideias não passam de fantasia.* **3** Traje que oculta a aparência real de quem o veste, geralmente usado no Carnaval: *Ela vestia uma fantasia de odalisca.*

fantasiar ⟨fan.ta.si.ar⟩ v.t.d./v.int. **1** Imaginar, representar ou criar na mente: *O casal fantasiava o que faria se ganhasse na loteria.* ∎ v.t.d./v.prnl. **2** Vestir(-se) com uma fantasia: *O pai fantasiou o filho de pirata.*

fantasioso, sa ⟨fan.ta.si.o.so, sa⟩ (Pron. [fantasiôso], [fantasióza], [fantasiósos], [fantasiózas]) adj. Que tem muita fantasia.

fantasma ⟨fan.tas.ma⟩ s.m. **1** Suposta imagem de uma pessoa morta que aparece para os vivos: *Desde pequena ela tinha medo de fantasmas.* □ SIN. visão. **2** Ameaça ou existência de algo que provoca tormento: *O fantasma do desemprego ameaçava a comunidade.*

fantasmagórico, ca ⟨fan.tas.ma.gó.ri.co, ca⟩ adj. Do fantasma, com suas características, ou relacionado a ele.

fantástico, ca ⟨fan.tás.ti.co, ca⟩ adj. **1** Da fantasia, produzido por ela, ou relacionado a ela. **2** Magnífico, maravilhoso ou inacreditável. **3** Em relação a um gênero textual, que costuma apresentar elementos ou fenômenos sobrenaturais tratados de forma natural dentro da trama: *Murilo Rubião escreveu contos fantásticos.*

fantoche ⟨fan.to.che⟩ s.m. **1** Boneco de pano, com formato de saco, que se manipula colocando a mão por dentro dele. □ SIN. bonifrate, mamulengo. **2** *pejorativo* Pessoa que se deixa influenciar facilmente pelos outros. □ GRAMÁTICA Na acepção 2, usa-se tanto para o masculino quanto para o feminino: *(ele/ela) é um fantoche.*

faqueiro ⟨fa.quei.ro⟩ s.m. Conjunto de facas, colheres, garfos e utensílios semelhantes, do mesmo material e da mesma marca.

faquir ⟨fa.quir⟩ s.m. **1** Em alguns países orientais, pessoa geralmente muçulmana ou hindu que leva uma vida de oração, pratica o jejum e realiza atos de grande austeridade e sacrifício. **2** Pessoa que faz apresentações espetaculares com objetos que podem machucar seu corpo, sem sofrer dano ou manifestar dor.

farândola ⟨fa.rân.do.la⟩ s.f. Dança de origem medieval, de compasso binário e andamento vivo, em que dançarinos se movimentam em filas ao som de flautas e tambores.

faraó ⟨fa.ra.ó⟩ s.m. Rei do Antigo Egito (país africano).

faraônico, ca ⟨fa.ra.ô.ni.co, ca⟩ adj. **1** Do faraó ou relacionado a ele. **2** Grandioso ou fabuloso: *uma obra faraônica.*

farda ⟨far.da⟩ s.f. Uniforme militar ou de uma corporação: *uma farda de policial.* □ SIN. fardamento.

fardamento ⟨far.da.men.to⟩ s.m. **1** Uniforme militar ou de uma corporação. □ SIN. farda. **2** Conjunto desses uniformes.

fardão ⟨far.dão⟩ (pl. *fardões*) s.m. **1** Uniforme de gala usado pelos militares. **2** Na Academia Brasileira de Letras, traje simbólico usado por seus membros.

fardar ⟨far.dar⟩ v.t.d./v.prnl. Vestir(-se) com uma farda.

fardo ⟨far.do⟩ s.m. **1** Pacote ou carga grandes e pesados, destinados ao transporte: *um fardo de lenha.* **2** Aquilo que é difícil de suportar ou que exige muito esforço na sua realização: *A pobreza é um fardo difícil de carregar.*

farejar ⟨fa.re.jar⟩ ∎ v.t.d./v.int. **1** Buscar pelo olfato ou sentir cheiro: *Os cães farejavam a comida.* ∎ v.t.d. **2** Indagar ou tratar de averiguar ou de saber: *O investigador farejou a pista do bandido.*

farol

farelo ⟨fa.re.lo⟩ s.m. **1** Casca ou restos dos grãos de cereais após a moagem: *farelos de trigo.* **2** Conjunto de partículas ou migalhas que se desprendem de algo: *farelos de pão.*

farfalhar ⟨far.fa.lhar⟩ v.int. Produzir som, barulho ou ruído de maneira rápida ou confusa: *Os galhos das árvores farfalhavam com a força do vento.*

farináceo, cea ⟨fa.ri.ná.ceo, cea⟩ adj./s.m. Da farinha, com suas características, ou semelhante a ela.

faringe ⟨fa.rin.ge⟩ s.f. Em alguns vertebrados, canal comum aos sistemas digestório e respiratório, situado no final da cavidade oral e por onde passam o alimento e o ar.

faringite ⟨fa.rin.gi.te⟩ s.f. Inflamação da faringe.

farinha ⟨fa.ri.nha⟩ s.f. **1** Pó que resulta da moagem de alimentos: *farinha de trigo.* **2** *informal* Cocaína.

farinheira ⟨fa.ri.nhei.ra⟩ s.f. Recipiente usado para servir farinha.

farinhento, ta ⟨fa.ri.nhen.to, ta⟩ adj. **1** Que tem muita farinha. **2** Com características próprias da farinha ou envolvido por ela: *uma maçã farinhenta.*

farisaico, ca ⟨fa.ri.sai.co, ca⟩ adj. Hipócrita, especialmente em relação à moral ou à religião.

fariseia ⟨fa.ri.sei.a⟩ (Pron. [fariséia]) Substantivo feminino de fariseu.

fariseu ⟨fa.ri.seu⟩ s.m. **1** Membro de uma antiga seita judia caracterizada por seu rigor e por sua austeridade no cumprimento das normas e das leis, e na atenção aos aspectos externos dos preceitos religiosos. **2** *pejorativo* Pessoa hipócrita. □ GRAMÁTICA Seu feminino é *fariseia.*

farmacêutico, ca ⟨far.ma.cêu.ti.co, ca⟩ ∎ adj. **1** Da farmácia ou relacionado a ela: *a indústria farmacêutica.* ∎ s. **2** Pessoa legalmente autorizada a exercer a farmácia.

farmácia ⟨far.má.cia⟩ s.f. **1** Ciência que trata da preparação de medicamentos e das propriedades de seus componentes como remédio contra doenças ou para conservar a saúde. **2** Lugar onde medicamentos são elaborados ou comercializados. □ SIN. botica, drogaria. **3** Em um hospital ou ambulatório, local onde se preparam ou se guardam os medicamentos.

farmacologia ⟨far.ma.co.lo.gi.a⟩ s.f. Parte da medicina que estuda os medicamentos, sua composição e suas propriedades.

farmacológico, ca ⟨far.ma.co.ló.gi.co, ca⟩ adj. Da farmacologia ou relacionado a ela.

farmacólogo, ga ⟨far.ma.có.lo.go, ga⟩ s. Pessoa que se dedica profissionalmente à farmacologia ou que é especializada nessa ciência.

farmacopeia ⟨far.ma.co.pei.a⟩ (Pron. [farmacopéia]) s.f. Livro que trata das substâncias medicinais mais comuns e do modo de prepará-las e combiná-las.

farnel ⟨far.nel⟩ (pl. *farnéis*) s.m. **1** Trouxa ou saco com alimentos para uma viagem ou uma excursão. **2** Alimento que se carrega nessa trouxa ou nesse saco.

faro ⟨fa.ro⟩ s.m. **1** Sentido de alguns animais, especialmente dos cães, que permite perceber os cheiros.

faroeste ⟨fa.ro.es.te⟩ s.m. **1** Filme que se passa durante o período de conquista e colonização do Oeste estadunidense. □ SIN. bangue-bangue, *western.* **2** Gênero cinematográfico ao qual pertence esse filme. □ SIN. bangue-bangue, *western.*

farofa ⟨fa.ro.fa⟩ s.f. Prato feito à base de farinha de mandioca, ovos, gordura e outros ingredientes.

farofeiro, ra ⟨fa.ro.fei.ro, ra⟩ adj./s. *informal pejorativo* Que ou quem vai à praia e leva a própria refeição.

farol ⟨fa.rol⟩ (pl. *faróis*) s.m. **1** Torre alta que emite uma luz potente e que serve de sinal aos navegantes: *Os arqueólogos descobriram no fundo do mar os restos do farol da antiga cidade de Alexandria.* **2** Luz que fica na parte

faroleiro

dianteira dos veículos: *Para dirigir à noite, é obrigatório acender os faróis*. **3** Sinalização de trânsito que emite sinais luminosos e que serve para controlar o tráfego: *Nunca avance a luz vermelha do farol*. ◻ SIN. semáforo. ◻ USO Na acepção 3, é uma palavra muito comum no estado brasileiro de São Paulo.

faroleiro, ra ⟨fa.ro.lei.ro, ra⟩ s. Pessoa que se dedica profissionalmente ao cuidado de um farol.

farolete ⟨fa.ro.le.te⟩ (Pron. [farolête]) s.m. **1** Farol pequeno. **2** Em um veículo, cada um dos faróis da parte dianteira ou traseira.

farpa ⟨far.pa⟩ s.f. **1** Fragmento ou lasca de uma matéria, especialmente de madeira: *Ao cortar o tronco, entrou-lhe uma farpa no dedo*. **2** Ponta de metal de formato agudo e penetrante. **3** Vara comprida com uma ponta em formato de seta aguda que é usada para picar touros em corridas. **4** Crítica, ironia ou comentário mordaz: *Os candidatos trocaram farpas durante o debate*.

farpado, da ⟨far.pa.do, da⟩ adj. Que tem farpas ou pontas agudas.

farra ⟨far.ra⟩ s.f. **1** *informal* Festa ou diversão muito animadas e barulhentas. **2** *informal* Diversão ou brincadeira feitas sem má intenção.

farrapo ⟨far.ra.po⟩ s.m. **1** Roupa velha, rasgada ou suja. ◻ SIN. frangalho, molambo. **2** Na Guerra dos Farrapos (entre 1835 e 1845, na então província do Rio Grande do Sul), nome dado pelos conservadores aos liberais.

farrear ⟨far.re.ar⟩ v.int. Fazer farra ou participar dela. ◻ ORTOGRAFIA O e muda para *ei* quando a sílaba tônica estiver na raiz do verbo →NOMEAR.

farrista ⟨far.ris.ta⟩ adj.2g./s.2g. Que ou quem gosta de fazer farra ou de participar dela.

farroupilha ⟨far.rou.pi.lha⟩ adj.2g./s.2g. Que ou quem se rebelou durante a Guerra dos Farrapos (entre 1835 e 1845, na então província do Rio Grande do Sul).

farsa ⟨far.sa⟩ s.f. **1** Aquilo que é dito ou feito para ocultar algo ou enganar: *Os investigadores descobriram que o sequestro era uma farsa*. **2** Antigamente, obra teatral, especialmente se fosse de caráter cômico: *Farsa de Inês Pereira, Auto da barca do inferno e O velho da horta são farsas escritas pelo português Gil Vicente*.

farsante ⟨far.san.te⟩ adj.2g./s.2g. Que ou quem se faz passar por aquilo que não é.

fartar ⟨far.tar⟩ v.t.d./v.t.d.i./v.prnl. **1** Encher(-se) (alguém) [de algo]: *Os pais fartaram a filha de beijos*. ▌v.t. **2** Saciar (a fome ou a sede): *Tanta comida me fartou*. ▌v.prnl. **3** Saciar a própria fome ou sede em excesso (alguém): *Fartaram-se de bolo*. ▌v.t.d. **4** Satisfazer por completo (um desejo, uma vontade ou um sentimento). ▌v.prnl. **5** Incomodar-se, cansar-se ou aborrecer-se: *Parece que nunca se fartam de ouvir música!* ◻ GRAMÁTICA É um verbo abundante, pois apresenta dois particípios: fartado e farto.

farto, ta ⟨far.to, ta⟩ ▌**1** Particípio irregular de fartar. ▌adj. **2** Abundante ou em grande quantidade.

fartura ⟨far.tu.ra⟩ s.f. Abundância ou grande quantidade.

fascículo ⟨fas.cí.cu.lo⟩ s.m. **1** Cada uma das partes que formam uma publicação ou uma coleção, e que são colocadas à venda periodicamente de forma independente. **2** Em anatomia, pequeno feixe de fibras nervosas ou musculares.

fascinação ⟨fas.ci.na.ção⟩ (pl. *fascinações*) s.f. Deslumbramento ou atração forte ou irresistível: *Sempre tive fascinação pela cultura oriental*. ◻ SIN. fascínio.

fascinante ⟨fas.ci.nan.te⟩ adj.2g. Que fascina.

fascinar ⟨fas.ci.nar⟩ v.t.d./v.int. Seduzir, atrair fortemente ou agradar de forma irresistível: *Me fascina a natureza. Seus olhos fascinam*.

fascínio ⟨fas.cí.nio⟩ s.m. Deslumbramento ou atração forte ou irresistível: *Olhava o mundo do teatro com fascínio*. ◻ SIN. fascinação.

fascismo ⟨fas.cis.mo⟩ s.m. **1** Movimento político e social de caráter totalitário e nacionalista, fundado pelo político italiano Benito Mussolini depois da Primeira Guerra Mundial. **2** Doutrina desse movimento político italiano e de outros semelhantes em outros países.

fascista ⟨fas.cis.ta⟩ ▌adj.2g. **1** Do fascismo ou relacionado a esse movimento político e social. ▌adj.2g./s.2g. **2** Que ou quem é partidário desse movimento.

fase ⟨fa.se⟩ s.f. **1** Cada um dos estados sucessivos que algo apresenta em seu processo de desenvolvimento ou de evolução: *A infância, a adolescência e a juventude são fases do desenvolvimento humano*. ◻ SIN. etapa, lance. **2** Período ou época marcados por determinadas características: *Quando estava procurando emprego, passou por uma fase difícil*. **3** Em astronomia, cada uma das diversas aparências que a Lua e alguns planetas apresentam de acordo com a iluminação do Sol: *A Lua tem quatro fases: crescente, cheia, minguante e nova*.

fast-food *(palavra inglesa)* (Pron. [fést-fúd]) s.m. **1** Refeição servida com rapidez devido à utilização de ingredientes previamente preparados. **2** Estabelecimento comercial que oferece esse tipo de refeição.

fastio ⟨fas.ti.o⟩ s.m. **1** Falta de apetite. **2** Aborrecimento, cansaço ou repugnância.

fatal ⟨fa.tal⟩ (pl. *fatais*) adj.2g. **1** Inevitável ou determinado pelo destino. **2** Que ocasiona ou que pode ocasionar morte: *uma doença fatal*. ◻ SIN. letal, mortal. **3** Que prejudica de forma decisiva e irremediável: *um erro fatal*. ◻ SIN. letal. **4** Que exerce uma atração sexual irresistível: *um olhar fatal*.

fatalidade ⟨fa.ta.li.da.de⟩ s.f. **1** Condição de fatal. **2** Conjunto de circunstâncias de origem desconhecida que determinam o curso de um acontecimento: *Todos concordaram que o acidente foi uma terrível fatalidade*.

fatalismo ⟨fa.ta.lis.mo⟩ s.m. Pensamento segundo o qual tudo o que acontece é inevitável e predeterminado pelo destino.

fatia ⟨fa.ti.a⟩ s.f. **1** Pedaço cortado de algo, comprido e de pouca grossura: *uma fatia de pão; uma fatia de queijo*. **2** Em relação a um todo, parte ou segmento dele: *Uma fatia dos sócios não aceitou as novas propostas*.

fatiar ⟨fa.ti.ar⟩ v.t.d. Cortar em fatias: *O aniversariante fatiou o bolo*.

fatídico, ca ⟨fa.tí.di.co, ca⟩ adj. Desgraçado, infeliz ou muito ruim.

fatigar ⟨fa.ti.gar⟩ v.t.d./v.prnl. **1** Esgotar(-se) ou cansar(-se) muito: *A longa caminhada nos fatigou. Fatigou-se com tantos exercícios*. ◻ SIN. afadigar. **2** Causar ou sentir aborrecimento: *Tanto futebol na TV me fatiga!* ◻ ORTOGRAFIA Antes de *e*, o *g* muda para *gu* →CHEGAR.

fatiota ⟨fa.ti.o.ta⟩ s.f. Peça de roupa ou do vestuário.

fato ⟨fa.to⟩ s.m. **1** Acontecimento ou ocorrência: *A polícia ainda está investigando os fatos*. **2** Aquilo que existe comprovadamente na realidade: *A existência de trabalho infantil ainda é um fato em diversos países*. ‖ **de fato** Realmente ou verdadeiramente: *Isso é fofoca, de fato não aconteceu*.

fator ⟨fa.tor⟩ (Pron. [fatôr]) s.m. **1** Elemento ou circunstância que contribuem para produzir um resultado: *A educação é um fator essencial para o desenvolvimento de um país*. **2** Em uma multiplicação matemática, cada uma das quantidades que se multiplicam para calcular seu produto: *Na expressão 2 x 3 = 6, 2 e 3 são os fatores e 6 é o produto*.

fatorar ⟨fa.to.rar⟩ v.t.d. Em matemática, decompor (um número) em seus fatores primos: *Ao fatorar o número 14, obtemos os números 2 e 7 como os fatores primos*.

faz de conta

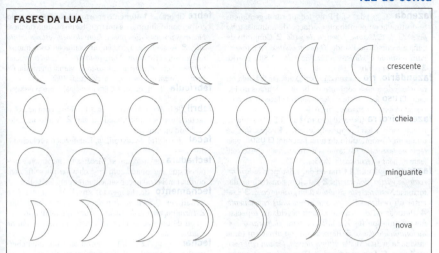

FASES DA LUA: crescente, cheia, minguante, nova

fatual ⟨fa.tu.al⟩ (pl. *fatuais*) adj.2g. →**factual**
fátuo, tua ⟨fá.tuo, tua⟩ adj. **1** Presunçoso ou pretensioso. **2** Tolo ou carente de razão. **3** Fugaz ou passageiro: *um fogo fátuo*.
fatura ⟨fa.tu.ra⟩ s.f. Em uma operação comercial, conta em que se relacionam as mercadorias adquiridas ou os serviços recebidos e seus respectivos valores.
faturamento ⟨fa.tu.ra.men.to⟩ s.m. **1** Emissão de uma fatura ou inclusão em uma. **2** Em uma empresa, valor total de suas vendas em um determinado período de tempo.
faturar ⟨fa.tu.rar⟩ ▌ v.t.d. **1** Fazer a fatura de (uma mercadoria). **2** *informal* Conseguir (uma vantagem ou um proveito, especialmente se forem dinheiro): *Faturamos o prêmio máximo do sorteio.* ▌ v.int. **3** *informal* Ganhar ou conseguir uma vantagem ou um proveito, especialmente se forem dinheiro.
fauna ⟨fau.na⟩ s.f. Conjunto dos animais que ocupam um lugar específico ou que viveram em um determinado período geológico: *O tucano, a onça e a arara são animais da fauna brasileira*.
fauno ⟨fau.no⟩ s.m. Na mitologia romana, divindade metade homem e metade animal, com chifres e patas de cabra, que habitava os campos e as selvas.
fausto, ta ⟨faus.to, ta⟩ ▌ adj. **1** Feliz ou afortunado: *O poeta lembrou seus faustos dias de juventude.* ▌ s.m. **2** Luxo extraordinário ou grande ostentação e pompa exterior: *viver em grande fausto*.
fava ⟨fa.va⟩ s.f. **1** Planta herbácea anual, com folhas de cor verde-azulada, flores brancas ou rosadas, e cujo fruto, com formato de vagem grande achatada, é consumido como alimento. **2** Esse fruto. ǁ **mandar** {algo/alguém} **às favas** Mandá-lo embora ou livrar-se dele: *Mandou o namorado às favas*.
favela ⟨fa.ve.la⟩ s.f. Conjunto de pequenas moradias, feitas com material de pouca qualidade e condições de habitação precárias, onde vivem pessoas com poucos recursos.
favelado, da ⟨fa.ve.la.do, da⟩ adj./s. Que ou quem vive em uma favela.
favo ⟨fa.vo⟩ s.m. Conjunto de pequenos alvéolos hexagonais de cera que as abelhas constroem dentro da colmeia para depositar o mel e os ovos para a reprodução.
favor ⟨fa.vor⟩ (Pron. [favôr]) s.m. **1** Ajuda ou auxílio dados de forma voluntária e gratuita: *Preciso de um favor seu.*

2 Confiança, apoio ou simpatia: *O candidato conquistou aos poucos o favor do público.* ǁ **{a/em} favor de** {algo/alguém}: Em benefício ou em prol dele: *Todos votaram em favor da proposta.* ǁ **a favor de** algo: Na mesma direção dele: *Navegamos a favor do vento.* ǁ **de favor** De graça: *Ele está morando de favor na casa dos amigos.*
favorável ⟨fa.vo.rá.vel⟩ (pl. *favoráveis*) adj.2g. **1** Que é a favor de algo ou de alguém. **2** Propício ou que favorece a realização de algo.
favorecer ⟨fa.vo.re.cer⟩ ▌ v.t.d. **1** Ajudar, auxiliar ou beneficiar: *O juiz foi acusado de favorecer o time da casa.* **2** Dar força ou benefício a: *A prática de exercícios físicos favorece a saúde.* ▌ v.prnl. **3** Tirar proveito ou vantagem para si próprio: *Nunca se favoreceu de sua posição para obter privilégios.* ▢ ORTOGRAFIA Antes de *a* ou *o*, o *c* muda para *ç* →CONHECER.
favorecimento ⟨fa.vo.re.ci.men.to⟩ s.m. Ato ou efeito de favorecer(-se).
favoritismo ⟨fa.vo.ri.tis.mo⟩ s.m. **1** Preferência ou favorecimento de algo ou de alguém por motivos pessoais, sem considerar seus méritos: *Aqui todos somos tratados da mesma forma, sem qualquer favoritismo.* **2** Condição de favorito: *A seleção comprovou o seu favoritismo e venceu a partida.*
favorito, ta ⟨fa.vo.ri.to, ta⟩ adj./s. **1** Preferido ou mais querido. **2** Em relação a um participante de uma competição ou de um concurso, que tem maior probabilidade de ganhar.
fax (Pron. [facs]) s.m.2n. **1** Sistema de transmissão que permite o envio de dados escritos através da linha do telefone. **2** Aparelho que possibilita esse envio: *O técnico levou algumas horas para consertar o fax.* **3** Documento reproduzido por esse aparelho: *Mandou um fax para o banco.* ▢ USO **1.** Usa-se também a forma plural *faxes*. **2.** É a forma reduzida e mais usual de *fac-símile*. **3.** Escreve-se também *telefax*.
faxina ⟨fa.xi.na⟩ s.f. Limpeza geral, especialmente em uma casa.
faxineiro, ra ⟨fa.xi.nei.ro, ra⟩ s. Pessoa encarregada da limpeza, especialmente em um edifício ou em uma empresa.
faz de conta ⟨faz de con.ta⟩ s.m.2n. Mundo da fantasia ou da imaginação: *Vive no faz de conta e se esquece da vida.*

fazenda ⟨fa.zen.da⟩ s.f. **1** Propriedade rural, geralmente destinada ao plantio ou à criação de animais: *uma fazenda de café; uma fazenda de gado.* **2** Conjunto de bens e recursos do Estado: *O jovem político preparou-se para assumir o Ministério da Fazenda.* ◻ SIN. erário. **3** Tecido ou pano.

fazendário, ria ⟨fa.zen.dá.rio, ria⟩ adj. Da fazenda ou relacionado a esse conjunto de bens e recursos do Estado. ◻ USO É diferente de *fazendeiro* (da fazenda ou relacionado a essa propriedade rural).

fazendeiro, ra ⟨fa.zen.dei.ro, ra⟩ ▌adj. **1** Da fazenda ou relacionado a essa propriedade rural. ▌adj./s. **2** Que ou quem é proprietário de uma fazenda. ◻ USO É diferente de *fazendário* (da fazenda ou relacionado a esse conjunto de bens e recursos do Estado).

fazer ⟨fa.zer⟩ ▌v.t.d. **1** Criar ou dar existência a: *Este diretor fez vários filmes bons.* **2** Fabricar, construir ou dar forma a: *Neste terreno, faremos uma grande casa.* **3** Executar ou realizar: *Faça o que achar mais conveniente.* **4** Praticar ou dedicar-se a (uma atividade, especialmente um esporte): *Faz natação para melhorar o condicionamento físico.* **5** Representar ou atuar em (uma atividade artística): *Na última novela, fez um empresário.* ▌v.int. **6** Agir ou proceder: *Fizeram bem ao não reagir ao assalto.* ▌v.t.d. **7** Tornar ou transformar: *Seus elogios me fizeram feliz.* **8** Produzir ou causar: *Este carro faz muito barulho.* **9** Passar (um período de tempo): *Faz duas semanas que não o vejo.* **10** Completar (uma idade): *Este mês, nossa avó fará oitenta anos.* **11** Em relação ao tempo atmosférico, apresentar (uma determinada característica): *No verão passado, fez muito calor.* **12** Percorrer (uma distância ou um caminho): *Sempre faz alguns quilômetros de caminhada pela manhã.* ▌v.t.d./v.prnl. **13** Aparentar, dar a entender ou mostrar(-se): *Fez que havia esquecido o meu aniversário para fazer-me uma surpresa.* ▌v.t.d. **14** Preparar ou arrumar: *O pai fez a cama enquanto a mãe fazia o almoço.* **15** Tratar ou cuidar de (o corpo ou uma parte dele): *Faz a unha todas as semanas.* **16** Conseguir, ganhar ou gerar: *Fizemos dois gols na partida.* **17** Alcançar (uma velocidade): *Aquela moto faz em média 120 quilômetros por hora.* **18** Cozinhar, assar ou fritar (um alimento): *Vou fazer sopa para o jantar.* **19** Expulsar ou eliminar (excrementos): *Quase fez xixi nas calças de medo.* **20** Seguido de um substantivo, realizar a ação expressa por ele: *Nas festas, adora fazer piadas.* ‖ **fazer por onde** *informal* Esforçar-se para alcançar ou ser merecedor daquilo que se deseja: *Se quiser ser aprovado, terá de fazer por onde.* ‖ **não fazer por menos** Agir de forma rápida ou solícita: *Quando percebeu a dificuldade do amigo, não fez por menos e o ajudou.* ◻ GRAMÁTICA **1.** É um verbo irregular →FAZER. **2.** Nas acepções 9 e 11, é um verbo impessoal: só se usa na terceira pessoa do singular, no particípio, no gerúndio e no infinitivo →CHOVER. ◻ USO Funciona como verbo-suporte quando acompanha determinados substantivos e forma com eles uma unidade de sentido completa: *fazer elogios* = *elogiar*; *fazer um discurso* = *discursar*.

faz-tudo ⟨faz-tu.do⟩ s.2g.2n. Pessoa encarregada de muitas tarefas, atividades ou assuntos.

fé s.f. **1** Conjunto de crenças e doutrinas de uma pessoa ou de um grupo: *a fé religiosa.* **2** Confiança que se tem em algo ou nas possibilidades de uma pessoa: *Sua fé nos amigos é digna de admiração.* ‖ **{boa/má} fé** Boa ou má intenção: *Não seja tão duro com ele, pois agiu de boa fé.* ‖ **{botar/levar} fé em** {algo/alguém}: Acreditar nele: *Botamos fé nos jogadores de nosso time.*

fealdade ⟨fe.al.da.de⟩ s.f. Condição de feio. ◻ SIN. feiura.

febre ⟨fe.bre⟩ s.f. **1** Aumento anormal da temperatura do corpo, como sintoma de um transtorno ou uma doença: *Ficamos preocupados pois a febre do bebê estava muito alta.* **2** Ansiedade, agitação ou exaltação com que se realiza uma atividade: *A proximidade do Natal provocou uma verdadeira febre de consumo.* **3** Mania ou moda: *Os Beatles foram a febre musical dos anos 1960.*

febrícula ⟨fe.brí.cu.la⟩ s.f. Em medicina, febre passageira e fraca.

febril ⟨fe.bril⟩ (pl. *febris*) adj.2g. **1** Da febre, com suas características, ou relacionado a ela. **2** Muito agitado, exaltado ou intenso.

fecal ⟨fe.cal⟩ (pl. *fecais*) adj.2g. Das fezes ou relacionado a elas.

fechadura ⟨fe.cha.du.ra⟩ s.f. Mecanismo, geralmente metálico, que é acionado com uma chave e que se fixa em portas, janelas ou peças semelhantes para fechá-las.

fechamento ⟨fe.cha.men.to⟩ s.m. **1** Ato ou efeito de fechar(-se): *Qual o horário de fechamento dessa loja?* **2** Término, conclusão ou encerramento de um processo ou de uma ação: *O fechamento do jornal acaba de madrugada.*

fechar ⟨fe.char⟩ ▌v.t.d. **1** Tapar ou obstruir (uma abertura ou um canal): *A Prefeitura mandou fechar os buracos da rua.* ▌v.t.d./v.prnl. **2** Cerrar(-se) ou unir as partes de (uma porta ou janela) ao batente para que tapem o vão e impeçam a passagem, especialmente se forem trancadas com uma fechadura ou com um mecanismo semelhante: *Feche a janela do quarto antes de dormir!* ▌v.t.d. **3** Encolher, dobrar ou juntar as partes de (algo aberto ou estendido): *fechar o guarda-chuva.* ▌v.t.d./v.prnl. **4** Deixar(-se) incomunicável com o exterior: *Fechou-se em seu quarto para estudar.* **5** Bloquear(-se) ou impedir a passagem [de algo ou alguém] por (um lugar): *Fecharam a rua para a comemoração das festas.* ▌v.t.d./v.prnl. **6** Juntar(-se) (uma parte do corpo com outra) de modo que não fique espaço entre elas: *Seus olhos se fecharam assim que deitou.* ▌v.t.d. **7** Juntar as folhas de (um livro ou um objeto semelhante) de modo que não se possam ver as páginas internas: *Se está cansado, feche o caderno e vá para a cama.* ▌v.int./v.prnl. **8** Cicatrizar-se (uma ferida): *Sem os curativos, os machucados custaram a fechar.* ▌v.t.d./v.int. **9** Concluir(-se) ou encerrar(-se): *Essa empresa fechou o mês endividada. O filme fecha com um final feliz.* ▌v.t.d. **10** Entrar na frente de (um veículo) impedindo-lhe a passagem: *O carro fechou a moto na estrada.* ▌v.t.i./v.int. **11** Em relação a um semáforo, passar da luz amarela para a vermelha para impedir a circulação [de veículos ou pedestres]: *Estava com pressa, mas teve que brecar, pois o farol havia fechado.* ▌v.int. **12** Cessar um exercício ou pôr fim às atividades (um local onde se desenvolve uma atividade de caráter profissional): *O escritório de advocacia fecha às cinco da tarde.* ▌v.t.d. **13** Em relação a um local onde se desenvolve uma atividade de caráter profissional, cessar ou pôr fim a (um exercício ou uma atividade): *A loja fecha seu expediente pontualmente às 18 horas.* **14** Dar como acertado (um acordo ou uma negociação): *Fecharam o contrato com um aperto de mãos.* ▌v.int./v.prnl. **15** Cobrir-se de nuvens ou de névoa densa e baixa (o céu ou o tempo atmosférico): *O tempo fechou e não fomos viajar.* ▌v.t.d. **16** Finalizar ou concluir (um programa de computador): *Depois de imprimir a carta, fechou o editor de textos.* ▌v.prnl. **17** Mostrar-se pouco comunicativo ou adotar uma atitude negativa: *Sua timidez faz com que, às vezes, se feche.*

fecho ⟨fe.cho⟩ (Pron. [fêcho]) s.m. **1** Aquilo que serve para fechar ou unir duas partes: *o fecho de um colar.*

2 Conclusão, acabamento ou parte final: *o fecho de um trabalho.*

fécula ⟨fé.cu.la⟩ s.f. Substância farinácea, rica em carboidrato, que se extrai de sementes, tubérculos e raízes de algumas plantas, e que se utiliza como alimento ou com fins industriais.

fecundação ⟨fe.cun.da.ção⟩ (pl. *fecundações*) s.f. Ato ou efeito de fecundar(-se). ◻ SIN. fertilização. ‖ **fecundação *in vitro*** Aquela que tenta reproduzir, em laboratório, as condições necessárias para que ocorra a fecundação, extraindo-se previamente o óvulo do ovário para um meio de cultura especial junto com os espermatozoides. ◻ SIN. fertilização *in vitro.*

fecundar ⟨fe.cun.dar⟩ v.t.d./v.prnl. **1** Em biologia, em relação a um elemento reprodutor masculino, unir-se a (outro, feminino) para dar origem a um novo ser: *Na maioria das espécies animais, o macho fecunda a fêmea. Os óvulos das flores se fecundam com o pólen.* **2** Tornar(-se) produtivo ou criativo: *A adubação fecundou a terra.*

fecundidade ⟨fe.cun.di.da.de⟩ s.f. **1** Qualidade de fecundo. **2** Capacidade reprodutora de um ser vivo. ◻ SIN. fertilidade. **3** Capacidade produtiva ou criativa: *a fecundidade de um escritor.*

fecundo, da ⟨fe.cun.do, da⟩ adj. **1** Que pode ser fecundado ou que se reproduz por meios naturais. **2** Fértil, abundante ou que produz em abundância. **3** Que é criativo ou imaginativo.

fedegoso ⟨fe.de.go.so⟩ (Pron. [fedegôso], [fedegósos]) s.m. Planta herbácea ou arbustiva, com folhas compostas, flores amarelas que geralmente exalam um odor desagradável, fruto em formato de vagem retorcida, e que é usada por suas propriedades medicinais.

fedelho, lha ⟨fe.de.lho, lha⟩ (Pron. [fedêlho]) s. **1** Criança recém-nascida ou com pouco tempo de vida. **2** Pessoa adulta de comportamento infantil.

fedentina ⟨fe.den.ti.na⟩ s.f. Mau cheiro. ◻ SIN. fedor.

feder ⟨fe.der⟩ **I** v.t.i. **1** Exalar um mau cheiro parecido [com outro]: *Sua roupa fedia a cigarro.* **I** v.int. **2** Exalar mau cheiro: *Esses sapatos estão fedendo!* **I** v.t.d. **3** *informal* Ser semelhante [a algo ruim], suspeitá-lo ou indicá-lo: *Isso fede a maracutaia!* ◻ GRAMÁTICA Na acepção 3, usa-se a construção *feder A algo.*

federação ⟨fe.de.ra.ção⟩ (pl. *federações*) s.f. **1** União política, econômica e administrativa entre estados submetidos a um governo central: *A federação brasileira é formada por vinte e seis estados e um distrito federal.* **2** Associação ou aliança de pessoas ou instituições sob uma mesma autoridade: *uma federação esportiva.*

federal ⟨fe.de.ral⟩ (pl. *federais*) adj.2g. **1** Da federação ou relacionado a essa união política e econômica. **2** *informal* Muito grande, incomum ou fora do normal.

federalismo ⟨fe.de.ra.lis.mo⟩ s.m. **1** Sistema de governo caracterizado pela federação de distintos estados. **2** Doutrina que defende esse sistema.

federativo, va ⟨fe.de.ra.ti.vo, va⟩ adj. Da federação ou relacionado a ela.

fedido, da ⟨fe.di.do, da⟩ adj. Que tem mau cheiro.

fedor ⟨fe.dor⟩ (Pron. [fedôr]) s.m. Mau cheiro: *Sentiu um fedor de esterco no campo.* ◻ SIN. fedentina.

fedorento, ta ⟨fe.do.ren.to, ta⟩ adj. Que exala um odor muito desagradável. ◻ SIN. fétido, podre.

feedback (*palavra inglesa*) (Pron. [fidbéc]) s.m. Conjunto de medidas utilizadas para manter a eficácia de um processo, revisando continuamente os elementos e os resultados, e introduzindo as modificações que forem necessárias.

feérico, ca ⟨fe.é.ri.co, ca⟩ adj. **1** Do mundo das fadas ou relacionado a ele. **2** Maravilhoso ou fantástico.

feição ⟨fei.ção⟩ (pl. *feições*) **I** s.f. **1** Aspecto, formato ou aparência de algo: *Em poucos toques a escultura começou a ganhar feição.* **2** Modo ou maneira de agir: *Fez as tarefas à sua feição.* **I** s.f.pl. **3** Conjunto de traços fisionômicos de uma pessoa: *Ela tem feições delicadas.*

feijão ⟨fei.jão⟩ (pl. *feijões*) s.m. **1** Planta leguminosa de caule fino, com folhas grandes e compostas, flores brancas, fruto em formato de vagem achatada de cor verde, e cuja semente, que pode ser branca, rosada, verde ou até preta, é muito usada na alimentação, geralmente cozida. ◻ SIN. feijoeiro. **2** Fruto dessa planta. ◻ SIN. vagem. **3** Semente dessa planta.

feijão-fradinho ⟨fei.jão-fra.di.nho⟩ (pl. *feijões-fradinhos* ou *feijões-fradinhos*) s.m. **1** Planta leguminosa com folhas compostas por outras três menores, flores de cor azul ou amarelo-esverdeada, e cuja semente, comestível, contida em vagens e de cor branca ou creme, é muito usada na culinária. **2** Essa semente.

feijoada ⟨fei.jo.a.da⟩ s.f. Prato feito à base de feijão, pedaços de carne, linguiça e outros ingredientes.

feijoal ⟨fei.jo.al⟩ (pl. *feijoais*) s.m. Plantação de feijão.

feijoeiro ⟨fei.jo.ei.ro⟩ s.m. Planta leguminosa de caule fino, com folhas grandes e compostas, flores brancas, fruto em formato de vagem achatada de cor verde, e cuja semente, que pode ser branca, rosada, verde ou preta, é muito usada na alimentação, geralmente cozida. ◻ SIN. feijão.

feijoense ⟨fei.jo.en.se⟩ adj.2g./s.2g. De Feijó ou relacionado a essa cidade do estado brasileiro do Acre.

feio ⟨fei.o⟩ adv. De maneira ruim: *Agiu feio ao gritar com o colega.*

feio, a ⟨fei.o, a⟩ adj. **1** Que não possui beleza. **2** Que causa reprovação ou que se considera negativo: *uma atitude feia.* **3** Com aspecto ruim ou desagradável. **4** Em relação ao tempo atmosférico, que está nublado ou instável: *um dia feio.*

feioso, sa ⟨fei.o.so, sa⟩ (Pron. [feiôso], [feiósa], [feiósos], [feiósas]) adj./s. Que ou quem é feio.

feira ⟨fei.ra⟩ s.f. **1** Mercado montado ao ar livre e que vende principalmente frutas, verduras e legumes: *Todo domingo é realizada uma feira nesta rua.* **2** Compra feita nesse mercado: *Trouxe a feira para casa em três sacolas.* **3** Exibição de produtos de um ramo industrial ou comercial para sua promoção ou venda: *uma feira de automóveis.*

feirante ⟨fei.ran.te⟩ s.2g. Pessoa que se dedica profissionalmente à venda de produtos em uma feira.

feirense ⟨fei.ren.se⟩ adj.2g./s.2g. **1** De Feira de Santana ou relacionado a essa cidade do estado brasileiro da Bahia. **2** De Feira Nova ou relacionado a essa cidade do estado brasileiro de Pernambuco.

feita ⟨fei.ta⟩ s.f. Momento ou ocasião em que se executa uma ação.

feitiçaria ⟨fei.ti.ça.ri.a⟩ s.f. **1** Aquilo que se faz com o objetivo de controlar acontecimentos ou desejos utilizando conhecimentos ou poderes supostamente mágicos ou sobrenaturais. ◻ SIN. bruxaria, encantamento, encanto, feitiço. **2** Conjunto desses conhecimentos ou poderes. ◻ SIN. bruxaria.

feiticeiro, ra ⟨fei.ti.cei.ro, ra⟩ adj./s. Que ou quem utiliza conhecimentos e poderes supostamente sobrenaturais para controlar os acontecimentos e os desejos dos demais. ◻ SIN. bruxo.

feitiço ⟨fei.ti.ço⟩ s.m. **1** Aquilo que se faz com o objetivo de controlar acontecimentos ou desejos utilizando conhecimentos ou poderes supostamente mágicos

feitio

ou sobrenaturais: *A bruxa má lançou um feitiço sobre o príncipe, transformando-o em sapo*. □ SIN. bruxaria, encantamento, encanto, feitiçaria. **2** Aquilo que provoca admiração ou fascínio: *O feitiço do samba está em seu ritmo*. □ SIN. encanto.

feitio ⟨fei.ti.o⟩ s.m. **1** Aspecto, formato ou aparência de algo ou de alguém: *As peças do brinquedo variam em cor e feitio, para facilitar a sua montagem*. **2** Em relação a uma pessoa, modo de agir, de pensar ou sentir: *Não é do seu feitio ser grosseiro com os demais*. **3** Confecção ou realização de uma peça do vestuário: *O feitio de meu terno demorou mais do que o esperado*.

feito ⟨fei.to⟩ conj. Tal qual: *De tão nervoso, gritava feito um louco*.

feito, ta ⟨fei.to, ta⟩ **I 1** Particípio irregular de fazer. **I** adj. **2** Que já alcançou o desenvolvimento ou o amadurecimento completos: *uma pessoa feita*. **I** s.m. **3** Acontecimento, ação ou obra, especialmente se forem importantes: *A chegada do homem à Lua foi um feito histórico*.

feitor, -a ⟨fei.tor, to.ra⟩ (Pron. [feitôr], [feitôra]) **I** adj./s. **1** Que ou quem faz algo ou realiza uma ação. **2** Que ou quem administra bens que não são seus. **I** s.m. **3** Antigamente, pessoa que se encarregava de vigiar ou de fiscalizar os escravos.

feitoria ⟨fei.to.ri.a⟩ s.f. **1** Cargo de feitor. **2** Antigamente, estabelecimento que funcionava como armazém de mercadorias, geralmente em uma colônia.

feitura ⟨fei.tu.ra⟩ s.f. **1** Ato ou efeito de fazer(-se). **2** Realização ou confecção de algo: *a feitura de um armário; a feitura de um poema*.

feiura ⟨fei.u.ra⟩ (Pron. [feiúra]) s.f. Condição de feio. □ SIN. fealdade.

feixe ⟨fei.xe⟩ s.m. **1** Conjunto de coisas colocadas juntas de maneira longitudinal e amarradas: *um feixe de lenha; um feixe de capim*. **2** Conjunto de raios luminosos que procedem de um mesmo ponto: *um feixe de luz*. **3** Em biologia, agrupamento de fibras ou células envolvidas por outro tecido, e que formam cordões dentro dos organismos: *um feixe muscular*.

fel (pl. *féis* ou *feles*) s.m. **1** *informal* Bílis. **2** Sentimento de irritação ou de amargura. **3** Sabor amargo, forte e desagradável ao paladar.

felação ⟨fe.la.ção⟩ (pl. *felações*) s.f. Excitação dos órgãos sexuais masculinos com a boca.

feldspato ⟨felds.pa.to⟩ s.m. Mineral composto principalmente por silicato de alumínio, de cor branca, amarelada ou avermelhada, brilho nacarado e grande dureza.

felicidade ⟨fe.li.ci.da.de⟩ s.f. **1** Qualidade ou estado de feliz: *Para ele, felicidade é estar perto da família*. □ SIN. ventura. **2** Satisfação ou contentamento: *Sua maior felicidade foi ver a filha tornar-se médica*. **3** Sorte favorável: *Foi uma felicidade arrumar um bom emprego*. **I** s.f.pl. **4** Manifestação do sentimento de satisfação que se tem por algum acontecimento feliz ocorrido a outra pessoa: *Felicidades pelo casamento!* □ SIN. congratulação, felicitação, parabéns.

felicitação ⟨fe.li.ci.ta.ção⟩ (pl. *felicitações*) **I** s.f. **1** Ato ou efeito de felicitar(-se). **I** s.f.pl. **2** Manifestação do sentimento de satisfação que se tem por algum acontecimento feliz ocorrido a outra pessoa: *Recebeu muitas felicitações por ter sido aprovado*. □ SIN. congratulação, felicidade, parabéns.

felicitar ⟨fe.li.ci.tar⟩ v.t.d./v.t.d.i./v.prnl. Parabenizar(-se), saudar(-se) ou cumprimentar(-se) [por um êxito ou por uma conquista]. □ SIN. congratular.

felídeo, dea ⟨fe.li.deo, dea⟩ **I** adj./s.m. **1** Em relação a um mamífero, que se caracteriza por ser carnívoro e por ter a cabeça arredondada, o focinho curto, as patas anteriores com cinco dedos e as posteriores com quatro, com unhas grandes que podem ser retraídas ou expostas: *Tanto o gato quanto o tigre são felídeos*. □ SIN. felino. **I** s.m.pl. **2** Em zoologia, família desses mamíferos.

felino, na ⟨fe.li.no, na⟩ **I** adj. **1** Do gato ou relacionado a ele. **I** adj./s.m. **2** Em relação a um mamífero, que se caracteriza por ser carnívoro e por ter a cabeça arredondada, o focinho curto, as patas anteriores com cinco dedos e as posteriores com quatro, com unhas grandes que podem ser retraídas ou expostas. □ SIN. felídeo.

feliz ⟨fe.liz⟩ adj.2g. **1** Com felicidade. **2** Que ou quem teve êxito, sucesso ou sorte favorável. **3** Em relação a algo que se pensa ou que se expressa, que é oportuno ou eficaz.

felizardo, da ⟨fe.li.zar.do, da⟩ adj./s. Que ou quem tem muita sorte.

felonia ⟨fe.lo.ni.a⟩ s.f. **1** Na Idade Média, revolta do vassalo contra o senhor feudal. **2** *formal* Deslealdade, traição ou maldade.

felpa ⟨fel.pa⟩ (Pron. [fêlpa]) s.f. **1** Tecido de textura suave e com fios salientes em um dos lados: *uma toalha de felpa*. **2** Esse fio. **3** Penugem de alguns animais. **4** Em algumas plantas, pelagem fina que cobre suas folhas e seus frutos. □ ORTOGRAFIA Nas acepções 1 e 2, escreve-se também *felpo*.

felpo ⟨fel.po⟩ (Pron. [fêlpo]) s.m. →**felpa**

felpudo, da ⟨fel.pu.do, da⟩ adj. Que tem muita felpa.

feltro ⟨fel.tro⟩ (Pron. [fêltro]) s.m. Pano feito de lã, pelos, fibras sintéticas ou naturais, obtido por meio de uma técnica que utiliza pressão, calor, umidade e substâncias químicas e que é diferente da tecelagem tradicional.

fêmea ⟨fê.mea⟩ s.f. **1** Animal do sexo feminino: *A fêmea do cavalo é a égua*. **2** *pejorativo* Mulher. **3** Em um objeto que consta de duas peças que se encaixam, aquela que tem o orifício em que a outra é introduzida. □ USO Na acepção 1, usa-se posposto a um substantivo para designar o sexo feminino dos substantivos epicenos: *o gorila fêmea, o jacaré fêmea*.

fêmeo, mea ⟨fê.meo, mea⟩ adj. Da mulher, da fêmea ou relacionado a elas. □ SIN. feminil, feminino.

feminil ⟨fe.mi.nil⟩ (pl. *feminis*) adj.2g. Da mulher, da fêmea ou relacionado a elas. □ SIN. fêmeo, feminino.

feminilidade ⟨fe.mi.ni.li.da.de⟩ s.f. Conjunto das características consideradas próprias do sexo feminino.

feminino, na ⟨fe.mi.ni.no, na⟩ **I** adj. **1** Em relação a um ser vivo, que é dotado de órgãos de reprodução para serem fecundados. **2** Desse tipo de seres vivos ou relacionado a eles: *O óvulo é a célula sexual feminina*. **3** Da mulher, da fêmea ou relacionado a elas. □ SIN. fêmeo, feminil. **I** adj./s.m. **4** Em linguística, em relação à categoria gramatical do gênero, que é a dos nomes que representam seres vivos do sexo feminino e outros seres inanimados.

feminismo ⟨fe.mi.nis.mo⟩ s.m. Doutrina ou movimento sociais que defendem a igualdade dos sexos através do reconhecimento dos direitos das mulheres: *O feminismo, como movimento social, tem origem na Europa do século /XVIII/*.

feminista ⟨fe.mi.nis.ta⟩ **I** adj.2g. **1** Do feminismo ou relacionado a essa doutrina ou a esse movimento social. **I** adj.2g./s.2g. **2** Partidário do feminismo.

fêmur ⟨fê.mur⟩ s.m. Em um animal vertebrado, osso da perna que em uma de suas extremidades se articula com o osso do quadril e, na outra, com a tíbia e a fíbula: *O fêmur é o maior osso do corpo humano*. [👁 **esqueleto** p. 334]

fenda ⟨fen.da⟩ s.f. Em uma superfície, abertura alongada e mais ou menos profunda: *A tempestade abriu uma*

enorme fenda na parede da casa. A fenda da saia deixava ver suas pernas. □ SIN. fisga.
fender ⟨fen.der⟩ ▌ v.t.d./v.prnl. **1** Fazer uma fenda em (uma superfície) ou rachar-se. **2** Separar(-se), cortar(-se) ou dividir(-se) em dois: *Fendeu a lenha a machadas. Com o choque, o casco da embarcação se fendeu.* ▌ v.t.d. **3** Navegar ou atravessar (a água ou um espaço): *O voo da águia fendia o céu.* □ SIN. cindir, sulcar.
fenecer ⟨fe.ne.cer⟩ v.int. **1** Acabar ou ter fim: *Com o tempo, o amor entre eles feneceu.* **2** Murchar ou perder o frescor, o viço ou a abundância de folhas (uma planta): *Não regaram as flores e elas feneceram.* □ ORTOGRAFIA Antes de a ou o, o c muda para ç →CONHECER.
fenício, cia ⟨fe.ní.cio, cia⟩ adj./s. **1** Da Fenícia ou relacionado a esse antigo país asiático. ▌ s.m **2** Antiga língua desse país.
feno ⟨fe.no⟩ (Pron. [fêno]) s.m. Mistura de plantas herbáceas cortadas e secas, usada geralmente para alimento para o gado.
fenol ⟨fe.nol⟩ (pl. *fenóis*) s.m. Composto orgânico que se obtém a partir da destilação de óleos de alcatrão.
fenomenal ⟨fe.no.me.nal⟩ (pl. *fenomenais*) adj.2g. **1** Extraordinário ou admirável. **2** Com a natureza ou com as características próprias de um fenômeno. □ SIN. fenomênico.
fenomênico, ca ⟨fe.no.mê.ni.co, ca⟩ adj. Com a natureza ou com as características próprias de um fenômeno. □ SIN. fenomenal.
fenômeno ⟨fe.nô.me.no⟩ s.m. **1** Manifestação ou aparição físicas ou espirituais: *um fenômeno meteorológico; um fenômeno sobrenatural.* **2** Aquilo que é surpreendente, extraordinário ou admirável: *O espetáculo de dança foi um fenômeno.* **3** Pessoa que se destaca em uma atividade: *Sua amiga é um fenômeno em matemática!*
fenótipo ⟨fe.nó.ti.po⟩ s.m. Em biologia, manifestação externa do conjunto dos genes de um indivíduo em um determinado ambiente: *A cor dos olhos ou dos cabelos são parte do fenótipo de uma pessoa.*
fera ⟨fe.ra⟩ ▌ s.f. **1** Animal selvagem e feroz. **2** Pessoa cruel ou de caráter violento. **3** adj./s.f. *informal* Que ou quem é muito bom naquilo que faz: *Ele é fera em matemática.* □ GRAMÁTICA Nas acepções 2 e 3, usa-se tanto para o masculino quanto para o feminino: *(ele/ela) é uma fera.*
feracíssimo, ma ⟨fe.ra.cís.si.mo, ma⟩ Superlativo irregular de feraz.
feraz ⟨fe.raz⟩ adj.2g. Muito produtivo ou fecundo. □ GRAMÁTICA Seu superlativo é *feracíssimo*.
féretro ⟨fé.re.tro⟩ s.m. Caixa em que se coloca um cadáver para ser enterrado. □ SIN. ataúde, caixão, esquife.
féria ⟨fé.ria⟩ ▌ s.f. **1** Remuneração que um trabalhador recebe por cada dia de trabalho. **2** Em um estabelecimento comercial, quantia de dinheiro arrecadada ao final do dia: *Todo dia a féria era arrumada num cofre.* ▌ s.f.pl. **3** Período de tempo em que uma pessoa interrompe sua atividade habitual, geralmente o trabalho ou os estudos: *Os trabalhadores têm direito a férias anuais.*
feriado ⟨fe.ri.a.do⟩ s.m. Dia em que as atividades habituais, geralmente o trabalho ou os estudos, são interrompidas para se comemorar uma festividade religiosa ou cívica.
ferida ⟨fe.ri.da⟩ s.f. **1** Qualquer corte ou perfuração causados por uma doença ou por uma lesão. **2** Mágoa ou ressentimento causados por uma ofensa.
ferido, da ⟨fe.ri.do, da⟩/s. Que ou quem tem feridas.
ferimento ⟨fe.ri.men.to⟩ s.m. No tecido de seres vivos, perfuração ou rasgo, geralmente com sangramento, causados por um golpe, por uma contusão ou por um corte: *A médica curou o ferimento do paciente.*

ferrador

ferino, na ⟨fe.ri.no, na⟩ adj. **1** Em relação a um animal, que não é domesticado. □ SIN. fero, feroz, selvagem. **2** Muito cruel ou de caráter violento. □ SIN. fero, feroz. **3** Que mostra, expressa ou implica ironia e crítica severas ou mal-intencionadas. □ SIN. mordaz.
ferir ⟨fe.rir⟩ ▌ v.t.d./v.int./v.prnl. **1** Causar(-se) ou produzir lesão ou ferimento: *O assaltante a feriu no braço.* □ SIN. machucar. ▌ v.t.d./v.prnl. **2** Ofender(-se) ou ressentir(-se) (alguém): *Sua ironia feriu os sentimentos do amigo.* □ SIN. magoar. ▌ v.t.d. **3** Causar uma impressão ou um efeito desagradáveis a (um sentido, geralmente a visão ou a audição): *A poluição sonora fere nossos ouvidos.* **4** Contrariar ou prejudicar: *O que está dizendo fere minha reputação.* **5** Tocar (as cordas de um instrumento musical). □ GRAMÁTICA É um verbo irregular →SERVIR.
fermentação ⟨fer.men.ta.ção⟩ (pl. *fermentações*) s.f. **1** Processo bioquímico pelo qual uma substância orgânica se transforma em função da ação de micro-organismos ou de sistemas de enzimas. **2** Gás expelido durante esse processo.
fermentar ⟨fer.men.tar⟩ ▌ v.t.d./v.int. **1** Produzir fermentação em (uma comida ou uma bebida) ou sofrer fermentação: *A levedura fermenta a massa do pão e faz com que ela cresça e fique macia. O vinho é feito a partir do suco de uva que fermentou.* **2** Agitar ou estimular (uma ideia ou um sentimento): *A decisão fermentou o ódio dos opositores.* ▌ v.int. **3** Agitar-se ou estimular-se (uma ideia ou um sentimento).
fermento ⟨fer.men.to⟩ s.m. **1** Substância orgânica que intervém em processos bioquímicos sem sofrer alteração de sua composição. **2** Massa azeda de farinha e água, usada para fermentar massas: *Para o bolo crescer, deve-se acrescentar o fermento.* ‖ **fermento biológico** Em biologia, fungo unicelular que causa a fermentação alcoólica dos hidratos de carbono, usado frequentemente na indústria alimentícia para a produção de massas, bebidas e queijos. □ SIN. levedura.
férmio ⟨fér.mio⟩ s.m. Elemento químico da família dos metais, de número atômico 100, artificial, radioativo, e que pertence ao grupo das terras raras. □ ORTOGRAFIA Seu símbolo químico é *Fm*, sem ponto.
fero, ra ⟨fe.ro, ra⟩ adj. **1** Em relação a um animal, que não é domesticado. □ SIN. ferino, feroz, selvagem. **2** Muito cruel ou de caráter violento. □ SIN. ferino, feroz.
ferocidade ⟨fe.ro.ci.da.de⟩ s.f. **1** Condição de feroz: *São animais de extrema ferocidade, mesmo em cativeiro.* **2** Crueldade ou violência extrema: *A diretora procurou retratar em seu filme toda a ferocidade da guerra.* **3** Falta de controle ou proporção: *A ferocidade dos ventos causou diversos danos.*
feromônio ⟨fe.ro.mô.nio⟩ s.m. Substância que alguns seres vivos secretam e que envia mensagens químicas que podem influenciar o comportamento e a fisiologia de outros de sua espécie. □ ORTOGRAFIA Escreve-se também *ferormônio*.
ferormônio ⟨fe.ror.mô.nio⟩ s.m. →**feromônio**
feroz ⟨fe.roz⟩ adj.2g. **1** Em relação a um animal, que não é domesticado. □ SIN. ferino, fero, selvagem. **2** Muito cruel ou de caráter violento. □ SIN. ferino, fero.
ferrabrás ⟨fer.ra.brás⟩ adj.2g./s.2g. Que ou quem se julga valente sem sê-lo.
ferrador, -a ⟨fer.ra.dor, do.ra⟩ (Pron. [ferradôr], [ferradôra]) s.**1** Pessoa que se dedica profissionalmente a colocar ferraduras em animais, especialmente se forem de montaria. **2** Pessoa que se dedica profissionalmente a marcar a pele de animais com ferro quente, especialmente se for do gado.

ferradura ⟨fer.ra.du.ra⟩ s.f. Peça em forma de U que protege o casco de alguns animais, especialmente os de montaria.

ferragem ⟨fer.ra.gem⟩ (pl. *ferragens*) s.f. Conjunto de peças de ferro ou aço com as quais um objeto é decorado, reforçado ou segurado.

ferramenta ⟨fer.ra.men.ta⟩ s.f. **1** Objeto que serve para realizar trabalhos manuais ou artesanais: *Carregava consigo uma caixa cheia de ferramentas*. **2** Objeto com o qual se realiza um ofício: *Para muitas pessoas o computador hoje a principal ferramenta de trabalho*. **3** Aquilo que é útil para um determinado fim: *Hoje, para qualquer pesquisa, a internet se tornou uma ferramenta básica*.

ferramenteiro, ra ⟨fer.ra.men.tei.ro, ra⟩ s. Pessoa que se dedica profissionalmente à fabricação de ferramentas.

ferrão ⟨fer.rão⟩ (pl. *ferrões*) s.m. **1** Em um escorpião ou em alguns insetos, estrutura na extremidade de seu abdome, em formato de ponta aguda ou de espinho, usada para inocular veneno. **2** *informal* Em alguns animais, extremidade pontiaguda usada para atacar e geralmente para inocular veneno. **3** Em um ferro, extremidade pontiaguda. ◻ SIN. aguilhão.

ferrar ⟨fer.rar⟩ ▌v.t.d./v.prnl. **1** *informal* Prejudicar(-se) ou fazer ficar mal: *Se contar para a professora, vai me ferrar!* ▌v.t.d. **2** Marcar a pele de (o gado) com um ferro quente: *O fazendeiro ferrou os bois com suas iniciais*. ▌v.t.d./v.prnl. **3** Cravar(-se) ou enterrar(-se): *O cachorro ferrou seus dentes na carne*. ▌v.t.d. **4** Cobrir ou revestir com ferro: *ferrar um portão*. ◻ GRAMÁTICA Na acepção 3, usa-se a construção *ferrar EM algo*.

ferraria ⟨fer.ra.ri.a⟩ s.f. **1** Conjunto de ferragens. **2** Estabelecimento onde se fabricam ferragens. **3** Lugar onde um ferreiro trabalha ou vende seus produtos.

ferreiro, ra ⟨fer.rei.ro, ra⟩ ▌s. **1** Pessoa que se dedica profissionalmente a trabalhar com o ferro. ▌s.m. **2** Ave de plumagem branca, com a garganta e face esverdeadas, com canto semelhante às batidas de um martelo em uma bigorna e cuja fêmea apresenta dorso esverdeado e cabeça e face cinza. ◻ SIN. araponga. ◻ GRAMÁTICA Na acepção 2, é um substantivo epiceno: *o ferreiro (macho/fêmea)*.

ferrenho, nha ⟨fer.re.nho, nha⟩ (Pron. [ferrênho]) adj. **1** Que é obstinado, inflexível ou que não cede. **2** Severo ou muito rigoroso.

férreo, rea ⟨fér.reo, rea⟩ adj. **1** De ferro ou relacionado a esse elemento químico. **2** Tenaz ou resistente.

ferrete ⟨fer.re.te⟩ (Pron. [ferrête]) s.m. **1** Ferramenta de ferro utilizada para, após ser aquecida, marcar o gado. **2** Antigamente, essa ferramenta, utilizada para fazer marcas em escravos e criminosos. **3** Marca ou cicatriz deixadas por essa ferramenta.

ferro ⟨fer.ro⟩ s.m. **1** Elemento químico da família dos metais, de número atômico 26, sólido, maleável, de cor cinza-azulada, e que é muito utilizado na indústria e na arte. **2** Arma, instrumento ou peça feitas com esse metal. ‖ **ferro (de passar roupa)** Utensílio com base triangular, geralmente elétrico, que, quando aquecido, é utilizado para desamassar roupas. ‖ **levar algo a ferro e (a) fogo** Levá-lo aos extremos: *É difícil discutir com ele, porque leva tudo a ferro e fogo*. ‖ **não ser de ferro** Não ser insensível: *Também não é assim, não sou de ferro!* ‖ **puxar ferro** *informal* Malhar. ◻ ORTOGRAFIA Na acepção 1, seu símbolo química é Fe, sem ponto.

ferroada ⟨fer.ro.a.da⟩ s.f. **1** Picada ou pontada dadas com um aguilhão: *Foi mexer na colmeia e levou uma ferroada*. ◻ SIN. aguilhoada. **2** Crítica severa e irônica: *Este jornalista é conhecido por suas ferroadas*.

ferroar ⟨fer.ro.ar⟩ v.t.d./v.int. Picar com um ferrão: *Foi ferroado por um escorpião*.

ferro-gusa ⟨fer.ro-gusa⟩ (pl. *ferros-gusa* ou *ferros-gusas*) s.m. →**gusa**

ferrolho ⟨fer.ro.lho⟩ (Pron. [ferrôlho]) s.m. Mecanismo formado por uma barra pequena, geralmente em formato de T, usada para fechar portas ou janelas.

ferro-velho ⟨fer.ro-ve.lho⟩ (pl. *ferros-velhos*) s.m. **1** Parte ou fragmento de peças ou objetos velhos de metal, especialmente de ferro, que podem ser fundidos e aproveitados novamente. ◻ SIN. sucata. **2** Estabelecimento comercial onde essas partes ou esses fragmentos são armazenados e vendidos. ◻ SIN. sucata.

ferrovia ⟨fer.ro.vi.a⟩ s.f. Conjunto de instalações, veículos e equipamentos que constituem o transporte sobre trilhos. ◻ SIN. estrada de ferro.

ferroviário, ria ⟨fer.ro.vi.á.rio, ria⟩ ▌adj. **1** Da ferrovia ou relacionado a ela: *uma rede ferroviária*. ▌s. **2** Pessoa que trabalha em uma ferrovia: *Comunicou o sindicato dos ferroviários sobre a sua demissão irregular*.

ferrugem ⟨fer.ru.gem⟩ (pl. *ferrugens*) s.f. Óxido de ferro, especialmente se for aquele que se forma em alguns metais por estarem expostos ao ar ou à umidade.

ferruginoso, sa ⟨fer.ru.gi.no.so, sa⟩ (Pron. [ferruginôso], [ferruginósa], [ferruginósos], [ferruginósas]) adj. Com ferrugem ou com as características desse óxido.

fértil ⟨fér.til⟩ (pl. *férteis*) adj.2g. **1** Em relação a uma pessoa ou a um animal, que são capazes de se reproduzir. **2** Que produz muito: *uma terra fértil*. **3** Que produz ou que cria com facilidade: *uma imaginação fértil*.

fertilidade ⟨fer.ti.li.da.de⟩ s.f. **1** Qualidade de fértil. **2** Capacidade reprodutora de um ser vivo. ◻ SIN. fecundidade. **3** Capacidade para produzir: *a fertilidade do solo*.

fertilização ⟨fer.ti.li.za.ção⟩ (pl. *fertilizações*) s.f. **1** Processo para tornar a terra fértil ou produtiva: *O adubo ajuda na fertilização do solo*. **2** União do espermatozoide com o óvulo. ◻ SIN. fecundação. ‖ **fertilização in vitro** Aquela que tenta reproduzir, em laboratório, as condições necessárias para que ocorra a fecundação, extraindo-se previamente o óvulo do ovário para um meio de cultura especial junto com os espermatozoides: *A fertilização in vitro possibilitou a reprodução de alguns animais ameaçados de extinção*. ◻ SIN. fecundação *in vitro*.

fertilizante ⟨fer.ti.li.zan.te⟩ ▌adj.2g. **1** Que fertiliza: *um produto fertilizante*. ▌s.m. **2** Substância orgânica ou química que torna a terra mais fértil ou produtiva: *Preciso de mais fertilizante para o nosso jardim*. ◻ SIN. adubo.

fertilizar ⟨fer.ti.li.zar⟩ v.t.d./v.int./v.prnl. Tornar(-se) fértil ou produtiva (a terra): *fertilizar o solo*.

férula ⟨fé.ru.la⟩ s.f. Instrumento de madeira formado por uma parte circular e um cabo, usado para bater na palma da mão de uma pessoa para castigá-la. ◻ SIN. palmatória.

fervedoiro ⟨fer.ve.doi.ro⟩ s.m. →**fervedouro**

fervedouro ⟨fer.ve.dou.ro⟩ s.m. Movimento semelhante ao de um líquido quando está fervendo. ◻ ORTOGRAFIA Escreve-se também *fervedoiro*.

fervente ⟨fer.ven.te⟩ adj.2g. **1** Que está fervendo. **2** Que tem ou que demonstra fervor ou entusiasmo.

ferver ⟨fer.ver⟩ ▌v.t.d./v.int. **1** Fazer entrar ou entrar em ebulição (um líquido): *Ferveu a água para fazer o chá*. ▌v.t.d. **2** Colocar (um objeto) em um líquido fervente para esterilizá-lo: *Ferva a mamadeira do bebê antes de usá-la*. **3** Cozinhar ou submeter (um alimento) à ação de um líquido fervente: *Ferva o macarrão com sal e óleo*. ▌v.int. **4** Exaltar-se ou agitar-se: *O país fervia com os escândalos*.

férvido, da ⟨fér.vi.do, da⟩ adj. **1** Muito quente. **2** Que tem ou que demonstra fervor.

fervilhar ⟨fer.vi.lhar⟩ v.int. Existir ou conter em abundância: *Mil perguntas fervilhavam na sua cabeça.*

fervor ⟨fer.vor⟩ (Pron. [fervôr]) s.m. **1** Movimento agitado e com borbulhas causado em um líquido que está em transição para o estado gasoso, especialmente se for em consequência do aumento da temperatura. ☐ SIN. ebulição, fervura. **2** Entusiasmo, dedicação ou interesse intensos: *Estudava com fervor.* **3** Sentimento ou emoção intensos: *o fervor religioso.*

fervoroso, sa ⟨fer.vo.ro.so, sa⟩ (Pron. [fervorôso], [fervorósa], [fervorósos], [fervorósas]) adj. Que tem o que demonstra fervor.

fervura ⟨fer.vu.ra⟩ s.f. Movimento agitado e com borbulhas causado em um líquido que está em transição para o estado gasoso, especialmente em consequência do aumento da temperatura. ☐ SIN. ebulição, fervor.

festa ⟨fes.ta⟩ ▎s.f. **1** Reunião para se divertir ou comemorar um acontecimento: *A festa de aniversário foi um sucesso.* **2** Solenidade civil em que se comemora um acontecimento histórico ou marcante ou que se dedica à memória de uma pessoa: *A festa da Proclamação da República é no dia 15 de novembro.* **3** Na Igreja Católica, dia dedicado à memória de um santo ou à comemoração de um fato considerado importante: *a festa da Páscoa.* **4** Sensação de alegria: *Nas férias, quando toda a família se reúne, nossa casa fica em festa.* ▎s.f.pl. **5** Comemorações de Natal e de Ano-novo que acontecem, respectivamente, nas noites dos dias 24 e 31 de dezembro: *Foi passar as festas com os avós no interior.* ‖ **fazer a festa** Aproveitar uma situação favorável: *Quando os pais saíram, fizeram a festa.*

festança ⟨fes.tan.ça⟩ s.f. Festa grande, boa ou muito animada. ☐ SIN. festão.

festão ⟨fes.tão⟩ (pl. *festões*) s.m. **1** Ornamento feito com flores, folhagens e fitas, geralmente em formato de arco. **2** Festa grande, boa ou muito animada. ☐ SIN. festança.

festeiro, ra ⟨fes.tei.ro, ra⟩ s. Pessoa que gosta de festas.

festejar ⟨fes.te.jar⟩ v.t.d. **1** Fazer uma festa em honra de (um acontecimento): *Festejou o aniversário cercado de amigos.* **2** Saudar ou aclamar (alguém ou algo esperado): *A torcida festejou as cestas do time.* **3** Aprovar ou manifestar alegria por (aquilo que é dito ou feito): *Todos festejaram a sua decisão.*

festejo ⟨fes.te.jo⟩ (Pron. [festêjo]) s.m. Festa ou comemoração: *os festejos de Natal.*

festim ⟨fes.tim⟩ (pl. *festins*) s.m. **1** Banquete esplêndido. **2** Cartucho sem pólvora ou sem munição.

festival ⟨fes.ti.val⟩ (pl. *festivais*) s.m. Conjunto de manifestações ou de exibições artísticas: *um festival de cinema.*

festividade ⟨fes.ti.vi.da.de⟩ s.f. Festa ou solenidade que comemoram um acontecimento, geralmente religioso ou cívico.

festivo, va ⟨fes.ti.vo, va⟩ adj. **1** De festa ou relacionado a ela. **2** Alegre ou divertido.

fetal ⟨fe.tal⟩ (pl. *fetais*) adj.2g. Do feto ou relacionado a ele.

fetiche ⟨fe.ti.che⟩ s.m. Objeto de culto ao qual são atribuídos poderes sobrenaturais.

fétido, da ⟨fé.ti.do, da⟩ adj. Que exala um odor muito desagradável. ☐ SIN. fedorento, podre.

feto ⟨fe.to⟩ s.m. Em mamíferos, embrião, desde que se fixa no útero até o momento de seu nascimento.

feudal ⟨feu.dal⟩ (pl. *feudais*) adj.2g. Do feudo, do feudalismo ou relacionado a eles. ☐ SIN. feudatário.

feudalismo ⟨feu.da.lis.mo⟩ s.m. **1** Na Idade Média, sistema de governo e forma de organização política, econômica e social baseados na obrigação de os vassalos serem fiéis aos seus senhores em troca do uso ou da propriedade de terras. **2** Período em que esse sistema vigorou.

feudatário, ria ⟨feu.da.tá.rio, ria⟩ ▎adj. **1** Do feudo, do feudalismo ou relacionado a eles. ☐ SIN. feudal. ▎adj./s.m. **2** Antigamente, que ou quem estava submetido a um senhor feudal e obrigado a pagar feudo. ☐ SIN. vassalo.

feudo ⟨feu.do⟩ *ex. novo 1 e aj. 2 (r)*. s.m. **1** No feudalismo, terra concedida por um senhor feudal para um vassalo, obrigando-o a ser fiel e a prestar determinados serviços: *Estas terras fizeram parte de um imenso feudo durante a Idade Média.* **2** Propriedade ou área em que se exercem poder ou influência exclusivos: *Há anos que esta região é um feudo eleitoral daquele partido.*

fevereiro ⟨fe.ve.rei.ro⟩ s.m. Segundo mês do ano, entre janeiro e março.

fezes ⟨fe.zes⟩ s.f.pl. Excremento que se expele pelo ânus.

fiação ⟨fi.a.ção⟩ (pl. *fiações*) s.f. **1** Arte ou técnica de transformar materiais têxteis em fio. **2** Conjunto de fios ou cabos de uma instalação elétrica.

fiado, da ⟨fi.a.do, da⟩ adj. Enganoso ou sem propósito claro.

fiador, -a ⟨fi.a.dor, do.ra⟩ (Pron. [fiadôr], [fiadôra]) s. Pessoa que assume o cumprimento de uma obrigação não realizada por outra pessoa, especialmente se for uma dívida.

fiambre ⟨fi.am.bre⟩ s.m. Carne, geralmente presunto, preparada para ser consumida fria.

fiança ⟨fi.an.ça⟩ s.f. **1** Ato de fiar(-se). **2** Obrigação que uma pessoa assume quando se compromete a responder por outra. **3** Aquilo que se deixa como garantia do cumprimento de uma obrigação. **4** Quantia de dinheiro paga por um réu para que possa responder às acusações em liberdade.

fiapo ⟨fi.a.po⟩ s.m. Fio pequeno e muito fino.

fiar ⟨fi.ar⟩ ▎v.t.d./v.int. **1** Transformar(-se) em fio (um material têxtil). ▎v.t.d. **2** Tecer com fios (um tecido ou uma trama): *Fiou uma blusa para a filha.* ▎v.t.d./v.t.d.i./v.int. **3** Financiar ou vender a crédito (algo) [a alguém]: *O dono da venda costuma fiar para seus clientes.* ▎v.t.d./v.t.i./v.prnl. **4** Confiar em (algo ou alguém) ou acreditar [em algo ou alguém]. ☐ GRAMÁTICA Na acepção 4, como pronominal, usa-se a construção *fiar-se em (algo/alguém).*

fiasco ⟨fi.as.co⟩ s.m. Aquilo que é desastroso ou malsucedido: *A festa, que prometia ser maravilhosa, acabou sendo um fiasco.* ☐ SIN. fracasso, insucesso.

fibra ⟨fi.bra⟩ s.f. **1** Filamento comprido e fino encontrado em tecidos de animais ou vegetais, ou em alguns minerais: *Os músculos são formados por fibras.* **2** Fio usado na fabricação de tecidos. **3** Energia, vigor ou força de vontade: *uma pessoa de fibra.* ‖ **fibra de vidro** Material obtido por meio da passagem de vidro em fusão por pequenos orifícios, e que é geralmente usado para isolamento térmico. ‖ **fibra óptica** Fragmento de um material em forma de fio capaz de transmitir sinais luminosos a longas distâncias.

fibroso, sa ⟨fi.bro.so, sa⟩ (Pron. [fibrôso], [fibrósa], [fibrósos], [fibrósas]) adj. Com muita fibra.

fíbula ⟨fí.bu.la⟩ s.f. Osso comprido e fino da perna, situado abaixo do joelho, junto à tíbia. ☐ USO É a nova denominação de *perônio*. [◉ **esqueleto** p. 334]

ficante ⟨fi.can.te⟩ s.2g. *informal* Pessoa com quem se mantém um relacionamento amoroso passageiro.

-ficar Sufixo que indica transformação: *pacificar, petrificar.*

ficar ⟨fi.car⟩ ▎v.pred. **1** Permanecer ou manter-se {em um estado, em uma condição ou em uma posição}: *Ficou hospitalizado alguns dias.* **2** Assumir ou passar a ter {um estado ou uma condição determinados}:

Seu cabelo ficou bonito. ▌v.t.i./v.int. **3** *informal* Iniciar ou manter um relacionamento amoroso [com alguém], sem assumir compromissos nem responsabilidades: *Ficaram algumas vezes antes que ele a pedisse em namoro.* ▌v.t.i. **4** Apoderar-se [de um bem alheio]: *Quem ficou com meu livro?* ▌v.t.i./v.int. **5** Estar situado ou localizado [em um lugar]: *Minha casa fica perto da escola.* ▌v.t.i. **6** Em relação a um compromisso, ser marcado ou adiado [para uma data determinada]: *O jantar ficou para a semana que vem.* **7** Assumir o compromisso [de realizar uma ação]: *Ficaram de me ligar hoje.* **8** Concordar ou estar de acordo [com alguém ou com uma ideia]: *Nesse assunto, fico com você.* **9** Passar a pertencer ou estar sob responsabilidade [de alguém]: *Na partilha, o carro ficou para o filho mais velho.* **10** Não ultrapassar ou limitar-se [a um assunto ou a um tema]: *A conversa ficou no superficial: não foram abordadas questões pessoais.* **11** Em relação a um segredo, permanecer ou conservar-se de maneira sigilosa [entre duas ou mais pessoas]: *Essa informação fica entre nós.* **12** Ser acometido [por uma doença] ou passar a estar {com um determinado mal}: *ficar com catapora; ficar gripado.* ▌v.t.i./v.int. **13** Restar [de um todo] ou sobrar [para alguém]: *Tirando 5 de 15, ficam 10. Não lhe ficou nenhum pedaço de bolo.* ▌v.int. **14** Continuar a existir, geralmente após situações adversas: *Depois de sua partida, ficou a lembrança.* ▌v.t.i. **15** Custar ou ser avaliado [em um determinado preço ou valor]: *A conta do restaurante ficou em cem reais.* ‖ **ficar de bem (de** alguém**)**: Reatar um relacionamento que se tinha com alguém: *Depois de conversar, ficaram de bem.* ‖ **ficar de mal (de** alguém**)**: Romper um relacionamento que se tem com alguém: *Não sei por que ficou de mal de mim.* ‖ **ficar por** fazer algo: Seguido de um verbo no infinitivo, não concluir ou não finalizar a ação expressa por ele: *A roupa ficou por lavar.* ▢ ORTOGRAFIA Antes de *e*, o *c* muda para *qu* →BRINCAR. ▢ GRAMÁTICA Funciona como verbo auxiliar na construção *ficar* + verbo no gerúndio, que indica: 1) a passagem do sujeito da oração à condição expressa por esse gerúndio: *Ela já ficou sabendo da novidade?*; 2) a continuidade da ação expressa por esse gerúndio: *Ficou lendo a tarde toda.* ▢ USO Funciona como verbo-suporte quando acompanha determinados substantivos e forma com eles uma unidade de sentido completa: *ficar alegre = alegrar-se; ficar enjoado = enjoar-se.*

ficção ⟨fic.ção⟩ (pl. *ficções*) s.f. **1** Invenção ou criação fantasiosa: *Essa ideia não passa de uma ficção, nunca vai acontecer!* **2** Composição literária que mescla elementos reais e imaginários: *Sempre preferiu obras de ficção a biografias.* ‖ **ficção científica** Gênero textual da esfera literária cujas obras, geralmente escritas ou cinematográficas, giram em torno de formas hipotéticas de vida e de inovações tecnológicas, especialmente as que se relacionam com o futuro, graças ao desenvolvimento científico.

ficcionista ⟨fic.ci.o.nis.ta⟩ s.2g. Pessoa que se dedica profissionalmente a escrever obras de ficção.

ficha ⟨fi.cha⟩ s.f. **1** Peça, geralmente fina e plana, que possui um valor e que pode ser empregada para diferentes fins: *as fichas de um jogo.* **2** Cupom que indica o pagamento de uma determinada compra: *Retire suas fichas no caixa.* **3** Cartão ou planilha eletrônica que servem de suporte para registro ou classificação de dados ou de informações relevantes: *Cada livro da biblioteca tem uma ficha no computador.* **4** Conjunto desses dados ou informações. **5** Conjunto de dados pessoais de uma pessoa: *Todos teremos de atualizar nossas fichas no banco.* ‖ **cair a ficha de** alguém: *informal* Entender: *Só depois de muita explicação, finalmente a ficha dela caiu!*

fichar ⟨fi.char⟩ v.t.d. **1** Anotar em uma ficha (uma informação): *A funcionária fichava o preço dos produtos da loja.* **2** Anotar os dados pessoais de (alguém) em uma ficha: *A polícia o fichou por furto.* **3** Resumir ou anotar as partes principais de (um texto): *fichar um artigo.*

fichário ⟨fi.chá.rio⟩ s.m. **1** Conjunto ordenado de fichas. **2** Móvel ou caixa onde fichas são classificadas e guardadas de maneira ordenada. **3** Pasta onde se guardam folhas removíveis que são presas de maneira ordenada.

fictício, cia ⟨fic.tí.cio, cia⟩ adj. **1** Da ficção ou relacionado a ela. **2** Aparente, convencional ou simulado.

fidalgo, ga ⟨fi.dal.go, ga⟩ ▌adj. **1** Nobre ou generoso. ▌adj./s. **2** Que ou quem, por seu sangue, é de uma classe nobre.

fidalguia ⟨fi.dal.gui.a⟩ s.f. **1** Condição social de um fidalgo. **2** Nobreza ou generosidade de caráter.

fidedigno, na ⟨fi.de.dig.no, na⟩ adj. Digno de fé ou de crédito.

fidelidade ⟨fi.de.li.da.de⟩ s.f. **1** Respeito a determinadas ideias, sentimentos ou obrigações. **2** Exatidão ou precisão na realização de um trabalho: *A fidelidade de seus traços impressionava todos que viam seus desenhos.*

fidelíssimo, ma ⟨fi.de.lís.si.mo, ma⟩ Superlativo irregular de *fiel.*

fidjiano, na ⟨fid.ji.a.no, na⟩ adj./s. →**fijiano, na**

fieira ⟨fi.ei.ra⟩ s.f. **1** Fio ou barbante: *a fieira de um pião.* **2** Série de coisas postas por ordem em um fio, em uma corda ou em algo semelhante: *uma fieira de contas.* ▢ SIN. **enfiada. 3** Em uma metalurgia, máquina ou instrumento usados para reduzir metais a fios ou arames.

fiel ⟨fi.el⟩ (pl. *fiéis*) ▌adj.2g. **1** Que tem fidelidade ou que é digno dela: *um amigo fiel.* ▌adj.s.2g. **2** Que ou quem é seguidor de uma religião: *O papa convocou hoje todos os fiéis a orarem pela paz.* ▌s.m. **3** Em uma balança, ponteiro que indica o peso. ▢ GRAMÁTICA Seu superlativo é *fidelíssimo.*

figa ⟨fi.ga⟩ s.f. **1** Amuleto com a figura de um punho com o dedo polegar aparecendo entre o indicador e o médio. **2** Gesto com a mão que imita esse amuleto.

figadal ⟨fi.ga.dal⟩ (pl. *figadais*) adj.2g. **1** Do fígado ou relacionado a esse órgão. **2** Íntimo, profundo ou intenso.

fígado ⟨fí.ga.do⟩ s.m. No sistema digestório dos animais vertebrados, órgão glandular que produz a bílis e que desempenha funções metabólicas importantes.

figo ⟨fi.go⟩ s.m. Fruto da figueira, comestível, macio, doce, de polpa branca ou mais ou menos avermelhada, com muitas sementes, e pele de cor verde, violácea ou preta, dependendo da espécie.

figueira ⟨fi.guei.ra⟩ s.f. Árvore de casca lisa e cinzenta, com folhas inteiras verdes e grandes, e cujo fruto é o figo. (⌾ *árvores* p. 79)

figura ⟨fi.gu.ra⟩ s.f. **1** Forma exterior de um corpo, que permite diferenciá-lo de outro: *As nuvens formavam a figura de uma ave.* ▢ SIN. **figuração. 2** Em geometria, espaço delimitado por linhas ou por superfícies: *Um triângulo é uma figura de três lados.* **3** Estátua, pintura ou representação de algo, especialmente de uma pessoa ou de um animal: *Na feira de artesanatos, compramos uma figura de ferro.* **4** Pessoa importante ou que se destaca em uma atividade: *Na exposição, as maiores figuras das artes plásticas estarão presentes.* **5** *informal* Pessoa excêntrica e divertida: *Esse seu amigo é uma figura!* **6** Em um texto, qualquer elemento não textual: *Inseriu diversas*

filial

figuras em seu trabalho. **7** Em um baralho, carta que representa o rei, a dama e o valete. **8** Em música, representação gráfica de um som ou de um silêncio, e que indica sua duração: *Colcheia e semínima são figuras musicais.* ‖ **figura de linguagem** Procedimento linguístico ou estilístico que se diferencia do modo comum de falar, e que geralmente procura dar maior expressividade à linguagem: *A metáfora e a hipérbole são figuras de linguagem.* ☐ GRAMÁTICA Nas acepções 4 e 5, usa-se tanto para o masculino quanto para o feminino: *(ele/ela) é uma figura*.

figuração ⟨fi.gu.ra.*ção*⟩ (pl. *figurações*) s.f. **1** Em uma representação teatral, televisiva ou cinematográfica, atuação secundária ou pouco importante. **2** Forma exterior de um corpo, que permite diferenciá-lo de outro. ☐ SIN. figura.

figurante ⟨fi.gu.*ran*.te⟩ adj.2g./s.2g. Em uma representação teatral, televisiva ou cinematográfica, que ou quem tem uma atuação secundária ou pouco importante.

figurão ⟨fi.gu.*rão*⟩ (pl. *figurões*) s.m. *informal* Pessoa importante em seu meio de atuação: *Todos os figurões do ramo cinematográfico estiveram presentes à estreia do filme.* ☐ GRAMÁTICA Seu feminino é *figurona*.

figurar ⟨fi.gu.*rar*⟩ ▌v.t.d. **1** Traçar ou representar (uma figura). ▌v.t.i. **2** Fazer parte ou participar [de uma representação teatral, televisiva ou cinematográfica]: *Vou figurar na apresentação de final de ano da escola.* **3** Fazer parte [de um todo]: *Seu trabalho figura entre os melhores.* ▌v.t.d. **4** Significar ou simbolizar: *A pomba branca figura a paz.*

figurativo, va ⟨fi.gu.ra.*ti*.vo, va⟩ adj. Em relação a uma arte ou a um artista, que representam figuras e realidades concretas e reconhecíveis.

figurinha ⟨fi.gu.*ri*.nha⟩ s.f. **1** Figura pequena. **2** Estampa, papel ou cartão, geralmente pequenos, com um desenho ou uma fotografia impressos, para serem colecionados: *Comprou um pacote de figurinhas para colar em seu álbum.* ☐ SIN. cromo.

figurinista ⟨fi.gu.ri.*nis*.ta⟩ s.2g. Pessoa que se dedica a criar ou a escolher figurinos, especialmente como profissão.

figurino ⟨fi.gu.*ri*.no⟩ s.m. **1** Traje ou vestuário: *Durante a peça, a atriz trocou de figurino três vezes.* **2** Conjunto do vestuário usado em uma produção artística. ‖ **como manda o figurino** *informal* Como deve ser feito ou como é de costume: *Ela quer casar de véu e grinalda, como manda o figurino!*

figurona ⟨fi.gu.*ro*.na⟩ (Pron. [figurôna]) Substantivo feminino de **figurão**.

fijiano, na ⟨fi.ji.*a*.no, na⟩ adj./s. Das Ilhas Fiji ou relacionado a esse país da Oceania. ☐ ORTOGRAFIA Escreve-se também *fidjiano*.

fila ⟨*fi*.la⟩ ▌adj.2g./s.2g. **1** Em relação a um cachorro, da raça que se caracteriza por ter cabeça e focinho grandes, musculatura forte e pelo agucado: *um cão fila.* ▌s.f. **2** Sequência de pessoas ou de objetos colocados um atrás do outro ou lado a lado: *A fila é por ordem de chegada!* ☐ SIN. fileira. ‖ **furar fila** *informal* Não respeitar a ordem estabelecida em uma fila: *Foi repreendido por tentar furar a fila.*

filamento ⟨fi.la.*men*.to⟩ s.m. **1** Fio muito fino. **2** Estrutura animal ou vegetal, formada por uma só fileira de células. **3** Estrutura animal ou vegetal complexa que compõe os cromossomos. **4** Em uma lâmpada, fio que fica incandescente com a passagem de energia elétrica.

filamentoso, sa ⟨fi.la.men.*to*.so, sa⟩ (Pron. [filamentôso], [filamentósa], [filamentôsos], [filamentósas]) adj. Que é formado por filamentos ou que tem seu formato.

filantropia ⟨fi.lan.tro.*pi*.a⟩ s.f. Amor ao ser humano. ☐ USO É diferente de *misantropia* (aversão ou repúdio no trato com os demais).

filantrópico, ca ⟨fi.lan.*tró*.pi.co, ca⟩ adj. Da filantropia ou relacionado a ela: *uma instituição filantrópica.*

filantropo, pa ⟨fi.lan.*tro*.po, pa⟩ (Pron. [filantrôpo]) s. Pessoa que se caracteriza por seu amor ao gênero humano ou por sua inclinação em buscar a melhoria das condições de vida de outras pessoas: *Um filantropo doou sua coleção de pinturas para o museu da cidade.*

filão ⟨fi.*lão*⟩ (pl. *filões*) s.m. **1** Massa mineral que preenche fendas ou fissuras das rochas de um terreno. **2** Em uma mina, parte onde essa massa mineral é encontrada. ☐ SIN. veio. **3** Fonte de algo proveitoso ou de lucros altos: *A minissérie acabou sendo um filão para a emissora.* **4** Pão de formato alongado: *Comprou leite, manteiga e um filão na padaria.* ☐ SIN. bengala.

filar ⟨fi.*lar*⟩ ▌v.t.d./v.t.d.i. **1** *informal* Pedir ou tomar (um bem alheio) [de alguém] para não ter que comprar o próprio: *Não quis comprar um refrigerante e filou o meu.* ▌v.t.d./v.int./v.prnl. **2** Agarrar(-se) com os dentes ou segurar(-se) com força: *O cão filou a presa.* ▌v.t.d. **3** Incitar ou estimular a morder ou a atacar (um cão). ☐ SIN. açular.

filarmônica ⟨fi.lar.*mô*.ni.ca⟩ s.f. **1** Sociedade musical ou grupo de músicos. **2** Orquestra estruturada para executar especialmente sinfonias e outros gêneros musicais, composta por instrumentos da família das cordas, das madeiras, dos metais e da percussão, e que pode ser acompanhada de coro, de piano ou de qualquer outro instrumento. ☐ SIN. orquestra sinfônica.

filatelia ⟨fi.la.te.*li*.a⟩ s.f. **1** Estudo ou pesquisa sobre selos postais. **2** Atividade que consiste em colecionar selos postais.

filatelista ⟨fi.la.te.*lis*.ta⟩ adj.2g./s.2g. Que ou quem se dedica ao estudo ou à pesquisa de selos postais.

filé ⟨fi.*lé*⟩ s.m. **1** Fatia de carne magra, sem ossos ou sem espinhas: *um filé de frango.* **2** →**filé-mignon** **3** Trabalho artesanal feito com linha e agulha em uma rede ou renda.

fileira ⟨fi.*lei*.ra⟩ s.f. Sequência de pessoas ou de objetos colocados um atrás do outro ou lado a lado. ☐ SIN. fila.

filé-mignon ⟨fi.lé-mi.*gnon*⟩ (Pron. [filé-minhon]) (pl. *filés-mignons*) s.m. Carne macia retirada da ponta do lombo de alguns animais, especialmente do boi. ☐ USO Usa-se também a forma reduzida *filé*.

filete ⟨fi.*le*.te⟩ (Pron. [filête]) s.m. **1** Linha fina e alongada: *um filete de água.* **2** Em uma flor, parte do estame que sustenta a antera.

filharada ⟨fi.lha.*ra*.da⟩ s.f. *informal* Grande quantidade de filhos.

filho, lha ⟨*fi*.lho, lha⟩ s. **1** Em relação a uma pessoa, outra que foi gerada por ela. **2** Em relação a uma pessoa, outra criada e não gerada por ela: *Ele passou a ser seu filho, após a adoção.* **3** Em relação a uma pessoa, membro das gerações que descendem dela: *Segundo a Bíblia, somos todos filhos de Adão e Eva.* **4** Em relação a um lugar geográfico, pessoa nascida nele: *José de Alencar era filho do Ceará.*

filhote, ta ⟨fi.*lho*.te, ta⟩ ▌s. **1** *informal* Filho. ▌s.m. **2** Animal que acabou de nascer ou que ainda está sendo amamentado: *A gata teve cinco filhotes: duas fêmeas e três machos.* ☐ SIN. cria. ☐ GRAMÁTICA Na acepção 2, usa-se tanto para o masculino quanto para o feminino: *(ele/ela) é um filhote*.

filiação ⟨fi.li.a.*ção*⟩ (pl. *filiações*) s.f. **1** Relação de parentesco entre pais e filhos. **2** Pai e mãe de uma pessoa: *Em sua cédula de identidade, além de seu nome, consta sua filiação.* **3** Ingresso de uma pessoa em uma corporação ou em uma sociedade: *a filiação a um partido político.*

filial ⟨fi.li.*al*⟩ (pl. *filiais*) ▌adj.2g. **1** Do filho ou relacionado a ele: *o amor filial.* ▌s.f. **2** Estabelecimento que depende

filiar

de uma matriz e que exerce as mesmas funções: *A empresa tem filiais em todo o Brasil.*

filiar ⟨fi.li.ar⟩ v.t.d.i./v.prnl. Tornar(-se) membro [de uma corporação ou de uma sociedade]: *Filiou-se ao clube recém-inaugurado.*

filiforme ⟨fi.li.for.me⟩ adj.2g. Que tem formato de fio ou que é fino como ele.

filigrana ⟨fi.li.gra.na⟩ s.f. 1 Entrelaçamento delicado de fios de ouro ou de prata que formam um desenho ou um adorno. 2 Algo que não tem importância ou não tem valor: *Não dê atenção a estas filigranas.* □ SIN. bagatela, ninharia, nonada, ridicularia.

filipino, na ⟨fi.li.pi.no, na⟩ ▌adj./s. 1 Das Filipinas ou relacionado a esse país asiático. ▌s.m. 2 Língua malaia desse país.

filisteia ⟨fi.lis.tei.a⟩ (Pron. [filistéia]) Feminino de filisteu.

filisteu ⟨fi.lis.teu⟩ ▌adj./s.m 1 Do povo que habitava o oeste palestino e que era inimigo dos israelitas, ou relacionado a ele. ▌s.m 2 *pejorativo* Pessoa apegada a bens materiais. □ GRAMÁTICA Seu feminino é *filisteia.*

filmadora ⟨fil.ma.do.ra⟩ (Pron. [filmadôra]) s.f. Máquina para filmar, geralmente de uso doméstico.

filmagem ⟨fil.ma.gem⟩ (pl. *filmagens*) s.f. 1 Ato ou efeito de filmar. 2 Registro ou impressão de imagens em um filme.

filmar ⟨fil.mar⟩ ▌v.t.d. 1 Registrar em filme: *Este diretor filmou a história dos retirantes nordestinos.* ▌v.int. 2 Fazer um filme: *No show, não era permitido filmar.* ▌v.t.d. 3 Transformar em um filme (uma obra literária): *A emissora começou a filmar Iracema, de José de Alencar.* 4 *informal* Observar com atenção: *Cuidado, pois estão te filmando.*

filme ⟨fil.me⟩ s.m. 1 Obra cinematográfica: *Foi ao cinema para assistir ao filme.* 2 Película plástica e flexível que serve como suporte para a gravação ou para a fixação de imagens: *Evite a exposição do filme à luz solar.* ‖ **filme (plástico)** Plástico transparente e muito fino utilizado para envolver e conservar alimentos.

filmoteca ⟨fil.mo.te.ca⟩ s.f. 1 Lugar onde se conservam coleções de filmes e outros materiais relacionados ao cinema. □ SIN. cinemateca. 2 Coleção de filmes cinematográficos: *Aos poucos foi criando sua própria filmoteca.* □ SIN. cinemateca.

filo ⟨fi.lo⟩ s.m. Em biologia, na classificação dos seres vivos, categoria superior à da classe e inferior à de reino: *Os insetos pertencem ao filo dos artrópodes.*

filó ⟨fi.ló⟩ s.m. Tecido fino, transparente e vazado, geralmente de seda ou de algodão, muito usado em saias e véus. □ SIN. tule.

filologia ⟨fi.lo.lo.gi.a⟩ s.f. Estudo da cultura e do modo de vida de um povo ou de uma nação fundamentado em documentos escritos.

filológico, ca ⟨fi.lo.ló.gi.co, ca⟩ adj. Da filologia ou relacionado a esta ciência.

filólogo, ga ⟨fi.ló.lo.go, ga⟩ s. Pessoa que se dedica ao estudo de uma cultura através de suas línguas e de sua literatura, especialmente se for formada em filologia.

filosofar ⟨fi.lo.so.far⟩ ▌v.t.i./v.int. 1 Discutir [sobre um assunto] ou refletir com base em raciocínios filosóficos: *Durante a conversa, começaram a filosofar sobre o sentido da vida.* ▌v.int. 2 *informal* Discutir ou falar como se estivesse baseado em raciocínios filosóficos: *Pare de filosofar e fale coisas concretas!*

filosofia ⟨fi.lo.so.fi.a⟩ s.f. 1 Saber que trata da essência, das propriedades, das causas e dos efeitos das coisas naturais: *A filosofia grega é o ponto de partida do pensamento ocidental.* 2 Forma de pensar ou de entender as coisas: *Qual é a sua filosofia de vida?*

filosófico, ca ⟨fi.lo.só.fi.co, ca⟩ adj. Da filosofia ou relacionado a esse saber.

filósofo, fa ⟨fi.ló.so.fo, fa⟩ adj./s. Que ou quem se dedica ao estudo da filosofia, especialmente como profissão.

filtragem ⟨fil.tra.gem⟩ (pl. *filtragens*) s.f. 1 Passagem de um líquido por um filtro. 2 Retenção da passagem inteira ou parcial de algo.

filtrar ⟨fil.trar⟩ ▌v.t.d./v.int./v.prnl. 1 Fazer passar ou passar por um filtro (um líquido): *Filtre a água antes de bebê-la.* ▌v.t.d. 2 Reter ou impedir a passagem inteira ou parcial: *Os protetores solares filtram os raios de sol.* ▌v.t.d./v.t.d.i. 3 Selecionar ou separar (um elemento que forma um todo) [desse todo]: *Nas empresas, os processos de seleção permitem filtrar os candidatos para as vagas.*

filtro ⟨fil.tro⟩ s.m. 1 Material poroso que serve para reter as partes sólidas ou as impurezas das substâncias que passam por ele: *um filtro de café.* 2 Utensílio que armazena e purifica água, tornando-a potável: *Precisamos comprar um filtro para a casa nova.* 3 Aquilo que diminui a intensidade de algo, especialmente de um som, de uma luz ou de uma temperatura: *um filtro solar.* 4 Sistema ou conjunto de procedimentos que visam separar uma parte de um todo: *A prova será um filtro para os candidatos.* 5 Em eletrônica, dispositivo atravessado por uma corrente que serve para anular algumas frequências dela.

fim (pl. *fins*) s.m. 1 Término ou parte final de algo: *No fim do dia, sempre fico um pouco cansado.* 2 Objetivo pretendido ao se realizar uma ação: *Organizaram um concerto com fins beneficentes.* □ SIN. finalidade. ‖ **a fim de** algo: Para ou com objetivo de fazê-lo: *Estudou a fim de tirar boas notas.* ‖ **fim de semana** Período de tempo que compreende o sábado e o domingo. ‖ **por fim** Após um longo tempo ou muito esforço: *Dedicaram-se muito e, por fim, foram aprovados no exame.*

fímbria ⟨fím.bria⟩ s.f. 1 Borda ou limite de uma superfície. 2 Cada um dos fios ou tiras ou o conjunto deles que ficam pendurados em um objeto como forma de adorno. □ SIN. franja.

fimose ⟨fi.mo.se⟩ s.f. Estreitamento no prepúcio do pênis, que impede sua exposição.

finado, da ⟨fi.na.do, da⟩ s. Pessoa morta.

final ⟨fi.nal⟩ (pl. *finais*) ▌adj.2g. 1 Que é o último, que termina ou que põe fim a algo: *o episódio final de uma série.* ▌s.m. 2 Fim ou momento em que uma coisa deixa de ser, de funcionar ou de acontecer: *O livro tem um final feliz.* ▌s.f. 3 Em uma competição ou em um concurso, última fase ou última disputa, que consagra o campeão: *Os dois times que estão na final têm chance de vencer.* □ SIN. decisão.

finalidade ⟨fi.na.li.da.de⟩ s.f. Objetivo pretendido ao se realizar uma ação: *Com que finalidade está agindo dessa forma?* □ SIN. fim.

finalista ⟨fi.na.lis.ta⟩ adj.2g./s.2g. Em uma competição ou em um concurso, em relação a um participante, que se classificou para a fase final.

finalização ⟨fi.na.li.za.ção⟩ (pl. *finalizações*) s.f. 1 Ato ou efeito de finalizar(-se): *Faltam dois anos para a finalização das obras do metrô.* 2 No futebol, chute para o gol: *O jogador terminou o lance com uma bela finalização.*

finalizar ⟨fi.na.li.zar⟩ ▌v.t.d./v.int./v.prnl. 1 Concluir ou terminar (uma ação ou uma ação): *Funcionários extras ajudaram a finalizar o projeto. O prazo para as inscrições finaliza amanhã.* □ SIN. findar. ▌v.int. 2 No futebol, chutar para o gol: *O atacante driblou dois zagueiros e finalizou.*

finanças ⟨fi.nan.ças⟩ s.f.pl. 1 Conjunto de atividades relacionadas ao dinheiro ou administração dessas atividades: *Minha mãe trabalha no departamento de finanças* *de uma grande empresa*. **2** Capital ou bens disponíveis: *Pôde viajar ano passado, pois suas finanças estavam em ordem*. **3** Conjunto de bens e recursos do Estado: *o Ministério das Finanças*.

financeira ⟨fi.nan.cei.ra⟩ s.f. Empresa que se dedica a fornecer créditos e financiamentos.

financeiro, ra ⟨fi.nan.cei.ro, ra⟩ adj. Das finanças ou relacionado a elas.

financiamento ⟨fi.nan.ci.a.men.to⟩ s.m. **1** Custeio dos gastos de uma atividade: *O financiamento da festa ficará por conta do colégio*. **2** Valor desse custeio: *Conseguiu um financiamento para a compra de sua casa própria*.

financiar ⟨fi.nan.ci.ar⟩ v.t.d. Custear os gastos de (uma atividade): *Uma empresa privada financiou a construção da biblioteca*.

financista ⟨fi.nan.cis.ta⟩ s.2g. Pessoa que se dedica profissionalmente às finanças ou a atividades relacionadas ao dinheiro.

finar-se ⟨fi.nar-se⟩ v.prnl. **1** Deixar de viver. □ SIN. falecer, morrer. **2** Emagrecer ou debilitar-se de forma acentuada. □ SIN. definhar-se.

fincar ⟨fin.car⟩ ▍ v.t.d./v.t.d.i./v.prnl. **1** Cravar(-se) ou introduzir(-se) mediante força [em algo]: *Fincou estacas no chão para marcar território. As garras da fera fincaram-se na presa.* ▍ v.t.d./v.t.d.i. **2** Apoiar (uma coisa) com força ou com firmeza [em outra]: *Fincou os pés no skate e começou uma manobra*. **3** Fortalecer ou consolidar (um sentimento ou um costume) [em algo]: *Fincou suas esperanças no novo emprego*. □ ORTOGRAFIA Antes de e, o c muda para qu →BRINCAR.

findar ⟨fin.dar⟩ v.t.d./v.int./v.prnl. Concluir ou terminar (um processo ou uma ação): *Depois de muito esforço, findaram as pesquisas*. □ SIN. finalizar. □ GRAMÁTICA É um verbo abundante, pois apresenta dois particípios: *findado* e *findo*.

fineza ⟨fi.ne.za⟩ (Pron. [finêza]) s.f. **1** Amabilidade e atenção na forma de tratar as pessoas. □ SIN. delicadeza, finura. **2** Delicadeza ou perfeição na realização de algo. □ SIN. finura. **3** Favor ou obséquio.

fingido, da ⟨fin.gi.do, da⟩ adj./s. Falso ou hipócrita.

fingidor, -a ⟨fin.gi.dor, do.ra⟩ (Pron. [fingidôr], [fingidôra]) adj./s. Que ou quem finge.

fingimento ⟨fin.gi.men.to⟩ s.m. Ato ou efeito de fingir(-se).

fingir ⟨fin.gir⟩ ▍ v.t.d./v.int./v.prnl. **1** Fazer parecer ou parecer verdadeiro ou real (algo falso): *Fingia estar feliz, mas sabíamos que estava triste*. ▍ v.t.d. **2** Imaginar ou fazer de conta que o fingido é real (algo irreal): *Não finja que tudo está bem entre nós, pois você sabe que não é bem assim.* □ ORTOGRAFIA Antes de a ou o, o g muda para j →FUGIR.

finito, ta ⟨fi.ni.to, ta⟩ adj. Que tem fim ou limite.

finlandês, -a ⟨fin.lan.dês, de.sa⟩ (Pron. [finlandês], [finlandêsa]) ▍ adj./s. **1** Da Finlândia ou relacionado a esse país europeu. ▍ s.m. **2** Língua desse país.

fino, na ⟨fi.no, na⟩ adj. **1** Com pouca espessura ou diâmetro. **2** Que é cortês ou muito educado. **3** Refinado ou de qualidade superior. **4** Em relação a um som produzido por um instrumento musical ou a uma voz, que têm grande velocidade na frequência de suas vibrações. □ SIN. agudo.

finório, ria ⟨fi.nó.rio, ria⟩ adj./s. Que ou quem se faz de ingênuo para conseguir vantagens.

finta ⟨fin.ta⟩ s.f. Em alguns esportes, movimento rápido e ágil que é feito com a intenção de enganar o adversário. □ SIN. drible.

finura ⟨fi.nu.ra⟩ s.f. **1** Condição de fino. **2** Amabilidade e atenção na forma de tratar as pessoas. □ SIN. delicadeza, fineza. **3** Delicadeza ou perfeição na realização de algo. □ SIN. fineza.

fio ⟨fi.o⟩ s.m. **1** Fibra ou conjunto de fibras retorcidas, compridas e finas, obtidas de um material têxtil: *um fio de seda*. **2** Qualquer segmento cilíndrico de material maleável e comprido: *um fio de cabelo*. **3** Cabo metálico que tem essa forma e que transmite sinais elétricos: *o fio do telefone*. **4** Parte afiada de um instrumento cortante: *o fio de uma faca*. □ SIN. gume. **5** Sequência lógica de raciocínios e de apresentação de ideias que cria a coesão em um discurso: *Ficou pensando e perdeu o fio*. **6** Aquilo que é tênue, sem força ou delicado: *Ainda há um fio de esperança de encontrar os desaparecidos*. **7** Fluxo escasso de um líquido: *Um fio de água saía da torneira*. ‖ **a fio** De maneira seguida e sem interrupções. ‖ **bater um fio** *informal* Telefonar. ‖ **fio dental 1** Fio usado para limpar entre os dentes. **2** *informal* Calcinha com a parte de trás menor que o considerado normal. ‖ **por um fio 1** Quase ou por muito pouco. □ SIN. por um triz. **2** Próximo do fim: *Seu casamento está por um fio*.

fiorde ⟨fi.or.de⟩ s.m. Vale glacial rodeado por montanhas íngremes e invadido pelo mar.

firma ⟨fir.ma⟩ s.f. **1** Entidade dedicada a atividades industriais, mercantis ou de prestação de serviços, cuja finalidade é a obtenção de lucro. □ SIN. empreendimento, empresa. **2** Nome e sobrenome de uma pessoa colocados em um documento, geralmente à mão. □ SIN. assinatura.

firmamento ⟨fir.ma.men.to⟩ s.m. Espaço que, visto da Terra, parece formar uma cobertura arqueada sobre ela. □ SIN. abóbada celeste, céu, páramo.

firmar ⟨fir.mar⟩ ▍ v.t.d./v.prnl. **1** Tornar(-se) firme e com sustentação: *Firmamos o guarda-sol na areia da praia*. ▍ v.t.d./v.t.d.i./v.prnl. **2** Apoiar(-se) (uma pessoa ou uma coisa) [em outra]: *Firmou a escada na parede*. ▍ v.t.d. **3** Assinar (um documento): *Firmou alguns documentos e enviou ao cartório*. ▍ v.int./v.prnl. **4** Tornar-se firme e sem chuvas (o tempo atmosférico): *Se o tempo firmar, iremos ao clube*. ▍ v.prnl. **5** Estabelecer-se ou tornar-se conhecido: *Com suas últimas atuações, firmou-se como o melhor jogador da equipe*. □ GRAMÁTICA Na acepção 5, usa-se a construção *firmar-se COMO algo*.

firme ⟨fir.me⟩ ▍ adj.2g. **1** Que está seguro, bem apoiado ou que não se move. **2** Que é estável e constante. **3** Que está decidido ou que não vai mudar. **4** Em relação ao tempo atmosférico, estável e sem chuvas. ▍ adv. **5** Com firmeza: *Durante a tempestade, os marinheiros aguentaram firme*.

firmeza ⟨fir.me.za⟩ (Pron. [firmêza]) s.f. **1** Estabilidade ou ausência de oscilação: *a firmeza de uma ponte*. **2** Segurança que se tem na tomada de uma decisão: *Disse o que pensava com firmeza*.

firula ⟨fi.ru.la⟩ s.f. **1** Rebuscamento para dizer algo simples ou de fácil entendimento: *Deixe de firulas e vá direto ao assunto!* **2** Em futebol, exibição que um jogador faz para mostrar que tem o domínio da bola e, geralmente, do jogo.

fiscal ⟨fis.cal⟩ (pl. *fiscais*) 2 e 3 (r). ▍ adj.2g. **1** Do fisco ou das finanças públicas, ou relacionado a eles: *uma nota fiscal*. ▍ s.2g. **2** Pessoa que trabalha no fisco ou em uma alfândega: *Os fiscais realizaram diversas apreensões de produtos contrabandeados ontem*. **3** Pessoa que fiscaliza: *Há cerca de vinte anos atrás surgiam os chamados fiscais do Sarney*.

fiscalização ⟨fis.ca.li.za.ção⟩ (pl. *fiscalizações*) s.f. Ato ou efeito de fiscalizar.

fiscalizar ⟨fis.ca.li.zar⟩ v.t.d. Averiguar, controlar ou observar (uma pessoa, uma entidade ou suas ações):

fisco

A vigilância sanitária fiscalizou alguns restaurantes para ver se estavam dentro das normas.

fisco ⟨fis.co⟩ s.m. Conjunto de órgãos de uma administração responsáveis por arrecadar impostos e tributos.

fisga ⟨fis.ga⟩ s.f. **1** Arpão com várias pontas ou dentes, usado para pescar peixes grandes. **2** Ponta de um anzol ou de um arpão. **3** Em uma superfície, abertura alongada e mais ou menos profunda. ❑ SIN. fenda.

fisgada ⟨fis.ga.da⟩ s.f. **1** Puxão rápido e forte que é feito com a vara de pescar para capturar um peixe. **2** *informal* Dor aguda, repentina e passageira.

fisgar ⟨fis.gar⟩ v.t.d. **1** Pegar com anzol ou arpão (um peixe). **2** *informal* Despertar um sentimento de amor ou de paixão em (alguém): *Só fisgou a namorada depois de muito tentar.* ❑ ORTOGRAFIA Antes de e, o g muda para gu →CHEGAR.

física ⟨fí.si.ca⟩ s.f. Ciência que estuda a matéria, a energia, suas propriedades e os fenômenos e leis que as regem ou as caracterizam.

físico, ca ⟨fí.si.co, ca⟩ ▌adj. **1** Da física ou relacionado a essa ciência: *A gravidade é um fenômeno físico.* **2** Da constituição e da natureza de um corpo ou de uma matéria, ou relacionado a elas: *O acidente não lhe deixou nenhuma sequela física.* ▌s. **3** Pessoa que se dedica profissionalmente à física ou que é especializada nessa ciência: *Uma equipe de físicos foi enviada para estudar o fenômeno.* ▌s.m. **4** Aspecto externo de uma pessoa: *Aquele rapaz tem físico de atleta.*

fisiologia ⟨fi.si.o.lo.gi.a⟩ s.f. Ciência que estuda as funções dos seres vivos.

fisiológico, ca ⟨fi.si.o.ló.gi.co, ca⟩ adj. Da fisiologia ou relacionado a essa ciência.

fisionomia ⟨fi.si.o.no.mi.a⟩ s.f. **1** Expressão do rosto: *uma bela fisionomia.* ❑ SIN. semblante. **2** Conjunto de características ou circunstâncias próprias de algo e que determinam seu aspecto: *A fisionomia do bairro mudou com a construção de novos prédios.*

fisionômico, ca ⟨fi.si.o.nô.mi.co, ca⟩ adj. Da fisionomia ou relacionado a ela.

fisioterapia ⟨fi.si.o.te.ra.pi.a⟩ s.f. Tratamento de doenças ou de incapacidades físicas baseado em técnicas de massagem e de ginástica e na aplicação de agentes externos, como o calor, o frio ou correntes elétricas.

fissão ⟨fis.são⟩ (pl. *fissões*) s.f. Separação ou divisão. ❑ SIN. cisão. ║ **fissão (nuclear)** Aquela do núcleo de um átomo em dois ou mais fragmentos, acompanhada da liberação de uma grande quantidade de energia. ❑ SIN. cisão nuclear.

fissura ⟨fis.su.ra⟩ s.f. **1** Fenda ou rachadura cujas bordas estão ligeiramente separadas: *as fissuras de uma parede.* **2** *informal* Apego ou carinho: *Ela tem fissura por seus bichinhos de pelúcia.*

fístula ⟨fís.tu.la⟩ s.f. Conduto anormal e estreito que se abre na pele ou nas membranas mucosas, e que raramente cicatriza sozinho.

fita ⟨fi.ta⟩ s.f. **1** Tira plana, comprida e estreita de um material flexível: *uma fita de cabelo; uma fita isolante.* **2** Tira de material plástico e flexível que serve como suporte para diversos tipos de gravações: *uma fita de vídeo.* ║ **fazer fita** *informal* Enrolar ou tentar chamar a atenção: *Pare de fazer fita e vá logo estudar.*

fitar ⟨fi.tar⟩ ▌v.t.d./v.t.d.i. **1** Olhar ou observar (algo) com atenção ou fixar (os olhos) [em algo ou alguém]: *Pararam na serra para fitar a paisagem.* ▌v.prnl. **2** Olharem-se (duas pessoas).

fiteiro, ra ⟨fi.tei.ro, ra⟩ adj./s. Que ou quem faz fita ou tenta chamar a atenção ou impressionar.

fito ⟨fi.to⟩ s.m. Objetivo ou propósito: *A comissão foi criada com o fito de garantir a transparência da eleição.*

fitoterapia ⟨fi.to.te.ra.pi.a⟩ s.f. Tratamento das doenças mediante o uso de plantas ou de substâncias vegetais.

fivela ⟨fi.ve.la⟩ s.f. **1** Em uma correia, em um cinturão ou em outro tipo de cinta, peça que serve para unir suas extremidades ou para ajustar a cinta que passa por ela. **2** Peça, geralmente metálica, usada para prender o cabelo.

fixação ⟨fi.xa.ção⟩ (Pron. [ficsação]) (pl. *fixações*) s.f. **1** Ato ou efeito de fixar(-se). **2** Obsessão ou mania permanente.

fixador, -a ⟨fi.xa.dor, do.ra⟩ (Pron. [ficsadôr], [ficsadôra]) adj./s. Que ou quem fixa.

fixar ⟨fi.xar⟩ (Pron. [ficsar]) ▌v.t.d./v.t.d.i. **1** Prender ou pendurar [em uma superfície]: *fixar cartazes.* ▌v.t.d./v.prnl. **2** Tornar(-se) fixo ou estável: *fixar residência.* ▌v.t.d. **3** Determinar ou estabelecer de forma exata: *fixar uma data.* ▌v.t.d./v.t.d.i./v.prnl. **4** Dirigir(-se) ou centrar(-se) (a atenção ou o olhar) [em algo]: *A criança fixou sua atenção no desenho animado.* ❑ ORTOGRAFIA Na acepção 1, escreve-se também *afixar*. ❑ GRAMÁTICA É um verbo abundante, pois apresenta dois particípios: *fixado e fixo.*

flacidez ⟨fla.ci.dez⟩ (Pron. [flacidêz]) s.f. **1** Condição de flácido. **2** Falta de firmeza, de força ou de resistência: *Fazia exercícios físicos para evitar a flacidez do corpo.*

flácido, da ⟨flá.ci.do, da⟩ adj. Mole, sem elasticidade ou sem firmeza.

flagelar ⟨fla.ge.lar⟩ ▌v.t.d./v.prnl. **1** Golpear(-se) com um açoite ou com algo semelhante. ❑ SIN. açoitar, zurzir. ▌v.t.d./v.t.d.i./v.prnl. **2** Atormentar ou castigar-se.

flagelo ⟨fla.ge.lo⟩ s.m. **1** Instrumento formado por uma vara em cuja extremidade há tiras de couro ou uma corrente, usado para açoitar animais ou, antigamente, pessoas: *Átila, o Huno, causou tanto sofrimento em seu tempo que era conhecido como o flagelo de Deus.* ❑ SIN. açoite, chibata, chicote, vergalho, vergasta. **2** Pena ou punição aplicadas a quem cometeu uma falta ou um delito. ❑ SIN. castigo. **3** Desgraça, infortúnio ou sofrimento que atingem uma área ou uma grande quantidade de pessoas: *O flagelo da seca voltou a assolar esta região do país.* ❑ SIN. calamidade. **4** Em alguns micro-organismos e células, prolongamento ou extremidade fina, cilíndrica e muito móvel, que auxilia na locomoção: *Os espermatozoides são compostos por uma cabeça, onde está o material genético, e um flagelo.*

flagra ⟨fla.gra⟩ s.m. *informal* Flagrante: *O flagra foi armado pelos fotógrafos e jornalistas, que já estavam esperando a chegada do casal.* ║ **pegar no flagra** *informal* Flagrar: *Chegou devagar e quase os pegou no flagra.*

flagrante ⟨fla.gran.te⟩ ▌adj.2g. **1** Que é claro e evidente, ou que não necessita de provas: *Seu mal-estar era flagrante.* ▌s.m. **2** Observação de acontecimento no momento em que ocorre: *O fotógrafo fez um flagrante do acidente.* ║ **em flagrante** No momento em que algo ocorre, especialmente se for um delito: *Foi preso em flagrante.*

flagrar ⟨fla.grar⟩ v.t.d. Observar ou surpreender (alguém) no momento em que está realizando uma ação, geralmente indevida: *A professora flagrou alguns alunos colando durante a prova.*

flama ⟨fla.ma⟩ s.f. **1** Massa gasosa que arde e se eleva, desprendendo luz e calor. ❑ SIN. chama. **2** Ardor ou intensidade: *Após tantos anos, a flama do amor continua acesa entre o casal.* ❑ SIN. chama.

flambar ⟨flam.bar⟩ v.t.d. Submeter (um alimento) à ação de uma chama após regá-lo com uma bebida alcoólica: *Flambou as bananas para fazer uma sobremesa.*

flamejante ⟨fla.me.jan.te⟩ adj.2g. Que flameja, que brilha ou que lança chamas.

flor

flamejar ⟨fla.me.jar⟩ v.int. **1** Desprender ou lançar chamas. **2** Brilhar intensamente: *As luzes da cidade flamejavam ao longe.* □ SIN. cintilar.

flamengo, ga ⟨fla.men.go, ga⟩ ▌adj./s. **1** De Flandres ou relacionado a essa antiga região do norte europeu, que se estendia por parte do atual território belga. ▌s.m. **2** Variedade linguística semelhante ao holandês, e que se fala na região belga de Flandres e em parte de Bruxelas (capital belga).

flamingo ⟨fla.min.go⟩ s.m. Ave palmípede e de pernas longas, bico curvo, pescoço comprido, com plumagem branca, rosada ou vermelha e que vive em grupos em regiões aquosas. □ GRAMÁTICA É um substantivo epiceno: *o flamingo macho/fêmea*.

flâmula ⟨flâ.mu.la⟩ s.f. **1** Bandeira pequena e geralmente triangular: *Colecionava flâmulas de times de futebol.* **2** Chama pequena.

flanar ⟨fla.nar⟩ v.int. Andar sem rumo nem direção fixos. □ SIN. perambular, vadiar, vagar, vaguear.

flanco ⟨flan.co⟩ s.m. **1** Lado de uma posição ou de uma formação militares. **2** No tronco de uma pessoa ou de um animal, parte acima do abdome e das costas. **3** Em um objeto, lado ou parte lateral esquerda ou direita.

flanela ⟨fla.ne.la⟩ s.f. Tecido fino de lã ou de algodão, com uma de suas faces mais felpuda que a outra.

flanquear ⟨flan.que.ar⟩ v.t.d. Estar ao flanco ou ao lado de (um lugar). □ ORTOGRAFIA O e muda para ei quando a sílaba tônica estiver na raiz do verbo →NOMEAR.

flash (*palavra inglesa*) (Pron. [fléch]) s.m. **1** Em fotografia, dispositivo que emite uma luz intensa e instantânea, utilizado em ambientes com pouca luminosidade: *Você precisa ligar o flash da câmera fotográfica.* **2** Clarão produzido por esse dispositivo: *Ficamos com a visão ofuscada devido ao flash.* **3** Na mídia, transmissão breve ou de última hora de uma notícia importante: *Decidiram transmitir apenas os flashes mais recentes sobre a guerra.* **4** Cena ou lembrança entrecortadas e descontínuas: *Pretendemos exibir hoje apenas os principais flashes da cerimônia de posse.*

flashback (*palavra inglesa*) (Pron. [flechbéc]) s.m. **1** Em cinema, em teatro ou em uma narração, sequência ou passagem que supõem uma volta ao passado do relato e que se intercalam na ação, rompendo seu desenvolvimento linear: *O passado do personagem era mostrado no filme através de flashbacks.* **2** Lembrança ou recordação: *Ao voltar àquele lugar, teve um flashback de sua infância.*

flato ⟨fla.to⟩ s.m. Gás intestinal eliminado pelo ânus.

flatulência ⟨fla.tu.lên.cia⟩ s.f. **1** Acúmulo incômodo de gases no tubo digestivo, geralmente acompanhado de expulsão ruidosa. □ SIN. ventosidade. **2** Presunção ou vaidade. □ SIN. vanglória.

flauta ⟨flau.ta⟩ s.f. Instrumento musical de sopro formado por um tubo com embocadura, orifícios ou chaves que, ao serem abertos ou fechados, permitem ou não a passagem do ar. ‖ **levar** {algo/alguém} **na flauta** *informal* Não levá-lo a sério ou não dar-lhe importância. [👁 **instrumentos de sopro** p. 747]

flautear ⟨flau.te.ar⟩ v.int. Viver de forma despreocupada e sem seriedade: *Bons tempos em que viviam flauteando sem preocupações!* □ ORTOGRAFIA O e muda para ei quando a sílaba tônica estiver na raiz do verbo →NOMEAR.

flautim ⟨flau.tim⟩ (pl. *flautins*) s.m. Instrumento musical de sopro da família das madeiras, semelhante a uma flauta transversal, mas de tamanho menor e de som mais agudo. [👁 **instrumentos de sopro** p. 747]

flautista ⟨flau.tis.ta⟩ s.2g. Músico que toca flauta.

flebite ⟨fle.bi.te⟩ s.f. Inflamação das veias.

flecha ⟨fle.cha⟩ s.f. **1** Arma formada por uma vara fina e leve com uma ponta triangular e afiada, que se arremessa com um arco. □ SIN. seta. **2** Sinal com esse formato usado para indicar uma direção. □ SIN. seta. **3** Em arquitetura, extremidade em formato cônico ou pontiagudo de uma torre.

flechar ⟨fle.char⟩ v.t.d. **1** Ferir ou acertar com uma flecha (um alvo). **2** Ferir ou magoar (uma pessoa ou os seus sentimentos).

flegma ⟨fleg.ma⟩ (Pron. [flêgma]) s.f. →**fleuma**

flegmático, ca ⟨fleg.má.ti.co, ca⟩ adj. →**fleumático, ca**

flertar ⟨fler.tar⟩ v.t.i./v.int. Manter relacionamento amoroso superficial e passageiro [com alguém].

flerte ⟨fler.te⟩ (Pron. [flêrte]) s.m. Relacionamento amoroso, superficial e passageiro.

fleuma ⟨fleu.ma⟩ s.f. Serenidade, impassibilidade ou frieza na forma de agir: *Manteve a fleuma, enquanto todos se desesperavam.* □ ORTOGRAFIA Escreve-se também *flegma*.

fleumático, ca ⟨fleu.má.ti.co, ca⟩ adj. Que age com fleuma. □ ORTOGRAFIA Escreve-se também *flegmático*.

flexão ⟨fle.xão⟩ (Pron. [flecsão]) (pl. *flexões*) s.f. **1** Movimento que consiste em dobrar aquilo que estava reto, especialmente se for o corpo ou uma de suas partes. **2** Em linguística, variação feita em uma palavra para que expresse suas diferentes funções ou relações de dependência: *Ao colocar uma palavra no plural, ela passa por uma flexão de número.*

flexibilidade ⟨fle.xi.bi.li.da.de⟩ (Pron. [flecsibilidade]) s.f. **1** Qualidade de flexível: *Um arame tem mais flexibilidade que uma barra de ferro.* **2** Capacidade de adaptar-se a situações novas ou de aceitar vontades ou opiniões alheias: *A flexibilidade é fundamental quando se vive em grupo.*

flexibilizar ⟨fle.xi.bi.li.zar⟩ (Pron. [flecsibilizar]) v.t.d./v.prnl. Tornar(-se) flexível ou com mais flexibilidade: *A diretora resolveu flexibilizar o horário dos jogos.*

flexionar ⟨fle.xi.o.nar⟩ (Pron. [flecsionar]) v.t.d./v.prnl. **1** Dobrar(-se) até curvar (o corpo ou uma parte dele): *flexionar os joelhos.* **2** Em linguística, alterar(-se) (uma palavra) para que expresse suas diferentes funções ou relações de dependência: *flexionar um verbo.*

flexível ⟨fle.xí.vel⟩ (Pron. [flecsível]) (pl. *flexíveis*) adj.2g. **1** Que se dobra com facilidade, sem quebrar. **2** Que tem facilidade para se adaptar a uma situação ou para ceder a vontades ou a opiniões alheias.

fliperama ⟨fli.pe.ra.ma⟩ s.f. **1** Máquina de jogo em formato de mesa, na qual, com botões laterais, se controla a passagem de uma bola por um circuito interno. **2** Estabelecimento comercial que tem essas máquinas ou outras semelhantes.

floco ⟨flo.co⟩ s.m. **1** Cada uma das porções de neve que caem lentamente. **2** Tufo ou emaranhado de tecidos, especialmente se forem de lã. **3** Partícula de uma substância: *aveia em flocos*.

flor (Pron. [flôr]) s.f. **1** Em uma planta, órgão em que se encontram suas estruturas de reprodução, geralmente envolvidas por pétalas e sépalas, e que costuma ter formas e cores vistosas: *Muitos insetos são atraídos pela cor e pela aparência das flores.* **2** Planta que tem esse órgão com formas e cores vistosas: *As flores do jardim precisam ser aguadas.* **3** O melhor ou o mais seleto de algo: *Com quarenta anos, sentia-se na flor da idade.* **4** Pessoa que se destaca por sua beleza, boa educação ou bondade: *Ela é uma flor de pessoa.* ‖ **à flor de** À superfície de: *Antes de uma prova, sempre está com os nervos à flor da pele.* □ GRAMÁTICA Na acepção 4, usa-se tanto para o masculino quanto para o feminino: *{ele/ela} é uma flor.*

flora

flora ⟨flo.ra⟩ s.f. **1** Conjunto de plantas de uma região ou de um período de tempo: *A flora e a fauna da Amazônia estão entre as mais ricas do mundo.* **2** Conjunto de plantas usadas para determinado fim: *a flora medicinal.* **3** Conjunto de bactérias e de outros micro-organismos adaptados a um determinado meio: *a flora intestinal.*

florada ⟨flo.ra.da⟩ s.f. Período de tempo entre a abertura dos botões florais até a morte de uma flor.

floral ⟨flo.ral⟩ (pl. *florais*) ▌adj.2g. **1** De flores: *um arranjo floral.* **2** Em botânica, da flor ou relacionado a ela. ▌s.m. **3** Medicamento feito à base de substâncias extraídas de flores, usado como tratamento terapêutico alternativo. ▫ USO Na acepção 3, usa-se geralmente a forma plural.

florão ⟨flo.rão⟩ (pl. *florões*) s.m. Adorno circular semelhante a uma flor, muito usado na pintura e na arquitetura.

flor-da-quaresma ⟨flor-da-qua.res.ma⟩ (pl. *flores-da--quaresma*) s.f. **1** Árvore com folhas verde-escuras, com nervuras paralelas, flores de cinco pétalas rosa ou roxas que surgem geralmente entre fevereiro e março, e que é muito cultivada como ornamental. ▫ SIN. quaresma, quaresmeira. **2** Flor dessa árvore.

flor-de-lis ⟨flor-de-lis⟩ (pl. *flores-de-lis*) s.f. **1** Planta herbácea de caules subterrâneos do tipo bulbo, com folhas compridas que saem da base, flores grandes, geralmente solitárias e vermelhas, e muito cultivada como ornamental. **2** Flor dessa planta. **3** Em heráldica, figura semelhante a um lírio. ▫ SIN. lis.

floreado, da ⟨flo.re.a.do, da⟩ adj. **1** Adornado com flores. **2** Enfeitado, trabalhado ou rebuscado.

florear ⟨flo.re.ar⟩ ▌v.t.d. **1** Dar ou cobrir com (flores). ▫ SIN. florescer. ▌v.int. **2** Dar ou fazer brotar flores (uma planta): *Na primavera, todo o jardim floreou.* ▫ SIN. florescer, florir. ▌v.t.d. **3** Adornar com flores: *Florearam a igreja para o casamento.* ▫ SIN. florir. **4** Enfeitar, trabalhar ou rebuscar: *Escreve bem, ainda que tente florear demais seus textos.* ▫ SIN. florir. **5** Contar (um acontecimento) acrescentando partes de detalhes irreais ou fantasiosos: *Floreou tanto a história que todos perceberam que era mentira.* **6** Manusear com habilidade (uma arma branca): *O mágico floreava espadas no picadeiro.* ▫ ORTOGRAFIA O e muda para ei quando a sílaba tônica estiver na raiz do verbo →NOMEAR.

floreio ⟨flo.rei.o⟩ s.m. **1** Adorno feito com flores. **2** Rebuscamento ou trabalho usados para enfeitar.

floreira ⟨flo.rei.ra⟩ s.f. **1** Recipiente, geralmente retangular, em que se colocam flores. **2** Vaso usado para cultivar plantas.

florescência ⟨flo.res.cên.cia⟩ s.f. Abertura dos botões de flores.

florescer ⟨flo.res.cer⟩ ▌v.t.d. **1** Dar ou cobrir com (flores). ▫ SIN. florear. ▌v.int. **2** Dar ou fazer brotar flores (uma planta). ▫ SIN. florear, florir. **3** Prosperar ou crescer: *As ideias floresceram e o projeto se concretizou.* ▫ ORTOGRAFIA Antes de *a* ou *o*, o *c* muda para *ç* →CONHECER.

floresta ⟨flo.res.ta⟩ s.f. Área constituída por um grande número de árvores.

florestal ⟨flo.res.tal⟩ (pl. *florestais*) adj.2g. Da floresta ou relacionado a ela.

florete ⟨flo.re.te⟩ (Pron. [florête]) s.m. Espada de folha estreita e sem corte, usada em competições de esgrima.

florianense ⟨flo.ri.a.nen.se⟩ adj.2g./s.2g. De Floriano ou relacionado a essa cidade do estado brasileiro do Piauí.

florianopolitano, na ⟨flo.ri.a.no.po.li.ta.no, na⟩ adj./s. De Florianópolis ou relacionado à capital do estado brasileiro de Santa Catarina.

floricultor, -a ⟨flo.ri.cul.tor, to.ra⟩ (Pron. [floricultôr], [floricultôra]) s. Pessoa que se dedica à floricultura.

floricultura ⟨flo.ri.cul.tu.ra⟩ s.f. **1** Cultivo de flores. **2** Estabelecimento comercial em que se vendem flores.

florido, da ⟨flo.ri.do, da⟩ adj. Com flores.

florir ⟨flo.rir⟩ ▌v.int. **1** Dar ou fazer brotar flores (uma planta): *Os botões floriram há semanas.* ▫ SIN. florear, florescer. ▌v.t.d. **2** Adornar com flores: *Florimos a recepção do prédio para a festa.* ▫ SIN. florear. **3** Enfeitar, trabalhar ou rebuscar: *Tem um estilo sóbrio e não gosta de florir seus textos.* ▫ SIN. florear. ▫ GRAMÁTICA É um verbo defectivo, pois não apresenta conjugação completa →BANIR.

florista ⟨flo.ris.ta⟩ s.2g. Pessoa que se dedica à venda de flores e de plantas, e à confecção de enfeites florais.

flotilha ⟨flo.ti.lha⟩ s.f. **1** Frota pequena. **2** Frota de barcos pequenos usados para um mesmo fim: *uma flotilha de pesqueiros.*

fluência ⟨flu.ên.cia⟩ s.f. **1** Qualidade de fluente. ▫ SIN. fluidez. **2** Naturalidade ou espontaneidade: *Ela fala árabe com fluência.* ▫ SIN. fluidez.

fluente ⟨flu.en.te⟩ adj.2g. **1** Que prossegue ou que decorre com facilidade e sem obstáculos. **2** Que acontece de forma natural ou espontânea.

fluidez ⟨flu.i.dez⟩ (Pron. [fluidêz]) s.f. **1** Qualidade de fluente: *Passado o horário de pico, os veículos voltaram a circular com fluidez.* ▫ SIN. fluência. **2** Naturalidade ou espontaneidade: *Falava em público com fluidez.* ▫ SIN. fluência. **3** Propriedade das substâncias que tem moléculas com pouca ou nenhuma ligação entre si e cuja forma se adapta à do recipiente em que está contida: *A fluidez dos gases permite que eles se expandam por todas as partes de um recinto.*

fluido, da ⟨flui.do, da⟩ ▌adj. **1** Que flui com espontaneidade ou com naturalidade. ▌adj./s.m. **2** Em relação a uma substância, que tem uma forma que se adapta à do recipiente em que está contida.

fluir ⟨flu.ir⟩ ▌v.t.i./v.int. **1** Correr, passar por ou brotar [de um lugar] (um líquido ou um gás): *Em nosso corpo, o sangue flui pelas veias e pelas artérias.* ▌v.int. **2** Prosseguir ou decorrer com facilidade e sem obstáculos: *As negociações fluíram bem e fecharam o negócio.* **3** Surgir ou aparecer com facilidade (palavras, ideias ou outros pensamentos): *Conforme íamos falando, as ideias começaram a fluir.* ▫ ORTOGRAFIA Usa-se *i* em vez de *e* comum na conjugação do presente do indicativo e do imperativo afirmativo →ATRIBUIR.

fluminense ⟨flu.mi.nen.se⟩ adj.2g./s.2g. Do Rio de Janeiro ou relacionado a esse estado brasileiro. ▫ USO É diferente de *carioca* (da cidade do Rio de Janeiro).

flúor ⟨flú.or⟩ s.m. Elemento químico da família dos não metais, de número atômico 9, gasoso, de cor amarelada, que agride quase todos os metais e que é muito tóxico. ▫ ORTOGRAFIA Seu símbolo químico é *F*, sem ponto.

fluorescência ⟨flu.o.res.cên.cia⟩ s.f. Propriedade de algumas substâncias de emitir luz por um curto período de tempo quando expostas a certas radiações.

fluorescente ⟨flu.o.res.cen.te⟩ adj.2g. **1** Da fluorescência ou relacionado a esse tipo de luminosidade: *uma lâmpada fluorescente.* **2** De cor chamativa ou muito luminosa: *um marca-texto fluorescente.*

flutuação ⟨flu.tu.a.ção⟩ (pl. *flutuações*) s.f. **1** Ato ou efeito de flutuar. **2** Oscilação do valor de algo, especialmente se for de uma moeda.

flutuador, -a ⟨flu.tu.a.dor, do.ra⟩ (Pron. [flutuadôr], [flutuadôra]) ▌adj. **1** Que flutua. ▫ SIN. flutuante. ▌s.m. **2** Em um hidroavião, parte inferior sobre a qual ele se sustenta ao pousar na água.

flutuante ⟨flu.tu.an.te⟩ ▌adj.2g. **1** Que flutua. ▫ SIN. flutuador. **2** Que não é fixo nem estável, ou que está submetido a variações: *As taxas de câmbio são flutuantes.*

fogueteiro

▌s.m. **3** Plataforma que flutua entre o cais e as embarcações, usada para a passagem de pessoas.

flutuar ⟨flu.tu.ar⟩ v.int. **1** Manter-se na superfície de um líquido (um corpo): *Os barquinhos flutuavam na água.* □ **SIN. boiar, nadar. 2** Manter-se suspenso ou elevar-se por ação do vento: *A criança observava fascinada as bolhas de sabão flutuarem.* **3** Ter seu valor incerto ou oscilante (uma moeda).

fluvial ⟨flu.vi.al⟩ (pl. *fluviais*) adj.2g. Dos rios ou relacionado a eles.

fluxo ⟨flu.xo⟩ (Pron. [flucso]) s.m. **1** Movimento de um líquido ou de um gás ou saída destes a um meio exterior: *o fluxo menstrual.* **2** Movimento de pessoas ou de coisas de um lugar para outro: *O fluxo migratório cresce em épocas de crise.* ∥ **fluxo de caixa** Movimentação financeira de um estabelecimento ou de uma conta, em que se consideram os valores somados e os debitados.

FM s.f. **1** Em telecomunicações, estratégia de transmissão na qual uma onda eletromagnética que carrega uma informação tem sua frequência alterada de acordo com essa informação. **2** Em um aparelho de rádio, possibilidade de captar essa onda. □ **ORIGEM** É a sigla inglesa de *Frequency Modulation* (modulação de frequência).

fobia ⟨fo.bi.a⟩ s.f. **1** Medo desmedido e angustiante: *Ela tem uma fobia de lugares muito apertados.* **2** Aversão ou intolerância: *Tenho fobia a esse apresentador!*

foca ⟨fo.ca⟩ ▌s.f. **1** Mamífero carnívoro adaptado à vida aquática, de corpo arredondado e comprido, pelagem curta e com uma grossa camada de gordura para protegê-lo do frio. ▌s.2g. **2** *informal* Jornalista inexperiente. □ **GRAMÁTICA** Na acepção 1, é um substantivo epiceno: *a foca (macho/fêmea).*

focal ⟨fo.cal⟩ (pl. *focais*) adj.2g. Do foco ou relacionado a ele.

focalização ⟨fo.ca.li.za.ção⟩ (pl. *focalizações*) s.f. Ato de focalizar ou de focar.

focalizar ⟨fo.ca.li.zar⟩ v.t.d. **1** Fazer com que (uma imagem) seja vista de forma clara e nítida: *O fotógrafo usou um equipamento para focalizar a cena com precisão.* □ **SIN. focar. 2** Evidenciar ou fixar a atenção em (algo): *Em seu discurso, a candidata focalizou a falta de segurança nas cidades.* □ **SIN. focar.**

focar ⟨fo.car⟩ v.t.d. **1** Fazer com que (uma imagem) seja vista de forma clara e nítida: *Na foto, focaram as crianças em primeiro plano.* □ **SIN. focalizar. 2** Evidenciar ou fixar a atenção em (algo): *Para discutir o problema, focamos suas principais causas.* □ **SIN. focalizar.** □ **ORTOGRAFIA** Antes de e, o c muda para *qu* →BRINCAR.

focinheira ⟨fo.ci.nhei.ra⟩ s.f. **1** Acessório que se coloca no focinho de alguns animais, especialmente no dos cachorros, para que não mordam. □ **SIN. mordaça. 2** Na cabeça de alguns animais, parte mais ou menos saliente em que se encontram a boca e os orifícios nasais. □ **SIN. focinho.**

focinho ⟨fo.ci.nho⟩ s.m. **1** Na cabeça de alguns animais, parte mais ou menos saliente em que se encontram a boca e os orifícios nasais: *Aquele cão tem o focinho preto.* □ **SIN. focinheira. 2** *informal pejorativo* Rosto: *Se continuar a se intrometer lhe parto o focinho!* ∥ **meter o focinho** *informal pejorativo* Intrometer-se: *Não meta o focinho onde não é chamado!* ∥ **torcer o focinho** *informal pejorativo* Assumir expressão de enfado ou de irritação: *Torceu o focinho assim que soube que trabalharia no final de semana.*

foco ⟨fo.co⟩ s.m. **1** Em uma câmera fotográfica, dispositivo que permite o ajuste de sua lente: *Antes de fotografar, ajuste o foco.* **2** Em fotografia, nitidez da imagem fotografada: *Tremi, e a foto perdeu o foco.* **3** Em um espelho ou em uma antena parabólica, ponto para o qual convergem todas as emissões que chegam em paralelo na direção do seu eixo. **4** Ponto central ou para o qual se direciona: *O casamento da artista era o foco das atenções.* **5** Lugar ou ponto em que algo se desenvolve com grande intensidade e de onde se propaga ou exerce influência sobre outros elementos: *o foco de uma rebelião.*

foda ⟨fo.da⟩ ▌adj.2g. **1** *vulgarismo* Difícil ou complicado: *A prova foi foda!* **2** *vulgarismo* Muito bom: *O jogo de ontem foi foda!* ▌s.f. **3** *vulgarismo* →**cópula**

foder ⟨fo.der⟩ ▌v.t.d./v.t.i./v.prnl. **1** *vulgarismo* →**fracassar** ▌v.prnl. **2** *vulgarismo* →**importar-se** ▌v.t.d./v.t.i. **3** *vulgarismo* →**atrapalhar** ▌v.t.d./v.t.i./v.int. **4** *vulgarismo* →**copular**

fofo, fa ⟨fo.fo, fa⟩ (Pron. [fôfo]) adj. **1** Em relação a uma matéria, que se corta, que se amassa ou que se deforma com facilidade, especialmente se for pressionada. □ **SIN. macio. 2** *informal* Gracioso, meigo ou agradável.

fofoca ⟨fo.fo.ca⟩ s.f. *informal* Intriga ou boato.

fofocar ⟨fo.fo.car⟩ v.t.i./v.int. *informal* Fazer intrigas ou espalhar boatos [sobre alguém ou sobre uma situação]. □ **ORTOGRAFIA** Antes de e, o c muda para *qu* →BRINCAR.

fogacho ⟨fo.ga.cho⟩ s.m. **1** Chama pequena. **2** No rosto de uma pessoa, sensação de calor causada especialmente por uma emoção ou por um mal físico.

fogão ⟨fo.gão⟩ (pl. *fogões*) s.m. Aparelho com bocas que produzem fogo, geralmente com forno, e que serve para cozinhar alimentos. [◉ **eletrodomésticos** p. 292]

fogareiro ⟨fo.ga.rei.ro⟩ s.m. Fogão portátil, compacto, de barro ou de ferro, geralmente com uma ou duas bocas.

fogaréu ⟨fo.ga.réu⟩ s.m. Fogo que levanta chama alta.

fogo ⟨fo.go⟩ (Pron. [fôgo], [fógos]) s.m. **1** Calor e luz produzidos por um corpo em combustão: *O fogo da lareira aquecia a sala.* **2** Matéria em combustão que queima com ou sem chama: *Ao chegar ao acampamento, fizeram um fogo.* **3** Essa matéria quando se espalha e queima o que encontra em seu caminho: *Os bombeiros conseguiram apagar o fogo.* □ **SIN. incêndio. 4** Disparo feito com uma arma de fogo: *Os policiais abriram fogo contra o carro dos bandidos.* **5** Vivacidade e ardor de um sentimento: *o fogo da paixão.* ∥ **de fogo** *informal* Bêbado: *Evita beber muito para não ficar de fogo.* ∥ **fogo cruzado** Disparos entre dois grupos rivais. ∥ **fogo de palha** Empolgação passageira. ∥ **fogos (de artifício)** Artifícios que produzem estouros e luzes coloridas. ∥ **pegar fogo** Incendiar-se. ∥ **soltar fogo pelas ventas** *informal* Estar muito bravo.

fogo de santelmo ⟨fo.go de san.tel.mo⟩ (pl. *fogos de santelmo*) s.m. →**santelmo**

fogo-fátuo ⟨fo.go-fá.tuo⟩ (pl. *fogos-fátuos*) s.m. Brilho ou luz vistos a pouca distância do solo, causados pela combustão de determinadas matérias que se desprendem de substâncias orgânicas em decomposição.

fogoso, sa ⟨fo.go.so, sa⟩ (Pron. [fogôso], [fogósa], [fogósos], [fogósas]) adj. Que tem ou que mostra grande ardor, vivacidade ou paixão.

fogueira ⟨fo.guei.ra⟩ s.f. Fogo com muitas chamas, especialmente aquele que é feito no chão e ao ar livre.

foguete ⟨fo.gue.te⟩ (Pron. [foguête]) s.m. **1** Veículo lançado ao espaço, que se desloca por propulsão a jato e que pode ser usado como arma de guerra ou como instrumento para investigação. **2** Tubo resistente e cheio de pólvora, que estoura no ar quando seu pavio é aceso. □ **SIN. rojão.**

fogueteiro, ra ⟨fo.gue.tei.ro, ra⟩ s. **1** Pessoa que se dedica à fabricação de foguetes ou de rojões. **2** *informal* Mentiroso.

foguetório ⟨fo.gue.tó.rio⟩ s.m. **1** Evento ou comemoração em que há queima de fogos de artifício. **2** Som produzido por essa queima.

foguista ⟨fo.guis.ta⟩ s.2g. Pessoa que controla a fornalha de uma máquina a vapor, especialmente como profissão.

foice ⟨foi.ce⟩ s.f. Ferramenta composta por um cabo comprido com uma lâmina curva e pontiaguda em uma de suas extremidades. ☐ SIN. gadanha.

folclore ⟨fol.clo.re⟩ s.m. Conjunto de tradições de um povo: *O folclore brasileiro é muito rico.*

folclórico, ca ⟨fol.cló.ri.co, ca⟩ adj. Do folclore ou relacionado a ele.

folclorista ⟨fol.clo.ris.ta⟩ s.2g. Pessoa que se dedica ao estudo e à pesquisa sobre o folclore.

fôlder ⟨fôl.der⟩ s.m. Impresso publicitário, geralmente formado por uma única folha, que é usado para divulgar um produto, um serviço ou uma empresa.

fole ⟨fo.le⟩ s.m. Utensílio geralmente formado por uma caixa com laterais flexíveis e que serve para expulsar o ar com força em uma determinada direção.

fôlego ⟨fô.le.go⟩ s.m. **1** Processo fisiológico de trocas gasosas na inspiração e na expiração de ar pelas vias respiratórias. ☐ SIN. respiração, respiro. **2** Capacidade de adiar a inspiração do ar: *Não tenho fôlego para ficar tanto tempo embaixo d'água.* **3** Período de tempo necessário para refazer as forças ou para respirar: *O empréstimo deu um novo fôlego à empresa.* **4** Valor ou força para fazer ou para enfrentar algo: *É preciso muito fôlego para assumir tanta responsabilidade.* ☐ SIN. coragem.

folga ⟨fol.ga⟩ s.f. **1** Interrupção de uma atividade: *uma folga escolar.* **2** Período de tempo livre ou em que não há nenhuma obrigação a ser cumprida: *Irei visitá-la assim que tiver uma folga.* **3** Excesso ou parte que não é utilizada: *Deixei uma folga de tecido, caso precise aumentar a barra.* **4** Espaço vazio ou desnecessário: *O marceneiro ajustou as folgas das gavetas.* **5** *informal* Atrevimento.

folgado, da ⟨fol.ga.do, da⟩ ▌ adj. **1** Largo ou maior do que aquilo que contém. **2** Com recursos mais do que suficientes. ▌ adj./s. **3** *informal* Que ou quem é atrevido ou preguiçoso.

folgança ⟨fol.gan.ça⟩ s.f. **1** Ociosidade ou descanso: *Depois de um tempo de folgança, recuperou as energias.* **2** Diversão ou festa. ☐ SIN. folguedo.

folgar ⟨fol.gar⟩ ▌ v.t.d./v.int. **1** Dar descanso a (algo ou alguém), não trabalhar ou estar ocioso: *Folguei os pés em uma bacia com água quente. Esta semana, folgarei dois dias.* ▌ v.t.d. **2** Tornar folgado ou menos apertado: *Folguei o tênis assim que sentei.* ▌ v.int. **3** Sentir alegria ou prazer: *Folgo em saber que você voltou.* ▌ v.t.i./v.int. **4** *informal* Agir com atrevimento ou ser desrespeitoso [com alguém]: *Folgou com os pais e ficou sem mesada.* ☐ ORTOGRAFIA Antes de e, o g muda para gu →CHEGAR.

folgazão ⟨fol.ga.zão⟩ (pl. *folgazões*) adj./s.m. Que ou quem é brincalhão ou que gosta de se divertir. ☐ GRAMÁTICA Seu feminino é *folgazona*.

folgazona ⟨fol.ga.zo.na⟩ (Pron. [folgazôna]) Feminino de **folgazão**.

folguedo ⟨fol.gue.do⟩ (Pron. [folguêdo]) s.m. **1** Diversão ou festa. ☐ SIN. folgança. **2** Dança tradicional e popular com coreografia.

folha ⟨fo.lha⟩ (Pron. [fôlha]) s.f. **1** Em uma planta, parte que nasce do caule, do ápice ou dos galhos, e que geralmente é verde, fina e achatada no sentido horizontal: *As folhas da pitombeira são lisas.* **2** Em um livro, em um caderno ou em uma obra impressa, cada uma das partes iguais que os compõem: *Não se esqueça de ler o que está escrito no verso das folhas do caderno.* **3** Em uma ferramenta ou em uma arma branca, lâmina: *a folha de uma faca.* **4** Em uma porta ou em uma janela, parte móvel que se abre e se fecha: *A porta da igreja tem duas folhas.* ‖ **de folha caduca** Em relação a uma árvore, que perde a maioria de suas folhas quando o outono ou um período seco chegam: *O ipê é uma árvore de folha caduca.* ‖ **de folha perene** Em relação a uma árvore, que muda suas folhas gradualmente, sem perdê-las: *O limoeiro é uma árvore de folha perene.* ‖ **folha corrida** Certidão em que se assegura que uma pessoa não possui antecedentes criminais em seu histórico. ‖ **folha de rosto** Em uma publicação, especialmente em um livro, página em que constam dados básicos da obra como o nome do autor, o título e a editora. [👁 livro p. 499]

folha de flandres ⟨fo.lha de flan.dres⟩ (pl. *folhas de flandres*) s.f. Chapa de ferro coberta por uma camada de estanho em suas duas faces.

folhado, da ⟨fo.lha.do, da⟩ ▌ adj. **1** →**folheado, da** ▌ adj./s.m. **2** Em relação a um alimento, que é feito com finas camadas de massa de farinha de trigo.

folhagem ⟨fo.lha.gem⟩ (pl. *folhagens*) s.f. Em uma árvore ou em uma planta, conjunto de galhos e de folhas.

folhar ⟨fo.lhar⟩ ▌ v.t.d. **1** Encher ou prover (móveis ou objetos feitos de compensado) de folhados de madeira: *O marceneiro folhou as portas.* ▌ v.t.d./v.t.d.i. **2** →**folhear** ▌ v.t.d. **3** Fazer (uma massa) ficar em camadas finas: *Para folhar a massa, é necessário sová-la com manteiga.*

folheado, da ⟨fo.lhe.a.do, da⟩ adj. Coberto ou revestido com folhas ou com camadas de um material duro ou precioso. ☐ ORTOGRAFIA Escreve-se também *folhado*.

folhear ⟨fo.lhe.ar⟩ ▌ v.t.d. **1** Passar os olhos pelas folhas ou ler rápida e superficialmente (um livro ou outro impresso). ☐ SIN. manusear. ▌ v.t.d./v.t.d.i. **2** Cobrir ou vestir (uma joia ou um ornamento) [com camadas de um material precioso]. ☐ ORTOGRAFIA 1. O e muda para ei quando a sílaba tônica estiver na raiz do verbo →NOMEAR. 2. Na acepção 2, escreve-se também *folhar*.

folhetim ⟨fo.lhe.tim⟩ (pl. *folhetins*) s.m. **1** Composição literária, geralmente publicada na parte inferior de um jornal. **2** Publicação que apresenta periodicamente os capítulos de uma novela ou de um romance.

folheto ⟨fo.lhe.to⟩ (Pron. [folhêto]) s.m. Obra impressa não periódica e de poucas páginas.

folhinha ⟨fo.lhi.nha⟩ s.f. Impresso com os dias e os meses do ano, geralmente formado por uma única folha grande ou por folhas que podem ser destacadas uma a uma.

folhoso ⟨fo.lho.so⟩ (Pron. [folhôso], [folhósos]) s.m. Em um mamífero ruminante, terceiro estômago, onde os líquidos são reabsorvidos. ☐ SIN. omaso.

folhudo, da ⟨fo.lhu.do, da⟩ adj. Com muitas folhas.

folia ⟨fo.li.a⟩ s.f. Festa ou diversão animadas e barulhentas.

folião ⟨fo.li.ão⟩ (pl. *foliões*) adj./s.m. **1** Que ou quem gosta de folias. **2** No Carnaval, que ou quem participa das comemorações. ☐ GRAMÁTICA Seu feminino é *foliona*.

folículo ⟨fo.lí.cu.lo⟩ s.m. Em anatomia, estrutura com formato de um saco pequeno.

foliona ⟨fo.li.o.na⟩ (Pron. [foliôna]) Feminino de **folião**.

fome ⟨fo.me⟩ s.f. **1** Sensação causada pela necessidade de comer: *Vou almoçar, pois estou com muita fome.* **2** Falta de alimentos essenciais: *A fome ainda é um dos grandes problemas de alguns países.* **3** Desejo ou vontade intensos de algo: *O time jogou com fome de vitória.*

fomentar ⟨fo.men.tar⟩ ▌ v.t.d. **1** Estimular, incentivar ou aumentar: *Estas medidas visam fomentar o turismo na região.* **2** Possibilitar ou impulsionar (um processo ou uma atividade): *Os investimentos fomentaram a criação de empregos.* ▌ v.t.d./v.int. **3** Friccionar (uma parte

fora

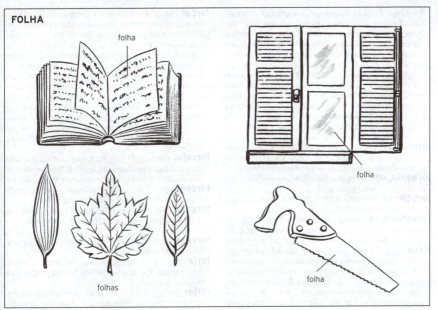

FOLHA

do corpo) após aplicar um líquido quente nela ou fazer compressas com fins terapêuticos: *A massagista fomentou o local para diminuir a dor.*

fomento ⟨fo.men.to⟩ s.m. **1** Aquilo que estimula ou que incentiva: *O governo criou uma série de leis visando o fomento das artes e da cultura.* ◻ SIN. estímulo. **2** Fricção terapêutica realizada após a aplicação de uma substância com propriedades medicinais em uma parte do corpo.

fonação ⟨fo.na.ção⟩ (pl. *fonações*) s.f. Emissão da voz ou articulação de uma palavra.

fonador, -a ⟨fo.na.dor, do.ra⟩ (Pron. [tonadôr], [fonadôra]) adj. Em relação a um órgão corpóreo, que, em conjunto, provoca a emissão da voz.

fone ⟨fo.ne⟩ (Pron. [fône]) s.m. Em um aparelho destinado a receber sons, especialmente se for no telefone, parte ou peça com as quais se ouve e as quais se levam ao ouvido. ‖ **fone (de ouvido)** Aquele que se coloca no ouvido.

fonema ⟨fo.ne.ma⟩ (Pron. [fonêma]) s.m. Em linguística, unidade fonológica mínima que, no sistema de uma língua, pode se opor a outras unidades em contraste distintivo: *Apesar de terem o som parecido, as palavras* tia *e* dia *são iniciadas por fonemas diferentes.*

fonética ⟨fo.né.ti.ca⟩ s.f. Parte da linguística que estuda os sons de uma língua descrevendo suas características fisiológicas e acústicas.

foneticista ⟨fo.ne.ti.cis.ta⟩ s.2g. Linguísta especializado em fonética.

fonético, ca ⟨fo.né.ti.co, ca⟩ adj. Da fonética ou relacionado a ela.

foniatria ⟨fo.ni.a.tri.a⟩ s.f. Parte da medicina que trata das doenças que afetam os órgãos fonadores.

fonoaudiologia ⟨fo.no.au.di.o.lo.gi.a⟩ s.f. Parte da medicina que estuda e trata a fonação e a audição.

fonoaudiólogo, ga ⟨fo.no.au.di.ó.lo.go, ga⟩ s. Pessoa especializada em fonoaudiologia.

fonografia ⟨fo.no.gra.fi.a⟩ s.f. Representação das vibrações de qualquer som de forma gráfica.

fonográfico, ca ⟨fo.no.grá.fi.co, ca⟩ adj. Do fonógrafo, da fonografia ou relacionado a eles.

fonógrafo ⟨fo.nó.gra.fo⟩ s.m. Aparelho que registra e reproduz as vibrações de qualquer som, previamente inscritas em um disco giratório. ◻ SIN. gramofone.

fonograma ⟨fo.no.gra.ma⟩ s.m. **1** Sinal gráfico que representa um som ou seu registro codificado em diversos tipos de mídia: *A gravações em CDs e discos são fonogramas.* **2** Telegrama feito por meio de um telefonema.

fonologia ⟨fo.no.lo.gi.a⟩ s.f. Parte da linguística que estuda os fonemas e seus valores funcionais dentro do sistema de cada língua.

fonológico, ca ⟨fo.no.ló.gi.co, ca⟩ adj. Do fonema, da fonologia ou relacionado a eles.

fontanela ⟨fon.ta.ne.la⟩ s.f. Em um recém-nascido, cada um dos espaços membranosos formados por um tecido fibroso denso, que são encontrados no crânio, e que são substituídos pelos ossos aproximadamente aos dois meses de idade. ◻ SIN. moleira.

fonte ⟨fon.te⟩ s.f. **1** Lugar de onde se extrai água da terra: *Há uma fonte logo ali adiante, onde a água é potável.* ◻ SIN. mina, nascente. **2** Construção em que sai água por um ou mais canos: *No jardim, havia uma linda fonte de pedra.* **3** Princípio, fundamento ou origem de algo: *O carbono e o petróleo são fontes de energia.* **4** Documento, material ou meio que proporcionam informação ou inspiração: *Para qualquer trabalho, é necessário pesquisar em várias fontes.* **5** Em tipografia, tipo e família de letra: *Neste dicionário, a fonte usada na entrada dos verbetes é diferente da usada nas definições.* **6** *informal* Motivo ou causa: *O futebol costuma ser fonte de briga entre os dois.* **7** Em uma pessoa, parte da cabeça entre os olhos e as orelhas.

fora ⟨fo.ra⟩ ▮ s.m. **1** *informal* Gafe: *Dizer aquela indelicadeza na frente de todos foi um fora imenso.* **2** Erro cometido por desconhecimento ou por ignorância: *Preparou-se bem para evitar dar foras durante a apresença.*

fora da lei

3 *informal* Rejeição amorosa: *Levou um fora da namorada.* ▌ adv. **4** No exterior ou na parte exterior: *Sem chave, ficamos para fora de casa.* **5** Não compreendido em um limite ou em uma atividade: *O que me pede está fora do meu alcance.* **6** Em um lugar que não é onde se mora: *Jantaremos fora hoje.* **7** Em um país que não é o seu: *Ela morou fora por dois anos.* ▌ prep. **8** Com exceção de: *Entramos em todas as lojas, fora as mais careiras.* ◻ SIN. exceto, menos. **9** Sem contar ou sem levar em consideração: *Gastamos 100 reais, fora a gasolina e o pedágio.* ◻ SIN. além de. ▌ interj. **10** Expressão usada para mandar que alguém saia de um lugar: *Quando tentamos entrar no quarto, ele gritou: Fora!*.

fora da lei ⟨fo.ra da lei⟩ adj.2g.2n./s.2g.2n. Que ou quem cometeu algum crime ou pertence a um grupo social marginalizado pela sociedade por sua delinquência.

foragido, da ⟨fo.ra.gi.do, da⟩ adj./s. Que ou quem foge ou escapa. ◻ SIN. fugitivo.

foragir-se ⟨fo.ra.gir-se⟩ v.prnl. Fugir ou escapar, especialmente se for da Justiça.

forasteiro, ra ⟨fo.ras.tei.ro, ra⟩ adj./s. **1** De uma nação que não é a sua. ◻ SIN. alienígena, estrangeiro. **2** De um lugar que não é o seu, embora seja no mesmo país.

forca ⟨for.ca⟩ (Pron. [fôrca]) s.f. **1** Mecanismo em que se executa uma pessoa pendurando-a com uma corda pelo pescoço: *A forca era um método de execução muito utilizado até pouco tempo atrás.* **2** Morte por meio desse mecanismo: *ser condenado à forca.* **3** Jogo que consiste em adivinhar uma palavra, letra a letra, e completar um pedaço de um desenho representando esse mecanismo para cada letra que se erra.

força ⟨for.ça⟩ (Pron. [fôrça]) ▌ s.f. **1** Capacidade para realizar um esforço, para suportar uma pressão ou para mover algo que apresenta resistência: *O longo dia de trabalho a deixou sem forças.* **2** Aplicação dessa capacidade: *Fizemos força para ajudá-lo a empurrar o carro.* **3** Em física, causa capaz de modificar a forma ou o estado de um corpo em repouso ou em movimento: *A aceleração de um corpo é sempre o resultado da aplicação de uma força a ele.* **4** Violência física ou moral: *A polícia rendeu os bandidos sem fazer uso da força.* **5** Poder ou influência: *O sindicato mostrou toda a sua força nas negociações.* **6** Energia elétrica, especialmente se for aquela usada em casas ou indústria: *Aquela chuva forte fez com que ficássemos sem força durante duas horas.* ▌ s.f.pl. **7** Conjunto de tropas militares e de seus equipamentos: *As forças de defesa estão a postos.* ‖ **dar uma força** *informal* Ajudar: *Por favor, poderia nos dar uma força?* ‖ **força bruta** Aquela que é física ou violenta: *O uso da força bruta não costuma trazer bons resultados.* ‖ **força de vontade** Capacidade que uma pessoa tem para impor esforços e obrigações a si mesma: *Será preciso muita força de vontade para alcançarmos nossos objetivos.* ‖ **força maior** Aquela que não pode ser prevista nem vencida e que, por isso, justifica o fato de que uma obrigação não seja cumprida: *Por motivos de força maior, terei de me ausentar da reunião.* ‖ **forças armadas** Em um país, conjunto formado pelos exércitos de ar, terra e mar: *A Marinha, o Exército e a Aeronáutica formam as nossas Forças Armadas.*

forcado ⟨for.ca.do⟩ s.m. Instrumento formado por uma vara com duas ou mais pontas em uma de suas extremidades, usado na lavoura para amontoar ou retirar palha ou outros elementos.

forçado, da ⟨for.ça.do, da⟩ ▌ adj. **1** Que foi imposto: *uma decisão forçada.* **2** Pouco natural ou sem espontaneidade: *um sorriso forçado.* ▌ s. **3** Pessoa que tinha que realizar trabalhos forçados como pena.

forçar ⟨for.çar⟩ ▌ v.t.d.i./v.prnl. **1** Obrigar(-se) (alguém) [a fazer algo]: *Ninguém me forçou a contar a verdade: simplesmente achei que era correto. Eles se forçaram a sempre fazer o melhor.* ▌ v.t.d. **2** Exigir mais do que o comum de (alguém) ou fazê-lo ultrapassar seus limites: *O treinador sempre procura não forçar os atletas.* **3** Fazer funcionar ou vencer a resistência de (um objeto, especialmente um mecanismo) usando a força: *Forcei a janela até conseguir abri-la.* **4** Obrigar (alguém) a manter relações sexuais usando força ou violência: *Foram condenados por forçar uma jovem.* **5** Submeter (uma situação) a pressão para que seja diferente do que é: *Por enquanto, prefiro não forçar a situação.* ◻ ORTOGRAFIA Antes de e, o ç muda para c →COMEÇAR.

forcejar ⟨for.ce.jar⟩ v.t.i./v.int. **1** Fazer esforço ou força [para conseguir realizar uma ação]. **2** Resistir ou lutar [contra algo]: *O barco forcejava contra a tempestade.*

fórceps ⟨fór.ceps⟩ s.m.2n. Instrumento médico usado em partos difíceis para facilitar a saída do bebê.

forçoso, sa ⟨for.ço.so, sa⟩ (Pron. [forçôso], [forçósa], [forçôsos], [forçósas]) adj. Obrigatório, necessário ou inevitável.

forense ⟨fo.ren.se⟩ adj.2g. De um tribunal judiciário ou relacionado a ele.

forja ⟨for.ja⟩ s.f. **1** Oficina onde se forjam ou se trabalham metais. **2** Conjunto de ferramentas usadas para forjar ou para trabalhar metais.

forjar ⟨for.jar⟩ v.t.d. **1** Fabricar ou trabalhar (um objeto) na forja: *O ferreiro forjou novos instrumentos de trabalho.* **2** Construir, criar ou formar: *Com o tempo, forjou um império.* **3** Imaginar, inventar ou fingir: *forjar uma história.* **4** Elaborar ou copiar de forma artificial ou fraudulenta: *forjar documentos.* ◻ SIN. contrafazer, falsear, falsificar.

forma ⟨for.ma⟩ s.f. **1** Figura ou conjunto de características externas: *O quadrado, o triângulo e o círculo são formas simples.* ◻ SIN. formato. **2** Modo ou maneira de ser, de fazer ou de acontecer: *Qual será a forma de pagamento?* **3** Boa condição física ou boa aparência. **4** Modo de expressão de um artista na criação de uma obra. **5** Aquilo que não se consegue distinguir com precisão: *Avistaram uma forma escura, e se assustaram.* **6** Maneira ou meio para se fazer algo: *Conversar é a melhor forma de resolver os problemas.* **7** Peça oca que se enche com algum material que, ao se solidificar, toma o modelo dessa peça: *uma forma de bolo.* ◻ SIN. molde. **8** Instrumento que serve para dar o formato desejado a um objeto: *a forma de um sapato.* ‖ **de certa forma** De certa maneira ou sob determinado ponto de vista: *De certa forma, concordo com você.* ‖ **de forma que** Conectivo gramatical subordinativo (que une elementos entre os quais há uma relação de dependência) que introduz uma consequência: *Falou muito baixo, de forma que não conseguimos ouvir nada do que dizia.* ‖ **em forma** Em boas condições físicas ou mentais: *O esporte ajuda a se manter em forma.* ◻ USO Nas acepções 1, 2, 3, 4 e 5, a pronúncia é *fórma*; nas acepções 7 e 8, *fôrma*.

formação ⟨for.ma.ção⟩ (pl. formações) s.f. **1** Ato ou efeito de formar(-se): *A umidade favorece a formação de mofo. A Prefeitura anunciou a formação de um centro de apoio aos dependentes químicos.* **2** Instrução, educação ou transmissão de ensinamentos: *a formação acadêmica.* **3** Disposição de pessoas organizadas em filas uniformes: *Os soldados se colocaram em formação para o início do desfile.* **4** Conjunto de elementos que constituem o caráter de uma pessoa: *Minha formação não me permite mentir.* **5** Em geologia, conjunto de rochas ou de massas minerais com características geológicas ou paleontológicas comuns: *uma formação rochosa*. **6** Nas Forças Armadas, conjunto de navios, carros ou soldados em ação conjunta: *Os caças assumiram uma formação de ataque ao ver o inimigo*.

formal ⟨for.*mal*⟩ (pl. *formais*) adj.2g. **1** Da forma ou relacionado a ela. **2** Que cumpre com os quesitos ou com as formalidades estabelecidas: *uma queixa formal*. **3** Que não é espontâneo ou que não é natural: *um jantar formal*.

formalidade ⟨for.ma.li.*da*.de⟩ s.f. **1** Aquilo que é comum, que deve ser feito ou seguido: *Para conseguir o visto é preciso observar algumas formalidades*. **2** Conjunto de regras de conduta e procedimentos que devem ser respeitados em cerimônias ou atos solenes: *Estavam atentos a todas as formalidades na posse do ministro*. ☐ SIN. etiqueta.

formalismo ⟨for.ma.*lis*.mo⟩ s.m. **1** Condição de formal. **2** Tendência a cumprir ou a aplicar com rigor as regras, as convenções ou as tradições: *O formalismo da cerimônia a tornou entediante*. **3** Corrente crítica que privilegia as características formais de uma obra artística em detrimento de seu conteúdo.

formalizar ⟨for.ma.li.*zar*⟩ v.t.d. **1** Dar caráter sério ou estável a (algo): *Organizaram um jantar para formalizar o noivado*. **2** Padronizar ou regrar (um procedimento): *Para fazer um trabalho homogêneo, é preciso formalizar o método de pesquisa*. **3** Dar caráter legal ou regulamentado a (algo), cumprindo com os quesitos necessários: *Para conseguir uma bolsa de estudos, é necessário formalizar seu pedido*.

formando, da ⟨for.*man*.do, da⟩ adj./s. Em relação a um estudante, que está prestes a se formar ou a concluir seu curso.

formão ⟨for.*mão*⟩ (pl. *formões*) s.m. Ferramenta de carpintaria, semelhante a uma talhadeira, porém mais larga e mais fina.

formar ⟨for.*mar*⟩ v.t.d./v.prnl. **1** Dar(-se) forma: *Usou uma pá para formar um castelo na areia*. **2** Criar(-se) ou construir(-se): *Juntos, os rios formam uma bacia*. **3** Educar(-se) ou transmitir ensinamentos: *Formar seus alunos é um desafio diário para qualquer professor*. **4** Colocar(-se) em formação ou dispor(-se) (um grupo de pessoas) em uma determinada ordem: *O sargento formou os recrutas no pátio do quartel*. **5** Graduar(-se) ou completar um curso de graduação: *Após seis anos na faculdade, formou-se em medicina*.

formatação ⟨for.ma.ta.*ção*⟩ (pl. *formatações*) s.f. **1** Em informática, preparação de um disco para ser usado pelo computador. **2** Em informática, organização ou arrumação dos elementos que compõem um documento.

formatar ⟨for.ma.*tar*⟩ v.t.d. **1** Em informática, preparar (um disco) para ser usado pelo computador: *formatar um disquete*. **2** Em informática, organizar ou arrumar (os elementos que compõem um documento): *Formatei o texto deixando o título em negrito e o corpo em colunas*.

formato ⟨for.*ma*.to⟩ s.m. **1** Figura ou conjunto de características externas: *Os discos têm formato circular*. ☐ SIN. forma. **2** Tamanho de um livro, de uma fotografia ou de outros objetos semelhantes: *Comprei um livro em formato de bolso*. **3** Em informática, padrão em que um arquivo ou disco são configurados: *Em que formato você salvou o documento?*

formatura ⟨for.ma.*tu*.ra⟩ s.f. **1** Ato ou efeito de formar(-se). **2** Conclusão de um curso: *A formatura dos alunos depende da aprovação em todas as disciplinas*. **3** Evento em que se comemora essa conclusão: *A formatura dele será realizada no sábado à tarde*.

fórmica ⟨*fór*.mi.ca⟩ s.f. Lâmina resistente, de diversos materiais, usada para cobrir superfícies, especialmente se forem de madeira.

formicida ⟨for.mi.*ci*.da⟩ adj.2g./s.m. Em relação a uma substância, que mata formigas.

formidável ⟨for.mi.*dá*.vel⟩ (pl. *formidáveis*) adj.2g. De tamanho, de quantidade ou de qualidade superiores àquilo que é usual ou comum. ☐ SIN. colossal, extraordinário.

formiga ⟨for.*mi*.ga⟩ s.f. **1** Inseto de pequeno porte, de corpo escuro ou avermelhado dividido em cabeça, tórax e abdome, que vive em formigueiros ou em galerias subterrâneas. **2** Pessoa trabalhadora e econômica. **3** Pessoa que gosta muito de comer doces. ☐ GRAMÁTICA 1. Na acepção 1, é um substantivo epiceno: *a formiga (macho/fêmea)*. 2.Nas acepções 2 e 3, usa-se tanto para o masculino quanto para o feminino: *(ele/ela) é uma formiga*.

formigamento ⟨for.mi.ga.*men*.to⟩ s.m. Sensação incômoda causada pela alteração da sensibilidade da pele: *Depois de tanto tempo em pé, sentiu um formigamento nas pernas*.

formigar ⟨for.mi.*gar*⟩ ▌v.int. **1** Experimentar uma sensação incômoda de coceira ou de leves cócegas (uma parte do corpo): *Como fiquei muito tempo na mesma posição, meus pés estão formigando*. ▌v.t.i./v.int. **2** Estar cheio [de coisas ou pessoas] ou existir em grande quantidade: *A loja formigava de consumidores. Os torcedores formigavam na saída do estádio*. ☐ ORTOGRAFIA Antes de e, o g muda para gu →CHEGAR.

formigueiro ⟨for.mi.*guei*.ro⟩ s.m. **1** Lugar onde as formigas vivem: *Creio que embaixo de nosso quintal existe um formigueiro*. **2** Conjunto de formigas. **3** Lugar onde há muitas pessoas: *No carnaval esta praia fica um verdadeiro formigueiro*.

formol ⟨for.*mol*⟩ (pl. *formóis*) s.m. Líquido de cheiro forte e penetrante, usado como desinfetante e para conservar seres orgânicos mortos por evitar sua decomposição.

formoso, sa ⟨for.*mo*.so, sa⟩ (Pron. [formôso], [formósa], [formósos], [formósas]) adj. Que é belo ou agradável de ser visto ou ouvido.

formosura ⟨for.mo.*su*.ra⟩ s.f. **1** Qualidade de formoso. **2** Aquilo ou aquele que se destaca por ter esse conjunto de características: *Sua filha é uma formosura de criança*.

fórmula ⟨*fór*.mu.la⟩ s.f. **1** Modo prático proposto para se resolver algo. **2** Expressão de uma lei física ou matemática por meio de signos: *A fórmula do comprimento da circunferência é 2πr*. **3** Em química, expressão da composição de uma molécula mediante os símbolos de seus componentes simples e de outros signos: *A fórmula da água é H_2O*. **4** Indicação escrita daquilo que é necessário para preparar algo, especialmente se for um medicamento. **5** Em automobilismo, cada uma das categorias em que as competições são divididas.

formulação ⟨for.mu.la.*ção*⟩ (pl. *formulações*) s.f. Ato ou efeito de formular.

formular ⟨for.mu.*lar*⟩ v.t.d. **1** Expressar ou manifestar, especialmente se for com termos claros e precisos: *A cientista formulou uma teoria sobre a origem da vida*. **2** Expressar por meio de uma fórmula: *Depois de aprender os símbolos químicos, conseguiremos formular os compostos*. **3** Criar, inventar ou construir: *Ela formulou uma proposta de trabalho que foi muito bem recebida pelo resto da turma*. **4** Prescrever ou indicar o uso de (um medicamento).

formulário ⟨for.mu.*lá*.rio⟩ s.m. Impresso com espaços em branco para serem preenchidos.

fornada ⟨for.*na*.da⟩ s.f. Quantidade de pão ou de outros elementos assados em um forno ao mesmo tempo.

fornalha ⟨for.*na*.lha⟩ s.f. **1** Forno grande: *uma fornalha industrial*. **2** Na caldeira de uma máquina a vapor ou em

fornecedor

um forno, lugar onde se queima o combustível. **3** Lugar muito quente: *No verão, essa casa vira uma fornalha.*

fornecedor, -a ⟨for.ne.ce.dor, do.ra⟩ (Pron. [fornecedôr], [fornecedôra]) adj./s. Que ou quem proporciona a uma pessoa ou a uma coletividade aquilo que lhes é necessário.

fornecer ⟨for.ne.cer⟩ ▌v.t.d./v.t.d.i./v.prnl. **1** Proporcionar (o necessário para um determinado fim) [a alguém] ou abastecer-se: *Essa empresa fornece gás para toda a cidade.* ▌v.t.d. **2** Produzir ou dar origem a (algo): *A terra fornece alimentos.* ▢ ORTOGRAFIA Antes de *a* ou *o*, o *c* muda para *ç* →CONHECER.

fornecimento ⟨for.ne.ci.men.to⟩ s.m. Ato ou efeito de fornecer.

fornicar ⟨for.ni.car⟩ v.t.i./v.int. Manter relação sexual [com alguém]. ▢ ORTOGRAFIA Antes de *e*, o *c* muda para *qu* →BRINCAR.

fornido, da ⟨for.ni.do, da⟩ adj. Que é forte, robusto ou corpulento.

forno ⟨for.no⟩ (Pron. [fôrno], [fórnos]) s.m. **1** Construção de alvenaria ou aparelho que geram calor e que são usados para esquentar, cozinhar ou fundir alguma matéria. **2** Compartimento interno dessa construção ou desse aparelho: *Deixe a pizza no forno por meia hora.* **3** *informal* Lugar muito quente: *Isto aqui está um forno!*

foro ⟨fo.ro⟩ (pl. *fóros*) s.m. **1** Lugar onde um grupo de pessoas autorizadas exerce ou administra a Justiça e dita sentenças. ▢ SIN. **fórum, tribunal**. **2** Nas antigas cidades romanas, praça pública onde reuniões e alguns julgamentos eram realizados. ▢ SIN. **fórum**. ‖ **de foro íntimo** Que diz respeito apenas a si mesmo: *Não comento o assunto, pois essa é uma questão de foro íntimo.* ▢ USO Na acepção 1, a pronúncia é *fôro*; na acepção 2, *fóro*.

forquilha ⟨for.qui.lha⟩ s.f. **1** Instrumento formado por uma vara terminada em duas pontas, usado para sustentar, pendurar ou pegar algo: *A forquilha tem formato de Y.* **2** Forcado ou garfo terminados em três pontas: *Com uma forquilha amontoei todas as folhas secas do jardim.*

forra ⟨for.ra⟩ s.f. *informal* Desforra.

forrado, da ⟨for.ra.do, da⟩ adj. Que tem forro: *uma blusa forrada.*

forragem ⟨for.ra.gem⟩ (pl. *forragens*) s.f. Vegetação com a qual o gado se alimenta.

forrar ⟨for.rar⟩ ▌v.t.d./v.t.d.i. **1** Cobrir (a parte externa de algo) [com forro]: *forrar um livro.* **2** Revestir (a parte interna de algo) [com forro]: *forrar uma gaveta.* ▌v.t.d. **3** No período colonial brasileiro, dar alforria a (um escravo). ▢ SIN. **alforriar**. ▌v.prnl. **4** Encher-se ou ficar repleto: *No outono, os parques se forram de folhas secas.* **5** Cobrir-se ou agasalhar-se: *Forrou-se para sair durante a ventania.* ‖ **forrar o estômago** *informal* Comer.

forro, ra ⟨for.ro, ra⟩ (Pron. [fôrro]) ▌adj. **1** No período colonial brasileiro, que deixou de ser escravo. ▌s.m. **2** Capa com que se protegem as partes exterior ou interior de algo. **3** Em uma casa, revestimento ou camada internas do teto.

forró ⟨for.ró⟩ s.m. **1** Composição musical geralmente instrumental, de compasso binário ou quaternário e andamento mais acelerado que o baião, e que acompanha uma dança de origem nordestina que se dança aos pares. **2** Essa dança. **3** Festa em que há músicas e danças tipicamente nordestinas. ▢ SIN. **arrasta-pé**.

forrobodó ⟨for.ro.bo.dó⟩ s.m. **1** *informal* Forró. **2** *informal* Confusão ou briga.

forrozeiro, ra ⟨for.ro.zei.ro, ra⟩ adj./s. Que ou quem é compositor ou admirador de forró.

fortalecer ⟨for.ta.le.cer⟩ ▌v.t.d./v.prnl. **1** Tornar(-se) mais forte ou mais vigoroso. ▢ SIN. **fortificar**. **2** Tornar(-se) mais poderoso ou mais influente: *fortalecer a economia.* ▌v.t.d. **3** Encorajar ou animar: *Suas palavras me fortaleceram.* ▢ ORTOGRAFIA Antes de *a* ou *o*, o *c* muda para *ç* →CONHECER.

fortalecimento ⟨for.ta.le.ci.men.to⟩ s.m. Ato ou efeito de fortalecer(-se).

fortaleza ⟨for.ta.le.za⟩ (Pron. [fortalêza]) s.f. **1** Força ou capacidade para superar dificuldades sem se desanimar. **2** Construção resistente e destinada à defesa, geralmente militar, de uma região ou de um território: *Os povos que habitaram esta região construíram uma imensa fortaleza para defender a cidade.* ▢ SIN. **forte, fortificação**.

fortalezense ⟨for.ta.le.zen.se⟩ adj.2g./s.2g. De Fortaleza ou relacionado à capital do estado brasileiro do Ceará.

forte ⟨for.te⟩ ▌adj.2g. **1** Que é robusto, corpulento ou com muita força: *O menino franzino se tornou um homem forte.* **2** Que é resistente e que não se danifica nem estraga com facilidade: *um tecido forte.* **3** Que tem vontade ou valentia. **4** Vivo ou intenso: *cores fortes.* **5** Intenso, contundente ou excessivo: *palavras fortes.* **6** Que tem poder ou autoridade: *Ela é uma pessoa forte dentro da empresa.* **7** Firme, preso ou apertado de forma que não possa ser desfeito ou tirado: *Fiz um nó bem forte para que a rede não caísse.* **8** Que causa impacto por mostrar cenas violentas ou dramáticas: *O filme é bastante forte.* **9** Em relação ao temperamento de uma pessoa, teimoso ou que se irrita com facilidade: *Ela tem gênio forte, mas é gente boa.* **10** Em relação a um material, que é duro ou difícil de ser trabalhado. **11** Em relação especialmente a um adversário, que é difícil de ser vencido: *O jogo será contra um dos times mais fortes do campeonato.* **12** Que nutre ou que alimenta: *Recomendou-me tomar leite, pois é forte.* **13** Que tem muita concentração do seu componente principal: *Toma café forte e sem açúcar.* ▌s.m. **14** Construção resistente e destinada à defesa, geralmente militar, de uma região ou de um território. ▢ SIN. **fortaleza, fortificação**. **15** Atividade ou área do conhecimento em que uma pessoa se destaca: *Meu forte não é matemática.*

fortificação ⟨for.ti.fi.ca.ção⟩ (pl. *fortificações*) s.f. **1** Ato ou efeito de fortificar(-se). **2** Construção resistente e destinada à defesa, geralmente militar, de uma região ou de um território. ▢ SIN. **fortaleza, forte**.

fortificante ⟨for.ti.fi.can.te⟩ adj.2g./s.m. Que fortifica ou que restaura as forças.

fortificar ⟨for.ti.fi.car⟩ v.t.d./v.prnl. Tornar(-se) mais forte ou mais vigoroso. ▢ SIN. **fortalecer**. ▢ ORTOGRAFIA Antes de *e*, o *c* muda para *qu* →BRINCAR.

fortuito, ta ⟨for.tui.to, ta⟩ adj. Que acontece casualmente ou sem ser esperado.

fortuna ⟨for.tu.na⟩ s.f. **1** Grande quantidade de posses ou de riquezas: *Sua família possui uma fortuna considerável.* **2** Boa sorte: *Por fortuna, conseguiu sair ileso do acidente.* **3** Força desconhecida que rege a vida das pessoas e os acontecimentos: *Raramente somos senhores de nossa própria fortuna.* ▢ SIN. **destino**.

fórum ⟨fó.rum⟩ (pl. *fóruns*) s.m. **1** Lugar onde um grupo de pessoas autorizadas exerce ou administra a Justiça e dita sentenças. ▢ SIN. **foro, tribunal**. **2** Reunião em que se discute um tema na presença de um auditório, o qual pode intervir na discussão: *um fórum de medicina.* **3** Nas antigas cidades romanas, praça pública onde reuniões e alguns julgamentos eram realizados: *O fórum era o centro político da antiga cidade de Roma.* ▢ SIN. **foro**.

fosco, ca ⟨fos.co, ca⟩ (Pron. [fôsco]) adj. Opaco ou sem brilho.

fosfato ⟨fos.fa.to⟩ s.m. Sal formado pela combinação de ácido fosfórico com uma ou mais bases.

fraco

fosforescência ⟨fos.fo.res.cên.cia⟩ s.f. Propriedade que um corpo tem de brilhar na escuridão.

fosforescente ⟨fos.fo.res.cen.te⟩ adj.2g. Que tem ou que produz um brilho ou uma luminosidade que fazem com que seja visível no escuro: *um adesivo fosforescente*.

fosfórico, ca ⟨fos.fó.ri.co, ca⟩ adj. Que contém fósforo.

fósforo ⟨fós.fo.ro⟩ s.m. **1** Elemento químico da família dos não metais, de número atômico 15, sólido, que brilha no escuro, sem desprendimento aparente de calor, e que é muito combustível e venenoso. **2** Palito de madeira, recoberto em uma de suas extremidades por uma substância à base desse elemento, e que se acende ao ser esfregada em uma superfície áspera. ☐ ORTOGRAFIA Na acepção 1, seu símbolo químico é *P*, sem ponto.

fossa ⟨fos.sa⟩ s.f. **1** Buraco grande e geralmente de forma ampla: *Os objetos provavelmente foram enterrados em alguma fossa*. **2** Buraco onde dejetos são despejados e acumulados: *O mau cheiro deve estar vindo daquela fossa mais adiante*. **3** *informal* Grande tristeza ou sofrimento: *Está na fossa porque terminou com o namorado*. ‖ **fossa nasal** No corpo humano ou no de alguns animais, aquela que fica no nariz e permite a entrada de ar. ☐ ORTOGRAFIA Na acepção 1, escreve-se também *fosso*. ☐ USO *Fossa nasal* é a antiga denominação de *cavidade nasal*.

fossar ⟨fos.sar⟩ **I** v.t.d./v.t.i./v.int. **1** Revolver ou vascular com o focinho [em um lugar] (um animal): *O cachorro fossava a terra em busca de alimento*. ☐ SIN. fuçar. **I** v.t.i. **2** Vasculhar, bisbilhotar ou fazer buscas [em algo]: *Fossou no armário do irmão até encontrar seu livro*. ☐ SIN. fuçar.

fóssil ⟨fós.sil⟩ (pl. *fósseis*) **I** adj.2g./s.m. **1** Em relação a uma substância de origem orgânica, que está mais ou menos petrificada nas camadas terrestres e que pertence a uma era geológica anterior. **I** s.2g. **2** *pejorativo* Pessoa velha, antiquada ou ultrapassada.

fossilizar ⟨fos.si.li.zar⟩ v.t.d./v.prnl. Tornar(-se) fóssil.

fosso ⟨fos.so⟩ (Pron. [fôsso], [fóssos]) s.m. **1** →**fossa** **2** Escavação profunda e larga feita ao redor de uma fortaleza: *Muitos castelos medievais eram rodeados por um fosso cheio de água*. ☐ SIN. cava. **3** Canal construído para a passagem ou escoamento de água.

fotelétrico, ca ⟨fo.te.lé.tri.co, ca⟩ adj. →**fotoelétrico, ca**

foto ⟨fo.to⟩ s.f. Reprodução ou representação de uma imagem através da arte ou da técnica de fotografia: *Tiramos muitas fotos durante a viagem*. ☐ SIN. retrato. ☐ USO É a forma reduzida e mais usual de *fotografia*.

fotocomposição ⟨fo.to.com.po.si.ção⟩ (pl. *fotocomposições*) s.f. **1** Técnica de compor textos a partir de um conjunto de letras armazenadas em filmes ou discos por processos fotográficos ou eletrônicos. **2** Aquilo que resulta desse processo.

fotocópia ⟨fo.to.có.pia⟩ s.f. **1** Reprodução fotoelétrica instantânea de um texto ou de uma imagem sobre um papel. **2** Cópia obtida a partir desse processo.

fotocopiadora ⟨fo.to.co.pi.a.do.ra⟩ (Pron. [fotocopiadôra]) s.f. →**copiadora**

fotoelétrico, ca ⟨fo.to.e.lé.tri.co, ca⟩ adj. Que transforma energia luminosa em energia elétrica. ☐ ORTOGRAFIA Escreve-se também *fotelétrico*.

fotofobia ⟨fo.to.fo.bi.a⟩ s.f. Aversão à luz.

fotogênico, ca ⟨fo.to.gê.ni.co, ca⟩ adj. Que tem boas condições de ser fotografado ou filmado ou que tem sua imagem favorecida em uma foto ou em um filme.

fotografar ⟨fo.to.gra.far⟩ **I** v.t.d./v.int. **1** Reproduzir por meio da fotografia: *Fotografou todos os convidados da festa*. **I** v.int. **2** Apresentar-se em uma fotografia: *Aquela modelo fotografa muito bem*.

fotografia ⟨fo.to.gra.fi.a⟩ s.f. **1** Arte ou técnica de fixar e reproduzir imagens obtidas no fundo de uma câmera por um processo de exposição luminosa: *um curso de fotografia*. **2** →**foto**

fotográfico, ca ⟨fo.to.grá.fi.co, ca⟩ adj. **1** Da fotografia ou relacionado a ela. **2** Com a precisão de imagem ou com outras características próprias da fotografia: *Tem memória fotográfica e consegue lembrar tudo aquilo que viu*.

fotógrafo, fa ⟨fo.tó.gra.fo, fa⟩ s. Pessoa que se dedica a fazer fotografias, especialmente como profissão.

fotogravura ⟨fo.to.gra.vu.ra⟩ s.f. **1** Arte ou técnica de gravar, por meio da ação química da luz, em pranchas metálicas que servem para imprimir. **2** Prancha para imprimir obtida por meio desse procedimento. **3** Gravação obtida por esse procedimento.

fotolito ⟨fo.to.li.to⟩ s.m. **1** Imagem fotográfica negativa, gravada geralmente em um película flexível e usada em algumas formas de impressão. **2** Filme que contém a imagem que será gravada em uma chapa de impressão.

fóton ⟨fó.ton⟩ (pl. *fótones* ou *fótons*) s.m. Partícula mínima de energia luminosa que se propaga no vácuo na velocidade da luz.

fotonovela ⟨fo.to.no.ve.la⟩ s.f. Relato, geralmente de temática amorosa, formado por uma sucessão de fotografias acompanhadas de um texto breve ou de diálogos que permitem entendê-lo.

fotossensível ⟨fo.tos.sen.sí.vel⟩ (pl. *fotossensíveis*) adj.2g. Que é sensível à luz: *A pupila do olho é fotossensível e se dilata ou se contrai em função da intensidade da luz*.

fotossíntese ⟨fo.tos.sín.te.se⟩ s.f. Processo metabólico por meio do qual a maioria dos vegetais sintetiza e elabora suas próprias substâncias orgânicas a partir de substâncias inorgânicas, como água e gás carbônico, utilizando a energia luminosa e liberando oxigênio.

foz s.f. Ponto em que um rio deságua. ☐ SIN. desembocadura.

fração ⟨fra.ção⟩ (pl. *frações*) s.f. **1** Cada uma das partes em que um todo está dividido e que é considerada de maneira separada: *uma fração de segundo*. **2** Em matemática, expressão que indica as partes em que uma unidade é dividida e as partes que lhe foram tiradas: *A fração ¾ indica que, de uma unidade dividida em quatro partes, três foram tiradas*.

fracassar ⟨fra.cas.sar⟩ v.int. Não ter sucesso ou bom resultado naquilo que é feito: *O projeto fracassou por falta de verba*.

fracasso ⟨fra.cas.so⟩ s.m. Aquilo que é desastroso ou mal-sucedido. ☐ SIN. fiasco, insucesso.

fracionar ⟨fra.cio.nar⟩ v.t.d./v.t.d.i./v.prnl. Dividir(-se) [em frações ou em partes]: *Pontos de vista antagônicos fracionaram o grupo*.

fracionário, ria ⟨fra.cio.ná.rio, ria⟩ **I** adj. **1** Da fração ou relacionado a ela. **I** s.m. **2** →**número fracionário**

fraco, ca ⟨fra.co, ca⟩ **I** adj. **1** Frágil ou sem força: *Sinto-me fraco, preciso comer algo*. **2** Que demonstra pouca autoridade: *A imprensa acusava o técnico de ser fraco com seus jogadores*. **3** Que não consegue ter bom desempenho em uma atividade: *Sempre fui fraco em matemática*. **4** Que tem pouca concentração de seu componente principal: *um café fraco*. **5** Que não é de boa qualidade ou que deixa a desejar: *um filme fraco*. **6** Que tem pouca intensidade: *uma chama fraca*. **7** Em relação a uma pilha ou a uma bateria, que têm pouca carga elétrica: *O brinquedo parou de funcionar, pois sua pilha estava fraca*. **I** adj./s. **8** Que ou quem é covarde ou não tem determinação: *Não seja fraco e encare esse desafio!* **I** s. **9** Pessoa sem amparo nem proteção: *Ele se dizia o protetor dos fracos e oprimidos*. **I** s.m. **10** Tendência, gosto ou hábito fortes: *Tem um fraco por jogos*.

frade

frade ⟨fra.de⟩ s.m. Membro de algumas ordens religiosas. ▫ SIN. frei.

fragata ⟨fra.ga.ta⟩ s.f. **1** Embarcação de guerra menor que o cruzador, geralmente destinada a dar escolta. **2** Ave marinha de bico comprido, com plumagem preta, asas apontadas para cima, papo e peito brancos, e cujo macho fica com o papo vermelho na época da reprodução. ▫ SIN. alcatraz. ▫ GRAMÁTICA Na acepção 2, é um substantivo epiceno: *a fragata (macho/fêmea)*.

frágil ⟨frá.gil⟩ (pl. *frágeis*) adj.2g. **1** Que se quebra ou que se rompe com facilidade. **2** Que é franzino ou que tem pouca força ou pouca resistência. **3** Que é precário ou que tem pouca ou nenhuma estabilidade. ▫ GRAMÁTICA Seus superlativos são *fragílimo* e *fragilíssimo*.

fragilidade ⟨fra.gi.li.da.de⟩ s.f. **1** Qualidade de frágil. **2** Falta de força física ou mental.

fragílimo, ma ⟨fra.gí.li.mo, ma⟩ Superlativo irregular de frágil.

fragilizar ⟨fra.gi.li.zar⟩ v.t.d./v.prnl. Tornar(-se) frágil: *A virose o fragilizou*.

fragmentação ⟨frag.men.ta.ção⟩ (pl. *fragmentações*) s.f. Ato ou efeito de fragmentar(-se).

fragmentar ⟨frag.men.tar⟩ v.t.d./v.prnl. Dividir(-se) em fragmentos ou em partes pequenas.

fragmento ⟨frag.men.to⟩ s.m. Parte separada de um todo: *um fragmento de osso; um fragmento de texto*.

fragor ⟨fra.gor⟩ (Pron. [fragôr]) s.m. Ruído alto e repentino, geralmente de duração prolongada. ▫ SIN. estrondo.

fragrância ⟨fra.grân.cia⟩ s.f. Aroma suave e agradável: *a fragrância de uma rosa*.

fralda ⟨fral.da⟩ s.f. **1** Peça feita de material absorvente que se coloca especialmente em crianças pequenas, cobrindo as nádegas e os órgãos genitais, e que é usado para coletar excrementos e urina. **2** Em uma camisa, parte que fica abaixo da cintura. **3** Em uma montanha, terreno que se situa na base. ▫ SIN. aba, falda, sopé.

framboesa ⟨fram.bo.e.sa⟩ (Pron. [framboêsa]) s.f. Fruto da framboeseira, constituído por pequenos frutos vermelho-escuros, carnosos, arredondados e de sabor agridoce, dispostos em um único ramo e muito usado para fazer doces e geleias.

framboeseira ⟨fram.bo.e.sei.ra⟩ s.f. Árvore com galhos alongados e espinhosos, folhas verdes de um lado e brancas do outro, flores brancas, e cujo fruto é a framboesa. ▫ ORTOGRAFIA Escreve-se também *framboeseiro*.

framboeseiro ⟨fram.bo.e.sei.ro⟩ s.m. →framboeseira

francês, -a ⟨fran.cês, ce.sa⟩ (Pron. [francês], [francêsa]) ▮ adj./s. **1** Da França ou relacionado a esse país europeu. ▮ s.m. **2** Língua desse e de outros países.

francesismo ⟨fran.ce.sis.mo⟩ s.m. **1** Em linguística, palavra, expressão ou construção sintática próprias da língua francesa empregadas em outra língua. ▫ SIN. galicismo. **2** Admiração ou simpatia pela cultura francesa.

frâncio ⟨frân.cio⟩ s.m. Elemento químico da família dos metais, de número atômico 87, líquido, radioativo, e cujo núcleo é muito instável. ▫ ORTOGRAFIA Seu símbolo químico é *Fr*, sem ponto.

franciscano, na ⟨fran.cis.ca.no, na⟩ ▮ adj. **1** Em relação a uma condição ou a um modo de vida, que são extremamente precários ou humildes. ▮ adj./s. **2** Da ordem de São Francisco de Assis (frade italiano que a fundou no início do século XIII) ou relacionado a ela.

franco, ca ⟨fran.co, ca⟩ ▮ adj. **1** Que age ou fala com franqueza: *Seja franco, pois preciso saber sua opinião*. **2** Sem obstáculos ou sem impedimentos: *uma entrada franca*. **3** Em economia, que é livre de impostos ou de tributos: *uma zona franca*. ▮ adj./s. **4** Dos povos germânicos que conquistaram a Gália (região do Império Romano) e deram nome à atual França (país europeu) ou relacionado a eles: *Os francos foram os antepassados dos atuais franceses*. ▮ s.m. **5** Unidade monetária de vários países: *A moeda da suíça é o franco suíço*. **6** Unidade monetária francesa e de outros países até a adoção do euro.

francomaçom ⟨fran.co.ma.çom⟩ (pl. *francomaçons*) s.2g. →maçom

francomaçonaria ⟨fran.co.ma.ço.na.ri.a⟩ s.f. →maçonaria

franga ⟨fran.ga⟩ s.f. Galinha pequena e que ainda não põe ovos. ‖ **soltar a franga** *informal* Desinibir-se: *No começo da festa estava tímido, mas logo soltou a franga*.

frangalho ⟨fran.ga.lho⟩ s.m. **1** Roupa velha, rasgada ou suja. ▫ SIN. farrapo, molambo. **2** *pejorativo* Aquilo ou aquele cuja aparência está maltratada ou descuidada. ▫ GRAMÁTICA Na acepção 2, usa-se tanto para o masculino quanto para o feminino: *(ele/ela) é um frangalho*. ▫ USO Na acepção 2, usa-se geralmente a forma plural *frangalhos*.

frango, ga ⟨fran.go, ga⟩ s. **1** Filhote de galinha, que ainda não atingiu a fase de reprodução, geralmente destinado ao consumo. **2** *informal* Em futebol, gol sofrido por uma falha do goleiro.

frangote, ta ⟨fran.go.te, ta⟩ s. **1** Frango pequeno. **2** *informal* Rapaz ou adolescente. **3** *pejorativo* Jovem que fala ou que age com petulância ou de forma orgulhosa.

frangueiro, ra ⟨fran.guei.ro, ra⟩ adj./s. *informal* Em futebol, em relação a um goleiro, que sofre gols por falhas frequentes.

franja ⟨fran.ja⟩ s.f. **1** Cada um dos fios ou tiras ou o conjunto deles que ficam pendurados em um objeto como forma de adorno: *as franjas de um xale*. ▫ SIN. fímbria. **2** Mecha frontal e mais curta de cabelo que fica sobre a testa: *Sempre deixava a franja cair cuidadosamente sobre sua testa*.

franjar ⟨fran.jar⟩ v.t.d. **1** Adornar com franjas (um objeto). **2** Cortar ou aparar (o cabelo) mantendo ou criando uma franja.

franquear ⟨fran.que.ar⟩ ▮ v.t.d./v.t.d.i. **1** Deixar (um caminho ou uma ação) livre de obstáculos ou de impedimentos [a alguém]: *franquear uma passagem*. ▮ v.t.d.i. **2** Liberar ou permitir (a entrada) [a alguém]: *franquear a entrada em um show*. ▮ v.t.d. **3** Liberar de impostos ou de tributos (uma transação comercial): *franquear uma importação*. **4** Conceder a franquia a (um empreendimento comercial): *franquear uma loja*. **5** Colocar um selo correspondente ao valor do envio em (uma remessa postal): *franquear uma carta*. ▫ ORTOGRAFIA O *e* muda para *ei* quando a sílaba tônica estiver na raiz do verbo →NOMEAR.

franqueza ⟨fran.que.za⟩ (Pron. [franquêza]) s.f. Sinceridade, objetividade ou ausência de artifícios ou dissimulações: *Agradeço por ter falado o que pensa com franqueza*.

franquia ⟨fran.qui.a⟩ s.f. **1** Privilégio que se concede a uma pessoa ou a uma instituição para que fiquem livres do pagamento de impostos. **2** Em um contrato de seguro, quantia máxima que é assumida pelo segurado em caso de dano de um bem, como dedução do prêmio pago pela seguradora. **3** Contrato mediante o qual, sob certas condições, uma empresa autoriza uma pessoa a utilizar sua marca e a vender seus produtos. **4** Estabelecimento comercial que funciona sob um contrato dessa natureza.

franzino, na ⟨fran.zi.no, na⟩ adj. Que tem o corpo pouco desenvolvido.

franzir ⟨fran.zir⟩ ▮ v.t.d. **1** Fazer pregas em (um tecido ou outro material): *franzir uma saia*. **2** Amassar e deixar (algo liso) com marcas ou vincos. ▮ v.t.d./v.prnl. **3** Contrair(-se) ou enrugar(-se) (algumas partes do rosto) especialmente em sinal de preocupação ou descontentamento: *franzir a testa*.

fraque ⟨fra.que⟩ s.m. Peça do vestuário masculino semelhante a um paletó, com duas pontas na parte da frente e duas longas abas na parte de trás, e que é usada geralmente em cerimônias.

fraquejar ⟨fra.que.jar⟩ v.int. **1** Perder a força física, o ânimo ou a coragem: *O corredor fraquejou nos quilômetros finais da prova.* **2** Faltar com a integridade ou com valores morais: *Não fraquejei e recusou-se a participar de um esquema corrupto.* **3** Deixar de resistir a algo, especialmente se for negativo ou prejudicial: *Desde que decidiu largar o álcool, não fraquejou mais diante da bebida.*

fraqueza ⟨fra.que.za⟩ (Pron. [fraquêza]) s.f. **1** Debilidade física ou falta de ânimo: *Depois de uma hora correndo, sentiu uma fraqueza.* **2** Falta de integridade ou de valores morais: *Demonstrou sua fraqueza ao aceitar a propina.* **3** Ponto fraco: *No passado, a bebida era sua maior fraqueza.*

frasco ⟨fras.co⟩ s.m. Recipiente pequeno, geralmente usado para armazenar líquidos, pós ou pastilhas: *um frasco de remédio.*

frase ⟨fra.se⟩ s.f. **1** Conjunto de palavras que formam um sentido completo: *Estava tão nervoso que não conseguia completar uma frase sequer.* **2** Em música, estrutura melódica básica, com ou sem acompanhamento, com ideia completa e que é finalizada com uma pontuação, geralmente uma cadência: *Esta frase tocada pelo violino é um dos trechos mais belos da música.* ‖ **frase feita** Aquela que é usada coloquialmente e que tem uma forma fixa: Querer é poder *é uma frase feita.*

fraseado ⟨fra.se.a.do⟩ s.m. **1** Maneira ou forma de escrever algo: *O fraseado de Guimarães Rosa é cheio de regionalismos.* **2** Em música, técnica de interpretar frases e períodos, respeitando suas acentuações e sua pontuação: *Precisa trabalhar ainda no seu fraseado, disse-lhe o maestro.*

frasear ⟨fra.se.ar⟩ ▌ v.t.d./v.int. **1** Expressar(-se) (uma ideia ou um pensamento) por meio de frases. ▌ v.t.d. **2** Interpretar (uma composição musical) executando suas frases com nitidez e personalidade. ▌ v.int. **3** Interpretar uma composição musical executando suas frases com nitidez e personalidade: *O violinista encantou a plateia, improvisando e fraseando.* □ **ORTOGRAFIA** O *e* muda para *ei* quando a sílaba tônica estiver na raiz do verbo →NOMEAR.

fraseologia ⟨fra.se.o.lo.gi.a⟩ s.f. **1** Conjunto dos modos de expressão próprios da língua, de uma coletividade, de uma época ou de um escritor: *Os africanos contribuíram na formação da fraseologia brasileira.* **2** Em linguística, estudo da estrutura da frase.

frasqueira ⟨fras.quei.ra⟩ s.f. Estojo, mala ou móvel que são usados para armazenar frascos. [👁 **equipagem** p. 317]

fraternal ⟨fra.ter.nal⟩ (pl. *fraternais*) adj.2g. **1** Dos irmãos ou relacionado a eles. □ **SIN. fraterno.** **2** Com afeto, com confiança ou com características que se consideram próprias de irmãos. □ **SIN. fraterno.**

fraternidade ⟨fra.ter.ni.da.de⟩ s.f. **1** Relação de parentesco entre irmãos. □ **SIN. irmandade.** **2** Relacionamento marcado por atitudes fraternais, como o afeto e a solidariedade. □ **SIN. irmandade.**

fraternizar ⟨fra.ter.ni.zar⟩ v.t.d./v.prnl. Unir(-se) de forma harmoniosa e fraternal: *O amistoso serviu para fraternizar as torcidas.* □ **SIN. confraternizar.**

fraterno, na ⟨fra.ter.no, na⟩ adj. **1** Dos irmãos ou relacionado a eles. □ **SIN. fraternal.** **2** Com afeto, com confiança ou com características que se consideram próprias de irmãos: *um amor fraterno.* □ **SIN. fraternal.**

fratura ⟨fra.tu.ra⟩ s.f. **1** Ato ou efeito de fraturar(-se). **2** Em um osso, em uma cartilagem ou em um dente, quebra ou ruptura brusca e violenta. **3** Em algo duro ou resistente, fenda ou rachadura abertas de forma violenta.

fraturar ⟨fra.tu.rar⟩ ▌ v.t.d./v.int./v.prnl. **1** Quebrar(-se) ou rachar(-se) (um osso ou outra estrutura rígida): *Ele fraturou a tíbia jogando futebol.* ▌ v.t.d. **2** Abrir uma fenda ou rachadura em (algo duro ou resistente): *Para fazer a escavação, fraturaram a rocha com explosivos.*

fraudar ⟨frau.dar⟩ v.t.d. **1** Enganar ou burlar (uma pessoa ou uma instituição), visando o benefício próprio: *Ao não declarar todos os seus rendimentos, fraudou a Receita Federal.* □ **SIN. defraudar.** **2** Falsificar ou adulterar (uma marca, uma mercadoria ou um documento), visando o benefício próprio: *fraudar um passaporte.*

fraude ⟨frau.de⟩ s.f. **1** Ato criminoso que causa prejuízo a uma pessoa ou a uma instituição em benefício próprio: *As fraudes de sonegação devem ser punidas com severidade.* **2** Falsificação ou alteração de marcas, de mercadorias ou de documentos: *Descobriram muitas fraudes no carregamento.* **3** *informal* Pessoa que engana ou que finge características que não tem: *Esse cantor é uma fraude, só canta com* playback. □ **GRAMÁTICA** Na acepção 3, usa-se tanto para o masculino quanto para o feminino: {ele/ela} é uma fraude.

fraudulento, ta ⟨frau.du.len.to, ta⟩ adj. Que é enganoso ou que supõe uma fraude.

freada ⟨fre.a.da⟩ s.f. Moderação ou parada de um veículo que se faz usando o freio: *uma freada brusca.*

frear ⟨fre.ar⟩ ▌ v.t.d./v.int. **1** Moderar a marcha de (um veículo) ou pará-lo com o freio: *Quando o sinal está amarelo o motorista deve frear, e não acelerar.* □ **SIN. brecar.** ▌ v.t.d./v.prnl. **2** Moderar(-se), conter(-se) ou deter(-se) (o comportamento ou o sentimento de alguém): *Tive que freá-lo, pois estava fora de si.* □ **SIN. brecar.** □ **ORTOGRAFIA** O *e* muda para *ei* quando a sílaba tônica estiver na raiz do verbo →NOMEAR.

freelance *(palavra inglesa)* (Pron. [frilânce]) ▌ adj.2g./s.2g. **1** Que ou quem trabalha por conta própria: *um fotógrafo* freelance. ▌ s.m. **2** Trabalho que se realiza de forma avulsa, sem vínculo de emprego: *O tradutor conseguiu pegar mais um* freelance *na editora.* □ **USO** Na acepção 1, usa-se também a forma *freelancer.*

freelancer *(palavra inglesa)* (Pron. [frilâncer]) adj.2g. →*freelance*

freezer *(palavra inglesa)* (Pron. [frízer]) s.m. Eletrodoméstico que serve para congelar alimentos ou mantê-los congelados.

freguês, -a ⟨fre.guês, gue.sa⟩ (Pron. [freguês], [freguêsa]) s. Cliente de um estabelecimento, especialmente se for habitual. ‖ **ser freguês** Em esportes, em relação a um time, costumar perder do outro: *Seu time é freguês do meu.*

freguesia ⟨fre.gue.si.a⟩ s.f. **1** Conjunto dos clientes de uma pessoa ou de um estabelecimento. □ **SIN. clientela.** **2** Área sob a jurisdição de uma paróquia.

frei s.m. Membro de algumas ordens religiosas. □ **SIN. frade.**

freio ⟨frei.o⟩ s.m. **1** Em uma máquina ou em um veículo, dispositivo que diminui gradativamente seu movimento ou funcionamento: *O freio de um veículo deve estar sempre regulado para evitar colisões.* □ **SIN. breque.** **2** Instrumento de ferro que se prende à boca de um cavalo para diminuir ou impedir seu movimento: *Se o cavalo começar a galopar, você deve controlá-lo através do freio.* □ **SIN. trava, travão.**

freira ⟨frei.ra⟩ s.f. Mulher que fez votos e pertence a uma ordem monástica ou a uma congregação religiosa.

fremente ⟨fre.men.te⟩ adj.2g. **1** Com movimentos fortes e repetidos. **2** Com vigor ou com entusiasmo.

fremir ⟨fre.mir⟩ ▌ v.int. **1** Emitir sons ou ruídos estrondosos: *O mar fremia durante a tempestade.* ▌ v.t.d./v.int. **2** Fazer tremer, vibrar ou ter estremecimentos: *A raiva*

frêmito

fremia no seu peito. □ GRAMÁTICA É um verbo defectivo, pois não apresenta conjugação completa →BANIR.

frêmito ⟨frê.mi.to⟩ s.m. **1** Arrepio ou tremor do corpo: *Sentiu um frêmito de terror ao ouvir a notícia.* **2** Som suave e repetitivo: *Ouvia-se um frêmito de asas no jardim.*

frenesi ⟨fre.ne.si⟩ s.m. Grande exaltação ou agitação: *A entrada da banda foi acompanhada por um frenesi na plateia.*

frenético, ca ⟨fre.né.ti.co, ca⟩ adj. Eufórico ou agitado.

frente ⟨fren.te⟩ s.f. **1** Parte dianteira de algo: *Estavam me esperando em frente à minha casa.* **2** Em uma guerra, local no qual os exércitos lutam. ‖ **fazer frente a** {algo/alguém}: Enfrentá-lo: *Superou seus temores e decidiu fazer frente aos problemas.* ‖ **frente a frente** Um diante do outro: *Antes da luta, os adversários ficaram frente a frente por alguns segundos.* ‖ **frente fria** Em meteorologia, massa de ar frio que desloca uma de ar quente para uma determinada região. ‖ **frente quente** Em meteorologia, massa de ar quente que desloca uma de ar frio para uma determinada região. ‖ **levar à frente** Dar continuidade ou fazer progredir: *Levaram à frente a construção da nova biblioteca.*

frentista ⟨fren.tis.ta⟩ adj.2g./s.2g. Em um posto de gasolina, que se dedica profissionalmente ao atendimento dos clientes.

frequência ⟨fre.quên.cia⟩ (Pron. [freqüência]) s.f. **1** Repetição de uma ação ou de um acontecimento: *Visita seus avós com frequência.* **2** Quantidade de vezes que um acontecimento se repete em um período de tempo: *Qual a frequência de partida dos ônibus nesse horário?* **3** Em física, em um movimento periódico, número de ciclos completos realizados em uma unidade de tempo: *A unidade de frequência é o hertz, que equivale a um ciclo por segundo.*

frequentador, -a ⟨fre.quen.ta.dor, do.ra⟩ (Pron. [freqüentadôr], [freqüentadôra]) adj./s. Que ou quem costuma ir a um determinado lugar com frequência.

frequentar ⟨fre.quen.tar⟩ (Pron. [freqüentar]) v.t.d. **1** Ir a (um lugar) com frequência: *Com o início do verão, começou a frequentar a piscina do prédio.* **2** Cursar ou estudar: *frequentar um curso.*

frequente ⟨fre.quen.te⟩ (Pron. [freqüente]) adj.2g. Que ocorre muitas vezes ou de maneira habitual.

fresca ⟨fres.ca⟩ (Pron. [frêsca]) s.f. Brisa leve e agradável que sopra geralmente no final da tarde.

fresco, ca ⟨fres.co, ca⟩ (Pron. [frêsco]) ▌adj. **1** Que tem uma temperatura amena ou agradável. **2** Em relação a uma peça do vestuário, que é leve e que não esquenta o corpo. **3** Em relação geralmente a um alimento, que acaba de ser colhido ou preparado: *frutas frescas.* **4** Em relação a um aroma, que é suave e refrescante. **5** Em relação a uma pintura, que ainda não secou: *Cuidado para não se sujar, pois a tinta ainda está fresca.* **6** Em relação especialmente a um acontecimento, que é muito recente ou que é uma novidade: *uma notícia fresca.* ▌adj./s. **7** *informal* Que ou quem age ou fala com afetação ou com sentimentalismo desmedidos. ▌adj./s.m. **8** Com características tradicionalmente consideradas femininas. □ SIN. efeminado. □ GRAMÁTICA Na acepção 8, o sinônimo do adjetivo também pode ser *delicado*.

frescobol ⟨fres.co.bol⟩ (pl. *frescobóis*) s.m. Esporte que se pratica entre duas pessoas que arremessam, uma para a outra, uma bola de borracha utilizando duas raquetes de madeira.

frescor ⟨fres.cor⟩ (Pron. [frescôr]) s.m. **1** Temperatura agradavelmente fria: *Abriu a janela e sentiu o frescor da manhã.* □ SIN. frescura. **2** Vigor ou vitalidade: *o frescor da juventude.*

frescura ⟨fres.cu.ra⟩ s.f. **1** Temperatura agradavelmente fria: *a frescura da manhã.* □ SIN. frescor. **2** Afetação exagerada: *Para ele, seguir certas etiquetas à mesa não passa de frescura.*

fressura ⟨fres.su.ra⟩ s.f. Conjunto das vísceras de um animal.

fresta ⟨fres.ta⟩ s.f. Abertura ou passagem estreitas. □ SIN. frincha, trinca.

fretar ⟨fre.tar⟩ v.t.d. Alugar ou contratar (um veículo), geralmente para o transporte de pessoas ou de mercadorias: *fretar um ônibus.*

frete ⟨fre.te⟩ s.m. **1** Transporte de objetos ou de mercadorias de um lugar a outro mediante pagamento. **2** Quantia que se paga por esse transporte.

frevo ⟨fre.vo⟩ (Pron. [frêvo]) s.m. **1** Composição musical de origem brasileira, geralmente instrumental e com ritmo em compasso binário, com andamento bastante acelerado e agitado: *O frevo é a música típica do carnaval de Pernambuco.* **2** Dança que acompanha essa composição musical: *Pedi a ela que me ensinasse a dançar o frevo.*

fria ⟨fri.a⟩ s.f. *informal* Engano ou encrenca: *Aquele trabalho foi uma fria, pois não me pagaram.*

friagem ⟨fri.a.gem⟩ (pl. *friagens*) s.f. Ar ou vento frios.

frialdade ⟨fri.al.da.de⟩ s.f. **1** Sensação provocada pela ausência de calor. □ SIN. frieza, frio. **2** Falta de sensibilidade ou compaixão: *Reagiu à proposta com frialdade.* □ SIN. frieza.

fricativo, va ⟨fri.ca.ti.vo, va⟩ adj. Em linguística, em relação a um som consonantal, que se articula de forma que o ar passa roçando o canal da boca: *Em português, o som das letras f e v são fricativos.*

fricção ⟨fric.ção⟩ (pl. *fricções*) s.f. Ato ou efeito de friccionar(-se).

friccionar ⟨fric.cio.nar⟩ v.t.d./v.t.d.i./v.prnl. Esfregar(-se) (um objeto ou uma superfície) repetidas vezes [em outros objetos ou outras superfícies]. □ SIN. atritar.

frieira ⟨fri.ei.ra⟩ s.f. **1** Infecção da pele causada por fungos que provocam rachaduras, especialmente nos dedos dos pés. **2** Inflamação que provoca um avermelhamento e uma intensa coceira, geralmente nas mãos, nos pés ou nas orelhas, por causa do frio.

frieza ⟨fri.e.za⟩ s.f. **1** Sensação provocada pela ausência de calor: *uma frieza nos pés.* □ SIN. frialdade. **2** Falta de sensibilidade ou compaixão: *Não esperava ser tratado com tanta frieza.* □ SIN. frialdade.

frigideira ⟨fri.gi.dei.ra⟩ s.f. Utensílio de cozinha, geralmente de metal, de forma circular e de pouca profundidade, com o cabo comprido, e que é usada geralmente para fritar.

frigidez ⟨fri.gi.dez⟩ (Pron. [frigidêz]) s.f. **1** Condição de frígido. **2** Ausência anormal de excitação e de satisfação ao realizar o ato sexual.

frigidíssimo, ma ⟨fri.gi.dís.si.mo, ma⟩ Superlativo irregular de frio.

frígido, da ⟨frí.gi.do, da⟩ adj. Que é insensível à excitação sexual.

frigir ⟨fri.gir⟩ v.t.d. Cozinhar (um alimento), geralmente em óleo fervente: *Vou frigir uns ovos para o jantar.* □ SIN. fritar. □ ORTOGRAFIA Antes de *a* ou *o*, o *g* muda para *j* →FRIGIR. □ GRAMÁTICA **1.** É um verbo irregular →FRIGIR. **2.** É um verbo abundante, pois apresenta dois particípios: *frigido* e *frito*.

frigobar ⟨fri.go.bar⟩ s.m. Geladeira de tamanho reduzido que é usada para armazenar bebidas, geralmente em quartos de hotel.

frigorífico, ca ⟨fri.go.rí.fi.co, ca⟩ ▌adj. **1** Que produz frio ou que mantém algo frio. ▌s.m. **2** Equipamento que serve para conservar alimentos e bebidas frios. **3** Estabelecimento comercial que vende carnes congeladas.

frincha ⟨frin.cha⟩ s.f. Abertura ou passagem estreitas. □ SIN. fresta, trinca.

frio, a ⟨fri.o, a⟩ ▌adj. **1** Com temperatura inferior à normal ou à conveniente: *No inverno os dias costumam ser mais frios.* **2** Que causa sensação de frio ou que não conserva o calor: *uma casa fria.* **3** Que é pouco afetuoso ou que se mostra indiferente aos estímulos e às sensações: *Sua timidez o faz parecer frio.* **4** Ilegítimo ou falsificado: *uma nota fiscal fria.* ▌s.m. **5** Temperatura ambiental baixa: *No frio, algumas aves migram para regiões mais quentes.* **6** Sensação provocada pela ausência de calor: *Colocou uma blusa, pois estava sentindo frio.* □ SIN. frieza, frio. ▌s.m.pl. **7** Alimentos conservados ou defumados: *Preparou uma seleção de frios: presuntos, queijos e salames.* □ GRAMÁTICA Seu superlativo é *frigidíssimo*.

friorento, ta ⟨fri.o.ren.to, ta⟩ adj. Que é muito sensível ao frio.

frisa ⟨fri.sa⟩ s.f. Em um teatro, camarote situado acima da plateia.

frisante ⟨fri.san.te⟩ ▌adj.2g. **1** Que frisa ou que deixa ondulado. ▌adj./s.m. **2** Em relação a um vinho, que é gaseificado e borbulhante.

frisar ⟨fri.sar⟩ ▌v.t.d./v.prnl. **1** Deixar ou ficar com ondas (o cabelo). □ SIN. ondear, ondular. ▌v.t.d. **2** Colocar friso em (uma superfície). **3** Evidenciar ou destacar: *A professora frisou os pontos mais importantes para a prova.* □ SIN. ressaltar, salientar.

friso ⟨fri.so⟩ s.m. **1** Tira ou barra de metal estreitas e compridas: *o friso da porta.* **2** Faixa decorativa horizontal pintada ou esculpida entre a cornija e o arquitrave.

fritada ⟨fri.ta.da⟩ s.f. Prato preparado com ovos fritos e legumes, e que pode ser completado com outros ingredientes.

fritar ⟨fri.tar⟩ v.t.d./v.int. Cozinhar (um alimento), geralmente em óleo fervente: *Vou fritar um bife para o almoço.* □ SIN. frigir. □ GRAMÁTICA É um verbo abundante, pois apresenta dois particípios: *fritado* e *frito*.

fritas ⟨fri.tas⟩ s.f.pl. Batatas preparadas em óleo fervente, geralmente cortadas em tiras: *uma porção de fritas.*

fritura ⟨fri.tu.ra⟩ s.f. Alimento preparado geralmente em óleo fervente até fritar: *Não é saudável comer muitas frituras.*

frivolidade ⟨fri.vo.li.da.de⟩ s.f. **1** Condição de frívolo: *Certos assuntos não devem ser tratados com frivolidade.* □ SIN. leviandade. **2** Aquilo que é irrelevante ou de pouco valor: *Não costuma discutir por causa de frivolidades.*

frívolo, la ⟨frí.vo.lo, la⟩ ▌adj. **1** Que tem pouca importância ou pouco valor. □ SIN. leviano. ▌adj./s. **2** Que ou quem não tem profundidade ou seriedade na forma de agir.

fronde ⟨fron.de⟩ s.f. **1** Em uma árvore, conjunto de folhas, ramos ou galhos. **2** Folha da samambaia, geralmente bastante recortada, com pecíolo e limbo achatados.

frondoso, sa ⟨fron.do.so, sa⟩ (Pron. [frondôso], [frondósa], [frondósos], [frondósas]) adj. Em relação especialmente a uma árvore, com folhas e ramos em abundância.

fronha ⟨fro.nha⟩ (Pron. [frônha]) s.f. Capa de tecido que é usada para envolver um travesseiro ou uma almofada.

frontal ⟨fron.tal⟩ (pl. *frontais*) ▌adj.2g. **1** Da frente ou relacionado a ela: *a fachada frontal de um prédio.* **2** Da fronte ou relacionado a ela: *a região frontal do crânio.* ▌s.m. **3** →osso frontal

frontão ⟨fron.tão⟩ (pl. *frontões*) s.m. Em arquitetura, remate triangular ou curvo que se coloca sobre fachadas, portas ou janelas: *o frontão de um templo.*

fruta-pão

frontaria ⟨fron.ta.ri.a⟩ s.f. Em uma construção ou em um monumento, fachada ou parte frontal: *a frontaria de um palácio.* □ SIN. frontispício.

fronte ⟨fron.te⟩ s.f. Parte superior do rosto, desde as sobrancelhas até o início do couro cabeludo. □ SIN. testa.

fronteira ⟨fron.tei.ra⟩ s.f. **1** Limite entre dois territórios, especialmente entre dois países: *O Brasil faz fronteira com diversos países da América do Sul.* **2** Limite ou fim de algo: *A fronteira entre o bem e o mal nem sempre é tão evidente.*

fronteiriço, ça ⟨fron.tei.ri.ço, ça⟩ adj. Da fronteira ou relacionado a ela. □ SIN. fronteiro.

fronteiro, ra ⟨fron.tei.ro, ra⟩ adj. **1** Que se situa à frente ou próximo de algo. **2** Da fronteira ou relacionado a ela. □ SIN. fronteiriço.

frontispício ⟨fron.tis.pí.cio⟩ s.m. **1** Na folha de rosto de uma publicação, ilustração ou estampa situadas junto ao título. **2** Em uma construção ou em um monumento, fachada ou parte frontal. □ SIN. frontaria.

frota ⟨fro.ta⟩ s.f. **1** Conjunto de veículos de um mesmo tipo, pertencentes a uma empresa ou a uma nação: *uma frota de ônibus.* **2** Conjunto de embarcações pertencentes a um mesmo proprietário, a uma instituição ou a uma nação, especialmente se estiverem destinadas a uma atividade comum: *uma frota de guerra.*

frouxidão ⟨frou.xi.dão⟩ (pl. *frouxidões*) s.f. **1** Debilidade física, falta de ânimo ou de coragem. **2** Falta de integridade ou de valores morais.

frouxo, xa ⟨frou.xo, xa⟩ ▌adj. **1** Folgado ou que não é justo. □ SIN. solto. **2** Debilitado ou sem forças. ▌adj./s. **3** *informal pejorativo* Que ou quem é medroso ou não tem força para enfrentar certas situações.

frufru ⟨fru.fru⟩ s.m. Ruído ou rumor produzidos pelo atrito especialmente de folhas ou de tecidos.

frugal ⟨fru.gal⟩ (pl. *frugais*) adj.2g. **1** Em relação a uma refeição, que é leve ou de fácil digestão. **2** Que se alimenta com moderação. **3** Moderado ou sem excessos.

frugalidade ⟨fru.ga.li.da.de⟩ s.f. Moderação, especialmente em relação a hábitos alimentares.

frugívoro, ra ⟨fru.gí.vo.ro, ra⟩ adj./s.m. Em relação a um animal, que se alimenta de frutos.

fruir ⟨fru.ir⟩ v.t.d./v.t.i./v.int. Desfrutar ou usufruir [de um bem ou benefício]: *Os preços populares permitiram a todos fruírem a exposição do museu.* □ ORTOGRAFIA Usa-se *i* em vez do *e* comum na conjugação do presente do indicativo e do imperativo afirmativo →ATRIBUIR.

frustração ⟨frus.tra.ção⟩ (pl. *frustrações*) s.f. **1** Fracasso na realização de uma atividade ou na consecução de um objetivo. **2** Em psicologia, estado ou condição de quem foi impossibilitado de satisfazer um desejo.

frustrar ⟨frus.trar⟩ v.t.d./v.prnl. **1** Decepcionar(-se), iludir(-se) ou ficar sem aquilo que se esperava. **2** Fracassar ou fazer fracassar (um projeto ou um plano): *A polícia frustrou a tentativa de assalto.*

fruta ⟨fru.ta⟩ s.f. *informal* Fruto comestível de algumas plantas, geralmente adocicado e consumido cru. ‖ **fruta seca** Aquela que não é naturalmente suculenta ou que foi ressecada para melhorar a sua conservação: *O amendoim é uma fruta seca.*

fruta-de-conde ⟨fru.ta-de-con.de⟩ (pl. *frutas-de-conde*) s.f. Fruto da pinheira, comestível, de casca verde e com muitas sementes grandes e pretas em seu interior, envoltas por uma polpa branca, suculenta e doce. □ SIN. ata, pinha. □ ORTOGRAFIA Escreve-se também *fruta-do-conde*.

fruta-do-conde ⟨fru.ta-do-con.de⟩ (pl. *frutas-do-conde*) s.f. →**fruta-de-conde**

fruta-pão ⟨fru.ta-pão⟩ (pl. *frutas-pão* ou *frutas-pães*) s.f. **1** Árvore com folhas grandes, flores pequenas, cujo fruto

fruteira

é comestível e grande, de cor verde, com polpa branca ou amarelada e sementes pequenas. **2** Esse fruto.
fruteira ⟨fru.tei.ra⟩ s.f. **1** Recipiente usado para guardar ou para servir frutas. **2** Árvore frutífera. ☐ ORTOGRAFIA Na acepção 1, escreve-se também *fruteiro*.
fruteiro, ra ⟨fru.tei.ro, ra⟩ ▮ s. **1** Pessoa que se dedica profissionalmente à venda de frutas. ▮ s.m. **2** →fruteira
fruticultura ⟨fru.ti.cul.tu.ra⟩ s.f. Cultivo das árvores que produzem frutas: *A fruticultura no Brasil é favorecida pelas condições do solo e do clima.*
frutífero, ra ⟨fru.tí.fe.ro, ra⟩ adj. Que dá frutos.
frutificar ⟨fru.ti.fi.car⟩ v.int. **1** Dar frutos: *A amoreira costuma frutificar de setembro a novembro.* **2** Produzir benefícios ou dar bons resultados: *Com a alta das ações, os investimentos frutificaram.* ☐ ORTOGRAFIA Antes de e, o c muda para *qu* →BRINCAR. ☐ GRAMÁTICA É um verbo unipessoal: só se usa nas terceiras pessoas do singular e do plural, no particípio, no gerúndio e no infinitivo →MIAR.
fruto ⟨fru.to⟩ s.m. **1** Produto do desenvolvimento do ovário fecundado de uma flor, seco ou suculento, de diversos formatos e tamanhos, e que protege as sementes que estão contidas nele: *O tomate, a berinjela e a laranja são frutos.* **2** informal Em algumas plantas, esse produto comestível, geralmente adocicado e consumido cru. **3** Produto ou resultado obtidos: *Esta descoberta é fruto de anos de pesquisa.* **4** Em relação a um casal ou a uma mulher, seu filho: *Os dois filhos são frutos de seu amor.*
frutose ⟨fru.to.se⟩ s.f. Açúcar encontrado principalmente no mel e nas frutas.
frutuoso, sa ⟨fru.tu.o.so, sa⟩ (Pron. [frutuôso], [frutuóza], [frutuósos], [frutuósas]) adj. **1** Que dá muitos frutos. **2** Que produz muitos benefícios ou que dá grandes resultados.
fubá ⟨fu.bá⟩ s.m. Farinha de milho ou de arroz muito utilizada na culinária brasileira: *O principal ingrediente da polenta é o fubá de milho.* ☐ ORIGEM É uma palavra de origem africana.
fuça ⟨fu.ça⟩ s.f. **1** informal Focinho. **2** informal pejorativo Rosto. ☐ USO Na acepção 2, usa-se geralmente a forma plural *fuças*.
fuçar ⟨fu.çar⟩ ▮ v.t.d./v.int. **1** Revolver ou vasculhar com o focinho (um animal): *O porco fuçava a palha do terreno.* ☐ SIN. fossar. ▮ v.t.d./v.int. **2** Vasculhar ou bisbilhotar: *Fucei a caixa, mas não achei as fotos antigas.* ☐ SIN. fossar. ☐ ORTOGRAFIA Antes de e, o ç muda para c →COMEÇAR.
fuga ⟨fu.ga⟩ s.f. **1** Saída ou abandono de um lugar, geralmente de forma apressada: *A nova cerca impede a fuga dos animais.* **2** Meio de não enfrentar uma situação ou uma dificuldade: *O uso de drogas pode ser entendido como uma espécie de fuga da realidade.* **3** Composição musical polifônica em um único movimento, escrita para um número determinado de partes ou de vozes, e em conformidade com uma estrutura rigorosa, que consiste na insistente entrada e repetição de um tema e em sua imitação: *Johann Sebastian Bach compôs algumas das mais complexas e belas fugas de toda a música.*
fugaz ⟨fu.gaz⟩ adj.2g. Que é veloz ou que dura muito pouco. ☐ SIN. fugidio, fugitivo.
fugida ⟨fu.gi.da⟩ s.f. Saída às pressas ou às escondidas: *Dei uma fugida da reunião para atender o telefone.* ☐ SIN. escapada, escapadela, escapulida.
fugidio, a ⟨fu.gi.di.o, a⟩ adj. Que é veloz ou que dura muito pouco. ☐ SIN. fugaz, fugitivo.
fugir ⟨fu.gir⟩ ▮ v.t.i./v.int./v.prnl. **1** Afastar(-se) depressa [de algo que se considera prejudicial e ameaçador] para evitar um dano ou um desgosto: *Procurou um atalho para fugir do trânsito.* ▮ v.int. **2** Desaparecer ou afastar-se da vista: *No horizonte, o Sol fugia.* **3** Passar de forma rápida: *Quando pintava, as horas fugiam.* ▮ v.t.i. **4** Distanciar-se ou sair [de um assunto]: *Essa pergunta foge um pouco do tema do debate.* ☐ ORTOGRAFIA Antes de a ou o, o g muda para j →FUGIR.
fugitivo, va ⟨fu.gi.ti.vo, va⟩ ▮ adj. **1** Que é veloz ou que dura muito pouco. ☐ SIN. fugaz, fugidio. ▮ adj./s. **2** Que ou quem foge ou escapa. ☐ SIN. foragido.
fuinha ⟨fu.i.nha⟩ ▮ s.f. **1** Mamífero carnívoro de cabeça pequena, orelhas arredondadas, pescoço comprido e patas curtas, com pelagem castanha e manchas brancas no peito e no pescoço, e que busca alimento durante a noite destruindo ninhos de outros animais. ▮ s.2g. **2** informal pejorativo Pessoa mexeriqueira ou bisbilhoteira. **3** informal pejorativo Pessoa sovina e avara. ☐ GRAMÁTICA Na acepção 1, é um substantivo epiceno: *a fuinha (macho/fêmea)*.
fujão ⟨fu.jão⟩ (pl. *fujões*) adj./s.m. informal Que ou quem está acostumado a fugir. ☐ GRAMÁTICA Seu feminino é *fujona*.
fujona ⟨fu.jo.na⟩ (Pron. [fujôna]) Feminino de fujão.
fulano, na ⟨fu.la.no, na⟩ s. **1** informal Pessoa qualquer. **2** informal Pessoa cuja identidade se ignora ou não se quer revelar. ☐ USO Na acepção 1, usa-se na expressão *fulano, beltrano e sicrano*.
fulcro ⟨ful.cro⟩ s.m. Ponto central ou que serve de sustentação.
fulgente ⟨ful.gen.te⟩ adj.2g. Brilhante ou que resplandece. ☐ SIN. fúlgido.
fúlgido, da ⟨fúl.gi.do, da⟩ adj. Brilhante ou que resplandece. ☐ SIN. fulgente.
fulgir ⟨ful.gir⟩ v.t.d./v.int. Fazer brilhar ou brilhar: *Fulgiam os primeiros raios da manhã.* ☐ ORTOGRAFIA Antes de a ou o, o g muda para j →FUGIR. ☐ GRAMÁTICA É um verbo defectivo, pois não apresenta conjugação completa →BANIR.
fulgor ⟨ful.gor⟩ (Pron. [fulgôr]) s.m. Resplendor ou brilho intenso: *o fulgor de uma constelação.*
fulgurar ⟨ful.gu.rar⟩ v.int. **1** Resplandecer ou brilhar intensamente. **2** Sobressair-se ou destacar-se de maneira notável: *Heitor Villa-Lobos fulgura como um dos maiores compositores da música brasileira.*
fuligem ⟨fu.li.gem⟩ (pl. *fuligens*) s.f. Pó denso e preto deixado pela fumaça.
fuliginoso, sa ⟨fu.li.gi.no.so, sa⟩ (Pron. [fuliginôso], [fuliginósa], [fuliginósos], [fuliginósas]) adj. Que tem fuligem.
fulminante ⟨ful.mi.nan.te⟩ adj.2g. **1** Que fulmina. **2** Muito rápido e de efeito imediato: *um sucesso fulminante.*
fulminar ⟨ful.mi.nar⟩ v.t.d. **1** Danificar, destruir ou causar a morte, especialmente se for por meio de um raio, de uma arma ou de forma muito rápida: *Um raio fulminou a árvore.* **2** Deixar (alguém) abatido ou sem ação: *Aquela cesta no último minuto fulminou o time adversário.*
fulo, la ⟨fu.lo, la⟩ adj. informal Muito zangado ou irritado.
fulvo, va ⟨ful.vo, va⟩ adj./s.m. De cor entre o amarelo e o dourado.
fumaça ⟨fu.ma.ça⟩ s.f. **1** Produto gasoso que se desprende da combustão incompleta de uma matéria: *a fumaça de um escapamento; a fumaça de uma fogueira.* **2** Vapor liberado por um líquido ao ferver ou por um corpo em uma reação química: *uma fumaça de gelo seco.*
fumaceira ⟨fu.ma.cei.ra⟩ s.f. Grande quantidade de fumaça: *Assim que vimos a fumaceira, chamamos os bombeiros.*
fumante ⟨fu.man.te⟩ adj.2g./s.2g. Que ou quem tem o costume ou o vício de fumar. ‖ **fumante passivo** Aquele que não fuma, porém, respira habitualmente a fumaça produzida por pessoas que fumam ao seu redor.
fumar ⟨fu.mar⟩ ▮ v.int. **1** Aspirar e desprender a fumaça produzida pela queima do tabaco ou de outras substâncias contidas em um cigarro: *O médico o preveniu sobre os riscos que correria se continuasse fumando.* ▮ v.t.d. **2** Aspirar e desprender a fumaça de (um cigarro,

fundo

produzida pela queima do tabaco ou de outras substâncias contidas nele: *fumar um cigarro*.

fumegante ⟨fu.me.gan.te⟩ adj.2g. Que fumega ou que está muito quente.

fumegar ⟨fu.me.gar⟩ ▌v.int. **1** Desprender fumaça ou vapor: *As chaminés da fábrica fumegam o dia inteiro*. ▌v.t.d./v.int. **2** Exalar (odores) ou lançar vapores de si: *Ao sair do forno, o bolo fumegava um aroma de laranja*. □ ORTOGRAFIA Antes de e, o g muda para gu →CHEGAR.

fumeiro, ra ⟨fu.mei.ro, ra⟩ s.m. Lugar onde se defumam os alimentos.

fumigar ⟨fu.mi.gar⟩ v.t.d. Desinfetar por meio de fumaça, gás, vapores ou outros produtos, especialmente para combater insetos ou outros organismos nocivos: *Fumigou a casa para espantar os pernilongos*. □ ORTOGRAFIA Antes de e, o g muda para gu →CHEGAR.

fumo ⟨fu.mo⟩ s.m. **1** Planta de tronco aveludado, com flores dispostas em cachos, folhas grandes em formato de lança, que contêm nicotina e que desprendem um forte aroma, usadas na fabricação de cigarros. □ SIN. tabaco. **2** Produto obtido a partir das folhas secas do tabaco ou de outras plantas geralmente preparadas para fumar. **3** Hábito ou vício de fumar: *O fumo aumenta os riscos de câncer de pulmão*. **4** *informal* Maconha.

funâmbulo, la ⟨fu.nâm.bu.lo, la⟩ s. Pessoa que se dedica a fazer exercícios ou evoluções sobre a corda bamba ou sobre o arame.

função ⟨fun.ção⟩ (pl. *funções*) s.f. **1** Ação ou atividade próprias de um cargo ou de uma profissão: *Sua função na empresa é coordenar as equipes*. **2** Utilidade ou forma de funcionamento de algo: *Os antivírus têm a função de proteger os computadores de programas que possam causar danos*. **3** Em linguística, papel que um elemento morfológico, lexical ou sintático desempenham dentro da estrutura da oração: *Um sintagma nominal pode desempenhar a função de sujeito*. **4** Em matemática, expressão que possui uma ou mais variáveis e que, uma vez escolhidos os valores dessas variáveis, resulta em um único resultado numérico. ∥ **em função de** {algo/alguém}: Por sua causa: *Em função da forte chuva, o jogo foi cancelado*.

funcho ⟨fun.cho⟩ s.m. Planta herbácea aromática de caule reto e múltiplo, com folhas longas com terminações bastante finas, flores pequenas, amarelas e arqueadas, muito usada como medicinal por suas propriedades digestivas e como condimento por seu sabor doce, e cuja semente, pequena e alongada, é usada para fazer chá. □ SIN. erva-doce.

funcional ⟨fun.ci.o.nal⟩ (pl. *funcionais*) adj.2g. **1** Da função, do funcionamento ou relacionado a eles. **2** Que tem uma utilidade específica ou que é de uso fácil o prático.

funcionalismo ⟨fun.ci.o.na.lis.mo⟩ s.m. Conjunto dos funcionários públicos.

funcionamento ⟨fun.ci.o.na.men.to⟩ s.m. Ato ou efeito de funcionar.

funcionar ⟨fun.ci.o.nar⟩ v.int. **1** Realizar ou desempenhar uma função ou uma atividade predeterminadas: *Meu relógio parou de funcionar*. **2** Ter êxito ou dar certo: *O negócio não funcionou e tiveram que fechá-lo*.

funcionário, ria ⟨fun.ci.o.ná.rio, ria⟩ s. Pessoa que realiza um trabalho em troca de um salário. □ SIN. empregado. ∥ **funcionário público** Pessoa que desempenha uma função em um dos órgãos da administração pública.

funda ⟨fun.da⟩ s.f. **1** Arma de arremesso que consiste em uma tira de couro ou de corda usada para lançar pedras ou outros objetos. **2** Tira ou faixa usadas junto ao corpo para conter o avanço de uma hérnia.

fundação ⟨fun.da.ção⟩ (pl. *fundações*) s.f. **1** Em uma construção, parte que fica abaixo da superfície edificada e que é responsável por sua sustentação: *as fundações de um prédio*. □ SIN. alicerce, base. **2** Estabelecimento ou criação de algo, especialmente se for de uma cidade ou de uma instituição: *A fundação de Belém, capital do estado do Pará, ocorreu em 1616*. **3** Instituição criada para promover desenvolvimento social, cultural ou religioso e que segue os ideais de seu fundador: *Uma fundação concedeu uma bolsa para que meu primo estudasse*.

fundador, -a ⟨fun.da.dor, do.ra⟩ (Pron. [fundadôr], [fundadôra]) adj./s. Que ou quem cria ou institui algo.

fundamental ⟨fun.da.men.tal⟩ (pl. *fundamentais*) ▌adj.2g. **1** Básico, principal ou que constitui um fundamento: *A professora resumiu as ideias fundamentais do tema*. ▌s.m. **2** →ensino fundamental

fundamentalismo ⟨fun.da.men.ta.lis.mo⟩ s.m. Tendência a defender e seguir rigorosamente a tradição, opondo-se a qualquer mudança, especialmente se for no âmbito religioso. □ SIN. integrismo.

fundamentalista ⟨fun.da.men.ta.lis.ta⟩ adj.2g./s.2g. Do fundamentalismo, que o segue ou relacionado a ele.

fundamentar ⟨fun.da.men.tar⟩ ▌v.t.d./v.t.d.i./v.prnl. **1** Apoiar(-se) (um pensamento ou um discurso) [em argumentos coesos e coerentes]: *Fundamentou seus argumentos nas muitas pesquisas que fez*. □ SIN. fundar. ▌v.t.d. **2** Firmar os alicerces de (uma construção). □ SIN. fundar.

fundamento ⟨fun.da.men.to⟩ ▌s.m. **1** Base ou princípio sobre os quais se apoia ou se justifica algo: *um boato sem fundamento*. ▌s.m.pl. **2** Em uma arte, em uma ciência ou em uma técnica, leis ou princípios básicos e elementares: *O livro ensina os fundamentos da matemática*.

fundão ⟨fun.dão⟩ (pl. *fundões*) s.m. **1** *informal* Em um leito de rio, parte de maior profundidade. **2** *informal* Abismo ou despenhadeiro. **3** *informal* Lugar longe ou afastado.

fundar ⟨fun.dar⟩ ▌v.t.d. **1** Criar ou instituir (algo inédito ou inexistente): *O padre jesuíta José de Anchieta fundou a cidade de São Paulo em 1554*. ▌v.t.d.i./v.prnl. **2** Apoiar(-se) (um pensamento ou um discurso) [em argumentos coesos e coerentes]: *Fundou seu trabalho na pesquisa de campo*. □ SIN. fundamentar. ▌v.t.d. **3** Firmar os alicerces de (uma construção): *Fundou a casa em um terreno arenoso*. □ SIN. fundamentar.

fundear ⟨fun.de.ar⟩ ▌v.t.d. **1** Interromper a navegação de (uma embarcação) lançando suas âncoras ao fundo do mar: *fundear um barco*. □ SIN. ancorar. ▌v.int. **2** Lançar suas âncoras ao fundo do mar (uma embarcação). □ SIN. ancorar. □ ORTOGRAFIA O e muda para ei quando a sílaba tônica estiver na raiz do verbo →NOMEAR.

fundiário, ria ⟨fun.di.á.rio, ria⟩ adj. Da terra ou relacionado a ela. □ SIN. agrário.

fundição ⟨fun.di.ção⟩ (pl. *fundições*) s.f. **1** Ato ou efeito de fundir(-se). **2** Lugar onde metais são fundidos.

fundilho ⟨fun.di.lho⟩ s.m. Em uma calça, parte ou remendo situados no lugar correspondente ao assento. □ USO Usa-se geralmente a forma plural *fundilhos*.

fundir ⟨fun.dir⟩ ▌v.t.d./v.prnl. **1** Derreter(-se) (um corpo sólido, especialmente se for um metal) ou converter(-se) em líquido. ▌v.t.d./v.t.d.i./v.prnl. **2** Reduzir(-se) ou unir(-se) (duas ou mais coisas diferentes) [em apenas uma]. ▌v.t.d./v.int./v.prnl. **3** Quebrar(-se) ou danificar(-se) (um motor ou um aparelho elétrico).

fundo ⟨fun.do⟩ adv. De maneira profunda: *O médico lhe pediu para respirar fundo*. ∥ **a fundo** Inteiramente ou de maneira abrangente: *Conhece esse tema a fundo*.

fundo, da ⟨fun.do, da⟩ ▌adj. **1** Que tem muita profundidade: *À primeira vista o rio não parece ser muito fundo*.

fundura

2 Com intensidade ou com profundidade: *um suspiro fundo*. ▌ s.m. **3** No mar, superfície sólida sobre a qual a água está: *A lenda diz que o tesouro está no fundo do mar*. **4** Parte oposta à entrada de um lugar ou à posição em que se encontra a pessoa que fala: *Sentamos no fundo da sala*. **5** Base sobre a qual algo se destaca: *O pintor desenhou as pessoas sobre um fundo escuro, para dar-lhes mais destaque*. **6** Parte mais íntima ou profunda: *o fundo da alma*. **7** Em esporte, em relação a um tipo de competição, que se baseia na capacidade de resistência para suportar esforços prolongados e que consiste geralmente em corridas de percurso longo: *Sua especialidade são as provas de fundo*. **8** Conjunto de dinheiro ou de bens que se possuem ou que se destinam para uma finalidade concreta: *Os fundos da campanha daquele candidato estão sendo investigados*. ‖ **fundo do poço** Situação extrema na qual os problemas parecem ser de difícil solução. ‖ **no fundo** Na verdade ou em essência. ◻ USO Na acepção 8, usa-se geralmente a forma plural *fundos*.
fundura ⟨fun.du.ra⟩ s.f. **1** Distância entre a superfície ou a borda superior e o fundo de algo. ◻ SIN. **profundidade**. **2** Em um objeto ou em uma área, distância entre os dois planos mais afastados entre si horizontalmente. ◻ SIN. **profundidade**.
fúnebre ⟨fú.ne.bre⟩ adj.2g. **1** Da morte, dos mortos, do funeral ou relacionado a eles. **2** Triste ou sombrio: *um ar fúnebre*.
funeral ⟨fu.ne.ral⟩ (pl. *funerais*) s.m. Conjunto de procedimentos solenes ou tradicionais para sepultar um cadáver: *Muitas personalidades compareceram ao funeral do cantor*. ◻ SIN. **enterro**.
funerária ⟨fu.ne.rá.ria⟩ s.f. Estabelecimento comercial que oferece os serviços e meios necessários para realização de um funeral.
funerário, ria ⟨fu.ne.rá.rio, ria⟩ adj. Do funeral ou relacionado a ele.
funéreo, rea ⟨fu.né.reo, rea⟩ adj. Que evoca a morte.
funesto, ta ⟨fu.nes.to, ta⟩ adj. **1** Que é visto como um sinal de males futuros ou desgraças. **2** Infeliz ou amargurado.
fungar ⟨fun.gar⟩ v.int. Inspirar pelo nariz, produzindo ruído: *Tossia e fungava por causa do resfriado*. ◻ ORTOGRAFIA Antes de *e*, o *g* muda para *gu* →CHEGAR.
fungicida ⟨fun.gi.ci.da⟩ adj.2g./s.m. Em relação a uma substância ou a um produto, que servem para destruir fungos.
fungível ⟨fun.gi.vel⟩ (pl. *fungíveis*) adj.2g. Que pode ser substituído por outro da mesma espécie, qualidade ou quantidade.
fungo ⟨fun.go⟩ s.m. Organismo unicelular ou pluricelular que não tem clorofila, não transforma a matéria inorgânica em orgânica, não forma tecidos e que tem reprodução assexuada e sexuada, geralmente alternadas: *O cogumelo é um fungo comestível*.
funicular ⟨fu.ni.cu.lar⟩ adj.2g./s.m. Em relação a um veículo ou a uma cabine, que se deslocam puxados por uma corda, um cabo ou uma correia. ◻ SIN. **teleférico**.
funil ⟨fu.nil⟩ (pl. *funis*) s.m. **1** Utensílio oco de formato cônico, cuja extremidade mais estreita é em formato de tubo, e que serve para conduzir líquidos de um recipiente a outro. **2** Situação em que se produz um acúmulo de elementos que dificulta o escoamento: *Na hora do rush aquela rua vira um funil, devido à concentração de veículos*.
funilaria ⟨fu.ni.la.ri.a⟩ s.f. **1** Oficina na qual se fabricam ou vendem funis ou outros artigos de chapas metálicas. **2** Técnica de trabalhar a chapa. **3** Oficina na qual se fazem consertos ou reparos em carrocerias de automóveis. **4** Técnica de fazer consertos ou reparos em carrocerias de automóveis. ◻ SIN. **lanternagem**. **5** Esse conserto ou esse reparo. ◻ SIN. **lanternagem**.
funileiro, ra ⟨fu.ni.lei.ro, ra⟩ s. **1** Pessoa que se dedica profissionalmente a fabricar funis ou a executar trabalhos em chapas metálicas. **2** Pessoa que se dedica profissionalmente a fazer consertos ou reparos em carrocerias de automóveis. ◻ SIN. **lanterneiro**.
funk *(palavra inglesa)* (Pron. [fanc]) adj.2g. **1** Do *funk* ou relacionado a este gênero musical. **2** Composição musical de origem norte-americana, de caráter dançante, com destaque para os instrumentos de metal e para o contrabaixo. ‖ ***funk* (carioca)** Composição musical popular surgida na década de 1980, no Rio de Janeiro, baseada em elementos da música negra norte-americana, cujas letras geralmente abordam temas relacionados aos problemas e às questões sociais.
funqueiro, ra ⟨fun.quei.ro, ra⟩ (Pron. [fanqueiro]) adj./s. Que ou quem é compositor ou cantor de *funk* carioca, ou é admirador desse gênero musical.
fura-bolo ⟨fu.ra-bo.lo⟩ (Pron. [fura-bôlo]) (pl. *fura-bolos*) s.m. *informal* Dedo indicador.
furacão ⟨fu.ra.cão⟩ (pl. *furacões*) s.m. Vento muito forte que gira em grandes círculos, como um redemoinho. ◻ SIN. **ciclone**.
furada ⟨fu.ra.da⟩ s.f. *informal* Situação entediante, embaraçosa ou que causa transtorno ou prejuízo: *A viagem foi uma furada, pois choveu o tempo todo*.
furadeira ⟨fu.ra.dei.ra⟩ s.f. Aparelho elétrico usado para fazer furos, por meio de uma broca acoplada a ele.
furado, da ⟨fu.ra.do, da⟩ adj. *informal* Em relação a uma situação, que causa tédio, embaraço, transtorno ou prejuízo.
furador, -a ⟨fu.ra.dor, do.ra⟩ (Pron. [furadôr], [furadôra]) ▌ adj. **1** Que fura. ▌ s.m. **2** Máquina ou utensílio que servem para fazer furos: *um furador de papel*.
furão ⟨fu.rão⟩ (pl. *furões*) ▌ adj./s.m. **1** *informal* Que ou quem falta ou costuma faltar a compromissos: *O furão disse que viria e até agora não chegou!* **2** *informal* Que ou quem é muito hábil para se antecipar aos demais em descobertas e constatações: *um repórter furão*. ▌ s.m. **3** Mamífero carnívoro, de cabeça pequena, patas curtas com unhas muito afiadas, de cauda longa e achatada, pelagem acinzentada no lombo e negra no ventre, com uma máscara branca, e que se move com grande agilidade e rapidez. ◻ GRAMÁTICA **1** Nas acepções 1 e 2, seu feminino é *furona*. **2**. Na acepção 3, é um substantivo epiceno: *o furão {macho/fêmea}*.
furar ⟨fu.rar⟩ ▌ v.t.d. **1** Fazer um furo em (uma superfície). ◻ SIN. **perfurar**. **2** Abrir por meio de uma escavação. ◻ SIN. **cavar, perfurar**. **3** Atravessar com violência (uma superfície): *A bala furou a vidraça*. ◻ SIN. **perfurar**. ▌ v.t.d./v.int. **4** *informal* Cancelar (algo combinado ou previsto) ou não ocorrer: *A excursão furou por causa da chuva*. ▌ v.int. **5** *informal* Faltar ou não comparecer a um compromisso: *Não fui viajar, pois minha amiga furou*.
furgão ⟨fur.gão⟩ (pl. *furgões*) s.m. Veículo fechado, de quatro rodas, que é usado para o transporte, geralmente de bagagens ou de mercadorias.
fúria ⟨fú.ria⟩ s.f. **1** Ira ou raiva muito intensas: *um ataque de fúria*. ◻ SIN. **furor**. **2** Ímpeto, força ou arrebatamento: *A fúria da tempestade derrubou algumas árvores*. ◻ SIN. **furor**.
furibundo, da ⟨fu.ri.bun.do, da⟩ adj. Cheio de fúria. ◻ SIN. **furioso**.
furioso, sa ⟨fu.ri.o.so, sa⟩ (Pron. [furiôso], [furiósa], [furiósos], [furiósas]) adj. **1** Cheio de fúria. ◻ SIN. **furibundo**. **2** Terrível ou violento.
furna ⟨fur.na⟩ s.f. Em uma rocha, abertura ou cavidade naturais de pouca profundidade. ◻ SIN. **caverna, gruta, lapa**.
furo ⟨fu.ro⟩ s.m. **1** Em uma superfície, abertura mais ou menos arredondada: *Tenho um furo na camisa*. ◻ SIN. **buraco**.

2 Na mídia, notícia importante que é divulgada em primeira mão: *O furo foi publicado com exclusividade pelo nosso jornal.*

furona ⟨fu.ro.na⟩ (Pron. [furôna]) Feminino de **furão**.

furor ⟨fu.ror⟩ (Pron. [furòr]) s.m. **1** Ira ou raiva muito intensas: *A medida que ouvia as ofensas, seu furor ia aumentando.* ◻ SIN. **fúria**. **2** Ímpeto, força ou arrebatamento: *o furor de uma paixão.* ◻ SIN. **fúria**.

furta-cor ⟨fur.ta-cor⟩ (Pron. [furta-côr]) (pl. *furta-cores*) adj.2g./s.m. De cor que varia de tom de acordo com a exposição à luz.

furtar ⟨fur.tar⟩ ▌v.t.d./v.t.d.i. **1** Tomar ou reter (bens alheios) [de uma pessoa ou de um lugar] contra a vontade de seu dono. ▌v.prnl. **2** Esquivar-se ou evitar uma situação ou uma pessoa desagradáveis: *Nunca se furtou a suas obrigações de pai.* ◻ GRAMÁTICA Na acepção 2, usa-se a construção *furtar-se A (algo/alguém).*

furtivo, va ⟨fur.ti.vo, va⟩ adj. **1** Que se faz ou que funciona às ocultas. **2** Disfarçado ou dissimulado.

furto ⟨fur.to⟩ s.m. **1** Apropriação de objetos alheios contra a vontade de seu dono: *Denunciou o furto de sua carteira na delegacia.* **2** Objeto alheio que foi apropriado: *A polícia prendeu o ladrão e recuperou o furto.*

furúnculo ⟨fu.rún.cu.lo⟩ s.m. Inchaço da pele, pequeno, pontiagudo e dolorido, com pus dentro.

fusa ⟨fu.sa⟩ s.f. **1** Em música, nota cuja duração equivale a ½ de uma semibreve. **2** Símbolo dessa nota.

fusão ⟨fu.são⟩ (pl. *fusões*) s.f. **1** Conversão de um sólido em líquido: *O ponto de fusão do ouro é de 1064 grau Celsius.* **2** União de duas ou mais coisas em apenas uma: *a fusão de duas empresas; uma fusão de ideias.*

fusco, ca ⟨fus.co, ca⟩ adj. Escuro ou pardo.

fuselagem ⟨fu.se.la.gem⟩ (pl. *fuselagens*) s.f. Em uma aeronave, corpo ou parte onde vão os passageiros e as bagagens.

fusível ⟨fu.sí.vel⟩ (pl. *fusíveis*) ▌adj.2g. **1** Que se pode fundir. ▌s.m. **2** Em uma instalação elétrica, dispositivo que contém uma peça metálica que se funde com facilidade e que serve para interromper um circuito elétrico caso haja uma sobrecarga.

fuso ⟨fu.so⟩ s.m. Em uma roca, peça de formato arredondado, estreita nas extremidades, e que é usada para fiar e enrolar fios. ∥ **fuso horário** Cada uma das vinte e quatro partes imaginárias e iguais nas quais a superfície terrestre se divide, e nas quais a hora é a mesma: *O Brasil é atravessado por quatro fusos horários, sendo o de Brasília o de referência.*

fustão ⟨fus.tão⟩ (pl. *fustões*) s.m. Tecido grosso de algodão muito resistente.

fuste ⟨fus.te⟩ s.m. Em uma coluna, parte situada entre o capitel e a base.

fustigar ⟨fus.ti.gar⟩ v.t.d. **1** Açoitar ou golpear, especialmente se for com uma vara. **2** Estimular ou incitar: *fustigar um sentimento.* ◻ ORTOGRAFIA Antes de e, o g muda para *gu* →CHEGAR.

futebol ⟨fu.te.bol⟩ (pl. *futebóis*) s.m. Esporte praticado entre duas equipes de onze jogadores que tentam fazer com que uma bola entre no gol do adversário, sem tocá-la com as mãos. ∥ **futebol de botão** Jogo praticado sobre um tabuleiro em que duas pessoas manipulam vinte botões, que representam os jogadores, e duas caixas de fósforos ou similar, que representam os goleiros, utilizando as mesmas regras e com os mesmos objetivos desse esporte. ∥ **futebol de salão** Aquele praticado por duas equipes de cinco jogadores em uma quadra. ◻ SIN. **futsal**.

fútil ⟨fú.til⟩ (pl. *fúteis*) adj.2g. Que tem pouca importância ou seriedade.

futilidade ⟨fu.ti.li.da.de⟩ s.f. **1** Condição de fútil: *Este assunto é de uma futilidade tão grande que é inútil discuti-lo.* **2** Aquilo que tem pouca importância ou seriedade: *Não se preocupe com essas futilidades.*

futrica ⟨fu.tri.ca⟩ s.f. *informal* Intriga ou boato: *fazer futrica.*

futricar ⟨fu.tri.car⟩ ▌v.t.d./v.int. **1** *informal* Fazer intriga de (alguém) ou espalhar boato: *Pare de futricar a vida dos outros.* ▌v.int. **2** *informal* Trapacear em uma negociação ou em uma atividade: *Não jogo mais com ele porque está sempre futricando.* ▌v.t.d. **3** *informal* Importunar ou atrapalhar (uma pessoa ou uma atividade): *Gosta de futricar o irmão enquanto estuda.* ◻ ORTOGRAFIA Antes de e, o c muda para *qu* →BRINCAR.

futriqueiro, ra ⟨fu.tri.quei.ro, ra⟩ s. *informal* Pessoa que faz futricas.

futsal ⟨fut.sal⟩ (pl. *futsais*) s.m. Futebol praticado por duas equipes de cinco jogadores em uma quadra. ◻ SIN. **futebol de salão**.

futurismo ⟨fu.tu.ris.mo⟩ s.m. Movimento ideológico e artístico vanguardista, de origem italiana, iniciado no começo do século XX, que destaca tudo aquilo que está relacionado ao mundo moderno e industrial.

futuro, ra ⟨fu.tu.ro, ra⟩ ▌adj. **1** Que está para chegar ou para acontecer: *Contam com ele para futuros projetos.* ▌adj./s.m. **2** Em linguística, em relação a um tempo verbal, que indica que a ação ainda vai acontecer. ▌s.m. **3** Aquilo que está para chegar ou para acontecer: *Viva o presente sem se esquecer do futuro.*

futurologia ⟨fu.tu.ro.lo.gi.a⟩ s.f. Conjunto de estudos que se propõe a predizer cientificamente o futuro, baseados em fatos do presente.

futuroso, sa ⟨fu.tu.ro.so, sa⟩ (Pron. [futurôso], [futurósa], [futurôsos], [futurósas]) adj. Que pressagia um bom futuro.

fuxicar ⟨fu.xi.car⟩ ▌v.int. **1** *informal* Fazer intriga ou espalhar boato. ▌v.t.d. **2** Mexer em (algo organizado), geralmente por curiosidade, tornando-o bagunçado. **3** Tocar ou bulir (alguém): *Quando quer atenção, sempre fuxica o ombro da mãe.* **4** Costurar (um tecido) com alinhavos para preparar sua costura definitiva. ◻ SIN. **alinhavar**. ◻ ORTOGRAFIA Antes de e, o c muda para *qu* →BRINCAR.

fuxico ⟨fu.xi.co⟩ s.m. **1** *informal* Intriga ou boato. **2** Técnica artesanal que consiste em costurar trouxinhas com retalhos de tecido para criar ou decorar bolsas, almofadas ou outros objetos.

fuxiqueiro, ra ⟨fu.xi.quei.ro, ra⟩ adj./s. *informal* pejorativo Que ou quem faz fuxicos.

fuzil ⟨fu.zil⟩ (pl. *fuzis*) s.m. Arma de fogo portátil, com um cano de ferro ou de aço, montado em uma culatra de madeira, e provida de um mecanismo com o qual as balas são disparadas.

fuzilada ⟨fu.zi.la.da⟩ s.f. Grande quantidade de tiros de fuzil ou de outra arma de fogo. ◻ SIN. **fuzilaria**.

fuzilar ⟨fu.zi.lar⟩ ▌v.t.d. **1** Matar com um fuzil. ▌v.t.d./v.t.d.i. **2** *informal* Importunar (alguém) [com perguntas ou ironias]: *Os jornalistas fuzilaram o treinador durante a coletiva.* ▌v.t.d. **3** Olhar (alguém) com ódio ou reprovação: *O diretor fuzilava os funcionários com os olhos.*

fuzilaria ⟨fu.zi.la.ri.a⟩ s.f. Grande quantidade de tiros de fuzil ou de outra arma de fogo.

fuzileiro, ra ⟨fu.zi.lei.ro, ra⟩ s. No Exército, soldado da infantaria armado com um fuzil. ∥ **fuzileiro (naval)** Na Marinha, membro da infantaria que participa das operações de proteção em estabelecimento de guerra.

fuzuê ⟨fu.zu.ê⟩ s.m. **1** *informal* Bagunça ou folia. **2** *informal* Briga ou confusão.

g ▌s.m. **1** Sétima letra do alfabeto. ▌numer. **2** Em uma sequência, que ocupa o sétimo lugar: *Sentamos na fileira g*. ☐ GRAMÁTICA Na acepção 1, o plural é *gg*.

gabar ⟨ga.bar⟩ ▌v.t.d. **1** Elogiar ou louvar: *O professor gabava o talento do aluno ao piano*. ▌v.prnl. **2** Vangloriar-se ou enaltecer os próprios atos. ☐ GRAMÁTICA Como pronominal, usa-se a construção *gabar-se de algo*.

gabardina ⟨ga.bar.di.na⟩ s.f. **1** Tecido geralmente de lã ou de algodão, com fios diagonais e muito justos. **2** Capa, geralmente larga e comprida, feita com tecido impermeabilizado. ☐ ORTOGRAFIA Escreve-se também *gabardine*.

gabardine ⟨ga.bar.di.ne⟩ s.f. →**gabardina**

gabaritado, da ⟨ga.ba.ri.ta.do, da⟩ adj. Que realiza uma atividade com excelência.

gabaritar ⟨ga.ba.ri.tar⟩ v.t.d. *informal* Acertar todas as questões de (uma avaliação ou um exame): *Ela gabaritou a última prova de matemática*.

gabarito ⟨ga.ba.ri.to⟩ s.m. **1** Medida padrão ou de referência usada especialmente em construção: *A calçada deverá seguir o gabarito*. **2** Tabela que contém as respostas certas de uma avaliação ou de um exame: *O jornal publicou o gabarito dos exames vestibulares*. **3** Importância, valor ou boa qualidade: *uma profissional de gabarito*.

gabarola ⟨ga.ba.ro.la⟩ adj.2g./s.2g. Que ou quem se gaba muito de seus próprios atos. ☐ SIN. gabola.

gabarolice ⟨ga.ba.ro.li.ce⟩ s.f. Atitude de quem gaba de seus próprios atos. ☐ SIN. gabolice.

gabinete ⟨ga.bi.ne.te⟩ (Pron. [gabinête]) s.m. **1** Aposento destinado ao estudo ou às atividades intelectuais: *Passava muitas horas lendo e escrevendo em meu gabinete*. **2** Corpo de ministros de um Estado: *O Gabinete decidiu sobre o aumento do preço da gasolina*. **3** Em um computador, caixa, geralmente de metal, onde ficam seus principais componentes: *As placas e os drives ficam no gabinete do computador*. ☐ ORTOGRAFIA Na acepção 2, usa-se geralmente com inicial maiúscula por ser também um nome próprio.

gabiroba ⟨ga.bi.ro.ba⟩ s.f. →**guabiroba** ☐ ORIGEM É uma palavra de origem tupi.

gabirobeira ⟨ga.bi.ro.bei.ra⟩ s.f. →**guabirobeira**

gabiru ⟨ga.bi.ru⟩ adj.2g./s.m. **1** *informal pejorativo* Em relação a um homem, que é esperto ou astuto. **2** *informal pejorativo* Em relação a um homem, que tem o físico pouco desenvolvido. ☐ ORIGEM É uma palavra de origem tupi.

gabola ⟨ga.bo.la⟩ adj.2g./s.2g. Que ou quem se gaba muito de seus próprios atos. ☐ SIN. gabarola.

gabolice ⟨ga.bo.li.ce⟩ s.f. Atitude de quem gaba de seus próprios atos. ☐ SIN. gabarolice.

gabonense ⟨ga.bo.nen.se⟩ adj.2g./s.2g. Do Gabão ou relacionado a esse país africano. ☐ SIN. gabonês.

gabonês, -a ⟨ga.bo.nês, ne.sa⟩ (Pron. [gabonês], [gabonêsa]) adj./s. Do Gabão ou relacionado a esse país africano. ☐ SIN. gabonense.

gadanha ⟨ga.da.nha⟩ s.f. **1** Ferramenta composta por um cabo comprido com uma lâmina curva e pontiaguda em uma de suas extremidades. ☐ SIN. foice. **2** Colher de concha funda. ☐ ORTOGRAFIA Na acepção 1, escreve-se também *gadanho*.

gadanhar ⟨ga.da.nhar⟩ v.t.d. **1** Ceifar utilizando uma gadanha: *gadanhar o trigo*. **2** Arrancar ou puxar, especialmente se for utilizando um gadanho: *gadanhar a terra*.

gadanho ⟨ga.da.nho⟩ s.m. **1** Em uma ave de rapina, garra. **2** Instrumento formado por um cabo comprido com uma travessa de pontas dentadas em uma de suas extremidades, que serve para recolher erva, palha, folhas e outros materiais. ☐ SIN. ancinho. **3** →**gadanha**

gado ⟨ga.do⟩ s.m. Conjunto de animais que pastam juntos e são criados para consumo ou como atividade econômica: *o gado suíno; o gado bovino*.

gadolínio

gadolínio ⟨ga.do.lí.nio⟩ s.m. Elemento químico da família dos metais, de número atômico 64, sólido, de cor branca e prateada, maleável e que pertence ao grupo dos lantanídeos. ☐ ORTOGRAFIA Seu símbolo químico é Gd, sem ponto.

gafanhoto ⟨ga.fa.nho.to⟩ (Pron. [gafanhôto]) s.m. Inseto saltador e mastigador, que se alimenta de vegetais e que pode se multiplicar com tamanha rapidez que chega a causar grandes prejuízos nas plantações. ☐ GRAMÁTICA É um substantivo epiceno: o *gafanhoto (macho/fêmea)*.

gafe ⟨ga.fe⟩ s.f. Aquilo que é dito ou feito de forma inconveniente ou desastrosa e que provoca um constrangimento: *Desculpou-se pela gafe cometida durante o discurso*.

gafieira ⟨ga.fi.ei.ra⟩ s.f. **1** Baile popular com música ao vivo executada por uma orquestra, em que se dança especialmente o samba de gafieira. **2** Lugar onde ocorre esse baile.

gagá ⟨ga.gá⟩ adj.2g./s.2g. *informal pejorativo* Em relação a um idoso, que tem suas faculdades mentais diminuídas.

gago, ga ⟨ga.go, ga⟩ adj./s. Que ou quem gagueja. ☐ SIN. tartamudo.

gagueira ⟨ga.guei.ra⟩ s.f. Transtorno ou defeito da fala, que consiste em pronunciar as palavras de maneira entrecortada e repetindo as sílabas. ☐ SIN. tartamudez.

gaguejar ⟨ga.gue.jar⟩ v.t.d./v.int. Pronunciar com hesitação ou falar com uma dicção entrecortada e repetindo as sílabas: *Nervoso, começou a gaguejar*.

gaiato, ta ⟨gai.a.to, ta⟩ ▌adj. **1** Que diverte e que faz rir. ▌adj./s. **2** Que ou quem é alegre ou brincalhão.

gaio, a ⟨gai.o, a⟩ ▌adj. **1** Alegre ou de bom humor. ☐ SIN. jovial. ▌s.m. **2** Ave semelhante ao corvo, de plumagem marrom-avermelhada no dorso e asas e cauda pretas. ☐ GRAMÁTICA Na acepção 2, é um substantivo epiceno: o *gaio (macho/fêmea)*.

gaiola ⟨gai.o.la⟩ s.f. **1** Caixa feita com barras separadas entre si que serve para aprisionar ou transportar animais, especialmente os de pequeno porte. **2** Barco a vapor com varandas, usado para o transporte de passageiros em rios. **3** *informal* Prisão.

gaipapa ⟨gai.pa.pa⟩ s.f. Fêmea do gaturamo.

gaita ⟨gai.ta⟩ s.f. **1** Instrumento musical de sopro com pequenas fendas, que é tocado deslizando-o pelos lábios enquanto se sopra ou aspira, forçando o ar através de palhetas. ☐ SIN. harmônica. [☞ **instrumentos de sopro** p. 747] **2** *informal* Dinheiro.

gaita de foles ⟨gai.ta de fo.les⟩ (pl. *gaitas de foles*) s.f. Instrumento musical de sopro, de timbre nasalado, composto por, no mínimo, dois tubos melódicos sendo que em um a melodia é executada e no outro o som é emitido por um insuflador e por um reservatório de ar ou por uma bolsa de couro.

gaiteiro, ra ⟨gai.tei.ro, ra⟩ s. Músico que toca gaita. ☐ SIN. gaitista.

gaitista ⟨gai.tis.ta⟩ s.2g. Músico que toca gaita. ☐ SIN. gaiteiro.

gaivota ⟨gai.vo.ta⟩ s.f. Ave aquática palmípede, com plumagem branca e cinza, bico alaranjado e patas avermelhadas, e que se alimenta de peixes. ☐ GRAMÁTICA É um substantivo epiceno: *a gaivota (macho/fêmea)*. [☞ **aves** p. 92]

gajo, ja ⟨ga.jo, ja⟩ s. *informal* Pessoa qualquer.

gala ⟨ga.la⟩ s.f. **1** Grandeza ou luxo extraordinários: *A coluna social registrou toda a gala do casamento*. **2** Festividade nacional de caráter oficial e solene: *Vou a uma gala neste fim de semana, e gostaria de saber o que vestir*. ‖ **de gala** Solene ou luxuoso: *uma festa de gala; um traje de gala*.

galã ⟨ga.lã⟩ s.m. **1** Homem bonito, atraente ou elegante: *Sempre conseguia conquistar as mulheres, com seu jeito de galã*. **2** Ator que interpreta uma personagem geralmente envolvida em situações românticas ou amorosas: *um galã de novelas*.

galalite ⟨ga.la.li.te⟩ s.f. Material plástico feito a partir da caseína e do formol.

galante ⟨ga.lan.te⟩ adj.2g. Amável e cortês, especialmente no trato com as mulheres.

galantear ⟨ga.lan.te.ar⟩ ▌v.t.d./v.int. **1** Tratar (alguém) de forma amável ou cortês, geralmente com intenção de seduzi-la, ou fazer cortejo: *Galanteou a moça durante meses, sem sucesso*. ☐ SIN. cortejar. ▌v.t.d. **2** Adornar (alguém) ou colocar enfeites. ☐ ORTOGRAFIA O e muda para *ei* quando a sílaba tônica estiver na raiz do verbo →NOMEAR.

galanteio ⟨ga.lan.tei.o⟩ s.m. Tratamento amável ou cortês dado a uma pessoa, geralmente com intenção de seduzi-la. ☐ SIN. cortejo.

galanteria ⟨ga.lan.te.ri.a⟩ s.f. Ato ou efeito de galantear.

galão ⟨ga.lão⟩ (pl. *galões*) s.m. **1** Faixa estreita de tecido usada geralmente como adorno em uma peça do vestuário. ☐ SIN. grega. **2** Tira geralmente dourada que se coloca em uma farda para identificar as diferentes graduações de um exército ou de outra organização hierarquizada. **3** No sistema anglo-saxão, unidade de capacidade que equivale a aproximadamente 4,5 litros. **4** Recipiente grande usado para armazenar líquidos.

galar ⟨ga.lar⟩ v.t.d. Fecundar (uma ave).

galardão ⟨ga.lar.dão⟩ (pl. *galardões*) s.m. Recompensa recebida por mérito. ☐ SIN. prêmio.

galáxia ⟨ga.lá.xia⟩ (Pron. [galácsia]) s.f. Sistema formado por estrelas, planetas e outros astros de tamanho equivalente, pó interestelar, gases e partículas que giram em torno de um núcleo: *A Via Láctea é apenas uma entre tantas galáxias que existem ao redor do Universo*.

galé ⟨ga.lé⟩ ▌s.m. **1** Homem condenado a remar nesta embarcação. ▌s.f. **2** Antigamente, embarcação alongada e impulsionada por velas e remos. ☐ SIN. galera.

galeão ⟨ga.le.ão⟩ (pl. *galeões*) s.m. Antiga embarcação a vela, com três ou quatro mastros, usadas para transportar cargas.

galego, ga ⟨ga.le.go, ga⟩ (Pron. [galêgo]) ▌adj./s. **1** Da Galiza ou relacionado a essa comunidade autônoma espanhola. ▌s.m. **2** Língua dessa comunidade autônoma. ▌s. **3** *informal* Pessoa loura, especialmente se for estrangeira.

galena ⟨ga.le.na⟩ s.f. **1** Mineral composto de enxofre e chumbo, macio, de cor acinzentada e de brilho intenso. **2** Aparelho receptor de sinais de rádio que utiliza esse mineral em seu circuito interno.

galeota ⟨ga.le.o.ta⟩ s.f. Galé pequena, com até vinte remos.

galera ⟨ga.le.ra⟩ s.f. **1** Antigamente, embarcação alongada e impulsionada por velas e remos: *Na Antiguidade muitos prisioneiros eram condenados a remar nas galeras*. ☐ SIN. galé. **2** *informal* Grupo de pessoas, especialmente se forem amigos: *Vou ao show com a galera da escola*.

galeria ⟨ga.le.ri.a⟩ s.f. **1** Passagem ou corredor amplos nos quais geralmente são colocados quadros, estátuas e outros objetos de adorno: *Para chegar à sala precisa-se passar por uma longa galeria*. **2** Coleção de objetos de arte ou de imagens representando personalidades: *No Palácio do Planalto há uma galeria de todos os presidentes da República*. **3** Duto, corredor ou caminho subterrâneos: *uma galeria pluvial*. **4** Em um teatro, conjunto de assentos situados na parte superior da plateia: *Da galeria ouviam-se as vaias mais intensas*. **5** Em um edifício, passagem térrea, especialmente se abrigar estabelecimentos comerciais: *Naquela galeria existem diversas lojas de discos*. **6** →**mata de galeria** ‖ **galeria (de arte)** Estabelecimento comercial no qual se expõem e se vendem quadros, esculturas e outros objetos de arte.

galês, -a ⟨ga.lês, le.sa⟩ (Pron. [galês], [galêsa]) ▌adj./s. **1** Do País de Gales ou relacionado a essa região britânica. ▌s.m. **2** Língua celta dessa região.

galeto ⟨ga.le.to⟩ (Pron. [galêto]) s.m. **1** Prato feito à base de pedaços de frango assados geralmente no espeto. **2** Estabelecimento comercial especializado no preparo desse prato.

galgar ⟨gal.gar⟩ ▌v.t.d./v.int. **1** Saltar por cima de (um espaço) ou ultrapassar um obstáculo. ▌v.t.d. **2** Percorrer ou andar sobre (um espaço). ▌v.t.i. **3** Obter, conseguir ou elevar-se [a uma posição superior]: *Esforçava-se pensando em um dia galgar a uma posição elevada na empresa.* ▢ ORTOGRAFIA Antes de e, o g muda para gu →CHEGAR.

galgo ⟨gal.go⟩ adj.2g./s.2g. Em relação a um cachorro, da raça que se caracteriza por ter o corpo fino, a cabeça pequena e o pescoço, as patas e a cauda compridos.

galhada ⟨ga.lha.da⟩ s.f. **1** Conjunto de galhos, especialmente se for de uma árvore. ▢ SIN. galharia. **2** Em alguns ruminantes, cada um de seus chifres que se assemelham a esse conjunto de galhos: *a galhada de um veado.*

galhardete ⟨ga.lhar.de.te⟩ (Pron. [galhardête]) s.m. Bandeira pequena, geralmente usada para enfeitar um evento festivo.

galhardia ⟨ga.lhar.di.a⟩ s.f. **1** Qualidade de galhardo. **2** Amabilidade, cortesia ou atenção. **3** Coragem ou bravura: *As tropas ostentaram com galhardia seu estandarte diante do inimigo.*

galhardo, da ⟨ga.lhar.do, da⟩ adj. **1** Que é elegante e garboso, especialmente nos movimentos. **2** Que é amável, cortês ou atencioso.

galharia ⟨ga.lha.ri.a⟩ s.f. Conjunto de galhos, especialmente se for de uma árvore. ▢ SIN. galhada.

galheiro, ra ⟨ga.lhei.ro, ra⟩ adj. Em relação a alguns ruminantes, que têm uma galhada grande.

galheta ⟨ga.lhe.ta⟩ (Pron. [galhêta]) s.f. Recipiente pequeno de vidro, geralmente usado para guardar ou para servir azeite ou vinagre.

galheteiro ⟨ga.lhe.tei.ro⟩ s.m. Suporte para recipientes de azeite ou vinagre que é usado sobre a mesa.

galho ⟨ga.lho⟩ s.m. **1** Em uma planta, cada uma das partes em que o caule principal pode se dividir e nas quais folhas, flores e frutos brotam: *os galhos de uma jabuticabeira.* ▢ SIN. ramo. **2** *informal* Confusão ou problema: *Quis entrar no baile sem pagar e deu um baita galho.* ‖ **quebrar {o/meu/teu/...} galho** *informal* Resolver um assunto ou problema de maneira passageira ou provisória: *Sua calça rasgou e ele fez um remendo para quebrar o galho.*

galhofa ⟨ga.lho.fa⟩ s.f. Aquilo que é dito ou feito de maneira bem-humorada, com o qual alguém tenta divertir. ▢ SIN. brincadeira.

galhofar ⟨ga.lho.far⟩ v.t.i./v.int. Zombar, ridicularizar ou fazer galhofa [de alguém].

galhofeiro, ra ⟨ga.lho.fei.ro, ra⟩ adj./s. Que ou quem gosta de fazer galhofas.

galhudo, da ⟨ga.lhu.do, da⟩ ▌adj. **1** Em relação a uma planta, com muitos galhos. **2** Em relação a um animal, que tem chifres. ▌adj./s. **3** *informal pejorativo* Que ou quem foi traído por seu parceiro.

galicismo ⟨ga.li.cis.mo⟩ s.m. Em linguística, palavra, expressão ou construção sintática próprias da língua francesa empregadas em outra língua. ▢ SIN. francesismo.

galiforme ⟨ga.li.for.me⟩ ▌adj.2g./s.2g.m. **1** Em relação a uma ave, que tem o bico curto e ligeiramente curvo, patas fortes, asas curtas e hábitos terrestres. ▌s.m.pl. **2** Em zoologia, ordem dessas aves.

galileia ⟨ga.li.lei.a⟩ (Pron. [galiléia]) Feminino de **galileu**.

galileu ⟨ga.li.leu⟩ adj./s.m Da Galileia ou relacionado a essa antiga região palestina. ▢ GRAMÁTICA Seu feminino é *galileia*.

galináceo, cea ⟨ga.li.ná.ceo, cea⟩ adj./s.m. Dos galiformes ou relacionado a essas aves.

galinha ⟨ga.li.nha⟩ ▌adj.2g./s.2g. **1** *informal pejorativo* Que ou quem tem muitos parceiros amorosos. ▌s.f. **2** Fêmea do **galo**.

galinha-d'angola ⟨ga.li.nha-dan.go.la⟩ (pl. *galinhas-d'angola*) s.f. Ave de plumagem acinzentada ou preta com pintas brancas, bico curto e curvo, e de cabeça lisa e colorida dotada de uma crista óssea. ▢ GRAMÁTICA É um substantivo epiceno: *a galinha-d'angola {macho/fêmea}.* [👁 **aves** p. 92]

galinheiro, ra ⟨ga.li.nhei.ro, ra⟩ ▌s. **1** Pessoa que se dedica profissionalmente à criação e à venda de galinhas. ▌s.m. **2** Lugar cercado em que se criam aves, especialmente galinhas.

gálio ⟨gá.lio⟩ s.m. Elemento químico da família dos metais, de número atômico 31, sólido, de cor cinza azulada ou branca brilhante, que se funde facilmente, e que é muito usado em odontologia. ▢ ORIGEM É uma palavra que vem do latim *Gallia* (atual França), onde esse elemento foi descoberto. ▢ ORTOGRAFIA Seu símbolo químico é Ga, sem ponto.

galo ⟨ga.lo⟩ s.m. **1** Ave doméstica de plumagem abundante e vistosa, bico curto e curvo, que tem uma crista vermelha e destacada, um par de carnosidades pendentes em ambos lados da cabeça e patas com esporões rígidos. **2** *informal* Inchaço arredondado causado por um golpe ou pancada, especialmente se for na cabeça. ‖ **cantar de galo** *informal* Mandar ou ter voz ativa: *Naquela casa, quem canta de galo é a avó.* ‖ **cozinhar (o galo)** *informal* Fingir estar trabalhando: *Ficou cozinhando o galo até dar o horário de saída.* ▢ GRAMÁTICA Na acepção 1, usa-se o substantivo feminino *galinha* para designar a fêmea.

galocha ⟨ga.lo.cha⟩ s.f. Peça geralmente de borracha que é usada sobre o calçado para protegê-lo da chuva ou do barro. [👁 **calçados** p. 138]

galopada ⟨ga.lo.pa.da⟩ s.f. Corrida a galope.

galopante ⟨ga.lo.pan.te⟩ adj.2g. **1** Que galopa. **2** Que avança ou que se desenvolve muito rapidamente.

galopar ⟨ga.lo.par⟩ v.int. Ir a galope.

galope ⟨ga.lo.pe⟩ s.m. Marcha de uma montaria, mais rápida que o trote.

galpão ⟨gal.pão⟩ (pl. *galpões*) s.m. Construção grande e coberta que é usada geralmente como depósito.

galvanismo ⟨gal.va.nis.mo⟩ s.m. **1** Fenômeno elétrico causado por uma pilha. **2** Utilização terapêutica de corrente elétrica contínua.

galvanização ⟨gal.va.ni.za.ção⟩ (pl. *galvanizações*) s.f. Ato ou efeito de galvanizar.

galvanizar ⟨gal.va.ni.zar⟩ v.t.d. **1** Cobrir (um metal) com uma camada de um outro metal por meio do galvanismo para evitar sua oxidação. **2** Estimular (certos órgãos do corpo) mediante correntes elétricas.

galvanoplastia ⟨gal.va.no.plas.ti.a⟩ s.f. Técnica de recobrir um corpo sólido com uma camada de metal dissolvido em um líquido, utilizando correntes elétricas.

gama ⟨ga.ma⟩ ▌s.m. **1** Terceira letra do alfabeto grego. ▌s.f. **2** Conjunto de coisas que, ainda que sejam diferentes, pertencem à mesma classe: *A empresa dava uma gama de opções para o cliente escolher.*

gamão ⟨ga.mão⟩ (pl. *gamões*) s.m. **1** Jogo de mesa que se pratica entre dois jogadores, os quais devem mover suas peças, brancas ou pretas, sobre um tabuleiro dividido em vinte e quatro casas triangulares. **2** Esse tabuleiro.

gamar ⟨ga.mar⟩ v.t.i./v.int. *informal* Encantar-se [por alguém] ou apaixonar-se.

gambá

gambá ⟨gam.bá⟩ s.2g. **1** Mamífero carnívoro de corpo alongado, pelagem preta com duas faixas brancas, cauda longa e achatada, e que pode atingir seus inimigos com um jato de urina fétido. **2** Mamífero marsupial onívoro, de orelhas grandes, olhos pequenos, cauda comprida, pelagem preta, parda ou acinzentada. **3** *informal pejorativo* Pessoa que exagera no consumo de bebidas alcoólicas. ◻ ORIGEM É uma palavra de origem tupi.

gambiano, na ⟨gam.bi.a.no, na⟩ adj./s. Da Gâmbia ou relacionado a esse país africano.

gambiarra ⟨gam.bi.ar.ra⟩ s.f. **1** Extensão elétrica em cuja extremidade há uma lâmpada: *Puxamos uma gambiarra para iluminar o porão durante a limpeza*. **2** *informal* Instalação elétrica precária ou improvisada. **3** *informal* Aquilo que é feito de maneira improvisada, precária ou provisória para resolver um problema: *Fiz uma gambiarra para conseguir levar o carro até a oficina*.

gamela ⟨ga.me.la⟩ s.f. Tigela de madeira ou de barro.

gameta ⟨ga.me.ta⟩ (Pron. [gaméta] ou [gamêta]) s.m. Célula sexual masculina ou feminina de uma planta ou de um animal que faz parte do processo de fecundação: *O óvulo é o gameta feminino*.

gamo ⟨ga.mo⟩ s.m. Mamífero ruminante que tem a pelagem avermelhada com pequenas manchas brancas, chifres em formato de galhada e as nádegas e a parte inferior da cauda brancas. ◻ GRAMÁTICA É um substantivo epiceno: *o gamo (macho/fêmea)*.

gana ⟨ga.na⟩ s.f. Desejo, apetite ou vontade de fazer algo: *Tive ganas de tomar um sorvete, mas resisti*. ◻ USO Usa-se geralmente a forma plural *ganas*.

ganância ⟨ga.nân.cia⟩ s.f. Desejo de ganho econômico ou de riqueza, especialmente se for desmedido: *A ganância de alguns madeireiros tem provocado a devastação de grandes áreas florestais*.

ganancioso, sa ⟨ga.nan.ci.o.so, sa⟩ (Pron. [gananciôso], [gananciósa], [gananciósos], [ganancósas]) adj. Que tem desejo desmedido de riqueza.

gancho ⟨gan.cho⟩ s.m. **1** Instrumento ou peça curvos e geralmente pontiagudos, que servem para pendurar algo: *Fixou um gancho no teto para pendurar um vaso*. **2** Em um aparelho telefônico, peça que desconecta a ligação: *Sem perceber, deixou o telefone fora do gancho*. **3** Em uma calça ou em uma peça do vestuário semelhante, peça de tecido que une as duas pernas. **4** Soco dado de baixo para cima e com o braço flexionado: *Levou um gancho de direita e foi à nocaute*. **5** *informal* Fato ou situação que dão motivo à publicação de um texto jornalístico: *As últimas reuniões científicas foram o gancho para uma série de reportagens sobre o aquecimento global*. **6** *informal* Em uma obra literária ou audiovisual, recurso usado para prender a atenção do leitor ou do espectador: *Todos os capítulos de uma novela costumam terminar com um gancho*.

gandaia ⟨gan.dai.a⟩ s.f. Farra, boemia ou vida desregrada: *Mal chega do trabalho e já vai para a gandaia!*

gandaiar ⟨gan.dai.ar⟩ v.int. Viver na gandaia ou usufruir dela.

gandula ⟨gan.du.la⟩ s.2g. Em alguns esportes, pessoa que se encarrega de recolher as bolas que saem da quadra ou do campo.

ganense ⟨ga.nen.se⟩ adj./s. Da República de Gana ou relacionado a esse país africano.

ganga ⟨gan.ga⟩ s.f. **1** Matéria inútil que se separa dos minerais. **2** Qualquer resíduo sem proveito.

gânglio ⟨gân.glio⟩ s.m. Acúmulo de células que formam um corpo arredondado, geralmente no trajeto das vias linfáticas ou em um nervo. ‖ **gânglio linfático** Nódulo formado no trajeto das vias do sistema linfático. ◻ USO *Gânglio linfático* é a antiga denominação de *linfonodo*.

gangorra ⟨gan.gor.ra⟩ (Pron. [gangôrra]) s.f. Balanço formado por uma prancha comprida presa sobre um eixo central, com assentos nas extremidades, que sobe e desce alternadamente.

gangrena ⟨gan.gre.na⟩ (Pron. [gangrêna]) s.f. Morte do tecido orgânico de uma pessoa ou de um animal causada por lesão, infecção de uma ferida ou falta de irrigação sanguínea.

gangrenar ⟨gan.gre.nar⟩ v.t.d./v.int./v.prnl. Causar ou sofrer gangrena: *gangrenar um tecido orgânico*.

gângster ⟨gângs.ter⟩ s.m. Membro de uma quadrilha do crime organizado. ◻ GRAMÁTICA Usa-se tanto para o masculino quanto para o feminino: *(ele/ela) é um gângster*.

gangue ⟨gan.gue⟩ s.f. Grupo de delinquentes ou de malfeitores.

ganhador, -a ⟨ga.nha.dor, do.ra⟩ (Pron. [ganhadôr], [ganhadôra]) adj./s. Que ou quem ganha.

ganha-pão ⟨ga.nha-pão⟩ (pl. *ganha-pães*) s.m. Trabalho ou meio pelos quais é possível obter o sustento: *O artesanato é o seu ganha-pão*.

ganhar ⟨ga.nhar⟩ v.t.d./v.t.d.i. **1** Receber (um presente) [de alguém]: *Ganhei uma bicicleta de Natal*. ▮ v.t.d. **2** Adquirir ou aumentar (um bem ou uma riqueza): *Eles ganharam muito dinheiro com o restaurante*. ▮ v.t.d./v.int. **3** Receber por um trabalho realizado (um salário ou uma remuneração): *É taxista e está ganhando bem*. **4** Conquistar (uma competição) ou sair vitorioso dela: *A oposição ganhou as eleições no estado*. ◻ SIN. vencer. ▮ v.t.d. **5** Conquistar a confiança ou o afeto de (alguém): *Ganhou os sogros com sua simpatia*. **6** Obter ou conseguir: *A atriz ganhou o prêmio mais cobiçado do festival*. ◻ SIN. levar. **7** Receber ou tomar: *Ganhou uma multa por estacionar em local proibido*. ◻ SIN. levar. ◻ GRAMÁTICA É um verbo abundante, pois apresenta dois particípios: *ganhado* e *ganho*.

ganho ⟨ga.nho⟩ ▮ **1** Particípio irregular de **ganhar**. ▮ s.m. **2** Aquilo que se ganha: *Os ganhos do último ano viabilizaram a expansão da empresa*. **3** Benefício ou melhoria: *Parar de fumar traz ganhos imediatos à saúde*.

ganido ⟨ga.ni.do⟩ s.m. **1** Lamento ou gemido característicos do cachorro. **2** Qualquer som semelhante a esses.

ganir ⟨ga.nir⟩ v.int. Dar ganidos (um cachorro). ◻ GRAMÁTICA É um verbo unipessoal: só se usa nas terceiras pessoas do singular e do plural, no particípio, no gerúndio e no infinitivo →LATIR.

ganso, sa ⟨gan.so, sa⟩ s. Ave palmípede com a parte superior do corpo de cor acinzentada, as bordas das asas e das penas mais claras e a parte inferior branca, de pescoço comprido, que se alimenta de vegetais e vive em regiões alagadas ou em lagos.

ganzá ⟨gan.zá⟩ s.m. **1** Chocalho de metal ou de plástico, com formato cilíndrico e comprimento variável. **2** Instrumento musical de percussão, de comprimento variável, geralmente de madeira ou de bambu, que produz som mediante a fricção de uma vareta nos sulcos existentes em sua superfície. ◻ SIN. reco-reco. ◻ ORIGEM É uma palavra de origem africana. ◻ USO Na acepção 2, é uma palavra muito comum no estado brasileiro da Bahia. (◉ **instrumentos de percussão** p. 614)

garagem ⟨ga.ra.gem⟩ (pl. *garagens*) s.f. **1** Lugar, geralmente coberto, destinado a guardar veículos. **2** Oficina onde se consertam veículos.

garagista ⟨ga.ra.gis.ta⟩ s.2g. Pessoa que é proprietária ou funcionária de uma garagem.

garanhão ⟨ga.ra.nhão⟩ (pl. *garanhões*) s.m. **1** Cavalo destinado à reprodução. **2** *informal* Homem que conquista ou que seduz muitas mulheres.

garanhunense ⟨ga.ra.nhu.nen.se⟩ adj.2g./s.2g. De Garanhuns ou relacionado a essa cidade do estado brasileiro de Pernambuco.

garantia ⟨ga.ran.ti.a⟩ s.f. **1** Aquilo que assegura o cumprimento ou a realização de algo combinado: *Deu o carro como garantia do empréstimo.* **2** Compromisso, geralmente temporário, pelo qual é assegurada a qualidade de um produto ou de um serviço: *A loja abaixou o preço da mercadoria, mas não dava garantia.* **3** Documento que registra e valida esse compromisso: *Na garantia está escrito que o prazo é de três meses.*

garantir ⟨ga.ran.tir⟩ v.t.d./v.t.d.i. **1** Tornar seguro ou dar garantia de (algo) [a alguém]: *O Estado deve garantir os direitos dos cidadãos.* ◻ SIN. assegurar, segurar. **2** Afirmar (algo) com certeza [a alguém]: *Ela garantiu que estaria na reunião.* ◻ SIN. assegurar.

garapa ⟨ga.ra.pa⟩ s.f. **1** Caldo que se obtém ao esmagar a cana-de-açúcar. **2** Qualquer bebida muito doce.

garatuja ⟨ga.ra.tu.ja⟩ s.f. **1** Traço escrito irregular, especialmente aquele feito por crianças pequenas e que carecem de significado. **2** Gesto ou contração do rosto, especialmente se forem engraçados ou expressivos. ◻ SIN. careta, visagem. ◻ USO Na acepção 1, usa-se geralmente a forma plural *garatujas*.

garbo ⟨gar.bo⟩ s.m. Elegância, graça ou distinção.

garboso, sa ⟨gar.bo.so, sa⟩ (Pron. [garbôso], [garbósa], [garbósos], [garbósas]) adj. Com garbo.

garça ⟨gar.ça⟩ s.f. Ave encontrada nas orlas de rios e de pântanos, de médio porte, de cabeça pequena, bico alongado, pescoço comprido e com plumagem branca. ◻ GRAMÁTICA É um substantivo epiceno: *a garça (macho/fêmea)*. [◉ aves p. 92]

garção ⟨gar.ção⟩ (pl. *garções*) s.m. →garçom

garçom ⟨gar.com⟩ (pl. *garçons*) s.m. Pessoa que se dedica profissionalmente a servir alimentos e bebidas em um restaurante ou em outros estabelecimentos semelhantes. ◻ ORTOGRAFIA Escreve-se também *garção*. ◻ GRAMÁTICA Seu feminino é *garçonete*.

garçonete ⟨gar.ço.ne.te⟩ Substantivo feminino de garçom.

gardênia ⟨gar.dê.nia⟩ s.f. **1** Arbusto de galhos espinhosos, com folhas lisas, grandes, ovaladas e de cor verde brilhante, flores brancas e aromáticas de pétalas largas e abundantes, e muito usada como ornamental. **2** Flor desse arbusto.

gare ⟨ga.re⟩ s.f. Estação de estrada de ferro.

garfada ⟨gar.fa.da⟩ s.f. **1** Quantidade que cabe em um garfo: *uma garfada de arroz.* **2** Golpe dado com um garfo: *Com uma garfada só, apanhou duas batatas.*

garfar ⟨gar.far⟩ v.t.d. **1** Apanhar, espetar ou revolver com um garfo. **2** *informal* Roubar: *Alguém garfou o CD que estava na minha gaveta!*

garfo ⟨gar.fo⟩ s.m. Talher formado por um cabo e por uma série de dentes, usado para levar alimentos sólidos ou consistentes à boca.

gargalhada ⟨gar.ga.lha.da⟩ s.f. Risada forte e ruidosa.

gargalhar ⟨gar.ga.lhar⟩ v.int. Rir a gargalhadas.

gargalo ⟨gar.ga.lo⟩ s.m. **1** Em um vasilhame, especialmente em uma garrafa, parte estreita situada na extremidade superior. **2** Qualquer passagem muito estreita ou que se afunila: *Na saída desse túnel, forma-se um gargalo que dificulta o tráfego de veículos.*

garganta ⟨gar.gan.ta⟩ s.f. **1** No corpo de uma pessoa ou de um animal, parte anterior ou dianteira do pescoço: *O nó da gravata está apertando a minha garganta.* **2** No corpo de uma pessoa ou de um animal, região do palato mole: *O médico pediu que eu abrisse a boca para examinar a minha garganta.* **3** Passagem estreita entre montes, rios e outros acidentes geográficos semelhantes.

gargantear ⟨gar.gan.te.ar⟩ ▌v.t.d./v.int. **1** Cantar (uma música) modulando e flexionando os sons rapidamente, alterando a altura e os timbres. ▌v.int. **2** Fazer quebras ou mudanças de voz com a garganta, emitindo um som agradável (um pássaro). ◻ SIN. gorjear, trinar. **3** Inventar histórias ou contar vantagens: *Não dê muito crédito a ele, pois gosta de gargantear.* ◻ ORTOGRAFIA O *e* muda para *ei* quando a sílaba tônica estiver na raiz do verbo →NOMEAR. ◻ GRAMÁTICA Na acepção 2, é um verbo unipessoal: só se usa nas terceiras pessoas do singular e do plural, no particípio, no gerúndio e no infinitivo →MIAR.

gargantilha ⟨gar.gan.ti.lha⟩ s.f. Colar ajustado ao pescoço.

gargarejar ⟨gar.ga.re.jar⟩ ▌v.int. **1** Fazer gargarejos: *Gargarejava para diminuir a inflamação da garganta.* ▌v.t.d. **2** Fazer gargarejos com (um líquido): *O médico disse para eu gargarejar esse medicamento pelas manhãs.*

gargarejo ⟨gar.ga.re.jo⟩ (Pron. [gargarêjo]) s.m. **1** Ação de movimentar um líquido dentro da boca, com ar vindo da laringe, para que possa ser aplicado na garganta: *O médico recomendou-lhe fazer gargarejo diariamente com este remédio.* **2** Quantidade desse líquido que se põe na boca e que se cospe em seguida. **3** Em um teatro, em um cinema ou em uma casa de espetáculos, primeira fileira de assentos: *Só consegui ingressos para o gargarejo.* ◻ USO Na acepção 1, é diferente de *bochecho* (agitação repetida de um líquido dentro da boca).

gari ⟨ga.ri⟩ s.2g. Pessoa que se dedica profissionalmente a varrer ruas, parques e praças.

garimpagem ⟨ga.rim.pa.gem⟩ (pl. *garimpagens*) s.f. **1** Ato ou efeito de garimpar. **2** Extração de pedras e de metais preciosos, especialmente se for feita de forma manual ou com instrumentos simples: *Durante aquele período, muitos largaram tudo o que tinham e foram dedicar-se à garimpagem.* **3** Pesquisa ou seleção cuidadosas: *Fiz uma garimpagem nos sebos, e encontrei ótimos livros.*

garimpar ⟨ga.rim.par⟩ ▌v.t.d./v.int. **1** Extrair (pedras ou metais preciosos) ou explorar um garimpo: *Já garimpou vários diamantes naquele local.* ▌v.t.d. **2** Pesquisar ou selecionar de forma cuidadosa: *A gravadora está garimpando novos talentos.*

garimpeiro, ra ⟨ga.rim.pei.ro, ra⟩ s. Pessoa que se dedica à exploração de um garimpo, especialmente como profissão.

garimpo ⟨ga.rim.po⟩ s.m. **1** Lugar de onde se extraem pedras e metais preciosos. ◻ SIN. lavra. **2** Extração de pedras e metais preciosos: *O garimpo é proibido em áreas de proteção ambiental.* ◻ SIN. lavra. **3** Ofício do garimpeiro.

garnisé ⟨gar.ni.sé⟩ adj.2g./s.m. Em relação a um galináceo, que se caracteriza por ser de pequeno porte.

garoa ⟨ga.ro.a⟩ s.f. Chuva muito fina que cai de forma suave.

garoar ⟨ga.ro.ar⟩ v.int. Chover de forma suave, com gotas muito finas. ◻ GRAMÁTICA É um verbo impessoal: só se usa na terceira pessoa do singular, no particípio, no gerúndio e no infinitivo →VENTAR.

garotada ⟨ga.ro.ta.da⟩ s.f. Grupo de garotos.

garotice ⟨ga.ro.ti.ce⟩ s.f. Comportamento ou modo de vida próprios de um garoto.

garoto, ta ⟨ga.ro.to, ta⟩ (Pron. [garôto]) *ex.1 (R).* s. **1** Pessoa que está na infância ou que tem poucos anos: *Ele é apenas um garoto.* ◻ SIN. menino. **2** Pessoa jovem: *Os garotos do colégio só pensavam em futebol.* ‖ **garoto de programa** Pessoa que se dedica à prostituição.

garoupa ⟨ga.rou.pa⟩ s.f. Peixe de água salgada, comestível, de médio porte e corpo ovalado, com dorso geralmente pardo com manchas escuras, de olhos grandes e boca forte. [◉ peixes (água salgada) p. 609]

garra ⟨gar.ra⟩ s.f. **1** Em alguns animais vertebrados, unha curva, saliente e pontiaguda: *as garras de um leão; as garras de um gavião*. **2** Qualquer peça, geralmente articulada, que serve para prender: *as garras de uma escavadeira*. **3** Força de vontade ou constância de propósito: *Sempre demonstrou garra na busca de seus objetivos*. **4** Influência, poder ou domínio considerados nocivos: *O soldado caiu nas garras do inimigo*. ◻ USO Na acepção 4, usa-se geralmente a forma plural *garras*.

garrafa ⟨gar.ra.fa⟩ s.f. **1** Vasilhame de gargalo estreito, geralmente de base cilíndrica e comprida, usado para conter um líquido. **2** Quantidade de líquido que cabe nesse vasilhame.

garrafada ⟨gar.ra.fa.da⟩ s.f. **1** Golpe dado com uma garrafa. **2** Bebida popular geralmente preparada a partir de ervas ou de raízes, vendida em garrafas, e à qual são atribuídas propriedades terapêuticas.

garrafal ⟨gar.ra.fal⟩ (pl. *garrafais*) adj.2g. Em relação especialmente a algo escrito, que é muito grande e que pode ser lido facilmente.

garrafão ⟨gar.ra.fão⟩ (pl. *garrafões*) s.m. **1** Vasilhame para conter líquidos, de bojo grande e arredondado, geralmente de vidro, e com o gargalo curto. **2** No basquete, área situada abaixo da tabela e na qual o atacante pode permanecer no máximo por três segundos.

garrafeiro, ra ⟨gar.ra.fei.ro, ra⟩ ▌s. **1** Pessoa que se dedica a recolher ou a comprar garrafas usadas para revendê-las. ▌s.m. **2** Recipiente usado para guardar garrafas.

garrancho ⟨gar.ran.cho⟩ s.m. Letra malfeita ou incompreensível.

garrido, da ⟨gar.ri.do, da⟩ adj. **1** Elegante, formoso ou de boa aparência. **2** Exuberante ou de recursos abundantes: *uma terra garrida*.

garrote, ta ⟨gar.ro.te, ta⟩ ▌s. **1** Filhote de vaca, de dois a quatro anos de idade. ▌s.m. **2** Execução por estrangulamento, sem a suspensão do corpo do condenado, que geralmente permanece sentado: *Após ser aprisionado, foi condenado ao garrote*. **3** Faixa ou fio utilizados para suspender a circulação sanguínea de um membro: *O médico amarrou um garrote no meu braço antes de tirar o sangue*. **4** Meio usado para conter uma hemorragia mediante pressão.

garrucha ⟨gar.ru.cha⟩ s.f. Arma de fogo pequena e que se carrega pela boca.

garupa ⟨ga.ru.pa⟩ s.f. **1** Parte superior e posterior de uma montaria: *a garupa de um cavalo*. **2** Em um veículo de duas rodas, parte traseira do assento: *Costumava andar pela cidade em sua motocicleta, com a namorada na garupa*.

gás ▌s.m. **1** Fluido que tende a expandir-se indefinidamente e que se caracteriza por sua baixa densidade: *A atmosfera é composta por diferentes gases*. **2** Combustível nesse estado: *um carro movido a gás*. **3** *informal* Fôlego ou ânimo: *Corri tanto que cheguei sem gás!* ▌s.m.pl. **4** Restos gasosos produzidos no sistema digestório durante o processo de digestão: *Desde ontem estou com muitos gases*. ‖ **gás (de cozinha)** Aquele que é combustível, fornecido em botijões, e geralmente empregado para fins domésticos. ‖ **gás encanado** Aquele que é combustível, fornecido por meio de tubulações, e empregado para fins domésticos ou industriais. ‖ **gás natural** Aquele que é combustível e que provém de depósitos subterrâneos naturais.

gaseificar ⟨ga.sei.fi.car⟩ ▌v.t.d./v.prnl. **1** Passar (uma substância) para o estado gasoso ou tornar-se gás. ▌v.t.d. **2** Adicionar gás a (uma substância): *gaseificar um refrigerante*. ◻ ORTOGRAFIA Antes de *e*, *o* *c* muda para *qu* → BRINCAR.

gasoduto ⟨ga.so.du.to⟩ s.m. Tubulação muito larga e de grande extensão que é usada para conduzir um gás combustível a longas distâncias.

gasolina ⟨ga.so.li.na⟩ s.f. Mistura de hidrocarbonetos líquidos obtida geralmente pela destilação de petróleo cru, inflamável, que se evapora com facilidade e que é usada como combustível em motores de combustão.

gasômetro ⟨ga.sô.me.tro⟩ s.m. **1** Instrumento usado para medir o volume de gás em uma mistura. **2** Equipamento ou tanque especialmente projetados para poder armazenar gás sob pressão. **3** Fábrica de gás.

gasosa ⟨ga.so.sa⟩ s.f. **1** Bebida acrescida de gás. **2** *informal* Gasolina.

gasoso, sa ⟨ga.so.so, sa⟩ (Pron. [gasôso], [gasósa], [gasósos], [gasósas]) adj. **1** Que se encontra em estado de gás. **2** Que contém ou que desprende gases: *uma água gasosa*.

gasparinho ⟨gas.pa.ri.nho⟩ s.m. Menor fração de um bilhete de loteria. ◻ ORTOGRAFIA Escreve-se também *gasparino*.

gasparino ⟨gas.pa.ri.no⟩ s.m. → **gasparinho**

gastador, -a ⟨gas.ta.dor, do.ra⟩ (Pron. [gastadôr], [gastadóra]) adj./s. **1** Que ou quem gasta. **2** Que ou quem gasta em excesso, de forma insensata ou sem necessidade. ◻ SIN. **esbanjador**.

gastar ⟨gas.tar⟩ ▌v.t.d./v.prnl. **1** Consumir(-se), acabar ou deteriorar(-se) por uso ou pela ação do tempo: *Gastou a sola do tênis nas corridas*. ▌v.t.d.i. **2** Empregar (o dinheiro ou o tempo) [em algo]: *Gastei minhas economias naquela viagem*. ▌v.int. **3** Desembolsar ou utilizar o dinheiro de forma descontrolada: *Parou de gastar quando ficou desempregado*. ◻ GRAMÁTICA É um verbo abundante, pois apresenta dois particípios: *gastado* e *gasto*.

gasto ⟨gas.to⟩ ▌**1** Particípio irregular de **gastar**. ▌s.m. **2** Quantia de dinheiro empregada em algo: *Se quer economizar, controle seus gastos*. ◻ USO Usa-se geralmente na forma plural *gastos*.

gastralgia ⟨gas.tral.gi.a⟩ s.f. Dor no estômago.

gastrenterite ⟨gas.tren.te.ri.te⟩ s.f. → **gastroenterite**

gástrico, ca ⟨gás.tri.co, ca⟩ adj. Do estômago ou relacionado a esse órgão.

gastrintestinal ⟨gas.trin.tes.ti.nal⟩ (pl. *gastrintestinais*) adj.2g. → **gastrointestinal**

gastrite ⟨gas.tri.te⟩ s.f. Inflamação das mucosas do estômago.

gastroenterite ⟨gas.tro.en.te.ri.te⟩ s.f. Inflamação simultânea das membranas mucosas do estômago e do intestino. ◻ ORTOGRAFIA Escreve-se também *gastrenterite*.

gastrointestinal ⟨gas.tro.in.tes.ti.nal⟩ (pl. *gastrointestinais*) adj.2g. Do estômago e dos intestinos ou relacionado a esses órgãos: *uma infecção gastrointestinal*. ◻ ORTOGRAFIA Escreve-se também *gastrintestinal*.

gastronomia ⟨gas.tro.no.mi.a⟩ s.f. **1** Arte ou técnica de bem preparar os alimentos: *A gastronomia brasileira é conhecida por sua variedade*. **2** Gosto pela boa comida.

gastronômico, ca ⟨gas.tro.nô.mi.co, ca⟩ adj. Da gastronomia ou relacionado a ela: *um crítico gastronômico*.

gastrônomo, ma ⟨gas.trô.no.mo, ma⟩ s. **1** Especialista em gastronomia. **2** Pessoa que gosta de comer bem.

gastrópode ⟨gas.tró.po.de⟩ ▌adj.2g./s.m. **1** Em relação a um molusco, que tem uma cabeça provida de tentáculos sensoriais e um pé carnoso com o qual se arrasta, e que geralmente é protegido por uma concha: *Caracóis, lesmas e caramujos são gastrópodes*. ▌s.m.pl. **2** Em zoologia, classe desses moluscos.

gastroscopia ⟨gas.tros.co.pi.a⟩ s.f. Em medicina, exame visual da mucosa do esôfago, do estômago e das primeiras porções do intestino delgado por meio de um endoscópio.

gastura ⟨gas.tu.ra⟩ s.f. *informal* Azia ou má digestão.

gatilho ⟨ga.ti.lho⟩ s.m. **1** Em uma arma de fogo, peça que se pressiona com o dedo para disparar: *o gatilho de um fuzil.* **2** Em um mecanismo, peça que serve para ligá-lo ou para fazê-lo funcionar: *o gatilho de uma máquina.*

gato, ta ⟨ga.to, ta⟩ ▌ adj./s. **1** Que ou quem é vivo ou esperto. **2** *informal* Que ou quem é muito atraente. ▌ s. **3** Mamífero carnívoro felino, doméstico, de cabeça redonda e língua muito áspera, de pelagem espessa e suave, e que é muito hábil caçando ratos. ▌ s.m. **4** *informal* Instalação elétrica ilícita.

gato-do-mato ⟨ga.to-do-ma.to⟩ (pl. *gatos-do-mato*) s.m. Mamífero carnívoro felino, semelhante à jaguatirica, mas de menor porte, de corpo malhado com manchas escuras e pelagem parda. ☐ **GRAMÁTICA** É um substantivo epiceno: *o gato-do-mato (macho/fêmea).*

gato-pingado ⟨ga.to-pin.ga.do⟩ (pl. *gatos-pingados*) s.m. *informal* Cada uma das pessoas que formam um grupo reduzido ou incompleto em um determinado lugar: *Só meia-dúzia de gatos pingados compareceram à palestra no sábado.* ☐ **USO** Usa-se geralmente a forma plural.

gatunagem ⟨ga.tu.na.gem⟩ (pl. *gatunagens*) s.f. **1** Conjunto de gatunos. **2** Modo de viver de um gatuno.

gatuno, na ⟨ga.tu.no, na⟩ adj./s. Que ou quem rouba ou furta. ☐ **SIN.** ladrão.

gaturamo ⟨ga.tu.ra.mo⟩ s.m. Pássaro de pequeno porte, com plumagem de coloração variada e vistosa, e que tem a capacidade de imitar várias outras aves por meio de seu canto. ☐ **ORIGEM** É uma palavra de origem tupi.

gaúcho, cha ⟨ga.ú.cho, cha⟩ adj./s. Do Rio Grande do Sul ou relacionado a esse estado brasileiro. ☐ **SIN.** rio-grandense-do-sul, sul-rio-grandense.

gaudério, ria ⟨gau.dé.rio, ria⟩ s. Pessoa que não trabalha e vive sem ocupação.

gáudio ⟨gáu.dio⟩ s.m. **1** Alegria intensa, especialmente se for manifestada com sinais exteriores. ☐ **SIN.** exultação, jubilação, júbilo. **2** Folia, festa ou diversão.

gávea ⟨gá.vea⟩ s.f. Em uma embarcação, plataforma colocada horizontalmente no alto de um mastro.

gaveta ⟨ga.ve.ta⟩ (Pron. [gavêta]) s.f. Em alguns móveis, caixa corrediça usada para guardar objetos.

gaveteiro ⟨ga.ve.tei.ro⟩ s.m. Em um móvel, peça ou parte que servem de suporte para gavetas.

gavião, ã ⟨ga.vi.ão, ã⟩ (pl. *gaviões*) ▌ adj.2g./s.2g. **1** Do grupo indígena brasileiro que habita o estado de Rondônia ou relacionado a ele. ▌ s.m. **2** Língua desse grupo. ▌ s. **3** Ave de rapina diurna, de plumagem geralmente acinzentada ou parda, de asas arredondadas e cauda comprida, e que se alimenta de pequenos mamíferos, insetos, cobras e outras aves. ☐ **ORTOGRAFIA** Na acepção 3, usa-se também o substantivo feminino *gavioa* para designar a fêmea.

gavinha ⟨ga.vi.nha⟩ s.f. Em algumas plantas, parte comprida e fina modificada a partir de uma folha ou de um ramo, com a qual elas se agarram a galhos ou a outros objetos próximos usados como apoio para que elas cresçam.

gavioa ⟨ga.vi.o.a⟩ (Pron. [gavióa]) s.f. →gavião, ã

gay *(palavra inglesa)* (Pron. [guei]) ▌ adj.2g. **1** Da homossexualidade ou relacionado a ela. ▌ s.2g. **2** Pessoa homossexual.

gaze ⟨ga.ze⟩ s.f. **1** Tecido de algodão, com a trama bem espaçada, usado especialmente para fazer curativos. **2** Tecido muito leve e transparente, geralmente de seda ou de algodão.

geleia

gazear ⟨ga.ze.ar⟩ v.t.d./v.int. Deixar de comparecer a (um compromisso), especialmente se for para vadiar, ou ausentar-se. ☐ **SIN.** gazetear. ☐ **ORTOGRAFIA** O e muda para *ei* quando a sílaba tônica estiver na raiz do verbo →NOMEAR.

gazeio ⟨ga.zei.o⟩ s.m. Ausência a um compromisso, especialmente se for para vadiar. ☐ **SIN.** gazeta.

gazela ⟨ga.ze.la⟩ s.f. Mamífero herbívoro muito ágil, de cor marrom clara no dorso e branca no ventre, de cabeça pequena com chifres encurvados e com olhos grandes e pretos. ☐ **GRAMÁTICA** É um substantivo epiceno: *a gazela (macho/fêmea).*

gazeta ⟨ga.ze.ta⟩ (Pron. [gazêta]) s.f. **1** Publicação periódica na qual se dão notícias, geralmente de formato menor que um jornal: *uma gazeta esportiva.* **2** Ausência a um compromisso, especialmente se for para vadiar. ☐ **SIN.** gazeio.

gazetear ⟨ga.ze.te.ar⟩ v.t.d./v.int. Deixar de comparecer a (um compromisso), especialmente se for para vadiar, ou ausentar-se. ☐ **SIN.** gazear. ☐ **ORTOGRAFIA** O e muda para *ei* quando a sílaba tônica estiver na raiz do verbo →NOMEAR.

gazeteiro, ra ⟨ga.ze.tei.ro, ra⟩ adj./s. **1** *pejorativo* Que ou quem escreve artigos para uma gazeta. **2** Que ou quem se ausenta de compromissos, especialmente se for para vadiar.

gazua ⟨ga.zu.a⟩ s.f. Peça forte e resistente, geralmente de ferro, dobrada em uma das extremidades e que se utiliza para arrombar fechaduras.

gê s.m. Nome da letra *g*.

geada ⟨ge.a.da⟩ s.f. **1** Fenômeno atmosférico que consiste no congelamento do orvalho devido a uma queda de temperatura. **2** Orvalho congelado.

gear ⟨ge.ar⟩ v.int. Ocorrer ou formar geada. ☐ **ORTOGRAFIA** O e muda para *ei* quando a sílaba tônica estiver na raiz do verbo →NOMEAR. ☐ **GRAMÁTICA** É um verbo impessoal: só se usa na terceira pessoa do singular, no particípio, no gerúndio e no infinitivo →VENTAR.

gêiser ⟨gêi.ser⟩ s.m. Fonte natural que lança jatos intermitentes de água quente ou de vapor.

gel (pl. *géis* ou *geles*) s.m. **1** Estado de um material cuja consistência é intermediária entre o sólido e o líquido. **2** Produto que tem uma consistência semelhante a essa: *um gel de cabelo.*

geladeira ⟨ge.la.dei.ra⟩ s.f. Eletrodoméstico que serve para conservar as bebidas e os alimentos frios. ☐ **SIN.** refrigerador. [☞ eletrodomésticos p. 292]

gelado, da ⟨ge.la.do, da⟩ ▌ adj. **1** Com a temperatura muito baixa. **2** Muito frio, com desdém ou distante. ▌ s.m. **3** Bebida fria.

gelar ⟨ge.lar⟩ ▌ v.t.d./v.int./v.prnl. **1** Converter(-se) (um líquido) em sólido por efeito do frio: *A baixa temperatura gelou o rio.* ☐ **SIN.** congelar. ▌ v.t.d./v.int. **2** Solidificar(-se) ou submeter (um alimento) a temperaturas baixas o suficiente para solidificar sua parte líquida: *Vou colocar o sorvete para gelar.* ☐ **SIN.** congelar. **3** Esfriar de forma intensa: *O ar-condicionado estava tão forte que gelou o ambiente.* ☐ **SIN.** congelar. **4** *informal* Causar medo ou ficar amedrontado: *Quando vi que íamos cair, gelei.*

gelatina ⟨ge.la.ti.na⟩ s.f. **1** Substância sólida e transparente, com consistência maleável, encontrada em tecidos conjuntivos, em ossos e em cartilagens. **2** Doce feito à base dessa substância e açúcar. **3** Lâmina transparente e colorida, geralmente plástica, colocada sobre fontes de luz para produzir efeitos diversos.

gelatinoso, sa ⟨ge.la.ti.no.so, sa⟩ (Pron. [gelatinôso], [gelatinóza], [gelatinósos], [gelatinósas]) adj. Com gelatina ou com suas características.

geleia ⟨ge.lei.a⟩ (Pron. [geléia]) s.f. Doce de aspecto gelatinoso, feito à base da calda de algumas frutas.

geleira

‖ **geleia real** Substância secretada pelas glândulas salivares das abelhas para alimentar as larvas e as rainhas.

geleira ⟨ge.lei.ra⟩ s.f. **1** Monte de neve e gelo que pode se deslocar. □ SIN. **glaciar**. **2** Grande massa de gelo que flutua à deriva no oceano após se desprender desse monte de neve: *Mesmo ficando em água salgada, as geleiras são de água doce.* □ SIN. **iceberg**.

gélido, da ⟨gé.li.do, da⟩ adj. **1** Muito frio ou gelado. **2** Em relação a uma pessoa ou a seu comportamento, muito frios ou indiferentes.

gelo ⟨ge.lo⟩ (Pron. [gêlo]) ▌ adj.2g.2n./s.m. **1** De cor entre o branco e o cinza claro. ▌ s.m. **2** Água solidificada devido a uma queda de temperatura: *A água se converte em gelo a zero grau centígrado.* **3** Indiferença ou frieza nos sentimentos: *O gelo com que trata as pessoas é incompreensível.* ‖ **dar um gelo em** alguém: Tratá-lo com indiferença ou com frieza: *Depois da discussão, acabou dando um gelo no noivo.* ‖ **quebrar o gelo** Acabar com a tensão, com o constrangimento ou com a frieza existentes: *Para quebrar o gelo, começamos a contar piadas.*

gelosia ⟨ge.lo.si.a⟩ s.f. Tela engradada, geralmente de madeira ou de ferro, especialmente aquela que se coloca em janelas ou em outras aberturas semelhantes.

gema ⟨ge.ma⟩ (Pron. [gêma]) s.f. **1** Nos ovos dos vertebrados ovíparos, parte central na qual se desenvolve o embrião: *A gema é a parte amarela do ovo.* **2** Pedra preciosa: *O topázio, a água marinha e a turmalina são gemas facilmente encontradas no Brasil.*

gemada ⟨ge.ma.da⟩ s.f. Alimento feito à base de gemas de ovos batidas com açúcar, geralmente com leite quente.

gêmeo, mea ⟨gê.meo, mea⟩ ▌ adj. **1** Em relação a dois ou mais elementos, que são iguais, especialmente se forem colocados em pares e cooperarem para um mesmo fim: *Construirão dois prédios gêmeos naquela avenida.* ▌ adj./s. **2** Que ou quem nasceu de uma gestação dupla: *Os gêmeos podem ser univitelinos ou bivitelinos.* ▌ s.m.pl. **3** Em astrologia, que ou quem nasceu entre 21 de maio e 20 de junho. □ SIN. **geminiano**. ‖ **gêmeo bivitelino** Aquele que se originou de um óvulo diferente. ‖ **gêmeo univitelino** Aquele que se originou do mesmo óvulo: *Os gêmeos univitelinos são sempre do mesmo sexo e idênticos um ao outro.*

gemer ⟨ge.mer⟩ ▌ v.t.d./v.int. **1** Emitir gemidos: *O paciente gemia de dor.* ▌ v.int. **2** Emitir um som semelhante ao gemido humano: *O vento gemia no alto da montanha.* **3** Dar gemidos (uma ave). □ GRAMÁTICA Nas acepções 2 e 3, é um verbo unipessoal: só se usa nas terceiras pessoas do singular e do plural, no particípio, no gerúndio e no infinitivo →DOER.

gemido ⟨ge.mi.do⟩ s.m. **1** Som ou voz lastimosa que expressam pena ou dor: *Ao longe só podíamos ouvir seus gemidos, no meio dos escombros.* **2** Som ou ruído semelhantes a esses: *o gemido do vento.* **3** Voz característica de alguns animais, especialmente se for uma ave: *o gemido de uma pomba.*

geminiano, na ⟨ge.mi.ni.a.no, na⟩ adj./s. Em astrologia, que ou quem nasceu entre 21 de maio e 20 de junho. □ GRAMÁTICA O sinônimo do substantivo é **gêmeos**.

genciana ⟨gen.ci.a.na⟩ s.f. Planta com grandes folhas roxas ou violetas, flores amarelas usadas na produção de tinturas, e a cujas raízes se atribuem propriedades medicinais.

gene ⟨ge.ne⟩ s.m. Em um cromossomo, sequência de aminoácidos independentes que condicionam a transmissão e a manifestação dos caracteres hereditários em um indivíduo.

genealogia ⟨ge.ne.a.lo.gi.a⟩ s.f. Série de antepassados de uma pessoa.

genealógico, ca ⟨ge.ne.a.ló.gi.co, ca⟩ adj./s. Da genealogia ou relacionado a ela: *Fazendo sua árvore genealógica, viu que tinha origem francesa.*

genebra ⟨ge.ne.bra⟩ s.f. Bebida alcoólica, transparente, obtida a partir de sementes e aromatizada com as bagas do zimbro. □ SIN. **gim**.

general ⟨ge.ne.ral⟩ (pl. *generais*) s.2g. No Exército, classe que engloba os postos de general de brigada, de general de divisão e de general de exército.

generalato ⟨ge.ne.ra.la.to⟩ s.m. Posto de general.

general de brigada ⟨ge.ne.ral de bri.ga.da⟩ (pl. *generais de brigada*) s.2g. No Exército, pessoa cujo posto é superior ao de coronel e inferior ao de general de divisão.

general de divisão ⟨ge.ne.ral de di.vi.são⟩ (pl. *generais de divisão*) s.2g. No Exército, pessoa cujo posto é superior ao de general de brigada e inferior ao de general de exército.

general de exército ⟨ge.ne.ral de e.xér.ci.to⟩ (Pron. [general de ezército]) (pl. *generais de exército*) s.2g. No Exército, pessoa cujo posto é superior ao de general de divisão e inferior ao de marechal.

generalidade ⟨ge.ne.ra.li.da.de⟩ ▌ s.f. **1** Qualidade do que é geral: *Na generalidade dos casos, o tratamento é feito com essas medicações.* ▌ s.f.pl. **2** Considerações gerais e pouco precisas sobre um tema: *A reportagem foi muito ruim, por conter apenas generalidades.*

generalíssimo, ma ⟨ge.ne.ra.lís.si.mo, ma⟩ s. Em um exército, pessoa que tem a autoridade máxima.

generalização ⟨ge.ne.ra.li.za.ção⟩ (pl. *generalizações*) s.f. Ato ou efeito de generalizar(-se): *A generalização do acesso à internet facilitou a comunicação entre pessoas.*

generalizar ⟨ge.ne.ra.li.zar⟩ ▌ v.int. **1** Atribuir a um grupo aquilo que é próprio de um indivíduo. ▌ v.t.d./v.prnl. **2** Propagar(-se), estender(-se) ou tornar(-se) comum: *Há alguns anos, o uso de laptops se generalizou.*

generativo, va ⟨ge.ne.ra.ti.vo, va⟩ adj. **1** Da geração ou relacionado a ela. □ SIN. **gerativo**. **2** Que é capaz de gerar ou de originar. □ SIN. **gerativo**.

genérico, ca ⟨ge.né.ri.co, ca⟩ ▌ adj. **1** Comum aos elementos de um conjunto: *Sapo é uma designação genérica dada a diversos tipos de anfíbios que compartilham semelhanças.* **2** Do gênero ou relacionado a ele: *Na palavra* cachorro, *o o da última sílaba é um traço genérico que indica o masculino.* ▌ s.m. **3** →**medicamento genérico**

gênero ⟨gê.ne.ro⟩ s.m. **1** Conjunto de seres ou coisas que têm uma ou várias características comuns: *O homem e a mulher pertencem ao gênero humano. O pagode, o samba e o frevo são gêneros musicais.* **2** Em biologia, na classificação dos seres vivos, categoria superior à espécie e inferior à da família: *O gênero* felis *compreende os gatos selvagens e os domésticos.* **3** Natureza ou índole: *Mentir não faz parte de seu gênero.* **4** Em linguística, categoria gramatical própria do nome, do pronome e do artigo, fundamentada na distinção natural dos sexos ou em uma distinção puramente convencional: *Em português, há dois gêneros: o masculino e o feminino. O adjetivo concorda em gênero e em número com o substantivo que ele acompanha.* **5** Em arte e literatura, categoria em que se agrupam as obras que têm traços comuns de forma e de conteúdo: *A lírica, a épica e o drama são os três gêneros literários clássicos.* ‖ **(comum) de dois gêneros** Em relação a um substantivo, que tem uma só forma para o masculino e o feminino: *O substantivo* artista *é comum de dois gêneros, pois se diz* um artista *e* uma artista. ‖ **fazer gênero** Em relação a uma pessoa, fingir ser uma coisa que não é: *Ele não é tão tímido quanto parece, apenas faz gênero.* ‖ **gêneros (alimentícios)**

400

geografia

Conjunto de mercadorias ou produtos comestíveis: *Houve uma queda nos preços dos gêneros alimentícios da cesta básica.* □ USO Na locução comum de dois gêneros, usa-se também a forma reduzida *comum de dois*.

generosidade ⟨ge.ne.ro.si.da.de⟩ s.f. **1** Qualidade de generoso: *Graças à generosidade de todos, a arrecadação para as vítimas da catástrofe foi alta.* **2** Nobreza ou grandeza de espírito: *Sua generosidade não a deixava guardar rancor.*

generoso, sa ⟨ge.ne.ro.so, sa⟩ (Pron. [generôso], [generósa], [generôsos], [generósas]) adj. **1** Inclinado a dar aquilo que se tem sem visar o interesse próprio. **2** Excelente em relação a algo da mesma espécie ou classe.

gênese ⟨gê.ne.se⟩ s.f. Momento primeiro, origem ou criação de algo: *A gênese da vida se dá no momento da fecundação.*

genética ⟨ge.né.ti.ca⟩ s.f. Parte da biologia que estuda os fenômenos e as leis de transmissão dos caracteres hereditários dos genes de um organismo para seus descendentes.

geneticista ⟨ge.ne.ti.cis.ta⟩ s.2g. Pessoa especializada no estudo da genética, especialmente como profissão.

genético, ca ⟨ge.né.ti.co, ca⟩ adj. **1** Da genética ou relacionado a essa parte da biologia. **2** Dos genes ou relacionado a eles.

gengibre ⟨gen.gi.bre⟩ s.m. Planta herbácea com folhas lanceoladas, flores púrpuras dispostas em espiga, cujo caule, subterrâneo do tipo rizoma, muito aromático e de sabor picante, é usado como medicinal ou como condimento.

gengiva ⟨gen.gi.va⟩ s.f. Mucosa que reveste a cavidade oral ao redor dos dentes.

gengivite ⟨gen.gi.vi.te⟩ s.f. Inflamação das gengivas.

genial ⟨ge.ni.al⟩ (pl. *geniais*) adj.2g. **1** De um gênio ou próprio dele. **2** Muito bom, estupendo ou extraordinário.

gênio ⟨gê.nio⟩ s.m. **1** Índole ou inclinação que geralmente guiam o comportamento de alguém: *Ele é uma pessoa agitada, e de gênio inquieto.* **2** Energia ou temperamento: *Não sei lidar com ela, pois tem um gênio forte.* **3** Faculdade ou força intelectuais para criar ou inventar coisas novas e admiráveis: *Ainda hoje, admiramos o gênio, Leonardo da Vinci.* **4** Pessoa que tem essa faculdade: *Beethoven foi um gênio da música.* **5** Ser fantástico que aparece em lendas e contos: *A lenda dizia que ao se esfregar a lâmpada, apareceria um gênio oferecendo três desejos.* □ GRAMÁTICA Nas acepções 4 e 5, usa-se tanto para o masculino quanto para o feminino: *(ele/ela) é um gênio.*

genioso, sa ⟨ge.ni.o.so, sa⟩ (Pron. [geniôso], [geniósa], [geniôsos], [geniósas]) adj. Que tem mau gênio ou que é difícil de lidar.

genital ⟨ge.ni.tal⟩ (pl. *genitais*) ❚ adj.2g. **1** Que serve para a geração. ❚ s.m.pl. **2** Órgãos sexuais externos.

genitália ⟨ge.ni.tá.lia⟩ s.f. Conjunto formado pelas partes externas e internas do órgão reprodutor de um indivíduo ou de um animal: *A genitália dos mamíferos machos costuma ser externa, enquanto a das fêmeas quase sempre é interna.*

genitor, -a ⟨ge.ni.tor, to.ra⟩ (Pron. [genitôr], [genitôra]) s. Em relação a um filho, pessoa que o gerou.

genocida ⟨ge.no.ci.da⟩ adj.2g./s.2g. Que ou quem causa o extermínio de um grupo social por motivos raciais, políticos, étnicos ou religiosos: *O nazismo foi uma doutrina genocida.*

genocídio ⟨ge.no.cí.dio⟩ s.m. Matança de indivíduos de um grupo social por motivos raciais, políticos, étnicos ou religiosos.

genoma ⟨ge.no.ma⟩ (Pron. [genôma]) s.m. Em biologia, conjunto de genes de uma espécie.

genótipo ⟨ge.nó.ti.po⟩ s.m. Em biologia, conjunto de informações hereditárias presentes nos genes existentes em cada uma das células dos indivíduos de uma determinada espécie: *Os genes que definem a cor dos olhos de uma pessoa são parte de seu genótipo.*

genro ⟨gen.ro⟩ s.m. Em relação a uma pessoa, marido de sua filha: *Meu pai é o genro de meus avós maternos.* □ GRAMÁTICA Seu feminino é *nora*.

gentalha ⟨gen.ta.lha⟩ s.f. *informal pejorativo* Populacho.

gente ⟨gen.te⟩ s.f. **1** Conjunto de pessoas: *Pouca gente ficou na capital durante o feriado. Muita gente aderiu à campanha de vacinação.* **2** *informal* Família ou grupo de convívio: *Vivo aqui com minha gente.* **3** *informal* Precedido de alguns adjetivos, indivíduo ou pessoa: *Confio nele, pois é boa gente.* ❚ **a gente** Designa a pessoa ou grupo de pessoas que fala: *A gente decidiu fazer o trabalho na biblioteca.* ❚ **gente fina** *informal* Pessoa agradável ou confiável: *Gostei dela, parece gente fina.* ❚ **virar gente** *informal* Amadurecer ou adquirir as responsabilidades consideradas comuns a um adulto: *Está na hora de virar gente e procurar um emprego, não?*

gentil ⟨gen.til⟩ (pl. *gentis*) adj.2g. **1** Amável ou cortês. **2** Generoso e com grandeza de espírito. ◇ SIN. magnânimo.

gentileza ⟨gen.ti.le.za⟩ (Pron. [gentilêza]) s.f. **1** Cortesia, atenção ou delicadeza: *Trata todos com gentileza e respeito.* **2** Aquilo que é feito ou oferecido por cortesia: *Trazer-me até aqui foi uma gentileza de sua parte.*

gentílico, ca ⟨gen.tí.li.co, ca⟩ adj./s.m. Em relação a um substantivo ou a um adjetivo, que expressa a origem ou a pátria.

gentio, a ⟨gen.ti.o, a⟩ s. **1** Em algumas religiões, aquele que não foi batizado. **2** Indígena ou pessoa da antiga população nativa do continente americano.

genuflexão ⟨ge.nu.fle.xão⟩ (Pron. [genuflecsão]) (pl. *genuflexões*) s.f. Flexão do joelho, geralmente em sinal de respeito ou reverência.

genuflexo, xa ⟨ge.nu.fle.xo, xa⟩ (Pron. [genuflecso]) adj. Ajoelhado ou com os joelhos flexionados e próximos ao chão.

genuflexório ⟨ge.nu.fle.xó.rio⟩ (Pron. [genuflecsório]) s.m. Móvel semelhante a uma cadeira, porém com as pernas muito curtas e o encosto muito alto, em que se ajoelha para rezar.

genuíno, na ⟨ge.nu.í.no, na⟩ adj. **1** Puro, natural ou que conserva suas características próprias. **2** Sincero, franco ou transparente.

geocêntrico, ca ⟨ge.o.cên.tri.co, ca⟩ adj. Em relação a um sistema astronômico, que considera a Terra como o centro do universo.

geocentrismo ⟨ge.o.cen.tris.mo⟩ s.m. Teoria astronômica que considerava a Terra como o centro do universo e que os planetas giravam ao seu redor.

geodesia ⟨ge.o.de.si.a⟩ s.f. → geodésia.

geodésia ⟨ge.o.dé.si.a⟩ s.f. Ciência matemática voltada a determinar a figura e as dimensões da Terra ou de uma parte dela, e sua representação em mapas. □ ORTOGRAFIA Escreve-se também *geodesia*.

geofagia ⟨ge.o.fa.gi.a⟩ s.f. Hábito patológico de comer terra e outras substâncias não nutritivas.

geofísica ⟨ge.o.fí.si.ca⟩ s.f. Parte da geologia que estuda a física terrestre: *Os movimentos sísmicos são objetos de estudo da geofísica.*

geofísico, ca ⟨ge.o.fí.si.co, ca⟩ ❚ adj. **1** Da geofísica ou relacionado a essa parte da geologia: *A meteorologia é um estudo geofísico.* ❚ s. **2** Pessoa que se dedica profissionalmente à geofísica ou que é especializada nessa parte da geologia: *um congresso de geofísicos.*

geografia ⟨ge.o.gra.fi.a⟩ s.f. Ciência que estuda todo o espaço físico e humano que sofre interferência do homem.

geográfico

geográfico, ca ⟨ge.o.grá.fi.co, ca⟩ adj. Da geografia ou relacionado a ela.

geógrafo, fa ⟨ge.ó.gra.fo, fa⟩ s. Pessoa que se dedica ao estudo da geografia.

geoide ⟨ge.oi.de⟩ (Pron. [geóide]) s.m. Forma da Terra ou sólido geométrico que tem formato semelhante ao da Terra.

geologia ⟨ge.o.lo.gi.a⟩ s.f. Ciência que estuda a forma interior e exterior do globo terrestre, a natureza das matérias que o compõem, sua formação e sua disposição atual.

geológico, ca ⟨ge.o.ló.gi.co, ca⟩ adj. Da geologia ou relacionado a ela.

geólogo, ga ⟨ge.ó.lo.go, ga⟩ s. Pessoa que se dedica profissionalmente à geologia ou que é especializada nessa ciência.

geometria ⟨ge.o.me.tri.a⟩ s.f. Parte da matemática que estuda as propriedades e medidas de pontos, linhas, planos e volumes, e as relações estabelecidas entre eles.

geométrico, ca ⟨ge.o.mé.tri.co, ca⟩ adj. Da geometria ou relacionado a essa parte da matemática.

geopolítica ⟨ge.o.po.lí.ti.ca⟩ s.f. Ciência que estuda as relações das políticas nacional ou internacional com os fatores geográficos, econômicos e sociais: *Ela sempre foi grande conhecedora da geopolítica mundial.*

geopolítico, ca ⟨ge.o.po.lí.ti.co, ca⟩ adj. Da geopolítica ou relacionado a ela.

georgiano, na ⟨ge.or.gi.a.no, na⟩ ▌adj./s. **1** Da Geórgia ou relacionado a esse país europeu. ▌s.m. **2** Língua desse país.

geração ⟨ge.ra.ção⟩ (pl. *gerações*) s.f. **1** Ato ou efeito de gerar(-se): *A geração de empregos foi uma das promessas do atual candidato.* **2** Conjunto de pessoas nascidas na mesma época e que receberam uma educação e influências sociais ou culturais semelhantes: *As músicas desta época são muito apreciadas pelas pessoas da minha geração.* **3** Conjunto das pessoas que vivem na mesma época: *Devemos cuidar do planeta para deixá-lo em bom estado para as próximas gerações.* **4** Série de descendentes em linha direta: *Em minha casa, vivem três gerações: meus avós, meus pais e eu.* **5** Intervalo de tempo entre o nascimento desses descendentes e seus ascendentes: *Uma geração dura, em média, 25 anos.* **6** Série de aparelhos ou equipamentos desenvolvidos e melhorados a partir de modelos anteriores: *um computador de última geração.*

gerador, -a ⟨ge.ra.dor, do.ra⟩ (Pron. [geradôr], [geradôra]) ▌adj. **1** Que gera: *um programa gerador de empregos.* ▌s.m. **2** Em uma máquina, parte que produz força ou energia: *Quando acaba a eletricidade, os geradores de luz começam a funcionar automaticamente.*

geral ⟨ge.ral⟩ (pl. *gerais*) ▌adj.2g. **1** Que é comum a todos os indivíduos que formam um grupo: *A equipe estabeleceu normas gerais de conduta.* **2** Em relação especialmente a uma explicação, que não entra em detalhes ou que não especifica: *Os funcionários esclareceram os motivos da greve num comunicado geral.* **3** Que é o responsável máximo pela direção de um órgão, de uma empresa ou de uma seção: *Os gerentes respondem à diretora-geral.* ▌s.f. **4** Em um lugar em que são feitas apresentações artísticas ou esportivas, parte cujos assentos são de preço inferior aos demais. ‖ **dar uma geral 1** *informal* Em relação a algo sujo ou desarrumado, limpá-lo ou organizá-lo: *Dei uma geral no quarto antes de sair.* **2** *informal* Inspecionar: *A polícia deu uma geral no galpão suspeito.* ‖ **em geral 1** Com frequência ou como de costume: *Em geral, acordo cedo.* **2** Sem especificar ou sem detalhar: *Em geral, disseram que gostaram do trabalho.*

gerânio ⟨ge.râ.nio⟩ s.m. **1** Planta herbácea com folhas de margem ondulada, flores de cores vivas e variadas reunidas em umbelas, e que é muito cultivada como ornamental. **2** Flor dessa planta.

gerar ⟨ge.rar⟩ v.t.d./v.prnl. **1** Originar(-se), produzir ou causar: *As usinas hidrelétricas geram eletricidade por seu potencial hídrico.* **2** Originar(-se) ou dar vida a (um ser vivo).

gerativo, va ⟨ge.ra.ti.vo, va⟩ adj. **1** Da geração ou relacionado a ela. ☐ SIN. generativo. **2** Que é capaz de gerar ou de originar. ☐ SIN. generativo.

geratriz ⟨ge.ra.triz⟩ adj./s.f. Em matemática, em relação a uma linha ou a uma figura, que geram, respectivamente, uma figura ou um sólido geométricos.

gerência ⟨ge.rên.cia⟩ s.f. **1** Ato ou efeito de gerir. ☐ SIN. gerenciamento, gestão. **2** Cargo de gerente: *Depois de um ano, chegou à gerência da empresa.* **3** Período de tempo durante o qual um gerente exerce seu cargo: *Durante sua gerência a equipe dobrou seu faturamento.* **4** Lugar em que um gerente trabalha: *Poderia levar para mim este documento até a gerência?*

gerenciamento ⟨ge.ren.ci.a.men.to⟩ s.m. Ato ou efeito de gerenciar. ☐ SIN. gerência, gestão.

gerenciar ⟨ge.ren.ci.ar⟩ v.t.d. Dirigir ou organizar (a realização de um trabalho ou de uma obra), especialmente se for como gerente: *Ela gerencia o departamento há dois anos.* ☐ SIN. gerir.

gerente ⟨ge.ren.te⟩ s.2g. Pessoa que dirige negócios e que é responsável pela gestão em uma sociedade ou em uma empresa.

gergelim ⟨ger.ge.lim⟩ (pl. *gergelins*) s.m. **1** Planta herbácea com flores em formato de sino, e cujo fruto contém numerosas sementes comestíveis, amareladas, ricas em óleo e muito usadas para a obtenção de azeite. **2** Semente dessa planta.

geriatra ⟨ge.ri.a.tra⟩ s.2g. Médico especializado em geriatria ou no cuidado de idosos.

geriatria ⟨ge.ri.a.tri.a⟩ s.f. Parte da medicina que estuda a velhice e suas doenças.

geriátrico, ca ⟨ge.ri.á.tri.co, ca⟩ adj. Da geriatria ou relacionado a ela.

geringonça ⟨ge.rin.gon.ça⟩ s.f. Aquilo que é precário ou que não tem o funcionamento desejado: *Este carro é uma geringonça, nunca funciona quando preciso!*

gerir ⟨ge.rir⟩ v.t.d. Dirigir ou organizar (a realização de um trabalho ou de uma obra), especialmente se for como gerente. ☐ SIN. gerenciar. ☐ GRAMÁTICA É um verbo irregular →SERVIR.

germânico, ca ⟨ger.mâ.ni.co, ca⟩ adj./s. **1** Da antiga Germânia ou relacionado a essa região do centro da Europa, ocupada por povos de origem indo-europeia. ☐ SIN. germano. **2** Da Alemanha ou relacionado a esse país europeu. ☐ SIN. alemão, germano, teutônico.

germânio ⟨ger.mâ.nio⟩ s.m. Elemento químico da família dos semimetais, de número atômico 32, sólido, branco, que se oxida a temperaturas muito elevadas e que é resistente aos ácidos e às bases. ☐ ORIGEM É uma palavra que vem do latim *Germania* (Alemanha), lugar em que esse elemento foi descoberto. ☐ ORTOGRAFIA Seu símbolo químico é Ge, sem ponto.

germanismo ⟨ger.ma.nis.mo⟩ s.m. **1** Em linguística, palavra, expressão ou construção sintática próprias da língua alemã empregadas em outra língua: *A palavra blitz é um germanismo.* **2** Admiração ou simpatia pela cultura alemã.

germanizar ⟨ger.ma.ni.zar⟩ v.t.d./v.prnl. Dar ou adquirir características consideradas próprias dos alemães ou dos germânicos.

germano, na ⟨ger.ma.no, na⟩ adj./s. **1** Da antiga Germânia ou relacionado a essa região do centro da Europa,

ginasial

ocupada por povos de origem indo-europeia. ☐ SIN. germânico. **2** Da Alemanha ou relacionado a esse país europeu. ☐ SIN. alemão, germânico, teutônico.

germe ⟨ger.me⟩ s.m. **1** Micro-organismo que pode causar ou propagar uma doença: *Limpe a ferida para eliminar os germes.* **2** Célula ou conjunto de células que dão origem a um novo ser orgânico: *Com a fecundação, o espermatozoide e o óvulo dão lugar ao germe.* **3** Em uma planta, parte da semente a partir da qual ela se forma. **4** Princípio ou origem de algo: *A filosofia grega é o germe de muitos sistemas filosóficos.* ☐ ORTOGRAFIA Escreve-se também *germen*.

gérmen ⟨gér.men⟩ (pl. *gérmenes* ou *germens*) s.m. →**germe**

germicida ⟨ger.mi.ci.da⟩ adj.2g./s.m. Em relação a uma substância ou a um medicamento, que destroem germes.

germinação ⟨ger.mi.na.ção⟩ (pl. *germinações*) s.f. **1** Ato ou efeito de germinar. **2** Broto ou início do crescimento de uma planta. **3** Desenvolvimento ou evolução de algo: *O diálogo favorece a germinação de ideias.*

germinal ⟨ger.mi.nal⟩ (pl. *germinais*) adj.2g. Do germe ou relacionado a ele.

germinar ⟨ger.mi.nar⟩ v.int. **1** Começar a se desenvolver (uma semente). **2** Desenvolver-se ou começar a se manifestar (algo não material): *Ótimas ideias acabaram germinando durante a reunião.*

gerontocracia ⟨ge.ron.to.cra.ci.a⟩ s.f. Sistema de governo no qual o poder é exercido pelos anciãos.

gerontologia ⟨ge.ron.to.lo.gi.a⟩ s.f. Ciência que estuda a velhice e os fenômenos que a caracterizam.

gerúndio ⟨ge.rún.dio⟩ s.m. Forma impessoal de um verbo, que apresenta a ação em seu curso de desenvolvimento.

gesso ⟨ges.so⟩ (Pron. [gêsso]) s.m. Sulfato de cálcio hidratado, compacto ou terroso, geralmente branco, e com o qual se elabora uma pasta usada em construções ou em esculturas.

gesta ⟨ges.ta⟩ s.f. **1** Conjunto de façanhas ou de feitos memoráveis de uma pessoa ou de um povo, especialmente se forem guerreiros. **2** Música ou canção que contam ou celebram essas façanhas ou esses feitos.

gestação ⟨ges.ta.ção⟩ (pl. *gestações*) s.f. **1** Processo de desenvolvimento de um feto dentro do corpo da mãe: *O período de gestação varia de acordo com as diferentes espécies animais.* **2** Desenvolvimento ou processo de criação de algo não material: *A leitura permite a gestação de novas ideias.* ‖ **gestação substituta** Em medicina, técnica que permite a gestação de um feto no útero de uma mulher que não é a sua mãe natural.

gestante ⟨ges.tan.te⟩ adj.2g./s.f. Em relação a uma mulher, que está grávida.

gestão ⟨ges.tão⟩ (pl. *gestões*) s.f. **1** Ato ou efeito de gerir. ☐ SIN. gerência, gerenciamento. **2** Mandato ou período de tempo durante os quais um político exerce suas funções: *Em sua primeira gestão, o presidente focou-se nos setores educacionais e trabalhistas.*

gestar ⟨ges.tar⟩ v.t.d. Em relação a uma mulher ou à fêmea de um animal, sustentar um feto em seu ventre até o momento do parto.

gestatório, ria ⟨ges.ta.tó.rio, ria⟩ adj. Da gestação ou relacionado a ela.

gesticulação ⟨ges.ti.cu.la.ção⟩ (pl. *gesticulações*) s.f. Ato ou efeito de gesticular: *Pela gesticulação, parecia que brigavam.*

gesticular ⟨ges.ti.cu.lar⟩ v.int. Fazer gestos: *Os italianos têm fama de gesticular com as mãos quando falam.*

gesto ⟨ges.to⟩ s.m. **1** Movimento feito com uma parte do corpo: *Com um gesto, pediu silêncio à plateia.* **2** Ação ou atitude: *Num gesto de solidariedade, a cantora doou a receita de seu último show às vítimas das inundações.*

giba ⟨gi.ba⟩ s.f. Curvatura anômala exagerada nas costas, nos ombros ou no peito: *Um possível tratamento contra a giba é a reeducação postural.* ☐ SIN. bossa, cacunda, corcunda.

gibão ⟨gi.bão⟩ (pl. *gibões*) s.m. **1** Peça do vestuário semelhante a um casaco largo, feita de couro e geralmente usada por vaqueiros. ☐ SIN. véstia. **2** Macaco que vive em árvores, caminha ereto, possui braços bastante compridos e não tem rabo. ☐ GRAMÁTICA Na acepção 2, é um substantivo epiceno: *o gibão (macho/fêmea).*

gibi ⟨gi.bi⟩ s.m. *informal* Revista que contém histórias em quadrinhos, geralmente para o público infantojuvenil.

giboso, sa ⟨gi.bo.so, sa⟩ (Pron. [gibôso], [gibósa], [gibósos], [gibósas]) adj./s. Que ou quem apresenta uma curvatura anômala exagerada nas costas, nos ombros ou no peito. ☐ SIN. cacunda, corcunda.

giga ⟨gi.ga⟩ s.m. →**gigabyte**

gigabyte *(palavra inglesa)* (Pron. [gigabáite]) s.m. Em informática, unidade de armazenamento de informação que equivale a mil *megabytes* ou a 1.024 *megabytes*. ☐ USO Usa-se também a forma reduzida *giga*.

giga-hertz ⟨gi.ga-hertz⟩ (Pron. [giga-rértis]) s.m. Em informática, unidade de velocidade de um microprocessador, equivalente a um bilhão de hertz. ☐ ORTOGRAFIA Seu símbolo é *GHz*, sem ponto.

gigante, ta ⟨gi.gan.te, ta⟩ adj.2g. **1** Com características consideradas próprias de um gigante. ☐ SIN. gigantesco. **2** Excessivo, muito destacado ou com dimensões muito superiores às normais: *Através de uma campanha publicitária gigante, atingiram todo o país.* ☐ SIN. gigantesco. ‖ s. **3** Pessoa de estatura muito maior do que o normal. ‖ s.m. **4** Figura mitológica que representa uma pessoa de grande estatura e que geralmente se envolve em grandes lutas ou batalhas: *Na mitologia grega, os ciclopes são gigantes com um único olho no meio da testa.* **5** Pessoa que se destaca por agir de forma extraordinária ou por ter alguma qualidade muito elevada: *Camões foi um gigante da literatura portuguesa.* **6** Empresa que se destaca por seu tamanho econômico ou por sua liderança: *Os gigantes do setor foram acusados de formação de cartel.* ☐ GRAMÁTICA Nas acepções 4, 5 e 6, usa-se tanto para o masculino quanto para o feminino: *(ele/ela) é um gigante.*

gigantesco, ca ⟨gi.gan.tes.co, ca⟩ (Pron. [gigantêsco]) adj. **1** Com características consideradas próprias de um gigante. ☐ SIN. gigante. **2** Excessivo, muito destacado ou com dimensões muito superiores às normais. ☐ SIN. gigante.

gigantismo ⟨gi.gan.tis.mo⟩ s.m. Transtorno do crescimento caracterizado por uma estatura maior do que aquela que se considera normal para os indivíduos da mesma espécie e da mesma idade: *Nos seres humanos, o gigantismo é causado por uma disfunção hormonal.*

gigawatt ⟨gi.ga.watt⟩ s.m. Unidade de potência equivalente a um bilhão de watts. ☐ ORTOGRAFIA Seu símbolo é *GW*, sem ponto.

gigolô ⟨gi.go.lô⟩ s.m. Homem que vive às custas de uma mulher, especialmente se for uma prostituta ou sua amante.

gilete ⟨gi.le.te⟩ s.f. **1** Lâmina para barbear. **2** *pejorativo* Pessoa bissexual. ☐ ORIGEM Na acepção 1, é a extensão de uma marca comercial. ☐ GRAMÁTICA Na acepção 2, usa-se tanto para o masculino quanto para o feminino: *(ele/ela) é uma gilete.*

gim ⟨gi.ns⟩ s.m. Bebida alcoólica, transparente, obtida a partir de sementes e aromatizada com as bagas do zimbro. ☐ SIN. genebra.

ginasial ⟨gi.na.si.al⟩ (pl. *ginasiais*) adj.2g. Do antigo segundo ciclo do Ensino Fundamental ou relacionado a ele.

ginasiano, na ⟨gi.na.si.a.no, na⟩ s. Aluno que cursava o segundo ciclo do Ensino Fundamental.

ginásio ⟨gi.ná.sio⟩ s.m. **1** Local provido das instalações e dos aparelhos necessários para uma prática esportiva. **2** Antiga denominação do segundo ciclo do Ensino Fundamental.

ginasta ⟨gi.nas.ta⟩ adj.2g./s.2g. Em relação a um esportista, que pratica algum tipo de ginástica.

ginástica ⟨gi.nás.ti.ca⟩ s.f. Conjunto de exercícios feitos para desenvolver, fortalecer e dar flexibilidade ao corpo ou a uma parte dele: *Fazer ginástica com moderação e respeitando os limites do corpo é um hábito saudável.*

ginástico, ca ⟨gi.nás.ti.co, ca⟩ adj. Da ginástica ou relacionado a ela.

gincana ⟨gin.ca.na⟩ s.f. **1** Competição entre equipes, na qual os participantes devem realizar diferentes provas com rapidez e habilidade: *Participei de uma gincana onde vencia quem arrecadasse o maior número de latas para reciclagem.* **2** Competição ou prova em que os participantes devem superar dificuldades ou obstáculos, geralmente em um veículo motorizado.

gineceu ⟨gi.ne.ceu⟩ s.m. **1** Em uma flor, conjunto de estruturas reprodutivas femininas. **2** Na Grécia Antiga, parte da casa reservada às mulheres.

ginecologia ⟨gi.ne.co.lo.gi.a⟩ s.f. Parte da medicina que estuda os órgãos sexuais e reprodutores da mulher, suas doenças e seus tratamentos.

ginecológico, ca ⟨gi.ne.co.ló.gi.co, ca⟩ adj. Da ginecologia ou relacionado a essa parte da medicina.

ginecologista ⟨gi.ne.co.lo.gis.ta⟩ adj.2g./s.2g. Em relação a um médico, que é especializado em ginecologia.

ginete ⟨gi.ne.te⟩ (Pron. [ginête]) s.m. **1** Cavalo de raça ou adestrado. **2** Homem hábil na equitação.

ginga ⟨gin.ga⟩ s.f. Balanço ou movimento ritmado do corpo, especialmente se forem feitos com flexibilidade e leveza: *Todos ficaram admirados com a ginga das dançarinas.* ☐ SIN. gingado.

gingado ⟨gin.ga.do⟩ s.m. Balanço ou movimento ritmado do corpo, especialmente se forem feitos com flexibilidade e leveza. ☐ SIN. ginga.

gingar ⟨gin.gar⟩ v.t.d./v.int. Mover (o corpo ou uma parte dele), especialmente se for com flexibilidade e leveza, ou balançar-se: *O capoeirista gingava ao som do berimbau.* ☐ ORTOGRAFIA Antes de e, o g muda para gu →CHEGAR.

ginja ⟨gin.ja⟩ s.f. Fruto da ginjeira, semelhante a uma cereja, comestível, arredondado, pequeno, com um caroço e geralmente de sabor ácido.

ginjeira ⟨gin.jei.ra⟩ s.f. Árvore de casca lisa, com folhas dentadas e escuras, flores brancas com cinco pétalas e cujo fruto é a ginja.

gípseo, sea ⟨gíp.seo, sea⟩ adj. Que é feito à base de gesso.

girafa ⟨gi.ra.fa⟩ s.f. **1** Mamífero ruminante de grande altura, pescoço muito comprido, cabeça pequena e chifres com terminações arredondadas, e de pelagem amarelada com manchas escuras. **2** *informal* Pessoa muito alta. ☐ GRAMÁTICA 1. Na acepção 1, é um substantivo epiceno: *a girafa (macho/fêmea)*. 2. Na acepção 2, usa-se tanto para o masculino quanto para o feminino: *(ele/ela) é uma girafa.*

girândola ⟨gi.rân.do.la⟩ s.f. **1** Roda cheia de foguetes, que são acesos e lançados ao mesmo tempo. **2** Conjunto desses foguetes.

girar ⟨gi.rar⟩ ❚ v.t.d./v.int. **1** Mover (algo) sobre um eixo ou dar voltas sobre um ponto: *A Terra gira em torno de si mesma e em torno do Sol.* ❚ v.int. **2** Andar de um lado para o outro, geralmente por nervosismo ou ansiedade: *Girava pela sala, esperando pela ligação do filho.*

girassol ⟨gi.ras.sol⟩ (pl. *girassóis*) s.m. **1** Planta herbácea de caule comprido, com folhas alternas e em formato de coração, inflorescências grandes e amarelas formadas por flores pequenas, e cujo fruto tem muitas sementes escuras e comestíveis que são usadas para a obtenção de óleo e para a alimentação de pássaros. ☐ SIN. helianto. **2** Inflorescência dessa planta. ☐ SIN. helianto. ☐ ORIGEM É uma palavra que vem de *girar* e de *sol*, porque sua flor gira seguindo a direção do sol.

giratório, ria ⟨gi.ra.tó.rio, ria⟩ adj. Que gira ou que se move ao redor de algo.

gíria ⟨gí.ria⟩ s.f. **1** Variedade da língua usada entre pessoas pertencentes a um mesmo grupo social: *Palavras como* mano *e* galera *são típicas da gíria dos adolescentes.* **2** Palavra ou expressão criadas ou usadas nessa variedade linguística: Velho *é uma gíria para* pai *ou* amigo.

girino ⟨gi.ri.no⟩ s.m. Larva de um anfíbio, especialmente de uma rã ou de um sapo, que se diferencia do animal adulto por ter cauda, não ter patas e respirar por meio de brânquias.

giro ⟨gi.ro⟩ s.m. **1** Movimento feito ao redor de um eixo ou de um ponto: *O giro da Terra sobre si mesma dura aproximadamente vinte e quatro horas.* **2** *informal* Volta ou passeio curtos: *Demos um giro pelo centro para conhecer a cidade.*

giroscópio ⟨gi.ros.có.pio⟩ s.m. Aparelho que consiste em um disco circular que gira sobre um eixo e que tende a conservar o plano de rotação reagindo contra qualquer força que o separe desse plano: *Os giroscópios são usados nos aviões para que eles mantenham o rumo.*

giz s.m. **1** Argila arenosa, geralmente de cor esbranquiçada. **2** Barra dessa argila, branca ou colorida, usada para escrever em lousas e tecidos.

glabro, bra ⟨gla.bro, bra⟩ adj. Que não possui pelos nem barba.

glacê ⟨gla.cê⟩ s.m. Cobertura de bolo feita à base de açúcar e clara de ovo, geralmente cristalizada.

glaciação ⟨gla.ci.a.ção⟩ (pl. *glaciações*) s.f. Em geologia, fenômeno climático que provoca intensa queda de temperatura e consequente aumento das geleiras e calotas polares.

glacial ⟨gla.ci.al⟩ (pl. *glaciais*) adj.2g. **1** Do gelo ou relacionado a ele. **2** Extremamente frio ou gelado. **3** Sem empolgação ou sem demonstração de afetividade. **4** Em relação a uma região, que se localiza nos círculos polares.

glaciar ⟨gla.ci.ar⟩ s.m. Monte de neve e gelo que pode se deslocar. ☐ SIN. geleira.

glaciário, ria ⟨gla.ci.á.rio, ria⟩ adj. **1** Do glaciar, da geleira ou relacionado a eles. **2** Do plistoceno ou relacionado a esse período.

gladiador ⟨gla.di.a.dor⟩ (Pron. [gladiadôr]) s.m. Na Roma Antiga, homem que lutava na arena contra outro homem ou contra uma fera.

gládio ⟨glá.dio⟩ s.m. Espada curta, cuja lâmina possui dois lados cortantes.

gladíolo ⟨gla.dí.o.lo⟩ s.m. **1** Planta herbácea com folhas em formato de espada nascidas da raiz, flores de cores variadas reunidas em cachos bastante compridos e que é encontrada em locais úmidos. **2** Flor dessa planta.

glande ⟨glan.de⟩ s.f. **1** No sistema genital masculino, porção final do pênis, de formato arredondado: *A glande é a parte mais sensível do pênis.* **2** No sistema genital feminino, extremidade do clitóris. **3** Fruto do carvalho com uma semente de formato redondo e base recoberta que, em algumas espécies, possui propriedades medicinais. ☐ SIN. bolota.

glândula ⟨glân.du.la⟩ s.f. Em uma planta ou em um animal, órgão unicelular ou pluricelular que secreta substâncias de diversos tipos: *O suor humano é eliminado pelas glândulas sudoríparas.* ∥ **glândula endócrina** Aquela que sintetiza hormônios que são incorporados ao sangue: *A tireoide, os testículos e os ovários são glândulas endócrinas.* ∥ **glândula exócrina** Aquela que sintetiza e secreta substâncias para o exterior delas: *As lágrimas são produzidas por glândulas exócrinas.* ∥ **glândula tireóidea** Aquela localizada abaixo e aos lados da traqueia e que produz um hormônio que age sobre o metabolismo e interfere no crescimento.

glandular ⟨glan.du.lar⟩ adj.2g. Da glândula, com suas características ou relacionado a ela.

glauco, ca ⟨glau.co, ca⟩ adj. *literário* Verde-claro.

glaucoma ⟨glau.co.ma⟩ (Pron. [glaucôma]) s.m. Doença dos olhos que se caracteriza pelo aumento da pressão intraocular, enrijecimento do globo ocular, atrofia da retina e do nervo óptico e perda da visão.

GLBT (pl. *GLBTs*) adj.2g. Que se destina aos homossexuais, aos bissexuais ou aos transgêneros. □ ORIGEM É a sigla de *gays, lésbicas, bissexuais e transgêneros*.

GLBTS (pl. *GLBTSs*) adj.2g. Que se destina aos homossexuais, aos bissexuais, aos transgêneros ou ao público que simpatiza com suas causas ou que as defende. □ ORIGEM É a sigla de *gays, lésbicas, bissexuais, transgêneros e simpatizantes*.

gleba ⟨gle.ba⟩ s.f. **1** Terra ou terreno próprios para serem cultivados. □ SIN. torrão. **2** Terra em que uma pessoa nasce. □ SIN. torrão.

glicemia ⟨gli.ce.mi.a⟩ s.f. Quantidade de glicose que há no sangue.

glicerina ⟨gli.ce.ri.na⟩ s.f. Líquido incolor, espesso, de sabor adocicado, encontrado em todos os lipídios como base de sua composição. □ SIN. glicerol.

glicerol ⟨gli.ce.rol⟩ (pl. *gliceróis*) s.m. Líquido incolor, espesso, de sabor adocicado, encontrado em todos os lipídios com base de sua composição. □ SIN. glicerina.

glicose ⟨gli.co.se⟩ s.f. Hidrato de carbono de cor branca, cristalizável, de sabor bastante doce, muito solúvel em água e pouco solúvel em álcool, que se encontra no mel, nas frutas e no sangue dos animais: *A glicose é uma importante fonte de energia para o corpo humano.*

global ⟨glo.bal⟩ (pl. *globais*) adj.2g. **1** Que abrange um todo, sem dividi-lo em partes. **2** Mundial ou que se refere a todo o planeta: *O aquecimento global supõe um aumento da temperatura média de toda a Terra.*

globalização ⟨glo.ba.li.za.ção⟩ (pl. *globalizações*) s.f. Desenvolvimento dos mercados e das empresas que ultrapassa as fronteiras nacionais, até alcançar uma dimensão mundial, e que favorece o intercâmbio econômico e cultural entre países e pessoas.

globalizar ⟨glo.ba.li.zar⟩ v.t.d./v.prnl. Tornar(-se) global ou ultrapassar as fronteiras nacionais até alcançar uma dimensão mundial: *A internet contribuiu para globalizar as comunicações.*

globo ⟨glo.bo⟩ (Pron. [glôbo], [glóbos] ou [glôbos]) s.m. **1** Aquilo que é esférico: *A bola é um globo.* **2** Objeto com formato esférico, geralmente de cristal ou vidro, com o qual se cobre uma fonte de luz como enfeite ou para enfraquecê-la: *O lustre da sala tem um globo opaco.* **3** Representação da Terra com seu mesmo formato, na qual a disposição de suas terras e mares é representada: *Para falar sobre os continentes, a professora trouxe um globo à sala de aula.* ∥ **globo ocular** Em anatomia, o olho, sem levar em consideração os músculos e os outros tecidos que o rodeiam. ∥ **globo (terrestre)** O planeta em que vivemos: *O globo terrestre faz parte do Sistema Solar.* □ USO *Globo ocular* é a antiga denominação de *bulbo do olho*.

globular ⟨glo.bu.lar⟩ adj.2g. Com formato de globo. □ SIN. orbicular.

globulina ⟨glo.bu.li.na⟩ s.f. Proteína insolúvel em água e solúvel em soluções salinas, e que faz parte do soro sanguíneo.

glóbulo ⟨gló.bu.lo⟩ s.m. **1** Corpo pequeno com formato esférico ou arredondado. **2** Em algumas substâncias líquidas, elemento que fica em suspensão: *Surgem glóbulos de gordura na água.* ∥ **glóbulo branco** Célula sanguínea esférica e incolor do sistema imunológico dos vertebrados que tem a função de combater agentes invasores químicos ou biológicos. □ SIN. leucócito. ∥ **glóbulo vermelho** Célula do sangue dos vertebrados que contém hemoglobina e cuja função é transportar oxigênio a todo o organismo. □ SIN. hemácia.

glória ⟨gló.ria⟩ s.f. **1** Reputação ou fama alcançadas por boas ações ou mérito: *Alcançou a glória como jogador ao fazer o milésimo gol.* **2** Majestade, grandeza ou esplendor: *O Coliseu, em Roma, foi construído para celebrar a glória do Império Romano.* **3** Na Igreja Católica, gozo eterno que as almas desfrutam na presença de Deus.

gloriar ⟨glo.ri.ar⟩ v.t.d./v.prnl. Louvar(-se) ou exaltar(-se).

glorificação ⟨glo.ri.fi.ca.ção⟩ (pl. *glorificações*) s.f. Ato ou efeito de glorificar: *A glorificação dos reis era frequente nos textos escritos na Antiguidade.*

glorificar ⟨glo.ri.fi.car⟩ v.t.d. **1** Dar glória, honra ou fama a (algo ou alguém): *Glorificava o passado como se não houvesse tempos melhores.* **2** Louvar ou exaltar. □ ORTOGRAFIA Antes de e, o c muda para *qu* →BRINCAR.

gloríola ⟨glo.rí.o.la⟩ s.f. Glória falsa ou sem merecimento.

glorioso, sa ⟨glo.ri.o.so, sa⟩ (Pron. [glorióso], [gloriósa], [gloriósos], [gloriósas]) adj. **1** Digno de glória, de honra ou de louvor. **2** Na Igreja Católica, da glória eterna ou relacionado a ela.

glosa ⟨glo.sa⟩ s.f. **1** Explicação ou comentário feitos na margem ou entre as linhas de um texto: *Maiores informações estão contidas nas glosas.* **2** Nota explicativa a respeito de uma palavra ou de um texto. **3** Composição poética de extensão variável, elaborada a partir de um mote, ou texto breve, que se desenvolve, se amplia e se comenta ao longo de várias estrofes.

glosar ⟨glo.sar⟩ v.t.d. **1** Incluir glosas ou explicações em (uma margem ou entre as linhas de um texto obscuro ou difícil): *Alguns tradutores medievais glosavam textos latinos.* **2** Comentar (um texto ou uma palavra) por meio de nota explicativa: *Costumava glosar as traduções feitas pelos colegas.* **3** Elaborar (uma composição poética de extensão variável) a partir de um mote, ou texto breve, que se desenvolve, se amplia e se comenta ao longo de várias estrofes: *Os repentistas criam seus improvisos glosando motes apresentados pelo adversário.*

glossário ⟨glos.sá.rio⟩ s.m. Lista que define ou explica termos específicos de uma, uma obra ou uma área do conhecimento: *Para saber o significado destes termos, consulte o glossário.* □ USO É diferente de *dicionário* ou *léxico* (compilação em que se recolhem e se definem as palavras de um idioma, geralmente em ordem alfabética).

glotal ⟨glo.tal⟩ (pl. *glotais*) adj.2g. **1** Da glote ou relacionado a ela. **2** Em linguística, em relação a um som, que se articula estreitando o tubo da laringe: *Em português, não há sons glotais.*

glote ⟨glo.te⟩ s.f. Espaço compreendido entre as pregas vocais, que separa a laringe da faringe: *A glote é um órgão do sistema digestivo.*

GLS (pl. *GLSs*) adj.2g. Que se destina aos homossexuais ou ao público que simpatiza com suas causas ou que as

glutão

defende: *o movimento GLS; um bar GLS.* □ ORIGEM É a sigla de *gays, lésbicas e simpatizantes.*

glutão ⟨glu.tão⟩ (pl. *glutões*) adj./s.m. Que ou quem come em excesso ou com voracidade. □ GRAMÁTICA 1. Seu feminino é *glutona*. 2. O sinônimo do adjetivo é *edaz*.

glute ⟨glu.te⟩ s.m. →**glúten**

glúten ⟨glú.ten⟩ (pl. *glútenes* ou *glutens*) s.m. Conjunto de substâncias que formam a parte proteica das sementes e das gramíneas. □ ORTOGRAFIA Escreve-se também *glute*.

glúteo, tea ⟨glú.teo, tea⟩ ▌adj. 1 Das nádegas ou relacionado a essa parte do corpo humano. ▌s.m. 2 Cada um dos três músculos que formam as nádegas.

glutinoso, sa ⟨glu.ti.no.so, sa⟩ (Pron. [glutinôso], [glutinôsa], [glutinósos], [glutinósas]) adj. 1 Que contém glúten. 2 Semelhante ao glúten. 3 Pegajoso ou grudento.

glutona ⟨glu.to.na⟩ (Pron. [glutôna]) Feminino de **glutão**.

glutonaria ⟨glu.to.na.ri.a⟩ s.f. Condição de glutão.

gnomo ⟨gno.mo⟩ (Pron. [gnômo]) s.m. Ser fantástico semelhante a um anão, geralmente dotado de poderes mágicos. □ GRAMÁTICA Usa-se tanto para o masculino quanto para o feminino: *(ele/ela) é um gnomo.*

gnose ⟨gno.se⟩ s.f. Conhecimento absoluto e intuitivo, especialmente aquele de uma divindade.

gnosticismo ⟨gnos.ti.cis.mo⟩ s.m. Doutrina filosófica e religiosa, mistura do cristianismo e de crenças judaicas ou orientais, que fundamenta a salvação no conhecimento intuitivo e misterioso.

GO É a sigla do estado brasileiro de Goiás.

godê ⟨go.dê⟩ adj.2g./s.m. Em relação a uma peça do vestuário ou a um tecido, que são ondulados por terem sido cortados em viés.

godo, da ⟨go.do, da⟩ (Pron. [gôdo]) ▌adj./s. 1 Do antigo povo germânico que invadiu grande parte do Império Romano ou relacionado a ele. ▌s.m.pl. 2 Esse povo.

goela ⟨go.e.la⟩ s.f. *informal* Garganta.

gogó ⟨go.gó⟩ s.m. *informal* Em uma pessoa, saliência da laringe na parte anterior do pescoço.

goiaba ⟨goi.a.ba⟩ ▌s.f. 1 Árvore de tronco retorcido e com muitos galhos recobertos por uma casca fina, com folhas pontiagudas, ásperas e grossas, flores brancas e cheirosas, e cujo fruto é comestível, arredondado, de sabor doce e polpa macia cheia de pequenas sementes. □ SIN. goiabeira. 2 Esse fruto. ▌s.2g. 3 *informal pejorativo* Pessoa chata ou cansativa. □ USO Na acepção 3, é uma palavra muito comum no estado brasileiro de São Paulo.

goiabada ⟨goi.a.ba.da⟩ s.f. Doce feito à base de goiaba, água e açúcar, de consistência firme, cor vermelho-escura e que geralmente se come acompanhado de queijo.

goiabeira ⟨goi.a.bei.ra⟩ s.f. Árvore de tronco retorcido e com muitos galhos recobertos por uma casca fina, com folhas pontiagudas, ásperas e grossas, flores brancas e cheirosas, e cujo fruto é a goiaba. □ SIN. goiaba.

goianiense ⟨goi.a.ni.en.se⟩ adj.2g./s.2g. De Goiânia ou relacionado à capital do estado brasileiro de Goiás.

goiano, na ⟨goi.a.no, na⟩ adj./s. De Goiás ou relacionado a esse estado brasileiro.

goiva ⟨goi.va⟩ s.f. Ferramenta de carpintaria semelhante a um formão, porém cortante em seu lado convexo.

goivo ⟨goi.vo⟩ s.m. 1 Planta de flores cheirosas, vermelhas com branco ou amarelas, muito cultivada como ornamental. 2 Flor dessa planta.

gol (Pron. [gôl]) (pl. *gois, goles* ou *gols*) s.m. 1 Em um esporte, especialmente no futebol, espaço retangular limitado por dois postes e uma trave por onde deve entrar a bola. □ SIN. arco. 2 Em um esporte, especialmente no futebol, introdução da bola nesse espaço.

gola ⟨go.la⟩ s.f. Em uma peça do vestuário, faixa unida a sua parte superior e que fica ao redor do pescoço.

gole ⟨go.le⟩ s.m. Quantidade de líquido que se bebe de uma só vez. □ SIN. sorvo.

goleada ⟨go.le.a.da⟩ s.f. Em um esporte, especialmente no futebol, grande quantidade de gols que uma equipe marca contra a outra.

goleador, -a ⟨go.le.a.dor, do.ra⟩ (Pron. [goleadôr], [goleadôra]) adj./s. 1 Em alguns esportes, especialmente no futebol, que ou quem costuma marcar muitos gols. □ SIN. artilheiro. 2 Em alguns esportes, especialmente no futebol, que ou quem marcou o maior número de gols durante um campeonato ou em uma parte dele. □ SIN. artilheiro.

golear ⟨go.le.ar⟩ v.t.d./v.int. Em um esporte, especialmente no futebol, vencer por uma grande diferença de gols: *Para surpresa de todos, os visitantes golearam o time da casa.* □ ORTOGRAFIA O *e* muda para *ei* quando a sílaba tônica estiver na raiz do verbo →NOMEAR.

goleiro, ra ⟨go.lei.ro, ra⟩ s. Em alguns esportes de equipe, especialmente no futebol, pessoa que deve evitar que a bola entre no gol.

golfada ⟨gol.fa.da⟩ s.f. Aquilo que é arremessado ou jorrado, geralmente com força: *O cano furou, e uma golfada de água molhou todo o tapete.*

golfar ⟨gol.far⟩ ▌v.t.d./v.int. 1 Jorrar (algo) ou arremessar-se, geralmente com força: *O ferimento golfava sangue.* □ SIN. expelir. ▌v.t.d. 2 Expulsar, produzir ou lançar para fora.

golfe ⟨gol.fe⟩ (Pron. [gôlfe]) s.m. Esporte que consiste em bater com um taco em uma pequena bola para introduzi-la em uma série de buracos, e que se joga em um grande terreno geralmente coberto de grama.

golfinho ⟨gol.fi.nho⟩ s.m. Mamífero aquático, de dorso preto, lados acinzentados, ventre esbranquiçado, olhos pequenos, narina no alto da cabeça, e focinho e boca alongados. □ GRAMÁTICA É um substantivo epiceno: *o golfinho {macho/fêmea}*.

golfo ⟨gol.fo⟩ (Pron. [gôlfo]) s.m. Entrada grande do mar na terra entre dois cabos.

golpe ⟨gol.pe⟩ s.m. 1 Choque brusco e violento de um corpo com outro: *Distraída, dei um golpe contra o poste.* 2 Acontecimento ao lance: *Na última cena, um golpe de sorte salvava o herói.* 3 Desgosto ou contrariedade repentinos: *Ser demitida foi um duro golpe para ela.* 4 Roubo ou trapaça: *Foi preso por aplicar um golpe na empresa em que trabalha.* ‖ **golpe baixo** 1 Em boxe, aquele que é dado abaixo da cintura: *O juiz desclassificou-o por ter dado um golpe baixo.* 2 Aquilo que é dito ou feito de forma mal-intencionada: *Comentar sobre a sua vida pessoal foi um golpe baixo.* ‖ **golpe de Estado** Tomada do governo de um país de forma ilegal ou forçosa: *Em 1964, um golpe de Estado instaurou a ditadura no Brasil.* ‖ **golpe de vista** 1 Percepção rápida de determinada situação: *Para jogar capoeira é preciso ter golpe de vista.* 2 Olhar rápido: *Num golpe de vista, detectou uma falha no trabalho.*

golpear ⟨gol.pe.ar⟩ v.t.d. Dar um ou mais golpes: *Com raiva, golpeou a mesa várias vezes.* □ ORTOGRAFIA O *e* muda para *ei* quando a sílaba tônica estiver na raiz do verbo →NOMEAR.

goma ⟨go.ma⟩ (Pron. [gôma]) s.f. 1 Substância viscosa extraída de algumas plantas e que, depois de seca, é solúvel em água e insolúvel em álcool e éter. 2 Farinha extraída da mandioca, usada no preparo de certos alimentos. 3 Substância usada para engomar ou endurecer peças de roupa: *Para aplicar a goma no colarinho, o tecido tem de estar totalmente seco.* 4 Substância feita geralmente com a mistura de água e farinha, e que é usada para colar. ‖ **goma de mascar** Guloseima com sabor agradável que se mastiga, mas não se engole.

goma-arábica ⟨go.ma-a.rá.bi.ca⟩ (pl. *gomas-arábicas*) s.f. Goma que se obtém a partir de uma acácia africana, e que é usada em farmácia e para a fabricação de colas.

goma-laca ⟨go.ma-la.ca⟩ (pl. *gomas-laca* ou *gomas-lacas*) s.f. →laca

gomo ⟨go.mo⟩ (Pron. [gômo]) s.m. **1** Cada uma das partes em que o interior de alguns frutos se divide naturalmente, especialmente os frutos cítricos: *um gomo de laranja*. **2** Em uma planta, folha, flor ou ramo novos, ou, ainda, uma nova planta formada a partir dela. ☐ SIN. broto, grelo, olho, rebento.

gomoso, sa ⟨go.mo.so, sa⟩ (Pron. [gomôso], [gomósos], [gomósas]) adj. **1** Que produz goma. **2** Que tem consistência viscosa, pegajosa ou grudenta. **3** Em relação especialmente a um fruto, que tem seu interior dividido em gomos: *A jaca, a pinha e a laranja são frutos gomosos*.

gônada ⟨gô.na.da⟩ s.f. Órgão reprodutor masculino ou feminino em que são produzidos os gametas ou as células sexuais, tanto nas plantas como nos animais: *Os testículos são as gônadas masculinas e os ovários as femininas*.

gonçalense ⟨gon.ça.len.se⟩ adj.2g./s.2g. **1** De São Gonçalo ou relacionado a essa cidade do estado brasileiro do Rio de Janeiro. **2** De São Gonçalo do Amarante ou relacionado a essa cidade do estado brasileiro do Rio Grande do Norte.

gôndola ⟨gôn.do.la⟩ s.f. **1** Pequena embarcação movida por um único remo, colocado geralmente na popa: *As gôndolas são características da cidade italiana de Veneza*. **2** Em um estabelecimento comercial, estante ou prateleira onde são expostos os produtos destinados à venda.

gondoleiro, ra ⟨gon.do.lei.ro, ra⟩ s. Pessoa que se dedica profissionalmente a conduzir uma embarcação com as extremidades pontiagudas e movidas por um único remo.

gongo ⟨gon.go⟩ s.m. Instrumento musical de percussão formado por um disco de bronze que, suspenso por um suporte, ressoa fortemente ao ser golpeado por uma baqueta. [⚫ **instrumentos de percussão** p. 614]

gongórico, ca ⟨gon.gó.ri.co, ca⟩ adj. Do gongorismo ou relacionado a esse estilo literário.

gongorismo ⟨gon.go.ris.mo⟩ s.m. Estilo literário iniciado pela poesia de Luis de Góngora (poeta espanhol dos séculos XVI e XVII) e que se caracteriza fundamentalmente por seu refinamento formal e pelo uso abundante de metáforas e de outros recursos.

gonococo ⟨go.no.co.co⟩ s.m. Bactéria oval que costuma viver em pares ou em grupos, e que causa uma doença infecciosa sexualmente transmissível caracterizada pela inflamação das vias urinárias e genitais.

gonorreia ⟨go.nor.rei.a⟩ (Pron. [gonorréia]) s.f. Doença infecciosa sexualmente transmissível, que consiste na inflamação das vias urinárias e genitais, e que produz um fluxo excessivo de secreção genital. ☐ SIN. blenorragia.

gonzo ⟨gon.zo⟩ s.m. Mecanismo metálico e articulado que une as folhas de uma porta ou de uma janela na dobradiça, para que se abram e se fechem girando sobre ele.

gorar ⟨go.rar⟩ v.t.d./v.int. **1** *informal* Arruinar ou fracassar: *A chuva gorou nossos planos*. **2** Interromper o processo de incubação de (um ovo) ou deteriorar-se.

gordo, da ⟨gor.do, da⟩ (Pron. [górdo]) ▍ adj. **1** Que tem gordura ou que é formado por ela. ☐ SIN. gorduroso. **2** Grosso ou volumoso. **3** Em relação a um dia da semana, que está dentro do período do Carnaval: *a terça-feira gorda*. ▍ adj./s. **4** Em relação a uma pessoa ou a um animal, que têm gordura além do considerado normal.

gorducho, cha ⟨gor.du.cho, cha⟩ adj. *informal* Que é um pouco gordo.

gordura ⟨gor.du.ra⟩ s.f. **1** Substância orgânica presente em certos tecidos animais ou vegetais, formada pela combinação de glicerina e alguns ácidos, e que geralmente forma as reservas energéticas dos seres vivos. **2** Em um animal ou em uma pessoa, tecido adiposo: *A gordura excessiva é prejudicial à saúde*. ‖ **gordura trans** Aquela formada por um processo de hidrogenação natural ou industrial que forma gordura sólida, usada na fabricação de alimentos, e cujo consumo excessivo pode ser prejudicial à saúde.

gordurento, ta ⟨gor.du.ren.to, ta⟩ adj. **1** Sujo ou impregnado de gordura. **2** Manchado por gordura. **3** Com excesso de gordura.

gorduroso, sa ⟨gor.du.ro.so, sa⟩ (Pron. [gordurôso], [gordurósa], [gordurósos], [gordurósas]) adj. **1** Que tem gordura ou que é formado por ela: *Para controlar o peso, evite comer alimentos gordurosos*. ☐ SIN. gordo. **2** Impregnado de gordura: *As batatas fritas ficaram muito gordurosas*. **3** Com a aparência ou com a consistência da gordura: *um gel gorduroso*.

gorgolejar ⟨gor.go.le.jar⟩ ▍ v.t.d./v.int. **1** Tomar (um líquido) em um único gole, emitindo um som de gorgolejo. ▍ v.int. **2** Emitir um som semelhante a um gorgolejo. **3** Dar gorgolejos (algumas aves): *O peru e o perdigão são animais que gorgolejam*. ☐ GRAMÁTICA Na acepção 3, é um verbo unipessoal: só se usa nas terceiras pessoas do singular e do plural, no particípio, no gerúndio e no infinitivo →MIAR.

gorgolejo ⟨gor.go.le.jo⟩ (Pron. [gorgolêjo]) s.m. **1** Som que se produz ao se tomar goles de um líquido. **2** Voz característica de algumas aves.

gorgorão ⟨gor.go.rão⟩ (pl. *gorgorões*) s.m. Tecido ou fios feitos com seda ou lã, encorpados e com relevos semelhantes a cordões em sua superfície.

gorgulho ⟨gor.gu.lho⟩ s.m. Inseto coleóptero pequeno, de cor escura, cabeça alongada e pontiaguda, e que é praga de alguns alimentos, especialmente se for do arroz, feijão e derivados de trigo. ☐ SIN. caruncho. ☐ GRAMÁTICA É um substantivo epiceno: *o gorgulho (macho/fêmea)*. [⚫ **insetos** p. 456]

gorila ⟨go.ri.la⟩ s.m. **1** Macaco herbívoro de estatura maior que a do homem, com o corpo peludo e patas curtas, que não vive em árvores. **2** *informal* Brutamontes. **3** *informal* Segurança ou guarda-costas. ☐ GRAMÁTICA Na acepção 1, é um substantivo epiceno: *o gorila (macho/fêmea)*.

gorjear ⟨gor.je.ar⟩ ▍ v.int. **1** Fazer quebras ou mudanças de voz com a garganta, emitindo um som agradável (um pássaro): *O sabiá e o rouxinol gorjeiam*. ☐ SIN. gargantear, trinar. ▍ v.t.d./v.int. **2** Cantar (uma música) em voz melodiosa e agradável. ☐ ORTOGRAFIA O *e* muda para *ei* quando a sílaba tônica estiver na raiz do verbo →NOMEAR. ☐ GRAMÁTICA Na acepção 1, é um verbo unipessoal: só se usa nas terceiras pessoas do singular e do plural, no particípio, no gerúndio e no infinitivo →MIAR.

gorjeio ⟨gor.jei.o⟩ s.m. **1** Quebra ou mudança de voz feitas com a garganta: *O público aprecia os gorjeios da cantora*. **2** Canto ou voz de alguns pássaros. ☐ SIN. trilo, trinado, trino.

gorjeta ⟨gor.je.ta⟩ (Pron. [gorjêta]) s.f. Gratificação com a qual se recompensa um serviço, especialmente se for aquela que se dá a mais do preço convencional: *Deu uma gorjeta ao garçom, pelo bom atendimento*. ☐ SIN. espórtula, propina.

goro ⟨go.ro⟩ (Pron. [gôro]) adj. Em relação a um ovo, que teve seu processo de incubação interrompido.

gororoba ⟨go.ro.ro.ba⟩ s.f. *informal* Refeição ou comida, geralmente malfeitas ou sem capricho.

gorro ⟨gor.ro⟩ (Pron. [gôrro]) s.m. Acessório de pano, semelhante a uma touca, que se ajusta facilmente à cabeça. ☐ SIN. barrete.

gosma

gosma ⟨gos.ma⟩ s.f. **1** Secreção espessa, composta por água e outras substâncias, geralmente eliminada pela boca. **2** Líquido pegajoso secretado por alguns animais invertebrados ou por alguns vegetais: *O caramujo deixou um rastro de gosma pelo muro.*

gosmento, ta ⟨gos.men.to, ta⟩ adj. Que é cheio de gosma ou que a produz.

gostar ⟨gos.tar⟩ ▌v.t.i. **1** Achar agradável, atrativo ou fazer julgamento positivo [de algo]: *Sempre gostei de MPB.* **2** Achar saboroso, apetitoso ou ter apreciação [por um alimento]: *Gosta de comida chinesa?* ▌v.t.i./v.prnl. **3** Estimar(-se) ou sentir carinho, amizade ou amor [por alguém]: *Gosto dele, é gente boa. Ele gosta da namorada desde a época de escola.* ▢ GRAMÁTICA Usa-se a construção *gostar DE algo.*

gosto ⟨gos.to⟩ (Pron. [gôsto]) s.m. **1** Aquilo que é percebido através do paladar: *O café tem um gosto amargo.* ▢ SIN. sabor. **2** Prazer ou deleite: *Ajudarei em sua mudança com muito gosto.* **3** Vontade, decisão ou determinação próprias: *Fiz um gosto meu, e comprei um carro.* **4** Forma particular de apreciar uma coisa: *Nosso gosto para música é parecido.* **5** Capacidade de realizar um julgamento de valor: *Ele tem bom gosto para roupa.* ║ **a gosto** Em relação a um condimento, que é usado na quantidade preferencial de quem o consome ou prepara: *Acrescente pimenta a gosto.*

gostoso, sa ⟨gos.to.so, sa⟩ (Pron. [gostôso], [gostósa], [gostósos], [gostósas]) adj. **1** Que tem sabor ou gosto bons. **2** Que é agradável, atrativo ou bom. **3** *informal* Que é atraente.

gostosura ⟨gos.to.su.ra⟩ s.f. **1** Qualidade de gostoso. **2** *informal* Delícia ou prazer muito intenso e vivo: *Que gostosura curtir esse sol!* **3** Alimento saboroso: *Comprei algumas gostosuras para as crianças.*

gota ⟨go.ta⟩ (Pron. [góta]) s.f. **1** Pequena porção de um líquido que tem o formato semelhante ao de uma esfera. ▢ SIN. pingo. **2** *informal* Em relação a algo não material, quantidade muito pequena: *Quando expus minha preocupação, não me deu uma gota de atenção.* **3** Doença causada pelo excesso de ácido úrico no organismo e que se caracteriza pela inflamação dolorosa de algumas articulações. ║ **ser a gota d'água** Ser o elemento que desencadeia uma reação, geralmente explosiva: *Sua falta à reunião foi a gota d'água para que o demitissem.*

goteira ⟨go.tei.ra⟩ s.f. **1** Infiltração de água em um teto ou em uma parede. **2** Fresta pela qual a água se infiltra.

gotejar ⟨go.te.jar⟩ ▌v.t.d./v.int. **1** Deixar (um líquido) cair gota a gota ou pingar: *Por causa das rachaduras, a água da chuva gotejava dentro de casa.* ▌v.int. **2** Chover de forma suave e com gotas finas. ▢ SIN. chuviscar.

gótico, ca ⟨gó.ti.co, ca⟩ ▌adj. **1** Do gótico ou com características próprias deste estilo artístico: *A Catedral da Sé é um dos exemplos de arquitetura gótica no Brasil.* ▌s.m. **2** Estilo artístico que se desenvolveu no ocidente europeu do século XII ao Renascimento: *Esta igreja é um excelente exemplo do gótico tardio.*

gotícula ⟨go.tí.cu.la⟩ s.f. Gota muito pequena: *Com o vapor, gotículas se formaram no vidro das janelas.*

governador, -a ⟨go.ver.na.dor, do.ra⟩ (Pron. [governadôr], [governadôra]) ▌adj./s. **1** Que ou quem governa. ▢ SIN. governante. ▌s. **2** Pessoa que governa um estado ou uma região: *No Brasil, os governadores são eleitos por voto direto e exercem seu cargo por quatro anos.*

governamental ⟨go.ver.na.men.tal⟩ (pl. *governamentais*) adj.2g. Do governo, criado por ele ou relacionado a ele.

governanta ⟨go.ver.nan.ta⟩ s.f. **1** Em uma casa de família, mulher que se dedica à administração doméstica, especialmente como profissão. **2** Em uma casa de família, mulher que se dedica à educação das crianças, especialmente como profissão. ▢ ORTOGRAFIA Escreve-se também *governante.*

governante ⟨go.ver.nan.te⟩ ▌adj.2g./s.2g. **1** Que ou quem governa. ▢ SIN. governador. ▌s.f. **2** →governanta

governar ⟨go.ver.nar⟩ ▌v.t.d./v.int. **1** Organizar ou dirigir o funcionamento de (uma coletividade) ou atuar como chefe de governo: *Os prefeitos governam os municípios. No Brasil, o presidente é eleito para governar durante quatro anos.* ▌v.t.d. **2** Ter poder ou influência sobre (uma situação): *Ela é madura o suficiente para governar sua vida.* **3** Guiar ou influenciar (alguém): *Os pais governam os filhos durante sua infância.*

governista ⟨go.ver.nis.ta⟩ adj.2g./s.2g. Que ou quem defende ou segue o governo.

governo ⟨go.ver.no⟩ (Pron. [govêrno]) s.m. **1** Organização ou direção do funcionamento de uma coletividade: *Assumiu o governo da empresa desde a aposentadoria do pai.* **2** Conjunto de pessoas e de órgãos que dirigem um Estado: *O Governo tem discutido possíveis reformas na educação.* **3** Tempo durante o qual um presidente exerce sua função: *Durante seu governo, combateu a corrupção.* **4** Poder ou influência sobre uma situação: *O gerente não tinha governo sobre o departamento.* ▢ ORTOGRAFIA Na acepção 2, usa-se geralmente com inicial maiúscula por ser também um nome próprio.

gozação ⟨go.za.ção⟩ (pl. *gozações*) s.f. *informal* Deboche ou zombaria.

gozado, da ⟨go.za.do, da⟩ adj. **1** *informal* Engraçado ou divertido. **2** Que é estranho ou incomum.

gozar ⟨go.zar⟩ ▌v.t.d./v.t.i./v.prnl. **1** Aproveitar(-se), ter, possuir ou desfrutar [de algo positivo]: *Apesar de idoso, goza de perfeita saúde.* ▌v.int. **2** Sentir prazer ou alegria: *Hoje é um dia para gozar e não pensar em problemas!* ▌v.t.d./v.t.i. **3** *informal* Debochar ou zombar [de alguém].▌v.int. **4** Atingir o orgasmo ou o momento de maior prazer sexual. ▢ GRAMÁTICA Na acepção 1, usa-se a construção *gozar DE algo.*

gozo ⟨go.zo⟩ (Pron. [gôzo]) s.m. **1** Sentimento de prazer ou satisfação. **2** Posse ou desfrute de algo. **3** Momento de prazer mais intenso durante o ato sexual. ▢ SIN. orgasmo.

gozoso, sa ⟨go.zo.so, sa⟩ (Pron. [gozôso], [gozósa], [gozósos], [gozósas]) adj. **1** Que sente gozo. **2** Que causa gozo.

grã adj. Feminino de grão.

graça ⟨gra.ça⟩ s.f. **1** Benefício, dom ou favor recebidos de forma gratuita. **2** Aquilo que se considera divertido ou que faz rir: *Divertiam-se ao ver as graças do filho.* **3** Capacidade de divertir ou de fazer rir: *Esta piada não tem graça.* **4** Conjunto de características que tornam uma pessoa agradável ou as coisas que as possuem. **5** Nome de uma pessoa: *Qual é a sua graça?* ▌s.f.pl. **6** Agradecimento ou reconhecimento: *Deu graças ao chefe pela compreensão.* ║ **de graça** Sem pagar ou sem cobrar: *Entramos de graça no show.* ║ **ficar sem graça** Ficar envergonhado, encabulado ou constrangido: *Ao ouvir seu comentário, ele ficou muito sem graça.* ║ **perder a graça** Deixar de ser divertido ou agradável: *Este tipo de piadinha já perdeu a graça.* ║ **sem graça** Desinteressante, chato ou desagradável: *Os quadros da exposição eram muito sem graça.*

gracejar ⟨gra.ce.jar⟩ v.t.i./v.int. Dizer gracejos [de um determinado assunto] ou aquilo que faz rir: *Não parava de gracejar para tentar chamar a atenção dela.*

gracejo ⟨gra.ce.jo⟩ (Pron. [gracêjo]) s.m. **1** Frase ou anedota que fazem rir. □ SIN. chiste. **2** Aquilo que é dito ou feito de maneira a ridicularizar algo ou alguém. □ SIN. apodo, deboche, zombaria.

grácil ⟨grá.cil⟩ (pl. *gráceis*) adj.2g. **1** *literário* Fino, magro ou delicado. **2** *literário* Gracioso ou elegante. □ GRAMÁTICA Seu superlativo é *gracílimo*.

gracílimo, ma ⟨gra.cí.li.mo, ma⟩ Superlativo irregular de grácil.

gracioso, sa ⟨gra.ci.o.so, sa⟩ (Pron. [graciôso], [graciósa], [graciósos], [graciósas]) adj. **1** Que tem graça. **2** Que não precisa ser pago. □ SIN. grátis, gratuito.

graçola ⟨gra.ço.la⟩ s.f. *informal* Brincadeira ou dito grosseiros ou indelicados.

gradação ⟨gra.da.ção⟩ (pl. *gradações*) s.f. Aumento ou diminuição de algo de grau em grau: *A gradação das cores muda, de acordo com o foco da luz.*

gradativo, va ⟨gra.da.ti.vo, va⟩ adj. Por graus ou de grau em grau. □ SIN. gradual.

grade ⟨gra.de⟩ s.f. **1** Armação de barras cruzadas colocada em janelas ou em outros lugares como medida de segurança ou como adorno: *O complexo é todo cercado por grades altíssimas.* **2** Esquema ou quadro de organização ou de programação: *Nossa grade de estudos inclui algumas horas de leitura.* ‖ **atrás das grades** *informal* Na prisão: *Pelo crime cometido, foi parar atrás das grades.*

gradeado, da ⟨gra.de.a.do, da⟩ ▌adj. **1** Que tem grade: *Nossa casa é gradeada, na parte da frente.* ▌s.m. **2** Conjunto de grades que se utiliza como segurança ou como adorno.

gradear ⟨gra.de.ar⟩ v.t.d. Fechar ou cercar com grades ou com algo semelhante: *Gradearam as janelas para evitar que entrem ladrões.* □ SIN. engradar. □ ORTOGRAFIA O e muda para *ei* quando a sílaba tônica estiver na raiz do verbo →NOMEAR.

gradiente ⟨gra.di.en.te⟩ s.m. **1** Grau de variação de uma grandeza em função da variação de uma outra grandeza. **2** Medida do declive ou da inclinação de um terreno.

gradil ⟨gra.dil⟩ (pl. *gradis*) s.m. Grade baixa: *Um antigo gradil separava o quintal da casa.*

grado, da ⟨gra.do, da⟩ ‖ **de {bom/mau} grado** De boa ou de má vontade: *Aceitou de bom grado o convite.*

graduação ⟨gra.du.a.ção⟩ (pl. *graduações*) s.f. **1** Ato ou efeito de graduar. **2** Proporção ou medição da qualidade ou do grau de algo: *Este vinho tem uma alta graduação alcoólica.* **3** Curso de nível superior: *Estamos fazendo graduação em biblioteconomia.* **4** Obtenção do título que corresponde a esse curso: *Sua graduação será no próximo semestre.*

graduado, da ⟨gra.du.a.do, da⟩ ▌adj. **1** Dividido em graus: *Os resultados foram expostos numa tabela graduada.* **2** Elevado ou importante: *Meu tio ocupa um cargo graduado dentro da empresa.* ▌adj./s. **3** Que ou quem tem curso superior completo: *Os graduados em direito precisam fazer parte da OAB para poderem atuar como advogados.* ▌s. **4** No Exército, na Marinha e na Aeronáutica, pessoa cuja graduação é inferior à de oficial subalterno: *Tanto oficiais experientes como graduados provaram seu valor durante o combate.*

gradual ⟨gra.du.al⟩ (pl. *graduais*) adj.2g. Por graus ou de grau em grau. □ SIN. gradativo.

graduar ⟨gra.du.ar⟩ ▌v.t.d. **1** Dividir, dispor ou ordenar em graus: *A treinadora graduou os exercícios dos atletas.* **2** Dosar ou ajustar de forma adequada ou conveniente (o tamanho, a intensidade, a quantidade ou a qualidade de algo): *O cozinheiro graduou a chama do fogão.* **3** Conceder ou obter (um grau ou uma honraria): *O Exército o graduou coronel.* ▌v.t.d./v.prnl. **4** Diplomar(-se) ou obter o título que corresponde a um curso de nível superior: *Graduou-se em filosofia.*

grã-ducado ⟨grã-du.ca.do⟩ (pl. *grã-ducados*) s.m. →grão-ducado

grã-duque ⟨grã-du.que⟩ (pl. *grã-duques*) s.m. →grão-duque □ GRAMÁTICA Seu feminino é *grã-duquesa*.

grã-duquesa ⟨grã-du.que.sa⟩ (Pron. [grã-duquêsa]) (pl. *grã-duquesas*) Substantivo feminino de grã-duque. □ GRAMÁTICA É a variante menos usual de *grão-duquesa*.

grafar ⟨gra.far⟩ v.t.d. Dar representação gráfica determinada a (uma palavra): *Podemos grafar o número 14 de duas formas:* catorze *ou* quatorze. □ SIN. transcrever.

grafema ⟨gra.fe.ma⟩ (Pron. [grafêma]) s.m. Unidade mínima e indivisível da escrita de uma língua: J *é um grafema, mas* ch *não é, pois pode ser dividido em* c *e* h.

grafia ⟨gra.fi.a⟩ s.f. Letra ou conjunto de letras com que se representam um som na escrita: *Tome cuidado com a grafia da palavra* exceção.

gráfica ⟨grá.fi.ca⟩ s.f. Estabelecimento comercial em que se produz material impresso. □ SIN. tipografia.

gráfico, ca ⟨grá.fi.co, ca⟩ ▌adj. **1** Da escrita e da impressão ou relacionado a elas: *Fizemos um curso de artes gráficas.* ▌s. **2** Pessoa que se dedica profissionalmente à impressão em uma gráfica. ▌s.m. **3** Representação de dados numéricos por meio de linhas que tornam visíveis a relação que esses dados possuem entre si: *Os dados da campanha foram apresentados através de um gráfico.*

grã-fino, na ⟨grã-fi.no, na⟩ (pl. *grã-finos*) adj./s. Em relação a uma pessoa ou ao seu modo de vida, que são requintados ou elegantes.

grafita ⟨gra.fi.ta⟩ s.f. Variedade de carbono cristalizado, compacto, opaco, de cor preta e de brilho metálico.

grafitar ⟨gra.fi.tar⟩ ▌v.t.d. **1** Desenhar ou fazer grafite em (uma superfície). ▌v.int. **2** Fazer um grafite.

grafite ⟨gra.fi.te⟩ ▌s.f. **1** Bastão de grafita ou outro material semelhante, geralmente fino, usado na fabricação de lápis e de outros utensílios para a escrita ou pintura. ▌s.m. **2** Letreiro ou desenho de caráter popular em murais, escritos ou pintados à mão ou com um *spray*.

grafiteiro, ra ⟨gra.fi.tei.ro, ra⟩ s. Pessoa que se dedica a fazer grafites, escritos ou pintados.

grafologia ⟨gra.fo.lo.gi.a⟩ s.f. Arte ou técnica de analisar a caligrafia de uma pessoa em busca de traços de sua personalidade.

grafólogo, ga ⟨gra.fó.lo.go, ga⟩ s. Pessoa que se dedica profissionalmente à grafologia.

gralha ⟨gra.lha⟩ s.f. **1** Ave semelhante ao corvo, mas de menor tamanho, que tem a plumagem preta com um brilho próximo às cores do arco-íris, a cara esbranquiçada e o bico preto e afiado. **2** Pessoa que fala muito. □ GRAMÁTICA 1. Na acepção 1, é um substantivo epiceno: *a gralha (macho/fêmea).* 2. Na acepção 2, usa-se tanto para o masculino quanto para o feminino: *(ele/ela) é uma gralha.*

gralhar ⟨gra.lhar⟩ v.int. Dar grasnadas (uma gralha ou outra ave semelhante). □ GRAMÁTICA É um verbo unipessoal: só se usa nas terceiras pessoas do singular e do plural, no particípio, no gerúndio e no infinitivo →MIAR.

grama ⟨gra.ma⟩ ▌s.m. **1** Unidade de massa equivalente à milésima parte de um quilograma: *Um quarto de quilo são 250 gramas.* ▌s.f. **2** Em um terreno, planta herbácea com caule fino e rastejante, e com folhas alongadas e pontiagudas que o cobrem densamente: *A grama do jardim está seca.* □ ORTOGRAFIA Na acepção 1, seu símbolo é g, sem ponto.

gramado ⟨gra.ma.do⟩ s.m. **1** Conjunto de grama que cobre um terreno: *Todas as tardes, caminhamos pelo gramado da fazenda.* **2** No futebol, campo de jogo.

gramar

gramar ⟨gra.mar⟩ v.t.d./v.int. Cobrir(-se) (um terreno) com grama: *Mandou gramar o jardim.*

gramática ⟨gra.má.ti.ca⟩ s.f. **1** Ciência que estuda os elementos de uma língua e suas combinações: *A fonologia, a morfologia e a sintaxe são partes fundamentais da gramática.* **2** Livro que contém esses conhecimentos de uma língua: *Comprou uma gramática do alemão para ajudá-lo nos estudos.* **3** Conjunto de normas e de regras para falar e escrever corretamente uma língua: *Logo cedo aprendeu a escrever de acordo com a gramática do português.*

gramatical ⟨gra.ma.ti.cal⟩ (pl. *gramaticais*) adj.2g. **1** Da gramática ou relacionado a essa ciência. **2** Que respeita as regras da gramática: *A oração As alunas lê muitos livros não é gramatical.*

gramático, ca ⟨gra.má.ti.co, ca⟩ s. Pessoa que se dedica profissionalmente à gramática ou que é especializada nessa ciência.

grã-mestra ⟨grã-mes.tra⟩ (pl. *grã-mestras*) Substantivo feminino de **grão-mestre**.

gramíneo, nea ⟨gra.mí.neo, nea⟩ ▌ adj./s.f. **1** Em relação a uma planta, que tem o caule fino, cilíndrico e geralmente oco, folhas alternas, alongadas e pontiagudas em um ramo, e cujo fruto é pequeno e tem um só cotilédone: *O milho é uma gramínea.* ▌ s.f.pl. **2** Em botânica, família dessas plantas, pertencente à classe das monocotiledôneas: *A aveia, o trigo e o arroz pertencem às gramíneas.*

gramofone ⟨gra.mo.fo.ne⟩ (Pron. [gramofône]) s.m. Aparelho que registra e reproduz as vibrações de qualquer som, previamente inscritas em um disco giratório. □ SIN. **fonógrafo**.

grampeador ⟨gram.pe.a.dor⟩ (Pron. [grampeadôr]) s.m. Aparelho usado para grampear folhas de papel.

grampear ⟨gram.pe.ar⟩ v.t.d. **1** Prender ou unir com grampos. **2** Interceptar ou controlar (um telefone ou uma linha telefônica) para investigar ou descobrir algo. □ ORTOGRAFIA O *e* muda para *ei* quando a sílaba tônica estiver na raiz do verbo →NOMEAR.

grampo ⟨gram.po⟩ s.m. **1** Peça de metal cujas duas extremidades, dobradas e terminadas em ponta, prendem-se e fecham-se para unir ou segurar vários objetos: *Este grampo é muito pequeno para um volume tão grande de folhas.* **2** Peça pequena, geralmente feita de arame dobrado ao meio, que se utiliza para prender o cabelo: *Ela prendia o cabelo com um grampo bem discreto.* **3** *informal* Interceptação ou controle de um telefone ou de uma linha telefônica para investigar ou descobrir algo por meio de suas conversações.

grana ⟨gra.na⟩ s.f. *informal* Dinheiro.

granada ⟨gra.na.da⟩ s.f. **1** Artefato explosivo de pequeno tamanho, recheado com pólvora ou outro produto químico, provido de um dispositivo para provocar a explosão da carga. **2** Mineral de silicato de alumínio e de outros metais e de cores muito variadas.

granadeiro ⟨gra.na.dei.ro⟩ s.m. Antigamente, soldado que lançava granadas.

granadino, na ⟨gra.na.di.no, na⟩ adj./s. **1** De Granada ou relacionado a esse país centro-americano. **2** De Granada ou relacionado a essa província espanhola ou a sua capital.

grandalhão ⟨gran.da.lhão⟩ (pl. *grandalhões*) adj./s.m. Que ou quem é muito grande ou alto. □ GRAMÁTICA Seu feminino é *grandalhona*.

grandalhona ⟨gran.da.lho.na⟩ (Pron. [grandalhôna]) Feminino de **grandalhão**.

grande ⟨gran.de⟩ ▌ adj.2g. **1** De maior tamanho, importância, qualidade ou intensidade que outro de sua mesma espécie: *um armário grande; uma dor grande.* **2** De dimensões maiores que as necessárias ou convenientes: *Trocou a saia, pois ela estava muito grande.* **3** De idade adulta: *Nossa vizinha tem duas filhas grandes.* **4** Que se destaca por sua notabilidade ou empenho em uma atividade: *Tarsila do Amaral é uma grande pintora do Modernismo brasileiro.* **5** Principal ou essencial: *A grande dúvida agora é como resolver o exercício.* ▌ s.2g. **6** Pessoa de elevada hierarquia social, influente ou nobre. □ GRAMÁTICA **1**. O comparativo de superioridade é *maior*. **2**. Seus superlativos são *máximo*, *grandíssimo* e *grandessíssimo*.

grandeza ⟨gran.de.za⟩ (Pron. [grandêza]) s.f. **1** Qualidade do que é grande. **2** Excelência, elevação ou nobreza de espírito: *O atleta soube aceitar a derrota com grandeza.*

grandiloquência ⟨gran.di.lo.quen.cia⟩ (Pron. [grandiloquência]) s.f. Estilo pomposo ou afetado: *O homenageado expressou-se com grandiloquência ao receber o prêmio.*

grandiloquente ⟨gran.di.lo.quen.te⟩ (Pron. [grandiloquênte]) adj.2g. Que é de estilo sublime, pomposo ou muito elevado.

grandiosidade ⟨gran.di.o.si.da.de⟩ s.f. Qualidade de grandioso.

grandioso, sa ⟨gran.di.o.so, sa⟩ (Pron. [grandiôso], [grandióza], [grandiósos], [grandiósas]) adj. Magnífico ou que se destaca ou impressiona por seu tamanho, por suas qualidades ou por suas características.

granel ⟨gra.nel⟩ (pl. *granéis*) ‖ **a granel** Em relação a um produto ou a uma mercadoria, sem embalagem ou que são vendidos por peso.

granítico, ca ⟨gra.ní.ti.co, ca⟩ adj. Do granito ou com características semelhantes às dessa rocha.

granito ⟨gra.ni.to⟩ s.m. Rocha ígnea ou consolidada no interior da crosta terrestre, dura, composta fundamentalmente por feldspato, quartzo e mica.

granívoro, ra ⟨gra.ní.vo.ro, ra⟩ adj. Em relação a um animal, que se alimenta de grãos ou sementes.

granizo ⟨gra.ni.zo⟩ s.m. Pedra de gelo que se desprende das nuvens e que cai com força sobre a superfície terrestre: *uma chuva de granizo.* □ SIN. **saraiva**.

granja ⟨gran.ja⟩ s.f. **1** Pequena propriedade rural destinada à criação de animais. **2** Em uma propriedade rural, construção em que se recolhem o gado, colheitas ou ferramentas.

granjear ⟨gran.je.ar⟩ v.t.d./v.t.d.i. **1** Buscar atingir (um objetivo) com afã [para alguém]: *Granjeou o sustento dos filhos trabalhando sem descanso.* **2** Conseguir ou obter (algo) [de alguém]: *Ela granjeou o carinho do público com sua simpatia.* □ ORTOGRAFIA O *e* muda para *ei* quando a sílaba tônica estiver na raiz do verbo →NOMEAR.

granjeio ⟨gran.jei.o⟩ s.m. **1** Cultivo do solo. **2** Colheita de produtos agrícolas. **3** Obtenção de lucro ou de proveito de uma atividade ou de um trabalho realizados.

granjeiro, ra ⟨gran.jei.ro, ra⟩ s. Pessoa que possui uma granja ou que trabalha em uma.

granulação ⟨gra.nu.la.ção⟩ (pl. *granulações*) s.f. **1** Ato ou efeito de granular: *A granulação do chocolate é feita por um processo industrial.* **2** Em uma superfície, grãos ou grânulos que a recobrem.

granulado, da ⟨gra.nu.la.do, da⟩ adj. Que tem ou que apresenta grãos ou granulações.

granular ⟨gra.nu.lar⟩ ▌ adj.2g. **1** Em relação especialmente a uma substância, que é formada por grãos ou por porções muito pequenas. ▌ v.t.d. **2** Fragmentar ou reduzir a grãos muito pequenos.

grânulo ⟨grâ.nu.lo⟩ s.m. Grão ou bola pequenos: *Este creme possui grânulos esfoliantes.*

granuloso, sa ⟨gra.nu.lo.so, sa⟩ (Pron. [granulôso], [granulósa], [granulósos], [granulósas]) adj. 1 Em relação a uma substância, que tem uma massa formada por grãos pequenos. 2 De superfície áspera.

grão (pl. *grãos*) ▌adj. 1 →**grande** ▌s.m. 2 Semente e fruto dos cereais e de outras plantas: *Para obter a farinha é preciso moer o grão de trigo.* 3 Parte muito pequena de algo: *um grão de areia.* ☐ GRAMÁTICA Na acepção 1, seu feminino é *grã*.

grão-de-bico ⟨grão-de-bi.co⟩ (pl. *grãos-de-bico*) s.m. 1 Planta herbácea de caule duro e ramos abundantes, com folhas compostas e de margem serrilhada, flores brancas ou vermelhas, e cuja semente, de cor amarelada e de formato redondo e com uma pequena fenda em um de seus lados, é comestível. 2 Essa semente.

grão-ducado ⟨grão-du.ca.do⟩ (pl. *grão-ducados* ou *grãos-ducados*) s.m. Estado governado por um grão-duque. ☐ ORTOGRAFIA Escreve-se também *grã-ducado*.

grão-duque ⟨grão-du.que⟩ (pl. *grão-duques*) s.m. Pessoa que possui o título de príncipe soberano. ☐ ORTOGRAFIA Escreve-se também *grã-duque*. ☐ GRAMÁTICA Seu feminino é *grão-duquesa*.

grão-duquesa ⟨grão-du.que.sa⟩ (Pron. [grão-duquêsa]) (pl. *grão-duquesas*) Substantivo feminino de **grão-duque**. ☐ ORTOGRAFIA Escreve-se também *grã-duquesa*.

grão-mestre ⟨grão-mes.tre⟩ (pl. *grão-mestres*) s.m. 1 Antigamente, chefe de ordem religiosa ou de cavalaria. 2 Chefe de loja maçônica. ☐ GRAMÁTICA Seu feminino é *grã-mestra*.

grão-vizir ⟨grão-vi.zir⟩ (pl. *grão-vizires*) s.m. No antigo Império Otomano, primeiro-ministro.

grasnada ⟨gras.na.da⟩ s.f. Voz característica de um animal, especialmente de algumas aves: *as grasnadas de um pato.*

grasnar ⟨gras.nar⟩ v.int. 1 Dar grasnadas (uma ave ou outro animal): *As águias, os abutres e os corvos grasnam.* 2 Gritar ou falar alto e de forma desagradável. ☐ GRAMÁTICA Na acepção 1, é um verbo unipessoal: só se usa nas terceiras pessoas do singular e do plural, no particípio, no gerúndio e no infinitivo →MIAR.

grassar ⟨gras.sar⟩ v.int. Espalhar-se, propagar-se ou difundir-se: *Naquela empresa grassa a incompetência.* ☐ GRAMÁTICA É um verbo unipessoal: só se usa nas terceiras pessoas do singular e do plural, no particípio, no gerúndio e no infinitivo →MIAR.

gratidão ⟨gra.ti.dão⟩ (pl. *gratidões*) s.f. Sentimento que leva a reconhecer um favor recebido e a corresponder a ele de alguma maneira: *Muitos dizem que a gratidão é a mãe de todos os sentimentos.*

gratificação ⟨gra.ti.fi.ca.ção⟩ (pl. *gratificações*) s.f. Ato ou efeito de gratificar: *Recebemos uma viagem como gratificação pelas metas alcançadas.*

gratificante ⟨gra.ti.fi.can.te⟩ adj.2g. Que gratifica ou que traz satisfação ou prazer.

gratificar ⟨gra.ti.fi.car⟩ ▌v.t.d./v.t.d.i. 1 Recompensar (alguém) [com uma bonificação ou vantagem] por um trabalho, um serviço ou uma atividade: *A empresa gratificou os funcionários pelo excelente trabalho.* ▌v.t.d./v.int. 2 Agradar ou satisfazer-se. ☐ ORTOGRAFIA Antes de *e*, o *c* muda para *qu* →BRINCAR.

grátis ⟨grá.tis⟩ ▌adj.2g.2n. 1 Que não precisa ser pago. ☐ SIN. gracioso, gratuito. ▌adv. 2 Sem pagar ou sem cobrar nada: *Entrei grátis no estádio.*

grato, ta ⟨gra.to, ta⟩ adj. 1 Que retribui o que recebeu. 2 Que é agradável ou que causa prazer e bem-estar.

gravame

gratuidade ⟨gra.tu.i.da.de⟩ s.f. 1 Qualidade de gratuito: *a gratuidade do ensino obrigatório.* 2 Aquilo que é feito sem necessidade ou sem fundamentação lógica: *A gratuidade de suas críticas acabou por prejudicá-lo.*

gratuito, ta ⟨gra.tui.to, ta⟩ adj. 1 Que não precisa ser pago. ☐ SIN. gracioso, grátis. 2 Sem base ou sem fundamento: *um comentário gratuito.*

grau s.m. 1 Cada um dos estados, valores, qualidades ou quantidades, de menor a maior, que algo pode ter: *O terremoto foi de mais de cinco graus na escala Richter. Por causa da explosão, sofreu queimaduras de terceiro grau.* 2 Unidade de temperatura: *Ontem fez 30 graus.* 3 Medida que equivale ao ângulo de uma volta completa dividida em 360 partes iguais: *um giro de 180 graus.* 4 Em linguística, forma de expressar a intensidade relativa dos adjetivos: *O grau superlativo do adjetivo célebre é celebérrimo.* 5 Cada uma das gerações que marcam o parentesco entre as pessoas: *Somos primos em segundo grau.* 6 No ensino superior, título que se obtém ao superar determinados níveis de estudo: *Nosso pai tem o grau de bacharel em história.* 7 Em uma bebida ou em uma mistura, unidade de medida do teor alcoólico: *Esta bebida tem mais de quarenta graus de teor alcoólico!* 8 Categoria, classe ou conceito: *Raquel de Queiroz é uma escritora de alto grau. O grau de dificuldade do exercício era baixo.* 9 Em um escalão, grupo constituído por pessoas de conhecimento ou de condições semelhantes: *Os tenentes estão num grau superior aos sargentos, na hierarquia militar.* 10 Em música, cada uma das posições ou das gradações em que se sucedem os sons de uma escala. ▌ **colar grau** Receber um título, especialmente se for acadêmico: *Apenas depois de colar grau, ele pôde exercer a profissão.* ▌ **grau {célsius/centígrado}** Aquele da escala de temperatura que marca com 0 o ponto de fusão do gelo e com 100 o ponto de ebulição da água: *A temperatura normal do corpo humano é de aproximadamente 36,5 °C.* ▌ **grau Fahrenheit** Aquele da escala de temperatura que marca com 32 o ponto de fusão do gelo e com 212 o ponto de ebulição da água: *Nos Estados Unidos, a temperatura é medida em graus Fahrenheit.* ▌ **Primeiro Grau** →Ensino Fundamental ▌ **Segundo Grau** →Ensino Médio ☐ ORTOGRAFIA Nas acepções 2 e 3, seu símbolo é °.

graúdo, da ⟨gra.ú.do, da⟩ ▌adj. 1 Que é grande, desenvolvido ou de grande porte. ▌adj./s. 2 Que ou quem é importante, influente ou poderoso.

graúna ⟨gra.ú.na⟩ s.f. Ave de médio porte que habita áreas abertas, de bico preto, cauda longa, plumagem preta e brilhante, que emite um canto melodioso e é capaz de imitar sons e vozes. ☐ SIN. melro, pássaro-preto, vira-bosta. ☐ ORIGEM É uma palavra de origem tupi. ☐ GRAMÁTICA É um substantivo epiceno: *a graúna {macho/fêmea}*.

gravação ⟨gra.va.ção⟩ (pl. *gravações*) s.f. 1 Ato ou efeito de gravar: *A gravação do disco durou dois meses.* 2 Conjunto de sons, imagens ou informações registradas em um disco, em uma fita magnética ou em outro material que os reproduza: *Ouvimos as gravações antes de fazermos as cópias.*

gravador, -a ⟨gra.va.dor, do.ra⟩ (Pron. [gravadôr], [gravadôra]) ▌adj. 1 Que grava: *um aparelho gravador.* ▌s. 2 Pessoa que se dedica profissionalmente à gravura. ▌s.m. 3 Aparelho capaz de gravar e de reproduzir sons e imagens: *Comprei um gravador de DVDs de última geração.*

gravadora ⟨gra.va.do.ra⟩ (Pron. [gravadôra]) s.f. Estabelecimento industrial provido de instalações e equipamentos próprios para fazer gravações.

gravame ⟨gra.va.me⟩ s.m. Encargo ou imposto sobre um imóvel ou sobre um bem.

gravar

gravar ⟨gra.var⟩ v.t.d. **1** Registrar (sons, imagens ou informações) em um disco, uma fita magnética ou outro material para poder reproduzi-los. **2** Marcar mediante incisões ou trabalhar em relevo: *Os noivos mandaram gravar os nomes nas alianças.* **3** Fixar na mente ou na alma (uma lembrança ou um sentimento): *Esse dia tão especial ficará sempre gravado em minha memória.* **4** Armazenar (uma informação ou alteração feitas em um arquivo): *Gravou as fotos em um CD e presenteou o amigo.* ☐ SIN. salvar. **5** Armazenar informações ou dados em (um CD ou outro dispositivo): *Com esse programa, você poderá gravar CDs em poucos segundos.*

gravata ⟨gra.va.ta⟩ s.f. **1** Faixa de tecido que se amarra ao colarinho da camisa, deixando cair as extremidades sobre o peito, ou fazendo laços com elas. **2** Golpe que se dá passando o braço pelo pescoço de uma pessoa, e apertando-o para sufocá-la.

gravatá ⟨gra.va.tá⟩ s.m. Bromélia de folhas duras e alongadas, geralmente com espinhos na margem, cuja flor tem cores variadas e é cultivada como ornamental. ☐ ORIGEM É uma palavra de origem tupi.

gravataiense ⟨gra.va.tai.en.se⟩ adj.2g./s.2g. De Gravataí ou relacionado a essa cidade do estado brasileiro do Rio Grande do Sul.

grave ⟨gra.ve⟩ adj.2g. **1** Que tem muita intensidade ou importância. **2** Sério ou que produz respeito. **3** Que causa dor, sofrimento ou pesar. **4** Em relação a um sinal gráfico, que indica a contração da preposição *a* com o artigo definido *a* ou com pronomes demonstrativos que comecem com a letra *a*: *O acento grave é indicado pelo sinal gráfico* `. **5** Em relação a um som, a uma voz ou a um tom musical, que têm uma frequência de vibrações pequena: *Geralmente os homens têm a voz mais grave que as mulheres.*

graveto ⟨gra.ve.to⟩ (Pron. [gravêto]) s.m. Pedaço pequeno e fino de madeira, especialmente se for de um galho ou de um arbusto.

grávida ⟨grá.vi.da⟩ s.f. Mulher que está no período de gestação.

gravidade ⟨gra.vi.da.de⟩ s.f. **1** Qualidade de grave: *Este é um assunto de extrema gravidade.* **2** Seriedade e compostura na forma de falar ou de agir: *Em sua posse, discursou com gravidade.* **3** Em física, manifestação da atração que exercem entre si dois corpos com massa, especialmente aquela que exercem a Terra e os corpos que estão sobre sua superfície ou próximos a ela: *Todos os corpos caem porque são atraídos pela força da gravidade da Terra.*

gravidez ⟨gra.vi.dez⟩ (Pron. [gravidêz]) s.f. Estado em que se encontram uma mulher ou a fêmea de um animal placentário durante o período de gestação.

grávido, da ⟨grá.vi.do, da⟩ adj. **1** Cheio, pesado ou abundante. **2** Em relação a uma mulher ou à fêmea de um animal, que estão no período de gestação.

graviola ⟨gra.vi.o.la⟩ s.f. **1** Árvore de tronco fino, comprido e reto, com folhas alternas e variadas, casca aromática, flores amareladas e solitárias, e cujo fruto, grande, de cor verde-escuro, espinhoso e de polpa branca, é comestível. **2** Esse fruto.

gravitação ⟨gra.vi.ta.ção⟩ (pl. *gravitações*) s.f. Em física, fenômeno de atração mútua entre dois objetos que depende da distância que os separa e da massa de cada um.

gravitacional ⟨gra.vi.ta.ci.o.nal⟩ (pl. *gravitacionais*) adj.2g. Da gravitação ou relacionado a ela.

gravitar ⟨gra.vi.tar⟩ ▌v.int. **1** Em relação a um astro ou a um corpo semelhante, mover-se pela atração gravitacional de outro: *A Terra gravita ao redor do Sol.* ▌v.t.i. **2** Basear-se ou ter seu objetivo [em uma ideia ou um tema]: *A campanha gravita em torno da necessidade de melhoria na educação.*

gravura ⟨gra.vu.ra⟩ s.f. Estampa que se produz mediante a impressão de lâminas gravadas.

graxa ⟨gra.xa⟩ s.f. **1** Pasta usada para limpar e dar brilho a calçados ou a uma peça de couro. **2** Substância gordurosa, de origem animal ou vegetal, que se utiliza especialmente como lubrificante.

graxo, xa ⟨gra.xo, xa⟩ adj. Que é gorduroso ou espesso como o óleo. ☐ SIN. oleaginoso, oleoso.

greco-latino, na ⟨gre.co-la.ti.no, na⟩ (pl. *greco-latinos*) adj. Das culturas grega e latina ou relacionado a elas.

greco-romano, na ⟨gre.co-ro.ma.no, na⟩ (pl. *greco-romanos*) adj. Dos povos grego e romano ou relacionado a eles.

grega ⟨gre.ga⟩ (Pron. [grêga]) s.f. **1** Em arquitetura, ornamento geométrico formado por linhas horizontais entrelaçadas com linhas verticais, em formato de grade, e usado geralmente em frisos. **2** Faixa estreita de tecido usada geralmente como adorno em uma peça do vestuário. ☐ SIN. galão.

gregário, ria ⟨gre.gá.rio, ria⟩ adj. Em relação a um animal, que vive em rebanho ou em manada.

grego, ga ⟨gre.go, ga⟩ (Pron. [grêgo]) ▌adj./s. **1** Da Grécia ou relacionado a esse país europeu: *um jovem grego.* ☐ SIN. heleno. ▌s.m. **2** Língua indo-europeia desse e de outros países: *O grego é um dos idiomas mais antigos do mundo a ainda ser utilizado nos dias de hoje.* **3** *informal* Aquilo que é de difícil entendimento: *Este texto é grego para mim.*

gregoriano, na ⟨gre.go.ri.a.no, na⟩ adj. De algum dos papas chamados Gregório ou relacionado a eles.

grei s.f. **1** Rebanho ou gado de pequeno porte. **2** Conjunto de fiéis reunidos sob a direção de um sacerdote.

grelar ⟨gre.lar⟩ v.int. Brotar ou germinar (uma planta ou uma semente).

grelha ⟨gre.lha⟩ (Pron. [grélha] ou [grêlha]) s.f. Utensílio formado por barras metálicas em formato de rede, com um cabo e pontas para que seja colocado sobre brasas, e que se utiliza para assar ou tostar alimentos, especialmente carnes e peixes.

grelhar ⟨gre.lhar⟩ v.t.d. Assar ou tostar (um alimento) em uma grelha ou em uma chapa.

grelo ⟨gre.lo⟩ (Pron. [grêlo]) s.m. Em uma planta, folha, flor ou ramo novos, ou, ainda, uma nova planta formada a partir dela: *Com o início da primavera, as plantas se encheram de grelos.* ☐ SIN. broto, gomo, olho, rebento.

grêmio ⟨grê.mio⟩ s.m. **1** Associação de pessoas com objetivos ou interesses comuns: *Nossos filhos participam do grêmio estudantil.* **2** Lugar em que se reúnem essas pessoas: *Hoje será realizada uma votação no grêmio.*

grená ⟨gre.ná⟩ adj.2g.2n./s.m. De cor vermelho-castanha, como a da granada.

grenha ⟨gre.nha⟩ (Pron. [grênha]) s.f. Conjunto de cabelos desgrenhados ou desarrumados.

greta ⟨gre.ta⟩ (Pron. [grêta]) s.f. **1** Em uma superfície, abertura fina e estreita. **2** No solo, rachadura provocada pelo calor do Sol.

gretar ⟨gre.tar⟩ v.t.d./v.int./v.prnl. Abrir uma fenda em (uma superfície) ou rachar-se: *A seca gretou o terreno.*

greve ⟨gre.ve⟩ s.f. Interrupção coletiva e voluntária de uma atividade, geralmente do trabalho, para reivindicar algo: *Os operários decidiram fazer uma greve, para reivindicar melhores salários.*

grevista ⟨gre.vis.ta⟩ ▌adj.2g. **1** Da greve ou relacionado a ela. ▌adj.2g./s.2g. **2** Que ou quem participa de uma greve.

grifar ⟨gri.far⟩ v.t.d. **1** Ressaltar ou destacar com uma linha embaixo de (um texto ou outro trecho escrito). ☐ SIN. sublinhar. **2** Destacar ou enfatizar: *Durante a apresentação, grifou a importância do respeito ao meio ambiente.* ☐ SIN. sublinhar.

grife ⟨gri.fe⟩ s.f. Nome ou marca comercial de uma empresa fabricante ou de um criador de objetos e peças do vestuário, geralmente requintados e luxuosos.

grifo ⟨gri.fo⟩ s.m. **1** Letra inclinada à direita e que imita a manuscrita. □ SIN. **letra itálica**. **2** Animal fabuloso com cabeça e asas de águia e corpo de leão.

grilagem ⟨gri.la.gem⟩ (pl. *grilagens*) s.f. Posse de terra por meio de um título falso.

grileiro, ra ⟨gri.lei.ro, ra⟩ *(Sudeste e Centro-Oeste)* s. Pessoa que toma posse de uma terra por meio de um título falso de propriedade.

grilhão ⟨gri.lhão⟩ (pl. *grilhões*) s.m. **1** Conjunto de argolas de metal unidas entre si para formar uma corrente grossa. **2** Instrumento de ferro que consistia em uma argola colocada no tornozelo de um prisioneiro, presa à cintura por meio de uma corrente de ferro.

grilo ⟨gri.lo⟩ s.m. **1** Inseto de aproximadamente três centímetros, de cor escura, cabeça redonda e olhos proeminentes, cujo macho roça as asas anteriores no corpo, produzindo um som agudo e constante. **2** *informal* Preocupação ou perturbação: *A discussão com a esposa deixou-o com vários grilos.* **3** *informal* Problema ou situação confusa e complicada: *É melhor resolver seus grilos antes de viajar.* □ GRAMÁTICA Na acepção 1, é um substantivo epiceno: *o grilo (macho/fêmea).*

grimpa ⟨grim.pa⟩ s.f. **1** Em um cata-vento, lâmina de metal móvel que indica a direção do vento. □ SIN. **ventoinha**. **2** Parte mais elevada de algo: *Os alpinistas chegaram até a grimpa do rochedo.*

grinalda ⟨gri.nal.da⟩ s.f. Coroa feita com flores, folhas, pedrarias ou outros objetos entrelaçados, usada como adorno: *Sonhava casar de véu e grinalda.* □ SIN. **guirlanda**.

gringo, ga ⟨grin.go, ga⟩ s. *informal pejorativo* Estrangeiro.

gripal ⟨gri.pal⟩ (pl. *gripais*) adj.2g. Da gripe ou relacionado a essa doença.

gripar ⟨gri.par⟩ v.t.d./v.prnl. Provocar ou apanhar uma gripe.

gripe ⟨gri.pe⟩ s.f. Doença infecciosa aguda, causada por um vírus e cujos sintomas mais frequentes são a febre, o catarro e o mal-estar generalizado.

gris adj.2g./s.m. Da cor que resulta ao misturar o branco com o preto e com tonalidade azul.

grisalho, lha ⟨gri.sa.lho, lha⟩ adj. **1** Em relação ao cabelo ou à barba, que estão ficando brancos. **2** Que tem o cabelo dessa maneira.

grita ⟨gri.ta⟩ s.f. Gritaria ou grande rumor de vozes.

gritante ⟨gri.tan.te⟩ adj.2g. **1** Que grita, brada ou clama. **2** Que é muito chocante ou que causa impacto. **3** Que chama atenção ou que é excessivamente forte e vivo: *cores gritantes.*

gritar ⟨gri.tar⟩ ▌ v.int. **1** Dar um ou vários gritos: *Ao ver uma barata, começou a gritar.* ▌ v.t.d. **2** Dizer muito alto ou aos gritos: *Os manifestantes gritavam palavras de protesto.* ▌ v.int. **3** Levantar a voz para repreender uma pessoa ou para manifestar desagrado: *Entendo que você esteja chateado, mas não grite comigo, por favor.*

gritaria ⟨gri.ta.ri.a⟩ s.f. **1** Ato ou efeito de gritar. **2** Conjunto de gritos ou de vozes altas e confusas. □ SIN. **alarido**.

grito ⟨gri.to⟩ s.m. Som emitido de maneira forte e aguda pela voz humana: *Ao bater o pé, deu um grito de dor.* ‖ **no grito** *informal* À força ou de forma violenta: *O segurança o colocou para fora da festa no grito. Ela ganhou a discussão no grito.*

grogue ⟨gro.gue⟩ ▌ adj.2g. **1** Tonto, adormecido ou atordoado, como se estivesse embriagado: *A bebedeira o deixou grogue.* ▌ s.m. **2** Bebida alcoólica, geralmente rum ou conhaque, misturada com água quente, açúcar e casca de limão: *Alguns piratas costumavam embebedar-se com grogue antes de seus ataques.*

grosa ⟨gro.sa⟩ s.f. **1** Conjunto de doze dúzias: *uma grosa de canetas.* **2** Lima com os dentes grossos e triangulares, usada especialmente para tirar as partes mais grossas de algo que se vai trabalhar.

groselha ⟨gro.se.lha⟩ ▌ adj.2g.2n./s.m. **1** De cor vermelho-intensa, como a desta fruta. ▌ s.f. **2** Arbusto de tronco abundante em galhos, com folhas alternas e divididas em cinco lóbulos, flores amarelo-esverdeadas dispostas em cachos, e fruto em formato de baga redonda, sabor agridoce e um suco usado na fabricação de xaropes, doces e outros produtos. □ SIN. **groselheira**. **3** Esse fruto.

groselheira ⟨gro.se.lhei.ra⟩ s.f. Arbusto de tronco abundante em galhos, com folhas alternas e divididas em cinco lóbulos, flores amarelo-esverdeadas dispostas em cachos, e cujo fruto é a groselha. □ SIN. **groselha**.

grosseiro, ra ⟨gros.sei.ro, ra⟩ ▌ adj. **1** Que é malfeito, tosco ou de qualidade inferior. **2** Que é imoral, indecente ou obsceno. ▌ adj./s. **3** Que ou quem é descortês ou não demonstra educação ou delicadeza.

grosseria ⟨gros.se.ri.a⟩ s.f. **1** Condição de grosseiro. **2** Ausência de cortesia, educação ou delicadeza: *Tratou o desconhecido com muita grosseria.*

grosso, sa ⟨gros.so, sa⟩ (Pron. [grôsso], [gróssa], [gróssos], [gróssas]) ▌ adj. **1** De grande largura, volume ou espessura: *um vidro grosso; uma sopa grossa.* **2** Em relação a uma superfície, que é áspera, rústica ou pouco suave: *um tecido grosso.* **3** Grave ou rouco: *uma voz grossa.* ▌ adj./s. **4** *informal* Que ou quem é descortês ou sem educação ou delicadeza: *Esse sujeito é um grosso!* ▌ s.m. **5** Em um todo, parte principal, maior ou mais importante: *A faxina serviu apenas para tirar o grosso da sujeira.*

grossura ⟨gros.su.ra⟩ s.f. **1** Condição de grosso. **2** Largura, volume ou espessura de um corpo: *A grossura desta parede impede a passagem de ruídos.*

grota ⟨gro.ta⟩ s.f. **1** Em uma ribanceira, em uma encosta ou na margem de um rio, abertura causada pela água da chuva ou por uma enchente. **2** Espaço entre dois montes ou duas montanhas, que forma um vale profundo.

grotão ⟨gro.tão⟩ (pl. *grotões*) s.m. **1** Grota grande. **2** Depressão profunda do solo entre duas montanhas ou de um terreno desnivelado. **3** Região distante dos centros urbanos: *Em sua peregrinação, passou por muitos grotões.*

grotesco, ca ⟨gro.tes.co, ca⟩ (Pron. [grotêsco]) adj. Que se considera ridículo, extravagante ou de mau gosto.

grou s.m. Ave de pernas compridas, bico cônico e prolongado, pescoço comprido e olhos, asas grandes e redondas, cauda pequena e plumagem de cor cinza, branca e marrom. □ GRAMÁTICA Usa-se o substantivo feminino *grua* para designar a fêmea.

grua ⟨gru.a⟩ s.f. **1** Fêmea do grou. **2** Máquina de estrutura metálica com um eixo vertical em que se enrolam um cabo ou uma corrente, usada para levantar e transportar grandes pesos. □ SIN. **guindaste**. **3** Em uma filmagem, equipamento semelhante a um guindaste que se utiliza para elevar ou movimentar a câmera a determinada altura junto com a pessoa que a opera.

grudar ⟨gru.dar⟩ ▌ v.t.d./v.t.d.i./v.int./v.prnl. **1** Unir(-se) (uma coisa) [a outra] por meio de uma substância que impeça sua separação. □ SIN. **colar**. ▌ v.t.i./v.prnl. **2** Ficar ou permanecer junto [a alguém] de forma insistente ou muito próxima: *A menina grudou no namorado a festa toda. Desde que nos conhecemos, ela grudou-se em mim.*

grude

grude ⟨gru.de⟩ s.m. Substância pegajosa, forte e viscosa que se utiliza para colar.

grudento, ta ⟨gru.den.to, ta⟩ adj. **1** Que é pegajoso ou viscoso. **2** *informal pejorativo* Que entedia ou aborrece ou que permanece junto a alguém de forma insistente ou muito próxima.

grumete ⟨gru.me.te⟩ (Pron. [gruméte] ou [grumête]) s.m. Rapaz que aprende o ofício de marinheiro ajudando a tripulação em suas atividades.

grumo ⟨gru.mo⟩ s.m. **1** Grão muito pequeno. **2** Conjunto de grãos, seres ou objetos muito pequenos. **3** Em uma substância líquida, parte que coagula ou se torna mais compacta.

grunhido ⟨gru.nhi.do⟩ s.m. **1** Voz característica do porco ou do javali. **2** Resmungo ou reclamação.

grunhir ⟨gru.nhir⟩ ❙ v.int. **1** Dar grunhidos (um porco, um javali ou um animal semelhante). ❙ v.t.d./v.int. **2** Resmungar ou falar baixo. ☐ GRAMÁTICA Na acepção 1, é um verbo unipessoal: só se usa nas terceiras pessoas do singular e do plural, no particípio, no gerúndio e no infinitivo →LATIR.

grupal ⟨gru.pal⟩ (pl. *grupais*) adj.2g. Do grupo ou relacionado a ele.

grupelho ⟨gru.pe.lho⟩ (Pron. [grupêlho]) s.m. *pejorativo* Grupo pequeno, de pouca importância ou insignificante.

grupo ⟨gru.po⟩ s.m. **1** Conjunto de pessoas ou de elementos que formam um todo. **2** Conjunto de pessoas com características ou interesses comuns: *A classe média é um grupo social*.

gruta ⟨gru.ta⟩ s.f. Em uma rocha, abertura ou cavidade naturais de pouca profundidade. ☐ SIN. **caverna, furna, lapa**.

GSM s.m.2n. Sistema de comunicação digital utilizado em telefonia móvel. ☐ ORIGEM É a sigla inglesa de *Global System for Mobile Communications* (Sistema Global para Comunicações Móveis).

guabiroba ⟨gua.bi.ro.ba⟩ s.f. **1** Árvore de caule curto e copa frondosa, com folhas escuras, flores brancas, e cujo fruto, comestível, tem uma casca amarelada, polpa suculenta e poucas sementes. ☐ SIN. **guabirobeira. 2** Esse fruto. ☐ ORIGEM É uma palavra de origem tupi. ☐ ORTOGRAFIA Escreve-se também *gabiroba*.

guabirobeira ⟨gua.bi.ro.bei.ra⟩ s.f. Árvore de caule curto e copa frondosa, com folhas escuras, flores brancas, e cujo fruto é a guabiroba. ☐ SIN. **guabiroba**. ☐ ORTOGRAFIA Escreve-se também *gabirobeira*.

guache ⟨gua.che⟩ s.m. **1** Substância pastosa feita da mistura de ingredientes corantes e opacos, diluídos em água ou misturados com goma ou mel e que é usada como tinta. **2** Pintura realizada com essa substância. ☐ ORTOGRAFIA Escreve-se também *guacho*.

guacho ⟨gua.cho⟩ s.m. →**guache**

guajará-mirense ⟨gua.ja.rá-mi.ren.se⟩ (pl. *guajará-mirenses*) adj.2g./s.2g. De Guajará Mirim ou relacionado a essa cidade do estado brasileiro de Rondônia.

guanaco ⟨gua.na.co⟩ s.m. Mamífero ruminante, semelhante a uma lhama, mas de maior tamanho, de pelagem marrom no dorso e branca nas pernas, cuja lã é muito apreciada. ☐ GRAMÁTICA É um substantivo epiceno: *o guanaco (macho/fêmea)*.

guano ⟨gua.no⟩ s.m. Matéria formada pelo acúmulo de excrementos de aves marinhas, e que é usada como adubo.

guapo, pa ⟨gua.po, pa⟩ adj. **1** Que é corajoso, ousado ou valente. **2** Que é bonito, elegante ou que agrada aos sentidos.

guará ⟨gua.rá⟩ s.m. **1** Ave de médio porte, de plumagem vermelha com as pontas pretas, bico comprido e curvo na ponta, pés finos e compridos, e que vive em grupos. **2** Mamífero carnívoro, semelhante a um lobo, de pelagem alaranjada ou avermelhada, com focinho longo, pés pretos, orelhas curtas e cauda comprida. ☐ ORIGEM É uma palavra de origem tupi. ☐ GRAMÁTICA É um substantivo epiceno: *o guará (macho/fêmea)*. ☐ USO Na acepção 2, é a forma reduzida e mais usual de *lobo-guará*.

guarabirense ⟨gua.ra.bi.ren.se⟩ adj.2g./s.2g. De Guarabira ou relacionado a essa cidade do estado brasileiro da Paraíba.

guaraná ⟨gua.ra.ná⟩ s.m. **1** Arbusto com flores brancas e fruto em cápsula, cujas sementes são pretas e do tamanho de uma ervilha. **2** Semente desse arbusto. **3** Pasta ou pó obtidos a partir dessa semente. **4** Bebida refrescante preparada com essa pasta ou com esse pó. ☐ ORIGEM É uma palavra de origem tupi.

guarani ⟨gua.ra.ni⟩ ❙ adj.2g./s.2g. **1** Do grupo indígena sul-americano que se estendia, dividido em grupos diferentes, entre o rio Amazonas e o rio da Prata, ou relacionado a ele. ❙ s.m. **2** Língua desse grupo, falada hoje no Paraguai (país americano) e em outras regiões. **3** Unidade monetária paraguaia.

guarapariense ⟨gua.ra.pa.ri.en.se⟩ adj.2g./s.2g. De Guarapari ou relacionado a essa cidade do estado brasileiro do Pará.

guarapuavano, na ⟨gua.ra.pu.a.va.no, na⟩ adj./s. De Guarapuava ou relacionado a essa cidade do estado brasileiro do Paraná.

guarda ⟨guar.da⟩ ❙ s.2g. **1** Pessoa encarregada de cuidar da segurança de um lugar ou de outras pessoas: *Os guardas evitam muitos assaltos no bairro*. ❙ s.f. **2** Cuidado, conservação ou defesa de algo: *Aquele funcionário é responsável pela guarda dos documentos*. **3** Autoridade legal concedida a uma pessoa adulta para que ela cuide de um menor ou de uma pessoa legalmente incapacitada: *Com a morte dos pais, a tia ficou com a guarda das crianças*. **4** Grupo de pessoas encarregado da segurança de alguém ou de um lugar: *A guarda da escola está sempre alerta*. **5** Em alguns esportes, posição defensiva: *O boxeador baixou a guarda e atacou o adversário*. **6** Em um livro encadernado, cada uma das duas folhas que são colocadas ao princípio e ao final. [◉ livro p. 499]

guarda-chaves ⟨guar.da-cha.ves⟩ s.2g.2n. Pessoa encarregada do manejo das chaves nos desvios dos trilhos.

guarda-chuva ⟨guar.da-chu.va⟩ (pl. *guarda-chuvas*) s.m. Utensílio portátil composto por um bastão e por varetas flexíveis cobertas por uma tela impermeável, que se utiliza para proteção da chuva ou do sol.

guarda-comida ⟨guar.da-co.mi.da⟩ (pl. *guarda-comidas*) s.m. Armário com porta de tela e prateleiras, feito geralmente no buraco de uma parede, na cozinha ou na sala de jantar, e usado para guardar alimentos.

guarda-costas ⟨guar.da-cos.tas⟩ s.m.2n. **1** Pessoa que se dedica profissionalmente a acompanhar outra para protegê-la. **2** Barco pequeno destinado à vigilância das costas, especialmente para evitar o contrabando.

guardador, -a ⟨guar.da.dor, do.ra⟩ (Pron. [guardadôr], [guardadôra]) ❙ adj./s. **1** Que ou quem guarda ou cuida de algo. ❙ adj./s.m. **2** Que guarda.

guarda-florestal ⟨guar.da-flo.res.tal⟩ (pl. *guardas-florestais*) s.m. Pessoa que se dedica profissionalmente a cuidar e vigiar as florestas contra incêndios ou contra sua devastação.

guarda-joias ⟨guar.da-joi.as⟩ (Pron. [guarda-jóias]) s.m.2n. Recipiente fechado usado para guardar joias. ☐ SIN. **porta-joias**.

guarda-livros ⟨guar.da-li.vros⟩ s.2g.2n. Pessoa que se dedica profissionalmente ao registro da contabilidade e das transações de uma empresa, realizando a escrituração de seus livros contábeis.

guarda-loiça ⟨guar.da-loi.ça⟩ (pl. *guarda-loiças*) s.m.

→**guarda-louça**

guarda-louça ⟨guar.da-<u>lou</u>.ça⟩ (pl. *guarda-louças*) s.m. Armário ou prateleira em que se guardam as louças da casa. ☐ ORTOGRAFIA Escreve-se também *guarda-loiça*.

guarda-marinha ⟨guar.da-ma.<u>ri</u>.nha⟩ (pl. *guarda-marinhas*, *guardas-marinha* ou *guardas-marinhas*) s.2g. Na Marinha, pessoa cujo posto é superior ao de suboficial e inferior ao de segundo-tenente.

guarda-mor ⟨guar.da-<u>mor</u>⟩ (pl. *guardas-mores*) s.m. Em um porto, chefe de polícia encarregado da alfândega.

guardamoria ⟨guar.da.mo.<u>ri</u>.a⟩ s.f. Repartição alfandegária encarregada de fiscalizar portos e navios.

guarda-móveis ⟨guar.da-<u>mó</u>.veis⟩ s.m.2n. Lugar destinado a guardar móveis mediante o pagamento de uma taxa.

guardanapo ⟨guar.da.<u>na</u>.po⟩ s.m. Peça de tecido ou de papel que serve para limpar as mãos ou os lábios durante as refeições.

guarda-noturno ⟨guar.da-no.<u>tur</u>.no⟩ (pl. *guardas-noturnos*) s.2g. Pessoa que se dedica profissionalmente a vigiar e a proteger uma propriedade durante a noite.

guarda-pó ⟨guar.da-<u>pó</u>⟩ (pl. *guarda-pós*) s.m. Peça do vestuário, comprida e com mangas, feita de tecido leve, que se coloca sobre a roupa para protegê-la do pó ou da sujeira.

guardar ⟨guar.<u>dar</u>⟩ ▌ v.t.d. **1** Vigiar, defender ou proteger: *Os cães guardam a casa*. ▌ v.t.d./v.t.d.i. **2** Colocar (algo) [em um lugar seguro]: *Guardamos os livros na estante*. ▌ v.t.d. **3** Conservar ou reter: *Guardo boas lembranças das férias*. **4** Ocultar, não revelar ou não manifestar: *É um menino tímido e guarda suas emoções para si*. **5** Ter ou conter: *Nesta região, as casas guardam semelhanças com as da Suíça*. **6** Manter uma atitude ou um comportamento de respeito perante (um período ou uma situação): *Ela costuma guardar os dias santos*. **7** Economizar ou não gastar: *Todo mês, guardo uma parte de meu salário*. ▌ v.prnl. **8** Prevenir-se ou proteger-se: *Usa um patuá para se guardar do mau-olhado*. ☐ GRAMÁTICA Na acepção 8, usa-se a construção *guardar-se DE (algo/alguém)*.

guarda-roupa ⟨guar.da-<u>rou</u>.pa⟩ (pl. *guarda-roupas*) s.m. **1** Armário em que se guardam as roupas. **2** Conjunto de roupas de uma pessoa: *Como emagreceu muito, teve de trocar seu guarda-roupa*.

guarda-sol ⟨guar.da-<u>sol</u>⟩ (pl. *guarda-sóis*) s.m. Utensílio semelhante a um guarda-chuva, só que de proporções maiores, que se utiliza para se proteger do sol, geralmente em uma praia.

guardião, ã ⟨guar.di.<u>ão</u>, <u>ã</u>⟩ (pl. *guardiães* ou *guardiões*) s. Pessoa que guarda algo e cuida dele.

guariba ⟨gua.<u>ri</u>.ba⟩ s.m. Macaco herbívoro de pequeno porte, com pelagem preta ou marrom-avermelhada, com cauda preênsil usada para se segurar nos galhos, e que emite sons graves, potentes e característicos. ☐ SIN. bugio. ☐ ORIGEM É uma palavra de origem tupi. ☐ GRAMÁTICA É um substantivo epiceno: *o guariba (macho/fêmea)*.

guarida ⟨gua.<u>ri</u>.da⟩ s.f. **1** Lugar protegido que serve de refúgio para alguns animais. **2** Lugar a que se recorre para livrar-se de um perigo ou de uma ameaça. ☐ SIN. abrigo, refúgio. **3** Construção ou cabine que servem de resguardo ou proteção para as pessoas que vigiam. ☐ SIN. guarita, vigia.

guarita ⟨gua.<u>ri</u>.ta⟩ s.f. Construção ou cabine que servem de resguardo ou proteção para as pessoas que vigiam. ☐ SIN. guarida, vigia.

guarnecer ⟨guar.ne.<u>cer</u>⟩ ▌ v.t.d./v.t.d.i. **1** Prover (uma pessoa ou um lugar) [de guarnições]: *guarnecer uma despensa*. ▌ v.t.d. **2** Proteger ou defender (um lugar): *Dois soldados guarneciam a entrada do quartel*. **3** Adornar, enfeitar ou ornamentar: *Guarneceu os pratos com folhas verdes e legumes*. ☐ ORTOGRAFIA Antes de a ou o, o c muda para ç →CONHECER.

guarnição ⟨guar.ni.<u>ção</u>⟩ (pl. *guarnições*) s.f. **1** Aquilo que protege ou que guarnece: *Usou um casaco como guarnição para as costas*. **2** Tropa que protege ou que defende um lugar: *Algumas guarnições foram destacadas para defender a ponte do ataque inimigo*. **3** Adorno, enfeite ou acessório: *Renovou as guarnições da sala*. **4** Alimento ou conjunto de alimentos que acompanham o prato principal: *Junto com a carne, serviram arroz como guarnição*. **5** Em uma arma branca, especialmente em uma espada, parte da extremidade do cabo destinada a proteger a mão.

guarulhense ⟨gua.ru.<u>lhen</u>.se⟩ adj.2g./s.2g. De Guarulhos ou relacionado a essa cidade do estado brasileiro de São Paulo.

guatemalense ⟨gua.te.ma.<u>len</u>.se⟩ adj.2g./s.2g. Da Guatemala ou relacionado a esse país centro-americano. ☐ SIN. guatemalteco.

guatemalteco, ca ⟨gua.te.mal.<u>te</u>.co, ca⟩ adj./s. Da Guatemala ou relacionado a esse país centro-americano. ☐ SIN. guatemalense.

guaxinim ⟨gua.xi.<u>nim</u>⟩ (pl. *guaxinins*) s.m. Mamífero carnívoro, de hábitos noturnos, pelagem fina, espessa e acinzentada, cauda comprida com anéis brancos que se alternam com outros de cor escura, com uma mancha preta ao redor dos olhos, e sem pelos nas patas dianteiras. ☐ GRAMÁTICA É um substantivo epiceno: *o guaxinim (macho/fêmea)*.

gude ⟨<u>gu</u>.de⟩ s.m. **1** Bola ou esfera pequenas e de material duro, geralmente de vidro, que são usadas para jogar. **2** Jogo que se pratica com essas bolas ou esferas.

guedelha ⟨gue.<u>de</u>.lha⟩ (Pron. [guedêlha]) s.f. **1** Conjunto de pelos ou cabelos, especialmente se forem compridos e despenteados. **2** Mecha de cabelo. ☐ SIN. melena.

gueixa ⟨<u>guei</u>.xa⟩ s.f. Cantora e dançarina japonesa encarregada de entreter os homens em um estabelecimento comercial, especialmente os de chá.

guelra ⟨<u>guel</u>.ra⟩ s.f. Em alguns animais, especialmente se forem aquáticos, órgão respiratório formado por lâminas ou filamentos e que pode ser externo ou interno, de acordo com as fases de desenvolvimento ou com as espécies. ☐ SIN. brânquia.

guepardo ⟨gue.<u>par</u>.do⟩ s.m. Mamífero carnívoro felino de pelagem clara com manchas escuras, que é capaz de correr em grande velocidade. ☐ GRAMÁTICA É um substantivo epiceno: *o guepardo (macho/fêmea)*.

guerra ⟨<u>guer</u>.ra⟩ s.f. **1** Luta armada entre nações ou entre grupos adversários. **2** Conflito, briga ou luta, especialmente se forem entre duas ou mais pessoas: *Os dois se mantinham em guerra por causa de suas opiniões divergentes*. **3** Combate, batalha ou luta contra algo que se considera prejudicial ou nocivo: *A população está em guerra contra a insegurança*. ‖ **guerra biológica** Aquela em que se utilizam armas de destruição em massa com componentes biológicos vivos ou toxinas, prejudiciais ou mortais aos seres humanos, aos animais ou ao meio em que vivem. ‖ **guerra civil** Aquela que ocorre entre os habitantes de um mesmo lugar ou de uma mesma nação. ‖ **guerra de nervos** Aquela que se desenvolve sem violência física e que recorre somente a procedimentos que visam desmoralizar ou enfraquecer o adversário. ‖ **guerra fria** Situação de hostilidade e de tensão entre duas nações ou grupos de nações, especialmente aquela que surgiu entre os blocos capitalista e socialista depois da Segunda Guerra Mundial. ‖ **guerra química** Aquela em que se utilizam

guerrear

armas de destruição em massa com componentes químicos, prejudiciais ou mortais aos seres humanos, aos animais ou ao meio em que vivem. ‖ **guerra santa** Aquela que é feita por motivos religiosos, especialmente aquela que fazem os muçulmanos contra aqueles que não o são.

guerrear 〈guer.re.ar〉 ▌v.t.d. **1** Travar guerra contra (um inimigo). ▌v.int. **2** Fazer guerra. ☐ ORTOGRAFIA O e muda para ei quando a sílaba tônica estiver na raiz do verbo →NOMEAR.

guerreiro, ra 〈guer.rei.ro, ra〉 ▌adj. **1** Da guerra ou relacionado a ela. **2** Que não se aflige perante as dificuldades ou que se empenha para conseguir algo: *um espírito guerreiro.* ▌s. **3** Pessoa que luta na guerra.

guerrilha 〈guer.ri.lha〉 s.f. **1** Grupo de pessoas armadas que não pertence a um exército e que luta contra o inimigo mediante ataques surpresa ou emboscadas. **2** Luta travada por esse grupo de pessoas.

guerrilheiro, ra 〈guer.ri.lhei.ro, ra〉 ▌adj. **1** Da guerrilha ou relacionado a ela. ▌s. **2** Pessoa que combate em uma guerrilha.

gueto 〈gue.to〉 (Pron. [guêto]) s.m. **1** Minoria de pessoas com uma mesma origem, que vive marginalizada do restante da sociedade. **2** Bairro em que vive essa minoria de pessoas: *Durante a Segunda Guerra Mundial, os nazistas obrigaram os judeus a viverem em guetos.*

guia 〈gui.a〉 ▌s.2g. **1** Pessoa que conduz alguém ou um grupo com a finalidade de mostrar ou de prestar esclarecimentos sobre um local, um museu ou um monumento, especialmente se for habilitada para realizar esse trabalho: *um guia turístico.* **2** Nas religiões afro-brasileiras, entidade incorporada por um médium. ▌s.m. **3** Aquilo que orienta, encaminha ou serve de orientação: *O professor de literatura nos forneceu um guia para a leitura do romance.* **4** Publicação que contém informações ou uma lista de dados referentes a um determinado assunto: *um guia de viagens; um guia gastronômico.* ▌s.f. **5** Em uma calçada, borda saliente que serve para separá-la de uma via: *Quando foi estacionar, o pneu de seu carro subiu na guia.* ☐ SIN. meio-fio. **6** Documento que autoriza uma determinada ação: *uma guia de internação; uma guia de remessa.* **7** Documento ou formulário com os quais se encaminha um pagamento: *uma guia de cobrança.* **8** Nas religiões afro-brasileiras, colar de contas ou de miçangas que, de acordo com suas cores, representa um determinado orixá: *A cor da guia de Oxum é azul e branca.* **9** Tira ou cabo resistentes que se prendem a uma coleira e com os quais se conduz um animal.

guião 〈gui.ão〉 (pl. *guiães* ou *guiões*) s.m. **1** Em uma procissão, em uma irmandade ou em uma tropa emblema ou bandeira que se levam à frente. **2** Em uma tropa, soldado ou cavaleiro que carregam esse emblema ou essa bandeira. **3** Em uma bicicleta ou em outro veículo de duas rodas, peça metálica horizontal sobre cujas extremidades, em formato de cabo, apoiam-se as mãos para controlar a direção. ☐ SIN. guidão.

guiar 〈gui.ar〉 ▌v.t.d./v.t.d.i./v.prnl. **1** Orientar(-se) ou ir à frente mostrando o caminho a (alguém ou um grupo) [em um lugar]: *Um monitor nos guiou na visita ao museu.* ▌v.t.d.i. **2** Orientar (alguém) por meio de ensinamentos e de conselhos [em uma decisão]: *A experiência do pai sempre guiaram o filho em difíceis escolhas.* ▌v.t.d./v.int. **3** Conduzir (um veículo) ou dirigir. ▌v.prnl. **4** Orientar-se ou dirigir-se: *Guiou-se pela intuição para resolver a situação.*

guichê 〈gui.chê〉 s.m. Em um estabelecimento comercial ou bancário, abertura ou janela pequenas através das quais se atende ao público.

guidão 〈gui.dão〉 (pl. *guidões*) s.m. Em uma bicicleta ou em outro veículo de duas rodas, peça metálica horizontal sobre cujas extremidades, em formato de cabo, apoiam-se as mãos para controlar a direção. ☐ SIN. guião. ☐ ORTOGRAFIA Escreve-se também *guidom*.

guidom 〈gui.dom〉 (pl. *guidons*) s.m. →guidão

guilhotina 〈gui.lho.ti.na〉 s.f. **1** Instrumento composto por uma lâmina que desliza por uma armação de madeira, e que era usada para cortar a cabeça de condenados à morte: *A guilhotina foi inventada na França, e muito utilizada durante a Revolução Francesa.* **2** Equipamento utilizado para cortar papel.

guilhotinar 〈gui.lho.ti.nar〉 v.t.d. **1** Decapitar ou cortar a cabeça de (alguém) com uma guilhotina. **2** Cortar com uma guilhotina (um papel ou outro material semelhante).

quimba 〈guim.ba〉 s.f. *informal* Parte de cigarro ou charuto que se deixa sem fumar. ☐ ORIGEM É uma palavra de origem africana.

guinada 〈gui.na.da〉 s.f. **1** Mudança brusca ou repentina de direção: *A guinada do ônibus evitou um grave acidente.* **2** Mudança de comportamento, de atitude ou de situação: *O novo emprego deu uma guinada em sua carreira.*

guinar 〈gui.nar〉 v.t.d./v.t.i./v.int. Fazer mudar ou mudar de trajetória de maneira brusca ou repentina [para uma direção]: *Guinou a bicicleta para desviar do buraco. Teve que guinar para a direita para evitar um acidente.*

guinchar 〈guin.char〉 ▌v.t.d. **1** Içar ou arrastar (um veículo) sobre uma superfície: *O guarda mandou guinchar o carro estacionado em local proibido.* ▌v.int. **2** Soltar guinchos ou sons agudos e desagradáveis (um animal). ☐ GRAMÁTICA Na acepção 2, é um verbo unipessoal: só se usa nas terceiras pessoas do singular e do plural, no particípio, no gerúndio e no infinitivo →MIAR.

guincho 〈guin.cho〉 s.m. **1** Guindaste pequeno. **2** Veículo equipado com esse guindaste e que se utiliza para remover ou rebocar carros. **3** Som agudo ou desagradável: *Ao longe, ouvíamos os guinchos dos animais.*

guindar 〈guin.dar〉 v.t.d./v.t.d.i./v.prnl. Alçar(-se) [a uma posição a uma categoria elevadas]: *Sua dedicação o guindou a uma posição de chefia.*

guindaste 〈guin.das.te〉 s.m. Máquina de estrutura metálica com um eixo vertical em que se enrolam um cabo ou uma corrente, usada para levantar e transportar grandes pesos. ☐ SIN. grua.

guineano, na 〈gui.ne.a.no, na〉 adj./s. Da Guiné ou relacionado a esse país africano. ☐ SIN. guineia, guinéu. ☐ USO É diferente de *guineense* (da Guiné-Bissau ou relacionado a esse país africano).

guineense 〈gui.ne.en.se〉 adj.2g./s.2g. Da Guiné-Bissau ou relacionado a esse país africano. ☐ USO É diferente de *guineano* (da Guiné ou relacionado a esse país africano).

guineia 〈gui.nei.a〉 (Pron. [guinéia]) Feminino de guinéu. ☐ SIN. guineana.

guinéu 〈gui.néu〉 ▌adj./s.m **1** Da Guiné ou relacionado a esse país africano. ☐ SIN. guineano. ▌s.m. **2** Antiga moeda inglesa de ouro. ☐ GRAMÁTICA Na acepção 1, seu feminino é *guineia*.

guinéu-equatoriano, na 〈gui.néu-e.qua.to.ri.a.no, na〉 (pl. *guinéu-equatorianos*) adj./s. Da Guiné Equatorial ou relacionado a esse país africano.

guiomaense 〈gui.o.ma.en.se〉 adj.2g./s.2g. De Senador Guiomard ou relacionado a essa cidade do estado brasileiro do Acre.

guirlanda 〈guir.lan.da〉 s.f. Coroa feita com flores, folhas, pedrarias ou outros objetos entrelaçados, usada como adorno. ☐ SIN. grinalda.

guisa 〈gui.sa〉 s.f. Modo, maneira ou semelhança com algo. ‖ **à guisa de** À maneira de ou ao modo de: *Leu um poema à guisa de introdução.*

gutural

guisado ⟨gui.sa.do⟩ s.m. Prato feito geralmente à base de pedaços de carne, batatas, verduras ou outros ingredientes, cozidos e com caldo.

guisar ⟨gui.sar⟩ v.t.d. Preparar (um alimento) submetendo-o à ação do fogo, especialmente se for cozido em um caldo depois de ser refogado.

guitarra ⟨gui.tar.ra⟩ s.f. Instrumento musical com sistema eletrônico de captação de som, de corpo geralmente maciço feito de madeira ou de fibra sintética, com seis cordas de aço, tocadas com uma palheta ou com os dedos, que se prolongam por um braço em cujo extremo superior há seis cravelhas que tensionam as cordas. ‖ **guitarra (elétrica)** Aquela em que a vibração das cordas é captada quando conectada a um amplificador eletrônico. [◉ instrumentos de corda p. 215]

guitarrista ⟨gui.tar.ris.ta⟩ s.2g. Músico que toca guitarra.

guizo ⟨gui.zo⟩ s.m. Bola metálica, oca e com uma abertura em sua parte inferior, que contém pequenos pedaços de ferro ou de outro material para que produza um som ao ser agitada.

gula ⟨gu.la⟩ s.f. **1** Excesso na comida ou na bebida. **2** Desejo intenso ou irresistível por doces ou alimentos apetitosos: *Sua gula ainda o fará engordar muito.* ▫ SIN. gulodice.

gulodice ⟨gu.lo.di.ce⟩ s.f. **1** Alimento apetitoso e delicado, geralmente doce, que se costuma comer sem necessidade e somente para agradar ao paladar. ▫ SIN. guloseima. **2** Desejo intenso ou irresistível por doces ou alimentos apetitosos. ▫ SIN. gula.

guloseima ⟨gu.lo.sei.ma⟩ s.f. Alimento apetitoso e delicado, geralmente doce, que se costuma comer sem necessidade e somente para agradar ao paladar. ▫ SIN. gulodice.

guloso, sa ⟨gu.lo.so, sa⟩ (Pron. [gulôso], [gulósa], [gulósos], [gulósas]) adj./s. **1** Que ou quem tem gula. **2** Que ou quem gosta de comer guloseimas.

gume ⟨gu.me⟩ s.m. Parte afiada de um instrumento cortante: *o gume de uma navalha.* ▫ SIN. fio.

guri ⟨gu.ri⟩ s.m. Criança ou menino: *Ao ver a mãe, o guri correu para os seus braços.* ▫ ORIGEM É uma palavra de origem tupi. ▫ GRAMÁTICA Seu feminino é *guria*.

guria ⟨gu.ri.a⟩ s.f. **1** Feminino de guri. **2** Moça ou garota com quem se namora.

gurizada ⟨gu.ri.za.da⟩ s.f. Grupo de crianças.

guru ⟨gu.ru⟩ ▮ s.2g. **1** *informal* Pessoa que orienta ou que determina aquilo que irá acontecer, especialmente em uma atividade profissional: *um guru da informática.* ▮ s.m. **2** Chefe ou líder espiritual de um grupo religioso de inspiração oriental, especialmente se for hindu. ▫ GRAMÁTICA Na acepção 2, usa-se tanto para o masculino quanto para o feminino: *(ele/ela) é um guru*.

gurupiense ⟨gu.ru.pi.en.se⟩ adj.2g./s.2g. De Gurupi ou relacionado a essa cidade do estado brasileiro do Tocantins.

gusa ⟨gu.sa⟩ s.2g. Em metalurgia, ferro que é retirado do alto-forno, geralmente com elevada concentração de carbono e impurezas. ▫ USO É a forma reduzida e mais usual de *ferro-gusa*.

gustação ⟨gus.ta.ção⟩ (pl. *gustações*) s.f. **1** Ato de provar uma pequena quantidade de alimento ou de bebida por meio do paladar. ▫ SIN. degustação. **2** Sentido que permite perceber os sabores: *A gustação distingue quatro sabores: o amargo, o ácido, o salgado e o doce.* ▫ SIN. paladar.

gustativo, va ⟨gus.ta.ti.vo, va⟩ adj. Da gustação, do paladar ou relacionado a eles. ▫ SIN. gustatório.

gustatório, ria ⟨gus.ta.tó.rio, ria⟩ adj. Da gustação, do paladar ou relacionado a eles. ▫ SIN. gustativo.

gutural ⟨gu.tu.ral⟩ (pl. *guturais*) adj.2g. **1** Da garganta ou relacionado a ela. **2** Em linguística, em relação a um som, que se articula aproximando-se do dorso da língua até a parte posterior do palato mole e formando uma estreita passagem por onde passa o ar expirado: *Em português, [k] e [g] são sons guturais.*

h ❙ s.m. **1** Oitava letra do alfabeto. ❙ numer. **2** Em uma sequência, que ocupa o oitavo lugar: *Sentamos na fileira h.* ☐ GRAMÁTICA Na acepção 1, o plural é *hh*.

hã interj. **1** Expressão usada para indicar que não se ouviu ou que não se compreendeu aquilo que foi dito por alguém: *Hã? O que foi mesmo que você disse?* **2** Expressão usada para indicar surpresa ou admiração: *Hã! Você por aqui!*

habeas corpus *(expressão latina)* (Pron. [ábeas córpus]) s.m. Em direito, procedimento pelo qual se solicita a um juiz ou a um tribunal a salvaguarda do direito de se locomover, para alguém que foi preso ilegalmente: *Saiu da prisão graças a um habeas corpus.*

hábil ⟨há.bil⟩ (pl. *hábeis*) adj.2g. **1** Que tem habilidade. ☐ SIN. habilidoso. **2** Que resulta apropriado, útil ou adequado para algo. **3** Que é rápido ou ágil. **4** Que é legalmente apto para algo: *Entregamos o documento em tempo hábil.*

habilidade ⟨ha.bi.li.da.de⟩ s.f. Qualidade de quem faz algo bem ou com facilidade: *Minha amiga tem muita habilidade com as mãos, faz dobraduras maravilhosas.*

habilidoso, sa ⟨ha.bi.li.do.so, sa⟩ (Pron. [habilidôso], [habilidósa], [habilidósos], [habilidósas]) adj. Que tem habilidade. ☐ SIN. hábil.

habilitação ⟨ha.bi.li.ta.ção⟩ (pl. *habilitações*) s.f. **1** Ato ou efeito de habilitar(-se). **2** Documento oficial de autorização concedido a uma pessoa para realizar uma atividade: *a carteira de habilitação profissional.*

habilitar ⟨ha.bi.li.tar⟩ ❙ v.t.d.i./v.prnl. **1** Tornar(-se) capaz, apto ou adequado [para algo]: *Habilitou a velha garagem para fazer um salão de jogos.* ☐ SIN. capacitar. ❙ v.t.d. **2** Em informática, ativar (um sistema ou uma função). ❙ v.t.d.i./v.prnl. **3** Colocar(-se) à disposição [de algo ou de alguém]: *Habilito-me a fazer o que você precisar.*

habitação ⟨ha.bi.ta.ção⟩ (pl. *habitações*) s.f. Lugar onde se mora. [⦿ habitação p. 420]

habitacional ⟨ha.bi.ta.ci.o.nal⟩ (pl. *habitacionais*) adj.2g. Da habitação ou relacionado a ela.

habitáculo ⟨ha.bi.tá.cu.lo⟩ s.m. Em um veículo, espaço destinado aos seus ocupantes.

habitante ⟨ha.bi.tan.te⟩ adj.2g./s.2g. Que ou quem habita um lugar.

habitar ⟨ha.bi.tar⟩ ❙ v.t.d./v.t.i. **1** Viver habitualmente [em um lugar]: *Habito no litoral, mas nasci no interior.* ☐ SIN. morar, residir. ❙ v.t.d. **2** Ocupar ou povoar (um lugar): *Até a colonização europeia, os tupis habitavam quase toda a costa brasileira.*

habitat *(palavra latina)* (Pron. [ábitat]) s.m.2n. Área ou meio em que uma determinada espécie animal ou vegetal habitam.

habitável ⟨ha.bi.tá.vel⟩ (pl. *habitáveis*) adj.2g. Que pode ser habitado porque reúne as condições necessárias.

hábito ⟨há.bi.to⟩ s.m. **1** Modo de agir adquirido por uma prática frequente: *Tenho o hábito de levantar cedo.* ☐ SIN. costume. **2** Uso ou costume: *o hábito da leitura.* **3** Vestimenta característica dos membros de uma ordem ou congregação religiosas.

habitual ⟨ha.bi.tu.al⟩ (pl. *habituais*) adj.2g. Que se faz por hábito ou por costume ou que é frequente, ordinário ou usual. ☐ SIN. costumeiro.

habituar ⟨ha.bi.tu.ar⟩ v.t.d./v.prnl. Acostumar(-se) (alguém) [a uma atividade] ou fazer adquirir um hábito: *Os meninos se habituaram a acordar cedo.*

hacker *(palavra inglesa)* (Pron. [ráquer]) s.2g. Em informática, pessoa com interesse muito grande por computadores, capaz de subverter o uso normal de programas ou de sistemas de informática, geralmente de forma ilegal.

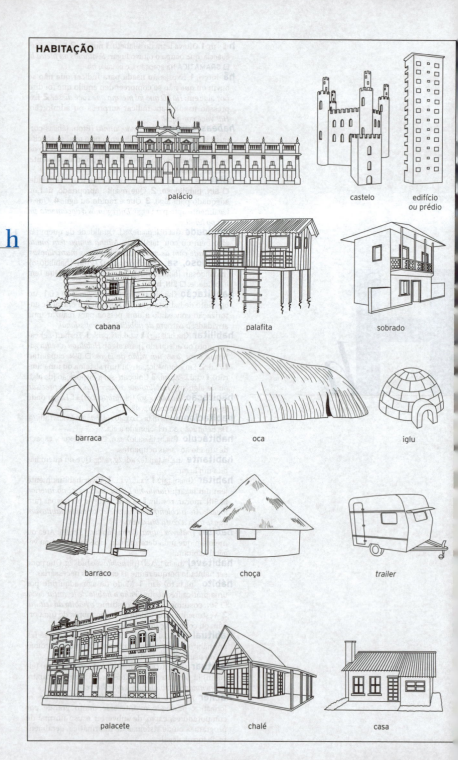

havaiano

háfnio ⟨háf.nio⟩ s.m. Elemento químico da família dos metais, de número atômico 72, sólido, facilmente deformável e pouco abundante na costa terrestre. ☐ ORIGEM É uma palavra que vem do latim *Hafnia* (Copenhague), cidade onde esse elemento foi descoberto. ☐ ORTOGRAFIA Seu símbolo químico é *Hf*, sem ponto.

hagiografia ⟨ha.gi.o.gra.fi.a⟩ s.f. Biografia ou relato sobre a vida de um santo.

haicai ⟨hai.cai⟩ s.m. Poesia de origem japonesa composta por três versos, sendo que o primeiro tem cinco sílabas, o segundo, sete e o terceiro, cinco.

haitiano, na ⟨hai.ti.a.no, na⟩ adj./s. Do Haiti ou relacionado a esse país centro-americano.

hálito ⟨há.li.to⟩ s.m. **1** Ar expirado pela boca. **2** Odor liberado pela boca: *Este creme dental deixa o hálito agradável.*

halitose ⟨ha.li.to.se⟩ s.f. Mau odor do hálito.

hall *(palavra inglesa)* (Pron. [ról]) s.m. Saguão ou sala localizados na entrada de um prédio. ☐ SIN. vestíbulo.

halo ⟨ha.lo⟩ s.m. **1** Fenômeno atmosférico que consiste na visualização de um círculo luminoso ao redor de alguns corpos celestes, especialmente a Lua e o Sol. **2** Círculo luminoso que envolve a cabeça dos santos. ☐ SIN. auréola, nimbo, resplendor.

halter ⟨hal.ter⟩ s.m. →haltere

haltere ⟨hal.te.re⟩ s.m. Instrumento de ginástica que é composto por uma barra com pesos ou discos de metal em suas extremidades. ☐ ORTOGRAFIA Escreve-se também *halter*.

halterofilismo ⟨hal.te.ro.fi.lis.mo⟩ s.m. Esporte ou atividade física que consistem no levantamento de halteres.

hambúrguer ⟨ham.búr.guer⟩ s.m. **1** Bife de carne moída temperada, geralmente com formato redondo. **2** Sanduíche feito com esse bife.

hamster *(palavra inglesa)* (Pron. [râmister]) s.m. Mamífero roedor, de pequeno porte, de cauda curta, que é usado em pesquisas de laboratório ou como animal de estimação. ☐ GRAMÁTICA É um substantivo epiceno: o *hamster {macho/fêmea}*.

handebol ⟨han.de.bol⟩ (pl. *handebóis*) s.m. Esporte jogado com as mãos entre duas equipes de sete jogadores que tentam colocar a bola no gol adversário.

hangar ⟨han.gar⟩ s.m. Espaço grande e coberto em forma de galpão, geralmente utilizado para abrigar ou consertar aviões.

hanseniano, na ⟨han.se.ni.a.no, na⟩ ❚ adj. **1** Da hanseníase ou relacionado a essa doença. ❚ adj./s. **2** Que ou quem sofre de hanseníase.

hanseníase ⟨han.se.ní.a.se⟩ s.f. Doença infecciosa causada por uma bactéria e caracterizada por lesões cutâneas e nervosas.

haraquiri ⟨ha.ra.qui.ri⟩ s.m. Suicídio ritual de origem japonesa, geralmente cometido por guerreiros e nobres, que consiste em rasgar o próprio ventre com um sabre ou uma faca.

haras ⟨ha.ras⟩ s.m.2n. Lugar destinado à criação de cavalos de corrida.

hard rock *(palavra inglesa)* (Pron. [rárd róc]) s.m. Composição musical de origem norte-americana, semelhante ao *rock*, mas de andamento muito acelerado, com acompanhamento ruidoso e letras que manifestam reivindicações políticas e sociais.

hardware *(palavra inglesa)* (Pron. [rárduer]) s.m. Em informática, conjunto dos elementos físicos de um computador.

harém ⟨ha.rém⟩ (pl. *haréns*) s.m. Parte do palácio de um sultão muçulmano reservado às mulheres. ☐ SIN. serralho.

harmonia ⟨har.mo.ni.a⟩ s.f. **1** Proporção ou disposição bem ordenadas. **2** Paz e bom relacionamento: *A harmonia entre os jogadores é um dos segredos do time.* **3** Em música, disciplina que estuda os princípios de ocorrência simultânea de sons na forma de acordes e das relações de encadeamento entre eles. **4** Em música, ocorrência simultânea de sons e encadeamento entre os acordes.

harmônica ⟨har.mô.ni.ca⟩ s.f. Instrumento musical de sopro com pequenas fendas, que é tocado deslizando-o pelos lábios enquanto se sopra ou aspira, forçando o ar através de palhetas. ☐ SIN. gaita. [👁 **instrumentos de sopro** p. 747]

harmônico, ca ⟨har.mô.ni.co, ca⟩ adj. Da harmonia ou relacionado a ela.

harmônio ⟨har.mô.nio⟩ s.m. Instrumentos musical semelhante ao órgão, operado através de teclado e pedais, onde os tubos são substituídos por palhetas livres.

harmonioso, sa ⟨har.mo.ni.o.so, sa⟩ (Pron. [harmoniôso], [harmoniósa], [harmoniósos], [harmoniósas]) adj. **1** Que tem harmonia entre suas partes. **2** Que é sonoro e agradável de ouvir.

harmonizar ⟨har.mo.ni.zar⟩ v.t.d./v.t.d.i./v.int./v.prnl. Pôr(-se) em harmonia ou em bom relacionamento [com algo ou alguém] ou combinar-se: *O acordo harmonizou o interesse das duas partes.*

harpa ⟨har.pa⟩ s.f. Instrumento musical de corda antigo, de formato triangular, som suave, com cordas de comprimentos diferentes, colocadas verticalmente, controladas por pedais, unidas por um de seus extremos a uma caixa de ressonância e que são tocadas com os dedos de ambas as mãos. [👁 **instrumentos de corda** p. 215]

harpia ⟨har.pi.a⟩ s.f. **1** Ave de rapina de grande porte, de corpo cinza claro na parte superior e branco na parte inferior, cauda listrada de preto, e cujas garras são fortes e podem capturar mamíferos grandes. **2** Na mitologia grega, divindade representada por um rosto de mulher, corpo de ave de rapina e garras afiadas. ☐ GRAMÁTICA Na acepção 1, é um substantivo epiceno: *a harpia {macho/fêmea}*.

harpista ⟨har.pis.ta⟩ s.2g. Músico que toca harpa.

hasta ⟨has.ta⟩ s.f. **1** Arma constituída de uma barra comprida, em cuja extremidade está presa uma ponta fina e cortante. ☐ SIN. lança. **2** Venda pública na qual aquilo que se vende é arrematado ao melhor preço ou a quem oferece mais dinheiro: *Compramos uma estatueta em uma hasta de antiguidades.* ☐ SIN. leilão. ‖ **hasta pública** Aquela em que o poder público vende bens.

haste ⟨has.te⟩ s.f. **1** Peça de madeira ou de metal utilizada para prender ou para apoiar algo: *No acampamento, prendemos uma linha a uma haste e a usamos como varal.* **2** Em uma planta herbácea ou arbustiva, caule geralmente verde: *Cuidado ao colher rosas, pois há espinhos nas hastes.* **3** Peça utilizada para içar bandeiras. ☐ SIN. mastro, pau. **4** Em algumas letras ou em alguns sinais gráficos, traço que os compõe ou que os distingue: *a haste da letra p.* ☐ SIN. perna.

hastear ⟨has.te.ar⟩ v.t.d. Erguer ou prender em uma haste: *Hastearam a bandeira enquanto soava o hino nacional.* ☐ ORTOGRAFIA O *e* muda para *ei* quando a sílaba tônica estiver na raiz do verbo →NOMEAR.

haurir ⟨hau.rir⟩ v.t.d. Retirar ou extrair de um lugar: *Nesses livros, você vai haurir grandes ensinamentos.* ☐ GRAMÁTICA É um verbo defectivo, pois não apresenta conjugação completa →BANIR.

havaiano, na ⟨ha.vai.a.no, na⟩ adj./s. Do Havaí ou relacionado a esse arquipélago do oceano Pacífico.

h

havana ⟨ha.va.na⟩ ▌adj.2g.2n./s.m. **1** De cor castanho-clara como a este tabaco. ▌s.m. **2** Charuto puro elaborado em Cuba (país caribenho). **3** Tabaco cultivado nesse país, com o qual esse charuto é elaborado.

haver ⟨ha.ver⟩ ▌s.m. **1** Em uma conta, parte em que são apontadas as quantidades ou entradas a favor do titular. ▌s.m.pl. **2** Bens, posses ou riquezas: *Relacionou todos os seus haveres no testamento.* ▌v.t.d. **3** Existir: *Há problemas entre eles.* **4** Estar presente: *Havia muitas pessoas na praia.* **5** Ter transcorrido (um período de tempo): *Há cinco anos deixou o país e não voltou mais.* **6** Ocorrer ou produzir-se: *Nas grandes cidades, costuma haver muitos congestionamentos.* ▌v.prnl. **7** Comportar-se ou proceder: *Como as crianças houveram-se durante a festa?* **8** Envolver-se ou implicar-se: *Se continuar agindo dessa maneira, vai se haver com problemas.* **9** Prestar contas: *Não faça isso senão terá que se haver com seu pai.* ☐ GRAMÁTICA 1. É um verbo irregular →HAVER. 2. Nas acepções de 3 a 6, é um verbo impessoal: só se usa na terceira pessoa do singular, no particípio, no gerúndio e no infinitivo →CHOVER. 3. Na acepção 9, usa-se a construção *haver-se* COM *algo*; na acepção 10, *haver-se* COM *alguém*. 4. Funciona como verbo auxiliar na construção *haver + de + verbo no infinitivo*, que indica um propósito futuro ou uma finalidade expressa por esse infinitivo: *O tempo há de apagar os maus momentos.* ☐ USO Usa-se também como verbo auxiliar para formar tempos compostos (*havia dito*).

haxixe ⟨ha.xi.xe⟩ (Pron. [rachiche]) s.m. Droga com propriedades entorpecentes, produzida a partir da resina das folhas e inflorescências do cânhamo.

HD (pl. *HDs*) s.m. Em um computador, disco magnético com grande capacidade de armazenamento, geralmente fixado em seu interior. ☐ SIN. disco rígido, *winchester*. ☐ ORIGEM É a sigla inglesa de *Hard Disc* (disco rígido).

headhunter *(palavra inglesa)* (Pron. [redirrânter]) s.2g. Pessoa que procura profissionais de diversas áreas com a intenção de contratá-los.

heavy metal *(palavra inglesa)* (Pron. [révi métal]) adj.2g.2n./s.m. →**metal**

hebdomadário, ria ⟨heb.do.ma.dá.rio, ria⟩ ▌adj. **1** Que acontece ou que se repete a cada semana. ☐ SIN. semanal. ▌s.m. **2** Publicação que aparece a cada semana: *Esse hebdomadário sai toda segunda.* ☐ SIN. semanário.

hebraico, ca ⟨he.brai.co, ca⟩ ▌adj. **1** Do antigo povo semita que habitou a Terra de Canaã (que posteriormente se tornou o Reino de Israel) ou relacionado a ele. ☐ SIN. hebreu, israelita, judaico, judeu. ▌s.m. **2** Língua semítica desse povo. ☐ SIN. hebreu.

hebreia ⟨he.brei.a⟩ (Pron. [hebréia]) Feminino de **hebreu**.

hebreu ⟨he.breu⟩ ▌adj./s.m. **1** Do antigo povo semita que habitou a terra de Canaã (que posteriormente se tornou o Reino de Israel) ou relacionado a ele. ☐ SIN. hebraico, israelita, judaico, judeu. ▌s.m. **2** Língua semítica desse povo. ☐ SIN. hebraico. ☐ GRAMÁTICA Na acepção 1, seu feminino é *hebreia*.

hecatombe ⟨he.ca.tom.be⟩ s.f. **1** Matança ou grande mortandade de pessoas ou de animais causadas geralmente por uma guerra ou por uma catástrofe. ☐ SIN. carnificina. **2** Desastre ou desgraça de grandes proporções: *O tsunami foi uma verdadeira hecatombe para aqueles países asiáticos.*

hectare ⟨hec.ta.re⟩ s.m. Unidade de área equivalente a dez mil metros quadrados: *Compraram uma fazenda de dois hectares.* ☐ ORTOGRAFIA Seu símbolo é *ha*, sem ponto.

hecto- Prefixo que significa *cem*: *hectograma, hectômetro*.

hectograma ⟨hec.to.gra.ma⟩ s.m. Unidade de massa equivalente a cem gramas. ☐ ORTOGRAFIA Seu símbolo é *hg*, sem ponto.

hectolitro ⟨hec.to.li.tro⟩ s.m. Unidade de volume equivalente a cem litros. ☐ ORTOGRAFIA Seu símbolo é *hl*, sem ponto.

hectômetro ⟨hec.tô.me.tro⟩ s.m. Unidade de comprimento equivalente a cem metros. ☐ ORTOGRAFIA Seu símbolo é *hm*, sem ponto.

hediondo, da ⟨he.di.on.do, da⟩ adj. Que é repulsivo por sua feiura, deformidade, sujeira ou obscenidade.

hedonismo ⟨he.do.nis.mo⟩ s.m. **1** Tendência a considerar a felicidade obtida por meio do prazer como a finalidade da vida. **2** Busca da felicidade por meio do prazer como finalidade de vida.

hegemonia ⟨he.ge.mo.ni.a⟩ s.f. **1** Supremacia ou domínio de um povo, nação ou Estado sobre outros: *Na Antiguidade, a Guerra do Peloponeso contribuiu para o fim da hegemonia de Atenas.* **2** Posição de destaque ou de superioridade: *A empresa investiu em novas tecnologias para não perder a hegemonia do mercado.*

hégira ⟨hé.gi.ra⟩ s.f. Data de partida do profeta Maomé da cidade de Meca para a cidade de Medina, considerada tradicionalmente como o início da era maometana.

hein interj. **1** Expressão usada para indicar que não se ouviu aquilo que foi dito por alguém: *Hein? Não estou ouvindo nada!* **2** Expressão usada para indicar revolta, espanto ou indignação: *O que foi que ele fez para castigá-lo, hein?*

helênico, ca ⟨he.lê.ni.co, ca⟩ adj./s. De Hélade, ou Grécia Antiga, ou relacionado a elas. ☐ USO É diferente de *heleno* (de Grécia ou relacionado a esse país europeu).

helenismo ⟨he.le.nis.mo⟩ s.m. **1** Em linguística, palavra, significado ou construção sintática do grego, especialmente os empregados em outra língua. **2** Período da cultura e da civilização gregas que abrange desde a morte de Alexandre Magno (rei macedônio) no século IV até a dominação romana no século I a.C. **3** Influência exercida pela cultura grega antiga em outras civilizações.

helenista ⟨he.le.nis.ta⟩ s.2g. Pessoa especializada no estudo da língua e da cultura gregas.

helenístico, ca ⟨he.le.nís.ti.co, ca⟩ adj. Do helenismo, dos helenistas ou relacionado a eles.

heleno, na ⟨he.le.no, na⟩ (Pron. [helêno]) adj./s. **1** Da Grécia ou relacionado a esse país europeu. ☐ SIN. grego. **2** Dos povos aqueu, dório, jônico ou eólio, cujas instalações em diversas zonas do litoral mediterrâneo deram lugar à civilização grega, ou relacionado a eles. ☐ USO É diferente de *helênico* (de Hélade, ou Grécia Antiga ou relacionado a elas).

helianto ⟨he.li.an.to⟩ s.m. **1** Planta herbácea de caule comprido, com folhas alternas e em formato de coração, inflorescências grandes e amarelas formadas por flores pequenas, e cujo fruto tem muitas sementes escuras e comestíveis que são usadas para a obtenção de óleo e para a alimentação de pássaros. ☐ SIN. girassol. **2** Inflorescência dessa planta. ☐ SIN. girassol.

hélice ⟨hé.li.ce⟩ s.f. **1** Instrumento formado por duas ou mais asas ou pás curvas que giram ao redor de um eixo, movidas por um motor que é utilizado como propulsor de barcos e aviões. **2** Em um ventilador ou em um moinho, instrumento semelhante que produz o vento. **3** Em geometria, curva espacial composta por uma linha com formato semelhante ao do corpo de um parafuso.

helicoidal ⟨he.li.coi.dal⟩ (pl. *helicoidais*) adj.2g. Com forma de hélice.

helicóptero ⟨he.li.cóp.te.ro⟩ s.m. Aeronave capaz de se elevar e se sustentar no ar por meio de hélices movidas por um motor.

hélio ⟨hé.lio⟩ s.m. Elemento químico da família dos não metais, de número atômico 2, gasoso, muito leve, incolor, insípido e de pouca atividade química. ☐ ORTOGRAFIA Seu símbolo químico é He, sem ponto.

heliocêntrico, ca ⟨he.li.o.cên.tri.co, ca⟩ adj. Em relação a um sistema astronômico, que considera o Sol como o centro do universo.

heliocentrismo ⟨he.li.o.cen.tris.mo⟩ s.m. Teoria científica que afirma ser o Sol o centro do universo.

heliotrópico, ca ⟨he.li.o.tró.pi.co, ca⟩ adj. Do heliotropismo ou relacionado a ele.

heliotropismo ⟨he.li.o.tro.pis.mo⟩ s.m. Fenômeno produzido pelas plantas quando direcionam seus ramos, suas flores ou suas folhas para o Sol.

heliporto ⟨he.li.por.to⟩ (Pron. [helipôrto], [helipórtos]) s.m. Local dotado de infraestrutura própria à aterrissagem e decolagem de helicópteros.

helvécio, cia ⟨hel.vé.cio, cia⟩ adj./s. **1** Da antiga Helvécia ou relacionado a essa região que atualmente corresponde à Suíça (país europeu). ☐ SIN. helvético. **2** Da Suíça ou relacionado a esse país europeu. ☐ SIN. helvético, suíço.

helvético, ca ⟨hel.vé.ti.co, ca⟩ adj./s. **1** Da antiga Helvécia ou relacionado a essa região que atualmente corresponde à Suíça (país europeu). ☐ SIN. helvécio. **2** Da Suíça ou relacionado a esse país europeu. ☐ SIN. helvécio, suíço.

hemácia ⟨he.má.cia⟩ s.f. Célula do sangue dos vertebrados que contém hemoglobina e cuja função é transportar oxigênio a todo o organismo. ☐ SIN. glóbulo vermelho.

hematita ⟨he.ma.ti.ta⟩ s.f. Minério de ferro oxidado, de cor avermelhada, marrom, cinza ou preta, e de grande dureza.

hematófago, ga ⟨he.ma.tó.fa.go, ga⟩ adj./s.m. Em relação a um animal, que se alimenta de sangue.

hematologia ⟨he.ma.to.lo.gi.a⟩ s.f. Estudo do sangue e dos órgãos que o produzem.

hematológico, ca ⟨he.ma.to.ló.gi.co, ca⟩ adj. Da hematologia, do hematologista, ou relacionado a eles.

hematologista ⟨he.ma.to.lo.gis.ta⟩ s.2g. Médico especializado no estudo do sangue e dos órgãos que o produzem.

hematoma ⟨he.ma.to.ma⟩ (Pron. [hematôma]) s.m. Acúmulo de sangue em um tecido devido a um derrame ou a uma hemorragia: *A queda me deixou com um hematoma no braço.*

hematose ⟨he.ma.to.se⟩ s.f. Processo químico que acontece nos pulmões e que consiste em trocas gasosas para estabilizar os níveis de oxigênio e gás carbônico no sangue.

hemeroteca ⟨he.me.ro.te.ca⟩ s.f. Seção de uma biblioteca onde são armazenados jornais, revistas e outras publicações periódicas.

hemiciclo ⟨he.mi.ci.clo⟩ s.m. **1** Em geometria, cada uma das metades de um círculo separadas por um diâmetro. ☐ SIN. semicírculo. **2** Anfiteatro em que as poltronas estão dispostas de maneira semicircular.

hemiplegia ⟨he.mi.ple.gi.a⟩ s.f. Paralisia de um lado do corpo, geralmente causada por uma lesão no encéfalo ou na medula espinhal.

hemisférico, ca ⟨he.mis.fé.ri.co, ca⟩ adj. Do hemisfério ou com a forma dele.

hemisfério ⟨he.mis.fé.rio⟩ s.m. **1** Em geometria, cada uma das metades de uma esfera dividida por um plano que passa por seu centro: *Se dividirmos uma laranja ao meio, teremos dois hemisférios.* **2** Em geografia, metade da esfera terrestre dividida horizontalmente por um círculo máximo imaginário: *Os hemisférios da Terra são separados pela linha do equador. O Brasil fica no hemisfério Sul.*

herbívoro

hemistíquio ⟨he.mis.tí.quio⟩ s.m. Em um verso, cada uma das divisões métricas determinadas pela pausa interna.

hemocentro ⟨he.mo.cen.tro⟩ s.m. Lugar, geralmente um hospital, em que se coleta sangue e seus derivados de doadores e que administra sua distribuição.

hemodiálise ⟨he.mo.di.á.li.se⟩ s.f. Em medicina, técnica terapêutica aplicada a pacientes renais crônicos, que consiste em eliminar as substâncias nocivas do sangue, fazendo-o passar através de uma membrana semipermeável.

hemofilia ⟨he.mo.fi.li.a⟩ s.f. Doença hereditária que se caracteriza pela dificuldade de coagulação do sangue.

hemofílico, ca ⟨he.mo.fí.li.co, ca⟩ ❙ adj. **1** Da hemofilia ou relacionado a essa doença. ❙ adj./s. **2** Que ou quem sofre dessa doença.

hemoglobina ⟨he.mo.glo.bi.na⟩ s.f. Proteína existente nas hemácias ou no plasma sanguíneo, que dá ao sangue sua cor vermelha característica, e cuja função principal é levar oxigênio para as células.

hemograma ⟨he.mo.gra.ma⟩ s.m. Exame de sangue que serve para realizar a contagem e a análise de seus componentes.

hemorragia ⟨he.mor.ra.gi.a⟩ s.f. Saída de sangue dos vasos sanguíneos em grande quantidade.

hemorrágico, ca ⟨he.mor.rá.gi.co, ca⟩ ❙ adj. **1** Da hemorragia, que causa hemorragia, ou relacionado a ela. ❙ adj./s. **2** Que ou quem sofre de hemorragia.

hemostático, ca ⟨he.mos.tá.ti.co, ca⟩ adj./s.m. Em relação a um medicamento, que serve para estancar uma hemorragia.

hepático, ca ⟨he.pá.ti.co, ca⟩ adj. Do fígado ou relacionado a esse órgão.

hepatite ⟨he.pa.ti.te⟩ s.f. Inflamação do fígado.

hepatologia ⟨he.pa.to.lo.gi.a⟩ s.f. Parte da medicina que estuda o fígado e o que estiver relacionado a ele.

hepta- Prefixo que significa *sete*: *heptassílabo*, *heptágono*.

heptaedro ⟨hep.ta.e.dro⟩ s.m. Figura geométrica sólida, tridimensional e com sete faces.

heptágono ⟨hep.tá.go.no⟩ s.m. Em geometria, polígono que tem sete lados.

heptassílabo, ba ⟨hep.tas.sí.la.bo, ba⟩ adj./s.m. Em relação a um verso, que tem sete sílabas.

hera ⟨he.ra⟩ s.f. Planta trepadeira com folhas sempre verdes e em formato de coração, flores esverdeadas, frutos escuros, e de cujos troncos e ramos brotam pequenas raízes similares a garras que se aderem a superfícies nas quais se apoiam. ☐ ORTOGRAFIA É diferente de *era*.

heráldica ⟨he.rál.di.ca⟩ s.f. Arte ou ciência que criam, explicam ou descrevem os escudos e os brasões. ☐ SIN. armaria.

heráldico, ca ⟨he.rál.di.co, ca⟩ adj. Da heráldica ou relacionado a ela.

herança ⟨he.ran.ça⟩ s.f. **1** Conjunto de bens, obrigações e direitos herdados com a morte de uma pessoa: *A herança dos pais foi dividida entre os filhos.* **2** Aquilo que é transmitido aos descendentes ou continuadores: *Sua educação é herança de seus pais.* **3** Em biologia, conjunto de características genéticas que são transmitidas de uma geração para outra: *a herança genética.*

herbáceo, cea ⟨her.bá.ceo, cea⟩ adj. Com a natureza ou com as qualidades próprias de uma erva.

herbicida ⟨her.bi.ci.da⟩ adj.2g./s.m. Em relação a um produto químico, que destrói ervas daninhas ou impede seu desenvolvimento.

herbívoro, ra ⟨her.bí.vo.ro, ra⟩ adj./s.m. Em relação a um animal, que se alimenta de vegetais, especialmente de ervas.

hercúleo

hercúleo, lea ⟨her.cú.leo, lea⟩ adj. **1** De Hércules (herói das mitologias grega e romana a quem se atribuía muita força), relacionado a ele ou com suas características. **2** Que é difícil e que exige força, dedicação e esforço.

herdade ⟨her.da.de⟩ s.f. Fazenda ou propriedade rural de grande extensão.

herdar ⟨her.dar⟩ v.t.d./v.t.d.i. **1** Receber (as obrigações e os direitos) [de alguém] após sua morte, por via de sucessão ou por disposição testamentária: *A filha herdou todo o patrimônio familiar.* **2** Receber (algo) [dos antepassados ou de uma situação anterior]: *A nova diretoria herdou os problemas da gestão anterior.* **3** Adquirir (uma característica física ou biológica) [de ancestrais]: *Herdou os olhos da mãe.*

herdeiro, ra ⟨her.dei.ro, ra⟩ s. **1** Pessoa que tem direito a uma herança. **2** Filho ou filha.

hereditariedade ⟨he.re.di.ta.ri.e.da.de⟩ s.f. Condição de hereditário.

hereditário, ria ⟨he.re.di.tá.rio, ria⟩ adj. Da herança ou adquirido por meio dela: *uma doença hereditária.*

herege ⟨he.re.ge⟩ adj.2g./s.2g. Em relação a um cristão, que defende doutrinas ou opiniões que se distanciam dos dogmas da Igreja Católica.

heresia ⟨he.re.si.a⟩ s.f. **1** Doutrina contrária à que foi estabelecida pela Igreja. **2** Disparate, absurdo ou tolice.

herético, ca ⟨he.ré.ti.co, ca⟩ adj. Da heresia, dos hereges ou relacionado a eles.

herma ⟨her.ma⟩ (Pron. [hêrma]) s.f. **1** Estátua de Hermes (deus mitológico). **2** Em arte, escultura de busto cortada horizontalmente abaixo dos ombros.

hermafrodita ⟨her.ma.fro.di.ta⟩ adj.2g./s.2g. **1** Que ou quem apresenta os órgãos reprodutores feminino e masculino em um organismo. ◻ SIN. andrógino, monoico. **2** Em botânica, em relação a uma planta ou a sua flor, que têm os estames, parte masculina, e o gineceu, parte feminina, reunidos: *As rosas são flores hermafroditas.*

hermeneuta ⟨her.me.neu.ta⟩ s.2g. Pessoa que se dedica à hermenêutica ou arte de interpretação de textos.

hermenêutica ⟨her.me.nêu.ti.ca⟩ s.f. Ciência ou técnica de interpretar textos, especialmente se forem sagrados ou filosóficos.

hermético, ca ⟨her.mé.ti.co, ca⟩ adj. **1** Que se fecha de maneira que não permite a passagem de gases ou de líquidos. **2** Impenetrável ou difícil de decifrar.

hermetismo ⟨her.me.tis.mo⟩ s.m. Qualidade de hermético.

hérnia ⟨hér.nia⟩ s.f. Passagem parcial ou total de uma estrutura anatômica através de um orifício anormal, deslocando essa estrutura de sua posição natural. ‖ **hérnia de disco** Deslocamento de um dos discos dispostos entre as vértebras, que faz com que a raiz nervosa se comprima.

herói ⟨he.rói⟩ s.m. **1** Pessoa admirada por seus feitos, por seu valor ou por seus méritos: *Ayrton Senna é um herói brasileiro.* **2** Personagem principal de um acontecimento ou de um período históricos: *Tiradentes foi o herói da Inconfidência Mineira.* **3** Personagem principal ou protagonista de uma obra de ficção: *O índio Peri é o herói da obra* O Guarani, *de José de Alencar.* ◻ GRAMÁTICA Seu feminino é *heroína.*

heroico, ca ⟨he.roi.co, ca⟩ (Pron. [heróico]) adj. Admirável, famoso ou extraordinário pelo valor que requer ou por seus méritos.

heroína ⟨he.ro.í.na⟩ s.f. **1** Feminino de **herói. 2** Droga derivada da morfina que tem propriedades analgésicas e narcóticas e que cria forte dependência.

heroísmo ⟨he.ro.ís.mo⟩ s.m. Qualidade de herói ou do que é heroico.

herpes ⟨her.pes⟩ s.m.2n. Erupção na pele, geralmente acompanhada de dor, causada por um vírus e caracterizada pelo surgimento de pequenas bolhas que, ao se romperem, expelem um líquido que forma uma crosta depois de seco.

hertz (Pron. [rértis]) s.m.2n. Unidade de frequência equivalente a um ciclo por segundo. ◻ ORTOGRAFIA Seu símbolo é *Hz*, sem ponto.

hertziano, na ⟨hert.zi.a.no, na⟩ adj. De uma onda eletromagnética, especialmente aquela usada na telecomunicação, ou relacionado a ela.

hesitação ⟨he.si.ta.ção⟩ (pl. *hesitações*) s.f. Ato ou efeito de hesitar: *Aceitou nossa proposta sem hesitação.*

hesitante ⟨he.si.tan.te⟩ adj.2g. Que hesita.

hesitar ⟨he.si.tar⟩ ▌v.t.i./v.int. **1** Ficar em dúvida [entre duas opções] ou vacilar diante de duas informações ou fatos diferentes: *Hesitava entre a blusa azul e a preta.* ▌v.t.d./v.t.i. **2** Estar inseguro, indeciso ou sem firmeza [em uma ação ou um assunto]: *A testemunha não hesitou em responder as questões.*

hétero ⟨hé.te.ro⟩ adj.2g./s.2g. →**heterossexual**

heterodoxo, xa ⟨he.te.ro.do.xo, xa⟩ (Pron. [heterodocso]) adj./s. **1** Que ou quem não está em conformidade com a doutrina de uma religião ou com alguns de seus dogmas. **2** Que ou quem está em oposição ou não está em conformidade com uma doutrina ou com uma prática aceitas de maneira majoritária.

heterogêneo, nea ⟨he.te.ro.gê.neo, nea⟩ adj. Que é formado por elementos diferentes. ◻ USO É diferente de *homogêneo* (que é formado por elementos semelhantes).

heteronímia ⟨he.te.ro.ní.mia⟩ s.f. Em linguística, fenômeno pelo qual palavras de grande proximidade semântica procedem de raízes diferentes: *Entre as palavras* cavalo *e* égua *há heteronímia.*

heterônimo ⟨he.te.rô.ni.mo⟩ s.m. **1** Nome inventado e usado por um autor para assinar suas obras: *Alberto Caeiro, Álvaro de Campos e Ricardo Reis são heterônimos do escritor português Fernando Pessoa.* **2** Autor que publica um livro usando o nome verdadeiro de outra pessoa. ◻ USO Na acepção 1, é diferente de *pseudônimo* (nome falso adotado por um artista no lugar de seu nome verdadeiro).

heterossexual ⟨he.te.ros.se.xu.al⟩ (Pron. [heterossecsual]) (pl. *heterossexuais*) ▌adj.2g. **1** Da heterossexualidade ou relacionado a ela. ▌adj.2g./s.2g. **2** Que ou quem sente atração sexual por indivíduos do sexo oposto. ◻ USO **1.** É diferente de *homossexual* (que ou quem sente atração sexual por indivíduos do mesmo sexo). **2.** Usa-se também a forma reduzida *hétero.*

heterossexualidade ⟨he.te.ros.se.xu.a.li.da.de⟩ (Pron. [heterossecsualidade]) s.f. Atração sexual por indivíduos do sexo oposto. ◻ SIN. heterossexualismo. ◻ USO É diferente de *homossexualidade* (atração sexual por indivíduos do mesmo sexo).

heterossexualismo ⟨he.te.ros.se.xu.a.lis.mo⟩ (Pron. [heterossecsualismo]) s.m. **1** Atração sexual por indivíduos do sexo oposto. ◻ SIN. heterossexualidade. **2** Prática de relações sexuais com indivíduos do sexo oposto. ◻ USO É diferente de *homossexualismo* (atração sexual por indivíduos do mesmo sexo; prática de relações sexuais com pessoas do mesmo sexo).

heureca ⟨heu.re.ca⟩ interj. Expressão usada para indicar que se encontrou ou se descobriu algo que se procurava com afinco: *Heureca! Consegui achar o resultado desse problema de matemática.* ◻ ORIGEM É uma palavra que vem da interjeição grega *heureka* (achei), que Arquimedes supostamente pronunciou ao descobrir o peso específico dos corpos. ◻ ORTOGRAFIA Escreve-se também *eureka.*

hexa- ⟨Pron. [hecsa-] ou [heza-]⟩ Prefixo que significa *seis*: hexacampeão, hexaedro.

hexacampeão, ã ⟨he.xa.cam.pe.ão, ã⟩ ⟨Pron. [hecsacampeão] ou [hezacampeão]⟩ (pl. *hexacampeões*) adj./s. Em relação a uma pessoa ou a uma equipe, que foram campeãs de seis edições de uma competição.

hexaedro ⟨he.xa.e.dro⟩ ⟨Pron. [hecsaedro] ou [hezaedro]⟩ s.m. Figura geométrica sólida, tridimensional e com seis faces: *Um dado é um hexaedro*.

hexagonal ⟨he.xa.go.nal⟩ ⟨Pron. [hecsagonal] ou [hezagonal]⟩ (pl. *hexagonais*) adj.2g. Com forma de hexágono.

hexágono ⟨he.xá.go.no⟩ ⟨Pron. [hecságono] ou [hezágono]⟩ s.m. Em geometria, polígono que tem seis lados.

hexassílabo, ba ⟨he.xas.sí.la.bo, ba⟩ ⟨Pron. [hecsassílabo] ou [hezassílabo]⟩ adj./s.m. Em relação a um verso, que tem seis sílabas.

hiato ⟨hi.a.to⟩ s.m. **1** Encontro de duas vogais que pertencem a sílabas diferentes: *Há hiato nas palavras dia e juiz*. **2** Lacuna ou intervalo: *Há muitos hiatos na história que ele nos contou*.

hibernação ⟨hi.ber.na.ção⟩ (pl. *hibernações*) s.f. Em certos animais, estado que se apresenta como adaptação ao frio e que consiste em uma diminuição do metabolismo geral, com queda de temperatura corporal, desaceleração dos batimentos cardíacos e da respiração.

hibernal ⟨hi.ber.nal⟩ (pl. *hibernais*) adj.2g. Do inverno ou relacionado a ele. ☐ **SIN. invernal.**

hibernar ⟨hi.ber.nar⟩ v.int. Passar o inverno em estado de hibernação (um animal): *As marmotas hibernam nos meses de frio*.

híbrido, da ⟨hí.bri.do, da⟩ adj./s.m. Em relação a um animal ou a um vegetal, que são gerados pelo cruzamento de gêneros ou de espécies diferentes.

hidra ⟨hi.dra⟩ s.f. **1** Animal carnívoro de água doce, com corpo cilíndrico contendo uma única cavidade, a qual se comunica com o exterior por um orifício rodeado de tentáculos, servindo-lhe como boca e como ânus, e que vive aderido às plantas aquáticas. **2** Na mitologia grega, serpente com sete cabeças que eram reconstituídas quando eram cortadas, e que foi morta por Hércules.

hidramático, ca ⟨hi.dra.má.ti.co, ca⟩ adj. Em relação especialmente a um automóvel, que é acionado por um sistema hidráulico.

hidrante ⟨hi.dran.te⟩ s.m. Tubo de saída de água, geralmente em calçadas, em que mangueiras são acopladas para apagar incêndios.

hidratação ⟨hi.dra.ta.ção⟩ (pl. *hidratações*) s.f. Ato ou efeito de hidratar(-se).

hidratante ⟨hi.dra.tan.te⟩ ▌adj.2g. **1** Que hidrata. ▌s.m. **2** Produto cosmético com consistência pastosa, que se aplica geralmente à pele para hidratá-la.

hidratar ⟨hi.dra.tar⟩ v.t.d./v.prnl. **1** Fazer aumentar a proporção de água de (um organismo) ou adquirir água restabelecendo o grau de umidade: *No verão, é preciso se hidratar bebendo muito líquido*. **2** Em relação a uma molécula, combinar(-se) com moléculas de água: *Não conseguiram hidratar este composto químico*.

hidrato ⟨hi.dra.to⟩ s.m. Em química, composto resultante da combinação de uma substância com uma ou várias moléculas de água.

hidráulica ⟨hi.dráu.li.ca⟩ s.f. Parte da física que estuda o equilíbrio e o movimento da água e de outros líquidos.

hidráulico, ca ⟨hi.dráu.li.co, ca⟩ adj. **1** Da hidráulica ou relacionado a ela. **2** Que se movimenta ou funciona por meio da água ou de outro líquido: *freios hidráulicos*.

hidrelétrica ⟨hi.dre.lé.tri.ca⟩ s.f. →**usina hidrelétrica**

hierarquia

hidrelétrico, ca ⟨hi.dre.lé.tri.co, ca⟩ adj. Da energia elétrica obtida pela força da água em movimento ou relacionado a ela. ☐ **ORTOGRAFIA** Escreve-se também *hidroelétrico*.

hídrico, ca ⟨hí.dri.co, ca⟩ adj. Da água ou relacionado a ela.

hidroavião ⟨hi.dro.a.vi.ão⟩ (pl. *hidroaviões*) s.m. Avião equipado para pousar na água ou decolar dela.

hidrocarboneto ⟨hi.dro.car.bo.ne.to⟩ ⟨Pron. [hidrocarbonêto]⟩ s.m. Composto químico formado por carbono e hidrogênio.

hidroelétrico, ca ⟨hi.dro.e.lé.tri.co, ca⟩ adj. →**hidrelétrico, ca**

hidrófilo, la ⟨hi.dró.fi.lo, la⟩ adj. **1** Em relação a um organismo, que vive em ambientes úmidos ou que gosta deles. **2** Em relação a um corpo ou a uma substância, que absorvem bem a água.

hidrofobia ⟨hi.dro.fo.bi.a⟩ s.f. **1** Medo anormal e angustiante de água. **2** Doença infecciosa causada por um vírus, de que alguns animais, principalmente os cães, sofrem, e que é transmitida a outras pessoas ou a outros animais pela mordida. ☐ **SIN. raiva.**

hidrofóbico, ca ⟨hi.dro.fó.bi.co, ca⟩ adj. **1** Da hidrofobia ou relacionado a ela. **2** Em química, em relação a uma substância, que não é capaz de absorver água ou de ser dissolvida nela.

hidrófobo, ba ⟨hi.dró.fo.bo, ba⟩ adj./s. Que ou quem sofre de hidrofobia.

hidrogenar ⟨hi.dro.ge.nar⟩ v.t.d./v.prnl. Combinar(-se) com hidrogênio (uma substância).

hidrogênio ⟨hi.dro.gê.nio⟩ s.m. Elemento químico da família dos não metais, de número atômico 1, gasoso e que, combinado ao oxigênio, forma a água. ☐ **ORTOGRAFIA** Seu símbolo químico é *H*, sem ponto.

hidrografia ⟨hi.dro.gra.fi.a⟩ s.f. **1** Bacia hidrográfica ou conjunto de terras drenadas por um rio ou por seus afluentes. **2** Parte da geografia que estuda as águas continentais e oceânicas do globo terrestre.

hidrográfico, ca ⟨hi.dro.grá.fi.co, ca⟩ adj. Da hidrografia ou relacionado a ela.

hidrólise ⟨hi.dró.li.se⟩ s.f. Em química, alteração ou decomposição de uma substância causadas pela ação da água.

hidrômetro ⟨hi.drô.me.tro⟩ s.m. Aparelho através do qual se mede o consumo de água nos imóveis.

hidromineral ⟨hi.dro.mi.ne.ral⟩ (pl. *hidrominerais*) adj.2g. Da água mineral ou relacionado a ela.

hidropisia ⟨hi.dro.pi.si.a⟩ s.f. Acúmulo anormal de um líquido secretado por algumas membranas em qualquer cavidade do organismo.

hidrosfera ⟨hi.dros.fe.ra⟩ s.f. Camada da Terra situada entre a atmosfera e a litosfera, e que é composta pelo conjunto de todas as águas terrestres, em estado líquido ou sólido.

hidroterapia ⟨hi.dro.te.ra.pi.a⟩ s.f. Tratamento de doenças mediante a aplicação de água, banhos e compressas.

hidrovia ⟨hi.dro.vi.a⟩ s.f. Via de transporte marítimo, fluvial ou lacustre.

hidróxido ⟨hi.dró.xi.do⟩ ⟨Pron. [hidrócsido]⟩ s.m. Composto químico inorgânico formado por um átomo de hidrogênio e outro de oxigênio.

hiena ⟨hi.e.na⟩ ⟨Pron. [hiêna]⟩ s.f. Mamífero carnívoro predador, cujo corpo é mais baixo na parte anterior, de pelagem áspera e parda com manchas pretas, que vive em bandos e se alimenta de caça e de carniça. ☐ **GRAMÁTICA** É um substantivo epiceno: *a hiena (macho/fêmea)*.

hierarquia ⟨hi.e.rar.qui.a⟩ s.f. Ordem que estabelece relações de subordinação entre membros de um grupo: *Na hierarquia de uma empresa, o gerente está abaixo do diretor e acima de seus funcionários*.

hierárquico

hierárquico, ca ⟨hi.e.rár.qui.co, ca⟩ adj. Da hierarquia ou relacionado a ela.

hierarquizar ⟨hi.e.rar.qui.zar⟩ v.t.d. Classificar ou organizar seguindo uma hierarquia: *O hospital hierarquiza o atendimento ambulatorial.*

hieróglifo ⟨hi.e.ró.gli.fo⟩ s.m. **1** Símbolo ou figura empregados em um sistema de escrita caracterizado pela representação de ideias, palavras ou letras através de imitações gráficas de seres e objetos materiais: *os hieróglifos egípcios.* **2** Símbolo ou escrita difíceis de entender ou de interpretar: *As instruções desse manual são hieróglifos para mim!*

hífen ⟨hí.fen⟩ (pl. *hífenes* ou *hifens*) s.m. Sinal gráfico formado por um pequeno traço horizontal usado, geralmente, para separar sílabas de uma palavra ao final de uma linha e ao início da linha seguinte ou componentes de palavras compostas. ▫ SIN. traço de união.

high-tech *(palavra inglesa)* (Pron. [raitéqui]) adj.2g.2n. De alta tecnologia: *um equipamento high-tech.*

higiene ⟨hi.gi.e.ne⟩ (Pron. [higiêne]) s.f. Conjunto de práticas ou hábitos que têm por objetivo a conservação da saúde e a prevenção de doenças: *a higiene bucal.*

higiênico, ca ⟨hi.gi.ê.ni.co, ca⟩ adj. Da higiene ou relacionado a ela.

higienizar ⟨hi.gi.e.ni.zar⟩ v.t.d. Limpar ou deixar em condições higiênicas.

higrômetro ⟨hi.grô.me.tro⟩ s.m. Instrumento que serve para medir a umidade do ar atmosférico.

hilariante ⟨hi.la.ri.an.te⟩ adj.2g. Que produz vontade de rir. ▫ SIN. hilário.

hilário, ria ⟨hi.lá.rio, ria⟩ adj. Que produz vontade de rir. ▫ SIN. hilariante.

hímen ⟨hí.men⟩ (pl. *hímenes* ou *himens*) s.m. Membrana que fecha parcialmente o orifício exterior da vagina.

himeneu ⟨hi.me.neu⟩ s.m. *literário* Casamento.

hinário ⟨hi.ná.rio⟩ s.m. Coleção de hinos.

híndi ⟨hín.di⟩ s.m. Língua indo-europeia falada na Índia (país asiático).

hindu ⟨hin.du⟩ adj.2g./s.2g. **1** Da Índia ou relacionado a esse país asiático. ▫ SIN. indiano. **2** Do hinduísmo ou relacionado a essa religião.

hinduísmo ⟨hin.du.ís.mo⟩ s.m. Religião majoritária na Índia (país asiático), caracterizada pelo sincretismo e pela pluralidade de cultos e divindades.

hino ⟨hi.no⟩ s.m. Composição poética ou musical destinada à invocação ou louvor de uma divindade, ou à exaltação ou honra de um país ou uma coletividade.

hip- →hipo-

hiper- **1** Prefixo que indica excesso: *hipertensão, hipertrofia.* **2** Prefixo que significa *muito grande*: *hipermercado.* ▫ USO O uso desse prefixo com o significado de *muito* é próprio da linguagem coloquial: *hiperfeliz, hiperlegal.*

hiperatividade ⟨hi.pe.ra.ti.vi.da.de⟩ s.f. **1** Atividade excessiva. **2** Em psicologia, doença que se caracteriza pela impaciência e pela incapacidade de desenvolver atividades contínuas.

hiperativo, va ⟨hi.pe.ra.ti.vo, va⟩ adj. Que tem atividade excessiva: *uma criança hiperativa.*

hipérbato ⟨hi.pér.ba.to⟩ s.m. Figura de linguagem que consiste na inversão da ordem comum ou lógica das palavras ou das orações dentro de um período. ▫ ORTOGRAFIA Escreve-se também *hipérbaton.*

hipérbaton ⟨hi.pér.ba.ton⟩ (pl. *hiperbátones* ou *hipérbatons*) s.m. →hipérbato

hipérbole ⟨hi.pér.bo.le⟩ s.f. **1** Figura de linguagem que consiste em exagerar aquilo que se quer dizer: *Chorar rios de lágrimas é uma hipérbole.* **2** Em geometria, curva plana e simétrica que resulta do corte de uma superfície cônica por um plano paralelo ao seu eixo.

hipermercado ⟨hi.per.mer.ca.do⟩ s.m. Supermercado de grandes dimensões, onde o próprio cliente se serve daquilo que necessita ou deseja, e que dispõe de grande estacionamento.

hipermetropia ⟨hi.per.me.tro.pi.a⟩ s.f. Defeito da visão que consiste em enxergar de maneira confusa aquilo que está próximo, devido a imagem dos objetos se formar atrás da retina.

hipersensível ⟨hi.per.sen.sí.vel⟩ (pl. *hipersensíveis*) adj.2g. Que é muito sensível aos estímulos afetivos ou emocionais. ▫ SIN. supersensível.

hipertensão ⟨hi.per.ten.são⟩ (pl. *hipertensões*) s.f. Em medicina, pressão sanguínea excessivamente alta. ▫ USO É diferente de *hipotensão* (pressão sanguínea excessivamente baixa).

hipertenso, sa ⟨hi.per.ten.so, sa⟩ adj./s. Que ou quem sofre de hipertensão.

hipertermia ⟨hi.per.ter.mi.a⟩ s.f. Em medicina, aumento da temperatura do corpo acima do normal. ▫ USO É diferente de *hipotermia* (queda da temperatura do corpo).

hipertexto ⟨hi.per.tex.to⟩ (Pron. [hipertêsto]) s.m. **1** Forma de organizar e de apresentar um texto, visando fazer com que o leitor não precise seguir uma leitura linear para entendê-lo. **2** Em informática, texto que pode ser lido de forma não linear por meio de *links.*

hipertrofia ⟨hi.per.tro.fi.a⟩ s.f. Em medicina, aumento excessivo do volume ou do tamanho de um órgão ou de um tecido: *hipertrofia muscular.*

hip-hop *(palavra inglesa)* (Pron. [rip-róp]) sm.2n. Movimento cultural surgido nos anos 1970 nos Estados Unidos entre a juventude pobre, especialmente de origem negra.

hípico, ca ⟨hí.pi.co, ca⟩ adj. Do cavalo, do hipismo ou relacionado a eles.

hipismo ⟨hi.pis.mo⟩ s.m. **1** Conjunto de esportes praticados a cavalo. **2** Corrida de cavalos. ▫ SIN. turfe.

hipnose ⟨hip.no.se⟩ s.f. Estado semelhante ao sono, produzido artificialmente por meio das sugestões de quem o produz, e caracterizado pela submissão às suas vontades e ordens.

hipnótico, ca ⟨hip.nó.ti.co, ca⟩ adj. **1** Da hipnose ou relacionado a ela. **2** Que causa fascinação: *um olhar hipnótico.*

hipnotismo ⟨hip.no.tis.mo⟩ s.m. **1** Conjunto de técnicas e procedimentos utilizados para produzir a hipnose. **2** Ciência que estuda esse conjunto de teorias.

hipnotizar ⟨hip.no.ti.zar⟩ v.t.d. **1** Produzir hipnose em (alguém): *A terapeuta hipnotizou o paciente para tratá-lo.* **2** Produzir fascinação em (alguém): *O espetáculo de balé hipnotizou o público.*

hipo- **1** Prefixo que indica escassez: *hipotensão, hipotermia.* **2** Prefixo que significa *embaixo de*: *hipoderme.* **3** Prefixo que significa *cavalo*: *hipofagia.* ▫ USO Na acepção 3, usa-se também a forma *hip-* (*hipismo*).

hipocentro ⟨hi.po.cen.tro⟩ s.m. Em geologia, ponto ou área no interior da crosta terrestre onde se origina um terremoto. ▫ USO É diferente de *epicentro* (ponto ou área da superfície terrestre localizados diretamente acima do foco do terremoto).

hipocondria ⟨hi.po.con.dri.a⟩ s.f. Em medicina, depressão caracterizada por uma preocupação obsessiva pela própria saúde, e pela crença de estar sofrendo de graves doenças.

hipocondríaco, ca ⟨hi.po.con.drí.a.co, ca⟩ ▌adj. **1** Da hipocondria ou relacionado a essa depressão. ▌ adj./s. **2** Que ou quem sofre dessa depressão.

hipocôndrio ⟨hi.po.côn.drio⟩ s.m. Em anatomia, cada uma das partes situadas na região do abdome, embaixo do décimo par de costelas.

hipocrisia ⟨hi.po.cri.si.a⟩ s.f. **1** Condição de hipócrita. **2** Manifestação de sentimentos contrários aos que verdadeiramente se tem: *Sua hipocrisia é tanta que, na minha frente, me elogia e, por trás, me critica.*

hipócrita ⟨hi.pó.cri.ta⟩ adj.2g./s.2g. Que ou quem dissimula qualidades, ideias ou sentimentos que são contrários aos que verdadeiramente têm.

hipoderme ⟨hi.po.der.me⟩ s.f. Camada mais profunda da pele, situada abaixo da derme. ☐ USO É a antiga denominação de *tela subcutânea*.

hipodérmico, ca ⟨hi.po.dér.mi.co, ca⟩ adj. **1** Da hipoderme ou relacionado a ela. **2** Que se aplica por baixo da pele: *uma injeção hipodérmica.*

hipódromo ⟨hi.pó.dro.mo⟩ s.m. Local destinado à corrida de cavalos. ☐ SIN. prado, turfe.

hipófise ⟨hi.pó.fi.se⟩ s.f. No sistema endócrino, glândula sem condutos de secreção interna situada na base do cérebro. ☐ SIN. pituitária.

hipopótamo ⟨hi.po.pó.ta.mo⟩ s.m. **1** Mamífero herbívoro de grande porte, de corpo roliço e largo, cabeça e boca grandes, orelhas pequenas, patas curtas e pele grossa e escura, que habita em regiões alagadas, rios e lagos. **2** *informal pejorativo* Pessoa muito gorda. ☐ GRAMÁTICA **1.** Na acepção 1, é um substantivo epiceno: *o hipopótamo (macho/fêmea)*. **2.** Na acepção 2, usa-se tanto para o masculino quanto para o feminino: *(ele/ela) é um hipopótamo.*

hipotálamo ⟨hi.po.tá.la.mo⟩ s.m. No sistema nervoso, região situada na base do cérebro e que regula, através de hormônios, as funções de crescimento, de produção de leite, de formação de esperma, entre outras.

hipoteca ⟨hi.po.te.ca⟩ s.f. **1** Em direito, contrato que entrega determinados bens, especialmente os imóveis, ou que os toma como garantia do cumprimento de uma obrigação. **2** Dívida que resulta desse contrato.

hipotecar ⟨hi.po.te.car⟩ ▌v.t.d./v.t.d.i. **1** Em direito, entregar (um imóvel) como garantia do cumprimento de uma obrigação [a alguém]: *Hipotecou a casa para pagar suas dívidas.* ▌v.t.d. **2** Condicionar ou comprometer: *Hipotecou sua vida ao aceitar aquele trabalho.* ☐ ORTOGRAFIA Antes de *e*, o *c* muda para *qu* →BRINCAR.

hipotecário, ria ⟨hi.po.te.cá.rio, ria⟩ adj. Da hipoteca ou relacionado a ela.

hipotensão ⟨hi.po.ten.são⟩ (pl. *hipotensões*) s.f. Em medicina, pressão sanguínea excessivamente baixa. ☐ USO É diferente de *hipertensão* (pressão sanguínea excessivamente alta).

hipotenusa ⟨hi.po.te.nu.sa⟩ s.f. Em um triângulo retângulo, lado oposto ao ângulo reto.

hipotermia ⟨hi.po.ter.mi.a⟩ s.f. Queda da temperatura do corpo abaixo do limite fisiológico considerado normal. ☐ USO É diferente de *hipertermia* (aumento da temperatura do corpo).

hipótese ⟨hi.pó.te.se⟩ s.f. **1** Proposição ou suposição que, mesmo sem terem sido comprovadas, são utilizadas para a obtenção de conclusões ou deduções: *O cientista formula hipóteses para depois comprová-las ou não.* **2** Fato ou circunstância incertos e baseados em suposições: *O que a imprensa divulgou são só hipóteses, pois ainda não há provas claras.* ☐ SIN. eventualidade. **3** Aquilo que é provável, mas que ainda não foi demonstrado.

hipotético, ca ⟨hi.po.té.ti.co, ca⟩ adj. Da hipótese, que a expressa ou que está baseado nela.

hirsuto, ta ⟨hir.su.to, ta⟩ adj. Que está coberto por pelos ou por cabelos duros e ásperos.

hirto, ta ⟨hir.to, ta⟩ adj. **1** Aprumado ou rígido. ☐ SIN. teso. **2** Sem movimento. ☐ SIN. imóvel, teso.

histrião

hispânico, ca ⟨his.pâ.ni.co, ca⟩ adj./s. **1** Da Hispânia (nome dado pelos romanos à península Ibérica), relacionado a ela ou a seus habitantes. **2** Da Espanha ou relacionado a esse país europeu. ☐ SIN. espanhol. **3** Que ou quem é latino-americano e mora nos Estados Unidos (país norte-americano).

hispano, na ⟨his.pa.no, na⟩ adj./s. Da Hispânia (nome dado pelos romanos à península Ibérica), relacionado a ela ou a seus habitantes.

hispano-americano, na ⟨his.pa.no-a.me.ri.ca.no, na⟩ (pl. *hispano-americanos*) ▌adj. **1** De espanhóis e americanos ou relacionado a elementos próprios de ambos. ▌adj./s. **2** Dos países americanos que têm como língua oficial o espanhol ou relacionado a eles. ☐ USO É diferente de *ibero-americano* (dos países americanos que têm como língua oficial o português ou o espanhol) e de *latino-americano* (da América do Sul, América Central e México).

histeria ⟨his.te.ri.a⟩ s.f. **1** Doença psiquiátrica nervosa caracterizada por alterações emocionais frequentes, por agitação ou por simulação de sintomas. ☐ SIN. histerismo. **2** Estado de grande excitação nervosa produzido por uma situação anormal ou irregular: *A aparição da cantora provocou a histeria dos fãs.*

histérico, ca ⟨his.té.ri.co, ca⟩ adj./s. Que ou quem sofre ou tem histeria: *um comportamento histérico.*

histerismo ⟨his.te.ris.mo⟩ s.m. **1** Doença psiquiátrica nervosa caracterizada por alterações emocionais frequentes, por agitação ou por simulação de sintomas. ☐ SIN. histeria. **2** Comportamento caracterizado por descontrole emocional ou muito nervosismo, geralmente acompanhado de gritos.

histologia ⟨his.to.lo.gi.a⟩ s.f. Ciência que estuda a estrutura e a organização dos tecidos animal e vegetal.

história ⟨his.tó.ria⟩ s.f. **1** Conjunto de acontecimentos passados. **2** Ciência ou disciplina que estudam esses acontecimentos. **3** Narração de fatos reais ou inventados: *Ninguém acreditou na história que ele contou.* **4** *informal* Conjunto de relatos sem fundamento: *Deixe de história e me diga de verdade por que fez isso.* **5** Conjunto de dados relacionados a uma pessoa ou coisa: *Antes de medicar, o médico deve saber a história do paciente.* ☐ SIN. histórico. ‖ **(história em) quadrinhos** Aquela em que o assunto é desenvolvido por meio de desenhos e diálogos em balões, geralmente em revistas. ‖ **história natural** Estudo dos reinos animal, vegetal e mineral.

historiador, -a ⟨his.to.ri.a.dor, do.ra⟩ (Pron. [historiadôr], [historiadôra]) s. **1** Pessoa que se dedica ao estudo da história. **2** Pessoa que se dedica a escrever sobre história, especialmente como profissão.

historiar ⟨his.to.ri.ar⟩ v.t.d./v.t.d.i. Escrever, narrar ou relatar (um acontecimento real ou inventado) de maneira ordenada ou detalhada [a alguém]: *Historiou a vinda da família real portuguesa ao Brasil.*

histórico, ca ⟨his.tó.ri.co, ca⟩ ▌adj. **1** Da história ou relacionado a ela: *um estudo histórico.* **2** Digno de formar parte da história: *um triunfo histórico.* ▌s.m. **3** Conjunto de dados relacionados a uma pessoa ou coisa: *o histórico escolar.* ☐ SIN. história.

historieta ⟨his.to.ri.e.ta⟩ (Pron. [historiêta]) s.f. História pequena.

historiografia ⟨his.to.ri.o.gra.fi.a⟩ s.f. Técnica ou arte de escrever ou de estudar a história.

historiógrafo, fa ⟨his.to.ri.ó.gra.fo, fa⟩ s. Pessoa que se dedica à história ou à historiografia.

histrião ⟨his.tri.ão⟩ (pl. *histriões*) s.m. **1** Ator que atua em comédias. **2** Pessoa que diverte e que faz rir. ☐ GRAMÁTICA Na acepção 2, usa-se tanto para o masculino quanto para o feminino: *(ele/ela) é um histrião.*

hitlerismo

hitlerismo ⟨hi.tle.ris.mo⟩ (Pron. [ritlerismo]) s.m. Conjunto de doutrinas políticas que seguem as teorias de Adolf Hitler (governante e líder nazista alemão do século XX), de ideias totalitaristas e antissemitas).

HIV (pl. *HIVs*) s.m. Vírus que destrói os mecanismos de defesa do corpo humano: *Alguns portadores do HIV demoram anos para desenvolver a aids*. ◻ ORIGEM É a sigla inglesa de *Human Immunodeficiency Virus* (vírus da imunodeficiência humana).

hobby *(palavra inglesa)* (Pron. [róbi]) s.m. Atividade de lazer realizada no tempo livre.

hodierno, na ⟨ho.di.er.no, na⟩ adj. Moderno ou atual.

hoje ⟨ho.je⟩ (Pron. [hôje]) ▌s.m. **1** Tempo atual: *Hoje eu não penso em me casar, mas quem sabe em alguns anos.* ▌adv. **2** No dia atual: *Hoje não tenho aula.* **3** Nesta época ou na atualidade: *Hoje a expectativa de vida das pessoas é maior que antes.*

holandês, -a ⟨ho.lan.dês, de.sa⟩ (Pron. [holandês], [holandêsa]) ▌adj./s. **1** Da Holanda (região dos Países Baixos, cujo nome se usa também para denominar os Países Baixos em sua totalidade), ou relacionado a ela. ▌s.m. **2** Língua germânica desses e de outros países. ◻ SIN. **neerlandês**.

holerite ⟨ho.le.ri.te⟩ s.m. Documento fornecido mensalmente por uma empresa a seus funcionários, em que consta o valor a ser recebido por eles. ◻ SIN. **contracheque**.

hólmio ⟨hól.mio⟩ s.m. Elemento químico da família dos metais, de número atômico 67, sólido, encontrado geralmente em minerais do ítrio e que pertence ao grupos dos lantanídeos. ◻ ORIGEM É uma palavra que vem do latim *Holmia* (Estocolmo), pois foi assim chamado por seu descobridor, nascido nessa cidade. ◻ ORTOGRAFIA Seu símbolo químico é *Ho*, sem ponto.

holocausto ⟨ho.lo.caus.to⟩ s.m. **1** No judaísmo, sacrifício em que se queimava inteiramente uma vítima. **2** Sacrifício ou expiação.

holoceno, na ⟨ho.lo.ce.no, na⟩ (Pron. [holocêno]) adj./s.m. Em geologia, em relação a um período, que é o segundo da era quaternária.

holofote ⟨ho.lo.fo.te⟩ s.m. Aparelho que emite intenso foco de luz, geralmente usado para iluminar pessoas ou coisas distantes.

hombridade ⟨hom.bri.da.de⟩ s.f. **1** Conjunto de qualidades consideradas próprias de um homem. **2** Retidão, nobreza ou dignidade.

homem ⟨ho.mem⟩ (pl. *homens*) s.m. **1** Membro da espécie humana: *Os homens formam a espécie animal mais evoluída da Terra.* **2** Essa espécie: *O Homem chegou à Lua em 1969.* **3** Adulto do sexo masculino. **4** Pessoa adulta do sexo masculino. **5** Companheiro ou marido. ◻ GRAMÁTICA Nas acepções 3 e 4, seu feminino é *mulher*.

homenagear ⟨ho.me.na.ge.ar⟩ v.t.d. Prestar homenagem a (alguém): *Seus colegas homenagearam a professora recém-aposentada.* ◻ ORTOGRAFIA O *e* muda para *ei* quando a sílaba tônica estiver na raiz do verbo →NOMEAR.

homenagem ⟨ho.me.na.gem⟩ (pl. *homenagens*) s.f. Aquilo que é dito ou feito em honra ou em memória de alguém: *Ele recebeu uma homenagem da Academia Brasileira de Letras pelo conjunto de suas obras.* ◻ SIN. **preito**.

homenzarrão ⟨ho.men.zar.rão⟩ (pl. *homenzarrões*) s.m. Homem grande e forte.

homeopata ⟨ho.me.o.pa.ta⟩ adj.2g./s.2g. Que ou quem é especialista no método curativo da homeopatia.

homeopatia ⟨ho.me.o.pa.ti.a⟩ s.f. Sistema terapêutico que consiste em prescrever a um doente uma pequena quantidade de substâncias que, tomadas em maiores quantidades, produziriam em qualquer pessoa sã efeitos semelhantes aos que se pretende combater. ◻ USO É diferente de *alopatia* (sistema terapêutico que consiste em administrar ao doente substâncias que, em um indivíduo, causam efeitos contrários aos da doença que se tenta curar).

homeopático, ca ⟨ho.me.o.pá.ti.co, ca⟩ adj. Da homeopatia ou relacionado a esse método curativo.

home page *(palavra inglesa)* (Pron. [rôme peidji]) s.f. Em informática, página *web* de abertura ou de apresentação de um *site*.

homérico, ca ⟨ho.mé.ri.co, ca⟩ adj. **1** De Homero, relacionado a esse poeta grego clássico ou com características de suas obras. **2** Enorme, grandioso ou fora do comum.

homicida ⟨ho.mi.ci.da⟩ ▌adj.2g. **1** Que causa a morte de alguém. ▌s.2g. **2** Pessoa que tira a vida de outra. ◻ SIN. **assassino**.

homicídio ⟨ho.mi.cí.dio⟩ s.m. Morte de uma pessoa provocada por outra. ◻ SIN. **assassinato**.

homilia ⟨ho.mi.li.a⟩ s.f. Em uma missa, explicação dirigida aos fiéis sobre temas religiosos. ◻ ORTOGRAFIA Escreve-se também *homília*.

homília ⟨ho.mí.lia⟩ s.f. →**homilia**

hominídeo, dea ⟨ho.mi.ní.deo, dea⟩ ▌adj./s.m. **1** Em relação a um primata, que tem postura ereta, as extremidades anteriores longas e grande desenvolvimento craniano. ▌s.m.pl. **2** Em zoologia, família desses primatas, pertencente à classe dos mamíferos.

homo ⟨ho.mo⟩ (Pron. [hômo]) adj.2g/s.2g. →**homossexual**

homo erectus *(expressão latina)* (Pron. [ômo eréctus]) s.m. Hominídeo que viveu no paleolítico inferior que se caracterizava por caminhar ereto, por ter o rosto proeminente e carecer de queixo.

homofobia ⟨ho.mo.fo.bi.a⟩ s.f. Ódio ou aversão aos homossexuais ou à homossexualidade.

homofóbico, ca ⟨ho.mo.fó.bi.co, ca⟩ adj. Da homofobia ou relacionado a essa aversão aos homossexuais ou à homossexualidade.

homófono, na ⟨ho.mó.fo.no, na⟩ adj./s.m. Em relação a uma palavra, que se pronuncia igual a outra de significado diferente.

homogeneidade ⟨ho.mo.ge.nei.da.de⟩ s.f. **1** Condição de homogêneo. **2** Em relação a uma substância ou a uma mistura, uniformidade de sua composição ou de sua estrutura.

homogeneização ⟨ho.mo.ge.nei.za.ção⟩ (pl. *homogeneizações*) s.f. Ato ou efeito de homogeneizar(-se).

homogeneizar ⟨ho.mo.ge.nei.zar⟩ v.t.d./v.prnl. Tornar(-se) homogêneo: *Tampe o recipiente e agite até homogeneizar o conteúdo.*

homogêneo, nea ⟨ho.mo.gê.neo, nea⟩ adj. **1** Que é formado por elementos semelhantes. **2** Em relação a uma substância ou a uma mistura, que têm uma composição ou estrutura uniformes. ◻ USO É diferente de *heterogêneo* (que é formado por elementos diferentes).

homógrafo, fa ⟨ho.mó.gra.fo, fa⟩ adj./s.m. Em relação a uma palavra, que se escreve igual a outra de significado diferente.

homologação ⟨ho.mo.lo.ga.ção⟩ (pl. *homologações*) s.f. Ato ou efeito de homologar.

homologar ⟨ho.mo.lo.gar⟩ v.t.d. Confirmar jurídica ou administrativamente: *Para que sua aprovação no concurso seja homologada, você precisa trazer seus documentos.* ◻ ORTOGRAFIA Antes de *e*, o *g* muda para *gu* →CHEGAR.

homonímia ⟨ho.mo.ní.mia⟩ s.f. **1** Em linguística, identidade ortográfica ou de pronúncia entre palavras com significado e origem diferentes. **2** Identidade de nomes: *Entre o nome do Estado do Rio de Janeiro e o de sua capital, há homonímia.*

homônimo, ma ⟨ho.mô.ni.mo, ma⟩ ▌adj. **1** Em relação a uma pessoa ou a uma coisa, que têm o mesmo nome de outra.

horripilante

❚ adj./s.m. **2** Em relação a uma palavra, que tem a mesma forma que outra de significado e origem diferentes.

homo sapiens *(expressão latina)* (Pron. [ômo sápiens]) s.m. Hominídeo que corresponde ao homem de hoje e que também inclui o homem de Neandertal e o homem de Cro-Magnon.

homossexual ⟨ho.mos.se.xu.al⟩ (Pron. [homossecsual]) (pl. *homossexuais*) ❚ adj.2g. **1** Da homossexualidade ou relacionado a ela. ❚ adj.2g./s.2g. **2** Que ou quem sente atração sexual por indivíduos do mesmo sexo. ☐ USO **1.** É diferente de *heterossexual* (que ou quem sente atração sexual por indivíduos do sexo oposto). **2.** Usa-se também a forma reduzida *homo*.

homossexualidade ⟨ho.mos.se.xu.a.li.da.de⟩ (Pron. [homossecsualidade]) s.f. Atração sexual por indivíduos do mesmo sexo. ☐ SIN. homossexualismo. ☐ USO É diferente de *heterossexualidade* (atração sexual por indivíduos do sexo oposto).

homossexualismo ⟨ho.mos.se.xu.a.lis.mo⟩ (Pron. [homossecsualismo]) s.m. **1** Atração sexual por indivíduos do mesmo sexo. ☐ SIN. homossexualidade. **2** Prática de relações sexuais com pessoas do mesmo sexo. ☐ USO É diferente de *heterossexualismo* (atração sexual por indivíduos do sexo oposto; prática de relações sexuais com indivíduos do sexo oposto).

hondurenho, nha ⟨hon.du.re.nho, nha⟩ (Pron. [hondurênho]) adj./s. De Honduras ou relacionado a esse país centro-americano.

honestidade ⟨ho.nes.ti.da.de⟩ s.f. **1** Qualidade de honesto. **2** Franqueza ou sinceridade: *Diga-me com honestidade, o que achou do meu livro?*

honesto, ta ⟨ho.nes.to, ta⟩ adj. **1** Que age com honradez ou dignidade. ☐ SIN. honrado. **2** Sério, direito ou adequado. **3** Que respeita os princípios morais ou que não fere o pudor.

honorário, ria ⟨ho.no.rá.rio, ria⟩ ❚ adj. **1** Que tem direito às honras de um cargo, mas não ao exercício de suas funções: *um presidente honorário.* ❚ s.m.pl. **2** Vencimentos pagos a profissionais liberais em troca de seus serviços. ☐ SIN. provento.

honorável ⟨ho.no.rá.vel⟩ (pl. *honoráveis*) adj.2g. Que é digno de ser honrado ou respeitado.

honorificentíssimo, ma ⟨ho.no.ri.fi.cen.tís.si.mo, ma⟩ Superlativo irregular de **honorífico**.

honorífico, ca ⟨ho.no.rí.fi.co, ca⟩ adj. Que dá honra, mérito ou fama. ☐ GRAMÁTICA Seu superlativo é *honorificentíssimo*.

honra ⟨hon.ra⟩ ❚ s.f. **1** Sentimento ou consciência que se tem sobre a própria dignidade. ☐ SIN. brio. **2** Reconhecimento feito a alguém por suas qualidades ou por seus méritos. **3** Vantagem, satisfação ou privilégio: *Teve a honra de acompanhá-la ao baile.* **4** Em relação a uma mulher, castidade ou pureza. ❚ s.f.pl. **5** Manifestação de reconhecimento aos méritos de uma pessoa: *Por seu heroísmo na batalha, foi enterrado com honras militares.* ☐ SIN. honraria. ‖ **fazer as honras a** alguém: Recebê-lo com atenção especial: *O presidente fez as honras aos ministros estrangeiros.*

honradez ⟨hon.ra.dez⟩ (Pron. [honradêz]) s.f. **1** Respeito aos princípios morais ou integridade na forma de agir. **2** Em relação a uma mulher, pudor ou recato.

honrado, da ⟨hon.ra.do, da⟩ adj. **1** Que age com honradez ou dignidade. ☐ SIN. honesto. **2** Que merece ser respeitado.

honrar ⟨hon.rar⟩ v.t.d. **1** Tornar honroso ou conferir respeito, glória ou fama: *Honrou o nome da família com uma atitude nobre.* **2** Respeitar ou ser fiel a (uma pessoa ou sua memória): *É importante honrar nossos antepassados.*

honraria ⟨hon.ra.ri.a⟩ s.f. Manifestação de reconhecimento aos méritos de uma pessoa. ☐ SIN. honra. ☐ USO Usa-se geralmente a forma plural *honrarias*.

honroso, sa ⟨hon.ro.so, sa⟩ (Pron. [honrôso], [honrósa], [honrósos], [honrósas]) adj. **1** Em relação especialmente àquilo que é dito ou feito, que enobrece ou que é digno de respeito e estima. **2** Que age de forma decente e justa.

hóquei ⟨hó.quei⟩ (Pron. [róquei]) s.m. Esporte praticado entre duas equipes rivais e que consiste em tentar introduzir uma bola ou um disco no gol adversário, com a ajuda de um bastão curvo em uma de suas extremidades.

hora ⟨ho.ra⟩ s.f. **1** Unidade de tempo equivalente a sessenta minutos. **2** Momento oportuno e determinado para algo: *Já passou da hora de começar o filme!* **3** Momento específico do dia: *Que horas são, por favor?* ‖ **hora extra** Em uma situação de trabalho, aquela que é realizada além do horário normal de expediente. ‖ **hora H** Instante em que uma operação militar ou bélica é executada. ☐ ORTOGRAFIA Na acepção 1, seu símbolo é h, sem ponto.

horário, ria ⟨ho.rá.rio, ria⟩ ❚ adj. **1** Das horas ou relacionado a elas: *carga horária.* **2** Que é medido no intervalo de uma hora: *Em algumas estradas os carros podem atingir uma velocidade de 120 quilômetros horários.* ❚ s.m. **3** Distribuição das horas de uma atividade: *Qual é seu horário de trabalho?* **4** Quadro que apresenta essa distribuição: *Tenho que olhar no horário para ver qual será a próxima aula.* **5** Hora preestabelecida para fazer algo: *Preciso marcar um horário com o dentista.*

horda ⟨hor.da⟩ s.f. **1** Bando de pessoas indisciplinadas e desordeiras. **2** Grande quantidade de pessoas, animais ou coisas: *Uma horda de pedestres juntou-se para assistir à apresentação de rua.* ☐ SIN. multidão.

horista ⟨ho.ris.ta⟩ adj.2g./s.2g. Em relação a um trabalhador, que recebe seu salário por horas trabalhadas e não por dias.

horizontal ⟨ho.ri.zon.tal⟩ (pl. *horizontais*) adj.2g./s.f. Paralelo ao horizonte ou que tem todos os seus pontos em uma mesma altura.

horizonte ⟨ho.ri.zon.te⟩ s.m. **1** Linha da superfície terrestre que, em campo aberto, delimita o campo visual, onde a terra ou o mar parecem encontrar-se com o céu. **2** Espaço que pode ser visto por uma pessoa ao ar livre: *Gosto de ver o nascer do Sol no horizonte.* **3** Perspectiva ou possibilidade futuras: *Viajou para fora em busca de novos horizontes.* ☐ USO Na acepção 3, usa-se geralmente a forma plural *horizontes*.

hormonal ⟨hor.mo.nal⟩ (pl. *hormonais*) adj.2g. Dos hormônios ou relacionado a eles.

hormônio ⟨hor.mô.nio⟩ s.m. Substância secretada por determinadas glândulas e que, transportada pelo sangue ou pelos tecidos em alguns animais, e pela seiva nas plantas, regula a atividade metabólica e as funções vitais.

horoscópio ⟨ho.ros.có.pio⟩ s.m. →**horóscopo**

horóscopo ⟨ho.rós.co.po⟩ s.m. **1** Prognóstico sobre a vida e a personalidade de uma pessoa que os astrólogos fazem a partir da posição em que os astros se encontravam no momento do nascimento dela. **2** Aquilo que é escrito a partir dessa previsão. ☐ ORTOGRAFIA Escreve-se também *horoscópio*.

horrendo, da ⟨hor.ren.do, da⟩ adj. **1** Que causa horror. ☐ SIN. horripilante, horrível, horroroso. **2** Muito feio, muito mau ou muito desagradável: *um traje horrendo.* ☐ SIN. horrível, horroroso. **3** Muito grande ou muito intenso: *um frio horrendo.* ☐ SIN. horrível, horroroso.

horribilíssimo, ma ⟨hor.ri.bi.lís.si.mo, ma⟩ Superlativo irregular de **horrível**.

horripilante ⟨hor.ri.pi.lan.te⟩ adj.2g. Que causa horror. ☐ SIN. horrendo, horrível, horroroso.

horripilar

horripilar ⟨hor.ri.pi.lar⟩ v.t.d./v.prnl. Produzir ou sentir horror. ☐ SIN. horrorizar.

horrível ⟨hor.rí.vel⟩ (pl. *horríveis*) adj.2g. **1** Que causa horror. ☐ SIN. horrendo, horripilante, horroroso. **2** Muito feio, muito mau ou muito desagradável: *um cheiro horrível*. ☐ SIN. horrendo, horroroso. **3** Muito grande ou muito intenso: *um calor horrível*. ☐ SIN. horrendo, horroroso. ☐ GRAMÁTICA Seu superlativo é *horribilíssimo*.

horror ⟨hor.ror⟩ (Pron. [horrôr]) s.m. **1** Medo muito intenso ou muito forte: *um filme de horror*. ☐ SIN. terror. **2** Sentimento de repulsa ou aversão: *Tenho horror a esta sujeira!* **3** Aquilo que envolve muito sofrimento ou crueldade: *os horrores da guerra*.

horrorizar ⟨hor.ro.ri.zar⟩ v.t.d./v.int./v.prnl. Produzir ou sentir horror. ☐ SIN. horripilar.

horroroso, sa ⟨hor.ro.ro.so, sa⟩ (Pron. [horrorôso], [horrorósa], [horrorósos], [horrorósas]) adj. **1** Que causa horror. ☐ SIN. horrendo, horripilante, horrível. **2** Muito feio, muito mau ou muito desagradável. ☐ SIN. horrendo, horrível. **3** Muito grande ou muito intenso. ☐ SIN. horrendo, horrível.

horta ⟨hor.ta⟩ s.f. Terreno onde legumes e verduras são cultivados.

hortaliça ⟨hor.ta.li.ça⟩ s.f. Planta comestível cultivada em uma horta: *Ervas, verduras e legumes são hortaliças*.

hortelã ⟨hor.te.lã⟩ s.f. **1** Planta herbácea rasteira, com folhas geralmente verdes, enrugadas e com margem ondulada, flores lilases com quatro pétalas, e usada como condimento e como composto medicinal devido às propriedades refrescantes dos óleos de suas folhas. ☐ SIN. menta. **2** Essência extraída dessa planta: *uma bala de hortelã*. ☐ SIN. menta.

hortelão, loa ⟨hor.te.lão, lo.a⟩ (Pron. [hortelão], [hortelôa]) (pl. *hortelãos* ou *hortelões*) s. Pessoa que cuida de uma horta.

hortênsia ⟨hor.tên.sia⟩ s.f. **1** Arbusto ornamental com folhas verdes brilhantes de margem serrilhada, e flores agrupadas em grandes buquês redondos, que perdem pouco a pouco sua cor rosa ou azulada, até ficarem quase brancas. **2** Flor desse arbusto.

horticultor, -a ⟨hor.ti.cul.tor, to.ra⟩ (Pron. [horticultôr], [horticultôra]) s. Pessoa que se dedica à horticultura.

horticultura ⟨hor.ti.cul.tu.ra⟩ s.f. Técnica de cultivo de hortas e de jardins.

hortifrutigranjeiro, ra ⟨hor.ti.fru.ti.gran.jei.ro, ra⟩ adj./s.m. Em relação a um produto, que foi cultivado em uma horta, em um pomar ou em uma granja: *Os ovos de galinha são produtos hortifrutigranjeiros*.

horto ⟨hor.to⟩ (Pron. [hôrto]) s.m. **1** Terreno de onde se cultivam plantas ornamentais. **2** Espaço, geralmente fornecido pelo Estado, reservado ao cultivo de plantas para venda e para experiências: *um horto florestal*.

hosana ⟨ho.sa.na⟩ s.m. **1** Na Igreja Católica, hino de louvor a Deus, cantado no Domingo de Ramos (último domingo da Quaresma). **2** Na Igreja Católica, ramo benzido por um padre e entregue aos fiéis nesse domingo. **3** Na Igreja Católica, exclamação ou expressão de júbilo.

hospedagem ⟨hos.pe.da.gem⟩ (pl. *hospedagens*) s.f. **1** Alojamento temporário. **2** Estabelecimento comercial que oferece pernoite mediante pagamento. ☐ SIN. albergue, estalagem, hospedaria.

hospedar ⟨hos.pe.dar⟩ v.t.d./v.prnl. Dar ou tomar alojamento, geralmente de forma provisória: *Busco uma pensão que hospede estudantes*. ☐ SIN. abrigar, acomodar, alojar.

hospedaria ⟨hos.pe.da.ri.a⟩ s.f. Estabelecimento comercial que oferece pernoite mediante pagamento. ☐ SIN. albergue, estalagem, hospedagem.

hóspede ⟨hós.pe.de⟩ s.2g. Pessoa que se aloja temporariamente em casa alheia, hotel ou qualquer tipo de hospedaria.

hospedeiro, ra ⟨hos.pe.dei.ro, ra⟩ ❚ adj./s. **1** Que ou quem hospeda. **2** Em biologia, em relação a um organismo, que serve de base para a vida de um parasita: *O homem é o hospedeiro do piolho*. ❚ s. **3** Pessoa que tem uma hospedaria.

hospício ⟨hos.pí.cio⟩ s.m. Sanatório ou hospital para pessoas com doenças mentais. ☐ SIN. manicômio.

hospital ⟨hos.pi.tal⟩ (pl. *hospitais*) s.m. Estabelecimento onde pessoas doentes ou feridas são diagnosticadas e tratadas.

hospitalar ⟨hos.pi.ta.lar⟩ adj.2g. Do hospital, do hospício ou relacionado a eles.

hospitaleiro, ra ⟨hos.pi.ta.lei.ro, ra⟩ adj./s. Que ou quem oferece hospedagem ou acolhe de forma agradável.

hospitalidade ⟨hos.pi.ta.li.da.de⟩ s.f. Ato de acolher bem um hóspede: *Sua hospitalidade nos fez sentir em casa desde o primeiro dia*.

hospitalizar ⟨hos.pi.ta.li.zar⟩ v.t.d./v.prnl. Internar(-se) (alguém) como paciente em um hospital ou em uma clínica: *Hospitalizaram-no para realizar uma bateria de exames*.

hoste ⟨hos.te⟩ s.f. Conjunto de soldados de um exército.

hóstia ⟨hós.tia⟩ s.f. No catolicismo, folha fina e redonda de pão sem fermento e sem levedura, que o sacerdote consagra e que os fiéis comungam no sacramento da Eucaristia durante a missa.

hostil ⟨hos.til⟩ (pl. *hostis*) adj.2g. Que tem o que mostra hostilidade.

hostilidade ⟨hos.ti.li.da.de⟩ s.f. Agressividade, oposição ou agressão: *O tratado pretende acabar com a hostilidade tradicional entre os dois países*.

hostilizar ⟨hos.ti.li.zar⟩ ❚ v.t.d./v.prnl. **1** Tratar com hostilidade. ❚ v.t.d. **2** Guerrear ou combater.

hot dog *(palavra inglesa)* (Pron. [rót dóg]) s.m. Sanduíche feito com pão macio e comprido com uma salsicha dentro, e em que geralmente se acrescentam mostarda, *ketchup*, molho de tomate ou outros ingredientes. ☐ SIN. cachorro-quente.

hotel ⟨ho.tel⟩ (pl. *hotéis*) s.m. Estabelecimento comercial que oferece alojamento em troca de dinheiro. ☐ USO É diferente de *motel* (estabelecimento comercial que aluga quartos independentes que geralmente servem para encontros amorosos).

hotelaria ⟨ho.te.la.ri.a⟩ s.f. **1** Setor econômico voltado para a exploração de hotéis. **2** Rede de hotéis de um lugar.

hoteleiro, ra ⟨ho.te.lei.ro, ra⟩ ❚ adj. **1** De um hotel ou relacionado a ele. ❚ s. **2** Pessoa que tem um hotel ou que o administra.

HTML (pl. *HTMLs*) s.f. Em informática, uma das linguagens em que as páginas *web* disponíveis na internet são escritas. ☐ ORIGEM É a sigla inglesa de *Hypertext Markup Language* (linguagem de marcação de hipertexto).

HTTP s.m. Protocolo de comunicação em informática que foi desenvolvido para a transferência de hipertextos via internet. ☐ ORIGEM É a sigla inglesa de *Hypertext Transfer Protocol* (protocolo de transferência de hipertexto).

hulha ⟨hu.lha⟩ s.f. Carvão mineral de cor preta intensa, de grande poder calorífico, usado como combustível e para a obtenção de gás de botijão e de alcatrão.

humanidade ⟨hu.ma.ni.da.de⟩ ❚ s.f. **1** Conjunto dos seres humanos. **2** Sensibilidade, compaixão ou empatia em relação aos outros: *uma pessoa de grande humanidade*. ❚ s.f.pl. **3** Conjunto de estudos referentes à literatura, à arte e às ciências humanas: *A literatura, a história e a filosofia são parte das humanidades*.

hyperlink

humanismo ⟨hu.ma.nis.mo⟩ s.m. Movimento cultural surgido na Europa dos séculos XIV e XVI, inspirado na civilização greco-romana, que defendia o homem e a condição humana como centro de todas as coisas, subordinando o mundo às suas necessidades e interesses.

humanitário, ria ⟨hu.ma.ni.tá.rio, ria⟩ adj./s. Compreensivo, bondoso ou solidário. ☐ GRAMÁTICA O sinônimo do adjetivo é *humano*.

humanitarismo ⟨hu.ma.ni.ta.ris.mo⟩ s.m. Sensibilidade, piedade ou benevolência em relação aos outros.

humanizar ⟨hu.ma.ni.zar⟩ v.t.d./v.prnl. **1** Dar ou adquirir características próprias do ser humano. **2** Tornar(-se) mais humano, menos cruel ou menos duro: *Essa ONG luta para humanizar a vida nos presídios.*

humano, na ⟨hu.ma.no, na⟩ ▌adj. **1** Das pessoas ou com características consideradas próprias delas: *O raciocínio é uma característica humana.* **2** Compreensivo, bondoso ou solidário: *Naquele momento, ele mostrou seu lado mais humano.* ☐ SIN. humanitário. ▌s.m. **3** O ser humano, o homem. ☐ USO Na acepção 3, usa-se geralmente a forma plural *humanos*.

humildade ⟨hu.mil.da.de⟩ s.f. **1** Qualidade de humilde: *Reconheceu seu erro com humildade.* **2** Simplicidade, falta de luxo ou escassez de recursos: *Ela se veste de maneira humilde, sem extravagâncias.* ☐ SIN. modéstia.

humilde ⟨hu.mil.de⟩ ▌adj.2g. **1** Que conhece as próprias limitações e age sem orgulho. ▌adj.2g./s.2g. **2** Que ou quem tem recursos materiais escassos.

humilhação ⟨hu.mi.lha.ção⟩ (pl. *humilhações*) s.f. Rebaixamento moral, vexame ou ultraje: *A derrota do time foi uma humilhação para os torcedores.*

humilhante ⟨hu.mi.lhan.te⟩ adj.2g. Que humilha.

humilhar ⟨hu.mi.lhar⟩ v.t.d./v.prnl. Fazer perder ou perder o orgulho ou a dignidade.

humo ⟨hu.mo⟩ s.m. →**húmus**

humor ⟨hu.mor⟩ (Pron. [humôr]) s.m. **1** Estado de espírito, especialmente se for manifestado perante os demais. **2** Capacidade de divertir ou de provocar sorriso: *Seu senso de humor é apreciado por todos.* ║ **humor (aquoso)** Em anatomia, líquido que é produzido no olho e que fica nas câmeras anterior e posterior. ║ **humor negro** Capacidade para descobrir aspectos engraçados naquilo que é triste ou trágico.

humorismo ⟨hu.mo.ris.mo⟩ s.m. Qualidade de humorista.

humorista ⟨hu.mo.ris.ta⟩ adj.2g./s.2g. Que ou quem faz comédias ou representa papéis engraçados. ☐ SIN. cômico.

humorístico, ca ⟨hu.mo.rís.ti.co, ca⟩ adj. Do humor, do humorismo ou relacionado a eles.

húmus ⟨hú.mus⟩ s.m.2n. Matéria orgânica formada por restos decompostos de vegetais e de animais, que ocupa a camada superior do solo e que serve como adubo. ☐ ORTOGRAFIA Escreve-se também *humo*.

húngaro, ra ⟨hún.ga.ro, ra⟩ ▌adj./s. **1** Da Hungria ou relacionado a esse país europeu. ▌s.m. **2** Língua desse país e de outras regiões.

huno, na ⟨hu.no, na⟩ adj./s. De um antigo povo nômade de origem asiática.

hurra ⟨hur.ra⟩ ▌s.m. **1** Manifestação de alegria ou de satisfação: *Soltou um hurra quando soube que havia passado na prova.* ▌interj. **2** Expressão usada para indicar alegria ou satisfação: *Hurra, ganhamos o campeonato!*

hyperlink *(palavra inglesa)* (Pron. [hiperlinque]) s.m. →*link*

i ▌s.m. **1** Nona letra do alfabeto. ▌numer. **2** Em uma sequência, que ocupa o nono lugar: *Sentamos na fileira i.* ☐ GRAMÁTICA Na acepção 1, o plural é *ii*.

i- →**in-**

-ia 1 Sufixo que indica cargo: *chefia, diretoria.* **2** Sufixo que indica área de conhecimento: *geografia, biologia.* **3** Sufixo que indica qualidade: *alegria.* **4** Sufixo que indica atitude: *grosseria.* **5** Sufixo que indica conjunto: *gritaria.*

iaiá ⟨ia.iá⟩ Substantivo feminino de ioiô.

ialorixá ⟨i.a.lo.ri.xá⟩ s.f. Em algumas religiões de origem africana, chefe de um terreiro ou de um centro espírita. ☐ SIN. mãe de santo. ☐ ORIGEM É uma palavra de origem africana.

ianomâmi ⟨i.a.no.mâ.mi⟩ adj.2g./s.2g. **1** Do grupo indígena que habita os estados do Amazonas, de Roraima e a Venezuela ou relacionado a ele. ▌s.m. **2** Grupo das línguas faladas por esse grupo. **3** Uma das línguas desse grupo.

ianque ⟨i.an.que⟩ adj.2g/s.2g. *informal* Estadunidense.

iate ⟨i.a.te⟩ s.m. Embarcação de luxo, geralmente usada para lazer ou para competições esportivas.

ibérico, ca ⟨i.bé.ri.co, ca⟩ adj./s. Da península Ibérica (região europeia que corresponde aos territórios espanhol e português) ou relacionado a ela. ☐ SIN. ibero.

ibero, ra ⟨i.be.ro, ra⟩ (Pron. [ibéro]) ▌adj./s. **1** Da península Ibérica (região europeia que corresponde aos territórios espanhol e português) ou relacionado a ela. ☐ SIN. ibérico. **2** Da antiga Ibéria (região que correspondia aproximadamente aos atuais territórios espanhol e português) ou relacionado a ela. ▌s.m. **3** Língua falada antigamente nessa região.

ibero-americano, na ⟨i.be.ro-a.me.ri.ca.no, na⟩ (pl. *ibero-americanos*) adj./s. Dos países americanos que têm como língua oficial o português ou o espanhol ou relacionado a eles. ☐ USO É diferente de *hispano-americano* (dos países americanos que têm como língua oficial o espanhol) e de *latino-americano* (da América do Sul, América Central e México).

íbis ⟨í.bis⟩ s.2g.2n. Ave aquática de pernas longas e bico comprido, largo e curvado, que vive em regiões pantanosas e que se alimenta basicamente de moluscos.

ibope ⟨i.bo.pe⟩ s.m. **1** *informal* Índice de audiência geralmente usado como referência pelos canais de televisão. **2** *informal* Prestígio ou reputação: *Seu ibope caiu depois dos escândalos de corrupção.* ☐ ORIGEM É um acrônimo que vem da sigla de *Instituto Brasileiro de Opinião Pública e Estatística.*

içar ⟨i.çar⟩ v.t.d. Subir (uma bandeira ou uma vela de barco) puxando-a do mastro ao qual está presa: *Os soldados içaram a bandeira enquanto soava a corneta.* ☐ ORTOGRAFIA Antes de e, o ç muda para c ▸ COMEÇAR.

-ice Sufixo que indica qualidade ou estado: *chatice, meninice.*

iceberg (palavra inglesa) (Pron. [aissibérg]) s.m. Grande massa de gelo que flutua à deriva no oceano após se desprender de uma geleira. ☐ SIN. geleira.

-icha Sufixo que indica tamanho menor: *barbicha.*

-icho Sufixo que indica tamanho menor: *rabicho.*

-ício, -ícia Sufixo que indica relação: *alimentício, natalícia.*

-ico, -ica 1 Sufixo que indica tamanho menor: *namorico.* **2** Sufixo que indica relação: *aquático, biológica.*

-iço, -iça Sufixo que indica capacidade: *movediço, alagadiça.*

ícone ⟨í.co.ne⟩ s.m. **1** Imagem religiosa pintada no estilo bizantino: *Naquela igreja vi alguns ícones belíssimos.* **2** Signo que tem alguma relação de semelhança com aquilo que representa: *Alguns sinais de tráfego são*

iconoclasta

ícones. **3** *informal* Aquilo que é referência em seu meio ou em sua época: *Carlos Drummond de Andrade é um ícone da literatura brasileira.* **4** Em informática, símbolo gráfico que representa um elemento de um sistema acessível ao usuário, como um programa, uma pasta, um arquivo ou um comando: *Para acessar a internet, é preciso clicar no ícone do navegador.*

iconoclasta ⟨i.co.no.clas.ta⟩ adj.2g./s.2g. **1** Que ou quem repudia o culto às imagens sagradas. **2** Que ou quem depreda obras de arte ou monumentos públicos. **3** Que ou quem não respeita as normas ou os valores admitidos pela tradição: *Suas teorias iconoclastas têm revolucionado a filosofia moderna.*

iconografia ⟨i.co.no.gra.fi.a⟩ s.f. **1** Em arte, estudo descritivo dos temas, dos signos e das imagens das artes figurativas. **2** Em arte, coleção de imagens e outras representações figurativas.

icterícia ⟨ic.te.rí.cia⟩ s.f. Em medicina, coloração amarelada da pele e das membranas mucosas, geralmente sintoma de algumas doenças do fígado.

ictiologia ⟨ic.ti.o.lo.gi.a⟩ s.f. Parte da zoologia que estuda os peixes.

ida ⟨i.da⟩ s.f. Deslocamento de um lugar a outro: *Achei a ida mais longa que a volta.*

idade ⟨i.da.de⟩ s.f. **1** Tempo de vida a partir do nascimento. **2** Cada um dos períodos da vida humana: *Cada idade tem seu encanto.* **3** Duração de algo desde o início de sua existência: *Alguns cientistas calculam que a idade da Terra é de aproximadamente 4,5 bilhões de anos.* **4** Cada um dos grandes períodos de tempo em que se divide tradicionalmente a história. ‖ **de idade** Idoso. ‖ **Idade Antiga** Período histórico anterior à Idade Média, que abarca desde o surgimento da escrita até o fim do Império Romano do Ocidente. ‖ **Idade Contemporânea** Período histórico posterior à Idade Moderna, que abarca aproximadamente desde a Revolução Francesa, no final do século XVIII, até os nossos dias. ‖ **Idade da Pedra** Período pré-histórico anterior ao uso dos metais, que abarca desde o aparecimento do homem em nosso planeta até a descoberta dos metais. ‖ **Idade de Ouro** Tempo de maior esplendor: *Os anos 1950 foram a idade de ouro do rádio brasileiro.* ‖ **Idade do Bronze** Período pré-histórico, o segundo da Idade dos Metais, anterior à Idade do Ferro e posterior à Idade do Cobre, que se caracteriza pelo uso do bronze na fabricação de armas e ferramentas. ‖ **Idade do Cobre** Período pré-histórico, o primeiro da Idade dos Metais, anterior à Idade do Bronze, que se caracteriza pelo uso do cobre na fabricação de armas e ferramentas. ‖ **Idade do Ferro** Período pré-histórico, o terceiro da Idade dos Metais, posterior à Idade do Bronze, que se caracteriza pelo uso do ferro na fabricação de armas e ferramentas. ‖ **Idade dos Metais** Período pré-histórico posterior à Idade da Pedra, durante o qual se deu início à utilização dos metais. ‖ **Idade Média** Período histórico anterior à Idade Moderna e posterior à Idade Antiga, que abarca aproximadamente desde a queda do Império Romano do Ocidente, no século V, até a tomada da cidade de Constantinopla pelos turcos otomanos, no século XV. ‖ **Idade mental** Grau de desenvolvimento intelectual de uma pessoa. ‖ **Idade Moderna** Período histórico anterior à Idade Contemporânea e posterior à Idade Média, que abarca aproximadamente desde a tomada da cidade de Constantinopla, no século XV, até princípios do século XIX. ‖ **terceira idade** Velhice ou o período da vida de uma pessoa que se inicia por volta dos 65 anos. □ ORTOGRAFIA Na acepção 4, usa-se geralmente com inicial maiúscula por ser também um nome próprio.

ideal ⟨i.de.al⟩ (pl. *ideais*) ▌adj.2g. **1** Das ideias ou relacionado a elas. **2** Que é ou que é considerado perfeito. ▌s.m. **3** Protótipo ou modelo de perfeição ou excelência: *O ideal de beleza mudou ao longo da história.* **4** Aquilo a que se inclina ou que se almeja: *Meu ideal é viver no campo.* **5** Em uma tarefa, plano proposto como perfeito para realizá-la: *O ideal é chegarmos cedo.*

idealismo ⟨i.de.a.lis.mo⟩ s.m. **1** Disposição que se tem para idealizar ou melhorar a realidade ao descrevê-la ou ao representá-la: *Às vezes, a visão que se tem das coisas é puro idealismo.* **2** Inclinação a agir guiado mais por ideais que por considerações práticas. **3** Índole ou natureza dos sistemas filosóficos que consideram a ideia como princípio do ser ou do conhecer.

idealista ⟨i.de.a.lis.ta⟩ adj.2g./s.2g. **1** Que ou quem tende a idealizar a realidade ou a agir guiado mais por ideais do que por considerações práticas. **2** Do idealismo ou relacionado a essa doutrina filosófica.

idealizar ⟨i.de.a.li.zar⟩ v.t.d. **1** Considerar ou representar (algo real) melhor ou mais belo do que de fato é na realidade: *Se idealizar muito as pessoas, poderá se decepcionar.* □ SIN. idear. **2** Formular ou dar forma na mente a (uma ideia). □ SIN. idear. **3** Inventar, criar ou planejar (um projeto): *Oscar Niemeyer idealizou o projeto arquitetônico da cidade de Brasília.* □ SIN. idear.

idear ⟨i.de.ar⟩ v.t.d. **1** Considerar ou representar (algo real) melhor ou mais belo do que de fato é na realidade. □ SIN. idealizar. **2** Formular ou dar forma na mente a (uma ideia): *Passou o dia ideando uma forma de apresentar sua proposta.* □ SIN. idealizar. **3** Inventar, criar ou planejar (um projeto). □ SIN. idealizar. □ ORTOGRAFIA O *e* muda para *ei* quando a sílaba tônica estiver na raiz do verbo →NOMEAR.

ideia ⟨i.dei.a⟩ (Pron. [idéia]) s.f. **1** Conhecimento abstrato de algo: *Gosta de levar suas ideias à prática.* **2** Imagem ou representação mental. **3** Propósito ou intenção. **4** Plano ou esquema mental para a realização de algo: *Não concordo com a sua ideia para o nosso trabalho.* **5** Opinião ou juízo formados sobre algo: *Ele tinha uma ideia equivocada a respeito do vizinho.* **6** Crença ou convicção. ▌**fazer ideia** *informal* Ter conhecimento. □ USO Na acepção 6, usa-se geralmente a forma plural *ideias*.

idem (*palavra latina*) (Pron. [ídem]) ▌pron.demons. **1** Em relação a uma obra ou um autor já citados, o mesmo. ▌adv. **2** *informal* Também: *Ela gosta de morangos; eu,* idem.

idêntico, ca ⟨i.dên.ti.co, ca⟩ adj. Igual ou muito parecido.

identidade ⟨i.den.ti.da.de⟩ s.f. **1** Conjunto de características ou de dados que permitem individualizar, identificar ou distinguir algo. **2** Igualdade ou alto grau de semelhança. **3** →**carteira de identidade 4** Em matemática, condição de uma ou mais variáveis que sempre se cumpre, independentemente do valor que essas variáveis assumam.

identificação ⟨i.den.ti.fi.ca.ção⟩ (pl. *identificações*) s.f. **1** Ato ou efeito de identificar(-se): *A polícia trabalha na identificação dos assaltantes.* **2** Ação ou circunstância de apresentar-se de forma a ser reconhecido, especialmente por meio de algum documento oficial: *A identificação é feita pelo crachá da empresa.*

identificar ⟨i.den.ti.fi.car⟩ v.t.d./v.t.d.i./v.prnl. **1** Tornar(-se) idênticas (uma ou mais coisas ou pessoas) [a outras]. ▌v.t.d. **2** Reconhecer (algo pressuposto ou o procurado) distinguindo seus traços característicos: *A polícia conseguiu identificar os responsáveis pelo assalto.* ▌v.prnl. **3** Dar os dados pessoais necessários para ser reconhecido, especialmente por meio de algum documento que os comprove: *Antes de entrar na empresa, identifiquei-me na portaria.* **4** Estar de acordo ou solidarizar-se:

igualdade

Identifico-me plenamente com a sua forma de encarar a vida. ☐ ORTOGRAFIA Antes de e, o c muda para qu →BRINCAR. ☐ GRAMÁTICA Na acepção 4, usa-se a construção *identificar-se* COM *(algo/alguém)*.

ideografia ⟨i.de.o.gra.fi.a⟩ s.f. Representação de ideias, morfemas, palavras ou frases por meio de ideogramas.

ideográfico, ca ⟨i.de.o.grá.fi.co, ca⟩ adj. Da ideografia, dos ideogramas ou relacionado a eles.

ideograma ⟨i.de.o.gra.ma⟩ s.m. Em alguns sistemas de escrita, símbolo que representa uma ideia, um morfema, uma palavra ou uma frase: *As escritas chinesa e japonesa utilizam ideogramas.*

ideologia ⟨i.de.o.lo.gi.a⟩ s.f. Conjunto de ideias, crenças ou valores próprios de uma sociedade, de uma época ou de um grupo.

ideológico, ca ⟨i.de.o.ló.gi.co, ca⟩ adj. Da ideologia ou relacionado a esse conjunto de ideias ou valores: *Não comer carne pode ser uma postura ideológica.*

idílio ⟨i.dí.lio⟩ s.m. **1** Relação amorosa suave e romântica. **2** Poema lírico que aborda temas ligados ao campo.

idioma ⟨i.di.o.ma⟩ (Pron. [idióma]) s.m. Língua de uma nação ou de um povo.

idiomático, ca ⟨i.di.o.má.ti.co, ca⟩ adj. Que se considera próprio e particular de um idioma.

idiossincrasia ⟨i.di.os.sin.cra.si.a⟩ s.f. Forma de ser característica e peculiar, própria de um indivíduo ou de um grupo.

idiota ⟨i.di.o.ta⟩ ▌ adj.2g. **1** Tolo ou desinteressante. ▌ adj.2g./s.2g. **2** *pejorativo* Que ou quem manifesta ignorância ou pouca inteligência.

idiotia ⟨i.di.o.ti.a⟩ s.f. Em medicina, retardo mental grave causado pelo desenvolvimento deficiente da capacidade intelectual de um indivíduo.

idiotice ⟨i.di.o.ti.ce⟩ s.f. Aquilo que é dito ou feito de maneira idiota. ☐ SIN. idiotismo.

idiotismo ⟨i.di.o.tis.mo⟩ s.m. **1** Expressão ou estrutura próprias de um idioma. ☐ SIN. modismo. **2** Aquilo que é dito ou feito de maneira idiota. ☐ SIN. idiotice.

idólatra ⟨i.dó.la.tra⟩ adj.2g./s.2g. Que ou quem adora ou admira um ídolo, como se fosse um deus.

idolatrar ⟨i.do.la.trar⟩ ▌ v.t.d. **1** Adorar ou render culto a (um ídolo). *Muitos povos antigos idolatravam estatuetas de seus deuses.* ▌ v.t.d./v.prnl. **2** Amar(-se) ou admirar(-se) em excesso: *Ele idolatrava aquele guitarrista.*

idolatria ⟨i.do.la.tri.a⟩ s.f. **1** Adoração da representação de uma divindade. **2** Admiração ou paixão excessivas por algo ou alguém.

ídolo ⟨í.do.lo⟩ s.m. **1** Figura, estátua ou imagem que representa uma divindade, à qual se cultua ou adora: *Algumas religiões proíbem o culto a qualquer tipo de ídolos.* **2** Pessoa por quem se tem paixão ou admiração em excesso.

idoneidade ⟨i.do.nei.da.de⟩ s.f. Qualidade de idôneo.

idôneo, nea ⟨i.dô.neo, nea⟩ adj. Oportuno e adequado ou com as condições necessárias para algo.

idoso, sa ⟨i.do.so, sa⟩ (Pron. [idôso], [idósa], [idósos], [idósas]) adj./s. Que ou quem tem muitos anos. ☐ SIN. ancião.

iemenita ⟨i.e.me.ni.ta⟩ adj.2g./s.2g. De Iêmen ou relacionado a esse país asiático.

iene ⟨i.e.ne⟩ s.m. Unidade monetária japonesa.

igarapé ⟨i.ga.ra.pé⟩ s.m. No interior de uma floresta, riacho navegável por pequenas canoas: *Os igarapés da região amazônica são utilizados como trilhas aquáticas para o acesso à floresta.* ☐ ORIGEM É uma palavra de origem tupi.

iglu ⟨i.glu⟩ s.m. Habitação de forma semiesférica construída com neve e blocos de gelo, usada por alguns esquimós durante o inverno. [◉ **habitação** p. 420]

ígneo, nea ⟨íg.neo, nea⟩ adj. **1** Do fogo ou com suas características. **2** Em geologia, em relação a uma rocha vulcânica, que é formada pela massa em fusão que há no interior da Terra. ☐ SIN. magmático.

ignição ⟨ig.ni.ção⟩ (pl. *ignições*) s.f. **1** Início do processo de combustão de uma substância. **2** Dispositivo ou sistema de dispositivos que dão partida ao motor de um veículo ao inflamar seu combustível.

ignóbil ⟨ig.nó.bil⟩ (pl. *ignóbeis*) ▌ adj.2g. **1** Que causa repugnância, especialmente se for estética. ▌ adj.2g./s.2g. **2** Que ou quem tem pouco caráter ou comportamento baixo.

ignomínia ⟨ig.no.mí.nia⟩ s.f. Grande humilhação, desonra ou vergonha.

ignominioso, sa ⟨ig.no.mi.ni.o.so, sa⟩ (Pron. [ignominióso], [ignominiósa], [ignominiósos], [ignominiósas]) adj. Que provoca vergonha ou que faz perder o respeito dos demais.

ignorância ⟨ig.no.rân.cia⟩ s.f. **1** Falta de informação ou de conhecimento sobre determinada matéria ou assunto. **2** Falta generalizada de conhecimento, de cultura ou de educação: *Muitas vezes, a violência é reflexo da ignorância.*

ignorante ⟨ig.no.ran.te⟩ adj.2g./s.2g. **1** Que ou quem desconhece uma matéria ou um assunto. **2** *pejorativo* Que ou quem carece de instrução ou de educação.

ignorar ⟨ig.no.rar⟩ v.t.d. **1** Desconhecer ou não ter notícia de (um assunto): *Ignoro qual é seu novo trabalho.* **2** Não dar atenção a: *Ignorou-me durante toda a festa.*

ignoto, ta ⟨ig.no.to, ta⟩ (Pron. [ignôto], [ignóta], [ignótos], [ignótas]) adj. Desconhecido ou não descoberto.

igreja ⟨i.gre.ja⟩ (Pron. [igrêja]) s.f. **1** Comunidade formada por todos os cristãos. **2** Cada uma das doutrinas cristãs: *a Igreja ortodoxa; a Igreja protestante.* **3** Conjunto dos fiéis cristãos de uma época ou de uma região. **4** Templo cristão: *Esta igreja é uma das mais belas que já vi.* ☐ ORTOGRAFIA Nas acepções 1 a 3, usa-se geralmente com inicial maiúscula por ser também um nome próprio.

iguaçuano, na ⟨i.gua.çu.a.no, na⟩ adj./s. De Nova Iguaçu ou relacionado a essa cidade do estado brasileiro do Rio de Janeiro.

iguaçuense ⟨i.gua.cu.en.se⟩ adj.2g./s.2g. De Foz de Iguaçu ou relacionado a essa cidade do estado brasileiro do Paraná.

igual ⟨i.gual⟩ (pl. *iguais*) ▌ adj.2g. **1** Em relação a uma coisa, que tem a mesma natureza, quantidade ou qualidade que outra. **2** Muito parecido, semelhante ou com as mesmas características: *Seu irmão é igual ao seu pai.* **3** Proporcional ou que está dividido em uma razão adequada. ▌ adj.2g./s.2g. **4** Que ou quem é da mesma classe social, da mesma condição ou da mesma categoria que alguém. ▌ s.m. **5** Em matemática, sinal gráfico formado por dois traços horizontais paralelos e que se utiliza para indicar a equivalência entre duas quantidades ou duas funções. ▌ adv. **6** Da mesma forma: *No dia seguinte, ele agiu igual.* ‖ **sem igual** Único ou extraordinário.

igualação ⟨i.gua.la.ção⟩ (pl. *igualações*) s.f. Ato ou efeito de igualar(-se).

igualar ⟨i.gua.lar⟩ ▌ v.t.d./v.prnl. **1** Tornar(-se) da mesma natureza, quantidade ou qualidade (duas ou mais pessoas ou coisas): *igualar direitos.* ▌ v.t.d.i. **2** Tornar igual em natureza, quantidade ou qualidade (uma pessoa ou coisa) [a outra]: *Ela luta para igualar os salários das mulheres aos dos homens.* ▌ v.t.d. **3** Nivelar (uma superfície de terra).

igualdade ⟨i.gual.da.de⟩ s.f. **1** Semelhança ou correspondência de uma coisa com outra: *A igualdade de direitos entre homens e mulheres é essencial em nossa sociedade.* **2** Em matemática, expressão da relação de equivalência entre duas quantidades ou duas funções.

igualha ⟨i.gua.lha⟩ s.f. Conjunto de pessoas que se assemelham ou são correspondentes na posição social ou no jeito de ser.

igualitário, ria ⟨i.gua.li.tá.rio, ria⟩ ▪ adj. **1** Que contém igualdade ou tende a ela, especialmente em relação a questões sociais. ▪ adj./s. **2** Do igualitarismo ou relacionado a essa orientação política.

igualitarismo ⟨i.gua.li.ta.ris.mo⟩ s.m. Orientação política que defende a igualdade civil, política e social para os membros de uma sociedade.

iguana ⟨i.gua.na⟩ s.m. Réptil encontrado no continente americano, com quatro patas, de corpo escamoso, com longa membrana pendurada no pescoço, pálpebras móveis, crista que vai desde a cabeça até o final da cauda, e que se alimenta de vegetais. ☐ GRAMÁTICA É um substantivo epiceno: *o iguana (macho/fêmea)*.

iguaria ⟨i.gua.ri.a⟩ s.f. Alimento apetitoso ou exótico. ☐ SIN. manjar.

iguatuense ⟨i.gua.tu.en.se⟩ adj.2g./s.2g. De Iguatu ou relacionado a essa cidade do estado brasileiro do Ceará.

ih interj. Expressão usada para indicar espanto, surpresa, ironia, admiração ou sentimento de perigo.

-il Sufixo que indica relação: *mulheril, senhoril*.

ilação ⟨i.la.ção⟩ (pl. *ilações*) s.f. **1** Em um discurso, coerência e relação entre as ideias ou entre as diferentes partes que o compõem. **2** Em lógica, enlace entre ideias ou conceitos propostos e uma conclusão. **3** Inferência ou dedução.

ilegal ⟨i.le.gal⟩ (pl. *ilegais*) adj.2g. Que não é legal.

ilegalidade ⟨i.le.ga.li.da.de⟩ s.f. **1** Condição de ilegal. **2** Ação contrária à lei ou que se distancia dela.

ilegítimo, ma ⟨i.le.gí.ti.mo, ma⟩ adj. Que não é legítimo.

ilegível ⟨i.le.gí.vel⟩ (pl. *ilegíveis*) adj.2g. Que não é legível.

íleo ⟨í.leo⟩ s.m. Em um mamífero, parte final do intestino delgado, que termina onde começa o intestino grosso.

ileso, sa ⟨i.le.so, sa⟩ (Pron. [ilêso]) adj. Em relação a uma pessoa ou a um animal, que não sofreram nenhuma lesão.

iletrado, da ⟨i.le.tra.do, da⟩ adj./s. **1** Que ou quem não sabe ler nem escrever. ☐ SIN. **analfabeto**. **2** Que ou quem não tem cultura literária.

ilha ⟨i.lha⟩ s.f. **1** Porção de terra cercada de água por todos os lados: *Fernando de Noronha é uma ilha no litoral brasileiro*. **2** Em um lugar, região ou parte claramente delimitadas ou diferenciadas daquilo que as cerca: *O parque é uma ilha de tranquilidade na cidade*. **3** Especialmente em uma avenida, área delimitada que serve para separar as duas mãos de trânsito e garantir a segurança dos pedestres durante a travessia.

ilhar ⟨i.lhar⟩ v.t.d./v.prnl. Deixar ou ficar só ou separado: *A enchente ilhou alguns bairros da cidade*.

ilharga ⟨i.lhar.ga⟩ s.f. Em uma pessoa e em alguns mamíferos, cada uma das partes simétricas localizadas entre as últimas costelas e os ossos da pelve.

ilhéu, lhoa ⟨i.lhéu, lho.a⟩ (Pron. [ilhéu], [ilhôa]) adj./s. De uma ilha ou relacionado a ela. ☐ SIN. **insular**.

ilheuense ⟨i.lheu.en.se⟩ adj.2g./s.2g. De Ilhéus ou relacionado a essa cidade do estado brasileiro da Bahia.

ilhota ⟨i.lho.ta⟩ s.f. Ilha pequena.

ilíaco, ca ⟨i.lí.a.co, ca⟩ ▪ adj. **1** Da região do quadril ou relacionado a ela. ▪ s.m. **2** Osso principal da região da pelves. ☐ USO Na acepção 2, é a antiga denominação de *ílio*.

ilícito, ta ⟨i.lí.ci.to, ta⟩ adj. Que não é lícito ou que não é permitido legal ou moralmente.

ilimitado, da ⟨i.li.mi.ta.do, da⟩ adj. Que não tem ou que parece não ter limites.

ílio ⟨í.li.o⟩ s.m. **1** Em anatomia, cada um dos ossos que nos vertebrados formam a parte anterior da pelve e, na espécie humana, a parte superior. **2** Osso principal da região da pelve. ☐ USO Na acepção 2, é a nova denominação de *ilíaco*. [➤ **esqueleto** p. 334]

ilógico, ca ⟨i.ló.gi.co, ca⟩ adj. Que não tem lógica.

ilogismo ⟨i.lo.gis.mo⟩ s.m. **1** Condição do que é ilógico. **2** Aquilo que é dito ou feito de maneira ilógica ou incoerente.

iludir ⟨i.lu.dir⟩ v.t.d./v.prnl. **1** Criar ilusões ou esperanças, geralmente com pouco fundamento real: *Estava iludido com a possibilidade de conseguir a vaga*. **2** Enganar(-se) ou fazer crer em algo falso premeditadamente: *Era um vendedor desonesto e iludia seus clientes*.

iluminação ⟨i.lu.mi.na.ção⟩ (pl. *iluminações*) s.f. **1** Ato ou efeito de iluminar(-se). **2** Quantidade de luz que há em um lugar: *A iluminação desse quarto dificulta a leitura*. **3** Ideia ou inspiração súbitas.

iluminado, da ⟨i.lu.mi.na.do, da⟩ ▪ adj. **1** Que recebe luz. ▪ adj./s. **2** Do Iluminismo ou relacionado a esse movimento cultural. **3** Que ou quem acredita possuir um poder sobrenatural que lhe permite fazer algo que os demais não podem.

iluminar ⟨i.lu.mi.nar⟩ ▪ v.t.d./v.prnl. **1** Clarear(-se) ou encher(-se) de luz: *O sol iluminou a sala*. ☐ SIN. **alumiar**. ▪ v.t.d. **2** Esclarecer ou explicar (algo) e facilitar a compreensão ou o conhecimento. ☐ SIN. **ilustrar**. ▪ v.t.d./v.prnl. **3** Dar(-se) conhecimento ou cultura. ☐ SIN. **ilustrar**.

iluminismo ⟨i.lu.mi.nis.mo⟩ s.m. Movimento cultural europeu do século XVIII, o qual defendia que a razão, a ciência e a educação eram elementos essenciais para o progresso: *O Iluminismo exerceu influência na maioria dos países ocidentais*. ☐ ORTOGRAFIA Usa-se geralmente com inicial maiúscula por ser também um nome próprio.

iluminura ⟨i.lu.mi.nu.ra⟩ s.f. **1** Técnica artística medieval que consistia em inserir e colorir desenhos, figuras ou letras em manuscritos. **2** Pintura ou desenho realizados com essa técnica.

ilusão ⟨i.lu.são⟩ (pl. *ilusões*) s.f. **1** Falsa impressão ou sensação que se tem da realidade, provocada pela imaginação ou por algum engano da mente ou dos sentidos. **2** Esperança, geralmente sem fundamento real.

ilusionismo ⟨i.lu.si.o.nis.mo⟩ s.m. Arte ou técnica de criar ilusões através de artifícios ou truques.

ilusionista ⟨i.lu.si.o.nis.ta⟩ s.2g. Pessoa que se dedica à prática do ilusionismo, especialmente como profissão.

ilusório, ria ⟨i.lu.só.rio, ria⟩ adj. Enganoso, irreal ou que não tem nenhum valor. ☐ SIN. **especioso**.

ilustração ⟨i.lus.tra.ção⟩ (pl. *ilustrações*) s.f. **1** Ato ou efeito de ilustrar. **2** Cada um dos desenhos ou figuras colocados em um texto ou em um impresso como decoração: *Esta revista se destaca pelo capricho de suas ilustrações*. **3** Explicação ou esclarecimento. **4** Conjunto de conhecimentos, saberes ou cultura: *Todos ficamos espantados com sua ilustração*.

ilustrador, -a ⟨i.lus.tra.dor, do.ra⟩ (Pron. [ilustradôr], [ilustradôra]) ▪ adj./s. **1** Que ou quem ilustra. ▪ s. **2** Pessoa que se dedica profissionalmente à ilustração.

ilustrar ⟨i.lus.trar⟩ v.t.d. **1** Adornar com desenhos ou figuras (um texto ou um impresso) para explicar ou facilitar a compreensão: *Ilustrou o trabalho com desenhos feitos por ele mesmo*. **2** Esclarecer ou explicar (algo) e facilitar a compreensão ou o conhecimento: *Para ilustrar melhor o que eu disse, vou contar-lhes uma pequena anedota*. ☐ SIN. **iluminar**. ▪ v.t.d./v.prnl. **3** Dar(-se) conhecimento ou cultura: *Suas viagens o ilustraram*. ☐ SIN. **iluminar**.

ilustrativo, va ⟨i.lus.tra.ti.vo, va⟩ adj. Que ilustra.

ilustre ⟨i.lus.tre⟩ adj.2g. **1** Que tem uma origem distinta ou nobre. **2** Célebre ou famoso.

imitador

im- →in-

imã ⟨i.mã⟩ s.m. Mineral ou outro material que tem a propriedade de atrair determinados metais. ☐ SIN. magneto.

imaculado, da ⟨i.ma.cu.la.do, da⟩ adj. **1** Sem mancha ou defeito. **2** Puro ou inocente.

imagem ⟨i.ma.gem⟩ (pl. *imagens*) s.f. **1** Reprodução ou representação de um objeto ou corpo pela combinação dos raios de luz: *Percebemos as imagens devido à captação de luz pela retina*. **2** Aparência, aspecto ou consideração perante os demais: *Esse atleta tem uma imagem de destaque entre os jovens*. **3** Recurso expressivo que consiste em reproduzir ou suscitar uma intuição ou visão poética por meio da linguagem: *O cordeiro é uma imagem muito comum no cristianismo*. **4** Figura ou representação de algo. [◉ livro p. 499]

imaginação ⟨i.ma.gi.na.ção⟩ (pl. *imaginações*) s.f. **1** Capacidade da mente humana de criar e representar coisas reais ou irreais: *A leitura estimula a imaginação*. **2** Facilidade para criar ou para ter novas ideias. **3** Aquilo que é irreal ou fantasioso.

imaginar ⟨i.ma.gi.nar⟩ v.t.d. **1** Representar na mente. ☐ SIN. afigurar. **2** Suspeitar ou supor, tendo como base indícios ou fatos reais: *Imagino que não queira mais sair, pois já é tarde. Eu o imaginava mais velho*. ☐ GRAMÁTICA Na acepção 2, o objeto pode vir acompanhado de um complemento que o qualifica: *Eu o imaginava mais velho*.

imaginário, ria ⟨i.ma.gi.ná.rio, ria⟩ ▌ adj. **1** Que só existe na imaginação. ▌ s.m. **2** Conjunto de imagens e estereótipos próprios de um grupo social. **3** →número imaginário

imaginativo, va ⟨i.ma.gi.na.ti.vo, va⟩ adj. Com muita imaginação. ☐ SIN. imaginoso.

imaginável ⟨i.ma.gi.ná.vel⟩ (pl. *imagináveis*) adj.2g. Que se pode conceber, imaginar ou compreender.

imaginoso, sa ⟨i.ma.gi.no.so, sa⟩ (Pron. [imaginôso], [imaginôsa], [imaginósos], [imaginósas]) adj. **1** Com muita imaginação. ☐ SIN. imaginativo. **2** Que é improvável ou inventado.

imanente ⟨i.ma.nen.te⟩ adj.2g. Próprio da natureza de um ser e que não é dependente de algo externo.

imantar ⟨i.man.tar⟩ v.t.d. Aplicar as propriedades do ímã em (um corpo): *Imantaram o ponteiro para fazer a bússola*. ☐ SIN. magnetizar.

imaterial ⟨i.ma.te.ri.al⟩ (pl. *imateriais*) adj.2g. Que não tem matéria.

imaturo, ra ⟨i.ma.tu.ro, ra⟩ ▌ adj. **1** Que não alcançou o seu desenvolvimento completo. ▌ adj./s. **2** Que ou quem não tem maturidade.

imbaúba ⟨im.ba.ú.ba⟩ s.f. →embaúba

imbecil ⟨im.be.cil⟩ (pl. *imbecis*) adj.2g./s.2g. *pejorativo* Em relação a uma pessoa ou a seu comportamento, que se apresentam com pouca inteligência ou com pouco juízo.

imbecilidade ⟨im.be.ci.li.da.de⟩ s.f. **1** Condição de imbecil. **2** Aquilo que é dito ou feito de maneira imbecil.

imberbe ⟨im.ber.be⟩ adj.2g./s.2g. Em relação especialmente a um jovem, que ainda não tem barba ou que tem pouca.

imbricar ⟨im.bri.car⟩ v.t.d./v.prnl. Sobrepor(-se) parcialmente (um conjunto de coisas iguais), de forma semelhante às escamas dos peixes. ☐ ORTOGRAFIA Antes de *e*, o *c* muda para *qu* →BRINCAR.

imbu ⟨im.bu⟩ s.m. →umbu ☐ ORIGEM É uma palavra de origem tupi.

imbuia ⟨im.bui.a⟩ s.f. **1** Árvore de grande porte, com tronco tortuoso e casca grossa, com folhas simples e ovaladas, flores pequenas e amarelas, e cuja madeira é considerada de excelente qualidade. **2** Essa madeira.

imbuir ⟨im.bu.ir⟩ v.t.d.i./v.prnl. Impregnar(-se) ou encher(-se) [de um valor ou sentimento]: *Ao dar à luz, imbuiu-se das responsabilidades de mãe*. ☐ ORTOGRAFIA Usa-se *i* em vez do *e* comum na conjugação do presente do indicativo e do imperativo afirmativo →ATRIBUIR.

imbuzeiro ⟨im.bu.zei.ro⟩ s.m. →umbuzeiro

imediação ⟨i.me.di.a.ção⟩ (pl. *imediações*) s.f. Vizinhança ou proximidade: *Morava nas imediações da praça*. ☐ USO Usa-se geralmente a forma plural.

imediatismo ⟨i.me.di.a.tis.mo⟩ s.m. Inclinação a agir visando vantagens ou benefícios imediatos.

imediato, ta ⟨i.me.di.a.to, ta⟩ ▌ adj. **1** Que se atinge diretamente ou sem intermediação. **2** Que ocorre instantaneamente. ▌ s. **3** Em uma hierarquia, pessoa diretamente subordinada a um chefe: *Convocou o imediato à sala de reuniões*. ‖ **de imediato** Em seguida ou o quanto antes: *Quando chegou ao hospital, foi atendido de imediato*.

imemorial ⟨i.me.mo.ri.al⟩ (pl. *imemoriais*) adj.2g. Tão antigo que não se recorda quando começou: *uma tradição imemorial*.

imensidade ⟨i.men.si.da.de⟩ s.f. **1** Condição do que é imenso. ☐ SIN. imensidão. **2** Quantidade ou número muito grandes: *No céu, há uma imensidade de estrelas*. ☐ SIN. imensidão.

imensidão ⟨i.men.si.dão⟩ (pl. *imensidões*) s.f. **1** Condição do que é imenso. ☐ SIN. imensidade. **2** Quantidade ou número muito grandes: *Ainda tenho uma imensidão de coisas para fazer*. ☐ SIN. imensidade.

imenso, sa ⟨i.men.so, sa⟩ adj. Muito grande ou muito difícil de medir.

imensurável ⟨i.men.su.rá.vel⟩ (pl. *imensuráveis*) adj.2g. Impossível de medir.

imerecido, da ⟨i.me.re.ci.do, da⟩ adj. Que não é merecido.

imergência ⟨i.mer.gên.cia⟩ s.f. Introdução total em um líquido. ☐ USO É diferente de *emergência* (subida à superfície de um líquido).

imergir ⟨i.mer.gir⟩ v.t.d./v.int. Introduzir(-se) parcial ou totalmente em um líquido. ☐ ORTOGRAFIA Antes de *a* ou *o*, o *g* muda para *j* →FUGIR. ☐ GRAMÁTICA **1.** É um verbo abundante, pois apresenta dois particípios: *imergido* e *imerso*. **2.** É um verbo defectivo, pois não apresenta conjugação completa →BANIR. ☐ USO É diferente de *emergir* (fazer subir ou subir à superfície da água ou de outro líquido).

imersão ⟨i.mer.são⟩ (pl. *imersões*) s.f. Introdução de um corpo em um líquido. ☐ USO É diferente de *emersão* (saída de um corpo de um líquido).

imigração ⟨i.mi.gra.ção⟩ (pl. *imigrações*) s.f. Ato ou efeito de imigrar.

imigrante ⟨i.mi.gran.te⟩ ▌ adj.2g. **1** Que imigra. ▌ s.2g. **2** Pessoa que chega a um lugar para se estabelecer nele.

imigrar ⟨i.mi.grar⟩ v.int. Chegar a um lugar para se estabelecer nele: *Muitos japoneses imigraram para o Brasil no início do século passado*. ☐ USO É diferente de *emigrar* (sair de um lugar para se estabelecer em outro por um período determinado ou de modo permanente) e de *migrar* (deslocar-se de um lugar para mudar o domicílio).

iminência ⟨i.mi.nên.cia⟩ s.f. Proximidade de um acontecimento, especialmente se há um risco: *As autoridades alertaram sobre a iminência de um atentado terrorista*. ☐ USO É diferente de *eminência* (tratamento de respeito dado aos cardeais católicos).

iminente ⟨i.mi.nen.te⟩ adj.2g. Que está perto de acontecer ou a ponto de ocorrer. ☐ USO É diferente de *eminente* (que se sobressai ou que se destaca em um campo ou em uma atividade).

imitação ⟨i.mi.ta.ção⟩ (pl. *imitações*) s.f. **1** Ato ou efeito de imitar. **2** Aquilo que se parece muito com outra coisa.

imitador, -a ⟨i.mi.ta.dor, do.ra⟩ (Pron. [imitadôr], [imitadôra]) adj./s. Que ou quem imita ou faz imitações.

imitar

imitar ⟨i.mi.tar⟩ v.t.d. **1** Representar ou realizar (uma ação) à semelhança de um modelo: *O comediante imitou o jeito de falar de um político famoso.* **2** Assemelhar-se no aspecto a: *O estofamento destas cadeiras imita o couro.*

imobiliária ⟨i.mo.bi.li.á.ria⟩ s.f. Empresa ou sociedade que constrói, compra, vende, aluga ou administra imóveis.

imobiliário, ria ⟨i.mo.bi.li.á.rio, ria⟩ adj. Dos imóveis ou relacionados a eles.

imobilidade ⟨i.mo.bi.li.da.de⟩ s.f. Falta de movimento.

imobilismo ⟨i.mo.bi.lis.mo⟩ s.m. Oposição a qualquer mudança que afete aquilo que já está estabelecido.

imobilização ⟨i.mo.bi.li.za.ção⟩ (pl. *imobilizações*) s.f. Ato ou efeito de imobilizar(-se).

imobilizar ⟨i.mo.bi.li.zar⟩ v.t.d./v.prnl. Tornar(-se) imóvel ou impossibilitar o movimento de: *Um derrame imobilizou parte de seu corpo.*

imoderado, da ⟨i.mo.de.ra.do, da⟩ adj. Sem moderação.

imodéstia ⟨i.mo.dés.tia⟩ s.f. Falta de modéstia.

imolar ⟨i.mo.lar⟩ ▌v.t.d. **1** Sacrificar (uma vítima) degolando-a, especialmente se for como oferenda a uma divindade: *Antigamente, imolavam animais para obter-se o favor dos deuses.* ▌v.prnl. **2** Sacrificar-se ou dar a vida, geralmente por uma causa ou por uma pessoa.

imoral ⟨i.mo.ral⟩ (pl. *imorais*) adj.2g./s.2g. Que ou quem se opõe à moral ou àquilo que se consideram ser bons costumes. ▢ USO É diferente de *amoral* (sem sentido nem propósito moral).

imoralidade ⟨i.mo.ra.li.da.de⟩ s.f. **1** Condição de imoral. **2** Ato ou dito imorais.

imorredoiro, ra ⟨i.mor.re.doi.ro, ra⟩ adj./s. →**imorredouro, ra**

imorredouro, ra ⟨i.mor.re.dou.ro, ra⟩ ▌adj. **1** *literário* Que dura um tempo indefinido. ▌adj./s. **2** *literário* Que ou quem não é mortal. ▢ ORTOGRAFIA Escreve-se também *imorredoiro*.

imortal ⟨i.mor.tal⟩ (pl. *imortais*) ▌adj.2g. **1** Que dura na memória das pessoas através dos tempos. ▌adj.2g./s.2g. **2** Que ou quem não é mortal. ▌s.2g. **3** Membro da Academia Brasileira de Letras.

imortalidade ⟨i.mor.ta.li.da.de⟩ s.f. Condição de imortal: *A imortalidade era uma característica dos deuses da mitologia grega.*

imortalizar ⟨i.mor.ta.li.zar⟩ v.t.d./v.prnl. Fazer durar ou eternizar(-se) na memória das pessoas através dos tempos: *O pintor imortalizou a modelo em um magnífico retrato.*

imóvel ⟨i.mó.vel⟩ (pl. *imóveis*) ▌adj.2g. **1** Sem movimento. ▢ SIN. hirto, teso. ▌s.m. **2** Casa ou prédio.

impaciência ⟨im.pa.ci.ên.cia⟩ s.f. Condição de impaciente.

impacientar ⟨im.pa.ci.en.tar⟩ ▌v.t.d. **1** Causar impaciência: *A demora da fila o impacientava.* ▌v.prnl. **2** Perder a paciência: *Não se impaciente, já estou indo.*

impaciente ⟨im.pa.ci.en.te⟩ adj.2g. Que está intranquilo devido a algo que o incomoda ou que demora a acontecer.

impacto ⟨im.pac.to⟩ s.m. **1** Choque violento entre dois ou mais corpos. **2** Forte impressão causada por uma notícia, um acontecimento ou um fato inesperados: *O falecimento do artista causou um grande impacto na opinião pública.* **3** Influência ou repercussão: *O impacto das medidas econômicas teve efeito imediato no mercado.*

impagável ⟨im.pa.gá.vel⟩ (pl. *impagáveis*) adj.2g. **1** Que não se pode ou não se deve pagar. **2** Que tem tanto valor que não se pode pagar com nada. **3** *informal* Que é muito engraçado ou divertido: *Ela sempre aparece com piadas impagáveis.*

impalpável ⟨im.pal.pá.vel⟩ (pl. *impalpáveis*) adj.2g. Que não produz sensação ao tato ou que produz muito pouca.

impaludismo ⟨im.pa.lu.dis.mo⟩ s.m. →**paludismo**

ímpar ⟨ím.par⟩ ▌adj.2g. **1** Único ou sem par. ▌s.m. **2** →**número ímpar**

imparcial ⟨im.par.ci.al⟩ (pl. *imparciais*) adj.2g./s.2g. **1** Que ou quem julga ou procede com imparcialidade ou com independência de qualquer opinião. **2** Que ou quem não se identifica com nenhuma ideologia ou com nenhuma opinião.

imparcialidade ⟨im.par.ci.a.li.da.de⟩ s.f. Qualidade ou condição de imparcial.

impasse ⟨im.pas.se⟩ s.m. Situação sem saída ou de difícil solução: *Apesar das negociações, não conseguiram resolver o impasse.*

impassível ⟨im.pas.sí.vel⟩ (pl. *impassíveis*) adj.2g. Que permanece indiferente ou sem manifestar alguma alteração.

impávido, da ⟨im.pá.vi.do, da⟩ adj. Sem medo ou que demonstra serenidade diante de um perigo.

impeachment *(palavra inglesa)* (Pron. [impítchiman]) s.m. **1** Processo que investiga acusação de crime de responsabilidade praticado por um alto funcionário de um governo. ▢ SIN. **impedimento**. **2** Ato de destituição de cargo após a conclusão desse processo.

impecável ⟨im.pe.cá.vel⟩ (pl. *impecáveis*) adj.2g. **1** Que não tem nenhum defeito ou imperfeição. **2** Que possui um comportamento exemplar.

impedimento ⟨im.pe.di.men.to⟩ s.m. **1** Ato ou efeito de impedir. **2** Em alguns jogos de equipe, especialmente no futebol, posição irregular de um jogador, que se pune com falta à sua equipe. **3** Processo que investiga acusação de crime de responsabilidade praticado por um alto funcionário de um governo. ▢ SIN. **impeachment**. **4** Situação em que um juiz, devido a um interesse pessoal, não pode julgar determinado processo.

impedir ⟨im.pe.dir⟩ ▌v.t.d. **1** Dificultar, perturbar ou impossibilitar (uma ação): *impedir a entrada; impedir a viagem.* ▌v.t.d./v.t.d.i. **2** Deter ou proibir (alguém) [de realizar uma ação]: *A segurança impediu o fã de se aproximar da banda.* ▢ GRAMÁTICA É um verbo irregular →PEDIR.

impelir ⟨im.pe.lir⟩ ▌v.t.d. **1** Dar impulso a (algo) de modo que se produza um movimento. ▢ SIN. **impulsionar**. ▌v.t.d./v.t.d.i. **2** Incitar ou estimular (alguém) [a algo]: *Com suas palavras, a professora me impeliu a estudar mais.* ▢ GRAMÁTICA É um verbo irregular →SERVIR.

impenetrável ⟨im.pe.ne.trá.vel⟩ (pl. *impenetráveis*) adj.2g. **1** Impossível de penetrar ou de entender. **2** Em relação a uma pessoa ou ao seu comportamento, que não deixam ver o que sentem ou o que pensam.

impenitente ⟨im.pe.ni.ten.te⟩ adj.2g. Que se obstina em algo negativo e insiste nele sem se arrepender nem tentar se corrigir.

impensado, da ⟨im.pen.sa.do, da⟩ adj. **1** Que ocorre sem se pensar ou de maneira inesperada. **2** Que se faz ou que se diz sem se refletir sobre as consequências. ▢ SIN. **irrefletido**.

imperador, -a ⟨im.pe.ra.dor, do.ra⟩ (Pron. [imperadôr], [imperadôra]) s.m. Em um império, soberano e chefe de Estado. ▢ GRAMÁTICA A forma feminina mais usual é *imperatriz*.

imperar ⟨im.pe.rar⟩ v.int. Mandar, dominar ou predominar: *O medo imperava na cidade depois dos ataques.*

imperativo, va ⟨im.pe.ra.ti.vo, va⟩ ▌adj./s.m. **1** Que manda ou que expressa mandato ou obrigação. ▌s.m. **2** Obrigação ou imposição: *É imperativo que os senadores votem as emendas constitucionais ainda nesse mês.* **3** →**modo imperativo**

imperatriz ⟨im.pe.ra.triz⟩ s.f. **1** Feminino de **imperador**. **2** Esposa de imperador.
imperatrizense ⟨im.pe.ra.tri.zen.se⟩ adj.2g./s.2g. De Imperatriz ou relacionado a essa cidade do estado brasileiro do Maranhão.
imperceptível ⟨im.per.cep.tí.vel⟩ (pl. *imperceptíveis*) adj.2g. Impossível de perceber.
imperdoável ⟨im.per.do.á.vel⟩ (pl. *imperdoáveis*) adj.2g. Impossível de perdoar.
imperecível ⟨im.pe.re.cí.vel⟩ (pl. *imperecíveis*) adj.2g. Que não perece ou não se deteriora facilmente.
imperfeição ⟨im.per.fei.ção⟩ (pl. *imperfeições*) s.f. **1** Falta de perfeição. **2** Falha ou falta moral de caráter leve: *Ele sabe reconhecer as próprias imperfeições.* ◻ SIN. defeito.
imperfeito, ta ⟨im.per.fei.to, ta⟩ ▌adj. **1** Sem perfeição. ▌s.m. **2** →**pretérito imperfeito**
imperial ⟨im.pe.ri.al⟩ (pl. *imperiais*) adj.2g. Do imperador, do império ou relacionado a eles.
imperialismo ⟨im.pe.ri.a.lis.mo⟩ s.m. **1** Teoria política e econômica que defende a extensão do domínio de um país sobre outros por meio da força. **2** Teoria política que defende o regime imperial.
imperícia ⟨im.pe.rí.cia⟩ s.f. Falta de perícia ou de habilidade.
império ⟨im.pé.rio⟩ s.m. **1** Forma de organização de um Estado que domina outros povos submetidos a ele com maior ou menor dependência: *Antes de se tornar uma república, o Brasil foi um império.* **2** Tempo de governo de um imperador: *A Guerra do Paraguai ocorreu durante o império de Dom Pedro II.* **3** Conjunto de Estados sob o domínio de um imperador ou de um país: *O latim era a língua oficial do Império Romano.* **4** Nação que possui grande importância política e econômica: *Hoje muitas pessoas consideram os Estados Unidos como um império.* **5** Domínio ou influência: *O mundo atual se baseia no império da tecnologia.*
imperioso, sa ⟨im.pe.ri.o.so, sa⟩ (Pron. [imperiôso], [imperiósa], [imperiósos], [imperiósas]) adj. **1** Forçoso, necessário ou urgente. **2** Que contém autoritarismo ou que abusa da autoridade.
impermeabilizante ⟨im.per.me.a.bi.li.zan.te⟩ adj.2g./s.m. Que impermeabiliza ou que evita que se filtre um líquido, especialmente a água.
impermeabilizar ⟨im.per.me.a.bi.li.zar⟩ v.t.d. Tornar impermeável: *Impermeabilizaram o telhado para evitar goteiras.*
impermeável ⟨im.per.me.á.vel⟩ (pl. *impermeáveis*) adj.2g. Em relação a um corpo, que não pode ser atravessado por outros.
impertinência ⟨im.per.ti.nen.cia⟩ s.f. **1** Condição de impertinente. **2** Ato ou fala impertinentes.
impertinente ⟨im.per.ti.nen.te⟩ adj.2g./s.2g. Que ou quem incomoda por ser inadequado ou pouco oportuno.
imperturbável ⟨im.per.tur.bá.vel⟩ (pl. *imperturbáveis*) adj.2g. Que não se perturba nem se altera.
impessoal ⟨im.pes.so.al⟩ (pl. *impessoais*) ▌adj.2g. **1** Que não possui personalidade própria nem originalidade: *um estilo impessoal.* **2** Que não se dirige a ninguém em particular: *Falou para toda a classe, de forma impessoal.* **3** Em linguística, em relação especialmente a uma oração, que não possui sujeito: *A oração Há muitos quadros na sala é impessoal.* ▌s.m. **4** →**verbo impessoal**
ímpeto ⟨ím.pe.to⟩ s.m. Energia, violência ou força.
impetrar ⟨im.pe.trar⟩ v.t.d./v.t.d.i. **1** Pedir (algo) [a alguém] como um favor ou uma graça, com muita humildade, força e constância. **2** Propor (um recurso ou um processo administrativo ou judicial) [a uma autoridade, contra ou a favor de algo]: *A advogada impetrou um agravo contra a decisão do tribunal.*
impetuoso, sa ⟨im.pe.tu.o.so, sa⟩ (Pron. [impetuôso], [impetuósa], [impetuósos], [impetuósas]) ▌adj. **1** Que possui ímpeto. ▌adj./s. **2** Que ou quem age de forma precipitada ou irrefletida.
impiedade ⟨im.pi.e.da.de⟩ s.f. Condição de ímpio.
impiedoso, sa ⟨im.pi.e.do.so, sa⟩ (Pron. [impiedôso], [impiedósa], [impiedósos], [impiedósas]) adj. **1** Que não é misericordioso ou compassivo ante as desgraças alheias. **2** Que não é religioso ou devoto. **3** Que é árduo ou implacável.
impingir ⟨im.pin.gir⟩ v.t.d.i. Impor ou forçar (algo) [a alguém]: *O juiz impingiu penalidade máxima ao réu.* ◻ ORTOGRAFIA Antes de *a* ou *o*, o *g* muda para *j* →FUGIR.
ímpio, pia ⟨ím.pio, pia⟩ adj./s. Que ou quem não possui religião ou não guarda o respeito devido à religião. ◻ GRAMÁTICA Seu superlativo é *impiíssimo*.
implacável ⟨im.pla.cá.vel⟩ (pl. *implacáveis*) adj.2g. Que não se pode aplacar ou moderar.
implantação ⟨im.plan.ta.ção⟩ (pl. *implantações*) s.f. Ato ou efeito de implantar.
implantar ⟨im.plan.tar⟩ ▌v.t.d. **1** Estabelecer e fazer com que comece a funcionar ou a reger (uma inovação): *A diretoria está implantando normas para melhorar a produtividade na empresa.* ▌v.t.d./v.t.d.i. **2** Colocar por meios cirúrgicos (um órgão ou uma peça artificial) [em um ser vivo]: *Conseguiu sobreviver porque lhe implantaram um rim doado pelo irmão.*
implante ⟨im.plan.te⟩ s.m. **1** Colocação de um órgão ou uma peça artificial em um ser vivo por meios cirúrgicos: *Por causa da calvície, fará um implante de cabelo.* **2** Esse órgão ou peça artificial: *um implante dentário.*
implementar ⟨im.ple.men.tar⟩ v.t.d. Realizar ou colocar em prática (um projeto ou um plano): *A mudança de prefixo foi implementada pela companhia telefônica no último final de semana.*
implemento ⟨im.ple.men.to⟩ s.m. Instrumento, utensílio ou ferramenta indispensáveis para uma ação ou atividade.
implicância ⟨im.pli.cân.cia⟩ s.f. **1** Sentimento de aversão ou antipatia. **2** Má vontade ou teimosia: *Gosta de provocar o irmão por pura implicância.*
implicar ⟨im.pli.car⟩ ▌v.t.d./v.t.d.i. **1** Significar ou ter (algo) como consequência [a alguém]: *Cursar uma universidade implica muito sacrifício.* ◻ SIN. acarretar. ▌v.t.d.i./v.prnl. **2** Envolver(-se) [em um assunto, especialmente se for complicado]: *Com suas declarações, acabou implicando o amigo no caso.* ▌v.t.i. **3** Irritar-se ou aborrecer-se [com algo ou alguém]: *Sempre implica com a bagunça do meu quarto.* **4** Agir com má vontade ou com birra [com algo ou alguém]: *Implicou com o colega até fazê-lo sair da brincadeira.* ◻ ORTOGRAFIA Antes de *e*, o *c* muda para *qu* →BRINCAR. ◻ GRAMÁTICA Nas acepções 3 e 4, usa-se a construção *implicar com {algo/alguém}*. ◻ USO Na acepção 1, é inadequado o uso de **implicar em algo*, ainda que esteja difundido na linguagem coloquial.
implícito, ta ⟨im.plí.ci.to, ta⟩ adj. Que se subentende sem ser expresso claramente. ◻ USO É diferente de *explícito* (que está expressamente exposto, ou que expressa algo com clareza).
implodir ⟨im.plo.dir⟩ v.t.d. Destruir ou derrubar por meio de uma implosão (uma construção): *O risco de desabamento fez com que implodissem o prédio.*
implorar ⟨im.plo.rar⟩ v.t.d./v.t.d.i. Pedir (algo) com humildade, insistência ou desespero [a alguém]: *Implorava a caridade das pessoas na porta da igreja.* ◻ SIN. suplicar.

implosão

implosão ⟨im.plo.são⟩ (pl. *implosões*) s.f. Ruptura estrondosa das paredes de uma cavidade, que acontece para dentro quando a pressão interior é menor que a exterior: *a implosão de um edifício*.

implume ⟨im.plu.me⟩ adj.2g. Que não possui plumas.

impoluto, ta ⟨im.po.lu.to, ta⟩ adj. **1** Limpo ou não poluído. **2** Que é virtuoso ou honesto.

imponderado, da ⟨im.pon.de.ra.do, da⟩ adj. Precipitado ou sem reflexão.

imponderável ⟨im.pon.de.rá.vel⟩ (pl. *imponderáveis*) ▌adj.2g. **1** Que não pode ser pesado: *uma partícula imponderável*. **2** Que não se pode avaliar nem prever. ▌s.m. **3** Elemento ou fator imprevisíveis que interferem no desenvolvimento de um assunto: *Às vezes, o futebol é regido pelo imponderável*.

imponência ⟨im.po.nên.cia⟩ s.f. Condição de imponente; *A imponência da casa chama a atenção de todos que passam pela rua*.

imponente ⟨im.po.nen.te⟩ adj.2g. **1** Impressionante, geralmente pela grandeza ou pelo luxo. **2** Que impõe algo.

impontual ⟨im.pon.tu.al⟩ (pl. *impontuais*) adj.2g. Que não é pontual.

impopular ⟨im.po.pu.lar⟩ adj.2g. Que não agrada à maioria.

impor ⟨im.por⟩ ▌v.t.d./v.t.d.i./v.prnl. **1** Obrigar(-se) ou exigir o cumprimento de (algo) [a alguém]: *Impôs silêncio antes de falar*. ▌v.t.d./v.t.d.i. **2** Infundir, provocar ou causar (algo) [a alguém]: *Sua seriedade sempre me impôs muito respeito*. ▌v.t.d. **3** Colocar por cima ou pôr (algo) [em alguém]: *Impuseram-lhe a medalha de honra militar*. ▌v.prnl. **4** Prevalecer ou fazer valer a autoridade ou a superioridade: *No fim, a lógica se impôs e o melhor time venceu*. ▢ GRAMÁTICA É um verbo irregular →PÔR.

importação ⟨im.por.ta.ção⟩ (pl. *importações*) s.f. **1** Ato ou efeito de importar. **2** Conjunto de produtos importados.

importância ⟨im.por.tân.cia⟩ s.f. Relevância, valor ou interesse: *A preservação do meio ambiente é um assunto de grande importância*.

importante ⟨im.por.tan.te⟩ adj.2g. Que tem importância.

importar ⟨im.por.tar⟩ ▌v.t.d. **1** Introduzir em um país (um produto estrangeiro): *A União Europeia importa carne bovina brasileira*. **2** Em informática, ler a informação contida em (uma pasta ou em um arquivo) para poder utilizá-la no ambiente de trabalho em que se está: *Vou importar todos os meus arquivos para esta pasta*. ▌v.prnl. **3** Preocupar-se ou dar importância a: *Não se importe com as críticas negativas*. ▢ USO Na acepção 1, é diferente de *exportar* (vender ou enviar um produto nacional a um país estrangeiro).

importunar ⟨im.por.tu.nar⟩ v.t.d. Incomodar com solicitações insistentes ou inoportunas: *Os jornalistas importunaram o cantor com perguntas a respeito de sua vida pessoal*.

importuno, na ⟨im.por.tu.no, na⟩ adj. →**inoportuno, na**

imposição ⟨im.po.si.ção⟩ (pl. *imposições*) s.f. Ordem ou determinação que obrigatoriamente devem ser aceitas ou cumpridas.

impositivo, va ⟨im.po.si.ti.vo, va⟩ adj. Que impõe ou que se impõe.

impossibilidade ⟨im.pos.si.bi.li.da.de⟩ s.f. Condição de impossível.

impossibilitar ⟨im.pos.si.bi.li.tar⟩ ▌v.t.d.i. **1** Impedir (alguém) [de realizar uma ação]: *A falta de dinheiro o impossibilitou de viajar nas férias*. ▌v.t.d. **2** Tornar impossível (uma ação).

impossível ⟨im.pos.sí.vel⟩ (pl. *impossíveis*) ▌adj.2g. **1** *informal* Insuportável ou irritante. ▌adj.2g./s.m. **2** Não possível ou extremamente difícil. ║ **fazer o impossível** *informal* Esgotar todos os meios para obter algo.

impostar ⟨im.pos.tar⟩ v.t.d. Fazer com que soe de forma clara, audível, firme e uniforme (a voz): *Em um discurso, é importante impostar a voz para ser ouvido*. ▢ ORTOGRAFIA Escreve-se também *empostar*.

imposto ⟨im.pos.to⟩ (Pron. [impôsto], [impóstos]) s.m. Tributo ou contribuição monetária que se pagam aos órgãos públicos de maneira obrigatória para contribuir com a administração do gasto público. ║ **imposto de renda** Aquele que se aplica sobre os ganhos, rendimentos ou sobre a evolução do patrimônio de uma pessoa ou de uma empresa.

impostor, -a ⟨im.pos.tor, to.ra⟩ (Pron. [impostôr], [impostôra]) adj./s. Que ou quem se faz passar pelo que não é.

impostura ⟨im.pos.tu.ra⟩ s.f. Ação, artifício ou afirmação destinados a iludir ou enganar alguém.

impotência ⟨im.po.tên.cia⟩ s.f. **1** Condição de impotente. **2** Em um homem, falta de potência sexual ou incapacidade de realizar o ato sexual completo.

impotente ⟨im.po.ten.te⟩ ▌adj.2g. **1** Que não tem potência, força nem poder para fazer algo. ▌adj./s.m. **2** Em relação a um homem, que não é capaz de realizar o ato sexual completo. ▢ USO Na acepção 2, é diferente de *estéril* (que não pode se reproduzir).

impraticável ⟨im.pra.ti.cá.vel⟩ (pl. *impraticáveis*) adj.2g. Que não se pode praticar ou colocar em prática.

imprecação ⟨im.pre.ca.ção⟩ (pl. *imprecações*) s.f. **1** Ato ou efeito de imprecar. **2** Maldição ou desejo expresso de que algo ruim aconteça a alguém.

imprecar ⟨im.pre.car⟩ ▌v.t.d.i. **1** Fazer (um pedido ou uma súplica) [a uma divindade]. ▌v.t.i./v.int. **2** Desejar que algo ruim aconteça [a alguém] ou maldizer: *Nervoso, começou a imprecar contra os presentes*. ▢ ORTOGRAFIA Antes de *e*, o *c* muda para *qu* →BRINCAR.

imprecisão ⟨im.pre.ci.são⟩ (pl. *imprecisões*) s.f. Falta de precisão: *O artigo estava cheio de imprecisões*.

impreciso, sa ⟨im.pre.ci.so, sa⟩ adj. Que não é preciso.

impregnar ⟨im.preg.nar⟩ ▌v.t.d./v.t.d.i./v.prnl. **1** Encher(-se) ou molhar(-se) (algo poroso) [com um líquido até que não comporte mais]: *Impregne a gaze com água boricada para cuidar do ferimento*. ▌v.t.d./v.prnl. **2** Encher(-se) ou repassar(-se): *Seu perfume impregnava a sala*. ▌v.t.d.i. **3** Encher aos poucos (um ambiente) [de uma substância, geralmente gasosa]: *O incêndio impregnou a rua de fumaça*. ▌v.t.d./v.prnl. **4** Influenciar(-se) ou inspirar(-se) profundamente: *Um certo humanismo impregna toda sua obra. Impregnou-se de coragem e falou com a garota*. ▌v.t.d.i. **5** Fazer (alguém) influenciar-se ou inspirar-se [de uma ideia ou de uma vontade]: *O espetáculo impregnou a criança de fantasia*.

imprensa ⟨im.pren.sa⟩ s.f. **1** Conjunto de publicações periódicas, especialmente se forem diárias: *A imprensa divulgou o escândalo*. **2** Conjunto de pessoas que se dedicam profissionalmente ao jornalismo: *O ministro deu uma entrevista coletiva para a imprensa*.

imprensar ⟨im.pren.sar⟩ v.t.d. **1** Apertar ou comprimir em uma prensa. **2** Apertar com força.

imprescindível ⟨im.pres.cin.dí.vel⟩ (pl. *imprescindíveis*) adj.2g. Que é muito necessário ou indispensável.

impressão ⟨im.pres.são⟩ (pl. *impressões*) s.f. **1** Reprodução de um texto ou de uma ilustração por meio de técnicas gráficas. **2** Estampa ou marca produzidas por meio de pressão: *A impressão do emblema na carta era muito clara*. **3** Qualidade gráfica e forma de letra com as quais se imprime uma obra. **4** Efeito ou alteração causados em uma pessoa ou em um animal: *Presenciar aquele acidente causou-lhe uma impressão*

impulso

muito forte. **5** Opinião ou ideia formadas sobre algo: *A impressão que tive dele foi muito boa.* ‖ **impressão digital** Em uma superfície, marca produzida pelas nervuras dos dedos.

impressionante ⟨im.pres.si.o.nan.te⟩ adj.2g. Que impressiona.

impressionar ⟨im.pres.si.o.nar⟩ ▌ v.t.d./v.int./v.prnl. **1** Causar boa impressão em (alguém) ou admirar(-se): *Seu esforço impressiona os professores. Impressionou-se com o talento dos músicos. A beleza dessa paisagem impressiona.* ▌ v.t.d./v.prnl. **2** Provocar em (alguém) uma emoção ou comoção profundas, ou senti-las: *O filme sobre os marginalizados nos impressionou muito.*

impressionismo ⟨im.pres.si.o.nis.mo⟩ s.m. **1** Movimento artístico de origem europeia do final do século XIX, que se caracteriza pela reprodução de impressões subjetivas de maneira imprecisa e sugestiva. **2** Forma de expressão com traços próprios desse movimento. ☐ ORTOGRAFIA Na acepção 1, usa-se geralmente com inicial maiúscula por ser também um nome próprio.

impressionista ⟨im.pres.si.o.nis.ta⟩ ▌ adj.2g. **1** Do impressionismo ou relacionado a esse movimento artístico. ▌ adj.2g./s.2g. **2** Que ou quem defende ou segue o impressionismo. ☐ ORIGEM É uma palavra que vem do francês *impressioniste* (impressionista), título de uma crítica pejorativa feita ao quadro *Impressão do Sol Nascente*, do artista Claude Monet.

impresso ⟨im.pres.so⟩ ▌**1** Particípio irregular de **imprimir**. ▌ s.m. **2** Livro, folheto ou folha solta reproduzidos com os procedimentos da impressão gráfica. **3** Formulário que precisa ser preenchido para a realização de procedimentos ou de processos: *Preenchemos o impresso de matrícula para o curso de Espanhol.*

impressor, -a ⟨im.pres.sor, so.ra⟩ (Pron. [impressôr], [impressôra]) s. Pessoa que se dedica profissionalmente à impressão de textos ou de ilustrações.

impressora ⟨im.pres.so.ra⟩ (Pron. [impressôra]) s.f. **1** Em informática, máquina que se conecta a um computador e que reproduz em papel a informação que recebe dele. **2** Máquina que serve para imprimir. ☐ SIN. prelo, prensa.

imprestável ⟨im.pres.tá.vel⟩ (pl. *imprestáveis*) adj.2g. **1** Que não presta ou não serve. **2** *pejorativo* Que é incapaz.

impreterível ⟨im.pre.te.rí.vel⟩ (pl. *impreteríveis*) adj.2g. Que não pode ser postergado nem adiado.

imprevidência ⟨im.pre.vi.dên.cia⟩ s.f. Falta de previsão ou prevenção.

imprevisível ⟨im.pre.vi.sí.vel⟩ (pl. *imprevisíveis*) adj.2g. Que não se pode prever.

imprevisto, ta ⟨im.pre.vis.to, ta⟩ adj./s.m. Que não está previsto nem é esperado.

imprimir ⟨im.pri.mir⟩ ▌ v.t.d. **1** Reproduzir (um texto ou uma ilustração) aplicando procedimentos de impressão gráfica ou outros similares: *Só falta imprimir o trabalho e entregá-lo.* ▌ v.t.d./v.prnl. **2** Marcar(-se) ou fixar(-se) em algo por meio de pressão: *Os passos imprimiram-se no cimento molhado.* ▌ v.t.d. **3** Confeccionar (uma obra impressa): *Nesta gráfica, imprimem livros escolares.* **4** Publicar (um texto escrito, especialmente se for em um jornal ou em uma revista): *Os jornais imprimiram toda a entrevista.* ▌ v.t.d.i. **5** Dar ou proporcionar (uma característica ou um aspecto) [a algo ou alguém]: *Este traje imprime um ar de seriedade a você.* ☐ GRAMÁTICA É um verbo abundante, pois apresenta dois particípios: *imprimido* e *impresso*.

improbidade ⟨im.pro.bi.da.de⟩ s.f. Falta de respeito aos valores morais, de retidão de caráter e de integridade na forma de agir.

improcedente ⟨im.pro.ce.den.te⟩ adj.2g. Sem fundamento ou lógica.

improdutivo, va ⟨im.pro.du.ti.vo, va⟩ adj. Que não produz ou que não produz o suficiente.

improfícuo, cua ⟨im.pro.fí.cuo, cua⟩ adj. *formal* Sem proveito nem utilidade.

impropério ⟨im.pro.pé.rio⟩ s.m. Aquilo que é dito para injuriar ou insultar: *Irritou-se comigo e começou a soltar impropérios.*

impróprio, pria ⟨im.pró.prio, pria⟩ adj. **1** Sem as qualidades que se consideram convenientes segundo as circunstâncias. **2** Que é indecente ou obsceno.

improvável ⟨im.pro.vá.vel⟩ (pl. *improváveis*) adj.2g. **1** Que é difícil que ocorra. **2** Que não se pode provar e que não é verossímil.

improvisação ⟨im.pro.vi.sa.ção⟩ (pl. *improvisações*) s.f. Ato ou efeito de improvisar: *A improvisação da atriz cobriu as falhas do ator.* ☐ SIN. improviso.

improvisar ⟨im.pro.vi.sar⟩ ▌ v.t.d. **1** Fazer ou realizar (uma ação ou um objeto imprevistos) sem preparação prévia e valendo-se apenas dos meios de que se dispõe: *O ator premiado improvisou algumas palavras de agradecimento.* ▌ v.int. **2** Fazer ou realizar uma ação ou um objeto imprevistos, sem preparação prévia e valendo-se apenas dos meios de que se dispõe.

improviso ⟨im.pro.vi.so⟩ s.m. Ato ou efeito de improvisar. ☐ SIN. improvisação. ‖ **de improviso 1** De maneira repentina ou inesperada: *Chegou de improviso, quando ninguém o esperava.* **2** Sem preparo anterior: *Falou de improviso sobre o tema em discussão.*

imprudência ⟨im.pru.dên.cia⟩ s.f. **1** Condição de imprudente. **2** Aquilo que é dito ou feito de maneira imprudente: *Foi uma imprudência andar de moto sem capacete.*

imprudente ⟨im.pru.den.te⟩ adj.2g./s.2g. Que ou quem não tem prudência.

impúbere ⟨im.pú.be.re⟩ adj.2g./s.2g. Que ou quem ainda não alcançou a puberdade.

impudência ⟨im.pu.dên.cia⟩ s.f. **1** Condição de impudente. ☐ SIN. impudor. **2** Cinismo ou falta de vergonha ao defender ou realizar coisas censuráveis. ☐ SIN. impudor.

impudente ⟨im.pu.den.te⟩ adj.2g./s.2g. Que ou quem não tem pudor. ☐ SIN. despudorado, impudico.

impudico, ca ⟨im.pu.di.co, ca⟩ adj./s. Que ou quem não tem pudor. ☐ SIN. despudorado, impudente.

impudor ⟨im.pu.dor⟩ (Pron. [impudôr]) s.m. **1** Condição de impudente. ☐ SIN. impudência. **2** Cinismo ou falta de vergonha ao defender ou ao realizar coisas censuráveis. ☐ SIN. impudência.

impugnar ⟨im.pug.nar⟩ v.t.d. Combater ou solicitar a invalidação de (uma decisão oficial): *Um dos filhos impugnou o testamento da mãe.*

impulsão ⟨im.pul.são⟩ (pl. *impulsões*) s.f. →**impulso**

impulsionar ⟨im.pul.si.o.nar⟩ ▌ v.t.d. **1** Dar impulso a (algo) de modo que se produza um movimento: *O vento impulsionava o veleiro.* ☐ SIN. impelir. **2** Estimular ou promover (uma ação ou uma atividade): *A campanha de marketing impulsionou as vendas.* ▌ v.t.d.i. **3** Estimular (alguém) [a realizar uma ação ou uma atividade]: *Seus conselhos me impulsionaram a concluir os estudos.*

impulsivo, va ⟨im.pul.si.vo, va⟩ adj./s. Em relação a uma pessoa ou à sua forma de agir, que não são reflexivas e que obedecem a impulsos.

impulso ⟨im.pul.so⟩ s.m. **1** Força com a qual se produz um movimento. **2** Motivo afetivo ou desejo que leva a agir de maneira súbita ou impensada: *Fiquei tão feliz que não consegui conter o impulso de dar-lhe um beijo.* ☐ ORTOGRAFIA Escreve-se também *impulsão*.

impulsor

impulsor, -a ⟨im.pul.sor, so.ra⟩ (Pron. [impulsôr], [impulsôra]) adj./s. Que ou quem impulsiona ou estimula uma ação ou uma atividade.

impune ⟨im.pu.ne⟩ adj.2g. Que não recebe castigo nem punição. ☐ ORTOGRAFIA É diferente de *imune*.

impunidade ⟨im.pu.ni.da.de⟩ s.f. Estado de impune. ☐ USO É diferente de *imunidade* (privilégio pelo qual determinadas pessoas ou determinados lugares ficam livres de certas obrigações, penas ou encargos).

impureza ⟨im.pu.re.za⟩ (Pron. [impurêza]) s.f. **1** Condição ou estado de impuro. **2** Matéria ou partícula que, quando adicionada a outra substância, a polui ou afeta sua pureza. **3** Falta de pureza ou de castidade.

impuro, ra ⟨im.pu.ro, ra⟩ adj. Que não é puro ou não está limpo.

imputação ⟨im.pu.ta.ção⟩ (pl. *imputações*) s.f. Ato ou efeito de imputar.

imputar ⟨im.pu.tar⟩ v.t.d.i. Atribuir (uma culpa ou um delito) [a alguém]: *A polícia imputou o atentado a um grupo terrorista*.

imputável ⟨im.pu.tá.vel⟩ (pl. *imputáveis*) adj.2g. Em relação especialmente a uma culpa ou a um delito, que podem ser atribuídos a alguém.

imundície ⟨i.mun.dí.cie⟩ s.f. **1** Sujeira, lixo ou sujidade. **2** Falta de asseio, de limpeza ou de higiene.

imundo, da ⟨i.mun.do, da⟩ adj. **1** Muito sujo ou repugnante. **2** *informal* Muito impuro.

imune ⟨i.mu.ne⟩ adj.2g. **1** Em relação a um ser vivo, que não pode ser atingido por uma determinada doença. **2** Que está livre de determinados cargos ou de determinadas obrigações: *Os deputados brasileiros não são mais imunes a processos penais*. **3** Que não se ressente da ação de algo que se considera negativo: *Sempre foi uma atriz imune às críticas adversas*. ☐ ORTOGRAFIA É diferente de *impune*.

imunidade ⟨i.mu.ni.da.de⟩ s.f. **1** Resistência do organismo contra determinadas doenças: *Como estava com a imunidade mais baixa, pegou uma gripe*. **2** Privilégio pelo qual determinadas pessoas ou determinados lugares ficam livres de certas obrigações, penas ou encargos. ☐ USO É diferente de *impunidade* (estado de impune).

imunizar ⟨i.mu.ni.zar⟩ ▌ v.t.d./v.t.d.i. **1** Tornar imune (alguém) [contra um mal ou contra uma doença]: *É preciso vacinar as crianças para imunizá-las contra o tétano*. ▌ v.t.d.i./v.prnl. **2** Tornar(-se) insensível [a uma situação ou a um sentimento]: *Já sofreu tanto que está imunizado contra qualquer sofrimento*.

imunologia ⟨i.mu.no.lo.gi.a⟩ s.f. Parte da medicina que estuda as reações de defesa do organismo.

imunológico, ca ⟨i.mu.no.ló.gi.co, ca⟩ adj. Da imunologia ou relacionado a essa parte da medicina.

imutável ⟨i.mu.tá.vel⟩ (pl. *imutáveis*) adj.2g. Que não se altera ou que não mostra alteração. ☐ SIN. permanente.

in- **1** Prefixo que indica negação: *injustiça*. **2** Prefixo que indica movimento para dentro: *ingestão*. ☐ USO Na acepção 1, usa-se também as formas *i-* (*ilegal*) ou *im-* (*imparcial*); na acepção 2, *im-* (*imigração*).

inabalável ⟨i.na.ba.lá.vel⟩ (pl. *inabaláveis*) adj.2g. Que é firme ou que não se deixa abater.

inábil ⟨i.ná.bil⟩ (pl. *inábeis*) adj.2g. Sem habilidade nem aptidão.

inabilitar ⟨i.na.bi.li.tar⟩ ▌ v.t.d./v.t.d.i. **1** Em direito, declarar inapto (alguém) [para desempenhar cargos públicos ou para exercer seus direitos civis ou políticos]: *A sentença inabilitou o acusado para exercer a medicina*. ▌ v.t.d./v.t.d.i./v.prnl. **2** Incapacitar(-se) [para realizar uma função determinada]: *A lesão o inabilitou para continuar jogando*.

inabitável ⟨i.na.bi.tá.vel⟩ (pl. *inabitáveis*) adj.2g. Que não é habitável.

inacabado, da ⟨i.na.ca.ba.do, da⟩ adj. Que não está acabado.

inação ⟨i.na.ção⟩ (pl. *inações*) s.f. Falta de ação.

inaceitável ⟨i.na.cei.tá.vel⟩ (pl. *inaceitáveis*) adj.2g. Que não se pode aceitar.

inacessível ⟨i.na.ces.sí.vel⟩ (pl. *inacessíveis*) adj.2g. Que não é acessível.

inacreditável ⟨i.na.cre.di.tá.vel⟩ (pl. *inacreditáveis*) adj.2g. Impossível de crer. ☐ SIN. incrível.

inadequado, da ⟨i.na.de.qua.do, da⟩ adj. Que não é adequado.

inadiável ⟨i.na.di.á.vel⟩ (pl. *inadiáveis*) adj.2g. Que não se pode adiar.

inadimplência ⟨i.na.dim.plên.cia⟩ s.f. Situação de quem não pode cumprir com um contrato.

inadimplente ⟨i.na.dim.plen.te⟩ adj.2g./s.2g. Que ou quem não pode cumprir com um contrato.

inadmissível ⟨i.nad.mis.sí.vel⟩ (pl. *inadmissíveis*) adj.2g. Que não se pode admitir.

inadvertência ⟨i.nad.ver.tên.cia⟩ s.f. Falta de advertência ou de atenção.

inadvertido, da ⟨i.nad.ver.ti.do, da⟩ adj. Que não se dá conta de coisas que deveriam ser notadas.

inalação ⟨i.na.la.ção⟩ (pl. *inalações*) s.f. Ato ou efeito de inalar.

inalar ⟨i.na.lar⟩ v.t.d. Aspirar, especialmente se for com fins medicinais (um gás, um vapor ou uma substância pulverizada): *O médico lhe recomendou inalar vapores de eucalipto para descongestionar o nariz*.

inalcançável ⟨i.nal.can.çá.vel⟩ (pl. *inalcançáveis*) adj.2g. Que não se pode alcançar: *Ele é otimista e acha que nenhuma meta é inalcançável*.

inalienável ⟨i.na.li.e.ná.vel⟩ (pl. *inalienáveis*) adj.2g. Em direito, em relação especialmente a um direito ou a algo que está fora do âmbito comercial, que não se podem alienar nem transmitir a outra pessoa.

inalterado, da ⟨i.nal.te.ra.do, da⟩ adj. **1** Que não sofreu alteração nem mudança. **2** Que não se exaltou ou que manteve a serenidade.

inalterável ⟨i.nal.te.rá.vel⟩ (pl. *inalteráveis*) adj.2g. Que não se pode alterar.

inane ⟨i.na.ne⟩ adj.2g. Inútil, sem valor ou sem importância.

inanição ⟨i.na.ni.ção⟩ (pl. *inanições*) s.f. Fraqueza extrema causada por falta de alimentação.

inanimado, da ⟨i.na.ni.ma.do, da⟩ adj. Que não tem alma ou que não tem vida.

inapelável ⟨i.na.pe.lá.vel⟩ (pl. *inapeláveis*) adj.2g. Em relação especialmente a uma sentença, de que não se pode apelar ou recorrer.

inapetência ⟨i.na.pe.tên.cia⟩ s.f. **1** Falta de apetite. **2** Falta de disposição ou de vontade.

inapreciável ⟨i.na.pre.ci.á.vel⟩ (pl. *inapreciáveis*) adj.2g. **1** Que se considera muito valioso. **2** Que não se pode apreciar nem perceber, geralmente por sua pequenez.

inaproveitável ⟨i.na.pro.vei.tá.vel⟩ (pl. *inaproveitáveis*) adj.2g. Que não se pode aproveitar.

inaptidão ⟨i.nap.ti.dão⟩ (pl. *inaptidões*) s.f. Falta de aptidão para realizar uma tarefa ou uma função.

inapto, ta ⟨i.nap.to, ta⟩ adj./s. Sem aptidão para realizar uma tarefa ou uma função.

inarticulado, da ⟨i.nar.ti.cu.la.do, da⟩ adj. **1** Que não está articulado. **2** Em relação a um som, que não se pronuncia de forma distinta ou articulada.

inatacável ⟨i.na.ta.cá.vel⟩ (pl. *inatacáveis*) adj.2g. Que não se pode atacar.

442

incidente

inatingível ⟨i.na.tin.gí.vel⟩ (pl. *inatingíveis*) adj.2g. Que não se pode atingir.

inatividade ⟨i.na.ti.vi.da.de⟩ s.f. **1** Condição de inativo. **2** Afastamento das atividades regulares ou da profissão.

inativo, va ⟨i.na.ti.vo, va⟩ adj./s. **1** Que ou quem não tem ação, atividade nem movimento. **2** Que ou quem é aposentado.

inato, ta ⟨i.na.to, ta⟩ adj. Em relação a uma qualidade, que não é aprendida e se tem desde o nascimento. □ SIN. congênito.

inaudito, ta ⟨i.nau.di.to, ta⟩ adj. Surpreendente, incrível ou nunca ouvido, especialmente se for por seu caráter atrevido ou escandaloso.

inaudível ⟨i.nau.dí.vel⟩ (pl. *inaudíveis*) adj.2g. Que não se pode ouvir.

inauguração ⟨i.nau.gu.ra.ção⟩ (pl. *inaugurações*) s.f. **1** Ato ou efeito de inaugurar. **2** Início de uma atividade, especialmente se for feito com um ato solene. **3** Abertura ao público pela primeira vez, especialmente de um estabelecimento ou de uma obra.

inaugurar ⟨i.nau.gu.rar⟩ v.t.d. **1** Dar início a (algo), especialmente se for com um ato solene: *Com palavras de boas-vindas, a reitora inaugurou o curso.* **2** Abrir ou apresentar ao público pela primeira vez (um estabelecimento ou uma obra): *Amanhã, será inaugurada a loja.*

inautêntico, ca ⟨i.nau.tên.ti.co, ca⟩ adj. Que não é autêntico.

inca ⟨in.ca⟩ adj.2g./s.2g. Do antigo grupo indígena que se estabeleceu no oeste sul-americano ou relacionado a ele.

incalculável ⟨in.cal.cu.lá.vel⟩ (pl. *incalculáveis*) adj.2g. **1** Que não se pode calcular. **2** Muito grande: *Havia uma quantia incalculável de pessoas na festa.*

incandescente ⟨in.can.des.cen.te⟩ adj.2g. Em relação a um corpo, especialmente se for metálico, que está em brasa pela ação do calor. □ SIN. candente.

incandescer ⟨in.can.des.cer⟩ v.t.d./v.int. Deixar ou ficar em brasa pela ação do calor (um corpo, especialmente se for metálico). □ ORTOGRAFIA Antes de *a* ou *o*, o *c* muda para *ç* →CONHECER.

incansável ⟨in.can.sá.vel⟩ (pl. *incansáveis*) adj.2g. Que não se cansa ou que resiste muito sem se cansar. □ SIN. infatigável.

incapacidade ⟨in.ca.pa.ci.da.de⟩ s.f. **1** Condição de incapaz. **2** Em direito, falta de capacidade ou aptidão legais para executar alguns atos, para exercer determinados direitos civis ou para desempenhar um cargo público.

incapacitar ⟨in.ca.pa.ci.tar⟩ v.t.d./v.t.d.i./v.prnl. **1** Tornar(-se) incapaz (alguém) [para uma atividade]: *A doença o incapacitou para realizar trabalhos físicos.* **2** Em direito, decretar a falta de capacidade legal de (uma pessoa maior de idade) para exercer determinados direitos civis: *O juiz o incapacitou para administrar sua herança devido a seu estado psíquico.* **3** Em direito, decretar a falta de capacidade de (alguém) para desempenhar um cargo público: *A lei incapacita os militares de serem deputados.*

incapaz ⟨in.ca.paz⟩ ▌adj.2g. **1** Sem capacidade nem aptidão. **2** Em direito, que carece de capacidade legal para exercer determinados direitos civis ou para desempenhar um cargo público. ▌s.2g. **3** *pejorativo* Pessoa considerada inútil.

incauto, ta ⟨in.cau.to, ta⟩ adj./s. Sem cautela, sem malícia e fácil de enganar.

incender ⟨in.cen.der⟩ v.t.d./v.prnl. *literário* Provocar, excitar(-se) ou ruborizar(-se): *Seu sorriso lhe incendia um intenso sentimento.*

incendiar ⟨in.cen.di.ar⟩ v.t.d./v.prnl. Queimar(-se) com fogo (algo que não está destinado a pegar fogo): *O edifício se incendiou por causa de um curto-circuito.* □ GRAMÁTICA É um verbo irregular. →MEDIAR.

incendiário, ria ⟨in.cen.di.á.rio, ria⟩ adj./s. **1** Que ou quem incendeia. **2** Que ou quem prega uma revolta.

incêndio ⟨in.cên.dio⟩ s.m. **1** Matéria em combustão que se espalha e queima o que encontra em seu caminho. □ SIN. fogo. **2** *informal* Situação conflituosa ou violenta.

incensar ⟨in.cen.sar⟩ v.t.d. Defumar com incenso (um objeto de cerimônias religiosas): *O sacerdote incensava o altar antes da missa.*

incensário ⟨in.cen.sá.rio⟩ s.m. →**incensório**

incenso ⟨in.cen.so⟩ s.m. Resina aromática extraída de diversas árvores e geralmente usada como perfume em cerimônias religiosas.

incensório ⟨in.cen.só.rio⟩ s.m. Recipiente fundo, circular e com tampa, que se pendura com correntes e que é usado para queimar incenso e espalhar seu aroma, especialmente se for em cerimônias religiosas. □ SIN. turíbulo. □ ORTOGRAFIA Escreve-se também *incensário*.

incentivar ⟨in.cen.ti.var⟩ ▌v.t.d./v.t.d.i. **1** Estimular ou animar (alguém) [a realizar algo]: *As possibilidades de ascensão dentro da empresa incentivavam os funcionários.* ▌v.t.d. **2** Impulsionar ou promover a realização de (uma atividade): *O apoio do governo incentiva a produção cinematográfica no país.*

incentivo ⟨in.cen.ti.vo⟩ s.m. Aquilo que impulsiona ou estimula a realização de uma atividade: *Os elogios da gerente são um incentivo para que continue melhorando.*

incerteza ⟨in.cer.te.za⟩ (Pron. [incertêza]) s.f. Falta de certeza, dúvida ou hesitação.

incerto, ta ⟨in.cer.to, ta⟩ adj. **1** Pouco preciso. **2** Desconhecido, ignorado ou pouco claro: *um futuro incerto.*

incessante ⟨in.ces.san.te⟩ adj.2g. **1** Que não cessa. **2** Repetido e frequente: *Estava cansado de tantas discussões incessantes.*

incesto ⟨in.ces.to⟩ s.m. Relação sexual entre familiares que possuem parentesco em linha direta.

incestuoso, sa ⟨in.ces.tu.o.so, sa⟩ (Pron. [incestuôso], [incestuósa], [incestuósos], [incestuósas]) adj./s. Do incesto ou relacionado a esse tipo de relação sexual.

inchação ⟨in.cha.ção⟩ (pl. *inchações*) s.f. Ato ou efeito de inchar(-se). □ SIN. inchaço, tumefação.

inchaço ⟨in.cha.ço⟩ s.m. Ato ou efeito de inchar(-se). □ SIN. inchação, tumefação.

inchar ⟨in.char⟩ ▌v.t.d./v.int./v.prnl. **1** Encher(-se) (um corpo) ou aumentar o volume de (um corpo). □ SIN. inflar. ▌v.t.d. **2** Aumentar o volume de (uma parte do corpo), por causa de um ferimento, de um golpe ou do acúmulo de um líquido: *A picada do inseto inchou seu rosto.* ▌v.int./v.prnl. **3** Aumentar de volume por causa de um ferimento, de um golpe ou do acúmulo de um líquido (uma parte do corpo): *Por causa da pancada, minha perna inchou.*

incidência ⟨in.ci.dên.cia⟩ s.f. **1** Acontecimento que ocorre no transcurso de um assunto e que não é parte essencial dele. **2** Em estatística, número de casos ocorridos, geralmente expressos em porcentagem: *No ano passado, a incidência de gripe naquela região foi de setenta por cento.* **3** Influência ou repercussão de um fenômeno.

incidental ⟨in.ci.den.tal⟩ (pl. *incidentais*) adj.2g. **1** Que constitui um incidente. **2** De pouca importância ou não essencial.

incidente ⟨in.ci.den.te⟩ s.m. **1** Acontecimento ou evento inesperado que ocorrem durante o decorrer de outro evento: *A viagem transcorreu sem nenhum incidente.* **2** Episódio desagradável ou inoportuno. □ USO É diferente de *acidente* (acontecimento ou fato inesperados que causam um dano).

incidir

incidir ⟨in.ci.dir⟩ v.t.i. **1** Cair [em uma falta ou um erro]: *Espero que não incida mais no erro de deixar tudo para a última hora.* **2** Influir, causar efeito ou ter importância [em algo posterior]: *O aumento do salário incidirá na alta dos preços.* **3** Cair [sobre uma superfície]: *A luz incidia no espelho.*

incineração ⟨in.ci.ne.ra.ção⟩ (pl. *incinerações*) s.f. Ato ou efeito de incinerar.

incinerar ⟨in.ci.ne.rar⟩ v.t.d. Queimar até reduzir a cinzas: *Neste hospital, incineram todo o material descartável.*

incipiente ⟨in.ci.pi.en.te⟩ adj.2g. Que está começando.
□ ORTOGRAFIA É diferente de *insipiente*.

incisão ⟨in.ci.são⟩ (pl. *incisões*) s.f. Corte ou fenda feitos por um instrumento cortante, especialmente durante intervenções cirúrgicas.

incisivo, va ⟨in.ci.si.vo, va⟩ ▎adj. **1** Que serve para abrir ou cortar: *O bisturi é um instrumento incisivo.* **2** Perspicaz, agudo ou penetrante: *um comentário incisivo.* **3** Do incisivo ou relacionado a este dente. ▎s.m. **4** →dente incisivo

inciso ⟨in.ci.so⟩ s.m. Em uma cláusula de um contrato ou em um artigo de lei, cada subdivisão, geralmente de um parágrafo.

incitação ⟨in.ci.ta.ção⟩ (pl. *incitações*) s.f. Ato ou efeito de incitar.

incitar ⟨in.ci.tar⟩ ▎v.t.d. **1** Impulsionar a realização de (uma ação): *Este filme foi muito criticado porque incita a violência.* ▎v.t.d.i. **2** Impulsionar (alguém) [a realizar uma ação]: *O policial incitou o cão a atacar.*

incivilizado, da ⟨in.ci.vi.li.za.do, da⟩ adj. Que está sem civilizar ou que age contra as normas mínimas de convivência social.

inclemente ⟨in.cle.men.te⟩ adj.2g. Que não tem clemência.

inclinação ⟨in.cli.na.ção⟩ (pl. *inclinações*) s.f. **1** Ato ou efeito de inclinar(-se). **2** Tendência ou propensão para algo: *Tem inclinação para a área de exatas.* **3** Afeição ou carinho especiais.

inclinar ⟨in.cli.nar⟩ ▎v.t.d./v.prnl. **1** Desviar(-se) da posição vertical ou horizontal: *O peso dos livros inclinou a prateleira.* ▎v.prnl. **2** Mostrar tendência, afeição ou propensão a algo: *Inclina-se a pensar que tudo foi uma farsa.*

ínclito, ta ⟨ín.cli.to, ta⟩ adj. Ilustre ou famoso.

incluir ⟨in.clu.ir⟩ ▎v.t.d.i./v.prnl. **1** Colocar(-se) dentro [de algo] ou tornar(-se) parte [dele]: *O jogo inclui o tabuleiro e as peças.* ▎v.t.d. **2** Compreender (uma parte) no todo: *A região Norte do Brasil inclui os estados do Acre, do Amazonas, do Amapá, de Roraima, de Rondônia, do Pará e do Tocantins.* **3** Conter ou abranger de maneira implícita: *O preço do carro inclui todos os impostos.*
□ ORTOGRAFIA Usa-se *i* em vez de *e* do comum na conjugação do presente do indicativo e do imperativo afirmativo →ATRIBUIR. □ GRAMÁTICA É um verbo abundante, pois apresenta dois particípios: *incluído* e *incluso*.

inclusão ⟨in.clu.são⟩ (pl. *inclusões*) s.f. Ato ou efeito de incluir(-se).

inclusive ⟨in.clu.si.ve⟩ adv. **1** Indica que os limites citados estão inclusos. **2** Até ou até mesmo: *Ela inclusive se desculpou, mas ninguém acreditou em suas palavras.*

inclusivo, va ⟨in.clu.si.vo, va⟩ adj. Que inclui ou que tem capacidade para incluir algo.

incoativo, va ⟨in.co.a.ti.vo, va⟩ adj. Em linguística, que indica o início de uma ação, especialmente se for progressiva.

incoercível ⟨in.co.er.cí.vel⟩ (pl. *incoercíveis*) adj.2g. Que não se pode conter nem reprimir.

incoerência ⟨in.co.e.rên.cia⟩ s.f. **1** Falta de coerência: *A incoerência entre o que ele diz e suas ações nos faz duvidar dele.* □ SIN. contradição. **2** Aquilo que é dito ou feito sem coerência ou que não tem sentido.

incoerente ⟨in.co.e.ren.te⟩ adj.2g. Sem coerência ou carente de sentido.

incógnita ⟨in.cóg.ni.ta⟩ s.f. **1** Em uma equação matemática, termo representado por uma letra, cujo valor é desconhecido e que, quando determinado, contribui para a solução de uma equação: *Descubra o valor da incógnita.* **2** Aquilo que se desconhece: *Sua decisão é uma incógnita para mim.*

incógnito ⟨in.cóg.ni.to⟩ adv. De forma oculta: *O ator andava incógnito pelas ruas do país vizinho.*

incógnito, ta ⟨in.cóg.ni.to, ta⟩ adj. Que não é conhecido.

incognoscível ⟨in.cog.nos.cí.vel⟩ (pl. *incognoscíveis*) adj.2g. Que não se pode conhecer.

incolor ⟨in.co.lor⟩ (Pron. [incolôr]) adj.2g. Sem cor.

incólume ⟨in.có.lu.me⟩ adj.2g. Que não sofreu dano ou não se deteriorou.

incomensurável ⟨in.co.men.su.rá.vel⟩ (pl. *incomensuráveis*) adj.2g. Que não está sujeito a medida ou a cálculo.

incomodar ⟨in.co.mo.dar⟩ v.t.d./v.int./v.prnl. Perturbar (-se) ou importunar(-se): *Aquele olhar insistente a incomodava. Esse barulho incomoda demais!*

incômodo, da ⟨in.cô.mo.do, da⟩ ▎adj. **1** Que não é ou não parece cômodo. **2** Que incomoda, molesta ou importuna: *A jornalista lhe fez uma pergunta incômoda.* ▎s.m. **3** Desconforto ou falta de comodidade: *A sala quente causou incômodo a todos.* **4** Indisposição ou mal-estar.

incomparável ⟨in.com.pa.rá.vel⟩ (pl. *incomparáveis*) adj.2g. Que não tem ou não admite comparação.

incompatibilizar ⟨in.com.pa.ti.bi.li.zar⟩ v.t.d.i./v.prnl. Tornar(-se) incompatível [com algo].

incompatível ⟨in.com.pa.tí.vel⟩ (pl. *incompatíveis*) adj.2g. Que não é compatível ou que não tem possibilidade de existir, fazer ou ocorrer com outro.

incompetência ⟨in.com.pe.tên.cia⟩ s.f. Falta de competência, de capacidade ou de habilidade.

incompetente ⟨in.com.pe.ten.te⟩ adj.2g/s.2g. Que ou quem não é competente.

incompleto, ta ⟨in.com.ple.to, ta⟩ adj. Que não está completo nem concluído.

incompreendido, da ⟨in.com.pre.en.di.do, da⟩ adj./s. Que ou quem não é compreendido ou não conta com o reconhecimento ou com a valorização de seu mérito.

incompreensão ⟨in.com.pre.en.são⟩ (pl. *incompreensões*) s.f. Falta de compreensão: *Sua incompreensão diante dos problemas alheios é chocante.*

incompreensível ⟨in.com.pre.en.sí.vel⟩ (pl. *incompreensíveis*) adj.2g. Que não é ou não pode ser compreendido.

incomum ⟨in.co.mum⟩ (pl. *incomuns*) adj.2g. Que não é comum ou que se destaca pela originalidade.
□ SIN. invulgar.

incomunicável ⟨in.co.mu.ni.cá.vel⟩ (pl. *incomunicáveis*) adj.2g. **1** Em relação a um lugar ou a uma pessoa, que não podem se comunicar ou que permanecem ilhados. **2** Em relação a ideias, experiências ou sentimentos, que não podem ser transmitidos ou explicitados aos outros. **3** Que não pode ser transferido a outras pessoas.

incomutável ⟨in.co.mu.tá.vel⟩ (pl. *incomutáveis*) adj.2g. Que não se pode comutar nem substituir.

inconcebível ⟨in.con.ce.bí.vel⟩ (pl. *inconcebíveis*) adj.2g. Que não se pode conceber, imaginar nem compreender, especialmente por seu caráter assombroso.

inconciliável ⟨in.con.ci.li.á.vel⟩ (pl. *inconciliáveis*) adj.2g. Que não se pode conciliar nem harmonizar.

inconcluso, sa ⟨in.con.clu.so, sa⟩ adj. Que não está concluído.

incondicional ⟨in.con.di.ci.o.nal⟩ (pl. *incondicionais*) adj.2g. Absoluto ou sem limitações nem condições.

incrustação

inconfessável ⟨in.con.fes.sá.vel⟩ (pl. *inconfessáveis*) adj.2g. Que não se pode confessar nem declarar, especialmente por ser vergonhoso.

inconfidência ⟨in.con.fi.dên.cia⟩ s.f. **1** Descoberta ou revelação de algo secreto ou ignorado. **2** Em relação a um Estado ou a um soberano, falta de lealdade a eles.

inconfidente ⟨in.con.fi.den.te⟩ adj.2g/s.2g. **1** Que ou quem não guarda segredos. **2** Em relação a um Estado ou a um soberano, que não é leal a eles. **3** Da Inconfidência Mineira (movimento contra as autoridades de Portugal, ocorrido no século XVIII, na antiga capitania de Minas Gerais) ou relacionado a ela.

inconformado, da ⟨in.con.for.ma.do, da⟩ adj. Que não se conforma.

inconformismo ⟨in.con.for.mis.mo⟩ s.m. Atitude que consiste na falta de conformismo ou de aceitação daquilo que é estabelecido.

inconfundível ⟨in.con.fun.dí.vel⟩ (pl. *inconfundíveis*) adj.2g. Que se distingue claramente ou que não se pode confundir.

incongruente ⟨in.con.gru.en.te⟩ adj.2g. Sem congruência ou sem sentido.

inconsciência ⟨in.cons.ci.ên.cia⟩ s.f. **1** Falta de consciência ou de clareza mental. **2** Falta de reflexão antes de agir.

inconsciente ⟨in.cons.ci.en.te⟩ adj.2g./s.2g. **1** Não consciente: *Depois da queda, ela ficou inconsciente por alguns minutos.* **2** Não pensado ou involuntário: *Piscar é um ato inconsciente.* ▮ s.m. **3** Em psicologia, conjunto de processos mentais sobre o qual o indivíduo não tem qualquer controle, por escaparem-lhe à consciência: *O inconsciente é reponsável por nossos medos.*

inconsequente ⟨in.con.se.quen.te⟩ (Pron. [inconseqüente]) adj.2g./s.2g. **1** Que ou quem age de forma irresponsável. **2** Que ou quem não procede de acordo com suas ideias ou é incoerente.

inconsistência ⟨in.con.sis.tên.cia⟩ s.f. Condição de inconsistente.

inconsistente ⟨in.con.sis.ten.te⟩ adj.2g. Sem consistência.

inconsolável ⟨in.con.so.lá.vel⟩ (pl. *inconsoláveis*) adj.2g. Impossível de consolar.

inconstância ⟨in.cons.tân.cia⟩ s.f. Condição de inconstante.

inconstante ⟨in.cons.tan.te⟩ adj.2g. Que não é constante.

inconstitucional ⟨in.cons.ti.tu.ci.o.nal⟩ (pl. *inconstitucionais*) adj.2g. Em relação especialmente a uma lei ou a uma norma, que não estão de acordo com ou que não se ajustam à Constituição ou às leis fundamentais do Estado. ▢ USO É diferente de *anticonstitucional* (que é contrário à Constituição de um Estado).

incontável ⟨in.con.tá.vel⟩ (pl. *incontáveis*) adj.2g. Impossível de contar, especialmente por seu caráter desagradável ou por sua grande quantidade.

incontestável ⟨in.con.tes.tá.vel⟩ (pl. *incontestáveis*) adj.2g. Que não admite contestação nem discussão. ▢ SIN. incontroverso.

inconteste ⟨in.con.tes.te⟩ adj.2g. **1** Que não é contestado. **2** Em desacordo com o que já foi dito.

incontido, da ⟨in.con.ti.do, da⟩ adj. Que não se pode conter nem reprimir.

incontinência ⟨in.con.ti.nên.cia⟩ s.f. **1** Falta de continência ou de moderação, geralmente nos desejos e nas paixões. **2** Em medicina, transtorno que consiste na expulsão involuntária de urina ou de fezes.

incontinente ⟨in.con.ti.nen.te⟩ adj.2g./s.2g. **1** Descontrolado ou desmedido. **2** Incapaz de reprimir seus desejos ou paixões. **3** Que ou quem sofre de incontinência.

incontrolável ⟨in.con.tro.lá.vel⟩ (pl. *incontroláveis*) adj.2g. Que não se pode controlar.

incontroverso, sa ⟨in.con.tro.ver.so, sa⟩ adj. Que não admite contestação nem discussão. ▢ SIN. incontestável.

inconveniência ⟨in.con.ve.ni.ên.cia⟩ s.f. **1** Condição de inconveniente. **2** Aquilo que é dito ou feito de forma inconveniente ou inoportuna.

inconveniente ⟨in.con.ve.ni.en.te⟩ ▮ adj.2g. **1** Que não é conveniente. ▮ s.m. **2** Acontecimento desgradável ou empecilho que impedem ou dificultam a realização de algo. **3** Dano ou prejuízo decorrentes de uma ação: *Antes de aceitar a proposta, pensou nas vantagens e nos inconvenientes.*

incorporação ⟨in.cor.po.ra.ção⟩ (pl. *incorporações*) s.f. **1** Ato ou efeito de incorporar(-se). **2** Entrada de um espírito ou de outra entidade sobrenatural em um corpo. **3** Apresentação de uma pessoa em seu posto de trabalho para tomar posse de seu cargo ou para começar a desempenhar as suas funções.

incorporar ⟨in.cor.po.rar⟩ ▮ v.t.d./v.t.d.i./v.prnl. **1** Agregar(-se) ou integrar(-se) [a um todo]: *Foram incorporados os exercícios práticos em cada lição.* ▮ v.t.d. **2** Receber no corpo (uma entidade espiritual). ▮ v.t.i. **3** Em relação a uma entidade espiritual, manifestar-se de maneira sobrenatural [no corpo de uma pessoa]. ▢ SIN. baixar. ▮ v.prnl. **4** Apresentar-se em seu posto de trabalho para tomar posse de seu cargo ou para começar a desempenhar as suas funções: *Amanhã, irá se incorporar às Forças Armadas.* ▢ GRAMÁTICA Na acepção 3, usa-se a construção *incorporar EM alguém*; na acepção 4, *incorporar-se A algo*.

incorpóreo, rea ⟨in.cor.pó.reo, rea⟩ adj. **1** Que não tem corpo nem consistência. **2** Que não tem matéria.

incorreção ⟨in.cor.re.ção⟩ (pl. *incorreções*) s.f. **1** Falta de correção. **2** Aquilo que é dito ou feito de maneira incorreta.

incorrer ⟨in.cor.rer⟩ v.t.i. Ser comprometido ou estar envolvido [em uma falta ou delito]: *incorrer em um erro.* ▢ GRAMÁTICA **1.** É um verbo abundante, pois apresenta dois particípios: *incorrido* e *incurso*. **2.** Usa-se a construção *incorrer EM algo*.

incorreto, ta ⟨in.cor.re.to, ta⟩ adj. Que não é correto.

incorrigível ⟨in.cor.ri.gí.vel⟩ (pl. *incorrigíveis*) adj.2g. **1** Impossível de corrigir. **2** Que não corrige os próprios erros.

incredulidade ⟨in.cre.du.li.da.de⟩ s.f. Condição de incrédulo. ▢ SIN. descrença.

incrédulo, la ⟨in.cré.du.lo, la⟩ adj./s. **1** Que ou quem não crê facilmente. **2** Que ou quem não tem fé nem crenças religiosas.

increia ⟨in.crei.a⟩ (Pron. [incréia]) Feminino de **incréu**.

incrementar ⟨in.cre.men.tar⟩ v.t.d. Aumentar ou tornar maior: *O clima favorável permitiu incrementar a produção agrícola.*

incremento ⟨in.cre.men.to⟩ s.m. Ato ou efeito de incrementar. ▢ SIN. acréscimo, aumento.

increpar ⟨in.cre.par⟩ v.t.d. Repreender duramente (alguém): *Um transeunte o increpou por jogar a embalagem do picolé no chão.*

incréu ⟨in.créu⟩ adj./s.m *literário* Incrédulo. ▢ GRAMÁTICA Seu feminino é *increia*.

incriminar ⟨in.cri.mi.nar⟩ ▮ v.t.d./v.t.d.i. **1** Acusar (alguém) [de um delito ou de uma falta graves]: *Incriminaram-no pelo assalto.* ▮ v.prnl. **2** Mostrar-se culpado: *Ele se incriminou pelo olhar.*

incrível ⟨in.crí.vel⟩ (pl. *incríveis*) adj.2g. **1** Impossível de crer. ▢ SIN. inacreditável. **2** Extraordinário e incomum.

incrustação ⟨in.crus.ta.ção⟩ (pl. *incrustações*) s.f. **1** Ato ou efeito de incrustar(-se). **2** Aquilo que se incrusta ou se embute em algo, especialmente como adorno ou ornamento.

incrustar

incrustar ⟨in.crus.tar⟩ ▌v.t.d.i. **1** Introduzir (pedras, metais ou madeiras) [em uma superfície lisa e dura] para adorná-la: *Para enfeitar a caixa, incrustaram pedaços de madrepérola na tampa.* ▌v.t.d.i./v.prnl. **2** Fazer com que penetre, penetrar ou aderir fortemente (um corpo ou uma substância) [em algo]: *O disparo incrustou a bala na parede.* ▌v.t.d. **3** Cobrir de crosta: *O limo incrustou a rocha.*

incubação ⟨in.cu.ba.ção⟩ (pl. *incubações*) s.f. **1** Período de desenvolvimento dos ovos de um animal ovíparo após a postura na desova até a eclosão. **2** Em medicina, desenvolvimento de uma doença infecciosa até que se manifestem os sintomas: *a incubação do vírus da gripe.*

incubadeira ⟨in.cu.ba.dei.ra⟩ s.f. →**incubadora**

incubadora ⟨in.cu.ba.do.ra⟩ (Pron. [incubadôra]) s.f. **1** Máquina ou lugar preparados especialmente para incubar ovos de maneira artificial. ☐ SIN. chocadeira. **2** Aparelho no qual crianças prematuras ou nascidas em circunstâncias anormais são mantidas para facilitar seu desenvolvimento, geralmente isoladas do ambiente externo e em condições ideais de temperatura, oxigenação e umidade. ☐ ORTOGRAFIA Escreve-se também *incubadeira*.

incubar ⟨in.cu.bar⟩ ▌v.t.d. **1** Aquecer e proteger (os ovos postos por um animal ovíparo) durante o tempo necessário para que se desenvolva o embrião: *Os ovos de galinha devem ser incubados por vinte e um dias.* ▌v.int. **2** Aquecer e proteger os ovos postos por um animal ovíparo durante o tempo necessário para que se desenvolva o embrião. ▌v.t.d. **3** Desenvolver (uma doença) desde a contaminação até que se manifestem seus efeitos: *Estava com uma virose incubada.* **4** *informal* Planejar a implantação de (uma ideia, uma tendência ou um movimento social): *A moda da próxima estação já foi incubada por muitos estilistas.*

inculcar ⟨in.cul.car⟩ v.t.d.i. Fixar firmemente (um sentimento ou uma ideia) [no espírito ou na memória]: *A professora inculcou a importância do saber na mente de seus alunos.* ☐ ORTOGRAFIA Antes de e, o c muda para *qu* →BRINCAR.

inculto, ta ⟨in.cul.to, ta⟩ ▌adj. **1** Que não está cultivado. ▌adj./s. **2** Que ou quem não tem cultura.

incumbência ⟨in.cum.bên.cia⟩ s.f. Atribuição de um encargo ou de uma tarefa a uma pessoa.

incumbir ⟨in.cum.bir⟩ v.t.d.i./v.prnl. Encarregar(-se) ou tornar(-se) responsável (alguém) [por um encargo ou uma tarefa]: *Incumbiu o funcionário de despachar a correspondência.*

incurável ⟨in.cu.rá.vel⟩ (pl. *incuráveis*) adj.2g. Que não tem cura.

incúria ⟨in.cú.ria⟩ s.f. Negligência, desleixo ou falta de cuidado.

incursão ⟨in.cur.são⟩ (pl. *incursões*) s.f. **1** Penetração ou invasão de um exército em um território estrangeiro. **2** Excursão ou viagem.

incurso, sa ⟨in.cur.so, sa⟩ ▌▌**1** Particípio irregular de *incorrer*. ▌adj. **2** Que cometeu uma falta ou um delito.

incutir ⟨in.cu.tir⟩ v.t.d./v.t.d.i. Produzir ou inspirar (um sentimento) [em alguém]. ☐ SIN. infundir.

indagação ⟨in.da.ga.ção⟩ (pl. *indagações*) s.f. Ato ou efeito de indagar.

indagar ⟨in.da.gar⟩ v.t.d./v.t.d.i. Perguntar ou questionar (algo) [a alguém]: *A polícia indagava o paradeiro do ladrão.* ☐ ORTOGRAFIA Antes de *e*, o *g* muda para *gu* →CHEGAR.

indébito, ta ⟨in.dé.bi.to, ta⟩ adj. **1** Que é improcedente ou que não tem razão de ser. **2** Que é indevido.

indecência ⟨in.de.cên.cia⟩ s.f. **1** Condição de indecente. **2** Ato ou fala indecentes.

indecente ⟨in.de.cen.te⟩ adj.2g./s.2g. Que ou quem não cumpre o que se considera decente ou respeitoso.

indecifrável ⟨in.de.ci.frá.vel⟩ (pl. *indecifráveis*) adj.2g. Impossível de decifrar.

indecisão ⟨in.de.ci.são⟩ (pl. *indecisões*) s.f. Falta de decisão.

indeciso, sa ⟨in.de.ci.so, sa⟩ adj./s. Que ou quem duvida ou não se decide facilmente.

indeclinável ⟨in.de.cli.ná.vel⟩ (pl. *indeclináveis*) adj.2g. Que não se pode recusar ou rejeitar.

indecomponível ⟨in.de.com.po.ní.vel⟩ (pl. *indecomponíveis*) adj.2g. Que não pode ou não deve ser decomposto.

indecoroso, sa ⟨in.de.co.ro.so, sa⟩ (Pron. [indecorôso], [indecorósa], [indecorósos], [indecorósas]) adj. Que não possui dignidade nem honra ou que atenta contra elas.

indefectível ⟨in.de.fec.tí.vel⟩ (pl. *indefectíveis*) adj.2g. Que não pode falhar ou errar.

indefensável ⟨in.de.fen.sá.vel⟩ (pl. *indefensáveis*) adj.2g. Impossível de defender.

indeferir ⟨in.de.fe.rir⟩ v.t.d. Não atender a (uma petição ou um pedido): *O juiz indeferiu a solicitação por considerá-la inapropriada.* ☐ GRAMÁTICA É um verbo irregular →SERVIR.

indefeso, sa ⟨in.de.fe.so, sa⟩ (Pron. [indefêso]) adj./s. Sem defesa ou sem proteção.

indefinição ⟨in.de.fi.ni.ção⟩ s.f. **1** Falta de definição ou de certeza. **2** Insegurança, falta de opinião ou de decisão.

indefinido, da ⟨in.de.fi.ni.do, da⟩ ▌adj. **1** Que não está definido ou preciso. ▌s.m. **2** →**artigo indefinido** **3** →**pronome indefinido**

indefinível ⟨in.de.fi.ní.vel⟩ (pl. *indefiníveis*) adj.2g. Impossível ou difícil de definir.

indelével ⟨in.de.lé.vel⟩ (pl. *indeléveis*) adj.2g. Que não se pode apagar, eliminar ou destruir.

indelicadeza ⟨in.de.li.ca.de.za⟩ (Pron. [indelicadêza]) s.f. Falta de cortesia, de boa educação ou de cuidado: *Foi uma indelicadeza não responder ao convite.* ☐ SIN. desatenção, descaso.

indelicado, da ⟨in.de.li.ca.do, da⟩ adj. Que não tem ou não mostra cortesia, boa educação ou cuidado. ☐ SIN. desatencioso.

indene ⟨in.de.ne⟩ adj.2g. Que não sofreu dano ou prejuízo.

indenização ⟨in.de.ni.za.ção⟩ (pl. *indenizações*) s.f. **1** Ato ou efeito de indenizar: *Ele exigiu uma indenização pelo cancelamento do contrato.* **2** Quantia com a qual se indeniza: *A indenização recebida foi suficiente para pagar os prejuízos.*

indenizar ⟨in.de.ni.zar⟩ v.t.d./v.t.d.i. Compensar (alguém) [pelos danos que sofreu]: *Indenizaram as pessoas que foram feridas no acidente.*

independência ⟨in.de.pen.dên.cia⟩ s.f. **1** Autonomia ou ausência de dependência. **2** Liberdade para agir ou pensar. **3** Em política, condição autônoma de um Estado que não está submetido a outro: *No dia 7 de Setembro, o Brasil comemora a proclamação de sua independência.*

independente ⟨in.de.pen.den.te⟩ adj.2g. **1** Que tem independência ou não é subordinado a fatores externos. **2** Que se mantém sem a ajuda econômica de alguém. **3** Em relação a um Estado, que se governa autonomamente e não está submetido a outro: *O Brasil passou a ser um país independente a partir de 1822.*

indescritível ⟨in.des.cri.tí.vel⟩ (pl. *indescritíveis*) adj.2g. Impossível ou difícil de descrever.

indesejável ⟨in.de.se.já.vel⟩ (pl. *indesejáveis*) adj.2g. Que não é desejável.

indestrutível ⟨in.des.tru.tí.vel⟩ (pl. *indestrutíveis*) adj.2g. Que não pode ser destruído.

indiscreto

indeterminação ⟨in.de.ter.mi.na.**ção**⟩ (pl. *indeterminações*) s.f. Falta de determinação.
indeterminado, da ⟨in.de.ter.mi.**na**.do, da⟩ adj. **1** Que não está determinado ou não implica determinação. **2** Pouco concreto ou pouco definido.
indeterminar ⟨in.de.ter.mi.**nar**⟩ v.t.d. Tornar indeterminado.
indeterminável ⟨in.de.ter.mi.**ná**.vel⟩ (pl. *indetermináveis*) adj.2g. Que não se pode determinar.
indevassável ⟨in.de.vas.**sá**.vel⟩ (pl. *indevassáveis*) adj.2g. Que não se pode devassar, observar ou examinar.
indevido, da ⟨in.de.**vi**.do, da⟩ adj. Que não se deve fazer por considerar-se ilícito ou injusto.
indexação ⟨in.de.xa.**ção**⟩ (Pron. [indecsação]) (pl. *indexações*) s.f. **1** Ato ou efeito de indexar. **2** Em economia, concessão automática de reajustes em relação a um índice econômico. **3** Em informática, processo pelo qual se agrega uma página *web* à lista de resultados de um buscador.
indexar ⟨in.de.**xar**⟩ (Pron. [indecsar]) v.t.d. **1** Ordenar e elaborar um índice a partir de (um conjunto de dados ou de informações): *Indexou todos os dados que tinha sobre o tema para utilizá-los com facilidade.* **2** Em economia, conceder automaticamente, de acordo com um índice econômico, reajustes de (um valor): *O Governo pretende indexar os salários.* **3** Em informática, agregar à lista de resultados de um buscador (uma página *web*).
indianismo ⟨in.di.a.**nis**.mo⟩ s.m. **1** No Romantismo, corrente literária brasileira que buscava a valorização do índio como símbolo da identidade nacional: *Gonçalves Dias foi um dos mais importantes representantes do indianismo brasileiro.* **2** Em linguística, palavra, expressão ou construção sintática próprias das línguas indianas empregadas em outra língua: *A palavra nirvana é um indianismo.* **3** Admiração ou simpatia pela cultura indiana.
indiano, na ⟨in.di.**a**.no, na⟩ adj./s. Da Índia ou relacionado a esse país asiático. ◻ SIN. hindu.
indicação ⟨in.di.ca.**ção**⟩ (pl. *indicações*) s.f. **1** Ato ou efeito de indicar: *Procuramos a indicação do caminho no mapa.* **2** Recomendação ou designação. **3** Prescrição ou receita feitas por um médico: *Esse medicamento só é vendido com a indicação médica.*
indicador, -a ⟨in.di.ca.**dor**, **do**.ra⟩ (Pron. [indicadôr], [indicadóra]) ❙ adj./s. **1** Que ou quem indica: *uma placa indicadora.* ❙ s.m. **2** →**dedo indicador**
indicar ⟨in.di.**car**⟩ ❙ v.t.d./v.t.d.i. **1** Explicar, demonstrar ou comunicar (algo) com indícios, símbolos ou sinais [a alguém]: *Um menino indicou onde ficava o ponto de ônibus.* **2** Recomendar ou designar (alguém) [para uma posição ou função]: *Ele indicou o amigo para o emprego.* ❙ v.t.d. **3** Demonstrar, aparentar ou sugerir: *Seu olhar indicava tristeza.* ❙ v.t.d./v.t.d.i. **4** Em relação a um médico, prescrever ou receitar (um tratamento) [a um paciente]: *Após o acidente, a médica indicou-lhe exercícios de fisioterapia.* ◻ ORTOGRAFIA Antes de e, o c muda para *qu* →BRINCAR.
indicativo, va ⟨in.di.ca.**ti**.vo, va⟩ ❙ adj./s.m. **1** Que indica ou que serve para indicar. ❙ s.m. **2** →**modo indicativo**
índice ⟨**ín**.di.ce⟩ s.m. **1** Indício ou sinal de algo, especialmente de intensidade ou de importância. **2** Lista ou catálogo ordenados de livros, autores ou matérias: *Na biblioteca, pegou o índice de autores para encontrar o livro que desejava.* **3** Em um livro, em uma revista ou em outras publicações, lista que associa o número da página a um assunto, capítulo, poema ou a outros textos: *Procure no índice do livro seu poema favorito.* ◻ SIN. sumário. **4** Número que se obtém da relação entre duas ou mais dimensões ou quantidades. **5** Em matemática, em uma raiz, número ou letra que indicam seu grau: *O índice de uma raiz cúbica é três.* **6** Em economia, número obtido a partir da variação média de algo em um determinado período.
indiciado, da ⟨in.di.ci.**a**.do, da⟩ s. **1** Pessoa que revela indícios de ter cometido um delito. **2** Pessoa que foi submetida a inquérito policial ou administrativo.
indiciar ⟨in.di.ci.**ar**⟩ v.t.d. **1** Submeter (alguém) a inquérito policial ou administrativo: *Ele foi indiciado ao final da investigação.* **2** Mostrar ou revelar por meio de indícios.
indício ⟨in.**dí**.cio⟩ s.m. **1** Fato que permite o reconhecimento ou a dedução de algo desconhecido: *A fumaça é um indício de que há fogo.* **2** Sinal ou vestígio: *As impressões digitais foram os únicos indícios que o ladrão deixou na casa.*
indiferença ⟨in.di.fe.**ren**.ça⟩ s.f. Falta de interesse ou de cuidado, ou descaso: *Reagiu à notícia com indiferença.*
indiferente ⟨in.di.fe.**ren**.te⟩ ❙ adj.2g. **1** Que se pode fazer ou ser de vários modos. ❙ adj.2g./s.2g. **2** Que ou quem não se interessa ou não se sensibiliza.
indígena ⟨in.**dí**.ge.na⟩ adj.2g./s.2g. **1** Originário ou próprio de um lugar. **2** Da antiga população nativa do continente americano, de seus descendentes ou relacionado a eles: *Os brasileiros Orlando e Cláudio Vilas Boas foram indicados ao Prêmio Nobel da Paz pelo trabalho com as tribos indígenas do Xingu.* ◻ SIN. índio.
indigência ⟨in.di.**gên**.cia⟩ s.f. Falta ou escassez de meios para subsistir ou situação de quem não os tem. ◻ SIN. miséria, penúria.
indigente ⟨in.di.**gen**.te⟩ adj.2g./s.2g. Que ou quem não tem os meios suficientes para subsistir.
indigestão ⟨in.di.ges.**tão**⟩ (pl. *indigestões*) s.f. Digestão anormal que produz um transtorno das funções digestivas.
indigesto, ta ⟨in.di.**ges**.to, ta⟩ adj. **1** Impossível ou difícil de digerir. **2** Que é de difícil compreensão: *um livro indigesto.* **3** Que é entediante ou aborrecido: *um filme indigesto.*
indignação ⟨in.dig.na.**ção**⟩ (pl. *indignações*) s.f. Irritação intensa por um fato que se considera reprovável ou injusto.
indignar ⟨in.dig.**nar**⟩ v.t.d./v.prnl. Revoltar(-se), causar ou sentir indignação: *Indignou-se contra as injustiças.*
indignidade ⟨in.dig.ni.**da**.de⟩ s.f. **1** Condição de indigno. **2** Aquilo que é dito ou feito de maneira indigna.
indigno, na ⟨in.**dig**.no, na⟩ adj. Que não é digno.
índigo ⟨**ín**.di.go⟩ ❙ adj.2g./s.m. **1** De cor azul, como a do índigo. ◻ SIN. anil. ❙ s.m. **2** Substância de cor azul-intensa com tonalidades violeta, obtida das folhas e do caule de algumas plantas, e que é muito usada como corante. ◻ SIN. anil.
índio, dia ⟨**ín**.dio, dia⟩ ❙ adj./s. **1** Da antiga população nativa do continente americano, de seus descendentes ou relacionado a eles. ◻ SIN. indígena. ❙ s.m. **2** Elemento químico da família dos metais, de número atômico 49, sólido, maleável e facilmente deformável. ◻ ORTOGRAFIA Na acepção 2, seu símbolo químico é *In*, sem ponto.
indireta ⟨in.di.**re**.ta⟩ s.f. Comentário feito para dar a entender algo sem expressá-lo claramente: *Chega de indiretas, diga-me o que você quer!*
indireto, ta ⟨in.di.**re**.to, ta⟩ adj. **1** Que não vai diretamente a seu fim, mas fazendo rodeios. **2** Que se faz por meio de um intermediário ou de forma não direta. **3** Que é dissimulado ou ambíguo.
indisciplina ⟨in.dis.ci.**pli**.na⟩ s.f. Falta de disciplina.
indiscreto, ta ⟨in.dis.**cre**.to, ta⟩ ❙ adj. **1** Que se faz sem discrição. ❙ adj./s. **2** Que ou quem age sem discrição.

indiscriminado

indiscriminado, da ⟨in.dis.cri.mi.na.do, da⟩ adj. Que é feito sem critério ou seleção.

indiscutível ⟨in.dis.cu.tí.vel⟩ (pl. *indiscutíveis*) adj.2g. Que não se pode ou não se deve discutir por ser evidente.

indispensável ⟨in.dis.pen.sá.vel⟩ (pl. *indispensáveis*) adj.2g. Absolutamente necessário ou imprescindível.

indisponível ⟨in.dis.po.ní.vel⟩ (pl. *indisponíveis*) adj.2g. Que não está disponível.

indispor ⟨in.dis.por⟩ ❚ v.t.d./v.prnl. **1** Pôr ou entrar em conflito ou em desavença [com alguém]: *O jogador se indispôs com o técnico.* ❚ v.t.d. **2** Incomodar ou causar mal-estar em. ☐ GRAMÁTICA É um verbo irregular →PÔR.

indisposição ⟨in.dis.po.si.ção⟩ (pl. *indisposições*) s.f. **1** Conflito ou desavença: *Ninguém sabe os motivos da indisposição entre eles.* **2** Incômodo ou mal-estar passageiros: *Senti uma indisposição depois do almoço, mas já me sinto bem.*

indisputável ⟨in.dis.pu.tá.vel⟩ (pl. *indisputáveis*) adj.2g. Que não se pode disputar ou contestar.

indissolúvel ⟨in.dis.so.lú.vel⟩ (pl. *indissolúveis*) adj.2g. Que não se pode dissolver ou desunir.

indistinto, ta ⟨in.dis.tin.to, ta⟩ adj. **1** Que não se distingue ou que não se diferencia de outra coisa. **2** Que não se distingue ou se percebe com clareza: *Sem óculos, só vejo vultos e figuras indistintas.*

individual ⟨in.di.vi.du.al⟩ (pl. *individuais*) adj.2g. **1** Do indivíduo ou relacionado a ele. **2** Para uma só pessoa: *uma porção individual.*

individualidade ⟨in.di.vi.du.a.li.da.de⟩ s.f. **1** Condição de individual. **2** Característica marcante de algo ou alguém que permite a distinção entre outros elementos de seu grupo. **3** Característica ou traço próprios de algo ou alguém que demarcam sua originalidade ou singularidade: *Foi reconhecido pela individualidade de seu trabalho.*

individualismo ⟨in.di.vi.du.a.lis.mo⟩ s.m. **1** Tendência ou comportamento de quem coloca os interesses individuais acima dos interesses coletivos. **2** Doutrina ou corrente de pensamento que valoriza o indivíduo e a sua autonomia perante uma coletividade.

individualista ⟨in.di.vi.du.a.lis.ta⟩ adj.2g./s.2g. Que ou quem tende a pensar e a agir diferentemente dos demais ou sem ater-se às normas gerais.

individualizar ⟨in.di.vi.du.a.li.zar⟩ ❚ v.t.d./v.prnl. **1** Diferenciar(-se) (um ser), atribuindo-lhe ou adquirindo características próprias: *Seu talento e sua inteligência a individualizam.* ❚ v.t.d. **2** Adaptar ao gosto ou às necessidades pessoais: *Esta academia procura individualizar o atendimento.*

indivíduo ⟨in.di.ví.duo⟩ s.m. **1** Qualquer exemplar único de uma determinada espécie. **2** Ser humano, especialmente se for considerado ou analisado individualmente. **3** Pessoa cuja identidade se desconhece ou não se quer revelar: *Um indivíduo quis roubar minha carteira.* ☐ GRAMÁTICA Usa-se tanto para o masculino quanto para o feminino: *ele/ela) é um indivíduo.*

indivisível ⟨in.di.vi.sí.vel⟩ (pl. *indivisíveis*) adj.2g. Que não pode ser dividido.

indiviso, sa ⟨in.di.vi.so, sa⟩ adj. Que se mantém unido e sem dividir, ainda que seja divisível.

indizível ⟨in.di.zí.vel⟩ (pl. *indizíveis*) adj.2g. Que não se pode dizer ou explicar, geralmente por ser incomum ou extraordinário.

indócil ⟨in.dó.cil⟩ (pl. *indóceis*) adj.2g. Que não é dócil.

indo-europeia ⟨in.do-eu.ro.pei.a⟩ (Pron. [indo-européia]) Feminino de **indo-europeu**.

indo-europeu ⟨in.do-eu.ro.peu⟩ (pl. *indo-europeus*) ❚ adj./s.m **1** De um conjunto de antigos povos de origem asiática que, ao final do neolítico, estenderam-se desde o atual território indiano até o Ocidente europeu. ❚ adj./s.m. **2** Da língua hipotética da qual descenderiam as línguas desses povos, a maioria das atuais europeias e algumas das asiáticas. ☐ GRAMÁTICA Na acepção 1, seu feminino é *indo-europeia.*

índole ⟨ín.do.le⟩ s.f. Caráter ou inclinação natural de uma pessoa.

indolência ⟨in.do.lên.cia⟩ s.f. Condição de indolente.

indolente ⟨in.do.len.te⟩ adj.2g./s.2g. Preguiçoso ou que não tem disposição e evita fazer qualquer esforço.

indolor ⟨in.do.lor⟩ (Pron. [indolôr]) adj.2g. Que não produz dor.

indomável ⟨in.do.má.vel⟩ (pl. *indomáveis*) adj.2g. Que não está domado ou que não se pode domar. ☐ SIN. indômito.

indômito, ta ⟨in.dô.mi.to, ta⟩ adj. Que não está domado ou que não se pode domar. ☐ SIN. indomável.

indonésio, sia ⟨in.do.né.sio, sia⟩ adj./s. Da Indonésia ou relacionado a esse país asiático.

indubitável ⟨in.du.bi.tá.vel⟩ (pl. *indubitáveis*) adj.2g. Que não admite dúvida.

indução ⟨in.du.ção⟩ (pl. *induções*) s.f. **1** Método de raciocínio que consiste em partir do estudo e da análise de dados particulares conhecidos e avançar logicamente até alcançar um princípio geral desconhecido: *A indução é característica das ciências empíricas.* **2** Em física, produção de um fenômeno elétrico que um corpo percorrido por uma corrente elétrica causa em outro situado a certa distância dele: *Existem bobinas de indução para transmitir energia elétrica.* **3** Em medicina, procedimento para estimular ou acelerar o trabalho de parto. ☐ USO Na acepção 1, é diferente de *dedução* (método de raciocínio que consiste em partir de um princípio geral conhecido e avançar logicamente até alcançar uma conclusão particular desconhecida).

indulgência ⟨in.dul.gên.cia⟩ s.f. **1** Condição de indulgente. **2** Tolerância ou disposição para perdoar falhas. **3** Na Igreja Católica, perdão total ou parcial concedidos por uma autoridade eclesiástica que são proporcionais aos pecados cometidos.

indulgente ⟨in.dul.gen.te⟩ adj.2g. Tolerante com as faltas ou inclinado a conceder o perdão.

indultar ⟨in.dul.tar⟩ v.t.d. Perdoar (alguém) ou diminuir a pena legal que lhe foi imposta.

indulto ⟨in.dul.to⟩ s.m. Perdão ou redução de uma pena imposta por algum erro ou falta cometidos.

indumentária ⟨in.du.men.tá.ria⟩ s.f. **1** Conjunto de peças do vestuário que se usam ou que se possuem. **2** Modo de vestir característico de um grupo, de uma época ou de uma cultura. ☐ SIN. vestuário.

indústria ⟨in.dús.tria⟩ s.f. **1** Atividade econômica que consiste na produção de bens de consumo por meio da exploração ou transformação de matérias-primas ou fontes naturais de energia, geralmente em grande escala e de forma mecanizada: *A indústria é o setor que mais cresceu nos últimos anos.* **2** Conjunto de empresas dedicadas a essa atividade, especialmente se constituem um ramo ou um setor. **3** Habilidade, facilidade ou técnica para realizar algo. ‖ **indústria {de base/pesada}** Aquela que explora ou produz uma grande quantidade de matéria-prima, ou que a submete a uma primeira transformação, da qual resultam produtos semielaborado ou que alimentam o restante dos setores industriais: *A construção de máquinas é uma atividade da indústria de base.* ‖ **indústria {(de bens) de consumo/leve}** Aquela que trabalha com pequenas quantidades de matéria-prima e elabora bens finais de consumo, os quais são destinados diretamente ao consumidor: *A* elaboração de produtos alimentícios é própria da indústria de bens de consumo. ‖ **indústria de transformação** Aquela que trabalha com transformação de matéria-prima e elabora produtos destinados a outros segmentos industriais ou diretamente ao consumo: *A elaboração de roupas é característica da indústria de transformação.*

industrial ⟨in.dus.tri.al⟩ (pl. *industriais*) ▌ adj.2g. **1** Da indústria ou relacionado a ela. **2** Em relação a um lugar, que possui indústrias. ▌ s.2g. **3** Empresário ou proprietário de uma indústria.

industrializar ⟨in.dus.tri.a.li.zar⟩ ▌ v.t.d. **1** Criar ou desenvolver indústrias de maneira predominante em (um lugar). ▌ v.prnl. **2** Criar ou desenvolver indústrias de maneira predominante (um lugar): *Aquela região se industrializou em poucos anos.* ▌ v.t.d./v.prnl. **3** Submeter(-se) a um processo industrial ou sujeitar(-se) aos métodos da indústria (uma atividade ou um produto): *A produção de leite se industrializou para se tornar mais competitiva.*

industriar ⟨in.dus.tri.ar⟩ ▌ v.t.d.i./v.prnl. **1** Instruir(-se) ou capacitar(-se) com conhecimentos teóricos ou práticos (para a realização de uma tarefa): *O professor industriou o aluno nas técnicas de pintura.* ▌ v.t.d. **2** Orientar ou preparar: *O advogado industriou o cliente para responder diante do juiz.*

industriário, ria ⟨in.dus.tri.á.rio, ria⟩ s. Trabalhador manual assalariado do setor industrial.

industrioso, sa ⟨in.dus.tri.o.so, sa⟩ (Pron. [industriôso], [industriósa], [industriósos], [industriósas]) adj. **1** Muito ativo ou trabalhador. **2** Que faz as coisas com engenho e habilidade.

induzir ⟨in.du.zir⟩ ▌ v.t.d.i. **1** Incentivar ou convencer (alguém) [a realizar uma ação]: *O exemplo dos irmãos o induziu a se dedicar aos estudos.* ▌ v.t.d. **2** Provocar ou estimular (uma ação): *O médico resolveu induzir o parto.* **3** Alcançar por meio da indução (um princípio geral). □ GRAMÁTICA É um verbo regular, mas perde o e final na terceira pessoal do singular do presente do indicativo →PRODUZIR. □ USO Na acepção 3, é diferente de *deduzir* (alcançar ou extrair uma conclusão ou um resultado por meio de um raciocínio dedutivo).

inebriar ⟨i.ne.bri.ar⟩ v.t.d./v.prnl. **1** *formal* Entorpecer(-se) ou embriagar(-se), geralmente por meio do consumo de bebidas alcoólicas: *O vinho o inebriou.* **2** Extasiar(-se), causar ou sentir admiração: *A beleza daquela mulher inebriou o rapaz.*

ineditismo ⟨i.ne.di.tis.mo⟩ s.m. Inovação ou originalidade.

inédito, ta ⟨i.né.di.to, ta⟩ adj. **1** Novo ou desconhecido. **2** Em relação a um autor ou a uma obra, que ainda não foram publicados.

inefável ⟨i.ne.fá.vel⟩ (pl. *inefáveis*) adj.2g. **1** Que não se pode exprimir com palavras. **2** Que causa admiração ou prazer.

ineficaz ⟨i.ne.fi.caz⟩ adj.2g. Que não é eficaz.

ineficiente ⟨i.ne.fi.ci.en.te⟩ adj.2g. Que não é eficiente.

inegável ⟨i.ne.gá.vel⟩ (pl. *inegáveis*) adj.2g. Que não se pode negar.

inelegível ⟨i.ne.le.gí.vel⟩ (pl. *inelegíveis*) adj.2g. Que não se pode eleger.

inelutável ⟨i.ne.lu.tá.vel⟩ (pl. *inelutáveis*) adj.2g. Que é invencível ou contra o qual não se pode lutar.

inenarrável ⟨i.ne.nar.rá.vel⟩ (pl. *inenarráveis*) adj.2g. **1** Que não se pode explicar com palavras. **2** Que é admirável ou excepcional.

inépcia ⟨i.nép.cia⟩ s.f. Condição de inepto.

inepto, ta ⟨i.nep.to, ta⟩ adj./s. **1** Que ou quem não tem aptidão ou habilidade. **2** Que ou quem não demonstra inteligência.

inexpugnável

inequívoco, ca ⟨i.ne.quí.vo.co, ca⟩ adj. Que não admite dúvida ou equívoco.

inércia ⟨i.nér.cia⟩ s.f. **1** Preguiça ou tendência a continuar uma atividade sem introduzir mudanças que exijam algum esforço: *Não consegue um emprego melhor por pura inércia.* **2** Atitude de uma pessoa que se deixa levar pelo que os outros dizem ou fazem. **3** Resistência que opõe um corpo a variar seu estado de repouso ou a mudar as condições de seu movimento.

inerente ⟨i.ne.ren.te⟩ adj.2g. Próprio ou característico de algo ou que está unido a ele de maneira que não se pode separar.

inerme ⟨i.ner.me⟩ adj.2g. Sem armas ou sem defesas.
□ USO É diferente de *inerte* (sem vida ou sem movimento).

inerte ⟨i.ner.te⟩ adj.2g. Sem vida ou sem movimento.
□ USO É diferente de *inerme* (sem armas ou sem defesas).

inervar ⟨i.ner.var⟩ v.t.d. Dotar de nervos ou de suas ramificações: *O nervo mandibular inerva os músculos mastigatórios.*

inescrupuloso, sa ⟨i.nes.cru.pu.lo.so, sa⟩ (Pron. [inescrupulôso], [inescrupulósa], [inescrupulósos], [inescrupulósas]) adj. Que não tem escrúpulos.

inescrutável ⟨i.nes.cru.tá.vel⟩ (pl. *inescrutáveis*) adj.2g. Que não se pode escrutar ou compreender.

inesgotável ⟨i.nes.go.tá.vel⟩ (pl. *inesgotáveis*) adj.2g. Que não se esgota.

inesperado, da ⟨i.nes.pe.ra.do, da⟩ adj./s.m. Que não é esperado ou que não está previsto.

inesquecível ⟨i.nes.que.cí.vel⟩ (pl. *inesquecíveis*) adj.2g. Impossível de ser esquecido.

inestimável ⟨i.nes.ti.má.vel⟩ (pl. *inestimáveis*) adj.2g. **1** Que não se pode estimar ou avaliar devidamente, geralmente por ser de grande valor. **2** Digno de grande estima ou consideração: *Villa-Lobos prestou inestimável contribuição à cultura do país.*

inevitável ⟨i.ne.vi.tá.vel⟩ (pl. *inevitáveis*) adj.2g./s.m. Que não se pode evitar.

inexato, ta ⟨i.ne.xa.to, ta⟩ (Pron. [inezato]) adj. Sem exatidão.

inexistência ⟨i.ne.xis.tên.cia⟩ (Pron. [inezistência]) s.f. Condição de inexistente: *O juiz arquivou o processo devido à inexistência de provas.*

inexistente ⟨i.ne.xis.ten.te⟩ (Pron. [inezistente]) adj.2g. Sem existência.

inexorável ⟨i.ne.xo.rá.vel⟩ (Pron. [inecsorável] ou [inezorável]) (pl. *inexoráveis*) adj.2g. **1** Rigoroso ou severo. **2** Que acontecerá com certeza e apesar da resistência que se impõe.

inexperiência ⟨i.nex.pe.ri.ên.cia⟩ (Pron. [inesperiência]) s.f. Condição de inexperiente: *Compensa a inexperiência no trabalho com muito entusiasmo.*

inexperiente ⟨i.nex.pe.ri.en.te⟩ (Pron. [inesperiente]) adj.2g./s.2g. Que ou quem tem pouca experiência ou pouca vivência.

inexplicável ⟨i.nex.pli.cá.vel⟩ (Pron. [inesplicável]) (pl. *inexplicáveis*) adj.2g. Que é difícil ou não se pode explicar, compreender nem justificar.

inexplorado, da ⟨i.nex.plo.ra.do, da⟩ (Pron. [inesplorado]) adj. Que não foi explorado.

inexpressivo, va ⟨i.nex.pres.si.vo, va⟩ (Pron. [inespressivo]) adj. Sem expressão ou sem expressividade.

inexprimível ⟨i.nex.pri.mí.vel⟩ (Pron. [inesprimível]) (pl. *inexprimíveis*) adj.2g. **1** Que não se pode exprimir. **2** Que encanta ou que causa admiração: *O quadro Mona Lisa, de Leonardo da Vinci, tem uma beleza inexprimível.*

inexpugnável ⟨i.nex.pug.ná.vel⟩ (Pron. [inespugnável]) (pl. *inexpugnáveis*) adj.2g. Que não se pode expugnar ou conquistar por meio de armas ou de força.

infalível

infalível ⟨in.fa.lí.vel⟩ (pl. *infalíveis*) adj.2g. **1** Que não comete erros nem enganos. **2** Seguro, garantido ou certo: *Seus conselhos são infalíveis!*

infamar ⟨in.fa.mar⟩ v.t.d./v.prnl. Tornar(-se) infame ou desonrado: *Os documentos revelam fatos que infamam alguns personagens históricos.*

infame ⟨in.fa.me⟩ adj.2g. **1** Que tem má fama. **2** Odioso, vil ou abjeto: *um crime infame.* **3** Desprezível ou de má qualidade: *uma piada infame.*

infâmia ⟨in.fã.mia⟩ s.f. Desonra, descrédito ou vileza.

infância ⟨in.fân.cia⟩ s.f. **1** Período da vida de uma pessoa que vai do nascimento até a adolescência. **2** Conjunto das crianças de um determinado lugar ou de um período de tempo: *Ela trabalha em uma associação que ajuda a infância e a juventude.*

infantaria ⟨in.fan.ta.ri.a⟩ s.f. Tropa do exército ou da marinha treinada para ocupar um território inimigo por meio de combates a pé.

infante, ta ⟨in.fan.te, ta⟩ ▌ adj.2g. **1** Da infância ou relacionado a ela. ▌ s. **2** Na Espanha e em Portugal (países europeus), filho legítimo do rei que não tem direito a herdar o trono. ▌ s.m. **3** *literário* Criança. ▌ s.2g. **4** Membro da tropa de infantaria.

infanticídio ⟨in.fan.ti.cí.dio⟩ s.m. Assassinato de uma criança, especialmente se for uma recém-nascida.

infantil ⟨in.fan.til⟩ (pl. *infantis*) adj.2g. **1** Da infância ou relacionado a ela. **2** Com a inocência, a pureza ou o comportamento próprios da infância.

infantilizar ⟨in.fan.ti.li.zar⟩ v.t.d./v.prnl. Dar ou adquirir características que se consideram próprias da infância: *Esse comportamento o infantiliza perante a classe.*

infantojuvenil ⟨in.fan.to.ju.ve.nil⟩ (pl. *infantojuvenis*) adj.2g. Da infância e da juventude ou relacionado a elas.

infartar ⟨in.far.tar⟩ ▌ v.t.d. **1** Causar a morte de (um tecido ou um órgão) por falta de irrigação sanguínea: *A ruptura de uma artéria pode infartar o órgão que ela irriga.* ▌ v.int. **2** Sofrer um infarto: *Depois que infartou, passou a adotar uma vida mais saudável.* ◻ ORTOGRAFIA Escreve-se também *enfartar.*

infarte ⟨in.far.te⟩ s.m. →**infarto**

infarto ⟨in.far.to⟩ s.m. Morte de um tecido ou de um órgão causada pela obstrução da artéria responsável pela circulação sanguínea no local: *um infarto do miocárdio.* ◻ ORTOGRAFIA Escreve-se também *enfarte, enfarto* ou *infarte.*

infatigável ⟨in.fa.ti.gá.vel⟩ (pl. *infatigáveis*) adj.2g. **1** Que não se cansa ou que resiste muito sem se cansar. ◻ SIN. incansável. **2** Que é persistente ou que resiste a desistir.

infausto, ta ⟨in.faus.to, ta⟩ adj. Em relação a um acontecimento, infeliz ou que acarreta ou produz uma desgraça.

infeção ⟨in.fe.ção⟩ (pl. *infeções*) s.f. →**infecção**

infecção ⟨in.fec.ção⟩ (pl. *infecções*) s.f. **1** Ato ou efeito de infeccionar(-se). **2** Contaminação de algo ou alguém por germes ou micro-organismos nocivos. **3** Doença provocada pela presença de bactérias ou vírus nocivos no interior de um organismo. ◻ ORTOGRAFIA Escreve-se também *infeção.*

infeccionar ⟨in.fec.ci.o.nar⟩ v.t.d./v.int./v.prnl. Causar ou sofrer infecção ou contaminar(-se) com micro-organismos: *O corte infeccionou por falta de tratamento adequado.* ◻ SIN. infectar. ◻ ORTOGRAFIA Escreve-se também *infecionar.*

infeccioso, sa ⟨in.fec.ci.o.so, sa⟩ (Pron. [infeccióso], [infecciósa], [infecciosos], [infecciósas]) adj. Da infecção ou que a produz. ◻ ORTOGRAFIA Escreve-se também *infecioso.*

infecionar ⟨in.fe.ci.o.nar⟩ v.t.d./v.int./v.prnl. →**infeccionar**

infecioso, sa ⟨in.fe.ci.o.so, sa⟩ (Pron. [infecióso], [infeciósa], [infeciosos], [infeciósas]) adj. →**infeccioso, sa**

infectar ⟨in.fec.tar⟩ ▌ v.t.d./v.int./v.prnl. **1** Causar ou sofrer infecção ou contaminar(-se) com micro-organismos. ◻ SIN. infeccionar. ▌ v.t.d **2** Em informática, contaminar com um vírus (um computador).

infecto, ta ⟨in.fec.to, ta⟩ adj. **1** Que está infectado ou alterado por micro-organismos ou por influências nocivas. **2** Que tem mau cheiro. ◻ ORTOGRAFIA Escreve-se também *infeto.*

infecundo, da ⟨in.fe.cun.do, da⟩ adj. Que não é fecundo ou que não é fértil.

infelicidade ⟨in.fe.li.ci.da.de⟩ s.f. **1** Condição ou estado de infeliz. **2** Desgraça, má sorte ou infortúnio: *Tivemos a infelicidade de estar no lugar errado, na hora errada.*

infelicitar ⟨in.fe.li.ci.tar⟩ v.t.d./v.prnl. Tornar(-se) infeliz ou desgraçado: *A ausência dos filhos infelicitava o casal.*

infeliz ⟨in.fe.liz⟩ adj.2g./s.2g. **1** Que ou quem não é feliz ou tem má sorte. ◻ SIN. desafortunado, desgraçado. **2** Inconveniente ou inadequado: *Seu comentário infeliz causou uma situação incômoda.*

infenso, sa ⟨in.fen.so, sa⟩ adj. Que é contrário a algo ou que mostra resistência a ele.

inferência ⟨in.fe.rên.cia⟩ s.f. **1** Conclusão que se obtém a partir de várias proposições particulares. **2** Suposição ou hipótese.

inferior ⟨in.fe.ri.or⟩ (Pron. [inferiôr]) adj.2g. **1** Que está em um lugar baixo ou que ocupa uma posição baixa. **2** Que é menor em qualidade ou em quantidade: *Temos um produto mais barato, mas de qualidade inferior.* **3** Que está subordinado a alguém.

inferioridade ⟨in.fe.ri.o.ri.da.de⟩ s.f. Condição de inferior.

inferiorizar ⟨in.fe.ri.o.ri.zar⟩ v.t.d./v.prnl. Colocar(-se) em uma condição inferior: *Ele inferiorizou os companheiros com seus comentários irônicos.*

inferir ⟨in.fe.rir⟩ v.t.d. Alcançar ou extrair por meio de raciocínio dedutivo (uma conclusão ou um resultado): *Apenas com esses dados, não conseguimos inferir nenhuma conclusão.* ◻ SIN. deduzir, depreender. ◻ GRAMÁTICA É um verbo irregular →SERVIR.

infernal ⟨in.fer.nal⟩ (pl. *infernais*) adj.2g. **1** Do inferno ou relacionado a ele. **2** Muito mau, prejudicial, desagradável ou que causa irritação: *Hoje fez um calor infernal.*

inferninho ⟨in.fer.ni.nho⟩ s.m. *informal* Boate pequena e barulhenta.

infernizar ⟨in.fer.ni.zar⟩ v.t.d. Causar irritação ou aborrecimento em (alguém): *Ele me infernizou com tantas reclamações.*

inferno ⟨in.fer.no⟩ s.m. **1** Em algumas religiões, lugar em que penam os que morreram em pecado mortal. **2** Lugar mitológico subterrâneo onde habitam as almas dos mortos. **3** Sofrimento ou tormento: *Esse barulho é um inferno!*

infértil ⟨in.fér.til⟩ (pl. *inférteis*) adj.2g. Que não é fértil.

infestação ⟨in.fes.ta.ção⟩ (pl. *infestações*) s.f. **1** Ato ou efeito de infestar. **2** Invasão massiva de animais, pessoas ou coisas. **3** Em medicina, invasão de animais parasitas.

infestar ⟨in.fes.tar⟩ v.t.d. **1** Invadir ou devastar (um lugar): *Os gafanhotos infestaram a plantação.* **2** Ocupar ou espalhar-se por (um lugar): *Curiosos infestavam o local do acidente.* ◻ ORTOGRAFIA É diferente de *enfestar.*

infeto, to ⟨in.fe.to, ta⟩ adj. →**infecto, ta**

infidelidade ⟨in.fi.de.li.da.de⟩ s.f. Condição de infiel.

infiel ⟨in.fi.el⟩ (pl. *infiéis*) adj.2g./s.2g. **1** Desleal ou que não tem fidelidade. **2** Que ou quem não professa ou não tem a fé que se considera verdadeira.

infiltração ⟨in.fil.tra.ção⟩ (pl. *infiltrações*) s.f. **1** Ato ou efeito de infiltrar(-se). **2** Introdução de um líquido pouco a pouco. **3** Penetração oculta de uma pessoa em um lugar, geralmente para obter informações ou encontrar

informática

pessoas em flagrante: *A infiltração de policiais no grupo favoreceu a captura da quadrilha.*

infiltrar ⟨in.fil.trar⟩ ▌v.prnl. **1** Introduzir-se pouco a pouco (um líquido): *A água da chuva infiltrou-se nas paredes e produziu um vazamento.* ▌v.t.d.i./v.prnl. **2** Introduzir(-se) ou inserir (alguém) [em um lugar] de maneira oculta ou às escondidas, para obter informações: *O espião se infiltrou na organização inimiga.*

ínfimo, ma ⟨ín.fi.mo, ma⟩ Superlativo irregular de **baixo**.

infindável ⟨in.fin.dá.vel⟩ (pl. *infindáveis*) adj.2g. Que não tem fim ou que parece não ter fim.

infindo, da ⟨in.fin.do, da⟩ adj. Que não tem fim.

infinidade ⟨in.fi.ni.da.de⟩ s.f. **1** Condição do que é infinito. **2** Grande quantidade: *Uma infinidade de pessoas compareceu à manifestação.*

infinitesimal ⟨in.fi.ni.te.si.mal⟩ (pl. *infinitesimais*) adj.2g. Em relação a uma quantidade, que é infinitamente pequena ou que está muito próxima de zero.

infinitivo, va ⟨in.fi.ni.ti.vo, va⟩ ▌adj. **1** Forma nominal do verbo ou relacionado a ela. ▌s.m. **2** Forma nominal de um verbo, que apresenta uma ação sem referência temporal ou de modo: *O infinitivo de penso é pensar.* ‖ **infinitivo impessoal** Forma verbal que não apresenta desinência de número e pessoa: *Na oração é preciso começar o trabalho, começar está no infinitivo impessoal.* ‖ **infinitivo pessoal** Forma verbal que apresenta flexão de número e pessoa: *Na oração Pediu para chegarmos cedo, chegarmos está no infinitivo pessoal.*

infinito, ta ⟨in.fi.ni.to, ta⟩ ▌adj. **1** Que não tem limites ou que não tem fim: *Não gaste tanto, suas economias não são infinitas!* **2** Muito numeroso ou muito grande: *Em um deserto há infinitos grãos de areia.* ▌s.m. **3** Em matemática, signo gráfico com forma de oito deitado que expressa um valor maior que qualquer quantidade. **4** Lugar indefinido ou distante: *Ficou olhando para o infinito.*

infixo ⟨in.fi.xo⟩ (Pron. [inficso]) s.m. Em linguística, morfema introduzido no interior de uma palavra ou de sua raiz para formar derivados.

inflação ⟨in.fla.ção⟩ (pl. *inflações*) s.f. Aumento do nível geral de preços que produz uma diminuição do valor do dinheiro. ▢ USO É diferente de *infração* (não cumprimento de uma lei, uma ordem ou de uma norma) e de *deflação* (queda do nível geral de preços).

inflacionar ⟨in.fla.ci.o.nar⟩ v.t.d. **1** Aumentar o nível geral de preços, produzindo uma diminuição do valor do dinheiro. **2** Em relação a uma moeda, produzir sua desvalorização devido a sua emissão excessiva: *A alta emissão de cédulas inflacionou a moeda daquele país.* **3** Em relação ao mercado, produzir mais do que pode ser absorvido por ele: *O alto índice de desemprego inflacionou o mercado de trabalho.*

inflacionário, ria ⟨in.fla.ci.o.ná.rio, ria⟩ adj. Da inflação ou relacionado a ela.

inflamação ⟨in.fla.ma.ção⟩ (pl. *inflamações*) s.f. **1** Ato ou efeito de inflamar(-se). **2** Alteração de uma parte do organismo, caracterizada geralmente pela dor, avermelhamento, inchação e aumento da temperatura.

inflamar ⟨in.fla.mar⟩ ▌v.t.d./v.prnl. **1** Atear fogo a (uma substância) ou pegar fogo, bruscamente e liberando chamas: *O carvão inflamou-se.* **2** Avivar o ânimo de (alguém) ou estimular(-se): *O ator inflamou a plateia com a força de sua interpretação.* ▌v.t.d./v.int./v.prnl. **3** Provocar inflamação em (uma parte do corpo) ou sofrer uma inflamação (uma parte do corpo): *O corte no dedo inflamou.*

inflamatório, ria ⟨in.fla.ma.tó.rio, ria⟩ adj. Da inflamação, que a causa ou relacionado a ela.

inflamável ⟨in.fla.má.vel⟩ (pl. *inflamáveis*) adj.2g. Que se incendeia com facilidade e libera chamas de forma imediata.

inflar ⟨in.flar⟩ v.t.d./v.int./v.prnl. Encher(-se) (um corpo) ou aumentar o volume de (um corpo): *Infle mais o balão para que voe melhor.* ▢ SIN. **inchar**.

inflexão ⟨in.fle.xão⟩ (Pron. [inflecsão]) (pl. *inflexões*) s.f. **1** Desvio ou alteração. **2** Variação sofrida pela entonação ao passar de um tom a outro: *A atriz leu o poema com inúmeras inflexões.*

inflexibilidade ⟨in.fle.xi.bi.li.da.de⟩ (Pron. [inflecsibilidade]) s.f. Condição de inflexível.

inflexível ⟨in.fle.xí.vel⟩ (Pron. [inflecsível]) (pl. *inflexíveis*) adj.2g. Rígido ou que não aceita mudanças.

infligir ⟨in.fli.gir⟩ v.t.d.i. Aplicar, causar ou impor (uma pena ou um castigo) [a alguém]. ▢ ORTOGRAFIA Antes de *a* ou *o*, o *g* muda para *j* →FUGIR. ▢ USO É diferente de *infringir* (deixar de cumprir uma lei, uma ordem ou uma norma).

inflorescência ⟨in.flo.res.cên.cia⟩ s.f. Em botânica, conjunto de flores nascidas sobre o mesmo eixo ou sobre o mesmo receptáculo. ▢ USO É diferente de *eflorescência* (formação e abertura dos botões e surgimento de suas flores).

influência ⟨in.flu.ên.cia⟩ s.f. **1** Ato ou efeito de influir. **2** Poder, autoridade ou domínio. **3** Contato ou relação capazes de proporcionar algo.

influenciar ⟨in.flu.en.ci.ar⟩ ▌v.t.d. **1** Exercer influência intelectual, física ou psicológica sobre (algo ou alguém): *Aquele pintor influenciou sua época.* ▢ SIN. **influir**. ▌v.prnl. **2** Sofrer influência intelectual, física ou psicológica: *Ele se influencia facilmente.*

influenciável ⟨in.flu.en.ci.á.vel⟩ (pl. *influenciáveis*) adj.2g. Que se deixa influenciar.

influente ⟨in.flu.en.te⟩ adj.2g./s.2g. Que ou quem exerce influência.

influir ⟨in.flu.ir⟩ v.t.i. **1** Exercer influência [sobre algo]: *Suas opiniões influem nas decisões gerais da empresa.* ▢ SIN. **influenciar**. **2** Causar ou produzir um efeito ou uma mudança [em algo]: *O calor influi no comportamento animal.* ▢ ORTOGRAFIA Usa-se *i* em vez de *e* e comum na conjugação do presente do indicativo e do imperativo afirmativo →ATRIBUIR.

influxo ⟨in.flu.xo⟩ (Pron. [influcso]) s.m. **1** Influência ou inspiração. **2** Nível mais alto da maré. ▢ SIN. **maré alta, preamar**.

informação ⟨in.for.ma.ção⟩ (pl. *informações*) s.f. **1** Conjunto de conhecimentos sobre um determinado assunto. **2** Notícia ou conjunto de dados levados a público por intermédio dos meios de comunicação. **3** Instrução ou explicação: *Podemos encontrar maiores informações sobre a instalação da impressora no manual.*

informal ⟨in.for.mal⟩ (pl. *informais*) adj.2g. **1** Que não segue as normas estabelecidas ou não tem cerimônia. **2** Que não tem carteira assinada ou contrato.

informante ⟨in.for.man.te⟩ adj.2g./s.2g. Que ou quem informa.

informar ⟨in.for.mar⟩ ▌v.t.d. **1** Comunicar (alguém) [sobre uma informação]: *A rádio informou seus ouvintes sobre o resultado da eleição.* **2** Comunicar ou dar informação sobre (algo): *O serviço de meteorologia informou a previsão do tempo.* ▌v.prnl. **3** Tomar ciência de uma informação: *Informe-se sobre os cursos na secretaria da escola.*

informática ⟨in.for.má.ti.ca⟩ s.f. Conjunto de conhecimentos científicos e técnicos que possibilitam o tratamento automático da informação mediante o uso de computadores ou de outros equipamentos similares a estes.

informático

informático, ca ⟨in.for.má.ti.co, ca⟩ adj. Da informática ou relacionado a essa forma de tratamento da informação.

informativo, va ⟨in.for.ma.ti.vo, va⟩ adj./s.m. Que informa.

informatização ⟨in.for.ma.ti.za.ção⟩ (pl. *informatizações*) s.f. Ato ou efeito de informatizar: *A loja implementou a informatização do cadastro de clientes.*

informatizar ⟨in.for.ma.ti.zar⟩ v.t.d. **1** Organizar com recursos da informática (uma atividade): *Informatizou a contabilidade da empresa.* **2** Instalar ou aplicar um sistema de computação em: *Depois que informatizou a empresa, a produção aumentou.*

informe ⟨in.for.me⟩ ▌adj.2g. **1** Que não tem uma forma bem determinada. ▌s.m. **2** Informação, parecer ou esclarecimento: *O informe sobre a evolução da dengue na região é assustador.*

infortunado, da ⟨in.for.tu.na.do, da⟩ adj. Sem fortuna ou com má sorte.

infortúnio ⟨in.for.tú.nio⟩ s.m. **1** Má sorte ou desgraça. **2** Acontecimento ruim, infeliz ou desfavorável: *Ter quebrado a perna foi um terrível infortúnio.* ☐ SIN. revés.

infra- Prefixo que indica posição inferior: *infra-assinado*.

infração ⟨in.fra.ção⟩ (pl. *infrações*) s.f. Não cumprimento de uma lei, de uma ordem ou de uma norma. ☐ USO É diferente de *inflação* (aumento do nível geral de preços).

infraestrutura ⟨in.fra.es.tru.tu.ra⟩ s.f. **1** Suporte físico de uma estrutura. **2** Base material ou econômica necessária para a criação ou o funcionamento de uma organização, uma atividade ou um serviço: *A infraestrutura turística relaciona diversos setores de um país.* **3** Em uma cidade, conjunto de instalações e serviços públicos: *Este estádio não tem infraestrutura para sediar os jogos da Copa do Mundo.*

infrator, -a ⟨in.fra.tor, to.ra⟩ (Pron. [infratôr], [infratô-ra]) adj./s. Que ou quem desobedece ou não cumpre uma lei, uma ordem ou uma norma.

infravermelho, lha ⟨in.fra.ver.me.lho, lha⟩ (Pron. [infravermêlho]) adj./s.m. Em relação a uma radiação, que se encontra em uma frequência superior à do vermelho visível e que se caracteriza por ter efeitos caloríficos, mas não visíveis pelo ser humano.

infrene ⟨in.fre.ne⟩ adj.2g. Que não possui freio.

infringir ⟨in.frin.gir⟩ v.t.d. Deixar de cumprir (uma lei, uma ordem ou uma norma): *Perdeu a carteira de motorista por ter infringido as leis de trânsito.* ☐ ORTOGRAFIA Antes de *a* ou *o*, o *g* muda para *j* →FUGIR. ☐ USO É diferente de *infligir* (aplicar, causar ou impor uma pena ou um castigo).

infrutescência ⟨in.fru.tes.cên.cia⟩ s.f. Conjunto de frutos agrupados de forma que pareçam um só, e que se desenvolvem a partir de uma inflorescência: *O abacaxi e a jaca são infrutescências.*

infrutífero, ra ⟨in.fru.tí.fe.ro, ra⟩ adj. **1** Em relação a uma planta, que não dá frutos. **2** Que não produz os resultados esperados: *A busca foi infrutífera, a polícia não encontrou o carro roubado.*

infundado, da ⟨in.fun.da.do, da⟩ adj. Sem fundamento real ou racional.

infundir ⟨in.fun.dir⟩ ▌v.t.d.i. **1** Verter ou deixar cair (um líquido) [em algo]. ▌v.t.d./v.t.d.i.. **2** Produzir ou inspirar (um sentimento) [em alguém]: *Seu aspecto severo infundia muito respeito.* ☐ SIN. incutir.

infusão ⟨in.fu.são⟩ (pl. *infusões*) s.f. **1** Introdução de partes de uma planta em água fervente, especialmente se forem folhas ou sementes, para que dela se extraia alguns princípios terapêuticos ou alimentares. **2** Bebida que resulta dessa operação.

ingá ⟨in.gá⟩ s.f. **1** Árvore de tronco grosso, com copa larga, folhas compostas, flores brancas e fruto em formato de vagem, que possui uma polpa branca e adocicada que envolve as sementes, e cujas espécies se diferenciam pelo tamanho do fruto que produzem. **2** Fruto dessa árvore. ☐ ORIGEM É uma palavra de origem tupi.

ingenuidade ⟨in.ge.nu.i.da.de⟩ s.f. **1** Qualidade de ingênuo. **2** Inocência ou ausência de malícia. **3** Atitude ou fala que demonstram inocência ou ausência de malícia.

ingênuo, nua ⟨in.gê.nuo, nua⟩ adj./s. Inocente ou sem malícia.

ingerência ⟨in.ge.rên.cia⟩ s.f. Intromissão ou intervenção de uma pessoa em um assunto alheio.

ingerir ⟨in.ge.rir⟩ ▌v.t.d. **1** Introduzir no estômago através da boca (uma comida ou uma bebida): *Por ordens médicas, parou de ingerir bebidas alcoólicas.* ▌v.prnl. **2** Intrometer-se em um tema ou uma questão: *Evitou ingerir-se na briga dos vizinhos.* ☐ GRAMÁTICA É um verbo irregular →SERVIR.

ingestão ⟨in.ges.tão⟩ (pl. *ingestões*) s.f. Ato ou efeito de ingerir.

inglês, -a ⟨in.glês, gle.sa⟩ (Pron. [inglês], [inglêsa]) ▌adj./s. **1** Da Inglaterra ou relacionado a esse país europeu. ▌s.m. **2** Língua desse e de outros países.

inglório, ria ⟨in.gló.rio, ria⟩ adj. Que não possui glória.

inglúvio ⟨in.glú.vio⟩ s.m. Nas aves, prolongamento do esôfago onde o alimento amolece antes de ser ingerido. ☐ SIN. papo.

ingratidão ⟨in.gra.ti.dão⟩ (pl. *ingratidões*) s.f. **1** Condição ou estado de ingrato. **2** Ausência de gratidão ou de reconhecimento pela ajuda ou pelo auxílio prestados.

ingrato, ta ⟨in.gra.to, ta⟩ ▌adj. **1** Em relação a uma tarefa ou a um trabalho, que não correspondem à recompensa ou gratificação recebidas. ▌adj./s. **2** Que ou quem não agradece os benefícios recebidos ou não corresponde a eles. ☐ SIN. mal-agradecido.

ingrediente ⟨in.gre.di.en.te⟩ s.m. Substância que faz parte de um medicamento, de uma bebida, de uma comida ou de um composto qualquer: *Essa receita de bolo tem um ingrediente secreto.*

íngreme ⟨ín.gre.me⟩ adj.2g. Em relação a um terreno, que é muito inclinado.

ingressar ⟨in.gres.sar⟩ v.t.i. **1** Em relação a uma pessoa, entrar ou ser admitida [em um grupo ou em uma sociedade]: *ingressar em uma universidade.* **2** Em relação a uma pessoa, entrar [em um local]: *O enfermo ingressou no hospital com queimaduras leves.* ☐ GRAMÁTICA Usa-se a construção *ingressar EM um lugar*.

ingresso ⟨in.gres.so⟩ s.m. **1** Entrada ou admissão em um grupo ou em uma sociedade: *Seu ingresso na faculdade foi comemorado com entusiasmo.* **2** Bilhete que permite o acesso a um evento: *Comprou dois ingressos para o jogo de domingo.*

íngua ⟨ín.gua⟩ s.f. Inchaço ou protuberância na região da axila, do pescoço ou da virilha, causados pela inflamação de um gânglio.

inguinal ⟨in.gui.nal⟩ (pl. *inguinais*) adj.2g. Da virilha ou relacionado a esta parte do corpo humano.

ingurgitar ⟨in.gur.gi.tar⟩ ▌v.t.d./v.int./v.prnl. **1** Obstruir(-se) ou entupir(-se): *ingurgitar uma veia.* ▌v.t.d. **2** Aceitar ou tolerar: *Ninguém consegue ingurgitar tal ofensa.*

inhaca ⟨i.nha.ca⟩ s.f. *informal* Mau cheiro exalado por uma pessoa ou por um animal. ☐ ORIGEM É uma palavra de origem tupi.

inhambu ⟨i.nham.bu⟩ s.m. Ave de médio porte semelhante a perdiz, com corpo robusto, cauda pequena e que habita florestas. ☐ SIN. nambu. ☐ ORIGEM É uma palavra de origem tupi. ☐ GRAMÁTICA É um substantivo epiceno: *o inhambu (macho/fêmea)*.

inhame ⟨i.nha.me⟩ s.m. **1** Planta herbácea com folhas grandes em formato de coração, flores pequenas, esverdeadas e dispostas em espiga, e cujo caule, espesso, arredondado, com riscos horizontais visíveis e de casca escura, é comestível. **2** Esse caule. ☐ ORIGEM É uma palavra de origem africana.

-inho, -inha 1 Sufixo que indica tamanho menor: *menininho, casinha*. **2** Sufixo que indica afetividade: *fininho, rapidinho*.

inibição ⟨i.ni.bi.ção⟩ (pl. *inibições*) s.f. **1** Ato ou efeito de inibir(-se): *Muitos projetos sociais promovem a inibição da violência. Sentia grande inibição ao falar em público*. **2** Em medicina, suspensão ou diminuição de um processo químico ou de uma função orgânica.

inibir ⟨i.ni.bir⟩ ▮ v.t.d. **1** Impedir ou interromper (uma ação ou um processo): *A chuva forte inibiu a realização do desfile*. ▮ v.t.d.i **2** Impedir (alguém) [de realizar uma ação ou um processo]: *Os radares inibem os motoristas de ultrapassarem a velocidade máxima permitida*. ▮ v.t.d./v.prnl. **3** Causar ou sentir timidez, ou intimidar(-se): *Sua presença me inibe*. ▮ v.t.d. **4** Em medicina, suspender ou diminuir (um processo químico ou uma função orgânica): *Este medicamento inibe algumas reações alérgicas*.

iniciação ⟨i.ni.ci.a.ção⟩ (pl. *iniciações*) s.f. **1** Ato ou efeito de iniciar(-se). **2** Primeiras noções que se adquirem em uma área do conhecimento. **3** Admissão ou entrada de uma pessoa nas práticas de algo, geralmente secreto.

iniciado, da ⟨i.ni.ci.a.do, da⟩ adj./s. Que ou quem foi admitido para participar de certas práticas ou tem conhecimento sobre elas, especialmente se forem secretas.

inicial ⟨i.ni.ci.al⟩ (pl. *iniciais*) ▮ adj.2g. **1** Da origem ou do começo de algo. ▮ s.f. **2** Letra com a qual se inicia uma palavra.

iniciante ⟨i.ni.ci.an.te⟩ adj.2g./s.2g. Que ou quem se inicia em uma profissão ou em uma atividade. ☐ SIN. principiante.

iniciar ⟨i.ni.ci.ar⟩ ▮ v.t.d. **1** Dar início a. ☐ SIN. começar. ▮ v.int./v.prnl. **2** Ter início: *A partida se iniciou após o apito do árbitro*. ☐ SIN. começar. ▮ v.t.d./v.t.d.i./v.prnl. **3** Instruir(-se) ou orientar(-se) (alguém) [em seus primeiros conhecimentos sobre algo]: *Seu tio o iniciou na música quando ainda era criança*. ☐ GRAMÁTICA Na acepção 3, como transitivo direto e indireto e como pronominal, usa-se a construção *iniciar(-se)* EM *algo*.

iniciativa ⟨i.ni.ci.a.ti.va⟩ s.f. Ideia ou atitude a partir das quais algo se inicia. ‖ **tomar a iniciativa** Antecipar-se ou agir antes que os demais na realização de algo: *Ela tomou a iniciativa de ajudar aquela instituição*.

início ⟨i.ní.cio⟩ s.m. Princípio ou começo de algo.

inigualável ⟨i.ni.gua.lá.vel⟩ (pl. *inigualáveis*) adj.2g. Que não pode ser igualado.

iniludível ⟨i.ni.lu.dí.vel⟩ (pl. *iniludíveis*) adj.2g. Que não pode ser iludido nem enganado.

inimaginável ⟨i.ni.ma.gi.ná.vel⟩ (pl. *inimagináveis*) adj.2g. Impossível de imaginar.

inimigo, ga ⟨i.ni.mi.go, ga⟩ ▮ adj./s. **1** Em relação a uma pessoa, que tem ódio a outra e empenha-se em lhe causar danos. ▮ s. **2** Adversário militar, político ou religioso: *O inimigo atacou durante a noite*. **3** Pessoa que sente aversão a algo ou alguém. **4** Aquilo que se opõe a algo ou que o atrapalha.

inofensivo

inimitável ⟨i.ni.mi.tá.vel⟩ (pl. *inimitáveis*) adj.2g. Que não pode ser imitado.

inimizade ⟨i.ni.mi.za.de⟩ s.f. Aversão ou ódio entre duas ou mais pessoas.

ininteligível ⟨i.nin.te.li.gí.vel⟩ (pl. *ininteligíveis*) adj.2g. Impossível de entender ou de interpretar.

ininterrupto, ta ⟨i.nin.ter.rup.to, ta⟩ adj. Contínuo ou que não tem interrupções.

iníquo, qua ⟨i.ní.quo, qua⟩ adj. **1** Injusto ou desigual. **2** Perverso ou cruel.

injeção ⟨in.je.ção⟩ (pl. *injeções*) s.f. **1** Aplicação de uma substância em um corpo ou em uma cavidade, geralmente com uma seringa. **2** Substância que se injeta. **3** Acontecimento que serve de estímulo.

injetar ⟨in.je.tar⟩ ▮ v.t.d./v.t.d.i. **1** Aplicar (uma substância) [em um corpo ou em uma cavidade], geralmente com uma seringa: *Precisa injetar insulina todas as manhãs*. ▮ v.t.d.i. **2** Aplicar ou investir (uma quantia de dinheiro) [em uma atividade ou em um setor]: *O Governo injetou uma grande quantia de dinheiro em obras de infraestrutura*.

injetável ⟨in.je.tá.vel⟩ (pl. *injetáveis*) adj.2g. Em relação a uma substância, que foi preparada para poder ser aplicada em um corpo ou em uma cavidade por injeção.

injetor, -a ⟨in.je.tor, to.ra⟩ (Pron. [injetôr], [injetôra]) adj./s. Que ou quem injeta.

injunção ⟨in.jun.ção⟩ (pl. *injunções*) s.f. **1** Ordem precisa e formal. **2** Imposição social ou pelas circunstâncias.

injúria ⟨in.jú.ria⟩ s.f. Ofensa dirigida a uma pessoa para atingir sua honra.

injuriar ⟨in.ju.ri.ar⟩ ▮ v.t.d. **1** Insultar ou ofender com palavras ou ações: *Tentou injuriá-la com acusações sem fundamento*. **2** Danificar ou prejudicar: *A falsa notícia tinha a intenção de injuriar sua reputação*. ▮ v.prnl. **3** *informal* Ficar bravo ou irritado: *Injuriou-se com tantas injustiças*.

injustiça ⟨in.jus.ti.ça⟩ s.f. Falta de justiça: *A injustiça social é um dos problemas mais graves de nosso país*.

injustificável ⟨in.jus.ti.fi.cá.vel⟩ (pl. *injustificáveis*) adj.2g. Que não pode ser justificado.

injusto, ta ⟨in.jus.to, ta⟩ adj./s. Que ou quem não é justo.

in memoriam *(expressão latina)* (Pron. [in memóriam]) Em memória ou em lembrança de: *Escreveu um poema in memoriam do amigo desaparecido*.

-ino, -ina 1 Sufixo que indica tamanho menor: *pequenino*. **2** Sufixo que indica origem ou pátria: *alexandrino, marroquina*. **3** Sufixo que indica relação ou semelhança: *feminino, cristalina*. **4** Sufixo que indica agente: *bailarino, dançarina*.

inobservância ⟨i.nob.ser.vân.cia⟩ s.f. Ausência de observância ou não cumprimento de uma regra.

inocência ⟨i.no.cên.cia⟩ s.f. **1** Qualidade de inocente. **2** Falta de culpa.

inocentar ⟨i.no.cen.tar⟩ v.t.d./v.prnl. **1** Isentar(-se) de culpa: *Todas as provas o inocentavam*. **2** Declarar(-se) inocente: *O juiz inocentou o réu*.

inocente ⟨i.no.cen.te⟩ ▮ adj.2g. **1** Que não prejudica por não ter malícia. ▮ adj.2g./s.2g. **2** Que ou quem não tem culpa nem pecado. **3** Ingênuo ou sem malícia.

inocular ⟨i.no.cu.lar⟩ v.t.d. **1** Injetar ou introduzir em um organismo (uma substância): *inocular uma vacina; inocular um vírus*. **2** Transmitir ou propagar (uma ideia ou um sentimento): *As palavras do técnico inocularam um sentimento de vitória*.

inócuo, cua ⟨i.nó.cuo, cua⟩ adj. Que não causa dano.

inodoro, ra ⟨i.no.do.ro, ra⟩ adj. Que não tem cheiro.

inofensivo, va ⟨i.no.fen.si.vo, va⟩ adj. Que não pode prejudicar nem causar males.

inolvidável

inolvidável ‹i.nol.vi.dá.vel› (pl. *inolvidáveis*) adj.2g. *formal* Inesquecível.

inominável ‹i.no.mi.ná.vel› (pl. *inomináveis*) adj.2g. **1** Que não pode ser nomeado. **2** *pejorativo* Que é vil ou revoltante: *um crime inominável*.

inoperante ‹i.no.pe.ran.te› adj.2g. Que não funciona nem serve para o fim a que se destina.

inopinado, da ‹i.no.pi.na.do, da› adj. Que não é esperado nem previsto.

inoportuno, na ‹i.no.por.tu.no, na› adj. Que não é oportuno. ☐ ORTOGRAFIA Escreve-se também *importuno*.

inorgânico, ca ‹i.nor.gâ.ni.co, ca› adj. **1** Que não tem vida. **2** Em química, em relação a um composto de origem mineral, que não é orgânico ou que não tem o carbono como elemento fundamental em sua composição.

inóspito, ta ‹i.nós.pi.to, ta› adj. Em relação a um lugar, que não é habitável.

inovação ‹i.no.va.ção› (pl. *inovações*) s.f. Ato ou efeito de inovar.

inovador, -a ‹i.no.va.dor, do, ra› adj./s. Que ou quem inova ou que implica em inovação.

inovar ‹i.no.var› ▌v.t.d. **1** Introduzir mudanças ou novidades em (uma área ou assunto): *Esse diretor inovou o cinema nacional.* ▌v.int. **2** Introduzir mudanças ou novidades: *A professora de Ciências inovou ao montar um aquário com os alunos.*

inoxidável ‹i.no.xi.dá.vel› (Pron. [inocsidável]) (pl. *inoxidáveis*) adj.2g. Que não se oxida.

input *(palavra inglesa)* (Pron. [inpút]) s.m. **1** Em informática, processo de introdução de dados a partir de um periférico. **2** Em economia, produto, elemento ou fator produtivo usados em um determinado processo de produção.

inqualificável ‹in.qua.li.fi.cá.vel› (pl. *inqualificáveis*) adj.2g. **1** Que não pode ser qualificado. **2** Em relação a um comportamento, que se considera desprezível ou inadmissível.

inquebrantável ‹in.que.bran.tá.vel› (pl. *inquebrantáveis*) adj.2g. Que não se pode quebrantar.

inquérito ‹in.qué.ri.to› s.m. Junção de dados obtidos por meio de uma investigação sobre um tema determinado, geralmente para formar uma opinião sobre ele.

inquestionável ‹in.ques.ti.o.ná.vel› (pl. *inquestionáveis*) adj.2g. Que não pode ser questionado nem discutido.

inquietação ‹in.qui.e.ta.ção› (pl. *inquietações*) s.f. Falta de sossego ou de tranquilidade. ☐ SIN. desassossego, inquietude.

inquietante ‹in.qui.e.tan.te› adj.2g. Que causa inquietação.

inquietar ‹in.qui.e.tar› v.t.d./v.prnl. Fazer perder ou perder o sossego ou a tranquilidade: *A notícia inquietou os moradores da região.* ☐ SIN. desassossegar, desinquietar.

inquieto, ta ‹in.qui.e.to, ta› adj. **1** Que não consegue ficar quieto. ☐ SIN. irrequieto. **2** Agitado ou sem sossego: *A proximidade das provas a deixou inquieta.* ☐ SIN. irrequieto.

inquietude ‹in.qui.e.tu.de› s.f. Falta de sossego ou de tranquilidade. ☐ SIN. desassossego, inquietação.

inquilinato ‹in.qui.li.na.to› s.m. **1** Direitos e deveres de quem é inquilino. **2** Conjunto de inquilinos.

inquilino, na ‹in.qui.li.no, na› s. Pessoa que aluga um imóvel ou parte dele.

inquirir ‹in.qui.rir› ▌v.t.d. **1** Questionar ou interrogar (alguém) para obter uma informação. ▌v.t.d.i. **2** Tentar obter (uma informação) [de alguém]: *O delegado inquiriu do suspeito informações sobre o dia do assassinato.*

inquisição ‹in.qui.si.ção› (pl. *inquisições*) s.f. **1** Ato ou efeito de inquirir. **2** Na Idade Média, prática instaurada pela Igreja Católica que visava investigar e combater a heresia ou os crimes contra a fé. **3** Período em que essa prática se desenvolveu. ☐ ORIGEM É uma palavra que faz referência às instituições dedicadas à supressão da heresia dentro da Igreja Católica.

inquisidor, -a ‹in.qui.si.dor, do.ra› (Pron. [inquisidôr], [inquisidôra]) ▌adj./s. **1** Que ou quem questiona ou averigua para obter informação, especialmente se for de forma impositiva ou sob pressão. ▌s.m. **2** Antigamente, no Tribunal da Santa Inquisição (instituição eclesiástica que perseguia aqueles que eram considerados hereges), juiz que instruía e julgava os processos de heresia, preparava as torturas e pregava a fé católica.

inquisitivo, va ‹in.qui.si.ti.vo, va› adj. Que questiona ou averigua, especialmente de forma impositiva ou pressão: *um olhar inquisitivo.*

inquisitorial ‹in.qui.si.to.ri.al› (pl. *inquisitoriais*) adj.2g. **1** Do inquisidor ou da Inquisição (antiga instituição eclesiástica que perseguia a heresia) ou relacionado a eles. **2** Em relação a uma investigação, que tem características semelhantes às do tribunal da Inquisição, como a rigidez e a agressividade.

insaciável ‹in.sa.ci.á.vel› (pl. *insaciáveis*) adj.2g. Impossível de ser saciado ou satisfeito.

insalubre ‹in.sa.lu.bre› adj.2g. Prejudicial à saúde.

insanável ‹in.sa.ná.vel› (pl. *insanáveis*) adj.2g. Que não se pode sanar nem superar.

insânia ‹in.sâ.nia› s.f. Perturbação das faculdades mentais. ☐ SIN. insanidade, loucura.

insanidade ‹in.sa.ni.da.de› s.f. Perturbação das faculdades mentais. ☐ SIN. insânia, loucura.

insano, na ‹in.sa.no, na› adj./s. **1** Que ou quem não é são. **2** Que ou quem não é sensato. **3** Árduo, custoso ou excessivo: *um trabalho insano.*

insatisfação ‹in.sa.tis.fa.ção› (pl. *insatisfações*) s.f. Falta de satisfação ou descontentamento.

insatisfatório, ria ‹in.sa.tis.fa.tó.rio› adj. Que não é satisfatório ou que não atende às expectativas.

insatisfeito, ta ‹in.sa.tis.fei.to, ta› adj. Que não está satisfeito ou que não está descontente.

inscrever ‹ins.cre.ver› ▌v.t.d./v.t.d.i./v.prnl. **1** Incluir(-se) [em uma lista ou em um grupo com objetivo determinado]: *Vou me inscrever em um curso de alemão.* ▌v.t.d./v.t.d.i. **2** Gravar (uma imagem ou palavras) [em metal, pedra ou outro material]: *Inscreveram o nome da família na lápide.* ▌v.prnl. **3** Ficar gravado ou ser incluído: *O nome de Tiradentes inscreveu-se nas páginas da nossa história.*

inscrição ‹ins.cri.ção› (pl. *inscrições*) s.f. **1** Inclusão em uma lista ou em um grupo com objetivo determinado. **2** Gravação em metal, pedra ou outro material.

insegurança ‹in.se.gu.ran.ça› s.f. Condição ou estado de inseguro.

inseguro, ra ‹in.se.gu.ro, ra› adj./s. Que ou quem não tem segurança.

inseminação ‹in.se.mi.na.ção› (pl. *inseminações*) s.f. **1** Na cavidade uterina, introdução do esperma. **2** Chegada do esperma ao órgão reprodutor feminino. ‖ **inseminação artificial** Procedimento laboratorial de manipulação para provocar a união de uma célula sexual feminina com uma masculina.

inseminar ‹in.se.mi.nar› v.t.d. Em biologia, introduzir o esperma por meios artificiais em (o órgão reprodutor feminino). ☐ USO É diferente de *disseminar* (espalhar ou estender algo que está junto a várias partes ou direções; tornar conhecido).

insensatez ‹in.sen.sa.tez› (Pron. [insensatêz]) s.f. **1** Condição de insensato. **2** Aquilo que é dito ou feito de forma insensata: *Foi uma insensatez investir neste negócio.*

insensato, ta ⟨in.sen.sa.to, ta⟩ adj. Que não é sensato ou que não está em seu juízo normal.

insensibilidade ⟨in.sen.si.bi.li.da.de⟩ s.f. Condição de insensível.

insensibilizar ⟨in.sen.si.bi.li.zar⟩ v.t.d./v.prnl. Fazer perder ou perder a sensibilidade: *O gelo insensibilizou a perna dolorida.*

insensível ⟨in.sen.sí.vel⟩ (pl. *insensíveis*) ▌ adj.2g. **1** Que não tem sensibilidade física. ▌ adj.2g./s. **2** Que ou quem não é sensível ou que é frio.

inseparável ⟨in.se.pa.rá.vel⟩ (pl. *inseparáveis*) adj.2g. **1** Impossível de separar. **2** Que está ligado a alguém por uma relação ou por um sentimento, especialmente se forem de amor ou de amizade.

insepulto, ta ⟨in.se.pul.to, ta⟩ adj. Em relação a um cadáver, que não está sepultado.

inserção ⟨in.ser.são⟩ (pl. *inserções*) s.f. Ato ou efeito de inserir(-se).

inserir ⟨in.se.rir⟩ ▌ v.t.d.i. **1** Incluir ou acrescentar (uma coisa) [em outra]: *O programador inseriu todos os dados na tabela.* ▌ v.prnl. **2** Introduzir-se ou fixar-se: *O costume de comer pizza se inseriu no Brasil por influência das colônias italianas.* ❏ GRAMÁTICA É um verbo irregular →SERVIR.

inseticida ⟨in.se.ti.ci.da⟩ adj.2g./s.m. Em relação a uma substância, que mata insetos.

insetívoro, ra ⟨in.se.tí.vo.ro, ra⟩ ▌ adj./s. **1** Em relação a um ser vivo, que se alimenta de insetos. ▌ adj./s.m. **2** Em relação a um mamífero, que tem como dieta preferencial os insetos: *O tamanduá-bandeira é um animal insetívoro.* ▌ s.m.pl. **3** Em zoologia, ordem desses mamíferos.

inseto ⟨in.se.to⟩ ▌ adj./s.m. **1** Em relação a um animal artrópode, que tem o corpo dividido em cabeça, tórax e abdome, que é dotado de duas antenas, seis patas e duas ou quatro asas, e cuja respiração é feita por traqueias: *O besouro e a abelha são insetos.* ▌ s.m.pl. **2** Em zoologia, classe desses artrópodes, pertencente ao reino dos metazoários. [◉ insetos p. 456]

insídia ⟨in.sí.dia⟩ s.f. Aquilo que é dito ou feito com intenção de prejudicar.

insidioso, sa ⟨in.si.di.o.so, sa⟩ (Pron. [insidiôso], [insidiósa], [insidiósos], [insidiósas]) adj. Prejudicial ou malicioso, apesar de parecer inofensivo.

insigne ⟨in.sig.ne⟩ adj.2g. Que é célebre ou muito conhecido.

insígnia ⟨in.síg.nia⟩ s.f. Símbolo ou imagem que distinguem algo, especialmente uma categoria ou um cargo.

insignificância ⟨in.sig.ni.fi.cân.cia⟩ s.f. Condição de insignificante.

insignificante ⟨in.sig.ni.fi.can.te⟩ adj.2g. Que tem pouco valor, pouca importância ou pouca relevância.

insinuação ⟨in.si.nu.a.ção⟩ (pl. *insinuações*) s.f. **1** Ato ou efeito de insinuar(-se). **2** Algo que se dá a entender de maneira sutil ou pouco explícita: *Deixe de insinuações e me diga tudo de forma clara.* **3** Demonstração sinuosa da vontade de seduzir ou conquistar alguém, especialmente se for com intenções amorosas.

insinuante ⟨in.si.nu.an.te⟩ adj.2g. Que se insinua para despertar interesse.

insinuar ⟨in.si.nu.ar⟩ ▌ v.t.d./v.t.d.i. **1** Indicar ou dar indícios de (algo) [a alguém] de forma sutil: *Insinuaram que eu não tinha qualificações para o cargo.* ▌ v.prnl. **2** Introduzir-se gradativamente: *A dúvida insinuou-se em sua mente.* **3** *informal* Mostrar de forma indireta a vontade de estabelecer um envolvimento amoroso.

insípido, da ⟨in.sí.pi.do, da⟩ adj. **1** Sem sabor ou com pouco sabor. **2** Desanimado ou sem graça.

insipiência ⟨in.si.pi.ên.cia⟩ s.f. Condição de insípido.

insipiente ⟨in.si.pi.en.te⟩ adj.2g. *formal* Que não é sábio ou que não é ajuizado. ❏ ORTOGRAFIA É diferente de *incipiente*.

insistência ⟨in.sis.tên.cia⟩ s.f. Ato ou efeito de insistir.

insistente ⟨in.sis.ten.te⟩ adj.2g. Que insiste.

insistir ⟨in.sis.tir⟩ ▌ v.t.i./v.int. **1** Fazer um pedido [a alguém] repetidas vezes ou persistir em uma ação: *Elas insistiram para que eu fosse à festa.* ▌ v.t.i. **2** Mostrar constância ou persistência [na realização de algo ou naquilo que se quer]: *Ela insistiu em manter sua opinião.* ❏ GRAMÁTICA Na acepção 2, usa-se a construção *insistir EM algo.*

insociável ⟨in.so.ci.á.vel⟩ (pl. *insociáveis*) adj.2g. Que evita o convívio ou o relacionamento com as pessoas.

insofismável ⟨in.so.fis.má.vel⟩ (pl. *insofismáveis*) adj.2g. Que não admite contestação a favor de algo falso ou que tente persuadir sobre ele.

insofrido, da ⟨in.so.fri.do, da⟩ adj. **1** Que não sofre. **2** Que não suporta sofrer ou que não tem paciência para isso.

insolação ⟨in.so.la.ção⟩ (pl. *insolações*) s.f. Mal-estar ou enfermidade causados por exposição prolongada ao sol.

insolência ⟨in.so.lên.cia⟩ s.f. **1** Condição de insolente. **2** Aquilo que é dito ou feito de forma ofensiva: *O aluno foi repreendido por tratar o professor com insolência.*

insolente ⟨in.so.len.te⟩ adj.2g./s.2g. Que ou quem ofende ou incomoda pelo desrespeito ou pelo atrevimento. ❏ SIN. desaforado.

insólito, ta ⟨in.só.li.to, ta⟩ adj. Pouco frequente, raro ou incomum.

insolúvel ⟨in.so.lú.vel⟩ (pl. *insolúveis*) adj.2g. **1** Que não pode ser dissolvido nem diluído. **2** Impossível de solucionar.

insolvência ⟨in.sol.vên.cia⟩ s.f. Situação devedora em que se encontra a pessoa que não tem meios de saldar sua dívida.

insolvente ⟨in.sol.ven.te⟩ adj.2g./s.2g. Que ou quem não pode arcar com o pagamento de uma dívida.

insondável ⟨in.son.dá.vel⟩ (pl. *insondáveis*) adj.2g. Impossível de examinar ou de compreender completamente.

insone ⟨in.so.ne⟩ (Pron. [insône]) adj.2g./s.2g. Sem sono ou sem dormir.

insônia ⟨in.sô.nia⟩ s.f. Dificuldade para dormir.

insopitável ⟨in.so.pi.tá.vel⟩ (pl. *insopitáveis*) adj.2g. Que não pode ser controlado nem acalmado.

insosso, sa ⟨in.sos.so, sa⟩ (Pron. [insôsso]) adj. **1** Em relação a um alimento, com pouco ou nenhum sal. **2** Em relação a um alimento, com pouco ou nenhum sabor.

inspeção ⟨ins.pe.ção⟩ (pl. *inspeções*) s.f. Ato ou efeito de inspecionar. ❏ SIN. vistoria.

inspecionar ⟨ins.pe.ci.o.nar⟩ v.t.d. **1** Examinar com atenção ou de maneira minuciosa (um lugar ou um objeto): *Os bombeiros inspecionaram o local em busca de sobreviventes.* ❏ SIN. vistoriar. **2** Observar cuidadosamente (alguém): *Ela o inspecionou o tempo todo durante a reunião.*

inspetor, -a ⟨ins.pe.tor, to.ra⟩ (Pron. [inspetôr], [inspetôra]) s. Pessoa legalmente autorizada a examinar e a vistoriar as atividades realizadas dentro da sua área de atuação.

inspetoria ⟨ins.pe.to.ri.a⟩ s.f. **1** Cargo de inspetor. **2** Comissão responsável por fazer inspeção.

inspiração ⟨ins.pi.ra.ção⟩ (pl. *inspirações*) s.f. **1** Ato ou efeito de inspirar. **2** Aquilo que estimula a criação artística: *A natureza sempre foi uma fonte de inspiração em sua obra artística.*

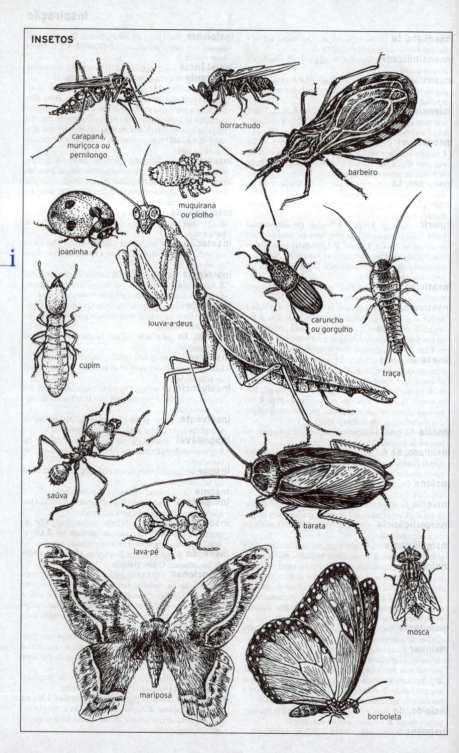

inspirar ⟨ins.pi.rar⟩ ▌v.t.d./v.int. **1** Introduzir (ar, especialmente) nos pulmões ou aspirar: *Precisou inspirar profundamente para recuperar o fôlego.* ▌v.t.d./v.t.d.i. **2** Causar (um sentimento) [a alguém]: *Seu sofrimento me inspira solidariedade.* ▌v.t.d./v.prnl. **3** Estimular(-se) ou buscar inspiração para a criação artística.

instabilidade ⟨ins.ta.bi.li.da.de⟩ s.f. Falta de estabilidade, de constância ou de equilíbrio.

instalação ⟨ins.ta.la.ção⟩ (pl. *instalações*) s.f. **1** Ato ou efeito de instalar. **2** Conjunto daquilo que é instalado: *A instalação hidráulica da casa é muito antiga.*

instalar ⟨ins.ta.lar⟩ ▌v.t.d. **1** Colocar em funcionamento: *Já instalaram o chuveiro?* ▌v.t.d./v.prnl. **2** Colocar(-se) ou acomodar(-se) em um lugar [alguém]: *Instalaram os desabrigados em escolas e ginásios.* ▌v.t.d. **3** Colocar (em um local) os equipamentos e os serviços necessários para sua utilização: *Instalaram uma sala de ginástica no último andar do prédio.* ▌v.t.d./v.t.d.i./v.prnl. **4** Estabelecer(-se) ou instituir(-se) (algo) [em algo ou alguém]: *Será instalada uma comissão de obras no condomínio. O terremoto instalou o pânico na população.*

instância ⟨ins.tân.cia⟩ s.f. **1** Âmbito próprio de uma atividade: *Em cada uma das instâncias, foram realizados procedimentos diferentes.* **2** Cada um dos graus judiciais estabelecidos por lei para examinar e sentenciar juízos e pleitos: *O processo penal foi realizado em duas instâncias.* ▌ **em última instância** Como último recurso ou de forma definitiva: *Em última instância, peça ajuda à diretora.*

instantâneo, nea ⟨ins.tan.tâ.neo, nea⟩ adj. **1** Que produz ou que se prepara rapidamente ou no mesmo instante. **2** Que é rápido ou que tem pouca duração.

instante ⟨ins.tan.te⟩ s.m. **1** Período de tempo muito curto: *O jantar ficará pronto num instante.* ☐ SIN. átimo, momento. **2** Momento determinado: *Ela chegou no instante em que começou a chover.*

instar ⟨ins.tar⟩ v.t.d./v.t.i./v.t.d.i./v.int. Pedir (algo) com insistência [a alguém] ou persistir em uma solicitação: *Instavam para que o orçamento fosse votado ainda naquele dia.*

instaurar ⟨ins.tau.rar⟩ v.t.d. Estabelecer, criar ou instituir (uma lei, um costume ou um regime político): *A ditadura foi instaurada no Brasil em 1964.*

instável ⟨ins.tá.vel⟩ (pl. *instáveis*) adj.2g. Que não tem estabilidade, constância nem equilíbrio.

instigar ⟨ins.ti.gar⟩ v.t.d./v.t.d.i. Incitar ou induzir (alguém) [a realizar uma ação, especialmente se for negativa]: *Eles o instigaram a reagir às provocações.* ☐ ORTOGRAFIA Antes de e, o g muda para gu →CHEGAR.

instilar ⟨ins.ti.lar⟩ ▌v.t.d. **1** Pingar ou aplicar gota a gota (um líquido) [em um organismo ou em um recipiente]: *O oftalmologista instilou colírio nos olhos do paciente.* ▌v.t.d.i./v.prnl. **2** Despertar, provocar ou penetrar de forma imperceptível (um sentimento ou uma ideia) [em alguém].

instintivo, va ⟨ins.tin.ti.vo, va⟩ adj. Que se faz por instinto ou sem intervenção aparente da razão.

instinto ⟨ins.tin.to⟩ s.m. **1** Em um animal ou em uma pessoa, conduta inata e hereditária que gera um comportamento padrão específico, necessário à sobrevivência e comum a todos os indivíduos de uma mesma espécie: *Os passarinhos constroem ninhos por instinto.* **2** Impulso irracional e interno que gera uma ação ou um sentimento inconscientes: *o instinto materno.*

institucional ⟨ins.ti.tu.ci.o.nal⟩ (pl. *institucionais*) adj.2g. De uma instituição, relacionado a ela ou com características que lhe são próprias.

instituição ⟨ins.ti.tu.i.ção⟩ (pl. *instituições*) s.f. **1** Ato ou efeito de instituir: *A instituição desse prêmio literário foi de grande importância.* **2** Organização pública ou privada que atende aos interesses sociais e coletivos: *Meu pai trabalha em uma instituição de ajuda a crianças carentes.* **3** Em um estado, uma nação ou uma sociedade, organização ou estrutura sociais baseadas em suas leis fundamentais ou em seus costumes: *Os cidadãos recorrem às instituições para defender seus direitos.*

instituir ⟨ins.ti.tu.ir⟩ v.t.d. **1** Estabelecer ou criar (um cargo, uma lei ou um costume): *A governadora instituiu um programa de acesso aos portadores de deficiência física.* **2** Nomear ou declarar: *Ele o instituirá seu herdeiro.* ☐ ORTOGRAFIA Usa-se *i* em vez do e comum na conjugação do presente do indicativo e do imperativo afirmativo →ATRIBUIR.

instituto ⟨ins.ti.tu.to⟩ s.m. Organização científica, beneficente, social ou cultural: *um instituto de apoio à infância.*

instrução ⟨ins.tru.ção⟩ (pl. *instruções*) s.f. **1** Ato ou efeito de instruir(-se): *Ela é responsável pela instrução dos novos funcionários.* **2** Indicação ou regra para um determinado fim: *um manual de instruções.* **3** Ensino formal: *Qual é seu grau de instrução?* **4** Conjunto de conhecimentos adquiridos: *Sua excelente instrução ajudou-o na vida profissional.*

instruir ⟨ins.tru.ir⟩ ▌v.t.d./v.int./v.prnl. **1** Proporcionar conhecimentos teóricos e práticos a (alguém) ou transmitir(-se) uma técnica ou um saber: *A televisão, além de divertir, deve instruir.* ▌v.t.d.i./v.prnl. **2** Informar(-se) ou dar instruções de (algo) [a alguém]: *Pode me instruir sobre o uso deste aparelho?* ▌v.t.d. **3** Realizar as atuações necessárias e comprovar as informações destinadas a provar os fatos alegados em (um processo ou uma petição). ☐ ORTOGRAFIA Usa-se *i* em vez do e e comum na conjugação do presente do indicativo e do imperativo afirmativo →ATRIBUIR.

instrumentador, -a ⟨ins.tru.men.ta.dor, do.ra⟩ (Pron. [instrumentadôr], [instrumentadôra]) s. **1** Pessoa que se dedica a auxiliar um cirurgião durante uma operação. **2** Em música, pessoa que escolhe os instrumentos usados em uma peça.

instrumental ⟨ins.tru.men.tal⟩ (pl. *instrumentais*) ▌adj.2g. **1** De um instrumento, geralmente o musical, ou relacionado a ele: *uma música instrumental.* **2** Que serve como instrumento: *O curso dá um enfoque instrumental ao ensino de línguas.* ▌s.m. **3** Conjunto de instrumentos destinados a um determinado fim: *O instrumental cirúrgico foi devidamente esterilizado.*

instrumentista ⟨ins.tru.men.tis.ta⟩ s.2g. **1** Músico que toca um instrumento. **2** Pessoa que compõe música instrumental.

instrumento ⟨ins.tru.men.to⟩ s.m. **1** Objeto adequado geralmente para a realização de tarefas manuais técnicas ou delicadas: *O bisturi é um instrumento cirúrgico.* **2** Aquilo que serve como meio para alcançar um fim: *A greve foi o instrumento para o reajuste salarial.* **3** Objeto adequado para produzir sons musicais. **4** Ato escrito para autenticar ou exigir um ato jurídico. ▌ **instrumento de corda** Aquele que soa ao se dedilhar, bater, pinçar ou tanger suas cordas. ▌ **instrumento de percussão** Aquele que soa ao ser percutido, geralmente com o uso de badalos, de baquetas, de varetas ou das mãos. ▌ **instrumento de sopro** Aquele que soa quando é colocado em vibração pelo ar soprado em seu interior.

instrutivo, va ⟨ins.tru.ti.vo, va⟩ adj. Que instrui ou que serve para ensinar.

instrutor

instrutor, -a ⟨ins.tru.tor, to.ra⟩ (Pron. [instrutôr], [instrutôra]) adj./s. Que ou quem se dedica ao ensino de alguma atividade, geralmente esportiva ou militar.

insubordinado, da ⟨in.su.bor.di.na.do, da⟩ adj./s. Que ou quem não obedece devidamente aos seus superiores.

insubordinar ⟨in.su.bor.di.nar⟩ v.t.d./v.prnl. Revoltar(-se) ou rebelar(-se).

insubstituível ⟨in.subs.ti.tu.í.vel⟩ (pl. *insubstituíveis*) adj.2g. Impossível de substituir, geralmente devido ao seu valor ou à sua importância.

insucesso ⟨in.su.ces.so⟩ s.m. Aquilo que é desastroso ou mal-sucedido. □ SIN. fiasco, fracasso.

insuficiência ⟨in.su.fi.ci.ên.cia⟩ s.f. 1 Condição de insuficiente. 2 Em medicina, incapacidade de um órgão para realizar adequadamente suas funções.

insuficiente ⟨in.su.fi.ci.en.te⟩ adj.2g. Que não é suficiente.

insuflador, -a ⟨in.su.fla.dor, do.ra⟩ (Pron. [insufladôr], [insufladôra]) ▌adj. 1 Que insufla. ▌s.m. 2 Em alguns instrumentos musicais, aparelho usado para insuflar.

insuflar ⟨in.su.flar⟩ v.t.d./v.t.d.i. 1 Introduzir ou injetar (um gás, um líquido ou um pó) [em um lugar] por meio de sopro: *insuflar gás em um balão*. 2 Produzir ou transmitir (um sentimento ou um estímulo) [a alguém]: *Suas palavras nos insuflaram ânimo para seguir adiante*.

insular ⟨in.su.lar⟩ adj.2g./s.2g. De uma ilha ou relacionado a ela. □ SIN. ilhéu.

insulina ⟨in.su.li.na⟩ s.f. 1 Hormônio produzido pelo pâncreas e responsável por regular a quantidade de açúcar no sangue. 2 Medicamento preparado com esse hormônio e muito utilizado no tratamento contra a diabetes.

insultar ⟨in.sul.tar⟩ v.t.d. Ofender, especialmente com palavras agressivas.

insulto ⟨in.sul.to⟩ s.m. Ofensa, especialmente se for com palavras agressivas.

insumo ⟨in.su.mo⟩ s.m. Em economia, bem usado para a produção de outro bem: *O governo pretende taxar alguns insumos, como a borracha usada na produção de pneus*.

insuperável ⟨in.su.pe.rá.vel⟩ (pl. *insuperáveis*) adj.2g. Impossível de superar, geralmente pela dificuldade.

insuportável ⟨in.su.por.tá.vel⟩ (pl. *insuportáveis*) adj.2g. Impossível de suportar.

insurgir ⟨in.sur.gir⟩ v.t.d./v.prnl. Sublevar(-se) ou rebelar(-se) contra (um poder estabelecido ou uma autoridade): *O povo insurgiu-se contra a tirania*. □ ORTOGRAFIA Antes de *a* ou *o*, o *g* muda para *j* →FUGIR.

insurreição ⟨in.sur.rei.ção⟩ (pl. *insurreições*) s.f. Ato ou efeito de insurgir(-se).

insuspeitável ⟨in.sus.pei.tá.vel⟩ (pl. *insuspeitáveis*) adj.2g. Impossível de suspeitar.

insuspeito, ta ⟨in.sus.pei.to, ta⟩ adj. 1 Que não é suspeito. 2 Que não é passível de suspeita ou que é confiável.

intacto, ta ⟨in.tac.to, ta⟩ adj. 1 Que não foi tocado. 2 Que não foi alterado ou danificado: *Mesmo depois de anos de uso, o motor do carro segue intacto*. □ ORTOGRAFIA Escreve-se também *intato*.

intangível ⟨in.tan.gí.vel⟩ (pl. *intangíveis*) adj.2g. Que não se pode tocar.

intato, ta ⟨in.ta.to, ta⟩ adj. →**intacto, ta**

íntegra ⟨ín.te.gra⟩ s.f. 1 Totalidade ou o todo: *Quero saber a íntegra dos fatos*. 2 Texto completo, especialmente se for de leis: *Ouviram atentos a leitura da íntegra*. ‖ **na íntegra** Totalmente ou sem omissões: *Ela explicou o ocorrido na íntegra*.

integração ⟨in.te.gra.ção⟩ (pl. *integrações*) s.f. Ato ou efeito de integrar(-se).

integral ⟨in.te.gral⟩ (pl. *integrais*) adj.2g. 1 Completo, inteiro ou total. 2 Em relação a um alimento, que é feito com farinha rica em cereais com casca: *pão integral*.

integrante ⟨in.te.gran.te⟩ adj.2g./s.2g. Que ou quem integra algo ou o constitui.

integrar ⟨in.te.grar⟩ ▌v.t.d./v.prnl. 1 Formar ou compor (um todo ou um conjunto) ou incorporar-se: *Onze jogadores integram um time titular de futebol*. ▌v.t.d.i./v.prnl. 2 Adaptar(-se) ou incorporar(-se) (alguém) [a um todo]: *É necessário integrar os portadores de deficiência ao mercado de trabalho*.

integridade ⟨in.te.gri.da.de⟩ s.f. 1 Condição ou estado do que é inteiro. □ SIN. inteireza. 2 Conservação ou falta de alteração de algo, especialmente se for material. □ SIN. inteireza. 3 Honestidade e retidão na forma de agir. □ SIN. inteireza.

integrismo ⟨in.te.gris.mo⟩ s.m. Tendência a defender e seguir rigorosamente a tradição, opondo-se a qualquer mudança, especialmente se for no âmbito religioso. □ SIN. fundamentalismo.

integrista ⟨in.te.gris.ta⟩ adj. Do integrismo ou relacionado a ele. □ SIN. fundamentalista.

íntegro, gra ⟨ín.te.gro, gra⟩ adj. 1 Inteiro ou com todas as suas partes. 2 Honrado e honesto na forma de agir.

inteira ⟨in.tei.ra⟩ s.f. Valor integral de um ingresso.

inteirar ⟨in.tei.rar⟩ ▌v.t.d. 1 Completar ou preencher: *Inteiramos a quantia para comprar o livro*. ▌v.t.d.i./v.prnl. 2 Informar(-se) ou tornar(-se) ciente (alguém) [de algo]: *Inteirou-se das últimas notícias pelo jornal*. □ GRAMÁTICA Na acepção 2, usa-se a construção *inteirar(-se) de algo*.

inteireza ⟨in.tei.re.za⟩ (Pron. [inteirêza]) s.f. 1 Condição ou estado do que é inteiro. □ SIN. integridade. 2 Conservação ou falta de alteração de algo, especialmente se for material. □ SIN. integridade. 3 Honestidade e retidão na forma de agir. □ SIN. integridade.

inteiriço, ça ⟨in.tei.ri.ço, ça⟩ adj. De uma só peça.

inteiro, ra ⟨in.tei.ro, ra⟩ ▌adj. 1 Completo ou em toda a extensão: *Trabalhou o dia inteiro*. 2 Com todas as partes e sem que falte nenhum pedaço ou elemento: *Comeu o bolo inteiro*. 3 Que está em perfeito estado: *Mesmo depois de tanto uso, o brinquedo continuava inteiro*. 4 Sem restrição nem limites: *Ele é uma pessoa de minha inteira confiança*. ▌s.m. 5 →**número inteiro**

intelectivo, va ⟨in.te.lec.ti.vo, va⟩ adj. Do intelecto ou relacionado a essa faculdade humana. □ SIN. intelectual.

intelecto ⟨in.te.lec.to⟩ s.m. Capacidade humana de entender, refletir e raciocinar.

intelectual ⟨in.te.lec.tu.al⟩ (pl. *intelectuais*) ▌adj.2g. 1 Do intelecto ou relacionado a essa faculdade humana. □ SIN. intelectivo. ▌adj.2g./s.2g. 2 Que ou quem se dedica ao estudo ou às atividades que requerem o uso prioritário da inteligência.

intelectualidade ⟨in.te.lec.tu.a.li.da.de⟩ s.f. 1 Faculdade humana de compreender, de conhecer e de raciocinar. 2 Conjunto dos intelectuais de determinado meio.

intelectualismo ⟨in.te.lec.tu.a.lis.mo⟩ s.m. Em filosofia, predominância das funções intelectuais, às quais se subordinam as demais funções, como a afetividade e a vontade.

intelectualizar ⟨in.te.lec.tu.a.li.zar⟩ ▌v.t.d./v.prnl. 1 Dar ou adquirir características intelectuais. ▌v.t.d. 2 Interpretar ou analisar de um ponto de vista predominantemente racional.

inteligência ⟨in.te.li.gên.cia⟩ s.f. 1 Faculdade de compreender, de conhecer e de raciocinar: *A inteligência torna o homem superior aos outros animais*. 2 Habilidade ou eficiência: *Administra seu dinheiro com muita* *inteligência.* ‖ **inteligência artificial** Aplicação de métodos matemáticos para a criação de sistemas de informática que imitam o raciocínio lógico humano. ‖ **inteligência emocional** Estabilidade interna de uma pessoa, que lhe permite aceitar os problemas e solucioná-los com serenidade.

inteligente ⟨in.te.li.gen.te⟩ adj.2g. **1** Que é dotado da faculdade da inteligência: *O ser humano é um ser inteligente.* **2** Que possui ou manifesta muita inteligência, geralmente além dos demais: *uma ideia inteligente; um aluno inteligente.* **3** Que faz uso de alta tecnologia para seu funcionamento: *um semáforo inteligente.*

inteligível ⟨in.te.li.gí.vel⟩ (pl. *inteligíveis*) adj.2g. Que pode ser entendido.

intemperança ⟨in.tem.pe.ran.ça⟩ s.f. Falta de temperança ou de moderação.

intempérie ⟨in.tem.pé.rie⟩ s.f. Mau tempo.

intempestivo, va ⟨in.tem.pes.ti.vo, va⟩ adj. Que é inconveniente ou que não acontece no momento adequado.

intenção ⟨in.ten.ção⟩ (pl. *intenções*) s.f. Plano, ideia ou aquilo que se pensa em fazer. ‖ **segundas intenções** *informal* Ideia ou propósito ocultos, geralmente malévolos, e que aparentemente possuem outros objetivos.

intencional ⟨in.ten.ci.o.nal⟩ (pl. *intencionais*) adj.2g. Deliberado, premeditado ou feito de propósito.

intendência ⟨in.ten.dên.cia⟩ s.f. **1** Nas Forças Armadas, corpo encarregado do abastecimento das tropas e dos serviços de administração e de ordenação de pagamentos. **2** Direção, controle e administração de um serviço ou do abastecimento de um grupo. **3** Cargo de intendente. **4** Lugar em que um intendente trabalha.

intendente ⟨in.ten.den.te⟩ ▪ adj.2g./s.2g. **1** Que ou quem dirige ou administra algo. **2** Em relação a um profissional das Forças Armadas, que é chefe dos serviços de administração militar. ▪ s.m. **3** Antigamente, pessoa que exercia um cargo equivalente ao do atual prefeito.

intensidade ⟨in.ten.si.da.de⟩ s.f. **1** Energia ou força com que um acontecimento se manifesta ou uma ação se realiza: *A intensidade da chuva provocou pontos de alagamento na cidade.* **2** Em relação a um sentimento, veemência ou profundidade com que se manifesta: *É uma pessoa cheia de paixão, que vive as coisas com muita intensidade.*

intensificar ⟨in.ten.si.fi.car⟩ v.t.d./v.prnl. Tornar(-se) mais intensa (uma atividade): *Os bombeiros intensificaram as buscas.* ☐ ORTOGRAFIA Antes de e, o c muda para qu →BRINCAR.

intensivo, va ⟨in.ten.si.vo, va⟩ adj. **1** Que intensifica ou que faz adquirir maior intensidade. **2** Que se realiza de forma intensa ou em um espaço de tempo inferior ao normal: *um curso intensivo de férias.*

intenso, sa ⟨in.ten.so, sa⟩ adj. Com intensidade, energia ou força.

intentar ⟨in.ten.tar⟩ v.t.d. Planejar realizar (uma ação).

intento ⟨in.ten.to⟩ s.m. **1** Propósito ou intenção de realizar algo: *Estudou bastante com o intento de ser aprovado.* ☐ SIN. intuito. **2** Aquilo que se intenta: *Eles têm o mesmo intento:* preservar a natureza.

intentona ⟨in.ten.to.na⟩ (Pron. [intentôna]) s.f. **1** Tentativa que acarreta perigo ou imprudência, especialmente quando falha. **2** União ou aliança de várias pessoas para preparar uma ação contra algo, especialmente contra uma autoridade.

inter- →entre-

interação ⟨in.te.ra.ção⟩ (pl. *interações*) s.f. Ação ou influência recíprocas: *Um trabalho em equipe requer a interação de todos os participantes.*

interagir ⟨in.te.ra.gir⟩ ▪ v.t.i. **1** Estabelecer um relacionamento ou uma forma de interação [com algo ou alguém]: *Muitos pais interagem com os filhos dando atenção, proteção e carinho.* ▪ v.t.i./v.int. **2** Estabelecer contato ou diálogo [com alguém]: *Esse artista gosta de ver o público interagir com as suas obras.* ☐ ORTOGRAFIA Antes de a ou o, o g muda para j →FUGIR.

interativo, va ⟨in.te.ra.ti.vo, va⟩ adj. **1** Que pode se relacionar de forma recíproca com várias coisas que se complementam. **2** Em informática, em relação a um sistema ou a um programa, que permitem a troca ou o diálogo entre o equipamento e o usuário através do teclado ou do monitor.

intercalar ⟨in.ter.ca.lar⟩ v.t.d./v.t.d.i./v.prnl. Interpor(-se) (uma pessoa ou uma coisa) [entre outras]: *Formaram uma roda intercalando damas e cavalheiros. Para fazer lasanha, intercalou camadas de macarrão e recheio entre a massa.*

intercambiar ⟨in.ter.cam.bi.ar⟩ v.t.d./v.t.d.i. Cambiar ou trocar entre si (duas coisas) [com uma pessoa ou instituição].

intercâmbio ⟨in.ter.câm.bio⟩ s.m. **1** Troca mútua: *A reunião foi um bom momento para o intercâmbio de ideias.* **2** Relação recíproca entre órgãos, entidades ou países, especialmente no que diz respeito à prestação de serviços ou ao desenvolvimento de atividades culturais ou econômicas: *O intercâmbio cultural entre Brasil e Argentina foi um sucesso.*

interceder ⟨in.ter.ce.der⟩ v.t.i./v.int. Rogar, suplicar ou intervir [por algo ou alguém]: *Pediu para a irmã mais velha interceder.* ☐ GRAMÁTICA Usa-se a construção interceder POR (algo/alguém).

interceptar ⟨in.ter.cep.tar⟩ v.t.d. **1** Deter, destruir ou apoderar-se de (um objeto) antes que chegue a seu destino: *A polícia interceptou a carga clandestina.* **2** Interromper ou obstruir (um fluxo, uma ligação ou uma transmissão): *interceptar um fluxo de veículos.*

intercessão ⟨in.ter.ces.são⟩ (pl. *intercessões*) s.f. Intervenção em favor de alguém. ☐ ORTOGRAFIA É diferente de *interseção.*

intercessor, -a ⟨in.ter.ces.sor, so.ra⟩ (Pron. [intercessôr], [intercessôra]) adj./s. Que ou quem intercede ou medeia em favor de alguém.

intercontinental ⟨in.ter.con.ti.nen.tal⟩ (pl. *intercontinentais*) adj.2g. Entre dois ou mais continentes ou que os relaciona.

intercostal ⟨in.ter.cos.tal⟩ (pl. *intercostais*) adj.2g. Que está entre duas costelas.

intercurso ⟨in.ter.cur.so⟩ s.m. Comunicação ou relacionamento entre duas ou mais pessoas ou grupos.

interdição ⟨in.ter.di.ção⟩ (pl. *interdições*) s.f. **1** Ato ou efeito de interditar. **2** Proibição ou privação de algum direito, especialmente por ordem judicial.

interdigital ⟨in.ter.di.gi.tal⟩ (pl. *interdigitais*) adj.2g. Que está entre os dedos.

interditar ⟨in.ter.di.tar⟩ v.t.d. **1** Impedir o uso ou o funcionamento de (um lugar). **2** Proibir ou privar de algum direito, especialmente por ordem judicial: *A prefeitura interditou o restaurante por falta de higiene.*

interdito ⟨in.ter.di.to⟩ s.m. **1** Em direito, juízo breve e de trâmites simples em que se decide provisoriamente a posse de algo ou a reclamação de um dano iminente. **2** Em direito, pessoa que foi declarada pela Justiça como incapaz de exercer seus direitos civis por falta de discernimento para praticá-los.

interessado, da ⟨in.te.res.sa.do, da⟩ adj./s. **1** Que ou quem possui interesse o u o demonstra. **2** *pejorativo* Que ou quem age somente por interesse e buscando seu próprio benefício.

interessante

interessante ⟨in.te.res.san.te⟩ adj.2g. Que interessa ou que possui interesse.
interessar ⟨in.te.res.sar⟩ ▌v.t.d./v.t.i./v.int. **1** Despertar o interesse ou atrair a atenção [de alguém]: *A promoção da loja interessou muitas pessoas.* ▌v.t.i. **2** Importar ou ser relevante [a alguém]: *Fez um comentário que não interessava a nenhum dos presentes.* ▌v.prnl. **3** Demonstrar interesse ou inclinação: *Interessa-se por tudo que tem a ver com música.*
interesse ⟨in.te.res.se⟩ (Pron. [intêresse]) s.m. **1** Proveito ou vantagem que se podem obter em uma determinada situação: *Também é do nosso interesse esclarecer este mal-entendido.* **2** Valor ou importância dados a algo ou alguém: *Sua pesquisa é de grande interesse para a comunidade acadêmica.* **3** Inclinação, curiosidade ou afeição que se tem por algo: *Tem um grande interesse pelo balé clássico.* **4** Ambição ou desejo de obter algum tipo de vantagem pessoal: *Ele se fez nosso amigo por puro interesse.* **5** Lucro decorrente dos juros produzidos por empréstimos ou aplicações de uma determinada quantia.
interesseiro, ra ⟨in.te.res.sei.ro, ra⟩ adj./s. **1** *pejorativo* Que ou quem possui interesses ocultos. **2** *pejorativo* Que ou quem age somente por interesse e buscando seu próprio benefício.
interestadual ⟨in.te.res.ta.du.al⟩ (pl. *interestaduais*) adj.2g. Entre dois ou mais estados ou que os relaciona.
interestelar ⟨in.te.res.te.lar⟩ adj.2g. Em relação ao espaço, que está compreendido entre dois ou mais astros.
interface ⟨in.ter.fa.ce⟩ s.f. **1** Elemento ou dispositivo que servem de ligação ou permitem a comunicação entre dois sistemas distintos, especialmente entre pessoas e máquinas. **2** Área ou campo em que duas ou mais coisas interagem.
interferência ⟨in.ter.fe.rên.cia⟩ s.f. **1** Alteração do curso normal de algo em desenvolvimento ou em movimento pela colocação de um obstáculo. **2** Introdução de um sinal estranho na recepção de outro sinal ou perturbação resultante. **3** Em física, alteração no formato de uma onda, causada pela presença de outra que se soma à primeira.
interferir ⟨in.ter.fe.rir⟩ v.t.i. **1** Causar uma interferência [em algo]: *Os alimentos ingeridos interferiram no resultado do exame de sangue.* **2** Afetar ou intervir [em algo]: *Seus hábitos de lazer não interferem em seus estudos.* ▢ GRAMÁTICA 1. É um verbo irregular →SERVIR. 2. Usa-se a construção *interferir em algo*.
interfonar ⟨in.ter.fo.nar⟩ v.t.i./v.int. Comunicar-se usando um interfone [com alguém].
interfone ⟨in.ter.fo.ne⟩ s.m. Sistema telefônico utilizado para comunicações internas.
ínterim ⟨ín.te.rim⟩ (pl. *ínterins*) s.m. Intervalo de tempo decorrido entre dois fatos.
interino, na ⟨in.te.ri.no, na⟩ adj./s. Que ou quem substitui temporariamente alguém em uma função.
interior ⟨in.te.ri.or⟩ (Pron. [interiôr]) adj.2g. **1** Que se situa na parte de dentro de algo. ▢ SIN. interno. **2** Que se desenvolve na consciência ou é relacionado à alma de uma pessoa: *uma voz interior.* ▢ SIN. interno. **3** Que ocorre dentro de uma área geográfica ou de uma região determinadas: *O comércio interior de café sofreu uma queda em relação ao mês passado.* ▢ SIN. interno. ▌s.m. **4** Parte interna de algo, especialmente de um edifício ou de suas dependências: *O interior da casa foi pintado de azul.* **5** Mente, alma ou pensamentos íntimos de alguém: *Em seu interior, sei que é uma pessoa sensível.* **6** Em um lugar, especialmente em um país, parte interna que se opõe às regiões costeiras ou fronteiriças: *Viajamos para o interior para descansar.* ▌s.m.pl. **7** Em cinema, vídeo ou televisão, cenas que se rodam ou se gravam em um lugar fechado: *O dia foi reservado para a gravação de interiores.*
interiorano, na ⟨in.te.ri.o.ra.no, na⟩ adj./s. Que ou quem é do interior de um país.
interiorizar ⟨in.te.ri.o.ri.zar⟩ v.t.d. **1** Não manifestar (um sentimento): *De tão tímido, sempre interioriza suas emoções.* **2** Assimilar ou guardar na mente: *Repetiu a tabuada várias vezes para interiorizá-la.*
interjeição ⟨in.ter.jei.ção⟩ (pl. *interjeições*) s.f. Em linguística, palavra que equivale a uma oração completa e que, com uma entonação apropriada, expressa um estado de espírito ou chama a atenção do ouvinte: *Em um texto teatral, as interjeições são expostas de forma muito realista.*
interligar ⟨in.ter.li.gar⟩ v.t.d./v.prnl. Unir(-se) ou relacionar(-se) (duas ou mais coisas entre si): *A rodovia interliga a área industrial ao porto.* ▢ ORTOGRAFIA Antes de e, o *g* muda para *gu* →CHEGAR.
interlocução ⟨in.ter.lo.cu.ção⟩ (pl. *interlocuções*) s.f. Diálogo entre duas ou mais pessoas.
interlocutor, -a ⟨in.ter.lo.cu.tor, to.ra⟩ (Pron. [interlocutôr], [interlocutôra]) s. Cada uma das pessoas que participam de uma conversa.
intermediação ⟨in.ter.me.di.a.ção⟩ (pl. *intermediações*) s.f. Ato ou efeito de intermediar.
intermediar ⟨in.ter.me.di.ar⟩ v.t.d.i. Servir de intermediário ou de mediador em (um conflito) [entre duas ou mais partes em oposição]: *intermediar as relações entre trabalhadores e empresários.* ▢ SIN. mediar. ▢ GRAMÁTICA O *i* muda para *ei* quando a sílaba tônica estiver na raiz do verbo →MEDIAR.
intermediário, ria ⟨in.ter.me.di.á.rio, ria⟩ ▌adj. **1** Que está situado entre duas ou mais coisas ou entre os extremos de uma gradação. ▢ SIN. intermédio. ▌adj./s. **2** Que ou quem medeia entre duas ou mais partes em conflito para tentar fazer com que se reconciliem ou que cheguem a um acordo. **3** Que ou quem faz chegar as mercadorias do produtor até o consumidor em troca de um benefício.
intermédio, dia ⟨in.ter.mé.dio, dia⟩ ▌adj. **1** Que está situado entre duas ou mais coisas ou entre os extremos de uma gradação: *O cinza é uma cor intermédia entre o preto e o branco.* ▢ SIN. intermediário. ▌s.m. **2** Aquilo que está entre duas coisas ou dois espaços de tempo: *Haverá um lanche no intermédio das palestras.* **3** Mediação que possibilita alcançar algo, especialmente se for um acordo entre partes conflitantes: *A crise entre os dois países se resolveu por intermédio de seus diplomatas.*
interminável ⟨in.ter.mi.ná.vel⟩ (pl. *intermináveis*) adj.2g. Que não tem ou que parece não ter fim.
intermitência ⟨in.ter.mi.tên.cia⟩ s.f. Condição ou estado de intermitente.
intermitente ⟨in.ter.mi.ten.te⟩ adj.2g. Que se interrompe e prossegue, geralmente em intervalos regulares.
intermunicipal ⟨in.ter.mu.ni.ci.pal⟩ (pl. *intermunicipais*) adj.2g. Entre dois ou mais municípios ou que os relaciona.
internação ⟨in.ter.na.ção⟩ (pl. *internações*) s.f. Ato ou efeito de internar(-se): *Depois da última crise, optou-se pela internação do paciente.*
internacional ⟨in.ter.na.ci.o.nal⟩ (pl. *internacionais*) adj.2g. Entre duas ou mais nações, que as corresponde ou que as relaciona.
internacionalizar ⟨in.ter.na.ci.o.na.li.zar⟩ v.t.d./v.prnl. Tornar(-se) internacional, fazer afetar ou afetar várias nações: *Teme-se que o conflito armado se internacionalize.*
internar ⟨in.ter.nar⟩ ▌v.t.d./v.prnl. **1** Levar ou ir a uma instituição para que nela permaneça: *Internaram-no*

para que recebesse tratamento adequado. ▮ v.prnl. **2** Penetrar ou embrenhar-se em um lugar: *A expedição internou-se na mata logo que amanheceu.*

internato ⟨in.ter.na.to⟩ s.m. **1** Lugar em que residem pessoas internas, geralmente alunos. ☐ SIN. **pensionato**. **2** Estado ou regime seguidos por essas pessoas. **3** Conjunto de alunos internos. ☐ USO É diferente de *externato* (centro de formação e de instrução onde estudam alunos externos).

internauta ⟨in.ter.nau.ta⟩ s.2g. Pessoa que utiliza a internet.

internet ⟨in.ter.net⟩ s.f. Conjunto de redes de comunicação que pode ser acessado de um computador e que permite o intercâmbio de informações entre usuários. ☐ ORIGEM É um acrônimo que vem do inglês *International Network* (rede internacional). ☐ ORTOGRAFIA Pode ser usada com inicial maiúscula por ser também um nome próprio.

interno, na ⟨in.ter.no, na⟩ ▮ adj. **1** Que se situa na parte de dentro de algo: *O revestimento interno da frigideira é um material antiaderente.* ☐ SIN. **interior**. **2** Que se desenvolve na consciência ou é relacionado à alma de uma pessoa. ☐ SIN. **interior**. **3** Que ocorre dentro de uma área geográfica ou de uma região determinadas: *A oposição criticou a política interna do Governo.* ☐ SIN. **interior**. ▮ adj./s. **4** Que ou quem vive no lugar em que trabalha ou estuda. **5** Em relação a um estudante de Medicina, que realiza sua especialização ou complementa sua formação em um hospital, auxiliando no corpo de médicos residentes. ▮ s. **6** Pessoa que cumpre pena em uma cadeia penitenciária.

interpelar ⟨in.ter.pe.lar⟩ v.t.d. **1** Dirigir-se a (alguém) para fazer uma pergunta ou pedir uma explicação: *Para pedir a informação, interpelou um policial.* **2** Intimar a prestar um depoimento (alguém).

interplanetário, ria ⟨in.ter.pla.ne.tá.rio, ria⟩ adj. Entre dois ou mais planetas.

interpor ⟨in.ter.por⟩ ▮ v.prnl. **1** Colocar-se como mediador entre duas pessoas ou dois lados: *O advogado interpôs-se para mediar o processo de separação do casal.* ▮ v.t.d. **2** Em direito, formalizar (um recurso) por meio de um escrito que se apresenta perante um juiz. ▮ v.t.d.i./v.prnl. **3** Colocar(-se) (uma coisa ou uma pessoa) [entre duas outras]: *Um novo problema interpôs-se entre eles.* ☐ GRAMÁTICA É um verbo irregular →PÔR.

interposição ⟨in.ter.po.si.ção⟩ (pl. *interposições*) s.f. Ato ou efeito de interpor(-se).

interpretação ⟨in.ter.pre.ta.ção⟩ (pl. *interpretações*) s.f. **1** Ato ou efeito de interpretar: *O texto era tão ambíguo que permitia interpretações.* **2** Visão, conceito ou comentário pessoais a respeito de algo: *Aquelas pinturas escuras eram sua particular interpretação da guerra.* **3** Representação ou desempenho dramatúrgico de um ator. **4** Execução de uma composição musical ou de um baile.

interpretar ⟨in.ter.pre.tar⟩ v.t.d. **1** Explicar o significado de (algo) ou dar-lhe um sentido: *Interpretou minhas palavras erroneamente.* **2** Representar (um papel ou um texto dramático). **3** Executar (uma composição musical ou uma dança).

intérprete ⟨in.tér.pre.te⟩ s.2g. **1** Pessoa que se dedica à interpretação de textos, de papéis dramáticos ou de composições musicais, especialmente como profissão. **2** Pessoa capacitada para traduzir um determinado conteúdo de um idioma a outro, de forma oral e geralmente simultânea, especialmente como profissão.

interregno ⟨in.ter.reg.no⟩ s.m. Em um período monárquico, intervalo entre dois reinados em que o Estado não tem soberano.

interrogação ⟨in.ter.ro.ga.ção⟩ (pl. *interrogações*) s.f. **1** Ato ou efeito de interrogar(-se). ☐ SIN. **pergunta**. **2** →**ponto de interrogação**

interrogar ⟨in.ter.ro.gar⟩ v.t.d./v.t.d.i./v.prnl. Indagar(-se) ou fazer perguntas a (alguém) [sobre um determinado assunto]: *O inspetor interrogou a vítima.* ☐ ORTOGRAFIA Antes de *e*, o *g* muda para *gu* →CHEGAR.

interrogativo, va ⟨in.ter.ro.ga.ti.vo, va⟩ adj. Que implica, expressa ou permite formular uma interrogação.

interrogatório ⟨in.ter.ro.ga.tó.rio⟩ s.m. Ato ou efeito de interrogar: *um interrogatório policial.*

interromper ⟨in.ter.rom.per⟩ ▮ v.t.d. **1** Impedir ou suspender a continuação de (uma ação): *O acidente interrompeu o fluxo do trânsito.* ▮ v.t.d./v.t.d.i./v.int./v.prnl. **2** Cortar a fala de (alguém) [em um momento de produção] ou quebrar a continuação de uma ação: *Não interrompeu o palestrante por educação.*

interrupção ⟨in.ter.rup.ção⟩ (pl. *interrupções*) s.f. Ato ou efeito de interromper(-se).

interruptor, -a ⟨in.ter.rup.tor, to.ra⟩ (Pron. [interruptôr], [interruptôra]) ▮ adj. **1** Que interrompe. ▮ s.m. **2** Em um circuito, dispositivo que se utiliza para permitir ou impedir a passagem da corrente elétrica.

interseção ⟨in.ter.se.ção⟩ (pl. *interseções*) s.f. **1** Encontro de duas linhas, dois planos ou dois corpos que se cortam: *Um ponto é o lugar de interseção entre duas retas.* **2** Ponto ou lugar em que duas linhas, dois planos ou dois volumes se cruzam: *A interseção de duas superfícies é uma linha.* **3** Em matemática, conjunto formado pelos elementos comuns de dois ou mais conjuntos: *Entre o conjunto dos números pares e o de números naturais menores de 5, a interseção é o 2 e o 4.* ☐ ORTOGRAFIA **1.** É diferente de *intercessão*. **2.** Escreve-se também *intersecção*.

intersecção ⟨in.ter.sec.ção⟩ (pl. *intersecções*) s.f. →**interseção**

interstício ⟨in.ters.tí.cio⟩ s.m. Espaço pequeno entre dois corpos ou entre as partes de um mesmo corpo.

intertropical ⟨in.ter.tro.pi.cal⟩ (pl. *intertropicais*) adj.2g. Da região situada entre os dois trópicos ou relacionado a ela.

interurbano, na ⟨in.te.rur.ba.no, na⟩ adj. Entre duas ou mais cidades, ou entre dois ou mais bairros, que lhes corresponde ou que os relaciona.

intervalo ⟨in.ter.va.lo⟩ s.m. **1** Espaço de tempo ou distância que há entre dois momentos ou entre dois pontos. **2** Em música, diferença de altura entre dois sons ou duas notas.

intervenção ⟨in.ter.ven.ção⟩ (pl. *intervenções*) s.f. **1** Ato ou efeito de intervir: *Sua intervenção no congresso foi muito aplaudida.* **2** Operação cirúrgica: *Realizou uma intervenção para desobstruir a artéria.*

interventor, -a ⟨in.ter.ven.tor, to.ra⟩ (Pron. [interventôr], [interventôra]) adj. **1** Que ou quem intervém em um assunto por sua autoridade. **2** Que ou quem é escolhido pelo presidente da República para assumir um governo estadual durante um regime de intervenção.

intervir ⟨in.ter.vir⟩ v.t.i./v.int. **1** Participar ou interferir [em um assunto]: *Ela sempre intervém para proteger seus colegas.* **2** Interpor sua autoridade [em um assunto]: *A avó interveio na discussão entre os netos. Os policiais precisaram intervir para encerrar os conflitos.* ☐ GRAMÁTICA É um verbo irregular →VIR.

intervocálico, ca ⟨in.ter.vo.cá.li.co, ca⟩ adj. Que está entre duas vogais.

intestinal ⟨in.tes.ti.nal⟩ (pl. *intestinais*) adj.2g. Do intestino ou relacionado a ele.

intestino, na ⟨in.tes.ti.no, na⟩ ▮ adj. **1** Que está ou que se desenvolve no interior: *Lutas intestinas acabaram*

intimação

debilitando o partido. ▌s.m. **2** No sistema digestório de alguns animais, canal membranoso que vai desde o estômago até o ânus, no qual a digestão se completa e as substâncias úteis são absorvidas: *Colite é uma inflamação que afeta o intestino.* ‖ **intestino delgado** Em um mamífero, aquele que começa no estômago e termina no intestino grosso e em que se realiza a digestão intestinal e a absorção da maior parte das substâncias úteis. ‖ **intestino grosso** Em um mamífero, aquele que, tendo maior diâmetro que o intestino delgado, começa quando acaba este.

intimação ⟨in.ti.ma.cão⟩ (pl. *intimações*) s.f. **1** Ato ou efeito de intimar ou de ser intimado. **2** Aviso ou notificação de uma ação judicial ou de um processo administrativo: *Recebeu uma intimação para comparecer diante do tribunal.*

intimar ⟨in.ti.mar⟩ ▌v.t.d.i. **1** Ordenar (algo) de forma autoritária [a alguém] ou obrigar (alguém) [a fazer algo]: *Intimou-nos a sair imediatamente.* ▌v.t.d. **2** Notificar (uma pessoa ou entidade) de uma ação judicial ou de um processo administrativo: *Todos os acusados foram intimados.* ◻ USO É diferente de *intimidar* (deixar ou ficar tímido ou receoso).

intimidação ⟨in.ti.mi.da.ção⟩ (pl. *intimidações*) s.f. Ato ou efeito de intimidar(-se).

intimidade ⟨in.ti.mi.da.de⟩ ▌s.f. **1** Amizade íntima ou relação muito próxima com alguém: *Prefiro que você fale com ele, pois não temos muita intimidade.* **2** Vida íntima de uma pessoa: *Ao abrir minha correspondência, invadiu minha intimidade.* **3** Ambiente onde se encontra privacidade: *Na intimidade da noite, pediu-lhe em casamento.* ▌s.f.pl. **4** Assuntos ou sentimentos mais íntimos de uma pessoa: *No diário, ela registrava todas as suas intimidades.* **5** Em uma pessoa, órgãos sexuais externos.

intimidar ⟨in.ti.mi.dar⟩ v.t.d./v.int./v.prnl. Deixar ou ficar tímido ou receoso: *A presença de meus pais no auditório sempre me intimida.* ◻ USO É diferente de *intimar* (ordenar de forma autoritária; notificar de uma ação judicial).

íntimo, ma ⟨ín.ti.mo, ma⟩ adj. **1** Da intimidade ou relacionado a ela. **2** Profundo, interno ou reservado: *uma relação íntima.*

intimorato, ta ⟨in.ti.mo.ra.to, ta⟩ adj. Que é valente ou destemido.

intitular ⟨in.ti.tu.lar⟩ ▌v.t.d. **1** Dar um título a (uma obra, especialmente). ▌v.t.d./v.prnl. **2** Denominar(-se) ou chamar(-se) por um título: *Intitulou-se o novo líder da equipe.* ◻ GRAMÁTICA Na acepção 2, o objeto vem acompanhado de um complemento que o qualifica: *Intitulou-se o novo líder da equipe.*

intocável ⟨in.to.cá.vel⟩ (pl. *intocáveis*) adj.2g. **1** Que não se pode tocar. **2** Que é inatacável ou que não está sujeito a críticas.

intolerância ⟨in.to.le.rân.cia⟩ s.f. Condição de intolerante.

intolerante ⟨in.to.le.ran.te⟩ adj.2g./s.2g. Que ou quem não é tolerante.

intolerável ⟨in.to.le.rá.vel⟩ (pl. *intoleráveis*) adj.2g. Que não se pode tolerar.

intoxicação ⟨in.to.xi.ca.ção⟩ (Pron. [intocsicação]) (pl. *intoxicações*) s.f. Ato ou efeito de intoxicar(-se).

intoxicar ⟨in.to.xi.car⟩ (Pron. [intocsicar]) v.t.d./v.int./v.prnl. Administrar uma substância tóxica a (um ser vivo) ou envenenar(-se). ◻ ORTOGRAFIA Antes de e, o c muda para qu →BRINCAR.

intra- Prefixo que significa *dentro de* ou *no interior*: *intramuscular, intravenoso.*

intraduzível ⟨in.tra.du.zí.vel⟩ (pl. *intraduzíveis*) adj.2g. **1** Que não se pode traduzir de um idioma a outro. **2** Que não se pode ou não se consegue exprimir.

intragável ⟨in.tra.gá.vel⟩ (pl. *intragáveis*) ▌adj.2g. **1** *informal* Que não se pode tragar, aceitar nem tolerar. ▌adj.2g./s.2g. **2** *pejorativo* Que ou quem não é agradável ou bem visto.

intramuscular ⟨in.tra.mus.cu.lar⟩ adj.2g. Que se localiza, que se aplica ou que ocorre no interior de um tecido muscular.

intranet ⟨in.tra.net⟩ s.f. Rede informática dentro de uma mesma empresa ou instituição. ◻ ORIGEM É a forma reduzida da palavra inglesa *intranetwork* (rede interna de trabalho).

intranquilidade ⟨in.tran.qui.li.da.de⟩ (Pron. [intranqüilidade]) s.f. Inquietação ou falta de tranquilidade.

intranquilo, la ⟨in.tran.qui.lo, la⟩ (Pron. [intranqüilo]) adj. Que não tem tranquilidade.

intransferível ⟨in.trans.fe.rí.vel⟩ (pl. *intransferíveis*) adj.2g. Que não pode ser transferido nem transportado.

intransigência ⟨in.tran.si.gên.cia⟩ s.f. Falta de transigência, de tolerância ou de aceitação.

intransigente ⟨in.tran.si.gen.te⟩ adj.2g./s.2g. Que ou quem não aceita ou não cede em sua postura nem em sua atitude. ◻ SIN. sectário.

intransitável ⟨in.tran.si.tá.vel⟩ (pl. *intransitáveis*) adj.2g. Em relação a um lugar, que não pode ser transitado nem percorrido.

intransitivo, va ⟨in.tran.si.ti.vo, va⟩ adj. Em linguística, em relação a um verbo, que se constrói sem complemento direto ou indireto.

intransponível ⟨in.trans.po.ní.vel⟩ (pl. *intransponíveis*) adj.2g. Que não pode ser transposto.

intratável ⟨in.tra.tá.vel⟩ (pl. *intratáveis*) adj.2g. **1** Que não pode ser tratado. **2** Que é difícil de se conviver ou de se relacionar.

intrauterino, na ⟨in.tra.u.te.ri.no, na⟩ (pl. *intrauterinos*) adj. Que se localiza, que se aplica ou que ocorre dentro do útero.

intravenoso, sa ⟨in.tra.ve.no.so, sa⟩ (Pron. [intravenôso], [intravenósa], [intravenósos], [intravenósas]) adj. Que se localiza, que se aplica ou que ocorre no interior de uma veia. ◻ SIN. endovenoso.

intrepidez ⟨in.tre.pi.dez⟩ s.f. Força ou ousadia para não se deter diante dos perigos ou diante das dificuldades. ◻ SIN. destemor.

intrépido, da ⟨in.tré.pi.do, da⟩ adj./s. Que ou quem não se detém diante do perigo ou diante das dificuldades. ◻ SIN. destemido.

intriga ⟨in.tri.ga⟩ s.f. Notícia ou comentário ditos em segredo e com os quais se pretende espalhar um boato a respeito de alguém ou gerar inimizade entre pessoas.

intrigante ⟨in.tri.gan.te⟩ ▌adj.2g. **1** Que provoca interesse ou curiosidade. ▌adj.2g./s.2g. **2** Que ou quem intriga ou causa inimizade ou hostilidade.

intrigar ⟨in.tri.gar⟩ ▌v.t.d. **1** Despertar o interesse ou atiçar a curiosidade de (alguém): *A trama do livro nos intrigou.* ▌v.prnl. **2** Ter o interesse ou a curiosidade despertados. ▌v.t.d. **3** Despertar inimizade ou hostilidade em (alguém): *Está sempre intrigando os colegas.* ▌v.t.d.i. **4** Despertar a inimizade ou hostilidade de (uma pessoa) [com outra]. ▌v.prnl. **5** Criar inimizade ou desentender-se com alguém: *Sem qualquer motivo, intrigou-se com ela.* ◻ ORTOGRAFIA Antes de e, o g muda para gu →CHEGAR.

intrincar ⟨in.trin.car⟩ v.t.d./v.prnl. Enredar(-se) ou tornar(-se) difícil e complicado: *O falatório intrincou a apresentação.* ◻ ORTOGRAFIA Antes de e, o c muda para qu →BRINCAR.

invectiva

intrínseco, ca ⟨in.trín.se.co, ca⟩ adj. Próprio e característico de algo por si mesmo e não por causas exteriores. ☐ USO É diferente de *extrínseco* (que não é próprio nem característico de algo, ou que é externo a ele).

intro- Prefixo que indica movimento para dentro: *introdução, introvertido*.

introdução ⟨in.tro.du.ção⟩ (pl. *introduções*) s.f. **1** Ato ou efeito de introduzir(-se). **2** Aquilo que serve de preparação, de explicação ou de início: *Na introdução da antologia, há referências bibliográficas do autor.*

introdutor,-a ⟨in.tro.du.tor, to.ra⟩ (Pron. [introdutôr], [introdutôra]) adj./s. Que ou quem introduz.

introduzir ⟨in.tro.du.zir⟩ ▌ v.t.d.i./v.prnl. **1** Meter(-se) ou colocar(-se) [em um lugar]: *introduzir um cartão na caixa eletrônica.* ▌ v.t.d./v.t.d.i./v.prnl. **2** Incorporar(-se) ou acompanhar (alguém) [a um ambiente ou grupo social]: *Os anfitriões introduziram os convidados na festa.* ▌ v.t.d./v.t.d.i. **3** Colocar em uso ou estabelecer (uma novidade) [em um grupo ou em um lugar]: *Introduziram um novo produto no catálogo da loja.* ☐ GRAMÁTICA É um verbo regular, mas perde o *e* final na terceira pessoa do singular do presente do indicativo →PRODUZIR.

introito ⟨in.troi.to⟩ (Pron. [intróito]) s.m. **1** Começo ou início. **2** Em uma missa católica, oração que a inicia.

intrometer-se ⟨in.tro.me.ter-se⟩ v.prnl. Tomar parte ou intervir em um assunto alheio sem motivo ou permissão para isso: *Ele nunca se intromete na vida dos outros.* ☐ GRAMÁTICA Usa-se a construção *intrometer-se* EM *algo*.

intrometido, da ⟨in.tro.me.ti.do, da⟩ adj./s. Que ou quem tende a se intrometer em assuntos alheios. ☐ SIN. abusado, enxerido.

intromissão ⟨in.tro.mis.são⟩ (pl. *intromissões*) s.f. Ato ou efeito de intrometer-se.

introspecção ⟨in.tros.pec.ção⟩ (pl. *introspecções*) s.f. Observação e análise íntima feitas por uma pessoa a respeito de seus próprios pensamentos, sentimentos e consciência.

introspectivo, va ⟨in.tros.pec.ti.vo, va⟩ adj./s. Da introspecção ou relacionado a ela.

introversão ⟨in.tro.ver.são⟩ (pl. *introversões*) s.f. Tendência a se concentrar no próprio mundo interior e a evitar exteriorizá-lo.

introvertido, da ⟨in.tro.ver.ti.do, da⟩ adj./s. Que ou quem tende a se concentrar em seu mundo interior e a evitar exteriorizá-lo.

intrujão ⟨in.tru.jão⟩ (pl. *intrujões*) adj./s.m. Que ou quem é impostor ou mentiroso. ☐ GRAMÁTICA Seu feminino é *intrujona*.

intrujar ⟨in.tru.jar⟩ v.t.d./v.int. Enganar (alguém) ou contar mentiras.

intrujona ⟨in.tru.jo.na⟩ (Pron. [intrujóna]) Feminino de *intrujão*.

intrusão ⟨in.tru.são⟩ (pl. *intrusões*) s.f. Ação de introduzir-se em uma situação ou em um lugar sem ter direito a isso.

intruso, sa ⟨in.tru.so, sa⟩ adj./s. Que ou quem se introduziu sem direito, sem autorização ou sem consentimento.

intuição ⟨in.tu.i.ção⟩ (pl. *intuições*) s.f. Capacidade para perceber ou compreender algo rapidamente, sem envolver o raciocínio: *Sua intuição lhe advertia que aquela situação era perigosa.*

intuir ⟨in.tu.ir⟩ v.t.d. Perceber ou compreender por meio da intuição: *Pelo comportamento dos pais, a garota intuiu que a mãe estava grávida.* ☐ ORTOGRAFIA Usa-se *i* em vez do *e* comum na conjugação do presente do indicativo e do imperativo afirmativo →ATRIBUIR.

intuitivo, va ⟨in.tu.i.ti.vo, va⟩ adj. Da intuição ou relacionado a ela.

intuito ⟨in.tui.to⟩ s.m. Propósito ou intenção de realizar algo. ☐ SIN. intento.

intumescer ⟨in.tu.mes.cer⟩ v.t.d./v.int./v.prnl. Inchar(-se) ou dilatar(-se): *Seu ventre intumesceu.* ☐ ORTOGRAFIA Antes de *a* ou *o*, o *c* muda para *ç* →CONHECER.

inumano, na ⟨i.nu.ma.no, na⟩ adj. Sem humanidade, muito duro, cruel ou insuportável.

inumar ⟨i.nu.mar⟩ v.t.d. Enterrar (um cadáver). ☐ USO É diferente de *exumar* (desenterrar um cadáver).

inumerável ⟨i.nu.me.rá.vel⟩ (pl. *inumeráveis*) adj.2g. **1** Impossível de contar ou de numerar. ☐ SIN. inúmero. **2** Abundante ou muito numeroso. ☐ SIN. inúmero.

inúmero, ra ⟨i.nú.me.ro, ra⟩ adj. **1** Impossível de contar ou de numerar. ☐ SIN. inumerável. **2** Abundante ou muito numeroso. ☐ SIN. inumerável.

inundação ⟨i.nun.da.ção⟩ (pl. *inundações*) s.f. Ato ou efeito de inundar(-se). ☐ SIN. alagamento.

inundar ⟨i.nun.dar⟩ ▌ v.t.d./v.t.d./v.int./v.prnl. **1** Cobrir(-se) com água: *A tempestade inundou as ruas.* ☐ SIN. alagar. ▌ v.int. **2** Transbordar ou verter líquido: *Esqueceram a torneira aberta e a pia inundou.* ▌ v.t.d./v.prnl. **3** Encher(-se) completamente: *Quando abriu a janela, a casa inundou-se de luz.*

inusitado, da ⟨i.nu.si.ta.do, da⟩ adj. Inesperado ou pouco habitual.

inútil ⟨i.nú.til⟩ (pl. *inúteis*) adj.2g./s.2g. Que ou quem não é útil ou não serve para aquilo a que está destinado.

inutilidade ⟨i.nu.ti.li.da.de⟩ s.f. Falta de utilidade.

inutilizar ⟨i.nu.ti.li.zar⟩ v.t.d./v.prnl. Danificar(-se) ou tornar(-se) inútil: *Os deslizamentos de terra inutilizaram diversas pontes.*

invadir ⟨in.va.dir⟩ v.t.d. **1** Ocupar (um lugar), especialmente pelo uso da força: *Renderam os seguranças e invadiram o banco.* **2** Transpor ou violar (um limite estabelecido): *Invadiram a intimidade da atriz tirando fotos não autorizadas.* **3** Dominar ou ocupar totalmente: *A internet invadiu o mundo nos anos 1990.*

invalidação ⟨in.va.li.da.ção⟩ (pl. *invalidações*) s.f. Ato ou efeito de invalidar.

invalidar ⟨in.va.li.dar⟩ v.t.d. Tirar a validade de (algo) ou anular(-se): *O descumprimento das regras invalidou o contrato.*

invalidez ⟨in.va.li.dez⟩ (Pron. [invalidêz]) s.f. Falta de capacidade de uma pessoa para realizar certas atividades, em decorrência de uma deficiência física ou psíquica.

inválido, da ⟨in.vá.li.do, da⟩ ▌ adj. **1** Que não possui validade. ▌ adj./s. **2** Que ou quem possui uma deficiência física ou psíquica que o impede de realizar certas atividades.

invariável ⟨in.va.ri.á.vel⟩ (pl. *invariáveis*) adj.2g. **1** Que não sofre variação. **2** Em morfologia, palavra que não se flexiona: *Conjunções e preposições são palavras invariáveis, pois não se alteram em número nem em gênero.*

invasão ⟨in.va.são⟩ (pl. *invasões*) s.f. **1** Ocupação de um lugar, especialmente pelo uso da força. **2** Transposição ou violação dos limites estabelecidos: *Abrir correspondências alheias é uma invasão de privacidade.* **3** Dominação ou ocupação totais: *A partir dos anos 1960, houve uma invasão de bandas estrangeiras no cenário musical nacional.*

invasor, -a ⟨in.va.sor, so.ra⟩ (Pron. [invasôr], [invasôra]) adj./s. Que ou quem invade um lugar por meio de força, ultrapassando seus limites ou chegando a ocupá-lo por completo.

invectiva ⟨in.vec.ti.va⟩ s.f. Texto ou discurso críticos e violentos contra algo ou alguém. ☐ USO É diferente de *inventiva* (talento ou capacidade de inventar ou criar algo).

invectivar

invectivar ⟨in.vec.ti.var⟩ v.t.d./v.t.i. Censurar (algo ou alguém) ou dirigir palavras críticas ou violentas [contra eles]: *O gerente invectivou o funcionário. Os deputados invectivaram contra a nova lei.* ☐ GRAMÁTICA Como verbo transitivo indireto, usa-se a construção *invectivar contra (algo/alguém)*.

inveja ⟨in.ve.ja⟩ s.f. **1** Sentimento de ódio e pesar que se tem diante do que é alheio: *Ficaram com inveja ao vê-la tão linda na festa.* **2** Desejo intenso de possuir algo que os demais possuem: *Sentiu inveja do brinquedo do primo e pediu um igual.*

invejar ⟨in.ve.jar⟩ v.t.d. **1** Ter ou sentir inveja de (alguém). **2** Desejar ou cobiçar (algo alheio): *Invejava a coleção de instrumentos daquele músico.*

invejável ⟨in.ve.já.vel⟩ (pl. *invejáveis*) adj.2g. Que se pode invejar ou desejar.

invejoso, sa ⟨in.ve.jo.so, sa⟩ (Pron. [invejôso], [invejósa], [invejôsos], [invejósas]) adj./s. Que ou quem tem ou sente inveja.

invenção ⟨in.ven.ção⟩ (pl. *invenções*) s.f. **1** Ato ou efeito de inventar. **2** Aquilo que é criado ou descoberto por meio da imaginação, do raciocínio ou por casualidade: *O avião e o relógio de pulso são invenções de Santos-Dumont.* ☐ SIN. invento. **3** Aquilo que é falso e que é dito ou feito de forma astuciosa para enganar alguém: *Toda aquela história não passou de uma invenção.*

invencível ⟨in.ven.cí.vel⟩ (pl. *invencíveis*) adj.2g. Que não pode ser vencido.

invendável ⟨in.ven.dá.vel⟩ (pl. *invendáveis*) adj.2g. Que não pode ser vendido ou que não se vende com facilidade e rapidez. ☐ USO É diferente de *invendível* (que não pode ou que não deve ser vendido).

invendível ⟨in.ven.dí.vel⟩ (pl. *invendíveis*) adj.2g. Que não pode ou que não deve ser vendido. ☐ USO É diferente de *invendável* (que não pode ser vendido ou que não se vende com facilidade e rapidez).

inventar ⟨in.ven.tar⟩ v.t.d. **1** Criar ou descobrir por meio da imaginação, do raciocínio ou por casualidade (algo novo ou desconhecido): *Acredita-se que a roda foi inventada há mais de três mil anos.* **2** Dizer ou fazer de forma astuciosa para enganar alguém: *Inventou uma desculpa para se safar da acusação.*

inventariar ⟨in.ven.ta.ri.ar⟩ v.t.d. **1** Colocar em um inventário (um bem material): *Antes de se casar, teve que inventariar todos os seus bens.* **2** Catalogar ou listar (algo material): *O bibliotecário inventariou o acervo.* **3** Descrever ou enumerar em detalhes: *O paciente inventariou os sintomas da doença ao médico.*

inventário ⟨in.ven.tá.rio⟩ s.m. Relação detalhada do conjunto de bens pertencentes a uma pessoa ou a uma organização: *No inventário consta todo o patrimônio da empresa.*

inventiva ⟨in.ven.ti.va⟩ s.f. Talento ou capacidade de inventar ou criar algo. ☐ USO É diferente de *invectiva* (texto ou discurso críticos e violentos contra algo ou alguém).

inventivo, va ⟨in.ven.ti.vo, va⟩ adj. Que é capaz de inventar ou criar coisas.

invento ⟨in.ven.to⟩ s.m. Aquilo que é criado ou descoberto por meio da imaginação, do raciocínio ou por casualidade. ☐ SIN. invenção.

inventor, -a ⟨in.ven.tor, to.ra⟩ (Pron. [inventôr], [inventôra]) adj./s. Que ou quem inventa ou se dedica a inventar.

invernal ⟨in.ver.nal⟩ (pl. *invernais*) adj.2g. Do inverno ou relacionado a ele. ☐ SIN. hibernal.

inverno ⟨in.ver.no⟩ s.m. Estação do ano entre o outono e a primavera que começa no dia entre 21 de junho e termina no dia 23 de setembro. ☐ USO No hemisfério Norte, ocorre aproximadamente entre 21 de dezembro e 21 de março.

invernoso, sa ⟨in.ver.no.so, sa⟩ (Pron. [invernôso], [invernósa], [invernôsos], [invernósas]) adj. Do inverno ou relacionado a ele.

inverossímil ⟨in.ve.ros.sí.mil⟩ (pl. *inverossímeis*) adj.2g./ s.m. Que não é verossímil ou que não pareça verdade. ☐ GRAMÁTICA Seu superlativo é *inverossimílimo*.

inverossimílimo, ma ⟨in.ve.ros.si.mí.li.mo, ma⟩ Superlativo irregular de **inverossímil**.

inversão ⟨in.ver.são⟩ (pl. *inversões*) s.f. Alteração da ordem ou do sentido de algo. ‖ **inversão térmica** Fenômeno meteorológico que ocorre durante todo o ano e que se caracteriza por uma mudança brusca na temperatura.

inverso, sa ⟨in.ver.so, sa⟩ adj./s.m. Que tem a ordem, a direção ou o sentido alterados ou contrários.

invertebrado, da ⟨in.ver.te.bra.do, da⟩ ▌ adj./s.m. **1** Em relação a um animal, que não possui coluna vertebral. ▌ s.m.pl. **2** Grupo ao qual esses animais pertencem: *A minhoca é um invertebrado.*

inverter ⟨in.ver.ter⟩ v.t.d./v.prnl. Alterar(-se) (a ordem ou o sentido de algo): *Na multiplicação, inverter a ordem dos fatores não altera o produto.*

invés ⟨in.vés⟩ s.m. Lado oposto, contrário ou avesso. ‖ **ao invés** Ao contrário: *Ao invés de economizar, gastou todo o dinheiro em uma viagem de férias.*

investida ⟨in.ves.ti.da⟩ s.f. **1** Ataque intenso ou violento. **2** *informal* Abordagem amorosa.

investidura ⟨in.ves.ti.du.ra⟩ s.f. **1** Ato ou efeito de dar posse a alguém em determinado cargo. **2** Cerimônia na qual essa posse é realizada.

investigação ⟨in.ves.ti.ga.ção⟩ (pl. *investigações*) s.f. **1** Ato ou efeito de investigar. **2** Pesquisa de um objeto de estudo com o fim de esclarecer ou de descobrir certas questões: *Está realizando um trabalho de investigação sobre plantas aquáticas.*

investigador, -a ⟨in.ves.ti.ga.dor, do.ra⟩ (Pron. [investigadôr], [investigadôra]) adj./s. Que ou quem investiga.

investigar ⟨in.ves.ti.gar⟩ v.t.d. **1** Fazer o necessário para descobrir ou esclarecer (algo desconhecido). **2** Pesquisar (um objeto de estudo) com o fim de descobrir ou de esclarecer certas questões: *Os arqueólogos investigaram os fósseis encontrados naquela região.* ☐ ORTOGRAFIA Antes de e, o g muda para gu →CHEGAR.

investimento ⟨in.ves.ti.men.to⟩ s.m. Emprego de uma quantia de dinheiro com a intenção de obter benefícios: *Seu investimento em ações tem lhe rendido bons lucros.*

investir ⟨in.ves.tir⟩ ▌ v.t.i./v.int./v.prnl. **1** Atacar (algo ou alguém), lançar-se [contra eles] ou acometer, especialmente com ímpeto ou violência: *O touro investiu contra o peão.* ▌ v.t.d.i. **2** Promover a posse de (alguém) [em um cargo importante]: *Investiram-no do cargo de ministro.* ▌ v.t.i./v.t.d.i. **3** Empregar (uma quantia de dinheiro) [em algo], com a intenção de obter benefícios: *Investiu todas as suas economias na abertura de um restaurante.* **4** Ocupar (um período de tempo) [com algo]: *Investiu dois anos em um curso de pós-graduação.* ☐ GRAMÁTICA 1. É um verbo irregular →SERVIR. 2. Na acepção 1, usa-se a construção *investir contra (algo/alguém)*.

inveterado, da ⟨in.ve.te.ra.do, da⟩ adj. Muito antigo ou arraigado.

inviável ⟨in.vi.á.vel⟩ (pl. *inviáveis*) adj.2g. Que não tem possibilidades de ser realizado.

invicto, ta ⟨in.vic.to, ta⟩ adj. Que não foi vencido ou que não pode ser vencido.

ínvio, via ⟨ín.vio, via⟩ adj. Em relação a um lugar, que não possui caminho ou que é intransitável.

inviolável ⟨in.vi.o.lá.vel⟩ (pl. *invioláveis*) adj.2g. Que não se deve ou que não se pode violar.

invisível ⟨in.vi.sí.vel⟩ (pl. *invisíveis*) adj.2g. Que não pode ser visto.

in vitro *(expressão latina)* (Pron. [in vítro]) **1** Em um tubo de ensaio, e não por procedimentos naturais: *A fecundação* in vitro *permite a união do óvulo e do espermatozoide em laboratório, fora do organismo humano.* **2** →{fecundação/fertilização} *in vitro*

invocação ⟨in.vo.ca.ção⟩ (pl. *invocações*) s.f. Ato ou efeito de invocar.

invocar ⟨in.vo.car⟩ ▌ v.t.d. **1** Chamar, pedir ou dirigir-se com súplica a (uma divindade): *Invocou o seu anjo da guarda para pedir proteção.* **2** Recorrer a (um fato ou uma autoridade) para amparar-se ou respaldar-se: *Invocou seus anos de matrimônio para solicitar compreensão.* ▌ v.t.i. **3** *informal* Implicar ou antipatizar [com alguém]. ▢ ORTOGRAFIA Antes de *e*, o *c* muda para *qu* →BRINCAR.

invólucro ⟨in.vó.lu.cro⟩ s.m. Aquilo que envolve ou que cobre algo exteriormente. ▢ SIN. envoltório.

involuntário, ria ⟨in.vo.lun.tá.rio, ria⟩ adj. Que ocorre independentemente da vontade.

invulgar ⟨in.vul.gar⟩ adj.2g. Que não é comum ou que se destaca pela originalidade. ▢ SIN. incomum.

invulnerável ⟨in.vul.ne.rá.vel⟩ (pl. *invulneráveis*) adj.2g./ s.2g. Que ou quem não pode ser ferido ou afetado por algo.

-io Sufixo que indica conjunto: *mulherio, casario*.

-io, -ia Sufixo que indica estado ou relação: *escorregadio, sombria*.

iodo ⟨i.o.do⟩ (Pron. [iôdo]) s.m. Elemento químico da família dos não metais, de número atômico 53, sólido, de cor cinza escura e de estrutura laminar. ▢ ORTOGRAFIA Seu símbolo químico é *I*, em letra maiúscula.

ioga ⟨i.o.ga⟩ (Pron. [ióga] ou [iôga]) s. **1** Conjunto de atividades físicas e mentais de origem indiana que têm como objetivo promover o autoconhecimento e alcançar a perfeição espiritual. **2** Prática derivada dessas atividades e que tem como objetivo atingir concentração e domínio corporal através de exercícios de postura e respiração. ▢ ORTOGRAFIA Escreve-se também *yoga*. ▢ GRAMÁTICA É uma palavra usada tanto como substantivo masculino quanto como substantivo feminino: *o ioga, a ioga*.

ioque ⟨i.o.gue⟩ ▌ adj.2g. **1** Da ioga ou relacionado a ela. ▌ s.2g. **2** Pessoa que pratica as atividades físicas e mentais da ioga.

iogurte ⟨i.o.gur.te⟩ s.m. Produto alimentício feito à base de leite coalhado. ▢ USO É inadequada a forma *iorgute, ainda que esteja difundida na linguagem coloquial.

ioiô ⟨io.iô⟩ s.m. **1** Brinquedo formado por dois discos unidos em um eixo central, o qual se prende a uma corda e se impulsiona para que suba e desça. **2** Tratamento dado pelos escravos aos brancos, especialmente aos seus senhores. ▢ GRAMÁTICA Na acepção 2, seu feminino é *iaiá*.

iole ⟨i.o.le⟩ s.f. Embarcação esportiva de pequeno porte, movida a remo.

íon ⟨í.on⟩ (pl. *iones* ou *íons*) s.m. Átomo que possui carga elétrica não nula resultante de uma diferença entre os números de prótons e elétrons que possui e que é geralmente resultante da decomposição de moléculas.

ionosfera ⟨i.o.nos.fe.ra⟩ s.f. Na atmosfera, região situada aproximadamente a partir dos cinquenta quilômetros de altitude e que se caracteriza pela abundância de íons devido à radiação solar.

ioruba ⟨i.o.ru.ba⟩ adj.2g./s.2g. →**iorubá** ▢ ORIGEM É uma palavra de origem africana.

iorubá ⟨i.o.ru.bá⟩ ▌ adj.2g./s.2g. **1** De um povo estabelecido em uma região do oeste africano ou relacionado a ele. ▌ s.m. **2** Língua falada por esse povo. ▢ ORIGEM É uma palavra de origem africana. ▢ ORTOGRAFIA Escreve-se também *ioruba*.

IP (pl. *IPs*) s.m. Em informática, protocolo que os computadores de rede utilizam para trocar informações na internet. ▢ ORIGEM É a sigla inglesa de *Internet Protocol* (protocolo de internet).

ipatinguense ⟨i.pa.tin.guen.se⟩ adj.2g./s.2g. De Ipatinga ou relacionado a essa cidade do estado brasileiro de Minas Gerais.

ipê ⟨i.pê⟩ s.m. Árvore de grande porte, de tronco com casca rugosa, madeira nobre, com flores tubulares, amarelas, rosa ou brancas, e cujo fruto é alongado e com muitas sementes.

iPod *(palavra inglesa)* (Pron. [aipód]) s.m. Aparelho portátil usado para armazenar e reproduzir música ou outro tipo de arquivo digital. ▢ ORIGEM É a extensão de uma marca comercial.

ipsílon ⟨ip.sí.lon⟩ (pl. *ipsílones* ou *ipsílons*) s.m. →**ípsilon**

ípsilon ⟨íp.si.lon⟩ (pl. *ípsilones* ou *ípsilons*) s.m. Nome da letra *y*. ▢ ORTOGRAFIA Escreve-se também *ipsílon*.

ir ▌ v.t.i./v.int./v.prnl. **1** Dirigir-se ou mover-se [a um lugar]: *Sempre vão à escola de ônibus.* ▌ v.int./v.prnl. **2** Deixar um lugar ou retirar-se. ▌ v.pred. **3** Estar ou passar {de determinada forma}: *Como vai você? Eu vou bem, obrigado.* **4** Desenvolver-se ou evoluir {em determinada atividade ou condição}: *Perguntou-me como estava indo no trabalho. Como vão os negócios?* ▌ v.t.i. **5** Frequentar ou comparecer [a um lugar]: *Vamos ao clube todos os domingos.* **6** Atingir ou chegar [a um ponto ou a um limite]: *A empresa foi à falência.* **7** Ser adequado [a alguém] ou harmonizar-se [com algo]: *Este vestido não vai com estes brincos.* **8** Concordar ou deixar-se levar [pela ideia de alguém]: *Na hora da votação, ela foi com a maioria.* ▌ v.t.i. **9** Simpatizar ou ter afinidade [com alguém]: *Foi com o professor desde a primeira aula.* **10** Em relação especialmente a um caminho, tomar uma direção ou levar [a um lugar determinado]: *Essa avenida vai ao centro da cidade.* **11** Em relação a um espaço ou a um período de tempo, estender-se [até um ponto determinado]: *Essa estrada vai até Belém.* **12** Vestir-se caracterizando-se [de um personagem]: *Ele foi de pierrô e eu, de colombina.* **13** Ser destinado ou concedido [a alguém]: *O prêmio foi para um jovem ator estrangeiro.* ▌ v.int./v.prnl. **14** *eufemismo* Morrer: *Por causa do câncer, ele foi antes da hora.* ▌ v.prnl. **15** Passar ou acabar: *As férias se foram rapidamente.* **16** Desaparecer ou apagar-se: *Com o tempo, as mágoas se foram.* ▢ GRAMÁTICA 1 É um verbo anômalo →IR. 2. Na acepção 9, usa-se a construção *ir* COM *{alguém}*; na acepção 13, usa-se a construção *ir* PARA *{algo/alguém}*. 3. Funciona como verbo auxiliar na construção *ir + verbo no infinitivo*, que indica: 1) que a ação expressa pelo infinitivo aconteceu: *Ontem eles foram visitar os avós*; 2) que a ação expressa pelo infinitivo começou e ainda não terminou: *Ela saiu, foi fazer compras.* 4. Funciona como verbo auxiliar na construção *ir + gerúndio*, que indica que a ação expressa por esse gerúndio está em desenvolvimento: *O tempo ia passando depressa.* ▢ USO Usa-se também como verbo auxiliar para formar tempo composto no futuro (*vou fazer = farei*).

ira ⟨i.ra⟩ s.f. Ódio ou sentimento de indignação violentos.

iracundo, da ⟨i.ra.cun.do, da⟩ adj./s. Inclinado à ira ou que está dominado por ela.

irado, da ⟨i.ra.do, da⟩ adj. **1** Com raiva, ódio ou tomado pela ira. **2** *informal* Muito bom.

irandubense

irandubense ⟨i.ran.du.ben.se⟩ adj.2g./s.2g. De Iranduba ou relacionado a essa cidade do estado brasileiro do Amazonas.

iraniano, na ⟨i.ra.ni.a.no, na⟩ adj./s. Do Irã ou relacionado a esse país asiático.

iraquiano, na ⟨i.ra.qui.a.no, na⟩ adj./s. Do Iraque ou relacionado a esse país asiático.

irar ⟨i.rar⟩ v.t.d./v.prnl. Causar ou sentir ira.

irascível ⟨i.ras.cí.vel⟩ (pl. *irascíveis*) adj.2g./s.2g. Que ou quem se irrita ou se aborrece com facilidade.

iridescente ⟨i.ri.des.cen.te⟩ adj.2g. Que mostra ou que reflete as cores do arco-íris.

irídio ⟨i.rí.dio⟩ s.m. Elemento químico da família dos metais, de número atômico 77, sólido, quebradiço e que se funde com facilidade. ☐ ORIGEM É uma palavra que vem do latim *iris* (arco-íris), pois os compostos desse elemento apresentam cores variadas. ☐ ORTOGRAFIA Seu símbolo químico é *Ir*, sem ponto.

íris ⟨í.ris⟩ s.2g.2n. **1** No olho, disco membranoso situado entre a córnea e o cristalino, que pode ter diferentes colorações e em cujo centro está a pupila. **2** Espectro solar. **3** Luminosidade ou brilho que ficam ao redor de um corpo. **4** Pedra preciosa cujo brilho se assemelha às cores do arco-íris.

irisado, da ⟨i.ri.sa.do, da⟩ adj. Que tem o brilho semelhante às cores do arco-íris.

irisar ⟨i.ri.sar⟩ v.t.d./v.int./v.prnl. Fazer adquirir ou adquirir as cores do arco-íris.

irlandês, -a ⟨ir.lan.dês, de.sa⟩ (Pron. [irlandês], [irlandêsa]) ▪ adj./s. **1** Da República da Irlanda ou relacionado a esse país europeu. **2** Da Irlanda do Norte ou relacionado a essa região britânica. ▪ s.m. **3** Língua celta desse país e dessa região.

irmanar ⟨ir.ma.nar⟩ v.t.d./v.prnl. **1** Fazer com que se unam ou unirem-se (duas ou mais pessoas) por laços fraternos: *O sofrimento irmanou os soldados durante a guerra.* **2** Unir(-se) ou aliar(-se): *Várias entidades irmanaram-se na passeata pela paz.*

irmandade ⟨ir.man.da.de⟩ s.f. **1** Relação de parentesco entre irmãos. ☐ SIN. fraternidade. **2** Relacionamento marcado por atitudes fraternais, como o afeto e a solidariedade. ☐ SIN. fraternidade. **3** União ou associação de pessoas com interesses comuns, especialmente se forem religiosos: *uma irmandade cristã*.

irmão, mã ⟨ir.mão, mã⟩ (pl. *irmãos*) s. **1** Em relação a uma pessoa, outra que tem os mesmos pais ou somente o mesmo pai ou a mesma mãe. **2** Pessoa que faz parte de uma comunidade religiosa. **3** Membro de uma irmandade ou de uma comunidade religiosa. ‖ **(irmão) siameses** Gêmeos que nascem unidos por alguma parte de seu corpo.

ironia ⟨i.ro.ni.a⟩ s.f. **1** Comentário feito de forma engenhosa e dissimulada: *Dispenso suas ironias, vamos falar sério.* **2** Tom com que é feito esse comentário. **3** Aquilo que é ilógico ou inesperado, parecendo uma zombaria: *Foi uma ironia do destino, que justamente a pessoa a quem ele mais ajudou o traísse.* **4** Figura de linguagem que consiste em dar a entender o contrário do que se diz.

irônico, ca ⟨i.rô.ni.co, ca⟩ adj./s. Que ou quem mostra ou expressa ironia.

ironizar ⟨i.ro.ni.zar⟩ ▪ v.t.d. **1** Ridicularizar ou falar com ironia sobre (algo ou alguém): *Ironizou a proposta que recebeu.* ▪ v.int. **2** Fazer ironia: *Sempre ironizava ao falar dos problemas do governo.*

IRPF s.m.2n. Imposto anual que se aplica sobre os ganhos, os rendimentos ou a evolução do patrimônio de uma pessoa física. ☐ ORIGEM É a sigla de *Imposto de Renda de Pessoa Física*.

IRPJ s.m.2n. Imposto anual que se aplica sobre os ganhos, os rendimentos ou a evolução de patrimônio de uma pessoa jurídica. ☐ ORIGEM É a sigla de *Imposto de Renda de Pessoa Jurídica*.

irracional ⟨ir.ra.ci.o.nal⟩ (pl. *irracionais*) ▪ adj.2g. **1** Que não raciocina ou que necessita de capacidade para raciocinar. **2** Oposto ou alheio à razão: *uma atitude irracional.* ▪ s.m. **3** →**número irracional**

irradiação ⟨ir.ra.di.a.ção⟩ (pl. *irradiações*) s.f. Emissão e propagação de luz, de calor ou de outro tipo de energia através de raios. ☐ SIN. radiação.

irradiar ⟨ir.ra.di.ar⟩ ▪ v.t.d./v.int./v.prnl. **1** Emitir ou propagar(-se) (a luz, o calor ou outro tipo de energia de um corpo): *O calor se irradiava da lareira.* **2** Transmitir(-se) ou difundir(-se): *Seu sorriso irradiava simpatia.* ▪ v.t.d. **3** Transmitir ou difundir por meio de rádio ou televisão.

irreal ⟨ir.re.al⟩ (pl. *irreais*) adj.2g. Que não é real ou que está fora da realidade.

irrealizável ⟨ir.re.a.li.zá.vel⟩ (pl. *irrealizáveis*) adj.2g. Impossível de realizar.

irreconciliável ⟨ir.re.con.ci.li.á.vel⟩ (pl. *irreconciliáveis*) adj.2g. Que não quer reconciliar-se com alguém ou que não pode fazê-lo.

irreconhecível ⟨ir.re.co.nhe.cí.vel⟩ (pl. *irreconhecíveis*) adj.2g. Impossível de reconhecer.

irrecuperável ⟨ir.re.cu.pe.rá.vel⟩ (pl. *irrecuperáveis*) adj.2g. Impossível de recuperar.

irrecusável ⟨ir.re.cu.sá.vel⟩ (pl. *irrecusáveis*) adj.2g. Que não se pode recusar nem negar justificadamente.

irredutível ⟨ir.re.du.tí.vel⟩ (pl. *irredutíveis*) adj.2g. **1** Que não se pode reduzir. **2** Que é inflexível na sua opinião ou que não se deixa convencer.

irrefletido, da ⟨ir.re.fle.ti.do, da⟩ adj. Que se faz ou que se diz sem se refletir sobre as consequências. ☐ SIN. impensado.

irreflexão ⟨ir.re.fle.xão⟩ (Pron. [irreflecsão]) (pl. *irreflexões*) s.f. Falta de reflexão.

irrefutável ⟨ir.re.fu.tá.vel⟩ (pl. *irrefutáveis*) adj.2g. Que não se pode refutar nem rebater.

irregular ⟨ir.re.gu.lar⟩ ▪ adj.2g. **1** Que não é regular: *Por estar sempre viajando, seus horários são irregulares.* **2** Sem conformidade com uma lei ou com uma regra. **3** Que não ocorre frequentemente. ▪ s.m. **4** →**verbo irregular**

irregularidade ⟨ir.re.gu.la.ri.da.de⟩ s.f. **1** Condição ou estado de irregular: *A mudança de fuso horário causou uma irregularidade no seu sono.* **2** Aquilo que é irregular: *A procuradoria detectou irregularidades na contabilidade da empresa.*

irrelevante ⟨ir.re.le.van.te⟩ adj.2g. Sem relevância ou sem importância.

irremediável ⟨ir.re.me.di.á.vel⟩ (pl. *irremediáveis*) adj.2g. Que não se pode remediar.

irreparável ⟨ir.re.pa.rá.vel⟩ (pl. *irreparáveis*) adj.2g. Que não se pode reparar ou consertar.

irrepreensível ⟨ir.re.pre.en.sí.vel⟩ (pl. *irrepreensíveis*) adj.2g. Que não merece ou que não deve ser repreendido nem censurado.

irreprimível ⟨ir.re.pri.mí.vel⟩ (pl. *irreprimíveis*) adj.2g. Impossível de reprimir.

irrequieto, ta ⟨ir.re.qui.e.to, ta⟩ adj. **1** Que não consegue ficar quieto. ☐ SIN. inquieto. **2** Agitado ou sem sossego. ☐ SIN. inquieto.

irresistível ⟨ir.re.sis.tí.vel⟩ (pl. *irresistíveis*) adj.2g. **1** Que não se pode vencer nem dominar. **2** Que exerce uma atração à qual é impossível resistir.

irresoluto, ta ⟨ir.re.so.lu.to, ta⟩ adj./s. Que ou quem não se decide por algo por ter dificuldade de tomar decisões.

irrespirável ⟨ir.res.pi.rá.vel⟩ (pl. *irrespiráveis*) adj.2g. Que não se pode respirar ou que é dificilmente respirável.
irrespondível ⟨ir.res.pon.dí.vel⟩ (pl. *irrespondíveis*) adj.2g. Que não admite resposta nem discussão.
irresponsabilidade ⟨ir.res.pon.sa.bi.li.da.de⟩ s.f. **1** Condição de irresponsável. **2** Ato irresponsável.
irresponsável ⟨ir.res.pon.sá.vel⟩ (pl. *irresponsáveis*) ▮ adj.2g. **1** Em relação a um ato, que resulta de uma falta de previsão ou de meditação. ▮ adj.2g./s.2g. **2** Que ou quem age sem reflexão ou sem medir as consequências do que faz. **3** Que ou quem não pode responder por seus atos.
irrestrito, ta ⟨ir.res.tri.to, ta⟩ adj. Que não sofre restrição ou limitação.
irretratável ⟨ir.re.tra.tá.vel⟩ (pl. *irretratáveis*) adj.2g. Que não se pode retratar ou revogar.
irreverência ⟨ir.re.ve.rên.cia⟩ s.f. **1** Falta de respeito. □ SIN. atrevimento. **2** Aquilo que é dito ou feito de forma irreverente.
irreverente ⟨ir.re.ve.ren.te⟩ adj.2g./s.2g. Que ou quem demonstra falta de respeito. □ SIN. atrevido.
irreversível ⟨ir.re.ver.sí.vel⟩ (pl. *irreversíveis*) adj.2g. Que não é reversível.
irrevocável ⟨ir.re.vo.cá.vel⟩ (pl. *irrevocáveis*) adj.2g. →irrevogável
irrevogável ⟨ir.re.vo.gá.vel⟩ (pl. *irrevogáveis*) adj.2g. Que não se pode revogar ou anular. □ ORTOGRAFIA Escreve-se também *irrevocável*.
irrigação ⟨ir.ri.ga.ção⟩ (pl. *irrigações*) s.f. **1** Ato ou efeito de irrigar. **2** Em medicina, transporte de sangue aos tecidos orgânicos.
irrigar ⟨ir.ri.gar⟩ v.t.d. **1** Molhar ou regar (um terreno): *O agricultor irriga a plantação diariamente.* **2** Em medicina, fazer receber sangue (um tecido orgânico): *As veias e as artérias irrigam os tecidos do corpo.* □ ORTOGRAFIA Antes de e, o g muda para *gu* →CHEGAR.
irrisão ⟨ir.ri.são⟩ (pl. *irrisões*) s.f. **1** Riso ou zombaria. **2** Aquilo que provoca esse riso.
irrisório, ria ⟨ir.ri.só.rio, ria⟩ adj. **1** Que apresenta riso ou zombaria. **2** Em relação geralmente a uma quantia de dinheiro, insignificante ou muito pequena.
irritabilidade ⟨ir.ri.ta.bi.li.da.de⟩ s.f. Condição ou estado de irritável.
irritação ⟨ir.ri.ta.ção⟩ (pl. *irritações*) s.f. **1** Aborrecimento ou raiva. **2** Em um órgão ou em uma parte do corpo, reação caracterizada por ardor.
irritadiço, ça ⟨ir.ri.ta.di.ço, ça⟩ adj. Que se irrita com facilidade. □ SIN. irritável.
irritante ⟨ir.ri.tan.te⟩ adj.2g. Que irrita.
irritar ⟨ir.ri.tar⟩ v.t.d./v.prnl. **1** Dar motivo a (alguém) para grande irritação ou sentir grande irritação. □ SIN. exasperar. **2** Provocar ardor em (um órgão ou uma parte do corpo) ou ter reação de ardor: *Seu nariz se irritou com o excesso de pó.*
irritável ⟨ir.ri.tá.vel⟩ (pl. *irritáveis*) adj.2g. Que se irrita com facilidade. □ SIN. irritadiço.
irromper ⟨ir.rom.per⟩ ▮ v.int. **1** Chegar repentinamente: *Os manifestantes irromperam no meio da assembleia.* ▮ v.t.i./v.int. **2** Manifestar-se ou ser manifestado de repente [em uma demonstração de emoção]: *A plateia irrompeu em aplausos.* □ SIN. prorromper. □ GRAMÁTICA Usa-se a construção *irromper EM algo*.
irrupção ⟨ir.rup.ção⟩ (pl. *irrupções*) s.f. **1** Entrada violenta ou impetuosa: *a irrupção de um vulcão.* **2** Surgimento forte e repentino: *a irrupção de uma catástrofe.*
isca ⟨is.ca⟩ s.f. **1** Em caça e em pesca, comida ou algo semelhante que se coloca nas armadilhas para atrair e capturar um animal. □ SIN. engodo. **2** Aquilo que serve para atrair, geralmente de forma enganosa, e para incitar a fazer algo: *Os brindes serviram de isca para atrair os consumidores.* □ SIN. engodo. **3** Tira pequena de carne temperada, servida como petisco ou como acompanhamento.
isenção ⟨i.sen.ção⟩ (pl. *isenções*) s.f. **1** Ato ou efeito de isentar(-se) ou de eximir(-se): *a isenção de impostos.* **2** Neutralidade ou imparcialidade: *Agiu com isenção ao escolher o diretor.* **3** Indiferença ou falta de interesse que demonstram desprezo: *A isenção do artista para com seus fãs causou indignação.*
isentar ⟨i.sen.tar⟩ v.t.d.i./v.prnl. Liberar(-se) (uma pessoa ou uma instituição) [de um encargo ou de uma obrigação]: *No Brasil, a lei isenta as mulheres do serviço militar.* □ SIN. eximir. □ GRAMÁTICA É um verbo abundante, pois apresenta dois particípios: *isentado* e *isento*.
isento, ta ⟨i.sen.to, ta⟩ ▮ **1** Particípio irregular de isentar. ▮ adj. **2** Livre de algo, especialmente de uma carga ou obrigação, ou não submetido a ele.
islã ⟨is.lã⟩ s.m. **1** Religião monoteísta cujos fundamentos foram pregados por Maomé (profeta árabe do final do século VI e início do VII) e reunidos no livro sagrado do Alcorão. □ SIN. islamismo, maometismo. **2** Grupo de pessoas que seguem essa religião.
islâmico, ca ⟨is.lâ.mi.co, ca⟩ adj./s. Do islã ou relacionado a essa religião. □ USO É diferente de *árabe* (da Arábia ou relacionado a essa península do Sudoeste asiático).
islamismo ⟨is.la.mis.mo⟩ s.m. Religião monoteísta cujos fundamentos foram pregados por Maomé (profeta árabe do final do século VI e início do VII) e reunidos no livro sagrado do Alcorão. □ SIN. islã, maometismo.
islamita ⟨is.la.mi.ta⟩ ▮ adj.2g. **1** De Maomé (profeta árabe), de sua religião ou relacionado a eles. □ SIN. maometano, muçulmano. ▮ adj.2g./s.2g. **2** Que ou quem tem o islamismo como religião. □ SIN. maometano, muçulmano.
islandês, -a ⟨is.lan.dês, de.sa⟩ (Pron. [islandês], [islandêsa]) ▮ adj./s. **1** Da Islândia ou relacionado a esse país europeu. ▮ s.m. **2** Língua germânica desse país.
-ismo 1 Sufixo que indica sistema ou doutrina: *comunismo, aristotelismo.* **2** Sufixo que indica movimento literário: *modernismo, romantismo.* **3** Sufixo que indica atitude: *individualismo, egoísmo.* **4** Sufixo que indica esporte: *ciclismo, atletismo.* **5** Sufixo que indica estado patológico: *alcoolismo.*
isobárica ⟨i.so.bá.ri.ca⟩ s.f. Em um mapa meteorológico, linha que une dois ou mais lugares que possuem a mesma pressão atmosférica.
isobárico, ca ⟨i.so.bá.ri.co, ca⟩ adj. Em relação a um processo, que é realizado sob pressão constante.
isóbaro ⟨i.só.ba.ro⟩ adj./s.m. Em relação a um átomo, que tem o mesmo número de massa que outro, mas com diferente número atômico.
isolado, da ⟨i.so.la.do, da⟩ adj. Excepcional, único ou individual.
isolador, -a ⟨i.so.la.dor, do.ra⟩ (Pron. [isoladôr], [isoladôra]) adj./s.m. **1** Que isola. □ SIN. isolante. **2** Em relação a um material, que impede a passagem de energia elétrica, de energia térmica ou de ondas sonoras. □ SIN. isolante. □ GRAMÁTICA Na acepção 1, o sinônimo do adjetivo é *isolante*.
isolamento ⟨i.so.la.men.to⟩ s.m. **1** Ato ou efeito de isolar(-se). **2** Falta de comunicação ou afastamento de um membro em relação a um grupo.
isolante ⟨i.so.lan.te⟩ ▮ adj.2g. **1** Que isola. □ SIN. isolador. ▮ adj.2g./s.m. **2** Em relação a um material, que impede a passagem de energia elétrica, de energia térmica ou de ondas sonoras. □ SIN. isolador.

isolar

isolar ⟨i.so.lar⟩ ▌v.t.d./v.t.d.i./v.prnl. **1** Deixar ou ficar só ou separar(-se) [do contexto]: *isolar um elemento químico*. ▌v.t.d. **2** Cercar, impedindo o acesso: *isolar uma região da cidade*. ▌v.t.d./v.t.d.i./v.prnl. **3** Deixar ou ficar incomunicável (alguém) ou afastar(-se) [de um grupo]: *Isolou-se em seu quarto*.

isonomia ⟨i.so.no.mi.a⟩ s.f. **1** Grupo de pessoas governadas pelas mesmas leis. **2** Igualdade de tratamento para todos perante a lei.

isopor ⟨i.so.por⟩ (Pron. [isopór]) s.m. Material produzido com poliestireno e usado na fabricação de embalagens ou como isolante térmico. ☐ ORIGEM É a extensão de uma marca comercial.

isótono ⟨i.só.to.no⟩ adj./s.m. Em relação a um átomo, que tem o mesmo número de nêutrons que outro, mas com diferente número atômico.

isótopo ⟨i.só.to.po⟩ adj./s.m. Em relação a um átomo, que tem o mesmo número atômico que outro, mas com diferente massa atômica.

isqueiro ⟨is.quei.ro⟩ s.m. Aparelho usado para acender uma matéria combustível.

isquemia ⟨is.que.mi.a⟩ s.f. Em medicina, falta de irrigação sanguínea em uma parte do corpo causada por uma alteração das artérias que a irrigam.

ísquio ⟨ís.quio⟩ s.m. Em anatomia, cada um dos ossos que, nos vertebrados, formam a porção posterior da pelve e, na espécie humana, a parte inferior dela. [👁 esqueleto p. 334]

israelense ⟨is.ra.e.len.se⟩ adj.2g./s.2g. De Israel ou relacionado ao Estado de Israel e a seus habitantes. ☐ USO É diferente de *israelita* (do antigo reino de Israel ou relacionado a ele).

israelita ⟨is.ra.e.li.ta⟩ ▌adj. **1** Do judaísmo ou relacionado a essa religião. ☐ SIN. judaico, judeu. ▌adj.2g./s.2g. **2** Do antigo povo semita que habitou a Terra de Canaã (que posteriormente se tornou o Reino de Israel) ou relacionado a ele. ☐ SIN. hebraico, hebreu, judaico, judeu. **3** Que ou quem tem o judaísmo como religião. ☐ SIN. judeu. **4** Do antigo reino de Israel ou relacionado a ele. ☐ USO É diferente de *israelense* (de Israel ou relacionado ao Estado de Israel e a seus habitantes).

-íssimo, -íssima Sufixo que indica grau superlativo: *amabilíssimo, nobilíssimo*.

isso ⟨is.so⟩ ▌pron.demons. **1** Designa objetos ou situações, apontando-os sem nomeá-los. ▌interj. **2** Expressão usada para indicar aprovação: *Isso! Continue tentando!* ☐ GRAMÁTICA É invariável em gênero e em número.

-ista 1 Sufixo que indica partidarismo: *anarquista*. **2** Sufixo que indica qualidade: *otimista, egoísta*. **3** Sufixo que indica profissão ou ocupação: *pianista, taxista*. **4** Sufixo que indica origem: *nortista*.

istmo ⟨ist.mo⟩ s.m. **1** Faixa de terra que une dois continentes ou uma península a um continente, separando-os dos mares. **2** Em um organismo, parte estreita de um tecido que liga estruturas ou cavidades maiores.

isto ⟨is.to⟩ pron.demons. Designa objetos ou situações próximos, localizando-os em relação às pessoas do discurso sem nomeá-los. ‖ **isto é** Expressão usada para introduzir uma explicação ou uma retificação ao que foi dito anteriormente: *Sábado, isto é, amanhã, irei viajar*. ☐ GRAMÁTICA É invariável em gênero e em número.

-ita 1 Sufixo que indica origem ou pátria: *moscovita*. **2** Sufixo que indica relação: *jesuíta, carmelita*.

itabaianense ⟨i.ta.bai.a.nen.se⟩ adj.2g./s.2g. De Itabaiana ou relacionado a essa cidade do estado brasileiro de Sergipe.

itabaianinhense ⟨i.ta.bai.a.ni.nhen.se⟩ adj.2g./s.2g. De Itabaianinha ou relacionado a essa cidade do estado brasileiro de Sergipe.

itabunense ⟨i.ta.bu.nen.se⟩ adj.2g./s.2g. De Itabuna ou relacionado a essa cidade do estado brasileiro da Bahia.

itaitubense ⟨i.tai.tu.ben.se⟩ adj.2g./s.2g. De Itaituba ou relacionado a essa cidade do estado brasileiro do Pará.

itajaiense ⟨i.ta.ja.i.en.se⟩ adj.2g./s.2g. De Itajaí ou relacionado a essa cidade do estado brasileiro de Santa Catarina.

italianismo ⟨i.ta.li.a.nis.mo⟩ s.m. **1** Em linguística, palavra, expressão ou construção sintática próprias da língua italiana empregadas em outra língua. **2** Admiração ou simpatia pela cultura italiana.

italiano, na ⟨i.ta.li.a.no, na⟩ ▌adj./s. **1** Da Itália ou relacionado a esse país europeu. ▌s.m. **2** Língua desse e de outros países.

itálico, ca ⟨i.tá.li.co, ca⟩ ▌adj. **1** Italiano, especialmente da Itália antiga. ▌s.m. **2** →**letra itálica**

ítalo, la ⟨í.ta.lo, la⟩ adj./s. *literário* Italiano.

itapipoquense ⟨i.ta.pi.po.quen.se⟩ adj.2g./s.2g. De Itapipoca ou relacionado a essa cidade do estado brasileiro do Ceará.

-ite Sufixo que indica inflamação: *bronquite, meningite*.

item ⟨i.tem⟩ (pl. *itens*) s.m. **1** Cada um dos artigos ou capítulos em que se divide um documento: *De acordo com os primeiros itens do relatório, isto não é necessário*. **2** Cada um dos elementos ou partes de que se compõe um questionário ou teste.

itérbio ⟨i.tér.bio⟩ s.m. Elemento químico da família dos metais, de número atômico 70, sólido, brilhante, facilmente deformável e que pertence ao grupo dos lantanídeos. ☐ ORTOGRAFIA Seu símbolo químico é Yb, sem ponto.

itinerante ⟨i.ti.ne.ran.te⟩ adj.2g./s.2g. Que ou quem vai de um lugar a outro sem se estabelecer em um lugar fixo.

itinerário, ria ⟨i.ti.ne.rá.rio, ria⟩ ▌adj./s.m. **1** De um trajeto que se segue para chegar a um lugar ou relacionado a ele: *Explicou-lhe o itinerário que devia seguir para chegar à sua cidade*. ▌s.m. **2** Descrição detalhada das características de um caminho, de uma rota ou de uma viagem.

-ito 1 Em química, sufixo que indica sal químico: *sulfito, nitrito*. **2** Sufixo que indica rocha: *granito, arenito*.

-ito, -ita Sufixo que indica tamanho menor: *cabrito, pequenita*.

ítrio ⟨í.trio⟩ s.m. Elemento químico da família dos metais, de número atômico 39, sólido, inflamável e que se dissolve com água. ☐ ORTOGRAFIA Seu símbolo químico é Y, sem ponto.

iugoslavo, va ⟨iu.gos.la.vo, va⟩ adj./s. Da Iugoslávia ou relacionado a esse antigo país europeu.

-ivo, -iva Sufixo que indica capacidade: *chamativo, descritiva*.

j ❚ s.m. **1** Décima letra do alfabeto. ❚ numer. **2** Em uma sequência, que ocupa o décimo lugar: *Sentamos na fileira j.* ❑ GRAMÁTICA Na acepção 1, o plural é *jj*.

já adv. **1** Neste momento ou imediatamente: *Cale-se já!* ❑ SIN. agora. **2** De maneira antecipada: *Já terminei o exercício.* **3** Dentro de pouco tempo: *O professor disse que a aula já começaria.* ❑ SIN. logo. **4** Em um tempo passado: *Esse é um problema já resolvido.* **5** Em todo caso. ‖ **já que** Uma vez que ou como: *Já que você não poderá, irei ao cinema com ela.*

jabá ⟨ja.bá⟩ ❚ s.m. **1** *informal* Dinheiro ou outro valor que se dá ou se recebe como suborno. ❚ s.2g. **2** Carne bovina curtida, temperada com sal e seca ao sol. ❑ SIN. carne-seca, charque.

jaboatonense ⟨ja.bo.a.to.nen.se⟩ adj.2g./s.2g. De Jaboatão dos Guararapes ou relacionado a essa cidade do estado brasileiro de Pernambuco.

jaborandi ⟨ja.bo.ran.di⟩ s.m. Planta arbustiva com folhas oblongas, flores pequenas e rosadas ou amareladas, e cujo fruto, em formato de cápsula, contém sementes pretas e brilhantes. ❑ ORIGEM É uma palavra de origem tupi.

jabota ⟨ja.bo.ta⟩ s.f. Fêmea do jabuti.

jaburu ⟨ja.bu.ru⟩ s.m. **1** Ave aquática ou terrestre, de grande porte, de pernas longas, bico comprido e cônico, cauda muito curta, com plumagem branca, de cabeça preta, base do pescoço vermelha, e que vive geralmente próximo a grandes rios ou lagoas. ❑ SIN. tuiuiú. **2** *pejorativo* Pessoa feia ou tristonha. ❑ ORIGEM É uma palavra de origem tupi. ❑ GRAMÁTICA **1.** Na acepção 1, é um substantivo epiceno: *o jaburu {macho/fêmea}*. **2.** Na acepção 2, usa-se tanto para o masculino quanto para o feminino: *{ele/ela} é um jaburu*.

jabuti ⟨ja.bu.ti⟩ ❚ adj.2g./s.2g. **1** Do grupo indígena brasileiro que habita o sul do estado brasileiro de Rondônia ou relacionado a ele. ❚ s.m. **2** Língua desse grupo. **3** Réptil terrestre de carapaça óssea alta e arredondada, de movimentos lentos e que geralmente se alimenta de vegetais. ❑ ORIGEM É uma palavra de origem tupi. ❑ GRAMÁTICA Na acepção 3, usa-se o substantivo feminino *jabota* para designar a fêmea.

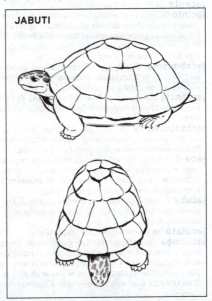

JABUTI

jabuticaba

jabuticaba (ja.bu.ti.ca.ba) s.f. **1** Árvore de casca lisa com manchas claras, flores brancas fixadas no caule e com muitos estames, e cujo fruto, pequeno, arredondado, de casca preta, polpa branca, suculenta e de sabor adocicado, é comestível. ◻ SIN. jabuticabeira. **2** Esse fruto. ◻ ORIGEM É uma palavra de origem tupi.

jabuticabal (ja.bu.ti.ca.bal) (pl. *jabuticabais*) s.m. Plantação de jabuticabeira.

jabuticabeira (ja.bu.ti.ca.bei.ra) s.f. Árvore de casca lisa com manchas claras, flores brancas fixadas no caule e com muitos estames, e cujo fruto é a jabuticaba. ◻ SIN. jabuticaba.

jaca (ja.ca) s.f. **1** Árvore alta, com folhas simples e alternas, flores longas, e cujo fruto, grande, de casca rugosa, com gomos amarelados e doces, é comestível. ◻ SIN. jaqueira. **2** Esse fruto.

jacá (ja.cá) s.m. Utensílio feito de taquara ou cipó, que se coloca no lombo de animais para o transporte de cargas. ◻ ORIGEM É uma palavra de origem tupi.

jaça (ja.ça) s.f. Em uma pedra preciosa, falha ou mancha.

jaçanã (ja.ça.nã) s.f. Ave aquática de pernas longas, de bico amarelo e vermelho, com plumagem preta e marrom-brilhante no dorso, e que habita margens de rios, lagos e regiões pantanosas. ◻ ORIGEM É uma palavra de origem tupi. ◻ GRAMÁTICA É um substantivo epiceno: *a jaçanã (macho/fêmea)*.

jacarandá (ja.ca.ran.dá) s.m. **1** Árvore tropical de copa larga e densa, com folhas compostas por muitas partes, flores azuis e violáceas, frutos redondos que, quando secos, dividem-se em dois discos, sementes com alas formadas por um tecido bem fino e delicado, e cuja madeira é de cor escura e muito resistente. [◉ árvores p. 79] **2** Essa madeira. ◻ ORIGEM É uma palavra de origem tupi.

jacaré (ja.ca.ré) s.m. Réptil de focinho longo e chato, que tem cauda longa e que é encontrado geralmente em rios, lagos e regiões pantanosas. ◻ ORIGEM É uma palavra de origem tupi. ◻ GRAMÁTICA É um substantivo epiceno: *o jacaré (macho/fêmea)*.

jacente (ja.cen.te) adj.2g. Que jaz.

jacinto (ja.cin.to) s.m. Planta herbácea de caule subterrâneo e arredondado, de onde saem folhas longas e lustrosas e uma haste com muitas flores perfumadas, de diversas cores e muito cultivadas como ornamentais, cuja raiz tem uso medicinal.

jacobinismo (ja.co.bi.nis.mo) s.m. Corrente política surgida durante a Revolução Francesa, que defendia o radicalismo revolucionário e violento.

jactância (jac.tân.cia) s.f. Presunção excessiva de algo que se possui ou se desfruta: *Falou com jactância de sua promoção*.

jactancioso, sa (jac.tan.ci.o.so, sa) (Pron. [jactanciôso], [jactanciósa], [jactanciósos], [jactanciósas]) adj./s. Que ou quem mostra presunção excessiva.

jacu (ja.cu) s.m. Ave galinácea de bico preto, papada larga e vermelha e com plumagem parda ou preta. ◻ ORIGEM É uma palavra de origem tupi. ◻ GRAMÁTICA É um substantivo epiceno: *o jacu (macho/fêmea)*.

jacuba (ja.cu.ba) s.f. Bebida preparada com água, farinha de mandioca e açúcar, e na qual se costuma acrescentar cachaça.

jaculatória (ja.cu.la.tó.ria) s.f. Oração breve.

jacutinga (ja.cu.tin.ga) s.f. Ave galinácea de crista branca, bico azul e preto, papada larga e vermelha e azul, plumagem preta com algumas partes brancas, e patas vermelhas. ◻ ORIGEM É uma palavra de origem tupi. ◻ GRAMÁTICA É um substantivo epiceno: *a jacutinga (macho/fêmea)*.

jade (ja.de) s.m. Mineral sólido e compacto, de cor esbranquiçada ou esverdeada, usado especialmente em joalheria ou em objetos decorativos.

jaez (ja.ez) (Pron. [jaêz]) s.m. **1** Adorno, geralmente uma cinta, colocado em animais de carga: *Os cavalos desfilaram com seus jaezes*. **2** Classe, gênero ou espécie: *Não suporto atitudes deste jaez!*

jaguar (ja.guar) s.m. Mamífero felino carnívoro de grande porte, com cabeça arredondada, focinho curto, e pelagem amarelo-avermelhada com manchas pretas circulares. ◻ SIN. onça. ◻ ORIGEM É uma palavra de origem tupi. ◻ GRAMÁTICA É um substantivo epiceno: *o jaguar (macho/fêmea)*.

jaguarense (ja.gua.ren.se) adj.2g./s.2g. De Jaguarão ou relacionado a essa cidade do estado brasileiro do Rio Grande do Sul.

jaguatirica (ja.gua.ti.ri.ca) s.f. Mamífero carnívoro felino, de médio porte, pelagem brilhante e suave com manchas mais escuras, que vive nas matas, caça durante a noite e se alimenta de aves e de pequenos mamíferos. ◻ ORIGEM É uma palavra de origem tupi. ◻ GRAMÁTICA É um substantivo epiceno: *a jaguatirica (macho/fêmea)*.

jagunço (ja.gun.ço) s.m. **1** Homem que presta serviços como guarda-costas. ◻ SIN. capanga. **2** Na rebelião de Canudos, seguidor de Antônio Conselheiro (líder dessa rebelião).

jaleco (ja.le.co) s.m. Peça do vestuário, confortável e leve, que se coloca sobre a roupa como medida de higiene: *Médicos e dentistas geralmente trabalham de jaleco branco*.

jamaicano, na (ja.mai.ca.no, na) adj./s. Da Jamaica ou relacionado a esse país centro-americano.

jamais (ja.mais) adv. Em nenhum momento: *Jamais ouvi falar disso*. ◻ SIN. nunca.

jamanta (ja.man.ta) s.f. **1** Peixe cartilaginoso de água salgada, de corpo achatado, dorso preto-violáceo, ventre branco, e dois apêndices em forma de arco embaixo da cabeça, que direcionam a água para sua boca. **2** Caminhão usado geralmente para o transporte de cargas pesadas. ◻ SIN. carreta. ■ s.2g. **3** *pejorativo* Pessoa grande. ◻ GRAMÁTICA Na acepção 1, é um substantivo epiceno: *a jamanta (macho/fêmea)*.

jambeiro (jam.bei.ro) s.m. Árvore de copa cônica, com folhas grandes e brilhantes, flores branco-esverdeadas, e cujo fruto é o jambo. ◻ SIN. jambo.

jambo (jam.bo) s.m. **1** Árvore de copa cônica, com folhas grandes e brilhantes, flores branco-esverdeadas, e cujo fruto, cheiroso, com casca vermelho-escura e polpa branca, suculenta, de sabor doce e ácido, é comestível. ◻ SIN. jambeiro. **2** Esse fruto.

jamelão (ja.me.lão) (pl. *jamelões*) s.m. **1** Árvore com folhas muito espessas, flores brancas a rosa, e cujo fruto é roxo-escuro e possui uma semente única e grande. **2** Esse fruto.

jandaia (jan.dai.a) s.f. Ave de bico preto, com plumagem laranja, amarela e verde, e detalhe azul na asa. ◻ ORIGEM É uma palavra de origem tupi. ◻ GRAMÁTICA É um substantivo epiceno: *a jandaia (macho/fêmea)*.

janeiro (ja.nei.ro) s.m. Primeiro mês do ano, entre dezembro e fevereiro.

janela (ja.ne.la) s.f. **1** Em um muro ou em uma parede, abertura elevada para dar passagem à luz e ao ar. ◻ SIN. ventana. **2** Em um veículo, parte lateral de vidro. **3** Tempo livre entre duas aulas: *Entra a aula de Matemática e a de Português, teremos uma janela, porque o professor de Geografia faltou*. **4** Em informática, pequeno quadro exibido na tela do computador e que mostra as diferentes formas de interação entre o usuário e um aplicativo.

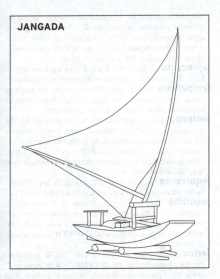
JANGADA

jangada ⟨jan.ga.da⟩ s.f. **1** Embarcação de madeira, vela triangular e mastro, usada geralmente para pescar. **2** Embarcação com aparência de prancha, usada geralmente para o transporte de cargas.

jangadeiro, ra ⟨jan.ga.dei.ro, ra⟩ adj./s. Da jangada ou relacionado a ela.

jângal ⟨jân.gal⟩ (pl. *jângales*) s.m. Terreno coberto por vegetação espessa e exuberante, próprio de regiões tropicais. ◻ ORTOGRAFIA Escreve-se também *jângala*.

jângala ⟨jân.ga.la⟩ s.m. →jângal

janota ⟨ja.no.ta⟩ ▌ adj.2g./s.2g. **1** Que ou quem chama a atenção pela elegância. ▌ s.m. **2** *pejorativo* Homem que se veste com esmero exagerado.

janta ⟨jan.ta⟩ s.f. *informal* Jantar.

jantar ⟨jan.tar⟩ ▌ s.m. **1** Última refeição do dia, geralmente feita à noite. **2** Alimento que se come nessa refeição. ▌ v.t.d./v.int. **3** Comer (algo) na última refeição do dia, geralmente pela noite, ou fazer uma refeição noturna: *Os médicos recomendam que as pessoas jantem comidas leves.*

japona ⟨ja.po.na⟩ (Pron. [japôna]) s.f. Casaco semelhante a um jaquetão que cobre até os quadris.

japonês, -a ⟨ja.po.nês, ne.sa⟩ (Pron. [japonês], [japonêsa]) ▌ adj./s, **1** Do Japão ou relacionado a esse país asiático. ◻ SIN. nipônico. ▌ s.m. **2** Língua desse país.

jaqueira ⟨ja.quei.ra⟩ s.f. Árvore alta, com folhas simples e alternas, flores longas, e cujo fruto é a jaca. ◻ SIN. jaca.

jaqueta ⟨ja.que.ta⟩ (Pron. [jaquêta]) s.f. Casaco com mangas compridas e aberto na frente, que cobre até um pouco abaixo da linha da cintura.

jaquetão ⟨ja.que.tão⟩ (pl. *jaquetões*) s.m. **1** Casaco semelhante a uma jaqueta, porém mais largo. **2** Paletó que é transpassado na frente e fechado por quatro ou seis botões.

jaraguaense ⟨ja.ra.gua.en.se⟩ adj.2g./s.2g. De Jaraguá do Sul ou relacionado a essa cidade do estado brasileiro de Santa Catarina.

jararaca ⟨ja.ra.ra.ca⟩ s.f. **1** Serpente venenosa, de cor pardo-amarronzada, com manchas escuras, cabeça triangular, pupila vertical e cauda fina. **2** *informal* Pessoa má ou desleal. ◻ ORIGEM É uma palavra de origem tupi. ◻ GRAMÁTICA **1.** Na acepção 1, é um substantivo epiceno: *a jararaca (macho/fêmea)*. **2.** Na acepção 2, usa-se tanto para o masculino quanto para o feminino: *(ele/ela) é uma jararaca*.

jarda ⟨jar.da⟩ s.f. No sistema anglo-saxão, unidade de comprimento que equivale a aproximadamente 91,4 cm.

jardim ⟨jar.dim⟩ (pl. *jardins*) s.m. Terreno onde são cultivadas plantas ornamentais. ‖ **jardim botânico** Lugar aberto ao público e destinado ao cultivo e estudo de plantas exóticas: *O jardim botânico de Curitiba é um dos mais conhecidos do Brasil.* ‖ **jardim zoológico** Lugar onde são expostos animais, especialmente os não comuns ou exóticos.

jardinagem ⟨jar.di.na.gem⟩ (pl. *jardinagens*) s.f. Arte ou técnica de cultivar plantas e jardins.

jardineira ⟨jar.di.nei.ra⟩ s.f. **1** Recipiente ou suporte onde são cultivadas plantas ornamentais ou onde são colocados vasos com essas plantas. **2** Veículo coletivo semelhante a um ônibus, aberto lateralmente e com os bancos posicionados paralelamente. **3** Peça do vestuário presa a um peitilho com alças e cuja parte inferior pode ser semelhante a uma saia ou calça. **4** Prato feito com legumes picados cozidos e que pode acompanhar uma carne.

jardineiro, ra ⟨jar.di.nei.ro, ra⟩ s. Pessoa que se dedica ao cuidado ou ao cultivo de um jardim, especialmente como profissão.

jargão ⟨jar.gão⟩ (pl. *jargões*) s.m. Gíria empregada por pessoas que pertencem a um mesmo grupo profissional ou social: *O jargão médico é difícil de entender quando não se é dessa área.*

jarra ⟨jar.ra⟩ s.f. **1** Recipiente com gargalo e boca largos, com uma ou mais alças, usado para colocar líquidos: *uma jarra de suco.* **2** Quantidade de líquido que cabe nesse recipiente: *Bebeu uma jarra de limonada inteira!* **3** Recipiente usado como objeto decorativo ou para colocar flores.

jarrete ⟨jar.re.te⟩ (Pron. [jarrête]) s.m. **1** Em uma pessoa ou em um animal, parte da perna atrás do joelho. **2** Em um quadrúpede, tendão da última porção da pata posterior.

jarro ⟨jar.ro⟩ s.m. **1** Recipiente alto, geralmente com alça e bico, usado para colocar líquidos. **2** Quantidade de líquido que cabe nesse recipiente.

jaruense ⟨ja.ru.en.se⟩ adj.2g./s.2g. De Jaru ou relacionado a essa cidade do estado brasileiro de Rondônia.

jasmim ⟨jas.mim⟩ (pl. *jasmins*) s.m. **1** Arbusto de galhos verdes, finos e flexíveis, com folhas alternas e compostas, flores em formato de tubo com cinco pétalas, geralmente brancas ou amarelas, e que é muito usado para infusão ou para a extração de um óleo para uso da indústria de cosméticos. ◻ SIN. jasmineiro. **2** Flor desse arbusto.

jasmineiro ⟨jas.mi.nei.ro⟩ s.m. Arbusto de galhos verdes, finos e flexíveis, com folhas alternas e compostas, flores em formato de tubo com cinco pétalas, geralmente brancas ou amareladas, e que é muito usado para infusão ou para a extração de um óleo para uso da indústria de cosméticos. ◻ SIN. jasmim.

jaspe ⟨jas.pe⟩ s.m. Variedade opaca do quartzo, de grãos finos e cor geralmente vermelha, amarela ou parda, usada como ornamental.

jato ⟨ja.to⟩ s.m. Líquido, gás ou luz expulsos por um orifício com relativa força: *um jato de água.* ◻ SIN. jorro.

jatobá ⟨ja.to.bá⟩ s.m. Árvore de grande porte, com folhas compostas por outras duas menores, flores brancas, e cujo fruto é uma vagem com sementes arredondadas e escuras envoltas por uma farinha usada na alimentação. [◉ árvores p. 79] ◻ ORIGEM É uma palavra de origem tupi.

jaú

jaú ⟨ja.ú⟩ s.m. **1** Peixe de couro, de água doce, de grande porte, boca grande, cor parda e abdome esbranquiçado. [◉ **peixes (água doce)** p. 608] **2** Andaime móvel com roldanas, usado geralmente para trabalhar em grandes alturas. ◻ ORIGEM Na acepção 1, é uma palavra de origem tupi. ◻ GRAMÁTICA Na acepção 1, é um substantivo epiceno: *o jaú {macho/fêmea}*.

jaula ⟨jau.la⟩ s.f. Caixa feita com barras verticais paralelas, que serve para prender ou transportar animais.

javali ⟨ja.va.li⟩ s.m. Mamífero onívoro de cabeça pontuda e focinho prolongado, pelagem espessa e forte, e presas para fora da boca. ◻ GRAMÁTICA Usa-se o substantivo feminino *javalina* para designar a fêmea.

javalina ⟨ja.va.li.na⟩ s.f. Fêmea do javali.

javanês, -a ⟨ja.va.nês, ne.sa⟩ ▌ adj./s. **1** De Java ou relacionado a essa ilha da Oceania. ▌ s.m. **2** Língua dessa ilha e de outras regiões.

jazer ⟨ja.zer⟩ v.pred./v.int. **1** Estar deitado (de determinada forma). ▌ v.int. **2** Estar enterrado. ◻ GRAMÁTICA É um verbo regular, mas perde o e final na terceira pessoa do singular do presente do indicativo →JAZER.

jazida ⟨ja.zi.da⟩ s.f. Lugar em que são encontrados minerais, fósseis, restos arqueológicos ou algo semelhante.

jazigo ⟨ja.zi.go⟩ s.m. **1** Lugar onde se enterram os mortos. ◻ SIN. sepulcro, sepultura, tumba, túmulo. **2** Sepulcro suntuoso, em homenagem a uma ou várias pessoas falecidas. ◻ SIN. mausoléu, túmulo.

jazz *(palavra inglesa)* (Pron. [djés]) s.m. Gênero musical de origem afro-americana surgido no final do século XIX, caracterizado por um ritmo marcado e alternado.

jê adj. 2g./s.m. Do grupo de línguas faladas por índios no Centro-Sul do Brasil.

jeans *(palavra inglesa)* (Pron. [djíns]) ▌ adj.2g.2n. **1** Em relação a uma peça do vestuário, que é confeccionada com este tecido: *uma jaqueta jeans*. ▌ s.m.2n. **2** Tecido resistente, mais ou menos espesso e de cor geralmente azul. **3** Calça feita com esse tecido: *Costuma usar jeans e camiseta*.

jeca ⟨je.ca⟩ adj.2g./s.2g. **1** *pejorativo* Caipira ou matuto. **2** *pejorativo* Sem refinamento nem bom gosto. ◻ USO É a forma reduzida e mais usual de *jeca-tatu*.

jeca-tatu ⟨je.ca-ta.tu⟩ (pl. *jecas-tatus*) adj.2g./s.2g. →jeca

jegue ⟨je.gue⟩ s.m. Mamífero quadrúpede menor que o cavalo, de orelhas compridas, pelo áspero acastanhado ou grisalho, geralmente utilizado como animal de carga ou de montaria. ◻ SIN. asno, jumento. ◻ GRAMÁTICA É um substantivo epiceno: *o jegue {macho/fêmea}*.

jeito ⟨jei.to⟩ s.m. **1** Forma ou maneira: *Gosto do jeito como ele se veste*. **2** Aparência de algo ou alguém: *Essa casa tem jeito de nova*. ◻ SIN. aspecto. **3** Modo de ser: *O jeito dele me fez lembrar meu pai*. ◻ SIN. caráter. **4** Capacidade para realizar uma tarefa ou uma função determinadas: *Minha irmã tem jeito para modelo*. ◻ SIN. aptidão. ‖ **dar um jeito em** algo: 1 Arrumá-lo ou organizá-lo: *Preciso dar um jeito no meu quarto porque está uma bagunça*. 2 Corrigir uma falha, um problema ou um defeito: *Ela teve que dar um jeito no chuveiro para que voltasse a esquentar*.

jeitoso, sa ⟨jei.to.so, sa⟩ (Pron. [jeitósô], [jeitóza], [jeitósos], [jeitózas]) adj. **1** Que tem jeito ou habilidade. **2** Gracioso ou de boa aparência. **3** Apropriado ou oportuno: *Teve uma ideia jeitosa para solucionar o problema*.

jejuar ⟨je.ju.ar⟩ v.int. Abster-se de comer ou de beber total ou parcialmente, especialmente se for por motivos religiosos ou de saúde: *É preciso jejuar antes de fazer alguns exames de sangue*.

jejum ⟨je.jum⟩ (pl. *jejuns*) s.m. **1** Privação total ou parcial de comer ou de beber, especialmente se for por motivos religiosos ou de saúde: *Os pacientes devem fazer jejum para realizar o exame*. **2** *informal* Privação de algo: *Depois de um longo jejum de vitórias, o time voltou a vencer*. ‖ **em jejum** Sem tomar café da manhã: *Hoje acordei atrasado e tive que sair em jejum*.

jejuno, na ⟨je.ju.no, na⟩ ▌ adj. **1** Que está em jejum. ▌ s.m. **2** Em um mamífero, parte do intestino delgado.

jenipapeiro ⟨je.ni.pa.pei.ro⟩ s.m. Árvore de madeira clara, com folhas simples, largas e lisas, flores brancas com cinco pétalas, e cujo fruto é o jenipapo.

jenipapo ⟨je.ni.pa.po⟩ s.m. Fruto do jenipapeiro, de cor entre o amarelo e o marrom, com polpa comestível muito aromática, levemente ácida e com muitas sementes, usado na fabricação de licores e doces, e que, antes de seu amadurecimento, produz um líquido azulado usado como tinta.

jequieense ⟨je.qui.e.en.se⟩ adj.2g./s.2g. De Jequié ou relacionado a essa cidade do estado brasileiro da Bahia.

jequitibá ⟨je.qui.ti.bá⟩ s.m. Árvore de tronco alto e grosso, com folhas resistentes, flores brancas e pequenas, frutos em formato de cápsulas, e cuja madeira é muito usada para carpintaria. ◻ ORIGEM É uma palavra de origem tupi.

jerico ⟨je.ri.co⟩ s.m. **1** *informal* Jumento. **2** *pejorativo* Pessoa pouco inteligente. ◻ GRAMÁTICA Na acepção 2, usa-se tanto para o masculino quanto para o feminino: *{ele/ela} é um jerico*.

jerimum ⟨je.ri.mum⟩ *(Norte e Nordeste)* (pl. *jerimuns*) s.m. Fruto da aboboreira, comestível, geralmente grande e arredondado, levemente achatado, com casca dura, polpa suculenta e carnosa, e muitas sementes secas. ◻ SIN. abóbora. ◻ ORIGEM É uma palavra de origem tupi.

jérsei ⟨jér.sei⟩ s.m. Tecido muito fino feito com linha de lã, de algodão ou de seda.

jesuíta ⟨je.su.í.ta⟩ adj.2g./s.m. Em relação a um religioso, que pertence à Companhia de Jesus (ordem fundada pelo espanhol Inácio de Loyola no século XVI).

jet-ski *(palavra inglesa)* (Pron. [jét-ski]) s.m. Embarcação de pequeno porte, para uma ou duas pessoas, movida por um motor que propulsiona um jato de água traseiro, e que é utilizada para lazer ou para competições esportivas.

jiboia ⟨ji.boi.a⟩ (Pron. [jibóia]) s.f. **1** Cobra de grande porte, não venenosa, de corpo amarelado ou cinzento, com manchas arredondadas e escuras no dorso e nos flancos, e que se alimenta de pequenos animais. **2** Planta trepadeira com folhas geralmente em formato de coração, rajadas e de coloração verde. ◻ ORIGEM É uma palavra de origem tupi. ◻ GRAMÁTICA Na acepção 1, é um substantivo epiceno: *a jiboia {macho/fêmea}*.

jiboiar ⟨ji.boi.ar⟩ v.t.d./v.int. *informal* Digerir em repouso (uma refeição): *Ficou jiboiando o almoço diante da TV*.

jiló ⟨ji.ló⟩ s.m. **1** Planta herbácea com ramos cobertos de pelos, folhas compridas, flores brancas com formato semelhante ao de uma estrela, e cujo fruto, de cor verde-escura, tem casca fina, polpa leve um pouco esponjosa, com muitas sementes pequenas e de sabor amargo, é comestível. ◻ SIN. jiloeiro. **2** Esse fruto. ◻ ORIGEM É uma palavra de origem africana.

jiloeiro ⟨ji.lo.ei.ro⟩ s.m. Planta herbácea com ramos cobertos de pelos, folhas compridas, flores brancas com formato semelhante ao de uma estrela, e cujo fruto é o jiló. ◻ SIN. jiló.

jingle *(palavra inglesa)* (Pron. [díngou]) s.m. Pequena mensagem publicitária musicada: *As rádios apresentam muitos jingles em suas propagandas*.

jiparanaense ⟨ji.pa.ra.na.en.se⟩ adj.2g./s.2g. De Ji-Paraná ou relacionado a essa cidade do estado brasileiro de Rondônia.

jipe ⟨ji.pe⟩ s.m. Veículo resistente que se adapta facilmente a todo tipo de terreno. ◻ ORIGEM É a extensão de uma marca comercial.

jirau ⟨ji.rau⟩ s.m. **1** Estrutura de madeira sobre a qual se edifica uma casa. **2** Armação rústica de madeira usada para armazenar e preparar alimentos, especialmente em habitações indígenas. ◻ ORIGEM É uma palavra de origem tupi.

jiu-jítsu ⟨jiu.jít.su⟩ (Pron. [jiu-jítissu]) (pl. *jiu-jítsus*) s.m. Arte marcial de origem japonesa na qual se golpeia o oponente sem utilizar armas.

joalharia ⟨jo.a.lha.ri.a⟩ s.f. →**joalheria**

joalheiro, ra ⟨jo.a.lhei.ro, ra⟩ ▌adj. **1** Da joia ou relacionado a ela. ▌s. **2** Pessoa que se dedica profissionalmente à fabricação ou à venda de joias.

joalheria ⟨jo.a.lhe.ri.a⟩ s.f. **1** Estabelecimento em que se fabricam ou se vendem joias. **2** Arte, técnica ou indústria de fabricação de joias. ◻ ORTOGRAFIA Escreve-se também *joalharia*.

joanete ⟨jo.a.ne.te⟩ (Pron. [joanête]) s.m. Deformação ou inflamação crônica na base do osso do primeiro dedo do pé.

joaninha ⟨jo.a.ni.nha⟩ s.f. Inseto coleóptero com formato arredondado, geralmente de cor vermelha ou amarela com pintas pretas, e que se alimenta basicamente de pulgões. [◉ insetos p. 456] ◻ GRAMÁTICA É um substantivo epiceno: *a joaninha {macho/fêmea}*.

joão-de-barro ⟨jo.ão-de-bar.ro⟩ (pl. *joões-de-barro*) s.m. Ave de plumagem castanha e cor de ferrugem no dorso e na cauda. ◻ GRAMÁTICA É um substantivo epiceno: *o joão-de-barro {macho/fêmea}*.

joão-ninguém ⟨jo.ão-nin.guém⟩ (pl. *joões-ninguém*) s.m. *pejorativo* Pessoa insignificante. ◻ GRAMÁTICA Usa-se tanto para o masculino quanto para o feminino: *{ele/ela} é um joão-ninguém*.

joça ⟨jo.ça⟩ s.f. **1** *pejorativo* Aquilo que é malfeito ou difícil de ser compreendido. **2** *pejorativo* Aquilo cujo nome se desconhece ou se esqueceu.

jocoso, sa ⟨jo.co.so, sa⟩ (Pron. [jocôso], [jocósa], [jocósos], [jocósas]) adj. Que provoca riso ou que é engraçado.

joeira ⟨jo.ei.ra⟩ s.f. Peneira usada para separar o trigo do joio ou de outras substâncias.

joelhada ⟨jo.e.lha.da⟩ s.f. Golpe dado com o joelho.

joelheira ⟨jo.e.lhei.ra⟩ s.f. Acessório ou faixa que se prendem ao redor do joelho para sustentá-lo ou para protegê-lo.

joelho ⟨jo.e.lho⟩ (Pron. [joêlho]) s.m. **1** Região da articulação do fêmur com a tíbia, onde fica a patela. **2** Em uma calça, parte que cobre essa região.

jogada ⟨jo.ga.da⟩ s.f. **1** Em um jogo, lance feito por um jogador. **2** *informal* Ação arriscada que visa obter benefícios: *A jogada que tramou foi descoberta pelos sócios*.

jogador, -a ⟨jo.ga.dor, do.ra⟩ (Pron. [jogadôr], [jogadôra]) ▌adj./s. **1** Que ou quem joga. ▌s. **2** Pessoa que se dedica profissionalmente a um esporte: *um jogador de vôlei*. **3** Pessoa que gosta muito de jogos de azar ou que tem muita aptidão para eles: *Era um jogador fanático e apostava em corridas de cavalos*.

jogar ⟨jo.gar⟩ ▌v.t.d./v.int. **1** Fazer algo para divertir(-se) ou para entreter(-se): *Gosta de jogar baralho*. **2** Participar de (um jogo esportivo) ou praticar esportes. ▌v.t.d./v.t.i. **3** Apostar (algo) com a finalidade de ganhar dinheiro ou jogar [em sorteios ou jogos de azar]: *Fizeram um bolão e jogaram na loteria*. ▌v.t.d./v.t.d.i. **4** Impulsionar (algo) com força [em uma direção ou para alguém]: *Jogue a bola pra mim!* ◻ SIN. arrojar, arremessar, lançar. **5** Desfazer-se de ou atirar (um objeto) [em um lugar]: *Jogamos os papéis no lixo*. ▌v.t.d./v.int. **6** Balançar ou oscilar: *Jogou a cabeça para o lado, pensando na resposta*. ▌v.prnl. **7** Pular ou lançar-se: *Joguei-me em cima da cama*. ◻ ORTOGRAFIA Antes de e, o g muda para gu →CHEGAR. ◻ GRAMÁTICA Na acepção 3, como transitivo indireto, usa-se a construção *jogar EM algo*.

jogatina ⟨jo.ga.ti.na⟩ s.f. Vício no jogo ou gosto excessivo por ele.

jogo ⟨jo.go⟩ (Pron. [jôgo], [jógos]) s.m. **1** Ação que se realiza como diversão ou como entretenimento. **2** Atividade recreativa que é feita sob determinadas regras: *O jogo de xadrez mexe muito com o raciocínio*. **3** Em alguns esportes, competição na qual duas equipes ou dois jogadores se enfrentam: *um jogo de basquete*. ◻ SIN. partida. **4** Conjunto de elementos que têm a mesma função ou se combinam para uma determinado fim: *um jogo de toalhas*. **5** Esquema, geralmente secreto, para obter vantagens: *Na novela, a protagonista esconde de todos o seu verdadeiro jogo*. ‖ **jogo de azar** Aquele que não se baseia na esperteza nem na inteligência do jogador e sim em sua sorte: *O bingo e a loteria são jogos de azar*. ‖ **jogo de palavras** Procedimento linguístico que consiste em combinar palavras semelhantes pelo sentido ou pelo som para produzir um efeito engenhoso ou humorístico: *Em* Quem casa quer casa, *há um jogo de palavras*. ◻ SIN. trocadilho. ‖ **(jogo do) bicho** Aquele ilegal, baseado na loteria, e cujas apostas são feitas em nomes de animais. ‖ **ter jogo de cintura** Ter habilidade para contornar situações difíceis: *Tem muito jogo de cintura para lidar com as dificuldades da profissão*.

jogo da velha ⟨jo.go da ve.lha⟩ (pl. *jogos da velha*) s.m. Jogo que se baseia na colocação de três sinais em linha reta dentro de um desenho semelhante a um quadrado cruzado por quatro linhas.

jogral ⟨jo.gral⟩ (pl. *jograis*) s.m. **1** Na Idade Média, artista ambulante que divertia o público com bailes, jogos, interpretações e outras habilidades. **2** Poema ou texto apresentados por um coro de pessoas que alternam a declamação com o canto, incluindo trechos apresentados individualmente. ◻ GRAMÁTICA Na acepção 1, seu feminino é *jogralesa*.

jogralesa ⟨jo.gra.le.sa⟩ (Pron. [jogralêsa]) Substantivo feminino de **jogral**.

joguete ⟨jo.gue.te⟩ (Pron. [joguête]) s.m. **1** Pessoa facilmente manipulável: *Sentia-me um joguete em suas mãos*. **2** *informal* Objeto dominado ou manipulado por uma força superior: *O barco era um joguete das ondas em alto-mar*. ◻ GRAMÁTICA Usa-se tanto para o masculino quanto para o feminino: *{ele/ela} é um joguete*.

joia ⟨joi.a⟩ (Pron. [jóia]) ▌s.f. **1** Objeto para adorno feito de pedras ou metais preciosos. ▌adj.2g.2n. **2** *informal* Muito bom ou excelente: *um sapato joia*.

joinvilense ⟨jo.in.vi.len.se⟩ adj.2g./s.2g. De Joinvile ou relacionado a essa cidade do estado brasileiro de Santa Catarina.

joio ⟨joi.o⟩ s.m. **1** Gramínea que cresce principalmente nas plantações de trigo, por ter características semelhantes às dele, e cujos frutos são tóxicos e prejudiciais às pessoas. ◻ SIN. cizânia. **2** Semente dessa gramínea. **3** Aquilo que é ruim ou prejudicial. ‖ **separar o joio do trigo** Distinguir as coisas boas entre as ruins.

jojoba

jojoba ⟨jo.jo.ba⟩ s.f. **1** Planta arbustiva com sementes comestíveis das quais se extrai um óleo muito usado na indústria de cosméticos. **2** Semente dessa planta.

jongo ⟨jon.go⟩ s.m. Dança de roda, de origem africana, na qual os participantes giram e dão uma umbigada no parceiro ao lado, enquanto outros dois ficam no centro da roda fazendo movimentos semelhantes. ▫ ORIGEM É uma palavra de origem africana.

jóquei ⟨jó.quei⟩ s.m. Cavaleiro, geralmente profissional, que monta cavalos de corrida em competições. ▫ GRAMÁTICA Seu feminino é *joqueta*.

joqueta ⟨jo.que.ta⟩ (Pron. [joquêta]) Substantivo feminino de jóquei.

jordaniano, na ⟨jor.da.ni.a.no, na⟩ adj./s. Da Jordânia ou relacionado a esse país asiático.

jornada ⟨jor.na.da⟩ s.f. **1** Tempo dedicado ao trabalho diário ou semanal: *Minha mãe tem uma jornada diária de oito horas*. ▫ SIN. **expediente**. **2** Caminhada ou viagem, especialmente se forem a pé: *A expedição percorreu uma longa jornada até atravessar a fronteira*.

jornal ⟨jor.nal⟩ (pl. *jornais*) s.m. **1** Publicação informativa que sai diariamente. **2** Noticiário transmitido pela televisão ou pelo rádio.

jornaleco ⟨jor.na.le.co⟩ s.m. *pejorativo* Jornal de pouca importância, de má qualidade ou mal redigido.

jornaleiro, ra ⟨jor.na.lei.ro, ra⟩ s. Pessoa que vende ou entrega jornais.

jornalismo ⟨jor.na.lis.mo⟩ s.m. **1** Atividade profissional relacionada à seleção, à classificação e à elaboração de informações transmitidas pelos meios de comunicação: *O bom jornalismo deve ser imparcial*. **2** Conjunto de pessoas que se dedicam profissionalmente a essa atividade.

jornalista ⟨jor.na.lis.ta⟩ s.2g. Pessoa que se dedica profissionalmente à difusão ou à comunicação de informação.

jornalístico, ca ⟨jor.na.lís.ti.co, ca⟩ adj. Do jornal, do jornalista ou relacionado a eles.

jorrar ⟨jor.rar⟩ ▮ v.t.d. **1** Lançar (um líquido) como um jato: *A mangueira jorrava água*. ▮ v.t.i./v.int. **2** Em relação a um líquido, sair como um jato [de sua fonte ou de um lugar]: *A água jorrava da torneira. O cano quebrou e a água jorrou por todo o quintal*. ▮ v.int. **3** *informal* Brotar ou fluir em abundância ou com facilidade: *Como estudou bastante, as respostas jorravam em sua cabeça*.

jorro ⟨jor.ro⟩ (Pron. [jôrro]) s.m. Líquido, gás ou luz expulsos por um orifício com relativa força. ▫ SIN. **jato**.

joseense ⟨jo.se.en.se⟩ adj.2g./s.2g. De São José dos Campos ou relacionado a essa cidade do estado brasileiro de São Paulo.

josefense ⟨jo.se.fen.se⟩ adj.2g./s.2g. De São José ou relacionado a essa cidade do estado brasileiro de Santa Catarina.

jota ⟨jo.ta⟩ s.m. Nome da letra *j*.

joule ⟨jou.le⟩ (Pron. [jaule] ou [jule]) s.m. Unidade de trabalho e de energia equivalente ao trabalho produzido pela força de um newton, cujo ponto de aplicação se desloca um metro na direção da força. ▫ ORTOGRAFIA Seu símbolo é *J*, sem ponto.

jovem ⟨jo.vem⟩ (pl. *jovens*) ▮ adj.2g. **1** Com as características que se consideram próprias da juventude. **2** De pouca idade ou que se encontra nas primeiras etapas de sua existência ou de seu desenvolvimento. ▮ adj.2g./s.2g. **3** Que ou quem está na juventude ou na etapa entre a infância e a idade adulta. ▫ SIN. **moço**.

jovial ⟨jo.vi.al⟩ (pl. *joviais*) adj.2g. Alegre ou de bom humor. ▫ SIN. **gaio**.

jovialidade ⟨jo.vi.a.li.da.de⟩ s.f. Condição de jovial.

joystick *(palavra inglesa)* (Pron. [joistíc]) s.m. Em alguns mecanismos eletrônicos, dispositivo de controle com botões e com uma ou mais alavancas que podem ser movidas em todas as direções: *Para jogar este video game, precisaremos dos* joysticks.

juá ⟨ju.á⟩ s.m. **1** Árvore de galhos tortuosos e cobertos por espinhos, que formam uma copa ampla e densa, com folhas rígidas, e cujo fruto, amarelo, pequeno e redondo, apresenta propriedades medicinais por ser rico em vitamina C. ▫ SIN. **juazeiro**. **2** Esse fruto. ▫ ORIGEM É uma palavra de origem tupi.

juazeirense ⟨ju.a.zei.ren.se⟩ adj.2g./s.2g. **1** De Juazeiro ou relacionado a essa cidade do estado brasileiro da Bahia. **2** De Juazeiro do Norte ou relacionado a essa cidade do estado brasileiro do Ceará.

juazeiro ⟨ju.a.zei.ro⟩ s.m. Árvore de galhos tortuosos e cobertos por espinhos, que formam uma copa ampla e densa, com folhas rígidas, e cujo fruto é o juá. ▫ SIN. **juá**.

juba ⟨ju.ba⟩ s.f. **1** Crina que fica ao redor da cabeça do leão. **2** *informal* Cabelos compridos ou volumosos: *É engraçado ver nas fotos antigas o meu pai com aquela juba*.

jubilação ⟨ju.bi.la.ção⟩ (pl. *jubilações*) s.f. **1** Alegria intensa, especialmente se for manifestada com sinais exteriores. ▫ SIN. **exultação, gáudio, júbilo**. **2** Ato ou efeito de jubilar(-se).

jubilar ⟨ju.bi.lar⟩ ▮ adj. **1** Do jubileu ou relacionado a essa comemoração. ▮ v.t.d./v.prnl. **2** Cancelar a matrícula de (alguém) ou ter a matrícula cancelada, geralmente por ter-se excedido o prazo máximo previsto para a conclusão de um curso: *A universidade jubilou cerca de quinze alunos. Meu irmão não conseguiu frequentar o ano letivo e jubilou-se*. **3** Aposentar(-se) (alguém) do serviço público ou do magistério: *A faculdade jubilou alguns professores por tempo de serviço*.

jubileu ⟨ju.bi.leu⟩ s.m. **1** No catolicismo, perdão pleno concedido pelo papa em determinadas ocasiões. **2** Comemoração de cinquentenário.

júbilo ⟨jú.bi.lo⟩ s.m. Alegria intensa, especialmente se for manifestada com sinais exteriores. ▫ SIN. **exultação, gáudio, jubilação**.

jubiloso, sa ⟨ju.bi.lo.so, sa⟩ (Pron. [jubilôso], [jubilósa], [jubilósos], [jubilósas]) adj. Cheio de júbilo ou de alegria.

juçara ⟨ju.ça.ra⟩ s.f. Palmeira com folhas grandes em formato de pena, e de cujo caule se extrai o palmito. ▫ ORIGEM É uma palavra de origem tupi.

judaico, ca ⟨ju.dai.co, ca⟩ ▮ adj. **1** Do judaísmo ou relacionado a essa religião. ▫ SIN. **israelita, judeu**. ▮ adj./s. **2** Do antigo povo semita que habitou a Terra de Canaã (que posteriormente se tornou o Reino de Israel) ou relacionado a ele. ▫ SIN. **hebraico, hebreu, judeu, israelita**.

judaísmo ⟨ju.da.ís.mo⟩ s.m. **1** Religião baseada na lei do profeta israelita Moisés, que se caracteriza pelo monoteísmo e pela espera da chegada do Messias. **2** Civilização e cultura judaicas.

judaizante ⟨ju.da.i.zan.te⟩ adj.2g./s.2g. Em relação a um cristão, que pratica os rituais e as cerimônias do judaísmo.

judaizar ⟨ju.da.i.zar⟩ v.int. Praticar os ritos e as cerimônias do judaísmo. ▫ SIN. **judiar**.

judas ⟨ju.das⟩ s.m. *pejorativo* Pessoa traidora ou que não inspira confiança. ▫ GRAMÁTICA Usa-se tanto para o masculino quanto para o feminino: *(ele/ela) é um judas*.

judeu, dia ⟨ju.deu, di.a⟩ ▌adj. **1** Do judaísmo ou relacionado a essa religião. □ SIN. israelita, judaico. ▌adj./s. **2** Que ou quem tem o judaísmo como religião. □ SIN. israelita. **3** Da Judeia ou relacionado a esse antigo país asiático: *O território judeu localizava-se entre o mar Morto e o Mediterrâneo.* **4** Do antigo povo semita que habitou a Terra de Canaã (que posteriormente se tornou o Reino de Israel) ou relacionado a ele: *O calendário judeu é baseado no movimento lunar.* □ SIN. hebraico, hebreu, israelita, judaico.

judiação ⟨ju.di.a.cão⟩ (pl. *judiações*) s.f. Maus-tratos físicos ou morais.

judiar ⟨ju.di.ar⟩ ▌v.int. **1** Praticar os rituais e as cerimônias do judaísmo. □ SIN. judaizar. ▌v.t.i. **2** Maltratar ou aplicar castigo físico ou moral [em alguém].

judicativo, va ⟨ju.di.ca.ti.vo, va⟩ adj. **1** Que estabelece um julgamento. **2** Que possui autoridade ou capacidade para julgar.

judicatura ⟨ju.di.ca.tu.ra⟩ s.f. **1** Cargo de juiz. □ SIN. juizado. **2** Corpo ou conjunto dos juízes de um país.

judicial ⟨ju.di.ci.al⟩ (pl. *judiciais*) adj.2g. Da justiça ou relacionado a ela. □ SIN. judiciário.

judiciário, ria ⟨ju.di.ci.á.rio, ria⟩ adj. **1** Da justiça ou relacionado a ela. □ SIN. judicial. **2** Em relação a um órgão, que tem a faculdade ou a missão de julgar e sentenciar: *o poder judiciário.* □ USO Na acepção 2, usa-se geralmente como substantivo próprio masculino para se referir ao poder judiciário do governo de um país: *O Judiciário emitiu sentença favorável ao réu.*

judicioso, sa ⟨ju.di.ci.o.so, sa⟩ (Pron. [judicióso], [judiciósa], [judiciósos], [judiciósas]) adj. Com juízo ou sensatez.

judô ⟨ju.dô⟩ s.m. Arte marcial de origem japonesa em que dois lutadores se enfrentam com a finalidade de derrubar e imobilizar o adversário sem o uso de armas.

judoca ⟨ju.do.ca⟩ s.2g. Pessoa que pratica o judô.

jugo ⟨ju.go⟩ s.m. **1** Instrumento de madeira que serve para prender os animais de tração pela cabeça ou pelo pescoço, no carro ou no arado. □ SIN. canga. **2** Domínio superior que impõe a obediência: *o jugo da tirania.*

jugular ⟨ju.gu.lar⟩ ▌adj.2g. **1** Da região interna do pescoço ou relacionado a ela. ▌s.f. **2** Cada uma das veias existentes nessa região.

juiz ⟨ju.iz⟩ s.m. **1** Pessoa que se dedica profissionalmente a julgar, sentenciar ou mandar executar a sentença. **2** Pessoa à qual é atribuída a função de avaliar e sentenciar: *Os juízes do concurso lhe deram nota máxima.* □ SIN. árbitro. **3** Em uma competição esportiva, pessoa que possui a máxima autoridade e que verifica o cumprimento das regras preestabelecidas: *O juiz apitou pênalti.* □ SIN. árbitro. □ GRAMÁTICA Seu feminino é *juíza*.

juíza ⟨ju.í.za⟩ Substantivo feminino de juiz.

juizado ⟨ju.i.za.do⟩ s.m. **1** Cargo de juiz. □ SIN. judicatura. **2** Lugar em que um juiz trabalha.

juiz-forano, na ⟨ju.iz-fo.ra.no, na⟩ (pl. *juiz-foranos*) adj./s. De Juiz de Fora ou relacionado a essa cidade do estado brasileiro de Minas Gerais.

juízo ⟨ju.í.zo⟩ s.m. **1** Ato ou efeito de julgar. □ SIN. julgamento. **2** Faculdade mental de distinguir e de julgar racionalmente: *Apesar da pouca idade, tem muito juízo.* □ SIN. siso. **3** Instância judiciária representada pela magistratura.

jujuba ⟨ju.ju.ba⟩ s.f. **1** Árvore com folhas vistosas e cujo fruto, suculento, de cor laranja-avermelhada e com propriedades medicinais, é comestível. **2** Esse fruto. **3** Guloseima adocicada, de tamanho pequeno, consistência macia e sabores e cores variados.

julgado ⟨jul.ga.do⟩ s.m. **1** Decisão emitida pelo poder judiciário. **2** Área territorial de atuação de um juiz.

julgamento ⟨jul.ga.men.to⟩ s.m. **1** Ato ou efeito de julgar. □ SIN. juízo. **2** Em direito, processo que acontece perante um juiz ou um tribunal, no qual se pretende esclarecer fatos e sentenciar sobre eles. **3** Sessão na qual se realiza esse processo.

julgar ⟨jul.gar⟩ ▌v.t.d./v.prnl. **1** Crer(-se) ou considerar(-se): *Julgou interessante sua proposta.* ▌v.t.d. **2** Avaliar as ações ou as condições de (algo ou alguém) e emitir sentença sobre elas: *Não me julgue sem conhecer os meus motivos.* □ ORTOGRAFIA Antes de *e*, o *g* muda para *gu* →CHEGAR. □ GRAMÁTICA Na acepção 1, o objeto pode vir acompanhado de um complemento que o qualifica: *Julgou interessante sua proposta.*

julho ⟨ju.lho⟩ s.m. Sétimo mês do ano, entre junho e agosto.

juliano, na ⟨ju.li.a.no, na⟩ adj. De Júlio César ou relacionado a esse imperador romano.

jumento, ta ⟨ju.men.to, ta⟩ ▌adj./s. **1** *pejorativo* Que ou quem é pouco inteligente. **2** *pejorativo* Que ou quem é grosseiro. ▌s. **3** Mamífero quadrúpede menor que o cavalo, de orelhas compridas, pelo áspero acastanhado ou grisalho, geralmente utilizado como animal de carga ou de montaria. □ SIN. asno, jegue.

junção ⟨jun.ção⟩ (pl. *junções*) s.f. **1** Ato ou efeito de juntar(-se). □ SIN. junta. **2** Parte ou lugar em que se juntam e se unem duas ou mais coisas. □ SIN. junta.

juncar ⟨jun.car⟩ ▌v.t.d. **1** Cobrir com junco, ramos, folhas ou flores (uma superfície). ▌v.t.d.i. **2** Cobrir (uma superfície) [de junco, ramos, folhas ou flores]. □ ORTOGRAFIA Antes de *e*, o *c* muda para *qu* →BRINCAR.

junco ⟨jun.co⟩ s.m. Planta herbácea típica de lugares úmidos, de caule subterrâneo que cresce no sentido horizontal, com folhas longas, lisas, cilíndricas e flexíveis, verde-escuras por fora e brancas por dentro, com frutos reduzidos a vagens finas, e que é muito cultivada como ornamental.

jungir ⟨jun.gir⟩ v.t.d./v.t.d.i. **1** Juntar ou ligar (uma coisa) [a outra]. **2** Alinhar ou emparelhar (animais) utilizando um jugo [a um veículo ou a uma máquina agrícola]. **3** Submeter (alguém) [a algo], valendo-se do poder ou da força. □ SIN. subjugar. □ ORTOGRAFIA Antes de *a* ou *o*, o *g* muda para *j* →FUGIR. □ GRAMÁTICA É um verbo defectivo, pois não apresenta conjugação completa →BANIR.

junho ⟨ju.nho⟩ s.m. Sexto mês do ano, entre maio e julho.

junino, na ⟨ju.ni.no, na⟩ adj. Do mês de junho ou relacionado a ele.

júnior ⟨jú.ni.or⟩ adj.2g./s.2g. **1** Que ou quem é mais jovem em relação a alguém. **2** Que ou quem não tem experiência em uma atividade profissional. **3** Em relação a um esportista, que, por sua idade, pertence a uma categoria que antecede a categoria principal.

junquilho ⟨jun.qui.lho⟩ s.m. Planta com flores aromáticas, brancas ou amarelas, reunidas em grupos de até cinco flores por haste, e que é muito cultivada como ornamental.

junta ⟨jun.ta⟩ s.f. **1** Ato ou efeito de juntar(-se). □ SIN. junção. **2** No sistema esquelético, região entre os ossos, formada por tecidos diversos e que permite a movimentação deles. □ SIN. articulação. **3** Agrupamento de animais: *uma junta de bois.* **4** Reunião de pessoas para tratar de um assunto: *uma junta de professores.* **5** Conjunto de pessoas eleitas para dirigir os assuntos de uma coletividade: *uma junta de diretores.* **6** Parte ou

juntar

lugar em que se juntam e se unem duas ou mais coisas: *a junta dos canos*. ☐ SIN. junção.
juntar ⟨jun.tar⟩ ▌v.t.d./v.t.d.i./v.int./v.prnl. **1** Unir(-se) (elementos distintos) [a outros] formando um todo ou um conjunto: *O detetive juntou provas que poderiam ser decisivas*. **2** Aproximar(-se) (duas ou mais coisas) [de outras ou entre si]: *Juntaremos as cadeiras para ter mais espaço na sala.* ▌v.t.d. **3** Acumular (certa quantia de dinheiro). ▌v.t.d./v.prnl. **4** Reunir(-se) em um mesmo lugar: *Juntaram-se para fazer o trabalho.* ▌v.int./v.prnl. **5** Unir(-se) não oficialmente ou viver com alguém mantendo relações sexuais sem estar casado. ☐ ORTOGRAFIA Escreve-se também *ajuntar*. ☐ GRAMÁTICA É um verbo abundante, pois apresenta dois particípios: *juntado* e *junto*.
junto, ta ⟨jun.to, ta⟩ ▌**1** Particípio irregular de juntar. ▌adj. **2** Unido, próximo ou agrupado. **3** Em companhia, em colaboração ou a um tempo: *Eles estudam juntos.*
juntura ⟨jun.tu.ra⟩ s.f. União ou junção.
jura ⟨ju.ra⟩ s.f. Ato ou efeito de jurar. ☐ SIN. juramento.
jurado, da ⟨ju.ra.do, da⟩ ▌adj./s. **1** Que ou quem prestou juramento para desempenhar seu cargo ou sua função. **2** *informal* Que ou quem é vítima de ameaça de agressão ou de morte. ▌s. **3** Em um processo judicial, pessoa que participa de um júri que determina a culpa ou a inocência de um acusado: *Os jurados discutiram a veracidade das provas.* **4** Em um concurso ou em uma competição, pessoa que classifica ou qualifica algo ou alguém: *Os jurados foram rigorosos com os finalistas.*
juramentar ⟨ju.ra.men.tar⟩ v.t.d./v.prnl. →ajuramentar
juramento ⟨ju.ra.men.to⟩ s.m. **1** Ato ou efeito de jurar. ☐ SIN. jura. **2** Compromisso solene de fidelidade e obediência: *O juramento dos formandos é feito na colação de grau.*
jurar ⟨ju.rar⟩ ▌v.t.d./v.t.d.i. **1** Afirmar ou prometer categoricamente (algo) [a alguém], especialmente se for de forma solene e se colocar como garantia algo sagrado ou valioso: *Juro que não voltarei a fazer isso.* ▌v.t.d. **2** Comprometer-se solenemente e sob juramento a cumprir com as obrigações ou exigências inerentes a (um cargo ou um princípio, especialmente): *O presidente jurou seu cargo no dia da posse.* ▌v.t.i. **3** Dizer palavras ofensivas ou rogar pragas [contra algo ou alguém]: *Furioso, jurou contra tudo e contra todos.* ☐ GRAMÁTICA Na acepção 3, usa-se a construção *jurar* CONTRA *(algo/alguém)*.
jurássico, ca ⟨ju.rás.si.co, ca⟩ ▌adj. **1** Em geologia, do segundo período da era secundária ou mesozoica, ou dos terrenos que se formaram nele. ▌adj./s.m. **2** Em geologia, em relação a um período, que é o segundo da era secundária ou mesozoica.
jurema ⟨ju.re.ma⟩ (Pron. [jurêma]) s.f. **1** Árvore de madeira dura, caule tortuoso e com espinhos, com casca manchada, ramos em formato de zigue-zague, folhas compostas e flores com muitos estames e que possui uma vagem seca e fibrosa. **2** Bebida preparada com a casca, com a raiz ou com o fruto dessa árvore, usada em alguns rituais religiosos por suas propriedades alucinógenas. ☐ ORIGEM É uma palavra de origem tupi.
júri ⟨jú.ri⟩ s.m. **1** Em um processo judicial, tribunal formado por um juiz e por cidadãos, e cuja função é determinar a culpa ou a inocência de um acusado. **2** Em um concurso ou em uma competição, comissão julgadora encarregada de examinar ou avaliar algo: *O júri escolherá a melhor redação.*
jurídico, ca ⟨ju.rí.di.co, ca⟩ adj. Que está relacionado ao direito ou às leis.

jurisconsulto, ta ⟨ju.ris.con.sul.to, ta⟩ s. Pessoa que, com o devido título, dedica-se à ciência do direito, fazendo consultas e dando pareceres.
jurisdição ⟨ju.ris.di.ção⟩ (pl. *jurisdições*) s.f. **1** Poder ou autoridade que fazem cumprir as leis: *O Poder Legislativo tem jurisdição para elaborar as leis.* **2** Território sobre o qual se exerce esse poder.
jurisprudência ⟨ju.ris.pru.dên.cia⟩ s.f. Conjunto de sentenças expedidas pelos tribunais que servem de base ou referência para outras decisões em juízo.
jurista ⟨ju.ris.ta⟩ s.2g. Pessoa que se dedica ao estudo ou à interpretação das leis ou do direito, especialmente como profissão.
juriti ⟨ju.ri.ti⟩ s.f. Ave de médio porte semelhante ao pombo, com pescoço, bico e patas curtas, com plumagem geralmente marrom, peito claro, e que se alimenta de sementes e frutos. ☐ ORIGEM É uma palavra de origem tupi. ☐ GRAMÁTICA É um substantivo epiceno: *a juriti (macho/fêmea)*.
juro ⟨ju.ro⟩ s.m. **1** Quantia que se paga pelo uso de um dinheiro recebido como empréstimo. **2** *informal* Recompensa: *A cada boa ação, recebemos os juros de nossa generosidade.* ☐ USO Usa-se geralmente a forma plural *juros*.
jurubeba ⟨ju.ru.be.ba⟩ s.f. Arbusto de raízes e frutos arredondados e amargos, com flores roxas e vistosas em formato de sino, e que é popularmente conhecida por seu valor medicinal contra a icterícia e a febre. ☐ ORIGEM É uma palavra de origem tupi.
jururu ⟨ju.ru.ru⟩ adj.2g. *informal* Triste, melancólico ou desanimado. ☐ ORIGEM É uma palavra de origem tupi.
jus s.m. Direito de estabelecer alguma medida ou procedimento. ‖ **fazer jus a** algo: Ser merecedor dele: *Fiz jus à minha nota dez na prova!*
jusante ⟨ju.san.te⟩ s.f. Sentido em que fluem as águas de um rio.
justa ⟨jus.ta⟩ s.f. Na Idade Média, combate entre dois cavaleiros armados com lanças, com as quais tentavam derrubar o oponente.
justa- Prefixo que indica posição ao lado: *justaposição.*
justapor ⟨jus.ta.por⟩ ▌v.t.d. **1** Colocar junto ou lado a lado: *A bibliotecária justapôs todos os livros na prateleira.* ▌v.t.d.i./v.prnl. **2** Colocar(-se) (uma pessoa ou uma coisa) junto ou ao lado [de outra]: *Para escutá-la melhor, justapus-me a seu lado.* ☐ GRAMÁTICA É um verbo irregular →PÔR.
justaposição ⟨jus.ta.po.si.ção⟩ (pl. *justaposições*) s.f. **1** Ato ou efeito de justapor(-se). **2** Junção de palavras distintas para formar uma nova palavra, sem alteração fonética: *Guarda-roupa é uma palavra formada por justaposição.*
justeza ⟨jus.te.za⟩ (Pron. [justêza]) s.f. **1** Retidão ou precisão nas ações: *A justeza da decisão satisfez a todos.* **2** Em relação a um cálculo matemático, exatidão da medida, peso ou valor.
justiça ⟨jus.ti.ça⟩ s.f. **1** Atitude de respeitar e de dar a cada um o que lhe é de direito: *O árbitro apitou com justiça e sem favorecer nenhum time.* **2** Aquilo que deve ser feito segundo as leis ou a razão: *Esperamos que faça justiça e que o criminoso seja punido.* **3** Conjunto de instituições ou autoridades encarregadas de aplicar as leis: *O caso foi parar na Justiça.* ☐ ORTOGRAFIA Na acepção 3, usa-se geralmente com inicial maiúscula por ser também um nome próprio.
justiçar ⟨jus.ti.çar⟩ v.t.d. Castigar fisicamente ou matar: *O Pelourinho, na Bahia, era um local onde se justiçavam os escravos fugitivos.* ☐ ORTOGRAFIA Antes de e, o ç muda para c →COMEÇAR.
justiceiro, ra ⟨jus.ti.cei.ro, ra⟩ adj./s. **1** Que ou quem acata e faz acatar rigorosamente a justiça,

juventude

especialmente quando se refere à punição dos delitos. **2** Que ou quem se encarrega de fazer justiça com as próprias mãos.

justificação ⟨jus.ti.fi.ca.ção⟩ (pl. *justificações*) s.f. **1** Argumento ou documento que comprovam um fato ou uma proposição: *O recibo é a justificação de que está matriculado.* □ **SIN.** justificativa. **2** Em tipografia, alinhamento das linhas de um texto, à direita, à esquerda ou centralizado.

justificar ⟨jus.ti.fi.car⟩ ▌ v.t.d./v.prnl. **1** Demonstrar a inocência de (alguém ou si próprio) ou defender(-se): *Justificou-se comprovando sua ausência da cidade naquele dia.* ▌ v.t.d. **2** Apresentar razões que reconheçam (uma ação) como verdadeira: *Nada justifica a violência.* □ **SIN.** legitimar. **3** Fundamentar ou validar com razões, com testemunhas ou com documentos: *O retorno do consumidor justifica o investimento em publicidade.* **4** Em tipografia, alinhar à esquerda e à direita (as linhas de um texto): *Esse programa justifica automaticamente as linhas do texto.* □ ORTOGRAFIA Antes de e, o c muda para qu →BRINCAR.

justificativa ⟨jus.ti.fi.ca.ti.va⟩ s.f. Argumento ou documento que comprovam um fato ou uma proposição: *Trouxe um atestado médico como justificativa da minha ausência ontem.*

justo ⟨jus.to⟩ adv. Exatamente ou no momento e no lugar precisos: *Visitou-nos justo quando não estávamos.*

justo, ta ⟨jus.to, ta⟩ adj. **1** Que está de acordo com a justiça, com o direito ou com a razão. **2** Preciso, exato ou adequado: *Usou as palavras justas e conseguiu convencê-los.* **3** Apertado ou ajustado: *uma roupa justa.* ▌ adj./s. **4** Que ou quem age com justiça. **5** No cristianismo, que ou quem tem a graça de Deus e vive segundo sua lei.

juta ⟨ju.ta⟩ s.f. **1** Planta anual com folhas verdes, flores amarelas, fruto em cápsula, e muito cultivada para a produção de fibras na indústria têxtil. **2** Fibra têxtil que se extrai dessa planta. **3** Tela confeccionada com essa fibra.

juvenil ⟨ju.ve.nil⟩ (pl. *juvenis*) adj.2g. Da juventude ou relacionado a essa fase do desenvolvimento humano.

juventude ⟨ju.ven.tu.de⟩ s.f. **1** Período da vida de uma pessoa que vai desde o fim da infância até os primeiros anos da idade adulta. **2** Conjunto dos jovens: *Esse cantor é um ídolo da juventude.*

k ❙ s.m. **1** Décima primeira letra do alfabeto. ❙ numer. **2** Em uma sequência, que ocupa o décimo primeiro lugar: *Sentamos na fileira k.* ☐ GRAMÁTICA Na acepção 1, o plural é *kk.*

karaoke *(palavra japonesa)* (Pron. [caraoquê]) s.m. **1** Estabelecimento onde os clientes podem interpretar canções com um acompanhamento musical gravado. **2** Aparelho que permite interpretar canções mediante a visualização de suas letras e um acompanhamento musical gravado.

kardecismo ⟨kar.de.cis.mo⟩ s.m. **1** Doutrina baseada na crença de que o espírito humano continua a existir depois da morte e pode se comunicar com os vivos. ☐ SIN. **espiritismo**. **2** Conjunto de práticas que se propõem a possibilitar o contato com os espíritos dos mortos. ☐ SIN. espiritismo.

kart *(palavra inglesa)* (Pron. [cárt]) s.m. Carro de corrida de pouca cilindrada, sem carroceria nem sistema de suspensão e com espaço para uma única pessoa.

kepleriano, na ⟨ke.ple.ri.a.no, na⟩ adj. De Johannes Kepler (astrônomo alemão que descobriu o movimento elíptico das órbitas planetárias) ou relacionado a ele.

ketchup *(palavra inglesa)* (Pron. [quetichúp]) s.m. Condimento preparado à base de molho de tomate com vinagre e açúcar.

kilobyte *(palavra inglesa)* (Pron. [quilobáite]) s.m. Em informática, unidade de armazenamento de informação que equivale a mil *bytes* ou a 1.024 *bytes.*

kilt *(palavra inglesa)* (Pron. [quilt]) s.m. Saia de lã com estampa xadrez e pregas, que faz parte do traje tradicional masculino escocês.

kiribatiano, na ⟨ki.ri.ba.ti.a.no, na⟩ adj./s. Do Kiribati (ou Quiribati) ou relacionado a esse país da Oceania. ☐ ORTOGRAFIA Escreve-se também *quiribatiano*.

kit *(palavra inglesa)* (Pron. [quit]) s.m. Conjunto de artigos que servem a um fim específico: *um* kit *de primeiros socorros.*

kitesurf *(palavra inglesa)* (Pron. [caitisárf]) s.m. Modalidade de surf em que uma pipa impulsionada pelo vento puxa o surfista sobre a prancha.

kitsch *(palavra alemã)* (Pron. [quitch]) ❙ adj.2g. **1** Que é considerado fora de moda ou de mau gosto: *uma decoração* kitsch. ❙ s.m. **2** Estilo ou tendência estética caracterizados pela mistura de elementos considerados fora de moda ou de mau gosto.

kiwi *(palavra inglesa)* (Pron. [quiuí]) s.m. **1** Planta trepadeira com folhas arredondadas, flores brancas ou creme com muitos estames, e cujo fruto comestível tem formato oval, pele parda e peluda, polpa verde com sabor adocicado e levemente ácido, e muitas sementes pretas pequenas. **2** Esse fruto.

know-how *(palavra inglesa)* (Pron. [nou-ráu]) s.m. Conjunto de conhecimentos em uma área específica que podem ser aplicados na realização de atividades ou tarefas relacionadas a ela.

kung fu *(palavra chinesa)* (Pron. [cong fu]) s.m. Arte marcial de origem chinesa que consiste em lutar corpo a corpo usando as mãos e os pés.

kuwaitiano, na ⟨ku.wai.ti.a.no, na⟩ adj./s. Do Kuwait ou relacionado a esse país asiático. ☐ SIN. **coveitiano**.

l ▮s.m. **1** Décima segunda letra do alfabeto. ▮numer. **2** Em uma sequência, que ocupa o décimo segundo lugar: *Sentamos na fileira l.* ☐ GRAMÁTICA Na acepção 1, o plural é *ll*.

lá ▮s.m. **1** Em música, sexta nota ascendente ou terceira nota descendente da escala de dó. ▮adv. **2** Naquele lugar ou naquela posição ou àquele lugar ou àquela posição: *Vivo lá longe.* **3** Em um tempo não situado no presente: *Lá nos anos 1970, a democracia brasileira era muito limitada.*

lã s.f. **1** Pelo que cobre o corpo de alguns animais, especialmente o da ovelha e o do carneiro. **2** Fio elaborado a partir desse pelo: *um novelo de lã.* **3** Pano de tecido com esse fio.

labareda ⟨la.ba.re.da⟩ (Pron. [labarêda]) s.f. Chama grande que surge de forma repentina e que se apaga rapidamente: *Durante o incêndio, saíam labaredas pelas portas e janelas.*

lábaro ⟨lá.ba.ro⟩ s.m. **1** Estandarte dos imperadores romanos sobre o qual, desde a época de Constantino (imperador romano do século IV), se colocou a Cruz, acompanhada das duas primeiras letras do nome de Jesus Cristo (o filho de Deus para os cristãos) em grego. **2** No cristianismo, símbolo de Jesus Cristo, que consiste nas duas primeiras letras desse nome em grego. **3** *formal* Bandeira.

lábia ⟨lá.bia⟩ s.f. Desenvoltura ao falar: *Convenceu a todos com a sua lábia.*

labial ⟨la.bi.al⟩ (pl. *labiais*) adj.2g. **1** Dos lábios ou relacionado a eles. **2** Em linguística, em relação a um som consonantal, que se articula com os lábios: *O p, o b e o f são consoantes labiais.*

lábio ⟨lá.bio⟩ s.m. Em uma pessoa ou em alguns animais, cada uma das bordas carnudas e móveis que contornam a boca: *Pintou os lábios de vermelho.* ‖ **(lábio) leporino** Aquele que possui uma má-formação congênita que consiste em uma fissura ou fenda parecida com a do lábio de uma lebre. ‖ **lábio vaginal** Nas fêmeas dos mamíferos, cada uma das dobras externas da mucosa que cercam a cavidade vaginal.

labiodental ⟨la.bio.den.tal⟩ (pl. *labiodentais*) adj.2g. Em linguística, em relação a um som consonantal, que se articula aproximando o lábio inferior da ponta dos dentes incisivos superiores.

labirintite ⟨la.bi.rin.ti.te⟩ s.f. Inflamação do labirinto.

labirinto ⟨la.bi.rin.to⟩ s.m. **1** Lugar formado por numerosos caminhos cruzados entre si ou dispostos de forma que dificulta encontrar a saída. **2** Aquilo que é confuso ou que se apresenta de forma complexa: *um labirinto de informações.* **3** Nos vertebrados, órgão do equilíbrio composto por um conjunto de canais e cavidades que estão localizados na orelha interna: *uma inflamação no labirinto.*

labor ⟨la.bor⟩ (Pron. [labôr]) s.m. Trabalho, especialmente se for realizado um grande esforço: *Somente com muito labor atingiremos os resultados esperados.*

laborar ⟨la.bo.rar⟩ ▮v.t.d. **1** Cultivar ou trabalhar (a terra): *Ainda hoje, muitos laboram os campos em condições bem próximas à escravidão.* ▮v.int. **2** Esforçar-se para conseguir algo: *Essa instituição labora pela conservação do meio ambiente.*

laboratório ⟨la.bo.ra.tó.rio⟩ s.m. Lugar equipado com os instrumentos, aparelhos e produtos necessários para realizar pesquisas científicas ou para desenvolver trabalhos técnicos: *um laboratório químico.*

laboratorista ⟨la.bo.ra.to.ris.ta⟩ adj.2g./s.2g. Pessoa que se dedica às análises clínicas em laboratório, especialmente como profissão.

laborioso, sa ⟨la.bo.ri.o.so, sa⟩ (Pron. [laboriôso], [laboriósa], [laboriósos], [laboriósas]) adj. **1** Que é muito trabalhador ou que é assíduo e atento no trabalho. **2** Que exige ou que gera muito trabalho.

laborterapia

laborterapia ⟨la.bor.te.ra.pi.a⟩ s.f. Terapia que se caracteriza pela utilização de atividades lúdicas ou de trabalhos manuais como forma de tratamento. ☐ SIN. terapia ocupacional.

labrego, ga ⟨la.bre.go, ga⟩ (Pron. [labrêgo]) ▪ adj. 1 *pejorativo* Rude ou ignorante. ▪ s. 2 Pessoa que cultiva a terra e que vive na zona rural.

labuta ⟨la.bu.ta⟩ s.f. 1 Trabalho ou tarefa que exigem esforço ou dedicação. ☐ SIN. lida, refrega. 2 *informal* Qualquer trabalho: *Vamos aproveitar o final de semana, pois segunda-feira volto à labuta.*

labutar ⟨la.bu.tar⟩ v.int. Trabalhar com esforço e dedicação: *Labutou durante muito tempo até conseguir sua própria terra.* ☐ SIN. lidar.

laca ⟨la.ca⟩ s.f. 1 Produto manufaturado a partir de uma resina natural derivada da secreção de um pequeno inseto sugador de seiva, que incrusta nos galhos de alguns arbustos, e que é usada na fabricação de vernizes e de corantes. 2 Verniz resistente e brilhante que se fabrica com essa e outras substâncias: *Pode-se aplicar a laca em móveis, pinturas e gravuras.* 3 Objeto envernizado com esse produto, especialmente se for artístico: *uma coleção de lacas.* ☐ USO Na acepção 1, é a forma reduzida e mais usual de *goma-laca*.

laçada ⟨la.ça.da⟩ s.f. 1 Laço que se desfaz com facilidade puxando uma de suas pontas. 2 Laço usado como enfeite.

lacaio, a ⟨la.cai.o, a⟩ ▪ s. 1 *pejorativo* Pessoa excessivamente servil e aduladora: *Comportava-se como um lacaio diante do chefe.* ▪ s.m. 2 Antigo criado, vestido em traje nobre, cuja principal ocupação era acompanhar seu amo.

laçar ⟨la.çar⟩ v.t.d. Unir ou prender por meio de um laço: *Se não laçarmos bem os cadarços, eles soltam-se facilmente.* ☐ ORTOGRAFIA Antes de e o ç muda para c →COMEÇAR.

laçarote ⟨la.ça.ro.te⟩ s.m. Laço grande que é utilizado especialmente como enfeite.

lacerar ⟨la.ce.rar⟩ v.t.d./v.prnl. →dilacerar

laço ⟨la.ço⟩ s.m. 1 Nó com uma ou duas alças, geralmente com uma fita e que se desfaz com facilidade puxando uma de suas pontas. 2 Corda que tem um nó corrediço em uma de suas pontas e que é utilizada para prender ou capturar animais. 3 Vínculo entre duas ou mais pessoas: *Somos unidos por fortes laços de amizade.* ☐ ORTOGRAFIA É diferente de *lasso*.

lacônico, ca ⟨la.cô.ni.co, ca⟩ adj. 1 Breve ou conciso. 2 Que fala ou que escreve dessa maneira: *Não diria que ela é tímida, talvez uma pessoa lacônica.*

laconismo ⟨la.co.nis.mo⟩ s.m. Brevidade ou concisão.

lacraia ⟨la.crai.a⟩ s.f. Artrópode que tem um par de antenas grandes e o corpo cilíndrico, achatado, dividido em segmentos e com dezenas de patas ao longo dele. ☐ SIN. centopeia. ☐ GRAMÁTICA É um substantivo epiceno: *a lacraia (macho/fêmea)*.

lacrar ⟨la.crar⟩ v.t.d. Fechar com lacre ou vedar completamente: *Lacrou o pacote para que ninguém o abrisse.*

lacre ⟨la.cre⟩ s.m. 1 Resina sólida que se utiliza derretida para fechar ou selar documentos, envelopes ou pacotes. 2 Qualquer dispositivo utilizado para manter um objeto fechado ou protegido.

lacrimal ⟨la.cri.mal⟩ (pl. *lacrimais*) adj.2g. Da lágrima ou relacionado a ela.

lacrimejar ⟨la.cri.me.jar⟩ v.int. Verter lágrimas involuntariamente: *Fui ao oftalmologista porque meu olho direito não parava de lacrimejar.*

lacrimoso, sa ⟨la.cri.mo.so, sa⟩ (Pron. [lacrimôso], [lacrimósa], [lacrimósos], [lacrimósas]) adj. 1 Com lágrimas. 2 Em relação aos olhos, que apresentam um aspecto úmido e brilhante.

lactação ⟨lac.ta.ção⟩ (pl. *lactações*) s.f. 1 Nas fêmeas dos mamíferos, período ou processo de produção de leite que ocorre nas glândulas mamárias: *Durante a lactação, os seios da mulher aumentam de volume.* 2 Primeiro período da vida dos mamíferos, no qual se alimentam de leite: *Aqueles filhotes ainda estão na lactação.* 3 Alimentação dos filhos ou dos filhotes dos mamíferos com o leite produzido por uma fêmea: *Precisou sair mais cedo para a lactação de seu filho.* ☐ SIN. amamentação.

lactante ⟨lac.tan.te⟩ adj.2g./s.f. Em relação a uma mulher ou à fêmea de um mamífero, que produz leite ou que amamenta. ☐ USO É diferente de *lactente* (que ainda mama).

lactente ⟨lac.ten.te⟩ adj.2g./s.2g. Em relação a um bebê ou a um mamífero, que ainda mama. ☐ USO É diferente de *lactante* (que produz leite ou que amamenta).

lácteo, tea ⟨lác.teo, tea⟩ adj. 1 Do leite ou derivado dele. 2 Que tem aspecto semelhante ao do leite: *É uma bebida láctea, mas sua matéria-prima é a soja.* ☐ SIN. leitoso. ☐ ORTOGRAFIA Escreve-se também *láteo*.

lacticínio ⟨lac.ti.cí.nio⟩ s.m. →laticínio

láctico, ca ⟨lác.ti.co, ca⟩ adj. Em química, do leite ou relacionado a ele. ☐ ORTOGRAFIA Escreve-se também *lático*.

lactose ⟨lac.to.se⟩ s.f. Hidrato de carbono, de sabor doce, que há no leite.

lacuna ⟨la.cu.na⟩ s.f. 1 Falta ou omissão: *As lacunas do depoimento deixaram-no sob suspeita.* 2 Espaço vazio em um conjunto ou em uma sequência: *Um dos exercícios da prova era o de preencher lacunas.*

lacustre ⟨la.cus.tre⟩ adj.2g. Dos lagos ou relacionado a eles.

ladainha ⟨la.dai.nha⟩ s.f. 1 Oração formada por uma série de invocações que são súplicas recitadas por uma pessoa e repetidas ou respondidas por um coro: *Ao final do rosário, rezamos a ladainha da Virgem.* ☐ SIN. litania. 2 *informal* Aquilo que é dito de maneira longa e cansativa: *Sempre que fazia algo errado, sua mãe repetia a mesma ladainha.*

ladear ⟨la.de.ar⟩ v.t.d. 1 Acompanhar lado a lado: *O brasileiro ladeou o queniano durante grande parte da corrida.* 2 Situar-se ao lado ou nas proximidades de: *A delegacia ladeia a avenida principal.* 3 Estar ou passar ao lado de (um lugar ou um corpo): *O rio ladeia a cidade.* ☐ ORTOGRAFIA O e muda para *ei* quando a sílaba tônica estiver na raiz do verbo →NOMEAR.

ladeira ⟨la.dei.ra⟩ s.f. Rua, caminho ou trecho íngremes.

ladino, na ⟨la.di.no, na⟩ adj. Que age com astúcia ou dissimulação para obter aquilo que deseja.

lado ⟨la.do⟩ s.m. 1 Em um corpo simétrico, face ou metade direita ou esquerda: *O volante está do lado esquerdo do carro.* 2 Em um espaço delimitado ou em um corpo, região ou parte próximas às extremidades: *A cama estava situada do lado da janela.* 3 Em relação a algo com margens ou com limites, zona contígua a ele pela direita ou pela esquerda: *O lado direito do rio está cultivado.* 4 Em relação a um lugar ou a um corpo, região diferenciada por formar parte de seus limites: *Acamparam ao lado direito da estrada.* 5 Em um corpo plano, cada uma de suas faces: *Os lados da moeda são a cara e a coroa.* 6 Região ou lugar: *Você mora em qual lado da cidade?* 7 Aspecto que se destaca na consideração de algo ou ponto de vista que se assume em relação a ele: *Não veja só o lado negativo.* 8 Via ou caminho que se tomam, especialmente para alcançar um propósito: *Se não conseguir aquele emprego, vou partir para outro lado.* 9 Em geometria, cada uma das linhas que limitam e formam um ângulo, um polígono ou a face de um poliedro irregular: *Um quadrado tem quatro lados iguais.* ‖ **ao lado de** algo: Muito per-

lambari

to ou junto dele: *A escola fica ao lado de uma padaria.* ‖ **de um lado para o outro** Sem parar ou em atividade ininterrupta: *Com tantos preparativos, ficou de um lado para o outro por meses.* ‖ **lado a lado** Junto, emparelhado ou muito próximo: *Os cavalos cruzaram a linha de chegada lado a lado.* ‖ **olhar de lado** Olhar com desprezo ou com dissimulação: *Olhou de lado, fingindo não me conhecer.*

ladra ⟨la.dra⟩ Feminino de **ladrão**.

ladrão ⟨la.drão⟩ (pl. *ladrões*) ▌ adj./s. **1** Que ou quem rouba ou furta. ☐ SIN. gatuno. ▌ s.m. **2** Em um rio ou em um reservatório, abertura feita em seu leito para extrair a água ou para desviá-la. ☐ GRAMÁTICA Na acepção 1, seus femininos são *ladra, ladroa* ou *ladrona*.

ladrar ⟨la.drar⟩ ▌ v.int. **1** Dar latidos (um cachorro ou um animal semelhante). ☐ SIN. latir. ▌ v.t.d./v.int. **2** *pejorativo* Gritar ou expressar-se de maneira desagradável: *O pior de tudo era ter que ouvi-lo ladrar o tempo todo. Como estava nervoso, ladrou palavras injustas.* ▌ v.int. **3** *informal pejorativo* Ameaçar, mas não agir: *Não se preocupe com as suas intimidações, ele apenas ladra.* ☐ GRAMÁTICA Na acepção 1, é um verbo unipessoal: só se usa nas terceiras pessoas do singular e do plural, no particípio, no gerúndio e no infinitivo →MIAR.

ladrilhar ⟨la.dri.lhar⟩ v.t.d. Assentar ladrilhos em (uma superfície): *Para acabar a reforma da casa, só falta ladrilhar a passagem para o jardim.*

ladrilheiro, ra ⟨la.dri.lhei.ro, ra⟩ s. Pessoa que se dedica profissionalmente à fabricação ou ao assentamento de ladrilhos.

ladrilho ⟨la.dri.lho⟩ s.m. Placa de cerâmica, cimento ou outros materiais, de várias espessuras, cores e formas, muito usada para revestir colunas, paredes e pisos.

ladroa ⟨la.dro.a⟩ (Pron. [ladrôa]) Feminino de **ladrão**.

ladrona ⟨la.dro.na⟩ (Pron. [ladrôna]) Feminino de **ladrão**.

lady *(palavra inglesa)* (Pron. [lèidi]) s.f. **1** Feminino de lorde. **2** Mulher de modos refinados ou de posição social elevada.

lagamar ⟨la.ga.mar⟩ s.m. **1** Em um rio ou no mar, depressão ou cova: *Nesse rio, antes de chegar à próxima cidade, há um lagamar que dificulta a sua navegação.* **2** Em uma baía, abrigo ou refúgio: *O pescador encontrou um lagamar onde pôde parar seu barco.*

lagar ⟨la.gar⟩ s.m. Tanque em que se pisa a uva para se obter o suco ou se prensa a azeitona para se obter o azeite.

lagarta ⟨la.gar.ta⟩ s.f. Fase larval da metamorfose de insetos lepidópteros, com o corpo cilíndrico e dividido em anéis, com uma série de apêndices para a locomoção.

lagartear ⟨la.gar.te.ar⟩ v.int. Descansar, especialmente se for ao sol: *Após o almoço, lagarteou a tarde toda.* ☐ ORTOGRAFIA O e muda para *ei* quando a sílaba tônica estiver na raiz do verbo →NOMEAR.

lagartense ⟨la.gar.ten.se⟩ adj.2g./s.2g. De Lagarto ou relacionado a essa cidade do estado brasileiro de Sergipe.

lagartixa ⟨la.gar.ti.xa⟩ s.f. Réptil terrestre de pequeno porte, de cauda e corpo compridos, escamoso, com quatro patas curtas, mandíbula com dentes, muito ágil e arisco, que se alimenta de insetos e que vive geralmente em telhados. ☐ GRAMÁTICA É um substantivo epiceno: *a lagartixa (macho/fêmea).*

lagarto ⟨la.gar.to⟩ s.m. Réptil terrestre de cauda e corpo compridos, escamoso, com quatro patas curtas e mandíbula com dentes. ☐ GRAMÁTICA É um substantivo epiceno: *o lagarto (macho/fêmea).*

lageano, na ⟨la.ge.a.no, na⟩ adj./s. De Lages ou relacionado a essa cidade do estado brasileiro de Santa Catarina.

lago ⟨la.go⟩ s.m. Grande porção de água, geralmente doce, depositada na depressão de um terreno.

lagoa ⟨la.go.a⟩ (Pron. [lagôa]) s.f. Porção de água depositada de forma natural na depressão de um terreno, e geralmente de menor extensão que um lago.

lagosta ⟨la.gos.ta⟩ (Pron. [lagôsta]) s.f. Crustáceo marinho com cinco pares de patas terminadas em pequenas unhas, quatro antenas, olhos pretos, corpo comprido e quase cilíndrico, cauda comprida e grossa, e cuja carne é muito apreciada em gastronomia. ☐ GRAMÁTICA É um substantivo epiceno: *a lagosta (macho/fêmea).*

lagostim ⟨la.gos.tim⟩ (pl. *lagostins*) s.m. Crustáceo marinho comestível semelhante à lagosta. ☐ GRAMÁTICA É um substantivo epiceno: *o lagostim (macho/fêmea).*

lágrima ⟨lá.gri.ma⟩ s.f. Secreção das glândulas lacrimais localizadas na região lateral e superior da órbita. ‖ **lágrima de crocodilo** Aquela que se derrama fingindo dor ou pesar. ☐ USO Na acepção 1, usa-se geralmente a forma plural *lágrimas*.

laguna ⟨la.gu.na⟩ s.f. **1** Parte do mar inundada na margem de um rio. **2** Extensão de água salgada retida por uma faixa de terra.

laia ⟨lai.a⟩ s.f. *pejorativo* Classe, gênero ou condição: *Disse que não gostava de gente daquela laia.*

laicismo ⟨lai.cis.mo⟩ s.m. Doutrina que defende a independência das pessoas ou do Estado em face da religião.

laico, ca ⟨lai.co, ca⟩ ▌ adj. **1** Independente da influência religiosa. ▌ adj./s. **2** Que ou quem não recebeu ordenação religiosa. ☐ SIN. leigo, secular.

laje ⟨la.je⟩ s.f. **1** Placa de pedra ou de alvenaria que serve geralmente para pavimentar ou cobrir uma superfície. **2** Em uma construção, superfície pavimentada com essas placas, especialmente se for o teto: *Agora que as paredes e as colunas estão erguidas, precisamos fazer a laje.* ☐ SIN. lajeado.

lajeado, da ⟨la.je.a.do, da⟩ ▌ adj./s.m. **1** Que é revestido de laje. ▌ s.m. **2** Em uma construção, superfície pavimentada com lajes, especialmente se for o teto. ☐ SIN. laje. **3** Riacho com pouco volume de água, cujo leito é de pedras.

lajear ⟨la.je.ar⟩ v.t.d. Revestir com laje (uma superfície). ☐ ORTOGRAFIA O e muda para *ei* quando a sílaba tônica estiver na raiz do verbo →NOMEAR.

lajota ⟨la.jo.ta⟩ s.f. Laje pequena que serve para cobrir uma superfície.

lama ⟨la.ma⟩ ▌ s.m. **1** Sacerdote ou monge do budismo tibetano. ▌ s.f. **2** Mistura de terra e água que resulta em uma massa pastosa: *Devido às chuvas, há muita lama naquela rua de terra.* ☐ SIN. barro, lodo. **3** Depósito terroso, pegajoso, com mistura de restos de vegetais, de cor escura, e que se forma no fundo das águas: *Ao entrar no rio, meus pés afundaram na lama.* ☐ SIN. limo, lodo, vasa. **4** Desonra ou má reputação: *Essa atitude indigna cobrirá de lama toda a nossa classe.* ☐ SIN. lodo.

lamaçal ⟨la.ma.çal⟩ (pl. *lamaçais*) s.m. Terreno com muita lama. ☐ SIN. lameiro.

lamacento, ta ⟨la.ma.cen.to, ta⟩ adj. Que tem lama ou que tem um aspecto semelhante ao dela.

lambada ⟨lam.ba.da⟩ s.f. **1** Golpe, pancada ou batida: *Ao tentar sair do trem, levei uma lambada nas costas.* **2** Composição musical popular que incorpora elementos de ritmos afro-brasileiros e caribenhos. **3** Dança que acompanha essa composição.

lambança ⟨lam.ban.ça⟩ s.f. **1** *informal* Serviço malfeito: *O eletricista fez uma lambança no quadro de força.* **2** *informal* Sujeira ou bagunça: *A cozinha estava uma lambança.*

lambari ⟨lam.ba.ri⟩ s.m. Peixe de água doce, comestível, de pequeno porte, com cores variadas e muito utilizado como isca na pesca de peixes maiores. ☐ SIN.

lambe-lambe

piaba. □ GRAMÁTICA É um substantivo epiceno: *o lambari (macho/fêmea)*. [👁 **peixes (água doce)** p. 608]

lambe-lambe ⟨lam.be-lam.be⟩ (pl. *lambe-lambes*) adj.2g./s. Em relação a um fotógrafo, que trabalha de forma ambulante.

lamber ⟨lam.ber⟩ ▌v.t.d. **1** Passar a língua repetidas vezes sobre (algo ou alguém): *lamber um sorvete*. ▌v.prnl. **2** Passar a língua repetidas vezes sobre si próprio. ▌v.t.d. **3** Tocar ou roçar suavemente: *As ondas lambem a areia da praia com o seu vaivém*.

lambida ⟨lam.bi.da⟩ s.f. Cada uma das passadas da língua ao lamber, especialmente se forem feitas com força ou com vontade.

lambiscar ⟨lam.bis.car⟩ v.t.d./v.int. Comer pouco ou sem apetite: *O jantar estava delicioso, mas apenas lambiscou e saiu*. □ ORTOGRAFIA Antes de *e*, o *c* muda para *qu* →BRINCAR

lambisgoia ⟨lam.bis.goi.a⟩ (Pron. [lambisgóia]) s.f. **1** *pejorativo* Mulher feia, especialmente se for magra. **2** *pejorativo* Mulher antipática ou arrogante.

lambreta ⟨lam.bre.ta⟩ (Pron. [lambrêta]) s.f. Motocicleta de baixa cilindrada que tem uma placa em sua parte traseira para proteger as pernas e os pés do condutor. □ ORIGEM É a extensão de uma marca comercial.

lambuzar ⟨lam.bu.zar⟩ v.t.d./v.prnl. Untar(-se), manchar(-se) ou sujar(-se): *Lambuzou o bigode ao tomar café com chantili. O mecânico lambuzou-se de graxa ao desmontar a engrenagem*.

lameiro ⟨la.mei.ro⟩ s.m. Terreno com muita lama. □ SIN. lamaçal.

lamentação ⟨la.men.ta.ção⟩ (pl. *lamentações*) s.f. **1** Ato ou efeito de lamentar. □ SIN. lamento, lamúria. **2** Expressão usada para indicar dor, pena ou sentimento: *as lamentações de uma paciente*. □ SIN. queixa, queixume.

lamentar ⟨la.men.tar⟩ ▌v.t.d. **1** Sentir pesar ou tristeza por (um fato): *Lamentamos que tenha que partir*. ▌v.t.d./v.prnl. **2** Manifestar (algo) de forma lamentosa ou queixar-se: *Lamentava-se por não tê-lo conhecido antes*. □ SIN. lamuriar.

lamentável ⟨la.men.tá.vel⟩ (pl. *lamentáveis*) adj.2g. **1** Digno de ser lamentado ou causar pena. □ SIN. lamentoso. **2** Deplorável ou que causa má impressão: *um trabalho lamentável*.

lamento ⟨la.men.to⟩ s.m. Ato ou efeito de lamentar. □ SIN. lamentação, lamúria.

lamentoso, sa ⟨la.men.to.so, sa⟩ (Pron. [lamentôso], [lamentósa], [lamentôsos], [lamentósas]) adj. **1** Que é semelhante a um lamento. **2** Digno de ser lamentado ou de causar pena. □ SIN. lamentável.

lâmina ⟨lâ.mi.na⟩ s.f. **1** Peça plana e fina de um material: *uma lâmina de aço*. **2** Parte cortante de um objeto: *a lâmina de uma faca*.

laminado, da ⟨la.mi.na.do, da⟩ adj./s.m. **1** Que tem aspecto semelhante à lâmina. **2** Que é composto de lâminas.

laminador, -a ⟨la.mi.na.dor, do.ra⟩ (Pron. [laminadôr], [laminadôra]) ▌adj. **1** Que lamina. ▌s. **2** Máquina composta essencialmente de dois cilindros que giram em sentidos contrários e que comprimem os metais ou outras substâncias maleáveis para convertê-los em lâminas.

laminar ⟨la.mi.nar⟩ ▌adj.2g. **1** Com forma de lâmina. **2** Em relação à estrutura de um corpo, que está formada por lâminas ou capas sobrepostas e paralelamente colocadas: *um mineral laminar*. ▌v.t.d. **3** Reduzir a lâminas ou transformar nelas (um material): *laminar o aço; laminar o ferro*.

lâmpada ⟨lâm.pa.da⟩ s.f. Aparelho ou utensílio destinados a produzir luz artificial.

lamparina ⟨lam.pa.ri.na⟩ s.f. Luminária formada por um recipiente com querosene, com um bico por onde sai um pavio e uma alça, ou gancho, no lado oposto para carregá-la.

lampejar ⟨lam.pe.jar⟩ v.int. Emitir lampejos, raios de luz ou faíscas, geralmente intensos e de breve duração: *Uma estrela cadente lampejou no céu e desapareceu na escuridão*.

lampejo ⟨lam.pe.jo⟩ (Pron. [lampêjo]) s.m. **1** Resplendor ou raio de luz intensos e de breve duração: *os lampejos dos trovões*. **2** Manifestação breve ou momentânea de algo: *um lampejo de inspiração*.

lampião ⟨lam.pi.ão⟩ (pl. *lampiões*) s.m. Utensílio que serve para iluminar, geralmente de tamanho maior que uma lanterna, e que funciona por meio da eletricidade ou de um material combustível.

lampreia ⟨lam.prei.a⟩ (Pron. [lamprêia] ou [lampréia]) s.f. Peixe de água doce e salgada, de zonas temperadas, de corpo comprido, cilíndrico e sem escamas, e funil bucal desprovido de mandíbula e de maxila e em forma de ventosa. □ GRAMÁTICA É um substantivo epiceno: *a lampreia (macho/fêmea)*.

lamúria ⟨la.mú.ria⟩ s.f. Queixa geralmente acompanhada de pranto ou de outras demonstrações de sofrimento. □ SIN. lamentação, lamento.

lamuriar ⟨la.mu.ri.ar⟩ v.t.d./v.int./v.prnl. Manifestar (algo) de forma lamentosa ou queixar-se: *Lamuriou duas ou três frases e saiu. Mesmo tendo tudo o que quer, ela gosta de se lamuriar*. □ SIN. lamentar.

lamurioso, sa ⟨la.mu.ri.o.so, sa⟩ (Pron. [lamuriôso], [lamuriósa], [lamuriósos], [lamuriósas]) ▌adj. **1** Que apresenta aspecto de lamúria: *um canto lamurioso*. ▌adj./s. **2** Que ou quem exprime muitas lamúrias ou se vale delas para atingir outros fins: *Os lamuriosos tanto fizeram que conseguiram um dia de folga*.

lança ⟨lan.ça⟩ s.f. **1** Arma formada por uma barra comprida, em cuja extremidade está presa uma ponta fina e cortante. □ SIN. hasta. **2** Qualquer haste com extremidade cortante e pontiaguda.

lança-chamas ⟨lan.ça-cha.mas⟩ s.m.2n. Arma portátil usada para lançar um jato de líquido inflamado a curta distância.

lançada ⟨lan.ça.da⟩ s.f. Golpe dado com uma lança.

lançador, -a ⟨lan.ça.dor, do.ra⟩ (Pron. [lançadôr], [lançadôra]) adj./s. **1** Que ou quem lança. **2** Esportista que pratica algum tipo de lançamento.

lançamento ⟨lan.ça.men.to⟩ s.m. **1** Ato ou efeito de lançar(-se). **2** Anúncio ou propaganda de uma novidade: *lançamento de um filme*. **3** Em atletismo, prova que consiste em lançar um determinado objeto: *O lançamento de disco é um esporte olímpico*. [👁 **estádio de atletismo** p. 337]

lança-perfume ⟨lan.ça-per.fu.me⟩ (pl. *lança-perfumes*) s.m. Produto volátil a base de éter, de essência perfumada e de outras substâncias, que é envasado sob pressão e que, ao ser aspirado, provoca efeitos alucinógenos.

lançar ⟨lan.çar⟩ ▌v.t.d./v.t.d.i. **1** Impulsionar (algo) com força [em uma direção ou para alguém]: *O soldado lançou uma granada*. □ SIN. arrojar, arremessar, jogar. **2** Fazer partir (um veículo espacial) [para um lugar]: *O foguete foi lançado na hora prevista*. ▌v.t.d. **3** Pronunciar ou dirigir contra alguém (uma palavra, um desejo ou um pensamento): *Lançou um desafio ao adversário*. **4** Apresentar (uma novidade) por meio de uma campanha publicitária: *Lançaram uma nova versão do programa*. **5** Inserir (uma informação, especialmente se for numérica) em uma base de dados: *Não lançaram aquele depósito no meu extrato*. ▌v.t.d./v.t.d.i./v.prnl. **6** Jogar(-se) (uma coisa) [contra outra], especialmente se for de maneira rápida e violenta: *O soldado lançou-se contra seu oponente*. □ SIN.

lapela

arremessar-se, atirar-se. ☐ ORTOGRAFIA Antes de e, o ç muda para c →COMEÇAR.

lance ⟨lan.ce⟩ s.m. **1** Evento ou acontecimento interessantes ou importantes que ocorrem na vida real ou na ficção: *Não perca nenhum lance do episódio final daquela série.* **2** Em um jogo, cada uma das ações ou das jogadas importantes que se sucedem no seu decorrer. **3** Em um leilão, oferta apresentada para a aquisição de um bem: *Para aquele quadro, o lance mínimo é de 5.000 reais.* **4** Cada um dos estados sucessivos que algo apresenta em seu processo de desenvolvimento ou de evolução: *Comemorou cada lance finalizado.* ☐ SIN. etapa, fase. ‖ **lance (de escada)** Em uma casa ou em um prédio, cada uma das sequências de degraus existentes entre dois ou mais andares: *Chegou ofegante ao escritório após subir oito lances de escada.*

lancear ⟨lan.ce.ar⟩ v.t.d. Golpear ou ferir com a lança: *Lanceou o inimigo logo no início do duelo.* ☐ ORTOGRAFIA O e muda para ei quando a sílaba tônica estiver na raiz do verbo →NOMEAR.

lanceiro, ra ⟨lan.cei.ro, ra⟩ ∎ s. **1** Pessoa que se dedica a fazer lanças, especialmente como profissão. ∎ s.m. **2** Soldado armado com uma lança.

lanceta ⟨lan.ce.ta⟩ (Pron. [lancêta]) s.f. Instrumento cirúrgico de aço, com lâmina triangular cortante em ambos os lados e ponta afiada, que se utiliza para fazer pequenas incisões.

lancetar ⟨lan.ce.tar⟩ v.t.d. **1** Realizar cortes em (uma superfície) utilizando a lanceta: *O cirurgião lancetou o tecido em sentido longitudinal.* **2** Golpear ou ferir com arma branca: *O assaltante lancetou sua vítima com um canivete.*

lancha ⟨lan.cha⟩ s.f. **1** Embarcação de porte variado, geralmente com propulsão a motor, que se utiliza para transporte, para lazer ou para serviços portuários. **2** *informal* Pé muito grande.

lanchar ⟨lan.char⟩ v.int. Comer um lanche ou uma refeição rápida: *Ele não costuma jantar, pois sempre lancha quando sai do trabalho.*

lanche ⟨lan.che⟩ s.m. **1** Refeição rápida: *Disse que trabalharia direto e só pararia para um lanche.* **2** Pedaço de pão cortado ao meio e recheado com algum alimento: *um lanche de queijo.* ☐ SIN. sanduíche.

lancheira ⟨lan.chei.ra⟩ s.f. Recipiente usado geralmente por crianças para o transporte do lanche ou da merenda à escola. ☐ SIN. merendeira.

lanchonete ⟨lan.cho.ne.te⟩ s.f. Estabelecimento comercial onde se vendem lanches, bebidas e refeições rápidas.

lancinante ⟨lan.ci.nan.te⟩ adj.2g. Em relação a uma dor, que é forte e aguda, como se fosse causada por uma ponta ou por uma lança.

langor ⟨lan.gor⟩ (Pron. [langôr]) s.m. Falta de ânimo ou de vigor: *Seu comportamento cabisbaixo demonstrava langor.* ☐ SIN. languidez.

languidez ⟨lan.gui.dez⟩ (Pron. [languidêz]) s.m. Falta de ânimo ou de vigor. ☐ SIN. langor.

lânguido, da ⟨lân.gui.do, da⟩ adj. **1** Sem ânimo, alegria ou valor. **2** Fraco, debilitado ou sem forças: *Após a competição, o atleta ficou lânguido.* **3** Gracioso ou sensual: *A dançarina encantava a todos com seu ar lânguido.*

lan house *(palavra inglesa)* (Pron. [lan rauze]) s.f. Estabelecimento comercial que possui computadores conectados entre si, onde se paga para utilizar a internet ou jogar em rede.

lanifício ⟨la.ni.fí.cio⟩ s.m. **1** Fabricação de lã. **2** Fábrica que produz fios ou artigos de lã. **3** Esse artigo.

lanígero, ra ⟨la.ní.ge.ro, ra⟩ adj. Que tem ou que produz lã.

lanoso, sa ⟨la.no.so, sa⟩ (Pron. [lanôso], [lanósa], [lanósos], [lanósas]) adj. Que tem muita lã ou que apresenta as suas características.

lantanídeo, dea ⟨lan.ta.ní.deo, dea⟩ ∎ adj./s.m. **1** Em relação a um elemento químico, que tem número atômico compreendido entre o 57 e 71, ambos inclusive. ∎ s.m.pl. **2** Grupo formado por estes elementos químicos. ☐ ORTOGRAFIA Escreve-se também *lantanídio*.

lantanídio, dia ⟨lan.ta.ní.dio, dia⟩ adj./s.m. →**lantanídeo, dea**

lantânio ⟨lan.tâ.nio⟩ s.m. Elemento químico da família dos metais, de número atômico 57, sólido, de cor chumbo, e que queima no contato com o ar. ☐ ORTOGRAFIA Seu símbolo químico é *La*, sem ponto.

lantejoila ⟨lan.te.joi.la⟩ s.f. →**lantejoula**

lantejoula ⟨lan.te.jou.la⟩ s.f. Pequena lâmina circular, geralmente de material brilhante, que se costura em um tecido ou em uma roupa, como enfeite. ☐ ORTOGRAFIA Escreve-se também *lantejoila, lentejoila* ou *lentejoula*.

lanterna ⟨lan.ter.na⟩ ∎ s.f. **1** Utensílio formado por uma caixa transparente que contém uma vela ou um pavio e que serve para iluminar um ambiente. **2** Utensílio manual e portátil que contém uma lâmpada, funciona com pilhas elétricas e serve para projetar luz. **3** Em um automóvel, cada um dos dispositivos de luz de baixa intensidade que auxiliam na sinalização do veículo. **4** Em um farol, câmara superior de onde se emite a luz de sinalização. ∎ s.2g. **5** *informal* Em alguns esportes, pessoa ou equipe que ocupam o último lugar na classificação.

lanternagem ⟨lan.ter.na.gem⟩ (pl. *lanternagens*) s.f. **1** Técnica de fazer consertos ou reparos em carrocerias de automóveis. ☐ SIN. funilaria. **2** Esse conserto ou esse reparo: *Após a batida, teve que deixar o seu carro na oficina para fazer a lanternagem.* ☐ SIN. funilaria.

lanterneiro, ra ⟨lan.ter.nei.ro, ra⟩ s. Pessoa que se dedica profissionalmente a fazer consertos ou reparos em carrocerias de automóveis. ☐ SIN. funileiro.

lanterninha ⟨lan.ter.ni.nha⟩ s.2g. **1** Em alguns lugares públicos, especialmente em um cinema ou em um teatro, pessoa que se dedica profissionalmente a indicar aos espectadores os assentos que devem ocupar. **2** *informal* Em alguns esportes, pessoa ou equipe que ocupam o último lugar na classificação.

lanugem ⟨la.nu.gem⟩ (pl. *lanugens*) s.f. **1** Pelagem escassa. **2** Em algumas plantas, pelagem fina e macia que cobre suas folhas ou seus frutos.

laosiano, na ⟨la.o.si.a.no, na⟩ ∎ adj./s. **1** De Laos ou relacionado a esse país asiático. ∎ s.m. **2** Língua desse e de outros países.

lapa ⟨la.pa⟩ s.f. Em uma rocha, abertura ou cavidade naturais de pouca profundidade: *Durante a chuva, nos abrigamos em uma lapa que havia na encosta da montanha.* ☐ SIN. caverna, furna, gruta.

láparo ⟨lá.pa.ro⟩ s.m. **1** Filhote de coelha. **2** Filhote macho de lebre. ☐ GRAMÁTICA Na acepção 1, é um substantivo epiceno: *o láparo (macho/fêmea)*.

laparoscopia ⟨la.pa.ros.co.pi.a⟩ s.f. Em medicina, exame direto da cavidade abdominal, por meio da introdução de um laparoscópio.

laparoscópio ⟨la.pa.ros.có.pio⟩ s.m. Em medicina, instrumento óptico que se introduz na cavidade abdominal, através de um pequeno corte, para examinar a região diretamente.

laparotomia ⟨la.pa.ro.to.mi.a⟩ s.f. Em medicina, operação cirúrgica que consiste em abrir as paredes abdominais e o peritônio.

lapela ⟨la.pe.la⟩ s.f. Em uma peça do vestuário, parte situada na altura do peito, que pode ser dobrada para

lapidação

fora sobre a mesma peça: *Usava um pequeno broche na lapela.*
lapidação ⟨la.pi.da.ção⟩ (pl. *lapidações*) s.f. Ato ou efeito de lapidar.
lapidar ⟨la.pi.dar⟩ ▮ adj.2g. **1** Em relação especialmente a uma frase, que parece, por sua solenidade e concisão, digna de ser a inscrição de uma lápide. **2** Das pedras ou lápides ou relacionado a elas. **3** Perfeito ou bem-acabado. ▮ v.t.d. **4** Trabalhar (uma pedra preciosa) dando-lhe forma ou brilho: *Mandarei lapidar esta pedra para colocá-la em um anel.* **5** Matar a pedradas: *Algumas sociedades lapidam seus criminosos como forma de punição.* **6** Revisar ou aperfeiçoar, corrigindo falhas e erros: *Ainda tenho que lapidar um pouco o estilo desta redação.*
lápide ⟨lá.pi.de⟩ s.f. Pedra plana na qual geralmente se coloca uma inscrição de caráter memorial: *Na lápide do escritor, colocaram um de seus mais famosos versos.*
lápis ⟨lá.pis⟩ s.m.2n. Utensílio de madeira cilíndrica que contém uma barra de grafite em seu interior e que serve para escrever ou desenhar. ‖ **lápis de boca** Aquele que é usado na maquiagem dos lábios. ‖ **lápis de cor** Aquele que é usado especialmente para colorir. ‖ **lápis (de olho)** Aquele que é usado na maquiagem dos olhos.
lapiseira ⟨la.pi.sei.ra⟩ s.f. Instrumento que serve para escrever e que tem em seu interior uma haste de grafite de espessura variável.
lápis-lazúli ⟨lá.pis-la.zú.li⟩ (pl. *lápis-lazúlis*) s.m. Mineral de cor azul intenso, muito usado em peças de joia ou de enfeite.
lapso ⟨lap.so⟩ s.m. **1** Decurso de um período de tempo. **2** Equívoco ou engano, especialmente se forem causados por uma falha de memória.
laptop *(palavra inglesa)* (Pron. [leptóp]) s.m. Microcomputador portátil, dobrável e de pouco peso. ◻ SIN. *notebook*.
laquê ⟨la.quê⟩ s.m. Cosmético que se aplica sobre o cabelo para fixar o penteado.
laqueadura ⟨la.que.a.du.ra⟩ s.f. Em medicina, intervenção cirúrgica na qual se ligam veias ou artérias.
laquear ⟨la.que.ar⟩ v.t.d. **1** Pintar ou envernizar com laca ou com um produto semelhante a ela: *Laqueou a escrivaninha que era da sua avó.* **2** Em medicina, ligar por meio de uma intervenção cirúrgica (veias ou artérias): *Para conter a hemorragia, o cirurgião laqueou a artéria.* ◻ ORTOGRAFIA O *e* muda para *ei* quando a sílaba tônica estiver na raiz do verbo →NOMEAR.
lar s.m. **1** Lugar onde se vive, especialmente se for acolhedor: *O Brasil é o lar de pessoas dos mais variados países.* **2** Família ou conjunto de pessoas com as quais se vive, especialmente se a convivência for agradável: *Decidiram casar e formar um lar.*
laranja ⟨la.ran.ja⟩ ▮ adj.2g.2n./s.m. **1** De cor entre o amarelo e o vermelho, como a deste fruto. ◻ SIN. alaranjado. ▮ s.f. **2** Fruto da laranjeira, redondo, com casca ligeiramente rugosa e polpa dividida em gomos com pequenas bolsas contendo suco de sabor agridoce. ▮ s.m. **3** *informal* Pessoa que cede o seu nome para ser usado em uma transação ilícita, especialmente se for financeira: *A polícia descobriu que se tratava de uma empresa fictícia e que seu proprietário era um laranja.* ◻ GRAMÁTICA Na acepção 3, usa-se tanto para o masculino quanto para o feminino: *(ele/ela) é um laranja.*
laranjada ⟨la.ran.ja.da⟩ s.f. Bebida feita com o sumo da laranja.
laranjal ⟨la.ran.jal⟩ (pl. *laranjais*) s.m. Plantação de laranja.
laranjalense ⟨la.ran.ja.len.se⟩ adj.2g./s.2g. De Laranjal do Jari ou relacionado a essa cidade do estado brasileiro do Amapá.

laranjeira ⟨la.ran.jei.ra⟩ s.f. Árvore frutífera com folhas simples, internas e lustrosas, flores brancas e cheirosas, e cujo fruto é a laranja.
larápio ⟨la.rá.pio⟩ s.m. Ladrão ou bandido.
lareira ⟨la.rei.ra⟩ s.f. Em um lugar, especialmente em uma moradia, espaço reservado para acender fogo, provido de uma saída para a fumaça: *No salão do hotel, havia uma lareira que era acesa nas noites de frio.*
largada ⟨lar.ga.da⟩ s.f. **1** Em algumas competições esportivas, lugar em que os competidores se situam para começar a prova: *Os atletas aproximaram-se da largada para aguardar o início da prova.* ◻ SIN. partida. [◉ *estádio de atletismo* p. 337] **2** Em algumas competições esportivas, início da prova: *Com uma boa largada, garantiu a vitória logo no começo.*
largar ⟨lar.gar⟩ ▮ v.t.d. **1** Soltar (algo que se segura): *Ao cavalgar, não largue as rédeas.* **2** Deixar ou esquecer em algum lugar (um objeto): *Não sei onde larguei meu guarda-chuva.* **3** Deixar (o local onde se realiza alguma atividade) após o seu encerramento: *Ele larga o trabalho às 5 horas e deve chegar aqui por volta das 6.* ▮ v.int. **4** Deixar o local onde se realiza alguma atividade após o seu encerramento. ▮ v.t.d./v.t.i. **5** Abandonar ou desistir [de algo ou alguém com os quais se mantém um vínculo profissional, pessoal ou afetivo]: *Seus pais fizeram de tudo para que não largasse os estudos.* ▮ v.t.d. **6** Dar (um golpe): *largar um tapa.* ▮ v.int. **7** Em algumas competições esportivas, começar determinada prova: *Aquele atleta vai largar na raia cinco.* ◻ ORTOGRAFIA Antes de *e*, o *g* muda para *gu* →CHEGAR.
largo, ga ⟨lar.go, ga⟩ ▮ adj. **1** Que tem mais largura ou que, horizontalmente, mede mais do que o necessário ou o habitual: *A calça que ele ganhou ficou muito larga na cintura.* **2** Amplo ou vasto: *um sorriso largo; uma larga experiência.* ▮ s.m. **3** Em um espaço urbano, área espaçosa na qual confluem várias ruas: *O encontro será no largo em frente à igreja.* ‖ **ao largo** Longe ou afastado: *Procurou manter-se ao largo das intrigas.*
larqueza ⟨lar.gue.za⟩ (Pron. [larguêza]) s.f. **1** Extensão ou dimensão grandes: *A largueza daquela casa é impressionante.* **2** Generosidade ou desprendimento, especialmente se levam a dar algo sem esperar por recompensa.
largura ⟨lar.gu.ra⟩ s.f. Em uma superfície, dimensão considerada da direita para a esquerda, ou da esquerda para a direita.
lárica ⟨la.ri.ca⟩ s.f. *informal* Fome.
laringe ⟨la.rin.ge⟩ s.f. No sistema respiratório de alguns vertebrados, órgão em forma de tubo, constituído por várias cartilagens, e que se situa entre a faringe e a traqueia.
laringite ⟨la.rin.gi.te⟩ s.f. Inflamação da laringe.
larva ⟨lar.va⟩ s.f. Em zoologia, animal em estado de desenvolvimento após a eclosão do ovo e que é muito diferente do adulto: *O girino é a larva da rã, e a lagarta, a larva da mariposa.*
lasanha ⟨la.sa.nha⟩ s.f. Prato elaborado com sucessivas camadas de massa fina, intercaladas com carne ou verduras, molho branco ou vermelho e queijo.
lasca ⟨las.ca⟩ s.f. **1** Pedaço pequeno de pedra, madeira ou metal. **2** *informal* Pedaço de algo, especialmente de um alimento: *uma lasca de chocolate.*
lascar ⟨las.car⟩ ▮ v.t.d./v.int./v.prnl. **1** Tirar lascas de (algo) ou quebrar(-se) em lascas: *Lascou o pedaço de madeira com um só golpe.* ▮ v.t.d./v.t.d.i. **2** Aplicar ou dar (algo) [em alguém]: *Lascou-lhe um beijo na bochecha.* ▮ v.prnl. **3** *informal* Dar-se mal ou prejudicar-se: *Como não estudou, lascou-se na prova.* ‖ **de lascar 1** *informal* Desagradável, horrível ou muito ruim: *Aquele comentário foi de lascar!* **2** *informal* Muito bom ou excelente: *Comprei um CD de*

latino-americano

lascar, não consigo parar de ouvi-lo! □ ORTOGRAFIA Antes de *e*, o *c* muda para *qu* →BRINCAR.

lascívia ⟨las.cí.via⟩ s.f. **1** Luxúria ou sensualidade. **2** Inclinação a um comportamento sensual.

lascivo, va ⟨las.ci.vo, va⟩ adj./s. Com lascívia ou dominado exageradamente e habitualmente por um desejo sexual.

laser *(palavra inglesa)* (Pron. [lêizer]) s.m. Aparelho eletrônico que gera raios luminosos e de uma só cor, devido à emissão de radiação por parte das moléculas de gás presentes em seu interior: *uma cirurgia a laser*. □ ORIGEM É um acrônimo que vem da sigla inglesa de *Light Amplification by Stimulated Emission of Radiation* (amplificação de luz por emissão estimulada de radiação). □ ORTOGRAFIA É diferente de *lazer*.

lassidão ⟨las.si.dão⟩ (pl. *lassidões*) s.f. **1** Debilidade, cansaço ou falta de força intensos: *Deitou-se na rede com lassidão*. **2** Tédio ou desinteresse: *Cantava com tanta lassidão, que nos irritou*.

lasso, sa ⟨las.so, sa⟩ adj. **1** Cansado, enfraquecido ou debilitado. **2** Frouxo ou pouco apertado: *Este vestido está lasso, é preciso ajustá-lo*. **3** Em relação a uma atitude moral, que é devassa ou libertina: *Foi um comportamento lasso para uma pessoa tão educada*. □ ORTOGRAFIA É diferente de *laço*.

lástima ⟨lás.ti.ma⟩ s.f. **1** Sentimento de empatia ou compaixão por quem sofre. **2** Lamentação ou lamúria. **3** Tristeza, desgraça ou infortúnio.

lastimar ⟨las.ti.mar⟩ ▌ v.t.d. **1** Lamentar ou compadecer: *Lastimou a morte do amigo*. **2** Sentir compaixão por (aquele que sofre desgraças ou males). ▌ v.t.d./v.prnl. **3** Angustiar(-se) ou afligir(-se): *Lastimava-o sua falta de sorte*. ▌ v.prnl. **4** Lamuriar-se ou queixar-se: *Ficou se lastimando durante horas*.

lastimável ⟨las.ti.má.vel⟩ (pl. *lastimáveis*) adj.2g. **1** Que inspira lástima ou compaixão. □ SIN. lastimoso. **2** Digno de ser censurado ou repreendido: *um desempenho lastimável*.

lastimoso, sa ⟨las.ti.mo.so, sa⟩ (Pron. [lastimôso], [lastimôsa], [lastimôsos], [lastimôsas]) adj. Que inspira lástima ou compaixão. □ SIN. lastimável.

lastro ⟨las.tro⟩ s.m. **1** Em uma embarcação, peso que se coloca em seu fundo para que entre na água o suficiente para conseguir estabilidade: *Com lastro suficiente, diminui-se a percepção das ondas*. **2** Em um balão aerostático, peso que se leva no cesto para que suba com maior rapidez ao soltá-lo: *Quando o balão começou a subir, soltamos o lastro para ganhar altura mais rapidamente*. **3** Qualquer peso utilizado para dar estabilidade a um veículo: *Colocaram um lastro de 10 kg embaixo do motor*. **4** Princípio ou base sobre os quais algo se apoia ou se legitima: *Seus argumentos não têm lastro nem fundamento legal*. **5** Depósito feito em ouro para garantir um valor em dinheiro: *Foi preciso fazer um lastro para assegurar o pagamento da casa*.

lata ⟨la.ta⟩ s.f. **1** Lâmina fina de ferro ou de aço, coberta dos dois lados por estanho para preservá-la da corrosão. **2** Recipiente feito desse material: *Muitos alimentos são conservados em latas*.

latada ⟨la.ta.da⟩ s.f. **1** Suporte ou armação feitos de ferro ou de madeira que são utilizados para dar sustentação a plantas trepadeiras ou videiras. **2** Golpe dado com uma lata.

latão ⟨la.tão⟩ (pl. *latões*) s.m. **1** Liga maleável feita de cobre e de zinco, fácil de polir e de abrilhantar, e que é resistente à corrosão atmosférica. **2** Recipiente semelhante a uma lata, mas de tamanho maior.

lataria ⟨la.ta.ri.a⟩ s.f. **1** Conjunto de alimentos enlatados. **2** Em um automóvel ou em um trem, parte que recobre o motor e outros elementos, e em cujo interior se instalam os passageiros ou a carga.

latejar ⟨la.te.jar⟩ v.int. Mover-se ou agitar-se interiormente de forma trêmula e involuntária (uma parte do corpo).

latente ⟨la.ten.te⟩ adj.2g. Que está oculto e escondido, ou que não se manifesta de forma visível.

láteo, tea ⟨lá.teo, tea⟩ adj. →**lácteo, tea**

lateral ⟨la.te.ral⟩ (pl. *laterais*) ▌ adj.2g. **1** Do lado relativo a ele. **2** Que está situado em um lado: *Da janela lateral da casa, via-se uma bela paisagem*. **3** Com uma importância menor: *Como deixaram os assuntos laterais, a reunião foi rápida*. ▌ s.f. **4** Em um campo ou quadra de esportes, linha lateral que delimita a sua área: *O bandeirinha sinalizou que a bola saiu pela lateral*. **5** Em alguns esportes, infração causada pela saída da bola por essa linha. ▌ s.2g. **6** Em alguns esportes, especialmente no futebol, jogador que cobre um dos lados do campo com função geralmente defensiva.

látex ⟨lá.tex⟩ (Pron. [látecs]) s.m. Líquido viscoso, geralmente leitoso e grudento, que se obtém de cortes feitos nas superfícies de algumas espécies de plantas: *Do látex da seringueira se faz a borracha*.

laticínio ⟨la.ti.cí.nio⟩ s.m. Alimento derivado do leite: *O queijo e o iogurte são laticínios*. □ ORTOGRAFIA Escreve-se também *lacticínio*.

lático, ca ⟨lá.ti.co, ca⟩ adj. →**láctico, ca**

latido ⟨la.ti.do⟩ s.m. Voz característica do cachorro.

latifundiário, ria ⟨la.ti.fun.di.á.rio, ria⟩ ▌ adj. **1** Do latifúndio ou relacionado a esse sistema de exploração agrária. ▌ s. **2** Pessoa que possui um ou vários latifúndios.

latifúndio ⟨la.ti.fún.dio⟩ s.m. Propriedade rural pertencente a um único dono, de grande extensão e geralmente com partes não cultivadas. □ USO É diferente de *minifúndio* (propriedade rural de pequena extensão que se destina, geralmente, à agricultura de subsistência).

latim ⟨la.tim⟩ (pl. *latins*) s.m. Língua indo-europeia falada no antigo Império Romano e da qual derivam o português e as demais línguas neolatinas.

latinismo ⟨la.ti.nis.mo⟩ s.m. Em linguística, palavra, expressão ou construção sintática próprias da língua latina empregadas em outra língua: *As palavras* campus *e* curriculum *são latinismos*.

latinista ⟨la.ti.nis.ta⟩ s.2g. Pessoa especializada no estudo da língua, da literatura e da cultura latinas.

latinizar ⟨la.ti.ni.zar⟩ v.t.d. **1** Dar forma latina a (um termo ou um texto não latinos): *Seus escritos eram difíceis, pois ela os latinizava*. **2** Dar características que se consideram próprias da cultura latina a: *O Império Romano latinizou a cultura dos povos anexados a ele*.

latino, na ⟨la.ti.no, na⟩ ▌ adj. **1** Do latim ou com características próprias dessa língua. **2** Que provém ou deriva dos latinos ou do latim: *O português, o espanhol e o francês são línguas latinas*. □ SIN. neolatino. **3** Que tem algumas das características tradicionalmente relacionadas com os países hispano-americanos: *A salsa e a rumba são ritmos latinos*. ▌ adj./s. **4** Dos países nos quais se falam línguas derivadas do latim ou relacionado a eles. **5** Do Lácio (região central italiana), dos povos italianos que formaram parte do Império Romano ou relacionado a eles. **6** →**latino-americano, na**

latino-americano, na ⟨la.ti.no-a.me.ri.ca.no, na⟩ (pl. *latino-americanos*) ▌ adj. **1** Dos países americanos que foram colonizados por Portugal, Espanha ou França (países europeus), ou relacionado a eles. ▌ adj./s. **2** Da América Latina (América do Sul, América Central e México) ou relacionado a ela. □ USO **1.** É diferente de *hispano-americano* (dos países americanos que têm como língua oficial o espanhol) e de *ibero-americano* (dos países americanos que têm como língua oficial o português ou o espanhol). **2.** Usa-se também a forma reduzida *latino*.

latir

latir ⟨la.tir⟩ v.int. **1** Dar latidos (um cachorro ou um animal semelhante). ☐ SIN. ladrar. **2** *pejorativo* Expressar-se gritando ou de maneira desagradável. ☐ GRAMÁTICA Na acepção 1, é um verbo unipessoal: só se usa nas terceiras pessoas do singular e do plural, no particípio, no gerúndio e no infinitivo →LATIR.

latitude ⟨la.ti.tu.de⟩ s.f. Distância em graus de um ponto qualquer da Terra em relação à linha do Equador.

lato, ta ⟨la.to, ta⟩ adj. Extenso ou dilatado.

latoeiro, ra ⟨la.to.ei.ro, ra⟩ s. Pessoa que se dedica a fabricar e a consertar objetos de lata ou de latão, especialmente como profissão.

lato sensu *(expressão latina)* (Pron. [látu sênsu]) Em sentido amplo: *Uma pós-graduação lato sensu não se destina à carreira acadêmica.*

latrina ⟨la.tri.na⟩ s.f. **1** Vaso sanitário. **2** Lugar em que há um vaso sanitário ou uma abertura no solo que servem para liberar dejetos.

latrocínio ⟨la.tro.cí.nio⟩ s.m. Crime de roubo acompanhado de morte ou de tentativa de assassinato.

lauda ⟨lau.da⟩ s.f. **1** Em uma folha de papel, cada um dos lados: *Escreveu uma carta de duas laudas.* **2** Em uma publicação, página impressa: *As notícias mais importantes do jornal são colocadas na primeira lauda.*

laudatório, ria ⟨lau.da.tó.rio, ria⟩ adj. Que louva ou que contém louvor.

laudo ⟨lau.do⟩ s.m. Parecer de um especialista: *O laudo médico apontava a causa da morte do rapaz.*

láurea ⟨láu.rea⟩ s.f. →**laurel**

laureado, da ⟨lau.re.a.do, da⟩ adj./s. Que ou quem recebeu premiação ou glória.

laurear ⟨lau.re.ar⟩ v.t.d. **1** Coroar com louro: *Na antiga Roma, os vencedores eram laureados.* **2** Premiar ou distinguir com mérito: *O júri laureou o vencedor do concurso.* ☐ ORTOGRAFIA O e muda para ei quando a sílaba tônica estiver na raiz do verbo →NOMEAR.

laurel ⟨lau.rel⟩ (pl. *lauréis*) s.m. **1** Coroa de louros. **2** Prêmio ou reconhecimento obtidos por um êxito ou por um mérito. ☐ ORTOGRAFIA Escreve-se também *láurea*.

laurêncio ⟨lau.rên.cio⟩ s.m. Elemento químico da família dos metais, de número atômico 103, artificial e radioativo, e que pertence ao grupo das terras raras. ☐ ORTOGRAFIA Seu símbolo químico é Lr, sem ponto.

lauro-freitense ⟨lau.ro-frei.ten.se⟩ (pl. *lauro-freitenses*) adj.2g./s.2g. De Lauro de Freitas ou relacionado a essa cidade do estado brasileiro da Bahia.

lauto, ta ⟨lau.to, ta⟩ adj. *formal* Abundante ou generoso.

lava ⟨la.va⟩ s.f. Material fundido e incandescente expulso por um vulcão em erupção e que se solidifica e forma rochas ao esfriar.

lavabo ⟨la.va.bo⟩ s.m. **1** Pia com torneira e ralo utilizada para lavar as mãos e o rosto. ☐ SIN. lavatório. **2** Cômodo com essa pia e com um vaso sanitário. ☐ SIN. lavatório, toalete.

lavadeira ⟨la.va.dei.ra⟩ s.f. **1** Mulher que se dedica a lavar roupa de forma manual, especialmente se for na beira de um rio. **2** Máquina usada para lavar lã.

lavadeiro, ra ⟨la.va.dei.ro, ra⟩ s. Pessoa que se dedica a lavar roupa, especialmente como profissão.

lavadora ⟨la.va.do.ra⟩ (Pron. [lavadôra]) ‖ **lavadora de louça** Aparelho que serve para lavar louça. [⊙ eletrodomésticos p. 292] ‖ **lavadora (de roupas)** Aparelho que serve para lavar roupa. [⊙ eletrodomésticos p. 292]

lavagem ⟨la.va.gem⟩ (pl. *lavagens*) s.f. **1** Ato ou efeito de lavar(-se). **2** Em medicina, introdução de um líquido em uma cavidade, especialmente no intestino e estômago. **3** Ração para porcos, feita com restos de comida. **4** *informal* Comida ruim ou malfeita. ‖ **lavagem a seco** Aquela que é feita com produtos químicos, sem a utilização de água. ‖ **lavagem cerebral** Anulação ou modificação profundas da mente de uma pessoa. ‖ **lavagem de dinheiro** Transformação de dinheiro ilegal em dinheiro legal por meio de manobras ilícitas: *Foram punidos por lavagem de dinheiro público.* ‖ **lavagem intestinal** Introdução de um líquido no reto através do ânus, geralmente com fins terapêuticos ou laxantes, ou para facilitar um diagnóstico. ☐ SIN. clister.

lavanda ⟨la.van.da⟩ s.f. **1** Arbusto de caule lenhoso, com folhas estreitas e cinzentas, flores pequenas e azuis dispostas em cachos, usadas como aromáticas e para a extração de óleo para a indústria de cosméticos. ☐ SIN. alfazema. **2** Óleo extraído desse arbusto. ☐ SIN. alfazema. **3** Perfume feito com esse óleo: *Passou uma lavanda após o banho.*

lavanderia ⟨la.van.de.ri.a⟩ s.f. **1** Estabelecimento comercial onde se lavam, se secam e se passam roupas. **2** Parte de uma casa equipada com os aparelhos e objetos necessários para se lavar e se passar roupas.

lava-pé ⟨la.va-pé⟩ (pl. *lava-pés*) s.m. Formiga avermelhada ou preta cuja ferroada causa dor. ☐ GRAMÁTICA É um substantivo epiceno: o *lava-pé (macho/fêmea)*. [⊙ insetos p. 456]

lava-pés ⟨la.va-pés⟩ s.m.2n. Na Igreja Católica, cerimônia que se celebra na Quinta-Feira Santa e na qual o sacerdote lava os pés de doze pessoas, em memória do ato semelhante que Jesus Cristo (o filho de Deus para os cristãos) realizou com seus apóstolos na véspera de sua morte.

lavar ⟨la.var⟩ ▌ v.t.d. **1** Limpar (algo que está sujo) molhando-o com água ou com outro líquido: *Já lavou a louça?* **2** Em relação a um rio ou a um mar, cercar ou percorrer (um terreno): *Esse rio lava todo o estado.* **3** Limpar de ofensas, faltas ou outras manchas (a honra ou a consciência): *Lavou sua honra ao ajudar tantas pessoas necessitadas.* ▌ v.t.d./v.pml. **4** Banhar(-se) ou limpar(-se): *Lavou-se para ir ao médico.* ▌ v.t.d. **5** Em arte, dar cor ou sombra com tinta diluída em água a (um desenho ou uma pintura): *Lavou a pintura para que os traços ficassem menos definidos.* **6** Tornar legal por meio de manobras ilícitas (o dinheiro ilegal): *A polícia prendeu uma quadrilha que lavava dinheiro.* ▌ v.int. **7** Trabalhar com lavagem de roupas: *Ganha seu sustento lavando e passando.*

lavatório ⟨la.va.tó.rio⟩ s.m. **1** Pia com torneira e ralo utilizada para lavar as mãos e o rosto. ☐ SIN. lavabo. **2** Cômodo com essa pia e com um vaso sanitário. ☐ SIN. lavabo, toalete.

lavoira ⟨la.voi.ra⟩ s.f. →**lavoura**

lavor ⟨la.vor⟩ (Pron. [lavôr]) s.m. Trabalho, tarefa ou ocupação, especialmente se forem manuais: *O lavor no campo é árduo.*

lavoura ⟨la.vou.ra⟩ s.f. **1** Preparação da terra para o cultivo: *Durante a lavoura, choveu muito, o que dificultou o trabalho com a terra.* ☐ SIN. lavra. **2** Cultivo da terra: *A lavoura desse ano foi boa, pois havia muita terra para semear.* ☐ SIN. lavra. **3** Terra cultivada: *Durante a época da colheita, a lavoura de milho fica muito bonita.* ☐ SIN. lavra. ☐ ORTOGRAFIA Escreve-se também *lavoira*.

lavra ⟨la.vra⟩ s.f. **1** Preparação da terra para o cultivo: *Após a lavra, iniciarão o plantio de cana.* ☐ SIN. lavoura. **2** Cultivo da terra: *Só na colheita saberemos se a lavra foi boa ou não.* ☐ SIN. lavoura. **3** Terra cultivada: *Ao longe, a lavra de verduras forma uma bela paisagem.* ☐ SIN. lavoura. **4** Extração de pedras e metais preciosos: *A lavra de pedras preciosas requer trabalho árduo.* ☐ SIN. garimpo. **5** Lugar de onde se extraem pedras e metais preciosos: *Eles trabalham em uma lavra subterrânea.* ☐ SIN. garimpo.

lavrador, -a ⟨la.vra.dor, do.ra⟩ (Pron. [lavradôr], [lavradôra]) adj./s. Que ou quem prepara e cultiva a terra.

lavrar ⟨la.vrar⟩ v.t.d. **1** Fazer sulcos em (a terra) para depois semeá-la: *Lavrou a terra para o cultivo da soja.* **2** Trabalhar com ornamento, bordado, desenho ou com outras técnicas (um tecido, um metal ou outros materiais): *Lavraram a colcha com pequenos desenhos.* **3** Trabalhar (uma matéria) para dar-lhe forma, para gravá-la ou decorá-la: *Lavrou uma esmeralda para colocá-la no anel.* **4** Estampar os relevos por meio de cunha em (uma moeda): *Lavrou as novas moedas.* **5** Desgastar ou corroer: *Com os anos, o vento e a chuva forte lavraram a montanha.* **6** Emitir por escrito (uma ordem): *O juiz lavrou a ordem de despejo.* **7** Registrar por escrito: *Lavrou uma procuração para que a mãe fizesse a sua matrícula.* **8** Expressar por escrito ou verbalmente: *Ele lavrou um protesto diante dos presentes.*

lavratura ⟨la.vra.tu.ra⟩ s.f. Registro escrito: *Fizemos a lavratura da procuração.*

laxante ⟨la.xan.te⟩ ▎ adj.2g. **1** Que relaxa ou afrouxa. ▎ adj.2g./s.m. **2** Em relação a um medicamento ou a um produto, que facilitam a evacuação das fezes. ☐ SIN. laxativo. ☐ GRAMÁTICA Na acepção 2, o sinônimo do substantivo também pode ser *purga* ou *purgante*.

laxativo, va ⟨la.xa.ti.vo, va⟩ adj./s.m. Em relação a um medicamento ou a um produto, que facilitam a evacuação das fezes. ☐ SIN. laxante. ☐ GRAMÁTICA O sinônimo do substantivo também pode ser *purga* ou *purgante*.

layout *(palavra inglesa)* (Pron. [leiáut]) s.m. Modelo prévio, especialmente de um texto ou de uma obra gráfica. ☐ ORTOGRAFIA Escreve-se também *leiaute*.

lazarento, ta ⟨la.za.ren.to, ta⟩ adj./s. **1** *informal* Hanseniano. **2** *informal* Que ou quem é difícil de suportar: *uma dor lazarenta.*

lazer ⟨la.zer⟩ (Pron. [lazêr]) s.m. **1** Tempo livre, fora das obrigações e das ocupações habituais: *Durante as horas de lazer, costumo ir ao cinema.* **2** Atividade realizada nesse tempo: *Meu lazer predileto é praticar esportes.* ☐ ORTOGRAFIA É diferente de *laser*.

LCD (pl. *LCDs*) s.m. Sistema utilizado para mostrar informação visual em determinadas telas eletrônicas: *um televisor com tela de LCD.* ☐ ORIGEM É a sigla inglesa de *Liquid Cristal Display* (dispositivo de representação visual por cristal líquido).

leal ⟨le.al⟩ (pl. *leais*) adj.2g. **1** Que é fiel ou digno de confiança em sua forma de agir por nunca enganar nem trair. **2** Que é responsável ou fiel, especialmente a um compromisso ou a uma obrigação.

lealdade ⟨le.al.da.de⟩ s.f. **1** Fidelidade e senso de honra na forma de agir. **2** Responsabilidade com os compromissos assumidos.

leão, oa ⟨le.ão, o.a⟩ (Pron. [leão], [leôa]) (pl. *leões*) ▎ s. **1** Mamífero carnívoro felino que habita savanas, matas e planícies, de pelo amarelo e cauda longa, e cujo macho apresenta uma longa juba no pescoço. ▎ s.m. **2** *informal* Órgão público responsável pela arrecadação do imposto de renda. ▎ adj.2g.2n. **3** Em astrologia, que nasceu entre 22 de julho e 22 de agosto. ☐ SIN. leonino. ☐ GRAMÁTICA Nas acepções 1 e 2, o plural é *leões*.

leão de chácara ⟨le.ão de chá.ca.ra⟩ (pl. *leões de chácara*) s.m. *informal* Pessoa encarregada de vigiar e de guardar casas de diversões. ☐ GRAMÁTICA Usa-se tanto para o masculino quanto para o feminino: *(ele/ela) é um leão de chácara.*

leão-marinho ⟨le.ão-ma.ri.nho⟩ (pl. *leões-marinhos*) s.m. Mamífero carnívoro adaptado à vida aquática, com o corpo arredondado e comprido, pelagem curta, uma grossa camada de gordura sob a pele que o protege do frio, com as extremidades modificadas em nadadeiras, e cujo macho possui juba. ☐ GRAMÁTICA É um substantivo epiceno: *o leão-marinho (macho/fêmea).*

lebrão ⟨le.brão⟩ (pl. *lebrões*) s.m. Macho da lebre.

lebre ⟨le.bre⟩ s.f. Mamífero herbívoro, semelhante ao coelho, de orelhas mais curtas, pelo suave, cor geralmente cinza-amarronzada, que tem as extremidades posteriores mais longas do que as anteriores, que costuma viver em terrenos planos, sem fazer tocas, e cuja carne é muito apreciada. ☐ GRAMÁTICA Usa-se o substantivo masculino *lebrão* para designar o macho.

lecionar ⟨le.ci.o.nar⟩ ▎ v.t.d./v.t.d.i. **1** Ensinar ou dar lições sobre (um conhecimento ou uma disciplina) [a alguém]: *Leciona francês das 8 da manhã às 5 da tarde.* ▎ v.int. **2** Exercer a profissão de professor: *Leciona desde que se formou na faculdade.*

lecitina ⟨le.ci.ti.na⟩ s.f. **1** Mistura de lipídios encontrada em animais e vegetais, e que costuma ser usada em indústrias de alimentos, de cosméticos e farmacêuticas. **2** Em bioquímica, substância encontrada na gema de ovo e em grãos de soja.

legação ⟨le.ga.ção⟩ (pl. *legações*) s.f. **1** Cargo ou faculdade representativos do legado de uma autoridade, especialmente dos representantes de um governo ante outro governo estrangeiro. **2** Sede ou conjunto de instalações de uma representação diplomática, especialmente de uma embaixada.

legado ⟨le.ga.do⟩ s.m. **1** Aquilo que se deixa como herança ou se doa em um testamento. **2** Pessoa enviada por uma autoridade civil ou eclesiástica para que a represente ou atue em seu nome.

legal ⟨le.gal⟩ (pl. *legais*) ▎ adj.2g. **1** Da lei, do direito ou relacionado a eles. **2** *informal* Que é correto ou está em ordem. **3** *informal* Muito bom, excelente ou bonito. ▎ adv. **4** *informal* Muito bem ou de forma positiva: *Ele trabalha legal quando não está cansado.*

legalidade ⟨le.ga.li.da.de⟩ s.f. **1** Adequação ou conformidade com a lei: *Como não se mantiveram na legalidade, tiveram que pagar várias multas.* **2** Conjunto ou sistema de leis que regem a vida de um país: *Os tribunais preocupam-se com o cumprimento da legalidade vigente.*

legalizar ⟨le.ga.li.zar⟩ v.t.d. **1** Dar caráter legal a: *A prefeitura orientou camelôs a legalizar a sua atividade.* ☐ SIN. legitimar. **2** Certificar a autenticidade de (uma firma ou um documento): *Foi ao cartório para legalizar a escritura do terreno.* ☐ SIN. autenticar, legitimar.

legar ⟨le.gar⟩ ▎ v.t.d.i. **1** Deixar como herança por meio de um testamento (os bens de uma pessoa) [a alguém]: *Legou seus livros à biblioteca municipal.* **2** Transmitir (ideias ou a costumes) [aos que seguem no tempo]: *Os clássicos nos legaram grande parte de sua visão de mundo.* ▎ v.t.d. **3** Enviar (alguém) como legado ou como representante: *A presidente legou o primeiro-ministro para representar o país no encontro internacional.* ☐ ORTOGRAFIA Antes de *e, o g* muda para *gu* →CHEGAR.

legatário, ria ⟨le.ga.tá.rio, ria⟩ s. Em direito, pessoa ou grupo de pessoas favorecidos em um testamento ou em um documento semelhante.

legenda ⟨le.gen.da⟩ s.f. **1** Em uma figura ou em um mapa, explicação ou comentários breves colocados em sua parte inferior: *A professora pediu para que colocássemos legendas no mapa.* [👁 livro p. 499] **2** Em uma obra cinematográfica, letreiro que aparece na parte inferior de sua imagem na tela, geralmente com a tradução do texto falado: *Vimos o filme em francês com legenda em português.* **3** Relato sobre a vida de um santo.

legendário, ria ⟨le.gen.dá.rio, ria⟩ ▎ adj. **1** Que alcançou grande fama e popularidade: *Pelé foi um jogador*

legião

☐ SIN. lendário. ∎ s.m. **2** Livro que reúne relatos sobre a vida dos santos.

legião ⟨le.gi.ão⟩ (pl. *legiões*) s.f. **1** No exército da Roma Antiga, formação de combate muito variável em número de soldados, integrada por tropas de infantaria e de cavalaria: *Durante as guerras na Gália, as legiões de Júlio César eram compostas por aproximadamente trezentos soldados*. **2** No Exército, corpo de elite formado por soldados profissionais e especialmente treinados para atuar como força de choque. **3** Multidão de pessoas, de animais ou de coisas: *Uma legião de fãs compareceu ao show*.

legibilíssimo, ma ⟨le.gi.bi.lís.si.mo, ma⟩ Superlativo irregular de *legível*.

legionário, ria ⟨le.gio.ná.rio, ria⟩ ∎ adj. **1** Da legião ou relacionado a ela. ∎ s.m. **2** Soldado de uma legião.

legislação ⟨le.gis.la.ção⟩ (pl. *legislações*) s.f. **1** Conjunto de leis pelas quais se governa um Estado ou pelas quais se rege uma atividade ou uma matéria: *a legislação trabalhista*. **2** Elaboração ou estabelecimento de leis. **3** Ciência ou estudo das leis.

legislador, -a ⟨le.gis.la.dor, do.ra⟩ (Pron. [legisladôr], [legisladôra]) ∎ adj./s. **1** Que ou quem legisla. ∎ s. **2** Membro de um órgão legislativo.

legislar ⟨le.gis.lar⟩ ∎ v.t.d. **1** Elaborar ou estabelecer (uma lei): *Legislou novas regras para a aposentadoria*. ∎ v.int. **2** Elaborar ou estabelecer leis: *O Congresso reuniu-se para legislar*.

legislativo, va ⟨le.gis.la.ti.vo, va⟩ adj. **1** Da legislação ou relacionado a ela. **2** Em relação especialmente a um órgão, que tem a faculdade ou a missão de elaborar ou de estabelecer leis. ☐ USO Na acepção 2, usa-se geralmente como substantivo para se referir ao poder legislativo do governo de um país: *O Legislativo elabora as leis de uma nação*.

legislatura ⟨le.gis.la.tu.ra⟩ s.f. **1** Período de tempo entre a constituição do poder executivo e dos órgãos legislativos do Estado até sua dissolução, geralmente entre duas eleições, e durante o qual desenvolvem suas atividades: *A duração máxima de uma legislatura, no Brasil, são quatro anos*. **2** Conjunto dos órgãos legislativos que desenvolvem suas atividades durante esse período: *A nova maioridade reformará várias leis aprovadas pelas legislaturas anteriores*.

legista ⟨le.gis.ta⟩ adj.2g./s.2g. **1** Que ou quem é especialista em leis. **2** →**médico-legista**

legítima ⟨le.gí.ti.ma⟩ s.f. Parte de uma herança destinada, por lei, a determinados herdeiros, independentemente da vontade daquele que faz o testamento.

legitimar ⟨le.gi.ti.mar⟩ v.t.d. **1** Dar caráter legítimo a: *legitimar uma candidatura*. ☐ SIN. legalizar. **2** Reconhecer como legítimo (um filho ilegítimo): *Legitimou o sobrinho que criou desde pequeno*. **3** Certificar a autenticidade de (uma firma ou um documento). ☐ SIN. autenticar, legalizar. **4** Apresentar razões que reconheçam (uma ação) como verdadeira: *Todo o sofrimento que viveu não legitimava suas ações*. ☐ SIN. justificar.

legitimidade ⟨le.gi.ti.mi.da.de⟩ s.f. Condição ou estado do legítimo.

legítimo, ma ⟨le.gí.ti.mo, ma⟩ adj. **1** De acordo com a lei ou com os princípios da justiça. **2** Justo, sob o ponto de vista da razão ou da moral: *um direito legítimo*. **3** Autêntico ou verdadeiro: *uma assinatura legítima*.

legível ⟨le.gí.vel⟩ (pl. *legíveis*) adj.2g. Que se pode ler. ☐ GRAMÁTICA Seu superlativo é *legibilíssimo*.

légua ⟨lé.gua⟩ s.f. Unidade de comprimento equivalente a 6.600 metros. ∥ **a léguas** *informal* A uma grande distância: *Mora a léguas do centro da cidade*.

legume ⟨le.gu.me⟩ s.m. **1** Fruto alongado, em formato de vagem, característico das plantas leguminosas. **2** Grão ou semente que se desenvolvem nesse fruto: *A ervilha, a soja e o grão-de-bico são legumes*. **3** *informal* Conjunto de tubérculos e raízes comestíveis e geralmente rígidos, ou de outros alimentos semelhantes: *Tomei uma sopa de legumes que tinha couve-flor, brócolis e cenoura*. ☐ USO Nas acepções 1 e 2, é diferente de *verdura* (planta herbácea, geralmente verde e com folhas comestíveis).

leguminoso, sa ⟨le.gu.mi.no.so, sa⟩ (Pron. [leguminôso], [leguminósa], [leguminósos], [leguminósas]) ∎ adj./s.f. **1** Em relação a uma planta, que possui folhas geralmente alternas e compostas, frutos do tipo legume com várias sementes em seu interior, e muito cultivada para a alimentação: *A soja é uma leguminosa*. ∎ s.f.pl. **2** Em botânica, família dessas plantas, pertencente à classe das dicotiledôneas.

lei s.f. **1** Regra ou norma constantes e invariáveis das coisas, que estão determinadas por suas próprias qualidades ou condições ou por sua relação com outras coisas: *Pela lei da oferta e da procura, quando um produto escasseia, seu preço aumenta*. **2** Norma, preceito ou seu conjunto estabelecidos por uma autoridade para regular, proibir ou mandar algo: *as leis de trânsito*. **3** Conjunto de normas éticas obrigatórias: *A lei moral obriga a todos a respeitar a vida*. **4** Em um regime constitucional, disposição votada pelo Poder Legislativo e sancionada pelo chefe de Estado: *A lei foi aprovada pela maioria absoluta dos congressistas*. **5** Religião ou culto dado à divindade: *As crianças judias tinham aulas com o rabino para aprender a lei judaica*. ∥ **lei da selva** Aquela que é estabelecida pelo poder do mais forte. ∥ **lei seca** Aquela que proíbe a venda e o consumo de bebidas alcoólicas.

leiaute ⟨lei.au.te⟩ s.m. →*layout*

leigo, ga ⟨lei.go, ga⟩ adj./s. **1** Que ou quem carece de formação ou de conhecimentos. **2** Que ou quem não recebeu ordenação religiosa. ☐ SIN. laico, secular.

leilão ⟨lei.lão⟩ (pl. *leilões*) s.m. Venda pública na qual aquilo que se vende é arrematado ao melhor preço ou a quem oferece mais dinheiro: *um leilão de arte*. ☐ SIN. hasta.

leiloar ⟨lei.lo.ar⟩ v.t.d. Vender ou oferecer em leilão público: *Queriam leiloar um quadro de Tarsila do Amaral*.

leiloeiro, ra ⟨lei.lo.ei.ro, ra⟩ s. Pessoa que se dedica profissionalmente a vender produtos ou mercadorias em leilões ou em pregões. ☐ SIN. pregoeiro.

leishmaniose ⟨leish.ma.ni.o.se⟩ s.f. Doença infecciosa causada por determinados parasitas que pode afetar a pele ou órgãos como o fígado e o baço.

leitão, toa ⟨lei.tão, to.a⟩ (Pron. [leitão], [leitôa]) (pl. *leitões*) s. Porco novo que se alimenta principalmente do leite que mama.

leitaria ⟨lei.ta.ri.a⟩ s.f. →**leiteria**

leite ⟨lei.te⟩ s.m. **1** Líquido branco e opaco que se forma nas glândulas mamárias da fêmea de um mamífero e que é usado para alimentar suas crias. **2** Líquido branco secretado por alguns tipos de plantas, frutos ou sementes: *Se cortarmos levemente a casca de um mamão, ele verterá leite*. **3** Líquido espesso, usado geralmente como cosmético ou como medicamento: *leite de magnésia*. ∥ **leite condensado** Aquele misturado com açúcar e submetido a um processo de evaporação no qual perde a água.

leiteira ⟨lei.tei.ra⟩ s.f. Recipiente para transportar, guardar ou servir leite.

leiteiro, ra ⟨lei.tei.ro, ra⟩ ∎ adj. **1** Do leite ou relacionado a ele. **2** Em relação a um mamífero fêmea, que se cria para aproveitar seu leite: *uma vaca leiteira*. ∎ s. **3** Pessoa que se dedica profissionalmente à venda ou à distribuição de leite.

leiteria ⟨lei.te.ri.a⟩ s.f. **1** Estabelecimento comercial em que se vende leite. **2** Local destinado ao tratamento do leite e de seus derivados. ☐ ORTOGRAFIA Escreve-se também *leitaria*.

leito ⟨lei.to⟩ s.m. **1** Cama, especialmente se estiver arrumada para descansar ou para dormir: *um leito de hospital*. **2** Em um rio, curso ou lugar por onde correm suas águas: *O leito deste rio é raso*. **3** Superfície plana sobre a qual se coloca algo: *Os animais descansavam sobre um leito de palha*.

leitor, -a ⟨lei.tor, to.ra⟩ (Pron. [leitôr], [leitôra]) ▌ adj./s. **1** Que ou quem lê ou gosta de leitura. ▌ s.m. **2** Aparelho que capta os sinais ou as marcas gravadas em um suporte e que as transforma ou as reproduz: *um leitor de CDs; um leitor óptico*.

leitoso, sa ⟨lei.to.so, sa⟩ (Pron. [leitôso], [leitósa], [leitósos], [leitósas]) adj. **1** Que tem aspecto semelhante ao do leite. ☐ SIN. lácteo. **2** Em relação a uma planta ou a um fruto, que expelem uma seiva semelhante ao leite.

leitura ⟨lei.tu.ra⟩ s.f. **1** Atividade que consiste em compreender um texto escrito ou impresso depois de percebê-los pela vista ou pelo tato. **2** Aquilo que se lê: *Aquela era sua leitura preferida*. **3** Atividade que consiste em compreender ou interpretar qualquer tipo de signo: *A leitura do termômetro indicava 36 ºC*. **4** Em informática, acesso a alguma das unidades de armazenamento de um computador para recuperar ou para visualizar a informação contida nela: *Não sei por que, mas o computador não fez a leitura do disquete*.

lema ⟨le.ma⟩ (Pron. [lêma]) s.m. Sentença ou divisa que expressam um ideal: *Nosso lema é sempre tentar ajudar os outros*. ☐ SIN. máxima. ☐ USO É diferente de *slogan* (frase publicitária curta, persuasiva e fácil de ser lembrada).

lembrança ⟨lem.bran.ça⟩ ▌ s.f. **1** Ato ou efeito de lembrar(-se). **2** Na mente de uma pessoa, presença de algo já ocorrido: *Ele tem ótimas lembranças da sua infância.* ☐ SIN. memória. **3** Aquilo que serve para lembrar algo: *Sempre que viaja a trabalho, traz alguma lembrança para sua filha*. ▌ s.f.pl. **4** Saudação afetuosa que se envia a uma pessoa ausente por escrito ou por meio de um intermediário: *Mandou-lhe lembranças quando nos viu*.

lembrar ⟨lem.brar⟩ ▌ v.t.d./v.t.i./v.prnl. **1** Trazer (algo que já aconteceu) à memória ou recordar(-se) [dele]: *Não lembro tudo o que ele disse*. ▌ v.t.i./v.t.d.i./v.prnl. **2** Fazer com que não se esqueça ou recordar(-se) (alguém) [de uma informação ou de um fato]: *Lembre-lhe da consulta com o médico. Lembrou-se de meu aniversário e me mandou flores*. ▌ v.t.d./v.t.d.i. **3** Em relação a uma pessoa ou a uma coisa, ter semelhança com (outra) ou sugerir certa relação com (ela) [a alguém]: *Ele lembra o pai. Essa música me lembra a viagem que fizemos*.

lembrete ⟨lem.bre.te⟩ (Pron. [lembrête]) s.m. **1** Aviso ou comunicado em que se lembra algo. **2** Papel ou impresso em que se lembra a data de algum acontecimento, geralmente de forma breve.

leme ⟨le.me⟩ (Pron. [lême]) s.m. **1** Em uma embarcação ou em um avião, peça situada na parte traseira e articulada sobre dobradiças, que serve para modificar sua direção. **2** Direção ou governo de algo: *A empresa entrou nos eixos depois que ele tomou o leme da diretoria*.

lenço ⟨len.ço⟩ s.m. **1** Peça de tecido pequena e quadrada, que se utiliza geralmente para limpar o nariz ou secar as lágrimas. **2** Peça de tecido, geralmente quadrada ou retangular, de pequena extensão e usada como acessório sobre a cabeça, sobre os ombros ou ao redor do pescoço.

lençol ⟨len.çol⟩ (pl. *lençóis*) s.m. **1** Cada uma das duas peças de tecido que se colocam na cama e entre as quais fica a pessoa que se deita. **2** Extensão subterrânea de um líquido, especialmente de água ou de petróleo: *Perfurou o chão para ver se encontrava um lençol de água*.

lenda ⟨len.da⟩ s.f. **1** Narração de acontecimentos fabulosos ou imaginários, geralmente baseados em um fato real: *Dentre as lendas brasileiras mais famosas, estão a do Saci e a do boto-cor-de-rosa*. **2** *informal* Aquilo que se considera inatingível, ou pessoa que é considerada um ídolo: *Esse atacante tornou-se uma lenda do futebol*. **3** *informal* Mentira: *Não acredite em todas essas lendas que contam para você*.

lendário, ria ⟨len.dá.rio, ria⟩ adj. **1** Das lendas, com suas características ou relacionado a elas. **2** Que alcançou grande fama e popularidade: *um ator lendário*. ☐ SIN. legendário.

lêndea ⟨lên.dea⟩ s.f. Em zoologia, ovo de alguns parasitas, especialmente do piolho.

lengalenga ⟨len.ga.len.ga⟩ s.f. Conversa, narrativa ou discurso que se repetem de forma insistente e que incomodam ou desagradam.

lenha ⟨le.nha⟩ (Pron. [lênha]) s.f. **1** Madeira de árvores que é cortada e usada para fazer fogo: *um forno a lenha*. **2** *informal* Aquilo que é difícil ou penoso: *Andar sob o sol é lenha*. ‖ {botar/colocar/deitar} **lenha na fogueira** Instigar ou dar mais motivos para continuar algo, especialmente uma discussão ou um conflito: *É melhor ficar calado e não botar mais lenha na fogueira*.

lenhador, -a ⟨le.nha.dor, do.ra⟩ (Pron. [lenhadôr], [lenhadôra]) adj./s. Que ou quem se dedica profissionalmente a cortar ou a vender lenha.

lenho ⟨le.nho⟩ (Pron. [lênho]) s.m. **1** Pedaço de árvore cortado e sem galho: *Providenciou os lenhos necessários para fazer a cerca do quintal*. **2** Nas plantas superiores, parte interior da casca, dura e onde ficam os vasos que conduzem seiva, água e sais da raiz para a parte superior da planta: *O lenho conduz a seiva bruta ou ascendente*. **3** Em uma árvore, madeira: *O lenho do pau-brasil é avermelhado*.

lenhoso, sa ⟨le.nho.so, sa⟩ (Pron. [lenhôso], [lenhósa], [lenhósos], [lenhósas]) adj. **1** Em relação especialmente a uma planta ou a uma de suas partes, que possuem a dureza e a consistência da madeira. **2** Em relação especialmente a um tecido vegetal, que tem paredes celulares espessas e que conduz a seiva bruta: *Os tecidos lenhosos são formados por células mortas*.

lenitivo, va ⟨le.ni.ti.vo, va⟩ ▌ adj./s.m. **1** Em relação especialmente a um medicamento, que serve para diminuir ou para aliviar uma dor: *uma pomada lenitiva*. ▌ s.m. **2** Aquilo que serve para diminuir um sofrimento ou uma inquietude: *A música foi um bom lenitivo para seus problemas*.

lente ⟨len.te⟩ s.f. **1** Peça de cristal ou de outro material transparente, com uma face côncava ou convexa, e com a qual se consegue um determinado efeito óptico: *as lentes dos óculos escuros*. **2** Cristal graduado e instalado sobre uma armação que facilita seu manejo: *O microscópio é dotado de lentes de aumento*. **3** No bulbo do olho, estrutura transparente, situada atrás da íris e cuja função é direcionar os raios de luz para um determinado ponto na retina. ‖ **lente (de contato)** Objeto circular, pequeno, com graduação óptica, com um lado côncavo e outro convexo, e que se coloca diretamente sobre a córnea do olho. ☐ USO Na acepção 3, é a nova denominação de *cristalino*.

lentejoila ⟨len.te.joi.la⟩ s.f. →**lantejoula**
lentejoula ⟨len.te.jou.la⟩ s.f. →**lantejoula**
lentidão ⟨len.ti.dão⟩ (pl. *lentidões*) s.f. Demora na realização de um acontecimento ou na execução de uma ação. ☐ SIN. vagareza.

lentilha ⟨len.ti.lha⟩ s.f. **1** Trepadeira anual com folhas compostas por outras menores, com a parte final

lento

modificada em uma mola, flores brancas, fruto em formato de vagem curta e sementes comestíveis de cor escura e em formato de um disco pequeno. **2** Semente dessa trepadeira: *As lentilhas são muito nutritivas porque contêm ferro.*

lento, ta ⟨len.to, ta⟩ adj. **1** Pausado no movimento ou na ação. **2** Que demora para acontecer. **3** *pejorativo* Sem agilidade mental.

leonino, na ⟨le.o.ni.no, na⟩ ❙ adj. **1** Dos leões ou com características deles. ❙ adj./s. **2** Em astrologia, que ou quem nasceu entre 22 de julho e 22 de agosto. ☐ SIN. leão.

leopardo ⟨le.o.par.do⟩ s.m. Mamífero carnívoro felino, encontrado na África e na Ásia, de pelagem amarelada com manchas negras regularmente distribuídas. ☐ GRAMÁTICA É um substantivo epiceno: o *leopardo (macho/fêmea)*.

leopoldense ⟨le.o.pol.den.se⟩ adj.2g./s.2g. De São Leopoldo ou relacionado a essa cidade do estado brasileiro do Rio Grande do Sul.

lépido, da ⟨lé.pi.do, da⟩ adj. **1** Alegre, bem-humorado ou divertido. **2** Ligeiro, rápido ou com movimentos ágeis.

lepidóptero, ra ⟨le.pi.dóp.te.ro, ra⟩ ❙ adj./s.m. **1** Em relação a um inseto, que tem quatro asas cobertas de escamas, boca sugadora em formato de tubo em espiral, um par de antenas e um par de olhos compostos. ❙ s.m.pl. **2** Em zoologia, ordem desses insetos, pertencente ao filo dos artrópodes.

leporino, na ⟨le.po.ri.no, na⟩ ❙ adj. **1** Da lebre ou relacionado a ela. ❙ s.m. **2** →lábio leporino

lepra ⟨le.pra⟩ s.f. *informal* Hanseníase.

leprosário ⟨le.pro.sá.rio⟩ s.m. Antigamente, hospital destinado ao tratamento de pessoas que sofriam de hanseníase.

leproso, sa ⟨le.pro.so, sa⟩ (Pron. [leprôso], [leprósa], [leprósos], [leprósas]) adj./s. *pejorativo* Hanseniano.

leque ⟨le.que⟩ s.m. **1** Objeto que produz vento ao ser agitado. ☐ SIN. abano. **2** Aquilo que tem forma semelhante à desse objeto: *um leque de cartas de baralho.* **3** Série ou conjunto de possibilidades entre as quais se pode escolher: *um leque de oportunidades.*

ler ❙ v.t.d./v.int. **1** Perceber (textos escritos ou impressos) pela vista ou pelo tato para entender seu significado ou compreender por meio da leitura: *Os deficientes visuais podem ler em braile.* ❙ v.t.d. **2** Interpretar ou tirar conclusões sobre (um texto escrito): *Li seu e-mail como uma ordem, não como um pedido.* **3** Compreender o significado de (qualquer tipo de signo): *Uma cigana leu a sua mão.* **4** Compreender (aquilo que alguém sente ou pensa): *Lemos em seus olhos o quanto estava triste.* **5** Reconhecer por mecanismos eletrônicos ou digitais: *A máquina lê o cartão de ponto de todos os funcionários.* ☐ GRAMÁTICA É um verbo irregular →LER.

lerdeza ⟨ler.de.za⟩ (Pron. [lerdêza]) s.f. **1** Falta de habilidade ou de agilidade. **2** Falta de inteligência ou lentidão para compreender.

lerdo, da ⟨ler.do, da⟩ adj. **1** *pejorativo* Que é pouco rápido ou pouco ágil. **2** *pejorativo* Que é pouco inteligente ou lento para compreender: *Ele era lerdo em Matemática, mas excelente em Língua Portuguesa.*

lero-lero ⟨le.ro-le.ro⟩ (pl. *lero-leros*) s.m. *informal* Conversa inútil ou sem importância.

lesão ⟨le.são⟩ (pl. *lesões*) s.f. **1** Dano corporal causado por um golpe ou por uma doença: *uma lesão no joelho.* **2** Qualquer dano ou prejuízo: *O novo contrato causou graves lesões aos funcionários.*

lesar ⟨le.sar⟩ ❙ v.t.d./v.prnl. **1** Causar ou sofrer lesão ou dano: *Durante o jogo, o jogador lesou o joelho.* ❙ v.t.d. **2** Ofender ou violar: *Seus atos impensados lesaram a sua reputação.*

lesbianismo ⟨les.bi.a.nis.mo⟩ s.m. Homossexualidade feminina.

lésbica ⟨lés.bi.ca⟩ s.f. Mulher que sente atração afetiva ou sexual por outra mulher.

lésbico, ca ⟨lés.bi.co, ca⟩ adj. Do lesbianismo ou relacionado a essa inclinação sexual.

lesivo, va ⟨le.si.vo, va⟩ adj. Que causa ou que pode causar lesão, dano ou prejuízo.

lesma ⟨les.ma⟩ (Pron. [lêsma]) s.f. **1** Molusco terrestre, de corpo alongado, sem concha ou com concha rudimentar, que se move arrastando-se sobre um muco que produz, contraindo e esticando o corpo. **2** *pejorativo* Em relação a uma pessoa, que tem os movimentos ou o raciocínio lentos. ☐ GRAMÁTICA Na acepção 1, é um substantivo epiceno: *a lesma (macho/fêmea).*

leso, sa ⟨le.so, sa⟩ ❙ adj. **1** Que sofreu lesão física. ❙ adj./s. **2** *pejorativo* Tolo, atordoado ou perturbado.

leste ⟨les.te⟩ ❙ adj.2g. **1** Que é situado neste ponto cardeal ou relacionado a ele: *a saída leste.* ❙ s.m. **2** Ponto cardeal que indica a direção onde o Sol surge. **3** Essa direção. ☐ SIN. levante, nascente, oriente. **4** Em relação a um lugar, onde que indica esse ponto: *As praias estão no leste do país.* **5** Vento que sopra ou que vem desse ponto. ☐ ORTOGRAFIA 1. Na acepção 2, usa-se geralmente com inicial maiúscula por ser também um nome próprio e seu símbolo é *L* ou *E*, sem ponto. 2. Escreve-se também *este*.

letal ⟨le.tal⟩ (pl. *letais*) adj.2g. **1** Que ocasiona ou que pode ocasionar morte. ☐ SIN. fatal, mortal. **2** Que prejudica de forma decisiva e irremediável. ☐ SIN. fatal.

letão, tã ⟨le.tão, tã⟩ (pl. *letões*) ❙ adj./s. **1** Da Letônia ou relacionado a esse país europeu. ❙ s.m. **2** Língua indo-europeia desse país.

letargia ⟨le.tar.gi.a⟩ s.f. **1** Em medicina, estado de profunda sonolência ou lentidão dos sentidos motivado pelo sono, e que é sintoma de certas doenças nervosas, infecciosas ou tóxicas. **2** Inércia, apatia ou inatividade: *Sua letargia diante dos fatos era inacreditável.*

letivo, va ⟨le.ti.vo, va⟩ adj. Em relação a um período de tempo, que é destinado às atividades escolares.

letra ⟨le.tra⟩ (Pron. [lêtra]) ❙ s.f. **1** Sinal gráfico que representa um som da linguagem: *O alfabeto do português tem vinte e seis letras.* **2** Forma de escrever de uma pessoa: *Sua letra é difícil de entender.* ☐ SIN. caligrafia. **3** Na imprensa, peça com esse ou com outro sinal em relevo, para que possam ser estampados: *De velhas, as letras já estavam desgastadas.* **4** Em uma composição musical, conjunto de palavras cantadas: *A letra desta música é muito interessante.* **5** Em um dicionário, conjunto de palavras que começam pelo mesmo sinal gráfico: Boi e vaca *não estão na mesma letra do dicionário.* ❙ s.f.pl. **6** Conjunto de estudos ou conhecimentos aplicáveis à gramática, à literatura ou à linguística: *Na universidade, optou pelo curso de Letras.* ❙ **letra (de câmbio)** Em economia, documento mercantil pelo qual uma pessoa ou uma entidade expedem uma ordem de pagamento à outra, por um valor que deve ser pago em uma data e em um local determinados. ❙ **letra itálica** Aquela que é inclinada à direita e que imita a manuscrita. ☐ SIN. grifo. ❙ **(letra) {maiúscula/versal}** Aquela que possui formato próprio e tamanho grande e se utiliza no início de nome próprio e depois de ponto-final. ❙ **(letra) minúscula** Aquela que possui formato próprio e tamanho pequeno e se utiliza comumente. ❙ **(letra) negrita** Aquela que é de traço grosso e se utiliza para destacar: *As locuções deste dicionário estão escritas com letra negrita.* ❙ **primeiras letras** Primeiros estudos, especialmente se forem de leitura e escrita: *Naquela escola, aprendi as primeiras letras.*

letrado, da ⟨le.tra.do, da⟩ adj./s. **1** Que ou quem é culto ou instruído. **2** Que ou quem tem grande conhecimento literário: *A discussão sobre a obra de Cecília Meireles reuniu muitas pessoas letradas.*

letramento ⟨le.tra.men.to⟩ s.m. Condição da pessoa que foi alfabetizada e que é capaz de fazer uso da leitura e da escrita para alcançar maior desenvolvimento ou aperfeiçoamento culturais, sociais ou intelectuais.

letreiro ⟨le.trei.ro⟩ s.m. Placa com um escrito usada para informar ou comunicar algo: *um letreiro luminoso.*

léu ‖ **ao léu** À toa, a esmo ou à vontade: *Caminhava ao léu pela cidade.*

leucemia ⟨leu.ce.mi.a⟩ s.f. Doença que se caracteriza pelo aumento anormal do número de leucócitos ou glóbulos brancos que circulam pelo sangue.

leucócito ⟨leu.có.ci.to⟩ s.m. Célula sanguínea esférica e incolor do sistema imunológico dos vertebrados que tem a função de combater agentes invasores químicos ou biológicos. ◻ SIN. glóbulo branco.

leva ⟨le.va⟩ s.f. **1** Conjunto de pessoas ou de coisas: *A primeira leva de cadernos já foi despachada para as papelarias.* **2** Recrutamento de pessoas para serviço militar: *Desde a leva para a guerra, aguardamos seu retorno.*

levadiço, ça ⟨le.va.di.ço, ça⟩ adj. Que se pode levantar: *uma ponte levadiça.*

levado, da ⟨le.va.do, da⟩ adj./s. Em relação especialmente a uma criança, travessa, irrequieta ou rebelde. ◻ SIN. peralta, sapeca. ‖ **levado da breca** Criança excessivamente travessa, irrequieta ou rebelde.

leva e traz ⟨le.va e traz⟩ s.2g.2n. *pejorativo* Pessoa que é dada a fazer intrigas.

levantador, -a ⟨le.van.ta.dor, do.ra⟩ (Pron. [levantadôr], [levantadôra]) adj./s. **1** Que ou quem levanta. **2** No vôlei, que ou quem é encarregado de fazer o passe de bola alto para que outro jogador dê uma cortada.

levantamento ⟨le.van.ta.men.to⟩ s.m. **1** Ato ou efeito de levantar(-se). **2** Acréscimo ou aumento: *um levantamento dos valores.* **3** Sublevação ou movimento de protesto contra uma autoridade: *um levantamento militar.* **4** Pesquisa para coleta de dados: *Foi feito um levantamento dos produtos que temos no estoque.* **5** Retirada e remoção de algo montado: *o levantamento de um acampamento.* **6** No vôlei, passe de bola alto para que outro jogador dê uma cortada.

levantar ⟨le.van.tar⟩ ▌ v.t.d./v.prnl. **1** Mover(-se) de baixo para cima: *O espetáculo começou assim que as cortinas se levantaram.* **2** Levantar(-se) ou endireitar(-se) verticalmente (a cabeça, o corpo ou uma parte dele): *Quem tiver dúvidas, por favor levante a mão. Levantou-se para nos cumprimentar.* ◻ SIN. erguer. ▌ v.t.d. **3** Colocar em um nível mais alto: *Está tão fraca que não conseguiu levantar a mala.* ◻ SIN. erguer. ▌ v.t.d. **4** Colocar em sua posição correta ou na vertical (algo caído ou em posição horizontal): *Levante o porta-retratos, por favor.* ◻ SIN. sobrelevar. ▌ v.t.d./v.prnl. **5** Dar ou criar vigor ou incentivo (o ânimo, especialmente): *Suas palavras me levantaram naquele dia difícil.* ◻ SIN. elevar. **6** Provocar estado de revolução em (alguém) ou sublevar(-se): *A situação caótica levantou o povo contra os governantes.* ▌ v.int./v.prnl. **7** Sair da cama: *Ela levanta às 8 horas todos os dias.* ▌ v.t.d./v.int./v.prnl. **8** Distanciar(-se) do chão e espalhar(-se) pelo ar (uma substância em pó, especialmente): *Quando os carros passam por aqui, levantam muita poeira.* ▌ v.t.d. **9** Fazer ou construir (uma edificação ou um monumento): *Levantaram um galpão para o depósito de materiais.* ◻ SIN. edificar, erguer. **10** Produzir ou dar origem a: *O comentário levantou grande polêmica.* **11** Coletar por meio de uma pesquisa (dados): *Levantamos todos os dados necessários para o início do projeto.* **12** Arrecadar (dinheiro ou bens): *Levantamos fundos para a construção de uma casa de caridade.* **13** Emitir com maior intensidade ou fazer com que soe mais alto (a voz): *Se levantar a voz, não lhe darei ouvidos.* **14** Desmontar (algo que está montado ou instalado) para retirá-lo ou para transferir-se levando o que havia nele: *Eles levantaram acampamento bem cedo e seguiram viagem.*

levante ⟨le.van.te⟩ s.m. **1** Direção onde o Sol surge. ◻ SIN. leste, nascente, oriente. **2** Rebelião ou revolta: *Eles fizeram um levante para defender seus direitos.*

levar ⟨le.var⟩ ▌ v.t.d./v.t.d.i. **1** Transportar ou transferir (algo) [para outro lugar]: *O caminhão levou a carga até o depósito.* ▌ v.t.d. **2** Ter consigo ou portar: *Leva uma foto da namorada na carteira.* **3** Ter, possuir ou conter: *O nhoque leva batata e farinha.* ▌ v.t.d.i./v.t.i. **4** Conduzir ou dirigir (algo ou alguém) [a um determinado lugar, a uma opinião ou a uma circunstância]: *Sua forma de falar me leva a imaginar que está mentindo.* ▌ v.t.d. **5** Vestir ou exibir: *Levava um vestido azul e bege.* **6** Manter no pensamento: *Ele levará essas lembranças por muito tempo.* **7** Dirigir, administrar ou encarregar-se de (uma atividade, especialmente se for a incluir responsabilidade): *Ele levou todo o projeto, sem muita dificuldade.* **8** Passar (uma quantidade de tempo) fazendo algo: *Levei três horas para arrumar meu quarto.* **9** Conduzir ou guiar (um meio de transporte): *Meu pai levará o carro até o meio do caminho, depois minha mãe assumirá.* **10** Obter ou conseguir: *Ela levou o prêmio de melhor atriz do ano.* ◻ SIN. ganhar. **11** Receber ou tomar: *Ela estava chorando, pois levou uma bronca.* ◻ SIN. ganhar. ‖ **levar {algo/alguém} a mal** *informal* Não gostar dele: *Ele levou a mal a brincadeira e foi embora.* ‖ **levar na boa 1** *informal* Aceitar sem se ofender. **2** *informal* Realizar sem dificuldade.

leve ⟨le.ve⟩ adj.2g. **1** Com pouco peso. **2** Suave ou com pouca intensidade: *Ela deu um leve sorriso e se virou.* **3** Que se movimenta com rapidez e desembaraço: *Aquele bailarino é muito leve.* ◻ SIN. ágil. **4** Fácil de ser digerido: *É saudável jantar alimentos leves.* **5** Em relação a um tecido ou a uma peça do vestuário, com pouca espessura e que agasalham pouco: *No outono, usamos casacos leves durante o dia.* **6** Que não apresenta dificuldades: *A professora pediu uma lista de exercícios leves desta vez.* **7** Sem importância ou de pouca gravidade: *Discutimos apenas assuntos leves durante o almoço.* ◻ SIN. superficial. **8** *informal* Sem preocupações: *Depois que contou a verdade, ficou mais leve e dormiu bem.* ‖ **de leve** *informal* Superficialmente: *Ela contou a história de leve.*

levedar ⟨le.ve.dar⟩ v.t.d./v.int. Fazer fermentar ou fermentar: *É um fungo que leveda a massa. Antes de se esticar a massa, ela precisa levedar por trinta minutos.*

levedura ⟨le.ve.du.ra⟩ s.f. Em biologia, fungo unicelular que causa a fermentação alcoólica dos hidratos de carbono, usado frequentemente na indústria alimentícia para a produção de massas, bebidas e queijos. ◻ SIN. fermento biológico.

leveza ⟨le.ve.za⟩ (Pron. [levêza]) s.f. **1** Pouco peso. **2** Suavidade ou pouca intensidade: *A leveza de seus passos fez com que nem percebesse a sua chegada.*

leviandade ⟨le.vi.an.da.de⟩ s.f. **1** Condição de leviano: *Não defina coisas tão importantes com essa leviandade.* ◻ SIN. frivolidade. **2** Aquilo que é dito ou feito sem reflexão ou sem ser pensado: *Suas leviandades ainda trarão muitos problemas.*

leviano, na ⟨le.vi.a.no, na⟩ ▌adj. **1** Que tem pouca importância ou pouco valor. ☐ SIN. **frívolo.** ▌adj./s. **2** Que ou quem age ou fala sem refletir ou sem pensar.

levita ⟨le.vi.ta⟩ ▌s.m. **1** Na Jerusalém antiga, sacerdote que realizava os sacramentos. ▌s.f. **2** Antiga peça do vestuário masculino, ajustada à cintura e com uma espécie de saia longa cruzada na parte da frente. ☐ ORIGEM Na acepção 2, é uma palavra que vem do francês *lévite*, por parecer com a peça de roupa usada pelos levitas (israelitas) nas apresentações teatrais.

levitar ⟨le.vi.tar⟩ v.int. Elevar-se e manter-se no ar sem a ajuda de agentes físicos conhecidos: *O mágico fez sua ajudante levitar.*

lexema ⟨le.xe.ma⟩ (Pron. [lecsêma]) s.m. Em uma palavra, unidade mínima que possui significado lexical e que serve de base para a derivação de palavras: *O lexema da palavra* lindo *é* lind, *e o da palavra* destampar *é* tamp.

lexical ⟨le.xi.cal⟩ (Pron. [lecsical]) (pl. *lexicais*) adj.2g. Do vocabulário de uma língua ou de uma região, ou relacionado a ele. ☐ SIN. **léxico.**

léxico, ca ⟨lé.xi.co, ca⟩ (Pron. [lécsico]) ▌adj. **1** Do vocabulário de uma língua ou de uma região, ou relacionado a ele: *O dicionário contém os significados léxicos das palavras.* ☐ SIN. **lexical.** ▌s.m. **2** Conjunto de palavras que compõem uma língua ou que pertencem a uma região, a uma pessoa ou a uma área determinadas: *O léxico de direito engloba muitas palavras em latim.* ☐ SIN. **vocabulário. 3** Compilação em que se recolhem e se definem as palavras de um idioma, geralmente em ordem alfabética: *Para sua viagem à Europa, leve um léxico inglês.* ☐ SIN. **dicionário.** ☐ USO Na acepção 3, é diferente de *glossário* (lista que define ou explica termos específicos de um texto, uma obra ou uma área do conhecimento).

lexicografia ⟨le.xi.co.gra.fi.a⟩ (Pron. [lecsicografia]) s.f. **1** Técnica de elaboração de dicionários. **2** Parte da linguística que estuda os princípios teóricos para a elaboração de dicionários. ☐ USO Na acepção 2, é diferente de *lexicologia* (parte da linguística que estuda as unidades léxicas e as relações que se estabelecem entre elas).

lexicologia ⟨le.xi.co.lo.gi.a⟩ (Pron. [lecsicologia]) s.f. Parte da linguística que estuda as unidades léxicas e as relações que se estabelecem entre elas: *A lexicologia estuda como as palavras e os significados se relacionam.* ☐ USO É diferente de *lexicografia* (parte da linguística que estuda os princípios teóricos para a elaboração de dicionários).

lha Contração do pronome pessoal *lhe* com o artigo definido *a*. ☐ USO É uma contração pouco usual no português atual do Brasil, ocorrendo ocasionalmente na linguagem literária.

lhama ⟨lha.ma⟩ s.f. Mamífero ruminante, de pelagem marrom-clara, orelhas claras e erguidas, que é utilizado como animal de carga e do qual se obtém leite, carne e lã. ☐ GRAMÁTICA É um substantivo epiceno: *a lhama (macho/fêmea).*

lhe pron.pess. Forma da terceira pessoa que corresponde à função de complemento indireto do verbo sem preposição.

lho Contração do pronome pessoal *lhe* com o artigo definido *o*. ☐ USO É uma contração pouco usual no português atual do Brasil, ocorrendo ocasionalmente na linguagem literária.

liame ⟨li.a.me⟩ s.m. Ligação ou elo: *A amizade é o liame principal da nossa relação.*

liana ⟨li.a.na⟩ s.f. Planta trepadeira de tronco comprido, fino e flexível, que sobe nas árvores por meio de modificações estruturais de ramos ou de folhas em molas ou ganchos, até pontos altos, onde se ramifica e forma folhas. ☐ SIN. **cipó.**

libação ⟨li.ba.ção⟩ (pl. *libações*) s.f. Ato de libar: *A libação do néctar das flores permite que as abelhas produzam mel.*

libanês, -a ⟨li.ba.nês, ne.sa⟩ (Pron. [libanês], [libanêsa]) adj./s. Do Líbano ou relacionado a esse país asiático.

libar ⟨li.bar⟩ ▌v.t.d. **1** Em relação a um inseto, chupar (o néctar das flores): *As abelhas libam o néctar das flores para a produção do mel.* **2** Ingerir (uma bebida), especialmente por prazer: *Eles libavam o licor em comemoração ao aniversário.* ▌v.int. **3** Na Antiguidade, derramar um líquido, especialmente o vinho e o azeite, de um copo após prová-lo, em oferenda a uma divindade: *Os sacerdotes libavam em homenagem aos deuses.* ▌v.t.d. **4** Experimentar (algo prazeroso): *Eles buscam libar os pequenos prazeres da vida.*

libelo ⟨li.be.lo⟩ s.m. **1** Escrito que contém difamações e injúrias, no qual se critica algo arduamente. **2** Em direito, exposição de acusação contra um réu.

libélula ⟨li.bé.lu.la⟩ s.f. Inseto de voo rápido, com quatro asas estreitas, corpo cilíndrico muito fino e comprido, que costuma viver próximo a lagos e rios. ☐ GRAMÁTICA É um substantivo epiceno: *a libélula (macho/fêmea).*

liberação ⟨li.be.ra.ção⟩ (pl. *liberações*) s.f. **1** Ato ou efeito de liberar(-se). ☐ SIN. **libertação. 2** Cancelamento de dívida ou de obrigação: *Após a liberação, ele poderá dar entrada em um novo financiamento.* **3** Em direito, dispensa de um condenado: *A liberação do preso se deu após o cumprimento de cinco anos de pena.*

liberal ⟨li.be.ral⟩ (pl. *liberais*) ▌adj.2g. **1** Que age com liberdade ou com generosidade. **2** Em relação a uma profissão, que requer principalmente o exercício intelectual ou a criatividade, e que é independente: *A advocacia e a medicina são profissões liberais.* ▌adj.2g./s.2g. **3** Que ou quem defende ou segue o liberalismo. **4** Tolerante e respeitoso com as ideias e práticas das outras pessoas: *Meus pais são bastante liberais e me deixam viajar com meus amigos.*

liberalidade ⟨li.be.ra.li.da.de⟩ s.f. Generosidade ou desprendimento, especialmente quando não se espera nada em troca.

liberalismo ⟨li.be.ra.lis.mo⟩ s.m. **1** Corrente intelectual que proclama a liberdade dos indivíduos, especialmente a política, e a mínima intervenção do Estado na vida social e econômica. **2** Atitude daquele que é liberal ou que tem a mente aberta e tolerante.

liberalizar ⟨li.be.ra.li.zar⟩ ▌v.t.d./v.t.d.i. **1** Dar com generosidade ou com desprendimento (algo) [a alguém]: *Decidiram liberalizar cobertores durante o inverno.* ▌v.t.d./v.prnl. **2** Tornar(-se) mais liberal ou mais aberto, especialmente no âmbito político ou econômico: *O novo Governo liberalizou a economia do país. Surgiram novos partidos quando a política se liberalizou.*

liberar ⟨li.be.rar⟩ ▌v.t.d./v.t.d.i./v.prnl. **1** Tornar(-se) livre ou soltar(-se) [de algo ou alguém que prende]: *Liberou os animais presos na jaula. Para se liberar, teve que cavar um túnel.* ☐ SIN. **libertar. 2** Livrar(-se) [de uma obrigação ou de um cargo]: *Liberou os funcionários de trabalharem na véspera do feriado.* ▌v.t.d. **3** Autorizar ou permitir: *Foi liberado o uso de bermudas no colégio.* **4** Desprender ou deixar escapar: *A rachadura do duto liberou gases tóxicos.*

liberdade ⟨li.ber.da.de⟩ s.f. **1** Faculdade natural das pessoas para fazer algo ou não, ou para pensar em como fazê-lo. **2** Condição ou situação daquele que não é escravo ou não está preso: *O júri decidiu dar-lhe a liberdade.* **3** Permissão para fazer algo: *Não tenho liberdade para falar ao telefone durante o trabalho.* **4** Confiança ou familiaridade: *Confiamos muito uma na outra e conversamos com bastante liberdade.* **5** Familiaridade excessiva e inadequada: *Por ser a primeira vez que me via, acho que ele tomou muita liberdade e acabou sendo* *inconveniente*. ‖ **(liberdade) condicional** Aquela que pode ser concedida aos presos que estão cumprindo pena no fim de sua condenação.

liberiano, na ⟨li.be.ri.a.no, na⟩ adj./s. Da Libéria ou relacionado a esse país africano.

libertação ⟨li.ber.ta.ção⟩ (pl. *libertações*) s.f. Ato ou efeito de libertar(-se): *a libertação dos escravos*. ☐ SIN. liberação.

libertar ⟨li.ber.tar⟩ v.t.d./v.t.d.i./v.prnl. **1** Tornar(-se) livre ou soltar(-se) [de algo ou alguém que prende]. ☐ SIN. liberar. **2** Livrar(-se) [de um compromisso moral ou de uma obrigação]: *A análise libertou-a dos traumas da infância*. ☐ GRAMÁTICA É um verbo abundante, pois apresenta dois particípios: *libertado* e *liberto*.

libertário, ria ⟨li.ber.tá.rio, ria⟩ adj./s. **1** Que ou quem defende a liberdade absoluta e a extinção dos governos e das leis. **2** Da anarquia, do anarquismo ou relacionado a essas doutrinas. ☐ GRAMÁTICA Na acepção 2, o sinônimo de *libertário* é *anarquista*.

libertinagem ⟨li.ber.ti.na.gem⟩ (pl. *libertinagens*) s.f. Transgressão de regras ou de normas morais, especialmente no âmbito sexual. ☐ SIN. devassidão, tripúdio.

libertino, na ⟨li.ber.ti.no, na⟩ adj./s. *pejorativo* Que ou quem transgride regras ou condutas morais, especialmente no âmbito sexual.

liberto, ta ⟨li.ber.to, ta⟩ ∎**1** Particípio irregular de libertar. ∎ s. **2** Pessoa livre e que já foi escrava.

libidinagem ⟨li.bi.di.na.gem⟩ (pl. *libidinagens*) s.f. Manifestação de desejo sexual exagerado.

libidinoso, sa ⟨li.bi.di.no.so, sa⟩ (Pron. [libidinôso], [libidinósa], [libidinósos], [libidinósas]) ∎ adj. **1** Do prazer sexual ou relacionado a ele. ∎ adj./s. **2** Que ou quem tem propensão exagerada aos prazeres sexuais.

libido ⟨li.bi.do⟩ s.f. Em psicologia, energia vital, fonte do desejo sexual.

líbio ⟨lí.bio⟩ ∎ adj./s. **1** Da Líbia ou relacionado a esse país africano. ∎ s.m. **2** Língua árabe desse país.

libra ⟨li.bra⟩ s.f. **1** Unidade monetária de vários países: *No Reino Unido, a moeda é a libra esterlina*. **2** No sistema anglo-saxão, unidade básica de peso que equivale a aproximadamente 453,6 g. ∎ adj.2g.2n./s.2g.2n. **3** Em astrologia, que ou quem nasceu entre 23 de setembro e 22 de outubro. ☐ SIN. libriano.

libreto ⟨li.bre.to⟩ (Pron. [librêto]) s.m. Texto ou livro de uma obra musical, como a ópera, ou de caráter vocal.

libriano, na ⟨li.bri.a.no, na⟩ adj./s. Em astrologia, que ou quem nasceu entre 23 de setembro e 22 de outubro. ☐ SIN. libra.

liça ⟨li.ça⟩ s.f. **1** Campo destinado a um combate: *Na liça, os inimigos preparavam-se para o duelo*. **2** Luta ou combate.

lição ⟨li.ção⟩ (pl. *lições*) s.f. **1** Exposição ou explicação de conhecimentos práticos ou teóricos sobre um determinado tema: *A palestra foi uma lição sobre hábitos saudáveis*. **2** Conjunto de conhecimentos teóricos ou práticos que um professor ministra para seus alunos: *A lição de Ciências foi sobre o meio ambiente*. ☐ SIN. aula, ensinamento. **3** Em um livro didático, cada uma das seções em que está dividido: *Temos que estudar cinco lições para a prova*. **4** Exercício que se faz, normalmente fora do horário de aula, para aprender ou fixar determinado conhecimento: *A lição de Matemática estava muito fácil*. **5** Ensinamento ou castigo: *Ficar sem os pais foi uma dura lição para ele*.

licença ⟨li.cen.ça⟩ s.f. **1** Permissão ou autorização: *Para entrar na área restrita, é necessário licença do supervisor geral*. ☐ SIN. concessão. **2** Permissão para se ausentar temporariamente de um emprego: *uma licença maternidade*. **3** Documento que registra uma dessas permissões.

liderar

licenciado, da ⟨li.cen.ci.a.do, da⟩ s. Pessoa que tem o título acadêmico obtido com o curso de licenciatura.

licenciamento ⟨li.cen.ci.a.men.to⟩ s.m. Ato ou efeito de licenciar(-se).

licenciar ⟨li.cen.ci.ar⟩ v.t.d./v.prnl. **1** Conceder ou obter licença absoluta ou temporal: *Eles a licenciaram por três meses, devido à maternidade*. **2** Conceder ou obter o título acadêmico de licenciatura: *Licenciou-se em história*.

licenciatura ⟨li.cen.ci.a.tu.ra⟩ s.f. **1** Curso universitário que habilita uma pessoa a ministrar aulas no segundo ciclo do Ensino Fundamental e no Ensino Médio. **2** Título que se obtém com esse curso: *As escolas exigem a licenciatura para alguém poder lecionar*. ☐ USO É diferente de *bacharelado* (curso universitário que habilita uma pessoa a exercer determinada profissão).

licencioso, sa ⟨li.cen.ci.o.so, sa⟩ (Pron. [licenciôso], [licenciósa], [licenciósos], [licenciósas]) adj. Que não cumpre regras ou aquilo que se considera moralmente aceitável, especialmente no âmbito sexual.

liceu ⟨li.ceu⟩ s.m. Em alguns países, instituto de Ensino Médio ou Profissionalizante.

licitação ⟨li.ci.ta.ção⟩ (pl. *licitações*) s.f. **1** Procedimento pelo qual uma entidade pública seleciona propostas para a execução de obras, para a compra e venda de produtos ou para a prestação de serviços. **2** Oferta feita em um leilão.

licitar ⟨li.ci.tar⟩ ∎ v.t.d. **1** Selecionar um prestador de serviços ou um produto mediante um procedimento público para (a execução de obras, para a compra e venda de produtos ou para a prestação de serviços a uma entidade pública): *Na próxima semana, será licitada a proposta de limpeza urbana*. ∎ v.int. **2** Oferecer preço em um leilão. ∎ v.t.d. **3** Vender ou oferecer em leilão: *Eles licitaram o prédio para quitar as dívidas*.

lícito, ta ⟨lí.ci.to, ta⟩ adj. **1** Que é expressamente permitido ou determinado por lei, ou na falta de disposições em contrário. **2** Que é justo do ponto de vista da razão e da moral.

licor ⟨li.cor⟩ (Pron. [licôr]) s.m. Bebida alcoólica doce obtida por destilação.

licoroso, sa ⟨li.co.ro.so, sa⟩ (Pron. [licorôso], [licorósa], [licorósos], [licorósas]) adj. Que tem as características do licor, como o aroma e a doçura.

lida ⟨li.da⟩ s.f. Trabalho ou tarefa que exigem esforço ou dedicação. ☐ SIN. labuta, refrega. ☐ ORTOGRAFIA Escreve-se também *lide*.

lidar ⟨li.dar⟩ ∎ v.int. **1** Trabalhar com esforço e dedicação. ☐ SIN. labutar. ∎ v.t.i. **2** Confrontar-se ou lutar [com problemas ou obstáculos]: *Lidou com muitas dificuldades para chegar a onde está*. **3** Tratar ou relacionar-se [com alguém]: *Ela lida com crianças o dia todo*. ☐ GRAMÁTICA Usa-se a construção *lidar com (algo/alguém)*.

lide ⟨li.de⟩ ∎ s.m. **1** Em um artigo jornalístico, trecho inicial que o resume. ∎ s.f. **2** →**lida**

líder ⟨lí.der⟩ s.2g. **1** Em um grupo, pessoa que o dirige ou que tem influência sobre ele: *O líder do grupo representou a todos na reunião com os dirigentes*. **2** Em uma classificação, pessoa ou entidade que ocupam o primeiro lugar: *o líder do campeonato; o líder de audiência*.

liderança ⟨li.de.ran.ça⟩ s.f. **1** Condição de líder: *Essa empresa conquistou a liderança em seu segmento*. **2** Situação de quem está à frente de outros: *O time permaneceu na liderança por todo o campeonato*. ☐ SIN. dianteira.

liderar ⟨li.de.rar⟩ v.t.d. **1** Dirigir ou influenciar (um grupo): *Esse técnico lidera a seleção brasileira*. **2** Ocupar a primeira posição em (uma classificação): *Ela está otimista por liderar o campeonato há tantas rodadas*.

lifting

lifting *(palavra inglesa)* (Pron. [lífitin]) s.m. Intervenção cirúrgica que consiste em esticar a pele para eliminar rugas, geralmente do rosto e do pescoço.

liga ⟨li.ga⟩ s.f. **1** Fita ou tira elásticas que servem para prender algo, especialmente as meias às pernas: *Esta meia-calça não tem elástico, é necessário usar a liga.* **2** União ou ligação: *A liga é feita com cola e água.* **3** União ou associação entre pessoas, grupos ou entidades que têm algo em comum: *O Mercosul é uma liga de países sul-americanos.* **4** Competição esportiva em que cada um dos participantes deve jogar sucessivamente com todos os outros da mesma categoria: *Eles foram campeões da liga mundial de vôlei.* **5** Massa uniforme que resulta da mistura de duas ou mais substâncias: *Para que o pão fique bom, é necessário que dê liga.* **6** Em química, produto homogêneo de propriedades metálicas, composto de dois ou mais elementos, um dos quais deve ser um metal: *uma liga de cobre.*

ligação ⟨li.ga.ção⟩ (pl. *ligações*) s.f. **1** Ato ou efeito de ligar(-se). *A ligação entre eles é a paixão pelo cinema.* ☐ SIN. **ligamento. 2** Estabelecimento de uma comunicação telefônica: *Para fazer ligações interurbanas, é necessário colocar o código da cidade de destino.* **3** Em química, força de atração dos átomos.

ligadura ⟨li.ga.du.ra⟩ s.f. **1** Corda, faixa ou outro material que serve para atar: *Os sequestradores prenderam seus pés com ligaduras.* **2** Em medicina, atadura que consiste em prender um vaso sanguíneo ou um órgão oco com um fio de sutura: *Uma forma de contracepção é a ligadura das tubas uterinas.*

ligamento ⟨li.ga.men.to⟩ s.m. **1** Ato ou efeito de ligar(-se). ☐ SIN. **ligação. 2** Em medicina, cordão fibroso que une os elementos do sistema ósseo com outras partes dele ou com o sistema muscular: *Estou imobilizado porque rompi o ligamento.*

ligar ⟨li.gar⟩ ▌v.t.d./v.t.d.i. **1** Unir (duas coisas ou pessoas) ou prender (uma coisa ou uma pessoa) [a outra]: *Uma estrada liga as duas cidades.* ▌v.t.d. **2** Colocar em funcionamento (um aparelho ou um mecanismo): *Ligou o rádio para ouvir as notícias.* ▌v.t.d./v.prnl. **3** Unir(-se) por uma ligação moral ou afetiva: *O casamento ligou as famílias.* ▌v.t.d./v.t.d.i. **4** Estabelecer uma relação entre (dois fatos ou ideias) ou associar (um fato ou uma ideia) [a outro]: *Liguei os fatos e descobri que estavam planejando uma festa surpresa.* ▌v.t.d. **5** Conseguir que (várias substâncias) formem uma massa homogênea: *Para que a massa cresça, ligue bem os ingredientes.* **6** Em medicina, atar (um vaso sanguíneo ou um órgão oco) prendendo com um fio de sutura: *O médico ligou as tubas uterinas para que ela não mais tenha filhos.* ▌v.t.d./v.t.d.i./v.int./v.prnl. **7** Misturar (dois ou mais metais) ou combinar(-se) (um metal) [a outro] fundindo seus componentes: *Para fazer aquela aliança, eles ligaram o ouro amarelo com o branco.* ▌v.t.i. **8** Telefonar ou fazer uma ligação telefônica [para alguém]: *Ela me ligou, mas eu não estava em casa.* ▌v.t.i./v.int. **9** *informal* Dar importância ou relevância [para algo ou alguém]: *Ele nem ligou para o escândalo que ela fez.* ☐ ORTOGRAFIA Antes de e, o *g* muda para *gu* →CHEGAR. ☐ GRAMÁTICA Na acepção 9, como transitivo indireto, usa-se a construção *ligar* PARA *algo/alguém*.

ligeiro, ra ⟨li.gei.ro, ra⟩ adj. **1** Rápido ou ágil nos movimentos. **2** Que tem curta duração de tempo: *uma cena ligeira; uma conversa ligeira.* **3** Suave ou com pouca intensidade: *um barulho ligeiro; um toque ligeiro.*

light *(palavra inglesa)* (Pron. [láit]) adj.2g.2n. Em relação a um alimento, que tem menor proporção de um de seus ingredientes do que a considerada habitual.

lilás ⟨li.lás⟩ ▌adj.2g./s.m. **1** De cor roxa clara. ▌s.m. **2** Arbusto com folhas opostas em formato de coração e com flores pequenas formadas por quatro pétalas azuladas, roxas ou brancas, tubulares, cheirosas e reunidas em grandes cachos. **3** Flor desse arbusto.

lima ⟨li.ma⟩ s.f. **1** Ferramenta, geralmente de aço, com a superfície estriada em um dos sentidos e que serve para desgastar ou para alisar metais e outras matérias duras. **2** Árvore com folhas serrilhadas e duras, flores brancas, pequenas e cheirosas, e cujo fruto, arredondado e semelhante a um limão, possui casca amarela e sabor cítrico. ☐ SIN. **limeira. 3** Esse fruto.

limalha ⟨li.ma.lha⟩ s.f. Conjunto de partículas ou pó que se desprendem ao limar.

limão ⟨li.mão⟩ (pl. *limões*) s.m. Fruto do limoeiro, ovalado, geralmente verde, ácido e composto por gomos contendo pequenas bolsas de suco azedo.

limar ⟨li.mar⟩ v.t.d. **1** Alisar ou polir com uma lima ou com qualquer outro material abrasivo (um objeto): *Limaram as grades da cela para escapar da cadeia.* **2** Polir ou aperfeiçoar (uma obra): *Limou o poema para melhorar as rimas.*

limbo ⟨lim.bo⟩ s.m. **1** Na tradição cristã, lugar para onde vão as almas das crianças que morrem sem serem batizadas. **2** Em astronomia, contorno do disco de um astro: *Durante o eclipse, apenas o limbo do Sol pôde ser visto.* **3** Falta de certeza ou indefinição: *As propostas ainda estão no limbo e, por isso, não foram colocadas em prática.*

limeira ⟨li.mei.ra⟩ s.f. Árvore com folhas serrilhadas e duras, flores brancas, pequenas e cheirosas, e cujo fruto é a lima. ☐ SIN. **lima.**

limiar ⟨li.mi.ar⟩ s.m. **1** Em uma porta ou na entrada de uma casa, parte inferior ou desnível, geralmente de pedra. ☐ SIN. **soleira. 2** Entrada ou início de um processo: *Isso pode ser visto como o limiar de um longo projeto.* ☐ SIN. **umbral.**

liminar ⟨li.mi.nar⟩ ▌adj.2g./s.f. **1** Que serve de preâmbulo ou de introdução. ☐ SIN. **preliminar. 2** Que está no limite ou na passagem. ▌s.f. **3** Em direito, medida judicial no início de uma ação para resguardar o direito alegado.

limitação ⟨li.mi.ta.ção⟩ (pl. *limitações*) s.f. **1** Ato ou efeito de limitar(-se). **2** Diminuição ou restrição. **3** Aquilo que impede ou dificulta a realização completa ou perfeita de algo. ☐ SIN. **limite.**

limitar ⟨li.mi.tar⟩ ▌v.t.d. **1** Estabelecer ou fixar limites em (um terreno, um espaço ou qualquer coisa que tenha extensão): *Aquele riacho limita o sítio.* **2** Encurtar ou restringir: *A professora limitou o tempo da prova.* ▌v.prnl. **3** Restringir-se, prender-se ou não ir além de: *Ela se limitou a fazer o que pedimos.* ☐ SIN. **ater-se, cingir-se. 4** Ter um limite comum, ser vizinho ou fazer fronteira: *O Brasil limita-se com dez países.* ☐ GRAMÁTICA Na acepção 3, usa-se a construção *limitar-se* A *algo*, na acepção 4, *limitar-se* COM *algo*.

limitativo, va ⟨li.mi.ta.ti.vo, va⟩ adj. Que serve como limite.

limite ⟨li.mi.te⟩ s.m. **1** Linha ou borda que delimita dois terrenos. **2** Extremo ou ponto máximo ao que algo pode chegar: *o limite de velocidade; um limite de peso.* **3** Aquilo que impede ou dificulta a realização completa ou perfeita de algo. ☐ SIN. **limitação.** ☐ USO Na acepção 3, usa-se geralmente a forma plural *limites*.

limítrofe ⟨li.mí.tro.fe⟩ adj.2g. Em relação especialmente a um lugar, que faz fronteira com outro.

limo ⟨li.mo⟩ s.m. **1** Depósito terroso, pegajoso, com mistura de restos de vegetais, de cor escura, e que se forma no fundo das águas. ☐ SIN. **lodo, lama, vasa. 2** Substância orgânica viscosa, de origem vegetal, geralmente

494

de cor esverdeada e formada por micro-organismos, encontrada em superfícies de locais úmidos.

limoeiro ⟨li.mo.ei.ro⟩ s.m. Árvore com ramos curtos e espinhosos, folhas alternas, flores solitárias e cheirosas, e cujo fruto é o limão.

limonada ⟨li.mo.na.da⟩ s.f. Bebida refrescante feita com água, açúcar e suco de limão.

limpa ⟨lim.pa⟩ s.f. **1** Eliminação da sujeira: *Fizeram a limpa do terreno para retirar as ervas daninhas.* ☐ SIN. limpeza. **2** *informal* Roubo de uma quantidade muito grande de bens, de dinheiro ou de riqueza: *Os ladrões fizeram a limpa na casa e fugiram antes que a polícia chegasse.*

limpador, -a ⟨lim.pa.dor, do.ra⟩ (Pron. [limpadôr], [limpadôra]) ▌adj./s. **1** Que ou quem limpa. ▌s.m. **2** Produto ou instrumento que serve para limpar: *um limpador de vidros*.

limpar ⟨lim.par⟩ ▌v.t.d./v.t.d.i./v.prnl. **1** Tirar ou eliminar a sujeira de (algo) ou livrar(-se) (algo) [de impurezas]: *Limpou as lentes dos óculos com uma flanela. Limpei-me dos respingos de tinta.* ▌v.t.d./v.t.d.i. **2** Purificar ou livrar (algo) [daquilo que atrapalha ou que prejudica]: *Limpou as gavetas para liberar espaço.* ▌v.t.d./v.t.d.i./v.prnl. **3** Recuperar(-se) (uma pessoa ou a sua reputação) [de manchas ou danos]: *Depois do escândalo, ele fez de tudo para limpar o nome da família.* ▌v.t.d./v.int. **4** Tornar(-se) claro ou límpido: *Eles estão torcendo para que o céu limpe e eles viajem hoje mesmo.* ▌v.t.d. **5** Acabar com o conteúdo de (um recipiente): *Ele estava tão faminto que limpou o prato.* **6** *informal* Subtrair uma quantidade excessiva de dinheiro ou riqueza: *Os ladrões limparam a loja em um piscar de olhos.* ☐ GRAMÁTICA É um verbo abundante, pois apresenta dois particípios: *limpado* e *limpo*.

limpeza ⟨lim.pe.za⟩ (Pron. [limpêza]) s.f. **1** Eliminação da sujeira: *Antes da mudança, fizeram limpeza nos móveis.* ☐ SIN. limpa. **2** Ausência de sujeira: *A limpeza do restaurante é inquestionável.*

limpidez ⟨lim.pi.dez⟩ (Pron. [limpidêz]) s.f. Condição do que é límpido.

límpido, da ⟨lím.pi.do, da⟩ adj. **1** Limpo, claro ou transparente. **2** Em relação a um som, que é puro.

limpo ⟨lim.po⟩ adv. Com limpeza ou com correção: *Pode confiar nele, sei que está jogando limpo.*

limpo, pa ⟨lim.po, pa⟩ ▌**1** Particípio irregular de limpar. ▌adj. **2** Sem sujeira. **3** Que é asseado e cuidadoso com sua higiene, com sua aparência e com suas coisas: *Lava sempre os cabelos, pois é uma pessoa muito limpa.* **4** Inocente ou sem culpa: *Ele diz estar com a consciência limpa, pois contou toda a verdade.* **5** Livre de impurezas ou do que danifica e prejudica: *O céu está limpo e, provavelmente, não choverá durante o dia todo.* **6** Em relação a uma quantia de dinheiro, que não tem dedução de descontos ou pagamentos: *Seu pagamento é de dois salários mínimos limpos.*

limusine ⟨li.mu.si.ne⟩ s.f. Automóvel luxuoso e grande, geralmente com um vidro que separa os assentos dianteiros e os traseiros.

lince ⟨lin.ce⟩ s.m. Mamífero carnívoro felino, encontrado no hemisfério Norte, de orelhas pontiagudas terminadas em uma mecha de pelos pretos, de pelagem cinza-avermelhada, com manchas escuras no pescoço e na cabeça. ☐ GRAMÁTICA É um substantivo epiceno: *o lince {macho/fêmea}*.

linchamento ⟨lin.cha.men.to⟩ s.m. Ato ou efeito de linchar.

linchar ⟨lin.char⟩ v.t.d. Em relação a uma multidão, castigar (alguém), geralmente com a morte e sem um julgamento formal.

lindeza ⟨lin.de.za⟩ (Pron. [lindêza]) s.f. **1** Beleza, especialmente aquela agradável à vista: *A lindeza da garota fez com que ele não parasse de admirá-la.* **2** Pessoa ou feito agradáveis ou bonitos: *Essa criança é uma lindeza.*

lindo, da ⟨lin.do, da⟩ adj. **1** Que é belo ou formoso. **2** Agradável ou delicado.

lineamento ⟨li.ne.a.men.to⟩ s.m. Traçado ou desenho das linhas de uma figura.

linear ⟨li.ne.ar⟩ adj.2g. **1** Da linha, com linhas ou relacionado a elas. **2** Que se desenvolve em uma única direção ou em uma única dimensão: *um crescimento linear*. **3** Com forma semelhante à de uma linha: *folhas lineares*.

linfa ⟨lin.fa⟩ s.f. Líquido orgânico incolor, com grande quantidade de glóbulos brancos, que percorre os vasos linfáticos.

linfático, ca ⟨lin.fá.ti.co, ca⟩ adj. Da linfa ou relacionado a esse líquido orgânico.

linfócito ⟨lin.fó.ci.to⟩ s.m. Leucócito ou glóbulo branco que se caracteriza por sua mobilidade e por seu grande núcleo, e que é produzido principalmente na medula óssea.

linfoide ⟨lin.foi.de⟩ (Pron. [linfóide]) adj.2g. Dos linfócitos ou relacionado a esse tipo de glóbulos brancos.

linfoma ⟨lin.fo.ma⟩ (Pron. [linfôma]) s.f. Tumor benigno ou maligno que se desenvolve no tecido linfoide.

linfonodo ⟨lin.fo.no.do⟩ s.m. Nódulo pequeno formado no trajeto dos vias do sistema linfático. ☐ USO É a nova denominação de *gânglio linfático*.

lingote ⟨lin.go.te⟩ s.m. Massa de metal fundido, especialmente se for de ouro, prata ou platina.

língua ⟨lín.gua⟩ s.f. **1** Nas pessoas ou em alguns animais, órgão muscular móvel situado no interior da boca, que participa da mastigação e da fala: *A língua é revestida por papilas gustativas, o que permite sentir o gosto das substâncias.* **2** Aquilo que tem o formato estreito e comprido como o desse órgão: *a língua do tênis*. **3** Sistema de signos que uma comunidade humana utiliza para se comunicar: *Gostaria de aprender a língua eslava.* **4** Variedade linguística característica de certos falantes ou de certas situações: *A língua de Guimarães Rosa é repleta de palavras criadas pelo próprio autor.* ☐ SIN. linguagem. ‖ **dar com a língua nos dentes** *informal* Falar mais do que se deve: *Não lhe contaram o segredo, pois sabiam que ela daria com a língua nos dentes.* ‖ **dobrar a língua 1** *informal* Conter-se e falar com respeito: *Dobre a língua para falar comigo!* **2** *informal* Em relação a algo que foi dito, voltar atrás: *Dobrou a língua após perceber que não gostaram de seu comentário.* ‖ **língua {materna/nativa} 1** A primeira ou as primeiras que uma criança aprende: *Tenho duas línguas maternas, pois seus pais nasceram em países distintos e falavam diferentes idiomas com ele.* **2** Aquela do lugar em que uma pessoa nasceu. *Nossa língua materna é o português, e a dos argentinos é o espanhol.* ‖ **língua morta** Aquela que não é mais falada: *O latim é uma língua morta.* ‖ **língua nativa** Aquela que é própria de uma comunidade ou em um lugar: *Aprendeu a língua nativa dessa tribo amazônica muito rapidamente.* ‖ **língua oficial** Aquela que deve ser utilizada em todos os atos formais ou oficiais de um Estado: *No Paraguai, o espanhol é a língua oficial.* ‖ **língua viva** Aquela que é usada por uma comunidade de falantes: *Diferentemente do latim, o português é uma língua viva.* ‖ **na ponta da língua** Pronto para ser dito ou falado: *Se me questionar, minha resposta está na ponta da língua.*

linguado ⟨lin.gua.do⟩ s.m. Peixe de água salgada, de corpo quase plano e mais comprido que largo, com manchas e com os dois olhos e a boca no mesmo lado, adaptado para viver próximo ao fundo da água. [👁 **peixes (água salgada)** p. 609]

linguagem

linguagem ⟨lin.gua.gem⟩ (pl. *linguagens*) s.f. **1** Faculdade humana que permite a comunicação e a expressão do pensamento: *Uma lesão cerebral pode prejudicar o desenvolvimento da linguagem.* **2** Sistema utilizado por uma coletividade para se comunicar, especialmente em relação ao conjunto de sons articulados usados pelo ser humano: *Ele está aprendendo a linguagem de sinais.* **3** Variedade linguística característica de certos falantes ou de certas situações: *A linguagem dos economistas inclui grande variedade de termos técnicos.* ◻ SIN. língua. ‖ **linguagem de programação** Em informática, aquela usada para escrever programas e que determina como eles devem funcionar.

linguajar ⟨lin.gua.jar⟩ s.m. Modo de falar de uma pessoa ou de um grupo.

lingual ⟨lin.gual⟩ (pl. *linguais*) adj.2g. Da língua ou relacionado a esse órgão.

linguarudo, da ⟨lin.gua.ru.do, da⟩ adj./s. *pejorativo* Que ou quem fala mais do que deve ou que diz bobagens.

lingueta ⟨lin.gue.ta⟩ (Pron. [lingüêta]) s.f. **1** Peça, moldura ou instrumento em forma de língua. **2** Em uma fechadura, peça móvel que entra no buraco correspondente ao girar a chave: *A porta não abre mais, pois a lingueta emperrou.* **3** Em um calçado de cadarço, tira que reforça a parte que fica sobre o peito do pé: *Estique bem a lingueta antes de amarrar o cadarço.*

linguiça ⟨lin.gui.ça⟩ (Pron. [lingüiça]) s.f. Embutido geralmente feito à base de carne de porco picada, com formato comprido e alongado.

linguista ⟨lin.guis.ta⟩ (Pron. [lingüista]) s.2g. Pessoa que se dedica profissionalmente à linguística ou que é especializada nessa ciência.

linguística ⟨lin.guís.ti.ca⟩ (Pron. [lingüística]) s.f. Ciência que estuda a linguagem e as línguas.

linguístico, ca ⟨lin.guís.ti.co, ca⟩ (Pron. [lingüístico]) adj. **1** Da linguística ou relacionado a essa ciência. **2** Da língua ou relacionado a esse sistema de signos.

linha ⟨li.nha⟩ s.f. **1** Fibra ou conjunto de fibras retorcidas, compridas e finas, que se obtém de uma matéria têxtil. **2** Sequência contínua e de extensão limitada de pontos no espaço: *Uma linha reta é a distância mais curta entre dois pontos.* **3** Em um texto escrito, conjunto de palavras ou caracteres dispostos na horizontal: *A professora pediu uma redação com, no mínimo, quinze linhas.* **4** Traço real ou imaginário que marca um limite ou um fim: *a linha do Equador.* **5** Sequência de pessoas ou coisas posicionadas lado a lado ou uma atrás da outra: *A criança observou a linha das formigas.* **6** Serviço ou rota regulares de transporte: *Essa linha de ônibus será desativada.* **7** Atitude, conduta ou comportamento: *Esse investidor segue uma linha agressiva em suas aplicações.* **8** Orientação, tendência ou estilo: *Seguindo essa linha de raciocínio, é provável que encontremos a solução.* **9** Conjunto de equipamentos que transformam energia elétrica em sinais telefônicos ou telegráficos: *Quando me mudei, desativei minha linha de telefone.* **10** Comunicação telefônica ou telegráfica: *Disque o zero para dar linha.* **11** Categoria, classe ou ordem de valor: *Ele é um ator de primeira linha.* **12** Série de produtos com características semelhantes: *Foi lançada uma nova linha de xampus.* ‖ **em linhas gerais** Resumidamente ou sem detalhes: *Ele explicou a matéria de ontem em linhas gerais, só para relembrarmos.* ‖ **entrar na linha** *informal* Passar a comportar-se seguindo as regras convencionais: *Depois de uma juventude desregrada, ela acabou entrando na linha.* ‖ **linha de montagem** Em um processo de produção, sequência de procedimentos adotados para a fabricação de produtos em cadeia e em grande escala. ‖ **perder a linha** *informal* Perder a seriedade ou o bom comportamento: *Ela perdeu a linha após perceber que estava sendo enganada.* ‖ **sair da linha** *informal* Em relação a uma pessoa, comportar-se de maneira inadequada ou diferente da esperada: *Bebeu demais durante a festa e acabou saindo da linha.* ‖ **sair de linha** Em relação a um produto, deixar de ser fabricado: *Esse modelo saiu de linha e, por isso, não está mais nas prateleiras.*

linhagem ⟨li.nha.gem⟩ (pl. *linhagens*) s.f. **1** Conjunto de antepassados e descendentes de uma pessoa, especialmente daquela que tem um título de nobreza: *São de uma linhagem nobre.* **2** Classe ou condição: *Pessoas de todas as linhagens frequentam esse parque.*

linharense ⟨li.nha.ren.se⟩ adj.2g./s.2g. De Linhares ou relacionado a essa cidade do estado brasileiro do Espírito Santo.

linho ⟨li.nho⟩ s.m. **1** Planta herbácea anual de tronco reto e oco, com folhas pequenas em formato de lança, flores azuladas, e muito cultivada para a extração de fibras. **2** Fibra que se extrai do caule dessa planta. **3** Tecido confeccionado com essa fibra.

link *(palavra inglesa)* (Pron. [linc]) s.m. Na internet, ligação que permite ir de uma página web a outra. ◻ USO É a forma reduzida e mais usual de *hyperlink*.

linóleo ⟨li.nó.leo⟩ s.m. Material impermeável de origem orgânica, muito usado em formato de lâminas para cobrir o chão, por sua grande resistência.

linotipia ⟨li.no.ti.pi.a⟩ s.f. Arte ou técnica de compor ou imprimir textos com um linotipo.

linotipista ⟨li.no.ti.pis.ta⟩ s.2g. Pessoa que se dedica profissionalmente a operar a linotipo.

linotipo ⟨li.no.ti.po⟩ s.f. Em imprensa, máquina que se utilizava para compor textos de forma que cada linha saísse em uma única peça.

lipídio ⟨li.pí.dio⟩ s.m. Substância orgânica insolúvel em água que geralmente forma as reservas energéticas dos seres vivos: *Os óleos são uma grande fonte de lipídios.*

lipo ⟨li.po⟩ s.f. Procedimento cirúrgico que consiste em retirar a gordura existente debaixo da pele por meio de uma sucção, geralmente com fins estéticos. ◻ USO É a forma reduzida e mais usual de *lipoaspiração*.

lipoma ⟨li.po.ma⟩ (Pron. [lipôma]) s.m. Tumor benigno formado pelo acúmulo de tecido adiposo ou de gordura.

liquefação ⟨li.que.fa.ção⟩ (Pron. [liquefação] ou [liqüefação]) (pl. *liquefações*) s.f. Ato ou efeito de liquefazer(-se): *a liquefação do gelo.*

liquefazer ⟨li.que.fa.zer⟩ (Pron. [liquefazer] ou [liqüefazer]) v.t.d./v.prnl. Tornar(-se) líquido: *O calor liquefez o gelo. O vapor se liquefez ao entrar em contato com a superfície fria.* ◻ GRAMÁTICA É um verbo irregular →FAZER.

líquen ⟨lí.quen⟩ (pl. *líquenes* ou *liquens*) s.m. Organismo que vive sobre outros ou sobre rochas, formado pela associação de um fungo e de uma alga.

líquida ⟨lí.qui.da⟩ (Pron. [líquida] ou [líqüida]) adj./s.f. Em relação a uma letra, que tem caráter tanto vocálico quanto consonantal: *O l é uma das líquidas do português.*

liquidação ⟨li.qui.da.ção⟩ (Pron. [liquidação] ou [liqüidação]) (pl. *liquidações*) s.f. **1** Ato ou efeito de liquidar. **2** No comércio, venda de produtos abaixo do preço convencional, geralmente para renovação do estoque. ◻ SIN. queima.

liquidar ⟨li.qui.dar⟩ (Pron. [liquidar] ou [liqüidar]) v.t.d. **1** Pagar ou saldar (uma conta, uma dívida ou uma obrigação): *liquidar uma prestação.* **2** Vender (um produto) abaixo do seu preço original: *liquidar um estoque.* ◻ SIN. queimar. **3** Derrotar ou eliminar: *liquidar um adversário.* **4** *informal* Matar ou exterminar.

literatura

liquidificador ⟨li.qui.di.fi.ca.dor⟩ (Pron. [liquidificadôr] ou [liqüidificadôr]) s.m. Eletrodoméstico que serve para dissolver alimentos, especialmente frutas e verduras, em algum líquido.

liquidificar ⟨li.qui.di.fi.car⟩ (Pron. [liquidificar] ou [liqüidificar]) v.t.d. Converter em líquido (um corpo sólido ou gasoso): *A receita diz para liquidificar as frutas com a água de coco.* ☐ ORTOGRAFIA Antes de e, o c muda para qu →BRINCAR.

líquido, da ⟨lí.qui.do, da⟩ (Pron. [líquido] ou [líqüido]) ▌adj. **1** Em relação a um peso ou a um preço, que se consideram sem acréscimos ou deduções. **2** Em linguística, em relação a um som que tem caráter consonantal e vocálico: *A palavra* licor *começa com uma consoante líquida.* ▌adj./s.m. **3** Em relação especialmente a uma substância, que tem as moléculas com pouca coesão e que se adapta ao formato do recipiente que a contém. **4** Em relação a uma quantia de dinheiro, livre dos descontos que lhe corresponderem: *Seu salário líquido corresponde a dois salários mínimos.* ‖ **líquido amniótico** Aquele que fica em volta do feto para protegê-lo.

lira ⟨li.ra⟩ s.f. **1** Instrumento musical antigo e de corda, com formato de *U*, tocado com ambas as mãos ou com uma palheta. [⊙ **instrumentos de corda** p. 215] **2** Unidade monetária italiana até a adoção do euro: *O euro substituiu a lira em fevereiro de 2002.*

lírica ⟨lí.ri.ca⟩ s.f. **1** Gênero textual da esfera literária ao qual pertencem as obras escritas geralmente em verso e caracterizadas pela predominância da expressão dos sentimentos íntimos do autor. **2** Conjunto de poemas desse gênero.

lírico, ca ⟨lí.ri.co, ca⟩ ▌adj. **1** Da lírica, com traços próprios desse gênero textual ou relacionado a ela. **2** Que produz um sentimento íntimo, intenso ou sutil, semelhante ao que busca produzir a poesia desse gênero textual: *Sempre se emociona ouvindo essa música lírica.* **3** Em relação a uma composição musical, que é total ou parcialmente cantada e que é destinada a ser encenada: *A ópera é uma composição lírica.* **4** Desse tipo de composição ou relacionado a ela: *Ele se tornou um cantor lírico muito famoso.* ▌adj./s. **5** Em relação a um poeta, que ou quem cultiva a poesia lírica.

lírio ⟨lí.rio⟩ s.m. **1** Planta herbácea de caules subterrâneos, com folhas estreitas que saem da base, flores em formato de sino, solitárias, grandes e de cores vistosas, e que é muito cultivada como ornamental. ☐ SIN. açucena, lis, rabo-de-galo. **2** Flor dessa planta. ☐ SIN. açucena, lis,

lirismo ⟨li.ris.mo⟩ s.m. Caráter do que é lírico ou do que possui capacidade para inspirar um sentimento íntimo, intenso ou sutil.

lis s.m. **1** Planta herbácea de caules subterrâneos, com folhas estreitas que saem da base, flores em formato de sino, solitárias, grandes e de cores vistosas, e que é muito cultivada como ornamental. ☐ SIN. açucena, lírio, rabo-de-galo. **2** Flor dessa planta. ☐ SIN. açucena, lírio. **3** Em heráldica, figura semelhante a um lírio. ☐ SIN. flor-de-lis.

lisboeta ⟨lis.bo.e.ta⟩ (Pron. [lisboêta]) adj.2g./s.2g. De Lisboa ou relacionado à capital portuguesa.

lisérgico, ca ⟨li.sér.gi.co, ca⟩ adj./s.m. Em relação especialmente a um ácido, que é extraído dos alcaloides do centeio e que tem substâncias alucinógenas.

liso, sa ⟨li.so, sa⟩ adj. **1** Em relação a uma superfície, que não apresenta desigualdades, desníveis ou asperezas. **2** Que não tem desenhos ou estampas e é de uma cor só: *Para fazer uma saia, prefiro um tecido liso, sem flores nem desenhos.* **3** Em relação especialmente a cabelos ou pelagem, que não têm ondulações ou cachos. **4** *informal* Que está sem dinheiro: *Não pude ir ao concerto ontem porque estou liso.*

lisonja ⟨li.son.ja⟩ s.f. Ato ou efeito de lisonjear(-se). ☐ SIN. adulação, bajulação, rapapé.

lisonjear ⟨li.son.je.ar⟩ ▌v.t.d. **1** Tentar agradar (alguém), geralmente para conseguir vantagens: *A atriz lisonjeou o diretor, mas não conseguiu o papel.* ☐ SIN. adular, bajular. ▌v.t.d./v.prnl. **2** Fazer satisfazer a vaidade, fazer sentir ou sentir orgulho: *As críticas que o ator recebeu o lisonjearam.* ☐ ORTOGRAFIA O e muda para ei quando a sílaba tônica estiver na raiz do verbo →NOMEAR.

lisonjeiro, ra ⟨li.son.jei.ro, ra⟩ ▌adj. **1** Que agrada ou satisfaz. ▌adj./s. **2** Que ou quem lisonjeia, adula ou bajula.

lista ⟨lis.ta⟩ s.f. **1** Relação ou enumeração de pessoas, de coisas ou de fatos segundo algum critério: *Seu nome estava na lista de alunos aprovados.* ☐ SIN. listagem, rol. **2** Linha de cor diferente da cor da superfície em que se encontra: *Ganhou uma camiseta branca com listas pretas.* ‖ **lista negra** Aquela que contém as pessoas ou as coisas as quais se é contra.

listado, da ⟨lis.ta.do, da⟩ adj. →listrado, da

listagem ⟨lis.ta.gem⟩ (pl. *listagens*) s.f. **1** Anotação ou registro em uma lista: *O funcionário fez uma listagem das pessoas que aguardavam na fila.* **2** Relação ou enumeração de pessoas, de coisas ou de fatos: *Muitos materiais não constavam na listagem de compra.* ☐ SIN. lista, rol. **3** Em informática, informação obtida por qualquer um dos dispositivos de saída de informação de um computador, especialmente em grande volume.

listar ⟨lis.tar⟩ v.t.d. Colocar em uma lista: *Listou todos os documentos necessários para a compra do imóvel.*

listra ⟨lis.tra⟩ s.f. Traço ou marca finos e compridos: *As listras da zebra a tornam um animal único.*

listrado, da ⟨lis.tra.do, da⟩ adj. Com listras ou com linhas de várias cores. ☐ ORTOGRAFIA Escreve-se também *listado*.

listrar ⟨lis.trar⟩ v.t.d. Fazer listras em.

lisura ⟨li.su.ra⟩ s.f. **1** Ausência de desigualdades, de desníveis, de rugas ou de obstáculos: *a lisura de uma mesa de granito.* **2** Integridade de caráter ou sinceridade: *A lisura de suas palavras surpreendeu a todos.*

litania ⟨li.ta.ni.a⟩ s.f. Oração formada por uma série de invocações ou de súplicas recitadas por uma pessoa e repetidas ou respondidas por um coro. ☐ SIN. ladainha.

liteira ⟨li.tei.ra⟩ s.f. Veículo antigo para uma ou duas pessoas, formado por uma espécie de cabine com duas varas na frente e duas atrás para ser levado por pessoas ou por uma tropa de cavalos: *Antigamente, os escravos levavam seus amos em uma liteira.*

literal ⟨li.te.ral⟩ (pl. *literais*) adj.2g. **1** Que segue o sentido exato e próprio das palavras. **2** Que segue ou respeita fielmente as palavras do original: *Uma citação literal deve ser escrita entre aspas.*

literário, ria ⟨li.te.rá.rio, ria⟩ adj. Da literatura ou relacionado a essa arte.

literato, ta ⟨li.te.ra.to, ta⟩ s. Pessoa que se dedica ao exercício da literatura ou que é especializada em seu estudo, especialmente como profissão.

literatura ⟨li.te.ra.tu.ra⟩ s.f. **1** Arte ou técnica de usar a palavra escrita, como meio de expressão: *Mário de Andrade dedicou-se à literatura modernista durante toda a sua vida.* **2** Conjunto de obras ou de escritos criados segundo essa arte, especialmente os que têm uma característica comum: *A literatura brasileira tem Machado de Assis como um de seus maiores expoentes.* **3** Conjunto das obras publicadas sobre um tema ou sobre um assunto específicos: *A literatura sobre a origem do universo é bastante extensa.* ‖ **(literatura de) cordel**

litigar

Composição poética típica do Nordeste brasileiro, que se caracteriza por conter versos de temas populares, especialmente duelos e pelejas.

litigar ⟨li.ti.gar⟩ ▪ v.t.d. **1** Pleitear ou disputar em juízo: *Litigou a posse da casa em prol dos filhos.* ▪ v.t.i./v.int. **2** Disputar, discutir ou debater [sobre uma questão ou contra alguém]: *Litigaram sobre a utilização daquela verba.* ◻ ORTOGRAFIA Antes de e, o g muda para gu →CHEGAR.

litígio ⟨li.tí.gio⟩ s.m. **1** Pleito ou disputa em juízo: *Entraram em um litígio pela posse da casa.* ◻ SIN. pendência. **2** Discussão, debate ou disputa: *Preferiram não entrar em litígio e criaram uma proposta que atendia a maioria das reivindicações.*

litigioso, sa ⟨li.ti.gi.o.so, sa⟩ (Pron. [litigiôso], [litigióza], [litigiózos], [litigiózas]) adj. Do litígio ou relacionado a ele.

lítio ⟨lí.tio⟩ s.m. Elemento químico da família dos metais, de número atômico 3, sólido, de cor branca e muito leve. ◻ ORTOGRAFIA Seu símbolo químico é *Li*, sem ponto.

litografar ⟨li.to.gra.far⟩ v.t.d. Reproduzir por meio da litografia (uma imagem): *Criava suas gravuras e depois as litografava.*

litografia ⟨li.to.gra.fi.a⟩ s.f. **1** Arte ou técnica de imprimir imagens previamente gravadas em uma pedra ou em uma placa metálica. **2** Reprodução obtida por meio dessa técnica. ◻ SIN. litogravura. **3** Oficina onde se realizam essas reproduções.

litogravura ⟨li.to.gra.vu.ra⟩ s.f. Reprodução obtida por meio da litografia. ◻ SIN. litografia.

litoral ⟨li.to.ral⟩ (pl. *litorais*) ▪ adj.2g. **1** Da região geográfica próxima à costa ou relacionado a ela. ◻ SIN. litorâneo. ▪ s.m. **2** Essa região.

litorâneo, nea ⟨li.to.râ.neo, nea⟩ adj. Da região geográfica próxima à costa ou relacionado a ela. ◻ SIN. litoral.

litosfera ⟨li.tos.fe.ra⟩ s.f. Camada sólida externa da superfície terrestre: *A litosfera engloba a crosta e uma pequena parte do manto terrestre.*

litro ⟨li.tro⟩ s.m. **1** Unidade de volume equivalente ao conteúdo de um decímetro cúbico: *um litro de água.* **2** Recipiente que comporta ou contém essa medida.

lituano, na ⟨li.tu.a.no, na⟩ ▪ adj.s. **1** Da Lituânia ou relacionado a esse país europeu. ▪ s.m. **2** Língua indo-europeia desse país.

liturgia ⟨li.tur.gi.a⟩ s.f. Conjunto de práticas executadas em celebrações ou rituais religiosos.

litúrgico, ca ⟨li.túr.gi.co, ca⟩ adj. Da liturgia ou relacionado a ela.

lívido, da ⟨lí.vi.do, da⟩ adj. Que está muito pálido.

living (palavra inglesa) (Pron. [lívin]) s.m. Em uma residência, cômodo principal, onde as visitas são recebidas e onde geralmente a família convive. ◻ SIN. sala de estar.

livrar ⟨li.vrar⟩ ▪ v.t.d./v.t.d.i./v.prnl. **1** Pôr(-se) liberdade ou soltar(-se) [de um cativeiro ou de uma situação]: *A decisão do juiz livrou o réu da acusação. Os prisioneiros abriram um túnel para se livrarem da cadeia.* ▪ v.t.d.i./v.prnl. **2** Desvencilhar(-se) ou preservar(-se) [do que se considera desagradável ou negativo]: *Medidas ecológicas adequadas livraram alguns animais da extinção.*

livraria ⟨li.vra.ri.a⟩ s.f. Estabelecimento comercial no qual se vendem livros.

livre ⟨li.vre⟩ adj.2g. **1** Que tem liberdade para agir, para não agir ou para escolher a maneira de fazê-lo. **2** Que não está submetido a nenhuma condição, pressão nem proibição: *acesso livre; uma passagem livre.* **3** Que não é escravo, não está preso ou não está submetido. **4** Que está solteiro e sem compromisso: *Estava livre depois de anos de casamento.* **5** Isento de uma culpa, um dano ou uma obrigação: *livre de responsabilidade; livre de encargos.* **6** Em relação aos sentidos ou aos membros do corpo, que podem exercer suas funções sem nenhum obstáculo: *Ajudou o senhor com a bagagem, pois estava com as mãos livres.* **7** Em relação especialmente a um lugar, que não está ocupado ou não oferece obstáculos para ser utilizado: *um assento livre; uma vaga livre.* **8** Em relação especialmente a um espaço de tempo, que não é dedicado ao trabalho: *um tempo livre; uma tarde livre.* **9** Que não segue nenhuma norma ou nenhuma regra: *Gosta de agir de forma livre, pois é muito desprendida.* **10** Em relação a uma tradução, que não se atém completamente ao texto original: *Apesar de ser uma tradução livre, mantém a ideia do autor.* **11** Em relação a uma prova de uma competição, que não possui uma forma de realização obrigatória: *É o campeão mundial na prova dos 100 metros livres.* ◻ GRAMÁTICA Seus superlativos são *libérrimo* e *livríssimo*.

livre-arbítrio ⟨li.vre-ar.bí.trio⟩ (pl. *livres-arbítrios*) s.m. Capacidade de atuação que o ser humano possui e que é baseada na reflexão e na liberdade de escolha: *Temos livre-arbítrio para tomarmos nossas decisões.*

livreiro, ra ⟨li.vrei.ro, ra⟩ s. Pessoa que se dedica à venda de livros, especialmente como profissão.

livre-pensador, -a ⟨li.vre-pen.sa.dor, do.ra⟩ (Pron. [livre-pensadôr], [livre-pensadôra]) (pl. *livres-pensadores*) adj./s. Que ou quem defende ou segue o livre-pensamento.

livre-pensamento ⟨li.vre-pen.sa.men.to⟩ (pl. *livres-pensamentos*) s.m. Doutrina que se baseia na independência da razão individual frente ao pensamento dogmático: *O livre-pensamento recusa as interpretações do mundo que não procedem de uma razão autônoma.*

livresco, ca ⟨li.vres.co, ca⟩ (Pron. [livrêsco]) adj. Inspirado ou baseado nos livros ou relacionado a eles.

livro ⟨li.vro⟩ s.m. **1** Conjunto de folhas, geralmente impressas e encadernadas, que formam um volume. **2** Obra científica ou literária: *Primeiras estórias é um livro de contos de Guimarães Rosa.* ‖ **livro de cabeceira** Aquele que se prefere ou que se tem como guia. ‖ **(livro de) cordel** Exemplar de literatura de cordel, cuja impressão é realizada a um baixo custo, por meio de xilogravura. ‖ **ser um livro aberto** Ser do conhecimento de todos ou não ter segredo algum: *Sua vida é um livro aberto.*

lixa ⟨li.xa⟩ s.f. Papel resistente que tem um material áspero e abrasivo em um de seus lados, usado para alisar e polir materiais duros.

lixão ⟨li.xão⟩ (pl. *lixões*) s.m. Local a céu aberto destinado ao depósito de lixo recolhido nas cidades.

lixar ⟨li.xar⟩ v.t.d. Alisar e polir (um objeto) com lixa ou com qualquer outro material abrasivo: *Lixaram a porta antes de passar verniz. Lixou as unhas.*

lixeira ⟨li.xei.ra⟩ s.f. **1** Lugar em que se joga lixo ou entulho. **2** *pejorativo* Local sujo ou abandonado.

lixeiro, ra ⟨li.xei.ro, ra⟩ s. Pessoa que se dedica ao recolhimento de lixo, especialmente como profissão.

lixívia ⟨li.xí.via⟩ s.f. Produto líquido obtido da dissolução de sais alcalinos, soda cáustica ou outras substâncias semelhantes em água, utilizado para branquear a roupa e para desinfetar.

lixo ⟨li.xo⟩ s.m. **1** Conjunto de resíduos e de coisas que não servem mais e se jogam fora. **2** *pejorativo* Aquilo que se considera de má qualidade, malfeito ou de pouco valor: *Essa novela é um lixo.* **3** *pejorativo* Pessoa com poucas qualidades e pouco digna de apreciação. ‖ **lixo atômico** Conjunto de resíduos de material radioativo, gerados no uso das propriedades radioativas desse material, e que não pode ser reutilizado. ‖ **lixo espacial** Conjunto de resíduos e objetos soltos no espaço lançados pelo homem, provenientes de experimentos com satélites artificiais ou espaçonaves. ‖ **lixo hospitalar** Conjunto de resíduos

local

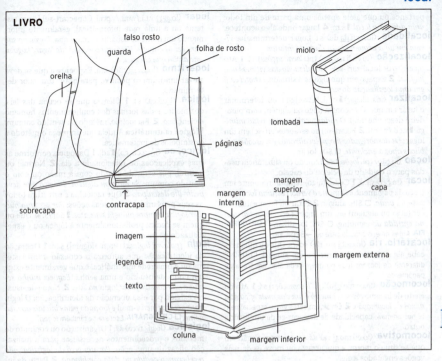

LIVRO: falso rosto, guarda, folha de rosto, miolo, orelha, lombada, páginas, capa, margem superior, sobrecapa, contracapa, margem interna, imagem, legenda, texto, margem externa, coluna, margem inferior

---

ou materiais utilizados em procedimentos médicos, considerados perigosos pelo risco de contaminação. □ GRAMÁTICA Na acepção 3, usa-se tanto para o masculino quanto para o feminino: *(ele/ela) é um lixo.*

loa ⟨lo.a⟩ (Pron. [lôa]) s.f. **1** Elogio, louvor ou reconhecimento público de méritos ou de qualidades: *Fez uma loa aos professores durante a cerimônia.* **2** Composição poética, geralmente cantada, em que se louva uma divindade.

lobby *(palavra inglesa)* (Pron. [lóbi]) s.m. **1** Grupo de pessoas influentes que tem capacidade de pressionar, geralmente em questões políticas. **2** Atividade exercida por esse grupo.

lobisomem ⟨lo.bi.so.mem⟩ (pl. *lobisomens*) s.m. Em algumas crenças, homem capaz de se transformar em lobo em noites de lua cheia.

lobista ⟨lo.bis.ta⟩ adj.2g./s.2g. Que ou quem faz *lobby* ou relacionado a essa atividade.

lobo, ba ⟨lo.bo, ba⟩ ▌s. **1** Mamífero carnívoro semelhante a um cão grande, com focinho longo, orelhas curtas, rabo comprido, que vive e caça em grupos. ▌s.m. **2** Em um órgão ou em uma estrutura de um ser vivo, parte arredondada e saliente, geralmente separada das demais por uma prega ou por uma fenda: *Furou os lobos das orelhas.* □ SIN. **lóbulo**.
□ USO Na acepção 1, a pronúncia é *lôbo*; na acepção 2, *lóbo*.

lobo do mar ⟨lo.bo do mar⟩ (pl. *lobos do mar*) s.m. *informal* Marinheiro veterano e com experiência em sua profissão.

lobo-guará ⟨lo.bo-gua.rá⟩ (pl. *lobos-guará* ou *lobos-guarás*) s.m. →**guará** □ GRAMÁTICA É um substantivo epiceno: *o lobo-guará (macho/fêmea)*.

lobo-marinho ⟨lo.bo-ma.ri.nho⟩ (pl. *lobos-marinhos*) s.m. Mamífero carnívoro adaptado à vida aquática, com o corpo arredondado e comprido, pelagem curta, uma grossa camada de gordura sob a pele que o protege do frio e com as extremidades modificadas em nadadeiras. □ GRAMÁTICA É um substantivo epiceno: *o lobo-marinho (macho/fêmea)*.

lôbrego, ga ⟨lô.bre.go, ga⟩ adj. **1** Escuro, sombrio ou tenebroso. **2** Triste ou melancólico. □ SIN. **lúgubre**.

lobrigar ⟨lo.bri.gar⟩ v.t.d. **1** Na escuridão ou na sombra, ver com dificuldade: *Durante a noite, lobrigou uma pessoa à porta.* **2** Ver ou perceber acidentalmente: *Lobrigou um rosto conhecido ao observar a multidão.* □ ORTOGRAFIA Antes de *e*, o *g* muda para *gu* →**CHEGAR**.

lobular ⟨lo.bu.lar⟩ adj.2g. Do lóbulo, que é dividido em lóbulos, ou relacionado a ele.

lóbulo ⟨ló.bu.lo⟩ s.m. **1** Em anatomia, cada divisão do lobo: *Nos pulmões e no cérebro existem vários lóbulos.* **2** Em um órgão ou em uma estrutura de um ser vivo, parte arredondada e saliente, geralmente separada das demais por uma prega ou por uma fenda: *Tem dois furos nos lóbulos das orelhas.* □ SIN. **lobo**.

locação ⟨lo.ca.ção⟩ (pl. *locações*) s.f. **1** Cessão ou uso temporários de algo em troca de pagamento: *a locação de um apartamento.* □ SIN. **aluguel**. **2** Em televisão ou cinema, local onde se gravam cenas externas.

locador, -a ⟨lo.ca.dor, do.ra⟩ (Pron. [locadôr], [locadôra]) adj./s. Que ou quem cede algo em troca de pagamento. □ USO É diferente de *locatário* (que ou quem recebe algo em arrendamento ou em aluguel).

locadora ⟨lo.ca.do.ra⟩ (Pron. [locadôra]) s.f. Estabelecimento comercial em que se pode alugar algo, geralmente carros, fitas de vídeo ou *DVDs*. □ USO Em relação a fitas de vídeo, a *DVDs* ou a outros objetos semelhantes, é a forma reduzida e mais usual de *videolocadora*.

local ⟨lo.cal⟩ (pl. *locais*) ▌adj.2g. **1** Próprio ou característico de um lugar: *Nesta cidade, mantêm-se as tradições locais.* **2** De um território, de um município, de uma região ou relacionado a eles: *um jornal local.* **3** Que

localidade

pertence ou que afeta apenas uma parte de um todo: *uma anestesia local*. ▪ s.m. **4** Lugar onde algo acontece.
localidade ⟨lo.ca.li.da.de⟩ s.f. Lugar determinado: *Vivem em uma pequena localidade do interior*.
localização ⟨lo.ca.li.za.ção⟩ (pl. *localizações*) s.f. **1** Ato ou efeito de localizar(-se): *A localização das vítimas não foi fácil*. **2** Espaço em que algo está situado: *O hotel está em uma localização ótima*.
localizar ⟨lo.ca.li.zar⟩ ▪ v.t.d. **1** Averiguar ou determinar o lugar em que se encontra (algo ou alguém com paradeiro desconhecido): *O radar localizou um avião inimigo*. ▪ v.t.d./v.prnl. **2** Fixar(-se) ou estabelecer(-se) em um lugar: *Os desabrigados foram localizados em escolas públicas após a enchente*. □ SIN. locar.
loção ⟨lo.ção⟩ (pl. *loções*) s.f. Líquido ou substância usados para o cuidado da pele ou do cabelo.
locar ⟨lo.car⟩ v.t.d. **1** Ceder (algo) temporariamente em troca de pagamento: *Durante o verão, costuma locar sua casa na praia*. □ SIN. alugar. **2** Fixar ou fazer estabelecer (algo ou alguém) em um lugar: *Locamos a barraca na entrada do camping*. □ SIN. localizar. □ ORTOGRAFIA Antes de *e*, o *c* muda para *qu* →BRINCAR.
locatário, ria ⟨lo.ca.tá.rio, ria⟩ adj./s. Que ou quem recebe algo em arrendamento ou em aluguel. □ USO É diferente de *locador* (que ou quem cede algo em troca de pagamento).
locomoção ⟨lo.co.mo.ção⟩ (pl. *locomoções*) s.f. **1** Ato ou efeito de locomover-se: *O metrô é um dos mais eficientes meios de locomoção*. **2** Em alguns seres vivos, especialmente nos animais, capacidade de deslocar-se de um lugar a outro.
locomotiva ⟨lo.co.mo.ti.va⟩ s.f. Em um trem, vagão em que se situa o motor, e que arrasta ou move os demais vagões engatados a ele.
locomotor, -a ⟨lo.co.mo.tor, to.ra⟩ (Pron. [locomotôr], [locomotôra]) adj. Da locomoção, que a produz ou que a permite.
locomover-se ⟨lo.co.mo.ver-se⟩ v.prnl. Mover-se ou deslocar-se de um lugar a outro: *Sempre utiliza o transporte público para se locomover na cidade*.
locução ⟨lo.cu.ção⟩ (pl. *locuções*) s.f. **1** Modo de falar: *Fez um tratamento fonoaudiólogo para melhorar sua locução*. **2** Combinação fixa de palavras que formam um só elemento oracional e cujo significado não é sempre o da soma de significados de seus membros: *A expressão* ser um livro aberto *é uma locução*. **3** Em televisão, cinema ou rádio, fala gravada pelo locutor. □ USO É diferente de *alocução* (discurso breve).
locupletar ⟨lo.cu.ple.tar⟩ ▪ v.t.d./v.prnl. **1** Tornar(-se) rico: *Locupletaram-se com o dinheiro público em transações suspeitas*. ▪ v.t.d./v.t.d.i./v.prnl. **2** Abarrotar(-se) ou encher(-se) [de algo]: *Aquelas experiências locupletaram seu espírito*.
locutor, -a ⟨lo.cu.tor, to.ra⟩ (Pron. [locutôr], [locutôra]) s. Pessoa que se dedica a transmitir notícias ou acontecimentos, no rádio ou na televisão, falando aos ouvintes por meio de um microfone: *um locutor de rádio*.
lodaçal ⟨lo.da.çal⟩ (pl. *lodaçais*) s.m. Terreno cheio de lodo.
lodo ⟨lo.do⟩ (Pron. [lôdo]) s.m. **1** Mistura de terra e água que resulta em uma massa pastosa. □ SIN. barro, lama. **2** Depósito terroso, pegajoso, com mistura de restos de vegetais, de cor escura, e que se forma no fundo das águas. □ SIN. lama, limo, vasa. **3** Desonra ou má reputação: *Essa ação indigna encheu de lodo sua carreira profissional*. □ SIN. lama.
lodoso, sa ⟨lo.do.so, sa⟩ (Pron. [lodôso], [lodósa], [lodôsos], [lodósas]) adj. Em relação especialmente a um terreno, com lodo.

logar ⟨lo.gar⟩ v.t.i./v.int./v.prnl. Conectar(-se) [a um sistema ou a uma rede informática], geralmente informando um nome de usuário e uma senha: *Logou no site para ver os e-mails. Você está conseguindo logar? Loguei-me assim que cheguei*.
logaritmo ⟨lo.ga.rit.mo⟩ s.m. Expoente a que se deve elevar um número positivo para obter um valor determinado.
lógica ⟨ló.gi.ca⟩ s.f. **1** Ciência que se ocupa das leis, dos modos e das formas dos conhecimentos humano e científico. **2** Raciocínio, método ou sentido comum. ‖ **lógica matemática** Aquela que emprega o método e os símbolos da matemática.
lógico, ca ⟨ló.gi.co, ca⟩ ▪ adj. **1** Da lógica, conforme as suas explicações ou relacionado a ela. **2** Normal ou natural, por estar de acordo com a razão ou com o sentido comum: *Se magoou alguém, é lógico que deve pedir-lhe desculpas*. **3** Que raciocina e estrutura todos os seus pensamentos e as suas ações: *Por ser uma mulher lógica, sempre planeja seus atos*. ▪ adj./s. **4** Que ou quem se dedica profissionalmente à lógica ou é especializado nessa ciência.
login (palavra inglesa) (Pron. [loguín]) s.m. **1** Operação de identificação que autoriza a conexão a um sistema ou a uma rede informática, e que geralmente exige um nome de usuário e uma senha: *Esqueci minha senha e não consigo fazer login no site*. **2** Nome de usuário exigido por essa operação de identificação: *O login para acessar meu e-mail é formado pelas iniciais do meu nome*. □ ORTOGRAFIA Escreve-se também *logon*.
logística ⟨lo.gís.ti.ca⟩ s.f. **1** Organização ou conjunto de métodos e procedimentos necessários para a realização eficaz de uma ação: *Por um erro de logística, não receberam o pedido na data combinada*. **2** Parte da inteligência militar responsável pela situação, pelo movimento e pela alimentação das tropas em campanha.
logístico, ca ⟨lo.gís.ti.co, ca⟩ adj. Da logística ou relacionado a ela.
logo ⟨lo.go⟩ ▪ adv. **1** Sem demora: *O professor me disse para fazer o exercício logo*. **2** Justamente: *Logo eu, que nunca gostei de futebol, fui convocado para o time*. **3** Dentro de pouco tempo: *Ele disse que voltaria logo*. □ SIN. já. ▪ conj. **4** Portanto ou por essa razão: *É do filósofo francês Descartes a oração* Penso, logo existo. ‖ **logo que** Assim que ou quando: *Logo que o ano letivo termina, os alunos entram em férias*.
logoff (palavra inglesa) (Pron. [logóf]) s.m. Encerramento da conexão a um sistema ou a uma rede informática: *Efetuei logoff antes de desligar o computador*. □ ORTOGRAFIA Escreve-se também *logout*.
logomarca ⟨lo.go.mar.ca⟩ s.f. Distintivo ou emblema formados geralmente por letras e gráficos. □ SIN. logotipo.
logon (palavra inglesa) (Pron. [logón]) s.m. →*login*
logotipo ⟨lo.go.ti.po⟩ s.m. Distintivo ou emblema formados geralmente por letras e gráficos: *O cartão de visita apresentava o nome do vendedor e o logotipo da empresa*. □ SIN. logomarca.
logout (palavra inglesa) (Pron. [logáut]) s.m. →*logoff*
logradoiro ⟨lo.gra.doi.ro⟩ s.m. →*logradouro*
logradouro ⟨lo.gra.dou.ro⟩ s.m. Local ou espaço públicos: *O cartão de visita apresentava o nome do vendedor e o logotipo da empresa*. □ ORTOGRAFIA Escreve-se também *logradoiro*.
lograr ⟨lo.grar⟩ ▪ v.t.d. **1** Conseguir (algo que se tenta ou se deseja): *Logrou o cargo na gerência depois de muito trabalho*. **2** Aproveitar ou desfrutar (aquilo que se consegue): *Logrou o tão almejado descanso com a família*. **3** Enganar ou iludir (alguém), especialmente com astúcia:

Tentou lograr os pais para que não descobrissem as más notas. ∎ v.t.d./v.prnl. **4** Tirar proveito ou aproveitar-se de (algo ou alguém que possa trazer benefícios): *Eles lograram a influência que tinham para conseguir um aumento.* ∎ v.int. **5** Sair como o esperado (um resultado): *A campanha logrou e arrecadamos muitos agasalhos.*

logro ⟨lo.gro⟩ (Pron. [lôgro]) s.m. **1** Obtenção daquilo que se deseja ou que se pretende. **2** Êxito ou realização perfeitos: *Alcançou o logro desejado.* **3** Fraude ou trapaça: *Não se cansa de seus logros e mentiras.*

loiça ⟨loi.ça⟩ s.f. →**louça**

loireiro ⟨loi.rei.ro⟩ s.m. →**loureiro**

loiro, ra ⟨loi.ro, ra⟩ adj./s. **1** De cor amarela, como a do ouro. **2** Que ou quem tem os cabelos dessa cor. □ ORTOGRAFIA Escreve-se também *louro*.

loisa ⟨loi.sa⟩ s.f. →**lousa**

loja ⟨lo.ja⟩ s.f. Estabelecimento comercial ou posto em que se vendem mercadorias. ‖ **loja (maçônica)** Assembleia ou agrupamento de maçons ou local onde eles se reúnem.

lojista ⟨lo.jis.ta⟩ adj.2g./s.2g. Das lojas ou relacionado a elas.

lomba ⟨lom.ba⟩ s.f. Elevação de um terreno.

lombada ⟨lom.ba.da⟩ s.f. **1** Em uma via, pequena elevação para que os motoristas reduzam a velocidade. **2** Em um livro, parte oposta ao corte das folhas, em que estas estão costuradas ou coladas: *Na maioria dos livros, o título da obra e o nome do autor ficam na lombada.* [👁 livro p. 499]

lombar ⟨lom.bar⟩ adj.2g. Do lombo ou relacionado a essa parte do corpo de uma pessoa ou de um animal.

lombo ⟨lom.bo⟩ s.m. **1** Em um animal quadrúpede, parte superior do corpo, compreendida entre o dorso e as patas traseiras: *o lombo de um cavalo.* **2** Carne dessa parte do animal, especialmente se for um porco: *um lombo assado.* **3** *informal* Em uma pessoa, costas, especialmente se for a parte inferior e central: *Foi ao médico por causa de suas dores no lombo.*

lombriga ⟨lom.bri.ga⟩ s.f. Verme parasita, de corpo alongado e cilíndrico, branco-amarelado, e que vive no intestino do homem. □ GRAMÁTICA É um substantivo epiceno: *a lombriga (macho/fêmea)*.

lona ⟨lo.na⟩ (Pron. [lôna]) s.f. **1** Tecido forte e impermeável, geralmente de algodão ou de cânhamo: *As velas dos barcos e os toldos são confeccionados com lona.* **2** Em alguns esportes, especialmente no boxe ou na luta livre, piso ou solo sobre os quais se disputa uma competição: *O boxeador derrubou o adversário na lona.*

londrinense ⟨lon.dri.nen.se⟩ adj.2g./s.2g. De Londrina ou relacionado a essa cidade do estado brasileiro do Paraná.

londrino, na ⟨lon.dri.no, na⟩ adj./s. De Londres ou relacionado à capital britânica.

longa ⟨lon.ga⟩ s.m. Obra cinematográfica que ultrapassa setenta minutos de duração: *um festival de longas.* □ USO É a forma reduzida e mais usual de *longa-metragem*.

longa-metragem ⟨lon.ga-me.tra.gem⟩ (pl. *longas-metragens*) s.m. →**longa**

longe ⟨lon.ge⟩ ∎ adj.2g. **1** Que está a grande distância ou afastado. ∎ adv. **2** A uma grande distância ou em um ponto afastado: *Sua casa fica longe da escola.*

longevo, va ⟨lon.ge.vo, va⟩ (Pron. [longévo]) adj. Muito idoso, com muitos anos ou que pode viver muito tempo.

longínquo, qua ⟨lon.gín.quo, qua⟩ adj. **1** Que está a grande distância ou afastado. **2** *literário* Em relação a algo, distante ou vago: *um olhar longínquo.*

longitude ⟨lon.gi.tu.de⟩ s.f. Distância em graus de um ponto qualquer da Terra em relação ao meridiano de Greenwich: *A longitude possui direção leste-oeste, e a latitude, norte-sul.*

longitudinal ⟨lon.gi.tu.di.nal⟩ (pl. *longitudinais*) adj.2g. **1** Da longitude ou relacionado a essa dimensão ou distância. **2** Feito ou colocado no sentido da longitude: *Uma linha longitudinal divide as cidades.*

longo, ga ⟨lon.go, ga⟩ adj. **1** Que possui grande comprimento. □ SIN. comprido. **2** Que é extenso ou duradouro: *um filme longo; uma conversa longa.* □ SIN. comprido.

lonjura ⟨lon.ju.ra⟩ s.f. *informal* Distância grande ou remota: *Na lonjura, via-se o topo das árvores. A lonjura da cidade os desanimou de viajar.*

lontra ⟨lon.tra⟩ s.f. **1** Mamífero carnívoro, com o corpo magro e comprido, cabeça larga e achatada, orelhas pequenas e redondas, de pelagem espessa e suave, patas curtas com os dedos dos pés unidos por uma membrana, cauda comprida, e que é hábil nadador. **2** Pele desse animal. □ GRAMÁTICA Na acepção 1, é um substantivo epiceno: *a lontra (macho/fêmea)*.

loquaz ⟨lo.quaz⟩ adj.2g. Que fala muito. □ GRAMÁTICA Seu superlativo é *loquacíssimo*.

lorde ⟨lor.de⟩ s.m. **1** Em alguns países, especialmente no Reino Unido, título de nobreza ou tratamento de respeito. **2** Homem que possui esse título ou que recebe esse tratamento. □ GRAMÁTICA Seu feminino é *lady*.

lordose ⟨lor.do.se⟩ s.f. Curvatura convexa e anômala da coluna vertebral.

loro ⟨lo.ro⟩ (Pron. [lôro]) s.m. Em um animal de montaria, correia dupla que sustenta o estribo.

lorota ⟨lo.ro.ta⟩ s.f. *informal* Mentira: *Para não ir ao trabalho, contou-nos uma lorota.*

losango ⟨lo.san.go⟩ s.m. Em geometria, polígono que tem quatro lados iguais e paralelos dois a dois, com dois de seus ângulos maiores que os outros dois.

losna ⟨los.na⟩ s.f. Planta perene de ramos abundantes, com flores pequenas e amarelas, e folhas com a margem irregular, de cor verde-clara a verde-acinzentada, que tem propriedades medicinais e da qual se pode extrair um óleo volátil tóxico. □ SIN. absinto.

lotação ⟨lo.ta.ção⟩ (pl. *lotações*) ∎ s.m. **1** Transporte geralmente não legalizado, realizado em um veículo semelhante a uma *van* e que comporta menos passageiros que um ônibus. ∎ s.f. **2** Capacidade total de um local, especialmente se for destinado ao público: *a lotação de um cinema.*

lotar ⟨lo.tar⟩ ∎ v.t.d./v.int. **1** Ocupar ou encher(-se) totalmente (um espaço vazio ou um recipiente): *Os passageiros lotavam todos os ônibus que passavam pela rua. O hotel lotou na alta temporada.* ∎ v.t.d. **2** Calcular ou estimar (a lotação de um local): *Para lotar o público do show, recolheram o canhoto dos ingressos.* ∎ v.t.d.i. **3** Alocar ou colocar (um funcionário) [em determinada função]: *Lotaram as secretárias no novo departamento.* ∎ v.t.d. **4** →**lotear**

lote ⟨lo.te⟩ s.m. **1** Conjunto de coisas com características semelhantes: *um lote de medicamentos.* **2** Cada uma das divisões de um todo: *Herdaram dos avós um lote de terreno.*

lotear ⟨lo.te.ar⟩ v.t.d. Dividir (um todo) em lotes: *Loteou o terreno e distribuiu aos netos.* □ ORTOGRAFIA **1.** O *e* muda para *ei* durante a sílaba tônica existir na raiz do verbo →NOMEAR. **2.** Escreve-se também *lotar*.

loteca ⟨lo.te.ca⟩ s.f. *informal* Loteria esportiva.

loteria ⟨lo.te.ri.a⟩ s.f. **1** Jogo de azar em que são premiados os bilhetes cujos números são iguais aos números sorteados. **2** Assunto cujo desfecho é imprevisível: *Abrir um negócio é uma loteria: pode ou não dar certo.* ‖ **loteria esportiva** Aquela em que os apostadores tentam acertar os resultados de determinadas competições esportivas.

loto ⟨lo.to⟩ s.m. **1** *informal* Loteria. **2** →**lótus**

lótus ⟨ló.tus⟩ s.m.2n. **1** Planta aquática de caule e sementes comestíveis, com folhas arredondadas, grandes, em formato de orelha e com margem serrilhada, frutos

louça

redondos, e flores aromáticas com pétalas de diversas cores, muito cultivadas como ornamentais. **2** Flor dessa planta. ☐ ORTOGRAFIA Escreve-se também *loto*.

louça ⟨lou.ça⟩ s.f. **1** Cerâmica fina, cozida e envernizada: *uma travessa de louça*. **2** Conjunto de pratos, copos, xícaras e outros recipientes para o serviço de mesa: *lavar a louça*. ☐ ORTOGRAFIA Escreve-se também *loiça*.

louçana ⟨lou.ça.na⟩ adj. →**loução, çã**

loução, çã ⟨lou.ção, çã⟩ (pl. *louções*) adj. Belo ou formoso. ☐ GRAMÁTICA Seu feminino também pode ser *louçana*.

louco, ca ⟨lou.co, ca⟩ ▌adj. **1** *informal* Muito grande ou que excede o normal. **2** Muito atarefado ou corrido: *Teve um dia louco no trabalho e precisava descansar*. **3** Em relação a um mecanismo ou a uma parte dele, que não funcionam bem: *O relógio ficou louco e não marca as horas com exatidão*. ▌adj./s. **4** Que ou quem não possui suas faculdades mentais sãs. ☐ SIN. tresloucado. **5** Imprudente ou pouco sensato: *Dirigia como um louco e quase atropelou um animal*. ☐ GRAMÁTICA Na acepção 4, o sinônimo do adjetivo é *tresloucado*.

loucura ⟨lou.cu.ra⟩ s.f. **1** Perturbação das faculdades mentais: *A loucura fez com que ele passasse a ter alucinações*. ☐ SIN. insânia, insanidade. **2** Aquilo que é dito ou feito de forma imprudente ou impensada: *Gastar tanto dinheiro assim é uma loucura*. **3** Afeição ou interesse intensos: *Ela tem loucura pelo marido*. **4** Distância do que é convencional ou esperado: *A viagem toda foi uma loucura*.

loureiro ⟨lou.rei.ro⟩ s.m. Árvore de casca fina e lisa, fruto preto e carnoso, com folhas verdes aromáticas muito usadas como condimento ou para a extração de óleo. ☐ SIN. louro. ☐ ORTOGRAFIA Escreve-se também *loireiro*.

louro, ra ⟨lou.ro, ra⟩ ▌adj./s. **1** →**loiro, ra** ▌s.m. **2** Árvore de casca fina e lisa, fruto preto e carnoso, com folhas verdes aromáticas muito usadas como condimento ou para a extração de óleo. ☐ SIN. loureiro. **3** Folha dessa árvore. **4** *informal* Papagaio. ☐ GRAMÁTICA Na acepção 4, é um substantivo epiceno: *o louro (macho/fêmea)*.

loisa ⟨lou.sa⟩ s.f. **1** Superfície de material duro, geralmente fixada a uma parede, de cor preta ou verde, e na qual se escreve com giz. ☐ SIN. quadro, quadro de giz, quadro-negro. **2** Rocha metamórfica, de grão muito fino, geralmente de cor preta, que se divide com facilidade em folhas ou em lâminas planas e finas. ☐ ORTOGRAFIA Escreve-se também *loisa*.

louva-a-deus ⟨lou.va-a-deus⟩ s.m.2n. Inseto predador, com patas anteriores erguidas, unidas e com espinhos adaptados para a caça, de visão apurada, e cuja fêmea costuma devorar o macho depois da cópula. [◉ insetos p. 456] ☐ ORTOGRAFIA Escreve-se também *louva-deus*. ☐ GRAMÁTICA É um substantivo epiceno: *o louva-a-deus (macho/fêmea)*.

louvação ⟨lou.va.ção⟩ (pl. *louvações*) s.f. **1** Ato ou efeito de louvar(-se): *É um cantor muito prestigiado, que recebe muitas louvações*. ☐ SIN. louvor. **2** Expressão ou conjunto de expressões com as quais se louva: *As louvações emocionaram os homenageados*. ☐ SIN. louvor. **3** Em religião, especialmente no cristianismo, proteção ou ajuda divinas. ☐ SIN. bênção, louvor.

louva-deus ⟨lou.va-deus⟩ s.m.2n. →**louva-a-deus**

louvar ⟨lou.var⟩ ▌v.t.d./v.prnl. **1** Elogiar(-se), reconhecer(-se) ou dar mostras de admiração a (algo ou alguém): *Todos louvaram sua coragem*. ▌v.t.d. **2** Bendizer (uma divindade).

louvável ⟨lou.vá.vel⟩ (pl. *louváveis*) adj.2g. Digno de louvor ou que deve ser louvado.

louvor ⟨lou.vor⟩ (Pron. [louvôr]) s.m. **1** Ato ou efeito de louvar(-se): *O louvor da crítica e do público emocionou o cineasta*. ☐ SIN. louvação. **2** Expressão ou conjunto de expressões com as quais se louva: *Os louvores do orador eram direcionados aos professores*. ☐ SIN. louvação. **3** Em religião, especialmente no cristianismo, proteção ou ajuda divinas. ☐ SIN. bênção, louvação.

LSD s.m. Droga alucinógena proveniente do ácido lisérgico. ☐ ORIGEM É a sigla inglesa de *Lysergyc Acid Diethlamide* (dietilamida do ácido lisérgico).

lua ⟨lu.a⟩ s.f. **1** Corpo celeste que gira ao redor de um planeta: *Saturno possui cinco luas*. ☐ SIN. satélite. **2** Período de tempo compreendido entre uma conjunção desse corpo celeste com o Sol e a seguinte: *Nos seres humanos, a gestação dura aproximadamente nove luas*. ☐ SIN. lunação. ∥ **lua cheia** Fase lunar durante a qual a Lua é vista da Terra como um disco iluminado. ☐ SIN. plenilúnio. ∥ **lua crescente** Fase lunar durante a qual a Lua é vista da Terra, no hemisfério Sul, como um disco pela metade, em forma de C. ∥ **lua minguante** Fase lunar durante a qual a Lua é vista da Terra, no hemisfério Sul, como um disco pela metade, em forma de D. ∥ **lua nova** Fase lunar em que a Lua está entre o Sol e a Terra, de onde não pode ser vista. ∥ **na lua** *informal* Distraído ou alheio ao que acontece ao redor: *Parece que está sempre na lua e não ouve o que o professor diz*.

lua de mel ⟨lu.a de mel⟩ (pl. *luas de mel*) s.f. **1** Primeira etapa de um matrimônio, geralmente caracterizada por intimidade e harmonia. **2** Viagem que fazem os recém-casados depois da boda.

luar ⟨lu.ar⟩ s.m. Luz ou claridade provenientes da Lua: *Naquela noite, o luar estava esplêndido*.

lúbrico, ca ⟨lú.bri.co, ca⟩ adj. **1** Que apresenta umidade. **2** Que desliza ou que escorre facilmente. **3** Propenso à luxúria ou que a provoca: *Em alguns programas de televisão, há imagens lúbricas*.

lubrificante ⟨lu.bri.fi.can.te⟩ adj.2g/s.m. Em relação a uma substância oleosa, que se utiliza para lubrificar ou tornar escorregadio.

lubrificar ⟨lu.bri.fi.car⟩ v.t.d. **1** Tornar (algo ressecado) úmido ou escorregado: *As lágrimas lubrificam o globo ocular*. **2** Aplicar uma substância oleosa em (um mecanismo) para diminuir o atrito entre suas peças. ☐ SIN. olear. ☐ ORTOGRAFIA Antes de *e*, o *c* muda para *qu* →**BRINCAR**.

lucidez ⟨lu.ci.dez⟩ (Pron. [lucidêz]) s.f. Clareza mental: *Resolveu o conflito de terra com muita lucidez*.

lúcido, da ⟨lú.ci.do, da⟩ adj. **1** Com luz ou brilho. **2** Claro no raciocínio: *Tomou uma decisão lúcida não dirigindo durante a tempestade*. **3** Capaz de raciocinar com facilidade e com rapidez: *É uma pessoa lúcida e só dá sua opinião depois de refletir*.

lucrar ⟨lu.crar⟩ ▌v.t.d. **1** Obter (um benefício, especialmente de um negócio, de um encargo ou de uma ação): *A empresa lucrou muito dinheiro com o novo investimento*. ▌v.t.i./v.int. **2** Obter um benefício [com um negócio, com um encargo ou com uma ação]: *Lucraram com algumas aplicações no banco*.

lucrativo, va ⟨lu.cra.ti.vo, va⟩ adj. Que produz lucros ou benefícios. ☐ SIN. rendoso.

lucro ⟨lu.cro⟩ s.m. Ganho ou benefício obtidos geralmente em um negócio: *O banco obteve muitos lucros este trimestre*. ☐ SIN. provento.

lucubração ⟨lu.cu.bra.ção⟩ (pl. *lucubrações*) s.f. →**elucubração**

ludibriar ⟨lu.di.bri.ar⟩ v.t.d. **1** Enganar ou iludir. **2** Zombar ou ridicularizar.

lúdico, ca ⟨lú.di.co, ca⟩ adj. Do jogo, do tempo livre ou relacionado a eles.

lufada ⟨lu.fa.da⟩ s.f. **1** Golpe forte e repentino de vento. ☐ SIN. rajada. **2** Golpe de luz: *Aquela lufada nos olhos o cegou*.

lugar ⟨lu.gar⟩ s.m. **1** Local ou parte de um espaço: *Ninguém sabe de que lugar é aquele rapaz.* **2** Espaço ocupado ou que pode ser ocupado: *Chegou atrasado ao teatro e não havia mais lugares.* **3** Paragem ou terreno adequado para algo, ou parte de um espaço: *Aquele parque é um bom lugar para se acampar.* **4** Em uma série ordenada, posição ou espaço ocupados: *Em primeiro lugar, agradeceu-lhe por ter comparecido.* ‖ **em lugar de** algo: Em sua substituição ou em vez dele: *Deveria ler mais, em lugar de assistir tanta televisão.*

lugar-comum ⟨lu.gar-co.mum⟩ (pl. *lugares-comuns*) s.m. Expressão trivial ou muito utilizada: *A redação era pobre, cheia de lugares-comuns.*

lugarejo ⟨lu.ga.re.jo⟩ (Pron. [lugarêjo]) s.m. Lugar pequeno e pouco habitado. ◻ SIN. povoação, povoado, vilarejo.

lugar-tenente ⟨lu.gar-te.nen.te⟩ (pl. *lugares-tenentes*) s.2g. Pessoa que substitui outra em suas funções temporariamente.

lúgubre ⟨lú.gu.bre⟩ adj.2g. **1** Triste ou melancólico. ◻ SIN. lôbrego. **2** Fúnebre ou relacionado à morte: *histórias lúgubres.*

lula ⟨lu.la⟩ s.f. Molusco marinho com dois tentáculos preênseis e oito braços providos de ventosas ao redor da cabeça, sem concha externa e com uma interna, com o corpo em forma de ponta de flecha provido de duas barbatanas na parte superior, que nada por meio de um jato de água e que secreta um líquido negro com o qual turva a água para se defender de possíveis ataques. ◻ SIN. calamar.

lumbago ⟨lum.ba.go⟩ s.m. Dor aguda na região lombar.

lume ⟨lu.me⟩ s.m. **1** Fogo ou calor e luz que se desprendem da combustão de um corpo: *Reavivou o lume da lareira com lenha.* **2** Luz, brilho ou clarão: *Na noite escura, observava o lume das estrelas.*

luminar ⟨lu.mi.nar⟩ ▮ adj.2g. **1** Que emite luz. ◻ SIN. luminoso. ▮ s.m. **2** Pessoa que se destaca por sua inteligência ou por seu saber.

luminária ⟨lu.mi.ná.ria⟩ s.f. **1** Objeto que ilumina: *Acendeu a luminária para ler.* **2** Luz que se coloca em balcões, ruas e monumentos como adorno para festas e cerimônias públicas: *Nas festas juninas, colocam várias luminárias nas ruas.*

luminosidade ⟨lu.mi.no.si.da.de⟩ s.f. **1** Qualidade de luminoso. **2** Claridade ou brilho: *Essa maquiagem proporciona luminosidade à pele.*

luminoso, sa ⟨lu.mi.no.so, sa⟩ (Pron. [luminôso], [luminósa], [luminósos], [luminósas]) ▮ adj. **1** Que emite luz: *um astro luminoso.* ◻ SIN. luminar. **2** Que possui muita luz natural: *uma sala luminosa.* **3** Em relação especialmente a uma ideia, correta, clara ou brilhante: *uma ideia luminosa.* **4** Alegre ou vivo: *um sorriso luminoso.* ▮ s.m. **5** Anúncio publicitário de rua, iluminado durante a noite.

lunação ⟨lu.na.ção⟩ (pl. *lunações*) s.f. Período de tempo compreendido entre uma conjunção da Lua com o Sol e a seguinte. ◻ SIN. lua.

lunar ⟨lu.nar⟩ adj.2g. Da Lua ou relacionado a esse satélite terrestre.

lunático, ca ⟨lu.ná.ti.co, ca⟩ adj./s. **1** Que ou quem apresenta mudanças bruscas de humor ou que é amalucado. **2** Que ou quem é aluado ou distraído.

luneta ⟨lu.ne.ta⟩ (Pron. [lunêta]) s.f. Tubo cilíndrico que serve para ver o que está muito longe como se estivesse perto: *Usou uma luneta para observar melhor as estrelas.*

lupa ⟨lu.pa⟩ s.f. Lente de aumento, geralmente provida de um suporte ou um cabo adequados para o seu uso.

lupanar ⟨lu.pa.nar⟩ s.m. Estabelecimento voltado à prostituição. ◻ SIN. bordel, prostíbulo.

lúpulo ⟨lú.pu.lo⟩ s.m. Planta herbácea trepadeira, com folhas de três lobos e de margem serrilhada, flores amarelas e pequenas, e cujo fruto seco é usado na fabricação da cerveja para aromatizá-la e dar-lhe sabor amargo.

lusco-fusco ⟨lus.co-fus.co⟩ (pl. *lusco-fuscos*) s.m. Claridade fraca que se percebe quando a noite está virando dia ou quando o dia está virando noite. ◻ SIN. crepúsculo.

lusíada ⟨lu.sí.a.da⟩ adj.2g./s.2g. De Portugal ou relacionado a esse país europeu. ◻ SIN. lusitano, luso, português.

lusitanismo ⟨lu.si.ta.nis.mo⟩ s.m. Em linguística, palavra, expressão ou construção sintática próprias do português europeu empregadas em outra língua.

lusitano, na ⟨lu.si.ta.no, na⟩ adj./s. De Portugal ou relacionado a esse país europeu. ◻ SIN. lusíada, luso, português.

luso, sa ⟨lu.so, sa⟩ adj./s. De Portugal ou relacionado a esse país europeu. ◻ SIN. lusíada, lusitano, português.

luso-brasileiro, ra ⟨lu.so-bra.si.lei.ro, ra⟩ (pl. *luso-brasileiros*) adj./s. Do Brasil e Portugal ou relacionado a esses países de língua portuguesa.

lustra-móveis ⟨lus.tra-mó.veis⟩ s.m.2n. Produto usado para lustrar móveis ou para dar-lhes brilho.

lustrar ⟨lus.trar⟩ v.t.d. Dar brilho em (uma superfície) polindo-a com insistência: *lustrar um móvel.*

lustre ⟨lus.tre⟩ s.m. **1** Lâmpada de teto com vários braços, dos quais geralmente pendem abundantes peças de cristal de diferentes formas e tamanhos. **2** Em uma superfície, brilho, especialmente o que se consegue depois de limpá-la ou de poli-la com insistência: *Engraxou os sapatos até ficarem com um bom lustre.* ◻ SIN. lustro. **3** Esplendor ou aspecto brilhante: *O lustre dos diamantes causou admiração entre os presentes.* **4** Prestígio ou distinção: *A presença do intelectual deu lustre à conferência.*

lustro ⟨lus.tro⟩ s.m. **1** Período de tempo de cinco anos. ◻ SIN. quinquênio. **2** Em uma superfície, brilho, especialmente o que se consegue depois de limpá-la ou poli-la com insistência. ◻ SIN. lustre.

lustroso, sa ⟨lus.tro.so, sa⟩ (Pron. [lustrôso], [lustrósa], [lustrósos], [lustrósas]) adj. **1** Com lustro ou brilho. **2** Que é notável por seus feitos ou conhecimentos.

luta ⟨lu.ta⟩ s.f. **1** Combate físico: *uma luta de boxe.* ◻ SIN. briga. **2** Trabalho ou esforço para conseguir algo. ◻ SIN. briga. ‖ **luta de classes** Aquela que existe entre as diferentes classes sociais. ‖ **luta livre** Esporte no qual duas pessoas se enfrentam sem armas, utilizando golpes dados com as mãos, e que termina quando um dos adversários se rende.

lutador, -a ⟨lu.ta.dor, do.ra⟩ (Pron. [lutadôr], [lutadôra]) ▮ adj./s. **1** Que ou quem luta ou batalha para alcançar algum objetivo: *É uma lutadora e sempre consegue o que quer.* ▮ s. **2** Esportista que pratica algum tipo de luta.

lutar ⟨lu.tar⟩ v.t.i./v.int. **1** Brigar [com um adversário] ou combater, geralmente utilizando a força ou armas: *Lutou com os maiores judocas do mundo. Os inimigos lutaram até a morte.* ◻ SIN. pelejar. **2** Brigar [por um ideal] ou combater, geralmente utilizando a força ou armas. ◻ SIN. pelejar. **3** Dedicar-se, trabalhar ou esforçar-se [para conseguir algo], geralmente vencendo dificuldades ou oposições: *Os pais lutaram muito por sua educação.*

lutécio ⟨lu.té.cio⟩ s.m. Elemento químico da família dos metais, de número atômico 71, sólido, de cor vermelha e que pertence ao grupo dos lantanídeos. ◻ ORIGEM É uma palavra que vem do latim *Lutetia* (Paris), pois nessa cidade francesa nasceu G. Urbain, descobridor desse elemento. ◻ ORTOGRAFIA Seu símbolo químico é *Lu*, sem ponto.

luteranismo ⟨lu.te.ra.nis.mo⟩ s.m. **1** Doutrina religiosa protestante, baseada nas teorias de Lutero (reformador

luterano

religioso alemão do século XVI): *O luteranismo defende a livre interpretação da Bíblia*. **2** Comunidade ou conjunto de pessoas que seguem essa doutrina.

luterano, na ⟨lu.te.ra.no, na⟩ ▎adj. **1** De Lutero (reformador religioso alemão do século XVI), do luteranismo ou relacionado a eles. ▎adj./s. **2** Que ou quem defende ou segue o luteranismo.

luto ⟨lu.to⟩ s.m. **1** Pesar ou tristeza causados pelo falecimento de uma pessoa. **2** Período de tempo que dura a manifestação desse pesar. **3** Roupa ou faixa de cor preta usadas para lembrar a morte de uma pessoa, especialmente se for próxima.

lutuoso, sa ⟨lu.tu.o.so, sa⟩ (Pron. [lutuôso], [lutuósa], [lutuôsos], [lutuósas]) adj. Do luto ou relacionado a ele.

luva ⟨lu.va⟩ s.f. **1** Peça do vestuário usada para cobrir ou para proteger a mão, e que se adapta individualmente em cada dedo. **2** Peça cilíndrica, geralmente de ferro ou de plástico, usada para ligar tubos e canos. ‖ **atirar a luva** Desafiar ou incitar ao combate: *Atirou a luva e aguardou a reação do adversário*. ‖ **{bater/dar} com luva de pelica** Ser irônico, mas de forma delicada e polida: *Na entrevista, deu com luva de pelica quando respondeu às perguntas*. ‖ **cair como uma luva** Ser adequado ou servir com perfeição: *Aquela saia lhe caiu como uma luva*. □ USO Na acepção 1, usa-se geralmente a forma plural *luvas*.

luxação ⟨lu.xa.ção⟩ (pl. *luxações*) s.f. Em medicina, resultado do deslocamento de um osso da sua articulação sem fratura associada.

luxar ⟨lu.xar⟩ v.t.d. Em medicina, deslocar (um osso) de sua articulação: *O garoto luxou o ombro quando caiu da bicicleta*.

luxemburguês, -a ⟨lu.xem.bur.guês, gue.sa⟩ (Pron. [luxemburguês], [luxemburguêsa]) ▎adj./s. **1** De Luxemburgo ou relacionado a esse país europeu. ▎s.m. **2** Língua germânica desse país.

luxento, ta ⟨lu.xen.to, ta⟩ adj. Que se veste com luxo ou que ostenta riqueza.

luxo ⟨lu.xo⟩ s.m. **1** Abundância de riqueza ou de conforto. **2** *informal* Desejo repentino e imotivado: *Recusou-se a manter os luxos dela*. □ SIN. capricho.

luxuoso, sa ⟨lu.xu.o.so, sa⟩ (Pron. [luxuôso], [luxuósa], [luxuósos], [luxuósas]) adj. **1** Com muito luxo. **2** Farto ou em grande quantidade.

luxúria ⟨lu.xú.ria⟩ s.f. **1** Desejo ou comportamento sexuais desregrados. **2** Em uma planta, vigor ou frescura.

luxuriante ⟨lu.xu.ri.an.te⟩ adj.2g. Da luxúria ou relacionado a ela. □ SIN. luxurioso.

luxurioso, sa ⟨lu.xu.ri.o.so, sa⟩ (Pron. [luxuriôso], [luxuriósa], [luxuriósos], [luxuriósas]) adj./s. Da luxúria ou relacionado a ela. □ GRAMÁTICA O sinônimo do adjetivo é *luxuriante*.

luz s.f. **1** Forma de energia que ilumina e que torna possível a visão. **2** Claridade ou lampejo emitidos por alguns corpos: *A luz do Sol ilumina o dia*. **3** Aparelho usado para iluminar, ou dispositivo que coloca em funcionamento esse aparelho: *A luz da cozinha queimou*. **4** Corrente elétrica: *Ligaram a luz naquele bairro distante*. **5** Aquilo que serve de modelo ou de guia: *Aquele autor é uma luz para seus admiradores*. **6** Esclarecimento ou ajuda: *Essas provas trouxeram uma nova luz à investigação*. **7** *informal* Iluminação: *Projetaram uma luz especial para o cenário*. ‖ **dar à luz** Parir: *Deu à luz trigêmeos*. ‖ **luz natural** Aquela que provém do Sol.

luzente ⟨lu.zen.te⟩ adj.2g. Que brilha.

luzianense ⟨lu.zi.a.nen.se⟩ adj.2g./s.2g. De Luziânia ou relacionado a essa cidade do estado brasileiro de Goiás.

luzidio, a ⟨lu.zi.di.o, a⟩ adj. Brilhante ou que reluz.

luzir ⟨lu.zir⟩ v.int. Brilhar ou emitir luz e claridade. *As estrelas luziam no céu*. □ GRAMÁTICA É um verbo regular, mas perde o e final na terceira pessoa do singular do presente do indicativo →PRODUZIR.

lycra *(palavra inglesa)* (Pron. [láicra]) s.f. Tecido sintético, muito elástico e brilhante, usado geralmente na fabricação de peças do vestuário. □ ORIGEM É a extensão de uma marca comercial.

m ▪ s.m. **1** Décima terceira letra do alfabeto. ▪ numer. **2** Em uma sequência, que ocupa o décimo terceiro lugar: *Sentamos na fileira m.* ▫ GRAMÁTICA Na acepção 1, o plural é *mm*.

ma Contração do pronome pessoal *me* com o pronome demonstrativo *a*. ▫ USO É uma contração pouco usual no português atual do Brasil, ocorrendo ocasionalmente na linguagem literária.

má Feminino de mau.

MA É a sigla do estado brasileiro do Maranhão.

maca ⟨ma.ca⟩ s.f. **1** Cama estreita e portátil, com rodas, usada para transportar doentes, feridos ou cadáveres. **2** Utensílio de lona, dobrável, formado por duas varas grossas nas quais se apoiam tábuas atravessadas, utilizado para transportar pessoas feridas ou doentes. ▫ SIN. padiola. **3** Em uma embarcação, cama de lona onde os marinheiros dormem.

maça ⟨ma.ça⟩ s.f. **1** Antiga arma feita de madeira, com uma das extremidades mais larga que a outra. ▫ SIN. clava. **2** Ferramenta com formato de pilão, utilizada em certos calçamentos para golpear pedras e fixá-las no chão. **3** Objeto com formato de garrafa, com o gargalo comprido, utilizado por malabaristas.

maçã ⟨ma.çã⟩ s.f. Fruto da macieira, comestível, arredondado, de casca vermelha ou verde, polpa branca, suculenta, doce ou levemente ácida, e com sementes pretas no centro. ‖ **maçã do rosto** Região do rosto constituída pelo osso que forma a parte saliente das bochechas.

macabro, bra ⟨ma.ca.bro, bra⟩ adj. Relacionado à morte em seu aspecto mais sombrio e repulsivo.

macacada ⟨ma.ca.ca.da⟩ s.f. **1** Conjunto de macacos. **2** *informal* Aquilo que é dito ou feito de forma ridícula ou engraçada: *A imitação que fez do ator foi uma macacada.* **3** *informal pejorativo* Conjunto de pessoas: *Vamos embora, macacada!*

macacão ⟨ma.ca.cão⟩ (pl. *macacões*) s.m. **1** Peça inteiriça do vestuário que cobre desde os braços até as pernas, usada especialmente como uniforme de trabalho. **2** Roupa semelhante a essa peça, geralmente de tecido *jeans* e sem mangas.

macaco, ca ⟨ma.ca.co, ca⟩ ▪ s. **1** Mamífero primata muito ágil, de hábitos diurnos, com quatro membros, sendo dois deles terminados em mãos, e os outros dois, em pés. ▫ SIN. símio. ▪ s.m. **2** Máquina composta por uma engrenagem, usada para levantar grandes pesos a pequena altura. ‖ **estar com a macaca** *informal* Estar agitado ou inquieto: *Estava com a macaca porque dormiu mal.* ‖ **macaco velho** *informal* Pessoa astuta e com muita experiência: *Não tente enganá-lo, pois ele é macaco velho.* ▫ ORIGEM É uma palavra de origem africana.

macadame ⟨ma.ca.da.me⟩ s.m. **1** Mistura feita com pedra britada e areia. **2** Pavimento de pedras britadas e areia, que é comprimido com um rolo.

maçador, -a ⟨ma.ça.dor, do.ra⟩ (Pron. [maçadôr], [maçadôra]) adj./s. Que ou quem entedia ou aborrece.

macaibense ⟨ma.ca.i.ben.se⟩ adj.2g./s.2g. De Macaíba ou relacionado a essa cidade do estado brasileiro do Rio Grande do Norte.

macambúzio, zia ⟨ma.cam.bú.zio, zia⟩ adj./s. Que ou quem está triste, silencioso ou mal-humorado. ▫ ORIGEM É uma palavra de origem africana.

maçaneta ⟨ma.ça.ne.ta⟩ (Pron. [maçanêta]) s.f. Em uma porta ou em uma janela, dispositivo em que se segura para abri-las ou fechá-las.

maçante ⟨ma.çan.te⟩ adj.2g./s.2g. *informal* Maçador.

macapaense ⟨ma.ca.pa.en.se⟩ adj.2g./s.2g. De Macapá ou relacionado à capital do estado brasileiro do Amapá.

maçapão

maçapão ⟨ma.ça.pão⟩ (pl. *maçapães*) s.m. Confeito à base de amêndoas moídas e açúcar.

macaquear ⟨ma.ca.que.ar⟩ v.t.d./v.int. *informal* Imitar de forma ridícula e engraçada. ▫ ORTOGRAFIA O e muda para ei quando a sílaba tônica estiver na raiz do verbo →NOMEAR.

macaquice ⟨ma.ca.qui.ce⟩ s.f. 1 *informal* Imitação feita de forma semelhante a um macaco. 2 *informal* Aquilo que é dito ou feito de forma ridícula ou engraçada: *Com suas macaquices, divertiu os sobrinhos durante a festa*.

maçar ⟨ma.çar⟩ ▌v.t.d. 1 Golpear (as pedras de um calçamento) com uma maça para fixá-las ao chão: *O calceteiro maçou as pedras da calçada até anoitecer*. 2 *informal* Bater ou golpear com força. ▌v.t.d./v.int. 3 *informal* Aborrecer ou entediar com conversa monótona ou desinteressante: *Ele ficou nos maçando com a sua conversa mole*. ▫ ORTOGRAFIA Antes de e, o ç muda para c →COMEÇAR.

maçaranduba ⟨ma.ça.ran.du.ba⟩ s.f. Árvore de grande porte, de tronco avermelhado, com madeira de boa qualidade, folhas simples e fruto comestível verde-amarelado. ▫ ORIGEM É uma palavra de origem tupi.

macaréu ⟨ma.ca.réu⟩ s.m. Na foz de um rio, onda violenta produzida no momento das cheias, resultante do encontro de suas águas com a maré alta.

maçarico ⟨ma.ça.ri.co⟩ s.m. 1 Instrumento que serve para fundir ou soldar metais e que lança um gás ou uma mistura gasosa inflamável. 2 Ave aquática de médio porte, com patas altas, bico longo e fino, que vive próximo a ambientes aquáticos marinhos e de água doce, e que se alimenta de pequenos invertebrados enterrados. ▫ GRAMÁTICA Na acepção 2, é um substantivo epiceno: *o maçarico (macho/fêmea)*.

maçaroca ⟨ma.ça.ro.ca⟩ s.f. 1 Em uma roca, fio de linha ou de lã enrolados em um fuso. 2 Espiga de milho. 3 *informal* Emaranhado de fios ou de pelos: *Depois que ela se penteou, deixou uma maçaroca na escova*. 4 *informal* Conjunto de muitos elementos desordenados: *Arrumei toda a maçaroca que estava sobre a cama*.

macarrão ⟨ma.car.rão⟩ (pl. *macarrões*) s.m. Massa alimentícia feita à base de farinha de trigo.

macarronada ⟨ma.car.ro.na.da⟩ s.f. Prato composto por macarrão, queijo e molho, geralmente de tomate, ou por outros ingredientes.

macarrônico, ca ⟨ma.car.rô.ni.co, ca⟩ adj. *informal* Em relação especialmente a uma língua, que é usado de forma imprópria ou incorreta.

macaxeira ⟨ma.ca.xei.ra⟩ s.f. 1 Planta de caule com sulcos, com folhas de margem bastante ondulada e com vários lobos, de flores pendentes, brancas e amarelas ou violáceas, e cuja raiz, grossa e rica em amido, é geralmente usada para fazer farinha. ▫ SIN. aipim, mandioca. 2 Essa raiz. ▫ SIN. aipim, mandioca. ▫ ORIGEM É uma palavra de origem tupi. ▫ ORTOGRAFIA Escreve-se também *macaxera*. ▫ USO É uma palavra muito comum nas regiões Norte e Nordeste do Brasil.

macaxera ⟨ma.ca.xe.ra⟩ (Pron. [macaxêra]) s.f. →macaxeira

macedônio, nia ⟨ma.ce.dô.nio, nia⟩ ▌adj./s. 1 Da Macedônia ou relacionado a esse país europeu. ▌s.m. 2 Língua eslava desse país.

macega ⟨ma.ce.ga⟩ s.f. Erva daninha, geralmente alta, robusta, com flores em espigas longas, e que cresce em áreas cultivadas.

maceioense ⟨ma.cei.o.en.se⟩ adj.2g./s.2g. De Maceió ou relacionado à capital do estado brasileiro de Alagoas.

macela ⟨ma.ce.la⟩ s.f. Planta herbácea perene e rasteira, com folhas alongadas, flores pequenas e amarelas dispostas em uma base, e que apresenta propriedades medicinais.

macerar ⟨ma.ce.rar⟩ ▌v.t.d. 1 Amolecer ou amaciar espremendo ou golpeando: *macerar o couro*. 2 Manter (uma substância sólida) submersa em um líquido à temperatura ambiente para amaciá-la ou para extrair suas partes solúveis. 3 Golpear ou surrar. ▌v.prnl. 4 Angustiar-se ou atormentar-se.

maceta ⟨ma.ce.ta⟩ (Pron. [macêta]) s.f. 1 Ferramenta semelhante a um martelo, com um cabo curto de madeira e cabeça quadrada, utilizada para golpear superfícies sólidas e duras. 2 Ferramenta utilizada para triturar tinta endurecida. ▫ ORTOGRAFIA Escreve-se também *macete*.

macete ⟨ma.ce.te⟩ (Pron. [macête]) s.m. 1 →maceta 2 *informal* Aquilo que é dito ou feito com habilidade e astúcia para conseguir algo: *Seu macete para ser aceito no grupo foi uma aproximação lenta e contínua*.

machadada ⟨ma.cha.da.da⟩ s.f. 1 Golpe dado com um machado. 2 Marca deixada por esse golpe.

machadinha ⟨ma.cha.di.nha⟩ s.f. Machado pequeno.

machado ⟨ma.cha.do⟩ s.m. Ferramenta formada por um cabo no qual se encaixa uma folha metálica larga e forte, cortante em um dos lados, geralmente usada para cortar lenha.

machão, oa ⟨ma.chão, o.a⟩ (Pron. [machão], [machôa]) (pl. *machões*) adj./s. *informal pejorativo* Que ou quem dá mostras de virilidade e de masculinidade excessivas. ▫ GRAMÁTICA Seu feminino também pode ser *machona*.

machismo ⟨ma.chis.mo⟩ s.m. Atitude ou tendência discriminatórias que consideram o homem superior à mulher: *Não permitir que sua mulher trabalhe fora é machismo*.

macho ⟨ma.cho⟩ ▌adj.2g. 1 Do sexo masculino ou relacionado a ele: *A cigarra macho produz um som estridente*. 2 Com as características tradicionalmente consideradas próprias do sexo masculino. ▌adj.2g./s.m. 3 Em um objeto composto de duas peças encaixáveis, aquela que se introduz na outra: *Na extremidade do cabo da impressora há um macho, para conectá-lo ao computador*. ▌s.m. 4 Animal do sexo masculino. 5 Pessoa do sexo masculino: *Na pré-história, a caça estava ligada ao macho*.

machona ⟨ma.cho.na⟩ (Pron. [machôna]) adj./s.f. *informal pejorativo* →machão, oa

machucado ⟨ma.chu.ca.do⟩ s.m. Dano que uma parte do corpo sofre ao ser comprimida ou golpeada: *Caiu e ficou com um machucado no joelho*.

machucar ⟨ma.chu.car⟩ ▌v.t.d./v.prnl. 1 Causar(-se) ou produzir lesão ou ferimento: *Machuquei o pé ao tropeçar em uma pedra*. *Ele se machucou quando caiu da escada*. ▫ SIN. ferir. ▌v.t.d. 2 Desfazer ou esmiuçar (algo) com golpes ou por meio de forte pressão. ▌v.t.d./v.prnl. 3 Magoar(-se) ou ofender(-se): *Machucou-se ao ouvir tantas injúrias*. ▫ ORTOGRAFIA Antes de e, o c muda para qu →BRINCAR.

maciço, ça ⟨ma.ci.ço, ça⟩ ▌adj. 1 Em relação a um corpo, que não é oco no interior: *uma madeira maciça*. ▫ SIN. cheio, sólido. 2 Espesso ou formado por elementos muito próximos ou apertados: *uma mata maciça*. 3 Que é aplicado ou feito em grande quantidade: *O corte maciço de árvores afeta muitas florestas*. ▌s.m. 4 Em um terreno, elevação geralmente rochosa ou grupo de montanhas.

macieira ⟨ma.ci.ei.ra⟩ s.f. Árvore de casca lisa e copa redonda, com folhas alternas, ovais e serrilhadas, flores brancas e rosadas, e cujo fruto é a maçã.

maciez ⟨ma.ci.ez⟩ (Pron. [maciêz]) s.f. Qualidade de macio.

macilento, ta ⟨ma.ci.len.to, ta⟩ adj. Magro, pálido ou triste.

macio, a ⟨ma.ci.o, a⟩ adj. **1** Em relação a uma matéria, que se corta, que se amassa ou que se deforma com facilidade, especialmente se for pressionada. □ SIN. fofo. **2** Liso, suave e agradável ao tato: *uma toalha macia*.

maciota ⟨ma.ci.o.ta⟩ s.f. *informal* Propriedade de ser ou de parecer macio ou suave. ‖ **na maciota 1** *informal* Sem esforço ou de forma lenta: *Enquanto ela se esforçava, o colega trabalhava na maciota.* **2** *informal* Facilmente ou sem complicações: *Aprendeu o exercício na maciota.*

maço ⟨ma.ço⟩ s.m. **1** Martelo grande de madeira: *Maços eram ferramentas muito usadas nas oficinas medievais.* **2** Conjunto de objetos que formam um grupo: *um maço de coentro; um maço de cigarros.*

maçom ⟨ma.çom⟩ (pl. *maçons*) s.2g. Membro da associação secreta da maçonaria. □ USO É a forma reduzida e mais usual de *francomaçom*.

maçonaria ⟨ma.ço.na.ri.a⟩ s.f. Sociedade baseada em princípios de fraternidade e de ajuda mútuas, e organizada em grupos chamados lojas. □ USO É a forma reduzida e mais usual de *francomaçonaria*.

maconha ⟨ma.co.nha⟩ (Pron. [macônha]) s.f. Droga alucinógena elaborada com as folhas e as flores do cânhamo. □ ORIGEM É uma palavra de origem africana.

maconheiro, ra ⟨ma.co.nhei.ro, ra⟩ adj./s. *informal* Que ou quem fuma ou vende maconha.

maçônico, ca ⟨ma.cô.ni.co, ca⟩ adj. Da maçonaria ou relacionado a essa sociedade secreta.

má-criação ⟨má-cri.a.ção⟩ (pl. *má-criações* ou *más--criações*) s.f. →**malcriação**

macro ⟨ma.cro⟩ s.f. Em informática, conjunto de comandos que podem executar de uma só vez, e consecutivamente, uma função ou uma tarefa.

macro- Prefixo que indica tamanho maior: *macroeconomia, macrocefalia.*

macróbio, bia ⟨ma.cró.bio, bia⟩ ▮ adj. **1** Que existe há muito tempo. ▮ adj./s. **2** Que ou quem é muito velho, de idade avançada ou pode viver por muito tempo.

macrobiótica ⟨ma.cro.bi.ó.ti.ca⟩ s.f. Alimentação baseada no consumo de vegetais e de produtos elaborados a partir deles.

macrobiótico, ca ⟨ma.cro.bi.ó.ti.co, ca⟩ ▮ adj. **1** Que possibilita uma vida longa ou que está relacionado a ela: *alimentos macrobióticos.* ▮ adj./s. **2** Que ou quem segue a alimentação macrobiótica: *um restaurante macrobiótico.*

macrocosmo ⟨ma.cro.cos.mo⟩ s.m. **1** Em filosofia, o universo, entendido como um ser semelhante ao ser humano. **2** Conjunto ou todo em relação às partes que o constituem: *A sociedade é o macrocosmo da escola pois nela as relações sociais se espelham.*

macuco ⟨ma.cu.co⟩ s.m. Ave de médio porte com corpo robusto, cabeça e cauda pequenas, plumagem acinzentada, que se alimenta de frutos e sementes, e que vive no chão das florestas. □ ORIGEM É uma palavra de origem tupi. □ GRAMÁTICA É um substantivo epiceno: *o macuco (macho/fêmea)*.

mácula ⟨má.cu.la⟩ s.f. **1** Em uma superfície, mancha: *O pano era perfeitamente branco, sem qualquer mácula.* **2** *literário* Aquilo que desonra ou que desprestigia: *O escândalo foi uma mácula na sua carreira, até então brilhante.*

macular ⟨ma.cu.lar⟩ ▮ v.t.d. **1** *literário* Manchar: *O sangue derramado maculou sua branca camisa.* ▮ v.t.d./v.prnl. **2** *literário* Desonrar(-se) ou desprestigiar(-se): *Aqueles comentários macularam a sua reputação.*

macumba ⟨ma.cum.ba⟩ s.f. **1** Instrumento musical de percussão, antigo, de origem africana, que produz um som áspero e é semelhante a um ganzá. **2** No Brasil, religião de origem africana. **3** Oferenda a Exu (orixá nagô) geralmente colocada em uma encruzilhada. **4** *informal* Magia ou feitiço. □ ORIGEM É uma palavra de origem africana.

macumbeiro, ra ⟨ma.cum.bei.ro, ra⟩ adj./s. Que ou quem pratica a macumba.

madeira ⟨ma.dei.ra⟩ ▮ s.f. **1** Em uma árvore, parte sólida e fibrosa que fica embaixo de sua casca: *A madeira do pau-brasil é vermelha.* **2** Essa matéria, utilizada na marcenaria ou na carpintaria: *uma cama de madeira.* ▮ s.f.pl. **3** Em música, em uma orquestra, conjunto dos instrumentos de sopro feitos basicamente com esse material e que são geralmente tocados soprando-se através de uma palheta ou de uma boquilha acopladas em um tubo oco: *Clarinetes, flautas, fagotes e oboés fazem parte da seção de madeiras de uma orquestra.* ‖ **madeira de lei** Aquela que é de boa qualidade, dura e resistente, muito utilizada em construções: *O jacarandá e o cedro são madeiras de lei.*

madeiramento ⟨ma.dei.ra.men.to⟩ s.m. Conjunto de madeiras empregadas na construção de uma obra.

madeireira ⟨ma.dei.rei.ra⟩ s.f. Estabelecimento comercial em que se recolhe e armazena madeira para venda.

madeireiro, ra ⟨ma.dei.rei.ro, ra⟩ ▮ adj. **1** Da madeira ou relacionado a ela: *a indústria madeireira.* ▮ s. **2** Pessoa que se dedica ao comércio ou ao corte de madeira.

madeiro ⟨ma.dei.ro⟩ s.m. Peça grossa de madeira, especialmente aquela utilizada na carpintaria.

madeixa ⟨ma.dei.xa⟩ s.f. Conjunto de fios, especialmente se forem de cabelo ou de pelos. □ SIN. mecha.

madona ⟨ma.do.na⟩ (Pron. [madôna]) s.f. Em arte, imagem ou representação da Virgem Maria (mãe de Jesus Cristo).

madraço, ça ⟨ma.dra.ço, ça⟩ adj./s. Que ou quem tem ou age com preguiça.

madrasta ⟨ma.dras.ta⟩ ▮ adj. **1** Que é má ou que maltrata: *uma vida madrasta.* ▮ s.f. **2** Em relação aos filhos levados por um homem ao matrimônio, atual esposa desse. □ GRAMÁTICA Na acepção 2, seu masculino é *padrasto*.

madre ⟨ma.dre⟩ s.f. **1** Religiosa católica. **2** Na Igreja Católica, religiosa superiora de um convento. **3** Viga de madeira utilizada em construção.

madrepérola ⟨ma.dre.pé.ro.la⟩ s.f. Substância dura, branca, com as cores do arco-íris, que forma a camada interna das conchas de alguns moluscos, e que é usada para fabricar objetos: *um colar de madrepérola.* □ SIN. nácar.

madrigal ⟨ma.dri.gal⟩ (pl. *madrigais*) s.m. **1** Em literatura, composição poética, geralmente breve, com tema amoroso ou de sentimentos delicados, formada por uma combinação de versos de sete ou onze sílabas rimados e distribuídos livremente em estrofes: *Os madrigais começaram a ser escritos no norte da Europa, e logo se espalharam pelo continente.* **2** Em música, composição de origem italiana, geralmente para várias vozes, com ou sem acompanhamento instrumental, sobre um texto poético de caráter profano: *O madrigal teve sua fase de ouro em Florença, nos séculos XVI e XVII.*

madrinha ⟨ma.dri.nha⟩ s.f. **1** Em relação a uma pessoa, mulher que a apresenta ou que a auxilia ao receber certos sacramentos ou alguma honra: *uma madrinha de batismo; uma madrinha de formatura.* **2** Mulher que patrocina ou preside certos atos e cerimônias: *Em um desfile de Carnaval, a madrinha vem à frente da bateria.* **3** *informal* Em relação a uma pessoa, mulher que a ajuda a conseguir algum benefício: *Como tinha uma madrinha na empresa, conseguiu o emprego.* □ GRAMÁTICA Seu masculino é *padrinho*.

madrugada

madrugada ⟨ma.dru.ga.da⟩ s.f. **1** Período de tempo compreendido entre a meia-noite e o alvorecer. **2** Momento inicial do dia, em que aparece a primeira luz antes do nascer do sol.

madrugar ⟨ma.dru.gar⟩ v.int. **1** Levantar-se ao amanhecer ou muito cedo. **2** Antecipar-se ou adiantar-se aos demais na execução ou na solicitação de algo: *Madrugou na fila para garantir o atendimento*. **3** *informal* Aparecer em um lugar antes do esperado. ☐ ORTOGRAFIA Antes de *e*, o *g* muda para *gu* →CHEGAR.

madurar ⟨ma.du.rar⟩ ▌v.t.d./v.int./v.prnl. **1** Tornar(-se) maduro ou fazer atingir o desenvolvimento completo (um fruto): *A jaqueira já madurou seus frutos. A manga madurou na fruteira*. ☐ SIN. amadurecer, maturar, sazonar. ▌v.t.d./v.int. **2** Fazer com que (alguém) se desenvolva ou desenvolver-se física, intelectual e emocionalmente. ☐ SIN. amadurecer, maturar. ▌v.t.d. **3** Elaborar ou aperfeiçoar (uma ideia): *Sem pressa, madurou o projeto ao longo dos meses*. ☐ SIN. amadurecer, maturar.

madureza ⟨ma.du.re.za⟩ (Pron. [madurêza]) s.f. **1** Desenvolvimento completo de um fruto. **2** Desenvolvimento físico, intelectual e emocional de uma pessoa: *Tomou a decisão com muita madureza*. ☐ SIN. maturidade.

maduro, ra ⟨ma.du.ro, ra⟩ adj. **1** Em relação a um fruto, que alcançou seu desenvolvimento completo. **2** Que entrou na idade adulta. **3** Sensato ou prudente: *Apesar da pouca idade, é uma pessoa bastante madura*. **4** Em relação especialmente a uma ideia, muito meditada: *Desenvolveu um projeto maduro para aquele filme*.

mãe s.f. **1** Em relação a um filho, mulher que o gerou. **2** Em relação a um filho, mulher que o cria ou que o criou sem tê-lo gerado: *Após a adoção, passou a ser sua mãe*. **3** Em relação a um animal, fêmea que o gerou: *Os pintinhos estavam seguindo a mãe*. **4** Causa ou origem de onde algo provém: *Para alguns, a gratidão é a mãe de todas as virtudes*. ☐ GRAMÁTICA Nas acepções 1, 2 e 3, seu masculino é *pai*.

mãe-benta ⟨mãe-ben.ta⟩ (pl. *mães-bentas*) s.f. Bolo feito à base de arroz e coco ralado, servido em pequenas formas de papel.

mãe de santo ⟨mãe de san.to⟩ (pl. *mães de santo*) s.f. Em algumas religiões de origem africana, chefe de um terreiro ou de um centro espírita. ☐ SIN. ialorixá. ☐ GRAMÁTICA Seu masculino é *pai de santo*.

maestria ⟨ma.es.tri.a⟩ s.f. **1** Conhecimento profundo sobre um assunto. **2** Destreza para fazer algo.

maestrina ⟨ma.es.tri.na⟩ Substantivo feminino de *maestro*.

maestro ⟨ma.es.tro⟩ s.m. Pessoa qualificada para reger ou para conduzir os músicos de uma orquestra, de um coral ou de uma banda. ☐ GRAMÁTICA Seu feminino é *maestrina*.

má-fé ⟨má-fé⟩ (pl. *más-fés*) s.f. Má intenção: *agir de má-fé*.

máfia ⟨má.fia⟩ s.f. **1** Organização criminosa de origem italiana que impõe sua própria lei por meio da violência. **2** Grupo que emprega métodos semelhantes ao dessa organização: *A polícia dissolveu uma máfia que controlava o jogo do bicho*.

mafioso ⟨ma.fi.o.so, sa⟩ (Pron. [mafiôso], [mafiósa], [mafiósos], [mafiósas]) adj./s. **1** Da máfia ou relacionado a ela. **2** *pejorativo* Que ou quem é inescrupuloso ou desonesto: *um comportamento mafioso*.

má-formação ⟨má-for.ma.ção⟩ (pl. *más-formações*) s.f. Deformidade ou defeito de nascimento em alguma parte do organismo. ☐ ORTOGRAFIA Escreve-se também *malformação*.

magazine ⟨ma.ga.zi.ne⟩ s.m. **1** Estabelecimento comercial onde se vendem produtos variados. **2** Revista ilustrada com informações variadas. **3** Em uma máquina fotográfica, parte onde se coloca o filme para tirar fotos.

magia ⟨ma.gi.a⟩ s.f. **1** Conjunto de conhecimentos e de práticas que supostamente permitem a manipulação das forças ocultas da natureza ou a invocação de espíritos para a manifestação de fenômenos sobrenaturais. ☐ SIN. mágica. **2** Encanto ou atrativo irresistíveis: *A magia do lugar nos fascinou*. ☐ SIN. mágica. **3** Habilidade de fazer crer em algo impossível através de truques: *A assistente do mágico foi dividida em duas após a magia*. ☐ SIN. mágica. ‖ **magia branca** Aquela que invoca espíritos do bem. ‖ **magia negra** Aquela que invoca os espíritos do mal.

mágica ⟨má.gi.ca⟩ s.f. **1** Conjunto de conhecimentos e de práticas que supostamente permitem a manipulação das forças ocultas da natureza ou a invocação de espíritos para a manifestação de fenômenos sobrenaturais. ☐ SIN. magia. **2** Encanto ou atrativo irresistíveis: *A mágica daquele lugar fascinou os visitantes*. ☐ SIN. magia. **3** Habilidade de fazer crer em algo impossível através de truques: *Durante o espetáculo, assistimos a um número de mágica*. ☐ SIN. magia.

mágico, ca ⟨má.gi.co, ca⟩ ▌adj. **1** Da magia ou relacionado a ela: *uma poção mágica*. **2** Maravilhoso, fantástico ou sobrenatural: *os seres mágicos da floresta*. **3** Encantador ou fascinante: *uma noite mágica*. ▌s. **4** Pessoa que pratica magia, especialmente como profissão: *O mágico tirou um coelho da cartola*.

magistério ⟨ma.gis.té.rio⟩ s.m. **1** Profissão de professor: *Depois de passar no concurso público, assumiu o magistério*. ☐ SIN. docência. **2** Exercício dessa profissão: *Quando acabar a licenciatura, estará apto para o magistério*. ☐ SIN. docência. **3** Conjunto ou classe dos professores.

magistrado, da ⟨ma.gis.tra.do, da⟩ s. **1** Pessoa com autoridade para exercer determinadas funções, especialmente governar, julgar ou aplicar a justiça. **2** Membro do Poder Judiciário: *Os juízes, os desembargadores e os promotores são magistrados*.

magistral ⟨ma.gis.tral⟩ (pl. *magistrais*) adj.2g. **1** Do mestre ou relacionado a ele. **2** Feito com maestria: *uma obra magistral*.

magistratura ⟨ma.gis.tra.tu.ra⟩ s.f. **1** Cargo de magistrado. **2** Tempo durante o qual um magistrado exerce seu cargo. **3** Corpo ou conjunto dos magistrados de um país.

magma ⟨mag.ma⟩ s.m. Em geologia, massa de rochas fundidas existente no interior da Terra e que é submetida a pressões e a temperaturas muito elevadas.

magmático, ca ⟨mag.má.ti.co, ca⟩ adj. Em geologia, em relação a uma rocha vulcânica, que é formada pela massa em fusão que há no interior da Terra. ☐ SIN. ígneo.

magnânimo, ma ⟨mag.nâ.ni.mo, ma⟩ adj. Generoso e com grandeza de espírito. ☐ SIN. gentil.

magnata ⟨mag.na.ta⟩ s.2g. Pessoa que tem um alto cargo e muito poder no mundo dos negócios, na indústria ou nas finanças.

magnésia ⟨mag.né.sia⟩ s.f. Óxido de magnésio, branco e cristalino, muito usado em medicina.

magnésio ⟨mag.né.sio⟩ s.m. Elemento químico da família dos metais, de número atômico 12, sólido, de cor branco-prateada, facilmente deformável e leve, que queima com facilidade e produz uma luz clara e brilhante. ☐ ORTOGRAFIA Seu símbolo químico é Mg, sem ponto.

magnético, ca ⟨mag.né.ti.co, ca⟩ adj. **1** Do ímã ou com suas características. **2** Que atrai e fascina: *um olhar magnético*.

magnetismo ⟨mag.ne.tis.mo⟩ s.m. **1** Agente físico por cuja ação os ímãs e as correntes elétricas produzem um conjunto de fenômenos magnéticos. **2** Atração ou poder

que uma pessoa possui para atrair ou fascinar as outras: *Por ser bem falante, todos se rendiam a seu magnetismo.*
magnetizar ⟨mag.ne.ti.*zar*⟩ v.t.d. **1** Aplicar as propriedades do ímã em (um corpo): *Magnetizaram os ponteiros do relógio e agora ele não funciona bem.* ◻ SIN. imantar. **2** Atrair ou fascinar (alguém).
magneto ⟨mag.*ne*.to⟩ s.m. Mineral ou outro material que tem a propriedade de atrair determinados metais. ◻ SIN. ímã.
magnificente ⟨mag.ni.fi.*cen*.te⟩ adj.2g. **1** Que apresenta grandiosidade, ostentação ou luxo. **2** Que mostra bondade ou generosidade: *um gesto magnificente.*
magnífico, ca ⟨mag.*ní*.fi.co, ca⟩ adj. **1** Esplêndido, grandioso ou com grande luxo. **2** Muito bom, com grande beleza ou qualidade: *um livro magnífico.* **3** Tratamento de respeito que corresponde aos reitores universitários.
magnitude ⟨mag.ni.*tu*.de⟩ s.f. Tamanho ou importância de algo: *a magnitude de uma catástrofe.*
magno, na ⟨*mag*.no, na⟩ adj. *formal* Grande ou importante.
magnólia ⟨mag.*nó*.lia⟩ s.f. **1** Árvore de tronco com casca lisa e copa larga, com folhas grandes, flexíveis e persistentes, e flores brancas, amarelas ou rosadas muito perfumadas e cultivada como ornamental. **2** Flor dessa árvore.
mago, ga ⟨*ma*.go, ga⟩ ▮ s. **1** Pessoa que pratica a magia. ▮ s.m. **2** Antigo sacerdote dos persas que se dedicava à política, à religião e ao estudo dos astros.
mágoa ⟨*má*.goa⟩ s.f. Ressentimento ou pesar causados por algo que se considera uma falta de afeto ou de consideração.
magoar ⟨ma.go.*ar*⟩ ▮ v.t.d./v.int./v.prnl. **1** Ofender(-se) ou ressentir(-se) (alguém): *Magoou o irmão com aquelas críticas ofensivas. Como é muito sensível, magoa-se facilmente.* ◻ SIN. ferir. ▮ v.t.d./v.prnl. **2** Ferir(-se) ou machucar(-se) fisicamente (um ser vivo ou uma parte de seu organismo). **3** Comover-se ou provocar(-se) um sentimento de tristeza ou compaixão: *Ela se magoava com o sofrimento das pessoas.*
magote ⟨ma.*go*.te⟩ s.m. Grupo de pessoas ou de coisas: *um magote de crianças.*
magrelo, la ⟨ma.*gre*.lo, la⟩ adj./s. *informal* Que ou quem é muito magro.
magreza ⟨ma.*gre*.za⟩ (Pron. [magrêza]) s.f. Escassez de gordura ou volume inferior ao normal: *Sua magreza preocupava os pais.*
magricela ⟨ma.gri.*ce*.la⟩ adj.2g./s.2g. *informal* Que ou quem é muito magro.
magro, gra ⟨*ma*.gro, gra⟩ adj. **1** Com pouca ou nenhuma gordura. **2** Delicado, suave, fino ou de pouco volume: *uma pessoa magra.* **3** Que é pouco ou insignificante: *um salário magro.*
maia ⟨*mai*.a⟩ ▮ adj.2g./s.2g. **1** Do antigo grupo indígena que se estabeleceu na península mexicana de Yucatán e em outras regiões próximas, ou relacionado a ele. ▮ s.m. **2** Língua desse grupo.
mailing *(palavra inglesa)* (Pron. [mêilin]) s.m. Envio de informação ou de propaganda, geralmente por correio ou por *e-mail*, a pessoas que possam estar interessadas.
maio ⟨*mai*.o⟩ s.m. Quinto mês do ano, entre abril e junho.
maiô ⟨mai.*ô*⟩ s.m. Traje de banho feminino formado por uma única peça.
maionese ⟨mai.o.*ne*.se⟩ s.f. **1** Molho feito à base de gema de ovo e óleo batidos. **2** Prato feito com legumes e ovos cozidos, ao qual se acrescenta esse molho.
maior ⟨mai.*or*⟩ ▮ adj.2g. **1** Comparativo de superioridade de **grande**. ▮ adj.2g./s.2g. **2** Que ou quem tem mais idade que alguém. ‖ **maior (de idade)** Pessoa que al-

major

cançou a idade determinada pela lei para poder exercer todos os seus direitos civis.
maioral ⟨mai.o.*ral*⟩ (pl. *maiorais*) s.2g. **1** *informal* Líder ou chefe: *Foi escolhida a maioral da equipe, pois sempre tomava as melhores decisões.* **2** *informal* Pessoa que se destaca ou que é considerada superior às demais: *Ele é o maioral do piano, pois estuda durante muitas horas.*
maioria ⟨mai.o.*ri*.a⟩ s.f. **1** Parte maior de um todo: *A maioria de nós quer ir ao cinema.* **2** Em uma votação, maior número de votos a favor: *Foi eleito ao obter a maioria nas votações.*
maioridade ⟨mai.o.ri.*da*.de⟩ s.f. Condição da pessoa que alcançou a idade fixada por lei para poder exercer seus direitos civis: *No Brasil, atinge-se a maioridade aos 18 anos.*
mais ▮ pron.indef. **1** Maior quantidade: *O aluno leu mais livros durante as férias.* ▮ s.m. **2** Em matemática, sinal gráfico formado por uma pequena cruz e que se coloca entre duas quantidades para indicar soma ou adição. **3** Designa os indivíduos restantes de uma série ou de uma parte não mencionada de um todo: *Conversamos sobre o principal; o mais, deixamos para outro dia.* ▮ adv. **4** Em maior quantidade ou qualidade: *Construíram o edifício mais alto da cidade.* **5** Seguido de uma quantidade, indica seu aumento indeterminado: *Levou mais de duas horas para chegar em casa.* **6** Expressão usada para indicar limite ou interrupção depois de uma negação: *Não vamos mais viajar, pois está chovendo muito.* ▮ conj. **7** Conectivo gramatical coordenativo (que une elementos do mesmo nível sintático) que expressa adição: *Ela mandou um presente mais um cartão para a mãe.* ‖ **a mais** Além do estabelecido ou do esperado: *A balconista deu troco a mais, precisamos devolvê-lo.* ‖ **de mais a mais** Além disso: *Não gostamos do jogo, de mais a mais, estava muito frio no estádio.* ‖ **mais ou menos** De uma maneira aproximada: *Sabia mais ou menos o caminho de volta.* ‖ **por mais que** Conectivo gramatical subordinativo (que une elementos entre os quais há uma relação de dependência) que expressa uma concessão: *Por mais que ele tenha se esforçado, não foi aprovado no exame.* ‖ **sem mais (nem menos)** Sem motivo ou de repente: *Ele aparece sem mais nem menos e foi embora.*
maisena ⟨mai.*se*.na⟩ (Pron. [maisêna]) s.f. Farinha de amido de milho. ◻ ORIGEM É a extensão de uma marca comercial.
mais-que-perfeito ⟨mais-que-per.*fei*.to⟩ (pl. *mais-que-perfeitos*) s.m. → **pretérito mais-que-perfeito**
mais-valia ⟨mais-va.*li*.a⟩ (pl. *mais-valias*) s.f. Aumento do valor de algo, especialmente de um bem.
maiúscula ⟨mai.*ús*.cu.la⟩ s.f. → **letra maiúscula**
maiúsculo, la ⟨mai.*ús*.cu.lo, la⟩ adj. **1** Em relação especialmente a uma letra, que é escrita em tamanho grande ou com formato próprio. ◻ SIN. versal. **2** Importante ou excelente: *uma obra maiúscula.*
majestade ⟨ma.jes.*ta*.de⟩ s.f. **1** Grandeza ou distinção que inspiram admiração e respeito. **2** Expressão aplicada como título honorífico aos imperadores e aos reis. ◻ USO Na acepção 2, usa-se geralmente a forma *(Sua/Vossa) Majestade.*
majestoso, sa ⟨ma.jes.*to*.so, sa⟩ (Pron. [majestôso], [majestósa], [majestôsos], [majestósas]) adj. Que tem majestade ou que inspira admiração ou respeito pela grandeza e pela distinção de sua aparência ou de sua forma de agir.
major ⟨ma.*jor*⟩ s.2g. No Exército e na Aeronáutica, pessoa cujo posto é superior ao de capitão e inferior ao de tenente-coronel.

majorar

majorar ⟨ma.jo.rar⟩ v.t.d. Aumentar o valor de (o preço de algo).

major-brigadeiro ⟨ma.jor-bri.ga.dei.ro⟩ (pl. *majores-brigadeiros*) s.2g. Na Aeronáutica, pessoa cujo posto é superior ao de brigadeiro do ar e inferior ao de tenente-brigadeiro.

majoritário, ria ⟨ma.jo.ri.tá.rio, ria⟩ adj. Da maioria ou relacionado a ela.

mal ▌s.m. **1** Aquilo que é contrário ao bem ou que se distancia do que é lícito e honesto: *Sempre buscaremos combater o mal.* **2** Enfermidade ou doença: *Seu mal era gastrite.* **3** Desgraça ou calamidade: *As guerras são um mal que precisa ser aniquilado.* **4** Defeito ou imperfeição: *O mal dela é que só estuda na véspera da prova.* ▌adv. **5** De maneira ruim, contrariamente àquilo que é correto ou bom: *Foi repreendido por fazer mal seu trabalho.* **6** Em relação ao estado de uma pessoa, sem saúde ou com aspecto pouco saudável: *Não foi trabalhar, pois se sentia mal.* **7** Pouco ou insuficientemente: *Ele mal explicou o problema da empresa.* **8** Nunca ou jamais: *Mal pode imaginar a festa surpresa que preparamos.* ▌conj. **9** Assim que ou logo que: *Mal saiu de casa, começou a chover.* ‖ **de mal a pior** Cada vez pior: *A economia do país vai de mal a pior.* ‖ **{estar/ficar} de mal de** alguém: Estar de relações cortadas com ele: *Ela ficou de mal de mim porque descobriu que o dedurei.* ‖ **(mal de) Alzheimer** Atrofia cerebral que provoca um tipo de demência senil. ‖ **(mal de) Parkinson** Doença causada por uma lesão cerebral, que se caracteriza principalmente por tremores e rigidez muscular. ‖ **menos mal** Expressão usada para indicar alívio: *Menos mal! Pensamos que fosse algo mais grave, mas foi só um susto.* ▢ GRAMÁTICA Nas acepções 1, 2, 3 e 4 o plural é *males*.

mala ⟨ma.la⟩ ▌s.f. **1** Espécie de caixa, com fechadura, com uma ou mais alças, usada para levar roupa ou objetos pessoais em viagens: *Precisamos despachar as malas, antes de embarcar no avião.* [⊙ equipagem p. 317] **2** Saco utilizado para levar a correspondência: *a mala do carteiro.* ▌s.2g. **3** *pejorativo* Pessoa desagradável ou inoportuna.

malabarismo ⟨ma.la.ba.ris.mo⟩ s.m. **1** Arte ou técnica de realizar exercícios de habilidade com objetos em equilíbrio: *Sua disposição para aprender e praticar o malabarismo surpreendeu a todos.* **2** Aquilo que é feito com grande habilidade apesar de sua dificuldade ou de sua complexidade: *A equipe teve que fazer um verdadeiro malabarismo para finalizar o projeto a tempo.*

malabarista ⟨ma.la.ba.ris.ta⟩ s.2g. Pessoa que faz malabarismo.

mal-acabado, da ⟨mal-a.ca.ba.do, da⟩ (pl. *mal-acabados*) adj. **1** Que está malfeito ou sem acabamento. **2** *pejorativo* Que tem má aparência.

malacacheta ⟨ma.la.ca.che.ta⟩ (Pron. [malacachêta]) s.f. Mineral do grupo dos silicatos, composto por alumínio, usado como isolante e que se cristaliza em lâminas planas, brilhantes e elásticas.

mal-agradecido, da ⟨mal-a.gra.de.ci.do, da⟩ (pl. *mal-agradecidos*) adj./s. Que ou quem não agradece os benefícios recebidos ou não corresponde a eles. ▢ SIN. ingrato.

malagueta ⟨ma.la.gue.ta⟩ (Pron. [malaguêta]) s.f. **1** Arbusto com folhas ovaladas e um formato de coração, flores brancas, e cujo fruto, vermelho, aromático, em formato de baga e com muitas sementes, é usado como condimento por seu sabor picante. **2** Esse fruto. ▢ USO É a forma reduzida e mais usual de *pimenta-malagueta*.

malaio, a ⟨ma.lai.o, a⟩ ▌adj./s. **1** Da Malásia ou relacionado a esse país asiático. ▢ SIN. malásio. ▌s.m. **2** Língua desse e de outros países.

malandragem ⟨ma.lan.dra.gem⟩ (pl. *malandragens*) s.f. **1** Aquilo que é dito ou feito por um malandro. **2** *informal* Espertreza para conseguir algo que se deseja: *Na malandragem, arrumou mais dois ingressos.* **3** Conjunto de malandros. **4** Modo de vida do malandro.

malandro, dra ⟨ma.lan.dro, dra⟩ adj./s. **1** *informal pejorativo* Que ou quem não trabalha e vive sem ocupação. **2** *informal pejorativo* Esperto ou astuto. **3** *informal pejorativo* Preguiçoso ou indolente.

malar ⟨ma.lar⟩ ▌adj.2g. **1** Da maçã do rosto ou relacionado a ela.

malária ⟨ma.lá.ria⟩ s.f. Doença caracterizada por febres altas e intermitentes, transmitida pela picada do mosquito *anopheles*. ▢ SIN. paludismo.

malásio, sia ⟨ma.lá.sio, sia⟩ adj./s. Da Malásia ou relacionado a esse país asiático. ▢ SIN. malaio.

mal-assombrado, da ⟨mal-as.som.bra.do, da⟩ (pl. *mal-assombrados*) adj. Em relação a um lugar, que supostamente é habitado por fantasmas.

malauiano, na ⟨ma.lau.i.a.no, na⟩ adj./s. De Maláui ou relacionado a esse país africano.

malcheiroso, sa ⟨mal.chei.ro.so, sa⟩ (Pron. [malcheirôso], [malcheirósa], [malcheirósos], [malcheirósas]) adj. Que tem mau cheiro.

malconservado, da ⟨mal.con.ser.va.do, da⟩ adj. **1** Em relação a um objeto, que não foi cuidado devidamente: *um carro malconservado.* **2** *informal pejorativo* Que ou quem aparenta ser mais velho do que é de fato.

malcriação ⟨mal.cri.a.ção⟩ (pl. *malcriações*) s.f. Comportamento ou atitude grosseiros. ▢ ORTOGRAFIA Escreve-se também *má-criação*.

malcriado, da ⟨mal.cri.a.do, da⟩ adj./s. Que ou quem tem comportamento ou atitude grosseiros.

maldade ⟨mal.da.de⟩ s.f. **1** Condição de mau. **2** Ação má ou maliciosa: *Logo se arrependeu de ter cometido aquela maldade.*

maldar ⟨mal.dar⟩ v.t.i./v.int. Interpretar de forma maliciosa ou desconfiar [de alguém]: *Após a briga, passou a maldar do namorado. É inocente e incapaz de maldar.*

maldição ⟨mal.di.ção⟩ (pl. *maldições*) ▌s.f. **1** Desejo de que um mal aconteça a alguém. ▢ SIN. praga. **2** Expressão de raiva: *Depois de cair, começou a dizer maldições.* **3** Castigo que se considera como de origem sobrenatural: *Não sei o que fiz para merecer esta maldição!* ▌interj. **4** Expressão usada para indicar aborrecimento ou de saprovação: *Maldição! Esqueci as chaves!*

maldito, ta ⟨mal.di.to, ta⟩ adj./s. **1** Malvado ou perverso. **2** Que ou quem recebeu maldição ou foi condenado pela justiça divina. **3** Malfadado ou terrível: *Maldita hora em que me meti nessa confusão!*

maldívio, via ⟨mal.dí.vio, via⟩ ▌adj./s. **1** Das Maldivas ou relacionado a esse país asiático. ▌s.m. **2** Língua desse país.

maldizência ⟨mal.di.zên.cia⟩ s.f. →**maledicência**

maldizente ⟨mal.di.zen.te⟩ adj.2g./s.2g. →**maledicente**

maldizer ⟨mal.di.zer⟩ ▌v.t.d. **1** Condenar a maldições. ▢ SIN. amaldiçoar. **2** Falar mal ou criticar: *Maldizia todos aqueles que não concordavam com ele.* ▌v.t.i. **3** Reclamar ou lamentar-se [de algo ou alguém]: *Maldisse do colega por não cumprir suas promessas.* ▢ GRAMÁTICA 1. É um verbo irregular →DIZER. 2. Na acepção 3, usa-se a construção: *maldizer DE {algo/alguém}*.

maldoso, sa ⟨mal.do.so, sa⟩ (Pron. [maldôso], [maldósa], [maldósos], [maldósas]) adj. **1** Que é mau ou que faz maldades. **2** Que demonstra malícia ou ironia: *comentários maldosos.*

maleabilidade ⟨ma.le.a.bi.li.da.de⟩ s.f. Condição de maleável.

maleável ⟨ma.le.á.vel⟩ (pl. *maleáveis*) adj.2g. **1** Em relação especialmente a um metal, que é flexível ou dobrável. **2** Que se adapta facilmente às circunstâncias ou aos desejos, ou às vontades dos outros: *É bastante maleável e aceita bem as sugestões alheias.*
maledicência ⟨ma.le.di.cên.cia⟩ s.f. **1** Condição de maledicente. **2** Difamação ou ação de falar mal das outras pessoas. ORTOGRAFIA Escreve-se também *maledizência*.
maledicente ⟨ma.le.di.cen.te⟩ adj.2g./s.2g. Inclinado a maldizer ou a falar mal dos outros. ORTOGRAFIA Escreve-se também *maledizente*.
mal-educado, da ⟨mal-e.du.ca.do, da⟩ (pl. *mal-educados*) adj./s. Sem educação ou grosseiro.
maleficentíssimo, ma ⟨ma.le.fi.cen.tís.si.mo, ma⟩ Superlativo irregular de **maléfico**.
malefício ⟨ma.le.fí.cio⟩ s.m. **1** Aquilo que danifica ou que prejudica: *A seca trouxe malefícios à agricultura.* **2** Feitiço feito para causar algum dano ou prejuízo: *Naquela história, a fada reverteu o malefício da bruxa.*
maléfico, ca ⟨ma.lé.fi.co, ca⟩ adj. **1** Que causa dano ou prejuízo. **2** Que tende para o mal ou que o pratica: *um comportamento maléfico.* GRAMÁTICA Seu superlativo é *maleficentíssimo.*
maleiro, ra ⟨ma.lei.ro, ra⟩ s. **1** Pessoa que fabrica ou que comercializa malas, especialmente como profissão. s.m. **2** Em um veículo, espaço destinado à bagagem. **3** Em um armário, parte superior destinada geralmente ao armazenamento de malas.
mal-encarado, da ⟨mal-en.ca.ra.do, da⟩ (pl. *mal-encarados*) adj./s. Que ou quem tem aparência suspeita ou sombria.
mal-entendido, da ⟨mal-en.ten.di.do, da⟩ (pl. *mal-entendidos*) adj. **1** Que foi mal interpretado: *Sua proposta foi mal-entendida pela imprensa.* s.m. **2** Má interpretação ou entendimento errôneo de algo: *Tudo não passou de um mal-entendido.* **3** Desentendimento, desavença ou briga: *O mal-entendido começou por causa de uma intriga política.*
mal-estar ⟨mal-es.tar⟩ (pl. *mal-estares*) s.m. **1** Estado ou sensação de desgosto ou de incômodo indefiníveis: *Hoje acordei com um mal-estar.* **2** Embaraço causado por uma situação constrangedora: *Sua presença causou mal-estar entre os presentes.*
maleta ⟨ma.le.ta⟩ (Pron. [malêta]) s.f. Mala pequena. SIN. valise.
malevolência ⟨ma.le.vo.lên.cia⟩ s.f. Condição de malevolente.
malevolente ⟨ma.le.vo.len.te⟩ adj.2g. Com má vontade, má intenção ou má disposição.
malevolentíssimo, ma ⟨ma.le.vo.len.tís.si.mo, ma⟩ Superlativo irregular de **malévolo**.
malévolo, la ⟨ma.lé.vo.lo, la⟩ adj./s. Com intenção de fazer maldade. GRAMÁTICA Seu superlativo é *malevolentíssimo.*
malfadado, da ⟨mal.fa.da.do, da⟩ adj./s. Da má sorte ou relacionado a ela. USO Como adjetivo, usa-se geralmente diante do substantivo.
malfazejo, ja ⟨mal.fa.ze.jo, ja⟩ (Pron. [malfazêjo]) adj. **1** Que causa o mal ou que exerce uma influência maligna. adj./s. **2** Que ou quem se satisfaz praticando o mal.
malfeito, ta ⟨mal.fei.to, ta⟩ adj. **1** Que é feito de forma descuidada ou incorreta. **2** Que é defeituoso ou que apresenta imperfeições.
malfeitor, -a ⟨mal.fei.tor, to.ra⟩ (Pron. [malfeitôr], [malfeitôra]) s. Pessoa que comete delitos ou crimes.
malformação ⟨mal.for.ma.ção⟩ (pl. *malformações*) s.f. →má-formação

malmequer

malgaxe ⟨mal.ga.xe⟩ adj.2g./s.2g. **1** De Madagascar ou relacionado a esse país africano. s.m. **2** Língua desse país.
malgrado ⟨mal.gra.do⟩ s.m. **1** Desagrado ou insatisfação: *uma expressão de malgrado.* prep. **2** Apesar de: *Malgrado a existência de provas, os réus não foram condenados.*
malha ⟨ma.lha⟩ s.f. **1** Ponto ou nó pequenos que formam o tecido de algumas roupas: *A blusa foi feita com uma malha de crochê muito bem trabalhada.* **2** Tecido de estrutura semelhante à de uma rede: *um saco de malha grossa para guardar as batatas.* **3** Peça do vestuário, geralmente esportiva, elástica e fina, que se ajusta muito ao corpo: *Os bailarinos usam malhas.* **4** Engano ou armadilha: *No filme, a protagonista cai nas malhas do bandido sedutor.* **5** Conjunto de instalações ou de construções do mesmo tipo ou com uma mesma função, organizados com um sistema: *a malha ferroviária.* SIN. rede. **6** Sinal ou mancha na pele ou no pelo de um animal: *Aquele cavalo tem uma malha castanha no dorso.*
malhação ⟨ma.lha.ção⟩ (pl. *malhações*) s.f. **1** Série de golpes dados com um martelo. **2** Surra ou golpe dados com um pau ou com algo semelhante. **3** Aquilo que é dito ou feito para ridicularizar: *Seu novo penteado foi motivo de malhação entre os colegas.* **4** Conjunto de exercícios físicos, especialmente os que são praticados em uma academia de ginástica: *Começou a malhação para perder peso.*
malhado, da ⟨ma.lha.do, da⟩ adj. Que tem manchas ou pintas.
malhar ⟨ma.lhar⟩ v.t.d./v.t.i. **1** Golpear ou bater com um martelo [em algo]. **2** Surrar ou bater com um pau ou com outro objeto semelhante [em algo ou alguém]: *No Sábado de Aleluia, malharam um boneco que representava Judas.* v.t.d. **3** Ridicularizar ou satirizar (alguém): *Malharam o colega por causa do seu corte de cabelo.* **4** Criticar de forma mal-intencionada: *O filme foi malhado pelos críticos.* v.t.d./v.int. *informal* **5** Exercitar (um músculo) ou praticar exercícios físicos, especialmente em uma academia de ginástica.
malharia ⟨ma.lha.ri.a⟩ s.f. **1** Produção de tecido ou de roupas de malha. **2** Estabelecimento comercial onde se vende ou se fabrica esse tipo de roupa.
malho ⟨ma.lho⟩ s.m. Martelo grande e pesado que é usado para golpear superfícies de ferro.
mal-humorado, da ⟨mal-hu.mo.ra.do, da⟩ (pl. *mal-humorados*) adj. Chateado, irritado ou com mau humor.
malícia ⟨ma.lí.cia⟩ s.f. **1** Má intenção ou inclinação para a maldade. **2** Astúcia ou esperteza: *Ela tem malícia para as vendas e sabe convencer os clientes.*
maliciar ⟨ma.li.ci.ar⟩ v.t.d./v.t.i. **1** Maldar ou fazer interpretação maliciosa [de alguém ou de alguma ação]. v.t.d. **2** Suspeitar ou prever a realização de (algo que pode ocorrer).
malicioso, sa ⟨ma.li.ci.o.so, sa⟩ (Pron. [maliciôso], [maliciósa], [maliciósos], [maliciósas]) adj. **1** Com malícia. adj./s. **2** Inclinado a pensar mal dos demais.
maligno, na ⟨ma.lig.no, na⟩ adj. **1** De natureza nociva ou prejudicial. **2** Em relação especialmente a uma doença, que não evolui favoravelmente ou que é tão grave que pode levar à morte: *um tumor maligno.*
malinês, -a ⟨ma.li.nês, ne.sa⟩ (Pron. [malinês], [malinêsa]) adj./s. De Mali ou relacionado a esse país africano.
mal-intencionado, da ⟨mal-in.ten.ci.o.na.do, da⟩ (pl. *mal-intencionados*) adj./s. Com má intenção.
malmequer ⟨mal.me.quer⟩ s.m. Planta herbácea ornamental com folhas de base larga e ponta aguda, com

um conjunto de flores na região superior que parece ser uma única flor, com um disco central e várias pétalas ao redor, geralmente brancas ou amarelas. ☐ SIN. bem-me-quer, margarida.

maloca ⟨ma.lo.ca⟩ s.f. **1** Em uma aldeia indígena, habitação coberta por folhas secas e que abriga diversas famílias. **2** *informal pejorativo* Habitação pequena e humilde.

malograr ⟨ma.lo.grar⟩ v.t.d./v.prnl. Arruinar(-se) ou frustrar(-se) (o que se espera ou que se deseja): *As adversidades malograram nossos planos.*

malogro ⟨ma.lo.gro⟩ (Pron. [malôgro]) s.m. Má sorte ou fracasso: *o malogro das negociações.*

malote ⟨ma.lo.te⟩ s.m. **1** Mala pequena. **2** Serviço de correspondência, especialmente de uma empresa: *As filiais trocavam documentos pelo malote.* **3** Saco no qual se coloca essa correspondência: *Os boletos bancários estavam dentro do malote.*

malquerença ⟨mal.que.ren.ça⟩ s.f. Aversão ou hostilidade. ☐ SIN. desinteligência, malquerer.

malquerer ⟨mal.que.rer⟩ ▌s.m. **1** Aversão ou hostilidade. ☐ SIN. desinteligência, malquerença. ▌v.t.d. **2** Desejar o mal ou sentir aversão a (alguém). ☐ GRAMÁTICA **1.** É um verbo abundante, pois apresenta dois particípios: *malquerido* e *malquisto*. **2.** É um verbo irregular →QUERER.

malquistar ⟨mal.quis.tar⟩ v.t.d./v.t.d.i./v.int./v.prnl. Tornar(-se) inimigo [de alguém] ou indispor-se.

malquisto, ta ⟨mal.quis.to, ta⟩ ▌**1** Particípio irregular de **malquerer**. ▌adj. **2** Que possui inimigos ou que é malvisto pelos demais.

malsão, sã ⟨mal.são, sã⟩ (pl. *malsãos*) adj. **1** Nocivo ou prejudicial para a saúde ou para a moral. **2** Que não está totalmente curado de uma doença.

malsucedido, da ⟨mal.su.ce.di.do, da⟩ adj. Que não tem sucesso ou êxito.

malta ⟨mal.ta⟩ s.f. Conjunto de pessoas de má reputação.

malte ⟨mal.te⟩ s.m. Cevada germinada e torrada, usada na fabricação de alimentos e de bebidas alcoólicas: *A cerveja e o uísque são elaborados com malte.*

maltês, -a ⟨mal.tês, te.sa⟩ (Pron. [maltês], [maltêsa]) ▌adj./s. **1** De Malta ou relacionado a esse país europeu. ▌s.m. **2** Língua semítica desse país.

maltrapilho, lha ⟨mal.tra.pi.lho, lha⟩ adj./s. Que ou quem usa roupas velhas ou rasgadas.

maltratar ⟨mal.tra.tar⟩ v.t.d. **1** Tratar mal, com palavras ou ações. **2** Deteriorar ou causar dano: *A doença maltratou muito o seu rosto.*

maluco, ca ⟨ma.lu.co, ca⟩ ▌adj. **1** *informal* Muito grande ou excessivo. ▌adj./s. **2** *informal* Louco ou que não possui suas faculdades mentais sãs. **3** *informal* Imprudente ou pouco sensato: *Não seja maluco e coloque o capacete para subir na moto!*

maluquice ⟨ma.lu.qui.ce⟩ s.f. **1** *informal* Loucura. **2** *informal* Aquilo que é dito ou feito de forma imprudente ou pouco sensata: *Vive fazendo maluquices com seu dinheiro.*

malva ⟨mal.va⟩ s.f. **1** Planta herbácea de caule ramificado, ereto ou rastejante, com folhas palmadas com lóbulos, flores rosadas ou violeta, reunidas em grupos, e à qual são atribuídas propriedades medicinais. **2** Flor dessa planta.

malvadez ⟨mal.va.dez⟩ (Pron. [malvadêz]) s.f. →malvadeza

malvadeza ⟨mal.va.de.za⟩ (Pron. [malvadêza]) s.f. *informal* Aquilo que é dito ou feito com maldade. ☐ ORTOGRAFIA Escreve-se também *malvadez*.

malvado, da ⟨mal.va.do, da⟩ adj./s. Que ou quem é perverso ou muito mau.

malversação ⟨mal.ver.sa.ção⟩ (pl. *malversações*) s.f. **1** Administração indevida ou incompetente, especialmente se for de um negócio: *A malversação dos recursos foi a principal causa da quebra da empresa.* **2** Utilização indevida de fundos administrados por um terceiro, especialmente se forem públicos, para usos diferentes daqueles a que são destinados: *um crime de malversação.*

malvestido, da ⟨mal.ves.ti.do, da⟩ adj. Que se veste ou que está vestido de maneira inadequada.

malvisto, ta ⟨mal.vis.to, ta⟩ adj. **1** Que tem má fama ou má reputação. **2** Que produz um sentimento de antipatia ou desagrado.

mama ⟨ma.ma⟩ s.f. **1** Em anatomia, órgão glandular dos mamíferos, que nas fêmeas secreta o leite para alimentar os filhotes. **2** *informal* Mãe.

mamada ⟨ma.ma.da⟩ s.f. **1** Sucção de leite da mama ou da mamadeira por um bebê ou por um filhote. **2** Quantidade de leite ingerida a cada vez que uma criança ou um filhote mamam.

mamadeira ⟨ma.ma.dei.ra⟩ s.f. **1** Garrafa pequena com um bico de borracha que serve para amamentar artificialmente as crianças recém-nascidas e os filhotes dos mamíferos. **2** Alimento que se coloca nessa garrafa e que se toma a cada mamada: *O bebê toma uma mamadeira a cada três horas.*

mamãe ⟨ma.mãe⟩ s.f. *informal* Mãe. ☐ USO Tem um valor carinhoso.

mamangaba ⟨ma.man.ga.ba⟩ s.f. Abelha social, amarela ou preta, que constrói seu ninho no solo e em galhos ocos, e cuja picada é dolorida. ☐ ORIGEM É uma palavra de origem tupi. ☐ ORTOGRAFIA Escreve-se também *mamangava*. ☐ GRAMÁTICA É um substantivo epiceno: *a mamangaba (macho/fêmea).*

mamangava ⟨ma.man.ga.va⟩ s.f. →**mamangaba** ☐ ORIGEM É uma palavra de origem tupi. ☐ GRAMÁTICA É um substantivo epiceno: *a mamangava (macho/fêmea).*

mamão ⟨ma.mão⟩ (pl. *mamões*) s.m. Fruto do mamoeiro, comestível, em formato de baga, com muitas sementes pretas e arredondadas, e cuja polpa, alaranjada e doce, tem propriedades laxativas. ☐ SIN. papaia.

mamar ⟨ma.mar⟩ v.t.d./v.int. Chupar e extrair (o leite) das mamas ou da mamadeira com a boca ou alimentar-se sugando as tetas.

mamário, ria ⟨ma.má.rio, ria⟩ adj. Das mamas ou relacionado a elas.

mamata ⟨ma.ma.ta⟩ s.f. *informal* Negócio ilegal ou suspeito.

mambembe ⟨mam.bem.be⟩ ▌adj.2g. **1** *informal pejorativo* Que é simples ou de pouco valor: *Era um filme mambembe, mas nos divertimos muito.* ▌s.m. **2** Grupo de teatro amador e itinerante: *Os mambembes apresentaram-se na praça da cidade.*

mameluco, ca ⟨ma.me.lu.co, ca⟩ ▌s. **1** Pessoa cujos ancestrais são brancos e índios, especialmente se forem seus pais. ☐ SIN. tapuia, tapuio. ▌s.m. **2** Antigamente, soldado da milícia treinado como guarda pessoal dos sultões muçulmanos egípcios.

mamífero, ra ⟨ma.mí.fe.ro, ra⟩ ▌adj./s.m. **1** Em relação a um vertebrado, com um embrião que se desenvolve quase sempre dentro do corpo materno, e cujas fêmeas alimentam seus filhotes com o leite de suas mamas *Tanto a baleia quanto o homem são animais mamíferos.* ▌s.m.pl. **2** Em zoologia, classe desses vertebrados, pertencente ao filo dos cordados: *Os mamíferos têm sangue quente.*

mamilo ⟨ma.mi.lo⟩ s.m. Em um peito, parte que sobressai, geralmente mais escura que o resto.

maminha ⟨ma.mi.nha⟩ s.f. Em um animal bovino, parte mais macia da alcatra.

mamoeiro ⟨ma.mo.ei.ro⟩ s.m. Árvore tropical de tronco grosso, fibroso e oco, com folhas grandes, palmadas e com lobos em sua parte mais alta, e cujo fruto é o mamão.

mamografia ⟨ma.mo.gra.fi.a⟩ s.f. Radiografia de mama.

mamona ⟨ma.mo.na⟩ (Pron. [mamôna]) s.f. **1** Planta de caule ereto, com galhos grossos e ocos, folhas grandes com cinco a oito lobos, flores amarelas e pequenas dispostas ao longo de um ramo, e cujo fruto possui sementes lisas e escuras das quais se extrai o óleo de rícino. ▫ SIN. carrapateira, mamoneira. **2** Esse fruto.

mamoneira ⟨ma.mo.nei.ra⟩ s.f. Planta de caule ereto, com galhos grossos e ocos, folhas grandes com cinco a oito lobos, flores amarelas e pequenas dispostas ao longo de um ramo, e cujo fruto é a mamona. ▫ SIN. carrapateira, mamona.

mamulengo ⟨ma.mu.len.go⟩ s.m. Boneco de pano, com formato de saco, que se manipula colocando a mão por dentro dele. ▫ SIN. bonifrate, fantoche.

mamute ⟨ma.mu.te⟩ s.m. Mamífero herbívoro extinto há aproximadamente quatro mil anos, semelhante ao elefante, mas de tamanho maior, com a pele coberta por pelos duplos, com grandes presas curvadas para cima e que viveu nas regiões de clima frio do hemisfério Norte. ▫ GRAMÁTICA É um substantivo epiceno: *o mamute (macho/fêmea)*.

maná ⟨ma.ná⟩ s.m. **1** Na Bíblia, alimento milagroso que Deus enviou ao povo hebreu quando este atravessou o deserto: *Moisés alimentou os hebreus com o maná caído do céu.* **2** Alimento ou comida muito apetitosos: *Aquele bolo era um verdadeiro maná.* **3** Aquilo que dá fervor ou que alimenta o espírito: *Esse livro foi um maná, num momento tão difícil.*

manacá ⟨ma.na.cá⟩ s.m. Arbusto ornamental com folhas simples e ovaladas, flores muito perfumadas e solitárias que, quando abrem, são violáceas, depois, brancas. ▫ ORIGEM É uma palavra de origem tupi.

manacapuruense ⟨ma.na.ca.pu.ru.en.se⟩ adj.2g./s.2g. De Manacapuru ou relacionado a essa cidade do estado brasileiro do Amazonas.

manada ⟨ma.na.da⟩ s.f. Rebanho de gado, especialmente se for bovino.

manancial ⟨ma.nan.ci.al⟩ (pl. *mananciais*) ▪ adj.2g. **1** Em relação a um líquido, que surge de forma espontânea e abundante. ▪ s.m. **2** Curso de água que brota da terra ou de rochas de forma natural. ▫ SIN. nascente. **3** Fonte abundante de algo: *As empresas em crise receberam um manancial de dinheiro público.*

manar ⟨ma.nar⟩ v.t.d./v.t.i./v.int. Fazer sair ou sair (um líquido) [de alguma parte] ou jorrar: *Mana água da bica. O sangue manava de seu ferimento.*

manati ⟨ma.na.ti⟩ s.m. Mamífero marinho herbívoro, de corpo robusto, pele acinzentada e espessa, lábio superior muito desenvolvido, com as extremidades anteriores transformadas em duas nadadeiras e as posteriores unidas um uma única. ▫ GRAMÁTICA É um substantivo epiceno: *o manati (macho/fêmea)*.

manauense ⟨ma.nau.en.se⟩ adj.2g./s.2g. De Manaus ou relacionado à capital do estado brasileiro do Amazonas.

mancada ⟨man.ca.da⟩ s.f. **1** Passo irregular devido a uma lesão ou a uma deficiência: *Levantou-se e saiu dando mancadas.* **2** *informal* Aquilo que é dito ou feito de forma inconveniente: *Foi mancada contar aquela piada durante a entrevista.* ‖ **dar mancada com** alguém *informal* Cometer falta ou erro com ele: *Deu mancada com o amigo ao não comparecer à festa.*

mancal ⟨man.cal⟩ (pl. *mancais*) s.m. **1** Mecanismo de metal com duas peças unidas por um eixo comum, que se fixa em duas superfícies separadas para juntá-las e para permitir que girem uma sobre a outra: *Colocou óleo nos mancais da porta, para que parassem de chiar.* ▫ SIN. dobradiça, engonço. **2** Peça na qual se apoia e gira o eixo de uma maquinaria.

mancar ⟨man.car⟩ ▪ v.t.d. **1** Tornar manco ou fazer (uma pessoa ou um animal) andar com dificuldade, apoiando-se menos em uma das pernas por causa de uma lesão ou de uma deficiência. ▪ v.t.i./v.int./v.prnl. **2** Andar puxando [de uma perna] ou caminhar com dificuldade apoiando-se menos em uma delas, por causa de uma lesão ou de uma deficiência. ▫ SIN. coxear, manquejar. ▪ v.t.d./v.int. **3** *informal* Falhar: *Não quero mais vê-la, pois mancou comigo e não quer admiti-lo.* ▪ v.prnl. **4** *informal* Dar-se conta de uma inconveniência ou de uma falha cometidas: *Ela se mancou e pediu desculpas.* ▫ ORTOGRAFIA Antes de *e*, o *c* muda para *qu* →BRINCAR.

mancebia ⟨man.ce.bi.a⟩ s.f. Relação entre um homem e uma mulher que vivem juntos sem serem casados.

mancebo, ba ⟨man.ce.bo, ba⟩ (Pron. [mancêbo]) adj./s. Que ou quem é jovem.

mancha ⟨man.cha⟩ s.f. **1** Marca de sujeira: *uma mancha de molho.* ▫ SIN. nódoa. **2** *informal* Desonra ou desprestígio: *A descoberta do filho bastardo foi uma mancha na sua reputação.*

manchar ⟨man.char⟩ v.t.d./v.t.d.i./v.prnl. **1** Sujar(-se) com manchas [de algo]: *Manchou as folhas do caderno com café. Manchei-me com molho de tomate.* ▫ SIN. conspurcar. **2** Ofender(-se) ou prejudicar(-se) (a honra ou a boa reputação): *Com essa mentira, manchou a própria imagem.* ▫ SIN. deturpar, sujar.

mancheia ⟨man.chei.a⟩ s.f. Porção que cabe dentro de uma mão: *uma mancheia de amendoins.* ▫ SIN. punhado. ‖ **a mancheias** Em grande quantidade: *Venderam livros a mancheias, pois abaixaram os preços.*

manchete ⟨man.che.te⟩ s.f. **1** Em uma publicação jornalística, título de uma notícia ou de um texto que aparecem impressos em letra de maior tamanho: *Lendo as manchetes do jornal, podemos ter um resumo das notícias.* **2** Gênero textual da esfera jornalística ao qual pertencem esses títulos. **3** No voleibol, lance feito com as mãos unidas na altura da cintura e com os braços esticados, que serve para receber saques e cortadas ou para passar a bola: *O jogador brasileiro defendeu o saque com uma manchete.*

manco, ca ⟨man.co, ca⟩ adj./s. Que ou quem anda de forma irregular por causa de uma lesão ou de uma deficiência.

mancomunar ⟨man.co.mu.nar⟩ v.t.d./v.t.d.i./v.prnl. Unir(-se) (pessoas, forças, interesses ou bens) [com outros] para conseguir um fim, geralmente mau ou desonesto: *Os sócios mancomunaram uma estratégia para superar o concorrente. Agiu certo em não se mancomunar com aquelas pessoas.*

mandacaru ⟨man.da.ca.ru⟩ s.m. Planta semelhante a um cacto grande, de tronco grosso e ramificado, com flores que se abrem à noite, cujo fruto é em formato de baga com espinhos. ▫ ORIGEM É uma palavra de origem tupi. ▫ USO É uma palavra muito comum na Região Nordeste do Brasil.

mandado ⟨man.da.do⟩ s.m. **1** Missão ou encargo que se confiam a alguém: *fazer uns mandados.* **2** Ordem escrita de um juiz para a realização de algo: *um mandado judicial.* ▫ SIN. mandamento. ▫ USO É diferente de *mandato* (ordem dada por um superior ou por uma autoridade).

mandamento ⟨man.da.men.to⟩ s.m. **1** Na Bíblia, cada um dos dez preceitos da lei de Deus: *os Dez Mandamentos.* **2** Ordem escrita de um juiz para a realização de algo: *um mandamento judicial.* ▫ SIN. mandado.

mandante

mandante ⟨man.dan.te⟩ ▌ adj.2g./s.2g. **1** Que ou quem manda: *Descobriram os mandantes do assassinato.* ▌ s.2g. **2** Em direito, pessoa que confia a outra sua representação pessoal, ou a gestão ou o desempenho de algum negócio.

mandão ⟨man.dão⟩ (pl. *mandões*) adj./s.m. *informal* Que ou quem gosta de mandar ou usa sua autoridade de forma excessiva. □ GRAMÁTICA Seu feminino é *mandona*.

mandar ⟨man.dar⟩ ▌ v.t.d./v.t.d.i./v.int. **1** Determinar a realização de (uma ação) [a alguém] ou ordenar: *A professora mandou o aluno fazer os exercícios.* ▌ v.t.d./v.t.i./v.int. **2** Dominar (algo), exercer o mando [em um lugar] ou governar: *O prefeito é a pessoa eleita para mandar em uma cidade.* ▌ v.t.d. **3** Enviar ou fazer chegar (algo) [a alguém]: *Ela mandou uma carta aos familiares no Natal.*

mandarim ⟨man.da.rim⟩ (pl. *mandarins*) s.m. **1** Em alguns países asiáticos, especialmente na China imperial, funcionário do alto escalão. **2** Dialeto chinês falado no norte da China (país asiático). □ GRAMÁTICA Na acepção 1, o plural é *mandarins*.

mandatário, ria ⟨man.da.tá.rio, ria⟩ s. **1** Pessoa que recebe ou que cumpre um mandato: *Os mandatários do crime foram descobertos pela polícia.* **2** Governante ou alto cargo político: *O presidente é o primeiro mandatário de um país.*

mandato ⟨man.da.to⟩ s.m. **1** Ordem dada por um superior ou por uma autoridade: *Recebeu o mandato do juiz para que comparecesse ao tribunal.* **2** Encargo ou representação que se concedem a um político quando é eleito por meio de eleições: *Os deputados são depositários de um mandato.* **3** Tempo que dura o exercício do mando por uma autoridade de alta hierarquia: *No Brasil, o mandato do presidente da República é de quatro anos.* **4** Representação pessoal, gestão ou desempenho de algum negócio que se confia a uma pessoa. □ USO É diferente de *mandado* (ordem escrita de um juiz para a realização de algo).

mandi ⟨man.di⟩ s.m. Peixe de água doce de pequeno porte, com dorso pardo e uma faixa lateral escura, bigode no queixo, nadadeiras transparentes e que, ao sair da água, emite um som semelhante a um choro. □ ORIGEM É uma palavra de origem tupi. □ GRAMÁTICA É um substantivo epiceno: *o mandi (macho/fêmea)*. [◉ **peixes (água doce)** p. 608]

mandíbula ⟨man.dí.bu.la⟩ s.f. **1** Parte móvel do crânio, na qual se localizam os dentes inferiores. **2** Nas aves, cada uma das duas partes ósseas ou cartilaginosas que formam a cavidade do bico. **3** Em algumas espécies animais, conjunto de partes duras situadas dos lados ou ao redor da boca e que serve para triturar ou para segurar os alimentos, ou para se defender. □ USO Na acepção 1, é a antiga denominação de *maxilar inferior*.

mandinga ⟨man.din.ga⟩ ▌ adj.2g./s.2g. **1** De um grupo étnico que habita principalmente Mali, Guiné e Senegal (países africanos). ▌ s.m. **2** Língua falada por esse grupo. ▌ s.f. **3** *informal* Feitiço ou bruxaria. □ ORIGEM É uma palavra de origem africana.

mandioca ⟨man.di.o.ca⟩ s.f. **1** Planta de caule com sulcos, com folhas de margem bastante ondulada e com vários lobos, de flores pendentes, brancas e amarelas ou violáceas, e cuja raiz, grossa e rica em amido, é geralmente usada para fazer farinha. □ SIN. aipim, macaxeira. **2** Essa raiz. □ SIN. aipim, macaxeira. □ ORIGEM É uma palavra de origem tupi.

mandioquinha ⟨man.di.o.qui.nha⟩ s.f. **1** Planta herbácea de caule curto, com folhas penadas e de margem serrilhada, flores pequenas agrupadas na extremidade de um ramo, e cuja raiz é grossa e comestível. **2** Essa raiz.

mando ⟨man.do⟩ s.m. Autoridade e poder que um superior tem para mandar em seus subordinados. ‖ **a mando de** {algo/alguém} Sob sua ordem ou sob sua autoridade: *Foi preso a mando da Justiça.*

mandona ⟨man.do.na⟩ (Pron. [mandôna]) Feminino de *mandão*.

mandrião ⟨man.dri.ão⟩ (pl. *mandriões*) adj./s.m. *informal pejorativo* Em relação a uma pessoa, que é preguiçosa ou folgada. □ GRAMÁTICA Seu feminino é *mandriona*.

mandril ⟨man.dril⟩ (pl. *mandris*) s.m. **1** Macaco onívoro de médio porte, com focinho comprido, cabeça grande, nariz vermelho, chato e com listras azuis em ambos os lados, com cauda curta e nádegas vermelhas, e que vive em grupos muito numerosos. **2** Ferramenta utilizada para perfurar metais ou para aumentar ou arredondar um buraco aberto em um metal. □ GRAMÁTICA Na acepção 1, é um substantivo epiceno: *o mandril (macho/fêmea)*.

mandriona ⟨man.dri.o.na⟩ (Pron. [mandriôna]) Feminino de *mandrião*.

maneira ⟨ma.nei.ra⟩ s.f. Forma particular de ser, de fazer ou de acontecer algo: *Sua maneira de agir nos surpreendeu.* ‖ **de maneira que** De forma que: *Fale mais alto de maneira que todos ouçam.* ‖ **de toda maneira** Em todo caso: *Vou passar às 6 horas na sua casa, mas, de toda maneira, ligarei antes para confirmar.*

maneirar ⟨ma.nei.rar⟩ ▌ v.t.d. **1** *informal* Conter ou moderar: *maneirar os gastos.* ▌ v.int. **2** *informal* Agir de forma moderada: *Maneirou na presença dos pais.* ▌ v.t.d./v.int. **3** Perder ou fazer perder força ou intensidade: *A chuva maneirou no fim da tarde.*

maneirismo ⟨ma.nei.ris.mo⟩ s.m. **1** Estilo artístico e literário europeu do século XVI e caracterizado pela quebra do equilíbrio e dos padrões harmônicos da arte renascentista: *El Greco é um dos grandes nomes do Maneirismo.* **2** Afetação ou falta de naturalidade, especialmente se for em arte: *Os críticos atacaram duramente o maneirismo do estilo do pintor.* □ ORTOGRAFIA Na acepção 1, usa-se geralmente com inicial maiúscula por ser também um nome próprio.

maneiro, ra ⟨ma.nei.ro, ra⟩ adj. **1** Que se manuseia com facilidade. **2** *informal* Excelente ou muito bom: *um computador maneiro.*

maneiroso, sa ⟨ma.nei.ro.so, sa⟩ (Pron. [maneirôso], [maneirósa], [maneirósos], [maneirósas]) adj. Que é gentil ou educado.

manejar ⟨ma.ne.jar⟩ v.t.d. **1** Usar ou utilizar, especialmente se for com as mãos: *manejar a tesoura.* □ SIN. manusear. **2** Governar ou dirigir: *manejar os negócios.* **3** Realizar (uma atividade) com facilidade: *A habilidade de manejar problemas vem com a prática.*

manejo ⟨ma.ne.jo⟩ (Pron. [manêjo]) s.m. **1** Uso ou utilização, especialmente se for com as mãos. **2** Governo ou direção.

manequim ⟨ma.ne.quim⟩ (pl. *manequins*) ▌ s.2g. **1** Pessoa que se dedica profissionalmente ao desfile ou à exibição de modelos de peças do vestuário. ▌ s.m. **2** Figura ou boneco articulados, com formato de pessoa, usados para provar ou para exibir peças do vestuário.

maneta ⟨ma.ne.ta⟩ (Pron. [manêta]) adj.2g./s.2g. Que ou quem não tem ou não pode utilizar um ou ambos os braços, ou uma ou ambas as mãos.

manga ⟨man.ga⟩ s.f. **1** Em uma peça do vestuário, parte que cobre o braço total ou parcialmente. **2** Tubo longo feito com um material flexível e impermeável, que envolve e que protege algo. **3** Fruto da mangueira, comestível, aromático, de casca lisa e firme, e cuja polpa é laranja, fibrosa, suculenta e muito doce.

mangá ⟨man.gá⟩ s.m. História em quadrinhos de origem japonesa, geralmente lida de trás para frente, que possui personagens desenhadas com olhos grandes, queixo fino e cabelos coloridos e volumosos.

mangaba ⟨man.ga.ba⟩ s.f. Fruto da mangabeira, comestível, com formato de baga arredondada, cuja polpa é branca, doce e com muitas sementes marrons achatadas. ☐ ORIGEM É uma palavra de origem tupi.

mangabeira ⟨man.ga.bei.ra⟩ s.f. Árvore de caule reto do qual se extrai o látex, com casca levemente escura, raízes profundas, folhas simples e opostas, flores grandes, brancas e aromáticas, e cujo fruto é a mangaba.

manga-larga ⟨man.ga-lar.ga⟩ (pl. *mangas-largas*) adj.2g./s.2g. Em relação a um cavalo, que é de uma raça de marchadores, gerado pelo cruzamento de um puro-sangue com uma égua comum, e que é muito utilizado em competições por sua habilidade para enfrentar obstáculos e percorrer longas distâncias.

manganês ⟨man.ga.nês⟩ s.m. Elemento químico da família dos metais, de número atômico 25, sólido, de cor cinza-brilhante, duro e quebradiço, resistente ao fogo e muito oxidável. ☐ ORTOGRAFIA Seu símbolo químico é *Mn*, sem ponto.

mangar ⟨man.gar⟩ v.t.i./v.int. *informal* Caçoar [de alguém]. ☐ ORTOGRAFIA Antes de *e*, o *g* muda para *gu* →CHEGAR.

mangual ⟨man.gual⟩ (pl. *manguais*) s.m. Instrumento que serve para extrair grãos ou sementes de cereais.

mangue ⟨man.gue⟩ s.m. **1** Arbusto tropical dotado de um complexo sistema de raízes aéreas e ramos compridos que chegam ao solo, arraigam-se a ele e o ajudam em sua respiração e fixação, que cresce em regiões próximas a rios e mares, e que está sujeito a inundações de acordo com a maré. **2** Terreno baixo, sujeito a inundações da maré, geralmente constituído por lamas de depósitos recentes. ☐ SIN. manguezal.

mangueira ⟨man.guei.ra⟩ s.f. **1** Tubo comprido feito com material flexível e impermeável, que recebe um líquido em um de seus extremos e que, no outro, o expele. **2** Árvore de tronco reto, casca preta e rugosa, com folhas alternas, que, quando jovens, são vermelhas e depois, verdes, com flores pequenas e amareladas reunidas em um cacho, e cujo fruto é a manga.

manguezal ⟨man.gue.zal⟩ (pl. *manguezais*) s.m. Terreno baixo, sujeito a inundações da maré, geralmente constituído por lamas de depósitos recentes: *Os manguezais formam a base da cadeia alimentar de diversos peixes, crustáceos, moluscos e algas.* ☐ SIN. mangue.

manha ⟨ma.nha⟩ s.f. **1** Habilidade ou destreza, especialmente se for para as atividades manuais: *Tem a manha de resolver este exercício?* **2** *informal* Esperteza ou astúcia para conseguir algo que se deseja: *Ele sempre usa suas manhas para que ela diga sim.* **3** *informal* Mania: *Ela não tem paciência com as manhas da amiga.* **4** *informal* Birra, geralmente de criança: *Seu filho sempre faz manha quando quer um brinquedo novo.*

manhã ⟨ma.nhã⟩ s.f. **1** Período de tempo entre meia-noite e meio-dia, especialmente após o amanhecer. **2** *literário* Início: *a manhã de uma nova vida.*

manhoso, sa ⟨ma.nho.so, sa⟩ (Pron. [manhôso], [manhósa], [manhôsos], [manhósas]) adj. **1** Que tem habilidade ou destreza, especialmente se for para as atividades manuais. **2** *informal* Que tem esperteza ou astúcia para conseguir o que deseja. **3** *informal* Que tem manias. **4** *informal* Em relação a uma criança, que faz muita birra.

mania ⟨ma.ni.a⟩ s.f. **1** Costume extravagante ou pouco comum, que pode ser prejudicial: *Tem a mania de contar duas vezes o dinheiro antes de pagar qualquer coisa.* **2** Gosto exagerado por algo: *Ela tem mania por chocolate.* **3** Transtorno mental caracterizado por uma obsessão ou por uma ideia fixa.

maníaco, ca ⟨ma.ní.a.co, ca⟩ ▌adj. **1** Da mania ou relacionado a esse transtorno. ▌adj./s. **2** Que ou quem sofre de uma mania doentia ou de um transtorno mental. **3** Que ou quem tem um gosto exagerado por algo: *Ela é maníaca por filmes.*

maniçoba ⟨ma.ni.ço.ba⟩ s.f. Árvore com folhas grandes, alternas e com cinco ou seis lobos bem distintos, flores sem pétalas, frutos com três lobos, e de cujo caule antigamente se extraía látex de baixa qualidade para a produção de borracha. ☐ ORIGEM É uma palavra de origem tupi.

manicômio ⟨ma.ni.cô.mio⟩ s.m. Sanatório ou hospital para pessoas com doenças mentais. ☐ SIN. hospício.

manicoreense ⟨ma.ni.co.re.en.se⟩ adj.2g./s.2g. De Manicoré ou relacionado a essa cidade do estado brasileiro do Amazonas.

manicure ⟨ma.ni.cu.re⟩ s.2g. Pessoa que se dedica profissionalmente ao cuidado das mãos ou das unhas, especialmente se for para embelezá-las. ☐ ORTOGRAFIA Escreve-se também *manicuro*.

manicuro, ra ⟨ma.ni.cu.ro, ra⟩ s. →manicure

manifestação ⟨ma.ni.fes.ta.ção⟩ (pl. *manifestações*) s.f. **1** Ato ou efeito de manifestar(-se): *Suas manifestações de otimismo contagiaram o ambiente.* **2** Concentração de pessoas em um espaço público para expressar uma opinião ou fazer um pedido: *A manifestação ocorrida nas ruas causou engarrafamentos por toda a cidade.*

manifestar ⟨ma.ni.fes.tar⟩ ▌v.t.d./v.t.d.i./v.prnl. **1** Declarar(-se) ou expressar(-se) publicamente (um sentimento ou uma vontade) [a alguém]: *Milhares de pessoas se manifestaram contra a nova lei.* ▌v.t.d./v.prnl. **2** Exibir(-se), mostrar(-se) ou tornar(-se) público: *Manifestou o carinho pelos pais dando-lhes um abraço.* ☐ SIN. estadear. ▌v.int./v.prnl. **3** Fazer uma manifestação pública ou fazer parte dela: *Os bancários se manifestaram na frente das agências.*

manifesto, ta ⟨ma.ni.fes.to, ta⟩ ▌adj. **1** Claro ou evidente: *um problema manifesto.* ▌s.m. **2** Texto, geralmente de caráter político ou artístico, que se dirige à opinião pública para expor um conceito ideológico ou um programa: *o Manifesto Socialista.*

manilha ⟨ma.ni.lha⟩ s.f. Em uma canalização de água ou em um esgoto, tubo de grande diâmetro, geralmente feito de concreto ou cerâmica, por onde passa o fluxo.

manipulação ⟨ma.ni.pu.la.ção⟩ (pl. *manipulações*) s.f. **1** Ato ou efeito de manipular. **2** Trabalho com as mãos ou com o uso de algum instrumento: *É aconselhável lavar as mãos antes da manipulação de alimentos.* **3** Manuseio de algo delicado: *Ele está se especializando em manipulação genética.*

manipular ⟨ma.ni.pu.lar⟩ v.t.d. **1** Usar em benefício próprio ou influenciar mediante astúcia ou ilegalidade: *Um bom jornal não deveria tentar manipular seus leitores.* **2** Trabalhar com as mãos ou com o uso de algum instrumento: *Os químicos usam luvas especiais para manipular substâncias tóxicas.* **3** Manusear ou manobrar (um aparelho científico ou delicado): *A policial manipulou a bomba para tentar desativá-la.*

manivela ⟨ma.ni.ve.la⟩ s.f. Peça colocada perpendicularmente sobre um eixo, e que, quando girada, aciona um mecanismo: *a manivela de um moedor de café.*

manjado, da ⟨man.ja.do, da⟩ adj. *informal* Muito conhecido ou comum.

manjar ⟨man.jar⟩ ▌s.m. **1** Alimento apetitoso ou exótico: *Está divino, um verdadeiro manjar dos deuses!* ☐ SIN. iguaria. **2** Aquilo que dá prazer ou que alimenta ao espírito: *A vida cultural desta cidade é um manjar para os que apreciam as artes.* ▌v.t.d./v.t.i. **3** *informal* Saber ou entender muito [de um assunto específico]: *Minha prima manja de matemática.*

manjedoira ⟨man.je.<u>doi</u>.ra⟩ s.f. →**manjedoura**

manjedoura ⟨man.je.<u>dou</u>.ra⟩ s.f. Lugar em que alguns animais comem. ▢ ORTOGRAFIA Escreve-se também *manjedoira.*

manjerona ⟨man.je.<u>ro</u>.na⟩ (Pron. [manjerôna]) s.f. Planta herbácea de caule quadrangular, com folhas pequenas, ovais e opostas, flores pequenas, brancas ou rosadas e dispostas em cachos alongados, muito aromática, usada como tempero e à qual são atribuídas propriedades medicinais.

manjuba ⟨man.<u>ju</u>.ba⟩ s.f. Peixe de água salgada de pequeno porte, de corpo fino, com uma linha prateada lateral, e que vive em cardumes. ▌É um substantivo epiceno: *a manjuba (macho/fêmea).* [👁 **peixes (água salgada)** p. 609]

mano, na ⟨<u>ma</u>.no, na⟩ ▌s. **1** *informal* Irmão. ▌s.m. **2** *informal* Amigo ou pessoa por quem se tem simpatia. ▢ GRAMÁTICA Na acepção 2, usa-se tanto para o masculino quanto para o feminino: *(ele/ela) é um mano.* ▢ USO Na acepção 1, tem um valor carinhoso.

manobra ⟨ma.<u>no</u>.bra⟩ s.f. **1** Uso de algo, especialmente se for com as mãos. **2** Operação ou conjunto de operações realizadas para controlar um veículo. **3** Aquilo que se faz de forma ilícita, para alcançar um objetivo.

manobrar ⟨ma.no.<u>brar</u>⟩ ▌v.t.d./v.int. **1** Realizar manobras, especialmente com um veículo. ▌v.t.d. **2** Usar ou utilizar, especialmente se for com as mãos: *manobrar um aparelho de barbear.* **3** Orientar ou conduzir: *Manobrou a vida do filho sozinha.*

manobreiro, ra ⟨ma.no.<u>brei</u>.ro, ra⟩ s. **1** Pessoa que faz manobras. **2** Em um estacionamento ou em uma garagem, pessoa que se dedica a manobrar carros, especialmente como profissão. ▢ SIN. **manobrista**. **3** Na Marinha, pessoa que manobra embarcações. ▢ SIN. **manobrista**.

manobrista ⟨ma.no.<u>bris</u>.ta⟩ s.2g. **1** Em um estacionamento ou em uma garagem, pessoa que se dedica a manobrar carros, especialmente como profissão. ▢ SIN. **manobreiro**. **2** Na Marinha, pessoa que manobra embarcações. ▢ SIN. **manobreiro**.

manômetro ⟨ma.<u>nô</u>.me.tro⟩ s.m. Instrumento que serve para medir a pressão de um fluido.

manopla ⟨ma.<u>no</u>.pla⟩ s.f. Em uma armadura, peça que cobre e que protege a mão.

manquejar ⟨man.que.<u>jar</u>⟩ ▌v.int. **1** Caminhar com dificuldade apoiando-se menos em uma das pernas, por causa de uma lesão ou de uma deficiência. ▢ SIN. **coxear, mancar**. ▌v.t.i./v.int. **2** Cometer falhas ou erros [em alguma situação ou atividade].

mansão ⟨man.<u>são</u>⟩ (pl. *mansões*) s.f. Casa grande e luxuosa.

mansarda ⟨man.<u>sar</u>.da⟩ s.f. **1** Em uma construção, telhado formado por duas superfícies planas inclinadas, cujo interior pode ser aproveitado como um cômodo. **2** Sótão em que as janelas abrem sobre o telhado. ▢ SIN. **água-furtada**. **3** Habitação pobre.

mansidão ⟨man.si.<u>dão</u>⟩ (pl. *mansidões*) s.f. **1** Docilidade na forma de ser ou de tratar os outros. ▢ SIN. **mansuetude**. **2** Tranquilidade, serenidade e falta de violência.

manso, sa ⟨<u>man</u>.so, sa⟩ adj. **1** Que é suave ou dócil na forma de ser ou de tratar os outros. **2** Em relação a um animal, que não é bravo nem feroz: *um cachorro manso.* **3** Que é agradável, tranquilo ou que se move lentamente: *um rio manso.*

mansuetude ⟨man.su.e.<u>tu</u>.de⟩ s.f. Docilidade na forma de ser ou de tratar os outros. ▢ SIN. **mansidão**.

manta ⟨<u>man</u>.ta⟩ s.f. **1** Peça feita de um tecido grosso, grande e retangular, que serve para se cobrir, especialmente na cama. **2** Peça do vestuário feminino feita geralmente com lã, que cobre as costas, braços e peito, e que é usada como abrigo. **3** No solo de uma mata ou de uma floresta, camada superficial onde fica a matéria vegetal em decomposição. **4** Em montaria, tecido de lã sobre o qual a cela é colocada. **5** Pedaço de carne exposto ao sol para secar.

manteiga ⟨man.<u>tei</u>.ga⟩ s.f. **1** Produto alimentício pastoso fabricado a partir da gordura do leite: *pão com manteiga.* **2** Pasta gordurosa e consistente obtida da semente de alguns frutos: *manteiga de cacau.*

manteigueira ⟨man.tei.<u>guei</u>.ra⟩ s.f. Vasilha ou recipiente nos quais se conserva ou se serve manteiga.

mantenedor, -a ⟨man.te.ne.<u>dor</u>, <u>do</u>.ra⟩ (Pron. [mantenedôr], [mantenedôra]) adj./s. Que ou quem alimenta ou custeia o alimento ou outras necessidades.

manter ⟨man.<u>ter</u>⟩ ▌v.t.d./v.prnl. **1** Fazer ficar ou permanecer de determinada forma ou em determinada posição: *Por causa do frio, mantinha as mãos nos bolsos. Com tanto sono, não sei como se mantém em pé.* ▌v.t.d. **2** Conservar ou evitar a degradação ou a mudança de (um estado ou uma circunstância): *O time manteve a liderança até o final do campeonato. Ele mantém a forma fazendo exercícios diariamente.* **3** Preservar ou persistir em (uma ideia ou uma posição): *Apesar dos nossos argumentos, manteve o seu ponto de vista.* **4** Cumprir ou ser fiel a (uma promessa ou um compromisso): *Para ser respeitado, você deve manter sua palavra.* ▌v.t.d./v.prnl. **5** Custear a alimentação e outras necessidades de (alguém) ou sustentar(-se): *A irmã mais velha mantém toda a família com seu salário.* ▢ GRAMÁTICA **1**. É um verbo irregular →**TER**. **2**. Na acepção 1, o objeto vem acompanhado de um complemento que o qualifica: *mantinha as mãos <u>nos bolsos</u>; não sei como se mantém <u>em pé</u>.*

mantilha ⟨man.<u>ti</u>.lha⟩ s.f. Peça do vestuário feminino que se coloca sobre a cabeça.

mantimento ⟨man.ti.<u>men</u>.to⟩ s.m. Conjunto de comestíveis ou provisões alimentícias para as pessoas: *uma campanha de doação de mantimentos.* ▢ USO Usa-se geralmente a forma plural *mantimentos*.

manto ⟨<u>man</u>.to⟩ s.m. **1** Peça do vestuário, mais comprida e rodada do que uma capa, e que cobre desde a cabeça ou os ombros até os pés: *o manto de um rei.* **2** Aquilo que protege ou que esconde algo: *o manto da neblina.* ‖ **manto (terrestre)** Parte da Terra situada entre o núcleo e a crosta e que é composta por rochas muito básicas: *No manto, a temperatura é bastante elevada.*

mantô ⟨man.<u>tô</u>⟩ s.m. Peça do vestuário feminino, comprida e com mangas, usada sobre as demais peças para proteger do frio ou do vento.

manual ⟨ma.nu.<u>al</u>⟩ (pl. *manuais*) ▌adj.2g. **1** Que é realizado ou feito com as mãos: *um trabalho manual.* ▌s.m. **2** Livro que apresenta de forma genérica e organizada os pontos mais importantes sobre um determinado assunto ou as instruções que permitem usar algo: *um manual de instruções.*

manufatura ⟨ma.nu.fa.<u>tu</u>.ra⟩ s.f. **1** Produto feito à mão ou com a ajuda de máquinas. **2** Processo de fabricação desses produtos: *A manufatura destes produtos é a principal fonte de renda dos habitantes do local.* **3** Fábrica ou indústria onde são fabricados esses produtos: *uma manufatura de calçados.*

manufaturar ⟨ma.nu.fa.tu.<u>rar</u>⟩ v.t.d. Fabricar ou produzir por meios mecânicos e usando matéria-prima.

manuscrito, ta ⟨ma.nus.cri.to, ta⟩ ▌ adj. **1** Escrito à mão: *um documento manuscrito.* ▌ s.m. **2** Livro ou texto escritos à mão, especialmente aqueles que têm algum valor histórico ou literário. **3** Texto de uma obra entregue à editoração para ser impresso. ◻ SIN. original.

manusear ⟨ma.nu.se.ar⟩ v.t.d. **1** Tocar com as mãos repetidas vezes. **2** Usar ou utilizar, especialmente se for com as mãos. ◻ SIN. manejar. **3** Passar os olhos pelas folhas ou ler rápida e superficialmente (um livro ou outro impresso). ◻ SIN. folhear. ◻ ORTOGRAFIA O e muda para *ei* quando a sílaba tônica estiver na raiz do verbo →NOMEAR.

manuseio ⟨ma.nu.sei.o⟩ s.m. Ato ou efeito de manusear.

manutenção ⟨ma.nu.ten.ção⟩ (pl. *manutenções*) s.f. **1** Conservação ou cuidado, especialmente se forem com o objetivo de evitar a degradação: *Ao comprar um carro, é importante considerar o custo de sua manutenção.* **2** Conjunto de cuidados necessários para o funcionamento adequado de algo: *O encarregado pela manutenção já foi avisado dos problemas com o elevador.* **3** Alimentação ou provisão de alimento e de outras necessidades, ou pagamento de seus custos: *a manutenção de uma família.*

mão (pl. *mãos*) s.f. **1** Em uma pessoa, extremidade dos membros superiores que vai do pulso até a ponta dos dedos: *É conveniente lavar as mãos antes e após ir ao banheiro.* **2** Em alguns animais, parte final da extremidade, cujo dedo polegar pode se opor aos outros: *O macaco descasca a banana com suas mãos.* **3** Comprimento que equivale à largura de um palmo: *Cortou uma mão do cabelo e ninguém viu a diferença.* **4** Porção que cabe dentro dessa parte do corpo humano: *Fez duas mãos de arroz.* ◻ SIN. mãozada. **5** Camada de pintura ou de outra substância que se espalha em uma superfície: *uma mão de verniz.* ◻ SIN. demão. **6** Em uma via pública, sentido em que os automóveis podem trafegar: *uma via de mão dupla.* **7** *informal* Capacidade ou facilidade: *Meu pai tem mão para cozinhar.* **8** *informal* Intervenção ou participação: *Para realizar esse estudo, precisamos da mão de um especialista.* **9** *informal* Auxílio, socorro ou ajuda: *Não consigo carregar o móvel sozinho, pode me dar uma mão?* **10** Nos jogos de baralho, conjunto de jogadas feitas a cada vez que as cartas são distribuídas. **11** Nos jogos de baralho, conjunto de cartas de um jogador. ‖ **à mão 1** Manualmente ou sem usar máquinas: *Esse sapato foi feito à mão.* **2** Perto ou acessível: *Preciso de uma caneta, você tem alguma à mão?* ‖ **abrir mão de** algo *informal* Desistir dele ou renunciar a ele: *Ela abriu mão do concurso.* ‖ **com a mão na massa** *informal* Em plena realização de algo: *Após lavar os copos, aproveitou para lavar os pratos, já que estava com a mão na massa.* ‖ **com uma mão na frente e outra atrás** *informal* Sem dinheiro: *Depois da falência, ficou com uma mão na frente e outra atrás.* ‖ **de mão cheia** *informal* Em abundância ou muito bom: *Ela é uma costureira de mão cheia!* ‖ **de mãos atadas** *informal* Sem liberdade para agir: *Estou de mãos atadas, ele é o único que pode resolver a situação.* ‖ **de primeira mão** *informal* Novo ou sem estrear: *um carro de primeira mão.* ‖ **em primeira mão** *informal* Da fonte original ou pela primeira vez: *Soube a notícia em primeira mão, pois sua mãe é jornalista.* ‖ **de segunda mão** *informal* Usado: *um livro de segunda mão.* ‖ **em mãos** *informal* Direta ou pessoalmente: *Ela nos entregou o convite em mãos.* ‖ **largar mão de** algo: Deixá-lo de lado: *Largou mão de tudo que diziam e seguiu seu próprio caminho.* ‖ **nas mãos de** alguém *informal* Sob seu controle ou sua responsabilidade: *O futuro da empresa está nas mãos dela.* ‖ **pedir a mão de** alguém **1** Pedi-lo em casamento: *Ele pediu minha mão ontem e eu aceitei!* **2** Pedir consentimento de sua família para casar-se com ele: *Ele foi à minha casa e pediu minha mão durante o jantar.* ‖ **pôr a mão no fogo por** {algo/alguém} *informal* Assegurá-lo ou garanti-lo: *Sei que ele é inocente e ponho a mão no fogo por ele.* ‖ **mão de ferro** *informal* Severidade e rigor na forma de tratar as pessoas ou conduzir negócios: *Ela cuida dos negócios da família com mão de ferro.*

mão-aberta ⟨mão-a.ber.ta⟩ (pl. *mãos-abertas*) adj.2g./s.2g. *informal* Que ou quem gasta em excesso e sem controle.

mão de obra ⟨mão de o.bra⟩ (pl. *mãos de obra*) s.f. **1** Trabalho manual, especialmente aquele que é realizado por um operário: *Para este serviço, a mão de obra precisa ser especializada.* **2** Conjunto de trabalhadores, especialmente se forem operários: *Ela é responsável pela contratação de mão de obra para o projeto.* **3** Valor pago por um trabalho realizado: *A empresa se instalou aqui por causa da mão de obra.* **4** *informal* Trabalho ou atividade difíceis de serem cumpridos: *Foi uma tremenda mão de obra levar a geladeira ao terceiro andar.*

maoísmo ⟨ma.o.ís.mo⟩ s.m. **1** Doutrina política elaborada por Mao Tse-Tung (fundador do partido comunista chinês), na qual se adapta o marxismo-leninismo à realidade política e social chinesa. **2** Movimento político inspirado nessa doutrina.

maoísta ⟨ma.o.ís.ta⟩ ▌ adj.2g. **1** Do maoísmo ou relacionado a essa doutrina política. ▌ adj.2g./s.2g. **2** Partidário ou seguidor do maoísmo.

maometano, na ⟨ma.o.me.ta.no, na⟩ ▌ adj. **1** De Maomé (profeta árabe), de sua religião ou relacionado a eles. ◻ SIN. islamita, muçulmano. ▌ adj./s. **2** Que ou quem tem o islamismo como religião. ◻ SIN. islamita, muçulmano.

maometismo ⟨ma.o.me.tis.mo⟩ s.m. Religião monoteísta cujos fundamentos foram pregados por Maomé (profeta árabe do fim do século VI e início do VII) e reunidos no livro sagrado do Alcorão. ◻ SIN. islã, islamismo.

mãozada ⟨mão.za.da⟩ s.f. **1** Golpe dado com a mão: *Assim que entrou no trem lotado, levou uma mãozada na cabeça.* **2** Porção que pode ser pega com a mão: *O vendedor me ofereceu uma mãozada de amendoim.* ◻ SIN. mão.

mapa ⟨ma.pa⟩ s.m. **1** Representação gráfica feita sobre um plano, de acordo com uma escala da superfície terrestre ou de parte dela: *o mapa do Brasil.* ◻ SIN. carta. **2** Representação de dados feita seguindo um critério de organização: *um mapa de despesas.* ‖ **sumir do mapa** *informal* Desaparecer ou retirar-se: *Ele sumiu do mapa depois de sua separação.*

mapa-múndi ⟨ma.pa-mún.di⟩ (pl. *mapas-múndi*) s.m. Representação de toda a superfície esférica da Terra sobre uma superfície plana. ◻ SIN. planisfério.

mapeamento ⟨ma.pe.a.men.to⟩ s.m. Ato ou efeito de mapear.

mapear ⟨ma.pe.ar⟩ v.t.d. Representar graficamente a distribuição das partes de um todo. ◻ ORTOGRAFIA O e muda para *ei* quando a sílaba tônica estiver na raiz do verbo →NOMEAR.

mapoteca ⟨ma.po.te.ca⟩ s.f. **1** Local em que se conserva uma coleção catalogada de mapas e de cartas geográficas. **2** Essa coleção.

maqueta ⟨ma.que.ta⟩ (Pron. [maquêta]) s.f. →maquete

maquete ⟨ma.que.te⟩ s.f. Reprodução feita em escala reduzida e em três dimensões: *Com uma maquete, vimos como ficará o prédio depois de pronto.* ◻ ORTOGRAFIA Escreve-se também *maqueta*.

maquiagem ⟨ma.qui.a.gem⟩ (pl. *maquiagens*) s.f. **1** Ato de maquiar(-se). **2** Produto cosmético usado para

maquiar

maquiar. **3** Correção das imperfeições de uma realidade para que ela pareça mais agradável: *a maquiagem de um fato pela mídia.* ▫ ORTOGRAFIA Escreve-se também *maquilagem*.

maquiar ⟨ma.qui.ar⟩ ▌ v.t.d./v.prnl. **1** Pintar(-se) ou aplicar(-se) produtos cosméticos para embelezar ou para caracterizar uma personagem: *Maquiaram a atriz para que parecesse mais velha. Ela se maquia para ir às festas.* ▌ v.t.d. **2** Alterar (uma realidade) para que apresente melhor aparência: *Ela maquiou os fatos para não ser punida.* ▫ ORTOGRAFIA Escreve-se também *maquilar*.

maquiavélico, ca ⟨ma.qui.a.vé.li.co, ca⟩ adj. Astuto, inteligente e traiçoeiro, ou com outras características próprias do maquiavelismo.

maquiavelismo ⟨ma.qui.a.ve.lis.mo⟩ s.m. **1** Teoria política de Maquiavel (político e escritor italiano do século XVI) que defende os interesses do Estado acima de qualquer consideração ética ou moral. **2** Forma de agir que se caracteriza pela astúcia, pela habilidade e pelo engano para conseguir o que se quer.

maquilagem ⟨ma.qui.la.gem⟩ (pl. *maquilagens*) s.f. →**maquiagem**

maquilar ⟨ma.qui.lar⟩ v.t.d./v.prnl. →**maquiar**

máquina ⟨má.qui.na⟩ s.f. **1** Equipamento formado por um conjunto de peças articuladas que utiliza uma força ou uma energia para produzir outra força ou energia, ou para realizar um trabalho: *uma máquina de costura.* **2** Conjunto de partes organizadas e interdependentes que formam um todo: *a máquina do Estado.*

maquinal ⟨ma.qui.nal⟩ (pl. *maquinais*) adj. Em relação a uma ação, que se realiza sem pensar ou de forma involuntária.

maquinar ⟨ma.qui.nar⟩ v.t.d./v.t.i./v.t.d.i. Preparar ou tramar (um plano) ocultamente [contra alguém]. ▫ SIN. conjurar.

maquinaria ⟨ma.qui.na.ri.a⟩ s.f. Conjunto de máquinas que servem a um objetivo. ▫ SIN. maquinismo.

maquinismo ⟨ma.qui.nis.mo⟩ s.m. **1** Conjunto de peças articuladas entre si que produzem uma força ou um efeito. ▫ SIN. mecanismo. **2** Conjunto de máquinas que servem a um objetivo. ▫ SIN. maquinaria.

maquinista ⟨ma.qui.nis.ta⟩ s.2g. Pessoa que se dedica profissionalmente ao controle de uma máquina, especialmente de uma locomotiva.

mar s.m. **1** Massa de água salgada que cobre a maior parte da superfície terrestre: *Foi a primeira vez que ele viu o mar.* **2** Cada uma das partes em que essa massa se considera dividida e que é menor que o oceano: *Quero conhecer o mar Mediterrâneo.* ‖ **mar alto** Parte do mar que fica afastada da costa, de onde não se avista a terra. ▫ SIN. alto-mar, pélago. ‖ **mar de lama** *informal* Lugar ou situação nos quais a corrupção impera. ‖ **mar de rosas** *informal* Estado de felicidade, sem qualquer preocupação: *Ela sempre disse que a vida não é um eterno mar de rosas.* ‖ **um mar** *informal* Grande quantidade: *Tenho um mar de dúvidas sobre os exercícios.*

marabaense ⟨ma.ra.ba.en.se⟩ adj.2g./s.2g. De Marabá ou relacionado a essa cidade do estado brasileiro do Pará.

maracanã ⟨ma.ra.ca.nã⟩ s.f. Ave herbívora, encontrada na América do Sul, de bico curvado, negro e forte, com plumagem verde, e que se alimenta de frutos e sementes. ▫ ORIGEM É uma palavra de origem tupi. ▫ GRAMÁTICA É um substantivo epiceno: *a maracanã (macho/fêmea).*

maracanauense ⟨ma.ra.ca.nau.en.se⟩ adj.2g./s.2g. De Maracanaú ou relacionado a essa cidade do estado brasileiro do Ceará.

maracatu ⟨ma.ra.ca.tu⟩ s.m. **1** Composição musical de origem nordestina, que mescla as culturas africana, indígena e europeia, caracterizada por uma orquestra de percussão típica e pelos diálogos entre um solista e um coro, e que acompanha um cortejo festivo. **2** Dança folclórica religiosa nordestina, em que um cortejo de pessoas fantasiadas acompanha uma mulher que leva a figura de uma boneca enfeitada em suas mãos. ▫ ORIGEM É uma palavra de origem africana.

maracujá ⟨ma.ra.cu.já⟩ s.m. **1** Planta herbácea trepadeira com gavinhas, com folhas verdes divididas em três, cinco ou sete lóbulos, flores de cores variadas, aromáticas, solitárias e com uma coroa interna de pétalas, e cujo fruto, amarelo, comestível e arredondado, tem muitas sementes em seu interior, e é usado por suas propriedades terapêuticas. ▫ SIN. maracujazeiro. **2** Esse fruto. ▫ ORIGEM É uma palavra de origem tupi.

maracujazeiro ⟨ma.ra.cu.ja.zei.ro⟩ s.m. Planta herbácea trepadeira com gavinhas, com folhas verdes divididas em três, cinco ou sete lóbulos, flores de cores variadas, aromáticas, solitárias e com uma coroa interna de pétalas, e cujo fruto é o maracujá. ▫ SIN. maracujá.

maracutaia ⟨ma.ra.cu.tai.a⟩ s.f. *informal* Negócio suspeito ou ilegal: *Fizeram uma maracutaia para pagar menos impostos.* ▫ ORIGEM É uma palavra de origem tupi.

marafona ⟨ma.ra.fo.na⟩ (Pron. [marafôna]) s.f. **1** Boneca feita de pano, especialmente de trapos. **2** *informal pejorativo* Prostituta.

marajá ⟨ma.ra.já⟩ s.m. **1** Soberano de um principado indiano. **2** *informal pejorativo* Funcionário público que recebe um salário alto. ▫ GRAMÁTICA Na acepção 1, seu feminino é *marani*; na acepção 2, *marajoa*.

marajoa ⟨ma.ra.jo.a⟩ (Pron. [marajôa]) Substantivo feminino de **marajá**.

marajoara ⟨ma.ra.jo.a.ra⟩ ▌adj.2g. **1** Em relação especialmente à cerâmica, com características do estilo criado pelos grupos indígenas desta ilha. ▌ adj.2g./s.2g. **2** Da Ilha de Marajó ou relacionado a essa ilha do estado brasileiro do Pará. ▫ ORIGEM É uma palavra de origem tupi.

maranguapense ⟨ma.ran.gua.pen.se⟩ adj.2g./s.2g. De Maranguape ou relacionado a essa cidade do estado brasileiro do Ceará.

maranhense ⟨ma.ra.nhen.se⟩ adj.2g./s.2g. Do Maranhão ou relacionado a esse estado brasileiro.

marani ⟨ma.ra.ni⟩ s.f. **1** Feminino de **marajá**. **2** Esposa de marajá.

marasmo ⟨ma.ras.mo⟩ s.m. **1** Suspensão ou paralisação absolutas de uma atividade: *O marasmo tomou conta da cidade durante o feriado.* **2** Em medicina, fraqueza, esgotamento ou emagrecimento extremos do corpo humano, que podem causar desnutrição: *O marasmo é causado pela falta de proteínas e de calorias.* **3** Desânimo ou tristeza profundos: *Nada como uma boa viagem para sair desse marasmo!*

maratona ⟨ma.ra.to.na⟩ (Pron. [maratôna]) s.f. **1** Em atletismo, prova de resistência que consiste em correr uma distância de 42 quilômetros e 195 metros. **2** Atividade difícil, de longa duração ou que testa os limites do corpo: *uma maratona de testes.*

maravilha ⟨ma.ra.vi.lha⟩ s.f. **1** Aquilo que causa admiração, especialmente por ser extraordinário: *Esse filme é uma maravilha.* **2** Aquilo que é feito com grande habilidade apesar de sua dificuldade: *uma maravilha de apresentação.* **3** Planta herbácea com folhas lanceoladas e comestíveis, flores abundantes de diferentes cores e em formato de sino, e muito cultivada como ornamental.

maravilhar ⟨ma.ra.vi.lhar⟩ v.t.d./v.int./v.prnl. Tornar(-se) admirado ou espantado: *As belezas naturais daquela região nos maravilharam. Maravilhei-me com o espetáculo.*

maravilhoso, sa ⟨ma.ra.vi.lho.so, sa⟩ (Pron. [maravilhôso], [maravilhósa], [maravilhósos], [maravilhósas]) ▮adj.**1** Que causa admiração, geralmente por ser extraordinário. **2** Que é excelente ou de ótima qualidade. ▮adj./s.m. **3** Que é fantástico ou revela traços sobrenaturais.

marca ⟨mar.ca⟩ s.f. **1** Sinal que permite distinguir ou reconhecer algo: *A marca d'água distingue uma cédula verdadeira de uma falsa.* **2** Nome dado a um produto ou a um conjunto deles para diferenciá-los de outros similares: *uma marca de carro.* **3** Mancha ou sinal que algo deixa: *Tomei sol e fiquei com a marca do biquíni.* **4** Selo ou estilo característicos: *Esse filme tem marcas do cinema novo.* ‖ **de marca** Que é feito por uma fábrica cujos produtos são conhecidos pela boa qualidade ou pelo custo elevado: *roupa de marca.*

marcação ⟨mar.ca.ção⟩ (pl. *marcações*) s.f. **1** Ato ou efeito de marcar: *As marcações nas caixas foram feitas com etiquetas coloridas. Fizeram a marcação da futura área de recreação.* **2** Em um texto, grifo ou destaque feitos em alguns trechos: *Para estudar, lerei apenas as marcações que fiz.* **3** Em uma obra teatral, indicação ou orientação dos movimentos que o diretor faz para os atores: *Os atores preocupam-se em seguir as marcações durante a representação.* **4** *informal* Atenção excessiva dispensada a uma pessoa e a suas atitudes: *Com a marcação de minha mãe, não consigo mais assistir à TV até tarde.* **5** Em alguns esportes, permanência de um jogador perto de um adversário para dificultar o seu desempenho: *A marcação da zaga foi ótima e o time não tomou gols.*

marcador, -a ⟨mar.ca.dor, do.ra⟩ (Pron. [marcadôr], [marcadôra]) ▮adj./s. **1** Que ou quem marca: *um painel marcador; um marcador de livros.* ▮s. **2** Em alguns esportes, jogador que permanece perto de um adversário para dificultar o desempenho dele: *A jogadora foi escalada para ser a marcadora da artilheira.* ▮s.m. **3** Em esporte, tabuleiro no qual são anotados os pontos obtidos por um jogador ou por uma equipe. **4** Caneta de ponta porosa e de tinta fluorescente, geralmente usada para destacar partes de documentos impressos. ◻ SIN. marca-texto.

marcante ⟨mar.can.te⟩ adj.2g. Que marca ou que impressiona.

marcar ⟨mar.car⟩ ▮v.t.d. **1** Colocar sinais distintivos para destacar ou para diferenciar: *marcar o gado.* **2** Fixar os limites de (um território), geralmente com marcações ou com estacas. ◻ SIN. demarcar. ▮v.t.d./v.int. **3** Deixar marca em (algo ou alguém) ou deixar uma mancha moral impressos: *O acidente marcou sua vida.* ▮v.t.d. **4** Indicar ou determinar: *Essa teoria marca a linha que seguiremos nesse trabalho.* **5** *informal* Prestar atenção excessiva em (alguém): *Ela está me marcando, pois acha que fiz algo errado.* **6** Fazer ressaltar ou destacar: *Aquele vestido marcava sua cintura.* **7** Indicar (uma quantidade ou uma magnitude): *O termômetro marcava 15 °C.* ▮v.t.d./v.int. **8** Em alguns esportes, fazer (um ponto) ou conseguir unidades de pontuação: *O time da casa foi o primeiro a marcar.* **9** Em alguns esportes, em relação a um jogador, dificultar o desempenho de (um adversário), situando-se perto dele: *O zagueiro marcou bem o atacante e este quase não tocou na bola.* ◻ ORTOGRAFIA Antes de e, o c muda para qu →BRINCAR.

marca-texto ⟨mar.ca-tex.to⟩ (Pron. [marca-têsto]) (pl. *marca-textos*) s.m. Caneta de ponta porosa e de tinta fluorescente, geralmente usada para destacar partes de documentos impressos. ◻ SIN. marcador.

marcenaria ⟨mar.ce.na.ri.a⟩ s.f. **1** Arte ou técnica de trabalhar madeiras finas. **2** Lugar onde um marceneiro trabalha. **3** Conjunto de obras fabricadas segundo essa arte, especialmente se tiverem uma característica comum.

marceneiro, ra ⟨mar.ce.nei.ro, ra⟩ s. Pessoa que se dedica profissionalmente à realização de trabalhos em madeiras finas.

marcha ⟨mar.cha⟩ s.f. **1** Caminhada cadenciada: *Se continuarmos nessa marcha, chegaremos lá ao meio-dia.* **2** Deslocamento de um grupo de pessoas para um determinado fim: *uma marcha pela paz.* **3** Movimento que as tropas militares fazem para transportarem-se a um lugar usando seus próprios meios. **4** Desenvolvimento ou funcionamento: *A imprensa acompanha a marcha das negociações entre os países.* **5** Composição musical em compasso binário ou quaternário, com acentuação característica, que se destina ao acompanhamento de um desfile militar, de um cortejo fúnebre ou de uma cerimônia solene nupcial: *a marcha nupcial.* **6** Composição musical popular com origem nos carnavais urbanos, de compasso binário ou quaternário e de caráter geralmente alegre. ◻ SIN. marchinha. **7** Em um veículo, cada uma das posições do câmbio de engrenagem: *A marcha ré serve para andar com o carro para trás.*

marchante ⟨mar.chan.te⟩ s.2g. Pessoa que se dedica ao comércio de gado abatido para açougues.

marchar ⟨mar.char⟩ v.t.i./v.int. **1** Caminhar de forma cadenciada [em uma direção determinada]: *A expedição está marchando há horas.* **2** Funcionar ou desenvolver-se [para uma condição melhor]: *Tudo está marchando para o sucesso.* **3** Andar ou caminhar com certa ordem e com compasso em suas passadas [em uma direção determinada] (uma tropa): *O pelotão marchava rumo ao quartel.*

marchetaria ⟨mar.che.ta.ri.a⟩ s.f. **1** Trabalho decorativo no qual se incrustam peças pequenas, especialmente se forem de madeira ou de nácar, em uma superfície. **2** Obra feita com esse trabalho.

marchinha ⟨mar.chi.nha⟩ s.f. Composição musical popular com origem nos carnavais urbanos, de compasso binário ou quaternário e de caráter geralmente alegre: *Nos carnavais, a marchinha foi substituída pelo samba-enredo.* ◻ SIN. marcha.

marcial ⟨mar.ci.al⟩ (pl. *marciais*) adj.2g. Do exército, da guerra ou relacionado a eles.

marciano, na ⟨mar.ci.a.no, na⟩ adj./s. De Marte ou relacionado a esse planeta do Sistema Solar.

marco ⟨mar.co⟩ s.m. **1** Acontecimento ou feito importantes: *O golpe militar de 1964 foi um marco na história do Brasil.* **2** Aquilo que serve para marcar um lugar ou um acontecimento: *As distâncias das rodovias de São Paulo são medidas em relação ao marco zero, situado na praça da Sé.* **3** Unidade monetária alemã e finlandesa até a adoção do euro: *O euro substituiu o marco alemão em dezembro de 2001, e o marco finlandês em fevereiro de 2002.*

março ⟨mar.ço⟩ s.m. Terceiro mês do ano, entre fevereiro e abril.

maré ⟨ma.ré⟩ s.f. **1** Movimento periódico e alternado de elevação e de rebaixamento das águas do mar, que se originam das interferências gravitacionais do Sol e da Lua na Terra. **2** Conjunto de situações, que geralmente ocorrem em série: *uma maré de azar.* ‖ **maré alta** Nível mais alto desse movimento do mar: *Os pescadores saíram para o mar durante a maré alta.* ◻ SIN. influxo, preamar. ‖ **maré baixa** Nível mais baixo desse movimento do mar: *Não tivemos problemas para nadar, pois era o período da maré baixa.* ◻ SIN. baixa-mar. ‖ **remar contra a maré** *informal* Ir contra o que é considerado convencional: *Aquele poeta sempre remou contra a maré, em busca de um estilo próprio.*

marear

marear ⟨ma.re.ar⟩ ❚ v.t.d. **1** Guiar ou dirigir (uma embarcação): *marear um barco.* ❚ v.t.d./v.int. **2** Causar ou sentir enjoo ou mal-estar, que geralmente se manifestam por vômito ou perda do equilíbrio: *Fico mareada quando leio no ônibus.* ❚ v.t.d./v.prnl. **3** Deixar sem brilho ou perder o brilho. ❚ v.int. **4** *literário* Navegar: *Mareavam sentido norte.* ◻ ORTOGRAFIA O e muda para *ei* quando a sílaba tônica estiver na raiz do verbo →NOMEAR.

marechal ⟨ma.re.chal⟩ (pl. *marechais*) s.2g. No Exército, pessoa cujo posto é superior ao de general de exército: *O posto de marechal, maior posto do exército brasileiro, só pode ser alcançado em época de guerras.*

marechal do ar ⟨ma.re.chal do ar⟩ (pl. *marechais do ar*) s.2g. Na Aeronáutica, pessoa cujo posto é superior ao de tenente-brigadeiro-do-ar: *O posto de marechal do ar é o posto mais alto que um oficial da aeronáutica brasileira pode alcançar.*

marejada ⟨ma.re.ja.da⟩ s.f. No mar, leve agitação das águas. ◻ SIN. marulho.

marejar ⟨ma.re.jar⟩ ❚ v.t.d./v.t.i./v.int. **1** Verter (um líquido) ao poucos ou gotejar [de um lugar]. **2** Expulsar (suor) pelos poros ou cobrir-se [de suor]. ❚ v.t.i./v.prnl. **3** Cobrir-se [de lágrimas] ou encher-se delas: *Seus olhos marejaram-se ao vê-lo chegar.*

maremoto ⟨ma.re.mo.to⟩ s.m. Agitação violenta das águas oceânicas, causada por um movimento sísmico em seu fundo, e que destrói o que há ao redor.

maresia ⟨ma.re.si.a⟩ s.f. **1** Ar que vem do mar e que produz cheiro forte. **2** Esse cheiro.

marfim ⟨mar.fim⟩ ❚ adj.2g.2n./s.m.2n. **1** De cor entre o branco e o amarelo, como a deste material. ❚ s.m. **2** Material duro e esbranquiçado que, coberto por esmalte, forma a presa de alguns vertebrados, especialmente dos elefantes: *O tráfico de marfim ameaça os elefantes de extinção.* **3** Peça feita desse material: *Ganhou um marfim belíssimo no aniversário.* ◻ GRAMÁTICA Nas acepções 2 e 3, o plural é *marfins*.

marfinense ⟨mar.fi.nen.se⟩ adj.2g./s.2g. Da Costa do Marfim ou relacionado a esse país africano. ◻ SIN. costa-marfinense, ebúrneo.

margarida ⟨mar.ga.ri.da⟩ s.f. **1** Planta herbácea ornamental com folhas de base larga e ponta aguda, com um conjunto de flores na região superior que parece ser uma única flor, com um disco central e várias pétalas ao redor, geralmente brancas ou amarelas. ◻ SIN. bem-me-quer, malmequer. **2** Flor dessa planta.

margarina ⟨mar.ga.ri.na⟩ s.f. Substância gordurosa comestível, de consistência macia, fabricada com gordura vegetal.

margear ⟨mar.ge.ar⟩ v.t.d. **1** Ir pela margem de (uma superfície) ou próximo a ela: *Passeamos margeando o lago.* **2** Estar ao longo da margem de (um lugar ou um corpo): *Uma vala margeia nosso caminho.* **3** Em uma folha, riscar uma margem: *A professora pediu para margearmos o cartaz antes de iniciar a atividade.* ◻ ORTOGRAFIA O e muda para *ei* quando a sílaba tônica estiver na raiz do verbo →NOMEAR.

margem ⟨mar.gem⟩ (pl. *margens*) s.f. **1** Limite ou extremo de uma superfície: *a margem de um rio.* **2** Em uma página, espaço em branco entre o limite da folha e a parte escrita ou impressa. [◉ livro p. 499] ◻ SIN. borda. ‖ **à margem** De forma independente e separada: *Ficou à margem das decisões tomadas.* ‖ **margem de erro** Diferença que se supõe ou se tolera entre um limite e outro, especialmente se for entre o cálculo de algo e o seu valor real: *Nas especulações eleitorais, sempre se leva em conta uma margem de erro.*

marginal ⟨mar.gi.nal⟩ (pl. *marginais*) ❚ adj.2g. **1** Da margem ou relacionado a ela: *As rebarbas marginais devem ser lixadas com uma lima.* **2** Que está situado à margem: *uma via marginal.* **3** Que está situado próximo a um rio ou a um ribeirão: *As residências marginais sofriam com as enchentes.* ❚ adj.2g./s.2g. **4** Em relação a uma pessoa ou a um grupo de pessoas, sem recursos econômicos nem meios para ganhar a vida: *As crianças marginais precisam de atenção especial.* ❚ s.2g. **5** Pessoa que não está integrada em um grupo nem na sociedade por não seguir as normas socialmente admitidas.

marginalidade ⟨mar.gi.na.li.da.de⟩ s.f. Falta de integração em uma sociedade ou desobediência de suas normas.

marginalizar ⟨mar.gi.na.li.zar⟩ ❚ v.t.d. **1** Isolar do resto e colocar em condições sociais de inferioridade (uma pessoa ou uma coletividade): *marginalizar um aluno.* ❚ v.prnl. **2** Afastar-se da integração de uma sociedade ou distanciar-se das normas socialmente admitidas: *Marginalizou-se ao entrar para o crime.*

maria-fumaça ⟨ma.ri.a-fu.ma.ça⟩ (pl. *marias-fumaça* ou *marias-fumaças*) s.f. Trem cuja locomotiva é a vapor.

mariano, na ⟨ma.ri.a.no, na⟩ adj. Na Igreja Católica, da Virgem Maria (mãe de Jesus Cristo), de seu culto ou relacionado a eles.

maria vai com as outras ⟨ma.ri.a vai com as ou.tras⟩ s.2g.2n. *informal pejorativo* Pessoa que segue as ideias e as iniciativas alheias.

maricas ⟨ma.ri.cas⟩ adj.2g.2n./s.m.2n. **1** *informal pejorativo* Em relação a uma pessoa do sexo masculino, que é afeminada. **2** *informal pejorativo* Em relação a uma pessoa do sexo masculino, que é considerada covarde.

marido ⟨ma.ri.do⟩ s.m. Em relação a uma mulher, homem com quem está casada. ◻ SIN. esposo. ◻ GRAMÁTICA Seu feminino é *mulher*.

marimba ⟨ma.rim.ba⟩ s.f. Instrumento musical de percussão, de origem africana, semelhante ao xilofone, com uma série de lâminas de madeira de diferentes comprimentos, dispostas em uma única fileira, com uma armação e com ressoadores embaixo de cada uma delas. ◻ ORIGEM É uma palavra de origem africana. [◉ instrumentos de percussão p. 614]

marimbondo ⟨ma.rim.bon.do⟩ s.m. Vespa de cor avermelhada, com ferrão no abdome, que constrói seus ninho no solo ou preso a galhos de árvores, e cuja picada causa fortes dores. ◻ ORIGEM É uma palavra de origem africana. ◻ GRAMÁTICA É um substantivo epiceno: *o marimbondo (macho/fêmea).*

marina ⟨ma.ri.na⟩ s.f. Lugar destinado ao atracamento e à manutenção de embarcações de pequeno e médio portes.

maringaense ⟨ma.rin.ga.en.se⟩ adj.2g./s.2g. De Maringá ou relacionado a essa cidade do estado brasileiro do Paraná.

marinha ⟨ma.ri.nha⟩ s.f. **1** Força armada marítima de um país. **2** Conjunto de pessoas que pertencem a essa força armada. **3** Conjunto de navios pertencentes a essa força armada, especialmente se forem de guerra. **4** Laguna ou depósito de pouca profundidade em que se acumula água salgada para que evapore, restando apenas o sal: *As imensas marinhas são a principal atração turística da região.* ◻ SIN. salina. **5** Em arte, pintura que apresenta um tema marítimo. ◻ ORTOGRAFIA Nas acepções 1, 2 e 3, usa-se geralmente com inicial maiúscula por ser também um nome próprio.

marinhagem ⟨ma.ri.nha.gem⟩ (pl. *marinhagens*) s.f. Grupo de pessoas a bordo de um navio.

marinheiro, ra ⟨ma.ri.nhei.ro, ra⟩ ❚ adj. **1** Da marinha, dos marinheiros ou relacionado a eles. ❚ s. **2** Pessoa que trabalha em uma embarcação. ◻ SIN. marítimo. **3** Na Marinha, pessoa cuja graduação é inferior à de cabo.

marinho, nha ⟨ma.ri.nho, nha⟩ ▪ adj. **1** Do mar ou relacionado a ele. ▪ adj.2g.2n./s.m. **2** →**azul-marinho**

marionete ⟨ma.ri.o.ne.te⟩ s.f. **1** Boneco articulado que pode ser movido por meio de fios presos a um suporte: *um teatro de marionete*. □ SIN. títere. **2** *pejorativo* Pessoa com pouca personalidade e que se deixa manipular facilmente. □ GRAMÁTICA Na acepção 2, usa-se tanto para o masculino quanto para o feminino: *{ele/ela} é uma marionete*.

mariposa ⟨ma.ri.po.sa⟩ (Pron. [maripôsa]) s.f. Adulto de inseto lepidóptero, semelhante a uma borboleta, de cores pardas e de hábitos geralmente noturnos. □ GRAMÁTICA É um substantivo epiceno: *a mariposa {macho/fêmea}*. [👁 **inseto** p. 456]

mariscar ⟨ma.ris.car⟩ ▪ v.t.d. **1** Colher ou apanhar (mariscos). ▪ v.int. **2** Colher ou apanhar mariscos: *Mariscar é a principal atividade econômica da região*. **3** Comer ou petiscar mariscos. □ ORTOGRAFIA Antes de *e*, o *c* muda para *qu* →BRINCAR.

marisco ⟨ma.ris.co⟩ s.m. Animal marinho invertebrado e comestível, especialmente se for um crustáceo ou um molusco.

marista ⟨ma.ris.ta⟩ adj.2g./s.2g. Na Igreja Católica, que ou quem pertence a uma congregação religiosa devota da Virgem Maria (mãe de Jesus Cristo).

maritaca ⟨ma.ri.ta.ca⟩ s.f. Ave de bico preto, com plumagem verde, que vive em bando e se alimenta de frutos, brotos, flores e folhas tenras. □ ORIGEM É uma palavra de origem tupi. □ GRAMÁTICA É um substantivo epiceno: *a maritaca {macho/fêmea}*.

marital ⟨ma.ri.tal⟩ (pl. *maritais*) adj.2g. Do matrimônio ou relacionado a ele. □ SIN. matrimonial.

marítimo, ma ⟨ma.ri.ti.mo, ma⟩ ▪ adj. **1** Do mar ou relacionado a ele: *o comércio marítimo*. **2** Da Marinha ou relacionado a essa força armada: *uma frota marítima*. ▪ s.m. **3** Pessoa que trabalha em uma embarcação. □ SIN. marinheiro.

maritubense ⟨ma.ri.tu.ben.se⟩ adj.2g./s.2g. De Marituba ou relacionado a essa cidade do estado brasileiro do Pará.

marketing *(palavra inglesa)* (Pron. [márquetin]) s.m. Conjunto de estratégias destinadas a favorecer a comercialização de um produto ou de um serviço.

marmanjo, ja ⟨mar.man.jo, ja⟩ s. **1** *informal* Pessoa adulta. **2** *informal* Jovem robusto ou corpulento.

marmelada ⟨mar.me.la.da⟩ s.f. **1** Doce feito à base de polpa de marmelo e açúcar: *Coma um pouco desta marmelada caseira!* **2** *informal* Mentira ou trapaça combinadas previamente e disfarçadas com habilidade: *Fizeram uma marmelada, para que ela recebesse o dinheiro*. **3** *informal* Em uma competição, trama ou enganação com as quais uns dos participantes ganha mesmo sem merecer: *A final do campeonato foi uma marmelada!*

marmeleiro ⟨mar.me.lei.ro⟩ s.m. Árvore com flores brancas ou rosadas, e cujo fruto é o marmelo. □ SIN. marmelo.

marmelo ⟨mar.me.lo⟩ s.m. **1** Árvore com flores brancas ou rosadas, fruto amarelo, arredondado, bastante aromático e de polpa áspera, usado para fazer doces, e cujas sementes são usadas para fins medicinais. □ SIN. marmeleiro. **2** Esse fruto.

marmita ⟨mar.mi.ta⟩ s.f. **1** Recipiente que se fecha hermeticamente, usado para levar comida, especialmente se for para o trabalho. **2** Comida levada nesse recipiente: *Coma a sua marmita antes que ela esfrie!*

marmiteiro, ra ⟨mar.mi.tei.ro, ra⟩ s. **1** Pessoa que se dedica à entrega de marmitas, especialmente como profissão. **2** Pessoa que leva marmita para se alimentar no serviço.

marsupial

marmoraria ⟨mar.mo.ra.ri.a⟩ s.f. Estabelecimento comercial em que se fabricam e se vendem peças em mármore.

mármore ⟨már.mo.re⟩ s.m. Pedra calcária, de textura compacta e cristalina, geralmente branca com manchas de outras cores, facilmente polida, usada como material decorativo ou de construção.

marmorista ⟨mar.mo.ris.ta⟩ adj.2g./s.2g. Que ou quem se dedica profissionalmente a esculpir ou a trabalhar peças de mármore ou de pedras semelhantes.

marmorizar ⟨mar.mo.ri.zar⟩ v.t.d. **1** Transformar em mármore (o calcário). **2** Dar as características próprias do mármore a. **3** Cobrir de mármore.

marmota ⟨mar.mo.ta⟩ s.f. Mamífero roedor herbívoro, de patas curtas, orelhas pequenas, pelagem espessa, e que hiberna no inverno. □ GRAMÁTICA É um substantivo epiceno: *a marmota {macho/fêmea}*.

marola ⟨ma.ro.la⟩ s.f. No mar, ondulação em sua superfície: *A marola balançava o barco*.

maronita ⟨ma.ro.ni.ta⟩ adj.2g./s.2g. Igreja católica do rito oriental, tradicional no Líbano e na Síria (países asiáticos ocidentais), que conserva uma liturgia própria, prevê a celebração da missa em língua aramaica, e reconhece a autoridade papal.

maroto, ta ⟨ma.ro.to, ta⟩ (Pron. [marôto]) adj. *informal* Que é esperto ou que tem malícia.

marquês, -a ⟨mar.quês, que.sa⟩ (Pron. [marquês], [marquêsa]) s. Pessoa que tem um título de nobreza entre o de duque e o de conde.

marquesa ⟨mar.que.sa⟩ (Pron. [marquêsa]) s.f. **1** Feminino de **marquês**. **2** Esposa de marquês. **3** Móvel semelhante a um sofá largo, cujo assento é feito com palha.

marquise ⟨mar.qui.se⟩ s.f. Beiral ou cobertura para proteção contra o sol, contra a chuva ou contra o vento.

marra ⟨mar.ra⟩ s.f. Instrumento semelhante a uma enxada, porém, com a pá mais curva e comprida, que se utiliza especialmente para cavar em terras pedregosas ou para cortar raízes finas. ‖ **na marra 1** *informal* Forçosamente e contra a vontade: *Eu não queria, mas me fizeram vir na marra*. **2** *informal* Com vontade ou de qualquer forma: *Mesmo sem preparo, foram ao concurso na marra*.

marrar ⟨mar.rar⟩ v.t.d./v.int. Golpear usando os chifres (um animal). □ GRAMÁTICA É um verbo unipessoal: só se usa nas terceiras pessoas do singular e do plural, no particípio, no gerúndio e no infinitivo →MIAR.

marreco, ca ⟨mar.re.co, ca⟩ s. Ave aquática palmípede, onívora, semelhante ao pato e de pequeno porte.

marreta ⟨mar.re.ta⟩ (Pron. [marrêta]) s.f. Ferramenta parecida com um martelo de ferro, com cabo longo, geralmente usada para quebrar pedras.

marretar ⟨mar.re.tar⟩ v.t.d./v.int. **1** Golpear com uma marreta. **2** *informal* Bater ou surrar. **3** *informal* Maldizer ou criticar.

marreteiro, ra ⟨mar.re.tei.ro, ra⟩ *(São Paulo)* s. *informal* Vendedor ambulante.

marrom ⟨mar.rom⟩ (pl. *marrons*) adj.2g./s.m. Da cor da casca da castanha ou com tonalidades castanhas.

marroquim ⟨mar.ro.quim⟩ (pl. *marroquins*) s.m. Pele curtida de cabra ou de bode: *sapatos forrados com marroquim*.

marroquino, na ⟨mar.ro.qui.no, na⟩ adj./s. De Marrocos ou relacionado a esse país africano.

marsupial ⟨mar.su.pi.al⟩ (pl. *marsupiais*) ▪ adj.2g. **1** Que tem o formato de uma bolsa: *A bexiga é o órgão marsupial do sistema*. ▪ adj.2g./s.m. **2** Em relação a um mamífero, que se caracteriza pelo fato de as fêmeas terem uma bolsa com mamas primitivas e pouco desenvolvidas,

marsúpio

onde suas crias permanecem até completarem seu desenvolvimento: *O canguru é o mais célebre dos marsupiais.* ▌s.m.pl. **3** Em zoologia, ordem desses mamíferos: *O coala faz parte dos marsupiais.*

marsúpio ⟨mar.sú.pio⟩ s.m. Na fêmea de um mamífero marsupial, bolsa situada na parte dianteira do corpo, na qual ficam as mamas e onde se carregam as crias até completarem seu desenvolvimento.

marta ⟨mar.ta⟩ s.f. **1** Mamífero carnívoro de corpo comprido, com pelagem espessa e macia, patas curtas e cabeça pequena com focinho afinado. **2** Pele desse animal. ▢ GRAMÁTICA Na acepção 1, é um substantivo epiceno: *a marta (macho/fêmea)*.

martelada ⟨mar.te.la.da⟩ s.f. **1** Golpe dado com um martelo. **2** Marca deixada por esse golpe.

martelar ⟨mar.te.lar⟩ ▌v.t.d./v.int. **1** Bater com um martelo em (algo) ou usá-lo para dar golpes. **2** Dar golpes com força. ▌v.t.d./v.t.i. **3** *informal* Repetir (algo que foi dito ou feito) ou insistir [em uma ideia]: *Martelamos nessa questão até convencê-lo.* ▌v.int. **4** *informal* Retornar insistentemente (uma ideia ou uma lembrança): *A cena martelou em minha cabeça até eu lembrar o que queria.* ▢ GRAMÁTICA Nas acepções 3 e 4, usa-se a construção *martelar em algo*.

martelo ⟨mar.te.lo⟩ s.m. **1** Ferramenta formada por um cabo com uma cabeça metálica, utilizada para golpear. **2** Em anatomia, osso da orelha média articulado com a bigorna e que é golpeado pelo tímpano devido às vibrações das ondas sonoras.

mártir ⟨már.tir⟩ s.2g. Pessoa que morre ou que sofre tormento físico pela defesa de suas crenças ou de seus ideais, especialmente se forem religiosos ou políticos: *Morreu como um mártir, lutando por aquilo que acreditava.*

martírio ⟨mar.tí.rio⟩ s.m. **1** Morte ou tormento sofridos por defender uma crença ou um ideal, especialmente se forem religiosos ou políticos: *Diversos santos católicos sofreram martírios cruéis nas mãos dos antigos romanos.* **2** Sofrimento prolongado: *Aquele emprego estava sendo um martírio para ela.* ▢ SIN. calvário.

martirizar ⟨mar.ti.ri.zar⟩ ▌v.t.d. **1** Tirar a vida ou atormentar, especialmente se for por razões religiosas: *Os romanos usavam leões para martirizar os cristãos.* ▌v.t.d./v.prnl. **2** Maltratar, causar sofrimento ou moléstia a (alguém) ou afligir-se: *Martirizou os pais com seu desaparecimento. Não se martirizem à toa!*

marujo, ja ⟨ma.ru.jo, ja⟩ s. *informal* Marinheiro.

marulhar ⟨ma.ru.lhar⟩ ▌v.int./v.prnl. **1** Agitar(-se) e formar ondas (a água do mar). ▌v.int. **2** Imitar o barulho das ondas do mar.

marulho ⟨ma.ru.lho⟩ s.m. **1** No mar, leve agitação das águas. ▢ SIN. marejada. **2** Barulho causado por essa agitação.

marxismo ⟨mar.xis.mo⟩ (Pron. [marcsismo]) s.m. **1** Doutrina filosófica criada por Marx e Engels (filósofos alemães do século XIX), que se baseia na concepção científica do mundo e que defende a transformação dos modos de produção por meio da luta de classes. **2** Movimento político oposto ao capitalismo e que se baseia na interpretação dessa doutrina filosófica.

marxismo-leninismo ⟨mar.xis.mo-le.ni.nis.mo⟩ (Pron. [marcsismo-leninismo]) (pl. *marxismos-leninismos*) s.m. Doutrina filosófica criada por Lenin (político e teórico russo do final do século XIX e do começo do século XX), baseada no marxismo e na realidade soviética, envolvendo questões sociais, políticas e econômicas.

mas conj. Conectivo gramatical coordenativo (que une elementos do mesmo nível sintático) que pode expressar oposição ou adversidade: *Comer doces é bom, mas em excesso não é saudável.* ▢ SIN. contudo, entretanto, no entanto, porém, todavia.

mascar ⟨mas.car⟩ v.t.d./v.int. Esmagar (algo) com os dentes ou mastigar, sem engolir. ▢ ORTOGRAFIA Antes de e, o c muda para qu →BRINCAR.

máscara ⟨más.ca.ra⟩ s.f. **1** Peça moldada geralmente na forma de um rosto humano ou uma cabeça de animal ou de um pedaço deles, usada para ocultar o rosto ou parte dele: *máscaras de carnaval.* **2** Aparelho que cobre o rosto ou parte dele e que serve para evitar a aspiração de gases tóxicos ou para facilitar a aspiração de outros gases: *uma máscara de inalação.* **3** Produto cosmético usado em tratamentos de beleza: *uma máscara de limpeza facial.*

mascarada ⟨mas.ca.ra.da⟩ s.f. Festa em que os participantes usam máscaras.

mascarado, da ⟨mas.ca.ra.do, da⟩ adj./s. **1** *informal* Que ou quem usa uma máscara. **2** *informal* Que ou quem oculta ou dissimula sua forma de ser ou seus propósitos. **3** *informal* Que ou quem é convencido.

mascarar ⟨mas.ca.rar⟩ ▌v.t.d./v.t.d.i./v.prnl. **1** Cobrir(-se) (o rosto) [com uma máscara]: *Mascarei-me de colombina para ir ao baile de carnaval.* ▌v.t.d. **2** Ocultar ou disfarçar: *mascarar a verdade.*

mascate ⟨mas.ca.te⟩ s.2g. Pessoa que se dedica profissionalmente à venda de mercadorias em domicílio.

mascavo ⟨mas.ca.vo⟩ s.m. →açúcar mascavo

mascote ⟨mas.co.te⟩ s.f. **1** Aquilo que serve como talismã para trazer boa sorte. **2** Figura que representa um grupo ou que simboliza um acontecimento: *Uma raposa é a mascote do time.*

masculinidade ⟨mas.cu.li.ni.da.de⟩ s.f. Conjunto de características consideradas próprias do sexo masculino.

masculinizar ⟨mas.cu.li.ni.zar⟩ v.t.d./v.prnl. Dar ou adquirir características masculinas.

masculino, na ⟨mas.cu.li.no, na⟩ ▌adj. **1** Em relação a um ser vivo, que é dotado de órgãos para fecundar. **2** Desse ser vivo ou relacionado a ele. ▌adj./s.m. **3** Em linguística, em relação à categoria gramatical do gênero, que é a dos nomes que se referem a seres vivos do sexo masculino e a outros seres inanimados.

másculo, la ⟨más.cu.lo, la⟩ adj. Que tem características tradicionalmente consideradas como próprias do homem. ▢ SIN. varonil, viril.

masmorra ⟨mas.mor.ra⟩ (Pron. [masmôrra]) s.f. Prisão subterrânea, geralmente escura e tenebrosa.

masoquismo ⟨mas.so.quis.mo⟩ s.m. **1** Tendência sexual que consiste em obter prazer submetendo-se a maus-tratos ou humilhações. **2** Prazer sentido diante do próprio sofrimento.

masoquista ⟨ma.so.quis.ta⟩ ▌adj.2g. **1** Do masoquismo ou relacionado a essa tendência sexual. ▌adj.2g./s.2g. **2** Que ou quem pratica o masoquismo.

massa ⟨mas.sa⟩ s.f. **1** Mistura espessa, macia e consistente, formada pela junção de um líquido com outra matéria, geralmente em pó: *uma massa de cimento.* **2** Em física, quantidade de matéria que um corpo possui: *No Sistema Internacional, a unidade de medida de massa é o quilograma.* **3** Quantidade de matéria: *Um iceberg é uma massa de gelo.* **4** Conjunto numeroso de pessoas ou de coisas: *uma massa de gente.* **5** Mistura de farinha de trigo e de outros ingredientes, com a qual se fazem macarrão e outros alimentos semelhantes: *a massa da lasanha.* **6** Conjunto dos alimentos feitos com essa mistura: *A massa é típica da cozinha italiana.* **7** *informal* No conjunto da população, grupo mais numeroso. ‖ **em massa** Em conjunto ou com a intervenção de todos ou da maioria: *A população compareceu em massa à eleição.* ‖ **massa cinzenta** *informal* Cérebro ou inteligência: *Use a massa cinzenta para resolver o problema!*

matéria

massacrar ⟨mas.sa.crar⟩ v.t.d. **1** Cometer a matança ou assassinato coletivo de (alguém): *Os bombardeios massacraram a população civil.* **2** *informal* Aborrecer por falta de entretenimento, diversão ou estímulo: *A apresentação excessivamente longa massacrou a plateia.* **3** *informal* Criticar duramente: *A crítica massacrou o filme.* **4** *informal* Causar muito cansaço ou esgotamento: *Trabalhar no fim de semana a massacrou.* **5** *informal* Vencer com nítida superioridade (um jogador ou uma equipe): *Nosso time massacrou o rival com quatro gols.*

massacre ⟨mas.sa.cre⟩ s.m. **1** Assassinato em massa de pessoas. **2** *informal* Humilhação, embaraço ou sofrimento: *O jogo foi um massacre para o nosso time.*

massagear ⟨mas.sa.ge.ar⟩ v.t.d./v.int./v.prnl. Fazer uma massagem em (alguém ou si próprio) ou fazer pressão sobre o corpo com intensidade rítmica. ▢ ORTOGRAFIA O e muda para ei quando a sílaba tônica estiver na raiz do verbo →NOMEAR.

massagem ⟨mas.sa.gem⟩ (pl. *massagens*) s.f. Compressão realizada com as mãos ou algum instrumento em determinadas partes do corpo para diversos fins: *uma massagem terapêutica.*

massagista ⟨mas.sa.gis.ta⟩ s.2g. Pessoa que se dedica profissionalmente a fazer massagem.

masseter ⟨mas.se.ter⟩ (Pron. [massetér]) s.m. Nos animais, músculo que serve para elevar a mandíbula: *Os masseteres possibilitam a mastigação dos alimentos.*

massivo, va ⟨mas.si.vo, va⟩ adj. **1** Que inclui um grande número de indivíduos: *um ataque massivo.* **2** Que é aplicado ao feito em grande quantidade: *O desmatamento massivo prejudica o meio ambiente.*

mastigação ⟨mas.ti.ga.ção⟩ (pl. *mastigações*) s.f. Ato ou efeito de mastigar: *mastigações*.

mastigador, -a ⟨mas.ti.ga.dor, do.ra⟩ (Pron. [mastigadôr], [mastigadôra]) adj./s. Que ou quem mastiga ou tem o hábito de mastigar.

mastigar ⟨mas.ti.gar⟩ v.t.d. Partir ou esmiuçar com os dentes. ▢ SIN. morder. ▢ ORTOGRAFIA Antes de e, o g muda para gu →CHEGAR.

mastim ⟨mas.tim⟩ (pl. *mastins*) adj.2g./s. Em relação a um cachorro, da raça que se caracteriza por ser robusta e de grande porte, por ter pelagem curta, cabeça grande e orelhas compridas e caídas.

mastite ⟨mas.ti.te⟩ s.f. Inflamação da mama.

mastodonte ⟨mas.to.don.te⟩ s.m. Mamífero herbívoro semelhante ao elefante, com caninos voltados para cima, que viveu no período terciário e se extinguiu há cerca de dez mil anos: *O mastodonte é um mamífero dos alguns dos antigos parentes do elefante.* ▢ GRAMÁTICA Na acepção 1, é um substantivo epiceno: *o mastodonte (macho/fêmea).*

mastrear ⟨mas.tre.ar⟩ v.t.d. Colocar mastro em (uma embarcação) para suspender as velas. ▢ ORTOGRAFIA O e muda para ei quando a sílaba tônica estiver na raiz do verbo →NOMEAR.

mastro ⟨mas.tro⟩ s.m. **1** Em uma embarcação, peça comprida e cilíndrica, de madeira ou de outro material, que se posiciona verticalmente para sustentar a vela. ▢ SIN. pau. **2** Peça utilizada para içar bandeiras. ▢ SIN. haste, pau.

masturbação ⟨mas.tur.ba.ção⟩ (pl. *masturbações*) s.f. Ato ou efeito de masturbar(-se).

masturbar ⟨mas.tur.bar⟩ v.t.d./v.prnl. Proporcionar(-se) prazer sexual acariciando ou tocando os órgãos sexuais.

mata ⟨ma.ta⟩ s.f. Área com grande densidade de árvores: *Nas matas equatoriais as chuvas são abundantes o ano todo.* ‖ **(mata de) galeria** Vegetação que margeia um curso d'água.

mata-borrão ⟨ma.ta-bor.rão⟩ (pl. *mata-borrões*) s.m. Papel que, por ser muito poroso, se usa para secar o excesso de tinta.

mata-burro ⟨ma.ta-bur.ro⟩ (pl. *mata-burros*) s.m. Ponte pequena construída sobre um fosso, com tábuas ou trilhos de ferro espaçados, que impede a passagem de animais, mas que permite o trânsito de pessoas e de veículos.

matadoiro ⟨ma.ta.doi.ro⟩ s.m. →matadouro

matadouro ⟨ma.ta.dou.ro⟩ s.m. **1** Lugar no qual se matam animais para o consumo humano. ▢ SIN. abatedouro. **2** *informal* Lugar prejudicial à saúde. ▢ ORTOGRAFIA Escreve-se também *matadoiro*.

matagal ⟨ma.ta.gal⟩ (pl. *matagais*) s.m. Conjunto de mato que cobre uma área.

matança ⟨ma.tan.ça⟩ s.f. Grande quantidade de mortes causadas de maneira violenta. ▢ SIN. mortandade, morticínio.

mata-piolho ⟨ma.ta-pi.o.lho⟩ (Pron. [mata-piólho]) (pl. *mata-piolhos*) s.m. *informal* Dedo polegar.

matar ⟨ma.tar⟩ ▌v.t.d./v.int. **1** Tirar a vida de (uma pessoa ou um animal) ou assassinar: *um veneno para matar baratas.* ▌v.t.d. **2** *informal* Passar (o tempo): *Matei o tempo ouvindo música.* **3** *informal* Fazer desaparecer (a fome ou a sede, especialmente): *Que tal um suco para matar a sede?* ▌v.t.d./v.int. **4** *informal* Incomodar, cansar, molestar ou fazer sofrer em grande medida: *Essa dor de cabeça está me matando.* ▌v.t.d. **5** Destruir ou fazer desaparecer: *O incêndio matou uma grande área verde. Esse imprevisto matou seus planos.* **6** Em alguns esportes, amortecer e dominar (a bola): *O jogador matou a bola no peito.* **7** Decifrar (uma incógnita ou um enigma): *matar uma charada.* **8** Não comparecer a (uma aula, o trabalho ou outro compromisso): *Matou o trabalho na emenda do feriado.* ▌v.prnl. **9** Suicidar-se ou tirar a própria vida. **10** *informal* Trabalhar ou esforçar-se muito: *Eles se mataram para finalizar o projeto a tempo.* ▢ GRAMÁTICA É um verbo abundante, pois apresenta dois particípios: *matado* e *morto*.

mate ⟨ma.te⟩ s.m. **1** Árvore de tronco reto e com copa densa, com folhas verde-escuro serrilhadas, duras, ovais e brilhantes, e que possui propriedades estimulantes e diuréticas. [◉ **árvores** p. 79] **2** Folha seca dessa árvore usada para preparar uma infusão: *um chá de mate.* **3** Essa infusão: *Poderia me servir um copo de mate?* **4** →xeque-mate ▢ USO Nas acepções 1 e 2, é a forma reduzida e mais usual de *erva-mate*.

mateense ⟨ma.te.en.se⟩ adj.2g./s.2g. De São Mateus ou relacionado a essa cidade do estado brasileiro do Espírito Santo.

mateiro, ra ⟨ma.tei.ro, ra⟩ s. **1** Em uma mata ou em uma floresta, pessoa que serve de guia para os excursionistas. **2** Pessoa que se dedica ao cultivo ou à venda da erva-mate.

matemática ⟨ma.te.má.ti.ca⟩ s.f. Ciência que estuda as quantidades, suas relações e suas propriedades.

matemático, ca ⟨ma.te.má.ti.co, ca⟩ adj. **1** Da matemática ou relacionado a essa ciência: *as operações matemáticas.* **2** Exato ou preciso: *Chegou à entrevista com pontualidade matemática.* ▌s. **3** Pessoa que se dedica profissionalmente à matemática ou que é especializada nessa ciência.

matéria ⟨ma.té.ria⟩ s.f. **1** Realidade espacial e perceptível aos sentidos que, com a energia, constitui o mundo físico: *Toda matéria que possui massa está sujeita à ação da gravidade.* **2** Substância ou material de que são feitas as coisas: *O aço é uma matéria muito resistente.* **3** Tema ou assunto: *O jornal de hoje traz uma matéria sobre literatura.* **4** Disciplina que faz parte de um

material

plano de estudos: *A matéria de que mais gosto é a Matemática.* **5** Aquilo que é oposto ao espírito: *Dizem que o corpo é matéria e a alma, espírito.*

material ⟨ma.te.ri.al⟩ (pl. *materiais*) ▌adj.2g. **1** Da matéria ou relacionado a ela: *um bem material.* **2** Oposto ao espírito ou pertencente ao corpo e aos sentidos: *Os sentimentos não são materiais.* ▌s.m. **3** Elemento ou conjunto de elementos que servem para elaboração ou fabricação de algo: *materiais de construção.* **4** Conjunto de utensílios, de máquinas ou de instrumentos necessários para desempenhar um serviço ou para exercer uma função: *o material de escritório.*

materialidade ⟨ma.te.ri.a.li.da.de⟩ s.f. Propriedade física ou qualidade daquilo que é material.

materialismo ⟨ma.te.ri.a.lis.mo⟩ s.m. **1** Doutrina filosófica que admite a matéria como a única realidade, e que nega a espiritualidade e a imortalidade da alma, assim como a causa primeira e as leis metafísicas: *O materialismo histórico é a base teórica do comunismo.* **2** Apego excessivo a tudo aquilo que se considera um bem material: *O materialismo a tornou ambiciosa.*

materialista ⟨ma.te.ri.a.lis.ta⟩ ▌adj.2g. **1** Do materialismo ou relacionado a essa doutrina filosófica. ▌adj.2g./s.2g. **2** Que ou quem defende ou segue a doutrina filosófica do materialismo. **3** Que ou quem possui ou demonstra apego excessivo por tudo o que é considerado um bem material: *uma pessoa materialista.*

materializar ⟨ma.te.ri.a.li.zar⟩ v.t.d./v.prnl. Realizar (um projeto) ou tornar(-se) realidade.

matéria-prima ⟨ma.té.ria-pri.ma⟩ (pl. *matérias-primas*) s.f. Matéria utilizada na fabricação de produtos mais elaborados: *O petróleo é a matéria-prima da gasolina.*

maternal ⟨ma.ter.nal⟩ (pl. *maternais*) adj.2g. Com as características que se consideram próprias de uma mãe, como a compreensão e o carinho.

maternidade ⟨ma.ter.ni.da.de⟩ s.f. **1** Condição ou estado da mulher que é mãe. **2** Centro de saúde que presta cuidados às mulheres que vão dar à luz e aos recém-nascidos.

materno, na ⟨ma.ter.no, na⟩ adj. Da mãe ou relacionado a ela.

matilha ⟨ma.ti.lha⟩ s.f. Conjunto de cães que participam juntos de uma caçada.

matinal ⟨ma.ti.nal⟩ (pl. *matinais*) adj.2g. Da manhã ou relacionado a ela.

matinê ⟨ma.ti.nê⟩ s.f. Evento social ou espetáculo que se realizam nas primeiras horas da tarde.

matiz ⟨ma.tiz⟩ s.m. **1** Cada uma das tonalidades de uma mesma cor: *Nessa pintura se podem apreciar diversos matizes de verde.* □ SIN. nuance. **2** Traço ou aparência que um determinado caráter proporciona: *Suas palavras pareciam ter um matiz irônico.* **3** Sutileza entre duas coisas semelhantes: *Pedimos que alterasse alguns matizes do contrato.* □ SIN. nuance.

matizar ⟨ma.ti.zar⟩ v.t.d. **1** Atribuir nuance ou matiz a (algo): *O sol matiza as cores.* □ SIN. nuançar. **2** Colorir ou pintar com várias cores. **3** Colocar enfeites ou embelezar: *As flores matizavam a paisagem.* □ SIN. enfeitar.

mato ⟨ma.to⟩ s.m. **1** Conjunto de plantas que cobrem uma área e que nascem em abundância e de forma espontânea. **2** Região rural ou distante da cidade. ‖ **no mato sem cachorro** *informal* Em dificuldade ou sem saída: *Preciso de ajuda, pois estou no mato sem cachorro.*

mato-grossense ⟨ma.to-gros.sen.se⟩ (pl. *mato-grossenses*) adj.2g./s.2g. De Mato Grosso ou relacionado a esse estado brasileiro.

mato-grossense-do-sul ⟨ma.to-gros.sen.se-do-sul⟩ (pl. *mato-grossenses-do-sul*) adj.2g./s.2g. De Mato Grosso do Sul ou relacionado a esse estado brasileiro. □ SIN. sul-mato-grossense.

matraca ⟨ma.tra.ca⟩ s.f. **1** Instrumento musical de percussão formado por uma roda dentada que, ao girar, levanta consecutivamente uma ou mais linguetas, produzindo um ruído barulhento e áspero. [👁 **instrumentos de percussão** p. 614] **2** *informal pejorativo* Pessoa que fala muito. □ GRAMÁTICA Na acepção 2, usa-se tanto para o masculino quanto para o feminino: *(ele/ela) é uma matraca.*

matraquear ⟨ma.tra.que.ar⟩ v.int. **1** *informal* Fazer soar a matraca: *As crianças matraqueavam pelas ruas para anunciar a chegada do circo.* **2** *informal* Tagarelar. □ ORTOGRAFIA O *e* muda para *ei* quando a sílaba tônica estiver na raiz do verbo →NOMEAR.

matreiro, ra ⟨ma.trei.ro, ra⟩ adj. Dissimulado ou astuto. □ SIN. zaino.

matriarca ⟨ma.tri.ar.ca⟩ s.f. Mulher que exerce a autoridade em uma sociedade ou em um grupo. □ GRAMÁTICA Seu masculino é *patriarca.*

matriarcado ⟨ma.tri.ar.ca.do⟩ s.m. Em uma sociedade ou em um grupo, predomínio ou maior autoridade da mulher.

matriarcal ⟨ma.tri.ar.cal⟩ (pl. *matriarcais*) adj.2g. Do matriarcado ou relacionado a esse predomínio da autoridade da mulher.

matricida ⟨ma.tri.ci.da⟩ adj.2g./s.2g. Que ou quem matou sua mãe.

matricídio ⟨ma.tri.cí.dio⟩ s.m. Assassinato de uma mãe cometido por seu próprio filho.

matrícula ⟨ma.trí.cu.la⟩ s.f. **1** Inscrição de pessoas, de entidades ou de coisas em uma lista ou em um registro oficiais: *Encerrou-se o prazo para fazer a matrícula no curso de informática.* **2** Documento que registra essa inscrição: *a matrícula de um imóvel.*

matricular ⟨ma.tri.cu.lar⟩ v.t.d./v.prnl. Inscrever(-se) em uma lista oficial ou em um registro: *Matricularam os dois filhos na escola.*

matrimonial ⟨ma.tri.mo.ni.al⟩ (pl. *matrimoniais*) adj.2g. Do matrimônio ou relacionado a ele. □ SIN. marital.

matrimônio ⟨ma.tri.mô.nio⟩ s.m. **1** União de um homem e de uma mulher mediante determinados ritos ou formalidades legais pelos quais ambos se comprometem a levar uma vida em comum. **2** Na Igreja Católica, sacramento pelo qual um homem e uma mulher se comprometem para sempre a levar uma vida em comum conforme os preceitos da Igreja.

matrinxã ⟨ma.trin.xã⟩ s.m. Peixe comestível de cor esverdeada e dourada, com nadadeiras avermelhadas e com dentes fortes. □ ORIGEM É uma palavra de origem tupi. □ GRAMÁTICA É um substantivo epiceno: *o matrinxã (macho/fêmea).*

matriz ⟨ma.triz⟩ ▌adj.2g. **1** Que é básico ou que é indispensável: *um planejamento matriz.* ▌adj.2g./s.f. **2** Em relação a uma empresa ou a uma entidade, que são principais e das quais outras dependem: *Essa empresa tem várias filiais, mas a matriz fica em São Paulo.* **3** Que dá origem a algo: *uma língua matriz.* ▌s.f. **4** No sistema genital feminino, órgão oco que protege o feto e no qual ele se desenvolve até seu nascimento. □ SIN. útero. **5** Molde em que se fundem objetos que serão idênticos: *Para fazer uma chave, usa-se uma matriz.* **6** Em matemática, quadro retangular dentro do qual se dispõem expressões matemáticas em linhas e colunas.

matrona ⟨ma.tro.na⟩ (Pron. [matrôna]) s.f. **1** Mãe de família, nobre e respeitável, especialmente em relação às mães da Roma Antiga. **2** Qualquer mulher considerada respeitável. **3** *pejorativo* Mulher madura e corpulenta.

maturação ⟨ma.tu.ra.ção⟩ (pl. *maturações*) s.f. Ato ou efeito de maturar(-se). ☐ SIN. amadurecimento.

maturar ⟨ma.tu.rar⟩ ❚ v.t.d./v.int./v.prnl. **1** Tornar(-se) maduro ou fazer atingir o desenvolvimento completo (um fruto): *A estufa ajudou a maturar os tomates. Com o calor, as pêras maturaram rapidamente.* ☐ SIN. amadurecer, madurar, sazonar. **2** Fazer com que (alguém) se desenvolva ou desenvolver-se física, intelectual e emocionalmente: *Com o passar dos anos, maturou e abandonou os maus hábitos.* ☐ SIN. amadurecer, madurar. ❚ v.t.d. **3** Elaborar ou aperfeiçoar (uma ideia): *Passou o ano maturando sua viagem.* ☐ SIN. amadurecer, madurar.

maturidade ⟨ma.tu.ri.da.de⟩ s.f. **1** Desenvolvimento físico, intelectual e emocional de uma pessoa. ☐ SIN. madureza. **2** Período da vida de uma pessoa que vai do final da juventude ao início da velhice.

matusalém ⟨ma.tu.sa.lém⟩ (pl. *matusaléns*) s.m. Homem muito velho.

matutar ⟨ma.tu.tar⟩ ❚ v.t.i./v.int. **1** *informal* Pensar profundamente [sobre um assunto] ou refletir: *Matutou sobre uma forma de ganhar dinheiro. Sentado na varanda, meu avô matutava.* ❚ v.t.d. **2** *informal* Preparar minuciosamente (um plano ou outro projeto): *Os presos matutavam a fuga.*

matutino, na ⟨ma.tu.ti.no, na⟩ adj. **1** Da manhã ou relacionado a ela. **2** Que acontece ou que se realiza pela manhã: *um curso matutino.*

matuto, ta ⟨ma.tu.to, ta⟩ adj./s. **1** Do interior, especialmente se for da roça, ou relacionado a ele. ☐ SIN. caipira. **2** *informal pejorativo* Rústico, sem educação ou sem refinamento. **3** *informal* Que ou quem é esperto ou malicioso.

mau ❚ adj. **1** Que não possui as qualidades próprias de sua natureza ou função: *um mau negócio.* **2** Que não é como convém nem como se gostaria que fosse: *Passou maus bocados durante suas férias, e não conseguiu descansar.* **3** Prejudicial, nocivo ou com consequências negativas: *um mau hábito; um mau exemplo.* **4** Que anuncia uma desgraça ou um dano: *um mau sinal; um mau pressentimento.* ❚ adj./s.m. **5** Que ou quem não tem qualidades morais consideradas positivas ou tende a praticar o mal. ❚ s.m. **6** *informal* Diabo. ☐ GRAMÁTICA **1.** Seu feminino é *má*. **2.** O comparativo de superioridade é *pior*. **3.** Seu superlativo é *péssimo*.

mau-caráter ⟨mau-ca.rá.ter⟩ (pl. *maus-caracteres*) adj.2g./s.2g. *informal pejorativo* Que ou quem não tem qualidades morais consideradas positivas, especialmente na forma de lidar com os outros.

maueense ⟨mau.e.en.se⟩ adj.2g./s.2g. De Maués ou relacionado a essa cidade do estado brasileiro do Amazonas.

mau-olhado ⟨mau-o.lha.do⟩ (pl. *maus-olhados*) s.m. **1** Olhar com o qual supostamente uma pessoa pode causar dano ou prejuízo a outra. **2** Dano ou prejuízo supostamente causados por esse olhar. ☐ SIN. quebranto.

mauriciano, na ⟨mau.ri.ci.a.no, na⟩ adj./s. Das Ilhas Maurício ou relacionado a esse país africano.

mauricinho ⟨mau.ri.ci.nho⟩ adj./s.m. *informal pejorativo* Em relação a uma pessoa do sexo masculino, que ostenta uma boa posição social e econômica de forma exagerada. ☐ GRAMÁTICA Seu feminino é *patricinha*.

mauritano, na ⟨mau.ri.ta.no, na⟩ adj./s. Da Mauritânia ou relacionado a esse país africano.

mausoléu ⟨mau.so.léu⟩ s.m. Sepulcro suntuoso, em homenagem a uma ou várias pessoas falecidas. ☐ SIN. jazigo, túmulo.

maus-tratos ⟨maus-tra.tos⟩ s.m.pl. Danos físicos e psíquicos.

meão

maxidesvalorização ⟨ma.xi.des.va.lo.ri.za.ção⟩ (Pron. [macsidesvalorização]) (pl. *maxidesvalorizações*) s.f. Em relação a uma moeda, grande desvalorização.

maxila ⟨ma.xi.la⟩ (Pron. [macsila]) s.f. **1** Cada um dos dois ossos nos quais ficam os dentes da arcada superior. **2** Em alguns artrópodes, apêndice posterior à mandíbula e que intervém no processo de mastigação.

maxilar ⟨ma.xi.lar⟩ (Pron. [macsilar]) adj.2g. Da mandíbula ou relacionado a ela. ‖ **maxilar inferior** Parte móvel do crânio, na qual se localizam os dentes inferiores. ☐ USO *Maxilar inferior* é a antiga denominação de *mandíbula*.

máxima ⟨má.xi.ma⟩ (Pron. [mácsima] ou [mássima]) s.f. **1** Frase breve que expressa um princípio moral ou um ensinamento: *Sempre repetia a máxima melhor prevenir que remediar.* ☐ SIN. adágio, anexim, ditado, provérbio, rifão. **2** Sentença ou divisa que expressam um ideal: *Sua máxima era ser justo com todos.* ☐ SIN. lema.

máxime ⟨má.xi.me⟩ (Pron. [mácsime]) adv. *formal* Principalmente ou especialmente.

máximo, ma ⟨má.xi.mo, ma⟩ (Pron. [mássimo] ou [mácsimo]) ❚ **1** Superlativo irregular de *grande*. ❚ s.m. **2** Limite superior a que se pode chegar: *Uma hora é o máximo de tempo para fazer a prova.*

maxixe ⟨ma.xi.xe⟩ s.m. **1** Planta trepadeira anual com folhas divididas em lobos, e cujo fruto, comestível e oval, possui sementes pequenas em seu interior e espinhos moles na casca. ☐ SIN. maxixeiro. **2** Esse fruto. **3** Composição musical urbana, de origem brasileira, do Rio de Janeiro, geralmente em compasso binário e de andamento rápido, que deu origem ao samba e à lambada: *O maxixe foi muito popular no Brasil no fim do século XIX e início do século XX.* **4** Dança que acompanha essa composição: *O maxixe é uma dança de casal.* ☐ ORIGEM Nas acepções 1 e 2, é uma palavra de origem africana.

maxixeiro, ra ⟨ma.xi.xei.ro, ra⟩ ❚ adj./s. **1** Que ou quem dança maxixe. ❚ s.m. **2** Planta trepadeira anual com folhas divididas em lobos, e cujo fruto é o maxixe. ☐ SIN. maxixe.

mazaganista ⟨ma.za.ga.nis.ta⟩ adj.2g./s.2g. De Mazagão ou relacionado a essa cidade do estado brasileiro do Amapá.

mazela ⟨ma.ze.la⟩ s.f. **1** Ferida aberta ou sem cicatrizar. **2** Doença ou problema de saúde. **3** Aquilo que causa aflição ou desventura: *Nunca se deixou abater pelas mazelas da vida.*

mazurca ⟨ma.zur.ca⟩ s.f. **1** Composição musical de origem polonesa, em compasso de três por quatro. **2** Dança que acompanha essa composição, com movimentos mais lentos que os da valsa e na qual a mulher é quem escolhe seu parceiro.

me pron.pess. Forma da primeira pessoa do singular que corresponde à função de complemento direto e indireto do verbo sem preposição.

mea-culpa *(expressão latina)* (Pron. [mêa culpa]) Expressão utilizada para assumir uma culpa: *O jornal fez um mea-culpa pelas acusações sem fundamento.*

meada ⟨me.a.da⟩ s.f. Fio enrolado em voltas iguais e geralmente grandes para que se possam fazer novelos.

meado, da ⟨me.a.do, da⟩ adj./s.m. Que ainda não foi terminado ou que está pela metade. ‖ **em meados** Por volta da metade: *Em meados dos anos 1990, a internet ganhou projeção mundial.*

meandro ⟨me.an.dro⟩ s.m. **1** Curva sinuosa no curso de um rio ou de um caminho. **2** Dificuldade ou impedimento: *Os meandros da burocracia atrasaram a documentação.*

meão, ã ⟨me.ão, ã⟩ (pl. *meãos*) ❚ adj. **1** Que está situado entre duas ou mais coisas, ou entre os extremos de

mear

uma gradação: *uma irmã meã*. **2** De qualidade ou de tamanho intermediários: *um profissional meão; um porte meão.* ▌s.m. **3** Em uma carroça ou em um carro de boi, peça localizada na roda e que serve para acomodar o eixo. **4** Instrumento musical de percussão, de madeira, semelhante ao tambor, usado no acompanhamento do maracatu ou de danças afro-brasileiras.

mear ⟨me.ar⟩ ▌v.t.d. **1** Dividir (algo) ao meio: *Meou o pão e deu uma parte para cada um.* □ SIN. mediar. ▌v.int./v.prnl. **2** Chegar à metade (um período de tempo): *Meava-se a semana e ninguém havia preparado o relatório.* □ ORTOGRAFIA O e muda para ei quando a sílaba tônica estiver na raiz do verbo →NOMEAR.

meato ⟨me.a.to⟩ s.m. Espaço ou orifício nos quais um canal de um organismo desemboca.

mecânica ⟨me.câ.ni.ca⟩ s.f. **1** Parte da física que estuda o movimento dos corpos, as forças que o produzem e as condições de equilíbrio. **2** Mecanismo que dá movimento a um artefato ou a uma máquina: *Seus conhecimentos de mecânica auxiliam-na a fazer pequenos reparos no veículo.*

mecânico, ca ⟨me.câ.ni.co, ca⟩ ▌adj. **1** Da mecânica ou relacionado a essa parte da física: *O princípio mecânico de ação e reação foi estabelecido pelo físico inglês Isaac Newton.* **2** Das máquinas ou relacionado a elas: *um problema mecânico.* **3** Que se realiza com máquinas: *O envasamento do produto é totalmente mecânico.* **4** Em geologia, em relação especialmente a um agente físico, que causa erosão sem modificar a composição química da rocha sobre a qual age: *O vento é um agente mecânico modificador do relevo.* **5** Que se faz sem pensar, especialmente por já ter sido feito muitas outras vezes: *Ela digita de forma mecânica.* ▌s. **6** Pessoa que se dedica profissionalmente ao conserto ou ao manuseio de máquinas: *O mecânico orçou o conserto do carro.*

mecanismo ⟨me.ca.nis.mo⟩ s.m. **1** Conjunto de peças articuladas entre si que produzem uma força ou um efeito: *o mecanismo de um relógio.* □ SIN. maquinismo. **2** Conjunto de procedimentos práticos que possibilitam o funcionamento de algo: *o mecanismo de uma empresa.*

mecanizar ⟨me.ca.ni.zar⟩ ▌v.t.d. **1** Realizar com o uso de máquinas ou submeter à elaboração mecânica (uma atividade): *mecanizar a agricultura.* ▌v.t.d./v.prnl. **2** *informal* Tornar(-se) semelhante ao de uma máquina (um comportamento ou uma forma de expressão): *O dia a dia na fábrica mecanizou seus gestos.*

mecanografia ⟨me.ca.no.gra.fi.a⟩ s.f. **1** Técnica ou processo de executar tarefas em máquinas de escritório: *Antes dos computadores, os especialistas em mecanografia otimizavam as rotinas contábeis nas empresas.* **2** Técnica de escrever à máquina. □ SIN. datilografia.

mecenas ⟨me.ce.nas⟩ (Pron. [mecênas]) s.m.2n. Pessoa ou instituição que protegem ou promovem manifestações artísticas ou intelectuais através de suas contribuições econômicas.

mecha ⟨me.cha⟩ s.f. **1** Feixe de fios combustíveis, que se queima com facilidade: *a mecha de uma vela.* **2** Tubo preenchido de pólvora, que serve para acender certos explosivos. **3** Conjunto de fios, especialmente se forem de cabelo ou de pelos. □ SIN. madeixa.

medalha ⟨me.da.lha⟩ ▌s.f. **1** Objeto de metal, plano e geralmente circular, com uma ilustração ou com um símbolo gravados em suas faces: *uma medalha de honra ao mérito.* ▌s.2g. **2** Em uma competição esportiva, pessoa que conseguiu um dos três primeiros lugares e que recebe um desses objetos: *o medalha de ouro de uma competição.*

medalhão ⟨me.da.lhão⟩ (pl. *medalhões*) s.m. **1** Em arquitetura, elemento decorativo em baixo relevo, de formato circular ou oval. **2** Joia arredondada, geralmente na forma de uma pequena caixa, que se usa pendurada em um colar. **3** *informal* Pessoa com poder e com influência: *Arrumou o emprego por meio de um medalhão, amigo da família.* **4** Rodela grossa de um alimento, especialmente de carne: *um medalhão de frango.*

média ⟨mé.dia⟩ s.f. **1** Em um conjunto de números, valor que representa todos os elementos do conjunto para efeito de cálculos e análises: *A média de idade dos alunos daquela sala é de 14 anos.* **2** Em uma prova ou avaliação, nota tida como referência: *Tirou seis e não foi aprovado, pois a média era sete.* **3** Em um estabelecimento comercial, dose de café com leite servida em uma xícara: *Ela pediu um café puro e ele uma média.* ‖ **em média** Normalmente ou aproximadamente: *No Brasil, uma pessoa vive, em média, 72 anos.* ‖ **fazer média** *informal* Tentar se destacar em algum aspecto, visando algum benefício próprio: *Fez média com o chefe para conseguir uma promoção.* ‖ **média (aritmética)** Aquela que se obtém pela soma de todos os elementos de um conjunto de números, dividida pela quantidade de elementos desse conjunto. ‖ **média geométrica** Aquela que se obtém extraindo-se a raiz enésima do produto de *n* números.

mediação ⟨me.di.a.ção⟩ (pl. *mediações*) s.f. Ato ou efeito de mediar: *Sua mediação ajudou a evitar o conflito.*

mediador, -a ⟨me.di.a.dor, do.ra⟩ (Pron. [mediadôr], [mediadôra]) s. Em um debate, em uma negociação ou em um conflito, pessoa encarregada de fazer respeitar os direitos das partes envolvidas ou de defender seus interesses: *O mediador proibiu ataques pessoais durante o debate.* □ SIN. medianeiro.

mediana ⟨me.di.a.na⟩ s.f. Em um triângulo geométrico, segmento que une um vértice com o ponto médio do lado oposto ao vértice: *As três medianas de um triângulo cruzam-se em um determinado ponto.*

medianeiro, ra ⟨me.di.a.nei.ro, ra⟩ s. Em um debate, em uma negociação ou em um conflito, pessoa encarregada de fazer respeitar os direitos das partes envolvidas ou de defender seus interesses. □ SIN. mediador.

mediano, na ⟨me.di.a.no, na⟩ adj. **1** De qualidade ou de tamanho intermediários. **2** *pejorativo* Medíocre ou insatisfatório: *um desempenho mediano.*

mediante ⟨me.di.an.te⟩ prep. Seguido de um substantivo, indica que este serve de ajuda para realizar algo: *Conseguiu o emprego mediante uma recomendação.*

mediar ⟨me.di.ar⟩ ▌v.t.d./v.t.i./v.t.d.i. **1** Servir de intermediário ou de mediador de (um conflito) [entre duas ou mais partes em oposição]: *O sindicato mediou o conflito entre empresa e trabalhadores.* □ SIN. intermediar. ▌v.t.d. **2** Dividir (algo) ao meio. □ SIN. mear. □ GRAMÁTICA É um verbo irregular →MEDIAR.

mediateca ⟨me.di.a.te.ca⟩ s.f. **1** Coleção organizada de audiovisuais, de gravações e de outros materiais semelhantes. **2** Local no qual se conserva e se pode consultar essa coleção.

mediato, ta ⟨me.di.a.to, ta⟩ adj. Em relação a uma coisa, que está relacionada a outra por meio de uma terceira.

medicação ⟨me.di.ca.ção⟩ (pl. *medicações*) s.f. **1** Ato ou efeito de medicar(-se): *O médico orientou que a medicação fosse seguida à risca.* **2** Medicamento administrado metodicamente com fins terapêuticos: *Ele precisava tomar a medicação de seis em seis horas.*

médica-legista ⟨mé.di.ca-le.gis.ta⟩ (pl. *médicas-legistas*) Feminino de **médico-legista**.

medicamento ⟨me.di.ca.men.to⟩ s.m. Substância que serve para prevenir, aliviar ou curar uma doença ou para corrigir suas sequelas: *Medicamentos com uma tarja vermelha na embalagem só podem ser comprados com receita médica.* □ SIN. remédio. ‖ **(medicamento) genérico** Aquele que se vende pelo nome do princípio ativo que o compõe: *Os medicamentos genéricos são mais baratos.*

medição ⟨me.di.cão⟩ (pl. *medições*) s.f. Ato ou efeito de medir: *fazer a medição de um terreno.* □ SIN. **medida.**

medicar ⟨me.di.car⟩ ▌ v.t.d. **1** Receitar medicamentos ou administrá-los a (um doente): *A enfermeira medicou o paciente.* ▌ v.prnl. **2** Tomar medicamentos. □ ORTOGRAFIA Antes de e, o c muda para qu →BRINCAR.

médica-residente ⟨mé.di.ca-re.si.den.te⟩ (pl. *médicas-residentes*) Substantivo feminino de **médico-residente.**

medicina ⟨me.di.ci.na⟩ s.f. Ciência que trata de prevenir e de curar as doenças humanas.

medicinal ⟨me.di.ci.nal⟩ (pl. *medicinais*) adj.2g. Que tem qualidades terapêuticas ou que serve para conservar a saúde.

médico, ca ⟨mé.di.co, ca⟩ ▌ adj. **1** Da medicina ou relacionado a essa ciência. ▌ s. **2** Pessoa legalmente habilitada para exercer a medicina, para fazer diagnósticos e para prescrever medicamentos.

médico-legista ⟨mé.di.co-le.gis.ta⟩ adj.2g./s.m. Que ou quem é legalmente habilitado para exercer a medicina legal. □ GRAMÁTICA **1.** Seu feminino é *médica-legista.* **2.** O plural do adjetivo é *médico-legistas* e o do substantivo é *médicos-legistas.* □ USO Usa-se também a forma reduzida *legista.*

médico-residente ⟨mé.di.co-re.si.den.te⟩ (pl. *médicos-residentes*) s.m. Médico formado que cursa residência. □ GRAMÁTICA Seu feminino é *médica-residente.* □ USO Usa-se também a forma reduzida *residente.*

medida ⟨me.di.da⟩ s.f. **1** Ato ou efeito de medir. □ SIN. medição. **2** Número que resulta da comparação de um todo com uma unidade de referência, para saber a quantidade de vezes que ele a contém: *Qual a medida, em centímetros, dessa mesa?* **3** Cada uma das unidades empregadas para medir comprimentos, áreas ou volumes: *O metro é uma medida de comprimento.* **4** Número de sílabas poéticas de um verso: *No poema o autor emprega versos de diversas medidas diferentes, como dodecassílabos e decassílabos.* **5** Disposição ou ação que têm um fim específico: *Adotaram medidas para conter o transbordamento do rio.* **6** Grau ou intensidade: *Não sabia em que medida a falta de tempo atrapalharia os seus estudos.* ‖ **à medida que** Ao mesmo tempo que ou ao passo que: *À medida que falava ao celular, anotava as instruções no papel.* ‖ **em certa medida** De alguma maneira ou de certa forma: *O que diz parece ilógico, mas, em certa medida, ele tem razão.* ‖ **na medida** Bem ajustado à pessoa ou àquilo a que está destinado: *O vestido ficou na medida.*

medidor, -a ⟨me.di.dor, do.ra⟩ (Pron. [medidôr], [medidôra]) ▌ adj./s. **1** Que ou quem mede: *um instrumento medidor.* ▌ s.m. **2** Aparelho usado para medir o consumo de água, de gás ou de eletricidade: *o medidor de água.* □ SIN. contador, registro, relógio.

medieval ⟨me.di.e.val⟩ (pl. *medievais*) adj.2g. Da Idade Média ou relacionado a esse período histórico.

médio, dia ⟨mé.dio, dia⟩ ▌ adj. **1** Entre dois extremos ou entre duas coisas: *É um produto de qualidade média, nem bom nem ruim.* **2** Que representa as características gerais consideradas próprias de um grupo, de uma época ou de algum tipo de agrupamento: *No Brasil, o trabalhador médio dedica oito horas diárias ao trabalho.* ▌ s.m. **3** →**dedo médio**

medíocre ⟨me.dí.o.cre⟩ ▌ adj.2g. **1** Pouco interessante ou de qualidade média. ▌ adj.2g./s.2g. **2** *pejorativo* De pouca inteligência ou de pouco mérito.

mega-

médio-volante ⟨mé.dio-vo.lan.te⟩ (pl. *médios-volantes*) s.2g. →**volante**

medir ⟨me.dir⟩ v.t.d. **1** Averiguar as dimensões de (um todo) ou compará-lo com uma unidade tomada como referência para saber o número de vezes que ele a contém: *medir a altura de alguém.* □ SIN. mensurar. **2** Contar as sílabas poéticas de (um verso), identificando as sílabas tônicas: *Medimos os versos e os classificamos de acordo com o número de sílabas.* □ SIN. escandir. **3** Comparar ou avaliar (uma qualidade, especialmente): *Chamou uma especialista para medir a gravidade do problema.* **4** Ter (uma dimensão, especialmente de comprimento, de altura ou de largura): *O quarto media três metros quadrados.* **5** Moderar ou conter (as palavras ou os atos): *Não mediu esforços para concretizar seus sonhos.* □ GRAMÁTICA É um verbo irregular →PEDIR.

meditabundo, da ⟨me.di.ta.bun.do, da⟩ adj. Que medita ou que reflete em silêncio.

meditação ⟨me.di.ta.cão⟩ (pl. *meditações*) s.f. Ato ou efeito de meditar.

meditar ⟨me.di.tar⟩ v.t.d./v.t.i./v.int. Pensar com concentração e de forma profunda ou refletir [sobre algo]: *Meditou sobre as opções antes de se decidir.*

mediterrâneo, nea ⟨me.di.ter.râ.neo, nea⟩ adj. Do mar Mediterrâneo (situado entre as costas europeia, africana e asiática) ou relacionado a ele.

médium ⟨mé.dium⟩ (pl. *médiuns*) s.2g. Pessoa considerada dotada de faculdades extraordinárias para agir como mediadora na comunicação com os espíritos, ou para invocar forças ocultas.

medo ⟨me.do⟩ (Pron. [mêdo]) s.m. **1** Sensação de angústia causada por um risco, um perigo ou uma ameaça: *Ela tinha um medo incontrolável de viajar de avião.* **2** Temor ou receio de que aconteça algo contrário ao que se deseja: *Estou com medo de chegar atrasado.*

medonho, nha ⟨me.do.nho, nha⟩ (Pron. [medônho]) adj. **1** Que causa medo ou horror. **2** *informal* Muito feio: *um quadro medonho.*

medrar ⟨me.drar⟩ ▌ v.t.d./v.int. **1** Melhorar de posições social ou econômica. **2** Fazer crescer ou crescer (uma planta ou um animal). ▌ v.int. **3** Sentir medo.

medroso, sa ⟨me.dro.so, sa⟩ (Pron. [medrôso], [medrósa], [medrósos], [medrósas]) adj./s. Que ou quem sente medo facilmente ou não tem coragem.

medula ⟨me.du.la⟩ s.f. **1** Em anatomia, substância que ocupa a cavidade interna de alguns ossos. **2** Em botânica, parte central do caule e, em algumas plantas, das raízes. ‖ **medula (espinhal)** Parte do sistema nervoso central em forma de cordão, contida no canal vertebral e que se estende do buraco occipital até a região lombar: *Lesões na medula podem ter consequências muito sérias à saúde.*

medular ⟨me.du.lar⟩ adj.2g. Da medula ou relacionado a ela.

medusa ⟨me.du.sa⟩ s.f. Cnidário de corpo translúcido, com formato de guarda-chuva, margeado com tentáculos, que vive nos oceanos e cujas células urticantes causam queimaduras na pele dos banhistas. □ GRAMÁTICA É um substantivo epiceno: *a medusa (macho/fêmea).*

meeiro, ra ⟨me.ei.ro, ra⟩ ▌ adj. **1** Que pode ser dividido ao meio. ▌ adj./s. **2** Que ou quem possui metade de um bem ou de um patrimônio, ou tem direito a eles. **3** Em relação a um agricultor, que cultiva um terreno mediante o compromisso de partilhar a colheita com o proprietário.

mega ⟨me.ga⟩ s.m. Forma reduzida de diversas palavras formadas com o prefixo *mega-* (*megabyte, mega-hertz*).

mega- 1 Prefixo que significa *um milhão*: *megabyte.* **2** Prefixo que indica tamanho maior: *megálito.*

megabit (*palavra inglesa*) (Pron. [megabít]) s.m. Em informática, unidade de armazenamento de informação que equivale a um milhão de *bits*. ◻ USO É diferente de *megabyte* (um milhão de *bytes* ou 1.024 *kilobytes*).

megabyte (*palavra inglesa*) (Pron. [megabáit]) s.m. Em informática, unidade de armazenamento de informação que equivale a um milhão de *bytes* ou a 1.024 *kilobytes*. ◻ USO É diferente de *megabit* (um milhão de *bits*).

megafone ⟨me.ga.fo.ne⟩ (Pron. [megafône]) s.m. Aparelho com formato semelhante a um cone que serve para amplificar o volume de um som. ◻ SIN. **alto-falante**.

mega-hertz ⟨me.ga-hertz⟩ (Pron. [megarrértis]) s.m. Unidade de frequência equivalente a um milhão de hertz. ◻ ORTOGRAFIA Seu símbolo é *MHz*, sem ponto.

megalítico, ca ⟨me.ga.lí.ti.co, ca⟩ adj. De um megálito, com megálito ou relacionado a esses grandes blocos de pedra bruta.

megálito ⟨me.gá.li.to⟩ s.m. Monumento pré-histórico construído com grandes blocos de pedra bruta.

megalomania ⟨me.ga.lo.ma.ni.a⟩ s.f. Tendência ou comportamento caracterizados pela crença ou pelo desejo de ser maior, mais rico ou mais importante do que se é.

megalomaníaco, ca ⟨me.ga.lo.ma.ní.a.co, ca⟩ adj./s. Que ou quem sofre de megalomania.

megera ⟨me.ge.ra⟩ s.f. **1** *pejorativo* Mulher má. **2** *pejorativo* Mãe que é cruel com seus filhos. **3** *pejorativo* Mulher de temperamento instável.

meia ⟨mei.a⟩ s.f. **1** Peça do vestuário que cobre o pé e parte da perna. **2** Valor pago por algo com desconto de cinquenta por cento: *Com a carteirinha de estudante, pagou meia para assistir ao teatro.*

meia-água ⟨mei.a-á.gua⟩ (pl. *meias-águas*) s.f. **1** Telhado de uma só face. **2** Construção coberta por esse telhado.

meia-calça ⟨mei.a-cal.ça⟩ (pl. *meias-calças*) s.f. Peça íntima do vestuário feminino, de tecido muito fino e geralmente transparente, que cobre o pé e a perna até a coxa ou até a cintura.

meia-esquerda ⟨mei.a-es.quer.da⟩ (pl. *meias-esquerdas*) ▌s.2g. **1** Em futebol, jogador que atua na região esquerda do campo quando o seu time ataca. ▌s.f. **2** Em futebol, essa região do campo.

meia-estação ⟨mei.a-es.ta.ção⟩ (pl. *meias-estações*) s.f. **1** Tempo de primavera ou de outono, nos quais a temperatura costuma ser mais suave: *uma blusa de meia-estação*. **2** Qualquer período do ano com essa temperatura.

meia-idade ⟨mei.a-i.da.de⟩ (pl. *meias-idades*) s.f. Período da vida de uma pessoa, entre a maturidade e a velhice, que vai dos quarenta aos sessenta anos aproximadamente.

meia-lua ⟨mei.a-lu.a⟩ (pl. *meias-luas*) s.f. Aquilo que tem formato semelhante ao da Lua em suas fases crescente ou minguante. ◻ SIN. **crescente**.

meia-noite ⟨mei.a-noi.te⟩ (pl. *meias-noites*) s.f. Hora do dia na qual o Sol está no ponto oposto ao do meio-dia. ◻ ORTOGRAFIA Escreve-se também *meia-noute*.

meia-noute ⟨mei.a-nou.te⟩ (pl. *meias-noutes*) s.f. →**meia-noite**

meigo, ga ⟨mei.go, ga⟩ adj. Que manifesta ou que produz um sentimento afetuoso ou amável.

meio, a ⟨mei.o, a⟩ ▌adj. **1** Em relação a um todo, que é igual a sua metade. ▌numer. **2** Em relação a uma parte, que compõe um todo se somada com outra igual a ela. ▌s.m. **3** Ponto ou lugar centrais: *Coloque a vela no meio do bolo.* **4** Momento ou situação entre dois momentos, entre duas situações ou entre duas coisas: *Teve que se retirar no meio da reunião.* **5** Aquilo que é útil ou conveniente para conseguir um determinado fim: *Descobrimos um meio para diminuir os gastos.* **6** Ambiente no qual um ser vive e se desenvolve: *o meio aquático.* **7** Setor, círculo ou ambiente social: *o meio artístico.* ▌s.m.pl. **8** Dinheiro ou bens que possuem: *Como não tem muitos meios, trabalha em dois empregos para se sustentar.* ▐▐ **ao meio** Em duas partes iguais: *Dividiram os lucros ao meio.* ▐▐ **meio ambiente** Conjunto de circunstâncias ou de condições que cercam um ser vivo e que influenciam o seu desenvolvimento e as suas atividades: *A utilização racional dos recursos naturais da Terra é essencial para a preservação do meio ambiente.* ▐▐ **meio a meio** De forma a destinar metade para cada parte: *Pediram uma pizza meio a meio: metade queijo e metade calabresa.* ▐▐ **por meio de** {algo/alguém} Por influência ou valendo-se dele: *Conseguiu esse emprego por meio de um anúncio.*

meio-dia ⟨mei.o-di.a⟩ (pl. *meios-dias*) s.m. Hora do dia na qual o Sol está no ponto mais alto sobre o horizonte.

meio-fio ⟨mei.o-fi.o⟩ (pl. *meios-fios*) s.m. Em uma calçada, borda saliente que serve para separá-la de uma via: *A água da chuva escorria pelo meio-fio.* ◻ SIN. **guia**.

meio-termo ⟨mei.o-ter.mo⟩ (Pron. [meio-têrmo]) (pl. *meios-termos*) s.m. Resolução ou conclusão situadas entre dois extremos: *Como os dois têm opiniões opostas, tentarão chegar a um meio-termo.*

meio-tom ⟨mei.o-tom⟩ (pl. *meios-tons*) s.m. **1** Em música, menor unidade ou intervalo entre duas notas: *A distância entre mi e fá é de meio-tom.* ◻ SIN. **semitom**. **2** Em relação a uma cor, cada um dos seus graus ou tons: *Quando misturado com o amarelo, o azul adquire meios-tons esverdeados.*

mel (pl. *méis* ou *meles*) s.m. Substância viscosa, amarelada e muito doce produzida pelas abelhas.

melaço ⟨me.la.ço⟩ s.m. **1** Líquido mais ou menos espesso, muito doce e que é resíduo da fabricação de açúcar. **2** *informal* Qualquer substância que, por ser muito doce, se assemelha a esse líquido.

melado ⟨me.la.do⟩ s.m. Calda preparada a partir da cana-de-açúcar e usada para fazer rapadura.

melancia ⟨me.lan.ci.a⟩ s.f. **1** Planta herbácea de caule flexível e rasteiro, com folhas verde-escuras com três lobos, flores amarelas, e cujo fruto é arredondado, grande, verde por fora e vermelho por dentro, com uma polpa comestível, aquosa e doce que contém inúmeras sementes pretas e achatadas. **2** Esse fruto.

melancolia ⟨me.lan.co.li.a⟩ s.f. Tristeza intensa, persistente e de causa geralmente incerta: *Ao rever aquelas fotos de infância, sentiu uma grande melancolia.*

melancólico, ca ⟨me.lan.có.li.co, ca⟩ ▌adj. **1** Da melancolia ou relacionado a esse sentimento de tristeza. ▌adj./s. **2** Que ou quem tem melancolia ou é propenso a ela.

melanina ⟨me.la.ni.na⟩ s.f. Pigmento de cor preta ou marrom que existe em alguns animais e que dá coloração à pele, aos pelos e a outras partes do corpo.

melão ⟨me.lão⟩ (pl. *melões*) s.m. **1** Planta herbácea anual, de caule rasteiro ou coberto de ramos, com folhas arredondadas, flores amarelas, e cujo fruto, grande, amarelo ou verde-claro, geralmente de formato oval, com polpa carnosa, comestível, muito aquosa e doce, contém inúmeras sementes brancas. ◻ SIN. **meloeiro**. **2** Esse fruto.

melar ⟨me.lar⟩ ▌v.t.d. **1** Untar com mel: *Melou um pedaço de pão para acompanhar o copo de leite.* **2** Adoçar em excesso: *Distraiu-se colocando o açúcar e melou o café.* ▌v.int. **3** Fazer mel (uma abelha). ▌v.t.d./v.prnl. **4** Sujar(-se) com mel ou com líquido meloso: *Melou-se com a calda de chocolate.* ▌v.t.d./v.int. **5** *informal* Cancelar ou não acontecer (algo programado ou previsto): *A chuva melou nosso passeio. Aquela viagem no feriado melou.*

meleca ⟨me.le.ca⟩ s.f. **1** *informal* Secreção nasal. **2** *informal* Aquilo que é ruim ou de má qualidade: *O acabamento da pintura ficou uma meleca.*

melena ⟨me.le.na⟩ (Pron. [melêna]) s.f. **1** Em um cavalo, parte frontal de sua crina. **2** Mecha de cabelo. ◻ SIN. guedelha. **3** Cabeleira comprida e solta.

melhor ⟨me.lhor⟩ ▌ adj.2g. **1** Comparativo de superioridade de bom. **2** Preferível ou mais conveniente: *É melhor irmos pelo caminho que já conhecemos.* ▌ adv. **3** Comparativo de superioridade de bem. ‖ **levar a melhor** Em relação a uma situação geralmente crítica, resolvê-la satisfatoriamente: *Era um luta acirrada, mas o judoca brasileiro levou a melhor.*

melhora ⟨me.lho.ra⟩ s.f. **1** Alteração ou mudança feitas para tornar algo melhor: *Já é possível observar as melhoras implementadas pelo novo síndico.* ◻ SIN. melhoramento, melhoria. **2** Alívio ou diminuição da dor ou da intensidade de uma doença: *Ainda está de cama, mas já sente certa melhora.* ◻ SIN. melhoria. **3** Progresso ou desenvolvimento: *Após dois anos fora, viu melhoras no país quando voltou.* ◻ SIN. melhoramento.

melhoramento ⟨me.lho.ra.men.to⟩ s.f. **1** Alteração ou mudança feitas para tornar algo melhor: *O inquilino fez alguns melhoramentos na casa.* ◻ SIN. melhora, melhoria. **2** Progresso ou desenvolvimento: *O melhoramento da ciência depende do investimento em pesquisas.* ◻ SIN. melhora.

melhorar ⟨me.lho.rar⟩ ▌ v.t.d./v.t.i./v.int. **1** Tornar(-se) melhor ou ter prosperidade [em algo]: *Melhorou sua ortografia com muito treino. Melhorou de vida com o novo emprego.* ▌ v.t.d. **2** Fazer (alguém) recuperar a saúde: *O tratamento o melhorou muito.* **3** Amenizar ou curar (uma dor ou uma doença): *A pomada melhorou a inflamação.* ▌ v.t.i./v.int. **4** Recuperar-se [de uma dor ou de uma doença]: *Tomou um remédio para melhorar da gripe. Estive enferma, mas logo melhorei.* ▌ v.int. **5** Amenizar-se ou curar-se (uma dor ou uma doença): *A dor melhorou depois da medicação.* ▌ v.t.d. **6** Conseguir um desempenho melhor em (algo): *A nadadora melhorou seu recorde.* ▌ v.int. **7** Tornar-se mais agradável (o tempo atmosférico): *O tempo melhorou e fomos à praia.*

melhoria ⟨me.lho.ri.a⟩ s.f. **1** Alteração ou mudança feitas para tornar algo melhor: *O dinheiro dos pedágios é revertido em melhoria das estradas.* ◻ SIN. melhora, melhoramento. **2** Alívio ou diminuição da dor ou da intensidade de uma doença: *As condições do paciente apresentaram melhorias significativas de um dia para o outro.* ◻ SIN. melhora.

meliante ⟨me.li.an.te⟩ adj.2g./s.2g. Que ou quem vive à margem da lei, especialmente se cometer delitos menores.

melífero, ra ⟨me.lí.fe.ro, ra⟩ adj. **1** Do mel ou relacionado a ele. **2** Que produz mel: *Nem todas as espécies de abelhas são melíferas.*

melífluo, flua ⟨me.lí.fluo, flua⟩ adj. **1** Que se assemelha ao mel, especialmente em sua doçura. **2** Doce e meigo no modo de falar ou na forma de tratar os outros.

melindrar ⟨me.lin.drar⟩ ▌ v.t.d. **1** Causar mágoa ou ressentimento em (uma pessoa muito sensível). ▌ v.prnl. **2** Sentir mágoa ou ressentimento: *Melindrou-se pelas críticas que recebeu.*

melindre ⟨me.lin.dre⟩ s.m. **1** Mágoa ou ressentimento: *Fale com cuidado para não lhe causar algum melindre.* **2** Cautela com que algo é feito: *Cuidou do assunto com todo o melindre necessário.* **3** Delicadeza no modo de agir ou de falar: *Ela é cheia de melindres.*

melindroso, sa ⟨me.lin.dro.so, sa⟩ (Pron. [melindrôso], [melindrósa], [melindrôsos], [melindrósas]) adj./s. Que ou quem se magoa ou se ressente com facilidade por ser muito sensível.

melodia ⟨me.lo.di.a⟩ s.f. **1** Em música, sucessão de sons de diferentes alturas e ritmos, que mescla sons graves e agudos, e que carrega consigo sua própria harmonia. **2** Música ou som, especialmente se forem agradáveis ou suaves aos ouvidos: *uma melodia triste.*

melódico, ca ⟨me.ló.di.co, ca⟩ adj. Da melodia ou relacionado a ela.

melodioso, sa ⟨me.lo.di.o.so, sa⟩ (Pron. [melodiôso], [melidiósa], [melodiósos], [melidiósas]) adj. Dotado de melodia ou agradável aos ouvidos.

melodrama ⟨me.lo.dra.ma⟩ s.m. **1** Obra literária ou cinematográfica, geralmente de caráter dramático, nas quais se busca a comoção do público pelo exagero dos aspectos sentimentais, acentuando a divisão dos personagens entre bons e maus. **2** *informal* Acontecimento ou relato caracterizados por uma tensão e por uma emoção exageradas.

melodramático, ca ⟨me.lo.dra.má.ti.co, ca⟩ adj. Do melodrama ou com as características que se consideram próprias dele.

meloeiro ⟨me.lo.ei.ro⟩ s.m. Planta herbácea anual, de caule rasteiro ou coberto de ramos, com folhas arredondadas, flores amarelas, e cujo fruto é o melão. ◻ SIN. melão.

melomania ⟨me.lo.ma.ni.a⟩ s.f. Admiração ou paixão pela música.

melopeia ⟨me.lo.pei.a⟩ (Pron. [melopéia]) s.f. Canto monótono e repetitivo.

meloso, sa ⟨me.lo.so, sa⟩ (Pron. [melôso], [melósa], [melôsos], [melósas]) adj. **1** Que se assemelha ao mel. **2** Excessivamente meigo ou doce em sua forma de agir ou falar. **3** Em relação a uma obra musical, de cinema, de teatro ou de teledramaturgia, excessivamente sentimentais: *uma música melosa.*

melro, ra ⟨mel.ro, ra⟩ s. Ave de médio porte que habita áreas abertas, de bico preto, cauda longa, plumagem preta e brilhante, que emite um canto melodioso e é capaz de imitar sons e vozes. ◻ SIN. graúna, pássaro-preto, vira-bosta. ◻ GRAMÁTICA Seu feminino também pode ser **mélroa**.

mélroa ⟨mél.ro.a⟩ s.f. →**melro, ra**

membrana ⟨mem.bra.na⟩ s.f. Tecido orgânico que forma uma lâmina fina: *O cisne, a gaivota e o pato têm membranas nas patas.*

membranoso, sa ⟨mem.bra.no.so, sa⟩ (Pron. [membranôso], [membranósa], [membranôsos], [membranósas]) adj. Fino, elástico, resistente ou com as características próprias de uma membrana.

membro ⟨mem.bro⟩ s.m. **1** Extremidade articulada do corpo humano ou animal: *Os braços e as pernas são os membros do corpo humano.* **2** Em uma coletividade, pessoa, grupo ou entidade que formam parte dela: *O Brasil é membro da ONU desde a sua fundação em 1945.* **3** Em um todo, parte integrante dele: *O sujeito é um membro da oração.* **4** Em matemática, cada uma das expressões de uma equação ou de uma igualdade: *O primeiro membro da equação x + 1 = 5 é x + 1 , e o segundo, 5.* ◻ GRAMÁTICA Na acepção 2, usa-se tanto para o masculino quanto para o feminino: *(ele/ela) é um membro.*

memorando ⟨me.mo.ran.do⟩ s.m. Resumo por escrito das questões mais importantes de um assunto.

memorar ⟨me.mo.rar⟩ v.t.d. **1** *formal* Recordar: *Memorou os velhos tempos com os amigos.* **2** *formal* Comemorar:

memorável

Convidamos todos os associados para memorar o jubileu do clube.

memorável ⟨me.mo.rá.vel⟩ (pl. *memoráveis*) adj.2g. Digno de ser recordado.

memória ⟨me.mó.ria⟩ ▌s.f. **1** Faculdade que permite reter e recordar o passado: *Ele tem boa memória.* **2** Na mente de uma pessoa, presença de algo já ocorrido: *Realizarão uma homenagem em memória dos soldados.* ◻ SIN. lembrança. **3** Em informática, dispositivo eletrônico em que se armazena informação: *a memória RAM.* ▌s.f.pl. **4** Relato ou escrito sobre as lembranças ou acontecimentos da vida de uma pessoa. ‖ **de memória** Utilizando exclusivamente a memória, sem apoio do raciocínio: *Conhece de memória todos elementos químicos.* ◻ SIN. de cabeça, de cor. ‖ **memória de elefante** *informal* Grande capacidade de retenção e lembrança: *Tem uma memória de elefante e não se esquece de nada.*

memorial ⟨me.mo.ri.al⟩ (pl. *memoriais*) s.m. **1** Texto escrito sobre acontecimentos ou sobre passagens marcantes da vida de uma pessoa. **2** Relatório, geralmente extenso, que contém os dados biográficos, acadêmicos e profissionais de uma pessoa: *Apresentou um memorial para se candidatar ao cargo de professor daquela universidade.* **3** Obra pública em homenagem a uma pessoa, a um grupo ou a um acontecimento importante: *Nesta praça há um memorial aos soldados mortos na Revolução Farroupilha.* ◻ SIN. monumento.

memorialista ⟨me.mo.ri.a.lis.ta⟩ ▌adj.2g. **1** Que tem aspectos de memorial ou de lembrança: *um relato memorialista.* ▌s.2g. **2** Pessoa que se dedica a escrever memoriais e outros documentos, especialmente como profissão: *Foi um dos maiores memorialistas de seu tempo.*

memorização ⟨me.mo.ri.za.ção⟩ (pl. *memorizações*) s.f. Ato ou efeito de memorizar.

memorizar ⟨me.mo.ri.zar⟩ v.t.d./v.int. Fixar na memória: *Deverá memorizar as suas falas para a peça de teatro. São muitas fórmulas para memorizar.*

menção ⟨men.ção⟩ (pl. *menções*) s.f. **1** Ato ou efeito de mencionar: *No texto final, havia uma menção à nossa pesquisa.* **2** Gesto ou postura que denotam uma intenção: *Fez menção de vir ao meu encontro, mas ficou onde estava.* ‖ **menção honrosa** Em um concurso, distinção concedida a um trabalho não premiado, mas que se considera digno de mérito.

mencionar ⟨men.ci.o.nar⟩ ▌v.t.d. **1** Fazer referência ou citação de (algo ou alguém): *O aluno mencionou os professores em seu discurso de formatura.* ▌v.t.d.i. **2** Narrar ou citar (algo) ao falar ou escrever [a alguém]: *Ao relatar a viagem, mencionou sete cidades diferentes aos colegas.*

mendelévio ⟨men.de.lé.vio⟩ s.m. Elemento químico da família dos metais, de número atômico 101, artificial, que se obtém bombardeando o einstêinio com partículas alfa e que pertence ao grupo das terras raras. ◻ ORTOGRAFIA Seu símbolo químico é Md, sem ponto.

mendicância ⟨men.di.cân.cia⟩ s.f. **1** Ato ou efeito de mendigar. **2** Condição ou estado de mendigo. **3** Conjunto dos mendigos.

mendigar ⟨men.di.gar⟩ ▌v.t.d./v.t.d.i. **1** Pedir (algo) como esmola [a alguém]: *Ele mendigou um prato de comida.* ▌v.int. **2** Pedir esmola: *Um garoto mendigava na porta da igreja.* ▌v.t.d./v.t.d.i. **3** Suplicar ou solicitar com insistência ou humilhação [a alguém] (algum tipo de ajuda): *É triste ter de mendigar um pouco de afeto.* ◻ ORTOGRAFIA Antes de *e*, o *g* muda para *gu* →CHEGAR.

mendigo, ga ⟨men.di.go, ga⟩ s. Pessoa sem recursos e que habitualmente pede esmola. ◻ SIN. pedinte, pobre.
◻ USO É inadequada a forma *mendingo, ainda que esteja difundida na linguagem coloquial.

menear ⟨me.ne.ar⟩ v.t.d./v.prnl. **1** Mover(-se) de uma parte a outra. **2** Mexer(-se) ou mover(-se) de forma sensual. ◻ ORTOGRAFIA O *e* muda para *ei* quando a sílaba tônica estiver na raiz do verbo →NOMEAR.

meneio ⟨me.nei.o⟩ s.m. Movimento suave de um lado para o outro: *O meneio do barco deixou-o nauseado.*

menestrel ⟨me.nes.trel⟩ (pl. *menestréis*) s.m. Na Idade Média, artista que tocava um instrumento e que atuava nas cortes, recitando ou cantando poemas épicos ou trovadorescos. ◻ GRAMÁTICA Usa-se tanto para o masculino quanto para o feminino: *{ele/ela} é um menestrel.*

menina do olho ⟨me.ni.na do o.lho⟩ (pl. *meninas dos olhos*) s.f. *informal* Pupila.

menina dos olhos ⟨me.ni.na dos o.lhos⟩ (pl. *meninas dos olhos*) s.f. *informal* Aquilo que é o preferido ou o mais querido: *Ele é a menina dos olhos do avô.* ◻ GRAMÁTICA Usa-se tanto para o masculino quanto para o feminino: *{ele/ela} é uma menina dos olhos.*

meninge ⟨me.nin.ge⟩ s.f. Membrana que envolve e protege o encéfalo e a medula espinhal.

meningite ⟨me.nin.gi.te⟩ s.f. Inflamação das meninges.

meninice ⟨me.ni.ni.ce⟩ s.f. Primeiro período da vida de uma pessoa, desde que nasce até à adolescência.

menino, na ⟨me.ni.no, na⟩ ▌adj. **1** Que é pueril ou inocente: *um jeito menino; uma graça menina.* ▌s. **2** Pessoa que está na infância ou que tem poucos anos. ◻ SIN. garoto. **3** Pessoa que tem pouca experiência de vida: *Não sabe nada do mundo, pois ainda é uma menina.* **4** *informal* Filho, especialmente se tiver pouca idade: *Minha menina já fez dez anos.*

menisco ⟨me.nis.co⟩ s.m. Cartilagem em forma de meia-lua que faz parte de algumas articulações, especialmente do joelho.

menopausa ⟨me.no.pau.sa⟩ s.f. **1** Processo natural e progressivo que causa o fim da fertilidade de uma mulher. **2** Período da vida em que uma mulher passa por esse processo.

menor ⟨me.nor⟩ ▌adj.2g. **1** Comparativo de superioridade de pequeno. ▌adj.2g./s.2g. **2** Que ou quem tem menos idade que alguém. ‖ **menor (de idade)** Pessoa que não tem a idade determinada pela lei para poder exercer todos os seus direitos civis.

menoridade ⟨me.no.ri.da.de⟩ s.f. Condição da pessoa que ainda não alcançou a idade fixada por lei para poder exercer seus direitos civis.

menorreia ⟨me.nor.rei.a⟩ (Pron. [menorréia]) s.f. Fluxo menstrual.

menos ⟨me.nos⟩ ▌pron.indef. **1** Menor quantidade: *Preciso comer menos chocolate.* ▌s.m. **2** Em matemática, sinal gráfico formado por um pequeno traço horizontal que se coloca entre duas quantidades para indicar subtração. ▌adv. **3** Em menor quantidade ou qualidade: *A Europa é menos populosa que a Ásia.* **4** Seguido de uma quantidade, indica sua diminuição indeterminada: *Fizeram o teste em menos de três horas.* ▌prep. **5** Com exceção de: *O mundo pode suportar tudo, menos uma nova guerra.* ◻ SIN. exceto, fora. ‖ **a menos que** Expressão usada para introduzir um valor condicional negativo: *Nada irá melhorar a menos que façamos algo.* ‖ **{ao/quando/pelo} menos** 1 Expressão usada para introduzir uma exceção: *Pelo menos não perdemos o dinheiro.* 2 No mínimo: *Quero ao menos que você me ajude a fazer o dever de casa.* ‖ **de menos** Em uma quantidade menor que a esperada: *Devolveram-me dois documentos de menos.* ‖ **não ser para menos** Não ser por acaso: *Não é para menos que todos ficaram eufóricos com o campeonato.* ‖ **ser o de menos** Não ter importância: *O atraso é o de menos, devemos ir em frente.* ◻ USO É inadequada

menoscabar ⟨me.nos.ca.bar⟩ v.t.d./v.prnl. Desprestigiar (-se), deteriorar(-se) ou tirar ou perder o brilho.

menosprezar ⟨me.nos.pre.zar⟩ v.t.d./v.prnl. Julgar(-se) menos importante ou depreciar(-se): *Não menospreze seus adversários, por mais fracos que possam parecer.* □ SIN. desmerecer.

menosprezo ⟨me.nos.pre.zo⟩ (Pron. [menosprêzo]) s.m. Desprezo ou indiferença.

mensageiro, ra ⟨men.sa.gei.ro, ra⟩ ▌adj. 1 Que anuncia algo ou que leva ou transmite uma mensagem. ▌adj./s. 2 Que ou quem leva mensagens ou encomendas aos seus destinatários, especialmente como profissão. □ GRAMÁTICA Na acepção 2, o sinônimo do substantivo é estafeta.

mensagem ⟨men.sa.gem⟩ (pl. *mensagens*) s.f. 1 Notícia, comunicado ou informação que se transmite. 2 Ideia profunda que se tenta transmitir, especialmente por meio de uma obra artística: *A música de protesto dos anos 1970 transmitia uma mensagem de liberdade.* 3 Conjunto de sinais, símbolos ou signos construídos segundo regras precisas e utilizados para transmitir uma informação: *Não se pode decifrar uma mensagem se não se conhece o código utilizado.* ‖ **mensagem (eletrônica)** Mensagem trocada entre computadores. □ SIN. e-mail.

mensal ⟨men.sal⟩ (pl. *mensais*) adj.2g. 1 Que ocorre a cada mês. 2 Que dura um mês: *um contrato mensal.*

mensalão ⟨men.sa.lão⟩ (pl. *mensalões*) s.m. Quantia de dinheiro paga mensalmente a deputados de forma ilícita para garantir seu voto em determinados projetos de interesse do Poder Executivo.

mensalidade ⟨men.sa.li.da.de⟩ s.f. Quantia de dinheiro cobrada ou paga mensalmente.

mensalista ⟨men.sa.lis.ta⟩ adj.2g./s.2g. Que ou quem recebe seu salário de forma mensal.

menstruação ⟨mens.tru.a.ção⟩ (pl. *menstruações*) s.f. Em uma mulher e em algumas fêmeas dos mamíferos, eliminação periódica de sangue e matéria celular procedentes do útero por via vaginal. □ SIN. mênstruo.

menstrual ⟨mens.tru.al⟩ (pl. *menstruais*) adj.2g. Da menstruação ao relacionado a ela: *o ciclo menstrual.*

menstruar ⟨mens.tru.ar⟩ v.int. Eliminar periodicamente óvulo, sangue e matéria celular procedentes do útero por via vaginal (uma mulher ou algumas fêmeas dos mamíferos): *A maioria das mulheres para de menstruar por volta dos 50 anos.*

mênstruo ⟨mêns.truo⟩ s.m. Em uma mulher e em algumas fêmeas dos mamíferos, eliminação periódica de sangue e matéria celular procedentes do útero por via vaginal. □ SIN. menstruação.

mensurar ⟨men.su.rar⟩ v.t.d. Averiguar as dimensões de (um todo) ou compará-lo com uma unidade tomada como referência para saber o número de vezes que a contém: *O arquiteto mensurou o terreno onde ia construir a casa.* □ SIN. medir.

menta ⟨men.ta⟩ s.f. 1 Planta herbácea rasteira, com folhas geralmente verdes, enrugadas e com margem ondulada, flores lilases com quatro pétalas, e usada como condimento e como substância devido às propriedades refrescantes dos óleos de suas folhas. □ SIN. hortelã. 2 Essência extraída dessa planta: *uma bala de menta.* □ SIN. hortelã.

mental ⟨men.tal⟩ (pl. *mentais*) adj.2g. Da mente ou relacionado a ela.

mentalidade ⟨men.ta.li.da.de⟩ s.f. Modo de pensar que caracteriza uma pessoa ou um grupo social: *A mentalidade renascentista passou a considerar o homem como centro do universo.*

mentalizar ⟨men.ta.li.zar⟩ v.t.d. Imaginar ou recriar na mente: *Fechou os olhos e mentalizou a cor azul.*

-mente Sufixo que indica modo ou maneira: *rapidamente, frequentemente.*

mente ⟨men.te⟩ s.f. 1 Capacidade intelectual humana. 2 Pensamento, memória ou imaginação: *Não consigo tirar essa ideia da minha mente.* ‖ **ter** algo **em mente** Ter intenção de realizá-lo: *Ele tem em mente cursar outra faculdade.*

mentecapto, ta ⟨men.te.cap.to, ta⟩ adj./s. *pejorativo* Que ou quem não tem juízo ou raciocínio.

mentir ⟨men.tir⟩ ▌v.t.d./v.t.i./v.int. 1 Dizer algo diferente do que se sabe, se crê ou se pensa ou dar informação falsa [a alguém]: *Disse-me que saiu com seus amigos, mas sei que está mentindo.* ▌v.t.i./v.int. 2 Causar ilusão [a alguém] ou induzir ao engano: *Suas palavras mentem e iludem quem as ouve.* □ GRAMÁTICA É um verbo irregular →SERVIR.

mentira ⟨men.ti.ra⟩ s.f. Expressão de algo diferente do que se sabe, se crê ou se pensa: *Não tem vergonha de contar mentiras?* ‖ **parecer mentira** Ser estranho, surpreendente ou admirável: *Parece mentira que tanto tempo já se passou.*

mentiroso, sa ⟨men.ti.ro.so, sa⟩ (Pron. [mentirôso], [mentirósa], [mentirósos], [mentirósas]) ▌adj. 1 Que contém engano ou falsidade. ▌adj./s. 2 *pejorativo* Que ou quem costuma mentir.

-mento Sufixo que indica ação e efeito: *casamento, impedimento.*

mento ⟨men.to⟩ s.m. Extremidade saliente da mandíbula.

mentol ⟨men.tol⟩ (pl. *mentóis*) s.m. Tipo de álcool obtido do óleo de menta, usado especialmente como aromatizante.

mentor, -a ⟨men.tor, to.ra⟩ (Pron. [mentôr], [mentôra]) s. Pessoa que aconselha, guia ou orienta outra.

menu ⟨me.nu⟩ s.m. 1 Em um restaurante, lista de comidas e bebidas que podem ser consumidas, geralmente com seu respectivo preço: *Peça ao garçom o menu, para que possamos fazer logo o pedido.* □ SIN. cardápio, carta. 2 Conjunto de pratos que constituem uma refeição: *Para o jantar comemorativo, prepararam um menu especial de frutos do mar.* □ SIN. cardápio. 3 Série ou conjunto de possibilidades entre as quais se pode escolher: *No menu de alternativas para diminuir a desigualdade social está a melhoria da educação.* 4 Em informática, lista de programas, procedimentos ou opções que aparece na tela, entre os quais o usuário pode eleger: *Para imprimir, selecione a opção imprimir do menu principal.*

mequetrefe ⟨me.que.tre.fe⟩ s.2g. 1 *pejorativo* Pessoa intrometida e de pouco discernimento. 2 *informal pejorativo* Pessoa insignificante ou de comportamento inadequado.

mercadejar ⟨mer.ca.de.jar⟩ v.t.d./v.t.d.i. Comprar, vender, ou negociar (uma mercadoria) [com alguém].

mercado ⟨mer.ca.do⟩ s.m. 1 Estabelecimento comercial onde são vendidos diversos tipos de produtos, geralmente os necessários para manutenção de uma casa: *Foram ao mercado fazer as compras do mês.* 2 Conjunto de transações de compra, venda e troca de bens e serviços: *o mercado de petróleo.* 3 Lugar ou território onde se desenvolve uma atividade comercial: *O Brasil conquistou muitos mercados para exportação de carne.* ‖ **mercado de trabalho** Conjunto das relações de oferta e procura de empregos: *No mercado de trabalho, as empresas constituem a oferta, e os*

mercador

trabalhadores, a procura. ‖ **mercado negro** Aquele que é clandestino: *O mercado negro de CDs prejudica a indústria fonográfica.*
mercador, -a ⟨mer.ca.dor, do.ra⟩ (Pron. [mercadôr], [mercadôra]) adj./s. Que ou quem se dedica à compra de produtos para revendê-los, especialmente como profissão. ◻ SIN. mercante.
mercadoria ⟨mer.ca.do.ri.a⟩ s.f. Aquilo que se compra ou se vende.
mercante ⟨mer.can.te⟩ ▌adj.2g. **1** Do comércio, das mercadorias, dos comerciantes ou relacionado a eles. ◻ SIN. mercantil. ▌adj.2g./s.2g. **2** Que ou quem se dedica à compra de produtos para revendê-los, especialmente como profissão. ◻ SIN. mercador.
mercantil ⟨mer.can.til⟩ (pl. *mercantis*) adj.2g. Do comércio, das mercadorias, dos comerciantes ou relacionado a eles. ◻ SIN. mercante.
mercantilismo ⟨mer.can.ti.lis.mo⟩ s.m. **1** Doutrina econômica desenvolvida no continente europeu entre os séculos XV e XVII, cujo objetivo era exportar mais do que importar, mantendo o excedente em metais preciosos como símbolo da riqueza do país. **2** Inclinação ou tendência a dar importância excessiva ao dinheiro, ao lucro e a tudo o que está a sua volta.
mercê ⟨mer.cê⟩ s.f. Favor ou recompensa: *O homenageado fez a mercê de dizer algumas palavras.* ‖ **à mercê de** {algo/alguém} Submetido ao seu domínio ou às suas vontades: *Não podemos ficar à mercê da sorte.*
mercearia ⟨mer.ce.a.ri.a⟩ s.f. Estabelecimento comercial de pequeno porte no qual se vendem alimentos e produtos para o abastecimento de uma casa. ◻ SIN. venda.
merceeiro, ra ⟨mer.ce.ei.ro, ra⟩ s. Pessoa que possui uma mercearia.
mercenário, ria ⟨mer.ce.ná.rio, ria⟩ adj./s. **1** Em relação especialmente a um soldado, que serve voluntariamente na guerra em troca de dinheiro e sem motivações ideológicas. **2** *pejorativo* Que ou quem trabalha por dinheiro e sem nenhuma outra motivação.
mercúrio ⟨mer.cú.rio⟩ s.m. Elemento químico da família dos metais, de número atômico 80, líquido, de cor branca, brilhante e muito pesado: *O mercúrio é uma substância altamente tóxica.* ◻ ORTOGRAFIA Seu símbolo químico é Hg, sem ponto.
mercuriocromo ⟨mer.cu.rio.cro.mo⟩ (Pron. [mercuriocrômo]) s.m. Líquido de cor vermelha, elaborado com mercúrio e álcool, usado, geralmente, como desinfetante em feridas superficiais. ◻ ORIGEM É a extensão de uma marca comercial. ◻ ORTOGRAFIA Escreve-se também *mercurocromo*.
mercurocromo ⟨mer.cu.ro.cro.mo⟩ (Pron. [mercurocrômo]) s.m. →**mercuriocromo** ◻ ORIGEM É a extensão de uma marca comercial.
merda ⟨mer.da⟩ ▌s.2g. **1** *vulgarismo pejorativo* Pessoa considerada de pouca importância ou desprezível. ▌s.f. **2** *vulgarismo* →**fezes** ▌interj. **3** *vulgarismo* Expressão usada para indicar aborrecimento ou desagrado.
merecedor, -a ⟨me.re.ce.dor, do.ra⟩ (Pron. [merecedôr], [merecedôra]) adj./s. Que ou quem é digno de receber uma recompensa ou um castigo.
merecer ⟨me.re.cer⟩ v.t.d./v.t.d.i./v.int. Ser digno de (uma recompensa ou um castigo) [de alguém] ou estar sujeito a passar [por algo]: *Merece um prêmio pela qualidade do trabalho realizado.* ◻ ORTOGRAFIA Antes de *a* ou *o*, o *c* muda para *ç* →**CONHECER**.
merecimento ⟨me.re.ci.men.to⟩ s.m. Esforço ou ação pelos quais se merece algo: *O prêmio foi dado ao cientista por merecimento.* ◻ SIN. mérito.

merenda ⟨me.ren.da⟩ s.f. Lanche rápido realizado durante a tarde. ‖ **merenda escolar** Aquela servida aos alunos no intervalo das aulas.
merendeira ⟨me.ren.dei.ra⟩ s.f. Recipiente usado geralmente por crianças para o transporte do lanche ou da merenda à escola. ◻ SIN. lancheira.
merendeiro, ra ⟨me.ren.dei.ro, ra⟩ s. Pessoa que se dedica a preparar e a servir a merenda escolar, especialmente como profissão.
meretrício ⟨me.re.trí.cio⟩ s.m. **1** *eufemismo* Prostituição. **2** *eufemismo* Conjunto das meretrizes.
meretriz ⟨me.re.triz⟩ s.f. Mulher que se dedica à prostituição. ◻ SIN. prostituta, rameira, rapariga.
mergulhador, -a ⟨mer.gu.lha.dor, do.ra⟩ (Pron. [mergulhadôr], [mergulhadôra]) ▌adj. **1** Que mergulha: *uma ave mergulhadora.* ▌adj./s. **2** Que ou quem se dedica a mergulhar ou a realizar atividades embaixo da água, especialmente como profissão.
mergulhão ⟨mer.gu.lhão⟩ (pl. *mergulhões*) s.m. Ave aquática palmípede, de bico comprido e asas curtas, com plumagem preta e brilhante, e que se alimenta de peixes. ◻ GRAMÁTICA É um substantivo epiceno: *o mergulhão (macho/fêmea).*
mergulhar ⟨mer.gu.lhar⟩ ▌v.t.d.i. **1** Penetrar (algo) [em um líquido], especialmente na água, de uma vez ou subitamente: *Mergulhou a mão na banheira para sentir a temperatura da água.* ▌v.int. **2** Nadar ou permanecer embaixo d'água realizando alguma atividade: *Ela gosta de mergulhar naquela região da costa.* ▌v.t.d.i. **3** Untar ou banhar (um alimento) [em outro alimento líquido]: *Mergulhou a barra de chocolate no café quente.* ◻ SIN. molhar. ▌v.t.i./v.prnl. **4** Envolver(-se) plenamente [em uma atividade]: *Para preparar o papel, o ator mergulhou no personagem.*
mergulho ⟨mer.gu.lho⟩ s.m. **1** Introdução repentina ou súbita em um líquido, especialmente na água: *A máquina se encarrega do mergulho das chapas em la solução química.* **2** Permanência embaixo d'água, nadando ou realizando alguma atividade: *Ela realizou um belo mergulho a oito metros de profundidade.* **3** Esporte ou atividade que consiste em mergulhar: *Para praticar o mergulho é necessário uma certificação.*
meridiano, na ⟨me.ri.di.a.no, na⟩ ▌adj. **1** Do meio-dia ou relacionado a ele. ▌s.m. **2** Em geografia, círculo imaginário que une o polo Norte e o polo Sul. **3** Em acupuntura, linha ou canal entre os pontos de energia do corpo humano.
meridional ⟨me.ri.di.o.nal⟩ (pl. *meridionais*) adj.2g./s.2g. Em astronomia e em geografia, do Sul ou relacionado a ele. ◻ SIN. austral. ◻ USO É diferente de *setentrional* (do Norte ou relacionado a ele).
meritiense ⟨me.ri.ti.en.se⟩ adj.2g./s.2g. De São João de Meriti ou relacionado a essa cidade do estado brasileiro do Rio de Janeiro.
mérito ⟨mé.ri.to⟩ s.m. Esforço ou ação pelos quais se merece algo: *Foi promovido por mérito.* ◻ SIN. merecimento.
meritório, ria ⟨me.ri.tó.rio, ria⟩ adj. Digno de prêmio ou de elogio.
merluza ⟨mer.lu.za⟩ s.f. Peixe de água salgada, comestível, de corpo alongado com dorso prateado, e cuja carne é muito apreciada para a alimentação. ◻ GRAMÁTICA É um substantivo epiceno: *a merluza (macho/fêmea).* [◉ **peixes (água salgada)** p. 609]
mero, ra ⟨me.ro, ra⟩ adj. Puro, simples ou exclusivo.
mês s.m. **1** Cada um dos doze períodos de tempo em que um ano está dividido: *Meu aniversário é no mês que vem.* **2** Sequência de trinta dias: *Faz mais de um mês que ela não aparece por aqui.*

mesa ⟨me.sa⟩ (Pron. [mêsa]) s.f. **1** Móvel composto por uma tábua em posição horizontal sustentada por um ou vários pés: *A mesa de jantar estava cheia de papéis.* **2** Esse móvel, quando está preparado para uma refeição: *Reservou uma mesa para quatro pessoas.* **3** Conjunto de pessoas que se reúnem em volta desse móvel: *Toda a mesa ficou de pé e brindou ao aniversariante.* **4** Conjunto de pessoas que presidem ou que dirigem uma reunião: *A mesa suspendeu a votação e pediu calma aos assistentes.* **5** Comida ou alimentos: *É amante da boa mesa.* ‖ **de mesa 1** Próprio para ser consumido durante as refeições: *um vinho de mesa.* **2** Próprio para ser usado à mesa: *uma faca de mesa.*

mesada ⟨me.sa.da⟩ s.f. Dinheiro que se recebe periodicamente, especialmente se for a cada mês: *Recebe uma mesada de sua mãe para pagar as despesas com a lanchonete da escola.*

mesa-redonda ⟨mesa-re.don.da⟩ (pl. *mesas-redondas*) s.f. Reunião de pessoas que debatem um tema.

mesário, ria ⟨me.sá.rio, ria⟩ s. Em uma eleição para escolha de cargos públicos, pessoa que executa as tarefas próprias de uma seção eleitoral.

mescla ⟨mes.cla⟩ s.f. Aquilo que resulta da união de coisas diferentes, mas de mesma natureza: *O cinza é uma mescla de duas outras cores, o branco e o preto.*

mesclar ⟨mes.clar⟩ v.t.d./v.t.d.i./v.prnl. Unir(-se) (coisas de uma mesma natureza) [com outras] até que se misturem ou se confundam: *Se precisa da cor verde, mescle o azul com o amarelo.*

meseta ⟨me.se.ta⟩ (Pron. [mesêta]) s.f. Planalto de pequenas dimensões, especialmente se for situado no centro da Espanha.

mesmice ⟨mes.mi.ce⟩ s.f. *informal* Monotonia.

mesmo ⟨mes.mo⟩ (Pron. [mêsmo]) ▍ adv. **1** Precisa ou exatamente: *Amanhã mesmo te envio os documentos.* ▍ conj. **2** Conectivo gramatical subordinativo (que une elementos entre os quais há uma relação de dependência) que expressa concessão: *Mesmo machucado, fui ao treino.* ‖ **mesmo que** Ainda que: *Mesmo que chova, iremos à aula.* ◻ USO Usa-se geralmente como reforço significativo: *Você eu mesmo?.*

mesmo, ma ⟨mes.mo, ma⟩ (Pron. [mêsmo]) adj. **1** Que é o próprio e não outro. **2** Exatamente igual: *Seu vestido e o meu são da mesma cor.* **3** Muito semelhante: *Tem a mesma forma de pensar que sua mãe.* ‖ **dar no mesmo** Ser igual ao apresentar resultado idêntico ao anterior: *Com ou sem sua ajuda, o trabalho dará no mesmo.* ◻ USO Usa-se geralmente como reforço significativo: *Ele mesmo fez o jantar.*

mesóclise ⟨me.só.cli.se⟩ s.f. Em linguística, colocação do pronome pessoal oblíquo átono entre o radical e a desinência de um verbo no futuro do presente ou no futuro do pretérito: *Em dar-te-ei, há uma mesóclise.*

mesolítico, ca ⟨me.so.lí.ti.co, ca⟩ ▍ adj. **1** Do mesolítico ou relacionado a este período pré-histórico. ▍ adj./s.m. **2** Em relação a um período pré-histórico, que é anterior ao neolítico e posterior ao paleolítico, e que se caracteriza pelo aparecimento da foice como nova ferramenta de trabalho.

mesosfera ⟨me.sos.fe.ra⟩ s.f. **1** Na atmosfera terrestre, região que se estende entre os quarenta e os oitenta quilômetros de altura, aproximadamente, e que está situada entre a estratosfera e a ionosfera. **2** Capa da Terra situada entre a astenosfera e o núcleo.

mesozoico, ca ⟨me.so.zoi.co, ca⟩ (Pron. [mesozóico]) adj. Em geologia, da era secundária, a terceira da história da Terra, ou relacionada a ela. ◻ SIN. secundário.

mesquinhez ⟨mes.qui.nhez⟩ (Pron. [mesquinhêz]) s.f. **1** Condição de mesquinho. **2** Aquilo que é dito ou feito de forma mesquinha.

mesquinho, nha ⟨mes.qui.nho, nha⟩ adj./s. **1** *pejorativo* Muito avarento ou muito sovina. **2** *pejorativo* Miserável ou ruim.

mesquita ⟨mes.qui.ta⟩ s.f. Templo de culto da religião islâmica.

messias ⟨mes.si.as⟩ s.m.2n. Pessoa em que se depositou uma confiança absoluta e de quem se espera a salvação contra todos os males: *Jesus é o messias do cristianismo.* ◻ GRAMÁTICA Usa-se tanto para o masculino quanto para o feminino: *(ele/ela) é um messias.*

mestiçagem ⟨mes.ti.ça.gem⟩ (pl. *mestiçagens*) s.f. Mistura de raças ou culturas diferentes: *A mestiçagem brasileira é resultado da mistura de três grupos étnicos: o branco, o negro e o indígena.* ◻ SIN. miscigenação.

mestiço, ça ⟨mes.ti.ço, ça⟩ ▍ adj. **1** Que resulta do cruzamento de raças ou de tipos diferentes. **2** Em relação a uma expressão cultural, que é resultado da mescla de várias culturas diferentes. ▍ adj./s. **3** Que ou quem possui ancestrais de grupos étnicos diferentes, especialmente se forem seus pais.

mestrado ⟨mes.tra.do⟩ s.m. **1** Curso universitário de pós-graduação direcionado à pesquisa científica e com o objetivo de defender uma dissertação sobre ela. **2** Título que se obtém com esse curso: *É preciso ter um mestrado para lecionar naquela universidade.* ◻ USO É diferente de doutorado (curso universitário de pós-graduação direcionado à pesquisa científica e com o objetivo de defender uma tese).

mestre, tra ⟨mes.tre, tra⟩ ▍ adj. **1** Em relação a um elemento de uma classe ou de uma categoria, que é o principal ou o modelo: *a viga mestra; a planilha mestra.* ▍ s. **2** Pessoa que ensina uma ciência, uma arte ou um ofício, especialmente se estiver titulada para fazê-lo: *Ele é mestre em artes marciais.* **3** Pessoa que adquiriu grande experiência, habilidade ou conhecimento em uma arte, em uma atividade ou em um assunto: *Leonardo da Vinci foi um mestre da pintura.* **4** Pessoa que tem o título acadêmico obtido com o curso de mestrado: *Ele é mestre em Literatura Brasileira.* **5** Aquilo que instrui, ensina ou demonstra: *O tempo é o melhor mestre.*

mestre-cuca ⟨mes.tre-cu.ca⟩ (pl. *mestres-cucas*) s.2g. *informal* Cozinheiro.

mestre de cerimônias ⟨mes.tre de ce.ri.mô.nias⟩ (pl. *mestres de cerimônia*) s.m. Pessoa que dirige ou coordena uma atividade ou um evento. ◻ GRAMÁTICA Usa-se tanto para o masculino quanto para o feminino: *(ele/ela) é um mestre de cerimônias.*

mestre-sala ⟨mes.tre-sa.la⟩ (pl. *mestres-salas*) s.m. Em um desfile de escolas de samba, homem que faz par com a porta-bandeira.

mesura ⟨me.su.ra⟩ s.f. Reverência ou cumprimento formal e cerimonioso: *Fez uma mesura diante do papa.*

meta ⟨me.ta⟩ s.f. Fim ou objetivo que se pretende alcançar: *Sua meta é estudar na melhor universidade do país.*

meta-¹ Prefixo que indica mudança: *metamorfose, metabolismo.* **2** Prefixo que significa *além* ou *mais adiante*: *metamórfico.*

metabólico, ca ⟨me.ta.bó.li.co, ca⟩ adj. Do metabolismo ou relacionado a esse conjunto de transformações físicas e químicas.

metabolismo ⟨me.ta.bo.lis.mo⟩ s.m. Conjunto de transformações físicas e químicas que se produzem nas células de um organismo vivo para obtenção de energia e de substâncias necessárias à sua sobrevivência, e que se manifestam nas fases anabólica e catabólica.

metacarpal ⟨me.ta.car.pal⟩ (pl. *metacarpais*) adj.2g/s.m. Que compõe o metacarpo ou que está relacionado a essa parte do esqueleto.

metacarpo

metacarpo ⟨me.ta.car.po⟩ s.m. Osso comprido que, em conjunto, faz parte do esqueleto da mão, ou dos membros anteriores de alguns animais, e que é articulado com os ossos carpais no punho por uma de suas extremidades e com as falanges pela outra. [👁 **esqueleto** p. 334]

metade ⟨me.ta.de⟩ s.f. **1** Cada uma das duas partes iguais em que se pode dividir um todo: *Quer metade da laranja?* **2** Em um todo, ponto ou lugar que está a uma mesma distância de seus extremos: *Ainda estamos na metade do caminho.*

metafísica ⟨me.ta.fí.si.ca⟩ s.f. Parte da filosofia que estuda a essência do ser, suas propriedades, seus princípios e suas causas primeiras.

metafísico, ca ⟨me.ta.fí.si.co, ca⟩ ▌adj. **1** Da metafísica ou relacionado a essa parte da filosofia. ▌s. **2** Pessoa especializada nos estudos metafísicos.

metáfora ⟨me.tá.fo.ra⟩ s.f. Figura de linguagem em que se designa um ser por outro nome, para indicar uma qualidade que não aparece, mas pode ser subentendida: *Ela é uma flor é uma metáfora para indicar uma pessoa delicada ou bonita.* ▫ USO É diferente de *comparação* (figura de linguagem em que se estabelece expressamente uma semelhança entre dois ou mais termos).

metafórico, ca ⟨me.ta.fó.ri.co, ca⟩ adj. Da metáfora, com metáforas ou relacionado a essa figura de linguagem: *O autor utiliza a expressão metafórica fios de ouro para se referir ao cabelo loiro da amada.*

metal ⟨me.tal⟩ (pl. *metais*) ▌adj.2g.2n. **1** Do metal ou relacionado a este gênero musical: *uma banda metal.* ▌s.m. **2** Gênero musical derivado do *rock*, surgido em meados dos anos 1970, caracterizado pelo som distorcido e amplificado, com destaque aos solos, especialmente os de guitarra: *O metal surgiu a partir do rock pesado da década de 1970.* **3** Elemento químico, com brilho, bom condutor de calor e de eletricidade, e que, exceto o mercúrio, é sólido à temperatura normal: *O ferro, o alumínio e a prata são metais.* ▌s.m.pl. **4** Em música, em uma orquestra ou em uma banda, conjunto dos instrumentos de sopro feitos de uma liga de metais: *Mozart compôs três lindas serenatas para os instrumentos de sopro, onde se destacam os metais.* ‖ **metal precioso** Aquele que é muito apreciado por suas características: *O ouro, a prata e a platina são metais preciosos.* ‖ **o vil metal** *pejorativo* O dinheiro. ▫ USO Nas acepções 1 e 2, é a forma reduzida e mais usual de *heavy metal*.

metal-branco ⟨me.tal-bran.co⟩ (pl. *metais-brancos*) s.m. Liga de cor, brilho e rigidez semelhantes aos da prata, que geralmente se obtém misturando zinco, cobre e níquel. ▫ SIN. **alpaca.**

metaleiro, ra ⟨me.ta.lei.ro, ra⟩ adj./s. *informal* Que ou quem é compositor ou cantor de *heavy metal*, ou é admirador desse gênero musical.

metálico, ca ⟨me.tá.li.co, ca⟩ adj. **1** De metal, do metal ou relacionado a esse elemento químico. **2** Que se assemelha ao metal: *A voz gravada na secretária eletrônica tem um som metálico.*

metalizar ⟨me.ta.li.zar⟩ v.t.d. **1** Fazer adquirir propriedades metálicas: *Para metalizar esse material, é necessário submetê-lo a um processo químico.* **2** Cobrir com uma ligeira camada de metal: *A peça foi metalizada com ouro.*

metalurgia ⟨me.ta.lur.gi.a⟩ s.f. Técnica de extrair os metais dos minerais que os contêm, de tratá-los e de elaborá-los.

metalúrgica ⟨me.ta.lúr.gi.ca⟩ s.f. Oficina de metalurgia.

metalúrgico, ca ⟨me.ta.lúr.gi.co, ca⟩ ▌adj. **1** Da metalurgia ou relacionado a essa técnica: *uma indústria metalúrgica.* ▌s. **2** Pessoa que se dedica profissionalmente à metalurgia.

metamórfico, ca ⟨me.ta.mór.fi.co, ca⟩ adj. **1** Da metamorfose ou relacionado a ela: *A lagarta passa por um processo metamórfico e torna-se borboleta.* **2** Em relação a um mineral ou a uma rocha, que sofreram metamorfismo.

metamorfismo ⟨me.ta.mor.fis.mo⟩ s.m. Em geologia, conjunto das transformações das rochas como consequência da pressão e da elevada temperatura a que estão submetidas, e que supõem uma modificação de sua estrutura e composição mineral.

metamorfose ⟨me.ta.mor.fo.se⟩ s.f. **1** Em alguns animais, especialmente nos insetos e nos anfíbios, conjunto de transformações que se produzem ao longo de seu desenvolvimento biológico, representadas por evidentes mudanças de fases com formas diferentes. **2** Mudança ou transformação de uma coisa em outra.

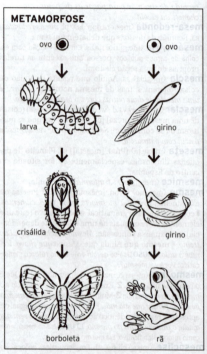

METAMORFOSE

metamorfosear ⟨me.ta.mor.fo.se.ar⟩ v.t.d./v.t.d.i./v.prnl. **1** Mudar de forma ou de imagem, ou converter(-se) [em algo diferente do que se era]. **2** Mudar ou transformar a conduta ou a atitude de (alguém ou si próprio) [em outra]. ▫ ORTOGRAFIA O *e* muda para *ei* quando a sílaba tônica estiver na raiz do verbo →NOMEAR.

metano ⟨me.ta.no⟩ s.m. Hidrocarboneto gasoso, incolor e inodoro, pouco solúvel em água e muito inflamável, produzido pela decomposição de substâncias vegetais, utilizado como combustível e para a elaboração de produtos químicos: *O metano é o principal componente do gás natural.*

metanol ⟨me.ta.nol⟩ (pl. *metanóis*) s.m. Hidrocarboneto líquido, incolor, solúvel em água, muito tóxico, e usado para dissolver óleos ou como aditivo para combustíveis líquidos. ▫ SIN. **álcool metílico.**

metástase ⟨me.tás.ta.se⟩ s.f. Reprodução de um tumor ou extensão de uma doença cancerosa a outras partes do corpo: *A evolução do tumor foi contida, e ele não apresenta metástase.*

metatarsal ⟨me.ta.tar.sal⟩ (pl. *metatarsais*) adj.2g./s.m. Que compõe o metatarso ou que está relacionado a essa parte do esqueleto.

metatarso ⟨me.ta.tar.so⟩ s.m. Conjunto dos ossos compridos que fazem parte do esqueleto do pé, ou das extremidades posteriores de alguns animais, e que são articulados com os ossos tarsais por uma de suas extremidades e com as falanges pela outra. □ USO É a antiga denominação de *metatarsal*. [◉ **esqueleto** p. 334]

metazoário, ria ⟨me.ta.zo.á.rio, ria⟩ adj./s.m. **1** Em zoologia, divisão que abrange os animais móveis, compostos por numerosas células diferenciadas, que se nutrem de outros seres vivos, e cujo corpo é polarizado ao longo de um eixo locomotor. ▌s.m.pl. **2** Em zoologia, reino destes animais.

metempsicose ⟨me.tem.psi.co.se⟩ s.f. Doutrina religiosa e filosófica baseada na crença de que, depois da morte, as almas passam a outros corpos de acordo com os méritos de cada uma.

meteórico, ca ⟨me.te.ó.ri.co, ca⟩ adj. **1** Dos meteoros ou relacionado a eles. **2** *informal* Muito rápido, especialmente se dura pouco.

meteorito ⟨me.te.o.ri.to⟩ s.m. Fragmento de um corpo sólido procedente do espaço que cai sobre a Terra e que, ao atravessar a atmosfera terrestre, se incandesce, tornando-se uma estrela cadente.

meteoro ⟨me.te.o.ro⟩ s.m. **1** Em meteorologia, fenômeno físico natural que se produz na atmosfera terrestre. **2** Corpo sólido, menor que um asteroide, que se desloca pelo espaço: *uma chuva de meteoros.*

meteorologia ⟨me.te.o.ro.lo.gi.a⟩ s.f. Parte da física que estuda os fenômenos naturais da atmosfera terrestre e os fatores que produzem o clima.

meteorológico, ca ⟨me.te.o.ro.ló.gi.co, ca⟩ adj. Da meteorologia ou relacionado a essa parte da física.

meter ⟨me.ter⟩ ▌v.t.d.i. **1** Pôr ou colocar (algo) [em um lugar]: *Meteu as chaves no bolso.* ▌v.t.d.i./v.prnl. **2** Colocar(-se) (alguém) [em uma determinada situação]: *Meteu-se em uma confusão.* ▌v.prnl. **3** Participar de um assunto sem ser solicitado: *Disseram-me que não me metesse onde não era chamado.* **4** Envolver-se ou estabelecer relações com um grupo de pessoas: *Na viagem, meu irmão se meteu com alguns estrangeiros muito simpáticos.* **5** Começar a praticar uma atividade: *Meteu-se a andar de patins nos últimos meses.* ‖ **meter-se com** {algo/alguém}: Provocá-lo ou desafiá-lo: *Não se meta com seu irmão!*

meticulosidade ⟨me.ti.cu.lo.si.da.de⟩ s.f. Qualidade de meticuloso.

meticuloso, sa ⟨me.ti.cu.lo.so, sa⟩ (Pron. [meticulôso], [meticulósa], [meticulôsos], [meticulósas]) adj. **1** Que age ou que trabalha com cuidado, com exatidão e com delicadeza. **2** Realizado com cuidado, com exatidão e com delicadeza: *um trabalho meticuloso.*

metido, da ⟨me.ti.do, da⟩ adj./s. *pejorativo* Arrogante ou pretensioso.

metódico, ca ⟨me.tó.di.co, ca⟩ adj. **1** Que se faz com método, com ordem ou com detalhe. **2** Que age ou trabalha com método ou com ordem.

metodismo ⟨me.to.dis.mo⟩ s.m. Doutrina religiosa protestante surgida no século XVIII, caracterizada pela rigidez de seus princípios e pela defesa da oração pessoal em oposição às formas públicas e oficiais de culto.

metodista ⟨me.to.dis.ta⟩ ▌adj.2g. **1** Do metodismo ou relacionado a essa doutrina religiosa. ▌adj.2g./s.2g. **2** Que ou quem tem como religião o metodismo.

metodizar ⟨me.to.di.zar⟩ v.t.d. Dotar de método (um processo).

método ⟨mé.to.do⟩ s.m. **1** Forma particular de fazer algo: *Ela achou um método para controlar melhor seus gastos.* **2** Conjunto de regras, lições ou exercícios que contém um livro para ensinar algo: *Utiliza um método de violão com sucessos populares e temas clássicos.* **3** Procedimento sistemático e ordenado para realizar algo: *Sem método, não conseguirá fazer esse trabalho.* **4** Procedimento científico que se segue para descobrir a verdade e ensiná-la: *um método indutivo; um método dedutivo.*

metodologia ⟨me.to.do.lo.gi.a⟩ s.f. Conjunto dos métodos seguidos em uma disciplina ou em uma atividade.

metonímia ⟨me.to.ní.mia⟩ s.f. Figura de linguagem que consiste em designar uma coisa com o nome de outra com a qual guarda uma relação de causa e efeito, de autor e obra, ou de algum outro tipo de proximidade temporal, causal ou espacial: *Na frase* Bebeu uma lata de refrigerante, *há uma metonímia, pois o que se bebe não é a lata, e sim seu conteúdo.*

metragem ⟨me.tra.gem⟩ (pl. *metragens*) s.f. Comprimento expresso em metros.

metralha ⟨me.tra.lha⟩ s.f. **1** Conjunto de balas e fragmentos pequenos de metal com os quais se carregam alguns projéteis ou artefatos explosivos. **2** Som emitido por uma metralhadora.

metralhadora ⟨me.tra.lha.do.ra⟩ (Pron. [metralhadôra]) s.f. Arma de fogo automática e portátil, de pouco peso, de tamanho e calibre pequenos, capaz de disparar repetidamente em um curto intervalo de tempo.

metralhar ⟨me.tra.lhar⟩ ▌v.int. **1** Disparar metralhas ou disparar com metralhadoras: *Metralhou para o alto em sinal de aviso.* ▌v.t.d. **2** Disparar tiros de metralhadora contra (um alvo): *Os criminosos metralharam o carro-forte.* **3** *informal* Assediar ou atacar (alguém) com o pedido constante de algo em um espaço de tempo muito curto: *Os jornalistas metralharam o ministro com perguntas.*

métrica ⟨mé.tri.ca⟩ s.f. Técnica que trata da medida e da estrutura dos versos, de suas classes e das combinações que podem ser feitas com eles.

métrico, ca ⟨mé.tri.co, ca⟩ adj. **1** Do metro, da medida ou relacionado a eles. **2** Do metro ou medida do verso ou relacionado a eles.

metrificar ⟨me.tri.fi.car⟩ v.int. **1** Compor versos de acordo com a métrica. **2** Adequar à métrica (a estrutura de um texto): *Este poema era originalmente uma prosa antes de ser metrificado.* □ ORTOGRAFIA Antes de e, e c muda para *qu* →BRINCAR.

metro ⟨me.tro⟩ s.m. **1** Unidade básica de comprimento equivalente à distância que a luz percorre no vácuo durante 1/299792458 de segundo: *Um metro equivale a cem centímetros.* **2** Instrumento marcado com as divisões métricas, utilizado para medir comprimentos: *Esqueci de trazer um metro, para que pudéssemos tirar as medidas do apartamento.* **3** Em métrica, medida peculiar de cada classe de verso: *O poeta inovou, alterando o metro ao longo do poema.* ‖ **metro cúbico** Unidade de volume equivalente a um cubo cuja aresta tem um metro. ‖ **metro quadrado** Unidade de superfície equivalente à área de um quadrado cujo lado tem um metro. □ ORTOGRAFIA O símbolo do *metro* é m, sem ponto; o do *metro cúbico* é m^3; o do *metro quadrado* é m^2.

metrô ⟨me.trô⟩ s.m. Trem elétrico, geralmente subterrâneo, usado como meio de transporte coletivo nas grandes cidades. □ USO É a forma reduzida e mais usual de *metropolitano.*

metrologia

metrologia ⟨me.tro.lo.gi.a⟩ s.f. Ciência que estuda os sistemas de pesos e medidas.

metrônomo ⟨me.trô.no.mo⟩ s.m. Aparelho usado para medir o tempo musical, sinalizar o compasso e organizar os tempos e a velocidade dos andamentos: *Há metrônomos de pêndulo, mecânico ou eletrônico.*

metrópole ⟨me.tró.po.le⟩ s.f. **1** Cidade muito grande ou importante: *São Paulo é a maior metrópole do hemisfério Sul.* **2** Em relação a uma colônia, país ao qual pertence: *Durante o período colonial, as riquezas extraídas do Brasil eram enviadas à sua então metrópole, Portugal.*

metropolitano, na ⟨me.tro.po.li.ta.no, na⟩ adj. **1** Da metrópole ou relacionado a ela. ❚ s.m. **2** →**metrô**

metrossexual ⟨me.tros.se.xu.al⟩ (Pron. [metrossecsual]) (pl. *metrossexuais*) s.m. Homem que se preocupa muito em cuidar da aparência.

metroviário, ria ⟨me.tro.vi.á.rio, ria⟩ adj./s. Que ou quem é funcionário do sistema de metrô.

meu pron.poss. Indica posse em relação à primeira pessoa do singular. ❑ GRAMÁTICA Seu feminino é *minha*.

mexer ⟨me.xer⟩ ❚ v.t.d. **1** Revirar ou misturar em todas as direções: *Mexa bem a massa do bolo antes de assá-la.* ❚ v.t.d./v.int./v.prnl. **2** Fazer entrar em movimento ou entrar em movimento: *Durante uma caminhada, é bom mexer os braços também.* ❑ SIN. mover, movimentar. ❚ v.t.i. **3** Alterar ou introduzir modificações [em algo]: *Este texto não é definitivo, ainda preciso mexer nele.* **4** Irritar, incomodar ou fazer gracejos [com alguém]: *Não mexa comigo, pois não gosto de brincadeiras.* **5** *informal* Trabalhar ou estar envolvido [com uma ocupação]: *Ele mexe com informática.*

mexerica ⟨me.xe.ri.ca⟩ s.f. **1** Árvore com folhas lisas e verde-escuras, flores aromáticas, e cujo fruto, comestível, geralmente com casca fina, lisa e amarela, tem polpa dividida em gomos com suco em seu interior. ❑ SIN. bergamota, tangerina, tangerineira. **2** Esse fruto. ❑ SIN. bergamota, tangerina.

mexericar ⟨me.xe.ri.car⟩ v.t.d./v.int. Falar sobre (assuntos alheios) para promover intrigas ou fofocas, ou fazer mexericos: *A imprensa mexericou a intimidade do casal. Mexericar pode causar desentendimentos.* ❑ SIN. bisbilhotar. ❑ ORTOGRAFIA Antes de *e*, o *c* muda para *qu* →BRINCAR.

mexerico ⟨me.xe.ri.co⟩ s.m. **1** Intromissão em assunto alheio. ❑ SIN. bisbilhotice. **2** Intriga ou boato. ❑ SIN. bisbilhotice.

mexeriqueiro, ra ⟨me.xe.ri.quei.ro, ra⟩ adj./s. Que ou quem mexerica ou se intromete em assuntos alheios. ❑ SIN. bisbilhoteiro.

mexicano, na ⟨me.xi.ca.no, na⟩ adj./s. Do México ou relacionado a esse país norte-americano.

mexida ⟨me.xi.da⟩ s.f. *informal* Agitação ou movimentação.

mexido ⟨me.xi.do⟩ s.m. Prato preparado com farinha, geralmente de mandioca, a partir da sobra de vários alimentos.

mexilhão ⟨me.xi.lhão⟩ (pl. *mexilhões*) s.m. Molusco marinho comestível, com a concha composta por duas valvas pretas e ovaladas, que vive preso às rochas nas áreas costeiras. ❑ GRAMÁTICA É um substantivo epiceno: *o mexilhão {macho/fêmea}.*

mezanino ⟨me.za.ni.no⟩ s.m. Andar construído entre outros dois, tirando parte da altura de um deles.

mezinha ⟨me.zi.nha⟩ s.f. *informal* Remédio caseiro.

MG É a sigla do estado brasileiro de Minas Gerais.

mi s.m. **1** Em música, terceira nota ascendente ou sexta nota descendente da escala de dó: *Na clave de sol, o mi se escreve na primeira linha do pentagrama.* **2** Décima segunda letra do alfabeto grego clássico: *A letra mi é (μ).*

miado ⟨mi.a.do⟩ s.m. Voz característica do gato.

mianmarense ⟨mi.an.ma.ren.se⟩ ❚ adj.2g./s.2g. **1** De Mianmá (antiga Birmânia) ou relacionado a esse país asiático. ❚ s.m. **2** Língua desse e de outros países. ❑ SIN. birmanês.

miar ⟨mi.ar⟩ v.int. Dar miados (um gato). ❑ GRAMÁTICA É um verbo unipessoal: só se usa nas terceiras pessoas do singular e do plural, no particípio, no gerúndio e no infinitivo →MIAR.

miasma ⟨mi.as.ma⟩ s.m. Odor forte e desagradável que se desprende de corpos ou materiais em decomposição.

miau ⟨mi.au⟩ s.m. **1** *informal* Miado. **2** *informal* Gato.

mica ⟨mi.ca⟩ s.f. Mineral do grupo dos silicatos em cuja composição entra o alumínio, e que se cristaliza em lâminas planas, brilhantes e elásticas.

micado ⟨mi.ca.do⟩ s.m. No Japão (país asiático), imperador e instituição imperial. ❑ ORIGEM É uma palavra que vem do japonês *mikado* (chefe religioso ou soberano japonês).

miçanga ⟨mi.çan.ga⟩ s.f. **1** Conta de massa de vidro, com a qual se fazem colares ou adornos. **2** Colar produzido com essas contas. **3** Objeto ou adorno de pouco valor. ❑ ORIGEM É uma palavra de origem africana.

micareta ⟨mi.ca.re.ta⟩ (Pron. [micarêta]) s.f. Festa popular carnavalesca que ocorre fora do período tradicional do carnaval.

micção ⟨mic.ção⟩ (pl. *micções*) s.f. Eliminação da urina.

mico ⟨mi.co⟩ s.m. **1** Macaco de pequeno porte, de focinho achatado, cauda longa e pelagem de cores variadas, com pelos que formam uma juba ou um tufo na cabeça, que vive em grupos e habita árvores. **2** *informal* Erro ou descuido embaraçosos: *Cometeu o mico de esquecer o zíper da calça aberto.* ❚ **pagar mico** *informal* Passar por uma situação embaraçosa ou vergonhosa: *Pagou mico ao ser flagrado imitando o professor.* ❑ GRAMÁTICA Na acepção 1, é um substantivo epiceno: *o mico {macho/fêmea}*.

micologia ⟨mi.co.lo.gi.a⟩ s.f. Parte da botânica que estuda os fungos: *Sei distinguir os cogumelos comestíveis dos venenosos graças aos meus conhecimentos de micologia.*

micose ⟨mi.co.se⟩ s.f. Infecção causada por certos fungos: *Ela pegou uma micose no pé depois de nadar na piscina do clube.*

micro ⟨mi.cro⟩ s.m. →**microcomputador**

micro- **1** Prefixo que indica tamanho menor: *micro-organismo, micro-ondas.* **2** Prefixo que significa milionésima parte: *micrômetro.*

micróbio ⟨mi.cró.bio⟩ s.m. Organismo unicelular microscópico: *Vírus e bactérias são micróbios.* ❑ SIN. micro-organismo.

microbiologia ⟨mi.cro.bi.o.lo.gi.a⟩ s.f. Parte das ciências biológicas que estuda os micro-organismos: *A microbiologia estuda os vírus, as bactérias e as leveduras.*

microchip *(palavra inglesa)* (Pron. [microchip]) s.m. →**chip**

microcomputador ⟨mi.cro.com.pu.ta.dor⟩ (Pron. [microcomputadôr]) s.m. Computador cuja unidade central de processamento é formada por um ou mais microprocessadores. ❑ USO Usa-se também a forma reduzida *micro*.

microcosmo ⟨mi.cro.cos.mo⟩ s.m. **1** O ser humano, entendido como um pequeno universo completo. **2** Conjunto ou membros de uma sociedade: *Pertence ao microcosmo dos intelectuais da cidade.*

microfilme ⟨mi.cro.fil.me⟩ s.m. Filme de tamanho reduzido em que se gravam documentos que depois podem ser ampliados em uma projeção ou em uma fotografia: *Foi até a biblioteca, consultar o microfilme de um documento antigo.*

microfone ⟨mi.cro.fo.ne⟩ (Pron. [microfône]) s.m. Aparelho que transforma as ondas acústicas em ondas elétricas para poder amplificá-las, transmiti-las ou registrá-las.

micro-onda ⟨mi.cro-on.da⟩ (pl. *micro-ondas*) s.f. Radiação eletromagnética cujo comprimento de onda está compreendido no intervalo do milímetro a trinta centímetros.

micro-ondas ⟨mi.cro-on.das⟩ s.m.2n. Forno que funciona com ondas eletromagnéticas que descongelam ou aquecem rapidamente os alimentos.

micro-ônibus ⟨mi.cro-ô.ni.bus⟩ s.m.2n. Ônibus pequeno para um número reduzido de passageiros, geralmente empregado no transporte urbano.

micro-organismo ⟨mi.cro-or.ga.nis.mo⟩ (pl. *micro-organismos*) s.m. Organismo unicelular microscópico: *Os micro-organismos se desenvolvem quando há um meio favorável.* □ SIN. micróbio. □ ORTOGRAFIA Escreve-se também *microrganismo*.

microprocessador ⟨mi.cro.pro.ces.sa.dor⟩ (Pron. [microprocessadôr]) s.m. Circuito formado por numerosos transistores integrados, e que tem diversas aplicações.

microrganismo ⟨mi.cror.ga.nis.mo⟩ s.m. →**micro-organismo**

microscópico, ca ⟨mi.cros.có.pi.co, ca⟩ adj. 1 Que só se pode ver com um microscópio. 2 *informal* Muito pequeno.

microscópio ⟨mi.cros.có.pio⟩ s.m. Instrumento óptico formado por um sistema de lentes capaz de ampliar a imagem de corpos extremamente pequenos: *um microscópio eletrônico.*

mictório, ria ⟨mic.tó.rio, ria⟩ ❙ adj. 1 Da micção ou eliminação de urina, ou relacionado a ela: *Quando se transpira muito, a atividade mictória diminui.* ❙ s.m. 2 Local destinado a urinar, especialmente se for de uso público.

mídia ⟨mí.dia⟩ s.f. Conjunto dos meios de comunicação que alcançam um grande número de pessoas: *Os jornais, as revistas e a televisão são formas de mídia.*

migalha ⟨mi.ga.lha⟩ s.f. 1 Pedaço ou quantidade pequenos, especialmente se for de pão. 2 *informal* Pouca coisa ou quase nada: *Recebeu uma migalha de salário pelo trabalho que fez.*

migração ⟨mi.gra.ção⟩ (pl. *migrações*) s.f. Ato ou efeito de migrar.

migrante ⟨mi.gran.te⟩ ❙ adj.2g. 1 Que migra: *uma ave migrante.* ❙ s.2g. 2 Pessoa que se desloca para mudar de domicílio.

migrar ⟨mi.grar⟩ ❙ v.t.i./v.int. 1 Em relação a uma pessoa, deslocar-se [de um lugar] para mudar de domicílio: *Com o desenvolvimento industrial, muitos trabalhadores migram do campo para as cidades.* ❙ v.int. 2 Fazer migrações ou viagens periódicas (um animal): *Muitas aves migram para o Sul em busca de lugares mais quentes.* □ SIN. emigrar. □ USO Na acepção 1, é diferente de *emigrar* (sair de um lugar para se estabelecer em outro por um período determinado ou de modo permanente) e de *imigrar* (chegar a um lugar para se estabelecer nele).

migratório, ria ⟨mi.gra.tó.rio, ria⟩ adj. Da migração ou relacionado a esse movimento de população.

míase ⟨mí.a.se⟩ s.f. Ferida contaminada pela infestação da larva de determinadas moscas.

mijada ⟨mi.ja.da⟩ s.f. 1 *vulgarismo* Eliminação de urina. 2 *vulgarismo* Essa urina.

mijar ⟨mi.jar⟩ v.t.d./v.int./v.prnl. *vulgarismo* →**urinar**

mijo ⟨mi.jo⟩ s.m. *vulgarismo* →**urina**

mil ❙ numer. 1 Número 1.000. 2 Quantidade indeterminada: *Ainda tenho mil coisas para fazer!* ❙ s.m. 3 Signo que representa esse número. □ GRAMÁTICA Na acepção 1, é invariável em gênero e em número.

milagre ⟨mi.la.gre⟩ s.m. 1 Aquilo que não pode ser explicado racionalmente e que se considera fruto das intervenções divina ou sobrenatural: *A Bíblia descreve diversos milagres realizados por Jesus Cristo.* 2 Aquilo que se considera raro, extraordinário ou maravilhoso: *Foi um milagre ter chegado a tempo para pegar o voo.*

milagreiro, ra ⟨mi.la.grei.ro, ra⟩ adj./s. 1 Que ou quem acredita em milagres ou em fatos sobrenaturais. 2 *informal* Que ou quem faz milagres: *um santo milagreiro.*

milagroso, sa ⟨mi.la.gro.so, sa⟩ (Pron. [milagrôso], [milagrósa], [milagrósos], [milagrósas]) adj. 1 Que não pode ser explicado pelas leis da ciência ou da natureza. 2 Que faz milagres. □ SIN. miraculoso. 3 Extraordinário, maravilhoso ou surpreendente. □ SIN. miraculoso.

milenar ⟨mi.le.nar⟩ adj.2g. Que possui mil anos ou mais. □ SIN. milenário.

milenário, ria ⟨mi.le.ná.rio, ria⟩ ❙ adj. 1 Do número 1.000 ou do milhar. 2 Que possui mil anos ou mais: *As pirâmides do Egito são milenárias.* □ SIN. milenar. ❙ s.m. 3 Data em que se cumprem um ou vários milhares de anos de um acontecimento.

milênio ⟨mi.lê.nio⟩ s.m. Período de tempo de mil anos seguidos: *O homem inventou a escrita aproximadamente quatro milênios antes do nascimento de Cristo.*

milésimo, ma ⟨mi.lé.si.mo, ma⟩ numer. 1 Em uma série, que ocupa o lugar de número mil. 2 Em relação a uma parte, que compõe um todo se somada com outras 999 iguais a ela.

milha ⟨mi.lha⟩ s.f. No sistema anglo-saxão, unidade de medida que equivale a aproximadamente 1.609 metros. ‖ **milha (náutica)** Unidade de navegação marítima e aérea que equivale a 1.852 metros: *Os barcos medem a distância navegada em milhas.*

milhão ⟨mi.lhão⟩ (pl. *milhões*) ❙ numer. 1 Número 1.000.000. ❙ s.m. 2 Signo que representa esse número. 3 *informal* Grande quantidade: *Tenho um milhão de coisas para fazer hoje.* □ GRAMÁTICA Usam-se as construções *um milhão DE* diante do nome daquilo que se numera (*um milhão de reais*) e *um milhão* diante de um ou mais numerais (*um milhão e cem mil reais*).

milhar ⟨mi.lhar⟩ ❙ s.m. 1 Conjunto de mil unidades: *O abaixo-assinado reuniu quase um milhar de assinaturas.* □ SIN. milheiro. ❙ s.m.pl. 2 *informal* Grande quantidade: *Ele me fez milhares de perguntas sobre a viagem.*

milharal ⟨mi.lha.ral⟩ (pl. *milharais*) s.m. Plantação de milho.

milheiro ⟨mi.lhei.ro⟩ s.m. Conjunto de mil unidades: *Comprou um milheiro de papéis para impressão.* □ SIN. milhar.

milho ⟨mi.lho⟩ s.m. 1 Planta de caule alto e reto, com folhas grandes e largas, flores masculinas em cachos e femininas em espigas, com grãos geralmente amarelos e muito nutritivos. 2 Espiga dessa planta. 3 Grão dessa espiga: *A pipoca é um milho que estourou com o calor do fogo.* [👁 cereais p. 165]

mili- Prefixo que significa *milésima parte*: *mililitro, milímetro.*

milícia ⟨mi.lí.cia⟩ s.f. 1 Conjunto de técnicas e de conhecimentos que permitem preparar e treinar um exército para a guerra. 2 Conjunto de militares, profissionais ou não, de um país.

miligrama

miligrama ⟨mi.li.gra.ma⟩ s.m. Unidade de massa equivalente à milésima parte de um grama. ☐ ORTOGRAFIA Seu símbolo é *mg*, sem ponto.

mililitro ⟨mi.li.li.tro⟩ s.m. Unidade de volume equivalente à milésima parte de um litro. ☐ ORTOGRAFIA Seu símbolo é *ml*, sem ponto.

milímetro ⟨mi.lí.me.tro⟩ s.m. Unidade de comprimento equivalente à milésima parte de um metro. ☐ ORTOGRAFIA Seu símbolo é *mm*, sem ponto.

milionário, ria ⟨mi.li.o.ná.rio, ria⟩ ▌adj. **1** Em relação especialmente a uma quantia de dinheiro, que corresponde a um ou mais milhões. ▌adj./s. **2** *informal* Que ou quem é muito rico.

milionésimo, ma ⟨mi.li.o.né.si.mo, ma⟩ numer. **1** Em uma série, que ocupa o lugar de número um milhão. **2** Em relação a uma parte, que compõe um todo se somada com outras 999.999 iguais a ela.

militante ⟨mi.li.tan.te⟩ adj.2g./s.2g. Que ou quem faz parte de um partido político ou de uma associação.

militar ⟨mi.li.tar⟩ ▌adj.2g. **1** Da milícia, da guerra ou relacionado a elas: *A disciplina militar é muito rigorosa.* ▌s.2g. **2** Pessoa que serve às Forças Armadas ou à Polícia Militar, transitória ou permanentemente: *Geralmente os militares vestem uniformes.* ▌v.int. **3** Servir às Forças Armadas ou a uma milícia: *Quando jovem, militou no batalhão de infantaria.* ▌v.t.i. **4** Fazer parte ou ser membro [de um partido político ou de uma associação]: *Meu pai sempre militou nesse partido.*

militarismo ⟨mi.li.ta.ris.mo⟩ s.m. **1** Predomínio do elemento militar em uma nação. **2** Atitude que defende esse predomínio militar.

militarizar ⟨mi.li.ta.ri.zar⟩ v.t.d./v.prnl. Submeter a ou adquirir disciplina ou jurisdição militares: *Anunciaram que militarizarão a cidade caso os ataques terroristas continuem. A região militarizou-se com a intervenção do Exército.*

milk-shake *(palavra inglesa)* (Pron. [miuc-chêic]) s.m. Leite batido com sorvete.

milonga ⟨mi.lon.ga⟩ ▌s.f. **1** Composição musical originária do Rio da Prata (grande estuário situado entre a Argentina e o Uruguai), de ritmo lento, que se canta acompanhada de violão, e que se popularizou nos subúrbios de Montevidéu e de Buenos Aires no fim do século XIX: *A milonga é a precursora do tango argentino.* **2** Dança que acompanha essa composição: *Convidou-a para dançar uma milonga.* ▌s.f.pl. **3** *informal* Engano ou mentira: *Contou um monte de milongas para poder sair.* ☐ ORIGEM É uma palavra de origem africana.

mil-réis ⟨mil-réis⟩ s.m.2n. **1** Unidade monetária brasileira desde o período colonial até o ano de 1942. **2** Moeda com o valor dessa unidade.

mim pron.pess. Forma da primeira pessoa do singular que ocupa a posição de objeto, sempre precedida de preposição. ☐ USO É inadequado o uso de *mim* como sujeito (*para mim fazer), ainda que esteja difundido na linguagem coloquial.

mimar ⟨mi.mar⟩ v.t.d. **1** *informal* Mostrar afeto ou vontade de agradar (alguém). **2** *informal* Tratar com atenção ou carinho excessivos (uma pessoa, especialmente se for criança): *Seus pais o mimaram muito e nunca o repreenderam.* ☐ ORTOGRAFIA Escreve-se também *amimar*.

mimeografar ⟨mi.me.o.gra.far⟩ v.t.d. Fazer cópia de (um material escrito ou impresso) por meio de um mimeógrafo.

mimeógrafo ⟨mi.me.ó.gra.fo⟩ s.m. Aparelho manual que reproduz um escrito ou um desenho em grande quantidade, utilizando um papel especial chamado estêncil, geralmente embebido em álcool.

mimetismo ⟨mi.me.tis.mo⟩ s.m. Propriedade de alguns animais e plantas que lhes permite adquirir a cor, a forma ou o cheiro dos seres ou objetos entre os quais vivem para que passem despercebidos ou para chamar mais a atenção: *Graças ao seu mimetismo, o camaleão muda de cor para se camuflar e se proteger dos predadores.*

mímica ⟨mí.mi.ca⟩ s.f. Arte ou técnica de imitar, representar ou expressar-se por meio de gestos e de movimentos corporais.

mímico, ca ⟨mí.mi.co, ca⟩ ▌adj. **1** Da mímica ou relacionado a ela. ▌s. **2** Em uma representação, artista que emprega a mímica.

mimo ⟨mi.mo⟩ s.m. **1** *informal* Demonstração expressiva de ternura e afeto. **2** *informal* Consentimento excessivo no tratamento, especialmente aquele que se dá às crianças: *Está mal-acostumado porque recebe muito mimo.* **3** *informal* Cuidado ou delicadeza com que se trata ou se faz algo: *Trata os livros com verdadeiro mimo.* **4** Representação, geralmente teatral, por meio de mímica e sem intervenção da palavra. ☐ SIN. pantomima.

mimosa ⟨mi.mo.sa⟩ s.f. Arbusto com flores amarelas agrupadas em inflorescências, estames numerosos, compridos e muito cheirosos, e cujas folhas, compostas por outras menores, contraem-se e fecham-se quando tocadas ou agitadas. ☐ SIN. sensitiva.

mimoso, sa ⟨mi.mo.so, sa⟩ (Pron. [mimôso], [mimósa], [mimôsos], [mimôsas]) adj. **1** *informal* Com muito mimo, ou que dele desfruta dando-o ou recebendo-o. **2** Que é gracioso ou delicado.

mina ⟨mi.na⟩ s.f. **1** Jazida de minerais úteis para a exploração. **2** Escavação ou conjunto de instalações realizadas nessa jazida para extrair minerais. **3** Artefato preparado para gerar uma explosão ao ser acionado e que normalmente é enterrado ou submerso em uma área com o objetivo de defendê-la de um inimigo. **4** Lugar de onde se extrai água da terra. ☐ SIN. fonte, nascente.

minar ⟨mi.nar⟩ ▌v.t.d. **1** Escavar ou abrir mina em (algum terreno). **2** Colocar minas em (um lugar). **3** Consumir, debilitar ou destruir pouco a pouco: *Aqueles anos de pobreza minaram sua resistência e seu ânimo.* ▌v.t.d./v.int. **4** Sair ou verter (um líquido): *A água mina da fonte.*

minarete ⟨mi.na.re.te⟩ (Pron. [minarête]) s.m. Em mesquita, torre alta e estreita de onde o almuadem convoca os muçulmanos às orações.

mindinho ⟨min.di.nho⟩ s.m. *informal* Dedo mínimo.

mineiro, ra ⟨mi.nei.ro, ra⟩ ▌adj./s. **1** Da mineração ou das minas: *A atividade mineira teve um papel importante no desenvolvimento econômico do país.* ☐ SIN. minerador. **2** De Minas Gerais ou relacionado a esse estado brasileiro. ▌s. **3** Pessoa que se dedica profissionalmente ao trabalho em minas. ☐ SIN. minerador.

mineração ⟨mi.ne.ra.ção⟩ (pl. *minerações*) s.f. Técnica ou trabalho de extração de minerais.

minerador, -a ⟨mi.ne.ra.dor, do.ra⟩ (Pron. [mineradôr], [mineradôra]) ▌adj. **1** Da mineração ou das minas. ☐ SIN. mineiro. ▌s. **2** Pessoa que se dedica profissionalmente ao trabalho em minas. ☐ SIN. mineiro.

mineral ⟨mi.ne.ral⟩ (pl. *minerais*) ▌adj.2g. **1** Do grupo dos minerais ou formado por essas substâncias: *os sais minerais.* ▌s.m. **2** Substância originada por processos naturais, geralmente inorgânicos, que se encontra na crosta terrestre e que apresenta uma estrutura homogênea e uma composição química definida: *O quartzo e a mica são minerais.*

mineralogia ⟨mi.ne.ra.lo.gi.a⟩ s.f. Parte da geologia que estuda os minerais: *A mineralogia classifica os minerais em três categorias: metálicos, não metálicos e energéticos.*

538

minuta

minério ⟨mi.né.rio⟩ s.m. Em um filão ou em uma jazida, parte ou rocha que contêm os minerais ou metais que trazem benefícios econômicos: *O minério de ferro é utilizado na produção de aço.*

mingau ⟨min.gau⟩ s.m. **1** Alimento feito à base de amido de milho, leite e açúcar, cozido e de consistência cremosa. **2** Qualquer alimento com essa consistência. □ ORIGEM É uma palavra de origem tupi.

míngua ⟨mín.gua⟩ s.f. **1** Diminuição ou redução: *A crise causou a míngua dos recursos econômicos.* **2** Escassez, falta ou pouca abundância de algo: *Durante uma guerra, quase sempre há míngua de alimentos.* ‖ **à míngua** Em estado de miséria ou pobreza extrema: *Morreu à míngua, pois não teve quem o ajudasse.*

minguado, da ⟨min.gua.do, da⟩ adj. *informal* Pouco desenvolvido ou diminuído.

minguante ⟨min.guan.te⟩ adj.2g. Que míngua.

minguar ⟨min.guar⟩ ▌ v.t.d./v.int. **1** Fazer diminuir, diminuir ou reduzir(-se): *Tantos gastos minguaram suas economias. Após tantas derrotas, os ânimos minguaram.* ▌ v.int. **2** Diminuir (a parte iluminada da Lua que se vê da Terra): *A Lua começará a minguar amanhã até que chegue a lua nova.*

minha ⟨mi.nha⟩ pron.poss. Indica posse em relação à primeira pessoa do singular. □ GRAMÁTICA Seu masculino é *meu*.

minhoca ⟨mi.nho.ca⟩ s.f. Animal anelídeo de corpo comprido, cilíndrico, mole e sem esqueleto nem extremidades, que se desloca contraindo e esticando o corpo: *As minhocas são benéficas para a agricultura, pois misturam e arejam a terra.*

mini- **1** Prefixo que significa *muito pequeno*: *minidicionário, minifúndio.* **2** Prefixo que significa *muito curto*: *minissaia, miniblusa.*

míni ⟨mí.ni⟩ s.2g. Forma reduzida de diversas palavras formadas com o prefixo mini- (*minissaia, minidicionário, miniblusa*).

miniatura ⟨mi.ni.a.tu.ra⟩ s.f. **1** Pintura de pequeno tamanho e geralmente com muito detalhe, especialmente se for aquela realizada para ilustrar manuscritos. **2** Arte ou técnica de fazer essas pinturas. **3** Reprodução de algo em tamanho muito pequeno.

miniblusa ⟨mi.ni.blu.sa⟩ s.f. Blusa muito curta, geralmente usada por mulheres, e que termina acima do umbigo. □ USO Usa-se também a forma reduzida *míni*.

minidicionário ⟨mi.ni.di.ci.o.ná.rio⟩ s.m. Dicionário de tamanho pequeno. □ USO Usa-se também a forma reduzida *míni*.

minifúndio ⟨mi.ni.fún.dio⟩ s.m. Propriedade rural de pequena extensão que se destina, geralmente, à agricultura de subsistência. □ USO É diferente de *latifúndio* (propriedade rural pertencente a um único dono, de grande extensão e geralmente com partes não cultivadas).

mínima ⟨mí.ni.ma⟩ s.f. **1** Em música, nota cuja duração equivale à metade de uma semibreve. **2** Símbolo dessa nota.

minimizar ⟨mi.ni.mi.zar⟩ v.t.d. **1** Reduzir ao mínimo ou diminuir tanto quanto possível: *Nesta situação crítica, devemos minimizar os riscos. Alguns programas de computador possuem a opção de minimizar a tela.* **2** Reduzir ou diminuir a importância de: *Não minimize seu trabalho, pois foi de grande ajuda.*

mínimo, ma ⟨mí.ni.mo, ma⟩ ▌ **1** Superlativo irregular de *pequeno*. ▌ s.m. **2** Limite inferior a que se pode reduzir algo: *Antes que o saldo chegue ao mínimo, é melhor fazer um depósito.* **3** →**dedo mínimo 4** →**salário mínimo**

minissaia ⟨mi.nis.sai.a⟩ s.f. Saia muito curta, que termina muito acima dos joelhos. □ USO Usa-se também a forma reduzida *míni*.

minissérie ⟨mi.nis.sé.rie⟩ s.f. Obra transmitida pela televisão em um número reduzido de capítulos.

ministerial ⟨mi.nis.te.ri.al⟩ (pl. *ministeriais*) ▌ adj.2g. **1** De um ministério ou de algum de seus ministros. ▌ adj.2g./s.2g. **2** Que ou quem apoia habitualmente um ministro.

ministério ⟨mi.nis.té.rio⟩ s.m. **1** Departamento que atende determinados assuntos do governo de um estado: *No Brasil, a elaboração das normas de ensino é competência do Ministério da Educação.* **2** Cargo de ministro. **3** Tempo durante o qual um ministro exerce seu cargo. **4** Conjunto de ministros. **5** Lugar em que um ministro trabalha. **6** Cargo, estado ou função de um sacerdote. □ ORTOGRAFIA Na acepção 1, usa-se geralmente com inicial maiúscula por ser também um nome próprio.

ministrar ⟨mi.nis.trar⟩ v.t.d./v.t.d.i. **1** Dar ou proporcionar (algo) [a alguém]: *ministrar um remédio.* **2** Administrar ou conferir (um culto ou sacramento religioso) [a alguém]: *O pastor ministrou o batismo durante o culto. Ministraram a extrema-unção ao doente terminal.* **3** Transmitir ou passar (um conhecimento) [para alguém]: *Ministra aulas desde que se formou na universidade.*

ministro, tra ⟨mi.nis.tro, tra⟩ s. **1** Pessoa que chefia um ministério ou departamento da administração do Estado: *a ministra da Fazenda.* **2** Pessoa cujo cargo diplomático é inferior ao de embaixador. **3** Pessoa que desempenha uma função determinada, especialmente quando se considera esta como nobre ou elevada: *Os bispos e pastores são ministros da Igreja Cristã.* **4** No Poder Judiciário brasileiro, magistrado das cortes superiores.

minorar ⟨mi.no.rar⟩ v.t.d./v.int. Diminuir, minguar ou tornar(-se) menor em tamanho, quantidade ou intensidade: *Fizeram de tudo para minorar o sofrimento.*

minoria ⟨mi.no.ri.a⟩ s.f. **1** Em um todo, parte menor de seus componentes: *A minoria indígena luta por seus direitos legítimos no Brasil.* **2** Em uma votação, conjunto de pessoas que votaram diferentemente da maioria: *Seu partido obteve minoria insuficiente para formar um grupo parlamentar.*

minoritário, ria ⟨mi.no.ri.tá.rio, ria⟩ adj. Da minoria ou relacionado a ela.

minuano ⟨mi.nu.a.no⟩ s.m. Vento procedente dos pampas que costuma soprar no Rio da Prata (grande estuário situado entre a Argentina e o Uruguai). □ SIN. pampeiro.

minúcia ⟨mi.nú.cia⟩ s.f. **1** Parte ou fragmento insignificante ou de pouca importância de algo. □ SIN. minudência. **2** Detalhe ou pormenor: *O texto era muito complexo, repleto de minúcias e sutilezas.*

minucioso, sa ⟨mi.nu.ci.o.so, sa⟩ (Pron. [minucióso], [minuciósa], [minuciósos], [minuciósas]) adj. Que se detém ou requer que se detenha nos menores detalhes.

minudência ⟨mi.nu.dên.cia⟩ s.f. **1** Parte ou fragmento insignificante ou de pouca importância de algo: *Atente-se às minudências do texto.* □ SIN. minúcia. **2** Cuidado ou atenção: *Leu os documentos com minudência antes de assiná-los.*

minuendo ⟨mi.nu.en.do⟩ s.m. →**diminuendo**

minueto ⟨mi.nu.e.to⟩ (Pron. [minuêto]) s.m. **1** Composição musical instrumental, de caráter nobre, em compasso ternário e de movimento lento, que fazia parte da suíte de danças e que posteriormente se intercalou como um dos tempos da sonata clássica ou de uma sinfonia. **2** Dança que acompanha essa composição.

minúscula ⟨mi.nús.cu.la⟩ s.f. →**letra minúscula**

minúsculo, la ⟨mi.nús.cu.lo, la⟩ adj. De dimensões ou importância muito pequenas.

minuta ⟨mi.nu.ta⟩ s.f. **1** Rascunho de um documento. **2** Em um restaurante, prato preparado na hora e de acordo com a vontade do freguês.

minuto

minuto ⟨mi.nu.to⟩ s.m. **1** Unidade de tempo equivalente a 60 segundos: *Uma hora tem 60 minutos*. **2** Unidade de ângulo plano equivalente a um sexagésimo de um grau: *Meça com um transferidor os graus e minutos do ângulo*. ☐ ORTOGRAFIA Na acepção 1, seu símbolo é *min*, sem ponto.

miocárdio ⟨mi.o.cár.dio⟩ s.m. Músculo cardíaco: *O miocárdio permite o bombeamento do sangue ao resto do corpo*.

miocardite ⟨mi.o.car.di.te⟩ s.f. Inflamação do miocárdio.

miolo ⟨mi.o.lo⟩ (Pron. [miôlo], [miólos]) ▮ s.m. **1** Parte interna ou aquilo que está dentro: *Comemos apenas o miolo da laranja*. **2** No pão, parte mole que está rodeada pela casca. **3** Em uma obra de encadernação, especialmente um livro ou uma revista, conjunto de folhas internas que a compõem. [👁 livro p. 499] ▮ s.m.pl. **4** *informal* Cérebro.

mioma ⟨mi.o.ma⟩ (Pron. [miôma]) s.m. Tumor formado por células musculares do útero.

míope ⟨mí.o.pe⟩ adj.2g./s.2g. **1** Que ou quem sofre de miopia. **2** *informal* Que ou quem tem pouca capacidade de compreensão.

miopia ⟨mi.o.pi.a⟩ s.f. **1** Defeito da visão causado pela incapacidade do cristalino em focar corretamente objetos distantes. **2** *informal* Dificuldade de compreensão ou incapacidade para ver além do que é evidente.

miosótis ⟨mi.o.só.tis⟩ s.m.2n. **1** Planta ornamental de jardim, de caules angulares, com pelos duros voltados para baixo, flores pequenas de pétalas amarelas ou rosa, com um círculo central amarelo e que, depois da polinização, se tornam azuis. **2** Flor dessa planta.

mipibuense ⟨mi.pi.bu.en.se⟩ adj.2g./s.2g. De São José de Mipibu ou relacionado a essa cidade do estado brasileiro do Rio Grande do Norte.

mira ⟨mi.ra⟩ s.f. **1** Em alguns instrumentos, peça ou dispositivo que permitem focar, dirigir a vista a um ponto ou assegurar a pontaria. **2** Destreza ou habilidade de um atirador para acertar o alvo. ☐ SIN. **pontaria**. **3** Intenção, objetivo ou propósito que determinam a forma de agir: *Estudava com a mira de ser aprovado em todas as disciplinas*.

mirabolante ⟨mi.ra.bo.lan.te⟩ adj.2g. **1** *informal* Exagerado, excessivo ou espalhafatoso. **2** *informal* Extravagante no modo de pensar ou de agir.

miracemense ⟨mi.ra.ce.men.se⟩ adj.2g./s.2g. De Miracema do Tocantins ou relacionado a essa cidade do estado brasileiro do Tocantins.

miraculoso, sa ⟨mi.ra.cu.lo.so, sa⟩ (Pron. [miraculôso], [miraculósa], [miraculósos], [miraculósas]) adj. **1** Que faz milagres. ☐ SIN. **milagroso**. **2** Extraordinário, maravilhoso ou surpreendente. ☐ SIN. **milagroso**.

miragem ⟨mi.ra.gem⟩ (pl. *miragens*) s.f. **1** Efeito óptico devido à reflexão total da luz quando atravessa camadas de ar de diferente densidade, e pela qual os objetos distantes criam imagens enganosas quanto à sua posição e ao seu estado. **2** Ilusão da imaginação: *Tudo o que aconteceu com ele não passou de uma miragem*.

mirante ⟨mi.ran.te⟩ s.m. **1** Corredor, galeria ou pavilhão situados geralmente na parte superior de um edifício, de onde se pode contemplar o exterior. **2** Construção ou lugar natural, geralmente elevados, de onde se pode contemplar uma vista ou uma paisagem.

mirar ⟨mi.rar⟩ ▮ v.t.d./v.prnl. **1** Fixar a vista em (algo visível) com atenção ou observar(-se): *Miravam todas as obras de arte da exposição. Mirou-se no espelho antes de sair*. ▮ v.t.d./v.t.i./v.int. **2** Fazer pontaria para (um alvo) ou dirigir a vista [a um ponto] para assegurar a pontaria: *O caçador armou o rifle e mirou a presa*.

mirim ⟨mi.rim⟩ (pl. *mirins*) adj.2g. De pouca idade ou pequeno. ☐ ORIGEM É uma palavra de origem tupi.

mirra ⟨mir.ra⟩ s.f. **1** Árvore ou arbusto de tronco grosso, ramos espinhosos e irregulares, com folhas pequenas e espaçadas, de cuja casca se extrai uma resina viscosa, vermelha, brilhante e amarga, muito usada em perfumaria por suas propriedades aromáticas e medicinais. **2** Essa resina.

mirrar ⟨mir.rar⟩ ▮ v.t.d. **1** Preparar com mirra. ▮ v.t.d./v.int. **2** Tornar(-se) seca ou diminuir de tamanho (uma planta): *As plantas do jardim mirraram por falta de água*. **3** *informal* Tornar(-se) magro ou definhar: *Como não se alimenta corretamente, mirrou muito*.

misantropia ⟨mi.san.tro.pi.a⟩ s.f. Aversão ou repúdio no trato com os demais. ☐ USO É diferente de *filantropia* (amor ao ser humano).

miscigenação ⟨mis.ci.ge.na.ção⟩ (pl. *miscigenações*) s.f. Mistura de raças ou culturas diferentes. ☐ SIN. **mestiçagem**.

miserabilíssimo, ma ⟨mi.se.ra.bi.lís.si.mo, ma⟩ Superlativo irregular de **miserável**.

miserável ⟨mi.se.rá.vel⟩ (pl. *miseráveis*) ▮ adj.2g. **1** Insignificante por seu pouco valor ou quantidade. ☐ SIN. **mísero**. **2** Desgraçado, infeliz ou lastimoso: *momentos miseráveis*. ☐ SIN. **mísero**. ▮ adj.2g./s.2g. **3** Que ou quem é muito pobre. **4** Malvado ou perverso: *uma atitude miserável*. **5** Avarento ou mesquinho. ☐ GRAMÁTICA Seu superlativo é *miserabilíssimo*.

miséria ⟨mi.sé.ria⟩ s.f. **1** Falta ou escassez de meios para subsistir ou situação de quem não os tem. ☐ SIN. **indigência, penúria**. **2** Desgraça, penúria ou sofrimento: *as misérias da guerra*. **3** Aquilo que é insignificante por seu escasso valor ou quantidade: *Queixa-se que ganha uma miséria*. **4** Avareza ou mesquinhez.

misericórdia ⟨mi.se.ri.cór.dia⟩ s.f. **1** Compaixão ou solidariedade com as misérias e sofrimentos alheios. **2** Perdão ou indulgência.

misericordioso, sa ⟨mi.se.ri.cor.di.o.so, sa⟩ (Pron. [misericordiôso], [misericordiósa], [misericordiósos], [misericordiósas]) adj./s. Que ou quem sente ou demonstra misericórdia.

mísero, ra ⟨mí.se.ro, ra⟩ ▮ adj. **1** Insignificante por seu pouco valor ou quantidade. ☐ SIN. **miserável**. **2** Desgraçado, infeliz ou lastimoso. ☐ SIN. **miserável**. ▮ adj./s. **3** Que ou quem é muito pobre. ☐ GRAMÁTICA Seu superlativo é *misérrimo*.

misérrimo, ma ⟨mi.sér.ri.mo, ma⟩ Superlativo irregular de **mísero**. ☐ USO É inadequada a forma **miseríssimo*, ainda que esteja difundida na linguagem coloquial.

missa ⟨mis.sa⟩ s.f. **1** Cerimônia religiosa em que se celebra o sacrifício do corpo e do sangue de Jesus Cristo (o filho de Deus para os cristãos), simbolizados pelo pão e pelo vinho. **2** Composição musical escrita sobre as partes dessa cerimônia.

missal ⟨mis.sal⟩ (pl. *missais*) s.m. Livro que contém a ordem e o modo de celebrar a missa católica.

missão ⟨mis.são⟩ (pl. *missões*) s.f. **1** Obrigação moral ou dever que alguém tem que cumprir. **2** Ordem ou encargo para fazer algo: *Enviaram um grupo de pesquisadores com a missão de investigar a fauna do local*. **3** Encargo temporário dado por um governo para realizá-lo. **4** Expedição encarregada de realizar essa ordem ou esse encargo: *O ministro recebeu a missão diplomática boliviana*. **5** No cristianismo, terra ou lugar em que se realiza a evangelização de pessoas não crentes ou que não conhecem essa religião. **6** Casa, igreja ou centro dos missionários nesse lugar. **7** Conjunto desses missionários. ☐ USO Na acepção 5, usa-se geralmente a forma plural.

míssil ⟨mís.sil⟩ (pl. *mísseis*) s.m. Projétil provido de uma carga nuclear ou altamente explosiva, geralmente controlado por procedimentos eletrônicos.

missionário, ria ⟨mis.sio.ná.rio, ria⟩ ▌adj. **1** De uma missão religiosa ou relacionado a ela: *Muitas congregações católicas dedicam-se a tarefas missionárias.* ▌s. **2** Pessoa que ensina e propaga uma religião nas missões ou em terras de não crentes.

missiva ⟨mis.si.va⟩ s.f. Carta ou bilhete: *Na missiva, constavam a data e a hora da reunião.*

missivista ⟨mis.si.vis.ta⟩ s.2g. Pessoa que escreve missivas ou que as leva.

missivo, va ⟨mis.si.vo, va⟩ adj. Que se envia ou que constitui uma mensagem: *uma nota missiva.*

mister ⟨mis.ter⟩ (Pron. [mistér]) s.m. Ocupação, trabalho ou profissão: *o mister de educar.* ‖ **ser mister** Ser necessário: *É mister a preservação do meio ambiente para construirmos um mundo melhor.*

mistério ⟨mis.té.rio⟩ s.m. **1** Assunto secreto ou reservado: *Não queriam revelar o mistério, e se reuniam às escondidas.* **2** Aquilo que está oculto, é muito difícil de compreender ou explicar, ou não possui uma explicação lógica: *As causas do acidente ainda são um mistério.* **3** No cristianismo, aquilo que não se compreende, mas que se crê pela fé: *O mistério da Santíssima Trindade é representado pelo Pai, pelo Filho e pelo Espírito Santo.* **4** Na Igreja Católica, cada uma das vinte sequências de um pai-nosso e dez ave-marias que fazem parte do rosário.

misterioso, sa ⟨mis.te.ri.o.so, sa⟩ (Pron. [misteriôso], [misteriósa], [misteriósos], [misteriósas]) adj. Que apresenta ou contém mistério.

mística ⟨mís.ti.ca⟩ s.f. Tendência à vida religiosa e espiritual.

misticismo ⟨mis.ti.cis.mo⟩ s.m. **1** Estado de perfeição religiosa que consiste na união da alma com a divindade por meio do amor, e que pode ser acompanhado de êxtase e revelações. **2** Estado da pessoa que se dedica fundamentalmente a Deus e ao espiritual.

místico, ca ⟨mís.ti.co, ca⟩ ▌adj. **1** Da mística, do misticismo ou relacionado a eles. ▌adj./s. **2** Que ou quem centra sua vida no desenvolvimento do espírito.

mistificar ⟨mis.ti.fi.car⟩ v.t.d. **1** Dar caráter místico a (algo ou alguém). **2** Fazer (alguém) crer em algo sem que isso seja verdade: *Algumas propagandas mistificam os consumidores menos maliciosos.* □ ORTOGRAFIA Antes de e, o c muda para qu →BRINCAR.

misto, ta ⟨mis.to, ta⟩ ▌adj. **1** Formado por elementos de distinta natureza: *Estudam numa escola mista para meninos e meninas.* ▌s.m. **2** Conjunto formado por elementos de distinta natureza: *Estava tão atônito que não sabia se sentia um misto de raiva e angústia.* □ SIN. mistura. **3** Sanduíche de presunto e queijo feito na chapa. □ USO Na acepção 3, é a forma reduzida e mais usual de misto-quente.

misto-quente ⟨mis.to-quen.te⟩ (pl. *mistos-quentes*) s.m. →misto

mistura ⟨mis.tu.ra⟩ s.f. **1** Reunião, união ou incorporação: *Com a mistura de branco e preto se obtém o cinza.* **2** União entre povos e famílias distintas, especialmente se há descendência: *a mistura de culturas.* **3** Conjunto formado por elementos de distinta natureza: *A cozinha brasileira é uma mistura de várias culinárias.* □ SIN. misto.

misturar ⟨mis.tu.rar⟩ ▌v.t.d./v.prnl. **1** Juntar(-se) ou unir(-se) (duas ou mais coisas) até que se confundam: *Misturei as frutas para fazer uma vitamina. Na batedeira, os ingredientes se misturam mais fácil.* ▌v.t.d. **2** Juntar, unir ou incorporar (uma coisa) [a outra] até confundi-las: *Misturaram o azul com o amarelo para conseguirem o verde.* ▌v.t.d./v.prnl. **3** Desordenar(-se) ou revolver(-se) (algo ordenado): *Misturou o baralho antes de começar a partida.* **4** Enlaçar(-se) ou cruzar(-se) (raças ou famílias), especialmente se tiverem descendência. ▌v.t.d.i. **5** Enlaçar ou cruzar (uma raça ou uma família) [com outra diferente], especialmente se tiver descendência: *Quando o homem branco misturou-se com o negro, surgiu a figura do mulato.* ▌v.prnl. **6** Relacionar-se com outros (uma pessoa ou um animal): *É desconfiada e não gosta de se misturar com desconhecidos.*

mítico, ca ⟨mí.ti.co, ca⟩ adj. Do mito ou relacionado a ele.

mitificar ⟨mi.ti.fi.car⟩ v.t.d. **1** Converter em mito: *Esse personagem foi mitificado e muitas de suas façanhas não são reais.* **2** Admirar ou valorizar excessivamente: *Quando era criança, mitificava os professores.* □ ORTOGRAFIA Antes de e, o c muda para qu →BRINCAR.

mitigar ⟨mi.ti.gar⟩ v.t.d./v.prnl. Moderar, diminuir ou tornar(-se) mais suave ou mais suportável. □ ORTOGRAFIA Antes de e, o g muda para gu →CHEGAR.

mito ⟨mi.to⟩ s.m. **1** Fábula ou relato alegórico, especialmente os que narram a trajetória e ações de heróis ou deuses: *Acreditava-se que a Guerra de Troia era um mito, até o descobrimento das ruínas da cidade.* **2** Gênero textual da esfera literária ao qual pertencem essas fábulas ou relatos. **3** Aquilo que por sua transcendência ou por suas qualidades converte-se em modelo ou em protótipo ou passa a fazer parte da história: *A misteriosa morte da atriz criou um mito em torno dela.* **4** Ideia ou história falsas: *Sua avareza é apenas um mito.*

mitologia ⟨mi.to.lo.gi.a⟩ s.f. **1** Conjunto de relatos fabulosos sobre os deuses e heróis da Antiguidade: *Em muitos mosaicos antigos são representadas cenas da mitologia.* **2** Conjunto de mitos de uma cultura ou de um povo: *A Medusa é um personagem da mitologia grega.*

mitológico, ca ⟨mi.to.ló.gi.co, ca⟩ adj. Da mitologia ou relacionado a ela.

mitomania ⟨mi.to.ma.ni.a⟩ s.f. Tendência à mentira ou à fantasia: *A mitomania pode ser um transtorno mental.*

mitra ⟨mi.tra⟩ s.f. **1** Gorro alto formado por duas peças, uma dianteira e outra traseira, terminadas em ponta, que usam os bispos e os arcebispos nas grandes celebrações: *A mitra é um símbolo episcopal.* **2** Cargo de bispo ou de arcebispo: *Recebeu a mitra de nossa diocese ainda muito jovem.*

mitrado, da ⟨mi.tra.do, da⟩ adj./s.m. Em relação a um membro da Igreja Católica, que recebeu a mitra e tem direito a usá-la.

mitral ⟨mi.tral⟩ (pl. *mitrais*) ▌adj.2g. **1** Da mitra ou relacionado a ela.

miudeza ⟨mi.u.de.za⟩ (Pron. [miudêza]) s.f. **1** *informal* Aquilo que é muito pequeno: *Retirou todas as miudezas da bolsa para limpá-la.* **2** *informal* Aquilo que se considera sem importância ou de pouco valor: *Não se preocupe com tais miudezas.* □ USO Usa-se geralmente a forma plural *miudezas*.

miúdo, da ⟨mi.ú.do, da⟩ ▌adj. **1** *informal* De pequeno tamanho: *Não se nota a costura porque os pontos são miúdos.* **2** *informal* Insignificante ou de pouca importância: *Trataram apenas de temas miúdos na reunião.* ▌s.m.pl. **3** Vísceras, pescoço, pés e outras partes de carne geralmente menosprezadas, destinadas ao consumo: *A dobradinha, um cozido com miúdos, é um típico prato brasileiro.*

mixagem ⟨mi.xa.gem⟩ (Pron. [micsagem]) (pl. *mixagens*) s.f. Em áudio, operação pela qual se ajustam simultaneamente todos os canais que compõem a trilha sonora de uma gravação.

mixar

mixar ⟨mi.xar⟩ (Pron. [micsar]) v.t.d. Ajustar simultaneamente todos os canais de (uma gravação): *mixar um disco.*

mixórdia ⟨mi.xór.dia⟩ s.f. **1** Mistura desordenada de vários elementos: *Na estante havia uma mixórdia de livros e revistas.* **2** Situação ou acontecimento confusos ou conflituosos: *Por causa da herança, criaram uma mixórdia na família.*

mo Contração do pronome pessoal *me* com o pronome demonstrativo *o.* ◻ USO É uma contração pouco usual no português atual do Brasil, ocorrendo ocasionalmente na linguagem literária.

moagem ⟨mo.a.gem⟩ (pl. *moagens*) s.f. Operação que consiste em golpear ou esfregar um corpo, especialmente grãos ou frutos, até reduzi-lo a partes muito pequenas ou a pó: *A moagem do trigo é necessária para transformá-lo em farinha.* ◻ SIN. **moedura.**

móbil ⟨mó.bil⟩ (pl. *móbeis* ou *móbiles*) ▌ adj.2g. **1** Que pode mover-se ou ser movido: *Na biblioteca existem estantes móbiles, para facilitar o acesso aos livros.* ▌ s.m. **2** Motivo, causa ou razão.

móbile ⟨mó.bi.le⟩ s.m. Objeto decorativo formado por figuras penduradas ou em equilíbrio, que se movem com o ar ou com um pequeno impulso.

mobília ⟨mo.bí.lia⟩ s.f. Conjunto de móveis com características comuns ou que se destinam a um uso determinado: *A mobília da sala foi toda reformada.* ◻ SIN. **mobiliário.**

mobiliar ⟨mo.bi.li.ar⟩ v.t.d. Pôr móveis ou equipar com móveis: *Mobiliaram a sala de jantar com móveis antigos.*

mobiliário, ria ⟨mo.bi.li.á.rio, ria⟩ ▌ adj. **1** Dos móveis ou relacionado a eles: *a indústria mobiliária.* ▌ s.m. **2** Conjunto de móveis com características comuns ou que se destinam a um uso determinado: *Trocou o mobiliário do quarto.* ◻ SIN. **mobília.**

mobilidade ⟨mo.bi.li.da.de⟩ s.f. **1** Condição do que é móvel: *Para sua maior mobilidade, prefere andar de carro pela cidade.* **2** Facilidade para fazer movimento: *Depois de anos fazendo ginástica, seu corpo ganhou muita mobilidade.*

mobilização ⟨mo.bi.li.za.ção⟩ (pl. *mobilizações*) s.f. **1** Ato ou efeito de mobilizar(-se): *Diante da ameaça de bomba, a mobilização da polícia foi imediata.* **2** Convocação de soldados licenciados ou de reservistas, especialmente se for para uma ação militar: *a mobilização de tropas.*

mobilizar ⟨mo.bi.li.zar⟩ ▌ v.t.d./v.prnl. **1** Pôr(-se) em atividade ou em movimento: *Os bombeiros da região mobilizaram-se para apagar o incêndio.* ▌ v.t.d. **2** Convocar de novo (soldados licenciados ou reservistas), especialmente se for por causa ou temor de guerra: *Em caso de guerra, o Governo pode mobilizar aqueles que estão na reserva.*

moça ⟨mo.ça⟩ (Pron. [môça]) ▌ adj./s.f. **1** Feminino de *moço.* ▌ s.f. **2** *eufemismo* Mulher virgem.

moçada ⟨mo.ça.da⟩ s.f. *informal* Conjunto de jovens.

moçambicano, na ⟨mo.çam.bi.ca.no, na⟩ adj./s. De Moçambique ou relacionado a esse país africano.

mocambo ⟨mo.cam.bo⟩ s.m. No período colonial brasileiro, lugar oculto onde se refugiavam os escravos fugidos. ◻ ORIGEM É uma palavra de origem africana.

moção ⟨mo.ção⟩ (pl. *moções*) s.f. Proposta ou petição feitas em uma assembleia ou em uma junta.

mocassim ⟨mo.cas.sim⟩ (pl. *mocassins*) s.m. Calçado sem salto e de sola geralmente lisa que deixa o peito do pé à mostra. [◉ calçado p. 138]

mocetão ⟨mo.ce.tão⟩ (pl. *mocetões*) s.m. *informal* Pessoa jovem, vistosa e de boa aparência. ◻ GRAMÁTICA Seu feminino é *mocetona.*

mocetona ⟨mo.ce.to.na⟩ (Pron. [mocetôna]) Substantivo feminino de **mocetão.**

mochila ⟨mo.chi.la⟩ s.f. Bolsa que se carrega nas costas pendurada por alças. [◉ equipagem p. 317]

mocho, cha ⟨mo.cho, cha⟩ (Pron. [môcho]) ▌ adj. **1** Que não possui ponta ou que está sem terminar: *um lápis mocho.* **2** Em relação a um animal, que não possui chifres: *uma vaca mocha.* ▌ s.m. **3** Ave arbórea de rapina, semelhante à coruja, noturna e solitária, de bico pequeno e curvo e olhos grandes: *Os mochos se alimentam de camundongos e pequenos animais.* ◻ GRAMÁTICA Na acepção 3, é um substantivo epiceno: *o mocho (macho/fêmea).*

mocidade ⟨mo.ci.da.de⟩ s.f. Na vida de uma pessoa, período que se desenvolve desde a puberdade até a idade adulta.

moço, ça ⟨mo.ço, ça⟩ (Pron. [môço]) ▌ adj. **1** Da mocidade ou relacionado a ela: *Ao voltar à cidade, lembrou-se de seus anos moços.* ▌ adj./s. **2** Que ou quem está na juventude ou na etapa entre a infância e a idade adulta: *São moços e gostam de se divertir.* ◻ SIN. **jovem.** ▌ s. **3** Pessoa desconhecida ou indeterminada: *Uma moça na rua deu-nos a informação de que precisávamos.*

moçoroense ⟨mo.ço.ro.en.se⟩ adj.2g./s.2g. De Mossoró ou relacionado a essa cidade do estado brasileiro do Rio Grande do Norte.

mocorongo, ga ⟨mo.co.ron.go, ga⟩ adj./s. *pejorativo* Que ou quem é rústico, sem instrução ou caipira.

mocotó ⟨mo.co.tó⟩ s.m. Em culinária, pata do boi sem o casco, usada na preparação de alguns pratos. ◻ ORIGEM É uma palavra de origem africana.

moda ⟨mo.da⟩ s.f. **1** Uso, gosto, conduta ou costume, geralmente passageiros e socialmente aceitos, característicos de um determinado período. **2** Conjunto de peças do vestuário e de complementos que correspondem a um desses usos: *É um grande admirador da moda italiana.* **3** Composição musical brasileira surgida no século XVIII, de temática amorosa e geralmente acompanhada por violão. ◻ SIN. **modinha.** ‖ **moda (de viola)** Composição musical rural de origem brasileira acompanhada geralmente por uma viola.

modal ⟨mo.dal⟩ (pl. *modais*) adj.2g. Do modo, especialmente se for o gramatical, ou relacionado a ele.

modalidade ⟨mo.da.li.da.de⟩ s.f. Cada uma das diferentes formas de manifestação ou apresentação de algo: *O atleta competirá em várias modalidades.*

modelar ⟨mo.de.lar⟩ v.t.d. **1** Dar forma ou fazer uma figura com (uma matéria mole): *modelar o barro.* **2** Moldar ou dar características ou formas determinadas: *A boa educação modelou seu caráter.* ◻ SIN. **plasmar.** **3** Definir ou melhorar a forma de (uma parte do corpo): *A bicicleta modela as pernas.* **4** Tirar o molde de (algo): *Modelou o vestido que usaria na festa.*

modelo ⟨mo.de.lo⟩ (Pron. [modêlo]) ▌ s.2g. **1** Pessoa que se dedica profissionalmente à exibição de peças do vestuário e acessórios: *Desde pequena seu sonho era trabalhar como modelo.* **2** Pessoa que posa para ser copiada por um pintor ou por um escultor, ou para ser fotografada artisticamente: *Sobrevivi por algum tempo trabalhando como modelo vivo em escolas de arte.* ▌ s.m. **3** Exemplar ou padrão que servem como parâmetro na realização de algo: *Usou esse desenho como modelo para sua pintura.* **4** Aquilo que se considera um exemplo por suas qualidades: *Todos dizem que era uma aluna modelo.* **5** Representação de um objeto em escala reduzida: *Comprou um modelo de carro dos anos 30.* **6** Objeto criado por um artista famoso: *Ganhou um modelo exclusivo, presente de um famoso estilista francês.* **7** Cada produto fabricado com base em características ou forma comuns, especialmente se for patenteado: *Ainda que sejam da mesma marca, meu carro é de um modelo anterior ao seu.* □ GRAMÁTICA Na acepção 4, usa-se geralmente depois de um substantivo.

modem *(palavra inglesa)* (Pron. [môdem]) s.m. Em informática, dispositivo que interliga um sistema de comunicação analógico a um sistema de comunicação digital ou a um equipamento digital. □ ORIGEM É um acrônimo que vem do inglês *Modulator-Demodulator* (modulador-demodulador).

moderação ⟨mo.de.ra.ção⟩ (pl. *moderações*) s.f. **1** Ato ou efeito de moderar. **2** Comedimento, sobriedade ou prudência na forma de agir: *beber com moderação*.

moderador, -a ⟨mo.de.ra.dor, do.ra⟩ (Pron. [moderadôr], [moderadôra]) ▌ adj./s. **1** Que ou quem modera. ▌ s. **2** Pessoa que preside ou dirige um debate ou uma assembleia dando a palavra ordenadamente aos participantes.

moderar ⟨mo.de.rar⟩ v.t.d. **1** Suavizar ou diminuir a intensidade ou o exagero de (algo que se considera excessivo): *Como é cuidadoso, moderou a velocidade do carro.* **2** Presidir ou dirigir (um debate ou outra discussão) dando a palavra a quem a solicita: *A jornalista moderou o debate na televisão.*

modernice ⟨mo.der.ni.ce⟩ s.f. *informal* Apego exagerado àquilo que é moderno.

modernidade ⟨mo.der.ni.da.de⟩ s.f. **1** Condição de moderno: *A modernidade de suas opiniões escandaliza os mais conservadores.* **2** Período histórico caracterizado pela crença na supremacia da razão e nos ideais iluministas. **3** *informal* Conjunto de pessoas que são consideradas modernas. □ ORTOGRAFIA Na acepção 3, usa-se geralmente com inicial maiúscula por ser também um nome próprio.

modernismo ⟨mo.der.nis.mo⟩ s.m. **1** Tendência artística do final do século XIX e início do XX, caracterizada pela ruptura com os padrões e modelos estéticos das formas tradicionais de arte. **2** Inclinação excessiva pelo moderno, especialmente se for em arte ou em religião. □ ORTOGRAFIA Na acepção 1, usa-se geralmente com inicial maiúscula por ser também um nome próprio.

modernista ⟨mo.der.nis.ta⟩ ▌ adj.2g. **1** Do Modernismo ou relacionado a essa tendência artística. ▌ adj.2g./s.2g. **2** Partidário ou seguidor do modernismo.

modernizar ⟨mo.der.ni.zar⟩ v.t.d./v.prnl. Dar ou assumir características daquilo que se considera moderno: *Modernizou a decoração da sala com móveis atuais. Decidiu modernizar-se um pouco para entender melhor os filhos.*

moderno, na ⟨mo.der.no, na⟩ adj. **1** Da época presente ou de um tempo recente. **2** Inovador, avançado ou de acordo com as últimas tendências ou progressos. **3** Da Idade Moderna (período histórico que começa aproximadamente no final do século XV e termina na época contemporânea), ou relacionado a ela.

modéstia ⟨mo.dés.tia⟩ s.f. **1** Qualidade de modesto. □ SIN. humildade. **2** Simplicidade, falta de luxo ou escassez de recursos. □ SIN. humildade.

modesto, ta ⟨mo.des.to, ta⟩ adj. **1** Que conhece as próprias limitações e age sem orgulho. □ SIN. humilde. **2** Que tem recursos materiais escassos. □ SIN. humilde.

módico, ca ⟨mó.di.co, ca⟩ adj. Em relação especialmente a uma quantia de dinheiro, que é moderada ou escassa.

modificação ⟨mo.di.fi.ca.ção⟩ (pl. *modificações*) s.f. Ato ou efeito de modificar(-se).

modificar ⟨mo.di.fi.car⟩ ▌ v.t.d./v.prnl. **1** Mudar(-se) ou transformar(-se): *O engenheiro modificou o projeto de construção da nova estrada. A região modificou-se com o progresso.* ▌ v.t.d. **2** Em linguística, determinar ou limitar o sentido de (uma palavra): *Na expressão* o menino alto, *o adjetivo* alto *modifica o substantivo* menino. □ ORTOGRAFIA Antes de e, o c muda para qu →BRINCAR.

modinha ⟨mo.di.nha⟩ s.f. Composição musical brasileira surgida no século XVIII, de temática amorosa e geralmente acompanhada por violão. □ SIN. moda.

modismo ⟨mo.dis.mo⟩ s.m. **1** Aquilo que está na moda: *Esse novo corte de cabelo não passa de um modismo.* **2** Expressão ou estrutura próprias de um idioma: *A expressão* sem pé nem cabeça *é um modismo que significa* sem sentido. □ SIN. idiotismo.

modista ⟨mo.dis.ta⟩ s.2g. Pessoa que se dedica profissionalmente à confecção de peças do vestuário, especialmente se forem femininas.

modo ⟨mo.do⟩ ▌ s.m. **1** Forma ou maneira como algo se apresenta ou acontece: *Existem dois modos de fazer esse exercício.* **2** Em linguística, categoria gramatical que expressa a atitude do falante em relação à ação do verbo: *Em português, há três modos: o indicativo, o subjuntivo e o imperativo.* ▌ s.m.pl. **3** Educação ou comportamento: *Quando se irrita, deixa transparecer seus maus modos.* ▌ **de modo algum** Expressão usada para negar de forma enérgica e taxativa: *De modo algum eu mentiria para você.* ▌ **de modo que** Conectivo gramatical subordinativo (que une elementos entre os quais há uma relação de dependência) que expressa consequência: *Foi mal nesta prova, de modo que terá de se esforçar mais na próxima.* ▌ **de todo modo** Apesar de tudo. ▌ **de (um) modo geral** Em geral ou na maioria dos casos. ▌ **(modo) imperativo** Em linguística, aquele que expressa uma ordem, um pedido ou uma advertência: *A oração* Venha depressa! *está no modo imperativo.* ▌ **(modo) indicativo** Em linguística, aquele que indica que a ação expressa por um verbo é concebida como real e objetiva: *Na oração* Eu sei que você foi à festa, *saber e ir estão no modo indicativo.* ▌ **(modo) subjuntivo** Em linguística, aquele que indica que a ação expressa pelo verbo é concebida como irreal, subjetiva ou subordinada a outra ação: *Na oração* Eu quero que você venha à festa, *o verbo* vir *está no modo subjuntivo.*

modorra ⟨mo.dor.ra⟩ (Pron. [modôrra]) s.f. Sono muito pesado, vontade de dormir, ou preguiça e moleza causadas pelo sono.

modulação ⟨mo.du.la.ção⟩ (pl. *modulações*) s.f. Ato ou efeito de modular.

modular ⟨mo.du.lar⟩ ▌ adj.2g. **1** Do módulo ou relacionado a ele. ▌ v.t.d. **2** Variar a tonalidade de (um som) de maneira harmoniosa, especialmente se for ao falar ou ao cantar: *É uma cantora magnífica e modula a voz com habilidade.*

módulo ⟨mó.du.lo⟩ s.m. **1** Dimensão tomada como unidade de medida e serve como norma, modelo ou padrão. **2** Peça ou conjunto unitários de peças que seguem um mesmo padrão: *O móvel do salão possui três módulos: duas estantes e uma vitrine.* **3** Em um todo, cada parte independente: *Este curso está dividido em vários módulos trimestrais.*

modus operandi *(expressão latina)* (Pron. [módus operândi]) s.m. Maneira especial de agir ou de trabalhar para alcançar o fim proposto: *Em cada país a polícia tem um* modus operandi *específico.*

modus vivendi *(expressão latina)* (Pron. [módus vivêndi]) s.m. Estilo de vida: *O uso da internet e dos novos meios de comunicação alterou nosso* modus vivendi.

moeda ⟨mo.e.da⟩ s.f. **1** Peça metálica, geralmente redonda e que serve de medida comum para o câmbio. **2** Unidade monetária: *A moeda atual no Brasil é o real.* ▌ **pagar {com a/na} mesma moeda** Em relação a uma pessoa, agir com outra da mesma forma que essa agiu

moedeiro

com ela: *Nunca ajuda a ninguém, algum dia lhe pagarão com a mesma moeda.*

moedeiro, ra ⟨mo.e.dei.ro, ra⟩ s. **1** Pessoa que fabrica moeda. ▎s.m. **2** Bolsa ou carteira para carregar dinheiro, especialmente as moedas. ☐ SIN. porta-moedas, porta-níqueis.

moedor, -a ⟨mo.e.dor, do.ra⟩ (Pron. [moedôr], [moedôra]) ▎adj. **1** Que mói ou tritura: *A máquina moedora de carne está quebrada.* ▎s.m. **2** Aparelho usado para moer: *Ganhamos um novo moedor de café.*

moedura ⟨mo.e.du.ra⟩ s.f. **1** Operação que consiste em golpear ou esfregar um corpo, especialmente grãos ou frutos, até reduzi-lo a partes muito pequenas ou a pó. ☐ SIN. moagem. **2** Porção de alimento que se mói de uma só vez: *A média de produção era de oito moeduras anuais.* ☐ SIN. moenda.

moela ⟨mo.e.la⟩ s.f. Em alguns animais, especialmente nas aves, estômago muscular em que se trituram e amolecem os alimentos: *Os alimentos chegam à moela misturados com sucos digestivos.*

moenda ⟨mo.en.da⟩ s.f. **1** Máquina usada para moer, triturar ou laminar. ☐ SIN. moinho. **2** Porção de grãos que se mói de uma só vez. ☐ SIN. moedura.

moer ⟨mo.er⟩ ▎v.t.d. **1** Golpear ou esfregar até reduzir a partes muito pequenas ou a pó (um corpo, especialmente grãos ou frutos): *Moeu o café duas vezes para que ficasse bem fininho.* ▎v.t.d./v.prnl. **2** *informal* Cansar(-se) ou fatigar(-se) fisicamente: *A longa caminhada moeu todos nós.* **3** *informal* Aborrecer ou incomodar muito. ☐ GRAMÁTICA Apesar de ser um verbo regular, muitas de suas terminações são diferentes do paradigma da 2ª conjugação (correr) → ROER.

mofar ⟨mo.far⟩ ▎v.t.d./v.int. **1** Cobrir(-se) de mofo: *O queijo mofou.* ☐ SIN. embolorar. ▎v.int. **2** *informal* Esperar por muito tempo: *Mofaram na fila do banco até serem atendidos.*

mofino, na ⟨mo.fi.no, na⟩ adj. **1** Triste ou aborrecido. **2** Em relação a um espaço, que é de pequenas dimensões.

mofo ⟨mo.fo⟩ (Pron. [môfo]) s.m. Colônia de fungos filamentosos e multicelulares, que se desenvolve sobre uma matéria orgânica e que a decompõe. ☐ SIN. bolor.

mogno ⟨mog.no⟩ s.m. **1** Árvore de tronco reto e grosso, com folhas compostas, flores pequenas e brancas que nascem de um eixo comum, e cuja madeira, de cor pardo-avermelhada, é muito apreciada em marcenaria. ☐ SIN. acaju. **2** Essa madeira. ☐ SIN. acaju.

moído, da ⟨mo.í.do, da⟩ adj. **1** Em relação a grãos ou a frutos, que foram esmagados ou triturados. **2** *informal* Cansado ou fatigado.

moinho ⟨mo.i.nho⟩ s.m. **1** Máquina usada para moer, triturar ou laminar. ☐ SIN. moenda. **2** Construção em que essa máquina está instalada.

moirisco, ca ⟨moi.ris.co, ca⟩ adj. →mourisco, ca

moiro, ra ⟨moi.ro, ra⟩ adj./s. →mouro, ra

moita ⟨moi.ta⟩ s.f. Conjunto espesso de plantas da mesma espécie, geralmente herbáceas, que nascem muito próximas. ☐ SIN. touça. ‖ **na moita 1** *informal* Sem agir nem tomar partido até que algo se resolva: *Ficou na moita, esperando pelo resultado da discussão.* **2** *informal* De forma oculta: *Fez tudo na moita para que ninguém descobrisse seus planos.*

mola ⟨mo.la⟩ s.f. Peça elástica, geralmente metálica, que se comprime e deforma quando se aplica uma pressão sobre ela e que, quando desaparece tal pressão, tende a recuperar sua forma, desenvolvendo uma força aproveitável para usos mecânicos: *As molas do colchão estão velhas.*

molambento, ta ⟨mo.lam.ben.to, ta⟩ adj./s. Maltrapilho ou em farrapos.

molambo ⟨mo.lam.bo⟩ s.m. Roupa velha, rasgada ou suja. ☐ SIN. farrapo, frangalho. ☐ ORIGEM É uma palavra de origem africana.

molar ⟨mo.lar⟩ ▎adj.2g. **1** Do molar ou relacionado a este dente: *uma extração molar.* ▎s.m. **2** →dente molar

moldagem ⟨mol.da.gem⟩(pl.*moldagens*)s.f.**1**Ato ou efeito de moldar(-se). **2** Realização de um objeto por meio de um molde ou de uma figura com um material flexível.

moldar ⟨mol.dar⟩ ▎v.t.d. **1** Fazer um molde de (um objeto): *Para fazer as reproduções, antes é necessário moldar a figura original.* **2** Elaborar (um objeto) ao dar forma a uma substância mole ou fundida, geralmente tirando-lhe um molde: *A escultora moldou o corpo da modelo em barro.* ▎v.t.d./v.t.d.i./v.prnl. **3** Modelar(-se) ou basear(-se) (algo ou alguém) [em determinado padrão ou forma]: *O jovem moldou-se no exemplo dos pais.* ▎v.t.d.i./v.prnl. **4** Adaptar(-se) ou adequar(-se) (algo ou alguém) [a uma situação ou necessidade]: *Logo moldou-se à vida na nova cidade.* ▎v.t.d. **5** Melhorar a forma de (o corpo ou uma de suas partes): *Aquela calça molda bem o seu corpo.*

moldávio, via ⟨mol.dá.vio, via⟩ ▎adj./s. **1** Da Moldávia ou relacionado a esse país europeu. ▎s.m. **2** Língua desse país.

molde ⟨mol.de⟩ s.m. **1** Peça oca que se enche com algum material que, ao se solidificar, toma a forma dessa peça: *Muitos escultores utilizam moldes feitos de gesso.* ☐ SIN. forma. **2** Peça, geralmente de papel, que se utiliza para fazer o modelo de algo: *um molde da blusa.*

moldura ⟨mol.du.ra⟩ s.f. **1** Contorno colocado em quadros ou em retratos. **2** Parte saliente e contínua, de perfil uniforme e geralmente de pouca largura, que serve de adorno, união ou reforço em uma obra arquitetônica, de carpintaria e de outras artes.

mole ⟨mo.le⟩ ▎adj.2g. **1** Em relação a uma matéria, que se corta ou se deforma com facilidade, especialmente ao ser pressionada. **2** *informal* Excessivamente benevolente ou que não possui energia nem severidade. **3** *informal* Com pouca capacidade para esforços físicos. ▎adv. **4** *informal* Sem dificuldade: *Com o adversário despreparado, foi mole vencer o jogo.*

moleca ⟨mo.le.ca⟩ Feminino de moleque.

molecada ⟨mo.le.ca.da⟩ s.f. *informal* Grupo de moleques.

molecagem ⟨mo.le.ca.gem⟩ (pl. *molecagens*) s.f. *informal* Ato ou dito que parecem próprios de uma criança por sua falta de maturidade.

molécula ⟨mo.lé.cu.la⟩ s.f. Conjunto de átomos, iguais ou diferentes, unidos por meio de ligações químicas que constitui a mínima quantidade de substância que mantém todas as suas propriedades químicas: *Uma molécula de água é formada por dois átomos de hidrogênio e um de oxigênio.*

molecular ⟨mo.le.cu.lar⟩ adj.2g. Da molécula ou relacionado a esse conjunto de átomos.

moleira ⟨mo.lei.ra⟩ s.f. **1** Em um recém-nascido, cada um dos espaços membranosos formados por um tecido fibroso denso, que são encontrados no crânio, e que são substituídos pelos ossos aproximadamente aos dois meses de idade. ☐ SIN. fontanela. **2** *informal* Cabeça humana.

moleirão ⟨mo.lei.rão⟩ (pl. *moleirões*) adj./s.m. *informal* Que ou quem é preguiçoso. ☐ GRAMÁTICA Seu feminino é moleirona.

moleiro, ra ⟨mo.lei.ro, ra⟩ s. Pessoa que possui um moinho ou que trabalha nele.

moleirona ⟨mo.lei.ro.na⟩ (Pron. [moleirôna]) Feminino de moleirão.

molejo ⟨mo.le.jo⟩ (Pron. [molêjo]) s.m. **1** Em um veículo, conjunto ou funcionamento de molas. **2** *informal* Balanço ou gingado do corpo.

molenga ⟨mo.len.ga⟩ adj.2g./s.2g. **1** *informal pejorativo* Que ou quem é preguiçoso. **2** *pejorativo* Que ou quem se deixa dominar com facilidade por alguém.

moleque ⟨mo.le.que⟩ adj./s.m. **1** *informal* Em relação a um menino, que é de pouca idade. **2** *informal* Em relação a um menino, que é bagunceiro ou travesso. **3** *informal* Em relação a um homem, que é brincalhão ou engraçado. **4** *pejorativo* Em relação a um homem, que é irresponsável ou desonesto. ☐ ORIGEM É uma palavra de origem africana. ☐ GRAMÁTICA Nas acepções 1, 2 e 3, seu feminino é *moleca*.

molestar ⟨mo.les.tar⟩ ▮ v.t.d./v.prnl. **1** Causar ou sentir moléstia: *A música muito alta molesta os vizinhos.* **2** Ofender(-se) ou causar incômodo a (alguém): *Não era minha intenção molestá-lo com tantas perguntas. Molestou-se quando lhe disse que estava malvestido.* ▮ v.t.d. **3** Importunar (alguém) sexualmente: *Molestou a secretária e foi acusado de assédio sexual.*

moléstia ⟨mo.lés.tia⟩ s.f. Doença ou mal-estar físico.

molesto, ta ⟨mo.les.to, ta⟩ adj. **1** Que causa moléstia. **2** Que sente perturbação ou mal-estar.

moletom ⟨mo.le.tom⟩ (pl. *moletons*) s.m. **1** Tecido de lã ou algodão, macio, quente e leve. **2** Calça ou casaco feitos com esse tecido.

moleza ⟨mo.le.za⟩ (Pron. [molêza]) s.f. **1** Propriedade de ser ou de parecer mole: *A moleza excessiva do colchão pode causar lesões.* **2** *informal* Fraqueza ou debilidade: *A doença deixou-o num estado de extrema moleza.* **3** *informal* Preguiça ou falta de ânimo: *Preferiu ficar em casa a sair, porque sentia muita moleza.*

molhadela ⟨mo.lha.de.la⟩ s.f. Molhada realizada de forma rápida: *Por estar com pressa, só deu uma molhadela nas flores antes de sair de casa.*

molhados ⟨mo.lha.dos⟩ s.m.pl. Em uma mercearia, qualquer gênero alimentício líquido.

molhar ⟨mo.lhar⟩ ▮ v.t.d./v.t.d.i. **1** Umedecer (algo) com água ou fazer com que (algo) penetre [em um líquido]. **2** Untar ou banhar (um alimento) [em outro alimento líquido]: *Sempre molha o pão no café.* ☐ SIN. mergulhar. ▮ v.t.d./v.prnl. **3** *informal* Urinar(-se) de maneira involuntária ou sujar(-se) de urina.

molhe ⟨mo.lhe⟩ s.m. Em um porto marítimo, construção curva ou em formato de ângulo que se acrescenta aos pilares, diante da corrente de água, para cortá-la e diminuir seu impacto. ☐ SIN. quebra-mar.

molheira ⟨mo.lhei.ra⟩ s.f. Recipiente usado para servir molhos.

molho ⟨mo.lho⟩ s.m. **1** Caldo ou creme elaborados com várias substâncias misturadas e diluídas, e que se prepara para acompanhar ou para condimentar alimentos: *Adora macarrão com molho de tomate.* **2** Conjunto de coisas reunidas, que se pode carregar com a mão: *um molho de chaves.* ‖ **de molho** Dentro de um líquido durante um certo tempo: *Deixou a roupa de molho no amaciante.* ☐ USO Na acepção 1, a pronúncia é *môlho*; na acepção 2, *mólho*.

molibdênio ⟨mo.lib.dê.nio⟩ s.m. Elemento químico da família dos metais, de número atômico 42, sólido, de grande dureza e difícil de fundir. ☐ ORTOGRAFIA Seu símbolo químico é Mo, sem ponto.

molinete ⟨mo.li.ne.te⟩ (Pron. [molinête]) s.m. **1** Carretel, geralmente de metal, usado para enrolar fio, arame ou outro material flexível. **2** Mecanismo que se coloca na entrada ou na saída de um local, estabelecimento ou veículo para que as pessoas passem uma de cada vez. ☐ SIN. borboleta, catraca, roleta, torniquete.

moloide ⟨mo.loi.de⟩ (Pron. [molóide]) adj.2g./s.2g. **1** *informal pejorativo* Que ou quem é preguiçoso. **2** *pejorativo* Que ou quem se deixa dominar com facilidade por alguém.

molusco ⟨mo.lus.co⟩ ▮ adj./s.m. **1** Em relação a um animal, que possui o corpo mole, não segmentado, na maioria das vezes com forma simétrica, e geralmente protegido por uma concha: *As ostras e as lulas são moluscos.* ▮ s.m.pl. **2** Em zoologia, filo desses animais, pertencente ao reino dos metazoários.

momentâneo, nea ⟨mo.men.tâ.neo, nea⟩ adj. Que se passa em seguida ou que dura pouco tempo.

momento ⟨mo.men.to⟩ s.m. **1** Período de tempo muito curto: *Espere um momento que sua cópia já fica pronta.* ☐ SIN. átimo, instante. **2** Período de tempo indeterminado e com uma característica distintiva: *Juntos passaram momentos muito felizes.* **3** Período de tempo determinado: *Estava sempre atento às tendências do momento.* **4** Oportunidade ou circunstância apropriadas: *Esperou tanto por esse momento, que não o desperdiçou.*

momentoso, sa ⟨mo.men.to.so, sa⟩ (Pron. [momentôso], [momentósa], [momentôsos], [momentósas]) adj. Que é preocupante ou grave.

momice ⟨mo.mi.ce⟩ s.f. Careta ou gesto feito com o rosto: *Irritou-nos com suas momices durante a reunião.* ☐ USO Usa-se geralmente a forma plural *momices*.

momo ⟨mo.mo⟩ (Pron. [mômo]) s.m. **1** Na Idade Média, farsa popular que satirizava os costumes da época, geralmente usando-se máscaras. **2** Pessoa que atuava nessa farsa popular.

monacal ⟨mo.na.cal⟩ (pl. *monacais*) adj.2g. Dos monges, das monjas ou relacionado a eles.

monarca ⟨mo.nar.ca⟩ s.m. Em uma monarquia, pessoa que exerce a autoridade suprema: *Dom Pedro II foi o último monarca brasileiro.* ☐ SIN. soberano.

monarquia ⟨mo.nar.qui.a⟩ s.f. **1** Sistema de governo em que a chefia do Estado se concentra em uma só pessoa, cujo direito é geralmente vitalício e hereditário: *À frente de uma monarquia está um rei.* **2** Estado que possui esse sistema de governo: *Espanha e Grã-Bretanha são monarquias parlamentares.* **3** Tempo durante o qual esteve vigente essa forma de governo em um país: *Durante a monarquia consolidaram-se alguns privilégios dos nobres.* ‖ **monarquia absoluta** Aquela em que o poder do monarca está acima de qualquer outro poder ou lei: *A França foi uma monarquia absoluta, até a Revolução Francesa.*

monárquico, ca ⟨mo.nár.qui.co, ca⟩ ▮ adj. **1** Da monarquia, do monarca ou relacionado a eles. ☐ SIN. monarquista. ▮ adj./s. **2** Partidário da monarquia. ☐ SIN. monarquista.

monarquismo ⟨mo.nar.quis.mo⟩ s.m. Sistema de governo dos monarquistas.

monarquista ⟨mo.nar.quis.ta⟩ ▮ adj.2g. **1** Da monarquia, do monarca ou relacionado a eles. ☐ SIN. monárquico. ▮ adj.2g./s.2g. **2** Partidário da monarquia. ☐ SIN. monárquico.

monastério ⟨mo.nas.té.rio⟩ s.m. Edifício onde vivem, em comunidade, monges ou monjas de uma ordem religiosa de vida contemplativa, geralmente construído longe de um povoado. ☐ SIN. mosteiro.

monástico, ca ⟨mo.nás.ti.co, ca⟩ adj. Dos monges, de seu estado, do monastério ou relacionado a eles.

monção ⟨mon.ção⟩ (pl. *monções*) s.f. Vento periódico que sopra principalmente no sudeste asiático e que é frio e seco no inverno e úmido e quente no verão.

monegasco, ca ⟨mo.ne.gas.co, ca⟩ adj./s. De Mônaco ou relacionado a esse país europeu.

monetário, ria ⟨mo.ne.tá.rio, ria⟩ adj. Da moeda ou relacionado a ela.

monge ⟨mon.ge⟩ s.m. Homem que fez votos, pertencente a uma ordem monástica ou a uma congregação

mongol

religiosa, que vive sob regras em mosteiros e se dedica à vida contemplativa. ▫ GRAMÁTICA Seu feminino é *monja*.
mongol ⟨mon.gol⟩ (pl. *mongóis*) ▪ adj.2g./s.2g. **1** Da Mongólia ou relacionado a esse país asiático. ▪ s.m. **2** Língua desse país e de parte da China.
mongolismo ⟨mon.go.lis.mo⟩ s.m. *informal* Síndrome de Down.
mongoloide ⟨mon.go.loi.de⟩ (Pron. [mongolóide]) adj.2g./s.2g. **1** *pejorativo* Que ou quem tem síndrome de Down. **2** Do grupo étnico mongol, próprio do continente asiático, caracterizado pelos olhos puxados e pela pele amarelada.
monitor, -a ⟨mo.ni.tor, to.ra⟩ (Pron. [monitôr], [monitôra]) ▪ s. **1** Pessoa que guia, observa, controla ou auxilia outras no aprendizado ou na realização de uma atividade. ▪ s.m. **2** Aparelho que apresenta dados visuais ou sonoros para facilitar o controle de um processo ou de um sistema.
monitorar ⟨mo.ni.to.rar⟩ v.t.d. Examinar (alguém), especialmente se for com finalidade médica: *O médico passou a noite monitorando os sinais vitais do paciente.*
monja ⟨mon.ja⟩ s.f. Mulher que fez votos, pertencente a uma ordem monástica ou a uma congregação religiosa, que vive sob regras em mosteiros e se dedica à vida contemplativa. ▫ GRAMÁTICA Seu masculino é *monge*.
monjolo ⟨mon.jo.lo⟩ (Pron. [monjôlo]) s.m. Instrumento rudimentar que, com o auxílio de água, é utilizado para moer grãos e descascar sementes. ▫ ORIGEM É uma palavra de origem africana.
mono ⟨mo.no⟩ (Pron. [môno]) s.m. Designação comum para os macacos.
mono- Prefixo que significa *único*: *monocultura*, *monografia*.
monobloco ⟨mo.no.blo.co⟩ adj.2g./s.m. Que é composto por uma única peça.
monocórdio, dia ⟨mo.no.cór.dio, dia⟩ ▪ adj. **1** Em relação a um instrumento musical, que tem uma única corda: *O berimbau é um instrumento monocórdio.* **2** Monótono e sem variações: *A voz monocórdia da palestrante era cansativa.* ▪ s.m. **3** Instrumento musical de corda única estendida entre dois cavaletes, utilizado antigamente para afinação e para o ensino de música: *O monocórdio era usado na Grécia Antiga.*
monocotiledôneo, nea ⟨mo.no.co.ti.le.dô.neo, nea⟩ ▪ adj./s.f. **1** Em relação a uma planta, que tem a semente com um só cotilédone, folhas com nervuras paralelas e que geralmente não possui raiz principal. ▪ s.f.pl. **2** Em botânica, classe dessas plantas, pertencente à divisão das angiospermas.
monóculo ⟨mo.nó.cu.lo⟩ s.m. Lente para um olho só.
monocultura ⟨mo.no.cul.tu.ra⟩ s.f. Sistema de exploração agrícola baseado no cultivo de uma única espécie vegetal. ▫ USO É diferente de *policultura* (cultivo simultâneo de diversas espécies vegetais).
monogamia ⟨mo.no.ga.mi.a⟩ s.f. **1** Estado ou situação de uma pessoa casada com um único cônjuge ou que se casou uma só vez. **2** Regime familiar que proíbe estar casado com mais de uma pessoa simultaneamente.
monografia ⟨mo.no.gra.fi.a⟩ s.f. Estudo ou tratado, geralmente acadêmicos, a respeito de um tema: *O tema de minha monografia é o cinema brasileiro.*
monograma ⟨mo.no.gra.ma⟩ s.m. Desenho feito com a letra inicial de dois ou mais nomes e que é utilizado como um símbolo: *O monograma do casal foi bordado em todo o enxoval.*
monoico, ca ⟨mo.noi.co, ca⟩ (Pron. [monóico]) adj. Que apresenta os órgãos reprodutores feminino e masculino em um organismo. ▫ SIN. andrógino, hermafrodita.

monolíngue ⟨mo.no.lín.gue⟩ (Pron. [monolíngüe]) adj.2g. **1** Em relação a um falante ou a uma comunidade de falantes, que usam apenas uma língua com fluência. **2** Em relação a um texto, que está escrito em um único idioma.
monologar ⟨mo.no.lo.gar⟩ v.int. Recitar ou dizer monólogos: *Em sua última peça, o ator monologou por uma hora e meia.* ▫ ORTOGRAFIA Antes de e, o g muda para gu →CHEGAR.
monólogo ⟨mo.nó.lo.go⟩ s.m. Reflexão em voz alta de uma pessoa que fala consigo mesma: *Gostaria muito de interpretar os monólogos de grandes peças teatrais, como o Hamlet, de William Shakespeare.* ▫ SIN. solilóquio.
monômero ⟨mo.nô.me.ro⟩ s.m. Composto de baixo peso molecular, cujas moléculas são capazes de reagir entre si ou com outras para originar um polímero.
monomotor, -a ⟨mo.no.mo.tor, to.ra⟩ (Pron. [monomotôr], [monomotôra]) adj./s.m. Em relação especialmente a um avião, que possui apenas um motor.
monopólio ⟨mo.no.pó.lio⟩ s.m. **1** Concessão dada a uma empresa por uma autoridade competente para que ela tenha exclusividade na fabricação ou na comercialização de um produto ou na prestação de um serviço: *Naquele país, a produção do petróleo é monopólio do governo.* **2** Exercício, influência ou domínio exclusivos de uma atividade em um determinado mercado: *Esta empresa tem o monopólio na área de petróleo.* **3** Uso exclusivo ou prioritário: *O irmão mais velho tem o monopólio do carro da família.*
monopolizar ⟨mo.no.po.li.zar⟩ v.t.d. **1** Adquirir ou oferecer de maneira exclusiva (um produto ou a prestação de um serviço): *Caso não haja concorrência, essa empresa monopolizará o mercado.* **2** Desfrutar de maneira exclusiva (um serviço): *As crianças monopolizam o uso da piscina no verão.* **3** Atrair para si: *Esse ator famoso monopoliza a atenção do público.*
monossilábico, ca ⟨mo.nos.si.lá.bi.co, ca⟩ adj. **1** Que tem uma sílaba só: *Cão é uma palavra monossilábica.* ▫ SIN. monossílabo. **2** *informal* Quieto ou pouco falante: *O que aconteceu? Você está monossilábico.*
monossílabo, ba ⟨mo.nos.sí.la.bo, ba⟩ adj./s.m. Em relação a uma palavra, que tem uma sílaba só. ▫ GRAMÁTICA O sinônimo do adjetivo é *monossilábico*.
monoteísmo ⟨mo.no.te.ís.mo⟩ s.m. Crença religiosa baseada na existência de só um deus: *O monoteísmo é a principal característica do judaísmo, do cristianismo e do islamismo.*
monoteísta ⟨mo.no.te.ís.ta⟩ adj.2g./s.2g. Do monoteísmo ou relacionado a essa crença religiosa.
monotonia ⟨mo.no.to.ni.a⟩ s.f. **1** Uniformidade ou igualdade de tom, especialmente na voz ou na música: *A monotonia de sua voz fazia com que perdêssemos facilmente a concentração.* **2** Falta de variedade ou de mudanças: *Não suporto a monotonia, procuro sempre me ocupar com novas atividades.*
monótono, na ⟨mo.nó.to.no, na⟩ adj. Que tem monotonia.
monóxido ⟨mo.nó.xi.do⟩ (Pron. [monócsido]) s.m. Em química, óxido cuja molécula contém um átomo de oxigênio.
monsenhor ⟨mon.se.nhor⟩ (Pron. [monsenhôr]) s.m. **1** Tratamento de respeito concedido a determinados eclesiásticos. **2** Planta herbácea perene, com folhas recortadas e alternadas, mais escuras na frente que no verso, com flores abundantes, vistosas, de cores variadas e geralmente com muitas pétalas, e cultivada como ornamental. ▫ SIN. crisântemo. **3** Flor dessa planta. ▫ SIN. crisântemo.
monstrengo, ga ⟨mons.tren.go, ga⟩ s. **1** Ser fantástico e estranho que geralmente causa medo e espanto.

monumento

□ SIN. monstro. **2** *pejorativo* Pessoa ou coisa muito feia. □ GRAMÁTICA Na acepção 2, usa-se tanto para o masculino quanto para o feminino: *(ele/ela) é um monstrengo*.

monstro ⟨mons.tro⟩ s.m. **1** Ser fantástico e estranho que geralmente causa medo e espanto. □ SIN. monstrengo. **2** *pejorativo* Pessoa ou coisa muito feia. **3** *pejorativo* Pessoa muito cruel, malvada ou perversa. ‖ **monstro (sagrado)** Pessoa que se sobressai em sua profissão, que tem qualidades extraordinárias para uma determinada atividade ou que é muito popular: *Elis Regina é considerada um monstro sagrado da música popular brasileira*. □ GRAMÁTICA Usa-se tanto para o masculino quanto para o feminino: *(ele/ela) é um monstro*.

monstruoso, sa ⟨mons.tru.o.so, sa⟩ (Pron. [monstruôso], [monstruósa], [monstruósos], [monstruósas]) adj. **1** Que parece com um monstro: *A mitologia grega apresenta muitos personagens monstruosos*. **2** Muito feio, abominável, horrível, desprezível: *Abandonar um bebê é um crime monstruoso*. **3** Excessivamente grande ou descomunal: *Hoje fez um calor monstruoso*.

monta ⟨mon.ta⟩ s.f. **1** Soma ou valor total: *A monta de nossa compra foi muito alta*. □ SIN. cifra, montante. **2** Importância ou valor: *Tem um negócio de pouca monta*.

montador, -a ⟨mon.ta.dor, do.ra⟩ (Pron. [montadôr], [montadôra]) s. **1** Pessoa que faz montagens. **2** Pessoa que monta a cavalo, especialmente como profissão.

montadora ⟨mon.ta.do.ra⟩ (Pron. [montadôra]) s.f. Fábrica que utiliza peças prontas para montar seus produtos: *uma montadora de automóveis*.

montagem ⟨mon.ta.gem⟩ (pl. *montagens*) s.f. **1** Ato ou efeito de montar(-se): *A montagem dessa mesa é fácil, basta encaixar os pés nos devidos lugares*. **2** Em um meio audiovisual, seleção e colocação do material filmado para construir a versão definitiva de um filme ou de um programa: *Na montagem do filme, não foram incluídas cenas de briga*. **3** Em teatro, organização ou coordenação dos elementos de um espetáculo seguindo o plano artístico do diretor: *A montagem desta obra clássica foi muito complexa*.

montanha ⟨mon.ta.nha⟩ s.f. **1** Grande elevação de terra consideravelmente mais elevada que a área ao seu redor: *O Pico da Neblina é a montanha mais alta do Brasil*. **2** Território onde há muitas dessas elevações: *O clima da montanha é fresco*. **3** *informal* Grande quantidade: *A professora tem uma montanha de trabalhos para corrigir*.

montanha-russa ⟨mon.ta.nha-rus.sa⟩ (pl. *montanhas-russas*) s.f. Em um parque de diversões, atração que consiste em vagões que circulam em grande velocidade por trilhos suspensos com curvas e voltas acentuadas.

montanhês, -a ⟨mon.ta.nhês, nhe.sa⟩ (Pron. [montanhês], [montanhêsa]) ‖ adj. **1** Da montanha ou relacionado a ela. ‖ adj./s. **2** Que ou quem vive em uma montanha.

montanhismo ⟨mon.ta.nhis.mo⟩ s.m. Esporte que consiste em escalar montanhas ou rochas. □ SIN. alpinismo.

montanhista ⟨mon.ta.nhis.ta⟩ ‖ adj.2g. **1** Do alpinismo, do montanhismo ou relacionado a eles. □ SIN. alpinista. ‖ s.2g. **2** Pessoa que pratica o alpinismo, o montanhismo ou que é aficionada a eles. □ SIN. alpinista.

montanhoso, sa ⟨mon.ta.nho.so, sa⟩ (Pron. [montanhôso], [montanhósa], [montanhósos], [montanhósas]) adj. Em relação a um território, que tem muitas montanhas.

montante ⟨mon.tan.te⟩ s.m. Soma ou valor total: *O montante do conserto do carro foi maior do que esperávamos*. □ SIN. cifra, monta.

montão ⟨mon.tão⟩ (pl. *montões*) s.m. *informal* Grande quantidade ou abundância: *Ganhamos um montão de presentes no Natal*.

montar ⟨mon.tar⟩ ‖ v.t.d. **1** Armar ou encaixar as peças de (um objeto): *montar um quebra-cabeça*. ‖ v.t.i./v.t.d. **2** Subir [em algo] ou colocar (alguém) [sobre alguma coisa]: *montar em uma bicicleta*. ‖ v.t.d. **3** Organizar, armar ou realizar: *A escola montará uma feira de ciências no próximo mês*. **4** Colocar o necessário em (uma residência, especialmente) para que seja ocupada e que se possa viver nela: *Acabaram de montar o apartamento*. **5** Estabelecer ou instalar (um negócio, especialmente) para que comece a funcionar: *Eles montaram um restaurante no litoral*. **6** Disponibilizar o necessário para que ocorra (um espetáculo ou uma exposição): *A companhia de teatro montou duas peças de Nelson Rodrigues*. **7** Selecionar e organizar (a sequência do material gravado para um filme): *Montaram a edição da gravação logo depois da filmagem*. ‖ v.t.d./v.t.i./v.prnl. **8** Locomover-se [em um animal, especialmente se for o cavalo] ou andar sobre um animal de montaria: *O jóquei venceu a corrida montando seu cavalo favorito*. □ SIN. cavalgar. ‖ v.t.d.i. **9** Colocar (alguém) [sobre um cavalo ou sobre outro animal de montaria].

montaria ⟨mon.ta.ri.a⟩ s.f. **1** Animal sobre o qual se pode montar ou levar cargas. □ SIN. cavalgadura. **2** Atividade que consiste em andar a cavalo ou em montar outro animal. **3** Conjunto de arreios e guarnições de uma cavalaria, especialmente a sela.

monte ⟨mon.te⟩ s.m. **1** Grande elevação natural de um terreno em relação ao solo que o cerca. **2** *informal* Grande quantidade: *um monte de roupas*. **3** *informal* Conjunto de coisas colocadas umas sobre as outras, geralmente sem ordem: *Você pode, por favor, pegar aquele monte de livros para mim?* ‖ **aos montes** *informal* Em grande quantidade: *No verão, os turistas chegam aos montes a estas praias*.

montenegrino, na ⟨mon.te.ne.gri.no, na⟩ ‖ adj./s. **1** De Montenegro ou relacionado a esse país europeu. ‖ s.m. **2** Língua eslava desse país.

montepio ⟨mon.te.pi.o⟩ s.m. **1** Depósito de dinheiro, criado geralmente a partir de descontos nos salários dos membros de um grupo ou de uma sociedade, para conceder pensões ou ajuda a suas famílias. **2** Pensão que se paga ou se recebe desse depósito. **3** Estabelecimento público ou privado fundado com esse objetivo.

montês, -a ⟨mon.tês, te.sa⟩ (Pron. [montês], [montêsa]) adj. Que vive, que está ou que se cria no monte.

montes-clarense ⟨mon.tes-cla.ren.se⟩ (pl. *montes-clarenses*) adj.2g./s.2g. De Montes Claros ou relacionado a essa cidade do estado brasileiro de Minas Gerais.

montículo ⟨mon.ti.cu.lo⟩ s.m. Pequeno monte, geralmente isolado, natural ou feito por pessoas ou por animais.

montoeira ⟨mon.to.ei.ra⟩ s.f. *informal* Grande quantidade ou abundância: *uma montoeira de brinquedos*.

monturo ⟨mon.tu.ro⟩ s.m. **1** Lugar onde se deposita lixo. **2** Aglomerado de lixo.

monumental ⟨mo.nu.men.tal⟩ (pl. *monumentais*) adj.2g. **1** De um monumento ou relacionado a ele. **2** *informal* Muito grande, excelente ou espetacular: *Aquele concerto foi monumental*.

monumento ⟨mo.nu.men.to⟩ s.m. **1** Obra pública em homenagem a uma pessoa, a um grupo ou a um acontecimento importante: *Nesta praça há um monumento em homenagem aos soldados brasileiros enviados à Segunda Guerra Mundial*. □ SIN. memorial. **2** Construção que possui valor artístico, histórico ou arqueológico: *Esta catedral é o monumento mais antigo do país*. **3** *informal* Pessoa bela ou com um corpo muito bonito.
□ GRAMÁTICA Na acepção 3, usa-se tanto para o masculino quanto para o feminino: *(ele/ela) é um monumento*.

moqueca ⟨mo.que.ca⟩ s.f. Prato típico brasileiro, feito à base de peixes, frutos do mar e temperos, geralmente leite de coco, azeite de dendê e pimenta de cheiro. ☐ ORIGEM É uma palavra de origem africana.

mor adj.2g. **1** *literário* Maior. **2** Principal ou superior em uma hierarquia: *um sargento-mor.* ☐ ORTOGRAFIA Na acepção 2, usa-se com hífen.

mora ⟨mo.ra⟩ s.f. Atraso na realização ou no cumprimento de algo, especialmente de um pagamento: *Está em mora com os pagamentos dos livros da biblioteca.*

morada ⟨mo.ra.da⟩ s.f. Lugar onde se mora.

moradia ⟨mo.ra.di.a⟩ s.f. Lugar onde se mora.

morador, ~a ⟨mo.ra.dor, do.ra⟩ (Pron. [moradôr], [moradôra]) adj./s. Que ou quem mora em um lugar.

moral ⟨mo.ral⟩ (pl. *morais*) ▌adj.2g. **1** Das ações ou das características humanas referentes à bondade ou à maldade, ou relacionado a elas: *os princípios morais.* **2** Que se considera adequado em relação aos padrões de uma sociedade: *um comportamento pouco moral.* **3** Que é relacionado ao espírito ou ao respeito humanos, e não ao material ou ao jurídico: *Nós temos obrigação moral de ajudá-lo.* ▌s.m **4** Ânimo ou autoconfiança: *O moral da equipe está abalada depois da derrota.* ▌s.f. **5** Lição ou ensino proveitosos, especialmente os que se deduzem de uma leitura didática: *A moral da história é que devemos sempre ajudar os outros.* **6** Conjunto de valores espirituais e normas de conduta de uma pessoa ou de um grupo que são considerados bons ou aceitáveis: *A moral não permite nem o assassinato nem o roubo.*

moralidade ⟨mo.ra.li.da.de⟩ s.f. Conformidade com os valores morais estabelecidos por uma determinada sociedade.

moralismo ⟨mo.ra.lis.mo⟩ s.m. Predomínio dos valores morais ou sua defesa exagerada.

moralista ⟨mo.ra.lis.ta⟩ s.2g. Pessoa que se dedica ao estudo do moralismo ou que valoriza seus princípios.

moralizar ⟨mo.ra.li.zar⟩ v.t.d./v.int. **1** Ensinar ou defender o que se consideram bons costumes: *Não gosta de romances que moralizam demais.* **2** Reformar os valores morais considerados inadequados de (algo ou alguém) ou ensinar valores considerados bons e corretos: *Moralizando a vida pública, o tráfico de influências acabaria.*

moranga ⟨mo.ran.ga⟩ s.f. **1** Planta rastejante com folhas de cinco lóbulos e flores amarelas, e cujo fruto é arredondado, carnoso e comestível, possui muitas sementes brancas e achatadas, e geralmente de cor verde ou laranja quando maduro. **2** Esse fruto. ☐ USO É a forma reduzida e mais usual de *abóbora-moranga.*

morango ⟨mo.ran.go⟩ s.m. Fruto do morangueiro, comestível, com pequenos grãos pretos e uma parte vermelha comestível e suculenta.

morangueiro ⟨mo.ran.guei.ro⟩ s.m. Planta herbácea de talos rasteiros, com folhas compostas por três ou tras menores, flores brancas e amarelas, e cujo fruto é o morango.

morar ⟨mo.rar⟩ ▌v.t.i. **1** Viver habitualmente [em um lugar]: *Muitos escritores famosos moraram nesta rua.* ☐ SIN. habitar, residir. ▌v.int. **2** *informal* Compreender ou perceber o sentido: *Para chegar ao museu, siga reto e entre na segunda rua à direita, morou?*

moratória ⟨mo.ra.tó.ria⟩ s.f. Ampliação de um prazo que se têm para cumprir uma obrigação, especialmente para pagar uma dívida vencida.

morávio, via ⟨mo.rá.vio, via⟩ adj./s. Da Morávia ou relacionado a essa região da República Tcheca.

mórbido, da ⟨mór.bi.do, da⟩ adj. **1** Que ocasiona ou que tem alguma doença. **2** Que é lânguido ou que não tem energia ou vigor.

morcego ⟨mor.ce.go⟩ (Pron. [morcêgo]) s.m. Mamífero voador de pequeno porte, de hábitos noturnos e capaz de se orientar na escuridão através da emissão de ondas ultrassônicas que lhe permitem se localizar. ☐ GRAMÁTICA É um substantivo epiceno: *o morcego (macho/fêmea).*

mordaça ⟨mor.da.ça⟩ s.f. **1** Aquilo que serve para tapar a boca e impedir de falar ou gritar: *A polícia encontrou o refém atado com uma mordaça.* **2** Acessório que se coloca no focinho de alguns animais, especialmente no dos cachorros, para que não mordam: *As regras do condomínio obrigam que os cães utilizem a mordaça ao circular pelas áreas públicas.* ☐ SIN. focinheira. **3** Aquilo que impede uma pessoa de falar: *A lei aprovada pelo congresso foi uma mordaça na liberdade de expressão.*

mordaz ⟨mor.daz⟩ adj.2g. Que mostra, expressa ou implica ironia e crítica severas ou mal-intencionadas. ☐ SIN. ferino.

mordedura ⟨mor.de.du.ra⟩ s.f. **1** Pressão feita sobre algo, cravando-lhe os dentes. ☐ SIN. dentada, mordida. **2** Ferimento ou marca dos dentes que ficam após essa pressão. ☐ SIN. dentada, mordida. **3** Porção ou pedaço que se retira dessa maneira.

mordente ⟨mor.den.te⟩ ▌adj.2g. **1** Que é provocante ou excitante: *um olhar mordente.* ▌s.m. **2** Substância química que serve para fixar cores.

morder ⟨mor.der⟩ ▌v.t.d./v.int. **1** Cravar os dentes: *Um cachorro mordeu o menino.* ▌v.t.d. **2** Partir ou esmiuçar com os dentes: *Meu irmão menor ainda não morde a comida direito.* ☐ SIN. mastigar. ▌v.t.d./v.int. **3** Ferir com o bico ou com a boca, ou penetrar o ferrão em alguém (certos animais): *Acho que um pernilongo me mordeu.* ☐ SIN. picar. ▌v.t.d. **4** Alterar (um material ou um corpo) com a ação do oxigênio ou de outro oxidante. ▌v.prnl. **5** *informal* Sentir ou manifestar grande aborrecimento ou raiva: *Mordeu-se por não ter sido promovido.*

mordida ⟨mor.di.da⟩ s.f. **1** Pressão feita sobre algo, cravando-lhe os dentes. ☐ SIN. dentada, mordedura. **2** Ferimento ou marca dos dentes que ficam após essa pressão. ☐ SIN. dentada, mordedura.

mordiscar ⟨mor.dis.car⟩ v.t.d. Morder repetidamente e com pouca força ou tirando pequenas porções. ☐ ORTOGRAFIA Antes de *e*, o *c* muda para *qu* →BRINCAR.

mordomia ⟨mor.do.mi.a⟩ s.f. Vantagem, benefício ou direito que algumas pessoas têm, geralmente sem empregar esforços: *Por ser um funcionário antigo, tinha muitas mordomias.*

mordomo ⟨mor.do.mo⟩ (Pron. [mordômo]) s.m. Pessoa que se dedica profissionalmente aos serviços ou à administração de uma casa.

moreia ⟨mo.rei.a⟩ (Pron. [moréia]) s.f. Peixe de água salgada, comestível, de corpo cilíndrico e sem escamas, com uma grande barbatana dorsal e dentes fortes. ☐ GRAMÁTICA É um substantivo epiceno: *a moreia (macho/fêmea).* [◉ **peixes (água salgada)** p. 609]

moreno, na ⟨mo.re.no, na⟩ (Pron. [morêno]) ▌adj./s. **1** Que ou quem tem os cabelos castanhos ou pretos. **2** Que ou quem tem pele bronzeada: *Passou as férias no litoral e voltou moreno.* **3** *eufemismo* Que ou quem é negro ou mulato. ▌adj./s.m. **4** Em relação especialmente a uma cor ou a um tom, que são escuros ou próximos ao preto.

morfeia ⟨mor.fei.a⟩ (Pron. [morféia]) s.f. *informal* Hanseníase.

morfema ⟨mor.fe.ma⟩ (Pron. [morfêma]) s.f. Em uma palavra, unidade mínima de significado que serve para derivar palavras ou para dar uma forma gramatical a um lexema: *As palavras saboroso e saborosa diferenciam-se pelo morfema de gênero.*

morfético, ca ⟨mor.fé.ti.co, ca⟩ adj./s. *pejorativo* Hanseniano.

morfina ⟨mor.fi.na⟩ s.f. Substância extraída do ópio e cujos sais, em doses pequenas, são empregados na medicina com fins anestésicos ou sedativos.

morfologia ⟨mor.fo.lo.gi.a⟩ s.f. **1** Em linguística, ramo que estuda a flexão, a composição e a derivação das palavras. **2** Em biologia, parte que estuda, de forma comparada, a forma e as estruturas biológicas dos seres vivos e a sua evolução. **3** Em biologia, área do conhecimento que descreve e estuda as características físicas externas de todos os seres vivos. **4** Em biologia, estudo da forma e da estrutura do corpo humano e das relações que elas guardam entre si. **5** Em geologia, parte que estuda a forma do relevo terrestre, sua origem e sua evolução.

morfológico, ca ⟨mor.fo.ló.gi.co, ca⟩ adj. Da morfologia ou relacionado a ela.

morgado, da ⟨mor.ga.do, da⟩ s. Em uma família, filho mais velho ou único.

moribundo, da ⟨mo.ri.bun.do, da⟩ adj./s. Que ou quem está morrendo ou a ponto de morrer.

morigerar ⟨mo.ri.ge.rar⟩ v.t.d./v.prnl. Submeter(-se) (alguém) às regras de boas maneiras e cortesia.

morim ⟨mo.rim⟩ (pl. *morins*) s.m. Tecido de algodão, branco e muito fino.

moringa ⟨mo.rin.ga⟩ s.f. Recipiente de barro com gargalo estreito usado especialmente para manter a água fresca. □ ORIGEM É uma palavra de origem africana.

mormaço ⟨mor.ma.ço⟩ s.m. Calor excessivo, úmido e sufocante.

mormente ⟨mor.men.te⟩ adv. Principalmente ou sobretudo: *Muitas crianças gostam de jogar bola, mormente os meninos.*

mormo ⟨mor.mo⟩ (Pron. [môrmo]) s.m. Nos equídeos, doença viral contagiosa que pode ser transmitida ao homem e que geralmente provoca febre, inflamação nas vias respiratórias e alteração do tecido nervoso.

mórmon ⟨mór.mon⟩ (pl. *mórmones* ou *mórmons*) ∎ adj.2g. **1** Do mormonismo ou relacionado a esse movimento religioso. ∎ adj.2g./s.2g. **2** Que ou quem pratica o mormonismo.

mormonismo ⟨mor.mo.nis.mo⟩ s.m. Movimento religioso estadunidense fundado no século XIX, baseado nos ensinamentos bíblicos.

morno, na ⟨mor.no, na⟩ (Pron. [môrno], [mórna], [mórnos], [mórnas]) adj. **1** Que não é quente nem frio. **2** *informal* Tranquilo ou que causa monotonia: *uma vida morna.*

moroso, sa ⟨mo.ro.so, sa⟩ (Pron. [morôso], [morósa], [morósos], [morósas]) adj. **1** Lento ou com pouca atividade. **2** Trabalhoso ou difícil de ser realizado.

morrão ⟨mor.rão⟩ (pl. *morrões*) s.m. **1** Cordão retorcido de fios combustíveis, que é aceso com facilidade, especialmente o usado em canhões durante combates. **2** Cordão ou pavio após serem queimados.

morrer ⟨mor.rer⟩ v.int. **1** Deixar de viver. □ SIN. falecer, finar-se. **2** Acabar, deixar de existir ou extinguir: *Separaram-se, pois o amor morreu.* **3** Deixar de funcionar (um aparelho, um veículo ou outra máquina): *O carro morreu bem no meio da avenida.* **4** Não acontecer (algo planejado): *Os planos de ir à praia morreram devido à chuva.* ∥ **morrer de** algo: Experimentar intensamente (uma sensação ou um sentimento): *Morro de vontade de vê-la novamente.* ∥ **morrer em** algo: *informal* Gastá-lo: *Morreu em 50 reais para fazer a inscrição no concurso.* □ GRAMÁTICA É um verbo abundante, pois apresenta dois particípios: *morrido* e *morto.*

morro ⟨mor.ro⟩ (Pron. [môrro]) s.m. **1** Elevação pouco pronunciada de um terreno, menor que um monte, geralmente de forma arredondada: *A cidade é toda cercada por pequenos morros.* **2** *informal* Favela. □ USO Na acepção 2, é uma palavra muito comum no estado brasileiro do Rio de Janeiro.

morsa ⟨mor.sa⟩ s.f. Mamífero marinho carnívoro, semelhante a uma foca, mas de maior tamanho, que se caracteriza pelo enorme desenvolvimento de seus caninos superiores. □ GRAMÁTICA É um substantivo epiceno: *a morsa (macho/fêmea).*

mortadela ⟨mor.ta.de.la⟩ s.f. Embutido grosso feito com carne bem picada, geralmente de porco ou de vaca, toucinho e condimentos. □ USO É inadequada a forma *mortandela, ainda que esteja difundida na linguagem coloquial.

mortal ⟨mor.tal⟩ (pl. *mortais*) ∎ adj.2g. **1** Que vai morrer: *O ser humano é mortal.* **2** Que ocasiona ou que pode ocasionar morte: *um veneno mortal.* □ SIN. fatal, letal. **3** Em relação a uma sensação ou a um sentimento, que são muito fortes, intensos ou de muita gravidade: *um ódio mortal.* ∎ s.2g. **4** Ser humano. □ USO Na acepção 4, usa-se geralmente a forma plural.

mortalha ⟨mor.ta.lha⟩ s.f. Vestimenta com a qual se veste ou se envolve um cadáver para enterrá-lo.

mortalidade ⟨mor.ta.li.da.de⟩ s.f. **1** Condição de mortal: *Uma característica comum a todos os seres vivos é a sua mortalidade.* **2** Número de mortes em uma população ou em um tempo determinado, em relação ao total da população: *A mortalidade infantil no continente africano é muito alta.*

mortandade ⟨mor.tan.da.de⟩ s.f. **1** Grande número de mortes causadas por uma catástrofe. **2** Grande quantidade de mortes causadas de maneira violenta. □ SIN. matança, morticínio.

morte ⟨mor.te⟩ s.f. **1** Fim da vida. □ SIN. falecimento. **2** Homicídio ou assassinato: *Não houve nenhuma morte durante o assalto ao banco.* **3** Tristeza profunda: *Ter que mudar de cidade foi a morte para mim.* ∥ **de morte** **1** Que provoca a morte: *Na batalha, levou um tiro de morte.* **2** *informal* Muito difícil: *Hoje fiz uma prova de morte.* ∥ **morte súbita** **1** Aquela que acontece de maneira repentina sem que haja como preveni-la. **2** Em alguns esportes, critério de desempate que dá a vitória a quem marcar primeiro durante o tempo extra.

morteiro ⟨mor.tei.ro⟩ s.m. **1** Peça de artilharia de grande calibre e pouco alcance, usada para lançar bombas e projéteis que fazem curvas muito acentuadas. **2** Fogo de artifício composto por um tubo de papelão cheio de pólvora que faz com que bombas sejam lançadas a longas distâncias.

morticínio ⟨mor.ti.cí.nio⟩ s.m. Grande quantidade de mortes causadas de maneira violenta. □ SIN. matança, mortandade.

mortiço, ça ⟨mor.ti.ço, ça⟩ adj. Com pouca intensidade, força ou vivacidade.

mortífero, ra ⟨mor.tí.fe.ro, ra⟩ adj. Que ocasiona ou pode ocasionar morte.

mortificar ⟨mor.ti.fi.car⟩ v.t.d./v.prnl. **1** Causar ou sofrer dor, sofrimento, desgosto ou moléstias: *A doença do filho mortificava os pais. Não se mortifique com a ideia de que não fez tudo o que podia.* **2** Causar ou impor-se sofrimento físico para dominar as paixões ou os desejos considerados pecaminosos. □ ORTOGRAFIA Antes de e, o c muda para qu →BRINCAR.

morto, ta ⟨mor.to, ta⟩ (Pron. [môrto], [mórta], [mórtos], [mórtas]) ∎ **1** Particípio irregular de **matar** e de **morrer.** ∎ adj. **2** Apagado ou sem vivacidade, vitalidade ou atividade: *Essa rua fica morta à noite.* **3** *informal* Muito cansado ou esgotado: *Passar a noite sem dormir me deixou morto.* ∎ adj./s. **4** Sem vida. ∎ s. **5** Em alguns jogos de baralho, porção de cartas a ser utilizada pelo jogador que primeiro acabar com as suas. ∥ **nem morto**

mortuário

informal De maneira nenhuma: *Não ando de montanha-russa nem morto!*

mortuário, ria ⟨mor.tu.á.rio, ria⟩ adj. De uma pessoa morta, das cerimônias dedicadas a ela ou relacionado a elas.

morubixaba ⟨mo.ru.bi.xa.ba⟩ s.m. Chefe de um grupo indígena. ▪ SIN. tuxaua. □ ORIGEM É uma palavra de origem tupi.

mosaico, ca ⟨mo.sai.co, ca⟩ ▪ adj. 1 De Moisés ou relacionado a essa personagem bíblica: *a lei mosaica*. 2 Do antigo povo semita que habitou a Judeia ou relacionado a ele. ▪ s.m. 3 Obra artística feita com peças de diversos materiais ou de diversas cores, encaixadas ou coladas em uma superfície para formar um desenho.

mosca ⟨mos.ca⟩ (Pron. [môsca]) s.f. 1 Inseto com duas asas transparentes, patas com ganchos e ventosas, cabeça elíptica e boca sugadora. [👁 inseto p. 456] 2 Em um alvo, ponto central: *O atirador acertou na mosca*. 3 Barba que nasce imediatamente abaixo do lábio inferior. ‖ **às moscas** Abandonado ou vazio: *Aquela casa no final da rua está às moscas.* ‖ **comer mosca** *informal* Distrair-se: *Comeu mosca e perdeu o ônibus.* ‖ **na mosca** *informal* Com precisão ou acerto: *Acertou na mosca em relação ao presente que me deu.* □ GRAMÁTICA Na acepção 1, é um substantivo epiceno: *a mosca (macho/fêmea).*

moscatel ⟨mos.ca.tel⟩ (pl. *moscatéis*) ▪ adj.2g. 1 Em relação a uma uva, da variedade que se caracteriza por ter o grão redondo, geralmente branco, e de sabor muito doce. ▪ s.m. 2 Vinho doce feito com essa variedade de uva.

mosca-varejeira ⟨mos.ca-va.re.jei.ra⟩ (pl. *moscas-varejeiras*) s.f. →**varejeira** □ GRAMÁTICA É um substantivo epiceno: *a mosca-varejeira (macho/fêmea).*

moscovita ⟨mos.co.vi.ta⟩ adj.2g./s.2g. De Moscou ou relacionado à capital russa.

mosquear ⟨mos.que.ar⟩ ▪ v.int. 1 Em relação especialmente a um cavalo, mexer a cauda. ▪ v.t.d./v.prnl. 2 Salpicar(-se) ou encher(-se) de pingos ou manchas. □ ORTOGRAFIA O e muda para *ei* quando a sílaba tônica estiver na raiz do verbo →NOMEAR.

mosquetão ⟨mos.que.tão⟩ (pl. *mosquetões*) s.m. 1 Aro que se abre e se fecha por meio de uma mola, e que é usado no alpinismo para prender as cordas nas rochas. 2 Arma de fogo mais curta e mais leve que o fuzil.

mosquete ⟨mos.que.te⟩ (Pron. [mosquête]) s.m. Antiga arma de fogo, mais longa e de maior calibre do que um fuzil, que se carregava pela boca e se disparava apoiando o cano em um suporte cravado na terra.

mosqueteiro ⟨mos.que.tei.ro⟩ s.m. Soldado armado com um mosquete. □ USO É diferente de *mosquiteiro* (tela disposta como uma cortina para se proteger de insetos).

mosquiteiro ⟨mos.qui.tei.ro⟩ s.m. Tela disposta como uma cortina, geralmente em volta de uma cama, e utilizada para se proteger de insetos. ▪ SIN. cortinado. □ USO É diferente de *mosqueteiro* (soldado armado com um mosquete).

mosquito ⟨mos.qui.to⟩ s.m. 1 Inseto menor que a mosca, com duas asas transparentes, patas longas e finas, e boca sugadora. 2 *informal* Qualquer inseto voador menor que a mosca. □ GRAMÁTICA É um substantivo epiceno: *o mosquito (macho/fêmea).*

mossa ⟨mos.sa⟩ s.f. 1 Em um corpo, sinal ou vestígio de um golpe: *As mossas no carro são evidências do acidente.* 2 Abalo emocional: *Sua partida me causou grande mossa.* 3 Em um gado, marca feita na orelha para identificá-lo.

mostarda ⟨mos.tar.da⟩ s.f. 1 Planta herbácea com folhas comestíveis, grandes, alternas e serrilhadas, flores amarelas em cachos, frutos em formato de cápsula e sementes arredondadas e muito pequenas. ▪ SIN. mostardeira. 2 Semente dessa planta. 3 Molho amarelado, de sabor forte e picante, feito com essa semente.

mostardeira ⟨mos.tar.dei.ra⟩ s.f. Planta herbácea com folhas comestíveis, grandes, alternas e serrilhadas, flores amarelas em cachos, frutos em formato de cápsula e sementes arredondadas e muito pequenas. ▪ SIN. mostarda.

mosteiro ⟨mos.tei.ro⟩ s.m. Edifício onde vivem, em comunidade, monges ou monjas de uma ordem religiosa de vida contemplativa, geralmente construído longe de um povoado. ▪ SIN. monastério.

mosto ⟨mos.to⟩ (Pron. [môsto]) s.m. 1 Na fabricação de vinho, sumo que é obtido da uva antes de ser fermentado. 2 Na fabricação de cerveja, líquido que resta quando a cevada é fervida e que será fermentado.

mostra ⟨mos.tra⟩ ▪ s.f. 1 →**amostra** 2 Feira ou exposição, especialmente aquelas destinadas a apresentações artísticas: *Na mostra de teatro, vários grupos escolares se apresentaram.* ▪ s.f.pl. 3 Atos ou gestos: *Não dava mostras de estar interessado no filme.* ‖ **à mostra** De maneira visível ou aparente: *Deixou o carro à mostra para que todos pudessem apreciá-lo.*

mostrador, -a ⟨mos.tra.dor, do.ra⟩ (Pron. [mostradôr], [mostradôra]) ▪ adj. 1 Que mostra. ▪ s.m. 2 Em um relógio, parte que apresenta as horas. 3 Em um aparelho eletrônico, visor que exibe informações sobre suas operações.

mostrar ⟨mos.trar⟩ ▪ v.t.d./v.t.d.i./v.prnl. 1 Expor(-se) à vista [de alguém] ou deixar ver: *A vendedora mostrou os produtos a seus clientes. Nesta paisagem, a natureza se mostra com todo o seu esplendor.* ▪ v.t.d./v.t.d.i. 2 Apresentar (algo) [a alguém] ou fazer ver: *Minha professora me mostrou a importância do estudo.* 3 Indicar ou ensinar (algo) [a alguém] mediante uma explicação ou uma demonstração: *O técnico mostrou-lhe como funcionava o equipamento de som.* □ ORTOGRAFIA Escreve-se também *amostrar*.

mostruário ⟨mos.tru.á.rio⟩ s.m. 1 Fachada, armário ou caixa com portas de vidro para que objetos ou produtos sejam expostos sem ser tocados: *Os produtos mais caros estavam expostos no mostruário da loja.* ▪ SIN. vitrine. 2 Conjunto de amostras de produtos: *Pedi à vendedora o mostruário para escolher a fragrância.*

mote ⟨mo.te⟩ s.m. 1 Em uma obra literária, texto breve que aparece no começo como resumo de seu argumento ou de sua ideia. 2 Assunto ou tema de um discurso: *O mote da palestra era Como falar em público.*

motejo ⟨mo.te.jo⟩ (Pron. [motêjo]) s.m. Aquilo que é dito com a intenção de provocar riso.

motel ⟨mo.tel⟩ (pl. *motéis*) s.m. Estabelecimento comercial que aluga quartos independentes que geralmente servem para encontros amorosos. □ USO É diferente de *hotel* (estabelecimento comercial que oferece alojamento em troca de dinheiro).

motilidade ⟨mo.ti.li.da.de⟩ s.f. Capacidade de movimentação.

motim ⟨mo.tim⟩ (pl. *motins*) s.m. Rebelião ou levante de uma multidão contra uma atividade estabelecida: *Houve motim em duas cadeiras da cidade.*

motivação ⟨mo.ti.va.ção⟩ (pl. *motivações*) s.f. 1 Ato ou efeito de motivar: *Um livro com ilustrações pode ser uma motivação para o início da leitura.* 2 Causa, razão ou estímulo que impulsionam a fazer algo ou que o determinam: *Vencer era a motivação para continuar treinando muito.* ▪ SIN. motivo.

motivar ⟨mo.ti.var⟩ ▪ v.t.d. 1 Dar motivo ou razão para (uma ação) ou ser motivo dela: *O acidente aéreo foi motivado pela má visibilidade.* ▪ v.t.d./v.t.d.i. 2 Animar ou estimular (alguém) [a realizar uma ação], suscitando interesse: *O treinador motivou seus jogadores para vencer a partida.*

motivo ⟨mo.ti.vo⟩ s.m. 1 Causa, razão ou estímulo que impulsionam a fazer algo ou que o determinam: *Ignorávamos* *o motivo que o levou a ir embora.* □ SIN. motivação. **2** Em artes ou em decoração, tema ou desenhos predominantes: *O pano das cortinas tem motivos de flores.*

moto ⟨mo.to⟩ s.f. Veículo de duas rodas impulsionado por um motor de explosão. □ USO É a forma reduzida e mais usual de *motocicleta*.

motobói ⟨mo.to.bói⟩ (Pron. [motobói]) s.m. →*motoboy*

motoboy (palavra inglesa) (Pron. [motobói]) s.m. Pessoa que se dedica profissionalmente à entrega de correspondências ou encomendas usando uma motocicleta. □ ORTOGRAFIA Escreve-se também *motobói*. □ GRAMÁTICA Seu feminino é *motogirl*.

motociclismo ⟨mo.to.ci.clis.mo⟩ s.m. Esporte praticado com uma moto e que tem diferentes competições e modalidades.

motociclista ⟨mo.to.ci.clis.ta⟩ s.2g. **1** Pessoa que conduz uma moto. **2** Esportista que pratica o motociclismo.

motogirl (palavra inglesa) (Pron. [motoguêrl]) Substantivo feminino de *motoboy*.

motoqueiro, ra ⟨mo.to.quei.ro, ra⟩ s. *informal* Motociclista.

motor, -a ⟨mo.tor, to.ra⟩ (Pron. [motôr], [motôra]) ▌adj. **1** Que produz movimento: *O mecanismo motor do meu relógio é a corda.* **2** No sistema nervoso, em relação a um nervo, que sai da medula espinhal e transmite impulsos elétricos gerando os movimentos musculares automáticos: *Uma lesão em um nervo motor pode causar paralisia.* ▌adj./s.m. **3** Que faz com que algo funcione ou se desenvolva: *O coração é o órgão motor do corpo.* ▌s.m. **4** Máquina que transforma em movimento qualquer outra forma de energia. ‖ **motor de arranque** Em um automóvel, aquele que impulsiona o motor principal para o arranque. ‖ **motor de explosão** Aquele que funciona com combustível líquido que explode devido à ação de faíscas ou de algo que faz queimar. □ GRAMÁTICA O feminino do adjetivo também pode ser *motriz*.

motorista ⟨mo.to.ris.ta⟩ s.2g. Pessoa que se dedica a conduzir veículos motorizados, especialmente como profissão.

motorizar ⟨mo.to.ri.zar⟩ ▌v.t.d. **1** Dotar de maquinaria ou de material com motor. ▌v.prnl. **2** Adquirir veículo para uso próprio ou de outros: *Teve que motorizar-se o quanto antes, pois trabalha do outro lado da cidade.*

motorneiro, ra ⟨mo.tor.nei.ro, ra⟩ s. Pessoa que se dedica profissionalmente a conduzir bondes.

motosserra ⟨mo.tos.ser.ra⟩ s.f. Serra provida de um motor e que serve para cortar árvores e madeira.

motriz ⟨mo.triz⟩ ▌adj. **1** →**motor, -a** ▌s.f. **2** Força que gera movimento: *A motriz de um carro é gerada nos pistões.*

mouco, ca ⟨mou.co, ca⟩ adj./s. *Que ou quem não ouve nada ou quão não ouve bem.*

mourão ⟨mou.rão⟩ (pl. *mourões*) s.m. **1** Estaca ou tronco em que se prendem horizontalmente varas ou arames de cercas. **2** Estaca em que se prendem animais para corte ou tratamento. **3** Em música, desafio de cantadores, composto geralmente de sete versos de sete sílabas.

mourejar ⟨mou.re.jar⟩ v.t.i./v.int. Trabalhar muito [em algo]: *Mourejava sem descanso para sustentar a família.*

mourisco, ca ⟨mou.ris.co, ca⟩ adj. Dos mouros ou relacionado a essas pessoas que vivem no norte da África. □ ORTOGRAFIA Escreve-se também *moirisco*.

mouro, ra ⟨mou.ro, ra⟩ adj./s. **1** Dos povos que habitavam a Mauritânia ou relacionado a eles. **2** *informal* Que ou quem trabalha muito. □ ORTOGRAFIA Escreve-se também *moiro*.

mouse (palavra inglesa) (Pron. [máuse]) s.m. Em informática, dispositivo manual, separado do teclado, que serve para apontar elementos na tela de um computador e para acionar comandos relacionados a esses elementos ao ser deslizado sobre uma superfície: *Ao desenhar no computador, utilizamos muito o mouse.*

movediço, ça ⟨mo.ve.di.ço, ça⟩ adj. Pouco firme ou pouco seguro.

móvel ⟨mó.vel⟩ (pl. *móveis*) ▌adj.2g. **1** Que pode se mover ou ser movido. ▌s.m. **2** Objeto que se pode mover, geralmente de formas rígidas e destinado a um fim específico, usado para equipar ou decorar um local, especialmente uma casa. **3** Em física, corpo em movimento.

mover ⟨mo.ver⟩ ▌v.t.d./v.prnl. **1** Mudar(-se) de posição ou de lugar: *É a sua vez de mover as peças do tabuleiro. O bebê costuma se mover muito durante o sono.* □ SIN. demover, movimentar. **2** Fazer entrar em movimento ou entrar em movimento: *O vento move os moinhos.* □ SIN. mexer, movimentar. ▌v.t.d./v.t.d.i./v.prnl. **3** Originar ou impulsionar (um sentimento ou uma ação) ou motivar(-se) (alguém) [a fazer algo ou agir de determinada maneira]: *Vários fatores moveram a sua decisão. Depois de insistirmos muito, ela se moveu a nos ajudar.* ▌v.t.d./v.t.d.i. **4** Iniciar ou conduzir (uma ação judicial) [contra alguém ou contra uma organização]: *O advogado que movia o caso não lhe deu muitas esperanças.*

movimentação ⟨mo.vi.men.ta.ção⟩ (pl. *movimentações*) s.f. **1** Ato ou efeito de movimentar(-se): *A torcida cobrou maior movimentação dos jogadores.* □ SIN. movimento. **2** Circulação, agitação ou tráfico contínuo de pessoas, animais ou coisas: *Como era feriado, houve uma grande movimentação de carros para o litoral.* □ SIN. movimento. **3** Sacudida ou agitação de um corpo: *Durante a tempestade, vimos ondas em forte movimentação.* □ SIN. movimento.

movimentar ⟨mo.vi.men.tar⟩ v.t.d./v.prnl. **1** Mudar(-se) de lugar ou de posição: *Minha avó se movimenta com dificuldade.* □ SIN. demover, mover. **2** Fazer entrar em movimento ou entrar em movimento: *A força da água movimenta o monjunlo. Quando dança, movimenta-se delicadamente.* □ SIN. mexer, mover. **3** Dar(-se) maior movimento, atividade ou intensidade: *A chegada das crianças movimentou a festa.*

movimento ⟨mo.vi.men.to⟩ s.m. **1** Ato ou efeito de movimentar(-se). □ SIN. movimentação. **2** Circulação, agitação ou tráfico contínuo de pessoas, animais ou coisas. □ SIN. movimentação. **3** Sacudida ou agitação de um corpo. □ SIN. movimentação. **4** Estado de um corpo quando muda de posição ou de lugar: *Enquanto o ônibus estiver em movimento, não coloque a cabeça na janela.* **5** Conjunto de manifestações religiosas, políticas, sociais, artísticas ou de outro tipo que têm características comuns e geralmente inovadoras: *O impressionismo é um movimento artístico principalmente pictórico.* **6** Em música, cada uma das peças que reunidas formam uma sonata ou uma sinfonia, e que possuem caráter e tempo próprios: *Não se costuma aplaudir entre os movimentos de um concerto.*

MP3 s.m. **1** Em informática, sistema que permite comprimir e descomprimir arquivos de áudio: *O MP3 reduz em até 12 vezes o tamanho de um arquivo de áudio.* **2** Aparelho portátil que permite reproduzir os sons gravados com esse sistema: *Não consigo achar meu MP3, você o viu em algum lugar?* □ ORIGEM É a sigla inglesa de *MPEG-1 (Motion Pictures Experts Group) – Audio Layer-3* (camada de audio-3 do MPEG-1 – grupo de especialistas de imagens em movimento).

MS É a sigla do estado brasileiro de Mato Grosso do Sul.

MST s.m. Movimento social dos trabalhadores rurais brasileiros que reivindica, através da reforma agrária,

MT

a redistribuição de terras improdutivas. □ ORIGEM É a sigla de *Movimento dos Trabalhadores Rurais Sem Terra*.

MT É a sigla do estado brasileiro de Mato Grosso.

muamba ⟨mu.am.ba⟩ s.f. *informal* Contrabando. □ ORIGEM É uma palavra de origem africana.

muar ⟨mu.ar⟩ adj.2g./s.m. Da espécie do mulo ou relacionado a esse animal.

mucajaiense ⟨mu.ca.ja.i.en.se⟩ adj.2g./s.2g. De Mucajaí ou relacionado a essa cidade do estado brasileiro de Roraima.

mucama ⟨mu.ca.ma⟩ s.f. No período colonial brasileiro, mulher jovem de origem africana, que servia e acompanhava sua senhora. □ ORIGEM É uma palavra de origem africana.

muçarela ⟨mu.ça.re.la⟩ s.f. Queijo de cor clara e sabor suave, feito com leite de búfala ou de vaca. □ ORTOGRAFIA Escreve-se também *mozarela*. □ USO É inadequada a forma *mussarela*, ainda que esteja difundida na linguagem coloquial.

mucilagem ⟨mu.ci.la.gem⟩ (pl. *mucilagens*) s.f. Em alguns vegetais, substância viscosa e transparente que tem a função de armazenar água e evitar sua perda.

muco ⟨mu.co⟩ s.m. Substância espessa e viscosa produzida por um organismo como lubrificante ou como proteção, especialmente a que se elimina pelo nariz.

mucosa ⟨mu.co.sa⟩ s.f. Membrana que reveste as cavidades e os condutos do corpo animal que se comunicam com o exterior.

mucosidade ⟨mu.co.si.da.de⟩ s.f. Substância viscosa e pegajosa da mesma natureza que o muco.

mucoso, sa ⟨mu.co.so, sa⟩ (Pron. [mucôso], [mucósa], [mucósos], [mucósas]) adj. **1** Com as características ou o aspecto do muco. **2** Que produz, secreta ou tem muco: *glândulas mucosas*.

muçulmano, na ⟨mu.çul.ma.no, na⟩ ▌adj. **1** De Maomé (profeta árabe), de sua religião ou relacionado a eles. □ SIN. islamita, maometano. ▌adj./s. **2** Que ou quem tem o islamismo como religião. □ SIN. islamita, maometano. □ USO É diferente de *árabe* (da Arábia ou relacionado a essa península do sudoeste asiático).

muda ⟨mu.da⟩ s.f. **1** Planta retirada de um lugar para ser plantada em outro: *Ganhamos mudas de rosas para plantarmos em casa*. **2** Conjunto de roupas que se troca de uma só vez: *Não posso esquecer de levar uma muda para o clube*. **3** Em um ser vivo, renovação natural da pele, da pelagem ou da folhagem: *A muda das cobras chega a ocorrer diversas vezes por ano*. **4** Tempo em que acontece essa renovação: *As aves não cantam durante a muda*.

mudança ⟨mu.dan.ça⟩ s.f. **1** Ato ou efeito de mudar(-se). **2** Translado a outro lugar, especialmente aquele feito com móveis e pertences quando se muda de residência: *Marcamos a mudança para o próximo dia 15*. **3** Conjunto desses móveis e pertences: *A empresa que contratei cuidou muito bem da minha mudança*.

mudar ⟨mu.dar⟩ ▌v.t.d./v.int./v.prnl. **1** Transformar(-se) ou converter(-se) em algo distinto: *As palavras do médico mudaram seu temor em esperança*. □ SIN. cambiar. ▌v.t.d./v.t.i. **2** Substituir (uma coisa por algo distinto) ou trocar [por outro]: *Aceite o que proponho antes que eu mude de ideia. Mudou a cor do cabelo para o casamento*. ▌v.t.d./v.int./v.prnl. **3** Transferir(-se) ou colocar(-se) em outro lugar: *Mudaram o escritório para um bairro mais perto do centro da cidade*. ▌v.int./v.prnl. **4** Trocar de residência ou transferir-se: *Mudou para o campo*.

mudável ⟨mu.dá.vel⟩ (pl. *mudáveis*) adj.2g. →mutável

mudez ⟨mu.dez⟩ (Pron. [mudêz]) s.f. **1** Incapacidade física para falar. □ SIN. mutismo. **2** Silêncio voluntário ou imposto. □ SIN. mutismo.

mudo, da ⟨mu.do, da⟩ ▌adj. **1** Sem palavras, sem voz ou sem som. **2** Calado ou em silêncio: *Estava muda durante a reunião*. ▌adj./s. **3** Que ou quem sofre de uma incapacidade que o impede de falar.

muezim ⟨mu.e.zim⟩ (pl. *muezins*) s.m. No islamismo, pessoa que, na hora das orações diárias, convoca os fiéis, em voz alta, do alto do minarete. □ SIN. almuadem.

mugido ⟨mu.gi.do⟩ s.m. Voz característica de alguns mamíferos, especialmente do boi ou da vaca.

mugir ⟨mu.gir⟩ v.int. Dar mugidos (um boi ou uma vaca). □ ORTOGRAFIA Antes de *a* ou *o*, o *g* muda para *j* →FUGIR. □ GRAMÁTICA É um verbo unipessoal: só se usa nas terceiras pessoas do singular e do plural, no particípio, no gerúndio e no infinitivo →LATIR.

mui adv. *literário* Muito. □ USO É a forma reduzida e pouco usual de *muito* antes de expressões adjetivas ou adverbiais, exceto antes de *mais*, *menos*, *antes* ou *depois*, ou dos comparativos *maior*, *menor*, *melhor* ou *pior*.

muito ⟨mui.to⟩ adv. **1** Em quantidade ou em grau elevados ou mais que o normal ou o que o necessário: *Choveu muito e o rio transbordou*. **2** Bastante tempo: *Há muito que nos conhecemos*. ‖ **quando muito** No máximo ou na melhor das hipóteses: *Viajarei por uma semana, quando muito, por duas*. □ USO Usa-se anteposto a um adjetivo para formar o superlativo de intensidade: *muito feliz*.

muito, ta ⟨mui.to, ta⟩ pron.indef. Abundante, numeroso ou que ultrapassa consideravelmente o normal ou o necessário: *Muitos de seus amigos assistiram a seu casamento*.

mulato, ta ⟨mu.la.to, ta⟩ adj./s. **1** Que ou quem possui ancestrais brancos e negros, especialmente se forem seus pais. **2** Que ou quem tem a pele escura.

muleta ⟨mu.le.ta⟩ (Pron. [mulèta]) s.f. Bastão com a extremidade superior adaptada para que se possa apoiar no antebraço ou na axila, utilizado por pessoas que têm dificuldades para caminhar.

mulher ⟨mu.lher⟩ s.f. **1** Pessoa do sexo feminino: *No Brasil, as mulheres começaram a votar em 1932*. **2** Pessoa adulta do sexo feminino: *A menina cresceu e se tornou uma mulher*. **3** Em relação a um homem, aquela com quem está casado. □ SIN. esposa. ‖ **de mulher para mulher** De igual para igual, francamente ou com sinceridade: *Sempre falo com minha mãe de mulher para mulher*. □ GRAMÁTICA Nas acepções 1 e 2, o substantivo masculino é *homem*; na acepção 3, *marido*.

mulherengo, ga ⟨mu.lhe.ren.go, ga⟩ adj./s.m. *informal* Em relação especialmente a um homem, que é muito aficionado a mulheres.

mulheril ⟨mu.lhe.ril⟩ (pl. *mulheris*) adj.2g. Da mulher ou relacionado a ela.

mulherio ⟨mu.lhe.ri.o⟩ s.m. Conjunto ou multidão de mulheres.

mulo, la ⟨mu.lo, la⟩ s. Animal híbrido, estéril, nascido do cruzamento do jumento, asno ou jegue com a égua, e que, por sua força e resistência, é utilizado como animal de carga. □ SIN. burro.

multa ⟨mul.ta⟩ s.f. **1** Sanção econômica imposta por uma autoridade competente a quem cometeu um delito ou uma falta. **2** Papel ou documento nos quais notifica-se essa sanção.

multar ⟨mul.tar⟩ v.t.d. Impor uma multa a: *Multaram-nos por circular com velocidade superior à permitida*.

multicelular ⟨mul.ti.ce.lu.lar⟩ adj.2g. Em relação a um organismo, que é composto por mais de uma célula. □ SIN. pluricelular.

multicolor ⟨mul.ti.co.lor⟩ (Pron. [multicolôr]) adj.2g. De muitas cores. □ SIN. policromo.

multidão ⟨mul.ti.dão⟩ (pl. *multidões*) s.f. Grande quantidade de pessoas, animais ou coisas: *Uma multidão foi ao show daquela banda.* ☐ SIN. horda.

multiforme ⟨mul.ti.for.me⟩ adj.2g. Que tem muitas ou várias formas.

multimídia ⟨mul.ti.mí.dia⟩ adj.2g./s.f. Em relação a um sistema de difusão de informações, que utiliza imagens, sons e textos para reproduzir ou difundir essas informações, especialmente se orientado para um uso interativo.

multimilionário, ria ⟨mul.ti.mi.li.o.ná.rio, ria⟩ ▌adj.**1** De muitos milhões de reais ou de outro tipo de moeda. ▌adj./s. **2** Que ou quem possui uma fortuna de muitos milhões.

multinacional ⟨mul.ti.na.ci.o.nal⟩ (pl. *multinacionais*) ▌adj.2g. **1** De vários países. ▌adj.2g./s.f. **2** Em relação a uma empresa ou a uma sociedade mercantil, que têm interesses e atividades em vários países.

multiplicação ⟨mul.ti.pli.ca.ção⟩ (pl. *multiplicações*) s.f. **1** Ato ou efeito de multiplicar(-se). **2** Em matemática, operação em que se calcula o produto de dois fatores, somando-se um número por ele mesmo um determinado número de vezes. **3** Em relação a uma espécie de ser vivo, aumento exponencial do número de indivíduos, especialmente por procriação.

multiplicador, -a ⟨mul.ti.pli.ca.dor, do.ra⟩ (Pron. [multiplicadôr], [multiplicadôra]) ▌adj. **1** Que multiplica. ▌s.m. **2** Em uma multiplicação matemática, fator ou quantidade que indica quantas vezes o outro número deve ser somado para se obter o produto de ambos: *Na operação 5 x 3 = 15, o multiplicador é o número 3.*

multiplicando ⟨mul.ti.pli.can.do⟩ s.m. Em uma multiplicação matemática, fator ou quantidade que deve somar-se tantas vezes como indica outro para obter o produto de ambos: *Na operação 5 x 3 = 15, o multiplicando é o número 5.*

multiplicar ⟨mul.ti.pli.car⟩ ▌v.t.d. **1** Aumentar consideravelmente: *Se você quer realizar esse projeto, terá que multiplicar esforços.* ☐ SIN. pluralizar. **2** Em matemática, realizar a operação aritmética da multiplicação. ▌v.int./v.prnl. **3** Aumentar-se consideravelmente o número de indivíduos, especialmente por procriação (uma espécie de seres vivos): *Os ratos multiplicam-se com grande rapidez.* ☐ ORTOGRAFIA Antes de e, o c muda para *qu* →BRINCAR.

múltiplice ⟨mul.tí.pli.ce⟩ adj.2g. Complexo, de muitas maneiras ou com muitas partes. ☐ SIN. múltiplo.

multiplicidade ⟨mul.ti.pli.ci.da.de⟩ s.f. **1** Condição de múltiplo. **2** Variedade, diversidade ou abundância: *Na floresta amazônica, há uma multiplicidade de espécies de aves.*

múltiplo, pla ⟨múl.ti.plo, pla⟩ ▌adj. **1** Complexo, diverso ou abundante. ☐ SIN. múltiplice. ▌adj./s.m. **2** Em relação a um número ou a uma quantidade, que contém outro ou outra um número exato de vezes. ‖ **mínimo múltiplo comum** Menor número múltiplo de dois ou mais números simultaneamente: *O mínimo múltiplo comum de 2 e 3 é 6, isso porque 6 é o menor número que é, ao mesmo tempo, múltiplo de 2 e de 3.*

multissecular ⟨mul.tis.se.cu.lar⟩ adj.2g. Com séculos de existência.

múmia ⟨mú.mia⟩ s.f. **1** Cadáver que foi conservado, de forma natural ou por meios artificiais, sem se decompor. **2** *informal pejorativo* Pessoa muito magra ou com má aparência. ☐ GRAMÁTICA Na acepção 2, usa-se tanto para o masculino quanto para o feminino: *{ele/ela} é uma múmia*.

mumificar ⟨mu.mi.fi.car⟩ v.t.d. Transformar em múmia (um cadáver): *Os egípcios acreditavam que mumificando o corpo de uma pessoa morta, sua alma poderia continuar a viver.* ☐ ORTOGRAFIA Antes de e, o c muda para *qu* →BRINCAR.

mundano, na ⟨mun.da.no, na⟩ adj. **1** Do mundo material ou relacionado a ele. **2** Que se satisfaz com bens materiais.

mundão ⟨mun.dão⟩ (pl. *mundões*) s.m. **1** *informal* Grande quantidade: *Um mundão de pessoas estava na manifestação.* **2** *informal* Espaço muito extenso: *Gosto de ir para a fazenda e ver aquele mundão arborizado.*

mundaréu ⟨mun.da.réu⟩ s.m. *informal* Grande quantidade: *Havia um mundaréu de insetos em volta da luz.*

mundial ⟨mun.di.al⟩ (pl. *mundiais*) ▌adj.2g. **1** Do mundo inteiro ou relacionado a ele. ▌s.m. **2** Competição desportiva de que participam representantes de todas as nações do mundo: *um mundial de futebol.*

mundo ⟨mun.do⟩ s.m. **1** Conjunto de tudo aquilo que foi criado ou de tudo aquilo que existe: *É uma das pessoas mais influentes do mundo.* ☐ SIN. cosmo, criação, orbe, universo. **2** Espaço ou ambiente diferenciados dentro desse conjunto: *o mundo vegetal.* **3** Planeta ou astro, especialmente em relação à Terra: *Uma guerra nuclear poderia destruir o mundo.* **4** Conjunto ou sociedade dos seres humanos: *O mundo está cada vez mais contrário às guerras.* **5** Parte da sociedade com características comuns: *o mundo dos artistas.* ‖ **novo mundo** Extensão geográfica correspondente às Américas. ‖ **primeiro mundo** Conjunto dos países capitalistas desenvolvidos. ‖ **terceiro mundo** Conjunto dos países em desenvolvimento. ‖ **todo mundo** Todas as pessoas, sem exceção: *Todo mundo deveria cultivar hábitos saudáveis.* ‖ **velho mundo** Extensão geográfica que corresponde à Europa, à África e à Ásia.

mungir ⟨mun.gir⟩ v.t.d. Extrair leite espremendo as tetas de (as fêmeas de alguns animais). ☐ SIN. ordenhar. ☐ ORTOGRAFIA Antes de a ou o, o g muda para *j* →FUGIR.

mungunzá ⟨mun.gun.zá⟩ s.m. →**munguzá** ☐ ORIGEM É uma palavra de origem africana.

munguzá ⟨mun.gu.zá⟩ s.m. Creme feito à base de milho branco cozido, leite, açúcar e polvilhado com canela. ☐ ORIGEM É uma palavra de origem africana. ☐ ORTOGRAFIA Escreve-se também *mungunzá*.

munheca ⟨mu.nhe.ca⟩ s.f. *informal* Pulso.

munição ⟨mu.ni.ção⟩ (pl. *munições*) s.f. **1** Conjunto de provisões e de material de guerra necessário para suportar um exército. **2** Carga que se põe em armas de fogo.

municiar ⟨mu.ni.ci.ar⟩ v.t.d. →**municionar**

municionar ⟨mu.ni.ci.o.nar⟩ v.t.d. Abastecer de munição ou daquilo que é necessário para um combate: *municionar um regimento.* ☐ SIN. munir. ☐ ORTOGRAFIA Escreve-se também *municiar*.

municipal ⟨mu.ni.ci.pal⟩ (pl. *municipais*) adj.2g. Do município ou relacionado a ele.

municipalidade ⟨mu.ni.ci.pa.li.da.de⟩ s.f. **1** Em alguns países, menor divisão político-administrativa do território nacional, que está a cargo de um só organismo ou território que a compreende. ☐ SIN. município. **2** Corporação composta por um prefeito e vários vereadores, que dirigem e administram esse território: *A manutenção das escolas municipais é de responsabilidade da municipalidade.*

municipalismo ⟨mu.ni.ci.pa.lis.mo⟩ s.m. Sistema de administração que defende a transferência de competências e responsabilidades ao município.

munícipe ⟨mu.ní.ci.pe⟩ adj.2g./s.2g. Que ou quem habita um município.

município ⟨mu.ni.cí.pio⟩ s.m. **1** Em alguns países, menor divisão político-administrativa do território nacional, que está a cargo de um só organismo ou território que a compreende. ☐ SIN. municipalidade. **2** Conjunto de habitantes desse território.

munificência ⟨mu.ni.fi.cên.cia⟩ s.f. Generosidade esplêndida.

munir ⟨mu.nir⟩ ❙ v.t.d. **1** Abastecer de munição ou daquilo que é necessário para um combate. ▢ SIN. municionar. ❙ v.t.d.i./v.prnl. **2** Abastecer(-se) [de aquilo que é necessário ao sustento]: *Muniram de alimento a casa de campo para passar as férias. Muniram-se de provisões em sua excursão.* ▢ GRAMÁTICA Na acepção 2, usa-se a construção *munir(-se) de algo*.

muque ⟨mu.que⟩ s.m. *informal* Bíceps do braço.

muquirana ⟨mu.qui.ra.na⟩ ❙ adj.2g./s.2g. **1** *informal pejorativo* Avaro. **2** *informal pejorativo* Aborrecedor. ❙ s.f. **3** Inseto de corpo ovalado e achatado, com divisão clara entre cabeça, tórax e abdome, sem asas, com patas terminadas em pequenos ganchos, que vive como parasita nos mamíferos e pode transmitir doenças. [◉ inseto p. 456] ▢ SIN. piolho. ▢ ORIGEM É uma palavra de origem tupi. ▢ GRAMÁTICA Na acepção 3, é um substantivo epiceno: *a muquirana (macho/fêmea)*.

mural ⟨mu.ral⟩ (pl. *murais*) ❙ adj.2g. **1** De um muro ou de uma parede ou relacionado a eles: *um quadro mural.* ❙ s.m. **2** Obra pictórica informativa ou decorativa, de grandes dimensões e que se coloca em um muro ou em uma parede: *A igreja apresenta logo em sua entrada um mural que ilustra a Paixão de Cristo.* **3** Quadro onde se colocam avisos e anúncios: *No mural encontrei alguns anúncios de quartos e apartamentos para alugar.*

muralha ⟨mu.ra.lha⟩ s.f. **1** Obra defensiva que rodeia um lugar ou um território: *Uma muralha rodeava o castelo.* ▢ SIN. muro. **2** Muro alto, espesso e resistente. ▢ SIN. paredão. **3** Aquilo que impede a comunicação ou que é muito difícil de ultrapassar: *Os jogadores formaram uma muralha intransponível para a equipe adversária.*

murar ⟨mu.rar⟩ v.t.d. Rodear com um muro ou com uma muralha. ▢ SIN. amuralhar. ▢ ORTOGRAFIA Escreve-se também *amurar*.

murchar ⟨mur.char⟩ v.t.d./v.int./v.prnl. **1** Fazer perder ou perder (uma planta) seu frescor, seu viço ou sua abundância de folhas: *O sol murchou as flores. As alfaces murcharam, pois não foram regadas.* **2** Fazer perder ou perder a vivacidade, o vigor ou a vitalidade: *A velhice murchou sua beleza. Suas ilusões murcharam-se por causa do sofrimento.* **3** Fazer perder ou perder (algo inflado) o ar ou a substância que o inflava: *O prego murchou o pneu.*

murcho, cha ⟨mur.cho, cha⟩ adj. **1** Sem vigor, frescor, viço nem vitalidade. **2** Em relação a algo que estava inflado, que perdeu o ar ou a substância que o inflava: *Quando o pegamos, o balão já estava murcho.*

mureta ⟨mu.re.ta⟩ (Pron. [murêta]) s.f. Muro baixo ou grade que se coloca em pontes ou em outros lugares para evitar quedas.

muriático, ca ⟨mu.ri.á.ti.co, ca⟩ adj. →clorídrico, ca

muriçoca ⟨mu.ri.ço.ca⟩ s.f. Mosquito cuja fêmea precisa de sangue para o desenvolvimento de seus ovos na época da reprodução. ▢ SIN. carapanã, pernilongo. ▢ ORIGEM É uma palavra de origem tupi. ▢ GRAMÁTICA É um substantivo epiceno: *a muriçoca (macho/fêmea)*. [◉ inseto p. 456]

murmurar ⟨mur.mu.rar⟩ v.t.d/v.t.d.i. Falar (algo) baixo ou entre os dentes [a alguém], geralmente para manifestar uma queixa ou um segredo. ▢ SIN. murmurejar, sussurrar.

murmurejar ⟨mur.mu.re.jar⟩ ❙ v.int. **1** Produzir murmúrio. ❙ v.t.d. **2** Falar baixo ou entre os dentes, geralmente para manifestar uma queixa ou um segredo. ▢ SIN. murmurar, sussurrar.

murmúrio ⟨mur.mú.rio⟩ s.m. **1** Som suave e confuso, especialmente o produzido por pessoas conversando. **2** Ruído constante produzido pelo movimento da água ou do vento. ▢ SIN. burburinho.

muro ⟨mu.ro⟩ s.m. **1** Obra de alvenaria vertical, geralmente grossa, utilizada para delimitar um espaço ou para sustentar um teto. **2** Obra defensiva que rodeia um lugar ou um território. ▢ SIN. muralha. ‖ **{estar/ficar} em cima do muro** *informal* Estar ou ficar indeciso. ‖ **muro de arrimo** Aquele, geralmente de alvenaria, usado para amparar ou proteger.

murro ⟨mur.ro⟩ s.m. Golpe dado com a mão fechada. ▢ SIN. soco.

musa ⟨mu.sa⟩ s.f. **1** Na mitologia grega, cada uma das deusas que protegiam as ciências e as artes: *As musas eram filhas de Apolo.* **2** Inspiração de um artista: *A mulher por quem era apaixonado passou para ele a musa inspiradora de seus versos.*

musculação ⟨mus.cu.la.ção⟩ (pl. *musculações*) s.f. Tipo de ginástica que desenvolve os músculos para mudar o aspecto corporal.

muscular ⟨mus.cu.lar⟩ adj.2g. Dos músculos, formado por eles ou relacionado a eles.

musculatura ⟨mus.cu.la.tu.ra⟩ s.f. **1** Conjunto e disposição dos músculos do corpo. **2** Grau de desenvolvimento e de força musculares. ▢ SIN. músculo.

músculo ⟨mús.cu.lo⟩ s.m. **1** Em alguns animais e nas pessoas, tecido fibroso e elástico formado por células alongadas, capaz de se contrair pela ação de estímulos nervosos, e que possibilita o movimento. **2** Grau de desenvolvimento e de força musculares: *Ele tem bastante músculo.* ▢ SIN. musculatura.

musculoso, sa ⟨mus.cu.lo.so, sa⟩ (Pron. [musculôso], [musculósa], [musculósos], [musculósas]) adj. **1** Em relação a uma parte do corpo, que tem músculos. **2** Que tem músculos muito desenvolvidos: *braços musculosos.*

museologia ⟨mu.se.o.lo.gi.a⟩ s.f. Ciência que estuda os museus, sua história, sua influência na sociedade e técnicas de catalogação e conservação.

museu ⟨mu.seu⟩ s.m. Lugar em que se guardam e se expõem objetos de valor artístico, científico ou cultural para que possam ser observados.

musgo ⟨mus.go⟩ s.m. Planta que carece de tecidos condutores, com estruturas semelhantes a raízes, folhas cobertas de flores, bem desenvolvidas e que saem da base, com uma estrutura reprodutiva em uma cápsula na extremidade de um filamento, e que cresce em lugares úmidos.

musgoso, sa ⟨mus.go.so, sa⟩ (Pron. [musgôso], [musgósa], [mugósos], [musgósas]) adj. **1** Do musgo ou relacionado a ele. **2** Que está coberto de musgo.

música ⟨mú.si.ca⟩ s.f. **1** Arte e ciência dos sons e silêncios que, combinados, produzem um efeito auditivo de ordem estética ou expressiva: *Estudei música durante anos.* **2** Composição criada segundo essa arte, acompanhada ou não de letra para ser cantada: *A sua música ganhou o festival.* **3** Registro gráfico de uma composição feito em notação musical, indicando as partes correspondentes a cada voz ou a cada instrumento de uma obra: *Após ler a música, entendi o porquê daquele acorde.* ▢ SIN. partitura. **4** Melodia ou combinação agradável de sons: *Gosto de ouvir a música dos pássaros cantando.* ‖ **dançar conforme a música** *informal* Agir conforme a situação, geralmente para tirar proveito dela: *Ele dança conforme a música, apoiando sempre quem está no poder.*

musical ⟨mu.si.cal⟩ (pl. *musicais*) ❙ adj.2g. **1** Da música, relacionado a ela ou que a produz. **2** Que é apto para a música. ❙ adj./s.m. **3** Em relação a um filme ou a um espetáculo, que têm cenas cantadas ou dançadas como elementos essenciais de sua estrutura.

musicar ⟨mu.si.car⟩ ❙ v.t.d. **1** Colocar música em (um texto): *musicar um poema.* ❙ v.int. **2** Compor ou desenvolver uma ideia musical. ☐ ORTOGRAFIA Antes de e, o c muda para qu →BRINCAR.

musicista ⟨mu.si.cis.ta⟩ s.2g. Pessoa que se dedica à música ou que conhece sua arte, especialmente como profissão: *Intérpretes e compositores são musicistas.* ☐ SIN. músico.

músico, ca ⟨mú.si.co, ca⟩ s. Pessoa que se dedica à música ou que conhece sua arte, especialmente como profissão. ☐ SIN. musicista.

musse ⟨mus.se⟩ s.f. Creme muito espumoso, leve e consistente, geralmente servido como sobremesa.

musselina ⟨mus.se.li.na⟩ s.f. Tecido muito fino e transparente, geralmente de algodão ou de seda.

mutação ⟨mu.ta.ção⟩ ⟨pl. *mutações*⟩ s.f. **1** Em biologia, alteração no material genético de uma célula, que pode ser transmitido às gerações seguintes: *A doença provavelmente foi causada por alguma mutação genética.* **2** Transformação ou mudança: *Neste período em que esteve fora, ele passou por constantes mutações.*

mutável ⟨mu.tá.vel⟩ (pl. *mutáveis*) adj.2g. **1** Que troca ou muda com facilidade. **2** Que pode sofrer mutação: *As células são organismos mutáveis.* ☐ ORTOGRAFIA Na acepção 1, escreve-se também *mudável*.

mutilar ⟨mu.ti.lar⟩ ▌v.t.d. **1** Cortar ou amputar (uma parte do corpo): *O operário mutilou a mão no manuseio da máquina.* ▌v.prnl. **2** Cortar ou amputar uma parte do corpo. ▌v.t.d. **3** Cortar ou destruir parte de (um todo): *O autor se queixou do tradutor dizendo que ele havia mutilado seu romance.*

mutirão ⟨mu.ti.rão⟩ (pl. *mutirões*) s.m. Trabalho coletivo e gratuito que é feito em benefício de uma comunidade: *Fizemos um mutirão para construir aquelas casas populares.*

mutismo ⟨mu.tis.mo⟩ s.m. **1** Incapacidade física para falar. ☐ SIN. mudez. **2** Silêncio voluntário ou imposto. ☐ SIN. mudez.

mutuar ⟨mu.tu.ar⟩ v.t.d./v.t.d.i. Dar ou tomar emprestado (um objeto ou um imóvel) [com alguém]: *mutuar uma casa.*

mutuário, ria ⟨mu.tu.á.rio, ria⟩ s. Pessoa que toma algo por empréstimo.

mutuca ⟨mu.tu.ca⟩ s.f. Mosca de aparelho bucal cortador e lambedor, de tamanho médio ou grande, e cuja fêmea se alimenta de sangue. ☐ ORIGEM É uma palavra de origem tupi. ☐ GRAMÁTICA É um substantivo epiceno: *a mutuca {macho/fêmea}.*

mutum ⟨mu.tum⟩ (pl. *mutuns*) s.m. Ave galinácea de bico geralmente amarelo e preto, com plumagem preta e topete com penas curvas nas pontas. ☐ ORIGEM É uma palavra de origem tupi. ☐ GRAMÁTICA É um substantivo epiceno: *o mutum {macho/fêmea}.*

mútuo, tua ⟨mú.tuo, tua⟩ adj. Que se faz ou se produz entre duas coisas ou pessoas de maneira recíproca.

muxoxo ⟨mu.xo.xo⟩ (Pron. [muxôxo]) s.m. **1** *informal* Beijo. **2** Estalido produzido com a língua e o céu da boca para expressar descontentamento ou desdém: *Soltou um muxoxo ao ver o guarda multando seu carro.* ☐ ORIGEM É uma palavra de origem africana.

m

n ▌s.m. **1** Décima quarta letra do alfabeto. ▌numer. **2** Em uma sequência, que ocupa o décimo quarto lugar: *Sentamos na fileira n.* **3** *informal* Em relação a uma quantidade, que tem valor indeterminado: *Isto já aconteceu n vezes.* ☐ GRAMÁTICA Na acepção 1, o plural é *nn*.

na Contração da preposição *em* com o artigo definido *a*.

nababesco, ca ⟨na.ba.bes.co, ca⟩ (Pron. [nababêsco]) adj. **1** Do nababo ou relacionado a ele. **2** Muito luxuoso.

nababo ⟨na.ba.bo⟩ s.m. **1** Nobre ou governante indianos dos séculos XVI a XIX. **2** Pessoa muito rica e que vive com muito luxo. ☐ GRAMÁTICA Na acepção 2, usa-se tanto para o masculino quanto para o feminino: *(ele/ela) é um nababo.*

nabo ⟨na.bo⟩ s.m. **1** Planta com folhas serrilhadas, encrespadas e de cor verde-azulada, flores pequenas que dão sementes pretas, e cuja raiz, branca ou roxa, é comestível e grossa. **2** Essa raiz.

nação ⟨na.ção⟩ (pl. *nações*) s.f. **1** Povo de um país regido por um governo: *a nação brasileira.* **2** Território desse país: *as fronteiras da nação.* **3** Comunidade de pessoas com origem, idioma e tradições comuns: *Na época do descobrimento, a nação tupi estendia-se por praticamente toda a costa brasileira.*

nácar ⟨ná.car⟩ s.m. Substância dura, branca, com as cores do arco-íris, que forma a camada interna das conchas de alguns moluscos, e que é usada para fabricar objetos: *um botão de nácar.* ☐ SIN. **madrepérola**.

nacarado, da ⟨na.ca.ra.do, da⟩ adj. De cor branca irisada, como a do nácar, ou com o seu brilho.

nacional ⟨na.ci.o.nal⟩ (pl. *nacionais*) ▌adj.2g. **1** De uma nação ou relacionado a ela: *o hino nacional.* **2** Da própria nação ou relacionado a ela: *Geralmente, voos nacionais são mais baratos que internacionais.* ▌s.2g. **3** Natural de um país.

nacionalidade ⟨na.ci.o.na.li.da.de⟩ s.f. **1** Condição do que é nacional. **2** Condição de quem possui a cidadania de uma nação: *A minha nacionalidade é brasileira e a dele, chinesa.* **3** País onde a pessoa nasceu.

nacionalismo ⟨na.ci.o.na.lis.mo⟩ s.m. Doutrina política que defende e exalta os valores e interesses de uma nação.

nacionalista ⟨na.ci.o.na.lis.ta⟩ adj.2g./s.2g. Que ou quem segue ou defende o nacionalismo.

nacionalizar ⟨na.ci.o.na.li.zar⟩ ▌v.t.d./v.prnl. **1** Conceder a (alguém) ou adquirir uma nacionalidade que não é a de origem. ☐ SIN. **naturalizar**. ▌v.t.d. **2** Tornar público (um bem ou uma empresa privados): *O Governo nacionalizou o transporte.* ☐ SIN. **estatizar**.

nacional-socialismo ⟨na.ci.o.nal-so.ci.a.lis.mo⟩ (pl. *nacional-socialismos*) s.m. Doutrina política totalitária que defendia uma pretensa superioridade da raça ariana. ☐ SIN. **nazismo**.

naco ⟨na.co⟩ s.m. Pedaço ou porção grandes: *um naco de queijo.*

nada ⟨na.da⟩ ▌pron.indef. **1** Coisa nenhuma: *Não sabemos nada dele. Não quero mais nada, obrigado.* ▌s.m. **2** Ausência ou inexistência de qualquer ser ou de qualquer coisa: *Segundo algumas religiões, Deus criou o mundo a partir do nada.* ▌adv. **3** De modo nenhum: *Não estava nada contente.*

nadadeira ⟨na.da.dei.ra⟩ s.f. **1** Em um animal vertebrado aquático, cada um dos apêndices que ele usa para se impulsionar, para nadar ou para mudar de direção na água. ☐ SIN. **barbatana**. **2** Calçado com a forma desse apêndice, usado para dar impulsos e alcançar maior velocidade na água quando se nada ou mergulha. ☐ SIN. **pé de pato**. [👁 calçados p. 138]

nadador

nadador, -a ⟨na.da.dor, do.ra⟩ (Pron. [nadadôr], [nadadôra]) adj./s. Que ou quem nada: *O pato é uma ave nadadora.*

nadar ⟨na.dar⟩ ▌v.int. **1** Deslocar-se na água dando impulsos com movimentos do corpo. **2** Manter-se na superfície de um líquido (um corpo). □ SIN. boiar, flutuar. ▌v.t.i. **3** Ter excesso ou abundância [de algo]: *Sua família nada em dinheiro.* □ GRAMÁTICA Na acepção 3, usa-se a construção *nadar EM algo.*

nádega ⟨ná.de.ga⟩ s.f. Parte carnosa e arredondada onde começa a perna humana. □ USO Usa-se geralmente a forma plural *nádegas.*

nadir ⟨na.dir⟩ s.m. Em astronomia, ponto da esfera celeste diametralmente oposto ao zênite.

nado ⟨na.do⟩ ▌**1** Particípio irregular de **nascer**. ▌s.m. **2** Deslocamento na água com movimentos do corpo.

nafta ⟨naf.ta⟩ s.f. Produto derivado do petróleo bruto, usado especialmente como solvente e para obtenção de gasolina com alto índice de octano.

naftaleno ⟨naf.ta.le.no⟩ s.m. Hidrocarboneto aromático e sólido que se obtém do alcatrão de hulha e que é usado geralmente como inseticida. □ SIN. naftalina.

naftalina ⟨naf.ta.li.na⟩ s.f. Hidrocarboneto aromático e sólido que se obtém do alcatrão de hulha e que é usado geralmente como inseticida. □ SIN. naftaleno. □ ORIGEM É a extensão de uma marca comercial.

nagô ⟨na.gô⟩ ▌adj.2g./s.2g. **1** Dos escravos negros falantes da língua iorubá ou relacionado a eles. ▌s.m. **2** Língua iorubá. □ ORIGEM É uma palavra de origem africana.

náiade ⟨nái.a.de⟩ s.f. Na mitologia greco-romana, ninfa ou divindade dos rios e das fontes: *As náiades personificavam as águas que habitavam.*

náilon ⟨nái.lon⟩ (pl. *náilons* ou *náilons*) s.m. Material sintético resistente e elástico, usado geralmente na fabricação de cordas, plásticos e roupas.

naipe ⟨nai.pe⟩ s.m. **1** No baralho, cada um dos quatro grupos de cartas com desenhos distintos: *Os quatro naipes do baralho são: paus, ouros, copas e espadas.* **2** Cada grupo ou família de instrumentos ou de vozes, agrupados conforme suas características técnicas comuns, e que se dividem dentro de uma orquestra: *Há quatro naipes em uma orquestra sinfônica: as cordas, as madeiras, os metais e a percussão.*

naja ⟨na.ja⟩ s.f. Serpente venenosa que achata o pescoço lateralmente ao atacar. □ GRAMÁTICA É um substantivo epiceno: *a naja (macho/fêmea).*

nambu ⟨nam.bu⟩ s.m. Ave de médio porte semelhante à perdiz, com corpo robusto, cauda pequena e que habita florestas. □ SIN. inhambu. □ ORIGEM É uma palavra de origem tupi. □ GRAMÁTICA É um substantivo epiceno: *o nambu (macho/fêmea).*

namibiano, na ⟨na.mi.bi.a.no, na⟩ adj./s. Da Namíbia ou relacionado a esse país africano.

namoradeiro, ra ⟨na.mo.ra.dei.ro, ra⟩ adj./s. Que ou quem namora muito. □ SIN. namorador.

namorado, da ⟨na.mo.ra.do, da⟩ ▌s. **1** Pessoa que mantém um relacionamento amoroso com outra. ▌s.m. **2** Peixe de água salgada, comestível, com uma protuberância na cabeça, de cor violáceo-escura e com pintas brancas pelo corpo. □ GRAMÁTICA Na acepção 2, é um substantivo epiceno: *o namorado (macho/fêmea).* [👁 peixes (água salgada) p. 609]

namorador, -a ⟨na.mo.ra.dor, do.ra⟩ (Pron. [namoradôr], [namoradôra]) adj./s. Que ou quem namora muito. □ SIN. namoradeiro.

namorar ⟨na.mo.rar⟩ ▌v.t.d./v.t.i./v.int. **1** Ser namorado (de alguém) ou manter um relacionamento amoroso [com alguém]. ▌v.t.d. **2** Desejar intensamente: *Namorava essa roupa há tempos.*

namoricar ⟨na.mo.ri.car⟩ v.t.d./v.int. Namorar como passatempo ou de modo pouco intenso. □ ORTOGRAFIA Antes de e, o c muda para qu →BRINCAR.

namoro ⟨na.mo.ro⟩ (Pron. [namôro]) s.m. Relação entre namorados.

nanar ⟨na.nar⟩ v.int. *informal* Dormir. □ USO Tem um valor carinhoso.

nanico, ca ⟨na.ni.co, ca⟩ adj. *informal pejorativo* Que não cresceu, que é muito pequeno ou de baixa estatura.

nanismo ⟨na.nis.mo⟩ s.m. Anomalia patológica no crescimento, caracterizada por estatura abaixo da considerada normal para os indivíduos da mesma idade e sexo.

nano- Prefixo que significa *bilionésima parte*: *nanograma, nanolitro.*

nanquim ⟨nan.quim⟩ (pl. *nanquins*) s.m. Tinta preta usada especialmente para escrever ou desenhar.

não ▌s.m. **1** Negação. ▌adv. **2** Expressa negação: *Não deveria comer tanto. Você quer vir? Não.* **3** Em contextos interrogativos, usa-se quando se espera uma resposta afirmativa: *Não quer um cafezinho? Você irá, não?* □ USO 1. Na acepção 1, usa-se a forma plural *nãos*. **2.** Em orações negativas, serve para enfatizar a negação: *Você não vai lá, não.*

não metal ⟨não me.tal⟩ (pl. *não metais*) s.m. Elemento químico, sem brilho, e mau condutor de calor e de eletricidade.

napoleônico, ca ⟨na.po.le.ô.ni.co, ca⟩ adj./s. De Napoleão (imperador francês dos séculos XVIII e XIX), de seu império ou relacionado a eles.

naquela ⟨na.que.la⟩ Contração da preposição *em* com o pronome demonstrativo *aquela*: *Naquela semana, não tivemos aula.*

naquele ⟨na.que.le⟩ (Pron. [naquêle]) Contração da preposição *em* com o pronome demonstrativo *aquele.*

naquilo ⟨na.qui.lo⟩ Contração da preposição *em* com o pronome demonstrativo *aquilo.*

narcisismo ⟨nar.ci.sis.mo⟩ s.m. Admiração excessiva pela própria imagem.

narcisista ⟨nar.ci.sis.ta⟩ adj.2g./s.2g. Que ou quem tem exagerada admiração por si mesmo ou é muito vaidoso. □ GRAMÁTICA O sinônimo do substantivo masculino é *narciso.*

narciso ⟨nar.ci.so⟩ s.m. **1** Planta herbácea em formato de bulbo, com folhas lineares e flores ornamentais, perfumadas, geralmente solitárias, tubulares, amarelas ou brancas, e com uma coroa colorida no centro. **2** Flor dessa planta. **3** Homem que tem exagerada admiração por si mesmo ou que é muito vaidoso. □ SIN. narcisista.

narcótico, ca ⟨nar.có.ti.co, ca⟩ adj./s.m. Em relação a uma substância, que causa sonolência, relaxamento muscular e diminuição da sensibilidade ou da consciência.

narcotizar ⟨nar.co.ti.zar⟩ v.t.d. Causar sonolência ou fazer dormir com o uso de narcóticos.

narcotráfico ⟨nar.co.trá.fi.co⟩ s.m. Comércio de drogas ilegais: *O narcotráfico é crime.*

narigão ⟨na.ri.gão⟩ (pl. *narigões*) ▌adj./s.m. **1** *pejorativo* Que ou quem tem o nariz grande. ▌s.m. **2** Nariz grande.

narigudo, da ⟨na.ri.gu.do, da⟩ adj./s. *pejorativo* Que ou quem tem o nariz grande.

narina ⟨na.ri.na⟩ s.f. No rosto de uma pessoa, cada uma das aberturas nasais.

nariz ⟨na.riz⟩ s.m. **1** Órgão que sobressai entre os olhos e a boca e constitui a entrada das vias respiratórias. **2** Sentido do olfato: *Os cães têm um nariz muito bom.* **3** Em uma aeronave, a parte dianteira da fuselagem: *O piloto controla o nariz do avião pelo leme.* ‖ **meter o nariz** *informal* Intrometer-se em um assunto: *É falta de*

natural

educação meter o nariz onde não se é chamado. ‖ **torcer o nariz** *informal* Mostrar enfado ou irritação: *Quando lhe comuniquei a notícia, torceu o nariz.*

narração ⟨nar.ra.ção⟩ (pl. *narrações*) s.f. **1** Ato ou efeito de narrar: *Sua narração dos fatos foi muito engraçada.* ☐ SIN. narrativa. **2** Em rádio, cinema e televisão, relato, explicação ou comentário sobre as imagens: *A narração do jogo deixou-o mais empolgante.*

narrador, -a ⟨nar.ra.dor, do.ra⟩ (Pron. [narradôr], [narradôra]) adj./s. **1** Que ou quem se dedica à narração, especialmente como profissão: *um narrador esportivo.* **2** Em uma obra literária, que ou quem tem a função de contar a história: *Em muitos romances, o narrador não participa do enredo.*

narrar ⟨nar.rar⟩ v.t.d./v.t.d.i. Contar ou relatar (uma história ou um fato) [a alguém]: *O romance narra as aventuras de dois irmãos.*

narrativa ⟨nar.ra.ti.va⟩ s.f. **1** Ato ou efeito de narrar. ☐ SIN. narração. **2** Obra literária em que se conta uma história. **3** História ou conto.

narrativo, va ⟨nar.ra.ti.vo, va⟩ adj. Da narração ou relacionado a essa forma de relato.

nasal ⟨na.sal⟩ (pl. *nasais*) adj.2g. **1** Do nariz ou relacionado a ele. **2** Em linguística, em relação a um som, que se articula deixando o ar sair total ou parcialmente pelo nariz: *O m é uma consoante nasal.* ☐ USO Na acepção 2, é diferente de *oral* (som que se articula deixando o ar sair totalmente pela boca).

nasalar ⟨na.sa.lar⟩ v.t.d. Em linguística, tornar (um som) nasal ou pronunciá-lo dessa forma: *Na palavra banana, o a é nasalado pela presença do n.* ☐ SIN. nasalizar.

nasalidade ⟨na.sa.li.da.de⟩ s.f. Condição do que é nasal.

nasalizar ⟨na.sa.li.zar⟩ v.t.d. Em linguística, tornar (um som) nasal ou pronunciá-lo dessa forma: *Muitas vogais se nasalizam quando seguidas do m, como no caso de bomba.* ☐ SIN. nasalar.

nascedoiro, ra ⟨nas.ce.doi.ro, ra⟩ adj./s.m. →nascedouro, ra

nascedouro, ra ⟨nas.ce.dou.ro, ra⟩ ▌adj. **1** Que ainda vai nascer. ▌s.m. **2** Lugar em que alguém ou alguma coisa nasce. ☐ ORTOGRAFIA Escreve-se também *nascedoiro*.

nascença ⟨nas.cen.ça⟩ s.f. Ato de nascer. ☐ SIN. nascimento.

nascente ⟨nas.cen.te⟩ ▌adj.2g. **1** Que nasce. **2** Que começa a se constituir: *O nascente interesse pela biotecnologia trará benefícios a todos.* ▌s.m. **3** Direção onde o Sol surge. ☐ SIN. leste, levante, oriente. **4** Lugar de onde se extrai água da terra. ☐ SIN. fonte, mina. **5** Curso de água que brota da terra ou de rochas de forma natural. ☐ SIN. manancial.

nascer ⟨nas.cer⟩ ▌v.int. **1** Sair do ventre materno (uma pessoa ou um animal vivíparo): *Quando uma criança nasce com menos de nove meses de gestação, ela é considerada prematura.* **2** Sair do ovo (um animal ovíparo): *Os pintinhos nascem de ovos.* **3** Sair da semente ou brotar (uma planta): *As flores nascem principalmente na primavera.* **4** Surgir ou começar a aparecer: *O rio São Francisco nasce na serra da Canastra.* ☐ SIN. despontar. **5** Começar a ser visto no horizonte (um astro): *O Sol nasce no leste.* **6** Ter origem ou começar: *A Revolução Industrial nasceu na Inglaterra no século XVIII.* ▌v.t.i. **7** Descender ou ser filho [de alguém]: *Ele é chamado de mestiço porque nasceu de pais de etnias diferentes.* **8** Estar destinado [a um determinado fim] ou ter inclinação natural [para ele]: *Você nasceu para a música.* ☐ ORTOGRAFIA Antes de *a* ou *o*, o *c* muda para *ç* →CONHECER. ☐ GRAMÁTICA É um verbo abundante, pois apresenta três particípios: *nascido, nato* e *nado*.

nascido, da ⟨nas.ci.do, da⟩ s. Pessoa que existiu no passado ou que existe no presente: *Os nascidos em 1980 terão setenta anos em 2050.*

nascimento ⟨nas.ci.men.to⟩ s.m. **1** Ato de nascer. ☐ SIN. nascença. **2** Começo ou princípio: *o nascimento de um novo dia.*

nascituro ⟨nas.ci.tu.ro⟩ adj./s.m. *formal* Em relação a um ser vivo, que foi concebido, mas ainda não nasceu.

nastro ⟨nas.tro⟩ s.m. Fita estreita feita de algodão, linho ou outro tecido.

nata ⟨na.ta⟩ s.f. **1** Parte gordurosa e amarelada do leite. ☐ SIN. creme. **2** O mais prestigiado de um grupo: *A nata da sociedade assistiu ao concerto.*

natação ⟨na.ta.ção⟩ (pl. *natações*) s.f. Atividade que consiste em nadar, como esporte ou lazer.

natal ⟨na.tal⟩ (pl. *natais*) ▌adj.2g. **1** Do lugar em que se nasce: *a cidade natal.* **2** Do nascimento ou relacionado a ele. ▌s.m. **3** No cristianismo, data em que se celebra o nascimento de Jesus Cristo (o filho de Deus para os cristãos): *O Natal é comemorado no dia 25 de dezembro.* ☐ ORTOGRAFIA Na acepção 3, usa-se geralmente com inicial maiúscula por ser também um nome próprio.

natalense ⟨na.ta.len.se⟩ adj.2g./s.2g. De Natal ou relacionado à capital do estado brasileiro do Rio Grande do Norte.

natalício, cia ⟨na.ta.lí.cio, cia⟩ ▌adj. **1** Do dia do nascimento ou relacionado a ele: *a data natalícia.* ▌s.m. **2** Dia do nascimento.

natalidade ⟨na.ta.li.da.de⟩ s.f. Total de nascimentos em uma região ou época determinadas, em relação ao número de habitantes: *a taxa de natalidade.*

natalino, na ⟨na.ta.li.no, na⟩ adj. Do Natal (celebração do nascimento de Jesus Cristo, o filho de Deus para os cristãos, e período de tempo que o ela abrange) ou relacionado a ele.

natatório, ria ⟨na.ta.tó.rio, ria⟩ adj. Da natação ou relacionado a ela.

natimorto, ta ⟨na.ti.mor.to, ta⟩ (Pron. [natimôrto], [natimórta], [natimôrtos], [natimórtas]) adj./s. Em relação a um indivíduo, que nasce morto.

natividade ⟨na.ti.vi.da.de⟩ s.f. Nascimento, especialmente de Jesus Cristo (o filho de Deus para os cristãos), da Virgem Maria (mãe de Jesus Cristo) e de alguns santos.

nativismo ⟨na.ti.vis.mo⟩ s.m. **1** Apego às coisas da terra onde se nasceu: *O nativismo está explícito nos romances indianistas.* **2** Preferência ou proteção dadas a quem é nativo em relação a um estrangeiro. **3** Movimento que defende a preservação das culturas nativas.

nativo, va ⟨na.ti.vo, va⟩ adj./s. **1** Natural do lugar de que se trata, ou nascido nele. **2** Dos aborígines ou relacionado a eles: *Os jesuítas tinham como um de seus objetivos catequizar os nativos.* **3** Que ou quem nasce sob um signo do zodíaco.

nato, ta ⟨na.to, ta⟩ ▌**1** Particípio irregular de **nascer**. ▌adj. **2** Que nasceu. **3** Em relação a uma qualidade ou a um defeito, que se têm de nascença: *É um músico nato.*

natura ⟨na.tu.ra⟩ s.f. *literário* Natureza.

natural ⟨na.tu.ral⟩ (pl. *naturais*) ▌adj.2g. **1** Que é produzido pela natureza e não pelo ser humano: *As chuvas, os terremotos e os furacões são fenômenos naturais.* **2** Da natureza ou relacionado às qualidades e propriedades das coisas: *as ciências naturais.* **3** Que é feito sem mistura, sem composição, sem alteração e sem adição de produtos: *um suco natural.* **4** Em relação a um estabelecimento comercial, que comercializa produtos sem mistura ou adição de produtos industrializados: *um restaurante natural.* **5** Que é espontâneo, simples e sem cuidados excessivos: *um estilo natural.* **6** Provável ou que geralmente

naturalidade

acontece dessa forma: *Depois de trabalhar tanto, é natural que você esteja cansado.* ▌ adj.2g./s.2g. **7** Nascido em um povo ou em uma nação: *Os goianos são naturais de Goiás.* ▌ s.m. **8** →**número natural**

naturalidade ⟨na.tu.ra.li.da.de⟩ s.f. **1** Qualidade de natural. **2** Simplicidade no jeito de ser ou agir. **3** Lugar onde se nasceu: *Jorge Amado, de naturalidade baiana, escrevia muito sobre sua região.*

naturalismo ⟨na.tu.ra.lis.mo⟩ s.m. **1** Presença de traços ou características da natureza ou muito próximos a ela. **2** Corrente filosófica que considera a natureza como único princípio de tudo. **3** Estilo literário que busca apresentar a realidade em seus aspectos mais crus.

naturalista ⟨na.tu.ra.lis.ta⟩ ▌ adj.2g. **1** Do naturalismo ou relacionado a ele. **2** Que é natural ou com características da natureza. ▌ adj.2g./s.2g. **3** Que ou quem segue ou defende o naturalismo. ▌ s.2g. **4** Pessoa que se dedica ao estudo das ciências naturais.

naturalizar ⟨na.tu.ra.li.zar⟩ ▌ v.t.d./v.prnl. **1** Conceder a (um estrangeiro) ou adquirir uma nacionalidade que não é a de origem: *Meu amigo quer se naturalizar brasileiro.* □ SIN. **nacionalizar.** ▌ v.t.d. **2** Adotar como próprio (um costume): *Por viver muitos anos na Inglaterra, meus avós naturalizaram o hábito de tomar chá.*

natureba ⟨na.tu.re.ba⟩ ▌ adj.2g. **1** *informal* Dos alimentos naturais ou relacionado a eles. ▌ adj.2g./s.2g. **2** *informal* Que ou quem costuma se alimentar apenas com alimentos naturais.

natureza ⟨na.tu.re.za⟩ (Pron. [naturêza]) s.f. **1** Conjunto dos seres e das coisas que formam o universo. **2** Caráter ou condição: *Ele é de natureza tranquila.*

nau s.f. **1** Navio grande, de guerra ou de carga. **2** *literário* Embarcação.

naufragar ⟨nau.fra.gar⟩ v.int. **1** Submergir (uma embarcação). □ SIN. **afundar. 2** Não dar certo ou fracassar (um empreendimento ou um negócio). □ ORTOGRAFIA Antes de *e*, o *g* muda para *gu* →CHEGAR.

naufrágio ⟨nau.frá.gio⟩ s.m. **1** Afundamento de uma embarcação. **2** *informal* Fracasso ou desastre: *o naufrágio de um negócio.*

náufrago, ga ⟨náu.fra.go, ga⟩ s. Pessoa que sofreu um naufrágio.

náusea ⟨náu.sea⟩ s.f. **1** Mal-estar que se sente no estômago quando se quer vomitar. □ SIN. **ânsia, enjoo. 2** Mal-estar que certas pessoas sentem ao viajar em algum meio de transporte. □ SIN. **enjoo. 3** Repugnância causada por algo: *O racismo nos causa náuseas.* □ SIN. **enjoo.**

nauseabundo, da ⟨nau.se.a.bun.do, da⟩ adj. Que causa náuseas ou repugnância.

nausear ⟨nau.se.ar⟩ v.t.d./v.int./v.prnl. Causar ou sentir náusea. □ ORTOGRAFIA O *e* muda para *ei* quando a sílaba tônica estiver na raiz do verbo →NOMEAR.

nauta ⟨nau.ta⟩ s.m. *literário* Navegante.

náutica ⟨náu.ti.ca⟩ s.f. Ciência ou arte de navegar. □ SIN. **navegação.**

náutico, ca ⟨náu.ti.co, ca⟩ adj. Da navegação ou relacionado a ela.

naval ⟨na.val⟩ (pl. *navais*) adj.2g. Das embarcações, da navegação ou relacionado a elas.

navalha ⟨na.va.lha⟩ s.f. Instrumento de corte cuja lâmina pode ser dobrada e guardada dentro do cabo.

navalhada ⟨na.va.lha.da⟩ s.f. **1** Golpe dado com uma navalha. **2** Marca deixada por esse golpe.

nave ⟨na.ve⟩ s.f. Em um templo, espaço que vai da entrada ao altar: *Os noivos avançavam pela nave central da igreja.* ‖ **nave (espacial)** Veículo capaz de viajar além da atmosfera terrestre. □ SIN. **astronave, cosmonave, espaçonave.**

navegação ⟨na.ve.ga.ção⟩ (pl. *navegações*) s.f. **1** Ato ou efeito de navegar. **2** Ciência ou arte de navegar. □ SIN. **náutica. 3** Em informática, deslocamento pelas páginas da internet.

navegador, -a ⟨na.ve.ga.dor, do.ra⟩ (Pron. [navegadôr], [navegadôra]) ▌ adj./s. **1** Que ou quem navega. □ SIN. **navegante.** ▌ s. **2** Pessoa que sabe navegar ou que se dedica à navegação. □ SIN. **navegante.** ▌ s.m. **3** Em informática, aplicativo que permite se deslocar pelas páginas da internet. □ SIN. *browser.*

navegante ⟨na.ve.gan.te⟩ ▌ adj.2g./s.2g. **1** Que ou quem navega. □ SIN. **navegador.** ▌ s.2g. **2** Pessoa que sabe navegar ou que se dedica à navegação. □ SIN. **navegador.**

navegar ⟨na.ve.gar⟩ ▌ v.t.d. **1** Viajar em uma nave ou embarcação por (um lugar): *Os astronautas navegam o espaço a caminho da Lua.* ▌ v.int. **2** Viajar em uma nave ou embarcação (alguém): *Passaram um mês navegando.* **3** Mover-se ou deslocar-se (uma nave ou embarcação). **4** Em informática, deslocar-se pelas páginas da internet: *Encontramos informações para nossas pesquisas navegando na internet.* □ SIN. **surfar.** □ ORTOGRAFIA Antes de *e*, o *g* muda para *gu* →CHEGAR.

navegável ⟨na.ve.gá.vel⟩ (pl. *navegáveis*) adj.2g. Em relação a um rio, a um canal ou a um lago, que permitem a navegação.

navio ⟨na.vi.o⟩ s.m. Embarcação de grandes dimensões, geralmente usada para transporte de carga ou pessoas. ‖ **navio (cargueiro)** Aquele destinado ao transporte de cargas. ‖ **navio mercante** Aquele destinado ao transporte de passageiros e ao comércio marítimo. ‖ **navio negreiro** Aquele destinado ao transporte de escravos negros.

navio-aeródromo ⟨na.vi.o-a.e.ró.dro.mo⟩ (pl. *navios-aeródromos*) s.m. Navio de guerra de grandes dimensões e com as instalações necessárias para o transporte de aviões e para sua decolagem e aterrissagem.

navio-baleeiro ⟨na.vi.o-ba.le.ei.ro⟩ (pl. *navios-baleeiros*) s.m. →**baleeiro**

navio-petroleiro ⟨na.vi.o-pe.tro.lei.ro⟩ (pl. *navios-petroleiros*) s.m. →**petroleiro**

nazismo ⟨na.zis.mo⟩ s.m. Doutrina política totalitária que defendia uma pretensa superioridade da raça ariana. □ SIN. **nacional-socialismo.**

nazista ⟨na.zis.ta⟩ ▌ adj.2g. **1** Do nazismo ou relacionado a essa doutrina política totalitária. ▌ adj.2g./s.2g. **2** Que ou quem defende ou segue o nazismo.

neblina ⟨ne.bli.na⟩ s.f. Névoa densa e baixa, cuja origem está relacionada à formação de nuvens junto à superfície: *É necessário acender os faróis dos carros quando há neblina.* □ SIN. **cerração, nevoeiro.**

nebulosa ⟨ne.bu.lo.sa⟩ s.f. Em astronomia, concentração de matéria cósmica celeste, difusa e luminosa, com aspecto de mancha esbranquiçada.

nebulosidade ⟨ne.bu.lo.si.da.de⟩ s.f. **1** Condição de nebuloso. **2** Falta de clareza ou exatidão: *A nebulosidade da sua explicação nos confundiu mais ainda.*

nebuloso, sa ⟨ne.bu.lo.so, sa⟩ (Pron. [nebulôso], [nebulósa], [nebulósos], [nebulósas]) adj. **1** Com muitas nuvens, com neblina ou coberto por elas. **2** Embaçado ou sem contornos definidos: *uma figura nebulosa.* **3** Pouco claro ou difícil de entender: *uma explicação nebulosa.*

nécessaire ⟨*palavra francesa*⟩ (Pron. [necessêr]) s.m. Estojo ou bolsa usados para guardar objetos de higiene pessoal.

necessário, ria ⟨ne.ces.sá.rio, ria⟩ adj. Indispensável ou essencial.

necessidade ⟨ne.ces.si.da.de⟩ s.f. **1** Condição de necessário: *Há uma verdadeira necessidade de melhorar a infraestrutura desta cidade.* **2** Desejo compulsivo ou irresistível: *Sinto necessidade de comer chocolate.* **3** Ausência do necessário para viver: *Quando jovem, passou necessidade.* ‖ **fazer (as/suas) necessidades** *eufemismo* Urinar ou defecar: *Foi ao banheiro fazer suas necessidades.*

necessitado, da ⟨ne.ces.si.ta.do, da⟩ adj./s. Pobre ou sem o necessário para viver.

necessitar ⟨ne.ces.si.tar⟩ v.t.d./v.t.i. Exigir como indispensável e de direito ou ter necessidade [de algo ou alguém]: *As pessoas necessitam comer e dormir para viver.* □ SIN. precisar.

necrologia ⟨ne.cro.lo.gi.a⟩ s.f. **1** Relação de pessoas falecidas. □ SIN. **necrológio**. **2** Conjunto de notícias ou artigos sobre falecimentos. □ SIN. **necrológio**.

necrológio ⟨ne.cro.ló.gio⟩ s.m. **1** Relação de pessoas falecidas. □ SIN. **necrologia**. **2** Conjunto de notícias ou artigos sobre falecimentos. □ SIN. **necrologia**. **3** Elogio feito de forma oral ou escrita a uma pessoa falecida.

necromancia ⟨ne.cro.man.ci.a⟩ s.f. Conjunto de rituais para tentar adivinhar o futuro através dos mortos.
□ ORTOGRAFIA Escreve-se também *nigromancia*.

necrópole ⟨ne.cró.po.le⟩ s.f. *literário* Cemitério.

necropsia ⟨ne.crop.si.a⟩ s.f. Exame médico realizado em um cadáver para determinar a causa e o momento da morte. □ SIN. **autópsia**.

necrosar ⟨ne.cro.sar⟩ v.t.d./v.int. Causar ou sofrer a morte de células ou de tecidos orgânicos.

necrose ⟨ne.cro.se⟩ s.f. Morte de células ou de tecidos orgânicos.

necrotério ⟨ne.cro.té.rio⟩ s.m. Lugar onde os cadáveres são identificados ou submetidos à necropsia.

néctar ⟨néc.tar⟩ s.m. **1** Suco adocicado expelido por estruturas especializadas, geralmente encontradas nas flores, e a partir do qual as abelhas produzem o mel. **2** Bebida suave e saborosa. **3** Na mitologia greco-romana, bebida dos deuses.

nédio, dia ⟨né.dio, dia⟩ adj. Nítido, brilhante, ou de pele lustrosa ou oleosa.

neerlandês, -a ⟨ne.er.lan.dês, de.sa⟩ (Pron. [neerlandês], [neerlandêsa]) ∎ adj./s. **1** Dos Países Baixos ou relacionado a esse país europeu (mais conhecido como Holanda). ∎ s.m. **2** Língua germânica desse e de outros países. □ SIN. **holandês**.

nefando, da ⟨ne.fan.do, da⟩ adj. **1** Que repugna ou horroriza, especialmente no sentido moral. **2** Que é malvado ou cruel. □ USO É diferente de *nefasto* (nocivo ou funesto).

nefasto, ta ⟨ne.fas.to, ta⟩ adj. **1** Nocivo ou funesto. **2** De má sorte ou agourento. □ USO É diferente de *nefando* (que repugna ou horroriza, especialmente no sentido moral).

nefrite ⟨ne.fri.te⟩ s.f. Inflamação dos rins.

nefrologia ⟨ne.fro.lo.gi.a⟩ s.f. Parte da medicina que estuda os rins e suas doenças.

nefrose ⟨ne.fro.se⟩ s.f. Doença degenerativa dos rins.

negaça ⟨ne.ga.ça⟩ s.f. **1** Recusa ou negação fingidas ou cerimoniosas: *Deixe de negaças e aceite nosso convite.* **2** Ilusão ou falsa promessa.

negação ⟨ne.ga.ção⟩ (pl. *negações*) s.f. **1** Ato ou efeito de negar: *A negação dos fatos por parte do réu complicou o caso. Respondeu à minha pergunta com um gesto de negação.* **2** *informal* Pessoa incapaz ou absolutamente inapta para fazer algo: *Sou uma negação para a matemática.* **3** Palavra ou expressão usadas para negar: *Não e jamais são negações.* □ GRAMÁTICA Na acepção 2, usa-se tanto para o masculino quanto para o feminino: *(ele/ela) é uma negação.*

negacear ⟨ne.ga.ce.ar⟩ v.t.d. **1** Provocar (alguém) ou atraí-lo com armadilhas ou artifícios: *Para conseguir informações, negaceava os colegas com insinuações.* **2** Enganar ou ludibriar (alguém): *Negaceou o vendedor usando uma nota falsa.* **3** Não conceder ou negar: *Nunca negaceou auxílio às amigas.* □ ORTOGRAFIA O e muda para *ei* quando a sílaba tônica estiver na raiz do verbo →NOMEAR.

negar ⟨ne.gar⟩ ∎ v.t.d./v.t.d.i. **1** Dizer que (algo supostamente certo) não existe, não é verdadeiro ou não é correto [a alguém]: *O cientista negou a existência de extraterrestres. Ele negou o ocorrido à mãe.* **2** Não conceder (algo que se pede ou se pretende) [a alguém]: *Ela negou-lhe uma segunda chance.* **3** Rejeitar ou não reconhecer (algo) [a alguém]: *Embora tenha vencido a competição, negaram o prêmio à atleta por suspeita de doping.* ∎ v.prnl. **4** Recusar-se ou não submeter-se: *Ele se negou a cometer tamanha injustiça.* □ ORTOGRAFIA Antes de e, o g muda para *gu* →CHEGAR. □ GRAMÁTICA Na acepção 4, usa-se a construção *negar-se A algo*.

negativa ⟨ne.ga.ti.va⟩ s.f. Rejeição de uma proposta ou de um pedido: *Não esperava que sua solicitação fosse respondida com uma negativa.*

negativismo ⟨ne.ga.ti.vis.mo⟩ s.m. Pessimismo ou tendência a ver a realidade de forma negativa.

negativo, va ⟨ne.ga.ti.vo, va⟩ ∎ adj. **1** Que contém ou expressa negação: *uma resposta negativa.* **2** Que é prejudicial ou daninho: *um comentário negativo.* **3** Em matemática, em relação especialmente a uma quantidade, que tem um valor menor que zero: *A representação dos números negativos leva, à esquerda, o sinal de menos.* **4** Que é contrário à expectativa: *A resposta da carta foi negativa.* ∎ s.m. **5** Imagem fotográfica que reproduz os tons claros e escuros invertidos: *Você pode fazer cópia das fotos a partir dos negativos.*

negligência ⟨ne.gli.gên.cia⟩ s.f. Falta de cuidado ou de atenção: *O professor falou que o trabalho foi feito com negligência.*

negligenciar ⟨ne.gli.gen.ci.ar⟩ v.t.d. Não prestar atenção ou não ter o devido cuidado com (uma obrigação, uma situação ou uma relação): *É importante não negligenciar a educação das crianças.*

negligente ⟨ne.gli.gen.te⟩ adj.2g./s.2g. Que ou quem não tem cuidado, atenção ou interesse.

nego, ga ⟨ne.go, ga⟩ (Pron. [nêgo]) s. *informal* Pessoa ou indivíduo, principalmente aquele cuja identidade se desconhece ou não se quer revelar.

negociação ⟨ne.go.ci.a.ção⟩ (pl. *negociações*) s.f. **1** Ato ou efeito de negociar. **2** Tratamento ou resolução de um assunto ou um conflito pela via diplomática: *Após longa negociação, decidiram fundir as empresas.*

negociante ⟨ne.go.ci.an.te⟩ adj.2g./s.2g. Que ou quem se dedica profissionalmente aos negócios ou às atividades comerciais, ou tem facilidade para eles.

negociar ⟨ne.go.ci.ar⟩ ∎ v.t.d./v.t.i./v.t.d.i. **1** Fazer comércio de (mercadorias ou serviços) [com alguém] para obter benefícios: *Meu avô negociou a venda da casa com o vizinho.* ∎ v.int. **2** Fazer comércio com mercadorias ou serviços para obter benefícios: *Aprendeu a negociar com o pai.* ∎ v.t.d./v.t.d.i. **3** Tratar ou resolver (um assunto) [com alguém], especialmente se for por via diplomática: *As nações negociaram a paz.*

negociata ⟨ne.go.ci.a.ta⟩ s.f. Negócio ilícito ou suspeito.

negócio ⟨ne.gó.cio⟩ s.m. **1** Operação comercial para obter benefícios: *Ganhou muito dinheiro com negócios na Bolsa.* **2** Estabelecimento comercial. **3** *informal* Qualquer coisa: *Alguém entregou para ele um negócio que não conseguimos ver.*

negra ⟨ne.gra⟩ (Pron. [nêgra]) s.f. *informal* Em um jogo, partida de desempate.

negreiro, ra ⟨ne.grei.ro, ra⟩ ∎ adj. **1** Do tráfico de escravos negros ou relacionado a ele: *um navio negreiro.*

negrejar

▌s.m. **2** Pessoa que traficava escravos negros: *Os negreiros submetiam os escravos a condições desumanas de sobrevivência.*

negrejar ⟨ne.gre.jar⟩ v.t.d./v.int. Escurecer, tornar ou ficar negro: *A fumaça negrejou as paredes.*

negrito, ta ⟨ne.gri.to, ta⟩ ▌adj./s.m. **1** Em tipografia, caráter de traço mais grosso usado para realçar. ▌s.m. **2** →**letra negrita**

negritude ⟨ne.gri.tu.de⟩ s.f. **1** Qualidade de negro. **2** Conjunto de valores históricos e culturais próprios dos povos que se caracterizam pela cor negra de sua pele.

negro, gra ⟨ne.gro, gra⟩ (Pron. [nêgro]) adj./s. **1** De cor preta ou de tonalidade escura. **2** Que ou quem pertence ao grupo étnico caracterizado, entre outros traços, pela pele escura e cabelo crespo.

negrume ⟨ne.gru.me⟩ s.m. Escuridão intensa ou propriedade de ser ou parecer de cor negra.

nela ⟨ne.la⟩ Contração da preposição *em* com o pronome pessoal *ela*.

nele ⟨ne.le⟩ (Pron. [nêle]) Contração da preposição *em* com o pronome pessoal *ele*.

nelore ⟨ne.lo.re⟩ adj.2g./s.2g. De uma certa raça de gado zebu, originária da Índia, ou relacionado a ela.

nem ▌adv. **1** Não: *Eles nem conversaram com os amigos.* ▌conj. **2** Conectivo gramatical que expressa adição e que geralmente se usa depois de uma negação: *Não tenho tempo nem vontade de ir ao concerto. Estava sem lápis nem caneta.* ▌**nem que** Ainda que ou mesmo que: *Não iremos viajar nem que faça sol.* ▌**que nem** *informal* Da mesma forma que ou como: *Ele fala que nem o pai.*

nenê ⟨ne.nê⟩ s.2g. *informal* Bebê. □ USO Tem um valor carinhoso.

nenhum, -a ⟨ne.nhum, nhu.ma⟩ (pl. *nenhuns*) pron.indef. **1** Nem uma só pessoa ou coisa: *Ainda não chegou nenhum convidado.* **2** Qualquer: *Não tenho problema nenhum em falar com você.*

nênia ⟨nê.nia⟩ s.f. Canto lírico no qual se lamenta um acontecimento triste, especialmente a morte de uma pessoa.

nenúfar ⟨ne.nú.far⟩ s.m. Planta aquática com folhas grandes e arredondadas em formato de orelha, flores grandes com muitas pétalas brancas, amarelas ou rosa, que flutua sobre as águas de pouca corrente e que é muito cultivada como ornamental.

neoclassicismo ⟨ne.o.clas.si.cis.mo⟩ s.m. Movimento artístico que vigorou na segunda metade do século XVIII e que se caracteriza pela recuperação dos modelos e padrões da Antiguidade greco-romana. □ SIN. arcadismo.

neodímio ⟨ne.o.dí.mio⟩ s.m. Elemento químico da família dos metais, de número atômico 60, sólido, de cor branco-prateada, cujos sais são de cor rosa e que pertence ao grupo dos lantanídeos. □ ORTOGRAFIA Seu símbolo químico é *Nd*, sem ponto.

neófito, ta ⟨ne.ó.fi.to, ta⟩ s. **1** Pessoa que acaba de ser batizada. **2** Pessoa recém-convertida a uma religião. **3** Iniciante ou novato.

neolatino, na ⟨ne.o.la.ti.no, na⟩ ▌adj./s. **1** Que ou quem provém ou deriva dos latinos ou do latim. ▌adj./s.m. **2** Que foi escrito em latim científico. □ GRAMÁTICA Na acepção 1, o sinônimo do adjetivo é *latino*.

neolítico, ca ⟨ne.o.lí.ti.co, ca⟩ ▌adj. **1** Do neolítico ou relacionado a este período pré-histórico. ▌adj./s.m. **2** Em relação a um período pré-histórico, que é anterior à Idade do Bronze e posterior ao mesolítico, e se caracteriza pela aparição da agricultura e da criação de animais.

neologismo ⟨ne.o.lo.gis.mo⟩ s.m. **1** Palavra ou expressão novas em uma língua: *A palavra* blogue *é um neologismo.* **2** Atribuição de novo significado a uma palavra ou expressão já existentes na língua: *Usar* gato *com o significado de ligação clandestina é um neologismo.*

neon ⟨ne.on⟩ (pl. *neones* ou *neons*) s.m. **1** →**neônio 2** Aparelho elétrico luminoso formado por um tubo comprido mais ou menos fino, cheio de gás neônio e fechado hermeticamente. □ ORTOGRAFIA Na acepção 2, escreve-se também *néon*.

néon ⟨né.on⟩ (pl. *néones* ou *néons*) s.m. **1** →**neônio 2** →**neon**

neônio ⟨ne.ô.nio⟩ s.m. Elemento químico da família dos não metais, de número atômico 10, gasoso, inerte, inodoro e incolor, e muito bom condutor de eletricidade. □ ORTOGRAFIA **1**. Seu símbolo químico é *Ne*, sem ponto. **2**. Escreve-se também *neon* ou *néon*.

neozelandês, -a ⟨ne.o.ze.lan.dês, de.sa⟩ (Pron. [neozelandês], [neozelandêsa]) adj./s. Da Nova Zelândia ou relacionado a esse país da Oceania.

neozoico, ca ⟨ne.o.zoi.co, ca⟩ (Pron. [neozóico]) adj. Em geologia, da era quaternária, a quinta da história da Terra, ou relacionado a ela. □ SIN. antropozoico, quaternário.

nepalês, -a ⟨ne.pa.lês, le.sa⟩ (Pron. [nepalês], [nepalêsa]) adj./s. Do Nepal ou relacionado a esse país asiático.

nepotismo ⟨ne.po.tis.mo⟩ s.m. Favorecimento a parentes ou amigos, principalmente por quem ocupa um cargo público. □ ORIGEM É uma palavra que vem do francês *nepotisme*, que, por sua vez, vem do latim *nepote* (sobrinho), por alusão ao papa Calixto III, que beneficiava seus parentes, entre eles um sobrinho.

nerd *(palavra inglesa)* (Pron. [nérd]) adj.2g./s.2g. *informal* Que ou quem se interessa de forma exagerada por algum tipo de conhecimento, especialmente pelo tecnológico, e que costuma ser pouco sociável.

nereida ⟨ne.rei.da⟩ s.f. Na mitologia greco-romana, ninfa que vivia no mar.

nervo ⟨ner.vo⟩ (Pron. [nêrvo]) s.m. Em uma pessoa ou em um animal, órgão condutor de impulsos nervosos, composto por um feixe de fibras nervosas: *Os nervos partem principalmente do cérebro ou da medula espinhal e se distribuem pelo corpo.* ▌**{estar com/ficar/ter} os nervos à flor da pele** Estar sensível e comovido de forma intensa: *Antes das provas, costuma ficar com os nervos à flor da pele.* ▌**ter nervos de aço** Possuir força ou resistência psicológicas muito grandes: *Nunca perde a calma, pois tem nervos de aço.* ▌**(nervo) ciático** Aquele que sai da base da coluna vertebral, passa pelos músculos glúteos e posteriores das pernas, e vai até os pés.

nervosismo ⟨ner.vo.sis.mo⟩ s.m. **1** Emotividade, irritação ou sensibilidade afloradas. **2** Intranquilidade, ansiedade ou incapacidade de permanecer em repouso.

nervoso, sa ⟨ner.vo.so, sa⟩ (Pron. [nervôso], [nervósa], [nervôsos], [nervósas]) adj. **1** Dos nervos ou relacionado a eles. □ SIN. neural. **2** Que é facilmente irritável. **3** Intranquilo ou incapaz de ficar em repouso.

nervura ⟨ner.vu.ra⟩ s.f. **1** Em arquitetura, arco que, ao cruzar-se com outro, forma uma abóbada de aresta. **2** Em uma planta, especialmente nas folhas, fibra por onde o sistema de condução passa e que geralmente se apresenta como uma saliência. **3** Saliência em uma superfície lisa.

néscio, cia ⟨nés.cio, cia⟩ adj./s. **1** Que ou quem carece de instrução ou tem pouca inteligência. **2** Inábil ou pouco capaz. **3** Carente de razão ou lógica.

nesga ⟨nes.ga⟩ (Pron. [nésga]) s.f. **1** Pedaço triangular de tecido que se costura entre duas partes de uma peça do vestuário para alargá-la. **2** Espaço ou faixa muito estreitos: *Entre as cortinas, passava apenas uma nesga de luz.*

nêspera ⟨nês.pe.ra⟩ s.f. Fruto da nespereira, carnudo, pequeno, oval e de cor alaranjada, com casca fina e aveludada, polpa comestível e com duas a quatro sementes grandes e marrons.

nespereira ⟨nes.pe.rei.ra⟩ s.f. Árvore com folhas escuras, grossas e com a margem serrilhada, flores brancas e cheirosas, bastante cultivada em regiões subtropicais, e cujo fruto é a nêspera.

nessa ⟨nes.sa⟩ Contração da preposição *em* com o pronome demonstrativo *essa*.

nesse ⟨nes.se⟩ (Pron. [nêsse]) Contração da preposição *em* com o pronome demonstrativo *esse*.

nesta ⟨nes.ta⟩ Contração da preposição *em* com o pronome demonstrativo *esta*.

neste ⟨nes.te⟩ (Pron. [nêste]) Contração da preposição *em* com o pronome demonstrativo *este*.

neto, ta ⟨ne.to, ta⟩ s. Em relação a uma pessoa, filho ou filha do seu filho ou da sua filha.

netúnio ⟨ne.tú.nio⟩ s.m. Elemento químico da família dos metais, de número atômico 93, artificial, radioativo e de cor prateada, e que pertence ao grupo das terras raras. ☐ ORTOGRAFIA Seu símbolo químico é *Np*, sem ponto.

neural ⟨neu.ral⟩ (pl. *neurais*) adj.2g. Dos nervos ou relacionado a eles. ☐ SIN. nervoso.

neuralgia ⟨neu.ral.gi.a⟩ s.f. →nevralgia

neurastenia ⟨neu.ras.te.ni.a⟩ s.f. Estado psicológico caracterizado geralmente por tristeza, cansaço, temor e emotividade.

neurite ⟨neu.ri.te⟩ s.f. Lesão inflamatória ou degenerativa de um ou de vários nervos e de suas ramificações. ☐ ORTOGRAFIA Escreve-se também *nevrite*.

neurologia ⟨neu.ro.lo.gi.a⟩ s.f. Parte da medicina que estuda o sistema nervoso.

neurológico, ca ⟨neu.ro.ló.gi.co, ca⟩ adj. Da neurologia ou relacionado a essa parte da medicina.

neurônio ⟨neu.rô.nio⟩ s.m. Célula que transmite ou produz os impulsos nervosos, formada por um corpo central e uma série de ramificações ao seu redor.

neurose ⟨neu.ro.se⟩ s.f. Perturbação mental que não compromete as funções essenciais da personalidade e que não está associada a lesões cerebrais.

neurótico, ca ⟨neu.ró.ti.co, ca⟩ ❚ adj. **1** Da neurose ou relacionado a essa perturbação mental. ❚ adj./s. **2** Que ou quem sofre desse distúrbio nervoso. **3** *informal* Com manias ou obsessões exageradas, ou excessivamente nervoso.

neutralidade ⟨neu.tra.li.da.de⟩ s.f. **1** Condição de neutro: *Apesar de ser irmão de um dos candidatos, manteve a neutralidade nas eleições.* **2** Condição de um país que não participa de uma guerra.

neutralização ⟨neu.tra.li.za.ção⟩ (pl. *neutralizações*) s.f. **1** Enfraquecimento ou anulação de um efeito ou de uma ação mediante a oposição de outros efeitos ou ações, geralmente contrários. **2** Em química, processo pelo qual uma substância ou dissolução passam a ser neutras.

neutralizar ⟨neu.tra.li.zar⟩ ❚ v.t.d./v.prnl. **1** Tornar(-se) neutro. **2** Enfraquecer(-se) ou anular(-se): *Nossa defesa conseguiu neutralizar o ataque do adversário.* ❚ v.t.d. **3** Em química, tornar neutro (uma substância ou uma dissolução): *Uma base neutraliza um ácido.*

neutro, tra ⟨neu.tro, tra⟩ adj. **1** Que julga ou procede com imparcialidade. **2** Que não manifesta emoções: *um tom de voz neutro.* **3** Que não tem um colorido muito vistoso: *uma cor neutra.* **4** Em relação a um Estado ou a uma nação, que não intervêm em um conflito armado nem ajudam as partes envolvidas nele.

nêutron ⟨nêu.tron⟩ (pl. *nêutrones* ou *nêutrons*) s.m. Em um átomo, partícula elementar cuja carga elétrica é nula e que se situa no seu núcleo.

nevada ⟨ne.va.da⟩ s.f. Queda de neve.

nevado, da ⟨ne.va.do, da⟩ adj. Que está coberto de neve.

nevar ⟨ne.var⟩ v.int. Cair neve: *Até ir à Europa, eu nunca tinha visto nevar.* ☐ GRAMÁTICA É um verbo impessoal: só se usa na terceira pessoa do singular, no particípio, no gerúndio e no infinitivo →VENTAR.

nevasca ⟨ne.vas.ca⟩ s.f. Tempestade de neve acompanhada de muito vento.

neve ⟨ne.ve⟩ s.f. **1** Água gelada que se desprende das nuvens como cristais, que, ao cair, se agrupam e chegam à superfície terrestre em forma de flocos. **2** Essa água gelada depois de cair.

nevense ⟨ne.ven.se⟩ adj.2g./s.2g. De Ribeirão das Neves ou relacionado a essa cidade do estado brasileiro de Minas Gerais.

névoa ⟨né.voa⟩ s.f. Acúmulo de nuvens em contato com a superfície terrestre.

nevoeiro ⟨ne.vo.ei.ro⟩ s.m. Névoa densa e baixa, cuja origem está relacionada à formação de nuvens junto à superfície: *É preciso cuidado redobrado ao dirigir quando há nevoeiro.* ☐ SIN. cerração, neblina.

nevoento, ta ⟨ne.vo.en.to, ta⟩ adj. Com névoa espessa e baixa.

nevralgia ⟨ne.vral.gi.a⟩ s.f. Em medicina, dor contínua e aguda ao longo de um nervo e de suas ramificações. ☐ ORTOGRAFIA Escreve-se também *neuralgia*.

nevrite ⟨ne.vri.te⟩ s.f. →neurite

newton ⟨new.ton⟩ (Pron. [níuton]) (pl. *newtones* ou *newtons*) s.m. Unidade de força equivalente à força necessária para comunicar a uma massa de um quilograma a aceleração de um metro por segundo ao quadrado. ☐ ORTOGRAFIA Seu símbolo é *N*, sem ponto.

nexo ⟨ne.xo⟩ (Pron. [necso]) s.m. **1** União ou relação de uma coisa com outra: *Na sua exposição, faltou nexo entre as ideias.* **2** Em linguística, conectivo que serve para unir palavras ou orações: *A conjunção* porque *pode ser um nexo causal.*

nhoque ⟨nho.que⟩ s.m. **1** Massa feita à base de batatas, farinha de trigo, manteiga, leite e ovos, cortada em pequenos cubos. **2** Prato típico italiano feito com essa massa.

nicaraguense ⟨ni.ca.ra.guen.se⟩ (Pron. [nicaragüense]) adj.2g./s.2g. Da Nicarágua ou relacionado a esse país centro-americano.

nicho ⟨ni.cho⟩ s.m. **1** Em uma parede ou em um muro, cavidade em forma de arco construída para colocar uma escultura ou um objeto decorativo. **2** Parte de uma estante onde se colocam livros e outros objetos. ‖ **nicho ecológico** Área restrita dentro de um *habitat*, ocupada por uma espécie animal.

nicotina ⟨ni.co.ti.na⟩ s.f. Substância incolor que se extrai das folhas e raízes do tabaco.

nidificar ⟨ni.di.fi.car⟩ v.int. Fazer ninho ou aninhar-se (uma ave): *Muitas aves nidificam na copa das árvores.* ☐ ORTOGRAFIA Antes de *e*, o *c* muda para *qu* →BRINCAR.

nigeriano, na ⟨ni.ge.ri.a.no, na⟩ adj./s. **1** Da Nigéria ou relacionado a esse país africano. ☐ SIN. nigerino.

nigerino, na ⟨ni.ge.ri.no, na⟩ adj./s. De Níger ou relacionado a esse país africano. ☐ SIN. nigeriano.

nigromancia ⟨ni.gro.man.ci.a⟩ s.f. →necromancia

niilismo ⟨ni.i.lis.mo⟩ s.m. **1** Doutrina filosófica que se baseia na negação da existência absoluta de algo. **2** Negação de quaisquer crenças ou valores tradicionais.

nimbo ⟨nim.bo⟩ s.m. **1** Nuvem densa, de baixa altitude e cor cinzenta, que geralmente se precipita como chuva ou neve. **2** Círculo luminoso que envolve a cabeça dos santos. ☐ SIN. auréola, halo, resplendor.

nímio

nímio, mia ⟨ní.mio, mia⟩ adj. *formal* Excessivo ou abundante.

ninar ⟨ni.nar⟩ ▪ v.t.d. **1** Fazer (uma criança) dormir no colo ou nos braços. ▪ v.int. **2** Adormecer ou cair no sono (uma criança).

ninfa ⟨nin.fa⟩ s.f. **1** Na mitologia greco-romana, cada uma das divindades menores representadas por moças que viviam em bosques, rios ou mares. **2** Inseto que está em uma fase de desenvolvimento entre a da larva e a de adulto: *A ninfa é a fase jovem do inseto.*

ninfomania ⟨nin.fo.ma.ni.a⟩ s.f. Em uma mulher, desejo sexual violento e insaciável.

ninguém ⟨nin.guém⟩ ▪ pron.indef. **1** Pessoa nenhuma: *Chamei, mas ninguém respondeu. Ninguém sabe o que aconteceu.* ▪ s.m. **2** Pessoa de pouca importância, a quem não se reconhece valor nenhum: *Não aceito ordens de um ninguém como você!*

ninhada ⟨ni.nha.da⟩ s.f. **1** Conjunto de ovos ou de filhotes postos em um ninho. **2** Conjunto de filhotes de um animal nascidos de uma mesma gestação: *uma ninhada de gatos.*

ninharia ⟨ni.nha.ri.a⟩ s.f. Aquilo que não tem importância ou não tem valor. □ SIN. bagatela, filigrana, nonada, ridicularia.

ninho ⟨ni.nho⟩ s.m. **1** Lugar construído pelas aves para depositar seus ovos e criar seus filhotes. **2** Lugar onde habitam e se reproduzem alguns animais: *um ninho de serpentes.*

nióbio ⟨ni.ó.bio⟩ s.m. Elemento químico da família dos metais, de número atômico 41, sólido, de cor cinza, e resistente aos ácidos. □ ORTOGRAFIA Seu símbolo químico é *Nb*, sem ponto.

nipônico, ca ⟨ni.pô.ni.co, ca⟩ adj./s. Do Japão ou relacionado a esse país asiático. □ SIN. japonês.

níquel ⟨ní.quel⟩ (pl. *níqueis*) s.m. **1** Elemento químico da família dos metais, de número atômico 28, sólido, de cor e brilho prateados, muito duro e difícil de fundir e de oxidar. **2** *informal* Dinheiro. **3** Moeda de pouco valor, feita com esse material. □ ORTOGRAFIA Na acepção 1, seu símbolo químico é *Ni*, sem ponto.

niquelar ⟨ni.que.lar⟩ v.t.d. Cobrir com um banho de níquel ou dar aspecto semelhante ao níquel.

nirvana ⟨nir.va.na⟩ s.f. **1** No budismo, estado pleno de felicidade que se alcança por meio da meditação e da contemplação. **2** *informal* Estado pleno de tranquilidade e serenidade.

nissei ⟨nis.sei⟩ adj.2g./s.2g. Que ou quem nasceu fora do Japão e é filho de japoneses. □ USO É diferente de *sansei* (que ou quem nasceu fora do Japão e é neto de japoneses).

nisso ⟨nis.so⟩ Contração da preposição *em* com o pronome demonstrativo *isso.*

nisto ⟨nis.to⟩ ▪ **1** Contração da preposição *em* com o pronome demonstrativo *isto.* ▪ adv. **2** Neste ou naquele instante.

nitidez ⟨ni.ti.dez⟩ (Pron. [nitidêz]) s.f. **1** Qualidade de nítido. **2** Precisão ou facilidade de compreensão.

nítido, da ⟨ní.ti.do, da⟩ adj. **1** Limpo, claro ou transparente. **2** Preciso, sem confusão ou de fácil entendimento.

nitrato ⟨ni.tra.to⟩ s.m. Em química, sal derivado do ácido nítrico.

nítrico, ca ⟨ní.tri.co, ca⟩ adj. **1** Do nitrogênio ou relacionado a esse elemento químico. **2** Dos compostos oxigenados do nitrogênio nos quais atua com valência 5, ou relacionado a eles.

nitrogenado, da ⟨ni.tro.ge.na.do, da⟩ adj. Que contém nitrogênio.

nitrogênio ⟨ni.tro.gê.nio⟩ s.m. Elemento químico da família dos não metais, de número atômico 7, gasoso, incolor, transparente, insípido e inodoro. □ ORTOGRAFIA Seu símbolo químico é *N*, sem ponto. □ USO *Nitrogênio* substituiu a antiga denominação *azoto.*

nitroglicerina ⟨ni.tro.gli.ce.ri.na⟩ s.f. Líquido oleoso, inodoro, inflamável e explosivo, pouco solúvel em água e muito solúvel em álcool e éter.

nível ⟨ní.vel⟩ (pl. *níveis*) s.m. **1** Grau de elevação ao qual chega a superfície de um líquido ou em que algo está situado: *O nível do rio subiu devido às chuvas. A cidade de Curitiba está a 934 m do nível do mar.* **2** Grau, categoria ou situação: *Você tem um bom nível de inglês.* **3** Instrumento que serve para verificar a horizontalidade de uma superfície: *O engenheiro verificou se a janela estava reta com um nível.*

nivelamento ⟨ni.ve.la.men.to⟩ s.m. **1** Ato ou efeito de nivelar(-se). **2** Igualação ou colocação no mesmo nível.

nivelar ⟨ni.ve.lar⟩ ▪ v.t.d. **1** Aplanar ou igualar (uma superfície): *É preciso nivelar o terreno sobre o qual será construída a casa.* ▪ v.t.d./v.t.i./v.t.d.i./v.prnl. **2** Pôr(-se) no mesmo nível [de algo ou alguém] ou igualar(-se): *Com o novo emprego dela, nivelaram-se as diferenças econômicas entre o casal.*

níveo, vea ⟨ní.veo, vea⟩ adj. *literário* Da neve ou com suas características.

no Contração da preposição *em* com o artigo definido *o.*

nó s.m. **1** Laço que se aperta e se fecha ao se puxarem suas duas extremidades. **2** Em uma planta, parte do caule, do tronco ou da haste da qual os ramos ou as folhas saem. **3** Junção entre os ossos de um dedo: *Bateu na porta com os nós dos dedos.* **4** Principal dificuldade ou dúvida: *Aquela equação era o nó de toda a prova.* **5** Em náutica, unidade de velocidade de embarcação que equivale a uma milha marinha por hora. ‖ **{estar com/sentir/ter} um nó na garganta** Ter uma sensação de angústia ou de aflição: *Foi sentindo um nó na garganta e logo começou a chorar.* ‖ **nó cego** Aquele que é difícil de desatar.

nobélio ⟨no.bé.lio⟩ s.m. Elemento químico da família dos metais, de número atômico 102, artificial e radioativo. □ ORTOGRAFIA Seu símbolo químico é *No*, sem ponto.

nobiliário, ria ⟨no.bi.li.á.rio, ria⟩ adj. Da nobreza ou relacionado a ela.

nobiliarquia ⟨no.bi.li.ar.qui.a⟩ s.f. **1** Estudo da história das famílias nobres. **2** Obra em que se registra esse estudo.

nobilíssimo, ma ⟨no.bi.lís.si.mo, ma⟩ Superlativo irregular de **nobre**.

nobilitar ⟨no.bi.li.tar⟩ v.t.d./v.prnl. **1** Tornar(-se) nobre. **2** Tornar(-se) notável ou célebre: *O músico brasileiro João Gilberto nobilitou-se como um dos pais da bossa nova.*

nobre ⟨no.bre⟩ ▪ adj.2g. **1** De linhagem distinta ou de origem ilustre. **2** Honroso, estimável e digno de admiração ou respeito: *um sentimento nobre.* ▪ adj.2g./s.2g. **3** Que ou quem tem um título outorgado pelo rei em virtude dos seus méritos ou herdado dos seus antepassados. □ GRAMÁTICA Seus superlativos são *nobilíssimo* e *nobríssimo.*

nobreza ⟨no.bre.za⟩ (Pron. [nobrêza]) s.f. **1** Grupo social formado pelas pessoas que têm título de nobre. **2** Na sociedade medieval europeia, classe social formada por essas pessoas, que eram as proprietárias das terras e que tinham privilégios jurídicos e tributários. **3** Grandeza, valor ou mérito: *A nobreza do seu comportamento foi reconhecida por todos.*

noção ⟨no.ção⟩ (pl. *noções*) s.f. **1** Ideia ou conhecimento: *Estávamos tão entretidos que perdemos a noção do tempo.* **2** Conhecimento elementar ou básico: *Tenho vagas noções de chinês.*

nocaute ‹no.cau.te› s.m. **1** Em uma luta de boxe, situação em que um dos lutadores é considerado derrotado após permanecer inconsciente por no mínimo dez segundos e em que se dá o combate por encerrado. **2** *informal* Derrota dolorosa.

nocautear ‹no.cau.te.ar› v.t.d. **1** Em uma luta de boxe, derrubar e fazer permanecer inconsciente por no mínimo dez segundos (um adversário): *O campeão mundial nocauteou o desafiante no quarto assalto e venceu a luta.* **2** Derrotar (um adversário) de maneira que ele não tenha como reagir: *Seus argumentos nocautearam os demais candidatos.* ▫ GRAMÁTICA O e muda para ei quando a sílaba tônica estiver na raiz do verbo →NOMEAR.

nocivo, va ‹no.ci.vo, va› adj. Daninho, prejudicial ou perigoso, especialmente para a saúde física ou mental.

noctâmbulo, la ‹noc.tâm.bu.lo, la› adj./s. **1** Que ou quem desenvolve suas principais atividades durante a noite. **2** Que ou quem é inclinado à vida noturna. ▫ SIN. notívago.

noctívago, ga ‹noc.tí.va.go, ga› adj./s. →**notívago, ga**

nodal ‹no.dal› (pl. *nodais*) adj.2g. Do nó ou relacionado a ele.

nódoa ‹nó.doa› s.f. **1** Marca de sujeira. ▫ SIN. mancha. **2** *informal* Desonra ou desprestígio.

nodoso, sa ‹no.do.so, sa› (Pron. [nodôso], [nodósa], [nodósos], [nodósas]) adj. Que tem nós ou nódulos.

nódulo ‹nó.du.lo› s.m. **1** Nó pequeno. **2** Em medicina, acúmulo de células que forma um tumor de pequeno volume, que pode ser benigno ou maligno.

nogueira ‹no.guei.ra› s.f. **1** Árvore de grande porte, com tronco e ramos robustos e de madeira de boa qualidade, copa grande e arredondada, com folhas que produzem um óleo aromático e cujo fruto é a noz. **2** Madeira dessa árvore.

noia ‹noi.a› (Pron. [nóia]) s.2g. *informal* Drogado.

noitada ‹noi.ta.da› s.f. **1** Período de tempo de uma noite. **2** Divertimento que dura toda a noite. ▫ ORTOGRAFIA Escreve-se também *noutada*.

noite ‹noi.te› s.f. **1** Período de tempo entre o pôr do sol e o amanhecer. **2** Escuridão ou trevas. ▫ ORTOGRAFIA Escreve-se também *noute*.

noivado ‹noi.va.do› s.m. **1** Compromisso de casamento estabelecido entre duas pessoas. **2** Período de tempo no qual essas pessoas aguardam ou preparam seu casamento.

noivar ‹noi.var› v.t.i./v.int. Assumir o compromisso de casar-se (com alguém) ou tornar-se noivo.

noivo, va ‹noi.vo, va› s. **1** Pessoa que mantém uma relação com outra com a qual tem intenção de se casar. **2** Pessoa prestes a se casar ou que está recém-casada.

nojento, ta ‹no.jen.to, ta› adj. Que causa asco ou nojo. ▫ SIN. asqueroso.

nojo ‹no.jo› (Pron. [nôjo]) s.m. **1** Repulsa por algo: *Muitas pessoas têm nojo de baratas.* ▫ SIN. asco. **2** Aquilo que causa esse sentimento: *A piscina do clube está um nojo.*

nômade ‹nô.ma.de› adj.2g./s.2g. Das pessoas ou dos animais que se deslocam de um lugar a outro sem se estabelecer de forma permanente em nenhum deles.

nomadismo ‹no.ma.dis.mo› s.m. Modo de vida característico de quem se desloca de um lugar a outro permanentemente.

nome ‹no.me› s.m. **1** Palavra ou conjunto de palavras com as quais se designam algo ou alguém. **2** Fama ou reputação: *Sua mãe é uma cirurgiã de muito nome.* ‖ **nome (de batismo)** Palavra ou conjunto de palavras recebidos por uma pessoa por ocasião de seu batismo. ‖ **nome de família** Palavra ou conjunto de palavras que servem para designar os membros de uma família e que se transmitem dos pais para os filhos. ▫ SIN. sobrenome.

nomeação ‹no.me.a.ção› (pl. *nomeações*) s.f. **1** Ato ou efeito de nomear. **2** Designação de alguém para o desempenho de um emprego ou de um cargo.

nomeada ‹no.me.a.da› s.f. Prestígio ou fama: *Seu pai é um professor de grande nomeada.* ▫ SIN. renome.

nomear ‹no.me.ar› v.t.d. **1** Dar nome. **2** Dizer o nome de (algo ou alguém): *A professora pediu-nos que nomeássemos três escritores brasileiros.* **3** Eleger, designar ou proclamar (alguém) para o desempenho de um emprego ou de um cargo: *Foi nomeada diretora da empresa com apenas trinta anos.* ▫ ORTOGRAFIA O e muda para ei quando a sílaba tônica estiver na raiz do verbo →NOMEAR. ▫ GRAMÁTICA Na acepção 3, o objeto pode vir acompanhado de um complemento que o qualifica: *Foi nomeada <u>diretora da empresa</u> com apenas trinta anos.*

nomenclatura ‹no.men.cla.tu.ra› s.f. Conjunto de termos específicos de uma área de conhecimento: *Na nomenclatura médica, a dor de cabeça é designada por cefaleia.*

nominal ‹no.mi.nal› (pl. *nominais*) adj.2g. **1** Do nome ou relacionado a ele. **2** Que não tem realidade e somente existe como nome: *Seu cargo como presidente é somente nominal, não tem poder real.* **3** Em relação a um documento, especialmente se for comercial ou bancário, que leva o nome da pessoa à qual se destina: *um cheque nominal.* ▫ SIN. nominativo. **4** Em linguística, que funciona como um nome: *um sintagma nominal.*

nominata ‹no.mi.na.ta› s.f. Lista de nomes ou palavras.

nominativo, va ‹no.mi.na.ti.vo, va› adj. Em relação a um documento, especialmente se for comercial ou bancário, que leva o nome da pessoa à qual se destina. ▫ SIN. nominal.

nonada ‹no.na.da› s.f. Aquilo que não tem importância ou não tem valor. ▫ SIN. bagatela, filigrana, ninharia, ridicularia.

nonagenário, ria ‹no.na.ge.ná.rio, ria› adj./s. Que ou quem tem mais de noventa anos e ainda não completou os cem.

nonagésimo, ma ‹no.na.gé.si.mo, ma› numer. **1** Em uma série, que ocupa o lugar de número noventa. **2** Em relação a uma parte, que compõe um todo se somada com outras 89 iguais a ela.

nono, na ‹no.no, na› (Pron. [nôno]) numer. **1** Em uma série, que ocupa o lugar de número nove. **2** Em relação a uma parte, que compõe um todo se somada com outras oito iguais a ela.

nônuplo, pla ‹nô.nu.plo, pla› ▎numer. **1** Que consta de nove ou é adequado para nove. ▎adj./s.m. **2** Em relação a uma quantidade, que é nove vezes maior.

nora ‹no.ra› s.f. Em relação a uma pessoa, esposa de seu filho: *Minha mãe é a nora dos meus avós paternos.* ▫ GRAMÁTICA Seu masculino é *genro*.

nordeste ‹nor.des.te› ▎adj.2g. **1** Que é situado neste ponto ou relacionado a ele: *a região Nordeste.* ▎s.m. **2** Ponto colateral entre os cardeais norte e leste. **3** Em relação a um lugar, outro que indica esse ponto: *As praias mais bonitas estão no nordeste do estado.* **4** Vento que sopra ou vem desse ponto. ▫ ORTOGRAFIA Na acepção 2, usa-se geralmente com inicial maiúscula por ser também um nome próprio e seu símbolo é *NE*, sem ponto.

nordestino, na ‹nor.des.ti.no, na› adj./s. Do Nordeste ou relacionado a essa região brasileira.

nórdico

nórdico, ca ‹nór.di.co, ca› adj./s. Dos povos e dos países do norte do continente europeu ou relacionado a eles.

norma ‹nor.ma› s.f. Regra a ser seguida: *normas de conduta; normas de segurança*.

normal ‹nor.mal› (pl. *normais*) adj.2g. **1** Que se encontra no seu estado natural ou apresenta características habituais. **2** Que se ajusta a certas normas lógicas: *É normal que você tenha boas notas, já que estuda muito*. **3** Antigamente, em relação a um curso, que formava professores para as primeiras séries do Ensino Fundamental.

normalidade ‹nor.ma.li.da.de› s.f. Qualidade ou estado de normal: *Depois de todo o movimento de fim de ano, tudo voltou à normalidade no comércio*.

normalista ‹nor.ma.lis.ta› adj.2g./s.2g. Em relação especialmente a um professor, que fez o curso normal.

normalizar ‹nor.ma.li.zar› v.t.d./v.prnl. Tornar(-se) normal ou voltar à normalidade: *Uma hora depois do acidente, o tráfego se normalizou*.

normando, da ‹nor.man.do, da› ▌adj./s. **1** Da Normandia ou relacionado a essa região francesa. ▌s.m. **2** Dialeto dessa região.

normativo, va ‹nor.ma.ti.vo, va› adj. Que serve como norma ou que estabelece ou determina normas.

noroeste ‹no.ro.es.te› ▌adj.2g. **1** Que é situado neste ponto ou relacionado a ele: *a região Noroeste*. ▌s.m. **2** Ponto colateral entre os cardeais norte e oeste. **3** Em relação a um lugar, outro que indica esse ponto: *A nascente desse rio está localizada no noroeste do estado*. **4** Vento que sopra ou que vem desse ponto. ☐ ORTOGRAFIA Na acepção 2, usa-se geralmente com inicial maiúscula por ser também um nome próprio e seu símbolo é NO ou NW, sem ponto.

norte ‹nor.te› ▌adj.2g. **1** Que é situado neste ponto cardeal ou relacionado a ele: *a ala norte*. ▌s.m. **2** Ponto cardeal que indica o polo Ártico e que fica à frente de um observador a cuja direita esteja o leste. **3** Em relação a um lugar, outro que indica esse ponto: *A estrada começa no norte da cidade*. **4** Vento que sopra ou vem desse ponto. **5** Direção ou guia: *Nem os sucessos nem os fracassos fizeram com que ela perdesse o norte*. ☐ ORTOGRAFIA Na acepção 2, usa-se geralmente com inicial maiúscula por ser também um nome próprio e seu símbolo é N, sem ponto.

norte-africano, na ‹nor.te-a.fri.ca.no, na› (pl. *norte-africanos*) adj./s. Da região Norte do continente africano ou relacionado a ela.

norte-americano, na ‹nor.te-a.me.ri.ca.no, na› (pl. *norte-americanos*) adj./s. **1** Da América do Norte ou relacionado a essa parte do continente americano. **2** Dos Estados Unidos da América ou relacionado a esse país da América do Norte: *A capital norte-americana é Washington*. ☐ SIN. americano, estadunidense.

nortear ‹nor.te.ar› v.t.d./v.prnl. Dirigir(-se) ou orientar(-se) a um fim ou lugar determinados: *O bom senso norteia todas as suas decisões*. ☐ ORTOGRAFIA O e muda para *ei* quando a sílaba tônica estiver na raiz do verbo →NOMEAR.

norte-coreano, na ‹nor.te-co.re.a.no, na› (pl. *norte-coreanos*) adj./s. Da Coreia do Norte ou relacionado a esse país asiático.

norte-rio-grandense ‹nor.te-ri.o-gran.den.se› (pl. *norte-rio-grandenses*) adj.2g./s.2g. Do Rio Grande do Norte ou relacionado a esse estado brasileiro. ☐ SIN. potiguar, rio-grandense-do-norte.

nortista ‹nor.tis.ta› adj.2g./s.2g. Do Norte ou relacionado a essa região brasileira.

norueguês, -a ‹no.ru.e.guês, gue.sa› (Pron. [norueguês], [norueguêsa]) ▌adj.2g./s.2g. **1** Da Noruega ou relacionado a esse país europeu. ▌s.m. **2** Língua desse país.

nos (Pron. [nôs]) pron.pess. Forma da primeira pessoa do plural que corresponde à função de complemento direto ou indireto do verbo sem preposição.

nós pron.pess. Forma da primeira pessoa do plural que corresponde à função de sujeito, de predicativo ou de complemento precedido de preposição.

nosofobia ‹no.so.fo.bi.a› s.f. Medo anormal e angustiante de adoecer.

nossa ‹nos.sa› interj. Expressão usada para indicar estranheza, surpresa, admiração ou desgosto: *Nossa! Que frio!* ☐ USO É a forma reduzida da expressão *Nossa Senhora!*.

nosso, sa ‹nos.so, sa› pron.poss. Indica posse em relação à primeira pessoa do plural.

nostalgia ‹nos.tal.gi.a› s.f. Sentimento de tristeza ou de melancolia causado pela ausência ou pela lembrança de algo querido: *Como vivia há muitos anos no exterior, às vezes sentia nostalgia do Brasil*.

nostálgico, ca ‹nos.tál.gi.co, ca› adj./s. Da nostalgia, com nostalgia ou relacionado a ela.

nota ‹no.ta› s.f. **1** Escrito breve que serve geralmente para comunicar, para explicar ou para lembrar algo: *Deixou-me uma nota dizendo que ia ao cinema*. **2** Qualificação com que se avalia algo, especialmente se for em um exame ou em uma prova: *Tirou boas notas este semestre*. **3** Papel emitido geralmente pelo Banco Central de um país e que circula efetivamente como dinheiro legal: *Encontrei uma nota de cinquenta reais*. ☐ SIN. cédula. **4** Em músicas, sinal gráfico que representa um som: *As notas musicais são: dó, ré, mi, fá, sol, lá e si*. **5** Fatura na qual aparece o que uma pessoa deve pagar: *Peça ao garçom que traga a nota, por favor*. **6** Na mídia, notícia ou descrição breves ou resumidas: *No jornal, apareceu uma nota sobre a exposição de pintura*. **7** *informal* Preço muito alto: *A viagem a Belo Horizonte custou uma nota!*.

notabilidade ‹no.ta.bi.li.da.de› s.f. Qualidade de notável.

notabilíssimo, ma ‹no.ta.bi.lís.si.mo, ma› Superlativo irregular de **notável**.

notabilizar ‹no.ta.bi.li.zar› v.t.d./v.prnl. Tornar(-se) célebre ou notável, geralmente por algo positivo. ☐ SIN. celebrizar.

notação ‹no.ta.ção› (pl. *notações*) s.f. Conjunto de sinais utilizado para representar elementos de um determinado campo do conhecimento: *a notação musical*.

notar ‹no.tar› v.t.d. **1** Observar ou reparar: *Notei que ele estava estranho*. ☐ SIN. perceber. **2** Colocar nota ou marca em (um texto escrito).

notário, ria ‹no.tá.rio, ria› s. Pessoa que se dedica profissionalmente a dar garantia de certos documentos ou atos extrajudiciais, sob autorização legal: *O testamento foi lido diante de uma notária*. ☐ SIN. tabelião.

notável ‹no.tá.vel› (pl. *notáveis*) adj.2g. **1** Digno de atenção. **2** Que se distingue pelas suas qualidades ou pela sua importância: *um trabalho notável*. ☐ GRAMÁTICA Seu superlativo é **notabilíssimo**.

notebook *(palavra inglesa)* (Pron. [noutibúc]) s.m. Microcomputador portátil, dobrável e de pouco peso. ☐ SIN. *laptop*.

notícia ‹no.tí.cia› s.f. **1** Conhecimento ou informação: *Alguém tem notícia dele?* **2** Na mídia, acontecimento ou fato que se divulgam, especialmente se forem recentes: *A televisão deu a notícia esta manhã*. **3** Gênero textual da esfera jornalística ao qual pertencem os enunciados que divulgam esses acontecimentos ou fatos.

noticiar ‹no.ti.ci.ar› v.t.d./v.t.d.i. Comunicar, avisar, dar notícia de (algo) [a alguém]: *A rádio noticiou as últimas mudanças no Governo. Já noticiaram o aumento aos funcionários*.

noticiário ⟨no.ti.ci.á.rio⟩ s.m. **1** Na mídia, programa jornalístico que transmite notícias e informações da atualidade. **2** Conjunto de notícias relacionadas a um tema.

noticioso, sa ⟨no.ti.ci.o.so, sa⟩ (Pron. [noticiôso], [noticiósa], [noticiósos], [noticiósas]) ▌adj. **1** Que apresenta ou contém muitas notícias. ▌s.m. **2** Na televisão ou no rádio, informativo ou programa de notícias.

notificação ⟨no.ti.fi.ca.ção⟩ (pl. *notificações*) s.f. **1** Ato ou efeito de notificar. **2** Comunicado ou aviso de uma ação judicial ou de um processo administrativo. **3** Documento que contém esse comunicado.

notificar ⟨no.ti.fi.car⟩ v.t.d./v.t.d.i. **1** Comunicar (algo) de maneira oficial [a alguém]: *Notificaram-lhe sua demissão hoje.* **2** Dar notícia de (algo) [a alguém]: *A escola notificou aos pais que haveria uma reunião.* ◻ ORTOGRAFIA Antes de e, o c muda para qu →BRINCAR.

notívago, ga ⟨no.tí.va.go, ga⟩ adj./s. *literário* Que ou quem é inclinado à vida noturna. ▌SIN. noctâmbulo. ◻ ORTOGRAFIA Escreve-se também *noctívago*.

notoriedade ⟨no.to.ri.e.da.de⟩ s.f. **1** Qualidade de notório. **2** Prestígio ou fama. **3** Pessoa com esse prestígio ou essa fama. ◻ GRAMÁTICA Na acepção 3, usa-se tanto para o masculino quanto para o feminino: *(ele/ela) é uma notoriedade.*

notório, ria ⟨no.tó.rio, ria⟩ adj. **1** Evidente, claro ou conhecido por todos. **2** Que tem muito prestígio ou muita fama.

noturno, na ⟨no.tur.no, na⟩ adj. **1** Da noite ou relacionado a ela. **2** Que acontece ou se realiza à noite: *Essa escola oferece aulas noturnas.*

noutada ⟨nou.ta.da⟩ s.f. →**noitada**

noute ⟨nou.te⟩ s.f. →**noite**

nova ⟨no.va⟩ s.f. Notícia de um fato: *uma boa nova.*

nova-andradinense ⟨no.va-an.dra.di.nen.se⟩ (pl. *nova-andradinenses*) adj.2g./s.2g. De Nova Andradina ou relacionado a essa cidade do estado brasileiro de Mato Grosso do Sul.

nova-iorquino, na ⟨no.va-i.or.qui.no, na⟩ (pl. *nova-iorquinos*) adj./s. De Nova Iorque ou relacionado a essa cidade ou a esse estado estadunidense.

nova-rica ⟨no.va-ri.ca⟩ (pl. *novas-ricas*) Substantivo feminino de **novo-rico**.

novato, ta ⟨no.va.to, ta⟩ adj./s. Que ou quem é novo em uma atividade ou tem pouca experiência nela. ▌SIN. novel, noviço.

nove ⟨no.ve⟩ ▌numer. **1** Número 9. ▌s.m. **2** Signo que representa esse número. ◻ GRAMÁTICA Na acepção 1, é invariável em gênero e em número.

novecentos, tas ⟨no.ve.cen.tos, tas⟩ ▌numer. **1** Número 900. ▌s.m. **2** Signo que representa esse número. ◻ GRAMÁTICA Na acepção 1, é invariável em número.

novel ⟨no.vel⟩ (pl. *novéis*) adj.2g./s.2g. Que ou quem é novo em uma atividade ou tem pouca experiência nela. ◻ SIN. novato, noviço.

novela ⟨no.ve.la⟩ s.f. **1** Obra literária em prosa, geralmente curta, em que se narra uma história fictícia. **2** Em rádio e em televisão, programa em que se conta uma história fictícia em capítulos diários. ‖ **novela de cavalaria** Aquela que narra as aventuras dos antigos cavaleiros andantes da Idade Média. ◻ SIN. romance de cavalaria.

novelista ⟨no.ve.lis.ta⟩ s.2g. Pessoa que escreve novelas.

novelo ⟨no.ve.lo⟩ (Pron. [novêlo]) s.m. Bola que se forma enrolando um fio: *um novelo de lã.*

novembro ⟨no.vem.bro⟩ s.m. Décimo primeiro mês do ano, entre outubro e dezembro.

novena ⟨no.ve.na⟩ (Pron. [novèna]) s.f. **1** Período de tempo de nove dias seguidos. **2** No catolicismo, conjunto de rezas que se realizam durante nove dias.

nubente

noventa ⟨no.ven.ta⟩ ▌numer. **1** Número 90. ▌s.m. **2** Signo que representa esse número.

noviciado ⟨no.vi.ci.a.do⟩ s.m. **1** Período de aprendizagem e experiência pelo qual passa um noviço antes de ingressar em uma ordem ou em uma congregação religiosa. **2** Conjunto de noviços. **3** Casa ou lugar onde esses noviços vivem.

noviço, ça ⟨no.vi.ço, ça⟩ ▌adj./s. **1** Que ou quem é novo em uma atividade ou tem pouca experiência nela. ◻ SIN. novato, novel. ▌s. **2** Pessoa que se prepara para ingressar em uma ordem ou em uma congregação religiosa.

novidade ⟨no.vi.da.de⟩ s.f. **1** Condição de novo. **2** Aquilo que é novo ou recente: *Na próxima feira do livro, serão apresentadas as últimas novidades editoriais.* **3** Notícia ou acontecimento recentes: *Fiquei surpreendido pelas últimas novidades.*

novilho, lha ⟨no.vi.lho, lha⟩ s. Filhote de vaca, ainda em fase de amamentação. ◻ SIN. bezerro, terneiro, vitelo.

novo, va ⟨no.vo, va⟩ (Pron. [nôvo], [nóva], [nóvos], [nóvas]) ▌adj. **1** Que foi feito ou fabricado recentemente. **2** Que se ouve ou se vê pela primeira vez. **3** Que é repetido e renovado: *um novo ano; um novo curso.* **4** Que está sem uso ou pouco usado: *um tênis novo.* **5** Que se soma ou se acrescenta ao que já havia: *Acrescentaram dois novos capítulos ao livro.* **6** *informal* Que está na sua juventude: *Sua mãe ainda é uma mulher nova.* ▌adj./s. **7** Em relação a uma pessoa ou a um objeto, que são recém-chegados a um lugar ou a um grupo. ‖ **de novo** Outra vez: *Por causa dos erros, tive que fazer o trabalho de novo.*

novo-hamburguense ⟨no.vo-ham.bur.guen.se⟩ (pl. *novo-hamburguenses*) adj.2g./s.2g. De Novo Hamburgo ou relacionado a essa cidade do estado brasileiro do Rio Grande do Sul.

novo-rico ⟨no.vo-ri.co⟩ (Pron. [nôvo-rico], [nóvos-ricos]) (pl. *novos-ricos*) s.m. *pejorativo* Pessoa que conseguiu sua riqueza de forma rápida e faz ostentação dela. ◻ GRAMÁTICA Seu feminino é *nova-rica*.

noz s.f. **1** Fruto da nogueira, seco, arredondado e dividido em duas metades duras e simétricas, e que tem uma única semente, comestível e rica em óleo, de superfície irregular e de casca com sabor levemente amargo. **2** Fruto de outras árvores, semelhante ao da nogueira pela dureza da casca e por conter apenas uma semente: *uma noz de coco.*

noz-moscada ⟨noz-mos.ca.da⟩ (pl. *nozes-moscadas*) s.f. Semente de casca dura, muito aromática, usada como condimento e na farmácia.

-nte Sufixo que indica agente: *amante, estudante.*

nu, -a ⟨nu, nu.a⟩ adj. **1** Sem roupa. ◻ SIN. despido, despido. **2** Com pouca roupa. **3** Que é evidente, claro ou sem dúvida: *uma verdade nua.* **4** Com falta de algo que cubra ou adorne: *paredes nuas.* ‖ **a nu** Evidente ou à vista de todos: *A investigação pôs a nu a verdade.*

nuança ⟨nu.an.ça⟩ s.f. →**nuance**

nuançar ⟨nu.an.car⟩ v.t.d. Atribuir nuance ou matiz a (algo): *Você poderia nuançar seus argumentos?* ◻ SIN. matizar. ◻ ORTOGRAFIA Antes de e, o ç muda para c →COMEÇAR.

nuance ⟨nu.an.ce⟩ s.f. **1** Cada um dos graus de uma mesma cor: *Na natureza, o verde tem muitas nuances.* ◻ SIN. matiz. **2** Sutileza entre duas coisas semelhantes: *Havia alguma nuance entre os dois discursos.* ◻ SIN. matiz. ◻ ORTOGRAFIA Escreve-se também *nuança*.

nubente ⟨nu.ben.te⟩ adj.2g./s.2g. Que ou quem está para se casar. ◻ USO É diferente de *núbil* (que está com idade para se casar).

núbil ⟨nú.bil⟩ (pl. *núbeis*) adj.2g. Em relação especialmente a uma mulher, que está com idade para se casar. ◻ USO É diferente de *nubente* (que ou quem está para se casar).

nublado, da ⟨nu.bla.do, da⟩ adj. **1** Com nuvens. **2** *literário* Que expressa pena, melancolia ou tristeza: *um olhar nublado*.

nublar ⟨nu.blar⟩ v.t.d./v.prnl. **1** Cobrir(-se) com nuvens: *Nuvens negras nublavam o céu. Nublou-se o dia e começou a chover*. ◻ SIN. encobrir. **2** *literário* Tornar(-se) turvo ou escurecer: *As lágrimas nublaram-lhe os olhos*. ◻ GRAMÁTICA Na acepção 1, é um verbo impessoal: só se usa na terceira pessoa do singular, no particípio, no gerúndio e no infinitivo →VENTAR.

nuca ⟨nu.ca⟩ s.f. Parte de trás do pescoço que corresponde à zona de união da coluna vertebral com a cabeça.

nuclear ⟨nu.cle.ar⟩ adj.2g. **1** Do núcleo, especialmente se for o dos átomos, ou relacionado a ele. **2** Que utiliza a energia armazenada nos núcleos dos átomos. ◻ SIN. atômico.

núcleo ⟨nú.cleo⟩ s.m. **1** Parte ou ponto central. **2** Em relação a um todo, parte primordial ou principal: *É preciso localizar o núcleo do problema*. **3** Em um astro, parte mais densa e luminosa: *O núcleo de um cometa é formado por rocha, pó e gelo*. **4** Em um sintagma gramatical, elemento fundamental que rege seus elementos: *O núcleo de um sintagma verbal é o verbo*. ‖ **núcleo atômico** Em um átomo, parte central, formada por nêutrons e prótons, que contém a maior proporção de massa e possui uma carga positiva. ‖ **núcleo celular** Em uma célula, parte que está separada do citoplasma por uma membrana, que controla o metabolismo celular e onde está o material genético.

nudez ⟨nu.dez⟩ (Pron. [nudêz]) s.f. **1** Condição ou estado de quem está nu. **2** Ausência de adorno.

nudismo ⟨nu.dis.mo⟩ s.m. Modo de viver que prega a vida ao ar livre, em contato com a natureza e em completa nudez.

nudista ⟨nu.dis.ta⟩ ▮adj.2g **1** Do nudismo ou relacionado a ele. ▮adj.2g./s.2g. **2** Que ou quem pratica o nudismo.

nulidade ⟨nu.li.da.de⟩ s.f. **1** Condição de nulo: *a nulidade de um contrato*. **2** Pessoa incapaz: *Sou uma nulidade jogando futebol*.

nulo, la ⟨nu.lo, la⟩ adj. **1** Sem valor, sem força ou sem efeito. **2** Incapaz ou inapto. **3** Muito pequeno ou inexistente: *Sua motivação para as artes é nula*.

num (pl. *nuns*) **1** Contração da preposição *em* com o artigo indefinido *um*. **2** Contração da preposição *em* com o numeral *um*. ◻ USO É uma palavra muito comum na linguagem coloquial.

numa ⟨nu.ma⟩ **1** Contração da preposição *em* com o artigo indefinido *uma*. **2** Contração da preposição *em* com o numeral *uma*. ◻ USO É uma palavra muito comum na linguagem coloquial.

numeração ⟨nu.me.ra.ção⟩ (pl. *numerações*) s.f. **1** Processo usado para se numerar os elementos de um conjunto. **2** Sequência de números usada para estabelecer a distinção entre objetos ou seres semelhantes: *Graças à numeração das casas, o carteiro pode entregar as cartas em cada uma delas*. **3** Sistema usado para a representação escrita dos números: *Minha irmã mais nova está aprendendo a numeração até o 9*.

numerador, -a ⟨nu.me.ra.dor, do.ra⟩ (Pron. [numeradôr], [numeradôra]) ▮adj./s. **1** Que ou quem numera. ▮s.m. **2** Em uma fração matemática, termo que indica o número de partes que se tomam do todo ou da unidade: *Em 5/8, o numerador é 5*.

numeral ⟨nu.me.ral⟩ (pl. *numerais*) ▮adj.2g. **1** Do número ou relacionado a ele. ▮s.m. **2** Classe de palavras que expressa ideia de quantidade, de ordem, de divisão ou de multiplicação. ‖ **(numeral) cardinal** Aquele que expressa uma quantidade inteira: *10 é um numeral cardinal*. ‖ **(numeral) ordinal** Aquele que expressa ideia de ordem ou sucessão: *Segundo e nono são numerais ordinais*.

numerar ⟨nu.me.rar⟩ v.t.d. **1** Marcar com números: *Se numerarmos as folhas, poderemos saber a ordem que seguem*. **2** Expor fazendo uma enumeração: *Começou a numerar os motivos que a levaram a tomar aquela decisão*. ◻ ORTOGRAFIA Na acepção 2, escreve-se também *enumerar*.

numerário, ria ⟨nu.me.rá.rio, ria⟩ adj./s.m. Do dinheiro vivo ou relacionado a ele.

numérico, ca ⟨nu.mé.ri.co, ca⟩ adj. **1** Dos números ou relacionado a eles. **2** Composto ou realizado com números.

número ⟨nú.me.ro⟩ s.m. **1** Conceito matemático que expressa uma quantidade em relação a uma unidade. **2** Sinal ou conjunto de sinais que representam esse conceito: *O 2 e o 1408 são números pares*. **3** Quantidade indeterminada: *Houve um grande número de voluntários dispostos a ajudar*. **4** Medida de algumas coisas que se ordenam segundo seu tamanho ou por outra característica: *Que número você calça?* **5** Quantidade mínima: *Não tivemos o número suficiente de candidatos para o curso*. **6** Em uma publicação periódica, exemplar ou tiragem de exemplares que se podem identificar pela data de edição: *Tenho todos os números desta revista*. **7** Em um espetáculo, cada uma das partes ou atos que constam do programa: *Meu número de circo preferido é o dos trapezistas*. **8** Em linguística, categoria nominal e verbal que indica o plural ou o singular de uma ou mais palavras: *O número permite diferenciar a forma verbal* janto *de* jantamos. ‖ **número atômico** Aquele que expressa a quantidade de prótons do núcleo atômico. ‖ **número complexo** Aquele formado pela soma de um número real e de um imaginário: *5 + 4i é um número complexo, pois 5 é um número real e 4i é um número imaginário*. ‖ **(número) decimal** Aquele racional que é igual a uma fração cujo denominador é uma potência de um dez: *3,4 é um número decimal*. ‖ **número de massa** Aquele que expressa o total de prótons e nêutrons do núcleo atômico. ‖ **(número) fracionário** Aquele que é apresentado na forma de uma fração: *O número 0,75 pode ser representado pelo número fracionário 3/4*. ‖ **(número) imaginário** Aquele que é composto por um número real multiplicado pela unidade imaginária *i* e que, quando elevado ao quadrado, resulta em um número igual ao negativo do quadrado do número real: *Elevando-se o número imaginário 6i ao quadrado, obtém-se -36*. ‖ **(número) ímpar** Aquele que não é exatamente divisível por dois: *1, 3 e 5 são números ímpares*. ‖ **(número) inteiro** Aquele que não tem parte decimal ou que pode ser obtido, a partir do número zero, por meio de somas ou de subtrações sucessivas do número um: *6 e -9 são números inteiros. Os números decimais não são inteiros*. ‖ **(número) irracional** Aquele que não pode ser obtido pela divisão de dois números inteiros: *A raiz quadrada de 3 é um número irracional*. ‖ **(número) natural** Aquele que é inteiro não negativo: *0, 1, 22, 89, 509 são números naturais*. ‖ **(número) par** Aquele que é divisível por dois: *12 é um número par*. ‖ **(número) primo** Aquele que só é divisível por 1 e por ele mesmo: *5 é um número primo, pois os seus únicos divisores são 1 e o próprio 5*. ‖ **(número) racional** Aquele real que pode expressar-se como quociente de dois inteiros: *6 e 2/3 são números racionais*. ‖ **número real** Aquele que faz parte do conjunto formado pela união do conjunto dos números

nuvem

racionais e com o conjunto dos irracionais: *As medidas de comprimento utilizam números reais.*

numeroso, sa ⟨nu.me.ro.so, sa⟩ (Pron. [numerôso], [numerósa], [numerôsos], [numerósas]) adj. Formado por um grande número ou por uma grande quantidade de elementos.

numismática ⟨nu.mis.má.ti.ca⟩ s.f. Ciência que estuda as medalhas e as moedas.

numismático, ca ⟨nu.mis.máti.co, ca⟩ ▌adj. **1** Da numismática ou relacionado a essa ciência. ▌s. **2** Pessoa que se dedica profissionalmente à numismática ou que é especializada nessa ciência.

nunca ⟨nun.ca⟩ adv. Em nenhum momento: *Nunca falei com ele.* □ SIN. jamais. ‖ **nunca mais** Em nenhum momento no futuro: *Nunca mais voltarei aqui!*

nunciatura ⟨nun.ci.a.tu.ra⟩ s.f. **1** Na Igreja Católica, cargo ou dignidade do representante diplomático do papa. **2** Lugar onde um núncio exerce o seu ofício.

núncio ⟨nún.cio⟩ s.m. **1** Na Igreja Católica, representante diplomático do papa. **2** Emissário ou mensageiro.

nupcial ⟨nup.ci.al⟩ (pl. *nupciais*) adj.2g. Das núpcias ou relacionado a elas.

núpcias ⟨núp.cias⟩ s.f.pl. Cerimônia ou ato em que se oficializa a união conjugal entre duas pessoas. □ SIN. boda, casamento.

nutrição ⟨nu.tri.ção⟩ (pl. *nutrições*) s.f. **1** Ato ou efeito de nutrir(-se). □ SIN. nutrimento. **2** Função pela qual os seres vivos repõem seus nutrientes necessários.

nutricional ⟨nu.tri.ci.o.nal⟩ (pl. *nutricionais*) adj.2g. Da nutrição ou relacionado a ela.

nutricionismo ⟨nu.tri.ci.o.nis.mo⟩ s.m. Estudo do que está relacionado à nutrição.

nutricionista ⟨nu.tri.ci.o.nis.ta⟩ adj.2g./s.2g. Que ou quem se dedica ao estudo da nutrição, especialmente como profissão.

nutriente ⟨nu.tri.en.te⟩ adj.2g./s.m. Que nutre ou alimenta o organismo.

nutrimento ⟨nu.tri.men.to⟩ s.m. Ato ou efeito de nutrir(-se). □ SIN. nutrição.

nutrir ⟨nu.trir⟩ ▌v.t.d./v.prnl. **1** Proporcionar(-se) as substâncias necessárias para repor as que se perderam ou para crescer: *É importante nutrir o organismo com alimentos completos.* ▌v.prnl. **2** Alimentar-se ou sustentar-se: *Toda grande amizade nutre-se de muito respeito.*

nutritivo, va ⟨nu.tri.ti.vo, va⟩ adj. Que nutre.

nutriz ⟨nu.triz⟩ ▌adj.2g. **1** Que alimenta. ▌s.f. **2** Mulher que amamenta uma criança. □ SIN. ama de leite.

nuvem ⟨nu.vem⟩ (pl. *nuvens*) s.f. **1** Aglomerado de pequenas gotas de água ou de partículas de gelo em suspensão na atmosfera, que podem dar origem às chuvas: *As nuvens encobriram o céu.* **2** Qualquer aglomerado ou massa de coisas que apresentem aspecto semelhante a uma nuvem: *uma nuvem de fumaça.* **3** Abundância ou grande quantidade: *uma nuvem de insetos.* **4** *literário* Ar ou sensação: *Uma nuvem de tristeza envolvia o poeta.*

o ❚ s.m. **1** Décima quinta letra do alfabeto. ❚ numer. **2** Em uma sequência, que ocupa o décimo quinto lugar: *Sentamos na fileira o*. ❚ art.def. **3** Usa-se antes de um nome para indicar que o ser a que se refere é conhecido pelo falante ou pelo ouvinte: *Trouxe o livro que você me deu*. ❚ pron.demons. **4** Usa-se para situar um ser em um espaço ou tempo, correspondendo a *aquilo*, *isso* ou *isto*: *Não entendi o que me disse*. **5** Usa-se para situar um ser em um espaço ou tempo, correspondendo a *aquele*, *esse* ou *este*: *Este homem não é o que eu vi*. ❚ pron.pess. **6** Forma da terceira pessoa do masculino que corresponde à função de complemento do verbo sem preposição: *Levei-o ao cinema*. ☐ GRAMÁTICA **1.** Na acepção 1, é invariável em gênero; nas acepções 3, 5 e 6, seu feminino é *a*. **2.** Na acepção 2, é invariável em gênero e em número; na acepção 1, o plural é *os*. ☐ USO **1.** Nas acepções 1 e 2, a pronúncia é *ó*; nas acepções 3, 4, 5 e 6, ô. **2.** Na acepção 6, usa-se a forma *no* quando estiver precedido por uma forma verbal terminada em som nasal (*chamaram-no*) e a forma *lo* quando estiver precedido por uma forma verbal terminada em som vocálico (*comprá-lo*).

ó interj. Expressão usada como vocativo para chamar alguém: *Ó menina, deixe de brincadeira!*

oásis ⟨o.á.sis⟩ s.m.2n. Região coberta por vegetação no meio de um deserto.

oba ⟨o.ba⟩ (Pron. [ôba]) interj. Expressão usada para indicar alegria ou admiração: *Oba, hoje vamos ao teatro!*

obcecado, da ⟨ob.ce.ca.do, da⟩ adj. **1** Impedido de raciocinar com clareza. **2** Que insiste em agir de modo negativo: *Estava obcecado pela ideia de ganhar na loteria*.

obcecar ⟨ob.ce.car⟩ ❚ v.t.d. **1** Impedir de raciocinar com clareza. ❚ v.t.d./v.prnl. **2** Tornar(-se) acostumado a agir de modo negativo. ☐ ORTOGRAFIA Antes de *e*, o *c* muda para *qu* →BRINCAR.

obedecer ⟨o.be.de.cer⟩ ❚ v.t.i. **1** Submeter-se às ordens [de alguém]: *Foi punido por não obedecer aos pais*. **2** Cumprir [com uma ordem ou com uma norma]: *No time, todos obedecem aos comandos do treinador*. ❚ v.int. **3** Ceder ao esforço feito para mudar a forma ou o estado (algo inanimado): *O volante não obedecia, e o motorista quase perdeu o controle do veículo*. ☐ ORTOGRAFIA Antes de *a* ou *o*, o *c* muda para *ç* →CONHECER.

obediência ⟨o.be.di.ên.cia⟩ s.f. Ato ou efeito de obedecer.

obediente ⟨o.be.di.en.te⟩ adj.2g. Que obedece ou cumpre o que lhe é mandado.

obelisco ⟨o.be.lis.co⟩ s.m. Monumento de pedra, quadrangular e vertical, que se eleva sobre um pedestal até estreitar-se em sua parte superior, formando uma pirâmide no seu topo.

obesidade ⟨o.be.si.da.de⟩ s.f. Gordura excessiva.

obeso, sa ⟨o.be.so, sa⟩ (Pron. [ohéso] ou [obêso]) adj./s. Que ou quem possui gordura excessiva.

óbice ⟨ó.bi.ce⟩ s.m. Obstáculo, impedimento ou objeção.

óbito ⟨ó.bi.to⟩ s.m. Falecimento de uma pessoa: *O médico assinou o atestado de óbito*.

obituário, ria ⟨o.bi.tu.á.rio, ria⟩ ❚ adj. **1** Do óbito ou relacionado a ele. ❚ s.m. **2** Seção de um jornal onde se noticia o falecimento de certas pessoas. **3** Em uma igreja ou em um monastério, registro de falecimentos.

objeção ⟨ob.je.ção⟩ (pl. *objeções*) s.f. Contestação a algo dito anteriormente. ☐ SIN. contra.

objetar ⟨ob.je.tar⟩ v.t.d./v.t.d.i. Expor (uma opinião oposta) como argumento em relação a algo que foi dito anteriormente [a alguém]: *Alguém tem algo a objetar quanto ao que foi falado?*

objetiva ⟨ob.je.ti.va⟩ s.f. Em um instrumento óptico, lente ou sistema de lentes que ficam voltados para um objeto ou para uma imagem que se quer observar.

objetivar

objetivar ⟨ob.je.ti.*var*⟩ v.t.d. **1** Considerar (um assunto) de forma objetiva: *Devemos objetivar nossos problemas se quisermos resolvê-los.* **2** Pretender ou ter como finalidade: *Nas próximas férias, objetivamos viajar até Salvador.*

objetividade ⟨ob.je.ti.vi.*da*.de⟩ s.f. Condição de objetivo: *Analisou a situação com objetividade, sem se deixar levar pela paixão.*

objetivo, va ⟨ob.je.*ti*.vo, va⟩ ▍adj. **1** Do objeto ou relacionado a ele. **2** Que age ou julga com imparcialidade. **3** Em filosofia, que existe fora do sujeito. ▍s.m. **4** Finalidade ou meta a ser alcançada: *Nosso objetivo é acabar o trabalho ainda hoje.* ☐ SIN. **objeto**.

objeto ⟨ob.*je*.to⟩ s.m. **1** Aquilo que é material e inanimado, especialmente se não for de grande tamanho: *um objeto de arte.* **2** Aquilo que serve de matéria ou assunto ao exercício das faculdades mentais ou a uma ciência: *O objeto da física é dar uma explicação racional aos fenômenos da natureza.* **3** Em filosofia, aquilo que pode ser matéria de conhecimento ou de percepção sensível: *O sujeito é quem pensa ou percebe, e o objeto, o pensado ou percebido.* **4** Finalidade ou intuito aos quais se dirigem ou se encaminham uma ação ou operação: *O objeto desta reunião é chegar a um acordo.* ☐ SIN. **objetivo**. **5** Em linguística, complemento do verbo sobre o qual recai a ação: *Na oração Dei flores a meu pai, flores é objeto direto e a meu pai, objeto indireto.* ‖ **objeto direto** Complemento do verbo sobre o qual recai a ação, sem o uso de preposição: *Em Diga a verdade a teu pai, a verdade é o objeto direto.* ‖ **objeto indireto** Complemento do verbo sobre o qual recai a ação, com a presença obrigatória de uma preposição: *Em Diga a verdade a teu pai, a teu pai é o objeto indireto.*

oblação ⟨o.bla.*ção*⟩ (pl. *oblações*) s.f. Oferenda feita a uma divindade.

oblíquo, qua ⟨o.*blí*.quo, qua⟩ adj. **1** Inclinado ou cortado transversalmente à horizontal ou da vertical. **2** Que dissimula ou disfarça seus sentimentos.

obliterar ⟨o.bli.te.*rar*⟩ v.t.d./v.prnl. **1** Anular(-se) ou apagar(-se). **2** Obstruir(-se) ou fechar(-se) (um canal ou uma cavidade): *Os cálculos podem obliterar o canal biliar.* **3** Tornar(-se) esquecido ou desaparecer da memória: *Obliteraram-se todas as mágoas do passado.*

oblongo, ga ⟨ob.*lon*.go, ga⟩ adj. Que é mais comprido do que largo.

oboé ⟨o.bo.*é*⟩ s.m. Instrumento musical de sopro da família das madeiras, geralmente feito de ébano, formado por um tubo de perfuração cônica que pode ter de 16 a 22 orifícios, que possui um complexo mecanismo de chaves e uma pequena palheta dupla, e cujo timbre é mais áspero que o do clarinete. [👁 **instrumentos de sopro** p. 747]

oboísta ⟨o.bo.*ís*.ta⟩ s.2g. Músico que toca o oboé.

óbolo ⟨*ó*.bo.lo⟩ s.m. Pequena quantia de dinheiro doada aos pobres e necessitados. ☐ SIN. **esmola, espórtula**.

obra ⟨*o*.bra⟩ s.f. **1** Produção literária, artística ou científica: *Retirantes é uma obra de arte produzida por Candido Portinari.* **2** Construção, remodelação ou reparação de alguma estrutura física: *A rua está fechada por causa das obras.* **3** Conjunto da produção de um escritor, artista ou cientista: *Presentearam-me com uma obra completa de Cecília Meireles.*

obra-prima ⟨o.bra-*pri*.ma⟩ (pl. *obras-primas*) s.f. Obra mais representativa de um artista, de um gênero, de uma época ou de um estilo: *Abaporu, de Tarsila do Amaral, é uma obra-prima do Modernismo brasileiro.*

obrar ⟨o.*brar*⟩ v.int. **1** Executar uma ação ou comportar-se de um modo determinado: *Obrou de acordo com suas convicções.* **2** *informal* Defecar.

obreiro, ra ⟨o.*brei*.ro, ra⟩ s. Trabalhador manual ou mecânico, especialmente se for do setor industrial ou de serviços. ☐ SIN. **operário**.

obrigação ⟨o.bri.ga.*ção*⟩ (pl. *obrigações*) s.f. **1** Ação cuja realização é imperativa: *A obrigação de um médico é socorrer os doentes.* **2** Imposição, compromisso ou necessidade moral: *Para ele, é uma obrigação ajudar quem precisa.*

obrigado, da ⟨o.bri.*ga*.do, da⟩ adj. **1** Agradecido ou grato. **2** Forçado ou compelido: *Todos os cidadãos são obrigados a respeitar as leis.*

obrigar ⟨o.bri.*gar*⟩ ▍v.t.d.i./v.prnl. **1** Forçar(-se) (alguém) [a fazer ou cumprir algo]: *A doença o obrigou a parar de fumar.* ▍v.t.d./v.t.d.i./v.prnl. **2** Possuir força ou autoridade suficientes para submeter (alguém) [a uma ordem legal]: *A lei obriga todos os motoristas a obedecerem os sinais de trânsito.* ☐ ORTOGRAFIA Antes de e, o g muda para gu →CHEGAR.

obrigatório, ria ⟨o.bri.ga.*tó*.rio, ria⟩ adj. Que tem de ser feito, cumprido ou obedecido.

obscenidade ⟨obs.ce.ni.*da*.de⟩ s.f. **1** Condição de obsceno. **2** Aquilo que se considera obsceno.

obsceno, na ⟨obs.*ce*.no, na⟩ (Pron. [obscêno]) adj. Que se considera grosseiro ou ofensivo ao pudor, especialmente no que está relacionado ao sexo.

obscurantismo ⟨obs.cu.ran.*tis*.mo⟩ s.m. **1** Oposição à difusão dos conhecimentos científicos e artísticos entre as classes populares. **2** Ignorância ou ausência de conhecimento.

obscurecer ⟨obs.cu.re.*cer*⟩ v.t.d./v.int./v.prnl. **1** Escurecer(-se) ou fazer perder a claridade: *Muitas nuvens obscureceram o dia.* **2** Tornar(-se) confuso ou de difícil compreensão: *Suas explicações obscureceram ainda mais o texto.* ☐ ORTOGRAFIA Antes de a ou o, o c muda para ç →CONHECER.

obscuridade ⟨obs.cu.ri.*da*.de⟩ s.f. **1** Escuridão ou falta de claridade. **2** Falta de clareza. **3** Ausência de fama ou notoriedade.

obscuro, ra ⟨obs.*cu*.ro, ra⟩ adj. **1** Escuro ou sem claridade. **2** Confuso ou difícil de compreender: *palavras obscuras.* **3** Sem fama ou notoriedade.

obsedar ⟨ob.se.*dar*⟩ v.t.d. Despertar ou causar uma obsessão: *O campeonato a obsedava e ela já não conseguia mais dormir.*

obsequiar ⟨ob.se.qui.*ar*⟩ (Pron. [obzequiar]) v.t.d./v.t.d.i. Agradar ou favorecer (alguém) [com atenções e presentes]: *Obsequiaram-no com duas entradas para o cinema.*

obséquio ⟨ob.*sé*.quio⟩ (Pron. [obzéquio]) s.m. Agrado, favor ou presente: *Por um obséquio do avô, ganhou uma bússola. Por obséquio, a senhora poderia nos auxiliar?*

obsequioso, sa ⟨ob.se.qui.*o*.so, sa⟩ (Pron. [obzequiôso], [obzequiósa], [obzequiósos], [obzequiósas]) adj. Que tenta agradar ou contentar alguém com atenções e presentes.

observação ⟨ob.ser.va.*ção*⟩ (pl. *observações*) s.f. **1** Ato ou efeito de observar(-se): *Depois da queda, passou um dia em observação no hospital.* **2** Cumprimento de uma lei ou de uma norma: *A observação das leis é dever de todos.* **3** Objeção, reparo ou advertência: *Não fez nenhuma observação quanto ao conteúdo do documento.*

observador, -a ⟨ob.ser.va.*dor*, *do*.ra⟩ (Pron. [observadôr], [observadóra]) adj./s. Que ou quem observa: *A eleição foi acompanhada por observadores internacionais.*

observância ⟨ob.ser.*vân*.cia⟩ s.f. Cumprimento rigoroso de uma regra ou lei.

observar ⟨ob.ser.*var*⟩ ▍v.t.d./v.prnl. **1** Examinar(-se), estudar(-se) ou contemplar(-se) atentamente: *Observamos o corpo de um inseto pelo microscópio.* ▍v.t.d. **2** Aceitar e cumprir fielmente (uma lei ou uma ordem): *Todos nós devemos observar as normas da empresa.*

observatório ⟨ob.ser.va.tó.rio⟩ s.m. **1** Instituição destinada a observações astronômicas ou meteorológicas. **2** Edifício que ocupa essa instituição.

observável ⟨ob.ser.vá.vel⟩ (pl. *observáveis*) adj.2g. **1** Que se pode observar. **2** Em física, em relação a uma grandeza, que pode ser medida.

obsessão ⟨ob.ses.são⟩ (pl. *obsessões*) s.f. Ideia fixa que não se consegue tirar da mente: *Para ele, ganhar dinheiro nunca foi uma obsessão.*

obsessivo, va ⟨ob.ses.si.vo, va⟩ adj. **1** Que produz obsessão. **2** Que sofre de obsessão.

obsoleto, ta ⟨ob.so.le.to, ta⟩ (Pron. [obsoléto] ou [obsolêto]) adj. Antiquado, em desuso ou inadequado às circunstâncias atuais. ☐ SIN. ultrapassado.

obstáculo ⟨obs.tá.cu.lo⟩ s.m. **1** Aquilo que resulta em um impedimento, em um inconveniente ou em uma dificuldade: *Em sua vida, sempre enfrentou os obstáculos com coragem.* **2** Em uma pista de corrida, cada uma das barreiras físicas que se interpõem.

obstante ⟨obs.tan.te⟩ ‖ **não obstante** Conectivo gramatical coordenativo (que une elementos do mesmo nível sintático) que expressa adversidade: *Ela está muito ocupada; não obstante, nos receberá.* ☐ SIN. a despeito de, sem embargo.

obstar ⟨obs.tar⟩ v.t.d. Obstruir, dificultar ou impossibilitar (uma ação ou um lugar): *A chuva obstou a passagem dos carros pelas avenidas.*

obstetra ⟨obs.te.tra⟩ adj.2g./s.2g. Em relação a um médico, que é especializado em obstetrícia.

obstetrícia ⟨obs.te.trí.cia⟩ s.f. Parte da medicina que se ocupa das mulheres durante a gestação, do parto e do período de tempo que o segue.

obstinação ⟨obs.ti.na.ção⟩ (pl. *obstinações*) s.f. Tenacidade, perseverança ou persistência: *Sua obstinação lhe ajudou a superar muitos momentos delicados.*

obstinado, da ⟨obs.ti.na.do, da⟩ adj. Perseverante ou muito tenaz.

obstinar ⟨obs.ti.nar⟩ ▮ v.t.d. **1** Tornar obstinado. ▮ v.prnl. **2** Manter-se firme ou tenaz em uma ideia ou em uma resolução apesar das pressões ou dificuldades: *Errar é humano, mas obstinar-se no erro é prejudicial.* ☐ GRAMÁTICA Na acepção 2, usa-se a construção *obstinar-se EM algo*.

obstrução ⟨obs.tru.ção⟩ (pl. *obstruções*) s.f. **1** Ato ou efeito de obstruir(-se). **2** Dificuldade no desenvolvimento de uma ação.

obstruir ⟨obs.tru.ir⟩ ▮ v.t.d./v.prnl. **1** Fechar(-se) ou impedir a passagem por (um lugar): *As artérias se obstruem pelo excesso de colesterol.* ▮ v.t.d. **2** Impedir ou causar dificuldades para (o desenvolvimento de uma ação): *Ele está sempre tentando obstruir os caminhos da justiça.* ☐ ORTOGRAFIA Usa-se *i* em vez do *e* comum na conjugação do presente do indicativo e do imperativo afirmativo →ATRIBUIR.

obtemperar ⟨ob.tem.pe.rar⟩ v.t.d./v.t.d.i. Ponderar ou dizer (algo) em resposta [a alguém]: *Alguns obtemperaram que o texto era difícil demais.*

obtenção ⟨ob.ten.ção⟩ (pl. *obtenções*) s.f. Ato ou efeito de obter: *Comemorou a obtenção da bolsa de estudos com os pais.*

obter ⟨ob.ter⟩ ▮ v.t.d./v.t.d.i. **1** Conseguir ou alcançar (algo) [para alguém], por esforço próprio ou por concessão de outro: *O quociente se obtém dividindo-se o dividendo pelo divisor.* ▮ v.t.d. **2** Fabricar ou extrair (um produto): *O biodiesel se obtém a partir da cana-de-açúcar, entre outras fontes.* ☐ GRAMÁTICA É um verbo irregular →TER.

obturação ⟨ob.tu.ra.ção⟩ (pl. *obturações*) s.f. Em medicina, fechamento de um orifício, de uma abertura ou de um canal.

obturar ⟨ob.tu.rar⟩ v.t.d. Fechar (uma abertura ou um orifício) introduzindo ou aplicando um produto: *Ele obturou dois dentes que estavam cariados.*

obtuso, sa ⟨ob.tu.so, sa⟩ adj. **1** Em relação a um ângulo, que é maior que 90º e menor que 180º. **2** Chato e sem ponta. **3** *pejorativo* Pouco inteligente ou lento em compreender.

obus ⟨o.bus⟩ s.m.2n. Peça de artilharia de maior alcance que um morteiro e menor que um canhão.

obviar ⟨ob.vi.ar⟩ ▮ v.t.d./v.t.i. **1** Evitar ou afastar-se [de algo]: *É preciso obviar os problemas e começar a trabalhar.* ▮ v.t.i. **2** Ser contrário ou opor-se [a algo]: *Para obviar às crescentes agressões à natureza, precisamos mudar nossas atitudes.* ☐ GRAMÁTICA Na acepção 2, usa-se a construção *obviar A algo*.

óbvio, via ⟨ób.vio, via⟩ adj. Evidente ou fácil de entender.

-oca Sufixo que indica tamanho menor: *beijoca, engenhoca.*

oca ⟨o.ca⟩ s.f. Cabana indígena, geralmente feita de madeira ou fibras vegetais. [◉ habitação p. 420]

ocara ⟨o.ca.ra⟩ s.f. Em uma aldeia indígena, praça no centro da taba.

ocarina ⟨o.ca.ri.na⟩ s.f. Instrumento musical antigo de sopro, globular ou oval, de timbre flautado, feito geralmente de argila ou cerâmica, provido de quatro a treze orifícios que se tapam com os dedos. [◉ **instrumentos de sopro** p. 747]

ocasião ⟨o.ca.si.ão⟩ (pl. *ocasiões*) s.f. **1** Momento em que algo acontece: *Naquela ocasião, eu ainda não te conhecia.* **2** Oportunidade favorável para fazer ou conseguir algo: *Viajar é uma boa ocasião para conhecer novas culturas.*

ocasional ⟨o.ca.si.o.nal⟩ (pl. *ocasionais*) adj.2g. **1** Que ocorre por casualidade. ☐ SIN. acidental, casual. **2** Que não é regular nem habitual, mas apto para uma ocasião determinada: *um trabalho ocasional.*

ocasionar ⟨o.ca.si.o.nar⟩ v.t.d./v.t.d.i. Ser a causa de (um acontecimento) ou provocar (algo) [a alguém]: *As fortes chuvas ocasionaram muitos prejuízos para a região.*

ocaso ⟨o.ca.so⟩ s.m. **1** Poente do Sol ou de algum outro astro. **2** Decadência, extinção ou fim: *As invasões bárbaras marcaram o ocaso do Império Romano.*

occipício ⟨oc.ci.pí.cio⟩ s.m. Parte posterior e inferior da cabeça, por onde esta se une com as vértebras do pescoço.

occipital ⟨oc.ci.pi.tal⟩ (pl. *occipitais*) adj.2g. Do occipício ou relacionado a essa parte da cabeça.

oceânico, ca ⟨o.ce.â.ni.co, ca⟩ adj. **1** Do oceano ou relacionado a ele. **2** Da Oceania (um dos cinco continentes) ou relacionado a ela.

oceano ⟨o.ce.a.no⟩ s.m. **1** Extensão de água salgada que cobre a maior parte da superfície terrestre: *Os oceanos cobrem aproximadamente 3/4 do planeta.* **2** Cada uma das cinco partes em que se divide essa grande massa de água: *Os oceanos são o Atlântico, o Pacífico, o Índico, o Glacial Ártico e o Antártico.*

oceanografia ⟨o.ce.a.no.gra.fi.a⟩ s.f. Ciência que estuda os oceanos e os mares.

ocidental ⟨o.ci.den.tal⟩ (pl. *ocidentais*) ▮ adj.2g. **1** Do Ocidente ou Oeste, ou relacionado a esse ponto cardeal. ▮ adj.2g./s.2g. **2** Do Ocidente ou relacionado a esse conjunto de países.

ocidente ⟨o.ci.den.te⟩ s.m. **1** Oeste: *O Sol se põe no ocidente.* **2** Conjunto de países que estão a oeste do meridiano de Greenwich: *Ele vive no Japão e não pensa em voltar para o Ocidente.* ☐ ORTOGRAFIA Na acepção 2, usa-se geralmente com inicial maiúscula por ser também um nome próprio.

ócio ⟨ó.cio⟩ s.m. Tempo livre: *Em seus momentos de ócio, gosta de jogar xadrez.*

ociosidade ⟨o.ci.o.si.da.de⟩ s.f. Condição ou estado de ocioso.

ocioso, sa ⟨o.ci.o.so, sa⟩ (Pron. [ociôso], [ociósa], [ociósos], [ociósas]) ∎ adj. **1** Que não é usado ou exercido para aquilo a que está destinado. **2** Inútil, desnecessário ou sem proveito. ∎ adj./s. **3** Que ou quem está inativo ou não trabalha por não ter o que fazer, por não querer fazê-lo ou por já ter terminado suas obrigações.

oclusão ⟨o.clu.são⟩ (pl. *oclusões*) s.f. **1** Em fonética e fonologia, fechamento completo do canal vocal na articulação de um som oclusivo. **2** Em medicina, fechamento ou obstrução de um canal de forma que não se possa abrir por meios naturais: *uma oclusão intestinal*.

oclusivo, va ⟨o.clu.si.vo, va⟩ adj. **1** Da oclusão, que a produz ou relacionado a ela. **2** Em fonética e fonologia, em relação a um som consonantal, que se articula fechando momentaneamente os órgãos articulatórios e abrindo-os bruscamente para expulsar o ar acumulado: *Em português, os sons /b/ e /p/ são oclusivos*.

oco, ca ⟨o.co, ca⟩ (Pron. [ôco]) adj. **1** Vazio ou sem miolo. **2** *informal* Em relação especialmente à linguagem ou ao estilo, que é pedante ou expressa conceitos vagos e triviais: *um discurso oco*.

ocorrência ⟨o.cor.rên.cia⟩ s.f. **1** Fato, evento ou acontecimento: *A ocorrência foi registrada no Distrito Policial*. **2** Frequência ou repetição: *Neste bairro, a ocorrência de assaltos é baixa*.

ocorrer ⟨o.cor.rer⟩ v.t.i./v.int. **1** Acontecer ou suceder [a alguém]: *O casamento ocorreu no cartório central*. ☐ SIN. decorrer. **2** Aparecer na memória ou no pensamento [de alguém] ou vir à mente: *A solução ocorreu-me logo pela manhã*.

ocre ⟨o.cre⟩ ∎ adj.2g./s.m. **1** De cor amarelada e escura. ∎ s.m. **2** Rocha dessa cor, que se desfaz facilmente e aparece frequentemente misturada com argila.

octaedro ⟨oc.ta.e.dro⟩ s.m. Corpo geométrico limitado por oito polígonos ou faces.

octano ⟨oc.ta.no⟩ s.m. Hidrocarboneto saturado com oito átomos de carbono, incolor, sem cheiro, presente no petróleo e usado como solvente.

octogenário, ria ⟨oc.to.ge.ná.rio, ria⟩ adj./s. Que ou quem tem mais de oitenta anos e ainda não completou os noventa.

octogésimo, ma ⟨oc.to.gé.si.mo, ma⟩ numer. **1** Em uma série, que ocupa o lugar de número oitenta. **2** Em relação a uma parte, que compõe um todo ao ser somada com outras 79 iguais a ela.

octogonal ⟨oc.to.go.nal⟩ (pl. *octogonais*) adj.2g. Do octógono ou com seu formato. ☐ SIN. oitavado.

octógono ⟨oc.tó.go.no⟩ s.m. Em geometria, polígono que tem oito lados.

ocular ⟨o.cu.lar⟩ ∎ adj.2g. **1** Do olho ou relacionado a ele: *o globo ocular*. ☐ SIN. óptico. ∎ s.f. **2** Em um instrumento óptico, parte pela qual o observador olha: *a ocular de um microscópio*.

oculista ⟨o.cu.lis.ta⟩ adj.2g./s.2g. *informal* Oftalmologista.

óculo ⟨ó.cu.lo⟩ s.m. Instrumento com um sistema de lentes em seu interior que aumentam as imagens dos objetos. ☐ SIN. luneta.

óculos ⟨ó.cu.los⟩ s.m.pl. Objeto formado por duas lentes ou cristais montados em armação que se apoia sobre o nariz e as orelhas, e que serve para corrigir ou proteger a visão: *Devido à miopia, passei a usar óculos*.

ocultação ⟨o.cul.ta.ção⟩ (pl. *ocultações*) s.f. Ato ou efeito de ocultar(-se).

ocultar ⟨o.cul.tar⟩ v.t.d./v.t.d.i./v.prnl. Esconder(-se) ou omitir(-se) (algo) [de alguém]. ☐ GRAMÁTICA É um verbo abundante, pois apresenta dois particípios: *ocultado* e *oculto*. *Ocultou a carta sob a toalha da mesa*.

ocultismo ⟨o.cul.tis.mo⟩ s.m. Estudo dos fenômenos tidos como sobrenaturais e que não podem ser explicados cientificamente.

oculto, ta ⟨o.cul.to, ta⟩ ∎ **1** Particípio irregular de ocultar. ∎ adj. **2** Que não é revelado ou que não se pode ver. ☐ SIN. escuso.

ocupação ⟨o.cu.pa.ção⟩ (pl. *ocupações*) s.f. **1** Atividade ou trabalho desempenhados por alguém: *Neste momento, minha ocupação principal é o estudo*. **2** Apropriação ou invasão de um lugar.

ocupacional ⟨o.cu.pa.cio.nal⟩ (pl. *ocupacionais*) adj.2g. De uma ocupação, de um trabalho ou relacionado a eles.

ocupar ⟨o.cu.par⟩ ∎ v.t.d. **1** Preencher (um espaço ou o tempo): *Os livros ocupam toda a estante*. **2** Utilizar (um objeto) de forma que ninguém mais consiga fazê-lo: *Deixe espaço para mim! Você está ocupando todo o sofá!* **3** Habitar ou instalar-se em (um lugar): *Uma agência de publicidade ocupará o escritório em frente*. **4** Invadir ou apoderar-se de (um lugar), especialmente se for de forma violenta ou ilegal: *Os manifestantes ocuparam a fábrica*. **5** Conquistar, desempenhar ou tomar posse de (um cargo ou um emprego): *Ela ocupa a presidência da empresa há dois anos*. ∎ v.prnl. **6** Dedicar-se a uma tarefa ou a um assunto ao assumir sua responsabilidade: *Quem vai se ocupar de organizar a festa?* ☐ GRAMÁTICA Na acepção 6, usa-se a construção *ocupar-se DE algo*.

odalisca ⟨o.da.lis.ca⟩ s.f. **1** Na antiga Turquia, escrava que servia às mulheres de um sultão. **2** Mulher que pertence a um harém.

ode ⟨o.de⟩ s.f. Poesia lírica em tom entusiasmado, composta por estrofes simétricas.

odiar ⟨o.di.ar⟩ v.t.d./v.prnl. Detestar(-se), abominar(-se) ou sentir ódio de (algo ou alguém). ☐ GRAMÁTICA É um verbo irregular →MEDIAR.

odiento, ta ⟨o.di.en.to, ta⟩ adj. **1** Que merece ou provoca um sentimento de ódio. ☐ SIN. odioso. **2** Que traz ódio dentro de si.

ódio ⟨ó.dio⟩ s.m. Sentimento de intensa hostilidade.

odioso, sa ⟨o.di.o.so, sa⟩ (Pron. [odiôso], [odiósa], [odiósos], [odiósas]) adj. Que merece ou provoca um sentimento de ódio. ☐ SIN. odiento.

odisseia ⟨o.dis.sei.a⟩ (Pron. [odisséia]) s.f. Sucessão de aventuras, peripécias e dificuldades: *Aquela viagem de ônibus de Porto Alegre a Recife, cheia de incidentes, acabou sendo uma odisseia*.

odontologia ⟨o.don.to.lo.gi.a⟩ s.f. Parte da medicina que estuda os dentes e suas doenças.

odontológico, ca ⟨o.don.to.ló.gi.co, ca⟩ adj. Da odontologia ou relacionado a ela. ☐ SIN. dentário.

odor ⟨o.dor⟩ (Pron. [odôr]) s.m. Cheiro exalado por algo ou alguém. ☐ SIN. cheiro.

odorífero, ra ⟨o.do.rí.fe.ro, ra⟩ adj. Que cheira bem ou que tem odor ou fragância agradáveis.

odre ⟨o.dre⟩ (Pron. [ôdre]) s.m. Recipiente feito de pele de animais e usado para armazenar líquidos.

oeste ⟨o.es.te⟩ ∎ adj.2g. **1** Que é situado neste ponto cardeal ou relacionado a ele: *a saída oeste*. ∎ s.m. **2** Ponto cardeal que indica a direção onde o Sol se põe. **3** Essa direção. ☐ SIN. poente. **4** Em relação a um lugar, outro que indica esse ponto: *A casa dos meus primos é no oeste da cidade*. **5** Vento que sopra ou vem desse ponto.
☐ ORTOGRAFIA Na acepção 2, usa-se geralmente com inicial maiúscula por ser também um nome próprio e seu símbolo é O ou W, sem ponto.

ofegante ⟨o.fe.gan.te⟩ adj.2g. Que respira com esforço ou dificuldade.

ofegar ⟨o.fe.gar⟩ v.int. Respirar com esforço ou dificuldade. ◻ SIN. arquejar. ◻ ORTOGRAFIA Antes de e, o g muda para gu →CHEGAR.

ofender ⟨o.fen.der⟩ ❙ v.t.d. **1** Fazer ou dizer algo que incomoda ou que demonstra desprezo e falta de respeito a (alguém): *Ofendeu o colega com aquelas insinuações maldosas*. **2** Produzir uma impressão desagradável a (os sentidos) ou atentar contra o que se considera de bom gosto ou de boa educação: *De tão cheio de clichês, o filme ofende a sensibilidade*. ❙ v.prnl. **3** Aborrecer-se por se sentir insultado ou diminuído: *Não se ofenda com esse comentário*.

ofensa ⟨o.fen.sa⟩ s.f. Aquilo que é dito ou feito para magoar alguém.

ofensiva ⟨o.fen.si.va⟩ s.f. **1** Ataque militar para conquistar um ou vários objetivos. **2** Estratégia ou iniciativa de ataque: *Essa multinacional lançou uma ofensiva para adquirir um importante pacote de ações de sua principal concorrente*.

ofensivo, va ⟨o.fen.si.vo, va⟩ adj. Que ofende ou pode ofender.

oferecer ⟨o.fe.re.cer⟩ ❙ v.t.d./v.t.d.i. **1** Dar ou ceder (algo) voluntariamente [a alguém]: *Gentilmente, ofereceu-me ajuda*. ◻ SIN. ofertar. **2** Apresentar, manifestar, propor ou mostrar (algo) [a alguém]: *O mundo do século XXI oferece muitos desafios*. **3** Dar ou celebrar (algo) [a alguém]: *Ofereceram uma festa de despedida*. **4** Prometer fazer ou dar (algo) [a alguém]: *Ofereciam uma gratificação a quem desse informações sobre o assalto*. **5** Consagrar (um esforço ou um sacrifício) [a uma divindade ou a uma causa]: *Ofereceram uma missa pela alma do falecido*. ❙ v.prnl. **6** Mostrar-se voluntário ou disposto para algo: *Já era tarde e se ofereceu para me trazer em casa*. ◻ ORTOGRAFIA Antes de a ou o, o c muda para ç →CONHECER.

oferecimento ⟨o.fe.re.ci.men.to⟩ s.m. Ato ou efeito de oferecer.

oferenda ⟨o.fe.ren.da⟩ s.f. Aquilo que se oferece.

oferta ⟨o.fer.ta⟩ s.f. **1** Oferecimento ou proposta de realizar, cumprir ou dar algo: *A oferta de roteiros turísticos no Brasil é vasta*. **2** Apresentação ou anúncio de um produto à venda, especialmente se estiver com seu preço rebaixado: *Nesta loja, há uma boa oferta de televisores*. **3** Produto que se vende com preço rebaixado. **4** Em economia, quantidade de mercadorias ou conjunto de serviços que se oferecem ao mercado. ❘❘ **estar em oferta** Ter o preço rebaixado: *Comprei este relógio porque estava em oferta*.

ofertar ⟨o.fer.tar⟩ v.t.d./v.t.d.i. Dar ou ceder (algo) voluntariamente [a alguém]. ◻ SIN. oferecer.

office-boy *(palavra inglesa)* (Pron. [ófice-bói]) s.m. →*boy*

off-line *(palavra inglesa)* (Pron. [óf-láine]) adj.2g.2n. **1** Que não está conectado à internet. **2** Que não pode ser acessado por um computador.

oficial ⟨o.fi.ci.al⟩ (pl. *oficiais*) ❙ adj.2g. **1** Que é autêntico e originário de uma autoridade do Estado, não sendo privado: *um documento oficial*. **2** Que é parte do governo ou o representa: *um órgão oficial*. **3** Em relação a um ato, que é formal: *uma cerimônia oficial*. ❙ s.2g. **4** Pessoa empregada do judiciário ou administrativo que faz licitações e intimações, entre outras tarefas: *uma oficial de Justiça*. **5** Nas Forças Armadas, classe que engloba os postos de oficial subalterno, de oficial intermediário, de oficial superior e de oficial-general. ❘❘ **oficial intermediário** Nas Forças Armadas, classe de oficiais cujo posto é superior ao de oficial subalterno e inferior ao de oficial superior. ❘❘ **oficial subalterno** Nas Forças Armadas, classe de oficiais cujo posto é superior ao de graduado e inferior ao de oficial intermediário. ❘❘ **oficial superior** Nas Forças Armadas, classe de oficiais cujo posto é superior ao de oficial intermediário e inferior ao de oficial-general. ◻ USO Na acepção 1, é diferente de *oficioso* (que não tem validade oficial, ainda que proceda de uma fonte autorizada).

oficialato ⟨o.fi.ci.a.la.to⟩ s.m. Cargo, profissão ou título de oficial.

oficial-general ⟨o.fi.ci.al-ge.ne.ral⟩ (pl. *oficiais-generais*) s.2g. No Exército, na Marinha e na Aeronáutica, pessoa cuja graduação é superior à de oficial superior.

oficialização ⟨o.fi.ci.a.li.za.ção⟩ (pl. *oficializações*) s.f. Ato ou efeito de oficializar.

oficializar ⟨o.fi.ci.a.li.zar⟩ v.t.d. Dar validade ou caráter oficial: *oficializar uma candidatura*.

oficiante ⟨o.fi.ci.an.te⟩ adj.2g./s.2g. Em relação a um sacerdote, que celebra ou dirige uma cerimônia ou um ato religiosos.

oficiar ⟨o.fi.ci.ar⟩ v.t.d./v.int. Celebrar (um ato religioso) ou dirigir uma cerimônia divina ou eclesiástica: *O sacristão oficiou uma missa de abertura do ano acadêmico*.

oficina ⟨o.fi.ci.na⟩ s.f. **1** Lugar no qual se fabrica algo ou se executam consertos: *uma oficina de costura*. **2** Curso ou seminário de duração breve: *uma oficina de canto*. ❘❘ **oficina (mecânica)** Lugar no qual se executam consertos em automóveis ou motocicletas.

ofício ⟨o.fí.cio⟩ s.m. **1** Trabalho ou profissão: *Seu ofício é de sapateiro*. **2** Comunicação escrita e oficial entre autoridades, inclusive se for de inferiores a superiores hierárquicos. **3** Cerimônia religiosa.

oficioso, sa ⟨o.fi.ci.o.so, sa⟩ (Pron. [oficióso], [oficiósa], [oficiósos], [oficiósas]) adj. **1** Em relação especialmente a uma informação, que não tem validade oficial, ainda que proceda de uma fonte autorizada. **2** Atencioso ou prestativo. ◻ USO Na acepção 1, é diferente de *oficial* (que é autêntico e originário de uma autoridade do Estado, não sendo privado).

ofídico, ca ⟨o.fí.di.co, ca⟩ adj. Da serpente ou relacionado a esse ofídio.

ofídio, dia ⟨o.fí.dio, dia⟩ ❙ adj./s.m. **1** Em relação a um réptil, que tem o corpo cilíndrico, escamoso, comprido e sem membros: *A sucuri é o maior ofídio do mundo*. ❙ s.m.pl. **2** Em zoologia, subordem desses répteis, pertencente à ordem Squamata.

ofsete ⟨of.se.te⟩ s.m. **1** Em artes gráficas, sistema de impressão no qual o molde ou a chapa imprimem sobre um cilindro de borracha que, por sua vez, imprime sobre o papel. **2** Máquina que emprega esse sistema de impressão.

oftalmologia ⟨of.tal.mo.lo.gi.a⟩ s.f. Parte da medicina que estuda as doenças dos olhos.

oftalmologista ⟨of.tal.mo.lo.gis.ta⟩ adj.2g./s.2g. Em relação a um médico, que é especializado em oftalmologia.

ofurô ⟨o.fu.rô⟩ s.m. Banheira geralmente de madeira, redonda e funda, que mantém a água aquecida por mais tempo.

ofuscar ⟨o.fus.car⟩ ❙ v.t.d. **1** Escurecer, tornar obscuro ou opaco: *Durante o dia, a luz do Sol ofusca o brilho das outras estrelas*. ❙ v.t.d./v.prnl. **2** Transtornar(-se) ou confundir(-se) (um pensamento): *A raiva ofusca a razão e impede você de pensar com clareza*. ◻ ORTOGRAFIA Antes de e, o c muda para qu →BRINCAR.

ogiva ⟨o.gi.va⟩ s.f. **1** Em arquitetura, arco com um ângulo agudo formado pelo cruzamento de dois outros arcos iguais em sua parte superior. **2** Em um projétil, extremidade afilada semelhante à parte superior desse arco.

ogival ⟨o.gi.val⟩ (pl. *ogivais*) adj.2g. **1** Com formato de ogiva. **2** Em arte, do estilo arquitetônico desenvolvido na Europa durante os três últimos séculos da época medieval e que se caracterizou pelo emprego da ogiva para qualquer tipo de arco.

OGM (pl. *OGMs*) s.m. Organismo que recebeu um gene de uma outra espécie de animal ou vegetal. ☐ SIN. **transgênico**. ☐ ORIGEM É a sigla de *organismo geneticamente modificado*.

ogro, gra ⟨o.gro, gra⟩ (Pron. [ôgro]) s. Monstro fantástico que se menciona para assustar crianças, geralmente gigante e com forma humana.

oh interj. Expressão usada para indicar estranheza, surpresa, admiração ou desgosto: *Oh! Não posso acreditar que se atrasou novamente!*

ohm (Pron. [ôum]) (pl. *ohms*) s.m. Unidade de resistência equivalente à resistência elétrica de um condutor quando uma tensão constante de um volt entre seus polos produz um fluxo de corrente elétrica de um ampere.

oi interj. **1** Expressão usada como saudação: *Oi! Tudo bom com você?* ☐ SIN. **olá**. **2** Expressão usada como resposta a um chamamento: *Oi. Pode falar.* **3** Expressão usada para indicar que algo não foi ouvido ou compreendido: *Oi? Pode repetir, por favor?*

oiapoquense ⟨oi.a.po.quen.se⟩ adj.2g./s.2g. De Oiapoque ou relacionado a essa cidade do estado brasileiro do Amapá.

oitava ⟨oi.ta.va⟩ s.f. **1** Em métrica, estrofe ou combinação de oito versos. **2** Em música, intervalo existente entre um som e sua repetição oito graus acima ou abaixo.

oitava de final ⟨oi.ta.va de fi.nal⟩ (pl. *oitavas de final*) s.f. Em uma competição esportiva, fase eliminatória na qual dezesseis participantes se enfrentam, dos quais só os oito vencedores passam para a fase seguinte. ☐ USO Usa-se geralmente a forma plural.

oitavado, da ⟨oi.ta.va.do, da⟩ adj. **1** Do octógono ou com seu formato. ☐ SIN. **octogonal**. **2** Em relação a uma nota, a um trecho ou a uma composição musical completa, que estão transpostos acima ou abaixo pelo intervalo de uma oitava.

oitavo, va ⟨oi.ta.vo, va⟩ numer. **1** Em uma série, que ocupa o lugar de número oito. **2** Em relação a uma parte, que compõe um todo se somada com outras sete iguais a ela.

oiteiro ⟨oi.tei.ro⟩ s.m. →**outeiro**

oitenta ⟨oi.ten.ta⟩ ▌numer. **1** Número 80. ▌s.m. **2** Signo que representa esse número.

oiti ⟨oi.ti⟩ s.m. **1** Árvore com folhas pequenas e flores brancas, usada na arborização e na construção civil, e cujo fruto comestível tem cheiro forte, casca amarela e polpa pastosa. ☐ SIN. **oitizeiro**. **2** Esse fruto. ☐ ORIGEM É uma palavra de origem tupi.

oiticica ⟨oi.ti.ci.ca⟩ s.f. Árvore com folhas alongadas verde-claras, flores pequenas e amarelas, e cujo fruto, de casca verde e polpa amarelada, possui uma semente grande que contém um óleo de aplicação industrial devido à presença de iodo.

oitizeiro ⟨oi.ti.zei.ro⟩ s.m. Árvore com folhas pequenas e flores brancas, usada na arborização e na construção civil, e cujo fruto é o oiti. ☐ SIN. **oiti**.

oito ⟨oi.to⟩ ▌numer. **1** Número 8. ▌s.m. **2** Signo que representa esse número. ☐ GRAMÁTICA Na acepção 1, é invariável em gênero e em número.

oitocentos, tas ⟨oi.to.cen.tos, tas⟩ ▌numer. **1** Número 800. ▌s.m. **2** Signo que representa esse número. ☐ GRAMÁTICA Na acepção 1, é invariável em número.

ojeriza ⟨o.je.ri.za⟩ s.f. Sentimento intenso de rejeição: *Ver um animal ser maltratado me causa ojeriza.*

o.k. ▌adj.2g.2n. **1** *informal* Bom, apropriado ou de acordo: *O seu vestido longo estava o.k. para a festa.* ▌interj. **2** Expressão usada para indicar conformidade ou acordo: *Quer ir ao cinema? O.k.!* ☐ ORIGEM É a sigla inglesa de *Oll Korrect*, grafia incorreta de *All Correct* (tudo bem)

-ol Em química, sufixo que significa *álcool*: *etanol*, *metanol*.

-ol, -ola Sufixo que indica origem ou pátria: *mongol*, *espanhola*.

-ola Sufixo que indica tamanho menor: *sacola*, *bandeirola*.

olá ⟨o.lá⟩ interj. Expressão usada como saudação: *Olá Como vai você?* ☐ SIN. **oi**.

olaria ⟨o.la.ri.a⟩ s.f. **1** Arte ou técnica de fabricar vasos ou outros objetos de barro, como tijolos e telhas. **2** Lugar no qual se fabricam ou se vendem esses objetos.

olé ⟨o.lé⟩ ▌s.m. **1** Em futebol, drible de grande habilidade. ▌interj. **2** Expressão usada para animar e mostrar entusiasmo, especialmente em um evento esportivo: *A torcida gritava Olé! a cada ataque do time.* ‖ **dar (um) olé** *informal* Em futebol, jogar de forma extraordinária: *A seleção deu um olé na partida de ontem.*

oleado ⟨o.le.a.do⟩ s.m. Lona coberta em uma de suas faces por um material plástico ou por uma camada de óleo e envernizada para que fique flexível e impermeável.

oleaginoso, sa ⟨o.le.a.gi.no.so, sa⟩ (Pron. [oleaginô so], [oleaginósa], [oleaginósos], [oleaginósas]) adj. **1** Que tem óleo. ☐ SIN. **oleoso**. **2** Que é gorduroso ou espesso como o óleo. ☐ SIN. **graxo, oleoso**.

olear ⟨o.le.ar⟩ v.t.d. Aplicar uma substância oleosa em (um mecanismo) para diminuir o atrito entre suas peças: *Periodicamente, é preciso olear a engrenagem do motor.* ☐ SIN. **lubrificar**. ☐ ORTOGRAFIA O *e* muda para *ei* quando a sílaba tônica estiver na raiz do verbo →NOMEAR

oleiro, ra ⟨o.lei.ro, ra⟩ s. Pessoa que se dedica profissionalmente à fabricação de vasos ou outros objetos de barro, como tijolos e telhas.

óleo ⟨ó.leo⟩ s.m. **1** Líquido gorduroso e viscoso, de origem animal, vegetal, mineral ou sintética, que não se dissolve na água e que é usado na alimentação e em processos industriais: *óleo de soja.* **2** Tinta que se obtém dissolvendo substâncias corantes em óleos de origem animal ou vegetal. **3** Em pintura, técnica artística realizada com essa tinta. **4** Obra de arte realizada com essa técnica.

oleoduto ⟨o.le.o.du.to⟩ s.m. Sistema de tubos destinado ao transporte de petróleo e de seus derivados a lugares distantes.

oleosidade ⟨o.le.o.si.da.de⟩ s.f. Qualidade de oleoso.

oleoso, sa ⟨o.le.o.so, sa⟩ (Pron. [oleôso], [oleósa], [oleósos], [oleósas]) adj. **1** Que tem óleo. ☐ SIN. **oleaginoso**. **2** Que é gorduroso ou espesso como o óleo: *O petróleo é um líquido oleoso.* ☐ SIN. **graxo, oleaginoso**.

olfativo, va ⟨ol.fa.ti.vo, va⟩ adj. Do sentido do olfato ou relacionado a ele. ☐ SIN. **olfatório**.

olfato ⟨ol.fa.to⟩ s.m. Sentido que permite perceber os cheiros: *Os cães possuem o olfato muito desenvolvido.*

olfatório, ria ⟨ol.fa.tó.rio, ria⟩ adj. Do sentido do olfato ou relacionado a ele: *o epitélio olfatório.* ☐ SIN. **olfativo**.

olhada ⟨o.lha.da⟩ s.f. Golpe de visão rápido ou superficial

olhar ⟨o.lhar⟩ ▌s.m. **1** Expressão dos olhos. **2** Enfoque que se assume diante de um assunto ou de uma tarefa: *Corrigiu as provas com um olhar crítico.* ☐ SIN. **visão** ▌v.t.d./v.t.i./v.int./v.prnl. **3** Observar(-se) ou manter a vista em certo [em algo que pode ser percebido pelos olhos]: *Olhe que nenê mais lindo! Olhou para os dois lados antes de atravessar a rua.* ☐ SIN. **ver**. ▌v.t.d. **4** Localizar ou buscar: *Vá olhar onde está o seu irmão.* ☐ SIN. **ver**. **5** Revisar ou examinar: *O policial quis olhar os documentos do carro.* ☐ SIN. **ver**. **6** Tomar conta ou cuidar

onça

de (algo ou alguém): *Pode olhar a minha mala por um instante, por favor?* **7** Perceber por qualquer um dos sentidos corporais: *Olha que música bonita!* □ SIN. ver. ▌v.t.d./v.t.i. **8** Analisar, refletir sobre (algo ou alguém) ou atentar [para uma situação]: *Amanhã, olharemos isso com mais atenção.* □ SIN. ver.

olheiras ⟨o.lhei.ras⟩ s.f.pl. Manchas escuras que se formam na região abaixo dos olhos: *Dormiu muito pouco e acordou com olheiras.*

olheiro, ra ⟨o.lhei.ro, ra⟩ s. **1** Pessoa que atua como observador ou informante. **2** Em alguns esportes, pessoa que se dedica profissionalmente a descobrir novos talentos a fim de recrutá-los para sua equipe.

olho ⟨o.lho⟩ (Pron. [ólho], [ólhos]) s.m. **1** Em uma pessoa ou animal, órgão que possibilita ver. **2** No rosto, parte visível desse órgão: *Ele estava com tanto sono que até fechava os olhos.* **3** Capacidade especial para perceber as coisas: *Eles têm um bom olho para os negócios.* **4** Atenção ou cuidado dados a algo: *Ele não tira os olhos das crianças.* **5** Abertura que atravessa algo de ponta a ponta: *Para costurar, coloca-se a linha no olho da agulha.* **6** Em uma planta, folha, flor ou ramo novos, ou, ainda, uma nova planta formada a partir dela: *Aquela planta vai dar flor, pois está com vários olhos novos.* □ SIN. broto, gomo, grelo, rebento. ‖ **abrir (bem) os olhos** Prestar muita atenção: *Abra bem os olhos para não ser roubado.* ‖ **a olho nu** Sem ajuda de nada: *Algumas estrelas podem ser vistas a olho nu.* ‖ **em um abrir e fechar de olhos** *informal* Em um instante ou com muita rapidez: *Ela se arrumou em um abrir e fechar de olhos.* ‖ **não pregar os olhos** Não dormir: *Estava tão preocupada que não pregou os olhos a noite toda.* ‖ **olho mágico** Em uma parede ou porta, pequena abertura feita para que se possa ver através dela.

olho de gato ⟨o.lho de ga.to⟩ (Pron. [ólho de gato], [ólhos de gato]) (pl. *olhos de gato*) s.m. Em uma rodovia, dispositivo luminoso que reflete a luz dos faróis.

oligarquia ⟨o.li.gar.qui.a⟩ s.f. **1** Sistema de governo em que um pequeno grupo de pessoas, pertencentes ao mesmo partido, família ou classe, possui o domínio cultural, social e político de um lugar, geralmente apenas visando os benefícios próprios. **2** Estado que tem esse sistema de governo. **3** Grupo minoritário de pessoas que dirige e controla uma organização, instituição ou coletividade, geralmente apenas visando os benefícios próprios.

olimpíada ⟨o.lim.pí.a.da⟩ s.f. Competição internacional de jogos esportivos, que é celebrada a cada quatro anos e em um lugar previamente estabelecido. □ ORTOGRAFIA Usa-se geralmente com inicial maiúscula por ser também um nome próprio. ⌑ USO Usa-se geralmente a forma plural *olimpíadas*.

olímpico, ca ⟨o.lím.pi.co, ca⟩ adj. **1** Das Olimpíadas ou relacionado a elas. **2** Do Olimpo (monte sagrado do norte grego onde viviam os deuses) ou relacionado a ele. **3** Em relação a um esportista, que participou de alguma olimpíada.

olimpo ⟨o.lim.po⟩ s.m. *literário* Lugar onde reina a felicidade.

olindense ⟨o.lin.den.se⟩ adj.2g./s.2g. De Olinda ou relacionado a essa cidade do estado brasileiro de Pernambuco.

oliva ⟨o.li.va⟩ ▌ adj.2g.2n./s.m. **1** De cor verde-escura, como a da oliva. ▌ s.f. **2** Árvore de tronco curto, grosso e retorcido, com copa larga e abundantes ramos espinhosos, folhas resistentes, estreitas, verdes na parte de cima e acinzentadas no verso, flores brancas e pequenas, e cujo fruto é comestível, ovalado, de cor verde, com caroço grande, e do qual se extrai o azeite. □ SIN. oliveira. **3** Esse fruto. □ SIN. azeitona.

olival ⟨o.li.val⟩ (pl. *olivais*) s.m. Plantação de oliveiras.

oliveira ⟨o.li.vei.ra⟩ s.f. Árvore de tronco curto, grosso e retorcido, com copa larga e abundantes ramos espinhosos, folhas resistentes, estreitas, verdes na parte de cima e acinzentadas no verso, flores brancas e pequenas, e cujo fruto é a azeitona. □ SIN. oliva.

olor ⟨o.lor⟩ (Pron. [olôr]) s.m. *literário* Odor.

olvidar ⟨ol.vi.dar⟩ v.t.d./v.prnl. *literário* Esquecer(-se).

olvido ⟨ol.vi.do⟩ s.m. *literário* Esquecimento. □ ORTOGRAFIA É diferente de *ouvido*.

omani ⟨o.ma.ni⟩ adj.2g./s.2g. De Omã ou relacionado a esse país asiático.

omaso ⟨o.ma.so⟩ s.m. Em um mamífero ruminante, terceiro estômago, onde os líquidos são reabsorvidos. □ SIN. folhoso.

ombrear ⟨om.bre.ar⟩ v.t.i./v.prnl. Equiparar(-se) ou estar em condições de igualdade [com algo ou alguém]: *Seus resultados nos exames obreiam com os dos melhores estudantes do país.* □ ORTOGRAFIA O e muda para *ei* quando a sílaba tônica estiver na raiz do verbo →NOMEAR.

ombreira ⟨om.brei.ra⟩ s.f. **1** Peça que se adapta ao ombro e que é usada para realçá-lo ou para protegê-lo: *um casaco com ombreiras.* **2** Em uma porta ou em uma janela, peça vertical que as sustenta. □ SIN. umbral.

ombro ⟨om.bro⟩ s.m. **1** Em alguns vertebrados, parte em que o tórax se une com as extremidades superiores ou com as extremidades dianteiras. **2** Em uma peça do vestuário, parte que cobre a região em que nascem as mangas: *O ombro da camisa está rasgado.* ‖ **dar de ombros** Mover essa parte do corpo como sinal de indiferença: *Ele deu de ombros quando lhe expliquei o problema.* ‖ **ombro a ombro** Conjuntamente ou ao mesmo tempo: *Chegaram ombro a ombro.*

ômega ⟨ô.me.ga⟩ s.m. Vigésima quarta e última letra do alfabeto grego.

omelete ⟨o.me.le.te⟩ s. Prato feito à base de ovos batidos fritos em uma frigideira e em que, às vezes, acrescentam-se outros ingredientes. □ GRAMÁTICA É uma palavra usada tanto como substantivo masculino como substantivo feminino: *um omelete, uma omelete.*

ominoso, sa ⟨o.mi.no.so, sa⟩ (Pron. [ominôso], [ominósa], [ominósos], [ominósas]) ▌ adj. **1** Depreciável e digno de condenação. ▌ adj./s. **2** Que ou quem prediz algum mal ou desgraça.

omissão ⟨o.mis.são⟩ (pl. *omissões*) s.f. **1** Ato ou efeito de omitir(-se). **2** Falta que se comete por deixar de fazer ou dizer algo: *Não socorrer um ferido é um caso de omissão gravíssimo.*

omisso, sa ⟨o.mis.so, sa⟩ ▌ **1** Particípio irregular de omitir. ▌ adj. **2** Que deixa de cumprir com sua responsabilidade. **3** Preguiçoso, esquecido ou descuidado.

omitir ⟨o.mi.tir⟩ v.t.d./v.t.d.i./v.prnl. Deixar de dizer (algo) [a alguém], de registrar(-se) ou de manifestar(-se): *No seu relato, omitiu os detalhes que não lhe interessava contar.* □ SIN. preterir. □ GRAMÁTICA É um verbo abundante, pois apresenta dois particípios: *omitido* e *omisso*.

omoplata ⟨o.mo.pla.ta⟩ s.f. Cada um dos dois ossos largos, quase planos e com formato triangular, situados em um dos lados superiores das costas e que se unem aos úmeros e às clavículas. □ USO É a antiga denominação de *escápula*.

onça ⟨on.ça⟩ s.f. **1** Mamífero felino carnívoro de grande porte, com cabeça arredondada, focinho curto, e pelagem amarelo-avermelhada com manchas pretas circulares. □ SIN. jaguar. **2** Mamífero felino de grande porte, carnívoro, com cabeça pequena, focinho branco e pelagem de cor amarelada. □ SIN. puma, suçuarana. **3** No sistema anglo-saxão, unidade de massa que equivale

onça-parda

a aproximadamente 28,3 gramas. ◻ GRAMÁTICA Nas acepções 1 e 2 é um substantivo epiceno: *a onça (macho/fêmea)*. ◻ USO Na acepção 1, é a forma reduzida e mais usual de *onça-pintada*; na acepção 2, de *onça-parda*.

onça-parda ⟨on.ça-par.da⟩ (pl. *onças-pardas*) s.f. →onça ◻ GRAMÁTICA É um substantivo epiceno: *a onça-parda (macho/fêmea)*.

onça-pintada ⟨on.ça-pin.ta.da⟩ (pl. *onças-pintadas*) s.f. →onça ◻ GRAMÁTICA É um substantivo epiceno: *a onça-pintada (macho/fêmea)*.

oncologia ⟨on.co.lo.gi.a⟩ s.f. Parte da medicina que estuda os tumores malignos.

onda ⟨on.da⟩ s.f. **1** Na superfície de um líquido, elevação que se forma ao movimentá-lo: *Como as ondas estavam fortes, não pudemos entrar no mar.* **2** Grande quantidade: *A cidade sofreu uma onda de atentados na semana passada.* **3** Em um corpo flexível, curva em forma de S que é produzida natural ou artificialmente: *As ondas do seu cabelo são naturais?* **4** Em física, perturbação ou vibração periódica através de um determinado meio ou do espaço: *O som se propaga em ondas.* **5** *informal* Moda: *A minissaia foi uma onda forte nos anos 1960.* **6** *informal* Sensação causada pelo uso de drogas. **7** *informal* Fingimento: *A história toda que ele contou é pura onda.* ‖ **fazer onda** *informal* Fazer alvoroço: *Ela sempre faz onda em vez de estudar.* ‖ **ir na onda 1** *informal* Imitar o que outra pessoa faz: *Ele foi na onda do primo e também comprou uma bicicleta.* **2** *informal* Aproveitar-se de uma situação: *Meu irmão pegou o carro e eu fui na onda.* ‖ **pegar onda** *informal* Surfar: *Eles preferem pegar onda bem cedinho.* ‖ **tirar (uma) onda** com alguém *informal* Brincar com uma pessoa ou zombar dela: *Meus primos mais velhos sempre tiram onda comigo.*

onde ⟨on.de⟩ ▮ pron.rel. **1** Designa um lugar já mencionado ou subentendido: *Essa é a rua onde moro.* ▮ adv. **2** Em que lugar: *Onde você mora?* ◻ USO É diferente de *aonde* (para que lugar).

ondear ⟨on.de.ar⟩ ▮ v.int./v.prnl. **1** Mover-se fazendo ondas. ◻ SIN. ondular. ▮ v.int. **2** Estender-se por ondas. ▮ v.t.d./v.prnl. **3** Deixar ou ficar com ondas (o cabelo). ◻ SIN. frisar, ondular. ◻ ORTOGRAFIA O e muda para *ei* quando a sílaba tônica estiver na raiz do verbo →NOMEAR.

ondulação ⟨on.du.la.ção⟩ (pl. *ondulações*) s.f. Formação ou movimento suave de ondas em uma superfície.

ondulado, da ⟨on.du.la.do, da⟩ adj. Com ondas.

ondular ⟨on.du.lar⟩ ▮ v.int./v.prnl. **1** Mover-se fazendo ondas. ◻ SIN. ondear. ▮ v.t.d./v.prnl. **2** Deixar ou ficar com ondas (o cabelo). ◻ SIN. frisar, ondear.

ondulatório, ria ⟨on.du.la.tó.rio, ria⟩ adj. Que se estende ou se propaga em forma de ondas.

onerar ⟨o.ne.rar⟩ ▮ v.t.d./v.prnl. **1** Sujeitar(-se) a taxas, impostos ou obrigações altos: *A nova lei onerava ainda mais as pequenas empresas.* ▮ v.t.d.i. **2** Sobrecarregar (alguém) [com taxas, impostos ou obrigações altos]: *Oneraram a população com ainda mais tributos.* ▮ v.t.d./v.prnl. **3** Obrigar a fazer dívidas ou endividar(-se): *A queda de importações onerou muitos países.*

oneroso, sa ⟨o.ne.ro.so, sa⟩ (Pron. [oneróso], [onerósa], [onerósos], [onerósas]) adj. **1** Que impõe taxas, impostos ou obrigações altos. **2** Pesado ou difícil de suportar. **3** Que é caro ou gera muita despesa.

ONG (pl. *ONGs*) s.f. Organização sem fins lucrativos, que trabalha por uma determinada causa e não depende da ajuda de um governo. ◻ ORIGEM É a sigla de *organização não governamental*.

-onho, -onha Sufixo que indica qualidade: *enfadonho, risonha.*

ônibus ⟨ô.ni.bus⟩ s.m.2n. Veículo longo e de grande porte, com capacidade para um elevado número de pessoas, e destinado ao transporte público de passageiros por um trajeto fixo. ‖ **ônibus elétrico** Veículo de tração elétrica com grande capacidade, usado para o transporte de pessoas, que circula sobre trilhos ou em pistas exclusivas, e que recebe a corrente elétrica por meio de um cabo aéreo. ◻ SIN. trólebus. ‖ **ônibus espacial** Veículo que pode navegar além da atmosfera terrestre e que é recuperável.

onipotência ⟨o.ni.po.tên.cia⟩ s.f. Poder total e absoluto.

onipotente ⟨o.ni.po.ten.te⟩ adj.2g. Que tem poder total e absoluto.

onipresente ⟨o.ni.pre.sen.te⟩ adj.2g. Presente em todas as partes ao mesmo tempo. ◻ SIN. ubíquo.

onírico, ca ⟨o.ní.ri.co, ca⟩ adj. Dos sonhos, com suas características ou relacionado a eles.

onisciência ⟨o.nis.ci.ên.cia⟩ s.f. Conhecimento absoluto e infinito de todas as coisas.

onisciente ⟨o.nis.ci.en.te⟩ adj.2g. Que possui conhecimento absoluto e infinito de todas as coisas.

onívoro, ra ⟨o.ní.vo.ro, ra⟩ adj./s.m. Em relação a um animal, que tem o sistema digestório adaptado para digerir alimentos de origem animal e vegetal.

ônix ⟨ô.nix⟩ (Pron. [ônics]) s.m.2n. Variedade de ágata formada por quartzo listrado que alterna faixas paralelas de cores claras e escuras.

on-line *(palavra inglesa)* (Pron. [on-láine]) ▮ adj.2g.2n Em informática, que está disponível na internet ou em qualquer outra rede.

onomástica ⟨o.no.más.ti.ca⟩ s.f. **1** Ciência que estuda e cataloga os nomes próprios. **2** Conjunto dos nomes próprios de pessoas de uma época ou de um lugar.

onomástico, ca ⟨o.no.más.ti.co, ca⟩ adj. Dos nomes, especialmente dos nomes próprios, ou relacionado a eles.

onomatopeia ⟨o.no.ma.to.pei.a⟩ (Pron. [onomatopéia]) s.f. Palavra que imita o som de algo: *Trim é uma onomatopeia do som do telefone.*

ontem ⟨on.tem⟩ ▮ s.m. **1** Tempo passado: *Pare de pensar no ontem e viva o hoje.* ▮ adv. **2** No dia imediatamente anterior ao de hoje: *Eles viajaram ontem.* **3** Em um tempo passado: *Ainda ontem era uma criança!* ‖ **de ontem para hoje** *informal* Muito rapidamente: *Ele enriqueceu de ontem para hoje.*

ontologia ⟨on.to.lo.gi.a⟩ s.f. Em filosofia, parte da metafísica que estuda o ser, sua natureza comum e inerente a cada um dos seres, e suas propriedades mais gerais.

ônus ⟨ô.nus⟩ s.m.2n. **1** Obrigação ou compromisso **2** Imposto ou tributo que recai sobre algo: *Essa mercadoria está sujeita a numerosos ônus.*

onze ⟨on.ze⟩ ▮ numer. Número 11. ▮ s.m. **2** Signo que representa esse número. ◻ GRAMÁTICA Na acepção 1, é invariável em gênero e em número.

opa ⟨o.pa⟩ (Pron. [ôpa]) interj. Expressão usada para indicar surpresa, admiração ou saudação: *Opa! O que foi?*

opacidade ⟨o.pa.ci.da.de⟩ s.f. Condição de opaco.

opaco, ca ⟨o.pa.co, ca⟩ adj. **1** Que impede a passagem da luz. **2** Sem brilho, escuro ou sombrio: *Com o passar dos anos, a prata ficou opaca.*

opala ⟨o.pa.la⟩ s.f. **1** Variedade dura de quartzo, translúcida ou opaca, de brilho parecido ao de uma resina e que tem diversas cores. **2** Tecido fino feito de algodão.

opalescente ⟨o.pa.les.cen.te⟩ adj.2g. Com características próprias da opala ou da sua coloração. ◻ SIN. opalino.

opalina ⟨o.pa.li.na⟩ s.f. Vidro com as características da opala, usado em objetos de decoração.

opalino, na ⟨o.pa.li.no, na⟩ adj. Com características próprias da opala ou da sua coloração. ☐ SIN. **opalescente**.

opção ⟨op.ção⟩ (pl. *opções*) s.f. **1** Liberdade de escolher: *Você tem a opção de ir ao teatro ou ao cinema.* **2** Aquilo que pode ser escolhido: *Essa foi a melhor opção entre todas.*

opcional ⟨op.cio.nal⟩ (pl. *opcionais*) adj.2g. Que pode ser escolhido e não é obrigatório. ☐ SIN. **facultativo**.

ópera ⟨ó.pe.ra⟩ s.f. **1** Obra dramática que combina música, poesia e cenografia. **2** Gênero formado por esse tipo de obra: *Meus pais gostam muito de ouvir óperas.* **3** Teatro no qual essas obras são representadas.

operação ⟨o.pe.ra.ção⟩ (pl. *operações*) s.f. **1** Realização ou execução de algo: *Essa máquina substitui a mão de obra humana em operações complexas.* **2** Intervenção cirúrgica em um corpo vivo, normalmente realizada para tirar, implantar ou corrigir órgãos, membros ou tecidos: *Foi submetido a uma operação para tirar o apêndice.* **3** Em matemática, processo em que um ou mais números são usados para gerar um novo número: *A soma, subtração, multiplicação e divisão são as quatro operações matemáticas básicas.* **4** Negociação ou contrato de valores e mercadorias. **5** Manobra militar.

operacional ⟨o.pe.ra.cio.nal⟩ (pl. *operacionais*) adj.2g. **1** Das operações, especialmente se forem as comerciais, matemáticas ou militares, ou relacionado a elas. **2** Pronto para funcionar: *Os novos computadores já estão em fase operacional.* **3** Em relação a uma unidade militar, que está em condições de efetuar ações de guerra.

operador, -a ⟨o.pe.ra.dor, do.ra⟩ (Pron. [operadôr], [operadôra]) ❚ adj. **1** Que opera. ❚ s. **2** Pessoa especializada na utilização de aparelhos ou sistemas técnicos. **3** Médico especializado em cirurgia. **4** Pessoa que faz operações financeiras ou comerciais, especialmente como profissão: *um operador da bolsa de valores.* **5** Em uma central telefônica, pessoa encarregada de estabelecer a comunicação não automática: *um operador de telemarketing.*

operadora ⟨o.pe.ra.do.ra⟩ (Pron. [operadôra]) s.f. Empresa encarregada de realizar uma atividade econômica ou de prestar um serviço: *uma operadora de telefonia celular.*

operante ⟨o.pe.ran.te⟩ adj.2g. **1** Que produz o resultado esperado. **2** Que realiza algo: *Os grupos operantes da região estão pedindo a ajuda de voluntários.*

operar ⟨o.pe.rar⟩ ❚ v.t.d./v.int./v.prnl. **1** Realizar uma intervenção cirúrgica em (alguém), fazer uma operação ou submeter-se a ela: *Esta cirurgia operou meu pai.* ❚ v.int. **2** Trabalhar ou exercer uma função: *A empresa reuniu todos os funcionários que operam na região.* ❚ v.t.d./v.int. **3** Produzir (um determinado efeito) ou ter uma reação: *O remédio operou rápido e a febre baixou.* ❚ v.t.d. **4** Fazer funcionar: *Ele operava as máquinas com muita facilidade.* ❚ v.int. **5** Realizar atividades ou funcionar: *A emissora ainda não está operando.* ❚ v.t.d./v.prnl. **6** Realizar (algo) ou acontecer: *Operou-se um milagre e todos foram salvos.*

operariado ⟨o.pe.ra.ri.a.do⟩ s.m. Conjunto de operários.

operário, ria ⟨o.pe.rá.rio, ria⟩ ❚ adj. **1** Dos trabalhadores ou relacionado a eles: *a classe operária.* ☐ SIN. **obreiro**. ❚ adj./s. **2** Em uma colônia de insetos, em relação a um de seus membros, que é responsável por quase todo o trabalho, especialmente no que se refere à busca de alimentos e à manutenção da higiene, e que não é capaz de reprodução: *uma abelha operária.* ❚ s. **3** Trabalhador manual ou mecânico, especialmente se for do setor industrial ou de serviços. ☐ SIN. **obreiro**.

operatório, ria ⟨o.pe.ra.tó.rio, ria⟩ adj. Das operações cirúrgicas ou relacionado a elas.

opereta ⟨o.pe.re.ta⟩ (Pron. [operêta]) s.f. Ópera de curta extensão e tema leve.

operoso, sa ⟨o.pe.ro.so, sa⟩ (Pron. [operôso], [operósa], [operôsos], [operósas]) adj. **1** Que produz ou causa algum efeito. **2** Que é difícil executar ou realizar.

opilação ⟨o.pi.la.ção⟩ (pl. *opilações*) s.f. Ato ou efeito de opilar(-se).

opilar ⟨o.pi.lar⟩ v.t.d./v.prnl. Obstruir(-se) ou entupir(-se) (um canal natural): *O excesso de colesterol opilou suas artérias.*

opinar ⟨o.pi.nar⟩ v.t.i./v.int. Expressar ou expor uma opinião, um julgamento ou um parecer [sobre um assunto]: *Gosta de opinar sobre os filmes a que assiste.*

opinião ⟨o.pi.ni.ão⟩ (pl. *opiniões*) s.f. Modo ou maneira de pensar, deliberar ou julgar: *Na reunião, expus minha opinião sobre o assunto.*

opiniático, ca ⟨o.pi.ni.á.ti.co, ca⟩ adj. Que mantém uma ideia fixa e não se deixa convencer.

ópio ⟨ó.pio⟩ s.m. **1** Substância extraída da papoula e usada como narcótico. **2** Aquilo que produz alienação ou diminuição da capacidade intelectual e crítica: *Algumas pessoas pensam que a televisão é, hoje, o verdadeiro ópio do povo.*

oponente ⟨o.po.nen.te⟩ adj.2g./s.2g. Que ou quem se opõe.

opor ⟨o.por⟩ ❚ v.t.d./v.t.d.i. **1** Apresentar (um argumento) em oposição [a outro]: *Opôs seu ponto de vista ao do adversário.* ☐ SIN. **contrapor**. **2** Em relação a uma coisa, ser contrária a outra: *O bem se opõe ao mal.* ☐ SIN. **contrapor-se**. **3** Manifestar ou expressar oposição, geralmente colocando obstáculos a um propósito: *Opuseram-se à minha ideia.* ☐ SIN. **contrapor-se**. ☐ GRAMÁTICA É um verbo irregular →PÔR.

oportunidade ⟨o.por.tu.ni.da.de⟩ s.f. Ocasião que possibilita a realização de algo: *Ele nunca teve a oportunidade de viajar para outro país.*

oportunismo ⟨o.por.tu.nis.mo⟩ s.m. Comportamento de quem se aproveita das circunstâncias do momento em benefício próprio.

oportunista ⟨o.por.tu.nis.ta⟩ adj.2g./s.2g. Do oportunismo ou que tem essa atitude.

oportuno, na ⟨o.por.tu.no, na⟩ adj. Que se faz ou acontece no momento conveniente, justo ou adequado.

oposição ⟨o.po.si.ção⟩ (pl. *oposições*) s.f. **1** Relação entre elementos que se opõem: *Não há oposição entre as duas propostas, elas se complementam.* **2** Grupo político que se opõe à política do governo em exercício.

oposicionismo ⟨o.po.si.ci.o.nis.mo⟩ s.m. **1** Tendência a opor-se a tudo. **2** Tendência política de oposição ao governo.

oposicionista ⟨o.po.si.ci.o.nis.ta⟩ adj.2g./s.2g. **1** Que ou quem se opõe. **2** Em relação a uma tendência política, que se opõe ao governo: *um partido oposicionista.*

opositor, -a ⟨o.po.si.tor, to.ra⟩ (Pron. [opositôr], [opositôra]) adj./s. Que se opõe ou é contrário a alguém.

oposto, ta ⟨o.pos.to, ta⟩ (Pron. [opôsto], [opósta], [opôstos], [opóstas]) adj. Que está em posição ou direção contrárias.

opressão ⟨o.pres.são⟩ (pl. *opressões*) s.f. **1** Ato ou efeito de oprimir. **2** Incômodo causado por coação ou pressão moral, ou sensação semelhante a essa. **3** Limitação ou privação dos direitos e da liberdade: *Na década de 1970, muitos países sul-americanos sofreram um regime de opressão.*

opressivo, va ⟨o.pres.si.vo, va⟩ adj. Que oprime ou serve para oprimir.

opressor, -a ⟨o.pres.sor, so.ra⟩ (Pron. [opressôr], [opressôra]) adj./s. Que ou quem oprime, submete ou trata com tirania, chegando inclusive a proibir direitos e liberdades.

oprimido

oprimido, da ‹o.pri.mi.do, da› adj./s. **1** Apertado, comprimido ou pressionado. **2** Que ou quem é submetido à tirania, sendo privado de seus direitos e de sua liberdade. **3** Que ou quem é dominado com violência ou sofre tortura: *Os povos oprimidos lutam pela paz.*

oprimir ‹o.pri.mir› v.t.d. **1** Apertar, fazer força ou exercer pressão sobre: *Sentia que algo lhe oprimia o peito.* **2** Submeter (alguém) à tirania ou privá-lo de seus direitos e de sua liberdade: *Foi um tirano e oprimiu seu povo durante anos.* **3** Dominar com violência ou submeter à tortura.

optar ‹op.tar› v.t.i./v.int. Decidir-se [por uma possibilidade entre várias]: *Como chovia, optaram por ficar em casa.*

optativo, va ‹op.ta.ti.vo, va› adj. **1** Que pode ser escolhido. **2** Que expressa desejo ou vontade: *Tomara que ele volte logo! é uma oração optativa.*

óptica ‹óp.ti.ca› s.f. **1** Parte da física que estuda as leis e os fenômenos da luz. **2** Técnica de fabricar instrumentos para melhorar a visão: *A óptica avançou muito em relação às lentes de contato.* **3** Estabelecimento comercial onde se vendem esses instrumentos. **4** Forma de considerar algo: *Na sua óptica, deveríamos agir de outra maneira.* ☐ **SIN.** ponto de vista. ☐ **ORTOGRAFIA** Escreve-se também *ótica*.

óptico, ca ‹óp.ti.co, ca› (Pron. [ótico]) ∎ adj. **1** Da óptica ou relacionado a essa parte da física: *um microscópio óptico.* **2** Do olho ou relacionado a esse órgão da visão: *o nervo óptico.* ☐ **SIN.** ocular. ∎ s. **3** Pessoa especializada em trabalhos relacionados ao estudo das leis e dos fenômenos da luz ou à fabricação de instrumentos para melhorar a visão. ☐ **ORTOGRAFIA** Escreve-se também *ótico*.

optimista ‹op.ti.mis.ta› adj.2g./s.2g. →**otimista**

opulência ‹o.pu.lên.cia› s.f. Riqueza, abundância ou grande quantidade.

opulento, ta ‹o.pu.len.to, ta› adj./s. Abundante ou rico em algo.

opus *(palavra latina)* (Pron. [ópus]) s.m. Em música, número que corresponde à ordem e classificação de uma composição ou de sua publicação, no conjunto das obras de um mesmo autor.

opúsculo ‹o.pús.cu.lo› s.m. Obra científica ou literária de pequeno porte e com poucas páginas.

-or, -ora 1 Sufixo que indica agente: *divisor.* **2** Sufixo que indica profissão: *cantor, assessora.*

ora ‹o.ra› ∎ conj. **1** Conectivo gramatical coordenativo (que une elementos do mesmo nível sintático) com valor alternativo que, repetido, pode expressar alternativa ou diferença: *Ora está feliz, ora está triste.* ∎ interj. **2** Expressão usada para indicar impaciência ou desconfiança: *Ora, não aguento mais assistir ao mesmo filme!*

oração ‹o.ra.ção› (pl. *orações*) s.f. **1** Em algumas religiões, pedido ou súplica feitos a uma divindade ou a um santo. ☐ **SIN.** prece, reza. **2** Unidade gramatical organizada em torno de um verbo.

oracional ‹o.ra.ci.o.nal› (pl. *oracionais*) adj.2g. Da oração gramatical ou relacionado a ela.

oráculo ‹o.rá.cu.lo› s.m. **1** Na Antiguidade, mensagem ou resposta recebidas após uma consulta com uma divindade determinada. **2** Essa divindade ou o sacerdote responsável pelo intermédio dessa consulta. **3** Lugar, estátua ou imagem que representam a divindade à qual se pede essa resposta.

orador, -a ‹o.ra.dor, do.ra› (Pron. [oradôr], [oradôra]) s. **1** Pessoa que faz ou está fazendo discursos. **2** Pessoa que discursa bem ou que tem habilidade ou eloquência para falar em público.

orago ‹o.ra.go› s.m. **1** Santo ou Virgem aos quais se dedica uma igreja ou que são escolhidos como protetores de um lugar ou de uma congregação. ☐ **SIN.** padroeiro, patrono. **2** Lugar dedicado a esse santo ou à Virgem.

oral ‹o.ral› (pl. *orais*) adj.2g. **1** Da boca ou relacionado a ela. **2** Expresso com a palavra: *um exame oral.* **3** Em linguística, em relação a um som, que se articula deixando o ar sair totalmente pela boca. ☐ **USO** Na acepção 3, é diferente de *nasal* (som que se articula deixando o ar sair total ou parcialmente pelo nariz).

orangotango ‹o.ran.go.tan.go› s.m. Macaco robusto de grande porte, sem cauda, com a cara alargada, pele preta e pelagem avermelhada, com pernas curtas, braços muito grandes, e que se alimenta de frutas, verduras e raízes. ☐ **GRAMÁTICA** É um substantivo epiceno: *o orangotango (macho/fêmea).*

orar ‹o.rar› v.t.d./v.t.i./v.t.d.i./v.int. Dirigir (orações) [a uma divindade], em voz alta ou mentalmente, ou rezar: *Ele ora todas as noites antes de dormir.*

oratória ‹o.ra.tó.ria› s.f. **1** Arte de falar com eloquência para um público, geralmente para comovê-lo ou persuadi-lo: *Convenceu o tribunal graças à sua brilhante oratória.* **2** Gênero textual formado pelas obras escritas segundo essa arte, geralmente de caráter religioso: *Os sermões fazem parte da oratória.*

oratório, ria ‹o.ra.tó.rio, ria› ∎ adj./s. **1** Da oratória, da eloquência, do orador ou relacionado a eles. ∎ s.m. **2** Lugar destinado a fazer orações. **3** Composição musical de grande extensão, da qual participam um coro, cantores, solistas e orquestra, geralmente de tema sagrado e que se executa sem dramatizá-la.

orbe ‹or.be› s.f. Conjunto de tudo aquilo que foi criado ou de tudo aquilo que existe. ☐ **SIN.** cosmo, criação, mundo, universo.

orbicular ‹or.bi.cu.lar› adj.2g. **1** Com formato de globo. ☐ **SIN.** globular. **2** Com formato de círculo. ☐ **SIN.** circular.

órbita ‹ór.bi.ta› s.f. **1** Trajetória descrita por um corpo em seu movimento. **2** Em anatomia, cavidade onde o olho está localizado.

orbitar ‹or.bi.tar› v.int. Girar descrevendo órbitas: *Os satélites artificiais orbitam ao redor da Terra.*

orca ‹or.ca› s.f. Mamífero marinho de grande porte, com a parte superior negra e o ventre branco, com uma grande barbatana no dorso, de cabeça arredondada com 20 a 25 dentes cônicos e pontiagudos em cada mandíbula, que vive geralmente em águas geladas e se alimenta de variados tipos de presas, como peixes, focas, tartarugas e pequenas baleias. ☐ **GRAMÁTICA** É um substantivo epiceno: *a orca (macho/fêmea).*

orçamento ‹or.ça.men.to› s.m. **1** Estimativa ou cálculo antecipado do custo de uma obra, de um serviço ou de um projeto que se pretende executar: *um orçamento mensal.* **2** Quantia de dinheiro calculada e destinada a gastos previstos: *o orçamento da escola.*

orçar ‹or.çar› v.t.d./v.t.d.i. Fazer o orçamento de (algo que custa dinheiro) [em um determinado valor]: *Antes da construção do edifício, o engenheiro orçou os gastos.* ☐ **ORTOGRAFIA** Antes de *e*, o *ç* muda para *c* →**COMEÇAR**.

ordeiro, ra ‹or.dei.ro, ra› adj./s. Que ou quem cumpre ou faz cumprir rigorosamente as normas ou regras.

ordem ‹or.dem› (pl. *ordens*) s.f. **1** Colocação, seguindo determinado critério de organização, no lugar apropriado ou naquele a que corresponde: *a ordem alfabética.* ☐ **SIN.** ordenação. **2** Boa disposição das coisas entre si ou das partes que formam um todo: *a ordem de um texto.* **3** Importância ou grau de excelência: *um assunto de primeira ordem.* **4** Grupo ou classe social:

a ordem dos advogados. **5** Em biologia, na classificação dos seres vivos, categoria superior à de família e inferior à de classe: *Os coelhos e as lebres pertencem à mesma ordem*. **6** Em matemática, posição ocupada por um algarismo na representação de um número: *No número 73, o 7 está na ordem das dezenas e o 3, na ordem das unidades*. **7** Mandamento a que se deve obedecer, que se deve observar e executar: *O soldado cumpriu a ordem de seu diretor*. **8** Na Igreja Católica, instituto religioso aprovado pelo papa e cujos indivíduos vivem sob regras estabelecidas: *a ordem dos franciscanos*. **9** Na Igreja Católica, cada um dos graus do sacramento que recebem sucessivamente aqueles que se tornarão sacerdotes.

ordenação ⟨or.de.na.ção⟩ (pl. *ordenações*) s.f. **1** Ato ou efeito de ordenar. ☐ SIN. **ordem**. **2** No cristianismo, cerimônia em que uma pessoa recebe o sacramento de sua ordem para se tornar um sacerdote.

ordenada ⟨or.de.na.da⟩ s.f. Em matemática, em um sistema de coordenadas, eixo vertical: *A ordenada é representada pela letra* y.

ordenado ⟨or.de.na.do⟩ s.m. Quantia de dinheiro com que se retribui um trabalho realizado por uma pessoa. ☐ SIN. **salário, soldada, vencimento**.

ordenança ⟨or.de.nan.ça⟩ s.2g. Nas Forças Armadas, pessoa, geralmente um soldado, que está às ordens de um oficial ou de um chefe para os assuntos do serviço militar.

ordenar ⟨or.de.nar⟩ **▌**v.t.d./v.t.d.i **1** Organizar ou colocar (algo) no lugar apropriado [em uma forma organizada]: *Você precisa ordenar suas coisas antes de sair*. **▌**v.t.d./v.t.d.i./v.int. **2** Exigir a realização de (uma ação) [a alguém], especialmente se for com autoridade, ou dar ordens: *A polícia ordenou que o carro parasse*. ☐ SIN. **decretar, determinar**. **▌**v.t.d. **3** Conceder as ordens sagradas a (alguém): *O bispo ordenou três seminaristas*.

ordenha ⟨or.de.nha⟩ (Pron. [orênha]) s.f. Em fêmeas de animais domésticos, extração do leite de suas tetas.

ordenhar ⟨or.de.nhar⟩ v.t.d. Extrair leite espremendo as tetas de (as fêmeas de alguns animais): *O fazendeiro ordenhava as vacas*. ☐ SIN. **mungir**.

ordinal ⟨or.di.nal⟩ (pl. *ordinais*) **▌**adj.2g./s.m. **1** Que expressa a ideia de ordem ou de sucessão: *Primeiro, segundo e terceiro são numerais ordinais*. **▌**s.m. **2** →**numeral ordinal**

ordinário, ria ⟨or.di.ná.rio, ria⟩ adj./s. **1** Comum, corrente ou que ocorre habitualmente. **2** Vulgar ou grosseiro: *um comportamento ordinário*. **3** *pejorativo* Que ou quem é considerado sem caráter.

orégano ⟨o.ré.ga.no⟩ s.m. Planta herbácea aromática, com galhos verdes e folhas ovaladas e em espigas, muito usada como condimento. ☐ ORTOGRAFIA Escreve-se também *orégão*.

orégão ⟨o.ré.gão⟩ (pl. *orégãos*) s.m. →**orégano**

orelha ⟨o.re.lha⟩ (Pron. [orêlha]) s.f. **1** Em anatomia, órgão responsável por perceber os sons. **2** Em uma pessoa ou em alguns animais, cartilagem que forma a parte externa do órgão da audição. **3** Na sobrecapa de um livro, parte lateral que se dobra para dentro. **4** Texto contido nessa parte. [👁 livro p. 499] **‖ de orelha em pé** Muito atento ou precavido: *Ficou de orelha em pé para ouvir o que falavam*. **‖ puxar a orelha de** alguém Repreendê-lo desaprovando sua conduta: *Puxamos a orelha dele por causa das faltas na escola*. ☐ USO **1**. Na acepção 1, é a nova denominação de *ouvido* **2**. Na acepção 2, é a antiga denominação de *pavilhão auricular*.

orelhão ⟨o.re.lhão⟩ (pl. *orelhões*) s.m. *informal* Telefone público.

órgão

orelhudo, da ⟨o.re.lhu.do, da⟩ adj./s. **1** Que ou quem tem as orelhas grandes e largas. **2** *pejorativo* Que ou quem é considerado de pouca inteligência ou inculto.

orfanato ⟨or.fa.na.to⟩ s.m. Instituição pública ou particular que abriga e educa órfãos ou crianças abandonadas.

orfandade ⟨or.fan.da.de⟩ s.f. **1** Estado ou condição da criança que não tem pai ou mãe, ou nenhum dos dois. **2** Conjunto dessas crianças.

órfão, fã ⟨ór.fão, fã⟩ (pl. *órfãos*) **▌**adj. **1** Com falta de algo, especialmente de proteção ou de ajuda. **▌**adj./s. **2** Que ou quem não tem pai ou mãe, ou nenhum dos dois, porque já morreram.

orfeão ⟨or.fe.ão⟩ (pl. *orfeões*) s.m. Agrupamento musical de pessoas que cantam em coro sem acompanhamento instrumental, originalmente composto apenas de vozes masculinas.

organdi ⟨or.gan.di⟩ s.m. Tecido de algodão muito fino e transparente.

organela ⟨or.ga.ne.la⟩ s.f. Em uma célula, estrutura limitada por membrana, suspensa no citoplasma e com função específica.

orgânico, ca ⟨or.gâ.ni.co, ca⟩ adj. **1** Em relação a um corpo, que tem vida ou aptidão para ela. **2** Dos órgãos, formado por eles ou relacionado a eles: *um tecido orgânico*. **3** Em química, em relação a um composto de origem não mineral, que tem o carbono como elemento constante: *A glucose é um composto orgânico*. **4** Que serve de fundamento a uma instituição: *uma lei orgânica*. **5** Organizado ou harmonioso: *um sistema orgânico; uma atividade orgânica*. **6** Que tem harmonia. **7** Em relação a um produto agrícola, que é cultivado sem produtos químicos ou pesticidas.

organismo ⟨or.ga.nis.mo⟩ s.m. **1** Constituição orgânica de um ser vivo: *Seu organismo não tolera o glúten*. **2** Ser vivo: *Os organismos unicelulares têm uma só célula*. **3** Instituição, corpo ou associação que realizam uma função ou um trabalho determinados: *A solução do conflito está nas mãos dos organismos internacionais*.

organista ⟨or.ga.nis.ta⟩ s.2g. Músico que toca órgão.

organização ⟨or.ga.ni.za.ção⟩ (pl. *organizações*) s.f. **1** Ato ou efeito de organizar(-se): *A organização de sua casa é invejável*. **2** Conjunto de pessoas pertencentes a um grupo ou a uma associação organizados: *uma organização não governamental*. **3** Em um corpo animal ou vegetal, estrutura ou composição de suas partes ou disposição para executar determinadas tarefas: *As esponjas têm uma organização muito primitiva*.

organizar ⟨or.ga.ni.zar⟩ **▌**v.t.d./v.prnl. **1** Estabelecer(-se), estruturar(-se) ou reformar(-se) para alcançar um fim: *Os moradores organizaram uma comissão administrativa para o condomínio*. **▌**v.t.d. **2** Colocar em ordem: *Organize um pouco seu quarto, pois está uma bagunça*. **▌**v.t.d./v.prnl. **3** Ordenar(-se) e preparar(-se) para um determinado fim (um conjunto de pessoas): *Os técnicos organizaram seus times para a prorrogação*. **▌**v.t.d. **4** Fazer ou produzir: *Os alunos organizaram uma feira de ciências no segundo semestre*. **▌**v.prnl. **5** Colocar seu tempo e seus assuntos em ordem (alguém): *Ela conseguiu se organizar durante as férias*.

organograma ⟨or.ga.no.gra.ma⟩ s.m. Gráfico da estrutura e organização de uma entidade, de uma empresa ou de uma atividade.

órgão ⟨ór.gão⟩ (pl. *órgãos*) s.m. **1** Em anatomia, cada uma das partes do corpo animal ou vegetal que exerce uma função específica: *O coração e o fígado são órgãos dos seres humanos e de alguns animais*. **2** Instrumento musical de fole e teclas, composto de vários pedais, válvulas, compressores e tubos de diferentes tamanhos, com os

orgasmo

quais se controla o som. [👁 **instrumentos de sopro** p. 747] **3** Aquilo que serve de instrumento ou de meio para a realização de algo: *um órgão do governo*.

orgasmo ⟨or.gas.mo⟩ s.m. Momento de prazer mais intenso durante o ato sexual. ☐ SIN. gozo.

orgia ⟨or.gi.a⟩ s.f. Festa em que há fartura de comida e de bebida e em que se cometem muitos excessos, especialmente se forem sexuais. ☐ SIN. esbórnia.

orgulhar ⟨or.gu.lhar⟩ v.t.d./v.prnl. Causar(-se) orgulho.

orgulho ⟨or.gu.lho⟩ s.m. **1** Admiração excessiva de si próprio e que leva alguém a considerar-se superior aos outros. **2** Satisfação que se sente por algo ou alguém considerados muito bons ou dignos de mérito: *Mostrava com orgulho as fotos do neto*. **3** Amor-próprio ou sentimento de proteção à honra ou à dignidade pessoal: *Por orgulho, não aceita que lhe dirijam a palavra de maneira grosseira*.

orgulhoso, sa ⟨or.gu.lho.so, sa⟩ (Pron. [orgulhôso], [orgulhósa], [orgulhôsos], [orgulhósas]) adj./s. **1** Que ou quem tem ou sente orgulho: *É orgulhosa do trabalho que faz*. **2** *pejorativo* Que ou quem tem vaidade ou orgulho excessivos ou demonstra arrogância.

orientação ⟨o.ri.en.ta.ção⟩ (pl. *orientações*) s.f. **1** Ato ou efeito de orientar(-se). **2** Determinação da posição ou direção de algo em relação aos pontos cardeais: *Nunca se perde, pois tem um ótimo senso de orientação*. **3** Informação ou conselho sobre algo necessário a alguém: *No meu colégio, há uma sala de orientação escolar*. **4** Tendência, inclinação ou interesse por um determinado ponto de vista: *Este partido é de orientação conservadora*.

oriental ⟨o.ri.en.tal⟩ (pl. *orientais*) ▌adj.2g. **1** Do Oriente ou relacionado a essa região. ▌adj.2g./s.2g. **2** Do continente asiático e das regiões europeias e africanas próximas a ele ou relacionado a esses territórios.

orientalismo ⟨o.ri.en.ta.lis.mo⟩ s.m. **1** Em linguística, palavra, expressão ou construção sintática próprias das línguas orientais empregadas em outra língua. **2** Admiração ou simpatia pela cultura oriental.

orientar ⟨o.ri.en.tar⟩ ▌v.t.d./v.prnl. **1** Colocar(-se) em uma posição dirigida a um ponto cardeal, especialmente se for para o oriente: *Orientou o espelho para a entrada da casa*. ▌v.t.d. **2** Determinar a posição ou a direção de (algo ou alguém): *A bússola me orienta quando faço caminhadas pela mata*. ▌v.t.d./v.prnl. **3** Nortear(-se) ou informar(-se) (alguém) sobre algo desconhecido: *Quando cheguei na Europa, foi ele quem me orientou durante os primeiros meses*.

oriente ⟨o.ri.en.te⟩ s.m. **1** Direção de onde o Sol surge. ☐ SIN. leste, levante, nascente. **2** Região terrestre localizada a leste do meridiano de Greenwich. **3** Conjunto dos países do continente asiático. ☐ ORTOGRAFIA Na acepção 3, usa-se geralmente com inicial maiúscula por ser também um nome próprio.

orifício ⟨o.ri.fí.cio⟩ s.m. **1** Buraco ou abertura. **2** Abertura de alguns canais do corpo que estabelecem comunicação com o exterior.

origami *(palavra japonesa)* (Pron. [origâmi]) s.m. Arte tradicional japonesa que consiste em formar figuras dobrando pedaços de papel.

origem ⟨o.ri.gem⟩ (pl. *origens*) s.f. **1** Início, nascimento ou primeiro momento de existência de algo ou alguém: *a origem da vida*. ☐ SIN. primórdio. **2** Procedência ou lugar em que acontece esse início ou nascimento: *Apesar de ter vivido em Minas Gerais, sua origem é carioca*. **3** Causa ou motivo: *Acreditam que a origem da epidemia está relacionada a um vírus*. **4** Ascendência ou grupo social dos quais se procede: *Nunca renegou sua origem humilde*.

original ⟨o.ri.gi.nal⟩ (pl. *originais*) ▌adj.2g. **1** Da origem ou relacionado a ela: *o sentido original de uma palavra*. **2** Raro ou diferente do usual: *um tema original*. ▌adj.2g./s.m. **3** Em relação a uma obra artística, que foi criada diretamente pelo autor: *O original da Mona Lisa vale uma fortuna*. **4** Em relação a um texto escrito, que não é cópia ou reprodução de outro: *um documento original*. ▌s.m. **5** Texto de uma obra entregue à editoração para ser impresso. ☐ SIN. manuscrito. **6** Aquilo que serve de modelo para uma reprodução, especialmente para um retrato artístico: *O quadro era tão parecido com o original que pensaram que era uma fotografia*.

originalidade ⟨o.ri.gi.na.li.da.de⟩ s.f. **1** Condição de original. **2** Aquilo que é dito ou feito de maneira original: *Sua originalidade está no modo de se vestir*.

originar ⟨o.ri.gi.nar⟩ ▌v.t.d. **1** Dar origem a (algo ou alguém). ▌v.prnl. **2** Ter origem ou derivar-se de algo: *A língua portuguesa se originou do latim*.

originário, ria ⟨o.ri.gi.ná.rio, ria⟩ adj./s. Que ou quem procede de algo ou de algum lugar ou teve sua origem neles. ☐ SIN. oriundo.

-ório, -ória Sufixo que indica relação: *ilusório*, *comprobatória*.

oriundo, da ⟨o.ri.un.do, da⟩ adj./s. Que ou quem procede de algo ou de algum lugar ou teve sua origem neles. ☐ SIN. originário.

orixá ⟨o.ri.xá⟩ s.m. Na tradição iorubá, cada uma das divindades protetoras de um indivíduo ou de uma comunidade, e que são cultuadas nos rituais de candomblé e umbanda, entre outros.

orizicultor, -a ⟨o.ri.zi.cul.tor, to.ra⟩ (Pron. [orizicultôr], [orizicultôra]) s. →**rizicultor, -a**

orizicultura ⟨o.ri.zi.cul.tu.ra⟩ s.f. →**rizicultura**

orla ⟨or.la⟩ s.f. **1** Borda ou limite de uma superfície, especialmente aqueles que existem entre uma extensão de terra e outra de água: *a orla marítima*. **2** Faixa ou área contíguas a essa borda: *Acampamos na orla direita do rio*.

orlar ⟨or.lar⟩ v.t.d./v.prnl. Cercar(-se) ou acompanhar a orla: *As palmeiras orlavam a baía*.

ornamentação ⟨or.na.men.ta.ção⟩ (pl. *ornamentações*) s.f. **1** Ato ou efeito de ornamentar(-se). **2** Conjunto de elementos artísticos ou decorativos que enfeitam um objeto ou um lugar.

ornamental ⟨or.na.men.tal⟩ (pl. *ornamentais*) adj.2g./s.2g. Da ornamentação, do adorno ou relacionado a eles.

ornamentar ⟨or.na.men.tar⟩ v.t.d./v.prnl. Colocar(-se) adornos ou enfeites, geralmente para embelezar(-se). ☐ SIN. adornar, ornar.

ornamento ⟨or.na.men.to⟩ ▌s.m. **1** Adorno que serve para enfeitar algo. ☐ SIN. paramento. ▌s.m.pl. **2** Vestes sagradas e usadas pelo sacerdote para celebrar uma cerimônia religiosa. ☐ SIN. paramento.

ornar ⟨or.nar⟩ v.t.d./v.prnl. Colocar(-se) adornos ou enfeites, geralmente para embelezar(-se). ☐ SIN. adornar, ornamentar.

ornato ⟨or.na.to⟩ s.m. Adorno, ornamento ou conjunto deles, especialmente se forem luxuosos ou caros.

ornitologia ⟨or.ni.to.lo.gi.a⟩ s.f. Parte da zoologia dedicado ao estudo das aves.

ornitorrinco ⟨or.ni.tor.rin.co⟩ s.m. Mamífero primitivo de cabeça quase redonda provida de mandíbula e maxila córneas e alargadas, semelhantes às de um pato, com o corpo coberto por pelos de cor marrom muito finos, patas apropriadas ao meio aquático, que se alimenta de peixes e crustáceos, e que se reproduz pondo ovos. ☐ GRAMÁTICA É um substantivo epiceno: *o ornitorrinco {macho/fêmea}*.

orquestra ⟨or.ques.tra⟩ s.f. **1** Em música, conjunto instrumental, geralmente formado pela família das cordas, das madeiras, dos metais e da percussão, e que pode ou não estar sob a direção de um regente ou de um maestro. **2** Em um teatro, lugar destinado para os músicos, geralmente entre a plateia e o palco. ‖ **orquestra de câmara** Aquela formada por pequenos conjuntos de instrumentos solistas, destinada à execução em recintos pequenos. ‖ **orquestra sinfônica** Aquela estruturada para executar especialmente sinfonias e outros gêneros musicais, composta por instrumentos da família das cordas, das madeiras, dos metais e da percussão, e que pode ser acompanhada de coro, de piano ou de qualquer outro instrumento. ▫ SIN. filarmônica.

orquestral ⟨or.ques.tral⟩ (pl. *orquestrais*) adj.2g. Da orquestra ou relacionado a ela.

orquestrar ⟨or.ques.trar⟩ v.t.d. **1** Arranjar (uma composição musical) para que possa ser executada por uma orquestra: *A compositora orquestrou algumas canções populares*. **2** Organizar ou dirigir (uma atividade): *A agência orquestrou uma grande campanha publicitária para o lançamento do produto*.

orquidário ⟨or.qui.dá.rio⟩ s.m. Local, geralmente coberto, onde se cultivam orquídeas.

orquídea ⟨or.quí.dea⟩ s.f. **1** Planta de caule curto, com folhas longas e em formato de lança, flores vistosas com formatos e cores variados, raízes verdes, e muito cultivada como ornamental. **2** Flor dessa planta.

ortodontia ⟨or.to.don.ti.a⟩ s.f. Parte da odontologia que se ocupa da correção das más-formações e dos defeitos no alinhamento dos dentes.

ortodoxia ⟨or.to.do.xi.a⟩ (Pron. [ortodocsia]) s.f. Conformidade com os princípios de uma doutrina, de uma ideologia ou de uma determinada forma de pensar.

ortodoxo, xa ⟨or.to.do.xo, xa⟩ (Pron. [ortodocso]) adj./s. **1** Em relação a algumas das Igrejas Cristãs, que se separou no século XI da Igreja Católica romana seguindo o patriarca de Constantinopla. **2** Que ou quem está em conformidade com os princípios de uma doutrina, de uma ideologia ou de uma determinada forma de pensar.

ortoepia ⟨or.to.e.pi.a⟩ s.f. →**ortoépia**

ortoépia ⟨or.to.é.pia⟩ s.f. Pronúncia considerada adequada de uma palavra. ▫ ORTOGRAFIA Escreve-se também *ortoepia*.

ortografia ⟨or.to.gra.fi.a⟩ s.f. **1** Parte da gramática que determina normas para o emprego correto das letras e da acentuação na escrita. **2** Escrita correta das palavras de uma língua, de acordo com essas normas.

ortográfico, ca ⟨or.to.grá.fi.co, ca⟩ adj. Da ortografia ou relacionado a ela: *um corretor ortográfico*.

ortopedia ⟨or.to.pe.di.a⟩ s.f. Parte da medicina que estuda o sistema esquelético.

ortopedista ⟨or.to.pe.dis.ta⟩ adj.2g./s.2g. Em relação a um médico, que é especializado em ortopedia.

orvalhar ⟨or.va.lhar⟩ ▌v.int. **1** Cair orvalho. ▌v.t.d./v.int./v.prnl. **2** Umedecer(-se) com gotas muito finas.

orvalho ⟨or.va.lho⟩ s.m. Conjunto de gotas muito pequenas que se formam quando o vapor de água se condensa na atmosfera com o frio da noite.

osasquense ⟨o.sas.quen.se⟩ adj.2g./s.2g. De Osasco ou relacionado a essa cidade do estado brasileiro de São Paulo.

oscilação ⟨os.ci.la.ção⟩ (pl. *oscilações*) s.f. Ato ou efeito de oscilar(-se).

oscilante ⟨os.ci.lan.te⟩ adj.2g. Que oscila. ▫ SIN. oscilatório.

oscilar ⟨os.ci.lar⟩ ▌v.t.d./v.int. **1** Balançar (uma coisa) de um lado para o outro ou realizar movimentos de vaivém: *Quando o relógio para, o pêndulo deixa de oscilar*. ▌v.int. **2** Vibrar ou mover-se continuamente sem sair do lugar. ▌v.t.i. **3** Alternar com alguma regularidade [entre dois ou mais valores]: *Durante o dia, a temperatura oscilará entre os 15ºC e 30ºC*.

oscilatório, ria ⟨os.ci.la.tó.rio, ria⟩ adj. Que oscila. ▫ SIN. oscilante.

oscular ⟨os.cu.lar⟩ v.t.d./v.prnl. *literário* Beijar(-se).

ósculo ⟨ós.cu.lo⟩ s.m. *literário* Beijo.

-ose Sufixo que indica doença: *escoliose*, *tuberculose*.

ósmio ⟨ós.mio⟩ s.m. Elemento químico da família dos metais, de número atômico 76, sólido, maleável, duro e de cor branca azulada, semelhante à platina. ▫ ORIGEM É uma palavra que vem do grego *osmé* (odor), pois o óxido desse metal desprende um odor muito forte. ▫ ORTOGRAFIA Seu símbolo químico é Os, sem ponto.

osmose ⟨os.mo.se⟩ s.f. Difusão de um solvente através de uma membrana semipermeável que separa duas soluções de diferente concentração. ‖ **por osmose** *informal* Sem esforço mental aparente: *Não é possível aprender nenhuma matéria por osmose*.

-oso, -osa **1** Sufixo que indica abundância: *arenoso*, *chuvosa*. **2** Sufixo que indica qualidade: *gostoso*, *orgulhosa*.

ossada ⟨os.sa.da⟩ s.f. **1** Aglomerado de ossos. **2** Conjunto dos ossos que compõem o esqueleto humano ou animal. **3** Em uma cova, conjunto de ossos de um cadáver: *A ossada será removida da sepultura*.

ossatura ⟨os.sa.tu.ra⟩ s.f. Esqueleto dos vertebrados, especialmente o dos animais de tamanho grande.

ósseo, sea ⟨ós.seo, sea⟩ adj. Do osso, feito de osso ou relacionado a ele.

ossificar ⟨os.si.fi.car⟩ v.t.d./v.int./v.prnl. Converter(-se) (um tecido orgânico) em osso ou adquirir sua consistência, por meio da deposição de cálcio. ▫ ORTOGRAFIA Antes de *e*, o *c* muda para *qu* →BRINCAR.

osso ⟨os.so⟩ (Pron. [ôsso], [óssos]) s.m. Cada uma das peças duras e esbranquiçadas que formam a maior parte do esqueleto dos vertebrados. ‖ **ossos do ofício** *informal* Dificuldades ou inconvenientes próprios de um trabalho: *Para um gerente, ouvir as queixas dos clientes são ossos do ofício*. ‖ **osso duro de roer** *informal* Pessoa ou coisa difícil de suportar. ‖ **(osso) frontal** Aquele que forma a parte anterior e superior do crânio. ‖ **(osso) parietal** Aquele que forma a parte média e lateral do crânio.

ossuário ⟨os.su.á.rio⟩ s.m. Em um cemitério ou em uma igreja, lugar destinado a reunir os ossos retirados das sepulturas.

ossudo, da ⟨os.su.do, da⟩ adj. Com muito osso ou com os ossos muito marcados.

ostensivo, va ⟨os.ten.si.vo, va⟩ adj. Evidente, manifesto ou que se mostra com clareza.

ostensório ⟨os.ten.só.rio⟩ s.m. Peça de ouro, prata ou outro metal na qual se expõe a hóstia para a adoração dos fiéis. ▫ SIN. custódia.

ostentação ⟨os.ten.ta.ção⟩ (pl. *ostentações*) s.f. **1** Ato ou efeito de ostentar(-se). **2** Luxo, suntuosidade ou riqueza exterior e visível: *Embora seja milionária, vive sem ostentação*.

ostentar ⟨os.ten.tar⟩ v.t.d./v.int./v.prnl. Exibir(-se) com orgulho, afetação ou vaidade: *O capitão da equipe ostentava o troféu*.

óstio ⟨ós.tio⟩ s.m. Abertura arredondada que dá acesso a um órgão. ‖ **óstio cárdico** No sistema digestório, orifício do estômago que se comunica com o esôfago. ▫ SIN. cárdia.

ostra ⟨os.tra⟩ (Pron. [óstra]) s.f. Molusco marinho comestível sem cabeça diferenciada, com duas conchas quase circulares, rugosas e esverdeadas por fora, e lisas e nacaradas por dentro, e que vive grudado às rochas, sendo muito utilizado na produção de pérolas. □ GRAMÁTICA É um substantivo epiceno: *a ostra (macho/fêmea)*.

ostracismo ⟨os.tra.cis.mo⟩ s.m. Isolamento ao qual uma pessoa se submete ou é submetida.

otário, ria ⟨o.tá.rio, ria⟩ adj./s. *informal* Que ou quem é ingênuo ou pouco inteligente.

-ote Sufixo que indica tamanho menor: *filhote, malote*.

ótica ⟨ó.ti.ca⟩ s.f. →**óptica**

ótico, ca ⟨ó.ti.co, ca⟩ adj. **1** Da orelha ou relacionado a ela. **2** →**óptico, ca**

otimismo ⟨o.ti.mis.mo⟩ s.m. Tendência a ver e a julgar as coisas de maneira positiva, considerando seus aspectos favoráveis mesmo em situações difíceis.

otimista ⟨o.ti.mis.ta⟩ adj.2g./s.2g. Que ou quem tende a ver ou a julgar as coisas pelo lado bom ou de modo favorável: *É uma pessoa otimista e sempre acha que as coisas vão dar certo*. □ ORTOGRAFIA Escreve-se também *optimista*.

otimizar ⟨o.ti.mi.zar⟩ v.t.d. **1** Melhorar (um processo): *Otimizando as condições de trabalho, aprimoramos o atendimento*. **2** Tirar o melhor proveito de (algo): *Otimizando os recursos, aumentamos a produção da empresa*.

ótimo, ma ⟨ó.ti.mo, ma⟩ ▌**1** Superlativo irregular de *bom*. ▌ interj. **2** Expressão usada para indicar aprovação ou satisfação: *Ótimo! Vejo que acabaram as tarefas!*

otite ⟨o.ti.te⟩ s.f. Inflamação do ouvido.

otomano, na ⟨o.to.ma.no, na⟩ adj./s. Da Turquia ou relacionado a esse país europeu e asiático. □ SIN. turco.

otorrino ⟨o.tor.ri.no⟩ adj.2g./s.2g. →**otorrinolaringologista**

otorrinolaringologia ⟨o.tor.ri.no.la.rin.go.lo.gi.a⟩ s.f. Parte da medicina que estuda as doenças que afetam a garganta, o nariz e os ouvidos.

otorrinolaringologista ⟨o.tor.ri.no.la.rin.go.lo.gis.ta⟩ adj.2g./s.2g. Em relação a um médico, que é especializado em otorrinolaringologia. □ USO Usa-se também a forma reduzida *otorrino*.

ou conj. **1** Conectivo gramatical coordenativo (que une elementos do mesmo nível sintático), podendo expressar alternativa, diferença, dúvida ou incerteza: *Quer café ou chá? Não sei se faço um bolo ou um pudim*. **2** Conectivo gramatical coordenativo (que une elementos do mesmo nível sintático), que expressa explicação: *Castro Alves, ou o poeta dos escravos, é autor de Navio Negreiro*. ∥ **ou seja** Expressão usada para introduzir uma explicação do que foi dito anteriormente: *Sempre reclama da vida, ou seja, nunca está satisfeito*. □ USO Na acepção 1, quando acompanha dois numerais, expressa cálculo aproximado: *Na última aula, havia 30 ou 35 alunos na sala*.

ourela ⟨ou.re.la⟩ s.f. Faixa na borda de um tecido, geralmente mais rústica e de pior qualidade que o resto do tecido.

ouriçar ⟨ou.ri.car⟩ v.t.d./v.prnl. **1** Levantar(-se) ou arrepiar(-se) (o cabelo ou os pelos), tornando(-se) semelhante a um ouriço: *O frio ouriçou os pelos do meu braço*. **2** *informal* Agitar(-se) ou movimentar(-se) excessivamente: *A música animada ouriçou a festa*. □ ORTOGRAFIA Antes de *e*, o *ç* muda para *c* →**COMEÇAR**.

ouriço ⟨ou.ri.ço⟩ s.m. Mamífero insetívoro noturno, de cabeça pequena e focinho afilado, pelagem parda, e com o dorso e as costas cobertos de espinhos. □ GRAMÁTICA É um substantivo epiceno: *o ouriço (macho/fêmea)*.

ouriço-cacheiro ⟨ou.ri.ço-ca.chei.ro⟩ (pl. *ouriços-cacheiros*) s.m. Mamífero insetívoro noturno, de cabeça pequena, pelagem escura, e com o dorso e as costas cobertos de espinhos. □ GRAMÁTICA É um substantivo epiceno: *o ouriço-cacheiro (macho/fêmea)*.

ouriço-do-mar ⟨ou.ri.ço-do-mar⟩ (pl. *ouriços-do-mar*) s.m. Animal marinho com o corpo em formato de esfera achatada, com esqueleto externo calcário e cheio de espinhos.

ourives ⟨ou.ri.ves⟩ s.2g.2n. Pessoa que se dedica a fabricar e consertar objetos artísticos de metais preciosos ou de liga metálica, especialmente como profissão.

ourivesaria ⟨ou.ri.ve.sa.ri.a⟩ s.f. **1** Arte ou técnica de lavrar objetos artísticos em metais preciosos. **2** Estabelecimento comercial em que o ourives fabrica ou vende suas peças.

ouro ⟨ou.ro⟩ ▌ adj.2g.2n./s.m. **1** De cor amarelo-brilhante. ▌ s.m. **2** Elemento químico da família dos metais, de número atômico 79, sólido, pesado, facilmente deformável e de cor amarelo-brilhante: *um anel de ouro*. **3** Riqueza ou dinheiro: *Aquele negócio vale ouro*. ▌ s.m.pl. **4** Em um baralho, um dos quatro naipes, representado pelo desenho de um losango vermelho. ∥ **de ouro 1** Extraordinariamente bom ou valioso: *Ele é um menino de ouro*. **2** Em relação a uma época, que é de maior esplendor: *Algumas pessoas acham que a década de 1970 foi a época de ouro da bossa nova*. ∥ **entregar o ouro** *informal* Revelar informações importantes ou confidenciais sem perceber. □ ORTOGRAFIA Na acepção 2, seu símbolo químico é *Au*, sem ponto.

ouropel ⟨ou.ro.pel⟩ (pl. *ouropéis*) s.m. Lâmina muito fina de cobre, zinco ou latão que imita o ouro.

ouro-pretense ⟨ou.ro-pre.ten.se⟩ (pl. *ouro-pretenses*) adj.2g./s.2g. De Ouro Preto do Oeste ou relacionado a essa cidade do estado brasileiro de Rondônia.

ousadia ⟨ou.sa.di.a⟩ s.f. Atrevimento ou audácia.

ousado, da ⟨ou.sa.do, da⟩ adj./s. Que ou quem tem ou manifesta ousadia.

ousar ⟨ou.sar⟩ ▌ v.t.d./v.t.i. **1** Decidir-se [a fazer ou a dizer algo que pode apresentar risco]: *Como ousou falar assim com o diretor?* □ SIN. atrever-se. ▌ v.t.d. **2** Fazer com coragem (algo novo ou difícil): *Ele ousou percorrer a pé a distância que separa as duas cidades*.

outdoor (palavra inglesa) (Pron. [autidór]) s.m. Cartaz grande de propaganda colocado nas ruas, geralmente sobre estruturas altas como muros e prédios.

outeiro ⟨ou.tei.ro⟩ s.m. Colina isolada em um terreno plano. □ ORTOGRAFIA Escreve-se também *oiteiro*.

outonal ⟨ou.to.nal⟩ (pl. *outonais*) adj.2g. Do outono ou relacionado a ele.

outono ⟨ou.to.no⟩ s.m. **1** Estação do ano entre o verão e o inverno que começa no dia 20 de março e termina no dia 20 de junho. **2** Período da vida de uma pessoa que se aproxima da velhice. □ USO Na acepção 1, no hemisfério Norte, ocorre aproximadamente entre 22 de setembro e 20 de dezembro.

outorga ⟨ou.tor.ga⟩ s.f. Em direito, entrega de uma escritura ou de um documento com o qual se prova ou se justifica algo.

outorgar ⟨ou.tor.gar⟩ ▌ v.t.d./v.t.d.i. **1** Conceder ou consentir (o que se pede) [a alguém]. **2** Dar ou conceder como prêmio (algo) [a alguém]: *O rei outorgou-lhe um título de nobreza*. ▌ v.t.d. **3** Aprovar ou promulgar (uma lei, especialmente): *Nas democracias, os parlamentos outorgam as leis*. □ ORTOGRAFIA Antes de *e*, o *g* muda para *gu* →**CHEGAR**.

output (palavra inglesa) (Pron. [autipút]) s.m. **1** Em informática, processo de saída de dados de um periférico. **2** Em economia, resultado da produção de uma empresa ou de um setor econômico.

outrem ⟨ou.trem⟩ pron.indef. Outra pessoa: *Não assumiremos os erros de outrem*.

outro, tra ⟨ou.tro, tra⟩ pron.indef. **1** Indica algo diferente daquilo de que se fala: *Esse carro está bom, mas o outro é muito melhor*. **2** Indica semelhança possível que há entre duas pessoas ou coisas distintas: *Gosta muito de escrever e quer ser outro Machado de Assis.* **3** Seguido de substantivos como *dia, tarde, noite,* situa-os em um passado recente: *Outro dia encontrei o seu primo.* **4** Mais um: *Comprei outro disco dessa cantora.* **5** Pessoa ou coisa seguintes: *Na primeira caixa, havia chocolates, mas na outra não.*

outrora ⟨ou.tro.ra⟩ adv. Em outro tempo: *Outrora, havia muito mais calma nesta cidade.*

outrossim ⟨ou.tros.sim⟩ adv. Também, igualmente ou do mesmo modo.

outubro ⟨ou.tu.bro⟩ s.m. Décimo mês do ano, entre setembro e novembro.

ouvido ⟨ou.vi.do⟩ s.m. **1** Sentido que permite perceber os sons: *Os cães têm o ouvido apurado.* ◻ SIN. audição. **2** Em anatomia, órgão responsável por perceber os sons. **3** *informal* No aparelho auditivo, parte interior: *Foi ao médico, pois estava com dor de ouvido.* **4** Aptidão ou capacidade para perceber e reproduzir sons: *Ele é um ótimo músico e consegue tirar as músicas de ouvido.* ǁ **chegar aos ouvidos de** alguém Chegar a seu conhecimento: *Chegou aos meus ouvidos que ele vai mudar de escola.* ǁ **dar ouvidos a** {algo/alguém} Acreditar no que é dito ou em quem o diz: *Evite dar ouvidos a fofocas.* ǁ **entrar por um ouvido e sair pelo outro** *informal* Não surtir efeito ou não ser levado em consideração: *Parece que o que lhe falei entrou por um ouvido e saiu pelo outro.* ǁ **ser todo ouvidos** *informal* Escutar com atenção: *Enquanto explicavam a lição, o aluno era todo ouvidos.* ◻ ORTOGRAFIA É diferente de *olvido.* ◻ USO Na acepção 2, é a antiga denominação de "orelha".

ouvidor, -a ⟨ou.vi.dor, do.ra⟩ (Pron. [ouvidôr], [ouvidôra]) ▪ adj.s. **1** Que ou quem ouve. ▪ s. **2** Em uma empresa pública ou privada, pessoa que se dedica profissionalmente a receber e investigar queixas de cidadãos e consumidores. ▪ s.m. **3** No período colonial brasileiro, juiz designado por um donatário para cuidar das questões judiciárias e administrativas das capitanias.

ouvinte ⟨ou.vin.te⟩ ▪ adj.2g./s.2g. **1** Que ou quem ouve. ▪ s.2g. **2** Pessoa que assiste a uma aula sem estar matriculada formalmente como aluno.

ouvir ⟨ou.vir⟩ v.t.d. **1** Perceber (um som) por meio da audição: *Levantou-se da cama ao ouvir um ruído suspeito.* **2** Atender (um pedido ou uma recomendação): *Os professores ouviram as propostas dos alunos.* **3** Dar atenção a (algo que se fala): *Está ouvindo o que eu digo?* ◻ GRAMÁTICA É um verbo irregular →OUVIR. ◻ USO Na acepção 1, é diferente de *escutar* (prestar atenção em algo que se ouve).

ova ⟨o.va⟩ s.f. Em alguns peixes, massa formada por ovos encontrados no ovário das fêmeas. ǁ **uma ova** *informal* De forma alguma: *Deixar de brincar, uma ova!* ◻ USO Usa-se geralmente a forma plural *ovas.*

ovação ⟨o.va.ção⟩ (pl. *ovações*) s.f. Aplauso forte produzido por um grupo de pessoas: *A plateia recebeu a banda com uma ovação.*

ovacionar ⟨o.va.ci.o.nar⟩ v.t.d. Aclamar com ovação ou com um grande aplauso coletivo: *Ao receber o prêmio, foi ovacionado por todos os presentes.*

oval ⟨o.val⟩ (pl. *ovais*) ▪ adj.2g. **1** Com o formato de um ovo ou semelhante a ele. ◻ SIN. ovalado, ovoide. ▪ s.f. **2** Em geometria, curva fechada e simétrica em relação aos seus dois eixos: *A elipse é um exemplo de oval.*

ovalado, da ⟨o.va.la.do, da⟩ adj. Com o formato de um ovo ou semelhante a ele. ◻ SIN. oval, ovoide.

ovário ⟨o.vá.rio⟩ s.m. **1** Em uma fêmea, cada um dos órgãos glandulares do sistema reprodutor e que produz óvulos e hormônios. **2** Em uma flor, parte geralmente inferior e central que forma a base do pistilo e na qual estão os óvulos que formarão as sementes.

ovelha ⟨o.ve.lha⟩ (Pron. [ovêlha]) s.f. **1** Fêmea do carneiro. **2** No cristianismo, pessoa que segue as normas da Igreja. ǁ **ovelha negra** Em um grupo, pessoa que se destaca negativamente: *Sempre foi a ovelha negra da família.* ◻ GRAMÁTICA Na acepção 2, usa-se tanto para o masculino quanto para o feminino: *{ele/ela} é uma ovelha. Ovelha negra* é usado tanto para o masculino quanto para o feminino: *{ele/ela} é uma ovelha negra.*

overdose *(palavra inglesa)* (Pron. [overdóse]) s.f. Dose excessiva, e geralmente mortal, de uma droga ou de alguma substância química.

oviário ⟨o.vi.á.rio⟩ s.m. Lugar em que os pastores recolhem o rebanho de ovelhas para resguardá-lo do frio e do mau tempo.

ovino, na ⟨o.vi.no, na⟩ adj./s.m. Da ovelha ou do carneiro, ou relacionado a eles.

ovinocultura ⟨o.vi.no.cul.tu.ra⟩ s.f. Técnica para criar e promover a reprodução de ovinos e para aproveitar seus produtos, especialmente sua carne e sua lã.

ovíparo, ra ⟨o.ví.pa.ro, ra⟩ adj./s. Em relação a um animal ou a uma espécie, que nascem de um ovo que se abre fora do corpo da mãe. ◻ USO É diferente de *vivíparo* (que se desenvolve dentro da mãe e nasce por meio de um parto).

óvni ⟨óv.ni⟩ s.m. Objeto voador de origem desconhecida ao qual se atribui geralmente uma procedência extraterrestre. ◻ SIN. disco voador. ◻ ORIGEM É um acrônimo que vem da sigla de *objeto voador não identificado.*

ovo ⟨o.vo⟩ (Pron. [ôvo], [óvos]) s.m. **1** Em biologia, célula resultante da união de um espermatozoide com um óvulo no processo de reprodução sexuada. ◻ SIN. célula-ovo, zigoto. **2** Corpo em formato mais ou menos esférico, resultado da fecundação de um óvulo por um espermatozoide e que contém um embrião e as substâncias com as quais se alimentará durante as primeiras fases do desenvolvimento: *As fêmeas das aves e dos répteis põem ovos.* **3** Em relação a alguns animais, especialmente a peixes e anfíbios, óvulo que é fecundado pelo espermatozoide do macho depois de ter saído do corpo da fêmea. **4** *vulgarismo* →testículo ǁ **de ovo virado** De mau humor: *Ela acordou de ovo virado.* ǁ **ovo de Páscoa** Chocolate feito em formato de ovo, geralmente recheado com bombons, muito consumido durante a Páscoa. ǁ **pisar em ovos** Agir com muito cuidado: *Ficou pisando em ovos depois daquela conversa.* ǁ **ser um ovo** Ser muito pequeno ou apertado: *Aquele apartamento é um ovo.*

ovoide ⟨o.voi.de⟩ (Pron. [ovóide]) adj.2g. Com o formato de um ovo ou semelhante a ele. ◻ SIN. oval, ovalado.

ovulação ⟨o.vu.la.ção⟩ (pl. *ovulações*) s.f. Desprendimento de um ou de vários óvulos maduros do ovário: *Depois da ovulação, o óvulo percorre um trajeto até chegar ao útero, onde será fecundado.*

óvulo ⟨ó.vu.lo⟩ s.m. **1** Nos animais, célula sexual feminina que é produzida no ovário. **2** Em uma flor, estrutura que contém as células reprodutoras femininas: *Os óvulos maduros formam as sementes.*

oxalá ⟨o.xa.lá⟩ interj. Expressão usada para indicar um desejo forte de que algo ocorra: *Oxalá você tenha uma boa viagem!* ◻ ORIGEM É uma palavra que vem de *wa-sa' Allah,* expressão árabe que significa *e queira Deus.*

oxidação ⟨o.xi.da.ção⟩ (Pron. [ocsidação]) (pl. *oxidações*) s.f. **1** Ato ou efeito de oxidar(-se). **2** Ferrugem ou formação de uma crosta de óxido em uma superfície, devido ao oxigênio atmosférico. **3** Em química, perda de um ou vários elétrons pela ação de um agente oxidante.

oxidante ⟨o.xi.dan.te⟩ (Pron. [ocsidante]) adj.2g./s.m. Em relação a uma substância, que oxida ou que serve para oxidar.

oxidar ⟨o.xi.dar⟩ (Pron. [ocsidar]) v.t.d./v.prnl. **1** Alterar(-se) (um material ou um corpo) com a ação do oxigênio ou

óxido

de outro oxidante: *Quando descascamos uma maçã e não a comemos, ela se oxida e fica marrom.* **2** Tornar(-se) enferrujado: *Se não pintarmos o portão, a água vai oxidá-lo.* **3** Em química, fazer perder ou perder um ou vários elétrons: *O hidrogênio oxida-se ao reagir com o oxigênio.*
óxido ‹ó.xi.do› (Pron. [ócsido]) s.m. Em química, composto formado pela combinação do oxigênio com outro elemento químico, especialmente um metal.
oxigenação ‹o.xi.ge.na.ção› (Pron. [ocsigenação]) (pl. *oxigenações*) s.f. Ato ou efeito de oxigenar.
oxigenar ‹o.xi.ge.nar› (Pron. [ocsigenar]) ▌ v.t.d. **1** Aumentar a proporção de oxigênio molecular: *As grandes áreas florestais oxigenam o ar. O sangue se oxigena ao passar pelos pulmões.* **2** Descolorir (os cabelos ou os pelos) com água oxigenada. ▌ v.t.d./v.prnl. **3** Arejar(-se) ou suprir(-se) de ar puro: *O passeio no parque nos oxigenou.*

oxigênio ‹o.xi.gê.nio› (Pron. [ocsigênio]) s.m. **1** Elemento químico da família dos não metais, de número atômico 8, gasoso, incolor, inodoro e insípido, que forma parte do ar e que é essencial para a respiração e para a combustão. **2** *informal* Ar puro: *Nós fomos para a montanha para respirar oxigênio.* ☐ ORTOGRAFIA Na acepção 1, seu símbolo químico é *O*, sem ponto.
oxítono, na ‹o.xí.to.no, na› (Pron. [ocsítono]) adj./s.m. Em relação a uma palavra, cuja última sílaba é a tônica.
oxiúro ‹o.xi.ú.ro› (Pron. [ocsiúro]) s.m. Verme muito pequeno, de cor branca, parasita do intestino de alguns animais e do ser humano.
ozônio ‹o.zô.nio› s.m. Oxigênio modificado, produto da ação de descargas elétricas e que protege da ação dos raios ultravioleta.
ozonizar ‹o.zo.ni.zar› v.t.d. Tratar com uso de ozônio.

p ❙ s.m. **1** Décima sexta letra do alfabeto. ❙ numer. **2** Em uma sequência, que ocupa o décimo sexto lugar: *Sentamos na fileira p.* ▫ GRAMÁTICA Na acepção 1, o plural é *pp*.

PA É a sigla do estado brasileiro do Pará.

pá s.f. **1** Ferramenta formada por um cabo de madeira ligado a uma lâmina larga e achatada, usada para cavar ou remover terra ou outros materiais. **2** Em um instrumento ou em um mecanismo, tábua ou prancha largas. **3** *informal* Grande quantidade: *Compramos uma pá de livros*.

paca ⟨pa.ca⟩ s.f. Mamífero roedor de pelagem avermelhada, patas e cauda curtas, que se alimenta de vegetais e cuja carne é muito apreciada. ▫ ORIGEM É uma palavra de origem tupi. ▫ GRAMÁTICA É um substantivo epiceno: *a paca (macho/fêmea)*.

pacato, ta ⟨pa.ca.to, ta⟩ adj./s. Que ou quem é tranquilo ou sossegado. ▫ SIN. pacífico.

pacense ⟨pa.cen.se⟩ adj.2g./s.2g. De Paço do Lumiar ou relacionado a essa cidade do estado brasileiro do Pará.

pachorra ⟨pa.chor.ra⟩ (Pron. [pachôrra]) s.f. **1** Indolência, calma ou lentidão excessivas. **2** Atrevimento, audácia ou insolência.

paciência ⟨pa.ci.ên.cia⟩ s.f. **1** Capacidade para sofrer ou suportar as dificuldades. **2** Capacidade para fazer trabalhos minuciosos ou difíceis: *Com muita paciência, acabou aprendendo chinês*. **3** Capacidade para saber esperar: *Tenha paciência, e logo chegará a sua vez na fila*. **4** Jogo de baralho individual, cujo objetivo é montar combinações ou sequências de cartas de acordo com regras de ordenação numérica e por naipe. ‖ **{encher/ torrar} a paciência de** alguém *informal* Aborrecê-lo ou irritá-lo: *Com tantas perguntas bobas, torrou minha paciência!*

paciente ⟨pa.ci.en.te⟩ ❙ adj.2g. **1** Que tem paciência. ❙ adj.2g./s.m. **2** Que recebe a ação de algo. ❙ s.2g. **3** Pessoa que se encontra sob cuidados médicos.

pacificar ⟨pa.ci.fi.car⟩ v.t.d./v.prnl. Estabelecer(-se) a paz em (um lugar onde há guerra ou algum conflito): *O acordo entre os dois países pacificou a região*. ▫ ORTOGRAFIA Antes de *e*, o *c* muda para *qu* →BRINCAR.

pacífico, ca ⟨pa.cí.fi.co, ca⟩ adj. Que é tranquilo ou sossegado. ▫ SIN. pacato.

pacifismo ⟨pa.ci.fis.mo⟩ s.m. **1** Sentimento de amor à paz. **2** Doutrina que se opõe às guerras e a qualquer tipo de violência, e prega o desarmamento e a arbitragem como solução para conflitos.

pacifista ⟨pa.ci.fis.ta⟩ ❙ adj.2g. **1** Do pacifismo ou relacionado a essa tendência de aderência à paz e evitar a violência. ❙ adj.2g./s.2g. **2** Que ou quem segue ou defende o pacifismo.

paço ⟨pa.ço⟩ s.m. **1** Palácio real ou episcopal. **2** Em algumas cidades, câmara municipal. ▫ ORTOGRAFIA É diferente de *passo*.

paçoca ⟨pa.ço.ca⟩ s.f. **1** Doce feito à base de amendoim torrado moído e açúcar. **2** Prato feito à base de carne cozida desfiada, picada ou moída, e socada em gordura quente com farinha de mandioca ou de milho. ▫ ORIGEM É uma palavra de origem tupi.

pacote ⟨pa.co.te⟩ s.m. **1** Embrulho ordenado de objetos unidos entre si: *um pacote de balas*. **2** Série, coleção ou conjunto de coisas com uma característica comum: *Comprou um pacote de ações de uma grande empresa*. **3** Conjunto de medidas ou de leis impostas: *O governo criou um pacote de medidas para frear a crise*.

pacto ⟨pac.to⟩ s.m. Acordo estabelecido entre duas ou mais partes: *um pacto de cooperação*.

pactuar ⟨pac.tu.ar⟩ ❙ v.t.d. **1** Combinar ou estipular (um acordo ou um pacto): *Pactuaram um acordo de paz*.

pacu

▌v.t.i. **2** Consentir ou ser conivente [com uma ideia ou atitude]: *É pacífica e não pactua com a violência.*

pacu ⟨pa.cu⟩ s.m. Peixe de água doce, comestível, de corpo comprido e arredondado, com flancos cinzentos, e que se alimenta de pequenos frutos. ☐ ORIGEM É uma palavra de origem tupi. ☐ GRAMÁTICA É um substantivo epiceno: *o pacu (macho/fêmea).* [👁 **peixes (água doce)** p. 608]

padaria ⟨pa.da.ri.a⟩ s.f. Estabelecimento comercial em que são feitos e vendidos pães e outras mercadorias. ☐ SIN. panificação, panificadora.

padecer ⟨pa.de.cer⟩ ▌v.t.d./v.t.i. **1** Suportar (algo negativo) ou sofrer [de alguma doença]: *Padeceu as dores do parto. Beba bastante água para não padecer de desidratação.* ▌v.int. **2** Sofrer algo negativo ou desagradável: *A solidão o fazia padecer.* ☐ ORTOGRAFIA Antes de a ou o, o c muda para ç →CONHECER.

padecimento ⟨pa.de.ci.men.to⟩ s.m. Ato ou efeito de padecer.

padeiro, ra ⟨pa.dei.ro, ra⟩ s. Pessoa que se dedica profissionalmente à fabricação ou à venda de pão.

padiola ⟨pa.di.o.la⟩ s.f. **1** Utensílio de lona, dobrável, formado por duas varas grossas nas quais se apoiam tábuas atravessadas, utilizado para transportar pessoas feridas ou doentes. ☐ SIN. maca. **2** Tabuleiro com duas barras paralelas horizontais que serve para transportar cargas nos ombros de duas ou mais pessoas.

padrão ⟨pa.drão⟩ (pl. *padrões*) s.m. **1** Aquilo que serve de modelo para reproduzir, para medir ou para avaliar algo: *O sistema métrico decimal é o padrão de medidas adotado no Brasil.* **2** Aquilo que se considera normal ou como modelo a ser seguido: *O padrão é vestir roupas sociais em cerimônias formais.* **3** Qualidade ou nível: *um edifício de alto padrão.*

padrasto ⟨pa.dras.to⟩ s.m. Em relação aos filhos levados por uma mulher ao matrimônio, atual marido dessa. ☐ GRAMÁTICA Seu feminino é *madrasta.*

padre ⟨pa.dre⟩ s.m. Na Igreja Católica, homem que consagrou sua vida a Deus e que foi ordenado para celebrar e oferecer o sacrifício da missa. ☐ SIN. sacerdote.

padre-nosso ⟨pa.dre-nos.so⟩ (pl. *padre-nossos* ou *padres-nossos*) s.m. Oração que foi ensinada por Jesus Cristo (o filho de Deus para os cristãos) e que começa com as palavras *Pai nosso.* ☐ SIN. pai-nosso. ☐ ORTOGRAFIA Usa-se geralmente com inicial maiúscula por ser também um nome próprio.

padrinho ⟨pa.dri.nho⟩ s.m. **1** Em relação a uma pessoa, homem que a apresenta ou a auxilia ao receber certos sacramentos ou alguma honra. **2** Pessoa que oferece proteção a outra. ☐ GRAMÁTICA Seu feminino é *madrinha.*

padroeiro, ra ⟨pa.dro.ei.ro, ra⟩ adj./s. Em relação a um santo ou à Virgem, aos quais se dedica uma igreja ou que são escolhidos como protetores de um lugar ou de uma congregação. ☐ GRAMÁTICA Os sinônimos do substantivo são *orago* e *patrono.*

padronização ⟨pa.dro.ni.za.ção⟩ (pl. *padronizações*) s.f. Ato ou efeito de padronizar.

padronizar ⟨pa.dro.ni.zar⟩ v.t.d. Adaptar a um padrão, a um modelo ou a uma norma comuns (elementos semelhantes): *O colégio vai padronizar o processo de avaliação dos alunos.*

paga ⟨pa.ga⟩ s.f. **1** Valor ou quantia que se dá como pagamento. **2** Retribuição ou recompensa.

pagadoria ⟨pa.ga.do.ri.a⟩ s.f. Lugar em que são feitos pagamentos.

pagamento ⟨pa.ga.men.to⟩ s.m. **1** Ato ou efeito de pagar. **2** Quitação ou liquidação daquilo que se deve.

paganismo ⟨pa.ga.nis.mo⟩ s.m. Religião dos pagãos ou conjunto de seus costumes.

paganizar ⟨pa.ga.ni.zar⟩ v.t.d./v.prnl. Tornar(-se) pagão ou adquirir características que se consideram próprias de um pagão.

pagão, gã ⟨pa.gão, gã⟩ (pl. *pagãos*) adj./s. **1** Em algumas religiões, que ou quem não foi batizado. **2** Que ou quem adora ou cultua ídolos ou várias representações da divindade.

pagar ⟨pa.gar⟩ ▌v.t.d./v.t.i./v.t.d.i. **1** Dar determinado valor ou determinada quantia [a alguém] em troca de (algo): *Pagarei as compras com cheque.* ▌v.t.d./v.t.d.i. **2** Quitar ou liquidar (algo que se deve) [a alguém]: *Pôde pagar as dívidas da família.* **3** Saldar ou custear (um gasto) [a alguém]: *Seu padrinho pagou-lhe um curso.* **4** Cumprir ou retribuir (algo) [a alguém]: *pagar uma promessa.* ▌v.t.d./v.t.i. **5** Cumprir a pena de (um delito) ou sofrer o castigo imposto[s por um crime]: *Pagou pelo crime.* ‖ **pagar caro** Sofrer as consequências: *Pagou caro por sua arrogância.* ‖ **pagar para ver** *informal* Querer provar: *Pagou para ver se teriam coragem de enfrentá-la.* ☐ ORTOGRAFIA Antes de e, o g muda para gu →CHEGAR. ☐ GRAMÁTICA É um verbo abundante, pois apresenta dois particípios: *pagado* e *pago.*

página ⟨pá.gi.na⟩ s.f. **1** Em um livro, caderno ou publicação, cada um dos lados de suas folhas: *Alunos, abram o livro na página 37.* [👁 livro p. 499] **2** Texto escrito ou impresso em cada lado dessas folhas: *Você já leu as páginas de esportes?* ‖ **página (web)** Arquivo multimídia que pode ser consultado em um endereço específico na internet: *Na página da empresa você pode encontrar as informações que procura.* ‖ **virar a página** Esquecer ou superar algo, especialmente se for desagradável: *Vire a página e siga em frente.*

paginação ⟨pa.gi.na.ção⟩ (pl. *paginações*) s.f. Em um documento, numeração de suas páginas.

paginar ⟨pa.gi.nar⟩ v.t.d. Numerar as páginas de (um documento).

pago, ga ⟨pa.go, ga⟩ ▌**1** Particípio irregular de **pagar**. ▌adj. **2** Que se paga ou que recebe pagamento.

pagode ⟨pa.go.de⟩ s.m. **1** Composição musical de origem brasileira, derivada do samba, mas com instrumentos diferentes, e que geralmente acompanha reuniões informais. **2** Dança que acompanha essa composição. **3** Reunião informal em que se toca e se dança essa música. **4** Templo budista em forma de torre, com andares sobrepostos separados por telhados com pontas curvas.

pagodeiro, ra ⟨pa.go.dei.ro, ra⟩ adj./s. Que ou quem é compositor ou cantor de pagode, ou é admirador desse gênero musical.

pai ▌s.m. **1** Em relação a um filho, homem que o gerou. **2** Em relação a um filho, homem que o cria ou o criou sem tê-lo gerado. **3** Em relação a um animal, macho que o gerou. **4** Autor de uma obra, inventor de uma ideia ou criador de uma ciência ou arte: *Euclides de Alexandria é o pai da geometria.* ▌s.m.pl. **5** Em relação a um filho, casal formado pela mulher e pelo homem que o geraram. ☐ GRAMÁTICA Nas acepções 1, 2 e 3, seu feminino é *mãe.*

pai de santo ⟨pai de san.to⟩ (pl. *pais de santo*) s.m. Em algumas religiões de origem africana, chefe de um terreiro ou de um centro espírita. ☐ SIN. babalorixá. ☐ GRAMÁTICA Seu feminino é *mãe de santo.*

pai de todos ⟨pai de to.dos⟩ (pl. *pais de todos*) s.m. *informal* Na mão, dedo médio.

pai dos burros ⟨pai dos bur.ros⟩ (pl. *pais dos burros*) s.m. *informal* Dicionário.

paina ⟨pai.na⟩ s.f. Conjunto de fibras sedosas semelhante ao algodão, que recobre sementes de diversas plantas, e que geralmente é aproveitado na indústria.

painço ⟨pa.in.ço⟩ s.m. **1** Planta herbácea com vários galhos que saem da raiz, de folhas planas, compridas, estreitas e ásperas, flores em espigas grandes e apertadas, e cujas sementes são usadas na alimentação de pássaros. **2** Semente dessa planta.

paineira ⟨pai.nei.ra⟩ s.f. Árvore de tronco cinza-esverdeado coberto por espinhos, com folhas compostas, flores de cinco pétalas, grandes e rosadas, e cujo fruto, quando maduro, se abre e libera sementes cobertas por um conjunto de fibras sedosas semelhantes ao algodão.

painel ⟨pai.nel⟩ (pl. *painéis*) s.m. **1** Quadro usado como suporte de aparelhos indicadores de funcionamento e de controle, que faz parte de um circuito elétrico: *Os passageiros verificaram no painel o horário de partida do avião.* **2** Placa retangular ou quadrada, geralmente provida de moldura, e que se pendura em uma superfície: *Checaram a data de matrícula no painel de avisos.* **3** Pintura feita em uma superfície plana e lisa, geralmente tela ou madeira. **4** Placa pré-fabricada usada em construção, geralmente para dividir ou separar espaços. **5** Grupo de pessoas que intervém em uma discussão pública: *O painel de especialistas tentou chegar a um consenso.*

pai-nosso ⟨pai-nos.so⟩ (pl. *pai-nossos* ou *pais-nossos*) s.m. Oração ensinada por Jesus Cristo (o filho de Deus para os cristãos) e que começa com as palavras *Pai nosso.* ☐ SIN. padre-nosso. ☐ ORTOGRAFIA Usa-se geralmente com inicial maiúscula por ser também um nome próprio.

paio ⟨pai.o⟩ s.m. Embutido grosso, semelhante a uma linguiça, feito à base de carne de porco curada e prensada.

paiol ⟨pai.ol⟩ (pl. *paióis*) s.m. **1** Lugar destinado a guardar pólvora e outros explosivos. **2** Lugar destinado a guardar produtos e materiais agrícolas.

pairar ⟨pai.rar⟩ ▮ v.t.i **1** Voar com as asas estendidas e imóveis (sobre um lugar). ▮ v.int. **2** Subsistir ou restar: *O professor explicou tudo direitinho para não pairar dúvidas.*

país ⟨pa.ís⟩ s.m. **1** Território que constitui um Estado independente: *Brasil, Argentina e Bolívia são países sul-americanos.* **2** Conjunto de pessoas que vivem nesse território: *Todo o país comemorou a vitória da Seleção.*

paisagem ⟨pai.sa.gem⟩ (pl. *paisagens*) s.f. **1** Espaço visto de um lugar, especialmente se for considerado de um ponto de vista estético ou geográfico: *Da janela do avião, víamos a bela paisagem da cidade.* **2** Pintura ou desenho que representam esse espaço: *Gosto muito das paisagens daquele pintor.*

paisagismo ⟨pai.sa.gis.mo⟩ s.m. **1** Gênero pictórico que dá especial importância à pintura de paisagens. **2** Estudo e desenho da paisagem, especialmente se forem de parques, jardins e ambientes naturais.

paisagista ⟨pai.sa.gis.ta⟩ adj.2g./s.2g. Que ou quem se dedica profissionalmente ao paisagismo.

paisagístico, ca ⟨pai.sa.gís.ti.co, ca⟩ adj. Da paisagem, do paisagismo ou relacionado a eles.

paisana ⟨pai.sa.na⟩ ‖ **à paisana** Em relação geralmente a um militar, que não está de uniforme.

paisano, na ⟨pai.sa.no, na⟩ adj./s. **1** Que ou quem não é militar. **2** Que ou quem é contemporâneo ou nasceu no mesmo lugar que outro.

paixão ⟨pai.xão⟩ (pl. *paixões*) s.f. **1** Sentimento ou emoção muito intensos. **2** Inclinação ou preferência intensas por algo: *Tem paixão por livros desde criança.* **3** Padecimento ou sofrimento muito grandes: *Na Semana Santa, comemora-se a Paixão de Cristo.*

pajé ⟨pa.jé⟩ s.m. Em alguns grupos indígenas, feiticeiro a quem se atribui comunicação com os espíritos divinos e poderes sobrenaturais de adivinhação e de cura. ☐ ORIGEM É uma palavra de origem tupi.

pajear ⟨pa.je.ar⟩ v.t.d. Cuidar com atenção ou vigiar (uma criança ou outra pessoa). ☐ ORTOGRAFIA O e muda para *ei* quando a sílaba tônica estiver na raiz do verbo →NOMEAR.

pajelança ⟨pa.je.lan.ça⟩ s.f. Em alguns grupos indígenas, ritual de cura ou de adivinhação realizados pelo pajé.

pajem ⟨pa.jem⟩ (pl. *pajens*) s.m. **1** Antigamente, criado que acompanhava um nobre e que se dedicava a servi-lo e a aperfeiçoar sua formação militar. **2** Em uma cerimônia de casamento, menino que vai à frente dos noivos.

PAL (pl. *PALs*) s.m. Sistema analógico europeu de emissão televisiva em cor. ☐ ORIGEM É a sigla inglesa de *Phase Alternation Line* (linha de fase alternada).

pala ⟨pa.la⟩ s.f. **1** Em um objeto, anteparo sobressalente, mais ou menos largo, que serve para proteger os olhos, especialmente se for da claridade: *a pala de um boné.* **2** Em um vestido ou em uma camisa, peça superior à qual a gola e as mangas se unem.

palacete ⟨pa.la.ce.te⟩ (Pron. [palacête]) s.m. **1** Palácio pequeno. **2** Casa grande e luxuosa, semelhante a um palácio, mas de menor tamanho. [👁 **habitação** p. 420]

palaciano, na ⟨pa.la.ci.a.no, na⟩ adj./s. Do palácio, da corte ou relacionado a eles.

palácio ⟨pa.lá.cio⟩ s.m. **1** Residência imponente e luxuosa, onde geralmente moram pessoas nobres, monarcas, chefes de Estado ou autoridades eclesiásticas. [👁 **habitação** p. 420] **2** Edifício que abriga a sede de uma administração ou de um governo, ou um tribunal: *O palácio em que se localiza o gabinete presidencial é popularmente chamado de* Palácio do Planalto. **3** Edifício suntuoso ou imponente.

paladar ⟨pa.la.dar⟩ s.m. **1** Sentido que permite perceber os sabores: *O paladar distingue quatro sabores: o amargo, o azedo, o salgado e o doce.* ☐ SIN. gustação. **2** Capacidade ou sensibilidade para apreciar e para avaliar: *Tem um ótimo paladar para perfumes.*

paladino ⟨pa.la.di.no⟩ s.m. **1** Antigamente, cavaleiro que lutava voluntariamente na guerra e que se destacava por suas façanhas. **2** Defensor de uma pessoa, de uma ideia ou de uma causa: *Durante toda a sua vida foi um paladino das causas justas.*

paládio ⟨pa.lá.dio⟩ s.m. Elemento químico da família dos metais, de número atômico 46, sólido, de cor branca, maleável e inalterável ao ar. ☐ ORIGEM É uma palavra que vem do grego *Pallás*, nome de Minerva e de um asteroide, pois o descobrimento desse elemento químico em 1803 coincidiu com o de tal asteroide. ☐ ORTOGRAFIA Seu símbolo químico é Pd, sem ponto.

palafita ⟨pa.la.fi.ta⟩ s.f. **1** Moradia primitiva construída sobre estacas ou postes de madeira, geralmente dentro de um lago, rio ou pântano. [👁 **habitação** p. 420] **2** Conjunto dessas estacas ou desses postes de madeira.

palanque ⟨pa.lan.que⟩ s.m. Plataforma elevada, geralmente ao ar livre, usada para fazer discursos, pronunciamentos ou apresentações.

palanquim ⟨pa.lan.quim⟩ (pl. *palanquins*) s.m. Assento suspenso por duas varas paralelas, usado em países orientais para transportar pessoas.

palatal ⟨pa.la.tal⟩ (pl. *palatais*) adj.2g. **1** Do palato ou relacionado a ele. **2** Em linguística, em relação a um som, que se articula colocando em contato o dorso da língua com o palato: *O [nh] é um som palatal.*

palato ⟨pa.la.to⟩ s.m. Na cavidade oral, parte interna superior que a separa das fossas nasais.

palavra ⟨pa.la.vra⟩ ▮ s.f. **1** Unidade linguística, na fala ou na escrita, com significação própria: *A maioria das*

palavra-chave

palavras da língua portuguesa são de origem latina. ☐ SIN. vocábulo. **2** Expressão verbal ou escrita do pensamento ou da emoção: *Suas palavras emocionaram os ouvintes.* **3** Afirmação, opinião ou declaração: *Basta uma palavra sua para eu aceitar a proposta.* **4** Promessa verbal: *Disse que ia nos visitar e manteve a palavra.* **5** Direito ou permissão para falar: *Um dos jornalistas pediu a palavra durante a coletiva.* **6** Conversa sobre determinado assunto: *Preciso ter uma palavra com meu chefe.* **7** Ensinamento ou doutrina: *Para os cristãos, o Novo Testamento é a palavra de Deus.* ▌interj. **8** Expressão usada para indicar convicção ou para assegurar a verdade: *Amanhã devolvo o CD! Palavra!* ‖ **de palavra** Digno de confiança. ‖ **medir (as) palavras** Falar com cuidado e moderação para não dizer algo que possa ofender ou magoar. ‖ **palavra cruzada** Passatempo que consiste em completar com letras os espaços em branco de um desenho, que ao serem lidas, horizontal ou verticalmente, formam palavras que correspondem a uma série de definições. ‖ **palavra (de honra)** Aquela com a qual se assume um compromisso ou se assegura seu cumprimento. ‖ **sem palavras** Sem poder ou sem conseguir falar, geralmente por causa de uma emoção ou de um sentimento fortes. ‖ **tirar as palavras da boca de** alguém: Dizer aquilo que ia ser dito por ele. ‖ **última palavra** Decisão definitiva e inalterável.
palavra-chave ⟨pa.la.vra-cha.ve⟩ (pl. *palavras-chave* ou *palavras-chaves*) s.f. Em um contexto, palavra que contém seu significado geral, que o torna mais compreensível ou que o identifica.
palavrada ⟨pa.la.vra.da⟩ s.f. Palavra ou expressão ofensivas, indecentes ou grosseiras. ☐ SIN. palavrão.
palavrão ⟨pa.la.vrão⟩ (pl. *palavrões*) s.m. Palavra ou expressão ofensivas, indecentes ou grosseiras. ☐ SIN. palavrada.
palavreado ⟨pa.la.vre.a.do⟩ s.m. **1** Excesso de palavras inúteis ou sem conteúdo: *Seu belo discurso não passava de um palavreado.* **2** Lábia, desenvoltura ou habilidade ao falar: *Usou todo um palavreado para entrar na festa sem convite.*
palavroso, sa ⟨pa.la.vro.so, sa⟩ (Pron. [palavróso], [palavrósa], [palavrósos], [palavrósas]) adj. Que contém palavras em excesso.
palco ⟨pal.co⟩ s.m. **1** Em um teatro, parte na qual se representa um espetáculo, especialmente se for uma peça teatral. ☐ SIN. cena. **2** Lugar em que ocorrem ou se desenvolvem acontecimentos considerados importantes: *A América Latina foi palco de grandes mudanças políticas e sociais durante o século XX.* **3** Teatro ou arte da interpretação: *Desde jovem se dedica ao palco.*
paleografia ⟨pa.le.o.gra.fi.a⟩ s.f. **1** Ciência que estuda as escritas antigas e os documentos e inscrições em que elas eram registradas. **2** Qualquer uma dessas escritas antigas.
paleógrafo, fa ⟨pa.le.ó.gra.fo, fa⟩ s. Pessoa que se dedica profissionalmente ao estudo da escrita dos documentos antigos, ou que é especializada em paleografia.
paleolítico, ca ⟨pa.le.o.lí.ti.co, ca⟩ ▌adj. **1** Do paleolítico ou relacionado a este período pré-histórico. ▌adj./s.m. **2** Em relação a um período pré-histórico, que é anterior ao mesolítico e que se caracteriza pela fabricação de utensílios de pedra lascada.
paleologia ⟨pa.le.o.lo.gi.a⟩ s.f. Estudo das línguas antigas.
paleólogo, ga ⟨pa.le.ó.lo.go, ga⟩ s. Pessoa que é especialista em línguas antigas.
paleontologia ⟨pa.le.on.to.lo.gi.a⟩ s.f. Ciência que estuda os organismos que viveram em eras geológicas passadas, por meio da localização e análise de seus fósseis: *A paleontologia nos permitiu conhecer melhor a evolução dos seres vivos.*
paleontológico, ca ⟨pa.le.on.to.ló.gi.co, ca⟩ adj. Da paleontologia ou relacionado a essa ciência.
paleontologista ⟨pa.le.on.to.lo.gis.ta⟩ s.2g. Pessoa que se dedica profissionalmente à paleontologia ou que é especializada nessa ciência. ☐ SIN. paleontólogo.
paleontólogo, ga ⟨pa.le.on.tó.lo.go, ga⟩ s. Pessoa que se dedica profissionalmente à paleontologia ou que é especializada nessa ciência.
paleozoico, ca ⟨pa.le.o.zoi.co, ca⟩ (Pron. [paleozóico]) adj. Em geologia, da era primária, a segunda da história da Terra, ou relacionado a ela. ☐ SIN. primário.
palerma ⟨pa.ler.ma⟩ adj.2g./s.2g. *informal* Tolo.
palermice ⟨pa.ler.mi.ce⟩ s.f. *informal* Aquilo que é dito ou feito por um palerma.
palestino, na ⟨pa.les.ti.no, na⟩ adj./s. Da Palestina ou relacionado a essa região asiática situada entre o mar Mediterrâneo e o rio Jordão.
palestra ⟨pa.les.tra⟩ s.f. Dissertação oral diante de um público sobre um tema determinado: *A palestra foi sobre prevenção de doenças sexualmente transmissíveis.*
palestrante ⟨pa.les.tran.te⟩ s.2g. Pessoa que expõe um tema em público: *O palestrante incentivou a participação da audiência no evento.* ☐ SIN. conferencista.
paleta ⟨pa.le.ta⟩ (Pron. [palêta]) s.f. **1** Em pintura, placa com um orifício em uma das extremidades para introduzir o dedo polegar, e usada para organizar e misturar as cores. ☐ SIN. palheta. **2** Conjunto de cores privilegiado por um artista ou por uma corrente artística.
paletó ⟨pa.le.tó⟩ s.m. Peça do vestuário com mangas compridas, aberta na frente, que cobre até um pouco abaixo da cintura e que é usada geralmente sobre uma camisa: *Para a entrevista de trabalho, colocou um paletó.* ‖ **{abotoar/fechar} o paletó** *eufemismo* Morrer.
palha ⟨pa.lha⟩ s.f. **1** Haste de algumas gramíneas, geralmente de cereais, seca e separada do grão. **2** Essa haste usada na confecção de objetos: *um cesto de palha.* ‖ **não {levantar/mexer} uma palha** *informal* Não fazer nada ou não ajudar. ‖ **palha de aço** Aquela que é feita de aço, usada para limpar ou polir. ‖ **puxar uma palha** *informal* Dormir.
palhaçada ⟨pa.lha.ça.da⟩ s.f. **1** Aquilo que é dito ou feito por um palhaço. **2** *pejorativo* Aquilo que é dito ou feito de maneira ridícula ou inoportuna. **3** Grupo ou conjunto de palhaços.
palhaço, ça ⟨pa.lha.ço, ça⟩ s. **1** Artista de circo que faz brincadeiras e piadas, e que usa roupas coloridas e maquiagem extravagante. **2** *informal* Pessoa que tem facilidade para causar risos com seus gestos ou com suas palavras. **3** *informal pejorativo* Pessoa de pouca seriedade ou que é considerada ridícula.
palheiro ⟨pa.lhei.ro⟩ s.m. Lugar em que se guarda palha.
palheta ⟨pa.lhe.ta⟩ (Pron. [palhêta]) s.f. **1** Lâmina pequena e fina, geralmente de material plástico, de formato triangular ou oval, que se utiliza para tocar alguns instrumentos de corda. **2** Em pintura, placa com um orifício em uma das extremidades, para introduzir o dedo polegar, e usada para organizar e misturar as cores. ☐ SIN. paleta. **3** Em alguns instrumentos de sopro, especialmente os da família das madeiras, lâmina encaixada à boquilha ou diretamente ao instrumento, que vibra com a passagem do ar. **4** Em uma hélice, cada uma das peças unidas à parte central e que giram movidas pelo ar, pela água ou por qualquer outra força. **5** Chapéu de palha de aba curta e reta e copa redonda.
palhinha ⟨pa.lhi.nha⟩ s.f. Tira de palha de junco trançada, usada na fabricação de assentos e de encostos de cadeiras.

palhoça ⟨pa.lho.ça⟩ s.f. Casa pequena e rústica feita de madeira e coberta com palha.

palhocense ⟨pa.lho.cen.se⟩ adj.2g./s.2g. De Palhoça ou relacionado a essa cidade do estado brasileiro de Santa Catarina.

paliativo, va ⟨pa.li.a.ti.vo, va⟩ adj./s.m. 1 Em relação a um medicamento ou a um tratamento, que servem para amenizar, suavizar ou atenuar uma dor. 2 Que serve para amenizar uma situação ou um problema, sem chegar a resolvê-los de fato: *uma medida paliativa*.

paliçada ⟨pa.li.ça.da⟩ s.f. Cerca ou barreira feitas de estacas pontiagudas ou de paus cravados no chão.

palidecer ⟨pa.li.de.cer⟩ v.t.d./v.int. →**empalidecer** □ ORTOGRAFIA Antes de *a* ou *o*, o *c* muda para *ç* →CONHECER.

palidez ⟨pa.li.dez⟩ (Pron. [palidêz]) s.f. Perda ou diminuição da cor da pele humana.

pálido, da ⟨pá.li.do, da⟩ adj. 1 Com palidez ou com diminuição da cor da pele. 2 Fraco ou com pouca intensidade: *uma cor pálida*.

palimpsesto ⟨pa.limp.ses.to⟩ s.m. Manuscrito antigo, geralmente de pergaminho, cujo texto foi apagado para que pudesse ser reutilizado, mas que conserva marcas da escrita anterior.

palíndromo, ma ⟨pa.lín.dro.mo, ma⟩ adj./s.m. Em relação a uma palavra ou a uma frase, que se leem da mesma forma da direita para a esquerda e vice-versa.

pálio ⟨pá.lio⟩ s.m. 1 Manto ou capa, geralmente aqueles usados pelos arcebispos em cerimônias pontificais. 2 Cobertura de tecido, erguida sobre varas e usada em procissões ou cortejos para abrigar um sacerdote ou uma imagem.

palitar ⟨pa.li.tar⟩ ▌ v.t.d. 1 Limpar com palito (os dentes). ▌ v.int. 2 Limpar os dentes com um palito.

paliteiro ⟨pa.li.tei.ro⟩ s.m. Recipiente usado para guardar palitos.

palito ⟨pa.li.to⟩ s.m. 1 Haste pequena e fina, geralmente de madeira: *um palito de sorvete*. 2 *informal pejorativo* Pessoa muito magra. ‖ **palito (de dente)** Aquele de tamanho pequeno, fino e pontiagudo, e usado para retirar os restos de comida que ficam entre os dentes. ‖ **(palito de) fósforo** Aquele de madeira, com uma extremidade coberta por uma substância de fácil combustão, e que é aceso por atrito. □ GRAMÁTICA Na acepção 2, usa-se tanto para o masculino quanto para o feminino: *(ele/ela) é um palito*.

palma ⟨pal.ma⟩ ▌ s.f. 1 Árvore de tronco cilíndrico e sem divisões, com copa sem galhos, folhas compridas e pontiagudas, e uma nervura central, reta e dura. □ SIN. palmeira. [👁 *árvores* p. 79] 2 Folha dessa árvore. 3 Em uma mão, face interior e côncava. 4 Cacto de caule verde, suculento e com muitos espinhos, com flores grandes e vistosas, e cujo fruto, comestível, possui uma polpa rosada e muitas sementes. ▌ s.f.pl. 5 Aplausos: *bater palmas*. ‖ **conhecer** {algo/alguém} **como a palma da mão** *informal* Conhecê-lo muito bem. ‖ **ter** {algo/alguém} **na palma da mão** *informal* Dominá-lo ou exercer influência sobre ele.

palmáceo, cea ⟨pal.má.ceo, cea⟩ ▌ adj./s.f. 1 Em relação a uma planta, que tem o caule lenhoso, reto e sem galhos, e coroado por um penacho com grandes folhas. ▌ s.f.pl. 2 Em botânica, família dessas plantas, pertencentes à classe das monocotiledôneas.

palmada ⟨pal.ma.da⟩ s.f. Golpe dado com a palma da mão.

palmado, da ⟨pal.ma.do, da⟩ adj. 1 Em relação aos dedos de alguns animais, que são unidos entre si por uma membrana. 2 Em relação a uma planta, que tem recorte semelhante aos dedos de uma mão aberta.

palmar ⟨pal.mar⟩ ▌ adj.2g. 1 Da palma ou relacionado a essa face da mão. 2 Evidente, nítido ou claro. ▌ s.m. 3 Plantação de palmeira. □ SIN. palmeiral.

palmarino, na ⟨pal.ma.ri.no, na⟩ adj./s. De União dos Palmares ou relacionado a essa cidade do estado brasileiro de Alagoas.

palmatória ⟨pal.ma.tó.ria⟩ s.f. Instrumento de madeira formado por uma parte circular e um cabo, usado para bater na palma da mão de uma pessoa para castigá-la. □ SIN. férula.

palmear ⟨pal.me.ar⟩ ▌ v.t.d. 1 Juntar repetidamente as palmas das mãos para aprovar ou mostrar entusiasmo por (uma pessoa ou uma apresentação). □ SIN. aplaudir. ▌ v.int. 2 Juntar repetidamente as palmas das mãos para que ressoem em sinal de aprovação ou de entusiasmo. □ SIN. aplaudir. ▌ v.t.d. 3 Percorrer vagarosamente ou passo a passo. □ SIN. palmilhar. □ ORTOGRAFIA O *e* muda para *ei* quando a sílaba tônica estiver na raiz do verbo →NOMEAR.

palmeira ⟨pal.mei.ra⟩ s.f. Árvore de tronco cilíndrico e sem divisões, com copa sem galhos, folhas compridas e pontiagudas, e uma nervura central, reta e dura. □ SIN. palma. [👁 *árvores* p. 79]

palmeiral ⟨pal.mei.ral⟩ (pl. *palmeirais*) s.m. Plantação de palmeira. □ SIN. palmar.

palmeirense ⟨pal.mei.ren.se⟩ adj.2g./s.2g. De Palmeiras dos Índios ou relacionado a essa cidade do estado brasileiro de Alagoas.

palmense ⟨pal.men.se⟩ adj.2g./s.2g. De Palmas ou relacionado à capital do estado brasileiro do Tocantins.

palmilha ⟨pal.mi.lha⟩ s.f. Peça com que se reveste o interior da sola de um calçado.

palmilhar ⟨pal.mi.lhar⟩ v.t.d. 1 Colocar palmilha em (um calçado). 2 Percorrer vagarosamente ou passo a passo. □ SIN. palmear.

palmípede ⟨pal.mí.pe.de⟩ adj.2g./s.2g. 1 Em relação a uma ave, que tem os dedos das patas unidos por membranas. 2 Em zoologia, ordem dessas aves.

palmital ⟨pal.mi.tal⟩ (pl. *palmitais*) s.m. Plantação de palmito.

palmito ⟨pal.mi.to⟩ s.m. 1 Palmeira com flores amarelas, fruto avermelhado e cujas folhas, de miolo comestível, branco e cilíndrico, são usadas na fabricação de vassouras ou de esteiras. 2 Miolo dessa palmeira.

palmo ⟨pal.mo⟩ s.m. 1 Distância entre o dedo polegar e o dedo mínimo quando a mão está aberta. 2 Unidade de comprimento que equivale a aproximadamente 22 centímetros.

palpável ⟨pal.pá.vel⟩ (pl. *palpáveis*) adj.2g. 1 Que se pode tocar com as mãos. 2 Muito claro ou evidente.

pálpebra ⟨pál.pe.bra⟩ s.f. Nos olhos, parte móvel de pele e pequenos feixes musculares que serve para protegê-los.

palpitação ⟨pal.pi.ta.ção⟩ (pl. *palpitações*) s.f. 1 Ato ou efeito de palpitar. 2 Movimento agitado e intenso.

palpitante ⟨pal.pi.tan.te⟩ adj.2g. 1 Que palpita. 2 Atual ou que desperta grande interesse: *um tema palpitante*.

palpitar ⟨pal.pi.tar⟩ ▌ v.int. 1 Em relação ao coração, contrair-se e dilatar-se alternadamente. 2 Vibrar ou comover-se: *Os noivos palpitavam de emoção durante a cerimônia*. ▌ v.t.i. 3 Dar palpite ou opinião [sobre um assunto]: *O jornalista preferiu não palpitar sobre a campanha política*.

palpite ⟨pal.pi.te⟩ s.m. 1 Pressentimento ou sensação de que algo vai acontecer: *Qual é o seu palpite para a decisão desta noite?* 2 *informal* Opinião que não é solicitada: *Você deveria dar menos palpites e colaborar mais!*

palpiteiro, ra ⟨pal.pi.tei.ro, ra⟩ adj./s. *informal* Que ou quem gosta de dar opinião sem que lhe seja solicitada.

palpo

palpo ⟨pal.po⟩ s.m. Nos artrópodes, cada um dos apêndices articulados e móveis situados ao lado da boca e que servem para localizar e para prender o alimento: *As aranhas, os escorpiões e os ácaros têm palpos.* ‖ **em palpos de aranha** Em apuros ou em dificuldade: *Viu-se em palpos de aranha ao perceber que sua calça rasgara.*

paludismo ⟨pa.lu.dis.mo⟩ s.m. Doença caracterizada por febres altas e intermitentes, transmitida pela picada do mosquito *anopheles*. ◻ SIN. malária. ◻ ORTOGRAFIA Escreve-se também *impaludismo*.

palustre ⟨pa.lus.tre⟩ adj.2g. Dos pântanos ou relacionado a eles.

pamonha ⟨pa.mo.nha⟩ (Pron. [pamônha]) ❙ adj.2g./s.2g. **1** *informal pejorativo* Que ou quem é tolo, preguiçoso e sem iniciativa. ❙ s.f. **2** Doce feito à base de milho verde moído, leite, açúcar e outros ingredientes, cozido em sua própria palha ou em folha de bananeira. ◻ ORIGEM É uma palavra de origem tupi.

pampa ⟨pam.pa⟩ ❙ adj.2g. **1** Em relação geralmente a um cavalo, que tem a parte posterior do focinho branca e o corpo malhado. ❙ s.f. **2** Planície extensa sem vegetação arbórea, própria de alguns países sul-americanos. ◻ USO Na acepção 2, usa-se geralmente a forma plural *pampas*.

pampeiro, ra ⟨pam.pei.ro, ra⟩ ❙ adj./s. **1** Dos pampas ou relacionado a essa região situada entre o Brasil, a Argentina e o Uruguai. ❙ s.m. **2** Vento procedente dos pampas que costuma soprar no Rio da Prata (grande estuário situado entre a Argentina e o Uruguai). ◻ SIN. minuano.

pampo ⟨pam.po⟩ s.m. Peixe de água salgada, de médio porte, de corpo prateado com o ventre amarelado, com acúleos nas nadadeiras anal e dorsal, e cuja carne é muito apreciada. ◻ GRAMÁTICA É um substantivo epiceno: *o pampo (macho/fêmea)*.

panaceia ⟨pa.na.cei.a⟩ (Pron. [panacéia]) s.f. Solução ou remédio para qualquer problema ou qualquer mal: *Apresentou sua proposta como se fosse uma panaceia para todos os problemas da empresa.*

panamá ⟨pa.na.má⟩ s.m. **1** Tecido de algodão grosso, muito brilhoso e macio, geralmente usado na fabricação de roupas de verão. **2** Chapéu masculino muito flexível, feito com palha fina trançada. ◻ USO Na acepção 2, é a forma reduzida e mais usual de *chapéu-panamá*.

panamenho, nha ⟨pa.na.me.nho, nha⟩ (Pron. [panamênho]) adj./s. Do Panamá ou relacionado a esse país centro-americano.

pan-americano, na ⟨pan-a.me.ri.ca.no, na⟩ (pl. *pan-americanos*) adj. De todas as nações americanas ou relacionado a elas.

pança ⟨pan.ça⟩ s.f. **1** Em um mamífero ruminante, primeiro estômago. ◻ SIN. rúmen. **2** *informal* Em uma pessoa, barriga, especialmente se for volumosa ou avantajada.

pancada ⟨pan.ca.da⟩ ❙ adj.2g./s.2g. **1** *informal* Que ou quem é desequilibrado ou louco. ❙ s.f. **2** Batida ou golpe. **3** Chuva intensa e de curta duração: *Há previsão de pancadas no final da tarde.* **4** *informal* Grande quantidade: *Tenho uma pancada de exercícios para resolver.*

pancadaria ⟨pan.ca.da.ri.a⟩ s.f. Confusão ou tumulto em que as pessoas se agridem com pancadas: *A manifestação acabou em pancadaria.*

pâncreas ⟨pân.cre.as⟩ s.m.2n. Órgão composto por duas glândulas, situado no abdome, junto ao duodeno e abaixo do estômago, que elabora e secreta enzimas digestivas e que produz hormônios.

pancreático, ca ⟨pan.cre.á.ti.co, ca⟩ adj. Do pâncreas ou relacionado a essa glândula.

panda ⟨pan.da⟩ s.2g. →**urso panda**

pandarecos ⟨pan.da.re.cos⟩ s.m.pl. Pedaços pequenos de algo quebrado ou destruído. ‖ **em pandarecos** *informal* Muito cansado ou abatido: *De tanto limpar a casa, ficou em pandarecos.*

pândega ⟨pân.de.ga⟩ s.f. Brincadeira ou divertimento.

pândego, ga ⟨pân.de.go, ga⟩ adj./s. Que ou quem é alegre, engraçado ou brincalhão.

pandeiro ⟨pan.dei.ro⟩ s.m. Instrumento musical de percussão de altura indeterminada, formado por um ou dois aros de madeira, com uma membrana de couro ou sintética esticada sobre eles, com guizos ou chocalhos de metal nas laterais, e que pode ser tocado chacoalhando-o ou golpeando-o com as mãos ou com os dedos. [◉ **instrumentos de percussão** p. 614]

pandemia ⟨pan.de.mi.a⟩ s.f. Doença epidêmica que se espalha por grandes áreas geográficas e que ataca quase todos os indivíduos que vivem nela.

pandemônio ⟨pan.de.mô.nio⟩ s.m. Confusão ou desordem: *Com os atrasos nos voos, o aeroporto virou um pandemônio.*

pando, da ⟨pan.do, da⟩ adj. Com grande volume, inchado ou inflado.

pandorga ⟨pan.dor.ga⟩ s.f. Brinquedo formado por uma armação leve de varetas coberta por uma folha de papel ou por um plástico, que se solta para que o vento o leve e para que se mantenha suspenso no ar, preso por uma linha ou por um barbante. ◻ SIN. arraia, papagaio, pipa.

pane ⟨pa.ne⟩ s.f. Falha no funcionamento de um mecanismo ou de um motor.

panegírico, ca ⟨pa.ne.gí.ri.co, ca⟩ ❙ adj./s.m. **1** Do discurso de elogio a uma pessoa, com suas características ou relacionado a ele. ❙ s.m. **2** Discurso de elogio ou de exaltação a uma pessoa.

panela ⟨pa.ne.la⟩ s.f. Recipiente de formato redondo, com uma ou duas asas, usado para cozinhar alimentos.

panelinha ⟨pa.ne.li.nha⟩ s.f. **1** Panela pequena. **2** *informal* Grupo restrito ou fechado de pessoas que agem por interesse próprio, beneficiando apenas seus membros.

panetone ⟨pa.ne.to.ne⟩ (Pron. [panetône]) s.m. Bolo de origem italiana, com formato redondo e recheio de frutas secas ou chocolate.

panfletário, ria ⟨pan.fle.tá.rio, ria⟩ ❙ adj. **1** Com o estilo próprio dos panfletos ou relacionado a eles. **2** Que defende algo radicalmente: *um discurso panfletário.* ❙ adj./s. **3** Que ou quem escreve panfletos. ◻ SIN. panfletista.

panfletista ⟨pan.fle.tis.ta⟩ adj.2g./s.2g. Que ou quem escreve panfletos. ◻ SIN. panfletário.

panfleto ⟨pan.fle.to⟩ (Pron. [panflêto]) s.m. Folheto avulso, com um texto curto, distribuído ao público e usado como propaganda: *um panfleto eleitoral.*

pangaré ⟨pan.ga.ré⟩ s.m. Cavalo magro e de linhagem ruim.

pânico ⟨pâ.ni.co⟩ s.m. Medo excessivo ou temor intenso e descontrolado.

panificação ⟨pa.ni.fi.ca.ção⟩ (pl. *panificações*) s.f. **1** Transformação da farinha em pão. **2** Estabelecimento comercial em que são feitos e vendidos pães e outras mercadorias. ◻ SIN. padaria, panificadora.

panificador, -a ⟨pa.ni.fi.ca.dor, do.ra⟩ (Pron. [panificadôr], [panificadôra]) adj./s. Que ou quem faz pão.

panificadora ⟨pa.ni.fi.ca.do.ra⟩ (Pron. [panificadôra]) s.f. Estabelecimento comercial em que são feitos e vendidos pães e outras mercadorias. ◻ SIN. padaria, panificação.

pano ⟨pa.no⟩ s.m. Tecido ou pedaço de tecido. ‖ **dar pano para manga** *informal* Dar motivos para que algo seja amplamente comentado: *Suas opiniões polêmicas* *sempre dão pano para manga.* ‖ **pano de fundo** 1 Em um teatro, cortina de grandes dimensões que fica ao fundo do palco e que contribui para a composição do cenário. 2 Contexto ou situação em que algo ocorre: *O pano de fundo de seu novo romance é a Segunda Guerra Mundial.* ‖ **panos quentes** *informal* Aquilo que é dito ou feito para amenizar ou suavizar um assunto ou uma situação conflituosos: *Resolveram colocar panos quentes e encerrar a discussão.* ‖ **por baixo do pano** *informal* De forma secreta ou sigilosa: *Toda a negociação foi feita por baixo dos panos.*

panorama ⟨pa.no.ra.ma⟩ s.m. 1 Paisagem ampla, que pode ser vista de todas as direções e sem obstáculos, a partir de um ponto de observação: *Do alto do morro avista-se um magnífico panorama da orla da praia.* 2 Observação ou estudo de um determinado assunto em toda a sua amplitude: *No Congresso será discutido o panorama atual do ensino no país.*

panorâmico, ca ⟨pa.no.râ.mi.co, ca⟩ adj. Do panorama ou relacionado a ele.

panqueca ⟨pan.que.ca⟩ s.f. Massa feita à base de farinha, ovos e leite batidos, recheada com ingredientes doces ou salgados e que geralmente se serve enrolada.

pantalonas ⟨pan.ta.lo.nas⟩ s.f.pl. Calças compridas com bocas largas que cobrem os pés.

pantanal ⟨pan.ta.nal⟩ (pl. *pantanais*) s.m. Pântano de grande extensão.

pantaneiro, ra ⟨pan.ta.nei.ro, ra⟩ ▮ adj. 1 Do pântano ou relacionado a ele. ▮ adj./s. 2 Do Pantanal ou relacionado a essa região.

pântano ⟨pân.ta.no⟩ s.m. Região em que há acúmulo natural de água e que favorece o desenvolvimento de vegetação. □ SIN. charneca, paul, tremedal.

pantanoso, sa ⟨pan.ta.no.so, sa⟩ (Pron. [pantanôso], [pantanósa], [pantanósos], [pantanósas]) adj. Em relação a um terreno, que tem pântanos ou regiões alagadas.

panteão ⟨pan.te.ão⟩ (pl. *panteões*) s.m. 1 Na Grécia e na Roma Antigas, templo dedicado aos deuses. 2 Monumento funerário destinado ao sepultamento de heróis ou de pessoas consideradas importantes.

panteísmo ⟨pan.te.ís.mo⟩ s.m. Doutrina filosófica e teológica que identifica Deus com tudo aquilo que existe.

panteísta ⟨pan.te.ís.ta⟩ adj.2g./s.2g. Que ou quem segue ou defende o panteísmo.

pantera ⟨pan.te.ra⟩ s.f. 1 Mamífero carnívoro, felino e de pelagem preta ou amarelada com manchas. 2 *informal* Mulher bonita e atraente. □ GRAMÁTICA Na acepção 1, é um substantivo epiceno: *a pantera {macho/fêmea}.*

pantomima ⟨pan.to.mi.ma⟩ s.f. Representação, geralmente teatral, por meio de mímica e sem intervenção da palavra. □ SIN. mimo.

pantufa ⟨pan.tu.fa⟩ s.f. Calçado sem salto, acolchoado e macio, usado para andar em casa. [👁 calçados p. 138]

panturrilha ⟨pan.tur.ri.lha⟩ s.f. Parte muscular e saliente situada na parte de trás da perna, abaixo do joelho.

pão (pl. *pães*) s.m. 1 Alimento de diferentes tamanhos e formatos, feito com uma massa de farinha de trigo ou de outros cereais, água, fermento e outros ingredientes, e que é levada ao forno para assar. 2 Meio de sustento ou de sobrevivência diária: *Trabalhamos muito para que nunca lhe faltasse pão.* ‖ **a pão e água** Com poucos recursos: *Durante a faculdade, vivia a pão e água para economizar.* ‖ **comer o pão que o diabo amassou** Passar por dificuldades ou privações: *Deu a volta por cima, depois de comer o pão que o diabo amassou.* ‖ **um pão** *informal* Pessoa bonita: *Ela achava o ator da novela um pão.* □ GRAMÁTICA *Um pão* é usado tanto para o masculino quanto para o feminino: *{ele/ela} é um pão.*

papear

pão de ló ⟨pão de ló⟩ (pl. *pães de ló*) s.m. Massa de bolo muito leve e fofa, feita à base de farinha de trigo, açúcar, ovos e outros ingredientes.

pão-duro ⟨pão-du.ro⟩ (pl. *pães-duros*) adj.2g./s.2g. *informal* Avarento.

papa ⟨pa.pa⟩ ▮ s.m. 1 Na Igreja Católica, autoridade máxima: *O papa Bento XVI foi o sucessor de João Paulo II.* 2 Pessoa que se destaca em uma atividade: *Fomos a uma palestra do papa da publicidade brasileira.* ▮ s.f. 3 Alimento feito à base de farinha e leite, geralmente cozido e de consistência cremosa: *Alguns bebês só gostam de comer papa.* 4 Qualquer alimento sólido transformado em pasta: *uma papa de frutas.* □ GRAMÁTICA Na acepção 2, seu feminino é *papisa*.

papada ⟨pa.pa.da⟩ s.f. Excesso de carne e gordura que se forma entre o queixo e o pescoço.

papado ⟨pa.pa.do⟩ s.m. 1 Cargo de papa. 2 Período de tempo de exercício desse cargo.

papagaio, a ⟨pa.pa.gai.o, a⟩ ▮ s. 1 Ave tropical arbórea de bico forte, grosso e curvado, plumagem esverdeada e de cores vistosas, que se alimenta de sementes e frutos, e que aprende a repetir palavras e frases. [👁 aves p. 92] ▮ s.m. 2 *pejorativo* Pessoa que repete a fala de outra sem antes pensar sobre ela. 3 *pejorativo* Pessoa que fala muito. 4 Brinquedo formado por uma armação leve de varetas coberta por uma folha de papel ou por um plástico, que se solta para que o vento o leve e para que se mantenha suspenso no ar, preso por uma linha ou por um barbante. □ SIN. arraia, pandorga, pipa. □ GRAMÁTICA Nas acepções 2 e 3, usa-se tanto para o masculino quanto para o feminino: *{ele/ela} é um papagaio.*

papaguear ⟨pa.pa.gue.ar⟩ ▮ v.int. 1 Falar muito e sem refletir. ▮ v.t.d. 2 Repetir sem entender o que diz. □ ORTOGRAFIA O *e* muda para *ei* quando a sílaba tônica estiver na raiz do verbo → NOMEAR.

papai ⟨pa.pai⟩ s.m. *informal* Pai. □ USO Tem um valor carinhoso.

papaia ⟨pa.pai.a⟩ s.m. Fruto do mamoeiro, comestível, em formato de baga, com muitas sementes pretas e arredondadas, e cuja polpa, alaranjada e doce, tem propriedades laxativas. □ SIN. mamão.

papal ⟨pa.pal⟩ (pl. *papais*) adj.2g. Do papa ou relacionado a essa autoridade da Igreja Católica.

papar ⟨pa.par⟩ ▮ v.t.d./v.int. 1 *informal* Comer. ▮ v.t.d. 2 *informal* Conseguir ou alcançar: *Nosso time papou o troféu.*

paparazzi *(palavra italiana)* (Pron. [paparázi]) s.m. → paparazzo

paparazzo *(palavra italiana)* (Pron. [paparázo]) (pl. *paparazzi*) s.m. Fotógrafo profissional, geralmente *freelance*, que se dedica a tirar fotos de artistas ou de pessoas conhecidas sem sua autorização: *Um paparazzo aguardava a chegada da atriz.* □ USO Ainda que esteja difundido na linguagem coloquial, é inadequado o uso de *paparazzi* para designar uma só pessoa.

paparicar ⟨pa.pa.ri.car⟩ v.t.d. Tratar com atenção ou com cuidado excessivos. □ ORTOGRAFIA Antes de *e*, o *c* muda para *qu* → BRINCAR.

papável ⟨pa.pá.vel⟩ (pl. *papáveis*) adj.2g. 1 *informal* Que se pode papar ou comer. 2 Na Igreja Católica, em relação a um cardeal, que tem possibilidade de se eleger papa.

papear ⟨pa.pe.ar⟩ ▮ v.t.i. 1 Conversar ou falar [com alguém], especialmente se for de forma tranquila. ▮ v.int. 2 Conversar ou falar, especialmente se for de forma tranquila. 3 Emitir sons de forma melodiosa (uma ave). □ ORTOGRAFIA O *e* muda para *ei* quando a sílaba tônica

papeira

estiver na raiz do verbo →NOMEAR. ☐ GRAMÁTICA Na acepção 3, é um verbo unipessoal: só se usa nas terceiras pessoas do singular e do plural, no particípio, no gerúndio e no infinitivo →MIAR.

papeira ⟨pa.pei.ra⟩ s.f. *informal* Caxumba.

papel ⟨pa.pel⟩ (pl. *papéis*) s.m. **1** Material em forma de lâmina fina, feita com uma pasta seca e endurecida de fibras vegetais, e que se utiliza geralmente para escrever ou desenhar sobre ela ou para embrulhar algum objeto. **2** Documento, carta ou credencial de qualquer tipo: *Não possui todos os papéis para fazer a matrícula*. **3** Em uma obra dramática, personagem representada pelo ator: *Representou o papel de uma vilã em seu último filme*. **4** Função desempenhada por uma pessoa em uma determinada situação, ou ao longo de sua vida: *Mandela teve um papel importante para acabar com o apartheid na África do Sul*. **5** →**papel-moeda 6** Documento, especialmente um título, utilizado para representar um determinado valor: *Os papéis das empresas de telefonia sofreram uma baixa no mercado*. ‖ **de papel passado** Em conformidade com a lei: *casar de papel passado*. ‖ **(papel) almaço** Aquele que é encorpado, branco, de folhas duplas, e geralmente utilizado na produção de documentos. ‖ **(papel) celofane** Aquele que é transparente e flexível, e se usa para envolver. ‖ **(papel) crepom** Aquele que é enrugado e feito de papel de seda. ‖ **papel de alumínio** →**papel-alumínio** ‖ **papel higiênico** Aquele que é de textura fina e se usa no banheiro. ‖ **papel machê** Aquele que é triturado e umedecido, geralmente usado para fazer figuras ou relevos. ‖ **papel sulfite** Aquele que é obtido de uma pasta de sal derivado do ácido sulfuroso.

papelada ⟨pa.pe.la.da⟩ s.f. Conjunto dos documentos ou papéis necessários para a resolução de um assunto: *Reunimos toda a papelada para a matrícula*.

papel-alumínio ⟨pa.pel-a.lu.mí.nio⟩ (pl. *papéis-alumínio* ou *papéis-alumínios*) s.m. Lâmina muito fina de alumínio ou de estanho fundido, usada geralmente para envolver e conservar alimentos. ☐ ORTOGRAFIA Escreve-se também *papel de alumínio*.

papelão ⟨pa.pe.lão⟩ (pl. *papelões*) s.m. **1** Papel grosso, composto por folhas de pasta de papel sobrepostas e que se aderem por compressão, muito utilizado na fabricação de caixas e embalagens. **2** *informal* Comportamento considerado ridículo, inconveniente ou vergonhoso: *Bebeu demais na festa, e acabou fazendo um papelão na frente dos amigos*.

papelaria ⟨pa.pe.la.ri.a⟩ s.f. Estabelecimento comercial onde são vendidos produtos de papel ou materiais utilizados em escolas, empresas e escritórios.

papel-carbono ⟨pa.pel-car.bo.no⟩ (Pron. [papel-carbôno]) (pl. *papéis-carbono* ou *papéis-carbonos*) s.m. →**carbono**

papeleta ⟨pa.pe.le.ta⟩ (Pron. [papelêta]) s.f. **1** Papel avulso em que são feitas anotações. **2** Em um hospital ou em uma clínica, papel em que se registram informações sobre o estado de saúde de um paciente.

papel-filme ⟨pa.pel-fil.me⟩ (pl. *papéis-filme* ou *papéis-filmes*) s.m. Plástico transparente e muito fino utilizado para envolver e conservar alimentos. ☐ SIN. filme plástico.

papel-moeda ⟨pa.pel-mo.e.da⟩ (pl. *papéis-moeda* ou *papéis-moedas*) s.f. Papel que o Banco Central de um país emite e que circula efetivamente como dinheiro legal. ☐ USO Usa-se também a forma reduzida *papel*.

paper *(palavra inglesa)* (Pron. [pêiper]) s.m. Dissertação ou trabalho em que são expostos os resultados ou as conclusões de uma pesquisa ou de uma investigação.

papila ⟨pa.pi.la⟩ s.f. Nos animais, qualquer estrutura semelhante a um mamilo, existente na superfície de alguns tecidos e que forma um pequeno relevo: *As papilas gustativas situadas na língua nos permitem distinguir os sabores*.

papiro ⟨pa.pi.ro⟩ s.m. **1** Planta herbácea de caule cilíndrico e liso em que estão localizadas as folhas, finas e compridas, e espigas com pequenas flores. **2** Lâmina obtida do caule dessa planta, usada antigamente para escrever sobre ela. **3** Manuscrito realizado sobre essa lâmina: *Os papiros nos permitiram conhecer alguns costumes do Antigo Egito*.

papisa ⟨pa.pi.sa⟩ Substantivo feminino de *papa*.

papo ⟨pa.po⟩ s.m. **1** *informal* Papada. **2** *informal* Conversa informal: *Tive um papo muito esclarecedor com ela*. **3** Nas aves, prolongamento do esôfago onde o alimento amolece antes de ser ingerido. **4** *informal* Barriga ou estômago. ‖ **bater papo** *informal* Conversar de maneira informal: *Batemos papo por toda a tarde*. ‖ **estar no papo** *informal* Estar garantido ou assegurado: *A aprovação do projeto está no papo*. ‖ **papo furado 1** *informal* Conversa despretensiosa ou à toa: *Ficaram de papo furado na porta da classe, e se atrasaram para a chamada*. **2** *informal* Aquilo que foi dito, mas que traz indícios de que não será cumprido: *Prometeu que iria mudar, mas era só papo furado*.

papoila ⟨pa.poi.la⟩ s.f. →**papoula**

papoula ⟨pa.pou.la⟩ s.f. **1** Planta herbácea com flores geralmente vermelhas, sementes pretas usadas na alimentação, e cuja seiva é leitosa e usada como medicinal. **2** Flor dessa planta. ☐ ORTOGRAFIA Escreve-se também *papoila*.

papua ⟨pa.pu.a⟩ adj.2g./s.2g. De Papua Nova Guiné ou relacionado a esse país da Oceania. ☐ SIN. papuásio.

papuásio, sia ⟨pa.pu.á.sio, sia⟩ adj./s. De Papua Nova Guiné ou relacionado a esse país da Oceania. ☐ SIN. papua.

papudo, da ⟨pa.pu.do, da⟩ adj. Que tem papo grande.

paquera ⟨pa.que.ra⟩ ▌s.f. **1** *informal* Tentativa de estabelecer um namoro ou um contato amoroso. ▌s.2g. **2** *informal* Pessoa que tenta estabelecer essa relação.

paquerar ⟨pa.que.rar⟩ ▌v.t.d. **1** *informal* Tentar aproximar-se de (alguém), para namorar ou estabelecer um contato amoroso. ▌v.int. **2** *informal* Tentar aproximar-se de alguém para namorar ou estabelecer um contato amoroso. ▌v.t.d. **3** *informal* Olhar ou observar com atenção, especialmente se for algo que se deseja possuir: *Gostamos de paquerar as vitrines do shopping*.

paquete ⟨pa.que.te⟩ (Pron. [paquête]) s.m. Navio usado para o transporte de correspondências e de passageiros de um porto a outro.

paquiderme ⟨pa.qui.der.me⟩ ▌adj.2g./s.m. **1** Em relação a um mamífero não ruminante, que se caracteriza por ter a pele muito grossa e dura, e três ou quatro dedos em cada extremidade. ▌s.m. **2** *pejorativo* Pessoa considerada tola, grosseira ou pouco inteligente. ☐ GRAMÁTICA Na acepção 2, usa-se tanto o masculino quanto para o feminino: *(ele/ela) é um paquiderme*.

paquistanês, -a ⟨pa.quis.ta.nês, ne.sa⟩ (Pron. [paquistanês], [paquistanêsa]) adj./s. Do Paquistão ou relacionado a esse país asiático.

par ▌adj.2g. **1** Igual ou totalmente semelhante. **2** Em relação a um órgão de um ser vivo, que corresponde simetricamente a outro igual: *As orelhas são órgãos pares*. ▌s.m. **3** Conjunto de dois elementos de uma mesma classe: *um par de sapatos*. **4** Parceiro em um número de dança: *Assim que todos estiverem a postos com seus pares, começaremos o baile*. **5** Casal ou dupla: *Aqueles*

paraibano

dois formam um belo par. **6** →**número par** ‖ **aos pares** De dois em dois: *As meias são vendidas aos pares.* ‖ **a par de** algo: Ciente ou informado dele: *Lê os jornais para estar a par do que acontece no mundo.* ‖ **sem par** Singular ou que não tem igual: *Aquela moça tinha uma beleza sem par.*

para ⟨pa.ra⟩ prep. **1** Indica a direção de um movimento em relação ao ponto de chegada: *Fomos para casa antes que chovesse.* **2** Seguido de um verbo no infinitivo, indica a proximidade de acontecer a ação expressa por ele: *Estava para sair quando ela chegou.* **3** Indica capacidade, utilidade ou conveniência: *Este paletó é só para ocasiões especiais.* **4** Indica o tempo em que algo será finalizado ou realizado: *Temos que terminar o trabalho para amanhã.* **5** Indica contraposição, relação ou comparação: *São pouco conhecidos para o talento que têm.* ‖ **para já** Imediata ou rapidamente. ‖ **para que** A fim de que: *Levou as roupas para que fossem lavadas.*

para- **1** Prefixo que indica proximidade: *paraestatal.* **2** Prefixo que significa *ao lado de*: *paranormal.*

parabenização ⟨pa.ra.be.ni.za.cão⟩ (pl. *parabenizações*) s.f. Ato ou efeito de parabenizar(-se). □ SIN. congratulação.

parabenizar ⟨pa.ra.be.ni.zar⟩ v.t.d./v.t.d.i./v.prnl. Desejar(-se) felicidades ou demonstrar satisfação a (alguém) [por um acontecimento feliz ou por algo bom que se fez]: *O professor parabenizou os alunos por sua dedicação.* □ SIN. cumprimentar.

parabéns ⟨pa.ra.béns⟩ ▌s.m.pl. **1** Manifestação do sentimento de satisfação que se tem por algum acontecimento feliz ocorrido a outra pessoa: *Você já lhe deu os parabéns pela gravidez?* □ SIN. congratulação, felicidade, felicitação. ▌interj. **2** Expressão usada para manifestar a satisfação que se sente por algum acontecimento feliz que ocorreu a outra pessoa: *Parabéns! Você foi aprovado!*

parábola ⟨pa.rá.bo.la⟩ s.f. **1** Narrativa de um acontecimento fictício da qual se deduz um ensinamento moral ou uma verdade importante. **2** Em matemática, curva plana e simétrica em relação a um eixo e que se assemelha ao formato da letra *U.*

parabólica ⟨pa.ra.bó.li.ca⟩ s.f. →**antena parabólica**

parabólico, ca ⟨pa.ra.bó.li.co, ca⟩ adj. **1** Da parábola ou relacionado a esse tipo de narrativa. **2** Da parábola ou relacionado a essa curva matemática.

para-brisa ⟨pa.ra-bri.sa⟩ (pl. *para-brisas*) s.m. Em um automóvel, vidro dianteiro que serve para proteger os passageiros do vento ou da chuva, e para assegurar a visibilidade.

para-choque ⟨pa.ra-cho.que⟩ (pl. *para-choques*) s.m. Em um automóvel, peça de metal ou plástico colocada na parte dianteira e traseira, e que serve para amortecer os efeitos de um impacto.

parada ⟨pa.ra.da⟩ s.f. **1** Finalização de um movimento, de uma ação ou de uma atividade: *Fizemos uma parada para descansar.* **2** Detenção daquilo que estava em movimento: *Uma falha no motor provocou a parada no veículo.* **3** Lugar em que se para: *A igreja de Nosso Senhor do Bonfim é parada obrigatória para quem visita Salvador.* □ SIN. paragem. **4** Lugar em que os veículos destinados ao transporte público estacionam para que os passageiros subam ou desçam: *uma parada de táxi.* **5** Formação de tropas para passar-lhes em revista ou para um desfile: *No dia da Independência do Brasil, assistiremos a uma parada militar.* **6** Manifestação, desfile ou passeata públicos: *Quando estivemos em São Paulo, assistimos à Parada GLBT.* **7** *informal* Aquilo que é complicado ou de difícil solução: *Todos sabíamos que o campeonato seria uma parada.*

paradeiro ⟨pa.ra.dei.ro⟩ s.m. Lugar em que se está ou em que se irá parar: *Desde que foi embora, ninguém sabe seu paradeiro.*

paradigma ⟨pa.ra.dig.ma⟩ s.m. **1** Modelo ou exemplo: *O ministro propôs um um novo paradigma nacional de transporte, mais urbano adequado ao meio-ambiente.* **2** Em linguística, cada um dos esquemas formais de flexão: *Em português, os verbos obedecem a três paradigmas: primeira, segunda ou terceira conjugações.*

paradisíaco, ca ⟨pa.ra.di.sí.a.co, ca⟩ adj. Do paraíso ou com suas características.

parado, da ⟨pa.ra.do, da⟩ ▌adj. **1** *informal* Sem iniciativa nem atitude. ▌adj./s. **2** *informal* Que ou quem está desempregado ou sem trabalho.

paradoxal ⟨pa.ra.do.xal⟩ (Pron. [paradocsal]) (pl. *paradoxais*) adj.2g. Do paradoxo, com paradoxo ou relacionado a ele.

paradoxo ⟨pa.ra.do.xo⟩ (Pron. [paradocso]) s.m. **1** Aquilo que é estranho, contraditório, absurdo ou oposto à opinião ou aos sentimentos comuns: *É um paradoxo que o mais tímido seja eleito o orador da turma.* **2** Figura de linguagem que consiste em unir ideias aparentemente contraditórias e inconciliáveis: *No verso Rio de neve em fogo convertido, de Gregório de Matos Guerra, há um paradoxo.*

paraense ⟨pa.ra.en.se⟩ adj.2g./s.2g. Do Pará ou relacionado a esse estado brasileiro.

paraestatal ⟨pa.ra.es.ta.tal⟩ (pl. *paraestatais*) adj.2g. Que colabora com o Estado ou que é controlado por ele, ainda que não faça parte dele e nem pertença à administração pública. □ ORTOGRAFIA Escreve-se também *parestatal.*

parafernália ⟨pa.ra.fer.ná.lia⟩ s.f. Conjunto de objetos diversos de uso habitual, especialmente se for de um trabalho ou de uma atividade: *Levou toda a parafernália para o camping, mas acabou nem pescando.*

parafina ⟨pa.ra.fi.na⟩ s.f. Substância sólida composta por uma mistura de hidrocarbonetos obtidos na fabricação de derivados do petróleo: *Os surfistas costumam passar parafina em suas pranchas, para que fiquem menos escorregadias.*

paráfrase ⟨pa.rá.fra.se⟩ s.f. Explicação ou tradução de um texto que serve para tornar a sua compreensão mais fácil ou sugerir uma nova interpretação de seu sentido: *Explicar um texto com as próprias palavras é uma forma de paráfrase.*

parafrasear ⟨pa.ra.fra.se.ar⟩ v.t.d. Fazer uma paráfrase de (um texto). □ ORTOGRAFIA O *e* muda para *ei* quando a sílaba tônica estiver na raiz do verbo →NOMEAR.

parafusar ⟨pa.ra.fu.sar⟩ v.t.d. **1** Prender ou fixar com um parafuso. **2** Deixar firme ou fixar de forma segura. □ ORTOGRAFIA Escreve-se também *aparafusar.*

parafuso ⟨pa.ra.fu.so⟩ s.m. Peça cilíndrica semelhante a um prego, com uma parte em forma de hélice, e que entra em um furo ou em uma rosca. ‖ **entrar em parafuso** *informal* Enlouquecer: *Com tanto trabalho, vai acabar entrando em parafuso.*

paragem ⟨pa.ra.gem⟩ (pl. *paragens*) s.f. Lugar em que se para. □ SIN. parada.

parágrafo ⟨pa.rá.gra.fo⟩ s.m. **1** Em um texto escrito, cada uma das partes ou dos trechos separados do resto por um ponto e por uma mudança de linha. **2** Sinal gráfico dessa divisão: *Em uma lei, o parágrafo é representado pelo símbolo §.* **3** Em uma cláusula de contrato ou em um artigo de lei, cada subdivisão.

paraguaio, a ⟨pa.ra.guai.o, a⟩ adj./s. Do Paraguai ou relacionado a esse país sul-americano.

paraibano, na ⟨pa.ra.i.ba.no, na⟩ adj./s. Da Paraíba ou relacionado a esse estado brasileiro.

paraisense ⟨pa.ra.i.sen.se⟩ adj.2g./s.2g. De Paraíso do Tocantins ou relacionado a essa cidade do estado brasileiro do Tocantins.

paraíso ⟨pa.ra.í.so⟩ s.m. **1** Lugar bonito, tranquilo e agradável: *Para muitos a ilha de Fernando de Noronha é um verdadeiro paraíso.* **2** No Antigo Testamento, lugar de felicidade em que viviam Adão e Eva (primeiro homem e primeira mulher criados por Deus) antes do pecado original. ◻ ORTOGRAFIA Na acepção 2, usa-se geralmente com inicial maiúscula por ser também um nome próprio.

para-lama ⟨pa.ra-la.ma⟩ (pl. *para-lamas*) s.m. Em alguns automóveis, peça curva situada sobre cada uma das rodas para evitar que espirre lama.

paralelepípedo ⟨pa.ra.le.le.pí.pe.do⟩ s.m. **1** Corpo geométrico limitado por seis pares de paralelogramos paralelos: *O cubo e o prisma retangular são paralelepípedos.* **2** Pedra com esse formato usada na pavimentação de ruas.

paralelismo ⟨pa.ra.le.lis.mo⟩ s.m. **1** Igualdade de distância permanente entre linhas ou entre planos. **2** Semelhança ou equivalência.

paralelo, la ⟨pa.ra.le.lo, la⟩ ∎ adj. **1** Semelhante ou correspondente: *Os dois irmãos tiveram histórias paralelas.* **2** Em relação a uma reta ou a um plano, que se mantém equidistante em relação a outro e que nunca se cruzam: *Os trilhos do trem são paralelos.* **3** Em relação a dois ou mais eventos, que ocorrem simultaneamente: *acontecimentos paralelos.* ∎ s.m. **4** Correspondência, comparação ou confronto: *Não consegui estabelecer um paralelo entre as duas situações.* **5** Em geografia, cada um dos círculos equidistantes entre si que rodeiam a Terra paralelamente ao Equador.

paralelogramo ⟨pa.ra.le.lo.gra.mo⟩ s.m. Figura geométrica plana limitada por quatro lados paralelos ao seu lado oposto: *Tanto o retângulo quanto o quadrado são paralelogramos.* ◻ SIN. romboide.

paralisação ⟨pa.ra.li.sa.ção⟩ (pl. *paralisações*) s.f. Ato ou efeito de paralisar(-se).

paralisar ⟨pa.ra.li.sar⟩ v.t.d./v.int./v.prnl. **1** Causar paralisia em ou tornar-se paralítico. **2** Deter(-se), interromper(-se) ou parar: *A falta de verba paralisou o projeto.*

paralisia ⟨pa.ra.li.si.a⟩ s.f. **1** Perda total ou parcial da capacidade de movimento e da sensibilidade de uma ou de várias partes do corpo. **2** Falta de ação ou de movimento: *A greve provocou a paralisia do sistema de transportes da cidade.*

paralítico, ca ⟨pa.ra.lí.ti.co, ca⟩ adj./s. Que ou quem sofre de paralisia.

paramentar ⟨pa.ra.men.tar⟩ v.t.d./v.prnl. Vestir ou adornar-se com paramentos.

paramento ⟨pa.ra.men.to⟩ ∎ s.m. **1** Adorno que serve para enfeitar algo. ◻ SIN. ornamento. ∎ s.m.pl. **2** Vestes sagradas e usadas pelo sacerdote para celebrar uma cerimônia religiosa. ◻ SIN. ornamento.

parâmetro ⟨pa.râ.me.tro⟩ s.m. Dado ou critério tomados como padrão na análise de uma questão: *os parâmetros de segurança.*

paramilitar ⟨pa.ra.mi.li.tar⟩ adj.2g. Em relação a uma organização civil, que tem estrutura militar.

páramo ⟨pá.ra.mo⟩ s.m. **1** Planície desértica ou de vegetação escassa. **2** Espaço que, visto da Terra, parece formar uma cobertura arqueada sobre ela. ◻ SIN. abóbada celeste, céu, firmamento.

paraná ⟨pa.ra.ná⟩ s.m. **1** Canal que separa uma ilha da margem de um rio. **2** Canal que liga dois rios.

paranaense ⟨pa.ra.na.en.se⟩ adj.2g./s.2g. Do Paraná ou relacionado a esse estado brasileiro.

paranaibano, na ⟨pa.ra.na.i.ba.no, na⟩ adj./s. De Paranaíba ou relacionado a essa cidade do estado brasileiro de Mato Grosso do Sul.

paraninfar ⟨pa.ra.nin.far⟩ v.t.d. Em uma cerimônia, especialmente se for em uma formatura, servir como paraninfo ou apadrinhar.

paraninfo, fa ⟨pa.ra.nin.fo, fa⟩ s. Em uma cerimônia, especialmente se for em uma formatura, pessoa homenageada e eleita como padrinho ou como madrinha: *O professor de Geografia foi o nosso paraninfo.*

paranoia ⟨pa.ra.noi.a⟩ (Pron. [paranóia]) s.f. Transtorno mental caracterizado por profunda alteração de alguma área da personalidade e pela fixação em uma ideia.

paranoico, ca ⟨pa.ra.noi.co, ca⟩ (Pron. [paranóico]) ∎ adj. **1** Da paranoia ou relacionado a esse transtorno mental. ∎ adj./s. **2** Que ou quem sofre de paranoia.

paranormal ⟨pa.ra.nor.mal⟩ (pl. *paranormais*) ∎ adj.2g. **1** Em relação a um fenômeno, que não pode ser explicado por métodos científicos. ∎ adj.2g./s.2g. **2** Que ou quem possui poderes extrassensoriais que não podem ser explicados por métodos científicos.

parapeito ⟨pa.ra.pei.to⟩ s.m. **1** Em algumas construções, parede ou muro, geralmente na altura do peito, que se colocam para evitar quedas. **2** Em uma janela, peça que fica em sua base e que serve de apoio às pessoas. ◻ SIN. peitoril.

paraplegia ⟨pa.ra.ple.gi.a⟩ s.f. Paralisia que afeta a metade inferior do corpo.

paraplégico, ca ⟨pa.ra.plé.gi.co, ca⟩ ∎ adj. **1** Da paraplegia ou relacionado a esse tipo de paralisia. ∎ adj./s. **2** Que ou quem sofre de paraplegia.

parapsicologia ⟨pa.ra.psi.co.lo.gi.a⟩ s.f. Parte da psicologia que se dedica ao estudo dos fenômenos que não podem ser explicados por meios científicos.

parapsicológico, ca ⟨pa.ra.psi.co.ló.gi.co, ca⟩ adj. Da parapsicologia ou relacionado a essa parte da psicologia: *um fenômeno parapsicológico.*

parapsicólogo, ga ⟨pa.ra.psi.có.lo.go, ga⟩ s. Pessoa que se dedica à parapsicologia, especialmente como profissão.

paraquedas ⟨pa.ra.que.das⟩ s.m.2n. Dispositivo formado por um sistema de cordas e um tecido resistente que, ao se estender no ar, serve para frear a velocidade da queda de um corpo.

paraquedismo ⟨pa.ra.que.dis.mo⟩ (pl. *paraquedismos*) s.m. Atividade militar ou esportiva que consiste em saltar com paraquedas de um avião.

paraquedista ⟨pa.ra.que.dis.ta⟩ (pl. *paraquedistas*) ∎ adj.2g. **1** Do paraquedismo ou relacionado a essa atividade. ∎ s.2g. **2** Pessoa que pratica o paraquedismo.

parar ⟨pa.rar⟩ ∎ v.t.d./v.int. **1** Interromper o movimento de ou cessar uma atividade: *Pisou no freio e conseguiu parar o carro. O motor do carro parou.* **2** Finalizar ou terminar: *Ninguém sabia quando aquela discussão ia parar.* ∎ v.int. **3** Ficar ou permanecer: *Nunca para em casa nos finais de semana.*

para-raios ⟨pa.ra-rai.os⟩ s.m.2n. Aparelho composto por uma ou várias hastes metálicas ligadas à terra, que é colocado no topo de edifícios ou construções para atrair os raios para si e evitar que as descargas elétricas os danifiquem.

parasita ⟨pa.ra.si.ta⟩ adj.2g./s.2g. **1** Em relação a um organismo animal ou vegetal, que sobrevivem às custas de outro de diferente espécie, alimentando-se dele ou de seus nutrientes. **2** *pejorativo* Pessoa que vive às custas de outra. ◻ ORTOGRAFIA Escreve-se também *parasito.*

parasitar ⟨pa.ra.si.tar⟩ ∎ v.t.d. **1** Viver às suas custas de (um organismo animal ou vegetal): *As pulgas parasitam* *alguns animais e se alimentam de seu sangue.* ▌v.t.d./v.int. **2** *informal* Viver às custas de (alguém) ou explorar alguém: *Por uma questão ética, nunca parasitaria ninguém.*

parasitário, ria ⟨pa.ra.si.tá.rio, ria⟩ adj. Dos parasitas, causado por parasitas ou relacionado a eles.

parasito, ta ⟨pa.ra.si.to, ta⟩ adj./s. →**parasita**

parceiro, ra ⟨par.cei.ro, ra⟩ s. **1** Pessoa com a qual se estabelece uma parceria. **2** Em relação a uma pessoa, outra com a qual se mantém uma relação amorosa ou com quem se convive. ▢ SIN. **companheiro.**

parcela ⟨par.ce.la⟩ s.f. **1** Parte ou porção em que algo se divide: *Ainda faltam três parcelas do pagamento para quitar o televisor.* **2** Em uma adição, cada uma das partes que se soma ou se acrescenta para calcular o total: *Em 2 + 3 = 5, 2 e 3 são as parcelas.*

parcelamento ⟨par.ce.la.men.to⟩ s.m. Divisão de algo em parcelas, especialmente se for uma dívida.

parcelar ⟨par.ce.lar⟩ v.t.d. Dividir em parcelas.

parceria ⟨par.ce.ri.a⟩ s.f. União ou colaboração de duas ou mais pessoas ou entidades na realização de uma atividade: *O projeto foi realizado como uma parceria entre várias empresas.*

parcial ⟨par.ci.al⟩ (pl. *parciais*) adj.2g. **1** Relacionado a uma parte de um todo. **2** Incompleto ou que não é inteiro: *Fizeram a contagem parcial dos votos.* **3** Que julga ou que age com parcialidade: *O árbitro foi acusado de ser parcial e favorecer o time da casa.*

parcialidade ⟨par.ci.a.li.da.de⟩ s.f. **1** Condição ou estado de parcial. **2** Falta de isenção ou de neutralidade ao julgar ou agir.

parcimônia ⟨par.ci.mô.nia⟩ s.f. Moderação, economia ou sobriedade excessivas na forma de agir: *Administra seu dinheiro com parcimônia.*

parco, ca ⟨par.co, ca⟩ adj. **1** Pouco, escasso ou moderado. **2** Econômico ou comedido.

pardacento, ta ⟨par.da.cen.to, ta⟩ adj. De cor próxima do pardo ou com tonalidades pardas.

pardal ⟨par.dal⟩ (pl. *pardais*) s.m. Pássaro de plumagem parda ou castanha com manchas pretas ou avermelhadas, bico forte, cônico e um pouco curvo na ponta. ▢ GRAMÁTICA Seus femininos são *pardaleja*, *pardaloca* ou *pardoca*. [👁 aves p. 92]

pardaleja ⟨par.da.le.ja⟩ (Pron. [pardalêja]) Substantivo feminino de **pardal.**

pardaloca ⟨par.da.lo.ca⟩ Substantivo feminino de **pardal.**

pardieiro ⟨par.di.ei.ro⟩ s.m. Edifício ou construção velhos ou em ruínas.

pardo, da ⟨par.do, da⟩ ▌adj./s. **1** Que ou quem pertence ao grupo étnico caracterizado, entre outros traços, por sua pele mulata. ▌adj./s.m. **2** De cor marrom, como a da terra.

pardoca ⟨par.do.ca⟩ Substantivo feminino de **pardal.**

parecença ⟨pa.re.cen.ça⟩ s.f. Conjunto de características que fazem uma coisa parecer com outra: *A parecença entre os irmãos é surpreendente.* ▢ SIN. **semelhança, similitude.**

parecer ⟨pa.re.cer⟩ ▌s.m. **1** Opinião ou julgamento: *Todos os membros da equipe deram seus pareceres sobre o assunto.* ▌v.pred. **2** Ter um aspecto ou a aparência (de determinada característica): *Ela parece doente.* ▌v.t.i./v.pred. **3** Causar impressão de {determinada característica} [a alguém]: *Pareceu-nos que ele estava triste. O trabalho parece fácil, mas exige muita concentração.* ▌v.t.i./v.prnl. **4** Assemelhar-se ou possuir traços semelhantes [a algo ou a alguém]: *Os dois irmãos se parecem muito.* ▢ ORTOGRAFIA Antes de *a* ou *o*, o *c* muda para *ç* →**CONHECER.**

parecido, da ⟨pa.re.ci.do, da⟩ adj. Que se parece com outro ou que é semelhante.

parisiense

paredão ⟨pa.re.dão⟩ (pl. *paredões*) s.m. **1** Muro alto, espesso e resistente. ▢ SIN. **muralha. 2** Muro ou local em que pessoas são fuziladas.

parede ⟨pa.re.de⟩ (Pron. [parêde]) s.f. **1** Construção vertical, geralmente de alvenaria, que serve para fechar ou dividir um espaço, ou para sustentar o teto. **2** Aquilo que isola ou delimita algo ou algum espaço: *a parede do estômago.* ‖ **encostar** (alguém) **na parede** *informal* Colocá-lo em uma situação em que é forçado a tomar uma decisão: *Encostaram-no na parede, e teve que decidir na hora se aceitava o emprego ou não.*

parelha ⟨pa.re.lha⟩ (Pron. [parêlha]) s.f. **1** Conjunto de dois animais de carga ou de corrida: *uma parelha de bois.* **2** Conjunto de dois seres ou de dois elementos, especialmente se tiverem alguma semelhança entre si: *uma parelha de humoristas.*

parelho, lha ⟨pa.re.lho, lha⟩ (Pron. [parêlho]) adj. Igual ou semelhante.

parentada ⟨pa.ren.ta.da⟩ s.f. Conjunto de parentes. ▢ SIN. **parentela.**

parente ⟨pa.ren.te⟩ s.2g. Pessoa que tem vínculos familiares com outra.

parentela ⟨pa.ren.te.la⟩ s.f. Conjunto de parentes. ▢ SIN. **parentada.**

parentesco ⟨pa.ren.tes.co⟩ (Pron. [parentêsco]) s.m. **1** Relação ou vínculo entre dois ou mais indivíduos por consanguinidade: *Ainda que tenhamos o mesmo sobrenome, não há qualquer relação de parentesco entre nós.* **2** União ou relação entre duas ou mais coisas: *O parentesco entre os idiomas espanhol, português e italiano provém de sua origem latina comum.*

parêntese ⟨pa.rên.te.se⟩ s.m. **1** Em um texto escrito, sinal gráfico formado por duas linhas curvas, usado para intercalar elementos que esclareçam algo em uma oração principal ou para isolar uma expressão algébrica: *Os sinais* ( ) *são parênteses.* **2** Oração ou frase que esclarecem algo dentro desses sinais gráficos: *Na oração* A sede da ONU (Organização das Nações Unidas) fica nos Estados Unidos, *Organização das Nações Unidas é um parêntese.* **3** Suspensão, interrupção ou desvio. ▢ USO Na acepção 1, usa-se geralmente a forma plural *parênteses.*

páreo ⟨pá.reo⟩ s.m. **1** Em uma competição de cavalos, cada uma das corridas. **2** Prêmio que se ganha nessas corridas. **3** Competição ou disputa por algo: *Ficaram só dois candidatos no páreo pela vaga.*

parestatal ⟨pa.res.ta.tal⟩ (pl. *parestatais*) adj.2g. →**paraestatal**

pária ⟨pá.ria⟩ s.2g. **1** Pessoa que pertence à casta mais baixa na sociedade hindu. **2** Pessoa considerada inferior e que, por esse motivo, é excluída do convívio social ou não recebe o mesmo tratamento dos demais.

paridade ⟨pa.ri.da.de⟩ s.f. **1** Igualdade ou semelhança. **2** Em economia, valor de uma moeda em relação a outra ou a um padrão de referência internacional: *Em 1971 deu-se o fim da paridade do dólar americano frente ao ouro.*

parietal ⟨pa.ri.e.tal⟩ (pl. *parietais*) ▌adj.2g. **1** Da parede ou relacionado a ela. **2** Do parietal ou relacionado a este osso. ▌s.m. **3** →**osso parietal**

parintinense ⟨pa.rin.ti.nen.se⟩ adj.2g./s.2g. De Parintins ou relacionado a essa cidade do estado brasileiro do Amazonas.

parir ⟨pa.rir⟩ v.t.d./v.int. Expulsar (um feto) do útero ao final da gestação ou dar à luz: *Em uma gestação considerada normal, a mulher pare após nove meses.* ▢ GRAMÁTICA É um verbo irregular →**PARIR.**

parisiense ⟨pa.ri.si.en.se⟩ adj.2g./s.2g. De Paris ou relacionado à capital francesa.

parlamentar ⟨par.la.men.tar⟩ ▪ adj.2g. **1** Do parlamento ou relacionado a esse órgão político. ▪ s.2g. **2** Membro de um parlamento.

parlamentarismo ⟨par.la.men.ta.ris.mo⟩ s.m. Sistema político em que um parlamento exerce o poder legislativo e controla a atuação do governo.

parlamento ⟨par.la.men.to⟩ s.m. Órgão político formado pelos representantes de uma nação e composto por uma ou duas câmaras, que tem como função principal a elaboração e a aprovação de leis e de orçamentos.

parmesão, sã ⟨par.me.são, sã⟩ (pl. *parmesãos*) ▪ adj./s. **1** De Parma (cidade e antigo ducado italiano) ou relacionado a ela. ▪ s.m. **2** Queijo de massa dura e de sabor forte, feito à base de leite de vaca, cozido e curado lentamente.

parnaibano, na ⟨par.na.i.ba.no, na⟩ adj./s. De Parnaíba ou relacionado a essa cidade do estado brasileiro do Piauí.

parnamirinense ⟨par.na.mi.ri.nen.se⟩ adj.2g./s.2g. De Parnamirim ou relacionado a essa cidade do estado brasileiro do Rio Grande do Norte.

parnanguara ⟨par.nan.gua.ra⟩ adj.2g./s.2g. De Paranaguá ou relacionado a essa cidade do estado brasileiro do Paraná.

pároco ⟨pá.ro.co⟩ s.m. Na Igreja Católica, padre encarregado de uma paróquia.

paródia ⟨pa.ró.dia⟩ s.f. **1** Imitação cômica ou crítica de uma obra artística. **2** Imitação satírica de algo ou alguém.

parodiar ⟨pa.ro.di.ar⟩ v.t.d. Imitar de forma cômica ou fazendo uma paródia: *Muitos humoristas parodiam políticos e artistas*.

paronímia ⟨pa.ro.ni.mia⟩ s.f. Relação ou semelhança entre duas ou mais palavras por sua etimologia, por sua forma ou por seu som: *Entre os verbos deferir e diferir há paronímia*.

parônimo, ma ⟨pa.rô.ni.mo, ma⟩ adj./s.m. Em relação a uma palavra, que tem relação ou semelhança com outra ou com outras por sua etimologia, por sua forma ou por seu som.

paróquia ⟨pa.ró.quia⟩ s.f. **1** Igreja em que se realizam os sacramentos e em que se atendem os fiéis espiritualmente. **2** Território sob jurisdição espiritual de um pároco.

paroquial ⟨pa.ro.qui.al⟩ (pl. *paroquiais*) adj.2g. Do pároco, de uma paróquia ou relacionado a eles.

paroquiano, na ⟨pa.ro.qui.a.no, na⟩ adj./s. Que ou quem pertence a uma paróquia.

parótida ⟨pa.ró.ti.da⟩ s.f. Cada uma das duas glândulas salivares situadas internamente na parte lateral e posterior da cavidade oral, na frente das orelhas.

parotidite ⟨pa.ro.ti.di.te⟩ s.f. Inflamação da glândula parótida. ‖ **parotidite epidêmica** Doença infecciosa causada por um vírus que produz um aumento do volume das zonas situadas abaixo das orelhas.

paroxítono, na ⟨pa.ro.xí.to.no, na⟩ (Pron. [parocsítono]) adj./s.m. Em relação a uma palavra, cuja penúltima sílaba é a tônica.

parque ⟨par.que⟩ s.m. Lugar com plantas e arborizado, frequentado geralmente como lugar de passeio ou de lazer. ‖ **parque de diversões** Lugar em que há um conjunto de diferentes instalações e equipamentos destinados à recreação e ao lazer, geralmente mediante o pagamento de uma taxa de uso. ‖ **parque industrial** Lugar em que há um conjunto de instalações industriais ou dedicadas a uma determinada atividade econômica. ‖ **parque nacional** Área geográfica extensa não cultivada e adotada pelo Estado para conservação de sua fauna, de sua flora e de sua beleza.

parquímetro ⟨par.quí.me.tro⟩ s.m. Em um estacionamento, aparelho que mede o tempo que um veículo permaneceu em determinada vaga.

parra ⟨par.ra⟩ s.f. Galho ou ramo de uma videira.

parreira ⟨par.rei.ra⟩ s.f. Planta trepadeira de tronco retorcido e galhos lenhosos, que cresce apoiando-se em uma armação.

parricida ⟨par.ri.ci.da⟩ adj.2g./s.2g. Que ou quem comete parricídio.

parricídio ⟨par.ri.cí.dio⟩ s.m. Assassinato de um parente próximo, especialmente se for o pai.

parte ⟨par.te⟩ s.f. **1** Porção ou quantidade de um todo ou de um conjunto numeroso: *A palestra será dividida em duas partes de uma hora cada*. ☐ SIN. **trecho**. **2** Em uma repartição ou distribuição, porção que corresponde a cada um: *Dividimos a pizza em oito partes*. **3** Lugar, lado ou espaço estabelecido: *Este anúncio está em todas as partes da cidade*. **4** Aspecto em que algo pode ser considerado: *Por uma parte, gostaria de viajar nas férias, por outra, deveria ficar em casa*. **5** Em uma disputa, cada um dos dois lados: *As duas partes acabaram assinando um acordo*. **6** Em direito, cada uma das pessoas que contratam entre si ou que têm participação ou interesse em um mesmo negócio: *Ambas as partes concordaram com as cláusulas do contrato*. ‖ **à parte** Separada ou isoladamente: *A embalagem e a entrega são cobrados à parte*. ‖ **dar parte** Denunciar um acontecimento, especialmente se for a uma autoridade: *Testemunhei um acidente de trânsito, e dei parte à polícia*. ‖ **em parte** De forma incompleta: *Concordamos em parte com suas críticas*.

parteiro, ra ⟨par.tei.ro, ra⟩ adj./s. Que ou quem assiste partos.

partejar ⟨par.te.jar⟩ v.int. Parir ou dar à luz.

partenogênese ⟨par.te.no.gê.ne.se⟩ s.f. Forma de reprodução e desenvolvimento de indivíduos de uma espécie em que não há a fertilização pelo gameta masculino.

participação ⟨par.ti.ci.pa.ção⟩ (pl. *participações*) s.f. **1** Ato ou efeito de participar: *Só com a participação de todos conseguimos terminar o projeto*. **2** Em relação a um todo, parte ou parcela: *Eles receberam uma participação nos lucros da fábrica*.

participante ⟨par.ti.ci.pan.te⟩ adj.2g./s.2g. Que ou quem participa.

participar ⟨par.ti.ci.par⟩ v.t.i. **1** Intervir, ajudar ou fazer parte [de uma atividade ou de um grupo]. **2** Receber uma parte ou uma parcela [de um todo]: *Nesta empresa, os funcionários participam dos lucros*. ☐ GRAMÁTICA Usa-se a construção *participar DE algo*.

particípio ⟨par.ti.cí.pio⟩ s.m. Forma nominal do verbo, que apresenta morfemas de gênero e de número, e com valor de verbo e de adjetivo: *Falado, bebido e falido são exemplos de particípios*.

partícula ⟨par.tí.cu.la⟩ s.f. **1** Parte muito pequena de matéria: *uma partícula de pó*. **2** Em linguística, parte invariável da oração, geralmente átona e de uma só sílaba: *Preposições e conjunções são partículas*.

particular ⟨par.ti.cu.lar⟩ ▪ adj.2g. **1** Que é próprio, privativo ou característico de algo: *Esta é a opinião particular de um dos presentes na reunião, e não o pensamento de todos*. **2** Raro, especial ou extraordinário em seu gênero: *O motor deste carro tem um ruído particular, que o distingue dos modelos semelhantes*. **3** Individual ou limitado a uma pessoa: *aulas particulares*. **4** Privado ou que não é de propriedade nem de uso públicos: *Invadir uma propriedade particular é crime*. ▪ s.m. **5** Indivíduo ou pessoa: *Você pretende comprar o carro usado de uma revendedora ou de um particular?* ‖ **em particular**

particularidade ⟨par.ti.cu.la.ri.da.de⟩ s.f. **1** Qualidade de particular. **2** Característica ou traço que é próprio ou peculiar de algo ou alguém: *O bom humor era uma de suas particularidades.* **3** Detalhe ou pormenor: *Vamos tratar o assunto de modo geral, sem entrar em particularidades.*

particularizar ⟨par.ti.cu.la.ri.zar⟩ ▌v.t.d. **1** Diferenciar ou apresentar como único: *O diferencial dessa entidade é particularizar o atendimento ao cliente.* **2** Contar ou tratar de forma minuciosa: *A ministra expôs o projeto, sem particularizar os detalhes.* □ SIN. detalhar. ▌v.prnl. **3** Destacar-se ou tornar-se relevante: *Esta cineasta particulariza-se pelo estilo arrojado.*

partida ⟨par.ti.da⟩ s.f. **1** Saída de um lugar: *Desde a sua partida, não voltamos a nos falar.* **2** Em alguns esportes, competição na qual duas equipes ou dois jogadores se enfrentam. □ SIN. jogo. **3** Em algumas competições esportivas, lugar em que os competidores se situam para começar a prova: *Os atletas se aproximaram da partida para aguardar o início da corrida.* □ SIN. largada.
[👁 estádio de atletismo p. 337]

partidário, ria ⟨par.ti.dá.rio, ria⟩ adj./s. Defensor ou seguidor de uma ideia, de uma pessoa ou de um movimento.

partidarismo ⟨par.ti.da.ris.mo⟩ s.m. Adesão fanática às ideias de um partido político.

partido ⟨par.ti.do⟩ s.m. **1** Grupo de pessoas que possuem interesses comuns ou partilham os mesmos objetivos, especialmente se forem políticos: *um partido político.* **2** Posição ou decisão que se toma em determinado assunto: *Analisou bem os argumentos das duas partes antes de tomar partido.* **3** Benefício, proveito ou vantagem: *Ele aproveitou para tirar partido da situação.* **4** Pessoa ideal para contrair matrimônio, levando-se em conta aspectos econômicos ou sua condição social: *As moças da sua juventude o consideravam um bom partido.*

partilha ⟨par.ti.lha⟩ s.f. Divisão ou repartição de um todo entre várias partes: *A partilha da herança foi realizada após a leitura do testamento.*

partilhar ⟨par.ti.lhar⟩ v.t.d./v.t.d.i. **1** Dividir e distribuir as partes de (um todo) [entre os interessados]: *Partilhou o prêmio entre todos os membros da equipe.* □ SIN. compartilhar, compartir. **2** Participar de ou dividir (ideias ou sentimentos) [entre pessoas]: *Os amigos partilharam os sofrimentos e as alegrias.* □ SIN. repartir. **3** Dividir (um todo) [com duas ou mais pessoas]: *Os irmãos mais novos partilham o mesmo quarto. Partilharam o jantar com os vizinhos.* □ SIN. compartilhar.

partir ⟨par.tir⟩ ▌v.t.d./v.prnl. **1** Repartir (um todo) ou dividir-se: *Partimos o bolo em fatias pequenas.* ▌v.t.d. **2** Dividir e distribuir as partes de (um todo) [entre os interessados]: *O juiz partiu a herança entre os familiares.* ▌v.int./v.prnl. **3** Colocar-se em marcha ou ir embora: *O ônibus parte ao meio-dia.* ▌v.t.d./v.prnl. **4** Afligir(-se), fazer sofrer ou sofrer: *Suas palavras partiram meu coração.* **5** Romper ou quebrar: *O vaso se partiu ao cair no chão.* ▌v.t.i. **6** Ter origem ou sair [de um ponto]: *Ninguém sabe de onde a ordem partiu.* ▌v.int./v.prnl. **7** eufemismo Morrer.

partitura ⟨par.ti.tu.ra⟩ s.f. Registro gráfico de uma composição feito em notação musical, indicando as partes correspondentes a cada voz ou a cada instrumento de uma obra. □ SIN. música.

parto, ta ⟨par.to, ta⟩ ▌adj./s. **1** Da Pártia ou relacionado a essa antiga região asiática, que se estendia do mar Cáspio à Índia. ▌s.m. **2** Expulsão do feto ao final da gestação. **3** Atividade, criação ou tarefa de difícil realização ou que exigem dedicação e esforço: *A prova de Matemática foi um verdadeiro parto!*

parturiente ⟨par.tu.ri.en.te⟩ adj.2g./s.f. Em relação a uma mulher, que está em trabalho de parto ou que acaba de parir.

parvo, va ⟨par.vo, va⟩ adj./s. Que ou quem tem pouca inteligência ou entendimento.

pascal ⟨pas.cal⟩ adj.2g. **1** Da Páscoa ou relacionado a essa festa religiosa. **2** Unidade de pressão equivalente à pressão uniforme que uma força total de um newton exerce sobre uma superfície plana em um metro quadrado. □ ORTOGRAFIA Na acepção 1, escreve-se também *pascoal*. □ GRAMÁTICA Na acepção 1, usa-se a forma plural *pascais*, na acepção 2, *pascals*.

páscoa ⟨pás.coa⟩ s.f. **1** Na Igreja Católica, festa em que se comemora a ressurreição de Jesus Cristo (o filho de Deus para os cristãos). **2** No judaísmo, festa anual com a qual se comemora a saída dos hebreus do Egito. □ ORTOGRAFIA Usa-se geralmente com inicial maiúscula por ser também um nome próprio.

pascoal ⟨pas.co.al⟩ (pl. *pascoais*) adj.2g. →**pascal**

pasmaceira ⟨pas.ma.cei.ra⟩ s.f. **1** Falta de agitação ou de movimento. **2** Apatia, falta de ânimo ou de interesse.

pasmar ⟨pas.mar⟩ v.t.d./v.int./v.prnl. Suspender(-se) os movimentos ou fazer (alguém) perder os sentidos, especialmente pelo assombro ou pela surpresa: *Pasmou o público com uma atuação impressionante.* □ GRAMÁTICA É um verbo abundante, pois apresenta dois particípios: *pasmado* e *pasmo*.

pasmo, ma ⟨pas.mo, ma⟩ ▌**1** Particípio irregular de **pasmar**. ▌s.m. **2** Admiração ou assombro excessivos que impedem momentaneamente o pensamento ou a fala.

paspalhão ⟨pas.pa.lhão⟩ (pl. *paspalhões*) adj./s.m. *informal* Tolo. □ GRAMÁTICA Seu feminino é *paspalhona*.

paspalho, lha ⟨pas.pa.lho, lha⟩ s. *informal* Tolo.

paspalhona ⟨pas.pa.lho.na⟩ (Pron. [paspalhôna]) Feminino de **paspalhão**.

pasquim ⟨pas.quim⟩ (pl. *pasquins*) s.m. **1** Texto anônimo e satírico fixado em lugar público, geralmente para zombar, fazer acusações ou críticas. **2** Jornal ou panfleto difamadores ou caluniosos.

passa ⟨pas.sa⟩ s.f. Fruta seca ao sol ou por outro procedimento, especialmente se for a uva.

passada ⟨pas.sa.da⟩ s.f. **1** Movimento que se realiza com cada um dos pés ao andar: *Andava com passadas largas.* □ SIN. passo. **2** Ida rápida a algum lugar ou período de tempo curto que se permanece nele: *Deu uma passada na casa dos tios.*

passadeira ⟨pas.sa.dei.ra⟩ s.f. **1** Mulher que se dedica profissionalmente a passar roupas. **2** Tapete comprido e estreito que se coloca em passagens ou em escadas.

passadiço, ça ⟨pas.sa.di.ço, ça⟩ ▌adj. **1** Passageiro ou que dura pouco tempo. ▌s.m. **2** Passagem ou corredor de acesso.

passadio ⟨pas.sa.di.o⟩ s.m. Alimentação ou refeição diárias.

passadismo ⟨pas.sa.dis.mo⟩ s.m. Tendência a idealizar o passado. □ SIN. saudosismo.

passado, da ⟨pas.sa.do, da⟩ ▌adj. **1** Último ou mais recente: *Na semana passada, fomos à praia.* **2** *informal* Surpreso, encabulado ou sem graça: *Todos ficaram passados com a notícia.* ▌adj./s.m. **3** Em linguística, em relação a um tempo verbal, que indica que a ação já ocorreu: *Amei, amava e amara são tempos passados do verbo amar.* ▌s.m. **4** Tempo em que transcorreu ou aconteceu algo: *Tente esquecer o passado e viver o presente.*

passageiro

passageiro, ra ⟨pas.sa.gei.ro, ra⟩ ▌adj. **1** Que passa rapidamente ou que dura pouco tempo: *uma briga passageira*. ▌s. **2** Pessoa que viaja em um veículo: *os passageiros de um avião*.

passagem ⟨pas.sa.gem⟩ (pl. *passagens*) s.f. **1** Ato ou efeito de passar: *Os manifestantes impediram a passagem dos carros*. **2** Lugar pelo qual se passa de uma parte a outra: *uma passagem subterrânea*. **3** Em um veículo de transporte, preço que se paga pela viagem: *A passagem de metrô está cada vez mais cara*. **4** Bilhete para uma viagem: *Antes de entrar no avião, tive que apresentar a passagem*. **5** Em uma obra literária ou em uma composição, trecho ou fragmento: *Esta é uma das passagens mais emocionantes da Ilíada, de Homero.* ‖ **de passagem** De maneira rápida ou superficial: *Visitou-nos apenas de passagem*.

passamanaria ⟨pas.sa.ma.na.ri.a⟩ s.f. Trabalho têxtil feito como adorno para roupas, cortinas e outros tipos de tecidos.

passamane ⟨pas.sa.ma.ne⟩ s.m. Obra têxtil feita com bordados, fios ou cordões de ouro, prata ou seda. □ USO Usa-se geralmente a forma plural *passamanes*.

passamento ⟨pas.sa.men.to⟩ s.m. Falecimento ou morte.

passante ⟨pas.san.te⟩ s.2g. Pessoa que transita ou que passa por um lugar. □ SIN. transeunte.

passaporte ⟨pas.sa.por.te⟩ s.m. Documento oficial emitido pelo governo de um país, que serve como identificação ou certificação da nacionalidade de alguém que viaja de um país a outro.

passar ⟨pas.sar⟩ ▌v.t.d./v.t.i. **1** Percorrer (um lugar) de uma parte a outra ou transitar [por ele]. *O ônibus passa pela avenida principal.* **2** Ultrapassar (um ponto no espaço) ou ir além [dele]: *Levou uma multa por passar o farol vermelho. O atacante passou pela defesa e fez o gol.* ▌v.t.i. **3** Mudar ou ir [para outra situação, outra categoria ou outro nível]: *Passou de assistente a gerente em poucos meses.* ▌v.t.d./v.t.i./v.int. **4** Exceder(-se) ou superar(-se): *Nossos gastos passaram do previsto. Nosso horário de ir embora já passou.* ▌v.t.d./v.t.d.i. **5** Entregar (um objeto) [a alguém]: *Passe-me o sal, por favor.* ▌v.prnl. **6** Ocorrer ou acontecer: *Ninguém sabe o que se passou na reunião.* ▌v.t.d./v.int. **7** Alisar com uma prancha quente (um tecido, especialmente) para tirar-lhe as rugas ou passar algo a ferro: *A lavanderia passou as camisas.* ▌v.t.d. **8** Ocupar ou consumir (um período de tempo): *Gosta de passar a tarde lendo.* ▌v.int. **9** Transcorrer ou escoar-se (o tempo): *Parece que o tempo passou rápido demais!* □ SIN. perpassar. ▌v.t.i./v.t.d.i. **10** Introduzir(-se) (algo) [em um lugar, especialmente se for em um buraco ou orifício]: *Engordei, e este anel não passa mais no meu dedo. A costureira passou a linha no buraco da agulha.* ▌v.t.d./v.int. **11** Projetar ou ser exibido (um filme ou um evento): *Aquele cinema está passando uma comédia francesa. O jogo vai passar amanhã na televisão.* ▌v.t.d./v.t.d.i. **12** Enviar, dar ou transmitir (algo) [a alguém]: *Suas palavras passam segurança. Eles nos passaram a informação errada.* ▌v.t.d./v.t.i. **13** Experimentar ou estar em (determinada condição) ou ter a vivência [de uma experiência boa ou ruim]: *Passou dificuldades durante a infância. Passaram por bons momentos juntos.* ▌v.int. **14** Cessar, acabar ou terminar: *A tempestade já passou.* ▌v.t.d.i. **15** Transmitir ou legar (algo) [aos demais]: *Passaram as tradições aos descendentes.* ▌v.t.i. **16** Ser aprovado ou promovido em uma prova ou em uma avaliação]: *Passaram no vestibular sem dificuldades. Passou de ano depois de muita dedicação.* ▌v.t.d. **17** Introduzir em um lugar ou transportar de forma ilegal (um produto): *Os traficantes presos passavam drogas pela fronteira.* **18** Colocar em circulação (o dinheiro ou uma moeda): *É tão malandro que passou duas notas falsas no mercado.* **19** Fazer mudar de posição ou percorrer sucessiva ou ordenadamente (os elementos de uma série): *Ele passava as folhas do livro sem prestar muita atenção.* ▌v.t.d./v.int. **20** Em alguns jogos, dar (a vez de jogar) a outro participante ou não jogar em uma rodada: *Passo a vez. Não tinha cartas boas nas mãos e preferiu passar.* ▌v.t.i. **21** Em relação a uma coisa, converter-se [em outra] ou mudar seu estado ou sua situação [para outro diferente]: *No processo de solidificação, a água líquida passa para o estado sólido.* **22** Em relação especialmente a uma ideia, surgir ou ocorrer [a alguém] ou manifestar-se [em sua mente ou imaginação]: *Passou por nossas cabeças arrecadar alimentos para os desabrigados da enchente.* **23** Fazer uma visita ou uma breve passagem [por um lugar ou um evento]: *Passamos na casa de meus pais, mas já haviam saído.* ▌v.t.d./v.t.d.i. **24** Cozinhar, fritar ou assar (um alimento) [em uma grelha, uma panela ou um recipiente semelhante]: *Para o almoço, passamos alguns bifes.* ▌v.t.d./v.t.d.i. **25** Aplicar ou espalhar (uma substância ou um produto) [em uma superfície]: *Ele adora passar manteiga no pão quente.* ▌v.t.d.i. **26** Prescrever ou receitar (um medicamento, especialmente) [a alguém]: *O médico passou-lhe um xarope.* ▌v.t.d./v.t.d.i. **27** Fazer o pagamento de uma compra com (um cartão de crédito, de débito ou um cheque) [para uma pessoa ou um estabelecimento]: *Como estava sem dinheiro, passou um cheque.* **28** Emitir ou conceder (um atestado, uma procuração ou um documento) [a alguém]: *O cirurgião passou-lhe um atestado para que ficasse em casa.* ▌v.t.d. **29** Estudar ou ensaiar (uma atividade) para que fique melhor: *Os atores passaram a cena várias vezes.* ▌v.t.i./v.t.d.i. **30** Ser submetido [a determinada ação] ou sujeitar (alguém) [a ela]: *Todos os suspeitos passaram pela revista da polícia.* ▌v.int. **31** Expirar-se ou acabar-se (um prazo ou um período): *A data de matrícula já passou.* ▌v.t.d./v.t.d.i. **32** Estabelecer ou determinar (uma tarefa ou uma atividade) [para alguém]: *A professora passou exercícios para os alunos.* ▌v.int. **33** Ser transitório, passageiro ou de pouca duração: *Essa tristeza vai passar!* ▌v.t.d. **34** Coar ou fazer passar por um filtro ou por uma peneira: *Ela passa um café delicioso.* ‖ **não passar de** Ser apenas ou somente: *O que está me dizendo não passa de um boato.* ‖ **passar alguém para trás** *informal* Enganá-lo, ludibriá-lo ou traí-lo: *Passou o parceiro para trás no jogo.* ‖ **passar bem** Estar em boas condições de vida ou viver bem: *Todos seus familiares passam bem.* ‖ **passar desta para melhor** *eufemismo* Morrer: *Estava tão doente que passou desta para melhor.* ‖ **passar por cima de** algo: Ignorá-lo ou não levá-lo em consideração: *Passou por cima dos meus sentimentos.* ‖ **passar por** algo: Fingir ser ou ser visto como (algo diferente do que se é): *Ainda que passe por tolo, é um rapaz muito sensato.* □ GRAMÁTICA Funciona como verbo auxiliar na construção *passar + a + verbo no infinitivo*, que expressa mudança de atitude ou de comportamento expressa por esse infinitivo: *Para emagrecer, passou a correr aos domingos.*

passarada ⟨pas.sa.ra.da⟩ s.f. Conjunto de pássaros.

passarela ⟨pas.sa.re.la⟩ s.f. **1** Ponte estreita para uso de pedestres, geralmente situada sobre uma avenida ou uma estrada. **2** Plataforma estreita e um pouco elevada sobre a qual os modelos desfilam. **3** Lugar em que se realizam desfiles ou exibições artísticas: *uma passarela de samba*.

passarinheiro, ra ⟨pas.sa.ri.nhei.ro, ra⟩ adj./s. Que ou quem se dedica à caça, à criação ou à venda de pássaros.

passarinho ⟨pas.sa.ri.nho⟩ s.m. Ave voadora de pequeno ou de médio porte, com patas de três dedos para a frente e um para trás, que lhe permitem agarrar-se às árvores. ▢ SIN. pássaro.

pássaro ⟨pás.sa.ro⟩ s.m. **1** Ave voadora: *A galinha não é um pássaro, apesar de ser uma ave.* **2** Ave voadora de pequeno ou de médio porte, com patas de três dedos para a frente e um para trás, que lhe permitem agarrar-se às árvores: *O canário, o pardal e o sabiá são pássaros.* ▢ SIN. passarinho.

pássaro-preto ⟨pás.sa.ro-pre.to⟩ (Pron. [pássaro-prêto]) (pl. *pássaros-pretos*) s.m. Ave de médio porte que habita áreas abertas, de bico preto, cauda longa, plumagem preta e brilhante, que emite um canto melodioso e é capaz de imitar sons e vozes. ▢ SIN. graúna, melro, vira-bosta. ▢ GRAMÁTICA É um substantivo epiceno: *o pássaro-preto (macho/fêmea)*.

passatempo ⟨pas.sa.tem.po⟩ s.m. Atividade que envolve diversão ou entretenimento e que tem o objetivo de distrair: *Seu passatempo favorito é a leitura.*

passe ⟨pas.se⟩ s.m. **1** Permissão ou autorização que se dá, especialmente se forem para entrar em determinados lugares ou para se fazer algo. **2** Bilhete que se utiliza como pagamento em um meio de transporte coletivo. **3** Em algumas religiões, ato que consiste em colocar as mãos sobre a cabeça de uma pessoa com o objetivo de alcançar a cura. **4** Em alguns esportes, lançamento ou entrega da bola a um companheiro de time.

passear ⟨pas.se.ar⟩ ▎v.int. **1** Andar ou ir a pé a algum lugar por distração, geralmente por lazer: *Aos domingos, passeamos no parque.* ▎v.t.d. **2** Levar a passeio. ▢ ORTOGRAFIA O e muda para *ei* quando a sílaba tônica estiver na raiz do verbo →NOMEAR.

passeata ⟨pas.se.a.ta⟩ s.f. **1** Concentração pública de um grupo numeroso de pessoas para expressar uma opinião ou reivindicar algo. ▢ SIN. **caminhada**. **2** Passeio curto ou rápido.

passeio ⟨pas.sei.o⟩ s.m. **1** Caminhada ou ida a algum lugar por distração, por lazer ou por exercício, especialmente se for a pé: *Nesta cidade, há muitos passeios interessantes.* **2** Lugar público em que se pode passear: *Nesta cidade, há muitos passeios interessantes.* **3** Em uma via pública, cada uma das faixas pavimentadas que ficam à margem da pista de rolamento, geralmente mais elevadas que esta, e que são destinadas à passagem dos pedestres: *O motorista perdeu o controle do carro e só conseguiu parar em cima do passeio.* ▢ SIN. **calçada**.

passional ⟨pas.si.o.nal⟩ (pl. *passionais*) adj.2g. Da paixão, especialmente se for a amorosa, ou relacionado a ela.

passista ⟨pas.sis.ta⟩ s.2g. Pessoa que dança frevo ou samba, especialmente se for com desenvoltura e agilidade.

passiva ⟨pas.si.va⟩ s.f. →**voz passiva**

passível ⟨pas.sí.vel⟩ (pl. *passíveis*) adj.2g. Que está sujeito a algo ou que é capaz de sofrer o efeito que se indica.

passivo, va ⟨pas.si.vo, va⟩ ▎adj. **1** Que não tem iniciativa: *Não deve ser tão passivo, precisa participar mais das discussões.* **2** Que recebe uma ação que outro realiza: *O fumante passivo também corre risco de adquirir doenças provocadas pelo fumo.* ▎s.m. **3** Conjunto das dívidas e das obrigações de uma pessoa, empresa ou instituição: *O elevado passivo desta empresa pode frear seu desenvolvimento futuro.*

passo ⟨pas.so⟩ s.m. **1** Movimento que se realiza com cada um dos pés ao andar. ▢ SIN. **passada**. **2** Espaço ou distância percorridos em cada um desses movimentos: *A fila avançava uns dez passos a cada cinco minutos.* **3** Barulho ou ruído causados por esse movimento: *Do quarto, ouvíamos passos na sala.* **4** Modo de andar: *Estava cabisbaixo, e com o passo lento.* **5** Em uma dança, cada uma de suas variações: *um passo de valsa.* **6** Passagem estreita entre montanhas ou vales: *O passo de Récia liga a Itália à Áustria.* ‖ **ao passo que 1** Enquanto ou ao mesmo tempo em que: *Foi aprovado porque estudava, ao passo que o colega só brincava.* **2** À medida que ou à proporção que: *Sentia-se mais animado ao passo que chegava o fim da viagem.* ‖ **apertar o passo** *informal* Andar ou ir mais rápido: *Apertamos o passo para não atrasar.* ‖ **passo a passo** Pouco a pouco ou de forma gradual: *A professora nos explicou a lição passo a passo.* ▢ ORTOGRAFIA É diferente de *paço*.

passo-fundense ⟨pas.so-fun.den.se⟩ (pl. *passo-fundenses*) adj.2g./s.2g. De Passo Fundo ou relacionado a essa cidade do estado brasileiro do Rio Grande do Sul.

pasta ⟨pas.ta⟩ s.f. **1** Massa feita com substâncias sólidas misturadas em um líquido. **2** Mistura de farinha de trigo e de outros ingredientes, com a qual se fazem macarrão e outros alimentos semelhantes: *Como bom italiano, a pasta era um de seus alimentos favoritos.* **3** Utensílio quadrangular, feito geralmente de material flexível, usado para carregar documentos, livros ou outros objetos em seu interior: *Perdi uma pasta com todos os meus documentos!* (⚭ **equipagem** p. 317) **4** Cargo de ministro: *Ocupa atualmente a pasta de Relações Exteriores.* ‖ **pasta de dentes** Produto cremoso que se utiliza para a limpeza dos dentes. ▢ SIN. **creme dental**.

pastagem ⟨pas.ta.gem⟩ (pl. *pastagens*) s.f. **1** Erva que serve de alimento ao gado. ▢ SIN. **pasto**. **2** Campo ou terreno em que há essa erva. ▢ SIN. **pasto**.

pastar ⟨pas.tar⟩ v.int. **1** Comer erva no campo (o gado). **2** *informal* Sofrer dificuldades: *Pastou muito até alcançar seus objetivos.*

pastel ⟨pas.tel⟩ (pl. *pastéis*) ▎adj.2g./s.m. **1** De cor suave ou pálida, como a deste lápis. ▎s.m. **2** Lápis de pintura em forma de barra, feito de material corante e água. **3** Massa feita com farinha e outros ingredientes, recheada com doce ou salgado, que se frita ou se assa ao forno. **4** Técnica de pintura caracterizada pelo emprego desse tipo de lápis sobre uma superfície rugosa e áspera. **5** Obra pictórica realizada por meio dessa técnica.

pastelão ⟨pas.te.lão⟩ (pl. *pastelões*) s.m. **1** Pastel grande e assado, com recheio salgado e servido em pedaços ou fatias. **2** Em cinema ou televisão, comédia em que há constante movimentação dos atores, com situações de pancadarias e confusões.

pastelaria ⟨pas.te.la.ri.a⟩ s.f. **1** Estabelecimento comercial que produz e vende pastéis. **2** Conjunto de doces e salgados que são preparados nestes estabelecimentos.

pasteleiro, ra ⟨pas.te.lei.ro, ra⟩. s. Pessoa que se dedica profissionalmente à venda ou à fabricação de pastéis.

pasteurização ⟨pas.teu.ri.za.ção⟩ (pl. *pasteurizações*) s.f. Ato ou efeito de pasteurizar: *A técnica da pasteurização foi desenvolvida pelo químico francês Louis Pasteur, em 1864.*

pasteurizar ⟨pas.teu.ri.zar⟩ v.t.d. Elevar a temperatura de (o leite ou outro alimento) até um nível inferior ao do ponto de ebulição durante um curto período de tempo, e resfriar depois rapidamente, para que sejam destruídas as bactérias e os germes sem alterar sua composição e qualidades: *A indústria leiteira pasteuriza o leite antes de colocá-lo à venda.*

pastifício ⟨pas.ti.fí.cio⟩ *(São Paulo)* s.m. Fábrica de massa alimentícia.

pastilha ⟨pas.ti.lha⟩ s.f. **1** Guloseima feita à base de açúcar, aromatizada com essências ou outros ingredientes,

pasto

geralmente com formato de tablete. **2** Porção pequena de uma substância medicinal, sólida e geralmente redonda: *pastilhas para dor de garganta*. **3** Cada uma das pequenas peças sólidas, duras, de cerâmica ou vidro, geralmente de formato geométrico, usadas para revestir pisos e paredes.

pasto ⟨pas.to⟩ s.m. **1** Erva que serve de alimento ao gado. ▢ SIN. pastagem. **2** Campo ou terreno em que há essa erva. ▢ SIN. pastagem.

pastor, -a ⟨pas.tor, to.ra⟩ (Pron. [pastór], [pastóra]) s. **1** Pessoa que guia e cuida do gado, geralmente o de ovelhas. **2** Sacerdote espiritual protestante que tem a responsabilidade de cuidar dos fiéis. **3** Cão que guarda e protege um rebanho. ‖ **pastor alemão** Em relação a um cão, da raça que se caracteriza por ter uma pelagem espessa de cor parda ou negra, tamanho médio e grande porte, ossos bem proporcionados, cauda peluda, e que é muito apreciado por sua inteligência e sua capacidade de aprendizagem.

pastoral ⟨pas.to.ral⟩ (pl. *pastorais*) ▌ adj.2g. **1** Da igreja ou relacionado a ela: *a bênção pastoral*. **2** Dos pastores de gado, do campo, ou relacionado a eles. ▢ SIN. pastoril. ▌ s.f. **3** Na Igreja Católica, carta escrita pelo papa ou por um bispo e dirigida aos padres ou aos fiéis.

pastorear ⟨pas.to.re.ar⟩ v.t.d. Guiar ou vigiar (o gado): *pastorear um rebanho de ovelhas*. ▢ ORTOGRAFIA O e muda para *ei* quando a sílaba tônica estiver na raiz do verbo →NOMEAR.

pastoreio ⟨pas.to.rei.o⟩ s.m. Guia e vigilância do gado no pasto.

pastoril ⟨pas.to.ril⟩ (pl. *pastoris*) adj.2g. Dos pastores de gado, do campo, ou relacionado a eles. ▢ SIN. pastoral.

pastoso, sa ⟨pas.to.so, sa⟩ (Pron. [pastôso], [pastósa], [pastósos], [pastósas]) adj. **1** Que é mais espesso que o normal ou que parece uma pasta. **2** Que é pegajoso ou que tem consistência pegajosa.

pata ⟨pa.ta⟩ s.f. **1** Cada um dos pés ou, por extensão, das pernas de um animal: *Cães e gatos têm quatro patas*. **2** *informal pejorativo* Perna ou mão de uma pessoa: *Tire suas patas de cima de mim!*

pataca ⟨pa.ta.ca⟩ s.f. **1** Antiga moeda brasileira de prata. **2** Unidade monetária de Macau.

patada ⟨pa.ta.da⟩ s.f. Golpe dado com a pata ou com o pé. ‖ **{dar/levar} patada** *informal* Fazer ou sofrer uma grosseria: *Desde que me dirigi a você hoje cedo, só levei patada!*

patamar ⟨pa.ta.mar⟩ s.m. **1** Em uma escada, parte ampla em que termina cada um de seus lances ou no seu topo. **2** Grau, nível, estágio ou categoria: *Nenhum concorrente alcança o patamar de qualidade desta empresa*.

patativa ⟨pa.ta.ti.va⟩ s.f. Pássaro de pequeno porte, canoro, cujo macho tem plumagem geralmente cinza e branca no abdome, com asas e cauda pretas, e cuja fêmea e filhotes têm plumagem parda. ▢ ORIGEM É uma palavra de origem tupi. ▢ GRAMÁTICA É um substantivo epiceno: *a patativa (macho/fêmea)*.

patavina ⟨pa.ta.vi.na⟩ pron.indef. *informal* Nada ou coisa nenhuma: *Não entendi patavina do artigo!*

pataxó ⟨pa.ta.xó⟩ ▌ adj.2g./s.2g. **1** Do grupo indígena brasileiro que habita o sul do estado da Bahia e o centro de Minas Gerais ou relacionado a ele. ▌ s.m. **2** Língua desse grupo.

patê ⟨pa.tê⟩ s.m. Pasta comestível, geralmente feita à base de carne, fígado ou vegetais moídos, temperada com especiarias, e que se costuma comer com pão ou com torrada.

patela ⟨pa.te.la⟩ s.f. Osso em formato piramidal que se articula com o fêmur: *A patela impede que a perna se dobre para a frente*. ▢ USO É a nova denominação de *rótula*. [👁 esqueleto p. 334]

patente ⟨pa.ten.te⟩ ▌ adj.2g. **1** Óbvio ou evidente: *Os esforços para se entender eram patentes*. ▌ s.f. **2** Documento em que oficialmente se assegura o direito exclusivo a colocar em prática uma determinada invenção ou descoberta por um período de tempo: *Obteve a patente de sua nova descoberta científica*. **3** Cada uma das posições da hierarquia militar: *uma patente de capitão*.

patentear ⟨pa.ten.te.ar⟩ ▌ v.t.d. **1** Conceder ou obter patente de (uma invenção): *A jovem cientista patenteou seu novo invento*. ▌ v.t.d./v.t.d.i./v.prnl. **2** Tornar(-se) patente ou evidente [a alguém]. ▢ ORTOGRAFIA O e muda para *ei* quando a sílaba tônica estiver na raiz do verbo →NOMEAR.

paternal ⟨pa.ter.nal⟩ (pl. *paternais*) adj.2g. Com as características que se consideram próprias de um pai, como o afeto, a compreensão e a proteção.

paternalismo ⟨pa.ter.na.lis.mo⟩ s.m. **1** Relação que se baseia na autoridade paterna. **2** Atitude ou tendência a adotar uma atitude protetora, própria de um pai, em relação a outras pessoas.

paternidade ⟨pa.ter.ni.da.de⟩ s.f. **1** Estado ou condição de quem é pai: *Ele assumiu a paternidade da criança*. **2** Autoria ou invenção: *Ela reinvindica a paternidade dessa obra*.

paterno, na ⟨pa.ter.no, na⟩ adj. Do pai, dos pais ou relacionado a eles.

pateta ⟨pa.te.ta⟩ adj.2g./s.2g. *informal pejorativo* Que ou quem é tolo, idiota ou pouco inteligente.

patético, ca ⟨pa.té.ti.co, ca⟩ adj. Que causa tristeza, sofrimento ou melancolia.

patibular ⟨pa.ti.bu.lar⟩ adj.2g. **1** Do patíbulo ou relacionado a ele. **2** Desagradável ou de aparência criminosa.

patíbulo ⟨pa.tí.bu.lo⟩ s.m. Palanque montado a céu aberto, em que eram executados os condenados à pena capital. ▢ SIN. cadafalso.

patife, fa ⟨pa.ti.fe, fa⟩ adj./s. *pejorativo* Que ou quem é trapaceiro ou sem caráter.

patim ⟨pa.tim⟩ (pl. *patins*) s.m. Calçado semelhante a uma bota, dotado de rodas ou de uma lâmina, usado para deslizar sobre uma pista lisa ou sobre o gelo. ▢ USO Usa-se geralmente a forma plural.

pátina ⟨pá.ti.na⟩ s.f. **1** Tom esverdeado ou alteração da cor que ocorre naturalmente em um objeto com o passar do tempo. **2** Arte ou técnica de reproduzir ou de imitar esse tipo de efeito.

patinação ⟨pa.ti.na.ção⟩ (pl. *patinações*) s.f. Ato ou efeito de patinar.

patinar ⟨pa.ti.nar⟩ v.int. **1** Deslizar-se sobre patins. **2** Escorregar ou derrapar: *Como a pista estava molhada, vários carros patinaram*. ▢ SIN. patinhar.

patinete ⟨pa.ti.ne.te⟩ s.f. Prancha comprida dotada de rodas e guidão, e que se dirige colocando um pé sobre ela e impulsionando-a no chão com o outro pé.

patinhar ⟨pa.ti.nhar⟩ v.int. **1** Escorregar ou derrapar. ▢ SIN. patinar. **2** Agitar os pés e as mãos na água.

patinho ⟨pa.ti.nho⟩ s.m. Em um animal bovino, carne da parte interna da perna traseira.

pátio ⟨pá.tio⟩ s.m. Em algumas construções, espaço descoberto que há em seu interior: *As crianças brincam no pátio da escola*. ▢ SIN. átrio.

pato, ta ⟨pa.to, ta⟩ ▌ s. **1** Ave aquática de bico achatado, pescoço curto e patas pequenas com os dedos unidos por membranas. ▌ s.m. **2** *informal pejorativo* Pessoa tola que se deixa enganar facilmente. ▢ GRAMÁTICA Na acepção 2, usa-se tanto para o masculino quanto para o feminino: *{ele/ela} é um pato*.

patoense ⟨pa.to.en.se⟩ adj.2g./s.2g. De Patos ou relacionado a essa cidade do estado brasileiro de Paraíba.
patogenia ⟨pa.to.ge.ni.a⟩ s.f. Parte da patologia que estuda as causas e o desenvolvimento das doenças.
patogênico, ca ⟨pa.to.gê.ni.co, ca⟩ adj. 1 Da patogenia ou relacionado a ela. 2 Que causa ou que pode causar uma doença.
patologia ⟨pa.to.lo.gi.a⟩ s.f. 1 Parte da medicina que estuda as doenças e seus sintomas. 2 Doença que uma pessoa sofre.
patológico, ca ⟨pa.to.ló.gi.co, ca⟩ adj. Da patologia ou relacionado a ela.
patologista ⟨pa.to.lo.gis.ta⟩ adj.2g./s.2g. Em relação a um médico, que é especializado em anatomia patológica.
patota ⟨pa.to.ta⟩ s.f. informal Grupo de amigos: *Sempre vai ao cinema com sua patota.*
patranha ⟨pa.tra.nha⟩ s.f. História mentirosa ou notícia totalmente inventada, que se faz passar por verdadeira: *Esse tabloide só publica patranhas.*
patrão, troa ⟨pa.trão, tro.a⟩ (Pron. [patrão], [patrôa]) (pl. *patrões*) s. Pessoa que contrata empregados para realizar um trabalho.
pátria ⟨pá.tria⟩ s.f. País em que uma pessoa nasce e ao qual está ligada por vínculos jurídicos, históricos ou afetivos.
patriarca ⟨pa.tri.ar.ca⟩ s.m. Homem que, geralmente por sua idade e sabedoria, considera-se mais respeitado e com maior autoridade dentro de uma família ou de uma coletividade. ◻ GRAMÁTICA Seu feminino é *matriarca*.
patriarcado ⟨pa.tri.ar.ca.do⟩ s.m. 1 Cargo ou poder exercido por um patriarca. 2 Em uma sociedade ou em um grupo, organização social em que há predominância da autoridade exercida pelo pai.
patriarcal ⟨pa.tri.ar.cal⟩ (pl. *patriarcais*) adj.2g. Do patriarca, do patriarcado, ou relacionado a esse predomínio da autoridade do homem.
patricinha ⟨pa.tri.ci.nha⟩ adj./s.f. informal pejorativo Feminino de **mauricinho**.
patrício, cia ⟨pa.trí.cio, cia⟩ ▌ adj. 1 Dos patrícios ou relacionado aos membros desse grupo social romano. ▌ adj./s. 2 Na Roma Antiga, que ou quem descendia das famílias mais antigas que participaram da fundação da cidade, e fazia parte de uma classe social privilegiada. 3 Que ou quem é da mesma pátria ou nação que alguém. ◻ SIN. **compatriota, conterrâneo.**
patrimonial ⟨pa.tri.mo.ni.al⟩ (pl. *patrimoniais*) adj.2g. Do patrimônio ou relacionado a ele.
patrimônio ⟨pa.tri.mô.nio⟩ s.m. 1 Conjunto de bens naturais ou culturais que pertencem a uma determinada região ou país: *Ouro Preto é patrimônio cultural da humanidade.* 2 Conjunto de bens de uma pessoa, de uma família ou de uma organização: *Seu patrimônio duplicou graças a bons investimentos.* 3 Herança ou conjunto de bens recebidos.
pátrio, tria ⟨pá.trio, tria⟩ adj. 1 Da pátria ou relacionado a ela. 2 Do pai ou relacionado a ele.
patriota ⟨pa.tri.o.ta⟩ adj.2g./s.2g. Que ou quem ama a sua pátria e procura servi-la.
patriótico, ca ⟨pa.tri.ó.ti.co, ca⟩ adj. 1 Do patriota, da pátria ou relacionado a eles. 2 Que tem ou que demonstra amor pela pátria.
patriotismo ⟨pa.tri.o.tis.mo⟩ s.m. Amor e serviço à pátria.
patrocinador, -a ⟨pa.tro.ci.na.dor, do.ra⟩ (Pron. [patrocinadôr], [patrocinadôra]) adj./s. Que ou quem patrocina alguém ou algo, especialmente uma atividade esportiva.

patrocinar ⟨pa.tro.ci.nar⟩ v.t.d. Apoiar ou financiar com fins publicitários (uma pessoa ou uma atividade): *Essa empresa patrocina um time de futebol.*
patrocínio ⟨pa.tro.cí.nio⟩ s.m. Apoio ou suporte financeiro com fins publicitários: *Esta peça de teatro recebe patrocínio de um banco.*
patronal ⟨pa.tro.nal⟩ (pl. *patronais*) adj.2g. Dos patrões, formado por eles, ou relacionado a eles.
patronato ⟨pa.tro.na.to⟩ s.m. 1 Autoridade ou poder de patrão. 2 Conjunto ou associação formados por patrões ou donos de empresas. 3 Instituição ou associação que se dedicam a cuidar de menores carentes e a educá-los.
patronesse ⟨pa.tro.nes.se⟩ s.f. →**patrono, na**
patronímico, ca ⟨pa.tro.ní.mi.co, ca⟩ adj./s.m. Em relação a um nome, que se formou por derivação do nome do pai ou de um ascendente.
patrono, na ⟨pa.tro.no, na⟩ s. 1 Pessoa que defende uma ideia ou protege uma causa: *um patrono das artes.* 2 Santo ou Virgem aos quais se dedica uma igreja ou que são escolhidos como protetores de um lugar ou de uma congregação. ◻ SIN. **orago, padroeiro.** 3 Em uma instituição ou em uma academia, pessoa eleita como tutora ou protetora de cada uma de suas cadeiras: *Na Academia Brasileira de Letras, a cadeira número 29 tem como patrono Martins Pena.* 4 Em uma cerimônia de formatura, pessoa homenageada por uma turma de formandos. ◻ GRAMÁTICA Na acepção 4, seu feminino também pode ser *patronesse*.
patrulha ⟨pa.tru.lha⟩ s.f. 1 Serviço de defesa, de vigilância ou de proteção. 2 Grupo de pessoas que realizam esse serviço. 3 Pequeno grupo em que os escoteiros ou as bandeirantes são divididos para executar determinada atividade.
patrulhar ⟨pa.tru.lhar⟩ ▌ v.t.d. 1 Percorrer com uma patrulha para proteger ou vigiar (um lugar): *Os policiais costumam patrulhar a área para garantir a segurança.* ▌ v.int. 2 Percorrer um lugar com uma patrulha para protegê-lo ou vigiá-lo. ▌ v.t.d. 3 Cobrar determinados padrões de comportamento ou de conduta de (alguém).
patuá ⟨pa.tu.á⟩ s.m. Saco de pano pequeno que contém uma oração ou uma relíquia benta, que se pendura no peito e se usa como amuleto de proteção.
patuscada ⟨pa.tus.ca.da⟩ s.f. Festa informal em que há abundância e variedade de comidas e bebidas.
patusco, ca ⟨pa.tus.co, ca⟩ adj./s. Que ou quem frequenta ou gosta de patuscadas.
pau ▌ s.m. 1 Pedaço de madeira com o comprimento maior que a largura. 2 Qualquer pedaço de substância sólida semelhante a essa: *Para fazer o doce, prefere usar canela em pó do que canela em pau.* 3 Em uma embarcação, peça comprida e cilíndrica, de madeira ou de outro material, que se posiciona verticalmente para sustentar a vela. ◻ SIN. **mastro.** 4 Peça utilizada para içar bandeiras. ◻ SIN. **mastro, haste.** 5 *informal* Reprovação em exame: *Levei pau em matemática!* 6 *vulgarismo* →**pênis** ▌ s.m.pl. 7 Em um baralho, um dos quatro naipes, representado pelo desenho de um trevo preto de três folhas: *um ás de paus.* ‖ **chutar o pau (da barraca)** 1 *informal* Agir de forma impulsiva ou exagerada: *Estava tão nervosa que chutou o pau da barraca, e começou a gritar.* 2 Em relação geralmente a um lugar ou a uma atividade, abandoná-los ou desistir deles: *Como não gostava do trabalho, chutei o pau da barraca e mudei de emprego.* ‖ **dar pau** *informal* Quebrar ou parar de funcionar: *Meu computador deu pau, você conhece algum técnico?* ‖ **quebrar o pau** *informal* Brigar ou meter-se

em confusão: *As duas torcidas quebraram o pau durante o jogo do último domingo.*

pau a pique ⟨pau a pi.que⟩ (pl. *paus a pique*) s.m. Muro ou parede feitos com varas ou estacas cruzadas e cobertas com barro.

pau-brasil ⟨pau-bra.sil⟩ (pl. *paus-brasil* ou *paus-brasis*) s.m. Árvore de tronco vermelho, duro e coberto por espinhos, com folhas compostas e pequenas, flores amarelas com uma mancha central, e cujo fruto, em formato de vagem, também é coberto por espinhos e tem cor marrom quando maduro: *O pau-brasil, que deu nome ao nosso país, já foi abundante em nossas matas.* [◉ árvores p. 79]

pau de arara ⟨pau de a.ra.ra⟩ (pl. *paus de arara*) ▌ s.m. **1** Pau usado para amarrar e transportar aves. **2** Instrumento de tortura que consiste em uma madeira comprida na qual se pendura a vítima pelos joelhos e cotovelos flexionados e de cabeça para baixo, com os pulsos amarrados nos tornozelos. **3** Caminhão em que retirantes nordestinos são transportados, geralmente em sua carroceria. ▌ s.2g. **4** Pessoa que é transportada nesse caminhão.

pau de sebo ⟨pau de se.bo⟩ (Pron. [pau de sêbo]) (pl. *paus de sebo*) s.m. Pau comprido untado com sebo ou gordura, no qual uma pessoa tenta subir para ganhar o objeto colocado em seu topo como prêmio.

pau-ferro ⟨pau-fer.ro⟩ (pl. *paus-ferro* ou *paus-ferros*) s.m. Árvore de tronco liso, branco e manchado, com folhas compostas, flores pequenas, amarelas e dispostas em cachos, e cujo fruto, comestível e em formato de vagem achatada, tem casca dura e cor marrom.

paul ⟨pa.ul⟩ (pl. *pauis*) s.m. Região em que há acúmulo natural de água e que favorece o desenvolvimento de vegetação. ☐ SIN. charneca, pântano, tremedal.

paulada ⟨pau.la.da⟩ s.f. **1** Golpe dado com um pau. **2** *informal* Desgosto ou sofrimento: *Perder o emprego foi uma paulada para ele.*

paulatino, na ⟨pau.la.ti.no, na⟩ adj. Que se faz ou que se realiza aos poucos ou lentamente.

paulista ⟨pau.lis.ta⟩ adj.2g./s.2g. De São Paulo ou relacionado a esse estado brasileiro. ☐ USO É diferente de *paulistano* (da cidade de São Paulo).

paulistano, na ⟨pau.lis.ta.no, na⟩ adj./s. De São Paulo ou relacionado à capital do estado brasileiro de São Paulo. ☐ USO É diferente de *paulista* (do estado de São Paulo).

paulistense ⟨pau.lis.ten.se⟩ adj.2g./s.2g. De Paulista ou relacionado a essa cidade do estado brasileiro de Pernambuco.

paulo-afonsino, na ⟨pau.lo-a.fon.si.no, na⟩ (pl. *paulo-afonsinos*) adj./s. De Paulo Afonso ou relacionado a essa cidade do estado brasileiro da Bahia.

pau-mandado ⟨pau-man.da.do⟩ (pl. *paus-mandados*) adj./s.m. *informal pejorativo* Que ou quem se deixa dominar com facilidade e obedece sem questionar àquilo que lhe é pedido. ☐ GRAMÁTICA Usa-se tanto para o masculino quanto para o feminino: *(ele/ela) é um pau-mandado.*

pauperismo ⟨pau.pe.ris.mo⟩ s.m. Existência de um grande número de pobres em um determinado lugar.

paupérrimo, ma ⟨pau.pér.ri.mo, ma⟩ Superlativo irregular de *pobre*.

pausa ⟨pau.sa⟩ s.f. **1** Interrupção breve de uma ação, de um movimento ou de uma atividade. **2** Em fonética, silêncio de duração variável que se produz ao falar para delimitar um grupo de sons ou uma oração: *A vírgula e o ponto-final são sinais ortográficos que indicam pausa.* **3** Em música, momento em que se interrompe completamente a execução de qualquer som. **4** Em música, sinal gráfico que representa esse momento e que corresponde a cada figura musical: *Você se perdeu durante a execução da peça, por ter pulado a pausa e seguido direto para o próximo compasso.*

pausar ⟨pau.sar⟩ v.t.d./v.int. Tornar pausado ou fazer uma pausa.

pauta ⟨pau.ta⟩ s.f. **1** Em uma folha de papel, conjunto de linhas horizontais e com mesma distância entre si, usadas para escrever em linha reta. **2** Conjunto de cinco linhas paralelas e horizontais situadas à mesma distância umas das outras e quatro espaços, sobre os quais se escreve uma notação musical: *Na pauta registram-se as notas musicais e suas durações.* ☐ SIN. pentagrama. **3** Relação ou enumeração de assuntos ou objetos: *A secretária distribuiu a pauta da reunião à diretoria.* **4** Em um programa de televisão, roteiro ou conjunto de assuntos a serem abordados ou tratados em sua edição: *Na pauta do telejornal de hoje, um dos temas era o trabalho voluntário.*

pautar ⟨pau.tar⟩ ▌ v.t.d. **1** Fazer pauta em (uma folha de papel). **2** Relacionar ou enumerar (dois ou mais assuntos), especialmente com fins jornalísticos. ▌ v.t.d./v.prnl. **3** Orientar(-se) ou guiar(-se): *Seu comportamento sempre foi pautado pela discrição.*

pavão, voa ⟨pa.vão, vo.a⟩ (Pron. [pavão], [pavôa]) (pl. *pavões*) s. Ave de grande porte cujo macho tem plumagem de cores vistosas, geralmente esverdeadas, um penacho de plumas sobre a cabeça e uma cauda que se abre em forma de leque. [◉ aves p. 92]

pavê ⟨pa.vê⟩ s.m. Doce feito com biscoitos, geralmente encharcados em bebida licorosa, dispostos em camadas e recheados com creme ou outro ingrediente semelhante.

pávido, da ⟨pá.vi.do, da⟩ adj. Com medo ou pavor.

pavilhão ⟨pa.vi.lhão⟩ (pl. *pavilhões*) s.m. **1** Construção ou edifício que fazem parte de um conjunto: *Estão fazendo mais um pavilhão no hospital.* **2** Construção grande, geralmente provisória, usada para exposições ou feiras comerciais: *O governo do país financiou a construção de um imenso pavilhão para a exposição internacional.* **3** Dilatação ou alongamento da extremidade de um tubo, de uma sonda ou de um canal. **4** Bandeira nacional. ‖ **pavilhão auricular** Em uma pessoa ou em alguns animais, cartilagem que forma a parte externa do órgão da audição. ☐ USO *Pavilhão auricular* é a nova denominação de *orelha*.

pavimentação ⟨pa.vi.men.ta.ção⟩ (pl. *pavimentações*) s.f. Ato ou efeito de pavimentar. ☐ SIN. calçamento.

pavimentar ⟨pa.vi.men.tar⟩ v.t.d. Revestir com concreto, asfalto ou outro material semelhante (uma via pública).

pavimento ⟨pa.vi.men.to⟩ s.m. **1** Revestimento que cobre o solo para que fique sólido e plano: *Em geral, o pavimento das ruas e avenidas é de asfalto.* **2** Em um edifício, cada um dos andares que o compõe.

pavio ⟨pa.vi.o⟩ s.m. Em uma vela ou em um candeeiro, cordão, geralmente de linha ou algodão, posto no centro e usado para iluminar quando em combustão. ☐ SIN. torcida. ‖ **ter pavio curto** *informal* Irritar-se facilmente: *Não discuta com ele, pois tem pavio curto.*

pavonear ⟨pa.vo.ne.ar⟩ ▌ v.t.d./v.prnl. **1** Fazer ostentação excessiva de (algo que se possui) ou exibir-se: *Ela sempre pavoneia seus carros importados. É uma pessoa discreta e que não gosta de se pavonear.* ▌ v.prnl. **2** Envaidecer-se de ações ou qualidades próprias ou ter alto conceito sobre elas. ☐ SIN. vangloriar-se. ☐ ORTOGRAFIA O *e* muda para *ei* quando a sílaba tônica estiver na raiz do verbo →NOMEAR.

pavor ⟨pa.vor⟩ (Pron. [pavôr]) s.m. Medo grande ou terror.

pavoroso, sa ⟨pa.vo.ro.so, sa⟩ (Pron. [pavorôso], [pavorósa], [pavorósos], [pavorósas]) adj. Que causa grande medo ou terror excessivo.

paxá ⟨pa.xá⟩ s.m. No antigo Império Otomano, pessoa que obtinha um mandato superior.

pay-per-view *(palavra inglesa)* (Pron. [pei-per-viu]) s.m. Sistema de televisão a cabo que permite ao assinante pagar pelos programas que escolhe ver.

paz s.f. **1** Ausência de guerra ou de conflito. **2** Tranquilidade, calma ou ausência de agitação: *Gosta muito da paz do interior.* ‖ **fazer as pazes** Reconciliar-se ou retomar a amizade: *Dois dias depois da discussão, fizeram as pazes.*

PB É a sigla do estado brasileiro da Paraíba.

PC (pl. *PCs*) s.m. Computador próprio para uso individual. ☐ ORIGEM É a sigla inglesa de *Personal Computer* (computador pessoal).

PE É a sigla do estado brasileiro do Pernambuco.

pé s.m. **1** No corpo de uma pessoa, extremidade da perna que vai desde o tornozelo até a ponta dos dedos, que se apoia no chão e serve principalmente para andar e sustentar o corpo quando está erguido. **2** Em alguns animais, parte do corpo que lhes serve para se apoiar ou se deslocar: *O caracol tem apenas um pé sobre o qual carrega a concha.* **3** Em relação a uma planta, unidade ou exemplar. **4** Em relação a um objeto, base ou parte inferior que o sustenta. **5** Estado ou situação em que algo se encontra, especialmente se for um negócio ou uma atividade: *Perguntei-lhe em que pé estavam as vendas.* **6** No sistema anglo-saxão, unidade de comprimento que equivale a aproximadamente 30,5 centímetros: *O homem media mais de seis pés de altura.* ‖ **ao pé da letra** De forma literal: *Fez uma tradução ao pé da letra e o texto final ficou sem sentido.* ‖ **ao pé do ouvido** *informal* Em segredo: *Confessou-nos, ao pé do ouvido, que estava apaixonado.* ‖ **a pé** Andando ou caminhando. ‖ **bater o pé** Opor-se a algo de maneira intransigente ou sem se deixar convencer: *Bateu o pé, e não concordou com as mudanças no projeto.* ‖ **com o pé atrás** Com receio, desconfiança ou cautela: *Aceitou a proposta com o pé atrás.* ‖ **com o pé direito** Com acerto ou com boa sorte: *Entrou no negócio com o pé direito.* ‖ **com o pé esquerdo** Com desacerto ou com má sorte: *Começou o dia com o pé esquerdo, mas procurou manter o bom humor.* ‖ **dar no pé** *informal* Sair correndo ou fugir: *Os bandidos deram no pé quando viram o policial.* ‖ **dar pé 1** *informal* Ser possível ou viável: *A compra do carro novo só dará pé no próximo ano.* **2** Em relação ao mar, a um lago ou a uma piscina, ter profundidade adequada para que se toque o fundo mantendo a cabeça para fora da água sem a necessidade de nadar: *Só entraram no lago porque viram que dava pé.* ‖ **de pé 1** Erguido. **2** Confirmado, assegurado ou de acordo com o que foi combinado: *Meu convite para irmos ao cinema ainda está de pé.* ‖ **em pé de guerra** Em conflito: *Os dois países estão em pé de guerra.* ‖ **em pé de igualdade** De igual para igual: *As leis colocam os homens e as mulheres em pé de igualdade.* ‖ **{ficar/pegar} no pé** *informal* Incomodar ou importunar de forma insistente: *Ficou no pé do pai para que lhe comprasse sorvete.* ‖ **largar do pé de** alguém *informal* Deixá-lo em paz: *Apesar dela não lhe dar esperanças, ele não largava do seu pé.* ‖ **meter os pés pelas mãos** Atrapalhar-se ou equivocar-se: *Meteu os pés pelas mãos ao não se preparar para os exames.* ‖ **ter os pés no chão** Ser realista ou ponderado: *Ele tem os pés no chão, e nunca gasta além do que pode.* ‖ **um pé no saco** *informal* Aquilo ou aquele que são incômodos, inoportunos ou ruins: *Este filme é um pé no saco.*

pê s.m. Nome da letra *p*.

peão, oa ⟨pe.ão, o.a⟩ (Pron. [peão], [peôa]) (pl. *peães* ou *peões*) ▌s. **1** Pessoa que amansa animais, especialmente se forem cavalos. **2** Em uma fazenda, pessoa que auxilia o boiadeiro. **3** Pessoa que se dedica profissionalmente ao trabalho rural ou à construção civil. ▌s.m. **4** No jogo de xadrez, cada uma das oito peças iguais, pretas ou brancas, dispostas na segunda fileira e que só podem ser movidas de casa em casa. [☞ **xadrez** p. 827] ☐ ORTOGRAFIA É diferente de *pião*. ☐ GRAMÁTICA Seu feminino também pode ser *peona*.

pebolim ⟨pe.bo.lim⟩ (pl. *pebolins*) s.m. Jogo que imita uma partida de futebol, que se joga sobre um tabuleiro e no qual os jogadores, por meio de barras, movem bonecos que chutam a bola.

peça ⟨pe.ça⟩ s.f. **1** Em um conjunto, cada uma das partes ou das unidades que o compõem. **2** Em um aparelho, cada uma das partes que o compõem. **3** Em um jogo de tabuleiro, cada uma de suas pedras ou figuras. **4** Obra ou representação dramática. **5** Em música, composição independente, vocal ou instrumental: *Adoramos a peça de Mozart que você tocou.* **6** Porção inteira de tecido: *Esta peça é suficiente para fazer dois vestidos.* **7** *informal* Pessoa incomum ou excêntrica: *Ele é uma peça rara!* ‖ **pregar uma peça** *informal* Fazer ou preparar uma brincadeira, por diversão ou maldade: *Pregaram-lhe uma peça, escondendo seus óculos.* ☐ GRAMÁTICA Na acepção 7, usa-se tanto para o masculino quanto para o feminino: *{ele/ela} é uma peça*.

pecado ⟨pe.ca.do⟩ s.m. **1** Em algumas crenças, aquilo que viola ou que é contra a lei de Deus e de seus preceitos e mandamentos. **2** Ato ou comportamento distantes daquilo que se considera correto: *É um pecado jogar comida fora, sabendo que muitos passam fome!*

pecador, -a ⟨pe.ca.dor, do.ra⟩ (Pron. [pecadôr], [pecadôra]) adj./s. Que ou quem é propenso ao pecado ou pode cometê-lo.

pecaminoso, sa ⟨pe.ca.mi.no.so, sa⟩ (Pron. [pecaminôso], [pecaminôsa], [pecaminôsos], [pecaminôsas]) adj. Do pecado, do pecador ou relacionado a eles.

pecar ⟨pe.car⟩ v.t.i./v.int. **1** Em religião, desobedecer [a uma lei divina] ou violar uma lei de Deus. **2** Cometer uma falta [contra alguém] ou desobedecer a uma regra: *Pecou por não ter contado a verdade.* ☐ ORTOGRAFIA Antes de *e*, o *c* muda para *qu* → BRINCAR.

pecha ⟨pe.cha⟩ s.f. Falha, defeito ou imperfeição morais: *Sempre teve a pecha de preguiçoso.*

pechincha ⟨pe.chin.cha⟩ s.f. Aquilo que se adquire por um valor menor que o habitual ou de forma vantajosa.

pechinchar ⟨pe.chin.char⟩ v.t.d./v.int. Discutir a diminuição do preço de (um produto) ou procurar bons negócios pedindo descontos. *Em alguns países, é habitual pechinchar antes de comprar um produto.* ☐ SIN. baratear, regatear.

pecíolo ⟨pe.cí.o.lo⟩ s.m. Na folha de uma planta, estrutura que une sua parte laminar ao caule.

peçonha ⟨pe.co.nha⟩ (Pron. [peçônha]) s.f. Substância venenosa secretada por alguns animais.

peçonhento, ta ⟨pe.ço.nhen.to, ta⟩ adj. Que tem peçonha.

pecuária ⟨pe.cu.á.ria⟩ s.f. Criação de gado para sua exploração comercial.

peculato ⟨pe.cu.la.to⟩ s.m. Crime cometido por funcionário público que consiste na apropriação ou no desvio de bens alheios para proveito próprio ou de outros.

peculiar ⟨pe.cu.li.ar⟩ adj.2g. Que é próprio ou característico de alguém ou de algo.

peculiaridade ⟨pe.cu.li.a.ri.da.de⟩ s.f. Qualidade de peculiar.

pecúlio ⟨pe.cú.lio⟩ s.m. Conjunto de bens ou quantia de dinheiro que uma pessoa guarda ou possui.

pecúnia ⟨pe.cú.nia⟩ s.f. *formal* Dinheiro.

pecuniário, ria ⟨pe.cu.ni.á.rio, ria⟩ adj. Do dinheiro, representado por ele ou relacionado a ele.

pedaço ⟨pe.da.ço⟩ s.m. **1** Qualquer uma das partes que formam um todo. **2** Em relação a uma obra, parte ou trecho. **3** Experiência ou situação, geralmente ruins: *Passou por maus pedaços naquela época.*

pedágio ⟨pe.dá.gio⟩ s.m. **1** Em uma estrada ou em uma rodovia, quantia de dinheiro que deve ser paga pelos motoristas para poderem transitar nela. **2** Cabine em que essa quantia de dinheiro é paga.

pedagogia ⟨pe.da.go.gi.a⟩ s.f. Ciência que se ocupa da educação e do ensino.

pedagógico, ca ⟨pe.da.gó.gi.co, ca⟩ adj. **1** Da pedagogia ou relacionado a essa ciência. **2** Que ensina de forma clara e que possibilita um aprendizado fácil: *um brinquedo pedagógico.*

pedagogo, ga ⟨pe.da.go.go, ga⟩ (Pron. [pedagógo]) s. Pessoa especializada em pedagogia.

pé-d'água ⟨pé-d'á.gua⟩ (pl. *pés-d'água*) s.m. Chuva repentina, forte e de curta duração. □ SIN. aguaceiro.

pedal ⟨pe.dal⟩ (pl. *pedais*) s.m. Peça que, ao ser acionada com um dos pés, coloca um mecanismo em movimento: *o pedal de uma bicicleta; o pedal de um piano.*

pedalar ⟨pe.da.lar⟩ ▌v.t.d. **1** Acionar com o movimento dos pés (algo que funciona por meio de pedais): *O alfaiate pedalava sua máquina de costura quando faltava energia elétrica.* ▌v.int. **2** Mover os pedais. **3** Andar de bicicleta. **4** Em futebol, passar as pernas sobre a bola repetidas vezes, de forma a confundir o jogador que faz a marcação.

pedante ⟨pe.dan.te⟩ adj.2g./s.2g. Que ou quem presume, com ostentação, ser muito erudito ou ter muitos conhecimentos. □ SIN. pernóstico.

pedantismo ⟨pe.dan.tis.mo⟩ s.m. Vaidade de quem presume, com ostentação, ser muito erudito ou ter muitos conhecimentos.

pé de atleta ⟨pé de a.tle.ta⟩ (pl. *pés de atleta*) s.m. *informal* Nos pés de uma pessoa, doença de pele contagiosa causada por fungos parasitas.

pé de cabra ⟨pé de ca.bra⟩ (pl. *pés de cabra*) s.m. Ferramenta de metal em forma de alavanca, com fenda em uma de suas extremidades, geralmente usada para arrancar pregos ou arrombar portas e janelas.

pé de galinha ⟨pé de ga.li.nha⟩ (pl. *pés de galinha*) s.m. Ruga com linhas divergentes que se forma no canto externo do olho à medida que a idade de uma pessoa avança.

pé-de-meia ⟨pé-de-mei.a⟩ (pl. *pés-de-meia*) s.m. *informal* Economia ou reserva de dinheiro para determinado fim ou eventualidade: *Com seu pé-de-meia, pretende comprar um computador novo.*

pé de moleque ⟨pé de mo.le.que⟩ (pl. *pés de moleque*) s.m. Doce sólido e duro feito com amendoim torrado e açúcar.

pé de pato ⟨pé de pa.to⟩ (pl. *pés de pato*) s.m. Calçado com forma de nadadeira, usado para dar impulsos e alcançar maior velocidade na água quando se nada ou mergulha. □ SIN. nadadeira. [👁 calçados p. 138]

pederasta ⟨pe.de.ras.ta⟩ s.m. **1** *pejorativo* Homem homossexual. **2** Homem adulto que tem relações sexuais com um rapaz. □ USO Na acepção 2, é diferente de *pedófilo* (que ou quem sente atração sexual por crianças).

pederastia ⟨pe.de.ras.ti.a⟩ s.f. **1** Homossexualidade masculina. **2** Prática de relações sexuais entre um homem adulto e um rapaz. □ USO Na acepção 2, é diferente de *pedofilia* (atração sexual que uma pessoa adulta sente por crianças).

pederneira ⟨pe.der.nei.ra⟩ s.f. Variedade de quartzo formada principalmente por silício, muito dura e de cor amarelada, vermelha ou preta, e que produz faísca quando submetida ao atrito com um metal.

pedestal ⟨pe.des.tal⟩ (pl. *pedestais*) s.m. Peça que serve para sustentar algo: *o pedestal de uma estátua; o pedestal de um microfone.*

pedestre ⟨pe.des.tre⟩ adj.2g./s.2g. Que ou quem anda ou está a pé.

pedestrianismo ⟨pe.des.tri.a.nis.mo⟩ s.m. Esporte que consiste em grandes marchas a pé.

pé de vento ⟨pé de ven.to⟩ (pl. *pés de vento*) s.m. *informal* Vento muito forte e breve.

pediatra ⟨pe.di.a.tra⟩ s.2g. Médico especializado em pediatria ou medicina infantil.

pediatria ⟨pe.di.a.tri.a⟩ s.f. Parte da medicina que estuda a saúde e as doenças das crianças.

pediátrico, ca ⟨pe.di.á.tri.co, ca⟩ adj. Da pediatria ou relacionado a essa parte da medicina.

pedicuro, ra ⟨pe.di.cu.ro, ra⟩ s. Pessoa que se dedica profissionalmente ao tratamento de problemas dos pés, especialmente de calos. □ SIN. calista.

pedido ⟨pe.di.do⟩ s.m. **1** Aquilo que se solicita ou se propõe a alguém. **2** Solicitação de um serviço ou de uma mercadoria: *Fiz o pedido há três semanas e ainda não entregaram minha geladeira nova.*

pedinte ⟨pe.din.te⟩ ▌adj.2g. **1** Que pede. ▌s.2g. **2** Pessoa sem recursos e que habitualmente pede esmola. □ SIN. mendigo, pobre.

pedir ⟨pe.dir⟩ ▌v.t.d./v.t.d.i. **1** Fazer pedido ou solicitar (algo necessário) [a alguém]: *Ele pediu que eu fechasse a janela.* ▌v.int. **2** Solicitar a alguém que faça algo: *Se precisar de ajuda, peça.* ▌v.t.d. **3** Requerer ou exigir: *A cerimônia pede um traje apropriado.* ▌v.t.i. **4** Mediar em favor [de alguém]: *Sua irmã mais velha sempre pede por ele.* □ GRAMÁTICA 1. É um verbo irregular →PEDIR. 2. Na acepção 4, usa-se a construção *pedir POR {algo/alguém}*.

pedofilia ⟨pe.do.fi.li.a⟩ s.f. Atração sexual que uma pessoa adulta sente por crianças: *No Brasil, a pedofilia é um crime hediondo.* □ USO É diferente de *pederastia* (prática de relações sexuais entre um homem adulto e um rapaz).

pedófilo, la ⟨pe.dó.fi.lo, la⟩ adj./s. Que ou quem sente atração sexual por crianças. □ USO É diferente de *pederasta* (homem que tem relações sexuais com um rapaz).

pedra ⟨pe.dra⟩ s.f. **1** Corpo mineral duro e compacto. **2** Formação extensa desse corpo mineral. **3** Pedaço trabalhado desse corpo, especialmente se for utilizado na construção: *As pedras dessa rua foram assentadas uma a uma.* **4** Em alguns jogos, peça com a qual se joga: *as pedras de um dominó.* **5** Em um canal ou em um órgão, acúmulo anormal de sais e de minerais: *Ela sofria de pedras nos rins.* □ SIN. cálculo. **6** Aquilo que é muito duro. ▌**botar uma pedra em** algo Esquecê-lo ou relevá-lo: *Vamos votar uma pedra nesta briga, já é coisa do passado.* ║ **pedra filosofal** Matéria com a qual os alquimistas pretendiam fazer ouro artificial. ║ **pedra lascada** Aquela que é tosca e não trabalhada, especialmente a que era usada como instrumento no paleolítico. ║ **pedra polida** Aquela que é trabalhada, especialmente a que era usada como instrumento no neolítico. ║ **pedra preciosa** Aquela que é dura, escassa, valiosa e geralmente transparente.

pedrada ⟨pe.dra.da⟩ s.f. **1** Pancada dada ou recebida com uma pedra. **2** Marca deixada por esse golpe.

pedra-pomes ⟨pe.dra-po.mes⟩ (Pron. [pedra-pômes]) (pl. *pedras-pomes*) s.f. Pedra leve e porosa usada para a limpeza pessoal e de objetos.

pedraria ⟨pe.dra.ri.a⟩ s.f. Conjunto de pedras, especialmente se forem preciosas.

pedra-sabão ⟨pe.dra-sa.bão⟩ (pl. *pedras-sabão* ou *dras-sabões*) s.f. Mineral de silicato de magnésio, suave ao tato, muito macio, brilhante e de cor esverdeada.

pedra-ume ⟨pe.dra-u.me⟩ (pl. *pedras-ume* ou *pedras-umes*) s.f. Produto químico usado na fabricação de corantes e também em pequenos cortes para ajudar na coagulação sanguínea.

pedregoso, sa ⟨pe.dre.go.so, sa⟩ (Pron. [pedregôso], [pedregósa], [pedregósos], [pedregósas]) adj. Com muitas pedras.

pedregulho ⟨pe.dre.gu.lho⟩ s.m. **1** Pedra grande. **2** Conjunto de pedras pequenas, especialmente se forem provenientes da erosão de outras rochas.

pedreira ⟨pe.drei.ra⟩ s.f. Lugar de onde se extraem pedras. ‖ **ser uma pedreira** *informal* Ser muito difícil e trabalhoso: *Essa maratona é uma pedreira.*

pedreiro, ra ⟨pe.drei.ro, ra⟩ s. Pessoa que se dedica profissionalmente a construir paredes ou muros com tijolos, pedras, cimento e outros materiais semelhantes. □ USO O feminino *pedreira* é pouco usual.

pedrês ⟨pe.drês⟩ adj.2g./s.2g. Que tem pintas ou manchas brancas e pretas.

pedúnculo ⟨pe.dún.cu.lo⟩ s.m. Em botânica, haste ou cabo pequenos de uma inflorescência ou de uma flor isolada, que unem uma flor ou um fruto ao caule de uma planta.

peep-show *(palavra inglesa)* (Pron. [pip-chôu]) s.m. Cabine utilizada para ver imagens em espetáculos eróticos.

pega ⟨pe.ga⟩ ▌s.m. **1** *informal* Discussão acirrada ou briga: *Por causa do resultado do jogo, teve um pega com os colegas.* **2** *informal* Disputa ilegal de velocidade entre carros em áreas urbanas: *Apesar da repressão policial, esta avenida ainda é usada para a realização de pegas e rachas.* ▌s.f. **3** Em alguns objetos, punho ou parte que se segura com a mão: *a pega de uma marreta; a pega de um balde.*

pegada ⟨pe.ga.da⟩ s.f. Marca de pé ou de pata deixadas em uma superfície. □ SIN. pisada, pisadura.

pegadinha ⟨pe.ga.di.nha⟩ s.f. *informal* Armadilha ou situação armadas para enganar alguém.

pegajoso, sa ⟨pe.ga.jo.so, sa⟩ (Pron. [pegajôso], [pegajósa], [pegajósos], [pegajósas]) ▌adj. **1** Viscoso ou que gruda com facilidade. ▌adj./s. **2** *informal pejorativo* Que ou quem é inconveniente ou maçante.

pega-pega ⟨pe.ga-pe.ga⟩ (pl. *pega-pegas* ou *pegas-pegas*) s.m. Brincadeira infantil na qual uma criança deve correr atrás de outras que fogem e tocar em alguma delas com a mão, sendo que a criança que for tocada passará a correr atrás das demais. □ SIN. pique.

pegar ⟨pe.gar⟩ ▌v.t.d./v.t.i. **1** Agarrar (algo) ou segurar firme [em algo]: *O pai pegou a criança no colo. Pegou na mão do filho para atravessar a rua.* ▌v.t.d. **2** Capturar, alcançar ou chegar até (uma pessoa ou um animal): *Após uma longa perseguição, o policial pegou o bandido.* ▌v.t.d./v.t.d.i./v.int./v.prnl. **3** Ser contagiado por (uma doença) ou contagiar(-se) de (algo) [por alguém]: *Ela pegou um resfriado. Pegou catapora pelo irmão. A aids é uma doença que se pega pelo contato sexual.* ▌v.t.d. **4** Embarcar em (um veículo): *Que ônibus tenho que pegar para chegar lá?* **5** Retirar ou levar de volta ao lugar de origem: *Pega o filho na escola todos os dias.* □ SIN. buscar. **6** Surpreender ou encontrar desprevenido: *Pegaram algumas alunas colando na prova.* ▌v.t.d./v.t.d.i./v.int./v.prnl. **7** Colar (algo) [em um lugar] ou grudar-se: *O arroz pegou no fundo da panela.* □ SIN. aderir. ▌v.t.d. **8** Entender ou compreender: *Os meninos pegaram rapidamente a explicação da matéria.* ▌v.t.d./v.int. **9** Captar (um sinal de transmissão, especialmente se for de rádio ou de televisão) ou receber sinais: *Na estrada, meu celular não pega.* ▌v.t.d. **10** Estar sujeito a (clima ou fenômenos atmosféricos): *No caminho, pegamos um pouco de neblina.* **11** Conseguir ou aceitar (uma ocupação ou emprego): *Ela pegou um trabalho temporário em uma loja.* **12** Receber ou sofrer (uma punição): *Os criminosos pegaram a pena máxima.* **13** Entrar em ou seguir por (um caminho): *Vamos pegar a avenida paralela para escapar do congestionamento.* ▌v.int. **14** Firmar-se ou desenvolver-se: *A muda que plantei pegou.* **15** Difundir-se ou ser aceito: *Algumas gírias pegam, outras caem em desuso.* ▌v.t.d. **16** *informal* Usufruir de (uma diversão ou um lazer): *Como não viajou, resolveu pegar um cinema.* ▌v.prnl. **17** *informal* Brigar, discutir ou entrar em desavença: *Pegaram-se por conta de uma brincadeira.* ‖ **pegar bem** *informal* Ter boa aceitação ou repercutir de maneira favorável: *A sua iniciativa em conduzir a reunião pegou bem.* ‖ **pegar mal** *informal* Ser condenável ou causar má impressão: *Aquela atitude grosseira pegou mal.* □ ORTOGRAFIA Antes de e, o g muda para gu → CHEGAR. □ GRAMÁTICA É um verbo abundante, pois apresenta dois particípios: *pegado* e *pego*.

pega-rapaz ⟨pe.ga-ra.paz⟩ (pl. *pega-rapazes*) s.m. Mecha ou porção pequenas de cabelos em formato de meia-lua que se deixam cair sobre a testa ou ao lado do rosto.

peia ⟨pei.a⟩ s.f. **1** Amarração com a qual se prendem as patas de um cavalo. **2** Obstáculo ou empecilho: *São pessoas esclarecidas, livres das peias do preconceito.* **3** Chicote, geralmente feito de couro.

peidar ⟨pei.dar⟩ v.int. *vulgarismo* Expulsar gases intestinais pelo ânus.

peita ⟨pei.ta⟩ s.f. Gratificação ou quantia de dinheiro pagas com o intuito de subornar: *É muito honesto, e jamais aceitaria uma peita.* □ SIN. propina.

peitar ⟨pei.tar⟩ v.t.d. Desafiar, fazer frente ou opor-se a (uma pessoa ou uma situação): *Sempre peitou as adversidades com dignidade.*

peitilho ⟨pei.ti.lho⟩ s.m. Em uma peça do vestuário, parte que cobre o peito.

peito ⟨pei.to⟩ s.m. **1** No corpo de uma pessoa ou de alguns animais, parte que vai dos ombros ao ventre. **2** Em uma mulher, cada um dos seios. **3** Parte íntima ou espiritual de uma pessoa: *Guarda em seu peito uma grande compaixão.* ‖ **de peito aberto** Com toda a franqueza ou sem dissimulações: *Gosto de pessoas que falam de peito aberto.* ‖ **do peito** Muito querido e íntimo: *um amigo do peito.*

peitoral ⟨pei.to.ral⟩ (pl. *peitorais*) adj.2g. Do peito ou relacionado a ele.

peitoril ⟨pei.to.ril⟩ (pl. *peitoris*) s.m. Em uma janela, peça que fica em sua base e que serve de apoio às pessoas. □ SIN. parapeito.

peitudo, da ⟨pei.tu.do, da⟩ adj./s. **1** *informal* Em relação a um homem, que tem o peito forte ou musculoso. **2** *informal* Em relação a uma mulher, que tem seios fartos.

peixada ⟨pei.xa.da⟩ s.f. Prato ensopado feito à base de peixe.

peixaria ⟨pei.xa.ri.a⟩ s.f. Estabelecimento comercial onde se vendem peixes e frutos do mar.

peixe ⟨pei.xe⟩ ▌s.m. **1** Animal vertebrado aquático que respira por brânquias, geralmente de corpo coberto por escamas e extremidades em forma de nadadeiras, que se reproduz por ovos. ▌s.2g.pl. **2** Pessoa que nasceu entre 20 de fevereiro e 20 de março. □ SIN. pisciano. □ GRAMÁTICA Na acepção 1, é um substantivo epiceno: *o peixe (macho/fêmea).* [⊛ **peixes (água doce)** p. 608] [⊛ **peixes (água salgada)** p. 609]

peixe-boi ⟨pei.xe-boi⟩ (pl. *peixes-boi* ou *peixes-bois*) s.m. Mamífero herbívoro fluvial, de corpo robusto, pele

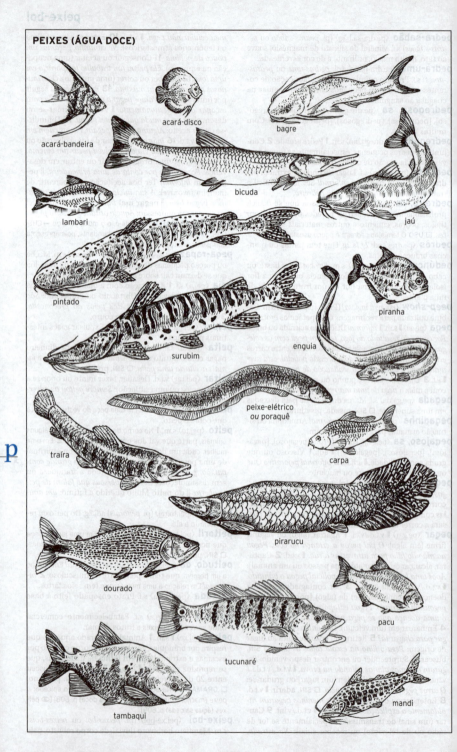

PEIXES (ÁGUA SALGADA)

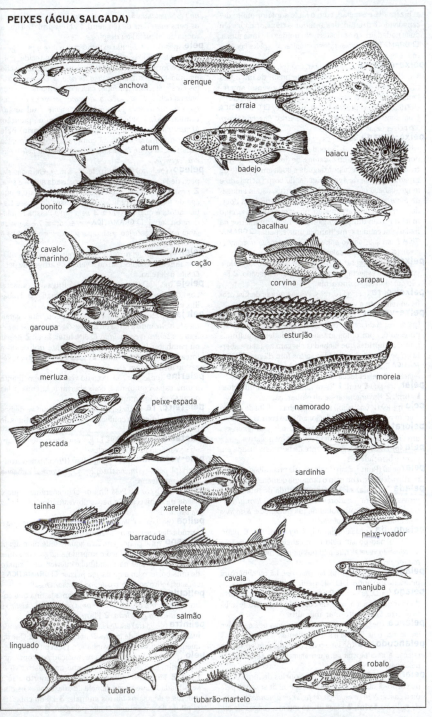

acinzentada e espessa, com o lábio superior muito desenvolvido, extremidades anteriores transformadas em duas nadadeiras e as posteriores unidas em uma única. ◻ GRAMÁTICA É um substantivo epiceno: *o peixe-boi {macho/fêmea}*.

peixe-elétrico ⟨pei.xe-e.lé.tri.co⟩ (pl. *peixes-elétricos*) s.m. Peixe de água doce, que pode medir de um a três metros, sem escamas, de dorso escuro e ventre amarelado, e que tem a capacidade de lançar uma descarga elétrica em suas presas. ◻ SIN. poraquê. ◻ GRAMÁTICA É um substantivo epiceno: *o peixe-elétrico {macho/fêmea}*. [⦿ **peixes (água doce)** p. 608]

peixe-espada ⟨pei.xe-es.pa.da⟩ (pl. *peixes-espada* ou *peixes-espadas*) s.m. **1** Peixe de água salgada de grande porte, comestível, sem escamas, de dorso escuro e ventre claro, com cabeça pontiaguda e boca em formato de espada. **2** Peixe de água salgada, de corpo achatado e longo, cabeça cônica com dentes fortes, cauda alongada e nadadeira dorsal inteiriça. **3** Peixe de água doce, de corpo esguio, amarelado ou avermelhado, e cujo macho possui um prolongamento na parte inferior da nadadeira caudal semelhante a uma espada. ◻ GRAMÁTICA É um substantivo epiceno: *o peixe-espada {macho/fêmea}*. [⦿ **peixes (água salgada)** p. 609]

peixeira ⟨pei.xei.ra⟩ s.f. **1** Faca de lâmina comprida e larga, usada especialmente para limpar o pescado. **2** Facão curto usado como arma.

peixeiro, ra ⟨pei.xei.ro, ra⟩ s. Pessoa que se dedica profissionalmente a vender peixes.

peixe-voador ⟨pei.xe-vo.a.dor⟩ (Pron. [peixe-voadôr]) (pl. *peixes-voadores*) s.m. Peixe de água salgada, de corpo esguio, com olhos grandes e nadadeiras peitorais muito compridas que fechadas chegam ao rabo e abertas o permitem dar grandes saltos fora d'água. ◻ GRAMÁTICA É um substantivo epiceno: *o peixe-voador {macho/fêmea}*. [⦿ **peixes (água salgada)** p. 609]

pejar ⟨pe.jar⟩ ▮ v.t.d. **1** Estorvar, impedir ou dificultar. ▮ v.prnl. **2** Envergonhar-se ou embaraçar-se.

pejo ⟨pe.jo⟩ (Pron. [pêjo]) s.m. Vergonha ou falta de desenvoltura nas ações ou no relacionamento com as pessoas.

pejorativo, va ⟨pe.jo.ra.ti.vo, va⟩ adj. Que expressa uma ideia desfavorável, depreciativa ou negativa.

pela ⟨pe.la⟩ s.f. Bola, geralmente de borracha, usada em jogos e brincadeiras.

pela ⟨pe.la⟩ (Pron. [pêla]) Contração da preposição *per* com o artigo definido *a* ou com o pronome demonstrativo *a*.

pelada ⟨pe.la.da⟩ s.f. **1** *informal* Partida de futebol improvisada entre jogadores amadores. **2** *informal* Partida de futebol profissional de má qualidade: *Este jogo está uma verdadeira pelada!*

pelado, da ⟨pe.la.do, da⟩ adj. **1** *informal* Nu. **2** *informal* Que não possui pelo nem cabelo. **3** Em relação a um alimento vegetal, que não possui pele nem casca: *um tomate pelado*.

pelagem ⟨pe.la.gem⟩ (pl. *pelagens*) s.f. Lã ou cobertura pilosa de um animal. ◻ SIN. pelo.

pélago ⟨pé.la.go⟩ s.m. **1** Parte profunda do mar. **2** Parte do mar que fica afastada da costa, de onde não se avista a terra. ◻ SIN. alto-mar, mar alto.

pelanca ⟨pe.lan.ca⟩ s.f. *informal* Em uma pessoa ou em um animal, pele flácida e sobressalente.

pelancudo, da ⟨pe.lan.cu.do, da⟩ adj./s. *informal* Em relação a uma pessoa ou a um animal, que têm muitas pelancas.

pelar ⟨pe.lar⟩ ▮ v.t.d. **1** Remover os pelos de (uma parte do corpo). ▮ v.t.d./v.int. **2** Fazer ficar ou ficar sem a pele ou a casca: *Não se esqueça de pelar os amendoins antes de servi-los*. ▮ v.int. **3** Ficar muito quente: *A água do banho está pelando!* ▮ v.t.d. **4** *informal* Tirar o dinheiro ou os bens materiais de (alguém). ▮ v.t.d./v.prnl. **5** Tirar a roupa de (alguém) ou despir-se.

pele ⟨pe.le⟩ s.f. **1** Tecido externo que cobre e protege o corpo das pessoas e dos animais. **2** Esse tecido, curtido de forma a conservar a pelagem natural, usado na indústria têxtil: *um casaco de pele*. **3** Em alguns frutos ou em algumas sementes, casca ou camada exterior que os cobre: *Nessa receita, devemos ferver os tomates para retirar as suas peles mais facilmente.* ‖ **salvar {a/minha/tua/...} pele** Livrar de castigo ou de punição: *Mentiu para salvar a pele.* ‖ **sentir na (própria) pele** Sentir no próprio corpo ou compreender pela própria experiência: *Quando assumi o cargo, senti na pele o que era ser chefe.*

pelego ⟨pe.le.go⟩ (Pron. [pelêgo]) s.m. **1** Em montaria, peça de lã, geralmente de carneiro, usada sobre a sela. **2** *pejorativo* Pessoa que é ligada a um sindicato e que age de forma a prejudicar os interesses da classe trabalhadora à qual pertence. **3** *pejorativo* Pessoa bajuladora ou servil. ◻ GRAMÁTICA Nas acepções 2 e 3, usa-se tanto para o masculino quanto para o feminino: *{ele/ela} é um pelego.*

peleiro, ra ⟨pe.lei.ro, ra⟩ s. Pessoa que se dedica profissionalmente à confecção ou à venda de artigos de pele. ◻ SIN. peleteiro.

peleja ⟨pe.le.ja⟩ (Pron. [pelêja]) s.f. **1** Briga ou combate, com ou sem armas. **2** Discussão inflamada. **3** Trabalho, luta ou lida.

pelejar ⟨pe.le.jar⟩ ▮ v.int. **1** Brigar ou combater, geralmente utilizando a força ou armas: *Os abolicionistas pelejaram contra a escravidão.* ◻ SIN. lutar. ▮ v.t.i. **2** Brigar ou combater [por um ideal], geralmente utilizando a força ou armas. ◻ SIN. lutar. ▮ v.t.i. **3** Pedir repetidas vezes ou insistir [com alguém].

pelerine ⟨pe.le.ri.ne⟩ s.f. Peça do vestuário semelhante a uma capa, comprida e com aberturas laterais pelas quais se movimentam os braços.

peleteiro, ra ⟨pe.le.tei.ro, ra⟩ s. Pessoa que se dedica profissionalmente à confecção ou à venda de artigos de pele. ◻ SIN. peleiro.

peleteria ⟨pe.le.te.ri.a⟩ s.f. Lugar onde se confeccionam ou se vendem artigos de peles.

pele-vermelha ⟨pe.le-ver.me.lha⟩ (Pron. [pele-vermêlha]) (pl. *peles-vermelhas*) adj.2g./s.2g. *informal* Indígena norte-americano.

pelica ⟨pe.li.ca⟩ s.f. Pele fina de alguns animais que é usada na confecção de peças do vestuário: *uma bolsa de pelica.*

peliça ⟨pe.li.ça⟩ s.f. Peça do vestuário ou de cama que é forrada de pele com pelos finos e macios.

pelicano ⟨pe.li.ca.no⟩ s.m. Ave aquática de plumagem branca ou parda, de bico comprido e largo, com uma grande membrana na mandíbula inferior, no formato de uma bolsa, com a qual caça peixes. ◻ GRAMÁTICA É um substantivo epiceno: *o pelicano {macho/fêmea}*.

película ⟨pe.lí.cu.la⟩ s.f. **1** Pele ou camada fina que cobre algo: *Cobriu as sobras com uma película de plástico e guardou-as na geladeira.* **2** Filme cinematográfico.

pelintra ⟨pe.lin.tra⟩ adj.2g./s.2g. **1** Que ou quem, apesar de maltrapilho, pretende impressionar as pessoas. **2** Que ou quem é malicioso, desavergonhado ou sem pudor.

pelo ⟨pe.lo⟩ ▮ **1** Contração da preposição *per* ou *por* com o artigo definido *o* ou com o pronome demonstrativo *o*. ▮ s.m. **2** Filamento cilíndrico de tecido morto e sem sensibilidade que nasce da pele de quase todos os mamíferos e de alguns outros animais. **3** Lã ou cobertura pilosa de um animal. ◻ SIN. pelagem. **4** Em algumas plantas, filamento na superfície de suas raízes, folhas, caules ou frutos: *A casca do kiwi é coberta de pelos muito pequenos*.

pelota ⟨pe.lo.ta⟩ s.f. **1** *informal* Bola, especialmente se for de futebol. **2** *informal* Caroço.

pelotão ⟨pe.lo.tão⟩ (pl. *pelotões*) s.m. Em um exército, pequena unidade de infantaria que faz parte de uma companhia: *Enquanto um pelotão permaneceu defendendo a cidade, outros dois avançaram rumo ao inimigo*.

pelotense ⟨pe.lo.ten.se⟩ adj.2g./s.2g. De Pelotas ou relacionado a essa cidade do estado brasileiro do Rio Grande do Sul.

pelourinho ⟨pe.lou.ri.nho⟩ s.m. Antigamente, coluna em lugar público na qual os escravos e os criminosos eram açoitados.

pelúcia ⟨pe.lú.cia⟩ s.f. Tecido felpudo em um de seus lados: *um bicho de pelúcia*.

peludo, da ⟨pe.lu.do, da⟩ adj. Que tem muito pelo.

pelve ⟨pel.ve⟩ s.f. No sistema esquelético de um mamífero, cavidade compreendida pelo conjunto de ossos que conectam o tronco com as extremidades inferiores e que é formada pelos ossos sacro, ílio, ísquio, púbis e cóccix. □ ORTOGRAFIA Escreve-se também *pélvis*. [👁 **esqueleto** p. 334]

pélvis ⟨pél.vis⟩ s.f.2n. →**pelve**

pena ⟨pe.na⟩ (Pron. [pêna]) s.f. **1** Em uma ave, cada uma das peças que recobrem sua pele. □ SIN. **pluma**. **2** Castigo imposto pelas autoridades a uma pessoa que cometeu um delito ou uma falta. **3** Sentimento de lástima, de tristeza ou de aflição causados por um acontecimento adverso ou desafortunado. **4** Esse acontecimento: *É uma pena que ela não tenha sido aprovada*. **5** Peça metálica que se adapta a uma caneta e que é usado para escrever: *uma caneta bico de pena*. ‖ **pena {capital/de morte}** Aquela em que a pessoa é condenada a morrer para pagar por um crime ou por um delito: *Não há pena de morte no Brasil*. ‖ **valer a pena** *informal* Compensar o interesse ou o esforço dedicados: *Não chore por isso, pois não vale a pena*.

penacho ⟨pe.na.cho⟩ s.m. **1** Conjunto de penas sobressalentes que algumas aves têm na parte superior da cabeça. **2** Adorno feito com penas.

penada ⟨pe.na.da⟩ s.f. Traço feito com uma caneta, especialmente se for uma pena.

penal ⟨pe.nal⟩ (pl. *penais*) adj.2g. Das penas judiciais, dos crimes e contravenções ou relacionado a eles.

penalidade ⟨pe.na.li.da.de⟩ s.f. **1** Castigo imposto por uma autoridade a uma pessoa ou a uma instituição que cometeram um delito. **2** Em alguns esportes, infração ou não cumprimento de uma regra.

penalizar ⟨pe.na.li.zar⟩ ❙ v.t.d./v.prnl. **1** Causar ou sentir pena, ou apiedar-se: *Penalizava-se pelo sofrimento do amigo*. ❙ v.t.d. **2** Aplicar uma pena ou um castigo a (alguém): *O juiz penalizou o réu*. **3** Causar dano ou prejuízo a (alguém): *A enchente penalizou os moradores da periferia*.

pênalti ⟨pê.nal.ti⟩ s.m. **1** Em futebol e em outros esportes, falta cometida por uma equipe em sua própria área e penalizada com a sanção máxima. **2** Cobrança dessa falta que consiste em um chute à curta distância a direto ao gol que deve ser defendido somente pelo goleiro.

penar ⟨pe.nar⟩ ❙ s.m. **1** Sofrimento: *Ninguém sabia a razão de tanto penar*. ❙ v.int./v.prnl. **2** Sofrer ou padecer-se: *Ele penou para criar seus filhos*. ❙ v.t.d. **3** Purgar ou expiar: *Estava penando todos os seus pecados*.

penca ⟨pen.ca⟩ s.f. **1** Em botânica, conjunto de flores ou de frutos unidos por um eixo comum: *uma penca de bananas; uma penca de flores*. **2** Conjunto ou quantidade numerosa de algo: *uma penca de roupas*.

pendão ⟨pen.dão⟩ (pl. *pendões*) s.m. **1** Pedaço de tecido preso a uma haste, sobre o qual está representado um emblema, um escudo ou outro distintivo de uma corporação. □ SIN. **estandarte**. **2** Conjunto de flores nascidas sobre um mesmo eixo.

pendência ⟨pen.dên.cia⟩ s.f. **1** Aquilo que ainda não está resolvido ou definido. **2** Pleito ou disputa em juízo. □ SIN. **litígio**. **3** Tempo de duração desse pleito ou dessa disputa.

pendente ⟨pen.den.te⟩ ❙ adj.2g. **1** Que ainda não está resolvido ou definido. ❙ adj.2g./s.m. **2** Que pende ou que está suspenso.

pender ⟨pen.der⟩ ❙ v.int. **1** Estar suspenso ou pendurado: *O lustre pende do teto*. ❙ v.t.d./v.int. **2** Abaixar ou inclinar-se: *Pendeu a cabeça e cochilou*. ❙ v.t.i. **3** Mostrar afeição, propensão ou tendência [para algo]: *Ela sempre pende para o lado do irmão*. □ GRAMÁTICA Na acepção 3, usa-se a construção *pender PARA algo*.

pendor ⟨pen.dor⟩ (Pron. [pendôr]) s.m. Tendência ou propensão para algo: *Notaram nele um pendor artístico desde criança*.

pen drive *(palavra inglesa)* (Pron. [pen-dráive].) s.m. Em informática, aparelho portátil pequeno que serve para armazenar grande quantidade de informações e passá-las de um computador a outro.

pêndulo ⟨pên.du.lo⟩ s.m. Corpo que, quando tem seu centro de gravidade suspenso por um fio ou haste, executa um movimento oscilante que resulta da inércia ou da força gravitacional.

pendurar ⟨pen.du.rar⟩ ❙ v.t.d./v.t.d.i. **1** Suspender ou fixar (um objeto) para que fique na posição vertical [em um lugar]: *pendurar um quadro*. ❙ v.t.d. **2** *informal* Deixar de pagar ou deixar para pagar mais tarde. **3** *informal* Penhorar. ❙ v.prnl. **4** Manter-se suspenso: *Alguns macacos usam a cauda para se pendurar nos galhos*.

penduricalho ⟨pen.du.ri.ca.lho⟩ s.m. Objeto pendente, especialmente se for um enfeite.

penedense ⟨pe.ne.den.se⟩ adj.2g./s.2g. De Penedo ou relacionado a essa cidade do estado brasileiro de Alagoas.

penedo ⟨pe.ne.do⟩ (Pron. [penêdo]) s.m. Rocha ou monte grandes, escarpados, elevados e pontiagudos. □ SIN. **penha, penhasco, rochedo**.

peneira ⟨pe.nei.ra⟩ s.f. **1** Utensílio formado por um aro no qual é fixada uma tela trançada, usado para limpar um alimento ou uma substância de impurezas ou para separar suas partes grossas das finas. **2** Seleção ou escolha daquilo que é mais adequado ou conveniente: *O clube fez uma peneira para manter apenas os jogadores mais habilidosos*.

peneirar ⟨pe.nei.rar⟩ v.t.d. **1** Passar por uma peneira (semente, cereal ou algo semelhante) para limpar de impurezas ou para separar as partes grossas das finas. **2** Analisar (algo ou alguém) fazendo as escolhas convenientes ou adequadas: *Peneiraram os canditados e encaminharam os melhores para uma nova entrevista*.

penetra ⟨pe.ne.tra⟩ adj.2g./s.2g. *informal* Que ou quem consegue entrar em lugares, festas ou eventos sem portar um ingresso ou sem que tenha sido convidado.

penetração ⟨pe.ne.tra.ção⟩ (pl. *penetrações*) s.f. **1** Ato ou efeito de penetrar. **2** Alcance de um público ou de um objetivo: *A marca lançou uma campanha publicitária de grande penetração*. **3** Introdução do pênis na vagina ou no ânus.

penetrante ⟨pe.ne.tran.te⟩ adj.2g. **1** Profundo ou que penetra muito. **2** Em relação a um som, que é agudo, alto ou elevado.

penetrar ⟨pe.ne.trar⟩ ❙ v.t.d./v.t.i. **1** Passar para o interior de (um lugar) ou introduzir-se [em uma superfície]:

penha

As águas da chuva penetraram o assoalho. ∎ v.int. **2** Introduzir-se em um lugar ou em uma superfície: *A farpa penetrou fundo e ele demorou para arrancá-la de seu dedo.* ∎ v.t.d./v.t.i. **3** Compreender (algo complexo) ou chegar à descoberta [de um assunto não conhecido]: *A ciência busca penetrar os mistérios do cérebro humano.* ∎ v.t.d./v.t.i. **4** Alcançar (algo íntimo, especialmente se for um sentimento) ou infiltrar-se [nele]: *A emoção penetrou seu coração.* ∎ v.t.d. **5** Introduzir o pênis em (a vagina ou o ânus).

penha ⟨pe.nha⟩ (Pron. [pênha]) s.f. Rocha ou monte grandes, escarpados, elevados e pontiagudos. ▢ SIN. penedo, penhasco, rochedo.

penhasco ⟨pe.nhas.co⟩ s.m. Rocha ou monte grandes, escarpados, elevados e pontiagudos. ▢ SIN. penedo, penha, rochedo.

penhoar ⟨pe.nho.ar⟩ s.m. Peça do vestuário feminino, comprida e aberta na frente, com um cinto, de tecido confortável e que é usada sobre a roupa de dormir ou sobre a roupa íntima. ▢ SIN. robe.

penhor ⟨pe.nhor⟩ (Pron. [penhór]) s.m. **1** Entrega de um objeto como garantia de um empréstimo. ▢ SIN. penhora. **2** Aquilo que se dá como garantia de algo. **3** Bem que se apreende como forma de executar legalmente uma dívida que não foi cumprida.

penhora ⟨pe.nho.ra⟩ s.f. **1** Entrega de um objeto como garantia de um empréstimo. ▢ SIN. penhor. **2** Apreensão de um bem como forma de executar legalmente uma dívida que não foi cumprida.

penhorar ⟨pe.nho.rar⟩ v.t.d. **1** Entregar (um objeto) como garantia de um empréstimo. ▢ SIN. empenhar. **2** Apreender (um bem) como forma de executar legalmente uma dívida que não foi cumprida.

penicilina ⟨pe.ni.ci.li.na⟩ s.f. Substância antibiótica que se extrai de uma cultura de fungos e que se emprega para combater algumas doenças causadas por bactérias.

penico ⟨pe.ni.co⟩ s.m. *informal* Recipiente portátil usado para urinar ou para defecar.

península ⟨pe.nín.su.la⟩ s.f. Extensão de terra rodeada de água por todos os lados, exceto na parte que se une ao continente: *Portugal e Espanha formam a península Ibérica.*

peninsular ⟨pe.nin.su.lar⟩ adj.2g./s.2g. Da península ou relacionado a ela.

pênis ⟨pê.nis⟩ s.m.s.2n. Órgão sexual masculino.

penitência ⟨pe.ni.tên.cia⟩ s.f. **1** Na Igreja Católica, sacramento pelo qual o sacerdote perdoa os pecados de alguém em nome de Jesus Cristo (o filho de Deus para os cristãos). ▢ SIN. confissão. **2** Aquilo que o confessor impõe ao penitente a fim de livrá-lo de uma culpa. **3** Pena ou pesar por algo, especialmente se for por ofender a Deus.

penitenciar ⟨pe.ni.ten.ci.ar⟩ ∎ v.t.d./v.prnl. **1** Impor(-se) uma penitência a (alguém). ∎ v.prnl. **2** Arrepender-se ou recriminar-se.

penitenciária ⟨pe.ni.ten.ci.á.ria⟩ s.f. Prisão onde indivíduos condenados à privação de liberdade cumprem suas penas. ▢ SIN. presídio.

penitenciário, ria ⟨pe.ni.ten.ci.á.rio, ria⟩ ∎ adj. **1** Da penitenciária ou relacionado a ela. ∎ s.m. **2** Pessoa mantida em uma penitenciária.

penitente ⟨pe.ni.ten.te⟩ adj.2g./s.2g. Que ou quem cumpre penitência ou está arrependido de uma falta.

penosa ⟨pe.no.sa⟩ s.f. *informal* Galinha.

penoso, sa ⟨pe.no.so, sa⟩ (Pron. [penôso], [penósa], [penósos], [penósas]) adj. **1** Que causa pena ou sofrimento. **2** Que é árduo ou que apresenta grande dificuldade: *Carregar o piano por seis andares foi um trabalho penoso.*

pensamento ⟨pen.sa.men.to⟩ s.m. **1** Faculdade ou capacidade de refletir ou formular ideias. **2** Ideia ou parecer que resultam de uma reflexão. **3** Mente ou imaginação: *A ideia de viajar não saía de seu pensamento.* **4** Modo de pensar inerente a uma pessoa ou coletividade: *O pensamento grego teve uma grande influência na cultura ocidental.* ‖ **ler {o/meu/teu/...} pensamento** Antecipá-lo ou adivinhá-lo: *Trouxe-me a sobremesa que eu queria, parecendo ler meu pensamento.*

pensão ⟨pen.são⟩ (pl. *pensões*) s.f. **1** Quantia de dinheiro garantida por lei e que é paga periodicamente por uma pessoa ou por uma instituição: *uma pensão alimentícia, uma pensão por invalidez.* **2** Estabelecimento comercial com instalações simples destinado a alojar pessoas em troca de dinheiro e que geralmente fornece refeições. **3** Em um hotel, serviço de restaurante incluso na diária: *Esse hotel fornece pensão completa, ou seja, café da manhã, almoço e jantar.*

pensar ⟨pen.sar⟩ ∎ v.t.d./v.t.i./v.int. **1** Formar (uma ideia), criar um conceito [sobre algo] ou raciocinar sobre um determinado assunto: *Você já pensou a melhor forma de resolver o problema? Estava tão cansada que já não conseguia pensar.* ∎ v.t.d./v.t.i. **2** Examinar (uma ideia) cuidadosamente para formar uma opinião ou refletir [sobre um assunto]: *Já pensou o que fazer nas férias? Não parava de pensar na proposta.* **3** Decidir fazer (uma ação) ou fazer planos [sobre algo]: *Pensei em irmos para a praia no final de semana.*

pensativo, va ⟨pen.sa.ti.vo, va⟩ adj. Que está imerso em pensamentos ou que está preocupado com algo.

pênsil ⟨pên.sil⟩ (pl. *pênseis*) adj.2g. **1** Que está suspenso ou pendurado. **2** Em relação a uma construção, que foi erguida sobre abóbadas ou colunas: *uma ponte pênsil.*

pensionato ⟨pen.sio.na.to⟩ s.m. **1** Lugar em que residem pessoas internas, geralmente alunos. ▢ SIN. internato. **2** Casa que aluga cômodos para hóspedes.

pensionista ⟨pen.sio.nis.ta⟩ s.2g. **1** Pessoa que recebe uma pensão. **2** Pessoa que vive em um pensionato.

penso ⟨pen.so⟩ s.m. Curativo que se coloca sobre machucados e ferimentos.

penta- Prefixo que significa *cinco*: *pentágono, pentacampeão.*

pentacampeão, ã ⟨pen.ta.cam.pe.ão, ã⟩ (pl. *pentacampeões*) adj./s. Em relação a uma pessoa ou a uma equipe, que foram campeãs de cinco edições de uma mesma competição.

pentágono ⟨pen.tá.go.no⟩ s.m. Em geometria, polígono que tem cinco lados.

pentagrama ⟨pen.ta.gra.ma⟩ s.m. Conjunto de cinco linhas paralelas e horizontais situadas à mesma distância umas das outras e quatro espaços, sobre os quais se escreve uma notação musical. ▢ SIN. pauta.

pentassílabo, ba ⟨pen.tas.sí.la.bo, ba⟩ adj./s.m. De cinco sílabas.

pente ⟨pen.te⟩ s.m. **1** Utensílio formado por vários dentes paralelos e próximos que é usado para arrumar os cabelos. **2** Aquilo que é semelhante a esse utensílio por sua forma ou por sua função: *o pente de um tear.* **3** Em uma arma automática, lugar onde se encaixam as balas.

penteadeira ⟨pen.te.a.dei.ra⟩ s.f. Móvel, geralmente em forma de mesa, com um espelho e outros objetos usado especialmente para se pentear ou para se maquiar. ▢ SIN. toucador.

penteado ⟨pen.te.a.do⟩ s.m. Forma de arrumar o cabelo.

pentear ⟨pen.te.ar⟩ ∎ v.t.d. **1** Arrumar ou desembaraçar (o cabelo), especialmente se for com um pente. ∎ v.prnl. **2** Arrumar ou desembaraçar os próprios cabelos: *Ela não demora muito para se pentear.* ▢ ORTOGRAFIA

O e muda para *ei* quando a sílaba tônica estiver na raiz do verbo →NOMEAR.

pentecostes ⟨pen.te.cos.tes⟩ s.m. **1** No catolicismo, festa realizada cinquenta dias após a Páscoa e que celebra a descida do Espírito Santo sobre os apóstolos. **2** No judaísmo, festa realizada sete semanas após a Páscoa e que celebra a entrega feita por Deus do Pentateuco, ou Torá, para Moisés. ◻ ORTOGRAFIA Usa-se geralmente com inicial maiúscula por ser também um nome próprio.

pente-fino ⟨pen.te-fi.no⟩ (pl. *pentes-finos*) s.m. **1** Pente cujos dentes são muito finos e muito próximos uns dos outros. **2** Investigação ou exame rigorosos e detalhados: *Fizeram um pente-fino para descobrir onde estava a falha do sistema.*

penugem ⟨pe.nu.gem⟩ (pl. *penugens*) s.f. **1** Em uma ave, primeira plumagem. **2** Camada de pelos tênue e macia: *a penugem de um pêssego.*

penugento, ta ⟨pe.nu.gen.to, ta⟩ adj. Em relação geralmente a uma ave, que tem muita penugem.

penúltimo, ma ⟨pe.núl.ti.mo, ma⟩ adj./s. Imediatamente anterior ao último.

penumbra ⟨pe.num.bra⟩ s.f. Ponto de transição entre a luz e escuridão.

penúria ⟨pe.nú.ria⟩ s.m. Falta ou escassez de meios para subsistir ou situação de quem não os tem. ◻ SIN. indigência, miséria.

peona ⟨pe.o.na⟩ (Pron. [peôna]) s.f. →peão, oa

pepineiro ⟨pe.pi.nei.ro⟩ s.m. Planta herbácea trepadeira de galhos compridos, flexíveis, rasteiros e aveludados, com flores amarelas, masculinas e femininas, e cujo fruto é o pepino.

pepino ⟨pe.pi.no⟩ s.m. **1** Fruto do pepineiro, comestível, de formato cilíndrico, verde-escuro por fora e com uma polpa verde-clara, suculenta e cheia de sementes. **2** *informal* Aquilo que é problemático ou que é difícil solução: *Um pepino de última hora nos impediu de viajar.*

pepita ⟨pe.pi.ta⟩ s.f. Fragmento de ouro ou de outro metal que se encontra em terrenos formados por materiais arrastados pela corrente dos rios.

pequeno, na ⟨pe.que.no, na⟩ ▌ adj. **1** De dimensões reduzidas ou abaixo da média. **2** Breve ou pouco importante: *um pequeno incidente.* **3** Simples, sem luxo ou com poucos meios. ▌ adj./s. **4** Que ou quem é de pouca idade. ◻ GRAMÁTICA 1. O comparativo de superioridade é *menor.* 2. Seus superlativos são *mínimo* e *pequeníssimo.*

pequerrucho, cha ⟨pe.quer.ru.cho, cha⟩ adj./s. *informal* Em relação a uma criança, que é muito pequena.

pequi ⟨pe.qui⟩ s.m. **1** Árvore de galhos retorcidos, com folhas verde-escuras, de margem serrilhada e composta por três lobos, flores amarelas e esbranquiçadas, e cujo fruto, arredondado, com casca verde e polpa alaranjada, semente grande e cheia de espinhos, é rico em óleo e muito usado na alimentação. ◻ SIN. pequizeiro. **2** Esse fruto. ◻ ORIGEM É uma palavra de origem tupi. [👁 *árvores* p. 79]

pequinês, -a ⟨pe.qui.nês, ne.sa⟩ (Pron. [pequinês], [pequinêsa]) adj./s. **1** De Pequim ou relacionado à capital chinesa. **2** Em relação a um cachorro, da raça que se caracteriza por ter tamanho pequeno e pelo muito comprido, patas curtas, cabeça larga, nariz achatado e olhos saltados.

pequizeiro ⟨pe.qui.zei.ro⟩ s.m. Árvore de galhos retorcidos, com folhas verde-escuras, de margem serrilhada e composta por três lobos, flores amarelas e esbranquiçadas, e cujo fruto é o pequi. ◻ SIN. pequi.

per (Pron. [pêr]) prep. Por. ◻ USO É uma palavra que caiu em desuso no português atual do Brasil.

per- Prefixo que indica movimento através: *perseguir, percorrer.*

pera ⟨pe.ra⟩ s.f. Fruto da pereira, comestível, de formato cônico, com casca verde-clara ou amarela, polpa suculenta e adocicada, e sementes pequenas, escuras e ovaladas.

peralta ⟨pe.ral.ta⟩ adj.2g./s.2g. Em relação especialmente a uma criança, travessa, irrequieta ou rebelde. ◻ SIN. levado, sapeca.

peraltice ⟨pe.ral.ti.ce⟩ s.f. Aquilo que é dito ou feito por uma criança travessa.

perambeira ⟨pe.ram.bei.ra⟩ s.f. **1** Despenhadeiro ou precipício. **2** Rua, caminho ou trecho íngremes. ◻ ORTOGRAFIA Escreve-se também *pirambeira*.

perambular ⟨pe.ram.bu.lar⟩ v.int. Andar sem rumo nem direção fixos. ◻ SIN. flanar, vadiar, vagar, vaguear.

perante ⟨pe.ran.te⟩ prep. Diante de ou na presença de: *Perante a família, anunciou o casamento.*

pé-rapado, da ⟨pé-ra.pa.do, da⟩ (pl. *pés-rapados*) s. *informal pejorativo* Pessoa muito pobre ou de baixa condição social.

percal ⟨per.cal⟩ (pl. *percais*) s.m. Tecido fino de algodão.

percalço ⟨per.cal.ço⟩ s.m. **1** Transtorno ou dificuldade: *Apesar de todos os percalços, a obra ficou pronta em menos de seis meses.* **2** Ganho ou benefício que se obtém, especialmente se for em um negócio.

percalina ⟨per.ca.li.na⟩ s.f. Tecido de algodão, brilhante, geralmente usado em encadernação.

per capita (*expressão latina*) (Pron. [per cápita]) Por pessoa, por cabeça ou individualmente: *a renda per capita de um país.*

perceber ⟨per.ce.ber⟩ v.t.d. **1** Apreciar (a realidade) por meio de um dos sentidos: *Alguns animais percebem sons que o homem não ouve.* **2** Observar ou reparar: *Percebeu rapidamente que algo estava errado.* ◻ SIN. notar. **3** Receber (algo material): *Percebe um salário de acordo com suas responsabilidades.*

percentagem ⟨per.cen.ta.gem⟩ (pl. *percentagens*) s.f. →porcentagem

percentual ⟨per.cen.tu.al⟩ (pl. *percentuais*) ▌ adj.2g. **1** Da porcentagem ou relacionado a ela: *A composição percentual dessa mistura é de 25 por cento de sódio e 75 por cento de água.* ▌ s.m. **2** Quantidade que representa uma fração de uma centena: *O percentual de alunos aprovados aumentou no último ano.* ◻ SIN. porcentagem.

percepção ⟨per.cep.ção⟩ (pl. *percepções*) s.f. Ato ou efeito de perceber.

perceptível ⟨per.cep.tí.vel⟩ (pl. *perceptíveis*) adj.2g. Que se pode perceber.

percevejo ⟨per.ce.ve.jo⟩ (Pron. [percevêjo]) s.m. **1** Inseto de cor escura, de corpo achatado, quase elíptico, com aparelho bucal sugador, peças bucais em formato de bico articulado, e que exala mau cheiro. **2** Prego pequeno, metálico, de cabeça grande, circular e achatada. ◻ GRAMÁTICA Na acepção 1, é um substantivo epiceno: *o percevejo {macho/fêmea}.*

percorrer ⟨per.cor.rer⟩ v.t.d. **1** Atravessar ao longo de (um espaço). **2** Procurar informação em (algo escrito). ◻ SIN. correr.

percuciente ⟨per.cu.ci.en.te⟩ adj.2g. **1** Que percute. **2** Que tem ou que mostra agudeza de espírito. ◻ SIN. perspicaz, sagaz.

percurso ⟨per.cur.so⟩ s.m. Trajetória que compreende um espaço.

percussão ⟨per.cus.são⟩ (pl. *percussões*) s.f. **1** Golpe ou batida repetidos. **2** Em música, família dos instrumentos que se tocam chacoalhando, percutindo ou batendo com as mãos ou com baquetas, geralmente de altura indeterminada. [👁 *instrumentos de percussão* p. 614]

INSTRUMENTOS DE PERCUSSÃO

xilofone · marimba · triângulo · berimbau · matraca · ganzá ou reco-reco · agogô · tamborim · gongo · címbalo ou prato · castanholas · pandeiro · chocalho · cuíca · bumbo · tambor · timbale ou tímpano · atabaque · tantã · bateria

perfil

percutir ⟨per.cu.tir⟩ v.t.d. **1** Bater com força em (algo). **2** Dar golpes repetidos e fortes em (um instrumento de percussão ou algo semelhante).

perda ⟨per.da⟩ (Pron. [pêrda]) s.f. **1** Privação daquilo que se possuía. **2** Dano que se produz em algo: *O incêndio causou uma grande perda na colheita.* **3** Quantidade que se perde, especialmente se for de dinheiro: *O balanço da empresa registrou perdas.* **4** Desperdício ou emprego inadequado de algo: *É uma perda de tempo ficar se remoendo sobre os erros do passado.*

perdão ⟨per.dão⟩ (pl. *perdões*) ❚ s.m. **1** Absolvição de uma ofensa, de uma culpa ou de um erro. ❚ interj. **2** Expressão usada para desculpar-se de algo feito ou dito: *Perdão! Não vi que o assento já estava ocupado.*

perdedor, -a ⟨per.de.dor, do.ra⟩ (Pron. [perdedôr], [perdedôra]) adj./s. **1** Que ou quem é derrotado em uma disputa. **2** Que ou quem é frequentemente malsucedido: *Os amigos o ajudaram para que ele não se sentisse um perdedor.*

perder ⟨per.der⟩ ❚ v.t.d. **1** Deixar de ter ou não encontrar (algo que se tem): *Perdi as chaves de casa. Fez uma dieta e perdeu peso.* **2** Desperdiçar ou empregar mal: *Eles perderam dinheiro com a venda do imóvel.* **3** Falhar ao conquistar ou não obter (algo que se disputa): *O time não estava disposto a perder o campeonato.* ❚ v.t.d./v.int. **4** Fracassar na tentativa de ter ou conseguir (algo), ou não alcançar aquilo que se deseja: *Se não nos apressarmos, vamos perder o ônibus. Sabia perder e foi cumprimentar o campeão.* ❚ v.int. **5** Decair ou piorar no aspecto, na saúde, no estado ou na qualidade: *O curso perdeu muito com a diminuição da carga horária.* ❚ v.prnl. **6** Equivocar-se em um caminho ou não encontrar saída: *Na bifurcação, seguiram a trilha errada e se perderam.* **7** Distrair-se ou não acompanhar um raciocínio: *No meio da explicação, perdeu-se e não conseguiu entendê-la.* **8** Divagar ou estender-se: *Perdia-se em digressões e esquecia o assunto principal.* **9** Cair em uma situação de desonra ou de vergonha: *Há quem se perca em troca de dinheiro.* ▢ GRAMÁTICA É um verbo irregular →PERDER.

perdição ⟨per.di.ção⟩ (pl. *perdições*) s.f. **1** Fracasso, ruína ou desgraça: *Juntar-se àquelas más companhias foi sua perdição.* **2** Aquilo a que não se pode ou a que não se consegue resistir: *Chocolate é a minha perdição!*

perdigão ⟨per.di.gão⟩ (pl. *perdigões*) s.m. Ave de porte robusto, pescoço curto, cabeça pequena, plumagem em tons de marrom, e que faz seu ninho no solo. ▢ GRAMÁTICA Usa-se o substantivo feminino *perdiz* para designar a fêmea.

perdigoto ⟨per.di.go.to⟩ (Pron. [perdigôto]) s.m. **1** Filhote de perdiz. **2** Gota de saliva que é expelida durante a fala.

perdigueiro, ra ⟨per.di.guei.ro, ra⟩ adj./s. Em relação a um cachorro, da raça que se caracteriza por ser de porte médio, pelo curto e fino, patas compridas, cauda longa, pescoço largo e forte, cabeça fina com focinho saliente, orelhas muito grandes e caídas, e que, devido ao seu bom olfato, é muito empregado em caça, especialmente se for de perdizes.

perdiz ⟨per.diz⟩ s.f. Fêmea do perdigão.

perdoar ⟨per.do.ar⟩ ❚ v.t.d./v.t.i./v.prnl. **1** Liberar(-se) de um castigo ou conceder perdão [a alguém]: *Perdoou o amigo pela ofensa.* ❚ v.t.d./v.t.i./v.t.d.i. **2** Relevar ou desculpar (uma dívida ou um erro) [a alguém]: *Como já havia pago a maior parte, a instituição perdoou-lhe o restante das prestações.*

perdulário, ria ⟨per.du.lá.rio, ria⟩ adj./s. Que ou quem gasta em excesso.

perdurar ⟨per.du.rar⟩ v.int. Durar muito ou manter-se em um mesmo estado ao longo de um período: *A amizade entre eles perdurou por toda a vida.*

pereba ⟨pe.re.ba⟩ s.f. **1** *informal* Escabiose. **2** *informal* Lesão na pele. ▢ ORIGEM É uma palavra de origem tupi.

perecer ⟨pe.re.cer⟩ v.int. **1** Morrer, especialmente se for de forma violenta. **2** Deixar de existir ou acabar-se: *Apesar das dificuldades, não deixou seus sonhos perecerem.* ▢ ORTOGRAFIA Antes de *a* ou *o*, o *c* muda para *ç* →CONHECER.

perecível ⟨pe.re.cí.vel⟩ (pl. *perecíveis*) adj.2g./s.m. Que pode perecer ou estragar.

peregrinação ⟨pe.re.gri.na.ção⟩ (pl. *peregrinações*) s.f. Ato ou efeito de peregrinar.

peregrinar ⟨pe.re.gri.nar⟩ v.t.i./v.int. **1** Viajar [a um lugar sagrado] ou percorrer um lugar sagrado, por devoção ou para cumprir um voto: *Anualmente, milhares de fiéis peregrinam para a cidade paulista de Aparecida do Norte, onde fica a basílica de Nossa Senhora Aparecida.* **2** Passar [por vários lugares diferentes] ou percorrer vários lugares diferentes, especialmente para resolver um problema: *Peregrinou por todas as ruas do centro em busca de um presente.*

peregrino, na ⟨pe.re.gri.no, na⟩ adj./s. Que ou quem viaja a um lugar sagrado, especialmente a um santuário, por devoção ou para cumprir um voto.

pereira ⟨pe.rei.ra⟩ s.f. Árvore frutífera de tronco reto, com folhas ovaladas lisas e brilhantes, flores brancas de cinco pétalas, e cujo fruto é a pera.

peremptório, ria ⟨pe.remp.tó.rio, ria⟩ adj. Que é categórico ou que tem caráter definitivo.

perene ⟨pe.re.ne⟩ (Pron. [perêne]) adj.2g. **1** Que é contínuo e não cessa ou que dura muito tempo. ▢ SIN. perpétuo. **2** Em botânica, em relação a uma planta, que tem o ciclo de vida maior que dois anos.

perereca ⟨pe.re.re.ca⟩ s.f. **1** *informal* Rã. **2** *vulgarismo* →vulva ▢ ORIGEM É uma palavra de origem tupi. ▢ GRAMÁTICA Na acepção 1, é um substantivo epiceno: *a perereca (macho/fêmea).*

perfazer ⟨per.fa.zer⟩ v.t.d. **1** Completar ou incluir valor em (aquilo que está incompleto): *Juntaram dinheiro e perfizeram uma soma suficiente para a viagem de férias.* **2** Concluir ou finalizar (uma atividade em andamento).

perfeccionismo ⟨per.fec.ci.o.nis.mo⟩ s.m. Tendência exagerada para fazer algo com perfeição ou tentativa de melhorá-lo indefinidamente.

perfeição ⟨per.fei.ção⟩ (pl. *perfeições*) s.f. **1** Ausência absoluta de erros ou de falhas. **2** Aquilo ou aquele que é perfeito.

perfeito, ta ⟨per.fei.to, ta⟩ ❚ adj **1** Que tem todas as qualidades requeridas ou possui o maior grau possível de qualidade. **2** Em linguística, em relação a um tempo verbal, que expressa uma ação acabada: *Todos os tempos compostos são perfeitos.* ❚ s.m. **3** →pretérito perfeito ❚ adv. **4** Perfeitamente ou certamente: *Perguntei se queria vir conosco e me disse: Perfeito.* ▢ USO Na acepção 1, quando acompanha substantivo que possui qualidade negativa, enfatiza essa qualidade: *Demonstrou ser um perfeito imbecil.*

perfídia ⟨per.fí.dia⟩ s.f. Condição ou estado de quem é pérfido.

pérfido, da ⟨pér.fi.do, da⟩ adj./s. Desleal, traidor ou que não inspira confiança.

perfil ⟨per.fil⟩ (pl. *perfis*) s.m. **1** Lado ou visão lateral de algo ou alguém: *Fez uma foto de perfil.* **2** Contorno ou silhueta de uma figura, representado pelas linhas que determinam sua forma. **3** Conjunto de traços ou de

perfilar

características básicas de algo ou alguém: *A pesquisa identificou o perfil dos consumidores do produto.*
perfilar ⟨per.fi.lar⟩ v.t.d. Pôr em fila ou em linha reta.
perfilhar ⟨per.fi.lhar⟩ v.t.d. **1** Adotar ou reconhecer como filho. **2** Seguir ou aderir a (uma ideia ou doutrina).
performance *(palavra inglesa)* (Pron. [perfórmance]) s.f. **1** Atuação ou execução: *a performance de um atleta.* □ SIN. desempenho. **2** Espetáculo ou representação pública de uma ou várias pessoas: *uma performance teatral.*
perfumado, da ⟨per.fu.ma.do, da⟩ adj. Que desprende cheiro agradável. □ SIN. cheiroso.
perfumar ⟨per.fu.mar⟩ ▌v.t.d./v.prnl. **1** Passar perfume em (algo ou alguém) ou cobrir-se de fragrância agradável. ▌v.t.d. **2** Dar aroma agradável a (um lugar): *Perfumou a casa com um incenso de sândalo.*
perfumaria ⟨per.fu.ma.ri.a⟩ s.f. **1** Estabelecimento comercial onde se fabricam ou se vendem perfumes. **2** Conjunto de perfumes: *A perfumaria é uma das áreas prediletas de atuação dos falsificadores.* **3** *informal* Aquilo que é desnecessário ou que pode ser suprimido: *Vamos cortar a perfumaria e otimizar o orçamento da empresa.*
perfume ⟨per.fu.me⟩ s.m. **1** Odor agradável e natural desprendido por algo ou alguém. □ SIN. cheiro. **2** Substância aromática preparada artificialmente.
perfumista ⟨per.fu.mis.ta⟩ s.2g. Pessoa que se dedica profissionalmente à fabricação ou à venda de perfumes.
perfuração ⟨per.fu.ra.ção⟩ (pl. *perfurações*) s.f. Ato ou efeito de perfurar.
perfurador, -a ⟨per.fu.ra.dor, do.ra⟩ (Pron. [perfuradôr], [perfuradôra]) adj. Que perfura.
perfuradora ⟨per.fu.ra.do.ra⟩ (Pron. [perfuradôra]) s.f. Máquina utilizada para fazer perfurações no solo. □ SIN. perfuratriz.
perfurar ⟨per.fu.rar⟩ v.t.d. **1** Fazer um furo em (uma superfície). □ SIN. furar. **2** Abrir por meio de uma escavação: *perfurar um poço.* □ SIN. cavar, furar. **3** Atravessar com violência (uma superfície): *No acidente, a costela perfurou o pulmão.* □ SIN. furar.
perfuratriz ⟨per.fu.ra.triz⟩ s.f. Máquina utilizada para fazer perfurações no solo. □ SIN. perfuradora.
pergaminho ⟨per.ga.mi.nho⟩ s.m. **1** Pele de animal, geralmente de ovelha, preparada antigamente para que se pudesse escrever sobre ela ou para outros usos. **2** Documento escrito sobre essa pele.
pergunta ⟨per.gun.ta⟩ s.f. Elaboração de uma questão ou solicitação de informações sobre um assunto que não se conhece. □ SIN. interrogação.
perguntador, -a ⟨per.gun.ta.dor, do.ra⟩ (Pron. [perguntadôr], [perguntadôra]) ▌adj. **1** Que pergunta. ▌adj./s. **2** Que ou quem pergunta de maneira frequente ou excessiva.
perguntar ⟨per.gun.tar⟩ ▌v.t.d./v.t.d.i./v.int. **1** Fazer perguntas sobre (algo) [a alguém] ou questionar: *Perguntou-me se eu iria à festa.* ▌v.t.i./v.t.d.i. **2** Pedir informação (sobre uma questão) [a alguém]: *Desde que você partiu, ele passa o dia perguntando por você.* ▌v.prnl. **3** Expor-se um assunto em forma de interrogação para colocá-lo em dúvida ou para dar-lhe maior ênfase: *Sempre me pergunto como ele teve coragem de fazer isso.*
peri- Prefixo que significa *ao redor*: *pericarpo, perímetro.*
pericárdico, ca ⟨pe.ri.cár.di.co, ca⟩ adj. Do pericárdio ou relacionado a ele.
pericárdio ⟨pe.ri.cár.dio⟩ s.m. Tecido fibroso que envolve o coração e a raiz dos grandes vasos.
pericarpo ⟨pe.ri.car.po⟩ s.m. Em um fruto, parte externa que envolve a semente.

perícia ⟨pe.rí.cia⟩ s.f. **1** Qualidade de perito: *O cirurgião que a operou tinha muita perícia.* **2** Exame de vistoria minucioso e especializado: *A seguradora providenciará a perícia do veículo.* **3** Pessoa ou equipe que realiza esse exame: *A perícia encontrou indícios do crime.*
periclitante ⟨pe.ri.cli.tan.te⟩ adj.2g. Que está em risco ou em perigo.
periclitar ⟨pe.ri.cli.tar⟩ v.int. Correr risco ou perigo.
periculosidade ⟨pe.ri.cu.lo.si.da.de⟩ s.f. **1** Qualidade de perigoso. **2** Conjunto de fatores que indicam uma tendência ao crime ou à ocorrência de crimes.
periélio ⟨pe.ri.é.lio⟩ s.m. Ponto da órbita de um planeta ou de outro astro que está mais próximo do Sol.
periferia ⟨pe.ri.fe.ri.a⟩ s.f. Região ou bairro distantes do centro de uma cidade, geralmente habitados pela camada economicamente inferior da população. □ SIN. subúrbio.
periférico, ca ⟨pe.ri.fé.ri.co, ca⟩ ▌adj. **1** Da periferia ou relacionado a ela. **2** Que não é o mais importante ou o central: *Deixemos de lado as questões periféricas, e foquemos no assunto.* ▌s.m. **3** Em informática, cada um dos dispositivos que, quando conectados a um computador, permitem a entrada ou a saída de dados: *O teclado é um periférico de entrada, e a impressora é um periférico de saída.*
perífrase ⟨pe.rí.fra.se⟩ s.f. Figura de linguagem que consiste em expressar, por meio de um rodeio de palavras, aquilo que poderia ser dito de forma mais enxuta, geralmente para conseguir um efeito estético ou uma expressividade maiores: *Dizer* a Cidade Maravilhosa *em vez de* Rio de Janeiro *é uma perífrase.* □ SIN. circunlóquio.
perigar ⟨pe.ri.gar⟩ ▌v.int. **1** Correr perigo ou risco. ▌v.t.d. **2** *informal* Haver possibilidade de que (uma hipótese) se realize: *Periga chover hoje à tarde.* □ ORTOGRAFIA Antes de *e*, o *g* muda para *gu* →CHEGAR.
perigeu ⟨pe.ri.geu⟩ s.m. Ponto da órbita da Lua, de um satélite ou de outro astro que está mais próximo da Terra.
perigo ⟨pe.ri.go⟩ s.m. **1** Situação na qual há risco de que algo mau ou ruim ocorra. **2** Aquilo ou aquele que pode causar ou ocasionar um dano: *Essa cadeira que está com um pé frouxo é um perigo.* ‖ **a perigo** *informal* Sem dinheiro ou sem recursos: *Como ainda não recebi o salário, terminei o mês a perigo.*
perigoso, sa ⟨pe.ri.go.so, sa⟩ (Pron. [perigôso], [perigósa], [perigósos], [perigósas]) adj. **1** Em que há perigo ou risco, ou que pode causar um dano. **2** Que pode causar um dano ou cometer atos criminosos.
perímetro ⟨pe.rí.me.tro⟩ s.m. **1** Contorno de uma superfície ou de uma área. **2** Em geometria, contorno de uma figura. **3** Em geometria, medida do comprimento desse contorno.
períneo ⟨pe.rí.neo⟩ s.m. No sistema genital feminino e masculino, região com tecido muscular situada entre o ânus e os órgãos sexuais.
periódico, ca ⟨pe.ri.ó.di.co, ca⟩ ▌adj. **1** Que acontece ou que se repete regularmente e em espaços de tempo determinados. ▌s.m. **2** Publicação informativa que sai periodicamente.
período ⟨pe.rí.o.do⟩ s.m. **1** Espaço de tempo, especialmente aquele que compreende a duração de algo: *o período de férias.* **2** Em uma divisão matemática que não é exata, cifra ou conjunto de cifras que se repetem de maneira indefinida depois do quociente inteiro: *O período de 8,454545... é 45.* **3** Em linguística, frase que contém uma oração ou um conjunto de orações que, ligadas entre si, têm um sentido completo: *Ela chegou cedo*

perna de pau

é um período simples, já Ela chegou cedo e foi nadar *é um período composto*. **4** Tempo que leva um fenômeno para percorrer todas fases: *A Terra realiza uma volta em torno do seu próprio eixo em um período de aproximadamente 24 horas*. ‖ **período fértil** Em uma mulher ou na fêmea de alguns animais, aquele entre as menstruações, no qual ocorre a ovulação e há a possibilidade de gravidez.

peripécia ⟨pe.ri.pé.cia⟩ s.f. Acontecimento repentino ou imprevisto que altera o curso ou o estado das coisas: *O filme ao qual assistimos é cheio de peripécias*.

périplo ⟨pé.ri.plo⟩ s.m. Viagem longa, geralmente realizada em torno de um mar, de um país ou de um continente.

periquita ⟨pe.ri.qui.ta⟩ s.f. *vulgarismo* →**vulva**

periquito ⟨pe.ri.qui.to⟩ s.m. Ave muito encontrada no Brasil, de pequeno porte, bico curvado, com plumagem de cores vistosas, especialmente verdes, amarelas e azuis, e cuja cauda é fina e comprida. ▫ GRAMÁTICA É um substantivo epiceno: *o periquito (macho/fêmea)*. [👁 **aves** p. 92]

periscópio ⟨pe.ris.có.pio⟩ s.m. Aparelho óptico formado por um tubo vertical, em cujo interior há um jogo de espelhos ou um dispositivo eletrônico, e que permite ver o que se encontra por cima de um obstáculo que impede a visualisação direta.

peristalse ⟨pe.ris.tal.se⟩ s.f. Movimento dos músculos dos intestinos que se caracteriza por períodos de contração e de relaxamento que provocam o deslocamento do alimento que está em seu interior. ▫ SIN. peristaltismo.

peristáltico, ca ⟨pe.ris.tál.ti.co, ca⟩ adj. Do peristaltismo ou relacionado a ele.

peristaltismo ⟨pe.ris.tal.tis.mo⟩ s.m. Movimento dos músculos dos intestinos que se caracteriza por períodos de contração e de relaxamento que provocam o deslocamento do alimento que está em seu interior. ▫ SIN. peristalse.

perito, ta ⟨pe.ri.to, ta⟩ adj./s. **1** Que ou quem tem habilidade ou destreza no conhecimento de uma ciência ou na execução de uma atividade. **2** Que ou quem se dedica profissionalmente à execução de perícias em caráter oficial.

peritônio ⟨pe.ri.tô.nio⟩ s.m. Em alguns animais, especialmente nos vertebrados, membrana que cobre a superfície interior da cavidade abdominal e forma várias pregas que envolvem suas vísceras.

peritonite ⟨pe.ri.to.ni.te⟩ s.f. Inflamação do peritônio.

perjurar ⟨per.ju.rar⟩ ▪ v.t.i./v.int. **1** Jurar em falso [a algo ou alguém]: *Perjurar perante um juiz é crime*. ▪ v.t.d. **2** Renegar ou desistir de (uma crença ou compromisso): *perjurar uma religião*.

perjúrio ⟨per.jú.rio⟩ s.m. Juramento que é feito em falso.

perjuro, ra ⟨per.ju.ro, ra⟩ adj./s. Que ou quem jura em falso.

perlongar ⟨per.lon.gar⟩ v.t.d. Contornar (um lugar) seguindo suas margens ou encostas. ▫ SIN. costear. ▫ ORTOGRAFIA Antes de *e*, o *g* muda para *gu* →**CHEGAR**.

permanecer ⟨per.ma.ne.cer⟩ ▪ v.pred. **1** Manter-se sem mudanças ou alterações (de lugar, de situação ou de condição): *O estado do paciente permanece estável*. ▪ v.int. **2** Estar em um lugar durante certo tempo: *Permanecerá na cidade por mais três dias*. ▫ ORTOGRAFIA Antes de *a* ou *o*, o *c* muda para *ç* →**CONHECER**.

permanência ⟨per.ma.nên.cia⟩ s.f. **1** Estado ou condição de quem permanece em um mesmo estado, lugar, situação ou condição. **2** Estada em um lugar durante certo tempo. **3** Permissão que se concede a um cidadão estrangeiro para que continue a viver e/ou trabalhar em outro país: *Por não ter visto, não poderá estender sua permanência no país*.

permanente ⟨per.ma.nen.te⟩ ▪ adj.2g. **1** Que não se altera ou que não mostra alteração. ▫ SIN. imutável. **2** Que permanece ou que é definitivo: *Esta decisão será permanente*. **3** Que acontece com certa frequência: *Ela foi ao médico, pois sente dores permanentes nas pernas*. ▪ s. **4** Ondulação feita nos cabelos de forma artificial e que dura por bastante tempo: *O permanente deixou meus cabelos mais ressecados e quebradiços*. ▪ s.m. **5** Ingresso que permite a entrada gratuita de seu portador: *Ele tem um permanente do cinema*. ▫ GRAMÁTICA Na acepção 4, é uma palavra usada tanto como substantivo masculino quanto como substantivo feminino: *um permanente, uma permanente*.

permear ⟨per.me.ar⟩ v.t.d. **1** Atravessar ou passar pelo meio de (um lugar). **2** Estar presente em ou existir no meio de (algo): *Um grande otimismo permeia seus contos*. ▫ ORTOGRAFIA O *e* muda para *ei* quando a sílaba tônica estiver na raiz do verbo →**NOMEAR**.

permeável ⟨per.me.á.vel⟩ (pl. *permeáveis*) adj.2g. Em relação a um corpo, que pode ser atravessado por outros.

permeio ⟨per.mei.o⟩ ‖ **de permeio** No meio ou de forma intermediária: *Colocou as poltronas diante do sofá e uma mesinha de permeio*.

permissão ⟨per.mis.são⟩ (pl. *permissões*) s.f. Ato ou efeito de permitir(-se). ▫ SIN. consentimento.

permissível ⟨per.mis.sí.vel⟩ (pl. *permissíveis*) adj.2g. Que se pode permitir.

permissivo, va ⟨per.mis.si.vo, va⟩ adj. Que permite ou que tolera.

permitir ⟨per.mi.tir⟩ ▪ v.t.d. **1** Consentir ou não impedir que se realize (uma ação): *Não permitem a entrada de cachorros na loja*. **2** Tornar possível: *A internet permite um acesso mais rápido a informações*. ▪ v.prnl. **3** Dar-se o direito ou tomar liberdade de: *Permitiu-se um dia de folga*.

permuta ⟨per.mu.ta⟩ s.f. Troca de uma coisa por outra: *uma permuta de presentes; uma permuta de ideias*.

permutar ⟨per.mu.tar⟩ v.t.d. Trocar (uma coisa) por outra.

perna ⟨per.na⟩ s.f. **1** No corpo de uma pessoa, membro ou extremidade inferior que vai do tronco ao pé. **2** Parte dessa extremidade que vai do joelho ao pé. **3** *informal* Pata de um animal, especialmente de um mamífero. **4** Em uma calça ou em uma peça do vestuário semelhante, parte que cobre esse membro. **5** Em alguns objetos, peça que os sustenta. **6** Em algumas letras ou em alguns sinais gráficos, traço que os compõe ou que os distinguem: *a perna da letra* q. ▫ SIN. haste. ‖ **bater perna** *informal* Passear ou caminhar, especialmente se for a esmo: *Eles gostam de bater perna no centro da cidade*. ‖ **passar a perna em** alguém *informal* Enganá-lo, causando dano ou prejuízo: *Foi acusado de passar a perna no sócio*.

pernada ⟨per.na.da⟩ s.f. **1** Movimento de pernas que consiste em estendê-las alternadamente, especialmente se com ele se impulsiona o corpo na água: *A correnteza estava tão forte que de nada adiantavam suas pernadas e braçadas*. **2** Golpe dado com a perna. **3** Passo longo ou esticado.

perna de pau ⟨per.na de pau⟩ (pl. *pernas de pau*) ▪ s.f. **1** Par de barras de madeira compridas e verticais, com uma tábua horizontal em cada uma delas, e sobre as quais se tenta andar mantendo o equilíbrio. ▪ s.2g. **2** *informal pejorativo* Em futebol, jogador que não tem habilidade ou destreza. **3** *informal pejorativo* Pessoa que não tem uma perna ou que tem uma perna defeituosa. **4** *informal pejorativo* Pessoa que realiza mal uma tarefa ou uma atividade: *Quem fez esse serviço na sua casa é um perna de pau!*

pernambucano, na ⟨per.nam.bu.ca.no, na⟩ adj./s. De Pernambuco ou relacionado a esse estado brasileiro.

perneta ⟨per.ne.ta⟩ (Pron. [pernêta] ▌adj.2g./s.2g. **1** *informal* Que ou quem não tem uma perna ou tem uma perna defeituosa. ▌s.f. **2** Perna pequena.

pernicioso, sa ⟨per.ni.ci.o.so, sa⟩ (Pron. [perniciôso], [perniciósa], [perniciôsos], [perniciósas]) adj. Que é prejudicial ou nocivo.

pernil ⟨per.nil⟩ (pl. *pernis*) s.m. Coxa de um animal destinada ao consumo, especialmente se for de porco.

pernilongo ⟨per.ni.lon.go⟩ s.m. Mosquito cuja fêmea precisa de sangue para o desenvolvimento de seus ovos na época da reprodução. ▢ SIN. **carapaná, muriçoca**. [⊙ inseto p. 456]

pernoitar ⟨per.noi.tar⟩ v.int. Passar a noite hospedado em algum lugar.

pernoite ⟨per.noi.te⟩ s.m. Hospedagem noturna que é feita em algum lugar. ▢ ORTOGRAFIA Escreve-se também *pernoute*.

pernóstico, ca ⟨per.nós.ti.co, ca⟩ adj./s. Que ou quem presume, com ostentação, ser muito erudito ou ter muitos conhecimentos. ▢ SIN. **pedante**.

pernoute ⟨per.nou.te⟩ s.m. →**pernoite**

peroba ⟨pe.ro.ba⟩ s.f. Árvore de grande porte com folhas elípticas, flores esbranquiçadas ou esverdeadas, e cuja madeira, de tom rosa, é de boa qualidade e muito usada na construção civil. ▢ ORIGEM É uma palavra de origem tupi.

pérola ⟨pé.ro.la⟩ ▌adj.2g.2n./s.m. **1** De cor entre o branco e o prateado, como a desta massa de nácar. ▌s.f. **2** Material orgânico mais ou menos esférico, branco com tons prateados, e que se forma no interior de alguns moluscos com a deposição de nácar sobre uma partícula qualquer: *um colar de pérolas*. **3** Aquilo ou aquele que é de grande valor ou que tem excelentes qualidades: *A praia de Copacabana é uma pérola*. **4** Frase ou pronunciamento considerados absurdos, tolos ou inadequados: *Nas reuniões ele sempre costuma soltar algumas pérolas*. ▢ USO Na acepção 4, tem um valor irônico.

perolar ⟨pe.ro.lar⟩ v.t.d. Dar aspecto de pérola a: *A intensa luz do Sol perolava as águas do mar*.

perônio ⟨pe.rô.nio⟩ s.m. Osso comprido e fino da perna, situado abaixo do joelho, junto à tíbia. ▢ USO É a antiga denominação de *fíbula*.

peroração ⟨pe.ro.ra.ção⟩ (pl. *perorações*) s.f. Em um discurso, conclusão ou parte final.

perorar ⟨pe.ro.rar⟩ ▌v.t.d. **1** Defender ou pronunciar-se a favor de (uma causa): *O sindicato visa perorar os direitos dos funcionários*. ▌v.int. **2** Concluir um discurso.

perpassar ⟨per.pas.sar⟩ ▌v.t.d. **1** Passar próximo ou ao longo (de algo ou alguém). ▌v.int. **2** Avançar ou seguir um trajeto: *O desfile perpassava solenemente*. **3** Transcorrer ou escoar-se (o tempo): *A manhã perpassou sem surpresas*. ▢ SIN. **passar**. ▌v.t.d. **4** Deslizar ou tocar levemente: *Perpassou seus dedos nos dele*.

perpendicular ⟨per.pen.di.cu.lar⟩ adj.2g./s.f. Em relação especialmente a uma linha ou a um plano, que formam um ângulo reto com outros.

perpetrar ⟨per.pe.trar⟩ v.t.d. Cometer ou executar (um ato ilícito): *perpetrar um roubo*.

perpetuação ⟨per.pe.tu.a.ção⟩ (pl. *perpetuações*) s.f. Ato ou efeito de perpetuar(-se).

perpetuar ⟨per.pe.tu.ar⟩ v.t.d./v.prnl. **1** Fazer durar ou durar para sempre ou por muito tempo: *A obra de Shakespeare se perpetuou ao longo dos séculos*. **2** Fazer dar ou dar sequência: *Este instituto desenvolve programas para perpetuar espécies em perigo de extinção*.

perpétuo, tua ⟨per.pé.tuo, tua⟩ adj. **1** Que é contínuo e não cessa ou que dura muito tempo. ▢ SIN. **perene**. **2** Em relação a um cargo ou a uma condição, que duram até sua morte: *prisão perpétua*.

perplexidade ⟨per.ple.xi.da.de⟩ (Pron. [perplecsidade]) s.f. Estado de perplexo.

perplexo, xa ⟨per.ple.xo, xa⟩ (Pron. [perplecso]) adj. Muito surpreso, espantado ou confuso. ▢ SIN. **atônito**.

perquirir ⟨per.qui.rir⟩ v.t.d./v.int. Examinar (algo) ou investigar de forma detalhada. ▢ SIN. **perscrutar**.

persa ⟨per.sa⟩ ▌adj.2g./s.2g. **1** Da antiga Pérsia, atual Irã, ou relacionado a essa antiga nação asiática. ▢ SIN. **pérsico**. ▌s.m. **2** Língua indo-europeia do Irã.

perscrutar ⟨pers.cru.tar⟩ v.t.d./v.int. Examinar (algo) ou investigar de forma detalhada. ▢ SIN. **perquirir**.

persecutório, ria ⟨per.se.cu.tó.rio, ria⟩ adj. Da perseguição ou relacionado a ela.

perseguição ⟨per.se.gui.ção⟩ (pl. *perseguições*) s.f. Ato ou efeito de perseguir.

perseguir ⟨per.se.guir⟩ v.t.d. **1** Seguir para alcançar (alguém, especialmente se foge): *A polícia perseguiu os foragidos até capturá-los*. **2** Assediar (alguém) com frequência ou de forma importuna: *Os paparazzi perseguiam o dia todo*. **3** Tratar com hostilidade (uma pessoa ou um grupo), especialmente se for por motivos ideológicos: *Os primeiros cristãos foram muito perseguidos em Roma*. **4** Tratar de obter (algo que se deseja) cercando-se de todos os meios possíveis: *Perseguiu por anos o sonho de se tornar médica*. ▢ ORTOGRAFIA Antes de *a e o*, o *gu* muda para *g* →DISTINGUIR. ▢ GRAMÁTICA É um verbo irregular →SERVIR.

perseverança ⟨per.se.ve.ran.ça⟩ s.f. Qualidade de perseverante.

perseverante ⟨per.se.ve.ran.te⟩ adj.2g. Que se mantém firme ou constante na realização ou na manutenção de algo. ▢ SIN. **pertinaz**.

perseverar ⟨per.se.ve.rar⟩ v.t.i./v.int. Persistir [na realização de algo] ou manter-se constante em um estado: *Apesar das dificuldades, perseverou nos estudos e conseguiu se formar*. ▢ GRAMÁTICA Usa-se a construção *perseverar EM algo*.

persiana ⟨per.si.a.na⟩ s.f. Cortina ou forro usados em portas e janelas, formados por lâminas paralelas de diversos materiais, que são abertos ou fechados por meio de cordões, e que servem para regular a passagem de luz.

pérsico, ca ⟨pér.si.co, ca⟩ adj. Da antiga Pérsia, atual Irã, ou relacionado a essa antiga nação asiática. ▢ SIN. **persa**.

persistência ⟨per.sis.tên.cia⟩ s.f. **1** Qualidade ou ato de persistente. **2** Duração de algo por um tempo grande: *Consulte um médico caso haja agravamento ou persistência dos sintomas*.

persistente ⟨per.sis.ten.te⟩ adj.2g. **1** Que persiste. **2** Em botânica, em relação especialmente a uma folha, que permanece por um longo tempo na planta.

persistir ⟨per.sis.tir⟩ ▌v.t.i./v.int. **1** Manter-se firme [em uma postura] ou permanecer constante em uma atitude: *Nos momentos mais difíceis, persistiu e alcançou aquilo que tanto cobiçava*. **2** Permanecer ou alongar-se por certo tempo: *Não conseguíamos sair, pois a chuva persistia*.

personagem ⟨per.so.na.gem⟩ (pl. *personagens*) s. **1** Em uma obra de ficção, ser criado pelo autor e que participa do desenvolvimento da trama. **2** Pessoa notável ou que é objeto de atenção: *Glauber Rocha foi personagem de destaque do cinema das décadas de 1960 e 1970*. ▢ GRAMÁTICA É uma palavra usada tanto como substantivo masculino quanto como substantivo feminino: *um personagem, uma personagem.*

personalidade ⟨per.so.na.li.da.de⟩ s.f. **1** Conjunto de qualidades ou de características que distinguem ou marcam uma pessoa. **2** Conjunto de características próprias ou originais: *A nova decoração deu personalidade ao ambiente.* **3** Pessoa que se destaca em um ambiente, em uma atividade ou em um contexto sociais.

personalismo ⟨per.so.na.lis.mo⟩ s.m. **1** Qualidade do que é pessoal ou subjetivo. **2** Conduta ou maneira de ser que subordina os interesses comuns aos interesses pessoais: *A imprensa criticou seu personalismo no último jogo.*

personalizar ⟨per.so.na.li.zar⟩ v.t.d. Tornar pessoal ou adequado ao gosto ou às necessidades pessoais.

personal trainer *(palavra inglesa)* (Pron. [personal trêiner]) s. Pessoa que se dedica profissionalmente ao condicionamento físico personalizado.

personificação ⟨per.so.ni.fi.ca.ção⟩ (pl. *personificações*) s.f. **1** Ato ou efeito de personificar. **2** Figura de linguagem que atribui ações ou qualidades próprias dos seres humanos a seres irracionais, a coisas inanimadas ou abstratas: *A frase a sombra da árvore o abraçava é um exemplo de personificação.* ☐ SIN. prosopopeia. **3** Aquilo ou aquele que representa ou que simboliza algo, geralmente abstrato: *A atleta era a personificação da força de vontade.*

personificar ⟨per.so.ni.fi.car⟩ v.t.d. **1** Atribuir ações ou qualidades próprias de uma pessoa a (seres não humanos): *Nos desenhos animados, é comum personificar os animais.* **2** Simbolizar ou representar: *O direito ao voto ou a liberdade de expressão personificam a democracia.* ☐ ORTOGRAFIA Antes de *e*, o *c* muda para *qu* →BRINCAR.

perspectiva ⟨pers.pec.ti.va⟩ s.f. **1** Técnica para representar os objetos tridimensionais em uma superfície plana: *O uso da perspectiva transmite uma sensação de profundidade ao quadro.* **2** Visão geral de algo, que abrange todo o olhar alcança: *Desse lugar do teatro, temos uma boa perspectiva do palco.* **3** Esperança, expectativa ou possibilidade de acontecer. **4** Ponto de vista ou maneira de interpretar algo. ☐ ORTOGRAFIA Escreve-se também *perspetiva.*

perspetiva ⟨pers.pe.ti.va⟩ s.f. →**perspectiva**

perspicácia ⟨pers.pi.cá.cia⟩ s.f. **1** Qualidade de perspicaz. **2** Facilidade para dar-se conta das coisas ou para entendê-las com agudeza.

perspicaz ⟨pers.pi.caz⟩ adj.2g. Que tem ou que mostra agudeza de espírito. ☐ SIN. percuciente, sagaz.

persuadir ⟨per.su.a.dir⟩ v.t.d./v.t.d.i./v.prnl. Convencer (alguém) [de algo] ou convencer-se: *Conseguiram nos persuadir com uma exposição convicente. Persuadiu-se da veracidade das cartas.*

persuasão ⟨per.su.a.são⟩ (pl. *persuasões*) s.f. Capacidade de convencer alguém de algo: *Advogados costumam ter grande capacidade de persuasão.*

persuasivo, va ⟨per.su.a.si.vo, va⟩ adj. Que tem força ou eficácia para persuadir.

pertence ⟨per.ten.ce⟩ s.m. Objeto pessoal ou propriedade. ☐ USO Usa-se geralmente a forma plural *pertences.*

pertencer ⟨per.ten.cer⟩ v.t.i. **1** Ser propriedade [de uma pessoa ou instituição]: *Mora em uma casa que pertence aos seus pais.* **2** Estar relacionado [a uma situação ou circunstância]: *Aquela desavença entre eles pertence ao passado.* **3** Competir [a uma pessoa ou instituição]: *A responsabilidade pela segurança pertence ao Estado.* **4** Fazer parte [de um grupo ou conjunto]: *Elas pertencem ao mesmo time de futebol.* ☐ ORTOGRAFIA Antes de *a* ou *o*, o *c* muda para *ç* →CONHECER. ☐ GRAMÁTICA Usa-se a construção *pertencer A {algo/alguém}.*

pertinaz ⟨per.ti.naz⟩ adj.2g. Que se mantém firme ou constante na realização ou na manutenção de algo. ☐ SIN. perseverante.

pertinência ⟨per.ti.nên.ci.a⟩ s.f. Conveniência ou adequação de algo.

pertinente ⟨per.ti.nen.te⟩ adj.2g. **1** Que pertence ou que se refere a algo. **2** Apropriado, oportuno ou que cumpre um propósito.

perto ⟨per.to⟩ adv. A uma curta distância ou em um ponto próximo. ∥ **de perto** 1 De forma mais próxima. 2 De forma íntima ou muito próxima. ∥ **perto de** 1 Comparado a. 2 A ponto de: *Ela está perto de conseguir o emprego.*

perturbação ⟨per.tur.ba.ção⟩ (pl. *perturbações*) s.f. **1** Ato ou efeito de perturbar(-se). **2** Transtorno das faculdades mentais.

perturbador, -a ⟨per.tur.ba.dor, do.ra⟩ (Pron. [perturbadôr], [perturbadôra]) adj./s. Que ou quem causa perturbação.

perturbar ⟨per.tur.bar⟩ ▌v.t.d./v.prnl. **1** Alterar o comover (uma pessoa ou o seu ânimo) ou afligir-se: *Não se perturbou com as críticas.* ☐ SIN. abalar. ▌v.t.d. **2** Tirar a paz ou a tranquilidade de (uma pessoa ou situação): *O show de rock perturbou os moradores das casas vizinhas.*

peru, -a ⟨pe.ru, ru.a⟩ s. Ave que tem o pescoço comprido e a cabeça pequena, ambos sem penas e cobertos por tecido carnoso e avermelhado, e cuja carne é muito apreciada. [◉ aves p. 92]

perua ⟨pe.ru.a⟩ s.f. **1** *informal pejorativo* Mulher que se veste ou se comporta de maneira exagerada. **2** *informal* Van.

peruano, na ⟨pe.ru.a.no, na⟩ adj./s. Do Peru ou relacionado a esse país sul-americano.

peruca ⟨pe.ru.ca⟩ s.f. Cabeleira postiça.

perversão ⟨per.ver.são⟩ (pl. *perversões*) s.f. Corrupção ou desvio de comportamento, especialmente se forem morais.

perversidade ⟨per.ver.si.da.de⟩ s.f. Condição de perverso.

perverso, sa ⟨per.ver.so, sa⟩ adj./s. Que ou quem tem muita maldade ou, intencionalmente, causa danos ou prejuízos.

perverter ⟨per.ver.ter⟩ ▌v.t.d./v.prnl. **1** Tornar(-se) imoral. ☐ SIN. desmoralizar. ▌v.t.d. **2** Ver com malícia ou deturpar o verdadeiro sentido de (algo que se ouve ou se vê): *Não perverta o significado de minhas palavras!*

pesadelo ⟨pe.sa.de.lo⟩ (Pron. [pesadêlo]) s.m. **1** Sonho que causa angústia ou temor. **2** Situação de grande incômodo ou desconforto: *As aulas de Matemática eram um pesadelo para ele.*

pesado, da ⟨pe.sa.do, da⟩ ▌adj. **1** Que tem muito peso. **2** Que exige muito esforço físico ou intelectual: *um trabalho pesado.* **3** Que é lento ou que não é ágil: *No horário de pico, o trânsito fica pesado na capital.* **4** Em relação a uma situação ou a uma circunstância, tensas ou desagradáveis: *Depois da discussão, o clima na sala ficou pesado.* **5** Que é ofensivo ou inadequado: *uma piada pesada.* **6** Que é intenso ou profundo: *Cansada, dormiu um sono pesado.* **7** Em relação a um alimento, que é de difícil digestão: *A feijoada é uma refeição pesada para o jantar.* ▌adv. **8** *informal* Com energia ou de forma intensa: *Trabalhou pesado para terminar tudo a tempo.*

pesagem ⟨pe.sa.gem⟩ (pl. *pesagens*) s.f. Ato de pesar(-se).

pêsame ⟨pê.sa.me⟩ s.m. Expressão usada para exteriorizar essa empatia: *Dê meus pêsames para a sua família.* ☐ SIN. condolência. ☐ USO Usa-se geralmente a forma plural *pêsames.*

pesar ⟨pe.sar⟩ ▌s.m. **1** Sentimento íntimo de sofrimento ou de dor: *Foi com grande pesar que deixou a sua cidade natal.* ▌v.t.d./v.prnl. **2** Determinar o peso ou a massa de

pesaroso

(si próprio ou outro corpo), por meio de uma balança ou de outro instrumento adequado: *O feirante pesou as batatas.* ▮ v.t.d./v.int. **3** Ter (determinado peso) ou possuir um peso qualquer: *Ela pesa 50 quilos.* ▮ v.int. **4** Ter muito peso: *Essa mochila nas minhas costas está pesando.* ▮ v.t.i. **5** Influenciar ou exercer pressão [em algo ou alguém]: *Suas palavras pesaram na minha decisão.* **6** Gerar incômodo ou arrependimento [em alguém]: *Aquela briga pesou em sua consciência.* ▮ v.t.d. **7** Avaliar ou considerar: *Pese os prós e os contras antes de agir.* ▮ v.t.i. **8** Causar pesar [a alguém]: *O estado de miséria daquelas famílias pesou à assistente social.*

pesaroso, sa ⟨pe.sa.ro.so, sa⟩ (Pron. [pesarôso], [pesarósa], [pesarósos], [pesarósas]) adj. Com pesar, com tristeza ou com arrependimento.

pesca ⟨pes.ca⟩ s.f. **1** Atividade que consiste em capturar ou apanhar de dentro da água os animais que vivem nesse ambiente. ◻ SIN. **pescaria. 2** Conjunto de animais pescados ou que se podem pescar.

pescada ⟨pes.ca.da⟩ s.f. Designação comum a diversas espécies de peixe de água salgada, comestível, de corpo alongado com dorso prateado, nadadeiras ventral e dorsal simétricas, e cuja carne é muito apreciada. [👁 **peixes (água salgada)** p. 609]

pescado ⟨pes.ca.do⟩ s.m. Aquilo que se pesca, especialmente se for para o consumo.

pescador, -a ⟨pes.ca.dor, do.ra⟩ (Pron. [pescadôr], [pescadôra]) ▮ adj. **1** Que pesca. ▮ s. **2** Pessoa que se dedica à pesca, especialmente como profissão.

pescar ⟨pes.car⟩ ▮ v.t.d. **1** Capturar ou apanhar (um animal aquático). ▮ v.int. **2** Praticar a pesca. ▮ v.t.d. **3** *informal* Captar ou compreender (uma informação): *Apesar do assunto da palestra ser muito complicado, consegui pescar várias ideias.* ▮ v.int. **4** *informal* Dormir levemente por um período curto de tempo: *Cansado, pescava diante do computador.* ◻ ORTOGRAFIA Antes de e, o c muda para *qu* →BRINCAR.

pescaria ⟨pes.ca.ri.a⟩ s.f. Atividade que consiste em capturar ou apanhar de dentro da água os animais que vivem nesse ambiente. ◻ SIN. **pesca.**

pescoção ⟨pes.co.ção⟩ (pl. *pescoções*) s.m. Golpe dado com a mão, especialmente se for no pescoço.

pescoço ⟨pes.co.ço⟩ (Pron. [pescôço]) s.m. **1** Em uma pessoa e em alguns animais vertebrados, parte estreita do corpo que une a cabeça e o tronco. **2** Em um recipiente, parte superior e mais estreita: *o pescoço de uma garrafa.* ∥ **até o pescoço** *informal* Cheio ou até o limite: *Ele está até o pescoço em dívidas.* ∥ **salvar o pescoço** *informal* Sair indene de uma situação: *Só pensou em salvar o pescoço, sem se importar com os demais.*

peseta ⟨pe.se.ta⟩ (Pron. [pesêta]) s.f. **1** Unidade monetária espanhola até a adoção do euro. **2** Moeda com o valor dessa unidade.

peso ⟨pe.so⟩ (Pron. [pêso]) s.m. **1** Em física, força com a qual a Terra atrai um corpo: *Um mesmo objeto pode ter diferentes pesos, de acordo com o planeta onde ele estiver.* **2** Aquilo que é pesado. **3** Peça que serve para auxiliar a avaliação da massa de um corpo em uma balança: *Apesar de dispormos de uma balança, não tínhamos pesos suficientes para fazer a pesagem.* **4** Unidade monetária de vários países: *Na Argentina, a moeda é o peso argentino.* **5** Carga ou obrigação: *Apesar do peso de sustentar a família, ainda consegue economizar.* **6** Influência ou valor: *Apresentou argumentos de peso para explicar sua decisão.* **7** Dor ou preocupação: *Sentia peso na consciência por não ter ajudado o amigo.* **8** Em alguns esportes, categoria que agrupa os atletas de acordo com o número de quilos que devem pesar: *um pugilista peso leve.* **9** Em atletismo, bola de ferro ou de aço usadas em uma das provas de lançamento: *lançamento de peso.* ∥ **peso atômico** Aquele de um átomo e que se obtém tomando como referência a duodécima parte do isótopo 12 de carbono. ∥ **peso bruto** Aquele de um produto ou de uma mercadoria juntamente com suas embalagens. ∥ **peso específico** Em física, aquele de um corpo por unidade de volume. ∥ **peso líquido** Aquele de um produto ou de uma mercadoria sem considerar suas embalagens. ∥ **peso molecular** Aquele de uma molécula e que se obtém somando os pesos atômicos que fazem parte de um composto.

pespegar ⟨pes.pe.gar⟩ v.t.d./v.t.d.i. Aplicar com violência (algo) [em alguém]. ◻ ORTOGRAFIA Antes de e, o *g* muda para *gu* →CHEGAR. *Pespegou um soco no inimigo.*

pespontar ⟨pes.pon.tar⟩ v.t.d. Fazer pespontos em (uma peça de tecido): *pespontar uma cortina.*

pesponto ⟨pes.pon.to⟩ s.m. Acabamento ou enfeite que são feitos em uma peça de tecido e que consiste em uma sequência de pontos de costura mais largos que o habitual.

pesqueiro, ra ⟨pes.quei.ro, ra⟩ ▮ adj. **1** Da pesca ou relacionado a essa atividade. ▮ s.m. **2** Embarcação destinada à pesca: *Este atracadouro é exclusivo para pesqueiros.* **3** Lugar com as instalações próprias para a prática da pesca: *Passamos a tarde de sábado num pesqueiro.*

pesquisa ⟨pes.qui.sa⟩ s.f. **1** Ato ou efeito de pesquisar. **2** Investigação ou estudo metódicos que visam aumentar o conhecimento sobre um assunto.

pesquisador, -a ⟨pes.qui.sa.dor, do.ra⟩ (Pron. [pesquisadôr], [pesquisadôra]) adj./s. Que ou quem faz pesquisas.

pesquisar ⟨pes.qui.sar⟩ ▮ v.t.d. **1** Investigar de forma metódica para aumentar o conhecimento sobre (um assunto ou um objeto de estudo): *Pesquisou algumas palavras de origem tupi no dicionário.* ▮ v.int. **2** Investigar um assunto ou um objeto de estudo de forma metódica para aumentar o conhecimento sobre eles.

pessegada ⟨pes.se.ga.da⟩ s.f. Doce feito com a polpa do pêssego.

pêssego ⟨pês.se.go⟩ s.m. Fruto do pessegueiro, redondo e alaranjado, de polpa suculenta e doce, casca aveludada, com um sulco em sua superfície, e que contém um caroço com várias saliências.

pessegueiro ⟨pes.se.guei.ro⟩ s.m. Árvore de galhos lisos, com folhas ovaladas, alongadas e com margem serrilhada, flores roxas, e cujo fruto é o pêssego.

pessimismo ⟨pes.si.mis.mo⟩ s.m. Tendência a ver as coisas com base em seus aspectos menos favoráveis.

pessimista ⟨pes.si.mis.ta⟩ adj.2g./s.2g. Que ou quem tende a ver e a julgar as coisas com pessimismo ou de modo menos favorável.

péssimo, ma ⟨pés.si.mo, ma⟩ Superlativo irregular de mau.

pessoa ⟨pes.so.a⟩ (Pron. [pessôa]) s.f. **1** Indivíduo da espécie humana. **2** Homem ou mulher cujos nomes se ignoram ou se omitem. **3** Em linguística, categoria gramatical, relacionada ao verbo e a alguns pronomes, que designa o indivíduo ou os indivíduos que falam, para o qual ou para os quais se fala ou aquele ou aqueles de quem se fala: *Em* sou estudante, *o* sou *indica que o sujeito está na primeira pessoa do singular.* ∥ **em pessoa** Pessoalmente e de forma direta: *Fiz questão de entregar a carta em pessoa.* ∥ **pessoa física** Em direito, qualquer indivíduo da espécie humana. ∥ **pessoa jurídica** Em direito, instituição pública ou privada reconhecida por lei e autorizada a estar em atividade.

pessoal ⟨pes.so.al⟩ (pl. *pessoais*) ▮ adj.2g. **1** Da pessoa, próprio ou particular dela: *a higiene pessoal; assuntos* *pessoais*. **2** Em linguística, que se refere ou que se associa às pessoas gramaticais: Tu, você *e* contigo *são pronomes pessoais*. ▌ s.m. **3** Conjunto das pessoas que trabalham em uma mesma empresa ou organização: *A empresa investe no treinamento do seu pessoal*. **4** *informal* Gente ou conjunto de pessoas: *Ele gosta de se reunir com o pessoal da escola*.

pessoense ⟨pes.so.en.se⟩ adj.2g./s.2g. De João Pessoa ou relacionado à capital do estado brasileiro da Paraíba.

pestana ⟨pes.ta.na⟩ s.f. **1** *informal* Cílio. **2** Em um instrumento musical de corda, pressão feita contra o braço do instrumento sobre duas ou mais cordas, com o mesmo dedo, geralmente o indicador. **3** Em um instrumento musical de corda, peça de osso, plástico ou metal localizada entre a cabeça e o braço, que serve para conduzir e posicionar corretamente as cordas à uma mesma distância. ‖ **queimar as pestanas** *informal* Concentrar-se na resolução de algo: *Queimou as pestanas para resolver a equação*. ‖ **tirar uma pestana** *informal* Cochilar ou dormir: *Sempre tira uma pestana após o almoço*.

pestanejar ⟨pes.ta.ne.jar⟩ v.int. **1** Abrir e fechar as pálpebras de maneira rápida e repetitiva. **2** Hesitar ou demonstrar incerteza: *Não pestanejou na hora de responder às perguntas do professor*.

pestanudo, da ⟨pes.ta.nu.do, da⟩ adj./s. Que ou quem tem pestanas grandes.

peste ⟨pes.te⟩ s.f. **1** Doença ou epidemia que causam grande mortandade. **2** *informal* Pessoa má. **3** *informal* Pessoa irrequieta ou rebelde. ‖ **peste (bubônica)** Doença contagiosa que se transmite pela pulga do rato e que provoca febre e ínguas. ▢ GRAMÁTICA Nas acepções 2 e 3, usa-se tanto para o masculino quanto para o feminino: *(ele/ela) é uma peste*.

pesticida ⟨pes.ti.ci.da⟩ adj.2g./s.m. Em relação a um produto, usado para combater uma praga ou outra coisa maléfica e abundante.

pestilento, ta ⟨pes.ti.len.to, ta⟩ adj. **1** Da peste ou relacionado a ela. **2** Que tem mau cheiro. ▢ SIN. infecto.

PET s.m.2n. Material plástico de alta resistência utilizado geralmente na fabricação de embalagens. ▢ ORIGEM É o acrônimo que vem da sigla de *politereftalato de etileno*.

pétala ⟨pé.ta.la⟩ s.f. Em uma flor, folha espessa, geralmente colorida, presa ao seu miolo.

petardo ⟨pe.tar.do⟩ s.m. **1** Artefato explosivo portátil usado especialmente para destruir ou remover obstáculos. **2** Pequena peça de fogo de artifício que produz um som forte e seco ao explodir. **3** *informal* Em futebol, chute muito forte.

peteca ⟨pe.te.ca⟩ s.f. Brinquedo que consiste em uma base, geralmente de couro, arredondada e achatada, sobre a qual são fixadas várias penas, e que se lança ao ar por meio de golpes com a palma da mão. ▢ ORIGEM É uma palavra de origem tupi.

peteleco ⟨pe.te.le.co⟩ s.m. Golpe dado com os dedos das mãos, especialmente se for com o médio e o polegar. ▢ SIN. piparote.

petição ⟨pe.ti.ção⟩ (pl. *petições*) s.f. Requerimento ou exigência, especialmente se forem por escrito.

petiscar ⟨pe.tis.car⟩ v.t.d./v.int. **1** Comer petiscos. **2** Experimentar ou comer pouco: *Apenas petisquei o jantar, pois estou sem apetite*. ▢ ORTOGRAFIA Antes de *e*, o *c* muda para *qu* →BRINCAR.

petisco ⟨pe.tis.co⟩ s.m. **1** Porção de alimento que agrada o paladar. ▢ SIN. acepipe, quitute. **2** Alimento servido em pequenas quantidades como aperitivo.

petista ⟨pe.tis.ta⟩ adj.2g./s.2g. Que ou quem defende ou segue o partido político do PT (Partido dos Trabalhadores).

pi

petrechos ⟨pe.tre.chos⟩ (Pron. [petrêchos]) s.m.pl. Instrumentos úteis para a realização de determinada atividade, especialmente se for necessário para uma operação militar. ▢ ORTOGRAFIA Escreve-se também *apetrecho*.

pétreo, trea ⟨pé.treo, trea⟩ adj. **1** De pedra ou com suas características. **2** *literário* Que não é sensível ou que é emocionalmente frio: *um coração pétreo*. **3** Que não se pode mudar: *uma cláusula pétrea*.

petrificar ⟨pe.tri.fi.car⟩ v.t.d./v.prnl. **1** Transformar(-se) em pedra, dar ou adquirir a dureza da pedra: *Os fósseis são animais ou plantas que se petrificaram com o passar do tempo*. ▢ SIN. empedernir. **2** Tornar(-se) insensível, duro ou cruel: *Não deixou que o sofrimento o petrificasse*. ▢ SIN. empedernir, empedrar. **3** Tornar(-se) imóvel de assombro ou de terror. ▢ ORTOGRAFIA Antes de *e*, o *c* muda para *qu* →BRINCAR.

petrodólar ⟨pe.tro.dó.lar⟩ s.m. Dólar obtido pelos países produtores de petróleo, especialmente se for investido no sistema financeiro internacional.

petrografia ⟨pe.tro.gra.fi.a⟩ s.f. Parte da petrologia que trata da descrição e da classificação das rochas.

petroleiro, ra ⟨pe.tro.lei.ro, ra⟩ ▌ adj. **1** Do petróleo ou relacionado a ele. ▢ SIN. petrolífero. ▌ s. **2** Pessoa que se dedica profissionalmente à indústria petroleira. ▌ s.m. **3** Barco de grande porte preparado para o transporte de petróleo. ▢ ORTOGRAFIA Na acepção 3, é a forma reduzida e mais usual de *navio-petroleiro*.

petróleo ⟨pe.tró.leo⟩ s.m. Óleo natural, inflamável e de cor geralmente escura, formado por uma mistura de hidrocarbonetos, que se encontra em jazidas subterrâneas e que é muito empregado como fonte de energia e com fins industriais.

petrolífero, ra ⟨pe.tro.lí.fe.ro, ra⟩ adj. **1** Que contém petróleo. **2** Do petróleo ou relacionado a ele: *o setor petrolífero*. ▢ SIN. petroleiro.

petrolinense ⟨pe.tro.li.nen.se⟩ adj.2g./s.2g. De Petrolina ou relacionado a essa cidade do estado brasileiro de Pernambuco.

petrologia ⟨pe.tro.lo.gi.a⟩ s.f. Estudo das rochas.

pet shop *(palavra inglesa)* (Pron. [pét shóp]) s.m. Estabelecimento comercial em que se vendem artigos para animais e que oferece serviços como banho e tosa ou consultas veterinárias.

petulância ⟨pe.tu.lân.cia⟩ s.f. **1** Condição de petulante. **2** Ousadia ou atrevimento.

petulante ⟨pe.tu.lan.te⟩ adj.2g./s.2g. Insolente, presunçoso ou convencido de uma suposta superioridade perante as outras pessoas.

petúnia ⟨pe.tú.nia⟩ s.f. **1** Planta herbácea com folhas alternas e ovaladas, flores grandes, aromáticas, de diversas cores e em formato de sino, muito cultivada como ornamental. **2** Flor dessa planta.

pevide ⟨pe.vi.de⟩ s.f. Semente achatada que se forma em certos frutos: *A melancia, o melão e o pepino possuem pevides*.

pexote ⟨pe.xo.te⟩ s.2g. →pixote

PF ▌ s.f. **1** Corpo policial que fica sob responsabilidade da Federação e que abrange toda a nação. ▢ SIN. polícia federal. ▌ s.m. **2** Prato composto por alimentos previamente definidos, geralmente arroz, feijão, uma carne e salada, servida como refeição completa e de preço acessível. ▢ SIN. prato feito. ▢ ORIGEM Na acepção 1, é a sigla de *Polícia Federal*; na acepção 2, de *prato feito*.

PI É a sigla do estado brasileiro de Piauí.

pi s.m. **1** Décima sexta letra do alfabeto grego. **2** Em matemática, número irracional equivalente a 3,141592... e igual à razão entre o comprimento de uma circunferência e seu diâmetro.

pia

pia ⟨pi.a⟩ s.f. Peça côncava, geralmente fixada em uma parede, com água corrente e encanada, usada para fins diversos.

piá ⟨pi.á⟩ s.m. Menino, especialmente se for de origem indígena. ☐ ORIGEM É uma palavra de origem tupi.

piaba ⟨pi.a.ba⟩ s.f. Peixe de água doce, comestível, de pequeno porte, com cores variadas e muito utilizado como isca na pesca de peixes maiores. ☐ SIN. lambari. ☐ ORIGEM É uma palavra de origem tupi. ☐ ORTOGRAFIA Escreve-se também *piava*. ☐ GRAMÁTICA É um substantivo epiceno: *a piaba (macho/fêmea)*.

piaçaba ⟨pi.a.ça.ba⟩ s.f. →piaçava ☐ ORIGEM É uma palavra de origem tupi.

piaçava ⟨pi.a.ça.va⟩ s.f. **1** Palmeira de tronco liso e cilíndrico, com folhas verdes, retas e com pecíolos compridos, dos quais se extrai uma fibra muito usada na indústria ou no artesanato. **2** Vassoura feita com essa fibra. ☐ ORIGEM É uma palavra de origem tupi. ☐ ORTOGRAFIA Escreve-se também *piaçaba*.

piada ⟨pi.a.da⟩ s.f. **1** Frase ou história breve que fazem rir. ☐ SIN. anedota. **2** Comentário irônico ou engraçado. ☐ SIN. pilhéria.

piado ⟨pi.a.do⟩ s.m. Voz característica de alguns animais, especialmente se for uma ave. ☐ SIN. pio.

pianista ⟨pi.a.nis.ta⟩ s.2g. Músico que toca piano.

piano ⟨pi.a.no⟩ ▌s.m. **1** Instrumento musical de cordas percutidas composto por teclas que acionam martelos, os quais percutem cordas de aço únicas, duplas ou triplas, por dois ou três pedais que controlam o som, e por uma ampla caixa de ressonância de madeira. [👁 instrumentos de corda p. 215] ▌adv. **2** Em música, em relação a uma dinâmica, a um som ou a uma passagem, com intensidade fraca. ‖ **piano de cauda** Aquele que é horizontal e cuja caixa de ressonância tem formato de asa. [👁 instrumentos de corda p. 215]

pianola ⟨pi.a.no.la⟩ s.f. Instrumento musical semelhante a um piano, equipado por com um rolo de papel perfurado colocado diante do teclado, e que toca automaticamente por meio de pedais e alavancas manuais. ou por eletricidade. [👁 instrumentos de corda p. 215]

pião ⟨pi.ão⟩ (pl. *piões*) s.m. Brinquedo infantil formado por uma peça cônica, geralmente de madeira, sobre a qual se enrola uma corda para lançá-lo e fazê-lo girar. ☐ ORTOGRAFIA É diferente de *peão*.

piar ⟨pi.ar⟩ v.int. Dar pios (uma ave). ☐ SIN. pipilar. ☐ GRAMÁTICA É um verbo unipessoal: só se usa nas terceiras pessoas do singular e do plural, no particípio, no gerúndio e no infinitivo →MIAR.

piauiense ⟨pi.au.i.en.se⟩ adj.2g./s.2g. Do Piauí ou relacionado a esse estado brasileiro.

piava ⟨pi.a.va⟩ s.f. →piaba ☐ ORIGEM É uma palavra de origem tupi. ☐ GRAMÁTICA É um substantivo epiceno: *a piava (macho/fêmea)*.

PIB (pl. *PIBs*) s.m. Em economia, valor da produção de um país. ☐ ORIGEM É a sigla de *Produto Interno Bruto*.

pica ⟨pi.ca⟩ s.f. *vulgarismo* →pênis

picada ⟨pi.ca.da⟩ s.f. **1** Mordida de uma ave, de um inseto, de um aracnídeo ou de um réptil. **2** Marca deixada por esse ferimento. **3** Em uma mata, trilha ou caminho abertos, especialmente com o auxílio de um facão: *Para evitar se perder no meio da mata, seguiram a picada aberta anteriormente pelo guia.*

picadeiro ⟨pi.ca.dei.ro⟩ s.m. **1** Em um circo, área central onde os artistas se apresentam. **2** Lugar onde se adestram cavalos ou onde se pratica equitação.

picadinho ⟨pi.ca.di.nho⟩ s.m. Prato preparado com pedaços de carne que podem ser cozidos ou fritos.

picanha ⟨pi.ca.nha⟩ s.f. Em um animal bovino, carne da parte traseira do lombo.

picante ⟨pi.can.te⟩ adj.2g. **1** Que pica. **2** Com malícia, especialmente se for levemente ofensivo ao pudor: *uma piada picante.* **3** Que produz uma sensação de ardor ao paladar: *um molho picante.*

pica-pau ⟨pi.ca-pau⟩ (pl. *pica-paus*) s.m. Pássaro de pequeno porte, com plumagem variada, bico comprido, fino e potente, usado para perfurar o tronco das árvores, para construir ninhos e buscar alimento. ☐ GRAMÁTICA É um substantivo epiceno: *a pica-pau (macho/fêmea)*. [👁 aves p. 92]

picape ⟨pi.ca.pe⟩ s.f. **1** Veículo menor que o caminhão, usado geralmente para transportar pessoas ou pequenas cargas. ☐ SIN. caminhonete. **2** Aparelho elétrico que reproduz discos fonográficos. ☐ SIN. toca-discos, vitrola.

picar ⟨pi.car⟩ ▌v.t.d./v.prnl. **1** Furar(-se) ou ferir(-se) com um objeto pontiagudo: *Desatento, picou o dedo com um alfinete.* ☐ SIN. pungir. ▌v.t.d. **2** Ferir com um ferrão (um animal), especialmente para induzi-lo a marchar: *picar um cavalo.* ▌v.t.d./v.int. **3** Ferir com o bico ou com a boca, ou penetrar o ferrão em alguém (certos animais): *A cobra picou o lavrador.* ☐ SIN. morder. ▌v.t.d. **4** Cortar em pequenos pedaços: *picar um papel.* **5** Causar ardor a (o paladar ou um órgão relacionado): *O molho de pimenta picou a sua língua.* ☐ ORTOGRAFIA Antes de *e*, o *c* muda para *qu* →BRINCAR.

picardia ⟨pi.car.di.a⟩ s.f. **1** Astúcia ou malandragem: *A picardia dos repentistas fazia a plateia rir.* **2** Desconsideração ou desfeita: *Não pensava em revidar com picardia a desfeita que lhe fora feita.* **3** Valentia ou ousadia: *a picardia de um herói.*

picaresco, ca ⟨pi.ca.res.co, ca⟩ (Pron. [picarêsco]) adj. **1** Do pícaro ou relacionado a ele. **2** Que é cômico ou ridículo. ☐ SIN. burlesco, pícaro.

picareta ⟨pi.ca.re.ta⟩ (Pron. [picarêta]) ▌adj.2g./s.2g. **1** *informal* Que ou quem engana ou não cumpre adequadamente as suas atribuições. ▌s.f. **2** Ferramenta formada por um cabo ao qual se prende uma peça metálica com uma extremidade plana e outra pontiaguda: *Com a picareta, abriu uma vala no chão.*

picaretagem ⟨pi.ca.re.ta.gem⟩ (pl. *picaretagens*) s.f. *informal* Aquilo que é feito de maneira enganosa: *Aquele concurso foi uma picaretagem, pois já sabíamos quem seria o ganhador.*

pícaro, ra ⟨pí.ca.ro, ra⟩ ▌adj. **1** Que é cômico ou ridículo. ☐ SIN. burlesco, picaresco. ▌adj./s. **2** Que ou quem tem astúcia ou malandragem. ▌s.m. **3** Em literatura, personagem de certo tipo de narrativa que se vale de sua astúcia e de sua malandragem para conseguir benefícios: *Para muitos críticos literários, Macunaíma é um dos maiores pícaros da literatura brasileira.*

piçarra ⟨pi.car.ra⟩ s.f. Rocha decomposta e misturada com areia e partículas de ferro.

pichar ⟨pi.char⟩ v.t.d. **1** Aplicar piche em (uma superfície). **2** Escrever ou rabiscar em (uma superfície): *Alguns vândalos picharam a fachada da escola.*

piche ⟨pi.che⟩ s.m. Produto viscoso de cor negra, que se obtém a partir da destilação do alcatrão ou da terebintina.

picles ⟨pi.cles⟩ s.m.pl. Legumes conservados em salmoura ou em vinagre, e que se consomem como petiscos ou em saladas.

pico ⟨pi.co⟩ s.m. **1** Em uma elevação de terreno, parte mais alta. ☐ SIN. cume. **2** Em um processo, momento ou situação de maior grandeza ou intensidade: *No último capítulo da novela, a emissora alcançou o pico de audiência.*

pimenta-do-reino

pico- Prefixo que significa *trilionésima parte*: *picômetro, picossegundo*.

picolé ⟨pi.co.lé⟩ s.m. Sorvete solidificado e atravessado por um palito usado para segurá-lo. □ SIN. sorvete de palito.

picotar ⟨pi.co.tar⟩ v.t.d. Cortar ou furar fazendo picotes.

picote ⟨pi.co.te⟩ s.f. **1** Perfuração pequena que, seguida de várias outras iguais a ela, permite que se separe uma parte de seu todo: *os picotes de uma folha de caderno*. **2** Margem ou recorte dentados.

pictórico, ca ⟨pic.tó.ri.co, ca⟩ adj. Da pintura ou relacionado a ela.

picuá ⟨pi.cu.á⟩ s.m. **1** Cesto de palha ou de outro material, usado para guardar ou transportar objetos. **2** Saco rústico usado para transportar alimentos ou objetos. □ ORIGEM É uma palavra de origem tupi.

picuense ⟨pi.cu.en.se⟩ adj.2g./s.2g. De Picos ou relacionado a essa cidade do estado brasileiro do Piauí.

picuinha ⟨pi.cu.i.nha⟩ s.f. **1** Aquilo que é dito ou feito com intenção de provocar ou de aborrecer. **2** Piada ou comentário picantes.

piedade ⟨pi.e.da.de⟩ s.f. **1** Comportamento misericordioso e de compaixão diante das desgraças alheias. **2** Devoção ou fervor religiosos.

piedoso, sa ⟨pi.e.do.so, sa⟩ (Pron. [piedôso], [piedósa], [piedôsos], [piedósas]) adj. Que tem, sente ou demonstra piedade.

piegas ⟨pi.e.gas⟩ adj.2g.2n./s.2g.2n. Que ou quem é sentimental de maneira exagerada.

pieguice ⟨pi.e.gui.ce⟩ s.f. Sentimentalismo exagerado.

piercing *(palavra inglesa)* (Pron. [pírcin]) s.m. **1** Perfuração feita em qualquer parte do corpo para colocar um enfeite semelhante a um brinco: *Ela fez um piercing na narina esquerda*. **2** Esse enfeite: *Tenho um piercing de prata no umbigo*.

pífano ⟨pí.fa.no⟩ s.m. Flauta simples, geralmente de bambu, com escala de seis ou sete orifícios. □ ORTOGRAFIA Escreve-se também *pífaro*.

pifar ⟨pi.far⟩ v.int. **1** *informal* Quebrar ou deixar de funcionar: *A televisão vive pifando*. **2** *informal* Perder as forças: *Trabalhei demais e acabei pifando*.

pífaro ⟨pí.fa.ro⟩ s.m. →**pífano**

pífio, fia ⟨pí.fio, fia⟩ adj. Ordinário, ruim ou de pouco valor.

pigarrear ⟨pi.gar.re.ar⟩ v.int. Tossir para livrar-se de pigarro. □ ORTOGRAFIA O e muda para *ei* quando a sílaba tônica estiver na raiz do verbo →NOMEAR.

pigarro ⟨pi.gar.ro⟩ s.m. Aspereza ou muco na garganta que obrigam a tossir para eliminá-los.

pigmeia ⟨pig.mei.a⟩ (Pron. [pigméia]) Feminino de pigmeu.

pigmentação ⟨pig.men.ta.ção⟩ (pl. *pigmentações*) s.f. **1** Coloração da pele. **2** Coloração obtida por meio de pigmentos: *Os índios eram mestres na pigmentação de objetos de adorno*.

pigmento ⟨pig.men.to⟩ s.m. **1** Substância responsável pela cor apresentada pelos tecidos celulares dos animais e dos vegetais. **2** Corante usado em pintura.

pigmeu ⟨pig.meu⟩ adj./s.m De um conjunto de povos disseminados por regiões africanas, que se caracterizam por ser de estatura muito baixa e por ter a pele escura e o cabelo crespo. □ GRAMÁTICA Seu feminino é *pigmeia*.

pijama ⟨pi.ja.ma⟩ s.m. Roupa leve, geralmente larga e confortável, formada por duas peças e usada para dormir.

pilantra ⟨pi.lan.tra⟩ adj.2g./s.2g. *informal* Desonesto, mau caráter e que engana as pessoas para benefício próprio.

pilão ⟨pi.lão⟩ (pl. *pilões*) s.m. Utensílio de madeira, semelhante a um vaso, que serve para moer grãos e descascar sementes.

pilar ⟨pi.lar⟩ ▌ s.m. **1** Em arquitetura, elemento vertical que serve para sustentar estruturas ou outros elementos. ▌ v.t.d. **2** Moer ou descascar no pilão: *pilar o milho*.

pilastra ⟨pi.las.tra⟩ s.f. Em arquitetura, pilar de quatro faces, geralmente com uma delas ligada à parede ou a uma fachada.

pileque ⟨pi.le.que⟩ s.m. *informal* Bebedeira. ‖ **estar de pileque** *informal* Estar embriagado. ‖ **tomar um pileque** *informal* Embriagar-se: *No dia antes de viajar, saiu com os amigos para se despedir e tomou um pileque*.

pilha ⟨pi.lha⟩ s.f. **1** Monte de coisas sobrepostas: *uma pilha de livros*. **2** Gerador de corrente elétrica, que utiliza a energia liberada em uma reação química. ‖ **uma pilha (de nervos)** Muito nervoso ou irritado: *Ele está uma pilha de nervos hoje*.

pilhar ⟨pi.lhar⟩ v.t.d. **1** Tomar posse de (um lugar ou algo alheio), geralmente de forma violenta: *pilhar uma cidade*. □ SIN. saquear. **2** Roubar ou tomar (alguém ou seus pertences). □ SIN. saquear. **3** Conseguir ou obter (algo que se busca): *pilhar uma promoção*. **4** Apanhar de maneira desprevinida: *A polícia pilhou o bando em seu esconderijo*.

pilhéria ⟨pi.lhé.ria⟩ s.f. Comentário irônico ou engraçado. □ SIN. piada.

pilheriar ⟨pi.lhe.ri.ar⟩ v.t.i./v.int. Fazer pilhéria [com algo ou alguém] ou gracejar.

piloro ⟨pi.lo.ro⟩ s.m. No sistema digestório, parte final do estômago em que está o orifício que o liga ao intestino delgado.

piloso, sa ⟨pi.lo.so, sa⟩ (Pron. [pilôso], [pilósa], [pilôsos], [pilósas]) adj. Que tem pelos.

pilotagem ⟨pi.lo.ta.gem⟩ (pl. *pilotagens*) s.f. Ato de pilotar: *a pilotagem de um avião*.

pilotar ⟨pi.lo.tar⟩ v.t.d. Dirigir ou guiar (um veículo).

piloto, ta ⟨pi.lo.to, ta⟩ (Pron. [pilôto]) ▌ s. **1** Pessoa que se dedica a conduzir certos veículos, especialmente como profissão. ▌ s.m. **2** Em um seriado ou em um programa de televisão, capítulo que se apresenta com intenção de testar sua recepção pelo público: *Várias empresas testam pilotos de tevê pela internet*. **3** Modelo ou protótipo: *A aprovação do projeto piloto acarretou a liberação de verbas*. ‖ **piloto automático** Em alguns veículos, sistema que controla sua trajetória sem intervenção manual.

pílula ⟨pí.lu.la⟩ s.f. Medicamento no formato de uma pequena cápsula ou de um comprimido que se toma por via oral. ‖ **pílula (anticoncepcional)** Medicamento que se toma por via oral e que impede a gravidez. ‖ **pílula do dia seguinte** Aquela que evita a aderência do óvulo fecundado às paredes do útero nas primeiras 72 horas depois da fecundação.

pimenta ⟨pi.men.ta⟩ ▌ adj.2g./s.f. **1** *informal* Irrequieto ou muito ativo. ▌ s.f. **2** Planta herbácea ou arbustiva, com flores brancas, folhas lanceoladas, e cujo fruto, de cor vermelha ou verde, pode ter diferentes formatos e tamanhos, mas sempre com o interior oco contendo pequenas sementes circulares, achatadas e de cor amarelada. **3** Esse fruto. □ GRAMÁTICA Na acepção 1, usa-se tanto para o masculino quanto para o feminino: *(ele/ela) é uma pimenta*.

pimenta-do-reino ⟨pi.men.ta-do-rei.no⟩ (pl. *pimentas-do-reino*) s.f. **1** Planta trepadeira com inflorescência em formato de espiga, e cujo fruto, arredondado e preto, é muito usado como condimento picante depois de seco ou moído. **2** Esse fruto, seco ou moído.

pimenta-malagueta

pimenta-malagueta ⟨pi.men.ta-ma.la.gue.ta⟩ (Pron. [pimenta-malaguêta]) (pl. *pimentas-malagueta* ou *pimentas-malaguetas*) s.f. →**malagueta**

pimentão ⟨pi.men.tão⟩ (pl. *pimentões*) s.m. **1** Planta herbácea de flores brancas e folhas em formato de lança, cujo fruto, comestível, roxo, vermelho, amarelo ou verde, tem formato mais ou menos cônico, é oco e com pequenas sementes achatadas e circulares em seu interior. **2** Esse fruto.

pimenteira ⟨pi.men.tei.ra⟩ s.f. **1** Planta herbácea de diferentes formas e tamanhos, com folhas alternas em formato de lança, flores brancas, e cujos frutos são a pimenta ou o pimentão. **2** Utensílio que serve para guardar ou para servir pimentas.

pimpão ⟨pim.pão⟩ (pl. *pimpões*) adj./s.m. Vaidoso ou exagerado no modo de se vestir. ☐ GRAMÁTICA Seu feminino é *pimpona*.

pimpolho, lha ⟨pim.po.lho, lha⟩ (Pron. [pimpôlho]) s. *informal* Criança pequena.

pimpona ⟨pim.po.na⟩ (Pron. [pimpôna]) Feminino de **pimpão**.

pinacoteca ⟨pi.na.co.te.ca⟩ s.f. **1** Galeria ou museu dedicado à pintura. **2** Coleção formada por quadros de pintura.

pináculo ⟨pi.ná.cu.lo⟩ s.m. **1** Em um terreno ou em uma construção, parte mais alta: *o pináculo de uma catedral.* ☐ SIN. píncaro. **2** Momento de maior grandeza ou intensidade que se pode alcançar: *os pináculos da fama.* ☐ SIN. píncaro.

pinça ⟨pin.ça⟩ s.f. **1** Instrumento cujas extremidades se aproximam fazendo pressão, usado para prender ou arrancar coisas. **2** Em alguns animais artrópodes, última peça articulada de algumas de suas patas, formada por outras duas peças que podem se aproximar e prender algo: *O caranguejo e os escorpiões têm pinças.*

pinçar ⟨pin.çar⟩ v.t.d. **1** Prender ou arrancar (corpos ou objetos pequenos) com pinça: *pinçar os pelos da sobrancelha.* **2** Escolher entre um conjunto ou um grupo (algo que se considera melhor ou adequado): *O professor pinçou algumas passagens do texto para comentar durante a aula.* ☐ ORTOGRAFIA Antes de e, o ç muda para c →COMEÇAR.

píncaro ⟨pín.ca.ro⟩ s.m. **1** Em um terreno ou em uma construção, parte mais alta: *O píncaro de uma torre.* ☐ SIN. pináculo. **2** Momento de maior grandeza ou intensidade que se pode alcançar: *Atingiu os píncaros da glória ainda jovem.* ☐ SIN. pináculo.

pincel ⟨pin.cel⟩ (pl. *pincéis*) s.m. Instrumento que consiste em um cabo comprido com um conjunto de pelos ou de cerdas em uma das extremidades e que é usado para espalhar uma substância sobre uma superfície.

pincelar ⟨pin.ce.lar⟩ v.t.d. **1** Pintar ou aplicar alguma substância em (um objeto ou uma superfície) com auxílio de um pincel. **2** Lambuzar com um pincel: *É preciso pincelar a torta com gema de ovo antes de assar.*

pindaíba ⟨pin.da.í.ba⟩ s.f. *informal* Falta de dinheiro: *Não aguentava mais essa pindaíba.* ‖ **na pindaíba** *informal* Sem dinheiro: *Quando chega o final do mês, sempre fico na pindaíba.* ☐ ORIGEM É uma palavra de origem tupi.

pinga ⟨pin.ga⟩ s.f. Aguardente feita com o melaço da cana-de-açúcar. ☐ SIN. cachaça.

pingado ⟨pin.ga.do⟩ s.m. Em um estabelecimento comercial, dose de café com um pouco de leite.

pingar ⟨pin.gar⟩ ▌v.int. **1** Cair em pingos. ▌v.t.d./v.int. **2** Verter em pingos (um líquido) ou gotejar: *Sua testa pingava suor.* **3** *informal* Chuviscar: *Pegue o guarda-chuva porque já começou a pingar.* ☐ ORTOGRAFIA Antes de e, o g muda para gu →CHEGAR.

pingente ⟨pin.gen.te⟩ s.m. Acessório usado pendurado, geralmente em uma corrente.

pingo ⟨pin.go⟩ s.m. **1** Pequena porção de um líquido que tem o formato semelhante ao de uma esfera: *um pingo d'água.* ☐ SIN. gota. **2** Aquilo que é ínfimo ou muito pequeno: *Fez o que fez sem um pingo de remorso.*

pinguço, ça ⟨pin.gu.ço, ça⟩ adj./s. *informal pejorativo* Que ou quem exagera no consumo de bebidas alcoólicas.

pinguela ⟨pin.gue.la⟩ s.f. Ponte de madeira geralmente precária.

pingue-pongue ⟨pin.gue-pon.gue⟩ (pl. *pingue-pongues*) s.m. Esporte que se joga sobre uma mesa retangular, com uma bola pequena e lisa, e com raquetes de madeira. ☐ SIN. tênis de mesa.

pinguim ⟨pin.guim⟩ (Pron. [pingüim]) (pl. *pinguins*) s.m. Ave aquática incapaz de voar, mas boa nadadora, que habita principalmente as regiões polares do hemisfério Sul, se alimenta de peixes e crustáceos e caracteriza-se pela postura erguida e pela plumagem espessa. ☐ GRAMÁTICA É um substantivo epiceno: *o pinguim (macho/fêmea).*

pinha ⟨pi.nha⟩ s.f. **1** Fruto da pinheira, comestível, de casca verde e com muitas sementes grandes e pretas em seu interior, envoltas por uma polpa branca, suculenta e doce. ☐ SIN. ata, fruta-de-conde. **2** Estrutura de reprodução de um pinheiro, com sementes reunidas em um ramo, geralmente usadas como enfeites natalinos ou na alimentação. **3** Aglomeração de coisas ou pessoas: *uma pinha de gente.*

pinhal ⟨pi.nhal⟩ (pl. *pinhais*) s.m. Conjunto de pinheiros que cobrem uma área. ☐ SIN. pinheiral.

pinhão ⟨pi.nhão⟩ (pl. *pinhões*) s.m. Semente comestível de um pinheiro ou de uma araucária, que contém uma amêndoa muito nutritiva e usada na alimentação.

pinheira ⟨pi.nhei.ra⟩ s.f. Árvore de tronco com ramos, com folhas elípticas e duras, flores aromáticas com três pétalas esverdeadas e quase triangulares, e cujo fruto é a pinha.

pinheiral ⟨pi.nhei.ral⟩ (pl. *pinheirais*) s.m. Conjunto de pinheiros que cobrem uma área. ☐ SIN. pinhal.

pinheiro ⟨pi.nhei.ro⟩ s.m. Árvore de tronco reto, com folhas estreitas e pontiagudas no formato de agulhas, com aspecto semelhante ao de um cone, e cujas sementes ficam expostas e reunidas em um eixo. ☐ SIN. pinho.

pinheiro-bravo ⟨pi.nhei.ro-bra.vo⟩ (pl. *pinheiros-bravos*) s.m. Árvore com folhas verde-escuras, rígidas e pontiagudas, e cujas sementes são escuras e possuem uma estrutura carnosa e avermelhada.

pinheiro-do-paraná ⟨pi.nhei.ro-do-pa.ra.ná⟩ (pl. *pinheiros-do-paraná*) s.m. Árvore de tronco reto e copa em formato de candelabro, com folhas rígidas e verdes, e cuja semente é o pinhão. ☐ SIN. araucária. [👁 árvores p. 79]

pinho ⟨pi.nho⟩ s.m. **1** Árvore de tronco reto, com folhas estreitas e pontiagudas no formato de agulhas, com aspecto semelhante ao de um cone, e cujas sementes ficam expostas e reunidas em um eixo. ☐ SIN. pinheiro. **2** Madeira que se tira dessa árvore.

pinicar ⟨pi.ni.car⟩ v.t.d. **1** Irritar ou coçar: *Este tecido pinica a pele.* **2** Beliscar ou apertar levemente. ☐ ORTOGRAFIA Antes de e, o c muda para qu →BRINCAR.

pino ⟨pi.no⟩ s.m. **1** Peça cilíndrica, geralmente metálica, que serve para unir ou articular as partes de uma estrutura: *os pinos de um motor.* **2** Peça situada geralmente na extremidade de um cabo ou de um dispositivo elétrico e que serve para conectá-los a outro dispositivo: *os pinos de uma tomada.* **3** No boliche, peça de madeira

pique

semelhante a uma garrafa e que se tenta atingir com a bola: *No boliche, um* strike *ocorre quando o jogador consegue derrubar todos os pinos de uma só vez.* **4** Em astronomia, ponto no céu localizado exatamente acima do observador. ☐ **SIN.** zênite. ‖ **a pino** Na vertical: *Ao meio-dia, o Sol estava a pino.* ‖ **batendo pino** *informal* Com falha, especialmente se for no motor de um automóvel ou de uma máquina.

pinote ⟨pi.no.te⟩ s.m. **1** Salto que acompanha o coice de um animal, especialmente de um cavalo. **2** Salto em que se dá uma volta no ar: *Aprendeu esses pinotes na capoeira.* ☐ **SIN.** pirueta. ‖ **dar {o/um} pinote** *informal* Fugir ou sair depressa ou às escondidas: *Quando percebeu que o seguiam, deu o pinote.*

pinotear ⟨pi.no.te.ar⟩ v.int. Saltar dando coices (um cavalo). ☐ **SIN.** espinotear. ☐ **ORTOGRAFIA** O e muda para ei quando a sílaba tônica estiver na raiz do verbo →NOMEAR.

pinta ⟨pin.ta⟩ s.f. **1** Mancha ou sinal pequenos. **2** *informal* Aspecto exterior: *uma pessoa de boa pinta.* **3** *informal* Jeito ou indício: *O filme tem pinta de ser bom.*

pintado, da ⟨pin.ta.do, da⟩ ▌adj. **1** Coberto de pintas. ▌s.m. **2** Peixe de água doce, comestível, de grande porte, sem escamas, de cabeça grande e achatada, dorso pardo com pintas pretas, barbatanas de raios moles e flexíveis, e barbilhões alongados no queixo ou na boca. ☐ **GRAMÁTICA** Na acepção 2, é um substantivo epiceno: *o pintado {macho/fêmea}.* [👁 **peixes (água doce)** p. 608]

pintalgar ⟨pin.tal.gar⟩ v.t.d. Salpicar com tinta ou pintar com várias cores. ☐ **SIN.** sarapintar. ☐ **ORTOGRAFIA** Antes de e, o g muda para gu →CHEGAR.

pintar ⟨pin.tar⟩ ▌v.t.d. **1** Representar (uma imagem) adequadamente por meio de linhas e cores. **2** Cobrir de cor (uma superfície). ▌v.int. **3** Dedicar-se à arte da pintura: *Nunca fez outra coisa senão pintar.* ▌v.t.d./v.prnl. **4** Aplicar(-se) produtos cosméticos em (uma parte do corpo de alguém), para se embelezar ou para caracterizar uma personagem: *O maquiador pintou a noiva para o casamento.* ▌v.int. **5** *informal* Aparecer ou ir a um lugar predeterminado: *Ele não pintou na festa.* **6** *informal* Surgir ou começar a aparecer: *Pintou uma vaga na empresa da minha tia.* ▌v.t.d. **7** *informal* Descrever ou representar por meio de palavras: *As coisas não são como você as pinta.*

pintassilgo ⟨pin.tas.sil.go⟩ s.m. Pássaro de pequeno porte, de canto melodioso, com plumagem parda, amarela e preta. ☐ **GRAMÁTICA** É um substantivo epiceno: *o pintassilgo {macho/fêmea}.*

pinto ⟨pin.to⟩ s.m. **1** Filhote de galinha. **2** *vulgarismo* →**pênis**

pintor, -a ⟨pin.tor, to.ra⟩ (Pron. [pintôr], [pintôra]) s. **1** Pessoa que se dedica à arte da pintura. **2** Pessoa que se dedica profissionalmente a pintar paredes e outras superfícies.

pintura ⟨pin.tu.ra⟩ s.f. **1** Ato ou efeito de pintar(-se). **2** Arte ou técnica de aplicar tintura sobre uma superfície para representar figuras e formas: *um curso de pintura.* **3** Obra realizada por meio dessa arte ou dessa técnica. **4** Em uma superfície, cobertura de tinta: *As paredes do apartamento estão com pintura nova.* **5** Aplicação de produtos cosméticos sobre a pele, especialmente sobre o rosto, para embelezar ou para caracterizar uma personagem: *Quando sai, ela não costuma usar pintura.*

pio, a ⟨pi.o, a⟩ ▌adj. **1** Que demonstra piedade. **2** Devoto ou religioso. ▌s.m. **3** Voz característica de alguns animais, especialmente se for uma ave. ☐ **SIN.** piado.

piogênese ⟨pi.o.gê.ne.se⟩ s.f. Formação de pus. ☐ **SIN.** piogenia.

piogenia ⟨pi.o.ge.ni.a⟩ s.f. Formação de pus. ☐ **SIN.** piogênese.

piogênico, ca ⟨pi.o.gê.ni.co, ca⟩ adj. Que forma ou que produz pus.

piolho ⟨pi.o.lho⟩ (Pron. [piôlho]) s.m. Inseto de corpo ovalado e achatado, com divisão clara entre cabeça, tórax e abdome, sem asas, com patas terminadas em pequenos ganchos, que vive como parasita nos mamíferos e pode transmitir doenças. ☐ **SIN.** muquirana. ☐ **GRAMÁTICA** É um substantivo epiceno: *o piolho {macho/fêmea}.* [👁 **inseto** p. 456]

pioneiro, ra ⟨pi.o.nei.ro, ra⟩ ▌adj./s. **1** Que ou quem dá os primeiros passos em uma atividade ou em um campo do conhecimento: *O Brasil foi pioneiro no uso do álcool como combustível.* ▌s. **2** Pessoa que inicia a exploração de novas terras: *Os pioneiros foram importantes na colonização do chamado Velho Oeste americano.*

pior ⟨pi.or⟩ Comparativo de superioridade de mau. ‖ **levar a pior** Perder ou ser derrotado. ‖ **na pior** *informal* Em uma situação muito ruim.

piora ⟨pi.o.ra⟩ s.f. Mudança que torna algo pior.

piorar ⟨pi.o.rar⟩ v.t.d./v.int. Fazer passar ou passar a um estado pior: *O estado do paciente piorou nos últimos dias.*

piorreia ⟨pi.or.rei.a⟩ (Pron. [piorréia]) s.f. Escoamento de pus.

pipa ⟨pi.pa⟩ s.f. **1** Recipiente de madeira de tamanho grande, usado especialmente para armazenar vinho. **2** Brinquedo formado por uma armação leve de varetas coberta por uma folha de papel ou por um plástico, que se solta para que o vento o leve e para que se mantenha suspenso no ar, preso por uma linha ou por um barbante. ☐ **SIN.** arraia, pandorga, papagaio.

piparote ⟨pi.pa.ro.te⟩ s.m. Golpe dado com os dedos das mãos, especialmente se for com o médio e o polegar. ☐ **SIN.** peteleco.

pipeta ⟨pi.pe.ta⟩ (Pron. [pipêta]) s.f. Tubo de vidro alargado em sua parte central, que serve para transferir pequenas quantidades de líquido de um recipiente a outro.

pipi ⟨pi.pi⟩ s.m. **1** *informal* Urina. **2** *informal* Pênis.

pipilar ⟨pi.pi.lar⟩ v.int. Dar pios (uma ave). ☐ **SIN.** piar. ☐ **GRAMÁTICA** É um verbo unipessoal: só se usa nas terceiras pessoas do singular e do plural, no particípio, no gerúndio e no infinitivo →MIAR.

pipoca ⟨pi.po.ca⟩ s.f. Grão de milho que, ao ser levado ao fogo ou ao calor, estoura aumentando de tamanho e se tornando branco e macio. ☐ **ORIGEM** É uma palavra de origem tupi.

pipocar ⟨pi.po.car⟩ v.int. **1** Romper-se ou arrebentar repentinamente, especialmente se causar ruídos como uma pipoca: *Os fogos de artifício pipocavam no céu.* ☐ **SIN.** espocar. **2** Aparecer ou surgir repentinamente: *Umas bolhas pipocaram na minha pele.* ☐ **ORTOGRAFIA** Antes de e, o c muda para qu →BRINCAR.

pipoqueiro, ra ⟨pi.po.quei.ro, ra⟩ s. Pessoa que faz ou vende pipoca, especialmente como profissão.

pique ⟨pi.que⟩ s.m. **1** Ponto de maior elevação ou intensidade de um processo ou de um estado: *Na época do Natal, as lojas atingem seu pique de vendas.* **2** Ânimo ou entusiasmo para realizar alguma atividade. **3** Corrida ou movimento veloz: *Deram um pique e chegaram rapidamente.* **4** Brincadeira infantil na qual uma criança deve correr atrás de outras que fogem e tocar em alguma delas com a mão, sendo que a criança que for tocada passará a correr atrás das demais. ☐ **SIN.** pega-pega. **5** Nessa brincadeira, lugar determinado onde as crianças não podem ser pegas. ‖ **ir a pique 1** Em relação a uma embarcação, afundar: *O navio chocou-se com um* iceberg

piquenique

e foi a pique. **2** Em relação a um projeto ou a um negócio, não dar certo ou fracassar: *O restaurante foi a pique por falta de movimento.*
piquenique ⟨pi.que.ni.que⟩ s.f. Refeição ou lanche realizados no campo ou ao ar livre. □ SIN. convescote.
piquete ⟨pi.que.te⟩ (Pron. [piquête]) s.m. **1** Grupo de trabalhadores que se concentra na porta de uma fábrica ou de outro estabelecimento para impedir a entrada de outros trabalhadores, por ocasião de uma greve: *O sindicato organizou um piquete na porta da fábrica.* **2** Grupo de soldados encarregado de realizar um serviço extraordinário. **3** Em topografia, estaca que se coloca em um terreno para auxiliar medições.
pira ⟨pi.ra⟩ s.f. **1** Fogo simbólico ou fogueira: *Na abertura das Olimpíadas, os atletas acendem a pira olímpica.* **2** Antigamente, fogueira onde se queimavam cadáveres: *Alguns romanos até hoje depositam flores no local onde foi erguida a pira funerária de Júlio César.*
piracanjuba ⟨pi.ra.can.ju.ba⟩ s.f. Peixe de água doce, com dorso de cor cinza-esverdeada, ventre claro e nadadeiras avermelhadas. □ ORIGEM É uma palavra de origem tupi. □ ORTOGRAFIA Escreve-se também *piracanjuva*. □ GRAMÁTICA É um substantivo epiceno: *a piracanjuba (macho/fêmea).*
piracanjuva ⟨pi.ra.can.ju.va⟩ s.f. →piracanjuba
piracema ⟨pi.ra.ce.ma⟩ (Pron. [piracêma]) s.f. **1** Período de reprodução em que ocorre a migração de peixes que nadam contra a corrente em direção à nascente do rio para desovarem. **2** Período do ano em que ocorre essa migração. □ ORIGEM É uma palavra de origem tupi.
piracicabano, na ⟨pi.ra.ci.ca.ba.no, na⟩ adj./s. **1** De Piracicaba ou relacionado a essa cidade do estado brasileiro de São Paulo. **2** De Rio Piracicaba ou relacionado a essa cidade do estado brasileiro de Minas Gerais.
pirado, da ⟨pi.ra.do, da⟩ adj./s. **1** *informal* Louco. **2** *informal* Extravagante ou com ideias que fogem do que é considerado normal ou habitual.
pirambeira ⟨pi.ram.bei.ra⟩ s.f. →perambeira
piramidal ⟨pi.ra.mi.dal⟩ (pl. *piramidais*) adj.2g. Com forma de pirâmide.

pirâmide ⟨pi.râ.mi.de⟩ s.f. **1** Corpo geométrico que tem como base um polígono e que é limitado por faces triangulares que se unem em um só ponto ou vértice. **2** Em arquitetura, monumento que tem a forma desse corpo geométrico: *as pirâmides do Egito.*
piranha ⟨pi.ra.nha⟩ s.f. Peixe de água doce, carnívoro, que tem a boca provida de numerosos dentes triangulares e afiados, e que vive em cardumes. □ ORIGEM É uma palavra de origem tupi. □ GRAMÁTICA É um substantivo epiceno: *a piranha (macho/fêmea).* [👁 **peixes (água doce)** p. 608]
pirão ⟨pi.rão⟩ (pl. *pirões*) s.m. Caldo geralmente de peixe engrossado com farinha de mandioca. □ ORIGEM É uma palavra de origem tupi.
pirar ⟨pi.rar⟩ v.int. *informal* Tornar-se louco.
pirarucu ⟨pi.ra.ru.cu⟩ s.m. Peixe de água doce, de corpo escamoso e alongado com uma cauda avermelhada, cabeça achatada, e dois aparelhos respiratórios. □ ORIGEM É uma palavra de origem tupi. □ GRAMÁTICA É um substantivo epiceno: *o pirarucu (macho/fêmea).* [👁 **peixes (água doce)** p. 608]
pirata ⟨pi.ra.ta⟩ ▌adj.2g. **1** Do pirata, da pirataria ou relacionado a eles. **2** Clandestino ou ilegal: *uma rádio pirata; um CD pirata.* ▌s.2g. **3** Pessoa que navega sem licença, assaltando e roubando barcos no mar ou em regiões costeiras: *Durante o período colonial da história do Brasil, muitos piratas aportaram em nossa costa, para contrabandear e saquear.* □ SIN. corsário.

pirataria ⟨pi.ra.ta.ri.a⟩ s.f. **1** Assalto ou apropriação criminosa dos bens de uma embarcação em alto mar ou em uma região costeira. **2** Apropriação criminosa do trabalho ou dos bens alheios para usá-los como próprios: *A pirataria de obras submetidas a uma propriedade intelectual é crime.*
piratear ⟨pi.ra.te.ar⟩ ▌v.int. **1** Assaltar e roubar barcos no mar ou nas regiões costeiras. ▌v.t.d. **2** Apropriar-se de (trabalhos ou dos bens alheios): *Piratear discos e livros, publicando-os sem que seu autor saiba e sem pagar nada a ele, é crime.* □ ORTOGRAFIA O e muda para ei quando a sílaba tônica estiver na raiz do verbo →NOMEAR.
pires ⟨pi.res⟩ s.m.2n. Peça pequena semelhante a um prato, e que geralmente se usa para acomodar uma xícara.
pirex ⟨pi.rex⟩ (Pron. [pirecs]) s.m.2n. **1** Tipo de vidro que resiste a temperaturas muito elevadas. **2** Utensílio feito com esse tipo de vidro. □ ORIGEM É a extensão de uma marca comercial.
pirilampo ⟨pi.ri.lam.po⟩ s.m. Inseto coleóptero que apresenta órgãos luminescentes de cada lado da base superior do tórax, e que emite estalos quando capturados. □ GRAMÁTICA É um substantivo epiceno: *o pirilampo (macho/fêmea).*
piripaque ⟨pi.ri.pa.que⟩ s.m. *informal* Ataque dos nervos ou indisposição súbitos.
piripiriense ⟨pi.ri.pi.ri.en.se⟩ adj.2g./s.2g. De Piripiri ou relacionado a essa cidade do estado brasileiro do Piauí.
pirofobia ⟨pi.ro.fo.bi.a⟩ s.f. Medo anormal e angustiante de fogo.
piroga ⟨pi.ro.ga⟩ s.f. Embarcação indígena a remo, feita em tronco de árvore.
pirogravura ⟨pi.ro.gra.vu.ra⟩ s.f. **1** Técnica que consiste em desenhar, gravar ou talhar a madeira superficialmente com um instrumento incandescente. **2** Obra feita com essa técnica.
piromania ⟨pi.ro.ma.ni.a⟩ s.f. Tendência doentia a brincar com fogo ou provocar incêndio.
pirose ⟨pi.ro.se⟩ s.f. Sensação de ardor ou de queimação que sobe desde o estômago até a faringe e que pode vir acompanhada de arroto ou de regurgitação. □ SIN. azia.
pirotecnia ⟨pi.ro.tec.ni.a⟩ s.f. **1** Arte ou técnica de utilização do fogo, ou de preparo de explosivos ou fogos de artifício: *Três especialistas em pirotecnia coordenaram o espetáculo de fogos de artifício.* **2** Ação espalhafatosa destinada a chamar ou a desviar a atenção: *Seu programa tinha mais pirotecnia que propostas concretas.*
pirotécnico, ca ⟨pi.ro.téc.ni.co, ca⟩ adj. Da pirotecnia ou relacionado a essa arte.
pirraça ⟨pir.ra.ça⟩ s.f. **1** *informal* Teimosia: *Disse que não ia à festa só por pirraça.* **2** *informal* Aquilo que é dito ou feito de maneira mal-intencionada e que causa um aborrecimento: *Fez pirraça ao irmão e rabiscou seu caderno.*
pirracento, ta ⟨pir.ra.cen.to, ta⟩ adj./s. Que ou quem faz pirraça.
pirralho, lha ⟨pir.ra.lho, lha⟩ s. *informal* Criança ou pessoa jovem.
pirueta ⟨pi.ru.e.ta⟩ (Pron. [piruêta]) s.f. **1** Salto em que se dá uma volta no ar: *Pulou do trampolim e deu uma pirueta antes de cair na água.* □ SIN. pinote. **2** Movimento rápido que consiste em girar o corpo apoiando um só pé no chão: *A bailarina terminou a coreografia com uma pirueta.*
pirulito ⟨pi.ru.li.to⟩ s.m. Bala grande, geralmente em formato esférico, que se chupa segurando-a por um palito preso à sua base.

piteira

pisa ⟨pi.sa⟩ s.f. **1** Pressão feita com os pés. **2** Castigo ou série de golpes violentos: *É melhor se comportar, ou seu pai lhe dará uma pisa!* □ SIN. **surra, tunda.**

pisada ⟨pi.sa.da⟩ s.f. **1** Marca de pé ou de pata deixadas em uma superfície. □ SIN. **pegada, pisadura. 2** Movimento com o pé para andar sobre uma superfície. □ SIN. **pisadela.**

pisadela ⟨pi.sa.de.la⟩ s.f. Movimento com o pé para andar sobre uma superfície. □ SIN. **pisada.**

pisadura ⟨pi.sa.du.ra⟩ s.f. **1** Marca de pé ou de pata deixadas em uma superfície. □ SIN. **pegada, pisada. 2** Dano ou lesão causados por um golpe ou um choque: *As pisaduras em seu corpo mostravam que ela havia sofrido agressão.* □ SIN. **contusão.**

pisão ⟨pi.são⟩ (pl. *pisões*) s.m. Pisada forte que se dá sobre algo, especialmente sobre um pé.

pisar ⟨pi.sar⟩ ❙ v.t.d./v.t.i./v.int. **1** Andar sobre ou locomover-se movimentando os pés de forma alternada [em um lugar]: *Na passarela, a modelo pisa com leveza e suavidade.* ❙ v.t.d./v.t.i. **2** Apertar com o pé ou fazer pressão [em algo] com o pé: *Cuidado para não pisar no cocô.* **3** Entrar em ou aparecer [em um lugar]: *Há anos não piso naquela cidade.* **4** Causar humilhação ou impor maus tratos [a alguém]: *Não importa o que ela fez, não se deve pisar ninguém.* ❙ v.int. **5** *informal* Aumentar a velocidade (um veículo em movimento): *Pise fundo, pois estamos atrasados!*

piscadela ⟨pis.ca.de.la⟩ s.f. **1** Fechamento breve de um olho enquanto o outro permanece aberto: *uma piscadela de cumplicidade.* **2** Fechamento breve dos olhos: *Estava tão empolgado com o filme que não dava uma piscadela sequer.*

pisca-pisca ⟨pis.ca-pis.ca⟩ (pl. *pisca-piscas* ou *piscas-piscas*) s.m. **1** Em um automóvel, luz lateral que se acende e se apaga sucessivamente para indicar uma mudança de direção. **2** Conjunto de lâmpadas sequenciais que se acendem e apagam sucessivamente, geralmente usado na época do Natal para decorar árvores ou fachadas.

piscar ⟨pis.car⟩ v.t.d./v.int. **1** Fechar (um olho) brevemente ou fechar rapidamente um dos olhos. **2** Fechar (os olhos) brevemente ou fechar rapidamente os olhos, especialmente se for por efeito da luz ou por má visão. □ ORTOGRAFIA Antes de e, o c muda para qu →BRINCAR.

pisciano, na ⟨pis.ci.a.no, na⟩ adj./s. Em astrologia, que ou quem nasceu entre 20 de fevereiro e 20 de março. □ GRAMÁTICA O sinônimo do substantivo é *peixes.*

piscicultor, -a ⟨pis.ci.cul.tor, to.ra⟩ (Pron. [piscicultôr], [piscicultóra]) s. Pessoa que se dedica à piscicultura.

piscicultura ⟨pis.ci.cul.tu.ra⟩ s.f. Técnica de criar peixes ou mariscos, geralmente com fins comerciais.

pisciforme ⟨pis.ci.for.me⟩ adj.2g. Com formato de peixe.

piscina ⟨pis.ci.na⟩ s.f. Tanque ou reservatório de água destinados à recreação ou à prática de esportes aquáticos.

piscoso, sa ⟨pis.co.so, sa⟩ (Pron. [piscôso], [piscósa], [piscósos], [piscósas]) adj. Que contém muitos peixes.

piso ⟨pi.so⟩ s.m. **1** Superfície natural ou artificial sobre as quais se pisa. **2** Revestimento, geralmente de cerâmica, usado para cobrir essa superfície: *Colocamos um piso cinza nos banheiros.* **3** Em um edifício, cada um dos diferentes blocos que se sobrepõem e formam sua altura: *A loja fica no último piso do prédio.* □ SIN. **andar.** ‖ **piso (salarial)** Valor mínimo que se pode pagar a uma classe de trabalhadores ou por um tipo de trabalho.

pisotear ⟨pi.so.te.ar⟩ v.t.d. **1** Pisar repetidamente em (algo que está debaixo dos pés), estragando-o ou despedaçando-o. **2** Humilhar ou maltratar: *Não é dessas pessoas que gostam de pisotear os outros.* □ ORTOGRA-FIA O e muda para ei quando a sílaba tônica estiver na raiz do verbo →NOMEAR.

pista ⟨pis.ta⟩ s.f. **1** Marca ou rastro deixados por uma pessoa ou um animal: *A onça deixou uma pista que foi seguida pelos caçadores.* **2** Conjunto de sinais ou de dados que indicam a existência de algo oculto ou que ajudam a descobri-lo: *O investigador seguiu as pistas até descobrir o assassino.* **3** Terreno liso preparado para praticar esportes: *uma pista de gelo.* **4** Espaço destinado à dança. **5** Terreno destinado à decolagem ou ao pouso de aviões. **6** Em uma rua ou em uma estrada, caminho destinado à passagem dos veículos. **7** Em um hipódromo, caminho reservado à corrida dos animais.

pistão ⟨pis.tão⟩ (pl. *pistões*) s.m. →**pistom**

pistilo ⟨pis.ti.lo⟩ s.m. Em uma flor, órgão feminino situado geralmente no centro, composto pelo ovário, estilete e estigma.

pistola ⟨pis.to.la⟩ s.f. **1** Arma de fogo de pequeno porte, que pode ser manuseada com apenas uma das mãos, e que tem um carregador na culatra. **2** Utensílio com formato ou mecanismo similares, geralmente usado para lançar tinta ou outros líquidos pulverizados. **3** Fogo de artifício em forma de canudo comprido, do qual saem bolas luminosas e coloridas.

pistolão ⟨pis.to.lão⟩ (pl. *pistolões*) s.m. **1** *informal* Recomendação de uma pessoa influente e com a qual se consegue algo. **2** *informal* Pessoa influente. □ GRAMÁTICA Na acepção 2, usa-se tanto para o masculino quanto para o feminino: *(ele/ela) é um pistolão.*

pistoleiro, ra ⟨pis.to.lei.ro, ra⟩ s. **1** Pessoa experiente no manuseio da pistola e que costuma utilizá-la para cometer atos delituosos. **2** Pessoa que comete crimes ou assassinatos em troca de dinheiro.

pistom ⟨pis.tom⟩ (pl. *pistons*) s.m. **1** Em um motor a explosão, êmbolo de um cilindro. **2** Em alguns instrumentos musicais de sopro, válvula que restringe ou libera a passagem do ar, permitindo ao executante tocar os sons graves e agudos com maior controle da afinação. **3** Trompete em que há essas válvulas. □ ORTOGRAFIA Escreve-se também *pistão*.

pita ⟨pi.ta⟩ s.f. **1** Planta com folhas carnosas, compridas, achatadas e em formato triangular, providas de espinhos na margem e na ponta, com flores amareladas que saem de um ramo central alto que se eleva sobre o resto da planta, e da qual se extrai uma fibra usada na fabricação de cordas e de tecidos, ou como ornamental. □ SIN. **piteira. 2** Fio feito com as folhas dessa planta.

pitada ⟨pi.ta.da⟩ s.f. **1** Porção de tempero em pó que se adiciona, geralmente com os dedos, a um alimento. **2** Aspiração e desprendimento da fumaça produzida pela queima do tabaco ou de outras substâncias contidas em um cigarro.

pitanga ⟨pi.tan.ga⟩ s.f. **1** Árvore com folhas pequenas e finas, flores brancas, e cujo fruto, vermelho ou roxo, adocicado e comestível, é muito usado na culinária. □ SIN. **pitangueira. 2** Esse fruto. □ ORIGEM É uma palavra de origem tupi.

pitangueira ⟨pi.tan.guei.ra⟩ s.f. Árvore com folhas pequenas e finas, flores brancas, e cujo fruto é a pitanga. □ SIN. **pitanga.**

pitar ⟨pi.tar⟩ v.t.d./v.int. Aspirar e soltar a fumaça produzida pela queima do tabaco ou de outras substâncias de (um cigarro), ou cachimbar.

piteira ⟨pi.tei.ra⟩ s.f. **1** Tubo pequeno, geralmente provido de um filtro, em que se coloca, em uma das extremidades, um cigarro para fumá-lo. □ SIN. **boquilha, ponteira. 2** Planta com folhas carnosas, compridas, achatadas e em formato triangular, providas de espinhos na margem e na ponta, com flores amareladas que saem de um ramo central alto que se eleva sobre o resto da planta, e da qual se extrai uma fibra usada na fabricação de cordas e de tecidos, ou como ornamental. ◻ SIN. pita.

pitéu ⟨pi.téu⟩ s.m. *informal* Petisco.

pito ⟨pi.to⟩ s.m. **1** Utensílio para fumar, composto por um tubo terminado em um recipiente onde se coloca tabaco picado. ◻ SIN. cachimbo. **2** *informal* Repreensão severa com a qual se desaprova algo que foi dito ou feito por alguém.

pitomba ⟨pi.tom.ba⟩ s.f. **1** Árvore com folhas oblongas ou lanceoladas, flores pequenas, e cujo fruto é uma baga carnosa e comestível. ◻ SIN. pitombeira. **2** Esse fruto. ◻ ORIGEM É uma palavra de origem tupi.

pitombeira ⟨pi.tom.bei.ra⟩ s.f. Árvore com folhas oblongas ou lanceoladas, flores pequenas, e cujo fruto é a pitomba. ◻ SIN. pitomba.

píton ⟨pí.ton⟩ (pl. *pítones* ou *pítons*) s.m. **1** Cobra não venenosa, de corpo escuro com manchas amareladas ou castanhas, que mata suas presas por estrangulamento. **2** Homem que adivinha o futuro. ◻ GRAMÁTICA **1.** Na acepção 1, é um substantivo epiceno: *o píton (macho/fêmea)*. **2.** Na acepção 2, seu feminino é *pitonisa*.

pitonisa ⟨pi.to.ni.sa⟩ Substantivo feminino de **píton**.

pitoresco, ca ⟨pi.to.res.co, ca⟩ (Pron. [pitorêsco]) adj. **1** Que é raro, que chama a atenção ou que desperta estranheza. **2** Que é digno ou próprio para ser pintado.

pitu ⟨pi.tu⟩ s.m. Camarão que vive em água doce.

pituitária ⟨pi.tu.i.tá.ria⟩ s.f. No sistema endócrino, glândula sem condutos de secreção interna situada na base do cérebro. ◻ SIN. hipófise.

pivete ⟨pi.ve.te⟩ s.m. **1** Menino esperto, na fase entre a infância e a adolescência. **2** *informal* Jovem delinquente de rua. ◻ USO Na acepção 2, é uma palavra mais comum nos estados brasileiros de São Paulo e do Rio de Janeiro.

pivô ⟨pi.vô⟩ s.m. **1** Peça fixa ou giratória, geralmente cilíndrica, na qual se apoia ou se insere outra. **2** Peça metálica colocada em um dente, na qual são inseridas as coroas. **3** Motivo ou causa principal: *A briga foi o pivô da separação*. **4** Em basquete, jogador cuja função primordial é a de situar-se próximo à tabela para recuperar os rebotes e fazer cestas. **5** Em futebol, jogador cuja função é armar jogadas e passar a bola para que os companheiros façam gols.

pixaim ⟨pi.xa.im⟩ (pl. *pixains*) adj.2g./s.m. Em relação ao cabelo, que é crespo e revolto. ◻ ORIGEM É uma palavra de origem tupi. ◻ GRAMÁTICA O sinônimo do substantivo é *carapinha*.

pixote ⟨pi.xo.te⟩ s.2g. **1** Criança nova, especialmente se for um menino. **2** Pessoa inexperiente ou iniciante em uma atividade. ◻ ORTOGRAFIA Escreve-se também *pexote*.

pizza (palavra italiana) (Pron. [pítsa]) s.f. Prato composto de uma massa redonda feita de farinha de trigo sobre a qual se coloca molho, queijo, tomate e outros ingredientes, e que se assa no forno. ‖ **acabar em** *pizza informal* Em relação a um assunto, ficar sem solução ou não ter a consequência esperada: *A investigação do escândalo acabou em pizza*.

pizzaria ⟨piz.za.ri.a⟩ (Pron. [pitsaria]) s.f. Lugar em que se preparam, se vendem e se consomem *pizzas*.

placa ⟨pla.ca⟩ s.f. **1** Prancha ou lâmina rígidas e finas: *uma placa de gelo*. **2** Letreiro que se coloca em um lugar público e visível, para orientar ou informar. **3** Em um veículo, lâmina metálica com seu número de identificação e local de licenciamento. **4** Esse número: *Qual a placa do seu carro?* **5** Lâmina, capa ou película sobrepostas a algo: *a placa bacteriana*. **6** Em geologia, cada uma das partes da litosfera que flutuam sobre o manto e cujas áreas de choque formam os cinturões de atividade vulcânica, sísmica ou tectônica: *uma placa tectônica*. **7** Em um computador, peça com formato plano que serve de suporte para todos os componentes eletrônicos que o compõem: *uma placa de vídeo*.

placar ⟨pla.car⟩ s.m. **1** Em esporte, tabuleiro em que se anotam os pontos obtidos por um jogador ou por uma equipe. **2** Resultado final de uma partida.

placebo ⟨pla.ce.bo⟩ (Pron. [placêbo]) s.m. Substância neutra, que não possui valor terapêutico, utilizada em tratamentos de doenças psicológicas, e que pode produzir um efeito de cura em pacientes que estejam convencidos da eficácia da substância.

placenta ⟨pla.cen.ta⟩ s.f. **1** No sistema genital feminino, órgão com muitos vasos que se desenvolve no interior do útero durante a gravidez e serve para fornecer oxigênio, nutrientes e outras substâncias ao feto: *O feto se alimenta e respira pela placenta*. **2** Em botânica, tecido do ovário que faz parte do órgão reprodutor feminino da flor, sobre o qual os óvulos se desenvolvem até amadurecerem.

placentário, ria ⟨pla.cen.tá.rio, ria⟩ adj. **1** Da placenta ou relacionado a ela. **2** Em relação a um mamífero, que se desenvolve dentro de uma placenta.

placidiano, na ⟨pla.ci.di.a.no, na⟩ adj./s. De Plácido Castro ou relacionado a essa cidade do estado brasileiro do Acre.

plácido, da ⟨plá.ci.do, da⟩ adj. Quieto, sossegado e sem perturbação.

plaga ⟨pla.ga⟩ s.f. *literário* País ou região. ◻ USO Usa-se geralmente a forma plural *plagas*.

plagiador, -a ⟨pla.gi.a.dor, do.ra⟩ (Pron. [plagiadôr] [plagiadôra]) s. Pessoa que fez plágio. ◻ SIN. plagiário.

plagiar ⟨pla.gi.ar⟩ v.t.d. Copiar o substancial de (uma obra ou ideias alheias) e apresentá-las como obras próprias: *Foi processado por plagiar uma música*.

plagiário, ria ⟨pla.gi.á.rio, ria⟩ s. Pessoa que fez plágio. ◻ SIN. plagiador.

plágio ⟨plá.gio⟩ s.m. **1** Ato ou efeito de plagiar. **2** Apresentação de obras ou ideias alheias como se fossem próprias.

plaina ⟨plai.na⟩ s.f. Ferramenta usada para deixar uma superfície plana, geralmente de madeira.

planador, -a ⟨pla.na.dor, do.ra⟩ (Pron. [planadôr], [planadôra]) ▌adj./s. **1** Que ou quem plana. ▌s.m. **2** Aeronave leve e sem motor, que decola ao ser arrastada por outra e que se mantém no ar aproveitando as correntes térmicas.

planaltinense ⟨pla.nal.ti.nen.se⟩ adj.2g./s.2g. De Planaltina ou relacionado a essa cidade do estado brasileiro de Goiás.

planalto ⟨pla.nal.to⟩ s.m. Superfície de altura elevada e com grande extensão plana. ◻ SIN. altiplano, chapada, planura, platô.

planar ⟨pla.nar⟩ v.int. **1** Voar ou baixar sem usar o motor (uma aeronave). **2** Voar com as asas estendidas e imóveis (uma ave).

planejamento ⟨pla.ne.ja.men.to⟩ s.m. Ato ou efeito de planejar.

planejar ⟨pla.ne.jar⟩ v.t.d. **1** Traçar ou formar planos de (uma obra ou uma ideia): *Estamos planejando uma viagem a Cuba*. **2** Pensar em realizar ou ter intenção de fazer (um projeto): *Planejamos nos casar em dois anos*. **3** Fazer o projeto de (uma obra de arquitetura ou de engenharia), com os planos e cálculos necessários para sua execução: *Um arquiteto planejou o novo estádio*. ◻ SIN. projetar.

platina

planeta ⟨pla.ne.ta⟩ (Pron. [planêta]) s.m. Corpo celeste, sem luz própria, que gira ao redor do Sol ou de outra estrela da qual recebe luz: *A Terra é um dos planetas do Sistema Solar*.

planetário, ria ⟨pla.ne.tá.rio, ria⟩ ▌adj. **1** Dos planetas ou relacionado a eles. ▌s.m. **2** Lugar em que os planetas do Sistema Solar e seus movimentos são apresentados: *Em uma excursão ao planetário, aprendi sobre algumas constelações*.

planetoide ⟨pla.ne.toi.de⟩ (Pron. [planetóide]) s.m. Cada um dos pequenos corpos rochosos cujas órbitas se acham entre as de Marte e Júpiter. ◻ SIN. asteroide.

planger ⟨plan.ger⟩ ▌v.t.d./v.int. **1** Anunciar ou soar de modo triste. ▌v.int. **2** Gemer ou chorar tristemente. ◻ ORTOGRAFIA Antes de a e o, o g muda para j →ELEGER.

planície ⟨pla.ní.cie⟩ s.f. Terreno plano de origem sedimentar, de grande extensão e geralmente de baixa altitude. ◻ SIN. campanha, planura.

planificar ⟨pla.ni.fi.car⟩ v.t.d. **1** Traçar um plano detalhado e organizado para a realização de (um projeto). **2** Representar a planta de (uma área): *Os engenheiros planificaram a construção*. **3** Calcular a área de (uma superfície). ◻ ORTOGRAFIA Antes de e, o c muda para qu →BRINCAR.

planilha ⟨pla.ni.lha⟩ s.f. **1** Tabela ou formulário em que dados são inseridos: *Fizemos uma planilha de gastos mensais*. **2** Programa ou arquivo organizados em linhas e colunas, nos quais os dados inseridos costumam ser usados em cálculos para obter dados finais.

planisfério ⟨pla.nis.fé.rio⟩ s.m. Representação de toda a superfície esférica da Terra sobre uma superfície plana. ◻ SIN. mapa-múndi.

plano, na ⟨pla.no, na⟩ ▌adj. **1** Liso sem variações nem desigualdades: *um terreno plano*. ▌s.m. **2** Estratégia ou planejamento para se atingir ou se fazer algo: *Temos um bom plano para deixá-la surpresa*. **3** Representação gráfica e com escala de uma superfície, de um terreno, de um edifício ou de algo semelhante: *o plano de uma cidade*. **4** Em geometria, superfície que separa o espaço em duas partes e que pode conter qualquer figura de duas dimensões. **5** Superfície imaginária formada por pontos ou objetos que se situam a uma mesma distância e se consideram do ponto de vista do espectador: *Na foto da turma, eu saí em primeiro plano*. **6** Posição ou ponto de vista dos quais se pode observar algo: *Se olhar por esse plano, verá que a situação é melhor do que pensa*. **7** Na gravação de uma cena, trecho sem pausa registrado de uma só vez.

planta ⟨plan.ta⟩ s.f. **1** Ser vivo com capacidade de produzir seu próprio alimento, e que cresce e vive sem capacidade para mudar de lugar por um impulso voluntário. ◻ SIN. vegetal. **2** No pé de uma pessoa, parte inferior sobre a qual o corpo se sustenta. **3** Representação gráfica da seção horizontal de uma construção: *Pela planta podemos ver quantos cômodos há na casa*.

plantação ⟨plan.ta.ção⟩ (pl. *plantações*) s.f. **1** Ato ou efeito de plantar. ◻ SIN. plantio. **2** Terreno em que se cultivam plantas de uma mesma classe. ◻ SIN. plantio. **3** Conjunto dessas plantas.

plantão ⟨plan.tão⟩ (pl. *plantões*) s.m. **1** Expediente de uma pessoa ou de uma instituição em horários ou dias não habituais. **2** Esse horário em que um funcionário é escalado para prestar seus serviços. **3** Serviço que se delega a um militar e que varia diariamente.

plantar ⟨plan.tar⟩ ▌adj.2g. **1** Da planta do pé ou relacionado a ela. ▌v.t.d. **2** Meter (uma planta) na terra para que crie raízes. **3** Cultivar ou povoar de plantas (um terreno). ▌v.prnl. **4** Ficar em pé ou parado em um lugar.

plantel ⟨plan.tel⟩ (pl. *plantéis*) s.m. **1** Conjunto de animais de raça, geralmente criados e reservados para reprodução. **2** Grupo de pessoas com alguma característica comum, especialmente se for a profissão: *O escritório conta com um plantel de excelentes profissionais*.

plantio ⟨plan.tio⟩ s.m. **1** Ato ou efeito de plantar. ◻ SIN. plantação. **2** Terreno em que se cultivam plantas de uma mesma classe. ◻ SIN. plantação.

plantonista ⟨plan.to.nis.ta⟩ s.2g. Pessoa que está trabalhando em um plantão.

planura ⟨pla.nu.ra⟩ s.f. **1** Superfície de altura elevada e com grande extensão plana. ◻ SIN. altiplano, chapada, planalto, platô. **2** Terreno plano de origem sedimentar, de grande extensão e geralmente de baixa altitude. ◻ SIN. campanha, planície.

plaqueta ⟨pla.que.ta⟩ (Pron. [plaquêta]) s.f. **1** Célula do sangue dos vertebrados, de tamanho pequeno e sem núcleo, que intervém na coagulação sanguínea bloqueando o sangramento: *As plaquetas são formadas na medula óssea*. **2** Placa pequena.

plasma ⟨plas.ma⟩ s.m. Parte líquida do sangue onde flutuam os elementos celulares que o compõem.

plasmar ⟨plas.mar⟩ v.t.d./v.prnl. Moldar ou dar(-se) características ou formas determinadas: *Diferentes culturas plasmaram a nação brasileira*. ◻ SIN. modelar.

plástica ⟨plás.ti.ca⟩ s.f. **1** Arte ou técnica de trabalhar e de dar forma ao barro, ao gesso ou a outros materiais: *Sua obra artística apresenta um grande domínio da plástica*. **2** Estrutura ou forma de um corpo humano. **3** →cirurgia plástica

plasticidade ⟨plas.ti.ci.da.de⟩ s.f. Condição do que é plástico.

plástico, ca ⟨plás.ti.co, ca⟩ ▌adj. **1** Em relação a um material, que pode mudar de forma ao receber uma força e que mantém essa forma permanentemente. **2** Da plástica ou relacionado a essa arte. ▌adj./s.m. **3** Em relação a um material, que é sintético, composto principalmente por derivados de celulose, resina e proteínas, e que pode ser modelado.

plastificar ⟨plas.ti.fi.car⟩ v.t.d. Recobrir com uma lâmina de material plástico: *Mandei plastificar meu RG*. ◻ ORTOGRAFIA Antes de e, o c muda para qu →BRINCAR.

plataforma ⟨pla.ta.for.ma⟩ ▌adj.2g./s.f. **1** Em relação a um calçado, que tem solado muito grosso. [◉ calçados p. 138] ▌s.f. **2** Superfície horizontal, descoberta e elevada em relação ao nível do solo. **3** Em um meio de transporte, especialmente em uma linha de trem, parte do terreno mais elevada que facilita o embarque e o desembarque dos passageiros. **4** Programa lançado por um candidato a um cargo eletivo: *Elegeu-se com uma plataforma que prometia o combate à corrupção*. ‖ **plataforma continental** Superfície do fundo do mar que se estende da costa até profundidades de aproximadamente 200 metros. ‖ **plataforma petrolífera** No mar, instalação destinada à extração de petróleo.

plátano ⟨plá.ta.no⟩ s.m. Árvore de tronco cilíndrico, com casca lisa e clara, com folhas caducas e palmáceas, e cultivada como ornamental.

plateia ⟨pla.tei.a⟩ (Pron. [platéia]) s.f. **1** Em um teatro, parte baixa ocupada pelas cadeiras. **2** Conjunto de pessoas que assistem a uma cena.

platibanda ⟨pla.ti.ban.da⟩ s.f. Em uma construção, mureta situada na parte superior da fachada externa.

platina ⟨pla.ti.na⟩ s.f. **1** Elemento químico da família dos metais, de número atômico 78, sólido, muito duro e menos deformável que o ouro, que só é atingido por ácidos: *A platina é o metal precioso mais pesado*. **2** Peça metálica fina e retangular. **3** Em alguns uniformes militares,

platinado

presilha que se coloca sobre o ombro para identificar a patente. ☐ ORTOGRAFIA Na acepção 1, seu símbolo químico é *Pt*, sem ponto.

platinado, da ⟨pla.ti.na.do, da⟩ ▌adj. **1** Com platina ou coberto por ela. ▌adj./s.m. **2** De cor entre o cinza e o prata, como a do elemento químico platina. ▌s.m. **3** Revestimento com um banho de platina. **4** Em alguns motores à combustão, peça cuja finalidade é controlar onde e quando acontecerá a faísca responsável pela combustão que causa o movimento do motor.

platinar ⟨pla.ti.nar⟩ v.t.d. **1** Revestir com um banho de platina. **2** Tornar platinado ou com tonalidades platinadas.

platino, na ⟨pla.ti.no, na⟩ adj./s. Do rio da Prata, de sua região ou relacionado a esse rio sul-americano.

platô ⟨pla.tô⟩ s.m. Superfície de altura elevada e com grande extensão plana. ☐ SIN. altiplano, chapada, planalto, planura.

platônico, ca ⟨pla.tô.ni.co, ca⟩ adj. **1** De Platão (filósofo grego do século V a.C.) ou de seu sistema filosófico. **2** *informal* Desinteressado, honesto e com um forte componente idealista: *um amor platônico*.

platonismo ⟨pla.to.nis.mo⟩ s.m. **1** Doutrina criada por Platão (filósofo grego do século V a.C.) e que parte do princípio de que a realidade do mundo é uma reprodução em matérias das ideias, que são eternas e perfeitas. **2** Sentimento de amor idealizado e geralmente desconhecido por aquele que é seu objeto.

plausível ⟨plau.sí.vel⟩ (pl. *plausíveis*) adj.2g. **1** Digno de aplauso ou de elogio. **2** Admissível, recomendável ou justificado.

playback (palavra inglesa) (Pron. [pleibéc]) s.m. **1** Em um espetáculo, música previamente gravada e que serve de base para a apresentação. **2** Interpretação na qual uma pessoa segue essa música, simulando a forma de cantar e de se mover, mas sem emitir sons.

playground (palavra inglesa) (Pron. [pleigráund]) s.m. Local, geralmente ao ar livre, com brinquedos semelhantes aos de um parquinho, e que é destinado à recreação infantil.

plebe ⟨ple.be⟩ s.f. **1** Classe de menor prestígio e riqueza em uma sociedade. **2** Na Roma Antiga, classe popular da sociedade, que se opunha aos patrícios.

plebeia ⟨ple.bei.a⟩ (Pron. [plebéia]) Feminino de plebeu.

plebeísmo ⟨ple.be.ís.mo⟩ s.m. Conjunto de características da fala e do comportamento da plebe.

plebeu ⟨ple.beu⟩ adj./s.m Da plebe ou relacionado a ela. ☐ GRAMÁTICA Seu feminino é *plebeia*.

plebiscito ⟨ple.bis.ci.to⟩ s.m. Consulta feita por um governo a todos os eleitores de um povo, para que aprovem ou não determinada questão: *Em 1993, houve um plebiscito no Brasil no qual a república foi escolhida como sistema de governo do país.*

plêiada ⟨plêi.a.da⟩ s.f. →plêiade

plêiade ⟨plêi.a.de⟩ s.f. Grupo de pessoas ilustres, especialmente no campo das letras, que geralmente vivem em uma mesma época: *uma plêiade de escritores*. ☐ ORTOGRAFIA Escreve-se também *plêiada*.

pleistoceno, na ⟨pleis.to.ce.no, na⟩ (Pron. [pleistocêno]) adj./s.m. →plistoceno, na

pleitear ⟨plei.te.ar⟩ v.t.d. **1** Disputar ou requerer em juízo: *Os filhos pleiteiam a posse da fazenda dos pais*. **2** Defender ou apoiar: *Essa associação pleiteia o cumprimento dos direitos do consumidor*. **3** Esforçar-se para conseguir (algo que se quer alcançar): *Há anos as mulheres pleiteiam igualdade no mercado de trabalho*. ▌v.int. **4** Manter uma discussão: *Os vizinhos pleiteiam por essa parte do terreno há anos, sem chegar a um acordo*.

☐ ORTOGRAFIA O *e* muda para *ei* quando a sílaba tônica estiver na raiz do verbo →NOMEAR.

pleito ⟨plei.to⟩ s.m. **1** Disputa ou discussão que se desenvolvem em juízo. **2** Discussão em torno de algo. **3** Escolha feita por meio de votação.

plenário, ria ⟨ple.ná.rio, ria⟩ ▌adj./s.m. **1** Em relação especialmente a uma sessão ou a uma reunião, que contam com a presença de todos os membros do grupo de que se tratam. ▌s.m. **2** Local onde essa reunião ou essa sessão são realizadas.

plenilúnio ⟨ple.ni.lú.nio⟩ s.m. Fase lunar durante a qual a Lua é vista da Terra como um disco iluminado. ☐ SIN. lua cheia.

plenipotência ⟨ple.ni.po.tên.cia⟩ s.f. Poder pleno e faculdade para tratar e ajustar acordos ou outros interesses.

plenipotenciário, ria ⟨ple.ni.po.ten.ci.á.rio, ria⟩ adj./s. Que ou quem tem poderes plenos e faculdade para tratar e ajustar acordos ou outros interesses.

plenitude ⟨ple.ni.tu.de⟩ s.f. **1** Estado de pleno. **2** Apogeu ou momento de maior intensidade, força e perfeição.

pleno, na ⟨ple.no, na⟩ (Pron. [plêno]) adj. **1** Cheio ou completo. **2** Que se encontra no momento central, culminante ou de maior intensidade.

pleonasmo ⟨ple.o.nas.mo⟩ s.m. Figura de linguagem que consiste em empregar na oração palavras desnecessárias para sua exata e completa compreensão: *O enunciado subir para cima é um exemplo de pleonasmo.*

pleonástico, ca ⟨ple.o.nás.ti.co, ca⟩ adj. Do pleonasmo, com pleonasmo ou relacionado a essa figura de linguagem.

pletora ⟨ple.to.ra⟩ (Pron. [plétora]) s.f. **1** Abundância excessiva de algo, geralmente nociva ou negativa. **2** Excesso de sangue ou de outros líquidos no corpo.

pleura ⟨pleu.ra⟩ s.f. Em anatomia, membrana que cobre as paredes da cavidade torácica e a superfície externa dos pulmões.

pleurisia ⟨pleu.ri.si.a⟩ s.f. Doença caracterizada pela inflamação da pleura.

plexo ⟨ple.xo⟩ (Pron. [plecso]) s.m. Em anatomia, rede formada pelos nervos ou vasos sanguíneos ou linfáticos que cruzam entre si: *o plexo branquial*.

plinto ⟨plin.to⟩ s.m. **1** Em uma coluna, elemento de pouca altura, geralmente quadrangular, sobre o qual se assenta a base. **2** Em ginástica olímpica, aparelho formado por vários caixotes de madeira com a superfície estofada, usado em provas de salto e outros exercícios.

plioceno, na ⟨pli.o.ce.no, na⟩ (Pron. [pliocêno]) ▌adj. **1** Em geologia, do quinto período da era terciária ou cenozoica, ou relacionado a ele. ▌adj./s.m. **2** Em geologia, em relação a um período, que é o quinto da era terciária ou cenozoica.

plissado, da ⟨plis.sa.do, da⟩ ▌adj. **1** Em relação especialmente a um tecido, que tem pregas: *uma saia plissada*. ▌s.m. **2** Dobra de um tecido ou de algo flexível para que forme pregas. ☐ SIN. plissê.

plissar ⟨plis.sar⟩ v.t.d. Fazer uma série de pregas em (um tecido).

plissê ⟨plis.sê⟩ s.m. Dobra de um tecido ou de algo flexível para que forme pregas. ☐ SIN. plissado.

plistoceno, na ⟨plis.to.ce.no, na⟩ ▌adj. **1** Em geologia, do primeiro período da era quaternária ou antropozoica, ou relacionado a ele. ▌adj./s.m. **2** Em geologia, em relação a um período, que é o primeiro da era quaternária ou antropozoica. ☐ ORTOGRAFIA Escreve-se também *pleistoceno*.

plugar ⟨plu.gar⟩ ▌v.t.d. **1** Conectar (um aparelho elétrico) a uma tomada. ▌v.t.d./v.t.d.i. **2** Conectar (partes ou dispositivos de informática) [em um computador]

O rapaz plugou os cabos do computador. **3** Conectar (um computador) [a uma rede ou sistema integrado de computadores]. ☐ ORTOGRAFIA Antes de e, o g muda para gu →CHEGAR.

plugue ⟨plu.gue⟩ s.m. Dispositivo que serve para conectar um aparelho elétrico à rede e que geralmente consta de uma parte fixa, colocada no terminal da rede, e de outra móvel, unida ao cabo do aparelho.

pluma ⟨plu.ma⟩ s.f. **1** Em uma ave, cada uma das peças que recobrem sua pele. ☐ SIN. pena. **2** Conjunto dessas peças, geralmente usadas como enchimento para almofadas e objetos, ou como adorno. **3** Instrumento de escrita que usa tinta líquida, formado geralmente por uma ponta e um cabo.

plumagem ⟨plu.ma.gem⟩ (pl. *plumagens*) s.f. Conjunto de plumas.

plúmbeo ⟨plúm.beo⟩ adj. **1** Do chumbo ou relacionado a ele. **2** De chumbo ou que o contém. **3** De cor entre o cinza e o azul, como a do chumbo.

plural ⟨plu.ral⟩ (pl. *plurais*) ▌adj.2g. **1** Que é múltiplo ou que se apresenta em mais de um aspecto. ▌adj.2g./s.m. **2** Em linguística, em relação à categoria gramatical do número, que faz referência a duas ou mais coisas ou pessoas.

pluralidade ⟨plu.ra.li.da.de⟩ s.f. **1** Diversidade, variedade ou presença de elementos diferentes: *A pluralidade cultural é uma característica marcante da sociedade brasileira*. **2** Existência em grande quantidade: *A campanha contra a dengue resultou da pluralidade de casos na região.*

pluralismo ⟨plu.ra.lis.mo⟩ s.m. Sistema que aceita ou reconhece a diversidade de doutrinas ou métodos na execução de algo, especialmente se forem relacionados à política, à cultura ou à economia.

pluralizar ⟨plu.ra.li.zar⟩ v.t.d. **1** Dar o número plural de (uma palavra). **2** Aumentar consideravelmente. ☐ SIN. multiplicar.

pluricelular ⟨plu.ri.ce.lu.lar⟩ adj.2g. Em relação a um organismo, que é composto por mais de uma célula. ☐ SIN. multicelular.

pluripartidário, ria ⟨plu.ri.par.ti.dá.rio, ria⟩ adj. Que permite a existência de diversos partidos políticos.

pluripartidarismo ⟨plu.ri.par.ti.da.ris.mo⟩ s.m. Sistema político no qual coexistem mais de dois partidos políticos.

plutão ⟨plu.tão⟩ (pl. *plutões*) s.m. *literário* Fogo.

plutocracia ⟨plu.to.cra.ci.a⟩ s.f. **1** Governo no qual o poder é exercido por pessoas da classe mais rica da sociedade. **2** Predomínio ou influência sociais exercidos por essas pessoas. **3** Influência exercida pelo dinheiro.

plutocrata ⟨plu.to.cra.ta⟩ s.2g. Pessoa que pertence à plutocracia.

plutônio ⟨plu.tô.nio⟩ s.m. Elemento químico da família dos metais, de número atômico 94, artificial, pertencente ao grupo dos terras raras, de cor branco-prateada, muito tóxico e que é usado como combustível nuclear. ☐ ORTOGRAFIA Seu símbolo químico é Pu, sem ponto.

pluvial ⟨plu.vi.al⟩ (pl. *pluviais*) adj.2g. Da chuva.

pluviômetro ⟨plu.vi.ô.me.tro⟩ s.m. Instrumento que mede a quantidade de chuva que precipitou em uma região, em um determinado período de tempo.

PM ▌s.f. **1** Corpo da polícia que fica sob responsabilidade de cada estado do país e que auxilia as Forças Armadas. ☐ SIN. polícia militar. ▌s.2g. *informal* Membro ou agente do corpo da polícia. ☐ ORIGEM É a sigla de *polícia militar*.

pneu s.m. **1** Tubo de borracha cheio de ar, montado sobre um aro metálico e que, junto com uma capa de caucho, forma parte de uma roda. **2** *informal* No corpo de uma pessoa, gordura excessiva localizada na cintura. ☐ USO É a forma reduzida e mais usual de *pneumático*.

pneumático, ca ⟨pneu.má.ti.co, ca⟩ ▌adj. **1** Em relação a um aparelho, que funciona ou que se enche com ar ou com outro gás. ▌s.m. **2** →pneu

pneumonia ⟨pneu.mo.ni.a⟩ s.f. Em medicina, inflamação do pulmão ou de uma parte dele, geralmente causada por um micro-organismo.

pó s.m. **1** Conjunto de partículas muito pequenas de terra seca, que se levantam no ar com qualquer movimento: *O pó levantado na estrada de terra pelos carros dificultava a visibilidade*. ☐ SIN. poeira. **2** Conjunto de partículas sólidas e minúsculas que flutuam no ar e que assentam sobre os objetos: *Tiro o pó dos móveis três vezes por semana*. **3** Conjunto de partículas sólidas e minúsculas às quais se reduz uma substância: *Coloucou canela em pó no arroz-doce*. **4** →**pó de arroz** ‖ **estar (só) o pó** *informal* Estar excessivamente cansado ou exausto.

pobre ⟨po.bre⟩ ▌adj.2g. **1** Escasso ou insuficiente: *O trabalho ficou pobre, pela falta de dados concretos*. **2** De pouco valor, de pouca qualidade ou de pouca significação: *A monocultura deixou o solo pobre*. ▌adj.2g./s.2g. **3** Que ou quem não tem aquilo que é necessário para viver ou o tem com muita escassez. **4** Infeliz, triste ou que desperta compaixão: *Aquele pobre homem perdeu tudo o que tinha*. ▌s.m. **5** Pessoa sem recursos e que habitualmente pede esmola. ☐ SIN. mendigo, pedinte. ☐ GRAMÁTICA Seus superlativos são *paupérrimo* e *pobríssimo*.

pobre-diabo ⟨po.bre-di.a.bo⟩ (pl. *pobres-diabos*) s.m. *informal pejorativo* Pessoa inofensiva, sem importância ou de personalidade fraca. ☐ GRAMÁTICA Usa-se tanto para o masculino quanto para o feminino: *(ele/ela) é um pobre-diabo*.

pobretão ⟨po.bre.tão⟩ (pl. *pobretões*) s.m. *informal pejorativo* Pessoa muito pobre ou de baixa condição social. ☐ GRAMÁTICA Seu feminino é *pobretona*.

pobretona ⟨po.bre.to.na⟩ (Pron. [pobrêtóna]) Substantivo feminino de *pobretão*.

pobreza ⟨po.bre.za⟩ (Pron. [pobrêza]) s.f. **1** Condição ou estado de pobre. **2** Ausência daquilo que é necessário para a sobrevivência: *Parte da solução para a pobreza está na melhoria da educação*. **3** Grupo social formado pelas pessoas pobres.

poça ⟨po.ça⟩ (Pron. [póça] ou [pôça]) s.f. Concavidade em que há acúmulo de água.

poção ⟨po.ção⟩ (pl. *poções*) s.f. **1** Bebida preparada com propriedades supostamente mágicas ou medicinais. **2** Em um curso de água, região mais profunda. ☐ SIN. poço.

pocilga ⟨po.cil.ga⟩ s.f. **1** Estábulo ou curral onde se criam porcos. ☐ SIN. chiqueiro, porqueira. **2** *informal pejorativo* Lugar sujo, malcheiroso ou bagunçado.

poço ⟨po.ço⟩ (Pron. [póço], [pôços]) s.m. **1** Buraco profundo feito na terra, especialmente se for para extrair água ou petróleo. **2** Buraco profundo pelo qual se desce a uma mina. **3** Em um curso de água, região mais profunda. ☐ SIN. poção.

poço-redondense ⟨po.ço-re.don.den.se⟩ (pl. *poço-redondenses*) adj.2g./s.2g. De Poço Redondo ou relacionado a essa cidade do estado brasileiro de Sergipe.

poda ⟨po.da⟩ s.f. **1** Eliminação dos galhos inúteis de uma planta para que ela se desenvolva com mais força. **2** Época em que essa eliminação é feita.

podadeira ⟨po.da.dei.ra⟩ s.f. Ferramenta parecida com tesouras grandes, usada para podar.

podão

podão ⟨po.dão⟩ (pl. *podões*) s.m. **1** Ferramenta parecida com uma foice, de cabo curto e muito afiada. **2** Ferramenta parecida com tesouras grandes, usada para podar.

podar ⟨po.dar⟩ v.t.d. **1** Tirar os galhos inúteis de (uma planta) para que se desenvolva com mais força. **2** Tornar menos denso ou menos espesso: *podar os pelos de um cão*. □ SIN. desbastar. **3** Impor limites a (uma pessoa ou suas atitudes): *Muitos acham que a TV poda a imaginação das pessoas*.

podcast *(palavra inglesa)* (Pron. [podiquést]) s.m. Arquivo de áudio transmitido por meio da internet e em que uma ou várias pessoas falam sobre algum tema ou sobre algum assunto.

pó de arroz ⟨pó de ar.roz⟩ (Pron. [pó de arrôz]) (pl. *pós de arroz*) s.m. Maquiagem em pó, usada geralmente sobre a pele do rosto para disfarçar-lhe as manchas ou para absorver sua oleosidade. □ USO Usa-se também a forma reduzida pó.

poder ⟨po.der⟩ (Pron. [podér]) ▌s.m. **1** Direito, capacidade ou autoridade para fazer algo: *Usou o seu poder de persuasão para convencer os demais sócios*. **2** Domínio, influência ou autoridade para mandar: *O poder nunca lhe subiu à cabeça*. **3** Governo de um país, de um Estado ou de uma nação: *O presidente foi reeleito e permanecerá no poder por mais quatro anos*. **4** Cada um dos tipos de funções em que se divide o governo de um Estado: *Os três Poderes são o Legislativo, o Executivo e o Judiciário*. **5** Força, eficácia ou potência: *O poder medicinal dessa erva ainda está sendo testado*. **6** Posse ou domínio de algo: *Os documentos estão sob meu poder*. ▌s.m.pl. **7** Permissão ou autorização legal para que uma pessoa ou uma instituição representem outra ou atuem em seu nome. ▌v.t.d. **8** Ter capacidade, faculdade ou possibilidade de (uma ação): *Não poderei ir à festa, pois amanhã levantarei cedo*. **9** Ter autorização ou direito de (algo): *Não posso viajar, pois meus pais não deixam*. **10** Ser possível (um acontecimento): *Pode chover mais tarde*. **11** Haver probabilidade de (algo) acontecer: *Se ficar na chuva, pode pegar uma gripe*. **12** Ter força ou condição físicas para (uma ação): *Desde a cirurgia, não posso andar*. □ GRAMÁTICA É um verbo irregular →PODER.

poderio ⟨po.de.ri.o⟩ s.m. Grande domínio, autoridade ou influência exercidos por algo ou alguém: *O Império Romano ficou conhecido por seu poderio militar*.

poderoso, sa ⟨po.de.ro.so, sa⟩ (Pron. [poderôso], [poderósa], [poderósos], [poderósas]) ▌adj. **1** Eficaz, capaz de atingir algo ou excelente para sua categoria. ▌adj./s. **2** Que ou quem tem poder, influência ou força.

pódio ⟨pó.dio⟩ s.m. **1** Em algumas competições, plataforma sobre a qual os primeiros colocados sobem para receberem os prêmios e saudar o público. **2** Plataforma elevada sobre a qual um maestro fica enquanto rege uma orquestra ou um coro. **3** Em arquitetura, pedestal comprido sobre o qual vários pilares são sustentados.

pododáctilo ⟨po.do.dác.ti.lo⟩ s.m. **1** Nos pés ou nas patas de um vertebrado, cada um dos dedos. **2** Em um vertebrado, especialmente nos mamíferos tetrápodes, tornozelo ou articulação entre a perna e o pé. □ USO Na acepção 2, é a nova acepção de *artelho*.

podologia ⟨po.do.lo.gi.a⟩ s.f. Ramo da medicina que tem como objetivo o tratamento das doenças e das deformações do pé.

podólogo, ga ⟨po.dó.lo.go, ga⟩ s. Pessoa especialista em podologia.

podre ⟨po.dre⟩ adj.2g. **1** Em relação especialmente a uma matéria orgânica, que está em decomposição. **2** Que exala um odor muito desagradável. □ SIN. fedorento, fétido. **3** *pejorativo* Corrompido ou dominado pela imoralidade ou pelo vício.

podridão ⟨po.dri.dão⟩ (pl. *podridões*) s.f. **1** Decomposição de uma matéria orgânica. **2** Odor muito desagradável exalado por uma matéria. **3** Corrupção ou domínio causados pela imoralidade ou pelo vício.

poedeira ⟨po.e.dei.ra⟩ adj. Em relação a uma fêmea de um animal ovíparo, que põe ovos e que foi destinada a esse fim.

poeira ⟨po.ei.ra⟩ s.f. **1** Conjunto de partículas muito pequenas de terra seca, que se levantam no ar com qualquer movimento: *Quando o carro passou, levantou poeira*. □ SIN. pó. **2** Conjunto de partículas muito pequenas de qualquer substância: *Meu pai furou a parede, e agora há poeira por todo o quarto*.

poeirada ⟨po.ei.ra.da⟩ s.f. Quantidade grande de pó ou de poeira que é levantada do chão, agitada pelo vento ou por outra causa.

poeirento, ta ⟨po.ei.ren.to, ta⟩ adj. Cheio ou coberto de pó ou de poeira. □ SIN. poento.

poejo ⟨po.e.jo⟩ (Pron. [poêjo]) s.m. Planta herbácea de caule com ramos abundantes e com pelos, de cheiro agradável, com folhas pequenas, quase redondas e serrilhadas, flores azuladas ou roxas, usada para preparar infusões de uso medicinal.

poema ⟨po.e.ma⟩ (Pron. [poêma]) s.m. Obra literária pertencente ao gênero da poesia, especialmente se for escrita em verso: *Fernando Pessoa escreveu alguns dos mais célebres poemas da língua portuguesa*. ‖ **poema em prosa** Obra em prosa, geralmente de curta extensão, e com conteúdo e características próprios do gênero poético.

poente ⟨po.en.te⟩ s.m. **1** Direção onde o Sol se põe. □ SIN. oeste. **2** Momento em que o Sol se oculta no horizonte: *Subimos a colina para observar o poente*. □ SIN. pôr do sol.

poento, ta ⟨po.en.to, ta⟩ adj. Cheio ou coberto de pó ou de poeira. □ SIN. poeirento.

poesia ⟨po.e.si.a⟩ s.f. **1** Manifestação da beleza ou do sentimento estético por meio da palavra, em prosa ou em verso: *Tudo que dizia era pura poesia*. **2** Arte de compor obras que suponham uma manifestação desse tipo: *Após lançar um romance, o autor decidiu se dedicar à poesia*. **3** Gênero textual ao qual pertencem as obras compostas segundo essa arte. **4** Poema em verso, especialmente se for de caráter lírico.

poeta ⟨po.e.ta⟩ s.m. Autor de obras poéticas, especialmente se estiver dotado para isso. □ SIN. vate. □ GRAMÁTICA Seu feminino é *poetisa*.

poetar ⟨po.e.tar⟩ v.int. Compor versos ou uma obra poética. □ SIN. poetizar.

poética ⟨po.é.ti.ca⟩ s.f. Ciência ou disciplina que se ocupa da natureza, dos gêneros textuais, dos princípios e dos procedimentos da poesia, com atenção especial à linguagem.

poético, ca ⟨po.é.ti.co, ca⟩ adj. **1** Da poesia, relacionado a ela, ou com traços próprios desse gênero textual. **2** Que tem ou que expressa beleza, força estética ou outras características próprias da poesia.

poetisa ⟨po.e.ti.sa⟩ Substantivo feminino de **poeta**.

poetizar ⟨po.e.ti.zar⟩ v.int. Compor versos ou uma obra poética. □ SIN. poetar.

pois conj. **1** Conectivo gramatical coordenativo (que une elementos do mesmo nível sintático), que expressa explicação: *Ele está feliz, pois arrumou um emprego*. **2** Conectivo gramatical coordenativo (que une elementos do mesmo nível sintático), que expressa conclusão: *Meu carro quebrou; terei, pois, que chamar um táxi*. ‖ **pois não 1** Sim ou certamente: *Posso entrar? Pois não*. **2** Expressão usada para indicar gentileza ou disposição

polimento

para fazer algo: *Ao entrar na loja, o vendedor disse:* Pois não, em que posso ajudar? ‖ **pois sim** Expressão usada para indicar ironia: *Acha que consegue me enganar? Pois sim!*

polaco, ca ⟨po.la.co, ca⟩ ▌adj./s. **1** Da Polônia ou relacionado a esse país europeu. □ SIN. polonês. ▌s.m. **2** Língua eslava desse país. □ SIN. polonês.

polaina ⟨po.lai.na⟩ s.f. Peça do vestuário que cobre a perna até o joelho.

polar ⟨po.lar⟩ adj.2g. **1** Do polo terrestre ou relacionado a ele. **2** Que se encontra em um polo terrestre: *um urso polar.*

polarizar ⟨po.la.ri.zar⟩ ▌v.t.d. **1** Modificar a propagação de (um raio luminoso) de forma que vibre em um só plano: *Alguns minerais polarizam os raios de luz.* ▌v.t.d./v.prnl. **2** Atrair ou concentrar(-se) (a atenção ou o ânimo): *Polarizamos nossos esforços para acabar o trabalho na data marcada.*

polca ⟨pol.ca⟩ s.f. **1** Composição musical popular em compasso binário e com movimento alegre. **2** Dança em pares que acompanha essa música.

poldro, dra ⟨pol.dro, dra⟩ (Pron. [póldro]) s. Cavalo desde o nascimento até a troca dos dentes de leite. □ SIN. potro.

polegada ⟨po.le.ga.da⟩ s.f. **1** No sistema anglo-saxão, unidade de comprimento que equivale a aproximadamente 2,5 centímetros. **2** Unidade de comprimento que equivale aproximadamente ao comprimento da segunda falange de um dedo polegar.

polegar ⟨po.le.gar⟩ s.m. →**dedo polegar**

poleiro ⟨po.lei.ro⟩ s.m. Lugar em que as aves de uma criação dormem.

polêmica ⟨po.lê.mi.ca⟩ s.f. Discussão, debate ou disputa de ideias em torno de determinado assunto.

polêmico, ca ⟨po.lê.mi.co, ca⟩ adj. Que causa discussão ou controvérsia.

polemista ⟨po.le.mis.ta⟩ adj.2g./s.2g. Que ou quem mantém uma polêmica ou gosta de mantê-la.

polemizar ⟨po.le.mi.zar⟩ v.t.d./v.int. Causar ou manter (uma polêmica) ou travar uma discussão sobre questões divergentes.

pólen ⟨pó.len⟩ (pl. *pólens*) s.m. Conjunto de pequenos grãos produzidos nas anteras de uma flor e que contém as células sexuais masculinas: *As abelhas se alimentam do pólen.*

polenta ⟨po.len.ta⟩ s.f. Prato feito à base de farinha de milho, água e sal, no qual se costuma acrescentar manteiga ou queijo, e que se serve frito ou cozido.

poli- Prefixo que indica *vários*: *policultura, politeísmo.*

polia ⟨po.li.a⟩ s.f. Roda que gira ao redor de um eixo e que tem um canal em seu perímetro, pelo qual se passa uma corda, que serve para diminuir o esforço necessário para levantar um corpo.

poliamida ⟨po.li.a.mi.da⟩ s.f. Substância natural ou sintética, formada por uma reação química, muito usada como fibra ou como plástico.

poliandria ⟨po.li.an.dri.a⟩ s.f. Estado ou situação da mulher que tem vários maridos de uma mesma vez.

polícia ⟨po.lí.cia⟩ ▌s.f. **1** Corpo encarregado de manter a ordem pública e de cuidar da segurança dos cidadãos, que está às ordens das autoridades políticas. ▌s.2g. **2** Membro ou agente do corpo da polícia. □ SIN. policial. ‖ **polícia federal** Aquela que fica sob responsabilidade da Federação e que abrange toda a nação. □ SIN. PF. ‖ **polícia militar** Aquela que fica sob responsabilidade de cada estado do país e que auxilia as Forças Armadas. □ SIN. PM. ‖ **polícia rodoviária** Aquela que atua nas estradas e rodovias do país.

policial ⟨po.li.ci.al⟩ (pl. *policiais*) ▌adj.2g. **1** Da polícia, que a envolve, ou relacionado a ela: *uma batida policial.* ▌s.2g. **2** Membro ou agente do corpo da polícia. □ SIN. polícia.

policiar ⟨po.li.ci.ar⟩ ▌v.t.d. **1** Vigiar ou fiscalizar de acordo com a lei: *Várias viaturas policiavam a região.* **2** Observar ou cuidar com atenção. □ SIN. vigiar. **3** Conter ou controlar (um impulso ou uma atitude). ▌v.prnl. **4** Conter-se ou controlar seus próprios impulsos ou suas próprias atitudes: *Policiou-se para não dizer nada que a magoasse.*

policlínica ⟨po.li.clí.ni.ca⟩ s.f. Centro médico no qual serviços de diferentes especialidades são prestados.

policromia ⟨po.li.cro.mi.a⟩ s.f. **1** Presença de diversas cores. **2** Estado de um corpo que apresenta diversas cores.

policromo, ma ⟨po.li.cro.mo, ma⟩ (Pron. [policrômo]) adj. De muitas cores. □ SIN. multicolor.

policultura ⟨po.li.cul.tu.ra⟩ s.f. Sistema de exploração agrícola baseado no cultivo simultâneo de diversas espécies vegetais. □ USO É diferente de *monocultura* (cultivo de uma única espécie vegetal).

polidez ⟨po.li.dez⟩ (Pron. [polidêz]) s.f. Qualidade de polido.

polido, da ⟨po.li.do, da⟩ adj. **1** Em relação a uma superfície, que foi alisada ou que recebeu brilho. **2** Educado, refinado ou elegante: *um gesto polido.*

polidor, -a ⟨po.li.dor, do.ra⟩ (Pron. [polidôr], [polidôra]) adj./s. Que ou quem pule.

poliedro ⟨po.li.e.dro⟩ (Pron. [poliêdro]) s.m. Corpo geométrico tridimensional limitado por superfícies planas.

poliéster ⟨po.li.és.ter⟩ s.m. Resina plástica obtida por uma reação química, que se endurece a determinada temperatura, muito resistente à umidade, aos produtos químicos e às forças mecânicas, e que se emprega fundamentalmente para a fabricação de fibras artificiais.

poliestireno ⟨po.li.es.ti.re.no⟩ (Pron. [poliestirêno]) s.m. Resina plástica muito empregada para isolar a passagem de temperatura ou de energia.

polifonia ⟨po.li.fo.ni.a⟩ s.f. **1** Estilo ou técnica de composição com ou sem texto, que sobrepõe e combina várias melodias simultâneas de alturas e ritmos diferentes, geralmente seguindo as regras do contraponto. **2** Composição musical para várias vozes ou instrumentos.

polifônico, ca ⟨po.li.fô.ni.co, ca⟩ adj. Da polifonia ou relacionado a ela.

poligamia ⟨po.li.ga.mi.a⟩ s.f. **1** Estado ou situação de quem tem vários cônjuges simultaneamente: *As leis brasileiras não permitem a poligamia.* **2** Regime familiar que permite ter vários cônjuges simultaneamente: *Em algumas culturas orientais, a poligamia é comum.*

polígamo, ma ⟨po.lí.ga.mo, ma⟩ ▌adj. **1** Da poligamia ou relacionado a ela. ▌adj./s. **2** Que ou quem tem mais de um cônjuge ao mesmo tempo.

poliglota ⟨po.li.glo.ta⟩ adj.2g./s.2g. Que ou quem conhece várias línguas.

poligonal ⟨po.li.go.nal⟩ (pl. *poligonais*) adj.2g. **1** Do polígono, com seu formato ou relacionado a essa figura geométrica. **2** Que tem muitos ângulos.

polígono ⟨po.lí.go.no⟩ s.m. **1** Figura geométrica plana limitada por três ou mais segmentos de reta que compartilham dois ou mais pontos de sua extremidade: *Um triângulo é um polígono de três lados.* **2** Linha que limita ou que contorna essa figura. **3** Terreno ou campo de instrução usados pelo exército para realizar estudos e práticas de artilharia.

polígrafo, fa ⟨po.lí.gra.fo, fa⟩ s. Pessoa que escreve sobre diversos assuntos.

polimento ⟨po.li.men.to⟩ s.m. Ato ou efeito de polir.

polimerização

polimerização ⟨po.li.me.ri.za.cão⟩ (pl. *polimerizações*) s.m. Reação química pela qual se formam grandes moléculas lineares mediante a combinação de monômeros ou de moléculas pequenas.

polímero ⟨po.lí.me.ro⟩ s.m. Substância natural ou sintética, formada por uma reação química chamada polimerização, cujas moléculas estão constituídas por mais de uma unidade de monômero ou de moléculas pequenas.

polimorfismo ⟨po.li.mor.fis.mo⟩ s.m. **1** Propriedade dos corpos que têm uma mesma composição química, mas que cristalizam em diferentes sistemas e que apresentam formas distintas. **2** Ocorrência, em uma mesma população, de duas ou mais formas distintas: *Dois cães da mesma raça terem cores diferentes é um polimorfismo*.

polimorfo, fa ⟨po.li.mor.fo, fa⟩ adj. Que pode ter várias formas.

polinésio, sia ⟨po.li.né.sio, sia⟩ adj./s. Da Polinésia ou relacionado a esse grupo de arquipélagos do oceano Pacífico central e oriental.

polinização ⟨po.li.ni.za.cão⟩ (pl. *polinizações*) s.f. Processo pelo qual um grão de pólen é transportado de uma antera para o estigma de uma flor, onde ocorrerá a fecundação.

polinizar ⟨po.li.ni.zar⟩ v.t.d. Efetuar a polinização de (uma flor): *O vento e os insetos polinizam as flores*.

polinômio ⟨po.li.nô.mio⟩ s.m. Expressão matemática composta por dois ou mais termos algébricos unidos pelo sinal de soma ou de subtração: $2x + 3y$ *é um polinômio*.

poliomielite ⟨po.li.o.mi.e.li.te⟩ s.f. Doença causada por um vírus que prejudica a medula óssea e causa atrofia ou paralisia de alguns membros, geralmente das pernas. □ USO Usa-se também a forma reduzida *pólio*.

pólipo ⟨pó.li.po⟩ s.m. **1** Tumor geralmente benigno que se forma e que cresce nas membranas mucosas de diferentes cavidades, principalmente do nariz, do tubo digestivo, da vagina ou do útero, e que se prende a elas por meio de um pedúnculo. **2** Animal marinho em uma fase de seu ciclo biológico na qual tem o corpo em forma de saco, com uma abertura rodeada por tentáculos, e que vive preso ao fundo do mar ou às rochas por um pedúnculo.

polir ⟨po.lir⟩ ▌v.t.d. **1** Alisar ou dar brilho a (uma superfície). **2** Educar (alguém) para que seja mais refinada e elegante. ▌v.t.d./v.prnl. **3** Revisar ou aperfeiçoar-se, corrigindo falhas e erros. □ GRAMÁTICA É um verbo irregular →POLIR.

polissílabo, ba ⟨po.lis.sí.la.bo, ba⟩ adj./s.m. Em relação a uma palavra, que tem mais de três sílabas.

polissíndeto ⟨po.lis.sín.de.to⟩ s.m. Figura de linguagem que consiste no emprego reiterado de conjunções que não são necessárias, mas que agregam força expressiva: *Na oração Assustadas, as pessoas gritavam e corriam e se esbarravam, há polissíndeto*.

politécnica ⟨po.li.téc.ni.ca⟩ s.f. Instituição de ensino onde são lecionados cursos de diversas áreas ou técnicas.

politécnico, ca ⟨po.li.téc.ni.co, ca⟩ ▌adj. **1** Em relação a uma instituição de ensino, que oferece cursos que concernem geralmente às ciências. ▌adj./s. **2** Estudante dessa instituição.

politeísmo ⟨po.li.te.ís.mo⟩ s.m. Crença ou concepção religiosa que admitem a existência de muitos deuses.

politeísta ⟨po.li.te.ís.ta⟩ adj.2g./s.2g. Do politeísmo ou relacionado a essa concepção religiosa.

política ⟨po.lí.ti.ca⟩ s.f. **1** Arte ou ciência relacionadas ao governo e à administração de uma nação, de um Estado, ou dos demais tipos de estruturas sociais: *O italiano Nicolau Maquiavel escreveu* O Príncipe, *uma das obras mais importantes sobre política*. **2** Atividade daqueles que governam ou que almejam governar os assuntos públicos: *Desde jovem, ele se empenhou para entrar para a política*. **3** Arte ou habilidade para conduzir ou chegar a um governo, por meio da organização de partidos, da influência da opinião pública ou da conquista do eleitorado. **4** Série de medidas, de orientações ou de diretrizes que regem a atuação de uma pessoa ou de uma instituição: *Tivemos que ler um manual sobre a política de segurança da empresa*.

politicagem ⟨po.li.ti.ca.gem⟩ (pl. *politicagens*) s.f. *pejorativo* Intervenção ou atuação políticas que visam vantagens ou benefícios pessoais.

político, ca ⟨po.lí.ti.co, ca⟩ ▌adj. **1** Da política ou relacionado a essa doutrina ou atividade. ▌adj./s. **2** Que ou quem se dedica à política, especialmente como profissão.

politiqueiro, ra ⟨po.li.ti.quei.ro, ra⟩ ▌adj. **1** *pejorativo* Da politicagem ou relacionado a ela. ▌s. **2** *pejorativo* Pessoa que faz politicagem para conseguir benefícios ou vantagens pessoais.

politizar ⟨po.li.ti.zar⟩ v.t.d./v.prnl. Fazer(-se) capaz de adquirir uma formação ou uma consciência políticas.

polivalente ⟨po.li.va.len.te⟩ adj.2g. **1** Que tem vários valores ou usos. **2** Em relação a um elemento químico, que tem várias valências. **3** Em relação a um soro ou a uma vacina, que podem imunizar contra vários micróbios. **4** Que sabe fazer muitas coisas distintas.

polo ⟨po.lo⟩ s.m. **1** Em uma esfera ou em um corpo arredondado, qualquer uma das duas extremidades do eixo de rotação, especialmente se for em relação às extremidades da Terra. **2** Na Terra, ponto em que o eixo toca a superfície: *A Terra tem dois polos: o Norte, também chamado de boreal ou ártico, e o Sul, também chamado de antártico ou austral*. **3** Em eletricidade, cada uma das extremidades do circuito de uma pilha ou de certas máquinas elétricas: *As baterias dos carros têm dois polos: um positivo e outro negativo*. **4** Em física, qualquer um dos pontos opostos de um corpo nos quais se acumula a maior intensidade da energia de um agente físico. **5** Ponto de convergência, especialmente de um centro de atenções ou de interesses. **6** Aquilo que é contrário a outro elemento. **7** Filhote de falcão ou de gavião com menos de um ano. □ USO Nas acepções 1 a 6, a pronúncia é *pólo*; na acepção 7, *pôlo*.

polonês, -a ⟨po.lo.nês, ne.sa⟩ (Pron. [polonês], [polonêsa]) ▌adj./s. **1** Da Polônia ou relacionado a esse país europeu. □ SIN. polaco. ▌s.m. **2** Língua eslava desse país. □ SIN. polaco.

polônio ⟨po.lô.nio⟩ s.m. Elemento químico da família dos semimetais, de número atômico 84, sólido, de cor prateada, muito radioativo e que é usado como fonte de nêutrons e de partículas alfa. □ ORTOGRAFIA Seu símbolo químico é Po, sem ponto.

polpa ⟨pol.pa⟩ (Pron. [pólpa]) s.f. **1** Em uma fruta, parte carnosa e macia de seu interior: *A polpa da melancia é vermelha*. **2** Em uma planta lenhosa, parte esponjosa que se encontra no interior de seu tronco ou de seus galhos. **3** Carne sem gordura nem osso.

polpudo, da ⟨pol.pu.do, da⟩ adj. Que é significativo ou volumoso.

poltrão ⟨pol.trão⟩ (pl. *poltrões*) adj./s.m. Que ou quem é covarde ou medroso. □ GRAMÁTICA Seu feminino é *poltrona*.

poltrona ⟨pol.tro.na⟩ (Pron. [poltrôna]) ▌adj./s.f **1** Feminino de **poltrão**. ▌s.f. **2** Cadeira grande e confortável, geralmente estofada e com braços. **3** Em uma plateia, assento ou cadeira, geralmente identificados por números ou letras.

polução ⟨po.lu.cão⟩ (pl. *poluções*) s.f. Eliminação involuntária de sêmen.

poluente ⟨po.lu.en.te⟩ adj.2g./s.m. Que polui: *um gás poluente*.

poluição ⟨po.lu.i.ção⟩ (pl. *poluições*) s.f. **1** Ato ou efeito de poluir. **2** Contaminação ou deterioração do meio ambiente causadas pela interferência do ser humano. **3** Situação de desequilíbrio em que há excesso de estímulos.

poluir ⟨po.lu.ir⟩ v.t.d. **1** Contaminar ou danificar (o meio ambiente) com resíduos de processos industriais ou biológicos: *Os gases lançados pelos automóveis poluem o ar*. **2** Deteriorar ou adulterar: *As pichações poluem as fachadas*. ▫ ORTOGRAFIA Usa-se *i* em vez do *e* comum na conjugação do presente do indicativo e do imperativo afirmativo →ATRIBUIR.

polvilhar ⟨pol.vi.lhar⟩ v.t.d. **1** Cobrir de pó (uma superfície). ▫ SIN. pulverizar. **2** Espalhar (uma substância em pó): *Polvilhou canela sobre o arroz-doce*.

polvilho ⟨pol.vi.lho⟩ s.m. **1** Pó muito fino. **2** Farinha fina que se extrai da mandioca.

polvo ⟨pol.vo⟩ (Pron. [pôlvo]) s.m. Molusco marinho de corpo com o formato de um saco, cabeça com olhos muito desenvolvidos e rodeada por oito tentáculos compridos com ventosas, muito voraz e cuja carne é comestível. ▫ GRAMÁTICA É um substantivo epiceno: *o polvo (macho/fêmea)*.

pólvora ⟨pól.vo.ra⟩ s.f. Mistura de enxofre, salitre e carvão que se torna explosiva por ação do calor.

polvorosa ⟨pol.vo.ro.sa⟩ ‖ **em polvorosa** Em grande tumulto ou agitação.

pomada ⟨po.ma.da⟩ s.f. Mistura de uma substância gordurosa e outros ingredientes, geralmente usada como cosmético ou como medicamento.

pomar ⟨po.mar⟩ s.m. Terreno em que se plantam árvores frutíferas. ▫ SIN. vergel.

pombal ⟨pom.bal⟩ (pl. *pombais*) s.f. Lugar em que se criam pombos.

pombo, ba ⟨pom.bo, ba⟩ s. Ave gorducha com asas curtas e plumagem geralmente acinzentada, com cauda grande e de voo rápido, a qual pode ser domesticada: *A pomba branca é o símbolo da paz*. [👁 aves p. 92]

pombo-correio ⟨pom.bo-cor.rei.o⟩ (pl. *pombos-correio* ou *pombos-correios*) s.m. **1** Pombo usado para enviar curtas mensagens escritas, e que retorna ao lugar de origem após esse envio: *Um pombo-correio é capaz de voar mais de oitocentos quilômetros por dia*. **2** Pessoa que leva e traz informações ou mercadorias, especialmente se forem sigilosas ou ilícitas. ▫ GRAMÁTICA Na acepção 2, usa-se tanto para o masculino quanto para o feminino: *(ele/ela) é um pombo-correio*.

pomelo ⟨po.me.lo⟩ s.m. **1** Árvore frutífera de copa arredondada, com flores brancas, e cujo fruto é semelhante a uma laranja, porém maior, com casca amarela e polpa rósea. ▫ SIN. toranjeira. **2** Esse fruto. ▫ SIN. toranja.

pomicultura ⟨po.mi.cul.tu.ra⟩ s.f. Atividade que consiste em cultivar árvores frutíferas.

pomo ⟨po.mo⟩ (Pron. [pômo]) s.m. Fruto que tem uma parte carnosa bastante desenvolvida.

pomo de adão ⟨po.mo de a.dão⟩ (pl. *pomos de adão*) s.m. Saliência externa na região da laringe. ▫ SIN. proeminência laríngea.

pompa ⟨pom.pa⟩ s.f. Grandeza ou luxo extraordinários.

pompom ⟨pom.pom⟩ (pl. *pompons*) s.m. **1** Conjunto de fios ou de cordões reunidos e presos somente em um de seus extremos, usado como adorno. ▫ SIN. borla. **2** Bola usada para passar pó no rosto, feita de um material suave. ▫ SIN. borla.

pomposo, sa ⟨pom.po.so, sa⟩ (Pron. [pompôso], [pompósa], [pompósos], [pompósas]) adj. Magnífico ou luxuoso.

poncã ⟨pon.cã⟩ s.f. Tangerina de tamanho grande, com casca grossa e de cor entre verde e alaranjada.

ponche ⟨pon.che⟩ s.m. **1** Bebida que se serve misturando vinho, água e frutas picadas, e cujo teor alcoólico é baixo. **2** Bebida alcoólica que se faz misturando aguardente, rum ou conhaque com água, limão e açúcar, ou com chá.

poncho ⟨pon.cho⟩ s.m. Peça do vestuário que consiste em uma manta grossa, geralmente de lã, com uma abertura no centro pela qual se passa a cabeça, e que cobre até abaixo do joelho.

ponderação ⟨pon.de.ra.ção⟩ (pl. *ponderações*) s.f. Ato ou efeito de ponderar.

ponderado, da ⟨pon.de.ra.do, da⟩ adj. **1** Que age com tato e prudência. **2** Em relação a uma atitude ou a uma decisão, que foram pensadas ou refletidas com antecedência.

ponderar ⟨pon.de.rar⟩ v.t.d. Examinar, avaliar ou pesar com cuidado: *Ponderei os prós e contras antes de aceitar a proposta*.

ponderável ⟨pon.de.rá.vel⟩ (pl. *ponderáveis*) adj.2g. Que deve ser ponderado ou considerado.

pônei ⟨pô.nei⟩ s.m. Cavalo de uma raça que se caracteriza por sua pouca altura e grande força e agilidade. ▫ GRAMÁTICA É um substantivo epiceno: *o pônei (macho/fêmea)*.

ponta ⟨pon.ta⟩ ▍ s.f. **1** Extremidade ou parte final de algo, especialmente se for sobressalente e se tiver formato mais ou menos angular. **2** Extremidade aguda de uma arma ou de outro instrumento com o qual se pode ferir. **3** Pedaço ou pequena quantidade de algo. **4** Qualidade, avanço ou destaque: *tecnologia de ponta*. **5** Em alguns animais, peça óssea, geralmente pontiaguda e um pouco curva, que nasce na região frontal da cabeça. ▫ SIN. chifre, corno. **6** Porção de terra que avança sobre o mar. ▫ SIN. cabo. **7** Em uma representação teatral, televisiva ou cinematográfica, papel de pouca importância e em que geralmente se atua por pouco tempo: *Essa atriz fez algumas pontas em novelas antes de se consagrar*. ▍ s.2g. **8** Em futebol, jogador que ocupa as posições de ataque, geralmente pelas pontas, com a função de marcar gols. ‖ **de ponta a ponta** Do início ao fim ou de um extremo ao outro: *Li o livro de ponta a ponta*.

pontada ⟨pon.ta.da⟩ s.f. Dor aguda, repentina e passageira, que costuma repetir-se de vez em quando. ▫ SIN. aguilhoada, agulhada.

ponta-direita ⟨pon.ta-di.rei.ta⟩ (pl. *pontas-direitas*) s.2g. Em futebol, jogador que ocupa as posições de ataque na parte direita do campo, com a função de marcar gols.

ponta-esquerda ⟨pon.ta-es.quer.da⟩ (Pron. [ponta-esquêrda]) (pl. *pontas-esquerdas*) s.2g. Em futebol, jogador que ocupa as posições de ataque na parte esquerda do campo, com a função de marcar gols.

ponta-grossense ⟨pon.ta-gros.sen.se⟩ (pl. *ponta-grossenses*) adj.2g./s.2g. De Ponta Grossa ou relacionado a essa cidade do estado brasileiro do Paraná.

pontal ⟨pon.tal⟩ (pl. *pontais*) s.m. Região de terra que avança um pouco pelo mar ou por um rio.

pontalete ⟨pon.ta.le.te⟩ (Pron. [pontalête]) s.m. Madeira ou barra de um material resistente que se fixam em um lugar para sustentar uma construção.

pontão ⟨pon.tão⟩ (pl. *pontões*) s.m. Em uma massa de água, plataforma que flutua em sua superfície e que é usada como ponte ou passagem.

pontapé ⟨pon.ta.pé⟩ s.m. Golpe dado com o pé. ▫ SIN. chute.

ponta-poranense ⟨pon.ta-po.ra.nen.se⟩ (pl. *ponta-poranenses*) adj.2g./s.2g. De Ponta Porã ou relacionado a essa cidade do estado brasileiro de Mato Grosso do Sul.

pontaria ⟨pon.ta.ri.a⟩ s.f. **1** Ação de apontar ou colocar uma arma de arremesso ou de fogo de forma que, ao lançá-la ou dispará-la, se alcance o alvo desejado.

ponte

2 Destreza ou habilidade de um atirador para acertar o alvo. ◻ SIN. **mira**.

ponte ‹pon.te› s.f. **1** Construção situada sobre um rio, fosso ou desnível para que possam ser passados ou percorridos. **2** Dia útil entre dois feriados ou entre um feriado e um fim de semana, e no qual não se trabalha. **3** Prótese que substitui um ou mais dentes naturais. **4** Aquilo que serve para aproximar algo, especialmente se estiver distante. ‖ **ponte aérea** Comunicação frequente e contínua que, por meio de aviões, se estabelece entre dois lugares para facilitar o deslocamento de pessoa e de mercadorias. ‖ **ponte pênsil** Aquela que é suspensa por cabos ou por correntes de ferro ou de aço: *Uma ponte pênsil liga São Vicente à cidade de Praia Grande, ambas no estado de São Paulo.*

pontear ‹pon.te.ar› ▌v.t.d. **1** Desenhar, pintar ou gravar com pontos. ▌v.t.d./v.int. **2** Manter ou manter-se na ponta ou na frente. ◻ ORTOGRAFIA O e muda para ei quando a sílaba tônica estiver na raiz do verbo → NOMEAR.

ponteira ‹pon.tei.ra› s.f. **1** Peça, geralmente de metal, que se coloca na extremidade oposta ao punho de alguns objetos, especialmente de um bastão ou de um guarda-chuva. **2** Peça metálica que se coloca na extremidade de uma ferramenta, usada geralmente para lidar com materiais duros. **3** Tubo pequeno, geralmente provido de um filtro, em que se coloca, em uma das extremidades, um cigarro para fumá-lo. ◻ SIN. **boquilha, piteira**.

ponteiro ‹pon.tei.ro› s.m. **1** Em um relógio ou em outro instrumento de precisão, vareta fina e comprida que marca uma medida. ◻ SIN. **agulha**. **2** Em informática, marca que se move pela tela e que indica a posição do *mouse*. ◻ SIN. **cursor**.

pontiagudo, da ‹pon.ti.a.gu.do, da› adj. Que tem uma ponta aguda ou que termina em ponta. ◻ SIN. **pontudo**.

pontificado ‹pon.ti.fi.ca.do› s.m. **1** Na Igreja Católica, cargo de pontífice. **2** Tempo durante o qual um pontífice exerce seu cargo.

pontifical ‹pon.ti.fi.cal› (pl. *pontificais*) adj.2g. Na Igreja Católica, do papa, do bispo, do arcebispo ou relacionado a eles. ◻ SIN. **pontifício**.

pontificar ‹pon.ti.fi.car› v.int. **1** Ser ou atuar como pontífice. **2** Celebrar uma missa usando as vestes pontificais. **3** Expor opiniões em tom dogmático como se fossem verdades inegáveis. ◻ ORTOGRAFIA Antes de e, o c muda para qu → BRINCAR.

pontífice ‹pon.tí.fi.ce› s.m. Bispo ou arcebispo de uma diocese: *O papa também é chamado de* Sumo Pontífice.

pontifício, cia ‹pon.ti.fí.cio, cia› adj. Na Igreja Católica, do papa, do bispo, do arcebispo ou relacionado a eles. ◻ SIN. **pontifical**.

pontilhado, da ‹pon.ti.lha.do, da› ▌adj. **1** Desenhado ou coberto de pontos. ▌s.m. **2** Linha ou figura formadas por uma sequência de pontos.

pontilhão ‹pon.ti.lhão› (pl. *pontilhões*) s.m. Ponte pequena.

pontilhar ‹pon.ti.lhar› v.t.d. Desenhar ou gravar com pontos.

ponto ‹pon.to› s.m. **1** Sinal, geralmente circular, que se destaca em uma superfície por contraste de relevo ou de cor. **2** Em uma peça de costura, agulhada que se dá. **3** Laçada ou nó pequenos que formam o tecido de algumas vestimentas: *Essa blusa é tricotada usando uma base de trinta pontos.* **4** Unidade de valor ou de qualificação. **5** Lugar, local ou recinto. **6** Instante, momento ou porção muito pequena de tempo: *Naquele ponto, disse que era tarde e que precisava ir embora.* **7** Cada uma das partes ou dos assuntos de que algo trata: *Acho que devemos nos aprofundar nesse ponto.* **8** Estado ou fase de algo: *A empresa chegou a um ponto crítico e todos estão preocupados.* **9** Grau de uma escala: *É generoso a ponto de ajudar a todos os que necessitam.* **10** Costura que o cirurgião faz passando a agulha pelos lábios de uma ferida para que se unam. **11** Grau de temperatura necessário para que determinados fenômenos físicos ocorram: *O ponto de ebulição da água é de 100 ºC.* **12** Em geometria, elemento sem comprimento nem volume, que representa uma posição da reta, do plano ou do espaço: *Duas retas transversais podem se cruzar em apenas um ponto.* **13** Em ortografia, sinal gráfico que se coloca em cima do *i* e do *j* e ao final de abreviaturas. ‖ **a ponto de** algo: Seguido de infinitivo, expressa a proximidade da data de inscrição: *Duas retas transversais podem se cruzar em apenas um ponto. Estava a ponto de ir embora quando nos viu chegar.* ‖ **dormir no ponto** *informal* Distrair-se ou não agir no momento adequado: *Dormiu no ponto e perdeu a data de inscrição.* ‖ **em ponto** Em relação à hora, cheia ou exata: *O portão do colégio fecha às oito horas em ponto.* ‖ **entregar os pontos** *informal* Desistir ou resignar-se: *Entregou os pontos e abandonou o projeto de viajar.* ‖ **{ganhar/perder} pontos** Ganhar ou perder estima ou prestígio: *Ganhou muitos pontos por nos oferecer ajuda.* ‖ **não dar ponto sem nó** Agir de acordo com o interesse próprio: *Ele não dá ponto sem nó: se está sendo gentil, é porque quer algo.* ‖ **ponto cardeal** Cada um dos quatro pontos que dividem o horizonte em outras tantas partes iguais e que servem para a orientação: *Os pontos cardeais são norte, sul, leste e oeste.* ‖ **ponto colateral** Cada uma dos quatro pontos bissetrizes de cada dois pontos cardeais: *Os pontos colaterais são nordeste, sudeste, sudoeste e noroeste.* ‖ **ponto de vista** Forma de considerar algo: *Em seu ponto de vista, as discussões são desnecessárias.* ◻ SIN. **óptica**. ‖ **ponto fraco** Aspecto ou parte mais fáceis de atacar ou de abalar: *O ponto fraco desse time é a defesa.* ‖ **ponto morto** No motor de um veículo, posição da caixa de câmbio em que o movimento da manivela não se transmite ao mecanismo que atua sobre as rodas: *Depois de estacionar o carro, coloque-o em ponto morto e puxe o freio de mão.* ‖ **ponto por ponto** Sem esquecer nenhum detalhe: *Contou o que aconteceu ponto por ponto.*

ponto de exclamação ‹pon.to de ex.cla.ma.ção› (Pron. [ponto de esclamação]) (pl. *pontos de exclamação*) s.m. Em ortografia, sinal gráfico de pontuação que se coloca ao final de uma expressão exclamativa: *O sinal ! é o ponto de exclamação.* ◻ USO Usa-se também a forma reduzida *exclamação*.

ponto de interrogação ‹pon.to de in.ter.ro.ga.ção› (pl. *pontos de interrogação*) s.m. Em ortografia, sinal gráfico de pontuação que se coloca ao final de uma expressão interrogativa: *O sinal ? é o ponto de interrogação.* ◻ USO Usa-se também a forma reduzida *interrogação*.

ponto e vírgula ‹pon.to e vír.gu.la› (pl. *ponto e vírgulas ou pontos e vírgulas*) s.m. Em ortografia, sinal gráfico de pontuação que indica uma pausa maior que a vírgula: *O sinal ; é um ponto e vírgula.*

ponto-final ‹pon.to-fi.nal› (pl. *pontos-finais*) s.m. Em ortografia, sinal gráfico de pontuação que indica uma pausa e que marca o fim do sentido gramatical e lógico de uma ou mais orações: *O sinal . é um ponto-final.*

pontuação ‹pon.tu.a.ção› (pl. *pontuações*) s.f. **1** Colocação dos sinais gráficos necessários para a leitura, a compreensão e a interpretação corretas de um texto escrito. **2** Classificação expressa em pontos em uma prova, em um exercício ou em uma competição.

pontual ‹pon.tu.al› (pl. *pontuais*) adj.2g. **1** Que chega ou que costuma chegar na hora marcada ou no horário que convém. **2** Que faz as coisas a seu tempo sem atrasá-las. **3** Concreto, preciso ou bem delimitado.

pontualidade ⟨pon.tu.a.li.da.de⟩ s.f. Condição de pontual. ‖ **pontualidade {britânica/inglesa}** Aquela que é muito exata e precisa: *Chegou à reunião com uma pontualidade britânica.*

pontuar ⟨pon.tu.ar⟩ ▎v.t.d. **1** Colocar sinais gráficos necessários para a leitura, compreensão e interpretação de (um texto): *Se não pontuar bem seu texto, não entenderei o que quer dizer.* ▎v.t.d. **2** Classificar com pontos (um exercício ou a uma prova): *O professor foi rigoroso ao pontuar os trabalhos.* ▎v.int. **3** Em alguns jogos ou competições, obter ou conseguir pontos ou unidades de pontuação, especialmente em um placar. ▎v.t.d. **4** Marcar ou ser destaque de (um acontecimento): *A emoção dos jogadores pontuou a final.*

pontudo, da ⟨pon.tu.do, da⟩ adj. Que tem uma ponta aguda ou que termina em ponta. ☐ SIN. pontiagudo.

pop *(palavra inglesa)* (Pron. [pópl]) ▎adj.2g.2n. **1** Do *pop* ou relacionado a esse estilo musical. ▎s.m. **2** Composição musical popular difundida pelos meios de comunicação de massa: *Ele é um dos principais astros do pop hoje em dia.* ‖ **pop (art)** Movimento artístico surgido na metade do século XX, caracterizado pelo uso de elementos do cotidiano e da cultura de massas.

popa ⟨po.pa⟩ (Pron. [pôpa]) s.f. Em uma embarcação, parte traseira. ☐ USO É diferente de *proa* (parte dianteira de uma embarcação).

populaça ⟨po.pu.la.ça⟩ s.f. **1** Em uma população, grupo de pessoas da classe mais pobre. ☐ SIN. populacho. **2** Agrupamento volumoso ou multidão de pessoas pertencentes a esse grupo. ☐ SIN. populacho.

população ⟨po.pu.la.ção⟩ (pl. *populações*) s.f. **1** Em um território, conjunto de seus habitantes. **2** Grupo de indivíduos que compartilham de um mesmo grupo de genes. ‖ **população economicamente ativa** Aquela que trabalha e que recebe remuneração por isso, ou que está na idade de fazê-lo.

populacho ⟨po.pu.la.cho⟩ s.m. **1** Em uma população, grupo de pessoas da classe mais pobre. ☐ SIN. populaça. **2** Agrupamento volumoso ou multidão de pessoas pertencentes a esse grupo. ☐ SIN. populaça.

popular ⟨po.pu.lar⟩ ▎adj.2g. **1** Do povo ou relacionado a ele. **2** Que está ao alcance das pessoas com poucos recursos econômicos. **3** Que é conhecido ou estimado por um grande número de pessoas. ▎s.m. **4** Pessoa qualquer ou pessoa não identificada: *Alguns populares ficaram feridos com o tumulto.*

popularesco, ca ⟨po.pu.la.res.co, ca⟩ adj. Que tem caráter popular.

popularidade ⟨po.pu.la.ri.da.de⟩ s.f. **1** Condição de popular. **2** Aceitação ou fama entre a maioria das pessoas de um grupo.

popularizar ⟨po.pu.la.ri.zar⟩ v.t.d./v.prnl. Divulgar(-se) ou tornar(-se) popular: *O artista se popularizou com sua última exposição.*

populismo ⟨po.pu.lis.mo⟩ s.m. **1** Doutrina política fundamentada na defesa dos interesses e das aspirações das camadas mais baixas de uma sociedade. **2** *pejorativo* Atitude daquele que defende os interesses das camadas mais baixas da sociedade com a intenção de atrair seu apoio para conseguir o poder.

populoso, sa ⟨po.pu.lo.so, sa⟩ (Pron. [populôso], [pulósa], [populôsos], [populósas]) adj. Em relação a um lugar, que é muito povoado.

pop-up *(palavra inglesa)* (Pron. [popáp]) s.m. Em internet, janela que se abre automaticamente ao entrar em uma página da *web*, e cujo conteúdo costuma ser publicitário.

pôquer ⟨pô.quer⟩ s.m. **1** Jogo de cartas em que se apostam valores, disputado entre dois ou mais jogadores, os quais tentam obter a melhor combinação possível nas cartas, de acordo com uma hierarquia preestabelecida, e, se não conseguem, tentam enganar os adversários por meio de blefes para ganhar o jogo e o valor das apostas. **2** Nesse jogo, combinação de quatro cartas iguais.

por (Pron. [pôr]) prep. **1** Indica passagem ou trânsito através de um lugar: *Esse ônibus não passa por aqui.* **2** Indica duração ou permanência aproximadas no tempo: *Moramos naquela casa por cinco anos.* **3** Indica uma parte ou um lugar concretos: *Ele a puxou por seu braço.* **4** Indica o meio ou o instrumento com o qual se faz algo: *Comunicou-se com os pais por e-mail.* **5** Indica o modo de fazer algo: *Foi promovido por merecimento e esforço.* **6** Indica motivo ou causa: *Deixou de trabalhar por preguiça.* **7** Indica finalidade: *Estudou muito por uma vaga na universidade.* **8** Indica que uma quantidade se divide de forma igualitária: *Dividindo dez reais por duas pessoas, cada uma terá cinco reais.* **9** Indica proporção: *Havia cerca de três candidatos por vaga.* **10** Indica uma comparação: *Filme por filme, aluguei uma comédia.* **11** Indica separação dos elementos que formam uma série: *Explicaram o ocorrido a aluno por aluno.* **12** Introduz um complemento agente: *Ela foi elogiada por seus professores.* **13** A favor ou em defesa de. **14** No que se refere a algo: *Por eles, nunca abriríamos uma loja.* **15** Em qualidade ou em condição de: *Eu o tenho por inimigo.* **16** Em troca ou em substituição de: *Comprou salsinha por coentro.* **17** Seguido de alguns verbos no infinitivo, indica que a ação deles não está realizada: *O trabalho ainda está por fazer.* **18** Seguido de um adjetivo ou de um advérbio e da conjunção *que*, introduz expressões concessivas: *Por mais que chore, elas não mudarão de ideia.* **19** Precedido de um verbo e seguido do infinitivo desse mesmo verbo, indica a falta de utilidade da ação descrita por eles: *Ela canta por cantar, pois não ganha um centavo com isso.* ‖ **por que** No início ou no meio de uma frase interrogativa direta ou indireta, pergunta pelo motivo ou pela razão: *Por que você não fez a lição? Não sabemos por que ela foi embora!* ‖ **por quê** No final de uma frase interrogativa direta ou indireta, pergunta pelo motivo ou pela razão: *Ela não virá. Por quê? Ele ainda não chegou e não sei por quê.* ☐ ORTOGRAFIA É diferente de *pôr*.

pôr ▎v.t.d.i. **1** Colocar (algo) [em um lugar ou em uma posição determinada]: *Ponha as roupas no armário, por favor.* **2** Colocar (algo ou alguém) [em uma situação ou de uma maneira determinada]: *A crise financeira pôs a empresa em uma condição difícil.* **3** Colocar ou apoiar (algo) [em um lugar que dê firmeza]: *Ponha o pé no estribo para subir no cavalo.* **4** Apresentar ou colocar (algo) [em cartaz ou em cena]: *A companhia de teatro pôs uma nova peça em cartaz.* **5** Introduzir, incluir ou acrescentar (um elemento ou um ingrediente) [a algo]: *Já pus açúcar no seu café.* **6** Aproximar ou levar para perto (uma coisa) [de outra]: *Levou a mão aos olhos para se proteger da claridade.* ▎v.t.d./v.int. **7** Em relação a uma ave, produzir e depositar (um ovo) ou botar: *Uma galinha pode pôr cerca de 250 ovos em um ano.* ▎v.t.d.i. **8** Colocar ou depositar (a culpa ou a responsabilidade por algo) [em alguém]: *Puseram a culpa do acidente no motorista do ônibus.* **9** Dar ou aplicar (um nome ou um apelido) [a alguém]: *Puseram no cão o nome de Totó.* ▎v.t.d./v.t.d.i. **10** Aplicar ou espalhar (uma substância) [em uma superfície]: *Ponha gelo na batida, para evitar que fique um hematoma.* ▎v.t.d.i. **11** No jogo, arriscar

porão

ou apostar (uma quantia de dinheiro) [em algo]: *Pôs todo o seu dinheiro no cavalo número três.* **12** Colocar ou empregar (alguém) [em um ofício ou uma atividade]: *Os pais o puseram em um curso técnico de informática. Puseram-na de secretária enquanto a outra estava de férias.* ▎v.prnl. **13** Ocultar-se no horizonte (um astro): *O Sol se põe no oeste.* ▎v.t.d.i. **14** Fixar ou direcionar (algo) [em determinada direção]: *Pôs os olhos nela logo que chegou ao baile.* ▎v.t.d. **15** Fazer o necessário para que funcione (um aparelho ou uma instalação elétrica): *Durante a Copa, puseram um telão para assistirmos aos jogos.* ▎v.t.d.i. **16** Traduzir ou passar (um texto ou uma parte dele) [a outro idioma]: *Como exercício, ponha as frases em espanhol.* ▎v.prnl. **17** Iniciar ou começar: *Ao saber da notícia, pôs-se a chorar.* **18** Imaginar ou fingir: *Ponha-se no lugar dela antes de julgá-la.* ☐ ORTOGRAFIA É diferente de *por*. ☐ GRAMÁTICA É um verbo irregular →PÔR.

porão ⟨po.rão⟩ (pl. *porões*) s.m. **1** Em uma construção, especialmente uma residência, andar ou parte situados a um nível mais baixo que o térreo. **2** Em uma embarcação, espaço interno, entre o convés e a parte mais funda de seu casco, usado como depósito de carga.

poraquê ⟨po.ra.quê⟩ s.m. Peixe de água doce, que pode medir de um a três metros, sem escamas, de dorso escuro e ventre amarelado, e que tem a capacidade de lançar uma descarga elétrica em suas presas. ☐ SIN. peixe-elétrico. ☐ ORIGEM É uma palavra de origem tupi. ☐ GRAMÁTICA É um substantivo epiceno: *o poraquê (macho/fêmea)*. [◉ **peixes (água doce)** p. 608]

porca ⟨por.ca⟩ s.f. Peça com um furo redondo, cuja superfície é em espiral para que se encaixe um parafuso.

porcalhão ⟨por.ca.lhão⟩ (pl. *porcalhões*) adj./s.m. *informal pejorativo* Que ou quem é sujo ou sem higiene ou realiza mal um trabalho ou uma atividade. ☐ GRAMÁTICA Seu feminino é *porcalhona*.

porcalhona ⟨por.ca.lho.na⟩ (Pron. [porcalhôna]) Feminino de *porcalhão*.

porção ⟨por.ção⟩ (pl. *porções*) s.f. **1** Quantidade separada de outra maior ou de algo que pode ser dividido. **2** Em uma divisão ou em uma distribuição, quantidade que corresponde a cada um. **3** Grande quantidade: *Ganhamos uma porção de presentes.*

porcaria ⟨por.ca.ri.a⟩ s.f. **1** Sujeira ou imundície. **2** *informal* Aquilo que é ruim, de pouco valor ou de má qualidade. **3** *informal* Alimento de pouco valor nutritivo: *Este menino só come porcarias!* **4** Grande quantidade de porcos.

porcelana ⟨por.ce.la.na⟩ s.f. **1** Louça fina, dura e brilhante, geralmente de cor branca. **2** Objeto ou conjunto de objetos feitos com essa louça.

porcentagem ⟨por.cen.ta.gem⟩ (pl. *porcentagens*) s.f. Quantidade que representa uma fração de uma centena. ☐ SIN. percentual. ☐ ORTOGRAFIA Escreve-se também *percentagem*.

porco, ca ⟨por.co, ca⟩ (Pron. [pôrco], [pórca], [pórcos], [pórcas]) ▎adj. **1** *informal pejorativo* Que é feito de forma descuidada ou incorreta. ▎adj./s. **2** *informal pejorativo* Sujo ou sem higiene. ▎s. **3** Mamífero doméstico de corpo gordo de coloração branca, preta, marrom ou malhada, cabeça grande com um focinho quase cilíndrico, cauda em formato espiral e patas curtas, cuja carne é muito usada na alimentação humana. ☐ SIN. suíno. ▎s.m. **4** Carne desse mamífero.

porco-do-mato ⟨por.co-do-ma.to⟩ (pl. *porcos-do-mato*) s.m. Mamífero herbívoro semelhante ao javali, de cabeça pontuda e focinho alongado, de pelagem acinzentada com uma faixa branca ao redor do pescoço, sem rabo, e com uma glândula no alto do lombo pela qual secreta um odor desagradável. ☐ SIN. caititu, cateto. ☐ GRAMÁTICA É um substantivo epiceno: *o porco-do-mato (macho/fêmea)*.

porco-espinho ⟨por.co-es.pi.nho⟩ (Pron. [pôrco-espinho], [pórcos-espinho] ou [pórcos-espinhos]) (pl. *porcos-espinho* ou *porcos-espinhos*) s.m. Mamífero roedor de corpo redondo, cabeça pequena e focinho pontudo, que tem o pescoço coberto de pelos fortes e o corpo coberto de espinhos com os quais se defende de seus predadores. ☐ GRAMÁTICA É um substantivo epiceno: *o porco-espinho (macho/fêmea)*.

pôr do sol ⟨pôr do sol⟩ (pl. *pores do sol*) s.m. Momento em que o Sol se oculta no horizonte. ☐ SIN. poente.

porejar ⟨po.re.jar⟩ ▎v.t.d./v.int. **1** Fazer sair ou sair pelos poros (um líquido) ou transpirar. ▎v.int. **2** Cobrir-se ou ficar coberto por pequenas gotas: *A bebida gelada fez o copo porejar.*

porém ⟨po.rém⟩ conj. Conectivo gramatical coordenativo (que une elementos do mesmo nível sintático) que pode expressar oposição ou adversidade: *Adora esportes, porém, não faz nenhuma atividade física.* ☐ SIN. contudo, entretanto, mas, no entanto, todavia.

porfia ⟨por.fi.a⟩ s.f. Debate ou discussão acalorados.

porfiar ⟨por.fi.ar⟩ v.int. Debater ou discutir de forma acalorada.

pormenor ⟨por.me.nor⟩ s.m. Detalhe ou circunstância secundários ou de pouca importância. ☐ USO Usa-se geralmente a forma plural *pormenores*.

pormenorizar ⟨por.me.no.ri.zar⟩ v.t.d. Descrever ou enumerar em detalhes ou de forma minuciosa.

pornochanchada ⟨por.no.chan.cha.da⟩ s.f. Obra televisiva ou cinematográfica populares, de baixa qualidade e com forte apelo sexual ou pornográfico.

pornografia ⟨por.no.gra.fi.a⟩ s.f. Obscenidade ou falta de pudor em qualquer tipo de representação ou expressão daquilo que é relacionado ao sexo.

pornográfico, ca ⟨por.no.grá.fi.co, ca⟩ adj. Da pornografia, com pornografia ou relacionado a ela.

poro ⟨po.ro⟩ s.m. Em uma superfície, orifício ou furo, geralmente invisíveis a olho nu: *O suor sai pelos poros de nossa pele.*

porongo ⟨po.ron.go⟩ s.m. **1** Planta herbácea de caule rasteiro, com folhas grandes e cujo fruto, oco, branco ou amarelado e de casca dura, é usado na fabricação de instrumentos musicais e de outros objetos. ☐ SIN. cabaça. **2** Esse fruto. ☐ SIN. cabaça. **3** Cuia feita com esse fruto cortado ao meio. ☐ SIN. cabaça.

pororoca ⟨po.ro.ro.ca⟩ s.f. Onda de grande dimensão resultante do encontro da água de rios volumosos com as águas do mar. ☐ ORIGEM É uma palavra de origem tupi.

porosidade ⟨po.ro.si.da.de⟩ s.f. **1** Condição de poroso. **2** Existência de poros em uma superfície ou em uma substância.

poroso, sa ⟨po.ro.so, sa⟩ (Pron. [porôso], [porósa], [porósos], [porósas]) adj. Que tem poros.

porquanto ⟨por.quan.to⟩ conj. Conectivo gramatical coordenativo (que une elementos do mesmo nível sintático) que expressa explicação: *Não compareceu à aula, porquanto estava doente.* ☐ SIN. porque.

porque ⟨por.que⟩ conj. **1** Conectivo gramatical subordinativo (que une elementos entre os quais há uma relação de dependência), que expressa causa: *A poluição do ar está piorando porque a emissão de gases poluentes aumentou.* **2** Conectivo gramatical coordenativo (que une elementos do mesmo nível sintático) que expressa explicação: *Vou almoçar, porque estou morrendo de fome.* ☐ SIN. porquanto.

porquê ⟨por.quê⟩ s.m. Causa, razão ou motivo: *Seus porquês não me convenceram.*

porqueira ⟨por.quei.ra⟩ ▌s.2g. **1** *informal pejorativo* Pessoa ruim, inútil ou desprezível. ▌s.f. **2** Estábulo ou curral onde se criam porcos. ☐ SIN. chiqueiro, pocilga. **3** *informal pejorativo* Lugar sujo, desordenado ou com mau cheiro.

porquinho-da-índia ⟨por.qui.nho-da-ín.dia⟩ (pl. *porquinhos-da-índia*) s.m. Mamífero roedor, herbívoro, menor que o coelho, de orelhas curtas e rabo pequeno, muito usado em laboratórios como animal para experiências e como animal de estimação. ☐ SIN. cobaia, preá. ☐ GRAMÁTICA É um substantivo epiceno: *o porquinho-da-índia (macho/fêmea)*.

porra ⟨por.ra⟩ (Pron. [pôrra]) ▌s.f. **1** Pedaço de madeira com o comprimento maior que a largura. **2** *vulgarismo* →**esperma 3** *vulgarismo* Aquilo que é ruim ou que causa desagrado. ▌interj. **4** *vulgarismo* Expressão usada para indicar espanto, surpresa, desagrado ou aborrecimento.

porrada ⟨por.ra.da⟩ s.f. **1** *informal* Grande quantidade: *Este dicionário tem uma porrada de exemplos.* **2** *informal* Golpe, geralmente dado com um cacete ou com a mão fechada.

porre ⟨por.re⟩ s.m. **1** *informal* Bebedeira. **2** Chato, entediante ou monótono. ‖ **estar de porre** *informal* Embriagado. ‖ **tomar um porre** *informal* Embriagar-se.

porretada ⟨por.re.ta.da⟩ s.f. Golpe dado com um porrete.

porrete ⟨por.re.te⟩ (Pron. [porrête]) s.m. **1** Bastão ou pau usados como apoio ao caminhar ou como arma para golpear uma pessoa ou um animal. ☐ SIN. cacete. **2** *informal* Aquilo que é eficaz ou capaz de resolver ou de solucionar um problema.

porta ⟨por.ta⟩ s.f. **1** Em um muro ou em uma parede, abertura que vai do chão até uma determinada altura para que possam ser atravessados por alguém. **2** Peça plana, geralmente de madeira ou de metal, usada para abrir ou fechar essa abertura. **3** Objeto semelhante a essa peça, que permite o acesso ao interior de algo ou para fechá-lo: *a porta de uma geladeira.* **4** Caminho ou maneira de conseguir alcançar algo.

porta-aviões ⟨por.ta-a.vi.ões⟩ s.m.2n. *informal* Navio-aeródromo.

porta-bandeira ⟨por.ta-ban.dei.ra⟩ (pl. *porta-bandeiras*) ▌s.f. **1** Em um desfile de escolas de samba, mulher que desfila levando a bandeira com o símbolo de sua escola. ☐ SIN. porta-estandarte. ▌s.2g. **2** Em um desfile e em outros atos públicos, pessoa que leva a bandeira. ☐ SIN. porta-estandarte. **3** Pessoa que leva a bandeira de um regimento ou de uma tropa.

portabilidade ⟨por.ta.bi.li.da.de⟩ s.f. Condição daquilo que se pode portar. ‖ **portabilidade (numérica)** Possibilidade que uma pessoa tem de manter o número telefônico ao trocar de operadora.

porta-chaves ⟨por.ta-cha.ves⟩ s.m.2n. Utensílio em que se guardam e se carregam as chaves. ☐ SIN. chaveiro.

portador, -a ⟨por.ta.dor, do.ra⟩ (Pron. [portadôr], [portadôra]) ▌adj. **1** Que carrega ou leva consigo. ▌s. **2** Aquilo ou aquele que carrega ou que transmite algo mediante a solicitação de alguém. **3** Pessoa que tem alguma característica distintiva, especialmente se for física. **4** Pessoa que tem em seu corpo o micro-organismo causador de alguma doença infecciosa, e que não a apresenta, mas que a transmite: *Ele é portador do vírus HIV*.

porta-estandarte ⟨por.ta-es.tan.dar.te⟩ (pl. *porta-estandartes*) ▌s.f. **1** Em um desfile de escolas de samba, mulher que desfila levando a bandeira com o símbolo de sua escola. ☐ SIN. porta-bandeira. ▌s.2g. **2** Em um desfile e em outros atos públicos, pessoa que leva a bandeira. ☐ SIN. porta-bandeira.

porta-joias ⟨por.ta-joi.as⟩ (Pron. [porta-jóias]) s.m.2n. Recipiente fechado usado para guardar joias. ☐ SIN. guarda-joias.

portal ⟨por.tal⟩ (pl. *portais*) s.m. **1** Em um edifício, entrada principal. **2** Na internet, *site* que proporciona acesso a outras páginas de informações e serviços variados: *um portal de notícias.*

porta-malas ⟨por.ta-ma.las⟩ s.m.2n. Em um veículo, espaço destinado ao transporte de malas, bagagens ou outros objetos.

porta-moedas ⟨por.ta-mo.e.das⟩ s.m.2n. Bolsa ou carteira para carregar dinheiro, especialmente as moedas. ☐ SIN. moedeiro, porta-níqueis.

porta-níqueis ⟨por.ta-ní.queis⟩ s.m.2n. Bolsa ou carteira para carregar dinheiro, especialmente as moedas. ☐ SIN. moedeiro, porta-moedas.

portanto ⟨por.tan.to⟩ conj. Por essa razão ou por consequência: *Não tem carteira de motorista, portanto não pode dirigir.*

portão ⟨por.tão⟩ (pl. *portões*) s.m. **1** Porta grande. **2** Porta, geralmente de madeira ou de ferro, situada em uma cerca ou em um muro, e que dá acesso a um outro ambiente.

portar ⟨por.tar⟩ ▌v.t.d. **1** Carregar ou levar consigo: *Foi flagrado portando arma de fogo sem licença.* **2** Vestir ou trajar (uma peça do vestuário): *Não costuma portar gravata.* ▌v.prnl. **3** Conduzir-se ou agir: *Logo aprendeu a se portar num almoço de negócios.* ☐ SIN. comportar-se.

porta-retratos ⟨por.ta-re.tra.tos⟩ s.m.2n. Suporte ou moldura, geralmente com uma placa de vidro na frente, em que se colocam retratos ou fotografias.

portaria ⟨por.ta.ri.a⟩ s.f. **1** Em um edifício, sala ou área das quais o porteiro controla a entrada e a saída de pessoas. **2** Documento oficial emitido por uma autoridade que contém determinados procedimentos e regras administrativas a serem seguidas.

portátil ⟨por.tá.til⟩ (pl. *portáteis*) adj.2g. Que se pode carregar facilmente de um lugar a outro.

porta-voz ⟨por.ta-voz⟩ (pl. *porta-vozes*) s.2g. Pessoa credenciada para falar, geralmente em caráter oficial, em nome de outra pessoa, de um governo ou de uma instituição.

porte ⟨por.te⟩ s.m. **1** Modo, maneira ou posição do corpo ou de uma de suas partes. ☐ SIN. postura. **2** Qualidade, tamanho, categoria ou importância de algo: *um animal de pequeno porte*. **3** Condução de um objeto junto de si, especialmente se for portátil. **4** Transporte de uma encomenda ou de uma correspondência de um lugar a outro por um preço estipulado.

porteira ⟨por.tei.ra⟩ s.f. Em uma propriedade rural, portão de entrada.

porteiro, ra ⟨por.tei.ro, ra⟩ s. Pessoa que se dedica profissionalmente ao controle da portaria de um edifício.

portenho, nha ⟨por.te.nho, nha⟩ (Pron. [portênho], [portênha]) adj./s. De Buenos Aires ou relacionado à capital argentina.

portento ⟨por.ten.to⟩ (Pron. [portênho]) s.m. **1** Aquilo que causa admiração ou espanto por ser maravilhoso, prodigioso ou extraordinário. **2** Pessoa digna de admiração por ser inteligente, talentosa ou por possuir outra qualidade excepcional. ☐ SIN. prodígio. ☐ GRAMÁTICA Na acepção 2, usa-se tanto para o masculino quanto para o feminino: *(ele/ela) é um portento.*

pórtico ⟨pór.ti.co⟩ s.m. Lugar coberto que se constrói diante de um edifício, geralmente com uma galeria de arcadas ou de colunas.

portinhola

portinhola ⟨por.ti.nho.la⟩ s.f. Porta pequena, especialmente a de uma carruagem.

porto ⟨por.to⟩ (Pron. [pôrto], [pórtos]) s.m. Na costa ou na orla de um rio, lugar no qual as embarcações atracam, carregam e descarregam suas mercadorias ou embarcam e desembarcam seus passageiros: *O porto de Santos é o maior da América Latina.* ‖ **porto seguro** Aquilo ou aquele que oferece amparo ou segurança.

porto-alegrense ⟨por.to-a.le.gren.se⟩ (pl. *porto-alegrenses*) adj.2g./s.2g. De Porto Alegre ou relacionado à capital do estado brasileiro do Rio Grande do Sul.

porto-riquenho, nha ⟨por.to-ri.que.nho, nha⟩ (Pron. [porto-riquênho]) (pl. *porto-riquenhos*) adj./s. De Porto Rico ou relacionado a esse país centro-americano.

porto-velhense ⟨por.to-ve.lhen.se⟩ (pl. *porto-velhenses*) adj.2g./s.2g. De Porto Velho ou relacionado à capital do estado brasileiro de Rondônia.

portuário, ria ⟨por.tu.á.rio, ria⟩ ▌adj. **1** Do porto ou relacionado a ele. ▌s.m. **2** Pessoa que trabalha em um porto.

portuense ⟨por.tu.en.se⟩ adj.2g./s.2g. De Porto Nacional ou relacionado a essa cidade do estado brasileiro do Tocantins.

português, -a ⟨por.tu.guês, gue.sa⟩ (Pron. [português], [portuguêsa]) ▌adj./s. **1** De Portugal ou relacionado a esse país europeu. ◻ SIN. lusíada, lusitano, luso. ▌s.m. **2** Língua dessa e de outros países: *O português é falado no Brasil, em Macau e em alguns países da África.*

porventura ⟨por.ven.tu.ra⟩ adv. Eventual, possível ou casualmente: *Se, porventura, os sintomas persistirem, volte ao hospital.*

pos- →pós-

pós- Prefixo que indica posterioridade: *pós-operatório.* ◻ USO Usa-se também a forma *pos-* (*pospor*).

posar ⟨po.sar⟩ ▌v.t.i./int. **1** Servir de modelo [para uma criação artística] ou fazer pose: *Pediu que o colega posasse para algumas fotos.* ▌v.pred. **2** Assumir ou forjar (um comportamento ou uma aparência determinados): *Está sempre sem dinheiro e posa de bacana.* ◻ GRAMÁTICA Na acepção 1, como v.t.i., usa-se a construção *posar PARA (algo/alguém)*; na acepção 2, *posar DE algo*.

poscênio ⟨pos.cê.nio⟩ s.m. Em um teatro, parte que fica atrás do palco. ◻ USO É diferente de *proscênio* (parte de um palco mais próxima à plateia).

pose ⟨po.se⟩ (Pron. [pôse]) s.f. **1** Modo ou maneira em que um corpo se mantém. **2** Comportamento ou aparência fingidos ou forjados.

pós-escrito ⟨pós-es.cri.to⟩ (pl. *pós-escritos*) s.m. Em uma carta, parte que se acrescenta àquilo que já havia sido escrito, ao final e depois da assinatura. ◻ ORTOGRAFIA Sua abreviatura é *P.S.*.

pós-graduação ⟨pós-gra.du.a.ção⟩ (pl. *pós-graduações*) s.f. Ciclo de estudos universitários posteriores à graduação: *O mestrado e o doutorado são cursos de pós-graduação.*

posição ⟨po.si.ção⟩ (pl. *posições*) s.f. **1** Modo ou maneira como algo está situado ou disposto: *Resolveu mudar a posição dos móveis na sala.* **2** Modo ou maneira em que um corpo se mantém. **3** Lugar ou situação em que algo ou alguém se encontra. **4** Condição social ou econômica de alguém: *Teve que abrir mão de uma posição social privilegiada.* **5** Lugar dentro da hierarquia de uma empresa: *Por causa de seu profissionalismo, subiu de posição em poucos meses.* **6** Opinião ou modo de pensar.

posicionar ⟨po.si.ci.o.nar⟩ ▌v.t.d./v.t.d.i./v.prnl. **1** Colocar(-se) [em uma posição]: *Posicionou-se para receber a bola.* ▌v.t.d./v.t.d.i. **2** Informar ou situar (alguém) [sobre algo]: *Posicionou a chefe sobre a evolução do trabalho.* ▌v.prnl. **3** Assumir um posicionamento: *A bancada se posicionou contra o aumento abusivo.*

positivismo ⟨po.si.ti.vis.mo⟩ s.m. Doutrina filosófica que admite somente o método experimental, tomado como modelo do conhecimento humano, e que recusa toda noção *a priori* e todo conceito universal e absoluto.

positivo, va ⟨po.si.ti.vo, va⟩ adj. **1** Que contém ou expressa afirmação. **2** Útil, prático ou benéfico. **3** Em relação especialmente a uma análise clínica, que indica a existência de algo. **4** Que tende a ver e a julgar as coisas pelo aspecto mais favorável. **5** Em matemática, em relação especialmente a uma quantidade, que tem um valor maior que zero. **6** Em eletrônica, em relação ao polo de um gerador, que possui maior potencial elétrico.

pós-meridiano, na ⟨pós-me.ri.di.a.no, na⟩ (pl. *pós-meridianos*) adj. Que ocorre após o meio-dia.

posologia ⟨po.so.lo.gi.a⟩ s.f. **1** Parte da terapêutica que trata das doses em que devem ser administrados os medicamentos. **2** Indicação das doses em que devem ser administrados os medicamentos.

pospor ⟨pos.por⟩ v.t.d./v.t.d.i. Pôr (uma coisa) além ou depois [de outra coisa]: *Em português é comum pospor o adjetivo ao substantivo.* ◻ GRAMÁTICA É um verbo irregular →PÔR.

possante ⟨pos.san.te⟩ adj.2g. Que tem potência.

posse ⟨pos.se⟩ ▌s.f. **1** Propriedade ou domínio sobre algo. ◻ SIN. possessão. **2** Aquilo que se possui: *Suas posses incluem, além das terras, um açude e um pomar.* **3** Cerimônia oficial da ocupação de um cargo: *A posse do governador está marcada para hoje.* ▌s.f.pl. **4** Recursos financeiros: *uma pessoa de posses.* ‖ **tomar posse** Começar a desempenhar oficialmente um cargo.

posseiro, ra ⟨pos.sei.ro, ra⟩ s. **1** Pessoa que tem a posse legal de algo, especialmente se for de um imóvel. **2** Pessoa que ocupa um terreno abandonado ou desocupado, especialmente se for com a finalidade de cultivá-lo.

possessão ⟨pos.ses.são⟩ (pl. *possessões*) s.f. **1** Propriedade ou domínio sobre algo. ◻ SIN. posse. **2** Território sob domínio de um outro Estado. **3** Dominação ou influência exercidas supostamente por um espírito maligno.

possessivo, va ⟨pos.ses.si.vo, va⟩ ▌adj. **1** Que tem o sentido de posse muito exagerado e tem um caráter dominador. ▌adj./s.m. **2** Em relação a uma classe de palavras, que indica posse ou domínio.

possesso, sa ⟨pos.ses.so, sa⟩ adj./s. **1** Que ou quem está irado ou muito irritado. **2** Que ou quem está supostamente dominado por um espírito maligno.

possibilidade ⟨pos.si.bi.li.da.de⟩ s.f. **1** Condição do que é possível. **2** Aptidão ou capacidade para fazer algo. **3** Meio ou recurso para se realizar ou conseguir algo: *Comprar este carro não está dentro das minhas possibilidades.* ◻ USO Na acepção 3, usa-se geralmente a forma plural *possibilidades*.

possibilitar ⟨pos.si.bi.li.tar⟩ v.t.d./v.t.d.i. Facilitar ou tornar (algo) possível [a alguém].

possível ⟨pos.sí.vel⟩ (pl. *possíveis*) adj.2g. **1** Que pode ser ou acontecer. **2** Que se pode realizar ou conseguir. **3** Que é permitido ou que é aceitável.

possuidor, -a ⟨pos.su.i.dor, do.ra⟩ (Pron. [possuidôr], [possuidôra]) adj./s. Que ou quem possui.

possuir ⟨pos.su.ir⟩ ▌v.t.d. **1** Ter como propriedade: *Nós possuímos um sítio.* **2** Ter ou dispor de (algo): *É útil possuir bons conhecimentos de matemática.* ▌v.t.d./v.prnl. **3** Dominar ou tirar o juízo de (alguém), ou deixar-se dominar: *A ira a possuiu naquele momento.* ▌v.t.d. **4** Manter relação sexual com (alguém). ◻ ORTOGRAFIA

Usa-se *i* em vez do *e* e comum na conjugação do presente do indicativo e do imperativo afirmativo →ATRIBUIR.

posta ⟨pos.ta⟩ s.f. Fatia ou pedaço de carne, especialmente se for de peixe: *As postas de tucunaré foram temperadas e levadas ao fogo.*

postal ⟨pos.tal⟩ (pl. *postais*) ▌adj. **1** Do correio ou relacionado a ele. ▌s.m. **2** →cartão-postal

postalista ⟨pos.ta.lis.ta⟩ s.2g. Pessoa que é funcionária do correio.

postar ⟨pos.tar⟩ ▌v.t.d. **1** Enviar por meio do serviço de correio (uma correspondência). ▌v.t.d./v.t.d.i. **2** Divulgar por meio da internet ou colocar (um texto ou uma imagem) [em um meio eletrônico]: *Postou as fotos do aniversário no blogue.* ▌v.t.d./v.prnl. **3** Acomodar(-se) ou colocar(-se) em uma determinada posição: *Postou-se na frente de todos esperando ser chamado.*

posta-restante ⟨pos.ta-res.tan.te⟩ (pl. *postas-restantes*) s.f. **1** Em um serviço de correio, sistema no qual as correspondências ficam em um determinado lugar na agência aguardando que os destinatários as retirem. **2** Esse lugar.

poste ⟨pos.te⟩ s.m. Coluna de madeira, ferro ou cimento que serve de sinal ou de suporte a lâmpadas e fios elétricos.

pôster ⟨pôs.ter⟩ s.m. Cartaz impresso, geralmente afixado em uma parede, e que se usa para fins decorativos ou publicitários.

postergar ⟨pos.ter.gar⟩ v.t.d. Atrasar ou deixar para mais tarde (uma ação ou a realização de algo). ▢ SIN. adiar, diferir, prorrogar, protelar. ▢ ORTOGRAFIA Antes de *e*, o *g* muda para *gu* →CHEGAR.

posteridade ⟨pos.te.ri.da.de⟩ s.f. **1** Futuro ou tempo que virá. **2** Fama ou glória futuras, geralmente obtida após a morte: *Seu nome alcançou a posteridade, através de sua obra.* **3** Grupo de descendentes de um indivíduo, de uma família ou de uma nação.

posterior ⟨pos.te.ri.or⟩ (Pron. [posteriôr]) adj.2g. **1** Que acontece ou que é executado depois. ▢ SIN. subsequente, ulterior. **2** Que está atrás ou na parte de trás.

póstero, ra ⟨pós.te.ro, ra⟩ adj. Que ainda está por acontecer.

postiço, ça ⟨pos.ti.ço, ça⟩ adj. Que não é natural e sim artificial, imitado ou fingido.

postigo ⟨pos.ti.go⟩ s.m. Em uma porta ou em uma janela, abertura pequena.

posto ⟨pos.to⟩ (Pron. [pôsto], [póstos]) s.m. **1** Lugar ou cargo ocupado por uma pessoa. **2** Lugar destinado a um serviço determinado: *um posto de saúde.* ‖ **a postos** Preparado ou em alerta: *As tropas estavam a postos esperando a ordem do comandante.*

postulado ⟨pos.tu.la.do⟩ s.m. Proposição cuja verdade se admite sem necessidade de demostração e que serve de base para raciocínios posteriores.

postular ⟨pos.tu.lar⟩ v.t.d./v.t.d.i. Pedir ou solicitar (algo) [a alguém].

póstumo, ma ⟨pós.tu.mo, ma⟩ adj. Que ocorre depois da morte.

postura ⟨pos.tu.ra⟩ s.f. **1** Modo, maneira ou posição do corpo ou de uma de suas partes. ▢ SIN. porte. **2** Posição, atitude ou modo de agir em relação a um tema ou a um assunto. **3** Em relação a um animal, deposição de ovos: *As tartarugas-marinhas realizam a postura em buracos cavados na areia das praias.*

potássio ⟨po.tás.sio⟩ s.m. Elemento químico da família dos metais, de número atômico 19, sólido, mole, de cor brilhante e que se oxida rapidamente pela ação do ar. ▢ ORTOGRAFIA Seu símbolo químico é *K*, sem ponto.

poupar

potável ⟨po.tá.vel⟩ (pl. *potáveis*) adj.2g. Em relação a um líquido, especialmente a água, que se pode beber e que não é prejudicial à saúde.

pote ⟨po.te⟩ s.m. Recipiente geralmente cilíndrico, de tamanho variado e com tampa, usado para guardar algo. ‖ **a potes** Em grande quantidade: *Choveu a potes durante a madrugada.*

potência ⟨po.tên.cia⟩ s.f. **1** Capacidade, força ou poder para executar algo ou para produzir um efeito. **2** Capacidade de realizar o ato sexual completo, especialmente em relação a um homem. **3** Nação ou estado independentes, especialmente aqueles que têm grande poder econômico e militar. **4** Em física, trabalho realizado na unidade de tempo: *A unidade de potência no Sistema Internacional é o watt.* **5** Em matemática, produto que se obtém da multiplicação de uma quantidade por ela mesma, uma ou mais vezes.

potenciação ⟨po.ten.ci.a.ção⟩ (pl. *potenciações*) s.f. Em relação a uma quantidade, multiplicação por si mesma tantas vezes quanto indica o expoente.

potencial ⟨po.ten.ci.al⟩ (pl. *potenciais*) ▌adj.2g. **1** Da potência ou relacionado a ela. **2** Que pode ocorrer ou existir. ▌s.m. **3** Capacidade ou força para realizar uma atividade ou produzir um efeito.

potentado, da ⟨po.ten.ta.do, da⟩ s. Pessoa com muitas riquezas e poder. ▢ SIN. potestade.

potente ⟨po.ten.te⟩ adj.2g. **1** Que tem poder, eficácia ou força para algo. **2** Em relação a um homem, que é capaz de realizar o ato sexual completo.

potestade ⟨po.tes.ta.de⟩ s.f. **1** Domínio, poder ou autoridade sobre algo. **2** Pessoa com muitas riquezas e poder. ▢ SIN. potentado. **3** Divindade ou representação divina.

potiguar ⟨po.ti.guar⟩ adj.2g./s.2g. Do Rio Grande do Norte ou relacionado a esse estado brasileiro. ▢ SIN. norte-rio-grandense, rio-grandense-do-norte. ▢ ORIGEM É uma palavra de origem tupi.

potranco, ca ⟨po.tran.co, ca⟩ s. Cavalo ou égua com menos de dois anos de idade.

potro, tra ⟨po.tro, tra⟩ (Pron. [pôtro]) s.m. Cavalo desde o nascimento até a troca dos dentes de leite. ▢ SIN. poldro.

pouca-vergonha ⟨pou.ca-ver.go.nha⟩ (Pron. [pouca--vergônha]) (pl. *poucas-vergonhas*) s.f. *informal* Falta de vergonha, de moral ou de honestidade.

pouco, ca ⟨pou.co, ca⟩ ▌pron.indef. **1** Escasso e reduzido, ou que possui menos quantidade ou qualidade que o normal ou o necessário: *Comemos pouco pão.* ▌s.m. **2** Quantidade pequena ou escassa.

pouco-caso ⟨pou.co-ca.so⟩ (pl. *poucos-casos*) s.m. Indiferença, desprezo ou desdém: *Ao passarmos, olhou--nos com pouco-caso.*

poupa ⟨pou.pa⟩ s.f. **1** Ave de médio porte, com plumagem rosada ou alaranjada, de bico fino e comprido, com a cauda e as asas de listras brancas e pretas, com um penacho de plumas na cabeça, logo acima do bico. **2** Conjunto de plumas que algumas aves têm na parte superior da cabeça. ▢ SIN. crista.

poupança ⟨pou.pan.ça⟩ s.f. **1** Economia de uma quantia de dinheiro. **2** →caderneta de poupança

poupar ⟨pou.par⟩ ▌v.t.d./v.int. **1** Guardar (dinheiro) ou economizar uma quantia para o futuro. ▌v.t.d./v.t.d.i. **2** Evitar gastar (algo) ou evitar consumir mais (de algo): *Indo de metrô, pouparemos tempo.* ▌v.t.d./v.t.d.i. **3** Evitar ou diminuir (algo desagradável) [a alguém]: *Poupou trabalho aos pais durante o passeio.* ▌v.prnl. **4** Livrar-se de algo desagradável: *Durante as férias, poupou-se das preocupações.*

pousada ⟨pou.sa.da⟩ s.f. Estabelecimento comercial onde se dão alojamento e refeição a viajantes mediante pagamento.

pousar ⟨pou.sar⟩ ❚ v.t.d./v.t.d.i. **1** Colocar ou deixar (algo) [em um determinado lugar]: *Pouse o copo aqui, por favor.* ❚ v.t.i./v.int. **2** Aterrissar ou deter-se [em um determinado lugar]: *O avião pousou na pista sem dificuldades.* ❚ v.int./v.prnl. **3** Residir ou hospedar-se em um lugar por um curto período de tempo.

pouso ⟨pou.so⟩ s.m. **1** Aterrissagem ou descida a uma superfície após o voo. **2** Lugar em que se hospeda ou se reside por um curto período de tempo.

povão ⟨po.vão⟩ (pl. povões) s.m. **1** *informal* Classe social mais baixa. **2** *informal* Grande quantidade de pessoas: *O povão invadiu a loja para aproveitar as promoções.*

povaréu ⟨po.va.réu⟩ s.m. **1** *informal* Grande quantidade de pessoas. **2** *pejorativo* Classe social mais baixa.

povo ⟨po.vo⟩ (Pron. [póvo], [póvos]) s.m. **1** Conjunto de pessoas que habitam um lugar, uma região ou um país. **2** Em uma população, conjunto de pessoas que pertencem às classes economicamente menos favorecidas. **3** Grande quantidade de pessoas: *Não conseguimos te ver no meio de todo aquele povo.*

povoação ⟨po.vo.a.ção⟩ (pl. *povoações*) s.f. **1** Ato ou efeito de povoar. **2** Lugar pequeno e pouco habitado. ▫ SIN. lugarejo, povoado, vilarejo. **3** Em um território, conjunto de seus habitantes.

povoado ⟨po.vo.a.do⟩ s.m. Lugar pequeno e pouco habitado. ▫ SIN. lugarejo, povoação, vilarejo.

povoar ⟨po.vo.ar⟩ ❚ v.t.d. **1** Ocupar ou tomar posse de (um lugar). **2** Habitar ou viver em (um lugar): *Muitos animais que povoam a Mata Atlântica correm risco de extinção.* ❚ v.t.d./v.t.d.i./v.prnl. **3** Encher(-se) [de algo] com abundância: *As estrelas povoam o céu.*

PR É a sigla do estado brasileiro do Paraná.

pra **1** Forma reduzida da preposição *para*. **2** Contração da preposição *para* com o artigo definido *a*. **3** Contração da preposição *para* com o pronome demonstrativo *a*. ▫ USO É uma palavra muito comum na linguagem coloquial.

praça ⟨pra.ça⟩ ❚ s.f. **1** Espaço aberto arborizado, com plantas e bancos, usado geralmente como lugar de passeio. **2** Conjunto das áreas comercial e financeira de uma cidade. **3** Lugar fortificado em que as tropas se defendem do inimigo. ❚ s.m. **4** Nas Forças Armadas, militar cuja posição hierárquica é inferior à de oficial.

pracinha ⟨pra.ci.nha⟩ s.m. Na Segunda Guerra Mundial, soldado integrante da Força Expedicionária Brasileira.

pradaria ⟨pra.da.ri.a⟩ s.f. Planície extensa localizada geralmente em áreas de clima temperado, e em cuja vegetação predominam as gramíneas.

prado ⟨pra.do⟩ s.m. **1** Terreno plano e extenso, coberto por ervas ou capim, e destinado à pastagem do gado. **2** Local destinado à corrida de cavalos. ▫ SIN. hipódromo, turfe.

praga ⟨pra.ga⟩ s.f. **1** Desejo de que um mal aconteça a alguém. ▫ SIN. maldição. **2** Abundância de animais ou vegetais considerados prejudiciais, nocivos ou destrutivos: *Uma praga de gafanhotos destruiu a plantação.* **3** Desastre ou desgraça sofridos por uma população. **4** Aquilo ou aquele que é inoportuno ou inconveniente.

pragmática ⟨prag.má.ti.ca⟩ s.f. Parte da linguística que estuda a linguagem em relação a seus usuários e às circunstâncias de comunicação.

pragmático, ca ⟨prag.má.ti.co, ca⟩ adj. Realista, objetivo ou prático.

pragmatismo ⟨prag.ma.tis.mo⟩ s.m. Movimento ou corrente filosóficos baseados nas aplicações práticas de uma ideia ou doutrina como único critério válido para julgar a verdade científica, moral ou religiosa.

praguejar ⟨pra.gue.jar⟩ ❚ v.t.d./v.t.i. **1** Amaldiçoar ou lançar pragas [contra algo ou alguém]. ❚ v.int. **2** Dizer ou lançar pragas: *De tão nervoso, praguejava sem parar.*

praia ⟨prai.a⟩ s.f. **1** Em uma orla marítima ou em uma margem de rio ou de lago, extensão mais ou menos plana de areia. **2** Porção de água contígua a essa orla ou a essa margem. **3** *informal* Litoral: *Os vizinhos compraram uma casa na praia.*

praiano, na ⟨prai.a.no, na⟩ ❚ adj. **1** Da praia ou relacionado a ela. ❚ adj./s. **2** Que ou quem habita uma praia ou o litoral.

prancha ⟨pran.cha⟩ s.f. **1** Tábua de madeira grande, lisa e comprida. **2** Tábua plana e de pouca grossura, geralmente de madeira, de fibra ou de isopor, usada para praticar esportes aquáticos.

prancheta ⟨pran.che.ta⟩ (Pron. [pranchêta]) s.f. **1** Mesa ou tábua horizontais ou inclinadas, usadas para fazer desenhos, geralmente por arquitetos. **2** Prancha pequena usada como apoio para escrever.

prantear ⟨pran.te.ar⟩ v.t.d./v.t.i. Derramar lágrimas [por algo ou alguém]. ▫ ORTOGRAFIA O *e* muda para *ei* quando a sílaba tônica estiver na raiz do verbo →NOMEAR.

pranto ⟨pran.to⟩ s.m. Derramamento de lágrimas, geralmente acompanhado de lamentos ou soluços. ▫ SIN. choro.

praseodímio ⟨pra.se.o.di.mio⟩ s.m. Elemento químico da família dos metais, de número atômico 59, sólido, de cor amarelada, que, em contato com ar úmido, recobre-se de uma camada de óxido, e que pertence ao grupo dos lantanídeos. ▫ ORTOGRAFIA Seu símbolo químico é *Pr*, sem ponto.

prata ⟨pra.ta⟩ s.f. **1** Elemento químico da família dos metais, de número atômico 47, sólido, facilmente maleável e que pode se estender em lâminas finas, de cor branco-acinzentada com brilho metálico, e que se emprega em joalheria. **2** Conjunto de joias ou de objetos fabricados com esse metal. ▫ SIN. prataria. **3** *informal* Dinheiro ou riqueza: *Não tem uma prata sequer para ir ao cinema.* ▫ ORTOGRAFIA Na acepção 1, seu símbolo químico é *Ag*, sem ponto.

prataria ⟨pra.ta.ri.a⟩ s.f. Conjunto de joias ou de objetos fabricados com prata. ▫ SIN. prata.

prateado, da ⟨pra.te.a.do, da⟩ ❚ adj. **1** Da cor da prata ou semelhante a ela. **2** Ornado ou revestido com prata. ❚ s.m. **3** Cor da prata: *O prateado do seu carro era muito chamativo.*

pratear ⟨pra.te.ar⟩ v.t.d./v.prnl. Cobrir(-se) com prata ou tomar sua cor. ▫ ORTOGRAFIA O *e* muda para *ei* quando a sílaba tônica estiver na raiz do verbo →NOMEAR.

prateleira ⟨pra.te.lei.ra⟩ s.f. **1** Tábua horizontal sobre a qual se colocam objetos, especialmente se for em um armário ou em uma estante. **2** Na linguagem comercial, estante em que os produtos destinados à comercialização em estabelecimentos de venda ao público se situam.

prática ⟨prá.ti.ca⟩ s.f. **1** Ato ou efeito de praticar. **2** Realização habitual de um exercício ou de uma atividade: *A prática de exercícios físicos é benéfica para a saúde.* **3** Habilidade ou domínio adquiridos com essa realização. **4** Maneira, costume ou hábito de agir ou de se comportar. **5** Aplicação de uma ideia ou de uma doutrina, ou contraste experimental de uma teoria.

praticante ⟨pra.ti.can.te⟩ adj.2g./s.2g. **1** Que ou quem pratica uma atividade. **2** Que ou quem professa uma religião e cumpre e obedece suas normas e preceitos.

praticar ⟨pra.ti.car⟩ ❚ v.t.d./v.int. **1** Realizar (uma atividade) de maneira habitual ou exercitar-se para melhorar:

precioso

Praticar esportes é muito saudável. A banda sempre se reúne para praticar. ▌v.t.d. **2** Executar, fazer ou realizar: *Foi condenado por praticar vários delitos.* **3** Desempenhar ou exercer (uma profissão): *Seu irmão pratica a medicina há dez anos.* **4** Seguir e cumprir as normas e os preceitos de (uma religião ou outra crença): *Em minha família, todos praticam o budismo.* □ ORTOGRAFIA Antes de *e*, o *c* muda para *qu* →BRINCAR.

praticável ⟨pra.ti.cá.vel⟩ (pl. *praticáveis*) adj.2g. Que se pode praticar ou colocar em prática.

prático, ca ⟨prá.ti.co, ca⟩ adj. **1** Da prática ou relacionado à ação e aos resultados e não à teoria ou às ideias. **2** Útil, conveniente ou de fácil realização. **3** Que vê ou que julga a realidade tal como é e que age de acordo com ela.

prato ⟨pra.to⟩ s.m. **1** Recipiente baixo, geralmente redondo, com uma concavidade central mais ou menos funda, usado para servir as refeições. **2** Refeição que se serve nesse recipiente: *um prato de sopa.* **3** Alimento preparado para ser comido: *Pizza é meu prato favorito.* **4** Aquilo que tem formato de um disco de pouca grossura e mais ou menos plano. **5** Instrumento musical de percussão em formato de disco, feito com liga de metais como bronze, prata ou cobre, e que se toca com baquetas ou vassouras de metal, ou golpeando-o contra outro igual. [◉ instrumentos de percussão p. 614] □ SIN. címbalo. ‖ **cuspir no prato em que comeu** *informal* Ser ingrato. ‖ **pôr em pratos limpos** *informal* Desfazer as dúvidas ou esclarecer: *Na reunião pusemos em pratos limpos tudo o que estava nos afligindo.* ‖ **prato feito** *informal* Aquele que é composto por alimentos previamente definidos, geralmente arroz, feijão, uma carne e salada, servido como refeição completa e de preço acessível. □ SIN. PF.

praxe ⟨pra.xe⟩ s.f. Aquilo que é de costume ou de hábito: *É praxe cumprimentar os noivos na saída da igreja.*

prazenteiro, ra ⟨pra.zen.tei.ro, ra⟩ adj. Que é agradável, alegre ou simpático.

prazer ⟨pra.zer⟩ (Pron. [prazêr]) ▌s.m. **1** Sensação, sentimento ou emoção agradáveis de plena satisfação. **2** Agrado, satisfação ou disposição corteses. **3** Diversão ou entretenimento. **4** Satisfação ou gozo sexuais. ▌v.t.i./v.int./v.prnl. **5** →**aprazer** □ GRAMÁTICA Na acepção 5, é um verbo irregular e unipessoal: só se usa nas terceiras pessoas do singular e do plural, no particípio, gerúndio e infinitivo →PRAZER.

prazeroso, sa ⟨pra.ze.ro.so, sa⟩ (Pron. [prazerôso], [prazerósa], [prazerósos], [prazerósas]) adj. Que é agradável ou que produz uma sensação agradável ou de plena satisfação.

prazo ⟨pra.zo⟩ s.m. **1** Espaço ou período de tempo delimitados para a realização de algo: *O prazo de inscrição para o curso já acabou.* **2** Período de tempo determinado. ‖ **a prazo** Em prestações ou em parcelas: *Deu-me a opção de pagar à vista ou a prazo.*

pre- →**pré-**

pré- 1 Prefixo que indica anterioridade no espaço: *pré-palatal, pré-dorsal.* **2** Prefixo que indica anterioridade no tempo: *pré-história, pré-adolescência.* □ USO Usa-se também a forma *pre-* (*previsão*).

preá ⟨pre.á⟩ s.2g. Mamífero roedor, herbívoro, menor que o coelho, de orelhas curtas e rabo pequeno, muito usado em laboratórios como animal para experiências e como animal de estimação. □ SIN. cobaia, porquinho-da-índia.

pré-adolescência ⟨pré-a.do.les.cên.cia⟩ (pl. *pré-adolescências*) s.f. Período da vida de uma pessoa que antecede a adolescência, entre os nove e os doze anos de idade.

pré-adolescente ⟨pré-a.do.les.cen.te⟩ (pl. *pré-adolescentes*) ▌adj.2g. **1** Da pré-adolescência ou relacionado a esse período da vida de uma pessoa. ▌adj.2g./s.2g. **2** Que ou quem está na pré-adolescência.

preamar ⟨pre.a.mar⟩ s.f. Nível mais alto da maré. □ SIN. maré alta, influxo.

preâmbulo ⟨pre.âm.bu.lo⟩ s.m. **1** Texto explicativo que antecede uma lei. **2** Texto, fala ou atos que precedem algo que se vai tratar ou que se vai fazer: *Pediu para pular os preâmbulos e dar logo a notícia.* **3** Em algumas obras, trecho que aparece antes da parte principal e que geralmente fornece informações sobre seu tema, seus autores ou sobre seus personagens. □ SIN. apresentação, prefácio, prólogo.

prebenda ⟨pre.ben.da⟩ s.f. **1** Remuneração ou dinheiro que alguns eclesiásticos recebem. **2** Emprego ou cargo rendosos e que não requerem muito trabalho. **3** Atividade ou ocupação trabalhosas ou desagradáveis.

precariedade ⟨pre.ca.ri.e.da.de⟩ s.f. **1** Condição ou estado de precário. **2** Falta de estabilidade ou de segurança.

precário, ria ⟨pre.cá.rio, ria⟩ adj. **1** Que não possui os meios ou recursos suficientes. **2** Em relação à saúde de alguém, que é frágil ou que está debilitada. **3** Que não é adequado ou que não possui as condições necessárias.

precatório, ria ⟨pre.ca.tó.rio, ria⟩ adj./s.m. Que solicita ou que pede algo.

precaução ⟨pre.cau.ção⟩ (pl. *precauções*) s.f. Providência ou medida que visa prevenir inconvenientes ou problemas.

precaver ⟨pre.ca.ver⟩ v.t.d.i./v.prnl. Prevenir(-se) (alguém) [de um risco, de um dano ou de um perigo]: *Sempre carrega um casaco para se precaver do frio.* □ GRAMÁTICA É um verbo defectivo, pois não apresenta conjugação completa →PRECAVER.

precavido, da ⟨pre.ca.vi.do, da⟩ adj. Que se previne ou que toma atitudes de prevenção. □ SIN. prevenido, previdente.

prece ⟨pre.ce⟩ s.f. Em algumas religiões, pedido ou súplica feitos a uma divindade ou a um santo. □ SIN. oração, reza.

precedência ⟨pre.ce.dên.cia⟩ s.f. **1** Aquilo que vem antes de algo. **2** Importância ou prioridade que se dá a algo.

precedente ⟨pre.ce.den.te⟩ ▌adj.2g. **1** Que precede ou que vem antes. ▌s.m. **2** Aquilo que aconteceu antes e que condiciona e influencia o que virá depois: *O show foi um sucesso sem precedentes.*

preceder ⟨pre.ce.der⟩ ▌v.t.d.i. **1** Fazer (uma coisa) vir antes [de outra] no tempo ou no espaço: *O filme precedeu o fim trágico de momentos alegres.* ▌v.t.d./v.t.i. **2** Vir antes de (algo) ou antecipar-se [a algo] no tempo ou no espaço: *O número 1 precede o número 2.* □ SIN. anteceder. ▌v.t.i. **3** Ter prioridade ou mostrar superioridade [a algo]: *O embarque de crianças e idosos precede o dos demais passageiros.*

preceito ⟨pre.cei.to⟩ s.m. Norma, ordem ou regra que se deve seguir por determinação ou ensinamento.

preceptor, -a ⟨pre.cep.tor, to.ra⟩ (Pron. [preceptôr], [preceptôra]) s. **1** Pessoa que ensina preceitos ou instruções. **2** Pessoa que se dedica à educação e à formação particular de uma ou de várias crianças.

preciosidade ⟨pre.ci.o.si.da.de⟩ s.f. **1** Qualidade de precioso. **2** Aquilo que se considera precioso.

preciosismo ⟨pre.ci.o.sis.mo⟩ s.m. Refinamento ou sofisticação, geralmente no estilo de falar, de escrever ou de realizar uma atividade.

precioso, sa ⟨pre.ci.o.so, sa⟩ (Pron. [preciôso], [preciósa], [preciósos], [preciósas]) adj. **1** De muito valor. **2** Que se considera belo, raro ou importante.

precipício

precipício ⟨pre.ci.pí.cio⟩ s.m. Abertura ou cavidade muito profundas em algum terreno. ▫ SIN. abismo, despenhadeiro.

precipitação ⟨pre.ci.pi.ta.ção⟩ (pl. *precipitações*) s.f. **1** Ato ou efeito de precipitar(-se). **2** Em uma solução química, depósito da substância sólida que estava dissolvida em sua parte líquida. **3** Água atmosférica que cai na Terra em forma líquida ou sólida.

precipitado, da ⟨pre.ci.pi.ta.do, da⟩ ▪ adj. **1** Que é imprudente, impensado ou excessivo. ▪ s.m. **2** Em química, substância que se obtém pelo processo de precipitação: *Os precipitados são sólidos*.

precipitar ⟨pre.ci.pi.tar⟩ ▪ v.t.d./v.prnl. **1** Lançar(-se) ou arremessar(-se) [de um lugar alto]. ▪ v.t.d. **2** Desencadear, acelerar ou antecipar (um fenômeno, um efeito ou um resultado): *A crise econômica precipitou o fechamento de algumas empresas*. ▪ v.int./v.prnl. **3** Em química, produzir uma matéria sólida que fica no fundo ao se separar de sua parte líquida (uma solução). ▪ v.prnl. **4** Agir ou decidir fazer algo de forma imprudente ou sem pensar: *Precipitou-se ao gastar mais do que podia*. **5** Lançar-se ou atirar-se: *O lutador precipitou-se contra o adversário*. **6** Correr ou agir com ímpeto ou com rapidez. ▫ GRAMÁTICA Na acepção 5, usa-se a construção *precipitar-se* CONTRA *(algo/alguém)*.

precípuo, pua ⟨pre.cí.puo, pua⟩ adj. Que é mais importante, principal ou essencial.

precisão ⟨pre.ci.são⟩ (pl. *precisões*) s.f. **1** Exatidão, pontualidade ou rigor. **2** Em relação à linguagem, concisão, exatidão ou clareza. **3** Necessidade ou carência de algo que se considera indispensável.

precisar ⟨pre.ci.sar⟩ ▪ v.t.d./v.t.i. **1** Exigir como indispensável e de direito ou ter necessidade [de algo ou alguém]: *Os seres vivos precisam de água para sobreviver*. ▫ SIN. necessitar. ▪ v.t.d. **2** Fixar ou determinar de modo preciso: *Não consigo precisar a data de minha chegada*.

preciso, sa ⟨pre.ci.so, sa⟩ adj. **1** Necessário ou indispensável para um fim. **2** Justo ou exato. **3** Em relação especialmente à linguagem, que é concisa, exata ou clara.

preclaro, ra ⟨pre.cla.ro, ra⟩ adj. Ilustre, famoso e digno de admiração ou respeito.

preço ⟨pre.ço⟩ (Pron. [prêço]) s.m. **1** Quantia de dinheiro estipulada como valor a ser pago por algo. **2** Esforço ou sacrifício necessários para alcançar um objetivo.

precoce ⟨pre.co.ce⟩ adj.2g. **1** Em relação especialmente a um processo ou a um fenômeno, que aparecem ou se manifestam antes que o habitual. **2** Que se destaca por seu talento em alguma atividade antes da idade que se considera normal.

preconceber ⟨pre.con.ce.ber⟩ v.t.d. **1** Conceber ou planejar previamente (um projeto ou uma ideia). **2** Supor ou prever.

preconceito ⟨pre.con.cei.to⟩ s.m. Conceito, julgamento ou opinião preconcebidos sobre algo ou alguém, sem análise crítica ou fundamentos adequados.

preconceituoso, sa ⟨pre.con.cei.tu.o.so, sa⟩ (Pron. [preconceituôso], [preconceituósa], [preconceituósos], [preconceituósas]) adj./s. Que ou quem tem preconceito.

preconizar ⟨pre.co.ni.zar⟩ v.t.d. Defender ou apoiar (algo que se considera bom).

precursor, -a ⟨pre.cur.sor, so.ra⟩ (Pron. [precursôr], [precursôra]) adj./s. Que ou quem precede, origina ou anuncia algo que se desenvolverá futuramente.

predador, -a ⟨pre.da.dor, do.ra⟩ (Pron. [predadôr], [predadôra]) adj./s. Em relação a um animal, que mata animais de outra espécie para se alimentar.

pré-datar ⟨pré-da.tar⟩ v.t.d. Colocar uma data futura em (um cheque ou outro documento).

predatório, ria ⟨pre.da.tó.rio, ria⟩ adj. **1** Da captura de uma presa por parte de um animal ou relacionado a ela. **2** Que causa ou que provoca destruição.

predecessor, -a ⟨pre.de.ces.sor, so.ra⟩ (Pron. [predecessôr], [predecessôra]) adj./s. Que ou quem exerceu um cargo ou uma função antes de quem os exerce agora. ▫ SIN. antecessor.

predestinar ⟨pre.des.ti.nar⟩ v.t.d.i. **1** Destinar previamente (uma coisa ou uma pessoa) [a um determinado fim]. **2** Em teologia, em relação a Deus, destinar e eleger uma pessoa para algo, em geral para atingir a glória.

predeterminar ⟨pre.de.ter.mi.nar⟩ v.t.d. Fixar ou estabelecer antecipadamente, especialmente se não houver a possibilidade de mudança.

predial ⟨pre.di.al⟩ (pl. *prediais*) adj.2g. Dos prédios, dos imóveis, ou relacionado a eles.

prédica ⟨pré.di.ca⟩ s.f. Sermão ou discurso doutrinador, especialmente aquele que um eclesiástico faz a seus fiéis. ▫ SIN. predicação, pregação.

predicação ⟨pre.di.ca.ção⟩ (pl. *predicações*) s.f. **1** Sermão ou discurso doutrinador, especialmente aquele que um eclesiástico faz a seus fiéis. ▫ SIN. prédica, pregação. **2** Em linguística, atribuição de qualidades ou de características a um sujeito: *Na oração* Este gato é bonito, *bonito é a predicação de* gato.

predicado ⟨pre.di.ca.do⟩ s.m. **1** Qualidade ou característica. **2** Em linguística, parte da oração gramatical que contém um verbo e que é usado para expressar algo a respeito do sujeito. ‖ **predicado nominal** Aquele que vem unido ao sujeito por um verbo de ligação: *Na oração* A menina é morena, *o predicado nominal é* é morena. ‖ **predicado verbal** Aquele que é formado por um verbo que não é de ligação: *Na oração* Meus irmãos vão à escola, vão à escola *é o predicado verbal*.

predição ⟨pre.di.ção⟩ (pl. *predições*) s.f. Ato ou efeito de predizer.

predicativo, va ⟨pre.di.ca.ti.vo, va⟩ adj./s.m. Em linguística, que pertence ao predicado, que realiza esta função ou que possui um predicado.

predileção ⟨pre.di.le.ção⟩ (pl. *predileções*) s.f. Preferência ou estima especial que se tem por algo ou alguém: *A avó sempre teve predileção por ela*.

predileto, ta ⟨pre.di.le.to, ta⟩ adj./s. Que ou quem é preferido ou favorito dentre vários.

prédio ⟨pré.dio⟩ s.m. **1** Construção destinada a servir como moradia ou como um espaço para uma atividade. ▫ SIN. edifício. [◉ habitação p. 420] **2** Construção com diversos andares. ▫ SIN. edifício.

predispor ⟨pre.dis.por⟩ ▪ v.t.d./v.t.d.i./v.prnl. **1** Dispor(-se) ou preparar(-se) antecipadamente [para algo]: *Predispôs o discurso horas antes de subir ao palco*. ▪ v.t.d. **2** Facilitar ou contribuir para (algo): *A falta de aquecimento predispôs à lesão do atleta*. ▪ v.t.d.i. **3** Tornar (algo ou alguém) propenso [a um estado ou a uma condição]: *A má alimentação predispõe as pessoas a doenças*. ▪ v.prnl. **4** Oferecer-se ou mostrar-se disposto: *Ela se predispôs a trabalhar nos fins de semana*. ▫ GRAMÁTICA É um verbo irregular →PÔR.

predisposição ⟨pre.dis.po.si.ção⟩ (pl. *predisposições*) s.f. **1** Ato de predispor(-se). **2** Em medicina, tendência ou propensão para contrair ou desenvolver uma doença.

predizer ⟨pre.di.zer⟩ v.t.d./v.t.d.i. Avisar ou anunciar com antecedência (algo que vai acontecer) [a alguém]: *Não acredito que ele seja capaz de predizer o futuro*. ▫ SIN. prenunciar. ▫ GRAMÁTICA É um verbo irregular →DIZER.

pregresso

predominância ⟨pre.do.mi.nân.cia⟩ s.f. **1** Condição de predominante. **2** Domínio, superioridade ou influência de uma coisa sobre outra. □ SIN. predomínio. **3** Abundância de uma coisa sobre outra. □ SIN. predomínio.

predominante ⟨pre.do.mi.nan.te⟩ adj.2g. Que predomina.

predominar ⟨pre.do.mi.nar⟩ v.t.i./v.int. **1** Sobressair ou destacar-se [sobre algo]: *Naquele quadro, o verde predomina.* □ SIN. prevalecer, triunfar. **2** Destacar-se em número ou em abundância [sobre os demais elementos de um todo]: *Na turma, predominavam as mulheres.* □ SIN. prevalecer.

predomínio ⟨pre.do.mí.nio⟩ s.m. **1** Qualidade ou condição de predominante. **2** Domínio, superioridade ou influência de uma coisa sobre outra. □ SIN. predominância. **3** Abundância de uma coisa sobre outra. □ SIN. predominância.

pré-eleitoral ⟨pré-e.lei.to.ral⟩ (pl. *pré-eleitorais*) adj.2g. Que precede as eleições.

preeminente ⟨pre.e.mi.nen.te⟩ adj.2g. Ilustre, famoso ou que se destaca em relação aos outros. □ SIN. proeminente.

preencher ⟨pre.en.cher⟩ v.t.d. **1** Ocupar de maneira completa (um período de tempo ou a um espaço). **2** Escrever em (um impresso ou outro documento) os dados solicitados nos espaços destinados para tal. **3** Satisfazer ou adequar-se a (exigências necessárias): *Poucos candidatos preenchem os requisitos para a função.* **4** Ocupar ou tomar posse de (um cargo ou um emprego).

preenchimento ⟨pre.en.chi.men.to⟩ s.m. Ato ou efeito de preencher.

preênsil ⟨pre.ên.sil⟩ (pl. *preênseis*) adj.2g. Que serve para prender, segurar ou agarrar.

preestabelecer ⟨pre.es.ta.be.le.cer⟩ v.t.d. Estabelecer ou determinar previamente. □ ORTOGRAFIA Antes de *a* ou *o*, o *c* muda para *ç* →CONHECER.

preexistir ⟨pre.e.xis.tir⟩ (Pron. [preezistir]) v.t.i./v.int. Haver ou existir antes [de uma coisa ou de um ser].

pré-fabricado, da ⟨pré-fa.bri.ca.do, da⟩ (pl. *pré-fabricados*) adj. Em relação a uma construção, que foi fabricada fora do lugar em que será colocada, e que se constrói somente encaixando suas peças ou partes.

prefaciar ⟨pre.fa.ci.ar⟩ v.t.d. Escrever um prefácio em (uma obra escrita).

prefácio ⟨pre.fá.cio⟩ s.m. Em algumas obras, trecho que aparece antes da parte principal e que geralmente fornece informações sobre seu tema, seus autores ou sobre seus personagens: *No prefácio do romance, o autor agradece a colaboração dos amigos.* □ SIN. apresentação, preâmbulo, prólogo.

prefeito, ta ⟨pre.fei.to, ta⟩ s. Pessoa eleita pelo povo como chefe do poder executivo de um município, encarregada de administrar seus recursos durante um tempo determinado.

prefeitura ⟨pre.fei.tu.ra⟩ s.f. **1** Cargo de prefeito. **2** Tempo durante o qual um prefeito exerce seu cargo. **3** Lugar em que um prefeito trabalha.

preferência ⟨pre.fe.rên.cia⟩ s.f. **1** Primazia ou vantagem que se tem sobre algo: *Nesta faixa da estrada, os ônibus têm preferência.* **2** Inclinação favorável que se sente por algo.

preferencial ⟨pre.fe.ren.ci.al⟩ (pl. *preferenciais*) adj.2g. Que tem preferência sobre algo.

preferir ⟨pre.fe.rir⟩ v.t.d./v.t.d.i. Ter ou sentir preferência por (algo ou alguém) [entre várias opções possíveis]: *Prefiro macarrão a arroz.* □ GRAMÁTICA **1.** É um verbo irregular →SERVIR. **2.** É inadequado o uso da construção **preferir uma coisa do que outra*, ainda que esteja muito difundida na linguagem coloquial.

preferível ⟨pre.fe.rí.vel⟩ (pl. *preferíveis*) adj.2g. Que deve ser preferido ou que é melhor ou mais conveniente.

prefigurar ⟨pre.fi.gu.rar⟩ v.t.d. Representar (algo) antecipadamente: *Cientistas acreditam que o derretimento das geleiras prefigura um aumento das marés.*

prefixar ⟨pre.fi.xar⟩ (Pron. [prefiscar]) v.t.d. **1** Determinar, assinalar ou fixar antecipadamente. **2** Em linguística, adicionar um prefixo a (uma palavra).

prefixo ⟨pre.fi.xo⟩ (Pron. [prefiscso]) s.m. **1** Em linguística, morfema que se une à frente de uma palavra ou de uma raiz para formar derivados ou palavras compostas: *Nas palavras previsão, propor e imparcial, pre-, pro- e im- são prefixos.* **2** Conjunto de cifras ou de letras que indicam a área, a cidade ou o país em que algo está situado, e que se marcam antes do número de telefone para concretizar uma ligação telefônica: *O prefixo de Belo Horizonte é 31.*

prega ⟨pre.ga⟩ s.f. Dobra, ou desigualdade que se formam em um tecido ou em algo flexível. ‖ **pregas vocais** Membranas situadas na laringe que, por maior ou menor tensão de seus movimentos musculares, produzem o som da voz ao vibrar com a passagem do ar. □ USO A locução *pregas vocais* é a nova nomenclatura de *cordas vocais*.

pregação ⟨pre.ga.ção⟩ (pl. *pregações*) s.f. **1** Sermão ou discurso doutrinador, especialmente aquele que um eclesiástico faz a seus fiéis. □ SIN. prédica, predicação. **2** Censura ou repreensão. **3** *informal* Discurso longo, chato ou cansativo.

pregador, dora ⟨pre.ga.dor, do.ra⟩ (Pron. [pregadôr], [pregadôra]) adj./s. **1** Que ou quem propaga ou difunde um conceito, uma doutrina ou uma ideia. **2** Que ou quem prende ou pendura.

pregão ⟨pre.gão⟩ (pl. *pregões*) s.m. **1** Em uma bolsa de valores ou em um leilão, anúncio feito em voz alta para que sejam negociados valores ou produtos. **2** Lugar em que se realiza essa negociação de valores ou de produtos.

pregar ⟨pre.gar⟩ ▌v.t.d./v.t.d.i. **1** Prender ou fixar (algo) com pregos [em um lugar]: *Pregamos um quadro na parede.* ▌v.t.d.i. **2** Introduzir (um prego ou um objeto pontiagudo) [em um corpo], especialmente se for por pressão ou mediante golpes. ▌v.t.d./v.t.d.i./v.int. **3** Prender ou fixar (algo) [em um lugar]: *O alfaiate pregou o botão da camisa.* ▌v.t.d./v.int. **4** *informal* Fazer ficar ou ficar exausto ou esgotado. ▌v.t.d.i. **5** Aplicar (um golpe ou uma trapaça) [em alguém]. ▌v.t.d. **6** Fixar ou parar: *A criança pregou os olhos na vitrine de doces.* ▌v.t.d./v.t.d.i./v.int. **7** Dar ou pronunciar (um sermão ou ensinamento) [a alguém] ou falar com intenção de convencer os demais: *O pastor pregava uma passagem bíblica para uma multidão de fiéis.* ▌v.t.d./v.t.i./v.t.d.i./v.int. **8** Propagar ou difundir (um conceito, uma doutrina ou uma ideia) [a alguém] ou alardear: *A filosofia budista prega a meditação.* ▌v.t.i. **9** Pedir em voz alta ou com veemência [por algo]: *Os manifestantes pregavam pelo fim da violência.* □ ORTOGRAFIA Antes de *e*, o *g* muda para *gu* →CHEGAR.

prego ⟨pre.go⟩ s.m. **1** Peça metálica comprida e fina, com uma extremidade terminada em ponta e a outra em formato achatado. **2** *informal* Cansaço ou sensação de esgotamento. **3** *informal* Casa de penhor.

pregoeiro, ra ⟨pre.go.ei.ro, ra⟩ s. Pessoa que se dedica profissionalmente a vender produtos ou mercadorias em leilões ou em pregões. □ SIN. leiloeiro.

pregresso, sa ⟨pre.gres.so, sa⟩ adj. Que está antes no tempo.

preguear ⟨pre.gue.ar⟩ v.t.d. Dobrar fazendo pregas ou dobras. ☐ ORTOGRAFIA O e muda para *ei* quando a sílaba tônica estiver na raiz do verbo →NOMEAR.

preguiça ⟨pre.gui.ça⟩ s.f. **1** Falta de disposição, de atenção ou de interesse para fazer aquilo que se deve. **2** Mamífero herbívoro sem dentes, de pelagem espessa e comprida, cauda curta e membros longos, que dorme cerca de catorze horas por dia e que faz movimentos lentos. ☐ GRAMÁTICA Na acepção 2, é um substantivo epiceno: *a preguiça (macho/fêmea)*.

preguiçosa ⟨pre.gui.ço.sa⟩ s.f. Cadeira de encosto comprido que se pode inclinar à vontade e que permite ficar deitado sobre ela. ☐ SIN. espreguiçadeira. ☐ USO É a forma reduzida e mais usual de *cadeira preguiçosa*.

preguiçoso, sa ⟨pre.gui.ço.so, sa⟩ (Pron. [preguiçôso], [preguiçósa], [preguiçósos], [preguiçósas]) adj./s. Que ou quem tem preguiça.

pré-história ⟨pré-his.tó.ria⟩ (pl. *pré-históries*) s.f. Período da vida da humanidade que compreende desde a origem do ser humano até o aparecimento dos primeiros documentos escritos: *Só conhecemos a Pré-História através dos restos arqueológicos que foram descobertos*. ☐ ORTOGRAFIA Usa-se geralmente com inicial maiúscula por ser também um nome próprio.

pré-histórico, ca ⟨pré-his.tó.ri.co, ca⟩ (pl. *pré-históricos*) adj. **1** Da Pré-História ou relacionado a esse período da vida da humanidade. **2** *informal* Muito velho ou antiquado.

preito ⟨prei.to⟩ s.m. Aquilo que é dito ou feito em honra ou em memória de alguém. ☐ SIN. homenagem.

prejereba ⟨pre.je.re.ba⟩ s.f. Peixe de água salgada de médio porte, de corpo escuro com manchas claras, e olhos e boca pequenos. ☐ ORIGEM É uma palavra de origem tupi. ☐ GRAMÁTICA É um substantivo epiceno: *a prejereba (macho/fêmea)*.

prejudicar ⟨pre.ju.di.car⟩ v.t.d./v.prnl. Causar ou sofrer dano ou prejuízo materiais ou morais: *A ausência de alguns componentes da equipe nos prejudicou. Prejudicou-se com os boatos*. ☐ ORTOGRAFIA Antes de e, o c muda para *qu* →BRINCAR.

prejudicial ⟨pre.ju.di.ci.al⟩ (pl. *prejudiciais*) adj.2g. Que prejudica ou que pode prejudicar.

prejuízo ⟨pre.ju.í.zo⟩ s.m. Dano material ou moral: *O prejuízo causado ontem pelas enchentes ainda não pode ser estimado*.

prejulgar ⟨pre.jul.gar⟩ v.t.d. Julgar antes do tempo ou sem ter conhecimento ou informações adequados: *Não o prejulgue: ele deve ter tido seus motivos para agir dessa forma*. ☐ ORTOGRAFIA Antes de e, o g muda para *gu* →CHEGAR.

prelado ⟨pre.la.do⟩ s.m. Superior eclesiástico.

prelazia ⟨pre.la.zi.a⟩ s.f. Dignidade ou cargo de prelado.

preleção ⟨pre.le.ção⟩ (pl. *preleções*) s.f. Apresentação feita com objetivos didáticos ou de ensino.

preliminar ⟨pre.li.mi.nar⟩ ▌ adj.2g./s.f. **1** Que serve de preâmbulo ou de introdução. ☐ SIN. liminar. ▌ s.m. **2** Em direito, relatório anterior a uma lei ou a um decreto. ▌ s.f. **3** Em esportes, especialmente no futebol, partida realizada antes da principal. **4** Em direito, condição anterior a uma questão principal.

prelo ⟨pre.lo⟩ s.m. Máquina que serve para imprimir. ☐ SIN. impressora, prensa.

preludiar ⟨pre.lu.di.ar⟩ ▌ v.t.d. **1** Iniciar ou introduzir: *A apresentação teatral preludiou o desfile*. **2** Indicar ou dar indícios de (algo que vai acontecer): *A alta dos preços preludiava momentos de dificuldade*. ☐ SIN. prenunciar. ▌ v.int. **3** Executar como prelúdio uma composição musical: *O pianista logo pôs-se a preludiar*.

prelúdio ⟨pre.lú.dio⟩ s.m. **1** Aquilo que precede ou que serve de entrada, de preparação ou de princípio para algo. **2** Aquilo que anuncia ou indica sobre o acontecimento de algo futuro. ☐ SIN. prenúncio. **3** Composição musical geralmente instrumental, sem forma definida e que pode ser improvisada ou executada de forma independente, servindo ou não de introdução ou de abertura para outras formas musicais.

prematuro, ra ⟨pre.ma.tu.ro, ra⟩ ▌ adj. **1** Que acontece ou que se forma antes do tempo. ▌ adj./s.m. **2** Em relação a uma criança, que nasceu antes do tempo.

premeditação ⟨pre.me.di.ta.ção⟩ (pl. *premeditações*) s.f. Ato ou efeito de premeditar.

premeditar ⟨pre.me.di.tar⟩ v.t.d. Planejar com antecedência a realização de (uma ideia ou um projeto): *Foi acusado de premeditar um crime*.

pré-menstrual ⟨pré-mens.tru.al⟩ (pl. *pré-menstruais*) adj.2g. Que ocorre antes do período da menstruação.

premer ⟨pre.mer⟩ v.t.d. Oprimir ou exercer pressão sobre (algo): *Nervoso, premia as teclas do telefone com força*. ☐ SIN. apertar. ☐ ORTOGRAFIA Escreve-se também premir.

premiação ⟨pre.mi.a.ção⟩ (pl. *premiações*) s.f. **1** Ato ou efeito de premiar. **2** Evento ou cerimônia em que se dão prêmios ou destaque a alguém pela realização de algo.

premiar ⟨pre.mi.ar⟩ v.t.d. **1** Destacar ou dar um prêmio a (alguém) por uma atividade que tenha realizado: *O festival premia os melhores atores do ano*. **2** Compensar ou retribuir (alguém) por um mérito, um favor ou um serviço: *A empresa premiou os melhores vendedores do ano com viagens*. ☐ SIN. recompensar.

prêmio ⟨prê.mio⟩ s.m. **1** Recompensa recebida por mérito. ☐ SIN. galardão. **2** Aquilo que se dá ao vencedor de uma rifa, de um sorteio ou de um concurso. **3** Valor que uma pessoa recebe de lucro de uma aplicação financeira: *Economizava todos os prêmios de sua poupança*.

premir ⟨pre.mir⟩ v.t.d. →**premer**

premissa ⟨pre.mis.sa⟩ s.f. **1** Em filosofia, em um silogismo, cada uma das duas primeiras proposições, das quais se deduz uma conclusão. **2** Ideia que dá base a um raciocínio.

pré-molar ⟨pré-mo.lar⟩ (pl. *pré-molares*) ▌ adj.2g. **1** Do pré-molar ou relacionado a esse dente. ▌ s.m. **2** →**dente pré-molar**

premonição ⟨pre.mo.ni.ção⟩ (pl. *premonições*) s.f. **1** Intuição ou sentimento de que algo irá acontecer. ☐ SIN. pressentimento. **2** Sinal que se acredita ser o anúncio ou indício de algo futuro. ☐ SIN. presságio.

premonitório, ria ⟨pre.mo.ni.tó.rio, ria⟩ adj. Que prediz ou que anuncia algo.

pré-natal ⟨pré-na.tal⟩ (pl. *pré-natais*) ▌ adj.2g. **1** Que precede o nascimento: *um exame pré-natal*. ▌ s.m. **2** Acompanhamento médico que uma mulher faz durante o período de gestação.

prenda ⟨pren.da⟩ s.f. **1** Aquilo que se dá a alguém sem receber nada em troca, geralmente como demonstração de carinho ou de consideração. ☐ SIN. presente. **2** Dom, qualidade ou capacidade natural de uma pessoa para realizar uma atividade: *É uma mulher de muitas prendas*. ☐ SIN. dote. **3** Aquilo que se dá como prêmio pela participação em uma brincadeira. ☐ USO Na acepção 2, usa-se geralmente a forma plural *prendas*.

prender ⟨pren.der⟩ ▌ v.t.d./v.t.d.i. **1** Unir, ligar ou fixar (uma coisa) [a outra]: *Prendi a barra da calça com um alfinete*. ▌ v.t.d. **2** Deter ou privar da liberdade, especialmente se for por um delito cometido: *A polícia prendeu os assaltantes*. **3** Segurar ou impossibilitar os movimentos de (um ser vivo): *Prendemos o cachorro com uma corrente*. **4** Chamar ou reter (a atenção de alguém): *A* *apresentação era interessante e nos prendeu.* **5** Unir os elementos que compõem (um todo): *Ela resolveu prender os cabelos para ir à festa.* **6** Impedir (uma atividade): *Prendeu a respiração e mergulhou.* **7** Deter (alguém), impedindo-o de realizar outra atividade: *A visita dos vizinhos prendeu meus tios em casa.* ▌v.t.d.i/v.prnl. **8** Vincular(-se) ou ligar(-se) (uma coisa ou uma pessoa) [a outra]: *Ela nunca se prendeu a bens materiais. A admiração e o respeito prendem o discípulo ao seu mestre.* ▌v.prnl. **9** Ficar preso ou enganchar: *Meu sapato se prendeu no paralelepípedo.* **10** Casar-se ou contrair matrimônio. **11** Em relação a uma coisa, ter ligação com outra: *Sua dúvida se prende aos conceitos básicos da matemática.* ☐ GRAMÁTICA É um verbo abundante, pois apresenta dois particípios: *prendido* e *preso*.

prenhe ⟨pre.nhe⟩ (Pron. [prênhe]) adj.2g. **1** Em relação a uma fêmea, que está durante o período de gestação. **2** Cheio, repleto ou com muito.

prenhez ⟨pre.nhez⟩ (Pron. [prenhêz]) s.f. Gravidez de uma fêmea.

prenome ⟨pre.no.me⟩ s.m. Nome de uma pessoa, que antecede seu sobrenome: *Seu prenome é Carlos e seu sobrenome, Malheiros.*

prensa ⟨pren.sa⟩ s.f. **1** Máquina que serve para comprimir ou para prensar. **2** Máquina que serve para imprimir. ☐ SIN. impressora, prelo.

prensar ⟨pren.sar⟩ v.t.d. **1** Apertar ou comprimir em uma prensa. **2** Apertar ou espremer: *Descuidado, prensou o dedo na porta.*

prenunciar ⟨pre.nun.ci.ar⟩ v.t.d. **1** Avisar ou anunciar com antecedência (algo que vai acontecer): *Nada do que aquela vidente prenunciou aconteceu.* ☐ SIN. predizer. **2** Indicar ou dar indícios de (algo que vai acontecer): *O céu prenunciava forte tempestade.* ☐ SIN. preludiar.

prenúncio ⟨pre.nún.cio⟩ s.m. Aquilo que anuncia ou indica sobre o acontecimento de algo futuro. ☐ SIN. prelúdio.

pré-nupcial ⟨pré-nup.ci.al⟩ (pl. *pré-nupciais*) adj.2g. Que precede o casamento ou que é feito antes dele.

preocupação ⟨pre.o.cu.pa.ção⟩ (pl. *preocupações*) s.f. **1** Ato ou efeito de preocupar(-se). **2** Ideia ou pensamento fixos ou constantes.

preocupante ⟨pre.o.cu.pan.te⟩ adj.2g. Que preocupa.

preocupar ⟨pre.o.cu.par⟩ ▌v.t.d./v.prnl. **1** Causar ou sentir intranquilidade, inquietação ou medo: *Sua atitude me preocupa. Você se preocupa demais com os prazos dos trabalhos.* ▌v.prnl. **2** Interessar-se por um assunto: *Preocupe-se com a hospedagem, que cuidarei das passagens.*

pré-operatório, ria ⟨pré.o.pe.ra.tó.rio, ria⟩ (pl. *pré-operatórios*) adj./s.m. Em relação a um conjunto de procedimentos, que procede uma intervenção cirúrgica.

preparação ⟨pre.pa.ra.ção⟩ (pl. *preparações*) s.f. Ato ou efeito de preparar(-se). ☐ SIN. preparo.

preparado, da ⟨pre.pa.ra.do, da⟩ ▌adj. **1** Que tem preparo, cultura ou instrução. ▌s.m. **2** Substância ou produto preparados e dispostos para seu uso.

preparar ⟨pre.pa.rar⟩ ▌v.t.d./v.prnl. **1** Dispor(-se) para um determinado fim: *Prepare-se para sair mais cedo.* ▌v.t.d. **2** Fazer ou compor, especialmente se for pela união de diversos elementos: *Meu pai preparou um jantar delicioso.* **3** Ensinar ou habilitar: *Fiz um cursinho que prepara os alunos para o vestibular de Medicina.* ▌v.t.d./v.prnl. **4** Treinar(-se) ou formar(-se) para uma atividade: *O técnico preparou o time para lutar até o final. Preparou-se bem para a prova.* **5** Arrumar(-se) ou vestir(-se) (alguém): *Preparou o filho para ir à escola. Ela se preparou para o baile em vinte minutos.*

preparativo, va ⟨pre.pa.ra.ti.vo, va⟩ ▌adj. **1** Que prepara ou que dispõe para algo. ☐ SIN. preparatório. ▌s.m. **2** Aquilo que é feito para preparar algo. ☐ USO Na acepção 2, usa-se geralmente a forma plural *preparativos*.

preparatório, ria ⟨pre.pa.ra.tó.rio, ria⟩ adj. Que prepara ou que dispõe para algo. ☐ SIN. preparativo.

preparo ⟨pre.pa.ro⟩ s.m. **1** Ato ou efeito de preparar(-se). ☐ SIN. preparação. **2** Condição ou capacidade adquiridas por treinamento ou instrução.

preponderar ⟨pre.pon.de.rar⟩ v.t.i./v.int. Em relação a uma opinião, ter mais força ou prevalecer [sobre outra]: *A vontade da maioria preponderou.*

preposição ⟨pre.po.si.ção⟩ (pl. *preposições*) s.f. Em linguística, parte invariável da oração que tem como função estabelecer uma ligação entre duas palavras ou entre dois termos.

preposto, ta ⟨pre.pos.to, ta⟩ (Pron. [prepôsto], [preposta], [prepóstos], [prepóstas]) s. Pessoa enviada por outra para dirigir ou coordenar um serviço.

prepotência ⟨pre.po.tên.cia⟩ s.f. Condição de prepotente: *Incomodam a todos com sua prepotência e arrogância.*

prepotente ⟨pre.po.ten.te⟩ adj.2g. Que abusa de autoridade ou de poder.

prepúcio ⟨pre.pú.cio⟩ s.m. Pele móvel que cobre a extremidade final do pênis.

prerrogativa ⟨pre.rro.ga.ti.va⟩ s.f. **1** Privilégio obtido por meio de uma profissão, de um cargo ou de uma função: *Residir no Palácio da Alvorada é uma prerrogativa do presidente da República do Brasil.* **2** Regalia ou vantagem que os membros de uma determinada classe ou grupo social detêm.

presa ⟨pre.sa⟩ (Pron. [prêsa]) s.f. **1** Em um combate ou em uma guerra, aquilo que se arrebata do inimigo. ☐ SIN. despojo. **2** Em zoologia, animal que é ou que pode ser caçado por outro. **3** Em alguns mamíferos, dente canino crescido e geralmente afiado: *as presas de um tigre.*

presbiterianismo ⟨pres.bi.te.ri.a.nis.mo⟩ s.m. Corrente do protestantismo surgida na Escócia (região britânica) em finais do século XVI, que confere o comando da Igreja a uma assembleia formada por sacerdotes e laicos.

presbitério ⟨pres.bi.té.rio⟩ s.m. **1** Igreja paroquial ou região que uma igreja abrange. **2** Casa paroquial ou lugar onde um pároco fica. **3** Em uma igreja, espaço entre o altar-mor e os degraus pelos quais se sobem a ele.

presbítero ⟨pres.bí.te.ro⟩ s.m. **1** Sacerdote ou clérigo que pode rezar missa. **2** No protestantismo, bispo ou superintendente.

prescindir ⟨pres.cin.dir⟩ v.t.i. Renunciar ou privar-se [de algo ou alguém]: *Quando viaja, não pode prescindir de seu notebook.* ☐ GRAMÁTICA Usa-se a construção *prescindir de (algo/alguém)*.

prescrever ⟨pres.cre.ver⟩ ▌v.t.d. **1** Indicar, ordenar ou mandar de antemão: *As últimas diretrizes de trabalho prescrevem novas atividades aos funcionários.* **2** Receitar ou recomendar (um medicamento): *A médica prescreveu um antitérmico em caso de febre.* ▌v.int. **3** Perder a validade, especialmente se for devido à passagem do tempo: *A infração já prescreveu e não terá mais que pagá-la.* ☐ SIN. caducar. **4** Deixar de ser usado pela maioria das pessoas: *O ferro a carvão prescreveu.*

prescrição ⟨pres.cri.ção⟩ (pl. *prescrições*) s.f. **1** Ato ou efeito de prescrever. **2** Em relação a um medicamento ou a um tratamento terapêutico, receita ou recomendação de uso. **3** Perda da validade, especialmente se for devido à passagem do tempo.

presença ⟨pre.sen.ça⟩ s.f. **1** Estado ou comparecimento de uma pessoa em determinado lugar. **2** Existência de algo ou alguém em um lugar ou em um

presenciar

momento determinados: *A presença dos índios no território brasileiro é muito anterior à chegada dos portugueses.* **3** Característica, porte ou aparência notáveis de alguém, especialmente se forem positivas: *Essa atriz tem bastante presença no palco.* **4** Prestígio, influência ou participação em alguma atividade ou realização: *A presença de Machado de Assis e Jorge Amado continua forte no cenário literário.* ‖ **em presença de** Perante ou à vista de. ‖ **marcar presença** Ser notado ou não passar despercebido. ‖ **presença de espírito** Tranquilidade, inteligência ou rapidez frente a um acontecimento repentino.

presenciar ⟨pre.sen.ci.ar⟩ v.t.d. Ver ou assistir a (um acontecimento): *Presenciamos o jogo no estádio.*

presente ⟨pre.sen.te⟩ ▪ adj.2g. **1** Que acontece no momento em que se fala. ▪ adj.2g./s.2g. **2** Que ou quem está na presença de alguém ou coincide com ele em um lugar. ▪ s.m. **3** Aquilo que se dá a alguém sem receber nada em troca, geralmente como demonstração de carinho ou de consideração. □ SIN. **prenda**. **4** Em linguística, em relação a um tempo verbal, que indica que a ação do verbo está sendo realizada: *O verbo ser na oração Sou feliz está no presente do indicativo e em Seja breve, no presente do subjuntivo.*

presentear ⟨pre.sen.te.ar⟩ v.t.d./v.t.d.i. Agradar (alguém) [com um presente]: *Presentearam o filho com uma bicicleta nova.* □ SIN. **regalar**. □ ORTOGRAFIA O e muda para ei quando a sílaba tônica estiver na raiz do verbo →NOMEAR.

presépio ⟨pre.sé.pio⟩ s.m. **1** Representação do nascimento de Jesus Cristo (o filho de Deus para os cristãos) por meio de figuras ou de imagens. **2** Lugar onde se prendem ou se guardam animais, especialmente se for gado.

preservação ⟨pre.ser.va.ção⟩ (pl. *preservações*) s.f. Ato ou efeito de preservar(-se).

preservar ⟨pre.ser.var⟩ v.t.d./v.t.d.i./v.prnl. Proteger(-se) [de algum dano ou de algum perigo]: *Preservar o meio ambiente é um dos maiores desafios que temos pela frente.*

preservativo, va ⟨pre.ser.va.ti.vo, va⟩ ▪ adj. **1** Que preserva. ▪ s.m. **2** Capa fina e elástica usada para cobrir o pênis durante o ato sexual e, assim, evitar a fecundação ou a transmissão de doenças: *O governo realizou uma distribuição de preservativos durante o Carnaval.*

presidência ⟨pre.si.dên.cia⟩ s.f. **1** Cargo ou dignidade de presidente: *Foi o primeiro negro a assumir a presidência daquele país.* **2** Tempo durante o qual uma pessoa exerce o cargo de presidente. **3** Local de trabalho de um presidente: *Temos uma reunião na presidência da entidade hoje à tarde.* **4** Pessoa ou conjunto de pessoas que presidem algo.

presidencialismo ⟨pre.si.den.ci.a.lis.mo⟩ s.f. Sistema de organização política caracterizado pelo fato de o presidente da república ser também o chefe do governo.

presidente, ta ⟨pre.si.den.te, ta⟩ ▪ adj.2g. **1** Que preside. ▪ s. **2** Pessoa que ocupa o cargo mais importante em um ato, em uma comunidade ou em um órgão. **3** Em um governo, em uma comunidade ou em um órgão, pessoa que os dirige ou que ocupa o cargo mais importante: *o presidente de uma associação de bairro.* **4** Em um regime republicano, pessoa que chefia o Estado, em geral eleita para um mandato com tempo determinado: *No Brasil, o mandato do presidente da República é de quatro anos.*

presidiário, ria ⟨pre.si.di.á.rio, ria⟩ ▪ adj. **1** De uma prisão ou relacionado a ela. ▪ s. **2** Pessoa que está cumprindo pena em um presídio.

presídio ⟨pre.sí.dio⟩ s.m. **1** Prisão onde indivíduos condenados à privação de liberdade cumprem suas penas. □ SIN. **penitenciária**. **2** Pena que consiste na privação de liberdade durante determinado período de tempo.

presidir ⟨pre.si.dir⟩ v.t.d. Dirigir ou guiar, exercendo a função de presidente: *Ela preside a comissão de direitos civis no Congresso.*

presilha ⟨pre.si.lha⟩ s.f. **1** Cordão ou peça metálica pequenos e finos, presos às bordas de uma peça do vestuário e usados para fechar um botão ou um broche. **2** Acessório, geralmente formado por um arame dobrado ao meio, usado para prender o cabelo.

preso, sa ⟨pre.so, sa⟩ (Pron. [prêso]) ▪ **1** Particípio irregular de **prender**. ▪ adj. **2** Atado ou amarrado. **3** Que é ligado afetivamente a algo ou a alguém. **4** Que não funciona: *um intestino preso.* ▪ s. **5** Pessoa mantida em uma prisão. □ SIN. **detento, detido, prisioneiro**.

pressa ⟨pres.sa⟩ s.f. **1** Rapidez ou velocidade com que algo acontece ou é feito. **2** Necessidade ou desejo de que algo aconteça de modo rápido. ‖ **às pressas** Com muita rapidez e, geralmente, sem muito cuidado nem atenção.

pressagiar ⟨pres.sa.gi.ar⟩ v.t.d./v.t.d.i. Anunciar ou prever a partir de presságios ou de indícios (algo que ainda não aconteceu) [a alguém]: *As nuvens negras pressagiavam forte tempestade.*

presságio ⟨pres.sá.gio⟩ s.m. Sinal que se acredita ser o anúncio ou indício de algo futuro. □ SIN. **premonição**.

pressão ⟨pres.são⟩ (pl. *pressões*) s.f. **1** Compressão, opressão ou força exercidas sobre algo. **2** Em física, razão entre uma força exercida uniformemente sobre uma superfície e sua área. **3** Influência exercida sobre uma pessoa ou sobre um grupo para obrigá-los a fazer ou a decidir algo: *O primeiro-ministro foi obrigado a renunciar diante da pressão popular que seu governo sofria.* ‖ **pressão arterial** Aquela que o sangue exerce sobre as paredes das artérias. □ SIN. **tensão arterial**. ‖ **pressão atmosférica** Aquela exercida pelo peso da atmosfera terrestre em um determinado ponto.

pressentimento ⟨pres.sen.ti.men.to⟩ s.m. Intuição ou sentimento de que algo irá acontecer. □ SIN. **premonição**.

pressentir ⟨pres.sen.tir⟩ v.t.d. **1** Adivinhar ou ter a sensação de que irá acontecer (algo que ainda não aconteceu): *Ela pressentiu que seria efetivada no cargo.* **2** Desconfiar ou suspeitar do acontecimento de (uma ação): *O condômino pressentia que estava sendo enganado.* □ GRAMÁTICA É um verbo irregular →SERVIR.

pressionar ⟨pres.si.o.nar⟩ ▪ v.t.d. **1** Exercer pressão ou força sobre (um objeto): *Para desligar o aparelho, pressione o botão vermelho.* ▪ v.t.d./v.t.d.i. **2** Exercer pressão ou influência sobre (alguém) [para obrigá-lo a fazer algo]: *Ninguém o pressionou para que aceitasse sua proposta.* ▪ v.int. **3** Exercer pressão ou influência.

pressupor ⟨pres.su.por⟩ v.t.d. **1** Dar por certo ou por sabido de forma antecipada: *Passar no vestibular pressupõe empenho nos estudos.* □ SIN. **presumir**. **2** Indicar ou dar a entender: *Uma obra tão grandiosa pressupõe investimentos significativos.*

pressuposto ⟨pres.su.pos.to⟩ (Pron. [pressupôsto], [pressupóstos]) s.m. Hipótese ou suposição prévias: *Partimos do pressuposto de que você sabe do que está falando.*

pressurizar ⟨pres.su.ri.zar⟩ v.t.d. Manter (um recinto) com pressão atmosférica adequada a um ser humano, independentemente da pressão exterior: *Aviões, submarinos e foguetes são pressurizados para que a pressão exterior não afete as pessoas que estão dentro.*

prestação ⟨pres.ta.ção⟩ (pl. *prestações*) s.f. **1** Realização ou fornecimento de um serviço ou de uma atividade:

Nossa empresa faz prestação de serviços de consultoria a outras empresas. **2** Cada uma das partes em que uma quantia total se divide, e que é paga em várias vezes: *Dividi a compra da televisão de plasma em diversas prestações.* ‖ **prestação de contas** Explicação ou esclarecimento sobre algo, especialmente se for sobre o uso de dinheiro.

prestar ⟨pres.tar⟩ ▪ v.t.d.i. **1** Dar, conceder ou dispensar (uma coisa) [a algo ou alguém que a exija ou a necessite]: *Prestamos socorros a um motorista na estrada. Prestou atenção às palavras do professor.* ▪ v.t.d. **2** Cumprir ou realizar (uma ação) por imposição legal: *prestar um vestibular; prestar um depoimento.* ▪ v.int. **3** *informal* Ser bom, honesto ou ter bom caráter: *Dizem que ela não presta, mas, na verdade, é uma ótima pessoa.* ▪ v.t.i./v.int. **4** Em relação a um objeto, servir ou ser útil [para algo]: *Depois de trincado, o vaso não prestava mais.* ▪ v.prnl. **5** Sujeitar-se ou submeter-se: *Indignado, declarou que não se prestaria a nenhum tipo de pressão.*

prestativo, va ⟨pres.ta.ti.vo, va⟩ adj. Que tem iniciativa e que se preocupa em ajudar os outros. ◻ SIN. solícito.

prestes ⟨pres.tes⟩ adv. Na eminência de: *O bebê está prestes a dormir.*

presteza ⟨pres.te.za⟩ (Pron. [prestêza]) s.f. Rapidez ou prontidão ao fazer ou ao dizer algo: *Sua presteza em responder o que lhe era perguntado causou uma ótima impressão.*

prestidigitação ⟨pres.ti.di.gi.ta.ção⟩ (pl. *prestidigitações*) s.f. Arte ou técnica de iludir o espectador com jogos ou truques feitos com o movimento rápido das mãos.

prestidigitador, -a ⟨pres.ti.di.gi.ta.dor, do.ra⟩ (Pron. [prestidigitadôr], [prestidigitadóra]) s. Pessoa que se dedica à prestidigitação, especialmente como profissão.

prestigiar ⟨pres.ti.gi.ar⟩ v.t.d./v.prnl. Conferir ou adquirir prestígio, renome ou importância: *Nos últimos anos, a crítica vem prestigiando esse autor.*

prestígio ⟨pres.tí.gio⟩ s.m. **1** Fascinação, encanto ou poder de atração exercidos por algo ou alguém. **2** Renome, boa fama ou respeito: *Seu prestígio como escritor ultrapassou as fronteiras de seu país.*

préstimo ⟨prés.ti.mo⟩ s.m. **1** Utilidade, serventia ou boa qualidade de algo: *Não vejo préstimo para esses papéis antigos.* **2** Iniciativa, ajuda ou auxílio: *Seus préstimos ajudaram a atingir os objetivos.*

préstito ⟨prés.ti.to⟩ s.m. Sucessão de pessoas que caminham lentamente e de forma ordenada. ◻ SIN. procissão.

presumido, da ⟨pre.su.mi.do, da⟩ adj./s.m. **1** Que ou quem se suspeita ou se acredita a partir de hipóteses. **2** Que ou quem se vangloria ou tem um alto conceito sobre si mesmo.

presumir ⟨pre.su.mir⟩ ▪ v.t.d. **1** Suspeitar ou acreditar em (um pensamento ou uma conclusão) baseando-se em hipóteses. **2** Dar por certo ou por sabido de forma antecipada. ◻ SIN. pressupor. ▪ v.t.i./v.prnl. **3** Vangloriar-se [de determinada característica] ou ter alto conceito de si próprio: *Eles se presumem de muito importantes, mas são iguais a todos.* ◻ GRAMÁTICA Na acepção 3, usa-se a construção *presumir(-se)* DE *algo.*

presunção ⟨pre.sun.ção⟩ (pl. *presunções*) s.f. Ato ou efeito de presumir(-se).

presunçoso, sa ⟨pre.sun.ço.so, sa⟩ (Pron. [presunçôso], [presunçósa], [presunçósos], [presunçósas]) adj./s. Que ou quem se vangloria ou se mostra excessivamente orgulhoso de si mesmo.

presunto ⟨pre.sun.to⟩ s.m. **1** Perna do porco, curada e salgada. **2** *informal* Pessoa morta.

pretejar ⟨pre.te.jar⟩ v.t.d./v.int. Tornar(-se) escuro ou preto, ou escurecer. ◻ SIN. denegrir, enegrecer.

prevalecer

pretendente ⟨pre.ten.den.te⟩ ▪ adj.2g./s.2g. **1** Que ou quem pretende. ▪ s.2g. **2** Pessoa que pretende se casar com outra.

pretender ⟨pre.ten.der⟩ ▪ v.t.d. **1** Querer conseguir ou realizar (um objetivo): *Pretendo terminar meu trabalho amanhã.* ▪ v.t.d./v.t.d.i. **2** Reclamar ou exigir (algo sobre o qual se acredita ter direito) [de alguém]: *Os prejudicados pretendiam uma indenização.* ▪ v.prnl. **3** Julgar-se ou achar-se: *Pretende-se uma boa aluna.*

pretensão ⟨pre.ten.são⟩ (pl. *pretensões*) s.f. **1** Intenção ou propósito: *Quais são suas pretensões salariais?* **2** Aspiração ambiciosa ou desmedida: *Aspira a uma vida simples, sem grandes pretensões.* **3** Vaidade ou autoconfiança exageradas: *É muita pretensão sua querer ser considerado o melhor do time.* **4** Direito que uma pessoa acredita ter sobre algo.

pretensioso, sa ⟨pre.ten.si.o.so, sa⟩ (Pron. [pretensiôso], [pretensiósa], [pretensiósos], [pretensiósas]) adj./s. Que ou quem tem pretensão.

pretenso, sa ⟨pre.ten.so, sa⟩ ▪ **1** Particípio irregular de pretender. ▪ adj. **2** Suposto ou que tenta ser o que não é.

preterir ⟨pre.te.rir⟩ v.t.d. **1** Desprezar ou ignorar intencionalmente. **2** Deixar de dizer, de registrar ou de fazer: *Preterimos os detalhes que alongariam demais o assunto.* ◻ SIN. omitir. **3** Não promover ou não dar posto maior a (alguém), sem razões legais para isso: *Preteriu o melhor funcionário para dar o cargo ao sobrinho.* ◻ GRAMÁTICA É um verbo irregular. →SERVIR.

pretérito, ta ⟨pre.té.ri.to, ta⟩ ▪ adj. **1** Que já passou ou que já aconteceu. ▪ adj./s.m. **2** Em linguística, em relação a um tempo verbal, que indica que a ação já aconteceu. ‖ **(pretérito) imperfeito** Aquele que indica que a ação do verbo já passou, mas que o processo ainda não terminou: *O pretérito imperfeito do indicativo de estudar é estudava e o do subjuntivo, estudasse.* ‖ **(pretérito) mais-que-perfeito** Aquele que indica que a ação do verbo já passou e terminou antes de outra que também já passou e terminou: *O pretérito mais-que-perfeito de partir é partira.* ‖ **(pretérito) perfeito** Aquele que indica que a ação do verbo já passou e terminou: *O pretérito perfeito simples de amar é amou e o composto, tem amado.*

pretextar ⟨pre.tex.tar⟩ (Pron. [pretestar]) v.t.d. Alegar ou valer-se de (algo que serve como pretexto ou desculpa): *Pretextou a greve de ônibus para justificar a demora.*

pretexto ⟨pre.tex.to⟩ (Pron. [pretêsto]) s.m. Motivo utilizado como desculpa para justificar, explicar ou deixar de fazer algo: *Arrumou um pretexto para não comparecer à reunião.*

pretidão ⟨pre.ti.dão⟩ (pl. *pretidões*) s.f. **1** Propriedade de ser ou de parecer de cor preta. **2** Falta de luz ou de claridade. ◻ SIN. escuridão.

preto, ta ⟨pre.to, ta⟩ (Pron. [prêto]) adj./s. **1** Da cor do carvão ou da escuridão absoluta. **2** Que ou quem pertence ao grupo étnico caracterizado, entre outros traços, pela pele escura e cabelo crespo.

pretor ⟨pre.tor⟩ (Pron. [pretôr]) s.m. **1** Na Roma Antiga, magistrado que exercia jurisdição na capital ou nas províncias. **2** Magistrado com função diretamente abaixo a do juiz de direito.

pretoria ⟨pre.to.ri.a⟩ s.f. Jurisdição de um pretor.

pretume ⟨pre.tu.me⟩ s.m. *informal* Pretidão.

prevalecer ⟨pre.va.le.cer⟩ ▪ v.t.i./v.int. **1** Sobressair ou destacar-se [sobre algo]: *Fez prevalecer sua opinião sobre a do conselho. A verdade sempre acaba prevalecendo.* ◻ SIN. predominar, triunfar. **2** Destacar-se em número ou em abundância [sobre os demais elementos de um todo]. ◻ SIN. predominar. ▪ v.prnl. **3** Valer-se, servir-se ou tirar proveito de uma pessoa ou uma situação:

prevaricação

Mal-intencionado, prevaleceu-se da fraqueza do colega. ☐ SIN. aproveitar-se. ☐ ORTOGRAFIA Antes de *a* ou *o*, o *c* muda para *ç* →CONHECER. ☐ GRAMÁTICA Na acepção 3, usa-se a construção *prevalecer-se DE algo*.

prevaricação ⟨pre.va.ri.ca.ção⟩ (pl. *prevaricações*) s.f. **1** Ato ou efeito de prevaricar. **2** Delito que consiste no não cumprimento, por parte dos funcionários públicos, de suas obrigações específicas ou no ditado de resoluções injustas, especialmente se forem para obter benefício próprio.

prevaricar ⟨pre.va.ri.car⟩ ▌v.t.i. **1** Em relação a um funcionário público, cometer um delito ao faltar ao cumprimento [de uma obrigação específica]: *prevaricar a um dever*. ▌v.int. **2** Cometer um delito que consiste no não cumprimento de suas obrigações específicas (um funcionário público): *Prevaricou ao revelar dados sigilosos da licitação*. **3** Cometer adultério. **4** Agir mal ou cometer erros ou falhas. ☐ ORTOGRAFIA Antes de *e*, o *c* muda para *qu* →BRINCAR.

prevenção ⟨pre.ven.ção⟩ (pl. *prevenções*) s.f. **1** Ato ou efeito de prevenir(-se): *O uso do preservativo é essencial na prevenção de doenças sexualmente transmissíveis*. **2** Conceito ou opinião negativos e preconcebidos contra algo ou alguém, sem base racional: *Analisamos o caso sem prevenções*. **3** Precaução ou cautela: *Tenho minhas prevenções a respeito deste tipo de filme*.

prevenido, da ⟨pre.ve.ni.do, da⟩ adj. Que se previne ou que toma atitudes de prevenção: *Por ser uma pessoa prevenida, sempre tem um guarda-chuva na bolsa*. ☐ SIN. precavido, previdente. ǁ **não estar prevenido** *informal* Não ter dinheiro consigo no momento em que se fala.

prevenir ⟨pre.ve.nir⟩ ▌v.t.d./v.t.d.i. **1** Advertir ou avisar (alguém) [sobre um perigo]: *Ela nos preveniu sobre os riscos desse investimento*. ▌v.t.d. **2** Evitar ou impedir (um mal): *Com uma alimentação saudável, prevenimos uma série de doenças*. ▌v.t.d./v.t.d.i. **3** Influenciar ou persuadir (alguém) para que prejulgue e que tenha uma opinião desfavorável [sobre algo]: *Tentaram me prevenir sobre ela, mas fui inocente e não quis acreditar*. ▌v.prnl. **4** Preparar-se para uma situação futura: *As lojas já se preveniram para o grande movimento no Natal*. ☐ GRAMÁTICA É um verbo irregular →PROGREDIR.

preventivo, va ⟨pre.ven.ti.vo, va⟩ adj. Que previne um mal ou um risco, ou que tenta evitá-los.

prever ⟨pre.ver⟩ v.t.d. **1** Conhecer ou saber antecipadamente (algo futuro), geralmente por meio de determinados indícios. **2** Ver ou analisar antecipadamente: *O advogado previu que teriam êxito no processo*. **3** Imaginar ou esperar antecipadamente (um acontecimento): *Estávamos despreparados, pois ninguém previu que choveria*. ☐ GRAMÁTICA É um verbo irregular →VER.

pré-vestibular ⟨pré-ves.ti.bu.lar⟩ (pl. *pré-vestibulares*) adj.2g./s.m. Em relação a um curso, que prepara os alunos para os exames de ingresso em uma universidade.

previdência ⟨pre.vi.dên.cia⟩ s.f. **1** Qualidade de previdente. **2** Conjectura de que algo irá acontecer, com base em determinados sinais. ☐ SIN. previsão. ǁ **previdência social** Instituição pública ou privada que garante aos aposentados os direitos que lhe são legalmente reservados.

previdenciário, ria ⟨pre.vi.den.ci.á.rio, ria⟩ ▌adj. **1** Da previdência ou relacionado a ela. ▌s. **2** Funcionário do sistema de previdência social.

previdente ⟨pre.vi.den.te⟩ adj.2g. Que se previne ou que toma atitudes de prevenção. ☐ SIN. precavido, prevenido.

prévio, via ⟨pré.vio, via⟩ adj. Que se realiza ou que acontece antes de outra coisa, para a qual costuma servir de preparação.

previsão ⟨pre.vi.são⟩ (pl. *previsões*) s.f. **1** Ato ou efeito de prever. **2** Conjectura de que algo irá acontecer, com base em determinados sinais. ☐ SIN. previdência. **3** Cálculo, análise ou estudo feitos antecipadamente sobre algo: *Fizeram uma previsão dos gastos que teriam durante o projeto*.

previsível ⟨pre.vi.sí.vel⟩ (pl. *previsíveis*) adj.2g. **1** Que pode ser previsto ou que faz parte das previsões normais. **2** Que tem reações ou atitudes facilmente previstas, sem grandes mudanças de comportamento.

prezado, da ⟨pre.za.do, da⟩ adj. Que se considera, que se estima ou que tem seu valor reconhecido.

prezar ⟨pre.zar⟩ ▌v.t.d. **1** Considerar, estimar ou reconhecer o valor de (algo não material): *Prezo muito sua amizade*. **2** Almejar ou querer alcançar (um objeto de desejo): *Prezo saúde para todos*. ▌v.prnl. **3** Orgulhar-se de suas características ou de seus feitos (alguém): *Preza-se por ser boa aluna*.

prima ⟨pri.ma⟩ s.f. **1** Na Igreja Católica, primeira das horas canônicas. **2** Em alguns instrumentos de corda, corda mais fina e que produz o som mais agudo. ☐ SIN. primeira.

primacial ⟨pri.ma.ci.al⟩ (pl. *primaciais*) adj.2g. **1** Da primazia ou relacionado a ela. **2** De um primaz ou relacionado a ele.

primado ⟨pri.ma.do⟩ s.m. **1** Na Igreja Católica, primeiro e mais importante de todos os arcebispos ou bispos de uma região. ☐ SIN. primaz. **2** Superioridade ou preferência de um elemento em relação a outro.

prima-dona ⟨pri.ma-do.na⟩ (Pron. [prima-dôna]) (pl. *prima-donas*) s.f. Em uma ópera, cantora que interpreta o papel principal.

primar ⟨pri.mar⟩ v.t.i. Destacar-se ou atrair a atenção [por uma qualidade ou defeito]: *O restaurante prima pelo atendimento*.

primário, ria ⟨pri.má.rio, ria⟩ ▌adj. **1** Primeiro em ordem ou em grau. **2** Básico ou fundamental: *Comer, beber ou dormir são necessidades primárias de todos. As cores primárias são o amarelo, vermelho e azul, porque delas todas as demais derivam*. **3** Primitivo ou pouco civilizado: *As ferramentas no período pré-histórico eram muito primárias*. **4** Em geologia, da era paleozoica, a segunda da história da Terra, ou relacionado a ela: *rochas primárias*. ☐ SIN. paleozoico. ▌s.m. **5** Antiga denominação do primeiro ciclo do Ensino Fundamental.

primata ⟨pri.ma.ta⟩ ▌adj.2g./s.m. **1** Em relação a um mamífero, que se caracteriza por ter cinco dedos providos de unhas, de cérebro lobular e complexo, visão frontal e dentição pouco diferenciada. ▌s.m.pl. **2** Em zoologia, ordem desses mamíferos.

primavera ⟨pri.ma.ve.ra⟩ s.f. **1** Estação do ano entre o inverno e o verão, que começa no dia 23 de setembro e termina no dia 21 de dezembro. **2** Cada ano de vida de uma pessoa jovem. **3** Época de maior vigor e formosura. ☐ USO Na acepção 1, no hemisfério Norte, ocorre entre os dias 21 de março e 21 de junho.

primaverense ⟨pri.ma.ve.ren.se⟩ adj.2g./s.2g. De Primavera do Leste ou relacionado a essa cidade do estado brasileiro de Mato Grosso.

primaveril ⟨pri.ma.ve.ril⟩ (pl. *primaveris*) adj.2g. Da primavera ou relacionado a ela: *um dia primaveril*.

primaz ⟨pri.maz⟩ ▌adj.2g. **1** Que ocupa o primeiro lugar em uma hierarquia ou em uma ordem de importância. ▌s.m. **2** Na Igreja Católica, primeiro e mais importante de todos os arcebispos ou bispos de uma região. ☐ SIN. primado.

privação

primazia ⟨pri.ma.zi.a⟩ s.f. **1** Superioridade de uma coisa em relação a outra. **2** Cargo de um primaz ou título dado a ele.

primeira ⟨pri.mei.ra⟩ s.f. **1** No motor de alguns veículos, marcha usada para iniciar o movimento ou para dar mais força ao carro. **2** Em alguns instrumentos de corda, corda mais fina e que produz o som mais agudo. ◻ SIN. prima.

primeira-dama ⟨pri.mei.ra-da.ma⟩ (pl. *primeiras-damas*) s.f. Esposa do governante de uma cidade, de um estado ou de um país.

primeira-ministra ⟨pri.mei.ra-mi.nis.tra⟩ (pl. *primeiras-ministras*) Substantivo feminino de primeiro-ministro.

primeiro ⟨pri.mei.ro⟩ adv. Em primeiro lugar ou antes de tudo: *Primeiro vamos desfazer as malas, depois passear pela cidade.*

primeiro, ra ⟨pri.mei.ro, ra⟩ ▌ adj./s. **1** Excelente, ou que é melhor ou mais importante em relação a algo da mesma espécie ou do mesmo grupo. **2** Principal, essencial ou fundamental. ▌ numer. **3** Em uma série, que ocupa o lugar de número um.

primeiro-ministro ⟨pri.mei.ro-mi.nis.tro⟩ (pl. *primeiros-ministros*) s.m. Em um sistema parlamentar, chefe do governo. ◻ GRAMÁTICA Seu feminino é *primeira-ministra*.

primeiro-sargento ⟨pri.mei.ro-sar.gen.to⟩ (pl. *primeiros-sargentos*) s.2g. **1** No Exército, pessoa cuja graduação é superior à de segundo-sargento e inferior à de subtenente. **2** Na Marinha e na Aeronáutica, pessoa cuja graduação é superior à de segundo-sargento e inferior à de suboficial.

primeiro-tenente ⟨pri.mei.ro-te.nen.te⟩ (pl. *primeiros-tenentes*) s.2g. **1** No Exército e na Aeronáutica, pessoa cujo posto é superior ao de segundo-tenente e inferior ao de capitão. **2** Na Marinha, pessoa cujo posto é superior ao de segundo-tenente e inferior ao de capitão-tenente.

primevo, va ⟨pri.me.vo, va⟩ adj. **1** Da origem ou dos primeiros tempos de algo, ou relacionado a eles. **2** Que existiu e ficou no passado. ◻ SIN. antigo.

primícias ⟨pri.mí.cias⟩ s.f.pl. Primeiros efeitos ou primeiras manifestações.

primitivo, va ⟨pri.mi.ti.vo, va⟩ adj. **1** Da origem ou dos primeiros tempos de algo, ou relacionado a eles. **2** Em relação a um povo, a uma civilização ou a suas manifestações, que estão pouco desenvolvidos em relação a outros: *uma arte primitiva*. **3** Em relação a uma palavra, que não deriva de outra pertencente à mesma língua: *Doceria é adocicado derivam da palavra primitiva doce*. **4** Rudimentar ou pouco desenvolvido: *Considerados da perspectiva atual, os primeiros computadores eram muito primitivos.*

primo, ma ⟨pri.mo, ma⟩ ▌ s. **1** Em relação a uma pessoa, outra que é filho ou filha de seu tio ou de sua tia. ▌ s.m. **2** →número primo

primogênito, ta ⟨pri.mo.gê.ni.to, ta⟩ adj./s. Em relação a um filho, que foi o primeiro a nascer.

primor ⟨pri.mor⟩ (Pron. [primôr]) s.m. **1** Esmero ou habilidade na forma de realizar uma atividade. **2** Aquilo ou aquele que denota perfeição ou qualidade superior.

primordial ⟨pri.mor.di.al⟩ (pl. *primordiais*) adj.2g. **1** Fundamental, básico ou muito importante. **2** Do primórdio ou relacionado a ele.

primórdio ⟨pri.mór.dio⟩ s.m. Início, nascimento ou primeiro momento de existência de algo ou alguém. ◻ SIN. origem. ◻ USO Usa-se geralmente a forma plural *primórdios*.

primoroso, sa ⟨pri.mo.ro.so, sa⟩ (Pron. [primorôso], [primorósa], [primorósos], [primorósas]) adj. Que foi feito com primor, que é excelente, delicado ou perfeito: *um trabalho primoroso*.

princesa ⟨prin.ce.sa⟩ (Pron. [princêsa]) s.f. **1** Feminino de **príncipe**. **2** Esposa de príncipe. **3** Mulher bela, geralmente jovem e delicada.

principado ⟨prin.ci.pa.do⟩ s.m. **1** Título ou dignidade de príncipe ou de princesa. **2** Forma de governo exercida por um príncipe ou por uma princesa. **3** Território ou Estado que é governado ou administrado por um príncipe ou por uma princesa.

principal ⟨prin.ci.pal⟩ (pl. *principais*) adj.2g. **1** Que vem em primeiro lugar ou que tem mais importância ou preferência. **2** Essencial ou fundamental: *O principal é nos mantermos unidos, para o resto daremos um jeito.*

príncipe ⟨prín.ci.pe⟩ s.m. **1** Filho do rei e herdeiro do trono. **2** Filho do rei. **3** Soberano de um Estado, especialmente se for de um principado. **4** Em alguns estados monárquicos, homem casado com a rainha. ‖ **príncipe encantado** Homem ideal sonhado ou esperado por uma mulher. ◻ GRAMÁTICA Nas acepção 2, seu feminino é *princesa*.

principesco, ca ⟨prin.ci.pes.co, ca⟩ (Pron. [principêsco]) adj. Que é próprio de um príncipe ou de uma princesa.

principiante ⟨prin.ci.pi.an.te⟩ adj.2g./s.2g. Que ou quem se inicia em uma profissão ou em uma atividade. ◻ SIN. iniciante.

principiar ⟨prin.ci.pi.ar⟩ v.t.d./v.int. Dar início a (algo) ou começar: *principiar um discurso*.

princípio ⟨prin.cí.pio⟩ s.m. **1** Primeiro momento da existência de algo. **2** Origem ou causa de algo. **3** Pensamento, conceito ou ideia fundamentais nos quais uma disciplina ou uma teoria se baseiam: *O princípio da inércia afirma que um corpo permanece em repouso ou em movimento enquanto uma força não atuar sobre ele*. **4** Norma ou ideia fundamentais que regem o pensamento ou a conduta de uma pessoa: *Mentir é contra os meus princípios*. **5** Cada um dos componentes de um corpo ou de uma substância: *Alguns princípios ativos de plantas são usados como medicamentos*.

prior, -a ⟨pri.or, o.ra⟩ (Pron. [priôr], [priôra]) s. **1** Em algumas ordens religiosas, superior do convento. **2** Em algumas religiões, pároco ou responsável por determinada paróquia.

prioridade ⟨pri.o.ri.da.de⟩ s.f. Preferência de um elemento em relação a outro.

prioritário, ria ⟨pri.o.ri.tá.rio, ria⟩ adj. Que tem prioridade ou preferência em relação a outro elemento.

priorizar ⟨pri.o.ri.zar⟩ v.t.d. Dar prioridade ou preferência a.

prisão ⟨pri.são⟩ (pl. *prisões*) s.f. **1** Captura ou aprisionamento de uma pessoa para privá-la da liberdade. **2** Lugar em que se encerram e se colocam sob custódia os condenados a uma pena de privação de liberdade ou os supostos culpados de um delito. ◻ SIN. cadeia, cárcere.

prisco, ca ⟨pris.co, ca⟩ adj. Primitivo, original ou tal como era no princípio. ◻ SIN. prístino.

prisioneiro, ra ⟨pri.sio.nei.ro, ra⟩ s. Pessoa mantida em uma prisão. ◻ SIN. detento, detido, preso.

prisma ⟨pris.ma⟩ s.m. **1** Corpo geométrico limitado por dois polígonos paralelos e iguais chamados bases e, lateralmente, pelo mesmo número de paralelogramos que o número de lados das bases. **2** Objeto transparente capaz de fazer com que as diferentes cores que compõem uma luz sejam separadas. **3** Ponto de vista ou perspectiva.

prístino, na ⟨prís.ti.no, na⟩ adj. Primitivo, original ou tal como era no princípio. ◻ SIN. prisco.

privação ⟨pri.va.ção⟩ (pl. *privações*) s.f. **1** Ato ou efeito de privar(-se). **2** Ausência, carência ou escassez,

privacidade

especialmente se for daquilo que é necessário para a sobrevivência. ☐ USO Na acepção 2, usa-se geralmente a forma plural.
privacidade ⟨pri.va.ci.da.de⟩ s.f. Intimidade ou vida privada de uma pessoa.
privada ⟨pri.va.da⟩ s.f. Recipiente conectado a uma tubulação e a um sistema de água e usado para evacuar os excrementos. ☐ SIN. cloaca, retrete, vaso sanitário.
privado, da ⟨pri.va.do, da⟩ adj. **1** Que pertence ou que está reservado a uma única pessoa ou a um grupo limitado e escolhido. **2** Particular ou pessoal: *uma conversa privada*. **3** De propriedade ou de título não estatais: *uma empresa privada*.
privar ⟨pri.var⟩ ▌v.t.d.i. **1** Deixar sem ou despojar [de algo que se possui e de que se desfruta]: *Mandá-lo para a prisão era uma forma de privá-lo da liberdade.* ▌v.t.i. **2** Conviver ou estar em contato próximo e frequente [com alguém]: *Ela priva com pessoas influentes da área.* ▌v.prnl. **3** Renunciar voluntariamente a algo: *Privei-me de alguns luxos para poder viajar este verão*.
privativo, va ⟨pri.va.ti.vo, va⟩ adj. **1** Que causa ou que supõe a privação ou a perda de algo. **2** Próprio ou exclusivo de uma pessoa ou de uma coisa.
privilegiar ⟨pri.vi.le.gi.ar⟩ v.t.d. Conceder privilégio a.
privilégio ⟨pri.vi.lé.gio⟩ s.m. **1** Vantagem, benefício ou direito exclusivo de uma pessoa ou de uma classe social: *Na sociedade medieval, os senhores feudais tinham muitos privilégios*. **2** Oportunidade, sorte ou permissão para fazer algo desejado: *A fã teve o privilégio de ser escolhida para visitar o camarim*. **3** Dom ou talento natural.
pro 1 Contração da preposição *para* com o artigo definido *o*. **2** Contração da preposição *para* com o pronome demonstrativo *o*. ☐ USO É uma palavra muito comum na linguagem coloquial.
pro- Prefixo que indica movimento ou impulso para frente: *promover, prorrogar*.
pró ▌s.m. **1** Vantagem ou aspecto favorável de um assunto. **2** adv. **2** A favor de ou em defesa de: *Teve três votos pró e dois votos contra sua proposta*.
pró- 1 Prefixo que significa *em defesa* ou *a favor de*: *pró--americano*. **2** Prefixo que significa *no lugar de*: *pró-reitor*. ☐ ORTOGRAFIA Usa-se seguido de hífen.
proa ⟨pro.a⟩ (Pron. [prôa]) s.f. Em uma embarcação, parte dianteira. ‖ **de proa** Importante ou de prestígio. ☐ USO Na acepção 1, é diferente de *popa* (parte traseira de uma embarcação).
pró-americano, na ⟨pró-a.me.ri.ca.no, na⟩ (pl. *pró--americanos*) adj. **1** Que é a favor da América ou daquilo que se relaciona a ela. **2** Que é a favor dos Estados Unidos da América ou daquilo que se relaciona a eles.
probabilidade ⟨pro.ba.bi.li.da.de⟩ s.f. **1** Possibilidade ou chance de que algo aconteça. **2** Em matemática, frequência com que o valor de um evento aleatório ocorre em uma infinidade de repetições desse mesmo evento.
probidade ⟨pro.bi.da.de⟩ s.f. Retidão de caráter e integridade na forma de agir.
problema ⟨pro.ble.ma⟩ (Pron. [problêma]) s.m. **1** Questão que se tenta esclarecer ou resolver, em qualquer área do conhecimento humano, e que geralmente serve de base para estudos ou discussões acadêmicas ou científicas. **2** Situação complexa ou de difícil solução, geralmente prejudicial. **3** Obstáculo ou dificuldade que dificultam o alcance ou a realização de um objetivo. **4** Situação incômoda de desgosto, aborrecimento ou preocupação. **5** Pergunta ou proposição com o objetivo de averiguar a forma de obter um resultado a partir de dados informados: *um problema matemático*.

problemática ⟨pro.ble.má.ti.ca⟩ s.f. Conjunto de questões ou problemas relacionados a uma disciplina ou a uma atividade determinadas.
problemático, ca ⟨pro.ble.má.ti.co, ca⟩ adj. **1** Que causa problemas ou que gera dificuldades. **2** Incerto ou duvidoso.
probo, ba ⟨pro.bo, ba⟩ adj. Respeitoso com os valores morais e íntegro na forma de agir.
procedência ⟨pro.ce.dên.cia⟩ s.f. **1** Origem ou princípio de onde algo procede. **2** Fundamento ou aquilo em que algo se baseia.
proceder ⟨pro.ce.der⟩ ▌s.m. **1** Forma de agir ou de se comportar. ☐ SIN. procedimento. ▌v.t.i. **2** Originar-se ou ser resultado [de algo]: *A doença procedeu de uma queda do sistema imunológico*. **3** Nascer, provir ou originar--se [de algo]: *O português procede do latim*. **4** Em relação a uma pessoa, descender [de outra] ou ter sua origem [em determinado lugar]: *Ela procede de uma família de origem libanesa*. **5** Vir ou sair [de certo lugar]: *As informações procedem de uma fonte segura*. ▌v.int. **6** Agir ou comportar-se: *Essa forma de proceder é contrária aos nossos valores*. **7** Ser conveniente, adequado ou apropriado: *Esse comentário não procede*. ☐ GRAMÁTICA Nas acepções 2, 3, 4 e 5, usa-se a construção *proceder de algo*.
procedimento ⟨pro.ce.di.men.to⟩ s.m. **1** Ato ou efeito de proceder. **2** Método, processo ou técnica para fazer algo. **3** Forma de agir ou de se comportar. ☐ SIN. proceder.
procela ⟨pro.ce.la⟩ s.f. Tempestade marítima seguida de vento e de chuva. ☐ SIN. tormenta.
prócer ⟨pró.cer⟩ s.m. Pessoa importante, ilustre e respeitada, que tem muita influência nas opiniões de um grupo.
processador, -a ⟨pro.ces.sa.dor, do.ra⟩ (Pron. [processadôr], [processadôra]) ▌adj./s.m. **1** Que processa. [👁 eletrodomésticos p. 292] ▌s.m. **2** Dispositivo eletrônico cuja função é executar programas, alterando dados e controlando outros dispositivos por meio dessa execução. **3** Programa de informática capaz de processar informações: *um processador de texto*.
processamento ⟨pro.ces.sa.men.to⟩ s.m. Ato ou efeito de processar.
processar ⟨pro.ces.sar⟩ v.t.d. **1** Submeter (alguém) a julgamento ou a processo judicial: *Processou a empresa pelo atraso dos últimos salários*. **2** Em informática, submeter (um dado) a uma série de operações programadas: *Processou os dados e as informações desejadas foram exibidas na tela*. **3** Em informática, executar (um programa): *Digitou um comando para processar o aplicativo*. **4** Submeter a um processo de transformação física, química ou biológica: *Comprou um liquidificador para processar alimentos*.
processo ⟨pro.ces.so⟩ s.m. **1** Continuidade, desenvolvimento ou progresso. **2** Conjunto de fases sucessivas de um fenômeno natural ou de uma operação artificial: *O processo de decantação possibilita a separação de substâncias líquidas e sólidas*. **3** Em direito, causa ou litígio julgado por autoridades judiciais ou administrativas para determinar uma culpa, para aplicar uma pena ou para reconhecer e atribuir direitos. **4** No sistema esquelético, protuberância óssea ou parte saliente.
processual ⟨pro.ces.su.al⟩ (pl. *processuais*) adj.2g. Do processo judicial ou relacionado a ele.
procissão ⟨pro.cis.são⟩ (pl. *procissões*) s.f. **1** Sucessão de pessoas que caminham lentamente e de forma ordenada. ☐ SIN. préstito. **2** Sucessão de pessoas que caminham lentamente, de forma solene e organizada, com um motivo religioso e portando imagens ou outros objetos de culto.

proclama ⟨pro.cla.ma⟩ s.m. Anúncio público ou oficial de um casamento. ◻ USO Usa-se geralmente a forma plural *proclamas*.

proclamação ⟨pro.cla.ma.ção⟩ (pl. *proclamações*) s.f. 1 Ato ou efeito de proclamar. 2 Publicação ou anúncio solenes de uma informação oficial. 3 Ato público ou cerimonial com os quais se comemora o começo de algo, especialmente se for de um reinado ou de uma forma de governo: *No Brasil, a proclamação da República foi em 15 de novembro de 1889.*

proclamar ⟨pro.cla.mar⟩ ▮ v.t.d. 1 Dizer ou anunciar publicamente. 2 Dizer ou afirmar de forma enfática. 3 Declarar o início de (um reinado ou uma forma de governo) de forma solene: *O Marechal Deodoro da Fonseca proclamou a República em 1885.* ▮ v.t.d./v.prnl. 4 Outorgar a ou assumir (alguém) [um cargo ou uma honra]: *Proclamaram-no o novo rei.* ◻ SIN. aclamar. ◻ GRAMÁTICA Na acepção 4, o objeto vem acompanhado de um complemento que o qualifica: *Proclamaram-no o novo rei.*

próclise ⟨pró.cli.se⟩ s.f. Em linguística, colocação de uma palavra na frente de outra, especialmente se a primeira for um pronome átono e a segunda, o verbo correspondente.

procriação ⟨pro.cri.a.ção⟩ (pl. *procriações*) s.f. Propagação da própria espécie por meio da reprodução.

procriar ⟨pro.cri.ar⟩ ▮ v.int. 1 Propagar a própria espécie por meio da reprodução: *Em Fernando de Noronha, as tartarugas marinhas procriam com a ajuda de projetos ecológicos.* ▮ v.t.d. 2 Originar ou dar vida a (um ser): *A gata procriou três filhotes.*

procura ⟨pro.cu.ra⟩ s.f. 1 Tentativa de encontrar. 2 Realização de tudo aquilo que for possível e necessário para alcançar um objetivo. 3 Ida ao encontro de uma pessoa. 4 Em economia, quantidade de mercadorias ou conjunto de serviços que uma coletividade solicita ou está disposta a comprar. ◻ SIN. demanda.

procuração ⟨pro.cu.ra.ção⟩ (pl. *procurações*) s.f. 1 Autorização para representar uma pessoa em um assunto importante. 2 Documento que comprova ou que dá essa autorização.

procurador, -a ⟨pro.cu.ra.dor, do.ra⟩ (Pron. [procuradôr], [procuradôra]) ▮ adj./s. 1 Que ou quem procura. ▮ s. 2 Pessoa legalmente autorizada a representar outra. 3 Pessoa legalmente habilitada para advogar em nome do Estado.

procuradoria ⟨pro.cu.ra.do.ri.a⟩ s.f. 1 Cargo de procurador. 2 Lugar em que um procurador trabalha. 3 Valor pago pelos serviços de um procurador.

procurar ⟨pro.cu.rar⟩ v.t.d. 1 Tentar encontrar: *Estamos procurando um lugar para passar as férias. Os cientistas estão procurando uma vacina contra a aids.* 2 Tentar fazer tudo o que for possível para alcançar (algo) ou (realizar uma ação): *Procurei fazer tudo o que o professor pediu.* 3 Ir até ou ao encontro de (alguém): *Se não está bem, procure um médico.*

prodigalizar ⟨pro.di.ga.li.zar⟩ ▮ v.t.d./v.t.d.i. 1 Dar (algo) em grande quantidade ou em excesso [a alguém]: *Os avós prodigalizavam carinho aos netos.* ▮ v.t.d. 2 Gastar em excesso ou esbanjar: *Faliu por prodigalizar a herança da família.*

prodígio ⟨pro.dí.gio⟩ ▮ adj./s.m. 1 Em relação a uma criança, que é mais inteligente ou talentosa que a média para sua idade. ▮ s.m. 2 Aquilo que é extraordinário ou maravilhoso e que não tem causa natural aparente. 3 Pessoa digna de admiração por ser inteligente, talentosa ou por possuir outra qualidade excepcional. ◻ SIN. portento. ◻ GRAMÁTICA Usa-se tanto para o masculino quanto para o feminino: *(ele/ela) é um prodígio.*

prodigioso, sa ⟨pro.di.gi.o.so, sa⟩ (Pron. [prodigiôso], [prodigiósa], [prodigiósos], [prodigiósas]) adj. 1 Extraordinário ou maravilhoso, sem causa natural aparente. 2 Digno de admiração por ter uma qualidade excepcional, especialmente se for a inteligência: *Sua habilidade para a matemática é prodigiosa.*

pródigo, ga ⟨pró.di.go, ga⟩ adj. 1 Que é generoso e desprendido. 2 Que desperdiça ou que consome sua renda em gastos inúteis e incontrolados. 3 Que tem ou que produz em grande quantidade.

pródromo ⟨pró.dro.mo⟩ s.m. 1 *formal* Aquilo que antecede algo. 2 Conjunto de sintomas que anunciam uma doença: *Febre, coriza e mal-estar podem ser o pródomo de uma gripe.* ◻ USO Na acepção 1, usa-se geralmente a forma plural *pródromos*.

produção ⟨pro.du.ção⟩ (pl. *produções*) s.f. 1 Ato ou efeito de produzir(-se). 2 Montante de bens produzidos em determinado setor de atividade. 3 Conjunto desses produtos fabricados, cultivados ou plantados: *Toda a produção de brinquedos foi vendida antes do Natal.* 4 Realização de um espetáculo ou de uma obra artística, providenciando os recursos financeiros, materiais e humanos necessários: *Levantaram verba para a produção de Vestido de Noiva, de Nelson Rodrigues.* 5 Essa obra: *Gostei do trabalho dos atores nessa produção cinematográfica.* 6 Conjunto de pessoas encarregadas dessa realização: *Para assistir à gravação do programa, deve-se entrar em contato com a produção.*

produtividade ⟨pro.du.ti.vi.da.de⟩ s.f. 1 Condição de produtivo. 2 Volume ou quantidade que se produz. 3 Grau de produção em relação aos meios disponíveis.

produtivo, va ⟨pro.du.ti.vo, va⟩ adj. 1 Que produz ou que é capaz de produzir. 2 Útil ou proveitoso.

produto ⟨pro.du.to⟩ s.m. 1 Aquilo que se produz. 2 Resultado ou consequência. 3 Em matemática, resultado de uma multiplicação: *O produto de quatro vezes dois é oito.*

produtor, -a ⟨pro.du.tor, to.ra⟩ (Pron. [produtôr], [produtôra]) ▮ adj./s. 1 Que ou quem produz. ▮ s. 2 Pessoa com responsabilidade financeira e comercial, que financia e que organiza a realização de uma obra artística.

produtora ⟨pro.du.to.ra⟩ (Pron. [produtôra]) s.f. Empresa que se dedica à produção de obras artísticas, geralmente cinematográficas.

produzir ⟨pro.du.zir⟩ ▮ v.t.d. 1 Originar, ocasionar ou causar: *A chuva produziu uma grande enchente no bairro.* ▮ v.t.d./v.int. 2 Fabricar (um produto) ou manufaturar. 3 Criar ou elaborar: *Antônio Francisco Lisboa, o Aleijadinho, produziu esculturas em pedra-sabão dos doze profetas do Antigo Testamento.* 4 Cultivar ou plantar: *O Brasil produz laranja e outros frutos cítricos.* ▮ v.t.d. 5 Realizar (um espetáculo ou uma obra artística) providenciando os recursos financeiros, materiais e humanos necessários. ▮ v.t.d./v.prnl. 6 *informal* Vestir(-se) ou arrumar(-se) de maneira especial: *Produziu-se todo para ir ao baile.* ◻ GRAMÁTICA É um verbo regular, mas perde o e final na terceira pessoa do singular do presente do indicativo →PRODUZIR.

proeminência ⟨pro.e.mi.nên.cia⟩ s.f. 1 Saliência ou elevação em relação àquilo que está ao redor. 2 Importância ou relevância: *Noel Rosa e Cartola foram compositores de grande proeminência na história da música brasileira.* ‖ **proeminência laríngea** Em uma pessoa, saliência na laringe. ◻ USO *Proeminência laríngea* é a nova denominação de *pomo de adão*.

proeminente ⟨pro.e.mi.nen.te⟩ adj.2g. 1 Que se levanta ou que se sobressai em relação àquilo que está ao redor. 2 Ilustre, famoso ou que se destaca em relação aos outros. ◻ SIN. preeminente.

proeza

proeza ⟨pro.e.za⟩ (Pron. [proêza]) s.f. **1** Feito importante ou heroico que requer muito esforço ou dedicação. □ SIN. façanha. **2** *informal* Travessura ou ação reprovável.

profanar ⟨pro.fa.nar⟩ v.t.d. **1** Tratar sem o devido respeito ou dedicar a usos profanos (algo sagrado). **2** Desonrar ou fazer uso indigno de (algo respeitável). **3** Transgredir ou não respeitar (uma regra ou um princípio): *Profanou os valores do time ao insultar um adversário*.

profano, na ⟨pro.fa.no, na⟩ adj. **1** Que não é sagrado nem religioso. **2** Que não mostra respeito por aquilo que é sagrado.

profecia ⟨pro.fe.ci.a⟩ s.f. **1** Predição ou anúncio de algo futuro, especialmente se forem feitos por inspiração divina ou sobrenatural. **2** *informal* Conjetura ou pensamento baseados em sinais que podem ser observados.

proferir ⟨pro.fe.rir⟩ v.t.d. **1** Pronunciar ou articular em voz muito alta (palavras ou sons). **2** Dizer em voz alta ou tornar público: *O juiz proferiu a sentença do réu*. □ SIN. pronunciar. □ GRAMÁTICA É um verbo irregular →SERVIR.

professar ⟨pro.fes.sar⟩ ▌v.int. **1** Entrar para uma ordem religiosa e fazer os votos correspondentes: *Madre Teresa de Calcutá professou em 1937.* ▌v.t.d./v.t.d.i. **2** Confessar publicamente ou declarar [a alguém]: *O presidente professou seus planos para o mandato seguinte.* ▌v.t.d. **3** Exercer ou desempenhar (uma ciência ou uma profissão): *Professa a advocacia há dez anos.* **4** Manifestar ou aceitar voluntariamente (uma crença): *Ele professa ideias socialistas*.

professo, sa ⟨pro.fes.so, sa⟩ adj./s. No catolicismo, que ou quem assumiu votos, mas que não é ordenado. □ SIN. converso.

professor, -a ⟨pro.fes.sor, so.ra⟩ (Pron. [professôr], [professôra]) adj./s. Que ou quem se dedica ao ensino, especialmente como profissão. □ SIN. docente.

professorado ⟨pro.fes.so.ra.do⟩ s.m. **1** Conjunto de professores de uma determinado lugar. **2** Classe ou categoria profissional dos professores. **3** Cargo ou função de professor.

profeta ⟨pro.fe.ta⟩ s.m. Pessoa que acredita ter o dom sobrenatural da profecia. □ SIN. vate. □ GRAMÁTICA Seu feminino é *profetisa*.

profético, ca ⟨pro.fé.ti.co, ca⟩ adj. Da profecia, do profeta ou relacionado a eles.

profetisa ⟨pro.fe.ti.sa⟩ Substantivo feminino de profeta.

profetizar ⟨pro.fe.ti.zar⟩ v.t.d./v.t.d.i. **1** Fazer profecias sobre (algo) [a alguém]. ▌v.int. **2** Fazer profecias. ▌v.t.d. **3** Prenunciar ou predizer (algo futuro): *Muitos economistas profetizaram uma queda do dólar*.

proficiente ⟨pro.fi.ci.en.te⟩ adj.2g. Competente, preparado ou capacitado.

profícuo, cua ⟨pro.fí.cuo, cua⟩ adj. Proveitoso, vantajoso ou que dá bons resultados.

profilaxia ⟨pro.fi.la.xi.a⟩ (Pron. [profilacsia]) s.f. Parte da medicina que se dedica à prevenção ou à estagnação das doenças.

profissão ⟨pro.fis.são⟩ (pl. *profissões*) s.f. **1** Atividade na qual uma pessoa trabalha em troca de uma remuneração. **2** Entrada para uma ordem religiosa fazendo os votos correspondentes. **3** Anúncio público e em voz alta. ‖ **profissão liberal** Aquela em que o trabalhador com formação superior pode trabalhar por conta própria: *A advocacia é uma profissão liberal*.

profissional ⟨pro.fis.sio.nal⟩ (pl. *profissionais*) ▌adj.2g. **1** Da profissão ou relacionado à atividade que uma pessoa exerce em troca de uma remuneração. **2** Que foi feito por pessoas especializadas e não por amadores. ▌adj.2g./s.2g. **3** Que ou quem exerce uma profissão ou habitualmente pratica uma atividade da qual vive. ▌s.f. **4** →**carteira profissional**

profissionalizar ⟨pro.fis.sio.na.li.zar⟩ v.t.d./v.prnl. **1** Dar ou adquirir caráter de profissão: *As leis brasileiras profissionalizaram os serviços domésticos.* **2** Tornar(-se) profissional: *O curso técnico profissionalizou muitos jovens*.

profundidade ⟨pro.fun.di.da.de⟩ s.f. **1** Condição do que é profundo. **2** Distância entre a superfície ou a borda superior e o fundo de algo. □ SIN. fundura. **3** Em um objeto ou em uma área, distância entre os dois planos mais afastados entre si horizontalmente: *A caixa tinha 15 centímetros de altura, 20 de largura e 40 de profundidade.* □ SIN. fundura. **4** Intensidade com a qual algo se manifesta. **5** Aquilo que tem fundamento e não se baseia somente nas aparências.

profundo, da ⟨pro.fun.do, da⟩ adj. **1** Intenso, forte ou muito grande. **2** Que tem grande profundidade ou comprimento: *uma perfuração profunda.* **3** Que penetra muito ou que vai muito para dentro: *um corte profundo.* **4** Difícil de compreender ou de grande conhecimento: *um pensamento profundo.* **5** Que causa grande impacto ou que emociona. **6** Em relação a uma cor, que é marcante ou forte.

profusão ⟨pro.fu.são⟩ (pl. *profusões*) s.f. Grande quantidade, excesso ou exuberância.

profuso, sa ⟨pro.fu.so, sa⟩ adj. **1** Em grande quantidade, excessivo ou abundante. **2** Que desperdiça ou que gasta em excesso.

progênie ⟨pro.gê.nie⟩ s.f. **1** Série de gerações das quais uma pessoa descende por linha direta. □ SIN. ascendência. **2** Descendência ou conjunto de filhos de alguém.

progenitor, -a ⟨pro.ge.ni.tor, to.ra⟩ (Pron. [progenitôr], [progenitôra]) s. Ascendente direto de uma pessoa, especialmente em relação aos pais.

progesterona ⟨pro.ges.te.ro.na⟩ (Pron. [progesterôna]) s.f. Hormônio sexual feminino secretado principalmente pelo ovário.

prognóstico ⟨prog.nós.ti.co⟩ s.m. **1** Opinião ou conhecimento sobre algo futuro, baseados em certos indícios. **2** Em medicina, parecer dado por um médico sobre a gravidade, a evolução, a duração ou a cura de uma doença, e que se baseia nos sintomas detectados.

programa ⟨pro.gra.ma⟩ s.m. **1** Anúncio ou exposição resumidos e ordenados das partes que compõem aquilo que irá acontecer ou se desenvolver, ou dos elementos que o caracterizam. **2** Impresso desse anúncio ou dessa exposição: *Ao entrar, o público recebeu o programa do espetáculo.* **3** Declaração prévia daquilo que se pensa ou que se planeja fazer: *O programa eleitoral nos permite analisar as propostas dos candidatos.* **4** Em uma emissora de rádio ou de televisão, apresentação ou cada uma das partes que compõem sua programação: *Prefiro os programas esportivos a musicais.* **5** Conjunto organizado de atividades ou de eventos: *O programa do cinema para as férias parece muito legal.* **6** Conjunto de operações que algumas máquinas realizam de forma organizada: *A lavadora tem um programa especial para peças delicadas.* **7** *informal* Encontro em que uma pessoa tem relações sexuais com outra mediante pagamento. ‖ **programa (de computador)** Em informática, conjunto de instruções que podem ser fornecidas a um computador para que ele execute determinada tarefa.

programação ⟨pro.gra.ma.ção⟩ (pl. *programações*) s.f. **1** Ato ou efeito de programar(-se). **2** Em uma emissora de rádio ou de televisão, conjunto de programas. **3** Em informática, criação ou aperfeiçoamento de um programa.

programador, -a ⟨pro.gra.ma.dor, do.ra⟩ (Pron. [programadôr], [programadôra]) ▌adj./s. **1** Que ou quem

prolongamento

programa. ▪ s. **2** Pessoa que se dedica profissionalmente à criação ou ao aperfeiçoamento de programas de informática.

programar ⟨pro.gra.<u>mar</u>⟩ ▪ v.t.d. **1** Fazer o programa de (um evento ou cerimônia): *A comissão programou as palestras da conferência.* ▪ v.t.d./v.prnl. **2** Planejar(-se) ou organizar as ações necessárias para (um evento ou um fim): *Programamos a viagem com meses de antecedência. Não se programaram e acabaram se endividando.* **3** Preparar antecipadamente (algumas máquinas ou alguns mecanismos para que executem determinada tarefa): *Não se esqueça de programar o rádio relógio para despertar, por favor.* **4** Em informática, criar ou aperfeiçoar (um programa). ▪ v.int. **5** Em informática, criar ou aperfeiçoar um programa.

progredir ⟨pro.gre.<u>dir</u>⟩ ▪ v.t.i./v.int. **1** Fazer progressos ou melhorar [em um processo ou atividade]: *O aluno se esforçou e progrediu de forma notável.* ▪ v.int. **2** Avançar ou ir adiante: *Graças ao tratamento, a doença não progrediu.* ▢ GRAMÁTICA É um verbo irregular →PROGREDIR.

progressão ⟨pro.gres.<u>são</u>⟩ (pl. *progressões*) s.f. **1** Melhoria ou aperfeiçoamento de algo. **2** Aumento ou evolução. **3** Em matemática, sucessão de números ou de termos algébricos entre os quais há uma lei de formação constante. ‖ **progressão aritmética** Aquela em que cada termo é igual ao anterior somado a uma quantidade constante: *5, 7, 9, 11... é uma progressão aritmética.* ‖ **progressão geométrica** Aquela em que cada termo é igual ao anterior multiplicado por uma quantidade constante: *3, 6, 12, 24... é uma progressão geométrica.*

progressista ⟨pro.gres.<u>sis</u>.ta⟩ adj.2g./s.2g. Que ou quem tem ideias avançadas ou inovadoras e é a favor do progresso, das mudanças e da evolução social.

progressivo, va ⟨pro.gres.<u>si</u>.vo, va⟩ adj. **1** Que progride ou que aumenta em quantidade ou em qualidade. **2** Que cresce ou que se desenvolve pouco a pouco e de forma ininterrupta.

progresso ⟨pro.<u>gres</u>.so⟩ s.m. **1** Desenvolvimento favorável, aperfeiçoamento ou melhoria. **2** Avanço ou movimento adiante.

proibição ⟨pro.i.bi.<u>ção</u>⟩ (pl. *proibições*) s.f. Ato ou efeito de proibir.

proibir ⟨pro.i.<u>bir</u>⟩ ▪ v.t.d.i. **1** Não permitir ou impedir (alguém) [de fazer algo]: *Por não ter a idade permitida, proibiram-me de entrar no cinema.* ▪ v.t.d. **2** Interditar ou não permitir (uma ação ou uma atividade): *A lei de trânsito proíbe a circulação de veículos sem placa.*

projeção ⟨pro.je.<u>ção</u>⟩ (pl. *projeções*) s.f. **1** Ato ou efeito de projetar(-se). **2** Ação de refletir uma imagem óptica ampliada de um filme ou de um dispositivo sobre uma tela. **3** Essa imagem. **4** Em psicanálise, atribuição a outra pessoa dos defeitos ou dos desejos que uma pessoa quer reconhecer em si mesma. **5** Em geometria, processo pelo qual uma figura geométrica é obtida a partir da representação de outra em uma superfície. **6** Figura geométrica obtida por meio desse processo. **7** Cálculo para estimar dados futuros.

projetar ⟨pro.je.<u>tar</u>⟩ ▪ v.t.d. **1** Fazer o projeto de (uma obra de arquitetura ou de engenharia), com os planos e cálculos necessários para sua execução: *Contratamos um arquiteto para projetar a casa.* ▢ SIN. **planejar. 2** Tornar visível sobre uma superfície (uma figura ou uma sombra): *Com as mãos na frente da lanterna, projetamos imagens na parede.* **3** Refletir a imagem óptica amplificada de (um filme ou um diapositivo) sobre uma tela: *O filme está sendo projetado em várias salas de cinema.* ▪ v.t.d./v.prnl. **4** Lançar(-se) ou dirigir(-se) adiante ou à distância: *Projetou o corpo para frente para escapar da bolada.*

▪ v.t.d. **5** Idealizar ou traçar um plano para que se realize (uma ação): *O casal projetou a compra da casa própria.* ▪ v.t.d./v.prnl. **6** Divulgar o nome de (alguém) ou tornar (-se) famoso ou conhecido.

projetil ⟨pro.je.<u>til</u>⟩ (pl. *projetis*) s.m. →**projétil**

projétil ⟨pro.<u>jé</u>.til⟩ (pl. *projéteis*) s.m. Corpo que se arremessa, especialmente se for com uma arma de fogo. ▢ ORTOGRAFIA Escreve-se também *projetil*.

projetista ⟨pro.je.<u>tis</u>.ta⟩ adj.2g./s.2g. Que ou quem faz projetos.

projeto ⟨pro.<u>je</u>.to⟩ s.m. **1** Propósito ou pensamento de fazer algo. **2** Disposição, plano ou desenho feitos para a realização de algo. **3** Primeiro esquema ou plano de trabalho feitos antes de dar-lhes forma definitiva. **4** Em arquitetura ou em engenharia, conjunto de planos, de cálculos e de instruções necessários para realizar uma obra. ‖ **projeto de lei** Proposta de lei elaborada pelo Governo e submetida à aprovação dos parlamentares.

projetor ⟨pro.je.<u>tor</u>⟩ (Pron. [projetôr]) s.m. **1** Aparelho elétrico usado para projetar imagens em uma tela. **2** Aparelho usado para projetar um feixe luminoso de grande intensidade.

prol (pl. *próis*) s.m. Vantagem ou lucro. ‖ **em prol de** {algo/alguém}: Em favor ou em benefício dele: *Fizemos uma campanha em prol dos desabrigados.*

prolação ⟨pro.la.<u>ção</u>⟩ (pl. *prolações*) s.f. **1** Emissão de um som ou de uma palavra. **2** Demora ou atraso na realização de uma ação. ▢ SIN. **delonga.**

prole ⟨<u>pro</u>.le⟩ s.f. Descendência ou totalidade dos filhos.

proletariado ⟨pro.le.ta.ri.<u>a</u>.do⟩ s.m. Grupo social formado pelos trabalhadores que não são proprietários dos meios de produção e que vivem apenas com a remuneração recebida por seu ofício.

proletário, ria ⟨pro.le.<u>tá</u>.rio, ria⟩ ▪ adj. **1** Do proletariado ou relacionado a esse grupo social. ▪ s. **2** Pessoa que não é proprietária de meios de produção e que trabalha em troca de um salário.

proliferação ⟨pro.li.fe.ra.<u>ção</u>⟩ (pl. *proliferações*) s.f. Ato ou efeito de proliferar.

proliferar ⟨pro.li.fe.<u>rar</u>⟩ v.int. **1** Reproduzir-se ou multiplicar-se de forma abundante: *As bactérias proliferam mais facilmente em locais quentes e úmidos.* **2** Propagar-se ou aumentar em número: *Nesses centros de pesquisa, proliferam novas ideias.*

prolífero, ra ⟨pro.<u>lí</u>.fe.ro, ra⟩ adj. **1** Que pode procriar, especialmente se for de forma abundante. **2** Que produz muito ou em grande quantidade.

prolixo, xa ⟨pro.<u>li</u>.xo, xa⟩ (Pron. [prolicso]) adj. **1** Que se estende em explicações ou que usa palavras excessivas ao expressar uma ideia. **2** Enfadonho, que cansa ou que aborrece.

prólogo ⟨<u>pró</u>.lo.go⟩ s.m. Em algumas obras, trecho que aparece antes da parte principal e que geralmente fornece informações sobre seu tema, seus autores ou sobre seus personagens. ▢ SIN. **apresentação, preâmbulo, prefácio.**

prolongação ⟨pro.lon.ga.<u>ção</u>⟩ (pl. *prolongações*) s.f. **1** Ato ou efeito de prolongar(-se): *a prolongação de um prazo.* ▢ SIN. **prolongamento. 2** Parte prolongada ou estendida de algo: *A cauda de alguns animais é uma prolongação da coluna vertebral.* ▢ SIN. **prolongamento.**

prolongado, da ⟨pro.lon.<u>ga</u>.do, da⟩ adj. Estendido no espaço ou no tempo: *um período prolongado.*

prolongamento ⟨pro.lon.ga.<u>men</u>.to⟩ s.m. **1** Ato ou efeito de prolongar(-se): *O prolongamento da espera o deixou mais ansioso.* ▢ SIN. **prolongação. 2** Parte prolongada ou estendida de algo: *O prolongamento da estrada está previsto para o fim do ano.* ▢ SIN. **prolongação.**

prolongar

prolongar ⟨pro.lon.gar⟩ v.t.d./v.prnl. **1** Tornar(-se) mais comprido ou estender(-se) no espaço: *O professor prolongou a aula para terminar a explicação.* **2** Fazer durar ou durar mais tempo: *Prolongaram o prazo das inscrições para o concurso.* ☐ ORTOGRAFIA Antes de *e*, o *g* muda para *gu* →CHEGAR.

promécio ⟨pro.mé.cio⟩ s.m. Elemento químico da família dos metais, de número atômico 61, artificial e que pertence ao grupo das terras raras. ☐ ORTOGRAFIA Seu símbolo químico é *Pm*, sem ponto.

promessa ⟨pro.mes.sa⟩ s.f. **1** Ato ou efeito de prometer. **2** Compromisso assumido com alguém ou com si próprio, que se baseia na obrigação de cumprir ou realizar algo. **3** Oferecimento a Deus, aos santos ou a alguma entidade sagrada, que visa uma graça ou uma bênção. **4** Aquilo ou aquele que dá indício de ser especial a ponto de alcançar o sucesso.

prometer ⟨pro.me.ter⟩ ▌ v.t.d./v.t.d.i. **1** Obrigar-se ou comprometer-se a (fazer algo) ou garantir (algo) [a alguém]: *Prometo que cumprirei meus deveres.* ▌ v.int. **2** Apresentar indícios de ter condições ou qualidades especiais que podem levar ao sucesso: *Temos certeza de que esse estagiário promete.* ▌ v.t.d. **3** Anunciar, a partir de indícios ou de prenúncios: *O céu escuro promete chuva.*

prometido, da ⟨pro.me.ti.do, da⟩ s. Em relação a uma pessoa, outra que lhe prometeu casamento.

promiscuidade ⟨pro.mis.cui.da.de⟩ s.f. Condição de promíscuo.

promíscuo, cua ⟨pro.mís.cuo, cua⟩ adj. **1** Que mantém relações sexuais com muitas pessoas. **2** Misturado de forma confusa ou indiferente.

promissor, -a ⟨pro.mis.sor, so.ra⟩ (Pron. [promissôr], [promissôra]) adj. Que traz esperanças de algo positivo. ☐ SIN. alvissareiro.

promoção ⟨pro.mo.ção⟩ (pl. *promoções*) s.f. **1** Ato ou efeito de promover(-se). **2** Atividade ou estratégia comerciais que visam tornar um determinado produto ou marca conhecidos ou prestigiados perante o público. **3** Ascensão ou elevação a uma categoria, a um cargo ou a um posto superiores. **4** Redução de preço de um produto ou vantagem dada a quem o compra.

promocional ⟨pro.mo.cio.nal⟩ (pl. *promocionais*) adj.2g. Da promoção, que a constitui ou relacionado a ela.

promontório ⟨pro.mon.tó.rio⟩ s.m. Penhasco geralmente rochoso que se projeta sobre o mar.

promotor, -a ⟨pro.mo.tor, to.ra⟩ (Pron. [promotôr], [promotôra]) adj./s. **1** Que ou quem promove, organiza ou divulga. **2** Que ou quem se dedica a promover a continuidade de ações judiciais. ‖ **promotor público** Membro do Ministério Público que representa a sociedade e que se dedica à acusação de criminosos e à fiscalização do cumprimento da lei nos processos.

promotoria ⟨pro.mo.to.ri.a⟩ s.f. **1** Cargo de promotor. **2** Lugar em que um promotor trabalha.

promover ⟨pro.mo.ver⟩ ▌ v.t.d. **1** Iniciar (uma ação) ou impulsionar a realização dela: *Os investimentos promoveram a criação de novas pequenas empresas.* **2** Organizar (um evento) ou empenhar-se para que ele aconteça: *Os professores promoveram uma festa de fim de ano.* ▌ v.t.d./v.t.d.i. **3** Ascender ou elevar (alguém) [a um título, a uma categoria ou a um cargo superiores aos que tinha]: *Promoveram-na a gerente do departamento.* ▌ v.t.d. **4** Causar ou originar: *A notícia acabou promovendo uma enorme confusão.* **5** Fazer propaganda de (um produto, um profissional ou um serviço): *Uma agência publicitária promoveu o espetáculo.* ▌ v.prnl. **6** Mostrar ou destacar as próprias qualidades positivas (alguém): *Querendo conquistar os participantes, ela se promovia a todo momento.*

promulgar ⟨pro.mul.gar⟩ v.t.d. **1** Publicar formalmente para que seja cumprida (uma lei ou uma determinação das autoridades): *O Governo promulgou uma nova legislação de trânsito.* **2** Publicar de forma solene: *O ministro promulgou sua renúncia ao cargo.* ☐ ORTOGRAFIA Antes de *e*, o *g* muda para *gu* →CHEGAR.

pronome ⟨pro.no.me⟩ s.m. Em linguística, classe de palavras que substituem ou acompanham substantivos nas orações. ‖ **(pronome) demonstrativo** Aquele com o qual se mostra ou se sinaliza algo no tempo, no espaço ou em um texto: *Este, esse e aquele são pronomes demonstrativos.* ‖ **pronome de tratamento** Aquele usado para se dirigir a alguém segundo sua classe social, seu sexo, sua idade ou outras características: *Você, senhor e majestade são pronomes de tratamento.* ‖ **(pronome) indefinido** Aquele que se refere de forma vaga e indeterminada a algo ou alguém: *Nada, algo e ninguém são pronomes indefinidos.* ‖ **pronome interrogativo** Aquele que expressa ou permite formular uma interrogação: *Quem, qual e quanto são pronomes interrogativos.* ‖ **pronome pessoal** Aquele que designa diretamente o falante, o ouvinte ou outro que não seja nenhum dos dois: *Eu é um pronome pessoal de primeira pessoa do singular, que corresponde ao falante, e tu designa o ouvinte.* ‖ **pronome pessoal (do caso) oblíquo** Aquele que corresponde à função de complemento: *Mim e ti são pronomes pessoais oblíquos.* ‖ **pronome pessoal (do caso) reto** Aquele que corresponde à função de sujeito ou de predicado nominal: *Eu, ele e nós são pronomes pessoais retos.* ‖ **pronome possessivo** Aquele que indica posse ou domínio: *Meu, vosso e tua são pronomes possessivos.* ‖ **pronome relativo** Aquele que se refere a uma pessoa, a um animal ou a uma coisa anteriormente mencionados: *Que e qual são pronomes relativos.*

pronominal ⟨pro.no.mi.nal⟩ (pl. *pronominais*) ▌ adj.2g. **1** Do pronome, com pronomes ou relacionado a eles. ▌ s.m. **2** →**verbo pronominal**

prontidão ⟨pron.ti.dão⟩ (pl. *prontidões*) s.f. **1** Rapidez ou velocidade ao realizar algo. **2** Em uma unidade militar, estado de alerta ou de preparação para casos de emergência.

pronto ⟨pron.to⟩ ▌ adv. **1** Logo ou em um breve espaço de tempo. ▌ interj. **2** Expressão usada para expressar que algo está acabado ou que não há mais nada para se fazer com ele: *Pronto! Agora podemos ir embora.* **3** Expressão de saudação usada ao atender uma ligação telefônica para indicar que se está preparado para ouvir. ☐ SIN. alô.

pronto, ta ⟨pron.to, ta⟩ adj. **1** Concluído ou terminado. **2** Disposto para realizar uma atividade. **3** Preparado ou provido de todas as condições necessárias. **4** Rápido, ligeiro ou veloz.

pronto-socorro ⟨pron.to-so.cor.ro⟩ (Pron. [pronto-socôrro], [prontos-socórros]) (pl. *prontos-socorros*) s.m. Unidade médica ou hospitalar dedicada ao atendimento de casos emergenciais.

prontuário ⟨pron.tu.á.rio⟩ s.m. **1** Ficha com informações sobre uma pessoa, geralmente um paciente. **2** Compêndio de regras de uma ciência ou de uma arte.

pronúncia ⟨pro.nún.cia⟩ s.f. **1** Ato ou efeito de pronunciar(-se). **2** Emissão e articulação de um som para falar. **3** Forma de pronunciar: *A pronúncia de passo e paço é a mesma.* **4** Conjunto de sons existentes em um idioma.

pronunciamento ⟨pro.nun.ci.a.men.to⟩ s.m. **1** Ato ou efeito de pronunciar(-se). **2** Declaração, sentença ou mandato de um juiz. **3** Golpe de Estado promovido ou apoiado por um exército.

pronunciar ⟨pro.nun.ci.ar⟩ ▎v.t.d. **1** Emitir e articular ao falar (um som): *pronunciar uma palavra*. **2** Dizer em voz alta ou tornar público: *O noivo pronunciou um discurso comovente*. □ **SIN.** proferir. **3** Em direito, publicar (uma sentença, um auto ou uma resolução judicial): *O tribunal de justiça pronunciará hoje a sentença*. **4** Ressaltar, acentuar ou destacar: *As noites sem dormir pronunciaram suas olheiras*. ▎v.prnl. **5** Declarar-se ou mostrar-se a favor ou contra algo: *O jogador não quis se pronunciar sobre as mudanças no time*. **6** Rebelar-se ou levantar-se: *Um grupo de deputados se pronunciou contra as injustiças sociais*.

propagação ⟨pro.pa.ga.ção⟩ (pl. *propagações*) s.f. Ato ou efeito de propagar(-se).

propaganda ⟨pro.pa.gan.da⟩ s.f. **1** Difusão ou propagação de uma informação, que visa o conhecimento de algo, de suas qualidades ou de suas vantagens. □ **SIN.** publicidade. **2** Veículo ou material pelos quais essa difusão é feita: *A distribuição de propaganda eleitoral em dia de eleição é proibida por lei*. □ **SIN.** publicidade. **3** Especialmente em televisão, anúncio ou intervalo comercial.

propagandista ⟨pro.pa.gan.dis.ta⟩ adj.2g./s.2g. Que ou quem faz propaganda.

propagar ⟨pro.pa.gar⟩ ▎v.t.d./v.prnl. **1** Espalhar(-se), aumentar, fazer chegar ou chegar a muitas pessoas ou a muitos lugares: *A notícia se propagou rapidamente pela cidade*. **2** Multiplicar(-se) por geração ou por outra forma de reprodução: *propagar uma espécie*. ▎v.prnl. **3** Movimentar-se ou progredir: *O som não se propaga no vácuo*. **4** Aumentar ou atingir um maior número de pessoas (uma doença): *A dengue se propagou nos últimos anos*. □ **SIN.** propalar. □ **ORTOGRAFIA** Antes de e, o g muda para gu →CHEGAR.

propalar ⟨pro.pa.lar⟩ ▎v.t.d./v.prnl. **1** Tornar(-se) conhecido ou público. ▎v.prnl. **2** Aumentar ou atingir um maior número de pessoas (uma doença). □ **SIN.** propagar.

proparoxítono, na ⟨pro.pa.ro.xí.to.no, na⟩ (Pron. [proparocsítono]) adj./s. Em relação a uma palavra, cuja antepenúltima sílaba é a tônica. □ **SIN.** esdrúxulo.

propender ⟨pro.pen.der⟩ v.t.i. Ter inclinação ou tendência [a algo]: *Ele é realista e propende a analisar os fatos concretos*.

propensão ⟨pro.pen.são⟩ (pl. *propensões*) s.f. **1** Inclinação, capacidade inata ou vocação para algo. □ **SIN.** tendência. **2** Intenção, disposição ou vontade: *Não demostrava nenhuma propensão para mudar de emprego*.

propenso, sa ⟨pro.pen.so, sa⟩ adj. Que tem inclinação ou tendência a algo.

propiciar ⟨pro.pi.ci.ar⟩ v.t.d./v.t.d.i. **1** Favorecer (a execução de uma ação) [a alguém]: *O fracasso do projeto propiciou a demissão do gerente*. **2** Produzir ou causar (um sentimento) [em alguém]: *O nascimento da filha lhe propiciou imensa alegria*. □ **SIN.** proporcionar.

propício, cia ⟨pro.pí.cio, cia⟩ adj. Favorável, adequado ou inclinado.

propina ⟨pro.pi.na⟩ s.f. **1** Gratificação ou quantia de dinheiro pagas com o intuito de subornar. □ **SIN.** peita. **2** Gratificação com a qual se recompensa um serviço, especialmente se for aquela que se dá além do preço convencional. □ **SIN.** espórtula, gorjeta.

propor ⟨pro.por⟩ ▎v.t.d./v.t.d.i. **1** Expor ou manifestar (uma ideia) [a alguém], a fim de que seja aceita: *A professora propôs algumas mudanças no trabalho*. ▎v.t.d./v.t.d.i. **2** Mover (uma ação judicial) [contra uma pessoa ou uma organização]: *O advogado propôs uma ação contra a empresa*. ▎v.t.d. **3** Determinar ou estabelecer: *A diretoria propôs mudanças no quadro de funcionários*. ▎v.prnl. **4** Visar ou dispor-se: *O projeto se propõe a estruturar melhorias para a educação*. **5** Decidir-se a cumprir um objetivo: *Eu me propus a melhorar meu francês este ano*. □ **GRAMÁTICA** É um verbo irregular →PÔR.

proporção ⟨pro.por.ção⟩ (pl. *proporções*) s.f. **1** Correspondência ou equilíbrio entre as partes e o todo, ou entre coisas relacionadas entre si. **2** Dimensão, intensidade ou repercussão. **3** Em matemática, igualdade entre duas razões.

proporcional ⟨pro.por.ci.o.nal⟩ (pl. *proporcionais*) adj.2g. **1** Da proporção, com proporção ou relacionado a ela. **2** Que tem o tamanho, o grau ou a intensidade adequados.

proporcionar ⟨pro.por.ci.o.nar⟩ v.t.d./v.t.d.i. **1** Dar ou oferecer (algo) [a alguém]: *O airbag proporciona mais segurança ao motorista*. **2** Dispor e ordenar (as partes de um todo) [com a devida correspondência]: *Precisa proporcionar os gastos de acordo com o salário*. **3** Produzir ou causar (um sentimento) [em alguém]: *A viagem nos proporcionou muitas alegrias*. □ **SIN.** propiciar.

proposição ⟨pro.po.si.ção⟩ (pl. *proposições*) s.f. **1** Ato ou efeito de propor. □ **SIN.** proposta. **2** Manifestação de uma ideia que pretende alcançar um objetivo. □ **SIN.** proposta. **3** Em linguística, palavra ou conjunto de palavras com sentido gramatical completo: *Ela virá amanhã é uma proposição*.

propositado, da ⟨pro.po.si.ta.do, da⟩ adj. Intencional ou em que há propósito. □ **SIN.** proposital.

proposital ⟨pro.po.si.tal⟩ (pl. *propositais*) adj.2g. Intencional ou em que há propósito. □ **SIN.** propositado.

propósito ⟨pro.pó.si.to⟩ s.m. Objetivo ou intenção. ▎**a propósito** Aliás ou inclusive: *A propósito, aonde iremos hoje?* ▎**de propósito** Intencionalmente ou por querer: *Desculpe, não fiz de propósito*. ▎**vir a propósito** Ser oportuno: *Sua sugestão veio a propósito!*

proposta ⟨pro.pos.ta⟩ s.f. **1** Ato ou efeito de propor. □ **SIN.** proposição. **2** Manifestação de uma ideia que pretende alcançar um objetivo. □ **SIN.** proposição. **3** Projeto ou ideia: *Conseguimos concretizar todas as propostas*.

propriedade ⟨pro.pri.e.da.de⟩ s.f. **1** Direito ou faculdade de possuir algo e de poder dispor dele dentro dos limites legais. **2** Aquilo que se possui, especialmente se for um imóvel. **3** Qualidade essencial de algo. **4** Exatidão ou precisão.

proprietário, ria ⟨pro.pri.e.tá.rio, ria⟩ s. Pessoa ou entidade com direito de propriedade sobre bens móveis ou imóveis.

próprio, pria ⟨pró.prio, pria⟩ adj. **1** Que pertence a alguém ou que é de sua propriedade. **2** Característico ou peculiar: *A necessidade de brincar é própria da criança*. **3** Conveniente ou adequado. □ **USO** Quando acompanha certas expressões, enfatiza que se trata precisamente da pessoa ou coisa citadas: *Os próprios alunos organizaram a festa*.

propugnar ⟨pro.pug.nar⟩ v.t.d./v.t.i. Apoiar ou defender como útil, conveniente e apropriado ou lutar em defesa [de algo]: *Os diplomatas propugnaram uma maior participação do país no comércio mundial. Propugnamos por mudanças*.

propulsão ⟨pro.pul.são⟩ (pl. *propulsões*) s.f. Impulso adiante. ▎**propulsão a jato** Produção de movimento mediante a explosão e expulsão de um gás: *Os foguetes espaciais se movem por propulsão a jato*.

propulsar ⟨pro.pul.sar⟩ v.t.d. Impulsionar ou empurrar adiante. □ **SIN.** propulsionar.

propulsionar

propulsionar ⟨pro.pul.si.o.nar⟩ v.t.d. **1** Impulsionar ou empurrar adiante. ◻ SIN. propulsar. **2** Estimular ou incentivar.

propulsor, -a ⟨pro.pul.sor, so.ra⟩ (Pron. [propulsôr], [propulsóra]) adj./s. Que ou quem serve para propulsar.

prorrogação ⟨pror.ro.ga.ção⟩ (pl. *prorrogações*) s.f. **1** Ato ou efeito de prorrogar. **2** Em alguns esportes, tempo extra acrescentado ao final da partida para que haja um desempate.

prorrogar ⟨pror.ro.gar⟩ v.t.d. **1** Estender ou prolongar a duração de: *O juiz prorrogou o jogo por mais cinco minutos.* **2** Atrasar ou deixar para mais tarde (uma ação ou a realização de algo). ◻ SIN. adiar, diferir, postergar, protelar. ◻ ORTOGRAFIA Antes de *e*, o *g* muda para *gu* →CHEGAR.

prorromper ⟨pror.rom.per⟩ v.t.i./v.int. Manifestar-se ou ser manifestado de repente [em uma demonstração de emoção]: *Aplausos prorromperam no meio do espetáculo.* ◻ SIN. irromper. ◻ GRAMÁTICA Usa-se a construção *prorromper EM algo*.

prosa ⟨pro.sa⟩ s.f. **1** Forma da linguagem utilizada para expressar ideias e que, diferentemente dos versos, não está sujeita nem à métrica nem à rima. **2** Conversa, geralmente informal e sem abranger assuntos importantes. **3** Aquilo que se diz com manha ou astúcia. ▮ s.2g. **4** Pessoa que se vangloria, ou que vangloria suas qualidades ou seus feitos.

prosaico, ca ⟨pro.sai.co, ca⟩ adj. Sem grandeza ou trivial.

prosápia ⟨pro.sá.pia⟩ s.f. Orgulho, arrogância ou vaidade.

prosar ⟨pro.sar⟩ v.int. →**prosear**

proscênio ⟨pros.cê.nio⟩ s.m. **1** Nos antigos teatros grecoromanos, lugar situado entre a cena e a plateia, e no qual havia o tablado em que os atores representavam. **2** Em um palco, parte mais próxima da plateia. ◻ SIN. ribalta. ◻ USO Na acepção 2, é diferente de *poscênio* (parte de um teatro que fica atrás do palco).

proscrever ⟨pros.cre.ver⟩ v.t.d./v.t.d.i. **1** Expulsar (alguém) [de sua pátria], geralmente por razões políticas. ▮ v.t.d. **2** Condenar ou proibir formalmente: *O Ministério da Saúde proscreveu o uso desse medicamento.*

proscrito, ta ⟨pros.cri.to, ta⟩ ▮**1** Particípio irregular de proscrever. ▮ adj./s. **2** Desterrado, banido ou exilado.

prosear ⟨pro.se.ar⟩ v.int. Conversar, geralmente de maneira informal e sem abranger assuntos importantes. ◻ ORTOGRAFIA **1**. O *e* muda para *ei* quando a sílaba tônica estiver na raiz do verbo →NOMEAR. **2**. Escreve-se também *prosar*.

proselitismo ⟨pro.se.li.tis.mo⟩ s.m. **1** Empenho, esforço ou interesse na obtenção de prosélitos ou adeptos. **2** Conjunto de prosélitos ou adeptos.

prosélito, ta ⟨pro.sé.li.to, ta⟩ s. Partidário conquistado para uma causa, para uma doutrina ou para um grupo.

prosódia ⟨pro.só.dia⟩ s.f. Pronúncia correta das palavras, especialmente no que se refere à localização da sílaba tônica.

prosopopeia ⟨pro.so.po.pei.a⟩ (Pron. [prosopopéia]) s.f. Figura de linguagem que atribui ações ou qualidades próprias dos seres humanos a seres irracionais, a coisas inanimadas ou abstratas. ◻ SIN. personificação.

prospecção ⟨pros.pec.ção⟩ (pl. *prospecções*) s.f. **1** Método ou técnica utilizados durante a exploração do subsolo de um terreno, para localizar possíveis jazidas geológicas e calcular o seu valor econômico. **2** Investigação ou tentativa de descobrir as ideias ou as percepções alheias.

prospecto ⟨pros.pec.to⟩ s.m. **1** Impresso em que se expõe ou se anuncia algo. **2** Impresso que acompanha alguns produtos e no qual se informa sua composição, utilidade, modo de usar ou outros dados de interesse. ◻ ORTOGRAFIA Escreve-se também *prospeto*.

prosperar ⟨pros.pe.rar⟩ v.int. **1** Ter prosperidade ou gozar dela: *Para prosperar, é preciso muita força de vontade.* **2** Ganhar força ou desenvolver-se.

prosperidade ⟨pros.pe.ri.da.de⟩ s.f. **1** Condição ou estado de próspero. **2** Situação de bem-estar ou de conforto econômico.

próspero, ra ⟨prós.pe.ro, ra⟩ adj. **1** Favorável ou venturoso. **2** Que se torna cada vez mais rico ou poderoso.

prospeto ⟨pros.pe.to⟩ s.m. →**prospecto**

prosseguir ⟨pros.se.guir⟩ v.t.d./v.t.i. Levar adiante, seguir ou continuar [com algo começado]: *Antes de prosseguirmos viagem, chequem suas bagagens. Assim que fecharam a porta, o professor prosseguiu com sua explicação.* ◻ ORTOGRAFIA Antes de *a* e *o*, o *gu* muda para *g* →DISTINGUIR. ◻ GRAMÁTICA É um verbo irregular →SERVIR.

próstata ⟨prós.ta.ta⟩ s.f. No aparelho genital masculino, glândula pequena e com formato irregular, situada em torno do canal da uretra, que produz o líquido espermático.

prosternar-se ⟨pros.ter.nar-se⟩ v.prnl. Ajoelhar-se ou inclinar-se em sinal de respeito.

prostíbulo ⟨pros.tí.bu.lo⟩ s.m. Estabelecimento voltado à prostituição. ◻ SIN. bordel, lupanar.

prostituição ⟨pros.ti.tu.i.ção⟩ (pl. *prostituições*) s.f. Atividade da pessoa que faz sexo com outra em troca de pagamento.

prostituir ⟨pros.ti.tu.ir⟩ ▮ v.t.d. **1** Levar à prostituição. ▮ v.prnl. **2** Entregar-se à prostituição. ◻ ORTOGRAFIA Usa-se *i* em vez de *e* comum na conjugação do presente do indicativo e do imperativo afirmativo →ATRIBUIR.

prostituto, ta ⟨pros.ti.tu.to, ta⟩ s. Pessoa que se dedica à prostituição. ◻ GRAMÁTICA Os sinônimos da forma feminina são *meretriz, rameira* e *rapariga*.

prostração ⟨pros.tra.ção⟩ (pl. *prostrações*) s.f. Ato ou efeito de prostrar(-se).

prostrar ⟨pros.trar⟩ ▮ v.t.d. **1** Abater ou enfraquecer física ou moralmente. ◻ SIN. alquebrar. ▮ v.prnl. **2** Ajoelhar-se ou colocar-se aos pés de alguém em sinal de respeito, de veneração ou de rogo.

protactínio ⟨pro.tac.tí.nio⟩ s.m. Elemento químico da família dos metais, de número atômico 91, sólido, de cor branco-acinzentada e encontrado em minerais de urânio. ◻ ORTOGRAFIA Seu símbolo químico é *Pa*, sem ponto.

protagonista ⟨pro.ta.go.nis.ta⟩ s.2g. **1** Em uma obra de ficção, personagem principal. **2** Aquele que desempenha o papel principal ou mais destacado em algo, especialmente se for em um acontecimento.

protagonizar ⟨pro.ta.go.ni.zar⟩ v.t.d. **1** Representar em condição de protagonista (uma obra de ficção ou um de seus papéis): *protagonizar um filme.* **2** Desempenhar o papel mais importante ou o mais destacado em (um acontecimento): *Fora de si, protagonizou uma cena lamentável.*

proteção ⟨pro.te.ção⟩ (pl. *proteções*) s.f. **1** Ato ou efeito de proteger(-se). **2** Ajuda, apoio ou amparo. **3** Tratamento privilegiado e diferenciado dado a uma pessoa em relação às outras. **4** Em informática, configuração feita em um arquivo para que não seja alterado nem apagado.

protecionismo ⟨pro.te.cio.nis.mo⟩ s.m. Política econômica que dificulta a entrada em um país de produtos estrangeiros que possam competir com produtos nacionais.

proteger ⟨pro.te.ger⟩ ▮ v.t.d./v.t.d.i./v.prnl. **1** Resguardar(-se) ou defender(-se) [de um perigo ou de um prejuízo]: *A capa protegia o carro da chuva. A família se protegeu pedindo reforços policiais.* ▮ v.t.d. **2** Ajudar, apoiar ou favorecer: *Essa associação protege os direitos dos adolescentes.* **3** Dar tratamento privilegiado e

diferenciado a (uma pessoa) em relação às outras: *Mesmo tendo o filho como subordinado, nunca o protegeu dentro da empresa.* **4** Em informática, colocar uma proteção em (um arquivo) para que não seja alterado nem apagado: *Não consegui editar a planilha, pois o autor a protegeu.* ☐ ORTOGRAFIA Antes de *a* e *o*, o *g* muda para *j* →ELEGER.
protegido, da ⟨pro.te.gi.do, da⟩ adj./s. Que ou quem recebe proteção.
proteico, ca ⟨pro.tei.co, ca⟩ (Pron. [protêico] ou [protéico]) adj. Da proteína, formado por ela ou relacionado a ela.
proteína ⟨pro.te.í.na⟩ s.f. Composto orgânico, geralmente solúvel em água, que faz parte da matéria fundamental das células e dos organismos animais e vegetais.
protelar ⟨pro.te.lar⟩ v.t.d. Atrasar ou deixar para mais tarde (uma ação ou a realização de algo). ☐ SIN. adiar, diferir, postergar, prorrogar.
prótese ⟨pró.te.se⟩ s.f. **1** Peça ou dispositivo para reparar artificialmente a falta de um órgão ou de uma parte dele. **2** Em linguística, adição de um som ao início de uma palavra: *O acréscimo de* a *em* assoalho *é uma prótese.*
protestante ⟨pro.tes.tan.te⟩ ▮ adj.2g. **1** Que protesta. **2** Do protestantismo ou relacionado a ele: *uma Igreja Protestante.* ▮ adj.2g./s.2g. **3** Que ou quem defende ou segue qualquer uma das doutrinas religiosas do protestantismo.
protestantismo ⟨pro.tes.tan.tis.mo⟩ s.m. **1** Conjunto de comunidades religiosas cristãs surgidas na reforma de Lutero (religioso alemão do século XVI). **2** Doutrina religiosa dessas comunidades.
protestar ⟨pro.tes.tar⟩ v.t.i./v.int. Manifestar desacordo ou queixa [contra algo]: *O grupo protestava contra a guerra. Uniram-se para protestar.*
protesto ⟨pro.tes.to⟩ s.m. Ato ou efeito de protestar.
protético, ca ⟨pro.té.ti.co, ca⟩ ▮ adj. **1** Da prótese ou relacionado a esse procedimento de reparação artificial de órgãos. ▮ adj./s. **2** Que ou quem se dedica profissionalmente à preparação e ao ajuste das peças e dos aparelhos usados em próteses dentárias.
protetor, -a ⟨pro.te.tor, to.ra⟩ (Pron. [protetôr], [protetôra]) adj./s. Que ou quem protege. ‖ **protetor de tela** Em informática, programa de computador que previne monitores contra manchas causadas pela exibição prolongada da mesma imagem. ‖ **protetor (solar)** Produto dermatológico que se aplica sobre a pele para protegê-la da ação do sol: *Usar protetor solar evita problemas como insolação, queimaduras e câncer de pele.* ☐ USO *Protetor solar* é diferente de *bronzeador* (produto cosmético que se aplica sobre a pele para bronzeá-la).
protetorado ⟨pro.te.to.ra.do⟩ s.m. **1** Autoridade ou tutela parcial que um Estado exerce sobre um território, especialmente em questões relativas à sua política externa. **2** Território que está sob essa autoridade ou tutela.
protocolo ⟨pro.to.co.lo⟩ s.m. **1** Registro de dados referentes à entrada de processos, correspondência ou documentos de uma repartição ou de uma empresa. **2** Cartão ou recibo em que se anotam a data ou o número de ordem desse registro. **3** Conjunto de regras estabelecidas, por decreto ou por costume, para a celebração de atos diplomáticos ou solenes. **4** Acordo ou pacto formal entre duas ou mais nações. **5** Em informática, conjunto de normas e de procedimentos necessários para a transmissão de dados, que deve ser seguido tanto pelo emissor quanto pelo receptor.
próton ⟨pró.ton⟩ (pl. *prótones* ou *prótons*) s.m. Em um átomo, partícula elementar cuja carga elétrica é positiva.
protoplasma ⟨pro.to.plas.ma⟩ s.m. Em uma célula, porção fluida do citoplasma, de composição química complexa, com grande conteúdo de água, e na qual se encontram numerosas organelas.
protótipo ⟨pro.tó.ti.po⟩ s.m. **1** Exemplar original de algo, que serve de modelo para os posteriores. **2** Exemplar ideal, mais representativo ou perfeito de determinada categoria de coisas ou indivíduos.
protozoário ⟨pro.to.zo.á.rio⟩ ▮ s.m. **1** Em relação a um animal, especialmente a um micro-organismo, que é formado por uma única célula ou por uma colônia de células iguais entre si, e que vive em meios aquosos ou em líquidos internos de organismos superiores. ▮ s.m.pl. **2** Em zoologia, grupo desses animais.
protuberância ⟨pro.tu.be.rân.cia⟩ s.f. Parte mais saliente ou elevada de uma superfície.
protuberante ⟨pro.tu.be.ran.te⟩ adj.2g. Que se sobressai ou que ressalta mais do que o normal: *um nariz protuberante.*
prova ⟨pro.va⟩ s.f. **1** Experimento ou teste para comprovar o funcionamento ou a adequação de algo. **2** Aquilo que serve como comprovação da existência ou da veracidade de algo. ☐ SIN. evidência. **3** Manifestação, indício ou sinal de algo: *Aceite esse presente como prova do meu carinho.* **4** Ensaio ou teste de algo provisório, para saber como ficará sua forma definitiva: *Na primeira prova do vestido, a costureira fez vários ajustes.* **5** Exame destinado a demonstrar ou verificar conhecimentos ou capacidades. **6** Porção ou quantidade pequena de um produto, geralmente apresentadas a um comprador potencial, para que conheça suas características. ☐ SIN. amostra. **7** Parte extraída de um conjunto para ser analisada ou examinada: *Analisaram algumas provas da água desse poço para verificar se é potável.* ☐ SIN. amostra. **8** Competição esportiva. **9** Em artes gráficas, impressão ou amostra provisória de uma obra, sobre a qual são feitas as correções necessárias. ‖ **prova de fogo** Aquela que é decisiva ou difícil. ‖ **prova (dos nove)** Em matemática, operação que se realiza para averiguar a exatidão de uma outra operação feita: *Fez a prova dos nove para comprovar a divisão.*
provação ⟨pro.va.ção⟩ (pl. *provações*) s.f. Circunstância ou condição difíceis ou penosas.
provador, -a ⟨pro.va.dor, do.ra⟩ (Pron. [provadôr], [provadôra]) ▮ adj./s. **1** Que ou quem prova. **2** Em uma loja, recinto pequeno usado para que um cliente experimente uma peça do vestuário antes de comprá-la. ☐ SIN. cabine.
provar ⟨pro.var⟩ ▮ v.t.d. **1** Submeter a prova, testar ou experimentar: *Prove o vestido antes de comprá-lo.* ▮ v.t.d./v.t.d.i. **2** Dar provas de (algo) ou comprovar (sua veracidade ou autenticidade) [a alguém]: *Os resultados da pesquisa provam que os consumidores são exigentes.* ▮ v.t.d. **3** Vivenciar ou passar por (uma experiência ou uma situação): *Provou momentos difíceis com o filho doente.*
provável ⟨pro.vá.vel⟩ (pl. *prováveis*) adj.2g. **1** Que é fácil que aconteça ou que ocorra. **2** Que se pode provar. **3** Que parece ser verdadeiro ou que se baseia em um racionamento válido.
provecto, ta ⟨pro.vec.to, ta⟩ adj. Que tem a idade avançada.
provedor, -a ⟨pro.ve.dor, do.ra⟩ (Pron. [provedôr], [provedôra]) adj./s. Que ou quem provê ou abastece com aquilo que é necessário. ‖ **provedor (de acesso)** Em informática, instituição com conexão de alta capacidade e que permite o acesso de usuários a uma grande rede.

proveito

proveito ⟨pro.vei.to⟩ s.m. **1** Benefício, utilidade ou vantagem proporcionada por algo ou alguém. **2** Lucro ou ganho financeiro. ‖ **bom proveito** *informal* Expressão usada para indicar o desejo de que algo, especialmente a comida, seja útil ou conveniente para a saúde ou para o bem-estar de alguém.

proveitoso, sa ⟨pro.vei.to.so, sa⟩ (Pron. [proveitôso], [proveitôsos], [proveitósos], [proveitósas]) adj. Que tem proveito ou utilidade: *uma experiência proveitosa*.

proveniência ⟨pro.ve.ni.ên.cia⟩ s.f. Ato ou efeito de provir.

proveniente ⟨pro.ve.ni.en.te⟩ adj.2g. Que provém de algum lugar: *Sua família é proveniente do Chile.*

provento ⟨pro.ven.to⟩ ▌ s.m. **1** Ganho ou benefício obtidos geralmente em um negócio. ☐ **SIN.** lucro. ▌ s.m.pl. **2** Remuneração recebida por funcionários públicos. **3** Nas profissões liberais ou em algumas artes, remuneração dada ou recebida pela realização de um trabalho. ☐ **SIN.** honorário. ▌ **USO** Na acepção 1, usa-se também a forma plural *proventos*.

prover ⟨pro.ver⟩ ▌ v.t.d. **1** Fornecer o necessário a (algo ou alguém): *Fizemos uma compra grande para prover a despensa.* ▌ v.t.d.i./v.prnl. **2** Suprir ou dotar(-se) (algo ou alguém) [do necessário]: *Proveu o filho de todos os cuidados. O Estado deve prover a educação de recursos.* ▌ v.t.d. **3** Preencher (um emprego ou um cargo) por nomeação ou despacho: *Abriram um concurso para prover o cargo de secretário.* ☐ **GRAMÁTICA** É um verbo irregular →PROVER.

proverbial ⟨pro.ver.bi.al⟩ (pl. *proverbiais*) adj.2g. Do provérbio, com provérbios ou relacionado a ele.

provérbio ⟨pro.vér.bio⟩ s.m. Frase breve que expressa um princípio moral ou um ensinamento. ☐ **SIN.** adágio, anexim, ditado, máxima, rifão.

proveta ⟨pro.ve.ta⟩ (Pron. [provêta]) s.f. Tubo de vidro, cilíndrico, comprido e fechado em uma de suas extremidades, usado em experiências de laboratório.

providência ⟨pro.vi.dên.cia⟩ s.f. Ação ou medida concretas ou efetivas para solucionar ou evitar algo.

providencial ⟨pro.vi.den.ci.al⟩ (pl. *providenciais*) adj.2g. **1** Da providência, especialmente da divina, ou relacionado a ela. **2** Em relação especialmente a um feito, que é oportuno ou conveniente.

providenciar ⟨pro.vi.den.ci.ar⟩ v.t.d. Tomar medidas para conseguir (algo que se deseja ou se precisa): *Quem irá providenciar os documentos pedidos pelo advogado?*

provimento ⟨pro.vi.men.to⟩ s.m. **1** Ato ou efeito de prover(-se). ☐ **SIN.** provisão. **2** Abastecimento ou fornecimento de algum recurso. ☐ **SIN.** provisão. **3** Preenchimento de um cargo ou de uma vaga de emprego, especialmente se forem públicos.

província ⟨pro.vín.cia⟩ s.f. **1** Subdivisão de um território ou divisão administrativa de um país. **2** Em oposição à capital, cidade ou região do interior do país. **3** No Brasil imperial, cada uma das partes do território do país que era administrada por um presidente diferente.

provir ⟨pro.vir⟩ v.t.i. Proceder ou originar-se [de algo]: *Eles provêm de uma família portuguesa.* ☐ **GRAMÁTICA** É um verbo irregular →VIR.

provisão ⟨pro.vi.são⟩ (pl. *provisões*) s.f. **1** Ato ou efeito de prover(-se). ☐ **SIN.** provimento. **2** Abastecimento ou fornecimento de algum recurso: *Com a aproximação das festas de fim de ano, a provisão de artigos natalinos aumenta.* ☐ **SIN.** provimento. **3** Conjunto de produtos de consumo, especialmente de mantimentos, que se guardam para um fim. ☐ **SIN.** vitualha, víveres. **4** Reserva de valor para atender a despesas que se esperam.

provisório, ria ⟨pro.vi.só.rio, ria⟩ adj. Temporário ou que não é permanente.

provocação ⟨pro.vo.ca.ção⟩ (pl. *provocações*) s.f. **1** Aquilo que irrita ou estimula para que se fique nervoso. **2** Desafio ou tentativa de despertar reação. **3** Tentativa de sedução.

provocar ⟨pro.vo.car⟩ v.t.d. **1** Produzir como reação ou como resposta: *Sua intolerância provocou irritação em algumas pessoas.* **2** Irritar ou estimular (alguém) para que fique nervoso: *O adversário tentava nos provocar rindo dos nossos erros.* **3** Tentar seduzir (alguém). ☐ **ORTOGRAFIA** Antes de e, o c muda para qu →BRINCAR.

proxeneta ⟨pro.xe.ne.ta⟩ (Pron. [procsenêta]) s.2g. Pessoa que negocia o trabalho de prostitutas e que vive de seus ganhos. ☐ **SIN.** cafetão, cáften, rufião.

proximidade ⟨pro.xi.mi.da.de⟩ (Pron. [prossimidade]) s.f. **1** Condição ou estado do que é ou está próximo. **2** Laço estreito de amizade ou de parentesco entre duas ou mais pessoas. ‖ **nas proximidades de** Perto de: *Vivemos nas proximidades do rio.*

próximo, ma ⟨pró.xi.mo, ma⟩ (Pron. [próssimo]) ▌ adj. **1** Perto ou pouco distante, especialmente se for no espaço ou no tempo. **2** Que tem laços estreitos de amizade ou de parentesco com alguém. ▌ adj./s. **3** Seguinte ou imediatamente posterior. ▌ s.m. **4** Homem ou indivíduo da mesma espécie.

prudência ⟨pru.dên.cia⟩ s.f. **1** Sensatez ou bom senso. **2** Comedimento, cautela ou moderação: *Dirija com prudência para evitar acidentes.*

prudente ⟨pru.den.te⟩ adj.2g. Que tem prudência ou que age com sensatez e bom senso.

prudentino, na ⟨pru.den.ti.no, na⟩ adj./s. **1** De Presidente Prudente ou relacionado a essa cidade do estado brasileiro de São Paulo. **2** De Prudente de Morais ou relacionado a essa cidade do estado brasileiro de Minas Gerais.

prumo ⟨pru.mo⟩ s.m. **1** Instrumento que consiste em uma peça pesada, geralmente de metal, presa a um fio, usado para medir uma linha vertical, geralmente para verificar sua retidão. **2** Em um compartimento, instrumento graduado usado para medir o nível de água em seu interior. **3** Equilíbrio ou bom senso: *Depois da morte dos pais, quase perdeu o prumo.* ‖ **a prumo** Em posição vertical: *O sol caía a prumo na praça.*

prurido ⟨pru.ri.do⟩ s.m. **1** Coceira ou comichão patológicos produzidos pelo corpo. **2** Incerteza ou hesitação a respeito de uma ação ser boa, conveniente ou justa. ☐ **SIN.** escrúpulo. **3** Desejo excessivo e persistente de fazer algo.

pseudônimo ⟨pseu.dô.ni.mo⟩ s.m. Nome falso adotado por um artista no lugar de seu nome verdadeiro. ☐ **USO** É diferente de *heterônimo* (nome inventado e usado por um autor para assinar suas obras).

psicanálise ⟨psi.ca.ná.li.se⟩ s.f. **1** Teoria psicológica desenvolvida principalmente por Sigmund Freud (neurologista austríaco), que se baseia na investigação dos processos mentais inconscientes e concede importância decisiva à permanência no subconsciente dos impulsos instintivos reprimidos pela consciência. **2** Método de tratamento dos distúrbios mentais baseado nessa teoria. ☐ **USO** Usa-se também a forma reduzida *análise*.

psicanalista ⟨psi.ca.na.lis.ta⟩ adj.2g./s.2g. Que ou quem se dedica a aplicar as técnicas da psicanálise, especialmente como profissão. ☐ **USO** Usa-se também a forma reduzida *analista*.

psicanalítico, ca ⟨psi.ca.na.lí.ti.co, ca⟩ adj. Da psicanálise ou relacionado a essa teoria e método de tratamento.

psicodélico, ca ⟨psi.co.dé.li.co, ca⟩ adj. **1** Em relação a uma droga, que produz um estado específico caracterizado pela intensificação dos sentidos e pelas alucinações. **2** Extravagante, exuberante ou que se difere do que é considerado tradicional: *uma roupa psicodélica*.

psicografar ⟨psi.co.gra.far⟩ v.t.d. No espiritismo, escrever (aquilo que é dito por um espírito).

psicologia ⟨psi.co.lo.gi.a⟩ s.f. **1** Ciência que estuda a atividade psíquica ou mental e o comportamento humanos. **2** Forma de sentir ou de pensar que uma pessoa ou um grupo possuem.

psicológico, ca ⟨psi.co.ló.gi.co, ca⟩ adj. **1** Da psique ou relacionado à mente humana. **2** Da psicologia ou relacionado a essa ciência. **3** Que influi no ânimo, no humor ou na motivação.

psicólogo, ga ⟨psi.có.lo.go, ga⟩ s. **1** Pessoa que se dedica profissionalmente à psicologia ou que é especializada nessa ciência. **2** Pessoa com especial capacidade para conhecer o temperamento ou as reações dos demais.

psicopata ⟨psi.co.pa.ta⟩ adj.2g./s.2g. Em psiquiatria, que ou quem apresenta uma doença mental séria e que pode fazer mal aos outros sem sentir remorso.

psicose ⟨psi.co.se⟩ s.f. Em psiquiatria, doença mental caracterizada pela manifestação de ideias fixas e obsessivas.

psicoterapia ⟨psi.co.te.ra.pi.a⟩ s.f. Tratamento de algumas doenças ou problemas psíquicos por meio de diversas técnicas psicológicas. ☐ SIN. terapia.

psicótico, ca ⟨psi.có.ti.co, ca⟩ adj./s. Em psiquiatria, que ou quem sofre de psicose.

psicotrópico, ca ⟨psi.co.tró.pi.co, ca⟩ adj./s.m. Em relação a uma substância, especialmente a um medicamento, que age no organismo modificando suas condições e funções psicológicas.

psique ⟨psi.que⟩ s.f. Mente humana.

psiquiatra ⟨psi.qui.a.tra⟩ adj.2g./s.2g. Em relação a um médico, que é especializado em psiquiatria.

psiquiatria ⟨psi.qui.a.tri.a⟩ s.f. Parte da medicina que estuda as doenças mentais.

psiquiátrico, ca ⟨psi.qui.á.tri.co, ca⟩ adj. Da psiquiatria ou relacionado a essa parte da medicina.

psíquico, ca ⟨psí.qui.co, ca⟩ adj. Da mente humana.

psiquismo ⟨psi.quis.mo⟩ s.m. Conjunto das características e das funções da mente humana e dos fenômenos relacionados a ela.

pua ⟨pu.a⟩ s.f. Instrumento pontiagudo com que se produzem furos. ☐ SIN. broca.

pub *(palavra inglesa)* (Pron. [pâb]) s.m. Estabelecimento comercial onde se servem bebidas alcoólicas, geralmente dotado de decoração mais elaborada e confortável que a de um bar tradicional.

puberdade ⟨pu.ber.da.de⟩ s.f. Primeira fase da adolescência, na qual ocorre o amadurecimento dos órgãos sexuais e o desenvolvimento de características sexuais secundárias.

púbere ⟨pú.be.re⟩ adj.2g. Que está na puberdade.

púbis ⟨pú.bis⟩ s.m.2n. **1** No sistema esquelético, cada um dos ossos que se unem ao ilíaco e ao ísquio para formar a bacia. [◉ esqueleto p. 334] **2** Parte inferior do ventre que corresponde à região de proteção desse osso: *Na puberdade, nascem os pelos que cobrem o púbis.*

publicação ⟨pu.bli.ca.ção⟩ (pl. *publicações*) s.f. **1** Ato ou efeito de publicar. **2** Divulgação de uma informação para que seja conhecida: *a publicação do edital de um concurso público*. **3** Obra periódica ou impresso: *uma publicação semanal*.

publicar ⟨pu.bli.car⟩ v.t.d. **1** Difundir ou tornar conhecido (uma informação ou outro dado): *Publicarão as fotos do desfile no jornal de domingo.* ☐ SIN. estampar. **2** Difundir (uma obra) por meio de impressão ou de outro procedimento de reprodução: *Há tempos que este autor não publica nada.* ☐ SIN. editar. ☐ ORTOGRAFIA Antes de *e*, o *c* muda para *qu* →BRINCAR.

publicidade ⟨pu.bli.ci.da.de⟩ s.f. **1** Difusão ou propagação de uma informação, que visa o conhecimento de algo, de suas qualidades ou de suas vantagens. ☐ SIN. propaganda. **2** Veículo ou material pelos quais essa difusão é feita. ☐ SIN. propaganda. **3** Divulgação ou informação de forma que passe a ser de conhecimento geral do público.

publicista ⟨pu.bli.cis.ta⟩ s.2g. Pessoa que escreve artigos políticos.

publicitário, ria ⟨pu.bli.ci.tá.rio, ria⟩ ❙ adj. **1** Da publicidade com fins comerciais, ou relacionado a ela. ❙ s. **2** Pessoa que se dedica profissionalmente à publicidade.

público, ca ⟨pú.bli.co, ca⟩ adj. **1** Que é conhecido ou sabido por todos. **2** De todo o povo ou relacionado a ele: *um parque público*. **3** Do Estado, de sua administração ou relacionado a eles: *um funcionário público*. ❙ s.m. **4** Conjunto de pessoas de que é formada uma coletividade. **5** Conjunto de pessoas que formam a plateia de um ato ou espetáculo. ☐ SIN. assistência. **6** Conjunto de pessoas que têm características ou interesses em comum: *É uma coleção voltada ao público infantil.* ‖ **em público** À vista de todos: *Não gosta de falar em público.*

púcaro ⟨pú.ca.ro⟩ s.m. Recipiente pequeno, provido de uma asa e geralmente usado para retirar líquidos de recipientes maiores.

pudendo, da ⟨pu.den.do, da⟩ adj. **1** Que causa pudor ou vergonha, ou que pode causá-los. **2** Que tem ou que mostra pudor ou vergonha, especialmente naquilo relacionado ao sexo. ☐ SIN. pudico. ‖ **pudendo feminino** No sistema genital feminino dos mamíferos, parte que rodeia e constitui a abertura externa da vagina. ☐ USO *Pudendo feminino* é a nova denominação de *vulva*.

pudera ⟨pu.de.ra⟩ interj. Expressão usada para indicar que algo era esperado, que era claro: *Passou no vestibular. Pudera, dedicou-se durante todo o ano!*

pudico, ca ⟨pu.di.co, ca⟩ adj. Que tem ou que mostra pudor ou vergonha, especialmente naquilo relacionado ao sexo. ☐ SIN. pudendo.

pudim ⟨pu.dim⟩ (pl. *pudins*) s.m. Doce de consistência pastosa, feito com leite, que pode conter chocolate, frutas ou outros ingredientes, e que é assado, geralmente em banho-maria.

pudor ⟨pu.dor⟩ (Pron. [pudôr]) s.m. Sentimento de vergonha ou constrangimento relacionado a assuntos que envolvam a sexualidade ou a intimidade de uma pessoa.

puericultura ⟨pu.e.ri.cul.tu.ra⟩ s.f. Ciência que se dedica ao desenvolvimento físico e mental das crianças.

pueril ⟨pu.e.ril⟩ (pl. *pueris*) adj.2g. Da criança, ou com alguma das características tradicionalmente atribuídas a ela.

pugilato ⟨pu.gi.la.to⟩ s.m. Luta em que os participantes usam os punhos e dão socos.

pugilismo ⟨pu.gi.lis.mo⟩ s.m. Esporte em que duas pessoas lutam apenas com as mãos protegidas por luvas especiais. ☐ SIN. boxe.

pugilista ⟨pu.gi.lis.ta⟩ s.2g. Lutador profissional, especialmente se for um boxeador.

pugna ⟨pug.na⟩ s.f. Luta, combate ou briga.

pugnar ⟨pug.nar⟩ v.t.i./v.int. Lutar, combater ou brigar [por alguma causa]: *Os parlamentares pugnaram pela aprovação da lei.*

puir ⟨pu.ir⟩ v.t.d./v.prnl. Desgastar(-se) por atrito repetido (uma superfície): *O tênis puiu o calcanhar da minha meia*. ☐ ORTOGRAFIA Usa-se *i* em vez do *e* comum na conjugação do presente do indicativo e do imperativo afirmativo →ATRIBUIR. ☐ GRAMÁTICA É um verbo defectivo, pois não apresenta conjugação completa →RUIR.

pujança ⟨pu.jan.ça⟩ s.f. **1** Grande força, vigor ou robustez. **2** Grandiosidade ou imponência. **3** Fartura ou riqueza.

pujante ⟨pu.jan.te⟩ adj.2g. Que tem pujança ou força.

pular ⟨pu.lar⟩ ▎v.int. **1** Levantar-se dando um impulso no solo ou no lugar em que se está, para cair no mesmo ou em outro lugar: *O canguru pula para se locomover*. ☐ SIN. saltar. ▎v.t.i./v.t.d.i. **2** Lançar-se (de um lugar alto) para cair em um lugar mais baixo: *O trapezista pulou da corda bamba e caiu em uma cama elástica*. ☐ SIN. saltar. ▎v.t.d. **3** Ultrapassar ou dar um salto por cima de (um obstáculo): *Pulei o portão, pois esqueci minha chave*. ☐ SIN. saltar. ▎v.int. **4** Bater com intensidade maior que o normal (o coração): *Após subir as escadas, o coração pulava no peito*. ▎v.t.d. **5** Deixar de lado ou esquecer (um trecho ou uma parte de algo): *Pulei a questão cinco, pois não consegui resolvê-la*. ☐ SIN. saltar.

pulga ⟨pul.ga⟩ s.f. Inseto que mede uns três milímetros de comprimento, sem asas, preto-avermelhado, com patas fortes para saltar e partes bucais adaptadas para cortar a pele e sugar o sangue do hospedeiro. ☐ GRAMÁTICA É um substantivo epiceno: *a pulga (macho/fêmea)*.

pulgão ⟨pul.gão⟩ (pl. *pulgões*) s.m. Inseto pequeno, com o corpo ovalado, geralmente verde ou pardo, e cujas fêmeas ou larvas vivem como parasitas sobre as folhas ou sobre as partes macias de algumas plantas, sugando a seiva. ☐ GRAMÁTICA É um substantivo epiceno: *o pulgão (macho/fêmea)*.

pulguento, ta ⟨pul.guen.to, ta⟩ adj. Que tem pulgas.

pulha ⟨pu.lha⟩ s.f. *pejorativo* Pessoa indigna ou mau-caráter. ☐ GRAMÁTICA Usa-se tanto para o masculino quanto para o feminino: *(ele/ela) é uma pulha*.

pulmão ⟨pul.mão⟩ (pl. *pulmões*) s.m. **1** No sistema respiratório, órgão da respiração, de estrutura esponjosa, macio, que se comprime e se dilata, e no qual é feita a troca gasosa que absorve oxigênio e elimina gás carbônico. **2** Em alguns moluscos terrestres, cavidade entre o manto e a concha que funciona como órgão de respiração. **3** *informal* Capacidade de emitir voz forte e potente. **4** *informal* Capacidade ou fôlego para suportar grande esforço físico.

pulmonar ⟨pul.mo.nar⟩ adj.2g. Do pulmão ou relacionado a esse órgão: *um edema pulmonar*.

pulo ⟨pu.lo⟩ s.m. **1** Elevação que se faz dando um impulso no solo ou no lugar em que está, para cair no mesmo ou em outro lugar. ☐ SIN. salto. **2** Lançamento de um lugar alto para cair em um lugar mais baixo. ☐ SIN. salto. **3** Passagem brusca de uma situação a outra sem estágios intermediários. ☐ SIN. salto. **4** Visita ou passagem rápidas em um lugar.

pulôver ⟨pu.lô.ver⟩ s.m. Peça do vestuário, geralmente de malha de lã, com mangas compridas ou sem mangas, que se veste enfiando pela cabeça.

púlpito ⟨púl.pi.to⟩ s.m. Em uma igreja ou em um templo religioso, lugar elevado de onde os sacerdotes pregam. ☐ SIN. tribuna.

pulsar ⟨pul.sar⟩ ▎s.m. Estrela de nêutrons que emite energia em uma direção variável, o que dá a impressão de que ela emite essa energia de forma periódica. ▎v.int. **2** Latejar ou palpitar (uma parte do corpo): *Seu coração pulsava forte depois da corrida*.

pulseira ⟨pul.sei.ra⟩ s.f. **1** Joia ou peça em forma de aro que se coloca ao redor do pulso. **2** Correia ou tira com as quais se prende um relógio ao pulso.

pulso ⟨pul.so⟩ s.m. **1** Parte do braço humano onde se articula a mão com o antebraço. ☐ SIN. punho. **2** Conjunto de batimentos cardíacos percebidos em algumas regiões do corpo, especialmente nessa parte do braço, provocados pela variação da pressão na passagem do sangue expulso do coração através dos vasos sanguíneos: *O ritmo normal do pulso está entre 60 e 90 pulsações por segundo*. ‖ **pulso (firme)** Autoridade e firmeza para encarar um assunto.

pulular ⟨pu.lu.lar⟩ ▎v.int. **1** Dar origem a novas folhas, a novos ramos ou a novas flores (uma planta). ☐ SIN. brotar. ▎v.t.i./v.int. **2** Estar cheio [de algo] ou existir em abundância: *A cerimônia pululava de famosos. As ideias pululavam em sua cabeça*.

pulverizador, -a ⟨pul.ve.ri.za.dor, do.ra⟩ (Pron. [pulverizadôr], [pulverizadôra]) ▎adj. **1** Que pulveriza. ▎s.m. **2** Utensílio que serve para espalhar um líquido em forma de partículas muito pequenas. ☐ SIN. vaporizador.

pulverizar ⟨pul.ve.ri.zar⟩ ▎v.t.d./v.prnl. **1** Converter(-se) em pó (um corpo sólido). ▎v.t.d. **2** Cobrir de pó (uma superfície): *Pulverizou seu cão com talco contra pulgas*. ☐ SIN. polvilhar. **3** Lançar partículas muito pequenas de um líquido sobre (uma superfície).

pulverulento, ta ⟨pul.ve.ru.len.to, ta⟩ adj. **1** Cheio ou coberto de pó. **2** Em relação a uma planta ou a uma parte dela, que parecem ter pó em sua superfície.

pum (pl. *puns*) ▎s.m. **1** *informal* Flato. ▎interj. **2** Expressão usada para indicar algum estouro ou algum barulho: *De repente, a bexiga - pum! - estourou*.

puma ⟨pu.ma⟩ s.m. Mamífero felino de grande porte, carnívoro, com cabeça pequena, focinho branco e pelagem de cor amarelada. ☐ SIN. onça, suçuarana. ☐ GRAMÁTICA É um substantivo epiceno: *o puma (macho/fêmea)*.

punção ⟨pun.ção⟩ (pl. *punções*) ▎s.m. **1** Instrumento pontiagudo e de aço, usado para fazer gravações, geralmente em metais. ☐ SIN. buril. ▎s.f. **2** Em medicina, operação que consiste em abrir os tecidos com um instrumento pontiagudo para retirar o líquido contido neles.

pundonor ⟨pun.do.nor⟩ (Pron. [pundonôr]) s.m. Sentimento de amor-próprio, de brio ou de pudor.

pungente ⟨pun.gen.te⟩ adj.2g. Que causa tristeza ou dor.

pungir ⟨pun.gir⟩ ▎v.t.d. **1** Furar ou ferir com um objeto pontiagudo: *Um espinho pungiu seu dedo*. ☐ SIN. picar. ▎v.t.d./v.int. **2** Atormentar (algo ou alguém) ou produzir inquietação ou angústia: *A indiferença pungia seu coração*. ☐ SIN. afligir. ☐ ORTOGRAFIA Antes de *a* ou *o*, o *g* muda para *j* →FUGIR.

punhado ⟨pu.nha.do⟩ s.m. **1** Porção que cabe dentro de uma mão. ☐ SIN. mancheia. **2** Quantidade que tem valor indeterminado.

punhal ⟨pu.nhal⟩ (pl. *punhais*) s.m. Arma branca resistente, com dois ou três centímetros de comprimento, com folha pontiaguda e que só fere com a ponta.

punhalada ⟨pu.nha.la.da⟩ s.f. **1** Golpe dado com um punhal. **2** Tristeza, desgosto ou pena causados repentinamente.

punheta ⟨pu.nhe.ta⟩ (Pron. [punhêta]) s.f. *vulgarismo* Masturbação masculina. ‖ **bater (uma) punheta** *vulgarismo* →masturbar

punho ⟨pu.nho⟩ s.m. **1** Parte do braço humano onde se articula a mão com o antebraço. ☐ SIN. pulso. **2** Em uma camisa e em outras peças do vestuário, parte da manga que fica ao redor dessa parte do braço. **3** Mão fechada. **4** Em uma arma branca, em uma ferramenta ou em um utensílio, parte ou peça onde se segura.

punição ⟨pu.ni.cão⟩ (pl. *punições*) s.f. Ato ou efeito de punir(-se).
punir ⟨pu.nir⟩ ▌v.t.d./v.prnl. **1** Castigar(-se) (um culpado): *A Justiça o puniu com prestação de serviços à comunidade. Ele ainda se pune pelos erros passados.* ▌v.t.d. **2** Ser pena ou castigo para (uma falta): *A privação da liberdade pune certos crimes.*
punitivo, va ⟨pu.ni.ti.vo, va⟩ adj. Da punição ou relacionado a ela.
punk (*palavra inglesa*) (Pron. [panc]) ▌adj.2g.2n./s.2g. **1** Do punk ou com características deste movimento. ▌s.m. **2** Movimento contestador iniciado por jovens ingleses na década de 1970, caracterizado por seu desprezo pelos valores e convenções sociais estabelecidas, e que se manifesta no vestuário, no comportamento e na música criada e ouvida por seus integrantes.
pupila ⟨pu.pi.la⟩ s.f. No olho, círculo pequeno e aparentemente preto que fica no centro da íris e que varia de diâmetro de acordo com a intensidade de luz que passa por ele.
pupilo, la ⟨pu.pi.lo, la⟩ s. Pessoa que está sob tutela de um tutor ou de um educador.
purê ⟨pu.rê⟩ s.m. Prato feito com batatas ou outros legumes ou frutas, amassados e misturados com leite e temperos leves até que fique com consistência pastosa.
pureza ⟨pu.re.za⟩ (Pron. [purêza]) s.f. **1** Qualidade do que ou de quem é puro, não é misturado ou não é alterado por outros elementos. **2** Integridade ou decência. **3** Virgindade ou inocência no que diz respeito a sexo.
purga ⟨pur.ga⟩ s.f. Medicamento ou produto que facilitam a evacuação das fezes. ☐ SIN. purgante.
purgação ⟨pur.ga.cão⟩ (pl. *purgações*) s.f. **1** Ato ou efeito de purgar(-se). **2** Saída de secreções de um órgão, especialmente se for pus. **3** *informal* Gonorreia.
purgante ⟨pur.gan.te⟩ s.m. **1** Medicamento ou produto que facilitam a evacuação das fezes. ☐ SIN. purga. **2** *informal pejorativo* Aquilo ou aquele que causa tédio, aborrecimento ou irritação. ☐ GRAMÁTICA Na acepção 2, usa-se tanto para o masculino quanto para o feminino: *(ele/ela) é um purgante.*
purgar ⟨pur.gar⟩ ▌v.t.d./v.prnl. **1** Livrar-se ou absolver-se de (um delito ou uma culpa), sofrendo o castigo merecido por eles: *purgar uma culpa; purgar-se dos pecados cometidos.* **2** Fazer evacuar ou evacuar os excrementos, por meio de substâncias que produzem esse efeito. ▌v.int. **3** Expelir secreções, especialmente se for pus: *Foi ao médico, pois a ferida purgava.* ☐ ORTOGRAFIA Antes de e, o g muda para gu →CHEGAR.
purgatório ⟨pur.ga.tó.rio⟩ s.m. Na doutrina da Igreja Católica, estado de purificação em que aqueles que morreram em graça, mas sem sofrer em vida as penitências por suas culpas, sofrem as penas que devem por seus pecados para depois gozarem da paz eterna.
purificação ⟨pu.ri.fi.ca.cão⟩ (pl. *purificações*) s.f. **1** Ato ou efeito de purificar(-se). **2** Eliminação da sujeira, das impurezas ou das imperfeições de algo: *a purificação da água.*
purificar ⟨pu.ri.fi.car⟩ v.t.d./v.t.d.i./v.prnl. **1** Livrar(-se) (uma substância) [de impurezas], para voltar ao estado original: *A água se purifica quando passa pelo filtro.* **2** Limpar (a honra ou a boa reputação) ou livrá-las [de manchas]: *Acreditava que a religião purificaria sua alma.* ☐ ORTOGRAFIA Antes de e, o c muda para qu →BRINCAR.
purismo ⟨pu.ris.mo⟩ s.m. **1** Atitude que se caracteriza pela preocupação excessiva com influências estrangeiras ou de neologismos em um idioma, e que se esforça por combatê-los. **2** Atitude conservadora que defende manter uma arte, uma técnica ou uma doutrina sem mudanças nem inovações.
purista ⟨pu.ris.ta⟩ adj.2g./s.2g. **1** Que ou quem tenta preservar a língua de influências estrangeiras e de neologismos desnecessários. **2** Que ou quem defende manter uma arte, uma técnica ou uma doutrina sem mudanças nem inovações.
puritanismo ⟨pu.ri.ta.nis.mo⟩ s.m. **1** Movimento político e religioso da Igreja Anglicana que defende a eliminação de todo o resto do catolicismo na liturgia, e uma grande rigidez moral. **2** Conjunto dos partidários desse movimento. **3** Rigor e escrúpulos excessivos na forma de agir.
puritano, na ⟨pu.ri.ta.no, na⟩ ▌adj. **1** Do puritanismo ou relacionado a esse movimento. ▌adj./s. **2** Seguidor ou partidário do puritanismo.
puro, ra ⟨pu.ro, ra⟩ adj. **1** Livre e isento de mistura com outra coisa. **2** Livre e isento de imperfeições morais: *uma criança pura e indefesa.* **3** Transparente ou livre de impurezas: *águas puras.* **4** Mero, só, não acompanhado de outra coisa ou sem implicar nada: *Estou dizendo a mais pura verdade.*
puro-sangue ⟨pu.ro-san.gue⟩ (pl.*puros-sangues*)adj.2g./s.2g. Em relação a um cavalo, que é de uma raça pura ou sem misturas.
púrpura ⟨púr.pu.ra⟩ ▌adj.2g.2n./s.f. **1** De cor vermelho-violácea. ▌s.f. **2** Molusco que secreta uma substância com essa cor. **3** Essa substância. **4** Doença caracterizada pelo aparecimento de manchas vermelhas na pele ou na mucosa, causadas por pequenas hemorragias secundárias à diminuição acentuada do número de plaquetas.
purpúreo, a ⟨pur.pú.re.o, a⟩ adj. De cor púrpura ou com tonalidades vermelho-violáceas. ☐ SIN. purpurino.
purpurina ⟨pur.pu.ri.na⟩ s.f. Pó muito fino feito geralmente de bronze ou de metal branco, usado para cobrir objetos artísticos.
purpurino, na ⟨pur.pu.ri.no, na⟩ adj. De cor púrpura ou com tonalidades vermelho-violáceas. ☐ SIN. purpúreo.
purulento, ta ⟨pu.ru.len.to, ta⟩ adj. Que tem ou que secreta pus.
pus s.m. Líquido espesso e amarelado que as feridas ou os tecidos inflamados ou infeccionados podem secretar.
pusilânime ⟨pu.si.lâ.ni.me⟩ adj.2g./s.2g. Falta de ânimo ou de coragem para suportar as desgraças ou para tentar realizar coisas grandes.
pústula ⟨pús.tu.la⟩ s.f. Bolha da pele cheia de pus.
putaria ⟨pu.ta.ri.a⟩ s.f. **1** *vulgarismo pejorativo* Comportamento da pessoa que mantém relações sexuais com várias outras, sem vínculos afetivos. **2** *vulgarismo pejorativo* Falta de honestidade ou de caráter.
putativo, va ⟨pu.ta.ti.vo, va⟩ adj. **1** Em relação a um familiar, especialmente a um filho ou a um pai, considerá-lo ou tê-lo como legítimo sem que realmente o seja. **2** Que parece ser legal ou verdadeiro, mas que não é.
puto, ta ⟨pu.to, ta⟩ ▌adj./s. **1** *vulgarismo* →**bravo, va** ▌s. **2** *vulgarismo* →**prostituto, ta**
putrefação ⟨pu.tre.fa.cão⟩ (pl. *putrefações*) s.f. Alteração ou decomposição de uma matéria. ☐ SIN. apodrecimento.
putrefacto, ta ⟨pu.tre.fac.to, ta⟩ adj. →**putrefato, ta**
putrefato, ta ⟨pu.tre.fa.to, ta⟩ adj. Podre ou que apodreceu. ☐ ORTOGRAFIA Escreve-se também *putrefacto*.
pútrido, da ⟨pú.tri.do, da⟩ adj. Podre ou que está em processo de apodrecimento.
puxa ⟨pu.xa⟩ interj. Expressão usada para indicar espanto, admiração ou aborrecimento: *Puxa, de novo perdi minha carona!*

puxada

puxada ⟨pu.xa.da⟩ s.f. **1** Movimento em que se traz algo para perto de si fazendo força. **2** Estímulo ou aumento de desempenho de uma pessoa. **3** Em uma construção, geralmente em uma casa, parte construída posteriormente, unida a ela e que aumenta sua área. ◻ SIN. puxado. **4** *informal* Caminhada ou caminho longos e cansativos.
puxado, da ⟨pu.xa.do, da⟩ ▌ adj. **1** Em relação especialmente a um olho, que tem o formato mais fechado e alongado, como uma amêndoa. **2** Tenso ou esticado. **3** Difícil ou que requer muito esforço. ▌ s.m. **4** Em uma construção, geralmente em uma casa, parte construída posteriormente, unida a ela e que aumenta sua área. ◻ SIN. puxada.
puxador, -a ⟨pu.xa.dor, do.ra⟩ (Pron. [puxadôr], [xadôra]) ▌ adj./s. **1** Que ou quem puxa. ▌ s.m. **2** Especialmente em um móvel, peça na qual se segura para abrir um compartimento, geralmente uma porta ou uma gaveta.
puxão ⟨pu.xão⟩ (pl. *puxões*) s.m. Puxada forte.
puxa-puxa ⟨pu.xa-pu.xa⟩ adj.2g.2n./s.m.2n. Em relação a um doce, que tem consistência elástica ou grudenta.
puxar ⟨pu.xar⟩ ▌ v.t.d. **1** Tensionar ou esticar (algo), fazendo força para perto de si: *Por brincadeira, puxaram o cabelo dela.* **2** Arrastar ou movimentar (algo) na direção de si: *O guincho puxou o carro até aqui.* **3** Atrair ou mover para si: *O aspirador de pó puxa muita sujeira.* **4** Mover ou tirar da posição original: *Puxem os móveis para limpar atrás deles.* **5** Começar ou dar início a (um ato ou uma situação): *puxar assunto.* **6** Retirar (uma arma) de onde está, especialmente se for de forma brusca: *Puxou o revólver para se defender.* ◻ SIN. sacar. ▌ v.t.d./v.t.i. **7** Apresentar características similares [a um ascendente]: *Dizem que puxei minha mãe no físico e meu pai no temperamento.* ▌ v.t.i. **8** Parecer ou ser próximo [de uma cor]: *Para o quarto, escolhemos um azul que puxa para o verde.* ▌ v.t.d. **9** Consumir, demandar ou gastar (uma fonte de energia): *A luz piscou, pois ligar o chuveiro puxa muita força.* **10** Arrumar ou forçar (uma peça do vestuário) em uma direção: *Puxe o forro da saia para ajeitá-la.* **11** Estimular (uma pessoa ou o seu desempenho): *Esta professora sempre puxou os alunos de sua turma.*
puxa-saco ⟨pu.xa-sa.co⟩ (pl. *puxa-sacos*) adj.2g./s.2g. *informal pejorativo* Que ou quem é adulador e servil.
PVC s.m. Material plástico muito utilizado na fabricação de tubos e de condutores. ◻ ORIGEM É a sigla inglesa de *Polyvinyl-Cloride* (policloreto de vinila).

q ▌s.m. **1** Décima sétima letra do alfabeto. ▌numer. **2** Em uma sequência, que ocupa o décimo sétimo lugar: *Sentamos na fileira q.* □ GRAMÁTICA Na acepção 1, o plural é *qq*.

Q.I. (pl. *Q.I.s*) s.m. Quociente ou número que expressam a relação entre a idade mental de uma pessoa e seus anos. □ SIN. quociente de inteligência, quociente intelectual. □ ORIGEM É a sigla de *quociente intelectual*.

quadra ⟨qua.dra⟩ s.f. **1** Série ou conjunto de quatro elementos: *Com uma quadra de ases, ganhou a partida de pôquer.* **2** Espaço urbano, geralmente quadrangular, delimitado por ruas em todos os lados. □ SIN. quarteirão. **3** Lugar destinado à prática de determinados esportes: *uma quadra de tênis.* **4** Em métrica, estrofe formada por quatro versos, geralmente com rima consoante e cujos esquemas mais frequentes são *ABAB* e *ABBA*. □ SIN. quarteto.

quadrado, da ⟨qua.dra.do, da⟩ ▌adj. **1** *informal pejorativo* Que é antiquado. ▌adj./s.m. **2** Com quatro lados iguais e quatro ângulos retos. ▌s.m. **3** Em geometria, polígono que tem quatro lados iguais. **4** Em matemática, resultado que se obtém ao se multiplicar um número por ele mesmo: *O quadrado de cinco é vinte e cinco.*

quadragenário, ria ⟨qua.dra.ge.ná.rio, ria⟩ adj./s. Que ou quem tem mais de quarenta anos e ainda não completou os cinquenta.

quadragésimo, ma ⟨qua.dra.gé.si.mo, ma⟩ numer. **1** Em uma série, que ocupa o lugar de número quarenta. **2** Em relação a uma parte, que compõe um todo se somada com outras 39 iguais a ela.

quadrangular ⟨qua.dran.gu.lar⟩ adj.2g. Que tem ou que forma quatro ângulos.

quadrante ⟨qua.dran.te⟩ s.m. Em geometria, quarta parte de um círculo ou de uma circunferência, limitados por raios perpendiculares.

quadrar ⟨qua.drar⟩ v.t.d. Tornar quadrado.

quadratura ⟨qua.dra.tu.ra⟩ s.f. Em astronomia, distância entre dois corpos celestes quando o ângulo entre eles, tendo a Terra como vértice, é de 90°.

quadriculado, da ⟨qua.dri.cu.la.do, da⟩ adj. Com linhas que formam pequenos quadrados: *um papel quadriculado.* □ SIN. quadricular.

quadricular ⟨qua.dri.cu.lar⟩ ▌adj.2g. **1** Com linhas que formam pequenos quadrados: *um tecido quadricular.* ▌v.t.d. **2** Traçar linhas em (um papel ou outra superfície) que formem pequenos quadrados: *quadricular uma folha.*

quadriga ⟨qua.dri.ga⟩ s.f. Na Antiguidade, carro puxado por quatro cavalos.

quadrigêmeo, mea ⟨qua.dri.gê.meo, mea⟩ adj./s. Que ou quem nasceu de uma gestação quádrupla.

quadrigentésimo, ma ⟨qua.dri.gen.té.si.mo, ma⟩ numer. **1** Em uma série, que ocupa o lugar de número quatrocentos. **2** Em relação a uma parte, que compõe um todo se somada com outras 399 iguais a ela.

quadril ⟨qua.dril⟩ (pl. *quadris*) adj. **1** No sistema esquelético, região entre as partes laterais salientes formadas pelos ossos superiores da pelve. **2** No corpo humano, parte lateral, que vai da cintura até a região das coxas. □ SIN. anca.

quadrilátero, ra ⟨qua.dri.lá.te.ro, ra⟩ adj./s.m. Em geometria, em relação a um polígono, que tem quatro lados.

quadrilha ⟨qua.dri.lha⟩ s.f. **1** Dança brasileira, típica das festas juninas, executada aos pares e que representa um casamento na roça. **2** Grupo organizado de criminosos.

quadrimestral ⟨qua.dri.mes.tral⟩ (pl. *quadrimestrais*) adj.2g. **1** Que ocorre a cada quatro meses. **2** Que dura quatro meses.

quadrimestre ⟨qua.dri.mes.tre⟩ s.m. Período de tempo de quatro meses seguidos.

quadringentésimo

quadringentésimo, ma ⟨qua.drin.gen.té.si.mo, ma⟩ numer. →**quadrigentésimo**

quadrimotor, -a ⟨qua.dri.mo.tor, to.ra⟩ (Pron. [quadrimotôr], [quadrimotôra]) adj./s.m. Em relação a um avião, que possui quatro motores.

quadrinhos ⟨qua.dri.nhos⟩ s.m.pl. →**história em quadrinhos**

quadro ⟨qua.dro⟩ s.m. **1** Obra de arte que geralmente se emoldura e se coloca em uma parede como adorno. **2** Superfície de material duro, geralmente fixada a uma parede, de cor preta ou verde, e na qual se escreve com giz. ▢ SIN. lousa, quadro de giz, quadro-negro. **3** Conjunto de mecanismos ou de instrumentos necessários para controlar um aparelho ou uma instalação: *O quadro de força é um painel de controle da instalação elétrica.* **4** Em uma bicicleta ou em uma motocicleta, conjunto de tubos que formam sua armação. **5** Situação ou descrição de determinados fatos: *A professora explicou o quadro social e político que antecedeu à abolição.* **6** Em uma organização ou em determinada atividade profissional, grupo de pessoas que as compõem: *Com o crescimento da empresa, o quadro de funcionários aumentou.* **7** Figura quadrangular na qual se exibe um determinado conteúdo: *No livro, há um quadro com o mapa do Brasil.* **8** Em um programa de rádio ou de televisão, cada uma das partes que os compõem: *Esse humorístico tem três quadros.*

quadro de giz ⟨qua.dro de giz⟩ (pl. *quadros de giz*) s.m. Superfície de material duro, geralmente fixada a uma parede, de cor preta ou verde, e na qual se escreve com giz. ▢ SIN. lousa, quadro, quadro-negro.

quadro-negro ⟨qua.dro-ne.gro⟩ (Pron. [quadro-nêgro]) (pl. *quadros-negros*) s.m. Superfície de material duro, geralmente fixada a uma parede, de cor preta ou verde, e na qual se escreve com giz. ▢ SIN. lousa, quadro, quadro de giz.

quadrúpede ⟨qua.drú.pe.de⟩ adj.2g./s.m. **1** Em relação a um animal, que se locomove usando quatro patas ou pés: *O cachorro, o cavalo e o carneiro são quadrúpedes.* ▮ s.2g. **2** *informal pejorativo* Pessoa grosseira ou indelicada.

quadruplicar ⟨qua.dru.pli.car⟩ v.t.d./v.int./v.prnl. Multiplicar por quatro ou tornar(-se) quatro vezes maior. ▢ ORTOGRAFIA Antes de e, o c muda para *qu* →BRINCAR.

quádruplo, pla ⟨quá.dru.plo, pla⟩ ▮ numer. **1** Que consta de quatro ou é adequado para quatro. ▮ adj. / s.m. **2** Em relação a uma quantidade, que é quatro vezes maior.

qual (pl. *quais*) ▮ pron.interrog. **1** Pergunta por algo ou por alguém entre vários: *Qual é o seu nome? Qual delas é a sua irmã?* ▮ pron.rel. **2** Designa uma pessoa, um objeto ou um fato já mencionados ou conhecidos: *Esse é o endereço ao qual a correspondência deverá ser encaminhada.* ▮ adv. **3** Como: *Andei qual um camelo.* ‖ **cada qual** Designa separadamente uma pessoa em relação a outras: *Cada qual permaneça em seu lugar, por favor!* ‖ **tal qual** Indica semelhança, igualdade ou equivalência: *Aqui está a mercadoria, tal qual foi encomendada.*

qualidade ⟨qua.li.da.de⟩ s.f. Característica, propriedade ou atributo próprios e distintivos, especialmente se considerados positivos: *Uma das qualidades da água é sua insipidez. Entre suas qualidades, destaca-se a lealdade.*

qualificação ⟨qua.li.fi.ca.ção⟩ (pl. *qualificações*) s.f. **1** Ato ou efeito de qualificar(-se). **2** Conjunto de conhecimentos ou experiências adquiridos por uma pessoa em determinada área.

qualificar ⟨qua.li.fi.car⟩ ▮ v.t.d. **1** Dar ou atribuir determinadas qualidades. ▮ v.t.d./v.prnl. **2** Dotar de conhecimentos ou adquirir conhecimentos de uma determinada área: *Esse curso a qualificará como técnica em informática.* ▮ v.t.d. **3** Caracterizar ou designar: *A imprensa qualificou o acontecido como um ato abominável* ▢ ORTOGRAFIA Antes de e, o c muda para *qu* →BRINCAR ▢ GRAMÁTICA Nas acepções 2 e 3, o objeto pode vir acompanhado de um complemento que o qualifica: *Esse curso a qualificará como* técnica em informática; *A imprensa qualificou o acontecido como* um ato abominável.

qualificativo, va ⟨qua.li.fi.ca.ti.vo, va⟩ adj./s.m. Que qualifica.

qualitativo, va ⟨qua.li.ta.ti.vo, va⟩ adj. Da qualidade ou relacionado a ela.

qualquer ⟨qual.quer⟩ (pl. *quaisquer*) adj.2g. **1** Indica uma pessoa ou uma coisa indeterminadas. **2** Indica cada elemento de uma categoria.

quando ⟨quan.do⟩ ▮ adv. **1** Em que tempo ou em que momento: *Quando irá me visitar?* ▮ conj. **2** Conectivo gramatical subordinativo (que une elementos entre os quais há uma relação de dependência), que expressa tempo: *Cantaremos parabéns quando ele chegar.*

quantia ⟨quan.ti.a⟩ s.f. **1** Soma de dinheiro: *Por qual quantia venderia a casa?* **2** Número de unidades de algo: *A fábrica recebeu uma grande quantia de pedidos.* ▢ SIN. quantidade.

quantidade ⟨quan.ti.da.de⟩ s.f. **1** Propriedade daquilo que se pode medir ou contar. **2** Número de unidades de algo: *Possui uma grande quantidade de pinturas.* ▢ SIN. quantia.

quantificar ⟨quan.ti.fi.car⟩ v.t.d. Expressar especialmente por meio de números (uma quantidade): *A Prefeitura acha difícil quantificar os danos causados pelos alagamentos.* ▢ ORTOGRAFIA Antes de e, o c muda para *qu* →BRINCAR.

quantitativo, va ⟨quan.ti.ta.ti.vo, va⟩ adj. Da quantidade ou relacionado a ela.

quanto, ta ⟨quan.to, ta⟩ pron.interrog. Pergunta pelo número, pela quantidade ou pela intensidade de algo: *Quantos anos você tem? Quanto custa essa blusa?*

quantum (*palavra latina*) (Pron. [cuântum]) (pl. *quanta*) s.m. **1** Em física, unidade mínima de energia que é emitida ou absorvida pela matéria. **2** Em estatística, quantidade física de algo sem considerar seu valor.

quão adv. Como ou quanto: *Imagine quão triste eu fiquei!*

quarar ⟨qua.rar⟩ v.t.d. Clarear (uma roupa) mediante a exposição ao sol. ▢ SIN. corar.

quarenta ⟨qua.ren.ta⟩ ▮ numer. **1** Número 40. ▮ s.m. **2** Signo que representa esse número.

quarentão ⟨qua.ren.tão⟩ (pl. *quarentões*) adj./s.m. *informal* Que ou quem tem mais de quarenta anos e ainda não completou cinquenta. ▢ GRAMÁTICA Seu feminino é *quarentona*.

quarentena ⟨qua.ren.te.na⟩ (Pron. [quarentêna]) s.f. **1** Período de tempo de quarenta dias seguidos. **2** Conjunto de quarenta unidades semelhantes ou de mesma natureza. **3** Isolamento preventivo de pessoas ou de animais por razões sanitárias durante um período de tempo.

quarentona ⟨qua.ren.to.na⟩ (Pron. [quarentôna]) Feminino de **quarentão**.

quaresma ⟨qua.res.ma⟩ s.f. **1** No catolicismo, tempo de quarenta dias que vai da Quarta-feira de Cinzas ao Domingo de Ramos. **2** Árvore com folhas verde-escuras, com nervuras paralelas, flores de cinco pétalas rosa ou roxas que surgem geralmente entre fevereiro e março, e que é muito cultivada como ornamental. ▢ SIN. flor-da-quaresma, quaresmeira. [◉ árvores p. 79]

quaresmeira ⟨qua.res.mei.ra⟩ s.f. Árvore com folhas verde-escuras, com nervuras paralelas, flores de cinco pétalas rosa ou roxas que surgem entre

quebrantar

fevereiro e março, e que é muito cultivada como ornamental. □ SIN. flor-da-quaresma, quaresma. [◉ árvores p. 79]

quarta ⟨quar.ta⟩ s.f. **1** No motor de alguns veículos, marcha que tem maior velocidade que a terceira e maior potência que a quinta. **2** A quarta parte de um todo. □ SIN. quartel, quarto. **3** →quarta-feira

quartã ⟨quar.tã⟩ adj./s.f. Em relação a uma febre, que é intermitente e que irrompe em intervalos de quatro dias.

quarta-feira ⟨quar.ta-fei.ra⟩ (pl. *quartas-feiras*) s.f. Quarto dia da semana, entre a terça e a quinta-feira. ‖ **quarta-feira de cinzas** No catolicismo, primeiro dia da Quaresma. □ ORTOGRAFIA Usa-se geralmente *Quarta-feira de Cinzas* com iniciais maiúsculas por ser também um nome próprio. □ USO Usa-se também a forma reduzida *quarta*.

quarteirão ⟨quar.tei.rão⟩ (pl. *quarteirões*) s.m. Espaço urbano, geralmente quadrangular, delimitado por ruas em todos os lados. □ SIN. quadra.

quartel ⟨quar.tel⟩ (pl. *quartéis*) s.m. **1** Lugar onde se alojam as tropas ou as unidades de um exército. **2** A quarta parte de um todo. □ SIN. quarta, quarto.

quartel-general ⟨quar.tel-ge.ne.ral⟩ (pl. *quartéis-generais*) s.m. Lugar em que se estabelece, com seu estado maior, o chefe de um exército ou de uma grande unidade.

quarteto ⟨quar.te.to⟩ (Pron. [quartêto]) s.m. **1** Composição musical escrita para quatro instrumentos ou para quatro vozes. **2** Conjunto formado por esse número de instrumentos ou de vozes. **3** Em métrica, estrofe formada por quatro versos, geralmente com rima consoante e cujos esquemas mais frequentes são *ABAB* e *ABBA*. □ SIN. quadra.

quarto, ta ⟨quar.to, ta⟩ ▌numer. **1** Em uma série, que ocupa o lugar do número quatro. **2** Em relação a uma parte, que compõe um todo se somada com outras três iguais a ela. ▌s.m. **3** Em uma habitação, cada um dos espaços ou cômodos em que está dividida e que se destina a dormir. **4** A quarta parte de um todo. □ SIN. quarta, quartel.

quartzo ⟨quar.tzo⟩ s.m. Mineral de silício, duro, incolor ou branco quando é puro, de grande condutividade calorífica e componente de muitas rochas.

quasar ⟨qua.sar⟩ s.m. Corpo celeste muito brilhante e muito distante no universo, que é uma poderosa fonte de radiação. □ ORIGEM É um acrônimo que vem da sigla inglesa de *Quasi-Stellar Radio Source* (fonte de radiação quase-estelar).

quase ⟨qua.se⟩ adv. Por pouco, com pouca diferença ou aproximadamente.

quaternário, ria ⟨qua.ter.ná.rio, ria⟩ adj. **1** Que é composto por quatro partes ou elementos: *Um compasso quaternário possui quatro unidades de tempo.* **2** Em geologia, da era antropozoica, a quinta da história da Terra, ou relacionado a ela: *fósseis quaternários.* □ SIN. antropozoico, neozoico.

quati ⟨qua.ti⟩ s.m. Mamífero de cabeça comprida, focinho longo, orelhas curtas e arredondadas, pelagem espessa e cauda com anéis avermelhados e negros, que se caracteriza por ter o olfato muito fino. □ ORIGEM É uma palavra de origem tupi. □ GRAMÁTICA É um substantivo epiceno: *o quati (macho/fêmea).*

quatorze ⟨qua.tor.ze⟩ (Pron. [quatôrze]) numer./s.m. →catorze

quatrilhão ⟨qua.tri.lhão⟩ (pl. *quatrilhões*) ▌numer. **1** Número 1.000.000.000.000.000. ▌s.m. **2** Signo que representa esse número. □ GRAMÁTICA **1.** Na acepção 1, é invariável em gênero. **2.** Usam-se as construções *um quatrilhão de* diante do nome daquilo que se numera (*um quatrilhão de reais*) e *um quatrilhão* diante de um ou mais numerais (*um quatrilhão e cem mil reais*).

quatro ⟨qua.tro⟩ ▌numer. **1** Número 4. ▌s.m. **2** Signo que representa esse número. □ GRAMÁTICA Na acepção 1, é invariável em gênero e em número.

quatrocentos, tas ⟨qua.tro.cen.tos, tas⟩ ▌numer. **1** Número 400. ▌s.m. **2** Signo que representa esse número. □ GRAMÁTICA Na acepção 1, é invariável em número.

que ▌pron.interrog. **1** Pergunta pela natureza, pela quantidade, pela qualidade ou pela intensidade de algo: *Que dia é hoje?* ▌pron.rel. **2** Designa uma pessoa, um objeto ou um fato já mencionados ou que se subentendem: *A pessoa que me atendeu é muito gentil.* ▌conj. **3** Conectivo gramatical subordinativo (que une elementos entre os quais há uma relação de dependência) que introduz uma oração subordinada substantiva: *Desejo que sejam felizes.* **4** Conectivo gramatical coordenativo (que une elementos do mesmo nível sintático), que expressa explicação: *Espere um instante, que já estou indo.* ▌adv. **5** Designa intensidade: *Que bonita é a sua roupa!* ‖ **no que** Assim que: *No que viu a barata, gritou.*

quê s.m. **1** Nome da letra *q*. **2** Qualquer coisa: *Ela tem um quê de mistério.*

quebra ⟨que.bra⟩ s.f. **1** Fragmentação ou rompimento em pedaços. **2** Violação, transgressão ou descumprimento de uma regra, um acordo ou uma promessa. **3** Em economia, interrupção da atividade comercial motivada por uma impossibilidade de fazer frente às dívidas ou às obrigações contraídas. □ SIN. bancarrota, falência. **4** Interrupção de um processo. **5** Enfraquecimento ou diminuição da intensidade. ‖ **de quebra** A mais ou de sobra.

quebra-cabeça ⟨que.bra-ca.be.ça⟩ (Pron. [quebra-cabêça]) (pl. *quebra-cabeças*) s.m. **1** Jogo que consiste em formar uma figura combinando corretamente suas partes, as quais estão separadas em cubos ou em peças. **2** *informal* Problema difícil de solucionar.

quebrada ⟨que.bra.da⟩ s.f. **1** Em um terreno ondulado, inclinação ascendente ou descendente. **2** Abertura ou passagem estreitas e profundas entre duas montanhas, geralmente causadas pela erosão. **3** Em uma estrada ou em uma via de tráfego, curva.

quebradeira ⟨que.bra.dei.ra⟩ s.f. **1** Falta de forças, de ânimo ou sensação de debilidade ou moleza. **2** *informal* Falta de dinheiro. **3** Arruaça com depredações. □ SIN. quebra-quebra.

quebradiço, ça ⟨que.bra.di.ço, ça⟩ adj. **1** Que se rompe ou se quebra com facilidade. **2** Em relação à saúde ou ao ânimo, que são frágeis, debilitados ou que se debilitam com facilidade.

quebrado, da ⟨que.bra.do, da⟩ adj. **1** Entrecortado ou sem continuidade. **2** *informal* Cansado ou abatido.

quebra-galho ⟨que.bra-ga.lho⟩ (pl. *quebra-galhos*) s.m. *informal* Pessoa ou recurso aos quais se recorre em uma situação difícil ou para resolver uma dificuldade.

quebra-luz ⟨que.bra-luz⟩ (pl. *quebra-luzes*) s.m. Utensílio que serve de suporte a uma lâmpada e que tem uma peça translúcida para atenuar sua claridade ou direcioná-la. □ SIN. abajur.

quebra-mar ⟨que.bra-mar⟩ (pl. *quebra-mares*) s.m. Em um porto marítimo, construção curva ou em formato de ângulo que se acrescenta aos pilares, diante da corrente de água, para cortá-la e diminuir seu impacto. □ SIN. molhe.

quebra-nozes ⟨que.bra-no.zes⟩ s.m.2n. Utensílio, geralmente em formato de alicate ou de pinça, que se utiliza para partir nozes.

quebrantar ⟨que.bran.tar⟩ ▌v.t.d. **1** Violar, infringir ou não cumprir (uma norma ou uma obrigação). ▌v.t.d./v.prnl. **2** Enfraquecer(-se), fazer perder ou perder a força, o vigor ou a energia. ▌v.t.d. **3** Subjugar, dominar ou deixar sob controle.

quebranto

quebranto ⟨que.bran.to⟩ s.m. **1** Dano ou prejuízo supostamente causados pelo olhar de uma pessoa. ◻ SIN. mau-olhado. **2** Diminuição ou falta de força ou de ânimo.

quebra-pedra ⟨que.bra-pe.dra⟩ (pl. *quebra-pedras*) s.m. Planta herbácea de caule fino e com folhas pequenas, usada como infusão ou chá, geralmente para dissolver ou eliminar cálculos renais.

quebra-quebra ⟨que.bra-que.bra⟩ (pl. *quebra-quebras*) s.m. Arruaça com depredações. ◻ SIN. quebradeira.

quebrar ⟨que.brar⟩ ❚ v.t.d./v.int./v.prnl. **1** Fragmentar(-se) ou romper(-se) em pedaços: *Quebrou o braço durante o jogo*. ❚ v.t.d./v.int. **2** Fazer com que passe a funcionar mal ou tornar(-se) sem utilidade: *Quem quebrou o controle remoto?* **3** Levar à falência ou falir: *A crise quebrou muitas empresas*. ❚ v.t.d. **4** Violar, transgredir ou não cumprir (um acordo ou uma promessa): *O participante foi expulso, pois quebrou o regulamento*. **5** Interromper a continuidade de (algo não material): *Sua piada quebrou a tensão no ambiente*. **6** Enfraquecer ou diminuir a intensidade de: *Colocou açúcar no molho para quebrar a acidez*. **7** Dobrar ou torcer (o corpo ou uma parte dele). **8** Desviar ou mudar o rumo de (algo que segue determinada direção): *Os iluminadores quebraram a luz do canto do palco*. **9** *informal* Bater ou espancar. ❚ v.int. **10** Arrebentar ou estourar (as ondas do mar): *É perigoso banhar-se na área onde as ondas quebram.* ❚ v.t.d./v.int. **11** Deixar ou ficar sem dinheiro: *Algumas despesas imprevistas me quebraram.*

queda ⟨que.da⟩ s.f. **1** Movimento que é feito de cima para baixo pela ação do próprio peso. **2** Perda do equilíbrio até cair no chão ou em algo firme que o detenha. **3** Desprendimento ou separação do lugar ou do objeto aos quais estava unido: *a queda de cabelo*. **4** Perda da posição, do cargo ou do poder: *a queda de um ditador*. **5** Desaparecimento, destruição ou extinção: *a queda de um regime*. **6** Em relação a uma unidade monetária, desvalorização ou baixa: *a queda do dólar*. **7** *informal* Inclinação, tendência ou aptidão: *Sempre teve uma queda pela informática.* ‖ **queda livre 1** Aquela que experimenta um corpo submetido exclusivamente à ação da gravidade. **2** Em paraquedismo esportivo, modalidade de salto em que se retarda intencionalmente a abertura do paraquedas.

queda-d'água ⟨que.da-dá.gua⟩ (pl. *quedas-d'água*) s.f. Queda de uma corrente de água causada por um desnível no relevo. ◻ SIN. cachoeira, salto, tombo.

quedar ⟨que.dar⟩ v.t.d./v.int./v.prnl. **1** Ficar parado ou quieto em um lugar. **2** Permanecer ou manter-se em um estado, em uma situação ou em uma condição.

quedo, da ⟨que.do, da⟩ (Pron. [quêdo]) adj. Quieto ou parado.

queijo ⟨quei.jo⟩ s.m. Produto alimentício que se obtém a partir da coagulação e fermentação do leite.

queima ⟨quei.ma⟩ s.f. **1** Incêndio ou destruição pelo fogo. **2** No comércio, venda de produtos abaixo do preço convencional, geralmente para renovação do estoque. ◻ SIN. liquidação. ‖ **queima de arquivo** Eliminação de uma pessoa ou daquilo que poderia ser utilizado como prova ou testemunha de um crime.

queimação ⟨quei.ma.ção⟩ (pl. *queimações*) s.f. Sensação de calor ou de ardor intensos.

queima ⟨quei.ma.da⟩ s.f. Destruição da vegetação pelo fogo, especialmente se for para preparar o solo para o plantio.

queimadura ⟨quei.ma.du.ra⟩ s.f. Lesão ou ferimento causados pelo fogo ou por algo que queime.

queimar ⟨quei.mar⟩ ❚ v.t.d. **1** Destruir com fogo ou com calor excessivo. ❚ v.t.d./v.int. **2** Fritar, assar ou tostar-se (um alimento) além do necessário: *O fogo alto queimou o arroz.* ❚ v.t.d./v.prnl. **3** Tornar(-se) mais escura pela exposição aos raios solares (a pele): *Sempre usa protetor solar para não queimar o rosto.* **4** Ferir(-se) pela ação do fogo ou do calor excessivo: *Ai! Queimei-me com o fósforo!* ❚ v.int. **5** Desprender ou emitir muito calor: *No verão, o sol queima muito.* ❚ v.t.d./v.prnl. **6** *informal* Fazer perder ou perder a reputação, a credibilidade ou a estima: *Sua arrogância o queimou perante os colegas.* ❚ v.t.d./v.int. **7** Secar(-se) pela ação do calor ou do frio excessivos (uma planta): *A geada queimou a plantação.* ❚ v.t.d. **8** Gastar ou consumir em excesso: *Foi para a balada e queimou todo o dinheiro que tinha.* **9** Eliminar ou reduzir (algo que se tem em excesso): *Faz dieta para queimar a gordura da barriga.* ❚ v.t.d. **10** Causar uma sensação de coceira ou de irritação muito fortes a (o corpo ou uma parte dele): *A pinga queimou-lhe a garganta.* ❚ v.int. **11** Causar uma sensação de coceira ou de irritação muito fortes: *Essa pimenta queima!* ❚ v.int. **12** Deixar de funcionar (um equipamento elétrico): *Deixei o rádio ligado a noite toda e ele acabou queimando.* ❚ v.t.d. **13** *informal* Balear ou atirar com uma arma de fogo em (algo ou alguém). **14** Vender (um produto) abaixo do seu preço original: *No final de cada temporada, as lojas costumam queimar seus estoques.* ◻ SIN. liquidar. ❚ v.t.d./v.int. **15** Em alguns esportes, deixar encostar ou tocar (a bola) na rede. ❚ v.t.d. **16** Em uma competição, antecipar-se a (a largada). ❚ v.int. **17** *informal* Sair antes que seja dada a largada: *Fizeram uma nova largada, pois dois nadadores queimaram.* **18** *informal* Em alguns esportes, ultrapassar o limite estabelecido: *O salto não foi validado, pois o atleta queimou.*

queima-roupa ⟨quei.ma-rou.pa⟩ ‖ **à queima-roupa 1** Em relação à forma de disparar, de muito perto: *um tiro à queima-roupa.* **2** Em relação à forma de agir, de forma brusca ou sem rodeios.

queixa ⟨quei.xa⟩ s.f. **1** Expressão usada para indicar dor, pena ou sentimento. ◻ SIN. lamentação, queixume. **2** Reclamação, especialmente se for apresentada perante uma autoridade competente: *O cliente fez uma queixa ao hotel, pois achou que foi mal atendido.*

queixa-crime ⟨quei.xa-cri.me⟩ (pl. *queixas-crime* ou *queixas-crimes*) s.f. Denúncia feita a um juiz ou a um tribunal competentes por uma parte ofendida, com o objetivo de atribuir a alguém a responsabilidade por um delito ou por um crime. ◻ SIN. querela.

queixada ⟨quei.xa.da⟩ s.f. **1** *informal* Mandíbula. **2** Queixo grande ou que se sobressai. **3** Mamífero herbívoro, semelhante ao javali, de cabeça pontuda e focinho alongado, pelagem acinzentada, sem rabo, e com uma glândula no alto do lombo pela qual secreta um odor desagradável. ◻ GRAMÁTICA Na acepção 3, é um substantivo epiceno: *a queixada (macho/fêmea).*

queixar-se ⟨quei.xar-se⟩ v.prnl. **1** Expressar com a voz a dor ou a pena que se sentem: *Ela se queixava de dor nas costas.* **2** Manifestar desgosto ou descontentamento: *Apesar de levar uma vida dura, ela nunca se queixa.*

queixo ⟨quei.xo⟩ s.m. No rosto de uma pessoa, extremidade saliente do osso da mandíbula.

queixoso, sa ⟨quei.xo.so, sa⟩ (Pron. [queixôso], [queixósa], [queixósos], [queixósas]) adj. Que se queixa com frequência e sem motivos.

queixudo, da ⟨quei.xu.do, da⟩ adj./s. *pejorativo* Que ou quem tem o queixo grande.

queixume ⟨quei.xu.me⟩ s.m. Expressão usada para indicar dor, pena ou sentimento. ◻ SIN. lamentação, queixa.

quejando, da ⟨que.jan.do, da⟩ adj./s. Que ou quem é semelhante ou da mesma natureza.

quelícera ⟨que.lí.ce.ra⟩ s.f. Em um aracnídeo, apêndice anterior, geralmente disposto em pares, e pelo qual se libera veneno.

quelônio, nia ⟨que.lô.nio, nia⟩ ❙ adj./s.m. **1** Em relação a um réptil, que tem quatro patas curtas e fortes, boca sem dentes e corpo protegido por uma carapaça dura: *As tartarugas, os jabutis e os cágados são quelônios.* ❙ s.m.pl. **2** Em zoologia, ordem desses répteis.

quem ❙ pron.indef. **1** Alguém que: *Estamos procurando quem queira ficar com os filhotes.* ❙ pron.interrog. **2** Pede a identidade de uma pessoa: *Quem pegou minha caneta?* ❙ pron.rel. **3** Designa uma pessoa mencionada anteriormente: *Pedro Álvares Cabral foi quem descobriu o Brasil em 22 de abril de 1500.* ▫ GRAMÁTICA É invariável em gênero e em número.

quenga ⟨quen.ga⟩ s.f. **1** *informal pejorativo* Prostituta. **2** Vasilha feita com uma das metades da casca de um coco. ▫ ORIGEM É uma palavra de origem africana.

queniano, na ⟨que.ni.a.no, na⟩ adj./s. Do Quênia ou relacionado a esse país africano.

quentão ⟨quen.tão⟩ (pl. *quentões*) s.m. Bebida alcoólica servida quente e feita à base de aguardente fervida, gengibre, canela e açúcar.

quente ⟨quen.te⟩ ❙ adj.2g. **1** Com temperatura elevada: *Para preparar o chá, mergulhe a erva na água quente.* **2** Que aquece, que mantém aquecido ou que transmite calor: *um casaco quente.* **3** Acalorado, vivo ou entusiasmado: *A discussão deixou os ânimos quentes.* **4** Sensual ou excitante: *uma voz quente.* **5** Que acabou de acontecer: *notícias quentes.* **6** Em relação a uma comida, que é apimentada: *A comida baiana é uma das mais quentes do Brasil.* **7** *informal* Que é digno de confiança: *uma informação quente.* ❙ s.m. **8** Calor ou temperatura elevada: *O quente do verão era propício para ir à praia.*

quepe ⟨que.pe⟩ s.m. Boné de formato cilíndrico e com viseira horizontal, geralmente usado por militares, policiais ou motoristas.

quer conj. Conectivo gramatical coordenativo (que une elementos do mesmo nível sintático) com valor alternativo que, repetido, se usa para relacionar duas possibilidades: *Vou lhe visitar, quer seja de carro, quer seja de ônibus.*

querela ⟨que.re.la⟩ s.f. **1** Denúncia feita a um juiz ou a um tribunal competentes por uma parte ofendida, com o objetivo de atribuir a alguém a responsabilidade por um delito ou por um crime. ▫ SIN. **queixa-crime**. **2** Discussão, conflito ou enfrentamento: *Os vizinhos resolveram sua querela de forma amigável.* **3** Queixa ou lamentação: *As querelas dos moradores acabaram após a construção da nova passarela.*

querelar ⟨que.re.lar⟩ ❙ v.t.i. **1** Apresentar uma querela ou denúncia [contra alguém]: *Querelou contra os assaltantes.* ❙ v.int. **2** Apresentar uma querela ou uma denúncia. ❙ v.prnl. **3** Queixar-se ou lamentar-se. ▫ GRAMÁTICA Na acepção 3, usa-se a construção *querelar-se de algo*.

querência ⟨que.rên.cia⟩ (*Rio Grande do Sul*) s.f. **1** Lugar no qual um animal, geralmente o gado, vive ou é criado: *Os bois costumam voltar instintivamente para sua querência.* **2** Lugar no qual uma pessoa nasceu ou viveu muito tempo: *Não via a hora de voltar para sua querência.* ▫ USO Na acepção 1, também é muito usada no estado brasileiro de Minas Gerais.

querer ⟨que.rer⟩ ❙ s.m. **1** Desejo, intenção ou vontade: *Sua felicidade é meu maior querer.* ❙ v.t.d. **2** Ansiar, aspirar ou desejar muito: *Os pais sempre querem o bem dos filhos.* **3** Pretender, tentar ou fazer o possível para conseguir: *A treinadora quer mais comprometimento do time.* ❙ v.t.d./v.t.i. **4** Amar ou sentir carinho [por alguém]: *Não há dúvida de que ela te quer.* ❙ v.prnl. **5** Amar(-se) ou sentir carinho um pelo outro: *Aquele casal se quer muito.* ❙ v.t.d.i. **6** Esperar ou pretender (algo) [de alguém]: *O que você quer de mim, exatamente?* ❙ v.t.d. **7** Estar prestes a provocar (uma ação): *Aquele menino está querendo arrumar confusão.* **8** Ordenar ou determinar: *Quero que você se cale já!* ❙❙ **por querer** De propósito: *Ele me empurrou por querer!* ❙❙ **querer dizer** Significar ou indicar: *Você sabia que ósculo quer dizer beijo?* ❙❙ **sem querer** Sem intenção nem premeditação: *Desculpe-me, fiz isso sem querer.* ▫ GRAMÁTICA É um verbo irregular →QUERER.

querido, da ⟨que.ri.do, da⟩ ❙ adj. **1** Estimado, apreciado ou amado. ❙ s. **2** Pessoa amada ou predileta.

quermesse ⟨quer.mes.se⟩ s.f. Festa popular celebrada ao ar livre e que geralmente tem fins beneficentes.

querosene ⟨que.ro.se.ne⟩ (Pron. [querosêne]) s.m. Mistura de hidrocarbonetos obtida pelo refinamento e pela destilação do petróleo natural, utilizada como combustível e na fabricação de inseticidas.

querubim ⟨que.ru.bim⟩ (pl. *querubins*) s.m. **1** Anjo muito próximo a Deus. **2** Criança muito bonita. **3** Escultura representada pela cabeça de uma criança com duas asas.

quesito ⟨que.si.to⟩ s.m. **1** Questão sobre a qual se espera uma opinião ou um juízo: *A escola de samba campeã teve nota dez em quase todos os quesitos.* **2** Questão escrita que deve ser respondida: *A prova de Português tinha dez quesitos.* **3** Condição necessária para algo: *Não foi aprovado, pois não tinha os quesitos básicos.* ▫ SIN. **requisito**.

questão ⟨ques.tão⟩ (pl. *questões*) s.f. **1** Pergunta ou problema feitos para averiguar algo: *A avaliação continha questões de múltipla escolha.* **2** Assunto, matéria ou problema a serem discutidos, especialmente se forem duvidosos ou controversos: *A questão é saber se vale a pena investir em um projeto tão arriscado.* **3** Ponto de conflito levado a um tribunal para que seja decidido por um juiz. ❙❙ **em questão** Que está sendo discutido ou tratado: *Este não é o tema em questão.* ❙❙ **fazer questão de** algo Exigi-lo ou não abrir mão dele: *Faço questão de entregar o trabalho no prazo combinado!*

questionamento ⟨ques.ti.o.na.men.to⟩ s.m. Ato ou efeito de questionar.

questionar ⟨ques.ti.o.nar⟩ v.t.d. **1** Fazer perguntas ou propor questões a (alguém): *Questionou a professora sobre sua nota na prova.* **2** Discutir ou colocar em dúvida: *O advogado questionou o depoimento do réu.*

questionário ⟨ques.ti.o.ná.rio⟩ s.m. Série de questões ou de perguntas.

questionável ⟨ques.ti.o.ná.vel⟩ (Pron. [questionável] ou [qüestionável]) (pl. *questionáveis*) adj.2g. Que pode ser discutido.

quiabeiro ⟨qui.a.bei.ro⟩ s.m. Planta herbácea com folhas de cinco lobos, grandes flores amareladas, e cujo fruto é o quiabo. ▫ SIN. **quiabo**.

quiabo ⟨qui.a.bo⟩ s.m. **1** Planta herbácea com folhas de cinco lobos, grandes flores amareladas, e cujo fruto, verde, em formato de cápsula alongada, com pelos e sementes brancas e arredondadas, é comestível e libera um líquido viscoso. ▫ SIN. **quiabeiro**. **2** Esse fruto.

quibe ⟨qui.be⟩ s.m. Prato de origem árabe feito à base de carne bovina moída e trigo integral, temperados com condimentos, especialmente com hortelã.

quibebe ⟨qui.be.be⟩ (Pron. [quibébe] ou [quibêbe]) s.m. Prato feito à base de abóbora em consistência de purê. ▫ ORIGEM É uma palavra de origem africana.

quiçá ⟨qui.çá⟩ adv. Indica dúvida ou possibilidade: *Quiçá iremos ao parque esta tarde.*

quicar ⟨qui.car⟩ v.t.d./v.int. Fazer pular ou pular (uma bola): *Antes de arremessar, o tenista quicou a bola duas vezes.* ▫ ORTOGRAFIA Antes de *e*, o *c* muda para *qu* →BRINCAR.

quíchua

quíchua ‹quí.chua› ▌adj.2g./s.2g. **1** Do antigo grupo indígena que se estabeleceu na região andina onde atualmente é o Peru e a Bolívia (países sul-americanos) ou relacionado a ele. ▌s.m. **2** Língua desse grupo.

quietar ‹qui.e.tar› v.t.d./v.int./v.prnl. →**aquietar**

quieto, ta ‹qui.e.to, ta› adj. **1** Sem movimento. **2** Pacífico, sossegado ou tranquilo: *um temperamento quieto*. **3** Calmo ou sem ruído: *uma rua quieta*.

quietude ‹qui.e.tu.de› s.f. **1** Condição ou estado de quieto. **2** Paz, sossego ou tranquilidade: *Decidiu morar no campo por conta da quietude do local.*

quilate ‹qui.la.te› s.m. **1** Unidade de pureza do ouro equivalente à vigésima quarta parte desse metal em uma liga: *O ouro puro tem 24 quilates.* **2** Unidade de peso para as gemas e para as pedras preciosas.

quilha ‹qui.lha› s.f. Em uma embarcação, peça de madeira ou de ferro que vai da popa à proa pela parte inferior, sustentando toda a sua armação.

quilo ‹qui.lo› s.m. **1** →**quilograma 2** Líquido orgânico espesso e de aspecto esbranquiçado, resultante da absorção de gorduras no intestino delgado durante a última fase da digestão. **3** Essa fase.

quilo- Prefixo que significa *mil*: *quilograma, quilômetro*.

quilograma ‹qui.lo.gra.ma› s.m. Unidade básica de massa: *Um quilograma equivale a mil gramas.* ▢ ORTOGRAFIA Seu símbolo é *kg*, sem ponto. ▢ USO Usa-se também a forma reduzida *quilo*.

quilohertz ‹qui.lo.hertz› (Pron. [quilorrértis]) s.m. Unidade de frequência equivalente a mil hertz. ▢ ORTOGRAFIA Seu símbolo é *kHz*, sem ponto.

quilolitro ‹qui.lo.li.tro› s.m. Unidade de volume equivalente a mil litros. ▢ ORTOGRAFIA Seu símbolo é *kl*, sem ponto.

quilombo ‹qui.lom.bo› s.m. No período colonial brasileiro, povoação secreta onde escravos fugitivos se refugiavam. ▢ ORIGEM É uma palavra de origem africana.

quilombola ‹qui.lom.bo.la› s.2g. No período colonial brasileiro, escravo fugitivo que se refugiava em um quilombo.

quilometragem ‹qui.lo.me.tra.gem› (pl. *quilometragens*) s.f. **1** Quantidade de quilômetros percorridos: *a quilometragem de um carro*. **2** Expressão de uma medida de distância em quilômetros: *a quilometragem de uma estrada.*

quilométrico, ca ‹qui.lo.mé.tri.co, ca› adj. **1** Do quilômetro ou relacionado a essa unidade de comprimento. **2** *informal* Muito extenso ou comprido.

quilômetro ‹qui.lô.me.tro› s.m. **1** Unidade de comprimento equivalente a mil metros. **2** Em uma estrada, ponto localizado entre dois marcos da quilometragem: *O sítio fica no quilômetro 30 da rodovia.* ▢ ORTOGRAFIA Na acepção 1, seu símbolo é *km*, sem ponto.

quilowatt ‹qui.lo.watt› (Pron. [quilouóti] ou [quilováti]) s.m. Unidade de potência equivalente a mil watts. ▢ ORTOGRAFIA Seu símbolo é *kW*, sem ponto.

quimera ‹qui.me.ra› s.f. **1** Em mitologia, monstro que é metade leão e metade cabra, com rabo de réptil ou de dragão. **2** Plano, ideia ou concepção irrealizável no momento em que foi criada ou formulada: *Acreditar que você poderá fazer todo o trabalho sem ajuda é uma quimera*.

química ‹quí.mi.ca› s.f. **1** Ciência que estuda as transformações de algumas substâncias em outras, sem que os elementos que as integram se alterem. **2** *informal* Afinidade entre duas ou mais pessoas: *O grupo funciona muito bem porque há química entre os atores.*

químico, ca ‹quí.mi.co, ca› ▌adj. **1** Da química ou relacionado a ela: *O hidrogênio, o chumbo e o boro são elementos químicos.* **2** Da composição dos corpos ou relacionado a ela: *A fórmula química da água é H_2O.* ▌s. **3** Pessoa que se dedica profissionalmente à química ou que é especializada nessa ciência.

quimo ‹qui.mo› s.m. No sistema digestório, bolo alimentar formado pelos alimentos em digestão ácida no estômago.

quimono ‹qui.mo.no› (Pron. [quimônô]) s.m. Peça do vestuário japonês, em formato de túnica, com mangas compridas e largas, aberta na parte da frente e presa à cintura por uma faixa.

quina ‹qui.na› s.f. **1** Conjunto formado por cinco elementos, geralmente iguais: *a quina da loteria*. **2** Canto ou ângulo saliente: *a quina da mesa.* **3** Árvore com folhas ovais, lisas na frente e penugentas na parte de trás, com fruto seco em formato de cápsulas e com muitas sementes em seu interior, e cuja casca é rica em quinina. **4** Essa casca.

quinado, da ‹qui.na.do, da› ▌adj. **1** Que faz parte de um grupo composto por cinco elementos. ▌adj./s.m. **2** Que contém quina ou a casca dessa árvore.

quindim ‹quin.dim› (pl. *quindins*) s.m. Doce de cor amarela, feito à base de gema de ovo, coco e açúcar.

quingentésimo, ma ‹quin.gen.té.si.mo, ma› (Pron. [quingentésimo] ou [qüingentésimo]) numer. **1** Em uma série, que ocupa o lugar de número quinhentos. **2** Em relação a uma parte, que compõe um todo se somada com outras 499 iguais a ela.

quinhão ‹qui.nhão› (pl. *quinhões*) s.m. Parte ou porção fixas e proporcionais de algo: *Cada filho recebeu um quinhão da herança.* ▢ SIN. cota.

quinhentos, tas ‹qui.nhen.tos, tas› ▌numer. **1** Número 500. ▌s.m. **2** Signo que representa esse número. ▢ GRAMÁTICA Na acepção 1, é invariável em número.

quinina ‹qui.ni.na› s.f. Substância vegetal amarga e branca, extraída da casca da quina e que tem a propriedade de diminuir a febre e de relaxar os músculos.

quinino ‹qui.ni.no› s.m. *informal* Quinina.

quinquagenário, ria ‹quin.qua.ge.ná.rio, ria› (Pron. [qüinqüagenário] ou [quinquagenário]) adj./s. Que ou quem tem mais de cinquenta anos e ainda não completou os sessenta.

quinquagésimo, ma ‹quin.qua.gé.si.mo, ma› (Pron. [qüinqüagésimo], [qüinqüagésima] ou [quinquagésimo], [quinquagésima]) numer. **1** Em uma série, que ocupa o lugar de número cinquenta. **2** Em relação a uma parte, que compõe um todo se somada com outras 49 iguais a ela.

quinquênio ‹quin.quê.nio› (Pron. [qüinqüênio] ou [quinquênio]) s.m. Período de tempo de cinco anos. ▢ SIN. lustro.

quinta ‹quin.ta› s.f. **1** Casa de campo ou propriedade rural. **2** No motor de alguns veículos, marcha que tem maior velocidade que a quarta. **3** →**quinta-feira**

quinta-coluna ‹quin.ta-co.lu.na› (pl. *quinta-colunas*) ▌s.f. **1** Em uma guerra, grupo de pessoas que combate o inimigo estando dentro do território deste. ▌s.2g. **2** Pessoa que faz parte desse grupo.

quinta-feira ‹quin.ta-fei.ra› (pl. *quintas-feiras*) s.f. Quinto dia da semana, entre a quarta e a sexta-feira. ▢ USO Usa-se também a forma reduzida *quinta*.

quintal ‹quin.tal› (pl. *quintais*) s.m. **1** Em uma construção, especialmente em uma casa, terreno ou espaço descobertos, geralmente nos fundos. **2** Antigamente, unidade de peso equivalente a quatro arrobas.

quinteto ‹quin.te.to› (Pron. [quintêto]) s.m. **1** Composição musical escrita para cinco instrumentos ou para cinco vozes. **2** Conjunto formado por esse número de instrumentos ou de vozes. **3** *informal* Grupo de cinco pessoas.

quotizar

quinto, ta ⟨quin.to, ta⟩ numer. **1** Em uma série, que ocupa o lugar de número cinco. **2** Em relação a uma parte, que compõe um todo se somada com outras quatro iguais a ela.

quintuplicar ⟨quin.tu.pli.car⟩ v.t.d./v.int./v.prnl. Multiplicar por cinco ou tornar(-se) cinco vezes maior. ☐ ORTOGRAFIA Antes de e, o c muda para qu →BRINCAR.

quíntuplo, pla ⟨quín.tu.plo, pla⟩ ▌numer.**1** Que consta de cinco ou é adequado para cinco. ▌adj./s.m. **2** Em relação a uma quantidade, que é cinco vezes maior. ▌s.m.pl. **3** Irmãos gêmeos em número de cinco.

quinze ⟨quin.ze⟩ ▌numer. **1** Número 15. ▌s.m. **2** Signo que representa esse número. ☐ GRAMÁTICA Na acepção 1, é invariável em gênero e em número.

quinzena ⟨quin.ze.na⟩ (Pron. [quinzêna]) s.f. **1** Conjunto de quinze unidades. **2** Período de tempo de quinze dias seguidos.

quinzenal ⟨quin.ze.nal⟩ (pl. *quinzenais*) adj.2g. **1** Que dura 15 dias. **2** Que ocorre a cada 15 dias.

quiosque ⟨qui.os.que⟩ s.m. **1** Pequena construção que se instala na rua ou em outros lugares públicos e em que se vende algum produto. **2** Construção de estilo oriental geralmente rústica e com bancos, de formato semelhante ao de um guarda-chuva aberto, instalada em praças e parques.

quiproquó ⟨qui.pro.quó⟩ (Pron. [qüiprocó] ou [quiprocó]) s.m. Confusão de uma coisa por outra, devido a um engano, a um erro ou a um equívoco.

quirguiz ⟨quir.guiz⟩ ▌adj.2g./s.2g. **1** Do Quirguistão ou relacionado a esse país asiático. ▌s.m. **2** Língua desse país.

quiribatiano, na ⟨qui.ri.ba.ti.a.no, na⟩ adj./s. →kiribatiano, na

quiromancia ⟨qui.ro.man.ci.a⟩ s.f. Adivinhação através da interpretação das linhas da mão.

quisto ⟨quis.to⟩ s.m. →cisto

quitação ⟨qui.ta.ção⟩ (pl. *quitações*) s.f. Ato ou efeito de quitar(-se).

quitanda ⟨qui.tan.da⟩ s.f. Estabelecimento comercial onde se vendem frutas, verduras, legumes e ovos. ☐ ORIGEM É uma palavra de origem africana.

quitandeiro, ra ⟨qui.tan.dei.ro, ra⟩ s. Pessoa que possui uma quitanda ou que se dedica à venda de frutas, verduras, legumes e ovos.

quitar ⟨qui.tar⟩ v.t.d./v.prnl. **1** Pagar ou liquidar(-se) completamente (uma conta ou uma dívida): *Já quitamos as prestações do carro*. **2** Honrar ou cumprir(-se) uma obrigação ou uma responsabilidade: *É uma pessoa honesta e sempre quita seus compromissos*.

quite ⟨qui.te⟩ adj.2g. Livre ou isento de uma obrigação ou de uma responsabilidade.

quitinete ⟨qui.ti.ne.te⟩ s.f. Apartamento composto por um só cômodo, mais cozinha pequena e banheiro.

quitute ⟨qui.tu.te⟩ s.m. Porção de alimento que agrada o paladar. ☐ SIN. acepipe, petisco. ☐ ORIGEM É uma palavra de origem africana.

quixadaense ⟨qui.xa.da.en.se⟩ adj.2g./s.2g. De Quixadá ou relacionado a essa cidade do estado brasileiro do Ceará.

quixotesco, ca ⟨qui.xo.tes.co, ca⟩ (Pron. [quixotêsco]) adj. Com características ou atitudes que se consideram próprias de dom Quixote (personagem literária).

quixotismo ⟨qui.xo.tis.mo⟩ s.m. Conjunto de características e de atitudes próprias de dom Quixote (personagem literária).

quizila ⟨qui.zi.la⟩ s.f. Conflito, briga ou desentendimento. ☐ ORIGEM É uma palavra de origem africana. ☐ ORTOGRAFIA Escreve-se também *quizília*.

quizília ⟨qui.zí.lia⟩ s.f. →**quizila**

quociente ⟨quo.ci.en.te⟩ s.m. Em matemática, resultado de uma divisão: *O quociente de dez dividido por dois é cinco*. ‖ **quociente {de inteligência/intelectual}** Aquele que expressa a relação entre a idade mental de uma pessoa e seus anos. ☐ SIN. Q.I. ☐ ORTOGRAFIA Escreve-se também *cociente*.

quorum *(palavra latina)* (Pron. [cuórum]) s.m. Em uma reunião, número de indivíduos necessário para que se possa chegar a um acordo ou a uma decisão.

quota ⟨quo.ta⟩ s.f. →cota

quotidiano, na ⟨quo.ti.di.a.no, na⟩ adj./s.m. →cotidiano, na

quotizar ⟨quo.ti.zar⟩ v.t.d./v.prnl. →cotizar

r ▌s.m. **1** Décima oitava letra do alfabeto. ▌numer. **2** Em uma sequência, que ocupa o décimo oitavo lugar: *Sentamos na fileira r.* ☐ GRAMÁTICA Na acepção 1, o plural é *rr*.

rã s.f. Anfíbio de cabeça grande e olhos saltados, pele lisa e brilhante, com as extremidades posteriores muito desenvolvidas para saltar ou nadar, e pés palmados. ☐ GRAMÁTICA É um substantivo epiceno: *a rã (macho/fêmea)*.

rabada ⟨ra.ba.da⟩ s.f. **1** Prato feito à base de rabo de boi ou de porco. **2** Golpe dado com o rabo. ☐ SIN. rabanada.

rabadela ⟨ra.ba.de.la⟩ s.f. Em uma ave, em um peixe ou em um mamífero, parte posterior do corpo. ☐ SIN. rabadilha.

rabadilha ⟨ra.ba.di.lha⟩ s.f. **1** Em uma ave, em um peixe ou em um mamífero, parte posterior do corpo. ☐ SIN. rabadela. **2** Em uma rês, carne para o consumo, correspondente à região das ancas, entre o patinho e o lombo.

rabanada ⟨ra.ba.na.da⟩ s.f. **1** Doce feito à base de pão embebido em leite, empanado em ovos batidos, frito e polvilhado com açúcar e canela em pó. **2** Golpe dado com o rabo. ☐ SIN. rabada.

rabanete ⟨ra.ba.ne.te⟩ (Pron. [rabanête]) s.m. **1** Planta herbácea com folhas grandes e ásperas, flores brancas, amarelas ou púrpuras dispostas em cachos terminais, e cuja raiz, carnosa, arredondada ou alongada, de cor branca, vermelha, amarelada ou preta, tem sabor picante. **2** Essa raiz.

rábano ⟨rá.ba.no⟩ s.m. Planta herbácea de caule peludo, com folhas verdes com margem ondulada e raiz carnosa e comestível: *O rabanete é uma espécie de rábano.*

rabeca ⟨ra.be.ca⟩ s.f. **1** Instrumento de corda e arco, medieval, em forma de pera e sonoridade relativamente estridente, com número de cordas que variam entre uma e cinco: *A rabeca era usada nas cortes para acompanhar danças.* **2** Instrumento de corda e arco, semelhante a um violino, bastante rudimentar e muito usado em festas populares.

rabecão ⟨ra.be.cão⟩ (pl. *rabecões*) s.m. **1** Veículo utilizado para o transporte de cadáveres: *O comboio seguiu o rabecão até o local do enterro.* **2** *informal* Contrabaixo.

rabeira ⟨ra.bei.ra⟩ s.f. **1** Vestígio ou rastro. **2** Parte traseira de algo, geralmente se for de um veículo: *Batemos o carro e amassamos a rabeira.* **3** *informal* Parte final ou lugar entre os últimos: *Chegamos atrasados e ficamos na rabeira da fila.*

rabi ⟨ra.bi⟩ s.m. Líder religioso e sacerdote do culto judaico. ☐ SIN. rabino.

rabicho ⟨ra.bi.cho⟩ s.m. **1** Mecha de cabelo que pende da nuca. **2** Em um animal de montaria, correia do arreio presa à sela. ☐ SIN. retranca.

rabicó ⟨ra.bi.có⟩ adj.2g. Em relação a um animal, que não tem rabo ou que tem um rabo muito pequeno.

rábico, ca ⟨rá.bi.co, ca⟩ adj. Da raiva ou relacionado a essa doença.

rabino ⟨ra.bi.no⟩ s.m. Líder religioso e sacerdote do culto judaico. ☐ SIN. rabi.

rabiscar ⟨ra.bis.car⟩ ▌v.t.d. **1** Fazer rabiscos ou traços irregulares em (uma superfície): *Enquanto falava ao telefone, rabiscava uma folha de caderno.* ▌v.int. **2** Fazer rabiscos ou traços irregulares. ▌v.t.d. **3** Escrever (algo) rapidamente e sem preocupações formais: *Comecei a rabiscar nosso projeto.* ☐ ORTOGRAFIA Antes de e, o c muda para qu →BRINCAR.

rabisco ⟨ra.bis.co⟩ ▌s.m. **1** Traço irregular feito com qualquer instrumento que sirva para escrever, especialmente se for feito sem finalidade de representar algo: *O menino encheu o caderno de rabiscos.* **2** Letra descuidada e difícil de entender: *Você consegue decifrar esses rabiscos?* ▌s.m.pl. **3** Texto escrito rapidamente e sem

preocupações formais: *Gostaria de te mostrar alguns rabiscos do meu trabalho.*
rabo ⟨ra.bo⟩ s.m. **1** Em alguns animais, prolongamento posterior do corpo e da coluna vertebral. ☐ SIN. cauda. **2** *vulgarismo* →nádega **3** *vulgarismo* →ânus
rabo de arraia ⟨ra.bo de ar.rai.a⟩ (pl. *rabos de arraia*) s.m. Em uma luta de capoeira, golpe em que o lutador gira as pernas para acertar o adversário com os calcanhares.
rabo de cavalo ⟨ra.bo de ca.va.lo⟩ (pl. *rabos de cavalo*) s.m. Penteado em que se prende o cabelo na parte alta da nuca e que se assemelha ao rabo de um cavalo.
rabo-de-galo ⟨ra.bo-de-ga.lo⟩ (pl. *rabos-de-galo*) s.m. Planta herbácea de caules subterrâneos, com folhas estreitas que saem da base, flores em formato de sino, solitárias, grandes e de cores vistosas, e que é muito cultivada como ornamental. ☐ SIN. açucena, lírio, lis.
rabugem ⟨ra.bu.gem⟩ (pl. *rabugens*) s.f. **1** Doença animal semelhante à sarna, que ocorre geralmente em cães e que se desenvolve na pele. **2** Estado de espírito desagradável e irritável. ☐ SIN. rabugice.
rabugento, ta ⟨ra.bu.gen.to, ta⟩ adj. Que se mostra desagradável e irritável.
rabugice ⟨ra.bu.gi.ce⟩ s.f. Estado de espírito em que se tende a demonstrar um caráter desagradável e irritável. ☐ SIN. rabugem.
rábula ⟨rá.bu.la⟩ s.2g. **1** *pejorativo* Advogado incompetente e charlatão. **2** Pessoa que exerce a advocacia sem ser legalmente habilitada para isso.
raça ⟨ra.ça⟩ s.f. **1** Grupo em que algumas espécies de animais se dividem. **2** Conjunto de pessoas de uma mesma sociedade e com uma mesma cultura: *A raça brasileira é famosa por sua alegria e receptividade.* **3** *informal* Força de vontade: *Mesmo machucada, a ginasta foi até o final da prova com muita raça.* ‖ **de raça** Em relação a um animal, que pertence a uma raça selecionada. ☐ USO **1.** É diferente de *etnia* (grupo de pessoas que pertencem ao mesmo povo ou que compartilham uma mesma cultura). **2.** Não se deve usar este termo para classificar distintos grupos dentro da população humana: a tradicional classificação da população humana nas raças negroide, mongoloide e caucasoide estava baseada na crença popular de que as diferenças externas entre cada uma delas correspondiam a traços genéticos; atualmente, ao menos metade da população do mundo exibe traços raciais que não correspondem aos estereótipos populares.
ração ⟨ra.ção⟩ (pl. *rações*) s.f. **1** Quantidade de comida necessária para a nutrição de uma pessoa ou de um animal: *uma ração diária.* **2** Alimento, geralmente sólido e dividido em pequenos pedaços, preparado para a alimentação de animais: *uma ração para cães.*
racha ⟨ra.cha⟩ ▌s.f. **1** Fenda, abertura ou corte: *Havia rachas na parede.* ☐ SIN. rachadura. ▌s.m. **2** Divergência ou desacordo a respeito de algo: *Houve um racha entre os membros da equipe.* ☐ SIN. dissensão, dissídio. **3** *informal* Corrida ou competição ilegal de carros: *tirar um racha.* **4** *informal* Partida de futebol improvisada entre jogadores amadores.
rachadura ⟨ra.cha.du.ra⟩ s.f. Fenda, abertura ou corte: *O tremor de terra causou rachaduras nas paredes.* ☐ SIN. racha.
rachar ⟨ra.char⟩ ▌v.t.d./v.int./v.prnl. **1** Abrir rachaduras em (uma superfície) ou ficar com rachaduras. ▌v.t.d. **2** Abrir, partir ou separar em partes: *Rachamos a melancia logo após o almoço.* ▌v.t.d./v.t.d.i. **3** *informal* Dividir (algo) [com alguém]: *Saíram para jantar e racharam a conta.*
racial ⟨ra.ci.al⟩ (pl. *raciais*) adj.2g. Da raça ou relacionado a ela.

raciocinar ⟨ra.ci.o.ci.nar⟩ v.int. Usar a razão para conhecer ou para julgar: *Para resolver esse problema, é necessário raciocinar com atenção.*
raciocínio ⟨ra.ci.o.cí.nio⟩ s.m. **1** Faculdade de usar a razão para analisar, entender e julgar: *Esses exercícios ajudam a desenvolver o raciocínio das crianças.* **2** Linha de pensamento: *Seguindo esse raciocínio, chegaremos à solução.*
racional ⟨ra.ci.o.nal⟩ (pl. *racionais*) ▌adj.2g. **1** Da razão ou relacionado a ela. **2** De acordo com a razão. ▌adj.2g./s.2g. **3** Dotado de razão.
racionalismo ⟨ra.ci.o.na.lis.mo⟩ s.m. **1** Doutrina que considera a razão como a única fonte do conhecimento. **2** Tendência a dar prioridade à razão sobre outras capacidades humanas como o sentimento, a emoção ou a intuição.
racionalizar ⟨ra.ci.o.na.li.zar⟩ v.t.d. **1** Tornar mais racional: *O tempo racionalizou-o.* **2** Reduzir a normas ou a conceitos racionais: *Tem tendência a racionalizar suas emoções.* **3** Organizar de forma a melhorar ou tornar mais eficientes (o trabalho ou a produção): *Precisamos racionalizar o trabalho para diminuir o tempo gasto com cada tarefa.*
racionamento ⟨ra.ci.o.na.men.to⟩ s.m. Ato ou efeito de racionar.
racionar ⟨ra.ci.o.nar⟩ v.t.d. Repartir ou dividir de forma ordenada e racional (algo escasso): *racionar alimentos.*
racismo ⟨ra.cis.mo⟩ s.m. Discriminação de pessoas baseada em uma suposta inferioridade racial.
racista ⟨ra.cis.ta⟩ ▌adj.2g. **1** Do racismo ou relacionado a ele. ▌adj.2g./s.2g. **2** Que ou quem segue ou defende o racismo.
radar ⟨ra.dar⟩ s.m. **1** Sistema que permite identificar a presença, a posição e a trajetória de um objeto mediante a emissão de ondas eletromagnéticas que refletem nele e voltam ao ponto de partida: *Uma aeronave não identificada foi detectada pelo radar da Aeronáutica.* **2** Aparelho detector usado nesse sistema. ☐ ORIGEM É um acrônimo que vem da sigla inglesa de *Radio Detection And Ranging* (detecção e determinação por ondas de rádio).
radiação ⟨ra.di.a.ção⟩ (pl. *radiações*) s.f. **1** Emissão e propagação de luz, de calor ou de outro tipo de energia através de raios: *A radiação solar aquece a Terra.* ☐ SIN. irradiação. **2** Em física, energia que se propaga no espaço ou em outro meio material: *a radiação nuclear.*
radiado, da ⟨ra.di.a.do, da⟩ adj. **1** Disposto como os raios de uma circunferência, partindo do centro. **2** Com suas partes interiores ou exteriores situadas ao redor de um eixo central: *As estrelas-do-mar são animais radiados.*
radiador ⟨ra.di.a.dor⟩ (Pron. [radiadôr]) s.m. **1** Aparelho composto por uma série de tubos paralelos, por onde circula um líquido ou gás quente, e que é usado para a calefação. **2** Em alguns motores a explosão, aparelho de refrigeração formado por tubos ocos por onde circula água fria.
radial ⟨ra.di.al⟩ (pl. *radiais*) ▌adj.2g. **1** Do rádio ou relacionado e esse osso do antebraço. **2** Que emite ou que libera raios. ▌s.f. **3** Rua ou via que estabelece a ligação entre o centro de uma cidade e sua periferia: *Pegue a radial e siga nela por sete quilômetros.*
radialista ⟨ra.di.a.lis.ta⟩ s.2g. Pessoa que trabalha em rádio ou televisão, organizando programas ou participando deles.
radiante ⟨ra.di.an.te⟩ adj.2g. **1** Muito brilhante ou resplandecente. **2** Que sente e que manifesta grande alegria e contentamento. ☐ SIN. esfuziante, radioso.
radiar ⟨ra.di.ar⟩ v.int. **1** Em física, produzir ou emitir uma radiação. **2** Emitir uma luz ou um brilho.

radiativo, va ⟨ra.di.a.ti.vo, va⟩ adj. →**radioativo, va**

radical ⟨ra.di.cal⟩ (pl. *radicais*) ▌adj.2g. **1** Da raiz ou relacionado a ela. **2** Fundamental, completo ou total: *O gerente anunciou mudanças radicais no departamento.* **3** Taxativo, inflexível, intransigente ou que não admite meios-termos: *uma opinião radical.* **4** Arriscado, perigoso ou que envolve fortes emoções: *Adora esportes radicais.* ▌adj.2g./s.2g. **5** Em relação à política, partidário ou defensor do radicalismo. ▌s.m. **6** Em linguística, parte do significante que é comum a vários vocábulos de uma mesma família: *Caixote e caixão são palavras que vêm de um mesmo radical.* ☐ SIN. raiz. **7** Em matemática, sinal gráfico formado por uma espécie de *r* minúsculo com o qual se indica a raiz.

radicalismo ⟨ra.di.ca.lis.mo⟩ s.m. **1** Falta de tolerância ou atitude inflexível e intransigente. **2** Doutrina que pretende reformar de modo radical algum ou todos os aspectos da sociedade.

radicalizar ⟨ra.di.ca.li.zar⟩ v.t.d./v.int./v.prnl. Tornar(-se) radical, inflexível, extremista ou intolerante: *Com o tempo, o político radicalizou seu discurso.*

radicar ⟨ra.di.car⟩ ▌v.t.d./v.prnl. **1** Infundir ou fixar(-se) de maneira profunda. ▌v.prnl. **2** Fixar residência: *Depois de anos viajando, radicou-se nos Estados Unidos.* ☐ ORTOGRAFIA Antes de e, o c muda para qu →BRINCAR.

radícula ⟨ra.dí.cu.la⟩ s.f. Em botânica, parte do embrião de uma planta que dá origem à raiz.

radicular ⟨ra.di.cu.lar⟩ adj.2g. Da raiz, da radícula ou relacionado a elas.

radieletricidade ⟨ra.di.e.le.tri.ci.da.de⟩ s.f. →**radioeletricidade**

rádio ⟨rá.dio⟩ ▌s.m. **1** Sistema de comunicação que se realiza por meio de ondas hertzianas. **2** Aparelho que recebe essas emissões e as reproduz em sinais de som: *Comprei um rádio que toca CD.* **3** No sistema esquelético, osso mais curto e fino do antebraço entre os dois que o formam. [👁 esqueleto p. 334] **4** Elemento químico da família dos metais, de número atômico 88, sólido e radioativo. ▌s.f. **5** Emissora ou canal que utilizam ondas hertzianas para emitir informações ou música: *Há duas rádios de MPB que sempre ouço pela manhã.* ‖ **rádio peão** *informal* Divulgação popular de rumores ou de notícias não confirmadas. ‖ **rádio relógio** Aquele que incorpora as funções de um relógio e de um despertador. ☐ ORTOGRAFIA Na acepção 4, seu símbolo químico é *Ra*, sem ponto. ☐ USO Na acepção 1, é a forma reduzida e mais usual de *radiodifusão*; na acepção 2, de *radiorreceptor*; na acepção 5, de *radiodifusora* e de *radioemissora*.

radioamador, -a ⟨ra.di.o.a.ma.dor, do.ra⟩ (Pron. [radioamadôr], [radioamadôra]) s. Pessoa legalmente autorizada a emitir e a receber mensagens radiadas privadas.

radioatividade ⟨ra.di.o.a.ti.vi.da.de⟩ s.f. Propriedade de alguns elementos cujos átomos se desintegram espontaneamente: *A radioatividade de certos materiais libera partículas que podem ser usadas para destruir micro-organismos.*

radioativo, va ⟨ra.di.o.a.ti.vo, va⟩ adj. Da radioatividade, com radioatividade ou relacionado a ela. ☐ ORTOGRAFIA Escreve-se também *radiativo*.

radiocomunicação ⟨ra.di.o.co.mu.ni.ca.ção⟩ (pl. *radiocomunicações*) s.f. Sistema de comunicação de sinais, sons e imagens a longa distância por meio de ondas eletromagnéticas.

radiodifusão ⟨ra.di.o.di.fu.são⟩ (pl. *radiodifusões*) s.f. →**rádio**

radiodifusora ⟨ra.di.o.di.fu.so.ra⟩ (Pron. [radiodifusôra]) s.f. →**rádio**

radioeletricidade ⟨ra.di.o.e.le.tri.ci.da.de⟩ s.f. Parte da física que estuda os fenômenos de produção, de propagação e de recepção das ondas eletromagnéticas. ☐ ORTOGRAFIA Escreve-se também *radieletricidade*.

radioemissora ⟨ra.di.o.e.mis.so.ra⟩ (Pron. [radioemissôra]) s.f. →**rádio**

radiofonia ⟨ra.di.o.fo.ni.a⟩ s.f. Sistema de transmissão de sons a distância, por meio de ondas eletromagnéticas. ☐ SIN. radiotelefonia.

radiofônico, ca ⟨ra.di.o.fô.ni.co, ca⟩ adj. Da comunicação por meio de ondas hertzianas ou relacionado a ela.

radiografar ⟨ra.di.o.gra.far⟩ v.t.d. Fazer uma radiografia ou uma imagem de (uma parte do corpo) por meio de raios X.

radiografia ⟨ra.di.o.gra.fi.a⟩ s.f. **1** Técnica ou procedimento de produzir uma imagem por meio de raios X. **2** Imagem obtida por esse procedimento: *Tiraram uma radiografia para ver se o osso estava fraturado.*

radiograma ⟨ra.di.o.gra.ma⟩ s.m. Telegrama transmitido via rádio. ☐ SIN. radiotelegrama.

radiologia ⟨ra.di.o.lo.gi.a⟩ s.f. Parte da medicina que estuda o uso terapêutico e medicinal dos raios X e de outros tipos de radiação.

radiológico, ca ⟨ra.di.o.ló.gi.co, ca⟩ adj. Da radiologia ou relacionado a ela.

radiopatrulha ⟨ra.di.o.pa.tru.lha⟩ s.f. **1** Sistema de policiamento urbano em que uma estação central se mantém em comunicação com viaturas equipadas com aparelhos receptores e transmissores, e lhes informa a respeito das diferentes ocorrências e chamados que recebe. **2** Viatura policial equipada com um desses aparelhos.

radiorreceptor ⟨ra.di.or.re.cep.tor⟩ (Pron. [radiorreceptôr]) s.m. →**rádio**

radioscopia ⟨ra.di.os.co.pi.a⟩ s.f. Em medicina, exame do interior do corpo humano ou de uma parte dele, por meio da imagem que projetam os raios X em uma tela ao atravessá-los.

radioso, sa ⟨ra.di.o.so, sa⟩ (Pron. [radiôso], [radiósa], [radiósos], [radiósas]) adj. **1** Que emite raios de luz. **2** Que sente e que manifesta grande alegria e contentamento. ☐ SIN. esfuziante, radiante.

radiotelefonia ⟨ra.di.o.te.le.fo.ni.a⟩ s.f. Sistema de transmissão de sons a distância, por meio de ondas eletromagnéticas. ☐ SIN. radiofonia.

radiotelegrafia ⟨ra.di.o.te.le.gra.fi.a⟩ s.f. Sistema de comunicação telegráfica por meio de ondas hertzianas.

radiotelegrama ⟨ra.di.o.te.le.gra.ma⟩ s.f. Telegrama transmitido via rádio. ☐ SIN. radiograma.

radioterapia ⟨ra.di.o.te.ra.pi.a⟩ s.f. Tratamento de doenças mediante a utilização de substâncias radioativas ou de outros tipos de radiações: *O tumor foi eliminado com sessões de radioterapia.*

radiouvinte ⟨ra.di.ou.vin.te⟩ s.2g. Ouvinte de um programa de rádio: *Muitos radiouvintes são contemplados com promoções das rádios.*

radônio ⟨ra.dô.nio⟩ s.m. Elemento químico da família dos não metais, de número atômico 86, radioativo, gasoso, artificial, pesado, incolor e inodoro. ☐ ORTOGRAFIA Seu símbolo químico é *Rn*, sem ponto.

ráfia ⟨rá.fia⟩ s.f. **1** Palmeira de grande porte e com folhas grandes das quais se extrai uma fibra resistente e flexível. **2** Essa fibra.

raia ⟨rai.a⟩ s.f. **1** →**arraia 2** Traço ou listra. **3** Término ou limite. **4** Pista ou área limitadas por duas linhas ou duas fileiras de objetos paralelos entre si: *Na corrida dos 100 metros, cada atleta tem que ficar em sua raia correspondente.* [👁 estádio de atletismo p. 337] **5** Pista de

raiar

corrida de cavalos, geralmente de grama ou de areia. **6** Em uma piscina, cada uma de suas divisões longitudinais. □ GRAMÁTICA Na acepção 1, é um substantivo epiceno: *a raia (macho/fêmea)*.

raiar ⟨rai.ar⟩ v.int. **1** Brilhar ou emitir raios de luz: *O Sol raiava logo cedo*. **2** Nascer ou surgir: *Saímos de casa ao raiar do dia*.

rainha ⟨ra.i.nha⟩ s.f. **1** Feminino de rei. **2** Esposa de rei. **3** Mulher que se destaca ou que é a mais importante: *a rainha da festa*. **4** No jogo de xadrez, peça mais importante depois do rei: *A rainha se move saltando uma ou várias casas em qualquer direção*. [◉ xadrez p. 827] **5** Em uma comunidade de insetos sociais, fêmea fértil, cujas funções são a reprodução e o controle das atividades da colônia através dos feromônios: *Em cada colmeia, há apenas uma rainha*.

raio ⟨rai.o⟩ s.m. **1** Faísca elétrica produzida por uma descarga entre duas nuvens ou entre uma nuvem e a terra: *Durante a tempestade, um raio atingiu a árvore*. **2** Linha ou feixe de luz que procedem de um corpo luminoso, especialmente do Sol: *Os raios solares são fundamentais para a fotossíntese*. **3** Linha que parte do ponto em que se produz uma forma de energia e que marca a direção em que esta se propaga. **4** Em um círculo, segmento de reta que liga seu centro a um ponto qualquer da circunferência: *O raio é a metade do diâmetro de um círculo*. **5** Medida do comprimento desse segmento de reta. **6** Espaço ou distância determinados por uma linha desse tipo: *O incêndio se propagou por um raio de cinco quilômetros*. ‖ **raios X** Radiações eletromagnéticas muito penetrantes que atravessam certos corpos, produzidas pela emissão de elétrons internos do átomo.

raiva ⟨rai.va⟩ s.f. **1** Ira ou fúria: *Em um momento de raiva, falou coisas sem pensar*. **2** Doença infecciosa causada por um vírus, de que alguns animais, principalmente os cães, sofrem, e que é transmitida a outras pessoas ou a outros animais pela mordida. □ SIN. **hidrofobia**.

raivoso, sa ⟨rai.vo.so, sa⟩ (Pron. [raivôso], [raivósa], [raivósos], [raivósas]) adj. Que tem raiva: *um cão raivoso*.

raiz ⟨ra.iz⟩ s.f. **1** Em uma planta, parte que cresce em direção contrária aos ramos, geralmente subterrânea, que não tem folhas, e cuja função é sustentar a planta e absorver a água e os sais minerais necessários para seu crescimento e desenvolvimento. **2** Causa ou origem de algo: *Ainda não descobrimos a raiz do problema*. **3** Base de algo ou parte dele que fica oculta e da qual procede aquilo que se vê: *a raiz de um dente*. **4** Em linguística, parte do significante que é comum a vários vocábulos de uma mesma família: *Chuv- é a raiz das palavras chuveiro e chuva*. □ SIN. **radical**. ‖ **até a raiz dos cabelos** *informal* Inteira ou completamente: *A chuva nos molhou até a raiz dos cabelos!* ‖ **raiz cúbica** Quantidade que se deve multiplicar por si mesma duas vezes para obter um determinado número: *5 é a raiz cúbica de 125*. ‖ **raiz (quadrada)** Quantidade que se deve multiplicar por si mesma uma vez para obter um determinado número: *4 é a raiz quadrada de 16*.

raizeiro ⟨rai.zei.ro⟩ s.m. Em relação a um curandeiro, aquele que busca curar as doenças com o uso de raízes.

rajá ⟨ra.já⟩ s.m. Soberano da Índia (país do sul asiático).

rajada ⟨ra.ja.da⟩ s.f. **1** Golpe forte e repentino de vento. □ SIN. **lufada**. **2** Conjunto de projéteis disparados por uma arma automática em sequência rápida: *uma rajada de balas*.

ralador ⟨ra.la.dor⟩ (Pron. [ralador]) s.m. Utensílio de cozinha, geralmente formado por uma chapa metálica com furos de bordas salientes e cortantes, que serve para ralar alimentos: *um ralador de queijo*. □ SIN. **ralo**.

ralar ⟨ra.lar⟩ ▌v.t.d. **1** Triturar (um alimento) raspando-o com o ralador: *Rale um pouco de queijo e jogue sobre a lasanha*. □ SIN. **rapar**. **2** Raspar ou machucar levemente (uma superfície): *Caí de bicicleta e ralei o joelho*. ▌v.int. **3** *informal* Trabalhar ou esforçar-se muito: *Ralaram por muito tempo para hoje ter conforto*.

ralé ⟨ra.lé⟩ s.f. *informal pejorativo* Populacho: *Dizia não se misturar com a ralé*.

ralear ⟨ra.le.ar⟩ v.t.d./v.int./v.prnl. Tornar(-se) ralo ou menos denso. □ ORTOGRAFIA O e muda para *ei* quando a sílaba tônica estiver na raiz do verbo →NOMEAR.

ralhar ⟨ra.lhar⟩ ▌v.t.i. **1** Repreender ou brigar [com alguém] severamente e em voz alta por uma falta cometida: *Vive ralhando com a irmã*. ▌v.int. **2** Repreender severamente e em voz alta.

ralo, la ⟨ra.lo, la⟩ ▌adj. **1** Com componentes, com partes ou com elementos mais separados do que é normal. ▌s.m. **2** Utensílio de cozinha, geralmente formado por uma chapa metálica com furos de bordas salientes e cortantes, que serve para ralar alimentos: *Passou a cenoura e a batata no ralo para colocá-las na torta*. □ SIN. **ralador**. **3** Rede ou lâmina perfuradas que se costumam colocar em entradas de encanamentos para reter partes sólidas, deixando que apenas líquidos escoem por eles: *o ralo de uma pia*. **4** Peneira ou peça usadas para peneirar, coar, filtrar ou borrifar: *o ralo de um regador*. □ SIN. **crivo**.

rama ⟨ra.ma⟩ s.f. Conjunto de ramos ou de galhos de uma planta. □ SIN. **ramada, ramagem**.

ramada ⟨ra.ma.da⟩ s.f. Conjunto de ramos ou de galhos de uma planta. □ SIN. **rama, ramagem**.

ramagem ⟨ra.ma.gem⟩ (pl. *ramagens*) s.f. Conjunto de ramos ou de galhos de uma planta. □ SIN. **rama, ramada**.

ramal ⟨ra.mal⟩ (pl. *ramais*) s.m. **1** Ramificação ou divisão de uma linha telefônica. **2** Ramificação de uma ferrovia ou de uma rodovia.

ramalhete ⟨ra.ma.lhe.te⟩ s.m. Ramo pequeno de flores. □ SIN. **buquê**.

ramalho ⟨ra.ma.lho⟩ s.m. Ramo ou galho de árvore grandes, secos e geralmente separados do tronco.

rameira ⟨ra.mei.ra⟩ s.f. Mulher que se dedica à prostituição. □ SIN. **meretriz, prostituta, rapariga**.

ramerrão ⟨ra.mer.rão⟩ (pl. *ramerrões*) s.m. Repetição cansativa e aborrecedora: *O ramerrão das desculpas esfarrapadas deixava-o irritado*.

rami ⟨ra.mi⟩ s.m. **1** Planta herbácea de caule alto e macio, com folhas grandes e peludas que retêm água, flores verdes, e cuja fibra é resistente e muito usada na indústria têxtil. **2** Essa fibra.

ramificação ⟨ra.mi.fi.ca.ção⟩ (pl. *ramificações*) s.f. **1** Ato ou efeito de ramificar(-se). **2** Divisão em ramos ou extensão e propagação: *a ramificação de uma teoria*. **3** Divisão em ramos ou em galhos: *a ramificação de um caule*. **4** Cada uma das partes em que se ramifica algo: *A cinemática é uma ramificação da física*.

ramificar ⟨ra.mi.fi.car⟩ v.t.d./v.prnl. Dividir(-se) ou separar(-se) em ramos: *Os vasos sanguíneos se ramificam para alcançar todas as partes do corpo*. □ ORTOGRAFIA Antes de *e*, o *c* muda para *qu* →BRINCAR.

ramo ⟨ra.mo⟩ s.m. **1** Em uma planta, cada uma das partes em que o caule principal pode se dividir e nas quais folhas, flores e frutos brotam. □ SIN. **galho**. **2** Conjunto ou feixe de flores ou de folhas: *um ramo de margaridas*. **3** Cada uma das partes em que se divide uma ciência, uma indústria ou uma atividade: *Ela trabalha em uma empresa do ramo farmacêutico*. **4** Cada uma das famílias originárias de um mesmo tronco.

rampa ⟨ram.pa⟩ s.f. Plano ou terreno inclinados pelos quais se sobe ou se desce: *Foi difícil subir a rampa de bicicleta*.

rancheira ⟨ran.chei.ra⟩ s.f. **1** Composição musical de caráter popular, de ritmo ternário e de tom alegre, originária da Argentina e muito comum no estado brasileiro do Rio Grande do Sul. **2** Dança que acompanha essa composição.

rancheiro, ra ⟨ran.chei.ro, ra⟩ s. **1** Pessoa que possui um rancho, cuida dele ou mora nele. **2** Pessoa que cozinha nos quartéis ou nos presídios.

rancho ⟨ran.cho⟩ s.m. **1** Refeição que se dá nos quartéis ou nos presídios: *Faminto, o batalhão fez o rancho rapidamente.* **2** Grupo de pessoas que se desloca para um determinado fim: *Um grande rancho foi convocado para o trabalho na mina.* **3** Acampamento desse grupo: *Faltavam boas instalações elétricas no rancho dos agricultores.* **4** Abrigo simples e provisório: *Recorreram a um rancho enquanto a casa não ficava pronta.* **5** Habitação pobre: *o rancho dos cortadores de cana.* □ SIN. choupana.

ranço ⟨ran.ço⟩ s.m. Sabor acre e cheiro forte que os alimentos gordurosos adquirem quando estragam.

rancor ⟨ran.cor⟩ (Pron. [rancôr]) s.m. Sentimento de raiva ou de mágoa por algo passado: *Não guardo rancor, pois não posso mudar o que já passou.*

rançoso, sa ⟨ran.ço.so, sa⟩ (Pron. [rançôso], [rançósa], [rançôsos], [rançósas]) adj. **1** Em relação a um alimento, que adquiriu um sabor e um cheiro mais fortes devido à sua decomposição: *uma manteiga rançosa.* **2** Muito antigo, muito apegado àquilo que é antigo ou que já não é mais usado: *ideias rançosas.*

rangar ⟨ran.gar⟩ v.t.d./v.int. *informal* Comer: *Ranguei uma lasanha. Combinamos de rangar na lanchonete depois da aula.* □ ORTOGRAFIA Antes de e, o g muda para gu →CHEGAR.

ranger ⟨ran.ger⟩ ▮ v.t.d. **1** Fazer com que (um dente) produza um som desagradável ao colocá-lo em atrito com outro: *Ela costuma ranger os dentes ao dormir.* ▮ v.int. **2** Produzir um som desagradável (um objeto) ao ter atrito com outro: *Por estar sem óleo, a janela está rangendo.* □ SIN. chiar. □ ORTOGRAFIA Antes a e o, o g muda para j →ELEGER.

rangido ⟨ran.gi.do⟩ s.m. Som desagradável produzido por um objeto em atrito com outro: *o rangido de uma porta.*

rango ⟨ran.go⟩ s.m. *informal* Refeição ou comida: *Meu pai fez um rango delicioso ontem.* ‖ **bater um rango** *informal* Comer.

ranheta ⟨ra.nhe.ta⟩ (Pron. [ranhêta]) adj.2g./s.2g. *pejorativo* Que ou quem se queixa com frequência, de forma exagerada ou sem motivo.

ranho ⟨ra.nho⟩ s.m. *informal* Muco nasal.

ranhura ⟨ra.nhu.ra⟩ s.f. **1** Entalhe em madeira ou em metal: *Havia ranhuras para encaixarmos as peças menores.* **2** Estria ou risca em uma superfície plana: *Havia ranhuras na pista do aeroporto.*

rani ⟨ra.ni⟩ s.f. Mulher de um rajá.

ranicultor, -a ⟨ra.ni.cul.tor, to.ra⟩ (Pron. [raniculôr], [raniculôtra]) s. Pessoa que se dedica à ranicultura.

ranicultura ⟨ra.ni.cul.tu.ra⟩ s.f. Criação de rãs para o consumo humano.

ranzinza ⟨ran.zin.za⟩ adj.2g. Que se queixa com frequência, de forma exagerada ou sem motivo.

rap *(palavra inglesa)* (Pron. [rép]) s.m. Música de origem afro-americana, de ritmo repetitivo e com pouca variação melódica, geralmente com letras que abordam questões sociais.

rapace ⟨ra.pa.ce⟩ adj.2g. **1** Que costuma roubar ou saquear de forma violenta. **2** Em relação a uma ave de rapina, que captura outros animais: *Os gaviões e os falcões são aves rapaces.*

rapadura ⟨ra.pa.du.ra⟩ s.f. Doce feito à base de açúcar mascavo duro em forma de pequenas barras.

raquete

rapagão ⟨ra.pa.gão⟩ (pl. *rapagões*) s.m. Rapaz alto, robusto e bonito.

rapapé ⟨ra.pa.pé⟩ s.m. **1** Cumprimento afetado. □ SIN. salamaleque, zumbaia. **2** Aquilo que é dito ou feito para tentar agradar uma pessoa. □ SIN. adulação, bajulação, lisonja.

rapar ⟨ra.par⟩ v.t.d. **1** Triturar (um alimento) raspando-o com o ralador: *Já rapei todo o queijo, agora é só servi-lo.* □ SIN. ralar. **2** Arranhar (uma superfície) suavemente para desbastá-la ou alisá-la: *Rapou a parede antes de passar uma nova tinta.* □ SIN. raspar. **3** Cortar todo o pelo ou o cabelo de (uma parte do corpo) usando uma lâmina: *Rapou a cabeça quando entrou na faculdade.* □ SIN. raspar.

rapariga ⟨ra.pa.ri.ga⟩ s.f. **1** Feminino de rapaz. **2** Mulher que se dedica à prostituição. □ SIN. meretriz, prostituta, rameira.

rapaz ⟨ra.paz⟩ s.m. Moço ou homem jovem. □ GRAMÁTICA Seu feminino é *rapariga*.

rapaziada ⟨ra.pa.zi.a.da⟩ s.f. Grupo ou conjunto de rapazes: *Assim que a rapaziada chegar, pediremos as pizzas.*

rapazola ⟨ra.pa.zo.la⟩ s.m. Rapaz jovem.

rapé ⟨ra.pé⟩ s.m. Tabaco em pó que se aspira pelo nariz.

rapel ⟨ra.pel⟩ (pl. *rapéis*) s.m. Descida de vertentes abruptas ou de paredões por meio de cordas.

rapidez ⟨ra.pi.dez⟩ (Pron. [rapidêz]) s.f. Qualidade de rápido.

rápido ⟨rá.pi.do⟩ adv. Com muita velocidade: *Não ande tão rápido, por favor!* □ SIN. depressa.

rápido, da ⟨rá.pi.do, da⟩ adj. **1** Que se move, que se faz ou que acontece em grande velocidade ou em pouco tempo. **2** Que é feito de forma superficial e sem aprofundar: *Fiz uma rápida leitura da sinopse do livro.*

rapina ⟨ra.pi.na⟩ s.f. Roubo ou saque violentos.

rapinagem ⟨ra.pi.na.gem⟩ (pl. *rapinagens*) s.f. **1** Conjunto de roubos ou saques. **2** Em alguns esportes, arbitragem que favoreça a uma das equipes.

rapinante ⟨ra.pi.nan.te⟩ adj.2g. Que rapina ou que rouba.

rapinar ⟨ra.pi.nar⟩ v.t.d. Roubar ou saquear, geralmente de forma ardilosa ou violenta.

raposo, sa ⟨ra.po.so, sa⟩ (Pron. [rapôso]) s. **1** Mamífero de focinho comprido, orelhas pontiagudas, cauda comprida, espessa e com a ponta branca, e cuja pelagem é espessa e parda ou avermelhada. **2** Pele desse animal. **3** Pessoa astuta ou maliciosa: *Tome cuidado, ela é uma raposa em negociações!* □ GRAMÁTICA O feminino é o termo genérico e serve para designar tanto o macho como a fêmea.

rapsódia ⟨rap.só.dia⟩ s.f. **1** Composição musical estruturada de forma livre e que geralmente se baseia em temas de caráter regional ou nacional. **2** Trecho de um poema ou de uma obra poética.

rapsodo ⟨rap.so.do⟩ (Pron. [rapsódo] ou [rapsôdo]) s.m. **1** Na Grécia Antiga, pessoa que recitava obras poéticas. **2** Poeta.

raptar ⟨rap.tar⟩ v.t.d. Levar (alguém) à força ou mediante ameaça ou engano, retendo-o contra sua vontade.

rapto ⟨rap.to⟩ s.m. Sequestro ou retenção de uma pessoa contra sua vontade.

raptor, -a ⟨rap.tor, to.ra⟩ (Pron. [raptôr], [raptôra]) s. Pessoa que comete um rapto.

raque ⟨ra.que⟩ s.f. **1** Coluna vertebral. **2** Eixo da pena de uma ave. **3** Em uma planta, eixo central de uma folha composta, em que estão as folhas menores ou que sustenta as flores de uma inflorescência.

raquete ⟨ra.que.te⟩ s.f. Instrumento formado por uma espécie de aro com cordas cruzadas entre si, ou por

raquiano

uma chapa de madeira ovalada, que se segura por um cabo e é usado em alguns jogos para rebater a bola: *O tênis e o tênis de mesa são jogados com raquetes.*

raquiano, na ⟨ra.qui.a.no, na⟩ adj. →**raquidiano, na**

raquidiano, na ⟨ra.qui.di.a.no, na⟩ adj. Da raque ou relacionado à coluna vertebral. ☐ ORTOGRAFIA Escreve-se também *raquiano*.

raquítico, ca ⟨ra.quí.ti.co, ca⟩ ▌adj. 1 *informal* Que é fraco e muito magro. ▌adj./s. 2 Que sofre de raquitismo.

raquitismo ⟨ra.qui.tis.mo⟩ s.m. Doença crônica infantil causada por má alimentação ou por alterações no metabolismo do cálcio, e que se caracteriza pela fraqueza e pelas deformações ósseas.

rarear ⟨ra.re.ar⟩ v.t.d./v.int. 1 Tornar(-se) menos denso, menos abundante ou mais espaçado: *A vegetação foi rareando conforme nos afastávamos do local.* 2 Tornar(-se) menos usual ou menos frequente: *Rareamos as idas ao cinema por causa da proximidade das provas.* ☐ ORTOGRAFIA O e muda para *ei* quando a sílaba tônica estiver na raiz do verbo →NOMEAR.

rarefazer ⟨ra.re.fa.zer⟩ v.t.d./v.prnl. Tornar(-se) menos denso ou menos espesso: *A altitude rarefaz o ar.* ☐ GRAMÁTICA É um verbo irregular →FAZER.

raridade ⟨ra.ri.da.de⟩ s.f. 1 Condição de raro: *a raridade de uma pedra preciosa.* 2 Objeto raro: *No museu arqueológico, vimos várias raridades.*

raro ⟨ra.ro⟩ adv. Raramente ou com pouca frequência. ║ **(de) raro em raro** Raramente ou com pouca frequência: *De raro em raro saíamos durante a semana.* ║ **não raro** Muitas vezes ou com frequência: *Quando criança, não raro meus pais me levavam ao parque.*

raro, ra ⟨ra.ro, ra⟩ adj. 1 Singular, pouco comum ou pouco frequente. 2 Escasso em sua classe ou em sua espécie: *um joia rara.*

rasante ⟨ra.san.te⟩ adj.2g./s.m. Em relação a um voo ou a uma manobra aérea, que são muito próximos da superfície, especialmente se for do chão.

rascante ⟨ras.can.te⟩ adj.2g. 1 Em relação especialmente a uma bebida, que causa travo ou sabor amargo na garganta. 2 Em relação a um som, que arranha: *uma voz rascante.*

rascunhar ⟨ras.cu.nhar⟩ v.t.d. Fazer (uma criação) de forma provisória, com os elementos essenciais e sem muita precisão: *Rascunhei meu texto, agora preciso desenvolvê-lo.*

rascunho ⟨ras.cu.nho⟩ s.m. Esquema provisório de um texto em que são feitas as adições, as supressões ou as correções necessárias antes de se redigir a cópia definitiva.

rasgão ⟨ras.gão⟩ (pl. *rasgões*) s.m. Rompimento ou corte feitos em um material de pouca consistência. ☐ SIN. rasgo.

rasgar ⟨ras.gar⟩ v.t.d./v.int./v.prnl. Romper(-se) ou ficar em pedaços (um material de pouca consistência): *Furioso, rasgou a carta. Ao sentar, a calça rasgou.* ☐ ORTOGRAFIA Antes de e, o *g* muda para *gu* →CHEGAR.

rasgo ⟨ras.go⟩ s.m. 1 Rompimento ou corte feitos em um material de pouca consistência: *Trocou de camisa, pois a sua tinha um rasgo na manga.* ☐ SIN. rasgão. 2 Manifestação espontânea e repentina: *Em um rasgo de generosidade, ofereceu-se para nos ajudar.*

raso, sa ⟨ra.so, sa⟩ adj. 1 Que não tem muita profundidade. 2 Que não tem título ou outra característica que o distinga: *um soldado raso.* 3 Em relação a um recipiente, que está cheio só até as bordas: *Acrescente duas xícaras rasas de farinha.* 4 Simples ou reles: *um argumento raso.*

raspa ⟨ras.pa⟩ s.f. Lasca, tira ou porção geralmente compridas e finas que se tiram de um todo: *O bolo era coberto por raspas de chocolate.*

raspadeira ⟨ras.pa.dei.ra⟩ s.f. Utensílio com um lado afiado, usado para raspar superfícies.

raspão ⟨ras.pão⟩ (pl. *raspões*) s.m. Ferida ou marca superficiais causadas por um esbarrão violento. ║ **de raspão** Levemente ou pela lateral: *O chute tocou de raspão na trave.*

raspar ⟨ras.par⟩ ▌v.t.d. 1 Arranhar (uma superfície) suavemente para desbastá-la ou alisá-la. ☐ SIN. rapar. ▌v.t.d./v.int. 2 Danificar ou roçar com algo duro (uma superfície): *Raspei o carro na entrada da garagem e a tinta descascou.* ▌v.t.d. 3 Cortar todo o pelo ou o cabelo de (uma parte do corpo) usando uma lâmina. ☐ SIN. rapar. ▌v.t.d./v.t.i. 4 Atingir (algo) levemente ou passar rente [a algo].

rasteira ⟨ras.tei.ra⟩ s.f. 1 Movimento rápido com as pernas para tentar desequilibrar uma pessoa: *O jogador deu uma rasteira no adversário e tomou cartão.* 2 Aquilo que é feito para prejudicar alguém: *Levou uma rasteira de um antigo sócio.*

rasteiro, ra ⟨ras.tei.ro, ra⟩ adj. 1 Que permanece junto ao chão. 2 Baixo, mau ou desprezível: *um comportamento rasteiro.*

rastejar ⟨ras.te.jar⟩ ▌v.t.d. 1 Seguir o rastro ou a pista de (alguém). ▌v.int./v.prnl. 2 Deslocar-se arrastando-se pelo chão: *As cobras rastejam.* 3 Humilhar-se ou rebaixar-se perante algo ou alguém: *Vive se rastejando para bajular o chefe.*

rastelo ⟨ras.te.lo⟩ (Pron. [rastêlo]) s.m. Instrumento formado por um cabo longo com um travessão dentado, que serve para recolher mato, palha ou folhas. ☐ ORTOGRAFIA Escreve-se também *restelo*.

rastilho ⟨ras.ti.lho⟩ s.m. Fio revestido com pólvora ou outra substância inflamável, usado em materiais explosivos.

rasto ⟨ras.to⟩ s.m. →**rastro**

rastreamento ⟨ras.tre.a.men.to⟩ s.m. Ato ou efeito de rastrear: *Os radares ajudaram no rastreamento do avião desaparecido.*

rastrear ⟨ras.tre.ar⟩ v.t.d. Procurar seguindo um rastro: *A polícia continua rastreando os bandidos.* ☐ ORTOGRAFIA O e muda para *ei* quando a sílaba tônica estiver na raiz do verbo →NOMEAR.

rastro ⟨ras.tro⟩ s.m. Sinal ou marca deixados por algo ou alguém: *Os caranguejos deixaram um rastro pela areia.* ║ **de rastro** Arrastando-se ou rastejando pelo chão. ☐ ORTOGRAFIA Escreve-se também *rasto*.

rasura ⟨ra.su.ra⟩ s.f. Risco ou traço sobre algo escrito para ocultá-lo ou para indicar que ele não é válido: *A professora pediu que o texto final não tivesse rasuras.*

rasurar ⟨ra.su.rar⟩ v.t.d. Ocultar (algo escrito) fazendo riscos ou traços sobre ele para indicar que não é válido: *Escreva a lápis para não ter de rasurar o texto.*

rata ⟨ra.ta⟩ s.f. 1 Feminino de **rato**. 2 *informal* Gafe: *Deu uma rata ao chamá-la pelo nome da ex-namorada.*

rataplã ⟨ra.ta.plã⟩ s.m. Som característico de uma batida de tambor.

ratazana ⟨ra.ta.za.na⟩ s.f. Mamífero roedor de cabeça pequena, focinho pontiagudo, orelhas tensas, cauda fina, patas curtas e de pelagem cinza-escura. ☐ GRAMÁTICA É um substantivo epiceno: *a ratazana (macho/fêmea).*

ratear ⟨ra.te.ar⟩ ▌v.t.d./v.t.d.i. 1 Dividir, geralmente em partes iguais [entre alguém]: *ratear os gastos.* ▌v.int. 2 Em relação a uma máquina, falhar ou não funcionar como se espera. ☐ ORTOGRAFIA O e muda para *ei* quando a sílaba tônica estiver na raiz do verbo →NOMEAR.

rateio ⟨ra.tei.o⟩ s.m. Divisão, geralmente em partes iguais: *Todos os moradores participaram do rateio das despesas.*

raticida ⟨ra.ti.ci.da⟩ s.m. Veneno próprio para matar ratos.

ratificação ⟨ra.ti.fi.ca.ção⟩ (pl. *ratificações*) s.f. Confirmação ou validação de atos, palavras ou textos: *a*

ratificação de um acordo. ☐ USO É diferente de *retificação* (correção ou modificação, especialmente se forem para eliminar imperfeições, erros ou defeitos).
ratificar ⟨ra.ti.fi.car⟩ v.t.d. Aprovar ou confirmar (atos, palavras ou textos) como válidos ou como certos: *Os advogados ratificaram as declarações de seus clientes.* ☐ ORTOGRAFIA Antes de *e*, o *c* muda para *qu* →BRINCAR. ☐ USO É diferente de *retificar* (corrigir ou modificar, especialmente se for para eliminar imperfeições, erros ou defeitos).
rato, ta ⟨ra.to, ta⟩ ▎s. 1 Mamífero roedor menor que a ratazana, de pelagem cinza ou branca, muito fecundo e ágil. 2 Ladrão ou gatuno. 3 *informal* Pessoa desprezível, desonesta ou vil. ▎s.m. 4 Frequentador assíduo de um lugar: *um rato de biblioteca.* ☐ GRAMÁTICA Na acepção 4, usa-se tanto para o masculino quanto para o feminino: *{ele/ela} é um rato*.
ratoeira ⟨ra.to.ei.ra⟩ s.f. 1 Armadilha para prender ratos. 2 Cilada ou armadilha para pegar alguém.
rave *(palavra inglesa)* (Pron. [rêivi]) s.f. Festa de longa duração, geralmente longe dos centros urbanos, frequentada por uma multidão de jovens, e na qual costuma tocar música eletrônica.
ravina ⟨ra.vi.na⟩ s.f. 1 Enxurrada ou corrente de água rápida e veloz que partem de lugares altos, devido ao trabalho erosivo das águas de escoamento: *A ravina derrubou algumas árvores.* 2 Erosão ou desgaste causados pela passagem dessa enxurrada.
ravióli ⟨ra.vi.ó.li⟩ s.m. Massa alimentícia fina e cortada em pequenos pedaços quadrados, recheada com algum ingrediente picado, geralmente carne ou queijo.
razão ⟨ra.zão⟩ (pl. *razões*) s.f. 1 Capacidade de pensar ou de discorrer que permitem elaborar e relacionar ideias ou conceitos: *As pessoas se distinguem dos animais pela razão.* 2 Argumento ou demonstração com os quais se apoia algo: *As razões que alegou não foram convincentes.* 3 Motivo ou causa: *Não entendo a razão de ele não ter comparecido ao evento.* 4 Bom senso, juízo ou capacidade de ponderação: *Nos momentos difíceis, é importante usar a razão.* 5 Em matemática, quociente de dois números: *15 é a razão entre 30 e 2.* 6 Em matemática, em uma progressão aritmética, diferença entre dois elementos sequenciais: *Na sequência 2, 4 e 6, a razão entre os elementos é igual a 2.* ‖ **dar razão a** alguém: Aceitar que ele está certo: *Não importa o que eu diga, ele nunca me dá razão.* ‖ **em razão de** algo: Por causa ou por motivo dele: *Em razão das chuvas, o treino foi cancelado.* ‖ **razão social** Firma ou nome legal de uma sociedade ou de uma empresa: *Cada empresa tem uma razão social, que não pode ser igual à de nenhuma outra.*
razoável ⟨ra.zo.á.vel⟩ (pl. *razoáveis*) adj.2g. 1 Lógico, justo ou de acordo com a razão. 2 Suficiente ou bastante: *um salário razoável.* 3 *informal* Não muito bom: *Achamos o filme razoável.*
re- 1 Prefixo que indica repetição: *reabrir, reaparecer*. 2 Prefixo que indica intensificação: *rebuscar, ressecar*.
ré s.f. 1 Feminino de **réu**. 2 Em música, segunda nota ascendente ou sétima nota descendente da escala de dó. 3 No motor de alguns veículos, marcha usada para movimentar-se para trás: *engatar a ré.* 4 Parte posterior de um veículo ou de uma embarcação.
reabastecer ⟨re.a.bas.te.cer⟩ ▎v.t.d./v.t.d.i./v.prnl. 1 Prover(-se) novamente [de algo]: *reabastecer um estoque.* ▎v.t.d. 2 Voltar a colocar combustível em (um veículo automotor): *reabastecer um carro.* 3 Voltar a colocar combustível em um veículo automotor: *Preciso reabastecer, pois a gasolina já está acabando.* ☐ ORTOGRAFIA Antes de *a* ou *o*, o *c* muda para *ç* →CONHECER.
reabilitação ⟨re.a.bi.li.ta.ção⟩ (pl. *reabilitações*) s.f. Recuperação da atividade ou das funções do organismo perdidas ou diminuídas por causa de uma doença ou de uma lesão: *a reabilitação de um alcoólatra.*
reabilitar ⟨re.a.bi.li.tar⟩ ▎v.t.d./v.prnl. 1 Habilitar(-se) (alguém) novamente ou voltar a seu antigo estado. ▎v.t.d. 2 Fazer (algo) voltar a fornecer um serviço: *Para reabilitar seu celular, insira novos créditos.*
reabrir ⟨re.a.brir⟩ v.t.d./v.int./v.prnl. 1 Voltar a abrir (algo que foi fechado) ou abrir novamente: *Por favor, reabram o livro, pois leremos mais um texto.* 2 Voltar a abrir (o local em que se desenvolve uma atividade) ou abrir novamente: *A loja reabrirá em fevereiro deste ano.*
reabsorção ⟨re.ab.sor.ção⟩ (pl. *reabsorções*) s.f. 1 Ato ou efeito de reabsorver. 2 Reaproveitamento de uma substância ou de um tecido ósseo pelo organismo: *a reabsorção de um coágulo sanguíneo.*
reabsorver ⟨re.ab.sor.ver⟩ v.t.d. Tornar a absorver: *A vesícula biliar reabsorve parte da bile secretada pelo fígado.*
reação ⟨re.a.ção⟩ (pl. *reações*) s.f. 1 Ato ou efeito de reagir: *Fiquei sem reação ao saber da notícia.* 2 Oposição ou resistência a algo, especialmente se for a uma inovação: *A subida de impostos provocou violentas reações entre a população.* 3 Em química, transformação de uma substância em outra pela formação de novas ligações químicas: *A reação entre o ácido clorídrico e a soda cáustica resulta em sal comum.* 4 Força que surge como oposição a outra.
reacender ⟨re.a.cen.der⟩ v.t.d. Tornar a acender: *Por favor, reacenda a lareira. O encontro reacendeu a paixão do casal.*
reacionário, ria ⟨re.a.ci.o.ná.rio, ria⟩ adj. Que se opõe às inovações, especialmente se for em assuntos políticos.
readaptar ⟨re.a.dap.tar⟩ v.t.d./v.prnl. Tornar a adaptar(-se).
readmissão ⟨re.ad.mis.são⟩ (pl. *readmissões*) s.f. Nova admissão.
readmitir ⟨re.ad.mi.tir⟩ v.t.d./v.t.d.i. Tornar a admitir (alguém) [em um lugar]: *Resolveram readmitir o funcionário.*
readquirir ⟨re.ad.qui.rir⟩ v.t.d. Tornar a adquirir: *Com a fisioterapia, o paciente readquiriu os movimentos.*
reafirmação ⟨re.a.fir.ma.ção⟩ (pl. *reafirmações*) s.f. Reiteração de uma afirmação feita anteriormente.
reafirmar ⟨re.a.fir.mar⟩ v.t.d. Tornar a afirmar.
reagente ⟨re.a.gen.te⟩ ▎adj.2g./s.2g. 1 Que produz ou causa reação. ▎s.m. 2 Em química, substância usada para descobrir a presença de outra.
reagir ⟨re.a.gir⟩ v.t.i./v.int. 1 Agir em resposta [a algo]: *Não reagiu à provocação.* 2 Em química, agir (uma substância) em combinação com outra para produzir uma nova: *Os ácidos reagem com as bases e originam sais.* ☐ ORTOGRAFIA Antes de *a* ou *o*, o *g* muda para *j* →FUGIR.
reajustar ⟨re.a.jus.tar⟩ v.t.d./v.t.d.i. 1 Tornar a ajustar [a algo]. 2 Mudar (preços, salários ou impostos) em função das circunstâncias políticas e econômicas: *As empresas reajustam o salário dos funcionários anualmente.*
reajuste ⟨re.a.jus.te⟩ s.m. 1 Novo ajuste: *Este vestido precisa de um reajuste.* 2 Novo equilíbrio ou acerto feito em contas ou orçamentos: *Os reajustes das prestações são feitos de acordo com a inflação.*
real ⟨re.al⟩ ▎adj.2g. 1 Que possui existência verdadeira: *A fome é um problema real em muitos países do mundo.* 2 Do rei, da realeza ou relacionado a eles: *um palácio real.* ☐ SIN. régio. ▎s.m. 3 Unidade monetária brasileira: *O real passou a ser a moeda brasileira a partir de 1994.* 4 Moeda ou cédula com o valor dessa unidade: *Encontrei um real no bolso da calça.* 5 Unidade monetária brasileira e portuguesa antiga, em que as cédulas eram múltiplas e as moedas eram frações de mil-réis. ☐ GRAMÁTICA Nas acepções de 1 a 4, o plural é *reais*; na acepção 5, *réis*.

realçar ⟨re.al.çar⟩ v.t.d. Pôr em relevo, destacar ou dar ênfase a: *Essa cor realça sua beleza.* ☐ ORTOGRAFIA Antes de e, o ç muda para c →COMEÇAR.

realce ⟨re.al.ce⟩ s.m. Relevo, destaque ou ênfase.

realejo ⟨re.a.le.jo⟩ (Pron. [realêjo]) s.m. Instrumento musical de fole, geralmente portátil, com um mecanismo interno formado por um cilindro com tubos ou palhetas de metal que, ao ser girado por uma manivela, levanta algumas lâminas metálicas e as faz soar.

realeza ⟨re.a.le.za⟩ (Pron. [realêza]) s.f. **1** Dignidade ou soberania real: *O trono e a coroa são símbolos da realeza.* **2** Conjunto de pessoas aparentadas com o rei.

realidade ⟨re.a.li.da.de⟩ s.f. **1** Aquilo que é verdadeiro, efetivo ou concreto: *Seus planos se tornaram realidade.* ☐ SIN. verdade. **2** Aquilo que existe de fato: *Os documentários costumam retratar a realidade.* **3** Aquilo que é ou que acontece de verdade: *O analfabetismo é uma triste realidade em muitos países.* ‖ **realidade virtual** Reprodução de coisas que poderiam existir, mas que não são reais, mediante a utilização de elementos cibernéticos.

realismo ⟨re.a.lis.mo⟩ s.m. **1** Presença de traços ou características da realidade ou muito próximos a ela: *O realismo do filme é surpreendente.* **2** Forma de ver as coisas de maneira objetiva e como de fato são: *Para solucionar o problema, precisamos analisá-lo com realismo.* **3** Estilo artístico que busca a representação fiel da realidade: *Ao contrário do Romantismo, o Realismo retrata a vida cotidiana sem idealizações.*

realista ⟨re.a.lis.ta⟩ ▌adj.2g. **1** Do Realismo, com realismo ou relacionado a ele: *a literatura realista.* **2** Em relação a algo fictício, que apresenta traços ou características da realidade ou muito próximos a ela: *Vimos uma animação muito realista.* ▌adj.2g./s.2g. **2** Que ou quem age com sentido prático ou trata de ajustar-se à realidade: *uma pessoa realista.*

reality show (palavra inglesa) (Pron. [réaliti chôu]) s.m. Programa televisivo em que os participantes não seguem um roteiro e que tem como principal atrativo os acontecimentos mais banais da vida cotidiana ou da realidade.

realização ⟨re.a.li.za.ção⟩ (pl. *realizações*) s.f. Ato ou efeito de realizar(-se).

realizar ⟨re.a.li.zar⟩ ▌v.t.d./v.prnl. **1** Fazer ou concretizar(-se): *A fundação realiza projetos de incentivo à educação.* ▌v.prnl. **2** Sentir-se satisfeito por haver conseguido alcançar as próprias aspirações: *Com o novo trabalho, ela finalmente se realizou.*

reanimação ⟨re.a.ni.ma.ção⟩ (pl. *reanimações*) s.f. Conjunto de procedimentos que se aplicam para recuperar as funções vitais do organismo.

reanimar ⟨re.a.ni.mar⟩ ▌v.t.d./v.prnl. **1** Dar vigor a (algo ou alguém) ou restabelecer as forças. ▌v.t.d. **2** Fazer voltar à consciência: *Os paramédicos tentaram reanimar a vítima.* ▌v.t.d./v.prnl. **3** Dar ânimo a (alguém desanimado) ou voltar a ter ânimo: *Seus conselhos serviram para reanimá-lo.*

reaparecer ⟨re.a.pa.re.cer⟩ v.int. Tornar a aparecer. ☐ ORTOGRAFIA Antes de a ou o, o c muda para ç →CONHECER.

reaparecimento ⟨re.a.pa.re.ci.men.to⟩ s.m. Ato ou efeito de reaparecer. ☐ SIN. reaparição.

reaparição ⟨re.a.pa.ri.ção⟩ (pl. *reaparições*) s.f. Ato ou efeito de reaparecer. ☐ SIN. reaparecimento.

reaproveitar ⟨re.a.pro.vei.tar⟩ v.t.d. Tornar a aproveitar: *A reciclagem permite reaproveitar algumas matérias-primas.*

reaproximar ⟨re.a.pro.xi.mar⟩ v.t.d./v.prnl. Tornar a aproximar(-se).

reaquisição ⟨re.a.qui.si.ção⟩ (pl. *reaquisições*) s.f. Obtenção ou compra de algo novamente.

reassumir ⟨re.as.su.mir⟩ v.t.d. Tornar a assumir (um cargo ou uma função).

reatar ⟨re.a.tar⟩ v.t.d. **1** Tornar a atar: *reatar uma corda.* **2** Retomar ou continuar a fazer (algo que se interrompeu): *reatar uma conversa.*

reativar ⟨re.a.ti.var⟩ v.t.d./v.prnl. Tornar a ativar(-se).

reativo, va ⟨re.a.ti.vo, va⟩ ▌adj./s.m. **1** Que causa reação. ▌s.m. **2** Em química, substância usada para descobrir a presença de outra.

reator ⟨re.a.tor⟩ (Pron. [reatôr]) s.m. Instalação preparada para que, em seu interior, reações químicas ou nucleares sejam produzidas. ‖ **reator (nuclear)** Aparelho dentro do qual ocorrem reações controladas de fissão nuclear em cadeia, a fim de que produzem energia utilizável.

reavaliar ⟨re.a.va.li.ar⟩ v.t.d. Tornar a avaliar: *O desempenho dos funcionários é reavaliado bimestralmente.*

reaver ⟨re.a.ver⟩ v.t.d. Recuperar ou tornar a ter: *O pai está lutando para reaver a guarda das crianças.* ☐ GRAMÁTICA É um verbo irregular e defectivo, pois não apresenta conjugação completa →REAVER.

reavivar ⟨re.a.vi.var⟩ v.t.d. Tornar mais forte ou mais intenso: *Suas palavras reavivaram a nossa esperança.*

rebaixamento ⟨re.bai.xa.men.to⟩ s.m. **1** Ato ou efeito de rebaixar(-se). **2** Humilhação ou depreciação de uma pessoa. **3** Em alguns esportes, passagem de uma equipe para uma categoria inferior.

rebaixar ⟨re.bai.xar⟩ ▌v.t.d./v.int./v.prnl. **1** Tornar(-se) mais baixo. ▌v.t.d./v.prnl. **2** Humilhar(-se) ou depreciar(-se): *Era um bom chefe e nunca tentou rebaixar seus funcionários.* ▌v.t.d. **3** Em uma competição esportiva, classificar (uma equipe ou um jogador) em uma categoria inferior: *As derrotas consecutivas acabaram rebaixando o time para a série B.*

rebanho ⟨re.ba.nho⟩ s.m. **1** Conjunto de cabeças de gado: *um rebanho de ovelhas.* **2** Grupo de pessoas, especialmente se forem unidas por uma religião ou se forem influenciadas na forma de agir.

rebarba ⟨re.bar.ba⟩ s.f. Porção de matéria sobressalente às bordas ou à superfície de algo.

rebarbativo, va ⟨re.bar.ba.ti.vo, va⟩ adj. Rude, grosseiro, mal-humorado ou desagradável.

rebate ⟨re.ba.te⟩ s.m. Sinal de alarme que se dá em situações de perigo.

rebater ⟨re.ba.ter⟩ v.t.d. **1** Tornar a bater. **2** Arremessar para a direção contrária. **3** Afastar ou repelir: *Gosta de rebater o frio com um chá bem quente.* **4** Contradizer ou opor-se a (algo dito) mediante argumentos ou pensamentos: *O réu rebateu todas as acusações.*

rebelar-se ⟨re.be.lar.se⟩ v.prnl. Sublevar-se ou faltar com a devida obediência: *Rebelou-se contra o que considerava uma injustiça.*

rebelde ⟨re.bel.de⟩ adj.2g./s.2g. Que ou quem apresenta resistência a uma norma estabelecida ou a uma autoridade.

rebeldia ⟨re.bel.di.a⟩ s.f. Resistência a uma norma estabelecida ou a uma autoridade: *a rebeldia da juventude.*

rebelião ⟨re.be.li.ão⟩ (pl. *rebeliões*) s.f. Sublevação ou movimento de desobediência: *uma rebelião de presos.*

rebenque ⟨re.ben.que⟩ s.m. Chicote ou açoite pequenos.

rebentação ⟨re.ben.ta.ção⟩ (pl. *rebentações*) s.f. →arrebentação

rebentar ⟨re.ben.tar⟩ v.t.d. →arrebentar

rebento, nos ⟨re.ben.to⟩ s.m. **1** Em uma planta, folha, flor ou ramo novos, ou, ainda, uma nova planta formada a partir dela: *Aquela planta vai dar flores, pois está com vários rebentos novos.* ☐ SIN. broto, gomo, grelo, olho. **2** *informal* Filho.

rebite ⟨re.bi.te⟩ s.m. **1** Haste cilíndrica, metálica, com uma cabeça em uma de suas extremidades, que se introduz em um orifício para unir duas ou mais peças, geralmente metálicas. **2** Dobra feita na ponta de um prego para que não saia do lugar onde está cravado.

rebobinar ⟨re.bo.bi.nar⟩ v.t.d. Desenrolar (uma fita ou um filme) de uma bobina e enrolá-los em outra: *Rebobine a fita antes de devolvê-la à locadora*.

rebocador ⟨re.bo.ca.dor⟩ (Pron. [rebocadôr]) s.m. Embarcação de pequeno porte, que serve para rebocar ou para puxar e empurrar outras embarcações.

rebocar ⟨re.bo.car⟩ v.t.d. **1** Arrastar ou levar (um veículo) sobre uma superfície, puxando-o: *Um guincho rebocou o carro*. **2** Cobrir ou revestir com reboco (uma superfície): *Antes de pintar a parede, foi necessário rebocar*. ☐ ORTOGRAFIA Antes de e, o c muda para *qu* →BRINCAR.

reboco ⟨re.bo.co⟩ (Pron. [rebôco]) s.m. Cobertura de uma superfície, geralmente de uma parede, com uma camada de cal e de areia ou com outro material: *O pedreiro fez o reboco da parede antes de pintá-la*.

rebojo ⟨re.bo.jo⟩ s.m. Redemoinho formado pela queda de uma cachoeira.

rebolado ⟨re.bo.la.do⟩ s.m. Movimento dos quadris de um lado para o outro, geralmente em leves círculos. ☐ SIN. requebrado.

rebolar ⟨re.bo.lar⟩ v.int./v.prnl. **1** Mover os quadris de um lado para o outro, geralmente em leves círculos. **2** *informal* Agir com astúcia ou esperteza: *Tivemos de rebolar para conseguir os ingressos*.

rebolo ⟨re.bo.lo⟩ (Pron. [rebôlo]) s.m. Pedra presa a um eixo, usada para afiar instrumentos.

reboo ⟨re.bo.o⟩ (Pron. [rebôo]) s.m. Propagação de um som que produz ruído ou barulho muito altos.

reboque ⟨re.bo.que⟩ s.m. **1** Deslocamento de um veículo ou de uma embarcação pela ação de outro que os puxa. **2** Veículo com motor preparado para puxar ou deslocar outro: *O guincho é um tipo de reboque*. **3** Corda, corrente ou objeto usados para atar um veículo àquele que o puxa. **4** Veículo sem motor que é rebocado por outro.

rebordo ⟨re.bor.do⟩ (Pron. [rebôrdo]) s.m. Tira estreita e saliente ao longo da borda de um objeto.

rebordosa ⟨re.bor.do.sa⟩ s.f. **1** Repreensão ou desaprovação severas da conduta de uma pessoa. **2** Situação confusa, conflituosa ou desagradável: *Levou uma rebordosa do chefe pela falta de comprometimento no trabalho*. **3** Doença grave, perigosa ou difícil de curar.

rebotalho ⟨re.bo.ta.lho⟩ s.m. Aquilo que sobra ou que não tem utilidade: *A miséria o reduziu a um rebotalho humano*. ☐ SIN. refugo.

rebote ⟨re.bo.te⟩ s.m. Em alguns esportes, volta da bola após bater em algum lugar ou ser rebatida.

rebuço ⟨re.bu.ço⟩ s.m. **1** Em uma capa, parte geralmente arredondada que é usada para cobrir parte do rosto. **2** Aquilo que serve para mudar ou para ocultar a aparência: *Disse o que tinha que dizer, sem rebuços*. ☐ SIN. disfarce, socapa.

rebuliço ⟨re.bu.li.ço⟩ s.m. **1** Bulício ou ruído causados pela atividade ou pela agitação de muitas pessoas: *Ouviu um rebuliço vindo da rua*. **2** Situação confusa ou desordenada, especialmente se for acompanhada de grande alvoroço ou tumulto: *A fofoca acabou causando um rebuliço entre os alunos*.

rebuscamento ⟨re.bus.ca.men.to⟩ s.m. Ato ou efeito de rebuscar.

rebuscar ⟨re.bus.car⟩ v.t.d. Adornar com requinte e exagero: *rebuscar um texto*. ☐ ORTOGRAFIA Antes de e, o c muda para *qu* →BRINCAR.

recado ⟨re.ca.do⟩ s.m. Mensagem que se envia ou se deixa a uma pessoa.

recaída ⟨re.ca.í.da⟩ s.f. **1** Piora de uma doença da qual uma pessoa estava se recuperando. **2** Volta a um estado ou a uma situação anteriores: *Teve uma recaída e voltou a fumar*.

recair ⟨re.ca.ir⟩ **I** v.t.i. **1** Ter uma piora [em uma doença]: *Tomou precauções para não recair na gripe*. **I** v.int. **2** Piorar ou voltar a ter uma doença da qual estava se recuperando. **I** v.t.i. **3** Caber ou incidir [sobre alguém]: *A responsabilidade final sempre recai sobre o chefe*. **I** v.int. **4** Voltar a um estado ou a uma situação anteriores. **I** v.t.i. **5** Corresponder ou incidir [sobre algo]: *Em café, o acento recai na última sílaba*. ☐ GRAMÁTICA É um verbo irregular →CAIR.

recalcar ⟨re.cal.car⟩ v.t.d. Refrear ou reprimir (um sentimento ou um desejo). ☐ ORTOGRAFIA Antes de e, o c muda para *qu* →BRINCAR.

recalcitrante ⟨re.cal.ci.tran.te⟩ adj.2g./s.2g. Obstinado ou resistente a mudar de opinião.

recall *(palavra inglesa)* (Pron. [ricól]) s.m. Chamado ou convocação feitos por um fabricante ou por um fornecedor para que consumidores possam trocar produtos que tenham sido vendidos a eles com algum defeito ou com alguma falha.

recalque ⟨re.cal.que⟩ s.m. Em psicologia, passagem de alguns impulsos, de algumas vontades ou de alguns pensamentos do consciente ao subconsciente.

recanto ⟨re.can.to⟩ s.m. Lugar afastado e geralmente agradável. ☐ SIN. rincão.

recapear ⟨re.ca.pe.ar⟩ v.t.d. Revestir novamente (uma via pública). ☐ ORTOGRAFIA O e muda para *ei* quando a sílaba tônica estiver na raiz do verbo →NOMEAR.

recapitulação ⟨re.ca.pi.tu.la.ção⟩ (pl. *recapitulações*) s.f. Exposição resumida com que se recorda algo exposto.

recapitular ⟨re.ca.pi.tu.lar⟩ v.t.d. Recordar ou voltar a expor de forma resumida e organizada (algo já dito ou já visto): *Hoje recapitularemos a Guerra de Canudos, vista na aula passada*.

recarga ⟨re.car.ga⟩ s.f. Colocação de uma nova carga: *a recarga de uma bateria*.

recarregar ⟨re.car.re.gar⟩ v.t.d./v.prnl. Tornar a carregar(-se): *Preciso recarregar a bateria do meu celular*. ☐ ORTOGRAFIA Antes de e, o g muda para *gu* →CHEGAR.

recatado, da ⟨re.ca.ta.do, da⟩ adj. **1** Cauteloso ou prudente na forma de agir. **2** Que tem pudor ou que respeita a moral estabelecida.

recato ⟨re.ca.to⟩ s.m. **1** Precaução, cautela ou prudência com que algo é feito: *Arrependeu-se de ter falado sem recato*. **2** Pudor ou respeito à moral estabelecida.

recauchutar ⟨re.cau.chu.tar⟩ **I** v.t.d. **1** Recobrir com caucho ou com borracha (a camada que cobre uma roda): *recauchutar um pneu*. **2** Restaurar ou deixar bom novamente (algo deteriorado): *recauchutar uma máquina*. **I** v.t.d./v.prnl. **3** *informal* Fazer ficar ou ficar nova (uma parte do corpo) por meio de uma intervenção cirúrgica.

recear ⟨re.ce.ar⟩ v.t.d./v.t.i./v.prnl. Temer (algo), ter receio [de algo] ou preocupar-se: *Receio que eles se percam no caminho*. ☐ ORTOGRAFIA O e muda para *ei* quando a sílaba tônica estiver na raiz do verbo →NOMEAR.

recebedor, -a ⟨re.ce.be.dor, do.ra⟩ (Pron. [recebedôr], [recebedôra]) **I** adj./s. **1** Que ou quem recebe. **I** s. **2** Pessoa que se dedica a receber o dinheiro pago por um serviço ou por um produto.

recebedoria ⟨re.ce.be.do.ri.a⟩ s.f. Repartição pública em que se recolhem impostos.

receber ⟨re.ce.ber⟩ v.t.d./v.t.i. **1** Tomar, aceitar [de alguém] ou ser o destinatário de (algo que se dá ou que se envia): *Já recebeu minha carta?* **2** Aceitar [de alguém]

recebimento

(uma quantia) como pagamento: *Recebo meu salário no último dia do mês.* **3** Ser castigado com (uma punição ou uma pena) [por alguém]: *O réu recebeu uma dura condenação.* ∎ v.t.d. **4** Acolher (uma visita ou um hóspede): *Não podemos sair, pois receberemos amigos para o jantar.* **5** Admitir (alguém) em uma comunidade ou instituição: *A escola recebe centenas de novos alunos todos os anos.* **6** Admitir ou aceitar: *Ela não recebe bem as críticas.* **7** Ser receptor de (uma mensagem): *Recebi seu recado pedindo que eu ligasse.* **8** Aceitar (alguém) como cônjuge: *O padre disse: Receba-a como sua legítima esposa.*
recebimento ⟨re.ce.bi.men.to⟩ s.m. Ato ou efeito de receber. ☐ SIN. recepção.
receio ⟨re.cei.o⟩ s.m. Temor ou falta de confiança: *Tenho receio de ir até lá sozinho.*
receita ⟨re.cei.ta⟩ s.f. **1** Prescrição de medicamentos feita por um médico: *Para comprar estes remédios, é necessário levar a receita médica.* **2** Instrução ou indicação dos passos necessários para a preparação de algo: *Você pode me passar a receita do bolo?* **3** Quantia apurada periodicamente: *Acabamos lucrando, pois a receita foi maior que as despesas.* ☐ SIN. renda, rendimento.
receitar ⟨re.cei.tar⟩ ∎ v.t.d./v.t.d.i. **1** Prescrever (um medicamento ou um tratamento) [ao paciente] [com indicação da dose que deve ser tomada e do uso que se deve fazer: *A médica receitou um antitérmico para baixar a febre.* ∎ v.t.d./v.t.d.i. **2** Aconselhar, indicar ou sugerir [a alguém].
receituário ⟨re.cei.tu.á.rio⟩ s.m. **1** Conjunto de receitas, geralmente aquelas que são prescritas por um médico. **2** Formulário geralmente usado pelos médicos ao prescrever uma receita.
recém-casado, da ⟨re.cém-ca.sa.do, da⟩ (pl. *recém-casados*) adj./s. Que ou quem casou há pouco tempo.
recém-chegado, da ⟨re.cém-che.ga.do, da⟩ (pl. *recém-chegados*) adj./s. Que ou quem chegou há pouco tempo: *Recém-chegados ao país, ainda se sentiam um pouco deslocados.*
recém-nascido, da ⟨re.cém-nas.ci.do, da⟩ (pl. *recém-nascidos*) adj./s. Que ou quem nasceu há pouco tempo.
recenseamento ⟨re.cen.se.a.men.to⟩ s.m. **1** Conjunto dos dados estatísticos dos habitantes de um lugar. ☐ SIN. censo. **2** Levantamento desse conjunto de dados.
recensear ⟨re.cen.se.ar⟩ v.t.d. **1** Fazer o recenseamento em (um grupo ou coletividade). **2** Relacionar ao incluir em uma lista: *A diretoria recenseou os sócios inadimplentes.* ☐ ORTOGRAFIA O e muda para ei quando a sílaba tônica estiver na raiz do verbo →NOMEAR.
recente ⟨re.cen.te⟩ adj.2g. **1** Que aconteceu há pouco tempo. **2** Novo, fresco ou que acabou de ser feito: *Tome cuidado, a pintura ainda é recente.*
receoso, sa ⟨re.ce.o.so, sa⟩ (Pron. [receôso], [receósa], [receósos], [receósas]) adj. Que tem o que demonstra receio ou falta de confiança.
recepção ⟨re.cep.ção⟩ (pl. *recepções*) s.f. **1** Ato ou efeito de receber. ☐ SIN. recebimento. **2** Em um estabelecimento, lugar em que se recebem os convidados, os visitantes ou os clientes, ou onde lhes são passadas informações: *a recepção de um hotel.* **3** Festa ou cerimônia solenes nas quais alguém é recepcionado: *A recepção da comissão esportiva será no auditório principal.* **4** Reunião festiva, geralmente entre amigos: *Nossos amigos organizaram uma recepção aos veteranos.*
recepcionar ⟨re.cep.ci.o.nar⟩ v.t.d. Receber ou acolher: *Recepcionaremos a delegação argentina no aeroporto.*
recepcionista ⟨re.cep.ci.o.nis.ta⟩ s.2g. Pessoa encarregada de atender o público na recepção de um estabelecimento: *A recepcionista do hotel entregou-nos a chave do quarto.* ☐ SIN. atendente.

receptação ⟨re.cep.ta.ção⟩ (pl. *receptações*) s.f. Ato ou efeito de receptar.
receptáculo ⟨re.cep.tá.cu.lo⟩ s.m. Objeto ou utensílio destinado a conter ou a guardar algo: *um receptáculo para alimentos.* ☐ SIN. recipiente.
receptador, -a ⟨re.cep.ta.dor, do.ra⟩ (Pron. [receptadôr], [receptadôra]) adj./s. Que ou quem recebe ou aceita um produto fruto de um crime.
receptar ⟨re.cep.tar⟩ v.t.d. Receber ou aceitar, especialmente se for algo ilícito.
receptivo, va ⟨re.cep.ti.vo, va⟩ adj. Que recebe ou que tem capacidade ou disposição favorável para receber estímulos exteriores.
receptor, -a ⟨re.cep.tor, to.ra⟩ (Pron. [receptôr], [receptôra]) ∎ adj./s. **1** Que ou quem recebe. ∎ s.m. **2** Aparelho usado para receber sinais elétricos, telegráficos, telefônicas ou radiofônicas.
recessão ⟨re.ces.são⟩ (pl. *recessões*) s.f. Em economia, queda passageira da atividade econômica, da produção e do consumo. ☐ ORTOGRAFIA É diferente de *ressecção*.
recessivo, va ⟨re.ces.si.vo, va⟩ adj. Em biologia, em relação a um gene, que manifesta sua característica hereditária quando tem as duas cópias vindas uma do cromossomo paterno e outra do materno.
recesso ⟨re.ces.so⟩ s.m. **1** Interrupção ou descanso de uma atividade: *O recesso escolar se iniciará em dezembro.* **2** Local afastado, isolado ou distante.
rechaçar ⟨re.cha.çar⟩ v.t.d. **1** Não aceitar, não admitir ou se opor a (algo): *Rechaçou o cargo que lhe ofereceram.* **2** Obrigar (um inimigo) a retroceder resistindo ao seu ataque: *rechaçar tropas inimigas.* ☐ ORTOGRAFIA Antes de e, o ç muda para c →COMEÇAR.
rechear ⟨re.che.ar⟩ ∎ v.t.d./v.t.d.i. **1** Preencher (um objeto) [com aquilo que é necessário]: *rechear uma almofada.* **2** Preencher (o interior de um alimento) [com ingredientes distintos]: *rechear um bolo.* ☐ ORTOGRAFIA O e muda para ei quando a sílaba tônica estiver na raiz do verbo →NOMEAR.
recheio ⟨re.chei.o⟩ s.m. **1** Aquilo que é usado para encher algo: *um travesseiro com recheio de penas.* **2** Preparado ou mistura com diferentes ingredientes que se colocam no interior ou entre as camadas de um prato: *um bolo com recheio de chocolate.*
rechonchudo, da ⟨re.chon.chu.do, da⟩ adj. *informal* Gordo e com pouca altura.
recibo ⟨re.ci.bo⟩ s.m. Documento em que se declara ter recebido algo, geralmente um pagamento: *O recibo é o comprovante de que já paguei pelo serviço.*
reciclagem ⟨re.ci.cla.gem⟩ (pl. *reciclagens*) s.f. Ato ou efeito de reciclar(-se): *A reciclagem evita o acúmulo de lixo nas cidades e diminui a destruição do meio ambiente.*
reciclar ⟨re.ci.clar⟩ ∎ v.t.d. **1** Submeter (materiais usados) a um processo que os torna novamente utilizáveis: *As pessoas devem separar, em suas residências, vidros, plásticos e papéis para reciclá-los.* ∎ v.t.d./v.prnl. **2** Atualizar(-se) (um profissional) e colocar em dia sua capacitação técnica ou seus conhecimentos: *Quem deseja uma boa colocação no mercado de trabalho precisa se reciclar constantemente.*
recidiva ⟨re.ci.di.va⟩ s.f. Retorno de uma doença algum tempo após a recuperação. ☐ SIN. reincidência.
recife ⟨re.ci.fe⟩ s.m. Rochedo ou banco de coral que fica no fundo do mar e que pode chegar muito próximo da superfície ou ultrapassá-la. ☐ ORTOGRAFIA Escreve-se também *arrecife*.
recifense ⟨re.ci.fen.se⟩ adj.2g./s.2g. De Recife ou relacionado à capital do estado brasileiro de Pernambuco.
recinto ⟨re.cin.to⟩ s.m. Espaço existente entre limites determinados: *Quando saí, havia três pessoas no recinto.*

recipiente ⟨re.ci.pi.en.te⟩ s.m. **1** Objeto ou utensílio destinado a conter ou a guardar algo. □ SIN. receptáculo. **2** Objeto destinado a receber substâncias para operações químicas.

reciprocidade ⟨re.ci.pro.ci.da.de⟩ s.f. Condição de recíproco: *A amizade exige reciprocidade.*

recíproco, ca ⟨re.cí.pro.co, ca⟩ adj. **1** Em relação especialmente a uma ação ou a um sentimento, que são recebidos na mesma medida em que são dados. **2** Em linguística, em relação a um verbo, que é realizado por dois ou mais sujeitos e recai sobre todos eles.

récita ⟨ré.ci.ta⟩ s.f. Apresentação de um concerto ou de uma peça teatral.

recitação ⟨re.ci.ta.ção⟩ (pl. *recitações*) s.f. Ato ou efeito de recitar.

recital ⟨re.ci.tal⟩ (pl. *recitais*) s.m. Espetáculo musical, geralmente realizado por um solista.

recitar ⟨re.ci.tar⟩ v.t.d. **1** Pronunciar em voz alta e com uma determinada entonação (um poema). **2** Dizer em voz alta e com clareza.

recitativo, va ⟨re.ci.ta.ti.vo, va⟩ ▌ adj./s.m. **1** Em relação a um estilo ou a uma composição musicais, que são um meio-termo entre a recitação e o canto. ▌ s.m. **2** Em uma ópera, trecho em que o cantor declama um texto em vez de cantá-lo.

reclamação ⟨re.cla.ma.ção⟩ (pl. *reclamações*) s.f. Ato ou efeito de reclamar.

reclamar ⟨re.cla.mar⟩ ▌ v.t.i. **1** Manifestar uma queixa [sobre algo que se considera injusto ou insatisfatório]: *Os clientes reclamaram da má qualidade do atendimento do hotel.* ▌ v.int. **2** Manifestar uma queixa. ▌ v.t.d./v.t.d.i. **3** Exigir ou pedir (algo) [a alguém] por direito ou de forma insistente: *Resolveram reclamar na Justiça os salários atrasados.*

reclame ⟨re.cla.me⟩ s.m. Anúncio ou propaganda veiculados na mídia.

reclassificar ⟨re.clas.si.fi.car⟩ v.t.d. Tornar a classificar. □ ORTOGRAFIA Antes de e, o c muda para *qu* →BRINCAR.

reclinar ⟨re.cli.nar⟩ v.t.d./v.prnl. **1** Inclinar(-se) ou afastar(-se) da posição vertical: *reclinar uma poltrona.* **2** Recostar(-se) ou acomodar(-se): *Reclinou-se sobre as almofadas.*

reclusão ⟨re.clu.são⟩ (pl. *reclusões*) s.f. Isolamento, afastamento ou prisão voluntários ou forçados.

recluso, sa ⟨re.clu.so, sa⟩ adj./s. Que ou quem está isolado, afastado ou preso, voluntária ou forçadamente.

recobrar ⟨re.co.brar⟩ ▌ v.t.d. **1** Voltar a ter: *Com o fim do processo, recobrou seus bens.* ▌ v.prnl. **2** Recuperar-se, reanimar-se ou restabelecer-se: *recobrar-se de uma doença.*

recobrir ⟨re.co.brir⟩ v.t.d./v.prnl. Cobrir(-se) ou revestir(-se): *A pleura é a membrana que recobre o pulmão.* □ GRAMÁTICA É um verbo irregular →COBRIR.

recolher ⟨re.co.lher⟩ ▌ v.t.d. **1** Pegar ou retirar: *A professora recolheu os trabalhos no final da aula.* **2** Guardar, colocar ou dispor de forma ordenada: *Quando terminar de jogar, recolha os brinquedos.* **3** Pegar (algo caído): *Recolha o lixo do chão e coloque-o no cesto.* ▌ v.t.d./v.t.d.i. **4** Cobrar ou receber (uma quantia de dinheiro) [de alguém]: *Ela irá recolher cinco reais de cada aluno para comprar um presente.* □ SIN. arrecadar. ▌ v.t.d. **5** Voltar a juntar ou a dobrar: *Recolha o toldo, pois parou de chover.* **6** Acolher, dar asilo ou dar alojamento a. **7** Juntar e guardar pouco a pouco: *A jornalista recolheu muitas informações sobre aquele assunto.* ▌ v.prnl. **8** Retirar-se a algum lugar, geralmente para descansar ou para dormir: *Meus pais costumam se recolher muito cedo.*

recolhimento ⟨re.co.lhi.men.to⟩ s.m. **1** Ato ou efeito de recolher(-se). **2** Isolamento ou afastamento, geralmente para o repouso ou para a meditação.

recolocar ⟨re.co.lo.car⟩ v.t.d. Colocar no lugar ou na posição de origem: *Recoloquem os encostos das poltronas na posição vertical.* □ ORTOGRAFIA Antes de e, o c muda para *qu* →BRINCAR.

recomeçar ⟨re.co.me.çar⟩ v.t.d./v.int. Começar novamente ou prosseguir: *Depois de um breve intervalo, a palestra recomeçou.* □ SIN. reiniciar. □ ORTOGRAFIA Antes de e, o ç muda para c →COMEÇAR.

recomendação ⟨re.co.men.da.ção⟩ (pl. *recomendações*) ▌ s.f. **1** Ato ou efeito de recomendar. ▌ s.f.pl. **2** Expressão usada para indicar saudação ou cumprimento: *Dê minhas recomendações a sua esposa.*

recomendar ⟨re.co.men.dar⟩ ▌ v.t.d./v.t.d.i. **1** Aconselhar ou sugerir (algo que se considera benéfico) [a alguém]: *O médico recomendou tratamento homeopático. Os professores nos recomendaram este livro.* ▌ v.t.d.i. **2** Pedir, solicitar ou ordenar (aquilo que se quer) [a alguém]: *Os pais lhe recomendaram que voltasse para casa.* **3** Indicar (uma pessoa) [a outra] pedindo atenção e boa vontade: *Recomendo este aluno por suas qualidades.*

recomendável ⟨re.co.men.dá.vel⟩ (pl. *recomendáveis*) adj.2g. Que deve ser recomendado ou que é conveniente.

recompensa ⟨re.com.pen.sa⟩ s.f. Compensação ou retribuição por uma boa ação ou por um serviço: *Os donos do cachorro ofereceram uma recompensa para quem encontrá-lo.*

recompensar ⟨re.com.pen.sar⟩ v.t.d. Compensar ou retribuir (alguém) por uma boa ação ou um serviço. □ SIN. premiar.

recompor ⟨re.com.por⟩ v.t.d./v.prnl. Recuperar(-se) ou restabelecer(-se): *Com o novo emprego, pôde recompor suas finanças.*

recôncavo ⟨re.côn.ca.vo⟩ s.m. Cavidade profunda.

reconciliação ⟨re.con.ci.li.a.ção⟩ (pl. *reconciliações*) s.f. Ato ou efeito de reconciliar(-se).

reconciliar ⟨re.con.ci.li.ar⟩ ▌ v.t.d. **1** Estabelecer a paz, a harmonia ou a amizade entre (duas partes ou duas pessoas em conflito): *reconciliar inimigos.* ▌ v.t.d.i. **2** Estabelecer a paz, a harmonia ou a amizade de (uma parte ou uma pessoa) [com outra com quem está em conflito]: *Afinal, conseguiram reconciliá-la com a família.* ▌ v.prnl. **3** Fazer as pazes ou harmonizarem-se (duas partes ou duas pessoas em conflito): *Depois de anos afastados, os irmãos se reconciliaram.*

recondicionar ⟨re.con.di.ci.o.nar⟩ v.t.d. Recuperar ou restituir ao estado ou à condição anteriores.

recôndito, ta ⟨re.côn.di.to, ta⟩ adj. Muito escondido, reservado ou oculto.

reconduzir ⟨re.con.du.zir⟩ v.t.d./v.t.d.i. Levar novamente ou fazer retornar (algo ou alguém) [a um lugar ou a uma situação]: *Foi conduzido ao cargo de prefeito.* □ GRAMÁTICA É um verbo regular, mas perde o e final na terceira pessoa do singular do presente do indicativo →PRODUZIR.

reconfortante ⟨re.con.for.tan.te⟩ adj.2g. Que reconforta.

reconfortar ⟨re.con.for.tar⟩ v.t.d./v.prnl. Devolver ou retomar a força ou o ânimo perdidos: *Suas palavras nos reconfortaram.*

reconhecer ⟨re.co.nhe.cer⟩ v.t.d. **1** Distinguir ou identificar entre outros por traços ou por características próprios: *Você não está me reconhecendo?* **2** Admitir ou confessar (um fato real): *Ele reconheceu sua culpa.* **3** Assumir a paternidade de (alguém): *Finalmente o pai reconheceu a criança.* **4** Agradecer ou demonstrar gratidão a: *A empresa reconhece o esforço dos funcionários.* **5** Admitir ou aceitar como bom, verdadeiro ou legítimo: *A metrópole tardou a reconhecer a independência de suas colônias.* □ ORTOGRAFIA Antes de a ou o, o c muda para ç →CONHECER.

reconhecimento ⟨re.co.nhe.ci.men.to⟩ s.m. **1** Ato ou efeito de reconhecer. **2** Gratidão ou demonstração de

reconhecível

agradecimento: *Quero expressar meu reconhecimento a todos aqueles que me ajudaram.*

reconhecível ⟨re.co.nhe.cí.vel⟩ (pl. *reconhecíveis*) adj.2g. Que se pode reconhecer.

reconquista ⟨re.con.quis.ta⟩ s.f. **1** Ato ou efeito de reconquistar. **2** Recuperação de algo que se havia perdido.

reconquistar ⟨re.con.quis.tar⟩ v.t.d. Recuperar ou tornar a conquistar (algo que se havia perdido): *Reconquistou a confiança dos amigos.*

reconsiderar ⟨re.con.si.de.rar⟩ v.t.d. Considerar novamente (um assunto), especialmente se for para dar-lhe uma solução diferente: *Ele reconsiderou sua decisão.*

reconstituição ⟨re.cons.ti.tu.i.ção⟩ (pl. *reconstituições*) s.f. Ato ou efeito de reconstituir.

reconstituinte ⟨re.cons.ti.tu.in.te⟩ adj.2g. **1** Que reconstitui: *um tônico reconstituinte.* ▌ s.m. **2** Remédio ou medicamento que fortalecem o organismo. ☐ SIN. tônico.

reconstituir ⟨re.cons.ti.tu.ir⟩ v.t.d. Refazer ou dar o aspecto ou a forma originais a (algo desfeito ou danificado): *A polícia reconstituiu a cena do crime.* ☐ ORTOGRAFIA Usa-se *i* em vez do *e* comum na conjugação do presente do indicativo e do imperativo afirmativo →ATRIBUIR.

reconstrução ⟨re.cons.tru.ção⟩ (pl. *reconstruções*) s.f. Ato ou efeito de reconstruir.

reconstruir ⟨re.cons.tru.ir⟩ v.t.d. **1** Reparar ou construir novamente (algo desfeito ou destruído): *Vão reconstruir a antiga estrada.* **2** Recomeçar ou reconstituir: *Resolveu reconstruir a vida em outro país.* ☐ ORTOGRAFIA Usa-se *i* em vez do *e* comum na conjugação do presente do indicativo e do imperativo afirmativo →ATRIBUIR. ☐ GRAMÁTICA É um verbo irregular →CONSTRUIR.

recontar ⟨re.con.tar⟩ ▌ v.t.d./v.t.d.i. **1** Narrar novamente (uma história) [a alguém]. ▌ v.t.d. **2** Calcular ou computar novamente: *Recontaram os votos válidos.*

recontratar ⟨re.con.tra.tar⟩ v.t.d. Contratar novamente.

recordação ⟨re.cor.da.ção⟩ (pl. *recordações*) s.f. **1** Ato ou efeito de recordar(-se). **2** Aquilo que serve para lembrar: *Todos receberam um presente como recordação do casamento.*

recordar ⟨re.cor.dar⟩ ▌ v.t.d./v.t.d.i. **1** Trazer (um fato ou uma informação) à memória [de alguém]: *Passaram horas recordando a infância.* ▌ v.t.i./v.prnl. **2** Lembrar(-se) [de um fato ou uma informação].

recorde ⟨re.cor.de⟩ s.m. **1** Em um esporte, marca registrada oficialmente que ultrapassa as anteriores obtidas na mesma modalidade. **2** Aquilo que representa o nível máximo alcançado em uma atividade: *O livro foi um recorde de vendas. A Seleção tem o recorde de vitórias em Copas.* ☐ USO É inadequada a forma **récorde*, ainda que esteja difundida na linguagem coloquial.

recordista ⟨re.cor.dis.ta⟩ adj.2g./s.2g. Em relação especialmente a um esportista, que tem a melhor marca ou pontuação em sua especialidade.

reco-reco ⟨re.co-re.co⟩ (pl. *reco-recos*) s.m. Instrumento musical de percussão, de comprimento variável, geralmente de madeira ou de bambu, que produz som mediante a fricção de uma vareta nos sulcos existentes em sua superfície. ☐ SIN. ganzá. [👁 **instrumento de percussão** p. 614]

recorrer ⟨re.cor.rer⟩ ▌ v.t.i. **1** Acudir [a uma pessoa ou a uma coisa] em caso de necessidade para que ajudem a solucionar algo: *Quando não sabe o significado de uma palavra, recorre sempre ao dicionário.* **2** Lançar mão ou valer-se [de um recurso]: *Recorremos à Justiça para reaver o imóvel.* ▌ v.t.i./v.int. **3** Em direito, apresentar um recurso [contra uma decisão ou uma sentença]: *Resolvemos recorrer da decisão do juiz.* ☐ GRAMÁTICA Nas acepções 1 e 2, usa-se a construção *recorrer* A *(algo/alguém)*.

recortar ⟨re.cor.tar⟩ v.t.d. **1** Cortar (uma das partes de um todo), separando-a do resto: *Recortei este anúncio do jornal.* **2** Cortar formando figuras: *Recorte e cole as figurinhas no caderno.*

recorte ⟨re.cor.te⟩ s.m. **1** Corte das partes de um todo, separando-as do resto: *o recorte de uma imagem.* **2** Pedaço recortado: *um recorte de jornal.*

recostar ⟨re.cos.tar⟩ v.t.d./v.t.d.i./v.prnl. Inclinar, apoiar [em algo] ou estender-se: *Recostou-se no sofá para descansar.*

recosto ⟨re.cos.to⟩ (Pron. [recôsto]) s.m. Em um assento, parte em que se apoiam as costas: *o recosto de uma cadeira.*

recreação ⟨re.cre.a.ção⟩ (pl. *recreações*) s.f. Diversão ou entretenimento. ☐ SIN. recreio.

recrear ⟨re.cre.ar⟩ v.t.d./v.prnl. Alegrar(-se), divertir(-se) ou entreter(-se): *No intervalo, palhaços recreavam as crianças.* ☐ ORTOGRAFIA **1.** É diferente de *recriar.* **2.** O *e* muda para *ei* quando a sílaba tônica estiver na raiz do verbo →NOMEAR.

recreativo, va ⟨re.cre.a.ti.vo, va⟩ adj. Que diverte ou que entretém, ou que é capaz disso.

recreio ⟨re.crei.o⟩ s.m. **1** Intervalo entre as aulas para que os alunos descansem. **2** Diversão ou entretenimento: *Jogar cartas é o seu maior recreio.* ☐ SIN. recreação.

recriar ⟨re.cri.ar⟩ v.t.d. **1** Criar ou reproduzir seguindo as características de um modelo: *Este filme recria a atmosfera dos antigos cabarés.* **2** Reorganizar ou dar nova forma a: *No intervalo, palhaços recreavam as crianças.* ☐ ORTOGRAFIA É diferente de *recrear.*

recriminação ⟨re.cri.mi.na.ção⟩ (pl. *recriminações*) s.f. Ato ou efeito de recriminar: *um olhar de recriminação.*

recriminar ⟨re.cri.mi.nar⟩ v.t.d. Censurar, criticar ou reprovar: *Recriminaram seus modos grosseiros.*

recrudescer ⟨re.cru.des.cer⟩ v.int. Aumentar em intensidade ou tornar-se mais grave: *Mesmo com o tratamento, os sintomas recrudesceram.* ☐ ORTOGRAFIA Antes de *a* ou *o*, o *c* muda para *ç* →CONHECER.

recruta ⟨re.cru.ta⟩ s.2g. Pessoa que acaba de ser admitida no serviço militar.

recrutamento ⟨re.cru.ta.men.to⟩ s.m. Ato ou efeito de recrutar.

recrutar ⟨re.cru.tar⟩ v.t.d. **1** Convocar, especialmente se for para o serviço militar: *recrutar soldados.* **2** Reunir para um fim determinado: *Para a campanha de prevenção contra doenças, recrutaram os melhores médicos.*

recuar ⟨re.cu.ar⟩ ▌ v.t.d./v.int. **1** Fazer ir ou ir para trás: *Recuou ao avistar os cães no portão.* ▌ v.t.i. **2** Desistir ou abrir mão [de um propósito ou uma intenção]: *Acabou recuando de sua decisão.* ▌ v.int. **3** Desistir ou abrir mão de um propósito ou de uma intenção: *Queriam viajar, mas recuaram.*

recuo ⟨re.cu.o⟩ s.m. **1** Movimento ou ida para trás. **2** Em um alinhamento, espaço que fica mais para trás.

recuperação ⟨re.cu.pe.ra.ção⟩ (pl. *recuperações*) s.f. **1** Ato ou efeito de recuperar(-se). **2** Em relação a um estudante, período de tempo que deve dedicar aos estudos para se submeter a uma nova avaliação.

recuperar ⟨re.cu.pe.rar⟩ ▌ v.t.d. **1** Tornar a possuir ou a adquirir (algo que se havia perdido): *Conseguimos recuperar nossas malas no aeroporto.* **2** Consertar ou restaurar (algo danificado ou destruído): *A Prefeitura está recuperando os monumentos da cidade.* ▌ v.t.d./v.prnl. **3** Recobrar(-se) ou restabelecer(em)-se (a saúde ou um estado de espírito): *O mês de férias lhe permitiu recuperar-se.* **4** Reintegrar(-se) (alguém) a um grupo ou ao meio social: *A campanha visa recuperar jovens infratores.*

recurso ⟨re.cur.so⟩ ▌ s.m. **1** Alternativa ou meio a que se recorre em caso de necessidade: *Ele sempre fala que a violência era o recurso dos incompetentes.* **2** Em direito, reclamação contra as resoluções determinadas por um juiz, por um tribunal ou por uma autoridade administrativa: *Não concordou com a decisão do juiz e entrou com um recurso no tribunal.* ∎ s.m.pl. **3** Bens ou riqueza: *É uma pessoa sem muitos recursos.* ‖ **recursos humanos** Departamento de uma empresa que se ocupa de selecionar os candidatos a trabalhar nela, bem como atender as necessidades dos funcionários.

recurvar ⟨re.cur.var⟩ v.t.d./v.prnl. Curvar(-se) novamente.

recusa ⟨re.cu.sa⟩ s.f. Negação ou falta de aceitação: *a recusa de um convite*.

recusar ⟨re.cu.sar⟩ ∎ v.t.d. **1** Não aceitar ou não querer aceitar: *Os diretores recusaram a proposta do investidor.* ∎ v.t.d./v.t.d.i. **2** Negar [a alguém] (algo solicitado): *O juiz recusou o pedido de soltura do acusado.* ∎ v.prnl. **3** Opor-se ou negar-se: *Os baderneiros se recusaram a sair do local.* ◻ GRAMÁTICA Na acepção 3, usa-se a construção *recusar-se A algo*.

redação ⟨re.da.ção⟩ (pl. *redações*) s.f. **1** Texto ou trabalho escrito. **2** Exercício escolar que consiste em redigir um texto, geralmente dissertativo. **3** Conjunto dos redatores de uma publicação ou de uma editora. **4** Local de trabalho desses redatores: *a redação de um jornal*.

redarguir ⟨re.dar.guir⟩ (Pron. [redargüir]) ∎ v.t.i. **1** Replicar ou responder com argumentos [a alguém] ou a uma afirmação]: *O advogado redarguiu às acusações do promotor.* ∎ v.t.d./v.t.d.i **2** Contrapor ou dar como resposta (uma ideia) [a alguém]: *O suspeito redarguiu que tinha um álibi.* ◻ ORTOGRAFIA Usa-se *i* em vez do *e* comum na conjugação do presente do indicativo e do imperativo afirmativo →ATRIBUIR.

redator, -a ⟨re.da.tor, to.ra⟩ (Pron. [redatôr], [redatôra]) adj./s. Que ou quem se dedica profissionalmente a redigir textos.

rede ⟨re.de⟩ (Pron. [rêde]) s.f. **1** Tecido feito com fios, cordas ou arame trabalhados em formato de malha: *O pescador jogou a rede no mar.* **2** Peça feita de tecido resistente, com duas alças, que serve para descansar ou dormir: *Deitou-se na rede e dormiu.* **3** Conjunto de instalações ou de construções do mesmo tipo ou com uma mesma função, organizados em um sistema: *A rede metroviária dessa cidade é bastante extensa.* ◻ SIN. malha. **4** Conjunto organizado de diferentes elementos, especialmente fios condutores, encanamentos ou vias de comunicação: *A rede de esgotos foi ampliada recentemente.* **5** Organização ou grupo de pessoas: *A polícia desmontou mais uma rede de tráfico de drogas.* **6** Em informática, sistema constituído por computadores conectados entre si, que permite compartilhar recursos e trocar mensagens: *Tivemos problemas com a rede depois da queda de energia.* **7** *informal* Internet: *Vou acessar a rede em busca dessa informação.*

rédea ⟨ré.dea⟩ s.f. **1** Cada uma das duas correias ou cintas que ficam presas à boca de um animal de montaria e que servem para dirigi-lo e governá-lo. **2** Direção, governo ou controle de algo: *Quando o pai faleceu, assumiu as rédeas dos negócios*.

redemoinho ⟨re.de.mo.i.nho⟩ s.m. →remoinho

redenção ⟨re.den.ção⟩ (pl. *redenções*) s.f. Ato ou efeito de redimir(-se).

redentor, -a ⟨re.den.tor, to.ra⟩ (Pron. [redentôr], [redentôra]) adj./s. Que ou quem redime.

redescobrir ⟨re.des.co.brir⟩ v.t.d. Tornar a descobrir ou a encontrar. ◻ GRAMÁTICA É um verbo irregular →COBRIR.

redigir ⟨re.di.gir⟩ v.t.d./v.int. Expressar(-se) por escrito: *Cruz e Souza redigiu belíssimos poemas simbolistas.* ◻ ORTOGRAFIA Antes de *a* ou *o*, o *g* muda para *j* →FUGIR.

reduzir

redil ⟨re.dil⟩ (pl. *redis*) s.m. **1** Lugar onde os pastores recolhem o rebanho para resguardá-lo do frio e do mau tempo. ◻ SIN. aprisco. **2** Conjunto de fiéis cristãos.

redimir ⟨re.di.mir⟩ ∎ v.t.d. **1** Livrar ou isentar (alguém): *Suas desculpas não o redimem do mal que causou.* ∎ v.prnl. **2** Recuperar-se ou reabilitar-se: *Desejava redimir-se de seus pecados.* ◻ ORTOGRAFIA Escreve-se também *remir*.

redistribuir ⟨re.dis.tri.bu.ir⟩ v.t.d./v.t.d.i. Tornar a distribuir (algo) [a alguém], especialmente se for de uma nova forma: *Redistribuíram as tarefas entre os funcionários.* ◻ ORTOGRAFIA Usa-se *i* em vez do *e* comum na conjugação do presente do indicativo e do imperativo afirmativo →ATRIBUIR.

redivivo, va ⟨re.di.vi.vo, va⟩ adj. Que voltou à vida, ressuscitado ou renovado.

redobrar ⟨re.do.brar⟩ ∎ v.t.d./v.int./v.prnl. **1** Tornar ou ficar várias vezes maior: *Tivemos que redobrar nossos esforços.* ∎ v.t.d./v.int. **2** Fazer soar ou soar novamente (um sino).

redoma ⟨re.do.ma⟩ s.f. Cúpula de vidro que se coloca sobre um objeto delicado para protegê-lo.

redondeza ⟨re.don.de.za⟩ (Pron. [redondêza]) s.f. **1** Conjunto de características daquilo que é redondo, como a ausência de ângulos ou de arestas. **2** Em relação a um lugar, conjunto de áreas próximas a ele ou que o rodeiam: *Gosta de caminhar pelas redondezas.* ◻ USO Na acepção 2, usa-se geralmente a forma plural *redondezas*.

redondilha ⟨re.don.di.lha⟩ s.f. Em métrica, verso de cinco ou de sete sílabas.

redondo, da ⟨re.don.do, da⟩ adj. **1** Com forma circular ou esférica, ou semelhante a elas. **2** Perfeito, completo ou bem acabado: *O trabalho ficou redondo!*

redor ⟨re.dor⟩ s.m. Espaço que rodeia um lugar: *Havia um tumulto em todo o redor da casa.* ‖ **{ao/em} redor (de)** Em volta ou em torno: *Há um jardim ao redor de nossa escola.*

redução ⟨re.du.ção⟩ (pl. *reduções*) s.f. Ato ou efeito de reduzir(-se).

redundância ⟨re.dun.dân.cia⟩ s.f. Repetição desnecessária de uma palavra, de uma ideia ou de um conceito: *Dizer subir para cima é uma redundância, pois o significado de para cima já está incluso no de subir.*

redundante ⟨re.dun.dan.te⟩ adj.2g. Que é repetitivo, excessivo ou que apresenta redundância.

redundar ⟨re.dun.dar⟩ ∎ v.t.i. **1** Ter como consequência ou resultar [em algo]: *Seus esforços redundaram em boas notas.* ∎ v.int. **2** Ser excessivo ou redundante: *Nesse parágrafo redundam adjetivos.*

redutível ⟨re.du.tí.vel⟩ (pl. *redutíveis*) adj.2g. **1** Que se pode reduzir. **2** Em matemática, em relação a uma fração, que se pode simplificar por possuírem termos com o mesmo divisor comum.

reduto ⟨re.du.to⟩ s.m. **1** Lugar fechado e protegido, usado geralmente como abrigo ou como esconderijo. **2** Lugar de concentração ou de encontro habitual de pessoas: *O bairro da Liberdade, em São Paulo, é um reduto de orientais.*

redutor, -a ⟨re.du.tor, to.ra⟩ (Pron. [redutôr], [redutôra]) adj./s. Que ou quem reduz.

reduzir ⟨re.du.zir⟩ ∎ v.t.d./v.prnl. **1** Diminuir em tamanho, em quantidade ou em intensidade. ∎ v.t.d.i. **2** Transformar ou converter (uma coisa) [em outra diferente]: *O moinho reduz o trigo a farinha.* **3** Resumir (algo) [em poucas razões ou em algo mais simples]: *Reduz seu exercício físico a caminhadas pelo bairro.* ∎ v.t.d. **4** Simplificar (uma fração): *Para reduzir a fração, dividiu numerador e denominador pelo mesmo número.* ◻ GRAMÁTICA É um verbo regular, mas perde o *e* final na terceira pessoa do singular do presente do indicativo →PRODUZIR.

reedição

reedição ⟨ree.di.ção⟩ (pl. *reedições*) s.f. Nova edição de uma obra impressa.
reedificar ⟨ree.di.fi.car⟩ v.t.d. Tornar a construir (algo desfeito ou destruído). ☐ ORTOGRAFIA Antes de e, o c muda para qu →BRINCAR.
reeditar ⟨ree.di.tar⟩ v.t.d. **1** Editar novamente (algo impresso): *reeditar um livro*. **2** Retomar ou repetir: *Conseguiram reeditar a semana de moda na cidade*.
reeducar ⟨ree.du.car⟩ v.t.d. Tornar a educar, modificar ou reabilitar: *A campanha visa reeducar os maus motoristas*. ☐ ORTOGRAFIA Antes de e, o c muda para qu →BRINCAR.
reeleger ⟨ree.le.ger⟩ v.t.d./v.prnl. Eleger(-se) novamente: *O povo reelegeu o governador*. ☐ ORTOGRAFIA Antes de a e o, o g muda para j →ELEGER. ☐ GRAMÁTICA É um verbo abundante, pois apresenta dois particípios: *reelegido* e *reeleito*.
reembolsar ⟨reem.bol.sar⟩ ▌v.t.d./v.prnl. **1** Devolver (uma quantia de dinheiro) ou restituir-se: *A loja deve reembolsar o valor da mercadoria defeituosa*. ▌v.t.d. **2** Devolver uma quantia de dinheiro a (alguém): *reembolsar um cliente*.
reembolso ⟨reem.bol.so⟩ (Pron. [reembôlso]) s.m. Devolução ou restituição de uma quantia de dinheiro. ‖ **reembolso postal** Serviço em que se paga por um objeto enviado através do correio ou de uma agência transportadora no momento de recebê-lo.
reencarnação ⟨reen.car.na.ção⟩ (pl. *reencarnações*) s.f. **1** Ato ou efeito de reencarnar. **2** Em algumas crenças ou religiões, encarnação de um espírito em um novo corpo.
reencarnar ⟨reen.car.nar⟩ v.int./v.prnl. Tornar a ter forma material (um ser espiritual).
reencontrar ⟨reen.con.trar⟩ v.t.d./v.prnl. Tornar a encontrar(-se): *Reencontrei o livro que havia perdido. Os velhos amigos se reencontraram*. ☐ GRAMÁTICA Como pronominal, usa-se a construção *reencontrar-se com alguém*.
reencontro ⟨reen.con.tro⟩ s.m. Ato de encontrar novamente algo ou alguém: *Ficou feliz pelo reencontro com os filhos*.
reentrância ⟨reen.trân.cia⟩ s.f. Em uma superfície, ângulo ou curvatura para dentro: *O cérebro humano possui muitas reentrâncias*.
reentrante ⟨reen.tran.te⟩ adj.2g. Que forma reentrância.
reentrar ⟨reen.trar⟩ ▌v.t.i. **1** Tornar a entrar [em um lugar]. ▌v.int. **2** Tornar a entrar.
reenviar ⟨reen.vi.ar⟩ v.t.d. Devolver ou tornar a enviar: *Tivemos de reenviar o formulário de inscrição*.
reerguer ⟨reer.guer⟩ v.t.d./v.prnl. Erguer(-se) novamente. ☐ ORTOGRAFIA Antes de a e o, o gu muda para g →ERGUER.
reescrever ⟨rees.cre.ver⟩ v.t.d. Escrever (algo já escrito) novamente, especialmente se for para corrigi-lo ou para alterá-lo.
reestruturação ⟨rees.tru.tu.ra.ção⟩ (pl. *reestruturações*) s.f. Ato ou efeito de reestruturar.
reestruturar ⟨rees.tru.tu.rar⟩ v.t.d. Modificar ou organizar novamente (algo estruturado).
reexaminar ⟨ree.xa.mi.nar⟩ v.t.d. Examinar novamente: *O perito reexaminou as provas do crime*.
refazer ⟨re.fa.zer⟩ ▌v.t.d. **1** Tornar a fazer: *refazer um plano*. **2** Restaurar, reformar ou corrigir: *Preferiu refazer a pintura da sala*. ▌v.t.d./v.prnl. **3** Restabelecer(-se), fortalecer(-se) ou revigorar(-se) (a saúde ou o estado de espírito): *Uma boa refeição irá me refazer. Refez-se após o tratamento*. ▌v.t.d. **4** Fazer (um percurso) novamente: *Perdidos, tivemos de refazer o caminho de volta*. ☐ GRAMÁTICA É um verbo irregular →FAZER.
refeição ⟨re.fei.ção⟩ (pl. *refeições*) s.f. Ato de comer, geralmente em horários fixos: *O almoço é uma refeição servida por volta do meio-dia*. ☐ SIN. comida.

refeitório ⟨re.fei.tó.rio⟩ s.m. Lugar utilizado para alimentação de uma grande quantidade de pessoas.
refém ⟨re.fém⟩ (pl. *reféns*) s.2g. Pessoa capturada que se utiliza como garantia para obrigar outra a cumprir determinadas condições ou exigências.
referência ⟨re.fe.rên.cia⟩ ▌s.f. **1** Em uma obra escrita, remissão a outra parte do texto ou a outra obra: *No final do texto, há uma referência ao capítulo um*. **2** Aquilo que serve como base, como modelo ou como guia: *Candido Portinari é uma referência na pintura brasileira*. **3** Aquilo que serve como fonte de informação para pesquisa ou para consulta: *Os dicionários são obras de referência*. ▌s.f.pl. **4** Informações sobre a idoneidade ou a capacidade de uma pessoa: *Para a contratação, pediram-me referências pessoais*.
referencial ⟨re.fe.ren.ci.al⟩ (pl. *referenciais*) adj.2g./s.m. Que serve como referência.
referendar ⟨re.fe.ren.dar⟩ v.t.d. **1** Assinar (um documento) como responsável: *O presidente do banco referendou o contrato de patrocínio*. **2** Em relação a um ministro, assinar (um documento) que deve ser publicado abaixo da assinatura do chefe do governo: *A ministra referendou o decreto sobre a reforma educacional*. **3** Aceitar, aprovar ou confirmar novamente: *Os diretores referendaram as normas internas*.
referendo ⟨re.fe.ren.do⟩ s.m. Procedimento jurídico pelo qual se submete à votação popular algo de especial importância para que seja aprovado pela população: *Em 2005 houve um referendo no Brasil sobre o desarmamento*.
referente ⟨re.fe.ren.te⟩ adj.2g. Que se refere a algo ou que trata dele.
referir ⟨re.fe.rir⟩ ▌v.t.d. **1** Citar, mencionar ou fazer referência a: *Naquele diário, referia os acontecimentos de sua vida*. ▌v.prnl. **2** Aludir direta ou indiretamente: *Refiro-me a dois casos que ouvi recentemente*. ☐ GRAMÁTICA 1. É um verbo irregular →SERVIR. 2. Na acepção 2, usa-se a construção *referir-se a (algo/alguém)*.
referver ⟨re.fer.ver⟩ v.t.d./v.int. Ferver novamente ou ferver muito: *A água refervia na panela*.
refestelar-se ⟨re.fes.te.lar-se⟩ v.prnl. **1** Deleitar-se ou comprazer-se. **2** Sentar-se comodamente, estendendo e recostando o corpo: *Chegou da aula e refestelou-se no sofá*.
refil ⟨re.fil⟩ (pl. *refis*) s.m. Peça ou produto que se utilizam para substituir outros do mesmo tipo que já não servem mais: *um refil de xampu*.
refinação ⟨re.fi.na.ção⟩ (pl. *refinações*) s.f. . **1** Ato ou efeito de refinar(-se). ☐ SIN. **refinamento**. **2** Requinte, apuro ou esmero: *Ele possui uma refinação na maneira de se vestir*. ☐ SIN. **refinamento**.
refinamento ⟨re.fi.na.men.to⟩ s.m. **1** Ato ou efeito de refinar(-se). ☐ SIN. **refinação**. **2** Requinte, apuro ou esmero: *Elogiaram o refinamento do trabalho*. ☐ SIN. **refinação**.
refinar ⟨re.fi.nar⟩ ▌v.t.d. **1** Tornar (uma substância) mais fina e pura, eliminando suas impurezas e excessos: *Nesta fábrica refinam o petróleo*. ▌v.t.d./v.prnl. **2** Tornar(-se) (alguém) mais requintado em seus gostos e em sua forma de agir: *A leitura dos clássicos refinou seu gosto literário*. **3** Aperfeiçoar(-se) ou aprimorar(-se) para adequar(-se) a um fim determinado: *Continuo estudando para refinar minhas técnicas de pintura*.
refinaria ⟨re.fi.na.ri.a⟩ s.f. Indústria em que é feita a refinação de um produto.
refletir ⟨re.fle.tir⟩ ▌v.t.d./v.prnl. **1** Fazer desviar ou mudar de direção (a luz, o calor, um som ou uma imagem): *Nossos rostos se refletiam no espelho*. ▌v.t.d. **2** Manifestar, mostrar ou deixar ver: *Suas perguntas refletem seu interesse pelo trabalho*. ▌v.int. **3** Pensar, meditar ou

ponderar de forma atenta: *Refletiu bem antes de escolher a carreira.* ∎ v.t.i./v.prnl. **4** Influenciar [em algo ou alguém] ou repercutir-se: *A nova lei refletiu no dia a dia da população.* ▫ GRAMÁTICA É um verbo irregular →SERVIR.

refletor, -a ⟨re.fle.tor, to.ra⟩ (Pron. [refletôr], [refletôra]) ∎ adj. **1** Que reflete. ∎ s.m. **2** Aparelho usado para lançar luz forte em uma determinada direção: *os refletores de um palco.*

reflexão ⟨re.fle.xão⟩ (Pron. [reflecsão]) (pl. *reflexões*) s.f. **1** Pensamento, meditação ou ponderação: *O problema exige muita reflexão.* **2** Observação ou conselho: *Antes de se decidir, levou em conta as reflexões da esposa.* **3** Em física, retrocesso ou mudança de direção da luz, do calor ou do som ao incidirem sobre uma superfície.

reflexivo, va ⟨re.fle.xi.vo, va⟩ (Pron. [reflecsivo]) adj. **1** Que pensa, que medita ou que pondera. **2** Em linguística, em relação especialmente a um verbo, que expressa uma ação que é realizada e recebida pelo próprio sujeito: *Queixar-se e mover-se são verbos reflexivos.* **3** Em linguística, em relação especialmente a um pronome, que serve como complemento para o verbo e que faz referência à pessoa e ao número do sujeito: *Na oração* Eu me penteei, me *é um pronome reflexivo.*

reflexo, xa ⟨re.fle.xo, xa⟩ (Pron. [reflecso]) ∎ adj. **1** Que é causado por reflexão. ∎ s.m. **2** Luz refletida: *Estas lentes diminuem os reflexos do sol.* **3** Imagem refletida em uma superfície: *Podíamos ver nosso reflexo na água.* **4** Aquilo que reproduz, que mostra, que manifesta ou que deixa ver algo: *Suas boas notas são reflexo de sua dedicação.* **5** Reação involuntária e automática que se produz como resposta a um estímulo.

reflorescer ⟨re.flo.res.cer⟩ ∎ v.int. **1** Tornar a florescer: *O jardim refloresceu com a chegada da primavera.* ▫ SIN. reflorir. ∎ v.t.d./v.int. **2** Fazer recuperar ou reavivar o esplendor ou o ânimo perdidos: *No Renascimento, as artes refloresceram.* ▫ ORTOGRAFIA Antes de a ou o, o c muda para ç →CONHECER.

reflorestamento ⟨re.flo.res.ta.men.to⟩ s.m. Ato ou efeito de reflorestar.

reflorestar ⟨re.flo.res.tar⟩ v.t.d. Replantar árvores em (um terreno).

reflorir ⟨re.flo.rir⟩ v.int. Tornar a florescer. ▫ SIN. reflorescer.

refluir ⟨re.flu.ir⟩ ∎ v.int. **1** Retroceder ou correr para trás (um líquido). ∎ v.t.i. **2** Retroceder ou retornar [a um ponto de partida]. ▫ ORTOGRAFIA Usa-se *i* em vez de e comum na conjugação do presente do indicativo e do imperativo afirmativo →ATRIBUIR.

refluxo ⟨re.flu.xo⟩ (Pron. [reflucso]) s.m. **1** Retrocesso ou movimento de descida da maré. **2** Fluxo em sentido contrário, especialmente de um alimento do estômago ou do esôfago para a boca.

refogado ⟨re.fo.ga.do⟩ s.m. **1** Molho ou tempero que se acrescentam a um alimento e que são feitos geralmente com cebola ou alho fritos em óleo. **2** Prato preparado com esse molho ou com esse tempero: *um refogado de carne.*

refogar ⟨re.fo.gar⟩ v.t.d. Fritar (um alimento) levemente em fogo baixo e sem água, junto com os seus temperos: *Refoguei a couve para servir com a feijoada.* ▫ ORTOGRAFIA Antes de e, o g muda para gu →CHEGAR.

reforçar ⟨re.for.çar⟩ v.t.d./v.prnl. Tornar(-se) mais forte, mais resistente ou mais eficiente: *Reforça o aprendizado com leituras complementares.* ▫ ORTOGRAFIA Antes de e, o ç muda para c →COMEÇAR.

reforço ⟨re.for.ço⟩ (Pron. [refôrço], [refórços]) s.m. **1** Ato ou efeito de reforçar. **2** Aumento da força, da resistência ou da eficiência. **3** Aquilo que torna algo mais forte, mais resistente ou mais eficaz. **4** Ajuda, auxílio ou complemento: *uma aula de reforço.* **5** Pessoa ou conjunto de pessoas que se unem a outra ou a outras para aumentar sua força ou sua eficácia: *A empresa contratou alguns reforços para o novo projeto.*

reforma ⟨re.for.ma⟩ s.f. **1** Modificação ou alteração feitas com a ideia de melhorar: *a reforma de um prédio.* **2** Movimento religioso iniciado no século XVI que deu origem às religiões protestantes. ‖ **reforma agrária** Em um país, reestruturação agrária que visa a melhor distribuição de suas terras e da renda agrícola para promover o desenvolvimento e assegurar aos trabalhadores rurais maior igualdade de renda e a justiça social. ▫ ORTOGRAFIA Na acepção 2, usa-se geralmente com inicial maiúscula por ser também um nome próprio.

reformar ⟨re.for.mar⟩ ∎ v.t.d. **1** Modificar a forma, a estrutura ou a composição de (algo) com o intuito de alcançar uma melhoria: *reformar uma casa.* ∎ v.prnl. **2** Aposentar-se (um militar).

reformatório ⟨re.for.ma.tó.rio⟩ s.m. Estabelecimento em que vivem menores de idade que tenham cometido algum delito.

reformista ⟨re.for.mis.ta⟩ adj.2g./s.2g. Partidário das reformas ou que as faz.

reformular ⟨re.for.mu.lar⟩ v.t.d. Mudar, reestruturar ou tornar a formular: *Foi necessário reformular nossas estratégias de marketing.*

refração ⟨re.fra.ção⟩ (pl. *refrações*) s.f. Desvio da direção de um raio de luz.

refrão ⟨re.frão⟩ (pl. *refrães* ou *refrões*) s.m. Em algumas composições líricas, verso ou conjunto de versos que se repetem depois de cada estrofe. ▫ SIN. estribilho.

refratário, ria ⟨re.fra.tá.rio, ria⟩ ∎ adj. **1** Que é contrário ou resistente. ∎ adj./s.m. **2** Em relação a um objeto ou a um material, que resistem à ação do fogo ou a altas temperaturas sem mudar de estado nem se decompor.

refrear ⟨re.fre.ar⟩ ∎ v.t.d. **1** Puxar as rédeas de (um animal de montaria) para fazê-lo parar ou diminuir a velocidade. ▫ SIN. sofrear. ∎ v.t.d./v.prnl. **2** Conter(-se) ou moderar(-se) (um sentimento ou um impulso): *Com os anos, aprendeu a refrear sua ansiedade.* ▫ SIN. reprimir, sofrear. ∎ v.t.d. **3** Dominar ou vencer (uma pessoa ou um grupo de pessoas). ▫ ORTOGRAFIA O e muda para ei quando a sílaba tônica estiver na raiz do verbo →NOMEAR.

refrega ⟨re.fre.ga⟩ s.f. **1** Luta, briga ou combate entre forças ou pessoas inimigas. **2** Trabalho ou tarefa que exigem esforço ou dedicação: *Com a refrega diária, teve que se desligar de outras atividades.* ▫ SIN. labuta, lida.

refrescante ⟨re.fres.can.te⟩ adj.2g. Que refresca.

refrescar ⟨re.fres.car⟩ ∎ v.t.d./v.int./v.prnl. **1** Tornar ou ficar mais fresco ou menos quente: *Tomou um banho para se refrescar.* ∎ v.t.d. **2** *informal* Aliviar ou tornar mais leve: *Saber que outras pessoas estão passando por isso não refresca nada.* ▫ ORTOGRAFIA Antes de e, o c muda para qu →BRINCAR.

refresco ⟨re.fres.co⟩ (Pron. [refrêsco]) s.m. Bebida refrescante natural ou artificial, geralmente de frutas, que se toma para diminuir a sensação de calor. ‖ **dar um refresco** Dar um alívio: *O professor deu um refresco aos alunos ao cancelar a prova.*

refrigeração ⟨re.fri.ge.ra.ção⟩ (pl. *refrigerações*) s.f. Ato ou efeito de refrigerar(-se).

refrigerador, -a ⟨re.fri.ge.ra.dor, do.ra⟩ (Pron. [refrigeradôr], [refrigeradôra]) ∎ adj. **1** Que refrigera: *uma câmara refrigeradora.* ∎ s.m. **2** Eletrodoméstico que serve para conservar as bebidas e os alimentos frios. ▫ SIN. geladeira. [◉ eletrodomésticos p. 292]

refrigerante ⟨re.fri.ge.ran.te⟩ s.m. Bebida refrescante e efervescente feita com água açucarada e sem álcool.

refrigerar

refrigerar ⟨re.fri.ge.rar⟩ ▌v.t.d./v.prnl. **1** Tornar ou ficar mais frio (um lugar), especialmente se for com algum tipo de procedimento técnico: *O ar-condicionado refrigerou a sala.* ▌v.t.d. **2** Esfriar (um alimento) em câmaras especiais para garantir sua conservação: *As geladeiras refrigeram os alimentos.*

refrigério ⟨re.fri.gé.rio⟩ s.m. **1** Sensação de bem-estar causada pela frescura do ambiente. **2** Alívio ou consolo.

refugar ⟨re.fu.gar⟩ ▌v.t.d. **1** Rejeitar, desprezar ou colocar à parte: *Refugou a proposta de novo emprego.* ▌v.int. **2** Empacar ou negar-se a seguir caminho (um animal): *Diante da ponte velha, os cavalos refugaram.* □ ORTOGRAFIA Antes de e, o g muda para gu →CHEGAR.

refugiar-se ⟨re.fu.gi.ar-se⟩ v.prnl. Retirar-se para um lugar, geralmente em busca de abrigo, de proteção ou para se esconder: *Puderam se refugiar da chuva embaixo da marquise do prédio.*

refúgio ⟨re.fú.gio⟩ s.m. **1** Lugar a que se recorre para livrar-se de um perigo ou de uma ameaça. □ SIN. **abrigo, guarida. 2** Aquilo que serve de ajuda, proteção ou consolo: *A música e a leitura são o refúgio de meu pai.*

refugo ⟨re.fu.go⟩ s.m. Aquilo que sobra ou que não tem utilidade. □ SIN. **rebotalho.**

refulgente ⟨re.ful.gen.te⟩ adj.2g. Que resplandece ou que brilha intensamente.

refulgir ⟨re.ful.gir⟩ v.int. **1** Resplandecer ou brilhar intensamente. **2** Sobressair ou distinguir-se. □ ORTOGRAFIA Antes de a ou o, o g muda para j →FUGIR.

refundir ⟨re.fun.dir⟩ ▌v.t.d./v.prnl. **1** Fundir(-se) novamente: *refundir um metal.* ▌v.t.d. **2** Emendar ou corrigir (uma obra escrita).

refutar ⟨re.fu.tar⟩ v.t.d. **1** Contradizer, rebater ou invalidar com algum argumento ou razão. **2** Não aceitar ou rejeitar: *refutar uma proposta.*

rega ⟨re.ga⟩ s.f. **1** Derramamento de água sobre uma superfície ou uma planta: *A rega e os cuidados com o jardim são atividades diárias.* **2** Água disponível para regar.

rega-bofe ⟨re.ga.bo.fe⟩ (pl. *rega-bofes*) s.m. Festa em que há fartura de comida e de bebida.

regaço ⟨re.ga.ço⟩ s.m. Em uma pessoa sentada, parte que vai desde a cintura até os joelhos. □ SIN. **colo.**

regador ⟨re.ga.dor⟩ (Pron. [regadôr]) s.m. Recipiente com bico que serve para regar plantas.

regadura ⟨re.ga.du.ra⟩ s.f. **1** Aspersão de água sobre uma superfície ou uma planta. □ SIN. **rega. 2** Água disponível para regar. □ SIN. **rega.**

regalar ⟨re.ga.lar⟩ ▌v.t.d./v.t.d.i. **1** Agradar (alguém) [com um presente]: *Costumava regalar o namorado com pequenas lembranças.* □ SIN. **presentear.** ▌v.t.d./v.prnl. **2** Fazer sentir ou sentir grande prazer ou satisfação: *Regalaram-se com bombons depois do jantar.*

regalia ⟨re.ga.li.a⟩ s.f. **1** Direito ou privilégio próprios de um rei. **2** Privilégio ou vantagem.

regalo ⟨re.ga.lo⟩ s.m. **1** Presente ou prenda. **2** Prazer ou satisfação.

regar ⟨re.gar⟩ v.t.d. **1** Espalhar água sobre (uma superfície ou uma planta): *Ela rega suas roseiras a cada manhã.* □ SIN. **aguar. 2** Molhar ou tornar úmido: *O suor regava-lhe a testa.* **3** Em relação a um rio ou canal, atravessar (um território): *O rio Amazonas rega grande parte do Norte do Brasil.* □ ORTOGRAFIA Antes de e, o g muda para gu →CHEGAR.

regata ⟨re.ga.ta⟩ s.f. Competição esportiva em que um grupo de embarcações da mesma classe devem cumprir determinado percurso no menor tempo possível.

regatear ⟨re.ga.te.ar⟩ ▌v.t.d./v.d.i./v.int. **1** Discutir a diminuição do preço de (um produto) [com alguém] e procurar bons negócios pedindo descontos. □ SIN. **batear, pechinchar.** ▌v.t.d./v.t.d.i. **2** Economizar, poupar ou racionar (algo) [a alguém]: *Não regatearam aplausos aos músicos.* □ ORTOGRAFIA O e muda para ei quando a sílaba tônica estiver na raiz do verbo →NOMEAR.

regato ⟨re.ga.to⟩ s.m. Rio pequeno e de pouca correnteza. □ SIN. **córrego, riacho, ribeira, ribeiro, veio.**

regência ⟨re.gên.cia⟩ s.f. **1** Governo transitório de um Estado durante a menoridade, o impedimento ou a ausência do monarca. **2** Em linguística, relação de subordinação que uma palavra tem com outra: *a regência verbal; a regência nominal.* **3** Em uma orquestra, em um conjunto ou em um coral, direção e condução por meio de gestos apropriados, feitos por um maestro ou por um regente, que indicam o tempo, a dinâmica, o andamento e o caráter de uma música.

regenerar ⟨re.ge.ne.rar⟩ v.t.d./v.prnl. **1** Fazer abandonar ou abandonar hábitos ou condutas que se consideram negativos ou prejudiciais. **2** Melhorar, restabelecer ou tornar a ficar em bom estado: *O fígado é um órgão que se regenera.*

regente ⟨re.gen.te⟩ adj.2g./s.2g. Que ou quem rege, governa ou dirige.

reger ⟨re.ger⟩ ▌v.t.d./v.prnl. **1** Governar, comandar ou dirigir(-se): *As leis da oferta e da procura regem o mercado.* ▌v.t.d. **2** Em linguística, estabelecer (uma palavra) com outra uma relação de subordinação: *O verbo de uma oração transitiva rege seu complemento direto ou indireto.* **3** Conduzir ou dirigir a apresentação de (uma orquestra): *Este maestro rege nossa orquestra há quinze anos.* □ ORTOGRAFIA Antes de a e o, o g muda para j →ELEGER.

reggae *(palavra inglesa)* (Pron. [réguei]) s.m. Composição musical popular de origem jamaicana, de ritmo dançante e bem marcado, e que geralmente é interpretada por um cantor acompanhado de guitarra, baixo e bateria.

região ⟨re.gi.ão⟩ (pl. *regiões*) s.f. **1** Terreno de grande extensão. **2** Parte de um território com determinadas características geográficas ou socioculturais: *O Nordeste brasileiro possui algumas regiões áridas e semiáridas.* □ SIN. **zona. 3** Em anatomia, cada uma das partes em que se divide o corpo humano: *O coração e os pulmões ficam na região torácica.*

regicida ⟨re.gi.ci.da⟩ adj.2g./s.2g. Que ou quem mata um monarca, especialmente um rei ou uma rainha.

regicídio ⟨re.gi.cí.dio⟩ s.m. Assassinato de um um rei ou de uma rainha.

regime ⟨re.gi.me⟩ s.m. **1** Alimentação regulada e geralmente prescrita por um médico: *Começou um regime para emagrecer.* □ SIN. **dieta. 2** Conjunto de regulamentos ou normas que regem o funcionamento de algo: *A diretoria estabeleceu um regime de contenção de gastos na empresa.* **3** Sistema político que rege um país: *Após a ditadura, o Brasil vive hoje em regime democrático.* **4** Forma ou regra comuns ou rotineiras para se realizar uma atividade: *Nessa fábrica, os funcionários trabalham em um regime de alternância de turnos.* □ ORTOGRAFIA Escreve-se também *regímen.*

regímen ⟨re.gí.men⟩ (pl. *regímenes* ou *regimens*) s.m. →**regime**

regimento ⟨re.gi.men.to⟩ s.m. **1** Ordem ou conjunto de normas legais que organizam o funcionamento de uma entidade ou de uma coletividade: *o regimento de uma empresa.* □ SIN. **estatuto, regulamento. 2** Nas Forças Armadas, unidade militar geralmente comandada por um coronel, formada por vários batalhões ou grupos de esquadrões ou baterias.

régio, gia ⟨ré.gio, gia⟩ adj. **1** Do rei, da realeza ou relacionado a eles. □ SIN. **real. 2** Grande, magnífico ou com muito luxo.

688

regional ⟨re.gi.o.nal⟩ (pl. *regionais*) ▮ adj.2g. **1** De uma região ou relacionado a ela. ▮ s.m. **2** Conjunto musical que executa composições populares próprias de uma região, utilizando instrumentos e, às vezes, trajes típicos.

regionalismo ⟨re.gi.o.na.lis.mo⟩ s.m. **1** Tendência ou doutrina políticas que defendem e priorizam os interesses de cada região. **2** Em linguística, palavra, significado ou construção sintática próprios de uma região determinada: *A palavra macaxeira é um regionalismo do Norte e do Nordeste do Brasil.* **3** Em arte, especialmente em literatura, tendência ou inclinação a tratar temas próprios de uma região.

regionalista ⟨re.gi.o.na.lis.ta⟩ ▮ adj.2g. **1** Do regionalismo ou relacionado a ele. ▮ adj.2g./s.2g. **2** Partidário ou seguidor do regionalismo.

registradora ⟨re.gis.tra.do.ra⟩ (Pron. [registradôra]) s.f. →**caixa registradora**

registrar ⟨re.gis.trar⟩ ▮ v.t.d./v.prnl. **1** Inscrever(-se) em um livro apropriado: *Os hóspedes se registraram na pousada.* ▮ v.t.d. **2** Inscrever com fins jurídicos ou comerciais (um nome ou uma marca comercial): *registrar um produto.* **3** Marcar ou assinalar por meio de um registro: *Este relógio registra o consumo de energia elétrica.* **4** Gravar (uma imagem ou um som) em um suporte adequado para reproduzi-los: *Quis registrar o batizado da filha.* **5** Anotar ou tomar nota de: *O jornalista registrou as informações em um caderno.* **6** Reter na memória: *Todos nós registramos essa cena.*

registro ⟨re.gis.tro⟩ s.m. **1** Inscrição em um livro apropriado, geralmente com fins jurídicos ou comerciais: *Fizemos o registro do imóvel em um cartório.* **2** Livro em que é feita essa inscrição: *o registro de nascimentos.* **3** Aparelho usado para medir o consumo de água, de gás ou de eletricidade. ☐ SIN. **contador, medidor, relógio. 4** Em música, parte da escala musical que corresponde à extensão e ao timbre de cada tipo de voz ou de instrumento: *O registro de um tenor é mais agudo que o de um barítono.* **5** Gravação de uma imagem ou de um som ou anotação escrita. **6** Em uma canalização, torneira que regula ou que controla a passagem de água ou de gás.

rego ⟨re.go⟩ (Pron. [rêgo]) s.m. Vala pequena, geralmente usada para o escoamento de água. ☐ SIN. **valeta.**

regozijar ⟨re.go.zi.jar⟩ v.t.d./v.prnl. Causar ou sentir grande alegria ou prazer. ☐ SIN. **rejubilar.**

regozijo ⟨re.go.zi.jo⟩ s.m. Alegria, prazer ou satisfação grandes.

regra ⟨re.gra⟩ s.f. **1** Aquilo que se deve cumprir ou respeitar: *Cada esporte tem suas regras.* **2** Método para fazer algo: *Uma regra básica para o convívio é o respeito pelo outro.* **3** Modo com que se produz ou com que ocorre algo: *Como regra geral, os pássaros migram no outono.* **4** Conjunto de preceitos fundamentais dos religiosos de uma ordem. ▮ s.f.pl. **5** Menstruação. ‖ **em regra** Geralmente ou frequentemente: *Em regra, participamos de todas as atividades do clube.* ‖ **regra de três** Método matemático utilizado para encontrar o valor de uma incógnita com base em um número conhecido e na relação de proporção entre eles.

regrado, da ⟨re.gra.do, da⟩ adj. Sensato, moderado ou metódico.

regrar ⟨re.grar⟩ ▮ v.t.d. **1** Submeter a regras: *Para um maior rendimento, regramos nossos horários de estudo.* ☐ SIN. **regular.** ▮ v.prnl. **2** Guiar-se, orientar-se ou pautar-se: *Seu comportamento se regra pelo respeito aos demais.*

regredir ⟨re.gre.dir⟩ v.int. **1** Voltar ou ir para trás. **2** Diminuir em intensidade, em quantidade ou em qualidade: *Com o tratamento adequado, os sintomas regrediram.*
☐ GRAMÁTICA É um verbo irregular →PROGREDIR.

regressão ⟨re.gres.são⟩ (pl. *regressões*) s.f. Ato ou efeito de regredir.

regressar ⟨re.gres.sar⟩ v.t.i./v.int. Voltar ou retornar [ao ponto de partida]: *Viajou na sexta-feira e deve regressar para casa no domingo. Ao sair, disse que vai demorar para regressar.*

regressivo, va ⟨re.gres.si.vo, va⟩ adj. Que retrocede ou que faz retroceder.

regresso ⟨re.gres.so⟩ s.m. Volta ao ponto de partida.

régua ⟨ré.gua⟩ s.f. Instrumento de formato retangular e comprido que se utiliza principalmente para traçar linhas retas ou para medir a distância entre dois pontos.

regulação ⟨re.gu.la.ção⟩ (pl. *regulações*) s.f. Ato ou efeito de regular.

regulador, -a ⟨re.gu.la.dor, do.ra⟩ (Pron. [reguladôr], [reguladôra]) ▮ adj. **1** Que regula ou que regulamenta. ▮ s.m. **2** Mecanismo que serve para regular ou ordenar o movimento ou os efeitos de uma máquina ou de alguma de suas peças.

regulagem ⟨re.gu.la.gem⟩ (pl. *regulagens*) s.f. Ato ou efeito de regular: *a regulagem de um motor.*

regulamentação ⟨re.gu.la.men.ta.ção⟩ (pl. *regulamentações*) s.f. Ato ou efeito de regulamentar.

regulamentar ⟨re.gu.la.men.tar⟩ ▮ adj.2g. **1** Do regulamento ou relacionado a ele. ▮ v.t.d. **2** Submeter a um regulamento: *A nova lei regulamentou o tráfego de embarcações.*

regulamento ⟨re.gu.la.men.to⟩ s.m. Ordem ou conjunto de normas legais que organizam o funcionamento de uma entidade ou de uma coletividade. ☐ SIN. **estatuto, regimento.**

regular ⟨re.gu.lar⟩ ▮ adj.2g. **1** Uniforme ou sem grandes mudanças, alterações ou falhas no funcionamento ou no desenvolvimento. **2** Que é mediano ou razoável: *um trabalho regular.* **3** Em linguística, que segue um modelo morfológico estabelecido: *Estudar, comer e partir são verbos regulares.* **4** Em geometria, em relação a um polígono, que tem seus lados e seus ângulos iguais entre si. ▮ v.t.d. **5** Submeter a regras: *A nova lei visa regular as taxas de importação.* ☐ SIN. **regrar. 6** Moderar, conter ou controlar: *A diretoria anunciou que vai regular os gastos da empresa.* **7** Ajustar ou controlar o funcionamento de (um sistema ou um mecanismo): *O mecânico regulou o motor do veículo.* ▮ v.int. **8** *informal* Ter saúde ou equilíbrio mental ou emocional: *Ele não regula.*

regularidade ⟨re.gu.la.ri.da.de⟩ s.f. **1** Estado ou condição de regular. **2** Uniformidade ou ausência de grandes mudanças ou alterações: *Visito-os com regularidade.*

regularizar ⟨re.gu.la.ri.zar⟩ ▮ v.t.d. **1** Submeter a normas ou colocar de acordo com elas: *Antes de viajar, tive de regularizar minha documentação.* ▮ v.t.d./v.prnl. **2** Colocar ou ficar em ordem ou normalizar(-se): *O correio já regularizou a entrega de correspondências.*

regurgitação ⟨re.gur.gi.ta.ção⟩ (pl. *regurgitações*) s.f. Ato ou efeito de regurgitar.

regurgitar ⟨re.gur.gi.tar⟩ ▮ v.t.d. **1** Expulsar pela boca sem o esforço do vômito (um alimento ou as substâncias presentes no esôfago ou no estômago): *O bebê regurgitou todo o leite.* ▮ v.int. **2** Expulsar um alimento ou as substâncias presentes no esôfago ou no estômago pela boca, sem o esforço do vômito: *Algumas aves regurgitam para alimentar seus filhotes.*

rei s.m. **1** Em um reino, soberano ou chefe de Estado. **2** No jogo de xadrez, peça principal, cuja perda supõe o final da partida e que geralmente só pode ser movida de casa em casa. [⚫ **xadrez** p. 827] **3** Em um baralho, carta com a letra K e que representa um monarca. **4** Pessoa que, por sua excelência ou seu poder, se destaca entre

os demais da sua classe: *Pelé é o rei do futebol.* □ GRAMÁTICA Nas acepções 1 e 4, seu feminino é *rainha*.
reide ⟨rei.de⟩ s.m. Penetração rápida de uma tropa militar em território inimigo.
reimpressão ⟨re.im.pres.são⟩ (pl. *reimpressões*) s.f. Nova impressão de uma obra já publicada.
reimprimir ⟨re.im.pri.mir⟩ v.t.d. Imprimir novamente (um texto ou uma ilustração). □ GRAMÁTICA É um verbo abundante, pois apresenta dois particípios: *reimprimido* e *reimpresso*.
reinação ⟨rei.na.ção⟩ (pl. *reinações*) s.f. Travessura, brincadeira ou divertimento de criança.
reinado ⟨rei.na.do⟩ s.m. 1 Tempo durante o qual um rei exerce seu poder ou suas funções como chefe de Estado. 2 Tempo durante o qual algo predomina ou está no auge: *Os anos sessenta foram a época do reinado dos Beatles na música* pop.
reinante ⟨rei.nan.te⟩ adj.2g./s.2g. Que ou quem reina.
reinar ⟨rei.nar⟩ v.int. 1 Reger ou governar (um rei ou um soberano): *Dom Pedro II reinou no Brasil de 1841 a 1889*. 2 Dominar, predominar ou ter predomínio: *Neste sítio reina a tranquilidade*. 3 Brincar ou fazer travessura: *As crianças reinavam pelo quintal*.
reincidência ⟨re.in.ci.dên.cia⟩ s.f. 1 Ato ou efeito de reincidir. 2 Retorno de uma doença algum tempo após a recuperação. □ SIN. recidiva.
reincidir ⟨re.in.ci.dir⟩ v.t.i./v.int. Recair [em um erro] ou cometer uma falta novamente: *Como não estudava, reincidia nos mesmos erros*.
reincorporar ⟨re.in.cor.po.rar⟩ v.t.d. Incorporar novamente.
reingressar ⟨re.in.gres.sar⟩ v.t.i. Ingressar novamente [em algo]: *A nave vai reingressar na atmosfera terrestre nas próximas horas*.
reiniciar ⟨re.i.ni.ci.ar⟩ v.t.d. Começar novamente ou prosseguir com (algo). □ SIN. recomeçar.
reino ⟨rei.no⟩ s.m. 1 Território ou Estado sobre os quais um rei exerce seu domínio. 2 Âmbito próprio de uma atividade: *Ele vive no reino da imaginação*. 3 Em biologia, na classificação dos seres vivos, categoria superior à de filo: *Os seres vivos são classificados em cinco reinos*.
reinol ⟨rei.nol⟩ (pl. *reinóis*) adj.2g./s.2g. Do reino de Portugal (em relação ao Brasil colonial e a outras ex-colônias portuguesas) ou relacionado a ele.
reinscrever ⟨re.ins.cre.ver⟩ v.t.d./v.prnl. Inscrever(-se) novamente: *Vou reinscrever meu filho para a aula de natação. Ele se reinscreveu no concurso*.
reintegração ⟨re.in.te.gra.ção⟩ (pl. *reintegrações*) s.f. Ato ou efeito de reintegrar.
reintegrar ⟨re.in.te.grar⟩ v.t.d.i. Restabelecer (alguém) [na posse de um bem].
réis s.m.pl. Antiga unidade monetária brasileira e portuguesa que equivalia a uma fração de mil-réis.
reisado ⟨rei.sa.do⟩ s.m. Dança popular dramática, de origem portuguesa, com que se celebra a véspera e o dia de Reis.
reiteração ⟨rei.te.ra.ção⟩ (pl. *reiterações*) s.f. Ato ou efeito de reiterar.
reiterar ⟨re.i.te.rar⟩ v.t.d./v.t.d.i. Reafirmar ou confirmar (aquilo que o outro já feito) [a alguém]: *Reiteramos nosso interesse na compra do imóvel*.
reitor, -a ⟨rei.tor, to.ra⟩ (Pron. [reitôr], [reitôra]) s. Pessoa que dirige uma universidade ou um colégio religioso.
reitorado ⟨rei.to.ra.do⟩ s.m. 1 Cargo de reitor. □ SIN. reitoria. 2 Período de tempo de exercício desse cargo.
reitoria ⟨rei.to.ri.a⟩ s.f. 1 Cargo de reitor. □ SIN. reitorado. 2 Lugar em que um reitor trabalha.
reivindicação ⟨rei.vin.di.ca.ção⟩ (pl. *reivindicações*) s.f. Ato ou efeito de reivindicar.

reivindicar ⟨rei.vin.di.car⟩ v.t.d. 1 Pedir, reclamar ou requerer (algo a que se tem direito): *Os estudantes reivindicavam mais atividades esportivas*. 2 Requerer ou reclamar para si (a autoria de uma ação): *Nenhum grupo reivindicou a autoria do atentado*. □ ORTOGRAFIA Antes de e, o c muda para qu →BRINCAR.
rejeição ⟨re.jei.ção⟩ (pl. *rejeições*) s.f. 1 Ato ou efeito de rejeitar. 2 Em medicina, fenômeno pelo qual um organismo rejeita um tecido ou um órgão enxertados ou transplantados, e passa a atacá-lo com anticorpos e o restante de seu sistema imunológico.
rejeitar ⟨re.jei.tar⟩ v.t.d. 1 Não aceitar ou não admitir: *Está de dieta e rejeita alimentos muito calóricos*. 2 Desaprovar ou reprovar: *A população rejeitará os novos impostos*.
rejubilar ⟨re.ju.bi.lar⟩ v.t.d./v.int./v.prnl. Causar ou sentir grande alegria ou prazer. □ SIN. regozijar.
rejuntar ⟨re.jun.tar⟩ v.t.d. Tapar ou vedar com o uso de argamassa própria (as juntas de uma obra de alvenaria): *rejuntar o piso*.
rejuvenescer ⟨re.ju.ve.nes.cer⟩ v.t.d./v.int./v.prnl. Dar ou adquirir um aspecto mais jovem ou uma vitalidade ou um vigor próprios da juventude: *Aquele novo amor o rejuvenesceu*. □ ORTOGRAFIA Antes de a ou o, o c muda para ç →CONHECER.
relação ⟨re.la.ção⟩ (pl. *relações*) s.f. 1 Conexão ou correspondência entre duas coisas: *Entre uma causa e seu efeito, há uma relação de consequência*. 2 Vínculo ou conexão entre duas pessoas ou entidades: *Além de amizade, temos uma relação de parentesco*. 3 Lista de elementos ou nomes: *Procurei meu nome na relação de aprovados*. 4 Relato que é feito de algo, especialmente de um acontecimento: *Tivemos que fazer uma relação detalhada de nossas tarefas*. ▌s.f.pl. 5 Pessoas com as quais se estabelecem vínculos de afetividade, de amizade ou sociais: *Não conheço suas relações*.
relacionamento ⟨re.la.cio.na.men.to⟩ s.m. Ato ou efeito de relacionar(-se).
relacionar ⟨re.la.ci.o.nar⟩ ▌v.t.d.i./v.prnl. 1 Colocar(-se) em conexão (uma coisa ou pessoa) [com outra] ou estabelecer uma correspondência entre elas: *O professor relacionou a matéria com assuntos do dia a dia*. ▌v.t.d. 2 Listar ou colocar em uma lista: *Relacionamos todos os convidados da festa*. 3 Relatar ou expor por meio de palavras: *Pedi-lhe que relacionasse todos os acontecimentos recentes*. ▌v.prnl. 4 Estabelecer relações de amizade, de convivência ou de sociabilidade: *Relaciona-se bem com os companheiros*.
relâmpago ⟨re.lâm.pa.go⟩ ▌adj.2g. 1 Muito rápido ou de curta duração: *um sequestro relâmpago*. ▌s.m. 2 Luminosidade muito intensa e rápida causada por uma descarga elétrica entre duas nuvens.
relampejar ⟨re.lam.pe.jar⟩ v.int. 1 Produzirem-se relâmpagos. 2 Emitir luz ou brilhar de repente e de maneira intensa. □ GRAMÁTICA 1. Na acepção 1, é um verbo impessoal: só se usa na terceira pessoa do singular, no particípio, no gerúndio e no infinitivo →VENTAR. 2. Na acepção 2, é um verbo unipessoal: só se usa nas terceiras pessoas do singular e do plural, no particípio, no gerúndio e no infinitivo →MIAR.
relance ⟨re.lan.ce⟩ s.m. Olhar ou visão rápidos. ‖ **de relance** De maneira muito rápida.
relancear ⟨re.lan.ce.ar⟩ ▌v.t.d. 1 Olhar rapidamente, como em um relance. ▌v.t.d.i. 2 Dirigir (os olhos ou o olhar) [para algo ou alguém]. □ ORTOGRAFIA O e muda para ei quando a sílaba tônica estiver na raiz do verbo →NOMEAR.
relapso, sa ⟨re.lap.so, sa⟩ adj./s. 1 Que ou quem é displicente ou não cumpre adequadamente suas obrigações. 2 Que ou quem torna a cometer o mesmo erro: *um devedor relapso*.

relar ⟨re.lar⟩ v.t.d./v.t.i. Tocar (uma superfície) ou roçar levemente [em uma superfície]: *Quis relar o tecido para sentir sua textura.*

relatar ⟨re.la.tar⟩ ❚ v.t.d./v.t.d.i. **1** Narrar ou expor por meio de palavras (um fato ou um acontecimento) [a alguém]: *A testemunha relatou o que viu.* ❚ v.t.d. **2** Relacionar ou colocar em uma lista: *Os funcionários relataram suas reivindicações.*

relatividade ⟨re.la.ti.vi.da.de⟩ s.f. **1** Caráter daquilo que não se considera de maneira absoluta, e sim em relação a outra coisa. **2** Em física, teoria formulada essencialmente por Albert Einstein (físico alemão) que propõe que tempo, espaço e matéria não são uniformes, e sim dependentes de determinadas grandezas, como a velocidade.

relativismo ⟨re.la.ti.vis.mo⟩ s.m. Doutrina filosófica que defende a relatividade do conhecimento humano, que somente pode se ocupar das relações entre as coisas, já que o conhecimento absoluto é inalcançável.

relativo, va ⟨re.la.ti.vo, va⟩ adj. **1** Que está relacionado ou que se refere a algo ou a alguém. **2** Que não é absoluto ou que é considerado em relação a outra coisa ou em função de outros elementos.

relato ⟨re.la.to⟩ s.m. Narração ou exposição por meio de palavras: *um relato de viagem.*

relator, -a ⟨re.la.tor, to.ra⟩ (Pron. [relatôr], [relatôra]) s. **1** Pessoa que narra ou que expõe por meio de palavras. **2** Pessoa que se dedica a fazer relatórios, especialmente se for em um tribunal ou em um processo.

relatório ⟨re.la.tó.rio⟩ s.m. Exposição sobre um tema ou uma questão geralmente objetiva ou baseada em fatos documentados ou comprovados.

relaxado, da ⟨re.la.xa.do, da⟩ ❚ adj. **1** Que não está tenso. ❚ adj./s. **2** Que ou quem é descuidado ou desleixado em relação à própria aparência física. **3** Que ou quem é negligente ou não cumpre suas obrigações. **4** Tranquilo ou despreocupado: *Sentia-se relaxado na praia.*

relaxamento ⟨re.la.xa.men.to⟩ s.m. **1** Ato ou efeito de relaxar(-se). **2** Técnica de alisamento de cabelos crespos ou encaracolados.

relaxante ⟨re.la.xan.te⟩ adj.2g./s.m. Que relaxa ou que diminui a ansiedade e a tensão.

relaxar ⟨re.la.xar⟩ ❚ v.t.d. **1** Afrouxar ou diminuir a tensão de: *Sentou e relaxou o nó da gravata.* ❚ v.int. **2** Descansar, repousar ou diminuir a ansiedade e a tensão: *Trabalha tanto, agora precisa relaxar um pouco.* ❚ v.t.d. **3** Tornar menos severo (um castigo ou uma pena): *relaxar uma sentença.* ❚ v.int./v.prnl. **4** Tornar-se negligente ou desleixado: *Nos últimos dias, relaxou no serviço.*

relé ⟨re.lé⟩ s.m. Em eletrônica, aparelho ou dispositivo destinados a produzir uma modificação em um circuito segundo as ordens de um controle eletrônico.

release *(palavra inglesa)* (Pron. [rilíse]) s.m. **1** Material informativo que se distribui à imprensa gratuitamente. **2** Em informática, versão atualizada de um aplicativo que modifica ou melhora a versão anterior.

relegar ⟨re.le.gar⟩ v.t.d.i. Desprezar ou rebaixar (algo ou alguém) [a uma posição inferior]: *Acusaram as autoridades de relegar a saúde pública a segundo plano.* ☐ ORTOGRAFIA Antes de *e*, o *g* muda para *gu* →CHEGAR.

relembrar ⟨re.lem.brar⟩ v.t.d./v.t.d.i. Trazer novamente (algo) à memória [de alguém]: *Gosta de relembrar os bons momentos. Relembrou ao filho o horário de chegar em casa.*

relento ⟨re.len.to⟩ s.m. Umidade que se nota na atmosfera da noite. ❙ **ao relento** Sem abrigo e exposto à umidade da noite: *dormir ao relento.*

reler ⟨re.ler⟩ v.t.d. Ler novamente (um texto escrito ou impresso). ☐ GRAMÁTICA É um verbo irregular →LER.

reles ⟨re.les⟩ adj.2g.2n. De qualidade ou de valor inferiores.

relojoeiro

relevância ⟨re.le.vân.cia⟩ s.f. Condição do que é relevante.

relevante ⟨re.le.van.te⟩ adj.2g. Importante, significativo ou que merece consideração.

relevar ⟨re.le.var⟩ ❚ v.t.d. **1** Perdoar ou desculpar: *relevar um erro.* ❚ v.int. **2** Convir ou ser importante: *Releva sermos respeitosos uns com os outros.* ☐ GRAMÁTICA Na acepção 2, é um verbo impessoal: só se usa na terceira pessoa do singular, no particípio, no gerúndio e no infinitivo →VENTAR.

relevo ⟨re.le.vo⟩ (Pron. [relêvo]) s.m. **1** Conjunto de acidentes geográficos que modelam a superfície terrestre: *um relevo montanhoso.* **2** Conjunto de reentrâncias e saliências de uma superfície: *o relevo de um bordado.* **3** Importância, mérito ou relevância de algo: *A educação é um tema de grande relevo na sociedade.*

relha ⟨re.lha⟩ (Pron. [rêlha]) s.f. Em um arado, peça de ferro que serve para fincar e remover a terra, deixando sulcos.

relho ⟨re.lho⟩ (Pron. [rêlho]) s.m. Chicote feito de couro torcido.

relicário ⟨re.li.cá.rio⟩ s.m. Caixa, estojo ou baú em que se guardam uma relíquia ou um objeto de valor sentimental.

religar ⟨re.li.gar⟩ v.t.d. Ligar novamente (algo que teve sua ligação ou sua conexão interrompidas): *religar um computador.* ☐ ORTOGRAFIA Antes de *e*, o *g* muda para *gu* →CHEGAR.

religião ⟨re.li.gi.ão⟩ (pl. *religiões*) s.f. Conjunto de crenças e de práticas relacionadas àquilo que se considera sagrado.

religiosidade ⟨re.li.gi.o.si.da.de⟩ s.f. Crença religiosa ou característica de uma pessoa religiosa.

religioso, sa ⟨re.li.gi.o.so, sa⟩ (Pron. [religiôso], [religiósa], [religiósos], [religiósas]) ❚ adj. **1** Da religião ou relacionado a ela ou aos seus seguidores. ❚ adj./s. **2** Que ou quem pratica uma religião e cumpre suas normas e seus preceitos, especialmente se for com especial devoção. **3** Que ou quem ingressou em uma ordem ou em uma congregação religiosas.

relinchar ⟨re.lin.char⟩ v.int. Dar relinchos (um cavalo ou outro equídeo). ☐ GRAMÁTICA É um verbo unipessoal: só se usa nas terceiras pessoas do singular e do plural, no particípio, no gerúndio e no infinitivo →MIAR.

relincho ⟨re.lin.cho⟩ s.m. Voz característica de um equídeo, especialmente de um cavalo. ❙ SIN. rincho.

relíquia ⟨re.lí.quia⟩ s.f. **1** Restos do corpo de um santo ou objeto que se venera por ter estado em contato com ele. **2** Objeto, geralmente antigo, especialmente se tiver um grande valor sentimental: *Considera os retratos dos antepassados verdadeiras relíquias.*

relógio ⟨re.ló.gio⟩ s.m. **1** Instrumento, aparelho ou dispositivo usados para medir o tempo ou para dividi-lo em horas, minutos ou segundos. **2** Aparelho usado para medir o consumo de água, de gás ou de eletricidade. ☐ SIN. contador, medidor, registro. ❙❙ **relógio analógico** Aquele que marca as horas, os minutos ou os segundos por meio de ponteiros. ❙❙ **relógio biológico** Conjunto de fatores fisiológicos que determinam o ritmo de funcionamento do organismo, especialmente os períodos de sono e de vigília. ❙❙ **relógio de sol** Aquele que mede o tempo por meio da sombra que uma haste projeta sobre uma superfície. ❙❙ **relógio digital** Aquele que marca as horas, os minutos ou os segundos por meio de dígitos numéricos.

relojoaria ⟨re.lo.jo.a.ri.a⟩ s.f. **1** Arte ou técnica de fazer relógios. **2** Estabelecimento comercial em que são feitos, consertados ou vendidos relógios.

relojoeiro, ra ⟨re.lo.jo.ei.ro, ra⟩ ❚ adj. **1** Do relógio, da relojoaria ou relacionado a eles. ❚ s. **2** Pessoa que se

relutância

dedica profissionalmente à fabricação, ao conserto ou à venda de relógios.

relutância ⟨re.lu.tân.cia⟩ s.f. **1** Ato ou efeito de relutar: *Aceitou ser testemunha depois de muita relutância.* **2** Condição de relutante.

relutante ⟨re.lu.tan.te⟩ adj.2g. Que resiste ou que se opõe a algo.

relutar ⟨re.lu.tar⟩ ■ v.t.i. **1** Resistir ou opor forças [a aquilo que não se quer ou com o que não se concorda]. ■ v.int. **2** Resistir ou opor forças: *Relutou muito, mas acabou aceitando as condições do contrato.*

reluzente ⟨re.lu.zen.te⟩ adj.2g. Que reluz ou que brilha: *uma superfície reluzente.*

reluzir ⟨re.lu.zir⟩ v.int. Brilhar intensamente ou emitir raios de luz: *Estrelas reluziam no céu.* ◻ SIN. resplandecer. ◻ GRAMÁTICA É um verbo regular, mas perde o e final na terceira pessoa do singular do presente do indicativo →PRODUZIR.

relva ⟨rel.va⟩ s.f. **1** Planta herbácea rasteira e rala que cobre um terreno. **2** Conjunto dessas plantas que cobrem uma área. ◻ SIN. relvado.

relvado ⟨rel.va.do⟩ s.m. Conjunto de plantas herbáceas rasteiras e ralas que cobrem uma área. ◻ SIN. relva.

relvoso, sa ⟨rel.vo.so, sa⟩ (Pron. [relvôso], [relvósa], [relvósos], [relvósas]) adj. Com relva ou coberto por ela: *um terreno relvoso.*

remada ⟨re.ma.da⟩ s.f. Movimentação de remos na água para impulsionar uma embarcação.

remador, -a ⟨re.ma.dor, do.ra⟩ (Pron. [remadôr], [remadôra]) adj./s. Que ou quem rema.

remanchar ⟨re.man.char⟩ v.int. **1** Demorar ou tardar. **2** Agir com vagareza e lentidão.

remanejar ⟨re.ma.ne.jar⟩ v.t.d. Modificar (um todo) reorganizando seus elementos: *remanejar um departamento.*

remanescente ⟨re.ma.nes.cen.te⟩ adj.2g. Que sobra ou que fica por fazer ou por acontecer: *vagas remanescentes.*

remanso ⟨re.man.so⟩ s.m. **1** Em um rio, lugar em que a água fica parada. **2** Sossego, tranquilidade ou diminuição da agitação.

remansoso, sa ⟨re.man.so.so, sa⟩ (Pron. [remansôso], [remansósa], [remansósos], [remansósas]) adj. Calmo, tranquilo ou de movimentos lentos.

remar ⟨re.mar⟩ v.int. Mover os remos na água para impulsionar uma embarcação: *Durante a prova, os atletas remaram mais de três quilômetros.*

remarcar ⟨re.mar.car⟩ v.t.d. **1** Tornar a marcar: *Preciso remarcar minha consulta, pois não poderei ir no dia marcado.* **2** Atribuir novo preço a (um produto): *Com a baixa do dólar, as lojas remarcaram os produtos importados.* ◻ ORTOGRAFIA Antes de e, o c muda para qu →BRINCAR.

rematar ⟨re.ma.tar⟩ v.t.d./v.int./v.prnl. →arrematar

remate ⟨re.ma.te⟩ s.m. →arremate

remedar ⟨re.me.dar⟩ v.t.d. →arremedar

remediado, da ⟨re.me.di.a.do, da⟩ adj./s. Que ou quem tem meios para se sustentar sem que lhe sobrem nem lhe faltem recursos para suas necessidades básicas.

remediar ⟨re.me.di.ar⟩ ■ v.t.d. **1** Tentar consertar ou minimizar (um dano): *Felizmente, na vida, pode-se remediar quase tudo.* ■ v.prnl. **2** Sustentar-se ou manter-se, especialmente se for dispondo de recursos escassos: *A família remedia-se com o salário de um dos filhos.* ◻ GRAMÁTICA É um verbo irregular →MEDIAR.

remédio ⟨re.mé.dio⟩ s.m. **1** Substância que serve para prevenir, aliviar ou curar uma doença ou para corrigir suas sequelas. ◻ SIN. medicamento. **2** *informal* Saída ou solução para um problema: *Estar com os amigos pode ser um bom remédio para a solidão.*

remedo ⟨re.me.do⟩ (Pron. [remêdo]) s.m. →arremedo

remela ⟨re.me.la⟩ s.f. Substância formada a partir da secreção das glândulas lacrimais nos ângulos internos dos olhos, geralmente enquanto se dorme.

remelexo ⟨re.me.le.xo⟩ (Pron. [remelêxo]) s.m. *informal* Bamboleio, rebolado ou movimento exagerado do corpo: *o remelexo de uma passista de escola de samba.*

rememorar ⟨re.me.mo.rar⟩ ■ v.t.d. **1** Trazer à memória (algo que aconteceu no passado): *Abriu o álbum e começou a rememorar os tempos de juventude.* ■ v.int. **2** Trazer à memória acontecimentos passados.

remendão ⟨re.men.dão⟩ (pl. *remendões*) s.m. **1** Pessoa que se dedica a remendar. **2** Pessoa que se dedica ao conserto de calçados, especialmente como profissão. ◻ GRAMÁTICA **1.** Seu feminino é *remendona.* **2.** Na acepção 1, seu feminino também pode ser *remendeira.*

remendar ⟨re.men.dar⟩ v.t.d. **1** Colocar um remendo em (algo velho e rasgado) para reforçá-lo: *remendar uma calça.* **2** Consertar ou remediar as consequências de (um erro): *Bem que tentou remendar as mentiras que pregou!*

remendeira ⟨re.men.dei.ra⟩ Substantivo feminino de *remendão.*

remendo ⟨re.men.do⟩ s.m. **1** Pedaço de tecido ou de outro material usados para consertar algo: *Costurou um remendo para esconder o rasgo na bermuda.* **2** Correção que é feita em algo: *Fez remendos no discurso antes de pronunciá-lo.* **3** Reparo, geralmente provisório, feito em caso de urgência: *Fez um remendo nos fios até que o técnico chegasse.*

remendona ⟨re.men.do.na⟩ (Pron. [remendôna]) Substantivo feminino de *remendão.*

remessa ⟨re.mes.sa⟩ s.f. **1** Ato ou efeito de remeter: *Uma nova remessa de livros chegará à biblioteca.* **2** Aquilo que é enviado de um lugar a outro.

remetente ⟨re.me.ten.te⟩ adj.2g./s.2g. Que ou quem remete: *Pelo envelope descobrimos o remetente da carta.*

remeter ⟨re.me.ter⟩ ■ v.t.d.i. **1** Enviar (algo) de um lugar [a outro]: *A empresa remeteu-nos uma amostra do produto.* ■ v.prnl. **2** Referir-se ou fazer alusão a um assunto: *Essa parte do texto remete-se à mitologia grega.*

remexer ⟨re.me.xer⟩ ■ v.t.d. **1** Tornar a mexer: *Remexeu as gavetas em busca da cópia do contrato.* **2** Misturar ou mexer repetida e insistentemente: *Remexa a massa até que fique homogênea.* **3** Sacudir, balançar ou agitar: *Quando pequeno, gostava de remexer as pedras do fundo do aquário.* ■ v.t.i. **4** Tocar [em um objeto]: *Tinha medo de que as crianças remexessem em sua coleção.* ■ v.prnl. **5** Mover o corpo ou uma parte dele: *Impaciente, a criança remexia-se na cadeira.*

reminiscência ⟨re.mi.nis.cên.cia⟩ s.f. **1** Lembrança vaga e imprecisa: *as reminiscências do passado.* **2** Aquilo que não se esquece.

remir ⟨re.mir⟩ v.t.d./v.prnl. →redimir ◻ GRAMÁTICA É um verbo defectivo, pois não apresenta conjugação completa →FALIR.

remissão ⟨re.mis.são⟩ (pl. *remissões*) s.f. **1** Envio que é feito de um lugar a outro: *Neste dicionário, há remissão das variantes menos usuais das palavras para as mais usuais.* **2** Perdão ou absolvição de uma pena ou de *uma obrigação: *a remissão de uma sentença.* **3** Enfraquecimento ou diminuição da intensidade: *a remissão dos sintomas de uma doença.*

remissível ⟨re.mis.sí.vel⟩ (pl. *remissíveis*) adj.2g. Que pode ser remido ou perdoado.

remissivo, va ⟨re.mis.si.vo, va⟩ adj. Que remete de um lugar a outro.

remo ⟨re.mo⟩ (Pron. [rêmo]) s.m. **1** Espécie de pá comprida e estreita que serve para mover uma embarcação ao usá-la para fazer força na água. **2** Esporte que consiste em percorrer distâncias em uma embarcação impulsionada por essas pás.

692

remoção ⟨re.mo.ção⟩ (pl. *remoções*) s.f. **1** Ato ou efeito de remover. **2** Em medicina, retirada de um elemento estranho do organismo.

remodelação ⟨re.mo.de.la.ção⟩ (pl. *remodelações*) s.f. Ato ou efeito de remodelar.

remodelar ⟨re.mo.de.lar⟩ v.t.d. Modificar na forma, na estrutura ou na composição: *A Prefeitura pretende remodelar o galpão para convertê-lo em um museu*.

remoer ⟨re.mo.er⟩ v.t.d. **1** Tornar a moer. **2** Pensar muito sobre (um assunto): *Estou remoendo essa questão há dias, mas não encontro uma solução!* **3** Guardar ou alimentar (um sentimento negativo): *Remoer as mágoas não leva a nada*. ▫ GRAMÁTICA Apesar de ser um verbo regular, muitas de suas terminações são diferentes do paradigma da 2ª conjugação (correr) → ROER.

remoinho ⟨re.mo.i.nho⟩ s.m. **1** Movimento giratório e rápido, especialmente se for do ar ou da água, gerado pelo encontro de ondas ou ventos opostos. ▫ SIN. torvelinho. **2** Conjunto de fios de cabelo que nascem em diferentes direções e que são difíceis de pentear. ▫ ORTOGRAFIA Escreve-se também *rodamoinho* ou *redemoinho*.

remonta ⟨re.mon.ta⟩ s.f. Suprimento de cavalos para uma tropa de cavalaria.

remoque ⟨re.mo.que⟩ s.m. Dito malicioso ou picante.

remorso ⟨re.mor.so⟩ s.m. Arrependimento ou pesar causados por uma atitude que se considera má ou prejudicial: *Ficou com remorso depois de gritar com ela*.

remoto, ta ⟨re.mo.to, ta⟩ adj. **1** Distante no tempo ou no espaço. **2** Que é improvável que aconteça ou que seja verdade: *Suas chances de ser aprovado eram remotas*. **3** Em relação a um equipamento tecnológico, que se comunica com outro mesmo que a distância: *uma conexão remota; um controle remoto*.

removedor, -a ⟨re.mo.ve.dor, do.ra⟩ (Pron. [removedôr], [removedôra]) ▮ adj. **1** Que remove. ▮ s.m. **2** Substância utilizada para eliminar manchas, geralmente de tinta.

remover ⟨re.mo.ver⟩ v.t.d. **1** Mover de um lugar a outro: *Removeram os móveis para pintar o salão*. **2** Retirar, separar ou afastar de um todo: *Para abrir, remova o lacre de segurança*. **3** Destruir, retirar ou fazer desaparecer: *remover uma mancha*.

remuneração ⟨re.mu.ne.ra.ção⟩ (pl. *remunerações*) s.f. Ato ou efeito de remunerar.

remunerar ⟨re.mu.ne.rar⟩ v.t.d. Recompensar ou pagar (alguém) por um serviço ou por um trabalho realizado mensalmente: *remunerar um funcionário*.

rena ⟨re.na⟩ (Pron. [rêna]) s.f. Mamífero semelhante a um cervo, com chifres muito ramificados e pelagem espessa, que vive em regiões do hemisfério Norte, facilmente domesticado. ▫ GRAMÁTICA É um substantivo epiceno: *a rena (macho/fêmea)*.

renal ⟨re.nal⟩ (pl. *renais*) adj.2g. Do rim ou relacionado a ele.

renascença ⟨re.nas.cen.ça⟩ s.f. Movimento cultural que presume uma volta aos valores, modelos e ideias da Antiguidade greco-romana, e que se desenvolveu na Europa principalmente entre os séculos XV e XVI. ▫ SIN. renascimento. ▫ ORTOGRAFIA Usa-se geralmente com inicial maiúscula por ser também um nome próprio.

renascentista ⟨re.nas.cen.tis.ta⟩ adj.2g. Do Renascimento ou relacionado a ele.

renascer ⟨re.nas.cer⟩ v.int. **1** Renovar as forças e a energia: *A viagem me fez renascer*. **2** Recuperar a importância perdida: *Com o novo filme, o ator renasceu para o cinema*. **3** Voltar a crescer: *Na primavera, as flores renascem*. **4** Superar uma situação perigosa sem grandes danos: *Posso dizer que renasci depois daquele acidente*. ▫ ORTOGRAFIA Antes de a ou o, o c muda para ç →CONHECER.

---

renovar

renascimento ⟨re.nas.ci.men.to⟩ s.m. **1** Ato ou efeito de renascer. **2** Movimento cultural que presume uma volta aos valores, modelos e ideias da Antiguidade greco-romana, e que se desenvolveu na Europa principalmente entre os séculos XV e XVI. ▫ SIN. renascença. ▫ ORTOGRAFIA Na acepção 2, usa-se geralmente com inicial maiúscula por ser também um nome próprio.

renda ⟨ren.da⟩ s.f. **1** Quantia apurada periodicamente: *Minha renda mensal equivale a um salário mínimo*. ▫ SIN. receita, rendimento. **2** Tecido fino e variado em forma de desenhos. ‖ **renda *per capita*** Aquela que resulta da divisão da renda de um país por seu número de habitantes.

rendado, da ⟨ren.da.do, da⟩ adj. Enfeitado com renda.

rendeira ⟨ren.dei.ra⟩ s.f. Ave com corpo e parte da cabeça brancos, cauda e asas pretas, e patas alaranjadas.

rendeiro, ra ⟨ren.dei.ro, ra⟩ s. **1** Pessoa que se dedica à fabricação ou à venda de rendas, especialmente como profissão. **2** Pessoa que se dedica a arrendar imóveis, especialmente como profissão.

render ⟨ren.der⟩ ▮ v.t.d./v.prnl. **1** Submeter(-se) à vontade de alguém: *Eu sempre me rendo a seus pedidos*. ▮ v.t.d. **2** Vencer ou derrotar: *render um amigo*. ▮ v.t.d./v.int. **3** Trazer (um bom resultado) ou dar fruto ou benefício: *Estude bastante, pois isso lhe renderá bons frutos no futuro. Meu serviço rende mais pela manhã*. ▮ v.int. **4** *informal* Prolongar-se ou demorar para chegar ao fim (um acontecimento): *Aquela discussão está rendendo até hoje*.

rendição ⟨ren.di.ção⟩ (pl. *rendições*) s.f. Ato ou efeito de render(-se).

rendilha ⟨ren.di.lha⟩ s.f. Renda pequena, fina e muito delicada.

rendilhar ⟨ren.di.lhar⟩ v.t.d. Ornar com renda, com rendilha ou com outro trabalho semelhante: *rendilhar as cortinas*.

rendimento ⟨ren.di.men.to⟩ s.m. **1** Ato ou efeito de render. **2** Quantia apurada periodicamente: *Todo o rendimento foi aplicado na reforma da loja*. ▫ SIN. receita, renda. **3** Benefício ou utilidade trazidos por algo: *Essa aplicação financeira apresentou bons rendimentos durante o ano*. **4** Desempenho ou produtividade: *Precisamos entender por que o rendimento do aluno caiu esse trimestre*.

rendoso, sa ⟨ren.do.so, sa⟩ (Pron. [rendôso], [rendósa], [rendôsos], [rendósas]) adj. Que produz lucros ou benefícios. ▫ SIN. lucrativo.

renegar ⟨re.ne.gar⟩ ▮ v.t.d./v.t.i. **1** Abandonar ou renunciar [a uma crença ou a uma religião]. ▮ v.t.d. **2** Rejeitar ou manifestar desprezo por (alguém). ▫ ORTOGRAFIA Antes de e, o g muda para gu →CHEGAR.

rênio ⟨rê.nio⟩ s.m. Elemento químico da família dos metais, de número atômico 75, sólido, de cor cinza brilhante, muito denso e que dificilmente se funde. ▫ ORIGEM É uma palavra que vem do latim *Rhenus* (o rio Reno), pelo lugar de nascimento da mulher do descobridor desse elemento. ▫ ORTOGRAFIA Seu símbolo químico é Re, sem ponto.

renitente ⟨re.ni.ten.te⟩ ▮ adj.2g./s.2g. **1** Persistente ou que costuma voltar a ocorrer. ▮ adj.2g. **2** Que ou quem é teimoso, obstinado ou inconformado.

renomado, da ⟨re.no.ma.do, da⟩ adj. Que tem prestígio ou fama: *uma filósofa renomada*.

renome ⟨re.no.me⟩ s.m. Prestígio ou fama: *Seu pai é um professor de renome*. ▫ SIN. nomeada.

renovação ⟨re.no.va.ção⟩ (pl. *renovações*) s.f. Ato ou efeito de renovar(-se).

renovar ⟨re.no.var⟩ ▮ v.t.d. **1** Substituir (uma coisa) por outra mais nova ou mais moderna: *Após emagrecer,* precisou renovar o guarda-roupa. **2** Recuperar (a força ou a vitalidade): *Tirou férias para renovar as forças.* ❙ v.t.d./v.prnl. **3** Tornar(-se) novo ou com um aspecto de novo: *A pintura renovou a aparência da casa.* ❙ v.t.d. **4** Fazer com que volte a vigorar: *Lembre-se de renovar sua carteira de motorista antes do vencimento.* **5** Repetir ou reafirmar: *Renovamos nossos votos matrimoniais.*

renque ⟨ren.que⟩ s.m. Conjunto de pessoas, de seres ou de objetos dispostos em fileira ou em uma mesma linha: *um renque de árvores.*

rentável ⟨ren.tá.vel⟩ (pl. *rentáveis*) adj.2g. Que gera um benefício ou um bom rendimento.

rente ⟨ren.te⟩ ❙ adj.2g. **1** Em uma posição próxima ou imediata. ❙ adv. **2** Pela raiz ou muito curto: *Cortou o cabelo bem rente.*

renúncia ⟨re.nún.cia⟩ s.f. Ato ou efeito de renunciar: *a renúncia a um mandato.*

renunciar ⟨re.nun.ci.ar⟩ ❙ v.t.d. **1** Deixar ou abandonar voluntariamente (algo que se possui ou a que se tem direito): *O ministro renunciou o cargo após as denúncias de corrupção.* ❙ v.t.i./v.int. **2** Desistir voluntariamente [de algo que se possui ou a que se tem direito] ou abdicar: *O herdeiro renunciou ao trono. Após o escândalo, o presidente renunciou.*

reordenação ⟨re.or.de.na.ção⟩ (pl. *reordenações*) s.f. Ato ou efeito de reordenar.

reordenar ⟨re.or.de.nar⟩ v.t.d. Ordenar novamente (algo que já estava ordenado): *Reordenei as fichas em ordem alfabética.*

reorganização ⟨re.or.ga.ni.za.ção⟩ (pl. *reorganizações*) s.f. Ato ou efito de reorganizar.

reorganizar ⟨re.or.ga.ni.zar⟩ v.t.d. Organizar novamente (algo que já estava organizado), especialmente se for de um modo diferente.

reostato ⟨re.os.ta.to⟩ s.m. Em um circuito elétrico, componente cuja resistência varia de acordo com o uso de um botão, permitindo que o funcionamento do circuito seja alterado.

reparação ⟨re.pa.ra.ção⟩ (pl. *reparações*) s.f. **1** Ato ou efeito de reparar. **2** Conserto ou colocação em bom estado de algo que está quebrado, danificado ou em mau estado. ☐ SIN. reparo.

reparar ⟨re.pa.rar⟩ ❙ v.t.d. **1** Consertar ou colocar em bom estado (algo quebrado, danificado ou em mau estado): *Após o acidente, teve de reparar o carro.* ☐ SIN. arranjar. **2** Corrigir ou atenuar (um dano ou uma ofensa): *O jornal reparou as calúnias divulgadas.* ❙ v.t.d./v.t.i. **3** Notar (um detalhe) ou prestar atenção [em um detalhe]: *Você reparou na cor daquela casa?*

reparo ⟨re.pa.ro⟩ s.m. **1** Conserto ou colocação em bom estado de algo que está quebrado, danificado ou em mau estado. ☐ SIN. reparação. **2** Advertência, crítica ou observação sobre algo, especialmente para assinalar uma falta, um erro ou um defeito. **3** Exame, análise ou observação atentos.

repartição ⟨re.par.ti.ção⟩ (pl. *repartições*) s.f. **1** Ato ou efeito de repartir(-se). **2** Seção ou lugar em que se realizam tarefas burocráticas ou administrativas de interesse público: *uma repartição previdenciária.* ❙❙ **repartição (pública)** Em um órgão público, cada uma das seções em que está dividido.

repartir ⟨re.par.tir⟩ ❙ v.t.d./v.t.d.i. **1** Dividir e distribuir as partes de (um todo) [entre os interessados]: *Repartiu o bolo em pedaços iguais. Os sócios repartiram os lucros.* **2** Participar de ou dividir (ideias ou sentimentos) [entre pessoas]: *Quis repartir a alegria com o amigo.* ☐ SIN. partilhar. ❙ v.prnl. **3** Dividir-se em duas ou mais partes: *O tronco daquela árvore se reparte nas extremidades.* **4** Entregar-se a diferentes atividades simultâneas: *Precisou se repartir para trabalhar, cuidar dos filhos e estudar.*

repassar ⟨re.pas.sar⟩ ❙ v.t.d. **1** Tornar a estudar ou a explicar (um texto, uma lição ou um objeto de estudo): *Antes das provas, os professores repassaram as matérias.* ❙ v.t.d./v.t.d.i. **2** Transferir (uma verba, um crédito ou um bem) [a uma pessoa ou entidade]: *Periodicamente, o Governo Federal repassa verbas públicas aos municípios.*

repasse ⟨re.pas.se⟩ s.m. Transferência de uma verba, de um crédito ou de um bem.

repasto ⟨re.pas.to⟩ s.m. Refeição com grande quantidade ou variedade de comida.

repatriação ⟨re.pa.tri.a.ção⟩ (pl. *repatriações*) s.f. Ato ou efeito de repatriar(-se).

repatriar ⟨re.pa.tri.ar⟩ v.t.d./v.prnl. Encaminhar(-se) (alguém) de volta ao país de origem.

repelão ⟨re.pe.lão⟩ (pl. *repelões*) s.m. Empurrão ou encontrão de forma violenta.

repelente ⟨re.pe.len.te⟩ ❙ adj.2g. **1** Que repele. **2** Repulsivo ou repugnante. ❙ s.m. **3** Substância ou produto usados para repelir certos animais, especialmente insetos.

repelir ⟨re.pe.lir⟩ v.t.d. **1** Afastar ou impedir de se aproximar: *O lutador repeliu os golpes com destreza.* **2** Expulsar ou colocar para fora: *Os seguranças repeliram os manifestantes do local.* **3** Não aceitar ou não admitir: *O juiz repeliu o pedido de indenização.* ☐ GRAMÁTICA **1**. É um verbo abundante, pois apresenta dois particípios: *repelido* e *repulso.* **2**. É um verbo irregular →SERVIR.

repensar ⟨re.pen.sar⟩ ❙ v.t.i. **1** Pensar novamente [em um assunto], com mais atenção: *Depois de repensar na proposta, acabou aceitando-a.* ❙ v.int. **2** Pensar ou considerar um assunto novamente, com mais atenção.

repente ⟨re.pen.te⟩ s.m. **1** Impulso ou ímpeto que leva a fazer ou a dizer algo: *Em um repente, levantou-se e saiu da sala.* **2** Em música, desafio em que dois cantores, acompanhados de violas, improvisam versos com rimas, inspirados em um fato do momento ou em uma pessoa presente. ❙❙ **de repente** De forma repentina e inesperada: *De repente, levantou-se e saiu.*

repentino, na ⟨re.pen.ti.no, na⟩ adj. Que não se espera ou que não está previsto. ☐ SIN. abrupto.

repentista ⟨re.pen.tis.ta⟩ adj.2g./s.2g. Que ou quem faz ou improvisa versos ou cantos, geralmente como desafio.

repercussão ⟨re.per.cus.são⟩ (pl. *repercussões*) s.f. Efeito, influência ou consequência de algo: *a repercussão de uma notícia.*

repercutir ⟨re.per.cu.tir⟩ ❙ v.int./v.prnl. **1** Produzir efeito, influência ou impressão: *Suas declarações polêmicas repercutiram na mídia.* ❙ v.t.d./v.int./v.prnl. **2** Refletir(-se) ou reproduzir(-se) (um som ou uma luz).

repertório ⟨re.per.tó.rio⟩ s.m. **1** Conjunto de obras ou composições, peças ou espetáculos que pertencem a um artista, a um grupo ou a uma companhia. **2** Coleção ou conjunto de coisas com alguma relação de semelhança: *Este humorista tem um amplo repertório de piadas.*

repetência ⟨re.pe.tên.cia⟩ s.f. Em relação a um aluno, reprovação que o leva a cursar novamente um semestre ou um ano letivo.

repetente ⟨re.pe.ten.te⟩ ❙ adj.2g. **1** Que repete. ❙ adj.2g./s.2g. **2** Em relação a um aluno, que foi reprovado e que torna a cursar um semestre ou um ano letivo.

repetição ⟨re.pe.ti.ção⟩ (pl. *repetições*) s.f. **1** Ato ou efeito de repetir(-se). **2** Figura de linguagem que consiste no uso intencionalmente repetido de palavras, frases ou conceitos: *A repetição costuma ter um efeito intensificador do significado.*

repetir ⟨re.pe.tir⟩ ❙ v.t.d./v.t.d./v.prnl. **1** Tornar a fazer, a dizer ou a manifestar-se: *Os monitores repetiram as instruções.* ❙ v.t.d./v.int. **2** Tornar a cursar (um semestre ou ano letivo) ou ser reprovado em um curso. **3** Em uma refeição, pegar uma nova porção de (um alimento) ou servir-se novamente: *Não quis salada, mas repetiu o prato principal.* ∎ v.prnl. **4** Tornar a ocorrer ou a acontecer regularmente: *Protestos sindicais se repetiram ao longo do ano.* **5** Insistir nas mesmas atitudes, ideias ou palavras: *Gosto de artistas originais, não daqueles que se repetem.* □ GRAMÁTICA É um verbo irregular →SERVIR.

repetitivo, va ⟨re.pe.ti.ti.vo, va⟩ adj. Que repete ou que tem muita repetição: *um discurso repetitivo*.

repicar ⟨re.pi.car⟩ ∎ v.t.d. **1** Picar novamente ou reduzir a partes muito pequenas: *repicar os cabelos.* ∎ v.t.d./v.int. **2** Fazer emitir ou emitir (um objeto ou um instrumento de percussão) sons agudos, metálicos e sucessivos: *Cada músico repicava seu instrumento ritmicamente.* **3** Tocar ou soar repetidas vezes (um sino), geralmente em sinal de festa ou de alegria. □ ORTOGRAFIA Antes de e, o c muda para qu →BRINCAR.

repique ⟨re.pi.que⟩ s.m. **1** Toque de um sino, geralmente em sinal de festa ou de alegria. **2** Som agudo, metálico e sucessivo de um objeto ou de um instrumento de percussão: *um repique de tamborins.* **3** Alarme ou sinal.

replantar ⟨re.plan.tar⟩ v.t.d. Tornar a plantar (uma planta).

replay *(palavra inglesa)* (Pron. [ripléi]) s.m. Em televisão, repetição de alguns trechos de um programa.

repleto, ta ⟨re.ple.to, ta⟩ adj. Cheio, muito cheio ou abarrotado.

réplica ⟨ré.pli.ca⟩ s.f. **1** Resposta ou objeção a algo que foi dito ou ordenado: *O advogado teve direito a réplica em relação às acusações.* **2** Cópia idêntica ou muito semelhante ao original: *a réplica de um quadro*.

replicar ⟨re.pli.car⟩ ∎ v.t.d./v.t.i./v.int. **1** Revidar (uma afirmação) ou manifestar oposição [a alguém]: *A testemunha replicou que podia provar o que dizia.* □ SIN. retrucar. ∎ v.t.d. **2** Reproduzir ou copiar: *Não conseguiu replicar o experimento em condições diferentes.* □ ORTOGRAFIA Antes de e, o c muda para qu →BRINCAR.

repolho ⟨re.po.lho⟩ (Pron. [repôlho]) s.m. Planta herbácea, geralmente de cor esverdeada ou roxa, com folhas comestíveis, resistentes, sobrepostas e unidas entre si.

repor ⟨re.por⟩ v.t.d. **1** Voltar a colocar (algo ou alguém) no posto ou no lugar em que estavam antes: *É preciso repor os livros na estante.* **2** Substituir (algo que está em falta) ou colocar outro igual em seu lugar: *Precisamos repor o estoque de produtos.*

reportagem ⟨re.por.ta.gem⟩ (pl. *reportagens*) s.f. **1** Trabalho jornalístico, cinematográfico ou televisivo de caráter informativo. **2** Gênero textual da esfera jornalística ao qual pertencem esses trabalhos. **3** Equipe que desenvolve esses trabalhos.

reportar ⟨re.por.tar⟩ ∎ v.t.d. **1** Noticiar por meio de uma reportagem: *A imprensa reportou diversos casos semelhantes.* ∎ v.t.d.i. **2** Divulgar ou relatar (algo) [a alguém]: *Precisamos reportar os dados ao novo gerente.* ∎ v.prnl. **3** Fazer alusão ou referência: *Esses conteúdos se reportam ao Ensino Fundamental.*

repórter ⟨re.pór.ter⟩ s.2g. Jornalista que recolhe informações e cria reportagens, especialmente se for para publicá-las ou exibi-las em um noticiário.

reposição ⟨re.po.si.ção⟩ (pl. *reposições*) s.f. **1** Ato ou efeito de repor. **2** Compensação ou reparação.

repositório ⟨re.po.si.tó.rio⟩ s.m. **1** Depósito ou lugar em que se conserva ou se deposita algo: *A língua é o repositório da cultura e dos sentimentos de um povo.* **2** Em informática, lugar em que dados são armazenados para serem distribuídos em uma rede.

reposteiro ⟨re.pos.tei.ro⟩ s.m. Cortina pesada que se coloca em portas interiores de castelos, de igrejas ou de casas.

repressor

repousar ⟨re.pou.sar⟩ ∎ v.int. **1** Descansar ou interromper a fadiga ou o trabalho: *Depois do almoço, tiramos meia hora para repousar.* **2** Permanecer quieto, sem atividade nem movimento: *Deixe a massa repousar por vinte minutos.* ∎ v.t.d. **3** Apoiar ou colocar sobre algo: *Repousou a cabeça no colo da mãe.* ∎ v.t.i. **4** Basear-se ou fundamentar-se [em outra coisa]: *Suas dúvidas, na verdade, repousam em sua insegurança.* ∎ v.int. **5** Dormir ou adormecer: *Preciso repousar, pois acordei muito cedo.* **6** *eufemismo* Estar sepultado: *Ele repousa neste cemitério.*

repouso ⟨re.pou.so⟩ s.m. **1** Descanso ou interrupção da fadiga ou do trabalho. **2** Quietude, falta de atividade ou de movimento: *O médico recomendou que o paciente ficasse em repouso absoluto.* **3** Em física, imobilidade de um corpo em relação a um sistema de referência.

repreender ⟨re.pre.en.der⟩ v.t.d./v.t.d.i. Chamar a atenção de (alguém) ou corrigir (uma falta) [de alguém], desaprovando sua conduta: *A professora repreendeu os alunos que brincavam durante a aula. Repreendeu o comportamento inadequado ao filho.*

repreensão ⟨re.pre.en.são⟩ (pl. *repreensões*) s.f. Desaprovação da conduta de uma pessoa que se faz corrigindo-a ou chamando-lhe a atenção. □ SIN. reprimenda.

represa ⟨re.pre.sa⟩ (Pron. [reprêsa]) s.f. **1** Construção destinada a conter ou a regular um curso d'água. □ SIN. açude, barragem, dique. **2** Lugar que retém as águas, natural ou artificialmente. □ SIN. açude.

represália ⟨re.pre.sá.lia⟩ s.f. Vingança ou resposta a alguém por um dano ou mal sofrido.

represar ⟨re.pre.sar⟩ v.t.d. **1** Deter ou impedir (um curso d'água): *O rio será represado para a construção de uma usina hidrelétrica.* **2** Reprimir, conter ou impedir o avanço ou o crescimento de (uma emoção): *represar um sentimento.*

representação ⟨re.pre.sen.ta.ção⟩ (pl. *representações*) s.f. **1** Ato ou efeito de representar. **2** Interpretação ou encenação de uma obra ou de um papel dramáticos. **3** Pessoa ou grupo que representam outra pessoa ou uma instituição: *O encontro nacional de estudantes recebeu representações de vários estados.*

representante ⟨re.pre.sen.tan.te⟩ ∎ adj.2g. **1** Que representa: *uma comissão representante.* ∎ s.2g. **2** Pessoa que representa outra ou uma instituição, ou que atua em nome delas: *um representante legal.*

representar ⟨re.pre.sen.tar⟩ ∎ v.t.d. **1** Encenar ou interpretar (uma obra ou um papel dramáticos): *Na novela ela representa uma escrava.* ∎ v.int. **2** Interpretar ou encenar uma obra ou um papel dramáticos. ∎ v.t.d. **3** Estar autorizado a agir ou a falar em nome de (uma pessoa ou uma instituição): *Um presidente representa seu país em assuntos internacionais.* **4** Ser a imagem ou o símbolo de: *A bandeira nacional representa a nação.* **5** Constituir ou significar: *Essa epidemia representa um grave problema de saúde pública.* **6** Descrever ou transpor em forma de imagem: *Nestes desenhos, as crianças representam a amizade.*

representativo, va ⟨re.pre.sen.ta.ti.vo, va⟩ adj. **1** Que serve ou que tem capacidade para representar algo. **2** Característico ou exemplar: *Cecília Meireles é uma escritora representativa da poesia brasileira.*

repressão ⟨re.pres.são⟩ (pl. *repressões*) s.f. **1** Ato ou efeito de reprimir. **2** Aquilo que impede uma ação ou um impulso: *a repressão dos instintos; a repressão de um ato político.*

repressivo, va ⟨re.pres.si.vo, va⟩ adj. Que reprime a livre ação ou o livre pensamento, geralmente fazendo uso da violência.

repressor, -a ⟨re.pres.sor, so.ra⟩ (Pron. [repressôr], [repressôra]) adj./s. Que ou quem reprime.

reprimenda

reprimenda ⟨re.pri.men.da⟩ s.f. Desaprovação da conduta de uma pessoa que se faz corrigindo-a ou chamando-lhe a atenção. ☐ SIN. repreensão.

reprimir ⟨re.pri.mir⟩ ▍ v.t.d./v.prnl. **1** Conter(-se) ou moderar(-se) (um sentimento ou um impulso). ☐ SIN. refrear, sofrear. ▍ v.t.d. **2** Impedir (uma pessoa ou uma ação), geralmente de forma violenta: *Os seguranças reprimiram os manifestantes.*

reprisar ⟨re.pri.sar⟩ v.t.d. Tornar a exibir ou a projetar (um programa de televisão, um filme ou uma apresentação): *Esse canal sempre reprisa filmes antigos.*

reprise ⟨re.pri.se⟩ s.f. Reexibição ou nova projeção de um programa de televisão, de um filme ou de uma apresentação: *a reprise de uma novela.*

réprobo, ba ⟨ré.pro.bo, ba⟩ adj./s. Que ou quem é malvado, perverso ou digno de ser reprovado.

reproche ⟨re.pro.che⟩ s.m. Censura, reprovação ou repreensão.

reprodução ⟨re.pro.du.ção⟩ (pl. *reproduções*) s.f. **1** Ato ou efeito de reproduzir(-se). **2** Processo pelo qual os seres vivos geram seus descendentes. **3** Período de procriação de uma determinada espécie.

reprodutivo, va ⟨re.pro.du.ti.vo, va⟩ adj. Que reproduz ou que se reproduz.

reprodutor, -a ⟨re.pro.du.tor, to.ra⟩ (Pron. [reprodutôr], [reprodutôra]) adj./s. Que ou quem reproduz.

reproduzir ⟨re.pro.du.zir⟩ ▍ v.t.d. **1** Produzir novamente, repetir ou tornar a fazer: *Tento não reproduzir meus erros.* **2** Ser a cópia fiel de (um original): *Esta fotografia reproduz uma famosa obra de Candido Portinari.* ▍ v.prnl. **3** Em relação a um ser vivo, gerar outros da mesma espécie: *Os animais menos evoluídos e as plantas se reproduzem de forma assexuada.* **4** Tornar a ocorrer ou a acontecer regularmente: *Com as novas medidas, as falhas não deveriam se reproduzir.* ☐ GRAMÁTICA É um verbo regular, mas perde o e final na terceira pessoa do singular do presente do indicativo →PRODUZIR.

reprovação ⟨re.pro.va.ção⟩ (pl. *reprovações*) s.f. **1** Ato ou efeito de reprovar. **2** Não aprovação de uma pessoa, especialmente em um curso, em um exame, em um semestre ou em um ano letivo: *a reprovação de um candidato.*

reprovar ⟨re.pro.var⟩ v.t.d. **1** Não aprovar ou censurar (uma pessoa ou o seu comportamento): *Os pais reprovaram suas palavras.* **2** Rejeitar, recusar ou desaprovar: *Parte do Congresso reprovou o novo pacote econômico.* **3** Não aprovar (alguém) em um curso, exame, semestre ou ano letivo: *O professor reprovou apenas um aluno.*

reprovável ⟨re.pro.vá.vel⟩ (pl. *reprováveis*) adj.2g. Que pode ser reprovado ou que merece reprovação.

reptil ⟨rep.til⟩ (pl. *reptis*) adj.2g./s.m. →réptil

réptil ⟨rép.til⟩ (pl. *répteis*) ▍ adj.2g. **1** Que rasteja ou que se arrasta. ▍ adj.2g./s.m. **2** Em relação a um vertebrado, que se caracteriza por ter sangue frio, respiração pulmonar, corpo coberto por escamas ou por uma carapaça, e por caminhar roçando a terra com o ventre por não ter extremidades ou por tê-las muito curtas: *Os lagartos, os jacarés e as cobras são répteis.* ▍ s.m.pl. **3** Em zoologia, classe desses vertebrados, pertencente ao filo dos cordados. ☐ ORTOGRAFIA Escreve-se também reptil.

república ⟨re.pú.bli.ca⟩ s.f. **1** Sistema de governo em que o poder do Estado é exercido por um presidente eleito pelos cidadãos. **2** Estado que tem esse sistema de governo: *Portugal, França e Itália são repúblicas.* **3** Casa, habitação ou moradia coletiva de estudantes.

republicanismo ⟨re.pu.bli.ca.nis.mo⟩ s.m. **1** Inclinação ideológica à república como forma de governo. **2** Sistema de organização política que proclama a república como forma de governo.

republicano, na ⟨re.pu.bli.ca.no, na⟩ ▍ adj. **1** Da república ou relacionado a esse sistema de governo: *um partido republicano.* ▍ adj./s. **2** Partidário ou defensor da república.

republicar ⟨re.pu.bli.car⟩ v.t.d. Publicar novamente. ☐ ORTOGRAFIA Antes de e, o c muda para qu →BRINCAR.

repudiar ⟨re.pu.di.ar⟩ v.t.d. **1** Condenar, reprovar ou não aceitar: *repudiar a violência.* **2** Abandonar ou desamparar (alguém): *repudiar um filho.*

repúdio ⟨re.pú.dio⟩ s.m. **1** Ato ou efeito de repudiar. **2** Condenação, reprovação ou rejeição.

repugnância ⟨re.pug.nán.cia⟩ s.f. Aversão, repulsa ou antipatia.

repugnante ⟨re.pug.nan.te⟩ adj.2g. Que causa repugnância.

repugnar ⟨re.pug.nar⟩ ▍ v.t.d./v.t.i. **1** Causar repugnância [a alguém]. ▍ v.int. **2** Causar repugnância.

repulsa ⟨re.pul.sa⟩ s.f. Reprovação, aversão ou condenação enérgica de algo. ☐ SIN. repulsão.

repulsão ⟨re.pul.são⟩ (pl. *repulsões*) s.f. **1** Reprovação, aversão ou condenação enérgica de algo. ☐ SIN. repulsa. **2** Em física, força pela qual determinados corpos ou duas partículas se repelem mutuamente.

repulsivo, va ⟨re.pul.si.vo, va⟩ adj. Que causa repulsa: *um ato repulsivo.*

reputação ⟨re.pu.ta.ção⟩ (pl. *reputações*) s.f. **1** Opinião ou conceito que outros têm de algo ou alguém: *Esta empresa tem boa reputação, pois investe na reciclagem de materiais.* **2** Prestígio, fama ou renome: *um arquiteto de grande reputação.*

repuxar ⟨re.pu.xar⟩ v.t.d. **1** Puxar novamente com força ou com violência. **2** Puxar para trás: *A correnteza do rio repuxava as embarcações.* **3** Esticar ou contrair (uma parte do corpo): *repuxar a boca.*

repuxo ⟨re.pu.xo⟩ s.m. Em um chafariz ou em uma fonte, jato de água que jorra para cima e de forma contínua.

requebrado ⟨re.que.bra.do⟩ s.m. Movimento dos quadris de um lado para o outro, geralmente em leves círculos. ☐ SIN. rebolado.

requebrar ⟨re.que.brar⟩ ▍ v.t.d. **1** v.prnl. Mover(-se) (os quadris) com agilidade, leveza e graça.

requebro ⟨re.que.bro⟩ (Pron. [requêbro]) s.m. **1** Movimento dos quadris com agilidade, com leveza e com graça. **2** Gesto ou meneio sedutores.

requeijão ⟨re.quei.jão⟩ (pl. *requeijões*) s.m. Queijo fresco, de massa branca, amanteigada e pastosa.

requentar ⟨re.quen.tar⟩ v.t.d. Tornar a aquecer: *Requentou o café e serviu uma xícara.*

requerer ⟨re.que.rer⟩ v.t.d./v.t.d.i. **1** Pedir ou exigir (algo) [a alguém]: *Todo trabalho requer responsabilidade.* **2** Solicitar ou pedir [a alguém] formalmente ou em juízo: *O advogado requereu ao juiz a anulação do processo.* ☐ GRAMÁTICA É um verbo irregular →REQUERER.

requerimento ⟨re.que.ri.men.to⟩ s.m. Solicitação ou pedido que são feitos formalmente, em juízo ou por escrito: *um requerimento de matrícula.*

réquiem ⟨ré.qui.em⟩ (pl. *réquiens*) s.m. **1** Ofício litúrgico feito para os mortos. **2** Composição musical composta para ser executada na missa dos mortos.

requintar ⟨re.quin.tar⟩ v.t.d./v.int./v.prnl. Aprimorar(-se), aperfeiçoar(-se) ou tornar(-se) mais sofisticado: *Acrescentou açafrão ao prato para requintá-lo.*

requinte ⟨re.quin.te⟩ s.m. Aprimoramento, aperfeiçoamento ou sofisticação: *Suas obras possuem um grande requinte formal. Gosta de frequentar ambientes com requinte.*

requisição ⟨re.qui.si.ção⟩ (pl. *requisições*) s.f. Ato ou efeito de requerer ou requisitar.

requisitar ⟨re.qui.si.tar⟩ v.t.d./v.t.d.i. **1** Pedir, exigir ou solicitar formalmente [a alguém]: *O juiz requisitou todos os documentos do processo.* ▌v.t.d. **2** Convocar ou chamar (uma pessoa ou os seus serviços): *Sentiu-se mal e requisitou um médico.*

requisito ⟨re.qui.si.to⟩ s.m. Condição necessária para algo: *No Brasil, ter no mínimo dezoito anos é um requisito para tirar a carteira de habilitação.* ☐ SIN. **quesito.**

requisitório, ria ⟨re.qui.si.tó.rio, ria⟩ ▌adj. **1** Que requisita. ▌s.m. **2** Apresentação de motivos, feita por um promotor ou por um representante do Ministério Público, para justificar a acusação judicial contra uma pessoa.

rés ‖ **ao rés de** algo: Rente a ele ou próximo dele: *Aparou a grama ao rés da terra.*

rês s.f. Animal quadrúpede, especialmente se for bovino, que se utiliza para a alimentação humana.

rescaldar ⟨res.cal.dar⟩ v.t.d. **1** Escaldar novamente. **2** Esquentar muito ou em excesso: *O calor rescaldava a pele.*

rescaldo ⟨res.cal.do⟩ s.m. **1** Cinza misturada com brasa. **2** Procedimento destinado a evitar que restos de um incêndio se inflamem novamente: *Os bombeiros levaram horas na operação de rescaldo.*

rescindir ⟨res.cin.dir⟩ v.t.d. Anular, desfazer ou invalidar (um contrato).

rescisão ⟨res.ci.são⟩ (pl. *rescisões*) s.f. Anulação ou invalidação de um acordo ou de um contrato: *a rescisão de um contrato de trabalho.*

rescisório, ria ⟨res.ci.só.rio, ria⟩ adj. Que rescinde ou que pode sofrer rescisão.

rés do chão ⟨rés do chão⟩ s.m.2n. Em uma casa, andar térreo.

resenha ⟨re.se.nha⟩ (Pron. [resênha]) s.f. Análise crítica ou resumo informativo sobre uma obra literária ou científica: *a resenha de um livro.*

resenhar ⟨re.se.nhar⟩ v.t.d. Analisar (uma obra literária ou científica), comentando-a e criticando-a brevemente: *Resenhou vários ensaios sobre política.*

reserva ⟨re.ser.va⟩ ▌s.f. **1** Aquilo que se guarda para mais adiante ou para uma ocasião apropriada: *Ela usou suas reservas para quitar o carro.* **2** Aquilo que se preserva, que se defende ou que se tenta manter a salvo: *uma reserva florestal.* **3** Solicitação antecipada de algo: *Fizemos a reserva de dois quartos nesse hotel.* **4** Afastamento ou isolamento de uma pessoa, especialmente se for por timidez: *Costuma agir com reserva.* **5** Imposição de limites ou redução de algo a limites menores: *Apenas com reservas aceitou o contrato.* **6** Situação de uma pessoa dispensada do serviço militar obrigatório ou afastada de suas funções militares ao final de sua carreira, mas que deve permanecer à disposição em casos de necessidades. ▌s.2g. **7** Em um esporte, pessoa que está preparada para substituir um jogador titular: *Fizeram um treino de titulares contra reservas.*

reservar ⟨re.ser.var⟩ ▌v.t.d./v.prnl. **1** Guardar(-se) ou preservar(-se) para mais tarde ou para uma ocasião apropriada: *Reservaremos esse dinheiro para alguma eventualidade.* ▌v.t.d. **2** Destinar antecipadamente [para alguém]: *O recepcionista reservou um quarto para o casal.* ▌v.prnl. **3** Atribuir-se ou conceder-se: *Reservo-me o direito de ficar em silêncio.*

reservatório, ria ⟨re.ser.va.tó.rio, ria⟩ ▌adj. **1** Que é próprio para guardar, armazenar ou conservar. ▌s.m. **2** Lugar ou depósito em que se guarda ou em que se armazena algo, especialmente se for água.

reservista ⟨re.ser.vis.ta⟩ s.2g. Em relação a um militar, aquele que está na reserva.

resina

resfriado ⟨res.fri.a.do⟩ s.m. Mal-estar físico causado geralmente por mudanças bruscas de temperatura, e cujos sintomas são febre e coriza. ☐ SIN. **constipação, resfriamento.**

resfriamento ⟨res.fri.a.men.to⟩ s.m. **1** Ato ou efeito de resfriar(-se). ☐ SIN. **esfriamento. 2** Mal-estar físico causado geralmente por mudanças bruscas de temperatura, e cujos sintomas são febre e coriza. ☐ SIN. **constipação, resfriado.**

resfriar ⟨res.fri.ar⟩ ▌v.t.d. **1** Esfriar novamente. ▌v.t.d./v.int./v.prnl. **2** Diminuir a temperatura de (um corpo ou ambiente) ou ficar mais frio: *O ar-condicionado resfriava o ambiente.* ☐ SIN. **arrefecer, esfriar.** ▌v.int./v.prnl. **3** Apanhar um resfriado: *Ficaram na chuva e acabaram se resfriando.*

resgatar ⟨res.ga.tar⟩ ▌v.t.d./v.t.d.i./v.prnl. **1** Libertar(-se) (alguém que foi sequestrado) [de seu cativeiro], especialmente pela força ou em troca de dinheiro: *A polícia resgatou o jovem.* ▌v.t.d. **2** Recuperar em troca de pagamento (algo que foi tomado ou deixado sob custódia): *Pôde resgatar suas joias no banco.* **3** Livrar de um perigo ou de uma situação difícil: *Os bombeiros resgataram os moradores da casa em chamas.* **4** Recuperar do esquecimento ou do abandono: *O livro pretende resgatar receitas antigas.*

resgate ⟨res.ga.te⟩ s.m. **1** Libertação de uma pessoa que foi sequestrada, especialmente pela força ou em troca de dinheiro. **2** Dinheiro que se pede ou que se paga pela libertação dessa pessoa. **3** Salvamento de um perigo ou de uma situação difícil: *o resgate de um ferido.* **4** Recuperação de uma soma em dinheiro ou de objetos deixados como garantia: *o resgate de uma quantia de dinheiro; o resgate de joias penhoradas.* **5** Recuperação daquilo que foi esquecido ou abandonado: *o resgate de uma tradição.*

resguardar ⟨res.guar.dar⟩ v.t.d./v.t.d.i./v.prnl. Guardar(-se), proteger(-se) ou defender(-se) [de algo]: *Resguardou-se da chuva embaixo de um toldo.*

resguardo ⟨res.guar.do⟩ s.m. **1** Precaução ou repouso: *Doente, ficou de resguardo por dois dias.* **2** Em relação a uma mulher, período de repouso e de recuperação após o parto.

residência ⟨re.si.dên.cia⟩ s.f. **1** Lugar onde se reside ou se está estabelecido: *A residência do ministro fica a duas quadras do parque.* **2** Na formação de um médico, última fase, na qual escolhe sua especialização: *Meu irmão mais velho fará sua residência em cardiologia.*

residencial ⟨re.si.den.ci.al⟩ (pl. *residenciais*) adj.2g. Em relação a um lugar, que é próprio para residência ou em que há residências.

residente ⟨re.si.den.te⟩ ▌adj.2g./s.2g. **1** Que ou quem reside. ▌s. **2** →**médico-residente**

residir ⟨re.si.dir⟩ v.t.i. **1** Viver habitualmente [em um lugar]: *Está estudando na capital, mas reside em uma cidade próxima.* ☐ SIN. **habitar, morar. 2** Consistir ou estar baseado [em algo]: *O atrativo dessa área reside na paisagem.* ☐ GRAMÁTICA Na acepção 2, usa-se a construção *residir EM algo.*

residual ⟨re.si.du.al⟩ (pl. *residuais*) adj.2g. Do resíduo ou relacionado a ele.

resíduo ⟨re.sí.duo⟩ s.m. Parte que resta ou que sobra de algo: *resíduos industriais.*

resignação ⟨re.sig.na.ção⟩ (pl. *resignações*) s.f. Ato ou efeito de resignar(-se).

resignado, da ⟨re.sig.na.do, da⟩ adj. Que sofre ou que suporta um mal com resignação.

resignar ⟨re.sig.nar⟩ ▌v.t.d. **1** Renunciar de forma voluntária (um cargo, uma função ou uma dignidade). ▌v.prnl. **2** Conformar-se ou aceitar com paciência e resignação: *Resignou-se à sua sorte.*

resina ⟨re.si.na⟩ s.f. Substância pegajosa de consistência pastosa, insolúvel em água e solúvel em álcool e em

resinoso

alguns azeites, que se obtêm de algumas plantas de forma artificial.

resinoso, sa ⟨re.si.no.so, sa⟩ (Pron. [resinôso], [resinósa], [resinósos], [resinósas]) adj. Que tem ou que produz resina.

resistência ⟨re.sis.tên.cia⟩ s.f. **1** Oposição a uma força contrária. **2** Capacidade para resistir ou aguentar: *Com os exercícios físicos, aumentou sua resistência muscular.* **3** Capacidade para se defender ou para se recuperar de um ataque: *O medicamento o ajudou a adquirir resistência ao vírus.* **4** Força que se opõe ao movimento de um corpo ou de um equipamento: *Este jato consegue vencer a resistência do ar.* **5** Em um circuito elétrico, peça que se opõe à passagem da corrente elétrica ou que produz calor quando essa passagem ocorre. ◻ SIN. resistor.

resistente ⟨re.sis.ten.te⟩ adj.2g. **1** Que resiste. **2** Que dura, que não se deteriora ou que não se estraga com facilidade.

resistir ⟨re.sis.tir⟩ ▌ v.t.i. **1** Opor força [a algo ou alguém]: *Entregou-se à polícia sem resistir.* **2** Sobreviver [à passagem do tempo ou a outra força destrutiva] ou durar apesar delas: *A plantação resistiu às pragas.* ▌ v.int. **3** Aguentar, suportar ou não ceder: *Alguns sucumbem às dificuldades, outros resistem.*

resistor ⟨re.sis.tor⟩ (Pron. [resistôr]) s.m. Em um circuito elétrico, peça que se opõe à passagem da corrente elétrica ou que produz calor quando essa passagem ocorre. ◻ SIN. resistência.

resma ⟨res.ma⟩ (Pron. [rêsma]) s.f. Conjunto de quinhentas folhas de papel.

resmungão ⟨res.mun.gão⟩ (pl. *resmungões*) adj./s.m. *informal* Que ou quem resmunga muito. ◻ GRAMÁTICA Seu feminino é *resmungona*.

resmungar ⟨res.mun.gar⟩ v.t.d./v.int. Dizer ou falar em voz baixa e confusa, geralmente em sinal de desagrado ou de mau humor: *Resmungou algo que ninguém entendeu. Aborreceu-se e não parava de resmungar.* ◻ SIN. rosnar. ◻ ORTOGRAFIA Antes de *e*, o *g* muda para *gu* →CHEGAR.

resmungo ⟨res.mun.go⟩ s.m. Fala baixa e confusa, geralmente em sinal de desagrado ou de mau humor.

resmungona ⟨res.mun.go.na⟩ (Pron. [resmungôna]) Feminino de *resmungão*.

resolução ⟨re.so.lu.ção⟩ (pl. *resoluções*) s.f. **1** Ato ou efeito de resolver(-se). **2** Em direito, decisão de uma autoridade governante ou judicial: *Em uma resolução, o juiz proibiu a abertura do estabelecimento.* **3** Em uma tela, qualidade da imagem que é determinada pela capacidade de detalhamento com que é exibida.

resoluto, ta ⟨re.so.lu.to, ta⟩ adj. Que é determinado ou decidido.

resolver ⟨re.sol.ver⟩ ▌ v.t.d. **1** Tomar (uma medida) ou decidir (fazer uma opção definitiva): *Resolvi me mudar para o interior.* ▌ v.int./v.prnl. **2** Tomar uma medida ou escolher uma opção definitiva: *Chegou o momento de resolver.* ▌ v.t.d. **3** Encontrar a solução de (um problema ou uma dúvida): *Qual a melhor forma de resolver essa questão?* **4** Trazer ou ser a solução para (um problema): *Se nos ajudassem, resolveríamos a questão do atraso.*

respaldar ⟨res.pal.dar⟩ v.t.d. Apoiar, proteger ou garantir: *A Constituição respalda a decisão do tribunal.*

respaldo ⟨res.pal.do⟩ s.m. **1** Garantia, apoio ou proteção: *As medidas governamentais contam com o respaldo do Congresso.* **2** Em um assento, encosto onde se apoiam as costas.

respectivo, va ⟨res.pec.ti.vo, va⟩ adj. **1** Em relação aos elementos de um conjunto, que se correspondem um a um com os elementos de outro conjunto. **2** Devido ou próprio: *Com o atraso, deu-me as respectivas satisfações.* ◻ ORTOGRAFIA Escreve-se também *respetivo*.

respeitar ⟨res.pei.tar⟩ ▌ v.t.d. **1** Ter ou mostrar admiração ou consideração por (alguém): *Sempre respeite muito meus pais e avós.* **2** Levar em consideração ou dar importância a: *Eles sempre respeitaram meus sentimentos.* **3** Acatar, admitir ou aceitar como bom ou como certo: *Quem não respeita as leis pode ir para a cadeia.* **4** Ter medo ou receio de: *Sempre respeitei a força da natureza.* ▌ v.prnl. **5** Portar-se com dignidade e de acordo com certas regras sociais.

respeitável ⟨res.pei.tá.vel⟩ (pl. *respeitáveis*) adj.2g. **1** Digno de respeito. **2** Considerável ou bastante grande: *uma soma respeitável.*

respeito ⟨res.pei.to⟩ s.m. **1** Consideração e reconhecimento do valor de algo ou de alguém: *Meus pais me ensinaram a ter respeito pelos outros.* **2** Medo ou receio: *Não acredito em superstições, mas tenho certo respeito por elas.* ‖ **a respeito de** {algo/alguém}: Sobre ele ou em relação a ele: *Gostaríamos de conversar a respeito dos testes.* ‖ **dizer respeito a** {algo/alguém}: Estar relacionado a ele: *Minha dúvida diz respeito à aula passada.*

respeitoso, sa ⟨res.pei.to.so, sa⟩ (Pron. [respeitôso], [respeitósa], [respeitósos], [respeitósas]) adj. Que tem ou que demonstra respeito.

respetivo, va ⟨res.pe.ti.vo, va⟩ adj. →**respectivo, va**

respingar ⟨res.pin.gar⟩ ▌ v.int. **1** Lançar ou soltar pequenos borrifos, gotas ou pingos: *A chuva respingava na vidraça.* ▌ v.t.d./v.prnl. **2** Molhar(-se), sujar(-se) ou manchar(-se) com esses pequenos borrifos, gotas ou pingos: *Respingou o vestido novo com óleo.* ▌ v.t.i. **3** Causar consequências ou influenciar [em algo ou alguém]: *As acusações dos jornais respingaram em várias autoridades.* ◻ ORTOGRAFIA Antes de *e*, o *g* muda para *gu* →CHEGAR.

respingo ⟨res.pin.go⟩ s.m. Borrifo, gota ou pingo que respingam: *Notou que havia um respingo de suco na camisa.*

respiração ⟨res.pi.ra.ção⟩ (pl. *respirações*) s.f. **1** Processo fisiológico celular de obtenção de energia por um ser vivo, em que ocorre a liberação de dióxido de carbono e há o consumo de oxigênio e glicose. **2** Processo fisiológico de trocas gasosas na inspiração e na expiração de ar pelas vias respiratórias. ◻ SIN. fôlego, respiro. **3** Ar que sai pela boca ao respirar. ◻ SIN. bafo. ‖ **respiração artificial** Conjunto de ações aplicadas ao corpo de uma pessoa com parada respiratória para que ela volte a respirar sozinha. ‖ **(respiração) boca a boca** Modo de respiração artificial em que uma pessoa introduz ar com sua própria boca na boca de outra pessoa que não respira sozinha.

respiradoiro ⟨res.pi.ra.doi.ro⟩ s.m. →**respiradouro**

respirador, -a ⟨res.pi.ra.dor, do.ra⟩ (Pron. [respiradôr] [respiradôra]) adj. **1** Que respira, que serve para respirar ou que auxilia na respiração. ▌ s.m. **2** Aparelho que permite a uma pessoa respirar.

respiradouro ⟨res.pi.ra.dou.ro⟩ s.m. Em alguns aparelhos mecânicos ou em algumas tubulações, abertura por onde o ar entra e sai. ◻ SIN. suspiro. ◻ ORTOGRAFIA Escreve-se também *respiradoiro*.

respirar ⟨res.pi.rar⟩ ▌ v.int. **1** Absorver o ar para reter parte de suas substâncias (um ser vivo): *Quando respiramos, absorvemos parte do oxigênio presente no ar.* ▌ v.t.d. **2** Inalar, aspirar ou absorver por meio da respiração: *As vítimas do incêndio respiraram muita fumaça.* ▌ v.int. **3** Viver ou estar vivo: *O ferido ainda respirava.* **4** Descansar ou sentir-se aliviado (alguém) depois de alguma situação cansativa ou difícil: *Entreguei o trabalho e já posso respirar.*

respiratório, ria ⟨res.pi.ra.tó.rio, ria⟩ adj. Da respiração, que serve para a respiração, ou relacionado a ela.

respirável ⟨res.pi.rá.vel⟩ (pl. *respiráveis*) adj.2g. Que se pode respirar sem que prejudique a saúde.

respiro ⟨res.pi.ro⟩ s.m. **1** Processo fisiológico de trocas gasosas na inspiração e na expiração de ar pelas vias respiratórias. ☐ SIN. **fôlego, respiração**. **2** Momento de descanso ou de repouso de um trabalho, de uma atividade ou de um esforço: *Depois de horas trabalhando, preciso de um respiro.*

resplandecer ⟨res.plan.de.cer⟩ v.int. **1** Brilhar intensamente ou emitir raios de luz. ☐ SIN. **reluzir**. **2** Sobressair, distinguir-se ou iluminar-se: *Seu rosto resplandeceu ao saber da notícia.* ☐ ORTOGRAFIA **1**. Antes de *a* ou *o*, o *c* muda para *ç* →CONHECER. **2**. Escreve-se também *resplender*.

resplender ⟨res.plen.der⟩ v.int. →**resplandecer**

resplendor ⟨res.plen.dor⟩ (Pron. [resplendôr]) s.m. **1** Brilho forte ou intenso: *o resplendor da Lua.* ☐ SIN. **esplendor**. **2** Grandiosidade ou gloriosidade. **3** Círculo luminoso que envolve a cabeça dos santos. ☐ SIN. **auréola, halo, nimbo**. **4** Adereço carnavalesco geralmente feito de plumas, e que se leva nas costas.

respondão ⟨res.pon.dão⟩ (pl. *respondões*) adj./s.m. *informal* Que ou quem costuma responder de forma grosseira ou desrespeitosa. ☐ GRAMÁTICA Seu feminino é *respondona*.

responder ⟨res.pon.der⟩ ▮ v.t.d./v.t.i. **1** Replicar a (uma pergunta, uma dúvida ou uma proposta) ou dar uma solução [a elas]: *No exame, respondi todas as perguntas.* ▮ v.t.d./v.t.d.i. **2** Escrever e enviar resposta a (uma carta, a uma mensagem ou a algo semelhante) [a alguém]: *Ainda não responderam meu e-mail.* ▮ v.t.i. **3** Reagir [a uma ação] ou conseguir bons resultados [com ela]: *O doente respondeu ao tratamento.* **4** Revidar de forma grosseira ou desrespeitosa [a uma atitude]: *Não costumam responder aos pais.* **5** Ser responsável [por uma tarefa]: *Os policiais respondem pela segurança pública.* ▮ v.int. **6** Questionar uma ordem em vez de obedecer-lhe: *Não respondeu ao receber a reprimenda.* ☐ GRAMÁTICA Na acepção 5, usa-se a construção *responder* POR *{algo/alguém}*.

respondona ⟨res.pon.do.na⟩ (Pron. [respondôna]) Feminino de **respondão**.

responsabilidade ⟨res.pon.sa.bi.li.da.de⟩ s.f. **1** Conhecimento e cumprimento dos próprios deveres, tarefas ou obrigações. **2** Dever, tarefa ou obrigação que corresponde a algo ou a alguém: *A educação dos filhos é responsabilidade dos pais.* **3** Culpa ou obrigação moral a que uma pessoa deve responder: *O acidente foi responsabilidade do motorista.*

responsabilíssimo, ma ⟨res.pon.sa.bi.lís.si.mo, ma⟩ Superlativo irregular de **responsável**.

responsabilizar ⟨res.pon.sa.bi.li.zar⟩ v.t.d./v.t.d.i./v.prnl. Tornar ou julgar(-se) responsável [por algo]: *Responsabilizaram o fabricante pelos defeitos do produto.*

responsável ⟨res.pon.sá.vel⟩ (pl. *responsáveis*) ▮ adj.2g. **1** Que conhece seus deveres, suas tarefas e suas obrigações e busca cumpri-las. ▮ adj.2g./s.2g. **2** Que ou quem deve responder por algo ou por uma pessoa. **3** Culpável por algo: *Ele é o principal responsável pelo acidente.* ☐ GRAMÁTICA Seu superlativo é *responsabilíssimo*.

responso ⟨res.pon.so⟩ s.m. Oração ou conjunto de versículos, cantados ou rezados alternadamente por uma voz ou pelo coro ou assistência.

resposta ⟨res.pos.ta⟩ s.f. **1** Ato ou efeito de responder: *As respostas que deu para as questões do exame estavam corretas.* **2** Atendimento ou reação a uma chamada, a uma carta ou a uma mensagem: *Enviei-lhe um e-mail, mas ainda não obtive resposta.* **3** Reação física: *Sua resposta ao tratamento foi boa.*

resquício ⟨res.quí.cio⟩ s.m. Fragmento, vestígio ou sobra de algo: *Havia resquícios de veneno na substância analisada.*

ressupino

ressabiar ⟨res.sa.bi.ar⟩ v.int./v.prnl. **1** Ficar assustado (um animal). **2** Ficar desconfiado ou ressentir-se: *Ressabiava-se por qualquer coisa.*

ressaca ⟨res.sa.ca⟩ s.f. **1** Movimento de retrocesso das ondas do mar após chegarem à margem. **2** Encontro brusco das águas do mar com o litoral. **3** *informal* Mal-estar físico que acomete uma pessoa, após a ingestão de bebidas alcoólicas em excesso.

ressaibo ⟨res.sai.bo⟩ s.m. **1** Sabor desagradável. **2** Vestígio, sinal ou indício de algo: *um ressaibo de dúvida.*

ressaltar ⟨res.sal.tar⟩ v.t.d./v.int. Evidenciar ou destacar-se entre outros: *A professora ressaltou os pontos mais importantes da lição.* ☐ SIN. **frisar, salientar**.

ressalva ⟨res.sal.va⟩ s.f. **1** Consideração ou observação que se fazem sobre algo que é dito ou feito: *Fizeram ressalvas ao meu trabalho.* **2** Exceção, reserva ou exclusão: *Aceitou a proposta sem ressalvas.*

ressalvar ⟨res.sal.var⟩ ▮ v.t.d. **1** Considerar ou observar: *Ressalvaram vários equívocos do texto.* ▮ v.t.d./v.t.d.i. **2** Excetuar, excluir ou eximir [de algo]: *A lei é clara ao ressalvar os menores de idade dessa responsabilidade.*

ressarcimento ⟨res.sar.ci.men.to⟩ s.m. Ato ou efeito de ressarcir(-se).

ressarcir ⟨res.sar.cir⟩ v.t.d./v.t.d.i./v.prnl. Compensar(-se) [por um dano ou por um prejuízo]: *O banco ressarciu todos os clientes prejudicados.* ☐ GRAMÁTICA É um verbo defectivo, pois não apresenta conjugação completa →FALIR.

ressecção ⟨res.se.cção⟩ (pl. *ressecções*) s.f. Em cirurgia, operação que consiste em retirar parcial ou totalmente um órgão ou um tecido. ☐ ORTOGRAFIA **1**. É diferente de *recessão*. **2**. Escreve-se também *resseção*.

ressecar ⟨res.se.car⟩ v.t.d./v.prnl. Desidratar, fazer com que perca ou perder a umidade: *O calor intenso ressecava o solo. Sem hidratação, sua pele ressecou-se.* ☐ ORTOGRAFIA Antes de *e*, o *c* muda para *qu* →BRINCAR.

ressecção ⟨res.sec.ção⟩ (pl. *ressecções*) s.f. →**ressecção**

resseguro ⟨res.se.gu.ro⟩ s.m. Realização de um novo seguro.

ressentimento ⟨res.sen.ti.men.to⟩ s.m. **1** Ato ou efeito de ressentir-se. **2** Rancor ou mágoa por algum dano ou ofensa sofridos: *Apesar do que sofreu, não guarda nenhum ressentimento.*

ressentir-se ⟨res.sen.tir-se⟩ v.prnl. **1** Sofrer os efeitos de algo, especialmente se forem negativos: *O mercado ressentiu-se da subida do dólar.* **2** Ficar magoado, triste ou ofendido com alguma coisa: *Ainda hoje se ressente daquele episódio.* ☐ GRAMÁTICA **1**. É um verbo irregular →SERVIR. **2**. Usa-se a construção *ressentir-se* DE *algo*.

ressoador, -a ⟨res.so.a.dor, do.ra⟩ (Pron. [ressoadôr], [ressoadôra]) ▮ adj./s.m. **1** Que ressoa: *uma cavidade ressoadora.* ▮ s.m. **2** Em um instrumento musical, peça que amplifica e propaga sua sonoridade.

ressoante ⟨res.so.an.te⟩ adj.2g. →**ressonante**

ressoar ⟨res.so.ar⟩ ▮ v.int. **1** Soar muito ou com força: *Ao longe, ouvíamos os tambores ressoarem.* ▮ v.t.d./v.int. **2** Repetir(-se), propagar(-se) ou ecoar (um som): *A caverna vazia ressoava nossas vozes.*

ressonância ⟨res.so.nân.cia⟩ s.f. **1** Prolongamento de um som que se repete e que diminui gradualmente. **2** Som produzido por repercussão de outro. **3** Repercussão ou difusão de um acontecimento: *um evento de grande ressonância.* ‖ **ressonância (magnética)** Em medicina, técnica para a obtenção de imagens corporais a partir de um campo magnético aplicado sobre o corpo.

ressonante ⟨res.so.nan.te⟩ adj.2g. Que ressoa. ☐ ORTOGRAFIA Escreve-se também *ressoante*.

ressupino, na ⟨res.su.pi.no, na⟩ adj. Voltado para cima ou deitado de costas. ☐ SIN. **supino**.

ressurgimento

ressurgimento ⟨res.sur.gi.men.to⟩ s.m. Ato ou efeito de ressurgir.

ressurgir ⟨res.sur.gir⟩ ▮ v.int. **1** Tornar a surgir: *Algumas manchas ressurgiram após a interrupção do tratamento.* ▮ v.t.d./v.int. **2** Fazer voltar ou voltar à vida: *Segundo a mitologia, a ave Fênix queimava e ressurgia das próprias cinzas.* ☐ ORTOGRAFIA Antes de *a* ou *o*, o *g* muda para *j* →FUGIR.

ressurreição ⟨res.sur.rei.ção⟩ (pl. *ressurreições*) s.f. Ato ou efeito de ressuscitar.

ressuscitar ⟨res.sus.ci.tar⟩ v.t.d./v.int. **1** Fazer tornar ou tornar à vida depois de ter morrido: *Os médicos conseguiram ressuscitar o paciente. Os cristãos acreditam que Jesus Cristo ressuscitou.* **2** Restabelecer, renovar ou ressurgir: *De tempos em tempos ressuscitam uma modinha antiga.*

restabelecer ⟨res.ta.be.le.cer⟩ ▮ v.t.d. **1** Tornar a estabelecer: *A polícia conseguiu restabelecer a ordem.* **2** Tornar a instituir (uma forma de governo ou de poder): *A democracia foi restabelecida no país.* ▮ v.prnl. **3** Recuperar-se de um dano, de uma dor ou de um sofrimento: *Com o tempo, restabeleceu-se e voltou a andar.* ☐ ORTOGRAFIA Antes de *a* ou *o*, o *c* muda para *ç* →CONHECER.

restabelecimento ⟨res.ta.be.le.ci.men.to⟩ s.m. Ato ou efeito de restabelecer(-se).

restante ⟨res.tan.te⟩ adj.2g./s.m. Que resta ou que sobra de algo.

restar ⟨res.tar⟩ ▮ v.t.i. **1** Ser excedente ou resto [de um todo]: *Depois de pagar as contas, não restou quase nada do salário.* ▮ v.int. **2** Ser excedente ou resto de um todo. ▮ v.t.i./v.int. **3** Ficar ou faltar [para fazer, para acontecer ou para transcorrer]: *Restam poucos dias para o Natal.*

restauração ⟨res.tau.ra.ção⟩ (pl. *restaurações*) s.f. **1** Ato ou efeito de restaurar. **2** Em um país, restabelecimento do regime político que existia anteriormente e que foi substituído por outro.

restaurador, -a ⟨res.tau.ra.dor, do.ra⟩ (Pron. [restauradôr], [restauradôra]) ▮ adj. **1** Que restaura ou que descansa: *um sono restaurador.* ▮ s. **2** Pessoa que se dedica profissionalmente à restauração de objetos artísticos e valiosos.

restaurante ⟨res.tau.ran.te⟩ s.m. Estabelecimento comercial em que se servem refeições e bebidas e que são consumidas no mesmo local.

restaurar ⟨res.tau.rar⟩ v.t.d. **1** Recuperar (algo antigo que foi deteriorado, quebrado ou danificado). **2** Tornar a estabelecer (um regime político): *restaurar a democracia.* **3** Recuperar, renovar ou fazer retornar ao estado anterior: *Os policiais restauraram a ordem nas ruas.*

restelo ⟨res.te.lo⟩ (Pron. [restêlo]) s.m. →**rastelo**

réstia ⟨rés.tia⟩ s.f. **1** Trança ou corda feitas com galhos, caules ou palhas secos, especialmente se forem de alho ou de cebola. **2** Conjunto de alhos ou de cebolas dessa trança ou dessa corda. **3** Feixe de luz.

restinga ⟨res.tin.ga⟩ s.f. **1** Faixa de pedras que vai do litoral até o mar. **2** Em um rio ou em um igarapé, faixa de mato que fica às suas margens. **3** Terreno arenoso e salino, litorâneo, coberto por uma vegetação herbácea característica.

restituição ⟨res.ti.tu.i.ção⟩ (pl. *restituições*) s.f. Ato ou efeito de restituir.

restituir ⟨res.ti.tu.ir⟩ ▮ v.t.d./v.t.d.i. **1** Devolver [ao possuidor anterior]: *A loja restituiu o valor cobrado por engano.* **2** Restabelecer, recuperar ou fazer voltar [ao estado anterior]: *Restituiu a saúde depois do tratamento.* ▮ v.t.d./v.t.d.i./v.prnl. **3** Compensar [a alguém] ou ressarcir(-se): *O Governo restituirá aos aposentados o valor descontado.* ☐ ORTOGRAFIA Usa-se *i* em vez de *e* é comum na conjugação do presente do indicativo e do imperativo afirmativo →ATRIBUIR.

resto ⟨res.to⟩ s.m. **1** Parte que fica de algo ou de um todo: *Dei para o gato os restos de comida. Foi embora e não me contou o resto da história.* **2** Em matemática, resultado de uma subtração: *O resto de 9 - 4 é 5.* **3** Em matemática, em uma divisão, diferença entre o dividendo e o produto do divisor pelo quociente. ∥ **de resto** Quanto ao mais ou além do mais: *Fora o atraso, de resto correu tudo bem.* ∥ **restos (mortais)** Cadáver de uma pessoa ou parte dele: *Seus restos mortais foram enterrados na cidade natal.*

restolho ⟨res.to.lho⟩ (Pron. [restôlho], [restôlhos]) s.m. Grama ou capim que permanecem enraizados no solo após a ceifa.

restrição ⟨res.tri.ção⟩ (pl. *restrições*) s.f. Ato ou efeito de restringir(-se).

restringir ⟨res.trin.gir⟩ ▮ v.t.d. **1** Deixar mais estreito ou apertado: *O armário restringia o tamanho do quarto.* ▮ v.t.d./v.t.d.i./v.prnl. **2** Diminuir ou limitar-se [a algo]: *Sua vida não se restringe ao trabalho.* ☐ ORTOGRAFIA Antes de *a* ou *o*, o *g* muda para *j* →FUGIR.

restritivo, va ⟨res.tri.ti.vo, va⟩ adj. Que restringe ou que reduz a limites menores.

restrito, ta ⟨res.tri.to, ta⟩ adj. Que é reduzido ou uso limitado ou de menor capacidade.

resultado ⟨re.sul.ta.do⟩ s.m. **1** Efeito e consequência de algo: *O aquecimento global é resultado, em parte, da devastação do meio ambiente.* **2** Em matemática, solução de uma operação aritmética: *O resultado de 15 + 9 é 24.* **3** Dado obtido a partir de um processo ou de uma operação: *A imprensa irá divulgar o resultado da pesquisa eleitoral.* **4** Rendimento, lucro ou benefício: *A empresa apresentou excelentes resultados no primeiro trimestre.*

resultante ⟨re.sul.tan.te⟩ ▮ adj.2g. **1** Que resulta. ▮ adj.2g./s.f. **2** Em relação a uma força, que equivale ao conjunto de outras.

resultar ⟨re.sul.tar⟩ v.t.i. **1** Originar-se ou produzir-se como efeito ou como consequência [de uma ação]: *A melhoria da limpeza pública resultou do empenho da Prefeitura.* **2** Acabar [em um efeito ou uma consequência]: *A discussão resultou em briga.* **3** Proceder ou ser proveniente [de uma origem]: *Algumas doenças resultam da falta de higiene.* ☐ GRAMÁTICA Nas acepções 1 e 3, usa-se a construção *resultar DE algo*; na acepção 2, *resultar EM algo*.

resumir ⟨re.su.mir⟩ ▮ v.t.d. **1** Reduzir ou expor o conteúdo de (um texto ou um assunto) em poucas palavras ▮ v.t.d.i./v.prnl. **2** Fazer consistir (uma coisa) [em outra] ou restringir-se: *Sua grande amizade se resume a respeito e companheirismo.* ▮ v.prnl. **3** Ser menos do que se esperava (um assunto): *A reunião resumiu-se a poucos temas.*

resumo ⟨re.su.mo⟩ s.m. **1** Em relação a um texto ou a um assunto, redução ou exposição de seus conteúdos em poucas palavras. **2** Aquilo que consiste, que representa ou que ilustra algo maior: *Esta coleção de livros é um resumo da boa literatura brasileira.* ∥ **em resumo** Como conclusão ou recapitulação: *Em resumo, tivemos que adiar a viagem.*

resvaladiço, ça ⟨res.va.la.di.ço, ça⟩ adj. Que escorrega ou que desliza com facilidade. ☐ SIN. escorregadio.

resvalar ⟨res.va.lar⟩ v.int. **1** Escorrer, deslizar ou mover-se rapidamente sobre uma superfície: *A água das chuvas resvalava pela calha.* **2** Escapar ou passar (uma oportunidade): *Não deixe essa oportunidade resvalar.*

reta ⟨re.ta⟩ s.f. **1** Em geometria, linha formada por uma sucessão contínua de pontos na mesma direção. **2** Via ou caminho sem curvas ou desvios: *Não tem como errar o caminho, é uma reta só.* ∥ **reta final** Última etapa ou último período de algo: *Estamos na reta final do projeto.*

retábulo ⟨re.tá.bu.lo⟩ s.m. Em arquitetura, construção ornamental que cobre a parte posterior de um altar.

retaguarda ⟨re.ta.guar.da⟩ s.f. **1** No Exército, parte das forças militares que se mantém mais distante do inimigo ou que avança em último lugar. **2** Em uma área ocupada por uma força militar, parte que fica mais distante do inimigo. **3** Parte final ou posterior de algo.

retal ⟨re.*tal*⟩ (pl. *retais*) adj.2g. Do reto ou relacionado a essa parte do intestino.

retalhar ⟨re.ta.*lhar*⟩ v.t.d. **1** Cortar em pedaços ou em retalhos: *A costureira retalhou o tecido*. **2** Golpear diversas vezes com instrumento cortante. **3** Dividir ou separar: *As desavenças não conseguirão retalhar o partido.* ◻ ORTOGRAFIA É diferente de *retaliar*.

retalhista ⟨re.ta.*lhis*.ta⟩ ▌adj.2g. **1** Em relação a um estabelecimento, que vende retalhos. ▌s.2g. **2** Pessoa que se dedica profissionalmente à venda de miudezas.

retalho ⟨re.ta.*lho*⟩ s.m. **1** Pedaço, sobra ou parte menor de algo, especialmente de um tecido: *uma colcha de retalhos*. **2** Pedaço ou fragmento de algo: *um retalho de carne*.

retaliar ⟨re.ta.li.*ar*⟩ v.t.d./v.int. Responder a (uma ofensa ou um dano) ou revidar: *O inimigo retaliou bombardeando o aeroporto.* ◻ ORTOGRAFIA É diferente de *retalhar*.

retangular ⟨re.tan.gu.*lar*⟩ adj.2g. Com formato de retângulo ou semelhante a ele.

retângulo, la ⟨re.*tân*.gu.lo, la⟩ ▌adj. **1** Em geometria, em relação a uma figura geométrica, que tem um ou vários ângulos retos. ▌s.m. **2** Em geometria, polígono que tem quatro lados, iguais dois a dois, e quatro ângulos retos.

retardado, da ⟨re.tar.*da*.do, da⟩ ▌adj. **1** Que ocorre com atraso. ▌adj./s. **2** *pejorativo* Que ou quem manifesta ignorância ou pouca inteligência.

retardar ⟨re.tar.*dar*⟩ v.t.d. **1** Atrasar no tempo (uma ação ou um acontecimento): *O começo do projeto retardou por falta de verba*. **2** Fazer com que demore ou com que fique mais devagar: *A prática de exercícios físicos retarda a velhice.*

retardatário, ria ⟨re.tar.da.*tá*.rio, ria⟩ adj./s. Que ou quem está atrasado ou chegou depois.

retenção ⟨re.ten.*ção*⟩ (pl. *retenções*) s.f. **1** Ato ou efeito de reter. **2** Em medicina, acúmulo anormal de uma matéria ou de um líquido em um organismo: *O médico aconselhou-me comer menos sal para diminuir a retenção de líquidos.*

retentiva ⟨re.ten.*ti*.va⟩ s.f. Memória ou capacidade para lembrar: *uma pessoa de grande retentiva.*

reter ⟨re.*ter*⟩ v.t.d. **1** Conter, segurar ou reprimir: *Ao saber de tudo, não consegui reter um gesto de mau humor.* **2** Conservar na memória: *Com a memória fraca, já não consegui reter muitas informações.* **3** Manter ou guardar sob seu poder (um bem que não se possui): *Os policiais retiveram as bagagens na alfândega.* **4** Interromper ou dificultar (o curso normal de algo): *O acidente acabou retendo o tráfego da estrada.* **5** Descontar (uma quantia de dinheiro) de um pagamento ou de uma cobrança para algum fim, especialmente para o pagamento de impostos: *O banco retém as parcelas de meu empréstimo diretamente de meu salário.* ◻ GRAMÁTICA É um verbo irregular →TER.

retesar ⟨re.te.*sar*⟩ v.t.d./v.prnl. Tornar(-se) tenso ou esticado: *retesar os músculos.*

reticência ⟨re.ti.*cên*.cia⟩ ▌s.f. **1** Declaração parcial de algo ou omissão daquilo que se deveria dizer. ▌s.f.pl. **2** Sinal gráfico de pontuação que indica que o sentido da oração fica incompleto, ou que indica receio, dúvida ou assombro, ou que indica que o que foi citado não é um texto completo: *As reticências são representadas por três pontos colocados um após o outro.*

reticente ⟨re.ti.*cen*.te⟩ adj.2g. Receoso ou desconfiado.

retícula ⟨re.*tí*.cu.la⟩ s.f. **1** Em alguns instrumentos ópticos, conjunto de fios ou de linhas cruzados que se colocam geralmente no foco e que permitem ajustar a visão ou calcular distâncias e medidas. **2** Em alguns trabalhos de fotogravura, rede de pontos que reproduz as sombras e os claros da imagem mediante a maior ou a menor intensidade de tais pontos. **3** Em topografia, placa de cristal dividida em pequenos quadrados que é usada para determinar a área de uma figura.

reticulado, da ⟨re.ti.cu.*la*.do, da⟩ adj. Com formato de rede ou semelhante a ela.

retículo ⟨re.*tí*.cu.lo⟩ s.m. **1** Rede pequena. **2** Em um mamífero ruminante, segundo estômago. ◻ SIN. barrete.

retidão ⟨re.ti.*dão*⟩ (pl. *retidões*) s.f. **1** Característica daquilo ou daquele que é reto e justo, especialmente se for no sentido moral: *a retidão de caráter*. **2** Ausência de inclinações, de curvas ou de ângulos: *Firmou a régua para traçar a linha com retidão.*

retífica ⟨re.*tí*.fi.ca⟩ s.f. **1** Em relação a um motor, especialmente se for de um automóvel, conserto ou restauração feitos nele. **2** Estabelecimento comercial em que é feito esse conserto ou essa restauração.

retificação ⟨re.ti.fi.ca.*ção*⟩ (pl. *retificações*) s.f. **1** Correção ou modificação, especialmente se forem para eliminar imperfeições, erros ou defeitos. **2** Ajuste para deixar reto ou ajustado. **3** Ajuste de um aparelho ou de uma peça para corrigir suas falhas. **4** Purificação de uma substância líquida por meio de uma nova destilação. ◻ USO Na acepção 1, é diferente de *ratificação* (confirmação ou validação de atos, palavras ou textos).

retificar ⟨re.ti.fi.*car*⟩ v.t.d. **1** Corrigir ou modificar, especialmente se for para eliminar imperfeições, erros ou defeitos: *Ele retificou sua declaração e pediu desculpas pelo mal-entendido.* **2** Tornar reto ou alinhado. **3** Ajustar (um aparelho ou uma peça) para corrigir suas falhas: *O mecânico retificou o motor do carro.* **4** Purificar (uma substância líquida) submetendo-a a uma nova destilação: *Antes de envasá-lo, a fábrica retifica o óleo vegetal.* ◻ ORTOGRAFIA Antes de e, o c muda para qu →BRINCAR. ◻ USO Na acepção 1, é diferente de *ratificar* (aprovar ou confirmar como válido ou como certo).

retilíneo, nea ⟨re.ti.*lí*.neo, nea⟩ adj. Que é composto por linhas retas ou que se desenvolve em linha reta.

retina ⟨re.*ti*.na⟩ s.f. No globo ocular, membrana interna constituída por várias camadas de células em que se formam as imagens pela incidência da luz e na qual ficam as células que formam o nervo óptico.

retinir ⟨re.ti.*nir*⟩ v.int. Tinir de forma constante, cadenciada ou repetidas vezes: *Os sinos da igreja retiniam.*

retinto, ta ⟨re.*tin*.to, ta⟩ adj. De cor muito escura.

retirada ⟨re.ti.*ra*.da⟩ s.f. **1** Separação ou afastamento de um lugar: *A assembleia só continuou após a retirada dos manifestantes*. **2** Eliminação de algo que estava em um lugar: *Ganhamos espaço na sala com a retirada de alguns móveis*. **3** Movimento de retrocesso de um exército, abandonando o campo de batalha, especialmente se for ordenadamente. ‖ **bater em retirada** Abandonar um combate ou um enfrentamento por não ter possibilidade de sair vitorioso deles.

retirante ⟨re.ti.*ran*.te⟩ adj.2g./s.2g. Que ou quem emigra para fugir da seca.

retirar ⟨re.ti.*rar*⟩ ▌v.t.d. **1** Puxar ou trazer para trás (algo que está em um lugar): *Quando percebi o fogo, retirei a mão*. ▌v.t.d./v.t.d.i. **2** Levar ou fazer (algo) desaparecer [de um lugar]: *Retire o vaso da entrada, pois atrapalha a passagem.* ▌v.t.d. **3** Afirmar publicamente que (algo que foi dito) já não é mais válido: *Retirou o que havia dito sobre mim.* ▌v.t.d. **4** Tirar (algo) [de alguém]: *A Justiça retirou da mãe a guarda da criança e a transferiu para o pai.* ▌v.t.d. **5** Ganhar ou receber (um benefício): *A cada mês retira uma comissão maior.* ▌v.prnl. **6** Afastar-se ou separar-se do convívio, da comunicação ou da amizade com os demais: *Retirou-se, pois precisava refletir.* **7** Ir embora de um lugar, geralmente para descansar ou para dormir: *O jantar está ótimo, mas vamos nos retirar.*

retiro ⟨re.ti.ro⟩ s.m. **1** Recolhimento, isolamento ou distanciamento temporário de uma pessoa de suas ocupações comuns ou de sua rotina: *um retiro espiritual.* **2** Lugar afastado da confusão ou do barulho das pessoas: *Buscou um retiro onde pudesse se concentrar na finalização do trabalho.*

reto, ta ⟨re.to, ta⟩ ▌adj. **1** Que não está inclinado ou torcido e não faz curvas nem ângulos: *um tronco reto.* **2** Que não se desvia do ponto a que se dirige: *uma trajetória reta.* **3** Que é justo, honrado ou íntegro na maneira de agir. ▌s.m. **4** Nos mamíferos e em outros animais, última parte do intestino que termina no ânus.

retocar ⟨re.to.car⟩ v.t.d. **1** Dar os últimos toques ou fazer as últimas correções em (algo acabado): *Retocou a maquiagem antes de sair.* □ ORTOGRAFIA Antes de e, o c muda para *qu* →BRINCAR.

retomar ⟨re.to.mar⟩ v.t.d. **1** Tornar a ter ou recuperar (algo que se tinha). **2** Continuar ou recomeçar (algo que foi interrompido): *Amanhã, retomaremos a lição.*

retoque ⟨re.to.que⟩ s.m. Correção, mudança ou acréscimo pequenos que se fazem em algo para terminá-lo: *Estou fazendo os últimos retoques em meu trabalho final.*

retorcer ⟨re.tor.cer⟩ ▌v.t.d. **1** Torcer dando voltas ao redor de si mesmo. ▌v.prnl. **2** Fazer movimentos ou contorções, especialmente se forem de dor ou de riso: *Retorceu-se de rir com a piada.* □ ORTOGRAFIA Antes de a ou o, o c muda para ç →CONHECER.

retorcido, da ⟨re.tor.ci.do, da⟩ adj. Muito torto ou enrolado.

retórica ⟨re.tó.ri.ca⟩ s.f. **1** Arte de falar e escrever bem e de empregar a linguagem de maneira eficaz para convencer, persuadir ou comover. **2** Conjunto de regras ou de normas dessa arte. **3** Linguagem rebuscada, pomposa ou vazia: *Em suas teorias há muita retórica e pouco conteúdo.*

retórico, ca ⟨re.tó.ri.co, ca⟩ adj. **1** Da retórica ou relacionado a essa arte. **2** *pejorativo* Em relação à linguagem ou à forma de se expressar, que são rebuscadas, pomposas ou vazias: *Deu uma justificativa meramente retórica.*

retornar ⟨re.tor.nar⟩ ▌v.t.i. **1** Voltar [a um lugar ou a uma situação anteriores]: *Depois de anos, retornou à sua terra natal.* ▌v.int. **2** Voltar a um lugar ou a uma situação anteriores: *Acabada a viagem, era hora de retornar.* ▌v.t.d. **3** Responder (uma ligação que se recebe) fazendo outra ligação: *Sua mãe ligou e pediu que você retornasse a ligação.*

retorno ⟨re.tor.no⟩ (Pron. [retôrno]) s.m. **1** Ato ou efeito de retornar. **2** Volta a um lugar ou a uma situação anteriores: *Aguardava ansioso o retorno do amigo.* **3** Aquilo que se espera como resultado de uma ação: *Enviamos o pedido, mas ainda não tivemos retorno.* **4** Em uma via pública, trecho destinado àqueles que querem pegar o sentido contrário àquele em que estão: *Pegue o retorno, pois precisamos entrar em uma rua que ficou para trás.* **5** Manobra feita para pegar o sentido contrário de uma via: *fazer um retorno.*

retorta ⟨re.tor.ta⟩ s.f. **1** No bastão usado por alguns religiosos, parte curva. **2** Em química, recipiente geralmente de vidro, com um pescoço comprido e curvo, usado para a destilação de substância.

retração ⟨re.tra.ção⟩ (pl. *retrações*) s.f. Ato ou efeito de retrair(-se).

retráctil ⟨re.trác.til⟩ (pl. *retrácteis*) adj.2g. →**retrátil**

retrair ⟨re.tra.ir⟩ ▌v.t.d. **1** Contrair ou recolher (uma parte do corpo) dobrando-a ou retirando-a. **2** Afastar ou dissuadir de um propósito: *O aumento dos preços retraiu o consu-* *mo.* ▌v.prnl. **3** Retirar-se, esconder-se ou resguardar-se do convívio social, especialmente se for por timidez: *Costuma se retrair em ambientes sociais.* □ GRAMÁTICA É um verbo irregular →CAIR.

retranca ⟨re.tran.ca⟩ s.f. **1** Em uma matéria jornalística, sinal ou marcação feitos no original para facilitar a numeração das páginas. **2** Em um animal de montaria, correia do arreio presa à sela. □ SIN. **rabicho**. **3** Em alguns esportes de equipe, especialmente no futebol, tática de jogo defensiva, que consiste no acúmulo de jogadores dentro da área de defesa.

retransmissor, -a ⟨re.trans.mis.sor, so.ra⟩ (Pron. [retransmissôr], [retransmissôra]) adj./s.m. Em relação a um aparelho de telecomunicações, que retransmite os sinais recebidos ou captados.

retransmissora ⟨re.trans.mis.so.ra⟩ (Pron. [retransmissôra]) s.f. **1** Estação que recebe ou capta ondas de rádio e as retransmite. **2** Em relação a uma emissora de rádio ou de televisão, aquela que recebe os sinais de outra emissora e os retransmite.

retransmitir ⟨re.trans.mi.tir⟩ v.t.d. **1** Transmitir novamente. **2** Divulgar ou difundir (um espetáculo, um programa ou uma notícia) de uma emissora de rádio ou de televisão que recebeu a transmissão: *Esta emissora re transmitirá o espetáculo.*

retrasado, da ⟨re.tra.sa.do, da⟩ adj. Em relação especial mente a uma data, que é imediatamente anterior à última.

retratação ⟨re.tra.ta.ção⟩ (pl. *retratações*) s.f. Ato ou efeito de retratar(-se).

retratar ⟨re.tra.tar⟩ ▌v.t.d. **1** Copiar, desenhar ou fotografar (uma imagem): *A artista retratou a vista de sua janela.* ▌v.t.d./v.prnl. **2** Desenhar(-se) ou fotografar(-se (alguém). ▌v.t.d. **3** Descrever com certa fidelidade: *T autor do romance preocupou-se em retratar a sociedade da época.* **4** Mostrar, expor ou deixar que seja visto: *A situação deste bairro retrata o descaso do poder público* ▌v.prnl. **5** Desculpar-se ou mostrar-se arrependido: *Re tratou-se na frente de todos.*

retrátil ⟨re.trá.til⟩ (pl. *retráteis*) adj.2g. Que pode se re trair, dobrando-se ou retirando-se. □ ORTOGRAFIA Es creve-se também *retráctil*.

retratista ⟨re.tra.tis.ta⟩ ▌adj.2g./s.2g. **1** Em relação a ur pintor, que é especializado em retratar figuras humanas ▌s.2g. **2** Pessoa que se dedica profissionalmente a tira fotografias ou a fazer retratos.

retrato ⟨re.tra.to⟩ s.m. **1** Reprodução ou representação de uma imagem através da arte ou da técnica de fo tografia: *Tiramos um retrato da família inteira.* □ SIN **foto**. **2** Pintura ou imagem que representam uma pes soa ou um animal. **3** Em relação a uma pessoa, a um obje to ou a um lugar, descrição de suas qualidades. **4** Aquil ou aquele que se assemelha ou que se parece muito outro: *Este rapaz é o retrato da mãe.*

retreta ⟨re.tre.ta⟩ (Pron. [retrêta]) s.f. Concerto ou apre sentação de uma banda de música, especialmente s for em praça pública.

retrete ⟨re.tre.te⟩ (Pron. [retréte] ou [retrête]) s.f. Reci piente conectado a uma tubulação e a um sistema d água e usado para evacuar os excrementos. □ SIN. **cloa ca, privada, vaso sanitário**.

retribuição ⟨re.tri.bu.i.ção⟩ (pl. *retribuições*) s.f. Ato o efeito de retribuir.

retribuir ⟨re.tri.bu.ir⟩ v.t.d./v.t.d.i. **1** Corresponder a (uma coisa que se oferece) ou oferecer em retribuição (uma coisa) [a alguém]: *Retribuímos seu cumprimento com ur aceno.* **2** Remunerar (um serviço ou um trabalho) ou dar recompensa por (um serviço ou um trabalho) [a alguém] *Retribuiu a dedicação ao funcionário.* □ ORTOGRAFIA

Usa-se *i* em vez do *e* comum na conjugação do presente do indicativo e do imperativo afirmativo → ATRIBUIR.

retro- Prefixo que significa *para trás*: *retrocesso, retrospectiva.*

retroagir ⟨re.tro.a.gir⟩ v.int. Agir ou ter efeito sobre o passado: *O aumento de seu salário retroagia até o começo do ano.* ☐ ORTOGRAFIA Antes de *a* ou *o*, o *g* muda para *j* → FUGIR.

retroalimentação ⟨re.tro.a.li.men.ta.ção⟩ (pl. *retroalimentações*) s.f. **1** Em eletrônica, em relação a um sistema, retorno de parte do sinal de saída à própria entrada do sistema para que correções possam ser executadas. **2** Em qualquer sistema, modificação de seu funcionamento ou de seu desempenho a partir dos resultados obtidos por ele próprio.

retroativo, va ⟨re.tro.a.ti.vo, va⟩ adj. Que age ou que tem efeito sobre o passado.

retroceder ⟨re.tro.ce.der⟩ v.int. **1** Voltar ou ir para trás. **2** Recuar diante de um perigo ou de um obstáculo: *Assim que notou o perigo, retrocedeu.*

retrocesso ⟨re.tro.ces.so⟩ s.m. Volta ou ida para trás.

retrógrado, da ⟨re.tró.gra.do, da⟩ ▌adj. **1** Que recua ou que se move para trás. ▌adj./s. **2** Que ou quem defende ideias conservadoras e se opõe ao progresso.

retrós ⟨re.trós⟩ s.m. **1** Fio ou linha que se utilizam em costura enrolados em um carretel. **2** Esse carretel.

retrospectiva ⟨re.tros.pec.ti.va⟩ s.f. Exposição ou relato de acontecimentos passados, especialmente se forem em uma sequência cronológica. ☐ SIN. retrospecto. ☐ ORTOGRAFIA Escreve-se também *retrospetiva.*

retrospectivo, va ⟨re.tros.pec.ti.vo, va⟩ adj. Que se refere ao passado. ☐ ORTOGRAFIA Escreve-se também *retrospetivo.*

retrospecto ⟨re.tros.pec.to⟩ s.m. **1** Análise, observação ou exame de algo passado: *Este documentário faz um retrospecto do período da ditadura militar.* **2** Exposição ou relato de acontecimentos passados, especialmente se forem em uma sequência cronológica. ☐ SIN. retrospectiva. ☐ ORTOGRAFIA Escreve-se também *retrospeto.*

retrospetiva ⟨re.tros.pe.ti.va⟩ s.f. → **retrospectiva**

retrospetivo, va ⟨re.tros.pe.ti.vo, va⟩ adj. → **retrospectivo, va**

retrospeto ⟨re.tros.pe.to⟩ s.m. → **retrospecto**

retrovisor, -a ⟨re.tro.vi.sor, so.ra⟩ (Pron. [retrovisôr], [retrovisôra]) ▌adj. **1** Que permite ver o que está atrás. ▌s.m. **2** → **espelho retrovisor**

retrucar ⟨re.tru.car⟩ v.t.d./v.t.d.i./v.int. Revidar (uma afirmação) ou manifestar [a alguém] oposição a (uma ordem): *Ouviu a bronca sem retrucá-la.* ☐ SIN. replicar. ☐ ORTOGRAFIA Antes de *e*, o *c* muda para *qu* → BRINCAR.

retumbante ⟨re.tum.ban.te⟩ adj.2g. Que retumba ou que produz muito ruído.

retumbar ⟨re.tum.bar⟩ ▌v.t.d. **1** Ressoar ou refletir (um som), produzindo ruído ou barulho muito altos. ▌v.int. **2** Ressoar ou refletir um som, produzindo ruído ou barulho muito altos: *Ao longe, os tambores retumbavam.*

réu s.m. Pessoa acusada de um delito ou declarada culpada. ☐ GRAMÁTICA Seu feminino é *ré.*

reumático, ca ⟨reu.má.ti.co, ca⟩ ▌adj. **1** Do reumatismo ou relacionado a essa doença. ▌adj./s. **2** Que ou quem sofre de reumatismo.

reumatismo ⟨reu.ma.tis.mo⟩ s.m. Doença que se caracteriza principalmente por dores nas articulações ou em partes musculares ou fibrosas do corpo ou por inflamações dolorosas nestas partes.

reunião ⟨re.u.ni.ão⟩ (pl. *reuniões*) s.f. **1** Formação de um grupo ou de um conjunto, especialmente se for com um determinado fim. **2** Sessão em que várias pessoas se encontram para tratar de um determinado assunto: *uma reunião de pais e mestres.* **3** Junção de algo pela segunda vez: *A reunião dos partidos foi possível graças ao acordo entre os líderes.* ‖ **reunião de cúpula** Aquela em que os participantes são somente os dirigentes de algo e que tem como objetivo discutir assuntos de grande importância.

reunir ⟨re.u.nir⟩ ▌v.t.d. **1** Tornar a unir: *Precisamos reunir os documentos do processo.* **2** Apresentar por inteiro (uma série de qualidades): *Ela reúne os requesitos para a vaga.* **3** Estabelecer uma relação entre (dois ou mais elementos): *Reunindo as pistas, chegaram ao suspeito.* ▌v.t.d./v.prnl. **4** Fazer com que se encontrem ou encontrarem-se (duas ou mais pessoas): *Na festa, reunirão os amigos da época do colégio.*

revalidar ⟨re.va.li.dar⟩ v.t.d. Validar novamente: *Revalidamos nossos passaportes.*

revalorizar ⟨re.va.lo.ri.zar⟩ v.t.d. Tornar a valorizar: *A reforma revalorizou o prédio.*

revanche ⟨re.van.che⟩ s.f. **1** Vingança de um dano ou de uma ofensa recebidos. **2** Oportunidade para derrotar o rival, após haver sofrido uma derrota dele: *Seu time pediu revanche após a última derrota.*

revanchismo ⟨re.van.chis.mo⟩ s.m. Atitude de quem busca ou pretende uma revanche ou uma vingança.

réveillon (palavra francesa) (Pron. [reveiõn]) s.m. Festa de celebração realizada durante a passagem para o Ano-Novo.

revelação ⟨re.ve.la.ção⟩ (pl. *revelações*) s.f. **1** Ato ou efeito de revelar(-se). **2** Aquilo ou aquele que se torna conhecido, especialmente por suas qualidades ou características: *Esta atriz é a grande revelação do ano.* **3** Processo pelo qual se torna visível a imagem impressa em um filme fotográfico. **4** Na Igreja Católica, ato pelo qual Deus se manifesta aos homens.

revelar ⟨re.ve.lar⟩ ▌v.t.d. **1** Descobrir ou divulgar (algo desconhecido ou secreto): *Nunca revelou seus sentimentos.* **2** Proporcionar indícios ou evidências de: *Ele já revelou seu talento para o teatro.* **3** Tornar visível a imagem impressa em (um filme fotográfico): *Mandei revelar o filme de nossa viagem.* ▌v.prnl. **4** Mostrar-se ou deixar-se conhecer: *Quando precisei, revelou-se um grande amigo.* ▌v.t.d./v.t.d.i./v.prnl. **5** Em relação a uma divindade, revelar (algo) [a alguém] de maneira sobrenatural ou manifestar-se: *Os cristãos acreditam que Deus se revelou por meio de Jesus Cristo.*

revelia ⟨re.ve.li.a⟩ s.f. Em direito, estado processual em que se encontra uma pessoa que não acata uma ordem judicial ou que não a cumpre. ‖ **à revelia (de) 1** Em direito, sem o conhecimento ou sem a presença de uma das partes do processo judicial: *Julgou o caso à revelia.* **2** Em relação a uma pessoa, sem o seu conhecimento: *Decidiu viajar à revelia dos pais.*

revenda ⟨re.ven.da⟩ s.f. Venda de algo que se comprou, especialmente se for por um preço maior daquele que se pagou por ele.

revendedor, -a ⟨re.ven.de.dor, do.ra⟩ (Pron. [revendedôr], [revendedôra]) adj./s. Que ou quem faz revenda, geralmente por um preço maior.

revendedora ⟨re.ven.de.do.ra⟩ (Pron. [revendedôra]) s.f. Estabelecimento comercial que se dedica à revenda de produtos, especialmente se forem automóveis ou veículos.

revender ⟨re.ven.der⟩ ▌v.t.d./v.t.d.i. **1** Vender novamente (algo que foi comprado) [a alguém], geralmente por um preço maior: *Ainda não consegui revender o carro.* ▌v.int. **2** Vender novamente algo que se tinha comprado, geralmente por um preço maior.

rever ⟨re.ver⟩ v.t.d. **1** Tornar a ver: *Na festa, reviu velhos amigos.* **2** Ver ou verificar com atenção ou com cuidado:

reverberação

Precisa rever toda a documentação. □ SIN. revisar. **3** Submeter (algo que foi examinado) a um novo exame para modificá-lo ou para corrigi-lo: *Reviu o trabalho antes de entregá-lo.* □ SIN. revisar. □ GRAMÁTICA É um verbo irregular →VER.

reverberação ⟨re.ver.be.ra.<u>ção</u>⟩ (pl. *reverberações*) s.f. **1** Reflexo da luz ou do calor em uma superfície. □ SIN. revérbero. **2** Persistência ou repercussão de um som em um espaço mais ou menos fechado depois de sua fonte sonora já ter se extinguido.

reverberar ⟨re.ver.be.<u>rar</u>⟩ ❙ v.t.d. **1** Refletir (a luz ou o calor): *Seu colar reverberava a luz.* ❙ v.int. **2** Ressoar ou repercutir em uma superfície (um som). **3** Brilhar muito ou emitir luz (uma superfície ou um objeto).

revérbero ⟨re.<u>vér</u>.be.ro⟩ s.m. Reflexo da luz ou do calor em uma superfície. □ SIN. reverberação.

reverência ⟨re.ve.<u>rên</u>.cia⟩ s.f. **1** Movimento de inclinação do tronco ou do corpo inteiro, em sinal de respeito ou de cortesia: *Agradecendo os aplausos, fez uma reverência ao público.* **2** Respeito ou consideração profundas por algo ou alguém: *Tratam os pais com muita reverência.* **3** Tratamento de respeito que se dá a um eclesiástico.

reverenciar ⟨re.ve.ren.ci.<u>ar</u>⟩ ❙ v.t.d. **1** Tratar com reverência ou com respeito profundos: *Os discípulos reverenciam seu mestre.* ❙ v.t.d./v.int. **2** Cumprimentar ou saudar em sinal de respeito ou de cortesia: *Os súditos reverenciaram um a um o soberano.* ❙ v.t.d. **3** Cultuar (uma divindade): *Os antigos gregos reverenciavam vários deuses.* □ SIN. adorar.

reverendo, da ⟨re.ve.<u>ren</u>.do, da⟩ s. Tratamento que se dá a sacerdotes e religiosos, especialmente a um padre.

reverente ⟨re.ve.<u>ren</u>.te⟩ adj.2g. Que tem o que demonstra reverência ou respeito.

reversão ⟨re.ver.<u>são</u>⟩ (pl. *reversões*) s.f. **1** Volta ao ponto de partida. **2** Volta à posse do antigo dono. **3** Transformação de uma coisa em outra diferente.

reversível ⟨re.ver.<u>sí</u>.vel⟩ (pl. *reversíveis*) adj.2g. **1** Que pode ser revertido. **2** Que pode ser visto ou usado no avesso ou no lado contrário.

reverso, sa ⟨re.<u>ver</u>.so, sa⟩ ❙ adj. **1** Que está no avesso ou no lado contrário. ❙ s.m. **2** Avesso ou parte oposta à parte da frente ou à parte principal: *Assine no reverso do cheque.*

reverter ⟨re.ver.<u>ter</u>⟩ ❙ v.t.d./v.prnl. **1** Inverter(-se), fazer tomar ou tomar direção contrária: *reverter uma situação.* ❙ v.t.i. **2** Voltar à posse [de alguém]: *Pela decisão do juiz, o imóvel deverá reverter ao antigo proprietário.* ❙ v.t.d./v.t.d.i./v.prnl. **3** Transformar(-se) ou redundar [em outra coisa]: *Seus esforços se reverteram em uma grande oportunidade.*

revés ⟨re.<u>vés</u>⟩ s.m. Acontecimento ruim, infeliz ou desfavorável: *A perda do emprego foi um grande revés.* □ SIN. infortúnio.

revestimento ⟨re.ves.ti.<u>men</u>.to⟩ s.m. **1** Ato ou efeito de revestir(-se). **2** Capa ou cobertura que servem para esse fim.

revestir ⟨re.ves.<u>tir</u>⟩ ❙ v.t.d. **1** Tornar a vestir. ❙ v.t.d./v.t.d.i. **2** Colocar revestimento em (uma superfície) ou cobrir (uma superfície) [com algo]: *revestir o sofá.* ❙ v.prnl. **3** Encher-se com o necessário para algo: *revestir-se de coragem.* □ GRAMÁTICA É um verbo irregular →SERVIR.

revezamento ⟨re.ve.za.<u>men</u>.to⟩ s.m. Ato ou efeito de revezar(-se). □ SIN. alternância.

revezar ⟨re.ve.<u>zar</u>⟩ ❙ v.t.d. **1** Substituir de forma intercalada ou recíproca: *O edifício revezava seus porteiros.* ❙ v.t.i. **2** Em relação a um elemento ou a uma pessoa, alternar [com outro]: *Revezava com a irmã os cuidados com o avô.* ❙ v.prnl./v.int. **3** Alternarem-se de forma intercalada ou recíproca (duas ou mais pessoas ou coisas

revidar ⟨re.vi.<u>dar</u>⟩ ❙ v.t.d./v.t.i./v.t.d.i. **1** Reagir ou responder a (uma ofensa, uma agressão ou um ataque) [com outra ofensa, agressão ou ataque]: *O boxeador revidou os golpes do adversário.* ❙ v.int. **2** Reagir ou responder a uma ofensa, a uma agressão ou a um ataque. ❙ v.t.d./v.t.i./v.t.d.i. **3** Contestar ou responder a (aquilo que se diz ou que se ordena) [com objeções]: *O entrevistado revidou todas as acusações do jornalista.* ❙ v.int. **4** Responder ou contestar àquilo que se diz ou que se ordena com objeções.

revide ⟨re.<u>vi</u>.de⟩ s.m. Reação ou resposta a uma ofensa, a uma agressão ou a um ataque.

revigorar ⟨re.vi.go.<u>rar</u>⟩ v.t.d./v.int./v.prnl. Dar mais vigor ou tornar(-se) mais forte e mais resistente: *A prática d exercícios o revigoraram. Revigorou-se com as férias.*

revirar ⟨re.vi.<u>rar</u>⟩ ❙ v.t.d./v.prnl. **1** Tornar a virar o virar(-se) muitas vezes: *Com dificuldades para dormi revirou na cama a noite inteira.* ❙ v.t.d. **2** Alterar a bo ordem ou a disposição de (algo): *Aquela cena reviro meu estômago.* **3** Misturar ou mover em todas as di reções: *Revirava a gaveta em busca da carta.* **4** Olha registrar ou investigar profundamente: *O jornalista re virou o passado do candidato.*

reviravolta ⟨re.vi.ra.<u>vol</u>.ta⟩ s.f. **1** Mudança ou trans formação bruscas e repentinas: *Novas provas causa ram uma reviravolta nas investigações.* □ SIN. viravolta **2** Volta que uma pessoa dá no ar ou sobre uma superf cie: *O acrobata deu duas reviravoltas no ar.* □ SIN. cam balhota, viravolta.

revisão ⟨re.vi.<u>são</u>⟩ (pl. *revisões*) s.f. **1** Ato ou efeito de re visar. **2** Submissão a um novo exame para modifica para corrigir ou para consertar algum defeito: *a revisã de um trabalho.* **3** Leitura atenta e cuidadosa feita d um texto para melhorá-lo ou para que se possa corrigi suas falhas. **4** Em uma empresa, setor, departamento o grupo de pessoas que se dedicam a essa atividade.

revisar ⟨re.vi.<u>sar</u>⟩ v.t.d. **1** Ver ou verificar com atençã ou com cuidado: *A funcionária revisou as contas do mê* □ SIN. rever. **2** Submeter (algo que foi examinado) um novo exame para modificá-lo ou para corrigi-lo: *r visar um texto.* □ SIN. rever.

revisionismo ⟨re.vi.si.o.<u>nis</u>.mo⟩ s.m. Doutrina ou ten dência a submeter a uma revisão aquilo que já está e tabelecido, especialmente se forem as bases de um teoria, de uma doutrina ou de uma crença.

revisor, -a ⟨re.vi.<u>sor</u>, <u>so</u>.ra⟩ (Pron. [revisôr], [revisôra ❙ adj./s. **1** Que ou quem revisa ou faz revisão. ❙ s. **2** Pe soa que se dedica profissionalmente a revisar textos o provas tipográficas.

revista ⟨re.<u>vis</u>.ta⟩ s.f. **1** Publicação periódica que con tém textos e reportagens sobre vários temas ou so bre um só, geralmente com ilustrações: *uma revista d moda.* **2** Inspeção ou exame cuidadosos.

revistar ⟨re.vis.<u>tar</u>⟩ v.t.d. Inspecionar, examinar ou es culhar com atenção e cuidado: *Os fiscais revistavam a malas dos viajantes.*

revitalizar ⟨re.vi.ta.li.<u>zar</u>⟩ v.t.d. Tornar mais forte, co mais vigor ou com mais vitalidade: *O plantio de árvore revitalizou o bairro.*

reviver ⟨re.vi.<u>ver</u>⟩ ❙ v.int. **1** Ressuscitar ou voltar à vida ❙ v.t.d./v.int. **2** Fazer recuperar ou recuperar o vigor o a vitalidade (algo que parecia morto): *Com a água a plantas reviveram.* ❙ v.t.d. **3** Recordar ou relembrar (alg passado) com vivacidade ou intensidade: *Olhando aque las fotografias, revivemos os bons momentos da viagem* **4** Colocar novamente em uso (algo do passado,

O saudosismo faz algumas pessoas reviverem antigos costumes. ◻ ORTOGRAFIA Escreve-se também *reviescer*.
revivescer ⟨re.vi.ves.cer⟩ v.t.d./v.int. →**reviver** ◻ ORTOGRAFIA Antes de *a* ou *o*, o *c* muda para *ç* →CONHECER.
revoada ⟨re.vo.a.da⟩ s.f. **1** Voo conjunto de um bando de pássaros. **2** Multidão ou grupo numeroso de pessoas: *Uma revoada aguardava a chegada do cantor.*
revoar ⟨re.vo.ar⟩ v.int. **1** Voar de volta para o ponto de partida (uma ave). **2** Voar em bando em movimento circular (uma ave): *Os pombos revoavam sobre a praça.*
revogar ⟨re.vo.gar⟩ v.t.d. Anular ou deixar sem efeito (uma norma, uma lei ou um mandado): *O juiz revogou a sentença.* ◻ ORTOGRAFIA Antes de *e*, o *g* muda para *gu* →CHEGAR.
revolta ⟨re.vol.ta⟩ s.f. **1** Ato ou efeito de revoltar(-se). **2** Rebelião ou levante violento contra uma autoridade ou um estado: *Na Revolta da Chibata, em 1910, marinheiros brasileiros rebelaram-se contra a aplicação de castigos físicos.* **3** Sentimento de indignação ou de irritação: *O desrespeito com os idosos causava-lhe revolta.*
revoltante ⟨re.vol.tan.te⟩ adj.2g. Que causa revolta, indignação ou irritação.
revoltar ⟨re.vol.tar⟩ ❙ v.t.d./v.t.d.i. **1** Levar a um motim ou provocar um estado de indignação em (alguém) [contra algo]: *A falta de condições de segurança revoltou os trabalhadores.* ❙ v.prnl. **2** Participar de motim ou ficar em estado de indignação. ❙ v.t.d./v.int./v.prnl. **3** Indignar(-se) ou irritar(-se): *Sua hipocrisia me revolta.*
revolto, ta ⟨re.vol.to, ta⟩ (Pron. [revôlto], [revólta]) **1** Em relação especialmente ao mar, que está muito agitado ou tempestuoso. **2** Desalinhado, desarrumado ou fora de ordem: *A ventania deixou-lhe os cabelos revoltos.*
revoltoso, sa ⟨re.vol.to.so, sa⟩ (Pron. [revoltôso], [revoltósa], [revoltôsos], [revoltósas]) adj./s. Que ou quem é rebelde, se rebela ou participa de uma revolta.
revolução ⟨re.vo.lu.ção⟩ (pl. *revoluções*) s.f. **1** Mudança rápida em uma instituição política, econômica ou social de um país. **2** Mudança rápida e profunda: *O surgimento da internet levou a uma revolução dos costumes.* **3** Inquietação, alvoroço ou levante coletivo: *O congelamento dos salários causou uma revolução entre os trabalhadores.* **4** Em astronomia, ciclo no qual um astro percorre sua órbita completamente.
revolucionar ⟨re.vo.lu.cio.nar⟩ v.t.d. Fazer passar por mudanças ou transformações radicais: *A Semana de Arte Moderna, em 1922, revolucionou as artes no Brasil.*
revolucionário, ria ⟨re.vo.lu.cio.ná.rio, ria⟩ ❙ adj. **1** Da revolução ou relacionado a essa mudança rápida ou profunda. ❙ adj./s. **2** Que ou quem segue ou defende a revolução. **3** Inovador, que muda ou que renova algo: *um sistema revolucionário.*
revolver ⟨re.vol.ver⟩ ❙ v.t.d./v.prnl. **1** Mover(-se) ou movimentar(-se) de um lugar a outro: *O vento revolvia seus cabelos. Revolveu-se na cama a noite toda.* ❙ v.t.d. **2** Cavar (a terra) para misturá-la: *O lavrador revolvia a terra para o plantio.* **3** Vasculhar ou remexer.
revólver ⟨re.vól.ver⟩ s.m. Arma de fogo de pequeno porte, com um só cano, provida de um tambor ou de um cilindro onde são colocadas as balas.
revulsão ⟨re.vul.são⟩ (pl. *revulsões*) s.f. Irritação local causada pelo uso de algum medicamento ou de alguma substância com o intuito de fazer cessar um estado congestivo ou inflamatório existente em alguma outra parte do organismo.
revulsivo, va ⟨re.vul.si.vo, va⟩ adj./s.m. Em relação a um medicamento ou a uma substância, que causam revulsão.
reza ⟨re.za⟩ s.f. **1** Em algumas religiões, pedido ou súplica feitos a uma divindade ou a um santo. ◻ SIN. oração, prece. **2** *informal* Benzedura: *fazer uma reza.*

rezador, -a ⟨re.za.dor, do.ra⟩ (Pron. [rezadôr], [rezadóra]) ❙ adj./s. **1** Que ou quem reza, especialmente se for com devoção e frequentemente. ❙ s. **2** Pessoa que utiliza procedimentos religiosos ou mágicos para curar uma pessoa ou para afastá-la de um mal. ◻ SIN. benzedeiro.
rezar ⟨re.zar⟩ ❙ v.t.d./v.t.d.i. **1** Fazer ou dirigir (uma oração religiosa) [a uma divindade], geralmente para pedir algo: *Rezaram um Pai-Nosso assim que se sentaram à mesa.* ❙ v.t.i./v.int. **2** Dirigir-se ou fazer uma oração [a uma divindade ou a um ser digno de culto]: *Costuma rezar diariamente.* ❙ v.t.d. **3** Celebrar ou ministrar (uma cerimônia religiosa): *Pediu ao padre de seu casamento que rezasse a missa de suas bodas.* **4** Ler ou interpretar (a Bíblia ou um livro de orações). **5** Fazer uma benzedura em (algo ou alguém): *Chamaram um padre para rezar o enfermo.* ◻ SIN. benzer. **6** Murmurar ou dizer em voz baixa: *Rezou algumas palavras, mas ninguém a ouviu.* **7** Afirmar ou determinar com autoridade: *O testamento rezava que parte dos bens deveria ser doada.*
RG (pl. *RGs*) s.m. Documento oficial de identificação de uma pessoa: *Para fazer a inscrição no concurso, é preciso levar o RG.* ◻ SIN. cédula de identidade, carteira de identidade. ◻ ORIGEM É a sigla de *Registro Geral*.
riacho ⟨ri.a.cho⟩ s.m. Rio pequeno e de pouca correnteza. ◻ SIN. córrego, regato, ribeira, ribeiro, veio.
riba ⟨ri.ba⟩ ‖ **em riba** *informal* Em cima ou na parte superior: *O feno estava em riba de uma carroça.*
ribalta ⟨ri.bal.ta⟩ s.f. **1** Em um teatro, fileira de luzes e refletores na parte dianteira do cenário ou do palco que ficam próximos ao público. **2** Em um teatro, parte dianteira do cenário ou do palco. **3** Em um palco, parte mais próxima à plateia. ◻ SIN. proscênio.
ribamarense ⟨ri.ba.ma.ren.se⟩ adj.2g./s.2g. De São José de Ribamar ou relacionado a essa cidade do estado brasileiro do Maranhão.
ribanceira ⟨ri.ban.cei.ra⟩ s.f. **1** Margem alta de um rio. **2** Precipício ou despenhadeiro: *Quase caímos em uma ribanceira.*
ribeira ⟨ri.bei.ra⟩ s.f. **1** Terreno às margens de um rio e banhado por ele. **2** Rio pequeno e de pouca correnteza. ◻ SIN. córrego, regato, riacho, ribeiro, veio.
ribeirão ⟨ri.bei.rão⟩ (pl. *ribeirões*) s.m. **1** Rio pequeno. **2** Terreno adequado para a lavra das minas de diamantes.
ribeirinho, nha ⟨ri.bei.ri.nho, nha⟩ adj./s. Que ou quem está ou vive às margens de um rio ou de uma ribeira. ◻ SIN. córrego, regato, riacho, ribeira, veio.
ribeiro ⟨ri.bei.ro⟩ s.m. Rio pequeno e de pouca correnteza. ◻ SIN. córrego, regato, riacho, ribeira, veio.
ribeiro-pretano, na ⟨ri.bei.ro-pre.ta.no, na⟩ (pl. *ribeiro-pretanos*) adj./s. De Ribeirão Preto ou relacionado a essa cidade do estado brasileiro de São Paulo.
ribombar ⟨ri.bom.bar⟩ v.int. Produzir um barulho muito forte, estrondoso ou retumbante. ◻ ORTOGRAFIA Escreve-se também *rimbombar*.
ribombo ⟨ri.bom.bo⟩ s.m. Barulho muito forte ou estrondo: *o ribombo de um trovão.* ◻ ORTOGRAFIA Escreve-se também *rimbombo*.
ribonucleico, ca ⟨ri.bo.nu.clei.co, ca⟩ adj. Em relação a um ácido, que constitui o material genético das células e que é encontrado fundamentalmente em seu citoplasma.
ribossoma ⟨ri.bos.so.ma⟩ s.m. →**ribossomo**
ribossomo ⟨ri.bos.so.mo⟩ s.m. Em uma célula, organela complexa presente no citoplasma e que participa do processo de síntese de proteínas. ◻ ORTOGRAFIA Escreve-se também *ribossoma*.
ricaço, ça ⟨ri.ca.ço, ça⟩ adj./s. *informal* Que ou quem é muito rico.
rícino ⟨rí.ci.no⟩ s.m. Planta arbustiva de tronco verde avermelhado, com folhas muito grandes, flores em cachos,

rico

fruto esférico e espinhoso, e de cujas sementes se extrai um óleo com propriedades purgantes.

rico, ca ⟨ri.co, ca⟩ adj. **1** Que tem algo em grande quantidade. **2** Que é muito elaborado ou luxuoso: *um bordado rico; uma decoração rica*. **3** Que é produtivo ou fecundo: *um solo rico*. ▍adj./s. **4** Que ou quem tem muitos bens materiais ou riquezas.

ricochetar ⟨ri.co.che.tar⟩ v.int. →ricochetear

ricochete ⟨ri.co.che.te⟩ (Pron. [ricochête]) s.m. Em relação a um corpo em movimento, mudança ou desvio de direção ao se chocar com um obstáculo.

ricochetear ⟨ri.co.che.te.ar⟩ v.int. Mudar de direção ao se chocar com um obstáculo (um corpo em movimento). ▢ ORTOGRAFIA **1.** O e muda para ei quando a sílaba tônica estiver na raiz do verbo →NOMEAR. **2.** Escreve-se também *ricochetar*.

ricota ⟨ri.co.ta⟩ s.f. Queijo de massa branca, de consistência úmida ou seca, e que se produz com o soro do leite desnatado.

ricto ⟨ric.to⟩ s.m. Contração dos lábios ou dos músculos da face: *um ricto de dor*. ▢ ORTOGRAFIA Escreve-se também *rictus*.

ríctus ⟨ríc.tus⟩ s.m.2n. →ricto

ridicularia ⟨ri.di.cu.la.ri.a⟩ s.f. Aquilo que não tem importância ou não tem valor: *A briga não passou de uma ridicularia*. ▢ SIN. bagatela, filigrana, ninharia, nonada.

ridicularização ⟨ri.di.cu.la.ri.za.ção⟩ (pl. *ridicularizações*) s.f. Ato ou efeito de ridicularizar(-se).

ridicularizar ⟨ri.di.cu.la.ri.zar⟩ v.t.d./v.prnl. Expor a piadas e zombarias ou tornar(-se) ridículo: *A comédia ridicularizava a atual situação política*.

ridículo, la ⟨ri.dí.cu.lo, la⟩ adj. **1** Que causa riso ou zombaria. **2** De pouca importância ou de pouco valor: *um salário ridículo*.

rifa ⟨ri.fa⟩ s.f. Sorteio de prêmios mediante a venda de bilhetes numerados: *Resolveram fazer uma rifa para arrecadar fundos para a festa*.

rifão ⟨ri.fão⟩ (pl. *rifães* ou *rifões*) s.m. Frase breve que expressa um princípio moral ou um ensinamento: *Amor com amor se paga é um rifão*. ▢ SIN. adágio, anexim, ditado, máxima, provérbio.

rifar ⟨ri.far⟩ v.t.d. Sortear por meio de uma rifa.

rifle ⟨ri.fle⟩ s.m. Arma de fogo portátil, com um ou dois canhões compridos montados sobre uma peça de madeira, usada geralmente para caçar. ▢ SIN. espingarda.

rigidez ⟨ri.gi.dez⟩ (Pron. [rigidêz]) s.f. Condição de rígido.

rígido, da ⟨rí.gi.do, da⟩ adj. **1** Que não se pode quebrar, dobrar ou torcer. **2** Severo, inflexível ou rigoroso: *uma lei rígida*.

rigor ⟨ri.gor⟩ (Pron. [rigôr]) s.m. **1** Severidade ou inflexibilidade. **2** Precisão ou exatidão. **3** Grau de intensidade elevado: *o rigor do inverno*.

rigoroso, sa ⟨ri.go.ro.so, sa⟩ (Pron. [rigorôso], [rigorósa], [rigorósos], [rigorósas]) adj. **1** Muito severo ou muito rígido. **2** Preciso, exato ou minucioso: *Fez uma análise rigorosa da situação*. **3** Extremo ou difícil de suportar: *um inverno rigoroso*.

rijo, ja ⟨ri.jo, ja⟩ adj. **1** Resistente, rígido ou inflexível. **2** Forte, saudável ou robusto: *uma pessoa rija*. **3** Determinado e com firmeza em seus pensamentos ou atitudes: *Procurava alguém rijo para comandar a equipe*.

rim (pl. *rins*) ▍s.m. **1** Nos vertebrados, cada um dos dois órgãos, geralmente em forma de feijão, que filtram o sangue e eliminam suas impurezas na urina. ▍s.m.pl. **2** Parte do corpo que corresponde ao lugar onde estão esses órgãos.

rima ⟨ri.ma⟩ s.f. Igualdade de sons na terminação de duas ou mais palavras a partir da última vogal tônica, especialmente se for em finais de versos.

rimar ⟨ri.mar⟩ ▍v.t.d./v.int. **1** Compor ou escrever em versos. ▍v.t.i. **2** Em relação a uma palavra, formar rima [com outra ou com outras]: *Solução rima com coração*.

rimbombar ⟨rim.bom.bar⟩ v.int. →ribombar

rimbombo ⟨rim.bom.bo⟩ s.m. →ribombo

rincão ⟨rin.cão⟩ (pl. *rincões*) s.m. Lugar afastado e geralmente agradável. ▢ SIN. recanto.

rincho ⟨rin.cho⟩ s.m. Voz característica de um equídeo, especialmente de um cavalo. ▢ SIN. relincho.

ringue ⟨rin.gue⟩ s.m. Espaço delimitado por cordas e apropriado para luta, especialmente se for de boxe.

rinha ⟨ri.nha⟩ s.f. **1** Briga de galos. **2** Lugar em que se realiza essa briga.

rinite ⟨ri.ni.te⟩ s.f. Inflamação da mucosa do nariz.

rinoceronte ⟨ri.no.ce.ron.te⟩ s.m. Mamífero de grande porte, de pele grossa e dura, cabeça estreita com o focinho pontiagudo e um ou dois chifres curvos em situados um atrás do outro em linha média do nariz, e que se alimenta de vegetais. ▢ GRAMÁTICA É um substantivo epiceno: *o rinoceronte (macho/fêmea)*.

rinque ⟨rin.que⟩ s.m. Pista própria para a prática de patinação.

rio ⟨ri.o⟩ s.m. **1** Curso de água natural e mais ou menos volumoso, que se desloca de um plano mais elevado para outro mais baixo, e cujas características dependem do relevo e do regime das águas. **2** Grande quantidade de algo: *um rio de trabalho*.

rio-branquense ⟨ri.o-bran.quen.se⟩ (pl. *rio-branquenses*) adj.2g./s.2g. De Rio Branco ou relacionado à capital do estado brasileiro do Acre.

rio-grandense-do-norte ⟨ri.o-gran.den.se-do-nor.te⟩ (pl. *rio-grandenses-do-norte*) adj.2g./s.2g. Do Rio Grande do Norte ou relacionado a esse estado brasileiro. ▢ SIN. norte-rio-grandense, potiguar.

rio-grandense-do-sul ⟨ri.o-gran.den.se-do-sul⟩ (pl. *rio-grandenses-do-sul*) adj.2g./s.2g. Do Rio Grande do Sul ou relacionado a esse estado brasileiro. ▢ SIN. gaúcho, sul-rio-grandense.

rio-larguense ⟨ri.o-lar.guen.se⟩ (pl. *rio-larguenses*) adj.2g./s.2g. De Rio Largo ou relacionado a essa cidade do estado brasileiro de Alagoas.

rio-pretano, na ⟨ri.o-pre.ta.no, na⟩ (pl. *rio-pretanos*) adj./s. **1** De São José do Rio Preto ou relacionado a essa cidade do estado brasileiro de São Paulo. **2** De Rio Preto ou relacionado a essa cidade do estado brasileiro de Minas Gerais. **3** De São José do Vale do Rio Preto ou relacionado a essa cidade do estado brasileiro do Rio de Janeiro.

rio-verdense ⟨ri.o-ver.den.se⟩ (pl. *rio-verdenses*) adj.2g./s.2g. De Rio Verde ou relacionado a essa cidade do estado brasileiro de Goiás.

ripa ⟨ri.pa⟩ s.f. Peça de madeira, comprida e estreita.

ripada ⟨ri.pa.da⟩ s.f. **1** Golpe dado com uma ripa. **2** Marca deixada por esse golpe. **3** Crítica ou censura, geralmente violentas ou agressivas.

riqueza ⟨ri.que.za⟩ (Pron. [riquêza]) s.f. **1** Qualidade ou condição de rico. **2** Abundância ou grande quantidade de dinheiro, de propriedades ou de outros bens materiais. **3** Abundância de recursos econômicos ou naturais: *O Brasil é conhecido por suas riquezas naturais*. **4** Luxo ou suntuosidade. **5** Diversidade de algo: *Suas esculturas possuem uma riqueza de detalhes impressionante*. **6** Produtividade ou fertilidade.

rir ▍v.int./v.prnl. **1** Manifestar satisfação ou alegria mediante determinados movimentos da boca e do rosto e emitindo sons característicos: *Todos riram com a piada*. ▍v.t.i. **2** Zombar ou caçoar [de algo ou alguém]: *Deselegante, riu de nossas ideias*. ▢ GRAMÁTICA É um verbo irregular →RIR.

risada ⟨ri.sa.da⟩ s.f. Riso alto ou ruidoso: *No circo, demos muitas risadas com os palhaços.*

risca ⟨ris.ca⟩ s.f. **1** Traço ou marca finos e compridos. ☐ SIN. **risco**. **2** Linha que fica na cabeça ao se separar o cabelo com o pente para o lado oposto.

riscar ⟨ris.car⟩ v.t.d. **1** Marcar com um risco ou com uma linha. **2** Deteriorar ou marcar com riscos (uma superfície lisa ou polida): *O pé da cadeira riscou o assoalho.* **3** Excluir, eliminar ou suprimir: *Na lista de compras, risquei os itens adquiridos.* **4** Acender (um palito de fósforo) friccionando-o. **5** Esboçar ou traçar os primeiros planos de: *O arquiteto riscará a planta do novo edifício.* ☐ ORTOGRAFIA Antes de e, o c muda para qu →BRINCAR.

risco ⟨ris.co⟩ s.m. **1** Traço ou marca finos e compridos. ☐ SIN. **risca**. **2** Possibilidade ou proximidade de um dano ou de um perigo: *Dirigir após ter ingerido bebidas alcoólicas aumenta o risco de acidentes graves.* **3** Possibilidade ou probabilidade de fracasso: *Realizei um investimento de alto risco.* **4** Esboço ou contorno de um bordado, de um desenho ou de algo semelhante.

risível ⟨ri.sí.vel⟩ (pl. *risíveis*) adj.2g. Que causa riso ou que é merecedor dele.

riso ⟨ri.so⟩ s.m. **1** Movimento da boca e de outras partes do rosto que demonstra satisfação, alegria ou diversão. **2** Som ou voz que costuma acompanhar esse movimento. ∥ **riso amarelo** Aquele que é forçado, constrangido ou contrafeito: *Não concordou com o resultado e, mesmo assim, deu um riso amarelo.* ☐ SIN. **sorriso amarelo**.

risonho, nha ⟨ri.so.nho, nha⟩ (Pron. [risônho]) adj. Que ri ou que é sorridente.

risota ⟨ri.so.ta⟩ s.f. Risada ou riso curtos.

risoto ⟨ri.so.to⟩ (Pron. [risôto]) s.m. Prato de origem italiana, feito à base de arroz, queijo parmesão, vinho branco e outros ingredientes.

rispidez ⟨ris.pi.dez⟩ (Pron. [rispidêz]) s.f. Condição de ríspido.

ríspido, da ⟨rís.pi.do, da⟩ adj. **1** Que é áspero ao pouco suave ao tato. **2** Que é grosseiro, descortês ou rude: *palavras ríspidas.*

rissole ⟨ris.so.le⟩ s.m. Pastel de massa cozida, recheado e frito, geralmente de tamanho pequeno.

riste ⟨ris.te⟩ s.m. Em uma armadura antiga, peça de ferro situada ao lado direito e que se utiliza para encaixar e apoiar o cabo de uma lança. ∥ **em riste** Em posição erguida ou levantada: *Falou-nos com o dedo em riste.*

ritmado, da ⟨rit.ma.do, da⟩ adj. Que tem ritmo ou movimento.

ritmar ⟨rit.mar⟩ v.t.d. **1** Dar ritmo ou movimento a: *O coreógrafo ritmou os passos.* **2** Marcar ou acompanhar o ritmo de: *Todos ritmavam a canção.*

rítmico, ca ⟨rít.mi.co, ca⟩ adj. Do ritmo, com ritmo ou relacionado a ele.

ritmo ⟨rit.mo⟩ s.m. **1** Em música, sucessão de sons de duração curta ou longa, que ocorrem em períodos regulares ou não e que podem ser organizados ou agrupados conforme suas acentuações: *Ela estava dançando fora do ritmo.* **2** Combinação e sucessão harmoniosa de palavras, de frases, de ênfases ou de pausas. **3** Ordem compassada na sucessão de fatos, de coisas ou de acontecimentos: *O ritmo das batidas do coração variam de acordo com a atividade que a pessoa estiver executando.* **4** Velocidade constante com que ocorre ou com que algo é feito: *O desenvolvimento tecnológico aumenta em um ritmo cada vez maior.*

rito ⟨ri.to⟩ s.m. **1** Conjunto de cerimônias e regras que se deve seguir para a prática de uma religião: *um rito muçulmano.* **2** Cerimônia ou tradição que se repete sempre da mesma forma. **3** Culto, religião ou seita.

ritual ⟨ri.tu.al⟩ (pl. *rituais*) ▌adj.2g. **1** Do rito ou relacionado a ele. ▌s.m. **2** Conjunto de ritos próprios de uma religião, de uma Igreja ou de uma tradição. **3** Culto religioso. **4** Conjunto de regras e formalidades próprias da celebração de uma cerimônia: *O ritual de formatura exigia traje social.* ☐ SIN. **cerimonial**.

rival ⟨ri.val⟩ (pl. *rivais*) adj.2g./s.2g. Que ou quem luta ou compete com outro para alcançar um mesmo objetivo ou para superá-lo.

rivalidade ⟨ri.va.li.da.de⟩ s.f. Inimizade, concorrência ou disputa causadas pelo intuito de superar outra pessoa ou de alcançar o mesmo objetivo que ela.

rivalizar ⟨ri.va.li.zar⟩ ▌v.t.i. **1** Lutar [com outra pessoa] por um mesmo objetivo: *Os dois times rivalizaram por uma vaga na decisão.* ▌v.prnl. **2** Lutar entre si (duas ou mais pessoas) por um mesmo objetivo. ▌v.t.i. **3** Igualar em qualidade [com outra]: *Sua beleza rivaliza com sua inteligência.*

rixa ⟨ri.xa⟩ s.f. Discussão, briga ou disputa entre duas ou mais pessoas: *uma rixa entre torcidas adversárias.*

rizicultor, -a ⟨ri.zi.cul.tor, to.ra⟩ (Pron. [rizicultôr], [rizicultôra]) s. Pessoa que se dedica ao cultivo do arroz. ☐ ORTOGRAFIA Escreve-se também *orizicultor*.

rizicultura ⟨ri.zi.cul.tu.ra⟩ s.f. **1** Cultivo do arroz. **2** Técnica desse tipo de cultivo. ☐ ORTOGRAFIA Escreve-se também *orizicultura*.

rizoma ⟨ri.zo.ma⟩ s.m. Em uma planta, caule subterrâneo que cresce horizontalmente e do qual raízes, folhas e outros ramos nascem.

rizotônico, ca ⟨ri.zo.tô.ni.co, ca⟩ adj. Em relação a um vocábulo, especialmente a um verbo, que tem o acento tônico em uma sílaba do radical.

RJ É a sigla do estado brasileiro do Rio de Janeiro.

RN É a sigla do estado brasileiro do Rio Grande do Norte.

RNA (pl. *RNAs*) s.m. Material genético formado a partir do DNA, que se encontra fundamentalmente no citoplasma das células e que orienta a síntese de proteína. ☐ SIN. **ácido ribonucleico**. ☐ ORIGEM É a sigla inglesa de *Ribonucleic Acid* (ácido ribonucleico).

RO É a sigla do estado brasileiro de Rondônia.

roaming *(palavra inglesa)* (Pron. [rôumin]) s.m. Serviço de telefonia móvel que permite ao usuário utilizar a rede telefônica de uma companhia quando está fora da região geográfica em que foi registrado.

robalo ⟨ro.ba.lo⟩ s.m. Peixe de água salobra, predador, comestível, de corpo comprido e de cor prateada, que vive em desembocaduras de mangues, e de carne muito apreciada. [⊙ **peixes (água salgada)** p. 609] ☐ GRAMÁTICA É um substantivo epiceno: *o robalo (macho/fêmea).*

robe ⟨ro.be⟩ s.m. **1** Peça do vestuário comprida, aberta na frente e com um cinto, geralmente feita de tecido atoalhado, que é usada sobre a roupa de dormir ou sobre a roupa íntima. ☐ SIN. **chambre, roupão**. **2** Peça do vestuário feminino, comprida e aberta na frente, com um cinto, de tecido confortável e que é usada sobre a roupa de dormir ou sobre a roupa íntima. ☐ SIN. **penhoar**.

robô ⟨ro.bô⟩ s.m. **1** Máquina eletrônica capaz de executar automaticamente operações ou movimentos diversos: *Nesta fábrica, a montagem dos carros é feita por robôs.* **2** Máquina eletrônica que imita as formas e a aparência humanas. **3** Pessoa que age mecanicamente ou que obedece sempre sem questionar. ☐ GRAMÁTICA Na acepção **3**, usa-se tanto para o masculino quanto para o feminino: *(ele/ela) é um robô.*

robótica ⟨ro.bó.ti.ca⟩ s.f. Ciência ou técnica que aplicam conceitos da mecânica, da eletrônica e da informática na criação de dispositivos capazes de substituir o trabalho humano.

robustecer

robustecer ⟨ro.bus.te.cer⟩ v.t.d./v.int./v.prnl. **1** Tornar(-se) mais forte ou mais resistente. □ SIN. enrijecer. □ ORTOGRAFIA Antes de *a* ou *o*, o *c* muda para *ç* →CONHECER.

robusto, ta ⟨ro.bus.to, ta⟩ adj. Forte, resistente ou vigoroso.

roca ⟨ro.ca⟩ s.f. Vara ou haste de madeira, com uma peça redonda na ponta, que se utiliza para enrolar o linho, o algodão ou outro fio, para que sejam fiados.

roça ⟨ro.ça⟩ s.f. **1** Terreno em que se retira e se queima o mato, utilizado para cultivo ou plantação. □ SIN. roçado. **2** Terreno para pequena lavoura: *uma roça de feijão.* □ SIN. roçado. **3** Campo ou área rural: *Vive na roça desde que nasceu.*

roçado ⟨ro.ça.do⟩ s.m. **1** Terreno em que se retira e se queima o mato, utilizado para cultivo ou plantação. □ SIN. roça. **2** Terreno para pequena lavoura: *um roçado de milho.* □ SIN. roça. **3** Em uma mata ou em um bosque, clareira ou rastro sem vegetação.

rocambole ⟨ro.cam.bo.le⟩ s.m. Prato feito com uma massa fina assada, enrolada sobre si mesma, e com recheio doce ou salgado.

rocambolesco, ca ⟨ro.cam.bo.les.co, ca⟩ (Pron. [rocambolêsco]) adj. Que é exagerado, fantástico ou cheio de peripécias.

roçar ⟨ro.çar⟩ ▌v.t.d./v.t.i. **1** Tocar levemente [em uma superfície]: *Ao passar ao meu lado, ela me roçou com a mão.* ▌v.t.d. **2** Cortar o mato de (um terreno), especialmente se for com uma foice. ▌v.t.d./v.t.i./v.t.d.i. **3** Raspar, atritar ou esfregar (uma superfície) [em outra]: *Distraído, roçou o braço na cerca.* □ ORTOGRAFIA Antes de *e*, o *ç* muda para *c* →COMEÇAR.

roceiro, ra ⟨ro.cei.ro, ra⟩ ▌adj. **1** Da roça ou relacionado a ela. ▌adj./s. **2** Que ou quem vive ou trabalha na roça. **3** *informal pejorativo* Rústico, sem educação ou sem refinamento: *um jeito roceiro.*

rocha ⟨ro.cha⟩ s.f. Matéria que constitui a crosta terrestre e que é formada por diversos minerais: *Há rochas sedimentares, magmáticas e metamórficas.*

rochedo ⟨ro.che.do⟩ (Pron. [rochêdo]) s.m. Rocha ou monte grandes, escarpados, elevados e pontiagudos. □ SIN. penedo, penha, penhasco.

rochoso, sa ⟨ro.cho.so, sa⟩ (Pron. [rochôso], [rochósa], [rochósos], [rochósas]) adj. **1** Da rocha ou relacionado a ela. **2** Em relação a um lugar, que tem rochas: *um campo rochoso.*

rocim ⟨ro.cim⟩ (pl. *rocins*) s.m. Cavalo fraco, magro e de má aparência.

rock *(palavra inglesa)* (Pron. [róc]) adj.2g. Do *rock and roll* ou relacionado a este gênero musical: *uma banda rock.* ‖ **rock (and roll)** **1** Gênero musical de ritmo forte, geralmente interpretado com instrumentos elétricos. **2** Dança que acompanha esse gênero musical. □ USO É a forma reduzida e mais usual de *rock and roll*.

rock and roll *(palavra inglesa)* (Pron. [roquenrrôu]) s.m.2n. →**rock**

rococó ⟨ro.co.có⟩ ▌adj.2g. **1** Do rococó ou com traços próprios deste estilo. ▌s.m. **2** Estilo artístico que surgiu na Europa no século XVIII e que se caracteriza pela liberdade e pela abundância decorativa e pelo gosto apurado e refinado.

roda ⟨ro.da⟩ s.f. **1** Objeto ou mecanismo de formato circular e que pode girar sobre um eixo: *uma roda de bicicleta.* **2** Grupo de pessoas que se dispõem em círculo: *uma roda de amigos.* **3** Brincadeira infantil que consiste em formar um círculo, dando-se as mãos os participantes, e cantando cantigas enquanto se corre ao redor.

rodada ⟨ro.da.da⟩ s.f. **1** Giro ou volta completa que se dá. **2** Em esporte, cada uma das séries de partidas em que se divide uma competição: *Seu time perdeu a primeira rodada.* **3** Cada uma das vezes que se servem um alimento ou uma bebida a um grupo de pessoas: *uma rodada de chope.* **4** Série ou conjunto de atividades que se desenvolvem sucessivamente e com determinada ordem: *uma rodada de negociações.*

rodado, da ⟨ro.da.do, da⟩ adj. Que tem roda.

rodagem ⟨ro.da.gem⟩ (pl. *rodagens*) s.f. **1** Ato ou efeito de rodar. **2** Filmagem ou gravação de uma obra cinematográfica ou televisiva. **3** Em uma máquina ou em um mecanismo, conjunto de suas rodas.

roda-gigante ⟨ro.da-gi.gan.te⟩ (pl. *rodas-gigantes*) s.f. Em um parque de diversões, atração formada por uma grande roda suspensa que gira ao redor de um eixo vertical, provida de cabines em que ficam as pessoas.

rodamoinho ⟨ro.da.mo.i.nho⟩ s.m. →remoinho

rodapé ⟨ro.da.pé⟩ s.m. **1** Barra horizontal, geralmente de madeira, de louça ou de mármore, que se coloca na parte inferior das paredes. **2** Em uma obra impressa, parte inferior de cada página.

rodar ⟨ro.dar⟩ ▌v.t.d./v.int. **1** Fazer dar ou dar voltas (um corpo) ao redor de seu próprio eixo: *O menino rodou o pião com um barbante. Os moinhos não paravam de rodar.* ▌v.t.d. **2** Em relação a um veículo, percorrer (uma distância): *Este carro já rodou muitos quilômetros.* **3** Filmar ou gravar (uma obra cinematográfica ou televisiva): *O diretor rodou várias cenas em alto mar.* **4** Imprimir ou reproduzir (um texto ou uma imagem): *A gráfica rodará mil exemplares da revista.* **5** *informal* Executar: *Meu computador não é capaz de rodar esse programa.* **6** Viajar, visitar ou passear: *Já rodamos o país inteiro.* **7** Rodear ou dar voltas em torno de (um lugar): *As crianças não se cansavam de rodar a praça do bairro.* ▌v.int. **8** *informal* Andar: *Rodei o dia inteiro.* **9** *informal* Ser demitido, excluído ou expulso: *De tanto bobear, rodou no trabalho.* **10** *informal* Dar-se mal ou não obter sucesso naquilo que se deseja: *O ator se esqueceu do texto e acabou rodando no teste.*

roda-viva ⟨ro.da-vi.va⟩ (pl. *rodas-vivas*) s.f. **1** Movimento incessante ou que não tem fim. **2** Confusão ou desordem: *Com a mudança de casa, todos estavam numa verdadeira roda-viva.*

rodear ⟨ro.de.ar⟩ ▌v.t.d. **1** Andar ou estar ao redor de (um objeto ou um lugar): *Um lindo jardim rodeava a casa.* **2** Formar uma roda ou um círculo em torno de (um objeto, um lugar ou uma pessoa): *Os jornalistas ficaram rodeando a ministra.* **3** Evitar (um obstáculo, um problema ou uma dificuldade): *Tivemos que rodear a ponte quebrada.* ▌v.t.d./v.t.d.i./v.prnl. **4** Cercar(-se) [de algo ou alguém]: *Sempre rodearam o filho de carinho.* □ ORTOGRAFIA O *e* muda para *ei* quando a sílaba tônica estiver na raiz do verbo →NOMEAR.

rodeio ⟨ro.dei.o⟩ s.m. **1** Volta que se dá em torno de um objeto ou de um lugar. **2** Forma de dizer algo sem objetividade, empregando termos e expressões que não o afirmem: *Nervoso, ficou fazendo rodeios em vez de ir direto ao ponto.* **3** Espetáculo ou competição que consistem em montar cavalos ou bois selvagens e tentar ficar sobre eles o maior tempo possível. **4** Junção do gado, especialmente para marcá-lo ou contá-lo. □ USO Na acepção 2, usa-se geralmente a forma plural *rodeios.*

rodela ⟨ro.de.la⟩ s.f. **1** Pedaço ou fatia redondos ou circulares de um alimento: *uma rodela de abacaxi.* **2** Qualquer objeto com esse formato: *uma rodela de tecido.* **3** *informal* Patela.

rodilha ⟨ro.di.lha⟩ s.f. Rosca, geralmente de tecido, que se põe na cabeça para carregar e levar um peso sobre ela: *O camponês carregou o cesto sobre sua cabeça, apoiando-o na rodilha.*

ródio ⟨ró.dio⟩ s.m. Elemento químico da família dos metais, de número atômico 45, sólido, de cor branca, que se funde com dificuldade e que não é atacado pelos ácidos. ☐ ORIGEM É uma palavra que vem do grego *rhódon* (rosa), pela cor dos sais desse elemento. ☐ ORTOGRAFIA Seu símbolo químico é *Rh*, sem ponto.

rodízio ⟨ro.dí.zio⟩ s.m. **1** Revezamento de pessoas, especialmente funcionários, em um trabalho, em uma atividade ou em uma função. **2** Em um restaurante, sistema de funcionamento em que o cliente paga um valor fixo para comer à vontade. **3** Em um objeto ou em um móvel, mecanismo provido de pequenas esferas que se fixam sob seus pés ou sob seu apoio para que se movimentem com maior facilidade.

rodo ⟨ro.do⟩ (Pron. [rôdo]) s.m. **1** Utensílio formado por uma pá pequena com uma faixa de borracha presa em um dos extremos de um cabo, e que serve para puxar água do piso ou para limpá-lo com um pano. **2** Utensílio semelhante a esse que se utiliza para juntar cereais nas eiras ou o sal nas marinhas. ‖ **a rodo** *informal* Em grande quantidade: *Gastamos dinheiro a rodo nas últimas compras.*

rodopiar ⟨ro.do.pi.ar⟩ v.int. **1** Girar ou dar várias voltas consecutivas: *A pipa rodopiava no ar.* ☐ SIN. corrupiar. **2** Andar, correr ou movimentar-se em círculos.

rodopio ⟨ro.do.pi.o⟩ s.m. Giro ou volta consecutivos.

rodovia ⟨ro.do.vi.a⟩ s.f. Via com pistas para o tráfego de veículos sobre rodas: *Os nomes das rodovias federais brasileiras começam com BR*. ☐ SIN. estrada de rodagem.

rodoviária ⟨ro.do.vi.á.ria⟩ s.f. Estação ou terminal em que embarcam ou desembarcam os passageiros de ônibus de viagem.

rodoviário, ria ⟨ro.do.vi.á.rio, ria⟩ ❚ adj. **1** Da rodovia ou relacionado a ela: *um policial rodoviário.* ❚ s.m. **2** Funcionário de uma empresa de transporte por rodovias.

roedor, -a ⟨ro.e.dor, do.ra⟩ (Pron. [roedôr], [roedóra]) ❚ adj./s.m. **1** Em relação a um mamífero, que se caracteriza por ter dois incisivos superiores e inferiores longos, fortes e curvados para fora, cujo crescimento é contínuo e que lhe servem para roer: *A capivara, o rato e o castor são roedores.* ❚ s.m.pl. **2** Em zoologia, ordem desses mamíferos.

roer ⟨ro.er⟩ ❚ v.t.d. **1** Cortar ou triturar superficialmente com os dentes (algo duro): *O coelho roía a cenoura.* **2** Devorar ao comer aos poucos e em pequenas quantidades: *Enquanto aguardavam o lanche, as crianças roíam alguns biscoitos.* ❚ v.t.d./v.prnl. **3** Causar sofrimento interior a, incomodar(-se) ou atormentar(-se): *O arrependimento rói sua consciência.* ☐ GRAMÁTICA Apesar de ser um verbo regular, muitas de suas terminações são diferentes do paradigma da 2ª conjugação (correr) → ROER.

rogar ⟨ro.gar⟩ v.t.d./v.t.d.i./v.t.i./v.int. Pedir com súplicas, com humildade ou com insistência [a alguém]: *Roga-se não fumar neste recinto.* ☐ ORTOGRAFIA Antes de *e*, o *g* muda para *gu* →CHEGAR.

rogativa ⟨ro.ga.ti.va⟩ s.f. Pedido com súplicas, com humildade ou com insistência. ☐ SIN. rogo.

rogo ⟨ro.go⟩ (Pron. [rôgo], [rógos]) s.m. **1** Pedido com súplicas, com humildade ou com insistência. ☐ SIN. rogativa. **2** Oração ou prece: *o rogo dos fiéis.*

rojão ⟨ro.jão⟩ (pl. *rojões*) s.m. **1** Tubo resistente e cheio de pólvora, que estoura no ar quando seu pavio é aceso. ☐ SIN. foguete. **2** *informal* Ritmo de vida ou de trabalho agitado, intenso ou cansativo.

rol (pl. *róis*) s.m. Relação ou enumeração de pessoas, de coisas ou de fatos: *Aqueles atores estão no rol dos mais famosos.* ☐ SIN. lista, listagem.

rola ⟨ro.la⟩ (Pron. [rôla]) s.f. **1** Ave semelhante a um pombo, de plumagem avermelhada, cabeça cinza, e asas e cauda pretas nas bordas, de voo rápido. ☐ SIN. rolinha. **2** *vulgarismo* →**pênis** ☐ GRAMÁTICA Na acepção 1, é um substantivo epiceno: *a rola {macho/fêmea}.*

rolagem ⟨ro.la.gem⟩ (pl. *rolagens*) s.f. **1** Ato ou efeito de rolar. ☐ SIN. rolamento. **2** Adiamento do pagamento ou do cumprimento de uma dívida, de um empréstimo ou de um compromisso.

rolamento ⟨ro.la.men.to⟩ s.m. **1** Ato ou efeito de rolar. ☐ SIN. rolagem. **2** Mecanismo formado por pequenas esferas de aço que reduz o atrito e que permite que um mecanismo gire ou dê voltas. ☐ SIN. rolimã.

rolante ⟨ro.lan.te⟩ adj.2g. Que gira, que roda ou que dá voltas ao redor de seu próprio eixo.

rolar ⟨ro.lar⟩ ❚ v.t.d./v.int. **1** Fazer girar, girar ou rodar: *A força dos ventos rolava os moinhos.* ❚ v.t.d. **2** Adiar o pagamento ou o cumprimento de (uma dívida, um empréstimo ou um compromisso): *Precisei rolar a prestação da geladeira.* ❚ v.t.d./v.int. **3** Mover(-se) ou cair dando voltas ao redor de seu próprio eixo: *Rolou a pedra no chão.* ❚ v.int. **4** Mover-se ou remexer-se com inquietação: *Rolei na cama a noite toda.* **5** *informal* Acontecer ou ocorrer: *Vai rolar um desfile no shopping.*

roldana ⟨rol.da.na⟩ s.f. Peça circular plana pela qual se passa uma corda, uma corrente ou um cabo por uma polia, geralmente para levantar pesos.

roldão ⟨rol.dão⟩ (pl. *roldões*) s.m. Confusão ou desordem. ‖ **de roldão** De forma inesperada ou precipitada: *De roldão, levantou e saiu.*

roleta ⟨ro.le.ta⟩ (Pron. [rolêta]) s.f. **1** Jogo de azar formado por uma roda giratória com pequenas casas e por um tapete com o mesmo número de casas, que consiste em apostar sobre o número que sairá na roda. **2** Roda usada nesse jogo e em outros semelhantes. **3** Mecanismo que se coloca na entrada ou na saída de um local, estabelecimento ou veículo para que as pessoas passem uma de cada vez. ☐ SIN. borboleta, catraca, molinete, torniquete.

rolete ⟨ro.le.te⟩ (Pron. [rolête]) s.m. **1** No caule de algumas plantas, especialmente na cana, parte compreendida entre dois nós. **2** Rodela de cana-de-açúcar sem casca.

rolha ⟨ro.lha⟩ (Pron. [rôlha]) s.f. Peça cilíndrica, geralmente de cortiça, que se introduz no orifício de uma garrafa para tampá-la e impedir que seu líquido saia.

roliço, ça ⟨ro.li.ço, ça⟩ adj. Que tem forma arredondada ou cilíndrica.

rolimã ⟨ro.li.mã⟩ s.f. **1** Mecanismo formado por pequenas esferas de aço que reduz o atrito e que permite que um mecanismo gire ou dê voltas. ☐ SIN. rolamento. **2** Carro pequeno formado por uma tábua de madeira presa sobre esse tipo de mecanismo.

rolimorense ⟨ro.li.mo.ren.se⟩ adj.2g./s.2g. De Rolim de Moura ou relacionado a essa cidade do estado brasileiro de Rondônia.

rolinha ⟨ro.li.nha⟩ s.f. Ave semelhante a um pombo, de plumagem avermelhada, cabeça cinza, e asas e cauda pretas nas bordas, de voo rápido. ☐ SIN. rola. ☐ GRAMÁTICA É um substantivo epiceno: *a rolinha {macho/fêmea}.*

rolo ⟨ro.lo⟩ (Pron. [rôlo]) s.m. **1** Aquilo que tem formato cilíndrico e alongado: *um rolo de papel higiênico; um rolo de pintura.* **2** Peça cilíndrica que se utiliza para abrir ou estender massas durante a preparação de diversos alimentos. **3** *informal* Confusão: *Está sempre metido em rolos e negócios suspeitos.* ‖ **rolo compressor** Máquina provida de um objeto cilíndrico, de grande tamanho e pesado, que se utiliza na pavimentação de vias.

romã ⟨ro.mã⟩ s.f. Fruto da romãzeira, com formato redondo, de cor amarelo-alaranjada e que contém, em seu interior, um grande número de sementes comestíveis com propriedades medicinais.

romance ⟨ro.man.ce⟩ s.m. **1** Obra literária, geralmente de grande extensão, em que se narra uma história fictícia: *um romance de aventuras*. **2** Relação amorosa. ‖ **romance de cavalaria** Aquele que narra as aventuras dos antigos cavaleiros andantes da Idade Média. ▫ SIN. novela de cavalaria. ‖ **romance de costumes** Aquele que narra o comportamento, fatos e costumes de uma determinada região, sociedade ou época. ‖ **romance histórico** Aquele que narra, por meio do enredo em que estão envolvidas suas personagens, um fato histórico.

romancear ⟨ro.man.ce.ar⟩ ▪ v.t.d. **1** Dar forma e estrutura de romance a (um acontecimento). ▫ SIN. romantizar. ▪ v.t.d./v.int. **2** Narrar ou contar de forma fantasiosa: *Essa minissérie romanceia a realidade*. ▫ ORTOGRAFIA O e muda para *ei* quando a sílaba tônica estiver na raiz do verbo →NOMEAR.

romanceiro ⟨ro.man.cei.ro⟩ s.m. Coleção de canções ou de poemas, geralmente de diferentes autores e com uma característica comum. ▫ SIN. cancioneiro.

romancista ⟨ro.man.cis.ta⟩ adj.2g./s.2g. Que ou quem escreve romances, especialmente como profissão.

romanesco, ca ⟨ro.ma.nes.co, ca⟩ (Pron. [romanêsco]) adj. Do romance ou com traços próprios dele.

românico, ca ⟨ro.mâ.ni.co, ca⟩ ▪ adj. **1** Do românico ou com traços próprios deste estilo. **2** Em relação a uma língua, que é derivada do latim: *O português, o italiano e o romeno são línguas românicas*. ▪ s.m. **3** Estilo artístico que triunfou na Europa nos séculos XI, XII e parte do XIII, e que se caracteriza por seu caráter religioso, sóbrio, sólido e expressivo.

romano, na ⟨ro.ma.no, na⟩ ▪ adj. **1** Da Igreja Católica. ▪ adj./s. **2** De Roma ou relacionado à capital italiana. **3** Da Roma Antiga, de cada um de seus estados antigos e modernos, ou relacionado a eles: *o Império Romano*.

romântico, ca ⟨ro.mân.ti.co, ca⟩ ▪ adj. **1** Do Romantismo ou relacionado a esse movimento cultural. ▪ adj./s. **2** Que ou quem defende ou segue esse movimento. **3** Que ou quem é muito sentimental ou dá muita importância aos sentimentos e às emoções: *um filme romântico*.

romantismo ⟨ro.man.tis.mo⟩ s.m. **1** Movimento cultural que surgiu durante a primeira metade do século XIX e que se caracterizou pela defesa do individualismo e da liberdade e pelo predomínio dos aspectos emocionais e sentimentais: *No Brasil, o Romantismo buscou defender, essencialmente, valores nacionalistas e indianistas*. **2** Período histórico durante o qual esse movimento se desenvolveu: *O Romantismo brasileiro vigorou entre o ano de 1836 e a década de 1880*. **3** Sentimentalismo ou tendência a ser guiado pelas emoções e pelos sentimentos. ▫ ORTOGRAFIA Nas acepções 1 e 2, usa-se geralmente com inicial maiúscula por ser também um nome próprio.

romantizar ⟨ro.man.ti.zar⟩ v.t.d. **1** Dar forma e estrutura de romance a (um acontecimento): *O livro romantiza o descobrimento da América*. ▫ SIN. romancear. **2** Fazer adquirir aspectos românticos: *Romantizava demais seu relacionamento*.

romaria ⟨ro.ma.ri.a⟩ s.f. **1** Viagem ou peregrinação religiosas, especialmente aquelas que se fazem a um santuário. **2** Grupo numeroso de pessoas que se dirigem a um determinado lugar: *uma romaria de manifestantes*.

romãzeira ⟨ro.mã.zei.ra⟩ s.f. Árvore de tronco liso e retorcido, com galhos finos, folhas brilhantes, flores grandes de cor vermelha, e cujo fruto é a romã.

rombo, ba ⟨rom.bo, ba⟩ ▪ adj. **1** De ponta arredondada ou sem ponta. ▪ s.m. **2** Buraco ou abertura de grandes proporções. **3** Desfalque, *deficit* ou apropriação de uma quantia de dinheiro por parte de quem a tem sob seu cuidado: *A imprensa descobriu um rombo nas contas da sociedade*.

romboide ⟨rom.boi.de⟩ (Pron. [rombóide]) s.m. Figura geométrica plana limitada por quatro lados paralelos ao seu lado oposto. ▫ SIN. paralelogramo.

rombudo, da ⟨rom.bu.do, da⟩ adj. Que não tem ponta ou que tem a ponta muito grossa.

romeiro, ra ⟨ro.mei.ro, ra⟩ s. Pessoa que participa de uma romaria.

romeno, na ⟨ro.me.no, na⟩ (Pron. [romêno]) ▪ adj./s. **1** Da Romênia ou relacionado a esse país europeu. ▪ s.m. **2** Língua desse país.

rompante ⟨rom.pan.te⟩ s.m. **1** Arrogância ou altivez. **2** Ímpeto ou impulso: *Em um rompante, começou a cantar*.

romper ⟨rom.per⟩ ▪ v.t.d./v.prnl. **1** Fazer em pedaços ou quebrar(-se): *A força do impacto rompeu o vidro. Com a queda, o vaso se rompeu*. **2** Fazer uma abertura ou uma rachadura em (uma superfície) ou rachar-se: *O tremor rompeu a parede*. ▪ v.t.d. **3** Quebrar ou não cumprir (uma norma, especialmente): *Foi punido por romper as regras*. ▪ v.int. **4** Ter princípio, iniciar ou começar: *Saímos assim que rompeu a manhã*. ▪ v.t.i. **5** Manifestar-se de forma repentina [em uma demonstração de um sentimento]: *Rompeu num choro assim que ouviu a notícia*. ▪ v.t.d. **6** Atravessar (uma grande porção de água): *Caravelas rompiam os mares ainda não navegados*. ▪ v.t.i./v.int. **7** Interromper uma relação [com alguém] ou terminar um relacionamento: *Rompeu com o amigo depois daquele episódio. O casal acabou rompendo*. ▪ v.t.d. **8** Interromper (o desenvolvimento ou a continuidade de algo): *Decidiram romper o contrato*. ▫ GRAMÁTICA É um verbo abundante, pois apresenta dois particípios: *rompido* e *roto*.

rompimento ⟨rom.pi.men.to⟩ s.m. Ato ou efeito de romper(-se). ▫ SIN. ruptura.

roncar ⟨ron.car⟩ v.int. **1** Emitir som grave ao respirar enquanto se dorme. **2** Produzir ou emitir barulho ou ruído graves e contínuos: *O motor está roncando muito*. ▫ ORTOGRAFIA Antes de e, o c muda para *qu* →BRINCAR.

ronceiro, ra ⟨ron.cei.ro, ra⟩ adj. Que se move com lentidão.

ronco ⟨ron.co⟩ s.m. **1** Ruído grave e gutural que algumas pessoas emitem ao respirar enquanto estão dormindo. **2** Som ou barulho semelhantes a esse ruído.

ronda ⟨ron.da⟩ s.f. **1** Vigia que se faz percorrendo um lugar, especialmente se for durante a noite: *fazer a ronda*. **2** Pessoa ou grupo de pessoas responsáveis por essa vigia: *Toda a ronda folgou pela manhã*.

rondar ⟨ron.dar⟩ ▪ v.t.d./v.t.i. **1** Percorrer (um lugar) ou andar [por um lugar] com o objetivo de vigiá-lo, especialmente se for durante a noite: *Contrataram um segurança para rondar o bairro*. ▪ v.int. **2** Percorrer um lugar com o objetivo de vigiá-lo, especialmente se for durante a noite. ▪ v.t.d. **3** Dar voltas ao redor de (um lugar ou sua vizinhança): *Um sujeito andava rondando a casa*.

rondó ⟨ron.dó⟩ s.m. Composição musical estruturada com um tema principal que se repete várias vezes, e que se alterna com outros secundários.

rondoniano, na ⟨ron.do.ni.a.no, na⟩ adj./s. De Rondônia ou relacionado a esse estado brasileiro.

rondonopolitano, na ⟨ron.do.no.po.li.ta.no, na⟩ adj./s. De Rondonópolis ou relacionado a essa cidade do estado brasileiro de Mato Grosso.

ronqueira ⟨ron.quei.ra⟩ s.f. **1** Ruído ou barulho causados pela dificuldade na respiração ou pela obstrução das vias respiratórias. **2** Cano grosso, de ferro, fechado em uma de suas extremidades, preenchido por pólvora, e que se detona causando grande estrondo. ▫ SIN. roqueira.

rotina

ronrom ⟨ron.rom⟩ (pl. *ronrons*) s.m. Som causado pela respiração de um gato, geralmente enquanto descansa.

ronronar ⟨ron.ro.nar⟩ v.int. Produzir um som enquanto respira (um gato). □ GRAMÁTICA É um verbo unipessoal: só se usa nas terceiras pessoas do singular e do plural, no particípio, no gerúndio e no infinitivo →MIAR.

roque ⟨ro.que⟩ s.m. **1** No jogo de xadrez, peça que representa sua construção e que se movimenta em qualquer direção apenas em linha reta, exceto na diagonal. □ SIN. torre. **2** No jogo de xadrez, jogada feita com o rei e com uma das torres, na qual essa peça é usada para protegê-lo.

roqueira ⟨ro.quei.ra⟩ s.f. **1** Canhão antigo, de ferro, que se utilizava para lançar pedras. **2** Cano grosso, de ferro, fechado em uma de suas extremidades, preenchido por pólvora, e que se detona causando grande estrondo. □ SIN. ronqueira.

roqueiro, ra ⟨ro.quei.ro, ra⟩ adj./s. Que ou quem é compositor ou cantor de *rock*, ou admirador desse gênero musical.

roquete ⟨ro.que.te⟩ (Pron. [roquête]) s.m. Na religião católica, traje branco com mangas largas, e que chega até um pouco abaixo da cintura, utilizado pelos sacerdotes, pelos sacristãos ou pelos coroinhas para participarem de determinadas cerimônias religiosas.

roraimense ⟨ro.rai.men.se⟩ adj.2g./s.2g. De Roraima ou relacionado a esse estado brasileiro.

rosa ⟨ro.sa⟩ ▌adj.2g.2n./s.m. **1** Da cor resultante da mistura de vermelho e branco. □ SIN. cor-de-rosa. ▌s.f. **2** Flor da roseira, com muitas pétalas de cores variadas e em formato de coração, que costuma ter fragrância agradável e caule espinhoso, e que é muito cultivada como ornamental.

rosácea ⟨ro.sá.cea⟩ s.f. **1** Adorno arquitetônico semelhante a uma rosa. **2** Em uma igreja, vitral com o formato de uma rosa.

rosáceo, cea ⟨ro.sá.ceo, cea⟩ adj. Das rosas ou relacionado a elas.

rosa-cruz ⟨ro.sa-cruz⟩ (pl. *rosa-cruzes*) s.2g. Membro da organização rosa-cruz (sociedade secreta fundada na Alemanha no século XIII) que tem como símbolo uma rosa e uma cruz.

rosado, da ⟨ro.sa.do, da⟩ adj. De cor semelhante ao rosa.

rosa dos ventos ⟨ro.sa dos ven.tos⟩ (pl. *rosas dos ventos*) s.f. Símbolo geralmente circular que representa os 32 rumos em que se divide a volta do horizonte: *A rosa dos ventos indica os pontos cardeais.*

rosal ⟨ro.sal⟩ (pl. *rosais*) s.m. Plantação de roseira. □ SIN. roseiral.

rosário ⟨ro.sá.rio⟩ s.m. **1** Na Igreja Católica, conjunto de orações que se rezam em comemoração aos vinte mistérios principais da vida de Jesus Cristo (o filho de Deus para os cristãos) e da Virgem. **2** Conjunto de 220 contas separadas de dez em dez, que serve para seguir essa reza. **3** Série ou sequência de acontecimentos, especialmente se forem extensas: *um rosário de perguntas.*

rosbife ⟨ros.bi.fe⟩ s.m. Carne bovina, assada por fora e crua por dentro, geralmente servida em fatias.

rosca ⟨ros.ca⟩ (Pron. [rôsca]) s.f. **1** Aquilo que tem formato circular ou ovalado e que deixa um espaço vazio no centro, especialmente um pão, um bolo ou um biscoito. **2** Fenda em formato de espiral que algumas porcas, parafusos ou outros objetos possuem do lado externo.

roseira ⟨ro.sei.ra⟩ s.f. Arbusto de caule geralmente espinhoso, com folhas compostas e serrilhadas, e cuja flor é a rosa.

roseiral ⟨ro.sei.ral⟩ (pl. *roseirais*) s.m. Plantação de roseira. □ SIN. rosal.

róseo, sea ⟨ró.seo, sea⟩ adj. **1** De cor ou de tonalidade rosa-claro. **2** Agradável ou que dá prazer: *Ao lado da esposa, imaginava um futuro róseo.*

roseta ⟨ro.se.ta⟩ (Pron. [rosêta]) s.f. **1** Aquilo que apresenta características semelhantes ao formato de uma rosa pequena: *Esculpiram rosetas nos muros de entrada.* **2** Em uma espora, parte redonda e móvel, dotada de dentes e que se utiliza para espetar o animal em que se monta.

rosicler ⟨ro.si.cler⟩ adj.2g./s.m. *literário* De cor rosa-pálido.

rosilho, lha ⟨ro.si.lho, lha⟩ adj./s.m. Em relação a um equídeo, especialmente um cavalo, que tem o pelo avermelhado e branco.

rosmaninho ⟨ros.ma.ni.nho⟩ s.m. Arbusto com folhas pequenas e pontiagudas, flores em formato de espigas, brancas ou violetas, de aroma agradável, e que se utiliza na culinária, na medicina e na fabricação de cosméticos.

rosnar ⟨ros.nar⟩ ▌v.int. **1** Dar grunhidos ou emitir uma voz rouca em sinal de advertência ou de ameaça (um cão): *Os cães de guarda rosnavam quando algum estranho se aproximava.* ▌v.t.d./v.int. **2** Dizer ou falar em voz baixa e confusa, geralmente em sinal de desagrado ou de mau humor. □ SIN. resmungar. □ GRAMÁTICA Na acepção 1, é um verbo unipessoal: só se usa nas terceiras pessoas do singular e do plural, no particípio, no gerúndio e no infinitivo →MIAR.

rosquear ⟨ros.que.ar⟩ v.t.d. Dotar (um objeto) de rosca ou apertar sua rosca: *Nosso pai rosqueou os pinos da mesa.* □ ORTOGRAFIA O e muda para ei quando a sílaba tônica estiver na raiz do verbo →NOMEAR.

rosquinha ⟨ros.qui.nha⟩ s.f. Biscoito feito à base de farinha de trigo ou de polvilho, com formato de uma rosca pequena ou de um anel.

rossio ⟨ros.si.o⟩ s.m. Praça grande e larga.

rosto ⟨ros.to⟩ (Pron. [rôsto]) s.m. **1** Em uma cabeça, parte anterior que se estende da fronte ao queixo: *Os olhos, a boca e o nariz fazem parte do nosso rosto.* **2** Fisionomia ou semblante apresentados por essa parte do corpo: *Percebíamos a tristeza em seu rosto.* **3** Fachada ou parte frontal. **4** Em uma moeda ou em uma medalha, lado ou superfície principais. □ SIN. anverso.

rota ⟨ro.ta⟩ s.f. Trajeto ou caminho seguidos para chegar a um lugar: *Procuramos uma rota alternativa para fugir do trânsito.*

rotação ⟨ro.ta.ção⟩ (pl. *rotações*) s.f. Movimento de um corpo ao redor de seu próprio eixo: *A rotação da Terra dura, aproximadamente, 24 horas.*

rotativa ⟨ro.ta.ti.va⟩ s.f. Máquina de impressão que imprime os exemplares de um jornal com movimento contínuo e em grande velocidade.

rotativo, va ⟨ro.ta.ti.vo, va⟩ adj. **1** Que gira ou que faz girar. **2** Que faz parte de um revezamento: *Como a vaga é rotativa, o carro não pode ficar nela por mais de duas horas.*

roteiro ⟨ro.tei.ro⟩ s.m. **1** Texto esquemático em que se apresentam de forma breve e ordenada algumas ideias, e que serve como ajuda ou como guia para algo, especialmente se for para desenvolver um tema: *um roteiro de trabalho.* **2** Texto que contém os diálogos, as indicações técnicas e os detalhes necessários para a realização de uma obra cinematográfica, televisiva, de rádio ou teatral: *o roteiro de um filme.* □ SIN. script. **3** Descrição detalhada do percurso ou do trajeto de uma viagem.

rotina ⟨ro.ti.na⟩ s.f. **1** Aquilo que é feito ou que acontece diariamente: *A rotina de uma redação de jornal é muito agitada.* □ SIN. cotidiano, dia a dia. **2** Acontecimento comum e frequente: *Ir ao cinema aos domingos é rotina para nós.* **3** Sequência de operações necessárias para a realização de uma tarefa: *Somente o tesoureiro do banco conhece a rotina de abertura do cofre.*

rotineiro, ra ⟨ro.ti.nei.ro, ra⟩ adj. Da rotina ou relacionado a ela: *uma atividade rotineira*.

roto, ta ⟨ro.to, ta⟩ (Pron. [rôto]) ∎ **1** Particípio irregular de **romper**. ∎ adj. **2** Desgastado, esburacado ou rasgado.

rotor ⟨ro.tor⟩ (Pron. [rotôr]) s.m. Em uma máquina, em um motor ou em uma turbina, parte ou peça giratórias.

rótula ⟨ró.tu.la⟩ s.f. Osso em formato piramidal que se articula com o fêmur. ◻ USO É a antiga denominação de *patela*.

rotular ⟨ro.tu.lar⟩ ∎ v.t.d. **1** Colocar um rótulo em (um objeto). ∎ v.t.d./v.prnl. **2** Tachar(-se) ou classificar(-se) de forma excessivamente simples: *Rotularam-na de convencida sem sequer conhecê-la*. ◻ GRAMÁTICA Na acepção 2, o objeto pode vir acompanhado de um complemento que o qualifica: *Rotularam-na de convencida sem sequer conhecê-la*.

rótulo ⟨ró.tu.lo⟩ s.m. Pedaço de papel ou de outro material que são colocados em uma mercadoria para indicar suas características ou suas referências: *O rótulo na garrafa traz as especificações do produto*.

rotunda ⟨ro.tun.da⟩ s.f. **1** Praça com formato circular. **2** Edifício ou sala circulares, especialmente se forem terminados em uma cúpula.

rotundo, da ⟨ro.tun.do, da⟩ adj. Com forma circular ou esférica, ou semelhante a elas.

rotura ⟨ro.tu.ra⟩ s.f. →**ruptura**

roubalheira ⟨rou.ba.lhei.ra⟩ s.f. **1** *informal* Roubo de grandes proporções realizado de forma escandalosa. **2** *informal* Apropriação de bens públicos, de uma instituição ou de uma empresa.

roubar ⟨rou.bar⟩ ∎ v.t.d. **1** Tirar ou tomar para si (algo alheio) contra a vontade do proprietário, especialmente se for por meio da violência ou da força: *Roubaram nosso carro*. **2** Conquistar por meio da sedução: *Ela roubou meu coração*. **3** Tomar de alguém sem o seu consentimento (algo imaterial, um gesto ou um agrado): *roubar um beijo*. **4** Consumir, gastar ou tirar: *A corrida roubou suas forças*. ∎ v.int. **5** Em uma competição ou em um jogo, trapacear ou desrespeitar suas regras. **6** Enganar ou adulterar: *Alguns comerciantes desonestos roubam nas quantidades de seus produtos*.

roubo ⟨rou.bo⟩ s.m. **1** Ato ou efeito de roubar: *o roubo de uma joia*. **2** Aquilo que se rouba: *O roubo foi encontrado em um esconderijo*. **3** Preço muito alto ou abusivo: *As entradas para o concerto foram um roubo!*

rouco, ca ⟨rou.co, ca⟩ adj. **1** Que sofre de rouquidão. ◻ SIN. **roufenho**. **2** Em relação à voz ou a um som, que são ásperos e pouco sonoros. ◻ SIN. **roufenho**.

roufenho, nha ⟨rou.fe.nho, nha⟩ (Pron. [roufênho]) adj. **1** Que sofre de rouquidão. ◻ SIN. **rouco**. **2** Em relação à voz ou a um som, que são ásperos e pouco sonoros. ◻ SIN. **rouco**.

round *(palavra inglesa)* (Pron. [ráund]) s.m. Em uma luta esportiva, cada parte ou tempo em que essa se divide: *O boxeador foi nocauteado no segundo round*. ◻ SIN. **assalto**.

roupa ⟨rou.pa⟩ s.f. **1** Conjunto de peças de tecido, especialmente as que servem para vestir. **2** Peça ou conjunto de peças de tecido próprios para o uso doméstico: *Lençol, colcha e fronha são roupas de cama*. ‖ **roupa de baixo** Aquela de uso pessoal, que não é visível exteriormente e que geralmente se coloca sobre a pele: *Calcinhas, sutiãs e cuecas são roupas de baixo*.

roupagem ⟨rou.pa.gem⟩ (pl. *roupagens*) s.f. **1** Conjunto de roupas. **2** Aspecto ou aparência exteriores: *O filme conta a mesma história com uma nova roupagem*.

roupão ⟨rou.pão⟩ (pl. *roupões*) s.m. Peça do vestuário comprida, aberta na frente e com um cinto, geralmente feita de tecido atoalhado, que é usada sobre a roupa de dormir ou sobre a roupa íntima. ◻ SIN. **chambre**, **robe**.

rouparia ⟨rou.pa.ri.a⟩ s.f. **1** Lugar em que se guardam roupas. **2** Grande quantidade de roupas.

roupeiro, ra ⟨rou.pei.ro, ra⟩ ∎ s. **1** Pessoa que se dedica profissionalmente a cuidar de uma rouparia ou a recolher roupas, especialmente se for em um hospital, em um hotel ou em outros estabelecimentos. ∎ s.m. **2** Armário ou móvel em que se guardam roupas.

rouquidão ⟨rou.qui.dão⟩ (pl. *rouquidões*) s.f. Inflamação da garganta ou afecção da laringe que causa a mudança do timbre da voz para outro mais áspero ou grave e pouco sonoro.

rouxinol ⟨rou.xi.nol⟩ (pl. *rouxinóis*) s.m. Pássaro de pequeno porte, de cor pardo-avermelhada e ventre claro, que se alimenta de insetos e que tem um canto muito melodioso. ◻ GRAMÁTICA É um substantivo epiceno: *o rouxinol (macho/fêmea)*.

roxo, xa ⟨ro.xo, xa⟩ (Pron. [rôxo]) adj./s.m. Da cor entre o vermelho-escuro e o azul.

RR É a sigla do estado brasileiro de Roraima.

RS É a sigla do estado brasileiro do Rio Grande do Sul.

rua ⟨ru.a⟩ s.f. **1** Via pública entre duas filas de construções, geralmente com uma parte reservada para a circulação de veículos e outra para a de pedestres: *Sempre olha para os lados antes de atravessar a rua*. **2** Em uma região urbana, qualquer lugar situado fora de casa: *Gostava de ficar na rua até altas horas*.

ruandês, -a ⟨ru.an.dês, de.sa⟩ (Pron. [ruandês], [ruandêsa]) adj./s. De Ruanda ou relacionado a esse país africano.

rubéola ⟨ru.bé.o.la⟩ s.f. Doença infecciosa, contagiosa e epidêmica causada por um vírus, e que se caracteriza pelo aparecimento de pequenas manchas rosadas na pele, semelhantes às do sarampo.

rubi ⟨ru.bi⟩ s.m. Mineral cristalizado muito duro, brilhante e de cor vermelha. ◻ ORTOGRAFIA Escreve-se também *rubim*.

rubiáceo, cea ⟨ru.bi.á.ceo, cea⟩ ∎ adj./s.f. **1** Em relação a uma planta, que tem folhas compostas, flores com cinco pétalas e o fruto em formato de baga: *O café é uma planta rubiácea*. ∎ s.f.pl. **2** Em botânica, família dessas plantas.

rubídio ⟨ru.bí.dio⟩ s.m. Elemento químico da família dos metais, de número atômico 37, sólido, pesado e de cor branca. ◻ ORIGEM É uma palavra que vem do latim *rubidus* (vermelho-escuro), pois o espectro desse elemento apresenta duas linhas vermelhas. ◻ ORTOGRAFIA Seu símbolo químico é *Rb*, sem ponto.

rubim ⟨ru.bim⟩ (pl. *rubins*) s.m. →**rubi**

rublo ⟨ru.blo⟩ s.m. Unidade monetária russa.

rubor ⟨ru.bor⟩ (Pron. [rubôr]) s.m. **1** Cor vermelha ou uma de suas tonalidades. **2** Sentimento, especialmente de vergonha, que causa um avermelhamento do rosto.

ruborizar ⟨ru.bo.ri.zar⟩ v.t.d./v.int./v.prnl. Tornar ou ficar vermelho ou com tonalidades vermelhas, especialmente se for por vergonha: *Aqueles elogios o ruborizaram*. ◻ SIN. **afoguear**, **avermelhar**, **corar**, **enrubescer**.

rubrica ⟨ru.bri.ca⟩ s.f. **1** Assinatura abreviada de uma pessoa: *Tínhamos que colocar uma rubrica em cada página do documento*. **2** Título, categoria ou assunto: *Todos os gastos extras estavam sob a rubrica Despesas no documento*. **3** Em um texto teatral, nota que se coloca para indicar como o ator deve proceder: *Entra em cena é uma rubrica que a maioria dos textos teatrais apresenta*. ◻ USO É inadequada a forma **rúbrica*, ainda que esteja difundida na linguagem coloquial.

rubricar ⟨ru.bri.car⟩ v.t.d. Marcar ou assinalar com uma rubrica: *Pediu-me que rubricasse todas as páginas do contrato*. ◻ ORTOGRAFIA Antes de *e*, o *c* muda para *qu* →BRINCAR.

rubro, bra ⟨ru.bro, bra⟩ adj./s.m. De cor vermelho-intensa.

ruço, ça ⟨ru.ço, ça⟩ adj. **1** De cor pardacenta ou avermelhada. **2** Que tem os cabelos ou os pelos grisalhos. **3** *informal* Difícil, complicado ou ruim: *A situação está ruça.*

rúcula ⟨rú.cu.la⟩ s.f. Planta herbácea comestível, com folhas alongadas, verdes e macias, com a nervura principal saliente, e de sabor amargo e levemente picante.

rude ⟨ru.de⟩ adj.2g. **1** Áspero, pouco cortês, sem educação ou sem tato. **2** Sem acabamento, tosco ou sem refinamento. **3** Em relação especialmente a um terreno, que não foi cultivado.

rudeza ⟨ru.de.za⟩ (Pron. [rudêza]) s.f. Grosseria ou falta de cortesia ou de tato: *A rudeza de suas palavras me magoou.*

rudimentar ⟨ru.di.men.tar⟩ adj.2g. **1** Simples, elementar ou básico. **2** Que está em estado de desenvolvimento incompleto ou imperfeito.

rudimento ⟨ru.di.men.to⟩ ▌ s.m. **1** Parte ou elemento iniciais, fundamentais ou básicos. ▌ s.m.pl. **2** Conhecimentos básicos ou primários: *Só conhece rudimentos da língua francesa.*

rueiro, ra ⟨ru.ei.ro, ra⟩ adj./s. *informal* Que ou quem gosta muito de sair, andar ou ficar na rua.

ruela ⟨ru.e.la⟩ s.f. **1** Rua estreita ou pequena. □ SIN. beco, viela. **2** →**arruela**

rufar ⟨ru.far⟩ ▌ v.t.d. **1** Tocar ou soar (um tambor). ▌ v.int. **2** Produzir som semelhante a um rufo: *O vento rufava.*

rufião ⟨ru.fi.ão⟩ (pl. *rufiães* ou *rufiões*) s.m. Pessoa que negocia o trabalho de prostitutas e que vive de seus ganhos. □ SIN. cafetão, cáften, proxeneta. □ GRAMÁTICA Seu feminino é *rufiona*.

rufiona ⟨ru.fi.o.na⟩ (Pron. [rufiôna]) Substantivo feminino de **rufião**.

rufo ⟨ru.fo⟩ s.m. **1** Toque de um tambor, com batidas rápidas e alternadas. **2** Qualquer som semelhante a esse: *o rufo de um trovão.*

ruga ⟨ru.ga⟩ s.f. **1** Prega que se forma na pele, geralmente em consequência da idade: *Apesar de sua idade, minha avó não tem muitas rugas.* □ SIN. carquilha, sulco. **2** Prega ou marca irregular que se formam na roupa ou em outro material fino e flexível: *Precisa passar a camisa, pois está cheia de rugas.*

rúgbi ⟨rúg.bi⟩ s.m. Esporte que se pratica entre duas equipes, geralmente de quinze jogadores cada, com uma bola ovalada que deve ficar atrás da linha de fundo do campo contrário ou passar por cima do travessão horizontal do gol.

ruge ⟨ru.ge⟩ s.m. Cosmético, geralmente de cor vermelha, que se utiliza para dar cor às maçãs do rosto.

rugido ⟨ru.gi.do⟩ s.m. Voz característica de alguns animais selvagens, especialmente a do leão. □ SIN. urro.

rugir ⟨ru.gir⟩ v.int. Dar urros (o leão e alguns animais selvagens). □ SIN. urrar. □ ORTOGRAFIA Antes de a ou o, o *g* muda para *j* →FUGIR. □ GRAMÁTICA É um verbo unipessoal: só se usa nas terceiras pessoas do singular e do plural, no particípio, no gerúndio e no infinitivo →LATIR.

rugoso, sa ⟨ru.go.so, sa⟩ (Pron. [rugôso], [rugósa], [rugósos], [rugósas]) adj. Que tem rugas ou pequenas pregas ou desníveis.

ruído ⟨ru.í.do⟩ s.m. **1** Estrondo ou barulho provocados por uma queda ou por um choque. **2** Som confuso, especialmente se for desagradável ou incômodo: *o ruído de um motor.* **3** Em sistema de comunicação, especialmente telefônica, interferência ou interrupção que a prejudica: *Não ouvia nada, pois a ligação estava cheia de ruídos.*

ruidoso, sa ⟨rui.do.so, sa⟩ (Pron. [ruidôso], [ruidósa], [ruidósos], [ruidósas]) adj. **1** Que causa muito ruído. **2** Que tem ou em que há muito ruído.

ruim ⟨ru.im⟩ (pl. *ruins*) adj.2g. **1** Prejudicial ou nocivo. **2** Desagradável ou incômodo: *um odor ruim.* **3** De má ou de pouca qualidade: *um filme ruim.* **4** Cruel, desprezível ou com más intenções: *uma pessoa ruim.* **5** Inadequado ou inconveniente: *uma resposta ruim.*

ruína ⟨ru.í.na⟩ s.f. **1** Ato ou efeito de ruir. **2** Resto de uma ou de várias construções destruídas: *Em Atenas, visitamos as ruínas da Acrópole.* **3** Devastação, devastação ou prejuízo muito grandes: *As invasões bárbaras desencadearam a ruína do Império Romano.*

ruinoso, sa ⟨rui.no.so, sa⟩ (Pron. [ruinôso], [ruinósa], [ruinósos], [ruinósas]) adj. **1** Que ameaça ruína, que está em ruína ou que começa a ficar destruído. **2** Que causa a ruína ou a destruição.

ruir ⟨ru.ir⟩ v.int. **1** Desmoronar, desabar ou cair (uma construção): *De tão velho, o prédio ruiu.* **2** Desfazer-se ou destruir-se: *Com tantas dificuldades, nossos planos ruíram.* □ ORTOGRAFIA Usa-se *i* em vez do *e* comum na conjugação do presente do indicativo e do imperativo afirmativo →ATRIBUIR. □ GRAMÁTICA É um verbo defectivo, pois não apresenta conjugação completa →RUIR.

ruivo, va ⟨rui.vo, va⟩ adj./s. **1** Da cor entre o vermelho e o amarelo, como o fogo. **2** Que ou quem tem os cabelos dessa cor.

rum (pl. *runs*) s.m. Bebida licorosa, transparente ou de cor semelhante ao caramelo, que se obtém da cana-de-açúcar e envelhecida em tonéis de madeira.

rumar ⟨ru.mar⟩ ▌ v.t.d.i. **1** Dirigir (uma embarcação) [para uma direção]. ▌ v.t.i. **2** Dirigir-se ou encaminhar-se [para um lugar ou uma direção]: *rumar para casa.*

rumba ⟨rum.ba⟩ s.f. **1** Composição musical popular de origem afro-cubana, de ritmo sincopado e bastante variado, geralmente em compasso binário ou quaternário. **2** Dança que acompanha essa composição.

rúmen ⟨rú.men⟩ (pl. *rúmenes* ou *rumens*) s.m. Em um mamífero ruminante, primeiro estômago. □ SIN. pança.

ruminante ⟨ru.mi.nan.te⟩ ▌ adj.2g./s.m. **1** Em relação a um mamífero, que se caracteriza por ser herbívoro, ter o estômago dividido em quatro cavidades e por não ter dentes incisivos no maxilar superior: *A vaca, o camelo e o veado são ruminantes.* ▌ s.m.pl. **2** Em zoologia, categoria a que pertencem esses mamíferos.

ruminar ⟨ru.mi.nar⟩ ▌ v.t.d. **1** Tornar à boca e mastigar pela segunda vez (um alimento que já havia sido engolido): *As vacas ruminam o capim.* ▌ v.int. **2** Retornar um alimento que já havia sido engolido à boca e mastigá-lo pela segunda vez. ▌ v.t.d. **3** Pensar sobre (um assunto) pausadamente e com atenção: *Antes de tomar uma decisão, ruminou todas as opções.* ▌ v.int. **4** Refletir ou pensar pausadamente e com atenção.

rumo ⟨ru.mo⟩ s.m. **1** Caminho ou direção que se segue: *Ao sair da escola, pegou o rumo de casa.* **2** Na rosa dos ventos, cada uma das direções que ela indica com suas pontas. **3** Forma ou maneira como ocorrem as coisas: *Estava preocupado com o rumo das negociações.*

rumor ⟨ru.mor⟩ (Pron. [rumôr]) s.m. **1** Ruído confuso de vozes. **2** Ruído baixo, surdo e contínuo. **3** Boato ou notícia que se espalham ou que se difundem, geralmente sem fundamento.

rumorejar ⟨ru.mo.re.jar⟩ v.t.d./v.int. **1** Fazer produzir ou produzir rumor. **2** Dizer ou falar em voz baixa.

rupestre ⟨ru.pes.tre⟩ adj.2g. **1** Em relação a uma pintura pré-histórica, que foi realizada sobre rochas ou em cavernas. **2** Que vive ou que se cria entre as rochas: *a vegetação rupestre.*

ruptura ⟨rup.tu.ra⟩ s.f. Ato ou efeito de romper(-se). □ SIN. rompimento. □ ORTOGRAFIA Escreve-se também *rotura*.

rural ⟨ru.ral⟩ (pl. *rurais*) adj.2g. Do campo ou relacionado a ele.

ruralismo

ruralismo ⟨ru.ra.lis.mo⟩ s.m. **1** Conjunto de características que definem o mundo rural. **2** Em uma região, predomínio de características rurais. **3** Em arte, especialmente na pintura, uso de traços, imagens ou cenas próprios do campo.

rusga ⟨rus.ga⟩ s.f. Desentendimento, desavença ou pequena briga entre duas ou mais pessoas.

rusguento, ta ⟨rus.guen.to, ta⟩ adj. Que se envolve em brigas constantemente.

rush *(palavra inglesa)* (Pron. [rách]) s.m. Trânsito de veículos muito intenso, especialmente no horário de maior movimento.

russo, sa ⟨rus.so, sa⟩ ▌adj./s. **1** Da Rússia ou relacionado a esse país eurásico. ▌s.m. **2** Língua eslava desse país.

rústico, ca ⟨rús.ti.co, ca⟩ adj. **1** Do campo ou relacionado a ele. **2** Simples, sem acabamento ou sem refinamento. **3** Que é grosseiro ou rude.

rutênio ⟨ru.tê.nio⟩ s.m. Elemento químico da família dos metais, de número atômico 44, sólido, e cujos óxidos são de cor vermelha. ◻ ORIGEM É uma palavra que vem do latim *Ruthenia* (Rússia), lugar onde esse elemento foi encontrado. ◻ ORTOGRAFIA Seu símbolo químico é *Ru*, sem ponto.

rutilante ⟨ru.ti.lan.te⟩ adj.2g. Que resplandece ou que brilha muito. ◻ SIN. rútilo.

rutilar ⟨ru.ti.lar⟩ v.t.d./v.int. Fazer brilhar, resplandecer ou brilhar muito.

rútilo, la ⟨rú.ti.lo, la⟩ adj. Que resplandece ou que brilha muito. ◻ SIN. rutilante.

s ❚ s.m. **1** Décima nona letra do alfabeto. ❚ numer. **2** Em uma sequência, que ocupa o décimo nono lugar: *Sentamos na fileira s.* ▢ GRAMÁTICA Na acepção 1, o plural é ss.
sã Feminino de são.
sabá ⟨sa.bá⟩ s.m. No judaísmo, descanso religioso no sábado, dia consagrado a Deus.
sábado ⟨sá.ba.do⟩ s.m. Sétimo dia da semana, entre a sexta-feira e o domingo.
sabão ⟨sa.bão⟩ (pl. *sabões*) s.m. Produto detergente usado com água para lavar, feito a partir de sais e ácidos graxos. ❚❚ **passar um sabão** *informal* Advertir ou repreender: *Passaram-lhe um sabão por seu mau comportamento.*
sabatina ⟨sa.ba.ti.na⟩ s.f. **1** Prova oral baseada em perguntas e respostas: *uma sabatina escolar.* **2** Troca e confronto de ideias ou de argumentos sobre um assunto: *Os candidatos participaram de uma sabatina com os eleitores.*
sabatinar ⟨sa.ba.ti.nar⟩ v.t.d. Submeter (alguém) a perguntas para avaliar o seu grau de conhecimento sobre um assunto: *Os jornalistas sabatinaram os principais candidatos antes da eleição.*
sabedor, -a ⟨sa.be.dor, do.ra⟩ (Pron. [sabedôr], [sabedôra]) adj./s. Que ou quem sabe ou conhece algo.
sabedoria ⟨sa.be.do.ri.a⟩ s.f. **1** Qualidade de sábio. **2** Instrução ou acúmulo de conhecimentos sobre um assunto, uma ciência ou uma arte. ▢ SIN. saber. **3** Prudência ou sobriedade na maneira de pensar ou de agir: *O avô resolveu a questão com grande sabedoria.*
saber ⟨sa.ber⟩ (Pron. [sabêr]) ❚ s.m. **1** Instrução ou acúmulo de conhecimentos sobre um assunto, uma ciência ou uma arte. ▢ SIN. sabedoria. ❚ v.t.d. **2** Ter fluência ou desenvoltura sobre (um assunto ou uma área do conhecimento), especialmente se adquiridos por meio de estudo: *Meu pai sabe inglês.* ▢ SIN. conhecer. **3** Ter capacidade ou habilidade para realizar (uma atividade): *Você sabe cozinhar?* **4** Ter conhecimento de (uma informação): *Não sei seu endereço.* **5** Ter na memória: *Ela sabe muitos poemas.* ▢ GRAMÁTICA É um verbo irregular →SABER.
sabe-tudo ⟨sa.be.tu.do⟩ s.2g.2n. *pejorativo* Pessoa que crê saber tudo ou que deseja parecer que sabe muito mais do que realmente sabe.
sabiá ⟨sa.bi.á⟩ s.m. Designação comum para várias espécies de pássaros onívoros de pequeno porte, geralmente de belo canto. [👁 **aves** p. 92] ▢ GRAMÁTICA É um substantivo epiceno: *o sabiá (macho/fêmea).*
sabiá-laranjeira ⟨sa.bi.á-la.ran.jei.ra⟩ (pl. *sabiás-laranjeira* ou *sabiás-laranjeiras*) s.m. Pássaro de aproximadamente vinte centímetros, com plumagem geralmente marrom e ventre alaranjado, cujo canto é muito melodioso. ▢ GRAMÁTICA É um substantivo epiceno: *o sabiá-laranjeira (macho/fêmea).*
sabichão, chã ⟨sa.bi.chão, chã⟩ (pl. *sabichões*) adj./s. **1** Que ou quem sabe muito. **2** *pejorativo* Que ou quem crê saber tudo ou aparenta possuir maior conhecimento do que tem. ▢ GRAMÁTICA Seu feminino também pode ser *sabichona*.
sabichona ⟨sa.bi.cho.na⟩ (Pron. [sabichôna]) adj./s.f. *pejorativo* →**sabichão, chã**
sabido, da ⟨sa.bi.do, da⟩ adj./s. **1** Que ou quem tem muitos conhecimentos ou tem o raciocínio ágil. **2** Que ou quem é esperto ou astuto: *Tentou bancar o sabido, mas não conseguiu me enganar.*
sábio, bia ⟨sá.bio, bia⟩ ❚ adj. **1** Que ensina ou que manifesta sabedoria. ❚ adj./s. **2** Que ou quem tem conhecimentos profundos em um assunto, em uma ciência ou em uma arte. **3** Que ou quem é prudente ou sóbrio na maneira de pensar ou de agir.
saboaria ⟨sa.bo.a.ri.a⟩ s.f. Lugar onde se fabricam ou se armazenam sabões.

sabonete ⟨sa.bo.ne.te⟩ (Pron. [sabonête]) s.m. Sabão, geralmente perfumado, que é usado na limpeza do corpo.

saboneteira ⟨sa.bo.ne.tei.ra⟩ s.f. Suporte usado para acomodar o sabão ou o sabonete.

sabor ⟨sa.bor⟩ (Pron. [sabôr]) s.m. **1** Aquilo que se percebe através do paladar: *O café tem sabor amargo.* □ SIN. gosto. **2** Gosto agradável ao paladar: *Esta moqueca tem muito sabor.* **3** Satisfação ou sensação prazerosa: *o sabor da vitória.* ‖ **sem sabor** Sem graça ou que não desperta interesse: *um filme sem sabor.*

saborear ⟨sa.bo.re.ar⟩ v.t.d. **1** Dar ou realçar o sabor de (um alimento): *O alecrim saboreou o molho.* **2** Degustar ou apreciar o sabor de (um alimento ou uma bebida): *Saboreava um sorvete enquanto assistia ao filme.* **3** Sentir ou aproveitar de forma prazerosa (uma ação ou um evento). □ ORTOGRAFIA O e muda para ei quando a sílaba tônica estiver na raiz do verbo →NOMEAR.

saboroso, sa ⟨sa.bo.ro.so, sa⟩ (Pron. [saborôso], [saborósa], [saborósos], [saborósas]) adj. **1** Que agrada ao paladar. **2** Que dá satisfação ou prazer.

sabotagem ⟨sa.bo.ta.gem⟩ (pl. *sabotagens*) s.f. Ato ou efeito de sabotar: *Um vírus desconhecido causou sabotagem nos programas do computador.*

sabotar ⟨sa.bo.tar⟩ v.t.d. **1** Danificar de forma proposital (uma instalação, um produto ou um serviço): *O grupo foi acusado de sabotar uma central telefônica.* **2** Prejudicar (uma atividade ou um evento): *Parte da turma sabotou nossa excursão ao zoológico.*

sabre ⟨sa.bre⟩ s.m. Arma branca parecida com a espada, curvada, e com o corte em apenas um lado da lâmina.

sabugo ⟨sa.bu.go⟩ s.m. **1** Espiga sem grãos. **2** Arbusto de tronco áspero e com muitos ramos, com folhas verde-escuras, flores pequenas e brancas, e fruto escuro, arredondado, ao qual são atribuídas propriedades medicinais. □ SIN. sabugueiro. **3** *informal* No dedo de uma pessoa, parte de carne sobre a qual está a unha.

sabugueiro ⟨sa.bu.guei.ro⟩ s.m. Arbusto de tronco áspero e com muitos ramos, com folhas verde-escuras, flores pequenas e brancas, e fruto escuro, arredondado, ao qual são atribuídas propriedades medicinais. □ SIN. sabugo.

sabujo ⟨sa.bu.jo⟩ ▌adj./s.m. **1** *informal pejorativo* Em relação a um homem, que é bajulador. ▌s.m. **2** Cão de caça, especialmente um que tem bom faro.

saburra ⟨sa.bur.ra⟩ s.f. Na língua de uma pessoa, crosta esbranquiçada que pode surgir devido a doenças ou à falta de higiene.

saca ⟨sa.ca⟩ s.f. Saco grande feito de um material flexível, aberto em um de seus extremos, geralmente utilizado para armazenar ou transportar grãos: *uma saca de café.*

sacada ⟨sa.ca.da⟩ s.f. Em uma construção, plataforma que se prolonga para o exterior de uma fachada e que é protegida por um parapeito. □ SIN. varanda.

sacana ⟨sa.ca.na⟩ adj.2g/s.2g. **1** *informal pejorativo* Que ou quem não é digno de confiança. **2** *informal* Que ou quem gosta de se divertir à custa de outras pessoas. **3** *informal pejorativo* Que ou quem é libertino ou devasso.

sacanagem ⟨sa.ca.na.gem⟩ (pl. *sacanagens*) s.f. **1** *informal* Aquilo que é dito ou feito com a intenção de prejudicar alguém: *Foi uma sacanagem mentir para o amigo.* **2** *informal* Aquilo que é dito ou feito com a intenção de ridicularizar alguém: *Ficou imitando a risada da colega só de sacanagem.* **3** *informal* Libertinagem ou devassidão.

sacanear ⟨sa.ca.ne.ar⟩ v.t.d./v.int. *informal* Agir com a intenção de prejudicar (alguém). □ ORTOGRAFIA O e muda para ei quando a sílaba tônica estiver na raiz do verbo →NOMEAR.

sacar ⟨sa.car⟩ ▌v.t.d. **1** Retirar (uma quantia de dinheiro) de uma conta bancária: *Parou no caixa eletrônico para sacar trinta reais.* **2** Retirar (uma arma) de onde está, especialmente se for de forma brusca: *O assaltante ficou imóvel quando o policial sacou a arma.* □ SIN. puxar. ▌v.int. **3** Em alguns esportes, dar o arremesso inicial ou colocar a bola em jogo: *No vôlei, a equipe que converte um ponto tem direito a sacar.* ▌v.t.d. **4** *informal* Compreender ou perceber: *Já saquei o que você quer dizer.* □ ORTOGRAFIA Antes de e, o c muda para qu →BRINCAR.

sacaria ⟨sa.ca.ri.a⟩ s.f. **1** Conjunto de sacos ou sacas. **2** Lugar onde se fabricam ou se vendem sacos.

sacarina ⟨sa.ca.ri.na⟩ s.f. Substância sólida, solúvel em água, branca e doce, derivada do petróleo, usada geralmente em substituição ao açúcar.

saca-rolha ⟨sa.ca-ro.lha⟩ (Pron. [saca-rôlha]) s.m. Utensílio que consiste em uma espiral geralmente metálica encaixada em um suporte, e que serve para retirar rolhas de garrafas. □ USO Usa-se geralmente a forma plural *saca-rolhas*.

sacarose ⟨sa.ca.ro.se⟩ s.f. Substância sólida, geralmente branca, de sabor muito doce e que se extrai da cana-de-açúcar, da beterraba ou de outros vegetais. □ SIN. açúcar.

sacerdócio ⟨sa.cer.do.cio⟩ s.m. **1** Cargo, estado ou função de um sacerdote: *O padre comemorou 25 anos de sacerdócio.* □ SIN. ministério. **2** Função ou profissão que apresentam caráter honroso e exigem grande dedicação: *A medicina é considerada um sacerdócio.*

sacerdote ⟨sa.cer.do.te⟩ s.m. **1** Antigamente, pessoa que se dedicava à celebração e ao oferecimento de rituais religiosos e de sacrifícios a uma divindade. **2** Na Igreja Católica, homem que consagrou sua vida a Deus e que foi ordenado para celebrar e oferecer o sacrifício da missa. □ SIN. padre. □ GRAMÁTICA Na acepção 1, seu feminino é *sacerdotisa*.

sacerdotisa ⟨sa.cer.do.ti.sa⟩ Substantivo feminino de sacerdote.

sacho ⟨sa.cho⟩ s.m. Instrumento formado por um cabo curto com uma pequena pá com pontas em sua extremidade e que serve para trabalhar a terra.

saciar ⟨sa.ci.ar⟩ v.t.d./v.prnl. Aplacar ou satisfazer(-se) (uma necessidade ou um desejo): *Comeu um pão para saciar a fome.*

saciedade ⟨sa.ci.e.da.de⟩ s.f. Satisfação completa de um desejo ou de uma necessidade: *Alimentos ricos em fibras aumentam a sensação de saciedade.*

saco ⟨sa.co⟩ s.m. **1** Receptáculo feito de um material flexível, aberto em uma de suas extremidades e que é usado para armazenar ou transportar algo: *um saco plástico.* **2** Conteúdo desse receptáculo ou a quantidade desse conteúdo: *um saco de pipoca.* **3** Em anatomia, estrutura orgânica com o formato de bolsa, que geralmente contém um órgão ou uma parte dele, um fluido ou que serve de proteção: *o saco vitelino.* **4** Entrada do mar na costa, menor que uma baía. □ SIN. angra, enseada. **5** *informal pejorativo* Aquilo que é aborrecedor ou que não desperta interesse algum: *O filme era um saco e por isso saí no meio da sessão.* **6** *informal* Disposição para realizar uma atividade: *Você está com saco para me ouvir?* **7** *vulgarismo* →escroto ‖ **de saco cheio** *informal* Em relação a uma pessoa, aborrecida, cansada ou irritada: *Ficou de saco cheio por causa do trânsito.* ‖ **{encher/ torrar} o saco de** alguém *informal* Aborrecê-lo, cansá-lo ou irritá-lo: *Esperar uma hora na fila encheu o saco.* ‖ **puxar o saco de** alguém *informal* Adulá-lo ou dizer-lhe, com a intenção de obter vantagens, coisas que lhe agradem: *Não adianta puxar o saco, que a professora não vai aumentar sua nota.* ‖ **saco escrotal** Em anatomia, bolsa de pele onde ficam os testículos. □ SIN. escroto. ‖ **saco sem fundo** **1** *informal*

Pessoa que come em excesso. **2** *informal* Empreendimento que despende muito dinheiro.

sacola ⟨sa.co.la⟩ s.f. Saco com alças, geralmente utilizado para compras.

sacolão ⟨sa.co.lão⟩ (pl. *sacolões*) s.m. Estabelecimento comercial popular onde se vendem frutas e verduras.

sacolejar ⟨sa.co.le.jar⟩ v.t.d./v.int./v.prnl. Agitar(-se) ou mover(-se) de um lado para o outro: *O trem sacolejou durante a viagem.*

sacral ⟨sa.cral⟩ (pl. *sacrais*) adj.2g. Do sacro ou relacionado a esse osso. ◻ SIN. sacro.

sacramental ⟨sa.cra.men.tal⟩ (pl. *sacramentais*) adj.2g. Dos sacramentos ou relacionado a eles.

sacramentar ⟨sa.cra.men.tar⟩ v.t.d. **1** No cristianismo, administrar os sacramentos a (alguém): *Um padre foi chamado para sacramentar o enfermo.* **2** Dar caráter sagrado: *sacramentar uma hóstia.* **3** *informal* Legalizar ou dar caráter legítimo: *sacramentar a compra de um imóvel.*

sacramento ⟨sa.cra.men.to⟩ s.m. No cristianismo, sinal visível instituído por Jesus Cristo (o filho de Deus para os cristãos) para transmitir uma graça divina aos fiéis: *Os sete sacramentos católicos são: batismo, crisma, penitência, eucaristia, ordem, matrimônio e unção dos enfermos.*

sacrário ⟨sa.crá.rio⟩ s.m. Em um altar, lugar onde se guardam os objetos sagrados.

sacrificar ⟨sa.cri.fi.car⟩ v.t.d./v.t.d.i./v.prnl. **1** Oferecer (-se) (uma vítima) [a uma divindade] em sinal de reconhecimento ou de arrependimento. ▌v.t.d. **2** Matar (um animal) para livrá-lo de sofrimento resultante de uma doença ou de um acidente: *Tiveram que sacrificar o cavalo que quebrou a pata.* ▌v.t.d./v.t.d.i. **3** Renunciar ou desistir de (algo valioso) [em função de outra coisa ou para se salvar]: *Sacrificou as férias para economizar dinheiro.* ▌v.prnl. **4** Esforçar-se muito física ou intelectualmente. ◻ ORTOGRAFIA Antes de *e*, o *c* muda para *qu* →BRINCAR.

sacrifício ⟨sa.cri.fí.cio⟩ s.m. **1** Ato ou efeito de sacrificar(-se). **2** Em algumas crenças, agradecimento que se dedicam a uma divindade com o oferecimento de uma vítima, geralmente por meio de um ritual. **3** Ação árdua, geralmente executada com muito esforço, por necessidade ou para se obter o que se quer: *Por causa do trânsito, foi um sacrifício ir trabalhar hoje.*

sacrilégio ⟨sa.cri.lé.gio⟩ s.m. **1** Dano ou tratamento irreverente em relação àquilo que se considera sagrado. **2** Aquilo que é condenável: *Derrubar aquela árvore foi um sacrilégio.*

sacristão, tã ⟨sa.cris.tão, tã⟩ (pl. *sacristães* ou *sacristãos*) s. Em uma igreja, pessoa encarregada de cuidar dela e que auxilia o sacerdote em suas tarefas. ◻ GRAMÁTICA Seu feminino também pode ser *sacristoa*.

sacristia ⟨sa.cris.ti.a⟩ s.f. Em uma igreja, lugar onde se guardam os acessórios do sacerdote e da missa.

sacristoa ⟨sa.cris.to.a⟩ (Pron. [sacristôa]) s.f. →**sacristão, tã**

sacro, cra ⟨sa.cro, cra⟩ ▌adj. **1** Da divindade ou relacionado ao culto divino: *a música sacra.* ◻ SIN. sagrado. **2** Do sacro ou relacionado a esse osso: *a região sacra.* ▌s.m. **3** No sistema esquelético, osso situado na parte posterior da pelve, acima do cóccix. [◉ esqueleto p. 334]

sacudir ⟨sa.cu.dir⟩ ▌v.t.d./v.prnl. **1** Mover(-se) repetida e vigorosamente. ◻ SIN. agitar. ▌v.prnl. **2** Movimentar o corpo, especialmente se for dançando. ◻ GRAMÁTICA É um verbo irregular →ACUDIR.

sádico, ca ⟨sá.di.co, ca⟩ ▌adj. **1** Do sadismo ou relacionado a ele. ▌adj./s. **2** Que ou quem tem prazer com o sofrimento alheio.

sagrar

sadio, a ⟨sa.di.o, a⟩ ▌adj. **1** Que é bom para a saúde. ◻ SIN. são. **2** Sem vícios sem costumes reprováveis: *uma vida sadia.* ◻ SIN. são. **3** Que é bom para o intelecto ou para o espírito: *uma leitura sadia.* ▌adj./s. **4** Com boa saúde. ◻ SIN. bom, são.

sadismo ⟨sa.dis.mo⟩ s.m. **1** Prática sexual que consiste na obtenção do prazer por meio de atos violentos que causem dor física ou moral a outra pessoa. **2** Crueldade refinada e excessiva que provoca prazer.

safadeza ⟨sa.fa.de.za⟩ (Pron. [safadêza]) s.f. **1** *informal* Aquilo que é feito com a intenção de enganar ou de prejudicar alguém: *Foi uma safadeza vender o televisor usado como se fosse novo.* **2** *informal* Libertinagem ou devassidão.

safado, da ⟨sa.fa.do, da⟩ adj./s. **1** *informal pejorativo* Que ou quem não é digno de confiança. **2** *informal pejorativo* Libertino ou devasso.

safanão ⟨sa.fa.não⟩ (pl. *safanões*) s.m. **1** *informal* Golpe dado com a mão. **2** *informal* Esbarrão ou empurrão dado de forma brusca: *Levou um safanão na entrada do estádio.*

safar ⟨sa.far⟩ v.t.d.i./v.prnl. Livrar (alguém) [de algo desagradável] ou livrar-se de algo negativo: *A consulta médica o safou da reunião. Safou-se de ser demitido.* ◻ GRAMÁTICA Usa-se a construção *safar(-se)* DE *algo*.

safári ⟨sa.fá.ri⟩ s.m. **1** Expedição que se realiza para caçar animais de grande porte, especialmente se em território africano. **2** Qualquer viagem ou expedição em que ocorram aventuras. **3** Parque zoológico no qual os animais não vivem presos em jaulas.

sáfaro, ra ⟨sá.fa.ro, ra⟩ adj. Que é improdutivo ou que não dá frutos.

safena ⟨sa.fe.na⟩ (Pron. [safêna]) s.f. Na perna de um ser humano, cada uma das duas veias que a percorrem.

safira ⟨sa.fi.ra⟩ s.f. Mineral azul ou verde, formado por óxido de alumínio cristalizado, e que é muito usado em joalheria.

safo, fa ⟨sa.fo, fa⟩ adj. *informal* Esperto ou astuto.

safra ⟨sa.fra⟩ s.f. Conjunto de frutos ou produtos que se colhem anualmente. ◻ SIN. colheita.

saga ⟨sa.ga⟩ s.f. Relato constituído de muitos episódios que, geralmente, conta a história de duas ou mais gerações de uma família: *A trilogia O tempo e o vento, do escritor gaúcho Érico Veríssimo, é uma saga famosa.*

sagaz ⟨sa.gaz⟩ adj.2g. **1** Que tem ou que mostra agudeza de espírito. ◻ SIN. percuciente, perspicaz. **2** Em relação a um animal, que é muito veloz.

sagitariano, na ⟨sa.gi.ta.ri.a.no, na⟩ adj./s. Em astrologia, que ou quem nasceu entre 22 de novembro e 21 de dezembro. ◻ SIN. sagitário.

sagitário ⟨sa.gi.tá.rio⟩ adj.2g.2n./s.2g.2n. Em astrologia, que ou quem nasceu entre 22 de novembro e 21 de dezembro. ◻ SIN. sagitariano.

sagrado, da ⟨sa.gra.do, da⟩ adj. **1** Da divindade ou relacionado ao culto divino. ◻ SIN. sacro. **2** Digno de veneração ou de respeito: *Para ela, a família é sagrada.*

sagrar ⟨sa.grar⟩ ▌v.t.d./v.t.d.i./v.prnl. **1** Dedicar(-se) ou oferecer(-se) (algo ou alguém) [a Deus]: *sagrar um templo.* ◻ SIN. consagrar. ▌v.t.d.i./v.prnl. **2** Dedicar(-se) [a um determinado fim], especialmente se for com ardor ou entusiasmo: *Sagrou sua vida à caridade.* ◻ SIN. consagrar. ▌v.t.d. **3** Conceder certa dignidade por meio de cerimônia religiosa a (alguém): *Em 1º de dezembro de 1822, D. Pedro I foi sagrado e coroado. Naquela ocasião, sagraram-na rainha.* **4** Conseguir tornar-se: *O time sagrou-se campeão brasileiro antes da última rodada.* ◻ GRAMÁTICA Na acepção 3, o objeto pode vir acompanhado de um complemento que o qualifica: *Naquela ocasião sagraram-na rainha.*

sagu ⟨sa.gu⟩ s.m. **1** Amido que se obtém do caule do sagueiro. **2** Amido que se obtém da raiz da mandioca. **3** Doce feito com o amido da raiz da mandioca, vinho tinto, açúcar, cravo e canela.

saguão ⟨sa.guão⟩ (pl. *saguões*) s.m. Em uma construção, pátio interno ou área imediatamente após a entrada principal.

sagueiro ⟨sa.guei.ro⟩ (Pron. [sagüeiro]) s.m. Palmeira de grande porte, com folhas em formato de pena, inflorescências pontiagudas, fruto amarelo e de cujo caule se extrai uma farinha usada na alimentação.

sagui ⟨sa.gui⟩ (Pron. [sagüi]) s.m. Primata onívoro encontrado na América do Sul, de pequeno porte, de cores variadas, cauda longa e unhas em forma de garra. ◻ ORIGEM É uma palavra de origem tupi. ◻ GRAMÁTICA É um substantivo epiceno: *o sagui (macho/fêmea)*.

saia ⟨sai.a⟩ s.f. **1** Peça do vestuário, geralmente feminino, que desce a partir da cintura e cobre as pernas ou parte delas. **2** *informal pejorativo* Mulher. ‖ **saia justa** *informal* Situação embaraçosa ou delicada: *A repórter ficou de saia justa ao esquecer o nome do entrevistado*.

saibro ⟨sai.bro⟩ s.m. Substância em pó feita com a mistura de argila, areia e pedra.

saída ⟨sa.í.da⟩ s.f. **1** Passagem para o exterior. **2** Espaço pelo qual se sai de um lugar: *Encontramo-nos na saída do cinema*. **3** Meio ou recurso com os quais se resolvem um problema ou uma dificuldade: *Não via uma saída para aquela situação*. **4** Partida de um lugar para outro: *O ônibus terá sua saída na plataforma dois*. **5** Comercialização, procura ou venda: *No verão, os biquínis têm muita saída*. **6** Em informática, resultado do processamento de um computador. ‖ **estar de saída** Estar a ponto de ir embora: *Espere-me aí, pois já estou de saída*.

saído, da ⟨sa.í.do, da⟩ adj. *informal* Que tende a se intrometer em assuntos alheios.

saiote ⟨sai.o.te⟩ s.m. Peça do vestuário feita de tecido grosso ou engomado que as mulheres usam geralmente por baixo de outra saia.

sair ⟨sa.ir⟩ ∎ v.t.i./v.int. **1** Passar de dentro para fora [de um lugar]: *Com o alarme de incêndio, todos saíram do prédio*. **2** Partir [de um lugar para outro]: *Saiu de casa direto para a escola*. ∎ v.t.i. **3** Abandonar ou desistir [de uma atividade]: *Mesmo com dificuldades financeiras, não saiu da faculdade*. **4** Desviar-se ou afastar-se [da mente]: *Esse assunto não saía de sua cabeça*. ∎ v.t.i. **5** Ser publicada ou divulgada (uma informação): *A notícia saiu em todos os jornais*. **6** Ser lançada ou posta à venda (uma obra ou uma publicação): *O novo álbum da banda sairá na próxima semana*. ∎ v.t.i. **7** Ir parar ou desembocar [em um lugar]: *Essa rua sai na avenida principal*. ∎ v.t.i./v.int. **8** Emanar ou provir [de algo ou de um lugar]: *Saía um cheiro ruim do bueiro*. ∎ v.int. **9** Ir a algum lugar em busca de entretenimento ou diversão: *Vamos sair no final de semana?* **10** Aparecer, manifestar-se ou mostrar-se: *Depois da chuva, o sol saiu*. ∎ v.t.i./v.int. **11** Manter relacionamento amoroso [com alguém]: *Ele sai com essa garota há uns dois meses*. ∎ v.t.i./v.int. **12** Ser destinado ou ser concedido [para alguém]: *O prêmio saiu para uma jovem cineasta*. ∎ v.t.i. **13** Em relação a uma compra, custar ou ser vendida [por um determinado valor]: *As três pizzas saíram por trinta reais*. ∎ v.pred. **14** Apresentar-se {com uma qualidade ou um aspecto determinados}: *Ela sempre sai bem nas fotos*. ∎ v.int. **15** Sumir ou desaparecer (uma mancha, especialmente): *Esse borrão não sai*. **16** *informal* Ter comercialização, procura ou venda: *Esse tipo de livro sai bastante*. **17** Acontecer de maneira repentina ou inesperada: *Saiu uma briga no meio do trânsito*. ∎ v.t.i. **18** Em relação a uma pessoa, parecer física, moral ou intelectualmente [com outra]: *O filho mais velho saiu ao pai*. ∎ v.t.i./v.int./v.prnl. **19** Livrar(-se) ou libertar(-se) [de algo negativo]: *Saiu das dificuldades com a ajuda dos amigos*. ‖ **sair de fininho** *informal* Deixar um lugar sem ser percebido: *Saiu de fininho da festa, sem se despedir de ninguém*. ‖ **sair-se bem** Prosperar ou obter resultados favoráveis: *Saiu-se bem na prova*. ‖ **sair-se mal** Fracassar ou obter resultados insatisfatórios: *Saiu-se mal na corrida*. ◻ GRAMÁTICA **1**. É um verbo irregular →CAIR. **2**. Nas acepções 1, 2, 3 e 8, usa-se a construção *sair DE algo*; na acepção 7, *sair EM algo*; na acepção 11, *sair COM alguém*; na acepção 12, *sair PARA (algo/alguém)*; na acepção 18, *sair A alguém*.

sal (pl. *sais*) ∎ s.m. **1** Em química, composto obtido pela reação de um ácido com uma base. **2** Graça ou desenvoltura: *uma conversa sem sal*. ∎ s.m.pl. **3** Substância salina que geralmente contém amoníaco e que é usada para reanimar uma pessoa desmaiada. ‖ **sal (de cozinha)** Substância cristalina, muito solúvel em água, geralmente branca, usada para temperar alimentos, conservar carnes e na indústria química. ◻ SIN. cloreto de sódio. ‖ **sal grosso** Substância cristalina, branca, não refinada, que é usada geralmente para conservar e para temperar alimentos.

sala ⟨sa.la⟩ s.f. **1** Cômodo de um imóvel destinado a diversos usos. **2** Lugar onde se realizam atividades artísticas: *uma sala de espetáculos; uma sala de cinema*. **3** Em uma instituição de ensino, dependência onde as aulas são ministradas: *Na aula de Biologia, mudamos de sala para assistir a um vídeo*. **4** Grupo de estudantes que pertencem a um mesmo conjunto e que assistem a aulas juntos: *A professora elogiou toda a sala*. ‖ **fazer sala** Entreter ou fazer companhia: *Ficou fazendo sala para as visitas*. ‖ **sala (de estar)** Em uma residência, cômodo principal, onde as visitas são recebidas e onde geralmente a família convive. ◻ SIN. *living*. ‖ **sala de jantar** Em uma residência, cômodo onde se fazem as refeições.

salacíssimo, ma ⟨sa.la.cís.si.mo, ma⟩ Superlativo irregular de salaz.

salada ⟨sa.la.da⟩ s.f. **1** Comida fria composta por hortaliças cruas, geralmente picadas e temperadas com sal, vinagre e azeite. **2** Mistura confusa de coisas que não têm relação entre si: *Fez uma salada na prova e trocou as respostas*. ‖ **salada de frutas** Sobremesa composta por frutas picadas, geralmente acrescidas de suco.

salafrário, ria ⟨sa.la.frá.rio, ria⟩ adj./s. *informal pejorativo* Que ou quem não é digno de confiança ou não tem caráter.

salamaleque ⟨sa.la.ma.le.que⟩ s.m. **1** Saudação usada pelos muçulmanos. **2** Cumprimento afetado. ◻ SIN. rapapé, zumbaia. ◻ ORIGEM É uma palavra que vem do árabe e que significa *A paz esteja contigo*.

salamandra ⟨sa.la.man.dra⟩ s.f. Anfíbio de pele lisa, de cores variadas, com cauda cilíndrica e que se locomove devagar. ◻ GRAMÁTICA É um substantivo epiceno: *a salamandra (macho/fêmea)*.

salame ⟨sa.la.me⟩ s.m. Embutido grosso feito com carne de porco ou de boi picadas e condimentos.

salão ⟨sa.lão⟩ (pl. *salões*) s.m. **1** Sala ampla. **2** Exposição pública de caráter comercial, artístico ou científico, geralmente de grande porte, que ocorre periodicamente: *A cidade organiza todos os anos um salão do automóvel*. ‖ **salão (de beleza)** Estabelecimento comercial onde se oferecem serviços relacionados ao cuidado e à beleza do corpo. ‖ **salão (de cabeleireiro)** Estabelecimento comercial onde se oferecem serviços relacionados ao cuidado e à beleza dos cabelos. ‖ **salão (de festas)** Lugar onde se realizam festas e outros eventos sociais.

salarial ⟨sa.la.ri.al⟩ (pl. *salariais*) adj.2g. Do salário ou relacionado a ele.

salário ⟨sa.lá.rio⟩ s.m. Quantia de dinheiro com que se retribui um trabalho realizado por uma pessoa. ◻ SIN. **ordenado, soldada, vencimento.** ‖ **(salário) mínimo** Aquele pago mensalmente a um trabalhador com a menor quantidade de dinheiro estabelecida por lei para a retribuição de um trabalho.

salaz ⟨sa.laz⟩ adj.2g. Devasso ou dissoluto.

saldar ⟨sal.dar⟩ v.t.d. Liquidar ou dar por encerrada (uma dívida): *Saldou a dívida com seu 13º salário.* ◻ SIN. **extinguir.**

saldo ⟨sal.do⟩ s.m. **1** Em economia, quantidade que expressa a diferença entre os créditos e os débitos em uma movimentação financeira. **2** Em uma dívida, quantia que falta para a sua liquidação completa: *Dentro de três meses, liquidará o saldo de seu empréstimo.* **3** Mercadoria que se vende a preços promocionais, geralmente para acabar com o estoque: *Após o Natal, a loja de brinquedos fez uma promoção para acabar com o saldo.* **4** Venda de mercadorias com essas características: *um saldo de veículos.* **5** *informal* Aquilo que se obtém a favor ou contra ao concluir um assunto: *O saldo da reunião foi positivo.*

saleiro ⟨sa.lei.ro⟩ s.m. Recipiente usado para guardar ou para servir sal.

salesiano, na ⟨sa.le.si.a.no, na⟩ ▌adj. **1** Da Sociedade de São Francisco de Sales ou relacionado a essa congregação fundada no século XIX por São João Bosco. ▌adj./s. **2** Em relação a um religioso, que pertence a essa congregação.

saleta ⟨sa.le.ta⟩ (Pron. [salêta]) s.f. Sala de dimensões reduzidas.

salgadinho ⟨sal.ga.di.nho⟩ s.m. Petisco salgado, geralmente de tamanho reduzido e servido como aperitivo em festas.

salgado, da ⟨sal.ga.do, da⟩ ▌adj. **1** Com sal ou com mais sal que o necessário. **2** *informal* Caro ou de valor elevado: *A conta ficou salgada.* ▌s.m. **3** Petisco geralmente servido como lanche ou aperitivo.

salgar ⟨sal.gar⟩ v.t.d. **1** Temperar (um alimento) com sal: *Salgou a carne antes de assá-la.* **2** Temperar (um alimento) com uma quantidade excessiva de sal: *Distraído, acabou salgando o feijão.* **3** Conservar (um alimento) em sal: *Os tropeiros salgavam as carnes para levá-las nas viagens.* ◻ ORTOGRAFIA Antes de e, o *g* muda para *gu* →CHEGAR.

sal-gema ⟨sal-ge.ma⟩ (Pron. [sal-gêma]) (pl. *sais-gemas*) s.m. Mineral de sal comum.

salgueiro ⟨sal.guei.ro⟩ s.m. Árvore de tronco grosso e reto, com galhos abundantes e ramos pendurados, muito compridos e flexíveis, com folhas alongadas e pequenas, e que costuma ser cultivada como ornamental. ◻ SIN. **chorão.**

saliência ⟨sa.li.ên.cia⟩ s.f. **1** Aquilo que se sobressai ou se destaca. **2** *informal* Aquilo que é feito ou dito com atrevimento ou ousadia: *Agiu com tanta saliência que acabou me ofendendo.*

salientar ⟨sa.li.en.tar⟩ v.t.d./v.prnl. Evidenciar ou destacar-se entre outros: *O professor salientou a importância da prevenção às doenças sexualmente transmissíveis.* ◻ SIN. **frisar, ressaltar.**

saliente ⟨sa.li.en.te⟩ adj.2g. Que se sobressai ou se destaca.

salina ⟨sa.li.na⟩ s.f. Laguna ou depósito de pouca profundidade na qual se acumula água salgada para que evapore, restando apenas o sal. ◻ SIN. **marinha.**

salineiro, ra ⟨sa.li.nei.ro, ra⟩ ▌adj. **1** Do sal, da salina ou relacionado a eles. ▌s. **2** Pessoa que se dedica à extração, à fabricação e ao comércio de sal.

salino, na ⟨sa.li.no, na⟩ adj. Que contém sal ou que tem suas propriedades.

salitre ⟨sa.li.tre⟩ s.m. Em química, nitrato de potássio gerado a partir da reação de nitrato de sódio com cloreto de potássio, que é encontrado em forma de agulhas ou de pó branco na superfície de terrenos úmidos e salgados, e que é usado na fabricação da pólvora, de fertilizantes e também na indústria alimentícia.

saliva ⟨sa.li.va⟩ s.f. Líquido aquoso, ligeiramente viscoso e transparente, secretado por glândulas situadas na boca dos seres humanos e de alguns animais, e que serve para pré-digerir os alimentos e tornar mais fácil sua deglutição e sua digestão. ‖ **gastar saliva** *informal* Falar ou argumentar, especialmente se for em vão: *Não adianta gastar saliva comigo, pois não irei ao cinema com você.*

salivar ⟨sa.li.var⟩ ▌adj.2g. **1** Da saliva ou relacionado a ela: *as glândulas salivares.* ▌v.int. **2** Produzir ou secretar saliva: *As glândulas salivares salivam quando há alimentos na boca.*

salmão ⟨sal.mão⟩ ▌adj.2g.2n./s.m. **1** De cor rosa alaranjada, como a da carne deste peixe. ▌s.m. **2** Peixe comestível, de dorso cinza-azulado e laterais prateadas, com carne rosada, que vive no mar em sua fase adulta e que volta à água doce para se reproduzir e desovar, época em que o corpo dos machos adultos torna-se vermelho-intenso. [◉ **peixes (água salgada)** p. 609] ◻ GRAMÁTICA **1.** Na acepção 2, é um substantivo epiceno: *o salmão (macho/fêmea).* **2.** Na acepção 2, o plural é *salmões*.

salmo ⟨sal.mo⟩ s.m. Composição ou cântico de louvor a Deus, especialmente em relação àqueles que estão na Bíblia e que foram compostos por Davi (profeta e rei israelita).

salmodiar ⟨sal.mo.di.ar⟩ v.int. Cantar ou recitar salmos.

salmoira ⟨sal.moi.ra⟩ s.f. →**salmoura**

salmoura ⟨sal.mou.ra⟩ s.f. Água com muito sal usada para conservar alimentos: *As azeitonas costumam ser vendidas em salmoura.* ◻ ORTOGRAFIA Escreve-se também *salmoira*.

salobre ⟨sa.lo.bre⟩ (Pron. [salôbre]) adj.2g. →**salobro, bra**

salobro, bra ⟨sa.lo.bro, bra⟩ adj. **1** Que contém sal. **2** Em relação à água, que tem gosto desagradável. ◻ ORTOGRAFIA Escreve-se também *salobre*.

salomônico, ca ⟨sa.lo.mô.ni.co, ca⟩ adj. Em relação especialmente à justiça ou a uma decisão, que se caracterizam por sua sabedoria e por seu aspecto equilibrado e justo.

salpicar ⟨sal.pi.car⟩ v.t.d. **1** Temperar (um alimento) com sal ou com água salgada. **2** Espalhar (um líquido) em gotas pequenas: *Salpicou vinagre na salada para temperá-la.* **3** Espalhar elementos soltos por (uma superfície): *O cozinheiro salpicou o brigadeiro com chocolate granulado.* ◻ ORTOGRAFIA Antes de e, o *c* muda para *qu* →BRINCAR.

salpico ⟨sal.pi.co⟩ s.m. **1** Conjunto de gotas pequenas de um líquido. **2** Mancha produzida com essas gotas.

salsa ⟨sal.sa⟩ s.f. **1** Planta herbácea de caules verdes, com folhas aromáticas da mesma cor, com a margem irregular, com flores verde-amareladas, e usada como tempero ou como salada. **2** Composição musical de origem afro-caribenha na qual se mesclam ritmos africanos, latinos e norte-americanos. **3** Dança que acompanha essa composição.

salsão ⟨sal.são⟩ (pl. *salsões*) s.m. Planta herbácea verde-esbranquiçada, de talo comestível, achatado, liso de um lado e com vincos de outro, e com folhas também comestíveis, compostas e recortadas. ◻ SIN. **aipo.**

salseiro ⟨sal.sei.ro⟩ s.m. **1** *informal* Chuva repentina e intensa. **2** *informal* Confusão ou tumulto: *Curioso, foi ver o salseiro que acontecia na praia.*

salsicha

salsicha ⟨sal.si.cha⟩ s.f. Embutido fino e comprido, feito geralmente com carne de porco picada e temperada com sal, pimenta e outras especiarias.

salsicheiro, ra ⟨sal.si.chei.ro, ra⟩ s. Pessoa que se dedica à fabricação e à venda de salsicheiras e de outros embutidos, especialmente como profissão.

saltado, da ⟨sal.ta.do, da⟩ adj. *informal* Que se projeta ou se sobressai: *olhos saltados; veias saltadas.*

saltar ⟨sal.tar⟩ ▌ v.int. **1** Levantar-se dando um impulso no solo ou no lugar em que se está, para cair no mesmo ou em outro lugar: *O jogador saltou com força para alcançar a cesta.* ◻ SIN. pular. **2** Lançar-se de um lugar alto para cair em um lugar mais baixo: *saltar de um trampolim.* ◻ SIN. pular. ▌ v.t.d. **3** Ultrapassar ou dar um salto por cima de (um obstáculo): *saltar uma poça d'água.* ◻ SIN. pular. ▌ v.int. **4** Sair de um meio de transporte: *Saltou do táxi na porta do hotel.* ◻ SIN. descer, desembarcar. **5** Jorrar ou sair com ímpeto (um líquido): *Ao ler a carta, lágrimas saltaram de seus olhos.* ▌ v.t.d. **6** Deixar de lado ou esquecer (um trecho ou uma parte de algo): *Saltou uma linha do texto, pois estava lendo com pressa.* ◻ SIN. pular. ▌ v.int. **7** Soltar-se, separar-se ou desprender-se: *Faíscas saltavam da lareira.* ◻ GRAMÁTICA Nas acepções 2, 4 e 5, usa-se a construção *saltar de algo*.

salteado, da ⟨sal.te.a.do, da⟩ adj. Que não segue uma ordem linear ou sucessiva.

salteador, -a ⟨sal.te.a.dor, do.ra⟩ (Pron. [salteadôr], [salteadôra]) adj./s. Que ou quem ataca de surpresa ou de forma violenta, especialmente com a intenção de roubar.

saltear ⟨sal.te.ar⟩ v.t.d. **1** Atacar de surpresa ou de forma violenta, especialmente se for com a intenção de roubar. ◻ SIN. assaltar. **2** Acometer de forma repentina ou inesperada. **3** Percorrer aos saltos. ◻ ORTOGRAFIA O e muda para *ei* quando a sílaba tônica estiver na raiz do verbo →NOMEAR.

saltério ⟨sal.té.rio⟩ s.m. Instrumento musical de corda formado por uma caixa de madeira, geralmente com formato de prisma, estreita e aberta na parte superior, e sobre a qual se estendem várias fileiras de cordas que costumam ser tocadas com uma palheta ou com as unhas. [◉ **instrumentos de corda** p. 215]

saltimbanco, ca ⟨sal.tim.ban.co, ca⟩ s. Artista popular que se exibe de forma itinerante em circos ou em praças públicas.

saltitar ⟨sal.ti.tar⟩ v.int. Dar pequenos saltos.

salto ⟨sal.to⟩ s.m. **1** Elevação que se faz dando um impulso no solo ou no lugar em que se está, para cair no mesmo ou em outro lugar. ◻ SIN. pulo. **2** Lançamento de um lugar alto para cair em um lugar mais baixo: *um salto de paraquedas.* ◻ SIN. pulo. **3** Passagem brusca de uma situação a outra sem estágios intermediários: *um salto de temperatura.* ◻ SIN. pulo. **4** Em um calçado, peça que dá suporte ao calcanhar: *um sapato de salto baixo.* **5** Queda de uma corrente de água causada por um desnível no relevo. ◻ SIN. cachoeira, queda-d'água, tombo. ‖ **salto (com/de) vara** Aquele em que o atleta se apoia em uma vara para atingir determinada altura e ultrapassar o sarrafo [◉ **estádio de atletismo** p. 337]. ‖ **salto em altura** Aquele em que o atleta, correndo por uma pista, pega impulso para transpor uma barra horizontal leve e apoiada em duas outras verticais. [◉ **estádio de atletismo** p. 337] ‖ **salto em {comprimento/distância}** Aquele em que o atleta se impulsiona em uma madeira e cai em uma caixa de areia. [◉ **estádio de atletismo** p. 337] ‖ **salto triplo** Aquele que o atleta realiza em três etapas, apoiando-se, respectivamente, no pé de impulso, no outro pé e nos dois pés. [◉ **estádio de atletismo** p. 337]

salto-mortal ⟨sal.to-mor.tal⟩ (pl. *saltos-mortais*) s.m. Salto que consiste em um giro no ar sobre o próprio corpo.

salubre ⟨sa.lu.bre⟩ adj.2g. Em relação especialmente a um lugar, que faz bem à saúde.

salutar ⟨sa.lu.tar⟩ adj.2g. **1** Que faz bem à saúde. **2** Que é construtivo: *Ouvir e contar histórias são práticas salutares.*

salva ⟨sal.va⟩ s.f. **1** Disparo ou grupo de disparos que se fazem como aviso, como saudação ou como comemoração. **2** Bandeja pequena usada para transportar copos ou taças: *Comprou uma salva de prata em um antiquário.* **3** *informal* Série ou repetição: *O filme recebeu uma salva de críticas negativas.* ‖ **salva de palmas** Aplauso longo produzido por um grupo de pessoas.

salvação ⟨sal.va.ção⟩ (pl. *salvações*) s.f. **1** Ato ou efeito de salvar(-se). ◻ SIN. salvamento. **2** Em algumas religiões, alcance da glória eterna com a libertação do pecado após a morte.

salvador, -a ⟨sal.va.dor, do.ra⟩ (Pron. [salvadôr], [salvadôra]) adj./s. Que ou quem salva. ‖ **salvador da pátria** Pessoa que consegue resolver situações ou problemas complicados: *O goleiro do time foi o salvador da pátria.*

salvadorenho, nha ⟨sal.va.do.re.nho, nha⟩ (Pron. [salvadorênho]) adj./s. De El Salvador ou relacionado a esse país centro-americano.

salvadorense ⟨sal.va.do.ren.se⟩ adj.2g./s.2g. De Salvador ou relacionado à capital do estado brasileiro da Bahia. ◻ SIN. soteropolitano.

salvaguarda ⟨sal.va.guar.da⟩ s.f. Garantia ou proteção oferecida por uma autoridade.

salvaguardar ⟨sal.va.guar.dar⟩ v.t.d. Defender ou proteger: *Foram aprovadas novas leis para salvaguardar os direitos civis.*

salvamento ⟨sal.va.men.to⟩ s.m. Ato ou efeito de salvar(-se). ◻ SIN. salvação.

salvar ⟨sal.var⟩ ▌ v.t.d./v.t.d.i/v.prnl. **1** Livrar(-se) [de um perigo, de um dano ou da destruição]: *Os bombeiros salvaram as vítimas do desmoronamento.* ▌ v.t.d. **2** Armazenar (uma informação ou alteração feitas em um arquivo): *Assim que terminar, salve o documento no CD.* ◻ SIN. gravar. ▌ v.t.d./v.prnl. **3** Em algumas crenças, libertar(-se) do pecado e de suas consequências, de forma que alcance a glória eterna. ◻ GRAMÁTICA É um verbo abundante, pois apresenta dois particípios: *salvado* e *salvo*.

salva-vidas ⟨sal.va-vi.das⟩ ▌ adj.2g.2n. **1** Que impede de afogar ou que auxilia no resgate de náufragos. ▌ s.2g.2n. **2** Pessoa que se dedica ao socorro ou ao resgate de banhistas, especialmente como profissão.

salve ⟨sal.ve⟩ interj. Expressão usada como saudação.

salve-rainha ⟨sal.ve-ra.i.nha⟩ (pl. *salve-rainhas*) s.f. No catolicismo, oração com que se saúda e se roga à Virgem Maria (mãe de Jesus Cristo).

salvo ⟨sal.vo⟩ prep. Com exceção de: *Salvo os finais de semana, estudo todos os dias.* ‖ **a salvo** Em segurança: *As vítimas do naufrágio já estão a salvo.*

salvo-conduto ⟨sal.vo-con.du.to⟩ (pl. *salvo-condutos* ou *salvos-condutos*) s.m. Documento expedido por uma autoridade e que permite ao seu portador transitar livremente por uma determinada região ou território.

samambaia ⟨sa.mam.bai.a⟩ s.f. Planta herbácea sem flores, de caule subterrâneo horizontal, do qual nascem numerosas raízes por um lado e folhas verdes, grandes, perenes e ramificadas pelo outro, e muito cultivada como ornamental. ◻ ORIGEM É uma palavra de origem tupi. ◻ ORTOGRAFIA Escreve-se também *sambambaia*.

samarinês, -a ⟨sa.ma.ri.nês, ne.sa⟩ (Pron. [samarinês], [samarinêsa]) adj./s. De San Marino ou relacionado a esse país europeu.

samário ⟨sa.má.rio⟩ s.m. Elemento químico da família dos metais, de número atômico 62, sólido, de cor branco-amarelada, e muito duro. ▫ ORTOGRAFIA Seu símbolo químico é Sm, sem ponto.

samaritano, na ⟨sa.ma.ri.ta.no, na⟩ adj./s. **1** Que ou quem é bom ou caridoso. **2** De Samaria ou relacionado a essa antiga cidade asiática.

samba ⟨sam.ba⟩ s.m. **1** Composição musical de origem afro-brasileira, popular, em compasso binário, e cujo andamento pode variar de lento a rápido. **2** Dança que acompanha essa composição.

samba-canção ⟨sam.ba-can.ção⟩ (pl. *sambas-canção* ou *sambas-canções*) ▌adj./s.f. **1** Em relação a uma cueca, que é feita de seda ou de malha, semelhante a um calção, e que cobre parte das coxas. ▌s.m. **2** Composição musical caracterizada pelo andamento lento e por melodias e letras sentimentais.

samba-de-roda ⟨sam.ba-de-ro.da⟩ (pl. *sambas-de-roda*) s.m. Composição musical de caráter ritual, que se pratica em uma roda composta pelos participantes que cantam, tocam e batem palmas, reservando-se um espaço no meio para as evoluções da dança.

samba-enredo ⟨sam.ba-en.re.do⟩ (Pron. [samba--enrêdo]) (pl. *sambas-enredo* ou *sambas-enredos*) s.m. Composição musical de caráter temático, cantada e executada pelas escolas de samba durante os desfiles de carnaval.

sambambaia ⟨sam.bam.bai.a⟩ s.f. → **samambaia**

sambaqui ⟨sam.ba.qui⟩ s.m. Conjunto de conchas, esqueletos de animais e de outros objetos manuseados pelo homem, acumulado no litoral e em lagos e rios brasileiros por tribos pré-históricas. ▫ ORIGEM É uma palavra de origem tupi.

sambar ⟨sam.bar⟩ v.int. Dançar samba.

samba-reggae ⟨sam.ba-reg.gae⟩ (Pron. [samba-ré-guei]) (pl. *sambas-reggae* ou *sambas-reggaes*) s.m. Composição musical que incorpora diversas manifestações culturais e rítmicas latinas, especialmente o *reggae*.

samba-rock ⟨sam.ba-rock⟩ (Pron. [samba-róqui]) (pl. *sambas-rock* ou *sambas-rocks*) s.m. Composição musical que incorpora elementos característicos do *rock*, do *funk* e do *soul* norte-americanos.

sambista ⟨sam.bis.ta⟩ s.2g. **1** Membro de uma escola de samba. **2** Pessoa que dança samba. **3** Músico que compõe ou que executa o samba.

samburá ⟨sam.bu.rá⟩ s.m. Cesto de palha ou de cipó, de boca estreita, geralmente usado para guardar peixe. ▫ ORIGEM É uma palavra de origem tupi.

samoano, na ⟨sa.mo.a.no, na⟩ adj./s. Do Estado Independente de Samoa ou relacionado a esse país da Oceania. ▫ SIN. samoense.

samoense ⟨sa.mo.en.se⟩ adj.2g./s.2g. Do Estado Independente de Samoa ou relacionado a esse país da Oceania. ▫ SIN. samoano.

samurai ⟨sa.mu.rai⟩ s.m. Na antiga sociedade feudal japonesa, membro da classe dos guerreiros que estavam a serviço dos senhores feudais.

sanar ⟨sa.nar⟩ v.t.d. **1** Desfazer ou resolver: *O professor sanou a dúvida dos alunos*. **2** Curar ou minimizar (uma dor ou uma doença).

sanatório ⟨sa.na.tó.rio⟩ s.m. Estabelecimento onde pessoas doentes são tratadas, especialmente aquelas submetidas a regime de repouso ou de isolamento.

sanção ⟨san.ção⟩ (pl. *sanções*) s.f. **1** Aprovação de uma lei pelo chefe de Estado. **2** Pena que garante a execução de uma lei: *As empresas que não respeitam as leis trabalhistas correm o risco de sofrer sanções*.

sancionar ⟨san.ci.o.nar⟩ v.t.d. **1** Dar sanção a (uma lei ou outra ordem): *sancionar um decreto*. **2** Aplicar uma sanção ou uma punição a (alguém).

sandália ⟨san.dá.lia⟩ s.f. Calçado formado por uma sola e por várias tiras que a fixam em torno do pé. [👁 calçados p. 138]

sândalo ⟨sân.da.lo⟩ s.m. **1** Árvore de tronco fino com folhas elípticas, opostas e muito verdes, flores pequenas, fruto semelhante à cereja, e cuja madeira é cheirosa e muito usada em esculturas e na produção de essências aromáticas. **2** Essa madeira. **3** Essência aromática obtida dessa madeira.

sandeu, dia ⟨san.deu, dia⟩ adj./s. *pejorativo* Que ou quem diz ou faz sandices.

sandice ⟨san.di.ce⟩ s.f. Aquilo que se diz ou se faz de maneira inconveniente ou sem razão.

sanduíche ⟨san.du.í.che⟩ s.m. Pedaço de pão cortado ao meio e recheado com algum alimento. ▫ SIN. lanche.

saneamento ⟨sa.ne.a.men.to⟩ s.m. Provisão de condições para manter uma área ou o meio ambiente salubres: *O Governo está investindo em ações de saneamento ambiental nas regiões de mangue*. ‖ **saneamento básico** Aquele que é essencial para que uma comunidade habite um lugar.

sanear ⟨sa.ne.ar⟩ v.t.d. **1** Prover de condições para manter (uma área ou o meio ambiente) saudáveis. **2** Reparar ou melhorar. ▫ ORTOGRAFIA O e muda para ei quando a sílaba tônica estiver na raiz do verbo → NOMEAR.

sanefa ⟨sa.ne.fa⟩ s.f. Em cortinados, faixa ou tira usadas como enfeite na parte superior.

sanfona ⟨san.fo.na⟩ (Pron. [sanfôna]) s.f. **1** *informal* Acordeão. **2** *informal* Concertina. **3** *informal* Aquilo que tem a forma semelhante à de um acordeão.

sanfoneiro, ra ⟨san.fo.nei.ro, ra⟩ s. Músico que toca sanfona.

sangradoiro ⟨san.gra.doi.ro⟩ s.m. → **sangradouro**

sangradouro ⟨san.gra.dou.ro⟩ s.m. Canal ou sulco por onde se desvia parte da água de um rio ou de uma lagoa, e que geralmente se alaga na época de enchentes. ▫ ORTOGRAFIA Escreve-se também *sangradoiro*.

sangramento ⟨san.gra.men.to⟩ s.m. Perda significativa de sangue.

sangrar ⟨san.grar⟩ ▌v.t.d./v.int. **1** Fazer verter ou verter sangue: *Após o corte, o dedo começou a sangrar*. ▌v.t.d. **2** Ferir ou magoar.

sangrento, ta ⟨san.gren.to, ta⟩ adj. **1** Que causa ou em que há um grande derramamento de sangue. ▫ SIN. cruento, sanguinolento. **2** Manchado ou coberto de sangue. ▫ SIN. sanguinolento.

sangria ⟨san.gri.a⟩ s.f. **1** Em medicina, punção ou corte de uma veia para a retirada de uma certa quantidade de sangue. **2** Execução de animais, especialmente se for para o consumo humano. ▫ SIN. abate, abatimento. **3** Bebida preparada com água, vinho e pedaços de frutas.

sangue ⟨san.gue⟩ s.m. **1** Fluido geralmente vermelho composto por plasma e células, que circula pelas artérias e pelas veias dos seres humanos e dos animais. **2** Linhagem, parentesco ou família: *Muitos brasileiros têm sangue africano*. ‖ **de sangue frio** Em relação a um animal, cuja temperatura corporal é influenciada pela temperatura do ambiente em que vive: *Os peixes e os anfíbios são animais de sangue frio*. ‖ **de sangue quente** Em relação a um animal, cuja temperatura corporal não depende da temperatura do ambiente em que vive: *Os mamíferos e os pássaros são animais de sangue quente*. ‖ **sangue azul** Nobreza ou fidalguia: *Ele age de um jeito arrogante, como se tivesse sangue azul*. ‖ **subir o sangue (à cabeça)** Irritar de maneira intensa e repentina: *Ver a bagunça da sala subiu-lhe o sangue*

sangue-frio

à cabeça. ‖ **ter sangue de barata** *informal* Deixar de reagir a ofensas ou provocações: *Demonstrou que não tinha sangue de barata ao responder às calúnias.* ‖ **ter sangue nas veias** Ser exaltado ou impetuoso: *Não brinque com ele assim, pois sabemos que ele tem sangue nas veias.*

sangue-frio ⟨san.gue-fri.o⟩ (pl. *sangues-frios*) s.m. Tranquilidade ou calma, especialmente em uma situação de risco ou de perigo.

sangueira ⟨san.guei.ra⟩ s.f. **1** Grande quantidade de sangue. **2** Grande quantidade de mortes, geralmente produzidas de maneira violenta.

sanguessuga ⟨san.gues.su.ga⟩ s.f. **1** Verme de água doce, de corpo cilíndrico e achatado, com uma ventosa em cada extremidade e com a boca no centro de uma delas, que se alimenta do sangue que suga dos animais. **2** *informal pejorativo* Pessoa que se aproveita de outra, geralmente pedindo dinheiro ou vivendo às suas custas.

sanguinário, ria ⟨san.gui.ná.rio, ria⟩ (Pron. [sangüinário] ou [sanguinário]) adj./s. Que ou quem é cruel e se satisfaz em derramar sangue. ☐ SIN. **sanguinolento**.

sanguíneo, nea ⟨san.guí.neo, nea⟩ (Pron. [sangüíneo]) adj. **1** Do sangue ou relacionado a ele. **2** Que contém sangue ou que é abundante nele: *um vaso sanguíneo.* **3** Exaltado ou dominado pelo coração: *um temperamento sanguíneo.* **4** Da cor do sangue. **5** Corado ou ruborizado.

sanguinolento, ta ⟨san.gui.no.len.to, ta⟩ ▌adj. **1** Que causa ou em que há um grande derramamento de sangue. ☐ SIN. **cruento, sangrento**. **2** Manchado ou coberto de sangue. ☐ SIN. **sangrento**. ▌adj./s. **3** Que ou quem é cruel e se satisfaz em derramar sangue.

sanha ⟨sa.nha⟩ s.f. Ira ou fúria.

sanhaço ⟨sa.nha.ço⟩ s.m. Pássaro de plumagem geralmente azulada ou esverdeada e canto melodioso. ☐ ORIGEM É uma palavra de origem tupi. ☐ GRAMÁTICA É um substantivo epiceno: *o sanhaço (macho/fêmea).*

sanidade ⟨sa.ni.da.de⟩ s.f. **1** Condição ou estado de são. **2** Asseio ou limpeza que têm por objetivo a conservação da saúde e a prevenção de doenças.

saníssimo, ma ⟨sa.nís.si.mo, ma⟩ Superlativo irregular de **são**.

sanitário, ria ⟨sa.ni.tá.rio, ria⟩ ▌adj. **1** Da saúde ou da higiene ou relacionado a elas. **2** Do sanitário ou relacionado a este lugar: *uma louça sanitária.* ▌s.m. **3** Cômodo destinado ao asseio corporal e que geralmente tem pia, vaso sanitário, chuveiro e outros itens. ☐ SIN. **banheiro**.

sanitarista ⟨sa.ni.ta.ris.ta⟩ adj.2g./s.2g. Especialista em saúde pública.

sânscrito, ta ⟨sâns.cri.to, ta⟩ ▌adj. **1** Dos brâmanes hindus, da sua língua ou relacionado a eles. ▌s.m. **2** Antiga língua dos brâmanes.

sansei ⟨san.sei⟩ adj.2g./s.2g. Que ou quem nasceu fora do Japão e é neto de japoneses. ☐ USO É diferente de *nissei* (que ou quem nasceu fora do Japão e é filho de japoneses).

santa-luciense ⟨san.ta-lu.ci.en.se⟩ (pl. *santa-lucienses*) adj.2g./s.2g. De Santa Lúcia ou relacionado a esse país centro-americano.

santa-luziense ⟨san.ta-lu.zi.en.se⟩ (pl. *santa-luzienses*) adj.2g./s.2g. De Santa Luzia ou relacionado a essa cidade do estado brasileiro do Maranhão.

santareno, na ⟨san.ta.re.no, na⟩ adj./s. De Santarém ou relacionado a essa cidade do estado brasileiro do Pará.

santa-ritense ⟨san.ta-ri.ten.se⟩ (pl. *santa-ritenses*) adj.2g./s.2g. De Santa Rita ou relacionado a essa cidade do estado brasileiro da Paraíba.

santeiro, ra ⟨san.tei.ro, ra⟩ s. Pessoa que se dedica à escultura ou à venda de imagens de santos, especialmente como profissão.

santelmo ⟨san.tel.mo⟩ s.m. Em uma embarcação, chama azulada que surge geralmente em seus mastros devido a fenômenos elétricos da atmosfera. ☐ USO É a forma reduzida e mais usual de *fogo de santelmo*.

santidade ⟨san.ti.da.de⟩ s.f. **1** Qualidade ou estado de santo. **2** Tratamento de honra que se dá ao papa (autoridade máxima da Igreja Católica). ☐ USO Na acepção 2, usa-se geralmente a forma *(Sua/Vossa) Santidade*.

santificação ⟨san.ti.fi.ca.ção⟩ (pl. *santificações*) s.f. Ato ou efeito de santificar(-se). ☐ SIN. **canonização**.

santificar ⟨san.ti.fi.car⟩ ▌v.t.d./v.int./v.prnl. **1** Tornar(-se) santo, elevado ou nobre: *Suas boas ações a santificaram.* ▌v.t.d. **2** Na Igreja Católica, tornar público, declarar oficialmente como santo (um beato): *Em 2007, o papa Bento XVI santificou Santo Antônio de Sant'Anna Galvão, o primeiro santo brasileiro.* ☐ SIN. **canonizar**. ▌v.t.d./v.prnl. **3** Venerar (alguém) como um santo ou tornar(-se) digno de admiração e respeito: *O líder revolucionário foi santificado pela população.* ☐ ORTOGRAFIA Antes de *e*, o *c* muda para *qu* →BRINCAR.

santo, ta ⟨san.to, ta⟩ ▌adj. **1** Dedicado especialmente a Deus ou a alguma divindade, relacionado a eles ou venerável por algum motivo de religião. **2** Conforme à lei de Deus: *Ele é católico e todos os domingos assiste à santa missa.* **3** Que tem eficácia ou utilidade: *Receitou-me um santo remédio para a tosse.* ▌adj./s. **4** Na Igreja Católica, que ou quem foi reconhecido como alguém que levou uma vida de perfeição religiosa e alcançou o céu, e que deve ser venerado como tal. **5** Que ou quem tem especial virtude e serve de exemplo: *Ela é uma santa, sempre tentando ajudar os demais.* ▌s. **6** Estátua ou imagem que representam uma pessoa que foi canonizada. ‖ **santo de pau oco** *informal pejorativo* Pessoa fingida ou sonsa. ☐ USO Na acepção 4, antes de nome próprio masculino iniciado por consoante, usa-se a forma reduzida *são*, com exceção de *santo Tomás* e *santo Borja*, que podem ser usados com ambas as formas, e de *santo Tirso*.

santuário ⟨san.tu.á.rio⟩ s.m. **1** Lugar considerado sagrado e em que se cultua uma divindade. **2** Lugar que se considera importante ou valioso. **3** Lugar ou região de preservação ambiental devido à diversidade de seu ecossistema: *O Pantanal, a maior planície alagadiça do mundo, é um santuário ecológico.*

sanzala ⟨san.za.la⟩ s.f. →**senzala** ☐ ORIGEM É uma palavra de origem africana.

são (pl. *sãos*) ▌adj. **1** Que é bom para a saúde. ☐ SIN. **sadio**. ▌adj./s. **2** Com boa saúde. ☐ SIN. **bom, sadio**. **3** →**santo 4** Sem vícios nem costumes reprováveis. ☐ SIN. **sadio**. ☐ GRAMÁTICA **1.** Seu superlativo é *saníssimo*. **2.** Exceto na acepção 3, seu feminino é *sã*.

são-bernardense ⟨são-ber.nar.den.se⟩ (pl. *são-bernardenses*) adj.2g./s.2g. De São Bernardo do Campo ou relacionado a essa cidade do estado brasileiro de São Paulo.

são-bernardo ⟨são-ber.nar.do⟩ (pl. *são-bernardos*) adj.2g./s.2g. Em relação a um cachorro, da raça que se caracteriza por ser de grande porte, ter a cabeça grande e o pelo branco com manchas marrons.

são-cristovense ⟨são-cris.to.ven.se⟩ (pl. *são-cristovenses*) adj.2g./s.2g. **1** De São Cristóvão e Névis ou relacionado a esse país centro-americano. **2** De São Cristóvão ou relacionado a essa cidade do estado brasileiro de Sergipe.

são-joseense ⟨são-jo.se.en.se⟩ (pl. *são-joseenses*) adj.2g./s.2g. De São José dos Pinhais ou relacionado a essa cidade do estado brasileiro do Paraná.

são-luisense ⟨são-lui.sen.se⟩ (pl. *são-luisenses*) adj.2g./s.2g. De São Luís ou relacionado à capital do estado brasileiro do Maranhão.

sapa ⟨sa.pa⟩ s.f. **1** Cavidade aberta em um terreno, especialmente se for em uma trincheira. **2** Pá usada para abrir essa cavidade.

saparia ⟨sa.pa.ri.a⟩ s.f. *informal* Conjunto de sapos.

sapata ⟨sa.pa.ta⟩ s.f. **1** Calçado grosseiro, sem salto e largo. **2** Estribo antigo feito de metal em formato de chinelo. **3** Em construção, parte que está debaixo da terra e sobre a qual toda a construção é apoiada. **4** Em um sistema de freios, peça que atua contra as rodas para moderar ou impedir seu movimento. **5** Em música, almofada de camurça usada nas chaves de um instrumento de sopro para vedar a saída de ar. □ SIN. **sapatilha**. **6** *pejorativo* Mulher homossexual.

sapataria ⟨sa.pa.ta.ri.a⟩ s.f. **1** Lugar onde se fabricam, se vendem ou se consertam sapatos. **2** Ofício do sapateiro.

sapateado ⟨sa.pa.te.a.do⟩ s.m. Dança que se executa marcando o ritmo por meio do toque dos sapatos no solo.

sapatear ⟨sa.pa.te.ar⟩ v.int. **1** Pisar ou bater com os pés de forma intensa e repetida. **2** Dançar o sapateado. □ ORTOGRAFIA O *e* muda para *ei* quando a sílaba tônica estiver na raiz do verbo →NOMEAR.

sapateira ⟨sa.pa.tei.ra⟩ s.f. Móvel ou utensílio destinados a guardar calçados.

sapateiro, ra ⟨sa.pa.tei.ro, ra⟩ s. Pessoa que fabrica, vende ou conserta calçados.

sapatilha ⟨sa.pa.ti.lha⟩ s.f. **1** Calçado leve e confortável, geralmente de tecido e com sola flexível. [👁 **calçados** p. 138] **2** No balé, calçado usado pelos bailarinos. **3** Em música, almofada de camurça usada nas chaves de um instrumento de sopro para vedar a saída de ar. □ SIN. **sapata**.

sapato ⟨sa.pa.to⟩ s.m. Calçado de sola dura, com ou sem cadarço, que cobre somente o pé. [👁 **calçados** p. 138]

sapé ⟨sa.pé⟩ s.m. →**sapê** □ ORIGEM É uma palavra de origem tupi.

sapê ⟨sa.pê⟩ s.m. Grama de folhagem comprida usada como cobertura em construções rústicas e em cabanas. □ ORIGEM É uma palavra de origem tupi. □ ORTOGRAFIA Escreve-se também *sapé*.

sapeca ⟨sa.pe.ca⟩ adj.2g./s.2g. Em relação especialmente a uma criança, travessa, irrequieta ou rebelde. □ SIN. **levado, peralta**.

sapecar ⟨sa.pe.car⟩ ▌v.t.d. **1** Tostar ou chamuscar (um alimento). ▌v.t.d.i. **2** Aplicar ou dar (um golpe ou um gesto) subitamente [em alguém]. □ ORTOGRAFIA Antes de *e*, o *c* muda para *qu* →BRINCAR.

sapeense ⟨sa.pe.en.se⟩ adj.2g./s.2g. De Sapé ou relacionado a essa cidade do estado brasileiro da Paraíba.

sapiente ⟨sa.pi.en.te⟩ adj.2g./s.2g. Que ou quem tem conhecimentos amplos e profundos.

sapinho ⟨sa.pi.nho⟩ s.m. *informal* Candidíase.

sapo, pa ⟨sa.po, pa⟩ s. Anfíbio semelhante à rã, com olhos saltados, extremidades dianteiras curtas e pele grossa de aspecto rugoso. ‖ **engolir sapo** *informal* Suportar ou tolerar uma ofensa ou uma humilhação: *Já teve que engolir muito sapo dentro da empresa.*

sapo-cururu ⟨sa.po-cu.ru.ru⟩ (pl. *sapos-cururus*) s.m. Sapo de cor amarelo-esverdeada, com verrugas na pele e que costuma se alimentar de insetos, sendo útil para a agricultura. □ GRAMÁTICA É um substantivo epiceno: *o sapo-cururu (macho/fêmea).* □ USO Usa-se também a forma reduzida *cururu*.

saponáceo, cea ⟨sa.po.ná.ceo, cea⟩ ▌adj. **1** Com as características do sabão. ▌s.m. **2** Produto detergente com essas características.

sapota ⟨sa.po.ta⟩ s.f. →**sapoti**

sapoti ⟨sa.po.ti⟩ s.m. **1** Árvore de grande porte, com folhagem verde-escura, de cujo caule se extrai uma seiva leitosa usada na fabricação de gomas de mascar, e cujo fruto, comestível e de casca amarelo-acinzentada, possui polpa muito doce. □ SIN. **sapotizeiro**. **2** Esse fruto. □ ORTOGRAFIA Escreve-se também *sapota*.

sapotizeiro ⟨sa.po.ti.zei.ro⟩ s.m. Árvore de grande porte, com folhagem verde-escura, com caule do qual se extrai uma seiva leitosa usada na fabricação de gomas de mascar, e cujo fruto é o sapoti. □ SIN. **sapoti**.

saque ⟨sa.que⟩ s.m. **1** Em uma conta bancária, retirada de uma quantia de dinheiro. **2** Apropriação de um bem alheio: *Durante os tumultos, houve depredação e saques nas lojas.* **3** Em alguns esportes, arremesso inicial da bola ou sua colocação em jogo: *O tenista errou o saque, e a bola ficou na rede.*

saquê ⟨sa.quê⟩ s.m. Bebida alcoólica de origem japonesa obtida da fermentação do arroz.

saquear ⟨sa.que.ar⟩ ▌v.t.d./v.int. **1** Tomar posse de (um lugar ou algo alheio) ou apoderar-se, geralmente de forma violenta: *Muitas lojas foram saqueadas durante as confusões da noite passada.* □ SIN. **pilhar**. ▌v.t.d. **2** Roubar ou tomar (alguém ou seus pertences): *Durante a invasão do prédio, saquearam todos os seus pertences.* □ SIN. **pilhar**. □ ORTOGRAFIA O *e* muda para *ei* quando a sílaba tônica estiver na raiz do verbo →NOMEAR.

sarabanda ⟨sa.ra.ban.da⟩ s.f. **1** Composição musical de origem espanhola, em compasso ternário, de movimento pausado, de caráter nobre e que fazia parte da antiga suíte de danças. **2** Antiga dança popular espanhola. **3** Tumulto ou agitação: *Os manifestantes fizeram uma sarabanda em frente à prefeitura.*

saracotear ⟨sa.ra.co.te.ar⟩ ▌v.t.d./v.int. **1** Mover(-se) com desenvoltura ou sensualidade. ▌v.int. **2** Mover-se ou andar de forma irrequieta: *Ficou saracoteando para lá e para cá, enquanto esperava sua vez.* □ ORTOGRAFIA O *e* muda para *ei* quando a sílaba tônica estiver na raiz do verbo →NOMEAR.

saracura ⟨sa.ra.cu.ra⟩ s.f. Ave de bico amarelo, de olhos vermelhos e pernas compridas, com plumagem cinza na cabeça, verde no dorso e marrom no peito, e que tem uma cauda preta apontada para cima. □ ORIGEM É uma palavra de origem tupi. □ GRAMÁTICA É um substantivo epiceno: *a saracura (macho/fêmea).*

sarado, da ⟨sa.ra.do, da⟩ adj. *informal* Musculoso.

saraiva ⟨sa.rai.va⟩ s.f. **1** Pedra de gelo que se desprende das nuvens e que cai com força sobre a superfície terrestre. □ SIN. **granizo**. **2** Aquilo que é lançado em série e de forma repentina. □ SIN. **saraivada**.

saraivada ⟨sa.rai.va.da⟩ s.f. **1** Chuva de granizo. **2** Aquilo que é lançado em série e de forma repentina: *Depois da palestra, o escritor enfrentou uma saraivada de perguntas.* □ SIN. **saraiva**.

sarampo ⟨sa.ram.po⟩ s.m. Doença contagiosa causada por um vírus, caracterizada por febre e pela erupção de várias manchas pequenas e vermelhas na pele.

sarapatel ⟨sa.ra.pa.tel⟩ (pl. *sarapatéis*) s.m. Prato feito de tripas, geralmente de porco, miúdos e sangue, com molho e bem temperado.

sarapintar ⟨sa.ra.pin.tar⟩ v.t.d. Salpicar com tinta ou pintar com várias cores. □ SIN. **pintalgar**.

sarar ⟨sa.rar⟩ ▌v.t.d./v.int./v.prnl. **1** Fazer recuperar ou recuperar a saúde: *Teve uma virose, mas já sarou.* ▌v.int. **2** Cicatrizar (um ferimento): *Depois de uns dias, o machucado sarou.*

sarará ⟨sa.ra.rá⟩ adj.2g./s.2g. **1** Que ou quem é mulato e tem os cabelos crespos e arruivados ou alourados. **2** *informal* Albino. □ ORIGEM É uma palavra de origem tupi.

sarau ⟨sa.rau⟩ s.m. Festa ou reunião, geralmente noturnas e de caráter literário ou musical.

sarça ⟨sar.ça⟩ s.f. **1** Arbusto de galhos compridos, nodosos e com espinhos, com folhas ovaladas, flores brancas ou rosadas dispostas em cachos, e fruto semelhante a uma amora pequena. □ SIN. silva. **2** Esse fruto. □ SIN. silva.

sarcasmo ⟨sar.cas.mo⟩ s.m. Ironia ou comentário cruel ou mordaz com os quais se ofende ou se zomba de alguém.

sarcástico, ca ⟨sar.cás.ti.co, ca⟩ adj. Que demonstra ou expressa sarcasmo: *um comentário sarcástico*. □ SIN. sardônico.

sarcófago ⟨sar.có.fa.go⟩ s.m. Antigamente, caixão de pedra no qual eram sepultados os mortos.

sarcoma ⟨sar.co.ma⟩ (Pron. [sarcôma]) s.m. Tumor maligno do tecido conjuntivo.

sarda ⟨sar.da⟩ s.f. Pequena mancha de pele, geralmente causada pela ação do sol.

sardento, ta ⟨sar.den.to, ta⟩ adj./s. Que ou quem tem sardas.

sardinha ⟨sar.di.nha⟩ s.f. Peixe de água salgada, comestível, de corpo prateado com o dorso preto-azulado, e que vive em grandes grupos. [⊙ peixes (água salgada) p. 609] □ GRAMÁTICA É um substantivo epiceno: *a sardinha (macho/fêmea)*.

sardônico, ca ⟨sar.dô.ni.co, ca⟩ adj. Que demonstra ou expressa sarcasmo. □ SIN. sarcástico.

sargaço ⟨sar.ga.ço⟩ s.m. Alga marinha de cor pálida, com ramificações de onde saem estruturas laminares semelhantes a folhas com pequenas bolsas para flutuação, e que habita os mares quentes e temperados.

sargento ⟨sar.gen.to⟩ s.2g. Nas Forças Armadas, classe que engloba os postos de primeiro-sargento, de segundo-sargento e de terceiro-sargento.

sarilho ⟨sa.ri.lho⟩ s.m. **1** Cilindro horizontal que serve de eixo para enrolar fios e cabos. **2** Utensílio em formato de cruz que serve para acomodar armas de fogo. **3** *informal* Perturbação, transtorno ou confusão: *A passeata terminou em um grande sarilho*.

sarja ⟨sar.ja⟩ s.f. Tecido trançado de lã ou de algodão.

sarjeta ⟨sar.je.ta⟩ (Pron. [sarjêta]) s.f. Em uma rua, canal junto ao meio-fio que serve para dar vazão à água que pode se acumular nela. ‖ **na sarjeta** *informal* Em estado de decadência ou de miséria: *Quase ficou na sarjeta por conta da falência na empresa*.

sarmento ⟨sar.men.to⟩ s.m. **1** Caule flexível e comprido, com raízes em um único ponto e nós salientes dos quais brotam as folhas, as flores e os frutos. **2** Qualquer ramo semelhante a esse caule.

sarna ⟨sar.na⟩ s.f. *informal* Escabiose. ‖ **sarna para se coçar** *informal* Aquilo que causa aborrecimento, preocupação ou sofrimento: *Pare de provocar seu irmão ou vai arrumar sarna para se coçar!*

sarrabulho ⟨sar.ra.bu.lho⟩ s.m. **1** Sangue de porco coagulado. **2** Prato de origem portuguesa, feito com esse sangue, miúdos, gordura e carne de porco, e temperos, especialmente cominho.

sarraceno, na ⟨sar.ra.ce.no, na⟩ (Pron. [sarracêno]) adj./s. **1** Do povo nômade que, antigamente, vivia nos desertos árabes. **2** Do povo árabe que, na Idade Média, ocupou a península Ibérica ou relacionado a ele.

sarrafo ⟨sar.ra.fo⟩ s.f. Pedaço estreito e comprido de madeira.

sarro ⟨sar.ro⟩ s.m. **1** Em um cigarro ou cachimbo, marca residual de nicotina. **2** Pessoa ou coisa divertidas ou cômicas. ‖ **tirar sarro de** alguém *informal* Ridicularizá-lo ou divertir-se às custas dele: *Tiraram sarro dele, pois seu time havia perdido*.

sashimi *(palavra japonesa)* (Pron. [sachimí]) s.m. Prato de origem japonesa, feito com peixe ou marisco crus, cortados em fatias finas e servidos com molho de soja.

satânico, ca ⟨sa.tâ.ni.co, ca⟩ adj. De Satanás (espírito maligno que se opõe a Deus), do satanismo ou relacionado a eles.

satanismo ⟨sa.ta.nis.mo⟩ s.m. Conjunto de crenças e de práticas relacionadas a Satanás (espírito maligno que se opõe a Deus) ou ao seu culto.

satélite ⟨sa.té.li.te⟩ s.m. Corpo celeste que gira ao redor de um planeta. □ SIN. lua. ‖ **satélite (artificial)** Aparelho colocado em órbita ao redor da Terra ou de outro astro, e que geralmente é empregado em telecomunicações ou em pesquisas científicas.

sátira ⟨sá.ti.ra⟩ s.f. **1** Aquilo que é escrito, dito ou feito com a intenção de criticar ou ridicularizar de forma mordaz. **2** Composição poética que, mediante uma ridicularização ou um rebaixamento, censura uma conduta ou um vício: *As sátiras de Gregório de Matos, poeta do século XVII, criticavam o clero, os políticos e a elite da época*.

satírico, ca ⟨sa.tí.ri.co, ca⟩ adj./s. Da sátira ou relacionado a ela: *um poema satírico*.

satirizar ⟨sa.ti.ri.zar⟩ v.t.d. Criticar ou ridicularizar de forma mordaz: *Os cartuns geralmente satirizam comportamentos ou costumes*.

satisfação ⟨sa.tis.fa.ção⟩ (pl. *satisfações*) s.f. **1** Ato ou efeito de satisfazer(-se). **2** Gosto ou prazer que se sente por algo: *Foi à festa pela satisfação de rever seus amigos*. **3** Dado que esclarece a razão ou o motivo de algo: *Saiu de repente, sem dar satisfações*.

satisfatório, ria ⟨sa.tis.fa.tó.rio, ria⟩ adj. Que atende às expectativas de forma razoável ou aceitável.

satisfazer ⟨sa.tis.fa.zer⟩ ▌ v.t.d./v.t.i./v.prnl. **1** Causar (-se) satisfação ou ser suficiente [a algo ou alguém]: *Como bom comerciante, sempre tenta satisfazer seus clientes*. ▌v.t.d./v.t.i. **2** Saciar (uma necessidade) ou atender [a um desejo]: *Satisfez a curiosidade da irmã e contou-lhe o segredo*. □ GRAMÁTICA É um verbo irregular →FAZER.

saturação ⟨sa.tu.ra.ção⟩ (pl. *saturações*) s.f. **1** Ato ou efeito de saturar(-se). **2** Intensidade de tom de uma cor: *Precisei regular a saturação no meu televisor*. **3** Em física, situação de equilíbrio entre um vapor e seu líquido.

saturado, da ⟨sa.tu.ra.do, da⟩ adj. **1** Que está completo, cheio ou repleto. **2** Em relação a um composto químico orgânico, que possui apenas ligações simples.

saturar ⟨sa.tu.rar⟩ ▌ v.t.d./v.prnl. **1** Aplacar (uma necessidade ou um desejo) ou satisfazer-se: *Saturou-se de comida*. **2** Fazer chegar ao limite da paciência ou cansar-se: *Saturou-se de tanto ouvir reclamações*. **3** Encher(-se) completamente. ▌ v.t.d. **4** Acrescentar a quantidade máxima de uma substância a (uma solução): *saturar um sal*.

saudação ⟨sau.da.ção⟩ (pl. *saudações*) s.f. **1** Ato em que se dirigem palavras ou gestos de cortesia ao encontrar uma pessoa ou ao despedir-se dela. **2** Aclamação ou louvor: *Houve uma saudação calorosa para a equipe campeã*. **3** Palavra ou gesto usados para saudar: *Oi e tchau são saudações*.

saudade ⟨sau.da.de⟩ s.f. Sentimento causado pela lembrança, pela falta ou pela ausência de algo ou de alguém queridos. □ USO Usa-se geralmente a forma plural *saudades*.

saudar ⟨sau.dar⟩ ▌ v.t.d./v.prnl. **1** Dirigir palavras ou gestos de cortesia a (alguém) ou cumprimentar-se de modo recíproco: *Ele é uma pessoa grossa e nunca saúda ninguém. No reencontro, saudaram-se com um caloroso abraço*. ▌v.t.d. **2** Aclamar ou louvar: *No aeroporto, a torcida saudou a seleção campeã*.

saudável ⟨sau.dá.vel⟩ (pl. *saudáveis*) adj.2g. **1** Que serve para conservar ou para restabelecer a saúde corporal. **2** Que tem boa saúde. **3** Bom ou proveitoso: *No final, as dificuldades foram saudáveis para o seu amadurecimento*.

saúde ⟨sa.ú.de⟩ ▌s.f. **1** Estado em que um organismo vivo realiza normalmente suas funções. **2** Condições físicas em que o organismo de um ser vivo se encontra em um determinado momento: *Fui ao médico e certifiquei-me de minha boa saúde.* ▌interj. **3** Expressão usada ao se fazer um brinde. **4** Expressão usada para desejar melhoras a uma pessoa que espirra.

saudita ⟨sau.di.ta⟩ adj.2g/s.2g. Da Arábia Saudita ou relacionado a esse país asiático.

saudosismo ⟨sau.do.sis.mo⟩ s.m. Tendência a idealizar o passado. □ SIN. **passadismo**.

saudosista ⟨sau.do.sis.ta⟩ ▌adj.2g. **1** Do saudosismo ou relacionado a ele. ▌adj.2g/s.2g. **2** Que ou quem tende a idealizar o passado.

saudoso, sa ⟨sau.do.so, sa⟩ (Pron. [saudôso], [saudósa], [saudósos], [saudósas]) adj. Que causa ou que sente saudade.

sauna ⟨sau.na⟩ s.f. **1** Banho a vapor, que provoca a eliminação de suor em excesso, e que se toma geralmente para eliminar toxinas ou limpar a pele. **2** Lugar onde se tomam esses banhos. **3** *informal* Lugar quente e abafado: *O teatro estava uma sauna!*

saúva ⟨sa.ú.va⟩ s.f. Formiga que corta folhas, as leva para o ninho e as utiliza para cultivar um fungo do qual se alimenta, e que destrói plantações. [👁 **insetos** p. 456] □ GRAMÁTICA É um substantivo epiceno: *a saúva (macho/fêmea)*.

savana ⟨sa.va.na⟩ s.f. Planície muito extensa própria das zonas de clima tropical, que se caracteriza pelo predomínio de vegetação herbácea.

saveiro ⟨sa.vei.ro⟩ s.m. Embarcação a vela, com mastros, usada para o transporte de pessoas ou de carga, ou para a pesca.

sax (Pron. [sacs]) s.m.2n. →**saxofone**

saxão, xã ⟨sa.xão, xã⟩ (Pron. [sacsão]) (pl. *saxões*) adj./s. →**anglo-saxão, xã**

saxofone ⟨sa.xo.fo.ne⟩ (Pron. [sacsofóne]) s.m. Instrumento musical de sopro, formado por um tubo metálico e cônico em forma de J, com chaves, boquilha e palheta feita de madeira, bambu ou cana. [👁 **instrumentos de sopro** p. 747] □ USO Usa-se também a forma reduzida *sax*.

sazão ⟨sa.zão⟩ (pl. *sazões*) s.f. **1** Época do ano própria para a colheita. **2** Cada um dos quatro grandes períodos em que um ano se divide e que são determinados pela posição da Terra em relação ao Sol. □ SIN. **estação**.

sazonar ⟨sa.zo.nar⟩ ▌v.t.d./v.int./v.prnl. **1** Tornar(-se) maduro ou fazer atingir o desenvolvimento completo (um fruto): *O tempo quente ajudou a sazonar as mangas.* □ SIN. **amadurecer, madurar, maturar**. ▌v.t.d. **2** Dar gosto e sabor a (comida), geralmente com condimentos: *Sazonou o arroz com cebola, alho e azeite*.

SC É a sigla do estado brasileiro de Santa Catarina.

script *(palavra inglesa)* (Pron. [iscrípit]) s.m. Texto que contém os diálogos, as indicações técnicas e os detalhes necessários para a realização de uma obra cinematográfica, televisiva, de rádio ou de teatro. □ SIN. **roteiro**.

se (Pron. [sê]) ▌pron.pess. **1** Forma da terceira pessoa do singular e do plural que corresponde à função de complemento do verbo sem preposição: *Vendem-se carros.* **2** Indica voz passiva: *Vendem-se carros.* **3** Indica indeterminação do sujeito: *Fala-se muito sobre a vida das celebridades.* ▌conj. **4** Conectivo gramatical subordinativo (que une elementos entre os quais há uma relação de dependência), podendo expressar condição, causa ou circunstância temporal: *Se não chover, iremos para a praia. Se gostou da blusa, compre-a.* **5** Conectivo gramatical subordinativo (que une elementos entre os quais há uma relação de dependência), que introduz orações interrogativas indiretas, às vezes expressando dúvida: *Não sabemos se iremos à festa.*

sé s.f. Igreja mais importante de uma diocese, onde um bispo fica e pela qual ele é responsável.

SE É a sigla do estado brasileiro de Sergipe.

seara ⟨se.a.ra⟩ s.f. **1** Campo de cereais. **2** Terreno semeado.

sebáceo, cea ⟨se.bá.ceo, cea⟩ adj. Do sebo ou relacionado a ele.

sebe ⟨se.be⟩ s.f. Cerca formada por plantas, arbustos ou ramos.

sebento, ta ⟨se.ben.to, ta⟩ ▌adj. **1** Com a natureza ou com as características próprias do sebo. □ SIN. **seboso**. **2** Que tem sebo ou óleo, especialmente se for em grande quantidade. □ SIN. **seboso**. ▌adj./s. **3** *informal pejorativo* Que ou quem está sujo ou imundo. **4** *informal pejorativo* Que ou quem é arrogante ou pretensioso.

sebo ⟨se.bo⟩ (Pron. [sêbo]) s.m. **1** Secreção das glândulas sebáceas que serve de proteção. **2** Camada suja e gordurenta de uma superfície. **3** Livraria que se dedica à compra e à revenda de artigos usados, especialmente se forem livros.

seborreia ⟨se.bor.rei.a⟩ (Pron. [seborréia]) s.f. Aumento anormal da secreção das glândulas sebáceas da pele.

seboso, sa ⟨se.bo.so, sa⟩ (Pron. [sebôso], [sebósa], [sebósos], [sebósas]) ▌adj. **1** Com a natureza ou com as características próprias do sebo. □ SIN. **sebento**. **2** Que tem sebo ou óleo, especialmente se for em grande quantidade. □ SIN. **sebento**. ▌adj./s. **3** *informal pejorativo* Que ou quem está sujo ou imundo. **4** *informal pejorativo* Que ou quem é arrogante ou pretensioso.

seca ⟨se.ca⟩ (Pron. [sêca]) s.f. Período prolongado de tempo seco e sem chuvas. □ SIN. **estiada, estiagem**.

secador, -a ⟨se.ca.dor, do.ra⟩ (Pron. [secadôr], [secadôra]) adj. Que seca. ‖ **secador (de cabelo)** Aparelho elétrico usado para secar os cabelos.

secadora ⟨se.ca.do.ra⟩ (Pron. [secadôra]) ‖ **secadora (de roupa)** Aparelho que serve para secar roupas.

secagem ⟨se.ca.gem⟩ (pl. *secagens*) s.f. Ato ou efeito de secar(-se).

secante ⟨se.can.te⟩ ▌adj.2g/s.2g. **1** Em relação a uma substância, que faz secar rapidamente. ▌adj.2g/s.f. **2** Em geometria, em relação a uma linha ou a uma superfície, que cortam outras linhas ou outras superfícies. **3** Em geometria, em relação a uma função, que é o inverso do cosseno.

seção ⟨se.ção⟩ (pl. *seções*) s.f. **1** Em relação a um todo, parte em que se divide. **2** Representação gráfica de um corte que se faz em uma superfície ou em um corpo, geralmente vertical, com o objetivo de mostrar seus detalhes internos: *A seção de um barco permite entender seu funcionamento* □ ORTOGRAFIA **1** É diferente de *cessão* e de *sessão*. **2**. Escreve-se também **secção**.

secar ⟨se.car⟩ ▌v.t.d./v.int./v.prnl. **1** Fazer ficar ou ficar sem água, sem líquido ou sem umidade: *Seque o cabelo antes de dormir.* ▌v.int./v.prnl. **2** *informal* Emagrecer excessivamente, geralmente devido a uma doença ou à velhice. ▌v.t.d. **3** *informal* Transmitir má sorte ou mau-olhado a (alguém). □ ORTOGRAFIA Antes de *e*, o *c* muda para *qu* →**BRINCAR**. □ GRAMÁTICA É um verbo abundante, pois apresenta dois particípios: *secado* e *seco*.

secção ⟨sec.ção⟩ (pl. *secções*) s.f. →**seção**

seccional ⟨sec.ci.o.nal⟩ (pl. *seccionais*) adj.2g. →**secional**

seccionar ⟨sec.ci.o.nar⟩ v.t.d./v.prnl. →**secionar**

secessão ⟨se.ces.são⟩ (pl. *secessões*) s.f. **1** Afastamento, separação ou divisão entre dois ou mais elementos. **2** Separação de parte de um povo e do território de um país, geralmente para tornar-se independente ou para unir-se a outro.

secional ⟨se.ci.o.nal⟩ (pl. *secionais*) adj.2g. Da seção ou relacionado a ela. □ ORTOGRAFIA Escreve-se também *seccional*.

secionar ⟨se.ci.o.nar⟩ v.t.d./v.prnl. Cortar ou dividir-se em seções. □ ORTOGRAFIA Escreve-se também *seccionar*.

seco, ca ⟨se.co, ca⟩ (Pron. [sêco]) ❚ **1** Particípio irregular de secar. ❚ adj. **2** Em relação a um lugar ou à sua condição atmosférica, que são caracterizados pela falta de chuva ou de umidade. **3** Brusco, pouco afetuoso ou pouco expressivo: *uma resposta seca*. **4** *informal* Desejoso ou ansioso: *Estou seco para viajar!* **5** Em relação à pele ou ao cabelo, com menos oleosidade ou com menos hidratação que o normal: *um xampu para cabelos secos*. **6** Em relação a um som, que é rouco, áspero ou curto: *uma pancada seca*. **7** Em relação a uma bebida alcoólica, que tem sabor pouco doce: *um vinho seco*. **8** *informal* Com muita sede: *Preciso de água, pois estou seco*. ❚ s.m.pl. **9** Em uma mercearia, qualquer gênero alimentício sólido ou seco. ‖ **a seco** Que é feito sem água, somente com produtos químicos: *uma lavagem a seco*.

secreção ⟨se.cre.ção⟩ (pl. *secreções*) s.f. **1** Produção e eliminação de uma substância por um órgão ou por uma glândula. **2** Essa substância.

secretar ⟨se.cre.tar⟩ v.t.d. Produzir e expelir (uma substância do organismo): *As glândulas endócrinas secretam hormônios*.

secretaria ⟨se.cre.ta.ri.a⟩ s.f. **1** Em um estabelecimento, departamento que se dedica a tarefas administrativas. **2** Departamento que trata de determinados assuntos de Estado: *a secretaria da educação*.

secretária ⟨se.cre.tá.ria⟩ s.f. Móvel semelhante a uma mesa pequena, geralmente com gavetas, usado como apoio para escrever. □ SIN. escrivaninha. ‖ **secretária (eletrônica)** Aparelho que registra e emite mensagens gravadas em um telefone.

secretariado ⟨se.cre.ta.ri.a.do⟩ s.m. **1** Cargo ou profissão de secretário. **2** Conjunto de secretários. **3** Curso que habilita uma pessoa a exercer as funções de um secretário.

secretariar ⟨se.cre.ta.ri.ar⟩ v.t.d./v.int. Auxiliar (alguém) como secretário ou exercer as funções de secretário.

secretário, ria ⟨se.cre.tá.rio, ria⟩ s. **1** Pessoa que auxilia outra em tarefas administrativas ou de organização, especialmente como profissão. **2** Em uma reunião, pessoa encarregada de escrever a ata. **3** Pessoa responsável por uma secretaria que trata de determinados assuntos de Estado.

secreto, ta ⟨se.cre.to, ta⟩ adj. Oculto, confidencial ou reservado.

secretor, -a ⟨se.cre.tor, to.ra⟩ (Pron. [secretôr], [secretôra]) adj. Que secreta ou que segrega.

sectário, ria ⟨sec.tá.rio, ria⟩ adj./s. **1** Que ou quem segue de modo fanaticamente um partido ou uma ideologia. **2** Que ou quem segue uma seita. **3** Que ou quem não aceita ou não cede em sua postura nem atitude. □ SIN. intransigente.

sectarismo ⟨sec.ta.ris.mo⟩ s.m. Atitude própria de uma pessoa fanática, intolerante ou instransigente.

secular ⟨se.cu.lar⟩ ❚ adj.2g. **1** Em relação ao clero ou a um sacerdote, que não são submetidos diretamente a uma ordem religiosa. **2** Do mundo da vida e da sociedade civil e não religiosa. ❚ adj.2g./s.2g **3** Que ou quem não recebeu ordenação religiosa. □ SIN. laico, leigo.

secularizar ⟨se.cu.la.ri.zar⟩ ❚ v.t.d./v.prnl. **1** Tornar(-se) secular ou não religioso. ❚ v.t.d. **2** Subordinar (algo relacionado às leis de uma igreja) às leis civis.

século ⟨sé.cu.lo⟩ s.m. **1** Período de tempo de cem anos seguidos. □ SIN. centenário, centúria. **2** Período de tempo considerado muito longo: *Ficamos um século esperando pelo ônibus*. **3** Vida ou mundo não religiosos.

secundar ⟨se.cun.dar⟩ v.t.d. **1** Auxiliar ou apoiar. **2** Repetir, reforçar ou fazer pela segunda vez.

secundário, ria ⟨se.cun.dá.rio, ria⟩ ❚ adj. **1** Segundo em ordem ou em importância e que não é o principal. **2** Em geologia, da era Mesozoica, a terceira da história da Terra, ou relacionado a ela. □ SIN. mesozoico. ❚ s.m. **3** *informal* Segundo ciclo do Ensino Fundamental.

secura ⟨se.cu.ra⟩ s.f. **1** Ausência de líquido ou de umidade. □ SIN. sequidão. **2** Falta de carinho ou de amabilidade: *Respondeu-nos com secura*. □ SIN. sequidão. **3** *informal* Desejo ou vontade exagerados: *uma secura por doces*.

securitário, ria ⟨se.cu.ri.tá.rio, ria⟩ ❚ adj. **1** Dos seguros ou relacionado a eles. ❚ s. **2** Pessoa que se dedica profissionalmente à venda de seguros.

seda ⟨se.da⟩ (Pron. [sêda]) s.f. **1** Substância viscosa secretada pelo bicho-da-seda e que se solidifica em contato com o ar, transformando-se em fibras finas e flexíveis. **2** Fio fino, flexível e brilhante formado pelas fibras dessa substância. **3** Tecido confeccionado com esse fio. ‖ **rasgar seda** Trocar elogios ou gentilezas.

sedar ⟨se.dar⟩ v.t.d. Acalmar ou tranquilizar, especialmente se for com calmantes: *Para controlar o surto, o médico sedou o paciente*.

sedativo, va ⟨se.da.ti.vo, va⟩ adj./s.m. Em relação a um medicamento, que acalma ou que tranquiliza.

sede ⟨se.de⟩ s.f. **1** Sensação causada pela necessidade de beber. **2** Desejo intenso ou necessidade que se sente de satisfazê-lo: *Apesar de tudo o que já conseguiu, ainda tem sede de sucesso*. **3** Lugar em que uma empresa, um organismo ou uma entidade estão situados ou têm domicílio, ou onde um acontecimento ou uma atividade importantes se desenvolvem: *Ainda não foi decidida a sede do próximo congresso do partido*. □ USO Nas acepções 1 e 2, a pronúncia é *sêde*; na acepção 3, *séde*.

sedentário, ria ⟨se.den.tá.rio, ria⟩ ❚ adj. **1** Em relação especialmente a uma atividade ou a um estilo de vida que requerem pouco movimento ou pouco esforço físico. ❚ adj./s. **2** Que ou quem é inativo ou se movimenta pouco.

sedento, ta ⟨se.den.to, ta⟩ adj. **1** Que sente sede. □ SIN. sequioso. **2** Que deseja ou que necessita intensamente: *um homem sedento de justiça*. □ SIN. sequioso.

sediar ⟨se.di.ar⟩ v.t.d. Acolher ou servir como espaço para realizar (um acontecimento ou uma atividade): *Nossa cidade sediará o campeonato de vôlei*.

sedição ⟨se.di.ção⟩ (pl. *sedições*) s.f. Levantamento ou revolta coletivos contra qualquer autoridade.

sedimentação ⟨se.di.men.ta.ção⟩ (pl. *sedimentações*) s.f. **1** Ato ou efeito de sedimentar(-se). **2** Depósito de partículas em suspensão ou formação e acúmulo de sedimentos.

sedimentar ⟨se.di.men.tar⟩ ❚ adj.2g. **1** Do sedimento, formado por sedimentos ou relacionado a ele: *uma rocha sedimentar*. ❚ v.int./v.prnl. **2** Solidificar ou formar sedimentos: *Com a seca, o solo sedimentou*. ❚ v.t.d./v.prnl. **3** Consolidar (um conhecimento ou um sentimento) ou tornar-se sólido e concreto: *A leitura sedimenta o aprendizado. Nossa amizade se sedimentou com o tempo*.

sedimentário, ria ⟨se.di.men.tá.rio, ria⟩ adj. Do sedimento, formado por sedimentos ou relacionado a ele.

sedimento ⟨se.di.men.to⟩ s.m. Matéria que, estando suspensa em um líquido ou no ar, se deposita ou se acumula pela ação da gravidade.

sedoso, sa ⟨se.do.so, sa⟩ (Pron. [sedôso], [sedósa], [sedôsos], [sedósas]) adj. Com características da seda, especialmente se forem sua suavidade e sua maciez.

sedução ⟨se.du.ção⟩ (pl. *seduções*) s.f. Ato ou efeito de seduzir.

sedutor, -a ⟨se.du.tor, to.ra⟩ (Pron. [sedutôr], [sedutôra]) adj./s. Que ou quem causa fascínio ou atração.

seduzir ⟨se.du.zir⟩ v.t.d. **1** Atrair, cativar ou despertar em (alguém) uma atração que provoca afeto, admiração ou desejo. **2** Convencer com habilidade ou com promessas, agrados ou mentiras, especialmente se for com propósitos ou finalidades ocultos: *A propaganda visa seduzir os consumidores para que comprem o produto.* ☐ GRAMÁTICA É um verbo regular, mas perde o e final na terceira pessoa do singular do presente do indicativo →PRODUZIR.

segadeira ⟨se.ga.dei.ra⟩ s.f. Máquina usada para ceifar. ☐ SIN. ceifadeira.

segar ⟨se.gar⟩ ❙ v.t.d. **1** Cortar (uma erva ou um cereal maduro) com uma foice, um alfanje ou uma máquina apropriada. ☐ SIN. ceifar. ❙ v.int. **2** Cortar uma erva ou um cereal maduro com a foice, o alfanje ou uma máquina apropriada. ☐ SIN. ceifar. ☐ ORTOGRAFIA 1. Antes de e, o g muda para gu →CHEGAR. 2. É diferente de *cegar*.

sege ⟨se.ge⟩ s.f. Antigamente, carruagem com duas rodas, fechada na parte da frente e puxada por dois cavalos.

segmentar ⟨seg.men.tar⟩ ❙ adj.2g. **1** Do segmento, formado por segmentos, ou relacionado a ele. ❙ v.t.d. **2** Cortar ou dividir em segmentos: *segmentar um mercado*.

segmento ⟨seg.men.to⟩ s.m. **1** Cada uma das partes em que se divide um todo. **2** Em geometria, parte de uma reta ou de uma curva compreendida entre dois pontos.

segredar ⟨se.gre.dar⟩ v.t.d./v.t.d.i./v.int. Falar (algo) em voz baixa ou em segredo [a alguém] ou cochichar.

segredo ⟨se.gre.do⟩ (Pron. [segrêdo]) s.m. **1** Aquilo que se guarda de forma reservada e oculta. **2** Aquilo que se considera necessário para alcançar algo, mas que é do conhecimento de poucos: *No livro, a atleta revela alguns dos segredos de seu sucesso.* **3** Aquilo que é misterioso ou está alheio ao conhecimento de alguém: *A ciência ainda não conseguiu descobrir todos os segredos do universo.* **4** Em um aparelho ou em um equipamento, conjunto de movimentos ou de caracteres que permitem abri-los, fechá-los ou manuseá-los: *o segredo de um cofre; o segredo de uma mala.*

segregação ⟨se.gre.ga.ção⟩ (pl. *segregações*) s.f. Ato ou efeito de segregar(-se).

segregar ⟨se.gre.gar⟩ v.t.d./v.t.d.i./v.prnl. **1** Separar (uma parte) [de outra] ou isolar-se. **2** Afastar (uma pessoa) [das demais] por causa de suas diferenças, especialmente se for de forma marginalizada, ou apartar-se: *É próprio de sociedades preconceituosas segregar as minorias étnicas.* ☐ ORTOGRAFIA Antes de e, o g muda para gu →CHEGAR.

seguida ⟨se.gui.da⟩ ❙ **em seguida** Imediatamente depois, no tempo ou no espaço: *Almoçarei e, em seguida, sairei.*

seguido, da ⟨se.gui.do, da⟩ adj. Contínuo, imediato ou sem interrupção.

seguidor, -a ⟨se.gui.dor, do.ra⟩ (Pron. [seguidôr], [seguidôra]) adj./s. Que ou quem segue, apoia ou defende.

seguinte ⟨se.guin.te⟩ adj.2g./s.m. Que segue ou que é subsequente. ☐ SIN. consecutivo, conseguinte, sucessivo.

seguir ⟨se.guir⟩ ❙ v.t.d. **1** Ir atrás no espaço ou suceder no tempo por ordem, turno ou número: *O táxi seguia o ônibus.* **2** Ir por (um caminho) ou sem se afastar dele: *Seguiram pelo atalho que lhes foi indicado.* **3** Agir de acordo com (determinadas regras ou normas): *Seguimos as orientações dele.* ❙ v.int. **4** Prosseguir ou continuar em uma atividade: *Mesmo depois de formado, seguiu estudando.* **5** Permanecer, manter-se no tempo ou estender-se no espaço: *Aquele momento segue vivo na minha memória.* ❙ v.t.d. **6** Imitar (algo) ou tê-lo como modelo: *O violinista seguia os comandos do maestro.* **7** Acompanhar, compreender ou manter um raciocínio em (algo): *Seguimos a palestra com muita atenção.* **8** Exercer (uma profissão ou a uma carreira): *O irmão seguiu a carreira de medicina.* **9** Observar ou estar atento à evolução de (algo em desenvolvimento ou em movimento): *Seguíamos os pássaros no céu.* ☐ ORTOGRAFIA Antes de a e o, o gu muda para g →DISTINGUIR. ☐ GRAMÁTICA É um verbo irregular →SERVIR.

segunda ⟨se.gun.da⟩ s.f. No motor de alguns veículos, marcha que tem maior velocidade que a primeira e maior potência que a terceira. ❙ **de segunda 1** *informal pejorativo* De qualidade ruim ou inferior: *uma carne de segunda.* **2** →**segunda-feira**

segunda-feira ⟨se.gun.da-fei.ra⟩ (pl. *segundas-feiras*) s.f. Segundo dia da semana, entre o domingo e a terça-feira. ☐ USO Usa-se também a forma reduzida *segunda.*

segundo ⟨se.gun.do⟩ ❙ conj. **1** Conectivo gramatical subordinativo (que une elementos entre os quais há uma relação de dependência), que expressa conformidade: *Falavam segundo o que lhes interessava.* ❙ prep. **2** Indica conformidade ou ponto de vista: *Segundo os médicos, precisamos praticar exercícios físicos.*

segundo, da ⟨se.gun.do, da⟩ ❙ numer. **1** Em uma série, que ocupa o lugar de número dois. ❙ s.m. **2** Unidade básica de tempo. **3** Período curto de tempo: *Pediu que esperássemos um segundo.* ☐ ORTOGRAFIA Na acepção 2, seu símbolo é s, sem ponto.

segundo-sargento ⟨se.gun.do-sar.gen.to⟩ (pl. *segundos-sargentos*) s.2g. Nas Forças Armadas, pessoa cuja graduação é superior à de terceiro-sargento e inferior à de primeiro-sargento.

segundo-tenente ⟨se.gun.do-te.nen.te⟩ (pl. *segundos-tenentes*) s.2g. **1** No Exército e na Aeronáutica, pessoa cujo posto é superior ao de aspirante-a-oficial e inferior ao de primeiro-tenente. **2** Na Marinha, pessoa cujo posto é superior ao de guarda-marinha e inferior ao de primeiro-tenente.

segurado, da ⟨se.gu.ra.do, da⟩ s. Pessoa que contrata um seguro.

segurador, -a ⟨se.gu.ra.dor, do.ra⟩ (Pron. [seguradôr], [seguradôra]) adj./s. Que ou quem assegura contra riscos e danos alheios.

seguradora ⟨se.gu.ra.do.ra⟩ (Pron. [seguradôra]) s.f. Empresa que assegura contra riscos ou danos alheios.

segurança ⟨se.gu.ran.ça⟩ ❙ s.f. **1** Condição ou estado de seguro. **2** Firmeza, estabilidade ou condição em que se pode confiar: *O palco foi instalado com segurança.* **3** Certeza ou ausência de dúvida: *Como dominava o tema, falou com segurança.* **4** Conjunto de pessoas que se ocupam de garantir a ordem de um lugar: *A segurança da boate expulsou os envolvidos na briga.* ❙ s.2g. **5** Pessoa que se dedica profissionalmente a cuidar de determinadas funções de vigilância ou de defesa.

segurar ⟨se.gu.rar⟩ ❙ v.t.d. **1** Tornar firme e seguro ou fixar solidamente: *Estas colunas seguram a estrutura do prédio.* **2** Ter nas mãos ou nos braços: *A criança segurava o prato com cuidado.* **3** Fazer seguro de (um bem material): *Precisamos segurar o carro.* ❙ v.t.d./v.t.d.i. **4** Tornar seguro ou dar garantia de (algo) [a alguém]: *O réu segurou ao juiz sua inocência.* ☐ SIN. assegurar, garantir. ☐ GRAMÁTICA É um verbo abundante, pois apresenta dois particípios: *segurado* e *seguro*.

seguro, ra ⟨se.gu.ro, ra⟩ ❙ **1** Particípio irregular de segurar. ❙ adj. **2** Livre de perigo, de dano ou de risco. **3** Firme, estável ou sem risco de que algo falhe: *um equipamento seguro.* **4** Certo ou que não tem ou que não apresenta dúvida: *uma informação segura.* ❙ s.m. **5** Contrato pelo qual uma pessoa ou uma empresa seguradora se comprometem, em troca de uma quantia

seichelense

estipulada, a pagar determinada quantia de dinheiro ao segurado em caso de um dano ou de uma perda.

seichelense ⟨sei.che.len.se⟩ adj.2g./s.2g. Da República de Seicheles ou relacionado a esse arquipélago do oceano Índico.

seio ⟨sei.o⟩ s.m. **1** Mama de uma mulher. **2** Em anatomia, pequena cavidade ou espaço do corpo. **3** Interior ou parte interna ou mais íntima: *o seio familiar*.

seis ▌numer. **1** Número 6. ▌s.m. **2** Signo que representa esse número. ☐ GRAMÁTICA Na acepção 1, é invariável em gênero e em número.

seiscentos, tas ⟨seis.cen.tos, tas⟩ ▌numer. **1** Número 600. ▌s.m. **2** Signo que representa esse número. ☐ GRAMÁTICA Na acepção 1, é invariável em número.

seita ⟨sei.ta⟩ s.f. Grupo de seguidores de uma doutrina, de uma ideologia ou de uma religião.

seiva ⟨sei.va⟩ s.f. Em algumas plantas, substância líquida com compostos orgânicos ou inorgânicos que circula por seu sistema vascular e que nutre as células.

seixo ⟨sei.xo⟩ s.m. Pedra lisa, pequena e arredondada que se encontra nas margens dos rios.

sela ⟨se.la⟩ s.f. Equipamento formado por uma armação de madeira, geralmente revestida de couro, que se coloca sobre o lombo de um animal de montaria para que uma pessoa se sente. ☐ ORTOGRAFIA É diferente de *cela*.

selar ⟨se.lar⟩ v.t.d. **1** Pôr selo em (uma correspondência ou outro documento): *Já selamos todos os envelopes*. **2** Colocar uma sela em (um animal de montaria): *Selou o cavalo para cavalgar*. **3** Fechar de modo que fique mais difícil de abrir: *O serralheiro selou as janelas para impedir a entrada de água*. **4** Fechar, concluir ou dar por terminado: *Ambas as partes selaram um contrato de compra*.

selaria ⟨se.la.ri.a⟩ s.f. Lugar em que se fabricam ou em que se vendem selas.

seleção ⟨se.le.ção⟩ (pl. *seleções*) s.f. **1** Ato ou efeito de selecionar. **2** Escolha ou eleição entre um conjunto ou um grupo. ☐ SIN. triagem. **3** Equipe formada pelos melhores esportistas escolhidos em diferentes lugares para participar de uma competição ou de um torneio: *Vestir a camisa da seleção foi o seu maior orgulho*. ‖ **seleção natural** Pressão seletiva exercida por um conjunto de fatores ambientais sobre as características genéticas de uma espécie, que resulta em uma maior frequência das espécies mais adaptadas nas gerações futuras.

selecionar ⟨se.le.ci.o.nar⟩ v.t.d. Escolher ou eleger entre um conjunto ou um grupo: *A empresa selecionou os profissionais mais preparados*.

seleiro, ra ⟨se.lei.ro, ra⟩ s. Pessoa que fabrica ou que vende selas, especialmente como profissão. ☐ ORTOGRAFIA É diferente de *celeiro*.

selênio ⟨se.lê.nio⟩ s.m. Elemento químico da família dos não metais, de número atômico 34, sólido, semicondutor e com características semelhantes ao enxofre. ☐ ORTOGRAFIA Seu símbolo químico é Se, sem ponto.

selenita ⟨se.le.ni.ta⟩ s.2g. Suposto habitante da Lua (satélite terrestre).

seleta ⟨se.le.ta⟩ s.f. **1** Coleção de textos ou trechos de textos de um ou mais autores, selecionados de acordo com algum critério. ☐ SIN. antologia. **2** Conjunto de legumes picados. **3** Variedade de laranja ou de pera, muito suculentas e aromáticas.

seletivo, va ⟨se.le.ti.vo, va⟩ adj. Que seleciona ou que implica uma seleção.

seleto, ta ⟨se.le.to, ta⟩ adj. Que é ou que se considera melhor em comparação a outro da mesma espécie.

self-service *(palavra inglesa)* (Pron. [self-sérvice]) s.m. **1** Sistema de venda pelo qual o cliente se serve daquilo que lhe interessa e paga ao sair do estabelecimento. **2** Estabelecimento comercial que utiliza esse sistema, especialmente se for um restaurante.

selim ⟨se.lim⟩ (pl. *selins*) s.m. **1** Em alguns veículos, especialmente se for em uma bicicleta, assento ou banco sobre o qual uma pessoa se senta. **2** Sela de montar, menor e mais simples que a comum.

selo ⟨se.lo⟩ (Pron. [sêlo]) s.m. **1** Pedaço pequeno de papel, com um desenho impresso, que se cola em um envelope ou em um pacote para enviá-los pelo correio. **2** Marca ou nome que um fabricante ou uma instituição dão a um produto para diferenciá-lo dos demais.

selva ⟨sel.va⟩ s.f. Floresta ou bosque que se caracterizam por vegetação abundante e variada.

selvagem ⟨sel.va.gem⟩ (pl. *selvagens*) adj.2g. **1** Da selva ou relacionado a ela. **2** Em relação a um animal, que não é domesticado: *O tigre, o leão e a onça são animais selvagens*. ☐ SIN. ferino, fero, feroz. **3** Em relação a uma planta, que nasce no campo de forma natural, sem cuidado nem cultivo. **4** Incontrolável, desmedido ou avassalador: *um comportamento selvagem*.

selvageria ⟨sel.va.ge.ri.a⟩ s.f. Aquilo que é dito ou feito de maneira selvagem.

sem prep. **1** Indica falta ou ausência: *Hoje estou sem dinheiro*. **2** Seguido de um verbo no infinitivo, funciona como negação: *Fiquei sem dormir a noite toda*. **3** Com exclusão ou exceção: *Vendeu a geladeira sem o recibo*. ‖ **sem mais nem menos** De repente: *Foi embora sem mais nem menos*. ‖ **sem que** Indica modo ou condição: *Não sairei sem que conversemos*.

semáforo ⟨se.má.fo.ro⟩ s.m. Sinalização de trânsito que emite sinais luminosos e que serve para controlar o tráfego. ☐ SIN. farol.

semana ⟨se.ma.na⟩ s.f. **1** Período de tempo de sete dias seguidos. **2** Período de tempo entre as segundas e as sextas-feiras: *Estudo durante a semana e descanso aos sábados e domingos*. ‖ **semana santa** No cristianismo, a última da Quaresma, que começa no Domingo de Ramos (entrada e aclamação de Jesus Cristo, o filho de Deus para os cristãos, em Jerusalém) e termina no Domingo de Ressurreição (subida de Jesus aos céus). ☐ ORTOGRAFIA Usa-se geralmente Semana Santa com iniciais maiúsculas por ser também um nome próprio.

semanal ⟨se.ma.nal⟩ (pl. *semanais*) adj.2g. **1** Que acontece ou que se repete a cada semana. ☐ SIN. hebdomadário. **2** Que dura uma semana ou que corresponde a ela: *um curso semanal*.

semanário ⟨se.ma.ná.rio⟩ s.m. Publicação que aparece a cada semana. ☐ SIN. hebdomadário.

semântica ⟨se.mân.ti.ca⟩ s.f. Parte da linguística que estuda o significado das palavras.

semântico, ca ⟨se.mân.ti.co, ca⟩ adj. Da semântica do significado das palavras ou relacionado a eles.

semblante ⟨sem.blan.te⟩ s.m. Expressão do rosto. ☐ SIN. fisionomia.

semear ⟨se.me.ar⟩ ▌v.t.d./v.int. **1** Espalhar (sementes) sobre um terreno para germinar ou colocar sementes na terra para que brotem: *Os agricultores semearam milho e algodão*. ▌v.t.d. **2** Espalhar ou esparramar: *Gostaria de saber quem semeou este boato!* **3** Dar motivo ou causar: *Não era sua intenção semear a discórdia*. ☐ ORTOGRAFIA O *e* muda para *ei* quando a sílaba tônica estiver na raiz do verbo →NOMEAR.

semelhança ⟨se.me.lhan.ça⟩ s.f. Conjunto de características que fazem uma coisa parecer com outra. ☐ SIN. parecença, similitude.

semelhante ⟨se.me.lhan.te⟩ ▌adj.2g. **1** Que é quase igual ou que se parece muito. ▌s.m. **2** Em relação a uma pessoa, outra qualquer. ▌pron.demons. **3** Tal, este ou aquele.

semelhar ⟨se.me.lhar⟩ v.t.d./v.t.d.i./v.prnl. →**assemelhar**

sêmen ⟨sê.men⟩ (pl. *sêmenes* ou *sêmens*) s.m. No sistema genital masculino, fluido orgânico que contém os espermatozoides. ☐ SIN. **esperma**.

semente ⟨se.men.te⟩ s.f. **1** Em uma planta, estrutura reprodutiva que contém o embrião de uma planta futura e os tecidos de reserva. **2** Aquilo que é a causa ou a origem de algo: *O respeito mútuo é a semente da boa convivência.*

sementeira ⟨se.men.tei.ra⟩ s.f. Terreno em que se espalham sementes para que germinem.

semestral ⟨se.mes.tral⟩ (pl. *semestrais*) adj.2g. **1** Que ocorre a cada seis meses. **2** Que dura seis meses: *um curso semestral.*

semestre ⟨se.mes.tre⟩ s.m. Período de tempo de seis meses seguidos.

sem-fim ⟨sem-fim⟩ (pl. *sem-fins*) s.m. Infinidade ou grande quantidade.

semi- Prefixo que significa *meio*: *semicírculo*, *seminovo*.

semianalfabeto, ta ⟨se.mi.a.nal.fa.be.to, ta⟩ adj./s. **1** Que ou quem não é totalmente alfabetizado. **2** *informal pejorativo* Que ou quem desconhece um assunto ou demonstra ter pouco conhecimento.

semiárido, da ⟨se.mi.á.ri.do, da⟩ adj. Em relação a uma região ou a um clima, que estão próximos a uma região ou a um clima árido.

semibreve ⟨se.mi.bre.ve⟩ s.f. **1** Em música, nota que é tida como referência para a duração das demais notas. **2** Símbolo dessa nota.

semicircular ⟨se.mi.cir.cu.lar⟩ adj.2g. Com formato de semicírculo.

semicírculo ⟨se.mi.cír.cu.lo⟩ s.m. Em geometria, cada uma das metades de um círculo separadas por um diâmetro. ☐ SIN. **hemiciclo**.

semicolcheia ⟨se.mi.col.chei.a⟩ s.f. **1** Em música, nota cuja duração equivale a 1/16 de uma semibreve. **2** Símbolo dessa nota.

semicondutor, -a ⟨se.mi.con.du.tor, to.ra⟩ (Pron. [semicondutór], [semicondutóra]) adj./s.m. Em eletricidade, em relação a um material, que conduz corrente elétrica com menor eficiência que um metal, e cuja capacidade de condução pode ser controlada.

semideus ⟨se.mi.deus⟩ s.m. **1** Em mitologia, herói que, por suas façanhas, passou a estar entre os deuses. **2** Em mitologia, filho de um deus ou de uma deusa com um mortal. ☐ GRAMÁTICA Seu feminino é *semideusa*.

semideusa ⟨se.mi.deu.sa⟩ Substantivo feminino de *semideus*.

semiesfera ⟨se.mi.es.fe.ra⟩ s.f. Em geometria, cada uma das metades de uma esfera dividida por um plano que passa por seu centro. ☐ SIN. **hemisfério**.

semiesférico, ca ⟨se.mi.es.fé.ri.co, ca⟩ adj. Com o formato de uma meia esfera.

semifinal ⟨se.mi.fi.nal⟩ (pl. *semifinais*) s.f. Em uma competição ou em um concurso, cada um dos penúltimos encontros ou das penúltimas provas que são ganhos por eliminação do adversário e não por pontos.

semifinalista ⟨se.mi.fi.na.lis.ta⟩ adj.2g./s.2g. Que ou quem joga ou compete em uma semifinal.

semifusa ⟨se.mi.fu.sa⟩ s.f. **1** Em música, nota cuja duração equivale a 1/64 de uma semibreve. **2** Símbolo dessa nota.

semimetal ⟨se.mi.me.tal⟩ (pl. *semimetais*) s.m. Elemento químico que tem propriedades intermediárias entre um metal e um não metal.

semimorto, ta ⟨se.mi.mor.to, ta⟩ (Pron. [semimôrto], [semimórta], [semimórtos], [semimórtas]) adj. Que está quase morto.

sem-terra

seminal ⟨se.mi.nal⟩ (pl. *seminais*) adj.2g. **1** Do sêmen ou relacionado a ele. **2** Que é produtivo e fecundo ou que inspira: *uma obra seminal.*

seminário ⟨se.mi.ná.rio⟩ s.m. **1** Instituição de ensino em que aqueles que serão padres estudam e se formam. **2** Congresso ou encontro científicos ou culturais em que há debates após as apresentações. **3** Conjunto de atividades desenvolvidas em comum pelo professor e os alunos para o aprendizado da teoria ou da prática de alguma disciplina: *um seminário de ciências.*

seminarista ⟨se.mi.na.ris.ta⟩ s.2g. Aluno de um seminário religioso.

semínima ⟨se.mí.ni.ma⟩ s.f. **1** Em música, nota cuja duração equivale a um quarto de uma semibreve. **2** Símbolo dessa nota.

seminovo, va ⟨se.mi.no.vo, va⟩ (Pron. [seminóvo], [seminóva], [seminóvos], [seminóvas]) adj. Que é quase novo ou que foi pouco usado: *um carro seminovo.*

seminu, -a ⟨se.mi.nu, nu.a⟩ adj. Que está quase nu.

semiologia ⟨se.mi.o.lo.gi.a⟩ s.f. Ciência que estuda as representações e os signos no sistema social. ☐ SIN. **semiótica**.

semiológico, ca ⟨se.mi.o.ló.gi.co, ca⟩ adj. Da semiologia ou relacionado a essa ciência. ☐ SIN. **semiótico**.

semiótica ⟨se.mi.ó.ti.ca⟩ s.f. Ciência que estuda as representações e os signos no sistema social. ☐ SIN. **semiologia**.

semiótico, ca ⟨se.mi.ó.ti.co, ca⟩ adj. Da semiótica ou relacionado a essa ciência. ☐ SIN. **semiológico**.

semiprecioso, sa ⟨se.mi.pre.ci.o.so, sa⟩ (Pron. [semiprecióso], [semipreciósa], [semipreciósos], [semipreciósas]) adj. Que tem menos valor que algo precioso, mas que tem alguma de suas características.

semita ⟨se.mi.ta⟩ ▮ adj.2g. **1** Dos semitas ou relacionado a esses povos descendentes de Sem (patriarca bíblico). ▮ adj.2g./s.2g. **2** Descendente de Sem (personagem bíblica, primogênita do patriarca de Noé).

semítico, ca ⟨se.mí.ti.co, ca⟩ adj. **1** Dos semitas ou relacionado a esses povos. **2** Em relação a uma língua, que pertence ao grupo de línguas faladas por esses povos: *O hebraico, o armênio e o árabe são línguas semíticas.*

semitismo ⟨se.mi.tis.mo⟩ s.m. **1** Em linguística, palavra, expressão ou construção sintática próprias das línguas semíticas empregadas em outra língua. **2** Admiração ou simpatia pela cultura dos povos semíticos ou judeus.

semitom ⟨se.mi.tom⟩ (pl. *semitons*) s.m. Em música, menor unidade ou intervalo entre duas notas. ☐ SIN. **meio-tom**.

semivogal ⟨se.mi.vo.gal⟩ (pl. *semivogais*) adj.2g./s.f. Em fonética e fonologia, em relação às vogais *i* ou *u*, quando são o último elemento de um ditongo.

sem-número ⟨sem-nú.me.ro⟩ s.m.2n. Número ou quantidade muito grandes ou incalculáveis.

sêmola ⟨sê.mo.la⟩ s.f. Massa alimentícia em forma de pequenos grãos, feita com farinha de trigo, arroz ou outro cereal.

sem-par ⟨sem-par⟩ adj.2g.2n. Singular ou que não há igual.

sempre ⟨sem.pre⟩ adv. **1** Em todo momento ou durante o tempo todo: *Sempre morou com os pais.* **2** De forma habitual ou com frequência: *Sempre vai a esse bar.* ‖ **sempre que** Toda vez que: *Sempre que posso, pratico esportes.*

sempre-viva ⟨sem.pre-vi.va⟩ (pl. *sempre-vivas*) s.f. **1** Planta herbácea com flores que duram por um longo período de tempo após serem cortadas. **2** Flor dessa planta.

sem-terra ⟨sem-ter.ra⟩ adj.2g.2n./s.2g.2n. Que ou quem não tem a posse legal da terra em que vive ou em que trabalha.

sem-teto

sem-teto ⟨sem-te.to⟩ adj.2g.2n./s.2g.2n. Que ou quem vive na rua por falta de moradia própria.

sem-vergonha ⟨sem-ver.go.nha⟩ (Pron. [sem-vergônha]) ▌adj.2g.2n. **1** Em relação a uma planta, que cria raízes e se desenvolve com facilidade. ▌adj.2g.2n./s.2g.2n. **2** *informal* Que ou quem é malicioso, desavergonhado ou sem pudor.

sena ⟨se.na⟩ s.f. Jogo de azar em que são premiados os bilhetes cujos seis números assinalados coincidem com os números sorteados.

senado ⟨se.na.do⟩ s.m. **1** Em países com Poder Legislativo, câmara cujos membros representam cada estado federal de um território nacional. **2** Lugar em que se realizam os encontros desses representantes. ☐ ORTOGRAFIA Na acepção 1, usa-se geralmente com inicial maiúscula por ser também um nome próprio.

senador, -a ⟨se.na.dor, do.ra⟩ (Pron. [senadôr], [senadôra]) s. Pessoa eleita pelo povo como membro do Senado, para um mandato com tempo determinado.

sena-madureirense ⟨se.na-ma.du.rei.ren.se⟩ (pl. *sena-madureirenses*) adj.2g./s.2g. De Sena Madureira ou relacionado a essa cidade do estado brasileiro do Acre.

senão ⟨se.não⟩ ▌s.m. **1** Falha ou erro pequeno. ▌conj. **2** Conectivo gramatical coordenativo (que une elementos do mesmo nível sintático), podendo expressar adversidade, alternativa ou condição: *Vamos embora, senão perderemos o ônibus*. ▌prep. **3** Indica exceção ou exclusão: *Não disse verdades, senão mentiras*. ☐ GRAMÁTICA Na acepção 1, o plural é *senões*.

senda ⟨sen.da⟩ s.f. Caminho estreito. ☐ SIN. vereda.

senegalês, -a ⟨se.ne.ga.lês, le.sa⟩ (Pron. [senegalês], [senegalêsa]) adj./s. De Senegal ou relacionado a esse país africano.

senha ⟨se.nha⟩ (Pron. [sênha]) s.f. **1** Caractere ou combinação de caracteres que permitem o acesso a algo ou fazem com que funcione um mecanismo ou um aparelho. **2** Código de sinais estabelecido para a transmissão de uma mensagem secreta. **3** Em um serviço de atendimento, bilhete ou papel numerado que se entregam às pessoas para que sejam atendidas de acordo com a ordem de chegada.

senhor, -a ⟨se.nhor, nho.ra⟩ (Pron. [senhôr], [senhóra ou senhôra]) ▌adj. **1** *informal* Antes de alguns substantivos, intensifica o significado desses. ▌s. **2** Dono de algo ou que tem domínio sobre ele. **3** Pessoa de certa idade: *Cedeu gentilmente seu assento a uma senhora*. **4** Tratamento de respeito que se dá a uma pessoa, especialmente se for adulta e não houver familiaridade entre os falantes: *Senhor, sua carteira caiu no chão*. ▌s.m. **5** Possuidor de estados e lugares, especialmente se tem sobre eles domínio e jurisdição.

senhora ⟨se.nho.ra⟩ (Pron. [senhóra ou senhôra]) s.f. **1** Feminino de *senhor*. **2** Mulher casada ou esposa.

senhor de engenho ⟨se.nhor de en.ge.nho⟩ (Pron. [senhôr de engenho]) (pl. *senhores de engenho*) s.m. Pessoa que possui um engenho de cana-de-açúcar.

senhoria ⟨se.nho.ri.a⟩ s.f. Qualidade de senhor ou de senhora.

senhorial ⟨se.nho.ri.al⟩ (pl. *senhoriais*) adj.2g. **1** Do senhor, do senhorio, ou relacionado a eles. **2** Da nobreza, da aristocracia, ou relacionado a elas: *um ar senhorial*.

senhorio, a ⟨se.nho.ri.o, a⟩ ▌s. **1** Pessoa que é proprietária de imóvel e que o aluga. ▌s.m. **2** Domínio ou posse sobre algo.

senhorita ⟨se.nho.ri.ta⟩ s.f. **1** Mulher solteira. **2** Tratamento de respeito que se dá a uma mulher solteira.

senil ⟨se.nil⟩ (pl. *senis*) adj.2g. Da velhice ou relacionado a ela.

senilidade ⟨se.ni.li.da.de⟩ s.f. Estado da pessoa que apresenta debilidade física ou mental por causa da idade avançada.

sênior ⟨sê.nior⟩ ▌adj.2g. **1** Que tem mais experiência em uma atividade ou em um ofício. ▌adj.2g./s.m. **2** Em relação a um esportista, que, pela idade, pertence à categoria superior ou posterior à de júnior. ☐ GRAMÁTICA Na acepção 2, usa-se tanto para o masculino quanto para o feminino: *(ele/ela) é um sênior*.

seno ⟨se.no⟩ s.m. Em trigonometria, em um triângulo retângulo, razão entre o cateto oposto de um ângulo e a hipotenusa.

sensação ⟨sen.sa.ção⟩ (pl. *sensações*) s.f. **1** Impressão captada pelos sentidos. **2** Efeito surpreendente ou impacto causados por algo: *Seu carro novo foi a maior sensação no bairro*. **3** Pressentimento ou impressão que se tem de algo: *Estava com a sensação de que ela não voltaria*.

sensacional ⟨sen.sa.ci.o.nal⟩ (pl. *sensacionais*) adj.2g. Que chama muito a atenção ou que causa sensação.

sensacionalismo ⟨sen.sa.ci.o.na.lis.mo⟩ s.m. Tendência ou costume de apresentar determinados assuntos considerados escandalosos ou impactantes, sem se preocupar com a veracidade da informação e visando chamar a atenção ou chocar a opinião pública.

sensacionalista ⟨sen.sa.ci.o.na.lis.ta⟩ adj.2g./s.2g. Que ou quem tende a apresentar os aspectos mais chamativos de algo.

sensatez ⟨sen.sa.tez⟩ (Pron. [sensatêz]) s.f. Qualidade de sensato.

sensato, ta ⟨sen.sa.to, ta⟩ adj. **1** Prudente, cauteloso ou que reflete antes de agir. **2** Que tem bom senso ou fundamento lógico ou racional: *uma resposta sensata*.

sensibilidade ⟨sen.si.bi.li.da.de⟩ s.f. **1** Capacidade de sentir algo. **2** Capacidade, inclinação ou disposição favorável: *Tem grande sensibilidade para tocar piano*. **3** Capacidade para manifestar sentimentos de compaixão, de ternura ou de compreensão, especialmente se for em momentos difíceis e delicados: *Os médicos precisam de muita sensibilidade para lidar com pacientes em fase terminal*. **4** Capacidade de resposta a pequenos estímulos: *Depois do clareamento dos dentes, passei a ter sensibilidade a bebidas geladas*.

sensibilizar ⟨sen.si.bi.li.zar⟩ ▌v.t.d. **1** Atrair a atenção, impressionar ou emocionar. ▌v.t.d./v.int./v.prnl. **2** Tornar(-se) sensível.

sensitiva ⟨sen.si.ti.va⟩ s.f. Arbusto com flores amarelas agrupadas em inflorescências, estames numerosos, compridos e muito cheirosos, e cujas folhas, compostas por outras menores, contraem-se e se fecham quando tocadas ou agitadas. ☐ SIN. mimosa.

sensitivo, va ⟨sen.si.ti.vo, va⟩ ▌adj. **1** Dos sentidos ou relacionado a eles. ▌adj./s. **2** Que ou quem possui poderes paranormais de percepção da realidade.

sensível ⟨sen.sí.vel⟩ (pl. *sensíveis*) adj.2g. **1** Que tem capacidade de sentir. **2** Que se impressiona ou que se emociona com facilidade. **3** Que é evidente ou que se nota facilmente: *Fez sensíveis progressos em Matemática*. **4** Em relação especialmente a um instrumento, que reage facilmente ou de forma rápida à ação de um fenômeno ou de um agente natural: *uma balança sensível*.

senso ⟨sen.so⟩ s.m. Sensatez, juízo ou ponderação na forma de agir. ‖ **bom senso** Capacidade para distinguir dois extremos, especialmente o certo do errado ou o verdadeiro do falso, e agir corretamente em relação a eles: *Reagiu com bom senso, sem perder a calma*. ‖ **senso comum** Conjunto de opiniões e características predominantes em determinado contexto social e que são aceitas como verdades intrínsecas, sem questionamentos nem contestações. ☐ ORTOGRAFIA É diferente de *censo*.

sensor ⟨sen.sor⟩ (Pron. [sensôr]) s.m. Dispositivo que capta determinados fenômenos ou alterações e que os transmite de forma adequada, muito usado com o propósito de sondagem ou de localização. ▫ ORTOGRAFIA É diferente de censor.

sensorial ⟨sen.so.ri.al⟩ (pl. sensoriais) adj.2g. Dos órgãos do sentido ou relacionado a eles. ▫ SIN. sensório.

sensório, ria ⟨sen.só.rio, ria⟩ adj. Dos órgãos do sentido ou relacionado a eles. ▫ SIN. sensorial. ▫ ORTOGRAFIA É diferente de censório.

sensual ⟨sen.su.al⟩ (pl. sensuais) ▌adj.2g. **1** Que incita ou satisfaz o prazer dos sentidos. **2** Que atrai fisicamente ou que desperta o desejo sexual: uma dança sensual. ▌adj.2g./s.2g. **3** Que ou quem é inclinado aos prazeres dos sentidos.

sensualidade ⟨sen.su.a.li.da.de⟩ s.f. **1** Qualidade de sensual. **2** Capacidade de despertar o interesse ou o desejo sexual. **3** Inclinação ou disposição aos prazeres sensuais ou do sexo.

sentar ⟨sen.tar⟩ ▌v.t.i./v.int./v.prnl. **1** Apoiar-se sobre as nádegas [em um lugar]: Preferiu sentar no sofá. Sentou no fundo da sala. Sentaram-se em roda durante a brincadeira. ▌v.t.d./v.t.d.i. **2** Colocar (alguém) apoiado sobre as nádegas [em um lugar]: O pai sentou a filha no balanço.

sentença ⟨sen.ten.ça⟩ s.f. **1** Resolução de um juiz ou de um tribunal que põe fim a um julgamento ou a um processo. **2** Frase breve que expressa um princípio moral ou um ensinamento: Ele sempre profere a sentença: Ajudar aos demais é ajudar a si próprio. **3** Em linguística, frase ou oração: Onde está meu livro? é uma sentença.

sentenciar ⟨sen.ten.ci.ar⟩ ▌v.int. **1** Dar ou pronunciar uma sentença. ▌v.t.d./v.t.d.i. **2** Condenar ou castigar (alguém) [a uma pena]: O infrator foi sentenciado a pagar multa.

sentencioso, sa ⟨sen.ten.ci.o.so, sa⟩ (Pron. [sentenciôso], [sentenciósa], [sentenciósos], [sentenciósas]) adj. Em relação ao tom ou ao modo de falar, que apresentam certa gravidade, como quando se pronuncia normalmente uma sentença.

sentido, da ⟨sen.ti.do, da⟩ ▌adj. **1** Que se magoa ou se ofende com facilidade. ▌s.m. **2** Capacidade para perceber, mediante determinados órgãos corporais, impressões externas. **3** Entendimento ou capacidade de raciocinar: Ao bater a cabeça, perdeu os sentidos. **4** Lógica, finalidade ou razão de ser: Bêbado, falava coisas sem sentido. **5** Significado de uma palavra ou de um conjunto de palavras em determinado contexto: O sentido da frase era ambíguo. **6** Cada uma das duas orientações que tem uma mesma direção: uma rua de duplo sentido. **7** Orientação, direção ou rumo: um voo sentido São Paulo/Belo Horizonte ▌interj. **8** Em uma corporação militar, expressão que indica pedido de atenção. ‖ **sexto sentido** Qualidade especial para perceber, por meio da intuição, aquilo que não é percebido pelos demais. ▫ USO Na acepção 3, usa-se geralmente a forma plural sentidos.

sentimental ⟨sen.ti.men.tal⟩ (pl. sentimentais) ▌adj.2g. **1** Dos sentimentos ou relacionado a eles. **2** Que expressa ou causa sentimentos, geralmente de amor, ternura ou pena: um filme sentimental. ▌adj.2g./s.2g. **3** Que ou quem se deixa levar pelos sentimentos ou mostra sensibilidade de um modo geralmente exagerado.

sentimentalismo ⟨sen.ti.men.ta.lis.mo⟩ s.m. **1** Qualidade ou condição de sentimental. **2** Manifestação exagerada dos sentimentos. **3** Emoção superficial, desmotivada ou sem causa justificável.

sentimento ⟨sen.ti.men.to⟩ s.m. **1** Parte afetiva e emocional de uma pessoa. **2** Estado de espírito: De repente, um sentimento de angústia o invadiu.

sentinela ⟨sen.ti.ne.la⟩ ▌s.2g. **1** Pessoa encarregada de velar ou de cuidar com a máxima atenção. ▫ SIN. atalaia, vigia, vigilante. ▌s.f. **2** Soldado geralmente armado encarregado de vigiar um posto.

sentir ⟨sen.tir⟩ ▌v.t.d. **1** Perceber por meio dos sentidos: Sentimos um vento frio. **2** Experimentar (uma sensação ou um sentimento): Durante a noite, começou a sentir dores nas costas. **3** Pressentir ou ter a impressão de (algo que ainda não aconteceu): Sentíamos que ele ia revelar algo a qualquer momento. ▌v.t.d./v.t.d.i. **4** Ser atingido ou sensibilizado por (um sentimento de comoção) [por alguém]: Sentia pena do amigo. ▌v.t.i. **5** Compartilhar um sentimento, geralmente ruim ou doloroso [com alguém]: A batida foi forte, sinto pelo dono do carro. ▌v.int. **6** Ter pesar ou lamentar: Sentimos por seu falecimento. ▌v.prnl. **7** Encontrar-se ou estar em um estado ou uma situação: Sentiu-se melhor ao tomar o medicamento. ▫ GRAMÁTICA É um verbo irregular →SERVIR.

senzala ⟨sen.za.la⟩ s.f. No período colonial brasileiro, lugar que servia de casa ou alojamento para os escravos das fazendas. ▫ ORIGEM É uma palavra de origem africana. ▫ ORTOGRAFIA Escreve-se também sanzala.

sépala ⟨sé.pa.la⟩ s.f. Em uma flor, cada uma das partes mais externas que formam o cálice, e que podem ter a função de protegê-la quando ela ainda é um botão.

separação ⟨se.pa.ra.ção⟩ (pl. separações) s.f. **1** Ato ou efeito de separar(-se). **2** Término ou interrupção da vida em comum de dois cônjuges.

separar ⟨se.pa.rar⟩ ▌v.t.d./v.t.d.i./v.prnl. **1** Desunir ou distanciar (um elemento) [de outro] ou afastar-se: Separamos os livros dos cadernos. ▌v.prnl. **2** Interromper a vida em comum por conformidade ou por resolução judicial sem que haja a ruptura do vínculo matrimonial (dois cônjuges): Separaram-se amigavelmente. ▌v.t.d./v.t.d.i. **3** Guardar ou reservar (algo) [para um determinado fim]: Todo mês ela separa um dinheiro para a viagem. ▌v.t.d. **4** Partir, isolar ou fazer com que deixe de ser um só: Uma cerca separa os dois terrenos.

separata ⟨se.pa.ra.ta⟩ s.f. Artigo ou capítulo de uma obra impressa que se publicam separadamente.

separatismo ⟨se.pa.ra.tis.mo⟩ s.m. Tendência ou movimento políticos que defendem a separação ou emancipação de um território com o objetivo de formar um Estado independente ou se anexar a outro país.

sépia ⟨sé.pia⟩ ▌adj.2g.2n./s.m. **1** De cor marrom-avermelhada. ▌s.f. **2** Molusco marinho semelhante à lula, de corpo oval com dez tentáculos e uma única nadadeira ao redor do corpo.

septicemia ⟨sep.ti.ce.mi.a⟩ s.f. Processo infeccioso grave causado pela multiplicação de germes patogênicos que passaram do sangue.

septo ⟨sep.to⟩ s.m. Tecido vivo que divide duas áreas de um órgão ou de uma estrutura de animais ou de plantas. ‖ **septo nasal** No sistema respiratório, cartilagem reta e fina que separa as duas cavidades do nariz.

septuagenário, ria ⟨sep.tu.a.ge.ná.rio, ria⟩ adj./s. Que ou quem tem mais de setenta anos e ainda não completou os oitenta. ▫ ORTOGRAFIA Escreve-se também setuagenário.

septuagésimo, ma ⟨sep.tu.a.gé.si.mo, ma⟩ numer. **1** Em uma série, que ocupa o lugar de número setenta. **2** Em relação a uma parte, que compõe um todo se somada com outras 69 iguais a ela. ▫ ORTOGRAFIA Escreve-se também setuagésimo.

séptuplo, pla ⟨sép.tu.plo, pla⟩ ▌numer. **1** Que consta de sete ou é adequado para sete. ▌adj./s.m. **2** Em relação a uma quantidade, que é sete vezes maior: O séptuplo de dez é setenta. ▫ ORTOGRAFIA Escreve-se também sétuplo.

sepulcral

sepulcral ⟨se.pul.cral⟩ (pl. *sepulcrais*) adj.2g. Do sepulcro, com alguma de suas características ou relacionado a ele.

sepulcro ⟨se.pul.cro⟩ s.f. **1** Lugar onde se enterram os mortos. ▫ SIN. jazigo, sepultura, tumba, túmulo. **2** Em um altar, cavidade na qual se depositam relíquias: *As relíquias daquele santo foram colocadas no sepulcro da catedral.*

sepultamento ⟨se.pul.ta.men.to⟩ s.m. Ato ou efeito de sepultar.

sepultar ⟨se.pul.tar⟩ v.t.d. **1** Dar sepultura a (um cadáver). ▫ SIN. enterrar. **2** Ocultar ou esconder (algo): *Pediu ao irmão que sepultasse seu segredo.* **3** Dar fim a ou acabar com (algo): *A nova resolução sepultou suas esperanças de vez.*

sepultura ⟨se.pul.tu.ra⟩ s.f. Lugar onde se enterram os mortos. ▫ SIN. jazigo, sepulcro, tumba, túmulo.

sequaz ⟨se.quaz⟩ ▌ adj.2g./s.2g. **1** Que ou quem segue o grupo ou as ideias e posições de alguém. ▌ s.2g. **2** Pessoa cúmplice ou comparsa de um criminoso.

sequela ⟨se.que.la⟩ (Pron. [seqüela]) s.f. Consequência ou marca, especialmente se forem negativas.

sequência ⟨se.quên.cia⟩ (Pron. [seqüência]) s.f. **1** Série ou sucessão de elementos encadeados ou relacionados entre si. **2** Em cinema, vídeo ou televisão, sucessão ininterrupta de planos ou de cenas que têm uma unidade dentro do filme: *O filme apresenta sequências violentas.* **3** Em matemática, encadeamento ordenado de números gerado por meio de uma fórmula: *2, 4, 8, 16... é uma sequência.*

sequer ⟨se.quer⟩ adv. Pelo menos ou ao menos: *Não quis aguardar sequer alguns minutos.*

sequestrador, -a ⟨se.ques.tra.dor, do.ra⟩ (Pron. [sequestradôr], [sequestradôra]) adj./s. Que ou quem comete um sequestro.

sequestrar ⟨se.ques.trar⟩ (Pron. [seqüestrar]) v.t.d. **1** Reter (alguém), geralmente pela força e com intenção de exigir um resgate em troca de sua liberdade: *Uma quadrilha sequestrou o jornalista.* **2** Tomar o comando de (um meio de transporte) por meio de força armada, retendo sua tripulação e seus passageiros, para exigir um resgate ou a concessão de determinados pedidos em troca de liberdade: *Dois terroristas sequestraram um avião.*

sequestro ⟨se.ques.tro⟩ (Pron. [seqüestro]) s.m. **1** Retenção de uma pessoa pela força, geralmente com intenção de exigir um resgate em troca de sua colocação em liberdade. **2** Apropriação de um meio de transporte e retenção de sua tripulação e de seus passageiros por meio de força, geralmente para exigir um resgate ou a concessão de determinados pedidos em troca de sua colocação em liberdade. ▌ **sequestro relâmpago** Aquele em que se retém uma pessoa por um curto período de tempo, obrigando-a a retirar dinheiro em um banco ou caixa eletrônico para entregá-lo ao sequestrador.

sequidão ⟨se.qui.dão⟩ (pl. *sequidões*) s.f. **1** Ausência de líquido ou de umidade. ▫ SIN. secura. **2** Sensação causada pela necessidade de beber algo: *Sentia uma sequidão na garganta.* **3** Falta de carinho ou de amabilidade: *Suas palavras eram cheias de sequidão.* ▫ SIN. secura.

sequilho ⟨se.qui.lho⟩ s.m. Biscoito seco e quebradiço, geralmente feito à base de polvilho.

sequioso, sa ⟨se.qui.o.so, sa⟩ (Pron. [sequiôso], [sequiósa], [sequiósos], [sequiósas]) adj. Que deseja ou que necessita intensamente. ▫ SIN. sedento.

séquito ⟨sé.qui.to⟩ s.m. Conjunto de pessoas que acompanham alguém importante ou famoso.

sequoia ⟨se.quoi.a⟩ (Pron. [sequóia]) s.f. Árvore conífera de grande porte, de tronco muito lenhoso, copa estreita e folhas persistentes.

ser ▌ s.m. **1** Aquilo que existe ou que pode existir. **2** Pessoa ou indivíduo. **3** Essência ou natureza: *A bondade faz parte do seu ser.* ▌ v.pred. **4** Possuir ou estar sob {uma qualidade ou condição, especialmente se for de forma inerente, permanente ou duradoura}: *Sua mãe é loira. Sou brasileiro.* **5** Consistir em {uma ação}: *Sua maior alegria é poder estudar.* ▌ v.pred./v.int. **6** Em relação a um acontecimento, suceder ou ocorrer {de determinada maneira}: *Ninguém sabe como foi o acidente.* ▌ v.pred. **7** Em relação a uma mercadoria, valer ou custar {uma quantia}: *Quanto é este caderno?* ▫ SIN. estar. ▌ v.pred. **8** Corresponder ou pertencer {a alguém}: *Aquele carro azul é do meu pai.* **9** Acontecer {uma hora ou data}: *Já é meio-dia. Amanhã será domingo.* **10** Em relação a uma operação aritmética, resultar em {determinado valor}: *Cinco mais dois são sete.* ‖ **ser de** verbo no infinitivo: Ter como consequência ou provocar reação de (uma ação expressa por um verbo no infinitivo): *Como não estudou, já era de esperar que fosse reprovado. Aquele comentário foi de doer.* ▫ GRAMÁTICA **1.** É um verbo anômalo →SER. **2.** Na acepção 9, é um verbo impessoal: só se usa nas terceiras pessoas do singular e do plural, no particípio, no gerúndio e no infinitivo. ▫ USO Usa-se também como verbo auxiliar para formar voz passiva (*foi feito*).

serafim ⟨se.ra.fim⟩ (pl. *serafins*) s.m. Anjo que está diante do trono de Deus.

serão ⟨se.rão⟩ (pl. *serões*) s.m. **1** Trabalho noturno após o expediente regular. **2** Duração desse trabalho. **3** Período de tempo entre o jantar e o horário de dormir.

sereia ⟨se.rei.a⟩ s.f. **1** Na mitologia greco-romana, ninfa ou divindade menor que vivia no mar e que tinha corpo de mulher de cabeça até a cintura e de peixe ou de ave da cintura até os pés. **2** Mulher bonita e atraente.

serelepe ⟨se.re.le.pe⟩ ▌ adj.2g. **1** Que é inquieto, esperto ou que tem muita vitalidade. **2** Que é gracioso, bonito ou elegante. ▌ s.m. **3** Esquilo de pequeno porte, com corpo marrom-escuro e de cauda longa e alaranjada. ▫ SIN. caxinguelê. ▫ GRAMÁTICA Na acepção 3, é um substantivo epiceno: *o serelepe (macho/fêmea)*. ▫ USO Na acepção 1, é uma palavra muito comum nos estados brasileiros do Rio de Janeiro e de São Paulo.

serenar ⟨se.re.nar⟩ v.t.d./v.int./v.prnl. Tornar(-se) sereno ou ficar sossegado ou calmo: *As palavras do amigo o serenaram. O mar serenou.*

serenata ⟨se.re.na.ta⟩ s.f. Composição musical, geralmente de caráter poético, de melodia simples e estilo contemplativo. ▫ SIN. seresta.

serenidade ⟨se.re.ni.da.de⟩ s.f. Condição ou estado de sereno.

sereno, na ⟨se.re.no, na⟩ ▌ adj. **1** Calmo, tranquilo ou sem agitação. **2** Agradável ou sossegado: *um ambiente sereno.* ▌ s.m. **3** Relento ou orvalho da noite.

seresta ⟨se.res.ta⟩ s.f. Composição musical, geralmente de caráter poético, de melodia simples e estilo contemplativo. ▫ SIN. serenata.

seresteiro, ra ⟨se.res.tei.ro, ra⟩ s. Pessoa que compõe ou que participa de serestas ou de serenatas.

sergipano, na ⟨ser.gi.pa.no, na⟩ adj./s. De Sergipe ou relacionado a esse estado brasileiro.

seriado ⟨se.ri.a.do⟩ s.m. Programa transmitido em capítulos pela televisão.

serial ⟨se.ri.al⟩ (pl. *seriais*) adj.2g. Da série ou relacionado a ela.

serial killer *(palavra inglesa)* (Pron. [serial quíler]) s.2g. Assassino que comete homicídios sequenciais, geralmente da mesma natureza. ▫ SIN. assassino em série.

seriar ⟨se.ri.ar⟩ v.t.d. Pôr, ordenar ou classificar em série.

série ⟨sé.rie⟩ s.f. **1** Sequência ou conjunto de coisas relacionadas entre si. **2** Conjunto de pessoas ou coisas que têm algo em comum: *Passou por uma série de situações pouco habituais.* **3** No rádio ou na televisão, obra ou programa que se transmite por capítulos. **4** Em educação, cada um dos anos letivos que correspondem ao ensino: *Estamos na terceira série do Ensino Fundamental.* ‖ **fora de série** Muito bom ou melhor que aquilo que se considera normal: *um jogador fora de série.*

seriedade ⟨se.ri.e.da.de⟩ s.f. **1** Qualidade de sério. **2** Retidão, responsabilidade nos atos ou integridade de caráter. **3** Gravidade, severidade ou falta de humor ou de alegria: *Respondeu com muita seriedade.*

seriema ⟨se.ri.e.ma⟩ s.f. Ave terrestre de médio porte, bico vermelho e curvado com um penacho, plumagem cinzenta a vermelha, e que se alimenta de insetos, lagartos e pequenas cobras. ◻ GRAMÁTICA É um substantivo epiceno: *a seriema (macho/fêmea).*

serigrafia ⟨se.ri.gra.fi.a⟩ s.f. Técnica de impressão em que a imagem é gravada por meio de uma tela sobre a qual se coloca tinta.

seringa ⟨se.rin.ga⟩ s.f. Instrumento formado por um tubo estreito em um de seus extremos, com um êmbolo em seu interior, e que se utiliza para aspirar, eliminar, injetar ou ejetar líquidos.

seringal ⟨se.rin.gal⟩ (pl. *seringais*) s.m. **1** Plantação de seringueira. **2** Propriedade rural à margem dos rios, especialmente se for na região amazônica.

seringalista ⟨se.rin.ga.lis.ta⟩ s.2g. Proprietário de um seringal. ◻ SIN. seringueiro.

seringueira ⟨se.rin.guei.ra⟩ s.f. Árvore de grande porte com folhas compostas por outras três menores, flores pequenas e amareladas, de madeira branca e de cuja casca se extrai o látex para a fabricação da borracha natural. [◉ árvores p. 79]

seringueiro, ra ⟨se.rin.guei.ro, ra⟩ s. **1** Pessoa que extrai o látex da seringueira para a fabricação da borracha. **2** Proprietário de um seringal. ◻ SIN. seringalista.

sério, ria ⟨sé.rio, ria⟩ ∎ adj. **1** Responsável, rigoroso ou cuidadoso na forma de agir. **2** De aspecto severo ou que impõe respeito. **3** Importante ou de consideração: *uma doença séria.* ∎ adv. **4** Com seriedade: *Nunca falou tão sério em toda a sua vida.* ‖ **a sério** Com seriedade: *Falou a sério quando disse que ia embora.* ‖ **{sair/tirar} do sério** Agir ou fazer agir de forma diferente do que se considera normal: *Saímos do sério quando vimos aquela injustiça.*

sermão ⟨ser.mão⟩ (pl. *sermões*) s.m. **1** Discurso de caráter didático e religioso pronunciado por um sacerdote com o objetivo de moralizar ou influenciar os fiéis. **2** Advertência ou conselho, especialmente se forem longos e enfadonhos.

serosidade ⟨se.ro.si.da.de⟩ s.f. **1** Líquido secretado pelas membranas serosas do corpo. **2** Líquido que se acumula nas bolhas que saem na pele.

seroso, sa ⟨se.ro.so, sa⟩ (Pron. [serôso], [serósa], [serósos], [serósas]) adj. **1** Do soro, da serosidade, com suas características ou relacionado a eles. **2** Que produz serosidade.

serpentário ⟨ser.pen.tá.rio⟩ s.m. Lugar em que se criam cobras, especialmente se for para realizar pesquisas.

serpente ⟨ser.pen.te⟩ s.f. **1** Réptil de corpo cilíndrico, escamoso e comprido, que não tem patas e que vive na terra ou na água. **2** *informal pejorativo* Pessoa traiçoeira. ◻ GRAMÁTICA Na acepção 2, usa-se tanto para o masculino quanto para o feminino: *(ele/ela) é uma serpente.*

serpentear ⟨ser.pen.te.ar⟩ v.int. **1** Mover-se ou arrastar-se dando voltas sinuosas como as serpentes. **2** Dispor-se em curvas sinuosas. ◻ ORTOGRAFIA O e muda para *ei* quando a sílaba tônica estiver na raiz do verbo →NOMEAR.

serpentina ⟨ser.pen.ti.na⟩ s.f. **1** Tira de papel estreita e colorida, enrolada em si mesma, e que se lança ao ar mantendo presa uma de suas pontas, geralmente em festas ou no Carnaval. **2** Tubo metálico, comprido e retorcido em formato de espiral, geralmente usado para esfriar líquidos e vapores.

serra ⟨ser.ra⟩ s.f. **1** Ferramenta formada por uma lâmina dentada, que serve para cortar madeira ou outros objetos duros. **2** Cordilheira montanhosa de pouca extensão ou com muitos morros e penhascos cortados.

serragem ⟨ser.ra.gem⟩ (pl. *serragens*) s.f. Conjunto de partículas de madeira que se desprendem ao serrar.

serra-leonês, -a ⟨ser.ra-le.o.nês, ne.sa⟩ (Pron. [serra-leonês], [serra-leonêsa]) (pl. *serra-leoneses*) adj./s. De Serra Leoa ou relacionado a esse país africano.

serralheiro, ra ⟨ser.ra.lhei.ro, ra⟩ s. Pessoa que se dedica profissionalmente a criar, manipular ou consertar objetos de ferro.

serralho ⟨ser.ra.lho⟩ s.m. **1** Parte do palácio de um sultão muçulmano reservado às mulheres. ◻ SIN. harém. **2** Estabelecimento em que se exerce a prostituição.

serrania ⟨ser.ra.ni.a⟩ s.f. Conjunto ou série de montanhas e morros.

serrano, na ⟨ser.ra.no, na⟩ adj./s. De uma serra, de uma serrania ou relacionado a elas.

serrar ⟨ser.rar⟩ v.t.d./v.int. Cortar ou dividir(-se) com uma serra ou um serrote. ◻ ORTOGRAFIA É diferente de *cerrar*.

serraria ⟨ser.ra.ri.a⟩ s.f. Estabelecimento comercial ou oficina em que se serra madeira.

serrilha ⟨ser.ri.lha⟩ s.f. Em um objeto, parte recortada ou dentada em forma de serra.

serrilhar ⟨ser.ri.lhar⟩ v.t.d. Fazer serrilha em (um papel ou um material semelhante).

serrote ⟨ser.ro.te⟩ s.m. Serra manual de folha larga, com uma empunhadura de madeira.

sertanejo, ja ⟨ser.ta.ne.jo, ja⟩ (Pron. [sertanêjo]) adj./s. **1** Do sertão ou relacionado a ele. **2** Que ou quem vive no sertão.

sertanista ⟨ser.ta.nis.ta⟩ ∎ adj.2g. **1** Do sertão ou relacionado a ele. ∎ adj.2g./s.2g. **2** Que ou quem é especializado no sertão.

sertão ⟨ser.tão⟩ (pl. *sertões*) s.m. Região semiárida e seca, distante das áreas urbanizadas, cujo solo é pedregoso e a vegetação é escassa.

servente ⟨ser.ven.te⟩ s.2g. Em certos estabelecimentos, pessoa encarregada das tarefas de limpeza e arrumação.

serventia ⟨ser.ven.ti.a⟩ s.f. **1** Benefício, proveito ou utilidade de algo. **2** Estado ou condição de pessoa que serve.

serventuário, ria ⟨ser.ven.tu.á.rio, ria⟩ s. **1** Pessoa que ocupa as funções de outra em período temporário. **2** Pessoa que ocupa cargo público autorizado pelo Estado, cuja remuneração é feita mediante o serviço prestado.

serviçal ⟨ser.vi.çal⟩ (pl. *serviçais*) ∎ adj.2g. **1** Dos criados, dos servos, ou relacionado a eles. **2** Que serve com cuidado e que está sempre pronto a servir. ∎ s.2g. **3** Pessoa encarregada dos serviços domésticos.

serviço ⟨ser.vi.ço⟩ s.m. **1** Trabalho ou atividade feitos em troca de um salário. **2** Lugar em que se realizam esse trabalho, essa atividade ou esse ofício: *A que horas você sai para o serviço?* **3** Benefício ou favor feitos a outra pessoa. **4** Conjunto de objetos que se utilizam para algo: *Como presente de casamento, recebeu um serviço de jantar.* **5** Em economia, satisfação de necessidades que não consistem na produção de bens materiais: *A hotelaria, os bancos e o transporte pertencem ao setor de serviços.* **6** Em alguns esportes, especialmente no tênis, saque ou colocação da bola em jogo. **7** *informal* Mandinga feita a mando de alguém. ‖ **de serviço** 1 Desempenhando um cargo ou uma função durante um turno de trabalho: *Não beberam álcool, pois estavam de serviço.* 2 Em relação a uma via de acesso, que é própria para funcionários ou empregados ou para a entrega de mercadorias: *um elevador de serviço.*

servidão

servidão ⟨ser.vi.dão⟩ (pl. *servidões*) s.f. **1** Estado ou condição de escravo ou de servo. **2** Sujeição ou submissão de uma pessoa a outra.

servidor, -a ⟨ser.vi.dor, do.ra⟩ (Pron. [servidôr], [servidôra]) ▌s. **1** Pessoa que é empregada ou funcionária, especialmente se for do serviço público. ▌s.m. **2** Em informática, computador que fornece a outro algum tipo de serviço disponível por meio de uma rede.

servil ⟨ser.vil⟩ (pl. *servis*) adj.2g. Do servo, da servidão, ou relacionado a eles.

servir ⟨ser.vir⟩ ▌v.t.d./v.t.i./v.int. **1** Trabalhar para (uma pessoa ou uma instituição) ou exercer uma atividade ou um ofício [em um lugar]: *Os dois irmãos servem na mesma empresa.* ▌v.t.d./v.t.i. **2** Estar a serviço de (algo ou alguém) ou fazer algo em benefício ou em favor [dele]: *Sempre quis ser médico, para poder servir os outros.* ▌v.t.i. **3** Valer ou ser de utilidade [para alguém]: *O verão que passou em Londres lhe serviu para melhorar o inglês.* ▌v.t.d./v.t.i. **4** Estar sujeito [a alguém], fazendo aquilo que ele quiser ou dispuser: *No período colonial, os escravos serviam aos seus senhores.* ▌v.t.d./v.t.i. **5** Em um restaurante ou em um estabelecimento comercial, atender (os clientes ou frequentadores): *O garçom nos serviu muito bem.* ▌v.t.d. **6** Em relação a uma comida ou a uma bebida, colocá-las em um recipiente individual próprio: *Costuma-se servir o vinho branco frio.* ▌v.t.d./v.t.i./v.int. **7** Prestar serviço militar obrigatório [às Forças Armadas]: *Sua filha quer servir à Marinha.* ▌v.t.i./v.int. **8** Ser útil, adequado ou conveniente [para um fim]: *Suas respostas não serviram para nos esclarecer.* **9** Em relação a uma peça do vestuário, estar de acordo ou ajustar-se [ao corpo de alguém]: *Ela me deu uma saia que não lhe servia mais.* ▌v.int. **10** Em alguns esportes, especialmente no tênis, sacar ou colocar a bola em jogo: *Ele é um dos tenistas do circuito que melhor serve.* ☐ GRAMÁTICA É um verbo irregular →SERVIR.

sérvio, via ⟨sér.vio, via⟩ ▌adj./s. **1** Da Sérvia ou relacionado a esse país europeu. ▌s.m. **2** Língua eslava desse país.

servo, va ⟨ser.vo, va⟩ ▌adj./s. **1** Que ou quem carece de liberdade por estar sob o domínio de alguém. ▌s. **2** No sistema feudal, campesino submetido ao poder do senhor. ☐ ORTOGRAFIA É diferente de *cervo*.

sesmaria ⟨ses.ma.ri.a⟩ s.f. No período colonial brasileiro, extensão de terra não cultivada, doada pelos reis portugueses a quem a povoasse ou a cultivasse.

sesmeiro ⟨ses.mei.ro⟩ s.m. **1** No período colonial brasileiro, pessoa que dividia e distribuía as sesmarias. **2** No período colonial brasileiro, pessoa a quem era concedida uma sesmaria.

sessão ⟨ses.são⟩ (pl. *sessões*) s.f. **1** Reunião ou assembleia. **2** Período de tempo que dura essa reunião ou essa assembleia. **3** Espaço de tempo durante o qual se realiza uma determinada atividade: *uma sessão de massagem.* **4** Em um teatro ou em um cinema, cada uma das apresentações realizadas em diferentes horários de um mesmo dia. ☐ ORTOGRAFIA É diferente de *cessão* e de *seção*.

sessenta ⟨ses.sen.ta⟩ ▌numer. **1** Número 60. ▌s.m. **2** Signo que representa esse número.

sesta ⟨ses.ta⟩ (Pron. [sésta]) s.f. Sono ou descanso breves depois do almoço.

set (*palavra inglesa*) (Pron. [sét]) s.m. **1** Em alguns esportes, cada uma das partes em que se divide uma partida. **2** Em cinema e televisão, lugar para as filmagens.

seta ⟨se.ta⟩ s.f. **1** Arma formada por uma vara fina e leve com uma ponta triangular e afiada, que se arremessa com um arco. ☐ SIN. flecha. **2** Sinal com esse formato usado para indicar uma direção. ☐ SIN. flecha.

sete ⟨se.te⟩ ▌numer. **1** Número 7. ▌s.m. **2** Signo que representa esse número. ☐ GRAMÁTICA Na acepção 1, é invariável em gênero e em número.

setecentos, tas ⟨se.te.cen.tos, tas⟩ ▌numer. **1** Número 700. ▌s.m. **2** Signo que representa esse número. ☐ GRAMÁTICA Na acepção 1, é invariável em número.

setembro ⟨se.tem.bro⟩ s.m. Nono mês do ano, entre agosto e outubro.

setenta ⟨se.ten.ta⟩ ▌numer. **1** Número 70. ▌s.m. **2** Signo que representa esse número.

setentrião ⟨se.ten.tri.ão⟩ (pl. *setentriões*) s.m. Em astronomia e geografia, Norte ou conjunto das regiões do norte.

setentrional ⟨se.ten.tri.o.nal⟩ (pl. *setentrionais*) adj.2g. Em astronomia e em geografia, do Norte ou relacionado a ele. ☐ SIN. boreal. ☐ USO É diferente de *meridional* (do Sul ou relacionado a ele).

sétimo, ma ⟨sé.ti.mo, ma⟩ numer. **1** Em uma série, que ocupa o lugar de número sete. **2** Em relação a uma parte, que compõe um todo se somada com outras seis iguais a ela.

setor ⟨se.tor⟩ (Pron. [setôr]) s.m. **1** Em um todo, geralmente em uma coletividade, parte, seção ou grupo diferenciados ou com características particulares. **2** Em economia, parte ou área diferenciadas dentro da atividade produtiva e econômica: *o setor público; o setor privado*. **3** Conjunto de empresas ou negócios que pertencem à mesma área econômica de um país: *o setor de hotelaria; o setor da construção.* ‖ **setor primário** Aquele que engloba as atividades produtivas em que apenas se realizam transformações sobre as matérias-primas: *A agricultura e a agropecuária são do setor primário.* ‖ **setor secundário** Aquele que engloba as atividades produtivas em que as matérias-primas são submetidas a transformações industriais para obter os produtos de consumo: *As indústrias pertencem ao setor secundário.* ‖ **setor terciário** Aquele que engloba as atividades relacionadas aos serviços que se oferecem à população: *O transporte, o comércio e a administração são do setor terciário.*

setuagenário, ria ⟨se.tu.a.ge.ná.rio, ria⟩ adj./s. → septuagenário, ria

setuagésimo, ma ⟨se.tu.a.gé.si.mo, ma⟩ numer. → septuagésimo, ma

sétuplo, pla ⟨sé.tu.plo, pla⟩ numer. →séptuplo, pla

seu pron.poss. Indica posse em relação à terceira pessoa do singular e do plural. ☐ GRAMÁTICA Seu feminino é *sua*.

severidade ⟨se.ve.ri.da.de⟩ s.f. **1** Condição ou estado de severo. **2** Atitude rigorosa, áspera ou severa. **3** Exatidão, rigidez ou falta de flexibilidade no cumprimento ou no julgamento de uma lei, de uma norma ou de uma regra.

severo, ra ⟨se.ve.ro, ra⟩ adj. **1** Rigoroso, áspero ou duro no comportamento ou com falta de tolerância e compreensão. **2** Exato e rígido no cumprimento de uma lei, de uma norma ou de uma regra: *um juízo severo.* **3** De aspecto grave ou sério: *uma fisionomia severa.*

sexagenário, ria ⟨se.xa.ge.ná.rio, ria⟩ (Pron. [secsagenário]) adj./s. Que ou quem tem mais de sessenta anos e ainda não completou os setenta.

sexagésimo, ma ⟨se.xa.gé.si.mo, ma⟩ (Pron. [secsagésimo]) numer. **1** Em uma série, que ocupa o lugar de número sessenta. **2** Em relação a uma parte, que compõe um todo se somada com outras 59 iguais a ela.

sexênio ⟨se.xê.nio⟩ (Pron. [secsênio]) s.m. Período de tempo de seis anos seguidos.

sexo ⟨se.xo⟩ (Pron. [sécso]) s.m. **1** Conjunto de características de um ser vivo pelas quais se distinguem machos e fêmeas. **2** Conjunto de indivíduos de uma espécie que têm essa condição orgânica igual: *Minha irmã e minha mãe são do sexo feminino*. **3** Órgãos sexuais externos. **4** Aquilo que está relacionado à reprodução ou ao prazer sexual: *O filme contém várias cenas de sexo*. **5** Cópula ou relação sexual.

sexologia ⟨se.xo.lo.gi.a⟩ (Pron. [secsologia]) s.f. Estudo do comportamento sexual humano e do que está relacionado a ele.

sexólogo, ga ⟨se.xó.lo.go, ga⟩ (Pron. [secsólogo]) s. Pessoa que se dedica ao estudo do comportamento sexual humano, especialmente como profissão.

sex shop *(palavra inglesa)* (Pron. [sécs chóp]) s.m. Estabelecimento comercial em que se vendem artigos eróticos.

sexta ⟨sex.ta⟩ (Pron. [sêsta]) s.f. →**sexta-feira**

sexta-feira ⟨sex.ta-fei.ra⟩ (Pron. [sesta-feira]) (pl. *sextas-feiras*) s.f. Sexto dia da semana, entre a quinta-feira e o sábado. □ USO Usa-se também a forma reduzida *sexta*.

sextante ⟨sex.tan.te⟩ (Pron. [sestânte]) s.m. Instrumento astronômico para observações marítimas, formado por um setor circular e um jogo de lentes e espelhos.

sexteto ⟨sex.te.to⟩ (Pron. [sestêto]) s.m. **1** Composição musical escrita para seis instrumentos ou para seis vozes. **2** Conjunto formado por esse número de instrumentos ou de vozes.

sextilha ⟨sex.ti.lha⟩ (Pron. [sestilha]) s.f. Em métrica, estrofe formada por seis versos.

sexto, ta ⟨sex.to, ta⟩ (Pron. [sêsto]) numer. **1** Em uma série, que ocupa o lugar de número seis. **2** Em relação a uma parte, que compõe um todo se somada com outras cinco iguais a ela. □ ORTOGRAFIA É diferente de *cesto*.

sêxtuplo, pla ⟨sêx.tu.plo, pla⟩ (Pron. [sêstuplo]) ▌numer. **1** Que consta de seis ou é adequado para seis. ▌adj./s.m. **2** Em relação a uma quantidade, que é seis vezes maior.

sexuado, da ⟨se.xu.a.do, da⟩ (Pron. [secsuado]) adj. Em relação a um ser vivo, que tem órgãos sexuais desenvolvidos e aptos para a fecundação.

sexual ⟨se.xu.al⟩ (Pron. [secsual]) (pl. *sexuais*) adj.2g. Do sexo, da sexualidade ou relacionado a eles.

sexualidade ⟨se.xu.a.li.da.de⟩ (Pron. [secsualidade]) s.f. Conjunto de características próprias de cada sexo ou de cada pessoa em relação ao sexo.

sezão ⟨se.zão⟩ (pl. *sezões*) s.f. Febre alta e intermitente.

shopping *(palavra inglesa)* (Pron. [chópin]) s.m. Centro comercial onde são encontradas lojas de diversos tipos. □ USO É a forma reduzida e mais usual de *shopping center*.

shopping center *(palavra inglesa)* (Pron. [chópin cênter]) s.m. →**shopping**

short *(palavra inglesa)* (Pron. [chórt]) s.m. Calça curta que cobre metade, ou menos, da coxa. □ USO Usa-se também a forma plural *shorts*.

show *(palavra inglesa)* (Pron. [chôu]) s.m. Espetáculo ou número para entretenimento apresentados por um ou mais artistas. ‖ **show (de bola)** *informal* Sensacional ou muito bom: *A viagem de formatura foi show de bola!*

si ▌pron.pess. **1** Forma reflexiva da terceira pessoa do singular e do plural que corresponde à função de complemento precedido de preposição. ▌s.m. **2** Em música, sétima nota ascendente ou segunda nota descendente da escala de dó.

siamês, -a ⟨si.a.mês, me.sa⟩ (Pron. [siamês], [siamêsa]) adj./s. **1** →**irmão siamês 2** Em relação a um gato, da raça que se caracteriza por ser de cor parda ou acinzentada, com orelhas grandes, cabeça triangular, patas e focinho negros, olhos claros e rabo com pouco pelo.

siberiano, na ⟨si.be.ri.a.no, na⟩ adj./s. Da Sibéria ou relacionado a essa região asiática.

sibila ⟨si.bi.la⟩ s.f. Antigamente, mulher à qual se atribuía o poder de adivinhar o futuro.

sibilo ⟨si.bi.lo⟩ s.m. **1** Som agudo que se produz ao fazer sair o ar pela boca através dos lábios franzidos ou com os dedos colocados nela de uma determinada maneira. **2** Som agudo e prolongado. □ SIN. silvo.

sic *(palavra latina)* (Pron. [sic]) adv. Assim, deste modo ou tal como se reproduz: *O texto dizia que* cortou o dedo com uma tezoura *(sic)*.

sicário, ria ⟨si.cá.rio, ria⟩ s. Pessoa que assassina em troca de dinheiro.

sicrano, na ⟨si.cra.no, na⟩ s. *informal* Pessoa qualquer. □ USO Usa-se na expressão *fulano, beltrano e sicrano*.

sicupira ⟨si.cu.pi.ra⟩ s.f. →**sucupira**

sida s.f. →**aids** □ ORIGEM É um acrônimo que vem da sigla de *síndrome de imunodeficiência adquirida*.

sideral ⟨si.de.ral⟩ (pl. *siderais*) adj.2g. Dos astros, das estrelas ou relacionado a eles.

sidra ⟨si.dra⟩ s.f. Bebida alcoólica obtida pela fermentação do suco da maçã. □ ORTOGRAFIA É diferente de *cidra*.

sifão ⟨si.fão⟩ (pl. *sifões*) s.m. **1** Tubo com formato de letra S utilizado para passar líquidos de um recipiente para outro sem a necessidade de incliná-lo. **2** Garrafa fechada hermeticamente, dotada de um mecanismo que, ao ser pressionado, esguicha o conteúdo interno, geralmente composto com gás carbônico, devido à pressão do gás. **3** Tubo duplamente curvado que se utiliza para reter água e impedir a saída de gases ou a propagação de mau cheiro.

sífilis ⟨sí.fi.lis⟩ s.f.2n. Doença infecciosa de transmissão sexual, que pode ser tratada em suas primeiras fases com penicilina.

sifilítico, ca ⟨si.fi.lí.ti.co, ca⟩ adj. Da sífilis ou relacionado a ela.

sigilo ⟨si.gi.lo⟩ s.m. Segredo com que algo é feito ou guardado.

sigiloso, sa ⟨si.gi.lo.so, sa⟩ (Pron. [sigilôso], [sigilósa], [sigilósos], [sigilósas]) adj. Com sigilo ou que o envolve.

sigla ⟨si.gla⟩ s.f. Termo formado com as letras iniciais de outras palavras que formam um enunciado.

signatário, ria ⟨sig.na.tá.rio, ria⟩ adj./s. Que ou quem assina ou subscreve um texto ou um documento.

significação ⟨sig.ni.fi.ca.ção⟩ (pl. *significações*) s.f. **1** Sentido de algo. □ SIN. significado. **2** Importância ou valor de algo. □ SIN. significado.

significado ⟨sig.ni.fi.ca.do⟩ s.m. **1** Sentido de algo. □ SIN. significação. **2** Importância ou valor de algo: *Seu gesto teve um grande significado para mim*. □ SIN. significação. **3** Em linguística, conceito ou ideia que se unem ao significante para formar um signo linguístico: *O significante corresponde à forma e o significado, ao conteúdo*.

significante ⟨sig.ni.fi.can.te⟩ ▌adj.2g. **1** Que representa ou que tem valor ou importância. □ SIN. significativo. ▌s.m. **2** Em linguística, fonema ou sequência de fonemas ou letras que se associam ao significado para constituir o signo linguístico.

significar ⟨sig.ni.fi.car⟩ ▌v.t.d. **1** Expressar, comunicar ou querer dizer: *Em inglês*, love *significa amor*. ▌v.int. **2** Representar, valer ou ter importância: *A família significa muito para ele*. □ ORTOGRAFIA Antes de *e*, o *c* muda para *qu* →BRINCAR.

significativo, va ⟨sig.ni.fi.ca.ti.vo, va⟩ adj. **1** Que sugere ou que revela algo. **2** Que representa ou que tem valor ou importância: *Sua presença no meu aniversário foi muito significativa para mim*. □ SIN. significante.

signo ⟨sig.no⟩ s.m. **1** Indício ou sinal de algo. **2** Aquilo que representa, substitui ou evoca no entendimento um objeto, um fenômeno ou uma ação: *As letras são signos gráficos dos sons da língua falada*. **3** Em astronomia, cada uma das doze partes iguais em que se considera

sílaba

dividido o Zodíaco (zona celeste que compreende as doze constelações que aparentemente giram em torno do Sol em um ano). ‖ **signo (linguístico)** Aquele formado pela união de um conjunto de sons, chamado *significante*, e por um conceito ou ideia, chamado *significado*: Mesa *é um signo linguístico em que os sons m-e-s-a são o significante, e a ideia de mesa que surge em nossa mente ao ouvi-los, o significado*.

sílaba ⟨sí.la.ba⟩ s.f. Som ou conjunto de sons articulados que se pronunciam em uma só emissão de voz.

silabada ⟨si.la.ba.da⟩ s.f. Erro de pronúncia, especialmente aquele causado pelo deslocamento do acento tônico de uma palavra.

silabar ⟨si.la.bar⟩ ▌v.t.d. **1** Pronunciar separadamente as sílabas de (uma palavra). ▌v.int. **2** Pronunciar as sílabas de uma palavra separadamente.

silábico, ca ⟨si.lá.bi.co, ca⟩ adj. Da sílaba ou rela cionado a ela.

silenciar ⟨si.len.ci.ar⟩ v.t.d./v.t.i. **1** Omitir (uma informação) ou não falar [sobre algo]: *A testemunha silenciou o que sabia*. ▌v.t.d./v.int. **2** Fazer calar, calar-se ou tornar ao silêncio: *No comício, os aplausos silenciaram as vaias que começavam a surgir contra o deputado*. ▌v.t.d. **3** *eufemismo* Matar.

silêncio ⟨si.lên.cio⟩ s.m. **1** Ausência de palavras faladas ou de conversação. **2** Ausência de ruídos, de barulho ou de agitação: *Nos fins de semana, procura o silêncio do campo*.

silencioso, sa ⟨si.len.ci.o.so, sa⟩ (Pron. [silencióso], [silenciósa], [silenciósos], [silenciósas]) adj. **1** Que não fala ou que costuma manter-se calado. **2** Sem ruídos ou barulho: *uma sala silenciosa*. **3** Que faz pouco ou nenhum ruído ou barulho: *um motor silencioso*.

silhueta ⟨si.lhu.e.ta⟩ (Pron. [silhuêta]) s.f. **1** Desenho que representa o contorno de uma figura. **2** Desenho formado pela sombra de algo ou alguém em uma superfície.

sílica ⟨sí.li.ca⟩ s.f. Composto químico de silício e oxigênio.

silicato ⟨si.li.ca.to⟩ s.m. **1** Sal composto de ácido silícico e uma base. **2** Cada uma das espécies de um grupo de compostos sólidos cristalinos que incluem minerais e produtos de síntese, e que são constituídos principalmente por silício e oxigênio: *Os silicatos são constituintes comuns a todas as rochas*.

silícico, ca ⟨si.lí.ci.co, ca⟩ adj. Do silício, que o contém ou relacionado a ele.

silício ⟨si.lí.cio⟩ s.m. Elemento químico da família dos semimetais, de número atômico 14, sólido, de cor amarelada e bastante rígido. ▢ ORTOGRAFIA **1.** Seu símbolo químico é *Si*, sem ponto. **2.** É diferente de *cilício*.

silicone ⟨si.li.co.ne⟩ s.m. Substância resistente à oxidação e às altas temperaturas, formada por silício e oxigênio, e caracterizada por não se misturar com água.

silo ⟨si.lo⟩ s.m. Lugar em que se armazenam grãos ou sementes, especialmente o trigo.

silogismo ⟨si.lo.gis.mo⟩ s.m. Em lógica, argumento que consta de três proposições, em que a última se deduz das outras duas.

silva ⟨sil.va⟩ s.f. **1** Arbusto de galhos compridos, nodosos e com espinhos, com folhas ovaladas, flores brancas ou rosadas dispostas em cachos, e fruto semelhante a uma amora pequena. ▢ SIN. sarça. **2** Esse fruto. ▢ SIN. sarça.

silvestre ⟨sil.ves.tre⟩ adj.2g. **1** Que é próprio da selva ou que nasce ou vive nela. **2** Em relação a uma árvore ou a uma planta, que ocorrem de forma espontânea e que crescem no campo sem cultivo.

silvícola ⟨sil.ví.co.la⟩ adj.2g./s.2g. Que ou quem nasce ou vive na selva.

silvicultura ⟨sil.vi.cul.tu.ra⟩ s.f. **1** Cultivo de árvores florestais. **2** Ciência que trata desse cultivo.

silvo ⟨sil.vo⟩ s.m. Som agudo e prolongado. ▢ SIN. sibilo.

sim ▌s.m. **1** Permissão ou consentimento. ▌adv. **2** Expressa afirmação, especialmente em resposta a uma pergunta: *Sim, adoraria ir ao teatro com você*. **3** Expressa ênfase ou atenção: *Precisamos, sim, preservar o meio ambiente*. ‖ **pelo sim, pelo não** Caso algo ocorra: *Pelo sim, pelo não, leve o guarda-chuva*. ‖ **pois sim** Expressão usada para indicar conformidade ou acordo: *Pois sim, se tiver tempo, tentarei fazê-lo*. ▢ USO **1.** Na acepção 1, usa-se a forma plural *sins*. **2.** Quando acompanha um verbo que responde a uma pergunta de maneira afirmativa, enfatiza essa afirmação: *Pergun tei-lhe se gosta de ouvir música e me disse: Gosto, sim*.

simão-diense ⟨si.mão-di.en.se⟩ (pl. *simão-dienses*) adj.2g./s.2g. De Simão Dias ou relacionado a essa cidade do estado brasileiro de Sergipe.

simbiose ⟨sim.bi.o.se⟩ s.f. Em biologia, associação entre dois indivíduos ou organismos de diferentes espécies com mútuo benefício para a sobrevivência de ambos.

simbólico, ca ⟨sim.bó.li.co, ca⟩ adj. **1** Do símbolo, relacionado a ele ou expresso por meio dele. **2** Que tem um valor simplesmente representativo: *Deu um presente simbólico para demonstrar seu afeto*.

simbolismo ⟨sim.bo.lis.mo⟩ s.m. **1** Sistema de símbolos que se utiliza para representar algo. **2** Significado simbólico de algo: *Analisemos o simbolismo da palavra* nascença *na poesia da autora*. **3** Movimento artístico especialmente poético e pictórico, que surgiu na França (país europeu) em finais do século XIX e que se caracteriza por sua recusa a nomear diretamente os objetos preferindo sugeri-los ou evocá-los mediante símbolos e imagens: *Cruz e Sousa e Alphonsus de Guimaraens são representantes do Simbolismo brasileiro*. ▢ ORTOGRAFIA Na acepção 3, usa-se geralmente com inicial maiúscula por ser também um nome próprio.

simbolizar ⟨sim.bo.li.zar⟩ v.t.d. Servir como símbolo representar ou explicar (algo) por alguma relação ou semelhança: *A pomba branca simboliza a paz*.

símbolo ⟨sím.bo.lo⟩ s.m. **1** Aquilo ou aquele que representa algo, mediante uma série de traços que se associam por uma convenção socialmente aceita. **2** Em uma ciência, letra ou conjunto de letras que representam, por convenção, um conceito ou um elemento: *O símbolo químico do hidrogênio é* H.

simbologia ⟨sim.bo.lo.gi.a⟩ s.f. **1** Conjunto ou sistema de símbolos. **2** Estudo ou interpretação dos símbolos.

simetria ⟨si.me.tri.a⟩ s.f. Relação de correspondência entre os lados de um corpo dividido ao meio por uma linha, um plano ou um eixo real ou imaginários.

simétrico, ca ⟨si.mé.tri.co, ca⟩ adj. Da simetria, com simetria ou relacionado a ela: *um desenho simétrico*.

simiesco, ca ⟨si.mi.es.co, ca⟩ (Pron. [simiêsco]) adj. Do símio, semelhante ou relacionado a ele.

similar ⟨si.mi.lar⟩ adj.2g. Que tem semelhança ou analogia com algo.

similitude ⟨si.mi.li.tu.de⟩ s.f. Conjunto de características que fazem uma coisa parecer com outra. ▢ SIN. parecença, semelhança.

símio, mia ⟨sí.mio, mia⟩ s. Mamífero primata muito ágil, de hábitos diurnos, com quatro membros, sendo dois deles terminados em mãos, e os outros dois, em pés. ▢ SIN. macaco.

simpatia ⟨sim.pa.ti.a⟩ s.f. **1** Tendência, inclinação ou afinidade entre pessoas ou entre uma pessoa e uma coisa. **2** Personalidade ou modo de ser de uma pessoa que a torna atraente ou agradável aos outros. **3** *informal* Atividade em que se acredita utilizar poderes sobrenaturais com o propósito de curar doenças, solucionar problemas ou providenciar o bem-estar.

sindicalismo

simpático, ca ⟨sim.pá.ti.co, ca⟩ ▮ adj./s. **1** Que ou quem tem ou provoca simpatia. ▮ adj./s.m. **2** No sistema nervoso, divisão que regula as funções involuntárias, vitais e fundamentais, que geralmente são independentes da consciência: *O simpático controla funções como o batimento cardíaco e o aumento da pressão arterial.*

simpatizante ⟨sim.pa.ti.zan.te⟩ adj.2g./s.2g. Que ou quem tem inclinação por uma ideia, por um movimento ou por um partido político, sem fazer parte deles.

simpatizar ⟨sim.pa.ti.zar⟩ v.t.i. Sentir simpatia [por alguém]: *Simpatizei com ela assim que a vi.*

simples ⟨sim.ples⟩ ▮ adj.2g.2n. **1** Que não é composto ou que é formado por um único elemento. **2** Que não apresenta complicação nem dificuldade. ▯ **SIN.** elementar. **3** Que não tem luxos nem excessos: *O jantar foi simples, mas gostoso.* ▯ **SIN.** singelo. **4** Que é humilde ou tem poucos recursos, especialmente se forem financeiros. **5** Mero, que não se excede ou não tem nenhum significado a mais: *Foi uma simples conversa, sem maior importância.* **6** Em relação a um tempo verbal, que se conjuga sem a necessidade de um verbo auxiliar: Canto, *o presente do indicativo do verbo* cantar, *é um tempo simples.* ▮ adj.2g.2n./s.2g.2n. **7** Que ou quem é ingênuo ou age com inocência. ▯ **SIN.** simplório.

simplicidade ⟨sim.pli.ci.da.de⟩ s.f. **1** Qualidade do que é simples. **2** Ausência de excessos e luxos: *Decorou a casa com simplicidade.* **3** Ingenuidade ou inocência na forma de ser ou de agir: *Apesar de sua simplicidade, não deixou que lhe passassem a perna.*

simplificação ⟨sim.pli.fi.ca.ção⟩ (pl. *simplificações*) s.f. **1** Ato ou efeito de simplificar. **2** Em matemática, redução de uma quantidade, expressão ou equação a sua forma mais simples ou mais legível.

simplificar ⟨sim.pli.fi.car⟩ v.t.d. **1** Tornar mais simples, mais fácil ou mais claro: *O uso do dicionário simplifica a compreensão do texto.* **2** Em matemática, reduzir (uma quantidade, uma expressão ou uma equação) a sua forma mais simples ou mais legível: *Podemos simplificar uma fração dividindo seu numerador e denominador por um mesmo número.* ▯ **ORTOGRAFIA** Antes de e, o c muda para qu →BRINCAR.

simplismo ⟨sim.plis.mo⟩ s.m. Excesso de simplificação ou de simplicidade na forma de ver ou de fazer algo.

simplório, ria ⟨sim.pló.rio, ria⟩ adj./s. Que ou quem é ingênuo ou age com inocência. ▯ **SIN.** simples.

simpósio ⟨sim.pó.sio⟩ s.m. Reunião ou conferência científicas em que especialistas de uma determinada área discutem um tema específico.

simulação ⟨si.mu.la.ção⟩ (pl. *simulações*) s.f. Ato ou efeito de simular.

simulacro ⟨si.mu.la.cro⟩ s.m. Imitação ou aquilo que, sendo falso, se apresenta como verdadeiro.

simular ⟨si.mu.lar⟩ v.t.d. Reproduzir ou imitar (uma situação): *O cenário simula uma cidade medieval.*

simultâneo, nea ⟨si.mul.tâ.neo, nea⟩ adj. Em relação a uma atividade, que acontece ao mesmo tempo que outra. ▯ **SIN.** concomitante.

sina ⟨si.na⟩ s.f. *informal* Destino.

sinagoga ⟨si.na.go.ga⟩ s.f. Templo ou edifício destinados ao culto judeu.

sinal ⟨si.nal⟩ (pl. *sinais*) s.m. **1** Marca feita para identificar algo. **2** Indício, mostra ou comprovação de algo: *Esse vento forte é sinal de mudança de tempo.* **3** Mancha que marca que ficam de algo: *As rugas são sinais do tempo.* **4** Na pele de uma pessoa, pinta, mancha ou cicatriz: *Ela tem um sinal no pescoço.* **5** Gesto ou indicação que representam ou que provocam um fenômeno ou uma ação: *O guarda fez um sinal para eu parar o carro.* **6** Conjunto de símbolos preestabelecidos que representam algo: *É importante respeitar os sinais de trânsito.* **7** Em uma operação matemática, símbolo que indica a natureza da operação: *O sinal + mostra que os valores devem ser adicionados.* **8** Em matemática, símbolo colocado à esquerda de um número para marcá-lo como maior ou menor que zero. **9** Quantia de dinheiro paga como antecipação de um valor total: *Para fazer a encomenda, deixe um sinal de 20%.* **10** Manifestação ou demonstração de algo, especialmente de um sentimento: *Ela não demonstrava sinais de preocupação.* **11** *informal* Semáforo: *É proibido passar no sinal vermelho.* **12** Em telecomunicações, onda eletromagnética portadora de informação: *O sinal de televisão sofre interferência nessa região.* ‖ **em sinal** Como prova ou em mostra de: *Deu-lhe um anel em sinal do seu amor.*

sinal da cruz ⟨si.nal da cruz⟩ (pl. *sinais da cruz*) s.m. No cristianismo, cruz feita com o movimento dos dedos da mão direita e que representa a morte de Jesus Cristo na Cruz: *Ao fazer o sinal da cruz, costuma-se dizer* Em nome do Pai, do Filho e do Espírito Santo.

sinaleira ⟨si.na.lei.ra⟩ *(Nordeste)* s.f. Semáforo.

sinalização ⟨si.na.li.za.ção⟩ (pl. *sinalizações*) s.f. Ato ou efeito de sinalizar.

sinalizar ⟨si.na.li.zar⟩ v.t.d. **1** Indicar por meio de sinais, especialmente os de trânsito: *Para evitar acidentes, sinalizaram melhor um trecho da estrada.* **2** Mostrar ou comprovar.

sinapismo ⟨si.na.pis.mo⟩ s.m. Medicamento feito com pó de mostarda, usado sobre a pele.

sinceridade ⟨sin.ce.ri.da.de⟩ s.f. Veracidade, simplicidade ou ausência de hipocrisia: *A sinceridade de suas palavras me surpreende.*

sincero, ra ⟨sin.ce.ro, ra⟩ adj. **1** Que age ou que fala com sinceridade. **2** Verdadeiro, leal ou puro: *um amor sincero.*

sincopar ⟨sin.co.par⟩ v.t.d. Suprimir um ou mais sons de (uma palavra).

síncope ⟨sín.co.pe⟩ s.f. **1** Em medicina, perda repentina da sensibilidade e da consciência causadas pela parada momentânea da atividade do coração. **2** Em línguística, supressão de um ou mais sons dentro de uma palavra: *Na palavra* esp'rança, *o apóstrofo indica uma síncope.*

sincrético, ca ⟨sin.cré.ti.co, ca⟩ adj. Do sincretismo ou relacionado a ele: *O candomblé é uma religião sincrética.*

sincretismo ⟨sin.cre.tis.mo⟩ s.m. Conciliação de doutrinas ou de elementos diferentes ou opostos.

sincronia ⟨sin.cro.ni.a⟩ s.f. **1** Coincidência no tempo de dois ou mais movimentos ou fenômenos. **2** Em línguística, consideração da língua ou de um fenômeno linguístico em um determinado momento de sua existência histórica.

sincrônico, ca ⟨sin.crô.ni.co, ca⟩ adj. **1** Da sincronia ou relacionado a ela. **2** Que ocorre ao mesmo tempo: *dois eventos sincrônicos.*

sincronismo ⟨sin.cro.nis.mo⟩ s.m. Coincidência no tempo entre dois ou mais acontecimentos.

sincronizar ⟨sin.cro.ni.zar⟩ v.t.d. **1** Fazer com que (dois ou mais movimentos ou fenômenos) aconteçam ao mesmo tempo: *Por fim, o grupo conseguiu sincronizar os movimentos da coreografia.* **2** Ajustar no tempo (uma emissão audiovisual ou os elementos que a compõem): *A dublagem sincroniza as falas com os movimentos labiais dos atores.*

sindical ⟨sin.di.cal⟩ (pl. *sindicais*) adj.2g. Do sindicato ou relacionado a ele.

sindicalismo ⟨sin.di.ca.lis.mo⟩ s.m. **1** Sistema de organização social por meio de sindicatos que defendem os interesses dos trabalhadores. **2** Conjunto dos sindicatos e de seus afiliados.

sindicalista ⟨sin.di.ca.lis.ta⟩ ▎adj.2g. **1** Do sindicalismo ou relacionado a esse sistema: *Antes de ser presidente, ele foi líder sindicalista.* ▎adj.2g./s.2g. **2** Partidário ou defensor do sindicalismo.

sindicalizar ⟨sin.di.ca.li.zar⟩ v.t.d./v.prnl. Organizar(-se) em um sindicato: *Sindicalizou-se para que seus interesses fossem defendidos.*

sindicância ⟨sin.di.cân.cia⟩ s.f. Investigação ou inquérito para obtenção de dados a respeito de um caso ou de um acontecimento.

sindicato ⟨sin.di.ca.to⟩ s.m. Associação formada por profissionais de uma área, que representam e defendem os interesses trabalhistas de sua categoria.

síndico, ca ⟨sín.di.co, ca⟩ s. Em uma comunidade ou associação, pessoa eleita como representante para defender os interesses comuns.

síndrome ⟨sín.dro.me⟩ s.f. **1** Conjunto de sintomas característicos de uma doença ou de um transtorno físico ou mental. **2** Conjunto de fenômenos que caracterizam uma situação crítica: *A síndrome da crise econômica preocupa as famílias.* ‖ **síndrome de Down** Má-formação congênita que ocorre quando o cromossomo de número 21 se duplica erroneamente, e que origina atraso mental e de crescimento e algumas anomalias físicas características.

sinédoque ⟨si.né.do.que⟩ s.f. Figura de linguagem que consiste em designar uma coisa com o nome de outra, ampliando, restringindo ou alterando o significado desta: *Dizer* as conquistas do homem *em vez de* as conquistas do ser humano *é uma sinédoque.*

sineiro, ra ⟨si.nei.ro, ra⟩ s. **1** Pessoa que se dedica a tocar sinos, especialmente como profissão. **2** Pessoa que se dedica à fabricação de sinos, especialmente como profissão.

sine qua non *(expressão latina)* (Pron. [sine cuá non]) adj. Necessário de modo absoluto para que algo possa ser realizado ou cumprido: *Investir na educação é uma condição* sine qua non *para o desenvolvimento.*

sineta ⟨si.ne.ta⟩ (Pron. [sinêta]) s.f. Sino pequeno.

sinete ⟨si.ne.te⟩ (Pron. [sinête]) s.m. **1** Utensílio que permite estampar as inscrições nele contidas em alto e baixo relevo. **2** Essa estampa.

sinfonia ⟨sin.fo.ni.a⟩ s.f. Composição musical escrita para orquestra, dividida em partes chamadas de movimentos, geralmente construída na forma sonata.

sinfônico, ca ⟨sin.fô.ni.co, ca⟩ adj. **1** Da sinfonia ou relacionado a ela. **2** Em relação a uma orquestra, que é formada pelas três grandes famílias de instrumentos musicais e que costuma interpretar composições de grande categoria.

singapuriano, na ⟨sin.ga.pu.ri.a.no, na⟩ adj./s. →**cingapuriano, na**

singelo, la ⟨sin.ge.lo, la⟩ adj. **1** Que não tem luxos nem excessos. □ SIN. simples. **2** Puro ou ingênuo: *uma declaração singela.*

singular ⟨sin.gu.lar⟩ ▎adj.2g. **1** Extraordinário ou fora do comum. □ SIN. único. ▎adj.2g./s.m. **2** Em linguística, em relação à categoria gramatical de número, que faz referência a uma única coisa ou a uma única pessoa.

singularidade ⟨sin.gu.la.ri.da.de⟩ s.f. Qualidade do que é singular.

singularizar ⟨sin.gu.la.ri.zar⟩ v.t.d./v.prnl. Diferenciar(-se) ou tornar(-se) singular: *Os traços estudados singularizam esse autor.*

sinhô, nhá ⟨si.nhô, nhá⟩ s. *informal* No período colonial brasileiro, tratamento dado pelos escravos aos seus senhores.

sinistra ⟨si.nis.tra⟩ s.f. Mão esquerda.

sinistro, tra ⟨si.nis.tro, tra⟩ ▎adj. **1** Mau ou com más intenções: *No filme, ele interpreta um assassino sinistro.* **2** Assustador, sombrio ou que causa medo e desconfiança. **3** Que prenuncia um mal ou um infortúnio: *Em algumas culturas, cruzar com gato preto é um sinal sinistro.* □ SIN. agourento. ▎s.m. **4** Dano ou destruição sofridos por uma pessoa ou por um de seus bens, especialmente se estiverem segurados: *O sinistro do carro foi indenizado pela seguradora.*

sino ⟨si.no⟩ s.m. Instrumento metálico, geralmente em forma de copa invertida, que soa ao ser golpeado por um badalo pendurado em seu interior ou por um martelo. □ SIN. campana.

sinonímia ⟨si.no.ni.mia⟩ s.f. Em linguística, relação de coincidência entre o significado de duas ou mais palavras.

sinônimo, ma ⟨si.nô.ni.mo, ma⟩ adj./s.m. Em relação a uma palavra ou a uma expressão, que têm o significado igual ou parecido ao de outra.

sinopense ⟨si.no.pen.se⟩ adj.2g./s.2g. De Sinope ou relacionado a essa cidade do estado brasileiro de Mato Grosso.

sinopse ⟨si.nop.se⟩ s.f. Relato breve, resumo ou exposição das noções gerais de um tema ou de uma obra.

sintagma ⟨sin.tag.ma⟩ s.m. Em uma oração, elemento ou conjunto de elementos que funcionam como uma unidade.

sintático, ca ⟨sin.tá.ti.co, ca⟩ adj. Da sintaxe ou relacionado a ela.

sintaxe ⟨sin.ta.xe⟩ (Pron. [sintacse] ou [sintasse]) s.f. Parte da gramática que estuda a colocação e a união das palavras para formar orações e expressar conceitos.

síntese ⟨sín.te.se⟩ s.f. **1** Composição ou criação de algo pela junção das partes que o compõem. **2** Resumo ou compêndio breves: *O professor fez uma síntese do conteúdo do romance.* **3** Em química, processo pelo qual se obtém uma substância partindo de seus componentes. **4** Em medicina, fechamento ou cura de uma ferida. □ SIN. cicatrização.

sintético, ca ⟨sin.té.ti.co, ca⟩ adj. **1** Da síntese ou relacionado a ela. **2** Em relação a um produto, que se obtém por processos químicos ou industriais e que imita a composição de algum elemento natural: *O náilon é um material sintético.*

sintetizador, -a ⟨sin.te.ti.za.dor, do.ra⟩ (Pron. [sintetizadôr], [sintetizadôra]) ▎adj./s. **1** Que ou quem sintetiza ▎s.m. **2** Instrumento eletrônico capaz de produzir sons de qualquer frequência e intensidade, combiná-los e misturá-los, de forma que imitem os sons de qualquer instrumento conhecido ou que se obtenham efeitos sonoros especiais.

sintetizar ⟨sin.te.ti.zar⟩ ▎v.t.d./v.t.d.i. **1** Fazer síntese de (uma coisa) [em outra mais resumida]: *Este artigo sintetiza o pensamento do autor.* ▎v.t.d. **2** Produzir (uma substância) pelo processamento de seus componentes: *Os seres humanos não conseguem sintetizar vitamina C em seu organismo.*

sintoma ⟨sin.to.ma⟩ (Pron. [sintôma]) s.m. **1** Alteração ou efeito causados por uma doença. **2** Sinal de que algo está acontecendo ou de que vai acontecer: *Brigar com tanta frequência é sintoma de que algo não vai bem entre vocês.*

sintomático, ca ⟨sin.to.má.ti.co, ca⟩ adj. Do sintoma ou relacionado a ele.

sintomatologia ⟨sin.to.ma.to.lo.gi.a⟩ s.f. Observação e estudo do conjunto de sintomas que se manifestam quando um paciente tem uma doença.

sintonia ⟨sin.to.ni.a⟩ s.f. **1** Adequação de um circuito elétrico à mesma frequência de vibração de outro ou de uma onda eletromagnética, estabelecendo ressonância entre eles. **2** Bom entendimento ou harmonia entre duas ou mais pessoas, ou entre uma pessoa e um meio: *O trabalho rendeu, pois a equipe estava em sintonia.*

sintonizar ⟨sin.to.ni.zar⟩ ▎v.t.d. **1** Ajustar (a frequência de ressonância de um circuito) a uma determinada frequência, especialmente para selecionar um sinal específico: *Sintonizei a TV para o canal japonês.* ❚ v.int. **2** Ajustar-se a uma determinada frequência, especialmente para selecionar um sinal específico (a frequência de ressonância de um circuito). ❚ v.t.i./v.int. **3** Entender-se ou estar em harmonia [com algo ou alguém], ou simpatizar: *Sintonizamos bem desde o primeiro dia.*

sinuca ⟨si.nu.ca⟩ s.f. **1** Jogo de salão no qual se usam oito bolas sobre uma mesa retangular com seis caçapas ou buracos, e que consiste em empurrar algumas bolas com a ponta de um taco para encaçapá-las. ◻ SIN. bilhar (inglês). **2** *informal* Situação complicada: *Entrou numa sinuca da qual não sabe como sair.* ‖ **estar em uma sinuca (de bico)** *informal* Estar em uma situação embaraçosa ou difícil de se resolver: *Com tanta dívida, estava em uma sinuca de bico.*

sinuoso, sa ⟨si.nu.o.so, sa⟩ (Pron. [sinuôso], [sinuósa], [sinuósos], [sinuósas]) adj. **1** Que tem concavidades ou ondulações. **2** Em relação especialmente a uma ação, que oculta seu propósito ou suas intenções: *Deu aos jornalistas respostas sinuosas, não esclarecendo os fatos ocorridos.*

sinusite ⟨si.nu.si.te⟩ s.f. Inflamação dos seios da face.

sionismo ⟨si.o.nis.mo⟩ s.m. Movimento político judeu cujo objetivo é recuperar a Palestina (país histórico do Oriente Médio) como pátria.

sirena ⟨si.re.na⟩ (Pron. [sirêna]) s.f. →**sirene**

sirene ⟨si.re.ne⟩ (Pron. [sirêne]) s.f. Instrumento ou aparelho que produzem um som potente e que são usados para avisar algo: *uma sirene de ambulância; uma sirene de incêndio.* ◻ ORTOGRAFIA Escreve-se também *sirena*.

siri ⟨si.ri⟩ s.m. Caranguejo cujo último par de patas é em formato de pá e que funcionam como nadadeiras. ◻ ORIGEM É uma palavra de origem tupi. ◻ GRAMÁTICA É um substantivo epiceno: *o siri (macho/fêmea).*

sirigaita ⟨si.ri.gai.ta⟩ s.f. *informal pejorativo* Mulher dissimulada, extrovertida e namoradeira.

sírio, ria ⟨si.rio, ria⟩ adj./s. Da Síria ou relacionado a esse país asiático. ◻ ORTOGRAFIA É diferente de *círio*.

siriri ⟨si.ri.ri⟩ s.m. **1** Pássaro de pequeno porte e de plumagem esverdeada, com a cabeça e as asas mais escuras e que vive em pequenos grupos. **2** Exemplar alado da casta reprodutora dos cupins: *No verão os siriris saem em revoada do cupinzeiro.* **3** Dança brasileira folclórica e de roda com alternância de parceiros: *O som do tamboril acompanha o siriri.* ◻ ORIGEM É uma palavra de origem tupi. ◻ USO Na acepção 3 é muito comum no estado do Mato Grosso e na região Nordeste do Brasil.

siroco ⟨si.ro.co⟩ (Pron. [sirôco]) s.m. Vento quente, seco, no norte do Saara, que sopra em direção à costa meridional da Europa, tornando-se úmido.

sisal ⟨si.sal⟩ (pl. *sisais*) s.m. **1** Planta com folhas compridas, carnosas, com formato triangular e espinhos nas margens, e da qual se extrai uma fibra usada na fabricação de cordas e de tecidos. **2** Fio ou tecido feitos a partir das folhas dessa planta.

sísmico, ca ⟨sis.mi.co, ca⟩ adj. De um terremoto ou relacionado ele: *movimentos sísmicos.*

sismo ⟨sis.mo⟩ s.m. Agitação violenta de uma região da superfície terrestre, causada por forças que atuam no interior da crosta terrestre. ◻ SIN. terremoto, tremor de terra.

sismógrafo ⟨sis.mó.gra.fo⟩ s.m. Instrumento que indica a amplitude e a direção dos tremores durante um terremoto.

siso ⟨si.so⟩ s.m. **1** Faculdade mental de distinguir e de julgar racionalmente. ◻ SIN. juízo. **2** →**dente de siso**

sistema ⟨sis.te.ma⟩ (Pron. [sistêma]) s.f. **1** Organização ou estrutura sobre uma matéria ou um conjunto de regras relacionadas entre si. **2** Conjunto de elementos relacionados entre si e que formam uma unidade: *O Sol é o centro do nosso sistema planetário.* **3** Método ou forma de se organizar para a realização de uma atividade: *Ela tem seu próprio sistema de trabalho.* **4** Em biologia, conjunto de órgãos que se relacionam para desempenhar uma mesma função: *o sistema digestório.* ◻ SIN. aparelho. ‖ **sistema decimal** Método de representação numérica que utiliza o número dez como base. ‖ **sistema métrico (decimal)** Aquele que tem o metro como unidade de longitude, o quilograma como unidade de massa e o litro como unidade de volume. ‖ **sistema (operacional)** Em informática, programa que realiza funções básicas de controle do *hardware* de um computador e que fornece subsídios para a execução de outros programas. ‖ **sistema solar** Aquele que engloba o Sol em seu centro e todos os corpos celestes que estão ao seu redor, como planetas e satélites. ◻ ORTOGRAFIA Usa-se geralmente *Sistema Solar* com iniciais maiúsculas por ser também um nome próprio.

sistemática ⟨sis.te.má.ti.ca⟩ s.f. **1** Em biologia, ciência que se dedica à classificação dos seres vivos. ◻ SIN. taxonomia. **2** Conjunto de elementos agrupados de acordo com critérios preestabelecidos.

sistemático, ca ⟨sis.te.má.ti.co, ca⟩ adj. **1** Que segue ou que se enquadra em um sistema. **2** Que age de forma metódica: *É muito sistemática na organização do trabalho e sempre segue um padrão determinado.*

sistematização ⟨sis.te.ma.ti.za.ção⟩ (pl. *sistematizações*) s.f. Ato ou efeito de sistematizar(-se).

sistematizar ⟨sis.te.ma.ti.zar⟩ v.t.d. Organizar de acordo com um sistema.

sístole ⟨sís.to.le⟩ s.f. Tempo do ciclo cardíaco quando o coração expulsa sangue.

sisudo, da ⟨si.su.do, da⟩ adj. **1** Sério, que tem prudência ou juízo. **2** Que é sério ou controlado: *Os óculos davam-lhe ar sisudo.*

site *(palavra inglesa)* (Pron. [sáit]) s.m. Grupo de arquivos ou páginas *web* unidos entre si por enlaces de hipertexto e acessíveis por um endereço. ◻ SIN. *website*.

sitiante ⟨si.ti.an.te⟩ ❚ adj.2g./s.2g. **1** Que ou quem sitia ou cerca um lugar. ❚ s.2g. **2** Pessoa que mora em um sítio ou que o possui.

sitiar ⟨si.ti.ar⟩ v.t.d. Cercar (um lugar) para atacá-lo e tomá-lo: *sitiar uma cidade.*

sítio ⟨sí.tio⟩ s.m. **1** Espaço ocupado ou que pode ser ocupado. **2** Lugar ou área determinada. **3** Chácara ou habitação rural perto de uma cidade. **4** Cerco que se põe a um lugar fortificado: *A cidade resistiu ao sítio do inimigo.* ◻ SIN. assédio.

situação ⟨si.tu.a.ção⟩ (pl. *situações*) s.f. **1** Estado ou condição. **2** Em política, grupo que está no poder ou que o apoia.

situacionismo ⟨si.tu.a.ci.o.nis.mo⟩ s.m. Em política, grupo que está no poder ou que o apoia.

situar ⟨si.tu.ar⟩ ❚ v.t.d./v.prnl. **1** Colocar(-se) em determinado lugar ou em determinado tempo: *A igreja se situa no centro da cidade.* ❚ v.t.d. **2** Determinar um lugar para (uma ação ou um acontecimento): *O autor situou seu romance em Roraima.* **3** Dar uma informação ou orientação a (alguém): *Você pode me situar a respeito dos últimos acontecimentos?* ❚ v.prnl. **4** Tomar ou assumir uma posição: *Confusa, não conseguia se situar.*

skate *(palavra inglesa)* (Pron. [squêit]) s.m. **1** Prancha de madeira ou de outro material, com rodas em sua parte inferior, que serve para se deslocar. **2** Esporte que se pratica com essa prancha.

skinhead *(palavra inglesa)* (Pron. [squinréd]) s.2g. Membro de um grupo social e urbano de comportamento violento, racista e preconceituoso, que se caracteriza geralmente por ser careca ou ter cabelo muito curto.

slide *(palavra inglesa)* (Pron. [sláid]) s.m. Imagem positiva em película transparente, sem inversão de cores. □ SIN. **cromo, diapositivo**.

slogan *(palavra inglesa)* (Pron. [slôgan]) s.m. Frase publicitária curta, persuasiva e fácil de ser lembrada. □ USO É diferente de *lema* (sentença ou divisa que expressam um ideal).

smoking *(palavra inglesa)* (Pron. [smôuquin]) s.m. Roupa masculina para ocasiões formais, com a lapela do terno geralmente de cetim.

SMS (pl. *SMSs*) s.m. Mensagem escrita e breve utilizada na telefonia móvel. □ ORIGEM É a sigla inglesa de *Short Message Service* (serviço de mensagens curtas).

so- →sub-

só ❙ adj.2g. **1** Único ou sem outros da mesma espécie. **2** Sem companhia. ❙ adv. **3** Apenas ou unicamente: *Minha irmã tem só três anos.* □ SIN. **somente**. ‖ **a sós** Sem a companhia de outro: *Os dois ficaram a sós por muito tempo.*

soalhar ⟨so.a.lhar⟩ v.t.d. →**assoalhar**

soalheira ⟨so.a.lhei.ra⟩ s.f. Forte calor e luz do sol. □ SIN. **soleira**.

soalho ⟨so.a.lho⟩ s.m. →**assoalho**

soar ⟨so.ar⟩ ❙ v.t.d./v.int. **1** Fazer produzir ou produzir um som: *Quando o sinal soar, voltaremos para a sala.* ❙ v.int. **2** Ser pronunciado (um som): *Na palavra herdeiro, o h não soa.* **3** Ecoar ou repercutir-se (um som): *Uma voz soava ao longe.* ❙ v.t.d. **4** Anunciar (um horário) produzindo um som: *Quando o relógio soar meia-noite, fogos de artifício iluminarão o céu.* ❙ v.pred. **5** Ser parecido {com algo}: *Suas palavras soaram como uma bronca.* ❙ v.int. **6** Transmitir determinada impressão: *O que você disse não soou bem!* □ ORTOGRAFIA É diferente de *suar*.

sob prep. **1** Debaixo de: *Suas pantufas estão sob o sofá.* **2** Com submissão a ou seguindo a autoridade de: *Sob o seu comando, a empresa cresceu muito.* **3** Durante: *Muitos dissidentes sofreram perseguições sob a ditadura.*

sob- →sub-

sobejar ⟨so.be.jar⟩ v.t.i./v.int. **1** Ir além [dos limites daquilo que é necessário] ou restar: *Ao fim da festa, sobejou metade do bolo.* □ SIN. **sobrar**. **2** Ser demasiado [a alguém] ou existir em excesso: *O valor que sobejar será doado para uma instituição de caridade.* □ SIN. **sobrar**.

sobejo ⟨so.be.jo⟩ (Pron. [sobêjo]) ‖ **de sobejo** De sobra ou em demasia.

soberania ⟨so.be.ra.ni.a⟩ s.f. **1** Autoridade suprema. **2** Governo próprio de um povo ou de uma nação, em oposição ao governo imposto por outro povo ou por outra nação: *A soberania é um dos fundamentos da República Federativa do Brasil.*

soberano, na ⟨so.be.ra.no, na⟩ adj. **1** Grande, superior ou difícil de ser superado. ❙ adj./s. **2** Que ou quem exerce autoridade suprema, especialmente se for no poder público. **3** Em uma monarquia, que ou quem exerce a autoridade suprema. □ SIN. **monarca**.

soberba ⟨so.ber.ba⟩ (Pron. [sobêrba]) s.f. Atitude da pessoa que se considera superior às demais. □ SIN. **arrogância**.

soberbo, ba ⟨so.ber.bo, ba⟩ (Pron. [sobêrbo]) ❙ adj. **1** Grandioso ou extraordinário. ❙ adj./s. **2** Orgulhoso ou que se considera superior aos demais. □ SIN. **altaneiro, arrogante, sobranceiro**.

sobra ⟨so.bra⟩ s.f. **1** Quantidade maior ou excedente. **2** Aquilo que resta de algo, especialmente se estiver relacionado a uma refeição: *Aproveitamos as sobras do almoço no jantar.* ‖ **de sobra** Em número suficiente ou acima do necessário: *Há pessoas de sobra para ajudar no mutirão.* □ USO Na acepção 2, usa-se geralmente a forma plural *sobras*.

sobrado ⟨so.bra.do⟩ s.m. **1** Habitação em que há dois andares ou mais. **2** Em uma construção, andar superior ao térreo. [◉ **habitação** p. 420]

sobralense ⟨so.bra.len.se⟩ adj.2g./s.2g. De Sobral ou relacionado a essa cidade do estado brasileiro do Ceará.

sobranceiro, ra ⟨so.bran.cei.ro, ra⟩ adj. **1** Que está mais elevado ou em posição superior aos outros. **2** Orgulhoso ou que se considera superior aos demais. □ SIN. **altaneiro, arrogante, soberbo**.

sobrancelha ⟨so.bran.ce.lha⟩ (Pron. [sobrancêlha]) s.f. No rosto de uma pessoa, parte acima dos olhos e coberta de pelos geralmente dispostos em uma linha curva. □ SIN. **supercílio**.

sobrar ⟨so.brar⟩ ❙ v.t.i./v.int. **1** Ir além [dos limites daquilo que é necessário] ou restar: *Acho que sobrou comida do jantar.* □ SIN. **sobejar**. **2** Ser demasiado [a alguém] ou existir em excesso: *Sobrava alegria aos noivos no dia do casamento.* □ SIN. **sobejar**. ❙ v.int. **3** Ser esquecido ou não receber atenção: *Deram presentes a todos, mas ela sobrou.* ‖ **sobrar para** alguém: Em relação a algo indesejado, ficar sob responsabilidade de alguém: *Sobrou para eu dar banho no cachorro!*

sobre ⟨so.bre⟩ prep. **1** Em cima de: *Colocou as roupas sobre a cama.* **2** Em posição próxima e mais elevada: *Não sabemos por que o helicóptero está sobre aquele prédio.* **3** A respeito de: *O que ela disse sobre nossa apresentação?* **4** Ao longo de: *Havia árvores sobre todo o calçadão.* **5** Após ou depois de: *Construíram juntos o muro, pedra sobre pedra.*

sobre- **1** Prefixo que significa *em cima de* ou *acima de*: *sobrecoxa, sobreloja.* **2** Prefixo que significa *em excesso*: *sobrepeso, sobrecarga.*

sobreaviso ⟨so.bre.a.vi.so⟩ ‖ **de sobreaviso** Em alerta: *Deixamos o guarda de sobreaviso caso precisássemos chamá-lo.*

sobrecapa ⟨so.bre.ca.pa⟩ s.f. Em um livro, segunda capa de papel, impressa, com informações sobre a obra e que protege a capa. [◉ **livro** p. 499]

sobrecarga ⟨so.bre.car.ga⟩ s.f. Excesso de carga ou de peso.

sobrecarregar ⟨so.bre.car.re.gar⟩ ❙ v.t.d. **1** Carregar em excesso: *Sobrecarregaram o elevador e ele parou de funcionar.* ❙ v.t.d./v.prnl. **2** Atarefar(-se) ou exigir(-se) em excesso: *A empresa sobrecarregou os funcionários.* □ ORTOGRAFIA Antes de *e*, o *g* muda para *gu* →CHEGAR.

sobrecarta ⟨so.bre.car.ta⟩ s.f. Invólucro, especialmente se for de papel, em que são colocados cartas ou documentos, geralmente para enviá-los por correio ou para entregá-los a outra pessoa. □ SIN. **envelope**.

sobrecasaca ⟨so.bre.ca.sa.ca⟩ s.f. Antigamente, peça do vestuário masculino similar a um casaco fechado com botões até a cintura.

sobrecenho ⟨so.bre.ce.nho⟩ (Pron. [sobrecênho]) s.m. No rosto de uma pessoa, parte em que se encontram as sobrancelhas.

sobrecomum ⟨so.bre.co.mum⟩ (pl. *sobrecomuns*) adj.2g. Em linguística, em relação a um substantivo, que tem um só gênero gramatical para designar o feminino e o masculino.

sobrecoxa ⟨so.bre.co.xa⟩ (Pron. [sobrecôxa]) s.f. *informal* Em uma ave, coxa.

sobre-humano, na ⟨so.bre-hu.ma.no, na⟩ (pl. *sobre-humanos*) adj. Que vai além do que se considera próprio do ser humano. □ SIN. **sobrenatural**.

sobreiro ⟨so.brei.ro⟩ s.m. Árvore de tronco retorcido e copa abundante, com folhas compostas em formato de pena, flores pouco visíveis, madeira dura e casca espessa, semelhante à cortiça.

sobrejacente ⟨so.bre.ja.cen.te⟩ adj.2g. Que está localizado acima de outro elemento.

sobrelevar ⟨so.bre.le.var⟩ ❚ v.t.d./v.prnl. **1** Ultrapassar(-se) em altura: *O Pão de Açúcar sobreleva os morros circundantes.* ☐ SIN. **sobrepujar.** ❚ v.t.d./v.t.i./v.int. **2** Superar(-se) em importância ou em qualidade, ou ser superior [a algo ou alguém]: *Suas virtudes sobrelevam seus defeitos.* ❚ v.t.d./v.prnl. **3** Colocar (algo caído ou em posição horizontal) na vertical ou colocar-se em sua posição correta. ☐ SIN. **levantar.**

sobreloja ⟨so.bre.lo.ja⟩ s.m. Em alguns edifícios, andar situado entre o térreo e o primeiro andar.

sobremaneira ⟨so.bre.ma.nei.ra⟩ adv. Muito ou em alto grau: *Elogiou-me sobremaneira pelo trabalho.* ☐ SIN. **sobremodo.**

sobremesa ⟨so.bre.me.sa⟩ (Pron. [sobremêsa]) s.f. **1** Alimento servido ao final de uma refeição. **2** Tempo em que se permanece à mesa depois de uma refeição: *Durante a sobremesa, discutimos diversos assuntos.*

sobremodo ⟨so.bre.mo.do⟩ adv. Muito ou em alto grau: *Agradeceu sobremodo o recebimento.* ☐ SIN. **sobremaneira.**

sobrenadar ⟨so.bre.na.dar⟩ v.int. Flutuar ou boiar em um líquido.

sobrenatural ⟨so.bre.na.tu.ral⟩ (pl. *sobrenaturais*) adj.2g. **1** Que vai além dos limites e das leis da natureza. **2** Que vai além do que se considera próprio do ser humano: *um esforço sobrenatural.* ☐ SIN. **sobre-humano.**

sobrenome ⟨so.bre.no.me⟩ s.m. Palavra ou conjunto de palavras que servem para designar os membros de uma família e que se transmitem dos pais para os filhos. ☐ SIN. **nome de família.**

sobrepeliz ⟨so.bre.pe.liz⟩ s.f. Veste branca, de tecido fino, com mangas abertas e largas, que cobre dos ombros à cintura e que é usada pelos sacerdotes sobre a batina.

sobrepeso ⟨so.bre.pe.so⟩ (Pron. [sobrepêso]) s.m. Excesso de peso.

sobrepor ⟨so.bre.por⟩ ❚ v.t.d.i./v.prnl. **1** Colocar(-se) [por cima de algo]: *Sobrepus um casaco ao vestido para não passar frio.* ☐ SIN. **superpor.** ❚ v.t.d.i. **2** Priorizar ou dar preferência a (um elemento) [em relação aos demais]: *Devemos sobrepor os interesses do grupo aos nossos.* ☐ SIN. **superpor.** ☐ GRAMÁTICA É um verbo irregular →PÔR.

sobrepujar ⟨so.bre.pu.jar⟩ v.t.d. **1** Ultrapassar em altura: *A torre da igreja sobrepujava o telhado das casas.* ☐ SIN. **sobrelevar.** **2** Exceder ou superar em algo: *Seu esforço sobrepujou o dos concorrentes.* **3** Superar ou vencer (um obstáculo): *Sobrepujou as dificuldades e conseguiu concluir a faculdade.*

sobrescritar ⟨so.bres.cri.tar⟩ v.t.d. Colocar o nome e o endereço do destinatário em (um envelope ou um invólucro).

sobrescrito ⟨so.bres.cri.to⟩ s.m. Em um envelope ou em um invólucro, nome e endereço do destinatário.

sobressair ⟨so.bres.sa.ir⟩ v.int. **1** Distinguir-se ou destacar-se entre outros. **2** Chamar ou prender a atenção. ☐ GRAMÁTICA É um verbo irregular →CAIR.

sobressalente ⟨so.bres.sa.len.te⟩ adj.2g. **1** Que sobressai. **2** Que serve de reserva ou que substitui outro: *Todo veículo é obrigado a portar um pneu sobressalente.* ☐ ORTOGRAFIA Escreve-se também **sobresselente.**

sobressaltar ⟨so.bres.sal.tar⟩ v.t.d./v.prnl. Assustar(-se), angustiar(-se), fazer perder ou perder a tranquilidade de forma repentina: *As dúvidas o sobressaltavam. O bebê se sobressaltava com qualquer ruído.*

sobressalto ⟨so.bres.sal.to⟩ s.m. Susto, perturbação ou surpresa causados por um acontecimento repentino e imprevisto.

sobresselente ⟨so.bres.se.len.te⟩ adj.2g. →**sobressalente**

sobrestar ⟨so.bres.tar⟩ v.t.d./v.int. Interromper a continuação de (uma ação) ou suspender-se: *O fiscal sobresteve o andamento da obra.* ☐ GRAMÁTICA É um verbo irregular →ESTAR.

sobretaxa ⟨so.bre.ta.xa⟩ s.f. Taxa extra ou complementar a outra.

sobretudo ⟨so.bre.tu.do⟩ ❚ s.m. **1** Casaco longo usado sobre a roupa. ❚ adv. **2** Principalmente ou especialmente: *Em minha família, todos gostam de ler, sobretudo meu irmão.*

sobrevir ⟨so.bre.vir⟩ ❚ v.int. **1** Vir de imprevisto ou de forma inesperada: *Caminhamos o dia inteiro e, ao entardecer, sobreveio o cansaço.* ❚ v.t.i./v.int. **2** Vir depois ou posteriormente [a uma coisa] ou acontecer em seguida: *Depois da confusão, sobreveio uma calmaria.* ☐ GRAMÁTICA É um verbo irregular →VIR.

sobrevivência ⟨so.bre.vi.vên.cia⟩ s.f. **1** Ato ou efeito de sobreviver: *No Exército, aprendeu técnicas de sobrevivência.* **2** Condição ou estado de sobrevivente: *A reprodução garante a sobrevivência dos animais.*

sobrevivente ⟨so.bre.vi.ven.te⟩ adj.2g./s.2g. Que ou quem sobrevive ou sobreviveu: *os sobreviventes de um naufrágio.*

sobreviver ⟨so.bre.vi.ver⟩ ❚ v.t.i. **1** Continuar vivendo depois [da morte de alguém, de um acontecimento ou de um prazo]: *Todos os passageiros sobreviveram ao acidente.* ❚ v.int. **2** Continuar vivendo depois da morte de alguém, de um acontecimento ou de um prazo. **3** Viver com dificuldade ou com o mínimo necessário: *A família sobrevive graças à ajuda dos vizinhos.*

sobrevoar ⟨so.bre.vo.ar⟩ ❚ v.t.d. **1** Voar por cima de (um lugar): *O helicóptero sobrevoava a prefeitura.* ❚ v.int. **2** Voar por cima de um lugar.

sobriedade ⟨so.bri.e.da.de⟩ s.f. Qualidade de sóbrio.

sobrinho, nha ⟨so.bri.nho, nha⟩ s. Em relação a uma pessoa, outra que é filha de seu irmão ou de sua irmã.

sóbrio, bria ⟨só.brio, bria⟩ adj. **1** Moderado na forma de agir. **2** Que não está embriagado ou sob o efeito do álcool: *É preciso estar sóbrio para dirigir.* **3** Simples ou sem adornos desnecessários: *um ambiente sóbrio.*

sobrolho ⟨so.bro.lho⟩ (Pron. [sobrôlho], [sobrólhos]) s.m. *informal* Sobrancelha.

soca ⟨so.ca⟩ s.f. **1** *informal* Rizoma ou caule subterrâneos. **2** Em uma lavoura de cana-de-açúcar, broto que sucede o primeiro corte.

socado, da ⟨so.ca.do, da⟩ adj. Moído, amassado ou esmagado.

socador, -a ⟨so.ca.dor, do.ra⟩ (Pron. [socadôr], [socadôra]) ❚ adj. **1** Que soca ou que é usado para socar. ❚ s.m. **2** Bastão curto e um pouco grosso, geralmente cilíndrico, usado para socar alimentos ou temperos. ☐ SIN. **soquete.**

socapa ⟨so.ca.pa⟩ s.f. Aquilo que serve para mudar ou para ocultar a aparência. ☐ SIN. **disfarce, rebuço.** ‖ **à socapa** De forma disfarçada ou dissimulada: *Falavam dele à socapa.*

socar ⟨so.car⟩ ❚ v.t.d./v.prnl. **1** Dar(-se) golpes com a mão fechada: *O boxeador socou o rosto do adversário.* ☐ SIN. **esmurrar.** ❚ v.t.d. **2** Moer ou amassar a golpes: *Para o tempero, é melhor socar o alho com a cebola e o sal.* **3** Apertar com força ou comprimir: *Como estava com pressa, acabou socando as roupas na gaveta de qualquer jeito.* ☐ ORTOGRAFIA Antes de e, o c muda para *qu* →BRINCAR.

socavar ⟨so.ca.var⟩ v.t.d. Escavar por baixo.

sociabilidade ⟨so.ci.a.bi.li.da.de⟩ s.f. Qualidade de sociável.

social ⟨so.ci.al⟩ (pl. *sociais*) adj.2g. **1** De uma sociedade ou relacionado a ela. **2** Que beneficia os setores mais carentes da sociedade: *um projeto social.* **3** Que tem

socialismo

inclinação ou facilidade para se relacionar com os outros. □ SIN. sociável. **4** Em uma habitação, da entrada principal ou relacionado a ela: *um elevador social; um hall social*.

socialismo ⟨so.ci.a.lis.mo⟩ s.m. Movimento político ou sistema de organização social e econômica baseados na propriedade, administração e distribuição coletivas ou estatais dos bens de produção.

socializar ⟨so.ci.a.li.zar⟩ ▌ v.t.d./v.prnl. **1** Transferir (propriedades ou instituições privadas) ao Estado ou transferir-se a um órgão coletivo: *O regime soviético socializou os meios de produção.* ▌ v.t.d. **2** Distribuir ou repartir entre todos: *No acampamento, socializaram os cobertores e os agasalhos.* ▌ v.prnl. **3** Tornar-se sociável (alguém): *Com o passar do ano, o garoto foi se socializando com os colegas de sala.*

sociável ⟨so.ci.á.vel⟩ (pl. *sociáveis*) adj.2g. Que tem inclinação ou facilidade para se relacionar com os outros. □ SIN. social.

sociedade ⟨so.ci.e.da.de⟩ s.f. **1** Conjunto de todos os seres vivos organizados em uma coletividade. **2** Agrupamento de indivíduos que partilham de características comuns: *A eleição direta para presidente foi uma conquista da sociedade brasileira*. **3** Agrupamento de indivíduos com ideais ou interesses semelhantes e que cooperam para alcançar um objetivo comum: *Ela é presidenta de uma sociedade que visa recuperar o patrimônio cultural de sua região.* **4** Agrupamento de comerciantes, de homens de negócios ou de acionistas de uma companhia: *Aquela sociedade, apesar de atuar comercialmente no mercado, não possui fins lucrativos.* ‖ **alta sociedade** Grupo formado pelas pessoas econômica e culturalmente mais favorecidas. ‖ **sociedade anônima** Aquela na qual o capital está dividido em ações e que é integrada por sócios ou acionistas. ‖ **sociedade civil** Conjunto dos indivíduos de um país. ‖ **sociedade de consumo** Aquela na qual se estimula a compra de produtos, mesmo que não sejam necessários.

societário, ria ⟨so.ci.e.tá.rio, ria⟩ adj. De uma sociedade ou relacionado a ela.

sócio, cia ⟨só.cio, cia⟩ s. **1** Pessoa que faz parte de uma associação ou de um grupo. **2** Pessoa que se associa a outra ou a outras para a criação ou para a administração de uma empresa.

sociocultural ⟨so.ci.o.cul.tu.ral⟩ (pl. *socioculturais*) adj.2g. Que envolve elementos sociais e culturais.

socioeconômico, ca ⟨so.ci.o.e.co.nô.mi.co, ca⟩ adj. Que envolve elementos sociais e econômicos.

sociologia ⟨so.ci.o.lo.gi.a⟩ s.f. Ciência que estuda a organização, o desenvolvimento e as condições de existência das sociedades humanas.

soco ⟨so.co⟩ (Pron. [sôco]) s.m. Golpe dado com a mão fechada. □ SIN. murro.

socó ⟨so.có⟩ s.m. **1** Ave de bico reto, encontrada em locais úmidos, que se alimenta de peixes e que geralmente vive só. **2** Armadilha com formato de um cone usada pelos índios para pescar em águas rasas. □ ORIGEM É uma palavra de origem tupi. □ GRAMÁTICA Na acepção 1, é um substantivo epiceno: *o socó (macho/fêmea)*.

soçobrar ⟨so.ço.brar⟩ v.t.d./v.int. **1** Fazer ir a pique ou afundar-se (uma embarcação): *O navio soçobrou, e não há sobreviventes.* **2** Destruir por completo ou reduzir-se a nada: *O negócio acabou soçobrando em meio às dificuldades.*

socorrense ⟨so.cor.ren.se⟩ (pl. *socorrenses*) adj.2g./s.2g. De Nossa Senhora do Socorro ou relacionado a essa cidade do estado brasileiro de Sergipe.

socorrer ⟨so.cor.rer⟩ ▌ v.t.d. **1** Prestar ajuda ou auxílio a (alguém). □ SIN. acudir. ▌ v.prnl. **2** Valer-se ou utilizar-se: *Durante a viagem, socorreu-se de seus conhecimentos de alemão.* □ GRAMÁTICA Na acepção 2, usa-se a construção *socorrer-se DE (algo/alguém)*.

socorro ⟨so.cor.ro⟩ (Pron. [socôrro], [socórros]) ▌ s.m. **1** Ajuda ou auxílio prestados em casos de necessidade. ▌ interj. **2** Expressão usada para pedir ajuda.

soda ⟨so.da⟩ s.f. **1** Água gaseificada com gás carbônico. **2** Carbonato neutro de sódio. ‖ **soda (cáustica)** Substância branca, composta por hidróxido de sódio, que queima tecidos orgânicos, usada na elaboração de detergentes e na neutralização de ácidos.

sódio ⟨só.dio⟩ s.m. Elemento químico da família dos metais, de número atômico 11, sólido, mole, leve, de cor e brilho prateados e que se oxida rapidamente quando entra em contato com o ar. □ ORTOGRAFIA Seu símbolo químico é *Na*, sem ponto.

sodomia ⟨so.do.mi.a⟩ s.f. Coito anal.

soer ⟨so.er⟩ ▌ v.t.d. **1** Ter por costume: *No início do ano, soemos viajar juntos.* □ SIN. costumar, usar. ▌ v.int. **2** Ser frequente ou habitual: *No norte do Brasil, sói chover no fim da tarde.* □ SIN. costumar. □ GRAMÁTICA É um verbo defectivo, pois não apresenta conjugação completa →SOER.

soerguer ⟨so.er.guer⟩ v.t.d./v.prnl. Erguer(-se) pouco ou com dificuldade: *Adormecido, soergueu a cabeça.* □ ORTOGRAFIA Antes de *a* e *o*, o *gu* muda para *g* →ERGUER.

soez ⟨so.ez⟩ (Pron. [soêz]) adj.2g. Que se considera grosseiro ou desprezível.

sofá ⟨so.fá⟩ s.m. Móvel confortável, geralmente com encosto e braços, para duas ou mais pessoas se sentarem.

sofá-cama ⟨so.fá-ca.ma⟩ (pl. *sofás-cama* ou *sofás-camas*) s.m. Sofá que pode ser transformado em uma cama.

sofisma ⟨so.fis.ma⟩ s.m. Argumento construído com base em dados falsos, incongruentes ou parciais. □ SIN. falácia.

sofisticação ⟨so.fis.ti.ca.ção⟩ (pl. *sofisticações*) s.f. **1** Refinamento excessivo ou falta de naturalidade. **2** Complexidade ou complicação de um aparelho ou de uma técnica.

sofisticado, da ⟨so.fis.ti.ca.do, da⟩ adj. **1** Elaborado, refinado ou benfeito: *um argumento sofisticado; uma maquiagem sofisticada.* **2** Que tem requinte e pompa: *A cerimônia seguiu um jantar sofisticado.* **3** Em relação especialmente a um aparelho ou a uma técnica, que são complexos ou muito avançados: *Os celulares estão cada vez mais sofisticados.*

sofisticar ⟨so.fis.ti.car⟩ v.t.d./v.prnl. Dar(-se) caráter sofisticado: *Seu gosto musical se sofisticou com o tempo.* □ ORTOGRAFIA Antes de *e*, o *c* muda para *qu* →BRINCAR.

sofrear ⟨so.fre.ar⟩ ▌ v.t.d. **1** Puxar as rédeas de (um animal de montaria) para fazê-lo parar ou diminuir a velocidade. □ SIN. refrear. ▌ v.t.d./v.prnl. **2** Conter(-se) ou moderar(-se) (um sentimento ou um impulso): *Para evitar uma discussão, sofreou seu nervosismo.* □ SIN. refrear, reprimir. □ ORTOGRAFIA O *e* muda para *ei* quando a sílaba tônica estiver na raiz do verbo →NOMEAR.

sofredor, -a ⟨so.fre.dor, do.ra⟩ (Pron. [sofredôr], [sofredôra]) adj./s. Que ou quem sofre.

sôfrego, ga ⟨sô.fre.go, ga⟩ adj. **1** Que come ou que bebe muito ou com voracidade. **2** Que revela impaciência, pressa ou desejo muito fortes e intensos: *beijos sôfregos.*

sofreguidão ⟨so.fre.gui.dão⟩ (pl. *sofreguidões*) s.f. **1** Voracidade ou exagero ao comer e beber: *Devorou os petiscos com sofreguidão.* **2** Impaciência, pressa ou desejo forte e intenso para conseguir algo: *Arrumou as malas com sofreguidão.*

sofrer ⟨so.frer⟩ ▌ v.t.d./v.int. **1** Sentir com intensidade (um dano moral ou físico) ou padecer: *Sofreu ameaças por ter denunciado criminosos.* ▌ v.t.d./v.int. **2** Receber ou aceitar sem queixas (um dano moral ou físico), ou tolerar: *sofrer uma injustiça. Cansou de sofrer e resolveu*

solidariedade

agir. ▎v.t.d. **3** Passar por (uma situação ou um acontecimento): *A peça sofrerá alterações durante a temporada.*

sofrido, da ⟨so.fri.do, da⟩ adj. **1** Que sofre ou que sofreu muito: *uma pessoa sofrida.* **2** Que faz sofrer ou que causa sofrimento: *uma vida sofrida.*

sofrimento ⟨so.fri.men.to⟩ s.m. **1** Ato ou efeito de sofrer. **2** Nervosismo, angústia ou ansiedade: *Fique calmo, para que tanto sofrimento?*

sofrível ⟨so.frí.vel⟩ (pl. *sofríveis*) adj.2g. **1** Que se pode sofrer ou suportar. **2** Razoável ou que não é bom nem mau: *Tem um desempenho sofrível na escola.*

software *(palavra inglesa)* (Pron. [sófitiuer]) s.m. **1** Em informática, qualquer programa de um computador. **2** Em informática, conjunto de programas e de elementos não físicos que contêm instruções executadas por um computador: *Computadores são formados por* hardware *e* software.

soga ⟨so.ga⟩ s.f. Corda grossa, geralmente de esparto e cânhamo.

sogro, gra ⟨so.gro, gra⟩ (Pron. [sôgro], [sógra], [sôgros], [sógras]) s. Em relação a uma pessoa, pai ou mãe de seu cônjuge.

soja ⟨so.ja⟩ s.f. **1** Planta herbácea de caule reto, com folhas compostas, flores brancas e violeta dispostas em cachos, e cujo fruto, em formato de vagem, contém sementes usadas na alimentação, das quais se extraem óleo e farinha ricos em proteína. **2** Semente dessa planta.

sol s.m. **1** Estrela que é centro de um sistema planetário. **2** Luz, calor ou influência do Sol na Terra: *Como fazia sol, fomos ao parque.* **3** Em música, quinta nota ascendente ou quarta nota descendente da escala de dó. ‖ **de sol a sol** Do momento em que o Sol nasce até o momento em que se põe: *Nessa obra, os operários trabalham de sol a sol.* ◻ ORIGEM Na acepção 3, é uma palavra que vem da primeira sílaba de *solve*, a qual aparece no hino de São João Batista, de Guido d'Arezzo, a partir do qual foi elaborado o sistema de nomes de todas as notas musicais. ◻ GRAMÁTICA Nas acepções 1 e 3, usa-se a forma plural *sóis*. ◻ USO Na acepção 1, referindo-se à estrela do sistema ao qual a Terra pertence, é nome próprio.

sola ⟨so.la⟩ s.f. **1** Em um calçado, parte que fica em contato com o chão. ◻ SIN. **solado**. **2** No pé de uma pessoa, parte inferior, que fica em contato com o chão. **3** Couro curtido, geralmente de boi: *um cinto de sola.*

solado ⟨so.la.do⟩ s.m. Em um calçado, parte que fica em contato com o chão. ◻ SIN. **sola**.

solapar ⟨so.la.par⟩ v.t.d. **1** Minar ou causar erosão em (um terreno). **2** Abalar ou interferir na estrutura de (algo sólido ou estruturado).

solar ⟨so.lar⟩ ▎adj.2g. **1** Do Sol ou relacionado a essa estrela. ▎s.m. **2** Moradia ou construção nobres ou imponentes. ▎v.t.d./v.int. **3** Fazer ficar dura (uma massa) ou não assar corretamente. ▎v.t.d./v.int. **4** Executar (uma música ou uma peça musical) com um único instrumento ou uma única voz, com ou sem acompanhamento, ou tocar um solo.

solavanco ⟨so.la.van.co⟩ s.m. Em relação a um veículo, movimento violento, geralmente causado por mudança brusca de velocidade, de marcha ou de direção. ◻ SIN. **tranco**.

solda ⟨sol.da⟩ s.f. **1** União sólida de duas peças metálicas, geralmente feita com o mesmo material delas. **2** Substância usada para realizar essa união.

soldada ⟨sol.da.da⟩ s.f. Quantia de dinheiro com que se retribui um trabalho realizado por uma pessoa. ◻ SIN. **ordenado, salário, vencimento**.

soldadesca ⟨sol.da.des.ca⟩ (Pron. [soldadêsca]) s.f. **1** *pejorativo* Conjunto de soldados ou de militares. **2** *pejorativo* Grupo de soldados indisciplinados.

soldadesco, ca ⟨sol.da.des.co, ca⟩ (Pron. [soldadêsco]) adj. Dos soldados ou relacionado a eles.

soldado ⟨sol.da.do⟩ s.2g. **1** No Exército, classe que engloba a graduação de soldado de primeira classe. **2** Na Aeronáutica, classe que engloba as graduações de soldado de primeira classe e de soldado de segunda classe. ‖ **soldado de primeira classe 1** No Exército, pessoa cuja graduação é superior à de taifeiro de primeira classe e inferior à de cabo. **2** Na Aeronáutica, pessoa cuja graduação é superior à de taifeiro de primeira classe e inferior à de taifeiro-mor. ‖ **soldado de segunda classe** Na Aeronáutica, pessoa cuja graduação é superior à de taifeiro de segunda classe e inferior à de taifeiro de primeira classe.

soldar ⟨sol.dar⟩ v.t.d. Unir ou ligar com firmeza (duas peças metálicas): *Utilizou o maçarico para soldar o portão.*

soldo ⟨sol.do⟩ (Pron. [sôldo]) s.m. Quantia de dinheiro com que se remunera um trabalho realizado por um militar.

solecismo ⟨so.le.cis.mo⟩ s.m. Em linguística, incorreção que consiste em usar uma construção errônea.

soledade ⟨so.le.da.de⟩ s.f. Solidão ou falta de companhia.

soleira ⟨so.lei.ra⟩ s.f. **1** Em uma porta ou na entrada de uma casa, parte inferior ou desnível, geralmente de pedra. ◻ SIN. **limiar**. **2** Forte calor e luz do Sol. ◻ SIN. **soalheira**.

solene ⟨so.le.ne⟩ (Pron. [solêne]) adj.2g. Formal, de grande importância ou tradição.

solenidade ⟨so.le.ni.da.de⟩ s.f. **1** Conjunto de formalidades que cercam um ato ou um evento. **2** Cerimônia formal, com pompa e seguindo as tradições: *A posse do presidente é uma solenidade pública.*

solenizar ⟨so.le.ni.zar⟩ v.t.d. Fazer com solenidade (uma comemoração).

solerte ⟨so.ler.te⟩ adj.2g. Que demonstra manha ou astúcia.

soletrar ⟨so.le.trar⟩ ▎v.t.d. **1** Pronunciar as letras ou sílabas de (uma palavra) de forma isolada: *Soletre seu sobrenome, por favor.* ▎v.int. **2** Pronunciar as letras ou as sílabas de uma palavra de forma isolada. ▎v.t.d. **3** Ler vagarosamente (um texto ou um trecho dele): *Soletrou os nomes de todos os homenageados.*

solfejar ⟨sol.fe.jar⟩ ▎v.t.d. **1** Cantar ou pronunciar (o nome das notas) em uma música ou em um exercício, levando em consideração os intervalos melódicos e os ritmos, geralmente marcando os compassos com as mãos. ▎v.int. **2** Cantar ou pronunciar o nome das notas em uma música ou em um exercício, levando em consideração os intervalos melódicos e os ritmos, geralmente marcando os compassos com as mãos.

solferino, na ⟨sol.fe.ri.no, na⟩ adj./s.m. De cor entre o roxo e o escarlate, como a das vestes dos sacerdotes.

solicitação ⟨so.li.ci.ta.ção⟩ (pl. *solicitações*) s.f. Ato ou efeito de solicitar.

solicitar ⟨so.li.ci.tar⟩ ▎v.t.d./v.t.d.i. **1** Pedir (algo) com respeito ou seguindo os procedimentos necessários [a alguém]: *Solicitei o visto para viajar.* ▎v.t.d. **2** Buscar ou tentar encontrar: *A empresa solicita profissionais experientes.* ▎v.t.d./v.t.d.i. **3** Em direito, pedir (algo) por meio de requerimento [a alguém]: *O advogado solicitou revisão da pena.* ▎v.t.d. **4** Buscar a atenção, o carinho ou a ajuda de (alguém): *A criança solicitou a mãe ao acordar durante a noite.*

solícito, ta ⟨so.lí.ci.to, ta⟩ adj. **1** Que age com prontidão e com atenção. **2** Que tem iniciativa e que se preocupa em ajudar os outros. ◻ SIN. **prestativo**.

solidão ⟨so.li.dão⟩ (pl. *solidões*) s.f. **1** Isolamento ou falta de companhia. **2** Sentimento de quem se encontra só: *Mesmo cercado de pessoas, sentia angústia e solidão.*

solidariedade ⟨so.li.da.ri.e.da.de⟩ s.f. **1** Adesão, amparo ou apoio a uma causa alheia, especialmente se for

solidário

em um momento difícil. **2** Proximidade ou ligação: *Conversando, descobrimos uma grande solidariedade de pontos de vista*.

solidário, ria ⟨so.li.dá.rio, ria⟩ adj. Que tem solidariedade ou que mostra adesão ou apoio a uma causa alheia, especialmente se for em um momento difícil.

solidarizar ⟨so.li.da.ri.zar⟩ v.t.d./.v.t.d.i./v.prnl. Tornar(-se) ou fazer(-se) solidário [com algo ou alguém].

solidéu ⟨so.li.déu⟩ s.m. Gorro de seda ou de outro tecido leve, com formato de casquete, que é usado por alguns eclesiásticos para cobrir a parte superior e posterior da cabeça.

solidificação ⟨so.li.di.fi.ca.ção⟩ (pl. *solidificações*) s.f. Ato ou efeito de solidificar(-se): *O gelo é resultado da solidificação da água*.

solidificar ⟨so.li.di.fi.car⟩ v.t.d./v.int./v.prnl. **1** Tornar(-se) sólido (um líquido). **2** Tornar(-se) forte, consistente ou estável (algo não material): *O tempo solidificou a relação do casal. Depois do curso, meus conhecimentos se solidificaram*. ▫ ORTOGRAFIA Antes de e, o c muda para qu →BRINCAR.

sólido, da ⟨só.li.do, da⟩ ▌adj. **1** Em relação a um corpo, que não é oco no interior. ▫ SIN. cheio, maciço. **2** Firme, seguro e forte: *uma estrutura sólida*. **3** Com fundamentos bons, reais e verdadeiros: *sólidos conhecimentos*. ▌adj./s.m. **4** Em relação especialmente a uma substância, que se caracteriza por suas moléculas terem grande coesão entre si. **5** Em geometria, corpo com três dimensões e limitado em todas as direções: *A esfera, o cone e o cubo são sólidos geométricos*.

solilóquio ⟨so.li.ló.quio⟩ s.m. Reflexão em voz alta de uma pessoa que fala consigo mesma. ▫ SIN. monólogo.

solípede ⟨so.lí.pe.de⟩ adj.2g. Em relação a um animal quadrúpede, que tem as patas terminadas em um só dedo, com um casco ou unha protetores.

solista ⟨so.lis.ta⟩ s.2g. Pessoa que interpreta em um instrumento ou com a voz, com ou sem acompanhamento, uma melodia, um ritmo ou uma composição musical.

solitária ⟨so.li.tá.ria⟩ s.f. **1** *informal* Tênia adulta e parasita que vive no intestino de uma pessoa. **2** Em um presídio, cela em que o preso fica isolado, geralmente como punição.

solitário, ria ⟨so.li.tá.rio, ria⟩ ▌adj. **1** Deserto, abandonado ou sem pessoas. ▌adj./s. **2** Só, isolado ou sem companhia. ▌s.m. **3** Joia com uma única pedra preciosa, especialmente se for um anel.

solitude ⟨so.li.tu.de⟩ s.f. *literário* Solidão.

solo ⟨so.lo⟩ s.m. **1** Superfície da terra. **2** Terreno em que plantas vivem ou podem viver: *A monocultura empobrece o solo*. **3** Composição ou passagem musicais interpretadas por um único instrumento ou por uma única voz, com ou sem acompanhamento: *Durante a apresentação, fez um solo de guitarra*. **4** Dança executada por uma única pessoa.

solta ⟨sol.ta⟩ (Pron. [sôlta]) s.f. Corda ou peça usadas para prender um animal de montaria. ‖ **à solta 1** De forma livre e sem limitações: *Feliz, cantava à solta pela casa*. 2 Em liberdade: *A rádio avisou que havia um bandido à solta na região*.

soltar ⟨sol.tar⟩ ▌v.t.d./.v.t.d.i./v.prnl. **1** Desatar(-se) ou desprender(-se) (algo) [do que o prende]: *Soltou o penteado assim que chegou. Soltei a bicicleta da corrente*. ▌v.t.d./v.prnl. **2** Deixar sair ou tornar(-se) livre (uma pessoa ou um animal): *O juiz mandou soltar os dois presos*. ▌v.t.d. **3** Deixar de segurar: *Soltei a linha e perdi a pipa*. **4** Alargar ou afrouxar (algo justo): *Pedi à costureira que soltasse um pouco a cintura*. **5** Deixar sair: *Essa roupa solta fiapos*. **6** Falar ou dizer por descuido: *Atrapalhada, soltou que havia mentido*. **7** Desprender, emitir ou exalar: *Enquanto assa, o peixe solta água*. **8** Fazer evacuar com frequência (o intestino): *Comi algo que soltou meu intestino*. ▌v.prnl. **9** Adquirir agilidade ou desenvoltura: *Ela já se soltou na nova equipe de trabalho*. ▫ GRAMÁTICA É um verbo abundante, pois apresenta dois particípios: *soltado* e *solto*.

solteirão ⟨sol.tei.rão⟩ (pl. *solteirões*) adj./s.m. *informal* Que ou quem é de meia-idade e não é casado. ▫ GRAMÁTICA Seu feminino é *solteirona*.

solteiro, ra ⟨sol.tei.ro, ra⟩ adj./s. Que ou quem não é casado.

solteirona ⟨sol.tei.ro.na⟩ (Pron. [solteirôna]) Feminino de solteirão.

solto, ta ⟨sol.to, ta⟩ ▌**1** Particípio irregular de **soltar**. ▌adj. **2** Separado, pouco compacto ou não unido. **3** Livre ou sem estar preso: *Não gosto de jogar com o cabelo solto*. **4** Folgado ou que não é justo: *No verão, ela gosta de usar roupas soltas*. ▫ SIN. **frouxo**. **5** Em relação especialmente a um produto, que não está envasilhado nem empacotado, ou que é vendido separadamente: *Minha mãe compra ovos soltos em vez da caixa*.

soltura ⟨sol.tu.ra⟩ s.f. **1** Facilidade ou desenvoltura para realizar algo. **2** *informal* Diarreia.

solução ⟨so.lu.ção⟩ (pl. *soluções*) s.f. **1** Ato ou efeito de solver. **2** Em matemática, resultado de uma operação ou de um problema: *A professora nos mostrou a solução da equação*. **3** Separação das partículas de um corpo sólido, líquido ou gasoso em um líquido, de forma que se incorporem a ele. **4** Mistura ou substância originada dessa separação de partículas em um líquido: *uma solução aquosa*.

soluçar ⟨so.lu.çar⟩ ▌v.int. **1** Produzir, geralmente pelo choro ou por um movimento convulsivo, inspirações bruscas e pausadas, seguidas de expiração. ▌v.t.d./v.t.d.i. **2** Expressar entre soluços (um sentimento ou um pensamento) [a alguém]: *Soluçou seu desespero aos amigos*. ▫ ORTOGRAFIA Antes de e, o ç muda para c →COMEÇAR.

solucionar ⟨so.lu.ci.o.nar⟩ v.t.d. Resolver ou achar a solução de (uma dúvida ou uma dificuldade).

soluço ⟨so.lu.ço⟩ s.m. **1** Inspiração brusca e pausada, seguida de expiração, que é causada pela contração involuntária do diafragma. **2** Choro ou expressão de sentimentos ou de pensamentos entre movimentos convulsivos.

soluto ⟨so.lu.to⟩ s.m. Em uma solução, componente que se encontra em menor proporção.

solúvel ⟨so.lú.vel⟩ (pl. *solúveis*) adj.2g. Que se pode dissolver ou desmanchar.

solvente ⟨sol.ven.te⟩ adj.2g./s.m. **1** Em relação a uma substância, que é capaz de dissolver outra. **2** Em uma solução, componente que se encontra em maior proporção.

solver ⟨sol.ver⟩ v.t.d. **1** Desunir as partículas de (uma substância) em um líquido, de forma que fiquem incorporadas a ele: *Solveu o comprimido em um copo de água*. ▫ SIN. **dissolver**. **2** Dar solução a (uma dificuldade ou um assunto). **3** Pagar ou liquidar (uma dívida).

som (pl. *sons*) s.m. **1** Onda mecânica, especialmente aquela que é captada e percebida pelo sentido da audição. **2** *informal* Música: *Contrataram um DJ para cuidar do som da festa*. **3** Conjunto de aparelhos e de sistemas que servem para emitir, gravar, reproduzir ou modificar um ruído, uma voz ou uma música: *um aparelho de som*.

soma ⟨so.ma⟩ (Pron. [sôma]) s.f. **1** Em matemática, resultado de uma adição. **2** Quantidade grande: *Uma soma de boas qualidades fez com que ela fosse eleita*. **3** Valor ou quantia de dinheiro: *A soma será doada a uma instituição de caridade*.

somali ⟨so.ma.li⟩ ▌adj.2g./s.2g. **1** Da Somália ou relacionado a esse país africano. ▌s.m. **2** Língua africana desse e de outros países.

somar ⟨so.mar⟩ ▌v.int. **1** Em matemática, realizar uma operação de adição: *Na escola, estamos aprendendo a somar.* ▌v.t.d. **2** Formar (um valor total) a partir de dois ou mais valores: *Dez e quinze somam vinte e cinco.* **3** Juntar ou incorporar: *Somando a chuva que tomei e o cansaço físico, acabarei ficando doente.*

somático, ca ⟨so.má.ti.co, ca⟩ adj. Físico ou relacionado ao corpo.

somatório, ria ⟨so.ma.tó.rio, ria⟩ ▌adj. **1** Da soma ou relacionado a ela. ▌s.m. **2** Total ou conjunto da soma de dois ou mais valores.

sombra ⟨som.bra⟩ s.f. **1** Imagem escura que um corpo opaco projeta em uma superfície quando está entre ela e uma fonte de luz: *Como é difícil encontrar uma sombra nesta praia!* **2** Lugar com falta ou com ausência de luz: *Como é difícil encontrar uma sombra nesta praia!* **3** Cosmético usado para maquiar ou para colorir as pálpebras dos olhos : *Para maquiar os olhos, podem-se usar sombra, lápis e delineador.* **4** Em uma pintura ou em um desenho, cor escura com a qual se representa a falta de luz: *Analisamos o jogo entre luz e sombra nas gravuras de Goeldi.* **5** Semelhança ou lembrança de algo: *Havia em seu sorriso uma sombra de tristeza.* **6** Aparição da imagem de uma pessoa ausente ou defunta. **7** Indicação ou marca que levam a entender ou descobrir algo: *Aceitará a proposta, sem sombra de dúvida.*

sombreado, da ⟨som.bre.a.do, da⟩ ▌adj. **1** Com sombra. ▌s.m. **2** Aplicação de sombras a um desenho ou a uma pintura.

sombrear ⟨som.bre.ar⟩ ▌v.t.d./v.int. **1** Colocar sombra em (uma pintura ou um desenho) ou fazer sombreado. ▌v.t.d. **2** Fazer sombra em (um lugar): *A figueira sombreava a entrada do rancho.* ▢ ORTOGRAFIA O e muda para ei quando a sílaba tônica estiver na raiz do verbo →NOMEAR.

sombreiro, ra ⟨som.brei.ro, ra⟩ ▌adj. **1** Que faz sombra. ▌s.m. **2** Chapéu com abas largas que faz sombra para a pessoa que o usa.

sombrinha ⟨som.bri.nha⟩ s.f. Acessório semelhante a um guarda-chuva, de menor tamanho e geralmente usado por mulheres para se protegerem do sol ou da chuva.

sombrio, a ⟨som.bri.o, a⟩ adj. **1** Em relação a um lugar, que tem pouca luz e que costuma ter sombra. **2** Triste ou muito sério: *um olhar sombrio.*

somenos ⟨so.me.nos⟩ adj.2g.2n. Inferior ou que tem menos importância.

somente ⟨so.men.te⟩ adv. Apenas ou unicamente: *Fizemos somente o que nos foi pedido.* ▢ SIN. **só**.

sonâmbulo, la ⟨so.nâm.bu.lo, la⟩ adj./s. Que ou quem sofre um distúrbio do sono caracterizado pela realização de atos enquanto dorme.

sonante ⟨so.nan.te⟩ adj.2g. Que soa ou que produz um som.

sonar ⟨so.nar⟩ s.m. Em náutica, aparelho que emite vibrações de alta frequência, usado para detectar a presença e o posicionamento de objetos ou obstáculos submersos.

sonata ⟨so.na.ta⟩ s.f. Composição musical instrumental, geralmente extensa, composta por três ou quatro movimentos de diferentes características, com uma estrutura formal definida.

sonda ⟨son.da⟩ s.f. **1** Em medicina, instrumento comprido, fino, cilíndrico e oco, geralmente usado para explorar ou dilatar cavidades e canais naturais para introduzir substâncias no organismo ou extraí-las dele. ▢ SIN. **cateter**. **2** Corda presa a um peso de chumbo usada para medir a profundidade das águas e para explorar a região submersa. **3** Instrumento ou aparelho usados para explorar ou examinar regiões de difícil acesso.

sondagem ⟨son.da.gem⟩ (pl. *sondagens*) s.f. **1** Ato ou efeito de sondar. **2** Em relação a algo desconhecido, investigação ou tentativa cautelosas de desvendá-lo: *Fiz uma sondagem de preços antes de fechar a compra.*

sondar ⟨son.dar⟩ v.t.d. **1** Medir ou examinar com uma sonda. **2** Investigar ou tentar desvendar de forma cautelosa (algo desconhecido): *Estou sondando os suspeitos para descobrir o que realmente aconteceu.* **3** Estimar ou calcular aproximadamente: *Estamos sondando os custos da viagem.*

soneca ⟨so.ne.ca⟩ s.f. Sono leve e por um período curto de tempo.

sonegar ⟨so.ne.gar⟩ v.t.d. **1** Não mencionar (uma informação). **2** Não pagar ou fazer algo para que (uma taxa ou outra cobrança) não sejam cobradas, em desacordo com as leis: *Sonegar impostos é crime.* ▢ ORTOGRAFIA Antes de e, o g muda para gu →CHEGAR.

soneira ⟨so.nei.ra⟩ s.f. **1** Cansaço, chatice ou moleza causados pelo sono. ▢ SIN. **sonolência**. **2** Necessidade ou vontade de dormir por um longo período de tempo, geralmente causadas por cansaço físico ou por permanecer anteriormente sem dormir pelo tempo necessário. ▢ SIN. **sonolência**.

soneto ⟨so.ne.to⟩ (Pron. [sonêto]) s.m. Composição poética formada por catorze versos, geralmente de dez sílabas, de rima consoante, distribuídos em dois quartetos e dois tercetos, cujo esquema clássico é *ABBA ABBA CDC DCD*.

sonhador, -a ⟨so.nha.dor, do.ra⟩ (Pron. [sonhadôr], [sonhadôra]) adj./s. Que ou quem sonha muito ou considera real aquilo que não é.

sonhar ⟨so.nhar⟩ ▌v.t.d./v.t.i./v.int. **1** Representar na mente (um acontecimento ou uma imagem) enquanto se dorme, ou ter sonhos [com eles]: *Sonhei com você há alguns dias.* ▌v.t.i. **2** Desejar por muito tempo ou ter fixação [em algo que não se tem]: *Sempre sonhamos em conhecer a Europa.* ▌v.t.d./v.t.i./v.int. **3** Considerar real e verdadeiro (algo muito difícil de acontecer) ou ter devaneios [com algo].

sonho ⟨so.nho⟩ (Pron. [sônho]) s.m. **1** Na mente de uma pessoa ou de alguns animais, representação de acontecimentos e de imagens enquanto se dorme. **2** Aquilo que não é real e que não tem probabilidade de se realizar: *Voar é um sonho de muitas pessoas.* **3** Aquilo que se deseja: *Tenho o sonho de um dia ser engenheiro.* **4** Doce redondo feito à base de farinha, leite e ovos, frito, recheado com um creme e geralmente salpicado com açúcar: *um sonho de doce de leite.*

sonífero, ra ⟨so.ní.fe.ro, ra⟩ adj./s.m. Em relação especialmente a um medicamento, que causa sono.

sono ⟨so.no⟩ (Pron. [sôno]) s.m. **1** Estado de repouso do corpo enquanto se dorme. **2** Vontade ou necessidade de dormir. **3** Período de tempo durante o qual uma pessoa dorme: *É recomendável ter oito horas de sono por dia.*

sonolência ⟨so.no.lên.cia⟩ s.f. **1** Cansaço, chatice ou moleza causados pelo sono. ▢ SIN. **soneira**. **2** Necessidade ou vontade de dormir por um longo período de tempo, geralmente causadas por cansaço físico ou por permanecer anteriormente sem dormir pelo tempo necessário. ▢ SIN. **soneira**.

sonolento, ta ⟨so.no.len.to, ta⟩ adj. Que tem sono ou sonolência.

sonoplasta ⟨so.no.plas.ta⟩ s.2g. Pessoa que se dedica à sonoplastia, especialmente como profissão. ▢ SIN. **contrarregra**.

sonoplastia

sonoplastia ⟨so.no.plas.ti.a⟩ s.f. Em cinema, teatro, rádio e televisão, criação ou aplicação de efeitos sonoros.

sonoridade ⟨so.no.ri.da.de⟩ s.f. **1** Qualidade ou condição de sonoro. **2** Som claro, harmonioso ou nítido: *a sonoridade de um recital*. **3** Capacidade para produzir um som, especialmente se for agradável ou intenso: *a sonoridade das ondas do mar*. **4** Conjunto das características sonoras de um lugar.

sonorização ⟨so.no.ri.za.ção⟩ (pl. *sonorizações*) s.f. **1** Ato ou efeito de sonorizar. **2** Em fonética e fonologia, transformação de uma consoante surda em uma consoante sonora.

sonorizar ⟨so.no.ri.zar⟩ v.t.d. **1** Colocar som em (uma encenação, especialmente se ela for gravada). **2** Instalar os equipamentos necessários em (um lugar) para conseguir um bom som.

sonoro, ra ⟨so.no.ro, ra⟩ adj. **1** Que é acompanhado de som. **2** Que produz um som intenso: *uma risada sonora*.

sonoterapia ⟨so.no.te.ra.pi.a⟩ s.f. Tratamento terapêutico que consiste em manter um paciente dormido por determinado tempo para que doenças mentais sejam curadas.

sonso, sa ⟨son.so, sa⟩ adj./s. *pejorativo* Que ou quem se finge de simples, ingênuo ou inocente.

sopa ⟨so.pa⟩ (Pron. [sôpa]) s.f. Caldo feito com macarrão, carne, verduras ou outros ingredientes, e que geralmente se come com pão.

sopapo ⟨so.pa.po⟩ s.m. Golpe dado com a mão, especialmente se for debaixo do queixo.

sopé ⟨so.pé⟩ s.m. Em uma montanha, terreno que se situa na base. ◻ SIN. **aba, falda, fralda**.

sopeira ⟨so.pei.ra⟩ s.f. Recipiente fundo usado para servir sopa.

sopesar ⟨so.pe.sar⟩ v.t.d. Calcular aproximadamente o peso de (um objeto) levantando-o com a mão.

sopitar ⟨so.pi.tar⟩ v.t.d. Diminuir a força, acalmar ou tornar mais frágil (uma pessoa, uma atividade ou um sentimento): *A terapia o ajudou a sopitar antigos temores*.

soporífero, ra ⟨so.po.rí.fe.ro, ra⟩ adj./s.m. **1** Em relação especialmente a uma substância, que causa sono ou moleza. **2** Que é aborrecido, cansativo ou que faz dormir: *um filme soporífero*.

soprano ⟨so.pra.no⟩ ▌adj.2g. **1** Em relação a um instrumento musical, que tem o registro mais agudo. ▌s.m. **2** Em relação, voz feminina mais aguda. ▌s.2g. **3** Cantor ou cantora que têm essa voz.

soprar ⟨so.prar⟩ ▌v.t.d./v.int. **1** Expulsar o ar pela boca de uma só vez sobre (algo) ou assoprar: *Não é recomendável soprar uma ferida*. ▌v.int. **2** Correr de forma notável (o vento): *A brisa que soprava do mar refrescava o ambiente*. ▌v.t.d. **3** Apagar com um sopro (algo que está aceso): *O aniversariante soprou as quinze velas do bolo*. **4** Encher com o ar dos pulmões (algo que está vazio). ▌v.t.d./v.t.d.i. **5** *informal* Dizer (uma informação) [a alguém] dissimuladamente. ◻ ORTOGRAFIA Escreve-se também **assoprar**.

sopro ⟨so.pro⟩ (Pron. [sôpro]) ▌s.m. **1** Ar expulso pela boca de uma só vez. **2** Movimento em que se expulsa esse ar. **3** Vento suave e fresco. ◻ SIN. **brisa**. **4** Som peculiar de alguns órgãos do corpo e que pode ou não ser normal: *Diagnosticaram que ele tinha sopro no coração*. ▌s.m.pl. **5** Em música, conjunto dos instrumentos que se tocam soprando e fazendo o ar passar através deles. [◉ **instrumentos de sopro** p. 747]

soquete ⟨so.que.te⟩ s.f. **1** Meia feminina que cobre, no máximo, até o tornozelo. **2** Peça rosqueada em que se introduz a parte metálica de uma lâmpada e que garante sua conexão com o circuito elétrico. **3** Bastão curto e um pouco grosso, geralmente cilíndrico, usado para socar alimentos ou temperos. ◻ SIN. **socador**. **4** Ferramenta usada para socar a terra, tornando-a firme. **5** Instrumento cilíndrico usado para socar pólvora ou bala na boca de um canhão. ◻ USO Na acepção 1, a pronúncia é *soquéte*; nas acepções 2, 3, 4 e 5, *soquête*.

sordidez ⟨sor.di.dez⟩ (Pron. [sordidêz]) s.f. **1** Condição de sórdido. **2** Comportamento imoral, indigno ou mesquinho: *Difamar o adversário revelou sua extrema sordidez*.

sórdido, da ⟨sór.di.do, da⟩ adj. **1** Pobre, mísero ou sujo. **2** Que é considerado imoral, baixo ou vergonhoso: *Trair os companheiros foi uma atitude sórdida*.

soro ⟨so.ro⟩ (Pron. [sôro], [sóros] ou [sôros]) s.m. **1** Porção líquida remanescente do processo de centrifugação do sangue em laboratório. **2** Substância desenvolvida a partir de técnicas de laboratório para servir de antígeno ao veneno da picada de um animal. **3** Parte líquida que se separa do leite quando ele coagula. **4** Solução usada para hidratar ou para alimentar uma pessoa doente ou como veículo de medicamentos: *As pessoas em coma são alimentadas com soro*.

sorocabano, na ⟨so.ro.ca.ba.no, na⟩ adj./s. De Sorocaba ou relacionado a essa cidade do estado brasileiro de São Paulo.

sorrateiro, ra ⟨sor.ra.tei.ro, ra⟩ adj. Dissimulado ou que age às escondidas.

sorrelfa ⟨sor.rel.fa⟩ ▌**à sorrelfa** De forma dissimulada ou às escondidas: *Tramaram um golpe à sorrelfa*.

sorridente ⟨sor.ri.den.te⟩ adj.2g. Que sorri.

sorrir ⟨sor.rir⟩ ▌v.int./v.prnl. **1** Rir suavemente, curvando os lábios e sem produzir sons. ▌v.t.i. **2** Mostrar-se favorável ou promissor [a alguém]: *Quando pensou que tudo estava perdido, a sorte lhe sorriu*. ◻ GRAMÁTICA É um verbo irregular →RIR.

sorrisense ⟨sor.ri.sen.se⟩ adj.2g./s.2g. De Sorriso ou relacionado a essa cidade do estado brasileiro de Mato Grosso.

sorriso ⟨sor.ri.so⟩ s.m. Riso suave, curvando os lábios e sem produzir sons. ‖ **sorriso amarelo** Aquele que é forçado, constrangido ou contrafeito. ◻ SIN. **riso amarelo**.

sorte ⟨sor.te⟩ s.f. **1** Destino ou força desconhecida que determina o desenvolvimento dos acontecimentos ou da vida de alguém. **2** Circunstância feliz ou boa fortuna: *Teve sorte e o tempo estava bom durante as férias*. **3** Bilhete com o qual se concorre a um prêmio de sorteio. **4** Tipo, espécie ou gênero: *Apreciam muito essa sorte de evento*.

sortear ⟨sor.te.ar⟩ v.t.d. Dar ou distribuir por meio da sorte ou do acaso. ◻ ORTOGRAFIA O *e* muda para *ei* quando a sílaba tônica estiver na raiz do verbo →NOMEAR.

sorteio ⟨sor.tei.o⟩ s.m. Escolha ou definição por meio da sorte ou do acaso.

sortido, da ⟨sor.ti.do, da⟩ adj. **1** Composto por elementos diferentes, porém da mesma classe: *um pacote de biscoitos sortidos*. **2** Que está abastecido ou cheio: *um estoque sortido*.

sortilégio ⟨sor.ti.lé.gio⟩ s.m. **1** Encantamento ou feitiçaria. **2** Aquilo que encanta, que seduz ou que causa admiração: *Dizem que a Bahia é uma terra mágica e cheia de sortilégios*.

sortimento ⟨sor.ti.men.to⟩ s.m. Ato ou efeito de sortir(-se).

sortir ⟨sor.tir⟩ ▌v.t.d./v.prnl. **1** Abastecer ou prover-se: *Sortiram a despensa com alimentos não perecíveis*. ▌v.t.d. **2** Colocar (elementos diferentes, porém da mesma classe) juntos ou formando um todo: *sortir as cores de um quadro*. ◻ GRAMÁTICA É um verbo irregular →POLIR.

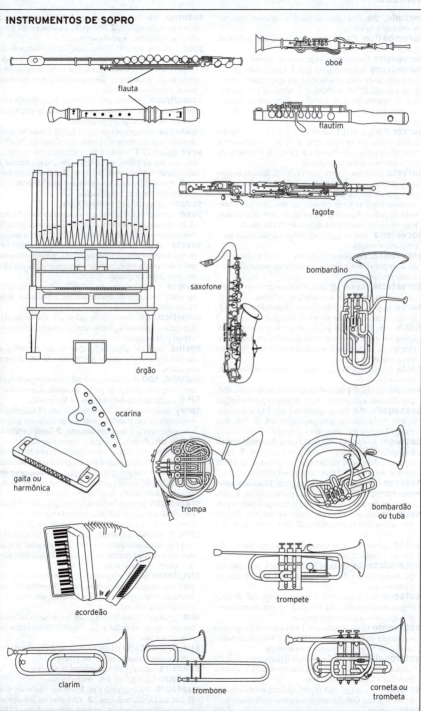

sortudo

sortudo, da ⟨sor.tu.do, da⟩ adj./s. *informal* Que ou quem tem boa sorte.

sorumbático, ca ⟨so.rum.bá.ti.co, ca⟩ adj./s. Que ou quem é triste ou melancólico.

sorvedoiro ⟨sor.ve.doi.ro⟩ s.m. →sorvedouro

sorvedouro ⟨sor.ve.dou.ro⟩ s.m. **1** Movimento giratório e rápido de uma massa de água que arrasta coisas para o fundo. ▫ SIN. turbilhão. **2** Aquilo que causa ruína ou destruição: *A obra acabou sendo um sorvedouro do dinheiro público.* ▫ ORTOGRAFIA Escreve-se também *sorvedoiro*.

sorver ⟨sor.ver⟩ v.t.d. **1** Beber aspirando, geralmente fazendo ruído: *sorver uma sopa.* **2** Beber lentamente e com goles pequenos: *sorver um vinho.* **3** Desfrutar de (algo que se considera positivo).

sorvete ⟨sor.ve.te⟩ (Pron. [sorvête]) s.m. Iguaria congelada geralmente feita à base de leite, açúcar e suco ou essência de frutas. ‖ **sorvete de massa** Aquele que é cremoso e que se serve geralmente em uma taça. ‖ **sorvete de palito** Aquele que é solidificado e atravessado por um palito usado para segurá-lo. ▫ SIN. picolé.

sorveteira ⟨sor.ve.tei.ra⟩ s.f. Máquina utilizada para preparar sorvetes.

sorveteiro, ra ⟨sor.ve.tei.ro, ra⟩ s. Pessoa que se dedica ao preparo e à venda de sorvetes, especialmente como profissão.

sorveteria ⟨sor.ve.te.ri.a⟩ s.f. Estabelecimento comercial onde se preparam e se vendem sorvetes.

sorvo ⟨sor.vo⟩ (Pron. [sôrvo]) s.m. Quantidade de líquido que se bebe de uma só vez. ▫ SIN. gole.

S.O.S. s.m. Expressão usada para solicitar auxílio em situações difíceis: *A torre recebeu o S.O.S. do avião e enviou ajuda.* ▫ ORIGEM É a sigla inglesa de *Save Our Souls* (salve nossas vidas).

sósia ⟨só.sia⟩ s.2g. Pessoa muito parecida com outra fisicamente.

soslaio ⟨sos.lai.o⟩ ‖ **de soslaio** De lado ou de forma oblíqua: *Durante a conversa, olhava de soslaio para o relógio.*

sossegado, da ⟨sos.se.ga.do, da⟩ adj. **1** Que é calmo, quieto, tranquilo ou sem preocupações. **2** Que tem tranquilidade e paz: *uma rua sossegada.*

sossegar ⟨sos.se.gar⟩ v.t.d./v.int./v.prnl. **1** Tornar(-se) calmo, quieto, tranquilo ou sem preocupações. **2** Fazer repousar, descansar ou livrar-se do cansaço. ▫ ORTOGRAFIA Antes de *e*, *o* g muda para *gu* →CHEGAR.

sossego ⟨sos.se.go⟩ (Pron. [sossêgo]) s.m. **1** Calmaria, quietude, tranquilidade e ausência de preocupações. **2** Descanso ou repouso. **3** Em um lugar, tranquilidade e paz.

sota- Prefixo que significa *abaixo* ou *em posição inferior*: *sota-piloto, sota-ministro.* ▫ USO Usa-se também a forma *soto-* (*soto-capitão*).

sótão ⟨só.tão⟩ (pl. *sótãos*) s.m. Em uma casa, parte inferior ao telhado. ▫ SIN. desvão.

sota-piloto, ta ⟨so.ta-pi.lo.to, ta⟩ (Pron. [sota-pilôto]) (pl. *sota-pilotos*) s. Segundo piloto, que está abaixo do piloto oficial.

sotaque ⟨so.ta.que⟩ s.m. Pronúncia especial de uma língua, característica da fala de uma determinada região geográfica ou de uma pessoa.

sotavento ⟨so.ta.ven.to⟩ s.m. Lado ou direção opostos ao lado de onde o vento vem. ▫ USO É diferente de *barlavento* (lado ou direção de onde o vento vem).

soteropolitano, na ⟨so.te.ro.po.li.ta.no, na⟩ adj./s. De Salvador ou relacionado à capital do estado brasileiro da Bahia. ▫ SIN. salvadorense.

soterrar ⟨so.ter.rar⟩ v.t.d./v.prnl. Cobrir(-se) de terra ou de escombros: *O deslizamento soterrou muitas casas.*

soto- →sota-

soturno, na ⟨so.tur.no, na⟩ adj. **1** Que é ou que está triste ou melancólico. **2** Em relação a um lugar, que é escuro ou sombrio: *um porão soturno.*

soul *(palavra inglesa)* (Pron. [soul]) s.m. Composição musical de origem afro-americana, com aspectos do gospel e do *jazz*, caracterizada por coros ou cantores individuais, geralmente acompanhada por guitarra, baixo, percussão e metais.

soundtrack *(palavra inglesa)* (Pron. [saundtrec]) s.m. Em cinema ou em televisão, fundo musical de um filme, de uma novela ou de um programa.

sousense ⟨sou.sen.se⟩ adj.2g./s.2g. De Sousa ou relacionado a essa cidade do estado brasileiro da Paraíba.

sova ⟨so.va⟩ s.f. **1** Trabalho feito em uma massa, geralmente com as mãos, misturando seus ingredientes e amassando a para torná-la macia. **2** Agressão ou surra. **3** *informal* Derrota ou perda em uma disputa, que geralmente causam humilhação.

sovaco ⟨so.va.co⟩ s.m. *informal* Axila.

sovar ⟨so.var⟩ v.t.d. **1** Misturar e amassar os ingredientes de (uma massa), geralmente com as mãos, para torná-la macia: *Sovou o pão antes de assá-lo.* **2** Agredir ou surrar.

sovela ⟨so.ve.la⟩ s.f. Ferramenta formada por um ferro que termina em uma ponta afiada, geralmente com um cabo, usada especialmente por sapateiros para furar, costurar e espontar.

soviete ⟨so.vi.e.te⟩ s.m. Na União Soviética (antigo país eurásico), conselho de trabalhadores e soldados revolucionários.

soviético, ca ⟨so.vi.é.ti.co, ca⟩ adj./s. Da União das Repúblicas Socialistas Soviéticas ou relacionado a esse antigo país eurásico.

sovina ⟨so.vi.na⟩ adj.2g./s.2g. Que ou quem evita gastar por ser muito apegado ao dinheiro. ▫ SIN. avarento, avaro.

sozinho, nha ⟨so.zi.nho, nha⟩ adj. Sem companhia, ou sem ninguém que lhe dê proteção, ajuda ou consolo.

SP É a sigla do estado brasileiro de São Paulo.

spray *(palavra inglesa)* (Pron. [sprêi]) s.m. **1** Líquido que, armazenado sob pressão, pode ser lançado em pequenas partículas por meio de um jato. **2** Recipiente com uma bomba de pressão e que contém esse líquido.

status *(palavra latina)* (Pron. [istátus]) s.m.2n. **1** Posição que ocupa uma pessoa em um grupo ou na sociedade. **2** Em um conjunto, grau de importância ou prestígio profissional ou social perante os demais membros: *Seu excelente trabalho lhe conferiu muito status.*

status quo *(expressão latina)* (Pron. [istátus cuô]) s.m. Estado de coisas em um determinado momento: *Os reformistas se opuseram aos partidários do* statu quo.

stricto sensu *(expressão latina)* (Pron. [istrítcu sênsu]) Em sentido estrito ou exato: *As parábolas não devem ser tomadas* stricto sensu, *mas interpretadas para que sejam compreendidas.*

striptease *(palavra inglesa)* (Pron. [istripitizi]) s.m. Espetáculo em que uma pessoa, pouco a pouco, tira sua roupa de forma sexualmente insinuante, geralmente ao som de uma música.

sua ⟨su.a⟩ pron.poss. Indica posse em relação às terceiras pessoas do singular e do plural. ▫ GRAMÁTICA Seu masculino é *seu*.

suã ⟨su.ã⟩ s.f. Carne da parte inferior do lombo de um suíno, especialmente se for um porco.

suadeira ⟨su.a.dei.ra⟩ s.f. *informal* Suadouro.

suadoiro ⟨su.a.doi.ro⟩ s.m. →suadouro

suadouro ⟨su.a.dou.ro⟩ s.m. **1** Ato ou efeito de suar. ▫ SIN. sudação, sudorese. **2** Trabalho ou esforço excessivos: *Aquele jogo foi um tremendo suadouro.* ▫ SIN.

suor. **3** Medicamento que produz suor. **4** Lugar muito quente: *Aquela sala está um suadouro.* **5** Em um animal de montaria, parte do lombo onde se coloca a sela. ☐ ORTOGRAFIA Escreve-se também *suadoiro*.

suar ⟨su.ar⟩ ▌v.int. **1** Expulsar o suor por meio dos poros da pele: *Suamos muito jogando vôlei.* **2** Apresentar líquido ou umidade em sua superfície: *A garrafa gelada suava no balcão.* **3** Trabalhar ou esforçar-se muito: *Tivemos de suar para terminar o trabalho.* ▌v.t.d. **4** Molhar com muito suor: *Veio correndo e suou a camisa.* ☐ ORTOGRAFIA É diferente de *soar*.

suarento, ta ⟨su.a.ren.to, ta⟩ adj. Cheio ou coberto de suor.

suástica ⟨su.ás.ti.ca⟩ s.f. Cruz com hastes dobradas em ângulo reto em cada um de seus braços, especialmente a que simboliza os povos arianos e o movimento nazista.

suave ⟨su.a.ve⟩ adj.2g. **1** Liso ou macio. **2** Agradável aos sentidos por não apresentar contrastes: *um cheiro suave.* **3** Moderado, equilibrado ou não exagerado: *Fez um financiamento com prestações suaves, de acordo com o que ele podia pagar.* **4** Que não é brusco, que não apresenta resistência e que não demanda muito esforço: *uma brecada suave.* **5** Brando, com pouca força ou com pouca intensidade: *um vento suave.*

suavidade ⟨su.a.vi.da.de⟩ s.f. **1** Maciez e ausência de aspereza que tornam algo agradável ao tato. **2** Doçura ou mansidão: *a suavidade de uma voz.* **3** Brandura, pouca força ou intensidade: *a suavidade de uma massagem.*

suavização ⟨su.a.vi.za.ção⟩ (pl. *suavizações*) s.f. **1** Atribuição de suavidade a algo. **2** Diminuição da intensidade de algo: *O advogado pediu a suavização da pena para seu cliente.*

suavizar ⟨su.a.vi.zar⟩ v.t.d./v.prnl. Tornar(-se) suave.

suazi ⟨su.a.zi⟩ adj.2g./s.2g. Da Suazilândia ou relacionado a esse país africano.

sub- **1** Prefixo que significa *abaixo* ou *embaixo de*: *submarino*, *subsolo*. **2** Prefixo que significa *de categoria menor* ou *de menos importância*: *subordinado*, *subchefe*. **3** Prefixo que significa *com escassez*: *subdesenvolvimento*, *subnutrido*. ☐ USO **1.** Usa-se também as formas *so-* (*sobraçar*) ou *sob-* (*sobgrave*). **2.** Em esportes, usa-se anteposto a um número para indicar que os esportistas têm idade igual ou inferior àquela indicada pelo número (*sub-vinte*).

subalterno, na ⟨su.bal.ter.no, na⟩ adj./s. Que ou quem está sob ordens de alguém.

subalugar ⟨su.ba.lu.gar⟩ v.t.d./v.t.d.i. Alugar (algo alugado) [a outra pessoa]. ☐ SIN. sublocar. ☐ ORTOGRAFIA Antes de *e*, o *g* muda para *gu* →CHEGAR.

subaquático, ca ⟨su.ba.quá.ti.co, ca⟩ adj. Que está, que vive ou que acontece debaixo da água.

subchefe ⟨sub.che.fe⟩ s.2g. Pessoa que ocupa o cargo imediatamente inferior ao do chefe ou que o substitui em suas funções.

subconsciente ⟨sub.cons.ci.en.te⟩ ▌adj.2g. **1** Que pertence à subconsciência. **2** Que está sob domínio da consciência psicológica e não pode ser alcançado diretamente por ela. ▌s.m. **3** Conjunto de fenômenos psíquicos que fogem da consciência de uma pessoa.

subcutâneo, nea ⟨sub.cu.tâ.neo, nea⟩ adj. **1** Que está imediatamente abaixo da pele. **2** Que é aplicado abaixo da pele: *uma injeção subcutânea.*

subdelegado, da ⟨sub.de.le.ga.do, da⟩ s. Pessoa que ocupa o cargo imediatamente inferior ao do delegado ou que o substitui em suas funções.

subdelegar ⟨sub.de.le.gar⟩ v.t.d.i. Delegar (algo já solicitado a alguém) [a outra pessoa]: *O gerente subdelegou o pedido do diretor aos seus funcionários.* ☐ ORTOGRAFIA Antes de *e*, o *g* muda para *gu* →CHEGAR.

subir

subdesenvolvido, da ⟨sub.de.sen.vol.vi.do, da⟩ adj./s. Que ou quem se encontra em uma situação na qual não se alcançam determinados níveis econômicos, sociais, culturais ou políticos: *As nações subdesenvolvidas recebem ajuda dos países ricos.* ☐ USO É preferível usar a expressão *em desenvolvimento* quando acompanha um substantivo.

subdesenvolvimento ⟨sub.de.sen.vol.vi.men.to⟩ s.m. **1** Desenvolvimento incompleto ou abaixo do considerado normal. **2** Situação de atraso de um país em que não se consegue alcançar determinados níveis econômicos, políticos ou sociais.

subdividir ⟨sub.di.vi.dir⟩ v.t.d./v.t.d.i./v.prnl. Separar(-se) (um todo) [em várias partes]: *Subdividiram o departamento em cinco seções. A classe subdividiu-se em dois grupos.* ☐ SIN. dividir.

subdivisão ⟨sub.di.vi.são⟩ (pl. *subdivisões*) s.f. Nova divisão em algo já dividido.

subemprego ⟨sub.bem.pre.go⟩ s.m. Situação em que trabalhadores ocupam postos inferiores àqueles para os quais estão preparados, geralmente recebendo menos do que deveriam ou trabalhando sem vínculo formal.

subentender ⟨su.ben.ten.der⟩ v.t.d. **1** Deduzir, entender ou compreender (algo que não foi exposto ou bem explicado): *Por suas palavras, subentendi que as coisas não iam bem.* **2** Pressupor ou restaurar (palavras ou partes de uma oração omitidas): *No período Guimarães Rosa, um ícone da literatura brasileira, subentendemos a palavra* é.

subestimar ⟨su.bes.ti.mar⟩ v.t.d. Desdenhar ou não atribuir o devido valor ou a devida importância a (algo ou alguém): *A treinadora sempre nos pede para não subestimar os adversários.*

subfilo ⟨sub.fi.lo⟩ s.m. Cada um dos grupos taxonômicos em que se dividem os filos dos seres vivos.

subgrupo ⟨sub.gru.po⟩ s.m. Cada uma das partes em que um grupo é dividido.

subida ⟨su.bi.da⟩ s.f. **1** Terreno inclinado, quando é visto de baixo. **2** Passagem de um lugar mais baixo para um lugar mais alto: *Em Paris, o brasileiro Santos-Dumont fez a primeira subida em um balão.* **3** Aumento em intensidade, em quantidade ou em volume: *A subida da febre pode ser sinal de infecção.* **4** Aumento de um valor: *A subida dos preços diminuiu as vendas.* **5** Entrada em um meio de transporte: *Deixou a carteira cair na subida do trem.* **6** Trajeto de um curso de água contra a corrente: *Ao longo da subida do rio, plantaram árvores nativas.* **7** Promoção ou ascensão em um cargo ou em uma posição social: *Com a morte do rei, a subida do príncipe ao trono já era esperada.*

subido, da ⟨su.bi.do, da⟩ adj. Elevado ou de grande categoria.

subir ⟨su.bir⟩ ▌v.t.d. **1** Percorrer (um lugar) de baixo para cima ou ir de um lugar menos elevado para outro superior: *Fiquei cansado depois de subir a rua.* **2** Elevar para um lugar ou para uma posição superiores: *Vai subir a barra do vestido, pois está comprido.* ▌v.int. **3** Aumentar em intensidade, em quantidade ou em volume: *A maré sobe e desce de acordo com a atração da Lua ou do Sol.* ▌v.t.d./v.int. **4** Aumentar (um valor) ou encarecer: *Os lojistas subiram os preços dos brinquedos.* ▌v.int. **5** Entrar em um meio de transporte: *Subimos no ônibus e seguimos viagem.* **6** Trepar ou escalar: *Subiu na árvore para se esconder.* ▌v.t.d. **7** Percorrer (um curso de água) contra a corrente: *Durante a piracema, os peixes sobem os rios para se reproduzir.* ▌v.t.i./v.t.d.i./v.int. **8** Promover(-se) ou ascender [a um cargo ou a uma posição social mais altos]: *Pessoas desonestas são capazes de tudo para subir na vida.* ☐ GRAMÁTICA É um verbo irregular →ACUDIR.

súbito

súbito, ta ⟨sú.bi.to, ta⟩ adj. Imprevisto, inesperado ou repentino. ‖ **de súbito** De forma inesperada ou sem preparação: *O dia estava claro e, de súbito, caiu uma tempestade.*

subjacente ⟨sub.ja.cen.te⟩ adj.2g. **1** Que está por baixo. **2** Que não se manifesta de maneira clara, mas que pode ser subentendido: *É importante discutir o conceito subjacente a essas medidas.*

subjetividade ⟨sub.je.ti.vi.da.de⟩ s.f. **1** Particularidade na forma de julgar, seguindo critérios ou interesses pessoais e analisando a realidade como algo interior do sujeito. **2** Conjunto de particularidades psíquicas, emocionais e cognitivas referentes a um sujeito ou a uma pessoa.

subjetivo, va ⟨sub.je.ti.vo, va⟩ adj. **1** Do sujeito ou relacionado a ele. **2** Que segue critérios ou interesses pessoais ou que está marcado pelo modo de pensar de uma pessoa: *Fez comentários subjetivos, que não se apoiavam em nenhum argumento sólido.*

subjugar ⟨sub.ju.gar⟩ v.t.d. Submeter ou dominar, valendo-se do poder ou da força. ◻ SIN. jungir. ◻ ORTOGRAFIA Antes de e, o *g* muda para *gu* →CHEGAR.

subjuntivo, va ⟨sub.jun.ti.vo, va⟩ ❙ adj. **1** Que é dependente ou subordinado. ❙ s.m. **2** →**modo subjuntivo**

sublevação ⟨sub.le.va.ção⟩ (pl. *sublevações*) s.f. Ato ou efeito de sublevar(-se).

sublevar ⟨sub.le.var⟩ v.t.d./v.prnl. Envolver(-se) em um motim, causar uma revolta ou revoltar-se contra uma autoridade estabelecida. ◻ SIN. amotinar.

sublimar ⟨su.bli.mar⟩ v.t.d./v.prnl. **1** Tornar(-se) admirável ou extraordinário ou atingir um grau muito próximo da perfeição. **2** Fazer passar ou passar do estado sólido para o gasoso, sem passar pelo líquido (um corpo).

sublime ⟨su.bli.me⟩ adj.2g. Admirável, extraordinário ou que atingiu um grau muito próximo à perfeição.

subliminar ⟨sub.li.mi.nar⟩ adj.2g. Que pode ser captado pela mente sem que se tenha consciência.

sublinhar ⟨sub.li.nhar⟩ v.t.d. **1** Ressaltar ou destacar com uma linha embaixo de (um texto ou outro trecho escrito). ◻ SIN. grifar. **2** Destacar ou enfatizar. ◻ SIN. grifar.

sublocar ⟨sub.lo.car⟩ v.t.d./v.t.d.i. Alugar (algo alugado) [a outra pessoa]: *Sublocou um quarto do apartamento a um colega de classe.* ◻ SIN. subalugar. ◻ ORTOGRAFIA Antes de e, o *c* muda para *qu* →BRINCAR.

submarino, na ⟨sub.ma.ri.no, na⟩ ❙ adj. **1** Da área que está abaixo da superfície do mar ou relacionado a ela. ❙ s.m. **2** Navio que pode submergir e navegar abaixo da superfície do mar.

submergir ⟨sub.mer.gir⟩ v.t.d./v.int./v.prnl. Afundar(-se) totalmente em um líquido, especialmente se for na água. ◻ ORTOGRAFIA Antes de a ou o, o *g* muda para *j* →FUGIR. ◻ GRAMÁTICA **1**. É um verbo abundante, pois apresenta dois particípios: *submergido* e *submerso*. **2**. É um verbo defectivo, pois não apresenta conjugação completa →BANIR.

submersão ⟨sub.mer.são⟩ (pl. *submersões*) s.f. Ato ou efeito de submergir(-se).

submerso, sa ⟨sub.mer.so, sa⟩ Particípio irregular de submergir.

submeter ⟨sub.me.ter⟩ ❙ v.t.d. **1** Impor domínio a (uma pessoa ou um povo livres), geralmente de forma violenta: *Durante a colonização do Brasil, os portugueses submeteram os índios.* ◻ SIN. sujeitar. ❙ v.t.d./v.t.d.i./v.prnl. **2** Subordinar(-se) [ao interesse, à opinião ou à decisão de alguém]: *Submetemos nossas propostas à vontade da maioria.* ◻ SIN. sujeitar. ❙ v.t.d.i./v.prnl. **3** Tornar(-se) (alguém) alvo [de uma ação]: *Não podia ter submetido o aluno a tamanha vergonha.* **4** Sujeitar(-se) (alguém) [a uma avaliação]: *Submeteu o paciente a uma série de exames. Vou me submeter a um teste para novos atores.*

submissão ⟨sub.mis.são⟩ (pl. *submissões*) s.f. **1** Ato ou efeito de submeter(-se). ◻ SIN. sujeição. **2** Apresentação de algo ou de alguém para um exame ou para uma avaliação.

submisso, sa ⟨sub.mis.so, sa⟩ adj. Que obedece às ordens ou à dominação de alguém.

submúltiplo, pla ⟨sub.múl.ti.plo, pla⟩ adj./s.m. Em matemática, em relação a um número inteiro, que está contido em outro exatamente um número inteiro de vezes.

submundo ⟨sub.mun.do⟩ s.m. Ambiente social considerado marginal.

subnutrição ⟨sub.nu.tri.ção⟩ (pl. *subnutrições*) s.f. Alimentação insuficiente.

subnutrido, da ⟨sub.nu.tri.do, da⟩ adj. Que sofre de subnutrição.

suboficial ⟨su.bo.fi.ci.al⟩ (pl. *suboficiais*) adj.2g./s.2g. **1** Na Marinha, pessoa cuja graduação é superior à de primeiro-sargento e inferior à de guarda-marinha. **2** Na Aeronáutica, pessoa cuja graduação é superior à de primeiro-sargento e inferior à de aspirante-a-oficial.

subordinação ⟨su.bor.di.na.ção⟩ (pl. *subordinações*) s.f. **1** Ato ou efeito de subordinar(-se). **2** Relação gramatical estabelecida entre duas orações quando uma, que funciona como complemento, depende de outra, considerada principal: *No período* Não quero que chova, *há subordinação.*

subordinado, da ⟨su.bor.di.na.do, da⟩ ❙ adj./s. **1** Que ou quem recebe ordens ou está sob o controle de alguém. ❙ adj./s.f. **2** Em linguística, em relação especialmente a uma oração, que depende de outra.

subordinar ⟨su.bor.di.nar⟩ ❙ v.t.d.i./v.prnl. **1** Colocar(-se) sob domínio, autoridade ou dependência [de algo ou alguém]. ❙ v.t.d./v.t.d.i. **2** Em linguística, tornar (um elemento) dependente [de outro]: *No período* Quero que você venha, *o verbo* quero *subordina a oração* que você venha.

subordinativo, va ⟨su.bor.di.na.ti.vo, va⟩ adj. **1** Que subordina. **2** Em relação a uma conjunção, que estabelece relação de dependência entre palavras ou orações: *As conjunções subordinativas podem ser causais, comparativas, concessivas, condicionais, conformativas, consecutivas, finais, integrantes, proporcionais ou temporais.*

subornar ⟨su.bor.nar⟩ v.t.d. Recompensar (alguém) em troca de um favor, especialmente se for ilícito: *Subornar é crime.*

suborno ⟨su.bor.no⟩ (Pron. [subôrno]) s.m. Recompensa ilícita, especialmente se for em dinheiro, dada a uma pessoa em troca de um favor.

sub-reptício, cia ⟨sub-rep.tí.cio, cia⟩ (pl. *sub-reptícios*) adj. Que é feito de maneira oculta ou às escondidas.

sub-rogar ⟨sub-ro.gar⟩ ❙ v.t.d.i. **1** Em direito, substituir ou colocar (algo ou alguém) [no lugar de outro]. ❙ v.t.d./v.t.d.i. **2** Transferir (um direito ou um encargo) [a outra pessoa ou entidade]. ◻ ORTOGRAFIA Antes de e, o *g* muda para *gu* →CHEGAR.

subscrever ⟨subs.cre.ver⟩ ❙ v.t.d./v.prnl. **1** Assinar (um documento) ao final ou identificar-se no final de um documento: *Subscreveu o abaixo-assinado.* ◻ SIN. subscritar. ❙ v.t.d./v.t.i. **2** Aceitar (uma opinião) ou estar de acordo [com uma proposta]. ❙ v.t.i. **3** Pagar pelo recebimento periódico [de uma publicação ou serviço]: *Vou subscrever para uma revista científica.* ◻ SIN. assinar. ❙ v.t.d. **4** Adquirir (cotas ou ações de uma empresa): *Subscreveram as ações de uma estatal.*

subscrição ⟨subs.cri.ção⟩ (pl. *subscrições*) s.f. **1** Ato ou efeito de subscrever(-se). **2** Contrato por meio do qual uma pessoa paga para receber uma publicação ou um serviço periodicamente: *Fazendo uma subscrição anual, o jornal oferece um desconto de dez por cento.* ◻ SIN. assinatura.

subscritar ⟨subs.cri.tar⟩ v.t.d. Assinar (um documento) ao final. □ SIN. subscrever.

subsequente ⟨sub.se.quen.te⟩ (Pron. [subseqüente]) adj.2g. Que acontece ou que é executado depois. □ SIN. posterior, ulterior.

subserviente ⟨sub.ser.vi.en.te⟩ adj.2g. **1** Que se submete ou que obedece às ordens de alguém. **2** Que adula alguém ou que lhe diz coisas que agradam, com a intenção de obter vantagens.

subsidiar ⟨sub.si.di.ar⟩ v.t.d. Fornecer subsídios, ajuda ou auxílio financeiro a (uma atividade ou um evento): *A prefeitura subsidiou a pavimentação das ruas.* □ USO É inadequada a pronúncia *subzidiar, ainda que esteja difundida na linguagem coloquial.

subsídio ⟨sub.sí.dio⟩ s.m. **1** Ajuda ou auxílio financeiros. **2** Quantia de dinheiro fornecida pelo Estado para as obras públicas: *A escola conseguiu um subsídio para a reforma da biblioteca.* **3** Dado ou informação importantes: *Preciso recolher subsídios para o meu trabalho.* **4** Salário dos parlamentares. □ USO 1. Nas acepções 3 e 4, usa-se geralmente a forma plural *subsídios*. 2. É inadequada a pronúncia *subzídio, ainda que esteja difundida na linguagem coloquial.

subsistência ⟨sub.sis.tên.cia⟩ s.f. **1** Conservação ou permanência. **2** Conjunto de recursos necessários para a manutenção da vida: *São famílias que se dedicam à agricultura de subsistência.* □ USO É inadequada a pronúncia *subzistência, ainda que esteja difundida na linguagem coloquial.

subsistir ⟨sub.sis.tir⟩ v.int. **1** Permanecer, durar ou conservar-se: *Costumes já esquecidos nas grandes cidades ainda subsistem nessa região.* **2** Manter a vida ou continuar vivendo: *Os desabrigados subsistem graças à ajuda de instituições não governamentais.* **3** Manter-se ou sustentar-se: *Ganha o suficiente para subsistir.*

subsolo ⟨sub.so.lo⟩ s.m. **1** Camada do solo que está abaixo da camada da superfície terrestre. **2** Em um edifício, área que fica abaixo da parte térrea: *A garagem do meu prédio é no subsolo.*

substância ⟨subs.tân.cia⟩ s.f. **1** Qualquer matéria em qualquer estado. **2** Conteúdo importante ou fundamental de algo: *O filme tem efeitos especiais incríveis, mas carece de substância.* □ USO Na acepção 2, usa-se também a forma *sustância*.

substancial ⟨subs.tan.ci.al⟩ (pl. *substanciais*) adj.2g. **1** Que tem substância, volume ou intensidade grandes. **2** Em relação a um alimento, que tem grande valor nutritivo: *Uma dieta substancial inclui verduras, cereais e frutas.* □ SIN. substancioso. **3** Fundamental, principal ou muito importante: *A programação da televisão sofreu mudanças substanciais, nos últimos anos.* □ SIN. substantivo.

substancioso, sa ⟨subs.tan.ci.o.so, sa⟩ (Pron. [substanciôso], [substanciósa], [substanciósos], [substanciósas]) adj. Em relação a um alimento, que tem grande valor nutritivo. □ SIN. substancial.

substantivo, va ⟨subs.tan.ti.vo, va⟩ ❙ adj. **1** Fundamental, principal ou muito importante. □ SIN. substancial. **2** Em linguística, que funciona como esta palavra. ❙ s.m. **3** Em linguística, palavra que nomeia um ser, um objeto, uma ação, uma qualidade ou um estado, e que pode ser flexionada em gênero, número e grau.

substituição ⟨subs.ti.tu.i.ção⟩ (pl. *substituições*) s.f. Ato ou efeito de substituir(-se).

substituir ⟨subs.ti.tu.ir⟩ ❙ v.t.d./v.t.d.i./v.prnl. **1** Colocar(-se) (algo ou alguém) [no lugar de outro]: *Substituiu as peças que estavam quebradas.* ❙ v.t.d. **2** Acontecer ou existir (um fato) em vez de (outro): *Devido à chuva, um passeio ao cinema substituiu a visita ao parque.* **3** Exercer as funções ou tomar o lugar de (alguém): *Ninguém conseguirá substituir meus pais.* □ ORTOGRAFIA Usa-se *i* em vez de *e* comum na conjugação do presente do indicativo e do imperativo afirmativo →ATRIBUIR.

substitutivo, va ⟨subs.ti.tu.ti.vo, va⟩ adj./s. Que pode ser usado para substituir algo. □ SIN. substituto.

substituto, ta ⟨subs.ti.tu.to, ta⟩ adj./s. **1** Que pode ser usado para substituir algo. □ SIN. substitutivo. **2** Que ou quem, de maneira temporária, desempenha as mesmas funções de alguém: *um professor substituto.*

substrato ⟨subs.tra.to⟩ s.m. **1** Parte fundamental ou essência. **2** Aquilo que serve de base ou que sustenta: *O substrato de seu trabalho era a teoria desse cientista.* **3** Matéria ou objeto sobre os quais um organismo se desenvolve: *Utilizaram um substrato especial no fundo do aquário.*

subtenente ⟨sub.te.nen.te⟩ s.2g. No Exército, pessoa cuja graduação é superior à de primeiro-sargento e inferior à de aspirante-a-oficial.

subterfúgio ⟨sub.ter.fú.gio⟩ s.m. Manobra, pretexto ou recurso utilizados para escapar de uma dificuldade ou de uma obrigação.

subterrâneo, nea ⟨sub.ter.râ.neo, nea⟩ ❙ adj. **1** Que está ou que acontece debaixo da terra. **2** *informal* Que é feito de maneira oculta e, geralmente, de maneira clandestina: *um plano subterrâneo.* ❙ s.m. **3** Passagem ou espaço que estão abaixo da terra.

subtil ⟨sub.til⟩ (pl. *subtis*) adj.2g. →**sutil** □ GRAMÁTICA Seus superlativos são *subtílimo* e *subtilíssimo*.

subtileza ⟨sub.ti.le.za⟩ (Pron. [subtilêza]) s.f. →**sutileza**

subtílimo, ma ⟨sub.tí.li.mo, ma⟩ Superlativo irregular de *subtil*.

subtítulo ⟨sub.tí.tu.lo⟩ s.m. Título secundário, colocado após o título principal e que o complementa.

subtotal ⟨sub.to.tal⟩ (pl. *subtotais*) s.m. Em uma adição, resultado parcial que sofrerá acréscimos ou diminuições.

subtração ⟨sub.tra.ção⟩ (pl. *subtrações*) s.f. **1** Ato ou efeito de subtrair(-se). **2** Em matemática, operação pela qual se calcula a diferença entre duas quantidades. □ SIN. diminuição. **3** Furto ou roubo de bens alheios.

subtraendo ⟨sub.tra.en.do⟩ s.m. Em uma subtração matemática, quantidade tirada de outra chamada *diminuendo* para se obter a diferença ou o resto.

subtrair ⟨sub.tra.ir⟩ ❙ v.t.d./v.t.d.i. **1** Em matemática, tirar (uma quantidade, o *subtraendo*) [de outra, o *diminuendo*], obtendo a diferença ou o resto: *Se subtrairmos 7 de 27, obteremos 20.* ❙ v.t.d. **2** Furtar ou roubar (bens alheios). ❙ v.prnl. **3** Livrar-se ou esquivar-se: *Nunca se subtraiu aos seus deveres.* □ GRAMÁTICA É um verbo irregular →CAIR.

suburbano, na ⟨su.bur.ba.no, na⟩ adj./s. Do subúrbio ou relacionado a ele.

subúrbio ⟨su.búr.bio⟩ s.m. Região ou bairro distantes do centro de uma cidade, geralmente habitados pela camada economicamente inferior da população. □ SIN. periferia.

subvenção ⟨sub.ven.ção⟩ (pl. *subvenções*) s.f. Ajuda financeira geralmente concedida por um órgão público.

subversão ⟨sub.ver.são⟩ (pl. *subversões*) s.f. **1** Perversão ou corrupção morais. **2** Agitação ou desordem: *A demissão do técnico causou a subversão da equipe.* **3** Falta de obediência a uma ordem ou a um poder estabelecidos.

subversivo, va ⟨sub.ver.si.vo, va⟩ adj. Que causa subversão ou que não obedece à uma ordem ou a um poder estabelecidos.

subverter ⟨sub.ver.ter⟩ v.t.d. **1** Perverter ou corromper moralmente. **2** Agitar ou causar desordem.

sucção ⟨su.ção⟩ (pl. *sucções*) s.f. →**sucção**

sucata ⟨su.ca.ta⟩ s.f. **1** Parte ou fragmento de peças ou objetos velhos de metal, especialmente de ferro, que podem ser fundidos e aproveitados novamente. □ SIN. ferro-velho. **2** Estabelecimento comercial onde essas partes ou esses fragmentos são armazenados e vendidos. □ SIN. **ferro-velho**. **3** Qualquer objeto deteriorado que aparentemente não tenha utilidade e que será descartado.

sucção ⟨suc.ção⟩ (pl. *succões*) s.f. Ato ou efeito de sugar. □ ORTOGRAFIA Escreve-se também *sução*.

suceder ⟨su.ce.der⟩ ▎ v.int. **1** Sobrevir ou ocorrer (um fato): *Ainda não sabemos o que sucedeu durante a reunião*. □ SIN. **acontecer**. ▎ v.t.i./v.prnl. **2** Seguir(-se) em ordem, tempo ou número [a um acontecimento]: *A primavera sucede ao inverno*. ▎ v.t.d./v.t.i. **3** Substituir (alguém) no exercício de um cargo ou de uma função ou ser sucessor [de alguém]: *O príncipe herdeiro sucederá ao rei*. □ GRAMÁTICA **1**. Nas acepções 1 e 2, é um verbo unipessoal: só se usa nas terceiras pessoas do singular e do plural, no particípio, no gerúndio e no infinitivo →SUCEDER. **2**. Na acepção 3, é um verbo regular →CORRER.

sucessão ⟨su.ces.são⟩ (pl. *sucessões*) s.f. **1** Ato ou efeito de suceder(-se). **2** Série de elementos que se sucedem no espaço e no tempo e que têm alguma relação entre si. **3** Substituição de uma pessoa no exercício de um cargo ou de uma função: *Para sua sucessão à frente da empresa, está pensando na filha*. **4** Transferência dos bens para os herdeiros de uma pessoa que morreu. **5** Grupo de pessoas descendentes de um mesmo antepassado.

sucessivo, va ⟨su.ces.si.vo, va⟩ adj. **1** Que acontece em seguida. **2** Que segue ou que é subsequente. □ SIN. **consecutivo, conseguinte, seguinte**. **3** Da transferência dos bens para os herdeiros de uma pessoa que morreu ou relacionado a ela: *um direito sucessivo*.

sucesso ⟨su.ces.so⟩ s.m. **1** Resultado bom ou satisfatório. □ SIN. **êxito**. **2** Aquilo que se torna conhecido ou famoso: *A estreia do espetáculo foi um sucesso*.

sucessor, -a ⟨su.ces.sor, so.ra⟩ (Pron. [sucessôr], [cessôra]) adj./s. **1** Que ou quem sucede a alguém, especialmente no exercício de um cargo ou de uma função. **2** Que ou quem tem direito a uma herança ou desfruta dela.

sucessório, ria ⟨su.ces.só.rio, ria⟩ adj. Da sucessão ou relacionado a ela.

súcia ⟨sú.cia⟩ s.f. *pejorativo* Grupo de pessoas mal-intencionadas ou desprezíveis.

sucinto, ta ⟨su.cin.to, ta⟩ adj. Breve, preciso ou com poucas palavras.

suco ⟨su.co⟩ s.m. **1** Líquido com propriedades nutritivas, extraído de substâncias animais ou vegetais por pressão, cozimento ou destilação. □ SIN. **sumo**. **2** Bebida preparada a partir desse líquido ou de maneira artificial, geralmente com adição de água e açúcar. **3** Em biologia, líquido orgânico que uma célula ou uma glândula secretam: *o suco pancreático*.

suçuarana ⟨su.çu.a.ra.na⟩ s.f. Mamífero felino de grande porte, carnívoro, com cabeça pequena, focinho branco e pelagem de cor amarelada. □ SIN. **onça, puma**. □ ORIGEM É uma palavra de origem tupi. □ GRAMÁTICA É um substantivo epiceno: *a suçuarana (macho/fêmea)*.

suculento, ta ⟨su.cu.len.to, ta⟩ adj. **1** Que tem suco ou caldo, geralmente em abundância. **2** Que tem aspecto saboroso ou que agrada o paladar.

sucumbir ⟨su.cum.bir⟩ ▎ v.t.i./v.int. **1** Ceder, deixar de se opor [a uma força ou influência] ou render-se: *No meio da dieta, sucumbiu a um bolo de chocolate*. ▎ v.t.i. **2** Cair ao sofrer ação [de uma força ou um peso externos]: *Sucumbiu aos golpes do adversário*. ▎ v.int. **3** Morrer ou deixar de existir.

sucupira ⟨su.cu.pi.ra⟩ s.f. Árvore de grande porte e tronco de coloração escura, com flores violáceas e cuja madeira, muito dura e pesada, é bastante usada na marcenaria e na medicina pelas propriedades do óleo extraído de sua casca. □ ORIGEM É uma palavra de origem tupi. □ ORTOGRAFIA Escreve-se também *sicupira*.

sucuri ⟨su.cu.ri⟩ s.f. Serpente aquática não venenosa, de grande porte e que estrangula suas presas. □ ORIGEM É uma palavra de origem tupi. □ GRAMÁTICA É um substantivo epiceno: *a sucuri (macho/fêmea)*.

sucursal ⟨su.cur.sal⟩ (pl. *sucursais*) adj.2g./s.f. Em relação a um estabelecimento, que depende de uma matriz e que exerce as mesmas funções.

sudação ⟨su.da.ção⟩ (pl. *sudações*) s.f. Ato ou efeito de suar. □ SIN. **suadouro, sudorese**.

sudanês, -a ⟨su.da.nês, ne.sa⟩ (Pron. [sudanês], [sudanêsa]) adj./s. Do Sudão ou relacionado a esse país africano.

sudário ⟨su.dá.rio⟩ s.m. **1** Antigamente, pano utilizado para secar o suor. **2** Pano que envolve um cadáver ou que é colocado sobre seu rosto. ∥ **santo sudário** Aquele utilizado para envolver Jesus Cristo (o filho de Deus para os cristãos) depois de sua crucificação.

sudeste ⟨su.des.te⟩ ▎ adj.2g. **1** Que é situado neste ponto ou relacionado a ele. ▎ s.m. **2** Ponto intermediário entre os cardeais sul e leste. **3** Em relação a um lugar, outro que indica esse ponto: *As praias preferidas pelos surfistas estão no sudeste do estado*. **4** Vento que sopra ou vem desse ponto. □ ORTOGRAFIA **1**. Escreve-se também *sueste*. **2**. Na acepção 2, usa-se geralmente com inicial maiúscula por ser também um nome próprio, e seu símbolo é *SE*, sem ponto.

súdito, ta ⟨sú.di.to, ta⟩ s. Pessoa que está sob a autoridade de um superior ou que tem obrigação de obedecê-lo.

sudoeste ⟨su.do.es.te⟩ ▎ adj.2g. **1** Que é situado neste ponto ou relacionado a ele: *a região Sudoeste*. ▎ s.m. **2** Ponto intermediário entre os cardeais sul e oeste. **3** Em relação a um lugar, outro que indica esse ponto: *Sua cidade fica no sudoeste do país*. ▎ s.m. **4** Vento que sopra ou vem desse ponto. □ ORTOGRAFIA Na acepção 2, usa-se geralmente inicial maiúscula por ser também um nome próprio, e seu símbolo é *SO* ou *SW*, sem ponto.

sudorese ⟨su.do.re.se⟩ s.f. Ato ou efeito de suar. □ SIN. **suadouro, sudação**.

sudoríparo, ra ⟨su.do.rí.pa.ro, ra⟩ adj. Em relação especialmente a uma glândula, que produz ou secreta suor.

sueco, ca ⟨su.e.co, ca⟩ adj./s. **1** Da Suécia ou relacionado a esse país europeu. ▎ s.m. **2** Língua germânica desse país.

sueste ⟨su.es.te⟩ adj.2g./s.m. →**sudeste**

suéter ⟨su.é.ter⟩ s.m. Peça do vestuário, geralmente de lã, com manga comprida e que cobre o corpo desde o pescoço até um pouco abaixo da cintura.

suficiente ⟨su.fi.ci.en.te⟩ adj.2g. **1** Bastante ou adequado para o que se necessita. **2** Que tem a qualidade mínima exigida, mas não está perfeito: *Tirou uma nota suficiente para ser aprovado*.

sufixo ⟨su.fi.xo⟩ (Pron. [sufícso]) s.m. Em linguística, morfema que se une ao final de uma palavra ou de uma base para formar derivados ou palavras compostas.

suflê ⟨su.flê⟩ s.m. Prato preparado com claras de ovos batidas em neve e assadas com recheios diversos.

sufocação ⟨su.fo.ca.ção⟩ (pl. *sufocações*) s.f. Ato ou efeito de sufocar(-se). □ SIN. **sufocamento**.

sufocamento ⟨su.fo.ca.men.to⟩ s.m. Ato ou efeito de sufocar(-se). □ SIN. **sufocação**.

sufocante ⟨su.fo.can.te⟩ adj.2g. Que sufoca.

sufocar ⟨su.fo.car⟩ ▎ v.t.d./v.int./v.prnl. **1** Impedir(-se) (uma pessoa ou um animal) de respirar: *A fumaça quase o sufocou. Sufocou-se de tanto chorar*. ▎ v.t.d. **2** Reprimir, dominar ou impedir. □ ORTOGRAFIA Antes de *e*, o *c* muda para *qu* →BRINCAR.

sufoco ⟨su.fo.co⟩ (Pron. [sufôco]) s.m. **1** Dificuldade para respirar. **2** *informal* Situação difícil ou embaraçosa.

sufrágio ⟨su.frá.gio⟩ s.m. **1** Sistema eleitoral pelo qual se elege a pessoa que ocupará um cargo por meio de uma votação. **2** Em uma eleição, voto de quem tem direito de eleger. **3** Em algumas religiões, oração ou reza por uma alma. **4** Apoio ou aprovação: *A proposta do diretor recebeu o sufrágio dos acionistas.*

sugadoiro ⟨su.ga.doi.ro⟩ s.m. →**sugadouro**

sugador, -a ⟨su.ga.dor, do.ra⟩ (Pron. [sugadôr], [sugadôra]) adj. Que suga.

sugadouro ⟨su.ga.dou.ro⟩ s.m. Em alguns insetos, órgão bucal que serve para sugar. ☐ ORTOGRAFIA Escreve-se também *sugadoiro.*

sugar ⟨su.gar⟩ v.t.d. **1** Fazer (um líquido) entrar na boca mediante um vácuo formado pelo movimento dos lábios e da língua: *Sugou o refrigerante com um canudinho.* **2** Absorver (um fluido ou uma partícula) mediante baixa pressão: *As plantas sugam líquido da terra pelas raízes.* ☐ SIN. aspirar. ☐ ORTOGRAFIA Antes de e, o *g* muda para *gu* →CHEGAR.

sugerir ⟨su.ge.rir⟩ v.t.d./v.t.d.i. **1** Inspirar ou transmitir de maneira sutil (uma sensação ou uma atitude) [a alguém]: *Seus gestos nos sugeriam calma.* **2** Propor ou aconselhar (uma ideia) [a alguém]: *O que sugere para o jantar? O vendedor me sugeriu este livro.* ☐ GRAMÁTICA É um verbo irregular →SERVIR.

sugestão ⟨su.ges.tão⟩ (pl. *sugestões*) s.f. **1** Ato ou efeito de sugerir. **2** Aquilo que é inspirado ou transmitido de maneira sutil. **3** Proposta ou conselho.

sugestionar ⟨su.ges.ti.o.nar⟩ v.t.d. Influenciar na forma de pensar ou de julgar as coisas.

sugestivo, va ⟨su.ges.ti.vo, va⟩ adj. **1** Que sugere. **2** Que impressiona ou que inspira: *um texto sugestivo.* **3** Que é atraente ou sedutor.

suicida ⟨su.i.ci.da⟩ ▌adj.2g. **1** Do suicídio ou relacionado a ele. **2** Em relação a uma atitude, que tende a prejudicar ou a destruir aquele que a toma: *Foi preso por dirigir de maneira suicida.* ▌adj.2g./s.2g. **3** Que ou quem tenta ou consegue se suicidar.

suicidar-se ⟨su.i.ci.dar-se⟩ v.prnl. Matar-se ou tirar a própria vida voluntariamente: *Romeu e Julieta, protagonistas de uma tragédia de Shakespeare, suicidam-se ao final da trama.*

suicídio ⟨su.i.cí.dio⟩ s.m. **1** Ato ou efeito de suicidar(-se). **2** Desgraça ou ruína causadas a si mesmo.

suíço, ça ⟨su.í.ço, ça⟩ adj./s. Da Suíça ou relacionado a esse país europeu. ☐ SIN. helvécio, helvético.

sui generis (expressão latina) (Pron. [sui gêneris]) De um gênero ou de uma espécie singulares: *Seu estilo artístico é* sui generis.

suíno, na ⟨su.í.no, na⟩ ▌adj. **1** Do porco ou relacionado a ele. ▌s.m. **2** Mamífero doméstico de corpo gordo, de coloração branca, preta, marrom ou malhada, cabeça grande com um focinho quase cilíndrico, cauda em formato espiral e patas curtas, cuja carne é muito usada na alimentação humana. ☐ SIN. porco. ▌s.m.pl. **3** Em zoologia, família desses mamíferos.

suinocultura ⟨su.i.no.cul.tu.ra⟩ s.f. Criação de porcos.

suíte ⟨su.í.te⟩ s.f. **1** Acomodação formada geralmente por um quarto com um banheiro privativo. **2** Em música, sequência de trechos retirados de balés, óperas ou outras composições, geralmente no mesmo tom e organizada em uma única peça.

sujar ⟨su.jar⟩ v.t.d./v.prnl. **1** Cobrir(-se) com sujeira: *Limpe os pés para não sujar o chão.* **2** Ofender(-se) ou prejudicar(-se) (a honra ou a boa reputação): *Não aceitou o suborno para não se sujar.* ☐ SIN. deturpar, manchar. ☐ GRAMÁTICA É um verbo abundante, pois apresenta dois particípios: *sujado* e *sujo.*

sujeição ⟨su.jei.ção⟩ (pl. *sujeições*) s.f. **1** Ato ou efeito de sujeitar(-se). ☐ SIN. submissão. **2** Conformação ou aceitação sem relutância.

sujeira ⟨su.jei.ra⟩ s.f. **1** Ato ou efeito de sujar(-se). **2** Condição de sujo. ☐ SIN. sujidade. **3** *informal* Ação, atitude ou comportamento desonestos ou incorretos: *Fez uma grande sujeira com seus companheiros.*

sujeitar ⟨su.jei.tar⟩ ▌v.t.d./v.t.d.i. **1** Impor domínio a (uma pessoa ou um povo livres) ou reduzi-los [a uma condição submissa], geralmente de forma violenta. ☐ SIN. submeter. ▌v.t.d./v.t.d.i./v.prnl. **2** Subordinar(-se) [ao interesse, à opinião ou à decisão de alguém]: *O adestrador sujeitou o cão a seus comandos. Sujeitou-se à vontade dos amigos.* ☐ SIN. submeter. ▌v.prnl. **3** Conformar-se ou aceitar sem relutar: *Os militares devem se sujeitar a uma hierarquia.* ☐ GRAMÁTICA É um verbo abundante, pois apresenta dois particípios: *sujeitado* e *sujeito.*

sujeito, ta ⟨su.jei.to, ta⟩ ▌**1** Particípio irregular de sujeitar. ▌adj. **2** Que é passível de algo, geralmente negativo. ▌s.m. **3** Em linguística, termo da oração sobre o qual se faz uma declaração e que concorda com o núcleo do predicado em número e em pessoa. **4** Qualquer pessoa ou pessoa desconhecida: *Um sujeito passou aqui e perguntou por você.* **5** Em filosofia, eu pensante, consciência ou faculdade de conhecer.

sujidade ⟨su.ji.da.de⟩ s.f. **1** Condição de sujo. ☐ SIN. sujeira. **2** Fezes ou excrementos.

sujo, ja ⟨su.jo, ja⟩ ▌**1** Particípio irregular de sujar. ▌adj. **2** Que está coberto de manchas, de impurezas ou de imperfeições. **3** Que não cumpre aquilo que se considera decente ou respeitoso: *uma atitude suja.* **4** Que é obsceno, grosseiro ou ofensivo ao pudor, especialmente se estiver relacionado ao sexo: *uma piada suja.* **5** Que foi desmoralizado ou que teve a honra ou a boa reputação prejudicadas: *Não pagou as prestações e ficou com o nome sujo.*

sul (pl. *suis*) ▌adj.2g. **1** Que é situado neste ponto cardeal ou relacionado a ele. ▌s.m. **2** Ponto cardeal que indica o polo Antártico e que fica atrás de um observador a cuja direita esteja o leste. **3** Em relação a um lugar, outro que indica esse ponto: *A entrada da gruta fica ao sul do parque.* **4** Vento que sopra ou vem desse ponto. ☐ ORTOGRAFIA Na acepção 2, usa-se geralmente com inicial maiúscula por ser também um nome próprio, e seu símbolo é S, sem ponto.

sul-africano, na ⟨sul-a.fri.ca.no, na⟩ (pl. *sul-africanos*) adj./s. **1** Da região Sul do continente africano ou relacionado a ela. **2** Da África do Sul ou relacionado a esse país africano.

sul-americano, na ⟨sul-a.me.ri.ca.no, na⟩ (pl. *sul-americanos*) adj./s. Da América do Sul ou relacionado a essa parte do continente americano.

sulcar ⟨sul.car⟩ v.t.d. **1** Produzir sulcos ou fendas em (uma superfície): *Preparou a terra para o plantio, sulcando-a com o arado.* ☐ SIN. cindir. **2** Navegar ou atravessar (a água ou um espaço): *A lancha sulcava o mar.* ☐ SIN. cindir, fender. ▌v.t.d./v.prnl. **3** Fazer rugas em (algo) ou adquirir rugas: *O passar dos anos sulcou sua face, deixando aparente sua idade. As roupas sulcaram-se dentro da mala apertada.* ☐ SIN. enrugar. ☐ ORTOGRAFIA Antes de e, o *c* muda para *qu* →BRINCAR.

sulco ⟨sul.co⟩ s.m. **1** Sinal ou fenda em uma superfície, especialmente aquelas deixadas na terra com o arado. **2** Prega que se forma na pele, geralmente em consequência da idade. ☐ SIN. carquilha, ruga.

sul-coreano, na ⟨sul-co.re.a.no, na⟩ (pl. *sul-coreanos*) adj./s. Da Coreia do Sul ou relacionado a esse país asiático.

sulfato ⟨sul.fa.to⟩ s.m. Em química, sal derivado do ácido sulfúrico.

sulfúrico

sulfúrico, ca ⟨sul.fú.ri.co, ca⟩ adj. **1** Do enxofre ou relacionado a esse elemento químico. **2** Em relação a um ácido, que é composto de enxofre, oxigênio e hidrogênio, e que é líquido, de consistência oleosa, incolor, venenoso e muito reativo.

sulfuroso, sa ⟨sul.fu.ro.so, sa⟩ (Pron. [sulfurôso], [sulfurósa], [sulfurósos], [sulfurósas]) adj. Que contém enxofre.

sulino, na ⟨su.li.no, na⟩ adj./s. Do Sul do Brasil ou relacionado a essa região. □ SIN. sulista.

sulista ⟨su.lis.ta⟩ adj.2g/s.2g. **1** De uma região ou de um país situados ao Sul ou relacionado a eles. **2** Do Sul do Brasil ou relacionado a essa região. □ SIN. sulino.

sul-mato-grossense ⟨sul-ma.to-gros.sen.se⟩ (pl. *sul-mato-grossenses*) adj.2g./s.2g. De Mato Grosso do Sul ou relacionado a esse estado brasileiro. □ SIN. mato-grossense-do-sul.

sul-rio-grandense ⟨sul-ri.o-gran.den.se⟩ (pl. *sul-rio-grandenses*) adj.2g./s.2g. Do Rio Grande do Sul ou relacionado a esse estado brasileiro. □ SIN. gaúcho, rio-grandense-do-sul.

sultana ⟨sul.ta.na⟩ s.f. Concubina, mãe ou filha de um sultão.

sultão ⟨sul.tão⟩ (pl. *sultães*, *sultãos* ou *sultões*) s. **1** Em alguns países muçulmanos, imperador ou soberano. **2** Antigamente, imperador turco.

suma ⟨su.ma⟩ s.f. Resumo, sinopse ou apresentação de algo em linhas gerais. ǁ **em suma** Em resumo ou recapitulando: *Depois eu lhe conto, em suma, o que aconteceu na palestra.*

sumarento, ta ⟨su.ma.ren.to, ta⟩ adj. Que tem sumo em abundância.

sumariar ⟨su.ma.ri.ar⟩ v.t.d. Resumir ou indicar os pontos principais de (um texto, um discurso ou uma apresentação): *Uma assistente sumariou as palestras do congresso.*

sumário, ria ⟨su.má.rio, ria⟩ ▌adj. **1** Breve, resumido ou de pouca extensão. **2** Em relação especialmente a um julgamento, que é feito com rapidez e sem as formalidades habituais. **3** Em relação especialmente a uma peça do vestuário, que é pequena ou que cobre uma pequena parte do corpo: *uma sunga sumária*. ▌s.m. **4** Resumo, compêndio ou sinopse. **5** Em um livro, em uma revista ou em outras publicações, lista que associa o número da página a um assunto, capítulo, poema ou a outros textos. □ SIN. índice.

sumério, ria ⟨su.mé.rio, ria⟩ ▌adj./s. **1** Da Suméria ou relacionado a esse antigo país. ▌s.m. **2** Língua falada pelo povo sumério.

sumiço ⟨su.mi.ço⟩ s.m. **1** Ausência ou deslocamento do lugar em que se deveria estar. **2** Extinção ou término de algo que existia: *O desmatamento causou o sumiço de algumas espécies animais.* □ SIN. desaparecimento. **3** Afastamento ou ausência de um lugar a que se costumava ir: *Seu sumiço se deve ao excesso de trabalho.* □ SIN. desaparecimento.

sumidade ⟨su.mi.da.de⟩ s.f. Pessoa muito inteligente e que se destaca perante os demais. □ GRAMÁTICA Usa-se tanto para o masculino quanto para o feminino: *(ele/ela) é uma sumidade*.

sumidoiro ⟨su.mi.doi.ro⟩ s.m. →sumidouro

sumidouro ⟨su.mi.dou.ro⟩ s.m. **1** Abertura por onde a água ou outro líquido escoam. **2** Lugar onde as coisas somem ou desaparecem: *Com tanta bagunça, seu quarto era um verdadeiro sumidouro.* **3** Aquilo em que se gasta muito dinheiro: *Sua paixão por sapatos é um verdadeiro sumidouro.* **4** Lugar em que são despejados líquidos domiciliares para que sejam absorvidos pela terra. **5** Abertura na terra por onde um rio desaparece, surgindo em um lugar mais baixo. □ ORTOGRAFIA Escreve-se também *sumidoiro*.

sumir ⟨su.mir⟩ ▌v.t.d./v.t.d.i./v.int./v.prnl. **1** Ocultar(-se) ou esconder(-se) (algo ou alguém) [em um lugar] ou deixar de ser perceptível: *O nevoeiro fez as casas sumir.* □ SIN. desaparecer. ▌v.int. **2** Não estar onde deveria: *Minha caneta sumiu. O ilusionista fez sua assistente sumir.* **3** Deixar de existir: *O dinheiro que lhe dei já sumiu?* □ SIN. desaparecer. **4** Afastar-se ou ausentar-se de um lugar a que se costumava ir habitualmente (alguém): *Meu amigo tinha sumido por alguns dias, mas me telefonou ontem.* □ GRAMÁTICA É um verbo irregular →ACUDIR.

sumo, ma ⟨su.mo, ma⟩ ▌adj. **1** Que tem o cargo ou a posição mais elevados. **2** Enorme ou extraordinário: *Aceito o convite com sumo prazer.* ▌s.m. **3** Líquido com propriedades nutritivas extraído de substâncias animais ou vegetais por pressão, cozimento ou destilação. □ SIN. suco.

sumptuosidade ⟨sump.tu.o.si.da.de⟩ s.f. →suntuosidade

sumptuoso, sa ⟨sump.tu.o.so, sa⟩ (Pron. [sumptuôso], [sumptuósa], [sumptuósos], [sumptuósas]) adj. →suntuoso, sa

súmula ⟨sú.mu.la⟩ s.f. Suma pequena.

sundae *(palavra inglesa)* (Pron. [sândei]) s.m. Sorvete com cobertura, castanha e confeitos, geralmente servido em uma taça.

sunga ⟨sun.ga⟩ s.f. Traje de banho masculino. □ SIN. calção.

suntuosidade ⟨sun.tu.o.si.da.de⟩ s.f. Condição de suntuoso. □ ORTOGRAFIA Escreve-se também *sumptuosidade*.

suntuoso, sa ⟨sun.tu.o.so, sa⟩ (Pron. [suntuôso], [suntuósa], [suntuósos], [suntuósas]) adj. Luxuoso, magnífico ou de valor elevados. □ ORTOGRAFIA Escreve-se também *sumptuoso*.

suor ⟨su.or⟩ s.m. **1** Líquido transparente secretado pelas glândulas sudoríparas da pele de alguns mamíferos. □ SIN. transpiração. **2** Trabalho ou esforço excessivos: *Só alcançaremos a vitória com muito suor.* □ SIN. suadouro.

super- **1** Prefixo que significa *em cima de*: *supercílio, superpor.* **2** Prefixo que significa *excesso*: *superprodução, superfaturamento.* **3** Prefixo que significa *grau máximo*: *superdotado, supercivilização.* □ USO **1.** Usa-se também a forma *supra-* (*supracitado*). **2.** O uso desse prefixo com o significado de *muito* é próprio da linguagem coloquial: *superfeliz, superlegal.*

superabundância ⟨su.pe.ra.bun.dân.cia⟩ s.f. Abundância muito grande.

superação ⟨su.pe.ra.ção⟩ (pl. *superações*) s.f. Ato ou efeito de superar(-se).

superalimentar ⟨su.pe.ra.li.men.tar⟩ v.t.d./v.prnl. Alimentar(-se) em excesso: *Superalimentar uma criança pode levá-la à obesidade e prejudicar sua saúde.*

superaquecer ⟨su.pe.ra.que.cer⟩ v.t.d./v.int./v.prnl. Aquecer(-se) em excesso. □ ORTOGRAFIA Antes de *a* ou *o*, o *c* muda para *ç* →CONHECER.

superar ⟨su.pe.rar⟩ ▌v.t.d./v.prnl. **1** Ultrapassar (uma referência) ou mostrar-se superior a ela: *As vendas de seu último livro superaram as expectativas da editora.* ▌v.t.d. **2** Vencer ou derrotar (um adversário). **3** Vencer ou ultrapassar (um obstáculo, uma dificuldade ou um limite): *O novo jato superou a velocidade do som.*

superavit *(palavra latina)* (Pron. [superávit]) s.m. Em economia, diferença que existe quando as despesas são menores que as receitas.

supercílio ⟨su.per.cí.lio⟩ s.m. No rosto de uma pessoa, parte acima dos olhos e coberta de pelos geralmente dispostos em uma linha curva. □ SIN. sobrancelha.

supercivilização ⟨su.per.ci.vi.li.za.ção⟩ (pl. *supercivilizações*) s.f. Civilização requintada e altamente desenvolvida.

superdotado, da ⟨su.per.do.ta.do, da⟩ adj. Que tem qualidades e aptidões acima do comum, especialmente se forem intelectuais.

superestimar ⟨su.pe.res.ti.mar⟩ v.t.d. **1** Estimar, apreciar ou valorizar em excesso: *Nunca superestimou os bens materiais.* **2** Calcular de maneira exagerada (uma quantidade): *Os engenheiros superestimaram o orçamento, prevendo gastos extras.*

superfaturamento ⟨su.per.fa.tu.ra.men.to⟩ s.m. Venda realizada por um valor maior que o justo, geralmente de forma fraudulenta.

superfaturar ⟨su.per.fa.tu.rar⟩ v.t.d. Vender (um produto) cobrando um valor maior que o justo, geralmente de forma fraudulenta: *Foi denunciado por superfaturar obras públicas.*

superficial ⟨su.per.fi.ci.al⟩ (pl. *superficiais*) adj.2g. **1** Da superfície ou relacionado a ela. **2** Que está ou que fica na superfície: *uma ferida superficial.* **3** Fútil, sem fundamento ou que se baseia nas aparências: *uma pessoa superficial.* **4** Sem importância ou de pouca gravidade: *uma conversa superficial.* □ SIN. leve.

superfície ⟨su.per.fí.cie⟩ s.f. **1** Extensão plana de uma área limitada. **2** Parte externa de um corpo: *A superfície da mesa está suja.* **3** Aspecto externo de algo: *Só conheço esse tema em sua superfície.* **4** Em geometria, figura sem volume que pode separar um sólido em duas partes ou seu exterior de seu interior. **5** Em uma massa de água, parte que entra em contato com o ar: *O mergulhador subiu até a superfície para respirar.*

superfino, na ⟨su.per.fi.no, na⟩ adj. **1** Que é muito fino: *uma agulha superfina.* **2** Que é muito requintado ou elegante: *um evento superfino.*

supérfluo, flua ⟨su.pér.fluo, flua⟩ adj./s.m. Que é desnecessário ou excessivo.

super-herói ⟨su.per-he.rói⟩ (Pron. [super-heróij]) (pl. *super-heróis*) s.m. Em alguns filmes e em algumas histórias em quadrinhos, personagem com poderes extraordinários e que combate o mal. □ GRAMÁTICA Seu feminino é *super-heroína*.

super-heroína ⟨su.per-he.ro.í.na⟩ (pl. *super-heroínas*) Substantivo feminino de **super-herói**.

super-homem ⟨su.per-ho.mem⟩ (pl. *super-homens*) s.m. Homem que tem poderes ou que é considerado superior aos demais.

superintendência ⟨su.pe.rin.ten.dên.cia⟩ s.f. **1** Administração ou direção de algo, especialmente se for de uma empresa ou de uma instituição, exercidas por seu maior responsável. **2** Inspeção ou observação cuidadosas de uma atividade. □ SIN. supervisão. **3** Cargo de superintendente. **4** Lugar em que um superintendente trabalha.

superintendente ⟨su.pe.rin.ten.den.te⟩ s.2g. Pessoa que administra ou que dirige algo, especialmente se for de uma empresa ou uma instituição, e que é o maior responsável por elas.

superintender ⟨su.pe.rin.ten.der⟩ v.t.d. **1** Administrar ou dirigir como o maior responsável (uma empresa ou outra instituição): *Cabe ao reitor superintender as atividades universitárias.* **2** Inspecionar ou observar cuidadosamente (uma atividade): *superintender o trabalho de uma equipe.* □ SIN. supervisionar.

superior, -a ⟨su.pe.ri.or, o.ra⟩ (Pron. [superiôr], [superiôra]) ❙ adj.2g. **1** Que é maior em qualidade ou em quantidade. **2** Que está acima ou em um lugar mais elevado: *Colocamos as malas no compartimento superior do ônibus.* **3** De um curso universitário ou relacionado a ele: *As universidades e as faculdades são instituições de Ensino Superior.* **4** Que é proveniente de algo ou alguém cuja autoridade é mais elevada: *uma ordem superior.* **5** Excelente ou muito bom: *Este produto é de qualidade superior.* ❙ adj./s. **6** Que ou quem dirige ou administra uma congregação ou uma comunidade, especialmente se forem religiosas. ❙ s.2g. **7** Pessoa que tem outras sob sua responsabilidade.

superioridade ⟨su.pe.ri.o.ri.da.de⟩ s.f. **1** Condição de superior. **2** Arrogância ou orgulho da pessoa que se considera superior às demais: *Falou comigo com um ar de superioridade.*

superlativo, va ⟨su.per.la.ti.vo, va⟩ ❙ adj. **1** Extremo ou com o máximo grau de intensidade. ❙ s.m. **2** Em linguística, grau do adjetivo ou do advérbio que expressa o significado deles em sua maior intensidade.

superlotar ⟨su.per.lo.tar⟩ v.t.d. Ocupar (um lugar), excedendo sua lotação: *Os torcedores superlotaram o ginásio para assistir à final.*

supermercado ⟨su.per.mer.ca.do⟩ s.m. Estabelecimento comercial em que se vendem produtos especialmente alimentícios e domésticos, que ficam dispostos em prateleiras para serem escolhidos pelos clientes, que pagam por cada item em um caixa localizado na saída.

superpopulação ⟨su.per.po.pu.la.ção⟩ (pl. *superpopulações*) s.f. Excesso de população.

superpor ⟨su.per.por⟩ ❙ v.t.d.i./v.prnl. **1** Colocar(-se) (uma coisa) [por cima de outra]: *O pintor superpôs duas camadas de tinta.* □ SIN. sobrepor. ❙ v.t.d.i. **2** Priorizar ou favorecer (um elemento) [em relação aos demais]: *O técnico não permite que superponhamos nossos interesses pessoais aos da equipe.* □ SIN. sobrepor. □ GRAMÁTICA É um verbo irregular →PÔR.

superpotência ⟨su.per.po.tên.cia⟩ s.f. Nação que se destaca por seu forte poderio econômico e militar.

superpovoar ⟨su.per.po.vo.ar⟩ v.t.d. Povoar em excesso: *superpovoar uma cidade.*

superprodução ⟨su.per.pro.du.ção⟩ (pl. *superproduções*) s.f. **1** Excesso de produção ou produção superior à demanda do mercado. **2** Obra cinematográfica ou teatral grandiosas e, geralmente, de custos elevados.

supersafra ⟨su.per.sa.fra⟩ s.f. Safra abundante ou acima do esperado.

supersensível ⟨su.per.sen.sí.vel⟩ (pl. *supersensíveis*) adj.2g. **1** Que é imperceptível aos sentidos humanos. **2** Que é muito sensível aos estímulos afetivos ou emocionais. □ SIN. hipersensível.

supersônico, ca ⟨su.per.sô.ni.co, ca⟩ adj. Que pode superar a velocidade do som.

superstição ⟨su.pers.ti.ção⟩ (pl. *superstições*) s.f. **1** Crença estranha à fé religiosa e contrária à razão ou ao conhecimento, que levam à prática de obrigações e deveres sem fundamento racional e ao temor de coisas fantásticas. □ SIN. crendice. **2** Crença em sinais, agouros ou pressagios: *Acredita que gatos pretos trazem má sorte é uma superstição.* □ SIN. abusão.

supersticioso, sa ⟨su.pers.ti.ci.o.so, sa⟩ (Pron. [supersticiôso], [supersticiósa], [supersticiósos], [supersticiósas]) ❙ adj. **1** Da superstição ou relacionado a essa crença. ❙ adj./s. **2** Que ou quem acredita em superstições.

supervisão ⟨su.per.vi.são⟩ (pl. *supervisões*) s.f. **1** Inspeção ou observação cuidadosas de uma atividade. □ SIN. superintendência. **2** Cargo de supervisor.

supervisionar ⟨su.per.vi.si.o.nar⟩ v.t.d. Inspecionar ou observar cuidadosamente (uma atividade): *Ela se encarrega de supervisionar o trabalho do departamento.* □ SIN. superintender.

supervisor, -a ⟨su.per.vi.sor, so.ra⟩ (Pron. [supervisôr], [supervisôra]) adj./s. Que ou quem supervisiona.

supetão ⟨su.pe.tão⟩ ‖ **de supetão** De repente ou de maneira brusca e inesperada: *Assustei-me ao vê-lo entrar de supetão na sala.*

supimpa ⟨su.pim.pa⟩ adj.2g. *informal* Ótimo.

supino, na ⟨su.pi.no, na⟩ adj. **1** Voltado para cima ou deitado de costas. ☐ SIN. ressupino. **2** Em relação especialmente a uma característica negativa, que é muito grande ou mais acentuada que o normal: *uma ignorância supina*.

suplantar ⟨su.plan.tar⟩ v.t.d. **1** Pisar ou colocar sob os pés. **2** Exceder ou superar, levando vantagem.

suplementar ⟨su.ple.men.tar⟩ ▮ adj.2g. **1** Do suplemento ou relacionado a ele. ▮ v.t.d. **2** Complementar (uma dieta alimentar) com outros componentes.

suplemento ⟨su.ple.men.to⟩ s.m. **1** Aquilo que supre, que acrescenta ou que completa. **2** Página ou caderno com matérias especiais, que se adiciona a um jornal ou a uma revista: *Aos domingos, o jornal traz suplementos sobre cultura e lazer*.

suplência ⟨su.plên.cia⟩ s.f. **1** Cargo de suplente. **2** Tempo durante o qual esse cargo é exercido. **3** Curso de menor duração que se destina às pessoas que não cursaram ou que não concluíram seus estudos regulares na idade apropriada.

suplente ⟨su.plen.te⟩ adj.2g./s.2g. Que ou quem supre ou substitui outra pessoa em uma tarefa.

supletivo, va ⟨su.ple.ti.vo, va⟩ ▮ adj. **1** Que supre uma falta ou uma deficiência. ▮ s.m. **2** →ensino supletivo

súplica ⟨sú.pli.ca⟩ s.f. Pedido feito com humildade, com insistência ou com desespero.

suplicante ⟨su.pli.can.te⟩ adj.2g./s.2g. Que ou quem suplica. ☐ GRAMÁTICA O sinônimo do adjetivo é *súplice*.

suplicar ⟨su.pli.car⟩ v.t.d./v.t.d.i. Pedir (algo) com humildade, insistência ou desespero [a alguém]. ☐ SIN. implorar. ☐ ORTOGRAFIA Antes de *e*, o *c* muda para *qu* →BRINCAR.

súplice ⟨sú.pli.ce⟩ adj.2g. Que suplica. ☐ SIN. suplicante.

supliciar ⟨su.pli.ci.ar⟩ v.t.d. Causar suplício ou tortura.

suplício ⟨su.plí.cio⟩ s.m. **1** Sofrimento ou tortura físicos ou mentais. **2** Aquilo ou aquele que causa sofrimento: *Trabalhar no meio de tanto barulho é um suplício*.

supor ⟨su.por⟩ v.t.d. Considerar certo, possível ou verdadeiro: *Pelo horário, suponho que ele já tenha chegado*. ☐ GRAMÁTICA É um verbo irregular →PÔR.

suportar ⟨su.por.tar⟩ v.t.d. **1** Sustentar ou ser capaz de levar sobre si (uma carga ou um peso). **2** Tolerar ou aguentar com paciência. ☐ SIN. sustentar.

suporte ⟨su.por.te⟩ s.m. Aquilo que suporta ou que serve de sustentação ou de apoio.

suposição ⟨su.po.si.ção⟩ (pl. *suposições*) s.f. **1** Ato ou efeito de supor. **2** Hipótese ou ideia que ainda não foram comprovadas.

supositório ⟨su.po.si.tó.rio⟩ s.m. Medicamento em forma cilíndrica e fino que geralmente é introduzido no ânus.

suposto, ta ⟨su.pos.to, ta⟩ (Pron. [supôsto], [supósta], [supóstos], [supóstas]) adj. Hipotético, possível, simulado ou não verdadeiro.

supra- →super-

supracitado, da ⟨su.pra.ci.ta.do, da⟩ adj. Que foi dito ou citado anteriormente.

suprarrenal ⟨su.prar.re.nal⟩ (pl. *suprarrenais*) adj.2g. Que está situado acima dos rins.

suprassumo ⟨su.pras.su.mo⟩ (pl. *suprassumos*) s.m. Grau máximo a que algo pode chegar.

supremacia ⟨su.pre.ma.ci.a⟩ s.f. Superioridade ou poder absolutos.

supremo, ma ⟨su.pre.mo, ma⟩ (Pron. [suprêmo]) adj. **1** Que tem superioridade ou poder absolutos. **2** Que está no grau máximo: *A generosidade é uma de suas qualidades supremas*. **3** Dos deuses ou que está relacionado a eles. ☐ SIN. divinal, divino.

supressão ⟨su.pres.são⟩ (pl. *supressões*) s.f. Ato ou efeito de suprimir.

suprimento ⟨su.pri.men.to⟩ s.m. **1** Ato ou efeito de suprir. **2** Aquilo que serve de auxílio ou de provisão.

suprimir ⟨su.pri.mir⟩ v.t.d. **1** Eliminar, extinguir ou fazer desaparecer: *Suprimiu algumas regalias para economizar*. **2** Cortar ou retirar parte de (algo escrito ou outro trabalho): *O autor suprimiu um trecho do diálogo*. ☐ GRAMÁTICA É um verbo abundante, pois apresenta dois particípios: *suprimido* e *supresso*.

suprir ⟨su.prir⟩ ▮ v.t.d./v.t.d.i. **1** Sanar ou eliminar (uma carência) [com algo]: *Supre a falta de dinheiro com muita criatividade*. ▮ v.t.i. **2** Fornecer o que é necessário ou útil para a sobrevivência [de uma pessoa ou de um negócio]: *Supre à família sozinho*.

supurar ⟨su.pu.rar⟩ v.int. Produzir ou expulsar pus (um ferimento).

supurativo, va ⟨su.pu.ra.ti.vo, va⟩ adj. Que faz supurar.

surda-muda ⟨sur.da-mu.da⟩ (pl. *surdas-mudas*) Feminino de surdo-mudo.

surdez ⟨sur.dez⟩ (Pron. [surdêz]) s.f. Privação ou diminuição da capacidade de ouvir.

surdina ⟨sur.di.na⟩ s.f. Em um instrumento musical, dispositivo que modifica as vibrações sonoras, alterando sua intensidade ou seu timbre antes que eles sejam transmitidos à caixa de ressonância. ‖ **na surdina** De maneira a não ser percebido: *Organizaram a festa na surdina*.

surdo, da ⟨sur.do, da⟩ ▮ adj. **1** De som grave ou abafado. **2** Insensível ou que faz pouco caso: *Aquele desalmado continua surdo aos meus pedidos*. **3** Em fonética, em relação a um som, que se articula sem a vibração da cordas vocais: *As consoantes* p, t, f, e k *são exemplos de sons surdos*. ▮ adj./s. **4** Que ou quem não ouve ou não ouve bem. ▮ s.m. **5** Tambor de percussão cilíndrico, de grandes dimensões, que produz sons graves.

surdo-mudo ⟨sur.do-mu.do⟩ (pl. *surdos-mudos*) adj./s.m. Que ou quem não ouve nem fala, especialmente se for desde o nascimento. ☐ GRAMÁTICA Seu feminino é *surda-muda*.

surfar ⟨sur.far⟩ v.int. **1** Praticar surfe. **2** Em informática deslocar-se pelas páginas da internet. ☐ SIN. navegar.

surfe ⟨sur.fe⟩ s.m. Esporte náutico praticado com uma prancha que desliza sobre ondas.

surfista ⟨sur.fis.ta⟩ ▮ adj.2g. **1** Do surfe ou relacionado a ele. ▮ adj.2g./s.2g. **2** Que pratica o surfe.

surgimento ⟨sur.gi.men.to⟩ s.m. Ato ou efeito de surgir.

surgir ⟨sur.gir⟩ v.int. **1** Subir à superfície da água ou de outro líquido. ☐ SIN. emergir. **2** Nascer ou começar a ser visto: *Um riacho surgia no meio das montanhas*. **3** Aparecer de forma inesperada ou repentina: *Assim que se formou, surgiram várias oportunidades de trabalho*. ☐ ORTOGRAFIA Antes de *a* ou *o*, o *g* muda para *j* →FUGIR.

surinamês, -a ⟨su.ri.na.mês, me.sa⟩ (Pron. [surinamês], [surinamêsa]) adj./s. Do Suriname ou relacionado a esse país sul-americano.

surpreendente ⟨sur.pre.en.den.te⟩ adj.2g. Que causa surpresa ou admiração.

surpreender ⟨sur.pre.en.der⟩ ▮ v.t.d. **1** Apanhar (alguém) de maneira inesperada e repentina: *A chuva surpreendeu a todos que estavam no parque*. ▮ v.t.d./v.int./v.prnl. **2** Causar ou sentir(-se) surpresa: *Surpreendeu-se com o resultado de seu teste*.

surpresa ⟨sur.pre.sa⟩ (Pron. [suprêsa]) s.f. **1** Impressão causada por algo inesperado, raro ou incompreensível. **2** Aquilo que causa essa impressão ou essa sensação: *Adoramos a surpresa que fizeram para nós*.

surra ⟨sur.ra⟩ s.f. **1** Castigo ou série de golpes violentos. ☐ SIN. pisa, tunda. **2** *informal* Derrota importante sofrida em uma competição. **3** *informal* Trabalho ou esforço esgotantes: *Arrumar toda essa bagunça foi uma surra para mim*.

surrão ⟨sur.rão⟩ (pl. *surrões*) s.m. **1** Saco ou sacola de alça comprida, usados geralmente por caçadores, pastores ou viajantes para carregar alimentos ou roupas. ☐ SIN. **embornal**. **2** Roupa surrada, velha ou suja.

surrar ⟨sur.rar⟩ ▎v.t.d. **1** Golpear ou castigar duramente. **2** *informal* Derrotar (um adversário) com grande diferença de pontos. **3** Curtir ou bater em (a pele tirada de um animal) para que fique macia. ▎v.t.d./v.prnl. **4** Degradar(-se) ou gastar(-se) (uma peça do vestuário) pelo uso: *Surrei essa camisa até fazer um furo na gola.*

surrealismo ⟨sur.re.a.lis.mo⟩ s.m. Movimento artístico de origem europeia, iniciado na primeira metade do século XX, que, por meio do imaginário e do irracional, tenta ultrapassar a realidade.

surrupiar ⟨sur.ru.pi.ar⟩ v.t.d. *informal* Furtar ou roubar: *Surrupiaram minha carteira no metrô.*

surtar ⟨sur.tar⟩ v.int. **1** Ter um surto ou uma perturbação mental. **2** *informal* Irritar-se.

surtir ⟨sur.tir⟩ v.t.d. Produzir ou gerar (um resultado): *O remédio surtiu efeito e já me sinto melhor.*

surto ⟨sur.to⟩ s.m. **1** Doença que ataca um grande número de indivíduos de uma população, simultânea e temporariamente. ☐ SIN. **epidemia**. **2** Manifestação repentina e muito forte de um estado físico ou emocional: *um surto de alegria.* ☐ SIN. **acesso**. **3** Crise psicótica ou de perturbação mental, caracterizada por distúrbios de personalidade ou por dificuldade de percepção da realidade.

surubi ⟨su.ru.bi⟩ s.m. →**surubim** ☐ ORIGEM É uma palavra de origem tupi. ☐ GRAMÁTICA É um substantivo epiceno: *o surubi (macho/fêmea).*

surubim ⟨su.ru.bim⟩ (pl. *surubins*) s.m. Peixe de água doce, comestível, de grande porte, podendo alcançar três metros de comprimento, sem escamas, de cabeça grande e achatada, dorso prateado com manchas pretas, com barbatanas de raios moles e flexíveis, e alguns barbilhões ao redor da boca. [◉ **peixes (água doce)** p. 608] ☐ ORIGEM É uma palavra de origem tupi. ☐ ORTOGRAFIA Escreve-se também *surubi*. ☐ GRAMÁTICA É um substantivo epiceno: *o surubim (macho/fêmea).*

surucucu ⟨su.ru.cu.cu⟩ s.f. Serpente venenosa de pele amarelada com manchas pretas triangulares. ☐ ORIGEM É uma palavra de origem tupi. ☐ GRAMÁTICA É um substantivo epiceno: *a surucucu (macho/fêmea).*

sururu ⟨su.ru.ru⟩ s.m. **1** Mexilhão com concha brilhante encontrado nas raízes dos manguezais e na região de entremarés de praias arenosas. **2** *informal* Briga ou confusão. ☐ ORIGEM É uma palavra de origem tupi.

suscetibilidade ⟨sus.ce.ti.bi.li.da.de⟩ s.f. Condição de suscetível.

suscetível ⟨sus.ce.tí.vel⟩ (pl. *suscetíveis*) adj.2g. **1** Capaz de sofrer alterações. **2** Que se ofende com facilidade: *Não seja suscetível, seu comentário não foi maldoso.* **3** Que se cansa ou fica doente com facilidade: *Com baixa resistência, está mais suscetível a pegar infecções.*

suscitar ⟨sus.ci.tar⟩ v.t.d./v.t.d.i. Causar, provocar ou originar (algo) [a alguém]: *Sua versão dos fatos suscitou muitas dúvidas.*

suserano ⟨su.se.ra.no⟩ s.m. No feudalismo, aquele que possuía um feudo do qual pessoas e outros feudos dependiam.

sushi *(palavra japonesa)* (Pron. [suchí]) s.m. Prato de origem japonesa, feito com arroz e pedaços de peixe cru enrolados em algas.

suspeição ⟨sus.pei.ção⟩ (pl. *suspeições*) s.f. Ato de suspeitar.

suspeita ⟨sus.pei.ta⟩ s.f. **1** Ato ou efeito de suspeitar. **2** Suposição ou crença de algo que não se sabe com certeza, a partir de sinais ou indícios.

suspeitar ⟨sus.pei.tar⟩ ▎v.t.d./v.t.i. **1** Supor (algo que não se sabe com certeza) ou desconfiar [dele], a partir de sinais ou indícios: *Suspeitam que ele tenha algo a ver com isso.* ▎v.t.i. **2** Desconfiar [de alguém] em relação à autoria de uma determinada ação: *Não sei quem me mandou o bilhete, mas suspeito de um garoto da escola.*

suspeito, ta ⟨sus.pei.to, ta⟩ ▎adj. **1** Que dá motivos para suspeitar ou desconfiar. ☐ SIN. **suspeitoso, suspicaz**. ▎adj./s. **2** Que ou quem pode ter cometido determinada ação, por haver indícios que a denunciem.

suspeitoso, sa ⟨sus.pei.to.so, sa⟩ (Pron. [suspeitôso], [suspeitósa], [suspeitósos], [suspeitósas]) adj. Que dá motivos para suspeitar ou desconfiar. ☐ SIN. **suspeito, suspicaz**.

suspender ⟨sus.pen.der⟩ ▎v.t.d./v.prnl. **1** Pendurar(-se) no alto, sustentando por um ponto: *Suspendeu um lustre no canto da sala. O atleta suspendeu-se na barra.* ▎v.t.d. **2** Levantar ou colocar em posição mais alta: *Um guindaste suspendeu o carro que caiu no rio.* **3** Impedir (alguém) de exercer determinada função ou atividade: *Suspenderam-no por brigar com o adversário.* **4** Deter, interromper ou cancelar (uma ação): *Suspenderam o piquenique porque começou a chover.* ☐ GRAMÁTICA É um verbo abundante, pois apresenta dois particípios: *suspendido* e *suspenso*.

suspensão ⟨sus.pen.são⟩ (pl. *suspensões*) s.f. **1** Levantamento ou colocação de algo ou de alguém em posição mais alta. **2** Impedimento imposto a uma pessoa que não a deixa exercer determinada função ou atividade. **3** Detenção, interrupção ou cancelamento de uma atividade. **4** Em um veículo, conjunto de peças e mecanismos que tornam mais suave ou mais elástico o apoio da carroceria sobre o eixo das rodas. **5** Em química, composto que resulta da mistura de determinadas substâncias em um fluido, de maneira que elas pareçam diluídas devido ao tamanho minúsculo de suas partículas.

suspense ⟨sus.pen.se⟩ s.m. **1** Tensão ou mistério de uma situação provocados pela incerteza sobre o que pode acontecer. **2** Gênero textual da esfera ficcional, teatral ou cinematográfica ao qual pertencem as obras que causam esse sentimento nos espectadores.

suspensivo, va ⟨sus.pen.si.vo, va⟩ adj. Que pode suspender.

suspicaz ⟨sus.pi.caz⟩ adj.2g. **1** Que dá motivos para suspeitar ou desconfiar. ☐ SIN. **suspeito, suspeitoso**. **2** Que suspeita de alguém com frequência.

suspirar ⟨sus.pi.rar⟩ v.int. Produzir suspiros.

suspiro ⟨sus.pi.ro⟩ s.m. **1** Respiração longa e profunda, que pode manifestar alívio, pena, desejo ou dor. **2** Doce feito com claras de ovos e açúcar. **3** Em alguns aparelhos mecânicos ou em algumas tubulações, abertura por onde o ar entra e sai. ☐ SIN. **respiradouro**.

suspiroso, sa ⟨sus.pi.ro.so, sa⟩ (Pron. [suspirôso], [suspirósa], [suspirósos], [suspirósas]) adj. Que suspira ou que lamenta com frequência.

sussurrar ⟨sus.sur.rar⟩ ▎v.t.d./v.t.d.i. **1** Falar (algo) baixo ou entre os dentes [a alguém], geralmente para manifestar uma queixa ou um segredo. ☐ SIN. **murmurar, murmurejar**. ▎v.int. **2** Em relação especialmente à água ou ao vento, fazerem um ruído muito suave.

sussurro ⟨sus.sur.ro⟩ s.m. Som suave, especialmente aquele produzido pela fala baixa ou entre os dentes para manifestar uma queixa ou um segredo.

sustância ⟨sus.tân.cia⟩ s.f. →**substância**

sustar ⟨sus.tar⟩ v.t.d./v.int./v.prnl. Interromper ou suspender-se: *sustar um cheque.*

sustenido, da ⟨sus.te.ni.do, da⟩ ▎adj./s.m. **1** Em música, em relação a uma nota musical ou a uma tonalidade, que es-

sustentação

tão alteradas em um semitom mais agudo. ▮ s.m. **2** Em música, sinal gráfico que, colocado à esquerda de uma nota, altera o som em um semitom mais agudo.

sustentação ⟨sus.ten.ta.ção⟩ (pl. *sustentações*) s.f. **1** Ato ou efeito de sustentar(-se). **2** Provisão de alimento ou daquilo que é necessário para viver. ◻ SIN. sustento. **3** Apoio, manutenção ou continuação: *Todo partido político precisa de sustentação no Congresso*. **4** Defesa, especialmente se for de uma ideia ou de uma teoria: *Sua tese não teve sustentação e foi reprovada*.

sustentáculo ⟨sus.ten.tá.cu.lo⟩ s.m. Aquilo que sustenta ou que dá apoio.

sustentar ⟨sus.ten.tar⟩ ▮ v.t.d./v.prnl. **1** Segurar ou manter-se firme: *Várias pilastras sustentavam a passarela de pedestres*. ◻ SIN. suster. **2** Prover(-se) de alimento ou daquilo que é necessário para viver: *Trabalha para sustentar a família*. ▮ v.t.d. **3** Prosseguir, manter ou fazer com que continue: *Os líderes decidiram sustentar a greve*. **4** Apoiar, auxiliar ou impedir que acabe: *Um grupo de patrocinadores sustenta a equipe de vôlei*. **5** Tolerar ou aguentar com paciência: *Não entendo como consegue sustentar tanto sofrimento*. ◻ SIN. suportar. **6** Defender ou basear (uma ideia ou uma teoria, especialmente): *Sustentou sua proposta com bons argumentos*. **7** Reafirmar ou confirmar: *Sustentou a mesma versão no novo depoimento*.

sustentável ⟨sus.ten.tá.vel⟩ (pl. *sustentáveis*) adj.2g. Que se pode sustentar.

sustento ⟨sus.ten.to⟩ s.m. **1** Provisão de alimento ou daquilo que é necessário para viver. ◻ SIN. sustentação.

2 Aquilo que é necessário para essa provisão: *Tira seu sustento daquilo que planta*.

suster ⟨sus.ter⟩ ▮ v.t.d./v.prnl. **1** Segurar ou manter-se firme: *Um mastro sustém a bandeira. O teto se sustém sobre as pilastras*. ◻ SIN. sustentar. **2** Parar ou interromper (algo em movimento) ou deter(-se): *Por problemas técnicos, o maquinista susteve o trem*. ▮ v.t.d. **3** Deter, segurar ou impedir de mover-se: *A polícia susteve o foragido com algemas*. ◻ GRAMÁTICA É um verbo irregular →TER.

susto ⟨sus.to⟩ s.m. Sobressalto ou espanto repentinos causados por medo ou por surpresa.

sutiã ⟨su.ti.ã⟩ s.m. Peça íntima feminina que serve de sustentação para os seios.

sutil ⟨su.til⟩ (pl. *sutis*) adj.2g. **1** Quase impossível de perceber. **2** Que é feito com delicadeza e com detalhes: *um trabalho sutil*. **3** Agudo ou perspicaz: *uma resposta sutil*. ◻ ORTOGRAFIA Escreve-se também subtil. ◻ GRAMÁTICA Seus superlativos são *sutílimo* e *sutilíssimo*.

sutileza ⟨su.ti.le.za⟩ (Pron. [sutilêza]) s.f. Agudeza, engenho ou perspicácia. ◻ ORTOGRAFIA Escreve-se também *subtileza*.

sutílimo, ma ⟨su.tí.li.mo, ma⟩ Superlativo irregular de sutil.

sutura ⟨su.tu.ra⟩ s.f. Costura cirúrgica feita para fechar um ferimento.

suturar ⟨su.tu.rar⟩ v.t.d. Fechar ou fazendo uma sutura em (um ferimento): *Foram necessários cinco pontos para suturar o corte*.

suvenir ⟨su.ve.nir⟩ s.m. Aquilo que é comprado como recordação de um lugar..

t ▌s.m. **1** Vigésima letra do alfabeto. ▌numer. **2** Em uma sequência, que ocupa o vigésimo lugar. ☐ GRAMÁTICA Na acepção 1, o plural é *tt*.

taba ⟨ta.ba⟩ s.f. Aldeia indígena. ☐ ORIGEM É uma palavra de origem tupi.

tabacaria ⟨ta.ba.ca.ri.a⟩ s.f. Estabelecimento comercial onde se vendem tabaco e produtos similares. ☐ SIN. charutaria.

tabaco ⟨ta.ba.co⟩ s.m. **1** Planta de tronco aveludado, com flores dispostas em cachos, folhas grandes em formato de lança, que contêm nicotina e que desprendem um forte aroma, usadas na fabricação de cigarros. ☐ SIN. fumo. **2** Produto obtido a partir das folhas secas dessa planta que se prepara especialmente para fumar.

tabagismo ⟨ta.ba.gis.mo⟩ s.m. Intoxicação crônica causada pelo consumo excessivo de tabaco.

tabaqueira ⟨ta.ba.quei.ra⟩ s.f. Recipiente usado para guardar ou para carregar tabaco.

tabatinga ⟨ta.ba.tin.ga⟩ s.f. Argila mole, sedimentar e geralmente de cor esbranquiçada.

tabatinguense ⟨ta.ba.tin.guen.se⟩ adj.2g./s.2g. De Tabatinga ou relacionado a essa cidade do estado brasileiro do Amazonas.

tabefe ⟨ta.be.fe⟩ s.m. **1** *informal* Golpe dado no rosto com a mão aberta. **2** Soro de leite coalhado.

tabela ⟨ta.be.la⟩ s.f. **1** Quadro ou lista em que se organizam elementos em uma determinada ordem. **2** Relação oficial de valores de uma mercadoria ou de um serviço. **3** Placa, geralmente retangular, em que se fixa a cesta de basquete. **4** No futebol, jogada na qual dois ou mais jogadores, em uma corrida, trocam passes entre si. ‖ **por tabela** *informal* De maneira indireta: *Por tabela, todos pagarão pelo rombo nas contas públicas.*

tabelamento ⟨ta.be.la.men.to⟩ s.m. Controle oficial de preços de um produto ou de um serviço.

tabelar ⟨ta.be.lar⟩ v.t.d. Controlar oficialmente o preço de (um produto ou serviço): *tabelar a gasolina*.

tabelião, ã ⟨ta.be.li.ão, ã⟩ (pl. *tabeliães*) s. Pessoa que se dedica profissionalmente a dar garantia de certos documentos ou atos extrajudiciais, sob autorização legal. ☐ SIN. notário. ☐ GRAMÁTICA Seu feminino também pode ser *tabelioa*.

tabelioa ⟨ta.be.li.o.a⟩ (Pron. [tabelioa]) s.f. **1** →tabelião, ã **2** Esposa de tabelião.

tabelionato ⟨ta.be.li.o.na.to⟩ s.m. **1** Cargo de tabelião. **2** Lugar em que um tabelião trabalha.

taberna ⟨ta.ber.na⟩ s.f. Estabelecimento comercial em que se servem comidas, geralmente petiscos, ou se vendem vinhos e outras bebidas alcoólicas. ☐ SIN. tasca. ☐ ORTOGRAFIA Escreve-se também *taverna*.

tabernáculo ⟨ta.ber.ná.cu.lo⟩ s.m. **1** Lugar em que os hebreus teriam depositado a arca da aliança. **2** Sacrário em que se guardam o cálice e as hóstias.

taberneiro, ra ⟨ta.ber.nei.ro, ra⟩ s. Proprietário ou encarregado de uma taberna. ☐ ORTOGRAFIA Escreve-se também *taverneiro*.

tabique ⟨ta.bi.que⟩ s.m. Parede fina, geralmente de madeira, que serve para separar diferentes áreas de um lugar.

tablado ⟨ta.bla.do⟩ s.m. Estrutura feita com uma armação de tábuas de madeira sobre o chão, em que se realizam apresentações artísticas.

tablete ⟨ta.ble.te⟩ s.m. Produto alimentício ou medicamento sólidos, em formato de pastilha ou de placa pequena e retangular.

tabloide ⟨ta.bloi.de⟩ (Pron. [tablóide]) adj.2g./s.m. Em relação a um jornal, que é de dimensões menores que o habitual, de estilo sensacionalista e com tendência a apresentar os aspectos mais chamativos de uma notícia.

759

taboca

taboca ⟨ta.bo.ca⟩ s.f. Planta tropical com caules compridos e ocos como canos, com nós bastante visíveis, resistentes e flexíveis, que se ramificam e dos quais brotam folhas verdes, alongadas, pontiagudas e com flores na extremidade superior. ☐ SIN. **bambu, taquara**. ☐ ORIGEM É uma palavra de origem tupi.

tabu ⟨ta.bu⟩ adj.2g./s.m. Que não se pode nomear, tratar, tocar nem fazer, por causa de determinados valores ou convenções sociais, religiosas ou morais.

tábua ⟨tá.bua⟩ s.f. **1** Peça de madeira fina e plana. **2** Peça fina e plana de qualquer outro material rígido: *um tábua de passar roupa*. **3** Tabela ou quadro de classificação ou de ordenação de elementos interdependentes. ‖ **tábua de salvação** Aquilo a que se recorre em uma situação difícil ou crítica: *O empréstimo bancário será nossa tábua de salvação*.

tabuada ⟨ta.bu.a.da⟩ s.f. **1** Tabela com as operações elementares de aritmética, geralmente envolvendo os números de um a dez. **2** Livro que contém essa tabela.

tabulador, -a ⟨ta.bu.la.dor, do.ra⟩ (Pron. [tabulador], [tabuladôra]) ▪ adj. **1** Que tabula. ▪ s.m. **2** Em uma máquina de escrever ou em um teclado de computador, mecanismo que permite colocar as margens no lugar desejado.

tabular ⟨ta.bu.lar⟩ ▪ adj.2g. **1** Da tábua, da tabela, com suas características ou relacionado a elas. ▪ v.t.d. **2** Ajustar ou estabelecer as margens de (um texto) por meio de um tabulador. **3** Organizar ou expor por meio de uma tabela (valores, dados ou informações).

tabuleiro ⟨ta.bu.lei.ro⟩ s.m. **1** Superfície plana, em que se movimentam as peças de um jogo. **2** Recipiente raso e com bordas, usado geralmente para assar, carregar ou servir alimentos: *um tabuleiro de bolo*. **3** Mesa ou banca em que um feirante expõe seus produtos para venda.

tabuleta ⟨ta.bu.le.ta⟩ (Pron. [tabulêta]) s.f. **1** Tábua ou placa em que se escreve algo, especialmente um aviso ou um anúncio. **2** Aquilo que se escreve nessa tábua ou nessa placa.

taça ⟨ta.ça⟩ s.f. **1** Copo com pé, que é usado para beber. **2** Conteúdo que cabe neste copo, especialmente se for alcoólico. **3** Em algumas competições esportivas, prêmio que se concede ao vencedor: *Ficamos em segundo lugar e levamos a taça de prata*. ☐ SIN. **copa**.

tacada ⟨ta.ca.da⟩ s.f. **1** Em alguns jogos ou em alguns esportes, especialmente no bilhar, golpe dado com um taco em uma bola. **2** *informal* Lance ou acontecimento inesperados, geralmente de sorte: *Conseguir a bolsa de estudos foi uma bela tacada*. ‖ **de uma tacada (só)** *informal* De uma só vez.

tacanho, nha ⟨ta.ca.nho, nha⟩ adj./s. Que ou quem tem uma visão limitada das coisas.

tacão ⟨ta.cão⟩ (pl. *tacões*) s.m. **1** Salto de um calçado. **2** Em um calçado, parte mais grossa da sola que fica próxima ao calcanhar.

tacape ⟨ta.ca.pe⟩ s.m. Arma indígena de ataque, semelhante a uma clava. ☐ ORIGEM É uma palavra de origem tupi.

tacar ⟨ta.car⟩ ▪ v.t.d. **1** Golpear com um taco. ▪ v.t.d./v.t.d.i. **2** *informal* Arremessar ou lançar com força [em algo ou alguém]: *Tacou a bola na cesta*. ▪ v.t.d.i. **3** *informal* Bater ou chocar (um corpo) [contra outro]: *Distraído, tacou o pé na quina da porta*. ☐ ORTOGRAFIA Antes de *e*, o *c* muda para *qu* → BRINCAR.

tacha ⟨ta.cha⟩ s.f. **1** Prego pequeno, de cabeça chata, larga e redonda. **2** Mancha ou defeito moral. **3** Tacho grande. ☐ ORTOGRAFIA É diferente de *taxa*.

tachar ⟨ta.char⟩ v.t.d./v.prnl. Atribuir(-se) tacha ou defeito: *Tacharam seu estilo como de mau gosto*. ☐ ORTOGRAFIA É diferente de *taxar*. ☐ GRAMÁTICA O objeto vem acompanhado de um complemento que o qualifica: *Tacharam seu estilo como de mau gosto*.

tacho ⟨ta.cho⟩ s.m. Panela grande, geralmente metálica e com alças, com formato de meia esfera, larga e de pouca profundidade.

tácito, ta ⟨tá.ci.to, ta⟩ adj. Que não se expressa ou não se diz formalmente, mas que se supõe ou que se sabe.

taciturno, na ⟨ta.ci.tur.no, na⟩ adj. Calado, silencioso ou melancólico.

taco ⟨ta.co⟩ s.m. **1** Em alguns jogos ou em alguns esportes, bastão cilíndrico de madeira, comprido, mais grosso em uma de suas extremidades, usado para golpear as bolas. **2** Peça de madeira de pouca espessura, geralmente retangular, usada para revestir o chão.

táctil ⟨tác.til⟩ (pl. *tácteis*) adj.2g. → **tátil**

tadjique ⟨tad.ji.que⟩ ▪ adj.2g./s.2g. **1** Do Tadjiquistão (ou Tajiquistão) ou relacionado a esse país asiático. ▪ s.m. **2** Língua desse e de outros países.

tafetá ⟨ta.fe.tá⟩ s.m. Tecido de seda, fino, armado e com brilho.

tagarela ⟨ta.ga.re.la⟩ adj.2g./s.2g. **1** *informal* Que fala muito. **2** *informal* Que faz fofoca ou mexerico ou que não guarda segredo.

tagarelar ⟨ta.ga.re.lar⟩ v.int. Falar muito.

tagarelice ⟨ta.ga.re.li.ce⟩ s.f. **1** Hábito de falar muito. **2** Aquilo que é dito ou feito de forma indiscreta ou inconveniente.

taifa ⟨tai.fa⟩ s.f. Em um navio, conjunto de criados.

taifeiro ⟨tai.fei.ro⟩ s.m. **1** Pessoa que executa serviços em um navio mercante. **2** No Exército e na Aeronáutica, classe que engloba as graduações de taifeiro de primeira classe, de taifeiro de segunda classe e de taifeiro-mor. ‖ **taifeiro de primeira classe 1** No Exército, pessoa cuja graduação é inferior à de soldado de primeira classe. **2** Na Aeronáutica, pessoa cuja graduação é superior à de soldado de segunda classe e inferior à de soldado de primeira classe. ‖ **taifeiro de segunda classe** Na Aeronáutica, pessoa cuja graduação é inferior à de soldado de segunda classe.

taifeiro-mor ⟨tai.fei.ro-mor⟩ (pl. *taifeiros-mor*) s.2g. **1** No Exército, pessoa cuja graduação é superior à de cabo e inferior à de terceiro-sargento. **2** Na Aeronáutica, pessoa cuja graduação é superior à de soldado de primeira classe e inferior à de cabo.

tailandês, -a ⟨tai.lan.dês, de.sa⟩ (Pron. [tailandês] [tailandêsa]) adj./s. **1** Da Tailândia ou relacionado a esse país asiático. **2** Língua desse país.

tainha ⟨ta.i.nha⟩ s.f. Peixe de água salgada, comestível, de médio porte, de corpo fino e alongado com listras longitudinais escuras. [▸ **peixes (água salgada)** p. 609] ☐ GRAMÁTICA É um substantivo epiceno: *a tainha (macho/fêmea)*.

taioba ⟨tai.o.ba⟩ s.f. Planta herbácea com folhas grandes e lisas, com uma nervura central grande, de tonalidade azul esverdeado, e cultivada para a alimentação. ☐ ORIGEM É uma palavra de origem tupi.

taipa ⟨tai.pa⟩ s.f. **1** Mistura de barro amassado que endurece ao secar e que se utiliza para revestir paredes feitas de varas, de paus ou de outro material. **2** Parede feita com essa mistura.

tal ▪ pron.demons. **1** Este, esse ou aquele. **2** Igual, semelhante ou parecido: *Jamais ouviu tal absurdo!* ▪ s.2g. **3** Pessoa, animal ou coisa não determinados ou não nomeados. **4** *informal* Pessoa que tem ou que julga ter notabilidade ou destaque em algo: *No futebol, esse jogador é o tal*. ▪ adv. **5** Assim do mesmo modo: *É estudioso tal como os demais*. ☐ GRAMÁTICA Nas acepções 1, 2 e 3, o plural é *tais*.

tala ⟨ta.la⟩ s.f. Dispositivo feito de material rígido usado para imobilizar uma parte do corpo que se fraturou ou se deslocou.

tamarindeiro

talagada ⟨ta.la.ga.da⟩ s.f. *informal* Quantidade de um líquido que se bebe de uma só vez, especialmente se for alcoólico.

talagarça ⟨ta.la.gar.ça⟩ s.f. Tecido encorpado, de trama larga, usado para bordar ou em encadernações.

tálamo ⟨tá.la.mo⟩ s.m. **1** Nos hemisférios cerebrais, cada um dos núcleos de tecido nervoso situados em ambos os lados da linha média, acima do hipotálamo. **2** *literário* Leito conjugal.

talante ⟨ta.lan.te⟩ s.m. Vontade ou desejo.

talão ⟨ta.lão⟩ (pl. *talões*) s.m. **1** Bloco de folhas destacáveis, com um canhoto em que se fazem anotações. □ SIN. talonário. **2** Parte de trás do pé. **3** Parte de trás de um calçado.

talar ⟨ta.lar⟩ ▌adj.2g. **1** Em relação a uma peça do vestuário, que chega até os calcanhares. ▌v.t.d. **2** Destruir ou devastar.

talássico, ca ⟨ta.lás.si.co, ca⟩ adj. Do mar ou dos oceanos, ou relacionado a eles.

talco ⟨tal.co⟩ s.m. **1** Mineral de silicato de magnésio, suave ao tato, muito mole, brilhante e de cor esbranquiçada. **2** Pó extraído desse mineral, que se utiliza na fabricação de produtos de higiene e de cosmética.

talebã ⟨ta.le.bã⟩ adj.2g./s.2g. →taleban

taleban ⟨ta.le.ban⟩ adj.2g./s.2g. De um determinado grupo fundamentalista muçulmano ou relacionado a ele. □ ORTOGRAFIA Escreve-se também *talibã, talebã* ou *taliban*.

talento ⟨ta.len.to⟩ s.m. **1** Capacidade artística ou intelectual. **2** Pessoa que possui essa capacidade. **3** Antiga moeda grega e romana. □ GRAMÁTICA Na acepção 2, usa-se tanto para o masculino quanto para o feminino: *(ele/ela) é um talento*.

talentoso, sa ⟨ta.len.to.so, sa⟩ (Pron. [talentôso], [talentósa], [talentósos], [talentósas]) adj. Que tem grande talento.

talha ⟨ta.lha⟩ s.f. Moringa ou vaso de barro, geralmente usados para guardar líquidos.

talhada ⟨ta.lha.da⟩ s.f. Pedaço ou fatia de algo.

talhadeira ⟨ta.lha.dei.ra⟩ s.f. Ferramenta semelhante a uma espátula, que se utiliza para esculpir ou cortar madeira, metal ou pedra.

talhado, da ⟨ta.lha.do, da⟩ adj. **1** Que tem vocação ou que é adequado ou conveniente. **2** Em relação a uma substância, que coagulou ou coalhou: *um leite talhado*.

talhar ⟨ta.lhar⟩ ▌v.t.d. **1** →entalhar **2** Cortar ou fazer um talho em (algo): *Ao descascar a laranja, talhou o dedo*. ▌v.int./v.prnl. **3** Coalhar ou coagular.

talharim ⟨ta.lha.rim⟩ (pl. *talharins*) s.m. Massa alimentícia feita à base de farinha de trigo e cortada em tiras muito finas e compridas.

talhe ⟨ta.lhe⟩ s.m. **1** Porte ou postura corporal. **2** Em relação a uma peça do vestuário, feitio ou modo como é cortada.

talher ⟨ta.lher⟩ s.m. **1** Utensílio que se utiliza para comer ou para servir os alimentos. **2** Lugar que cada pessoa ocupa à mesa.

talho ⟨ta.lho⟩ s.m. **1** Rasgo, abertura ou separação, especialmente se forem causados por um objeto cortante. **2** Obra de escultura, especialmente se for realizada em madeira. □ SIN. entalhe. **3** Em um açougue, corte de carne e sua separação em categorias ou em tipos. **4** Poda of árvores.

talião ⟨ta.li.ão⟩ (pl. *taliões*) s.m. Pena que consiste em fazer uma pessoa sofrer o mesmo dano que causou a outra.

talibã ⟨ta.li.bã⟩ adj.2g./s.2g. →taleban

taliban ⟨ta.li.ban⟩ adj.2g./s.2g. →taleban

tálio ⟨tá.lio⟩ s.m. Elemento químico da família dos metais, de número atômico 81, sólido, semelhante ao chumbo e que se oxida em contato com o ar úmido. □ ORIGEM É uma palavra que vem do grego *thallós* (galho verde), pela cor verde resultante da solução dos sais desse elemento em álcool. □ ORTOGRAFIA Seu símbolo químico é *Tl*, sem ponto.

talismã ⟨ta.lis.mã⟩ s.m. Objeto ao qual são atribuídos poderes mágicos.

talo ⟨ta.lo⟩ s.m. **1** Em uma planta, órgão que cresce em sentido contrário ao da raiz, que serve para sustentar ramos, folhas, flores e frutos, e para conduzir água e sais minerais das raízes para a parte aérea, e seiva, no sentido contrário. □ SIN. caule. **2** Corpo vegetativo de plantas inferiores, sem a presença de caule, raiz nem folhas legítimas.

talonário ⟨ta.lo.ná.rio⟩ s.m. Bloco de folhas destacáveis, com um canhoto em que se fazem anotações. □ SIN. talão.

talude ⟨ta.lu.de⟩ s.m. Inclinação de um terreno, de um muro ou de um aterro.

taludo, da ⟨ta.lu.do, da⟩ adj. Que tem o corpo grande ou desenvolvido.

tálus ⟨tá.lus⟩ s.m.2n. No sistema esquelético, osso do tarso, que se articula com a tíbia e com a fíbula. □ USO É a nova denominação de *astrágalo*.

talvez ⟨tal.vez⟩ (Pron. [talvêz]) adv. Indica dúvida ou possibilidade: *Talvez um dia eu viaje à Índia*.

tamanco ⟨ta.man.co⟩ s.m. Calçado de couro ou de tecido, com a sola de madeira, que é geralmente usado por mulheres, e que deixa a parte de trás do pé descoberta. [👁 calçados p. 138]

tamanduá ⟨ta.man.du.á⟩ s.m. Designação comum a diversas espécies de mamíferos caracterizados pela ausência de dentes e pela língua longa e pegajosa. □ ORIGEM É uma palavra de origem tupi. □ GRAMÁTICA É um substantivo epiceno: *o tamanduá (macho/fêmea)*.

tamanduá-bandeira ⟨ta.man.du.á-ban.dei.ra⟩ (pl. *tamanduás-bandeira* ou *tamanduás-bandeiras*) s.m. Mamífero de pelagem comprida e acinzentada que se estende desde o peito até o final da cauda, rabo longo, focinho muito desenvolvido, pontiagudo e sem dentes, que se alimenta de formigas e cupins usando sua língua comprida e quase cilíndrica. □ GRAMÁTICA É um substantivo epiceno: *o tamanduá-bandeira (macho/fêmea)*.

TAMANDUÁ-BANDEIRA

tamanho, nha ⟨ta.ma.nho, nha⟩ ▌adj. **1** Semelhante ou tão grande. ▌s.m. **2** Volume, dimensão ou conjunto de medidas de algo.

tâmara ⟨tâ.ma.ra⟩ s.f. Fruto da tamareira, comestível, marrom, de formato alongado e com uma semente.

tamareira ⟨ta.ma.rei.ra⟩ s.f. Palmeira de tronco reto com folhas grandes, azuladas e em formato de pena, flores amarelo-alaranjadas, e cujo fruto é a tâmara.

tamarindeiro ⟨ta.ma.rin.dei.ro⟩ s.m. Árvore de tronco grosso, comprido e de casca escura, com a copa extensa, folhas compostas, flores amarelas dispostas em cachos, e cujo fruto é o tamarindo. □ SIN. tamarindo.

tamarindo

tamarindo ⟨ta.ma.rin.do⟩ s.m. **1** Árvore de tronco grosso, comprido e de casca escura, com a copa extensa, folhas compostas, flores amarelas dispostas em cachos, e cujo fruto, do tipo vagem, é comestível e comprido, tem casca marrom-clara, polpa escura e sabor ácido. ◻ SIN. tamarindeiro. **2** Esse fruto.

tambaqui ⟨tam.ba.qui⟩ s.m. Peixe de água doce, comestível, com o dorso acinzentado e o ventre de cor amarelada. [👁 **peixes (água doce)** p. 608] ◻ ORIGEM É uma palavra de origem tupi. ◻ GRAMÁTICA É um substantivo epiceno: o tambaqui (macho/fêmea).

também ⟨tam.bém⟩ adv. Indica igualdade, semelhança, conformidade ou relação de uma coisa com outra: *Meu irmão também estuda nesta escola. Este músico toca flauta e também gaita.*

tambor ⟨tam.bor⟩ (Pron. [tambôr]) s.m. **1** Instrumento musical de percussão, de formato cilíndrico, oco, coberto na base por uma pele esticada, e que se toca geralmente com as mãos ou com baquetas. [👁 **instrumentos de percussão** p. 614] **2** Em um revólver, cilindro giratório de ferro em que ficam as balas. **3** Recipiente cilíndrico de metal, com tampa ou fechamento hermético, usado para transportar ou para armazenar líquidos.

tamborete ⟨tam.bo.re.te⟩ (Pron. [tamborête]) s.m. Assento para uma pessoa, baixo, sem braços e sem encosto.

tamboril ⟨tam.bo.ril⟩ (pl. *tamboris*) s.m. **1** Tambor pequeno que se pendura em um braço e que se toca golpeando-o com uma só baqueta ou com uma vareta de madeira ou de bambu. **2** Dança medieval de ritmo binário e andamento alegre.

tamborim ⟨tam.bo.rim⟩ (pl. *tamborins*) s.m. Instrumento musical de percussão composto por um pequeno aro de metal ou acrílico coberto por uma pele ou por um material sintético, e que se toca com uma vareta de bambu, plástico ou madeira. [👁 **instrumentos de percussão** p. 614]

tamoio, a ⟨ta.moi.o, a⟩ adj./s. Do grupo indígena brasileiro que habitava a costa brasileira, do norte de São Paulo ao sul do Rio de Janeiro.

tampa ⟨tam.pa⟩ s.f. Peça com que se cobre ou se fecha a parte superior de algo que se pode abrir.

tampão ⟨tam.pão⟩ (pl. *tampões*) s.m. **1** Tampa ou tampo grandes. **2** Tampa que se utiliza para cobrir a saída de pias, tanques ou esgotos. **3** Chumaço de algodão ou de outra matéria com que se estanca uma ferida ou que se obstrui uma cavidade do corpo para impedir a saída de um líquido. **4** Produto pequeno e de formato cilíndrico, que se introduz no canal vaginal e que serve para conter o fluxo menstrual. ◻ SIN. absorvente interno.

tampar ⟨tam.par⟩ v.t.d. Fechar ou cobrir (algo descoberto), especialmente se for com uma tampa: *tampar uma panela*. ◻ SIN. tapar.

tampinha ⟨tam.pi.nha⟩ ▌s.2g. **1** *informal pejorativo* Pessoa muito baixa. ▌s.f. **2** Tampa pequena.

tampo ⟨tam.po⟩ s.m. **1** Peça circular que se utiliza para tapar um orifício e impedir a saída de um líquido. **2** Peça de madeira, plástico ou outro material, com que se tampa a bacia do vaso sanitário. **3** Em um piano, parte superior de sua caixa de ressonância, feita de madeira, que é responsável pela qualidade acústica e em que se apoiam suas cordas.

tampouco ⟨tam.pou.co⟩ adv. Indica negação depois de já haver negado outra coisa: *Não quis ir ao cinema, tampouco ao teatro.*

tanajura ⟨ta.na.ju.ra⟩ s.f. **1** Saúva fêmea com asas. **2** *informal* Mulher de cintura fina e quadris largos.

tanatofobia ⟨ta.na.to.fo.bi.a⟩ s.f. Medo anormal e angustiante da morte.

tanatologia ⟨ta.na.to.lo.gi.a⟩ s.f. **1** Teoria sobre a morte. **2** Conjunto de conhecimentos médicos relacionados à morte.

tanga ⟨tan.ga⟩ s.f. **1** Pedaço pequeno de tecido ou de outro material com que os membros de alguns povos ou tribos cobrem os órgãos genitais. **2** Peça inferior do traje de banho feminino. ◻ ORIGEM É uma palavra de origem africana.

tangará ⟨tan.ga.rá⟩ s.m. Pássaro de corpo roliço, de aproximadamente quinze centímetros de comprimento, de diversas cores, e cujo macho executa dança característica no período de acasalamento. ◻ ORIGEM É uma palavra de origem tupi. ◻ GRAMÁTICA É um substantivo epiceno: o tangará (macho/fêmea).

tangarense ⟨tan.ga.ren.se⟩ adj.2g./s.2g. De Tangará da Serra ou relacionado a essa cidade do estado brasileiro de Mato Grosso.

tangência ⟨tan.gên.cia⟩ s.f. **1** Em geometria, encontro entre duas linhas ou entre duas superfícies sem que ocorra corte entre elas. **2** Ponto em que ocorre esse encontro.

tangencial ⟨tan.gen.ci.al⟩ (pl. *tangenciais*) adj.2g. **1** Da tangência ou da tangente, ou relacionado a elas. **2** Em relação especialmente a um assunto ou a uma ideia, que se referem a algo de forma superficial ou parcial.

tangente ⟨tan.gen.te⟩ adj.2g. **1** Que tange ou que toca. ▌adj.2g./s.f. **2** Em geometria, em relação a uma linha ou a uma superfície, que tocam outras linhas ou superfícies sem que ocorra corte entre elas. ▌s.f. **3** Em trigonometria, razão entre o cateto oposto de um ângulo e o adjacente.

tanger ⟨tan.ger⟩ ▌v.t.d. **1** Encostar, atingir ou tocar. **2** Tocar (uma música ou um instrumento musical). **3** Incitar ou açoitar (um animal) para que ande ou se mova. ◻ SIN. tocar. ▌v.t.d./v.int. **4** Fazer soar ou tocar (um sino ou outro objeto). ▌v.t.i. **5** Fazer referência ou referir-se [a uma informação ou a um assunto]. ◻ ORTOGRAFIA Antes de *a* e *o*, o *g* muda para *j* →ELEGER. ◻ GRAMÁTICA Na acepção 5, usa-se a construção *tanger A {algo/alguém}*.

tangerina ⟨tan.ge.ri.na⟩ s.f. **1** Árvore com folhas lisas e verde-escuras, flores aromáticas, e cujo fruto, comestível, geralmente com casca fina, lisa e amarela, tem polpa dividida em gomos com suco em seu interior. ◻ SIN. bergamota, mexerica, tangerineira. **2** Esse fruto. ◻ SIN. bergamota, mexerica.

tangerineira ⟨tan.ge.ri.nei.ra⟩ s.f. Árvore com folhas lisas e verde-escuras, flores aromáticas, e cujo fruto é a tangerina. ◻ SIN. bergamota, mexerica, tangerina.

tangível ⟨tan.gí.vel⟩ (pl. *tangíveis*) adj.2g. **1** Que se pode tanger ou tocar. **2** Que se pode perceber de maneira clara e precisa: *A empresa precisa de resultados tangíveis.*

tango ⟨tan.go⟩ s.m. **1** Composição musical urbana tipicamente argentina, de ritmo moderado e em compasso binário. **2** Dança em pares que acompanha essa composição.

tanino ⟨ta.ni.no⟩ s.m. Substância adstringente, inalterável pelo ar e que está presente na casca de algumas árvores ou em alguns frutos ou frutas.

tanoaria ⟨ta.no.a.ri.a⟩ s.f. Cargo de tanoeiro.

tanoeiro, ra ⟨ta.no.ei.ro, ra⟩ s. Pessoa que faz tonéis, pipas e barris, ou outros objetos semelhantes.

tanque ⟨tan.que⟩ s.m. **1** Lugar ou recipiente em que se lavam roupas. **2** Automóvel de guerra, blindado, que se move sobre duas rodas flexíveis ou articuladas que lhe permite andar por terrenos irregulares ou acidentados. **3** Depósito ou recipiente grandes, geralmente fechados, que se utilizam para armazenar líquidos: *um tanque de gasolina*. **4** Depósito natural em que se acumulam e se armazenam as águas das chuvas, de um rio ou de um manancial.

tarantela

tantã ⟨tan.tã⟩ ▪ adj.2g./s.2g. **1** *informal* Louco. ▪ s.m. **2** Tambor africano, grande, que se toca com as mãos. [⊕ **instrumentos de percussão** p. 614]

tântalo ⟨tân.ta.lo⟩ s.m. Elemento químico da família dos metais, de número atômico 73, sólido, de cor cinza brilhante, muito duro, deformável e inflamável. ☐ ORTOGRAFIA Seu símbolo químico é *Ta*, sem ponto.

tanto ⟨tan.to⟩ adv. **1** De tal maneira, em tal grau ou até tal ponto: *Comeu tanto no almoço que não quis jantar*. **2** Expressa longa duração: *A reunião demorou tanto que ficamos cansados*. **3** Em correlação a *quanto*, expressa ideia de equivalência ou de igualdade: *Ele sabe francês tanto quanto nós*.

tanto, ta ⟨tan.to, ta⟩ ▪ pron.indef. **1** Tão grande, tão numeroso ou em tal quantidade: *Tanta dedicação aos estudos rendeu-lhe boas notas*. ▪ s.m. **2** Quantidade, valor ou número indeterminados.

tanzaniano, na ⟨tan.za.ni.a.no, na⟩ adj./s. Da Tanzânia ou relacionado a esse país africano.

tão adv. **1** Em correlação com *quanto*, expressa comparação de igualdade: *É tão inteligente quanto o irmão*. **2** Em correlação com *que*, expressa consequência: *São tão simpáticos que nos tornamos amigos rapidamente*. ‖ **tão logo** Assim que ou logo que: *Tão logo arrume um emprego, comprarei novos livros*.

taoísmo ⟨ta.o.ís.mo⟩ s.m. Corrente filosófica e religiosa chinesa que concebe o universo como um todo em que cada ser e cada coisa faz parte de uma corrente infinita, a qual transcorre inexoravelmente e onde se equilibram forças contrárias.

taoísta ⟨ta.o.ís.ta⟩ ▪ adj.2g. **1** Do taoísmo ou relacionado a essa filosofia e religião. ▪ adj.2g./s.2g. **2** Que ou quem tem o taoísmo como filosofia e como religião.

tão somente ⟨tão so.men.te⟩ adv. Apenas, somente ou unicamente: *Gosta de ler tão somente romances policiais*.

tapa ⟨ta.pa⟩ s.m. **1** Golpe dado com a mão aberta. **2** *informal* Trago que se dá em um cigarro, especialmente se for de maconha.

tapa-buraco ⟨ta.pa-bu.ra.co⟩ (pl. *tapa-buracos*) s.2g. *informal* Solução provisória e emergencial.

tapado, da ⟨ta.pa.do, da⟩ adj./s. *informal* Que ou quem é pouco inteligente ou que demora a compreender as coisas.

tapa-olho ⟨ta.pa-o.lho⟩ (Pron. [tapa-ôlho], [tapa-ólhos]) (pl. *tapa-olhos*) s.m. Venda que se coloca em um só olho e que se prende ao redor da cabeça com uma tira de tecido ou de couro.

tapar ⟨ta.par⟩ ▪ v.t.d. **1** Fechar ou cobrir (algo descoberto), especialmente se for com uma tampa. ☐ SIN. **tampar**. ▪ v.t.d./v.prnl. **2** Cobrir(-se) ou encobrir(-se) de modo que não se possa ver.

tapa-sexo ⟨ta.pa-se.xo⟩ (Pron. [tapa-secso]) (pl. *tapa-sexos*) s.m. Peça pequena de tecido ou de outro material, usada para tapar os órgãos genitais.

tapeação ⟨ta.pe.a.ção⟩ (pl. *tapeações*) s.f. *informal* Enganação.

tapear ⟨ta.pe.ar⟩ v.t.d. *informal* Enganar: *Desconfiava de que estavam tentando tapeá-lo*. ☐ ORTOGRAFIA O e muda para *ei* quando a sílaba tônica estiver na raiz do verbo →NOMEAR.

tapeçaria ⟨ta.pe.ça.ri.a⟩ s.f. **1** Lugar em que um tapeceiro trabalha. **2** Material ou conjunto de materiais têxteis utilizados na confecção de cortinas, tapetes ou peças de decoração. **3** Arte ou técnica de fazer tapetes.

tapeceiro, ra ⟨ta.pe.cei.ro, ra⟩ s. Pessoa que se dedica profissionalmente à fabricação ou à venda de tapeçarias.

tapera ⟨ta.pe.ra⟩ s.f. **1** Aldeia ou povoação indígenas que foram abandonadas. **2** Em relação a uma casa, aquela que está em ruínas ou em más condições de conservação. ☐ ORIGEM É uma palavra de origem tupi.

taperebá ⟨ta.pe.re.bá⟩ s.f. **1** Árvore com folhas compostas, flores brancas, pequenas e agrupadas em inflorescências, e cujo fruto, arredondado, aromático, de polpa amarelada e de sabor azedo, é comestível. ☐ SIN. **cajá, cajazeira**. **2** Esse fruto. ☐ SIN. **cajá**. ☐ ORIGEM É uma palavra de origem tupi.

tapete ⟨ta.pe.te⟩ (Pron. [tapête]) s.m. **1** Peça de tecido de tamanho variado, feito com lã, seda ou com outros materiais, e que se utiliza para cobrir ou revestir pisos, paredes ou como enfeite. **2** Aquilo que cobre uma superfície, especialmente se for o chão: *um tapete de pétalas de rosas*.

tapir ⟨ta.pir⟩ s.m. Animal marrom-escuro que tem uma tromba curta virada para baixo. ☐ SIN. **anta**. ☐ ORIGEM É uma palavra de origem tupi. ☐ GRAMÁTICA É um substantivo epiceno: o *tapir (macho/fêmea)*.

tapioca ⟨ta.pi.o.ca⟩ s.f. **1** Farinha extraída da mandioca, fina, de cor branca, e usada para preparar alimentos. **2** Massa preparada com essa farinha peneirada, assada, e com recheio doce ou salgado. ☐ ORIGEM É uma palavra de origem tupi.

tapona ⟨ta.po.na⟩ (Pron. [tapôna]) s.f. *informal* Tapa muito forte.

tapuia ⟨ta.pui.a⟩ ▪ adj.2g./s.2g. **1** Do grupo indígena brasileiro que habita o noroeste do estado de Goiás ou relacionado a ele. ☐ SIN. **tapuio**. ▪ s.2g. **2** Antigamente, nome dado pelos portugueses aos indivíduos de grupos indígenas brasileiros de língua não tupi. **3** Pessoa cujos ancestrais são brancos e índios, especialmente se forem seus pais. ☐ SIN. **mameluco, tapuio**. ☐ ORIGEM É uma palavra de origem tupi.

tapuio, a ⟨ta.pui.o, a⟩ ▪ adj./s. **1** Do grupo indígena brasileiro que habita o noroeste do estado de Goiás ou relacionado a ele. ☐ SIN. **tapuia**. ▪ s. **2** Pessoa cujos ancestrais são brancos e índios, especialmente se forem seus pais. ☐ SIN. **mameluco, tapuia**.

tapume ⟨ta.pu.me⟩ s.m. Muro ou parede provisórios, geralmente de madeira, que separa ou que divide um terreno ou uma construção.

taquara ⟨ta.qua.ra⟩ s.f. Planta tropical com caules compridos e ocos como canos, com nós bastante visíveis, resistentes e flexíveis, que se ramificam e dos quais brotam folhas verdes, alongadas, pontiagudas e com flores na extremidade superior. ☐ SIN. **bambu, taboca**. ☐ ORIGEM É uma palavra de origem tupi.

taquaral ⟨ta.qua.ral⟩ (pl. *taquarais*) s.m. Conjunto de taquaras que cobrem uma área.

taquicardia ⟨ta.qui.car.di.a⟩ s.f. Em medicina, frequência do ritmo das batidas ou das contrações cardíacas superior ao normal.

taquigrafia ⟨ta.qui.gra.fi.a⟩ s.f. Técnica de escrita que utiliza sinais e abreviações especiais, e que permite escrever com a mesma velocidade da fala. ☐ SIN. **estenografia**.

tara ⟨ta.ra⟩ s.f. **1** Defeito físico, psíquico ou moral graves. **2** Depravação ou perversão, especialmente se forem sexuais. **3** *informal* Interesse ou desejo exagerados por algo. **4** Peso que se abate do peso bruto de uma mercadoria, equivalente ao seu recipiente, como sua caixa ou seu invólucro. **5** Peso de um veículo sem a carga.

tarado, da ⟨ta.ra.do, da⟩ adj./s. **1** Que ou quem é sexualmente degenerado. **2** *informal* Que ou quem tem interesse ou desejo exagerados por algo: *um tarado por quadrinhos*.

taramela ⟨ta.ra.me.la⟩ s.f. →**tramela**

tarantela ⟨ta.ran.te.la⟩ s.f. **1** Composição musical de origem italiana, de movimento vivo e em compasso de três por oito ou de seis por oito. **2** Dança que acompanha essa composição.

tarântula

tarântula ⟨ta.rân.tu.la⟩ s.f. Aranha de porte avantajado, venenosa, de abdome quase redondo e patas fortes, cor preta por cima e avermelhada por baixo, e com o tórax peludo. ☐ GRAMÁTICA É um substantivo epiceno: *a tarântula (macho/fêmea)*.

tarauacaense ⟨ta.rau.a.ca.en.se⟩ adj.2g./s.2g. De Tarauacá ou relacionado a essa cidade do estado brasileiro do Acre.

tardança ⟨tar.dan.ça⟩ s.f. Ato ou efeito de tardar.

tardar ⟨tar.dar⟩ ▮ v.int. **1** Chegar tarde ou com atraso: *Saíram há pouco e não devem tardar*. ▮ v.t.d. **2** Atrasar, retardar ou adiar (uma acontecimento ou uma ação): *A chuva tardou o início do jogo*. ▮ v.t.i./v.int. **3** Demorar [a acontecer] ou levar muito tempo para ocorrer: *O dia não tarda a clarear*.

tarde ⟨tar.de⟩ ▮ s.f. **1** Período de tempo entre o meio-dia e o anoitecer, especialmente antes do anoitecer. ▮ adv. **2** A uma hora avançada do dia ou da noite: *Jantamos fora e chegamos tarde em casa*. **3** Com atraso ou depois do previsto ou do apropriado: *Saíram tarde para o trabalho*.

tardinha ⟨tar.di.nha⟩ s.f. *informal* Fim da tarde.

tardio, a ⟨tar.di.o, a⟩ adj. **1** Que ocorre depois do previsto, do habitual ou do apropriado. **2** Que ocorre de maneira lenta ou gradual.

tardo, da ⟨tar.do, da⟩ adj. Que leva muito tempo ou mais que o habitual para realizar uma ação.

tareco ⟨ta.re.co⟩ s.m. **1** Traste ou objeto em desuso, velho ou inútil. **2** Biscoito torrado, feito à base de massa de pão de ló. ☐ USO Na acepção 2, é uma palavra muito comum na região Nordeste do Brasil.

tarefa ⟨ta.re.fa⟩ s.f. **1** Trabalho ou atividade que devem ser realizados. ☐ SIN. dever. **2** Execução de um trabalho ou prestação de um serviço em troca de um valor, geralmente predeterminado. ☐ SIN. empreitada.

tarefeiro, ra ⟨ta.re.fei.ro, ra⟩ s. Pessoa que cobra pelo trabalho realizado e não pelo tempo investido.

tarifa ⟨ta.ri.fa⟩ s.f. Preço fixo que se deve pagar para receber algum serviço público.

tarifar ⟨ta.ri.far⟩ v.t.d. Aplicar ou fixar tarifa a (um produto ou um serviço).

tarifário, ria ⟨ta.ri.fá.rio, ria⟩ adj. Da tarifa ou relacionado a ela.

tarimba ⟨ta.rim.ba⟩ s.f. **1** Estrado em que os soldados dormem. **2** *informal* Experiência ou prática na realização de uma atividade.

tarimbado, da ⟨ta.rim.ba.do, da⟩ adj. Que tem muita experiência ou prática na realização de uma atividade.

tarja ⟨tar.ja⟩ s.f. **1** Faixa impressa. **2** Tira estreita de pano escuro, geralmente usada em sinal de luto. **3** Em uma folha de papel, ornato ou adorno artísticos que a contornam.

tarô ⟨ta.rô⟩ s.m. **1** Baralho formado por setenta e oito cartas que representam diferentes imagens e que é usado por algumas pessoas para tentar adivinhar acontecimentos futuros. **2** Prática de adivinhação feita com esse baralho.

tarrafa ⟨ta.rra.fa⟩ s.f. Rede de pesca de formato circular, com bolinhas de chumbo nas bordas, e que se lança com as mãos.

tarraxa ⟨ta.rra.xa⟩ s.f. Rosca ou parte espiralada.

tarsal ⟨tar.sal⟩ (pl. *tarsais*) adj.2g. Do tarso ou relacionado a essa parte do esqueleto.

tarso ⟨tar.so⟩ s.m. No pé de uma pessoa, conjunto de ossos pequenos que fazem parte de seu esqueleto, situado entre os ossos da perna e o metatarso. [👁 esqueleto p. 334]

tartamudez ⟨tar.ta.mu.dez⟩ (Pron. [tartamudêz]) s.f. Transtorno ou defeito da fala, que consiste em pronunciar as palavras de maneira entrecortada e repetindo as sílabas. ☐ SIN. gagueira.

tartamudo, da ⟨tar.ta.mu.do, da⟩ adj./s. Que ou quem fala com a voz entrecortada e repetindo as sílabas. ☐ SIN. gago.

tartárico, ca ⟨tar.tá.ri.co, ca⟩ adj. Em relação a um ácido, que é um composto químico extraído da uva, que forma cristais incolores ou brancos de sabor ácido, e que é solúvel em água.

tártaro, ra ⟨tár.ta.ro, ra⟩ ▮ adj. **1** Em relação a um molho que é branco, cremoso e picante e que costuma acompanhar peixe. ▮ adj./s.m. **2** Da Tartária (antigo povo de origem turca e mongol que, a partir do século XIII, estabeleceu-se no extremo oriente europeu), ou relacionado a ela. ▮ s.m. **3** Língua desse povo. **4** Nos dentes de uma pessoa ou de um animal, cristalização formada a partir do endurecimento da saliva e dos restos alimentares que se depositam na superfície do dente.

tartaruga ⟨tar.ta.ru.ga⟩ s.f. **1** Réptil aquático ou terrestre com o corpo coberto por uma carapaça óssea da qual sobressaem as extremidades. **2** *informal pejorativo* Pessoa lerda ou que age com demora. ☐ GRAMÁTICA **1.** Na acepção 1, é um substantivo epiceno: *a tartaruga (macho/fêmea)*. **2.** Na acepção 2, usa-se tanto para o masculino quanto para o feminino: *(ele/ela) é uma tartaruga*.

tartarugalense ⟨tar.ta.ru.ga.len.se⟩ adj.2g./s.2g. De Tartarugalzinho ou relacionado a essa cidade do estado brasileiro do Amapá.

tartufo ⟨tar.tu.fo⟩ s.m. Pessoa hipócrita e falsa. ☐ GRAMÁTICA Usa-se tanto para o masculino quanto para o feminino: *(ele/ela) é um tartufo*.

tarugo ⟨ta.ru.go⟩ s.m. **1** Objeto pequeno de madeira ou de metal, semelhante a um pino, que se utiliza para prender ou para fixar duas peças de madeira. **2** Peça pequena, geralmente de madeira, que se utiliza para fixar um parafuso ou um prego em um furo na parede.

tasca ⟨tas.ca⟩ s.f. **1** *informal* Surra ou série de pancadas. **2** Estabelecimento comercial em que se servem comidas, geralmente petiscos, ou se vendem vinhos e outras bebidas alcoólicas. ☐ SIN. taberna.

tascar ⟨tas.car⟩ ▮ v.t.d.i. **1** *informal* Dar ou aplicar (algo) [em alguém], especialmente se for de forma impetuosa: *Não resisti e tasquei-lhe um beijo*. ▮ v.t.d. **2** *informal* Pegar, tirar ou arrancar: *Esse pedaço é meu e ninguém tasca!* ▮ v.t.d.i. **3** *informal* Provocar ou atear (fogo) [em algo]. ☐ ORTOGRAFIA Antes de e, o c muda para qu →BRINCAR.

tatame ⟨ta.ta.me⟩ s.m. **1** Tapete acolchoado sobre o qual se pratica judô, caratê ou outros esportes. **2** Esteira de palha de arroz usada em casas japonesas.

tataraneto, ta ⟨ta.ta.ra.ne.to, ta⟩ s. Em relação a uma pessoa, filho ou filha de seu trineto ou de sua trineta. ☐ ORTOGRAFIA Escreve-se também *tetraneto*.

tataravô, vó ⟨ta.ta.ra.vô, vó⟩ s. Em relação a uma pessoa, pai ou mãe de seu trisavô ou de sua trisavó. ☐ ORTOGRAFIA Escreve-se também *tetravô*.

tatear ⟨ta.te.ar⟩ v.t.d. **1** Tocar ou apalpar. **2** Sondar, averiguar ou examinar de forma cautelosa. ☐ ORTOGRAFIA O e muda para ei quando a sílaba tônica estiver na raiz do verbo →NOMEAR.

tatibitate ⟨ta.ti.bi.ta.te⟩ adj.2g./s.2g. Que ou quem fala trocando determinadas consoantes ou que gagueja.

tática ⟨tá.ti.ca⟩ s.f. **1** Plano ou sistema para realizar, para conseguir ou para alcançar algo. **2** Conjunto de regras, de manobras ou de técnicas que se utilizam em uma operação militar.

tático, ca ⟨tá.ti.co, ca⟩ adj. Da tática ou relacionado a ela.

tátil ⟨tá.til⟩ (pl. *táteis*) adj.2g. Do sentido do tato ou relacionado a ele. ☐ ORTOGRAFIA Escreve-se também *táctil*.

tato ⟨ta.to⟩ s.m. **1** Sentido que permite perceber as coisas pela pele. **2** Habilidade para tratar uma pessoa ou para agir em determinadas situações delicadas: *Teve muito tato para dar-nos a notícia do falecimento.*

tatu ⟨ta.tu⟩ s.m. Mamífero terrestre de pequeno porte, sem dentes, com o corpo protegido por uma carapaça óssea coberta de escamas articuladas, e que se alimenta de insetos e de raízes. ☐ ORIGEM É uma palavra de origem tupi. ☐ GRAMÁTICA É um substantivo epiceno: *o tatu (macho/fêmea).*

TATU

tatuador, -a ⟨ta.tu.a.dor, do.ra⟩ (Pron. [tatuadôr], [tatuadôra]) s. Pessoa que se dedica a fazer tatuagens, especialmente como profissão.

tatuagem ⟨ta.tu.a.gem⟩ (pl. *tatuagens*) s.f. **1** Desenho feito na pele, introduzindo pigmentos coloridos por meio de agulhas sob a epiderme. **2** Arte ou técnica de fazer esse desenho.

tatuar ⟨ta.tu.ar⟩ ▌v.t.d. **1** Gravar (um desenho) na pele introduzindo pigmentos coloridos sob a epiderme por meio de agulhas. ▌v.t.d./v.prnl. **2** Fazer em (alguém) ou fazer um desenho na pele de seu corpo por meio de agulhas.

tatu-bola ⟨ta.tu-bo.la⟩ (pl. *tatus-bola* ou *tatus-bolas*) s.m. Mamífero terrestre de pequeno porte, sem dentes, com o corpo protegido por uma carapaça óssea coberta de escamas articuladas, com cinco dedos nas patas anteriores, e que pode se enrolar sobre si mesmo. ☐ GRAMÁTICA É um substantivo epiceno: *o tatu-bola (macho/fêmea).*

taturana ⟨ta.tu.ra.na⟩ s.f. Lagarta de insetos lepidópteros, de respiração traqueal, com o corpo comprido e dividido em anéis, coberta por inúmeros pelos finos e curtos que, ao serem tocados, liberam toxinas que causam queimadura. ☐ ORIGEM É uma palavra de origem tupi. ☐ GRAMÁTICA É um substantivo epiceno: *a taturana (macho/fêmea).*

tatuzinho ⟨ta.tu.zi.nho⟩ s.m. Crustáceo terrestre de aproximadamente dois centímetros de comprimento, de formato ovalado, com o corpo formado por anéis e numerosas patas muito pequenas, e que se enrola formando uma bola para se camuflar ou se proteger. ☐ GRAMÁTICA É um substantivo epiceno: *o tatuzinho (macho/fêmea).*

taumaturgia ⟨tau.ma.tur.gi.a⟩ s.f. Realização de milagres.

taumatúrgico, ca ⟨tau.ma.túr.gi.co, ca⟩ adj. Da taumaturgia ou relacionado a essa faculdade ou capacidade.

taumaturgo, ga ⟨tau.ma.tur.go, ga⟩ adj./s. Que ou quem é capaz de fazer milagres ou adivinhações.

taurino, na ⟨tau.ri.no, na⟩ ▌adj. **1** Dos touros ou com suas características. ▌adj./s. **2** Em astrologia, que ou quem nasceu entre 21 de abril e 20 de maio. ☐ SIN. touro.

tauromaquia ⟨tau.ro.ma.qui.a⟩ s.f. Arte ou técnica de tourear.

tautologia ⟨tau.to.lo.gi.a⟩ s.f. Repetição de uma mesma ideia ou um mesmo pensamento em diferentes maneiras.

taverna ⟨ta.ver.na⟩ s.f. →taberna

taverneiro, ra ⟨ta.ver.nei.ro, ra⟩ s. →taberneiro, ra

teatro

taxa ⟨ta.xa⟩ s.f. **1** Tributo ou pagamento feitos pelo uso, pelo benefício ou pela prestação de um serviço. **2** Relação entre duas grandezas, expressa normalmente em termos de porcentagem: *No Brasil, houve uma diminuição significativa na taxa de mortalidade infantil.* ☐ ORTOGRAFIA É diferente de *tacha*.

taxar ⟨ta.xar⟩ ▌v.t.d. **1** Determinar o preço ou o valor de (um benefício ou uma prestação de serviço): *Taxaram novamente as importações.* **2** Fixar oficialmente (o preço máximo ou mínimo de algo): *O Governo taxou o preço da gasolina.* ▌v.t.d./v.prnl. **3** Classificar(-se) (alguém) com determinadas características: *Taxou o colega de tolo.* ☐ ORTOGRAFIA É diferente de *tachar*. ☐ GRAMÁTICA Na acepção 3, o objeto vem acompanhado de um complemento que o qualifica: *Taxou o colega de tolo*; *Taxaram-se de inocentes*.

taxativo, va ⟨ta.xa.ti.vo, va⟩ adj. **1** Que não admite discussão nem contestação. **2** Que restringe, que limita ou que regulamenta: *uma medida taxativa.*

táxi ⟨tá.xi⟩ (Pron. [tácsi]) s.m. Carro de aluguel com motorista que transporta passageiros para o destino desejado. ‖ **táxi aéreo** Avião pequeno de aluguel.

taxiar ⟨ta.xi.ar⟩ (Pron. [tacsiar]) v.int. Movimentar-se na pista antes da decolagem ou após o pouso (um avião).

taxidermia ⟨ta.xi.der.mi.a⟩ (Pron. [tacsidermia]) s.f. Arte ou técnica de dissecar animais e empalhá-los para conservá-los com aparência de vivos.

taxímetro ⟨ta.xí.me.tro⟩ (Pron. [tacsímetro]) s.m. Em um táxi, aparelho que contabiliza automaticamente o valor a ser pago pelo trajeto percorrido.

taxista ⟨ta.xis.ta⟩ (Pron. [tacsista]) s.2g. Pessoa que se dedica profissionalmente a conduzir um táxi.

taxonomia ⟨ta.xo.no.mi.a⟩ (Pron. [tacsonomia]) s.f. **1** Ciência ou disciplina que trata dos princípios, dos métodos e das finalidades da classificação. **2** Em biologia, ciência que se dedica à classificação dos seres vivos: *A taxonomia biológica classifica os seres vivos em reinos, filos, classes, ordens, famílias e outras categorias.* ☐ SIN. sistemática.

taxonômico, ca ⟨ta.xo.nô.mi.co, ca⟩ (Pron. [tacsonômico]) adj. Da taxonomia ou relacionado a ela: *a classificação taxonômica.*

tchau ▌s.m. **1** Aceno de despedida. ▌interj. **2** Expressão usada como sinal de despedida: *Mal chegou e já nos disse:* Tchau!.

tcheco, ca ⟨tche.co, ca⟩ ▌adj./s. **1** Da República Tcheca ou relacionado a esse país europeu. **2** Da antiga Tchecoslováquia ou relacionado a esse país europeu. ▌s.m. **3** Língua eslava desse país. ☐ ORTOGRAFIA Escreve-se também *checo*. ☐ USO Na acepção 2, é a forma reduzida e mais usual de *tchecoslovaco*.

tchecoslovaco, ca ⟨tche.cos.lo.va.co, ca⟩ adj./s. →tcheco, ca ☐ ORTOGRAFIA Escreve-se também *checoslovaco*.

te pron.pess. Forma da segunda pessoa do singular que corresponde à função de complemento do verbo sem preposição.

tê s.m. Nome da letra *t*.

tear ⟨te.ar⟩ s.m. **1** Máquina para fabricar tecidos ou outros objetos semelhantes. **2** Equipamento com o qual se corta o mármore em blocos ou em pedaços.

teatral ⟨te.a.tral⟩ (pl. *teatrais*) adj.2g. **1** Do teatro ou relacionado a ele. **2** *informal* Que é artificial ou exagerado na forma de agir.

teatro ⟨te.a.tro⟩ s.m. **1** Gênero textual da esfera literária ao qual pertencem as obras destinadas a serem representadas. **2** Conjunto das obras dramáticas desse gênero que tem alguma característica comum: *o teatro romântico.* **3** Lugar destinado à representação de obras dramáticas ou de outros espetáculos de caráter cênico:

teatrólogo

Assistimos a uma ópera no Teatro Municipal. **4** Arte ou técnica de representar dramas. **5** *informal* Fingimento ou exagero na forma de agir.

teatrólogo, ga ⟨te.a.tró.lo.go, ga⟩ s. Pessoa que escreve obras dramáticas ou teatrais. ▢ SIN. dramaturgo.

tecedura ⟨te.ce.du.ra⟩ s.f. **1** Fabricação de um tecido entrelaçando alguns fios. **2** Disposição dos fios de um tecido. **3** Intriga, trama ou enredo.

tecelagem ⟨te.ce.la.gem⟩ (pl. *tecelagens*) s.f. **1** Fábrica de tecidos. **2** Cargo de tecelão.

tecelão, lã ⟨te.ce.lão, lã⟩ (pl. *tecelões*) s. Pessoa que se dedica profissionalmente à tecelagem. ▢ ORTOGRAFIA Seu feminino também pode ser *tecelona*.

teceloa ⟨te.ce.lo.a⟩ (Pron. [tecelôa]) s.f. →tecelão

tecer ⟨te.cer⟩ ▎v.t.d. **1** Fabricar (um tecido) entrelaçando alguns fios ou outro material flexível: *Neste tear, os artesãos tecem seda. A aranha teceu uma teia na parede.* ▎v.int. **2** Entrelaçar um fio ou outro material flexível para fazer diversos tipos de tecido. ▎v.t.d. **3** Idealizar ou tramar (uma ideia ou um plano). **4** Dizer ou expressar por meio da fala: *A imprensa teceu algumas críticas à nova lei.* **5** Criar ou compor encadeando uma série de elementos, de fatos ou de acontecimentos: *Esse escritor tece romances brilhantemente.* ▢ ORTOGRAFIA Antes de *a* ou *o*, o *c* muda para →CONHECER.

techno *(palavra inglesa)* (Pron. [técno]) ▎adj.2g. **1** Do *techno* ou relacionado a este estilo musical. ▎s.m. **2** Estilo musical caracterizado pelo uso de sintetizadores ou de outros aparelhos eletrônicos, e por ritmos dançantes e repetitivos.

tecido ⟨te.ci.do⟩ s.m. **1** Material que resulta do entrelaçamento de alguns fios ou de outro material flexível. **2** Em biologia, conjunto de células semelhantes organizadas com estrutura ou funções específicas: *o tecido muscular*.

tecla ⟨te.cla⟩ s.f. **1** Em alguns instrumentos musicais, peça que, ao ser pressionada, produz um som. **2** Em uma máquina de escrever, em um computador ou em um aparelho semelhante, peça que se pressiona para imprimir um caractere na tela ou em uma folha de papel. **3** Peça que se pressiona para acionar ou colocar em funcionamento um mecanismo.

teclado ⟨te.cla.do⟩ s.m. Conjunto de teclas de um instrumento musical, de um equipamento ou de um computador.

teclar ⟨te.clar⟩ ▎v.int. **1** Mover ou pressionar as teclas de um instrumento musical, de um equipamento ou de um computador. ▎v.t.i. **2** Comunicar-se [com outra pessoa] por meio de um computador: *Adora teclar com as amigas pela internet.* ▢ GRAMÁTICA Na acepção 2, usa-se a construção *teclar* COM *alguém*.

tecnécio ⟨tec.né.cio⟩ s.m. Elemento químico da família dos metais, de número atômico 43, artificial, de cor cinza, denso e instável. ▢ ORTOGRAFIA Seu símbolo químico é *Tc*, sem ponto.

técnica ⟨téc.ni.ca⟩ s.f. Aplicação prática de um conhecimento ou de uma arte.

tecnicidade ⟨tec.ni.ci.da.de⟩ s.f. **1** Qualidade do que é técnico. **2** Palavra ou conjunto de palavras características da linguagem especializada de uma ciência, de uma arte ou de uma profissão. ▢ SIN. tecnicismo.

tecnicismo ⟨tec.ni.cis.mo⟩ s.m. **1** Palavra ou conjunto de palavras características da linguagem especializada de uma ciência, de uma arte ou de uma profissão. ▢ SIN. tecnicidade. **2** Uso abusivo desse conjunto de palavras.

técnico, ca ⟨téc.ni.co, ca⟩ ▎adj. **1** Da técnica ou relacionado a essa aplicação prática das ciências ou das artes. **2** Que domina a técnica ou os procedimentos e recursos de uma ciência, de uma arte ou de uma atividade. **3** Em relação especialmente a uma palavra, que é própria e característica da linguagem especializada de uma ciência, de uma arte ou de uma profissão: *Cefaleia é um termo técnico da medicina para se referir à dor de cabeça.* ▎s. **4** Pessoa que domina os conhecimentos específicos de uma ciência, de uma arte ou de uma atividade. **5** Pessoa que treina uma equipe esportiva: *uma técnica de vôlei*.

tecnicolor ⟨tec.ni.co.lor⟩ (Pron. [tecnicolôr]) adj.2g.s.m. Em relação a um procedimento cinematográfico, que permite reproduzir as cores dos objetos na tela. ▢ ORIGEM É a extensão de uma marca comercial.

tecnocracia ⟨tec.no.cra.ci.a⟩ s.f. Sistema de organização política e social baseado na predominância dos técnicos.

tecnocrata ⟨tec.no.cra.ta⟩ s.2g. **1** Partidário ou defensor da tecnocracia. **2** Técnico ou pessoa especializada em economia e administração, que exerce um cargo público e que procura soluções eficazes através de medidas técnicas.

tecnologia ⟨tec.no.lo.gi.a⟩ s.f. Conjunto de meios técnicos, instrumentos, métodos e processos de um setor de atividade.

tecnológico, ca ⟨tec.no.ló.gi.co, ca⟩ adj. Da tecnologia ou relacionado a ela.

teco-teco ⟨te.co-te.co⟩ (pl. *teco-tecos*) s.m. Avião pequeno, monomotor, de pouca potência e usado para pequenos trajetos.

tectônica ⟨tec.tô.ni.ca⟩ s.f. Parte da geologia que estuda a estrutura da crosta terrestre e os fenômenos relacionados a ela.

tectônico, ca ⟨tec.tô.ni.co, ca⟩ adj. Em geologia, da estrutura da crosta terrestre ou relacionado a ela.

tédio ⟨té.dio⟩ s.m. Sentimento de enfado, cansaço ou aborrecimento extremos.

tedioso, sa ⟨te.di.o.so, sa⟩ (Pron. [tediôso], [tediósa] [tediósos], [tediósas]) adj. Que causa tédio.

tefeense ⟨te.fe.en.se⟩ adj.2g./s.2g. De Tefé ou relacionado a essa cidade do estado brasileiro do Amazonas.

tegumento ⟨te.gu.men.to⟩ s.m. **1** No corpo de uma pessoa ou de um animal, sistema composto por tecidos como pele, unhas, pelos e outros elementos que o cobrem. **2** Em uma planta, tecido que cobre os óvulos e que, quando se desenvolve, cobre as sementes.

teia ⟨tei.a⟩ s.f. **1** Conjunto de fios que, entrelaçados entre si de forma alternada e regular, formam uma espécie de trama. **2** Enredo, conjunto ou sequência de fatos ou de acontecimentos.

teima ⟨tei.ma⟩ s.f. Em relação a uma ideia ou a um comportamento, insistência ou inflexibilidade. ▢ SIN. teimosia

teimar ⟨tei.mar⟩ ▎v.t.d./v.t.i. **1** Insistir [em uma ideia ou um comportamento]: *Mesmo doente, teimou em sair de casa.* ▎v.int. **2** Manter-se inflexível em relação a uma ideia ou a um comportamento.

teimosia ⟨tei.mo.si.a⟩ s.f. Em relação a uma ideia ou a um comportamento, insistência ou inflexibilidade. ▢ SIN. teima.

teimoso, sa ⟨tei.mo.so, sa⟩ (Pron. [teimôso], [teimósa] [teimósos], [teimósas]) adj./s. Que ou quem é insistente, persistente ou inflexível, especialmente na manutenção de uma ideia.

teiú ⟨tei.ú⟩ s.m. Lagarto terrestre, de grande porte, de coloração acinzentada e com manchas pretas, com listras transversais, e que se alimenta de pequenos animais ou frutas. ▢ ORIGEM É uma palavra de origem tupi. ▢ GRAMÁTICA É um substantivo epiceno: *o teiú (macho/fêmea)*.

tela ⟨te.la⟩ s.f. **1** Entrelaçamento de fios de arame ou de outro material. ▢ SIN. trama. **2** Tecido forte e resistente, preparado para ser pintado. **3** Pintura feita sobre esse tecido: *uma tela de Volpi*. **4** Superfície sobre a qual se projetam imagens de cinema ou de outros aparelhos de projeção. ☐ SIN. **telão**. **5** Em um aparelho eletrônico, visor. ‖ **tela subcutânea** Camada mais profunda da pele, situada abaixo da derme. ☐ USO *Tela subcutânea* é a nova denominação de *hipoderme*.

telão ⟨te.lão⟩ (pl. *telões*) s.m. **1** Tela grande. **2** Superfície sobre a qual se projetam imagens de cinema ou de outros aparelhos de projeção. ☐ SIN. **tela**.

telecomunicação ⟨te.le.co.mu.ni.ca.ção⟩ (pl. *telecomunicações*) s.f. Sistema de comunicação a distância. ☐ USO Usa-se geralmente a forma plural.

telefax ⟨te.le.fax⟩ (Pron. [telefács]) s.m.2n. →**fax** ☐ USO Usa-se também a forma plural *telefaxes*.

teleférico, ca ⟨te.le.fé.ri.co, ca⟩ adj./s.m. Em relação a um veículo ou a uma cabine, que se deslocam puxados por uma corda, um cabo ou uma correia. ☐ SIN. **funicular**.

telefonada ⟨te.le.fo.na.da⟩ s.f. Chamada telefônica. ☐ SIN. **telefonema**.

telefonar ⟨te.le.fo.nar⟩ v.t.i./v.int. Fazer uma ligação telefônica [para alguém]: *Quando chegou, telefonou para a mãe*.

telefone ⟨te.le.fo.ne⟩ s.m. **1** Aparelho que emite e recebe comunicações sonoras a distância. **2** Sequência de números que permitem a comunicação por meio desse aparelho. **3** *informal* Tapa dado simultaneamente com as duas mãos nas orelhas de uma pessoa. ‖ **telefone celular** →**celular**

telefonema ⟨te.le.fo.ne.ma⟩ s.m. Chamada telefônica. ☐ SIN. **telefonada**.

telefonia ⟨te.le.fo.ni.a⟩ s.f. Sistema de transmissão de sons a distância por meio de impulsos elétricos ou eletromagnéticos.

telefônico, ca ⟨te.le.fô.ni.co, ca⟩ adj. Da telefonia, que se realiza por meio dela, ou relacionado a esse sistema de comunicação.

telefonista ⟨te.le.fo.nis.ta⟩ s.2g. Pessoa que se dedica profissionalmente a atender, realizar ou transmitir chamadas telefônicas.

telefoto ⟨te.le.fo.to⟩ s.f. →**telefotografia**

telefotografia ⟨te.le.fo.to.gra.fi.a⟩ s.f. **1** Arte ou técnica de fotografar a grande distância. **2** Fotografia que se transmite a distância por meio de ondas de rádio. ☐ USO Usa-se também a forma reduzida *telefoto*.

telegrafar ⟨te.le.gra.far⟩ ▌v.t.d./v.t.i./v.t.d.i. **1** Comunicar (uma informação) [a alguém] por meio do telégrafo. ▌v.int. **2** Comunicar algo ou passar uma informação por meio do telégrafo.

telegrafia ⟨te.le.gra.fi.a⟩ s.f. Sistema de transmissão de mensagens escritas a distância por meio de códigos preestabelecidos enviados e recebidos através de impulsos elétricos.

telegráfico, ca ⟨te.le.grá.fi.co, ca⟩ adj. **1** Do telégrafo, da telegrafia ou relacionado a eles. **2** Em relação especialmente ao estilo de linguagem, muito concisa, com frases curtas e com a menor quantidade de palavras possível: *respostas telegráficas*.

telegrafista ⟨te.le.gra.fis.ta⟩ s.2g. Pessoa que se dedica profissionalmente a receber e transmitir mensagens por telégrafo.

telégrafo ⟨te.lé.gra.fo⟩ s.m. **1** Sistema de comunicação a distância que permite a transmissão de mensagens escritas por meio de pulsos elétricos. **2** Aparelho para receber e transmitir esse tipo de mensagem escrita.

telegrama ⟨te.le.gra.ma⟩ s.m. **1** Comunicação transmitida por telégrafo. **2** Essa comunicação impressa.

teleguiar ⟨te.le.gui.ar⟩ v.t.d. Dirigir ou controlar à distância.

telejornal ⟨te.le.jor.nal⟩ (pl. *telejornais*) s.m. Programa informativo de notícias da atualidade transmitido diariamente por uma rede de televisão.

telejornalismo ⟨te.le.jor.na.lis.mo⟩ s.m. Conjunto de atividades de produção, de apresentação e de transmissão de telejornais.

telemarketing *(palavra inglesa)* (Pron. [telemárquetin]) s.m. Sistema de *marketing* baseado na compra e venda de produtos por telefone.

telenovela ⟨te.le.no.ve.la⟩ s.f. Novela transmitida em capítulos, geralmente diários, pela televisão.

teleobjetiva ⟨te.le.ob.je.ti.va⟩ s.f. Em um instrumento óptico, lente especial que permite fotografar objetos muito distantes.

telepata ⟨te.le.pa.ta⟩ adj.2g./s.2g. Que ou quem pratica a telepatia.

telepatia ⟨te.le.pa.ti.a⟩ s.f. Capacidade que algumas pessoas afirmam ter de transmitir e receber pensamentos a distância.

telepático, ca ⟨te.le.pá.ti.co, ca⟩ adj. Da telepatia ou relacionado a ela.

telescópico, ca ⟨te.les.có.pi.co, ca⟩ adj. Do telescópio ou relacionado a ele.

telescópio ⟨te.les.có.pio⟩ s.m. Instrumento óptico formado basicamente por um tubo com um jogo de lentes de aumento em seu interior e que se utiliza para observar objetos distantes de forma ampliada, especialmente corpos celestes.

telespectador, -a ⟨te.les.pec.ta.dor, do.ra⟩ (Pron. [telespectadôr], [telespectadôra]) adj./s. Que ou quem assiste a programas de televisão.

televisão ⟨te.le.vi.são⟩ (pl. *televisões*) s.f. **1** Sistema de transmissão a distância de imagens e sons por meio de ondas de rádio. **2** Estação transmissora dessas imagens e desses sons. **3** Aparelho receptor e reprodutor dessas imagens e desses sons. ☐ SIN. **televisor**. [👁 eletrodomésticos p. 292]

televisionar ⟨te.le.vi.si.o.nar⟩ v.t.d. Transmitir pela televisão: *Esse canal televisionará o campeonato de basquete*.

televisivo, va ⟨te.le.vi.si.vo, va⟩ adj. Da televisão ou relacionado a ela.

televisor ⟨te.le.vi.sor⟩ (Pron. [televisôr]) s.m. Aparelho receptor e reprodutor de imagens e sons por meio de ondas de rádio. ☐ SIN. **televisão**. [👁 eletrodomésticos p. 292]

telex ⟨te.lex⟩ (Pron. [telecs]) s.m.2n. **1** Sistema telegráfico internacional. **2** Mensagem transmitida por esse sistema.

telha ⟨te.lha⟩ (Pron. [têlha]) s.f. Peça de barro cozido, ou de outro material, usada para cobrir telhados e deixar escorrer a água da chuva. ‖ **dar na telha** *informal* Vir à mente ou à ideia. *Só faz o que lhe dá na telha*.

telhado ⟨te.lha.do⟩ s.m. **1** Conjunto de telhas que cobrem uma construção. **2** Parte superior de uma construção, geralmente recoberta por telhas.

telheiro, ra ⟨te.lhei.ro, ra⟩ ▌s. **1** Pessoa que se dedica profissionalmente à fabricação de telhas. ▌s.m. **2** Cobertura feita com telhas e sustentada por pilares, geralmente aberta dos lados, e que serve para abrigar animais, objetos ou utensílios.

telúrico, ca ⟨te.lú.ri.co, ca⟩ adj. **1** Do planeta Terra ou relacionado a ele. **2** Do telúrio ou relacionado a esse elemento químico.

telúrio ⟨te.lú.rio⟩ s.m. Elemento químico da família dos semimetais, de número atômico 52, sólido, quebradiço e fácil de se fundir. ☐ ORTOGRAFIA Seu símbolo químico é *Te*, sem ponto.

tema ⟨te.ma⟩ s.m. **1** Ideia, assunto ou matéria de que trata algo. **2** Em uma composição musical, ideia harmô-

temário

nica e melódica com característica marcante, a partir da qual se desenvolve todo o restante da obra. **3** Em linguística, forma que apresenta um radical para receber os morfemas de flexão.

temário ⟨te.má.rio⟩ s.m. Conjunto de temas de uma disciplina, de um congresso, de uma conferência ou de algo semelhante.

temática ⟨te.má.ti.ca⟩ s.f. Conjunto de temas tratados em uma obra.

temático, ca ⟨te.má.ti.co, ca⟩ adj. **1** Do tema ou relacionado a ele. **2** Em linguística, em relação a um elemento, que se acrescenta à raiz de um vocábulo para unir a ela a terminação: *Em português, a vogal temática permite classificar os verbos em três conjugações.*

temer ⟨te.mer⟩ ▌v.t.d./v.int./v.prnl. **1** Sentir medo de (algo ou alguém) ou amedrontar-se: *Durante a noite, teme andar pelas ruas menos movimentadas.* ▌v.t.i. **2** Sentir receio ou preocupação [por algo ou alguém]: *Fuma tanto que tememos por sua saúde.* ▌v.t.d. **3** Pensar na possibilidade de que aconteça (algo que se considera negativo ou inconveniente): *O Governo teme uma nova crise econômica.*

temerário, ria ⟨te.me.rá.rio, ria⟩ adj. Que se diz, que se faz ou que se pensa sem fundamento, sem razão ou sem motivo.

temeridade ⟨te.me.ri.da.de⟩ s.f. Aquilo que é dito ou feito de forma imprudente, perigosa ou arriscada.

temeroso, sa ⟨te.me.ro.so, sa⟩ (Pron. [temerôso], [temerósa], [temerósos], [temerósas]) adj. Que tem ou que causa temor ou receio.

temível ⟨te.mí.vel⟩ (pl. *temíveis*) adj.2g. Que se pode ou que se deve temer.

temor ⟨te.mor⟩ (Pron. [temôr]) s.m. **1** Sentimento de medo diante de um risco, um perigo ou uma ameaça. **2** Respeito ou reverência profundos.

têmpera ⟨têm.pe.ra⟩ s.f. **1** Em relação a um metal, consistência dura e resistente que se dá a ele ao banhá-lo, ainda quente, em água fria. **2** Austeridade ou integridade moral. **3** Técnica de pintura em que os pigmentos são dissolvidos em cola ou água.

temperado, da ⟨tem.pe.ra.do, da⟩ adj. **1** Com tempero. **2** Que não é nem quente nem frio: *um clima temperado.*

temperamental ⟨tem.pe.ra.men.tal⟩ (pl. *temperamentais*) ▌adj.2g. **1** Do temperamento ou relacionado a ele. ▌adj.2g./s.2g. **2** Que ou quem é impulsivo, instável e que muda de humor com frequência.

temperamento ⟨tem.pe.ra.men.to⟩ s.m. Conjunto de características que determinam o modo de ser ou de agir de uma pessoa.

temperança ⟨tem.pe.ran.ça⟩ s.f. Moderação ou equilíbrio no comportamento ou nos apetites.

temperar ⟨tem.pe.rar⟩ v.t.d. **1** Acrescentar temperos a (um alimento) para dar mais sabor: *temperar a salada.* **2** Moderar ou suavizar a força ou a intensidade de (algo forte ou intenso): *Com os anos temperou seu caráter.* **3** Dar consistência ou maior rigidez a (um metal): *temperar o aço.*

temperatura ⟨tem.pe.ra.tu.ra⟩ s.f. **1** Grau de calor de um corpo ou do ambiente. **2** Grau de calor percebido em um ambiente.

tempero ⟨tem.pe.ro⟩ (Pron. [tempêro]) s.m. Aquilo que serve para temperar ou dar mais sabor à comida. ▢ SIN. condimento.

tempestade ⟨tem.pes.ta.de⟩ s.f. Agitação atmosférica caracterizada por fortes ventos, chuvas e trovões. ▢ SIN. tormenta.

tempestuoso, sa ⟨tem.pes.tu.o.so, sa⟩ (Pron. [tempestuôso], [tempestuósa], [tempestuósos], [tempestuósas]) adj. **1** Que causa uma tempestade ou que a constitui. **2** Agitado, agressivo ou violento.

templo ⟨tem.plo⟩ s.m. Edifício destinado ao culto religioso.

tempo ⟨tem.po⟩ s.m. **1** Duração das coisas sujeitas a mudanças. **2** Período concreto dessa duração: *Demorou pouco tempo para preparar o bolo.* **3** Estado atmosférico: *Se o tempo melhorar, sairemos de casa.* **4** Época durante a qual uma pessoa vive ou período em que algo ocorre: *Passou a juventude em um tempo de guerras.* **5** Oportunidade, ocasião ou momento apropriado para algo: *Preciso de mais tempo para me dedicar à leitura.* **6** Estação ou época do ano: *Estamos no tempo das chuvas.* **7** Em linguística, categoria gramatical que distingue, no verbo, os diferentes momentos em que a ação transcorre: *O presente, o passado e o futuro são tempos verbais.* **8** Em música, cada uma das partes regulares e de igual duração em que se divide um compasso. **9** Em música, cada um dos movimentos em que se dividem determinadas peças musicais. **10** Em música, andamento ou caráter de uma peça. **11** Cada uma das fases sucessivas e diferenciadas em que se divide a execução de algo: *Uma partida de futebol é dividida em dois tempos de 45 minutos.* ∥ **a tempo** No momento oportuno ou quando ainda não é tarde: *Chegaram a tempo para a reunião.* ∥ **dar tempo ao tempo** Esperar a oportunidade ou o momento apropriado para fazer algo. ∥ **dar um tempo** *informal* Parar, esperar ou interromper aquilo que se está fazendo. ∥ **em dois tempos** Muito rápido ou em um instante. ∥ **fechar o tempo** *informal* Iniciar uma briga, um conflito ou uma discussão. ∥ **matar o tempo** *informal* Distrair-se com algo para que não se perceba a passagem do tempo. ∥ **nesse meio tempo** Nesse intervalo ou enquanto isso: *Tomava banho e, nesse meio tempo, o telefone tocou.* ∥ **tempo composto** Estrutura verbal formada por um verbo auxiliar e pela forma nominal do verbo principal: *Tenho estudado é um tempo composto.*

têmpora ⟨têm.po.ra⟩ s.f. Na cabeça de uma pessoa, cada uma das duas partes laterais acima das maçãs do rosto.

temporada ⟨tem.po.ra.da⟩ s.f. Período de tempo durante o qual uma atividade é geralmente realizada.

temporal ⟨tem.po.ral⟩ (pl. *temporais*) ▌adj.2g. **1** Do tempo ou relacionado a ele. **2** Profano ou não religioso. **3** Da têmpora ou relacionado a essa região da cabeça: *os músculos temporais.* ▌s.m. **4** Perturbação atmosférica inesperada, caracterizada por ventos fortes, chuvas abundantes e queda da pressão atmosférica. ▢ SIN. borrasca.

temporão, rã ⟨tem.po.rão, rã⟩ (pl. *temporãos*) adj. Que ocorre ou que nasce antes do normal ou do previsto.

temporário, ria ⟨tem.po.rá.rio, ria⟩ adj. Que não é definitivo ou que é provisório ou passageiro.

tenacidade ⟨te.na.ci.da.de⟩ s.f. Qualidade de tenaz.

tenaz ⟨te.naz⟩ adj.2g. **1** Firme e decidido a alcançar um propósito. **2** Que é resistente ou difícil de tirar ou de separar.

tenção ⟨ten.ção⟩ (pl. *tenções*) s.f. *informal* Ato ou efeito de tencionar. ▢ ORTOGRAFIA É diferente de *tensão*.

tencionar ⟨ten.ci.o.nar⟩ v.t.d. Ter a intenção ou o propósito de (realizar um objetivo ou tomar uma atitude): *Meu irmão tenciona entrar na universidade no próximo ano.*

tenda ⟨ten.da⟩ s.f. **1** Barraca que se utiliza para acampar. **2** Barraca que se utiliza para expor ou vender produtos. **3** Lugar em que se reúnem pessoas para a realização de um ritual religioso.

tendão ⟨ten.dão⟩ (pl. *tendões*) s.m. Estrutura não contrátil formada por filamentos fibrosos dispostos paralelamente e que une os músculos aos ossos. ∥ **tendão calcâneo** Aquele que está na parte posterior da perna, acima do calcanhar, e que é formado pela junção dos

teórico

músculos ao calcâneo. ‖ **tendão de Aquiles** →**tendão calcâneo** ◻ USO *Tendão calcâneo* é a nova denominação de *tendão de Aquiles*.

tendência ⟨ten.dên.cia⟩ s.f. **1** Inclinação, capacidade inata ou vocação para algo. ◻ SIN. propensão. **2** Orientação ao movimento, especialmente se forem políticos, artísticos ou religiosos: *um partido com tendências de esquerda.* **3** Força que faz um corpo se movimentar em determinado sentido.

tendencioso, sa ⟨ten.den.ci.o.so, sa⟩ (Pron. [tendencióso], [tendenciósa], [tendenciósos], [tendenciósas]) adj. Que apresenta ou que manifesta parcialidade, obedecendo a uma tendência ou a uma ideia.

tender ⟨ten.der⟩ v.t.i. **1** Mostrar propensão ou inclinação [para uma área de atuação, uma atividade ou uma postura]: *Tendemos a seguir a carreira de engenharia.* **2** Ter como fim ou propender [a uma situação ou a um estado]: *As vendas tendem a aumentar nas férias.*

tendinite ⟨ten.di.ni.te⟩ s.f. Inflamação de um tendão.

tenebroso, sa ⟨te.ne.bro.so, sa⟩ (Pron. [tenebrôso], [tenebrósa], [tenebrósos], [tenebrósas]) adj. Escuro, sombrio ou que causa medo.

tenência ⟨te.nên.cia⟩ s.f. *informal* Prudência.

tenente ⟨te.nen.te⟩ s.2g. Nas Forças Armadas, classe que engloba os postos de primeiro-tenente e de segundo-tenente.

tenente-brigadeiro ⟨te.nen.te-bri.ga.dei.ro⟩ (pl. *tenentes-brigadeiros*) s.2g. Na Aeronáutica, pessoa cujo posto é superior ao de major-brigadeiro.

tenente-brigadeiro-do-ar ⟨te.nen.te-bri.ga.dei.ro-do-ar⟩ (pl. *tenentes-brigadeiros-do-ar*) s.2g. Na Aeronáutica, pessoa cujo posto é superior ao de major-brigadeiro-do-ar e inferior ao de marechal do ar.

tenente-coronel ⟨te.nen.te-co.ro.nel⟩ (pl. *tenentes-coronéis*) s.2g. No Exército e na Aeronáutica, pessoa cujo posto é superior ao de major e inferior ao de coronel.

tênia ⟨tê.nia⟩ s.f. Verme plano ou com formato de fita, esbranquiçado e formado por uma série de segmentos iguais, que é parasita nos seres humanos e nos animais.

teníase ⟨te.ní.a.se⟩ s.f. Inflamação causada por uma tênia.

tenífugo, ga ⟨te.ní.fu.go, ga⟩ adj./s.m. Em relação a um medicamento, que provoca a eliminação da tênia do organismo de uma pessoa ou de um animal.

tênis ⟨tê.nis⟩ s.m.2n. **1** Calçado leve, com solado de borracha, usado geralmente para fins esportivos.[◉ **calçados** p. 138] **2** Esporte que se joga com uma bola forrada de tecido e com uma raquete, em um campo retangular e dividido em duas metades por uma rede. ‖ **tênis de mesa** Esporte que se joga sobre uma mesa retangular, com uma bola pequena e lisa, e com raquetes de madeira. ◻ SIN. pingue-pongue.

tenista ⟨te.nis.ta⟩ s.2g. Pessoa que joga tênis, especialmente como profissão.

tenor ⟨te.nor⟩ (Pron. [tenôr]) ▌adj.2g. **1** Em relação a um instrumento musical, que tem o registro mais agudo que o contralto e mais grave que o barítono. ▌s.m. **2** Em música, voz masculina mais aguda. **3** Cantor que tem essa voz.

tenro, ra ⟨ten.ro, ra⟩ adj. Que é macio ou mole.

tensão ⟨ten.são⟩ (pl. *tensões*) s.f. **1** Estado em que se encontra um corpo esticado pela ação de forças opostas. **2** Situação de oposição ou de hostilidade que não se manifesta abertamente entre pessoas ou entre grupos humanos: *Os esforços diplomáticos buscam acabar com a tensão entre os dois países.* **3** Estado emocional caracterizado pela excitação, pela impaciência ou pela exaltação. **4** Em eletrônica, voltagem ou diferença de potencial elétrico entre as extremidades de um condutor: *A alta tensão queimou o aparelho.* ‖ **tensão arterial** Aquela que o sangue exerce sobre as paredes das artérias. ◻ SIN. pressão arterial. ‖ **tensão pré-menstrual** Conjunto de sintomas e de características que antecedem o período menstrual. ◻ SIN. TPM. ◻ ORTOGRAFIA É diferente de *tenção*.

tenso, sa ⟨ten.so, sa⟩ adj. **1** Em relação a uma parte do corpo, que está esticada ou distendida. **2** Em estado de tensão emocional. **3** Hostil ou em uma situação de oposição: *uma negociação tensa.*

tensor, -a ⟨ten.sor, so.ra⟩ (Pron. [tensôr], [tensôra]) adj./s.m. **1** Em relação especialmente a um músculo, que estica ou que produz tensão. **2** Que estica ou que estende: *uma força tensora.*

tentação ⟨ten.ta.ção⟩ (pl. *tentações*) s.f. **1** Impulso ou desejo intensos que induzem à realização de algo, especialmente se for negativo. **2** Desejo ou vontade muito fortes ou intensos.

tentáculo ⟨ten.tá.cu.lo⟩ s.m. Em alguns animais invertebrados, apêndice móvel e mole, situado geralmente próximo à boca, que desempenha diferentes funções, especialmente a do tato e a de locomoção.

tentador, -a ⟨ten.ta.dor, do.ra⟩ (Pron. [tentadôr], [tentadôra]) adj. Que faz cair em tentação ou que desperta o desejo ou a vontade.

tentar ⟨ten.tar⟩ v.t.d. **1** Fazer o possível para conseguir (algo) ou para (realizar uma ação): *Tentamos sair mais cedo e não conseguimos.* **2** Provar, experimentar ou pôr em prática: *Amanhã tentaremos um novo caminho para a escola.* **3** Estimular ou induzir a (algo), especialmente se for negativo: *A vontade de fumar a tentava.*

tentativa ⟨ten.ta.ti.va⟩ s.f. Ação com a qual se tenta algo.

tento ⟨ten.to⟩ s.m. **1** Atenção ou cuidado. **2** Em um jogo, ponto marcado: *Fez três tentos logo no início da partida.*

tênue ⟨tê.nue⟩ adj.2g. Delicado, fino ou frágil.

teocracia ⟨te.o.cra.ci.a⟩ s.f. Sistema de governo em que a autoridade política emana de Deus e é exercida por seus ministros.

teocrático, ca ⟨te.o.crá.ti.co, ca⟩ adj. Da teocracia ou relacionado a ela.

teodolito ⟨te.o.do.li.to⟩ s.m. Instrumento óptico de precisão formado por um círculo horizontal e um semicírculo vertical, graduados e providos de binóculo, que serve para medir ângulos em seus respectivos planos e determinar áreas de distâncias em terrenos.

teogonia ⟨te.o.go.ni.a⟩ s.f. Relato ou narração da geração e da linhagem dos deuses das religiões politeístas.

teologia ⟨te.o.lo.gi.a⟩ s.f. Ciência que trata de Deus e de seus atributos, características e relações com o homem e o mundo.

teológico, ca ⟨te.o.ló.gi.co, ca⟩ adj. Da teologia ou relacionado a essa ciência.

teólogo, ga ⟨te.ó.lo.go, ga⟩ s. Pessoa que se dedica profissionalmente à teologia ou que é especializada nessa ciência.

teor ⟨te.or⟩ (Pron. [teôr]) s.m. **1** Em um todo, quantidade ou proporção de um elemento, de uma substância ou de um componente. **2** Conteúdo de um documento escrito.

teorema ⟨te.o.re.ma⟩ s.m. Proposição que se pode demonstrar mediante um raciocínio dedutivo.

teoria ⟨te.o.ri.a⟩ s.f. **1** Conjunto de leis ou princípios que servem para explicar determinados fenômenos ou para relacioná-los entre si. **2** Suposição ou hipótese: *Nossa teoria só se confirmará quando a colocarmos em prática.*

teórico, ca ⟨te.ó.ri.co, ca⟩ ▌adj. **1** Da teoria ou relacionado a ela. ▌adj./s. **2** Que ou quem conhece ou considera as coisas mediante a meditação ou a reflexão, e não pela prática.

teorizar

teorizar ⟨te.o.ri.zar⟩ v.t.d. Tratar de forma teórica (um assunto): *Este filósofo teorizou a sociedade moderna.*

teosofia ⟨te.o.so.fi.a⟩ s.f. Conjunto de doutrinas que pretendem alcançar um conhecimento da divindade a partir de procedimentos filosóficos e de experiências místicas e religiosas.

tepidez ⟨te.pi.dez⟩ (Pron. [tepidêz]) s.f. Condição ou estado de tépido.

tépido, da ⟨té.pi.do, da⟩ adj. Morno ou que não está nem quente nem frio.

ter ▌v.t.d. **1** Possuir ou desfrutar: *Tenho muitos livros. Neste ano teremos dois meses de férias.* **2** Conter ou incluir: *Este caderno tem cem folhas.* **3** Completar (uma idade). ▌v.t.d./v.t.d.i. **4** Sentir ou viver (uma sensação ou um sentimento) [por algo ou alguém]: *Os dois têm muito amor pelos filhos.* ▌v.t.d. **5** Contrair, sofrer ou padecer de (uma doença): *Teve um câncer, mas conseguiu se curar.* **6** Dar à luz (um ser): *Nossa cadela teve cinco filhotes.* **7** Viver ou passar por (uma experiência): *Tivemos bons momentos juntos.* **8** Carregar ou trazer consigo: *Você tem uma caneta?* **9** Possuir (uma qualidade ou uma característica): *Ela tem olhos verdes.* **10** Realizar ou concretizar (uma ação): *Amanhã, terei uma consulta com o médico.* ▌v.t.d./v.t.d.i. **11** Obter ou conquistar (algo ou alguém que se seja) [para si]: *Por fim, ele teve o que tanto desejava.* ▌v.t.d. **12** Frequentar ou tomar (uma aula, um curso, uma palestra ou algo semelhante). ▌v.t.d.i. **13** Receber (uma ou várias pessoas) [em um lugar]: *Tivemos visitas no domingo.* ▌v.t.d./v.prnl. **14** Considerar(-se) ou julgar(-se): *Desde pequeno o tenho como amigo.* **15** *informal* Existir: *Tinha muita gente na rua.* **16** *informal* Fazer ou haver: *Tem dias que não me alimento direito.* ▢ GRAMÁTICA **1.** É um verbo irregular →TER. **2.** Nas acepções 16 e 17, é um verbo impessoal: só se usa na terceira pessoa do singular, no particípio, no gerúndio e no infinitivo →CHOVER. **3.** Na acepção 15, o objeto pode vir acompanhado de um complemento que o qualifica: *desde pequeno o tenho como amigo.* **4.** Funciona como verbo auxiliar na construção *ter* + *(de/que)* + *verbo no infinitivo*, que indica a necessidade ou a obrigatoriedade da ação expressa por esse infinitivo: *Tenho que limpar a casa.* ▢ USO **1.** Usa-se também como verbo auxiliar para formar tempos compostos (*tinha dito*). **2.** Funciona como verbo-suporte quando acompanha determinados substantivos e forma com eles uma unidade de sentido completa: *ter importância = importar; ter significado = significar.*

terapeuta ⟨te.ra.peu.ta⟩ s.2g. Pessoa que se dedica profissionalmente à terapia.

terapêutica ⟨te.ra.pêu.ti.ca⟩ s.f. Parte da medicina que se ocupa do tratamento das doenças. ▢ SIN. terapia.

terapêutico, ca ⟨te.ra.pêu.ti.co, ca⟩ ▌adj. **1** Da terapêutica ou relacionado a essa parte da medicina. ▌s.f. **2** Parte da medicina que se ocupa do tratamento das doenças. ▢ SIN. terapia.

terapia ⟨te.ra.pi.a⟩ s.f. **1** Parte da medicina que se ocupa do tratamento das doenças. ▢ SIN. terapêutica. **2** Tratamento de algumas doenças ou problemas psíquicos por meio de diversas técnicas psicológicas. ▢ SIN. psicoterapia. ‖ **terapia ocupacional** Aquela que se caracteriza pela utilização de atividades lúdicas ou de trabalhos manuais como forma de tratamento. ▢ SIN. laborterapia.

teratologia ⟨te.ra.to.lo.gi.a⟩ s.f. Estudo das anomalias e das más-formações dos organismos animais e vegetal, especialmente as de origem embrionária.

térbio ⟨tér.bio⟩ s.m. Elemento químico da família dos metais, de número atômico 65, sólido, de cor prateada, muito ativo e que pertence ao grupo dos lantanídeos. ▢ ORTOGRAFIA Seu símbolo químico é *Tb*, sem ponto.

terça ⟨ter.ça⟩ s.f. →**terça-feira**

terçã ⟨ter.çã⟩ adj./s.f. Em relação a uma febre, que é causada pela malária e que se manifesta a cada três dias.

terça-feira ⟨ter.ça-fei.ra⟩ (pl. *terças-feiras*) s.f. Terceiro dia da semana, entre a segunda e a quarta-feira. ▢ USO Usa-se também a forma reduzida *terça*.

terceira ⟨ter.cei.ra⟩ s.f. No motor de alguns veículos, marcha que tem maior velocidade que a segunda e maior potência que a quarta.

terceiro, ra ⟨ter.cei.ro, ra⟩ ▌numer. **1** Em uma série, que ocupa o lugar de número três. ▌s. **2** Pessoa que atua como intermediária. ▌s.m. **3** Pessoa que não está diretamente implicada. ▢ GRAMÁTICA Na acepção 3, usa-se tanto para o masculino quanto para o feminino: *(ele/ela) é um terceiro.*

terceiro-sargento ⟨ter.cei.ro-sar.gen.to⟩ (pl. *terceiros-sargentos*) s.2g. **1** No Exército, pessoa cuja graduação é superior à de taifeiro-mor e inferior à de segundo-sargento. **2** Na Marinha e na Aeronáutica, pessoa cuja graduação é superior à de cabo e inferior à de segundo-sargento.

terceto ⟨ter.ce.to⟩ (Pron. [tercêto]) s.m. **1** Em métrica, estrofe formada por três versos. **2** Composição musical escrita para três instrumentos ou para três vozes. ▢ SIN. trio. **3** Conjunto formado por esse número de instrumentos ou de vozes. ▢ SIN. trio.

terciário, ria ⟨ter.ci.á.rio, ria⟩ adj. **1** Terceiro em ordem, em grau ou em importância. **2** Em geologia, da era cenozoica, a quarta da história da Terra, ou relacionado a ela. ▢ SIN. cenozoico.

terço, ça ⟨ter.ço, ça⟩ (Pron. [têrço]) ▌numer. **1** Em relação a uma parte, que compõe um todo se somada com outras duas iguais a ela: *Trinta é um terço de noventa.* ▌s.m. **2** Terça parte. **3** Na igreja católica, objeto semelhante a um colar, com cinquenta e quatro contas e um crucifixo.

terçol ⟨ter.çol⟩ (pl. *terçóis*) s.m. Inflamação que ocorre na borda das pálpebras.

terebintina ⟨te.re.bin.ti.na⟩ s.f. Resina usada na fabricação de solventes, tintas ou outros produtos.

teresinense ⟨te.re.si.nen.se⟩ adj.2g./s.2g. De Teresina ou relacionado à capital do estado brasileiro do Piauí

tergal ⟨ter.gal⟩ (pl. *tergais*) s.m. Tecido de fibra sintética muito resistente. ▢ ORIGEM É a extensão de uma marca comercial.

tergiversar ⟨ter.gi.ver.sar⟩ v.int. Fazer uso de rodeios ou de evasivas.

-tério Sufixo que indica lugar: *cemitério, ministério.*

termal ⟨ter.mal⟩ (pl. *termais*) adj.2g. Das termas ou relacionado a esses banhos de águas minerais.

termas ⟨ter.mas⟩ s.f.pl. **1** Balneário ou lugar público próprio para banhos. **2** Na Roma Antiga, lugar destinado aos banhos públicos.

termeléctrico, ca ⟨ter.me.léc.tri.co, ca⟩ adj. →**termelétrico, ca**

termelétrico, ca ⟨ter.me.lé.tri.co, ca⟩ adj. Que produz eletricidade pela ação do calor. ▢ ORTOGRAFIA Escreve-se também *termeléctrico, termoelétrico* ou *termoeléctrico*.

térmico, ca ⟨tér.mi.co, ca⟩ adj. **1** Do calor, da temperatura ou relacionado a eles. **2** Que conserva a temperatura.

terminação ⟨ter.mi.na.ção⟩ (pl. *terminações*) s.f. **1** Fim, conclusão ou final. **2** Parte final de algo. **3** Em linguística, letra ou conjunto de letras que seguem o radical de um vocábulo: *As terminações* -ar, -er *e* -ir *são de verbos no infinitivo.*

terminal ⟨ter.mi.nal⟩ (pl. *terminais*) ▌adj.2g. **1** Que acaba ou que põe fim a algo. ▌s.m. **2** Cada um dos extremos de uma linha de transporte público. **3** Em informática, equipamento conectado a um servidor, e que

terminante ⟨ter.mi.nan.te⟩ adj.2g. Que termina, que põe fim ou que acaba. ◻ SIN. terminativo.
terminar ⟨ter.mi.nar⟩ ❚ v.t.d. **1** Concluir ou finalizar: *Terminamos o trabalho um dia antes do previsto.* ❚ v.t.d./v.t.i./v.int./v.prnl. **2** Acabar [com algo], fazê-lo chegar ou chegar ao fim: *O filme terminou muito tarde. Esta rua termina em uma praça.* ❚ v.t.d./v.int. **3** Romper (uma relação amorosa) ou acabar: *Depois de muitas brigas, resolveram terminar o namoro.* ❚ v.t.i. **4** Ter o fim ou a parte final [de determinada forma]: *Amar, estudar e trabalhar terminam em ar.*
terminativo, va ⟨ter.mi.na.ti.vo, va⟩ adj. Que termina, que põe fim ou que acaba. ◻ SIN. terminante.
término ⟨tér.mi.no⟩ s.m. Fim ou conclusão.
terminologia ⟨ter.mi.no.lo.gi.a⟩ s.f. Conjunto de termos próprios de uma profissão, de uma ciência ou de uma matéria determinadas.
termo ⟨ter.mo⟩ (Pron. [têrmo]) s.m. **1** Fim ou conclusão no tempo ou no espaço. **2** Palavra ou vocábulo: *um termo científico.* **3** Em relação a uma questão ou a um assunto, modo ou forma: *Não aceitou os termos da negociação.* **4** Conteúdo, teor ou texto de um documento escrito: *Os termos do depoimento foram mal interpretados.* **5** Em linguística, cada um dos elementos necessários em uma relação gramatical: *Sujeito, verbo e objeto direto são termos oracionais.* **6** Em uma expressão matemática, cada uma de suas partes ou de seus elementos constitutivos: *Na equação 3x + 2y = 0, o primeiro termo é 3x.* ❚ **em termos** Parcialmente ou de maneira relativa: *Concordo com você em termos.*
termodinâmica ⟨ter.mo.di.nâ.mi.ca⟩ s.f. Parte da física que estuda as relações entre o calor e as demais formas de energia.
termodinâmico, ca ⟨ter.mo.di.nâ.mi.co, ca⟩ adj. Da termodinâmica ou relacionado a essa parte da física.
termoeléctrico, ca ⟨ter.mo.e.léc.tri.co, ca⟩ adj. →**termelétrico, ca**
termogênese ⟨ter.mo.gê.ne.se⟩ s.f. Produção de calor pelos seres vivos.
termografia ⟨ter.mo.gra.fi.a⟩ s.f. Técnica para registrar graficamente as temperaturas.
termômetro ⟨ter.mô.me.tro⟩ s.m. Instrumento que serve para medir a temperatura.
termonuclear ⟨ter.mo.nu.cle.ar⟩ adj.2g. Da fusão de núcleos a altas temperaturas com liberação de energia ou relacionado a ela.
termostato ⟨ter.mos.ta.to⟩ s.m. Aparelho que se conecta a uma fonte de calor e que, por meio de um dispositivo automático, serve para medir e controlar a temperatura.
ternário, ria ⟨ter.ná.rio, ria⟩ adj. Que se compõe de três partes ou de três elementos.
terneiro, ra ⟨ter.nei.ro, ra⟩ s. Filhote de vaca, ainda em fase de amamentação. ◻ SIN. bezerro, novilho, vitelo.
terno, na ⟨ter.no, na⟩ ❚ adj. **1** Que demonstra ou que produz um sentimento afetuoso, carinhoso, doce ou amável. ❚ s.m. **2** Conjunto de calça, paletó e colete, ou outra peça semelhante, feitos de um mesmo tecido.
ternura ⟨ter.nu.ra⟩ s.f. Qualidade de terno.
terra ⟨ter.ra⟩ s.f. **1** Superfície do planeta em que vivemos e que não é coberta por água. **2** Lugar em que se nasceu: *Nunca mais visitou sua terra.* **3** Matéria inorgânica que é o principal componente do solo natural. **4** Terreno cultivável: *uma terra fértil.* **5** Região ou povoação: *O presidente visitou terras africanas.* **6** Pó ou poeira. ❚ ❚ **lançar** algo **por terra** Derrubá-lo, acabar com ele ou fazê-lo cair: *As acusações de fraude lançaram sua candidatura por terra.*
terra a terra ⟨ter.ra a ter.ra⟩ adj.2g.2n. Sem relevância, banal ou prosaico.
terraço ⟨ter.ra.ço⟩ s.m. **1** Em uma casa, parte aberta total ou parcialmente para o exterior, acima do nível do solo. **2** Espaço situado diante de um estabelecimento comercial, especialmente um restaurante ou um bar, em que os clientes podem se sentar ao ar livre. **3** Superfície limitada por dois flancos escarpados, margeando um rio, um lago ou o mar.
terracota ⟨ter.ra.co.ta⟩ s.f. **1** Argila manufaturada e cozida em um forno. **2** Objeto ou escultura feitos com essa argila.
terraplanagem ⟨ter.ra.pla.na.gem⟩ (pl. *terraplanagens*) s.f. →**terraplenagem**
terraplanar ⟨ter.ra.pla.nar⟩ v.t.d. →**terraplenar**
terraplano ⟨ter.ra.pla.no⟩ s.m. →**terrapleno**
terraplenagem ⟨ter.ra.ple.na.gem⟩ (pl. *terraplenagens*) s.f. Conjunto de operações de escavação, de transporte e de depósito de um volume de terra necessárias para a realização de uma obra de construção, geralmente para corrigir um desnível do terreno. ◻ ORTOGRAFIA Escreve-se também *terraplanagem*.
terraplenar ⟨ter.ra.ple.nar⟩ v.t.d. Preparar (um terreno) para a realização de uma obra de construção por meio de um conjunto de operações de escavação, de transporte e de depósito de um volume de terra. ◻ ORTOGRAFIA Escreve-se também *terraplanar*.
terrapleno ⟨ter.ra.ple.no⟩ s.m. Terreno que resulta de uma terraplenagem. ◻ ORTOGRAFIA Escreve-se também *terraplano*.
terráqueo, quea ⟨ter.rá.queo, quea⟩ adj./s. Que ou quem é habitante do planeta Terra.
terreiro ⟨ter.rei.ro⟩ s.m. **1** Espaço ou extensão de terra planos, especialmente se for cultivável. **2** Lugar em que se espalham grãos ou cereais para que sequem. **3** Lugar em que se realizam cultos de algumas religiões de origem africana, especialmente do candomblé e da umbanda.
terremoto ⟨ter.re.mo.to⟩ s.m. Agitação violenta de uma região da superfície terrestre, causada por forças que atuam no interior da crosta terrestre. ◻ SIN. sismo, tremor de terra.
terreno, na ⟨ter.re.no, na⟩ ❚ adj. **1** Da terra ou relacionado a ela, em contraposição ao que pertence ao céu. ❚ s.m. **2** Lugar ou espaço de terra. **3** Espaço ou extensão do solo sem construção: *No fundo desta casa há um enorme terreno.* **4** Campo ou esfera de ação em que melhor se podem mostrar a índole, a natureza ou as qualidades de algo: *As ações judiciais pertencem ao terreno do direito.*
térreo, rea ⟨tér.reo, rea⟩ ❚ adj. **1** Da terra ou que tem semelhança com ela. ❚ adj./s.m. **2** Em relação a uma construção, que está no mesmo nível do solo.
terrestre ⟨ter.res.tre⟩ adj.2g. **1** Da Terra como planeta ou relacionado a ela. **2** Da terra ou relacionado a ela, em contraposição ao ar e ao mar: *O cavalo, o peru e o gato são animais terrestres.*
terrina ⟨ter.ri.na⟩ s.f. Recipiente de louça, cerâmica ou outro material, geralmente com tampa, usado para servir alimentos, especialmente se forem sopas ou caldos.
territorial ⟨ter.ri.to.ri.al⟩ (pl. *territoriais*) adj.2g. De um território ou relacionado a ele.
território ⟨ter.ri.tó.rio⟩ s.m. **1** Extensão de terra de grandes proporções. **2** Parte da superfície terrestre que corresponde a um espaço dividido e delimitado pelo homem: *o território nacional.*

terrível ⟨ter.rí.vel⟩ (pl. *terríveis*) adj.2g. **1** Que causa terror. **2** Difícil de aguentar, de suportar ou de sofrer. **3** Muito grande, enorme ou exagerado: *uma fome terrível*.

terror ⟨ter.ror⟩ (Pron. [terrôr]) s.m. **1** Medo muito intenso ou muito forte. ☐ SIN. horror. **2** Aquilo ou aquele que causa medo: *O cachorro da vizinha é um terror!*

terrorismo ⟨ter.ro.ris.mo⟩ s.m. Método de luta que busca alcançar seus objetivos por meio da violência.

terrorista ⟨ter.ro.ris.ta⟩ ▌adj.2g. **1** Do terrorismo ou relacionado a ele. ▌adj.2g./s.2g. **2** Que pratica ou que defende o terrorismo.

terroso, sa ⟨ter.ro.so, sa⟩ (Pron. [terrôso], [terrósa], [terrósos], [terrósas]) adj. Da terra ou que tem alguma de suas características.

tertúlia ⟨ter.tú.lia⟩ s.f. **1** Reunião de pessoas que se juntam para conversar, especialmente se forem parentes ou amigos. **2** Reunião ou palestra literárias.

tesão ⟨te.são⟩ (pl. *tesões*) s.m. **1** Desejo ou atração sexuais. **2** *vulgarismo* Aquilo ou aquele que desperta esse desejo ou essa atração. ☐ GRAMÁTICA Na acepção 2, usa-se tanto para o masculino quanto para o feminino: *(ele/ela) é um tesão*.

tese ⟨te.se⟩ s.f. **1** Proposição para discurso ou debate. **2** Trabalho escrito de investigação e pesquisa apresentado a uma instituição credenciada para se obter o título de doutor. ‖ **em tese** Em princípio ou teoricamente: *Em tese, todo réu é inocente até que se prove o contrário*.

teso, sa ⟨te.so, sa⟩ (Pron. [têso]) adj. **1** Aprumado ou rígido. ☐ SIN. hirto. **2** Sem movimento. ☐ SIN. hirto, imóvel.

tesoira ⟨te.soi.ra⟩ s.f. →**tesoura**

tesoirada ⟨te.soi.ra.da⟩ s.f. →**tesourada**

tesoiraria ⟨te.soi.ra.ri.a⟩ s.f. →**tesouraria**

tesoireiro, ra ⟨te.soi.rei.ro, ra⟩ s. →**tesoureiro, ra**

tesoiro ⟨te.soi.ro⟩ s.m. →**tesouro**

tesoura ⟨te.sou.ra⟩ s.f. Utensílio formado por duas lâminas de metal que se cruzam em um eixo e que serve para cortar. ☐ ORTOGRAFIA Escreve-se também *tesoira*.

tesourada ⟨te.sou.ra.da⟩ s.f. Golpe dado com uma tesoura. ☐ ORTOGRAFIA Escreve-se também *tesoirada*.

tesourar ⟨te.sou.rar⟩ v.t.d. *informal* Falar mal de (alguém).

tesouraria ⟨te.sou.ra.ri.a⟩ s.f. **1** Lugar em que se guarda e em que se administra o dinheiro. **2** Cargo de tesoureiro. **3** Lugar em que um tesoureiro trabalha. ☐ ORTOGRAFIA Escreve-se também *tesoiraria*.

tesoureiro, ra ⟨te.sou.rei.ro, ra⟩ s. Pessoa que se encarrega de guardar e de administrar o dinheiro de uma empresa, de uma instituição ou de uma coletividade. ☐ ORTOGRAFIA Escreve-se também *tesoireiro*.

tesouro ⟨te.sou.ro⟩ s.m. **1** Dinheiro, joias ou objetos de valor reunidos, especialmente se estiverem guardados ou escondidos. **2** Aquilo ou aquele que se considera de grande valor ou digno de estima e cuidado: *Seus livros são um verdadeiro tesouro*. **3** Erário ou conjunto de bens, de rendas ou de impostos que o Estado possui ou que arrecada para suprir as necessidades da nação. ☐ ORTOGRAFIA Escreve-se também *tesoiro*.

tessitura ⟨tes.si.tu.ra⟩ s.f. **1** Em música, extensão que cada voz ou cada instrumento pode alcançar, determinada pelo limite mais grave até o mais agudo. **2** Em uma peça musical, região na qual determinada melodia ou trecho melódico estão escritos. **3** Disposição, organização ou correspondência entre as partes que compõem um todo. **4** Textura de um tecido.

testa ⟨tes.ta⟩ s.f. Parte superior do rosto, desde as sobrancelhas até o início do couro cabeludo. ☐ SIN. fronte.

testada ⟨tes.ta.da⟩ s.f. **1** Golpe dado com a testa. **2** Parte da via pública que fica à frente de um prédio.

testa de ferro ⟨tes.ta de fer.ro⟩ (pl. *testas de ferro*) s.2g. Pessoa que se passa por responsável por atos ou negócios alheios.

testador, -a ⟨tes.ta.dor, do.ra⟩ (Pron. [testadôr], [testadôra]) adj./s. Que ou quem testa ou faz testamento.

testamental ⟨tes.ta.men.tal⟩ (pl. *testamentais*) adj.2g. Do testamento ou relacionado a ele. ☐ SIN. testamentário.

testamentário, ria ⟨tes.ta.men.tá.rio, ria⟩ ▌adj. **1** Do testamento ou relacionado a ele. ☐ SIN. testamental. ▌s. **2** Pessoa que é herdeira por testamento.

testamenteiro, ra ⟨tes.ta.men.tei.ro, ra⟩ s. Pessoa encarregada de fazer cumprir a última vontade de uma pessoa e de custodiar seus bens até que sejam repartidos entre os herdeiros.

testamento ⟨tes.ta.men.to⟩ s.m. Declaração voluntária, geralmente escrita, em que uma pessoa dispõe como deve ser distribuído seu patrimônio após seu falecimento.

testar ⟨tes.tar⟩ ▌v.t.d. **1** Submeter a teste ou avaliar por meio dele: *testar um novo medicamento*. ▌v.int. **2** Fazer testamento.

teste ⟨tes.te⟩ s.m. **1** Prova ou avaliação. **2** Método ou procedimento usados para realizar essa prova ou essa avaliação: *um teste escrito; um teste prático*. **3** Em medicina, exame realizado para estabelecer um diagnóstico: *um teste de urina*.

testemunha ⟨tes.te.mu.nha⟩ s.f. **1** Pessoa chamada a prestar depoimento sobre algum fato. **2** Pessoa que está presente quando algum fato acontece: *Convidou dois amigos para serem suas testemunhas de casamento*.

testemunha de Jeová ⟨tes.te.mu.nha de Je.o.vá⟩ (pl. *testemunhas de Jeová*) s.2g. Pessoa que pratica uma religião cristã que se caracteriza pela interpretação literal dos textos bíblicos.

testemunhal ⟨tes.te.mu.nhal⟩ (pl. *testemunhais*) adj.2g. **1** Da testemunha ou do testemunho, ou relacionado a eles. **2** Que dá testemunho de algo.

testemunhar ⟨tes.te.mu.nhar⟩ ▌v.t.d. **1** Ser testemunha de ou servir de testemunha sobre (um acontecimento): *Duas pessoas testemunharam o assalto*. ▌v.t.d./v.t.d.i. **2** Comprovar, demonstrar ou revelar (algo) [a alguém]: *As boas notas testemunham sua dedicação aos estudos*.

testemunho ⟨tes.te.mu.nho⟩ s.m. **1** Depoimento dado por uma testemunha. **2** Prova ou demonstração da veracidade de algo.

testicular ⟨tes.ti.cu.lar⟩ adj.2g. Dos testículos ou relacionado a eles.

testículo ⟨tes.tí.cu.lo⟩ s.m. No sistema reprodutor masculino, cada uma das duas gônadas localizadas no escroto, de forma arredondada, que produzem os espermatozoides e os hormônios sexuais masculinos, especialmente a testosterona.

testo ⟨tes.to⟩ (Pron. [têsto]) s.m. Tampa de barro ou de ferro que se utiliza para cobrir uma vasilha. ☐ ORTOGRAFIA É diferente de *texto*.

testosterona ⟨tes.tos.te.ro.na⟩ (Pron. [testosterôna]) s.f. Hormônio sexual masculino que contribui para o desenvolvimento dos órgãos sexuais, para a formação do esperma e para a manifestação dos caracteres sexuais secundários.

teta ⟨te.ta⟩ ▌s.m. **1** Oitava letra do alfabeto grego. ▌s.f. **2** *informal* Mama. ☐ USO Na acepção 1, a pronúncia é *téta*; na acepção 2, *têta*.

tetânico, ca ⟨te.tâ.ni.co, ca⟩ adj. Do tétano ou relacionado a essa doença.

tétano ⟨té.ta.no⟩ s.m. Doença infecciosa grave causada por uma bactéria que penetra geralmente pelas feridas e que ataca o sistema nervoso.

teteia ⟨te.tei.a⟩ (Pron. [tetéia]) s.f. **1** Aquilo que serve como enfeite ou como adorno. **2** *informal* Pessoa ou objeto que se consideram graciosos, delicados ou belos. ☐ GRAMÁTICA Na acepção 2, usa-se tanto para o masculino quanto para o feminino: *(ele/ela) é uma teteia*.

teto ⟨te.to⟩ s.m. **1** Em uma construção, parte superior que a cobre e a fecha. **2** Casa ou lugar em que se abriga: *Muitas pessoas não têm sequer um teto para morar.* **3** Limite máximo que se pode alcançar. **4** Altura que permite as condições mínimas de visibilidade para o pouso ou a decolagem de uma aeronave. **5** Parte superior que cobre algo: *o teto de um carro.* ‖ **teto (salarial)** Valor máximo que se pode pagar a uma classe de trabalhadores, ou por um tipo de trabalho.

tetra- Prefixo que significa *quatro*: *tetraedro, tetrassílabo.*

tetracampeão, ã ⟨te.tra.cam.pe.ão, ã⟩ (pl. *tetracampeões*) adj./s. Em relação a uma pessoa ou a uma equipe, que foram campeãs de quatro edições de uma mesma competição.

tetraedro ⟨te.tra.e.dro⟩ s.m. Corpo geométrico limitado por quatro polígonos ou faces.

tetrágono ⟨te.trá.go.no⟩ s.m. Em geometria, polígono que tem quatro lados e quatro ângulos.

tetraneto, ta ⟨te.tra.ne.to, ta⟩ s. →**tataraneto, ta**

tetrápode ⟨te.trá.po.de⟩ ▎adj.2g./s.m. **1** Em relação a um animal vertebrado, que tem quatro extremidades. ▎s.m.pl. **2** Em zoologia, superclasse desses animais, pertencente ao filo dos cordados.

tetrassílabo, ba ⟨te.tras.sí.la.bo, ba⟩ adj. De quatro sílabas, especialmente em relação a um verso.

tetravô, vó ⟨te.tra.vô, vó⟩ s. →**tataravô, vó**

tétrico, ca ⟨té.tri.co, ca⟩ adj. Triste, sombrio ou relacionado à morte.

teu pron.poss. Indica posse em relação à segunda pessoa do singular. ☐ GRAMÁTICA Seu feminino é *tua*.

teutão, toa ⟨teu.tão, to.a⟩ (Pron. [teutão], [teutôa]) (pl. *teutões*) ▎adj./s. **1** De um antigo povo germânico assentado às margens do mar Báltico (situado ao norte da Europa), ou relacionado a ele. ☐ SIN. teutônico. ▎s.m. **2** Língua germânica desse povo.

teutônico, ca ⟨teu.tô.ni.co, ca⟩ adj./s. **1** De um antigo povo germânico assentado às margens do mar Báltico (situado ao norte da Europa), ou relacionado a ele. ☐ SIN. teutão. **2** Da Alemanha ou relacionado a esse país europeu. ☐ SIN. alemão, germânico, germano.

tevê ⟨te.vê⟩ s.f. *informal* Televisão.

têxtil ⟨têx.til⟩ (Pron. [têstil]) (pl. *têxteis*) adj.2g. **1** Dos tecidos ou relacionado a eles. **2** Em relação a uma matéria, que serve para a fabricação dos fios e de tecidos.

texto ⟨tex.to⟩ (Pron. [têsto]) s.m. **1** Conjunto de palavras ou frases que compõem um documento escrito. **2** Fragmento ou obra de um autor. [◉ livro p. 499] ☐ ORTOGRAFIA É diferente de *testo*.

textual ⟨tex.tu.al⟩ (Pron. [testual]) (pl. *textuais*) adj.2g. **1** Do texto ou relacionado a ele. **2** Exato ou preciso: *uma citação textual.*

textura ⟨tex.tu.ra⟩ s.f. Característica tátil de uma superfície.

texugo ⟨te.xu.go⟩ s.m. Mamífero carnívoro de pele dura, pelagem comprida e espessa de cor preta, branca e parda, que vive em tocas profundas e que se alimenta de pequenos animais e frutas durante a noite. ☐ GRAMÁTICA É um substantivo epiceno: *o texugo (macho/fêmea).*

tez s.f. Pele, especialmente a do rosto.

ti pron.pess. Forma da segunda pessoa do singular que ocupa a posição de objeto, sempre precedida de preposição.

tia-avó ⟨ti.a-a.vó⟩ (pl. *tias-avós*) Substantivo feminino de *tio-avô*.

tiara ⟨ti.a.ra⟩ s.f. **1** Adorno semicircular que se coloca na cabeça, geralmente para segurar o cabelo. **2** Chapéu alto, usado pelo papa, formado por três coroas e uma cruz sobre um globo.

tibetano, na ⟨ti.be.ta.no, na⟩ ▎adj./s. **1** Do Tibete ou relacionado a essa região asiática. ▎s.m. **2** Língua falada nessa e em outras regiões.

tíbia ⟨tí.bia⟩ s.f. Em uma perna, osso principal e anterior, que se articula com o fêmur, com a fíbula e com o astrágalo. [◉ esqueleto p. 334]

tíbio, bia ⟨tí.bio, bia⟩ adj. **1** Morno ou que não está nem quente nem frio. **2** Que é fraco ou frouxo.

tição ⟨ti.ção⟩ (pl. *tições*) s.m. **1** Pedaço de lenha ou de carvão aceso ou meio queimado. **2** *pejorativo* Pessoa negra. ☐ GRAMÁTICA Na acepção 2, usa-se tanto para o masculino quanto para o feminino: *(ele/ela) é um tição.*

ticar ⟨ti.car⟩ v.t.d. Marcar com um sinal gráfico. ☐ ORTOGRAFIA Antes de *e*, o *c* muda para *qu* →BRINCAR.

tico ⟨ti.co⟩ s.m. *informal* Quantidade pequena.

tico-tico ⟨ti.co-ti.co⟩ (pl. *tico-ticos*) s.m. **1** Pássaro de até quinze centímetros de comprimento, de plumagem parda ou avermelhada, com listras cinza ou pretas na cabeça, com um pequeno topete, e pescoço branco com um anel alaranjado ou avermelhado. **2** Serra pequena que se utiliza para cortar madeiras finas. ☐ ORIGEM É uma palavra de origem tupi. ☐ GRAMÁTICA É um substantivo epiceno: *o tico-tico (macho/fêmea).*

tietê ⟨ti.e.tê⟩ s.2g. *informal* Admirador fanático de um artista.

tifo ⟨ti.fo⟩ s.m. Doença infecciosa grave que se caracteriza por febre muito alta e estado de delírio ou de inconsciência.

tifoide ⟨ti.foi.de⟩ (Pron. [tifóide]) adj.2g. Do tifo ou com suas características.

tigela ⟨ti.ge.la⟩ s.f. Recipiente de formato côncavo mais ou menos fundo, de boca larga, geralmente sem asas, usado para servir alimentos.

tigre ⟨ti.gre⟩ s.m. Mamífero carnívoro felino, de pelagem avermelhada ou amarelada com listras pretas no dorso e na cauda, e de cor branca no ventre. ☐ GRAMÁTICA Seu feminino é *tigresa*.

tigresa ⟨ti.gre.sa⟩ (Pron. [tigrêsa]) Substantivo feminino de *tigre*.

tijolo ⟨ti.jo.lo⟩ (Pron. [tijôlo], [tijólos]) ▎adj.2g.2n./s.m. **1** De cor avermelhada, como a desta peça. ▎s.m. **2** Peça de barro cozido em forma de prisma retangular usada em construção, especialmente para fazer muros ou paredes.

tijuco ⟨ti.ju.co⟩ s.m. **1** Pântano ou terreno inundado pela água, pela lama ou pelo lodo. **2** Lama ou lodo, especialmente se forem de cor escura. ☐ ORIGEM É uma palavra de origem tupi.

til (pl. *tiles* ou *tis*) s.m. Acento gráfico que se sobrepõe a uma vogal para indicar nasalidade: *Em pão, o a possui o til.*

tilápia ⟨ti.lá.pia⟩ s.f. Peixe de água doce, com carne pouco gordurosa, rápida reprodução e que se alimenta de peixes menores e vive em águas quentes: *A tilápia protege seus filhotes dentro da boca.* ☐ GRAMÁTICA É um substantivo epiceno: *a tilápia (macho/fêmea).*

tílburi ⟨tíl.bu.ri⟩ s.m. Carruagem de duas rodas, sem cobertura, para duas pessoas, e que é puxado geralmente por um só animal.

tília ⟨tí.lia⟩ s.f. **1** Árvore de grande porte, tronco reto e grosso, copa ampla, com folhas em formato de coração com a margem serrilhada, flores esbranquiçadas e perfumadas, e usada com fins medicinais. **2** Flor dessa árvore.

tilintar

tilintar ⟨ti.lin.tar⟩ v.t.d./v.int. Fazer produzir ou produzir (algo metálico) sons agudos e repetidos: *As moedas tilintavam no bolso.*

timão ⟨ti.mão⟩ (pl. *timões*) s.m. **1** Em uma embarcação, volante redondo ligado ao leme que serve para mudar a direção. **2** Direção ou controle de algo.

timbale ⟨tim.ba.le⟩ s.m. Instrumento musical de percussão, de altura determinada, com um ressoador em formato de taça geralmente feito de cobre ou de fibra de vidro coberta com uma membrana de pele ou de material sintético, e que se toca com baquetas. ▢ SIN. tímpano. [◉ **instrumentos de percussão** p. 614]

timbó ⟨tim.bó⟩ s.m. Planta usada na pesca por possuir efeitos tóxicos sobre os peixes. ▢ ORIGEM É uma palavra de origem tupi.

timbrar ⟨tim.brar⟩ v.t.d. Estampar um timbre, um selo ou um carimbo em (uma superfície): *A atendente timbrou os documentos.*

timbre ⟨tim.bre⟩ s.m. **1** Qualidade distintiva de sons da mesma altura e intensidade. **2** Selo ou carimbo que se coloca sobre um documento. **3** Em um escudo, insígnia que se coloca sobre ele para indicar o grau de nobreza da pessoa que o possui.

time ⟨ti.me⟩ s.m. **1** Em um esporte coletivo, grupo de atletas que disputam uma partida. ▢ SIN. equipe. **2** Grupo de pessoas organizadas para realizar uma atividade determinada: *um time de vendedores.*

timidez ⟨ti.mi.dez⟩ (Pron. [timidêz]) s.f. Condição ou estado de tímido.

tímido, da ⟨tí.mi.do, da⟩ ▌adj. **1** Comedido ou de pouca intensidade. ▌adj./s. **2** Que ou quem tem dificuldades em falar ou agir em público, ou de se relacionar com pessoas desconhecidas. ▢ SIN. acanhado.

timoneiro, ra ⟨ti.mo.nei.ro, ra⟩ s. **1** Pessoa que maneja o timão de uma embarcação. **2** Pessoa que dirige ou que controla algo.

timonense ⟨ti.mo.nen.se⟩ adj.2g./s.2g. De Timon ou relacionado a essa cidade do estado brasileiro do Maranhão.

timorato, ta ⟨ti.mo.ra.to, ta⟩ adj. **1** Tímido, acanhado ou que se envergonha facilmente. **2** Que tem medo ou que é cauteloso e receoso.

timorense ⟨ti.mo.ren.se⟩ adj.2g./s.2g. Do Timor ou relacionado a esse país asiático.

tímpano ⟨tím.pa.no⟩ s.m. **1** No sistema nervoso, membrana fina e tensa localizada no final do canal auditivo que separa a orelha externa e a média e que vibra quando é estimulada por sons. **2** Instrumento musical de percussão, de altura determinada, com um ressoador em formato de taça geralmente feito de cobre ou de fibra de vidro coberta com uma membrana de pele ou de material sintético, e que se toca com baquetas. [◉ **instrumentos de percussão** p. 614] ▢ SIN. timbale.

tina ⟨ti.na⟩ s.f. **1** Recipiente redondo grande, de boca larga, usado geralmente para carregar líquidos ou lavar roupas. **2** Recipiente grande semelhante a uma banheira, geralmente de pedra ou metal, usado para tomar banho.

tingir ⟨tin.gir⟩ ▌v.t.d. **1** Aplicar a (um tecido ou outro material) uma cor diferente daquela que tinha: *Tingimos nossas calças de azul.* ▌v.t.d./v.prnl. **2** Colorir ou adquirir cor: *Resolveu tingir os cabelos. A fumaça tingiu o céu de cinza.* ▢ ORTOGRAFIA Antes de *a* ou *o*, o *g* muda para *j* →FUGIR.

tinha ⟨ti.nha⟩ s.f. Doença contagiosa da pele causada por fungos parasitas, que aparece principalmente sobre o couro cabeludo.

tinhorão ⟨ti.nho.rão⟩ (pl. *tinhorões*) s.m. Planta herbácea tóxica, com folhas grandes, mais compridas que largas, com manchas vermelhas ou rosadas no centro, flores pequenas, e muito cultivada como ornamental. ▢ ORIGEM É uma palavra de origem tupi.

tinhoso, sa ⟨ti.nho.so, sa⟩ (Pron. [tinhôso], [tinhósa], [tinhósos], [tinhósas]) ▌adj. **1** Que é perseverante, insistente ou teimoso. ▌s.m. **2** *informal* Diabo.

tinido ⟨ti.ni.do⟩ s.m. Som agudo produzido por um objeto de vidro ou de metal.

tinir ⟨ti.nir⟩ v.int. **1** Soar de forma aguda ou estridente. **2** Tremer ou vibrar. ▢ GRAMÁTICA É um verbo defectivo, pois não apresenta conjugação completa →BANIR.

tino ⟨ti.no⟩ s.m. **1** Habilidade ou capacidade para realizar uma determinada tarefa. **2** Prudência, discernimento ou bom senso.

tinta ⟨tin.ta⟩ s.f. **1** Substância líquida ou pastosa, colorida, usada para escrever, pintar ou imprimir. **2** Cor ou conjunto de cores. **3** Líquido de cor escura que alguns moluscos usam para se defender de predadores.

tinteiro ⟨tin.tei.ro⟩ s.m. **1** Recipiente que contém a tinta de escrever. **2** Em uma máquina de impressão, compartimento em que se coloca a tinta.

tintim ⟨tin.tim⟩ (pl. *tintins*) interj. Expressão usada quando se faz um brinde. ‖ **tintim por tintim** *informal* De forma minuciosa e sem esquecer nenhum detalhe.

tinto ⟨tin.to⟩ s.m. →**vinho tinto**

tintura ⟨tin.tu.ra⟩ s.f. **1** Substância com a qual se tinge algo. **2** Aplicação de tinta para mudança de cor.

tinturaria ⟨tin.tu.ra.ri.a⟩ s.f. Estabelecimento comercial em que se tingem ou em que se lavam e se passam peças de roupa.

tintureiro, ra ⟨tin.tu.rei.ro, ra⟩ s. Pessoa que se dedica profissionalmente a tingir, a lavar ou a passar peças de roupa.

tio, a ⟨ti.o, a⟩ s. **1** Em relação a uma pessoa, outra que é o irmão ou a irmã de seu pai ou de sua mãe. **2** Em relação a um sobrinho, marido de sua tia ou mulher de seu tio. **3** *informal* Tratamento dado por uma criança ou por um jovem a uma pessoa mais velha. **4** *informal* Tratamento dado por uma criança pequena a um professor.

tio-avô ⟨ti.o-a.vô⟩ (pl. *tios-avôs* ou *tios-avós*) s.m. Em relação a uma pessoa, outra que é irmão de seu avô. ▢ GRAMÁTICA Seu feminino é *tia-avó*.

típico, ca ⟨tí.pi.co, ca⟩ adj. Característico, representativo ou próprio de algo, especialmente de um lugar ou de uma pessoa.

tipiti ⟨ti.pi.ti⟩ s.m. Utensílio em forma de cesto cilíndrico, flexível, feito de palha, com duas alças, e que se utiliza para espremer a massa de mandioca. ▢ ORIGEM É uma palavra de origem tupi.

tipo ⟨ti.po⟩ s.m. **1** Exemplo de uma categoria que reúne características comuns. ▢ SIN. espécie. **2** *informal* Pessoa cuja identidade se ignora ou não se quer revelar. **3** Em impressão, peça com um signo em relevo para que possa ser estampado. **4** Letra estampada com essa peça.

tipografia ⟨ti.po.gra.fi.a⟩ s.f. **1** Arte ou técnica de reproduzir textos ou ilustrações por meio de pressão mecânica ou outro procedimento. **2** Estabelecimento comercial em que se produz material impresso. ▢ SIN. gráfica.

tipográfico, ca ⟨ti.po.grá.fi.co, ca⟩ adj. Da tipografia ou relacionado a ela.

tipógrafo, fa ⟨ti.pó.gra.fo, fa⟩ s. Pessoa que se dedica profissionalmente à impressão de textos ou de ilustrações, ou que tem conhecimentos em tipografia.

tipoia ⟨ti.poi.a⟩ (Pron. [tipóia]) s.f. Peça de tecido ou armação que se coloca no pescoço para segurar a mão ou o braço que estão lesados ou fraturados.

tipologia ⟨ti.po.lo.gi.a⟩ s.f. **1** Estudo ou classificação dos diferentes tipos humanos. **2** Em tipografia, conjunto de caracteres utilizados em uma obra gráfica.

tique ⟨ti.que⟩ s.m. **1** Movimento inconsciente que se repete com frequência e que é causado pela contração involuntária de um ou vários músculos. ☐ SIN. cacoete. **2** Hábito ou mania. ☐ SIN. cacoete.

tique-taque ⟨ti.que-ta.que⟩ (pl. *tique-taques*) s.m. Som cadenciado e repetido das batidas de um coração ou aquele que é produzido pelo movimento dos ponteiros de um relógio.

tíquete ⟨tí.que.te⟩ s.m. Bilhete ou cupom que dão direito a um produto ou a um serviço. ☐ SIN. vale.

tíquete-restaurante ⟨tí.que.te-res.tau.ran.te⟩ (pl. *tíquetes-restaurante*) s.m. Vale fornecido por um empregador a um empregado para ser utilizado como pagamento das despesas com alimentação. ☐ SIN. vale-refeição.

tira ⟨ti.ra⟩ ▌ s.f. **1** Pedaço comprido e estreito de tecido, de papel ou de outro material. **2** Série de quadros em linha horizontal que narram uma história por meio de desenhos e balões: *Eles adoram ler tiras de humor*. ▌ s.m. **3** *informal* Policial.

tiracolo ⟨ti.ra.co.lo⟩ ‖ **a tiracolo 1** Pendurado pelo ombro ou cruzado no corpo desde um ombro até o quadril oposto: *Usava uma bolsa a tiracolo*. **2** *informal* Junto ou em companhia: *Veio com o namorado a tiracolo*.

tirada ⟨ti.ra.da⟩ s.f. *informal* Aquilo que é dito de forma espirituosa ou irônica.

tiragem ⟨ti.ra.gem⟩ (pl. *tiragens*) s.f. Número de exemplares da edição de uma obra impressa.

tira-gosto ⟨ti.ra-gos.to⟩ (Pron. [tira-gôsto]) (pl. *tira-gostos*) s.m. *informal* Aperitivo ou petisco, geralmente salgado e servido como acompanhamento de bebidas alcoólicas.

tira-linhas ⟨ti.ra-li.nhas⟩ s.m.2n. Instrumento de ponta metálica e em forma de pinça, cuja abertura é graduada por um parafuso e que serve para traçar linhas com tinta.

tirania ⟨ti.ra.ni.a⟩ s.f. **1** Governo ilegítimo e exercido de forma autoritária por uma única pessoa. **2** Opressão ou violência.

tirânico, ca ⟨ti.râ.ni.co, ca⟩ adj. Da tirania, com tirania ou relacionado a ela.

tiranizar ⟨ti.ra.ni.zar⟩ v.t.d. **1** Governar (um Estado) com tirania. **2** Oprimir ou tratar com abuso de autoridade.

tirano, na ⟨ti.ra.no, na⟩ ▌ adj./s. **1** Que ou quem oprime ou age com prepotência ou crueldade. ☐ SIN. déspota. ▌ s. **2** Governante que abusa de seu poder e que age com domínio absoluto. ☐ SIN. déspota.

tiranossauro ⟨ti.ra.nos.sau.ro⟩ s.m. Réptil do grupo dos dinossauros, carnívoro, com mandíbula e dentes muito desenvolvidos, que se deslocava por meio das extremidades posteriores.

tirante ⟨ti.ran.te⟩ ▌ adj.2g. **1** Que é semelhante ou similar ▌ s.m. **2** Cinta ou correia, geralmente de couro, que se utiliza para prender um animal ao veículo que é puxado por ele. **3** Em uma construção, viga que sustenta o madeiramento do teto.

tirar ⟨ti.rar⟩ ▌ v.t.d./v.t.d.i. **1** Colocar (algo) fora [do lugar onde está contido ou guardado]: *Tirou os documentos da carteira*. **2** Tomar ou pegar (algo alheio) [de seu dono]: *Os bandidos tiraram o relógio de mim*. **3** Subtrair (algo) [de quem o possui ou o desfruta]: *Tanto nervosismo tirou meu apetite*. ▌ v.t.d. **4** Eliminar, excluir ou suprimir: *Este sabão tira manchas de gordura*. **5** Obter ou providenciar (um demonstrativo ou um extrato bancário): *Preciso tirar um extrato*. ▌ v.t.d./v.t.d.i. **6** Colocar para fora ou sacar (algo) [de um lugar]: *Tirou a carteira do bolso*. ▌ v.t.d. **7** Reproduzir, fotografar ou copiar: *Vou tirar duas cópias deste texto. Em nossa viagem, tiramos belas fotografias*. **8** Extrair ou arrancar: *Meu pai tirará um dente amanhã*. **9** Obter, conseguir ou alcançar: *Ela sempre tira notas excelentes*. ▌ v.t.d./v.t.d.i. **10** Estabelecer ou extrair (uma sentença ou um juízo) [de fatos ou de suspeitas]: *Após analisar os dados, tirei minhas próprias conclusões*. ▌ v.t.d.i. **11** Afastar ou livrar (alguém) [de algo que se considera ruim ou negativo]: *O crescimento econômico tirou muitas pessoas do desemprego*. ▌ v.t.d. **12** Gozar ou usufruir (um benefício): *Resolveu tirar o dia de folga*. ▌ v.t.d.i. **13** Subtrair ou retirar (uma parte, uma quantidade ou um número) [de um todo]: *Tirei vinte de cem e obtive oitenta*. ▌ v.t.d. **14** Transcrever em um papel ou aprender a tocar (uma música): *Consegue tirar músicas de ouvido*. **15** Convidar (alguém) para uma dança: *No baile, tirou a prima para a valsa*. **16** Despir ou descalçar (uma peça do vestuário ou um calçado): *Tire os sapatos antes de entrar no quarto*.

tireoide ⟨ti.re.oi.de⟩ (Pron. [tireóide]) ▌ adj.2g. **1** Da glândula tireóidea ou relacionado a ela. ▌ s.f. **2** Glândula localizada abaixo e aos lados da traqueia e que produz um hormônio que age sobre o metabolismo e interfere no crescimento. ☐ ORTOGRAFIA Escreve-se também *tiroide*. ☐ SIN. glândula tireoidea.

tiririca ⟨ti.ri.ri.ca⟩ ▌ adj.2g. **1** *informal* Furioso. ▌ s.f. **2** Erva daninha com folhas numerosas, longas e pontiagudas, flores avermelhadas, frutos muito pequenos, e que geralmente ocorre em locais indesejados e em áreas cultivadas. ☐ ORIGEM É uma palavra de origem tupi.

tiro ⟨ti.ro⟩ s.m. **1** Disparo de uma arma de fogo. **2** Bala ou projétil disparados por essa arma. ‖ **sair o tiro pela culatra** Produzir um resultado contrário àquele pretendido ou desejado: *Tentaram subornar o diretor, mas o tiro saiu pela culatra e acabaram sendo denunciados*.

tirocínio ⟨ti.ro.cí.nio⟩ s.m. **1** Aprendizagem, prática ou aquisição de conhecimentos. **2** Discernimento ou capacidade de analisar ou de julgar.

tiro de guerra ⟨ti.ro de guer.ra⟩ (pl. *tiros de guerra*) s.m. Lugar de instrução militar daqueles que desejam ser reservistas do Exército, mas que não querem ser incorporados às unidades e subunidades regulares.

tiroide ⟨ti.roi.de⟩ (Pron. [tiróide]) adj.2g./s.f. →tireoide

tiroteio ⟨ti.ro.tei.o⟩ s.m. Troca de disparos com armas de fogo.

tisana ⟨ti.sa.na⟩ s.f. Bebida medicinal que se prepara cozinhando em água ervas e outros ingredientes.

tísica ⟨tí.si.ca⟩ s.f. Doença infecciosa causada por uma bactéria, que pode afetar diferentes órgãos, especialmente os pulmões, e que se caracteriza pela formação de nódulos. ☐ SIN. tuberculose.

tísico, ca ⟨tí.si.co, ca⟩ adj./s. Que ou quem sofre de tísica.

titã ⟨ti.tã⟩ s.m. **1** Pessoa que se destaca por sua grandeza, por seu conhecimento ou por suas qualidades em uma atividade. **2** Na mitologia grega, cada um dos doze gigantes que enfrentaram os deuses olímpicos e foram finalmente vencidos e expulsos para o inferno por eles. ☐ GRAMÁTICA Na acepção 1, usa-se tanto para o masculino quanto para o feminino: *(ele/ela) é um titã*.

titânio ⟨ti.tâ.nio⟩ s.m. Elemento químico da família dos metais, de número atômico 22, sólido, de cor cinza e muito duro. ☐ ORIGEM É uma palavra que vem do latim *Titanium*, nome dado por seu descobridor já que os Titãs eram filhos de Urano, e o urano foi o primeiro elemento que ele descobriu. ☐ ORTOGRAFIA Seu símbolo químico é *Ti*, sem ponto.

títere ⟨tí.te.re⟩ ▌ adj.2g. **1** Que se deixa influenciar facilmente pelos demais. ▌ s.m. **2** Boneco articulado que pode ser movido por meio de fios presos a um suporte. ☐ SIN. marionete.

titica ⟨ti.ti.ca⟩ s.f. **1** *informal* Excremento ou fezes, especialmente de aves. **2** *pejorativo* Pessoa ou coisa sem

titio importância ou de pouco valor. ☐ ORIGEM É uma palavra de origem africana. ☐ GRAMÁTICA Na acepção 2, usa-se tanto para o masculino quanto para o feminino: *(ele/ela) é uma titica*.

titio, a ⟨ti.ti.o, a⟩ s. *informal* Tio. ☐ USO Tem um valor carinhoso.

titubear ⟨ti.tu.be.ar⟩ v.int. **1** Hesitar ou ficar indeciso ou em dúvida. **2** Gaguejar ou vacilar ao falar. ☐ ORTOGRAFIA O e muda para *ei* quando a sílaba tônica estiver na raiz do verbo →NOMEAR.

titulação ⟨ti.tu.la.ção⟩ (pl. *titulações*) s.f. Dignidade, cargo ou ofício.

titular ⟨ti.tu.lar⟩ ▌adj.2g./s.2g. **1** Que ou quem ocupa um cargo ou exerce sua profissão tendo o título ou a nomeação correspondentes. **2** Em relação especialmente a uma pessoa ou a uma entidade, que dão seu nome para que figure como título de algo ou para que conste que são seus proprietários ou os detentores de um direito: *o titular de uma conta corrente*. ▌v.t.d. **3** Colocar título, nome ou inscrição em (algo).

título ⟨tí.tu.lo⟩ s.m. **1** Nome que se dá a uma obra, a um filme ou a um livro. **2** Distinção que se concede a uma pessoa por suas qualidades ou por seus atos: *Os dois times disputarão o título de campeão nacional*. **3** Documentação que capacita uma pessoa a exercer uma profissão ou um cargo: *Formou-se na universidade e recebeu o título de bacharel em Filosofia*. **4** Honra ou distinção dada a certas pessoas da nobreza: *um título de duque*. **5** Documento jurídico que assegura um direito ou que estabelece uma obrigação. ‖ **a título de** algo: No intuito de ou com esse pretexto: *Viajou a título de negócios*. ‖ **título de crédito** Documento ou papel utilizado para representar um determinado valor.

tiziu ⟨ti.ziu⟩ s.m. Ave de plumagem preta azulada no macho e parda na fêmea, muito brilhante, com a parte inferior das asas branca, e que se alimenta geralmente de sementes. ☐ GRAMÁTICA É um substantivo epiceno: *o tiziu (macho/fêmea)*.

TNT s.m. Produto sólido, tóxico, inflamável e de cor amarelada, que é utilizado principalmente como explosivo. ☐ ORIGEM É a sigla de *trinitrotolueno*.

to Contração do pronome pessoal *te* com o pronome pessoal *o*. ☐ USO É uma contração pouco usual no português atual do Brasil, ocorrendo ocasionalmente na linguagem literária.

TO É a sigla do estado brasileiro do Tocantins.

toa ⟨to.a⟩ (Pron. [tôa]) ‖ **à toa** Sem fazer nada ou sem finalidade ou motivo.

toada ⟨to.a.da⟩ s.f. **1** Entoação, canto ou tom. **2** Canção de melodia simples em forma de estrofe e refrão, geralmente de caráter lúdico e sentimental, executada em diversas manifestações populares do Brasil.

toalete ⟨to.a.le.te⟩ ▌s.m. **1** Cômodo com uma pia e com um vaso sanitário. ☐ SIN. lavabo, lavatório. ▌s.f. **2** Higiene e arrumação pessoal.

toalha ⟨to.a.lha⟩ s.f. **1** Peça de tecido felpudo ou de papel absorvente, usada para secar o corpo ou o rosto. **2** Peça com que se cobre a mesa durante as refeições.

toalheiro ⟨to.a.lhei.ro⟩ s.m. **1** Móvel, suporte ou utensílio que serve para pendurar ou guardar toalhas. **2** Empresa que se dedica a fornecer toalhas limpas e a recolher as sujas.

tobiense ⟨to.bi.en.se⟩ adj.2g./s.2g. De Tobias Barreto ou relacionado a essa cidade do estado brasileiro de Sergipe.

tobogã ⟨to.bo.gã⟩ s.m. **1** Em um parque de diversões, pista em formato de rampa em que as pessoas escorregam sentadas ou deitadas. **2** Trenó pequeno e baixo que se utiliza para deslizar na neve em competições esportivas.

toca ⟨to.ca⟩ s.f. **1** Buraco ou cova que serve de abrigo ou de refúgio a animais, especialmente se forem selvagens. **2** Lugar que serve de abrigo ou de refúgio.

toca-discos ⟨to.ca-dis.cos⟩ s.m.2n. Aparelho elétrico que reproduz discos fonográficos. ☐ SIN. picape, vitrola.

tocador, -a ⟨to.ca.dor, do.ra⟩ (Pron. [tocadôr], [tocadôra]) adj./s. Que ou quem toca um instrumento musical.

toca-fitas ⟨to.ca-fi.tas⟩ s.m.2n. Aparelho capaz de reproduzir o som gravado em uma fita magnética.

tocaia ⟨to.cai.a⟩ s.f. Ataque surpresa a um inimigo ou a uma caça. ☐ SIN. emboscada.

tocante ⟨to.can.te⟩ adj.2g. Que comove ou que emociona. ‖ **no tocante a** algo: Referente a ele ou relacionado a ele: *No tocante ao aumento salarial, ainda não houve decisão*.

tocantinense ⟨to.can.ti.nen.se⟩ adj.2g./s.2g. Do Tocantins ou relacionado a esse estado brasileiro.

tocantinopolino, na ⟨to.can.ti.no.po.li.no, na⟩ adj./s. De Tocantinópolis ou relacionado a essa cidade do estado brasileiro do Tocantins.

tocar ⟨to.car⟩ ▌v.t.d./v.t.i. **1** Entrar em contato pelo tato [com uma pessoa ou com um objeto]: *Ela não gosta que toquem seus cabelos*. ▌v.t.d. **2** Fazer (um instrumento musical) emitir sons mediante algumas técnicas artísticas: *Quero aprender a tocar violão*. ▌v.int. **3** Fazer um instrumento musical emitir sons mediante algumas técnicas artísticas: *Ele toca com uma banda de jazz*. ▌v.t.d./ v.int. **4** Fazer emitir ou emitir som: *Logo que cheguei, toquei a campainha*. ▌v.t.d./v.t.i./v.t.d.i./v.prnl. **5** Em relação a um objeto, colocá-lo ou entrar em contato [com outro]: *Se esses fios desencapados se tocarem, haverá um curto-circuito*. ▌v.t.i. **6** Falar [de um tema ou um assunto]: *Durante a conversa, tocaram em temas importantes*. ▌v.t.d. **7** *informal* Comover ou sensibilizar: *Tanta dedicação tocou os amigos*. **8** Levar adiante ou fazer com que progridam (um projeto ou um empreendimento, especialmente): *Tocava vários negócios ao mesmo tempo*. **9** Incitar ou açoitar (um animal) para que ande ou se mova: *tocar uma boiada*. ☐ SIN. tanger. ▌v.int./v.prnl. **10** Dirigir-se ou ir em determinada direção: *O motorista tocou direto para o fórum*. ▌v.t.d. **11** Conduzir ou mover: *O jogador tocava a bola com destreza*. ▌v.t.i. **12** Em relação a uma parte de um todo que se reparte, corresponder ou pertencer [a alguém]: *A cada filho, tocará um terço da herança*. ▌v.prnl. **13** *informal* Dar-se conta: *Ele não se toca de quanto é chato!* ☐ ORTOGRAFIA Antes de *e*, o *c* muda para *qu* →BRINCAR.

tocata ⟨to.ca.ta⟩ s.f. Composição musical instrumental, em um só movimento, geralmente para instrumentos de teclas.

tocha ⟨to.cha⟩ s.f. Pedaço de madeira ou de outro material, em cuja extremidade se ateia fogo, e que serve para iluminar.

tocheiro ⟨to.chei.ro⟩ s.m. Castiçal que se utiliza para colocar a tocha.

toco ⟨to.co⟩ s.m. **1** Em uma planta cortada, pedaço que permanece no solo. **2** Em relação a um objeto, pedaço que sobra depois de parcialmente consumido: *um toco de lápis; um toco de vela*. ☐ SIN. coto.

todavia ⟨to.da.vi.a⟩ conj. Conectivo gramatical coordenativo (que une elementos do mesmo nível sintático) que pode expressar oposição ou adversidade: *Estuda inglês há muitos anos, todavia ainda não fala com fluência*. ☐ SIN. contudo, entretanto, mas, no entanto, porém.

todo, da ⟨to.do, da⟩ (Pron. [tôdo]) ▌adj. **1** Que se considera por inteiro ou em seu conjunto. ▌pron.indef. **2** Qualquer um: *Todos queremos ser felizes*. ▌s.m. **3** Totalidade ou a soma de seus elementos ou partes.

todo-poderoso, sa ⟨to.do-po.de.ro.so, sa⟩ (Pron. [todo-poderôso], [todo-poderósa], [todo-poderósos], [todo-

tonalidade

-poderósas]) (pl. *todo-poderosos*) adj./s. Que ou quem pode tudo ou é muito poderoso.

tofu *(palavra japonesa)* (Pron. [tofú]) s.m. Queijo feito à base de soja, de cor branca e sabor muito suave.

toga ⟨to.ga⟩ s.f. **1** Traje largo, comprido, usado por cima da roupa habitual e em ocasiões específicas, especialmente se for por pessoas dos âmbitos judiciário ou universitário. ◻ SIN. beca. **2** Na Roma Antiga, manto de lã que se colocava sobre a túnica.

togado, da ⟨to.ga.do, da⟩ adj./s. Que ou quem veste toga, em relação especialmente a alguns magistrados e juízes.

togolês, -a ⟨to.go.lês, le.sa⟩ (Pron. [togolês], [togolêsa]) adj./s. Do Togo ou relacionado a esse país africano.

toicinho ⟨toi.ci.nho⟩ s.m. →**toucinho**

toitiço ⟨toi.ti.ço⟩ s.m. →**toutiço**

tolda ⟨tol.da⟩ s.f. Em uma embarcação, cobertura de palha ou de madeira que se utiliza para abrigar passageiros ou carga.

toldo ⟨tol.do⟩ (Pron. [tôldo]) s.m. Cobertura de lona ou de plástico que se serve para fazer sombra ou para proteger do sol e da chuva.

tolerância ⟨to.le.rân.cia⟩ s.f. **1** Ato ou efeito de tolerar. **2** Qualidade de tolerante. **3** Resistência a determinadas substâncias: *Evita beber, pois não tem tolerância ao álcool.* **4** Permissão ou autorização: *Nesta empresa, temos tolerância de dez minutos para atrasos.*

tolerante ⟨to.le.ran.te⟩ adj.2g. Que tolera.

tolerar ⟨to.le.rar⟩ v.t.d. **1** Aguentar ou suportar com paciência: *Ele não tolera mentiras.* **2** Permitir (algo que se considera inconveniente ou inadequado) sem aprová-lo de forma expressa: *Tolerou muitos atrasos sem reclamar.* **3** Suportar ou resistir (a um medicamento): *Meu organismo não tolera esse remédio.*

tolerável ⟨to.le.rá.vel⟩ (pl. *toleráveis*) adj.2g. Que se pode tolerar.

tolher ⟨to.lher⟩ v.t.d. Impedir ou dificultar.

tolice ⟨to.li.ce⟩ s.f. **1** Aquilo que é dito ou feito sem fundamento nem lógica. ◻ SIN. besteira, bobagem, tonteira, tontice. **2** Aquilo que não tem importância nem relevância: *Não perca tempo com tolices.*

tolo, la ⟨to.lo, la⟩ (Pron. [tôlo]) **I** adj. **1** Sem fundamento ou sem base lógica. **I** adj./s. **2** Que ou quem tem pouca inteligência ou pouco entendimento.

tom (pl. *tons*) s.m. **1** Na escala musical, altura de um som ou da voz. **2** Modo de falar ou de se expressar, segundo a intenção ou o estado de espírito. **3** Força ou intensidade de um som. **4** Em relação a uma cor, grau ou intensidade: *Gosto de paredes pintadas com tons claros.* **5** Em música, intervalo ou distância formada por dois semitons. **6** Em música, conjunto de relações hierárquicas que são estabelecidas entre as escalas e acordes, sendo a tônica a função principal ou central.

tomada ⟨to.ma.da⟩ s.f. **1** Dispositivo que serve para conectar um aparelho elétrico à fonte de energia e que consta geralmente de uma parte fixa, colocada no terminal da rede, e de outra móvel, unida ao cabo do aparelho. **2** Em uma instalação elétrica, ponto externo em que se conectam aparelhos elétricos. **3** Em cinema ou em televisão, filmagem ou registro de uma cena: *Este filme começa com uma tomada aérea da cidade.*

tomar ⟨to.mar⟩ **I** v.t.d. **1** Comer, beber ou ingerir: *De manhã, só tomou café puro.* **I** v.t.d./v.t.d.i. **2** Pedir ou exigir (uma explicação ou uma satisfação) [a alguém]: *Decidiu tomar satisfações com o colega que o criticara.* **I** v.t.d. **3** Adotar ou empregar: *tomar uma medida; tomar uma atitude.* **I** v.t.d./v.t.d.i. **4** Segurar ou sustentar (algo) [nas mãos ou nos braços]: *O goleiro tomou a bola com as duas mãos. Tomei o bebê nos braços.* **I** v.t.d./v.t.d.i. **5** Tirar (uma propriedade alheia) [de seu dono] e apoderar-se dela: *Os bandidos tomaram todas as minhas joias.* **I** v.t.d. **6** Ocupar ou conquistar (um lugar): *Os manifestantes tomaram as ruas.* **7** Embarcar em (um meio de transporte): *Para ir à escola, tomamos um ônibus.* **8** Pegar ou receber: *Ela adora tomar sol.* **I** v.t.d.i./v.prnl. **9** Ser invadido por (um sentimento) [em relação a algo ou alguém] ou arrebatar-se com uma sensação: *Tomou ódio daquele emprego.* **I** v.t.d. **10** Seguir (uma direção ou um caminho): *Para encurtar o percurso, tomamos um atalho.* **I** v.t.d./v.t.d.i. **11** Em relação a uma atividade, gastar ou consumir (uma quantidade de tempo) [de quem a executa]: *Este trabalho me tomou duas horas.* **I** v.t.d. **12** Escolher ou eleger: *Após refletir, tomei a decisão correta.* **13** Receber (uma aula ou um ensinamento): *Desde pequeno, toma aulas de piano.* ◻ USO Funciona como verbo-suporte quando acompanha determinados substantivos e forma com eles uma unidade de sentido completa: *tomar coragem = encorajar-se; tomar banho = banhar-se.*

tomara ⟨to.ma.ra⟩ interj. Expressão usada para indicar um desejo forte de que algo aconteça: *Tomara que não chova no fim de semana!*

tomate ⟨to.ma.te⟩ s.m. **1** Planta herbácea de ramos peludos e frágeis, com folhas serrilhadas, flores amarelas, e cujo fruto, carnoso, vermelho ou verde, redondo e suculento é bastante usado na alimentação. ◻ SIN. tomateiro. **2** Esse fruto.

tomateiro ⟨to.ma.tei.ro⟩ s.m. Planta herbácea de ramos peludos e frágeis, com folhas serrilhadas, flores amarelas, e cujo fruto é o tomate. ◻ SIN. tomate.

tombadilho ⟨tom.ba.di.lho⟩ s.m. Em uma embarcação, estrutura construída em sua popa e que se utiliza como alojamento.

tombar ⟨tom.bar⟩ **I** v.t.d./v.int. **1** Fazer cair, cair ou pender para o lado: *O caminhão tombou ao fazer a curva.* **I** v.int. **2** *eufemismo* Morrer. **I** v.t.d. **3** Colocar em um inventário (bens materiais): *A bibliotecária tombou os novos livros doados.* **4** Determinar a proteção e conservação de (um bem móvel ou imóvel), sob a guarda do Estado, por serem de interesse público devido ao seu valor histórico, artístico, arqueológico, cultural ou outro: *O Governo decidiu tombar dois edifícios antigos do centro da cidade.*

tombo ⟨tom.bo⟩ s.m. **1** Queda. **2** Inventário ou registro de bens. **3** Queda de uma corrente de água causada por um desnível no relevo. ◻ SIN. cachoeira, queda-d'água, salto.

tômbola ⟨tôm.bo.la⟩ s.f. Loteria com fins beneficentes e cujos prêmios não são em dinheiro.

tomilho ⟨to.mi.lho⟩ s.m. Planta arbustiva aromática de caule lenhoso, com folhas perenes e pequenas, flores brancas, rosadas ou roxas, que se utiliza em perfumaria, em culinária como condimento ou na preparação de infusões por suas propriedades medicinais.

tomo ⟨to.mo⟩ s.m. Cada uma das partes em que se divide uma obra impressa ou manuscrita e que se encaderna separadamente.

tomografia ⟨to.mo.gra.fi.a⟩ s.f. Técnica radiológica que permite visualizar as estruturas anatômicas na forma de cortes.

tona ⟨to.na⟩ ‖ **a tona** À superfície: *A verdade sempre vem à tona.*

tonal ⟨to.nal⟩ (pl. *tonais*) adj.2g. Em música, relacionado ao tom ou à tonalidade.

tonalidade ⟨to.na.li.da.de⟩ s.f. **1** Graduação de tons. **2** Em música, conjunto de relações hierárquicas que são estabelecidas entre as escalas e acordes, sendo a tônica a função principal ou central.

tonel ⟨to.nel⟩ (pl. *tonéis*) s.m. Recipiente que serve para guardar líquidos, formado por tábuas curvas presas por arcos metálicos e fechado por tampos.

tonelada ⟨to.ne.la.da⟩ s.f. Unidade de massa equivalente a mil quilogramas. ☐ ORTOGRAFIA Seu símbolo é *t*, sem ponto.

tonelagem ⟨to.ne.la.gem⟩ (pl. *tonelagens*) s.f. Capacidade de carga de um veículo de transporte.

tonganês, -a ⟨ton.ga.nês, ne.sa⟩ (Pron. [tonganês], [tonganêsa]) ▮ adj./s. **1** De Tonga ou relacionado a esse país da Oceania. ▮ s.m. **2** Língua desse país.

tônica ⟨tô.ni.ca⟩ s.f. **1** Vogal, sílaba ou palavra pronunciadas com acento de intensidade. **2** Em música, em uma partitura, grau ou função principais ou centrais que nomeiam uma escala ou uma tonalidade. **3** →água tônica

tonicidade ⟨to.ni.ci.da.de⟩ s.f. **1** Grau de tensão e de vitalidade dos tecidos orgânicos. **2** Característica de uma vogal, de uma sílaba ou de uma palavra pronunciadas com acento de intensidade.

tônico, ca ⟨tô.ni.co, ca⟩ ▮ adj./s.m. **1** Que revigora ou que reconstitui. ▮ adj./s.f. **2** Em relação a uma vogal, a uma sílaba ou a uma palavra, que são pronunciadas com acento de intensidade. ▮ s.m. **3** Remédio ou medicamento que fortalecem o organismo. ☐ SIN. reconstituinte.

tonificar ⟨to.ni.fi.car⟩ v.t.d./v.prnl. Fortalecer(-se) ou revigorar(-se): *Exercícios físicos tonificam os músculos.* ☐ ORTOGRAFIA Antes de e, o c muda para qu →BRINCAR.

tonitruante ⟨to.ni.tru.an.te⟩ adj.2g. Ruidoso ou estrepitoso. ☐ SIN. estrondoso.

tonsila ⟨ton.si.la⟩ ∥ **tonsila palatina** Cada uma das massas de tecido linfático localizadas em ambos os lados da garganta. ☐ USO É a nova denominação de *amígdala*.

tonsura ⟨ton.su.ra⟩ s.f. **1** Na Igreja Católica, corte de cabelo arredondado no topo da cabeça dos clérigos, que simboliza o grau preparatório para receber as ordens menores. **2** Corte do pelo ou da lã de um animal. ☐ SIN. tosa, tosquia.

tonsurado ⟨ton.su.ra.do⟩ s.m. Homem que recebeu as ordens sagradas. ☐ SIN. clérigo.

tontear ⟨ton.te.ar⟩ ▮ v.int. **1** Fazer ou dizer bobagens: *Deixe de tontear, pois o assunto é sério.* ▮ v.t.d./v.prnl. **2** Causar ou sentir tontura ou vertigem: *A pancada me tonteou. Sem comer, ela tonteou ao fazer ginástica.* **3** Perturbar ou ter alterada a estabilidade ou a tranquilidade: *A presença do artista tonteou as fãs.* ☐ ORTOGRAFIA O e muda para ei quando a sílaba tônica estiver na raiz do verbo →NOMEAR.

tonteira ⟨ton.tei.ra⟩ s.f. **1** *informal* Vertigem ou sensação intensa de perda de equilíbrio. **2** Aquilo que é dito ou feito sem fundamento nem lógica. ☐ SIN. besteira, bobagem, tolice, tontice.

tontice ⟨ton.ti.ce⟩ s.f. Aquilo que é dito ou feito sem fundamento nem lógica. ☐ SIN. besteira, bobagem, tolice, tonteira.

tonto, ta ⟨ton.to, ta⟩ ▮ adj. **1** Sem fundamento nem lógica. **2** Que acontece sem um motivo ou sem uma causa aparente importantes: *um riso tonto*. **3** Com vertigem ou sensação intensa de perda de equilíbrio: *Precisou sentar-se, pois estava levemente tonta.* **4** *informal* Levemente embriagado. ▮ adj./s. **5** Que ou quem tem pouca inteligência ou pouco entendimento. ∥ **fazer-se de tonto** Fingir não entender aquilo que não interessa.

tontura ⟨ton.tu.ra⟩ s.f. *informal* Vertigem ou sensação intensa de perda de equilíbrio.

top *(palavra inglesa)* (Pron. [tópi]) s.m. Peça do vestuário feminino, justa no corpo e sem mangas, que cobre o peito e que geralmente deixa à mostra parte da barriga.

topada ⟨to.pa.da⟩ s.f. **1** Golpe involuntário dado com o pé em um obstáculo ao caminhar, e que pode causar uma queda ou um tombo. ☐ SIN. tropeção, tropicão. **2** *informal* Choque ou golpe violentos entre duas pessoas que se encontram.

topar ⟨to.par⟩ ▮ v.t.d./v.t.i./v.prnl. **1** Encontrar(-se) casualmente ou de forma inesperada [com alguém]: *Topei com um amigo na saída do cinema.* ▮ v.t.d. **2** *informal* Aceitar.

topázio ⟨to.pá.zio⟩ s.m. Pedra fina, muito dura e de cor amarela transparente.

tope ⟨to.pe⟩ s.m. **1** Em um corpo sólido, parte mais alta. **2** Ponto mais alto ou último grau a que se pode chegar. **3** Enfeite, geralmente em forma de laço de fita.

topete ⟨to.pe.te⟩ (Pron. [topéte] ou [topête]) s.m. **1** Mecha de cabelo mais alta, situada na parte da frente da cabeça de uma pessoa, logo acima da testa. **2** Em relação a uma ave, conjunto de penas longas e dispostas verticalmente no alto de sua cabeça. **3** Em relação a um cavalo, mecha de pelo de sua crina que fica tombada na frente de sua cabeça.

tópico, ca ⟨tó.pi.co, ca⟩ ▮ adj./s.m. **1** Em relação à aplicação de um medicamento, que é feita sobre a pele. **2** Em relação a um medicamento, que é aplicado externamente. ▮ s.m. **3** Assunto ou tema que algo aborda.

top model *(palavra inglesa)* (Pron. [topi módel]) s.2g. Modelo muito cotado.

topo ⟨to.po⟩ (Pron. [tôpo]) s.m. **1** Na elevação de um terreno ou em algo elevado, parte mais alta. ☐ SIN. cimo, coroa. **2** Extremidade ou parte mais alta.

topografia ⟨to.po.gra.fi.a⟩ s.f. **1** Técnica de descrever e de representar minuciosamente a superfície de um terreno. ☐ SIN. topologia. **2** Conjunto de características apresentadas pela superfície de um terreno.

topologia ⟨to.po.lo.gi.a⟩ s.f. **1** Técnica de descrever e de representar minuciosamente a superfície de um terreno. ☐ SIN. topografia. **2** Parte da matemática que estuda as propriedades geométricas de um corpo. **3** Estudo sobre a posição das palavras nas orações de acordo com suas classes gramaticais.

toponímia ⟨to.po.ní.mia⟩ s.f. **1** Estudo dos nomes próprios de lugar. **2** Conjunto dos nomes próprios de lugar de um território.

topônimo ⟨to.pô.ni.mo⟩ s.m. Nome próprio de lugar.

toque ⟨to.que⟩ s.m. **1** Golpe ou batida leves. **2** Aproximação e contato de uma parte do corpo, especialmente da mão, com uma superfície. **3** Som produzido por algum instrumento ou por algum aparelho: *o toque de uma campainha; o toque de um trompete.* **4** Detalhe, matiz ou característica: *As velas dão um toque de aconchego à sala.* **5** *informal* Aviso, indicação ou advertência: *Dê um toque a seus amigos de que não haverá aula.* **6** Exame clínico que consiste na introdução de um ou mais dedos de um médico em um orifício do paciente para analisá-lo por meio do tato. **7** Em futebol, estilo de jogo que consiste em passar a bola entre os companheiros de time inúmeras vezes, até que se consiga furar a defesa adversária. ∥ **toque de recolher** Proibição de circular nas ruas ou de permanecer nelas durante um determinado período.

tora ⟨to.ra⟩ s.f. Pedaço grande de tronco de madeira.

torácico, ca ⟨to.rá.ci.co, ca⟩ adj. Do tórax ou relacionado a ele.

toranja ⟨to.ran.ja⟩ s.f. Fruto da toranjeira, semelhante a uma laranja, porém maior, com casca amarela e polpa rósea. ☐ SIN. pomelo.

toranjeira ⟨to.ran.jei.ra⟩ s.f. Árvore frutífera de copa arredondada, com flores brancas, cujo fruto é a toranja. ☐ SIN. pomelo.

tórax ⟨tó.rax⟩ (Pron. [tóracs]) s.m.2n. Parte do corpo compreendida entre o pescoço e o abdome, em cujo interior estão o coração e os pulmões.

torção ⟨tor.ção⟩ (pl. *torções*) s.f. **1** Movimento brusco ou forçado de uma articulação do corpo. ☐ SIN. torcedura. **2** Volta ou giro de um objeto sobre si mesmo.

torcedor, -a ⟨tor.ce.dor, do.ra⟩ (Pron. [torcedôr], [torcedôra]) ▌adj. **1** Que torce. ▌s. **2** Seguidor incondicional ou entusiasta, especialmente se for de um esporte.

torcedura ⟨tor.ce.du.ra⟩ s.f. Movimento brusco ou forçado de uma articulação do corpo. ☐ SIN. torção.

torcer ⟨tor.cer⟩ ▌v.t.d. **1** Girar (um objeto) em torno de si mesmo: *Torci o pano para tirar o excesso de água*. **2** Mover de forma brusca ou forçada (uma articulação do corpo): *Torci o pé e por isso estou mancando*. ▌v.t.i. **3** Ter admiração ou preferência [por um esportista ou um time] e segui-lo de forma incondicional e entusiasta: *Sempre torceu para o time de sua cidade*. ▌v.t.d. **4** Interpretar de forma errônea (palavras ou significados): *Desculpe, mas você está torcendo o que eu disse*. ▌v.t.i. **5** Desejar o acontecimento [de algo considerado bom]: *Vamos torcer para que você consiga esse emprego!* **6** Desejar felicidade ou sucesso [a alguém]: *Todos torcemos muito pelos noivos!* ☐ ORTOGRAFIA Antes de a ou o, o c muda para ç →CONHECER.

torcicolo ⟨tor.ci.co.lo⟩ s.m. Contração involuntária e dolorosa dos músculos do pescoço, que o deixa imobilizado ou torto.

torcida ⟨tor.ci.da⟩ s.f. **1** Grupo de torcedores. **2** Em uma vela ou em um candeeiro, cordão, geralmente de linha ou de algodão, colocado no centro e usado para iluminar quando em combustão. ☐ SIN. pavio.

tordilho, lha ⟨tor.di.lho, lha⟩ adj./s. Em relação a um animal de montaria, que tem a pelagem branca mesclada com pelos pretos.

tordo ⟨tor.do⟩ (Pron. [tôrdo]) s.m. Pássaro com corpo robusto, de bico fino e amarelo, com plumagem marrom na parte superior e branca com manchas pardas no ventre, que se alimenta de insetos. ☐ GRAMÁTICA É um substantivo epiceno: *o tordo(macho/fêmea)*.

-tório Sufixo que indica lugar: *ambulatório, consultório*.

tório ⟨tó.rio⟩ s.m. Elemento químico da família dos metais, de número atômico 90, sólido, que pertence ao grupo das terras raras e que é mais pesado que o ferro. ☐ ORTOGRAFIA Seu símbolo químico é *Th*, sem ponto.

tormenta ⟨tor.men.ta⟩ s.f. **1** Agitação atmosférica caracterizada por fortes ventos, chuvas e trovões. ☐ SIN. tempestade. **2** Tempestade marítima seguida de vento e de chuva. ☐ SIN. procela.

tormento ⟨tor.men.to⟩ s.m. **1** Ato ou efeito de atormentar(oo). **2** Aquilo que causa ou que ameaça causar dor física ou moral.

tormentoso, sa ⟨tor.men.to.so, sa⟩ (Pron. [tormentôso], [tormentósa], [tormentósos], [tormentósas]) adj. Que é conflituosa ou que inclui muitos problemas e tensões.

tornado ⟨tor.na.do⟩ s.m. Furacão ou vento giratório e impetuoso, em formato de funil.

tornar ⟨tor.nar⟩ ▌v.t.d./v.t.d.i./v.prnl. **1** Transformar(-se) (uma coisa) [em outra]: *A baixa temperatura tornou a água do mar em um grande iceberg. Tornou-se médico depois de muitos anos de estudo*. ▌v.t.i. **2** Voltar [a um lugar ou a uma situação]: *Esperava ansioso pelo dia de tornar à sua cidade*. ▌v.t.d.i. **3** Devolver (um objeto) [ao verdadeiro dono]: *Tornou a ele o livro que tomara emprestado*. ‖ **tornar a** Seguido de um verbo no infinitivo, voltar a fazer aquilo que se expressa: *Mesmo sabendo que você não estava, ele tornou a ligar*. ☐ GRAMÁTICA Na acepção 1, o objeto pode vir acompanhado de um complemento que o qualifica: *Tornou-se médico depois de muitos anos de estudo*.

torneamento ⟨tor.ne.a.men.to⟩ s.m. Ato ou efeito de tornear.

tornear ⟨tor.ne.ar⟩ v.t.d. **1** Moldar usando um torno. **2** Intensificar as curvas de (uma parte do corpo): *Os exercícios diários ajudam a tornear os músculos*. ☐ ORTOGRAFIA O e muda para *ei* quando a sílaba tônica estiver na raiz do verbo →NOMEAR.

torneio ⟨tor.nei.o⟩ s.m. **1** Série de competições ou de jogos nos quais vários competidores ou várias equipes disputam entre si, eliminando-se uns aos outros de forma progressiva. **2** Antigamente, combate a cavalo disputados entre vários cavaleiros de grupos opostos. **3** Moldagem de um objeto usando um torno. **4** Suavização das curvas, especialmente se forem de uma parte do corpo. **5** Modo de expressão elaborado.

torneira ⟨tor.nei.ra⟩ s.f. Dispositivo que serve para abrir, para fechar ou para regular a passagem de um líquido contido em um depósito.

torneiro, ra ⟨tor.nei.ro, ra⟩ s. Pessoa que se dedica profissionalmente à realização de trabalhos com o torno.

torniquete ⟨tor.ni.que.te⟩ (Pron. [torniquête]) s.m. **1** Meio em que a pressão é usada para deter uma hemorragia nos membros. **2** Instrumento usado para apertar algo. **3** Mecanismo que se coloca na entrada ou na saída de um local, estabelecimento ou veículo para que as pessoas passem uma de cada vez. ☐ SIN. borboleta, catraca, molinete, roleta.

torno ⟨tor.no⟩ (Pron. [tórno], [tórnos] ou [tôrnos]) s.m. **1** Máquina que serve para moldar peças de madeira ou de barro por meio de movimentos de rotação. **2** Máquina industrial que serve para dar acabamento a metais, fabricando peças de forma circular. ‖ **em torno de 1** Ao redor ou em volta de: *As crianças se sentaram em torno da mesa*. **2** A respeito de: *O crítico fez considerações em torno dos filmes de Glauber Rocha*.

tornozelo ⟨tor.no.ze.lo⟩ (Pron. [tornozêlo]) s.m. Parte do corpo humano pela qual se articulam as pernas e os pés, em cujas laterais há duas protuberâncias formadas respectivamente pelos ossos da tíbia e fíbula.

toró ⟨to.ró⟩ s.m. *informal* Pancada ou chuva forte e de pouca duração.

torpe ⟨tor.pe⟩ (Pron. [tôrpe]) adj.2g. **1** Que pratica atos desprezíveis ou maus. **2** Inconveniente, inoportuno, obsceno ou sem pudor.

torpedeiro ⟨tor.pe.dei.ro⟩ s.m. Barco de guerra preparado para o lançamento de torpedos.

torpedo ⟨tor.pe.do⟩ (Pron. [torpêdo]) s.m. **1** Projétil cilíndrico de grande tamanho, provido de uma carga com grande potência explosiva, geralmente lançado por baixo da água. **2** Mensagem escrita, geralmente curta e que se envia por celular.

torpor ⟨tor.por⟩ (Pron. [torpôr]) s.m. **1** Entorpecimento ou diminuição da consciência de movimento de uma parte do corpo. **2** Apatia ou falta de interesse ou de entusiasmo.

torque ⟨tor.que⟩ s.m. Intensidade que induz um movimento de rotação em torno de um eixo, como efeito da aplicação de uma força em um braço ou alavanca.

torquês ⟨tor.quês⟩ s.m. Ferramenta geralmente de ferro, semelhante a um alicate, usada para segurar ou arrancar objetos presos ou para cortar objetos maleáveis.

torrada ⟨tor.ra.da⟩ s.f. Fatia ou pedaço de pão levados ao forno, tostados e crocantes.

torradeira ⟨tor.ra.dei.ra⟩ s.f. Aparelho elétrico usado para torrar pães. [◉ eletrodomésticos p. 292]

torrão ⟨tor.rão⟩ (pl. *torrões*) s.m. **1** Terra ou terreno próprios para serem cultivados. ☐ SIN. gleba. **2** Porção de terra aglutinada. **3** Terreno ou espaço em que há terra endurecida. **4** Terra em que uma pessoa nasce.

torrar

□ SIN. gleba. **5** Parte ou pedaço de um todo: *um torrão de açúcar.*

torrar ⟨tor.rar⟩ ▌v.t.d. **1** Colocar (um alimento) no forno ou em uma torradeira até que fique dourado, sem chegar a queimar: *torrar um pão.* □ SIN. tostar. ▌v.int. **2** Ficar dourado sem chegar a queimar, por ação do calor de um forno ou de uma torradeira (um alimento): *Colocou uma porção de amendoins no fogo até torrar.* □ SIN. tostar. ▌v.t.d. **3** Secar (um corpo) ou fazer sua parte líquida evaporar. **4** Curtir ou deixar morena (a pele) por ação do sol. **5** *informal* Gastar (uma quantia) de forma desnecessária e por completo.

torre ⟨tor.re⟩ (Pron. [tôrre]) s.f. **1** Antigamente, construção fortificada, alta e estreita, que servia para se defender dos ataques inimigos. **2** Prédio ou edifício alto e estreito. **3** Estrutura metálica de grande altura: *Do alto do prédio, podíamos ver muitas torres de emissoras de rádio e TV.* **4** No jogo de xadrez, peça que representa essa construção e que se movimenta em qualquer direção apenas em linha reta, exceto na diagonal. □ SIN. roque. [◉ xadrez p. 827]

torreão ⟨tor.re.ão⟩ (pl. *torreões*) s.m. **1** Torre grande para a defesa de uma fortificação ou de um castelo. **2** Terraço ou pavilhão no alto de uma construção.

torrefação ⟨tor.re.fa.ção⟩ (pl. *torrefações*) s.f. **1** Processo de torrar grãos de café. **2** Lugar onde se torram grãos de café.

torrencial ⟨tor.ren.ci.al⟩ (pl. *torrenciais*) adj.2g. Da torrente ou com suas características.

torrente ⟨tor.ren.te⟩ s.f. **1** Corrente de água rápida e veloz formada em época de muitas chuvas ou de rápido degelo. **2** Abundância ou fluência: *uma torrente de emoções.*

torresmo ⟨tor.res.mo⟩ (Pron. [torrêsmo]) s.m. Pedaço de toucinho frito ou para fritar.

tórrido, da ⟨tór.ri.do, da⟩ adj. Muito quente ou muito caloroso.

torso ⟨tor.so⟩ (Pron. [tôrso]) s.m. **1** No corpo de uma pessoa, parte à qual estão articulados a cabeça e os membros, composto pelo peito, pelo abdome e pelas costas. □ SIN. tronco. **2** Estátua que representa apenas essa parte do corpo, sem a cabeça ou os membros.

torta ⟨tor.ta⟩ s.f. **1** Massa salgada, compacta, geralmente à base de farinha, e recheada com diversos ingredientes. **2** Massa doce, geralmente de formato arredondado, com recheio e cobertura cremosos, podendo conter frutas.

torto, ta ⟨tor.to, ta⟩ (Pron. [tôrto], [tórta], [tórtos], [tórtas]) adj. **1** Que não é reto ou que não está reto. □ SIN. tortuoso. **2** Inclinado ou posicionado na transversal.

tortuoso, sa ⟨tor.tu.o.so, sa⟩ (Pron. [tortuôso], [tortuósa], [tortuósos], [tortuósas]) adj. **1** Com muitas voltas ou rodeios. **2** Que não é reto ou que não está reto. □ SIN. torto. **3** Desonesto, ilegal ou sujo: *Valeu-se de meios tortuosos para chegar aos seus fins.*

tortura ⟨tor.tu.ra⟩ s.f. **1** Ato ou efeito de torturar(-se). **2** Aquilo que causa sofrimento, mal-estar ou desgosto grandes: *Suportar a música estridente daquele violino era uma verdadeira tortura!*

torturador, -a ⟨tor.tu.ra.dor, do.ra⟩ (Pron. [torturadôr], [torturadóra]) adj./s. Que ou quem tortura. □ GRAMÁTICA O sinônimo do adjetivo é *torturante.*

torturante ⟨tor.tu.ran.te⟩ adj.2g. Que tortura. □ SIN. torturador.

torturar ⟨tor.tu.rar⟩ v.t.d./v.prnl. Atormentar(-se), causar ou sofrer tortura: *Não se torture com isso, tudo tem solução!*

torvelinho ⟨tor.ve.li.nho⟩ s.m. Movimento giratório e rápido, especialmente se for do ar ou da água, gerado pelo encontro de ondas ou ventos opostos. □ SIN. remoinho.

torvo, va ⟨tor.vo, va⟩ (Pron. [tôrvo]) adj. Feroz, temível ou que causa medo ou espanto, especialmente em relação ao olhar.

tosa ⟨to.sa⟩ s.f. Corte do pelo ou da lã de um animal. □ SIN. tonsura, tosquia.

tosão ⟨to.são⟩ (pl. *tosões*) s.m. Lã ou pelo do carneiro.

tosar ⟨to.sar⟩ v.t.d. Cortar o pelo ou a lã de (uma pessoa ou um animal). □ SIN. tosquiar.

tosco, ca ⟨tos.co, ca⟩ (Pron. [tôsco]) adj. **1** Rústico, sem polimento ou de pouca qualidade ou valor. **2** Sem delicadeza ou sem educação nem cultura.

tosquia ⟨tos.qui.a⟩ s.f. Corte do pelo ou da lã de um animal. □ SIN. tonsura, tosa.

tosquiar ⟨tos.qui.ar⟩ v.t.d. Cortar o pelo ou a lã de (uma pessoa ou um animal). □ SIN. tosar.

tosse ⟨tos.se⟩ s.f. Expulsão brusca e ruidosa do ar dos pulmões depois de uma inspiração profunda.

tossir ⟨tos.sir⟩ v.int. Ter tosse ou provocá-la voluntariamente.

tostão ⟨tos.tão⟩ (pl. *tostões*) s.m. **1** Moeda brasileira, vigente até a adoção do cruzeiro. **2** *informal* Quantia irrisória ou de pouco valor: *Este relógio não vale um tostão!*

tostar ⟨tos.tar⟩ ▌v.t.d. **1** Colocar (um alimento) no fogo ou em uma torradeira até que fique dourado, sem chegar a queimar. □ SIN. torrar. ▌v.int./v.prnl. **2** Ficar dourado sem chegar a queimar, por ação do calor de um forno ou de uma torradeira (um alimento). □ SIN. torrar. ▌v.t.d./v.prnl. **3** Tornar(-se) (a pele) morena por ação do sol.

total ⟨to.tal⟩ (pl. *totais*) ▌adj.2g. **1** Geral, completo ou que afeta a todos os elementos. ▌s.m. **2** Em matemática, resultado de uma adição. **3** Conjunto dos elementos que compõem um todo. □ SIN. totalidade.

totalidade ⟨to.ta.li.da.de⟩ s.f. Conjunto dos elementos que compõem um todo. □ SIN. total.

totalitário, ria ⟨to.ta.li.tá.rio, ria⟩ adj. Do totalitarismo ou relacionado a esse regime político.

totalitarismo ⟨to.ta.li.ta.ris.mo⟩ s.m. Regime político caracterizado pela concentração dos poderes em um grupo ou em um partido que exercem uma forte intervenção em todos os assuntos da vida nacional.

totalitarista ⟨to.ta.li.ta.ris.ta⟩ ▌adj.2g. **1** Do totalitarismo ou relacionado a ele. ▌adj.2g./s.2g. **2** Partidário do totalitarismo.

totalizar ⟨to.ta.li.zar⟩ v.t.d. **1** Somar (diferentes quantidades) ou determinar seu total: *Os gastos das compras totalizaram cem reais.* **2** Finalizar ou completar: *Precisamos totalizar o trabalho até o fim do próximo mês.*

totem ⟨to.tem⟩ (pl. *totens*) s.m. Objeto da natureza ou representação tomados como símbolo protetor de uma tribo ou de um indivíduo.

touca ⟨tou.ca⟩ s.f. **1** Acessório geralmente de lã ou de linha, que cobre a cabeça e as orelhas para protegê-las do frio. **2** Acessório, geralmente de plástico, que serve para cobrir os cabelos durante o banho, evitando que se molhem.

touça ⟨tou.ça⟩ s.f. Conjunto espesso de plantas da mesma espécie, geralmente herbáceas, que nascem muito próximas. □ SIN. moita.

toucado ⟨tou.ca.do⟩ s.m. Penteado, enfeite ou acessório usados pelas mulheres para adornar ou para cobrir a cabeça.

toucador ⟨tou.ca.dor⟩ (Pron. [toucadôr]) s.m. Móvel, geralmente em forma de mesa, com um espelho e outros objetos, usado especialmente para se pentear ou para o asseio pessoal. □ SIN. penteadeira.

touceira ⟨tou.cei.ra⟩ s.f. **1** Conjunto espesso de vegetação. **2** Em relação a uma árvore, parte viva que permanece no solo após seu corte.

tradutor

toucinho ⟨tou.ci.nho⟩ s.m. Capa de gordura de alguns mamíferos, especialmente a do porco. ☐ ORTOGRAFIA Escreve-se também *toicinho*.

toupeira ⟨tou.pei.ra⟩ s.f. Mamífero insetívoro do tamanho de um rato, de focinho afilado e olhos pequenos, de pelagem preta, suave e densa, cujas patas, com cinco dedos em cada, têm unhas fortes que servem para cavar as galerias subterrâneas em que vivem.

tourada ⟨tou.ra.da⟩ s.f. Espetáculo em que um toureiro enfrenta um determinado número de touros em uma arena.

tourear ⟨tou.re.ar⟩ ∎ v.t.d./v.int. **1** Correr (um touro) ou esquivar-se de um touro em uma arena, seguindo as regras das touradas, até levá-lo à morte. ∎ v.t.d. **2** Provocar ou desafiar (alguém). ☐ ORTOGRAFIA O e muda para *ei* quando a sílaba tônica estiver na raiz do verbo →NOMEAR.

toureiro, ra ⟨tou.rei.ro, ra⟩ s. Pessoa que se dedica às touradas, especialmente como profissão.

touro ⟨tou.ro⟩ ∎ s.m. **1** Boi que não foi castrado. **2** *informal* Homem forte e robusto. ∎ adj.2g.2n./s.2g.2n. **3** Em astrologia, que ou quem nasceu entre 21 de abril e 20 de maio. ☐ SIN. **taurino.** ☐ GRAMÁTICA Na acepção 1, usa-se o substantivo feminino *vaca* para designar a fêmea.

toutiço ⟨tou.ti.ço⟩ s.m. Parte de trás do pescoço que corresponde à zona de união da coluna vertebral com a cabeça. ☐ SIN. **nuca.** ☐ ORTOGRAFIA Escreve-se também *toitiço*.

tóxico, ca ⟨tó.xi.co, ca⟩ (Pron. [tócsico]) ∎ adj./s.m. **1** Em relação a uma substância, que é venenosa. ∎ s.m. **2** *informal* Droga ou substância que causa estímulo, depressão, alucinações ou diminuição da sensibilidade ou da consciência.

toxicomania ⟨to.xi.co.ma.ni.a⟩ (Pron. [tocsicomania]) s.f. Dependência de drogas, calmantes ou outras substâncias tóxicas.

toxina ⟨to.xi.na⟩ (Pron. [tocsina]) s.f. Substância de origem proteica, altamente tóxica, produzida pelos seres vivos.

toxoplasma ⟨to.xo.plas.ma⟩ (Pron. [tocsoplasma]) s.m. Protozoário que parasita seres vertebrados e invertebrados, e que causa a toxoplasmose.

toxoplasmose ⟨to.xo.plas.mo.se⟩ (Pron. [tocsoplasmose]) s.f. Doença infecciosa, congênita ou adquirida, causada por um protozoário.

TPM (pl. *TPMs*) s.f. Conjunto de sintomas e de características que antecedem o período menstrual. ☐ SIN. **tensão pré-menstrual.** ☐ ORIGEM É a sigla de *tensão pré-menstrual*.

tra- →**trans-**

trabalhadeira ⟨tra.ba.lha.dei.ra⟩ adj./s.f. →**trabalhador, -a**

trabalhador, -a ⟨tra.ba.lha.dor, do.ra⟩ (Pron. [trabalhadôr], [trabalhadôra]) ∎ adj. **1** Que trabalha. **2** Que trabalha muito. ∎ s. **3** Pessoa que trabalha em troca de um salário. ☐ GRAMÁTICA Seu feminino também pode ser *trabalhadeira*.

trabalhão ⟨tra.ba.lhão⟩ (pl. *trabalhões*) s.m. *informal* Trabalho extenso, difícil ou cansativo.

trabalhar ⟨tra.ba.lhar⟩ ∎ v.int. **1** Exercer um ofício ou uma profissão. ∎ v.t.i. **2** Esforçar-se ou empenhar-se [para obter um resultado]: *Está trabalhando duro para conseguir uma medalha*. ∎ v.int. **3** Funcionar ou desempenhar uma atividade adequadamente. ∎ v.t.i. **4** Manter relações comerciais [com uma determinada empresa ou entidade]: *Trabalhamos com diversos fornecedores da região*. ∎ v.t.d. **5** Cultivar (a terra): *O lavradores trabalham a terra*. **6** Manipular (uma matéria ou a uma substância) para dar-lhes forma: *Essa escultora gosta de trabalhar a madeira*. **7** Exercitar (o corpo ou uma parte dele) para defini-los ou enriquecê-los: *Hoje, na aula de ginástica, trabalharemos o abdome*.

trabalheira ⟨tra.ba.lhei.ra⟩ s.f. *informal* Trabalho extenso, difícil ou cansativo.

trabalhismo ⟨tra.ba.lhis.mo⟩ s.m. Doutrina ou movimento político que considera a vida econômica da classe trabalhadora.

trabalhista ⟨tra.ba.lhis.ta⟩ ∎ adj.2g. **1** Do trabalhismo ou relacionado a ele: *um partido trabalhista*. ∎ adj.2g./s.2g. **2** Partidário ou seguidor do trabalhismo.

trabalho ⟨tra.ba.lho⟩ s.m. **1** Realização de uma atividade ou de um ofício. **2** Ocupação ou ofício pelos quais se recebe uma remuneração. **3** Lugar em que se exerce essa ocupação. **4** Estudo, exercício ou ensaio: *O professor pediu dois trabalhos de final de curso*. **5** Cultivo da terra: *O trabalho na terra requer resistência física*. **6** Atividade ou esforço. **7** Em algumas religiões afro-brasileiras, culto ou prática que objetivam conseguir algum benefício ou malefício.

trabalhoso, sa ⟨tra.ba.lho.so, sa⟩ (Pron. [trabalhôso], [trabalhôsa], [trabalhôsos], [trabalhôsas]) adj. Que se realiza com muito trabalho ou esforço.

trabuco ⟨tra.bu.co⟩ s.m. Arma de fogo de porte e calibre maior que uma escopeta. ☐ SIN. **bacamarte.**

traça ⟨tra.ça⟩ s.f. **1** Mariposa geralmente noturna cuja larva é de tamanho pequeno, de cor acinzentada e ataca livros, roupas e outros materiais domésticos. [◉ **insetos** p. 456] **2** Larva dessa mariposa: *As traças comem tecidos e pedaços de papel*.

traçado ⟨tra.ça.do⟩ s.m. **1** Traço ou desenho. **2** Desenho feito para a construção de um edifício ou de outra obra: *Os operários estão seguindo o traçado dos engenheiros*.

tração ⟨tra.ção⟩ (pl. *trações*) s.f. Força que puxa ou desloca um objeto.

traçar ⟨tra.çar⟩ v.t.d. **1** Desenhar (linhas ou figuras geométricas): *Trace uma circunferência*. **2** Discorrer ou dispor (um plano) para conseguir algo: *Já traçamos as metas para o próximo ano letivo*. **3** Descrever, compor ou detalhar: *A psicóloga tentava traçar o perfil dos candidatos*. **4** Delimitar ou demarcar (uma área): *Traçaram o terreno assim que a escritura foi regularizada*. ☐ ORTOGRAFIA Antes de *e*, o ç muda para c →**COMEÇAR.**

traço ⟨tra.ço⟩ s.m. **1** Linha ou risco utilizados no desenho ou na escrita. **2** Aparência física ou feição: *A garota tinha traços indígenas*. **3** Vestígio ou indício: *Encontraram traços de sangue no local do crime*.

traço de união ⟨tra.ço de u.ni.ão⟩ (pl. *traços de união*) s.m. Em ortografia, sinal gráfico formado por um pequeno traço horizontal usado, geralmente, para separar sílabas de uma palavra ao final de uma linha ou componentes de palavras compostas. ☐ SIN. **hífen.**

tracoma ⟨tra.co.ma⟩ (Pron. [tracôma]) s.m. Conjuntivite infecciosa e muito contagiosa.

tradição ⟨tra.di.ção⟩ (pl. *tradições*) s.f. **1** Conjunto de valores, usos, costumes ou elementos culturais transmitido de geração em geração. **2** Aquilo que foi transmitido dessa forma: *Tomar chimarrão é uma tradição gaúcha*.

tradicional ⟨tra.di.ci.o.nal⟩ (pl. *tradicionais*) adj.2g. **1** Da tradição ou relacionado a ela. **2** Que segue as normas ou os costumes do passado ou de um tempo anterior.

tradicionalismo ⟨tra.di.ci.o.na.lis.mo⟩ s.m. Defesa ou apego às tradições do passado.

tradução ⟨tra.du.ção⟩ (pl. *traduções*) s.f. **1** Expressão em um idioma daquilo que está escrito ou expresso em um idioma distinto. **2** Obra traduzida: *Estou lendo a tradução de* King Lear - Rei Lear, *de Shakespeare*.

tradutor, -a ⟨tra.du.tor, to.ra⟩ (Pron. [tradutôr], [tradutôra]) ∎ adj. **1** Que traduz: *um programa tradutor de textos*. ∎ s. **2** Pessoa que se dedica à tradução, especialmente como profissão: *um tradutor juramentado*.

traduzir

traduzir ⟨tra.du.zir⟩ ▌v.t.d./v.t.d.i. **1** Expressar (um texto ou uma fala em determinado idioma) [em outro]: *Haroldo de Campos traduziu grandes nomes da literatura universal para o português.* ▌v.t.d. **2** Explicar ou interpretar: *Pode traduzir o que disse, por favor?* **3** Mostrar ou simbolizar: *Esta rosa traduz meu amor por você.* ☐ GRAMÁTICA É um verbo regular, mas perde o e final na terceira pessoa do singular do presente do indicativo →PRODUZIR.

trafegar ⟨tra.fe.gar⟩ v.int. Andar ou passar de um lugar a outro: *Os carros trafegavam com lentidão pela estrada.* ☐ ORTOGRAFIA Antes de *e*, o *g* muda para *gu* →CHEGAR.

tráfego ⟨trá.fe.go⟩ s.m. Passagem contínua de um lugar a outro. ☐ USO É diferente de *tráfico* (comércio ou negociação com dinheiro ou com mercadorias, especialmente se for de forma ilegal).

traficante ⟨tra.fi.can.te⟩ s.2g. Pessoa que pratica o tráfico.

traficar ⟨tra.fi.car⟩ v.t.d./v.t.i./v.int. Comercializar (dinheiro ou mercadorias) ou negociar [com eles] de forma ilegal: *Foi preso por traficar armas.* ☐ ORTOGRAFIA Antes de *e*, o *c* muda para *qu* →BRINCAR.

tráfico ⟨trá.fi.co⟩ s.m. Comércio ou negociação com dinheiro ou com mercadorias, especialmente se for de forma ilegal. ☐ USO É diferente de *tráfego* (passagem contínua de um lugar a outro).

tragada ⟨tra.ga.da⟩ s.f. **1** Inalação ou absorção de fumaça. **2** Gole de bebida alcoólica.

tragar ⟨tra.gar⟩ ▌v.t.d. **1** Inalar ou absorver (a fumaça). ▌v.int. **2** Inalar ou absorver fumaça. ▌v.t.d. **3** Comer (um alimento), especialmente se for de forma rápida: *Tragou um lanche e saiu apressado.* **4** Deixar passar ao interior ou à parte mais profunda de algo: *O mar tragou a embarcação.* **5** Aguentar, suportar ou tolerar: *Não consigo tragar tanta falsidade!* ☐ ORTOGRAFIA Antes de *e*, o *g* muda para *gu* →CHEGAR.

tragédia ⟨tra.gé.dia⟩ s.f. **1** Situação ou acontecimento trágicos: *uma tragédia aérea.* **2** Obra dramática cuja ação tem um final funesto.

trágico, ca ⟨trá.gi.co, ca⟩ adj. **1** Da tragédia ou relacionado a ela. **2** Desgraçado e profundamente comovente.

tragicomédia ⟨tra.gi.co.mé.dia⟩ s.f. Obra dramática com traços de comédia e de tragédia.

tragicômico, ca ⟨tra.gi.cô.mi.co, ca⟩ adj. **1** Da tragicomédia ou relacionado a ela. **2** Que tem as qualidades do trágico e do cômico: *uma situação tragicômica.*

trago ⟨tra.go⟩ s.m. Parte de um líquido que se toma de uma só vez.

traição ⟨tra.i.ção⟩ (pl. *traições*) s.f. **1** Ato ou efeito de trair(-se). **2** Ação ou comportamento desleais.

traiçoeiro, ra ⟨trai.ço.ei.ro, ra⟩ adj. **1** Que implica traição ou falsidade. **2** Em relação a um animal, astuto e falso. **3** Que causa dano ou prejuízo embora pareça inofensivo.

traidor, -a ⟨tra.i.dor, do.ra⟩ (Pron. [traidôr], [traidôra]) adj./s. Que ou quem comete traição.

trailer (palavra inglesa) (Pron. [trêiler]) s.m. **1** Vagão que serve de habitação e é puxado por um carro. [☞ habitação p. 420] **2** Pequeno trecho de um filme: *No cinema, são exibidos trailers dos filmes que entrarão em cartaz.*

traineira ⟨trai.nei.ra⟩ s.f. **1** Embarcação usada para pescar com redes de arrastão. **2** Rede de pesca, com formato de trapézio, usada para capturar sardinhas.

trair ⟨tra.ir⟩ v.t.d. **1** Enganar quebrando a confiança ou a lealdade. ☐ SIN. **atraiçoar. 2** Revelar ou denunciar: *A voz trêmula traía sua insegurança.* ☐ SIN. **atraiçoar. 3** Deixar de cumprir (um compromisso ou uma obrigação): *Nunca traiu a promessa feita aos pais.* ☐ GRAMÁTICA É um verbo irregular →CAIR.

traíra ⟨tra.í.ra⟩ ▌s.f. **1** Peixe de água doce, carnívoro, comestível, de corpo escuro, com dorso negro e abdome branco, e cujos dentes são extremamente afiados. ▌s. 2g. [☞ **peixes (água doce)** p. 608] **2** *informal pejorativo* Traidor. ☐ GRAMÁTICA Na acepção 1, é um substantivo epiceno: *a traíra (macho/fêmea).*

trajar ⟨tra.jar⟩ ▌v.t.d. **1** Utilizar ou vestir (uma peça do vestuário): *As convidadas trajavam vestidos longos.* ☐ SIN. **usar.** ▌v.int./v.prnl. **2** Usar roupas ou vestir-se.

traje ⟨tra.je⟩ s.m. **1** Roupa que se veste habitualmente. **2** Uniforme ou roupa própria de uma profissão ou adequada para realizar uma atividade: *um traje de banho.*

trajeto ⟨tra.je.to⟩ s.m. Espaço que se percorre de um ponto a outro.

trajetória ⟨tra.je.tó.ria⟩ s.f. **1** Linha que descreve o movimento de um ponto por um espaço. **2** Evolução ou desenvolvimento: *O candidato falou sobre sua trajetória profissional.*

tralha ⟨tra.lha⟩ s.f. **1** Rede de pesca pequena. **2** *informal* Conjunto de coisas diversas de uso habitual, especialmente em um trabalho ou em uma atividade. **3** *informal* Conjunto de coisas velhas e sem utilidade.

trama ⟨tra.ma⟩ s.f. **1** Em um tecido, conjunto de fios que se cruzam com os fios da urdidura. **2** Entrelaçamento de fios de arame ou de outro material. ☐ SIN. **tela. 3** Maquinação ou manobra para tentar prejudicar alguém. **4** Em uma obra narrativa ou dramática, conjunto de acontecimentos interligados que levam ao desfecho. ☐ SIN. **enredo, entrecho.**

tramar ⟨tra.mar⟩ ▌v.t.d. **1** Colocar (fios) horizontalmente, cruzando-os com os da urdidura: *Tramou os fios até formar um tapete.* ▌v.t.d./v.t.d.i. **2** Armar ou maquinar (uma traição ou algo ilícito) [contra alguém]: *Os funcionários que tramaram o desvio de verba foram presos.* ▌v.t.d. **3** Planejar com habilidade (algo complicado ou difícil): *A técnica tramou uma jogada para furar a defesa adversária.*

trambique ⟨tram.bi.que⟩ s.m. *informal* Negócio ilícito.

trambolhão ⟨tram.bo.lhão⟩ (pl. *trambolhões*) s.m. Queda violenta em que se rola pelo chão.

trambolho ⟨tram.bo.lho⟩ (Pron. [trambôlho]) s.m. Aquilo que é grande e de pouco utilidade.

tramela ⟨tra.me.la⟩ s.f. No batente de uma porta, peça de madeira ou de metal que gira ao redor de um pino para abri-la. ☐ ORTOGRAFIA Escreve-se também *taramela.*

tramitação ⟨tra.mi.ta.ção⟩ (pl. *tramitações*) s.f. Ato ou efeito de tramitar.

tramitar ⟨tra.mi.tar⟩ v.int. Passar pelos trâmites necessários para que seja resolvido (um assunto ou um negócio).

trâmite ⟨trâ.mi.te⟩ s.m. **1** Cada um dos procedimentos ou dos passos necessários para resolver um assunto ou um negócio. **2** Caminho ou aquilo que leva a um determinado fim.

tramoia ⟨tra.moi.a⟩ (Pron. [tramóia]) s.f. Intriga ou armação engenhosa ou dissimulada.

tramontana ⟨tra.mon.ta.na⟩ s.f. **1** Vento que sopra vindo do norte. **2** Direção, rumo ou orientação. **3** Estrela polar.

trampar ⟨tram.par⟩ v.int. *informal* Trabalhar: *Terminou a faculdade e começou a trampar.*

trampo ⟨tram.po⟩ s.m. *informal* Trabalho.

trampolim ⟨tram.po.lim⟩ (pl. *trampolins*) s.m. Estrutura fixa em uma extremidade e flexível na outra e que serve para tomar impulso antes de saltar ou mergulhar.

tranca ⟨tran.ca⟩ s.f. **1** Madeira grossa e forte, especialmente aquela que se coloca como fecho ou que se atravessa atrás de uma porta para não permitir que ela se abra. **2** Instrumento, geralmente de ferro, comprido e fino, que se coloca especialmente nos carros para evitar que sejam roubados.

trança ⟨tran.ça⟩ s.f. **1** Conjunto de três ou mais mechas de cabelo que se entrelaçam cruzando-se alternadamente. **2** Conjunto de três ou mais fios ou tiras entrelaçados.

trançado, da ⟨tran.ça.do, da⟩ adj. Disposto em trança.

trancafiar ⟨tran.ca.fi.ar⟩ v.t.d. Trancar ou prender.

trancar ⟨tran.car⟩ ▌v.t.d. **1** Fechar com uma tranca ou com um trinco: *trancar uma porta*. **2** Colocar em um lugar fechado: *Trancaram os documentos no cofre.* ▌v.prnl. **3** Isolar-se ou não se comunicar: *Trancou-se no quarto para estudar*. □ ORTOGRAFIA Antes de e, o c muda para qu →BRINCAR.

trançar ⟨tran.çar⟩ v.t.d. **1** Fazer tranças em (mechas de cabelo). **2** Fazer tranças em (fios ou tiras): *Muitos artesãos trançam palha para fazer cestos*. □ ORTOGRAFIA Antes de e, o ç muda para c →COMEÇAR.

tranco ⟨tran.co⟩ s.m. **1** Em relação a um veículo, movimento violento, geralmente causado por mudança brusca de velocidade, de marcha ou de direção. □ SIN. solavanco. **2** Em relação a um cavalo, salto, geralmente de longo alcance. **3** Safanão, esbarrão ou choque entre duas pessoas. ▌**aos trancos e barrancos** *informal* Com dificuldades, superando muitos obstáculos ou de forma intermitente.

tranqueira ⟨tran.quei.ra⟩ s.f. *informal* Objeto ou conjunto de objetos sem utilidade e que geralmente atrapalham o funcionamento de algo.

tranquilidade ⟨tran.qui.li.da.de⟩ (Pron. [tranqüilidade]) s.f. **1** Condição ou estado de tranquilo. **2** Calma ou falta de nervosismo: *Sua tranquilidade acabou me acalmando*.

tranquilizador, -a ⟨tran.qui.li.za.dor, do.ra⟩ (Pron. [tranqüilizadôr], [tranqüilizadôra]) adj. Que tranquiliza.

tranquilizante ⟨tran.qui.li.zan.te⟩ (Pron. [tranqüilizante]) adj.2g./s.m. Em relação especialmente a um medicamento, que tem efeito tranquilizador ou sedativo.

tranquilizar ⟨tran.qui.li.zar⟩ (Pron. [tranqüilizar]) v.t.d./v.prnl. Deixar ou ficar tranquilo.

tranquilo, la ⟨tran.qui.lo, la⟩ (Pron. [tranqüilo]) adj. **1** Sossegado, quieto ou sem agitação. **2** Pacífico, sem nervosismo ou sem excitação. **3** Normal ou sem problemas nem imprevistos: *O jogo foi tranquilo e não teve incidentes*.

trans- Prefixo que significa *ao outro lado* ou *através de*: *transportar, transcontinental, transbordar*. □ USO Usa-se também as formas *tra-* (*travestir*), *tras-* (*trasladar*) ou *tres-* (*trespassar*).

transa ⟨tran.sa⟩ s.f. **1** *informal* Combinação, transação ou negociação. **2** *informal* Aquilo de que se fala. **3** *informal* Relação sexual.

transação ⟨tran.sa.ção⟩ (pl. *transações*) s.f. Negócio ou operação comercial.

transar ⟨tran.sar⟩ ▌v.t.d. **1** *informal* Combinar ou negociar. ▌v.t.i. **2** *informal* Manter relação sexual [com alguém]. ▌v.int. **3** *informal* Manter relação sexual.

transatlântico, ca ⟨tran.sa.tlân.ti.co, ca⟩ ▌adj. **1** Que atravessa ou que está além do Oceano Atlântico (oceano situado entre as costas europeias, africanas e americanas). ▌s.m. **2** Embarcação de grandes dimensões destinada ao transporte de passageiros.

transbordar ⟨trans.bor.dar⟩ ▌v.int. **1** Ultrapassar as bordas (o líquido de um recipiente ou o leito de um rio). ▌v.t.d./v.t.i. **2** Ter (um sentimento) em excesso ou estar cheio [de um sentimento]: *As crianças transbordavam de alegria durante o passeio*.

transbordo ⟨trans.bor.do⟩ s.m. Em uma viagem, mudança de veículo. □ SIN. baldeação.

transcendência ⟨trans.cen.dên.cia⟩ s.f. Qualidade de transcendente.

transformar

transcendental ⟨trans.cen.den.tal⟩ (pl. *transcendentais*) adj.2g. De grande importância e gravidade, especialmente por suas consequências. □ SIN. transcendente.

transcendente ⟨trans.cen.den.te⟩ adj.2g. De grande importância e gravidade, especialmente por suas consequências. □ SIN. transcendental.

transcender ⟨trans.cen.der⟩ ▌v.t.d. **1** Ultrapassar ou superar. ▌v.t.d./v.t.i. **2** Exceder (um limite) ou ir além [de um limite]: *As explicações para esse fato transcendem o senso comum*.

transcontinental ⟨trans.con.ti.nen.tal⟩ (pl. *transcontinentais*) adj.2g. Que atravessa um continente.

transcorrer ⟨trans.cor.rer⟩ v.int. **1** Passar ou ter curso (o tempo): *Os últimos meses transcorreram sem grandes mudanças*. □ SIN. correr, decorrer. **2** Acontecer ou ocorrer: *Os jogos transcorreram sem nenhum incidente*.

transcrever ⟨trans.cre.ver⟩ v.t.d. **1** Copiar ou escrever (algo que está escrito em um lugar) em outro lugar: *A primeira questão da prova transcrevia uma estrofe do poema*. **2** Escrever ou colocar por escrito (um texto oral): *Transcreveram o depoimento da testemunha*. **3** Escrever (um texto escrito em um sistema de caracteres) em outro sistema.

transcrição ⟨trans.cri.ção⟩ (pl. *transcrições*) s.f. Ato ou efeito de transcrever.

transcurso ⟨trans.cur.so⟩ s.m. Sucessão ou passagem do tempo. □ SIN. decorrer, decurso.

transe ⟨tran.se⟩ s.m. **1** Momento difícil, crítico e decisivo pelo qual alguém passa. **2** No espiritismo, estado em que um médium manifesta fenômenos paranormais. **3** Momento em que um artista tem grande inspiração.

transeunte ⟨tran.se.un.te⟩ s.2g. Pessoa que transita ou que passa por um lugar: *Um transeunte testemunhou o acidente*. □ SIN. passante.

transexual ⟨tran.se.xu.al⟩ (Pron. [transecsual]) (pl. *transexuais*) adj.2g./s.2g. Que ou quem acredita pertencer ao sexo oposto ao seu sexo anatômico e que adota o comportamento ou que pode adquirir características sexuais dele, mediante um tratamento hormonal e cirúrgico.

transferência ⟨trans.fe.rên.cia⟩ s.f. Ato ou efeito de transferir(-se).

transferidor ⟨trans.fe.ri.dor⟩ (Pron. [transferidôr]) s.m. Círculo ou semicírculo graduados que servem para medir ou para traçar os ângulos de um desenho geométrico.

transferir ⟨trans.fe.rir⟩ ▌v.t.d./v.prnl. **1** Passar de um lugar a outro: *Nosso escritório foi transferido por causa da reforma*. ▌v.t.d. **2** Deslocar de uma conta a outra (uma quantia de dinheiro). **3** Ceder a outra pessoa (um direito, um domínio ou uma atribuição). □ GRAMÁTICA É um verbo irregular →SERVIR.

transfiguração ⟨trans.fi.gu.ra.ção⟩ (pl. *transfigurações*) s.f. Ato ou efeito de transfigurar(-se).

transfigurar ⟨trans.fi.gu.rar⟩ ▌v.t.d./v.prnl. **1** Fazer mudar ou mudar de aparência ou de aspecto exterior: *Ao ouvir a notícia, seu rosto se transfigurou*. ▌v.t.d.i. **2** Transformar (uma coisa) [em outra]. ▌v.prnl. **3** Transformar-se ou alterar-se.

transformação ⟨trans.for.ma.ção⟩ (pl. *transformações*) s.f. Ato ou efeito de transformar(-se).

transformador, -a ⟨trans.for.ma.dor, do.ra⟩ (Pron. [transformadôr], [transformadôra]) ▌adj./s. **1** Que ou quem transforma. ▌s.m. **2** Aparelho ou elemento de um circuito elétrico que servem para alterar voltagens.

transformar ⟨trans.for.mar⟩ ▌v.t.d./v.prnl. **1** Fazer mudar ou mudar de costumes ou de aparência. ▌v.t.d.i./v.prnl. **2** Converter (uma coisa) ou converter-se em outra]: *O calor transforma o gelo em água líquida*. ▌v.prnl. **3** Disfarçar-se ou fingir-se.

783

transformismo

transformismo ⟨trans.for.mis.mo⟩ s.m. **1** Teoria que sustenta que os seres vivos evoluem lentamente a partir de ancestrais comuns, por meio de mudanças e transformações de seus hábitos e de seu material genético. ◻ SIN. evolucionismo. **2** Arte ou técnica de trocar de roupas e de personagens para interpretar.

trânsfuga ⟨trâns.fu.ga⟩ s.2g. **1** Pessoa que abandona seu partido, seus deveres, seus valores ou suas crenças. **2** Pessoa que, em tempo de guerra, abandona seu exército.

transfusão ⟨trans.fu.são⟩ (pl. *transfusões*) s.f. Introdução de sangue ou de plasma sanguíneo no sistema circulatório de uma pessoa.

transgênero ⟨trans.gê.ne.ro⟩ s.2g. Pessoa que expressa características de gênero não correspondentes àquelas associadas ao seu sexo biológico.

transgênico, ca ⟨trans.gê.ni.co, ca⟩ adj./s.m. Em relação a um organismo vivo, que recebeu um gene de uma outra espécie animal ou vegetal. ◻ GRAMÁTICA O sinônimo do substantivo é *OGM*.

transgredir ⟨trans.gre.dir⟩ v.t.d. **1** Ultrapassar (um limite). **2** Infringir ou violar (uma lei ou regra). ◻ SIN. ultrajar. ◻ GRAMÁTICA É um verbo irregular →PROGREDIR.

transgressão ⟨trans.gres.são⟩ (pl. *transgressões*) s.f. Infração ou violação de uma lei ou regra.

transgressor, -a ⟨trans.gres.sor, so.ra⟩ (Pron. [transgressôr], [transgressôra]) adj./s. Que ou quem comete uma transgressão.

transição ⟨tran.si.ção⟩ (pl. *transições*) s.f. Ato ou efeito de transitar.

transido, da ⟨tran.si.do, da⟩ adj. Consumido por uma angústia ou por uma necessidade.

transigência ⟨tran.si.gên.cia⟩ s.f. Ato ou efeito de transigir.

transigente ⟨tran.si.gen.te⟩ adj.2g. Que transige.

transigir ⟨tran.si.gir⟩ v.t.i. **1** Ser tolerante ou concordar [com algo que não se considera justo, razoável ou verdadeiro]: *Depois de muito discutirmos, transigiu com o que propus.* v.int. **2** Ceder ou consentir: *É impossível transigir em questões que envolvem a dignidade humana.* ◻ ORTOGRAFIA Antes de *a* ou *o*, *o g* muda para *j* →FUGIR.

transistor ⟨tran.sis.tor⟩ (Pron. [transistôr]) s.m. **1** Dispositivo eletrônico, pequeno, que serve para retificar e para amplificar os sinais elétricos. **2** Aparelho de rádio com esses dispositivos.

transitar ⟨tran.si.tar⟩ v.int. **1** Ir de um ponto a outro por uma via pública: *Carros não podem transitar por calçadas.* v.t.i. **2** Passar [para uma nova situação, posição ou área de atuação].

transitável ⟨tran.si.tá.vel⟩ (pl. *transitáveis*) adj.2g. Em relação a um lugar, que permite que se transite por ele. ◻ SIN. viável.

transitivo, va ⟨tran.si.ti.vo, va⟩ adj. Em linguística, em relação especialmente a um verbo, que é usado com complemento.

trânsito ⟨trân.si.to⟩ s.m. **1** Ato de transitar. **2** Movimentação de veículos em vias públicas.

transitório, ria ⟨tran.si.tó.rio, ria⟩ adj. Passageiro, temporário ou que não é definitivo.

translação ⟨trans.la.ção⟩ (pl. *translações*) s.f. **1** Ato ou efeito de transladar. ◻ SIN. trasladação, traslado. **2** Movimento dos astros ao longo de sua órbita.

transladação ⟨trans.la.da.ção⟩ (pl. *transladações*) s.f. →trasladação

transladar ⟨trans.la.dar⟩ v.t.d./v.t.d.i. →trasladar

translado ⟨trans.la.do⟩ s.m. →traslado

transliterar ⟨trans.li.te.rar⟩ v.t.d. Escrever (algo que está escrito em um sistema de caracteres) em outro sistema.

translúcido, da ⟨trans.lú.ci.do, da⟩ adj. Em relação a um corpo, que permite a passagem de luz sem deixar que se vejam os objetos nitidamente.

transmigração ⟨trans.mi.gra.ção⟩ (pl. *transmigrações*) s.f. **1** Ato ou efeito de transmigrar. **2** Segundo algumas crenças, passagem da alma de um corpo a outro após a morte.

transmissão ⟨trans.mis.são⟩ (pl. *transmissões*) s.f. **1** Passagem ou transferência de um lugar a outro. **2** Difusão ou emissão de um programa à longa distância: *A transmissão dos jogos será aos domingos.* **3** Comunicação de uma mensagem ou de uma notícia a alguém: *Ele ficou encarregado da transmissão dos resultados.* **4** Passagem de uma doença a uma pessoa. **5** Condução ou passagem de uma energia.

transmissível ⟨trans.mis.sí.vel⟩ (pl. *transmissíveis*) adj.2g. Que se pode transmitir: *uma doença sexualmente transmissível.*

transmissivo, va ⟨trans.mis.si.vo, va⟩ adj./s. Que ou quem transmite ou pode transmitir. ◻ SIN. transmissor.

transmissor, -a ⟨trans.mis.sor, so.ra⟩ (Pron. [transmissôr], [transmissôra]) ▎adj./s. **1** Que ou quem transmite ou pode transmitir. ◻ SIN. transmissivo. ▎s.m. **2** Equipamento que emite sinais em um sistema de telecomunicações, especialmente se for telegráfico, telefônico ou radiofônico.

transmitir ⟨trans.mi.tir⟩ ▎v.t.d./v.t.d.i./v.prnl. **1** Passar(-se) ou transferir(-se) (algo) [a um lugar ou a uma pessoa]: *Os pais transmitem características hereditárias a seus filhos.* ▎v.t.d. **2** Difundir ou emitir à longa distância (um programa): *A emissora transmitirá o show ao vivo.* ▎v.t.d.i. **3** Fazer chegar (uma mensagem ou uma notícia) [a alguém]: *Por favor, transmita o recado aos seus colegas de classe.* ▎v.t.d./v.t.d.i. **4** Passar (uma doença) [a alguém]: *A urina do rato pode transmitir toxoplasmose.* ▎v.t.d.i. **5** Comunicar (um estado de espírito) [a alguém]: *As visitas dos palhaços transmitiram alegria às crianças hospitalizadas.* ▎v.t.d./v.prnl. **6** Conduzir, deixar passar ou passar (uma energia, especialmente): *A madeira praticamente não transmite calor.*

transmudar ⟨trans.mu.dar⟩ v.t.d./v.t.d.i./v.prnl. →transmutar

transmutar ⟨trans.mu.tar⟩ v.t.d./v.t.d.i./v.prnl. Converter (uma coisa) ou converter-se [em outra]. ◻ ORTOGRAFIA Escreve-se também *transmudar*.

transoceânico, ca ⟨tran.so.ce.â.ni.co, ca⟩ adj. Que atravessa um oceano.

transparecer ⟨trans.pa.re.cer⟩ v.int. Aparecer ou manifestar-se. ◻ ORTOGRAFIA Antes de *a* ou *o*, *o c* muda para *ç* →CONHECER.

transparência ⟨trans.pa.rên.cia⟩ s.f. **1** Capacidade de um corpo para deixar passar luz através dele. **2** Honestidade ou clareza nas intenções. **3** Lâmina transparente de acetato sobre a qual aparece um texto ou uma imagem impressos ou manuscritos, e que se projeta sobre uma superfície: *Usou transparências durante a sua palestra.*

transparente ⟨trans.pa.ren.te⟩ adj.2g. **1** Em relação a um corpo, que deixa a luz passar. ◻ SIN. diáfano. **2** Honesto ou claro nas intenções.

transpassar ⟨trans.pas.sar⟩ v.t.d **1** Penetrar ou atravessar de lado a lado: *A agulha transpassou o tecido.* **2** Cruzar (uma peça do vestuário) ou colocar uma de suas partes sobre a outra: *Transpassou a blusa e amarrou-a com uma fita.* ◻ ORTOGRAFIA Escreve-se também *traspassar* ou *trespassar*.

transpiração ⟨trans.pi.ra.ção⟩ (pl. *transpirações*) s.f. **1** Ato ou efeito de transpirar. **2** Líquido transparente

secretado pelas glândulas sudoríparas da pele de alguns mamíferos. □ SIN. suor.
transpirar ⟨trans.pi.rar⟩ **v.int. 1** Perder água (um corpo) através de seu tegumento ou de sua pele: *Transpirei muito, pois o dia estava quente.* ❚ v.t.d./v.int. **2** Mostrar, manifestar-se ou transparecer: *O professor transpirava sabedoria.*
transplantar ⟨trans.plan.tar⟩ v.t.d. **1** Mudar (uma planta) do lugar em que estava plantada para outro. **2** Em medicina, transferir (um órgão) do corpo de uma pessoa para outra: *Os médicos transplantaram um rim para salvar a vida da menina.* **3** Introduzir (ideias ou movimentos culturais) em um lugar diferente daquele de origem: *Os imigrantes transplantaram técnicas agrícolas de seus países.*
transplante ⟨trans.plan.te⟩ s.m. Em medicina, transferência cirúrgica de um órgão ou de um tecido dentro de um mesmo organismo ou de um organismo para outro.
transpor ⟨trans.por⟩ ❚ v.prnl. **1** Passar para o outro lado, de modo que não se possa mais ver. ❚ v.t.d. **2** Passar ou superar (um empecilho ou uma barreira): *Juntos, transpusemos muitos obstáculos até chegar aqui.* **3** Modificar ou adaptar (uma obra literária ou artística), seguindo um novo critério ou uma nova finalidade: *Transpôs Macbeth, de Shakespeare, para os dias atuais. Transpuseram Machado de Assis para o teatro.* □ GRAMÁTICA É um verbo irregular →PÔR.
transportador, -a ⟨trans.por.ta.dor, do.ra⟩ (Pron. [transportadôr], [transportadôra]) adj./s. Que ou quem transporta.
transportadora ⟨trans.por.ta.do.ra⟩ (Pron. [transportadôra]) s.f. Empresa especializada no transporte de cargas.
transportar ⟨trans.por.tar⟩ ❚ v.t.d./v.t.d.i./v.prnl. **1** Levar, passar ou ir de um lugar [a outro]: *Os cavalos são usados para transportar carga.* **2** Fazer lembrar ou lembrar-se [de algo passado]: *Seu perfume transportou-me à infância.* ❚ v.t.d./v.prnl. **3** Alienar ou perder os sentidos, especialmente pela paixão ou pelo êxtase: *A beleza da paisagem nos transportou.*
transporte ⟨trans.por.te⟩ s.m. **1** Ato ou efeito de transportar. **2** Meio de locomoção.
transposição ⟨trans.po.si.ção⟩ (pl. *transposições*) s.f. Ato ou efeito de transpor.
transtornar ⟨trans.tor.nar⟩ ❚ v.t.d. **1** Perturbar ou alterar (algo em ordem): *A obras do metrô transtornaram o trânsito da região.* **2** Causar aborrecimento ou incômodo a (alguém): *A mudança acabou transtornando toda a família.* ❚ v.t.d./v.prnl. **3** Alterar ou alterarem-se (os sentidos, a consciência, a conduta ou a razão de alguém): *O ciúme o transtornava.*
transtorno ⟨trans.tor.no⟩ (Pron. [transtôrno]) s.m. **1** Perturbação ou alteração de uma ordem. **2** Contrariedade, aborrecimento ou incômodo.
transubstanciação ⟨tran.subs.tan.ci.a.ção⟩ (pl. *transubstanciações*) s.f. **1** Na missa, conversão do pão e do vinho, durante a Eucaristia, no corpo e no sangue de Jesus Cristo (o filho de Deus para os cristãos). **2** Conversão de uma substância em outra.
transversal ⟨trans.ver.sal⟩ (pl. *transversais*) adj.2g. **1** Que se encontra ou que se dispõe de través ou que atravessa de um lado a outro. **2** Situado no sentido oblíquo.
transverso, sa ⟨trans.ver.so, sa⟩ adj. Que está disposto ou que está voltado de forma atravessada.
trapaça ⟨tra.pa.ça⟩ s.f. Aquilo que é dito ou feito para enganar ou para iludir alguém.
trapacear ⟨tra.pa.ce.ar⟩ v.int. Dizer ou fazer coisas para iludir ou para enganar alguém. □ ORTOGRAFIA O *e* muda para *ei* quando a sílaba tônica estiver na raiz do verbo →NOMEAR.

trapaceiro, ra ⟨tra.pa.cei.ro, ra⟩ adj./s. Que ou quem faz ou costuma fazer trapaças.
trapalhada ⟨tra.pa.lha.da⟩ s.f. Confusão, bagunça ou desordem.
trapalhão ⟨tra.pa.lhão⟩ (pl. *trapalhões*) adj./s.m. Que ou quem costuma causar confusão, bagunça ou desordem. □ GRAMÁTICA Seu feminino é *trapalhona*.
trapalhona ⟨tra.pa.lho.na⟩ (Pron. [trapalhôna]) Feminino de **trapalhão**.
trapeiro, ra ⟨tra.pei.ro, ra⟩ s. Pessoa que cata roupas ou papéis velhos na rua para vendê-los.
trapézio ⟨tra.pé.zio⟩ s.m. **1** Barra horizontal pendurada por duas cordas em suas extremidades, usada para exercícios circenses ou ginásticos. **2** Em geometria, quadrilátero com pelo menos dois lados paralelos.
trapezista ⟨tra.pe.zis.ta⟩ s.2g. Artista de circo que realiza exercícios e acrobacias no trapézio.
trapezoide ⟨tra.pe.zoi.de⟩ (Pron. [trapezóide]) adj.2g. Com formato de trapézio.
trapiche ⟨tra.pi.che⟩ s.m. **1** Lugar em que se armazenam mercadorias para exportação ou importação. **2** Lugar em que se atracam embarcações.
trapicheiro, ra ⟨tra.pi.chei.ro, ra⟩ s. **1** Pessoa que se dedica à administração de um trapiche. **2** Proprietário de um trapiche.
trapo ⟨tra.po⟩ s.m. **1** Pedaço velho e gasto de um tecido. **2** Peça de vestuário velha, suja ou muito usada: *Preciso de uma camisa nova, pois esta já está um trapo.*
traque ⟨tra.que⟩ s.m. **1** Ruído seco de algo que estoura. **2** Tubo pequeno e cheio de pólvora que, quando detonado, causa um estouro.
traqueal ⟨tra.que.al⟩ (pl. *traqueais*) adj.2g. Da traqueia, ou relacionado a essa parte das vias respiratórias de alguns vertebrados.
traqueia ⟨tra.quei.a⟩ (Pron. [traquéia]) s.f. **1** No sistema respiratório, parte das vias respiratórias que vai desde a laringe até os brônquios. **2** Nos insetos e em outros artrópodes, órgão respiratório formado por condutores aéreos ramificados.
traquejar ⟨tra.que.jar⟩ v.t.d. **1** Ir ou correr atrás de (algo que se quer alcançar): *A fera traquejava sua presa.* **2** Tornar (alguém) apto para uma atividade: *A experiência traquejou-o a lidar com os clientes.*
traquejo ⟨tra.que.jo⟩ (Pron. [traquêjo]) s.m. Aptidão ou habilidade para realizar uma atividade.
traqueostomia ⟨tra.que.os.to.mi.a⟩ s.f. Em medicina, operação cirúrgica que consiste em fazer uma abertura na traqueia para comunicá-la com o exterior e para facilitar a respiração. □ ORTOGRAFIA Escreve-se também *traqueotomia*.
traqueotomia ⟨tra.que.o.to.mi.a⟩ s.f. →**traqueostomia**
traquinada ⟨tra.qui.na.da⟩ s.f. Aquilo que é dito ou feito por um traquinas. □ SIN. **traquinagem, traquinice.**
traquinagem ⟨tra.qui.na.gem⟩ (pl. *traquinagens*) s.f. Aquilo que é dito ou feito por um traquinas. □ SIN. **traquinada, traquinice.**
traquinas ⟨tra.qui.nas⟩ adj.2g.2n./s.2g.2n. Que ou quem é inquieto e travesso.
traquinice ⟨tra.qui.ni.ce⟩ s.f. Aquilo que é dito ou feito por um traquinas. □ SIN. **traquinada, traquinagem.**
tras- →**trans-**
trás adv. →**atrás**
trasanteontem ⟨tra.san.te.on.tem⟩ adv. No dia imediatamente anterior ao de anteontem. □ ORTOGRAFIA Escreve-se também *trasantontem*.
trasantontem ⟨tra.san.ton.tem⟩ adv. →**trasanteontem**
traseira ⟨tra.sei.ra⟩ s.f. A parte de trás de algo.
traseiro, ra ⟨tra.sei.ro, ra⟩ ❚ adj. **1** Que está ou que fica atrás, ou que vem atrás. ❚ s.m. **2** *informal* Nádegas. **3** *informal* Ânus.

trasladação ⟨tras.la.da.ção⟩ (pl. *trasladações*) s.f. Ato ou efeito de trasladar. ☐ SIN. translação, traslado. ☐ ORTOGRAFIA Escreve-se também *translação*.

trasladar ⟨tras.la.dar⟩ ▪ v.t.d. **1** Mudar ou transportar de um lugar para outro: *A família resolveu trasladar as cinzas do patriarca*. ▪ v.t.d.i. **2** Traduzir ou passar de um idioma [para outro]: *Um especialista trasladou os manuscritos para o português*. ☐ ORTOGRAFIA Escreve-se também *transladar*.

traslado ⟨tras.la.do⟩ s.m. **1** Ato ou efeito de trasladar. ☐ SIN. translação, trasladação. **2** Cópia feita de um texto original. ☐ ORTOGRAFIA Escreve-se também *translado*.

traspassar ⟨tras.pas.sar⟩ v.t.d. →**transpassar**

traspasse ⟨tras.pas.se⟩ s.m. Morte ou falecimento. ☐ ORTOGRAFIA Escreve-se também *trespasse*.

traste ⟨tras.te⟩ s.m. **1** Móvel de uma casa que é velho e que não tem mais utilidade. **2** *pejorativo* Pessoa de má índole, em quem não se pode confiar e que não se dedica a nenhuma atividade produtiva. ☐ GRAMÁTICA Na acepção 2, usa-se tanto para o masculino quanto para o feminino: *{ele/ela} é um traste*.

tratadista ⟨tra.ta.dis.ta⟩ s.2g. Pessoa que se dedica profissionalmente à elaboração de tratados.

tratado ⟨tra.ta.do⟩ s.m. **1** Obra ou estudo sobre uma determinada matéria. **2** Acordo entre países sobre um assunto.

tratador, -a ⟨tra.ta.dor, do.ra⟩ (Pron. [tratadôr], [tratadôra]) adj./s. Que ou quem se dedica a tratar ou a cuidar de animais, especialmente como profissão.

tratamento ⟨tra.ta.men.to⟩ s.m. **1** Ato ou efeito de tratar(-se). **2** Acolhimento ou recepção. **3** Forma de se dirigir a alguém: Senhor, senhorita e majestade *são tratamentos diferentes*. **4** Transformação de uma matéria através de um processo: *uma estação de tratamento de água*. **5** Procedimento médico aplicado para eliminar uma doença: *A medicina evoluiu e aperfeiçoou o tratamento das doenças*. ‖ **tratamento de choque** Atuação rápida e enérgica frente a uma situação delicada.

tratante ⟨tra.tan.te⟩ adj.2g./s.2g. Que ou quem age de má-fé e não costuma cumprir com aquilo que promete.

tratar ⟨tra.tar⟩ ▪ v.t.d./v.t.d.i. **1** Receber ou acolher (alguém) [com determinado tratamento]: *O recepcionista nos tratou muito bem. Eles nos trataram com respeito*. ▪ v.t.d./v.t.i./v.prnl. **2** Manter relações [com uma ou mais pessoas] ou relacionar-se entre si: *Não costuma tratar com estranhos*. ▪ v.t.d./v.prnl. **3** Dar a (alguém) ou dar-se mutuamente (duas ou mais pessoas) o tratamento que se indica: *Costumamos tratar os mais velhos por senhor ou senhora*. ▪ v.t.d./v.t.i. **4** Analisar (um assunto ou uma ideia) ou discutir [sobre um tema]: *Na reunião de hoje, trataremos questões ambientais. Esta revista trata das novidades da informática*. ▪ v.t.d./v.t.i./v.t.d.i. **5** Negociar ou comerciar (algo) [com uma pessoa ou uma organização]: *Tratou diretamente com o proprietário*. ▪ v.t.d./v.t.d.i. **6** Submeter (uma substância) a tratamento [com outra que produza um efeito]: *No clube, usam cloro para tratar a água da piscina*. ▪ v.t.i. **7** Empenhar-se com o objetivo [de conseguir ou alcançar algo que se deseja ou que se deve fazer]: *Trate de terminar suas tarefas até o fim da tarde*. ▪ v.t.d./v.t.i./v.prnl. **8** Fornecer tratamento médico [a um paciente ou a uma doença] ou tentar curar(-se): *Uma junta de cardiologistas está tratando o paciente. Assim que chegou, a enfermeira tratou do ferimento*. ▪ v.t.d./v.t.d.i. **9** Fazer o tratamento de (um paciente ou uma doença) [com um medicamento ou um procedimento]: *Tratou a tosse com um xarope*. ▪ v.t.d./v.t.i. **10** Alimentar (um ser vivo) ou cuidar [dele]: *Tratamos os cães com ração e água*. ▪ v.prnl. **11** Estar em questão: *Trata-se de um problema particular*. ☐ GRAMÁTICA Na acepção 3, o objeto vem acompanhado de um complemento que o qualifica: *Costumamos tratar os mais velhos por senhor ou senhora*.

tratável ⟨tra.tá.vel⟩ (pl. *tratáveis*) adj.2g. Com quem é fácil conviver.

trato ⟨tra.to⟩ s.m. **1** Modo de se comportar com outra pessoa. **2** Acordo sobre um assunto. **3** Atenção, delicadeza ou cortesia: *Dirigiu-se a mim com trato e educação*. **4** Terreno ou pedaço de terra.

trator ⟨tra.tor⟩ (Pron. [tratôr]) s.m. Veículo motorizado com quatro rodas, as posteriores muito grandes e preparadas para aderir ao terreno, e que é usado para determinadas tarefas agrícolas e para tracionar máquinas ou outros veículos.

tratorista ⟨tra.to.ris.ta⟩ s.2g. Pessoa que se dedica a conduzir um trator, especialmente como profissão.

trauma ⟨trau.ma⟩ s.m. **1** Choque emocional ou sentimento muito forte que deixam uma impressão negativa e duradoura no subconsciente. ☐ SIN. traumatismo. **2** *informal* Impressão forte, duradoura e negativa: *Estou com trauma de ficar sozinha*. **3** Lesão dos tecidos causada por um agente mecânico, especialmente por um golpe ou por uma intervenção cirúrgica. ☐ SIN. traumatismo.

traumático, ca ⟨trau.má.ti.co, ca⟩ adj. Do traumatismo, que o causa ou relacionado a ele: *uma experiência traumática*.

traumatismo ⟨trau.ma.tis.mo⟩ s.m. **1** Lesão dos tecidos causada por um agente mecânico, especialmente por um golpe ou por uma intervenção cirúrgica. ☐ SIN. trauma. **2** Choque emocional ou sentimento muito forte que deixam uma impressão negativa e duradoura no subconsciente. ☐ SIN. trauma.

traumatizante ⟨trau.ma.ti.zan.te⟩ adj.2g. Que causa um trauma ou um traumatismo.

traumatizar ⟨trau.ma.ti.zar⟩ v.t.d./v.prnl. Causar a (alguém) ou sofrer um traumatismo: *Sua perda me traumatizou. Ela se traumatizou com o acidente*.

traumatologia ⟨trau.ma.to.lo.gi.a⟩ s.f. Parte da medicina que estuda e que trata os traumatismos e seus efeitos.

traumatologista ⟨trau.ma.to.lo.gis.ta⟩ adj.2g./s.2g. Em relação a um médico, que é especializado em traumatologia.

trava ⟨tra.va⟩ s.f. **1** Em uma porta ou em uma janela, dispositivo para abri-las ou fechá-las. **2** Em uma chuteira, dentes ou peças pontiagudas que ficam na sola e que evitam que o jogador escorregue. **3** Instrumento de ferro que se prende à boca de um cavalo para diminuir ou impedir seu movimento. ☐ SIN. freio, travão.

travado, da ⟨tra.va.do, da⟩ adj. *informal* Que tem dificuldades para realizar algo, especialmente para se expressar: *Sempre fica travada quando precisa falar em público*.

trava-língua ⟨tra.va-lín.gua⟩ (pl. *trava-línguas*) s.m. Palavra ou expressão difíceis de pronunciar, especialmente as que são usadas em um jogo: *Três pratos de trigo para três tigres é um trava-língua*.

travão ⟨tra.vão⟩ (pl. *travões*) s.m. **1** Instrumento de ferro que se prende à boca de um cavalo para diminuir ou impedir seu movimento. ☐ SIN. freio, trava. **2** Correia usada para amarrar ou para prender cavalgaduras.

travar ⟨tra.var⟩ ▪ v.t.d. **1** Agarrar ou segurar com força: *O judoca travou o adversário e venceu a luta*. **2** Prender ou juntar com firmeza: *Travei a porta com um toco de madeira*. **3** Impedir ou dificultar (o desenvolvimento de algo, especialmente): *A falta de verba travou o desenvolvimento do projeto*. ▪ v.t.d./v.int. **4** Fazer parar ou parar de funcionar (uma máquina, especialmente): *O papel mal colocado travou a impressora. Não sei por quê, mas a câmera travou.*

tremido

trave ⟨tra.ve⟩ s.f. **1** Em alguns esportes, especialmente no futebol, cada um dos postes laterais que sustentam o travessão do gol. **2** Peça de construção de comprimento maior que a largura, de disposição horizontal ou, às vezes, inclinada, que faz parte da estrutura de sustentação de um edifício. □ SIN. viga.

travejamento ⟨tra.ve.ja.men.to⟩ s.m. Em uma construção, conjunto de traves que a sustenta.

través ⟨tra.vés⟩ ‖ **de través** Em direção transversal.

travessa ⟨tra.ves.sa⟩ s.f. **1** Rua que cruza outra ou que nela se inicia. **2** Recipiente, geralmente de vidro, de louça ou de alumínio, usado para servir um alimento à mesa. **3** Cada uma das peças que se atravessam em uma via férrea para assentar os trilhos sobre elas.

travessão ⟨tra.ves.são⟩ (pl. *travessões*) s.m. **1** Braço, geralmente de madeira, que alguns instrumentos e algumas ferramentas têm. **2** Em ortografia, sinal gráfico de pontuação formado por um traço horizontal maior que o hífen, que serve para indicar a mudança dos interlocutores em um diálogo, substituir parênteses e separar título e subtítulo em uma mesma linha: *O sinal — é um travessão*. **3** Barra comprida, disposta horizontalmente e sustentada por duas traves ou postes laterais, que serve para formar a parte de cima do gol. **4** Em música, em uma partitura, sinal gráfico formado por um pequeno traço vertical que se coloca perpendicularmente a uma pauta para separar os compassos.

travesseiro ⟨tra.ves.sei.ro⟩ s.m. Almofada usada para apoiar a cabeça ao dormir.

travessia ⟨tra.ves.si.a⟩ s.f. Ato ou efeito de atravessar.

travesso, sa ⟨tra.ves.so, sa⟩ (Pron. [travêsso]) adj. Em relação especialmente a uma criança, que é agitada, não fica quieta ou que age de forma irresponsável e brincalhona.

travessura ⟨tra.ves.su.ra⟩ s.f. Ação própria de uma criança travessa.

travesti ⟨tra.ves.ti⟩ s.2g. Pessoa que se veste com roupas próprias do sexo oposto.

travestir ⟨tra.ves.tir⟩ ▌ v.t.d./v.prnl. **1** Vestir(-se) (alguém) com roupas próprias do sexo oposto ou de alguém diferente. ▌ v.t.d./v.t.d.i./v.prnl. **2** Disfarçar ou apresentar-se [com aparência diferente]. □ GRAMÁTICA É um verbo irregular →SERVIR.

travo ⟨tra.vo⟩ s.m. Sabor amargo ou impressão desagradável.

trazer ⟨tra.zer⟩ ▌ v.t.d./v.t.d.i. **1** Conduzir ou trasladar (algo) [ao lugar do qual se fala ou no qual se encontra o falante]: *Não se esqueça de trazer o livro que pedi*. ▌ v.t.d. **2** Convidar ou ter como companhia: *Se quiser, traga suas amigas*. ▌ v.t.d./v.t.d.i. **3** Conduzir ou guiar (um veículo) [a um lugar]: *Ele trouxe o carro, pois ela teve que ficar no hospital*. ▌ v.t.d. **4** Ter ou levar consigo (um objeto): *Sempre trago uma sombrinha no carro*. ▌ v.t.d./v.t.d.i. **5** Causar ou provocar (uma consequência) [a algo ou alguém]: *O progresso trouxe conforto ao homem*. **6** Atrair ou chamar (algo ou alguém) [a um lugar]. ▌ v.t.d. **7** Vestir ou exibir. **8** Em relação a uma publicação, conter (o que se expressa): *Gosto de revistas que trazem matérias esportivas*. **9** Ter ou experimentar (uma sensação): *Não entendo por que traz tantas mágoas do seu pai*. □ GRAMÁTICA É um verbo irregular →TRAZER.

trecentésimo, ma ⟨tre.cen.té.si.mo, ma⟩ numer. **1** Em uma série, que ocupa o lugar de número trezentos. **2** Em relação a uma parte, que compõe um todo se somada com outras 299 iguais a ela.

trecho ⟨tre.cho⟩ (Pron. [trêcho]) s.m. **1** Distância ou intervalo de lugar ou de tempo. **2** Em relação a um texto literário ou a uma composição musical, parte ou passagem. **3** Porção ou quantidade de um todo ou de um conjunto numeroso. □ SIN. parte.

treco ⟨tre.co⟩ s.m. **1** *informal* Objeto inanimado. **2** *informal* Mal-estar ou indisposição.

trêfego, ga ⟨trê.fe.go, ga⟩ adj. Inquieto, agitado ou turbulento.

trégua ⟨tré.gua⟩ s.f. **1** Suspensão temporária de hostilidades entre os inimigos que estão em guerra. **2** Descanso ou interrupção temporária de uma ação.

treinador, -a ⟨trei.na.dor, do.ra⟩ (Pron. [treinadôr], [treinadôra]) s. Pessoa que se dedica ao treinamento de pessoas ou de animais, especialmente como profissão.

treinamento ⟨trei.na.men.to⟩ s.m. Ato ou efeito de treinar(-se). □ SIN. treino.

treinar ⟨trei.nar⟩ v.t.d./v.int./v.prnl. Adestrar ou preparar (-se), especialmente se for para a prática de um esporte.

treineiro, ra ⟨trei.nei.ro, ra⟩ adj./s. Em relação a um estudante, que presta vestibular como experiência prévia, ainda que não tenha concluído os estudos que o habilitem a ingressar em uma universidade.

treino ⟨trei.no⟩ s.m. Ato ou efeito de treinar(-se). □ SIN. treinamento.

trejeito ⟨tre.jei.to⟩ s.m. **1** Gesto ou movimento do corpo, especialmente se forem dos braços e do tronco. **2** Gesto ou movimento do rosto, especialmente se forem de caráter brincalhão ou expressivo.

trela ⟨tre.la⟩ s.f. Correia usada para prender um cão. ‖ **dar trela a** alguém: Dar atenção ou dar ouvidos a ele: *Estava muito ocupado e não me deu trela*.

treliça ⟨tre.li.ça⟩ s.f. Armação composta por ripas de madeira cruzadas, usada em portas, armários, biombos ou outra estrutura.

trem (pl. *trens*) s.m. **1** Meio de transporte que circula sobre trilhos, formado por vários vagões puxados por uma locomotiva. **2** *informal* Coisa ou objeto: *Vamos preparar um trem para a gente comer*. **3** *informal* Assunto ou situação: *Esse trem está difícil de resolver*.

trema ⟨tre.ma⟩ (Pron. [trêma]) s.m. Em ortografia, sinal gráfico formado por dois pontos seguidos, que se grafa sobre a letra *u* das sílabas *gue, gui, que* e *qui* para indicar que essa letra deve ser pronunciada. □ USO Com o novo Acordo Ortográfico, o trema deixou de ser usado em português, com exceção das palavras derivadas de nomes estrangeiros.

tremedal ⟨tre.me.dal⟩ (pl. *tremedais*) s.m. Região em que há acúmulo natural de água e que favorece o desenvolvimento de uma vegetação. □ SIN. charneca, pântano, paul.

tremedeira ⟨tre.me.dei.ra⟩ s.f. *informal* Tremor.

tremelique ⟨tre.me.li.que⟩ s.m. Tremor ou estremecimento por causa do frio, da febre ou do medo.

tremeluzir ⟨tre.me.lu.zir⟩ v.int. Brilhar ou irradiar luz fraca e trêmula. □ GRAMÁTICA É um verbo regular, mas perde o e final na terceira pessoa do singular do presente do indicativo →PRODUZIR.

tremendo, da ⟨tre.men.do, da⟩ adj. **1** Muito grande, excessivo ou extraordinário. **2** Digno de ser respeitado: *um tremendo esforço*.

tremer ⟨tre.mer⟩ ▌ v.t.d./v.int. **1** Fazer vibrar ou vibrar com sacudidas pequenas, rápidas e frequentes: *O terremoto tremeu a cidade. Por causa da febre, ele tremia de frio*. ▌ v.int. **2** Sentir medo ou manifestar temor: *Tremia só de pensar em fazer o exame*.

tremido, da ⟨tre.mi.do, da⟩ adj. Que não tem retidão ou firmeza: *uma letra tremida*.

tremoceiro

tremoceiro ⟨tre.mo.cei.ro⟩ s.m. Planta herbácea com folhas compostas, flores brancas ou amarelas, frutos em vagens, cuja semente é o tremoço.

tremoço ⟨tre.mo.ço⟩ (Pron. [tremôço]) s.m. Semente do tremoceiro, achatada, amarela, e comestível se colocada de molho em água e sal para perder o sabor amargo.

tremor ⟨tre.mor⟩ (Pron. [tremôr]) s.m. Movimento involuntário causado por impulsos neurológicos. ‖ **tremor de terra** Agitação violenta de uma região da superfície terrestre, causada por forças que atuam no interior da crosta terrestre. ▫ SIN. sismo, terremoto.

trempe ⟨trem.pe⟩ s.m. Suporte de ferro composto por três pés e um aro redondo, usado para apoiar panelas que são levadas ao fogo.

tremular ⟨tre.mu.lar⟩ v.t.d./v.int. Movimentar(-se) no ar (uma bandeira ou um estandarte).

trêmulo, la ⟨trê.mu.lo, la⟩ adj. Que treme ou que tremula.

trena ⟨tre.na⟩ (Pron. [trêna]) s.f. Fita graduada, de madeira ou metal, usada para medir o comprimento.

trenó ⟨tre.nó⟩ s.m. Veículo provido de esquis para deslizar sobre o gelo ou sobre a neve.

trepadeira ⟨tre.pa.dei.ra⟩ adj./s.f. Em relação a uma planta, que cresce ou sobe se agarrando, por meio de algum órgão, a uma planta ou a uma outra superfície.

trepanação ⟨tre.pa.na.ção⟩ (pl. *trepanações*) s.f. Perfuração do crânio com fins terapêuticos ou de diagnóstico.

trépano ⟨tré.pa.no⟩ s.m. Instrumento cirúrgico usado para perfurar ossos, especialmente se forem do crânio.

trepar ⟨tre.par⟩ ∎ v.t.i. **1** Subir com a ajuda dos pés e das mãos [em um lugar alto ou pouco acessível]: *Ninguém conseguia trepar no pau de sebo.* ∎ v.int. **2** Crescer ou subir se agarrando (uma planta), por meio de algum órgão, em outra planta ou em uma superfície. ∎ v.t.i./v.int. **3** *vulgarismo* →**copular**

trepidação ⟨tre.pi.da.ção⟩ (pl. *trepidações*) s.f. **1** Ato ou efeito de trepidar. **2** Tremor de terra leve.

trepidante ⟨tre.pi.dan.te⟩ adj.2g. **1** Que trepida. **2** Rápido, vivo ou forte.

trepidar ⟨tre.pi.dar⟩ v.t.d./v.int. Fazer tremer ou tremer com força: *Na rua de paralelepípedos, o carro trepidava.*

tréplica ⟨tré.pli.ca⟩ s.f. Resposta ou argumento apresentados como objeção a uma réplica.

tres- →**trans-**

três ∎ numer. **1** Número 3. ∎ s.m. **2** Signo que representa esse número. ▫ GRAMÁTICA Na acepção 1, é invariável em gênero e em número.

três-lagoano, na ⟨três-la.go.a.no, na⟩ (pl. *três-lagoanos*) adj./s. De Três Lagoas ou relacionado a essa cidade do estado brasileiro do Mato Grosso do Sul.

tresloucado, da ⟨tres.lou.ca.do, da⟩ adj. Que não possui as faculdades mentais sãs. ▫ SIN. louco.

trespassar ⟨tres.pas.sar⟩ v.t.d. →**transpassar**

trespasse ⟨tres.pas.se⟩ s.m. →**traspasse**

treta ⟨tre.ta⟩ (Pron. [trêta]) s.f. **1** Aquilo que é feito com habilidade e astúcia para conseguir algo, especialmente se for enganando alguém. **2** Em esgrima, habilidade para lutar. **3** *informal* Briga, confusão ou tumulto.

trevas ⟨tre.vas⟩ s.f.pl. **1** Escuridão absoluta. **2** Ignorância ou falta de conhecimento.

trevo ⟨tre.vo⟩ (Pron. [trêvo]) s.m. **1** Planta herbácea anual, com folhas compostas por três ou quatro partes quase redondas ou em formato de coração, e flores brancas ou roxas. **2** Conjunto de vias elevadas ou rebaixadas que se entrelaçam.

treze ⟨tre.ze⟩ (Pron. [trêze]) ∎ numer. **1** Número 13. ∎ s.m. **2** Signo que representa esse número. ▫ GRAMÁTICA Na acepção 1, é invariável em gênero e em número.

trezentos, tas ⟨tre.zen.tos, tas⟩ ∎ numer. **1** Número 300. ∎ s.m. **2** Signo que representa esse número. ▫ GRAMÁTICA Na acepção 1, é invariável em número.

tri- Prefixo que significa *três*: *triângulo*, *tricolor*.

tríade ⟨trí.a.de⟩ s.f. **1** Conjunto de três seres ou de três unidades, estreita ou especialmente vinculados entre si. **2** Em botânica, conjunto de três órgãos vegetais iguais.

triagem ⟨tri.a.gem⟩ (pl. *triagens*) s.f. Escolha ou eleição entre um conjunto ou um grupo. ▫ SIN. seleção.

triangular ⟨tri.an.gu.lar⟩ ∎ adj.2g. **1** Do formato do triângulo ou relacionado a ele. ∎ v.t.d. **2** Dispor ou dividir de modo que forme um triângulo.

triângulo ⟨tri.ân.gu.lo⟩ s.m. **1** Figura geométrica formada por três segmentos de reta ou lados que se encontram em três vértices, formando três ângulos. **2** Situação em que há três partes envolvidas: *um triângulo amoroso*. **3** Instrumento musical de percussão, formado por uma vara metálica dobrada de forma triangular, com um dos vértices aberto, que se toca golpeando com uma vareta. [👁 **instrumentos de percussão** p. 614]

tribal ⟨tri.bal⟩ (pl. *tribais*) adj.2g. De uma tribo ou relacionado a ela: *um costume tribal*.

tribo ⟨tri.bo⟩ s.f. **1** Grupo social da mesma etnia, que tem um ou vários chefes, e que compartilha língua, crenças e costumes. **2** *informal* Grupo de pessoas com alguma característica em comum: *as tribos urbanas*.

tribufu ⟨tri.bu.fu⟩ s.m. *informal pejorativo* Pessoa muito feia. ▫ GRAMÁTICA Usa-se tanto para o masculino quanto para o feminino: *(ele/ela) é um tribufu*.

tribulação ⟨tri.bu.la.ção⟩ (pl. *tribulações*) s.f. →**atribulação**

tribuna ⟨tri.bu.na⟩ s.f. **1** Plataforma elevada, geralmente cercada, de onde os oradores falam podendo ser vistos. **2** Em uma igreja ou em um templo religioso, lugar elevado de onde os sacerdotes pregam. ▫ SIN. púlpito. **3** Em um evento público, lugar reservado às autoridades participantes.

tribunal ⟨tri.bu.nal⟩ (pl. *tribunais*) s.f. **1** Conjunto de pessoas legalmente autorizadas para administrar a Justiça e ditar sentenças. **2** Lugar onde esse grupo de pessoas exerce ou administra a Justiça e dita sentenças. ▫ SIN. foro, fórum.

tribuno ⟨tri.bu.no⟩ s.m. Na Roma Antiga, magistrado encarregado de defender os direitos e interesses do povo.

tributação ⟨tri.bu.ta.ção⟩ (pl. *tributações*) s.f. Cobrança de uma taxa ou de um imposto agregados a um produto ou a um serviço.

tributar ⟨tri.bu.tar⟩ ∎ v.t.d. **1** Impor ou cobrar (um tributo): *O Estado tributa nossos rendimentos anuais*. ∎ v.t.d.i. **2** Cobrar como tributo (uma quantia) [a alguém]. **3** Oferecer ou manifestar (uma demonstração de reconhecimento) [a alguém] como prova de respeito, de agradecimento ou de admiração: *O grupo tributou um belo show ao vocalista acidentado*.

tributário, ria ⟨tri.bu.tá.rio, ria⟩ ∎ adj. **1** Do tributo ou relacionado a ele. ∎ s.m. **2** Afluente ou curso de água que contribui para avolumar outro rio.

tributo ⟨tri.bu.to⟩ s.m. **1** Quantia que um cidadão deve pagar ao Estado para sustentar os gastos públicos. **2** Valor embutido no preço de uma mercadoria, que é destinado ao Estado. **3** Homenagem ou manifestação de reconhecimento.

trica ⟨tri.ca⟩ s.f. **1** Aquilo que não tem valor, importância nem relevância. **2** Intriga ou mexerico.

tricampeão, ã ⟨tri.cam.pe.ão, ã⟩ (pl. *tricampeões*) adj./s. Em relação a uma pessoa ou a uma equipe, que foram campeãs em três edições de uma mesma competição: *O Brasil foi tricampeão da Copa do Mundo em 1970, no México*.

tricentenário, ria ⟨tri.cen.te.ná.rio, ria⟩ ▮ adj. **1** Que tem trezentos anos ou mais. ▮ s.m. **2** Terceiro centenário.

triciclo ⟨tri.ci.clo⟩ s.m. Veículo de três rodas, duas traseiras e uma dianteira.

tricô ⟨tri.cô⟩ s.m. Tecido constituído por pontos feitos à mão, com o uso de agulhas e que geralmente é de lã.

tricolor ⟨tri.co.lor⟩ (Pron. [tricolôr]) adj.2g. De três cores.

tricórnio ⟨tri.cór.nio⟩ s.m. Chapéu de três bicos.

tricotar ⟨tri.co.tar⟩ ▮ v.t.d./v.int. **1** Fazer (uma peça do vestuário) em tricô ou fazer tricô. ▮ v.int. **2** *informal* Fazer mexericos.

tridente ⟨tri.den.te⟩ s.m. Espécie de arpão com três dentes.

tridimensional ⟨tri.di.men.si.o.nal⟩ (pl. *tridimensionais*) adj.2g. Com as três dimensões espaciais, de altura, de largura e de comprimento.

tríduo ⟨trí.duo⟩ s.m. **1** Período de tempo de três dias seguidos. **2** Festa religiosa que dura esse período.

trienal ⟨tri.e.nal⟩ (pl. *trienais*) adj.2g. **1** Que dura três anos. **2** Que ocorre a cada três anos. **3** Em relação a uma planta, que dá frutos ou flores a cada três anos.

triênio ⟨tri.ê.nio⟩ s.m. Período de tempo de três anos seguidos.

trifásico, ca ⟨tri.fá.si.co, ca⟩ adj. **1** Que tem três fases. **2** Em relação a um sistema elétrico, que tem três correntes elétricas alternadas iguais, procedentes de um mesmo gerador, cujas fases se distanciam um terço do ciclo entre si.

trifólio ⟨tri.fó.lio⟩ s.m. **1** Planta herbácea anual, com folhas compostas por três partes quase redondas ou em formato de coração, e flores brancas ou roxas. **2** Elemento decorativo formado por três arcos ou lóbulos dispostos em forma radial, que se cortam entre si, geralmente inscritos em um círculo.

trigal ⟨tri.gal⟩ (pl. *trigais*) s.m. Plantação de trigo.

trigêmeo, mea ⟨tri.gê.meo, mea⟩ adj./s. Que ou quem nasceu de uma gestação tripla.

trigésimo, ma ⟨tri.gé.si.mo, ma⟩ numer. **1** Em uma série, que ocupa o lugar de número trinta. **2** Em relação a uma parte, que compõe um todo se somada com outras 29 iguais a ela.

trigo ⟨tri.go⟩ s.m. **1** Cereal de caule oco e com espigas terminais compostas por quatro ou mais fileiras de grãos, dos quais se obtém farinha. [👁 cereais p. 165] **2** Grão desse cereal.

trigonometria ⟨tri.go.no.me.tri.a⟩ s.f. Parte da matemática que estuda as relações existentes entre os lados e os ângulos do triângulo, especialmente os triângulos retângulos.

trigonométrico, ca ⟨tri.go.no.mé.tri.co, ca⟩ adj. Da trigonometria ou relacionado a ela.

trigrama ⟨tri.gra.ma⟩ s.m. Sinal composto de três elementos ou caracteres.

trigueiro, ra ⟨tri.guei.ro, ra⟩ ▮ adj. **1** Do trigo ou relacionado a ele. ▮ adj./s. **2** Que ou quem tem a pele bronzeada ou da cor do trigo maduro.

trilateral ⟨tri.la.te.ral⟩ (pl. *trilaterais*) adj.2g. **1** Realizado com a intervenção de três partes. **2** De três lados.

trilátero, ra ⟨tri.lá.te.ro, ra⟩ adj. De três lados: *Todo triângulo é trilátero.* ◻ SIN. trilateral.

trilha ⟨tri.lha⟩ s.f. **1** Caminho geralmente estreito e irregular aberto em uma mata ou em um lugar de difícil acesso. **2** Pista ou sinais que permitem localizar algo ou alguém ou descobrir algo sobre eles: *a trilha de um animal.*

trilhão ⟨tri.lhão⟩ (pl. *trilhões*) ▮ numer. **1** Número 1.000.000.000.000. ▮ s.m. **2** Signo que representa esse número. **3** *informal* Grande quantidade: *Ainda tenho um trilhão de coisas para fazer.* ◻ GRAMÁTICA **1.** Na acepção 1, é invariável em gênero. **2.** Usam-se as construções *um trilhão DE* diante do nome daquilo que se numera (*um trilhão de reais*) e *um trilhão* diante de um ou mais numerais (*um trilhão e cem mil reais*).

trilhar ⟨tri.lhar⟩ v.t.d. Seguir ou percorrer (um caminho ou uma direção).

trilho ⟨tri.lho⟩ s.m. **1** Caminho comprido e estreito, geralmente construído de barras de aço, no qual alguns veículos deslizam para se locomover. **2** Objeto semelhante a esse sobre o qual outro desliza: *o trilho de uma janela.*

trilíngue ⟨tri.lín.gue⟩ (Pron. [trilíngüe]) adj.2g. **1** Em relação a um falante ou a uma comunidade de falantes, que usam três línguas com fluência. **2** Em relação a um texto, que está escrito em três idiomas.

trilionésimo, ma ⟨tri.li.o.né.si.mo, ma⟩ numer. **1** Em uma série, que ocupa o lugar de número um trilhão. **2** Em relação a uma parte, que compõe um todo se somada com outras 999.999.999.999.999.999 iguais a ela.

trilo ⟨tri.lo⟩ s.m. **1** Canto ou voz de alguns pássaros. ◻ SIN. gorjeio, trinado, trino. **2** Em música, ornamentação de execução rápida, alternada e repetida de uma nota principal com sua auxiliar de altura superior, que dura todo o tempo indicado pela nota principal. ◻ SIN. trinado.

trilogia ⟨tri.lo.gi.a⟩ s.f. Conjunto de três obras unidas por um elemento comum.

trimensal ⟨tri.men.sal⟩ (pl. *trimensais*) adj.2g. **1** Que ocorre três vezes ao mês. **2** Que dura três meses. ◻ SIN. trimestral. **3** Que ocorre a cada três meses. ◻ SIN. trimestral.

trimestral ⟨tri.mes.tral⟩ (pl. *trimestrais*) adj.2g. **1** Que dura três meses. ◻ SIN. trimensal. **2** Que ocorre a cada três meses. ◻ SIN. trimensal.

trimestre ⟨tri.mes.tre⟩ s.m. Período de tempo de três meses.

trinado ⟨tri.na.do⟩ s.m. **1** Canto ou voz de alguns pássaros. ◻ SIN. gorjeio, trilo, trino. **2** Em música, ornamentação de execução rápida, alternada e repetida de uma nota principal com sua auxiliar de altura superior, que dura todo o tempo indicado pela nota principal. ◻ SIN. trilo.

trinar ⟨tri.nar⟩ v.int. Fazer quebras ou mudanças de voz com a garganta, emitindo um som agradável (um pássaro): *O tico-tico, o sabiá e o rouxinol são aves que trinam.* ◻ SIN. gargantear, gorjear.

trinca ⟨trin.ca⟩ s.f. **1** Conjunto com três elementos semelhantes. **2** Abertura ou passagem estreitas. ◻ SIN. fresta, frincha.

trincar ⟨trin.car⟩ v.t.d./v.int. Abrir uma fenda em (algo), fazer rachar ou rachar: *Os pratos trincaram durante a mudança.* ◻ ORTOGRAFIA Antes de e, o c muda para qu →BRINCAR.

trincha ⟨trin.cha⟩ s.f. **1** Ferramenta formada por um cabo de ferro com uma extremidade mais fina, usada para tirar pregos de uma superfície. **2** Ferramenta formada por um cabo curto com uma lâmina retangular, usada em carpintaria para aumentar um orifício de uma superfície.

trinchante ⟨trin.chan.te⟩ s.m. Faca grande usada especialmente para cortar um alimento em pedaços ou fatias.

trincheira ⟨trin.chei.ra⟩ s.f. Vala aberta no solo para proteção de soldados em combate.

trinco ⟨trin.co⟩ s.m. **1** Mecanismo formado por uma barra pequena, geralmente com cabo e em formato de T, que se desloca horizontalmente entre os aros de um suporte e que serve para fechar portas. **2** Peça geralmente retangular de uma fechadura, que se encaixa no batente e que se levanta com uma chave ou com uma maçaneta para fechar ou abrir uma porta.

trindade ⟨trin.da.de⟩ s.f. **1** No cristianismo, crença de que três pessoas, o Pai, o Filho e o Espírito Santo formam, juntas, um só Deus. **2** Em algumas religiões pagãs, coexis-

trindadense

tência de três deuses. **3** Associação de três pessoas ou de três grupos em um negócio ou em um assunto.

trindadense ⟨trin.da.den.se⟩ adj.2g./s.2g. De Trindade ou relacionado a essa cidade do estado brasileiro de Goiás.

trineto, ta ⟨tri.ne.to, ta⟩ s. Em relação a uma pessoa, filho ou filha de seu bisneto ou de sua bisneta.

trino ⟨tri.no⟩ s.m. Canto ou voz de alguns pássaros. □ SIN. gorjeio, trilo, trinado.

trinômio ⟨tri.nô.mio⟩ s.m. Expressão matemática composta por três termos algébricos unidos pelo sinal da soma ou pelo da subtração.

trinque ⟨trin.que⟩ s.m. *informal* Elegância ou luxo na forma de se vestir. ∥ **nos trinques** *informal* Arrumado, elegante ou com boa aparência.

trinta ⟨trin.ta⟩ ∎ numer. **1** Número 30. ∎ s.m. **2** Signo que representa esse número.

trintão ⟨trin.tão⟩ (pl. *trintões*) adj./s.m. *informal* Que ou quem tem mais de trinta anos e ainda não completou quarenta. □ GRAMÁTICA Seu feminino é *trintona*.

trintona ⟨trin.to.na⟩ (Pron. [trintôna]) Feminino de trintão.

trio ⟨tri.o⟩ s.m. **1** Conjunto de três elementos. **2** Composição musical escrita para três instrumentos ou para três vozes. □ SIN. terceto. **3** Conjunto formado por esse número de instrumentos ou de vozes. □ SIN. terceto. ∥ **trio elétrico** Caminhão provido de equipamentos elétricos e de acessórios de som que se utiliza como palco para executar músicas, geralmente promovendo eventos pelas ruas em que passa.

tripa ⟨tri.pa⟩ s.f. **1** *informal* Intestino. **2** Prato feito à base de pedaços de estômago de boi e feijão-branco cozidos em um caldo. □ SIN. dobradinha.

tripanossomíase ⟨tri.pa.nos.so.mí.a.se⟩ s.f. Doença infecciosa causada por protozoários.

tripanossomo ⟨tri.pa.nos.so.mo⟩ s.m. Protozoário flagelado e parasita, causador de doenças infecciosas.

tripé ⟨tri.pé⟩ s.m. Armação com três pés usada como suporte.

tríplex ⟨trí.plex⟩ (Pron. [tríplecs]) adj.2g2n./s.m.2n. Em relação a uma construção, que possui três pavimentos sobrepostos e comunicados entre si por uma escada interior.

triplicar ⟨tri.pli.car⟩ v.t.d./v.int./v.prnl. Multiplicar por três ou tornar(-se) três vezes maior: *No verão, a venda de sorvetes costuma triplicar.* □ ORTOGRAFIA Antes de e, o c muda para *qu* →BRINCAR.

triplicata ⟨tri.pli.ca.ta⟩ s.f. Terceira cópia ou reprodução de algo, mantendo as mesmas características do original.

tríplice ⟨trí.pli.ce⟩ numer. Que consta de três ou é adequado para três. □ SIN. triplo.

triplo, pla ⟨tri.plo, pla⟩ ∎ numer. **1** Que consta de três ou é adequado para três: *um salto triplo.* □ SIN. tríplice. ∎ adj./s.m. **2** Em relação a uma quantidade, que é três vezes maior. ∎ s.m. **3** No basquete, cesta que se realiza a partir de uma distância superior a um limite fixo e que vale três pontos.

tripudiar ⟨tri.pu.di.ar⟩ v.int. **1** Pular, saltar ou dançar batendo os pés. **2** Humilhar ou tratar uma pessoa com desprezo como forma de comemorar ou de exaltar uma vitória.

tripúdio ⟨tri.pú.dio⟩ s.m. **1** Pulo, salto ou passo de dança em que se batem os pés. **2** Humilhação ou desprezo na forma de tratar alguém como forma de comemorar ou de exaltar uma vitória sobre ela. **3** Transgressão de regras ou de normas morais, especialmente no âmbito sexual. □ SIN. devassidão, libertinagem.

tripulação ⟨tri.pu.la.ção⟩ (pl. *tripulações*) s.f. Grupo de pessoas que prestam serviços em uma embarcação ou uma aeronave.

tripulante ⟨tri.pu.lan.te⟩ s.2g. Membro de uma tripulação.

trisavô, vó ⟨tri.sa.vô, vó⟩ s. Em relação a uma pessoa, pai ou mãe de seu bisavô ou de sua bisavó.

trissilábico, ca ⟨tris.si.lá.bi.co, ca⟩ adj. De três sílabas. □ SIN. trissílabo.

trissílabo, ba ⟨tris.sí.la.bo, ba⟩ adj./s.m. De três sílabas. □ SIN. trissilábico.

triste ⟨tris.te⟩ adj.2g. **1** Com pena, melancolia ou tristeza. **2** Que causa pena, melancolia ou tristeza. **3** Infeliz, funesto e desgraçado. **4** Travesso ou levado: *Esse menino é triste!*

tristeza ⟨tris.te.za⟩ (Pron. [tristêza]) s.f. Sentimento ou estado de melancolia ou ausência de ânimo.

tristonho, nha ⟨tris.to.nho, nha⟩ (Pron. [tristônho]) adj. Um pouco triste.

triticultor, -a ⟨tri.ti.cul.tor, to.ra⟩ (Pron. [triticultôr] [triticultôra]) s. Pessoa que se dedica à triticultura ou técnica de cultivo de trigo, especialmente como profissão.

triticultura ⟨tri.ti.cul.tu.ra⟩ s.f. Arte ou técnica de cultivo de trigo.

tritongo ⟨tri.ton.go⟩ s.m. Conjunto de três vogais que se pronunciam em uma mesma sílaba.

triturar ⟨tri.tu.rar⟩ v.t.d. Esmiuçar ou partir em pedaços pequenos (algo sólido), mas sem convertê-lo em pó: *Os dentes servem para triturar os alimentos.*

triunfador, -a ⟨tri.un.fa.dor, do.ra⟩ (Pron. [triunfadôr] [triunfadôra]) adj./s. Que ou quem triunfa. □ GRAMÁTICA O sinônimo do adjetivo é *triunfante*.

triunfal ⟨tri.un.fal⟩ (pl. *triunfais*) adj.2g. Do triunfo ou relacionado a ele.

triunfante ⟨tri.un.fan.te⟩ adj.2g. **1** Que triunfa. **2** Que demonstra alegria ou felicidade.

triunfar ⟨tri.un.far⟩ ∎ v.int. **1** Ser ou sair vitorioso: *Nossos judocas triunfaram nas Olimpíadas.* ∎ v.t.i./v.int. **2** Ter êxito [sobre um adversário ou uma dificuldade]: *Com tanto esforço, é provável que ele triunfe.* **3** Sobressair ou destacar-se [sobre algo]: *Fez de tudo para que a justiça triunfasse.* □ SIN. predominar, prevalecer.

triunfo ⟨tri.un.fo⟩ s.m. **1** Vitória sobre um adversário ou sobre um rival. **2** Êxito ou resultado perfeito de algo. **3** Aclamação ou ovação: *Conduziram os jogadores em triunfo.* **4** Na Roma Antiga, entrada suntuosa de um general vitorioso.

trivial ⟨tri.vi.al⟩ (pl. *triviais*) ∎ adj.2g. **1** Que carece de importância ou de interesse, geralmente por ser algo ordinário, comum ou conhecido por todos. ∎ s.m. **2** Prato ou refeição simples, cotidianos e geralmente caseiros.

trivialidade ⟨tri.vi.a.li.da.de⟩ s.f. **1** Condição de trivial: *A trivialidade do enredo acabou prejudicando a escola de samba.* **2** Aquilo que é trivial ou que não tem importância: *Desde que chegou, disse apenas trivialidades.*

triz ∥ **por um triz** Quase ou por muito pouco: *Por um triz não bateu o carro.* □ SIN. por um fio.

troante ⟨tro.an.te⟩ adj.2g. Que troa ou que faz muito barulho ou estrondo.

troar ⟨tro.ar⟩ v.int. Trovejar ou fazer muito barulho ou estrondo.

troca ⟨tro.ca⟩ s.f. **1** Transferência da posse de uma coisa pela posse de outra. **2** Substituição ou colocação de uma coisa no lugar de outra. **3** Substituição de uma moeda ou de um valor por seus equivalentes: *A troca do dinheiro foi feita no banco.* **4** Em um veículo a motor, passagem de uma marcha ou de uma velocidade a outra. **5** Recompensa ou retribuição: *Ele ajuda sem esperar nada em troca.*

troça ⟨tro.ça⟩ s.f. Zombaria ou ridicularização.

trocadilho ⟨tro.ca.di.lho⟩ s.m. Procedimento linguístico que consiste em combinar palavras semelhantes pelo sentido ou pelo som para produzir um efeito engenhoso ou humorístico. □ SIN. jogo de palavras.

trocado ⟨tro.ca.do⟩ s.m. Dinheiro ou conjunto de moedas e cédulas de pouco valor. ▫ SIN. **troco**.

trocador, -a ⟨tro.ca.dor, do.ra⟩ (Pron. [trocadôr], [trocadôra]) ▪ adj./s. **1** Que ou quem troca. ▪ s. **2** Pessoa que se dedica a cobrar o dinheiro dos passageiros de um ônibus, especialmente como profissão. ▫ SIN. **cobrador**.

trocar ⟨tro.car⟩ ▪ v.t.d./v.t.i./v.t.d.i. **1** Fazer a substituição [de algo] ou dar (uma coisa que se tem) [no lugar de outra]: *Eles querem trocar o carro por outro de menor valor.* ▪ v.t.d. **2** Tirar (uma coisa) do lugar para colocar outra: *Precisamos trocar a lâmpada da sala.* ▪ v.t.d./v.t.d.i. **3** Fazer troca de (valores ou moedas) [por seus equivalentes]: *Para viajar, terei que trocar reais por dólares.* ▪ v.t.d./v.t.i. **4** Em um veículo ou motor, alterar (a marcha) ou passar [de uma marcha] para outra diferente. ▪ v.t.d./v.t.i./v.prnl. **5** Substituir a roupa de (alguém), mudar [de roupa] ou vestir-se com uma roupa diferente: *Inexperiente, o pai ainda demora para trocar o bebê. Vá se trocar, pois iremos ao cinema.* ▫ ORTOGRAFIA Antes de e, o c muda para qu →BRINCAR.

troçar ⟨tro.car⟩ v.t.d./v.t.i. Ridicularizar (alguém) ou zombar [de alguém]. ▫ SIN. **achincalhar**. ▫ ORTOGRAFIA Antes de e, o ç muda para c →COMEÇAR.

trocista ⟨tro.cis.ta⟩ adj.2g./s.2g. Que ou quem costuma troçar.

troco ⟨tro.co⟩ (Pron. [trôco], [trócos] ou [trôcos]) s.m. **1** Devolução feita de um pagamento realizado com cédulas ou moedas de valor maior do que o necessário. **2** Aquilo que é feito para revidar ou para responder algo que foi recebido: *No jogo de amanhã, esperam dar o troco no adversário.* **3** Dinheiro ou conjunto de moedas e cédulas de pouco valor. ▫ SIN. **trocado**.

troço ⟨tro.ço⟩ s.m. **1** *informal* Aquilo que é de pouca utilidade e que chega a atrapalhar. **2** *informal* Objeto inanimado de que se trata: *Onde você achou esse troço?* **3** *informal* Mal-estar ou indisposição: *Tive um troço e me levaram ao hospital.* **4** *informal* Sentimento, geralmente intenso: *Logo que o vi, senti um troço e comecei a gaguejar.*

troféu ⟨tro.féu⟩ s.m. **1** Objeto concedido como prêmio ou recordação por uma vitória ou um triunfo. **2** Monumento, insígnia ou objeto que comemoram um triunfo ou uma vitória.

troglodita ⟨tro.glo.di.ta⟩ adj.2g./s.2g. Que habita cavernas.

troiano, na ⟨troi.a.no, na⟩ adj./s. De Troia ou relacionado a essa antiga cidade da Frígia (país na Ásia Menor).

trole ⟨tro.le⟩ s.m. Veículo, geralmente de tração elétrica, que se desloca sobre trilhos.

trólebus ⟨tró.le.bus⟩ s.m.2n. Veículo de tração elétrica com grande capacidade, usado para o transporte de pessoas, que circula sobre trilhos ou em pistas exclusivas, e que recebe a corrente elétrica por meio de um cabo aéreo. ▫ SIN. **ônibus elétrico**.

trolha ⟨tro.lha⟩ (Pron. [trôlha]) s.f. Instrumento usado em construção, parecida com uma pá, do qual o pedreiro retira a argamassa para usar.

tromba ⟨trom.ba⟩ s.f. **1** Em alguns animais, prolongação muscular, grossa e flexível do nariz. **2** Em alguns insetos, aparelho sugador dilatável e contrátil. **3** *informal* Expressão facial de braveza, de mau humor, de irritação ou de descontentamento.

trombada ⟨trom.ba.da⟩ s.f. **1** Choque ou batida violenta entre dois ou mais corpos. **2** Golpe dado com uma tromba ou com um focinho.

tromba-d'água ⟨trom.ba-dá.gua⟩ (pl. *trombas-d'água*) s.f. **1** Coluna de água que se eleva do mar com movimento giratório por efeito de um turbilhão atmosférico. **2** *informal* Chuva intensa, repentina e muito violenta.

tropeçar

trombadinha ⟨trom.ba.di.nha⟩ s.2g. Criança ou jovem que moram na rua e que praticam pequenos furtos.

trombar ⟨trom.bar⟩ v.t.i./v.int. Bater [contra um corpo] ou chocarem-se (dois ou mais corpos) de forma repentina: *Distraído, trombei com o poste e caí. As jogadoras trombaram e acabaram se machucando.*

trombeta ⟨trom.be.ta⟩ (Pron. [trombêta]) s.f. **1** Instrumento musical de sopro, da família dos metais, geralmente sem pistões, formado por um tubo metálico cônico, enrolado e terminado em uma abertura semelhante à boca de um sino. ▫ SIN. **corneta**. [👁 **instrumentos de sopro** p. 747] **2** Instrumento musical de sopro, da família dos metais, feito de forma rudimentar, formado por um tubo metálico sem voltas, geralmente usado para sinais militares.

trombeteiro, ra ⟨trom.be.tei.ro, ra⟩ s. Músico que toca trombeta.

trombo ⟨trom.bo⟩ s.m. Coágulo de sangue no interior de um vaso sanguíneo.

trombone ⟨trom.bo.ne⟩ (Pron. [trombône]) s.m. Instrumento musical de sopro, da família dos metais, com pistões ou com uma vara móvel em formato de *U*, que, ao ser deslizada para frente ou para trás, modifica a altura das notas. [👁 **instrumentos de sopro** p. 747]

trombose ⟨trom.bo.se⟩ s.f. Formação de um trombo no interior de um vaso sanguíneo.

trombudo, da ⟨trom.bu.do, da⟩ adj. **1** Que tem tromba. **2** *informal* Que apresenta braveza, mau humor, irritação ou descontentamento.

trompa ⟨trom.pa⟩ s.f. **1** Instrumento musical de sopro, da família dos metais, geralmente afinado em fá, formado por um tubo cônico enrolado sobre si mesmo desde o bocal até a campânula. [👁 **instrumentos de sopro** p. 747] **2** Aquilo que tem um formato alongado semelhante ao de uma tromba.

trompete ⟨trom.pe.te⟩ s.m. Instrumento musical de sopro, da família dos metais, formado por um tubo cilíndrico de metal que vai se alargando desde o bocal até a campânula, e que geralmente tem três pistons. [👁 **instrumentos de sopro** p. 747]

troncho, cha ⟨tron.cho, cha⟩ adj. *informal* Torto ou curvado para um dos lados.

tronco ⟨tron.co⟩ s.m. **1** Em uma árvore, órgão que cresce em sentido contrário ao da raiz, que serve para sustentar os ramos, as folhas, as flores e os frutos, e para conduzir a água e os sais minerais das raízes para a parte aérea, e a seiva, da parte aérea às raízes. **2** No corpo de uma pessoa, parte à qual estão articulados a cabeça e os membros, composto pelo peito, pelo abdome e pelas costas. **3** Ascendente comum de duas ou mais famílias, linhas ou ramos: *O tupi é um tronco de línguas indígenas.* **4** No período colonial brasileiro, objeto comprido no qual escravos eram amarrados para serem torturados ou açoitados.

troncudo, da ⟨tron.cu.do, da⟩ adj. **1** Com o tronco forte e bem desenvolvido. **2** Que é bem desenvolvido.

trono ⟨tro.no⟩ s.m. **1** Assento colocado em posição elevada, no qual se sentam as pessoas de alta dignidade, especialmente os reis, nas cerimônias ou em outros atos importantes. **2** Cargo ou título de rei ou de monarca.

tropa ⟨tro.pa⟩ ▪ s.f. **1** Guarda ou conjunto de soldados. **2** Conjunto de animais de carga. ▪ s.f.pl. **3** O Exército.

tropeção ⟨tro.pe.ção⟩ (pl. *tropeções*) s.m. Golpe dado com o pé involuntariamente em um obstáculo ao caminhar, e que pode causar uma queda ou um tombo. ▫ SIN. **topada, tropição**.

tropeçar ⟨tro.pe.car⟩ ▪ v.t.i. **1** Topar [em um obstáculo] com o pé ao caminhar: *Tropecei no degrau e machuquei o pé.* ▪ v.int. **2** Topar com o pé em um obstáculo ao caminhar. ▪ v.t.i. **3** Deparar [com um obstáculo ou uma dificuldade] de modo que detenha ou que impeça o desenvolvimento normal ou a continuação de algo: *Mesmo tropeçando nas matérias de exatas, não desistiu do curso.* ❏ ORTOGRAFIA Antes de e, o ç muda para c →COMEÇAR.

tropeço ⟨tro.pe.ço⟩ (Pron. [tropêço]) s.m. **1** Topada involuntária com o pé em um obstáculo ao caminhar. **2** Obstáculo ou dificuldade que detêm ou que impedem o desenvolvimento normal ou a continuação de algo.

trôpego, ga ⟨trô.pe.go, ga⟩ adj. Que tem dificuldades para se locomover.

tropeiro, ra ⟨tro.pei.ro, ra⟩ s. Pessoa que se dedica a conduzir animais de carga de um lugar a outro.

tropel ⟨tro.pel⟩ (pl. *tropéis*) s.m. **1** Multidão que se move de forma desordenada. **2** Barulho ou ruído causados por essa multidão. **3** Barulho ou ruído causados por uma tropa de animais em movimento.

tropelia ⟨tro.pe.li.a⟩ s.f. Confusão ou tumulto.

tropical ⟨tro.pi.cal⟩ (pl. *tropicais*) adj.2g. **1** Do trópico ou relacionado a ele. **2** Em relação ao clima ou a uma temperatura, muito quentes.

tropicalismo ⟨tro.pi.ca.lis.mo⟩ s.m. Movimento artístico brasileiro influenciado por correntes artísticas de vanguarda e pela cultura *pop*, que tinha como principal característica a presença de elementos próprios da cultura nacional.

tropicão ⟨tro.pi.cão⟩ (pl. *tropicões*) s.m. Golpe involuntário dado com o pé em um obstáculo ao caminhar, e que pode causar uma queda ou um tombo. ❏ SIN. **topada, tropeção**.

tropicar ⟨tro.pi.car⟩ v.t.i./v.int. Tropeçar repetidas vezes [em algo ou em um lugar]. ❏ ORTOGRAFIA Antes de e, o c muda para *qu* →BRINCAR.

trópico ⟨tró.pi.co⟩ s.m. **1** Cada uma das linhas imaginárias que circundam a Terra e que ficam paralelas à linha do Equador. **2** Região compreendida entre essas duas linhas. ❏ USO Na acepção 2, usa-se geralmente a forma plural *trópicos*.

tropismo ⟨tro.pis.mo⟩ s.m. Resposta de um organismo a um estímulo exterior.

tropo ⟨tro.po⟩ s.m. Figura de linguagem na qual se empregam palavras com um significado diferente daquele que lhes é próprio.

troposfera ⟨tro.pos.fe.ra⟩ s.f. Na atmosfera terrestre, região que se estende desde o nível do solo até aproximadamente dez quilômetros de altura.

troquel ⟨tro.quel⟩ (pl. *troquéis*) s.m. Molde que serve para cunhar moedas, medalhas ou objetos semelhantes.

trotador, -a ⟨tro.ta.dor, do.ra⟩ (Pron. [trotadôr], [trotadôra]) adj. Em relação especialmente a um cavalo, que trota muito.

trotar ⟨tro.tar⟩ v.int. **1** Andar a trote. **2** Montar a trote um animal de montaria. ❏ ORTOGRAFIA Escreve-se também *trotear*.

trote ⟨tro.te⟩ s.m. **1** Forma de andar acelerada do cavalo, que consiste em avançar saltando e apoiando alternadamente cada conjunto de patas dianteiras e traseiras contrapostas. **2** Brincadeira, especialmente se for de mau gosto ou humilhante.

trotear ⟨tro.te.ar⟩ v.int. →**trotar** ❏ ORTOGRAFIA O e muda para *ei* quando a sílaba tônica estiver na raiz do verbo →NOMEAR.

trouxa ⟨trou.xa⟩ ▌adj.2g./s.2g. **1** *pejorativo* Que quem é tolo, ingênuo e é facilmente enganado. ▌s.f. **2** Fardo ou pacote de roupa grandes e muito apertados.

trova ⟨tro.va⟩ s.f. **1** Composição métrica geralmente composta para ser cantada. **2** Canção amorosa composta ou cantada por trovadores.

trovador ⟨tro.va.dor⟩ (Pron. [trovadôr]) s.m. Na época medieval, poeta das cortes medievais.

trovadoresco, ca ⟨tro.va.do.res.co, ca⟩ (Pron. [trovadorêsco]) adj. **1** Dos trovadores ou relacionado a eles. **2** Do trovadorismo, com suas características ou relacionado a ele

trovadorismo ⟨tro.va.do.ris.mo⟩ s.m. Estilo literário medieval que representava, em trovas com linguagem refinada, temas amorosos ou satíricos.

trovão ⟨tro.vão⟩ (pl. *trovões*) s.m. Som de uma descarga elétrica causada por um raio.

trovar ⟨tro.var⟩ v.int. Fazer ou compor trovas.

trovejar ⟨tro.ve.jar⟩ ▌v.int. **1** Produzirem-se trovões ❏ SIN. **trovoar**. ▌v.t.d. **2** Proferir de forma ruidosa ou estrondosa. ❏ GRAMÁTICA Na acepção 1, é um verbo impessoal: só se usa na terceira pessoa do singular, no particípio, no gerúndio e no infinitivo →VENTAR.

trovoada ⟨tro.vo.a.da⟩ s.f. Sequência de trovões, geralmente acompanhada de chuvas.

trovoar ⟨tro.vo.ar⟩ v.int. Produzirem-se trovões. ❏ SIN. **trovejar**.

trucidar ⟨tru.ci.dar⟩ v.t.d. **1** Matar ou destruir com crueldade (uma pessoa ou um animal). **2** Destruir ou exterminar: *Sua indiferença trucidou minhas esperanças*

truco ⟨tru.co⟩ s.m. Jogo de cartas disputado por duas duplas ou por dois trios, no qual vence o time que tiver cartas maiores que as do adversário em um maior número de rodadas.

truculência ⟨tru.cu.lên.cia⟩ s.f. Condição de truculento

truculento, ta ⟨tru.cu.len.to, ta⟩ adj. Que sobressalta ou que assusta por sua violência ou crueldade.

trufa ⟨tru.fa⟩ s.f. **1** Doce, geralmente arredondado, feito à base de uma pasta de chocolate e coberto por cacau em pó ou com uma casca de chocolate. **2** Fungo comestível que cresce debaixo da terra, arredondado, muito aromático, saboroso, enegrecido por fora e esbranquiçado ou avermelhado por dentro.

truísmo ⟨tru.ís.mo⟩ s.m. Verdade evidente, conhecida por todos e que não precisaria ser enunciada.

truncar ⟨trun.car⟩ v.t.d. Cortar uma parte de (um todo), especialmente se for uma extremidade: *Um problema na edição acabou truncando o texto*. ❏ ORTOGRAFIA Antes de e, o c muda para *qu* →BRINCAR.

trunfo ⟨trun.fo⟩ s.m. **1** Em um jogo de baralho, naipe ou grupo de cartas de maior importância ou valor. **2** Aquilo que permite que se vença ou que se consiga algo: *O preço baixo foi um trunfo para vencer a concorrência*.

truque ⟨tru.que⟩ s.m. **1** Aquilo que é feito para conseguir um efeito que pareça real mesmo que não seja realidade. **2** Engano ou armação que se utilizam para conseguir algo. **3** Habilidade que se adquire pela experiência em uma arte, em um ofício ou em uma profissão: *Há dez anos como alfaiate, ele já conhece todos os truques da profissão*.

truste ⟨trus.te⟩ s.m. União de empresas de um mesmo ramo para reduzir a concorrência e para controlar os preços do mercado, geralmente de forma ilegal.

truta ⟨tru.ta⟩ s.f. Peixe de água doce, com o corpo alongado, de cor parda e com pintas avermelhadas ou pretas, e ventre alaranjado, de cabeça pequena e de carne branca ou rosada.

truz ▌s.m. **1** Batida, golpe ou pancada. ▌interj. **2** Expressão usada para indicar um barulho causado por uma batida ou por um estouro. ‖ **de truz** De excelente qualidade.

tsé-tsé ⟨tsé-tsé⟩ (pl. *tsé-tsés*) s.2g. Mosca tropical que, com sua picada, pode transmitir o micro-organismo que causa a doença do sono.

tsunami (*palavra japonesa*) (Pron. [tsunâmi]) s.m. Onda de grandes dimensões causada por um terremoto ou por uma erupção vulcânica no fundo do mar: *Os tsunamis são mais frequentes no oceano Pacífico.*

tua ⟨tu.a⟩ pron.pess. Forma da segunda pessoa do singular que corresponde às funções de sujeito ou de predicativo.

tua ⟨tu.a⟩ pron.poss. Indica posse em relação à segunda pessoa do singular. ☐ GRAMÁTICA Seu masculino é *teu*.

tuba ⟨tu.ba⟩ s.f. Instrumento musical de sopro, geralmente usado em bandas sinfônicas, militares e orquestras, com três ou quatro pistões. ☐ SIN. bombardão. [👁 **instrumentos de sopro** p. 747]

tubagem ⟨tu.ba.gem⟩ (pl. *tubagens*) s.f. 1 Conduto em forma de tubo através do qual um gás ou um líquido são distribuídos. 2 Conjunto desses condutos de um local. 3 Em medicina, colocação ou passagem de um tubo em um orifício do corpo humano. ☐ SIN. entubação.

tubarão ⟨tu.ba.rão⟩ (pl. *tubarões*) s.m. 1 Peixe de água salgada, cartilaginoso e geralmente predador, com fendas branquiais laterais e uma grande boca situada na parte inferior da cabeça, em formato de meia-lua e provida de várias fileiras de dentes cortantes. [👁 **peixes (água salgada)** p. 609] 2 Pessoa muito ambiciosa que busca o triunfo ou o êxito a todo custo. ☐ GRAMÁTICA 1. Na acepção 1, é um substantivo epiceno: *o tubarão (macho/fêmea)*. 2. Na acepção 2, usa-se tanto para o masculino quanto para o feminino: *(ele/ela) é um tubarão*.

tubarão-martelo ⟨tu.ba.rão-mar.te.lo⟩ (pl. *tubarões-martelo* ou *tubarões-martelos*) s.m. Tubarão de corpo alongado, com dorso acinzentado e ventre branco, caracterizado pelas proeminências em cada um dos lados da cabeça que lembram a forma de um martelo, em que se localizam os olhos e as narinas. [👁 **peixes (água salgada)** p. 609] ☐ GRAMÁTICA É um substantivo epiceno: *o tubarão-martelo (macho/fêmea)*.

ubérculo ⟨tu.bér.cu.lo⟩ s.m. 1 Caule subterrâneo que se engrossa consideravelmente, e que possui reservas nutritivas. 2 Parte saliente ou protuberante de um osso ou de um tecido. 3 Lesão, geralmente na pele, arredondada e endurecida.

uberculose ⟨tu.ber.cu.lo.se⟩ s.f. Doença infecciosa causada por uma bactéria, que pode afetar diferentes órgãos, especialmente os pulmões, e que se caracteriza pela formação de nódulos. ☐ SIN. tísica.

uberculoso, sa ⟨tu.ber.cu.lo.so, sa⟩ (Pron. [tuberculóso], [tuberculósa], [tuberculósos], [tuberculósas]) ❙ adj. 1 Da tuberculose ou relacionado a ela. ❙ adj./s. 2 Que ou quem tem tuberculose.

ubo ⟨tu.bo⟩ s.m. 1 Peça oca, de forma geralmente cilíndrica, que costuma estar aberta nas extremidades. 2 No organismo humano ou em animais, canal natural de formato cilíndrico: *Teve uma inflamação no tubo digestivo.* 3 Recipiente de forma geralmente cilíndrica, que costuma ter um de seus lados fechado e o outro aberto com uma tampa, e que serve para guardar um creme ou um líquido. ǁ **tubo de ensaio** Aquele que é aberto por um dos lados e que se utiliza em análises químicas.

ubulação ⟨tu.bu.la.ção⟩ (pl. *tubulações*) s.f. 1 Sistema de tubos através do qual um gás ou um líquido são distribuídos. 2 Conjunto dos tubos de um lugar: *Toda a tubulação de gás da casa precisou ser trocada.*

ubular ⟨tu.bu.lar⟩ adj.2g. Do tubo, com tubos ou relacionado a eles.

ucano, na ⟨tu.ca.no, na⟩ ❙ adj./s. 1 Que ou quem defende ou segue o partido político do PSDB (Partido da Social Democracia Brasileira). ❙ s.m. 2 Ave de bico arqueado, muito grosso e quase tão comprido como o corpo, com cabeça pequena, asas curtas e cauda comprida. [👁 **aves** p. 92] ☐ GRAMÁTICA Na acepção 2, é um substantivo epiceno: *o tucano (macho/fêmea)*.

tumba

tucum ⟨tu.cum⟩ (pl. *tucuns*) s.m. 1 Palmeira com folhas fibrosas, grandes e em formato de pena, e de cujo fruto, com formato levemente arredondado, se extrai um óleo comestível. 2 Fibra extraída das folhas dessa planta. ☐ ORIGEM É uma palavra de origem tupi.

tucumã ⟨tu.cu.mã⟩ s.m. 1 Palmeira de grande porte, de tronco com espinhos pretos, com folhas fibrosas, de fruto amarelo-avermelhado, comestível e bastante usado na fabricação de bebidas, e cujas sementes, ricas em óleo, são usadas na alimentação. 2 Esse fruto. ☐ ORIGEM É uma palavra de origem tupi.

tucunaré ⟨tu.cu.na.ré⟩ s.m. Peixe de água doce, de grande porte, comestível, de cor pardo, com listras verticais pretas e uma mancha redonda na cauda, com nadadeiras dorsais escuras e nadadeiras ventrais alaranjadas. [👁 **peixes (água doce)** p. 608] ☐ ORIGEM É uma palavra de origem tupi. ☐ GRAMÁTICA É um substantivo epiceno: *o tucunaré (macho/fêmea)*.

tucupi ⟨tu.cu.pi⟩ s.m. Molho feito com mandioca ralada e pimenta. ☐ ORIGEM É uma palavra de origem tupi.

-tude Sufixo que indica qualidade: *amplitude, juventude*.

tudo ⟨tu.do⟩ pron.indef. 1 Designa a totalidade dos seres ou de coisas: *Tudo tem sua razão de ser.* 2 Designa a totalidade das coisas de que se fala: *Pegue os brinquedos e guarde tudo no cesto.* 3 Designa o que é importante ou essencial: *Ele sempre fala que saúde é tudo na vida.*

tufão ⟨tu.fão⟩ (pl. *tufões*) s.m. 1 Furacão tropical. 2 Vento muito forte e tempestuoso.

tufo ⟨tu.fo⟩ s.m. Conjunto de pelos, de fios, de plumas ou de outro objeto.

tugúrio ⟨tu.gú.rio⟩ s.m. 1 Casa ou habitação pequenas, semelhantes a uma cabana, geralmente simples e rústicas. 2 Lugar que se utiliza como abrigo ou como refúgio.

tuí ⟨tu.í⟩ s.m. →**tuim** ☐ ORIGEM É uma palavra de origem tupi. ☐ GRAMÁTICA É um substantivo epiceno: *o tuí (macho/fêmea)*.

tuim ⟨tu.im⟩ (pl. *tuins*) s.m. Ave de pequeno porte, bico curvado, de plumagem verde e cauda curta. ☐ ORIGEM É uma palavra de origem tupi. ☐ ORTOGRAFIA Escreve-se também *tuí*. ☐ GRAMÁTICA É um substantivo epiceno: *o tuim (macho/fêmea)*.

tuiuiú ⟨tui.ui.ú⟩ s.m. Ave aquática ou terrestre, de grande porte, de pernas longas, bico comprido e cônico, cauda muito curta, com plumagem branca, de cabeça preta, base do pescoço vermelha, e que vive geralmente próximo a grandes rios ou lagoas. ☐ SIN. jaburu. ☐ GRAMÁTICA É um substantivo epiceno: *o tuiuiú (macho/fêmea)*.

tule ⟨tu.le⟩ s.m. Tecido fino, transparente e vazado, geralmente de seda ou de algodão, muito usado em saias e véus. ☐ SIN. filó.

tulha ⟨tu.lha⟩ s.f. 1 Lugar em que se armazenam grãos ou sementes. ☐ SIN. celeiro. 2 Recipiente usado para o armazenamento de grãos ou de sementes. 3 Lugar em que se coloca e se comprime a azeitona antes de ser levada para o lagar.

túlio ⟨tú.lio⟩ s.m. Elemento químico da família dos metais, de número atômico 69, sólido, cujos sais são de cor verde-acinzentada. ☐ ORIGEM É uma palavra que vem do latim *thule*, região europeia próxima ao polo Norte. ☐ ORTOGRAFIA Seu símbolo químico é *Tm*, sem ponto.

tulipa ⟨tu.li.pa⟩ s.f. 1 Planta herbácea de caule em formato de bulbo, com folhas inteiras e lanceoladas, e uma única flor grande, redonda e de seis pétalas, muito cultivada como ornamental. 2 Essa flor. 3 Copo alto e de vidro que se utiliza para beber ou para servir chope ou cerveja. 4 Conteúdo desse copo.

tumba ⟨tum.ba⟩ s.f. 1 Lugar onde se enterram os mortos. ☐ SIN. jazigo, sepulcro, sepultura, túmulo. 2 Em

tumefação

uma cripta ou uma pirâmide, aposento, geralmente subterrâneo, onde ficam os mortos.

tumefação ⟨tu.me.fa.ção⟩ (pl. *tumefações*) s.f. Ato ou efeito de tumefazer(-se). ❏ SIN. inchação, inchaço. ❏ ORTOGRAFIA Escreve-se também *tumefacção*.

tumefacção ⟨tu.me.fac.ção⟩ (pl. *tumefacções*) s.f. →**tumefação**

tumefazer ⟨tu.me.fa.zer⟩ ❙ v.t.d. **1** Aumentar o volume de (uma parte do corpo), por causa de um ferimento, de um golpe ou do acúmulo de um líquido. ❏ SIN. inchar. ❙ v.prnl. **2** Aumentar de volume por causa de um ferimento, de um golpe ou do acúmulo de um líquido (uma parte do corpo). ❏ SIN. inchar. ❏ GRAMÁTICA É um verbo irregular →FAZER.

túmido, da ⟨tú.mi.do, da⟩ adj. **1** Inchado ou dilatado. **2** Saliente, volumoso ou grosso.

tumor ⟨tu.mor⟩ (Pron. [tumôr]) s.m. Alteração patológica de um órgão ou de uma parte dele, causada pela proliferação anormal das células que os compõem. ‖ **tumor benigno** Aquele que está restrito e que não se espalha pelo organismo. ‖ **tumor maligno** Aquele que se espalha pelo organismo e que pode chegar a causar a morte de uma pessoa.

túmulo ⟨tú.mu.lo⟩ s.m. **1** Lugar onde se enterram os mortos. ❏ SIN. jazigo, sepulcro, sepultura, tumba. **2** Sepulcro suntuoso, em homenagem a uma ou várias pessoas falecidas. ❏ SIN. jazigo, mausoléu. **3** Lugar triste ou quieto.

tumulto ⟨tu.mul.to⟩ s.m. **1** Distúrbio, confusão ou desordem, geralmente causados por uma multidão. **2** Bulício ou agitação. **3** Briga, conflito ou discussão.

tumultuar ⟨tu.mul.tu.ar⟩ v.t.d. Agitar, perturbar ou tirar a ordem ou a tranquilidade de: *Os protestos tumultuaram o evento.*

tumultuário, ria ⟨tu.mul.tu.á.rio, ria⟩ adj. Desordenado, confuso ou barulhento.

tumultuoso, sa ⟨tu.mul.tu.o.so, sa⟩ (Pron. [tumultuôso], [tumultuósa], [tumultuôsos], [tumultuósas]) adj. Que causa ou que tem desordem, confusão ou bagunça.

tunda ⟨tun.da⟩ s.f. **1** Castigo ou série de golpes violentos. ❏ SIN. pisa, surra. **2** Repressão ou crítica duras e severas.

tundra ⟨tun.dra⟩ s.f. **1** Terreno aberto e plano, com o subsolo frio, e que se caracteriza pela ausência de vegetação arbórea e pela abundância de líquens e musgos. **2** Formação vegetal característica desse terreno.

túnel ⟨tú.nel⟩ (pl. *túneis*) s.m. Passagem subterrânea contruída para estabelecer uma comunicação direta entre dois pontos.

tungstênio ⟨tungs.tê.nio⟩ s.m. Elemento químico da família dos metais, de número atômico 74, sólido, de cor branca, que se utiliza geralmente na fabricação de lâmpadas incandescentes. ❏ ORTOGRAFIA Seu símbolo químico é W, sem ponto.

túnica ⟨tú.ni.ca⟩ s.f. **1** Peça do vestuário feminino, larga e comprida. **2** Peça semelhante a essa, utilizada pelos sacerdotes. **3** Em um uniforme militar, casaco de corte reto, com abertura frontal fechada por botões. **4** Em biologia, invólucro formado por uma membrana fina que cobre ou que protege algo.

tunisiano, na ⟨tu.ni.si.a.no, na⟩ adj./s. Da Tunísia ou relacionado a esse país africano.

tupã ⟨tu.pã⟩ s.m. Na cultura indígena, nome dado ao trovão, posteriormente tomado pelos missionários jesuítas para designar a figura de Deus. ❏ ORIGEM É uma palavra de origem tupi.

tupi ⟨tu.pi⟩ ❙ adj.2g./s.2g. **1** Do grupo indígena que habitava o Nordeste e o Centro-Oeste brasileiros e outras regiões sul-americanas, dividido em grupos diferentes, antes da chegada dos portugueses, ou relacionado a ele. ❙ s.m. **2** Conjunto das línguas faladas por esse grupo. **3** Uma das línguas desse conjunto. ❏ ORIGEM É uma palavra de origem tupi.

tupi-guarani ⟨tu.pi-gua.ra.ni⟩ (pl. *tupis-guaranis*) ❙ adj.2g./s.2g. **1** Do grupo indígena americano que dominava a costa brasileira, dividido em grupos diferentes, antes da chegada dos portugueses, ou relacionado a ele. ❙ s.m. **2** Grupo das línguas faladas por esse grupo. **3** Uma das línguas desse grupo.

tupinambá ⟨tu.pi.nam.bá⟩ ❙ adj.2g./s.2g. **1** Do grupo indígena que habitava a costa brasileira ou relacionado a ele. ❙ s.m. **2** Língua desse grupo. ❏ ORIGEM É uma palavra de origem tupi.

tupiniquim ⟨tu.pi.ni.quim⟩ (pl. *tupiniquins*) ❙ adj.2g. **1** *informal pejorativo* Brasileiro. ❙ adj.2g./s.2g. **2** Do grupo indígena que habita a costa do Espírito Santo e da Bahia (estados brasileiros) ou relacionado a ele.

turba ⟨tur.ba⟩ s.f. **1** Multidão de pessoas, geralmente tumultuada ou em desordem. **2** Classe social menos favorecida.

turbante ⟨tur.ban.te⟩ s.m. **1** Peça do vestuário masculino, própria de países orientais, que consiste em uma faixa de tecido que se enrola ao redor da cabeça. **2** Peça do vestuário feminino semelhante a essa, usada ao redor da cabeça.

turbar ⟨tur.bar⟩ v.t.d./v.int./v.prnl. →**turvar**

túrbido, da ⟨túr.bi.do, da⟩ adj. **1** Que causa perturbação ou inquietação. **2** *literário* Turvo.

turbilhão ⟨tur.bi.lhão⟩ (pl. *turbilhões*) s.m. **1** Remoinho de vento. **2** Movimento giratório e rápido de uma massa de água que arrasta coisas para o fundo. ❏ SIN. sorvedouro. **3** Grande quantidade de coisas que acontecem ao mesmo tempo: *Há um turbilhão de pendências para resolver.*

turbilhonar ⟨tur.bi.lho.nar⟩ v.int. Dar voltas como um turbilhão.

turbina ⟨tur.bi.na⟩ s.f. Máquina que transforma a força ou a pressão de um fluido em um movimento giratório por meio de uma roda com uma série de pás que giram.

turbinagem ⟨tur.bi.na.gem⟩ (pl. *turbinagens*) s.f. Submissão de uma substância, especialmente um líquido, à ação giratória produzida por uma turbina.

turbinar ⟨tur.bi.nar⟩ ❙ v.int. **1** Dar voltas como um remoinho (uma substância, especialmente um líquido). ❙ v.t.d. **2** *informal* Fazer funcionar de forma mais rápida ou melhorar as qualidades de: *Este mecânico turbina motores de carros.*

turbo ⟨tur.bo⟩ adj.2g. Em relação a um veículo, que é provido de um motor com turbina, o que aumenta sua potência.

turbulência ⟨tur.bu.lên.cia⟩ s.f. **1** Movimentação ou agitação intensas de um líquido ou do ar. **2** Agitação ou desordem: *Tudo correu bem e não houve turbulências.*

turbulento, ta ⟨tur.bu.len.to, ta⟩ adj. **1** Em relação especialmente a um líquido ou ao ar, que tem grande movimentação ou agitação. **2** Que é agitado ou inconstante: *um voo turbulento.* ❙ adj./s. **3** Que ou quem causa tumulto, agitação ou desordem.

turco, ca ⟨tur.co, ca⟩ ❙ adj. **1** De um antigo povo que procedente do Turquistão (região asiática), se estabeleceu na zona oriental europeia. ❙ adj./s. **2** Da Turquia ou relacionado a esse país europeu ou asiático. ❏ SIN. otomano. ❙ s.m. **3** Língua desse e de outros países.

turcomano, na ⟨tur.co.ma.no, na⟩ ❙ adj./s. **1** Do Turcomenistão (ou Turcomênia) ou relacionado a esse país asiático. ❙ s.m. **2** Língua desse país.

turfa ⟨tur.fa⟩ s.f. Matéria orgânica proveniente da decomposição de matérias vegetais que ficam submersas ou sob sedimentos de terra, que pode ser usada como combustível fóssil.

turfe ⟨tur.fe⟩ s.m. **1** Local destinado à corrida de cavalos. □ SIN. hipódromo, prado. **2** Essa corrida. □ SIN. hipismo.

turfista ⟨tur.fis.ta⟩ s.2g. Pessoa aficionada do turfe.

turfístico, ca ⟨tur.fís.ti.co, ca⟩ adj. Do turfe, do turfista ou relacionado a eles.

turgidez ⟨tur.gi.dez⟩ (Pron. [turgidêz]) s.f. Condição de túrgido.

túrgido, da ⟨túr.gi.do, da⟩ adj. *formal* Inchado, elevado ou dilatado.

turíbulo ⟨tu.rí.bu.lo⟩ s.m. Recipiente fundo, circular e com tampa, que se pendura com correntes e que é usado para queimar incenso e espalhar seu aroma, especialmente se for em cerimônias religiosas.

turismo ⟨tu.ris.mo⟩ s.m. **1** Viagem por prazer ou como atividade cultural. **2** Conjunto de serviços ou de atividades que promovem esse tipo de viagem.

turista ⟨tu.ris.ta⟩ s.2g. **1** Pessoa que faz turismo. **2** *informal* Pessoa que não comparece regularmente ao local de trabalho ou à escola.

turístico, ca ⟨tu.rís.ti.co, ca⟩ adj. Do turismo ou relacionado a ele: *um roteiro turístico*.

turma ⟨tur.ma⟩ s.f. **1** Grupo ou conjunto de pessoas. **2** Grupo de estudantes que frequentam a mesma aula ou o mesmo curso. □ SIN. **classe**. **3** Período de tempo que se reserva para a realização de uma atividade: *Os alunos da turma da tarde foram ao parque.* □ SIN. **turno**.

turmalina ⟨tur.ma.li.na⟩ s.f. Mineral de diferentes cores que forma cristais compridos e que tem estrias, geralmente utilizado em joalheria ou em indústrias.

turnê ⟨tur.nê⟩ s.f. Viagem, geralmente artística, com itinerário, locais e datas predeterminados.

turno ⟨tur.no⟩ s.m. **1** Grupo de pessoas que se revezam em uma atividade. **2** Período de tempo que se reserva para a realização de uma atividade: *Estudamos no turno da manhã.* □ SIN. **turma**. **3** Momento ou ocasião de fazer algo, segundo uma ordem: *Cada um terá o seu turno para opinar.* **4** Em política, cada uma das duas votações em que se divide a disputa por um cargo público. **5** Em alguns esportes, cada uma das etapas de um campeonato.

turquesa ⟨tur.que.sa⟩ (Pron. [turquêsa]) ▌adj.2g.2n./s.m. **1** →**azul-turquesa** ▌s.f. **2** Mineral muito duro, de cor azul ou esverdeada, geralmente utilizado em joalheria.

turra ⟨tur.ra⟩ s.f. **1** Discussão ou briga. **2** Teimosia, teima ou birra.

turrão ⟨tur.rão⟩ (pl. *turrões*) adj./s.m. Que ou quem é teimoso ou obstinado. □ GRAMÁTICA Seu feminino é *turrona*.

turrona ⟨tur.ro.na⟩ (Pron. [turrôna]) Feminino de **turrão**.

turvação ⟨tur.va.ção⟩ (pl. *turvações*) s.f. Ato ou efeito de turvar(-se).

turvar ⟨tur.var⟩ v.t.d./v.int./v.prnl. **1** Tornar(-se) escuro, opaco ou pouco claro: *As lágrimas turvaram seus olhos.* **2** Tornar(-se) triste, melancólico ou alterado: *Seu semblante se turvou ao se lembrar daquele episódio.* **3** Cobrir(-se) com nuvens (o céu): *Nuvens carregadas turvavam o céu da cidade.* □ ORTOGRAFIA Escreve-se também *turbar*.

turvo, va ⟨tur.vo, va⟩ adj. Que é escuro, sombrio ou pouco transparente.

tutano ⟨tu.ta.no⟩ s.m. **1** Em anatomia, substância que ocupa a cavidade interna de alguns ossos. **2** *informal* Força, obstinação ou talento.

tutela ⟨tu.te.la⟩ s.f. **1** Autoridade legal que se concede a uma pessoa adulta para que cuide de um menor ou de uma pessoa legalmente incapacitada. **2** Proteção ou defesa de algo ou de alguém: *Essas questões estão sob a tutela do ministro.*

tutelar ⟨tu.te.lar⟩ ▌adj.2g. **1** Da tutela ou relacionado a ela. ▌v.t.d. **2** Exercer a tutela sobre (alguém).

tutor, -a ⟨tu.tor, to.ra⟩ (Pron. [tutôr], [tutôra]) s. Pessoa que exerce a tutela legal ou que protege e defende algo ou alguém. □ GRAMÁTICA Seu feminino também pode ser *tutriz*.

tutoria ⟨tu.to.ri.a⟩ s.f. Cargo ou função de tutor.

tutriz ⟨tu.triz⟩ s.f. →**tutor, -a**

tutti frutti *(palavra italiana)* (Pron. [tuti-frúti]) adj.2g./s.m. Em relação a um alimento ou a um produto, que têm sabor ou aroma de frutas misturadas ou variadas: *um sorvete tutti frutti*.

tutu ⟨tu.tu⟩ s.m. **1** Saia usada pelas bailarinas de dança clássica, de tecido leve e vaporoso, geralmente transparente. **2** Em culinária, feijão que, após o seu cozimento, tem seu caldo engrossado com farinha de mandioca. **3** *informal* Dinheiro. □ ORIGEM Na acepção 1, é uma palavra que vem do francês *tutu*; na acepção 2, é de origem africana.

tuvaluano, na ⟨tu.va.lu.a.no, na⟩ ▌adj./s. **1** De Tuvalu ou relacionado a esse país da Oceania. ▌s.m. **2** Língua desse país.

tuxaua ⟨tu.xau.a⟩ s.m. Chefe de um grupo indígena. □ SIN. morubixaba. □ ORIGEM É uma palavra de origem tupi.

TV ⟨TV⟩ (pl. *TVs*) s.f. *informal* Televisão. (Pron. [trêze])

u ❙ s.m. **1** Vigésima primeira letra do alfabeto. ❙ numer. **2** Em uma sequência, que ocupa o vigésimo primeiro lugar. ☐ GRAMÁTICA Na acepção 1, o plural é *uu*.

uai interj. Expressão usada para indicar susto, surpresa ou admiração: *Uai! O que aconteceu?*

ubá ⟨u.bá⟩ s.f. Canoa indígena feita com troncos ou com cascas inteiras de árvores. ☐ ORIGEM É uma palavra de origem tupi.

uberabense ⟨u.be.ra.ben.se⟩ adj.2g./s.2g. De Uberaba ou relacionado a essa cidade do estado brasileiro de Minas Gerais.

uberdade ⟨u.ber.da.de⟩ s.f. Capacidade para produzir muito.

úbere ⟨ú.be.re⟩ s.m. Órgão glandular das fêmeas dos mamíferos, especialmente das vacas, que secreta leite para a alimentação das crias.

uberlandense ⟨u.ber.lan.den.se⟩ adj.2g./s.2g. De Uberlândia ou relacionado a essa cidade do estado brasileiro de Minas Gerais.

ubíquo, qua ⟨u.bí.quo, qua⟩ adj. Presente em todas as partes ao mesmo tempo. ☐ SIN. onipresente.

ucraniano, na ⟨u.cra.ni.a.no, na⟩ ❙ adj./s. **1** Da Ucrânia ou relacionado a esse país europeu. ❙ s.m. **2** Língua eslava desse país.

-udo, -uda Sufixo que indica abundância: *barbudo, cabeluda*.

ué ⟨u.é⟩ interj. Expressão usada para indicar susto ou surpresa: *Ué! Que barulho foi esse?*

ufa ⟨u.fa⟩ interj. Expressão usada para indicar alívio ou cansaço: *Ufa, finalmente chegamos!*

ufanar ⟨u.fa.nar⟩ ❙ v.t.d./v.prnl. **1** Causar ou sentir satisfação ou orgulho exagerados. ❙ v.prnl. **2** Gabar-se excessivamente de algo que se tem ou que se diz ter. ☐ GRAMÁTICA Na acepção 2, usa-se a construção *ufanar-se de algo*.

ufania ⟨u.fa.ni.a⟩ s.f. Satisfação ou orgulho exagerados.

ufano, na ⟨u.fa.no, na⟩ adj. Que tem ou que manifesta ufania.

ufologista ⟨u.fo.lo.gis.ta⟩ s.2g. Pessoa que se dedica ao estudo dos óvnis ou dos discos voadores.

ugandense ⟨u.gan.den.se⟩ adj.2g./s.2g. De Uganda ou relacionado a esse país africano.

-ugem Sufixo que indica relação ou semelhança: *ferrugem, penugem*.

ui interj. **1** Expressão usada para indicar dor: *Ui, que dor!* **2** Expressão usada para indicar susto ou surpresa: *Ui, o que aconteceu com você!*

uirapuru ⟨ui.ra.pu.ru⟩ s.m. Ave amazônica de pequeno porte, com plumagem parda e cujo canto é melodioso e particular. ☐ ORIGEM É uma palavra de origem tupi. ☐ GRAMÁTICA É um substantivo epiceno: *o uirapuru (macho/fêmea)*.

uísque ⟨u.ís.que⟩ s.m. Bebida alcoólica, de graduação muito elevada, obtida por fermentação de diversos cereais, geralmente aveia e cevada.

uivante ⟨ui.van.te⟩ adj.2g. Que uiva: *ventos uivantes*.

uivar ⟨ui.var⟩ v.int. **1** Dar uivos. ☐ SIN. ulular. **2** Produzir sons de maneira semelhante a um uivo. ☐ GRAMÁTICA Na acepção 1, é um verbo unipessoal: só se usa nas terceiras pessoas do singular e do plural, no particípio, no gerúndio e no infinitivo →MIAR.

uivo ⟨ui.vo⟩ s.m. **1** Voz lamentosa característica de alguns animais, especialmente se for a do lobo ou a do cachorro. **2** Som semelhante a essa voz: *uivos de dor*.

úlcera ⟨úl.ce.ra⟩ s.f. Ferida aberta ou sem cicatrização no corpo de uma pessoa ou de um animal. ☐ SIN. ulceração.

ulceração ⟨ul.ce.ra.ção⟩ (pl. *ulcerações*) s.f. **1** Processo patológico de formação de uma úlcera. **2** Ferida aberta

ulcerar

ou sem cicatrização no corpo de uma pessoa ou de um animal. ◻ SIN. úlcera.

ulcerar ⟨ul.ce.rar⟩ v.t.d./v.int./v.prnl. Produzir úlceras em (uma parte do corpo do homem ou de um animal) ou cobrir-se de úlceras: *A exposição massiva a radiações pode ulcerar a pele*.

ulceroso, sa ⟨ul.ce.ro.so, sa⟩ (Pron. [ulcerôso], [ulcerósa], [ulcerósos], [ulcerósas]) adj. Com úlceras ou com suas características.

-ulento, -ulenta Sufixo que indica abundância: *corpulento, suculenta*.

ulna ⟨ul.na⟩ s.f. Osso mais largo e grosso do antebraço. ◻ USO É a nova denominação de *cúbito* [◉ **esqueleto** p. 334].

-ulo Sufixo que indica tamanho menor: *cubículo, óvulo*.

ulterior ⟨ul.te.ri.or⟩ (Pron. [ulteriôr]) adj.2g. **1** Que está situado além de um lugar determinado. **2** Que acontece ou que é executado depois. ◻ SIN. posterior, subsequente.

última ⟨úl.ti.ma⟩ s.f. Notícia ou informação mais recente. ‖ **estar nas últimas** *informal* Estar a ponto de morrer, acabar ou desaparecer: *Ouvi boatos de que ele está nas últimas*.

ultimar ⟨ul.ti.mar⟩ ▌v.t.d./v.prnl. **1** Terminar, concluir ou chegar ao fim: *Vou acabar logo, só falta ultimar alguns detalhes*. ▌v.t.d. **2** Acertar de maneira definitiva (um negócio ou um contrato): *Hoje ultimarão a compra do terreno*.

ultimato ⟨ul.ti.ma.to⟩ s.m. Em uma negociação ou em um conflito, proposta final que uma das partes realiza para tentar resolvê-los.

último, ma ⟨úl.ti.mo, ma⟩ ▌adj. **1** Mais recente no tempo. ◻ SIN. derradeiro. **2** Que está antes no espaço ou no tempo: *Na última noite fez muito calor*. **3** Definitivo ou que não admite nenhuma alteração: *Falou que aquela era sua última proposta*. ▌adj./s. **4** Em uma série, que ou quem não tem outro da mesma espécie ou classe atrás de si.

ultra- **1** Prefixo que significa *além de* ou *do outro lado de*: *ultramar, ultravioleta*. **2** Prefixo que significa *muito* ou *em excesso*: *ultracurto, ultrapuro*.

ultrajar ⟨ul.tra.jar⟩ v.t.d. **1** Ofender gravemente com palavras ou com ações. **2** Infringir ou violar (uma lei ou regra). ◻ SIN. transgredir.

ultraje ⟨ul.tra.je⟩ s.m. Ofensa ou insulto graves.

ultraleve ⟨ul.tra.le.ve⟩ ▌adj.2g. **1** Que é muito leve. ▌s.m. **2** Aeronave, geralmente de dois lugares, que tem uma fuselagem muito simples e de pouco peso.

ultramar ⟨ul.tra.mar⟩ ▌adj.2g.2n./s.m. **1** Em relação a um lugar, que fica do outro lado do mar. ◻ SIN. além-mar. ▌s.m. **2** Tinta azul escura, extraída do lápis-lazúli. **3** A cor azul dessa tinta.

ultramarino, na ⟨ul.tra.ma.ri.no, na⟩ adj. **1** Que está situado no ultramar ou relacionado a ele. **2** Que é da cor do ultramar.

ultrapassado, da ⟨ul.tra.pas.sa.do, da⟩ adj. Antiquado, em desuso ou inadequado às circunstâncias atuais. ◻ SIN. obsoleto.

ultrapassagem ⟨ul.tra.pas.sa.gem⟩ (pl. *ultrapassagens*) s.f. Ato ou efeito de ultrapassar.

ultrapassar ⟨ul.tra.pas.sar⟩ v.t.d. **1** Deixar para trás (algo que está na frente): *O atleta ultrapassou seu rival na última volta*. **2** Passar ou exceder (um limite ou um sinal): *A corredora caiu exausta ao ultrapassar a linha de chegada*. **3** Superar ou exceder (alguém): *Ultrapassa o irmão em carisma*.

ultrassom ⟨ul.tras.som⟩ (pl. *ultrassons*) s.m. **1** Onda sonora cuja frequência de vibração é superior ao limite perceptível pelo ouvido humano. **2** →**ultrassonografia**

ultrassônico, ca ⟨ul.tras.sô.ni.co, ca⟩ adj. Do ultrassom ou relacionado a ele.

ultrassonografia ⟨ul.tras.so.no.gra.fi.a⟩ s.f. Exploração interna de um órgão mediante ondas eletromagnéticas ou acústicas cujos ecos são refletidos em uma tela. ◻ USO Usa-se também a forma reduzida *ultrassom*.

ultravioleta ⟨ul.tra.vi.o.le.ta⟩ (Pron. [ultraviolêta]) adj.2g.2n./s.2g. Em relação a uma radiação, que se encontra mais alta que o violeta visível e cuja existência é revelada por ações químicas.

ulular ⟨u.lu.lar⟩ v.int. Dar uivos. ◻ SIN. uivar. ◻ GRAMÁTICA É um verbo unipessoal: só se usa nas terceiras pessoas do singular e do plural, no particípio, no gerúndio e no infinitivo →MIAR.

um ▌numer. **1** Número 1. ▌s.m. **2** Signo que representa esse número. ▌art.indef. **3** Palavra usada para indicar que uma pessoa ou uma coisa são indeterminadas ou que não são precisas: *Um dia almoçaremos juntos*. ▌pron.indef. **4** Indica uma pessoa: *Cada um deve escolher o que quer fazer*. ◻ GRAMÁTICA 1. Na acepção 1, é invariável em número. 2. Nas acepções **3** e **4**, seu feminino é *uma* e o plural é *uns*.

uma ⟨u.ma⟩ art.indef./pron.indef. Feminino de *um*.

umbanda ⟨um.ban.da⟩ s.f. Religião afro-brasileira que combina rituais espíritas e bantos e elementos cristãos. ◻ ORIGEM É uma palavra de origem africana.

umbela ⟨um.be.la⟩ s.f. Em botânica, inflorescência formada por um conjunto de flores cujos pedúnculos possuem aproximadamente o mesmo tamanho e nascem em um mesmo ponto. ◻ ORTOGRAFIA Escreve-se também *umbrela*.

umbigada ⟨um.bi.ga.da⟩ s.f. **1** Golpe dado com o umbigo. **2** Em algumas danças folclóricas, movimento em que seus participantes se tocam com os umbigos.

umbigo ⟨um.bi.go⟩ s.m. **1** Nos mamíferos, cicatriz de forma redonda e enrugada que fica no ventre devido à separação do cordão que ligava o feto à placenta. **2** Qualquer orifício que se assemelha a essa cicatriz.

umbilical ⟨um.bi.li.cal⟩ (pl. *umbilicais*) adj.2g. Do umbigo ou relacionado a ele.

umbral ⟨um.bral⟩ (pl. *umbrais*) s.m. **1** Em uma porta ou em uma janela, peça vertical que as sustenta. ◻ SIN. ombreira. **2** Entrada ou início de um processo. ◻ SIN. limiar.

umbrela ⟨um.bre.la⟩ s.f. →**umbela**

umbroso, sa ⟨um.bro.so, sa⟩ (Pron. [umbrôso], [umbrósa], [umbrósos], [umbrósas]) adj. **1** Que está em uma sombra ou que a produz. **2** Em relação a um lugar, que é sombrio ou escuro.

umbu ⟨um.bu⟩ s.m. **1** Árvore de tronco curto e ramificado, com copa circular, folhas compostas, flores claras perfumadas e dispostas em cachos, e cujo fruto, comestível, tem polpa suculenta e levemente ácida, casca esverdeada e uma única semente branca. ◻ SIN. umbuzeiro. **2** Esse fruto. ◻ ORIGEM É uma palavra de origem tupi. ◻ ORTOGRAFIA Escreve-se também *imbu*.

umbuzeiro ⟨um.bu.zei.ro⟩ s.m. Árvore de tronco curto e ramificado, com copa circular, folhas compostas, flores claras, perfumadas e dispostas em cachos, e cujo fruto é o umbu. ◻ SIN. umbu. ◻ ORTOGRAFIA Escreve-se também *imbuzeiro*.

umectar ⟨u.mec.tar⟩ v.t.d. Tornar úmido ou ligeiramente molhado. ◻ SIN. umedecer, ungir.

umedecer ⟨u.me.de.cer⟩ v.t.d./v.prnl. Tornar(-se) úmido ou ligeiramente molhado. ◻ SIN. umectar, ungir. ◻ ORTOGRAFIA Antes de *a* ou *o*, o *c* muda para *ç* →CONHECER.

úmero ⟨ú.me.ro⟩ s.m. Osso comprido do braço, localizado entre o ombro e o cotovelo [◉ **esqueleto** p. 334].

umidade ⟨u.mi.da.de⟩ s.f. **1** Condição ou estado de úmido. **2** Em meteorologia, quantidade de vapor de água da atmosfera.

universal

úmido, da ⟨ú.mi.do, da⟩ adj. **1** Que está ligeiramente molhado. **2** Em relação à atmosfera ou ao ambiente, que estão carregados de vapor de água.

unânime ⟨u.nâ.ni.me⟩ adj.2g. Que é comum a um grupo de pessoas.

unanimidade ⟨u.na.ni.mi.da.de⟩ s.f. Acordo comum a um grupo de pessoas, especialmente se tomam a mesma decisão ou defendem uma mesma posição.

unção ⟨un.ção⟩ (pl. *unções*) s.f. **1** Ato ou efeito de ungir(-se).□ **SIN. untura. 2** Sentimento de piedade ou devoção religiosa intensos.

undécimo, ma ⟨un.dé.ci.mo, ma⟩ numer. **1** Em uma série, que ocupa o lugar de número 11. **2** Em relação a uma parte, que compõe um todo se somada com outras dez iguais a ela.

ungir ⟨un.gir⟩ v.t.d. **1** Passar em (alguém) um óleo sagrado a fim de dar-lhe um sacramento ou como indicação de sua dignidade. **2** Tornar úmido ou ligeiramente molhado. □ **SIN. umectar, umedecer. 3** Consagrar ou oferecer a Deus (a vida de alguém). □ ORTOGRAFIA Antes de *a* ou *o*, o *g* muda para *j* →FUGIR. □ GRAMÁTICA É um verbo defectivo, pois não apresenta conjugação completa →BANIR.

unguento ⟨un.guen.to⟩ (Pron. [üngüento]) s.m. **1** Substância gordurosa, líquida ou pastosa, usada para untar o corpo, especialmente se for com fins terapêuticos. □ **SIN. unto, untura. 2** Essência ou substância usadas para perfumar o corpo.

ungulado, da ⟨un.gu.la.do, da⟩ adj./s.m. Em relação a um mamífero, que tem cascos.

unha ⟨u.nha⟩ s.f. Em alguns animais e nas pessoas, parte dura e opaca que nasce e cresce nas extremidades dos dedos. ‖ **com unhas e dentes** Em relação à forma de fazer algo, com toda intensidade ou força possíveis: *O time defendeu o resultado com unhas e dentes.* ‖ **fazer as unhas** Cortá-las, lixá-las e pintá-las: *Vou ao salão de beleza fazer as unhas.* ‖ **ser unha e carne** Em relação a duas ou mais pessoas, dar-se muito bem: *Eles se conhecem desde crianças e são unha e carne.*

unhada ⟨u.nha.da⟩ s.f. Golpe dado com a unha.

unha de fome ⟨u.nha de fo.me⟩ (pl. *unhas de fome*) adj.2g./s.2g. *informal pejorativo* Avarento.

unhar ⟨u.nhar⟩ v.t.d./v.prnl. Golpear ou ferir-se com a unha.

união ⟨u.ni.ão⟩ (pl. *uniões*) s.f. **1** Ato ou efeito de unir(-se). **2** Associação de pessoas ou entidades com objetivos ou interesses comuns: *A união dos estudantes organizou uma jornada de cinema.* **3** Acordo civil entre duas pessoas, legitimadas por um contrato: *O padre sacramentou a união dos noivos.* **4** Vínculo ou harmonia: *Há uma grande união entre os membros desta família.*

unicelular ⟨u.ni.ce.lu.lar⟩ adj.2g. Em relação a um organismo, que tem o corpo formado por apenas uma célula.

único, ca ⟨ú.ni.co, ca⟩ ▌adj. **1** Extraordinário ou fora do comum. □ **SIN. singular.** ▌adj./s. **2** Sozinho ou sem outro de sua espécie.

unicórnio ⟨u.ni.cór.nio⟩ s.m. Animal fabuloso com corpo de cavalo e um chifre no meio da testa.

unidade ⟨u.ni.da.de⟩ s.f. **1** Quantidade tomada como medida ou termo de comparação das demais de sua espécie. **2** Número 1. **3** Propriedade do que está unido ou do que não está dividido: *O treinador ressaltou a unidade do time.* **4** Em uma organização, fração ou grupo de pessoas que realizam uma função de forma mais ou menos independente e, geralmente, sob comando de um chefe: *Uma unidade do corpo de bombeiros foi deslocada para o evento.* ‖ **unidade central de processamento** Em um computador pessoal, parte principal cuja finalidade é processar os dados. □ **SIN. CPU.** ‖ **unidade de terapia intensiva** Em um hospital, seção com meios técnicos e humanos necessários para controlar rigorosamente a evolução de pacientes. □ **SIN. CTI, UTI.**

unidirecional ⟨u.ni.di.re.cio.nal⟩ (pl. *unidirecionais*) adj.2g. Que vai ou que indica uma única direção.

unificação ⟨u.ni.fi.ca.ção⟩ (pl. *unificações*) s.f. Ato ou efeito de unificar(-se).

unificar ⟨u.ni.fi.car⟩ ▌v.t.d./v.prnl. **1** Juntar(-se) formando um todo ou um conjunto (elementos distintos). □ **SIN. unir. 2** Tornar(-se) uniforme ou semelhante: *O Acordo Ortográfico pretende unificar a escrita dos países de língua portuguesa.* □ **SIN. uniformizar.** ▌v.t.d. **3** Direcionar para um mesmo fim (dois ou mais elementos): *Unificando nossas forças, alcançaremos nossos objetivos.* □ ORTOGRAFIA Antes de *e*, o *c* muda para *qu* →BRINCAR.

uniforme ⟨u.ni.for.me⟩ ▌adj.2g. **1** Em relação aos elementos de um conjunto, que têm a mesma forma ou as mesmas características. **2** Que não muda suas características: *Em um movimento retilíneo uniforme, a velocidade não aumenta nem diminui.* ▌s.m. **3** Traje ou vestimenta distintivos e com características particulares, iguais para todos aqueles que realizam determinada atividade.

uniformidade ⟨u.ni.for.mi.da.de⟩ s.f. Condição do que é uniforme.

uniformizar ⟨u.ni.for.mi.zar⟩ v.t.d./v.prnl. **1** Tornar (-se) uniforme ou semelhante. □ **SIN. unificar. 2** Vestir (-se) com uniforme.

unigênito, ta ⟨u.ni.gê.ni.to, ta⟩ adj./s. Que ou quem é filho único.

unilateral ⟨u.ni.la.te.ral⟩ (pl. *unilaterais*) adj.2g. Que se limita a um lado, uma parte ou um aspecto de algo.

unionense ⟨u.ni.o.nen.se⟩ adj.2g./s.2g. De União ou relacionado a essa cidade do estado brasileiro do Piauí.

unipessoal ⟨u.ni.pes.so.al⟩ (pl. *unipessoais*) ▌adj.2g. **1** Relacionado a uma única pessoa. ▌s.m. **2** →**verbo unipessoal**

unir ⟨u.nir⟩ ▌v.t.d./v.t.d.i./v.prnl. **1** Juntar(-se) [a um elemento distinto] formando um todo ou um conjunto: *Unindo as peças do quebra-cabeça, surgiu uma bela paisagem.* □ **SIN. unificar.** ▌v.t.d./v.prnl. **2** Relacionar(-se), vincular(-se) ou aproximar(-se): *Interesses econômicos uniam os dois países.* ▌v.t.d./v.t.d.i./v.prnl. **3** Ligar(-se) ou comunicar(-se) fisicamente [a algo]: *A avenida que une o centro à periferia estava interditada.* **4** Grudar(-se), atar(-se) ou juntar(-se) [a algo]: *Usou a solda para unir as placas metálicas.* **5** Aproximar(-se) [de algo ou alguém], especialmente se for para formar um conjunto ou para alcançar um objetivo comum: *As duas companhias uniram-se para ser mais competitivas.* ▌v.t.d./v.prnl. **6** Casar, fazer contrair ou contrair matrimônio: *O pastor uniu o casal. Uniram-se ainda jovens.*

unissex ⟨u.nis.sex⟩ (Pron. [unissecs]) adj.2g.2n. Que é adequado ou apropriado tanto para o homem quanto para a mulher.

uníssono, na ⟨u.nís.so.no, na⟩ adj. Em relação a um som, que tem a mesma altura e frequência que outro, e que pode ser executado de maneira simultânea ou sucessiva. ‖ **em uníssono** Ao mesmo tempo ou da mesma altura ou frequência.

unitário, ria ⟨u.ni.tá.rio, ria⟩ adj. Da unidade ou relacionado a ela.

univalve ⟨u.ni.val.ve⟩ adj.2g. Em relação a uma concha, especialmente se for a de um molusco, que é formada por apenas uma peça.

universal ⟨u.ni.ver.sal⟩ (pl. *universais*) adj.2g. **1** Do universo ou relacionado a ele. **2** Que se estende a todas as pessoas, a todos os países ou a todos os tempos: *A Declaração Universal dos Direitos Humanos afirma que* todos nascemos livres e em igualdade de direitos. **3** Que pode ser utilizado ou exercido por todos: *A educação é um direito universal.* **4** Que é comum em um grupo ou em uma coletividade.

universalismo ⟨u.ni.ver.sa.lis.mo⟩ s.m. Qualidade ou característica daquilo que é universal.

universalizar ⟨u.ni.ver.sa.li.zar⟩ v.t.d./v.prnl. Tornar(-se) universal ou geral: *A internet se universalizou com rapidez.*

universidade ⟨u.ni.ver.si.da.de⟩ s.f. **1** Instituição de Ensino Superior formada por diversas faculdades para diferentes campos do saber, e que tem autoridade para conceder títulos acadêmicos correspondentes. **2** Conjunto de edifícios onde essa instituição funciona.

universitário, ria ⟨u.ni.ver.si.tá.rio, ria⟩ ▮ adj. **1** Da universidade ou relacionado a ela: *um título universitário.* ▮ adj./s. **2** Que ou quem estuda em uma universidade ou obteve um título nessa instituição de ensino.

universo ⟨u.ni.ver.so⟩ s.m. **1** Conjunto de tudo aquilo que foi criado ou de tudo aquilo que existe. ☐ SIN. cosmo, criação, mundo, orbe. **2** Conjunto formado pelo Sol e os demais astros que giram ao seu redor: *Copérnico propôs que o Sol, e não a Terra, era o centro do Universo.* **3** O planeta Terra. **4** Âmbito ou meio: *A cineasta soube mostrar como ninguém o universo feminino.* ☐ ORTOGRAFIA Nas acepções 1, **2** e **3**, usa-se com inicial maiúscula por ser também um nome próprio.

unívoco, ca ⟨u.ní.vo.co, ca⟩ adj. **1** Com um único sentido ou com uma única interpretação possíveis. **2** Em matemática, em relação a uma correspondência, que associa cada um dos elementos de um conjunto com um, e somente um, dos elementos de outro conjunto: *Há uma relação unívoca entre cada número inteiro positivo com outro negativo.*

uno, na ⟨u.no, na⟩ adj. **1** Único ou singular. **2** Que não pode ser dividido. **3** Íntegro, inteiro ou unido.

untar ⟨un.tar⟩ v.t.d. Passar uma substância oleosa em (uma superfície): *Untou a forma com manteiga antes de despejar a massa do bolo.* ☐ SIN. besuntar.

unto ⟨un.to⟩ s.m. **1** Em um animal, banha ou gordura no interior de seu corpo. **2** Substância oleosa que serve para untar: *Usou manteiga como unto para a massa não grudar na assadeira.* **3** Substância gordurosa, líquida ou pastosa, usada para untar o corpo, especialmente se for com fins terapêuticos. ☐ SIN. unguento, untura.

untuoso, sa ⟨un.tu.o.so, sa⟩ (Pron. [untuôso], [untuósa], [untuósos], [untuósas]) adj. Gorduroso ou pegajoso.

untura ⟨un.tu.ra⟩ s.f. **1** Ato ou efeito de ungir(-se). ☐ SIN. unção. **2** Substância gordurosa, líquida ou pastosa, usada para untar o corpo, especialmente se for com fins terapêuticos. ☐ SIN. unguento, unto.

upa ⟨u.pa⟩ interj. **1** Expressão usada para indicar espanto ou admiração: *Upa! Deixei cair a carteira!* **2** Expressão usada para incentivar um animal ou uma pessoa a realizarem uma atividade, especialmente se estiver relacionada a um esforço físico: *Upa, upa, cavalinho!, dizia o rapaz para que o cavalo subisse o morro.*

-ura 1 Sufixo que indica ação e efeito: *soltura, abertura.* **2** Sufixo que indica qualidade: *frescura, doçura.*

urânio ⟨u.râ.nio⟩ s.m. Elemento químico da família dos metais, de número atômico 92, sólido, de cor acinzentada, muito pesado, facilmente deformável e muito radioativo. ☐ ORTOGRAFIA Seu símbolo químico é *U*, sem ponto.

urbanidade ⟨ur.ba.ni.da.de⟩ s.f. Cortesia, educação e bons modos.

urbanismo ⟨ur.ba.nis.mo⟩ s.m. Conjunto de conhecimentos e de técnicas relativas ao planejamento, ao desenvolvimento e à reforma das cidades, e cujo objetivo é melhorar as condições de vida de seus habitantes.

urbanista ⟨ur.ba.nis.ta⟩ ▮ adj.2g. **1** Do urbanismo o relacionado a ele. ▮ s.2g. **2** Pessoa especializada em urbanismo.

urbanização ⟨ur.ba.ni.za.ção⟩ (pl. *urbanizações*) s. **1** Ato ou efeito de urbanizar(-se). **2** Dotação de infraestrutura em uma área urbana.

urbanizar ⟨ur.ba.ni.zar⟩ v.t.d./v.prnl. **1** Atribuir infraestrutura urbana a ou adquiri-la (um terreno): *Para urbanizar completamente a área, faltam algumas obras de esgoto e de iluminação.* **2** Tornar(-se) civilizado, educado ou com bons modos.

urbano, na ⟨ur.ba.no, na⟩ adj./s. Da cidade ou relacionado a ela.

urbe ⟨ur.be⟩ s.f. *formal* Cidade.

urdidura ⟨ur.di.du.ra⟩ s.f. **1** Em um tear, conjunto de fio verticais que determinam a largura do trabalho. **2** Em uma obra narrativa ou dramática, enredo ou trama.

ureia ⟨u.rei.a⟩ (Pron. [uréia]) s.f. Em alguns organismos an mais, substância orgânica resultante da degradação metabólica das proteínas, que é eliminada na urina ou no suor

uremia ⟨u.re.mi.a⟩ s.f. Doença produzida pelo acúmulo anormal de ureia no sangue.

ureter ⟨u.re.ter⟩ (Pron. [uretér]) s.m. No sistema urinário de muitos vertebrados, canal por onde passa a urina, des de o rim até a bexiga.

uretra ⟨u.re.tra⟩ s.f. No sistema urinário de muitos mamí feros, canal por onde a urina é expulsa, desde a bexiga até o exterior.

urgência ⟨ur.gên.cia⟩ s.f. **1** Necessidade de fazer ou re solver algo rapidamente. **2** Aquilo que requer atendi mento ou solução rápida: *O médico de plantão trato de muitas urgências.*

urgente ⟨ur.gen.te⟩ adj.2g. Que requer execução ou so lução rápidas.

urgir ⟨ur.gir⟩ ▮ v.int. **1** Ser necessário ou urgente: *Urg tomar atitudes para diminuir a insegurança nas rua* **2** Seguir com rapidez e pressa (o tempo): *Precisávamo agir, pois o tempo urgia.* **3** Estar próximo de acontece (um fato): *Temíamos a revolução que urgia.* ▮ v.t.d. **4** Exi gir, necessitar ou requerer: *A atual crise urge pulso firm dos governantes.* ☐ ORTOGRAFIA Antes de a o, o g mud para *j* →FUGIR. ☐ GRAMÁTICA É um verbo defectivo, poi não apresenta conjugação completa →BANIR.

úrico, ca ⟨ú.ri.co, ca⟩ adj. Em relação a um ácido, que é composto por carbono, nitrogênio, hidrogênio e oxigê nio, e que existe em quantidade escassa nos mamífe ros, sendo eliminado pela urina.

urina ⟨u.ri.na⟩ s.f. Líquido branco ou amarelado produzi do pelos rins dos mamíferos a partir dos resíduos da fil tragem do sangue, e que é expulso do corpo pela uretra

urinar ⟨u.ri.nar⟩ ▮ v.int. **1** Expulsar urina do corpo de ma neira natural. ▮ v.t.d. **2** Expulsar pela uretra misturad com urina (um líquido do organismo diferente dela): *C doente urinava sangue.* ▮ v.t.d./v.prnl. **3** *informal* Sujar(-se com urina. ▮ v.prnl. **4** *informal* Ter muito medo.

urinário, ria ⟨u.ri.ná.rio, ria⟩ adj. Da urina ou rela cionado a ela.

urinol ⟨u.ri.nol⟩ (pl. *urinóis*) s.m. Recipiente portáti usado para urinar ou para defecar.

URL (pl. *URLs*) s.m. Sistema internacional utilizado na identificação dos servidores conectados à internet ☐ ORIGEM É a sigla inglesa de *Uniform Resource Locator* (lo calizador universal de recursos).

urna ⟨ur.na⟩ s.f. **1** Caixa pequena e inviolável, com uma abertura na parte superior, em que são deposita das cédulas de uma votação. **2** Caixa, geralmente transparente, em que são depositados cupons de um sorteio. **3** Caixa ou recipiente usados para guardar cinzas ou restos mortais, geralmente de uma pessoa: *uma urna funerária*.

urologia ⟨u.ro.lo.gi.a⟩ s.f. Parte da medicina que estuda os sistemas urinários masculino e feminino e o sistema reprodutor masculino e suas doenças.

urológico, ca ⟨u.ro.ló.gi.co, ca⟩ adj. Da urologia ou relacionado a essa parte da medicina.

urologista ⟨u.ro.lo.gis.ta⟩ s.2g. Médico especializado em urologia.

uropígio ⟨u.ro.pí.gio⟩ s.m. Em algumas aves, região dorsal situada próxima à base da cauda, em que se localiza uma glândula cuja secreção é oleosa e impermeabiliza a plumagem.

urrar ⟨ur.rar⟩ v.int. **1** Dar urros (o leão e alguns animais selvagens). □ SIN. rugir. **2** Fazer muito ruído por estar agitado (o mar ou o vento): *O vento urrava durante a tempestade*. □ SIN. bramar. **3** Gritar ou falar com irritação, fúria, dor ou alegria: *Os torcedores urravam de alegria pela vitória do time*. □ SIN. bramar. □ GRAMÁTICA Nas acepções **1** e **2**, é um verbo unipessoal: só se usa nas terceiras pessoas do singular e do plural, no particípio, no gerúndio e no infinitivo →MIAR.

urro ⟨ur.ro⟩ s.m. **1** Voz característica de alguns animais selvagens, especialmente a do leão. □ SIN. rugido. **2** Ruído estrondoso produzido pelo mar ou pelo vento quando estão agitados. □ SIN. bramido. **3** Expressão verbal de irritação, fúria, dor ou alegria. □ SIN. bramido.

urso, sa ⟨ur.so, sa⟩ s. Mamífero de grande porte, cabeça grande, orelhas arredondadas e rabo curto, de pelagem comprida e abundante, geralmente parda, e de patas grossas com cinco dedos cada uma, capaz de subir em árvores e de ficar sobre duas patas para atacar ou para se defender. ‖ **(urso) panda** Mamífero que tem a pelagem espessa, branca na cabeça e na região média do tronco e preta nas orelhas, ao redor dos olhos e no resto do corpo, e que se alimenta principalmente de bambu.

urticante ⟨ur.ti.can.te⟩ adj.2g. Que causa grande sensação de ardor ou de queimação.

urticária ⟨ur.ti.cá.ria⟩ s.f. Doença da pele caracterizada pela aparição de pequenos caroços ou de manchas avermelhadas e ardor muito intenso, semelhante ao causado pelo contato com a urtiga.

urtiga ⟨ur.ti.ga⟩ s.f. Planta herbácea com pequenas flores de diferentes cores, e com folhas serrilhadas com a margem recortada e coberta de pelos que secretam uma substância que causa irritação na pele.

urubu ⟨u.ru.bu⟩ s.m. Ave de rapina de médio porte, de visão e olfato apurados, corpo coberto por penas pretas, bico curvo, com cabeça e pescoço pelados e que se alimenta principalmente de carne de animais em decomposição. [☞ aves p. 92] □ ORIGEM É uma palavra de origem tupi.

urucu ⟨u.ru.cu⟩ s.m. →urucum □ ORIGEM É uma palavra de origem tupi.

urucubaca ⟨u.ru.cu.ba.ca⟩ s.f. *informal* Azar ou infelicidade.

urucum ⟨u.ru.cum⟩ (pl. *urucuns*) s.m. **1** Árvore com folhas grandes de três lobos, flores rosadas, e cujo fruto é uma cápsula vermelha ou amarela com espinhos e pontas secas cheias de sementes pequenas. □ SIN. urucuzeiro. **2** Esse fruto. **3** Corante vermelho obtido desse fruto. □ ORIGEM É uma palavra de origem tupi. □ ORTOGRAFIA Escreve-se também *urucu*.

urucuzeiro ⟨u.ru.cu.zei.ro⟩ s.m. Árvore com folhas grandes de três lobos, flores rosadas, e cujo fruto é o urucum. □ SIN. urucum.

uruguaianense ⟨u.ru.guai.a.nen.se⟩ adj.2g./s.2g. De Uruguaiana ou relacionado a essa cidade do estado brasileiro do Rio Grande do Sul.

uruguaio, a ⟨u.ru.guai.o, a⟩ adj./s. Do Uruguai ou relacionado a esse país sul-americano.

urutu ⟨u.ru.tu⟩ s.2g. Serpente venenosa de corpo marrom-claro com manchas escuras, e que se alimenta de pequenos roedores. □ ORIGEM É uma palavra de origem tupi.

urze ⟨ur.ze⟩ s.f. Planta de ramos abundantes e cor esbranquiçada, com raízes grossas, folhas estreitas e flores brancas ou rosadas, dispostas em cachos e com a corola em formato de sino.

usança ⟨u.san.ça⟩ s.f. Hábito ou costume antigo e tradicional.

usar ⟨u.sar⟩ **I** v.t.d./v.t.i. **1** Empregar (um instrumento ou um meio) ou lançar mão [deles] para um determinado fim: *Use o lápis para responder às questões da prova. Usou de bons argumentos para conseguir um desconto*. □ SIN. utilizar. **2** Gastar ou consumir (um produto) ou servir-se [dele]: *Meu carro usa gasolina*. **3** Utilizar (uma peça do vestuário) ou vestir-se [com ela]: *Nem todas as mulheres gostam de usar salto alto*. □ SIN. trajar. **I** v.t.d. **4** Ter por costume: *Não se usa mais dizer vosmecê e sim, você*. □ SIN. costumar, soer. **5** Tirar proveito de (algo que pertence a outra pessoa): *Você não deve usar a generosidade dele para conseguir o que quer*.

useiro, ra ⟨u.sei.ro, ra⟩ adj. Que usa fazer algo. ‖ **ser useiro e vezeiro em** fazer algo: Costumar fazê-lo: *É useiro e vezeiro em protelar a entrega de trabalhos*.

usina ⟨u.si.na⟩ s.f. **1** Lugar com as instalações necessárias para preparar ou elaborar um produto a partir de uma matéria-prima. □ SIN. fábrica. **2** Lugar onde se planta cana para a fabricação de açúcar ou de álcool. □ SIN. engenho. **3** Lugar onde a energia é gerada ou aproveitada. ‖ **(usina) hidrelétrica** Aquela onde a energia elétrica é produzida a partir de energia hidráulica.

usineiro, ra ⟨u.si.nei.ro, ra⟩ **I** adj. **1** Da usina ou relacionado a ela. **I** s. **2** Proprietário de uma usina.

uso ⟨u.so⟩ s.m. **1** Consumo, gasto ou emprego contínuo e habitual. **2** Emprego ou aproveitamento de algo como instrumento para um determinado fim: *O uso do computador nas aulas é cada vez mais frequente*. □ SIN. utilização. **3** Costume, hábito ou tradição consolidados: *Muitos brasileiros de origem japonesa mantêm usos do país de seus antepassados*.

usual ⟨u.su.al⟩ (pl. *usuais*) adj.2g. Que é usado ou praticado de maneira frequente e comum.

usuário, ria ⟨u.su.á.rio, ria⟩ adj./s. Que ou quem usa algo ordinariamente ou tem direito de usá-lo.

usucapião ⟨u.su.ca.pi.ão⟩ (pl. *usucapiões*) s.2g. Aquisição do direito de propriedade decorrente da posse de um bem, em condições e durante um tempo previstos por lei.

usufruir ⟨u.su.fru.ir⟩ v.t.d./v.t.i. **1** Em direito, ter o usufruto [de um bem alheio]: *O viúvo usufruiu os bens de sua esposa*. **2** Usar (algo bom) ou desfrutar [de algo bom] de maneira prazerosa: *Não vejo a hora de viajar e usufruir a paz do sítio*. □ ORTOGRAFIA Usa-se *i* em vez do *e* comum na conjugação do presente do indicativo e do imperativo afirmativo →ATRIBUIR.

usufruto ⟨u.su.fru.to⟩ s.m. **1** Direito de usar um bem alheio ou de obter os benefícios que ele produz, com a obrigação de conservá-lo, ou de acordo com o que a lei estabelece e sem efetuar nenhum pagamento ao dono. **2** Uso ou posse de algo mediante esse direito: *Não eram proprietários, mas moravam na casa, pois tinham seu usufruto*.

usura ⟨u.su.ra⟩ s.f. **1** Em economia, juros ou rendimentos. **2** Empréstimo em que se cobram juros abusivos. □ SIN. agiotagem. **3** Vontade excessiva de possuir ou de adquirir riquezas. □ SIN. avareza.

usurário, ria ⟨u.su.rá.rio, ria⟩ adj./s. **1** *informal* Agiota. **2** *informal* Avarento.

usurpação ⟨u.sur.pa.ção⟩ (pl. *usurpações*) s.f. **1** Apropriação violenta de uma propriedade ou de um direito que legitimamente pertencem a outro. ▫ SIN. esbulho. **2** Atribuição e uso feitos de um cargo ou um título alheios como se fossem próprios: *Fazer-se passar por outro constitui delito de usurpação de identidade.*

usurpar ⟨u.sur.par⟩ v.t.d./v.t.d.i. **1** Tomar (uma propriedade ou um direito que são legítimos) [de alguém], geralmente por meio da violência. ▫ SIN. esbulhar. **2** Obter ou tomar [de alguém] (um cargo ou um título) e usá-lo como se fosse próprio.

utensílio ⟨u.ten.sí.lio⟩ s.m. Objeto de uso manual que serve como instrumento de trabalho ou doméstico.

uterino, na ⟨u.te.ri.no, na⟩ adj. Do útero ou relacionado a esse órgão.

útero ⟨ú.te.ro⟩ s.m. No sistema genital feminino, órgão oco que protege o feto e no qual ele se desenvolve até seu nascimento. ▫ SIN. matriz.

UTI (pl. *UTIs*) s.f. Em um hospital, seção com meios técnicos e humanos necessários para controlar rigorosamente a evolução de pacientes. ▫ SIN. CTI, unidade de terapia intensiva. ▫ ORIGEM É a sigla de *unidade de terapia intensiva*.

útil ⟨ú.til⟩ (pl. *úteis*) adj.2g. **1** Que pode servir ou ser aproveitado. **2** Que produz proveito ou benefício: *O estágio na editora foi-lhe útil para conseguir o emprego.* **3** Em relação especialmente a um período, que é reservado para o trabalho: *Sábados, domingos e feriados não são dias úteis para a maioria dos escritórios.*

utilidade ⟨u.ti.li.da.de⟩ s.f. **1** Capacidade de servir, de ser aproveitado ou de produzir. **2** Benefício ou vantagem que se tira de algo: *Essa viagem ao exterior será de grande utilidade no futuro.* **3** Instrumento ou ferramenta de um ofício ou de uma arte: *uma loja de utilidades domésticas.*

utilitário, ria ⟨u.ti.li.tá.rio, ria⟩ ▪ adj. **1** Da utilidade ou relacionado a ela. ▪ s.m. **2** Veículo especialmente destinado ao transporte de cargas pequenas. **3** Em um computador, programa usado em sua manutenção, especialmente na organização de arquivos e na detecção ou na correção de erros.

utilitarismo ⟨u.ti.li.ta.ris.mo⟩ s.m. Tendência a considerar a utilidade como valor máximo ou a colocá-la acima de tudo.

utilização ⟨u.ti.li.za.ção⟩ (pl. *utilizações*) s.f. Emprego ou aproveitamento de algo como instrumento para um determinado fim. ▫ SIN. uso.

utilizar ⟨u.ti.li.zar⟩ v.t.d. **1** Empregar ou lançar mão de (um instrumento ou um meio) para um determinado fim: *Posso utilizar seu telefone, por favor?* ▫ SIN. usar. **2** Tornar proveitoso ou útil: *Utilize o tempo livre para estudar inglês.* ▫ SIN. aproveitar.

utopia ⟨u.to.pi.a⟩ s.f. Plano ou ideia irrealizáveis no momento em que foram criados ou formulados.

utópico, ca ⟨u.tó.pi.co, ca⟩ adj. Da utopia, com utopia ou relacionado a ela.

utopista ⟨u.to.pis.ta⟩ adj.2g./s.2g. Que concebe utopia ou que é inclinado a elas.

uva ⟨u.va⟩ s.f. Fruto da videira, de formato esférico ou ovalado, geralmente verde ou arroxeado, carnoso, suculento, com cerca de três sementes em seu interior, que cresce agrupado com outros em cachos.

úvula ⟨ú.vu.la⟩ s.f. No sistema digestório, pequena massa carnosa e muscular de cor avermelhada, que fica na parte mediana e posterior do palato mole, na entrada da faringe.

uvular ⟨u.vu.lar⟩ adj.2g. **1** Da úvula ou relacionado a essa massa carnosa do palato. **2** Em linguística, em relação a um som, que é pronunciado com a intervenção da úvula como órgão passivo.

uxoricídio ⟨u.xo.ri.cí.dio⟩ (Pron. [ucsoricídio]) s.m. Assassinato de uma mulher por seu marido.

uzbeque ⟨uz.be.que⟩ ▪ adj.2g./s.2g. **1** Do Uzbequistão ou relacionado a esse país asiático. ▪ s.m. **2** Língua desse país

v ❚ s.m. **1** Vigésima segunda letra do alfabeto. ❚ numer. **2** Em uma sequência, que ocupa o vigésimo segundo lugar. ☐ GRAMÁTICA Na acepção 1, o plural é *vv*.

vaca ⟨va.ca⟩ s.f. **1** Fêmea do **boi**. **2** *pejorativo* Mulher que tem muitos parceiros amorosos.

vaca-fria ⟨vaca-fri.a⟩ (pl. *vacas-frias*) ‖ **voltar à vaca-fria** *informal* Retomar um assunto pendente.

vacância ⟨va.cân.cia⟩ s.f. Estado daquilo que está livre e em condição de ser ocupado.

vacante ⟨va.can.te⟩ adj.2g. Que está livre e em condição de ser ocupado.

vacaria ⟨va.ca.ri.a⟩ s.f. **1** Rebanho de vacas. **2** Lugar cercado e descoberto para onde se recolhem as vacas.

vacilação ⟨va.ci.la.ção⟩ (pl. *vacilações*) s.f. **1** Oscilação de algo que não está firme ou em equilíbrio. **2** Indecisão ou incerteza.

vacilante ⟨va.ci.lan.te⟩ adj.2g. Que vacila: *uma luz vacilante; uma resposta vacilante.*

vacilar ⟨va.ci.lar⟩ ❚ v.int. **1** Balançar ou oscilar por estar pouco firme. ❚ v.t.i. **2** Mostrar-se indeciso [sobre uma decisão, um fato ou uma atitude]: *Ela vacilou em dizer que aceitaria.* ❚ v.int. **3** Titubear, oscilar ou mostrar-se indeciso: *Ao ser questionada sobre seu envolvimento, a testemunha vacilou.* **4** *informal* Deslizar ou falhar de forma involuntária: *Vacilei ao esquecer de convidá-la.*

vacilo ⟨va.ci.lo⟩ s.m. *informal* Deslize ou falha cometida involuntariamente: *Foi um vacilo eu ter perdido o comprovante de pagamento.*

vacina ⟨va.ci.na⟩ s.f. **1** Medicamento que se introduz em um organismo para estimular a imunidade a uma doença ou a uma infecção. **2** Em informática, programa que anula ou neutraliza a ação de um vírus de computador específico.

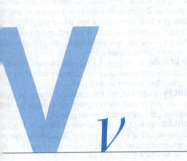

vacinação ⟨va.ci.na.ção⟩ (pl. *vacinações*) s.f. Ato ou efeito de vacinar(-se).

vacinar ⟨va.ci.nar⟩ v.t.d./v.prnl. Administrar uma vacina a (uma pessoa ou um animal) ou tomar uma vacina: *Você precisa vacinar seu cão contra raiva. Você já se vacinou contra a rubéola?*

vacuidade ⟨va.cu.i.da.de⟩ s.f. Estado do que está vazio ou do que não tem conteúdo.

vacum ⟨va.cum⟩ (pl. *vacuns*) adj.2g./s.m. Em relação a um gado, que é formado por bois, touros, vacas e bezerros.

vácuo, cua ⟨vá.cuo, cua⟩ ❚ adj. **1** Que está totalmente vazio. ❚ s.m. **2** Em física, espaço que não contém nenhuma matéria. **3** Lacuna ou sensação de vazio. ‖ **a vácuo** Que utiliza um espaço de que se retirou o ar para ser processado ou para funcionar: *As embalagens a vácuo permitem conservar melhor os alimentos.*

vade-mécum ⟨va.de-mé.cum⟩ (pl. *vade-mécuns*) s.m. Livro no qual se podem encontrar com facilidade informações de uso frequente em um determinado assunto. ☐ ORIGEM É uma palavra que vem do latim *vade mecum* (ande comigo).

vadiação ⟨va.di.a.ção⟩ (pl. *vadiações*) s.f. Ato ou efeito de vadiar. ☐ SIN. vadiagem.

vadiagem ⟨va.di.a.gem⟩ (pl. *vadiagens*) s.f. **1** Ato ou efeito de vadiar. ☐ SIN. vadiação. **2** Conjunto de vadios.

vadiar ⟨va.di.ar⟩ v.int. **1** Andar sem rumo nem direção fixos. ☐ SIN. flanar, perambular, vagar, vaguear. **2** Viver sem trabalho ou sem ocupação.

vadio, a ⟨va.di.o, a⟩ adj./s. **1** Que ou quem anda sem direção nem rumo fixos. ☐ SIN. vagabundo. **2** Que ou quem vive sem trabalho ou sem ocupação. ☐ SIN. vagabundo.

vaga ⟨va.ga⟩ s.f. **1** Aquilo que está livre e em condição de ser ocupado. **2** *literário* Onda do mar.

vagabundagem ⟨va.ga.bun.da.gem⟩ (pl. *vagabundagens*) s.f. **1** Modo de ser ou de agir próprio de um vagabundo. **2** Conjunto de vagabundos.

vagabundar

vagabundar ⟨va.ga.bun.dar⟩ v.int. →**vagabundear**
vagabundear ⟨va.ga.bun.de.ar⟩ v.int. Levar uma vida própria de um vagabundo. ◻ SIN. vaguear. ◻ ORTOGRAFIA 1. O e muda para ei quando a sílaba tônica estiver na raiz do verbo →NOMEAR. 2. Escreve-se também *vagabundar*.
vagabundo, da ⟨va.ga.bun.do, da⟩ ▌adj. 1 *informal pejorativo* De qualidade inferior. ▌adj./s. 2 Que ou quem anda sem direção nem rumo fixos. ◻ SIN. vadio. 3 *pejorativo* Que ou quem vive sem trabalho ou sem ocupação. ◻ SIN. vadio. 4 *pejorativo* Que ou quem age de forma desonesta.
vagalhão ⟨va.ga.lhão⟩ (pl. *vagalhões*) s.m. Onda marinha muito grande.
vaga-lume ⟨va.ga-lu.me⟩ (pl. *vaga-lumes*) s.m. Inseto coleóptero que emite luz fosforescente na parte inferior do abdome. ◻ GRAMÁTICA É um substantivo epiceno: *o vaga-lume {macho/fêmea}*.
vagão ⟨va.gão⟩ (pl. *vagões*) s.m. Em um trem, cada um dos carros que servem para transportar cargas ou passageiros.
vagar ⟨va.gar⟩ ▌s.m. 1 Ausência de pressa ou de rapidez. ▌v.int. 2 Andar sem rumo nem direção fixos: *Nos dias livres, fica vagando pela cidade*. ◻ SIN. flanar, perambular, vadiar, vaguear. 3 Ficar livre ou vazio (um lugar). ◻ SIN. desocupar. 4 Ficar vago ou disponível (um cargo). ◻ ORTOGRAFIA Nas acepções 2, 3, e 4, antes de e, o g muda para gu →CHEGAR.
vagareza ⟨va.ga.re.za⟩ (Pron. [vagarêza]) s.f. Demora na realização de um acontecimento ou na execução de uma ação. ◻ SIN. lentidão.
vagaroso, sa ⟨va.ga.ro.so, sa⟩ (Pron. [vagarôso], [vagarósa], [vagarósos], [vagarósas]) adj. 1 Que tem os movimentos lentos ou pausados. 2 Que acontece de maneira lenta ou pausada.
vagem ⟨va.gem⟩ (pl. *vagens*) s.f. 1 Fruto de algumas plantas leguminosas, alongado, de casca fina que se abre por duas fendas, e que contém várias sementes dispostas em uma sequência. 2 Fruto do feijoeiro. ◻ SIN. feijão.
vagido ⟨va.gi.do⟩ s.m. 1 Voz ou choro característicos do recém-nascido. 2 Som semelhante a esse.
vagina ⟨va.gi.na⟩ s.f. Órgão sexual feminino.
vaginal ⟨va.gi.nal⟩ (pl. *vaginais*) adj.2g. Da vagina ou relacionado a ela.
vaginismo ⟨va.gi.nis.mo⟩ s.m. Distúrbio que se caracteriza por contrações dolorosas da vagina durante o ato sexual.
vaginite ⟨va.gi.ni.te⟩ s.f. Inflamação da vagina.
vago, ga ⟨va.go, ga⟩ ▌1 Particípio irregular de **vagar**. ▌adj. 2 Que está livre ou em condição de ser ocupado. ◻ SIN. vazio. 3 Impreciso, indeterminado ou pouco definido.
vaguear ⟨va.gue.ar⟩ v.int. 1 Andar sem rumo nem direção fixos. ◻ SIN. flanar, perambular, vadiar, vagar. 2 Levar uma vida própria de um vagabundo. ◻ SIN. vagabundear. ◻ ORTOGRAFIA O e muda para ei quando a sílaba tônica estiver na raiz do verbo →NOMEAR.
vaia ⟨vai.a⟩ s.f. Reprovação por meio de murmúrios, ruídos ou gritos. ◻ SIN. apupo.
vaiar ⟨vai.ar⟩ ▌v.t.d. 1 Reprovar por meio de murmúrios, ruídos ou gritos: *Os torcedores vaiaram os jogadores pelo mau desempenho no jogo*. ◻ SIN. apupar. ▌v.int. 2 Produzir murmúrios, ruídos ou gritos como sinal de reprovação. ◻ SIN. apupar.
vaidade ⟨vai.da.de⟩ s.f. 1 Necessidade de ter as próprias qualidades reconhecidas e louvadas. 2 Cultivo da própria imagem.
vaidoso, sa ⟨vai.do.so, sa⟩ (Pron. [vaidôso], [vaidósa], [vaidósos], [vaidósas]) adj./s. Que ou quem tem ou manifesta vaidade.

vai e vem ⟨vai e vem⟩ (pl. *vai e vens*) s.m. →**vaivém**
vai não vai ⟨vai não vai⟩ (pl. *vai não vais*) s.m.2n. *informal* Situação de indecisão ou de dúvida: *Ficou naquele vai não vai e acabou se atrasando*.
vaivém ⟨vai.vém⟩ (pl. *vaivéns*) s.m. 1 Movimento alternado e contínuo de um corpo de um lado para outro. 2 Sucessão alternada de acontecimentos favoráveis ou adversos: *os vaivéns da bolsa de valores*. 3 Movimentação desordenada de pessoas ou de veículos: *o vaivém de um centro comercial*. ◻ ORTOGRAFIA Escreve-se também *vai e vem*.
vala ⟨va.la⟩ s.f. 1 Em um terreno, escavação comprida e estreita. 2 Lugar onde se enterra um cadáver. ‖ **vala comum** Lugar onde se enterram, de forma coletiva, vários cadáveres.
valadarense ⟨va.la.da.ren.se⟩ adj.2g./s.2g. De Governador Valadares ou relacionado a essa cidade do estado brasileiro de Minas Gerais.
valado ⟨va.la.do⟩ s.m. Fosso raso, cavado ao redor de uma propriedade rural para protegê-la.
vale ⟨va.le⟩ s.m. 1 Depressão de terra situada entre montanhas. 2 Forma de relevo modelada por rios, limitada por duas vertentes: *o vale do rio São Francisco*. 3 Parte mais baixa de algo. 4 Adiantamento salarial. 5 Bilhete ou cupom que dão direito a um produto ou a um serviço. ◻ SIN. tíquete.
vale-brinde ⟨va.le-brin.de⟩ (pl. *vales-brinde* ou *vales-brindes*) s.m. Vale que dá ao seu portador o direito a um presente oferecido como cortesia.
valência ⟨va.lên.cia⟩ s.f. Em química, número de ligações que um átomo ou um grupo de átomos podem combinar com outros átomos ou grupos.
valentão ⟨va.len.tão⟩ (pl. *valentões*) adj./s.m. 1 *informal* Que ou quem é muito valente. 2 *informal* Que ou quem tenta mostrar-se mais valente do que realmente é. ◻ GRAMÁTICA Seu feminino é *valentona*.
valente ⟨va.len.te⟩ adj.2g./s.2g. Que tem valentia.
valentia ⟨va.len.ti.a⟩ s.f. Coragem ou bravura.
valentona ⟨va.len.to.na⟩ (Pron. [valentôna]) Feminino de **valentão**.
valer ⟨va.ler⟩ ▌v.t.d. 1 Custar ou ser avaliado em (um determinado preço ou valor): *Quanto vale este carro?* ▌v.int. 2 Ser valoroso ou digno de consideração: *Uma boa amizade vale muito*. 3 Ter vigência ou validade: *O contrato vale até o final do ano*. ▌v.t.d.i. 4 Produzir, ocasionar ou ter como consequência [a alguém]: *Seu bom desempenho lhe valeu uma gratificação*. ▌v.t.d. 5 Ser digno ou merecedor de (algo positivo): *Este filme não vale o prêmio que ganhou*. ▌v.t.i. 6 Dar proteção ou socorro [a algo ou alguém]: *Que os santos nos valham!* ▌v.prn. 7 Utilizar algo em benefício ou em proveito próprios: *Valeu-se de trapaças para vencer a partida*. ◻ GRAMÁTICA 1. É um verbo irregular →VALER. 2. Como pronominal usa-se a construção *valer-se DE algo*.
vale-refeição ⟨va.le-re.fei.ção⟩ (pl. *vales-refeição* ou *vales-refeições*) s.m. Vale fornecido por um empregador a um empregado para ser utilizado como pagamento das despesas com alimentação.
valeriana ⟨va.le.ri.a.na⟩ s.f. Planta herbácea de caule reto e oco, com folhas partidas e pontiagudas, flores brancas ou avermelhadas, raiz aromática, é usada em medicina como tranquilizante e como relaxante muscular.
valeta ⟨va.le.ta⟩ (Pron. [valêta]) s.f. Vala pequena, geralmente usada para o escoamento de água. ◻ SIN. rego.
valete ⟨va.le.te⟩ s.m. Em um baralho, carta com a letra J que representa um homem.
vale-transporte ⟨va.le-trans.por.te⟩ (pl. *vales-transporte* ou *vales-transportes*) s.m. Vale fornecido por um empregador a um empregado para ser utilizado como

pagamento do transporte coletivo no trajeto entre a empresa e o domicílio.

valia ⟨va.li.a⟩ s.f. Valor ou importância de algo: *um objeto de grande valia; um trabalho de muita valia.*

validação ⟨va.li.da.ção⟩ (pl. *validações*) s.f. Aquisição ou declaração da validade de algo.

validade ⟨va.li.da.de⟩ s.f. **1** Estado daquilo que tem valor legal: *a validade de um contrato.* **2** Período de tempo no qual um produto mantém suas propriedades: *Nunca deixo de verificar a validade dos alimentos.*

validar ⟨va.li.dar⟩ v.t.d. Tornar válido: *Precisou reconhecer a firma do diretor para validar o diploma.*

válido, da ⟨vá.li.do, da⟩ adj. **1** Que vale ou que vigora. **2** Legítimo ou legal. **3** Que tem boa saúde.

valimento ⟨va.li.men.to⟩ s.m. Influência ou prestígio.

valioso, sa ⟨va.li.o.so, sa⟩ (Pron. [valiôso], [valiósa], [valiósos], [valiósas]) adj. Que é de muito valor ou de muita importância.

valise ⟨va.li.se⟩ s.f. Mala pequena. □ SIN. maleta.

valo ⟨va.lo⟩ s.m. Sulco natural ou artificial que pode servir para dividir duas propriedades rurais.

valor ⟨va.lor⟩ (Pron. [valôr]) ▌s.m. **1** Preço de algo. **2** Significado ou importância que se atribui a algo ou alguém: *Esse anel que herdei da minha avó tem um grande valor sentimental.* **3** Em matemática, quantidade que se atribui a uma variável. **4** Em música, figura rítmica que representa o tempo de duração de um som ou de uma pausa. ▌s.m.pl. **5** Princípios morais, ideológicos ou de outro tipo que guiam a conduta de uma pessoa. **6** Em economia, títulos que representam as quantidades creditadas às empresas ou a participação no capital dessas empresas: *A Bovespa é a bolsa de valores de São Paulo.*

valorização ⟨va.lo.ri.za.ção⟩ (pl. *valorizações*) s.f. Ato ou efeito de valorizar(-se).

valorizar ⟨va.lo.ri.zar⟩ ▌v.t.d./v.prnl **1** Reconhecer o valor de (algo) ou apreciar o próprio mérito: *Sempre soube valorizar os estudos.* **2** Aumentar o valor de (algo) ou sofrer aumento: *Os lucros da empresa valorizaram suas ações na bolsa.* ▌v.t.d. **3** Destacar ou dar ênfase: *Esse penteado valoriza o seu rosto.*

valoroso, sa ⟨va.lo.ro.so, sa⟩ (Pron. [valorôso], [valorósa], [valorósos], [valorósas]) adj. Que tem valor ou força para fazer ou enfrentar algo.

valquíria ⟨val.quí.ria⟩ s.f. Na mitologia escandinava, cada uma das divindades femininas que nos combates escolhiam os heróis que deviam morrer, conduzindo-os aos céus.

valsa ⟨val.sa⟩ s.f. **1** Composição musical, de ritmo ternário e suave, de movimento geralmente animado, com acompanhamento característico que articula o baixo no primeiro tempo e os acordes nos demais tempos do compasso. **2** Dança que acompanha essa composição.

valsar ⟨val.sar⟩ v.int. Dançar valsa.

valva ⟨val.va⟩ s.f. **1** Em zoologia, cada uma das peças duras e móveis que constituem a concha de alguns moluscos e invertebrados. **2** Prega membranosa situada no coração ou em um grande vaso, que permite a passagem de líquidos, especialmente se for o sangue, em uma só direção, impedindo sua volta. **3** Em botânica, cada uma das partes que formam a casca de alguns frutos e que, unidas por uma ou mais linhas, cobrem as sementes. □ USO Na acepção 2, é a nova denominação de *válvula*.

válvula ⟨vál.vu.la⟩ s.f. **1** Em uma máquina ou em um instrumento, peça que é colocada em uma abertura e que serve para abrir ou fechar a passagem por um canal. **2** Prega membranosa situada no coração ou em um grande vaso, que permite a passagem de líquidos, especialmente se for o sangue, em uma só direção, impedindo sua volta. □ USO Na acepção 2, é a antiga denominação de *valva*.

vampiro, ra ⟨vam.pi.ro, ra⟩ ▌s. **1** Personagem que vive à noite e se alimenta com o sangue que suga do pescoço de suas vítimas. ▌s.m. **2** Morcego de dentes incisivos maiores que os outros e que são usados para cortar sua presa, e que se alimenta de sangue de outros animais.

van *(palavra inglesa)* (Pron. [van]) s.f. Veículo maior que um carro de passeio e menor que um ônibus, que geralmente se usa para transportar um grupo de pessoas.

vanádio ⟨va.ná.dio⟩ s.m. Elemento químico da família dos metais, de número atômico 23, sólido, facilmente deformável, de cor branca prateada, e que é usado para aumentar a resistência do aço. □ ORTOGRAFIA Seu símbolo químico é *V*, sem ponto.

vandalismo ⟨van.da.lis.mo⟩ s.m. Atitude própria de um vândalo.

vandalizar ⟨van.da.li.zar⟩ v.t.d. Destruir ou devastar de forma indiscriminada: *Um grupo vandalizou a fachada do museu.*

vândalo, la ⟨vân.da.lo, la⟩ adj./s. **1** De um antigo povo bárbaro de origem germânica que participou da invasão do Império Romano ou relacionado a ele. **2** Que ou quem é destruidor ou violento.

vanglória ⟨van.gló.ria⟩ s.f. Presunção ou vaidade. □ SIN. flatulência.

vangloriar-se ⟨van.glo.ri.ar-se⟩ v.prnl. Envaidecer-se de ações ou qualidades próprias ou ter alto conceito sobre elas: *Ele sempre se vangloria na frente dos amigos.* □ SIN. pavonear-se.

vanguarda ⟨van.guar.da⟩ s.f. **1** Movimento artístico ou ideológico mais avançado em relação às ideias ou aos gostos de seu tempo. **2** Parte de uma força armada que vai à frente do corpo principal.

vanguardista ⟨van.guar.dis.ta⟩ adj.2g. Que faz parte de um movimento artístico ou ideológico de vanguarda: *um artista vanguardista; uma estética vanguardista.*

vantagem ⟨van.ta.gem⟩ (pl. *vantagens*) s.f. **1** Superioridade de uma pessoa ou de uma coisa sobre outra. **2** Condição, qualidade ou circunstância favoráveis: *Os corredores locais estão em vantagem, pois conhecem o circuito da prova.* **3** Ganho ou benefício: *Parar de fumar só traz vantagens para a saúde.* **4** Em voleibol, direito de saque após o adversário ter perdido o domínio da bola. **5** Em tênis, situação na qual um jogador marca um ponto após um empate. ‖ **contar vantagem** *informal* Gabar-se. ‖ **levar vantagem** Obter ganhos.

vantajoso, sa ⟨van.ta.jo.so, sa⟩ (Pron. [vantajôso], [vantajósa], [vantajósos], [vantajósas]) adj. Que proporciona vantagem.

vão, vã (pl. *vãos*) ▌adj. **1** Vazio ou sem conteúdo. **2** Sem utilidade. ▌s.m. **3** Espaço aberto ou vazio. ‖ **em vão** Inutilmente ou sem efeito.

vapor ⟨va.por⟩ (Pron. [vapôr]) s.m. **1** Gás em que um líquido se transforma, por ação do calor. **2** Embarcação movida por uma ou várias máquinas capazes de gerar energia a partir dessa matéria. ‖ **a todo vapor** *informal* Em alta velocidade: *Na época do Natal, as fábricas de panetone trabalham a todo vapor.* ‖ **no vapor** Em relação a um alimento, cozido pelo vapor, sem entrar em contato direto com a água.

vaporização ⟨va.po.ri.za.ção⟩ (pl. *vaporizações*) s.f. Ato ou efeito de vaporizar(-se).

vaporizador, -a ⟨va.po.ri.za.dor, do.ra⟩ (Pron. [vaporizadôr], [vaporizadôra]) ▌adj. **1** Que vaporiza. ▌s.m. **2** Aparelho usado para converter um corpo líquido em vapor. **3** Utensílio usado para espalhar um líquido em forma de partículas muito pequenas. □ SIN. pulverizador.

vaporizar ⟨va.po.ri.zar⟩ ▌v.t.d./v.prnl. **1** Converter(-se) (um líquido) em vapor pela ação do calor: *A água começa*

vaporoso

a vaporizar ao entrar em ebulição. ▌v.t.d. **2** Espalhar (um líquido) em forma de partículas muito pequenas.

vaporoso, sa ⟨va.po.ro.so, sa⟩ (Pron. [vaporôso], [vaporósa], [vaporósos], [vaporósas]) adj. **1** Que exala ou que contém vapores. **2** Em relação especialmente a um tecido, fino, leve ou transparente.

vaqueiro, ra ⟨va.quei.ro, ra⟩ s. Pastor de gado bovino.

vaquejada ⟨va.que.ja.da⟩ s.f. **1** Reagrupamento que os vaqueiros fazem do gado disperso. **2** Competição entre vaqueiros na qual se avalia a perícia e a habilidade no manuseio do gado.

vaqueta ⟨va.que.ta⟩ (Pron. [vaquêta]) s.f. Couro de vitela curtido e preparado para uso industrial.

vaquinha ⟨va.qui.nha⟩ s.f. **1** *informal* Coleta de dinheiro entre várias pessoas para o pagamento, a compra ou a realização de algo. **2** Besouro pequeno, de cor verde, com pernas compridas e que se alimenta de folhas e flores.

vara ⟨va.ra⟩ s.f. **1** Haste ou galho finos, retos e compridos. **2** Qualquer objeto com essas características ou semelhante a elas: *uma vara de pescar*. **3** Bastão ou cajado que se utilizam como apoio ao caminhar ou como símbolo de autoridade. **4** Em um fórum ou em uma circunscrição judicial, divisão em que um juiz atua para decidir casos relativos a uma determinada área do direito: *vara criminal; vara de família*. **5** Unidade de comprimento que equivale aproximadamente a 1,10 m. **6** Manada de porcos.

varal ⟨va.ral⟩ (pl. *varais*) s.m. **1** Fio, arame ou corda esticados e suspensos, em que se penduram roupas para secar. **2** Em um veículo de tração animal, cada uma das varas grossas entre as quais se atrela o animal que o puxa.

varanda ⟨va.ran.da⟩ s.f. Em uma construção, plataforma que se prolonga para o exterior de uma fachada e que é protegida por um parapeito. ▫ SIN. sacada.

varão, roa ⟨va.rão, ro.a⟩ (pl. *varões*) ▌adj. **1** Do sexo masculino ou relacionado a ele. ▌s.m. **2** Indivíduo dotado de virilidade ou de outras características consideradas como masculinas. **3** Pessoa do sexo masculino.

varapau ⟨va.ra.pau⟩ ▌s.m. **1** Pau comprido, semelhante a uma vara. ▌s.2g. **2** *informal* Pessoa muito alta e magra.

varar ⟨va.rar⟩ v.t.d. **1** Golpear com uma vara. **2** Cruzar ou furar de um lado a outro (um corpo): *A bala varou a parede*. ▫ SIN. atravessar, vazar. **3** Passar (um período de tempo fazendo algo): *Varamos a noite comemorando o final do curso*.

varejão ⟨va.re.jão⟩ (pl. *varejões*) s.m. Estabelecimento comercial de grande porte em que se realizam vendas a varejo.

varejeira ⟨va.re.jei.ra⟩ s.f. Inseto de maior tamanho que a mosca, de corpo muito peludo, que produz um grande zumbido e que deposita seus ovos na carne de animais vivos ou mortos. ▫ GRAMÁTICA É um substantivo epiceno: *a varejeira (macho/fêmea)*. ▫ USO É a forma reduzida e mais usual de *mosca-varejeira*.

varejista ⟨va.re.jis.ta⟩ ▌adj.2g. **1** Do varejo ou relacionado a ele. ▌adj.2g./s.2g. **2** Que ou quem se dedica profissionalmente à venda de mercadorias a varejo.

varejo ⟨va.re.jo⟩ (Pron. [varêjo]) s.m. Estabelecimento comercial que vende mercadorias em pequena quantidade, diretamente ao consumidor final, sem passar por intermediários.

vareta ⟨va.re.ta⟩ (Pron. [varêta]) s.f. **1** Vara pequena. **2** Em um guarda-chuva ou em outro objeto semelhante, haste ou peça comprida e fina que faz parte de sua armação. **3** Vara fina, de metal ou de madeira, que se utiliza para limpar o cano de uma arma de fogo.

vargedo ⟨var.ge.do⟩ (Pron. [vargêdo]) s.m. Conjunto de vargens.

vargem ⟨var.gem⟩ (pl. *vargens*) s.f. **1** Terreno plano e de grande extensão. **2** Terreno baixo, plano, fértil e geralmente irrigado por um rio. ▫ SIN. várzea.

variação ⟨va.ri.a.ção⟩ (pl. *variações*) s.f. **1** Ato ou efeito de variar. **2** Em linguística, conjunto de elementos de uma mesma língua que podem ser representados de diferentes modos, segundo o seu contexto de realização.

variado, da ⟨va.ri.a.do, da⟩ adj. Diversificado ou heterogêneo.

variante ⟨va.ri.an.te⟩ s.f. **1** Diferença que há entre diferentes categorias de uma mesma coisa. **2** Em linguística, cada uma das formas de representar os conjuntos de elementos de uma mesma língua: *A palavra catorze é uma variante de quatorze*. **3** Desvio do trecho interrompido de uma estrada ou de um caminho.

variar ⟨va.ri.ar⟩ ▌v.t.d. **1** Tornar diferente de como era antes: *Com os anos, variou sua forma de pensar e já não é tão radical*. **2** Dar variedade ou diversidade a: *Procura variar a alimentação a cada dia*. ▌v.int. **3** Mudar de características, de propriedade ou de estado: *Nesta região, as temperaturas não variam muito entre o inverno e o verão*. **4** Ser diferente: *Nossa maneira de pensar sempre variou*. **5** Sofrer oscilação ou variação: *Nesta turma as idades variam de quinze a dezessete anos*. **6** Perder a razão ou enlouquecer. **7** Em linguística, sofrer flexão de gênero, de número ou de grau (uma palavra ou uma classe de palavras): *Em português, os advérbios, as preposições e as interjeições não variam*.

variável ⟨va.ri.á.vel⟩ (pl. *variáveis*) ▌adj.2g. **1** Que varia ou que pode variar. **2** Instável, inconstante ou que muda com facilidade: *um humor variável*. **3** Em linguística, que se flexiona: *Os verbos, os substantivos e os adjetivos são variáveis*. ▌s.f. **4** Em matemática, em uma equação ou expressão, símbolo que pode ser substituído por um valor numérico. **5** Em matemática, em relação a um conjunto, símbolo que pode representar qualquer um de seus elementos.

varicela ⟨va.ri.ce.la⟩ s.f. Doença infecciosa e contagiosa, causada por um vírus, caracterizada pelo aparecimento de bolhas pelo corpo que causam coceira e irritação na pele, e que é precedida de febre e fraqueza.

varicoso, sa ⟨va.ri.co.so, sa⟩ (Pron. [varicôso], [varicósa], [varicósos], [varicósas]) adj. Das varizes, com varizes ou relacionado a elas.

variedade ⟨va.ri.e.da.de⟩ ▌s.f. **1** Qualidade do que é variado, diferente ou diverso: *A variedade cultural brasileira é fruto de sua miscigenação*. **2** Conjunto de elementos diferentes entre si: *Esta quitanda tem uma grande variedade de frutas*. ▌s.f.pl. **3** Espetáculo ou programa em que se apresentam diferentes atrações: *um show de variedades*.

vário, ria ⟨vá.rio, ria⟩ ▌adj. **1** Que se caracteriza pela sua variedade. **2** De natureza, quantidade ou qualidade diversificadas. ▌pron.ind. **3** Muitos ou diversos: *Recebi vários telefonemas no meu aniversário*.

varíola ⟨va.rí.o.la⟩ s.f. **1** Doença contagiosa causada por um vírus, caracterizada por febre elevada e pela aparição de bolhas cheias de pus sobre a pele. **2** Bolha de pus causada por essa doença.

varioloso, sa ⟨va.ri.o.lo.so, sa⟩ (Pron. [variolôso], [variolôsa], [variolósos], [variolósas]) ▌adj. **1** Da varíola ou relacionado a ela. ▌adj./s. **2** Que ou quem sofre de varíola.

variz ⟨va.riz⟩ s.f. Dilatação anormal de uma veia, causada por um acúmulo de sangue. ▫ USO Usa-se geralmente a forma plural *varizes*.

varonia ⟨va.ro.ni.a⟩ s.f. **1** Condição de varão. **2** Descendência por parte de pai.

varonil ⟨va.ro.nil⟩ (pl. *varonis*) adj.2g. Que tem características tradicionalmente consideradas como próprias do homem. ◻ SIN. **másculo, viril**.

varrão ⟨var.rão⟩ (pl. *varrões*) s.m. Porco usado como reprodutor.

varredor, -a ⟨var.re.dor, do.ra⟩ (Pron. [varredôr], [varredôra]) ▌ adj./s. **1** Que ou quem varre ou que serve para varrer. ▌ s. **2** Pessoa que se dedica profissionalmente a varrer, especialmente ruas.

varredura ⟨var.re.du.ra⟩ s.f. **1** Limpeza do chão que se faz tirando o pó e a sujeira com uma vassoura ou com outro objeto semelhante. **2** Sujeira que se junta ao se fazer a limpeza de um lugar. **3** Busca intensa, cuidadosa ou completa de algo.

varrer ⟨var.rer⟩ ▌ v.t.d. **1** Limpar com uma vassoura ou com outro objeto semelhante (um lugar): *Varre o quarto toda semana.* ▌ v.int. **2** Limpar com uma vassoura ou com outro objeto semelhante. ▌ v.t.d. **3** Roubar tudo o que há em (um lugar): *Os ladrões varreram a casa.* ▌ v.t.d./v.t.d.i. **4** Fazer desaparecer ou sumir [de um lugar]: *As bombas atômicas lançadas pelos norte-americanos sobre o Japão na Segunda Guerra Mundial varreram do mapa várias cidades.* ▌ v.t.d. **5** Destruir, arrasar ou devastar: *O incêndio varreu parte da região.* **6** Procurar ou examinar minuciosamente para encontrar algo: *Os policiais varreram o bairro em busca de novas pistas.*

varrido, da ⟨var.ri.do, da⟩ adj. Completo ou total.

várzea ⟨vár.zea⟩ s.f. Terreno baixo, plano, fértil e geralmente irrigado por um rio. ◻ SIN. **vargem**.

várzea-grandense ⟨vár.zea-gran.den.se⟩ (pl. *várzea-grandenses*) adj.2g./s.2g. De Várzea Grande ou relacionado a essa cidade do estado brasileiro de Mato Grosso.

vasa ⟨va.sa⟩ s.f. Depósito terroso, pegajoso, com mistura de restos de vegetais, de cor escura, e que se forma no fundo das águas. ◻ SIN. **lama, limo, lodo**.

vasca ⟨vas.ca⟩ s.f. Convulsão ou agitação fortes e intensas.

vascular ⟨vas.cu.lar⟩ adj.2g. Dos vasos ou tecidos presentes nos seres vivos e que servem para transportar líquidos ou fluidos.

vascularização ⟨vas.cu.la.ri.za.ção⟩ (pl. *vascularizações*) s.f. **1** Conjunto de vasos sanguíneos que irrigam um órgão ou um tecido. **2** No corpo humano ou em um animal, processo de formação do conjunto de vasos sanguíneos em um órgão ou em um tecido.

vasculhador ⟨vas.cu.lha.dor⟩ (Pron. [vasculhadôr]) s.m. Utensílio semelhante a uma vassoura de cabo comprido que se utiliza para limpar o teto. ◻ SIN. **vasculho**.

vasculhar ⟨vas.cu.lhar⟩ v.t.d. Procurar, examinar ou investigar minuciosamente: *Vasculhou a gaveta, mas não encontrou o anel.*

vasculho ⟨vas.cu.lho⟩ s.m. Utensílio semelhante a uma vassoura de cabo comprido que se utiliza para limpar o teto. ◻ SIN. **vasculhador**.

vasectomia ⟨va.sec.to.mi.a⟩ s.f. Operação cirúrgica que se realiza em um homem para esterilizá-lo.

vaselina ⟨va.se.li.na⟩ s.f. Substância gordurosa, esbranquiçada ou transparente, muito usada como lubrificante e para a fabricação de pomadas e outros produtos farmacêuticos.

vasilha ⟨va.si.lha⟩ s.f. Recipiente fundo usado para guardar alimentos, especialmente se forem líquidos.

vasilhame ⟨va.si.lha.me⟩ s.m. Conjunto de vasilhas.

vaso ⟨va.so⟩ s.m. **1** Recipiente, geralmente de vidro e de formato variado, usado para colocar líquidos ou sólidos. **2** Recipiente, geralmente de barro cozido com a boca mais larga que o fundo, usado para cultivar plantas. **3** Em um organismo animal, conduto ou canal pelos quais circulam o sangue e a linfa: *As veias e as artérias são vasos circulatórios.* **4** Em uma planta, conduto pelo qual a seiva, a água, os sais minerais e as resinas circulam, e que é composto por células largas, de paredes espessas, duras, mortas e que perderam seu conteúdo. ‖ **vaso sanguíneo** Conduto pelo qual circula o sangue. ‖ **vaso (sanitário)** Recipiente conectado a uma tubulação e a um sistema de água e usado para evacuar excrementos. ◻ SIN. **cloaca, privada, retrete**.

vasoconstrição ⟨va.so.cons.tri.ção⟩ (pl. *vasoconstrições*) s.f. Em medicina, redução do diâmetro dos vasos sanguíneos causada por contração de sua camada muscular e que acarreta um aumento da pressão vascular.

vasodilatação ⟨va.so.di.la.ta.ção⟩ (pl. *vasodilatações*) s.f. Em medicina, aumento do diâmetro dos vasos sanguíneos causado por um relaxamento das fibras musculares de suas paredes e que acarreta uma diminuição da pressão vascular.

vasomotor, -a ⟨va.so.mo.tor, to.ra⟩ (Pron. [vasomotôr], [vasomotôra]) adj. Em medicina, do movimento de regulação do diâmetro dos vasos sanguíneos ou relacionado a ele.

vassalagem ⟨vas.sa.la.gem⟩ (pl. *vassalagens*) s.f. **1** Na sociedade feudal, vínculo de dependência e fidelidade estabelecido entre uma pessoa e seu senhor. **2** Imposto pago pelo vassalo ao seu senhor. **3** Submissão ou subordinação.

vassalo, la ⟨vas.sa.lo, la⟩ ▌ adj. **1** Que é submisso ou subordinado. ▌ adj./s.m. **2** Antigamente, que ou quem estava submetido a um senhor feudal e obrigado a pagar feudo. ◻ SIN. **feudatário**.

vassoira ⟨vas.soi.ra⟩ s.f. →**vassoura**

vassoirada ⟨vas.soi.ra.da⟩ s.f. →**vassourada**

vassoireiro, ra ⟨vas.soi.rei.ro, ra⟩ s. →**vassoureiro, ra**

vassoura ⟨vas.sou.ra⟩ s.f. Utensílio formado por um maço de pelos ou de fibras flexíveis preso em uma das extremidades de um cabo, e que serve para varrer. ◻ ORTOGRAFIA Escreve-se também *vasoira*.

vassourada ⟨vas.sou.ra.da⟩ s.f. **1** Golpe dado com uma vassoura. **2** Limpeza superficial ou ligeira feita com uma vassoura. ◻ ORTOGRAFIA Escreve-se também *vasoirada*.

vassoureiro, ra ⟨vas.sou.rei.ro, ra⟩ s. Pessoa que se dedica profissionalmente à fabricação ou à venda de vassouras. ◻ ORTOGRAFIA Escreve-se também *vasoireiro*.

vasto, ta ⟨vas.to, ta⟩ adj. **1** Amplo, muito extenso ou muito grande. **2** De grande importância ou relevância.

vatapá ⟨va.ta.pá⟩ s.m. Prato feito à base de massa de pão amolecido, camarão seco, leite de coco, azeite de dendê e outros ingredientes. ◻ ORIGEM É uma palavra de origem africana.

vate ⟨va.te⟩ s.2g. **1** Pessoa que acredita ter o dom sobrenatural da profecia. ◻ SIN. **profeta**. **2** Autor de obras poéticas, especialmente se estiver dotado para isso. ◻ SIN. **poeta**.

vaticano, na ⟨va.ti.ca.no, na⟩ adj. **1** Do Vaticano (estado soberano situado na península italiana, em que se encontra a sede papal) ou relacionado a ele. **2** Do papa, da corte pontifícia ou relacionado a eles.

vaticinar ⟨va.ti.ci.nar⟩ v.t.d. Predizer, profetizar ou anunciar (um acontecimento futuro): *Alguns economistas já tinham vaticinado a crise econômica.*

vaticínio ⟨va.ti.cí.nio⟩ s.m. Previsão ou profecia de algo que ainda não aconteceu.

vau s.m. Em um rio, em uma lagoa ou no mar, lugar com fundo firme, plano e pouco profundo, por onde se pode passar a pé.

vaza ⟨va.za⟩ s.f. Em uma partida de baralho, conjunto de cartas que se utilizam em cada jogada e que são recolhidas pelo ganhador.

vazadoiro ⟨va.za.doi.ro⟩ s.m. →**vazadouro**

vazadouro ⟨va.za.dou.ro⟩ s.m. Lugar em que se despejam líquidos ou detritos. ▫ ORTOGRAFIA Escreve-se também *vazadoiro*.

vazamento ⟨va.za.men.to⟩ s.m. **1** Ato ou efeito de vazar: *um vazamento de gás*. ▫ SIN. vazão. **2** Lugar ou orifício por onde sai ou escapa algo, geralmente um líquido ou um gás. **3** Divulgação daquilo que é secreto ou sigiloso: *um vazamento de informações confidenciais*.

vazante ⟨va.zan.te⟩ ▎adj.2g. **1** Que vaza. ▎s.f. **2** Diminuição do volume de água de um rio ou do mar. **3** Período em que ocorre essa diminuição.

vazão ⟨va.zão⟩ (pl. *vazões*) s.f. **1** Ato ou efeito de vazar. ▫ SIN. vazamento. **2** Deslocamento, escoamento ou movimento de saída. **3** Venda, consumo ou comercialização. ‖ **dar vazão a** {algo/alguém}: Atendê-lo ou despachá-lo: *No Natal, não conseguimos dar vazão a todos os pedidos*.

vazar ⟨va.zar⟩ ▎v.int. **1** Sair ou escapar aos poucos (um líquido ou um gás): *Por causa do furo no cano, o gás está vazando*. **2** Deixar um líquido ou um gás escapar aos poucos (um recipiente): *O aquário está vazando*. ▎v.t.i./v.int. **3** Em relação a algo secreto ou sigiloso, tornar(-se) público [para alguém]: *A decisão do Presidente vazou para a imprensa antes do desejado*. ▎v.t.d. **4** Cruzar ou furar de um lado a outro (um corpo). ▫ SIN. atravessar, varar.

vazio, a ⟨va.zi.o, a⟩ ▎adj. **1** Sem conteúdo. **2** Que está livre ou em condição de ser ocupado: *um assento vazio*. ▫ SIN. vago. **3** Em relação a um lugar, sem pessoas ou com menos habitantes que o normal: *uma rua vazia*. **4** Desprovido de sentido, lógica ou fundamento: *palavras vazias*. ▎s.m. **5** Abismo, precipício ou espaço sem ocupação de uma matéria. **6** Falta, carência ou ausência de algo.

vê s.m. Nome da letra *v*.

veado, da ⟨ve.a.do, da⟩ ▎s. **1** Mamífero ruminante de cor pardo-avermelhada ou cinzenta, patas compridas e focinho pontudo, e cujo macho, de maior tamanho que a fêmea, apresenta grandes chifres ramificados que se renovam a cada ano. ▎s.m. **2** *informal pejorativo* Homossexual masculino.

vector ⟨vec.tor⟩ (Pron. [vectôr]) s.m. → **vetor**

vedação ⟨ve.da.ção⟩ (pl. *vedações*) s.f. **1** Ato ou efeito de vedar. **2** Aquilo que veda ou que serve para vedar.

vedar ⟨ve.dar⟩ ▎v.t.d. **1** Impedir ou obstruir a passagem (por uma abertura): *vedar uma janela*. **2** Impedir que escapem (um líquido, um gás ou um som). ▎v.t.d./v.t.d.i. **3** Impedir (algo) ou proibir (algo) [a alguém]: *Vedaram a entrada de menores neste cinema. Na véspera de uma eleição, é vedado o consumo de álcool aos eleitores*.

vedete ⟨ve.de.te⟩ s.f. **1** No teatro de revista ou em um espetáculo, atriz principal. **2** Pessoa que se destaca em alguma atividade: *Ela é a maior vedete do time*. ▫ GRAMÁTICA Na acepção 2, usa-se tanto para o masculino quanto para o feminino: *(ele/ela) é uma vedete*.

vedetismo ⟨ve.de.tis.mo⟩ s.m. Comportamento da pessoa que se considera a melhor em algo.

veemência ⟨ve.e.mên.cia⟩ s.f. Qualidade ou estado de veemente: *Negou os fatos com veemência*.

veemente ⟨ve.e.men.te⟩ adj.2g. Que age ou que se manifesta com intensidade, força, ânimo ou entusiasmo.

vegetação ⟨ve.ge.ta.ção⟩ (pl. *vegetações*) s.f. Conjunto das espécies vegetais próprias de uma região ou de um clima: *O cerrado, a caatinga e o pantanal fazem parte da vegetação brasileira*.

vegetal ⟨ve.ge.tal⟩ (pl. *vegetais*) ▎adj.2g. **1** Das plantas ou relacionado a elas. ▎s.m. **2** Ser vivo com capacidade de produzir seu próprio alimento, e que cresce e vive sem capacidade para mudar de lugar por um impulso voluntário. ▫ SIN. planta.

vegetar ⟨ve.ge.tar⟩ v.int. **1** Germinar, crescer e desenvolver-se (uma planta). **2** Viver sem desenvolver outra atividade além da puramente orgânica, como fazem as plantas (alguém): *Muito doente, já não vive, vegeta*.

vegetarianismo ⟨ve.ge.ta.ri.a.nis.mo⟩ s.m. Regime alimentar baseado no consumo exclusivo de produtos vegetais.

vegetariano, na ⟨ve.ge.ta.ri.a.no, na⟩ ▎adj. **1** Do vegetarianismo ou relacionado a esse regime alimentar. ▎adj./s. **2** Que ou quem é partidário ou praticante do vegetarianismo.

vegetativo, va ⟨ve.ge.ta.ti.vo, va⟩ adj. **1** Que vegeta ou que tem vigor para se desenvolver e para se multiplicar. **2** Das funções vitais involuntárias controladas pelo cérebro ou relacionado a elas: *A digestão é uma função vegetativa*. **3** Que vive de maneira mecânica ou sem desenvolver outra atividade que a puramente orgânica: *um doente em estado vegetativo*.

vegetomineral ⟨ve.ge.to.mi.ne.ral⟩ (pl. *vegetominerais*) adj.2g. Que é composto por elementos vegetais e minerais.

veia ⟨vei.a⟩ s.f. **1** No sistema circulatório, vaso que recolhe o sangue dos tecidos para que retorne ao coração. **2** Inspiração ou facilidade para determinada atividade.

veicular ⟨ve.i.cu.lar⟩ ▎adj.2g. **1** Do veículo ou relacionado a ele. ▎v.t.d. **2** Transmitir, divulgar ou difundir: *O jornal televisivo veicula as notícias diárias*.

veículo ⟨ve.í.cu.lo⟩ s.m. **1** Meio de transporte. **2** Meio de transmissão ou difusão que serve para transmitir ou difundir algo: *A televisão, a imprensa e a internet são veículos de comunicação*.

veiga ⟨vei.ga⟩ s.f. Terreno baixo, plano, fértil e cultivado.

veio ⟨vei.o⟩ s.m. **1** Em uma mina, parte onde uma massa mineral é encontrada. ▫ SIN. filão. **2** Lista ou faixa que se distinguem do resto, geralmente por sua qualidade ou por sua cor: *o veio de uma madeira*. **3** Em uma superfície, sulco ou fenda. ▫ SIN. estria. **4** Rio pequeno e de pouca correnteza. ▫ SIN. córrego, regato, riacho, ribeira, ribeiro.

-vel 1 Sufixo que indica capacidade: *disponível, navegável*. **2** Sufixo que indica atitude: *amável, irritável*.

vela ⟨ve.la⟩ s.f. **1** Objeto geralmente de cera e atravessado por um cordão que, ao ser aceso, serve para iluminar. **2** Peça de lona que, com a força do vento, serve para impulsionar uma embarcação. **3** Essa embarcação. **4** Em um filtro de água, peça oca, de material poroso e que serve para reter impurezas. **5** Em um motor a combustão, peça que produz sua ignição e o que faz funcionar. ‖ **segurar vela** *informal* Acompanhar um casal de namorados ou fazer-lhes companhia.

velame ⟨ve.la.me⟩ s.m. Conjunto de velas de uma embarcação.

velar ⟨ve.lar⟩ ▎adj.2g. **1** Em linguística, em relação a um som, que se articula com o dorso da língua próximo à parte posterior do palato ou em contato com ela. ▎v.t.d. **2** Ficar sem dormir para acompanhar (um defunto): *Passaram a noite velando o falecido*. ▎v.t.d./v.t.i. **3** Cuidar solicitamente ou com esmero [de algo ou alguém]: *Eles velam pela educação dos filhos*. ▎v.t.d. **4** Vigiar ou cuidar durante a noite: *A enfermeira velava o doente caso ele precisasse de algo*. **5** Cobrir com um véu: *velar o rosto*. ▎v.int. **6** Escurecer ou ficar escuro por causa da incidência da luz: *Tentou fotografar, mas o filme velou*.

velcro ⟨vel.cro⟩ s.m. Sistema de fechamento formado por duas tiras de tecido diferentes que, ao serem colocadas em contato, aderem-se e podem ser separadas e unidas várias vezes. ▫ ORIGEM É a extensão de uma marca comercial.

veleidade ⟨ve.lei.da.de⟩ s.f. **1** Comportamento ou atitude vaidosos ou presunçosos: *Afirmou, com certa veleidade, que se considerava um artista.* **2** Capricho ou leviandade: *as veleidades da juventude.*

veleiro ⟨ve.lei.ro⟩ s.m. Embarcação a vela que se desloca com a força do vento.

velejar ⟨ve.le.jar⟩ v.int. Navegar em um veleiro ou em um barco a vela.

velhacaria ⟨ve.lha.ca.ri.a⟩ s.f. Dito ou feito próprios de um velhaco.

velhaco, ca ⟨ve.lha.co, ca⟩ adj./s. Que ou quem é traiçoeiro, trapaceiro ou de má-fé.

velharia ⟨ve.lha.ri.a⟩ s.f. **1** Aquilo que é próprio de uma pessoa velha. **2** Costume ultrapassado ou antiquado. **3** *informal pejorativo* Objeto ou conjunto de objetos velhos e de pouco valor.

velhice ⟨ve.lhi.ce⟩ s.f. **1** Estado ou condição de velho. **2** Último período da vida de uma pessoa ou de um animal.

velho, lha ⟨ve.lho, lha⟩ ▌adj. **1** Que existe há muito tempo. **2** De um tempo que passou: *velhas fotografias*. **3** Desgastado ou deteriorado pelo uso ou pelo tempo: *uma camisa velha*. **4** Que é ultrapassado, antiquado ou está em desuso: *um equipamento velho*. ▌adj./s. **5** Que ou quem já tem muita idade ou muitos anos e está na última etapa de sua vida. ▌s. **6** Pessoa idosa. **7** *informal* Pai ou mãe. **8** *informal* Amigo.

velhote, ta ⟨ve.lho.te, ta⟩ s. *informal* Pessoa idosa com ânimo ou boa disposição.

velo ⟨ve.lo⟩ s.m. **1** Lã de um carneiro ou de uma ovelha. **2** Couro de carneiro ou de ovelha, curtido de forma que se conserve a lã e que serve para proteger da umidade e do frio.

velocidade ⟨ve.lo.ci.da.de⟩ s.f. **1** Rapidez no movimento ou na ação. **2** Grandeza que exprime a variação da posição de um objeto em relação ao tempo: *A velocidade da luz é de aproximadamente 300 mil quilômetros por segundo.*

velocímetro ⟨ve.lo.cí.me.tro⟩ s.m. Em um veículo, aparelho que indica a velocidade com que ele se desloca.

velocípede ⟨ve.lo.cí.pe.de⟩ s.m. Veículo formado por um assento e duas ou três rodas, que se move por meio de pedais.

velódromo ⟨ve.ló.dro.mo⟩ s.m. Lugar destinado a corridas de bicicleta.

velório ⟨ve.ló.ri.o⟩ s.m. **1** Ato de acompanhar ou de cuidar de um defunto durante a noite antes de enterrá-lo. **2** Lugar em que se vela um defunto, especialmente se for em um cemitério.

veloz ⟨ve.loz⟩ adj.2g. Ligeiro, ágil, que se move ou que se realiza com grande rapidez.

veludo ⟨ve.lu.do⟩ s.m. **1** Tecido em que uma das superfícies é lisa e a outra possui pelos curtos e macios. **2** Aquilo que se assemelha à maciez desse tecido.

venal ⟨ve.nal⟩ (pl. *venais*) adj.2g. **1** Das veias ou relacionado a elas. ☐ SIN. **venoso**. **2** Da venda ou relacionado a ela. **3** Que é corrupto ou que se deixa subornar.

venalidade ⟨ve.na.li.da.de⟩ s.f. Condição do que pode ser vendido.

venatório, ria ⟨ve.na.tó.ri.o, ria⟩ adj. Da caça ou relacionado a ela.

vencedor, -a ⟨ven.ce.dor, do.ra⟩ (Pron. [vencedôr], [vencedôra]) adj./s. Que ou quem vence ou venceu.

vencer ⟨ven.cer⟩ ▌v.t.d./v.int. **1** Conquistar (uma competição) ou sair vitorioso dela: *Nosso time de xadrez venceu o campeonato estadual. A atleta treinou muito para poder vencer.* ☐ SIN. **ganhar**. ▌v.t.d. **2** Dominar (um sentimento): *Venceu o medo e aprendeu a mergulhar.* **3** Superar (um obstáculo): *Para chegar onde está hoje, precisou vencer muitas dificuldades.* ▌v.int. **4** Cumprir-se ou passar (um prazo ou o término de um período): *O prazo para pagar a fatura já venceu.* ▌v.t.d. **5** Percorrer, transportar ou ultrapassar (um lugar ou uma distância): *Vencemos o trajeto em duas horas.* ☐ ORTOGRAFIA Antes de *a* ou *o*, o *c* muda para *ç* →CONHECER.

vencimento ⟨ven.ci.men.to⟩ s.m. **1** Data limite para o cumprimento de uma obrigação, geralmente uma dívida ou um contrato. **2** Quantia de dinheiro com que se retribui um trabalho realizado por uma pessoa. ☐ SIN. **ordenado, salário, soldada**. ☐ USO Na acepção 2, usa-se geralmente a forma plural *vencimentos*.

venda ⟨ven.da⟩ s.f. **1** Troca de um produto ou de um serviço por dinheiro: *A casa está à venda.* **2** Cessão de algo próprio em troca de algum benefício: *A venda do voto é uma prática criminosa.* **3** Estabelecimento comercial de pequeno porte no qual se vendem alimentos e produtos para o abastecimento de uma casa. ☐ SIN. **mercearia**. **4** Tira ou faixa de tecido com as quais se cobrem os olhos.

vendagem ⟨ven.da.gem⟩ (pl. *vendagens*) s.f. Quantidade de vendas.

vendar ⟨ven.dar⟩ v.t.d. Cobrir com uma venda ou com uma tira de tecido (os olhos de alguém): *Vendaram o aniversariante antes de levá-lo ao salão de festas.*

vendaval ⟨ven.da.val⟩ (pl. *vendavais*) s.m. Vento muito forte.

vendável ⟨ven.dá.vel⟩ (pl. *vendáveis*) adj.2g. **1** Que vende bem ou que é facilmente vendido. ☐ SIN. **vendível**. **2** Que pode ser vendido. ☐ SIN. **vendível**.

vendedor, -a ⟨ven.de.dor, do.ra⟩ (Pron. [vendedôr], [vendedôra]) adj./s. Que ou quem vende.

vendeiro, ra ⟨ven.dei.ro, ra⟩ s. Proprietário de uma venda ou de uma pequena mercearia.

vender ⟨ven.der⟩ ▌v.t.d./v.t.d.i. **1** Ceder ou oferecer em troca de dinheiro (um bem próprio) [para alguém]: *Cogita vender seu carro. Eles venderam a bicicleta para um amigo.* ▌v.t.d. **2** Dedicar-se à venda de (um produto): *Sua especialidade é vender imóveis.* ▌v.prnl. **3** Deixar-se subornar ou prestar serviços, geralmente fraudulentos, em troca de dinheiro ou de qualquer outro benefício.

vendilhão ⟨ven.di.lhão⟩ (pl. *vendilhões*) s.m. **1** Pessoa que explora a fé ou os valores morais alheios de maneira fraudulenta e em proveito próprio. **2** Vendedor que trabalha na rua e não em um estabelecimento fixo. ☐ GRAMÁTICA Seu feminino é *vendilhona*.

vendilhona ⟨ven.di.lho.na⟩ (Pron. [vendilhôna]) Substantivo feminino de **vendilhão**.

vendível ⟨ven.dí.vel⟩ (pl. *vendíveis*) adj.2g. **1** Que pode ser vendido. ☐ SIN. **vendável**. **2** Que vende bem ou que é facilmente vendido. ☐ SIN. **vendável**.

veneno ⟨ve.ne.no⟩ (Pron. [venêno]) s.m. **1** Substância tóxica que pode causar a morte: *O arsênico é um veneno.* **2** Aquilo que é nocivo ou prejudicial à saúde: *O álcool e o fumo são venenos.* **3** Aquilo que pode corromper ou prejudicar moralmente: *Suas palavras, aparentemente inofensivas, eram puro veneno.*

venenoso, sa ⟨ve.ne.no.so, sa⟩ (Pron. [venenôso], [venenôsa], [venenôsos], [venenôsas]) adj. **1** Que inclui ou que contém veneno. **2** Que tem más intenções: *um comentário venenoso.*

venera ⟨ve.ne.ra⟩ s.f. Medalha ou condecoração.

veneração ⟨ve.ne.ra.ção⟩ (pl. *venerações*) s.f. **1** Ato ou efeito de venerar. **2** Culto rendido a Deus, aos santos ou a algo sagrado.

venerando, da ⟨ve.ne.ran.do, da⟩ adj. Digno de veneração ou de respeito. ☐ SIN. **venerável**.

venerar ⟨ve.ne.rar⟩ v.t.d. **1** Respeitar (alguém) graças a sua dignidade ou virtude. **2** Render culto a (Deus, um santo ou algo sagrado).

venerável

venerável ⟨ve.ne.rá.vel⟩ (pl. *veneráveis*) ▪ adj.2g. **1** Digno de veneração ou de respeito. ☐ SIN. venerando. ▪ adj.2g./s.2g. **2** Na Igreja Católica, que ou quem morreu com fama de santidade.

venéreo, rea ⟨ve.né.reo, rea⟩ adj. Em relação a uma doença, que se transmite por contato sexual.

veneta ⟨ve.ne.ta⟩ (Pron. [venêta]) s.f. **1** Acesso ou momento de loucura. **2** Impulso repentino.

veneziana ⟨ve.ne.zi.a.na⟩ s.f. Janela formada por lâminas que regulam a entrada de luz e permitem a passagem do ar.

venezuelano, na ⟨ve.ne.zu.e.la.no, na⟩ adj./s. Da Venezuela ou relacionado a esse país sul-americano.

vênia ⟨vê.nia⟩ s.f. **1** Licença ou permissão concedidas por uma autoridade para se fazer algo. **2** Perdão de uma culpa. **3** Inclinação do tronco do corpo de uma pessoa, geralmente em sinal de reverência. ☐ SIN. cortesura.

venial ⟨ve.ni.al⟩ (pl. *veniais*) adj.2g. Que se opõe levemente a uma lei ou a um preceito e, por isso, é de fácil perdão ou remissão.

venoso, sa ⟨ve.no.so, sa⟩ (Pron. [venôso], [venôsa], [venôsos], [venôsas]) adj. Das veias ou relacionado a elas. ☐ SIN. venal.

venta ⟨ven.ta⟩ ▪ s.f. **1** *informal* Narina. ▪ s.f.pl. **2** *informal* Nariz, focinho ou rosto.

ventana ⟨ven.ta.na⟩ s.f. Em um muro ou em uma parede, abertura elevada para dar passagem à luz e ao ar. ☐ SIN. janela.

ventania ⟨ven.ta.ni.a⟩ s.f. Vento que sopra com muita força.

ventar ⟨ven.tar⟩ v.int. Soprar com força (o vento): *Nessa região costeira costuma ventar muito.* ☐ GRAMÁTICA É um verbo impessoal: só se usa na terceira pessoa do singular, no particípio, no gerúndio e no infinitivo →VENTAR.

ventarola ⟨ven.ta.ro.la⟩ s.f. Objeto semelhante a um leque sem varetas, usado para abanar e que não se fecha.

ventilação ⟨ven.ti.la.ção⟩ (pl. *ventilações*) s.f. Ato ou efeito de ventilar.

ventilador, -a ⟨ven.ti.la.dor, do.ra⟩ (Pron. [ventiladôr], [ventiladôra]) ▪ adj. **1** Que ventila. ▪ s.m. **2** Aparelho formado por pás giratórias, usado para ventilar ou para refrescar um lugar ao mover o ar. [⊙ eletrodomésticos p. 292]

ventilar ⟨ven.ti.lar⟩ v.t.d. **1** Renovar o ar que há em (um lugar): *Deixei a janela aberta para ventilar a sala.* **2** Cogitar ou imaginar (uma hipótese ou possibilidade): *Antes de tomar a decisão, precisamos ventilar todas as alternativas.*

vento ⟨ven.to⟩ s.m. **1** Ar em movimento. **2** *informal* Ventosidade.

ventoinha ⟨ven.to.i.nha⟩ s.f. **1** Em um cata-vento, lâmina de metal móvel que indica a direção do vento. ☐ SIN. grimpa. **2** Em um motor, pequeno ventilador que o refrigera.

ventosa ⟨ven.to.sa⟩ s.f. **1** Peça côncava de material elástico que, ao ser comprimida contra uma superfície lisa, expulsa um vácuo em seu interior e fica aderida a ela. **2** Em alguns animais, órgão semelhante a essa peça côncava, que lhes serve para sugar ou para prender-se.

ventosidade ⟨ven.to.si.da.de⟩ s.f. Acúmulo incômodo de gases no tubo digestivo, geralmente acompanhado de expulsão ruidosa. ☐ SIN. flatulência.

ventoso, sa ⟨ven.to.so, sa⟩ (Pron. [ventôso], [ventôsa], [ventôsos], [ventôsas]) adj. Com fortes ventos.

ventral ⟨ven.tral⟩ (pl. *ventrais*) adj.2g. Do ventre ou relacionado a essa parte do corpo.

ventre ⟨ven.tre⟩ s.m. No corpo humano ou no de outros mamíferos, parte do tronco entre o tórax e a pelve, separada dele pelo diafragma, em que fica a maioria dos órgãos dos sistemas digestório e urinário. ☐ SIN. abdome, barriga.

ventrículo ⟨ven.trí.cu.lo⟩ s.m. **1** No coração, cavidade que recebe o sangue dos átrios. **2** No encéfalo de um mamífero, cada uma de suas quatro cavidades.

ventríloquo, qua ⟨ven.trí.lo.quo, qua⟩ adj./s. Que ou quem imita diferentes vozes ou fala sem mexer os lábios.

ventura ⟨ven.tu.ra⟩ s.f. **1** Qualidade ou estado de venturoso. ☐ SIN. felicidade. **2** Destino ou sorte, especialmente se forem favoráveis.

venturoso, sa ⟨ven.tu.ro.so, sa⟩ (Pron. [venturôso], [venturôsa], [venturôsos], [venturôsas]) adj. Que é feliz ou que tem boa sorte.

ver ▪ v.t.d./v.int. **1** Perceber pelo sentido da visão: *Está muito escuro aqui, não consigo ver nada.* ☐ SIN. enxergar. ▪ v.t.d./v.prnl. **2** Observar(-se) ou manter a vista em (algo que pode ser percebido pelos olhos) com atenção: *Veja esta maravilha que ela desenhou!* ☐ SIN. olhar. **3** Encontrar(-se), visitar ou estar com (alguém): *Nós nos vimos na semana passada.* ▪ v.t.d. **4** Localizar ou buscar: *Preciso ver algum curso para fazer nesse semestre. Vá ver onde está o seu irmão.* ☐ SIN. olhar. **5** Revisar ou examinar: *O policial pediu para ver os documentos do carro.* ☐ SIN. olhar. **6** Perceber por qualquer um dos sentidos corporais: *Veja que aroma agradável!* ☐ SIN. olhar. **7** Perceber por meio da reflexão ou do raciocínio: *Não consigo ver onde está o problema.* ☐ SIN. enxergar. **8** Analisar ou refletir sobre (algo): *Amanhã, veremos isso com mais atenção. Veja bem o que vai fazer.* ☐ SIN. olhar. **9** Julgar ou comparar: *Vamos ver se os preços estão bons.* **10** Prever, pressentir ou suspeitar que (algo que ainda não aconteceu) venha a acontecer: *Estava vendo que ele ia cair da bicicleta.* **11** Representar mentalmente (uma imagem): *Vejo pessoas que não conheço em meus sonhos.* ☐ GRAMÁTICA É um verbo irregular →VER.

veracidade ⟨ve.ra.ci.da.de⟩ s.f. Qualidade de veraz.

veranear ⟨ve.ra.ne.ar⟩ v.int. Passar o verão. ☐ ORTOGRAFIA O *e* muda para *ei* quando a sílaba tônica estiver na raiz do verbo →NOMEAR.

veraneio ⟨ve.ra.nei.o⟩ s.m. Férias de verão que se passam em um lugar diferente da residência habitual.

veranico ⟨ve.ra.ni.co⟩ s.m. **1** Verão de temperatura amena. **2** Período curto de tempo, geralmente no outono, em que costuma fazer calor de verão.

veranista ⟨ve.ra.nis.ta⟩ s.2g. Pessoa que veraneia.

verão ⟨ve.rão⟩ (pl. *verões*) s.m. Estação do ano entre a primavera e o outono que começa no dia 21 de dezembro e termina no dia 21 de março. ☐ SIN. estio. ☐ USO No hemisfério Norte, ocorre entre os dias 21 de junho e 21 de setembro.

veraz ⟨ve.raz⟩ adj.2g. Que sempre diz a verdade ou que age com verdade.

verba ⟨ver.ba⟩ s.f. **1** Quantia de dinheiro destinada a subsidiar um gasto. **2** Qualquer quantia de dinheiro. **3** Em uma escritura ou em outro documento, cada uma das cláusulas, das condições ou dos artigos.

verbal ⟨ver.bal⟩ (pl. *verbais*) adj.2g. **1** Em linguística, do verbo ou relacionado a essa parte da oração. **2** Falado ou expresso pela fala.

verbalismo ⟨ver.ba.lis.mo⟩ s.m. **1** Transmissão oral de conhecimentos. **2** Uso excessivo e rebuscado de palavras para se expressar.

verbalizar ⟨ver.ba.li.zar⟩ v.t.d./v.int. Expressar(-se) por palavras: *Nem sempre é fácil verbalizar o que sentimos.*

verbena ⟨ver.be.na⟩ s.f. Planta herbácea de caule com galhos abundantes na parte superior, com folhas ásperas e flores de cores variadas dispostas em cachos.

verbete ⟨ver.be.te⟩ (Pron. [verbête]) s.m. **1** Em um dicionário ou em uma enciclopédia, cada uma das partes encabeçadas por uma palavra e que contêm informações relacionadas a ela. **2** Anotação breve feita por escrito ou papel que a contém.

verbo ⟨ver.bo⟩ s.m. **1** Em linguística, parte da oração que tem os morfemas gramaticais de pessoa, número, tempo e modo. **2** Palavra ou discurso: *soltar o verbo.* ‖ **verbo abundante** Aquele que apresenta duas ou mais formas equivalentes, especialmente se forem do particípio: Libertar *é um verbo abundante, pois tem como particípios* libertado *e* liberto. ‖ **(verbo) auxiliar** Aquele que acompanha outro verbo para dar-lhe um sentido específico e que geralmente é esvaziado de significado, apenas indicando os morfemas gramaticais de pessoa, número, tempo, modo ou aspecto da locução verbal: *Na oração* Ela anda trabalhando muito, andar *é um verbo auxiliar.* ‖ **(verbo) bitransitivo** Aquele que pede dois complementos, sendo um o objeto direto e o outro, o objeto indireto: *Na oração* Deus água aos sedentos, *o verbo* dar *é bitransitivo.* ‖ **(verbo) defectivo** Aquele que não tem conjugação completa: Abolir *e* falir *são verbos defectivos.* ‖ **verbo de ligação** Aquele que, em uma oração, estabelece uma ligação entre o sujeito e o predicativo: *Na oração* A sala está vazia, estar *é um verbo de ligação.* ‖ **(verbo) impessoal** Aquele que só se conjuga na terceira pessoa do singular, no particípio, no gerúndio e no infinitivo: Chover *e* relampejar *são verbos impessoais.* ‖ **(verbo) intransitivo** Aquele que não necessita de complemento direto nem indireto: *Na oração* As plantas do jardim morreram, *o verbo* morrer *é intransitivo.* ‖ **(verbo) irregular** Aquele que, por não corresponder a um paradigma de conjugação, sofre alterações em seu radical ou em sua flexão: Fazer, ir *e* pôr *são verbos irregulares.* ‖ **verbo predicativo** →**verbo de ligação** ‖ **(verbo) pronominal** Aquele que necessita ou que admite o uso de um pronome oblíquo átono da mesma pessoa que o sujeito: Atrever-se *e* locomover-se *são verbos pronominais.* ‖ **(verbo) reflexivo** Aquele que necessita ou que admite o uso de um pronome oblíquo átono da mesma pessoa que o sujeito e cuja ação do verbo recai sobre o próprio sujeito: Machucar-se *é um verbo reflexivo.* ‖ **(verbo) transitivo** Aquele que, por não ter sentido completo, necessita de complemento direto ou indireto: *Na oração* Ele leu o livro, *o verbo* ler *é transitivo.* ‖ **(verbo) unipessoal** Aquele que só se conjuga nas terceiras pessoas do singular e do plural, no particípio, no gerúndio e no infinitivo: Aprazer *e* cacarejar *são verbos unipessoais.*

verborragia ⟨ver.bor.ra.gi.a⟩ s.f. *pejorativo* Tendência a falar muito ou a utilizar um grande número de palavras para se expressar.

verborrágico, ca ⟨ver.bor.rá.gi.co, ca⟩ adj. *pejorativo* Da verborragia, da verborreia, ou relacionado a elas.

verborreia ⟨ver.bor.rei.a⟩ (Pron. [verborréia]) s.f. *pejorativo* Tendência a usar muitas palavras para expressar poucas ideias.

verboso, sa ⟨ver.bo.so, sa⟩ (Pron. [verbôso], [verbósa], [verbósos], [verbósas]) adj. Que fala muito ou que tem eloquência.

verbo-suporte ⟨ver.bo-su.por.te⟩ (pl. *verbos-suporte* ou *verbos-suportes*) s.m. Verbo que, quando acompanha determinados substantivos, forma com eles uma unidade de sentido completa: *Na construção* tomar uma decisão, *que equivale a* decidir, *funciona como um verbo-suporte.*

verdade ⟨ver.da.de⟩ s.f. **1** Conformidade com a realidade: *Já chega de mentiras! Diga a verdade!* **2** Princípio que não pode ser negado racionalmente: *Dois mais dois são quatro é uma verdade matemática.* **3** Aquilo que é verdadeiro, efetivo ou concreto: *Essa história que contou é verdade ou foi sonho?* □ **SIN.** realidade.

verdadeiro, ra ⟨ver.da.dei.ro, ra⟩ adj. **1** Que é verdade ou que a contém. **2** Que tem existência real e efetiva: *um fato verdadeiro.* **3** Que é honesto, sincero ou que diz a verdade: *uma pessoa verdadeira.* **4** Autêntico ou legítimo: *um diamante verdadeiro.*

verde ⟨ver.de⟩ (Pron. [vérde]) ▌ adj.2g./s.m. **1** Da cor do capim fresco. ▌ adj.2g. **2** Em relação a uma planta ou a uma árvore, que não estão secos. **3** Em relação especialmente a um fruto, que não está maduro. **4** Em relação a uma pessoa, inexperiente ou pouco preparada. ▌ adj.2g./s.2g. **5** Que ou quem defende a necessidade da proteção do meio ambiente e relações mais harmônicas entre as pessoas e seu meio. ▌ s.m. **6** Conjunto de plantas e árvores de um determinado lugar.

verde-esmeralda ⟨ver.de-es.me.ral.da⟩ adj.2g.2n./s.m. Da cor verde como a de uma esmeralda. □ **GRAMÁTICA** O plural do substantivo é *verdes-esmeralda* ou *verdes-esmeraldas.*

verdejante ⟨ver.de.jan.te⟩ adj.2g. Que verdeja ou que tem tonalidades verdes.

verdejar ⟨ver.de.jar⟩ v.int. Tornar-se verde ou com tonalidades verdes. □ **GRAMÁTICA** É um verbo unipessoal: só se usa nas terceiras pessoas do singular e do plural, no particípio, no gerúndio e no infinitivo →MIAR.

verdinha ⟨ver.di.nha⟩ s.f. *informal* Dólar.

verdor ⟨ver.dor⟩ (Pron. [verdôr]) s.m. **1** Cor verde, especialmente se for a das plantas. **2** Inexperiência ou falta de maturidade ou de preparo. **3** Vigor, ânimo ou frescura próprios da juventude.

verdoso, sa ⟨ver.do.so, sa⟩ (Pron. [verdôso], [verdósa], [verdósos], [verdósas]) adj. De cor semelhante ao verde ou com tonalidades verdes. □ **SIN.** esverdeado.

verdugo ⟨ver.du.go⟩ s.m. Pessoa encarregada de executar a pena de morte. □ **SIN.** algoz, carrasco, executor. □ **GRAMÁTICA** Usa-se tanto para o masculino quanto para o feminino: *{ele/ela} é um verdugo.*

verdura ⟨ver.du.ra⟩ s.f. **1** Planta herbácea, geralmente verde e com folhas comestíveis. **2** Verdor ou cor verde dessa planta. □ **USO** Na acepção 1, é diferente de *legume* (fruto alongado, em formato de vagem, característico das plantas leguminosas).

verdureiro, ra ⟨ver.du.rei.ro, ra⟩ s. Pessoa que vende verduras.

vereador, -a ⟨ve.re.a.dor, do.ra⟩ (Pron. [vereadôr], [vereadôra]) s. Em um município, membro do Poder Legislativo. □ **SIN.** edil.

vereança ⟨ve.re.an.ça⟩ s.f. **1** Cargo de vereador. **2** Tempo durante o qual um vereador exerce seu cargo.

vereda ⟨ve.re.da⟩ (Pron. [verêda]) s.f. **1** Caminho estreito. □ **SIN.** senda. **2** Trilha ou lugar por onde se abre via um caminho. □ SIN. atalho. **3** Caminho, direção ou rumo. **4** No Nordeste brasileiro, região da caatinga em que há maior abundância de água ou de vegetação.

veredicto ⟨ve.re.dic.to⟩ s.m. →**veredito**

veredito ⟨ve.re.di.to⟩ s.m. **1** Sentença ou decisão judicial definitiva pronunciada por um juiz. **2** Opinião ou juízo emitidos por uma pessoa: *Os candidatos esperavam ansiosos pelo veredito da banca examinadora.* □ **ORTOGRAFIA** Escreve-se também *veredicto.*

verga ⟨ver.ga⟩ (Pron. [vérga]) s.f. **1** Vara de madeira flexível, geralmente utilizada em obras de carpintaria. **2** Barra fina e flexível de metal. **3** Em uma porta ou em uma janela, peça que se apoia horizontalmente sobre suas ombreiras. **4** Em uma embarcação, pau que se coloca horizontalmente no mastro e ao qual se prendem as velas.

vergalhão ⟨ver.ga.lhão⟩ (pl. *vergalhões*) s.m. Barra comprida de metal, geralmente utilizada em concreto armado.

vergalho

vergalho ⟨ver.ga.lho⟩ s.m. **1** Órgão genital de um cavalo ou boi após ser cortado e seco. **2** Chicote feito com esse órgão seco. **3** Instrumento formado por uma vara em cuja extremidade há tiras de couro ou uma corrente, usado para açoitar animais ou, antigamente, pessoas. □ SIN. açoite, chibata, chicote, flagelo, vergasta.

vergão ⟨ver.gão⟩ (pl. *vergões*) s.m. Marca avermelhada na pele causada pelo golpe com uma vara, um chicote ou outro objeto semelhante.

vergar ⟨ver.gar⟩ ▌v.t.d./v.int./v.prnl. **1** Tornar(-se) curvo ou arqueado. ▌v.t.d./v.t.i./v.prnl. **2** Tornar(-se) submisso ou subjugar(-se) [a algo]. ▌v.int. **3** Ceder a um peso: *Com o peso da caixa, a mesa vergou.* □ ORTOGRAFIA Antes de e, o g muda para gu →CHEGAR.

vergasta ⟨ver.gas.ta⟩ s.f. **1** Vara fina, comprida e flexível que se utiliza para açoitar. **2** Instrumento formado por uma vara em cuja extremidade há tiras de couro ou uma corrente, usado para açoitar animais ou, antigamente, pessoas. □ SIN. açoite, chibata, chicote, flagelo, vergalho.

vergel ⟨ver.gel⟩ (pl. *vergéis*) s.m. Terreno em que se plantam árvores frutíferas. □ SIN. pomar.

vergonha ⟨ver.go.nha⟩ (Pron. [vergônha]) ▌s.f. **1** Sentimento de perda de dignidade ou de desonra causado por alguma falta cometida ou por alguma ação que se considera desonrosa, humilhante ou ridícula. **2** Sentimento de insegurança, de recato ou de medo. **3** Sentimento de dignidade pessoal ou estima da própria honra. **4** Ação que se considera contra a dignidade ou a honra e que mancha a reputação daquele que a executa. ▌s.f.pl. **5** *eufemismo* Em uma pessoa, órgãos sexuais externos.

vergonhoso, sa ⟨ver.go.nho.so, sa⟩ (Pron. [vergonhôso], [vergonhósa], [vergonhósos], [vergonhósas]) adj. Que causa vergonha.

vergôntea ⟨ver.gôn.tea⟩ s.f. Descendência ou totalidade dos filhos.

verídico, ca ⟨ve.rí.di.co, ca⟩ adj. Que diz ou que contém verdade.

verificação ⟨ve.ri.fi.ca.ção⟩ (pl. *verificações*) s.f. Ato ou efeito de verificar.

verificar ⟨ve.ri.fi.car⟩ v.t.d. **1** Constatar ou comprovar a veracidade de: *Os peritos verificaram a fraude no documento.* **2** Examinar ou averiguar: *Verificamos as respostas corretas no gabarito.* □ ORTOGRAFIA Antes de e, o c muda para qu →BRINCAR.

verme ⟨ver.me⟩ s.m. **1** Animal de corpo mole, comprido e cilíndrico ou achatado, de vida livre ou parasitária, e que se desloca contraindo e esticando o corpo. **2** Larva de alguns insetos. **3** *informal pejorativo* Pessoa desprezível ou má. □ GRAMÁTICA Na acepção 3, usa-se tanto para o masculino quanto para o feminino: *(ele/ela) é um verme.*

vermelhão ⟨ver.me.lhão⟩ (pl. *vermelhões*) s.m. **1** Sulfato de mercúrio pulverizado, de cor vermelha e que se utiliza na fabricação de tintas. **2** Avermelhamento ou rubor da pele. □ SIN. vermelhidão.

vermelhidão ⟨ver.me.lhi.dão⟩ (pl. *vermelhidões*) s.f. **1** Propriedade de ser ou de parecer de cor vermelha. **2** Avermelhamento ou rubor da pele. □ SIN. vermelhão.

vermelho, lha ⟨ver.me.lho, lha⟩ (Pron. [vermêlho]) adj./s.m. **1** Da cor do sangue. **2** *informal* Em política, de ideologia de esquerda. ‖ **no vermelho** Sem dinheiro. □ USO Na acepção 2, pode ter, de acordo com o contexto, um valor pejorativo.

vermicida ⟨ver.mi.ci.da⟩ adj.2g./s.m. Em relação a uma substância ou a um medicamento, que matam ou que expulsam as lombrigas intestinais. □ SIN. vermífugo.

vermiforme ⟨ver.mi.for.me⟩ adj.2g. Com formato de verme ou semelhante a ele.

vermífugo, ga ⟨ver.mí.fu.go, ga⟩ adj./s.m. Em relação a uma substância ou a um medicamento, que matam ou que expulsam as lombrigas intestinais. □ SIN. vermicida.

verminose ⟨ver.mi.no.se⟩ s.f. Doença intestinal causada por vermes.

vermute ⟨ver.mu.te⟩ s.m. Bebida licorosa feita com vinho branco ou tinto e outras substâncias amargas e aromáticas.

vernáculo, la ⟨ver.ná.cu.lo, la⟩ ▌adj. **1** Que é próprio de um país ou de um lugar. ▌adj./s.m. **2** Em relação especialmente a uma língua, que é própria de um país ou de um lugar.

vernal ⟨ver.nal⟩ (pl. *vernais*) adj.2g. Da primavera ou relacionado a ela.

vernissage *(palavra francesa)* (Pron. [vernissage]) s.m. Evento comemorativo que inaugura uma exposição de obras de arte.

verniz ⟨ver.niz⟩ s.m. **1** Substância líquida elaborada com resinas e que se espalha sobre a superfície de alguns objetos para dar-lhes brilho ou protegê-los do ar e da umidade. **2** Brilho ou efeito produzido por essa substância. **3** Atitude, comportamento ou polidez superficiais.

vero, ra ⟨ve.ro, ra⟩ adj. Verdadeiro, autêntico ou real.

verônica ⟨ve.rô.ni.ca⟩ s.f. Imagem do rosto de Jesus Cristo (o filho de Deus para os cristãos), pintada, estampada ou gravada sobre um tecido ou um objeto.

verossímil ⟨ve.ros.sí.mil⟩ (pl. *verossímeis*) adj.2g. Que aparenta ser verdadeiro ou que não contraria a verdade.

verossimílimo, ma ⟨ve.ros.si.mí.li.mo, ma⟩ Superlativo irregular de **verossímil**.

verrina ⟨ver.ri.na⟩ s.f. Censura ou crítica violentas ou severas, geralmente sob forma de discurso.

verruga ⟨ver.ru.ga⟩ s.f. **1** Protuberância na pele, geralmente rugosa e arredondada, causada por vírus. **2** Em uma planta, pequena protuberância rugosa.

verruma ⟨ver.ru.ma⟩ s.f. Ferramenta formada por uma barra metálica com a ponta em espiral e que se utiliza para fazer buracos em madeira.

versado, da ⟨ver.sa.do, da⟩ adj. Que tem habilidade ou conhecimento em um assunto ou para a realização de uma atividade.

versal ⟨ver.sal⟩ (pl. *versais*) ▌adj.2g. **1** Em relação especialmente a uma letra, que é escrita em tamanho grande ou com formato próprio. □ SIN. maiúsculo. ▌s.f. **2** →**letra versal**

versalete ⟨ver.sa.le.te⟩ (Pron. [versalête]) s.m. Letra maiúscula com o tamanho de minúscula.

versão ⟨ver.são⟩ (pl. *versões*) s.f. **1** Cada uma das interpretações de um mesmo acontecimento ou de um mesmo assunto: *Sua versão dos fatos foi desmentida por testemunhas.* **2** Cada uma das formas de uma mesma obra. **3** Em informática, cada uma das formas que um programa de computador apresenta durante o seu processo de criação e de desenvolvimento: *Esta versão do programa é muito antiga e já não serve para mais nada.* **4** Tradução de uma língua para outra: *Estou lendo uma versão portuguesa de uns poemas do autor latino Ovídio.*

versar ⟨ver.sar⟩ v.t.d./v.t.i. Abordar ou ter como objetivo (um tema) ou discorrer [sobre um tema]: *A palestra versou sobre a influência da cultura japonesa no Brasil.*

versátil ⟨ver.sá.til⟩ (pl. *versáteis*) adj.2g. Que tem várias utilidades, qualidades ou habilidades.

versatilidade ⟨ver.sa.ti.li.da.de⟩ s.f. Qualidade de versátil.

versejar ⟨ver.se.jar⟩ v.int. Compor versos. □ SIN. versificar.

versículo ⟨ver.sí.cu.lo⟩ s.m. Em um livro sagrado, cada um dos pequenos parágrafos que o dividem.

versificação ⟨ver.si.fi.ca.ção⟩ (pl. *versificações*) s.f. Arte ou técnica de compor versos.

812

versificar ⟨ver.si.fi.car⟩ v.int. Compor versos: *O domínio rítmico faz parte da arte de versificar.* ▫ SIN. **versejar**.
▫ ORTOGRAFIA Antes de *e*, o *c* muda para *qu* →BRINCAR.

verso ⟨ver.so⟩ s.m. **1** Unidade métrica formada por uma palavra ou por um conjunto de palavras, geralmente sujeitas a uma medida e a um ritmo determinados. **2** Em contraposição à *prosa*, modalidade literária à qual pertencem essas unidades métricas. **3** Lado oposto de algo: *o verso de uma folha*. ‖ **verso branco** Aquele em que não há rima. ‖ **verso livre** Aquele em que não há rima nem métrica.

versus ⟨*palavra latina*⟩ (Pron. [vérsus]) prep. Em oposição ou contra: *A partida final será Portugal versus Espanha.* ▫ ORTOGRAFIA A abreviatura é *vs*, sem ponto.

vértebra ⟨vér.te.bra⟩ s.f. Cada um dos ossos curtos e articulados entre si que formam a coluna vertebral dos vertebrados. [☞ **esqueleto** p. 334]

vertebrado, da ⟨ver.te.bra.do, da⟩ ▮ adj./s.m. **1** Em relação a um animal, que tem esqueleto com coluna vertebral e crânio, e um sistema nervoso central constituído pela medula espinhal e pelo encéfalo. ▮ s.m.pl. **2** Grupo ao qual esses animais pertencem.

vertebral ⟨ver.te.bral⟩ (pl. *vertebrais*) adj.2g. Das vértebras ou relacionado a elas.

vertente ⟨ver.ten.te⟩ ▮ adj.2g. **1** Que verte. ▮ s.f. **2** Declive ou inclinação por onde a água escoa.

verter ⟨ver.ter⟩ ▮ v.t.d./v.int. **1** Derramar(-se), fazer sair ou sair de onde está (um líquido): *As rachaduras do teto estão vertendo água. Lágrimas vertiam de seus olhos.* ▮ v.t.d.i. **2** Traduzir (algo) de uma língua [para outra]: *Ela verteu alguns poemas de Augusto dos Anjos para o francês.*

vertical ⟨ver.ti.cal⟩ (pl. *verticais*) adj.2g./s.f. Perpendicular ao horizonte ou a uma linha ou a um plano horizontais.

vértice ⟨vér.ti.ce⟩ s.m. **1** Ponto em que se unem duas ou mais linhas: *O triângulo tem três lados, três ângulos e três vértices.* **2** Ponto em que se unem três ou mais planos: *Um cubo tem oito vértices.* **3** Em uma pirâmide, ponto em que se unem todos os triângulos que formam suas faces. **4** Parte mais elevada de algo. **5** Ponto mais alto da cabeça.

verticilo ⟨ver.ti.ci.lo⟩ s.m. Em botânica, conjunto de três ou mais ramos, folhas, flores, pétalas ou outros órgãos que estão em um mesmo plano ao redor de um eixo.

vertigem ⟨ver.ti.gem⟩ (pl. *vertigens*) s.f. **1** Sensação de desfalecimento, fraqueza ou perda de equilíbrio. **2** Entusiasmo intenso e passageiro.

vertiginoso, sa ⟨ver.ti.gi.no.so, sa⟩ (Pron. [vertiginôso], [vertiginósa], [vertiginôsos], [vertiginósas]) adj. **1** Que causa vertigem ou que produz essa sensação. **2** Rápido ou muito intenso.

verve ⟨ver.ve⟩ s.f. Inspiração na hora de se expressar, geralmente em relação a um artista.

vesgo, ga ⟨ves.go, ga⟩ (Pron. [vêsgo]) ▮ adj. **1** Que é torto ou sinuoso. ▮ adj./s. **2** Que ou quem padece de estrabismo e tem os olhos desviados em relação à sua posição normal. ▫ SIN. **estrábico**.

vesguice ⟨ves.gui.ce⟩ s.f. Desvio de um olho em relação à sua posição normal. ▫ SIN. **estrabismo**.

vesical ⟨ve.si.cal⟩ (pl. *vesicais*) adj.2g. Da bexiga ou relacionado a ela.

vesícula ⟨ve.sí.cu.la⟩ s.f. Na pele, levantamento da epiderme que forma uma espécie de bolsa cheia de uma substância aquosa. ▫ SIN. **bolha, borbulha, empola**.
‖ **vesícula (biliar)** No sistema digestório, órgão oco, com forma de pera, envolto pelo fígado, que armazena a bílis produzida por ele e que a lança em um canal que desemboca no intestino durante a digestão.

vespa ⟨ves.pa⟩ (Pron. [vêspa]) s.f. **1** Inseto semelhante a uma abelha, que possui um ferrão no abdome. **2** *informal pejorativo* Pessoa mal-intencionada. ▫ GRAMÁTICA

vetar

1. Na acepção 1, é um substantivo epiceno: *a vespa (macho/fêmea)*. **2**. Na acepção 2, usa-se tanto para o masculino quanto para o feminino: *(ele/ela) é uma vespa*.

vespeiro ⟨ves.pei.ro⟩ s.m. **1** Colônia ou ninho de vespas. **2** Assunto, lugar ou situação perigosos.

véspera ⟨vés.pe.ra⟩ ▮ s.f. **1** Dia imediatamente anterior a outro. **2** Período da tarde. ▮ s.f.pl. **3** Dias que antecedem um acontecimento ou um evento.

vesperal ⟨ves.pe.ral⟩ (pl. *vesperais*) ▮ adj.2g. **1** Da tarde ou relacionado a ela. ▫ SIN. **vespertino**. ▮ s.f. **2** Evento social ou espetáculo público que se realizam nas primeiras horas da tarde.

vespertino, na ⟨ves.per.ti.no, na⟩ ▮ adj. **1** Da tarde ou relacionado a ela. ▫ SIN. **vesperal**. ▮ s.m. **2** Jornal que sai ou que circula à tarde.

vestal ⟨ves.tal⟩ (pl. *vestais*) ▮ adj.2g./s.f. **1** Na Roma Antiga, em relação especialmente a uma mulher virgem, que era consagrada ao culto de Vesta (deusa romana do lar). ▮ s.f. **2** Mulher virgem. **3** Pessoa que aparenta ser mais honesta do que realmente é. ▫ GRAMÁTICA Na acepção 3, usa-se tanto para o masculino quanto para o feminino: *(ele/ela) é uma vestal*.

veste ⟨ves.te⟩ s.f. Peça ou conjunto de roupas. ▫ SIN. **vestimenta**.

véstia ⟨vés.tia⟩ s.f. **1** Peça do vestuário semelhante a um casaco largo, feita de couro e geralmente usada por vaqueiros. ▫ SIN. **gibão**. **2** Jaqueta ou casaco folgados na região da cintura.

vestiário ⟨ves.ti.á.rio⟩ s.m. **1** Lugar para trocar de roupa. **2** Em uma casa ou em um estabelecimento público, lugar em que se guardam chapéus, casacos, capas ou outros agasalhos.

vestibulando, da ⟨ves.ti.bu.lan.do, da⟩ adj./s. Em relação a um estudante, que se prepara para prestar o exame vestibular.

vestibular ⟨ves.ti.bu.lar⟩ ▮ adj.2g. **1** Do vestíbulo ou relacionado a ele. ▮ adj.2g./s.m. **2** Em relação a um exame, que classifica e seleciona os candidatos que terão acesso a cursos de nível superior.

vestíbulo ⟨ves.tí.bu.lo⟩ s.m. **1** Espaço que há entre a rua e a entrada de um edifício. **2** Saguão ou sala localizados na entrada de um prédio. ▫ SIN. **hall**.

vestido ⟨ves.ti.do⟩ s.m. Peça do vestuário feminino, de um só componente e que geralmente cobre a maior parte do corpo.

vestígio ⟨ves.tí.gio⟩ s.m. Marca ou lembrança de algo antigo ou passado.

vestimenta ⟨ves.ti.men.ta⟩ s.f. **1** Peça ou conjunto de roupas. ▫ SIN. **veste**. **2** Peça do vestuário usada em um ato solene.

vestir ⟨ves.tir⟩ ▮ v.t.d./v.prnl. **1** Cobrir com roupa ou trajar(-se): *Vestiu-se rapidamente para o encontro.* ▮ v.t.d. **2** Usar (um par de luvas ou de calçados): *Sempre visto tênis.* **3** Usar (uma determinada vestimenta): *Desde que começou a trabalhar, só veste terno.* **4** Fazer roupas para (alguém): *Esse estilista veste muitas pessoas famosas.* ▮ v.int. **5** Resultar de forma adequada ou conveniente: *Estas calças vestem muito bem.* ▮ v.prnl. **6** Disfarçar-se ou fantasiar-se: *Para o baile, vestiu-se de pirata.* ▫ GRAMÁTICA É um verbo irregular →SERVIR.

vestuário ⟨ves.tu.á.rio⟩ s.m. **1** Conjunto de peças de vestir. **2** Modo de vestir característico de um grupo, de uma época ou de uma cultura: *O vestuário de muitos indígenas é constituído por penas e outros objetos retirados da natureza.* ▫ SIN. **indumentária**.

vetar ⟨ve.tar⟩ v.t.d. **1** Recusar ou não aceitar (uma proposta, um acordo ou uma medida): *A Prefeita vetou o projeto de lei.* **2** Proibir ou impedir: *A diretora vetou a entrada de alunos sem uniforme.*

veterano

veterano, na ⟨ve.te.ra.no, na⟩ ▌adj./s. **1** Antigo ou experiente em uma profissão ou em uma atividade. **2** Em relação a um estudante universitário, que já completou o primeiro ano de um curso. ▌s. **3** Militar já reformado e que não está mais no serviço ativo.

veterinária ⟨ve.te.ri.ná.ria⟩ s.f. Ciência que trata da prevenção e da cura de doenças de animais.

veterinário, ria ⟨ve.te.ri.ná.rio, ria⟩ ▌adj. **1** Da veterinária ou relacionado a essa ciência. ▌s. **2** Pessoa que se dedica profissionalmente à veterinária ou que é especializada nessa ciência.

veto ⟨ve.to⟩ s.m. Proibição ou oposição.

vetor ⟨ve.tor⟩ (Pron. [vetôr]) s.m. **1** Em matemática, segmento de reta orientado. **2** Em matemática, grandeza ou propriedade que pode ser medida e em que se deve considerar, além da quantidade, a direção, o sentido e o ponto de aplicação. ◻ ORTOGRAFIA Escreve-se também *vector*.

vetusto, ta ⟨ve.tus.to, ta⟩ adj. Muito antigo, velho ou antiquado.

véu s.m. Tira de tecido fino e geralmente transparente, com a qual se cobre algo, geralmente o rosto.

vexação ⟨ve.xa.ção⟩ (pl. *vexações*) s.f. Ato ou efeito de vexar(-se).

vexame ⟨ve.xa.me⟩ s.m. Aquilo que causa sofrimento, vergonha ou humilhação.

vexar ⟨ve.xar⟩ ▌v.t.d. **1** Humilhar, maltratar ou oprimir. ▌v.t.d./v.prnl. **2** Fazer sentir ou sentir vergonha.

vexativo, va ⟨ve.xa.ti.vo, va⟩ adj. Que causa vexame. ◻ SIN. vexatório.

vexatório, ria ⟨ve.xa.tó.rio, ria⟩ adj. Que causa vexame. ◻ SIN. vexativo.

vez (Pron. [vêz]) ▌s.f. **1** Cada uma das ocasiões em que algo é feito ou acontece: *É a primeira vez que vou à ópera*. **2** Momento ou ocasião de fazer algo seguindo uma determinada ordem: *A sua vez de jogar será depois dele*. ▌s.f.pl. **3** Parcela ou quantidade em que se multiplica algo: *Três vezes cinco são quinze*. ‖ **às vezes** Em algumas ocasiões: *Às vezes gosto de estar sozinho*. ‖ **de vez** De forma definitiva: *Prefiro resolver este problema de vez*. ‖ **de vez em quando** Algumas vezes ou de tempo em tempo: *De vez em quando, gosto de ir a um show*. ‖ **em vez de 1** Em substituição a ou no lugar de: *Hoje bebi leite em vez de suco*. **2** Ao invés de ou ao contrário de: *Em vez de ficar em casa no feriado, preferiu viajar*.

vezeiro, ra ⟨ve.zei.ro, ra⟩ adj. Que tem vezo ou que costuma agir de determinada maneira.

vezo ⟨ve.zo⟩ (Pron. [vêzo]) s.m. **1** Hábito ou costume, especialmente se forem reprováveis ou censuráveis. **2** Qualquer hábito ou costume.

VHS s.m. Sistema de gravação e reprodução de imagens para vídeo doméstico em que se utilizam fitas de um tamanho específico e diferente ao do sistema beta. ◻ ORIGEM É a sigla inglesa de *Video Home System* (sistema de vídeo doméstico).

via s.f. **1** Lugar destinado ao trânsito. **2** Direção ou rumo. **3** Meio ou modo utilizados para transportar algo de um lugar a outro: *O pacote foi encaminhado por via aérea*. **4** No corpo humano ou animal, canal que serve de passagem para algo: *O ar passa pelas vias respiratórias*. **5** Em relação a um documento escrito, cada uma de suas cópias: *Para a matrícula, foram necessárias duas vias de todos os documentos*. ‖ **por via das dúvidas** Para evitar um engano ou um mal-entendido.

viabilidade ⟨vi.a.bi.li.da.de⟩ s.f. Qualidade de viável.

viabilizar ⟨vi.a.bi.li.zar⟩ v.t.d. Tornar viável: *Fizeram muitos estudos para viabilizar a construção da usina*.

viação ⟨vi.a.ção⟩ (pl. *viações*) s.f. **1** Conjunto de estradas, caminhos e vias de determinado lugar ou território. **2** Em relação ao transporte de pessoas ou de cargas, serviço ou empresa que o fornecem.

via-crúcis ⟨vi.a-crú.cis⟩ (pl. *vias-crúcis*) s.f. Conjunto de catorze quadros que representam os catorze momentos vividos por Jesus Cristo (o filho de Deus para os cristãos) a caminho do Calvário (monte em que foi crucificado). ◻ SIN. via-sacra.

viaduto ⟨vi.a.du.to⟩ s.m. Espécie de ponte elevada construída sobre a depressão de um terreno para facilitar a passagem de veículos.

viagem ⟨vi.a.gem⟩ (pl. *viagens*) s.f. **1** Deslocamento de um lugar a outro, geralmente afastado. **2** Trajeto feito para ir de um lugar a outro. **3** *informal* Efeito causado pela ingestão ou pelo uso de uma droga alucinógena. **4** *informal* Distanciamento do foco de um assunto ou de uma questão.

viajante ⟨vi.a.jan.te⟩ adj.2g./s.2g. Que ou quem viaja.

viajar ⟨vi.a.jar⟩ ▌v.int. **1** Deslocar-se de um lugar a outro: *Gostamos de viajar de avião*. **2** Conhecer ou visitar um lugar: *Vai viajar nas férias?* ▌v.t.d./v.t.i. **3** Percorrer (um lugar) ou passar [por ele]: *Nas férias, viajou todo o estado. Viajarei pela Europa no próximo mês*. ▌v.int. **4** *informal* Estar sob efeito de uma droga alucinógena. **5** *informal* Distanciar-se do foco de um assunto ou de uma questão: *Não foi nada disso, você está viajando!*

viamonense ⟨vi.a.mo.nen.se⟩ adj.2g./s.2g. De Viamão ou relacionado a essa cidade do estado brasileiro do Rio Grande do Sul.

vianda ⟨vi.an.da⟩ s.f. Comida ou alimento, especialmente se for carne.

viandante ⟨vi.an.dan.te⟩ adj.2g./s.2g. Que ou quem viaja.

viário, ria ⟨vi.á.rio, ria⟩ adj. Das estradas, dos caminhos, das vias ou relacionados a eles.

via-sacra ⟨vi.a-sa.cra⟩ (pl. *vias-sacras*) s.f. **1** Conjunto de catorze quadros que representam os catorze momentos vividos por Jesus Cristo (o filho de Deus para os cristãos) a caminho do Calvário (monte em que foi crucificado). ◻ SIN. via-crúcis. **2** Conjunto de orações que se rezam diante desses quadros.

viático ⟨vi.á.ti.co⟩ s.m. Na Igreja Católica, sacramento da eucaristia que se ministra aos doentes impossibilitados de saírem de casa e que correm risco de morte.

viatura ⟨vi.a.tu.ra⟩ s.f. Qualquer veículo que se utiliza para o transporte de pessoas ou de objetos.

viável ⟨vi.á.vel⟩ (pl. *viáveis*) adj.2g. **1** Que pode ser concluído ou realizado. **2** Em relação a um lugar, que permite que se transite por ele. ◻ SIN. transitável.

víbora ⟨ví.bo.ra⟩ s.f. **1** Serpente venenosa de cabeça triangular, com dentes sulcados na maxila superior pelos quais verte o veneno. **2** *informal* Pessoa com más intenções. ◻ GRAMÁTICA **1.** Na acepção 1, é um substantivo epiceno: *a víbora (macho/fêmea)*. **2.** Na acepção 2, usa-se tanto para o masculino quanto para o feminino: *(ele/ela) é uma víbora*.

vibração ⟨vi.bra.ção⟩ (pl. *vibrações*) s.f. Ato ou efeito de vibrar.

vibrante ⟨vi.bran.te⟩ ▌adj.2g. **1** Que vibra. ◻ SIN. vibrátil, vibratório. **2** Que tem intensidade ou força: *uma cor vibrante*. ▌adj.2g. **3** Em linguística, em relação a um som, que se articula ininterruptamente uma ou várias vezes a saída do ar.

vibrar ⟨vi.brar⟩ ▌v.t.d./v.int. **1** Fazer tremer ou tremer com movimentos suaves, rápidos e frequentes: *Meu celular vibrou dentro do cinema*. ▌v.int. **2** Sentir entusiasmo, admiração ou interesse vivo: *A torcida vibrou na hora do gol*. **3** Ecoar ou emitir um som.

vibrátil ⟨vi.brá.til⟩ (pl. *vibráteis*) adj.2g. Que vibra. ◻ SIN. vibrante, vibratório.

videoteipe

vibratório, ria ⟨vi.bra.tó.rio, ria⟩ adj. **1** Que vibra. □ SIN. vibrante, vibrátil. **2** Da vibração ou relacionado a ela.

vicário, ria ⟨vi.cá.rio, ria⟩ adj./s. Que ou quem substitui outro em seu lugar ou em suas funções.

vice ⟨vi.ce⟩ s.2g. Forma reduzida de diversas palavras formadas com o prefixo vice- (vice-presidente, vice-almirante).

vice-almirante ⟨vi.ce-al.mi.ran.te⟩ (pl. vice-almirantes) s.2g. Na Marinha, pessoa cujo posto é superior ao de contra-almirante e inferior ao de almirante de esquadra.

vice-campeão, ã ⟨vi.ce-cam.pe.ão,ã⟩ (pl. vice-campeões) adj./s. Em relação a uma pessoa ou a uma equipe, que ficam no segundo lugar em uma competição.

vice-governador, -a ⟨vi.ce-go.ver.na.dor, do.ra⟩ (Pron. [vice-governadôr], [vice-governadôra]) (pl. vice-governadores) s. Em um Estado, pessoa de cargo imediatamente inferior ao governador e que exerce suas funções ou o substitui em certas ocasiões.

vice-prefeito, ta ⟨vi.ce-pre.fei.to, ta⟩ (pl. vice-prefeitos) s. Em um município, pessoa de cargo imediatamente inferior ao prefeito e que exerce suas funções ou o substitui em certas ocasiões.

vice-presidência ⟨vi.ce-pre.si.dên.cia⟩ (pl. vice-presidências) s.f. **1** Cargo de vice-presidente. **2** Tempo durante o qual um vice-presidente exerce seu cargo.

vice-presidente, ta ⟨vi.ce-pre.si.den.te, ta⟩ (pl. vice-presidentes) s. Em um governo, em uma comunidade ou em um órgão, pessoa de cargo imediatamente inferior ao do presidente e que exerce suas funções ou o substitui em certas ocasiões.

vice-rainha ⟨vi.ce-ra.i.nha⟩ (pl. vice-rainhas) Substantivo feminino de vice-rei.

vice-rei ⟨vi.ce-rei⟩ (pl. vice-reis) s.m. Pessoa que representava o rei em um dos territórios de seu reino.

vice-reitor, -a ⟨vi.ce-rei.tor, to.ra⟩ (Pron. [vice-reitôr], [vice-reitôra]) (pl. vice-reitores) s. Pessoa de cargo imediatamente inferior ao de reitor e que exerce suas funções ou o substitui em certas ocasiões.

vice-versa ⟨vi.ce-ver.sa⟩ adv. De forma inversa, ao contrário ou de forma recíproca: *Quando tenho dificuldades, ele me ajuda e vice-versa*.

viciar ⟨vi.ci.ar⟩ ❚ v.t.d./v.t.d.i./v.int./v.prnl. **1** Fazer adquirir ou adquirir vícios ou hábitos prejudiciais: *O cigarro vicia muitas pessoas. Viciou em bebidas alcoólicas*. ❚ v.t.d. **2** Adulterar, corromper ou falsificar: *viciar um documento*.

vicinal ⟨vi.ci.nal⟩ (pl. vicinais) adj.2g. **1** Que fica próximo a outro lugar. □ SIN. vizinho. **2** Em relação a uma estrada ou a um caminho, que ligam dois ou mais lugares próximos.

vício ⟨ví.cio⟩ s.m. **1** Hábito ou conduta censuráveis ou condenáveis: *Tem o vício de mentir*. **2** Inclinação ou apego excessivo a algo prejudicial, geralmente drogas ou bebidas alcoólicas: *É uma pessoa saudável e sem vícios*. **3** Costume ou mania: *Tem o vício de dormir com a TV ligada*. ‖ **vício de linguagem** Em linguística, uso inadequado ou incorreto feito de estruturas ou de construções linguísticas: *Os solecismos e os barbarismos são vícios de linguagem*.

vicioso, sa ⟨vi.ci.o.so, sa⟩ (Pron. [viciôso], [viciósa], [viciôsos], [viciósas]) adj. Que tem ou em que há vício.

vicissitude ⟨vi.cis.si.tu.de⟩ s.f. Sucessão ou mudança alternadas de acontecimentos favoráveis e adversos.

viço ⟨vi.ço⟩ s.m. **1** Vigor ou aspecto saudável. **2** Em relação a uma planta ou a um vegetal, força, verdor e vitalidade.

vicunha ⟨vi.cu.nha⟩ s.f. **1** Mamífero ruminante semelhante a uma lhama, mas com menos lã, de orelhas pontiagudas, patas compridas, pelagem muito fina e de cor amarelada no dorso e branca no peito ou no ventre. **2** Lã desse animal. **3** Tecido feito com essa lã. □ GRAMÁTICA Na acepção 1, é um substantivo epiceno: *a vicunha (macho/fêmea)*.

vida ⟨vi.da⟩ s.f. **1** Força ou atividade individual pela qual um ser que nasceu cresce, reproduz-se e, quando essas acabam, morre. **2** Existência de seres com essa força ou atividade: *Algumas pessoas acreditam que há vida em outros planetas*. **3** Período de tempo que transcorre desde o nascimento até a morte. **4** Duração das coisas: *A vida destas baterias é muito curta*. **5** Maneira de viver de uma pessoa: *A vida de um repórter deve ser fascinante*. **6** Atividade ou conjunto de atividades de um grupo: *Essa revista analisa semanalmente a vida política do país*. **7** Conjunto de fatos e de acontecimentos mais ou menos relevantes de uma pessoa enquanto vive: *As biografias narram a vida das pessoas*. **8** Energia, força ou ânimo: *As chuvas deram vida às plantas*. ‖ **ganhar a vida** Trabalhar ou conseguir o sustento: *Quando jovem, ele ganhava a vida vendendo jornais*.

vide ⟨vi.de⟩ s.f. **1** Muda de videira usada para reprodução. □ SIN. bacelo. **2** Planta trepadeira lenhosa, de tronco retorcido e galhos compridos e flexíveis, com folhas divididas em três ou cinco lóbulos pontiagudos, flores verdes, e cujo fruto é a uva. □ SIN. videira, vinha.

vide *(palavra latina)* (Pron. [víde]) Expressão escrita antes da indicação do lugar ou da página que se deve consultar para encontrar algo: *Para maiores informações sobre o uso de um medicamento, vide a bula*.

videira ⟨vi.dei.ra⟩ s.f. Planta trepadeira lenhosa, de tronco retorcido e galhos compridos e flexíveis, com folhas divididas em três ou cinco lóbulos pontiagudos, flores verdes, e cujo fruto é a uva. □ SIN. vide, vinha.

vidência ⟨vi.dên.cia⟩ s.f. Capacidade para perceber ou adivinhar aquilo que ainda não aconteceu.

vidente ⟨vi.den.te⟩ adj.2g./s.2g. **1** Que ou quem pode ver. **2** Que ou quem supostamente é capaz de perceber ou de adivinhar aquilo que não foi visto ou que ainda não aconteceu.

vídeo ⟨ví.deo⟩ s.m. **1** Sistema de gravação e de reprodução de sons e imagens em movimento. **2** Gravação realizada usando esse sistema. □ SIN. videoteipe. **3** Aparelho capaz de gravar e reproduzir imagens e sons da televisão em uma fita magnética. **4** Fita magnética em que se registram e se reproduzem essas imagens ou esses sons. □ SIN. videoteipe. **5** Em um aparelho de televisão ou em um monitor, tela onde são reproduzidas imagens. **6** Obra audiovisual. □ USO Na acepção 3, é a forma reduzida e mais usual de *videocassete*.

videocassete ⟨vi.de.o.cas.se.te⟩ s.m. →vídeo

videoclipe ⟨vi.de.o.cli.pe⟩ s.m. →clipe

videoclube ⟨vi.de.o.clu.be⟩ s.m. Estabelecimento comercial em que se alugam fitas de vídeo, *DVDs*, *video games* ou outros produtos semelhantes. □ SIN. videolocadora.

videoconferência ⟨vi.de.o.con.fe.rên.cia⟩ s.f. Reunião de pessoas que se encontram em lugares diferentes, e que se baseia na transmissão e recepção instantânea da imagem e do som.

videofone ⟨vi.de.o.fo.ne⟩ (Pron. [videofône]) s.m. Sistema de comunicação que combina o telefone e a televisão e permite que os interlocutores possam se ver enquanto falam.

video game *(palavra inglesa)* (Pron. [vídeo guêimi]) s.m. Jogo eletrônico interativo reproduzido por uma televisão ou computador.

videolocadora ⟨vi.de.o.lo.ca.do.ra⟩ (Pron. [videolocadôra]) s.f. Estabelecimento comercial em que se alugam fitas de vídeo, *DVDs*, *video games* ou outros produtos semelhantes. □ SIN. videoclube. □ GRAMÁTICA Usa-se mais a forma reduzida *locadora*.

videoteipe ⟨vi.de.o.tei.pe⟩ s.m. **1** Gravação realizada usando um sistema de gravação e de reprodução de

videotexto

sons e imagens em movimento. □ SIN. vídeo. **2** Fita magnética em que se registram e se reproduzem essas imagens ou esses sons. □ SIN. vídeo.

videotexto ⟨vi.de.o.te.xto⟩ (Pron. [videotêsto]) s.m. Sistema que permite visualizar textos informativos em um monitor por meio de uma conexão a cabo ou por linha telefônica.

vidraça ⟨vi.dra.ça⟩ s.f. **1** Lâmina de vidro. **2** Parte de uma janela onde essa lâmina se encaixa.

vidraçaria ⟨vi.dra.ça.ri.a⟩ s.f. Lugar em que se trabalha o vidro ou em que se vendem objetos de vidro. □ SIN. espelharia, vidraria.

vidraceiro, ra ⟨vi.dra.cei.ro, ra⟩ s. Pessoa que se dedica profissionalmente à fabricação, à colocação ou à venda de vidros ou de outros objetos semelhantes.

vidrar ⟨vi.drar⟩ ▌v.t.d. **1** Cobrir ou revestir (um objeto) com uma substância vitrificável. ▌v.t.d./v.int. **2** Embaçar ou perder o brilho. ▌v.t.i./v.int. **3** *informal* Ficar encantado [com algo]: *Vidrou na nova música da banda*.

vidraria ⟨vi.dra.ri.a⟩ s.f. **1** Arte ou técnica de fabricar vidro ou objetos de vidro. **2** Lugar em que se trabalha o vidro ou em que se vendem objetos de vidro. □ SIN. espelharia, vidraçaria.

vidreiro, ra ⟨vi.drei.ro, ra⟩ adj. **1** Da indústria do vidro ou relacionado a ela. ▌adj./s. **2** Que ou quem se dedica profissionalmente à fabricação ou à venda de objetos feitos com vidro.

vidrilho ⟨vi.dri.lho⟩ s.m. Tubo ou canudo pequenos, feitos de massa de vidro ou de outro material usados como enfeites ou adornos em objetos e tecidos.

vidro ⟨vi.dro⟩ s.m. **1** Material de estrutura cristalina, sólido, frágil e geralmente transparente, formado por uma mistura de silicatos e óxidos preparados por fusão e esfriados rapidamente. **2** Recipiente feito desse material.

viela ⟨vi.e.la⟩ s.f. Rua estreita ou pequena. □ SIN. beco, ruela.

viés ⟨vi.és⟩ s.m. **1** Direção diagonal ou oblíqua. **2** Tira de tecido cortada obliquamente em relação à direção dos fios e costurada nas bordas de outro tecido como acabamento ou como adorno. **3** Em relação a um assunto, de percebê-lo ou de interpretá-lo: *Analisando por outro viés, vimos que nem tudo era como nos tinham dito*. ‖ **de viés** Em diagonal: *Desconfiado, olhou-me de viés*.

vietcongue ⟨vi.et.con.gue⟩ ▌s.m. **1** Exército guerrilheiro vietnamita. ▌adj.2g./s.2g. **2** Do vietcongue ou relacionado a esse exército.

vietnamita ⟨vi.et.na.mi.ta⟩ adj.2g./s.2g. Do Vietnã ou relacionado a esse país asiático.

viga ⟨vi.ga⟩ s.f. Peça de construção de comprimento maior que a largura, de disposição horizontal e que faz parte da estrutura de sustentação de um edifício. □ SIN. trave.

vigamento ⟨vi.ga.men.to⟩ s.m. Em uma construção, conjunto de vigas que a sustentam.

vigário ⟨vi.gá.rio⟩ s.m. **1** Na Igreja Católica, sacerdote que substitui o encarregado de uma paróquia. **2** *informal* Pároco.

vigarista ⟨vi.ga.ris.ta⟩ adj.2g./s.2g. Que ou quem engana alguém ou comete trapaças.

vigência ⟨vi.gên.cia⟩ s.f. Qualidade do que está vigente, especialmente se for uma lei, um contrato ou um costume: *O contrato de locação do imóvel tem vigência de um ano*.

vigente ⟨vi.gen.te⟩ adj.2g. Em relação geralmente a uma lei, a um contrato ou a um costume, que mantém sua vigência e que têm força para obrigar o seu cumprimento.

vigésimo, ma ⟨vi.gé.si.mo, ma⟩ numer. **1** Em uma série, que ocupa o lugar de número vinte. **2** Em relação a uma parte, que compõe um todo se somada com outras 19 iguais a ela.

vigia ⟨vi.gi.a⟩ ▌s.2g. **1** Pessoa encarregada de velar pela segurança de um lugar. □ SIN. atalaia, sentinela, vigilante. ▌s.f. **2** Cuidado, conservação ou defesa de algo. **3** Janela pequena, circular ou oval, que fica geralmente no teto ou na parte alta de uma parede. □ SIN. claraboia. **4** Construção ou cabine que servem de resguardo ou proteção para as pessoas que vigiam. □ SIN. guarida, guarita. **5** Pequeno orifício usado para espiar.

vigiar ⟨vi.gi.ar⟩ v.t.d. **1** Observar ou cuidar com atenção: *Os avós vigiavam os netos, que brincavam no parque*. □ SIN. policiar. **2** Observar ou escutar com atenção e dissimulação (aquilo que os outros fazem): *O detetive vigiava o suspeito*. □ SIN. espiar, espionar.

vigilância ⟨vi.gi.lân.cia⟩ s.f. **1** Ato ou efeito de vigiar: *A polícia aumentou a vigilância das ruas*. **2** Cuidado, zelo ou atenção com que algo é feito.

vigilante ⟨vi.gi.lan.te⟩ ▌adj.2g. **1** Que vigia. ▌s.2g. **2** Pessoa encarregada de velar pela segurança de um lugar. □ SIN. atalaia, sentinela, vigia.

vigília ⟨vi.gí.lia⟩ s.f. **1** Condição ou estado da pessoa que está desperta ou em vigilância. **2** Véspera de uma festividade religiosa.

vigor ⟨vi.gor⟩ (Pron. [vigôr]) s.m. **1** Força, potência ou vitalidade: *o vigor da juventude*. **2** Energia ou paixão: *Defendeu seus argumentos com vigor*. **3** Validade, força ou vigência de uma lei, de um contrato ou de um costume: *No Brasil, as leis federais entram em vigor após a assinatura do presidente*.

vigorar ⟨vi.go.rar⟩ ▌v.t.d./v.int. **1** Fortalecer(-se) ou dar vigor a: *Vigorou rapidamente após a cirurgia*. ▌v.int. **2** Estar em vigor ou em vigência: *A atual Constituição Brasileira vigora desde 1988*.

vigorexia ⟨vi.go.re.xi.a⟩ (Pron. [vigorecsia]) s.f. Obsessão desmedida por desenvolver os músculos.

vigoroso, sa ⟨vi.go.ro.so, sa⟩ (Pron. [vigorôso], [vigorósa], [vigorósos], [vigorósas]) adj. Com vigor ou força.

viking (*palavra inglesa*) (Pron. [víquin]) adj.2g./s.m. De um povo escandinavo de navegantes que, entre os séculos VIII e XI, realizou incursões pela costa do Atlântico e por quase todo o território europeu ocidental, ou relacionado a ele.

vil (pl. *vis*) adj.2g. Muito mau, desprezível ou indigno.

vila ⟨vi.la⟩ s.f. **1** Povoado maior do que uma aldeia e menor do que uma cidade. **2** Conjunto de casas com alguma característica em comum. **3** Conjunto de casas situadas em uma ruela com uma pequena praça central.

vilania ⟨vi.la.ni.a⟩ s.f. **1** Ato desprezível ou indigno. **2** Ofensa ou falta de respeito.

vilão, lã ⟨vi.lão, lã⟩ (pl. *vilães, vilãos* ou *vilões*) ▌adj./s. **1** Que ou quem é desprezível, indigno ou desonesto. ▌s. **2** Em uma obra de ficção, pessoa que representa uma personagem que se opõe ao herói. □ GRAMÁTICA Seu feminino também pode ser *viloa*.

vilarejo ⟨vi.la.re.jo⟩ (Pron. [vilarêjo]) s.m. Lugar pequeno e pouco habitado. □ SIN. lugarejo, povoação, povoado.

vila-velhense ⟨vi.la-ve.lhen.se⟩ (pl. *vila-velhenses*) adj.2g./s.2g. De Vila Velha ou relacionado a essa cidade do estado brasileiro do Espírito Santo.

vilegiatura ⟨vi.le.gi.a.tu.ra⟩ s.f. Época de férias em um lugar diferente da residência habitual.

vileza ⟨vi.le.za⟩ (Pron. [vilêza]) s.f. Atitude desrespeitosa e prejudicial que não leva em conta a moral ou a ética. □ SIN. baixeza.

vilhenense ⟨vi.lhe.nen.se⟩ adj.2g./s.2g. De Vilhena ou relacionado a essa cidade do estado brasileiro de Rondônia.

vilipêndio ⟨vi.li.pên.dio⟩ s.m. Desprezo, ofensa ou tratamento humilhante.

viloa ⟨vi.lo.a⟩ (Pron. [vilôa]) adj./s.f. →*vilão, lã*

violação

vime ⟨vi.me⟩ s.m. Vara do vimeiro, fina e flexível.
vimeiro ⟨vi.mei.ro⟩ s.m. Arbusto que cresce às margens de rios ou de outros lugares úmidos, de tronco ramificado desde a base e com ramos finos e flexíveis, de casca acinzentada e madeira branca, da qual se extrai o vime.
vinagre ⟨vi.na.gre⟩ s.m. Líquido azedo, produzido pela fermentação ácida do vinho, e usado como condimento.
vinagreira ⟨vi.na.grei.ra⟩ s.f. 1 Recipiente usado para guardar ou para servir vinagre. 2 Planta arbustiva com folhas de margem serrilhada, flores grandes, amarelas e com uma mancha no centro, de sabor azedo e que geralmente é usada como condimento ou por suas propriedades medicinais.
vinagrete ⟨vi.na.gre.te⟩ (Pron. [vinagréte] ou [vinagrête]) s.m. Molho à base de vinagre, azeite, cebola, pimenta e outros ingredientes e que se consome frio.
vincar ⟨vin.car⟩ ▪ v.t.d. 1 Marcar com vincos: *A costureira vincou o tecido.* ▪ v.t.d.i./v.prnl. 2 Deixar ou ficar com rugas. □ ORTOGRAFIA Antes de e, o c muda para *qu* →BRINCAR.
vincendo, da ⟨vin.cen.do, da⟩ adj. Em relação especialmente a uma dívida ou a uma conta, que estão próximas de seu vencimento.
vinco ⟨vin.co⟩ s.m. 1 Em uma superfície, especialmente em um papel ou em um tecido, marca, desnível ou sinal deixados por uma dobra. 2 Em uma superfície, marca ou desnível causados por uma força ou pressão. 3 Ruga no rosto ou em outra parte do corpo.
vincular ⟨vin.cu.lar⟩ ▪ v.t.d. 1 Prender, unir ou ligar (duas ou mais pessoas ou coisas): *Uma forte amizade os vinculava.* ▪ v.t.d.i./v.prnl. 2 Prender(-se), unir(-se) ou ligar(-se) (uma pessoa ou uma coisa) [a outra]: *Espera vincular seu nome àquele empreendimento.* ▪ v.t.d.i. 3 Fazer depender: *Os especialistas vinculam o crescimento econômico à queda dos juros.* 4 Obrigar ou submeter ao devido cumprimento: *O contrato vincula ambas as partes.*
vínculo ⟨vín.cu.lo⟩ s.m. Relação ou ligação entre duas pessoas ou duas coisas: *Apesar de termos o mesmo sobrenome, não temos vínculos familiares.*
vinda ⟨vin.da⟩ s.f. 1 Caminhada ou visita ao lugar em que está a pessoa que fala. 2 Advento, aparição ou começo: *Com a vinda da primavera, as árvores começam a florescer.*
vindeiro, ra ⟨vin.dei.ro, ra⟩ adj. →vindouro, ra
vindicar ⟨vin.di.car⟩ v.t.d. Recuperar ou exigir de volta, especialmente se for pela Justiça: *A família vindicou a posse do terreno.* □ ORTOGRAFIA Antes de e, o c muda para *qu* →BRINCAR.
vindima ⟨vin.di.ma⟩ s.f. 1 Recolhimento e colheita da uva. 2 Tempo dessa colheita.
vindita ⟨vin.di.ta⟩ s.f. Vingança, desforra ou represália.
vindoiro, ra ⟨vin.doi.ro, ra⟩ adj. →vindouro, ra
vindouro, ra ⟨vin.dou.ro, ra⟩ adj. Que está por vir ou por acontecer. □ ORTOGRAFIA Escreve-se também *vindeiro* ou *vindoiro*.
vingança ⟨vin.gan.ça⟩ s.f. Ato de represália contra quem causou dano físico ou moral.
vingar ⟨vin.gar⟩ ▪ v.t.d./v.prnl. 1 Responder (uma ofensa ou um dano sofridos) ou compensar-se com outra ofensa ou com outro dano: *Na peça de Shakespeare, o objetivo de Hamlet era vingar a morte de seu pai. Teve vontade de se vingar das agressões dos colegas.* ▪ v.t.d. 2 Reverter (uma situação desfavorável): *O time vingou a última derrota, ganhando de dois a zero.* ▪ v.int. 3 Prosperar ou atingir o resultado esperado: *Não sei se a roseira que plantamos vai vingar.* □ ORTOGRAFIA Antes de e, o g muda para *gu* →CHEGAR.
vingativo, va ⟨vin.ga.ti.vo, va⟩ adj. 1 Inclinado ou decidido a se vingar de qualquer ofensa ou dano. 2 Em que há vingança ou intenção de vingar.

vinha ⟨vi.nha⟩ s.f. 1 Planta trepadeira lenhosa, de tronco retorcido e galhos compridos e flexíveis, com folhas divididas em três ou cinco lóbulos pontiagudos, flores verdes, e cujo fruto é a uva. □ SIN. vide, videira. 2 Plantação dessa planta.
vinhaça ⟨vi.nha.ça⟩ s.f. 1 Vinho de má qualidade tirado ao final do processo de elaboração, a partir dos sedimentos e da borra. 2 *informal* Bebedeira.
vinha-d'alhos ⟨vi.nha-d'a.lhos⟩ (pl. *vinhas-d'alhos*) s.f. Molho feito à base de vinagre ou vinho, sal e alho, no qual se costuma adicionar outros temperos, e que é muito usado para dar sabor aos alimentos ou para conservá-los.
vinhateiro, ra ⟨vi.nha.tei.ro, ra⟩ ▪ adj./s. 1 Do cultivo de vinhas ou relacionado a ele. ▪ s. 2 Pessoa que se dedica à fabricação de vinhos.
vinhático ⟨vi.nhá.ti.co⟩ s.m. Árvore de grande porte, de tronco com cascas que se soltam, com folhas compostas, flores brancas e pequenas reunidas em um longo cacho, e cuja madeira tem cor escura e é muito apreciada por sua boa qualidade.
vinhedo ⟨vi.nhe.do⟩ (Pron. [vinhêdo]) s.m. Grande extensão de plantação de vinhas produtoras de uva.
vinheta ⟨vi.nhe.ta⟩ (Pron. [vinhêta]) s.f. 1 Em uma publicação impressa, ornamento tipográfico que acompanha um texto. 2 Em um programa de televisão ou de rádio, chamada ou trecho de música que ilustram seu início, seu fim ou as partes que o compõem.
vinho ⟨vi.nho⟩ ▪ adj.2g.2n./s.2g.2n. 1 De cor entre o vermelho-escuro e o roxo, como a do vinho tinto. ▪ s.m. 2 Bebida alcoólica obtida pela fermentação do suco das uvas espremidas. ‖ **vinho branco** Aquele de cor dourada. ‖ **(vinho) tinto** Aquele de cor muito escura.
vinhoto ⟨vi.nho.to⟩ (Pron. [vinhôto]) s.m. Conjunto de resíduos que sobram do processo de fabricação do açúcar e do álcool, e que podem poluir o meio ambiente.
vinícola ⟨vi.ní.co.la⟩ ▪ adj.2g. 1 Da fabricação de vinho ou relacionado a esse processo. ▪ s.f. 2 Estabelecimento em que se fabrica vinho, geralmente de forma industrial.
vinicultor, -a ⟨vi.ni.cul.tor, to.ra⟩ (Pron. [vinicultôr], [vinicultôra]) s. Pessoa que se dedica à vinicultura ou à elaboração de vinhos, especialmente como profissão.
vinicultura ⟨vi.ni.cul.tu.ra⟩ s.f. 1 Arte ou técnica de elaborar vinhos. 2 Arte ou técnica de cultivo de vinhas. □ SIN. viticultura.
vinil ⟨vi.nil⟩ (pl. *vinis*) s.m. 1 Radical químico derivado do etileno, do qual se obtém resinas duras que podem se plastificar para formar substâncias semelhantes ao couro ou à borracha. 2 →disco de vinil
vinte ⟨vin.te⟩ ▪ numer. 1 Número 20. ▪ s.m. 2 Signo que representa esse número. □ GRAMÁTICA Na acepção 1, é invariável em gênero e em número.
vintém ⟨vin.tém⟩ (pl. *vinténs*) s.m. 1 Unidade monetária portuguesa correspondente a 20 réis. 2 Antiga moeda brasileira equivalente a 20 réis, vigente até a adoção do cruzeiro.
vintena ⟨vin.te.na⟩ (Pron. [vintêna]) s.f. Conjunto de vinte unidades.
viola ⟨vi.o.la⟩ s.f. Em uma orquestra, instrumento musical de cordas friccionadas, semelhante ao violino, mas de tamanho maior e com registro mais grave. [👁 **instrumento de corda** p. 215] ‖ **viola (caipira)** Instrumento musical de cordas semelhante a um violão, mas de tamanho menor, geralmente com cinco cordas duplas de aço. [👁 **instrumento de corda** p. 215]
violação ⟨vi.o.la.ção⟩ (pl. *violações*) s.f. 1 Ato ou efeito de violar. 2 Estupro ou violência sexual.

violácea ⟨vi.o.lá.cea⟩ s.f. Espécie de planta com folhas alternas e flores solitárias, da qual fazem parte plantas herbáceas, arbustos e árvores.

violáceo, cea ⟨vi.o.lá.ceo, cea⟩ adj./s.m. Da cor das flores violeta.

violão ⟨vi.o.lão⟩ (pl. *violões*) s.m. Instrumento musical de cordas dedilhadas ou pinçadas, composto por uma caixa de ressonância de madeira em formato de oito com uma abertura central, geralmente com seis cordas simples de náilon ou de aço, que vão presas a um cavalete e que se prolongam sobre o tampo e continuam pelo braço até serem fixadas e afinadas em seis cravelhas ou tarraxas. [◉ **instrumento de corda** p. 215]

violar ⟨vi.o.lar⟩ v.t.d. **1** Desobedecer, não cumprir ou quebrar (uma lei ou uma norma): *Violar as leis é motivo de sanções judiciais*. **2** Obrigar (alguém) a realizar o ato sexual por meio de violência ou de grave ameaça. □ SIN. estuprar, violentar. **3** Não respeitar ou não reconhecer: *Abrindo essa carta, você violou minha privacidade. Esta lei viola os direitos do trabalhador*. **4** Profanar ou invadir (um lugar): *Vândalos violaram o cemitério*.

violeiro, ra ⟨vi.o.lei.ro, ra⟩ s. **1** Pessoa que se dedica à construção de instrumentos musicais de corda. **2** Músico que toca viola.

violência ⟨vi.o.lên.cia⟩ s.f. **1** Condição de violento. **2** Tendência a fazer uso de força desmedida. **3** Ação violenta.

violentar ⟨vi.o.len.tar⟩ v.t.d. **1** Constranger (alguém) ou obrigá-lo a algo por meio de violência ou ameaça. **2** Obrigar (alguém) a realizar o ato sexual por meio de violência ou de grave ameaça. □ SIN. estuprar, violar.

violento, ta ⟨vi.o.len.to, ta⟩ adj. **1** Que é impetuoso, que se deixa levar facilmente pela ira ou que costuma fazer uso da força. **2** Que acontece ou que é produzido de forma brusca, impetuosa e intensa: *exercícios violentos*. **3** Que transgride as leis ou normas de uma coletividade.

violeta ⟨vi.o.le.ta⟩ (Pron. [violêta]) ▮ adj.2g.2n./s.m. **1** De cor roxa como a desta flor. ▮ s.f. **2** Planta herbácea de galhos rasteiros, com folhas ásperas, em formato de coração e com pecíolos carnudos, flores de cores variadas, geralmente roxas, e com cheiro agradável, e cujo fruto é em cápsula. **3** Flor dessa planta.

violeteira ⟨vi.o.le.tei.ra⟩ s.f. Mulher que vende ramos de violetas em locais públicos.

violinista ⟨vi.o.li.nis.ta⟩ s.2g. Músico que toca violino.

violino ⟨vi.o.li.no⟩ s.m. Instrumento musical da família das cordas friccionadas, feito de madeira coberta com verniz e com cordas de tripa, metal ou náilon, que se toca com um arco ou com os dedos. [◉ **instrumento de corda** p. 215]

violoncelista ⟨vi.o.lon.ce.lis.ta⟩ s.2g. Músico que toca o violoncelo.

violoncelo ⟨vi.o.lon.ce.lo⟩ s.m. Instrumento musical de corda e arco, da família dos violinos, de tamanho e sonoridade intermediários entre os da viola e os do contrabaixo. [◉ **instrumento de corda** p. 215]

violonista ⟨vi.o.lo.nis.ta⟩ s.2g. Músico que toca violão.

viperino, na ⟨vi.pe.ri.no, na⟩ adj. **1** Da víbora ou relacionado a essa serpente. **2** Venenoso ou que produz veneno. **3** Que procura prejudicar alguém com as palavras.

vir ▮ v.t.i./v.int. **1** Deslocar-se [na direção da pessoa que fala]: *Assim que me viu, o cãozinho veio correndo*. **2** Chegar [ao lugar onde está a pessoa que fala]: *Alguém sabe a que horas eles virão?* **3** Voltar [ao lugar de origem ou de onde se partiu]: *Não virão da praia até domingo*. ▮ v.int. **4** Transportar-se ou locomover-se: *Sempre venho de ônibus*. **5** Ocorrer ou chegar: *Dizem que as desgraças nunca vêm sozinhas*. ▮ v.t.i. **6** Proceder, derivar ou ter origem [de algo]: *Eles vêm de uma família humilde*. **7** Surgir ou aparecer [no pensamento ou na memória]: *O nome não me vem à memória agora*. ▮ v.t.i. **8** Manifestar-se ou expressar-se [com argumentos ou desculpas]: *Não me venha com bobeiras!* ‖ **que vem** Próximo ou seguinte: *A prova é na semana que vem*. ‖ **vir abaixo** Desmoronar ou desabar: *Com o terremoto, algumas casas da região vieram abaixo*. ‖ **vir ter com** alguém: Encontrar-se ou conversar com ele: *Ele veio ter com o diretor, mas não o encontrou*. □ GRAMÁTICA **1.** É um verbo irregular →VER. **2.** Funciona como verbo auxiliar nas construções: 1) *vir* + verbo no gerúndio, que indica persistência da ação expressa por esse gerúndio: *Os lucros vêm crescendo desde o começo do ano*; 2) *vir* + *a* + verbo no infinitivo, que indica possibilidade ou a ocorrência da ação expressa por esse infinitivo: *Caso ele venha a falecer, os filhos receberão o seguro*.

vira-bosta ⟨vi.ra-bos.ta⟩ (pl. *vira-bostas*) s.m. **1** Ave de médio porte que habita áreas abertas, de bico preto, cauda longa, plumagem preta e brilhante, que emite um canto melodioso e é capaz de imitar sons e vozes. □ SIN. graúna, melro, pássaro-preto. **2** Escaravelho grande que se alimenta do excremento dos animais herbívoros. □ GRAMÁTICA É um substantivo epiceno: *o vira-bosta (macho/fêmea)*.

virabrequim ⟨vi.ra.bre.quim⟩ (pl. *virabrequins*) s.m. Em uma máquina, geralmente um motor a explosão, eixo com uma ou várias pontas, em cada uma das quais se ajusta uma biela, e que transforma um movimento retilíneo oscilatório em circular, ou vice-versa.

viração ⟨vi.ra.ção⟩ (pl. *virações*) s.f. Vento que sopra ou que vem do mar, geralmente no período da tarde, e que costuma ser brando e fresco.

vira-casaca ⟨vi.ra-ca.sa.ca⟩ (pl. *vira-casacas*) s.2g. Pessoa que muda de opinião segundo o seu interesse.

virada ⟨vi.ra.da⟩ s.f. **1** Mudança de direção ou de posição. **2** Momento de transição: *Passamos a virada do ano vestidos de branco*. **3** Mudança de orientação, especialmente na forma de conduta ou nas ideias. **4** Em uma partida esportiva, vitória ou reação do time ou do jogador que estavam em desvantagem no placar: *O time começou perdendo, mas ganhou de virada*.

viradinho ⟨vi.ra.di.nho⟩ s.m. Prato típico da cozinha paulista, feito à base de feijão cozido, farinha, ovos e linguiça. □ SIN. virado de feijão.

virado, da ⟨vi.ra.do, da⟩ adj./s.m. Que está voltado para determinada direção. ‖ **virado (de feijão)** Prato típico da cozinha paulista, feito à base de feijão cozido, farinha, ovos e linguiça. □ SIN. viradinho.

virago ⟨vi.ra.go⟩ s.f. Mulher com características e aparência tradicionalmente consideradas como masculinas.

viral ⟨vi.ral⟩ (pl. *virais*) adj.2g. Dos vírus ou relacionado a esses micro-organismos.

vira-lata ⟨vi.ra-la.ta⟩ (pl. *vira-latas*) adj.2g..2g. Em relação a um cachorro, que não é de raça definida.

virar ⟨vi.rar⟩ ▮ v.pred. **1** Tornar-se ou transformar-se {algo}: *Seu sonho virou realidade*. ▮ v.t.i./v.t.d.i./v.prnl. **2** Mudar a direção ou o rumo de (algo) [em um determinado sentido] ou volver-se: *Virou o carro na direção do estacionamento*. ▮ v.t.d./v.prnl. **3** Mudar(-se) de posição ou de lado: *O médico pediu que ela virasse para a esquerda. Devagar, virava as páginas do livro*. ▮ v.t.d. **4** Tornar (o conteúdo de um recipiente): *Após a corrida, virou um litro de água*. ▮ v.t.d./v.int. **5** Curvar (um objeto flexível), de forma que uma parte fique sobreposta à outra: *Ao arrumar a cama, virou a dobra do lençol*. □ SIN. dobrar. ▮ v.t.d./v.int. **6** Girar(-se) ou mover(-se) sobre um eixo ou um ponto: *Vire a chave duas vezes para abrir a porta*. ▮ v.int. **7** Alterar-se ou transformar-se (o tempo): *Acho melhor voltarmos, pois o tempo está virando*. ▮ v.prnl. **8** Voltar o corpo para determinada direção: *Virou-se para mostrar o novo corte de cabelo*. **9** *informal* Encontrar

a maneira de resolver um problema: *Acha que consegue se virar sozinho ou precisa de minha ajuda?*
iravolta ⟨vi.ra.vol.ta⟩ s.f. **1** Mudança ou transformação bruscas e repentinas. □ SIN. reviravolta. **2** Volta que uma pessoa dá no ar ou sobre uma superfície. □ SIN. cambalhota, reviravolta.
irgem ⟨vir.gem⟩ ❚ adj.2g. **1** Que está intacto e ainda não foi utilizado. **2** Que não foi submetido a processos ou manipulações artificiais em sua elaboração: *azeite de oliva virgem*. **3** Em relação a um terreno, que não foi cultivado ou explorado pelo ser humano: *uma mata virgem*. ❚ adj.2g./s.2g. **4** Que ou quem não teve relação sexual. ❚ adj.2g.2n./s.2g.2n. **5** Em astrologia, que ou quem nasceu entre 23 de agosto e 22 de setembro. □ SIN. virginiano. □ GRAMÁTICA Nas acepções de 1 a 4, o plural é *virgens*.
irginal ⟨vir.gi.nal⟩ (pl. *virginais*) adj.2g. **1** De uma pessoa virgem ou relacionado a ela. **2** Puro ou sem pecado.
irgindade ⟨vir.gin.da.de⟩ s.f. Estado ou condição da pessoa que ainda não teve relações sexuais.
irginiano, na ⟨vir.gi.ni.a.no, na⟩ adj./s. Em astrologia, que ou quem nasceu entre 23 de agosto e 22 de setembro. □ SIN. virgem.
írgula ⟨vír.gu.la⟩ s.f. Em ortografia, sinal gráfico de pontuação formado por um pequeno traço curvo, que se coloca à direita de uma palavra para indicar uma pausa breve.
irgular ⟨vir.gu.lar⟩ v.t.d. Colocar vírgulas em (um texto).
iril ⟨vi.ril⟩ (pl. *viris*) adj.2g. **1** Que tem características tradicionalmente consideradas como próprias do homem. □ SIN. másculo, varonil. **2** Enérgico ou vigoroso.
irilha ⟨vi.ri.lha⟩ s.f. No corpo de alguns animais, especialmente no do ser humano, cada uma das duas partes nas quais as coxas se unem ao abdome.
irilidade ⟨vi.ri.li.da.de⟩ s.f. Qualidade de viril.
irologia ⟨vi.ro.lo.gi.a⟩ s.f. Parte da microbiologia que estuda os vírus.
irose ⟨vi.ro.se⟩ s.f. Doença causada por um vírus.
irótico, ca ⟨vi.ró.ti.co, ca⟩ adj. Do vírus, da virose ou relacionado a eles.
irtual ⟨vir.tu.al⟩ (pl. *virtuais*) adj.2g. **1** Que tem existência aparente e não real. **2** Que tem possibilidade de produzir um efeito determinado, mesmo que não o faça no presente. **3** Feito pela internet ou que existe apenas na internet: *uma biblioteca virtual*.
irtude ⟨vir.tu.de⟩ s.f. **1** Qualidade positiva: *A paciência não figura entre suas virtudes*. **2** Inclinação para fazer o bem. **3** Capacidade para produzir um determinado efeito: *as virtudes de um medicamento*. ‖ **em virtude de** algo: Como resultado dele: *Em virtude da enchente, o trânsito na cidade está caótico*.
irtuose ⟨vir.tu.o.se⟩ s.2g. **1** Músico com grande habilidade e conhecimento musicais. **2** Pessoa que tem domínio extraordinário da técnica necessária para fazer algo.
irtuosidade ⟨vir.tu.o.si.da.de⟩ s.f. Domínio extraordinário da técnica necessária para realizar algo. □ SIN. virtuosismo.
irtuosismo ⟨vir.tu.o.sis.mo⟩ s.m. Domínio extraordinário da técnica necessária para realizar algo. □ SIN. virtuosidade.
irtuoso, sa ⟨vir.tu.o.so, sa⟩ (Pron. [virtuôso], [virtuósa], [virtuósos], [virtuósas]) adj./s. **1** Que ou quem tem ou demonstra virtudes. **2** Que ou quem domina uma técnica de forma extraordinária.
irulência ⟨vi.ru.lên.cia⟩ s.f. **1** Condição ou estado de virulento. **2** Em relação a um micro-organismo, capacidade de causar doença em um organismo.
irulento, ta ⟨vi.ru.len.to, ta⟩ adj. **1** Forte, intenso ou contundente. **2** Em relação a uma doença, que é causada por um vírus ou que se manifesta com grande intensidade.

visionário

vírus ⟨ví.rus⟩ s.m.2n. **1** Micro-organismo de estrutura simples, capaz de se reproduzir no seio de células vivas específicas, composto fundamentalmente por ácido ribonucleico ou ácido desoxirribonucleico e por proteínas, e que é o causador de muitas doenças. **2** Em informática, programa que causa danos aos usuários e que pode se propagar de um computador para outro.
visagem ⟨vi.sa.gem⟩ (pl. *visagens*) s.f. **1** Imagem sobrenatural, produto da fantasia ou da imaginação. □ SIN. visão. **2** Gesto ou contração do rosto, especialmente se forem engraçados ou expressivos. □ SIN. careta, garatuja.
visagismo ⟨vi.sa.gis.mo⟩ s.m. Arte ou técnica de valorizar a imagem e a beleza de uma pessoa por meio de recursos que harmonizem conceitos estéticos de maquiagem e penteado.
visão ⟨vi.são⟩ (pl. *visões*) s.f. **1** Percepção pelos olhos mediante a ação da luz. **2** *informal* Conjunto dos órgãos do corpo relacionados a esse sentido. **3** Observação ou contemplação de algo. □ SIN. vista. **4** Percepção por meio de qualquer sentido ou pela inteligência. **5** Enfoque que se assume diante de um assunto. □ SIN. olhar. **6** Opinião, ponto de vista ou entendimento sobre algo: *Sua visão dos fatos difere da minha*. **7** Capacidade para prever algo que vai acontecer. **8** Suposta imagem de uma pessoa morta que aparece para os vivos. □ SIN. fantasma. **9** Imagem sobrenatural, produto da fantasia ou da imaginação. □ SIN. visagem.
visar ⟨vi.sar⟩ ❚ v.t.d. **1** Colocar em (um documento) um visto que lhe dá validade para um determinado uso: *O cheque voltou, pois esqueci de visá-lo*. ❚ v.t.d./v.t.i. **2** Procurar concretizar (um objetivo) ou chegar [a um objetivo]: *As mudanças tecnológicas visam agilizar a fabricação do produto*.
víscera ⟨vís.ce.ra⟩ s.f. Qualquer órgão contido na região abdominal do corpo. □ SIN. entranha. □ USO Usa-se geralmente a forma plural *vísceras*.
visceral ⟨vis.ce.ral⟩ (pl. *viscerais*) adj.2g. **1** Das vísceras ou relacionado a elas. **2** Em relação a um sentimento, que é muito intenso e profundo ou que está muito arraigado.
visco ⟨vis.co⟩ s.m. **1** Planta de caule lenhoso e curto, com folhas grossas e verdes, fruto em bagas de cor branco-rosada, e que vive como parasita nos troncos de algumas árvores. **2** Seiva ou suco de consistência pegajosa ou espessa secretados por uma planta. □ USO Na acepção 2, usa-se também a forma *visgo*.
viscondado ⟨vis.con.da.do⟩ s.m. Título ou dignidade de visconde.
visconde ⟨vis.con.de⟩ s.m. Pessoa que tem um título de nobreza entre o de conde e o de barão. □ GRAMÁTICA Seu feminino é *viscondessa*.
viscondessa ⟨vis.con.des.sa⟩ (Pron. [viscondêssa]) s.f. **1** Feminino de visconde. **2** Mulher do visconde.
viscoso, sa ⟨vis.co.so, sa⟩ (Pron. [viscôso], [viscósa], [viscósos], [viscósas]) adj. Em relação especialmente a uma substância líquida, que é pegajosa ou de consistência espessa. □ SIN. visguento.
viseira ⟨vi.sei.ra⟩ s.f. **1** Em um boné, peça levemente rígida que sobressai na parte da frente e que serve para fazer sombra aos olhos. **2** Essa peça sozinha. **3** Em um capacete, parte móvel que cobre e que protege o rosto.
visgo ⟨vis.go⟩ s.m. →**visco**
visguento, ta ⟨vis.guen.to, ta⟩ adj. Em relação especialmente a uma substância líquida, que é pegajosa ou de consistência espessa. □ SIN. viscoso.
visibilidade ⟨vi.si.bi.li.da.de⟩ s.f. Condição de visível: *A neblina diminui a visibilidade nas estradas. Tem um cargo de grande visibilidade na mídia*.
visionário, ria ⟨vi.si.o.ná.rio, ria⟩ adj./s. **1** Que ou quem tem ideias grandiosas ou inovadoras. **2** Que ou

visita

quem faz profecias ou acredita ter visões. **2** Que ou quem tem ideias excêntricas, utópicas ou fantasiosas.

visita ⟨vi.si.ta⟩ s.f. **1** Ato ou efeito de visitar. ◻ SIN. visitação. **2** Pessoa que vai a um lugar para ver alguém.

visitação ⟨vi.si.ta.ção⟩ (pl. *visitações*) s.f. Ato ou efeito de visitar. ◻ SIN. visita.

visitante ⟨vi.si.tan.te⟩ adj.2g./s.2g. **1** Que visita: *Os visitantes do zoológico não devem alimentar os animais.* **2** Em relação a uma equipe esportiva, que joga no campo da equipe adversária: *Os visitantes venceram por dois gols a zero.*

visitar ⟨vi.si.tar⟩ v.t.d. **1** Ir ver (alguém) no lugar onde ele está: *Sempre que me visita, traz flores.* **2** Ir a (um lugar) para conhecê-lo: *Nas férias, visitamos Belém do Pará.* **3** Ir até (uma pessoa ou um lugar) com frequência e por um motivo determinado: *Os fiscais da vigilância visitam os bares da região.*

visível ⟨vi.sí.vel⟩ (pl. *visíveis*) adj.2g. Que pode ser visto.

vislumbrar ⟨vis.lum.brar⟩ v.t.d. **1** Ver (algo) de forma tênue ou confusa por causa da distância ou por causa da falta de luz. **2** Conhecer ligeiramente ou criar hipóteses sobre (algo não material) baseadas em leves indícios: *Ninguém vislumbrava o resultado do tratamento.*

vislumbre ⟨vis.lum.bre⟩ s.m. **1** Reflexo, luz fraca ou clarão. **2** Suspeita, indício ou conjectura.

viso ⟨vi.so⟩ s.m. Aspecto ou aparência de algo.

vison *(palavra francesa)* (Pron. [vizón]) s.m. **1** Mamífero de corpo comprido, patas curtas, pelagem suave e de cor parda, e que se alimenta de animais pequenos. **2** Pele desse mamífero. **3** Peça do vestuário feita com essa pele. ◻ GRAMÁTICA Na acepção 1, é um substantivo epiceno: *o vison (macho/fêmea).*

visor ⟨vi.sor⟩ (Pron. [vizór]) s.m. **1** Em uma câmera fotográfica ou filmadora, dispositivo que permite a visualização da imagem a ser gravada: *Não ponha o dedo no visor, pois não verá o que está filmando.* **2** Em alguns equipamentos eletrônicos, tela que mostra informações sobre sua configuração ou seu funcionamento.

víspora ⟨vís.po.ra⟩ s.m. Jogo de azar em que cada jogador possui uma cartela com números variados entre um e noventa, na qual marca com grãos, como feijão ou milho, os números impressos geralmente em bolinhas de madeira que vão sendo sorteadas de um saco opaco, e cujo ganhador é aquele que consegue marcar primeiro todos os números de sua cartela ou uma fileira deles.

vista ⟨vis.ta⟩ s.f. **1** *informal* Percepção pelos olhos mediante a ação da luz. **2** *informal* Conjunto dos órgãos do corpo relacionados a esse sentido: *uma doença na vista.* **3** Observação ou contemplação de algo. ◻ SIN. visão. **4** Paisagem que se vê a partir de um lugar: *Do alto da serra, há uma vista deslumbrante do mar.* **5** Representação pictórica ou fotográfica de um lugar: *Com a máquina fotográfica, obteve ótimas vistas da cidade.* ‖ **à primeira vista** Em uma primeira análise ou em um reconhecimento imediato de algo: *À primeira vista, o problema parecia ser de fácil solução.* ‖ **à vista 1** Ao alcance da visão: *Terra à vista!* **2** Em relação a um pagamento, que se realiza sem parcelas: *Economizou para comprar o computador à vista.*

visto, ta ⟨vis.to, ta⟩ **1** Particípio irregular de ver. ▮ s.m. **2** Declaração de validade de um documento, especialmente um passaporte, por parte da autoridade competente, para um determinado uso.

vistoria ⟨vis.to.ri.a⟩ s.f. **1** Ato ou efeito de vistoriar. ◻ SIN. inspeção. **2** Esse exame ou reconhecimento de caráter oficial que interferem em questões judiciais.

vistoriar ⟨vis.to.ri.ar⟩ v.t.d. Examinar com atenção ou de maneira minuciosa (um lugar ou um objeto): *Os peritos da seguradora vistoriaram o veículo.* ◻ SIN. inspecionar.

vistoso, sa ⟨vis.to.so, sa⟩ (Pron. [vistôso], [vistósas] [vistósos], [vistósas]) adj. Que atrai a atenção, especialmente pela vivacidade de suas cores, por seu brilho o por sua bela aparência.

visual ⟨vi.su.al⟩ (pl. *visuais*) ▮ adj.2g. **1** Da vista ou relacionado a ela. ▮ s.m. **2** *informal* Aparência.

visualização ⟨vi.su.a.li.za.ção⟩ (pl. *visualizações*) s. Ato ou efeito de visualizar.

visualizar ⟨vi.su.a.li.zar⟩ v.t.d. **1** Tornar visível de fo ma artificial (algo que não pode ser visto a olho nu *Com o telescópio, conseguimos visualizar pequenas estre las.* **2** Representar (algo que não é perceptível à vista mediante imagens ópticas, como os gráficos: *Os mete rologistas visualizam no painel as frentes frias.* **3** Re sentar mentalmente (algo que não se tem à frente o conceitos abstratos): *Não consigo visualizar o que est tentando me dizer.*

vital ⟨vi.tal⟩ (pl. *vitais*) adj.2g. **1** Da vida ou relacionad a ela. **2** Que tem muita importância ou que é essencia *A água é vital para os seres humanos.*

vitalício, cia ⟨vi.ta.lí.cio, cia⟩ adj. Que dura até o fir da vida.

vitalidade ⟨vi.ta.li.da.de⟩ s.f. Vigor, ânimo ou entusiasm

vitalizar ⟨vi.ta.li.zar⟩ v.t.d. Dar força ou energia a: *A medidas do Governo visam vitalizar o turismo.*

vitamina ⟨vi.ta.mi.na⟩ s.f. **1** Substância orgânica que f parte dos alimentos e que, em pequenas quantidades, necessária para o desenvolvimento natural dos seres v vos. **2** Bebida feita à base de leite batido com frutas o vegetais, geralmente de consistência cremosa.

vitela ⟨vi.te.la⟩ s.f. Carne de novilho ou de vitelo.

vitelino, na ⟨vi.te.li.no, na⟩ adj. Da gema do ovo ou re lacionado a ela.

vitelo, la ⟨vi.te.lo, la⟩ ▮ s. **1** Filhote de vaca, ainda em fase de amamentação. ◻ SIN. bezerro, novilho, terne ro. ▮ s.m. **2** Conjunto de substâncias nutritivas presen tes em um ovo e que servem para a nutrição do embriã

viticultor, -a ⟨vi.ti.cul.tor, to.ra⟩ (Pron. [viticultôr], [ticultôra]) s. Pessoa que se dedica ao cultivo de vinhas especialmente por ser especialista em viticultura.

viticultura ⟨vi.ti.cul.tu.ra⟩ s.f. Arte ou técnica de culti vo de vinhas. ◻ SIN. vinicultura.

vitiligem ⟨vi.ti.li.gem⟩ (pl. *vitiligens*) s.f. Doença de pel que se caracteriza pela presença de áreas sem pigmen tação. ◻ SIN. vitiligo.

vitiligo ⟨vi.ti.li.go⟩ s.m. Doença de pele que se ca racteriza pela presença de áreas sem pigmentação ◻ SIN. vitiligem.

vítima ⟨ví.ti.ma⟩ s.f. Pessoa ou animal que sofrem algum mal ou algum dano. ◻ GRAMÁTICA Usa-se tanto para masculino quanto para o feminino: *(ele/ela) é uma vítima.*

vitimar ⟨vi.ti.mar⟩ ▮ v.t.d./v.prnl. **1** Tornar(-se) vítima *O terremoto vitimou inúmeras famílias da região.* ▮ v.t.d **2** Matar ou ferir: *O acidente de ônibus vitimou quatro pessoas.* **3** Causar dano ou prejuízo material a: *O terre moto vitimou inúmeras famílias.*

vitória ⟨vi.tó.ria⟩ s.f. **1** Êxito obtido em uma competi ção ou em um enfrentamento. **2** Êxito ou sucesso a superar uma dificuldade ou ao alcançar um objetivo *Superar a timidez foi uma grande vitória.* ‖ **cantar vitó ria** Alegrar-se ou gabar-se de um triunfo: *Será melhor não cantar vitória antes do tempo.*

vitória-régia ⟨vi.tó.ria-ré.gia⟩ (pl. *vitórias-régias*) s.f Planta aquática com folhas grandes e redondas que ficam sobre a superfície da água, e flores solitárias e brancas que ficam roxas logo após a polinização.

vitoriense ⟨vi.to.ri.en.se⟩ adj.2g./s.2g. De Vitória ou relacionado à capital do estado brasileiro do Espírito Santo.

820

itorioso, sa ⟨vi.to.ri.o.so, sa⟩ (Pron. [vitoriôso], [vitoriósa], [vitoriósos], [vitoriósas]) adj. Que conseguiu uma vitória.

itral ⟨vi.tral⟩ (pl. *vitrais*) s.m. Vidraça colorida.

ítreo, trea ⟨ví.treo, trea⟩ adj. De vidro ou com suas propriedades.

itrificar ⟨vi.tri.fi.car⟩ v.t.d./v.int./v.prnl. **1** Transformar (-se) em vidro. **2** Dar a (um material ou um objeto) ou adquirir aparência de vidro: *O artista passou um verniz para vitrificar o jarro que fez.* ◻ ORTOGRAFIA Antes de e, o c muda para qu →BRINCAR.

itrina ⟨vi.tri.na⟩ s.f. →vitrine

itrine ⟨vi.tri.ne⟩ s.f. Fachada, armário ou caixa com portas de vidro para que objetos ou produtos sejam expostos sem ser tocados. ◻ SIN. mostruário. ◻ ORTOGRAFIA Escreve-se também *vitrina*.

itrola ⟨vi.tro.la⟩ s.f. Aparelho elétrico que reproduz discos fonográficos. ◻ SIN. picape, toca-discos. ◻ ORIGEM É a extensão de uma marca comercial.

itualha ⟨vi.tu.a.lha⟩ s.f. Conjunto de produtos de consumo, especialmente de mantimentos, que se guardam para um fim. ◻ SIN. provisão, víveres. ◻ USO Usa-se geralmente a forma plural *vitualhas*.

itupério ⟨vi.tu.pé.rio⟩ s.m. **1** Ofensa, afronta ou insulto. **2** Ação digna de vergonha.

iúva-negra ⟨vi.ú.va-ne.gra⟩ (pl. *viúvas-negras*) s.f. Aranha de corpo pequeno e preto, com uma mancha vermelha, e que tem um veneno muito perigoso e pode levar à morte. ◻ GRAMÁTICA É um substantivo epiceno: *a viúva-negra (macho/fêmea)*.

iuvez ⟨vi.u.vez⟩ (Pron. [viuvêz]) s.f. Condição, estado ou situação da pessoa que está viúva.

iúvo, va ⟨vi.ú.vo, va⟩ s. Pessoa cujo cônjuge faleceu, e que não voltou a se casar.

iva ⟨vi.va⟩ ▮ s.m. **1** Manifestação com a qual se deseja alegria ou felicidade a alguém. ▮ interj. **2** Expressão usada para indicar alegria ou entusiasmo: *Fui aprovada, mesmo? Viva!*

ivacidade ⟨vi.va.ci.da.de⟩ s.f. **1** Qualidade de vivaz. ◻ SIN. viveza. **2** Manifestação de ânimo, de vontade ou de energia para se realizar algo. **3** Rapidez de compreensão e de raciocínio.

iva-voz ⟨vi.va-voz⟩ (pl. *vivas-vozes*) s.m. Em um aparelho de telefone, mecanismo que permite ao usuário acioná-lo para que possa falar a distância e sem segurá-lo.

ivaz ⟨vi.vaz⟩ adj.2g. **1** Que é rápido na compreensão e no raciocínio. **2** Rápido ou vigoroso. **3** Que tem energia, vitalidade ou paixão: *um discurso vivaz*. **4** Em relação a uma cor, que tem brilho, intensidade ou força. **5** Que vive ou que pode viver por muito tempo: *uma espécie vivaz*. ◻ SIN. vivedouro. **6** Em relação a uma planta, que vive mais de dois anos: *A macela e a roseira são plantas vivazes*.

ivedoiro, ra ⟨vi.ve.doi.ro, ra⟩ adj. →vivedouro, ra

ivedouro, ra ⟨vi.ve.dou.ro, ra⟩ adj. Que vive ou que pode viver por muito tempo. ◻ SIN. vivaz. ◻ ORTOGRAFIA Escreve-se também *vivedoiro*.

iveiro ⟨vi.vei.ro⟩ s.m. **1** Lugar onde se criam animais. **2** Terreno em que se criam plantas para transplantá-las a seu lugar definitivo quando estiverem um pouco crescidas.

ivência ⟨vi.vên.cia⟩ s.f. Experiência pessoal: *Grande parte de seu conhecimento é resultado de sua vivência*.

ivenciar ⟨vi.ven.ci.ar⟩ v.t.d. Viver, presenciar ou sentir profundamente (uma situação): *Morando aqui há tanto tempo, vivenciamos todas as transformações do bairro*.

ivenda ⟨vi.ven.da⟩ s.f. Lugar ou construção onde se vive, especialmente se forem luxuosos.

ivente ⟨vi.ven.te⟩ adj.2g./s.2g. Que vive.

viver ⟨vi.ver⟩ ▮ v.int. **1** Ter vida: *Os dinossauros viveram na era mesozoica.* ▮ v.t.i. **2** Estabelecer a vida ou residir [em um lugar]: *Os corais, os peixes e as baleias vivem na água.* ▮ v.t.d./v.int. **3** Aproveitar (a vida) ou gozar de bons momentos: *Seu salário é pouco para viver. Passou a viver a vida após aposentar-se.* ▮ v.t.i./v.prnl. **4** Tirar o sustento [de uma profissão ou de um trabalho] ou manter-se: *Há anos ela vive do teatro.* ▮ v.pred. **5** Ser ou estar {em determinada forma ou situação}: *Ela vive ocupada*. ▮ v.int. **6** Estar presente ou manter-se na memória: *Sua lembrança vive entre nós.* ▮ v.t.d. **7** Experimentar, sofrer ou sentir: *Na juventude, viveu uma grande paixão*. ▮ v.t.i. **8** Ficar ou passar muito tempo [em um lugar ou com alguém]: *Meus irmãos vivem no clube*. **9** Em relação a uma pessoa, conviver [com outra]: *Vive com ela há dois anos*. **10** Seguido de um verbo no gerúndio, ter por hábito ou costumar: *Ela vive procurando novos desafios*. ▮ v.t.i. **11** Concentrar-se ou dedicar as energias e esforços [a algo ou alguém considerados importantes]: *Os pais vivem para os dois filhos. Ela vive para o trabalho.* ▮ v.t.d. **12** Vivenciar ou passar por (uma experiência): *Aconselhou-me a viver cada momento intensamente*. ◻ GRAMÁTICA Funciona como verbo auxiliar na construção *viver + verbo no gerúndio*, que indica o hábito ou o costume do sujeito da oração de praticar uma ação expressa por esse gerúndio: *Ela vive procurando novos desafios*.

víveres ⟨ví.ve.res⟩ s.m.pl. Conjunto de produtos de consumo, especialmente de mantimentos, que se guardam para um fim. ◻ SIN. provisão, vitualha.

viveza ⟨vi.ve.za⟩ (Pron. [vivêza]) s.f. Qualidade de vivaz. ◻ SIN. vivacidade.

vivido, da ⟨vi.vi.do, da⟩ adj. Que tem experiência de vida. ◻ USO É diferente de *vívido* (que é vivaz ou expressivo).

vívido, da ⟨ví.vi.do, da⟩ adj. **1** Que é vivaz ou expressivo: *palavras vívidas; um olhar vívido*. **2** Que tem cores brilhantes, intensas ou fortes: *Pintou um quadro com tonalidades vívidas*. **3** Que tem luz ou iluminação brilhantes ou fortes: *uma atmosfera vívida*. ◻ USO É diferente de *vivido* (que tem experiência de vida).

vivificante ⟨vi.vi.fi.can.te⟩ adj.2g. **1** Que dá vida. **2** Que dá ânimo, vida ou entusiasmo.

vivíparo, ra ⟨vi.ví.pa.ro, ra⟩ adj./s. Em relação a um animal, que se desenvolve dentro da mãe e nasce por meio de um parto. ◻ USO É diferente de *ovíparo* (que nasce de um ovo que se abre fora do corpo da mãe).

vivo, va ⟨vi.vo, va⟩ ▮ adj. **1** Que tem vida. **2** Intenso ou forte: *uma cor viva; uma paixão viva*. **3** Que mostra inteligência e esperteza. **4** Rápido ou ágil: *uma música viva; um jogador vivo*. **5** Que dura ou que permanece com toda a sua força e vigor: *O Carnaval e a festa junina são festas brasileiras que continuam vivas.* **6** Presente ou mantido na memória: *uma lembrança viva*. **7** Expressivo, persuasivo ou com vivacidade: *um debate vivo*. ▮ s.m. **8** Ser com vida. ‖ **ao vivo** Diretamente ou com transmissão no mesmo momento em que ocorre. ‖ **ao vivo (e a cores)** Pessoalmente ou presencialmente.

vizinhança ⟨vi.zi.nhan.ça⟩ s.f. **1** Grupo das pessoas que vivem em uma mesma região, em um mesmo bairro ou em uma mesma rua. **2** Proximidade entre duas coisas.

vizinho, nha ⟨vi.zi.nho, nha⟩ ▮ adj. **1** Que fica próximo a outro lugar. ◻ SIN. vicinal. ▮ adj./s. **2** Que ou quem mora na mesma rua, no mesmo bairro ou muito próximo a alguém.

vizir ⟨vi.zir⟩ s.m. Ministro de um soberano muçulmano.

voador, -a ⟨vo.a.dor, do.ra⟩ (Pron. [voadôr], [voadôra]) adj. Que voa: *um disco voador*.

voar ⟨vo.ar⟩ v.int. **1** Deslocar-se pelo ar, geralmente por meio de asas: *Na noite passada, sonhei que voava*.

vocabular

2 Viajar em um veículo de aviação: *Voamos aproximadamente 22 horas para chegar ao Japão*. **3** Ir muito depressa: *Voe, senão chegará atrasado!* **4** Guiar ou dirigir uma aeronave: *Entrou em um curso para aprender a voar*. **5** Elevar-se ou mover-se pelo ar durante algum tempo (um objeto): *Com o vento forte, as folhas que estavam em cima da mesa voaram*. **6** Mover-se pelo ar por ter sido jogado com violência (um objeto): *Com a explosão, estilhaços voaram para todos os lados*. **7** Expandir-se ou propagar-se com rapidez (uma notícia): *Durante o dia, a notícia de sua demissão voou*. **8** Passar muito rápido (o tempo): *O tempo voou e as férias terminaram*.
vocabular ⟨vo.ca.bu.lar⟩ adj.2g. Do vocábulo ou relacionado a ele.
vocabulário ⟨vo.ca.bu.lá.rio⟩ s.m. **1** Conjunto de palavras que compõem uma língua ou que pertencem a uma região, a uma pessoa ou a uma área: *O vocabulário médico não é facilmente entendível por aqueles que não são da área*. ◻ SIN. léxico. **2** Livro ou lista em que esse conjunto de palavras é explicado de forma sucinta.
vocábulo ⟨vo.cá.bu.lo⟩ s.m. Unidade linguística, na fala ou na escrita, com significação própria. ◻ SIN. palavra.
vocação ⟨vo.ca.ção⟩ (pl. *vocações*) s.f. **1** Inclinação para uma profissão, para uma atividade ou para uma forma de vida: *Não tinha vocação para ser jornalista e virou escritor*. **2** Talento ou habilidade para realizar algo: *Sua vocação para artes manuais é evidente*. **3** Inspiração com que Deus chama uma pessoa para que assuma um estado, especialmente o religioso.
vocal ⟨vo.cal⟩ (pl. *vocais*) adj.2g. Da voz, que se expressa com a voz ou relacionado a ela.
vocálico, ca ⟨vo.cá.li.co, ca⟩ adj. Da vogal ou relacionado a ela.
vocalista ⟨vo.ca.lis.ta⟩ s.2g. Pessoa que canta em um conjunto musical.
vocalizar ⟨vo.ca.li.zar⟩ v.int. Cantar com uma ou mais vogais em diversos tons e alturas, sem articular palavras.
vocativo ⟨vo.ca.ti.vo⟩ s.m. Em linguística, termo de uma oração que tem por função chamar ou invocar um interlocutor.
você ⟨vo.cê⟩ pron.trat. Forma da terceira pessoa que corresponde às funções de sujeito, de predicado nominal ou de complemento precedido de preposição: *Você veio ontem?* ◻ GRAMÁTICA **1.** Não possui diferenciação de gênero. **2.** Designa a pessoa a quem se fala (isto é, a segunda pessoa).
vociferar ⟨vo.ci.fe.rar⟩ v.t.d./v.int. Dizer ou falar em voz alta e com irritação ou braveza.
vodca ⟨vod.ca⟩ s.f. Aguardente de origem russa, à base de cereais e com alto teor alcoólico.
vodu ⟨vo.du⟩ s.m. **1** Crença religiosa de origem africana que se caracteriza por práticas de bruxaria, magia, rituais de sacrifício e o transe como meio de comunicação com os deuses. **2** Cada uma das divindades cultuadas nos rituais dessa crença. ◻ ORTOGRAFIA Escreve-se também *vudu*.
voejar ⟨vo.e.jar⟩ v.int. Bater as asas com intensidade. ◻ GRAMÁTICA É um verbo unipessoal: só se usa nas terceiras pessoas do singular e do plural, no particípio, no gerúndio e no infinitivo →MIAR.
voga ⟨vo.ga⟩ s.f. **1** Movimentação de remos na água para impulsionar uma embarcação. **2** Moda ou uso: *A calça boca de sino estava em voga nos anos 1970*.
vogal ⟨vo.gal⟩ (pl. *vogais*) ▮ s.f. **1** Som da linguagem humana produzido ao deixar sair o ar pela boca sem que nenhum obstáculo nas cavidades da boca ou da faringe. **2** Letra que representa esse som: *A palavra mamãe tem três vogais*. ▮ s.2g. **3** Pessoa que faz parte de um conselho, de uma congregação ou de uma junta.

volante ⟨vo.lan.te⟩ ▮ adj.2g. **1** Que vai ou que é levado de uma parte para outra, sem lugar fixo. ▮ s.m. **2** Em u[m] veículo, peça circular que permite dirigi-lo. **3** Em um jog[o] de loteria, bilhete ou cartela com números impresso[s] no qual uma pessoa marca os números nos quais que[r] apostar. ▮ s.2g. **4** Em futebol, jogador que atua no meio d[e] campo e cuja função principal é defender. ◻ USO Na ace[p]ção 4, é a forma reduzida e mais usual de *médio-volante*.
volátil ⟨vo.lá.til⟩ (pl. *voláteis*) adj.2g. **1** Em relação a um[a] substância, que passa ao estado gasoso ou de vapor com facilidade. **2** Inconstante ou que muda com facilidad[e].
volatilizar ⟨vo.la.ti.li.zar⟩ v.t.d./v.int./v.prnl. Transforma[r] (-se) em vapor ou em gás (uma substância): *Para volatiliza[r] a água, basta elevar sua temperatura ao ponto de ebuliçã[o]*.
vôlei ⟨vô.lei⟩ s.m. Esporte praticado entre duas equipe[s] com seis jogadores cada e no qual eles tentam, com a[s] mãos, lançar uma bola por cima de uma rede que d[i]vide a quadra do jogo, evitando que essa bola toque [o] chão do campo próprio e tentando fazê-la cair no d[o] adversário. ‖ **vôlei de praia** Aquele praticado entr[e] duas duplas e sobre uma quadra de areia. ◻ USO É a fo[r]ma reduzida e mais usual de *voleibol*.
voleibol ⟨vo.lei.bol⟩ (pl. *voleibóis*) s.m. →vôlei
volição ⟨vo.li.ção⟩ (pl. *volições*) s.f. Em filosofia, ato o[u] manifestação da vontade.
volitivo, va ⟨vo.li.ti.vo, va⟩ adj. Da vontade, da voliçã[o] ou relacionado a elas.
volt (pl. *volts*) s.m. Unidade de potencial elétrico equiva[le]nte à diferença de potencial entre dois condutores, n[o] qual o transporte de uma carga elétrica ou coulom[b] entre eles requer um trabalho equivalente a um joul[e]. ◻ ORTOGRAFIA Seu símbolo é *V*, sem ponto.
volta ⟨vol.ta⟩ s.f. **1** Movimento ao redor de um ponto o[u] de um eixo: *A Terra dá voltas em torno de si mesma e a[o] redor do Sol*. **2** Cada um dos círculos completos que s[e] dá ao redor de um percurso determinado: *A corrida ter[á] quinze voltas*. **3** Regresso ou retorno ao ponto de part[i]da: *Na volta do trabalho, passarei no mercado*. **4** Passe[io] ou caminhada curtos: *À tarde, demos uma volta pe[lo] bairro*. **5** Em relação a algo que se diz ou que se faz, respos[ta] ou argumento que se recebem: *A sua ajuda teve volta*. ‖ **às voltas com** Envolvido ou diante de: *Sempre estev[e] às voltas com a pintura*. ‖ **dar a volta por cima** Supe[r]rar uma crise ou um obstáculo: *Deu a volta por cima a[o] vencer a depressão*. ‖ **por volta de** Aproximadamente: *Chegamos por volta do meio-dia*. ‖ **volta e meia** Co[m] frequência: *Volta e meia vamos juntos ao cinema*.
voltagem ⟨vol.ta.gem⟩ (pl. *voltagens*) s.f. Diferença de po[te]ncial elétrico entre as extremidades de um conduto[r].
voltar ⟨vol.tar⟩ ▮ v.t.i./v.int. **1** Chegar de volta [de um l[u]gar] ou retornar [ao ponto de partida]: *A que horas cos[tu]ma voltar da escola?* ▮ v.t.i. **2** Regressar ou tornar [a u[m] estado anterior]: *Ela jurou que jamais voltaria a passar ne[ce]ssidades*. ▮ v.t.d.i./v.prnl. **3** Direcionar ou concentrar(-se[)] (a atenção) [em algo]: *Com o barulho, todos voltaram seu[s] olhares à porta*. ▮ v.t.d./v.t.d.i./v.prnl. **4** Direcionar, girar ou virar(-se) (algo) [em determinada direção]: *O policia[l] voltou a arma para o bandido, que se rendeu. Voltou-se par[a] a porta e saiu*. ▮ v.t.i. **5** Recomeçar ou tornar [a fazer um[a] ação]: *Voltei a ler o texto, mas ainda não encontrei a respos[ta] para a pergunta*. ▮ v.prnl. **6** Revoltar-se ou assumir posi[ção contrária: *A população se voltou contra a tirania*.
volta-redondense ⟨vol.ta-re.don.den.se⟩ (pl. *volta-re[don]dondenses*) adj.2g./s.2g. De Volta Redonda ou relaciona[do] do a essa cidade do estado brasileiro do Rio de Janeiro[.]
voltear ⟨vol.te.ar⟩ ▮ v.t.d./v.int. **1** Fazer dar voltas ou gi[rar]rar: *Volteava a manivela para moer café*. ▮ v.int. **2** Gira[r] ou dar a volta em torno de si: *Os bailarinos voltea[vam]*

no palco. □ ORTOGRAFIA O e muda para *ei* quando a sílaba tônica estiver na raiz do verbo →NOMEAR.

olteio ⟨vol.tei.o⟩ s.m. **1** Giro ou volta. **2** Volta dada ao redor de um assunto: *Depois de muitos volteios, acabou confessando.* □ USO Na acepção 2, usa-se geralmente a forma plural *volteios*.

olume ⟨vo.lu.me⟩ s.m. **1** Espaço ocupado por um corpo. **2** Tamanho, dimensão ou medida: *O caminhão transporta cargas de grande volume.* **3** Importância ou quantidade: *O volume de vendas costuma aumentar no Dia das Mães.* **4** Intensidade da voz ou de um som: *Para atender o telefone, abaixou o volume do rádio.* **5** Obra impressa: *Com mais dois volumes, completo minha nova enciclopédia.* **6** Pacote ou embrulho.

olumoso, sa ⟨vo.lu.mo.so, sa⟩ (Pron. [volumôso], [volumósa], [volumósos], [volumósas]) adj. **1** Que tem muito volume ou muito tamanho. **2** Em relação a uma voz ou a um som, que são intensos.

oluntariado ⟨vo.lun.ta.ri.a.do⟩ s.m. **1** Atividade que se realiza como voluntário e que não é remunerada. **2** Conjunto de voluntários.

oluntariedade ⟨vo.lun.ta.ri.e.da.de⟩ s.f. **1** Qualidade de voluntário. **2** Capricho ou disposição para agir apenas para satisfazer sua vontade.

oluntário, ria ⟨vo.lun.tá.rio, ria⟩ ▌adj. **1** Por vontade própria e não por força, por obrigação e nem por necessidade. ▌adj./s. **2** Que ou quem participa de uma atividade por vontade própria.

oluntarioso, sa ⟨vo.lun.ta.ri.o.so, sa⟩ (Pron. [voluntariôso], [voluntariósa], [voluntariósos], [voluntariósas]) adj. Que age de acordo com a vontade própria, sem uma outra razão que não seja um simples capricho.

olúpia ⟨vo.lú.pia⟩ s.f. **1** Prazer proporcionado pelos sentidos. □ SIN. voluptuosidade. **2** Grande prazer sexual. □ SIN. voluptuosidade.

oluptuosidade ⟨vo.lup.tu.o.si.da.de⟩ s.f. **1** Prazer proporcionado pelos sentidos. □ SIN. volúpia. **2** Grande prazer sexual. □ SIN. volúpia.

oluptuoso, sa ⟨vo.lup.tu.o.so, sa⟩ (Pron. [voluptuôso], [voluptuósa], [voluptuósos], [voluptuósas]) ▌adj. **1** Que tende ao prazer dos sentidos, especialmente se forem sexuais, ou que o produz. ▌adj./s. **2** Inclinado aos prazeres dos sentidos, especialmente se forem sexuais.

oluta ⟨vo.lu.ta⟩ s.f. **1** Adorno ou elemento decorativo com formato de espiral ou de caracol, característico dos capitéis jônicos. **2** Aquilo que tem esse formato.

olúvel ⟨vo.lú.vel⟩ (pl. *volúveis*) adj.2g. Inconstante ou que muda com facilidade.

olver ⟨vol.ver⟩ ▌v.int. **1** Voltar ou regressar ao ponto de onde se partiu: *Jurou que jamais volveria.* ▌v.t.d./v.prnl. **2** Virar(-se) ou dirigir(-se): *Volveram os olhos na direção da casa. Volveu-se para a saída.*

olvo ⟨vol.vo⟩ (Pron. [vólvo]) s.m. Em medicina, obstrução de um órgão, especialmente do intestino, causada principalmente por uma torção.

ômico, ca ⟨vô.mi.co, ca⟩ adj. Em medicina, em relação especialmente a uma substância, que estimula o vômito. □ SIN. emético, vomitivo, vomitório.

omitar ⟨vo.mi.tar⟩ ▌v.t.d. **1** Expulsar violentamente pela boca (algo que está no estômago): *Sentia-se mal e acabou vomitando o almoço.* ▌v.int. **2** Expulsar violentamente pela boca algo que está no estômago: *A virose fazia o bebê vomitar.* ▌v.t.d. **3** Jogar (algo que se tem dentro) para fora de forma violenta: *Em erupção, o vulcão vomitou lava por toda a região.* **4** Proferir com ímpeto (palavras): *Durante a discussão, acabou vomitando uma série de insultos.*

vomitivo, va ⟨vo.mi.ti.vo, va⟩ adj./s.m. Em medicina, em relação especialmente a uma substância, que estimula o vômito. □ SIN. emético, vômico, vomitório.

vômito ⟨vô.mi.to⟩ s.m. **1** Expulsão pela boca daquilo que está no estômago. **2** Aquilo que estava no estômago e que se expulsa pela boca.

vomitório, ria ⟨vo.mi.tó.rio, ria⟩ adj./s.m. Em medicina, em relação especialmente a uma substância, que estimula o vômito. □ SIN. emético, vômico, vomitivo.

vontade ⟨von.ta.de⟩ s.f. **1** Faculdade humana que leva a fazer ou a não fazer algo: *Estou com vontade de ir ao teatro.* **2** Determinação ou capacidade para fazer algo. **3** Desejo ou instinto gerados por uma necessidade do organismo: *Sempre tenho vontade de comer pela manhã.* **4** Capricho ou desejo passageiros: *Não estou aqui para satisfazer todas as suas vontades!* ‖ **à vontade** 1 Sem restrições: *Nesse restaurante, paga-se um preço único e come-se à vontade.* 2 Sem constrangimentos ou com liberdade: *Sinta-se à vontade.* ‖ **boa vontade** Desejo de fazer bem algo: *Sempre mostra boa vontade para ajudar os outros.*

voo ⟨vo.o⟩ (Pron. [vôo]) s.m. **1** Ato ou efeito de voar. **2** Viagem realizada em um meio de transporte aéreo. ‖ **{alçar/levantar} voo** Decolar ou iniciar um voo. ‖ **voo livre** Aquele realizado por uma pessoa com equipamentos sem motor.

voracidade ⟨vo.ra.ci.da.de⟩ s.f. Condição de voraz.

voragem ⟨vo.ra.gem⟩ (pl. *voragens*) s.f. **1** Aquilo que devora ou consome: *O romance narra a voragem de uma paixão proibida.* **2** Em um mar, em um rio ou em um lago, redemoinho forte que acontece em um ponto.

voraz ⟨vo.raz⟩ adj.2g. **1** Que consome alimentos em grande quantidade, geralmente de forma ávida. **2** Que consome ou que destrói com rapidez: *um incêndio voraz.* **3** Ávido ou com um desejo desmedido: *uma paixão voraz.*

vórtice ⟨vór.ti.ce⟩ s.m. **1** Movimento circular ou espiral, veloz e intenso. **2** Centro de um ciclone.

vos (Pron. [vôs]) pron.pess. Forma da segunda pessoa do plural que corresponde à função de complemento do verbo sem preposição.

vós pron.pess. Forma da segunda pessoa do plural que corresponde à função de sujeito, de predicativo ou de complemento precedido de preposição.

vosmecê ⟨vos.me.cê⟩ pron. Em algumas regiões rurais, tratamento respeitoso equivalente a *o senhor* ou *a senhora*. □ GRAMÁTICA É a forma reduzida e mais usual de *vossemecê*.

vossemecê ⟨vos.se.me.cê⟩ pron. →**vosmecê**

vosso, sa ⟨vos.so, sa⟩ pron.poss. Indica posse em relação à segunda pessoa do plural.

votação ⟨vo.ta.ção⟩ (pl. *votações*) s.f. **1** Processo de escolha por meio de voto. **2** Conjunto de votos conseguidos em uma eleição.

votar ⟨vo.tar⟩ ▌v.t.d./v.t.i. **1** Definir por meio do voto ou fazer a escolha [de um representante]: *No próximo domingo, iremos às urnas votar em um presidente.* ▌v.int. **2** Escolher um representante por meio do voto: *Votar é um direito e um dever dos cidadãos.* ▌v.t.d. **3** Submeter a uma votação: *As leis foram votadas no Senado.* ▌v.t.d./v.t.i. **4** Aprovar por votação ou decidir-se [por algo]: *A diretoria votou por sua permanência no cargo.*

votivo, va ⟨vo.ti.vo, va⟩ adj. Que se oferece como voto ou como promessa.

voto ⟨vo.to⟩ s.m. **1** Em uma eleição, opinião ou parecer emitidos por cada um dos participantes. **2** Papel ou escrito nos quais se indica essa opinião: *Deposite seu voto na urna.* **3** Direito de votar: *No Brasil, o voto é opcional aos maiores de 60 anos.* **4** Promessa que as pessoas de uma ordem religiosa devem fazer: *Os monges franciscanos fazem voto de pobreza.* **5** Rogo ou prece com os quais se pede uma graça a Deus. **6** Desejo ou aquilo que se quer dar ou oferecer a uma pessoa. ‖ **voto de cabresto** Aquele em que a pessoa que vota obedece as ordens de um líder político, sob coerção ou em troca de algum benefício. ‖ **voto de confiança** Autorização dada a uma pessoa para que tome qualquer decisão ou atitude. ‖ **voto de minerva** Aquele que vale como uma decisão para um desempate.

vovô, vó ⟨vo.vô, vó⟩ s. *informal* Avô. ☐ **USO** Tem um valor carinhoso.

voyeur *(palavra francesa)* (Pron. [voiér]) s.m. Pessoa que olha em segredo situações que lhe são sexualmente excitantes.

voyeurismo ⟨voy.eu.ris.mo⟩ (Pron. [voierismo]) s.m. Observação em segredo de situações consideradas sexualmente excitantes.

voz s.f. **1** Som que produz o ar expulso dos pulmões ao sair da laringe, fazendo com que vibrem as pregas vocais. **2** Qualidade, timbre ou intensidade desse som. **3** Direito de opinar. **4** Cantor ou músico que canta: *O quarteto era formado por duas vozes femininas e duas masculinas.* **5** Em linguística, categoria gramatical que expressa se o sujeito do verbo é agente ou paciente: *Em português, a voz do verbo pode ser ativa ou passiva.* ‖ **a meia voz** Falando mais baixo que o habitual: *Disse-lhe a meia voz que o amava.* ‖ **(voz) ativa** Em linguística, aquela que expressa que o sujeito realiza a ação do verbo: *A oração* O gato miou *está na voz ativa.* ‖ **(voz) passiva** Em linguística, aquela que expressa que o sujeito não realiza a ação verbal e sim a recebe: *A voz passiva se forma com os verbos* ser, estar *ou* ficar *mais o particípio passado do verbo que se conjuga, como em* O livro foi lido pelo aluno.

vozearia ⟨vo.ze.a.ri.a⟩ s.f. Conjunto de vozes ou gritos.

vozeirão ⟨vo.zei.rão⟩ (pl. *vozeirões*) s.m. Voz muito forte e potente.

vozerio ⟨vo.ze.ri.o⟩ s.m. Conjunto de vozes altas e desentoadas que produzem muito ruído.

vudu ⟨vu.du⟩ s.m. →**vodu**

vulcânico, ca ⟨vul.câ.ni.co, ca⟩ adj. Do vulcão ou relacionado a ele.

vulcanização ⟨vul.ca.ni.za.ção⟩ (pl. *vulcanizações*) s.f. Processo de modificação da borracha para conservar a elasticidade, obtido pela combinação com o enxofre.

vulcanologia ⟨vul.ca.no.lo.gi.a⟩ s.f. Parte da geologia que estuda os vulcões e os fenômenos relacionados a eles.

vulcanologista ⟨vul.ca.no.lo.gis.ta⟩ s.2g. Pessoa que se dedica ao estudo dos fenômenos vulcânicos e que é especializada em vulcanologia. ☐ **SIN.** vulcanólogo.

vulcanólogo, ga ⟨vul.ca.nó.lo.go, ga⟩ s. Pessoa que se dedica ao estudo dos fenômenos vulcânicos e que é especializada em vulcanologia. ☐ **SIN.** vulcanologista.

vulcão ⟨vul.cão⟩ (pl. *vulcões*) s.m. Abertura na terra, geralmente no alto de uma montanha, pela qual matéria incandescentes procedentes do interior terrestre podem sair ou já saíram.

vulgar ⟨vul.gar⟩ adj.2g. **1** Comum, corrente, que não se destaca e que não é original. **2** Que se considera impróprio para uma pessoa culta ou educada.

vulgaridade ⟨vul.ga.ri.da.de⟩ s.f. **1** Condição ou estado de vulgar: *Considero uma vulgaridade arrotar em público.* **2** Palavra ou expressão consideradas vulgares: *Pare de falar vulgaridades!*

vulgarizar ⟨vul.ga.ri.zar⟩ v.t.d./v.prnl. **1** Tornar(-se) vulgar, comum, geral ou corrente: *O uso dos celulares se vulgarizou rapidamente no Brasil.* **2** Tornar(-se) vulgar ou impróprio: *Essas roupas vulgarizam demais sua figura.*

vulgata ⟨vul.ga.ta⟩ s.f. Versão traduzida da Bíblia crista e aceita como oficial pela Igreja Católica.

vulgo[1] ⟨vul.go⟩ s.m. Conjunto de pessoas do povo, especialmente se forem aquelas que não têm muita cultura nem educação, e que não têm uma posição social destacada.

vulgo[2] ⟨vul.go⟩ adv. Vulgarmente: *O etilômetro, vulgo bafômetro, é usado para medir o nível de álcool no sangue de uma pessoa.*

vulnerável ⟨vul.ne.rá.vel⟩ (pl. *vulneráveis*) adj.2g. Que pode ser danificado ou prejudicado física ou moralmente.

vulpino, na ⟨vul.pi.no, na⟩ adj. Da raposa, com suas características ou relacionado a ela.

vulto ⟨vul.to⟩ s.m. **1** Imagem percebida de forma imprecisa ou com contornos poucos definidos: *Sem óculos via apenas vultos ao seu redor.* **2** Figura ou aspecto: *Os heróis retratados na pintura têm um vulto altivo.* **3** Porte, tamanho ou importância: *O vulto dos investimentos cresceu com as exportações.* **4** Pessoa importante ou que se destaca em determinada área: *Zumbi foi um grande vulto da história do Brasil.*

vultoso, sa ⟨vul.to.so, sa⟩ (Pron. [vultôso], [vultósa], [vultósos], [vultósas]) adj. **1** De grande porte ou tamanho: *uma carga vultosa.* ☐ **SIN.** vultuoso. **2** De grande destaque ou importância: *um assunto vultoso.*

vultuosidade ⟨vul.tu.o.si.da.de⟩ s.f. Congestão anormal da face, caracterizada por vermelhidão dos lábios e das maçãs do rosto, e pela saliência dos olhos.

vultuoso, sa ⟨vul.tu.o.so, sa⟩ (Pron. [vultuôso], [vultuósa], [vultuósos], [vultuósas]) adj. **1** De grande porte ou tamanho: *uma caixa vultuosa.* ☐ **SIN.** vultoso. **2** Em relação ao rosto de uma pessoa, que está congestionado apresentando vermelhidão nos lábios e nas maçãs do rosto, e os olhos salientes.

vulturino, na ⟨vul.tu.ri.no, na⟩ adj. Do abutre, com suas características ou relacionado a ele.

vulva ⟨vul.va⟩ s.f. No sistema genital feminino dos mamíferos, parte que rodeia e constitui a abertura externa da vagina. ☐ **USO** É a antiga denominação de *pudendo feminino*.

w ❚ s.m. **1** Vigésima terceira letra do alfabeto. ❚ numer. **2** Em uma sequência, que ocupa o vigésimo terceiro lugar. ▢ GRAMÁTICA Na acepção 1, o plural é *ww*.

waffle *(palavra inglesa)* (Pron. [uófou]) s.m. Panqueca feita com massa de água e farinha, que pode ser recheada ou acompanhar outros alimentos.

wagneriano, na ⟨wag.ne.ri.a.no, na⟩ ❚ adj. **1** De Wilhelm Richard Wagner (compositor alemão do século XIX) ou com características de suas obras. ❚ adj./s. **2** Que ou quem é especialista na obra desse compositor ou adepto de seu estilo.

walkie-talkie *(palavra inglesa)* (Pron. [uólc-tóc]) s.m. Aparelho portátil, emissor e receptor de ondas de rádio, que permite que duas pessoas se comuniquem a curtas distâncias.

WAP s.m. Tecnologia que permite o acesso à internet a partir de determinadas redes de telefonia móvel. ▢ ORIGEM É a sigla inglesa de *Wireless Application Protocol* (protocolo para aplicações sem fio).

watt (Pron. [uóti] ou [váti]) s.m. Unidade básica de potência equivalente a um fluxo de energia igual a um joule por segundo. ▢ ORTOGRAFIA Seu símbolo é *W*, sem ponto.

WC (pl. *WCs*) s.m. Cômodo com vaso sanitário e lavabo. ▢ ORIGEM É a sigla inglesa de *Water Closet* (quarto de banho).

web *(palavra inglesa)* (Pron. [uéb]) s.f. **1** Serviço de internet que permite ao usuário acessar, mediante *links* de hipertextos, a informação e os recursos disponíveis nessa rede. **2** →**página web** ▢ USO Na acepção 1, é a forma reduzida e mais usual de *WWW* (*World Wide Web*).

web cam *(palavra inglesa)* (Pron. [uébi cã]) s.f. Câmera digital acoplada ou ligada a um computador e que é usada para transmitir imagens em movimento pela internet.

web designer *(palavra inglesa)* (Pron. [uéb dizáiner]) s.2g. Pessoa que se dedica profissionalmente à gestão técnica de um servidor de *web*.

website *(palavra inglesa)* (Pron. [uebisáiti]) s.m. Grupo de arquivos ou páginas *web* unidos entre si por enlaces de hipertexto e acessíveis por um endereço. ▢ SIN. *site*.

western *(palavra inglesa)* (Pron. [uéstern]) s.m. **1** Filme que se passa durante o período de conquista e colonização do Oeste estadunidense. ▢ SIN. **bangue-bangue, faroeste. 2** Gênero cinematográfico ao qual pertence esse filme. ▢ SIN. **bangue-bangue, faroeste.**

wi-fi *(palavra inglesa)* (Pron. [uai-fai]) s.m. Tecnologia de informação sem fio que possibilita a comunicação entre computadores ou outros dispositivos por ondas de rádio. ▢ ORIGEM É um acrônimo que vem do inglês *Wireless Fidelity* (fidelidade sem fio).

winchester *(palavra inglesa)* (Pron. [uinchéster]) s.f. Em um computador, disco magnético com grande capacidade de armazenamento, geralmente fixado em seu interior. ▢ SIN. **disco rígido, HD.**

windsurf *(palavra inglesa)* (Pron. [uindisârf]) s.m. Esporte aquático individual praticado sobre uma prancha a vela. ▢ SIN. **windsurfe.**

windsurfe ⟨wind.sur.fe⟩ (Pron. [uindisârf]) s.m. Esporte aquático individual que se pratica sobre uma prancha que tem vela. ▢ SIN. *windsurf*.

workaholic *(palavra inglesa)* (Pron. [uôrcarrólic]) adj.2g./s.2g. Que ou quem trabalha de forma compulsiva, geralmente em detrimento de sua vida pessoal.

workshop *(palavra inglesa)* (Pron. [uôrquichóp]) s.m. Curso ou oficina de trabalho em que um grupo de pessoas se reúnem para receber um treinamento, para divulgar um conhecimento ou uma técnica ou para discutir um tema determinado.

www s.f. →*web* ▢ ORIGEM É a sigla inglesa de *World Wide Web* (rede de informática mundial).

x s.m. **1** Vigésima quarta letra do alfabeto. numer. **2** Em uma sequência, que ocupa o vigésimo quarto lugar. **3** *informal* Em relação a uma quantidade, que é desconhecida ou que é indiferente: *X pessoas ficaram sem ingressos para o concerto.* **4** *informal* Em relação a uma quantidade, que é subentendida ou que não se deseja revelar: *Todo mês eu guardo x reais na poupança.* ☐ GRAMÁTICA Na acepção 1, o plural é *xx*.

xá s.m. Rei da Pérsia (antigo reino asiático) ou do Irã (país asiático em que esse reino se transformou). ☐ ORTOGRAFIA É diferente de *chá*.

xácara ⟨xá.ca.ra⟩ s.f. Composição poética, geralmente em forma de romance ou de encenação, na qual se narram, em tom alegre e linguagem pitoresca, feitos relacionados com a vida dos pícaros. ☐ ORTOGRAFIA É diferente de *chácara*.

xadrez ⟨xa.drez⟩ (Pron. [xadrêz]) adj.2g.2n./s.2g. **1** Que é quadriculado. s.m. **2** Jogo de tabuleiro praticado por duas pessoas, cada uma com 16 peças pretas ou brancas que representam um exército, cujo objetivo é capturar o rei adversário. **3** *informal* Prisão.

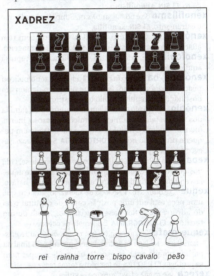

XADREZ

rei   rainha   torre   bispo   cavalo   peão

xale ⟨xa.le⟩ s.m. Peça do vestuário feminino que tem a largura maior que o comprimento e que se coloca sobre os ombros para se proteger do frio ou para se enfeitar.

xampu ⟨xam.pu⟩ s.m. Sabão líquido usado para lavar os cabelos.

xana ⟨xa.na⟩ s.f. *vulgarismo* →**vulva**

xapuriense ⟨xa.pu.ri.en.se⟩ adj.2g./s.2g. De Xapuri ou relacionado a essa cidade do estado brasileiro do Acre.

xará ⟨xa.rá⟩ s.2g. Pessoa que tem o mesmo nome que outra.

xarelete ⟨xa.re.le.te⟩ (Pron. [xarelête]) s.m. Peixe de água salgada, de médio porte, corpo alongado, alto e lateralmente fino, de cor amarelada e metálica, com focinho arredondado e nadadeira peitoral em formato de meia-lua. ☐ GRAMÁTICA É um substantivo epiceno: *o xarelete (macho/fêmea)*. [◉ **peixe (água salgada)** p. 609]

xaréu ⟨xa.réu⟩ s.m. Peixe de água salgada, de médio porte, com dorso entre o verde e o azul, que tem espinhos na frente da nadadeira anal. ☐ GRAMÁTICA É um substantivo epiceno: *o xaréu (macho/fêmea)*.

xaropada ⟨xa.ro.pa.da⟩ s.f. **1** Porção ou quantidade de xarope que se toma em um só gole. **2** *informal* Aquilo que é entediante ou enfadonho.

xarope

xarope ⟨xa.ro.pe⟩ s.m. **1** Remédio líquido e pegajoso, geralmente de sabor doce. **2** Líquido espesso feito à base de açúcar cozido em água.

xavante ⟨xa.van.te⟩ ▌adj.2g/s.2g. **1** Do grupo indígena brasileiro que habita o sul do estado de Mato Grosso ou relacionado a ele. ▌s.m. **2** Língua desse grupo.

xaveco ⟨xa.ve.co⟩ s.m. **1** Embarcação com três mastros e velas triangulares ou latinas, com a qual também se pode navegar a remo. **2** *informal* Flerte ou paquera.

xaxado ⟨xa.xa.do⟩ s.m. Dança de origem pernambucana, cujo ritmo é marcado por batidas dos pés no chão ou por um canto, geralmente sem acompanhamento instrumental.

xaxim ⟨xa.xim⟩ (pl. *xaxins*) s.m. **1** Samambaia alta de matas úmidas e sombrias, de tronco formado por raízes entrelaçadas e por bases de folhas bastante compridas, e cultivada como ornamental. **2** Massa fibrosa extraída dessa planta e usada na fabricação de vasos e suportes de jardinagem.

xenofilia ⟨xe.no.fi.li.a⟩ s.f. Simpatia àquilo que é estrangeiro. □ **SIN. xenofilismo**.

xenofilismo ⟨xe.no.fi.lis.mo⟩ s.m. Simpatia àquilo que é estrangeiro. □ **SIN. xenofilia**.

xenófilo, la ⟨xe.nó.fi.lo, la⟩ adj./s. Que ou quem tem afeição, simpatia ou afeto por aquilo que é estrangeiro.

xenofobia ⟨xe.no.fo.bi.a⟩ s.f. Hostilidade ou repulsa àquilo que é estrangeiro.

xenófobo, ba ⟨xe.nó.fo.bo, ba⟩ ▌adj. **1** Da xenofobia ou relacionado a ela. ▌adj./s. **2** Que ou quem demonstra hostilidade ou repulsa àquilo que é estrangeiro.

xenônio ⟨xe.nô.nio⟩ s.m. Elemento químico da família dos não metais, de número atômico 54, gasoso, inerte, incolor, inodoro e insípido, e que é encontrado em pequena proporção no ar. □ **ORTOGRAFIA** Seu símbolo químico é *Xe*, sem ponto.

xepa ⟨xe.pa⟩ (Pron. [xêpa]) s.f. **1** *informal* Comida servida nos quartéis. **2** Sobra de comida, especialmente aquela vendida em final de feira, a um preço mais barato.

xeque ⟨xe.que⟩ s.m. **1** No jogo de xadrez, jogada em que uma peça está em uma posição capaz de capturar o rei do adversário. **2** Nos países muçulmanos, chefe de um território. □ **ORTOGRAFIA** É diferente de *cheque*.

xeque-mate ⟨xe.que-ma.te⟩ (pl. *xeques-mate* ou *xeques-mates*) s.m. No jogo de xadrez, lance que supõe o final da partida porque o rei, ameaçado, não pode escapar nem se proteger. □ **USO** Usa-se também a forma reduzida *mate*.

xereca ⟨xe.re.ca⟩ s.f. *vulgarismo* →**vulva**

xerém ⟨xe.rém⟩ (pl. *xeréns*) s.m. Grão de milho batido no pilão, que serve de alimento para os galináceos.

xereta ⟨xe.re.ta⟩ (Pron. [xerêta]) adj.2g/s.2g. *informal* Que ou quem tem por costume bisbilhotar propriedades ou assuntos alheios.

xeretar ⟨xe.re.tar⟩ v.t.d./v.int. *informal* Bisbilhotar: *Deixe de xeretar as conversas dos outros!*

xerez ⟨xe.rez⟩ (Pron. [xerêz]) s.m. Vinho branco, seco e de alta gradação alcoólica.

xerife ⟨xe.ri.fe⟩ s.m. Nos Estados Unidos, pessoa responsável pelo cumprimento da lei e manutenção da ordem em alguns territórios.

xerocar ⟨xe.ro.car⟩ v.t.d. Reproduzir por meio de xérox. □ **ORTOGRAFIA** Antes de *e*, o *c* muda para *qu* →**BRINCAR**.

xérox ⟨xé.rox⟩ (Pron. [chérocs]) ▌s. **1** Técnica que permite reproduzir textos ou imagens automaticamente por meio de procedimentos eletrostáticos. ▌s.2n. **2** Fotocópia obtida por meio dessa técnica. **3** Estabelecimento comercial que realiza esse tipo de fotocópia. □ **ORIGEM** É a extensão de uma marca comercial. □ **ORTOGRAFIA** Escreve-se também *xerox*.

xexéu ⟨xe.xéu⟩ s.m. **1** Ave de médio porte, de bico amarelo, cauda preta e amarela, com plumagem preta, e que faz ninhos de palha com formato curto e largo em grupos pendurados nos galhos. **2** *informal* Cheiro desagradável de um corpo. □ **ORIGEM** É uma palavra de origem tupi. □ **GRAMÁTICA** Na acepção 1, é um substantivo epiceno: *o xexéu (macho/fêmea)*.

xi interj. Expressão usada para indicar espanto, surpresa, admiração ou desagrado: *Xi, o ônibus irá atrasar!*

xícara ⟨xí.ca.ra⟩ s.f. **1** Recipiente pequeno com asa e usado geralmente para tomar líquidos. □ **SIN. chávena**. **2** Quantidade de líquido que cabe nesse recipiente.

xiita ⟨xi.i.ta⟩ adj.2g/s.2g. **1** Do ramo da religião islâmica que considera Ali, genro de Maomé (profeta árabe), e seus descendentes como únicos guias religiosos, ou relacionado a ela. **2** *pejorativo* Pessoa considerada radical.

xilindró ⟨xi.lin.dró⟩ s.m. *informal* Prisão.

xilofone ⟨xi.lo.fo.ne⟩ (Pron. [xilofône]) s.m. Instrumento musical de percussão formado por lâminas de madeira ou de metal que se toca com baquetas [● **instrumento de percussão** p. 611].

xilografia ⟨xi.lo.gra.fi.a⟩ s.f. **1** Arte ou técnica de fazer gravuras sobre madeira. □ **SIN. xilogravura**. **2** Estampa obtida dessa técnica. □ **SIN. xilogravura**.

xilogravura ⟨xi.lo.gra.vu.ra⟩ s.f. **1** Arte ou técnica de fazer gravuras sobre madeira. □ **SIN. xilografia**. **2** Estampa obtida dessa técnica. □ **SIN. xilografia**.

ximango ⟨xi.man.go⟩ s.m. Ave de rapina diurna, com asas e dorso marrons, plumagem parda, e que se alimenta de pequenos mamíferos ou roedores. □ **GRAMÁTICA** É um substantivo epiceno: *o ximango (macho/fêmea)*.

xingação ⟨xin.ga.ção⟩ (pl. *xingações*) s.f. **1** Ato ou efeito de xingar. □ **SIN. xingamento**. **2** Troca de ofensas entre pessoas.

xingamento ⟨xin.ga.men.to⟩ s.m. Ato ou efeito de xingar. □ **SIN. xingação**.

xingar ⟨xin.gar⟩ v.t.d./v.int. *informal* Insultar ou dizer insultos. □ **ORIGEM** É uma palavra de origem africana. □ **ORTOGRAFIA** Antes de *e*, o *g* muda para *gu* →**CHEGAR**.

xintoísmo ⟨xin.to.ís.mo⟩ s.m. Religião tradicional dos japoneses, que cultua os antepassados e as forças da natureza.

xintoísta ⟨xin.to.ís.ta⟩ adj.2g/s.2g. Do xintoísmo ou relacionado a essa religião.

xinxim ⟨xin.xim⟩ (pl. *xinxins*) s.m. Prato feito com galinha ou carne vermelha, azeite de dendê, camarões, castanha de caju e outros ingredientes. ▌□ **ORIGEM** É uma palavra de origem africana.

xiquexique ⟨xi.que.xi.que⟩ s.m. **1** Planta de caule cilíndrico, longo, com espinhos, carnoso e comestível, com flores brancas e fruto globular. **2** Planta leguminosa usada como adubo verde.

xis s.m.2n. Nome da letra *x*.

xisto ⟨xis.to⟩ s.m. Rocha metamórfica que se divide facilmente em lâminas e que é resultado da transformação da argila durante o processo de formação geológica.

xixá ⟨xi.xá⟩ s.m. **1** Árvore de grande porte de tronco grosso e reto, raízes achatadas, geralmente expostas e semelhantes aos braços de um polvo, com folhas de três lobos, flores sem pétalas, e cujo fruto é seco e possui sementes escuras. [● **árvores** p. 79] **2** Esse fruto. □ **ORIGEM** É uma palavra de origem tupi.

xixi ⟨xi.xi⟩ s.m. *informal* Urina. ‖ **fazer xixi** *informal* Urinar.

xô interj. Expressão usada para afugentar aves, especialmente se forem galinhas.

xodó ⟨xo.dó⟩ s.m. **1** *informal* Pessoa ou coisa de que se gosta. **2** *informal* Namoro. **3** *informal* Amor ou afeto.

xororó ⟨xo.ro.ró⟩ s.m. →**chororó** □ **ORIGEM** É uma palavra de origem tupi.

xoxota ⟨xo.xo.ta⟩ s.f. *vulgarismo* →**vulva**

xucro, cra ⟨xu.cro, cra⟩ adj. **1** Em relação a um animal, que não foi domesticado. **2** *pejorativo* Sem formação.

y ▌s.m. **1** Vigésima quinta letra do alfabeto. ▌numer. **2** Em uma sequência, que ocupa o vigésimo quinto lugar. ▢ GRAMÁTICA Na acepção 1, o plural é *yy*.

yakisoba *(palavra japonesa)* (Pron. [iaquissôba]) s.m. Prato de origem oriental feito com macarrão, carnes e verduras e temperado com molho de soja.

yang *(palavra chinesa)* (Pron. [iáng]) s.m. No taoísmo, princípio universal ativo e masculino.

yin *(palavra chinesa)* (Pron. [ín]) s.m. No taoísmo, princípio universal passivo e feminino.

yin-yang *(palavra chinesa)* (Pron. [in-iáng]) s.m. No taoísmo, conjunto de duas forças ou princípios complementares que abrange todos os aspectos e fenômenos da vida, representado por um símbolo de formato circular nas cores preta (forças negativas) e branca (forças positivas).

yoga ⟨y.o.ga⟩ s. →**ioga** ▢ GRAMÁTICA É uma palavra usada tanto como substantivo masculino quanto como substantivo feminino: *o yoga, a yoga*.

z ▌s.m. **1** Vigésima sexta letra do alfabeto. ▌numer. **2** Em uma sequência, que ocupa o vigésimo sexto lugar. ☐ GRAMÁTICA Na acepção 1, o plural é zz.

zabumba ⟨za.bum.ba⟩ s.f. Instrumento musical de percussão, fechado com uma ou duas membranas de náilon ou de couro esticadas, de som grave, que marca o tempo forte da música, enquanto o contratempo é marcado por uma vareta que se bate em sua parte inferior, e que executa ritmos nordestinos.

zaga ⟨za.ga⟩ s.f. **1** Em futebol, grupo de jogadores que formam a defesa. **2** Em futebol, a posição desse grupo em campo.

zagueiro, ra ⟨za.guei.ro, ra⟩ s. Em alguns esportes de equipe, jogador que tem a missão de impedir a ação do adversário. ☐ SIN. beque.

zaino, na ⟨zai.no, na⟩ ▌adj. **1** Dissimulado ou astuto. ☐ SIN. matreiro. ▌adj./s.m. **2** Em relação a um cavalo ou a um touro, com a pelagem preta e fosca. **3** Em relação a um animal, com a pelagem castanho-escura.

zairense ⟨zai.ren.se⟩ adj.2g./s.2g. Do Zaire ou relacionado a esse país africano (atual República Democrática do Congo).

zambiano, na ⟨zam.bi.a.no, na⟩ adj./s. Da Zâmbia ou relacionado a esse país africano.

zanga ⟨zan.ga⟩ s.f. **1** Aborrecimento ou irritação. **2** Ira ou raiva. **3** *informal* Inimizade.

zangão ⟨zan.gão⟩ (pl. *zangãos* ou *zangões*) s.m. Macho da abelha. ☐ ORTOGRAFIA Escreve-se também *zângão*.

zângão ⟨zân.gão⟩ (pl. *zângãos*) s.m. →zangão

zangar ⟨zan.gar⟩ ▌v.t.i. **1** Dar severamente uma reprimenda [a alguém]: *Os pais zangaram com o filho sem ele ter feito nada.* ▌v.prnl. **2** Aborrecer-se ou irritar-se: *Ela se zangou com a minha brincadeira.* ☐ ORTOGRAFIA Antes de e, o g muda para gu →CHEGAR.

zanzar ⟨zan.zar⟩ v.int. Andar sem destino ou ir de um lado para outro: *Ele estava nervoso e ficou zanzando pela sala.*

zapear ⟨za.pe.ar⟩ v.int. Mudar de canal de televisão de forma contínua utilizando o controle remoto: *Odeio vê-lo no sofá, zapeando o tempo todo.* ☐ ORTOGRAFIA O e muda para *ei* quando a sílaba tônica estiver na raiz do verbo →NOMEAR.

zarabatana ⟨za.ra.ba.ta.na⟩ s.f. Canudo ou tubo estreitos e ocos, pelos quais se sopram e se lançam flechas ou outros projéteis.

zarcão ⟨zar.cão⟩ ▌adj.2g.2n./s.m. **1** De cor entre o laranja e o vermelho, como a deste pó. ▌s.m. **2** Pó de cor vermelho-alaranjada, obtido pela oxidação do chumbo e que, se dissolvido em óleo ou em ácido, é muito usado na pintura e como antioxidante. ☐ GRAMÁTICA O plural do substantivo é *zarcões*.

zarolho, lha ⟨za.ro.lho, lha⟩ (Pron. [zaɾoʎu]) adj./s. **1** *informal pejorativo* Estrábico. **2** *informal* Que ou quem não possui a visão de um olho.

zarpar ⟨zar.par⟩ v.int. Sair do lugar onde estava atracada ou ancorada (uma embarcação): *O navio zarpou ao amanhecer.*

zás interj. Expressão que indica que algo ocorreu de forma rápida ou inesperada: *Quando menos viu, zás!, o ônibus passou.* ☐ USO É a forma reduzida e mais usual de *zás-trás*.

zás-trás ⟨zás-trás⟩ interj. →zás

zê s.m. Nome da letra *z*.

zebra ⟨ze.bra⟩ (Pron. [zebɾa]) s.f. Mamífero quadrúpede, herbívoro, semelhante ao asno e de pelagem esbranquiçada com riscos verticais pardos ou negros. ‖ **dar zebra** *informal* Em uma aposta ou em uma competição esportiva, acontecer um resultado inesperado: *Deu zebra e o time favorito perdeu o jogo.* ☐ GRAMÁTICA É um substantivo epiceno: *a zebra (macho/fêmea)*.

zebu

zebu ⟨ze.bu⟩ s.m. Mamífero ruminante, semelhante ao touro, mas com uma ou duas corcovas de gordura, usado como besta de carga. ☐ GRAMÁTICA É um substantivo epiceno: *o zebu (macho/fêmea)*.

zebueiro, ra ⟨ze.bu.ei.ro⟩ (*Minas Gerais e Goiás*) adj./s. Que ou quem cria ou vende gado zebu: *uma fazenda zebueira*. ☐ ORTOGRAFIA Escreve-se também zebuzeiro.

zebuzeiro, ra ⟨ze.bu.zei.ro⟩ (*Minas Gerais e Goiás*) adj./s. →zebueiro.

zéfiro ⟨zé.fi.ro⟩ s.m. **1** Vento do oeste. **2** *literário* Vento suave e agradável.

zelador, -a ⟨ze.la.dor, do.ra⟩ (Pron. [zeladôr], [zeladôra]) ▌adj. **1** Que zela. ▌s. **2** Em um condomínio, pessoa que se dedica a cuidar do espaço em comum, vigiar pelo cumprimento das normas e realizar tarefas de manutenção.

zelar ⟨ze.lar⟩ v.t.d./v.t.i. Proteger ou ter zelo por (algo ou alguém) com esmero ou atenção [de algo ou alguém]: *Sempre zelaram pelos estudos dos filhos*.

zelo ⟨ze.lo⟩ (Pron. [zêlo]) s.m. **1** Cuidado ou esmero que se põem no cumprimento de uma tarefa. **2** Atenção ou cuidado destinados a uma pessoa ou a uma atividade.

zeloso, sa ⟨ze.lo.so, sa⟩ (Pron. [zelôso], [zelósa], [zelósos], [zelósas]) adj. Que tem cuidado, afeição ou esmero, especialmente no cumprimento de uma obrigação.

zé-ninguém ⟨zé-nin.guém⟩ (pl. *zés-ninguém*) s.m. *pejorativo* Pessoa insignificante. ☐ GRAMÁTICA Usa-se tanto para o masculino quanto para o feminino: *(ele/ela) é um zé-ninguém*.

zênite ⟨zê.ni.te⟩ s.m. **1** Ponto culminante no momento de maior esplendor. **2** Em astronomia, ponto no céu localizado exatamente acima do observador. ☐ SIN. pino.

zepelim ⟨ze.pe.lim⟩ (pl. *zepelins*) s.m. Veículo que se desloca pelo ar, formado por uma grande bolsa de formato oval e cheia de gás quente, com um ou dois cestos, motores e hélices para impulsioná-lo, e um leme para dirigi-lo. ☐ SIN. dirigível.

zé-pereira ⟨zé-pe.rei.ra⟩ (pl. *zé-pereiras* ou *zés-pereiras*) s.m. Ritmo carnavalesco que se executa ao som da zabumba.

zé-povinho ⟨zé-po.vi.nho⟩ (pl. *zé-povinhos* ou *zés-povinhos*) s.m. *informal pejorativo* Populacho.

zerar ⟨ze.rar⟩ ▌v.t.d. **1** Reduzir a zero: *Foi tão longe que zerou a gasolina do carro*. **2** Liquidar ou quitar (uma conta ou uma dívida): *Os governadores estão tentando zerar as dívidas públicas*. ▌v.t.i. **3** Dar ou tirar nota zero [em uma prova]: *Muitos zeraram na prova*.

zero ⟨ze.ro⟩ ▌numer. **1** Número 0. ▌s.m. **2** Signo que representa esse número. **3** Na escala de um termômetro ou de outro instrumento de medida, ponto a partir do qual se começam a contar os graus ou as unidades de medida: *Na noite passada, o termômetro baixou a zero*. ‖ **ser um zero à esquerda** *informal* Não valer ou não ser levado em conta para nada.

zibelina ⟨zi.be.li.na⟩ s.f. **1** Mamífero carnívoro, encontrado na Europa setentrional e no norte da Ásia, semelhante à marta, de cabeça pequena, patas curtas e pelagem castanho-escura. **2** Pele desse animal. ☐ GRAMÁTICA Na acepção 1, é um substantivo epiceno: *a zibelina (macho/fêmea)*.

zigoto ⟨zi.go.to⟩ (Pron. [zigóto] ou [zigôto]) s.m. Em biologia, célula resultante da união de um espermatozoide com um óvulo no processo de reprodução sexuada. ☐ SIN. célula-ovo, ovo.

zigue-zague ⟨zi.gue-za.gue⟩ s.m. Linha que forma ângulos alternados reentrantes e salientes.

ziguezaguear ⟨zi.gue.za.gue.ar⟩ v.int. Estar ou mover-se em zigue-zague: *O rio ziguezagueia pelo vale*. ☐ ORTOGRAFIA O e muda para e/ quando a sílaba tônica estiver na raiz do verbo →NOMEAR.

zimbabuano, na ⟨zim.ba.bu.a.no, na⟩ adj./s. De Zimbábue ou relacionado a esse país africano.

zimbório ⟨zim.bó.rio⟩ s.m. Corpo cilíndrico que serve de base a uma cúpula, especialmente a que cobre o cruzeiro de uma igreja.

zimbro ⟨zim.bro⟩ s.m. Arbusto conífero de tronco e copa espessos, com folhas rígidas e pontiagudas, estruturas reprodutivas em formato de cone, semente arredondada envolvida por uma estrutura carnosa e comestível, e cuja madeira é forte, avermelhada e cheirosa.

zinabre ⟨zi.na.bre⟩ s.m. Substância venenosa, de cor esverdeada ou azulada, que se forma em um objeto de cobre. ☐ SIN. azinhavre.

zinco ⟨zin.co⟩ s.m. Elemento químico da família dos metais, de número atômico 30, sólido, de cor branco-azulada e de brilho intenso, de estrutura laminar e que se oxida em contato com o ar úmido. ☐ ORTOGRAFIA Seu símbolo químico é Zn, sem ponto.

zíngaro, ra ⟨zín.ga.ro, ra⟩ adj./s. Do povo cigano ou relacionado a ele.

-zinho, -zinha 1 Sufixo que indica tamanho menor: *aviãozinho, pazinha*. **2** Sufixo que indica afetividade: *mãezinha, paizinho*.

zínia ⟨zí.nia⟩ s.f. Planta de caules ramificados, com folhas opostas e flores reunidas em uma base, semelhante a uma margarida, de diversas cores ou de cores mescladas.

zip s.m. Em informática, método que permite a compactação de um arquivo ou de um conjunto deles para que ocupem menos espaço na memória de um computador.

zipar ⟨zi.par⟩ v.t.d. Em informática, compactar (um ou mais arquivos) usando o método de compactação zip: *Zipou as fotografias e as enviou para o amigo*.

zíper ⟨zí.per⟩ s.m. Fecho que se costura geralmente em uma peça do vestuário, e que é composto de duas tiras de tecido dentadas, cujos dentes se engrenam ou se separam ao mover-se uma pequena peça.

zircônio ⟨zir.cô.nio⟩ s.m. Elemento químico da família dos metais, de número atômico 40, sólido, radioativo, duro e resistente à corrosão, que se apresenta na forma de pó acinzentado. ☐ ORTOGRAFIA Seu símbolo químico é Zr, sem ponto.

zoada ⟨zo.a.da⟩ s.f. **1** Som confuso e mais ou menos forte, especialmente se for desagradável ou incômodo. ☐ SIN. zoeira. **2** Zumbido semelhante ao dos insetos. ☐ SIN. zoeira.

zoar ⟨zo.ar⟩ ▌v.int. **1** Emitir um som confuso e mais ou menos forte, especialmente se for desagradável ou incômodo. **2** Produzir um zumbido semelhante ao dos insetos: *Estava com a cabeça zoando e foi descansar*. **3** *informal* Divertir-se: *Zoamos muito na sua festa de aniversário*. ▌v.t.d./v.t.i. **4** *informal* Colocar (alguém) em uma situação engraçada ou ridícula, ou rir [de alguém] para caçoar: *Ela zoou a amiga, mas sem ofendê-la*. ▌v.int. **5** *informal* Provocar confusão ou tumulto: *Foram para o jogo só para zoar, mas os seguranças impediram qualquer desordem*.

zodiacal ⟨zo.di.a.cal⟩ (pl. *zodiacais*) adj.2g. Do zodíaco ou relacionado a ele.

zodíaco ⟨zo.dí.a.co⟩ s.m. Faixa celeste circular dividida em doze setores, chamados constelações ou signos astrológicos, que é percorrida pelo Sol no período de um ano.

zoeira ⟨zo.ei.ra⟩ s.f. **1** Som confuso e mais ou menos forte, especialmente se for desagradável ou incômodo. ☐ SIN. zoada. **2** Zumbido semelhante ao dos insetos. ☐ SIN. zoada.

zombador, -a ⟨zom.ba.dor, do.ra⟩ (Pron. [zombadôr], [zombadôra]) ▌adj. **1** Com zombaria: *um comentário*

zurzir

zombador. ☐ SIN. zombeteiro. ❙ adj./s. **2** Que ou quem gosta de fazer zombaria ou brincadeira de mau gosto. ☐ SIN. zombeteiro.

zombar ⟨zom.bar⟩ ❙ v.t.i. **1** Dar risadas [de alguém] para caçoar: *Quando me viu com este chapéu, zombou de mim.* ☐ SIN. zombetear. ❙ v.t.i. **2** Fazer uma brincadeira de mau gosto ou ridicularizar alguém: *Pare de zombar, por favor!* ☐ SIN. zombetear. ❙ v.t.i. **3** Desinteressar-se ou desdenhar [de algo importante]: *Como você consegue zombar do sofrimento alheio?*

zombaria ⟨zom.ba.ri.a⟩ s.f. Aquilo que é dito ou feito de maneira a ridicularizar. ☐ SIN. **apodo, deboche, gracejo**.

zombetear ⟨zom.be.te.ar⟩ ❙ v.t.i. **1** Dar risadas [de alguém] para caçoar: *zombetear de um colega.* ☐ SIN. zombar. ❙ v.int. **2** Fazer uma brincadeira de mau gosto ou ridicularizar alguém: *Ficou zombando o tempo todo.* ☐ SIN. zombar. ☐ ORTOGRAFIA O e muda para ei quando a sílaba tônica estiver na raiz do verbo →NOMEAR.

zombeteiro, ra ⟨zom.be.tei.ro, ra⟩ ❙ adj. **1** Com zombaria. ☐ SIN. zombador. ❙ adj./s. **2** Que ou quem gosta de fazer zombaria ou brincadeira de mau gosto. ☐ SIN. zombador.

zona ⟨zo.na⟩ (Pron. [zôna]) s.f. **1** Superfície ou espaço que formam uma das partes de um todo. **2** Parte de um território com determinadas características geográficas ou socioculturais: *Visitaram uma zona rural do interior.* ☐ SIN. região. **3** *informal* Prostíbulo. **4** *informal* Confusão ou desordem.

zonear ⟨zo.ne.ar⟩ ❙ v.t.d. **1** Dividir em zonas (uma região, especialmente uma cidade ou um país): *Nas eleições presidenciais, costuma-se zonear a cidade para facilitar a vida dos eleitores.* ❙ v.t.d./v.int. **2** *informal* Desarrumar ou desordenar (um lugar): *Brincaram muito e zonearam a casa.* **3** *informal* Tumultuar ou perturbar (um lugar ou uma situação): *Chegou uma turma grande e eles zonearam a festa.* ☐ ORTOGRAFIA O e muda para ei quando a sílaba tônica estiver na raiz do verbo →NOMEAR.

zonzeira ⟨zon.zei.ra⟩ s.f. *informal* Tontura ou vertigem.

zonzo, za ⟨zon.zo, za⟩ adj. *informal* Tonto, atordoado ou perturbado. ☐ ORIGEM É uma palavra de origem africana.

zoo ⟨zo.o⟩ (Pron. [zôo]) s.m. →zoológico

zoofilia ⟨zo.o.fi.li.a⟩ s.f. **1** Amor ou estima pelos animais. **2** Atração sexual que uma pessoa sente por animais. **3** Em botânica, polinização feita por animais.

zoofobia ⟨zo.o.fo.bi.a⟩ s.f. Medo anormal ou angustiante de animais.

zoogeografia ⟨zo.o.ge.o.gra.fi.a⟩ s.f. Ciência que estuda e que descreve as causas, os efeitos e os fenômenos da distribuição geográfica das espécies animais.

zoolatria ⟨zo.o.la.tri.a⟩ s.f. Adoração a animais.

zoologia ⟨zo.o.lo.gi.a⟩ s.f. Ciência que estuda os animais.

zoológico, ca ⟨zo.o.ló.gi.co, ca⟩ ❙ adj. **1** Da zoologia ou relacionado a essa ciência. ❙ s.m. **2** Espaço para recreação onde são agrupados os mais diversos tipos de animais que servem para estudo ou exibição ao público. ☐ USO Na acepção 2, usa-se também a forma reduzida zoo.

zoom *(palavra inglesa)* (Pron. [zum]) s.m. **1** Em uma câmera, conjunto de lentes que permite a aproximação ou o afastamento da imagem sem alteração do foco. **2** Efeito de aproximação ou afastamento proporcionados por essas lentes.

zoomorfismo ⟨zo.o.mor.fis.mo⟩ s.m. **1** Em artes, utilização de figuras ou de imagens de animais. **2** Em algumas religiões, representação de suas divindades por meio de imagens de animais.

zootecnia ⟨zo.o.tec.ni.a⟩ s.f. **1** Técnica de produção, criação, domesticação ou melhoria genética de animais. **2** Ciência que estuda e desenvolve essas técnicas.

zorra ⟨zor.ra⟩ (Pron. [zôrra]) s.f. **1** Carro com duas ou mais rodas, usado para transportar cargas pesadas. **2** Pião que, ao girar, produz um assobio. **3** *informal* Confusão ou tumulto.

zuarte ⟨zu.ar.te⟩ s.m. Tecido rústico de algodão.

zumbaia ⟨zum.bai.a⟩ s.f. Cumprimento afetado. ☐ SIN. **rapapé, salamaleque**.

zumbi ⟨zum.bi⟩ s.m. **1** Ser imaginário que retornou da morte. **2** Pessoa que geralmente só sai à noite. ☐ ORIGEM É uma palavra de origem africana. ☐ GRAMÁTICA Usa-se tanto para o masculino quanto para o feminino: *(ele/ela) é um zumbi.*

zumbido ⟨zum.bi.do⟩ s.m. **1** Ruído produzido por um inseto, especialmente se for uma abelha. **2** Ruído desagradável agudo e contínuo. ☐ ORTOGRAFIA Escreve-se também *zunido*.

zumbidor, -a ⟨zum.bi.dor, do.ra⟩ (Pron. [zumbidôr], [zumbidôra]) ❙ adj./s. **1** Que ou quem produz zumbido. ❙ s.m. **2** Instrumento musical de percussão, de comprimento variável, geralmente de madeira ou de bambu, que produz som mediante a fricção de uma vareta nos sulcos existentes em sua superfície. ☐ SIN. **ganzá, reco-reco**.

zumbir ⟨zum.bir⟩ v.int. Produzir um ruído ou um som graves e contínuos, geralmente desagradáveis: *As moscas ficavam zumbindo ao redor do bolo.* ☐ ORTOGRAFIA Escreve-se também *zunir*.

zunido ⟨zu.ni.do⟩ s.m. →zumbido

zunir ⟨zu.nir⟩ v.int. →zumbir

zum-zum ⟨zum-zum⟩ (pl. *zum-zuns*) s.m. *informal* →zum-zum-zum

zum-zum-zum ⟨zum-zum-zum⟩ (pl. *zum-zum-zuns*) s.m. **1** *informal* Zumbido. **2** *informal* Boato: *Ouvi um zum-zum-zum de que ela deixará a empresa.* ☐ ORTOGRAFIA Escreve-se também *zum-zum*.

zureta ⟨zu.re.ta⟩ (Pron. [zurêta]) adj.2g./s.2g. *informal* Biruta.

zurrapa ⟨zur.ra.pa⟩ s.f. Vinho de má qualidade.

zurrar ⟨zur.rar⟩ v.int. Dar zurros (um burro, um asno, um jegue ou um animal semelhante): *Quando nos aproximamos, o jumento começou a zurrar.* ☐ GRAMÁTICA É um verbo unipessoal; só se usa nas terceiras pessoas do singular e do plural, no particípio, no gerúndio e no infinitivo →MIAR.

zurro ⟨zur.ro⟩ s.m. Voz do burro.

zurzir ⟨zur.zir⟩ v.t.d. **1** Golpear com um açoite ou com algo semelhante: *zurzir um animal.* ☐ SIN. **açoitar, flagelar**. **2** Golpear ou bater com violência: *Foi zurzido por um assaltante.* **3** Causar mágoa ou sofrimento: *Seu comentário me zurziu.* **4** Punir ou repreender com severidade: *Zurziram-no por ter mentido.*

Sumário

REFORMA ORTOGRÁFICA, 836

ORTOGRAFIA, 837

1 Acentuação, 837
1.1 Regras gerais, *837*
1.2 Acentuação de ditongos e tritongos, *838*
1.3 Acentuação de hiatos, *838*
1.4 Comparação entre hiatos e ditongos, *839*
1.5 Acentuação de monossílabos, *839*
1.6 O acento diferencial, *839*
1.7 A acentuação das palavras compostas, *839*

2 Notações Léxicas, 840
2.1 O acento agudo (´), *840*
2.2 O acento grave (`), *840*
2.3 O acento circunflexo (^), *840*
2.4 O til (~), *840*
2.5 A cedilha (¸), *840*
2.6 O apóstrofo ('), *840*
2.7 O hífen (-), *840*

3 A crase, 841
3.1 O uso da crase, *841*

4 Pontuação, 841
4.1 O uso do ponto (.), *841*
4.2 O uso da vírgula (,), *842*
4.3 O uso do ponto e vírgula (;), *842*
4.4 O uso dos dois-pontos (:), *843*
4.5 O uso das reticências (...), *843*
4.6 O uso do ponto de interrogação (?) e do ponto de exclamação (!), *844*
4.7 O uso das aspas (" "), *844*
4.8 O uso dos parênteses ( ) e dos colchetes [ ], *845*
4.9 O uso do travessão (—) e do hífen ou do traço de união (-), *845*

5 Separação silábica, 846
5.1 Regras para a separação silábica ao final de uma linha, *846*

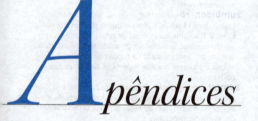

Apêndices

6 O uso das maiúsculas, 846
6.1 Inicial maiúscula, *846*
6.2 Alguns erros frequentes, *847*

7 Ortografia das palavras, 848
7.1 *Por quê, por que, porquê* e *porque*, *848*
7.2 *Onde* e *aonde*, *848*
7.3 *Se não* ou *senão*, *849*
7.4 *Afim* ou *a fim*, *849*
7.5 *Mal* ou *mau*, *849*
7.6 *Mas, más* ou *mais*, *849*

8 A grafia dos números, 850
8.1 Lista dos numerais, *850*
8.2 Uso dos numerais cardinais, *851*
8.3 Uso dos numerais ordinais, *852*
8.4 Uso dos algarismos romanos, *852*
8.5 Uso dos numerais multiplicativos, *852*
8.6 Uso dos numerais fracionários, *853*

9 Abreviaturas e símbolos, 853
9.1 Formação das abreviaturas, *853*
9.2 Formação dos símbolos, *853*

10 Siglas e Acrônimos, 854
10.1 Definição de siglas e acrônimos, *854*
10.2 Uso de siglas e acrônimos, *854*

11 Topônimos, 854
11.1 A escrita de lugares geográficos, *854*
11.2 Topônimos estrangeiros, *854*

GRAMÁTICA, 855

12 Morfologia, 855
12.1 A morfologia e os morfemas, *855*
12.2 Os morfemas gramaticais, *855*
12.3 As palavras de acordo com sua estrutura, *857*
12.4 As classes de palavras, *857*
12.5 Locuções, *859*

13 Classificação dos verbos, 859
13.1 Verbos regulares, *859*
13.2 Verbos irregulares, *859*
13.3 Verbos anômalos, *859*
13.4 Verbos defectivos, *859*
13.5 Verbos abundantes, *859*

14 Modelos de conjugação verbal, 860
14.1 Verbos regulares, *860*
14.2 Verbos regulares com alternância ortográfica, *861*
14.3 Verbos irregulares, *864*
14.4 Verbos anômalos, *873*
14.5 Verbos defectivos, *873*
14.6 Verbos defectivos e irregulares, *874*
14.7 Verbos unipessoais, *875*
14.8 Verbos unipessoais e irregulares, *876*
14.9 Verbos impessoais, *876*

15 Sintaxe, 877
15.1 Categoria e funções, *877*
15.2 As orações e suas categorias, *877*
15.3 As orações, *878*

Reforma Ortográfica

Com a aprovação do Acordo Ortográfico da Língua Portuguesa, unifica-se a escrita em todos os países lusófonos. Dessa forma, trazemos as principais alterações que afetarão a língua portuguesa no Brasil.

Alfabeto

- Com a inclusão das letras *k*, *w* e *y*, o alfabeto passa a ser constituído de 26 letras. Contudo, o uso de tais letras é restrito a palavras de origem estrangeira e seus derivados.
  Exemplo: *Kafka*, *kafkiano*, etc.

Trema

- O trema é abolido, exceto em palavras derivadas de nomes estrangeiros.
  Exemplo: *mülleriano* (de M*ü*ller), *hübneriano* (de H*ü*bner), etc.

Acentuação

- Perdem o acento:
  - Ditongos abertos terminados em *ei* e *oi* nas palavras paroxítonas.
    Exemplo: *colmeia*, *asteroide*, etc.
  - Palavras paroxítonas com duplo *o* e *e*.
    Ex: *voo, enjoo, leem, deem*, etc.
  - Palavras cujas vogais *i* e *u* formam hiato com um ditongo anterior.
    Exemplo: *Sauipe, feiura*, etc.
  - Extingue-se o acento diferencial em **pára, péla, pélo, pêlo, pólo** e **pêra**, que passam a ser grafados como **para, pela, pelo, polo** e **pera**.

Hífen

- Não se usa hífen:
  - Em palavras compostas, cujo prefixo ou falso prefixo terminam em vogal e o segundo elemento começa com outra vogal.
    Exemplo: *autoestrada, extraoficial*, etc.
  - Em palavras compostas, cujo prefixo ou falso prefixo terminam em vogal e o segundo elemento começa com *r* ou *s*. Duplicam-se o *r* ou *s*.
    Exemplo: *ultrassom, contrarregra*, etc.
  - Quando o advérbio *não* tem função prefixal.
    Exemplo: *Gandhi defendia a* **não violência**.
- Usa-se hífen:
  - Em palavras compostas.
    Exemplo: *arco-íris, norte-americano, cata-vento*.
    Contudo, perde-se o hífen em compostos nos quais "se perdeu a noção de composição", como no caso de *paraquedas* e *paraquedista*, citados no Acordo Ortográfico.

- Em palavras compostas cujo prefixo ou falso prefixo terminam em vogal e o segundo elemento começa com a mesma vogal.
  Exemplo: *micro-ondas, anti-inflamatório*, etc.
  Exceção: Prefixos **co** (*coordenar, coobrigação*) e **re** (reedição, reescrever)
- Em palavras compostas, nas quais o segundo elemento começa com h.
  Exemplo: *super-homem*.
  Exceção: Prefixos *des* e *in* (*desumano, inábil*)
- Em palavras compostas cujo prefixo ou falso prefixo terminam em *r* e o segundo elemento também.
  Exemplo: *inter-racial, super-resistente*, etc.
- Casos especiais:
  Em **circum** e **pan**, quando o segundo elemento se iniciar por *h, m, n* ou vogal.
  Exemplo: *circum-navegação, pan-americano*, etc.

  Em **ex, viso, vizo, soto, sota** e **vice**.
  Exemplo: *vice-diretor, ex-presidente*, etc.

  Em **pré, pós** e **pró**:
  Exemplo: *pré-escola, pós-graduação, pró-americano*, etc.

Ortografia

1 Acentuação

1.1 Regras gerais

- As regras de acentuação, apesar de seu caráter arbitrário, são necessárias para um adequado uso do idioma (a colocação do acento circunflexo estabelece diferenças importantes entre, por exemplo, *por* e *pôr*).
- De acordo com sua acentuação, as palavras são classificadas como:
  - **Palavras oxítonas:**
    São aquelas que têm a última sílaba tônica.
    Exemplo: *cantor, café*.

    São acentuadas quando terminam em *-a(s), -e(s), -o(s), -em* e *-ens* ou em ditongos abertos.
    Exemplo: *abadá, acarajé, parabéns, caubói*.

    Exceção: quando terminam em *-i(s)* ou *-u(s)* que fazem parte de um hiato, são também acentuadas.
    Exemplo: *pa-ís, ba-ú*.
  - **Palavras paroxítonas:**
    São aquelas que têm a penúltima sílaba tônica.
    Exemplo: *bule, controle*.

    Em geral, elas não levam acento gráfico. Porém, são acentuadas quando terminam em *-i(s), -us, -eis, -um, -uns, -l, -n, -r, -x, -ps, -ã(s), -ão(s)* ou em ditongo crescente.
    Exemplo: *lápis, bônus, álbum, frágil, nêutron, xérox, tríceps, órfãos, contínuo*.

- **Palavras proparoxítonas:**
  São aquelas que têm a antepenúltima sílaba tônica.
  Exemplo: *mamífero, hipérbole, chácara.*
  Todas são acentuadas.
- As **maiúsculas também** são acentuadas de acordo com o as mesmas regras de acentuação válidas para as minúsculas.
  Exemplo: *GRAMÁTICA, CONTÉM, SÓ.*

1.2 Acentuação de ditongos e tritongos

- O que é um ditongo e um tritongo?
  - Um **ditongo** é a união de duas vogais pronunciadas em uma mesma sílaba.
    Exemplo: *história, meu, coração, loito, pau.*
  - Um **tritongo** é a união de uma vogal forte entreposta a duas vogais fracas, todas pronunciadas em uma mesma sílaba.
    Exemplo: *Uruguai, quão, saguões.*
- Quando os ditongos e os tritongos são acentuados graficamente?
  - Os ditongos e os tritongos são acentuados de acordo com as regras gramaticais gerais.
    Exemplo: *açoite* (paroxítonas terminadas em *e* não são acentuadas)
    chapéu (oxítonas terminadas em ditongos abertos são acentuadas)
    Paraguai (oxítonas terminadas em *i* não são acentuadas)

  Importante: todos os ditongos abertos que fazem parte da sílaba tônica são acentuados, com exceção dos ditongos abertos ei e oi das palavras paroxítonas.
  Exemplo: *quartéis* (ditongo aberto ei em oxítona)
  tabloide (ditongo aberto oi em paroxítona)
- Em quais vogais o acento gráfico é colocado?
  - Nos ditongos formados por vogais fracas e fortes, o acento gráfico recai sobre a vogal forte.
    Exemplo: *farmacêutica, anéis.*

1.3 Acentuação de hiatos

- O que é um hiato?
  Um hiato é uma sequência de vogais pronunciadas em sílabas diferentes.
  Exemplo: *fa-ís-ca, re-de-mo-i-nho, ru-im.*
- Quando os hiatos são acentuados graficamente?
  - Os hiatos são acentuados de acordo com as regras gramaticais gerais.
    Exemplo: *ga-ro-a* (paroxítonas terminadas em *a* não são acentuadas)
    ru-im (oxítonas terminadas em *m* não são acentuadas)
  - Os hiatos são acentuados graficamente quando o *i* ou o *u*:
    - Formarem sozinhos a sílaba tônica:
      Exemplo: *ci-ú-mes, sa-í-da.*
    - Formarem a sílaba tônica juntamente com um *s*:
      Exemplo: *e-go-ís-ta.*

  Exceção: quando forem seguidos por *nh*, o *i* e o *u* não são acentuados, mesmo que se enquadrem nas regras anteriores.
  Exemplo: *ra-i-nha.*

1.4 Comparação entre hiatos e ditongos

- **A pronúncia dos hiatos e ditongos**
  - Na pronúncia de algumas palavras, nem sempre a fronteira entre um hiato e um ditongo é clara.
    Exemplo: *crus-tá-ceo* (muitas vezes pronunciado como crus-tá-ce-o)
    es-pé-cie (muitas vezes pronunciado como es-pé-ci-e)
  - Há casos em que essa variação da língua oral pode causar problemas na língua escrita, principalmente nos casos em que considerar um encontro vocálico como ditongo ou hiato influencia na acentuação gráfica.

1.5 Acentuação de monossílabos

- **O que é um monossílabo?**
  Um monossílabo é uma palavra formada por uma única sílaba. Os monossílabos se dividem em dois grupos:
  - **Monossílabos tônicos:** são aqueles com tonicidade própria, pronunciados com grande intensidade.
    Exemplo: *mar, sol, pé.*
  - **Monossílabos átonos:** são aqueles cuja tonicidade não é própria no contexto, muitas vezes tomando a sílaba da palavra anterior como tônica.
    Exemplo: *me, se, o.*
- **Quando um monossílabo é acentuado graficamente?**
  - Em geral, os **monossílabos átonos** não são acentuados.
  - Os **monossílabos tônicos** são acentuados quando terminados em *–a(s), -e(s), -o(s)*.
    Exemplos: *nó, pás, fé.*

1.6 O acento diferencial

- Há casos em que duas palavras coincidem na forma escrita e, para diferenciá-las, uma delas é acentuada.
  Exemplo: *pôde* (verbo *poder* no pretérito perfeito do indicativo)
  pode (verbo *poder* no presente do indicativo)
  pôr (verbo)
  por (preposição)

  Porém, isso não mais acontece na maioria das paroxítonas homógrafas.
  Exemplo: *para* (preposição)
  para (verbo *parar* no presente do indicativo)

1.7 A acentuação das palavras compostas

- As palavras compostas normalmente seguem as **regras de acentuação gerais**, não levando em consideração a acentuação das palavras que a formaram.
  Exemplo: *gira + sol = girassol* (oxítona terminada em *–l*)
  água + ardente = aguardente (paroxítona terminada em *–e*)
- Quando duas palavras se unem por meio de um **hífen**, ambas conservam sua acentuação.
  Exemplo: *recém-casado*, **pré-história**.

- Em **advérbios** formados a partir de um adjetivo e do sufixo –*mente*, a acentuação da nova palavra segue as regras gramaticais gerais.
  Exemplo: *fácil* + *mente* = facil**men**te (sem acento, pois passou a ser uma paroxítona terminada em -*e*)

- Quando uma **forma verbal** for acrescida de um **pronome oblíquo**, as regras gerais de acentuação valem para tal verbo.
  Exemplo: *deixá-la* (oxítona terminada em -*a*)
  fazê-los (oxítona terminada em -*e*)
  descobri-la (oxítonas terminadas em -*i* não levam acento gráfico)

  Importante: Nesses casos, vale lembrar que a terminação *a* recebe acento agudo enquanto as terminações *e* e *o* recebem o acento circunflexo.

2 Notações léxicas

As notações léxicas são sinais que nos auxiliam a pronunciar as palavras de maneira correta.

2.1 O acento agudo (´)

Usa-se o acento agudo:

- Para indicar que as vogais *a, e* ou *o* tônicas são abertas ou semiabertas.
  Exemplo: *gambá, fé, jiló*

- Para indicar que as letras *i* ou *u* tônicas são fechadas.
  Exemplo: *caí, açúcar*

2.2 O acento grave (`)

Usa-se o acento grave para indicar a crase.
Exemplo: *Só mais tarde iremos à festa.*

2.3 O acento circunflexo (^)

Usa-se o acento circunflexo para indicar que as vogais *a, e* ou *o* são semifechadas.
Exemplo: *avô, mês*

2.4 O til (~)

Usa-se o til para indicar que as vogais *a* ou *o* são nasais.
Exemplo: *mãe, aviões*

2.5 A cedilha (¸)

Usa-se a cedilha embaixo da letra *c* para indicar que ela tem o som se /s/, quando antecede as vogais *a, o* ou *u*.
Exemplo: *açougue, açude, açaí*

2.6 O apóstrofo (')

Usa-se o apóstrofo para indicar a supressão de um som ou de uma letra.
Exemplo: *d'água* (supressão do *e*)

2.7 O hífen (-)

Usa-se o hífen:

- Para separar as sílabas de uma palavra ou para separá-la ao final de linhas.
  Exemplo: *Foi então que a vi entrando pe-*
  la porta.

Quando uma palavra composta for dividida no fim da linha, justamente onde teria um hífen, esse hífen deve ser repetido também no início da linha seguinte.
Exemplo: Estamos estudando a poesia pós-
-moderna.

- Para ligar palavras compostas.
Exemplo: *guarda-chuva, couve-flor*

- Para ligar certos prefixos a palavras.
Exemplo: *pré-histórico, pós-moderno*

- Para ligar verbos e pronomes átonos.
Exemplo: *disseram-me, amá-lo*

3 A crase

A crase é a contração de uma preposição *a* com o artigo definido *a*. Para representá-la graficamente, usa-se o acento grave (`).

3.1 O uso da crase

- Usa-se a crase:
  - Antecedendo palavras femininas que precisam ser acompanhadas pelo artigo definido na forma singular.
  Exemplo: *Fomos à praia logo cedo.*
  - Com os pronomes demonstrativos *aquele, aquela, aquilo* ou com o pronome relativo *a qual* quando precisam ser acompanhados da preposição *a*.
  Exemplo: *Assistimos àquele filme no fim de semana passado.*
  - Com a expressão *à moda de*, mesmo que ela esteja subentendida.
  Exemplo: *Saiu da festa à francesa.*
  - Com expressões que indiquem tempo ou frequência.
  Exemplo: *Passarei em sua casa às 9 horas.*

4 Pontuação

4.1 O uso do ponto (.)

- O **ponto** serve para indicar a pausa que fazemos ao final de enunciados com sentido completo.

- Há **três tipos** de ponto:
  - **Ponto simples**: serve para separar enunciados em um mesmo parágrafo.
  - **Ponto-parágrafo**: serve para separar um parágrafo de outro que, por ser novo, começa em outra linha. Seu uso indica que há uma mudança de tema ou de enfoque.
  - **Ponto-final**: serve para finalizar um texto.

- Além de indicar a pausa feita ao final de enunciados com sentidos completos, o ponto também pode ser usado para finalizar abreviaturas. Nesse caso, é chamado de **ponto abreviativo**.
Exemplo: *Dr., ap., adj.*

Importante: quando uma abreviatura finalizar uma sentença, o ponto-final não é inserido após o ponto abreviativo.
Exemplo: *"Saúde" é um s. e "saudável", um adj.*

- Em numerais, o ponto também é usado para separar os milhares das centenas.
  Exemplo: *Havia cerca de 2.500 pessoas na manifestação.*

  Exceção: quando o numeral corresponder a um ano, o ponto não deverá ser usado.
  Exemplo: *Nasceu em 2001.*

4.2 O uso da vírgula (,)

- A vírgula indica uma **pausa breve** no interior da frase.
- A vírgula é usada para:
  - Separar um **vocativo** do resto da frase. O vocativo pode vir:
    - Entre vírgulas, quando está no meio da frase.
      Exemplo: *Vocês, meus amigos, são sempre bem-vindos.*
    - Seguido por vírgula, quando está no início da frase.
      Exemplo: *Mãe, você pode me ajudar?*
    - Precedido por vírgula, quando está ao final da frase.
      Exemplo: *Obrigado, professora.*
  - Separar os elementos de uma **enumeração** que sejam da mesma classe. O último desses elementos, por sua vez, costuma vir separado por *e*.
    Exemplo: *Compramos laranjas, peras, uvas e maçãs.*
  - Separar as **proposições** de uma oração ou os membros de uma frase que exercem uma mesma função.
    Exemplo: *O céu, as flores, o mar – tudo lhe parecia mais belo naquela manhã.*
  - Demarcar os **incisos**, uma oração adjetiva explicativa ou uma explicação dentro da frase.
    Exemplo: *Ele, sempre tão humilde, ficou vermelho ao ser elogiado.*
  - Separar uma **oração subordinada** que se antepõe à oração principal.
    Exemplo: *Assim que terminei a prova, o sinal bateu.*
  - Separar **elementos repetidos** de uma oração.
    Exemplo: *O nenê comeu tudo, tudo!*
  - Marcar a ausência de um **verbo subentendido**.
    Exemplo: *Prefiro ler livros e ela, revistas.*
  - Separar **conjunções** ou **advérbios** do resto da oração.
    Exemplo: *Terminamos de estudar e, portanto, podemos sair mais cedo.*
  - Separar o **lugar** e a **data** em certos documentos.
    Exemplo: *Rio de Janeiro, 15 de abril de 1984.*

4.3 O uso do ponto e vírgula (;)

- O ponto e vírgula indica uma **pausa** maior que a da vírgula, mas sem chegar a marcar, como o ponto, o final da oração.
  Exemplo: *Quero ser jornalista; ela, farmacêutica.*

- O ponto e vírgula é usado:
  - Para separar **orações que já incluem vírgulas**.
    Exemplo: *Fiz a lição, arrumei a casa e li um texto; amanhã, farei compras.*
  - Para separar **orações coordenadas adversativas** de certa extensão.
    Exemplo: *Tento separar nossa amizade da relação que temos dentro da empresa; mas ele não faz a parte dele.*

- **Diante de uma oração que começa por conjunção, mas que não tem ligação perfeita com a oração anterior.**
  Exemplo: *Aqui, temíamos a crise; e, na capital, a tranquilidade reinava.*
- Separar os itens ou **parágrafos enumerativos**.
  Exemplo: *Neste recinto, é proibido:*
  - Permanecer em traje de banho;
  - Portar animais domésticos;
  - Fumar.

- **Observação importante:**
  Nem sempre a escolha entre o *ponto e vírgula* e o *ponto simples* é evidente. A diferença entre ambos não é tanto de entonação nem de duração da pausa, mas sim de uma maior ou menor conexão semântica entre os elementos que se separam. Assim, não é estranho que essa escolha acabe obedecendo a razões subjetivas e dependa das preferências pessoais de cada usuário da língua.

4.4 O uso dos dois-pontos (:)

- Os dois-pontos indicam que aquilo que o segue **completa ou esclarece o sentido da oração anterior**, ou que responde a algo nela enunciado.
- Os dois-pontos são usados:
  - Para introduzir uma **citação textual**.
    Exemplo: *A carta começava com: "Querido amigo, há anos...".*
  - Para introduzir uma **enumeração** ou uma frase que explica ou que detalha o que foi dito anteriormente.
    Exemplo: *Os cinco sentidos são: visão, olfato, audição, tato e paladar.*
- Depois dos dois-pontos, pode-se começar a escrever com **letra maiúscula** ou **minúscula**.
  - O uso de **maiúsculas** é recomendado em **citações**.
    Exemplo: O verso final era: *"E que sempre estejas aqui".*
  - O uso de **minúsculas** é recomendado em casos de **enumeração**.
    Exemplo: *Preocuparam-se com tudo: decoração, convites, comida e música.*

4.5 O uso das reticências (...)

- As reticências são usadas para:
  - Indicar que um **enunciado não está completo**.
    Exemplo: *Ah, se você soubesse o que ele está passando...*
  - Evitar expressar por completo **algo subentendido** ou já sabido por todos.
    Exemplo: *Para bom entendedor...*
  - Em uma citação textual, para assinalar que uma **parte considerada desnecessária foi suprimida**. Neste caso, as reticências costumam vir entre parênteses.
    Exemplo: *"Os dados coletados (...) são indicadores da diminuição do analfabetismo".*
  - Para expressar a **interrupção do falante** por causa de uma dúvida, de um receio ou de algum outro fator.
    Exemplo: *"– Foi então que descobrimos que...*
    – Oi, rapazes!"

- **Observações importantes:**
  - As reticências são **apenas três pontos**. Quando usadas no fim de um enunciado é incorreto incluir um ponto após as reticências.
  - Quando as reticências são usadas para indicar uma enumeração que não está completa, seu uso é incompatível com *et cetera*, pois têm o mesmo significado.
    Exemplo: *Procurou em todos os cantos da casa: gavetas, caixas, armários, bolsas, etc.*
  - As reticências podem ser combinadas com a vírgula, o ponto e vírgula e os dois-pontos.
    Exemplo: *Ele disse..., não sei como explicar...: estou muito nervoso!*

4.6 O uso do ponto de interrogação (?) e do ponto de exclamação (!)

- O ponto de interrogação é usado em:
  - Orações interrogativas diretas.
    Exemplos: *Que horas são? Já está tarde?*
  - Palavras que por si só indicam uma interrogação.
    Exemplo: *Como? Quando?*
- O ponto de exclamação é usado em:
  - Orações exclamativas diretas.
    Exemplo: *Que bom que vieram!*
  - Interjeições ou frases com valor de interjeição.
    Exemplo: *Nossa! Que difícil!*
- Erros frequentes:
  - Depois desses sinais, nunca se deve colocar um ponto, pois eles já funcionam como tal.
    Exemplo: *O que quer? Diga!*

4.7 O uso das aspas (" ")

- As **aspas** são usadas para:
  - Marcar uma citação textual.
    Exemplo: *Começou o discurso dizendo: "Queridos amigos".*
  - Para **chamar a atenção** para uma palavra (por ela ser usada ironicamente, por ter sido criada pelo autor ou por não estar bem escrita).
    Exemplo: *Ele falou que ia "cuidá" da família.*
    Afirmou que as mudanças seriam para o nosso "bem".
- Há também as **aspas simples** ('), que são usadas em textos que já estão entre aspas.
  Exemplo: *Ao final do discurso, disse: "E quando o autor usa o termo 'luz', refere-se, na verdade, à amada".*
- Combinação entre as **aspas** e os **outros sinais de pontuação**:
  - Os sinais de pontuação que se referem ao texto inserido dentro das aspas também devem aparecer dentro delas.
    Exemplo: *Acabei de ler o texto "Por que escrever poesia?".*
  - Os sinais de pontuação que correspondem ao texto em que as aspas estão inseridas devem vir fora delas.
    Exemplo: *Você sabe a quem ele se refere quando escreve "anjo"?*

4.8 O uso dos parênteses () e dos colchetes []

- Os **parênteses** são usados:
  - Para delimitar e separar **informações, dados ou observações paralelas** do resto da frase.
    Exemplo: *O dia da chegada dos portugueses ao Brasil (22 de abril de 1500) ficou conhecido como o Dia do Descobrimento.*
  - Em obras de **teatro** a fim de ressaltar as marcações e as indicações para a cena.
    Exemplo: *Maria (nervosa) – Quem é você?*
    Marta – Não se lembra? (aproxima-se) Amiga de seu irmão!

- Os **colchetes** equivalem aos parênteses, mas são usados:
  - Para **introduzir uma informação** ou fazer um acréscimo em uma reprodução textual.
    Exemplo: *Ele afirmou: "ninguém melhor do que ela [sua esposa] para conhecer-me tão bem".*

- Combinação dos **parênteses** e dos **colchetes** com outros **sinais de pontuação**:
  - Os sinais de pontuação que correspondem ao texto que vai dentro dos parênteses ou dos colchetes também devem ser incluídos **dentro deles**.
    Exemplo: *E o casal (tão feliz!) cumprimentava os convidados.*
  - Os sinais de pontuação que correspondem ao texto no qual são inseridos os parênteses ou os colchetes devem ser escritos **fora deles**.
    Exemplo: *Você já recebeu (o livro)?*

4.9 O uso do travessão (–) e do hífen ou traço de união (-)

- São frequentes as confusões entre esse dois signos de pontuação. Não há o que confundir: o travessão (–) é um traço horizontal maior que o hífen ou traço de união (-).

- O **travessão** é usado:
  - Como **parênteses**, para delimitar informações adicionais ou explicações.
    Exemplo: *Disseram-me que ela – diretora geral – irá abandonar o cargo.*
  - Nos **diálogos**, para indicar o início da intervenção de um novo interlocutor.
    Exemplo: *Foi então que os ouvi conversando:*
    – Mas você já o viu?
    – Não, ele virá só pela tarde.
  - Em uma **narrativa**, para separar as intervenções do narrador e das personagens.
    Exemplo: *"Não sei o que fazer." – respondeu ela.*

- O **hífen**, ou **traço de união**, é usado:
  - Para separar os elementos de uma **palavra composta** quando elas não estão completamente fundidas.
  - Para separar **datas**.
    Exemplo: *A ditadura militar brasileira (1964-1985) começou após o golpe de Estado (1964).*
  - Para **separar as sílabas** de uma palavra.
    Exemplo: *ca-sa, ab-sor-ver.*
  - Para unir **verbos** de **pronomes**
    Exemplo: *pentear-se, dar-lhes, vê-lo-ei.*

- Para **separar uma palavra** ao final de uma linha.
  Exemplo: *Os garotos já estavam prontos para sair, quando a tempestade começou.*

5 Separação silábica

5.1 Regras para a separação silábica ao final de uma linha

Se uma palavra não cabe em uma linha, ela deve ser dividida em duas partes, respeitando-se suas sílabas. Na parte que fica ao final da linha, usa-se o hífen.
Para separar palavras ao final de uma linha, deve-se considerar as seguintes regras:

- Os **ditongos** e os **tritongos** nunca podem ser separados.
  Exemplo: *noi-te, U-ru-guai.*

- As vogais que formam um **hiato** podem ser separadas.
  Exemplo: *vi-a-gem, me-lho-ri-a.*

- Quando houver em uma palavra *rr, ss, sc, ct, pc, cc* ou *xc* seguidos, cada um deles deve ficar em uma sílaba diferente. Assim, o traço é colocado entre essas duas letras.
  Exemplo: *as-sa-do, cres-cer, ex-cre-tor.*

- Os **encontros consonantais** formados por *ch, lh* e *nh* não podem ser separados.
  Exemplo: *san-du-í-che, ma-lha-do.*

- Quando houver um *s* precedido e seguido por uma consoante, ele forma sílaba com a letra que o antecede.
  Exemplo: *ins-pi-rar, abs-tra-ir.*

- As **palavras procedentes de outras línguas** não devem ser separadas ao final de uma linha, a menos que isso seja feito de acordo com as regras gramaticais de tal idioma.
  Exemplo: *O arquivo tinha cem megabytes.*

Observações importantes:

- Quando uma **palavra composta** for separada ao final de uma linha justamente na sílaba em que já exista um hífen, esse sinal deverá ser repetido no início da linha em que está a continuação da palavra.
  Exemplo: *Precisamos pegar o guarda-*
  -chuva.

- As **siglas** não devem ser divididas no fim de uma linha.

6 O uso das maiúsculas

6.1 Inicial maiúscula

Deve-se escrever com inicial maiúscula:

- Todos os **nomes próprios**: os nomes de batismo e sobrenomes, apelidos e topônimos (nomes de lugar).
  Exemplo: *João, José de Souza, Recife.*

- Em crenças monoteístas, as diferentes formas de nomear **Deus**.
  Exemplo: *o Senhor, Alá, o Salvador.*

- Os **títulos** de dignidades.
  Exemplo: *Excelentíssimo Senhor Juiz.*

- As formas de **tratamento** abreviadas.
  Exemplo: *Dra. Adriana (Doutora Adriana), Sr. Carlos Alberto (Senhor Carlos Alberto)*
- Os nomes de **festividades ou de acontecimentos** históricos únicos.
  Exemplo: *a Guerra dos Farrapos, a Revolução Industrial, o Natal.*
- Os nomes de **épocas** históricas.
  Exemplo: *Durante a Idade Média...*
- Os nomes de **locais públicos**.
  Exemplo: *Moramos na Avenida Independência.*
- Os **qualificativos** que sempre acompanham certo nome próprio.
  Exemplo: *Alexandre, o Grande.*
- Os **títulos** de livros, jornais e revistas.
  Exemplo: *Comecei a ler Memórias Póstumas de Brás Cubas.*
- Os nomes dos **astros** *Sol, Lua* e *Terra* quando usados para designar esses corpos e não para falar da luz ou de outros fenômenos similares.
  Exemplo: *A Lua é um satélite da Terra.*
- Os nomes de importantes **entidades políticas ou religiosas**.
  Exemplo: *Na época do Descobrimento da América, a Igreja Católica...*
- Os nomes dos **pontos cardeais** quando formam nomes próprios e quando são usados para falar deles explicitamente, e não quando indicam a direção desses pontos.
  Exemplo: *América do Norte* (nome próprio)
            Porto Alegre fica no sul do Brasil. (direção)
- No início de um **período** ou de uma **citação**.
  Exemplo: *Vieram todos. Inclusive meus avós.*
- No início de um **verso**, o uso de maiúscula é uma opção do poeta.
  Exemplo: *São doces e agradáveis*
            Seus olhos cor de jambo.
            ou
            São doces e agradáveis
            seus olhos cor de jambo.
- **Depois de um ponto**, a palavra seguinte deve sempre iniciar com letra maiúscula.

Observação:

- Os nomes de **áreas do conhecimento**, de artes ou de disciplinas podem ser escritos tanto com inicial maiúscula quanto minúscula.
  Exemplo: *Formou-se em Medicina.*
            Estudou biologia na faculdade.

6.2 Alguns erros frequentes

- Os **meses do ano** e os **dias da semana** nunca são escritos em letra maiúscula; sempre em minúscula.
  Exemplo: *Nasceu em 7 de junho.*
- Nas palavras compostas com **hífen**, o segundo termo de composição é sempre mantido em letra minúscula.
  Exemplo: *Chamam-no de Guarda-costas.*

- Os **povos** são escritos com iniciais minúsculas.
  Exemplo: *os romanos, os hebreus.*

- Nos casos em que há **dúvidas** quanto ao uso de maiúsculas ou de minúsculas, é preciso ter em mente que a inicial maiúscula transforma em nome próprio a palavra em questão, ou seja, designa um só dos seres que pertencem a uma mesma classe, diferenciando-o dos demais.
  Exemplo: *O Presidente falou à Nação.* (refere-se a um presidente concreto, cuja identidade se conhece e se subentende)
  O dever de um presidente é servir seu país. (refere-se a qualquer pessoa que tenha esse cargo)

7 Ortografia das palavras

7.1 *Por quê, por que, porquê e porque*

- *Por que*:
  Usa-se para **introduzir** enunciados interrogativos. Nem sempre é acompanhado do sinal de interrogação, pois pode também ser usado em orações interrogativas indiretas.
  Exemplo: *Por que você não vai ao jantar de hoje?*
  Gostaria de saber por que você não me ligou.

- *Por quê*:
  Usa-se ao **final** de enunciados interrogativos. Nem sempre é acompanhado do sinal de interrogação, pois pode também ser usado em orações interrogativas indiretas.
  Exemplo: *Você disse que não gostou da peça. Por quê?*
  Sei que está brava e quero saber por quê.

- *Porque*:
  Usa-se para expressar a **causa** ou o motivo de algo. Pode ser substituído por *pois*.
  Exemplo: *Ela não veio ao trabalho porque está de férias.*
  Compraram uma lâmpada porque a outra queimou.

- *Porquê*:
  Usa-se como **substantivo**, podendo ser substituído por *motivo, causa ou razão*. Pode ser usado no plural e ser acompanhado por um artigo ou por algum outro determinante.
  Exemplo: *Seus porquês não me convenceram.*
  (Seus *motivos* não me convenceram)
  Diga-me o porquê de tanta felicidade!
  (Diga-me a *causa* de tanta felicidade!)

7.2 *Onde e aonde*

- *Onde*:
  Indica **posição**, o lugar em que se está ou em que algo acontece. Pode ser substituído por *em que (lugar).*
  Exemplo: *Onde vocês moram?*
  A cidade onde estive é a capital do estado.

- *Aonde*:
  Indica **movimento**, o lugar para o qual se vai. Pode ser substituído por *para que (lugar).*
  Exemplo: *Aonde vocês vão?*
  Iremos aonde vocês quiserem.

7.3 Se não ou senão

- **Se não:**
  - Usa-se para expressar uma **condição**. Pode ser substituído por *caso não*.
    Exemplo: *Se não comer agora, terá fome mais tarde.*
  - Usa-se para introduzir uma **pergunta indireta**.
    Exemplo: *Perguntou-me se não a vi.*
- **Senão:**
  - Usa-se para expressar uma **exceção** ou uma exclusão.
    Exemplo: *Os alunos, senão os veteranos, participaram da palestra.*
  - Usa-se para expressar uma **alternativa**. Pode ser substituído por *caso contrário*.
    Exemplo: *Saia, senão chamarei a segurança.*
  - Usa-se para expressar algo **contrário**. Pode ser substituído por *mas sim*.
    Exemplo: *Não comprou comida nem produtos de limpeza, senão roupas.*
  - Usa-se como **substantivo** podendo ser substituído por *falha*.
    Exemplo: *Caso haja algum senão, procure-me.*

7.4 Afim ou a fim

- **Afim:**
  - Usa-se como adjetivo para expressar afinidade.
    Exemplo: *Tínhamos objetivos afins.*
- **A fim:**
  - Usa-se para expressar a finalidade.
    Exemplo: *Chegou cedo a fim de pegar o melhor lugar.*
  - *Observação:* Usa-se também a expressão *estar a fim de* para indicar aquilo que se quer ou aquilo de que se tem vontade.
    Exemplo: *Hoje estou a fim de andar de bicicleta.*

7.5 Mal ou mau

- **Mal:**
  - Usa-se como advérbio, sendo o contrário de *bem*.
    Exemplo: *Jogo tênis muito mal.*
  - Usa-se como substantivo, tendo a ideia de *doença*, *problema* ou *tragédia*.
    Exemplo: *Qual mal que o aflige?*
  - Usa-se como conjunção temporal
    Exemplo: *Mal chegou, já foi dormir.*
- **Mau:**
  - Usa-se como adjetivo, sendo o contrário de *bom*.
    Exemplo: *Disse-me que não sou um mau escritor.*

7.6 Mas, más ou mais

- **Mas:**
  - Usa-se como conjunção para expressar a ideia de oposição ou de adversidade. Pode ser substituído por *porém*.
    Exemplo: *Todos irão, mas antes deverão trazer a autorização dos pais.*

- *Más:*
  - É a forma plural do adjetivo feminino "má".
    Exemplo: *Felizmente, não venho trazer-lhes más notícias.*
- *Mais:*
  - Usa-se como advérbio para expressar as ideias de intensidade, quantidade ou continuidade.
    Exemplo: *Na festa, cruzei com mais conhecidos do que eu esperava.*
    Chega, não quero mais ficar aqui.
  - Usa-se como conjunção para expressar a ideia de adição.
    Exemplo: *Comprou um livro mais um caderno.*

8 A grafia dos números
8.1 Lista dos numerais

ARÁBICOS	ROMANOS	CARDINAIS	ORDINAIS	FRACIONÁRIOS	MÚLTIPLOS
0		zero			
1	I	um	primeiro		
2	II	dois	segundo	meio ou metade	duplo, dobro ou dúplice
3	III	três	terceiro	terço	triplo ou tríplice
4	IV	quatro	quarto	quarto	quádruplo
5	V	cinco	quinto	quinto	quíntuplo
6	VI	seis	sexto	sexto	sêxtuplo
7	VII	sete	sétimo	sétimo	séptuplo
8	VIII	oito	oitavo	oitavo	óctuplo
9	IX	nove	nono	nono	nônuplo
10	X	dez	décimo	décimo	décuplo
11	XI	onze	undécimo ou décimo primeiro	undécimo ou onze avos	undécuplo
12	XII	doze	duodécimo ou décimo segundo	duodécimo ou doze avos	duodécuplo
13	XIII	treze	décimo terceiro		
14	XIV	catorze	décimo quarto		
15	XV	quinze	décimo quinto		
16	XVI	dezesseis	décimo sexto		
17	XVII	dezessete	décimo sétimo		
18	XVIII	dezoito	décimo oitavo		
19	XIX	dezenove	décimo nono		
20	XX	vinte	vigésimo		
21	XXI	vinte e um	vigésimo primeiro		
22	XXII	vinte e dois	vigésimo segundo		
23	XXIII	vinte e três	vigésimo terceiro		
24	XXIV	vinte e quatro	vigésimo quarto		
25	XXV	vinte e cinco	vigésimo quinto		
26	XXVI	vinte e seis	vigésimo sexto		
27	XXVII	vinte e sete	vigésimo sétimo		
28	XXVIII	vinte e oito	vigésimo oitavo		
29	XXIX	vinte e nove	vigésimo nono		
30	XXX	trinta	trigésimo		
31	XXXI	trinta e um	trigésimo primeiro		
40	XL	quarenta	quadragésimo		
41	XLI	quarenta e um	quadragésimo primeiro		
50	L	cinquenta	quinquagésimo		

60	LX	sessenta	sexagésimo		
70	LXX	setenta	septuagésimo		
80	LXXX	oitenta	octogésimo		
90	XC	noventa	nonagésimo		
100	C	cem	centésimo	centésimo	cêntuplo
101	CI	cento e um	centésimo primeiro		
200	CC	duzentos	ducentésimo		
300	CCC	trezentos	trecentésimo		
400	CD	quatrocentos	quadringentésimo		
500	D	quinhentos	quingentésimo		
600	DC	seiscentos	sexcentésimo		
700	DCC	setecentos	septingentésimo		
800	DCCC	oitocentos	octingentésimo		
900	CM	novecentos	nongentésimo		
1.000	M	mil	milésimo		
1.001	MI	mil e um	milésimo primeiro		
2.000	MM	dois mil	dois milésimos		
10.000	$\overline{X}$	dez mil	dez milésimos		
11.000	$\overline{XI}$	onze mil	onze milésimos		
1.000.000		um milhão	milionésimo		
1.000.000.000		um bilhão	bilionésimo		
1.000.000.000.000		um trilhão	trilionésimo		

8.2 Uso dos numerais cardinais

- Os numerais cardinais são usados para designar quantidades.
  Exemplo: *Queremos dois sucos, por favor.*
  Seis é o dobro de três.

- Quando representados por letras, os numerais cardinais precisam da conjunção *e* entre as unidades, dezenas e centenas.
  Exemplo: *quarenta e três, dois mil quinhentos e cinquenta e um*

  Observação importante:
  Quando um milhar for seguido por uma centena terminada em dois zeros, a conjunção *e* deverá ser usada para separá-los.
  Exemplo: *dois mil trezentos e quatro, dois mil e trezentos*

- As datas podem ser escritas com letras ou com números, embora seja preferível escrever o dia e o ano com números e o mês, com letras.
  Exemplo: *Mudamos em janeiro de 2006.*
  Viajaremos em 20 de abril.

- Escreve-se sempre com número (e não com letras):
  - Os numerais decimais.
    Exemplo: *Teve um rendimento de 2,5% ao mês.*
  - As temperaturas.
    Exemplo: *Hoje a temperatura pode chegar a 35°C.*
  - Os horários.
    Exemplo: *A reunião terá início às 15 horas.*
  - A numeração de endereços.
    Exemplo: *Rua Alagoas, 1511.*

8.3 Uso dos numerais ordinais

- Os numerais ordinais são usados para designar a ordem de um elemento dentro de uma determinada série.
  Exemplo: *Fui o segundo aluno a terminar a prova.*

- As abreviaturas dos numerais ordinais são marcadas com uma letra sobrescrita.
  Exemplo: *Foi a 4ª colocada na corrida.*

- Os ordinais compostos preservam a concordância em ambos os termos.
  Exemplo: *Comprei a vigésima primeira edição do livro.*

8.4 Uso dos algarismos romanos

- Usam-se os algarismos romanos:
  - Para escrever os séculos.
    Exemplo: *Vivemos no século XXI.*
  - Para nomear papas e reis de acordo com a ordem em que assumem.
    Exemplo: *o papa Bento XVI.*
  - Para nomear congressos, feiras e simpósios.
    Exemplo: *II Congresso Internacional de Preservação do Meio Ambiente.*
  - Para numerar os capítulos de um livro.
    Exemplo: *Capítulo II.*

- Em geral, os números romanos podem ser lidos:
  - Como ordinais, se são iguais ou inferiores a *dez*.
    Exemplo: *Capítulo V (capítulo quinto)*
  - Como cardinais, se são superiores a *dez*.
    Exemplo: *Capítulo XII (capítulo doze)*

- Como funciona o sistema de numeração romana:
  - Para escrever números no sistema de numeração romana, usam-se as letras abaixo com os seguintes valores:
    I = 1   X = 10   C = 100   M = 1000   V = 5   L = 50   D = 500

- Para poder formar qualquer número com os algarismos romanos, deve-se seguir as regras:
  - Uma letra colocada à direita de outra de maior valor soma seus valores.
    Exemplo: *VI equivale a 6.*
  - Uma letra à esquerda de outra de maior valor subtrai seus valores.
    Exemplo: *IV equivale a 4.*
  - Uma letra pode se repetir um máximo de três vezes seguidas.
    Exemplo: *XX equivale a 20 e XXX, a 30.*
  - Uma letra colocada entre duas de maior valor é sempre subtraída da letra da sua direita.
    Exemplo: *XIV equivale a 14.*
  - Um traço sobre uma letra multiplica seu valor por mil.
    Exemplo: *V̄ equivale a 5.000.*

8.5 Uso dos numerais multiplicativos

- Os numerais multiplicativos são usados para designar um aumento proporcional de uma quantidade.
  Exemplo: *Era tão alto que parecia ter o dobro de minha altura.*

8.6 Uso dos numerais fracionários

- Os numerais fracionários são usados para designar uma redução proporcional de uma quantidade.
  Exemplo: *Cada filho ficou com um terço da herança.*

9 Abreviaturas e símbolos

9.1 Formação das abreviaturas

- Uma abreviatura é a representação de uma palavra na escrita com uma ou várias de suas letras. Tais letras conservam a mesma ordem em que aparecem na palavra que se quer abreviar.
  Exemplo: *dr.* (doutor), *av.* (avenida)

- As abreviaturas só podem terminar em vogal se esta for a última letra da palavra.
  Exemplo: *sra.* (senhora), *pça.* (praça)

- Quando uma palavra é abreviada por uma sílaba que inclui mais de uma consoante antes da vogal, devem-se escrever todas elas.
  Exemplo: *intr.* (intransitivo), *cons.* (consoante)

- As abreviaturas são escritas sempre com ponto-final.
  Exemplo: *S.* (santo)

- No caso das abreviaturas seguidas por barra, não se deve empregar o ponto abreviativo.
  Exemplo: *c/* (com), *p/* (para)

- Em casos de palavras acentuadas, conserva-se o acento na abreviatura.
  Exemplo: *acúst.* (acústico), *ár.* (árabe)

- Para formar o plural de uma abreviatura:
  - Acrescenta-se *s* ao final.
    Exemplo: *ex.* (exemplo), *exs.* (exemplos)
  - Duplica-se a abreviatura, caso ela seja formada por uma única letra.
    Exemplo: *a.* (autor), *aa.* (autores)

9.2 Formação dos símbolos

- Um símbolo é a representação, com uma ou com várias letras, de uma palavra científica ou técnica. Os símbolos são signos convencionais e invariáveis, e foram criados por organismos internacionais.
  Exemplo: *l* (litro), *m* (metro)

- Alguns símbolos são escritos com inicial maiúscula e outros, com minúscula; mas sempre respeitando as formas estabelecidas pelos organismos que os criaram.
  Exemplo: *N* (norte), *kg* (quilograma)

- Os símbolos são escritos sem ponto.
  Exemplo: *min* (minuto)

- Os símbolos nunca levam marca de plural.
  Exemplo: *t* (tonelada ou toneladas), *h* (hora ou horas)

10 Siglas e acrônimos

10.1 Definição de siglas e acrônimos

- Uma sigla é formada, geralmente, com as iniciais das palavras de um enunciado, de um título ou de uma denominação.
  Exemplo: *CD* (**C**ompact **D**isc)

- Um acrônimo é a uma palavra que se forma com letras de outras palavras. Estas letras não são necessariamente as iniciais dessas palavras.
  Exemplo: *DDI* (**D**iscagem **D**ireta **I**nternacional), *bit* (**B**inary Digit – Dígito Binário)

- Também são acrônimos as siglas que têm pronúncia normal, sem serem soletradas, e as que foram lexicalizadas e passaram a constituir palavras.
  Exemplo: *ibope* (**I**nstituto **B**rasileiro de **O**pinião **P**ública e **E**statística)

10.2 Uso de siglas e acrônimos

- As letras que formam as siglas são escritas, geralmente, em maiúsculas.
  Exemplo: *APM* (**A**ssociação de **P**ais e **M**estres)

- Alguns acrônimos são escritos, indiferentemente, com inicial maiúscula e o restante em minúscula, ou com todas suas letras maiúsculas.
  Exemplo: *Cep ou CEP* (**C**ódigo de **E**ndereçamento **P**ostal)

- As siglas funcionam como um substantivo:
  - Podem ser acompanhadas de um artigo que indica o gênero da palavra mais importante.
    Exemplo: *o DNA*
  - Não devem ser separadas ao final de uma linha.
  - Podem dar lugar a palavras derivadas.
    Exemplo: *PT → petista*

11 Topônimos

11.1 A escrita de lugares geográficos

- A escolha correta da grafia de lugares geográficos é uma das dificuldades da escrita.
  Exemplo: *Nova York ou Nova Iorque?*

- Quando o nome do lugar é um nome no plural, sua concordância varia de acordo com o artigo que o antepõe.
  Exemplo: *Os Estados Unidos da América são a favor da reforma.*
  Estados Unidos é um país da América do Norte.

11.2 Topônimos estrangeiros

- Topônimos estrangeiros com um equivalente gráfico em português:
  - Deve-se usar sempre a forma portuguesa.
    Exemplo: *Nova Iorque (e não *Nova York), Florença (e não *Firenze)*

- Topônimos que geralmente não estão escritos em caracteres latinos:
  - Devem ser transcritos do alfabeto de origem para o alfabeto latino. É o caso, entre outros, dos nomes russos, gregos, árabes, japoneses, etc.
    Exemplo: *Atenas, Meca, Japão, etc.*

Gramática

12 Morfologia

12.1 A morfologia e os morfemas

- **O que são morfemas?**
  A maioria das palavras pode ser dividida em unidades menores que têm um significado.
  Exemplo: *chaveiro* g *chav-eir-o*
  Essas unidades mínimas de significado são chamadas de morfemas.

- **Classes de morfemas**
  - Morfemas **lexicais**, lexemas ou semantemas.
    São aqueles que trazem o significado básico das palavras.
    Exemplo: ***chav**-eir-o*
  - Morfemas **gramaticais**, gramemas ou formantes.
    São aqueles que agregam informações como gênero, número, pessoa, modo e aspecto, além de auxiliar no processo de formação de palavras.
    Exemplo: *chav-**eir-o***

12.2 Os morfemas gramaticais

- **O que os morfemas gramaticais indicam?**
  - Os morfemas gramaticais são acrescentados aos morfemas lexicais para darem a eles significados gramaticais:
    - Nos substantivos e adjetivos (e em alguns pronomes), eles indicam **gênero e número**.
    - Nos verbos, indicam **pessoa, número, tempo, modo e aspecto**.
  - Os morfemas gramaticais são também usados na **formação de palavras**. Assim, dividem-se em:
    - **Prefixos**
      São aqueles colocados antes dos morfemas léxicos.
      Exemplo: ***des**-acelerar*, ***im**-possível*
    - **Sufixos**
      São aqueles colocados após os morfemas léxicos.
      Exemplo: *chuv-**eiro**, borracha-**ria***

- **A variação do gênero**
  - Os adjetivos com duas terminações têm sua diferenciação de gênero marcada pelo uso dos morfemas *-o, -a*.
    Exemplo: *gato, gata*.
  - Alguns substantivos, especialmente aqueles que designam pessoas ou animais, expressam os gêneros feminino ou masculino por meio dos morfemas *-o/-e, -a*.
    Exemplo: *menino, menina; mestre, mestra*.
  - Alguns substantivos e adjetivos não têm morfema para o masculino, mas sim para o feminino.
    Exemplo: *professor, professor -a*

- Alguns substantivos possuem morfemas especiais para a formação do feminino.
  Exemplo: *abad-essa*.

- Há casos em que os morfemas *-o* e *-a* não expressam gênero, e sim outras noções como tamanho, forma, distinção entre elementos, etc.
  Exemplo: *jarro – jarra, tacho – tacha*

A formação do plural

- O plural dos substantivos terminados em vogal ou ditongo é formado pelo acréscimo do morfema *-s*.
  Exemplo: *casa-s, rei-s*.

- O plural dos substantivos terminados em *–ão* pode ser formado pelos morfemas *-ões, -ães* ou *-s*.
  Exemplo: *leão – leões, pão – pães, irmão – irmãos*

- O plural dos substantivos terminados em *-m* forma-se pelo acréscimo do morfema *-s*. Porém, para tal, é necessário que a letra *m* seja substituída pela letra *n*.
  Exemplo: *nuvem – nuvens*

- Para os substantivos terminados em *-r, -z* ou *-n*, o plural é formado pelo acréscimo do morfema *-es*. O mesmo vale para aqueles terminados em *-s* e que sejam oxítonos.
  Exemplo: *cartaz – cartazes, mar – mares*

- O plural dos substantivos paroxítonos terminados em *-s* não é marcado por nenhum morfema. O número desses substantivos pode ser percebido pela flexão do artigo ou do pronome que os antecedem.
  Exemplo: *o ônibus – os ônibus*

- Substantivos terminados em *-al, -el, -ol* e *-ul* têm seu plural marcado pela colocação do morfema *-is* em substituição ao *-l*. Já para aqueles terminados em *-il*, quando oxítonos, substitui-se o *-il* por *-is*; quando paroxítonos, substitui-se o *-il* por *-eis*.
  Exemplos: *canibal – canibais*
  bacharel – bacharéis, barril – barris, réptil – répteis
  Observação: há algumas exceções para essa regra, como a palavra *mal*.

- Os adjetivos simples seguem as mesmas regras de formação do plural que os substantivos.
  Exemplo: *bonito – bonita*

A flexão verbal

Nos verbos, os morfemas gramaticais podem expressar os seguintes valores:

- **Pessoa**: primeira, segunda ou terceira.
- **Número**: singular ou plural.
- **Tempo**: pretérito, presente ou futuro.
- **Modo**: indicativo, subjuntivo ou imperativo.
- **Aspecto**: perfeito, mais-que-perfeito ou imperfeito.

Na maioria das formas verbais, dois ou mais desses valores são expressos por meio de um mesmo morfema gramatical.
Exemplo: *cantaremos* g *cant-* (morfema lexical), *-a-* (vogal temática), *-re-* (morfema de tempo, modo e aspecto), *-mos* (morfema de número e de pessoa).

12.3 As palavras de acordo com sua estrutura

- **Palavras primitivas**
  São aquelas compostas unicamente por um morfema lexical.
  Exemplo: *sol, mel*.

- **Palavras derivadas**
  São aquelas que têm algumas das seguintes estruturas:
  - Um morfema léxico precedido de um ou mais prefixos.
    Exemplo: *in-feliz*.
  - Um morfema léxico seguido de um ou mais sufixos.
    Exemplo: *banc-ário*.
  - Um morfema léxico acompanhado por um prefixo e por um sufixo.
    Exemplo: *in-fidel-idade*.

- **Palavras simples**
  São aquelas formadas por um único morfema lexical.
  Exemplo: *ferro, ferreiro, ferradura*

- **Palavras compostas**
  São aquelas formadas pela união de dois ou mais morfemas lexicais que, por si só, podem constituir palavras independentes. Estas palavras independentes podem pertencer a diferentes classes gramaticais, como nos exemplos seguintes:
  - Verbo e substantivo.
    Exemplo: *porta-joias, girassol*
  - Substantivo e substantivo.
    Exemplo: *porco-espinho, banana-maçã*
  - Verbo e verbo
    Exemplo: *pega-pega, empurra-empurra*
  - Substantivo e adjetivo.
    Exemplo: *aguardente*.

12.4 As classes de palavras

- **O que são as classes de palavras?**
  As classes de palavras são as categorias gramaticais que englobam um conjunto de palavras com as mesmas características ou com a mesma rede de relações. São elas: substantivo, adjetivo, artigo, numeral, pronome, verbo, advérbio, preposição, conjunção e interjeição.

- **Os substantivos**
  Os substantivos (ou nomes) designam seres com existência independente, seja na realidade ou por abstração. Os substantivos contêm informações de gênero e número e podem ser combinados com outras palavras (artigos, pronomes, etc.), com as quais essas informações devem concordar.
  Exemplo: *caderno, inteligência, Maria*.

- **Os adjetivos**
  Os adjetivos são palavras que podem ser combinadas com os substantivos, complementando-os, e com os quais concordam em gênero e número. Podem expressar qualidade, relação, característica, etc.
  Exemplo: *alegre, alto, esperto*.

Os artigos

Os artigos são palavras que acompanham substantivos, concordando com estes em gênero e número. Podem ser:
Definidos: *o, a, os, as*.
Indefinidos: *um, uma, uns, umas*.

Os numerais

Os numerais são palavras que expressam ideias de quantidade, ordem, divisão ou multiplicação. Podem ser:
- Cardinais: *um, dois, três, quatro, etc.*
- Ordinais: *primeiro, segundo, terceiro, etc.*
- Multiplicativos: *dobro, triplo, quíntuplo, etc.*
- Fracionários: *terço, quarto, sexto, etc.*

Os pronomes

Os pronomes são palavras que funcionam sintaticamente como os substantivos, mas que se diferenciam destes por não poderem ser combinados com adjetivos. Existem vários tipos de pronomes:

- Pessoais: *eu, tu, ele, você, etc.*
- Possessivos: *meu, teu, nosso, etc.*
- Demonstrativos: *este, essa, aquilo, etc.*
- Relativos: *que, quem, o qual, etc.*
- Interrogativos: *quanto, qual, etc.*
- Indefinidos: *alguém, nenhum, etc.*

Os verbos

Os verbos são palavras que exprimem uma ação, um processo, um estado ou um fenômeno. Eles apresentam conteúdos gramaticais de número, pessoa, tempo, modo e aspecto. Funcionam como núcleo do predicado verbal e concordam sempre em número e pessoa com o sujeito da oração.
Exemplo: *estudarei, lemos, partirão*.

Os advérbios

Os advérbios são palavras invariáveis que complementam verbos, adjetivos ou outros advérbios. Podem ter diferentes significados:

- De lugar: *aqui, atrás, dentro, etc.*
- De tempo: *agora, ontem, tarde, etc.*
- De modo: *assim, melhor, vagarosamente, etc.*
- De negação: *não, nunca, jamais, etc.*
- De dúvida: *talvez, provavelmente, etc.*
- De afirmação: *sim, claro, certo, etc.*
- De intensidade: *bastante, demais, pouco etc.*
- De interrogativo: *onde, quando, como, porque, etc.*

As preposições

As preposições são palavras invariáveis que funcionam como conectivos entre dois termos. São elas: *a, ante, após, até, com, contra, de, desde, em, entre, para, por (per), perante, sem, sob, sobre e trás*.

As conjunções

As conjunções são palavras invariáveis que servem como conectivos entre várias palavras ou grupo de palavras. São de dois tipos:
- Coordenativas: Unem elementos do mesmo nível sintático (*e, ou, mas, etc.*).
- Subordinativas: Unem elementos entre os quais há uma relação de dependência (*como, conquanto, porque, etc.*).

- **As interjeições**

    As interjeições são palavras invariáveis que, por si sós, constituem enunciados exclamativos. Podem imitar sons da realidade, expressar sentimentos do falante, dirigir-se a alguém, etc.
    Exemplo: *ai!, ufa!, oba!*

12.5 Locuções

- Uma **locução** é um conjunto de palavras que constitui uma unidade fixa e indivisível e que funciona como uma só palavra. As locuções não têm estrutura. Podem ser prepositivas (*antes de, à maneira de, etc.*), conjuntivas (*mesmo que, conquanto que, etc.*), adverbiais (*de repente, de improviso*), verbais (*estavam conversando*), etc.

13 Classificação dos verbos

De acordo com a flexão, os verbos são classificados como:

13.1 Verbos regulares

São aqueles conjugados de acordo com os paradigmas. Alguns deles têm adequações gráficas ou fonéticas, mas não deixam de ser considerados verbos regulares. Podem ser tomados como modelos os verbos *amar, correr* e *partir*.

13.2 Verbos irregulares

São aqueles que, para serem conjugados, fogem dos paradigmas de sua conjugação, tendo alternâncias também em sua raiz.
Exemplo: estar, ser, ir, compor.

13.3 Verbos anômalos

São aqueles que, ao serem conjugados, têm seu radical substituído por outros radicais primários. São eles os verbos *ir* e *ser*.

13.4 Verbos defectivos

São aqueles que não têm a conjugação completa, ou seja, não são usados em alguns tempos verbais e/ou com determinada pessoa. Alguns deles podem ser classificados como:

- **Impessoais**

    São conjugados apenas na terceira pessoa do singular, no particípio, no gerúndio e no infinitivo.
    Exemplo: *chover*

- **Unipessoais**

    São conjugados apenas nas terceiras pessoas, no particípio, no gerúndio e no infinitivo.
    Exemplo: *doer*

Vale lembrar que, quando usados com sentido figurado, os verbos unipessoais e impessoais podem ser conjugados também nas outras pessoas.
Exemplo: *Nervosa, relampejava faíscas.*

13.5 Verbos abundantes

São aqueles que apresentam mais de uma forma para uma mesma função (ou conjugação). Na maioria das vezes, esse fenômeno ocorre com o particípio.
Exemplo: *imprimir (imprimido e impresso)*

14 Modelos de conjugação verbal
14.1 Verbos regulares
1ª Conjugação

AMAR

Indicativo

Presente	Futuro do presente	Futuro do pretérito
amo	amarei	amaria
amas	amarás	amarias
ama	amará	amaria
amamos	amaremos	amaríamos
amais	amareis	amaríeis
amam	amarão	amariam

Pretérito imperfeito	Pretérito perfeito	Pretérito mais-que-perfeito
amava	amei	amara
amavas	amaste	amaras
amava	amou	amara
amávamos	amamos	amáramos
amáveis	amastes	amáreis
amavam	amaram	amaram

Subjuntivo

Presente	Pretérito imperfeito	Futuro
ame	amasse	amar
ames	amasses	amares
ame	amasse	amar
amemos	amássemos	amarmos
ameis	amásseis	amardes
amem	amassem	amarem

Imperativo

Afirmativo:
-
ama
ame
amemos
amai
amem

Formas impessoais

Infinitivo: amar
Gerúndio: amando
Particípio: amado

2ª Conjugação

CORRER

Indicativo

Presente	Futuro do presente	Futuro do pretérito
corro	correrei	correria
corres	correrás	correrias
corre	correrá	correria
corremos	correremos	correríamos
correis	correreis	correríeis
correm	correrão	correriam

Pretérito imperfeito	Pretérito perfeito	Pretérito mais-que-perfeito
corria	corri	correra
corrias	correste	correras
corria	correu	correra
corríamos	corremos	corrêramos
corríeis	correstes	corrêreis
corriam	correram	correram

Subjuntivo

Presente	Pretérito imperfeito	Futuro
corra	corresse	correr
corras	corresses	correres
corra	corresse	correr
corramos	corrêssemos	corrermos
corrais	corrêsseis	correrdes
corram	corressem	correrem

Imperativo

Afirmativo:
-
corre
corra
corramos
correi
corram

Formas impessoais

Infinitivo: correr
Gerúndio: correndo
Particípio: corrido

3ª Conjugação

PARTIR

Indicativo

Presente	Futuro do presente	Futuro do pretérito
parto	partirei	partiria
partes	partirás	partirias
parte	partirá	partiria
partimos	partiremos	partiríamos
partis	partireis	partiríeis
partem	partirão	partiriam

Pretérito imperfeito	Pretérito perfeito	Pretérito mais-que-perfeito
partia	parti	partira
partias	partiste	partiras
partia	partiu	partira
partíamos	partimos	partíramos
partíeis	partistes	partíreis
partiam	partiram	partiram

Subjuntivo

Presente	Pretérito imperfeito	Futuro
parta	partisse	partir
partas	partisses	partires
parta	partisse	partir
partamos	partíssemos	partirmos
partais	partísseis	partirdes
partam	partissem	partirem

Imperativo

Afirmativo:
-
parte
parta
partamos
parti
partam

Formas impessoais

Infinitivo: partir
Gerúndio: partindo
Particípio: partido

14.2 Verbos regulares com alternância ortográfica

ATRIBUIR

Indicativo

Presente	Futuro do presente	Futuro do pretérito
atribuo	atribuirei	atribuiria
atribuis	atribuirás	atribuirias
atribui	atribuirá	atribuiria
atribuímos	atribuiremos	atribuiríamos
atribuís	atribuireis	atribuiríeis
atribuem	atribuirão	atribuiriam

Pretérito imperfeito	Pretérito perfeito	Pretérito mais-que-perfeito
atribuía	atribuí	atribuíra
atribuías	atribuíste	atribuíras
atribuía	atribuiu	atribuíra
atribuíamos	atribuímos	atribuíramos
atribuíeis	atribuístes	atribuíreis
atribuíam	atribuíram	atribuíram

Subjuntivo

Presente	Pretérito imperfeito	Futuro
atribua	atribuísse	atribuir
atribuas	atribuísses	atribuíres
atribua	atribuísse	atribuir
atribuamos	atribuíssemos	atribuirmos
atribuais	atribuísseis	atribuirdes
atribuam	atribuíssem	atribuírem

Imperativo

Afirmativo
-
atribui
atribua
atribuamos
atribuí
atribuam

Formas impessoais

Infinitivo: atribuir
Particípio: atribuído
Gerúndio: atribuindo

BRINCAR

Indicativo

Presente	Futuro do presente	Futuro do pretérito
brinco	brincarei	brincaria
brincas	brincarás	brincarias
brinca	brincará	brincaria
brincamos	brincaremos	brincaríamos
brincais	brincareis	brincaríeis
brincam	brincarão	brincariam

Pretérito imperfeito	Pretérito perfeito	Pretérito mais-que-perfeito
brincava	brinquei	brincara
brincavas	brincaste	brincaras
brincava	brincou	brincara
brincávamos	brincamos	brincáramos
brincáveis	brincastes	brincáreis
brincavam	brincaram	brincaram

Subjuntivo

Presente	Pretérito imperfeito	Futuro
brinque	brincasse	brincar
brinques	brincasses	brincares
brinque	brincasse	brincar
brinquemos	brincássemos	brincarmos
brinqueis	brincásseis	brincardes
brinquem	brincassem	brincarem

Imperativo

Afirmativo
-
brinca
brin
brinquemos
brincai
brinquem

Formas impessoais

Infinitivo: brincar
Particípio: brincado
Gerúndio: brincando

CHEGAR

Indicativo

Presente	Futuro do presente	Futuro do pretérito
chego	chegarei	chegaria
chegas	chegarás	chegarias
chega	chegará	chegaria
chegamos	chegaremos	chegaríamos
chegais	chegareis	chegaríeis
chegam	chegarão	chegariam

Pretérito imperfeito	Pretérito perfeito	Pretérito mais-que-perfeito
chegava	cheguei	chegara
chegavas	chegaste	chegaras
chegava	chegou	chegara
chegávamos	chegamos	chegáramos
chegáveis	chegastes	chegáreis
chegavam	chegaram	chegaram

Subjuntivo

Presente	Pretérito imperfeito	Futuro
chegue	chegasse	chegar
chegues	chegasses	chegares
chegue	chegasse	chegar
cheguemos	chegássemos	chegarmos
chegueis	chegásseis	chegardes
cheguem	chegassem	chegarem

Imperativo

Afirmativo
-
chega
chegue
cheguemos
chegai
cheguem

Formas impessoais

Infinitivo: chegar
Particípio: chegado
Gerúndio: chegando

COMEÇAR

Indicativo

Presente	Futuro do presente	Futuro do pretérito
começo	começarei	começaria
começas	começarás	começarias
começa	começará	começaria
começamos	começaremos	começaríamos
começais	começareis	começaríeis
começam	começarão	começariam

Pretérito imperfeito	Pretérito perfeito	Pretérito mais-que-perfeito
começava	comecei	começara
começavas	começaste	começaras
começava	começou	começara
começávamos	começamos	começáramos
começáveis	começastes	começáreis
começavam	começaram	começaram

Subjuntivo

Presente	Pretérito imperfeito	Futuro
comece	começasse	começar
comeces	começasses	começares
comece	começasse	começar
comecemos	começássemos	começarmos
comeceis	começásseis	começardes
comecem	começassem	começarem

Imperativo

Afirmativo
-
começa
comece
comecemos
começai
comecem

Formas impessoais

Infinitivo: começar
Particípio: começado
Gerúndio: começando

CONHECER

Indicativo

Presente	Futuro do presente	Futuro do pretérito
conheço	conhecerei	conheceria
conheces	conhecerás	conhecerias
conhece	conhecerá	conheceria
conhecemos	conheceremos	conheceríamos
conheceis	conhecereis	conheceríeis
conhecem	conhecerão	conheceriam

Pretérito imperfeito	Pretérito perfeito	Pretérito mais-que-perfeito
conhecia	conheci	conhecera
conhecias	conheceste	conheceras
conhecia	conheceu	conhecera
conhecíamos	conhecemos	conhecêramos
conhecíeis	conhecestes	conhecêreis
conheciam	conheceram	conheceram

Subjuntivo

Presente	Pretérito imperfeito	Futuro
conheça	conhecesse	conhecer
conheças	conhecesses	conheceres
conheça	conhecesse	conhecer
conheçamos	conhecêssemos	conhecermos
conheçais	conhecêsseis	conhecerdes
conheçam	conhecessem	conhecerem

Imperativo

Afirmativo
- —
- conhece
- conheça
- conheçamos
- conhecei
- conheçam

Formas impessoais

Infinitivo: conhecer
Gerúndio: conhecendo
Particípio: conhecido

DISTINGUIR

Indicativo

Presente	Futuro do presente	Futuro do pretérito
distingo	distinguirei	distinguiria
distingues	distinguirás	distinguirias
distingue	distinguirá	distinguiria
distinguimos	distinguiremos	distinguiríamos
distinguis	distinguireis	distinguiríeis
distinguem	distinguirão	distinguiriam

Pretérito imperfeito	Pretérito perfeito	Pretérito mais-que-perfeito
distinguia	distingui	distinguira
distinguias	distinguiste	distinguiras
distinguia	distinguiu	distinguira
distinguíamos	distinguimos	distinguíramos
distinguíeis	distinguistes	distinguíreis
distinguiam	distinguiram	distinguiram

Subjuntivo

Presente	Pretérito imperfeito	Futuro
distinga	distinguisse	distinguir
distingas	distinguisses	distinguires
distinga	distinguisse	distinguir
distingamos	distinguíssemos	distinguirmos
distingais	distinguísseis	distinguirdes
distingam	distinguissem	distinguirem

Imperativo

Afirmativo
- —
- distingue
- distinga
- distingamos
- distingui
- distingam

Formas impessoais

Infinitivo: distinguir
Gerúndio: distinguindo
Particípio: distinguido

ELEGER

Indicativo

Presente	Futuro do presente	Futuro do pretérito
elejo	elegerei	elegeria
eleges	elegerás	elegerias
elege	elegerá	elegeria
elegemos	elegeremos	elegeríamos
elegeis	elegereis	elegeríeis
elegem	elegerão	elegeriam

Pretérito imperfeito	Pretérito perfeito	Pretérito mais-que-perfeito
elegia	elegi	elegera
elegias	elegeste	elegeras
elegia	elegeu	elegera
elegíamos	elegemos	elegêramos
elegíeis	elegestes	elegêreis
elegiam	elegeram	elegeram

Subjuntivo

Presente	Pretérito imperfeito	Futuro
eleja	elegesse	eleger
elejas	elegesses	elegeres
eleja	elegesse	eleger
elejamos	elegêssemos	elegermos
elejais	elegêsseis	elegerdes
elejam	elegessem	elegerem

Imperativo

Afirmativo
- —
- elege
- eleja
- elejamos nós
- elegei
- elejam

Formas impessoais

Infinitivo: eleger
Gerúndio: elegendo
Particípio: elegido/eleito

ERGUER

Indicativo

Presente	Futuro do presente	Futuro do pretérito
ergo	erguerei	ergueria
ergues	erguerás	erguerias
ergue	erguerá	ergueria
erguemos	ergueremos	ergueríamos
ergueis	erguereis	ergueríeis
erguem	erguerão	ergueriam

Pretérito imperfeito	Pretérito perfeito	Pretérito mais-que-perfeito
erguia	ergui	erguera
erguias	ergueste	ergueras
erguia	ergueu	erguera
erguíamos	erguemos	erguêramos
erguíeis	erguestes	erguêreis
erguiam	ergueram	ergueram

Subjuntivo

Presente	Pretérito imperfeito	Futuro
erga	erguesse	erguer
ergas	erguesses	ergueres
erga	erguesse	erguer
ergamos	erguêssemos	erguermos
ergais	erguêsseis	erguerdes
ergam	erguessem	erguerem

Imperativo

Afirmativo
- —
- ergue
- erga
- ergamos nós
- erguei
- ergam

Formas impessoais

Infinitivo: erguer
Gerúndio: erguendo
Particípio: erguido

FUGIR

Indicativo
Presente	Futuro do presente	Futuro do pretérito
fujo	fugirei	fugiria
foges	fugirás	fugirias
foge	fugirá	fugiria
fugimos	fugiremos	fugiríamos
fugis	fugireis	fugiríeis
fogem	fugirão	fugiriam

Pretérito imperfeito	Pretérito perfeito	Pretérito mais-que-perfeito
fugia	fugi	fugira
fugias	fugiste	fugiras
fugia	fugiu	fugira
fugíamos	fugimos	fugíramos
fugíeis	fugistes	fugíreis
fugiam	fugiram	fugiram

Subjuntivo
Presente	Pretérito imperfeito	Futuro
fuja	fugisse	fugir
fujas	fugisses	fugires
fuja	fugisse	fugir
fujamos	fugíssemos	fugirmos
fujais	fugísseis	fugirdes
fujam	fugissem	fugirem

Imperativo
Afirmativo
- -
- foge
- fuja
- fujamos nós
- fugi
- fujam

Formas impessoais
Infinitivo: fugir
Gerúndio: fugindo
Particípio: fugido

JAZER

Indicativo
Presente	Futuro do presente	Futuro do pretérito
jazo	jazerei	jazeria
jazes	jazerás	jazerias
jaz	jazerá	jazeria
jazemos	jazeremos	jazeríamos
jazeis	jazereis	jazeríeis
jazem	jazerão	jazeriam

Pretérito imperfeito	Pretérito perfeito	Pretérito mais-que-perfeito
jazia	jazi	jazera
jazias	jazeste	jazeras
jazia	jazeu	jazera
jazíamos	jazemos	jazêramos
jazíeis	jazestes	jazêreis
jaziam	jazeram	jazeram

Subjuntivo
Presente	Pretérito imperfeito	Futuro
jaza	jazesse	jazer
jazas	jazesses	jazeres
jaza	jazesse	jazer
jazamos	jazêssemos	jazermos
jazais	jazêsseis	jazerdes
jazam	jazessem	jazerem

Imperativo
Afirmativo
- -
- jaze / jaz
- jaza
- jazamos
- jazei
- jazam

Formas impessoais
Infinitivo: jazer
Gerúndio: jazendo
Particípio: jazido

NOMEAR

Indicativo
Presente	Futuro do presente	Futuro do pretérito
nomeio	nomearei	nomearia
nomeias	nomearás	nomearias
nomeia	nomeará	nomearia
nomeamos	nomearemos	nomearíamos
nomeais	nomeareis	nomearíeis
nomeiam	nomearão	nomeariam

Pretérito imperfeito	Pretérito perfeito	Pretérito mais-que-perfeito
nomeava	nomeei	nomeara
nomeavas	nomeaste	nomearas
nomeava	nomeou	nomeara
nomeávamos	nomeamos	nomeáramos
nomeáveis	nomeastes	nomeáreis
nomeavam	nomearam	nomearam

Subjuntivo
Presente	Pretérito imperfeito	Futuro
nomeie	nomeasse	nomear
nomeies	nomeasses	nomeares
nomeie	nomeasse	nomear
nomeemos	nomeássemos	nomearmos
nomeeis	nomeásseis	nomeardes
nomeiem	nomeassem	nomearem

Imperativo
Afirmativo
- -
- nomeia
- nomeie
- nomeemos nós
- nomeai
- nomeiem

Formas impessoais
Infinitivo: nomear
Gerúndio: nomeando
Particípio: nomeado

PRODUZIR

Indicativo
Presente	Futuro do presente	Futuro do pretérito
produzo	produzirei	produziria
produzes	produzirás	produzirias
produz	produzirá	produziria
produzimos	produziremos	produziríamos
produzis	produzireis	produziríeis
produzem	produzirão	produziriam

Pretérito imperfeito	Pretérito perfeito	Pretérito mais-que-perfeito
produzia	produzi	produzira
produzias	produziste	produziras
produzia	produziu	produzira
produzíamos	produzimos	produzíramos
produzíeis	produzistes	produzíreis
produziam	produziram	produziram

Subjuntivo
Presente	Pretérito imperfeito	Futuro
produza	produzisse	produzir
produzas	produzisses	produzires
produza	produzisse	produzir
produzamos	produzíssemos	produzirmos
produzais	produzísseis	produzirdes
produzam	produzissem	produzirem

Imperativo
Afirmativo
- -
- produz / produze
- produza
- produzamos
- produzi
- produzam

Formas impessoais
Infinitivo: produzir
Gerúndio: produzindo
Particípio: produzido

ROER

Indicativo

Presente	Futuro do presente	Futuro do pretérito
roo	roerei	roeria
róis	roerás	roerias
rói	roerá	roeria
roemos	roeremos	roeríamos
roeis	roereis	roeríeis
roem	roerão	roeriam

Pretérito imperfeito	Pretérito perfeito	Pretérito mais-que-perfeito
roía	roí	roera
roías	roeste	roeras
roía	roeu	roera
roíamos	roemos	roêramos
roíeis	roestes	roêreis
roíam	roeram	roeram

Subjuntivo

Presente	Pretérito imperfeito	Futuro
roa	roesse	roer
roas	roesses	roeres
roa	roesse	roer
roamos	roêssemos	roermos
roais	roêsseis	roerdes
roam	roessem	roerem

Imperativo

Afirmativo
-
rói
roa
roamos nós
roei
roam

Formas impessoais

Infinitivo: roer
Particípio: roído
Gerúndio: roendo

14.3 Verbos irregulares

ACUDIR

Indicativo

Presente	Futuro do presente	Futuro do pretérito
acudo	acudirei	acudiria
acodes	acudirás	acudirias
acode	acudirá	acudiria
acudimos	acudiremos	acudiríamos
acudis	acudireis	acudiríeis
acodem	acudirão	acudiriam

Pretérito imperfeito	Pretérito perfeito	Pretérito mais-que-perfeito
acudia	acudi	acudira
acudias	acudiste	acudiras
acudia	acudiu	acudira
acudíamos	acudimos	acudíramos
acudíeis	acudistes	acudíreis
acudiam	acudiram	acudiram

Subjuntivo

Presente	Pretérito imperfeito	Futuro
acuda	acudisse	acudir
acudas	acudisses	acudires
acuda	acudisse	acudir
acudamos	acudíssemos	acudirmos
acudais	acudísseis	acudirdes
acudam	acudissem	acudirem

Imperativo

Afirmativo
-
acode
acuda
acudamos nós
acudi
acudam

Formas impessoais

Infinitivo: acudir
Particípio: acudido
Gerúndio: acudindo

CABER

Indicativo

Presente	Futuro do presente	Futuro do pretérito
caibo	caberei	caberia
cabes	caberás	caberias
cabe	caberá	caberia
cabemos	caberemos	caberíamos
cabeis	cabereis	caberíeis
cabem	caberão	caberiam

Pretérito imperfeito	Pretérito perfeito	Pretérito mais-que-perfeito
cabia	coube	coubera
cabias	coubeste	couberas
cabia	coube	coubera
cabíamos	coubemos	coubéramos
cabíeis	coubestes	coubéreis
cabiam	couberam	couberam

Subjuntivo

Presente	Pretérito imperfeito	Futuro
caiba	coubesse	couber
caibas	coubesses	couberes
caiba	coubesse	couber
caibamos	coubéssemos	coubermos
caibais	coubésseis	couberdes
caibam	coubessem	couberem

Imperativo

Afirmativo
-
-
-
-
-

Formas impessoais

Infinitivo: caber
Particípio: cabido
Gerúndio: cabendo

CAIR

Indicativo

Presente	Futuro do presente	Futuro do pretérito
caio	cairei	cairia
cais	cairás	cairias
cai	cairá	cairia
caímos	cairemos	cairíamos
caís	caireis	cairíeis
caem	cairão	cairiam

Pretérito imperfeito	Pretérito perfeito	Pretérito mais-que-perfeito
caía	caí	caíra
caías	caíste	caíras
caía	caiu	caíra
caíamos	caímos	caíramos
caíeis	caístes	caíreis
caíam	caíram	caíram

Subjuntivo

Presente	Pretérito imperfeito	Futuro
caia	caísse	cair
caias	caísses	caíres
caia	caísse	cair
caiamos	caíssemos	cairmos
caiais	caísseis	cairdes
caiam	caíssem	caírem

Imperativo

Afirmativo
-
cai
caia
caiamos
caí
caiam

Formas impessoais

Infinitivo
cair

Particípio
caído

Gerúndio
caindo

COBRIR

Indicativo

Presente	Futuro do presente	Futuro do pretérito
cubro	cobrirei	cobriria
cobres	cobrirás	cobririas
cobre	cobrirá	cobriria
cobrimos	cobriremos	cobriríamos
cobris	cobrireis	cobriríeis
cobrem	cobrirão	cobririam

Pretérito imperfeito	Pretérito perfeito	Pretérito mais-que-perfeito
cobria	cobri	cobrira
cobrias	cobriste	cobriras
cobria	cobriu	cobrira
cobríamos	cobrimos	cobríramos
cobríeis	cobristes	cobríreis
cobriam	cobriram	cobriram

Subjuntivo

Presente	Pretérito imperfeito	Futuro
cubra	cobrisse	cobrir
cubras	cobrisses	cobrires
cubra	cobrisse	cobrir
cubramos	cobríssemos	cobrirmos
cubrais	cobrísseis	cobrirdes
cubram	cobrissem	cobrirem

Imperativo

Afirmativo
-
cobre
cubra
cubramos
cobri
cubram

Formas impessoais

Infinitivo
cobrir

Particípio
coberto

Gerúndio
cobrindo

COMPRAZER

Indicativo

Presente	Futuro do presente	Futuro do pretérito
comprazo	comprazerei	comprazeria
comprazes	comprazerás	comprazerias
compraz	comprazerá	comprazeria
comprazemos	comprazeremos	comprazeríamos
comprazeis	comprazereis	comprazeríeis
comprazem	comprazerão	comprazeriam

Pretérito imperfeito	Pretérito perfeito	Pretérito mais-que-perfeito
comprazia	comprouve	comprouvera
comprazias	comprouveste	comprouveras
comprazia	comprouve	comprouvera
comprazíamos	comprouvemos	comprouvéramos
comprazíeis	comprouvestes	comprouvéreis
compraziam	comprouveram	comprouveram

Subjuntivo

Presente	Pretérito imperfeito	Futuro
compraza	comprouvesse	comprouver
comprazas	comprouvesses	comprouveres
compraza	comprouvesse	comprouver
comprazamos	comprouvéssemos	comprouvermos
comprazais	comprouvésseis	comprouverdes
comprazam	comprouvessem	comprouverem

Imperativo

Afirmativo
-
compraze
compraza
comprazamos
comprazei
comprazam

Formas impessoais

Infinitivo
comprazer

Particípio
comprazido

Gerúndio
comprazendo

CONSTRUIR

Indicativo

Presente	Futuro do presente	Futuro do pretérito
construo	construirei	construiria
constróis	construirás	construirias
constrói	construirá	construiria
construímos	construiremos	construiríamos
construís	construireis	construiríeis
constroem	construirão	construiriam

Pretérito imperfeito	Pretérito perfeito	Pretérito mais-que-perfeito
construía	construí	construíra
construías	construíste	construíras
construía	construiu	construíra
construíamos	construímos	construíramos
construíeis	construístes	construíreis
construíam	construíram	construíram

Subjuntivo

Presente	Pretérito imperfeito	Futuro
construa	construísse	construir
construas	construísses	construíres
construa	construísse	construir
construamos	construíssemos	construirmos
construais	construísseis	construirdes
construam	construíssem	construírem

Imperativo

Afirmativo
-
constrói
construa
construamos
construí
construam

Formas impessoais

Infinitivo
construir

Particípio
construído

Gerúndio
construindo

DAR

Indicativo

Presente	Futuro do presente	Futuro do pretérito
dou	darei	daria
das	darás	darias
dá	dará	daria
damos	daremos	daríamos
dais	dareis	daríeis
dão	darão	dariam

Pretérito imperfeito	Pretérito perfeito	Pretérito mais-que-perfeito
dava	dei	dera
davas	deste	deras
dava	deu	dera
dávamos	demos	déramos
dáveis	destes	déreis
davam	deram	deram

Subjuntivo

Presente	Pretérito imperfeito	Futuro
dê	desse	der
dês	desses	deres
dê	desse	der
demos	déssemos	dermos
deis	désseis	derdes
deem	dessem	derem

Imperativo

Afirmativo
- -
- dá
- dê
- demos
- dai
- deem

Formas impessoais

Infinitivo
dar

Gerúndio
dando

Particípio
dado

DIZER

Indicativo

Presente	Futuro do presente	Futuro do pretérito
digo	direi	diria
dizes	dirás	dirias
diz	dirá	diria
dizemos	diremos	diríamos
dizeis	direis	diríeis
dizem	dirão	diriam

Pretérito imperfeito	Pretérito perfeito	Pretérito mais-que-perfeito
dizia	disse	dissera
dizias	disseste	disseras
dizia	disse	dissera
dizíamos	dissemos	disséramos
dizíeis	dissestes	disséreis
diziam	disseram	disseram

Subjuntivo

Presente	Pretérito imperfeito	Futuro
diga	dissesse	disser
digas	dissesses	disseres
diga	dissesse	disser
digamos	disséssemos	dissermos
digais	dissésseis	disserdes
digam	dissessem	disserem

Imperativo

Afirmativo
- -
- dize / diz
- diga
- digamos nós
- dizei
- digam

Formas impessoais

Infinitivo
dizer

Gerúndio
dizendo

Particípio
dito

DORMIR

Indicativo

Presente	Futuro do presente	Futuro do pretérito
durmo	dormirei	dormiria
dormes	dormirás	dormirias
dorme	dormirá	dormiria
dormimos	dormiremos	dormiríamos
dormis	dormireis	dormiríeis
dormem	dormirão	dormiriam

Pretérito imperfeito	Pretérito perfeito	Pretérito mais-que-perfeito
dormia	dormi	dormira
dormias	dormiste	dormiras
dormia	dormiu	dormira
dormíamos	dormimos	dormíramos
dormíeis	dormistes	dormíreis
dormiam	dormiram	dormiram

Subjuntivo

Presente	Pretérito imperfeito	Futuro
durma	dormisse	dormir
durmas	dormisses	dormires
durma	dormisse	dormir
durmamos	dormíssemos	dormirmos
durmais	dormísseis	dormirdes
durmam	dormissem	dormirem

Imperativo

Afirmativo
- -
- dorme
- durma
- durmamos nós
- dormi
- durmam

Formas impessoais

Infinitivo
dormir

Gerúndio
dormindo

Particípio
dormido

ESTAR

Indicativo

Presente	Futuro do presente	Futuro do pretérito
estou	estarei	estaria
estás	estarás	estarias
está	estará	estaria
estamos	estaremos	estaríamos
estais	estareis	estaríeis
estão	estarão	estariam

Pretérito imperfeito	Pretérito perfeito	Pretérito mais-que-perfeito
estava	estive	estivera
estavas	estiveste	estiveras
estava	esteve	estivera
estávamos	estivemos	estivéramos
estáveis	estivestes	estivéreis
estavam	estiveram	estiveram

Subjuntivo

Presente	Pretérito imperfeito	Futuro
esteja	estivesse	estiver
estejas	estivesses	estiveres
esteja	estivesse	estiver
estejamos	estivéssemos	estivermos
estejais	estivésseis	estiverdes
estejam	estivessem	estiverem

Imperativo

Afirmativo
- -
- está
- esteja
- estejamos
- estai
- estejam

Formas impessoais

Infinitivo
estar

Gerúndio
estando

Particípio
estado

FAZER

Indicativo

Presente	Futuro do presente	Futuro do pretérito
faço	farei	faria
fazes	farás	farias
faz	fará	faria
fazemos	faremos	faríamos
fazeis	fareis	faríeis
fazem	farão	fariam

Pretérito imperfeito	Pretérito perfeito	Pretérito mais-que-perfeito
fazia	fiz	fizera
fazias	fizeste	fizeras
fazia	fez	fizera
fazíamos	fizemos	fizéramos
fazíeis	fizestes	fizéreis
faziam	fizeram	fizeram

Subjuntivo

Presente	Pretérito imperfeito	Futuro
faça	fizesse	fizer
faças	fizesses	fizeres
faça	fizesse	fizer
façamos	fizéssemos	fizermos
façais	fizésseis	fizerdes
façam	fizessem	fizerem

Imperativo
Afirmativo
-
faz/ faze
faça
façamos
fazei
façam

Formas impessoais
Infinitivo
fazer

Particípio
fazendo

Gerúndio
feito

FRIGIR

Indicativo

Presente	Futuro do presente	Futuro do pretérito
frijo	frigirei	frigiria
freges	frigirás	frigirias
frege	frigirá	frigiria
frigimos	frigiremos	frigiríamos
frigis	frigireis	frigiríeis
fregem	frigirão	frigiriam

Pretérito imperfeito	Pretérito perfeito	Pretérito mais-que-perfeito
frigia	frigi	frigira
frigias	frigiste	frigiras
frigia	frigiu	frigira
frigíamos	frigimos	frigíramos
frigíeis	frigistes	frigíreis
frigiam	frigiram	frigiram

Subjuntivo

Presente	Pretérito imperfeito	Futuro
frija	frigisse	frigir
frijas	frigisses	frigires
frija	frigisse	frigir
frijamos	frigíssemos	frigirmos
frijais	frigísseis	frigirdes
frijam	frigissem	frigirem

Imperativo
Afirmativo
-
frege
frija
frijamos
frigi
frijam

Formas impessoais
Infinitivo
frigir

Particípio
frigido / frito

Gerúndio
frigindo

HAVER

Indicativo

Presente	Futuro do presente	Futuro do pretérito
hei	haverei	haveria
has	haverás	haverias
há	haverá	haveria
havemos	haveremos	haveríamos
haveis	havereis	haveríeis
hão	haverão	haveriam

Pretérito imperfeito	Pretérito perfeito	Pretérito mais-que-perfeito
havia	houve	houvera
havias	houveste	houveras
havia	houve	houvera
havíamos	houvemos	houvéramos
havíeis	houvestes	houvéreis
haviam	houveram	houveram

Subjuntivo

Presente	Pretérito imperfeito	Futuro
haja	houvesse	houver
hajas	houvesses	houveres
haja	houvesse	houver
hajamos	houvéssemos	houvermos
hajais	houvésseis	houverdes
hajam	houvessem	houverem

Imperativo
Afirmativo
-
há
haja
hajamos
havei
hajam

Formas impessoais
Infinitivo
haver

Particípio
havido

Gerúndio
havendo

LER

Indicativo

Presente	Futuro do presente	Futuro do pretérito
leio	lerei	leria
lês	lerás	lerias
lê	lerá	leria
lemos	leremos	leríamos
ledes	lereis	leríeis
leem	lerão	leriam

Pretérito imperfeito	Pretérito perfeito	Pretérito mais-que-perfeito
lia	li	lera
lias	leste	leras
lia	leu	lera
líamos	lemos	lêramos
líeis	lestes	lêreis
liam	leram	leram

Subjuntivo

Presente	Pretérito imperfeito	Futuro
leia	lesse	ler
leias	lesses	leres
leia	lesse	ler
leiamos	lêssemos	lermos
leiais	lêsseis	lerdes
leiam	lessem	lerem

Imperativo
Afirmativo
-
lê
leia
leiamos
lede
leiam

Formas impessoais
Infinitivo
ler

Particípio
lido

Gerúndio
lendo

MEDIAR

Indicativo

Presente	Futuro do presente	Futuro do pretérito
medeio	mediarei	mediaria
medeias	mediarás	mediarias
medeia	mediará	mediaria
mediamos	mediaremos	mediaríamos
mediais	mediareis	mediaríeis
medeiam	mediarão	mediariam

Pretérito imperfeito	Pretérito perfeito	Pretérito mais-que-perfeito
mediava	mediei	mediara
mediavas	mediaste	mediaras
mediava	mediou	mediara
mediávamos	mediamos	mediáramos
mediáveis	mediastes	mediáreis
mediavam	mediaram	mediaram

Subjuntivo

Presente	Pretérito imperfeito	Futuro
medeie	mediasse	mediar
medeies	mediasses	mediares
medeie	mediasse	mediar
mediemos	mediássemos	mediarmos
medieis	mediásseis	mediardes
medeiem	mediassem	mediarem

Imperativo
Afirmativo
-
- medeia
- medeie
- mediemos
- mediai
- medeiem

Formas impessoais
Infinitivo: mediar
Gerúndio: mediando
Particípio: mediado

OUVIR

Indicativo

Presente	Futuro do presente	Futuro do pretérito
ouço	ouvirei	ouviria
ouves	ouvirás	ouvirias
ouve	ouvirá	ouviria
ouvimos	ouviremos	ouviríamos
ouvis	ouvireis	ouviríeis
ouvem	ouvirão	ouviriam

Pretérito imperfeito	Pretérito perfeito	Pretérito mais-que-perfeito
ouvia	ouvi	ouvira
ouvias	ouviste	ouviras
ouvia	ouviu	ouvira
ouvíamos	ouvimos	ouvíramos
ouvieis	ouvistes	ouvíramos
ouviam	ouviram	ouvíreis
		ouviram

Subjuntivo

Presente	Pretérito imperfeito	Futuro
ouça	ouvisse	ouvir
ouças	ouvisses	ouvires
ouça	ouvisse	ouvir
ouçamos	ouvíssemos	ouvirmos
ouçais	ouvísseis	ouvirdes
ouçam	ouvissem	ouvirem

Imperativo
Afirmativo
-
- ouve
- ouça
- ouçamos
- ouvi
- ouçam

Formas impessoais
Infinitivo: ouvir
Gerúndio: ouvindo
Particípio: ouvido

PARIR

Indicativo

Presente	Futuro do presente	Futuro do pretérito
pairo	parirei	pariria
pares	parirás	pararias
pare	parirá	pariria
parimos	pariremos	pariríamos
paris	parireis	pariríeis
parem	parirão	paririam

Pretérito imperfeito	Pretérito perfeito	Pretérito mais-que-perfeito
paria	pari	parira
parias	pariste	pariras
paria	pariu	parira
paríamos	parimos	paríramos
paríeis	paristes	paríreis
pariam	pariram	pariram

Subjuntivo

Presente	Pretérito imperfeito	Futuro
paira	parisse	parir
pairas	parisses	parires
paira	parisse	parir
pairamos	paríssemos	parirmos
pairais	parísseis	parirdes
pairam	parissem	parirem

Imperativo
Afirmativo
-
- pare
- paira
- pairamos
- pari
- pairam

Formas impessoais
Infinitivo: parir
Gerúndio: parindo
Particípio: parido

PEDIR

Indicativo

Presente	Futuro do presente	Futuro do pretérito
peço	pedirei	pediria
pedes	pedirás	pedirias
pede	pedirá	pediria
pedimos	pediremos	pediríamos
pedis	pedireis	pediríeis
pedem	pedirão	pediriam

Pretérito imperfeito	Pretérito perfeito	Pretérito mais-que-perfeito
pedia	pedi	pedira
pedias	pediste	pediras
pedia	pediu	pedira
pedíamos	pedimos	pedíramos
pedíeis	pedistes	pedíreis
pediam	pediram	pediram

Subjuntivo

Presente	Pretérito imperfeito	Futuro
peça	pedisse	pedir
peças	pedisses	pedires
peça	pedisse	pedir
peçamos	pedíssemos	pedirmos
peçais	pedísseis	pedirdes
peçam	pedissem	pedirem

Imperativo
Afirmativo
-
- pede
- peça
- peçamos
- pedi
- peçam

Formas impessoais
Infinitivo: pedir
Gerúndio: pedindo
Particípio: pedido

PERDER

Indicativo

Presente	Futuro do presente	Futuro do pretérito
perco	perderei	perderia
perdes	perderás	perderias
perde	perderá	perderia
perdemos	perderemos	perderíamos
perdeis	perdereis	perderíeis
perdem	perderão	perderiam

Pretérito imperfeito	Pretérito perfeito	Pretérito mais-que-perfeito
perdia	perdi	perdera
perdias	perdeste	perderas
perdia	perdeu	perdera
perdíamos	perdemos	perdêramos
perdíeis	perdestes	perdêreis
perdiam	perderam	perderam

Subjuntivo

Presente	Pretérito imperfeito	Futuro
perca	perdesse	perder
percas	perdesses	perderes
perca	perdesse	perder
percamos	perdêssemos	perdermos
percais	perdêsseis	perderdes
percam	perdessem	perderem

Imperativo

Afirmativo
- -
- perde
- perca
- percamos nós
- perdei
- percam

Formas impessoais

Infinitivo
perder

Gerúndio
perdendo

Particípio
perdido

PODER

Indicativo

Presente	Futuro do presente	Futuro do pretérito
posso	poderei	poderia
podes	poderás	poderias
pode	poderá	poderia
podemos	poderemos	poderíamos
podeis	podereis	poderíeis
podem	poderão	poderiam

Pretérito imperfeito	Pretérito perfeito	Pretérito mais-que-perfeito
podia	pude	pudera
podias	pudeste	puderas
podia	pôde	pudera
podíamos	pudemos	pudéramos
podíeis	pudestes	pudéreis
podiam	puderam	puderam

Subjuntivo

Presente	Pretérito imperfeito	Futuro
possa	pudesse	puder
possas	pudesses	puderes
possa	pudesse	puder
possamos	pudéssemos	pudermos
possais	pudésseis	puderdes
possam	pudessem	puderem

Imperativo

Afirmativo
- -
- -
- -
- -
- -
- -

Formas impessoais

Infinitivo
poder

Gerúndio
podendo

Particípio
podido

POLIR

Indicativo

Presente	Futuro do presente	Futuro do pretérito
pulo	polirei	poliria
pules	polirás	polirias
pule	polirá	poliria
polimos	poliremos	poliríamos
polis	polireis	poliríeis
pulem	polirão	poliriam

Pretérito imperfeito	Pretérito perfeito	Pretérito mais-que-perfeito
polia	poli	polira
polias	poliste	poliras
polia	poliu	polira
políamos	polimos	políramos
políeis	polistes	políreis
poliam	poliram	poliram

Subjuntivo

Presente	Pretérito imperfeito	Futuro
pula	polisse	polir
pulas	polisses	polires
pula	polisse	polir
pulamos	políssemos	polirmos
pulais	polísseis	polirdes
pulam	polissem	polirem

Imperativo

Afirmativo
- -
- pule
- pula
- pulamos nós
- poli
- pulam

Formas impessoais

Infinitivo
polir

Gerúndio
polindo

Particípio
polido

PÔR

Indicativo

Presente	Futuro do presente	Futuro do pretérito
ponho	porei	poria
pões	porás	porias
põe	porá	poria
pomos	poremos	poríamos
pondes	poreis	poríeis
põem	porão	poriam

Pretérito imperfeito	Pretérito perfeito	Pretérito mais-que-perfeito
punha	pus	pusera
punhas	puseste	puseras
punha	pôs	pusera
púnhamos	pusemos	puséramos
púnheis	pusestes	puséreis
punham	puseram	puseram

Subjuntivo

Presente	Pretérito imperfeito	Futuro
ponha	pusesse	puser
ponhas	pusesses	puseres
ponha	pusesse	puser
ponhamos	puséssemos	pusermos
ponhais	pusésseis	puserdes
ponham	pusessem	puserem

Imperativo

Afirmativo
- -
- põe
- ponha
- ponhamos nós
- ponde
- ponham

Formas impessoais

Infinitivo
pôr

Gerúndio
pondo

Particípio
posto

PROGREDIR

Indicativo

Presente	Futuro do presente	Futuro do pretérito
progrido	progredirei	progrediria
progrides	progredirás	progredirias
progride	progredirá	progrediria
progredimos	progrediremos	progrediríamos
progredis	progredireis	progrediríeis
progridem	progredirão	progrediriam

Pretérito imperfeito	Pretérito perfeito	Pretérito mais-que-perfeito
progredia	progredi	progredira
progredias	progrediste	progrediras
progredia	progrediu	progredira
progredíamos	progredimos	progredíramos
progredíeis	progredistes	progredíreis
progrediam	progrediram	progrediram

Subjuntivo

Presente	Pretérito imperfeito	Futuro
progrida	progredisse	progredir
progridas	progredisses	progredires
progrida	progredisse	progredir
progridamos	progredíssemos	progredirmos
progridais	progredísseis	progredirdes
progridam	progredissem	progredirem

Imperativo
Afirmativo
-
progride
progrida
progridamos nós
progredi
progridam

Formas impessoais
Infinitivo
progredir

Gerúndio
progredindo

Particípio
progredido

PROVER

Indicativo

Presente	Futuro do presente	Futuro do pretérito
provejo	proverei	proveria
provês	proverás	proverias
provê	proverá	proveria
provemos	proveremos	proveríamos
provedes	provereis	proveríeis
proveem	proverão	proveriam

Pretérito imperfeito	Pretérito perfeito	Pretérito mais-que-perfeito
provia	provi	provera
provias	proveste	proveras
provia	proveu	provera
províamos	provemos	provêramos
províeis	provestes	provêreis
proviam	proveram	proveram

Subjuntivo

Presente	Pretérito imperfeito	Futuro
proveja	provesse	prover
provejas	provesses	proveres
proveja	provesse	prover
provejamos	provêssemos	provermos
provejais	provêsseis	proverdes
provejam	provessem	proverem

Imperativo
Afirmativo
-
provê
proveja
provejamos
provede
provejam

Formas impessoais
Infinitivo
prover

Gerúndio
provendo

Particípio
provido

QUERER

Indicativo

Presente	Futuro do presente	Futuro do pretérito
quero	quererei	quereria
queres	quererás	quererias
quer	quererá	quereria
queremos	quereremos	quereríamos
quereis	querereis	quereríeis
querem	quererão	quereriam

Pretérito imperfeito	Pretérito perfeito	Pretérito mais-que-perfeito
queria	quis	quisera
querias	quiseste	quiseras
queria	quis	quisera
queríamos	quisemos	quiséramos
queríeis	quisestes	quiséreis
queriam	quiseram	quiseram

Subjuntivo

Presente	Pretérito imperfeito	Futuro
queira	quisesse	quiser
queiras	quisesses	quiseres
queira	quisesse	quiser
queiramos	quiséssemos	quisermos
queirais	quisésseis	quiserdes
queiram	quisessem	quiserem

Imperativo
Afirmativo
-
quer/quere
queira
queiramos
querei
queiram

Formas impessoais
Infinitivo
querer

Gerúndio
querendo

Particípio
querido

REQUERER

Indicativo

Presente	Futuro do presente	Futuro do pretérito
requeiro	requererei	requereria
requeres	requererás	requererias
requer/requere	requererá	requereria
requeremos	requereremos	requereríamos
requereis	requerereis	requereríeis
requerem	requererão	requereriam

Pretérito imperfeito	Pretérito perfeito	Pretérito mais-que-perfeito
requeria	requeri	requerera
requerias	requereste	requereras
requeria	requereu	requerera
requeríamos	requeremos	requerêramos
requeríeis	requerestes	requerêreis
requeriam	requereram	requereram

Subjuntivo

Presente	Pretérito imperfeito	Futuro
requeira	requeresse	requerer
requeiras	requeresses	requereres
requeira	requeresse	requerer
requeiramos	requerêssemos	requerermos
requeirais	requerêsseis	requererdes
requeiram	requeressem	requererem

Imperativo
Afirmativo
-
requer/requere
requeira
requeiramos
requerei
requeiram

Formas impessoais
Infinitivo
requerer

Gerúndio
requerendo

Particípio
requerido

RIR

Indicativo

Presente	Futuro do presente	Futuro do pretérito
rio	rirei	riria
ris	rirás	ririas
ri	rirá	riria
rimos	riremos	riríamos
rides	rireis	riríeis
riem	rirão	ririam

Pretérito imperfeito	Pretérito perfeito	Pretérito mais-que-perfeito
ria	ri	rira
rias	riste	riras
ria	riu	rira
ríamos	rimos	ríramos
ríeis	ristes	ríreis
riam	riram	riram

Subjuntivo

Presente	Pretérito imperfeito	Futuro
ria	risse	rir
rias	risses	rires
ria	risse	rir
riamos	ríssemos	rirmos
riais	rísseis	rirdes
riam	rissem	rirem

Imperativo
Afirmativo
- -
- ri
- ria
- riamos
- ride
- riam

Formas impessoais
Infinitivo: rir
Gerúndio: rindo
Particípio: rido

SABER

Indicativo

Presente	Futuro do presente	Futuro do pretérito
sei	saberei	saberia
sabes	saberás	saberias
sabe	saberá	saberia
sabemos	saberemos	saberíamos
sabeis	sabereis	saberíeis
sabem	saberão	saberiam

Pretérito imperfeito	Pretérito perfeito	Pretérito mais-que-perfeito
sabia	soube	soubera
sabias	soubeste	souberas
sabia	soube	soubera
sabíamos	soubemos	soubéramos
sabíeis	soubestes	soubéreis
sabiam	souberam	souberam

Subjuntivo

Presente	Pretérito imperfeito	Futuro
saiba	soubesse	souber
saibas	soubesses	souberes
saiba	soubesse	souber
saibamos	soubéssemos	soubermos
saibais	soubésseis	souberdes
saibam	soubessem	souberem

Imperativo
Afirmativo
- -
- sabe
- saiba
- saibamos
- sabei
- saibam

Formas impessoais
Infinitivo: saber
Gerúndio: sabendo
Particípio: sabido

SERVIR

Indicativo

Presente	Futuro do presente	Futuro do pretérito
sirvo	servirei	serviria
serves	servirás	servirias
serve	servirá	serviria
servimos	serviremos	serviríamos
servis	servireis	serviríeis
servem	servirão	serviriam

Pretérito imperfeito	Pretérito perfeito	Pretérito mais-que-perfeito
servia	servi	servira
servias	serviste	serviras
servia	serviu	servira
servíamos	servimos	servíramos
servíeis	servistes	servíreis
serviam	serviram	serviram

Subjuntivo

Presente	Pretérito imperfeito	Futuro
sirva	servisse	servir
sirvas	servisses	servires
sirva	servisse	servir
sirvamos	servíssemos	servirmos
sirvais	servísseis	servirdes
sirvam	servissem	servirem

Imperativo
Afirmativo
- -
- serve
- sirva
- sirvamos
- servi
- sirvam

Formas impessoais
Infinitivo: servir
Gerúndio: servindo
Particípio: servido

TER

Indicativo

Presente	Futuro do presente	Futuro do pretérito
tenho	terei	teria
tens	terás	terias
tem	terá	teria
temos	teremos	teríamos
tendes	tereis	teríeis
têm	terão	teriam

Pretérito imperfeito	Pretérito perfeito	Pretérito mais-que-perfeito
tinha	tive	tivera
tinhas	tiveste	tiveras
tinha	teve	tivera
tínhamos	tivemos	tivéramos
tínheis	tivestes	tivéreis
tinham	tiveram	tiveram

Subjuntivo

Presente	Pretérito imperfeito	Futuro
tenha	tivesse	tiver
tenhas	tivesses	tiveres
tenha	tivesse	tiver
tenhamos	tivéssemos	tivermos
tenhais	tivésseis	tiverdes
tenham	tivessem	tiverem

Imperativo
Afirmativo
- -
- tem
- tenha
- tenhamos
- tende
- tenham

Formas impessoais
Infinitivo: ter
Gerúndio: tendo
Particípio: tido

TRAZER

Indicativo

Presente	Futuro do presente	Futuro do pretérito
trago	trarei	traria
trazes	trarás	trarias
traz	trará	traria
trazemos	traremos	traríamos
trazeis	trareis	traríeis
trazem	trarão	trariam

Pretérito imperfeito	Pretérito perfeito	Pretérito mais-que-perfeito
trazia	trouxe	trouxera
trazias	trouxeste	trouxeras
trazia	trouxe	trouxera
trazíamos	trouxemos	trouxéramos
trazíeis	trouxestes	trouxéreis
traziam	trouxeram	trouxeram

Subjuntivo

Presente	Pretérito imperfeito	Futuro
traga	trouxesse	trouxer
tragas	trouxesses	trouxeres
traga	trouxesse	trouxer
tragamos	trouxéssemos	trouxermos
tragais	trouxésseis	trouxerdes
tragam	trouxessem	trouxerem

Imperativo
Afirmativo
- -
- traze / traz
- traga
- tragamos
- trazei
- tragam

Formas impessoais
Infinitivo: trazer
Particípio: trazido
Gerúndio: trazendo

VALER

Indicativo

Presente	Futuro do presente	Futuro do pretérito
valho	valerei	valeria
vales	valerás	valerias
vale	valerá	valeria
valemos	valeremos	valeríamos
valeis	valereis	valeríeis
valem	valerão	valeriam

Pretérito imperfeito	Pretérito perfeito	Pretérito mais-que-perfeito
valia	vali	valera
valias	valeste	valeras
valia	valeu	valera
valíamos	valemos	valêramos
valíeis	valestes	valêreis
valiam	valeram	valeram

Subjuntivo

Presente	Pretérito imperfeito	Futuro
valha	valesse	valer
valhas	valesses	valeres
valha	valesse	valer
valhamos	valêssemos	valermos
valhais	valêsseis	valerdes
valham	valessem	valerem

Imperativo
Afirmativo
- -
- vale
- valha
- valhamos
- valei
- valham

Formas impessoais
Infinitivo: valer
Particípio: valido
Gerúndio: valendo

VER

Indicativo

Presente	Futuro do presente	Futuro do pretérito
vejo	verei	veria
vês	verás	verias
vê	verá	veria
vemos	veremos	veríamos
vedes	vereis	veríeis
veem	verão	veriam

Pretérito imperfeito	Pretérito perfeito	Pretérito mais-que-perfeito
via	vi	vira
vias	viste	viras
via	viu	vira
víamos	vimos	víramos
víeis	vistes	víreis
viam	viram	viram

Subjuntivo

Presente	Pretérito imperfeito	Futuro
veja	visse	vir
vejas	visses	vires
veja	visse	vir
vejamos	víssemos	virmos
vejais	vísseis	virdes
vejam	vissem	virem

Imperativo
Afirmativo
- -
- vê
- veja
- vejamos
- vede
- vejam

Formas impessoais
Infinitivo: ver
Particípio: visto
Gerúndio: vendo

VIR

Indicativo

Presente	Futuro do presente	Futuro do pretérito
venho	virei	viria
vens	virás	virias
vem	virá	viria
vimos	viremos	viríamos
vindes	vireis	viríeis
vêm	virão	viriam

Pretérito imperfeito	Pretérito perfeito	Pretérito mais-que-perfeito
vinha	vim	viera
vinhas	vieste	vieras
vinha	veio	viera
vínhamos	viemos	viéramos
vínheis	viestes	viéreis
vinham	vieram	vieram

Subjuntivo

Presente	Pretérito imperfeito	Futuro
venha	viesse	vier
venhas	viesses	vieres
venha	viesse	vier
venhamos	viéssemos	viermos
venhais	viésseis	vierdes
venham	viessem	vierem

Imperativo
Afirmativo
- -
- vem
- venha
- venhamos
- vinde
- venham

Formas impessoais
Infinitivo: vir
Particípio: vindo
Gerúndio: vindo

4.4 Verbos anômalos

IR

Indicativo

Presente	Futuro do presente	Futuro do pretérito
vou	irei	iria
vais	irás	irias
vai	irá	iria
vamos	iremos	iríamos
ides	ireis	iríeis
vão	irão	iriam

Pretérito imperfeito	Pretérito perfeito	Pretérito mais-que-perfeito
ia	fui	fora
ias	foste	foras
ia	foi	fora
íamos	fomos	fôramos
íeis	fostes	fôreis
iam	foram	foram

Subjuntivo

Presente	Pretérito imperfeito	Futuro
vá	fosse	for
vás	fosses	fores
vá	fosse	for
vamos	fôssemos	formos
vades	fôsseis	fordes
vão	fossem	forem

Imperativo

Afirmativo
- -
- vai
- vá
- vamos
- ide
- vão

Formas impessoais

Infinitivo: ir

Particípio: ido

Gerúndio: indo

SER

Indicativo

Presente	Futuro do presente	Futuro do pretérito
sou	serei	seria
és	serás	serias
é	será	seria
somos	seremos	seríamos
sois	sereis	seríeis
são	serão	seriam

Pretérito imperfeito	Pretérito perfeito	Pretérito mais-que-perfeito
era	fui	fora
eras	foste	foras
era	foi	fora
éramos	fomos	fôramos
éreis	fostes	fôreis
eram	foram	foram

Subjuntivo

Presente	Pretérito imperfeito	Futuro
seja	fosse	for
sejas	fosses	fores
seja	fosse	for
sejamos	fôssemos	formos
sejais	fôsseis	fordes
sejam	fossem	forem

Imperativo

Afirmativo
- -
- sê
- seja
- sejamos
- sede
- sejam

Formas impessoais

Infinitivo: ser

Particípio: sido

Gerúndio: sendo

4.5 Verbos defectivos

BANIR

Indicativo

Presente	Futuro do presente	Futuro do pretérito
-	banirei	baniria
banes	banirás	banirias
bane	banirá	baniria
banimos	baniremos	baniríamos
banis	banireis	baniríeis
banem	banirão	baniriam

Pretérito imperfeito	Pretérito perfeito	Pretérito mais-que-perfeito
bania	bani	banira
banias	baniste	baniras
bania	baniu	banira
baníamos	banimos	baníramos
baníeis	banistes	baníreis
baniam	baniram	baniram

Subjuntivo

Presente	Pretérito imperfeito	Futuro
-	banisse	banir
-	banisses	banires
-	banisse	banir
-	baníssemos	banirmos
-	banísseis	banirdes
-	banissem	banirem

Imperativo

Afirmativo
- -
- bane
- -
- -
- -
- bani

Formas impessoais

Infinitivo: banir

Particípio: banido

Gerúndio: banindo

FALIR

Indicativo

Presente	Futuro do presente	Futuro do pretérito
-	falirei	faliria
-	falirás	falirias
-	falirá	faliria
falimos	faliremos	faliríamos
falis	falireis	faliríeis
-	falirão	faliriam

Pretérito imperfeito	Pretérito perfeito	Pretérito mais-que-perfeito
falia	fali	falira
falias	faliste	faliras
falia	faliu	falira
falíamos	falimos	falíramos
falíeis	falistes	falíreis
faliam	faliram	faliram

Subjuntivo

Presente	Pretérito imperfeito	Futuro
-	falisse	falir
-	falisses	falires
-	falisse	falir
-	falíssemos	falirmos
-	falísseis	falirdes
-	falissem	falirem

Imperativo

Afirmativo
- -
- -
- -
- -
- fali
- -

Formas impessoais

Infinitivo: falir

Particípio: falido

Gerúndio: falindo

PRECAVER

Indicativo

Presente	Futuro do presente	Futuro do pretérito
-	precaverei	precaveria
-	precaverás	precaverias
-	precaverá	precaveria
precavemos	precaveremos	precaveríamos
precaveis	precavereis	precaveríeis
-	precaverão	precaveriam

Pretérito imperfeito	Pretérito perfeito	Pretérito mais-que-perfeito
precavia	precavi	precavera
precavias	precaveste	precaveras
precavia	precaveu	precavera
precavíamos	precavemos	precavêramos
precavíeis	precavestes	precavêreis
precaviam	precaveram	precaveram

Subjuntivo

Presente	Pretérito imperfeito	Futuro
-	precavesse	precaver
-	precavesses	precaveres
-	precavesse	precaver
-	precavêssemos	precavermos
-	precavêsseis	precaverdes
-	precavessem	precaverem

Imperativo
Afirmativo
- -
- -
- -
- precavei
- -

Formas impessoais
Infinitivo
precaver

Particípio
precavido

Gerúndio
precavendo

RUIR

Indicativo

Presente	Futuro do presente	Futuro do pretérito
-	ruirei	ruiria
ruis	ruirás	ruirias
rui	ruirá	ruiria
ruímos	ruiremos	ruiríamos
ruís	ruireis	ruiríeis
ruem	ruirão	ruiriam

Pretérito imperfeito	Pretérito perfeito	Pretérito mais-que-perfeito
ruía	ruí	ruíra
ruías	ruíste	ruíras
ruía	ruiu	ruíra
ruíamos	ruímos	ruíramos
ruíeis	ruístes	ruíreis
ruíam	ruíram	ruíram

Subjuntivo

Presente	Pretérito imperfeito	Futuro
-	ruísse	ruir
-	ruísses	ruíres
-	ruísse	ruir
-	ruíssemos	ruirmos
-	ruísseis	ruirdes
-	ruíssem	ruírem

Imperativo
Afirmativo
- -
- rui
- -
- -
- ruí
- -

Formas impessoais
Infinitivo
ruir

Particípio
ruído

Gerúndio
ruindo

14.6 Verbos defectivos e irregular

SOER

Indicativo

Presente	Futuro do presente	Futuro do pretérito
-	soerei	soeria
sóis	soerás	soerias
sói	soerá	soeria
soemos	soeremos	soeríamos
soeis	soereis	soeríeis
soem	soerão	soeriam

Pretérito imperfeito	Pretérito perfeito	Pretérito mais-que-perfeito
soía	soí	soera
soías	soeste	soeras
soía	soeu	soera
soíamos	soemos	soêramos
soíeis	soestes	soêreis
soíam	soeram	soeram

Subjuntivo

Presente	Pretérito imperfeito	Futuro
-	soesse	soer
-	soesses	soeres
-	soesse	soer
-	soêssemos	soermos
-	soêsseis	soerdes
-	soessem	soerem

Imperativo
Afirmativo
- -
- sói
- -
- -
- soei
- -

Formas impessoais
Infinitivo
soer

Particípio
soído

Gerúndio
soendo

REAVER

Indicativo

Presente	Futuro do presente	Futuro do pretérito
-	reaverei	reaveria
-	reaverás	reaverias
-	reaverá	reaveria
reavemos	reaveremos	reaveríamos
reaveis	reavereis	reaveríeis
-	reaverão	reaveriam

Pretérito imperfeito	Pretérito perfeito	Pretérito mais-que-perfeito
reavia	reouve	reouvera
reavias	reouveste	reouveras
reavia	reouve	reouvera
reavíamos	reouvemos	reouvéramos
reavíeis	reouvestes	reouvéreis
reaviam	reouveram	reouveram

Subjuntivo

Presente	Pretérito imperfeito	Futuro
-	reouvesse	reouver
-	reouvesses	reouveres
-	reouvesse	reouver
-	reouvéssemos	reouvermos
-	reouvésseis	reouverdes
-	reouvessem	reouverem

Imperativo
Afirmativo
- -
- -
- -
- reavei
- -

Formas impessoais
Infinitivo
reaver

Particípio
reavido

Gerúndio
reavendo

4.7 Verbos unipessoais

Doer

Indicativo

Presente	Futuro do presente	Futuro do pretérito
-	-	-
dói	doerá	doeria
-	-	-
-	-	-
doem	doerão	doeriam

Pretérito imperfeito	Pretérito perfeito	Pretérito mais-que-perfeito
-	-	-
doía	doeu	-
-	-	doera
-	-	-
doíam	doeram	doeram

Subjuntivo

Presente	Pretérito imperfeito	Futuro
-	-	-
doa	doesse	doer
-	-	-
-	-	-
doam	doessem	doerem

Imperativo
Afirmativo
-
-
-
-
-
-

Formas impessoais
Infinitivo: doer
Gerúndio: doendo
Particípio: doído

LATIR

Indicativo

Presente	Futuro do presente	Futuro do pretérito
-	-	-
late	latirá	latiria
-	-	-
-	-	-
latem	latirão	latiriam

Pretérito imperfeito	Pretérito perfeito	Pretérito mais-que-perfeito
-	-	-
latia	latiu	-
-	-	latira
-	-	-
latiam	latiram	latiram

Subjuntivo

Presente	Pretérito imperfeito	Futuro
-	-	-
lata	latisse	latir
-	-	-
-	-	-
latam	latissem	latirem

Imperativo
Afirmativo
-
lata
-
latam

Formas impessoais
Infinitivo: latir
Gerúndio: latindo
Particípio: latido

MIAR

Indicativo

Presente	Futuro do presente	Futuro do pretérito
-	-	-
mia	miará	miaria
-	-	-
-	-	-
miam	miarão	miariam

Pretérito imperfeito	Pretérito perfeito	Pretérito mais-que-perfeito
-	-	-
miava	miou	-
-	-	miara
-	-	-
miavam	miaram	miaram

Subjuntivo

Presente	Pretérito imperfeito	Futuro
-	-	-
mie	miasse	miar
-	-	-
-	-	-
miem	miassem	miarem

Imperativo
Afirmativo
-
-
mie
-
-
miem

Formas impessoais
Infinitivo: miar
Gerúndio: miando
Particípio: miado

SUCEDER

Indicativo

Presente	Futuro do presente	Futuro do pretérito
-	-	-
sucede	sucederá	sucederia
-	-	-
-	-	-
sucedem	sucederão	sucederiam

Pretérito imperfeito	Pretérito perfeito	Pretérito mais-que-perfeito
-	-	-
sucedia	sucedeu	-
-	-	sucedera
-	-	-
sucediam	sucederam	sucederam

Subjuntivo

Presente	Pretérito imperfeito	Futuro
-	-	-
suceda	sucedesse	suceder
-	-	-
-	-	-
sucedam	sucedessem	sucederem

Imperativo
Afirmativo
-
-
suceda
-
sucedam

Formas impessoais
Infinitivo: suceder
Gerúndio: sucedendo
Particípio: sucedido

14.8 Verbos unipessoais e irregulares

PRAZER

Indicativo

Presente	Futuro do presente	Futuro do pretérito
-	-	-
-	-	-
praz	prazerá	prazeria
-	-	-
-	-	-
prazem	prazerão	prazeriam

Pretérito imperfeito	Pretérito perfeito	Pretérito mais-que-perfeito
-	-	-
-	-	-
prazia	prouve	prouvera
-	-	-
-	-	-
praziam	prouveram	prouveram

Subjuntivo

Presente	Pretérito imperfeito	Futuro
-	-	-
-	-	-
praza	prouvesse	prouver
-	-	-
-	-	-
prazam	prouvessem	prouverem

Imperativo

Afirmativo
-
-
praza
-
-
prazam

Formas impessoais

Infinitivo	Gerúndio
prazer	prazendo
Particípio	
prazido	

14.9 Verbos impessoais

CHOVER

Indicativo

Presente	Futuro do presente	Futuro do pretérito
-	-	-
chove	choverá	choveria
-	-	-

Pretérito imperfeito	Pretérito perfeito	Pretérito mais-que-perfeito
-	-	-
chovia	choveu	-
-	-	chovera
-	-	-

Subjuntivo

Presente	Pretérito imperfeito	Futuro
-	-	-
chova	chovesse	chover
-	-	-

Imperativo

Afirmativo
-
chova
-

Formas impessoais

Infinitivo	Gerúndio
chover	chovendo
Particípio	
chovido	

VENTAR

Indicativo

Presente	Futuro do presente	Futuro do pretérito
-	-	-
venta	ventará	ventaria
-	-	-

Pretérito imperfeito	Pretérito perfeito	Pretérito mais-que-perfeito
-	-	-
ventava	ventou	-
-	-	ventara
-	-	-

Subjuntivo

Presente	Pretérito imperfeito	Futuro
-	-	-
vente	ventasse	ventar
-	-	-

Imperativo

Afirmativo
-
vente
-

Formas impessoais

Infinitivo	Gerúndio
ventar	ventando
Particípio	
ventado	

5 Sintaxe

5.1 Categoria e funções

- As **categorias gramaticais** são as diferentes classes a que as palavras e os grupos de palavras que compõem as orações pertencem.
  Exemplo: A oração "*João bebe água*" é composta pelo substantivo "*João*" e pelo sintagma verbal "*bebe água*". Por sua vez, o sintagma verbal contém um verbo (bebe) e um substantivo (água).

- Cada um dos elementos que compõem um grupo sintático ou uma oração desempenha uma **função sintática** determinada.
  Exemplo: Na oração "*José lê muito*", o substantivo "*José*" desempenha a função sintática de sujeito.

- Chamamos de **análise sintática** a descrição dos componentes e das funções de um sintagma ou de uma oração.

5.2 As orações e suas categorias

- **O que é uma oração?**
  Uma oração é uma unidade gramatical que consta de **sujeito** e **predicado**.
  Exemplo: <u>Os dois filhos</u> <u>são jovens saudáveis.</u>
           sujeito   predicado
                 oração

- **O sujeito**
  Os sujeitos podem ser:

  - **Simples**: com apenas um núcleo.
    Exemplo: *Uma senhora acenava ao longe.*

  - **Composto**: com dois ou mais núcleos.
    Exemplo: *A agenda e a caneta estão dentro da mochila.*

  - **Indeterminado**: que não se refere a uma pessoa determinada.
    Exemplo: *Venderam a casa da esquina.*

  - **Oculto**: que não aparece na oração, mas que pode ser identificado.
    Exemplo: *Fui embora.* (sujeito oculto *eu*)

  Algumas orações não têm sujeito. Tratam-se das **orações sem sujeito**.
  Exemplo: *Choveu a noite toda.*
           Nesta cidade, neva no inverno.

- **Características do sujeito**
  - Concorda em número e pessoa com o verbo.
  - Pode ser desempenhado por um substantivo, por um sintagma nominal, por um pronome ou por uma oração subordinada.
  - Nunca é introduzido por uma preposição.
  - Pode vir antes ou depois do verbo.
    Exemplo: *A menina já foi embora*
              Já foi embora a menina.

- **O predicado**
  Os predicados podem ser de três tipos:

  - **Nominal**: composto por um verbo predicativo e um predicativo do sujeito.
    Exemplo: *Nosso pai é escritor.*

  - **Verbal**: que tem um verbo significativo como núcleo.
    Exemplo: *Os três amigos escalaram a montanha.*

  - **Verbo-nominal**: composto por um verbo significativo mais um predicativo.
    Exemplo: *As moças conversavam alegres.*

15.3 As orações

- **As orações simples**
  Uma oração é simples quando tem um só predicado e não depende de nenhum outro elemento linguístico.
  Exemplo: *A biblioteca* (sujeito) *estava aberta.* (predicado) — oração simples

- **A coordenação**
  Duas ou mais orações estão coordenadas quando estão unidas por um conector e têm o mesmo nível sintático, ou seja, nenhuma delas depende da outra. As orações coordenadas formam um **período composto por coordenação** ou uma oração composta.
  Exemplo: *Fomos à papelaria* (oração coordenada 1) *e* (conector) *compramos um caderno.* (oração coordenada 2) — período composto por coordenação

  As orações coordenadas são classificadas em cinco grupos:

  - **Aditivas**: são orações que se somam por meio do uso de conjunções como *e, nem*, etc.
    Exemplo: *Ontem, lemos um conto e recitamos várias poesias.*

  - **Adversativas**: são orações que se contrapõem por meio do uso de conjunções como *mas, porém*, etc.
    Exemplo: *Foi para casa, mas esqueceu de ir ao mercado.*

  - **Alternativas**: são orações que se excluem por meio do uso de conjunções como *ou*, etc.
    Exemplo: *Você prefere correr ou caminhar?*

  - **Conclusivas**: são aquelas em que aquilo que se diz na segunda oração é consequência daquilo que se diz na primeira. Para isto, podem ser usados os seguintes conectivos: *logo, de modo que, assim que*, etc.
    Exemplo: *A redação não ficou boa, de modo que terá que refazê-la.*

  - **Explicativas**: são aquelas em que aquilo que se diz na segunda oração explica, de alguma maneira, aquilo que se diz na primeira. Para isto, podem ser usados os seguintes conectivos: *pois, porque, ou seja, isto é*, etc.
    Exemplo: *Teve de ir ao médico, pois estava com febre.*

- **A subordinação**
  Há uma relação de subordinação entre duas orações quando uma das duas depende da outra, ou seja, complementa a outra. Há dois tipos de relação de subordinação:

- **Orações compostas**
 Uma oração subordinada, iniciada ou não por um conector, complementa outra oração (que é a oração principal). Nestes casos, são chamadas de período composto por subordinação ou oração composta.
 Exemplo: *Se não chover, iremos à praia.*
 — *Se não chover* → oração subordinada
 — *iremos à praia* → oração principal
 — período composto por subordinação

- **Orações complexas**
 Uma oração subordinada complementa um elemento de outra oração. Nestes casos não há oração principal, já que a subordinada não complementará toda uma oração, e sim apenas algum de seus componentes. As orações que contêm este tipo de subordinadas são chamadas de orações complexas.
 Exemplo: *Achamos que a prova não foi difícil.*
 — *a prova não foi difícil* → oração subordinada
 — oração complexa

Segundo sua função, as orações subordinadas podem ser classificadas em três tipos:

- **Subordinadas substantivas.** Desempenham as mesmas funções que os substantivos dentro de uma oração: sujeito, objeto direto, objeto indireto, etc.
 Exemplo: *É possível [que eles venham amanhã].*
 — *É* → Verbo Predicativo
 — *possível* → predicado
 — *[que eles venham amanhã]* → sujeito (oração subordinada substantiva)
 — oração complexa

- **Subordinadas adjetivas.** Desempenham as mesmas funções que os adjetivos dentro de uma oração, como modificador ou como complemento do nome dentro de um sintagma nominal (que pode ser sujeito, complemento direto, etc.). O conector que as introduz é um **pronome relativo** (que, o qual, etc.). O substantivo que modificam, que é sempre o núcleo do sintagma nominal, é chamado de **antecedente**.
 Exemplo: *O aluno [que estava doente] voltou às aulas.*
 — *O aluno* → Sujeito
 — *[que estava doente]* → Oração subordinada adjetiva
 — *voltou* → Verbo
 — *às aulas* → Complemento
 — *O aluno [que estava doente]* → Sujeito
 — *voltou às aulas* → Predicado
 — oração complexa

As orações subordinadas adjetivas podem ser de dois tipos:
 - **Restritivas**: restringem o significado do substantivo que funciona como antecedente.
 Exemplo: *O fotógrafo que está à nossa frente é ótimo.*
 - **Explicativas**: trazem algo novo ao significado do substantivo que funciona como antecedente. Sempre devem estar em vírgulas.
 Exemplo: *As fotografias, que estão expostas na galeria, são ótimas.*

- **Subordinadas adverbiais.** Desempenham as mesmas funções que os advérbios dentro de uma oração.
 Exemplo: *Os jogadores do time estão felizes [pois ganharam a partida].*

Desempenham a função de adjunto adverbial dentro de uma oração complexa o de um conjunto oracional por subordinação.

Exemplo: *Ele virá quando eu ligar.*

- Sujeito: Ele
- Verbo: virá
- Oração subordinada adverbial: quando eu ligar
- Sujeito + Predicado = oração complexa

As subordinadas adverbiais podem ser:

- **Causais**. Estabelecem um significado de causa.
  Exemplo: *Demolirão o prédio, [pois está em ruínas].*
- **Finais**. Expressam finalidade.
  Exemplo: *O diretor pegou a agenda [para anotar seus compromissos].*
- **Comparativas**. Estabelecem uma comparação entre dois termos.
  Exemplo: *Este conto é exatamente [como você havia dito].*
- **Consecutivas**. Expressam uma consequência.
  Exemplo: *Chovia tanto [que ninguém pôde sair de casa].*
- **Condicionais**. Estabelecem um significado de condição ou de hipótese.
  Exemplo: *[Se eu estudar mais], tirarei notas melhores.*
- **Concessivas**. Indicam uma objeção àquilo que se expressa na oração principal.
  Exemplo: *[Mesmo não sendo o favorito], venceu a corrida.*
- **Temporais**. Exercem a função de complemento circunstancial de tempo.
  Exemplo: *Entregaram os presentes [quando voltaram da viagem].*
- **Conformativas**. Indicam uma conformidade em relação a algo expresso na oração principal.
  Exemplo: *Entregamos o relatório, [conforme foi solicitado].*
- **Proporcionais**. Indicam uma proporção em relação àquilo que se expressa n oração principal.
  Exemplo: *[Quanto mais] estudava, [mais] se interessava pelo assunto.*